Master the NCERT

नवीनतम NCERT के प्रत्येक वाक्य पर बने वस्तुनिष्ठ प्रश्नों का संग्रह

for NEET/JEE

भौतिकी XII

केशव मोहन

सह–लेखक

धर्मेन्द्र सिंह, सनी कुमार

arihant

SUCCESS AND NOTHING LESS

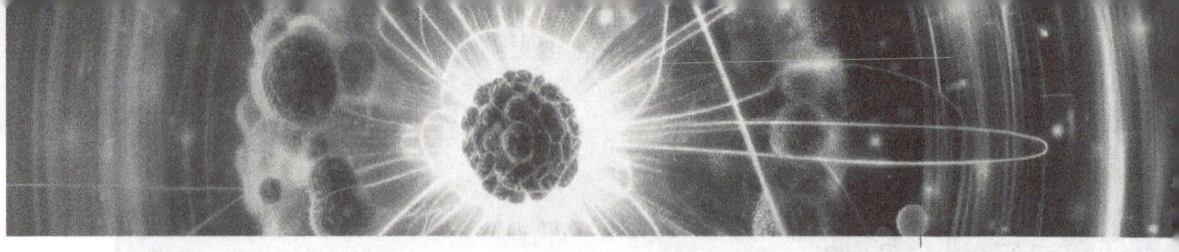

arihant
SUCCESS AND NOTHING LESS

अरिहन्त प्रकाशन (सीरीज़) मेरठ

卐 रजि. कार्यालय

'रामछाया' 4577/15, अग्रवाल रोड, दरिया गंज, नई दिल्ली- 110002
फोन: 011-47630600, 43518550

मुख्य कार्यालय

कालिन्दी, टी०पी० नगर, मेरठ (यूपी)– 250002
फोन: 0121-7156203, 7156204

卐 शाखा कार्यालय

आगरा, अहमदाबाद, बरेली, बंगलुरु, चेन्नई, दिल्ली, गुवाहाटी, हैदराबाद, जयपुर, झाँसी, कोलकाता, लखनऊ, नागपुर तथा पुणे

卐 मूल्य ₹ 495.00

卐 **PO No :** TXT-XX-XXXXXXX-X-XX

PUBLISHED BY ARIHANT PUBLICATIONS (INDIA) LTD.

'अरिहन्त' की पुस्तकों के बारे में अधिक जानकारी के लिए हमारी वेबसाइट **www.arihantbooks.com** पर लॉग इन करें या **info@arihantbooks.com** पर सम्पर्क करें।

Follow us on...

इस पुस्तक के Key Features

3 स्तरीय अध्याय विश्लेषण

प्रत्येक अध्याय के प्रथम पृष्ठ पर 5 वर्षो का NEET विश्लेषण निम्न तीन आधारों पर दिया गया है

(i) शीर्षकवार प्रश्न (ii) विशेष प्रकार के प्रश्न (iii) भारांकन

5 वर्षों में NEET में पूछे गये शीर्षकवार प्रश्न

शीर्षक	वर्षवार प्रश्नों की संख्या				
	2024	2023	2022	2021	2020
कूलॉम का नियम	–	–	–	–	1
विद्युत क्षेत्र	–	–	–	–	1
विद्युत द्विध्रुव	–	–	1	2	1
एक समान बाह्य क्षेत्र में द्विध्रुव	–	1	–	–	–
सतत् आवेश वितरण	–	–	–	–	–
गॉस का नियम	–	1	–	–	–
गॉस के नियम के अनुप्रयोग	–	–	–	–	–

NEET में विगत 5 वर्षों में पूछे गये विशेष प्रकार के प्रश्न

प्रकार	वर्ष				
	2024	2023	2022	2021	2020
अभिकथन–कारण	–	–	–	–	–
कथन आधारित	–	–	–	–	–
सुमेलन प्रकार	–	–	–	–	–

NEET के विगत 5 वर्षों का भारांकन

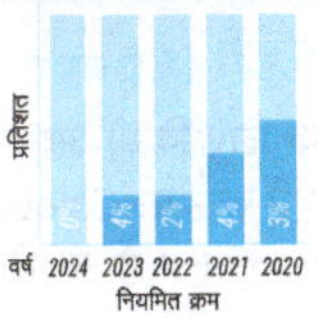

नियमित क्रम

Marks Maximizer

एक समबाहु त्रिभुज के शीर्ष पर रखे गए आवेश पर बल

एक समबाहु त्रिभुज में अन्य दो आवेश q_1 और q_2 के कारण आवेश q_3 पर लगने वाला बल निम्न प्रकार दिया जाता है

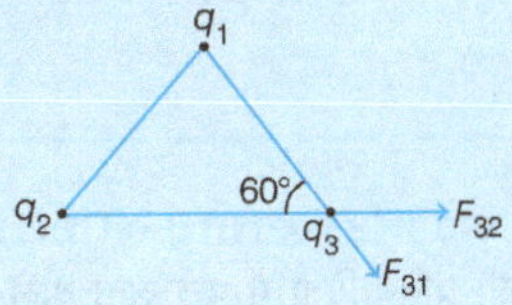

$$F_{कुल} = \sqrt{F_{31}^2 + F_{32}^2 + 2F_{31}F_{32}\cos 60°} = \sqrt{F_{31}^2 + F_{32}^2 + F_{31}F_{32}}$$

Marks Maximizer

विशेष बॉक्स में NEET/JEE से सम्बन्धित विशेष महत्त्वपूर्ण जानकारी दी गई है, जो NCERT में मौजूद हो भी सकती है और नहीं भी।

Concept Master के द्वारा भौतिकी के तथ्यों का स्पष्टीकरण

NCERT के कठिन शीर्षक/संकल्पना को सरल एवं समझने में आसान भाषा में व्याख्या करने के लिए विशिष्ट वीडियो सहायता

बहुल आवेशों के मध्य बल

(Force Between Multiple Charges)

- "किसी दिए गए आवेश पर अन्य आवेशों के कारण लगने वाला परिणामी बल, उस आवेश पर प्रत्येक आवेश के कारण लगने वाले अलग-अलग बलों के सदिश योग के बराबर होता है।" इसे **अध्यारोपण का सिद्धान्त** (Principle of Superposition) कहते हैं।

  बहुल आवेशों का एक निकाय नीचे चित्र में दिखाया गया है।

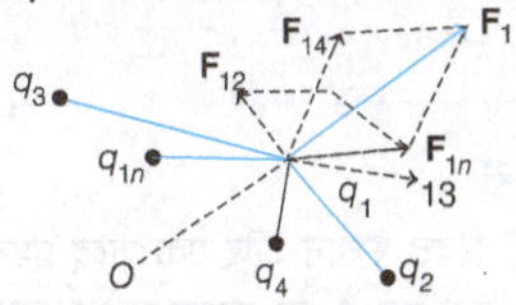

- यदि एक निकाय में उपस्थित आवेश $q_1, q_2, q_3, ..., q_n$ हैं, अतः q_1 आवेश पर समस्त आवेशों के कारण लगने वाला परिणामी बल $\mathbf{F}_1$ निम्न प्रकार दिया जाता है,

$$\mathbf{F}_1 = \mathbf{F}_{12} + \mathbf{F}_{13} + \mathbf{F}_{14} + ... + \mathbf{F}_{1n}$$

अर्थात्
$$\mathbf{F}_1 = \frac{1}{4\pi\varepsilon_0}\left(\frac{q_1q_2}{r_{12}^2}\hat{\mathbf{r}}_{12} + \frac{q_1q_3}{r_{13}^2}\hat{\mathbf{r}}_{13} + ... + \frac{q_1q_n}{r_{1n}^2}\hat{\mathbf{r}}_{1n}\right)$$

$$= \frac{q_1}{4\pi\varepsilon_0}\sum_{i=1}^{n}\frac{q_i}{r_{1i}^2}\hat{\mathbf{i}}_i$$

PYQ नोट्स

अचालक गोले (Sphere) के कारण विद्युत क्षेत्र
(Electric Field Due to an Insulating Sphere)

एक-समान आवेशित अचालक गोले के कारण क्षेत्र [NEET 2023]

(i) **गोले के बाहर**, अर्थात् $r < R$

$$E = \frac{q}{4\pi\varepsilon_0 r^2}\hat{r}$$

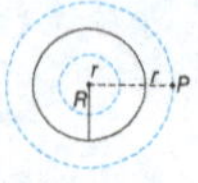

(ii) **गोले के पृष्ठ पर**, अर्थात् $r = R$

$$E = \frac{q}{4\pi\varepsilon_0 R^2}$$

(iii) **गोले के अन्दर**, अर्थात् $r > R$

$$E = \frac{1}{4\pi\varepsilon_0}\frac{Qr}{R^3} = \frac{\rho r}{3\varepsilon_0}$$

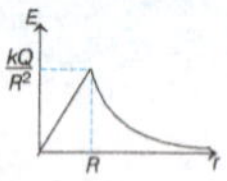

एक अपरिमित तार के कारण क्षेत्र
(Field due to a Finite Wire)

एकसमान आवेशित घनत्व λ वाले एक परिमित तार के कारण विद्युत क्षेत्र [JEE Main 2023]

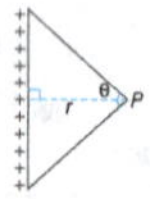

$$E = \frac{2k\lambda}{r}\sin\frac{\theta}{2}$$

एक बेलन के कारण क्षेत्र (Field due to a Gylinder)

बेलन के अक्ष से r दूरी पर आवेश घनत्व ρ वाले बेलन के कारण विद्युत क्षेत्र दिया गया है। [JEE Main 2022]

$$E = \frac{\rho R^2}{2\varepsilon_0 r}$$

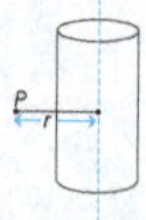

चालक गोले के लिए दूरी के साथ विद्युत क्षेत्र का परिवर्तन
(Variation of Electric Field with Distance for Conducting Wire) (NEET 2019)

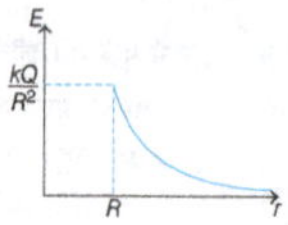

PYQ नोट्स

NEET/JEE से सम्बन्धित महत्त्वपूर्ण बिन्दु, जो पिछले वर्षों में पूछे गए थे, लेकिन वर्तमान तर्कसंगत NCERT में शामिल नहीं किए गए हैं।

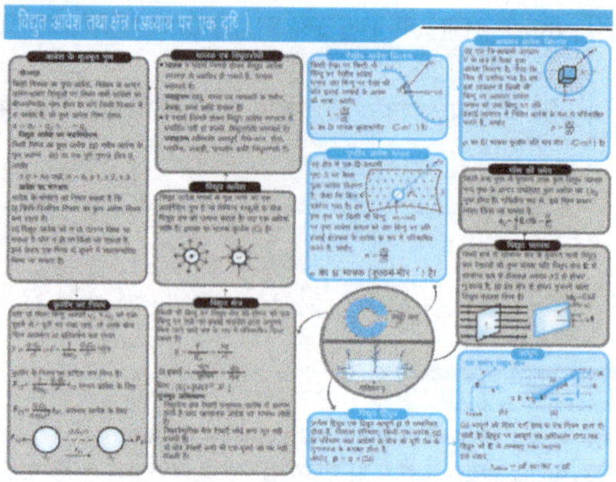

अध्याय एक दृष्टि में (Chapter at a Glance)

त्वरित समीक्षा के लिए किसी अध्याय के सभी मुख्य बिन्दुओं को दर्शाने के लिए पूरी तरह से Coloured Glorified Infographics ये सभी अध्यायों के अन्त में संकलित हैं।

Step by Step

Mastering NCERT

- कॉन्सेप्ट बिल्डर्स
- शीर्षकवार प्रश्न
- अभिकथन-कारण प्रश्न
- कथन आधारित प्रश्न
- सुमेलन प्रकार प्रश्न
- आंकिक मान प्रकार के प्रश्न
- NCERT Exemplar प्रश्न
- विगत परीक्षाओं के प्रश्न
- रिवीजन बूस्टर्स

कॉन्सेप्ट बिल्डर्स

1 दो पिण्डों को रगड़ने पर एक पिण्ड का द्रव्यमान थोड़ा-सा .... (बढ़/घट) जाता है।

2 वह गुण जो दो प्रकार के आवेशों में अंतर करता है, आवेश की ध्रुवता कहलाता है। (सत्य/असत्य)

3 यदि आवेशित पिण्डों का आकार उनके बीच की दूरी की तुलना में बहुत छोटा है, तो हम उन्हें .... (शून्य/बिन्दु) आवेश मानते हैं।

4 एक धनात्मक आवेशित काँच की छड़ कागज के उदासीन टुकड़े को आकर्षित कर सकती है। (सत्य/असत्य)

5 यदि किसी अनावेशित गोलक को विद्युत क्षेत्र में रखा जाए, तो उसके दोलन का आवर्तकाल समान रहता है। (सत्य/असत्य)

6 समीकरण $q = ne$ क्या दर्शाता है?

7 निर्वात् में 1 मीटर दूरी पर रखे गए 1 कूलॉम (प्रत्येक) के दो धनावेशों के बीच प्रतिकर्षण बल कितना होता है?

8 एक अनियमित आकार के आवेशित चालक की सतह के विभिन्न बिन्दुओं पर विद्युत क्षेत्र .... (समान/भिन्न) होता है।

9 किसी चालक के पृष्ठ के किसी भी बिन्दु पर विद्युत क्षेत्र पृष्ठ आवेशित घनत्व के .... (सीधे/व्युत्क्रमानुपाती) होता है।

12 विद्युत क्षेत्र रेखाएँ एक-दूसरे को नहीं काट सकतीं क्योंकि यदि वे ऐसा करती हैं, तो उनकी एक से अधिक स्पर्श रेखाएँ होंगी जो कि संभव नहीं है। (सत्य/असत्य)

13 किसी असमान विद्युत क्षेत्र में, द्विध्रुव स्थानान्तरणीय गति के साथ-साथ घूर्णी गति भी करता है। (सत्य/असत्य)

14 एक लघु द्विध्रुव के अक्षीय बिन्दु पर विद्युत क्षेत्र की प्रबलता, भूमध्य रेखा पर समान दूरी पर प्रबलता की .... (आधी/दोगुनी) होती है।

15 यदि तीन आवेश $+q$, $+q$ और $+q$ भुजा a वाले एक समबाहु त्रिभुज के शीर्षों पर रखे गए हैं, तो त्रिभुज के केन्द्र पर रखे गए आवेश $+Q$ पर कितना बल लगेगा?

16 एक द्विध्रुव पर बल-आघुर्ण शून्य हो जाता है जब वह स्वयं को विद्युत क्षेत्र के साथ .... (लम्बवत्/समान्तर) संरेखित करता है।

17 यदि वायु में एक बन्द पृष्ठ में प्रवेश करने वाला और बाहर निकलने वाला विद्युत फ्लक्स क्रमशः ϕ_1 और ϕ_2 है, तो सतह के भीतर संलग्न विद्युत आवेश $\varepsilon_0(\phi_2 + \phi_1)$ होगा। (सत्य/असत्य)

18 एक समान रूप से आवेशित अनन्त समतल चादर (Sheet) का विद्युत क्षेत्र उससे r दूरी में वृद्धि के साथ घटता है। (सत्य/असत्य)

Step by Step Mastering NCERT

NEET/JEE जैसी प्रतियोगिता में पूछे जाने वाले सभी संभावित प्रकार के प्रश्नों के साथ वैज्ञानिक रूप से डिजाइन किया गया अभ्यास।

कॉन्सेप्ट बिल्डर्स

ये सत्य/असत्य, रिक्त स्थान और एक शब्द प्रश्न जैसे सरल टीज़र के रूप में दिये गये हैं इस प्रकार इसे NCERT सकंल्पनाओं को आधारशिला बनाने के लिए संरचित किया गया है।

कॉन्सेप्ट बिल्डर्स

1 .... (CGS/SI) मात्रकों की प्रणाली में, सभी मात्रक, मूल और पूरक मात्रकों को गुणा एवं भाग देकर प्राप्त किए जा सकते हैं।

2 .... (ठोस/समतल) कोण गोलाकार सतह के लिए अवरोधित क्षेत्र dA का अनुपात है।

3 मापन की .... (यर्थाथता/परिशुद्धता) वह माप है जो दर्शाता है कि मापा गया मान राशि के वास्तविक मान के कितने समीप है।

4 व्यवस्थित त्रुटियाँ, वे त्रुटियाँ हैं जो एक दिशा में होती हैं, या तो धनात्मक या ऋणात्मक। (सत्य/असत्य)

5 मापन उपकरण के अपूर्ण डिजाइन या अंशाकन के कारण कौन-सी त्रुटि उत्पन्न होती है?

6 मापन उपकरण द्वारा मापे जा सकने वाला सबसे छोटा मान पिच कहलाता है। (सत्य/असत्य)

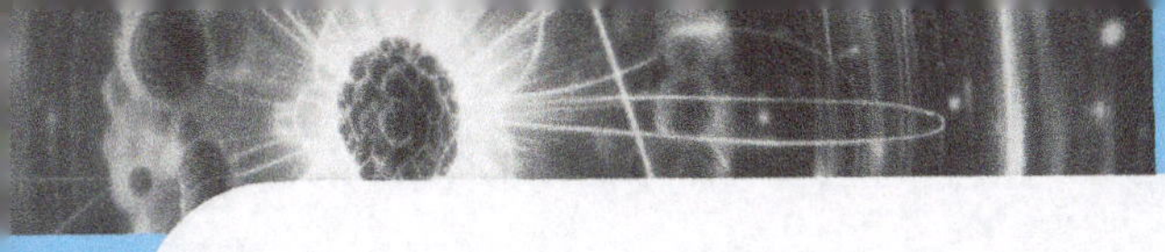

शीर्षकवार प्रश्न

शीर्षकवार प्रश्न

NEET/JEE जैसे MCQs, NCERT के लाइन दर लाइन टेक्स्ट से लिए गए है, जिसमें पृष्ठों को पूर्ण रूप से अंकित किया गया है। ये सभी MCQs NCERT के शीर्षकों के अनुसार व्यवस्थित है।

विद्युत आवेश

1 कुचालित सतहों के रगड़ने के कारण हमारे शरीर के माध्यम से होने वाला विद्युत आवेशों का विसर्जन क्या उत्पन्न करता है? NCERT पृष्ठ 1

(a) स्थैतिक विद्युत (b) धारा विद्युत
(c) विद्युत विभव (d) वैद्युतगतिकी

2 यदि फर से रगड़ी गई एक प्लास्टिक की छड़ को पास में लटकी हुई दो छोटी पिथ गेंदों से स्पर्श कराया जाए, तो कौन-सी आकृति उनके अन्तिम विन्यास को दर्शाएगी है? NCERT पृष्ठ 1

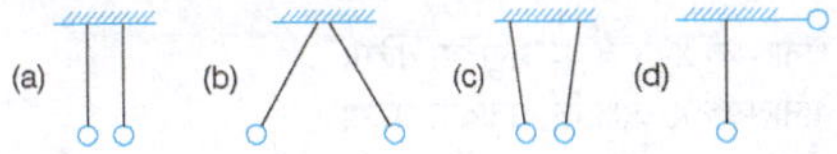

अभिकथन-कारण प्रश्न

अभिकथन-कारण

सबसे महत्त्वपूर्ण विशेष प्रारूप MCQs श्रेणी। इन सभी पर NCERT की पृष्ठ संख्या को अंकित किया गया है।

निर्देश *(प्रश्न क्रमांक 1-10) निम्नलिखित प्रश्नों में, अभिकथन के एक कथन बाद कारण का एक संगत कथन दिया गया है। निम्नलिखित विकल्पों में से, सही विकल्प का चयन कीजिए।*

(a) अभिकथन और कारण दोनों सही हैं और कारण, अभिकथन का सही स्पष्टीकरण है।
(b) अभिकथन और कारण दोनों सही हैं परन्तु कारण, अभिकथन का सही स्पष्टीकरण नहीं है।
(c) अभिकथन सही है परन्तु कारण गलत है।
(d) अभिकथन गलत है परन्तु कारण सही है।

1 **अभिकथन** जब हम किसी पिण्ड को किसी अन्य पिण्ड के साथ रगड़कर उस पर आवेश q_1 उत्पन्न करते हैं, जिससे उस पर इस प्रक्रिया में आवेश q_2 आ जाता है, तो $q_1 + q_2 = 0$ होता है।

कारण विलगित निकाय पर आवेश स्थिर रहता है। NCERT पृष्ठ 4

कथन आधारित प्रश्न

कथन आधारित प्रश्न

NEET भौतिकी के पेपर में कथन आधारित प्रश्न इस प्रकार (कथन I तथा कथन II) पूछे जाते हैं। इस प्रकार के प्रश्नों को NCERT के पृष्ठ संख्या अंकन के साथ क्रमवार सम्मिलित किया गया है।

निर्देश *(प्रश्न संख्या 1-8) निम्नलिखित प्रश्नों में दो कथन (I और II) दिए गए हैं। दिए गए कथनों के अनुसार, नीचे दिए गए सही विकल्प का चयन करें।*

(a) दोनों कथन I और II गलत हैं।
(b) कथन I सही है, लेकिन कथन II गलत है।
(c) कथन I गलत है, लेकिन कथन II सही है।
(d) दोनों कथन I और II सही हैं।

1 **कथन I** जो त्रुटियाँ एक दिशा में होने की प्रवृत्ति रखती हैं तथा या तो धनात्मक या ऋणात्मक होती हैं उन्हें व्यवस्थित त्रुटियाँ कहा जाता है।

कथन II वे त्रुटियाँ जो परिमाण और दिशा में नियमित और यादृच्छिक रूप से घटित होती हैं, उन्हें यादृच्छिक त्रुटियाँ कहा जाता है। Old NCERT पृष्ठ 23

2 **कथन I** मापन की यथार्थता यह है कि मापा गया मान, राशि के वास्तविक मान के कितने समीप है।

कथन II यादृच्छिक त्रुटियाँ, वे त्रुटियाँ हैं, जो नियमित रूप से होती हैं। Old NCERT पृष्ठ 23

सुमेलन प्रकार प्रश्न

सुमेलन प्रकार प्रश्न

क्रमवार अभ्यास में सुमेलन प्रकार के MCQs सम्मिलित किए गए हैं। इन्हें कथन आधारित MCQs के ठीक बाद में रखा गया है और सभी NCERT पृष्ठ संख्याओं को अंकित किया गया है।

1 कॉलम I (आवेश) को कॉलम II (गुण) से सुमेलित करें और नीचे दिए गए विकल्पों में से सही उत्तर का चयन करें। NCERT पृष्ठ 1

	कॉलम I		कॉलम II
A.	सजातीय आवेश	1.	दो प्रकार के
B.	विजातीय आवेश	2.	एक-दूसरे को प्रतिकर्षित करते है
C.	आवेश को किया जा सकता है	3.	एक-दूसरे को आकर्षित करते हैं
D.	आवेश होते हैं	4.	उदासीन, यदि वे समान और विपरीत हों

कूट

	A	B	C	D		A	B	C	D
(a)	1	2	3	4	(b)	2	1	3	4
(c)	4	1	3	2	(d)	2	3	1	4

NCERT Exemplar प्रश्न

1 चित्र में, दो धनात्मक आवेश q_2 और q_3 Y-अक्ष के अनुदिश स्थिर हैं, जो X-अक्ष के अनुदिश स्थिर आवेश q_1 पर धनात्मक x-दिशा में नैट विद्युत बल लगाते हैं। यदि $(x, 0)$ पर धनात्मक आवेश Q जोड़ा जाता है, तो q_1 पर लगने वाला बल

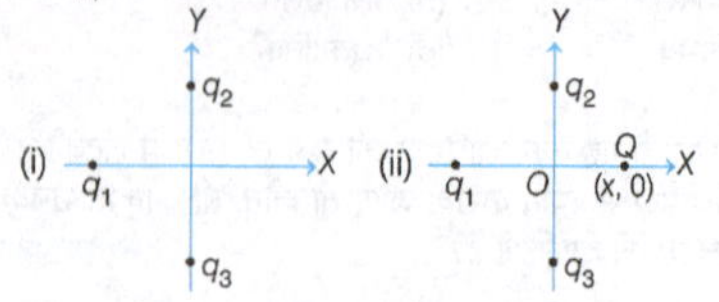

(a) धनात्मक X-अक्ष के अनुदिश बढ़ेगा

(b) धनात्मक X-अक्ष के अनुदिश घटेगा

(c) ऋणात्मक X-अक्ष के अनुदिश इंगित करेगा

(d) बढ़ेगा परन्तु Q के q_2 व q_3 के साथ प्रतिच्छेदन के कारण दिशा बदल जाएगी

NCERT Exemplar प्रश्न

NCERT Exemplar पुस्तकों को प्रतियोगी परीक्षाओं के लिए सबसे अच्छी समस्या पुस्तकों में से एक माना जाता है। प्रत्येक अध्याय में तैयारी करने के लिए समंकन प्रयास करने के लिए चयनित Exemplar Problems को लिया गया है।

विगत परीक्षाओं के प्रश्न

NEET

1 एक विद्युत द्विध्रुव को 2×10^5 न्यूटन कूलॉम$^{-1}$ तीव्रता के विद्युत क्षेत्र के साथ 30° के कोण पर रखा गया है। यह 4 न्यूटन-मीटर के बराबर बल-आघूर्ण का अनुभव करता है। द्विध्रुव पर आवेश के परिमाण की गणना करें, यदि द्विध्रुव की लम्बाई 2 सेमी है। NCERT पृष्ठ 27, NEET 2023

(a) 6 मिमी कूलॉम

(b) 4 मिमी कूलॉम

(c) 2 मिमी कूलॉम

(d) 8 मिमी कूलॉम

2 ध्रुवीय अणु किस प्रकार का अणु है? NCERT पृष्ठ 23, NEET 2021

(a) शून्य द्विध्रुव आघूर्ण वाला

(b) केवल विद्युत क्षेत्र की उपस्थिति में आवेशों के विस्थापन के कारण द्विध्रुव आघूर्ण प्राप्त करने वाला

(c) केवल चुंबकीय क्षेत्र अनुपस्थित होने पर ही द्विध्रुव आघूर्ण प्राप्त करने वाला

(d) स्थायी विद्युत द्विध्रुव आघूर्ण वाला

विगत परीक्षाओं के प्रश्न

तैयारी की अन्तिम जाँच के रूप में NCERT पृष्ठ अंकन के साथ चयनित PYQs संकलित है।

स्किल बूस्टर्स

1 फर से रगड़ी गई काँच की छड़ का उपयोग सोने की पत्ती वाले विद्युतदर्शी को आवेशित करने के लिए किया जाता है और पन्नों को अलग-अलग देखा जाता है। विद्युतदर्शी डिस्क को जब बहुत कम समय के लिए X- किरण के सम्मुख लाया जाता है। तब,

(a) पत्तियों का विचलन प्रभावित नहीं होता

(b) पत्तियाँ आगे की ओर फैल जाती हैं

(c) पत्तियाँ टूट जाएँगी

(d) पत्तियाँ पिघल जाएँगी

स्किल बूस्टर्स

तैयारी के लिए अतिरिक्त बढ़त प्रदान करने के लिए क्रमवार अभ्यास के अन्त में ब्रेन टीज़र प्रस्तुत किए गए हैं।

प्रश्नों का विश्लेषण

NCERT सकंल्पनाओं की उत्तम समझ के लिए चयनित प्रश्नों के उत्तर और व्याख्यात्मक हल।

क्रमवार

प्रश्नों का विश्लेषण

कॉन्सेप्ट बिल्डर्स

1 घट

2 सत्य

3 बिन्दु

4 सत्य

5 सत्य

6 आवेशों का क्वाण्टमीकरण

7 9×10^9 न्यूटन

8 भिन्न

9 सीधे

10 तीव्रता, विभव

11 $E(r) = \frac{1}{4\pi\varepsilon_0} \sum_{i=1}^{n} \frac{q}{r_{ip}^2} \hat{r}_{ip}$

12 सत्य

13 सत्य

14 दोगुनी

15 शून्य

16 समान्तर

और ज्वलनशील पदार्थ में आग लग सकती है।

इसे रोकने के लिए, वाहक के शरीर को धरती के संपर्क में रखने के लिए धातु की रस्सियाँ लटका दी जाती हैं।

11 (b) यदि q आवेश वाले एक गोले को एक समरूप अनावेशित गोले के सम्पर्क में रखा जाए, तो आवेश q इस प्रकार पुनर्वितरित हो जाएगा कि निकाय पर समग्र आवेश संरक्षित रहेगा।

इस प्रकार, सममिति से, हम कह सकते हैं कि प्रत्येक गोले पर आवेश $\frac{q}{2}$ हो जाएगा।

12 (d) 1 कूलॉम आवेश पर इलेक्ट्रॉनों की संख्या

$$n = \frac{q}{e} = \frac{1}{1.6 \times 10^{-19}}$$

$$= 6.25 \times 10^{18} \text{ इलेक्ट्रॉन}$$

$$\therefore \text{ आवश्यक समय} = \frac{6.25 \times 10^{18}}{10^9} \text{ सेकण्ड}$$

$$= 6.25 \times 10^9 \text{ सेकण्ड}$$

$$\approx 198 \text{ वर्ष}$$

16 (b) यदि दो आवेशों को एक-दूसरे के सम्पर्क में रखा जाए और फिर अलग कर दिया जाए, तो उन पर आवेश पुनः वितरित हो जाएंगे और उन पर कुल आवेश दोनों का अन्तर होगा,

अर्थात् $q_{कुल} = |q_1 - q_2|/2$

इस कुल आवेश की ध्रुवता समान होती है, इसलिए उन्हें d दूरी पर रखने के बाद, वे प्रतिकर्षण बल का अनुभव करते हैं।

18 (b) स्थिर विद्युत बल, $F = k\frac{QQ_2}{r^2}$

$$F = 9 \times 10^9 \times \frac{2 \times 10^{-7} \times 3 \times 10^{-7}}{(30 \times 10^{-2})^2}$$

$$= 6 \times 10^{-3} \text{ न्यूटन}$$

19 (a) वायु में बल, $F = \frac{1}{4\pi\varepsilon_0} \cdot \frac{q_1 q_2}{r^2}$

$$F_m = \frac{1}{4\pi\varepsilon_0\varepsilon_r} \cdot \frac{qq_2}{r^2}$$

$$F_{माध्यम} = \frac{\varepsilon_0}{\varepsilon} \cdot \frac{1}{4\pi\varepsilon_0} \frac{q_1 q_2}{r^2}$$

$$\Rightarrow \quad F_{माध्यम} = \frac{\varepsilon_0}{\varepsilon} F$$

विषय-सूची

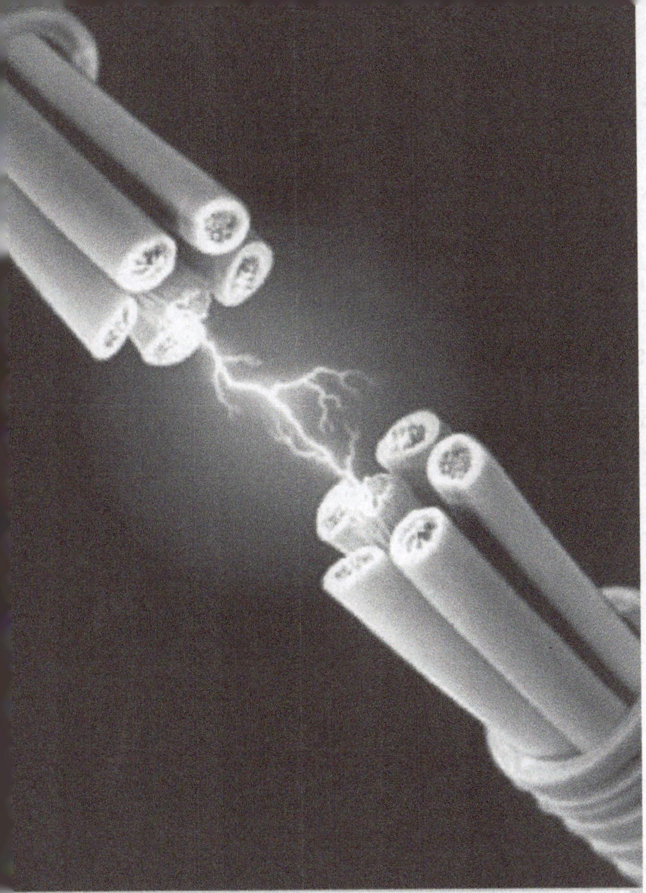

01

भौतिकी की Concept Master Videos के लिए Scan करें

विद्युत आवेश तथा क्षेत्र

Electric Charges and Fields

5 वर्षों में NEET में पूछे गये शीर्षकवार प्रश्न

शीर्षक	वर्षवार प्रश्नों की संख्या				
	2024	2023	2022	2021	2020
कूलॉम का नियम	–	–	–	–	1
विद्युत क्षेत्र	–	–	–	–	1
विद्युत द्विध्रुव	–	–	1	2	1
एक समान बाह्य क्षेत्र में द्विध्रुव	–	1	–	–	–
सतत् आवेश वितरण	–	–	–	–	–
गॉस का नियम	–	1	–	–	–
गॉस के नियम के अनुप्रयोग	–	–	–	–	–

NEET में विगत 5 वर्षों में पूछे गये विशेष प्रकार के प्रश्न

प्रकार	वर्ष				
	2024	2023	2022	2021	2020
अभिकथन-कारण	–	–	–	–	–
कथन आधारित	–	–	–	–	–
सुमेलन प्रकार	–	–	–	–	–

NEET के विगत 5 वर्षों का भारांकन

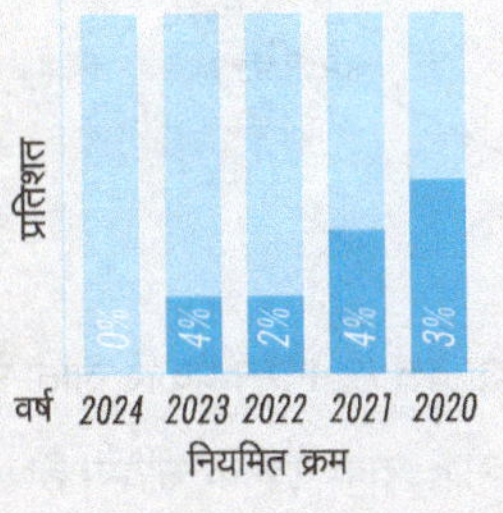

- स्थिरवैद्युतिकी (Electrostatics) के अन्तर्गत स्थिर आवेशों के द्वारा उत्पन्न बलों, क्षेत्रों तथा विभव सम्बन्धी तथ्यों का अध्ययन किया जाता है।

विद्युत आवेश (Electric Charge)

- किसी पदार्थ का वह भौतिक गुण जिसके कारण, उसे विद्युत चुम्बकीय क्षेत्र में रखे जाने पर बल का अनुभव होता है। **विद्युत आवेश** (Electric charge) कहलाता है। आवेश दो प्रकार के होते हैं, अर्थात् **धनात्मक आवेश** (Positive charge) और **ऋणात्मक आवेश** (Negative charge)।
- **सजातीय आवेश** (Like charges) एक-दूसरे को प्रतिकर्षित करते हैं जबकि **विजातीय** आवेश (Unlike charges) एक-दूसरे को आकर्षित करते हैं, जैसाकि निम्न चित्र में दर्शाया गया है।

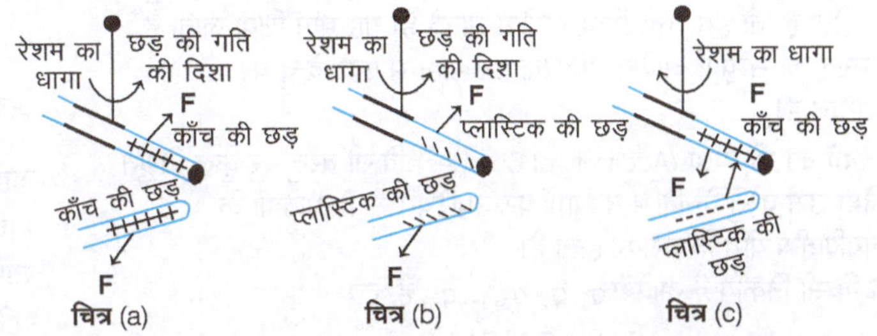

चित्र (a) **चित्र** (b) **चित्र** (c)

- दो सजातीय आवेश काँच की दो छड़ों पर [चित्र (a)] और दो प्लास्टिक की छड़ों [चित्र (b)] में एक-दूसरे को प्रतिकर्षित करते हैं, जबकि दो विजातीय आवेश काँच की छड़ और प्लास्टिक की छड़ [चित्र (c)] पर, क्रमशः, एक-दूसरे को आकर्षित करते हैं।
- वह गुण जो दो प्रकार के आवेशों में भेद करता है, **आवेश की ध्रुवता** (Polarity of charge) कहलाता है।
- जब किसी वस्तु पर कोई आवेश होता है, तो वह वस्तु **विद्युतमय** (Electrified) अथवा **आवेशित** (Charged) कही जाती है। जब उस पर कोई आवेश नहीं होता उसे **विद्युतीय उदासीन** (Electrically neutral) कहते हैं। किसी वस्तु पर उपस्थित आवेश के ससूंचन के लिए स्वर्ण पत्र विद्युतदर्शी (Gold-leaf electroscope) सरल उपकरण का प्रयोग किया जाता है।
- कोई वस्तु **अपने कुछ इलेक्ट्रॉन खोकर धनावेशित हो सकती है** और इसी प्रकार किसी अन्य वस्तु से **इलेक्ट्रॉन लेकर ऋणावेशित हो सकती है।**

चालक तथा अचालक
(Conductors and Insulators)

- जो पदार्थ आसानी से अपने में से होकर विद्युत को प्रवाहित होने देते हैं, उन्हें **चालक** (Conductors) कहते हैं।
- इनमें ऐसे विद्युत आवेश (इलेक्ट्रॉन) होते हैं जो पदार्थ के अन्दर गति के लिए अपेक्षाकृत स्वतन्त्र होते हैं।
- धातुएँ, मानव, जन्तु शरीर और पृथ्वी चालक हैं।
- काँच (Glass), पोर्सेलिन (Porcelain), प्लास्टिक (Plastic), नॉयलोन (Nylon), लकड़ी (Wood) जैसी अधिकांश अधातुएँ अपने से होकर प्रवाहित होने वाली विद्युत पर उच्च प्रतिरोध लगाती हैं। इन्हें **अचालक** (Insulator) कहते हैं।
- जब कुछ आवेश किसी चालक पर स्थानान्तरित होता है, तो वह तुरन्त ही उस चालक के समस्त पृष्ठ पर फैल जाता है। इसके विपरीत यदि कुछ आवेश किसी विद्युतरोधी को दें तो वह उसी स्थान पर विद्यमान रहता है।
- जब हम किसी आवेशित वस्तु को पृथ्वी के सम्पर्क में लाते हैं तो वस्तु पर उपस्थित समस्त आवेश, सम्बन्धित चालक (Connecting conductor) (जैसे कि हमारा शरीर) के माध्यम से एक क्षणिक धारा को पृथ्वी में प्रवाहित करके समाप्त हो जाता है।
- पृथ्वी के साथ आवेशों को साझा करने की प्रक्रिया को **ग्राउण्डिंग** (Grounding) या **अर्थिंग (भू-सम्पर्कन)** (Earthing) कहा जाता है। यह विद्युत परिपथों और उपकरणों के लिए एक सुरक्षा उपाय प्रदान करता है।

विद्युत आवेशों के मूलभूत गुण
(Basic Properties of Electric Charges)

- यदि आवेशित वस्तुओं का आकार उनके बीच की दूरी की तुलना में बहुत कम होता है, तो हम उन्हें बिन्दु आवेश मानते हैं। यह मान लिया जाता है कि वस्तु का सम्पूर्ण आवेश अंतरिक्ष (Space) में एक बिन्दु पर संकेन्द्रित हैं।
- **आवेशों की योज्यता** (Additivity of Charges) किसी वस्तु पर कुल विद्युत आवेश उस वस्तु के विभिन्न भागों पर उपस्थित सभी आवेशों के बीजगणितीय योग के बराबर होता है।
  यदि किसी निकाय n आवेश $q_1, q_2, q_3, \ldots q_n$, हैं, तब
  $$q_{\text{कुल}} = q_1 + q_2 + q_3 + \ldots q_n$$
- **विद्युत आवेश संरक्षित होता है** (Electric Charge is Conserved) बहुत-सी आवेशित वस्तुओं के किसी विलगित निकाय (Insolated system) के अन्दर, वस्तुओं में अन्योन्य क्रिया के कारण, आवेश पुनः वितरित हो सकते हैं, लेकिन कुल आवेश सदैव संरक्षित रहता है।
- किसी विलगित निकाय के कुल आवेश को उत्पन्न करना अथवा नष्ट करना सम्भव नहीं है। यद्यपि किसी प्रक्रिया में आवेशवाही कण उत्पन्न अथवा नष्ट किए जा सकते हैं।
- **आवेश का क्वाण्टमीकरण** (Quantisation of Charge) किसी वस्तु पर विद्युत आवेश सदैव e (आवेश का मूल मात्रक अर्थात् इलेक्ट्रॉन पर आवेश) का पूर्ण गुणज होता है। यह आवेश का क्वाण्टमीकरण कहलाता है।

  अर्थात् $$q = ne$$
  जहाँ, $n = 1, 2, 3 \ldots\ldots$
  इलेक्ट्रॉन पर आवेश ऋणात्मक माना जाता है।
- आवेश का **SI मात्रक, कूलॉम** (Coulomb) होता है और इसे प्रतीक C द्वारा दर्शाया जाता है।
  आवेश के मूल मात्रक का मान $e = 1.602192 \times 10^{-19}$ कूलॉम होता है।
  इस प्रकार, -1 कूलॉम आवेश के परिमाण में 6.24×10^{18} इलेक्ट्रॉन होते हैं।

कूलॉम का नियम (Coulomb's Law)

- यदि निर्वात् में दो बिन्दु आवेशों q_1 तथा q_2 को दूरी r से पृथक किया जाता है, तो इनके बीच लगने वाले बल (F) का परिमाण **NEET 2020,19**
  $$F = k\frac{|q_1q_2|}{r^2}$$
  जहाँ, $k = \dfrac{1}{4\pi\varepsilon_0} = 9 \times 10^9$ न्यूटन-मीटर^2/कूलॉम^2
  और ε_0 = मुक्त पथ की विद्युतशीलता
  $= 8.854 \times 10^{-12}$ कूलॉम^2 न्यूटन$^{-1}$ मीटर$^{-2}$
- किसी माध्यम में **दूरी r पर स्थित दो आवेशों q_1 तथा q_2 के मध्य बल** को निम्न रूप में व्यक्त किया जाता है,
  $$E_{\text{माध्यम}} = \frac{1}{4\pi\varepsilon}\cdot\frac{q_1q_2}{r^2}$$
  यहाँ, ε = माध्यम की निरपेक्ष विद्युतशीलता
- परावैद्युत स्थिरांक K वाले परावैद्युत माध्यम में, बल, K गुणक द्वारा कम हो जाता है।
  $$\frac{F_{\text{निर्वात्}}}{F_{\text{माध्यम}}} = \frac{1}{4\pi\varepsilon_0}\cdot\frac{q_1q_2}{r^2} \Big/ \frac{1}{4\pi\varepsilon}\cdot\frac{q_1q_2}{r^2}$$
  $$= \frac{\varepsilon}{\varepsilon_0} = \varepsilon_r = K$$
  अर्थात् $$F_{\text{माध्यम}} = \frac{F_{\text{निर्वात्}}}{K}$$
  जहाँ, ε_r = माध्यम की सापेक्षित विद्युतशीलता
  माध्यम की विद्युतशीलता का निर्वात् की विद्युतशीलता से अनुपात **सापेक्षित विद्युतशीलता** (Relative premittivity) कहलाता है।
- **सदिश रूप में कूलॉम का नियम** (Coulomb's Law in Vector Form) मान लीजिए कि आवेशों q_1 और q_2 के स्थिति सदिश क्रमशः $\mathbf{r}_1$ और $\mathbf{r}_2$ हैं, जैसा कि नीचे चित्र में दिखाया गया है।

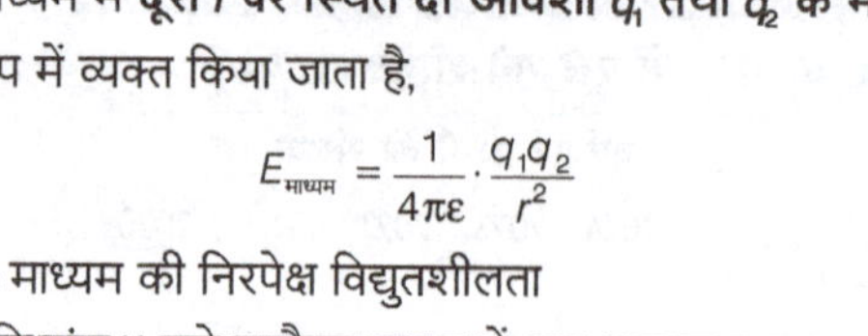

- आवेश q_2 पर आवेश q_1 के द्वारा लगने वाला बल F_{21} निम्न प्रकार जाता है,
  $$\mathbf{F}_{21} = \frac{1}{4\pi\varepsilon_0}\cdot\frac{q_1q_2}{r_{21}^2}\hat{\mathbf{r}}_{21},$$ जहाँ $\hat{\mathbf{r}}_{21}$, q_1 से q_2 तक एकांक सदिश है।

$\therefore \qquad \hat{r}_{21} = \dfrac{\mathbf{r}_{21}}{r_{21}}$

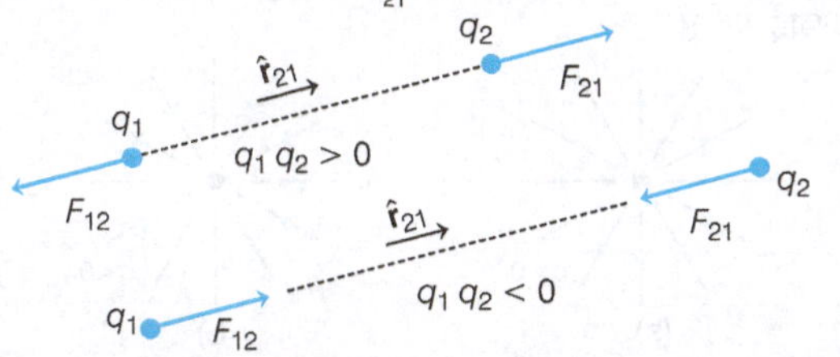

- आवेश q_1 पर आवेश q_2 के द्वारा लगने वाला बल F_{12} निम्न प्रकार दिया जाता है,

$$\mathbf{F}_{12} = \frac{1}{4\pi\varepsilon_0}\cdot\frac{q_1 q_2}{r_{12}^2}\hat{\mathbf{r}}_{12} = -\frac{1}{4\pi\varepsilon_0}\cdot\frac{q_1 q_2}{r_{21}^2}\hat{\mathbf{r}}_{21}$$

- कूलॉम का नियम, न्यूटन के तीसरे नियम से सहमति प्रदर्शित करता है, अर्थात् $\mathbf{F}_{12} = -\mathbf{F}_{21}$

बहुल आवेशों के मध्य बल (Force Between Multiple Charges)

- "किसी दिए गए आवेश पर अन्य आवेशों के कारण लगने वाला परिणामी बल, उस आवेश पर प्रत्येक आवेश के कारण लगने वाले अलग-अलग बलों के सदिश योग के बराबर होता है।" इसे **अध्यारोपण का सिद्धान्त** (Principle of Superposition) कहते हैं।

बहुल आवेशों का एक निकाय नीचे चित्र में दिखाया गया है।

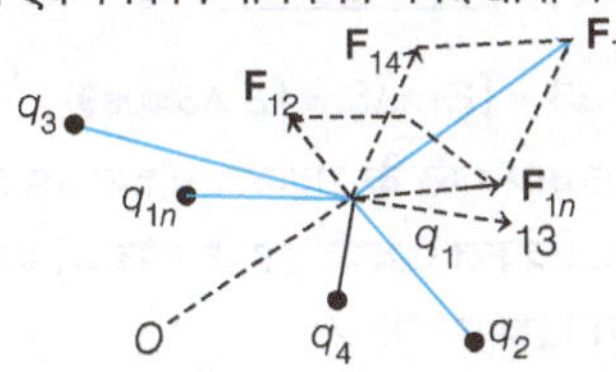

- यदि एक निकाय में उपस्थित आवेश $q_1, q_2, q_3 ... , q_n$ हैं, अतः q_1 आवेश पर समस्त आवेशों के कारण लगने वाला परिणामी बल $\mathbf{F}_1$ निम्न प्रकार दिया जाता है,

$$\mathbf{F}_1 = \mathbf{F}_{12} + \mathbf{F}_{13} + \mathbf{F}_{14} + \ldots + \mathbf{F}_{1n}$$

अर्थात् $$\mathbf{F}_1 = \frac{1}{4\pi\varepsilon_0}\left(\frac{q_1 q_2}{r_{12}^2}\hat{\mathbf{r}}_{12} + \frac{q_1 q_3}{r_{13}^2}\hat{\mathbf{r}}_{13} + \ldots + \frac{q_1 q_n}{r_{1n}^2}\hat{\mathbf{r}}_{1n}\right)$$

$$= \frac{q_1}{4\pi\varepsilon_0}\sum_{i=1}^{n}\frac{q_i}{r_{1i}^2}\hat{\mathbf{r}}_{1i}$$

Concept Master
Video के लिए

Marks Maximizer

एक समबाहु त्रिभुज के शीर्ष पर रखे गए आवेश पर बल

एक समबाहु त्रिभुज में अन्य दो आवेश q_1 और q_2 के कारण आवेश q_3 पर लगने वाला बल निम्न प्रकार दिया जाता है

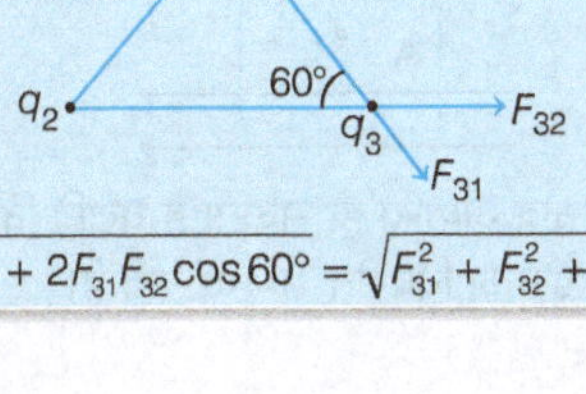

$$F_{कुल} = \sqrt{F_{31}^2 + F_{32}^2 + 2F_{31}F_{32}\cos 60^\circ} = \sqrt{F_{31}^2 + F_{32}^2 + F_{31}F_{32}}$$

विद्युत क्षेत्र (Electric Field)

- आवेशों के एक समूह या एक विद्युत आवेश के चारों ओर का वह क्षेत्र जिसमें दूसरा **आवेश बल** का अनुभव करता है।
इसका **मात्रक न्यूटन/कूलॉम** होता है और यह एक **सदिश राशि** है।
- एक बिन्दु r पर आवेश Q द्वारा उत्पन्न क्षेत्र निम्न प्रकार दिया जाता है,

$$\mathbf{E}(\mathbf{r}) = \frac{1}{4\pi\varepsilon_0}\cdot\frac{Q}{r^2}\hat{\mathbf{r}}$$

NEET 2020

जहाँ, $\hat{\mathbf{r}} = \dfrac{\mathbf{r}}{r}$, मूल बिन्दु से बिन्दु r तक एकांक सदिश है।

- यदि आवेश q की स्थिति को सदिश $\mathbf{r}$ द्वारा निर्दिष्ट (Denoted) करें, तो यह q की अवस्थिति पर बल $\mathbf{F}$ का अनुभव करता है जो आवेश q तथा विद्युत क्षेत्र $\mathbf{E}$ के गुणनफल के बराबर होता है।
इस प्रकार, $\mathbf{F}(\mathbf{r}) = q\mathbf{E}(\mathbf{r})$
- वह आवेश Q जो विद्युत क्षेत्र उत्पन्न कर रहा है, **स्रोत आवेश** (Source charge) कहलाता है, तथा आवेश q जो स्रोत आवेश के प्रभाव का परीक्षण करता है, **परीक्षण आवेश** (Test charge) कहलाता हैं।
- **विद्युत क्षेत्र सदिश E** (Electric Field Vector **E**) (इसे विद्युत क्षेत्र की तीव्रता से भी जाना जाता है) किसी दिए गए बिन्दु पर निम्न प्रकार दिया जाता है।

$$\mathbf{E} = \lim_{q_0 \to 0}\frac{\mathbf{F}}{q_0}$$

जहाँ, q_0 किसी दिए गए बिन्दु पर एक लघु धनात्मक परीक्षण आवेश है जो बल $\mathbf{F}$ का अनुभव करता है।

- **विद्युत क्षेत्र की तीव्रता की दिशा** धनात्मक आवेश से ऋणात्मक आवेश की ओर ली जाती है।
- **आवेशों के निकाय के कारण विद्युत क्षेत्र** (Electric Field due to System of Charge) यदि $q_1, q_2, q_3 ......$ आवेशों का एक निकाय है जिनके मूल बिन्दु O के सापेक्ष स्थिति सदिश क्रमशः $\mathbf{r}_1, \mathbf{r}_2, \mathbf{r}_3 ....., \mathbf{r}_n$ हैं तब बिन्दु P, जिसे स्थिति सदिश $\mathbf{r}$ द्वारा निर्दिष्ट किया जाता है, पर विद्युत क्षेत्र को निर्धारित करने के लिए कूलॉम नियम तथा अध्यारोपण के सिद्धान्त का उपयोग कर सकते हैं।

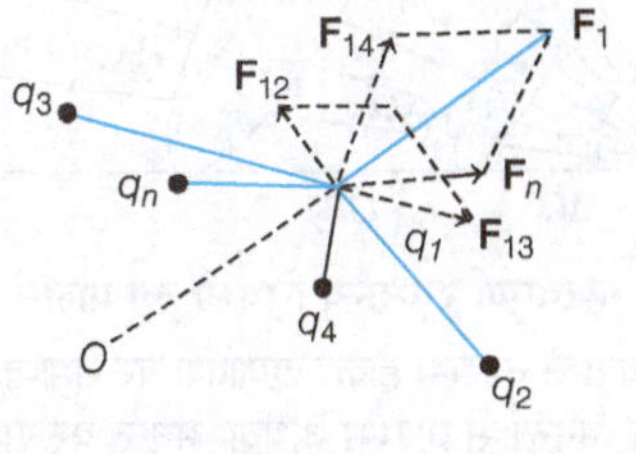

अध्यारोपण सिद्धान्त द्वारा आवेशों के निकाय के कारण $\mathbf{r}$ पर विद्युत क्षेत्र $\mathbf{E}$ (चित्र में दर्शाए अनुसार) निम्न प्रकार व्यक्त किया जा सकता है

$$\mathbf{E}(\mathbf{r}) = \mathbf{E}_1(\mathbf{r}) + \mathbf{E}_2(\mathbf{r}) + \ldots + \mathbf{E}_n(\mathbf{r})$$

$$= \frac{1}{4\pi\varepsilon_0}\frac{q_1}{r_{1p}^2}\hat{\mathbf{r}}_{1p} + \frac{1}{4\pi\varepsilon_0}\frac{q_2}{r_{2p}^2}\hat{\mathbf{r}}_{2p} + \ldots + \frac{1}{4\pi\varepsilon_0}\frac{q_n}{r_{np}^2}\hat{\mathbf{r}}_{np}$$

$$\Rightarrow \quad \mathbf{E}(\mathbf{r}) = \frac{1}{4\pi\varepsilon_0}\sum_{i=1}^{n}\frac{q_i}{r_{ip}^2}\hat{\mathbf{r}}_{ip}$$

जहाँ, $\hat{\mathbf{r}}_{ip}$, iवें आवेश से बिन्दु P तक निर्देशित किया जाता है।

विद्युत क्षेत्र का भौतिकीय महत्त्व (Physical Significance of Electric Field)

- विद्युत क्षेत्र आवेशों के निकाय का एक अभिलक्षण है तथा विद्युत क्षेत्र के निर्धारण के लिए आपके द्वारा उस बिन्दु पर रखे जाने वाले परीक्षण आवेश पर निर्भर नहीं करता।
- चूँकि बल सदिश राशि है, अतः विद्युत क्षेत्र एक सदिश राशि है।
- q_2 आवेश पर q_1 की किसी गति का प्रभाव तात्क्षणिक (Instantaneously) उत्पन्न नहीं हो सकता। कारण (q_1 की गति) तथा प्रभाव (q_2 पर बल) के बीच कुछ न कुछ काल विलम्ब अवश्य होता है।
- आवेश q_1 की त्वरित गति विद्युतचुम्बकीय तरंगें (Electromagnetic waves) उत्पन्न करती है जो प्रकाश की चाल (c) से संचरित होकर q_2 तक पहुँचती है तथा q_2 पर बल लगाती हैं। यद्यपि, विद्युत क्षेत्र को केवल आवेशों पर इनके प्रभावों (बलों) द्वारा ही ज्ञात किया जा सकता है। परन्तु यह अपने नियमों के अनुसार ही विकसित होता है। यह ऊर्जा का परिवहन भी कर सकता है।

विद्युत क्षेत्र रेखाएँ (Electric Field Lines)

- विद्युत क्षेत्र रेखा किसी आवेश के चारों ओर खींची गई एक काल्पनिक रेखा है। **किसी भी बिन्दु पर इन रेखाओं पर स्पर्शरेखा उस बिन्दु पर क्षेत्र की दिशा बताती है।**
- क्षेत्र रेखाओं का घनत्व विद्युत क्षेत्र के परिमाप को दर्शाता है। विद्युत क्षेत्र प्रबलता की दूरी पर निर्भरता तथा इसका क्षेत्र रेखाओं की संख्या से सम्बन्ध चित्र में दिखाया गया है।

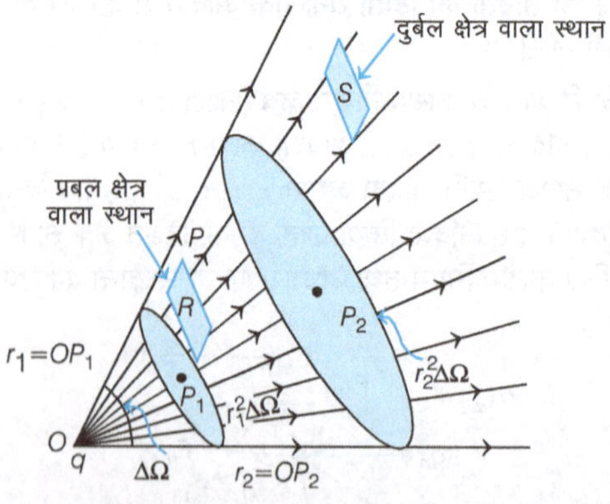

- **क्षेत्र रेखाएँ कुछ महत्त्वपूर्ण सामान्य नियमों का पालन करती है**
  (i) क्षेत्र रेखाएँ धनावेश से आरम्भ होकर ऋणावेश पर समाप्त होती हैं। यदि आवेश एकल है, तो ये अनन्त से प्रारम्भ अथवा अनन्त पर समाप्त हो सकती हैं।
  (ii) किसी आवेश मुक्त क्षेत्र में, क्षेत्र रेखाओं को सतत् वक्र माना जा सकता है जो कहीं नहीं टूटते हैं।
  (iii) दो क्षेत्र रेखाएँ एक-दूसरे को कदापि नहीं काटती हैं। ये वे ऐसा करती हैं, तो प्रतिच्छेदन बिन्दु पर क्षेत्र की केवल एक दिशा नहीं होगी, जो निरर्थक (Absurd) है।
  (iv) स्थिरविद्युत क्षेत्र रेखाएँ बन्द लूप नहीं बनाती हैं। ये विद्युत क्षेत्र की संरक्षणात्मक (Conservative) प्रकृति का अनुसरण करते हैं।
  (v) प्रवेश करते और निकलते समय, विद्युत क्षेत्र रेखाएँ हमेशा चालक की सतह पर लम्बवत् होती हैं।
  (vi) **कुछ सरल आवेश विन्यास के कारण विद्युत क्षेत्र रेखाएँ** चित्र में दिखाई गई हैं।

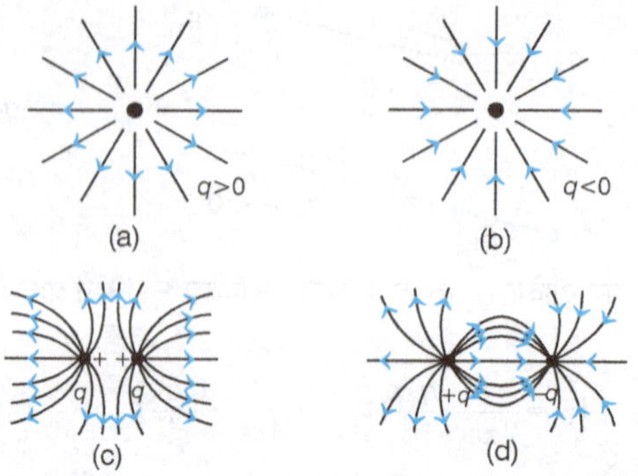

विद्युत फ्लक्स (Electric Flux)

- विद्युत फ्लक्स किसी पृष्ठ से गुजरने वाले विद्युत क्षेत्र के प्रवाह की माप है। गणितीय रूप में, विद्युत फ्लक्स एक पृष्ठ पर एकीकृत (Integrated) क्षेत्रफल अवयव **ΔS** और **E** के लम्बवत् घटक का गुणनफल है जैसा कि चित्र में दिखाया गया है।

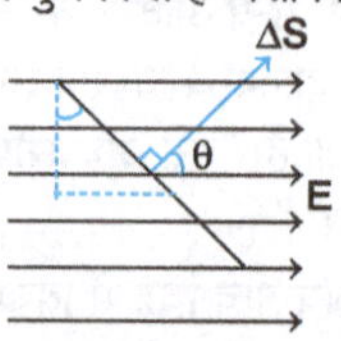

अर्थात् $\phi_E = \int \mathbf{E} \cdot \Delta \mathbf{S} = \int \mathbf{E} \cdot \hat{\mathbf{n}} \Delta S = \int E \, \Delta S \cos\theta$

जहाँ, θ विद्युत क्षेत्र **E** और पृष्ठ के क्षेत्रफल सदिश **ΔS** की दिशाओं के मध्य कोण है और $\hat{\mathbf{n}}$, क्षेत्रफल अवयव **ΔS** के लम्बवत् एकांक सदिश है जैसा कि नीचे चित्र में दिखाया गया है।

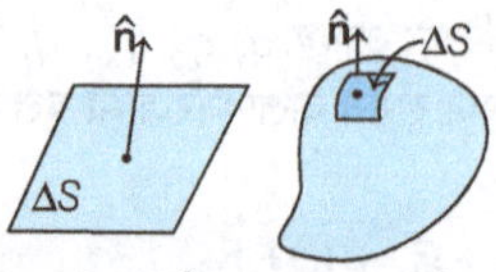

$\Delta \mathbf{S} = S\hat{n}$ $\quad$ $\Delta \mathbf{S} = S\hat{n}$

विद्युत फ्लक्स का SI मात्रक, न्यूटन-मी^{2}/कूलॉम अथवा वोल्ट-मीटर होता है।

- **यदि क्षेत्रफल अवयव ΔS किसी बिन्दु पर E के लम्बवत् है** जैसाकि चित्र में दिखाया गया है, तब θ = 0°, अतः इससे गुजरने वाली क्षेत्र रेखाओं की संख्या EΔS के अनुक्रमानुपाती होती हैं।

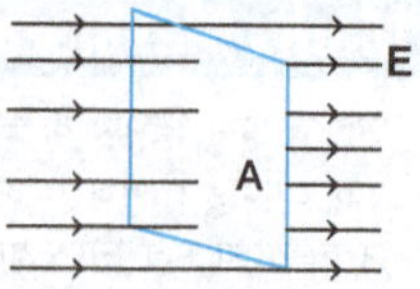

- **यदि क्षेत्रफल अवयव ΔS किसी बिन्दु पर E के समानान्तर है,** जैसा कि नीचे चित्र में दिखाया गया है, तब θ = 90°, अतः इससे गुजरने वाली क्षेत्र रेखाओं की संख्या शून्य होती है।

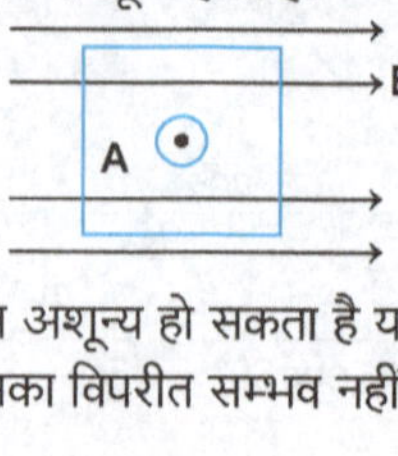

- किसी क्षेत्र में विद्युत क्षेत्र अशून्य हो सकता है यद्यपि विद्युत फ्लक्स शून्य हो सकता है लेकिन इसका विपरीत सम्भव नहीं है।

विद्युत द्विध्रुव (Electric Dipole)

- विद्युत द्विध्रुव एक निकाय है जो एक-दूसरे से लघु दूरी पर रखे गए दो समान और विपरीत बिन्दु आवेशों से बनता है।

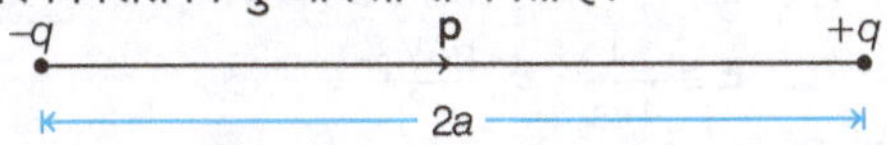

- किसी भी आवेश q के परिमाण और आवेशों के बीच की दूरी $2a$ के गुणनफल को **विद्युत द्विध्रुव आघूर्ण** p (Electric dipole moment) कहा जाता है।
  अर्थात् $\mathbf{p} = q \times 2\mathbf{a}$
  यह एक **सदिश राशि** है इसका SI मात्रक कूलॉम-मीटर होता है।
- विद्युत द्विध्रुव आघूर्ण की दिशा $-q$ से $+q$ की ओर होती है।
- विद्युत द्विध्रुव का कुल आवेश शून्य होता है। परन्तु इसका अर्थ यह नहीं है कि द्विध्रुव का विद्युत क्षेत्र शून्य है।
- **किसी द्विध्रुव के अक्षीय बिन्दु पर विद्युत क्षेत्र** (Electric Field at an Axial Point of a Dipole) एक अक्षीय बिन्दु P पर द्विध्रुव के कारण विद्युत क्षेत्र नीचे दिए गए चित्र में निम्न प्रकार दिखाया गया है,

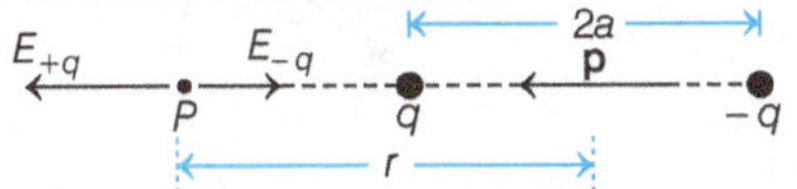

$$\mathbf{E} = \frac{1}{4\pi\varepsilon_0}\cdot\frac{2\mathbf{p}r}{(r^2-a^2)^2}, \quad \mathbf{E} = \frac{1}{4\pi\varepsilon_0}\cdot\frac{2\mathbf{p}}{r^3} \qquad [\text{जब } r >> 0]$$

E की दिशा **p** के समान है

- **किसी द्विध्रुव के निरक्षीय बिन्दु पर विद्युत क्षेत्र** (Electric Field at an Equitorial Point of a Dipole) निरक्षीय बिन्दु P पर द्विध्रुव के कारण विद्युत क्षेत्र जैसे चित्र में दिखाया गया है इस प्रकार दिया गया है,

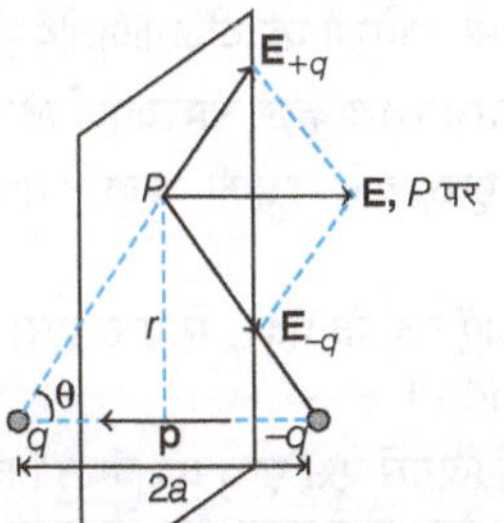

$$\mathbf{E} = -\frac{1}{4\pi\varepsilon_0}\cdot\frac{\mathbf{p}}{(r^2-a^2)^{3/2}}$$

E की दिशा **p** के विपरीत है। $\mathbf{E} = -\frac{\mathbf{p}}{4\pi\varepsilon_0 r^3}$ [जब $r >> 0$]

द्विध्रुव का भौतिकीय महत्व (Physical Significance of Dipoles)

- अधिकांश अणुओं में, धनावेशों तथा ऋणावेशों के केन्द्र एक ही स्थान पर होते हैं। इसलिए इनके द्विध्रुव आघूर्ण शून्य होते हैं; जैसे-CO_2 तथा CH_4
- लेकिन कुछ अणुओं में, धनावेशों तथा ऋणावेशों के केन्द्र सम्पाती नहीं होते। अतः विद्युत क्षेत्र की अनुपस्थिति में भी इनका अपना स्थायी द्विध्रुव आघूर्ण होता है। इस प्रकार के अणुओं को **ध्रुवित अणु** (Polars molecules) कहते हैं; जैसे-H_2O

एकसमान बाह्य क्षेत्र में द्विध्रुव (Dipole in a Uniform External Field)

- जब द्विध्रुव आघूर्ण **p** का एक द्विध्रुव एकसमान विद्युत क्षेत्र **E** की दिशा से एक कोण पर रखा जाता है; जैसा कि नीचे चित्र में दिखाया गया है, तो यह एक बल-आघूर्ण का अनुभव करता है और इसका परिमाण निम्न प्रकार दिया जाता है।

  $\tau = pE \sin\theta$

  सदिश रूप में, $\boldsymbol{\tau} = \mathbf{p} \times \mathbf{E}$

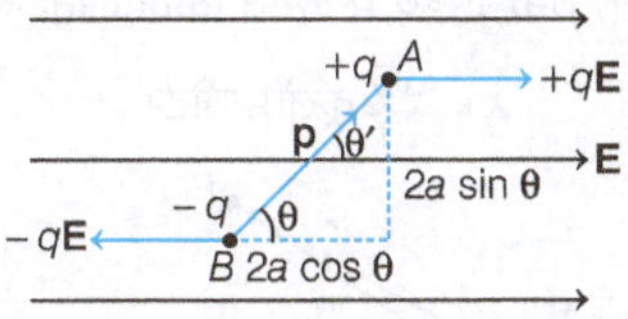

- बल-आघूर्ण की दिशा कागज के तल के लम्बवत् और अन्दर की ओर होती है।
- विद्युत द्विध्रुव के दो आवेश समान और विपरीत बलों का अनुभव करते हैं, जो एक-दूसरे को **निरस्त** (Cancel) कर देते हैं और इसलिए एक समान विद्युत क्षेत्र में विद्युत द्विध्रुव पर कुल (Net) बल शून्य होता है।
- जब द्विध्रुव **E** के समानांतर या प्रतिसमानांतर होता है, तब $\theta = 0°$ या $180°$ पर बल-आघूर्ण शून्य होता है और $\theta = 90°$ पर अधिकतम, $\tau_{\text{अधिकतम}} = \mathbf{p}\mathbf{E}$, होता है।
- द्विध्रुव उस दिशा में संरेखित होता है, जहाँ यह न्यूनतम बल-आघूर्ण का अनुभव करता है। इसलिए, यह एकसमान विद्युत क्षेत्र की दिशा के समानांतर या प्रति समानांतर संरेखित होता है।
- **जब द्विध्रुव आघूर्ण p के एक विद्युत द्विध्रुव को एक असमान विद्युत क्षेत्र, E की दिशा के समानांतर या प्रतिसमानांतर रखा जाता है**; जैसा कि नीचे चित्र में दिखाया गया है, तब किसी भी स्थिति में कुल बल-आघूर्ण शून्य होता है, लेकिन विद्युत क्षेत्र की वृद्धि की दिशा में द्विध्रुव पर कुल बल अवश्य होता है।

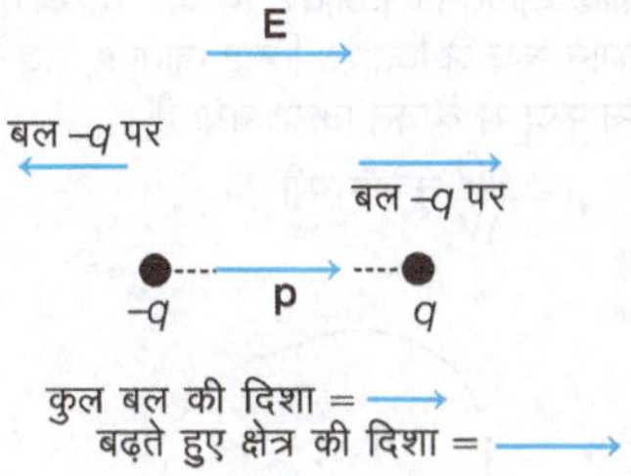

(a)

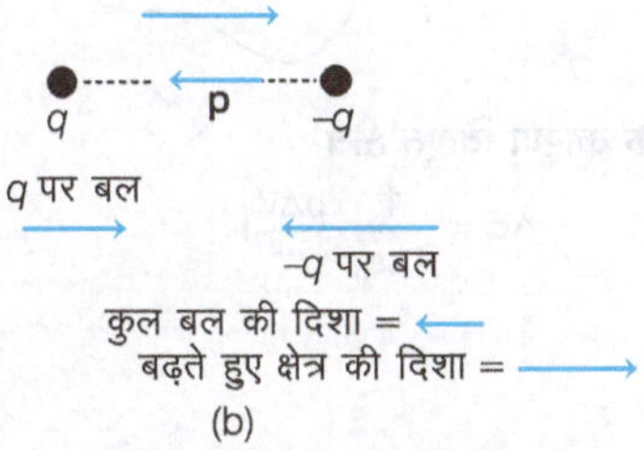

(b)

सतत् आवेश वितरण
(Continuous Charge Distribution)

सतत् आवेश वितरण तीन प्रकार के होते हैं तथा आवेश वितरण के अनुसार आवेश घनत्व तीन प्रकार के होते हैं जैसा कि नीचे दिया गया है

(i) **रैखिक आवेश घनत्व** (Linear Charge Density) यह एक लम्बे तार की प्रति एकांक लम्बाई का आवेश है। यदि ΔQ आवेश तार के रेखा अवयव Δl पर समान रूप से वितरित किया जाता है, तब रैखिक आवेश घनत्व (λ) निम्न रूप में व्यक्त किया जाता है,

$$\lambda = \frac{\Delta Q}{\Delta l} \text{ कूलॉम/मीटर}$$

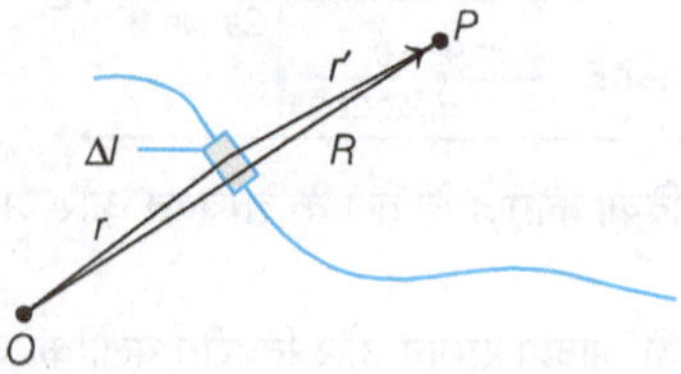

(ii) **पृष्ठीय आवेश घनत्व** (Surface Charge Density) यह पृष्ठ के प्रति एकांक क्षेत्रफल का आवेश है। यदि ΔQ आवेश को क्षेत्रफल अवयव ΔS पर समान रूप से वितरित किया जाता है, तब पृष्ठीय आवेश घनत्व (σ) को निम्न रूप में व्यक्त किया जाता है

$$\sigma = \frac{\Delta Q}{\Delta S} \text{ कूलॉम/मी}^2$$

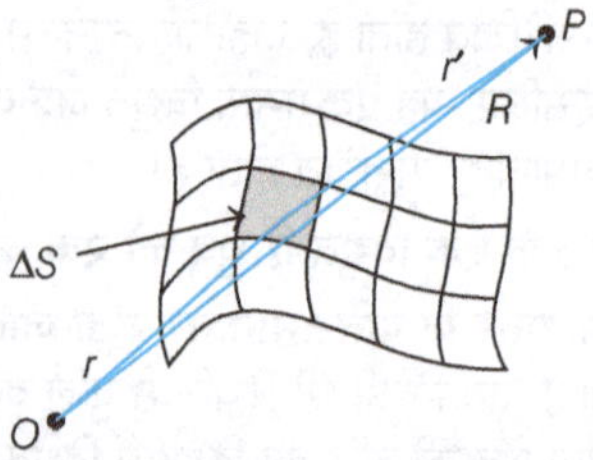

(iii) **आयतन आवेश घनत्व** (Volume Charge Density) यह किसी एक स्थूल पदार्थ के एकांक आयतन का आवेश है। यदि ΔQ आवेश को आयतन अवयव ΔV पर समान रूप से वितरित किया जाता है, तब आयतन आवेश घनत्व (ρ) को निम्न रूप में व्यक्त किया गया है,

$$\rho = \frac{\Delta Q}{\Delta V} \text{ कूलॉम/मी}^3$$

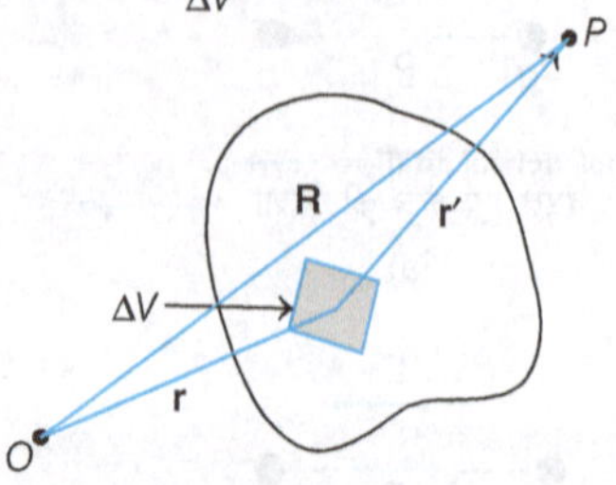

- **आवेश $\rho\Delta V$ के कारण विद्युत क्षेत्र**

$$\Delta \mathbf{E} = \frac{1}{4\pi\varepsilon_0} \cdot \frac{\rho \Delta V}{r'^2} \hat{\mathbf{r}}'$$

जहाँ, r' आवेश अवयव तथा P के बीच की दूरी है तथा $\hat{\mathbf{r}}'$ आवेश अवयव से P की दिशा में एकांक सदिश है।

- **विभिन्न आयतन-अवयवों के कारण कुल विद्युत क्षेत्रों** को इस प्रकार दिया गया है।

$$\mathbf{E} \cong \frac{1}{4\pi\varepsilon_0} \sum_{\text{all } \Delta V} \frac{\rho \Delta V}{r'^2} \hat{\mathbf{r}}'$$

गॉस का नियम (Gauss's Law)

- इस नियम के अनुसार, किसी बन्द पृष्ठ (जिसे 'गॉसियन पृष्ठ भी कहते हैं') **S** से गुजरने वाले विद्युत क्षेत्र की तीव्रता (कुल विद्युत फ्लक्स) का पृष्ठीय समाकलन, उस पृष्ठ द्वारा परिबद्ध कुल (नैट) आवेश q का $\frac{1}{\varepsilon_0}$ गुना होता है जैसा कि नीचे चित्र में दिखाया गया है।

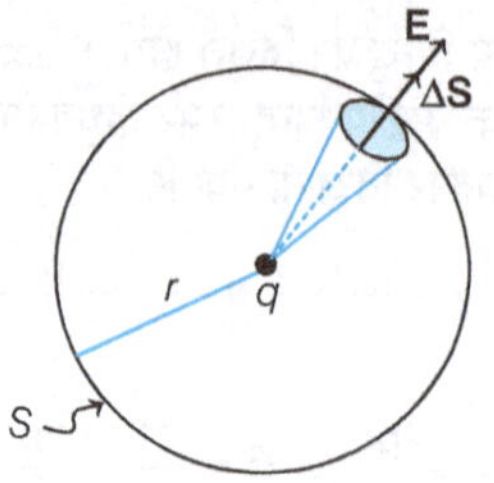

अतः $\quad \phi_E = \oint \mathbf{E} \cdot d\mathbf{S} = \frac{1}{\varepsilon_0} \sum_{i=1}^{n} q_i = \frac{q_{\text{परिबद्ध}}}{\varepsilon_0}$

जहाँ, $\quad q = \sum_{i=1}^{n} q_i$

बन्द पृष्ठ के अन्दर सभी आवेशों का बीजगणितीय योग है।

- **गॉस के नियम से सम्बन्धित कुछ महत्त्वपूर्ण बिन्दु**

(i) यह प्रत्येक बन्द पृष्ठ, चाहे उसकी आकृति तथा आमाप कुछ भी हो, के लिए सत्य है।

(ii) गॉस नियम के दाएँ पक्ष के पद q में पृष्ठ द्वारा परिबद्ध सभी आवेशों का योग सम्मिलित है।

(iii) उन परिस्थितियों जिनमें ऐसे पृष्ठ का चयन किया जाता है कि कुछ आवेश पृष्ठ के भीतर तथा कुछ पृष्ठ के बाहर होते हैं, विद्युत क्षेत्र, S के भीतर तथा बाहर स्थित सभी आवेशों के कारण होता है तथापि गॉस नियम के दाएँ पक्ष में पद q, केवल S के भीतर के कुल आवेशों को निरूपित करता है।

(iv) गॉस नियम के अनुप्रयोग के लिए चयन किए जाने वाले पृष्ठ को **गॉसियन पृष्ठ** कहते हैं। गॉसियन पृष्ठ सतंत आवेश वितरण से गुजर सकता है।

(v) जब निकाय में कुछ सममिति (Symmetry) होती है, तो विद्युत के परिकलन को अधिक आसान बनाने के लिए गॉस नियम प्रायः उपयोगी होता है।

(vi) यह कूलॉम नियम में अन्तर्निहित दूरी पर व्युत्क्रम वर्ग निर्भरता पर आधारित है। गौस नियम का कोई भी उल्लंघन, व्युत्क्रम वर्ग नियम से विचलन को दर्शाएगा।

गॉस के नियम के अनुप्रयोग (Applications of Gauss's Law)

गॉस के नियम का उपयोग व्यापक आवेश वितरण के कारण विद्युत क्षेत्र को निर्धारित करने के लिए किया जा सकता है।

क्र.सं.	सममित आवेश के कारण क्षेत्र	सूत्र	शब्दावली	r के साथ E का विचलन
(i)	अनन्त लम्बाई के आवेशित तार 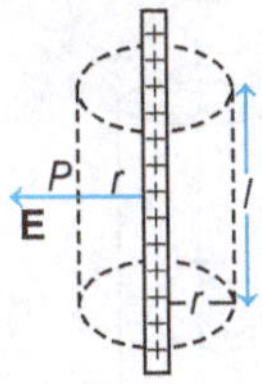	$E = \frac{\lambda}{2\pi\varepsilon_0 r}\hat{n}$ $= \frac{2k\lambda}{r}\hat{n}$	• λ रैखिक आवेश घनत्व है • $\hat{n}$ त्रिज्य एकांक सदिश है • r बिन्दु आवेश की अभिलम्बवत् दूरी है	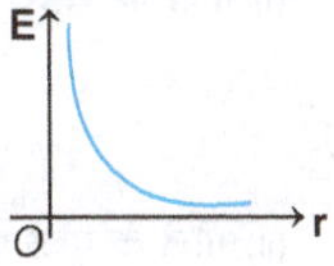
(ii)	एकसमान आवेशित अनन्त समतल चादर 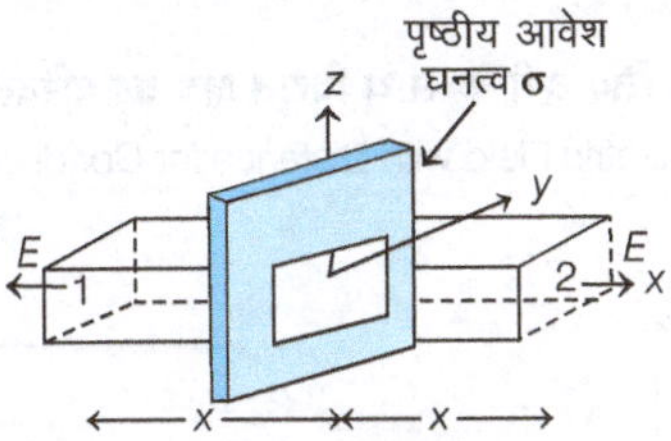	$E = \frac{\sigma}{2\varepsilon_0}\hat{n}$	• σ पृष्ठीय आवेश घनत्व है। • $\hat{n}$ तल के अभिलम्बवत् इससे दूर जाता हुआ एकांक सदिश है। • यदि σ धनात्मक है तो E तल से बहिर्मुखी होता है तथा यदि σ ऋणात्मक है, तो E तल से अन्तर्मुखी होता है।	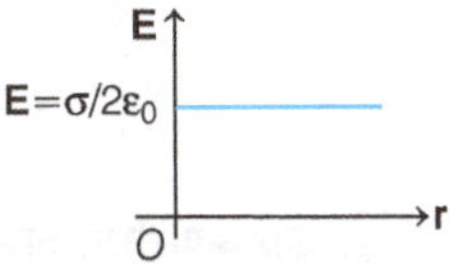
(iii)	एकसमान आवेशित पतले गोलीय कोश 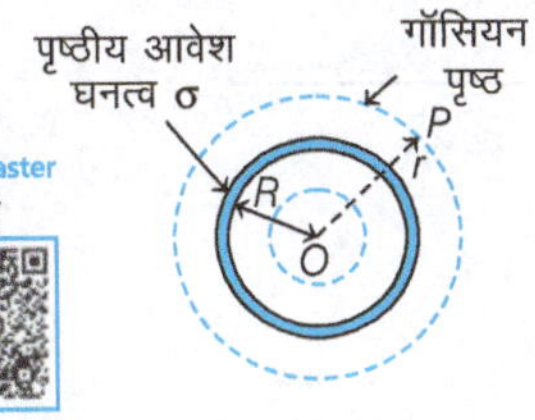 Concept Master Video के लिए	• $r \geq R$ $E = \frac{q}{4\pi\varepsilon_0 r^2}\hat{r}$ • $r < R$ $E = 0$	• r गॉसियन पृष्ठीय आवेश घनत्व की त्रिज्या है • R कोश की त्रिज्या है।	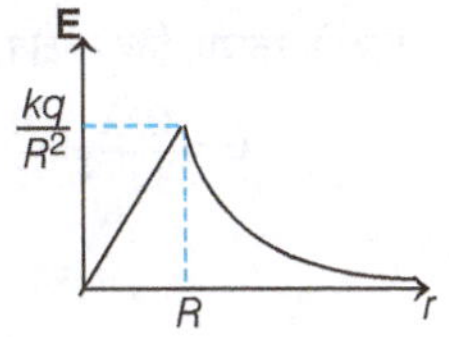

Caution Points

- एक बल है जिसे प्रबल बल के रूप में जाना जाता है, जो नाभिक में मौजूद सभी धनात्मक आवेशों को धारण करता है। यह 10^{-14} मी की बहुत छोटी प्रसार में कार्य करता है। यह बल परमाणुओं को संरचना प्रदान करता है।
- k के अपेक्षाकृत बड़े मान तथा 1 कूलॉम आवेश के मात्रक का कारण यह है कि आवेश को चुम्बकीय प्रभावों के आधार पर परिभाषित किया जाता है, जो विद्युत प्रभावों से क्षीण होते हैं।
- घूर्णन के अन्तर्गत, आवेश न केवल अदिश होता है, बल्कि सापेक्ष गति में निर्देश तन्त्र के लिए अपरिवर्तनीय भी होता है।
- एक विलगित तन्त्र में कुल आवेश का संरक्षण आवेश की अदिश प्रकृति से स्वतन्त्र होता है और एक विशिष्ट निर्देश तन्त्र के सन्दर्भ में समय के साथ आवेश की अपरिवर्तनीयता को संदर्शित करता है।
- विद्युत अदिश का क्वाण्टमीकरण प्रकृति का मौलिक एवं अस्पष्टीकरण नियम है, जबकि द्रव्यमान के क्वाटमीकरण के लिए कोई विशेष नियम नहीं हैं।
- असतत् आवेश वितरण से विद्युत क्षेत्र को असतत आवेश स्थानों पर परिभाषित नहीं किया जाता है। निरन्तर आयतन आवेश वितरण के लिए, क्षेत्रों को वितरण में कहीं भी परिभाषित किया जाता है, लेकिन पृष्ठ आवेश वितरण के लिए, विद्युत क्षेत्र पृष्ठ पर असतत होता है।
- शून्य कुल आवेश के साथ आवेश विन्यास कुछ विद्युत क्षेत्र बनाता है, जो शून्य नहीं होता है, लेकिन जैसे ही हम विन्यास के आकार की तुलना में आगे बढ़ते हैं, तो इसका क्षेत्र $\frac{1}{r^2}$ की तुलना में तेजी से क्षीण हो जाता है। विद्युत द्विध्रुव इस तथ्य का एक अच्छा उदाहरण हो सकता है।

PYQ नोट्स

1. **अचालक गोले (Sphere) के कारण विद्युत क्षेत्र**
(Electric Field Due to an Insulating Sphere)
एक-समान आवेशित अचालक गोले के कारण क्षेत्र **[NEET 2023]**
(i) **गोले के बाहर,** अर्थात् $r < R$

$$E = \frac{q}{4\pi\varepsilon_0 r^2}\hat{\mathbf{r}}$$

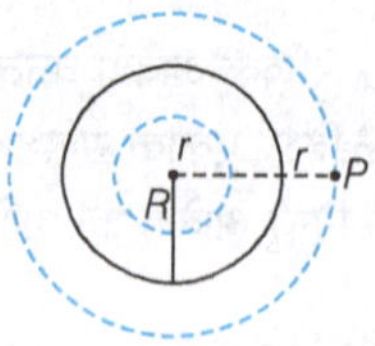

(ii) **गोले के पृष्ठ पर,** अर्थात् $r = R$

$$\mathbf{E} = \frac{q}{4\pi\varepsilon_0 R^2}$$

(iii) **गोले के अन्दर,** अर्थात् $r > R$

$$\mathbf{E} = \frac{1}{4\pi\varepsilon_0}\frac{Q\mathbf{r}}{R^3}$$

$$= \frac{\rho r}{3\varepsilon_0}$$

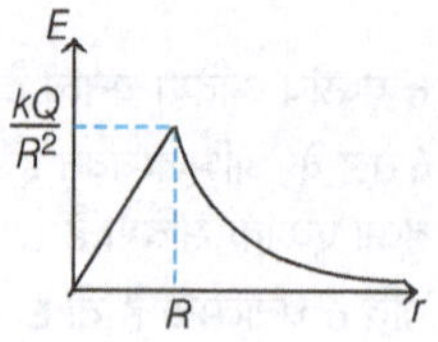

2. **एक अपरिमित तार के कारण क्षेत्र**
(Field due to a Finite Wire)
एकसमान आवेशित घनत्व λ वाले एक परिमित तार के कारण विद्युत क्षेत्र **[JEE Main 2023]**

$$\mathbf{E} = \frac{2k\lambda}{r}\sin\frac{\theta}{2}$$

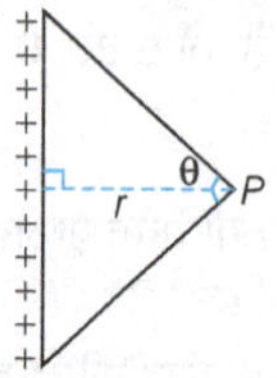

3. **एक बेलन के कारण क्षेत्र** (Field due to a Gylinder)
बेलन के अक्ष से r दूरी पर आवेश घनत्व ρ वाले बेलन के कारण विद्युत क्षेत्र दिया गया है। **[JEE Main 2022]**

$$E = \frac{\rho R^2}{2\varepsilon_0 r}$$

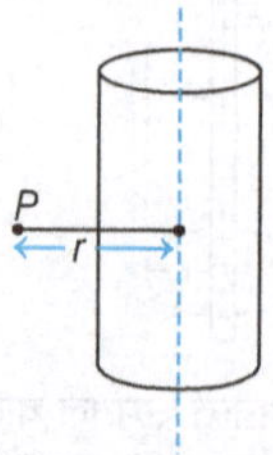

4. **चालक गोले के लिए दूरी के साथ विद्युत क्षेत्र का परिवर्तन**
(Variation of Electric Field with Distance for Conducting Wire) **[NEET 2019]**

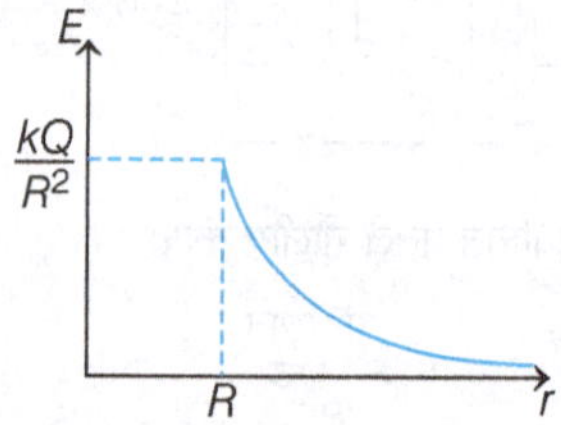

Step by Step

Mastering NCERT

- कॉन्सेप्ट बिल्डर्स
- शीर्षकवार प्रश्न
- अभिकथन–कारण प्रश्न
- कथन आधारित प्रश्न
- सुमेलन प्रकार प्रश्न
- आंकिक मान प्रकार के प्रश्न
- NCERT Exemplar प्रश्न
- विगत परीक्षाओं के प्रश्न
- स्किल बूस्टर्स

कॉन्सेप्ट बिल्डर्स

1 दो पिण्डों को रगड़ने पर एक पिण्ड का द्रव्यमान थोड़ा-सा .... (बढ़/घट) जाता है।

2 वह गुण जो दो प्रकार के आवेशों में अंतर करता है, आवेश की ध्रुवता कहलाता है। (सत्य/असत्य)

3 यदि आवेशित पिण्डों का आकार उनके बीच की दूरी की तुलना में बहुत छोटा है, तो हम उन्हें .... (शून्य/बिन्दु) आवेश मानते हैं।

4 एक धनात्मक आवेशित काँच की छड़ कागज के उदासीन टुकड़े को आकर्षित कर सकती है। (सत्य/असत्य)

5 यदि किसी अनावेशित गोलक को विद्युत क्षेत्र में रखा जाए, तो उसके दोलन का आवर्तकाल समान रहता है। (सत्य/असत्य)

6 समीकरण $q = ne$ क्या दर्शाता है?

7 निर्वात् में 1 मीटर दूरी पर रखे गए 1 कूलॉम (प्रत्येक) के दो धनावेशों के बीच प्रतिकर्षण बल कितना होता है?

8 एक अनियमित आकार के आवेशित चालक की सतह के विभिन्न बिन्दुओं पर विद्युत क्षेत्र .... (समान/भिन्न) होता है।

9 किसी चालक के पृष्ठ के किसी भी बिन्दु पर विद्युत क्षेत्र पृष्ठ आवेशित घनत्व के .... (सीधे/व्युत्क्रमानुपाती) होता है।

10 क्षेत्र की बल विशेषता ...... (तीव्रता / विभव) है और क्षेत्र की कार्य विशेषता .... (तीव्रता/विभव) है।

11 सदिश रूप में आवेशों के निकाय के कारण विद्युत क्षेत्र का सूत्र क्या होता है?

12 विद्युत क्षेत्र रेखाएँ एक-दूसरे को नहीं काट सकतीं क्योंकि यदि वे ऐसा करती हैं, तो उनकी एक से अधिक स्पर्श रेखाएँ होंगी जो कि संभव नहीं है। (सत्य/असत्य)

13 किसी असमान विद्युत क्षेत्र में, द्विध्रुव स्थानान्तरणीय गति के साथ-साथ घूर्णी गति भी करता है। (सत्य/असत्य)

14 एक लघु द्विध्रुव के अक्षीय बिन्दु पर विद्युत क्षेत्र की प्रबलता, भूमध्य रेखा पर समान दूरी पर प्रबलता की .... (आधी/दोगुनी) होती है।

15 यदि तीन आवेश $+q$, $+q$ और $+q$ भुजा a वाले एक समबाहु त्रिभुज के शीर्षों पर रखे गए हैं, तो त्रिभुज के केन्द्र पर रखे गए आवेश $+Q$ पर कितना बल लगेगा?

16 एक द्विध्रुव पर बल-आघुर्ण शून्य हो जाता है जब वह स्वयं को विद्युत क्षेत्र के साथ .... (लम्बवत्/समान्तर) संरेखित करता है।

17 यदि वायु में एक बन्द पृष्ठ में प्रवेश करने वाला और बाहर निकलने वाला विद्युत फ्लक्स क्रमशः ϕ_1 और ϕ_2 है, तो सतह के भीतर संलग्न विद्युत आवेश $\varepsilon_0 (\phi_2 + \phi_1)$ होगा। (सत्य/असत्य)

18 एक समान रूप से आवेशित अनन्त समतल चादर (Sheet) का विद्युत क्षेत्र उससे r दूरी में वृद्धि के साथ घटता है। (सत्य/असत्य)

19 यदि आवेश q को l भुजा वाले बन्द घन के किसी एक शीर्ष पर रखा जाए, तो उस शीर्ष से गुजरने वाले घन के फलक से विद्युत फ्लक्स क्या होगा?

20 एक समान रूप से आवेशित पतले गोलीय कोश के कारण विद्युत क्षेत्र कोश के .... (केन्द्र /पृष्ठ) पर अधिकतम होता है।

शीर्षकवार प्रश्न

विद्युत आवेश

1 कुचालित सतहों के रगड़ने के कारण हमारे शरीर के माध्यम से होने वाला विद्युत आवेशों का विसर्जन क्या उत्पन्न करता है? NCERT पृष्ठ 1

(a) स्थैतिक विद्युत (b) विद्युत धारा

(c) गुरुत्वीय क्षेत्र (d) चुम्बकीय क्षेत्र

2 यदि फर से रगड़ी गई एक प्लास्टिक की छड़ को पास में लटकी हुई दो छोटी पिथ गेंदों से स्पर्श कराया जाए, तो कौन-सी आकृति उनके अन्तिम विन्यास को दर्शाएगी है? NCERT पृष्ठ 1

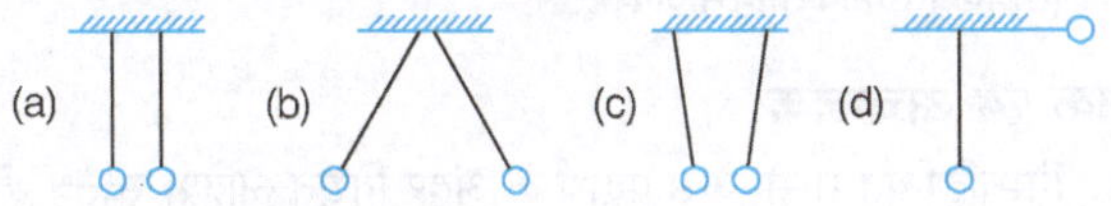

3 एक साबुन के बुलबुले को ऋणात्मक आवेश दिया जाता है, तो उसकी त्रिज्या NCERT पृष्ठ 2

(a) घट जाती है

(b) बढ़ जाती है

(c) अपरिवर्तित रहती है

(d) कुछ भी पूर्वानुमान नहीं लगाया जा सकता क्योंकि जानकारी अपर्याप्त है

4 एक धात्विक गोले A को धनात्मक आवेश दिया गया है, जबकि A के समान द्रव्यमान वाले दूसरे धात्विक गोले B को बराबर मात्रा में ऋणात्मक आवेश दिया गया है। तब, NCERT पृष्ठ 2

(a) A का द्रव्यमान और B का द्रव्यमान अभी भी बराबर रहता है

(b) A का द्रव्यमान बढ़ता है

(c) B का द्रव्यमान घटता है

(d) B का द्रव्यमान बढ़ता है

5 सामान्यतः धातु की रस्सियों को वाहकों के माध्यम से जमीन तक लटकाया जाता है, जो ज्वलनशील पदार्थों को ले जाती हैं। इसका कारण है NCERT पृष्ठ 2

(a) उनकी गति नियंत्रित होती है

(b) वाहक के गुरुत्वाकर्षण को पृथ्वी के निकट बनाए रखना

(c) वाहक के शरीर को पृथ्वी के संपर्क में रखना

(d) वाहक के नीचे कुछ भी नहीं रखा जाना चाहिए

6 जब काँच की छड़ को रेशमी कपड़े से रगड़ा जाता है, तो दोनों पर आवेश दिखाई देता है। यह अवलोकन आवेश संरक्षण के नियम के अनुरूप है क्योंकि NCERT पृष्ठ 2

(a) दोनों पर आवेश आकर्षण का कारण बनता है

(b) दोनों पर आवेश प्रतिकर्षण का कारण बनता है

(c) दोनों पिण्डों पर दिखने वाले आवेश बराबर और विपरीत होते हैं

(d) पहले पिण्ड पर आवेश दूसरे पिण्ड पर आवेश से अधिक होता है

7 जब काँच की छड़ को रेशमी कपड़े से रगड़ा जाता है, तो काँच की छड़ पर NCERT पृष्ठ 2

(a) इलेक्ट्रॉनों की कमी हो जाती है

(b) इलेक्ट्रॉनों की वृद्धि हो जाती है

(c) न तो इलेक्ट्रॉन की हानि होती है और न ही वृद्धि होती है

(d) प्लास्टिक की छड़ की तरह व्यवहार करता है

8 किसी पिण्ड पर आवेश का पता लगाने के लिए प्रयुक्त उपकरण को क्या कहते हैं? NCERT पृष्ठ 3

(a) विद्युत आवेश संचायक

(b) स्वर्ण-पत्र वैद्युतदर्शी

(c) रजत-पत्र वैद्युतदर्शी

(d) विद्युत आवेश विभाजक

चालक एवं अचालक

9 निम्नलिखित में से किस पदार्थ के अंदर विद्युत आवेश स्वतंत्र रूप से गति करते हैं? NCERT पृष्ठ 3

(a) मानव शरीर (b) शुष्क वायु

(c) एबोनाइट (d) प्लास्टिक

10 अधिकांश अधातुएँ हैं NCERT पृष्ठ 3

(a) चालक (b) अचालक

(c) अर्द्धचालक (d) अतिचालक

विद्युत आवेशों के मूलभूत गुण

11 मान लीजिए कि किसी धातु के गोले पर आवेश q है। यदि गोले को किसी समान अनावेशित गोले के संपर्क में रखा जाए, तो आवेश दोनों गोलों पर फैल जाएगा। सममिति के अनुसार, प्रत्येक गोले पर आवेश होगा NCERT पृष्ठ 4

(a) q (b) $\frac{q}{2}$

(c) $2q$ (d) शून्य

12 यदि कोई पिण्ड प्रति सेकण्ड 10^9 इलेक्ट्रॉन देता है, तो उससे कुल 1 कूलॉम आवेश प्राप्त करने में कितना समय लगेगा? NCERT पृष्ठ 4

(a) लगभग 198 मिनट (b) लगभग 198 घण्टे

(c) लगभग 198 दिन (d) लगभग 198 वर्ष

13 विद्युत रूप से उदासीन सिल्वर डॉलर (चाँदी का डॉलर) को +2.4 कूलॉम आवेश देने के लिए उसमें से निकाले जाने वाले इलेक्ट्रॉनों की संख्या है NCERT पृष्ठ 5

(a) 2.5×10^{19} (b) 1.5×10^{19}

(c) 1.5×10^{-19} (d) 2.5×10^{-19}

14 1 किग्रा द्रव्यमान वाली एक वस्तु में 4×10^{20} परमाणु हैं। यदि ठोस के प्रत्येक परमाणु से एक इलेक्ट्रॉन निकाल दिया जाए, तो 1 ग्राम ठोस के द्वारा प्राप्त आवेश होगा NCERT पृष्ठ 5

(a) 2.8 कूलॉम (b) 6.4×10^{-2} कूलॉम

(c) 3.6×10^{-3}कूलॉम (d) 9.2×10^{-4} कूलॉम

कूलॉम का नियम

15 एक निश्चित आवेश Q को दो भागों q और $(Q-q)$ में विभाजित किया गया है। आवेश Q और q का आपस में क्या सम्बन्ध होना चाहिए, जिससे कि जब q और $(Q-q)$ को एक निश्चित दूरी पर रखा जाए, तो अधिकतम स्थिरवैद्युतिक प्रतिकर्षण का अनुभव हो? NCERT पृष्ठ 6

(a) $Q=4q$

(b) $Q=3q$

(c) $Q=2q$

(d) $Q=4q+C$

16 भिन्न परिमाण के दो विद्युत आवेशित कण जब एक-दूसरे से d दूरी पर रखे जाते हैं, तो एक-दूसरे पर आकर्षण बल F का अनुभव करते हैं। अब इन दोनों कणों को सम्पर्क में लाया जाता है और पुनः एक-दूसरे से समान दूरी पर रख दिया जाता है। उनके बीच नए बल की प्रकृति क्या है? NCERT पृष्ठ 6

(a) आकर्षण

(b) प्रतिकर्षण

(c) उन पर उपस्थित आवेशों के परिमाण के आधार पर आकर्षण या प्रतिकर्षण

(d) पूर्वानुमान नहीं लगाया जा सकता

17 दो आवेशों के बीच बल उनके बीच की दूरी के साथ किस प्रकार बदलता है? NCERT पृष्ठ 6

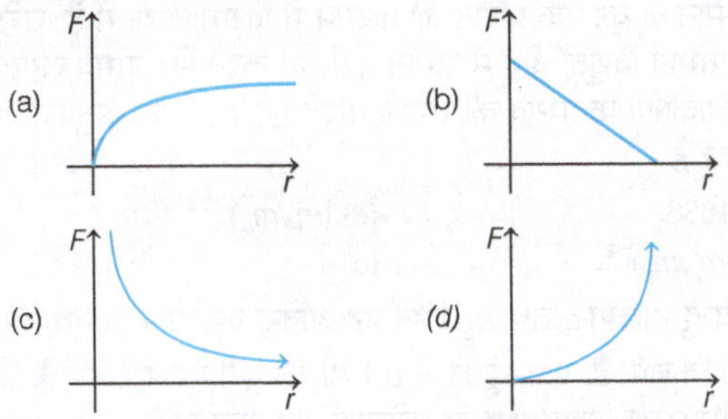

18 यदि बिन्दु आवेश $Q_1 = 2 \times 10^{-7}$ कूलॉम तथा $Q_2 = 3 \times 10^{-7}$ कूलॉम एक-दूसरे से 30 सेमी की दूरी पर हों, तो उनके बीच स्थिरवैद्युत बल ज्ञात कीजिए। NCERT पृष्ठ 6

(a) 2×10^{-3} न्यूटन (b) 6×10^{-3} न्यूटन
(c) 5×10^{-3} न्यूटन (d) 1×10^{-3} न्यूटन

19 दो आवेशों q_1 और q_2 के लिए, यदि वायु में कुछ पृथक्करण के लिए उनके बीच बल F है, तो ε विद्युतशीलता वाले माध्यम में उनके बीच बल होगा NCERT पृष्ठ 6

(a) $\frac{\varepsilon_0}{\varepsilon} F$ (b) $\frac{\varepsilon}{\varepsilon_0} F$
(c) $\varepsilon\varepsilon_0 F$ (d) $\frac{F}{\varepsilon_0 \varepsilon}$

20 स्थिर आवेश वाले दो छोटे गोलों के बीच (i) वायु में तथा (ii) परावैद्युत स्थिरांक K वाले माध्यम में बलों का अनुपात है NCERT पृष्ठ 6

(a) $1 : K$ (b) $K : 1$
(c) $1 : K^2$ (d) $K^2 : 1$

21 वायु में एक निश्चित दूरी r पर रखे गए दो बिन्दु आवेश एक दूसरे पर बल F लगाते हैं, तो वह दूरी r' जिस पर ये आवेश परावैद्युत स्थिरांक K वाले माध्यम में समान बल लगाएंगे, निम्न प्रकार दी जाती है NCERT पृष्ठ 6

(a) r (b) r/K
(c) $r/\sqrt{K}$ (d) $r\sqrt{K}$

22 इलेक्ट्रॉन और प्रोटॉन के बीच 10 सेमी की दूरी पर F_G और F_e क्रमशः गुरुत्वाकर्षण और स्थिरवैद्युतिकी बल को दर्शाते हैं। F_G/F_e का अनुपात किस कोटि का है? NCERT पृष्ठ 6

(a) 10^{42} (b) 10^{-39}
(c) 1 (d) 10^{-43}

23 वायु में – 20 माइक्रो कूलॉम आवेश वाले एक गोले पर – 20 माइक्रो कूलॉम आवेश वाले एक अन्य गोले के कारण लगने वाला स्थिरवैद्युत बल 9 न्यूटन है। दोनों गोलों के बीच के दूरी है NCERT पृष्ठ 6

(a) 0.2 मीटर (b) 0.4 मीटर
(c) 4 मीटर (d) 2 मीटर

24 दो छोटे गोले जिनमें से प्रत्येक पर $+Q$ आवेश है, एक हुक से L लम्बाई के अचालक धागे द्वारा निलंबित हैं। यदि यह व्यवस्था अंतरिक्ष में ली गई है, जहाँ कोई गुरुत्वाकर्षण प्रभाव नहीं है, तो दोनों निलम्बनों के बीच का कोण और प्रत्येक धागे में तनाव होगा NCERT पृष्ठ 6

(a) $180°, \frac{1}{4\pi\varepsilon_0}\frac{Q^2}{(2L)^2}$ (b) $90°, \frac{1}{4\pi\varepsilon_0}\frac{Q^2}{L^2}$
(c) $180°, \frac{1}{4\pi\varepsilon_0}\frac{Q^2}{2L^2}$ (d) $180°, \frac{1}{4\pi\varepsilon_0}\frac{Q^2}{L^2}$

25 मान लीजिए कि 6.5×10^{-7} कूलॉम आवेश वाले गोले A और B समान आकार के हैं और उनके केन्द्रों के बीच की दूरी 50 सेमी है। समान आकार परन्तु अनावेशित तीसरा गोला पहले गोले के संपर्क में लाया जाता है, फिर दूसरे गोले के संपर्क में लाया जाता है और अंत में दोनों से हटा दिया जाता है। A और B के बीच नया प्रतिकर्षण बल क्या है? NCERT पृष्ठ 6

(a) 5.7×10^{-3} न्यूटन (b) 1.5×10^{-2} न्यूटन
(c) 0.24 न्यूटन (d) 0.24×10^{-2} न्यूटन

26 द्रव्यमान m का आवेश q_2, एक स्थिर आवेश q_1 के चारों ओर त्रिज्या r की वृत्ताकार कक्षा में घूमता है। q_2 का कक्षीय आवर्तकाल होगा NCERT पृष्ठ 6

(a) $\left(\frac{4\pi^3 mr^2}{kq_1q_2}\right)^{1/2}$ (b) $\left(\frac{kq_1q_2}{4\pi^2 mr^2}\right)^{1/2}$
(c) $\left(\frac{4\pi^2 mr^4}{kq_1q_2}\right)^{1/2}$ (d) $\left(\frac{4\pi^2 mr^3}{kq_1q_2}\right)^{1/2}$

बहुल आवेशों के मध्य बल

27 एक वर्ग के चारों कोनों पर $-Q$ के बराबर चार आवेश रखे गए हैं तथा इसके केन्द्र पर q आवेश है। यदि निकाय संतुलन में है, तो q का मान है NCERT पृष्ठ 11

(a) $-\frac{Q}{4}(1+2\sqrt{2})$ (b) $\frac{Q}{4}(1+2\sqrt{2})$
(c) $-\frac{Q}{2}(1+2\sqrt{2})$ (d) $\frac{Q}{2}(1+2\sqrt{2})$

28 ABC एक समबाहु त्रिभुज है। चित्र में दिखाए अनुसार त्रिभुज के प्रत्येक कोने पर तीन आवेशित कण रखे गए हैं, जिनमें से प्रत्येक का आवेश $+q$ है। बिन्दु A पर स्थित आवेश पर लगने वाला कुल विद्युत बल है NCERT पृष्ठ 11

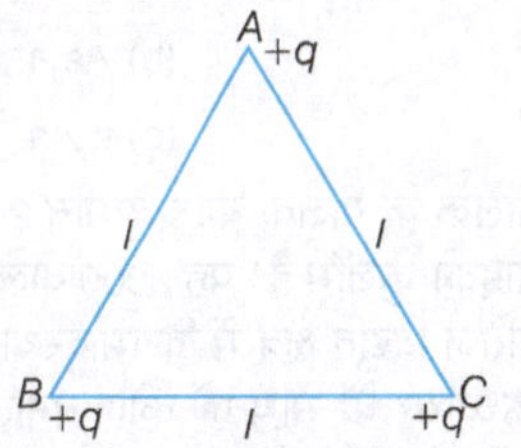

(a) $\frac{q^2}{4\pi\varepsilon_0 l^2}$ (b) $\frac{\sqrt{3}q^2}{4\pi\varepsilon_0 l^2}$ (c) $\frac{\sqrt{2}q^2}{4\pi\varepsilon_0 l^2}$ (d) शून्य

29 a लम्बाई वाले एक वर्ग के चारों कोनों A, B, C तथा D पर समान आवेश q रखे गए हैं। B पर रखे आवेश पर लगने वाले बल का परिमाण होगा **NCERT पृष्ठ 11**

(a) $\frac{3q^2}{4\pi\varepsilon_0 a^2}$ (b) $\frac{4q^2}{4\pi\varepsilon_0 a^2}$

(c) $\frac{q^2}{4\pi\varepsilon_0 a^2}\left(\frac{1+2\sqrt{2}}{2}\right)$ (d) $\frac{q^2}{4\pi\varepsilon_0 a^2}\left(2+\frac{1}{\sqrt{2}}\right)$

30 तीन आवेश $-q_1$, $+q_2$ तथा $-q_3$ चित्रानुसार रखे गए हैं। q_1 पर बल का x-घटक समानुपाती है। **NCERT पृष्ठ 11**

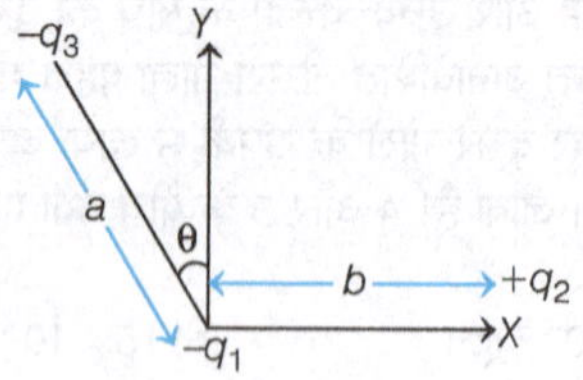

(a) $\frac{q_2}{b^2}-\frac{q_3}{a^2}\cos\theta$ (b) $\frac{q_2}{b^2}+\frac{q_3}{a^2}\sin\theta$

(c) $\frac{q_2}{b^2}+\frac{q_3}{a^2}\cos\theta$ (d) $\frac{q_2}{b^2}-\frac{q_3}{a^2}\sin\theta$

31. A पर रखे गए आवेश पर शुद्ध बल है **NCERT पृष्ठ 11**

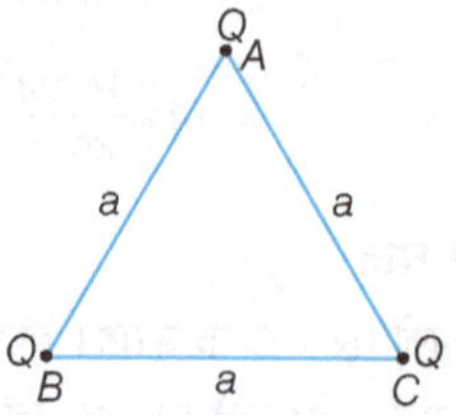

(a) $\sqrt{2}\frac{KQ^2}{a^2}$ (b) $\frac{\sqrt{3}KQ^2}{a^2}$

(c) $\frac{KQ^2}{\sqrt{2}a^2}$ (d) शून्य

विद्युत क्षेत्र

32 किसी निश्चित क्षेत्र में विद्युत क्षेत्र त्रिज्यीय रूप से बाहर की ओर कार्य कर रहा है तथा इसे $\mathbf{E} = Aa$ द्वारा व्यक्त किया जाता है। क्षेत्र के मूल बिन्दु पर केन्द्रित त्रिज्या a के गोले में निहित आवेश होगा **NCERT पृष्ठ 14**

(a) $4\pi\varepsilon_0 Aa^2$ (b) $A\varepsilon_0 a^2$

(c) $4\pi\varepsilon_0 Aa^3$ (d) $\varepsilon_0 Aa^3$

33 एक सरल लोलक के गोलक का द्रव्यमान 2 ग्राम है तथा इसका आवेश 5.0 माइक्रो कूलॉम है। यह 2000 वोल्ट/मीटर तीव्रता के एकसमान क्षैतिज विद्युत क्षेत्र में विरामावस्था में है। सन्तुलन की स्थिति में, लोलक ऊर्ध्वाधर के साथ जो कोण बनाता है, वह है (g = 10 मी/से² लें) **NCERT पृष्ठ 14**

(a) $\tan^{-1}(2.0)$ (b) $\tan^{-1}(0.2)$

(c) $\tan^{-1}(5.0)$ (d) $\tan^{-1}(0.5)$

34 द्रव्यमान m_e का एक इलेक्ट्रॉन जो प्रारम्भ में विरामावस्था में है, एकसमान विद्युत क्षेत्र में t_1 समय में एक निश्चित दूरी तय करता है। द्रव्यमान m_p का एक प्रोटॉन जो प्रारम्भ में विरामावस्था में है, उसे भी इस समान विद्युत क्षेत्र में समान दूरी तय करने में t_2 समय लगता है। गुरुत्वाकर्षण के प्रभाव की उपेक्षा करते हुए, t_2/t_1 का अनुपात लगभग बराबर है **NCERT पृष्ठ 14**

(a) 1836 (b) $(m_e/m_p)^{1/2}$

(c) $(m_p/m_e)^{1/2}$ (d) 1

35 दो बिन्दु आवेश q_1 तथा q_2, जिन पर आवेश क्रमशः $+10^{-8}$ कूलॉम तथा -10^{-8} कूलॉम है, एक-दूसरे से 0.1 मी की दूरी पर रखे गए हैं, तो, A और C पर विद्युत क्षेत्र के परिमाणों का अनुपात है **NCERT पृष्ठ 14**

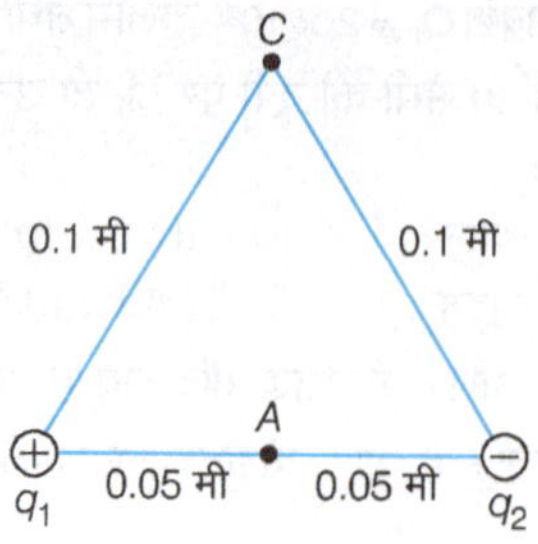

(a) 4 : 1 (b) 1 : 4

(c) 8 : 1 (d) 1 : 8

36 नीचे दिए गए तीन समान धनात्मक बिन्दु आवेश एक समद्विबाहु समकोण त्रिभुज के शीर्षों पर रखे गए हैं, जैसा कि चित्र में दिखाया गया है। दिए गए आवेशों के निकाय के कारण कर्ण के मध्य-बिन्दु M पर विद्युत क्षेत्र के साथ क्रमांकित सदिशों में से कौन-सा सदिश संपाती है? **NCERT पृष्ठ 14**

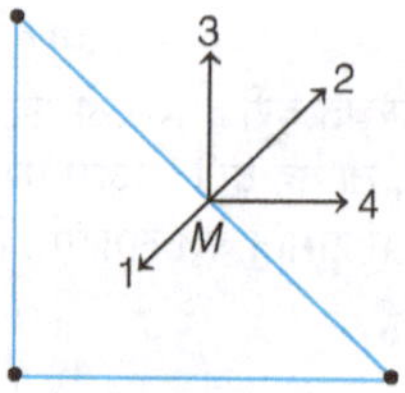

(a) 1 (b) 2

(c) 3 (d) 4

37 चित्र में दिखाए अनुसार एक वर्ग के कोनों A, B, C और D पर आवेश q, $2q$, $3q$ और $4q$ रखे गए हैं। वर्ग के केन्द्र पर विद्युत क्षेत्र की दिशा किसके अनुदिश है? **NCERT पृष्ठ 14**

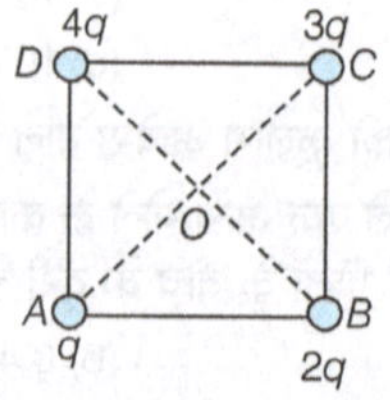

(a) AB (b) CB

(c) BD (d) AC

38 प्रत्येक 5×10^{-9} कूलॉम के बराबर अनंत संख्या में आवेशों को $x = 1$ मी, $x = 2$ मी, $x = 4$ मी, $x = 8$ मी इत्यादि बिन्दुओं पर X-अक्ष के अनुदिश रखा गया है। यदि आवेश एकांतर रूप से धनात्मक और ऋणात्मक हों, तो बिन्दु $x = 0$ पर विद्युत क्षेत्र की तीव्रता (वोल्ट/मी में) होगी **NCERT पृष्ठ 14**

(a) 30 (b) 36 (c) 18 (d) शून्य

39 2 कूलॉम आवेश को X-अक्ष पर मूल बिन्दु से 1 मीटर की दूरी पर ऋणात्मक X-अक्ष के अनुदिश रखा गया है। 2 कूलॉम परिमाण वाले अनंत आवेशों को मूल बिन्दु से धनात्मक X-अक्ष के अनुदिश 1 मीटर, 2 मीटर, 4 मीटर, ... की दूरी पर X-अक्ष पर रखा गया है। पहला आवेश धनात्मक है तथा क्रमागत आवेश विपरीत प्रकृति के हैं। मूल बिन्दु पर विद्युत क्षेत्र की तीव्रता है **NCERT पृष्ठ 14**

(a) $\frac{1}{10\pi\varepsilon_0}$ ऋणात्मक X-अक्ष के अनुदिश

(b) $\frac{1}{10\pi\varepsilon_0}$ धनात्मक X-अक्ष के अनुदिश

(c) $\frac{1}{\pi\varepsilon_0}$ धनात्मक X-अक्ष के अनुदिश

(d) $\frac{1}{\pi\varepsilon_0}$ ऋणात्मक X-अक्ष के अनुदिश

40 एक वर्ग के केन्द्र पर एक आवेश Q रखा गया है। यदि वर्ग के कोनों पर आवेश के कारण विद्युत क्षेत्र की तीव्रता E_1 है और वर्ग की भुजा के मध्य-बिन्दु पर तीव्रता E_2 है, तो अनुपात $\frac{E_1}{E_2}$ होगा **NCERT पृष्ठ 14**

(a) $\frac{1}{\sqrt{2}}$ (b) $\sqrt{2}$

(c) $\frac{1}{2}$ (d) 2

41 2 किग्रा द्रव्यमान की एक आवेशित कॉर्क गेंद को हल्की विद्युतरोधी डोरी से विद्युत क्षेत्र (**E**) में चित्रानुसार लटकाया गया है, यदि गेंद साम्यावस्था में है, तो गेंद पर आवेश ज्ञात कीजिए। **NCERT पृष्ठ 14**

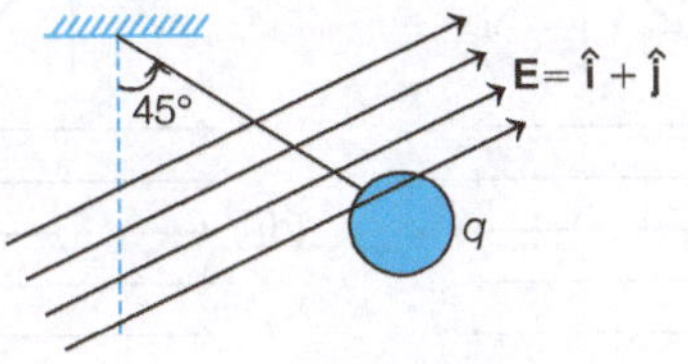

(a) 2 कूलॉम (b) 5 कूलॉम
(c) 10 कूलॉम (d) 20 कूलॉम

42 एक तार को त्रिज्या r की अर्द्धवृत्ताकार रिंग के आकार में मोड़ा गया है, जिस पर आवेश q समान रूप से वितरित है। इसके केन्द्र पर शुद्ध विद्युत क्षेत्र **E** है **NCERT पृष्ठ 14**

(a) $\frac{q}{4\pi^2\varepsilon_0 r^2}\hat{j}$ (b) $\frac{q}{2\pi^2\varepsilon_0 r^2}\hat{j}$

(c) $-\frac{q}{4\pi^2\varepsilon_0 r^2}\hat{j}$ (d) $-\frac{q}{2\pi^2\varepsilon_0 r^2}\hat{j}$

43 1.6 ग्राम द्रव्यमान के एक सिक्के से कितने इलेक्ट्रॉन निकाले जाने चाहिए, ताकि वह ऊपर की ओर निर्देशित 10^9 न्यूटन/कूलॉम तीव्रता के विद्युत क्षेत्र में तैर सके? **NCERT पृष्ठ 14**

(a) 9.8×10^7

(b) 9.8×10^5

(c) 9.8×10^3

(d) 9.8×10^1

44 किसी पिण्ड पर 4 कूलॉम आवेश है। यदि उस पर आवेश दोगुना कर दिया जाए, तो नया विद्युत क्षेत्र हो जाएगा **NCERT पृष्ठ 14**

(a) आधा (b) दोगुना
(c) अपरिवर्तित (d) तीन गुणा

45 5×10^{-4} कूलॉम के आवेश पर 2.5 न्यूटन का बल कार्य करता है। उस बिन्दु पर विद्युत क्षेत्र की तीव्रता है **NCERT पृष्ठ 14**

(a) 1500 न्यूटन/कूलॉम (b) 2000 न्यूटन/कूलॉम
(c) 5000 न्यूटन/कूलॉम (d) 3000 न्यूटन/कूलॉम

विद्युत क्षेत्र रेखाएँ

46 नीचे दर्शाए गए चित्र में, **NCERT पृष्ठ 19**

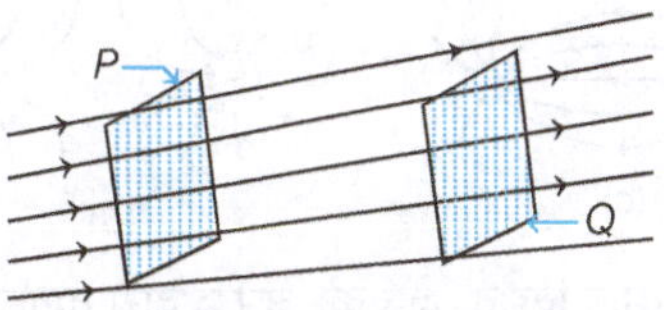

(a) P पर क्षेत्र प्रबलता Q पर क्षेत्र प्रबलता से कम है

(b) P और Q पर क्षेत्र प्रबलता बराबर है

(c) क्षेत्र P पर अधिक प्रबल है तथा Q पर कम प्रबल है

(d) चित्र से निर्धारित नहीं किया जा सकता

47 एक धातु का ठोस गोला एकसमान विद्युत क्षेत्र में रखा गया है। विद्युत बल रेखा का निम्नलिखित में से कौन-सा पथ सही है? **NCERT पृष्ठ 19**

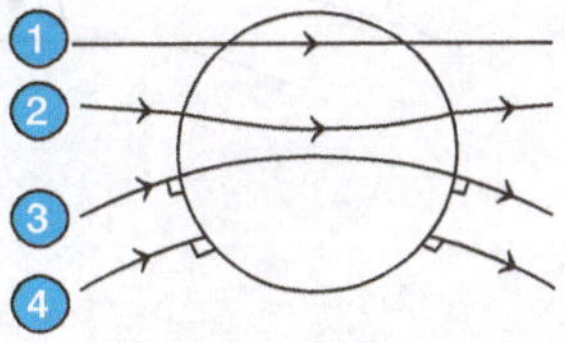

(a) 1 (b) 2
(c) 3 (d) 4

48 एक बिन्दु आवेश q को एक घन के कोने पर रखा गया है, तब आवेश के कोने वाले पृष्ठ से गुजरने वाली कुल विद्युत क्षेत्र रेखाएँ हैं **NCERT पृष्ठ 19**

(a) शून्य (b) $\frac{q}{96\varepsilon_0}$

(c) $\frac{q}{12\varepsilon_0}$ (d) $\frac{q}{24\varepsilon_0}$

49 चित्र में तीन बिन्दु आवेशों *A*, *B* और *C* के चारों ओर विद्युत क्षेत्र रेखाएँ दर्शाई गई हैं। निम्नलिखित में से कौन-से आवेश धनात्मक हैं? **NCERT पृष्ठ 19**

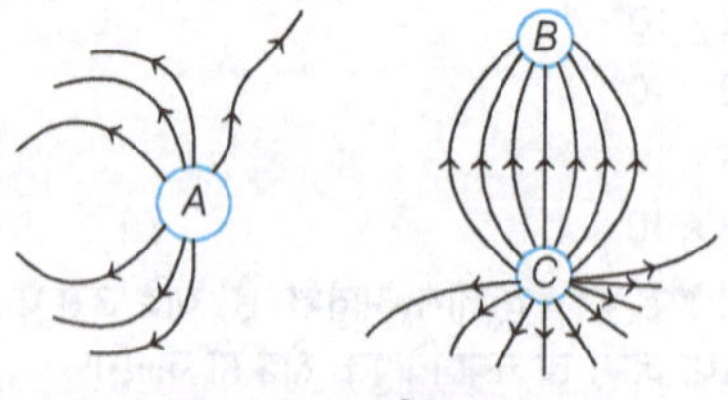

(a) केवल *A* (b) केवल *C*
(c) *A* और *C* दोनों (d) *B* और *C* दोनों

50 निम्नलिखित में से कौन-सा दो ऋणात्मक आवेशों के संयोजन के कारण विद्युत क्षेत्र रेखाओं को दर्शाता है? **NCERT पृष्ठ 19**

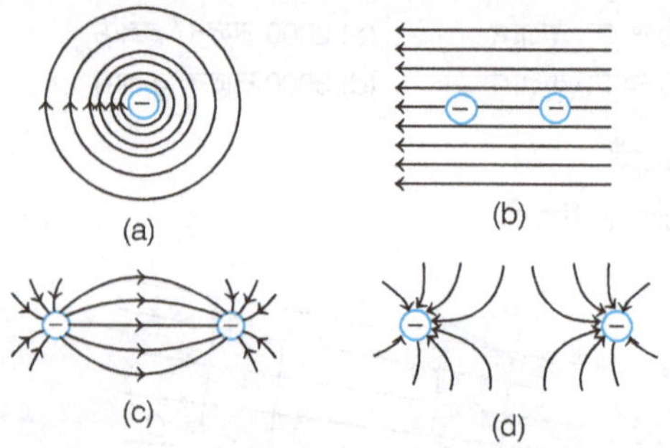

51 एक असमान विद्युत क्षेत्र को आरेख द्वारा दर्शाया गया है। निम्नलिखित में से किस बिन्दु पर विद्युत क्षेत्र का परिमाण सबसे अधिक है? **NCERT पृष्ठ 19**

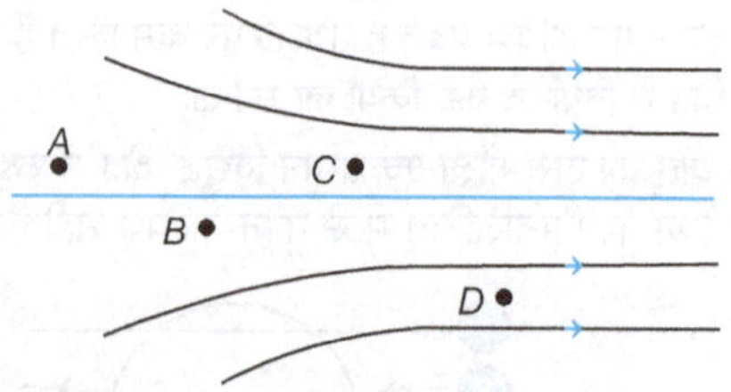

(a) *A*
(b) *B*
(c) *C*
(d) *D*

52 निम्नलिखित में से कौन-सा कथन विद्युत क्षेत्र रेखाओं के बारे में सत्य नहीं है? **NCERT पृष्ठ 19**

(a) विद्युत क्षेत्र रेखाएँ धनात्मक आवेश से प्रारंभ होकर ऋणात्मक आवेश पर समाप्त होती हैं।
(b) दो विद्युत क्षेत्र रेखाएँ कभी एक-दूसरे को नहीं काट सकतीं।
(c) स्थिरविद्युत क्षेत्र रेखाएँ कोई बंद लूप नहीं बनाती।
(d) विद्युत क्षेत्र रेखाओं को सतत् वक्र नहीं माना जा सकता।

53 निम्नलिखित में से कौन-सा वक्र विद्युत क्षेत्र रेखाओं को सही प्रकार से दर्शाता है? **NCERT पृष्ठ 19**

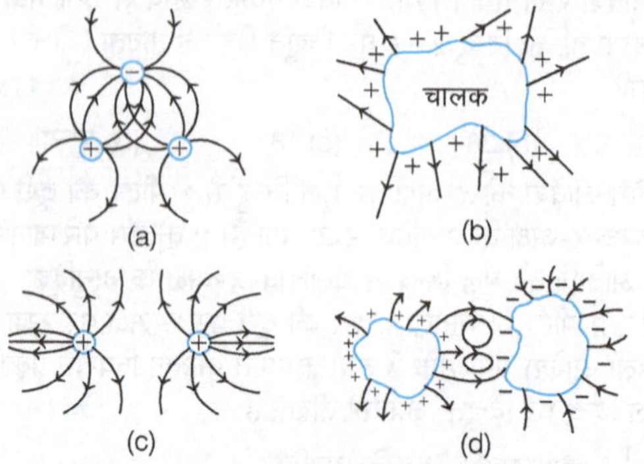

54 निम्नलिखित में से कौन-सी आकृति एकल धनात्मक आवेश के कारण विद्युत क्षेत्र रेखाओं को दर्शाती है? **NCERT पृष्ठ 19**

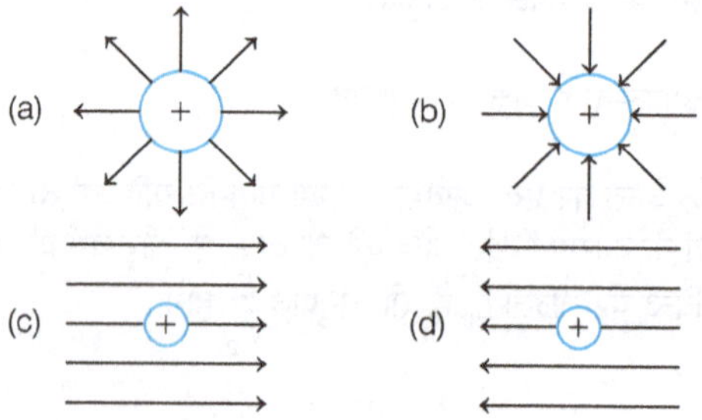

55 निम्नलिखित में से कौन-सी आकृति एकल ऋणात्मक आवेश के कारण विद्युत क्षेत्र रेखाओं को दर्शाती हैं? **NCERT पृष्ठ 19**

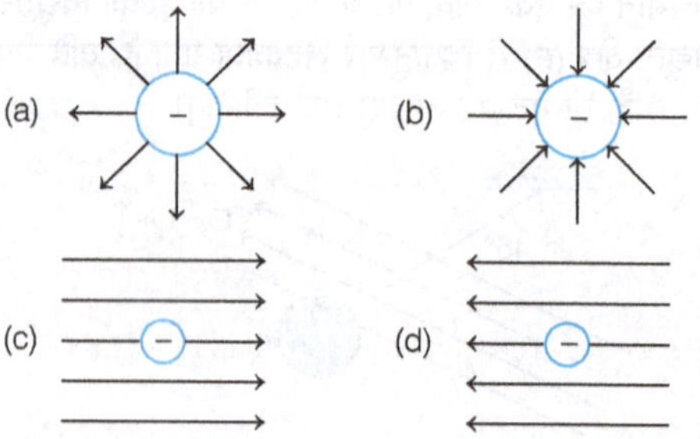

56 निम्नलिखित में से कौन-सी आकृति एक धनात्मक और एक ऋणात्मक आवेश के संयोजन के कारण विद्युत क्षेत्र रेखाओं को दर्शाती है? **NCERT पृष्ठ 19**

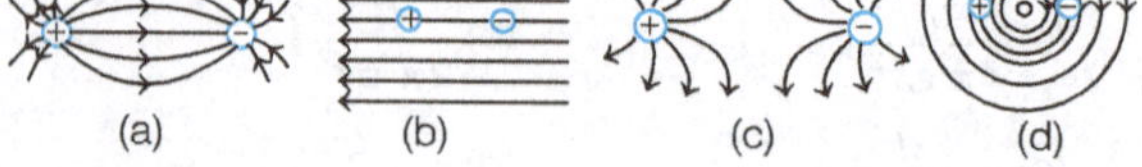

विद्युत फ्लक्स

57 यदि कोई क्षेत्र, वैद्युत क्षेत्र की दिशा में इस प्रकार झुका हुआ है कि क्षेत्र के तल का अभिलम्ब, क्षेत्र की दिशा के साथ θ कोण बनाता है, तो क्षेत्र से गुजरने वाली क्षेत्र रेखाओं की संख्या है NCERT पृष्ठ 21

(a) $E\Delta S$ के बराबर
(b) $E\Delta S\cos\theta$ के समानुपाती
(c) $E\Delta S\cos\theta$ के बराबर
(d) $E\Delta S\cos\theta/r^2$ के समानुपाती

58 एक ऐसे क्षेत्र पर विचार करें जिसके अंदर विभिन्न प्रकार के आवेश हैं परन्तु कुल आवेश शून्य है। क्षेत्र के बाहर बिन्दुओं पर, NCERT पृष्ठ 21

(a) विद्युत क्षेत्र आवश्यक रूप से शून्य है
(b) विद्युत क्षेत्र केवल आवेश वितरण के द्विध्रुव आघूर्ण के कारण होता है
(c) बड़े r के लिए प्रभावी विद्युत क्षेत्र $\propto \frac{1}{r^3}$ है, जहाँ r इस क्षेत्र में मूल बिन्दु से दूरी है
(d) उपरोक्त में से कोई नहीं

59 विद्युत क्षेत्र $\mathbf{E} = 4\hat{i} + 4\hat{j} + 4\hat{k}$ में रखे एक सतह अवयव $d\mathbf{S} = -5\hat{i}$ से गुजरने वाला विद्युत फ्लक्स है NCERT पृष्ठ 21

(a) 10 इकाई (b) 60 इकाई (c) 30 इकाई (d) 20 इकाई

60 यदि दिया गया विद्युत क्षेत्र $10\hat{i} + 3\hat{j} + 4\hat{k}$ है, तो YZ-तल में स्थित 10 इकाई क्षेत्रफल वाले पृष्ठ से गुजरने वाले विद्युत फ्लक्स की गणना कीजिए। NCERT पृष्ठ 21

(a) 100 इकाई (b) 10 इकाई
(c) 30 इकाई (d) 40 इकाई

विद्युत द्विध्रुव

61 चित्र में दर्शाए अनुसार एक समबाहु त्रिभुज के शीर्षों पर स्थित तीन आवेशों के निकाय का विद्युत द्विध्रुव आघूर्ण ज्ञात कीजिए। NCERT पृष्ठ 23

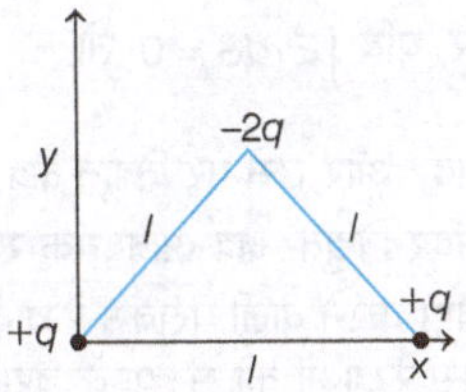

(a) $\sqrt{3}ql\,\frac{\hat{j}-\hat{i}}{\sqrt{2}}$ (b) $2ql\,\hat{j}$
(c) $-\sqrt{3}ql\,\hat{j}$ (d) $\frac{\hat{i}+\hat{j}}{\sqrt{2}}(ql)$

62 किसी विद्युत द्विध्रुव के अक्ष पर तथा भूमध्य रेखा पर विद्युत क्षेत्रों का अनुपात होगा NCERT पृष्ठ 23

(a) 1 : 1 (b) 2 : 1
(c) 4 : 1 (d) इनमें से कोई नहीं

63 दी गई आकृति में, $OP = OQ = 15$ सेमी, $OA = OB = 2.5$ मिमी P और Q पर विद्युत क्षेत्र के परिमाण क्रमशः हैं NCERT पृष्ठ 23

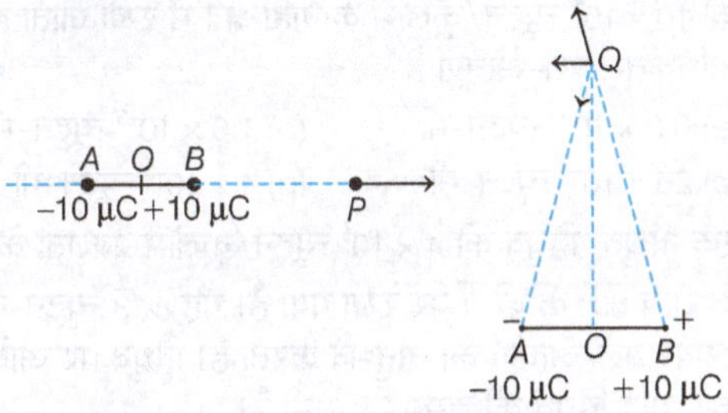

(a) 2.6×10^5 न्यूटन कूलॉम$^{-1}$, 2.6×10^5 न्यूटन कूलॉम$^{-1}$
(b) 1.3×10^5 न्यूटन कूलॉम$^{-1}$, 1.3×10^5 न्यूटन कूलॉम$^{-1}$
(c) 2.6×10^5 न्यूटन कूलॉम$^{-1}$, 1.3×10^5 न्यूटन कूलॉम$^{-1}$
(d) 1.3×10^5 न्यूटन कूलॉम$^{-1}$, 2.6×10^5 न्यूटन कूलॉम$^{-1}$

64 एक लघु द्विध्रुव की अक्ष पर स्थित एक बिन्दु आवेश पर विद्युत बल F है। यदि आवेश को अक्ष के साथ दोगुनी दूरी तक स्थानांतरित किया जाता है, तो कार्यरत् विद्युत बल होगा NCERT पृष्ठ 23

(a) $4F$ (b) $\frac{F}{2}$ (c) $\frac{F}{4}$ (d) $\frac{F}{8}$

एकसमान बाह्य क्षेत्र में द्विध्रुव

65 जब एक द्विध्रुव को एकसमान बाह्य क्षेत्र में रखा जाता है, तो NCERT पृष्ठ 27

(a) द्विध्रुव पर नेट बल शून्य है लेकिन बल-आघूर्ण शून्य नहीं है
(b) बल-आघूर्ण शून्य है लेकिन नेट बल शून्य नहीं है
(c) बल-आघूर्ण और नेट बल दोनों शून्य नहीं हैं
(d) बल-आघूर्ण और नेट बल दोनों शून्य हैं

66 दो छोटे समान विद्युत द्विध्रुव AB और CD, जिनमें से प्रत्येक का द्विध्रुव आघूर्ण p है, को 120° के कोण पर रखा गया है जैसा कि चित्र में दिखाया गया है। यदि इस निकाय पर X-अक्ष के अनुदिश विद्युत क्षेत्र **(E)** लगाया जाता है, तो इस पर कार्य करने वाले बल-आघूर्ण का परिमाण और दिशा क्या होगी? NCERT पृष्ठ 27

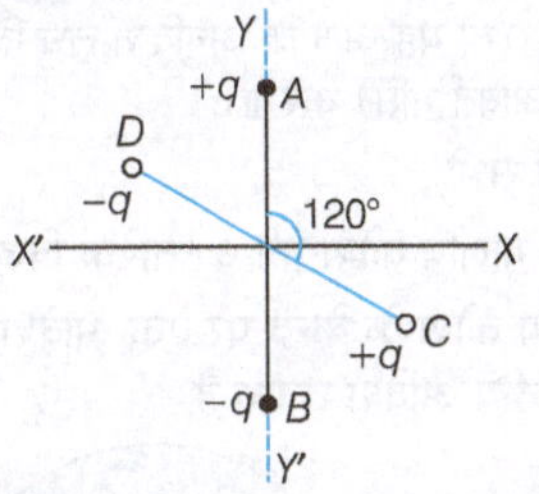

(a) $pE\sin\theta$, Z-अक्ष के अनुदिश
(b) $2pE\sin\theta$, Z-अक्ष के अनुदिश
(c) $\frac{\sqrt{3}}{2}pE\sin\theta$, Z-अक्ष के अनुदिश
(d) $\frac{1}{2}pE\sin\theta$, Z-अक्ष के अनुदिश

67 एक विद्युत द्विध्रुव में दो विपरीत आवेश, जिनमें से प्रत्येक का परिमाण 1×10^{-6} कूलॉम है, एक-दूसरे से 2 सेमी की दूरी पर स्थित हैं। द्विध्रुव को 10×10^5 न्यूटन/कूलॉम के बाह्य क्षेत्र में रखा जाता है। द्विध्रुव पर अधिकतम बल-आघूर्ण है NCERT पृष्ठ 27

(a) 0.2×10^{-3} न्यूटन-मी (b) 1.0×10^{-3} न्यूटन-मी

(c) 20×10^{-3} न्यूटन-मी (d) 4×10^{-3} न्यूटन-मी

68 एक विद्युत द्विध्रुव को 4×10^5 न्यूटन/कूलॉम प्रबलता के विद्युत क्षेत्र के साथ 60° के कोण पर रखा गया है। यह $8\sqrt{3}$ न्यूटन-कूलॉम के बराबर बल-आघूर्ण का अनुभव करता है। द्विध्रुव पर आवेश की गणना करें, यदि द्विध्रुव की लम्बाई 4 सेमी है। NCERT पृष्ठ 27

(a) 10^{-1} कूलॉम (b) 10^{-2} कूलॉम

(c) 10^{-3} कूलॉम (d) 10^{-4} कूलॉम

सतत् आवेश वितरण

69 4.4 मीटर व्यास वाले एक समान रूप से आवेशित चालक गोले का पृष्ठ आवेश घनत्व 80 माइक्रो कूलॉम/ मी² है। गोले पर आवेश (10^{-3} कूलॉम में) है NCERT पृष्ठ 28

(a) 8.6 (b) 4.9 (c) 5.7 (d) 3.7

70 एक धनात्मक आवेश Q त्रिज्या R की एक वृत्ताकार रिंग के अनुदिश समान रूप से वितरित है। एक छोटा परीक्षण आवेश q रिंग के केन्द्र पर रखा गया है जैसा कि चित्र में दिखाया गया है। तब, NCERT पृष्ठ 28

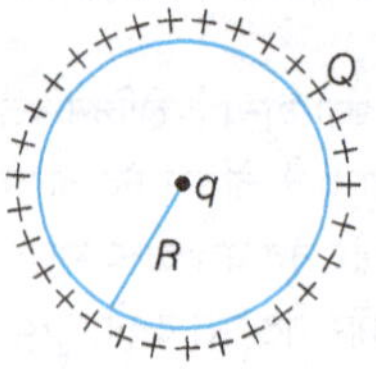

(a) यदि $q > 0$, तथा इसे वलय के तल में केन्द्र से दूर विस्थापित किया जाए है, तो इसे केन्द्र की ओर वापस धकेला जाएगा

(b) यदि $q < 0$ तथा वलय के तल में केन्द्र से दूर विस्थापित किया जाए, तो यह कभी भी केन्द्र की ओर वापस नहीं आएगा तथा तब तक गति करता रहेगा जब तक यह वलय से न टकरा जाए

(c) यदि $q < 0$ तो यह अक्ष के अनुदिश लघु विस्थापन के लिए SHM (सरल आवर्त गति) करेगा

(d) उपरोक्त सभी

71 एक धातु के गोलींय कोश की आन्तरिक त्रिज्या R_1 तथा बाहरी त्रिज्या R_2 है। गोलीय कोश के केन्द्र पर एक आवेश रखा गया है। आंतरिक सतह पर पृष्ठीय आवेश घनत्व है NCERT पृष्ठ 28

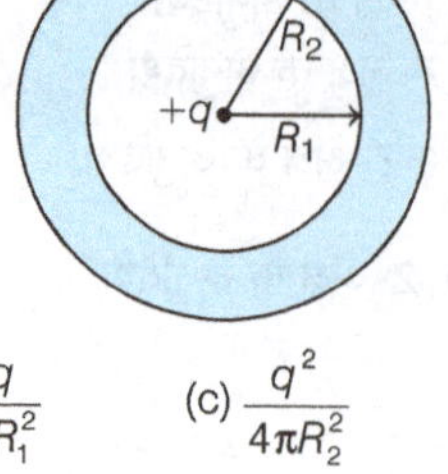

(a) $\frac{q}{4\pi R_1^2}$ (b) $\frac{-q}{4\pi R_1^2}$ (c) $\frac{q^2}{4\pi R_2^2}$ (d) $\frac{q}{4\pi R_2^2}$

72 3 मीटर लम्बाई वाली एक छड़ का रैखिक आवेश घनत्व $\lambda = (3x^2 + 5x + 2)$ कूलॉम/मी है, जहाँ x छड़ के एक सिरे से दूरी है। छड़ पर उपस्थित कुल आवेश है NCERT पृष्ठ 28

(a) 39.5 कूलॉम (b) 42.5 कूलॉम

(c) 55.5 कूलॉम (d) 60 कूलॉम

73 त्रिज्या R_1 और R_2 वाले तथा समान आयतन आवेश घनत्व क्रमशः $+\rho$ और $-\rho$ वाले दो अचालक ठोस गोले इस प्रकार रखे गए हैं कि वे आंशिक रूप से एक-दूसरे को अतिव्यापित करते हैं जैसा कि चित्र में दिखाया गया है। अतिव्यापित क्षेत्र के सभी बिन्दुओं पर NCERT पृष्ठ 28

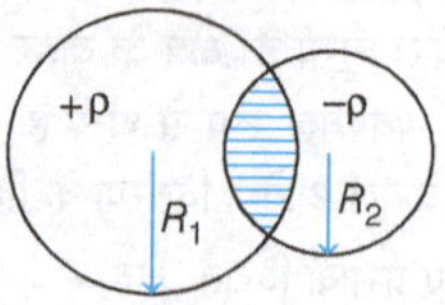

(a) स्थिर विद्युत क्षेत्र शून्य होता है

(b) स्थिर विद्युत विभव नियत होता है

(c) स्थिर विद्युत क्षेत्र का परिमाण नियत होता है

(d) उपरोक्त में से कोई नहीं

गॉस का नियम

74 चित्र में दिखाए अनुसार आवेश विन्यास और गोलीय गॉसियन पृष्ठ पर विचार करें। गोलीय पृष्ठ पर विद्युत क्षेत्र के फ्लक्स की गणना करने पर, विद्युत क्षेत्र किसके कारण होगा? NCERT पृष्ठ 29

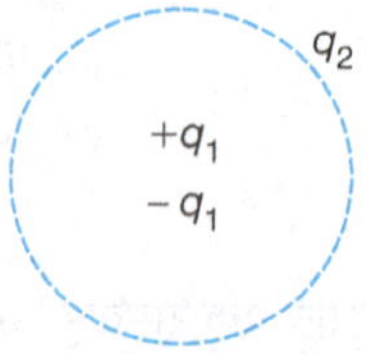

(a) q_2 (b) केवल धनात्मक आवेश

(c) सभी आवेश (d) $+q_1$ और $-q_1$

75 किसी सतह पर, यदि $\int_s \mathbf{E} \cdot d\mathbf{S} = 0$ तो NCERT पृष्ठ 29

(a) सतह के अंदर और उस पर विद्युत क्षेत्र शून्य है

(b) सतह के अंदर विद्युत क्षेत्र आवश्यक रूप से एकसमान होता है

(c) सतह में प्रवेश करने वाली फ्लक्स रेखाओं की संख्या उससे निकलने वाली फ्लक्स रेखाओं की संख्या के बराबर होनी चाहिए

(d) उपरोक्त में से कोई नहीं

76 वायु में रखे एक एकांक धनात्मक आवेश से निकलने वाला कुल विद्युत फ्लक्स है NCERT पृष्ठ 29

(a) ε_0 (b) ε_0^{-1}

(c) $(4p\varepsilon_0)^{-1}$ (d) $4\pi\varepsilon_0$

77 यदि समान आवेश q को क्रमशः 1मी त्रिज्या और 2 मी भुजा वाले एक गोले और घन के अन्दर रखा जाए, तो उनसे गुजरने वाले फ्लक्स का अनुपात क्या होगा? NCERT पृष्ठ 29

(a) 1 : 1 (b) 1 : 8

(c) 8 : 1 (d) 1 : 2

78 प्रत्येक e परिमाण वाले आवेशों के आठ द्विध्रुवों को एक घन के अन्दर रखा गया है। घन से निकलने वाला कुल विद्युत फ्लक्स होगा **NCERT पृष्ठ 29**

(a) $\frac{8e}{\varepsilon_0}$ (b) $\frac{16e}{\varepsilon_0}$

(c) $\frac{e}{\varepsilon_0}$ (d) शून्य

79 चित्र में आवेशों की व्यवस्था और त्रिज्या R के गॉसियन पृष्ठ जिसमें Q केन्द्र पर है, तब **NCERT पृष्ठ 29**

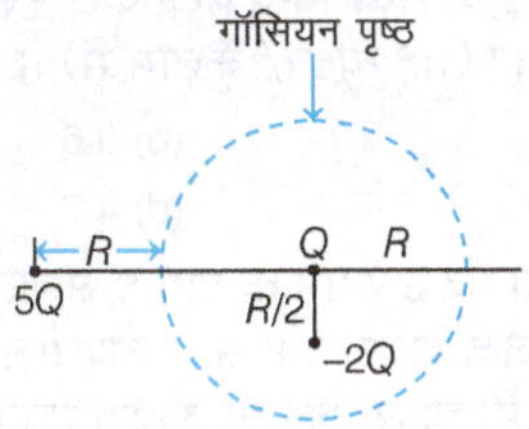

(a) गोले के पृष्ठ से होकर गुजरने वाला कुल फ्लक्स $\frac{-Q}{\varepsilon_0}$ है

(b) गोले के पृष्ठ पर क्षेत्र शून्य है

(c) $5Q$ आवेश के कारण गोले के पृष्ठ से गुजरने वाला फ्लक्स $-\frac{5Q}{\varepsilon_0}$ है

(d) $-2Q$ के कारण गोले के पृष्ठ पर क्षेत्र प्रत्येक स्थान पर समान होता है

80 चित्र में चालक से बना एक कोश दिखाया गया है। इसकी आंतरिक त्रिज्या a और बाहरी त्रिज्या b है तथा इस पर आवेश Q है। इसके केन्द्र पर एक द्विध्रुव **p** है जैसाकि चित्र में दिखाया गया है। इस स्थिति में, **NCERT पृष्ठ 29**

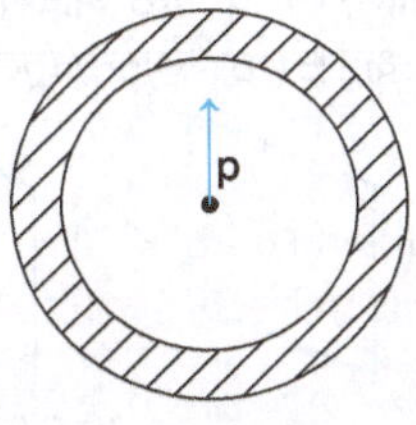

(a) आंतरिक पृष्ठ पर पृष्ठीय आवेश घनत्व एकसमान तथा $\frac{\left(\frac{Q}{2}\right)}{4\pi a^2}$ के बराबर होता है

(b) कोश के बाहर विद्युत क्षेत्र, कोश के केन्द्र पर स्थित बिन्दु आवेश के समान होता है

(c) बाह्य पृष्ठ पर पृष्ठीय आवेश घनत्व $|\mathbf{p}|$ पर निर्भर करता है

(d) कोश की आंतरिक सतह पर पृष्ठीय आवेश घनत्व प्रत्येक स्थान पर शून्य होता है

81 'आवेशित कणों को मुक्त स्थान में परिबद्ध करने वाली गॉसियन सतह A से होकर गुजरने वाला विद्युत फ्लक्स होता है
(दिया गया है $q_1 = -14$ नैनो कूलॉम, $q_2 = 78.85$ नैनो कूलॉम, $q_3 = -56$ नैनो कूलॉम) **NCERT पृष्ठ 29**

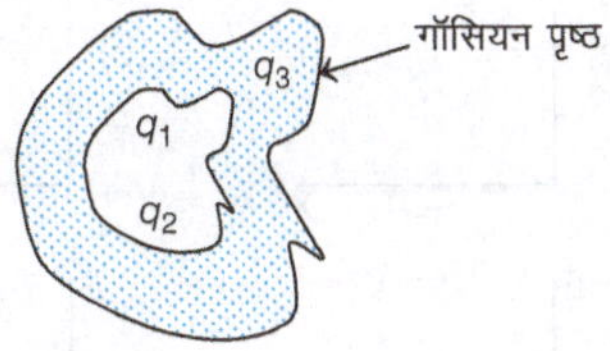

(a) 10^3 न्यूटन-मी^{2}कूलॉम$^{-1}$

(b) 10^3 कूलॉम न्यूटन$^{-1}$- मी^{2}

(c) 6.32×10^3 न्यूटन-मी^{2}कूलॉम$^{-1}$

(d) 6.32×10^3 कूलॉम न्यूटन$^{-1}$मी^{2}

82 एक खोखले बेलन के अंदर q कूलॉम आवेश है। यदि ϕ वक्र सतह B से सम्बद्ध वोल्ट- मीटर की इकाइयों में विद्युत फ्लक्स है, तो समतल सतह A से सम्बद्ध वोल्ट- मीटर की इकाइयों में फ्लक्स होगा **NCERT पृष्ठ 29**

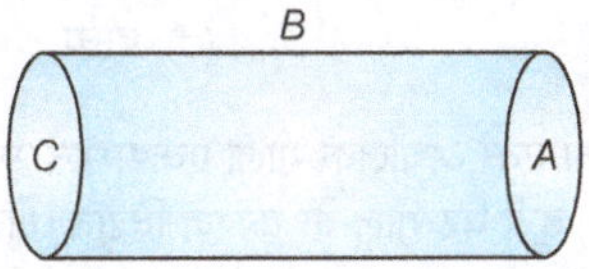

(a) $\frac{1}{2}\left(\frac{q}{\varepsilon_0} - \phi\right)$ (b) $\frac{q}{2\varepsilon_0}$

(c) $\frac{\phi}{3}$ (d) $\frac{q}{\varepsilon_0} - \phi$

गॉस के नियम के अनुप्रयोग

83 d दूरी से पृथक की गई दो अनन्त समतल समानांतर चादरों में समान और विपरीत समान आवेश घनत्व σ हैं। चादरों के बीच किसी बिन्दु पर विद्युत क्षेत्र है, **NCERT पृष्ठ 33**

(a) शून्य

(b) $\frac{\sigma}{\varepsilon_0}$

(c) $\frac{\sigma}{2\varepsilon_0}$

(d) बिन्दु की स्थिति पर निर्भर करता है

84. दो बड़ी, पतली धातु की पट्टिका एक-दूसरे के समानांतर और निकट हैं। उनके आंतरिक फलकों पर, पट्टिकाओं के पृष्ठीय आवेश घनत्व विपरीत चिह्नों के हैं और इनके परिमाण 17.0×10^{-22} कूलॉम/मी^{2} है। पहली पट्टिका के बाह्य क्षेत्र में **E** का मान क्या है? **NCERT पृष्ठ 33**

(a) 17×10^{-22} न्यूटन /कूलॉम (b) 1.5×10^{15} न्यूटन /कूलॉम

(c) 1.9×10^{10} न्यूटन /कूलॉम (d) शून्य

85 त्रिज्या R वाले एक खोखले आवेशित गोले का पृष्ठीय आवेश घनत्व नियत है। निम्नलिखित ग्राफों में से वह ग्राफ जो गोले के केन्द्र से दूरी X के साथ विद्युत क्षेत्र की प्रबलता **E** में परिवर्तन दर्शाता है, है NCERT पृष्ठ 33

(a)
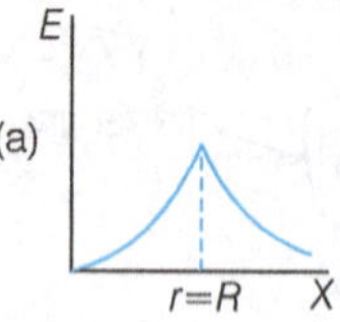

(b)
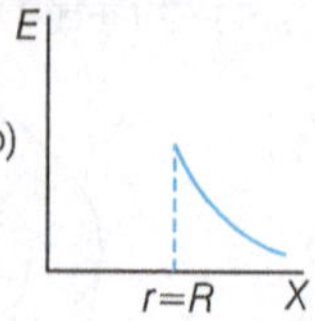

(c)
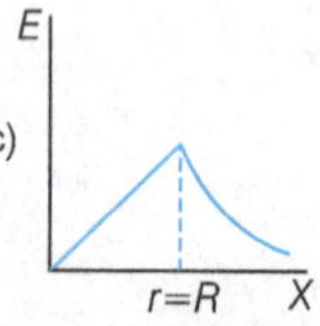

(d)
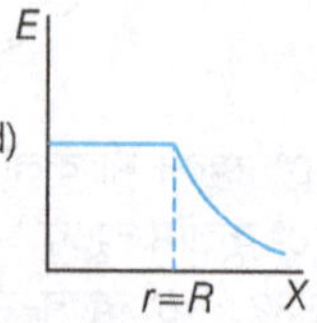

86 Q आवेश वाले एक खोखले गोलीय चालक (त्रिज्या R) के केन्द्र से r $(r < R)$ दूरी पर स्थित बिन्दु पर विद्युत क्षेत्र की तीव्रता होगी NCERT पृष्ठ 33

(a) $\frac{KQR}{r^3}$ (b) $\frac{KQr}{R^3}$

(c) $\frac{KQ}{r^2}$ (d) शून्य

87 त्रिज्या R का एक अचालक गोला एकसमान रूप से आवेशित है। केन्द्र से r $(r < R)$ दूरी पर गोले के कारण विद्युत क्षेत्र r से निम्न प्रकार सम्बन्धित है NCERT पृष्ठ 33

(a) $E = 0$ (b) $E \propto \frac{1}{r^2}$

(c) $E \propto \frac{1}{r}$ (d) $E \propto r$

88 रैखिक आवेश घनत्व $+\lambda$, $+2\lambda$ और $-\lambda$ वाले तीन समानांतर अनन्त रैखिक आवेश एक तल में चित्र में दर्शाए अनुसार रखे गए हैं। बिन्दु P पर विद्युत क्षेत्र क्या है? NCERT पृष्ठ 33

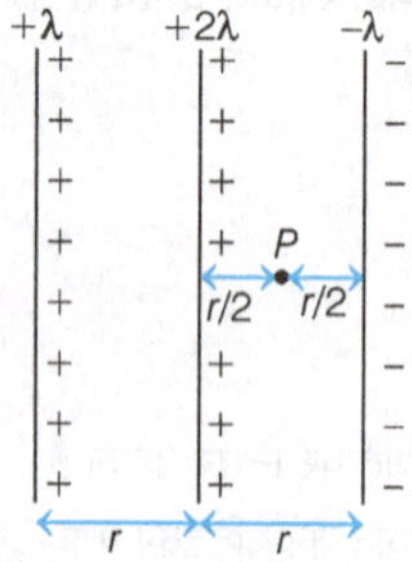

(a) $\frac{2K\lambda}{r}$ (b) $\frac{4K\lambda}{3r}$ (c) $\frac{8K\lambda}{3r}$ (d) $\frac{40K\lambda}{3r}$

89 त्रिज्या R वाले एक गोले के आयतन में विद्युत आवेश (q) एकसमान रूप से वितरित है। इसके केन्द्र से x दूरी पर विद्युत क्षेत्र $\left(x = \frac{R}{2}\right)$ होगा NCERT पृष्ठ 33

(a) $\frac{q}{4\pi\varepsilon_0 R^2}$ (b) $\frac{q}{8\pi\varepsilon_0 R^2}$ (c) $\frac{3q}{4\pi\varepsilon_0 R^3}$ (d) शून्य

90 दो समानांतर अनन्त रैखिक आवेश $+\lambda$ और $-\lambda$ को मुक्त आकाश में पृथक्करण दूरी R पर रखा गया है। दोनों रैखिक आवेशों के ठीक बीच में कुल विद्युत क्षेत्र है NCERT पृष्ठ 33

(a) शून्य (b) $\frac{2\lambda}{\pi\varepsilon_0 R}$

(c) $\frac{\lambda}{\pi\varepsilon_0 R}$ (d) $\frac{\lambda}{2\pi\varepsilon_0 R}$

91 2.4 मीटर लम्बाई और 4.6 मिमी त्रिज्या वाली एक छड़ अपनी सतह पर समान रूप से फैले 4.2×10^{-7} कूलॉम का ऋणात्मक आवेश वहन करती है। छड़ के मध्य-बिन्दु के निकट, इसकी सतह के किसी बिन्दु पर विद्युत क्षेत्र (10^5 न्यूटन/ कूलॉम में) है NCERT पृष्ठ 33

(a) – 8.6 (b) 8.6

(c) – 6.7 (d) 4.7

92 एक आवेशित गेंद B रेशम के धागे S से लटकी हुई है, जो एक बड़ी आवेशित चालक चादर P के साथ कोण θ बनाती है जैसा कि चित्र में दिखाया गया है। चादर का पृष्ठ आवेश घनत्व समानुपाती है NCERT पृष्ठ 33

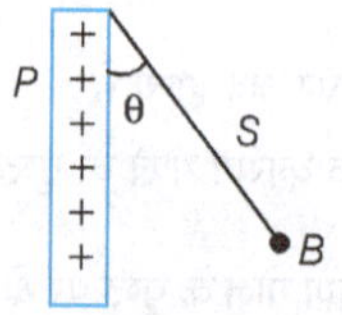

(a) $\cos\theta$ के (b) $\cot\theta$ के

(c) $\sin\theta$ के (d) $\tan\theta$ के

93 दो बड़ी पतली धातु की प्लेटें एक-दूसरे के समानांतर और निकट हैं। प्लेटों के आंतरिक फलकों पर, प्लेटों में विपरीत चिह्नों और परिमाण 27×10^{-22} कूलॉम/मी^{2} के पृष्ठ आवेश घनत्व हैं। प्लेटों के बीच के क्षेत्र II में विद्युत क्षेत्र **E** (10^{-10}न्यूटन/कूलॉम में) है NCERT पृष्ठ 34

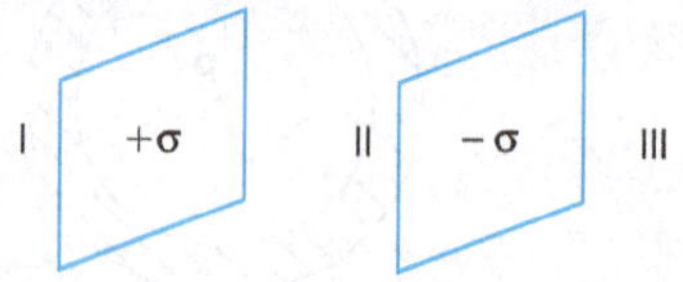

(a) 4.25 (b) 6.28

(c) 3.05 (d) 5.03

94 त्रिज्या a वाले एक अचालक गोले में एकसमान रूप से वितरित कुल आवेश $+q$ है। एक गोलीय चालक कोश जिसकी आन्तरिक और बाहरी त्रिज्याएँ b और c हैं और कुल आवेश $-q$ है, गोले के साथ संकेंद्रित है (चित्र देखें)।

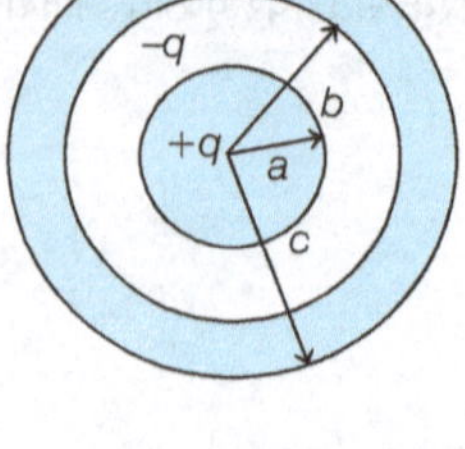

निम्नलिखित कथनों को पढ़ें। NCERT पृष्ठ 35

(i) $r < a$ के लिए गोले के केन्द्र से दूरी r पर विद्युत क्षेत्र $\frac{1}{4\pi\varepsilon_0 R}\frac{qr}{a^3}$ है

(ii) $a < r < b$ के लिए दूरी r पर विद्युत क्षेत्र शून्य है।

(iii) $b < r < c$ के लिए दूरी r पर विद्युत क्षेत्र शून्य है।

(iv) गोलीय कोश की आन्तरिक सतह पर आवेश $-q$ है।

(v) गोलीय कोश की बाहरी सतह पर आवेश $+q$ है।

उपर्युक्त में से कौन-से कथन सत्य हैं?

(a) (i), (ii) और (v) (b) (i), (iii) और (iv)
(c) (ii), (iii) और (iv) (d) (ii), (iii) और (v)

95 त्रिज्या R वाले एक पतले गोलीय कोश पर विचार करें जिसमें एकसमान पृष्ठीय आवेश घनत्व σ है। कोश के बाहर उसके केन्द्र से x दूरी पर स्थित एक बिन्दु पर विद्युत क्षेत्र है NCERT पृष्ठ 35

(a) σ के व्युत्क्रमानुपाती (b) x^2 के समानुपाती
(c) R के समानुपाती (d) x^2 के व्युत्क्रमानुपाती

अभिकथन-कारण प्रश्न

निर्देश *(प्रश्न क्रमांक 1-10) निम्नलिखित प्रश्नों में, अभिकथन के एक कथन बाद कारण का एक संगत कथन दिया गया है। निम्नलिखित विकल्पों में से, सही विकल्प का चयन कीजिए।*

(a) अभिकथन और कारण दोनों सही हैं और कारण, अभिकथन का सही स्पष्टीकरण है।

(b) अभिकथन और कारण दोनों सही हैं परन्तु कारण, अभिकथन का सही स्पष्टीकरण नहीं है।

(c) अभिकथन सही है परन्तु कारण गलत है।

(d) अभिकथन गलत है परन्तु कारण सही है।

1 **अभिकथन** जब हम किसी पिण्ड को किसी अन्य पिण्ड के साथ रगड़कर उस पर आवेश q_1 उत्पन्न करते हैं, जिससे उस पर इस प्रक्रिया में आवेश q_2 आ जाता है, तो $q_1 + q_2 = 0$ होता है।

कारण विलगित निकाय पर आवेश स्थिर रहता है। NCERT पृष्ठ 4

2 **अभिकथन** स्थूल स्तर पर, आवेश के क्वाण्टमीकरण का कोई प्रायोगिक परिणाम नहीं होता है तथा इसे अनदेखा किया जा सकता है।

कारण 1माइक्रो कूलॉम आवेश में लगभग 10^{13} गुना विद्युत आवेश e होते हैं। NCERT पृष्ठ 4

3 **अभिकथन** किसी पिण्ड पर आवेश को विद्युत आवेश e के रूप में बढ़ाया या घटाया जा सकता है।

कारण किसी पिण्ड पर आवेश विद्युत आवेश e का पूर्ण गुणज होता है, इसे आवेश का क्वण्टमीकरण कहा जाता है। NCERT पृष्ठ 4

4 **अभिकथन** जब पिण्ड घर्षण के माध्यम से आवेशित होते हैं, तो एक पिण्ड से दूसरे पिण्ड में विद्युत आवेश का स्थानांतरण होता है, परन्तु आवेश का निर्माण या विनाश नहीं होता है।

कारण यह विद्युत आवेशों के संरक्षण का पालन करता है। NCERT पृष्ठ 4

5 **अभिकथन** कूलॉम बल और गुरुत्वाकर्षण बल एक ही व्युत्क्रम-वर्ग नियम का पालन करते हैं।

कारण दोनों नियम सभी पहलुओं में समान होते हैं। NCERT पृष्ठ 6

6 **अभिकथन** एकसमान विद्युत क्षेत्र में आरंभ में विराम अवस्था में स्थित एक धनात्मक बिन्दु आवेश विद्युत बल रेखाओं के अनुदिश गति करना आरंभ करता है। (विद्युत बलों को छोड़कर अन्य सभी बलों की उपेक्षा करें।)

कारण विद्युत क्षेत्र में विरामावस्था से मुक्त हुआ बिन्दु आवेश सदैव बल रेखा के अनुदिश गति करता है। NCERT पृष्ठ 14

7 **अभिकथन** एकसमान विद्युत क्षेत्र में इलेक्ट्रॉन विद्युत क्षेत्र की विपरीत दिशा में चलते हैं।

कारण यह इलेक्ट्रॉन के ऋणात्मक आवेश के कारण होता है। NCERT पृष्ठ 14

8 **अभिकथन** यदि द्विध्रुव आघूर्ण 30×10^{-5} कूलॉम-सेमी का एक विद्युत द्विध्रुव एक बंद पृष्ठ से घिरा है, तो पृष्ठ से निकलने वाला कुल फ्लक्स शून्य होगा।

कारण विद्युत द्विध्रुव में दो बराबर और विपरीत आवेश होते हैं। NCERT पृष्ठ 29

9 **अभिकथन** किसी बन्द पृष्ठ के अन्दर आवेशों के विस्थापन पर पृष्ठ के किसी भी बिन्दु पर **E** में परिवर्तन नहीं होता है।

कारण किसी बंद पृष्ठ से गुजरने वाला फ्लक्स पृष्ठ के भीतर आवेश की स्थिति से स्वतंत्र होता है। NCERT पृष्ठ 29

10 **अभिकथन** किसी चालक के बाहरी परिवेश में **E** का मान केवल स्थानीय आवेश घनत्व पर निर्भर करता है तथा यह चालक पर कहीं भी उपस्थित अन्य आवेशों से स्वतंत्र होता है।

कारण किसी चालक के बाह्य परिवेश में **E** का मान $\frac{\sigma}{\varepsilon_0}$ द्वारा दिया जाता है। NCERT पृष्ठ 33

कथन आधारित प्रश्न

निर्देश *(प्रश्न क्रमांक 1-8) निम्नलिखित प्रश्नों में दो कथन (I और II) दिए गए हैं। दिए गए कथनों के आधार पर, नीचे दिए गए विकल्पों में से सही उत्तर चुनें।*

(a) कथन I और कथन II दोनों गलत हैं।
(b) कथन I सही है परन्तु कथन II गलत है।
(c) कथन I गलत है परन्तु कथन II सही है।
(d) कथन I और कथन II दोनों सही हैं।

1 **कथन I** जब पिण्डों को रगड़कर आवेशित किया जाता है, तो एक पिण्ड से दूसरे में इलेक्ट्रॉनों का स्थानांतरण होता है। इसमें न तो कोई नया आवेश बनता है और न ही नष्ट होता है।

कथन II जब एक न्यूट्रॉन एक प्रोटॉन और एक इलेक्ट्रॉन में बदल जाता है, तो इस प्रकार निर्मित प्रोटॉन और इलेक्ट्रॉन में बराबर और विपरीत आवेश होते हैं और निर्माण से पहले और बाद में कुल आवेश शून्य होता है। NCERT पृष्ठ 1

2 **कथन I** यदि किसी प्रणाली में दो बिन्दु आवेश q_1 और q_2 हैं, तो प्रणाली का कुल आवेश केवल बीजगणितीय रूप से q_1 और q_2 को जोड़कर प्राप्त किया जाता है, उदाहरण के लिए (– 2 इकाई आवेश) + (6 इकाई आवेश) = 4 इकाई आवेश।

कथन II –2 इकाई और + 6 इकाई मान वाले एक निकाय का कुल आवेश 8 इकाई आवेश है। NCERT पृष्ठ 4

3 **कथन I** किसी पिण्ड पर आवेश q सदैव $q = ne$ द्वारा दिया जाता है, जहाँ n कोई भी पूर्णांक, धनात्मक या ऋणात्मक है।

कथन II परिपाटी के अनुसार , इलेक्ट्रॉन पर आवेश ऋणात्मक माना जाता है। NCERT पृष्ठ 4

4 **कथन I** किसी बिन्दु पर विद्युत क्षेत्र का परिमाण उस बिन्दु की आवेश से दूरी के वर्ग के व्युत्क्रमानुपाती रूप से घटता है।

कथन II आवेश से दूर क्षेत्र कमजोर हो जाता है और क्षेत्र रेखाओं का घनत्व कम होता है, जिसके परिणामस्वरूप अच्छी पृथक्कृत रेखाएँ मिलती हैं। NCERT पृष्ठ 14

5 **कथन I** एक बिन्दु आवेश को विद्युत क्षेत्र में लाया जाता है, निकटवर्ती बिन्दु पर क्षेत्र आवेश की प्रकृति के आधार पर बढ़ेगा या घटेगा।

कथन II विद्युत क्षेत्र आवेश की प्रकृति से स्वतंत्र होता है। NCERT पृष्ठ 19

6 **कथन I** कोई भी दो विद्युत बल रेखाएँ एक-दूसरे को प्रतिच्छेद नहीं कर सकतीं।

कथन II विद्युत बल रेखा के किसी भी बिन्दु पर स्पर्श रेखा, विद्युत क्षेत्र की दिशा बताती है। NCERT पृष्ठ 21

7 **कथन I** एक धनात्मक आवेशित छड़ को अनावेशित चालक के पास लाने पर चालक छड़ की ओर आकर्षित हो जाता है।

कथन II आवेशित छड़ की विद्युत क्षेत्र रेखाएँ चालक की सतह के लम्बवत् होती हैं। NCERT पृष्ठ 21

8 **कथन I** विद्युत क्षेत्र को अवरुद्ध करने के लिए एक खोखले कोश के रूप में एक धात्विक ढाल का निर्माण किया जा सकता है।

कथन II एक खोखले गोलाकार शैल में, इसके अंदर विद्युत क्षेत्र प्रत्येक बिन्दु पर शून्य होता है। NCERT पृष्ठ 29

सुमेलन प्रकार प्रश्न

1 कॉलम I (आवेश) को कॉलम II (गुण) से सुमेलित करें और नीचे दिए गए विकल्पों में से सही उत्तर का चयन करें। NCERT पृष्ठ 1

	कॉलम I		कॉलम II
A.	सजातीय आवेश	1.	दो प्रकार के
B.	विजातीय आवेश	2.	एक-दूसरे को प्रतिकर्षित करते हैं
C.	आवेश को किया जा सकता है	3.	एक-दूसरे को आकर्षित करते हैं
D.	आवेश होते हैं	4.	उदासीन, यदि वे समान और विपरीत हों

कूट

	A	B	C	D		A	B	C	D
(a)	1	2	3	4	(b)	2	1	3	4
(c)	4	1	3	2	(d)	2	3	4	1

2 कॉलम I (पिण्ड का प्रकार) को कॉलम II (विद्युत क्षेत्र) से सुमेलित करें और नीचे दिए गए विकल्पों में से सही उत्तर चुनिए। NCERT पृष्ठ 33

	कॉलम I		कॉलम II
A.	एकसमान आवेश घनत्व की अनंत समतल चादर	1.	0
B.	एकसमान मोटाई की अनंत समतल चादर	2.	$\frac{\sigma}{2\varepsilon_0}$
C.	इसकी सतह पर अचालक आवेशित ठोस गोला	3.	$\frac{R\rho}{3\varepsilon_0}$
D.	केन्द्र पर चालक आवेशित ठोस गोला	4.	$\frac{\sigma}{\varepsilon_0}$

कूट

	A	B	C	D		A	B	C	D
(a)	2	4	3	1	(b)	3	2	1	4
(c)	1	4	2	3	(d)	2	1	4	3

3 कॉलम I (विद्युत बल रेखाएँ) को कॉलम II (आवेश के प्रकार) से सुमेलित करें और नीचे दिए गए विकल्पों में से सही उत्तर चुनिए। NCERT पृष्ठ 19

कॉलम I	कॉलम II
A. 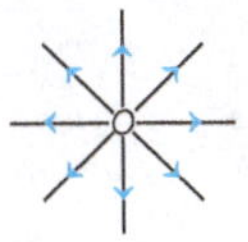	1. बराबर और विपरीत आवेशों का एक युग्म
B. 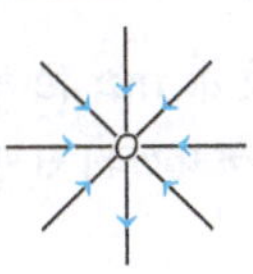	2. धनात्मक आवेशों का एक युग्म
C. 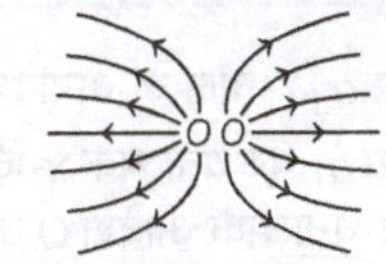	3. एकल धनात्मक आवेश
D. 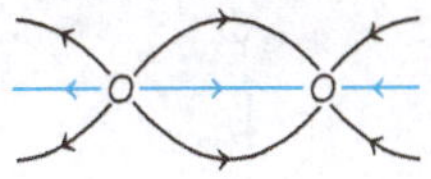	4. एकल ऋणात्मक आवेश

कूट

	A	B	C	D		A	B	C	D
(a)	1	2	3	4	(b)	3	2	1	4
(c)	3	4	1	2	(d)	3	4	2	1

आंकिक मान प्रकार के प्रश्न

1 10 ग्राम के समान द्रव्यमान तथा 2×10^{-7} कूलॉम आवेश वाले दो कणों को एक क्षैतिज मेज पर उनके बीच L के पृथक्करण के साथ इस प्रकार रखा गया है कि वे सीमित साम्यावस्था में रहें। यदि प्रत्येक कण तथा मेज के बीच घर्षण गुणांक 0.25 है, तो L का मान ...... सेमी है। ($g = 10$ मी/से^{2} लीजिए) NCERT पृष्ठ 6

2 एक घनाकार आयतन $x = 0, x = a, y = a, a, z = 0, z = a$ सतहों से घिरा है। क्षेत्र में विद्युत क्षेत्र $\mathbf{E} = E_0 \times \hat{\mathbf{i}}$ द्वारा दिया गया है, जहाँ $E_0 = 6 \times 10^4$ न्यूटन कूलॉम$^{-1}$ मी$^{-1}$ है। यदि $a = 2$ सेमी है तो घनाकार आयतन में निहित आवेश $Q \times 10^{-14}$ कूलॉम है। Q का मान .... है। ($\varepsilon_0 = 9 \times 10^{-12}$ कूलॉम^2/न्यूटन-मी^{2} लीजिए) NCERT पृष्ठ 29

3 सामान्य तापीय दाब NTP पर वायु में विद्युत क्षेत्र की तीव्रता 3×10^6 वोल्ट /मी है। 3 मीटर त्रिज्या वाले गोलीय चालक को दिया जा सकने वाला अधिकतम आवेश $x \times 10^{-3}$ कूलॉम है। x का मान ...है। NCERT पृष्ठ 14

4 10 सेमी भुजा वाला एक वर्ग, क्षेत्र तीव्रता $5 \times 10^3 \hat{\mathbf{i}}$ न्यूटन/कूलॉम के एकसमान विद्युत क्षेत्र में YZ-तल के समानांतर रखा गया है। यदि वर्ग को X-अक्ष के साथ 30° के कोण पर घुमा दिया जाता है, तो फ्लक्स ....न्यूटन-मीटर^2 /कूलॉम द्वारा दिया जाता है। NCERT पृष्ठ 21

5 10 माइक्रो कूलॉम, – 10 माइक्रो कूलॉम तथा 5 माइक्रो कूलॉम के तीन आवेश समबाहु त्रिभुज ABC के रूप में रखे गए हैं, जिनकी प्रत्येक भुजा 5 सेमी के बराबर है। A पर रखे आवेश पर परिणामी बल ....न्यूटन है। (5 माइक्रो कूलॉम आवेश को बिन्दु A पर रखा गया है।) NCERT पृष्ठ 6

6 एक विद्युत द्विध्रुव के मध्य से 10 मीटर की दूरी पर इसकी अक्षीय रेखा पर रखे जाने पर एक इकाई आवेश द्वारा अनुभव किया गया बल 2.5 न्यूटन/कूलॉम है। जब इसे 20 मीटर की दूरी पर रखा जाता है, तो बल घटकर 0.2 न्यूटन/कूलॉम हो जाता है। द्विध्रुव की लम्बाई .... मीटर है। NCERT पृष्ठ 23

7 चित्र में दिखाए अनुसार 2 मीटर लम्बाई वाली दो समानांतर प्लेटों के बीच एकसमान विद्युत क्षेत्र $\mathbf{E} = (4\, m/e)$ वोल्ट/मी बनाया गया है, (जहाँ, m = इलेक्ट्रॉन का द्रव्यमान और e = इलेक्ट्रॉन का आवेश)। एक इलेक्ट्रॉन 2 मीटर/सेकण्ड की गति से प्लेटों के बीच सममित रूप से क्षेत्र में प्रवेश करता है। क्षेत्र से बाहर आने पर इलेक्ट्रॉन के पथ का विचलन कोण θ, $\tan^{-1} x$ होगा। x का मान ... है। NCERT पृष्ठ 14

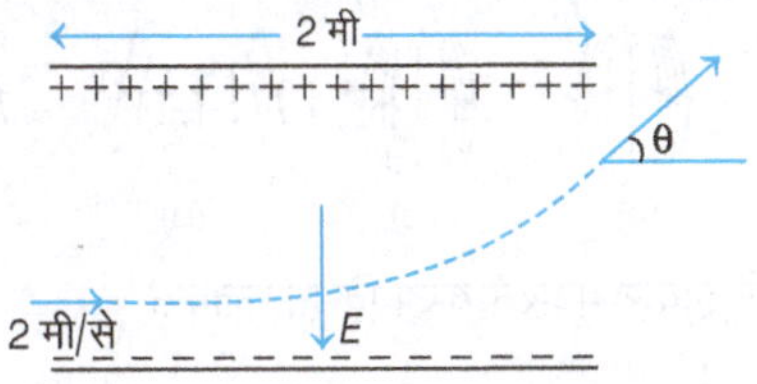

8 q आवेश वाले अनन्त संख्या के आवेश केवल X-अक्ष पर $x = 1, x = 2, x = 4, x = 8$ और इसी प्रकार आगे रखे गए हैं। इस व्यवस्था के कारण बिन्दु $x = 0$ पर विद्युत क्षेत्र $\frac{q}{x\pi\varepsilon_0}$ द्वारा दिया गया है। x का मान ..... है। NCERT पृष्ठ 14

9 एक वर्ग के चारों कोनों पर $-Q$ के बराबर चार आवेश रखे गए हैं और इसके केन्द्र पर एक आवेश q है। यदि निकाय साम्यावस्था में है, तो q का मान $\frac{Q}{x}(1 + \sqrt{2x})$ है। x का मान .... है। NCERT पृष्ठ 6

10 नगण्य आयतन वाले दो समान चालक गोलों पर क्रमशः 2 नैनो कूलॉम तथा –1 नैनो कूलॉम आवेश हैं। उन्हें संपर्क में लाया जाता है तथा फिर 0.6 मीटर की दूरी से अलग कर दिया जाता है। गोलों के बीच कार्य करने वाला स्थिर विद्युत बल .... $\times 10^{-9}$ न्यूटन है। [दिया गया है, $4\pi\varepsilon_0 = \frac{1}{9 \times 10^9}$ SI इकाई] NCERT पृष्ठ 6

NCERT Exemplar प्रश्न

1 चित्र में, दो धनात्मक आवेश q_2 और q_3 Y-अक्ष के अनुदिश स्थिर हैं, जो X-अक्ष के अनुदिश स्थिर आवेश q_1 पर धनात्मक x-दिशा में नैट विद्युत बल लगाते हैं। यदि $(x, 0)$ पर धनात्मक आवेश Q जोड़ा जाता है, तो q_1 पर लगने वाला बल

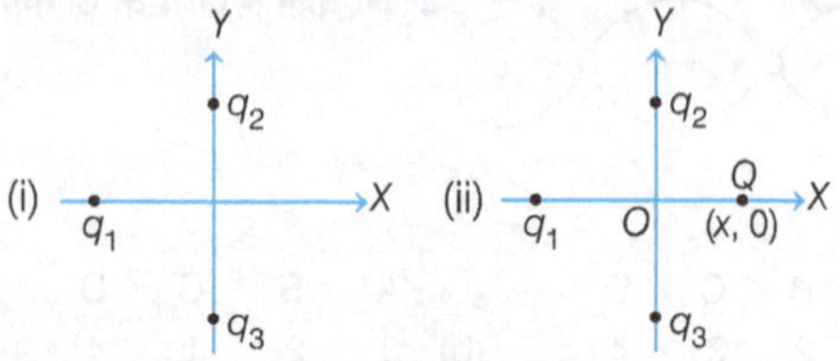

(a) धनात्मक X-अक्ष के अनुदिश बढ़ेगा
(b) धनात्मक X-अक्ष के अनुदिश घटेगा
(c) ऋणात्मक X-अक्ष के अनुदिश इंगित करेगा
(d) बढ़ेगा परन्तु Q के q_2 व q_3 के साथ प्रतिच्छेदन के कारण दिशा बदल जाएगी

2 एक धनात्मक बिन्दु आवेश को एक पृथक चालक गोले के पास लाया जाता है (चित्र)। विद्युत क्षेत्र का सबसे अच्छा प्रतिनिधित्व दिया जाता है

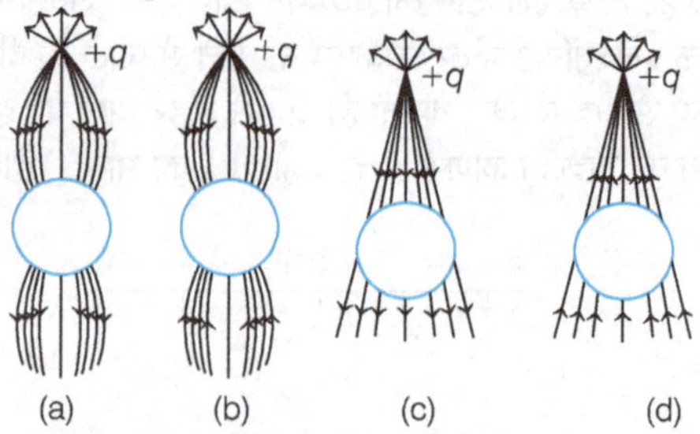

3 पृष्ठ से होकर गुजरने वाला विद्युत फ्लक्स

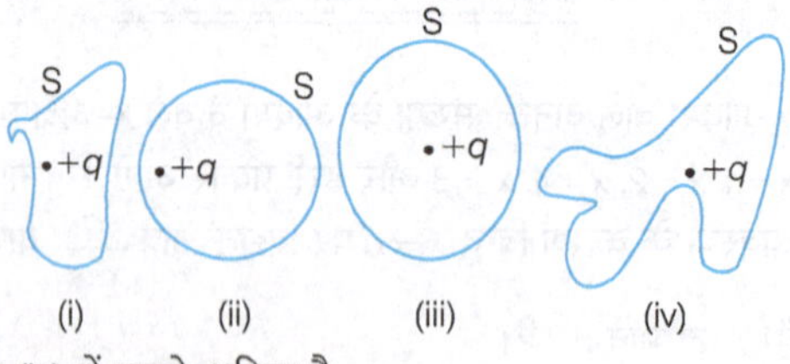

(a) चित्र (iv) में सबसे अधिक है
(b) चित्र (iii) में सबसे कम है
(c) चित्र (ii) में चित्र (iii) के समान है परन्तु चित्र (iv) में कम है
(d) सभी चित्रों के लिए समान है

4 एक धातु के गोलीय कोश की आंतरिक त्रिज्या R_1 और बाहरी त्रिज्या R_2 है। गोलीय कोश के केन्द्र पर एक आवेश Q रखा गया है। बाह्य पृष्ठ पर पृष्ठीय आवेश घनत्व क्या होगा?

(a) $\frac{-Q}{4\pi R_1^2}$
(b) $\frac{Q}{4\pi R_1^2}$
(c) $\frac{Q}{4\pi R_2^2}$
(d) $\frac{-Q}{4\pi R_2^2}$

5 यदि एक आवेश q को घन के एक किनारे के मध्य-बिन्दु B पर रखा जाए, तो चित्र में दी गई a भुजा वाले घन के फलकों से गुजरने वाला कुल फ्लक्स क्या होगा?

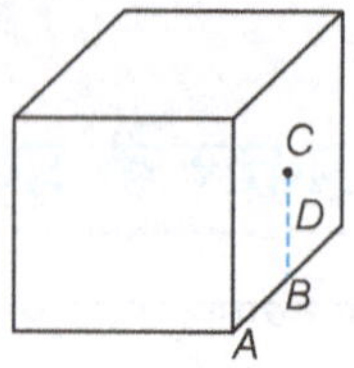

(a) $\frac{q}{8\varepsilon_0}$
(b) $\frac{q}{3\varepsilon_0}$
(c) $\frac{q}{4\varepsilon_0}$
(d) $\frac{q}{2\varepsilon_0}$

6 दो आवेश q तथा $-3q$ को X-अक्ष पर स्थिर रखा गया है, जो एक-दूसरे से d दूरी पर हैं। तीसरा आवेश $2q$ कहाँ रखा जाए, जिससे उस पर कोई बल न लगे?

(a) $\frac{d}{3}(1+\sqrt{3})$, q के दाईं ओर
(b) $\frac{d}{3}(1+\sqrt{3})$, q के बाईं ओर
(c) $\frac{d}{2}(1+\sqrt{3})$, q के बाईं ओर
(d) $\frac{d}{2}(1+\sqrt{3})$, q के दाईं ओर

7 एक बिन्दु आवेश $+q$ को एक पृथक चालक तल से d दूरी पर रखा गया है। तल के दूसरी ओर बिन्दु P पर क्षेत्र है

(a) तल के लम्बवत् और तल से दूर निर्देशित
(b) तल के लम्बवत् परन्तु तल की ओर निर्देशित
(c) बिन्दु आवेश से त्रिज्यीय रूप से दूर निर्देशित
(d) बिन्दु आवेश की ओर त्रिज्यीय रूप से निर्देशित

विगत परीक्षाओं के प्रश्न

NEET

1 एक विद्युत द्विध्रुव को 2×10^5 न्यूटन कूलॉम$^{-1}$ तीव्रता के विद्युत क्षेत्र के साथ $30°$ के कोण पर रखा गया है। यह 4 न्यूटन-मीटर के बराबर बल-आघूर्ण का अनुभव करता है। द्विध्रुव पर आवेश के परिमाण की गणना करें, यदि द्विध्रुव की लम्बाई 2 सेमी है। **NCERT पृष्ठ 27, NEET 2023**

(a) 6 मिमी कूलॉम
(b) 4 मिमी कूलॉम
(c) 2 मिमी कूलॉम
(d) 8 मिमी कूलॉम

2 ध्रुवीय अणु किस प्रकार का अणु है? **NCERT पृष्ठ 23, NEET 2021**

(a) शून्य द्विध्रुव आघूर्ण वाला
(b) केवल विद्युत क्षेत्र की उपस्थिति में आवेशों के विस्थापन के कारण द्विध्रुव आघूर्ण प्राप्त करने वाला
(c) केवल चुंबकीय क्षेत्र अनुपस्थित होने पर ही द्विध्रुव आघूर्ण प्राप्त करने वाला
(d) स्थायी विद्युत द्विध्रुव आघूर्ण वाला

3 10 सेमी त्रिज्या वाले एक गोलीय चालक पर 3.2×10^{-7} कूलॉम का आवेश समान रूप से वितरित है। गोले के केन्द्र से 15 सेमी दूर एक बिन्दु पर विद्युत क्षेत्र का परिमाण क्या है?
$\left[\frac{1}{4\pi\varepsilon_0} = 9 \times 10^9 \text{ न्यूटन मीटर}^2/\text{कूलॉम}^2\right]$
NCERT पृष्ठ 33, NEET 2020

(a) 1.28×10^5 न्यूटन/कूलॉम
(b) 1.28×10^6 न्यूटन/कूलॉम
(c) 1.28×10^7 न्यूटन/कूलॉम
(d) 1.28×10^4 न्यूटन/कूलॉम

4 द्विध्रुव आघूर्ण p वाले द्विध्रुव के केन्द्र से r दूरी पर भूमध्यरेखीय तल के किसी बिन्दु पर विद्युत क्षेत्र निम्न प्रकार दिया गया हैं ($r >>$ द्विध्रुव बनाने वाले दो आवेशों का पृथक्करण, ε_0 मुक्त आकाश की विद्युत शीलता) **NCERT पृष्ठ 23, NEET 2020**

(a) $\mathbf{E} = \frac{\mathbf{p}}{4\pi\varepsilon_0 r^3}$
(b) $\mathbf{E} = \frac{2\mathbf{p}}{4\pi\varepsilon_0 r^3}$
(c) $\mathbf{E} = -\frac{\mathbf{p}}{4\pi\varepsilon_0 r^2}$
(d) $\mathbf{E} = -\frac{\mathbf{p}}{4\pi\varepsilon_0 r^3}$

5 एक गोले में $\pm 3 \times 10^{-6}$ कूलॉम आवेश वाला एक विद्युत द्विध्रुव परिबद्ध है। गोले के आर-पार कुल विद्युत फ्लक्स क्या है? **NCERT पृष्ठ 29, NEET 2019**

(a) -3×10^{-6} न्यूटन-मीटर^2/कूलॉम
(b) शून्य
(c) 3×10^6 न्यूटन-मीटर^2/कूलॉम
(d) 6×10^{-6} न्यूटन-मीटर^2/कूलॉम

6 त्रिज्या R का एक खोखला धातु का गोला समान रूप से आवेशित है। केन्द्र से r दूरी पर गोले के कारण विद्युत क्षेत्र है **NCERT पृष्ठ 33, NEET 2019**

(a) शून्य क्योंकि $r < R$ के लिए r बढ़ता है, तथा घटता है क्योंकि $r > R$ के लिए r बढ़ता है
(b) शून्य क्योंकि $r < R$ के लिए बढ़ता है तथा बढ़ता है क्योंकि $r > R$ के लिए r बढ़ता है
(c) घटता है क्योंकि $r < R$ व $r > R$ के लिए r बढ़ता है
(d) बढ़ता है क्योंकि $r < R$ व $r > R$ के लिए r घटता है

7 मान लीजिए कि एक प्रोटॉन और एक इलेक्ट्रॉन के आवेश में थोड़ा-सा अन्तर है। उनमें से एक $-e$ है और दूसरा $(e + \Delta e)$ है। यदि d (परमाणु आकार से बहुत अधिक) दूरी पर स्थित दो हाइड्रोजन परमाणुओं के बीच स्थिर विद्युत बल और गुरुत्वाकर्षण बल का योग शून्य है, तो Δe किस क्रम का होगा? (दिया गया है, हाइड्रोजन का द्रव्यमान, $m_h = 1.67 \times 10^{-27}$ किग्रा) **NCERT पृष्ठ, 6 NEET 2017**

(a) 10^{-20} कूलॉम (b) 10^{-23} कूलॉम (c) 10^{-37} कूलॉम (d) 10^{-47} कूलॉम

8 दो समान आवेशित गोले, दो द्रव्यमान रहित डोरियों जिनकी लम्बाई l है, द्वारा एक उभ्यनिष्ठ बिन्दु से लटके हुए हैं, जो प्रारम्भ में एक-दूसरे से d $(d << l)$ की दूरी पर हैं, क्योंकि उनमें परस्पर प्रतिकर्षण होता है। दोनों गोलों से आवेश एक समान दर से रिसना शुरू हो जाता है। परिणामस्वरूप, गोले एक-दूसरे के पास v वेग से आते हैं। तब, v गोले के बीच की दूरी x के फलन के रूप में निम्न प्रकार बदलता है **NCERT पृष्ठ 6, NEET 2016**

(a) $v \propto x$ (b) $v \propto x^{-1/2}$ (c) $v \propto x^{-1}$ (d) $v \propto x^{1/2}$

JEE Main

9 प्रदर्शित चित्र के अनुसार, पाँच आवेश $+q, +5q, -2q, +3q$ तथा $-4q$, स्थापित हैं। इस अभिविन्यास के कारण S सतह से गुजरने वाला फ्लक्स है **NCERT पृष्ठ 24, JEE Main 2024**

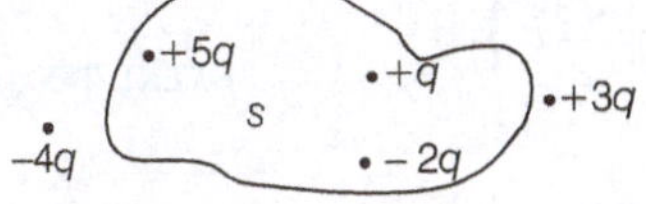

(a) $\frac{5q}{\varepsilon_0}$ (b) $\frac{3q}{\varepsilon_0}$ (c) $\frac{q}{\varepsilon_0}$ (d) $\frac{4q}{\varepsilon_0}$

10 आकाश में उपस्थित वैद्युत क्षेत्र $\mathbf{E} = (2x\hat{\mathbf{i}})$ न्यूटन/कूलॉम है। चित्र के अनुसार आकाश में 2 मी भुजा का एक घन रख दिया गया है। इस घन से गुजरने वाला वैद्युत फ्लक्स .... न्यूटन-मी^{2}/कूलॉम है। **NCERT पृष्ठ 24, JEE Main 2024**

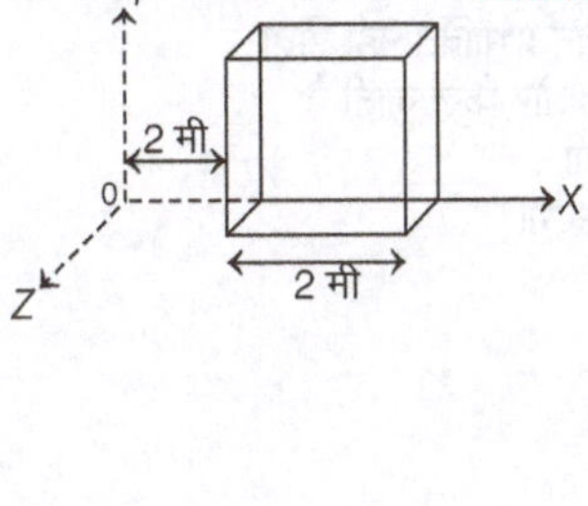

11 10 कूलॉम का एक बिन्दु आवेश मूल बिन्दु पर रखा हुआ है। X-अक्ष पर किस स्थान पर 40 कूलॉम का बिन्दु आवेश रखा जाना चाहिए, जिससे कि X-अक्ष पर $x = 2$ सेमी पर कुल विद्युत क्षेत्र शून्य हो जाए?
NCERT पृष्ठ 14, JEE Main 2023

(a) $x = 8$ सेमी
(b) $x = -4$ सेमी
(c) $x = 4$ सेमी
(d) $x = 6$ सेमी

12 मान लीजिए कि चित्र में दर्शाई गई दो अनन्त पतली समतल चादरों का एकसमान पृष्ठ आवेश घनत्व σ है। तब, तीन अलग-अलग क्षेत्रों E_I, E_{II} और E_{III} में विद्युत क्षेत्र हैं
NCERT पृष्ठ 33, JEE Main 2023

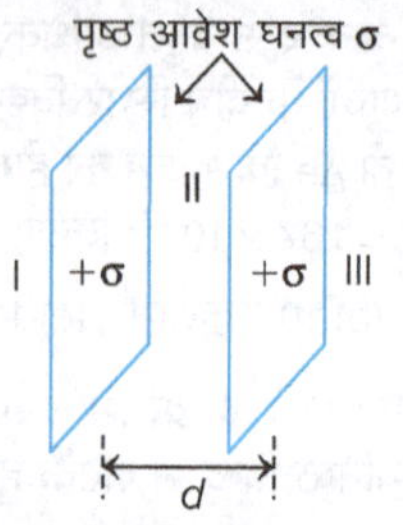

(a) $\mathbf{E}_I = \frac{\sigma}{\varepsilon_0}\hat{\mathbf{n}}, \mathbf{E}_{II} = 0, \mathbf{E}_{III} = \frac{\sigma}{\varepsilon_0}\hat{\mathbf{n}}$

(b) $\mathbf{E}_I = \frac{\sigma}{2\varepsilon_0}\hat{\mathbf{n}}, \mathbf{E}_{II} = 0, \mathbf{E}_{III} = \frac{\sigma}{2\varepsilon_0}\hat{\mathbf{n}}$

(c) $\mathbf{E}_I = 0, \mathbf{E}_{II} = \frac{\sigma}{\varepsilon_0}\hat{\mathbf{n}}, \mathbf{E}_{III} = 0$

(d) $\mathbf{E}_I = \frac{2\sigma}{\varepsilon_0}\hat{\mathbf{n}}, \mathbf{E}_{II} = 0, \mathbf{E}_{III} = \frac{2\sigma}{\varepsilon_0}\hat{\mathbf{n}}$

13 एकसमान रूप से आवेशित L लम्बाई के पतले तार, जिस पर Q आवेश है, के लम्बवत् समद्विभाजक पर बिन्दु P (जैसा कि चित्र में दिखाया गया है) पर विद्युत क्षेत्र ज्ञात कीजिए। छड़ के केन्द्र से बिन्दु P की दूरी $a = \frac{\sqrt{3}}{2}L$ है।
NCERT पृष्ठ 14, JEE Main 2021

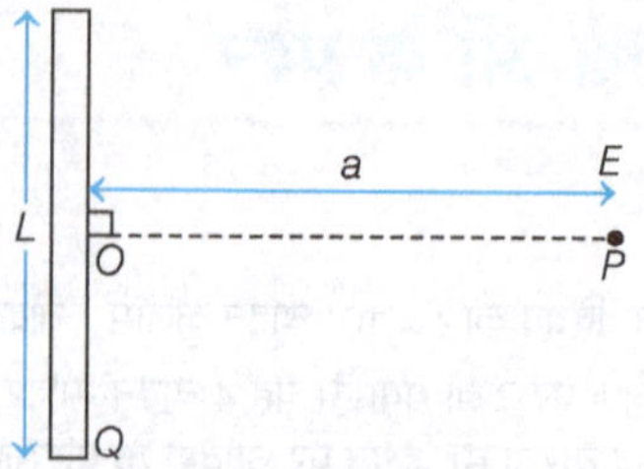

(a) $\frac{\sqrt{3}Q}{4\pi\varepsilon_0 L^2}$ (b) $\frac{Q}{3\pi\varepsilon_0 L^2}$ (c) $\frac{Q}{2\sqrt{3}\pi\varepsilon_0 L^2}$ (d) $\frac{Q}{4\pi\varepsilon_0 L^2}$

14 एक विद्युत द्विध्रुव को X-अक्ष पर रैखिक आवेश घनत्व 3.0×10^{-6} कूलॉम/मीटर वाले रैखिक आवेश के समीप रखा गया है। रैखिक आवेश को Z-अक्ष पर रखा गया है, द्विध्रुव का धनात्मक और ऋणात्मक आवेश मूल बिन्दु से क्रमशः 10 मिमी और 12 मिमी की दूरी पर है। यदि द्विध्रुव पर कुल 4 न्यूटन बल लगाया जाता है, तो द्विध्रुव के धनात्मक या ऋणात्मक आवेश की मात्रा ज्ञात कीजिए।
NCERT पृष्ठ 33, JEE Main 2021

(a) 815.1 नैनोकूलॉम (b) 8.8 माइक्रोकूलॉम
(c) 0.485 नैनोकूलॉम (d) 4.44 माइक्रोकूलॉम

15 चित्र में दिखाए अनुसार बिन्दु O पर विद्युत क्षेत्र का परिमाण क्या होगा? चित्र की प्रत्येक भुजा l है तथा एक दूसरे पर लम्बवत् है।
NCERT पृष्ठ 14, JEE Main 2020

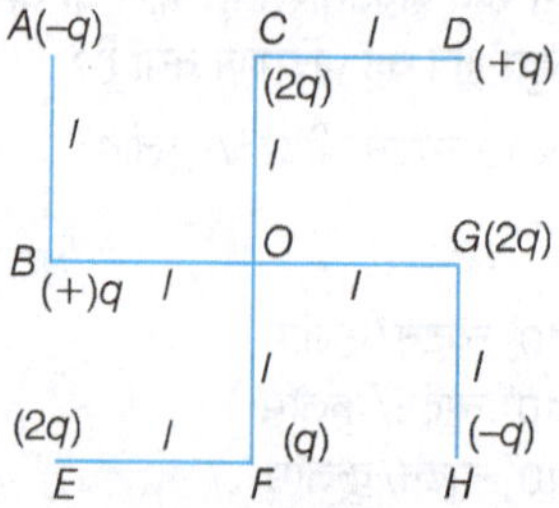

(a) $\frac{1}{4\pi\varepsilon_0}\frac{q}{l^2}$ (b) $\frac{1}{4\pi\varepsilon_0}\frac{q}{(2l^2)}(2\sqrt{2}-1)$

(c) $\frac{9}{4\pi\varepsilon_0(2l)^2}$ (d) $\frac{1}{4\pi\varepsilon_0}\frac{2q}{2l^2}(\sqrt{2})$ मी

स्किल बूस्टर्स

1 फर से रगड़ी गई काँच की छड़ का उपयोग सोने की पत्ती वाले विद्युतदर्शी को आवेशित करने के लिए किया जाता है और पन्नों को अलग-अलग देखा जाता है। विद्युतदर्शी डिस्क को जब बहुत कम समय के लिए X- किरण के सम्मुख लाया जाता है। तब,
(a) पत्तियों का विचलन प्रभावित नहीं होता
(b) पत्तियाँ आगे की ओर फैल जाती हैं
(c) पत्तियाँ टूट जाएँगी
(d) पत्तियाँ पिघल जाएँगी

2 एक विदेशी छात्र जो उष्णकटिबंधीय देश में पला-बढ़ा है, लेकिन संयुक्त राज्य अमेरिका में पढ़ रहा है, उसे स्थैतिक विद्युत की चिंगारी या झटकों का अनुभव नहीं हो सकता है। छात्र को सबसे पहले झटका संभवतः 1980 के दशक में लगा होगा
(a) तूफान के दौरान
(b) बारिश में टहलते समय
(c) गर्मियों में
(d) सर्दियों में

3 0.1 मीटर त्रिज्या वाली एक अंगूठी 10^{-6} मीटर^2 अनुप्रस्थ-काट क्षेत्रफल वाले पतले धातु के तार से बनी है। अंगूठी पर π कूलॉम का एकसमान आवेश है। तार के धातु का यंग प्रत्यास्थता गुणांक 2×10^{11} न्यूटन/मीटर^2 तथा $E_0^{-1} = 36 \times 10^9$ वोल्ट मीटर / ऐम्पियर सेकण्ड है। जब 10^{-8} कूलॉम का आवेश अंगूठी के केन्द्र पर रखा जाता है, तब

(a) तार में तनाव 4.5×10^4 न्यूटन है
(b) तार में तनाव 4.5×10^5 न्यूटन है
(c) त्रिज्या में परिवर्तन 2.25×10^{-3} मीटर है
(d) त्रिज्या में परिवर्तन 2.25×10^{-5} मीटर है

4 समान आवेश और द्रव्यमान वाले दो छोटे धातु के गोले किसी नम कमरे की छत पर किसी बिन्दु से समान लम्बाई के रेशमी धागों से लटकाए गए हैं। माना गोले के बीच केन्द्र से केन्द्र की दूरी x है, $x << l$ तथा l रेशमी धागे की लम्बाई है। माध्यम के आयनीकरण के कारण, प्रत्येक गोले से आवेश रिसता है और वे एक-दूसरे के समीप एक समान दर से आते रहते हैं। मान लीजिए कि उनका सम्भावित वेग v, $v \propto x^{-1/2}$ के अनुसार बदलता है। यदि प्रत्येक गोले का द्रव्यमान m है, तो समय के सापेक्ष आवेश में परिवर्तन की दर $\frac{dq}{dt} \propto \frac{N}{2}\sqrt{\frac{2\pi\varepsilon_0 mg}{l}}$ है। N का मान है

(a) 7 (b) 9
(c) 3 (d) 11

5 त्रिज्या 5×10^{-7} मीटर का एक आवेशित धूल कण 6.28×10^5 वोल्ट/मी तीव्रता के एक क्षैतिज विद्युत क्षेत्र में घूम रहा है। परिवेश का माध्यम वायु है जिसका श्यानता गुणांक $\eta = 1.6 \times 10^{-5}$ न्यूटन से/मी^{2} है। यदि यह कण 0.02 मीटर /सेकण्ड की एकसमान क्षैतिज गति से घूम रहा है, तो बूँद पर अतिरिक्त इलेक्ट्रॉनों की संख्या है

(a) 30 (b) 18
(c) 60 (d) 15

6 2 सेमी की दूरी पर रखी दो बहुत लम्बी प्लेटों के बीच 10^3 वोल्ट /मीटर का एक समान क्षेत्र बनाए रखा जाता है। 1.6×10^{-30} किग्रा द्रव्यमान का एक कण जिसका आवेश -1.6×10^{-19} कूलॉम है, चित्रानुसार प्रक्षेपित किया जाता है। प्रक्षेपण का अधिकतम वेग जिसके लिए इलेक्ट्रॉन ऊपरी प्लेट से नहीं टकराता है, है

(a) 2×10^6 मी/से
(b) 1.5×10^6 मी/से
(c) 1.3×10^5 मी/से
(d) 2.7×10^5 मी/से

7 रैखिक आवेश घनत्व λ वाला एक रैखिक आवेश, एक घन को तिरछा भेदता है और फिर यह एक घन को व्यासीय रूप में भेदता है। घन और गोले से गुजरने वाले फ्लक्स का अनुपात है

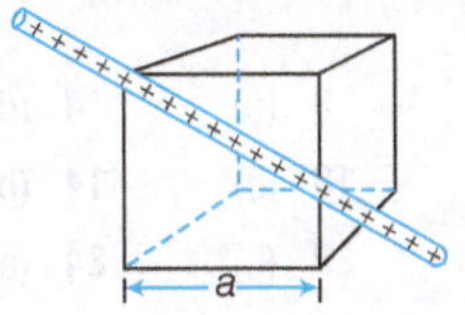

(a) $\frac{1}{\sqrt{2}}$ (b) $\sqrt{2}$ (c) $\frac{\sqrt{3}}{2}$ (d) 1

8 S_1 और S_2 दो खोखले संकेन्द्रित गोले हैं जिन पर q और $2q$ आवेश हैं। S_1 और S_2 के बीच का स्थान परावैद्युत स्थिरांकों के परावैद्युत से भरा हुआ है। S_2 से गुजरने वाले फ्लक्स और S_1 से गुजरने वाले फ्लक्स का अनुपात है

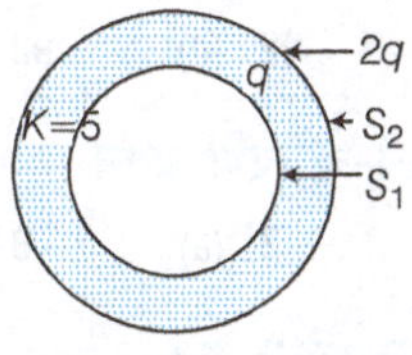

(a) 10 : 3 (b) 9 : 11 (c) 8 : 7 (d) 11 : 1

9 0.01 मीटर की दूरी पर स्थित दो बड़ी गोलाकार चकती एक स्विच के माध्यम से बैटरी से जुड़ी हुई हैं। जैसा कि चित्र में दिखाया गया है। घनत्व 900 किग्रा मीटर$^{-3}$ की आवेशित तेल की बूंदें एक छोटे से छेद के माध्यम से शीर्ष चकती के केन्द्र पर छोड़ी जाती हैं। एक बार जब कुछ तेल की बूंदें सीमान्त वेग प्राप्त कर लेती हैं, तो चकती के सिरों पर 200 वोल्ट का वोल्टेज आरोपित करने के लिए स्विच को बंद कर दिया जाता है। परिणामस्वरूप, 8×10^{-7} मीटर त्रिज्या वाली एक तेल की बूंद ऊर्ध्वाधर गति करना बंद कर देती है और डिस्क के बीच तैरने लगती है। इस तेल की बूंद में विद्यमान इलेक्ट्रॉनों की संख्या है (उत्प्लावन बल की उपेक्षा करें, गुरुत्वाकर्षण के कारण त्वरण $= 10$ मी से$^{-2}$ और इलेक्ट्रॉन पर आवेश $(e) = 1.6 \times 10^{-19}$ कूलॉम लें)

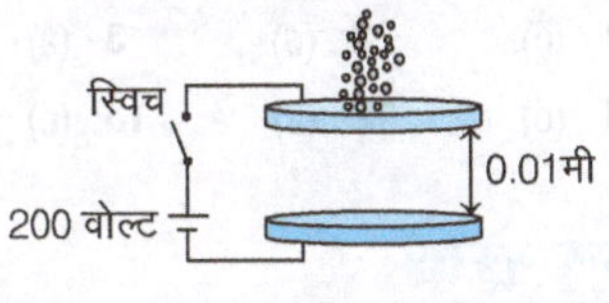

(a) 6 (b) 12 (c) 10 (d) 8

10 एक आवेश Q त्रिज्या r की एक वलय पर एकसमान रूप से वितरित है। समान त्रिज्या r वाले गोले पर विचार करें जिसका केन्द्र वलय की परिधि पर है। गोले की सतह से होकर गुजरने वाले विद्युत क्षेत्र का फ्लक्स ज्ञात कीजिए।

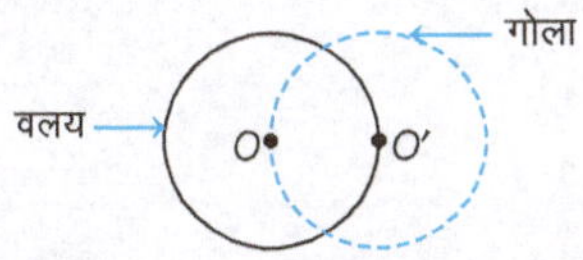

(a) $\frac{Q}{4\varepsilon_0}$ (b) $\frac{Q}{6\varepsilon_0}$ (c) $\frac{Q}{3\varepsilon_0}$ (d) $\frac{Q}{2\varepsilon_0}$

प्रश्न कुंजी

शीर्षकवार प्रश्न

1 (a)	2 (b)	3 (b)	4 (d)	5 (c)	6 (c)	7 (a)	8 (b)	9 (a)	10 (b)
11 (b)	12 (d)	13 (b)	14 (b)	15 (c)	16 (b)	17 (c)	18 (b)	19 (a)	20 (b)
21 (c)	22 (b)	23 (b)	24 (a)	25 (a)	26 (d)	27 (b)	28 (b)	29 (c)	30 (b)
31 (b)	32 (c)	33 (d)	34 (c)	35 (c)	36 (b)	37 (b)	38 (b)	39 (b)	40 (c)
41 (c)	42 (d)	43 (a)	44 (b)	45 (c)	46 (c)	47 (d)	48 (a)	49 (c)	50 (d)
51 (d)	52 (d)	53 (c)	54 (a)	55 (b)	56 (a)	57 (c)	58 (c)	59 (d)	60 (a)
61 (c)	62 (b)	63 (c)	64 (d)	65 (a)	66 (a)	67 (c)	68 (c)	69 (b)	70 (d)
71 (b)	72 (c)	73 (c)	74 (c)	75 (c)	76 (b)	77 (a)	78 (d)	79 (a)	80 (b)
81 (a)	82 (a)	83 (b)	84 (d)	85 (b)	86 (d)	87 (d)	88 (d)	89 (b)	90 (b)
91 (c)	92 (d)	93 (c)	94 (b)	95 (d)					

अभिकथन-कारण प्रश्न

1 (a)	2 (a)	3 (a)	4 (a)	5 (c)	6 (c)	7 (a)	8 (a)	9 (d)	10 (d)

कथन आधारित प्रश्न

1 (d)	2 (b)	3 (d)	4 (d)	5 (b)	6 (d)	7 (d)	8 (d)

सुमेलन प्रकार प्रश्न

1 (d)	2 (a)	3 (d)

आंकिक मान प्रकार के प्रश्न

1 (12)	2 (425)	3 (3)	4 (25)	5 (180)	6 (5)	7 (2)	8 (3)	9 (4)	10 (6.25)

NCERT Exemplar प्रश्न

1 (a)	2 (a)	3 (d)	4 (c)	5 (c)	6 (c)	7 (a)

विगत परीक्षाओं के प्रश्न

1 (c)	2 (d)	3 (a)	4 (a)	5 (b)	6 (a)	7 (c)	8 (b)	9 (d)	10 (16)
11 (d)	12 (a)	13 (c)	14 (d)	15 (b)					

स्किल बूस्टर्स

1 (b)	2 (d)	3 (c)	4 (c)	5 (a)	6 (a)	7 (c)	8 (d)	9 (a)	10 (c)

क्रमवार

प्रश्नों का विश्लेषण

कॉन्सेप्ट बिल्डर्स

1 घट या बढ़

2 सत्य

3 बिन्दु

4 सत्य

5 सत्य

6 आवेशों का क्वाण्टमीकरण

7 9×10^9 न्यूटन

8 भिन्न

9 सीधे

10 तीव्रता, विभव

11 $\mathbf{E}(r) = \frac{1}{4\pi\varepsilon_0} \sum_{i=1}^{n} \frac{q_i}{r_{ip}^2} \mathbf{r}_{ip}^2$

12 सत्य

13 सत्य

14 दोगुनी

15 शून्य

16 समान्तर

17 असत्य

18 असत्य

19 $\frac{q}{24\varepsilon_0}$

20 पृष्ठ

शीर्षकवार प्रश्न

3 *(b)* जब साबुन के बुलबुले को ऋणात्मक आवेश दिया जाता है, तो आवेश एक-दूसरे को प्रतिकर्षित करते हैं। इसलिए, इसकी त्रिज्या बढ़ जाती है।

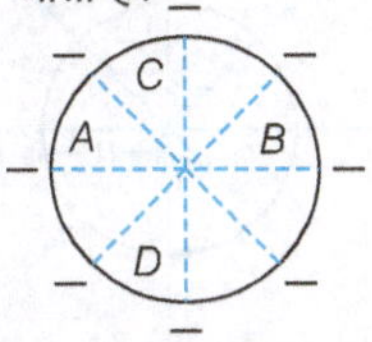

5 *(c)* वाहकों की गति के दौरान, वायुमंडल की शुष्क हवा और धूल के कणों के आपस में रगड़ने के कारण इनका शरीर आवेशित हो जाता है। इस अतिरिक्त आवेश के कारण चिंगारी उत्पन्न होने की संभावना बढ़ जाती है और ज्वलनशील पदार्थ में आग लग सकती है।

इसे रोकने के लिए, वाहक के शरीर को धरती के संपर्क में रखने के लिए धातु की रस्सियाँ लटका दी जाती हैं।

11 *(b)* यदि q आवेश वाले एक गोले को एक समरूप अनावेशित गोले के सम्पर्क में रखा जाए, तो आवेश q इस प्रकार पुनर्वितरित हो जाएगा कि निकाय पर समग्र आवेश संरक्षित रहेगा।

इस प्रकार, सममिति से, हम कह सकते हैं कि प्रत्येक गोले पर आवेश $\frac{q}{2}$ हो जाएगा।

12 *(d)* 1 कूलॉम आवेश पर इलेक्ट्रॉनों की संख्या

$$n = \frac{q}{e} = \frac{1}{1.6 \times 10^{-19}}$$

$$= 6.25 \times 10^{18} \text{ इलेक्ट्रॉन}$$

$$\therefore \text{आवश्यक समय} = \frac{6.25 \times 10^{18}}{10^9} \text{ सेकण्ड}$$

$$= 6.25 \times 10^9 \text{ सेकण्ड}$$

$$\approx 198 \text{ वर्ष}$$

13 *(b)* सिल्वर डॉलर से निकाले जाने वाले इलेक्ट्रॉनों की संख्या,

$$n = \frac{q}{e} = \frac{2.4 \text{ कूलॉम}}{1.6 \times 10^{-19} \text{ कूलॉम}} = 1.5 \times 10^{19}$$

14 *(b)* यहाँ, हटाए गए इलेक्ट्रॉनों की संख्या = 1 ग्राम में परमाणुओं की संख्या

$$\text{या } n = \frac{4 \times 10^{20}}{10^3} = 4 \times 10^{17}$$

$$\therefore \text{आवेश, } q = ne$$

$$= 4 \times 10^{17} \times 1.6 \times 10^{-19}$$

$$= 6.4 \times 10^{-2} \text{ कूलॉम}$$

15 *(c)* दूरी r पर स्थित आवेशों q और $(Q-q)$ के बीच विद्युत स्थैतिक प्रतिकर्षण बल निम्न प्रकार दिया जाता है

$$F = \frac{1}{4\pi\varepsilon_0} \frac{q(Q-q)}{r^2}$$

यहाँ F अधिकतम है, तब $\frac{dF}{dq} = 0$

$$\text{अर्थात् } \frac{d}{dq}\left(\frac{1}{4\pi\varepsilon_0} \frac{qQ - q^2}{r^2}\right) = 0$$

$$\Rightarrow \quad Q = +2q$$

16 *(b)* यदि दो आवेशों को एक-दूसरे के सम्पर्क में रखा जाए और फिर अलग कर दिया जाए, तो उन पर आवेश पुनः वितरित हो जाएंगे और उन पर कुल आवेश दोनों का अन्तर होगा,

अर्थात् $q_{\text{कुल}} = |q_1 + q_2|/2$

इस कुल आवेश की ध्रुवता समान होती है, इसलिए उन्हें d दूरी पर रखने के बाद, वे प्रतिकर्षण बल का अनुभव करते हैं।

18 *(b)* स्थिर विद्युत बल, $F = k\frac{QQ_2}{r^2}$

$$F = 9 \times 10^9 \times \frac{2 \times 10^{-7} \times 3 \times 10^{-7}}{(30 \times 10^{-2})^2}$$

$$= 6 \times 10^{-3} \text{ न्यूटन}$$

19 *(a)* वायु में बल, $F = \frac{1}{4\pi\varepsilon_0} \cdot \frac{q_1 q_2}{r^2}$

$$F_m = \frac{1}{4\pi\varepsilon_0\varepsilon_r} \cdot \frac{qq_2}{r^2}$$

$$F_{\text{माध्यम}} = \frac{\varepsilon_0}{\varepsilon} \cdot \frac{1}{4\pi\varepsilon_0} \frac{q_1 q_2}{r^2}$$

$$\Rightarrow \quad F_{\text{माध्यम}} = \frac{\varepsilon_0}{\varepsilon} F$$

20 *(b)* वायु में आवेशों के बीच लगने वाला बल

$$F_{\text{वायु}} = \frac{1}{4\pi\varepsilon_0} \cdot \frac{q_1 q_2}{r^2}$$

$$F_{\text{माध्यम}} = \frac{1}{4\pi\varepsilon_0 K} \cdot \frac{q_1 q_2}{r^2}$$

$$\Rightarrow \frac{F_{\text{वायु}}}{F_{\text{माध्यम}}} = \frac{K}{1}$$

21 *(c)* वायु में स्थित दो बिन्दु आवेशों के बीच लगने वाला बल,

$$F = \frac{q_1 q_2}{4\pi\varepsilon_0 r^2}$$

अतः परावैद्युत स्थिरांक K वाले माध्यम में दो बिन्दु आवेशों के बीच लगने वाला बल,

$$F' = \frac{q_1 q_2}{4\pi\varepsilon_0 K (r')^2}$$

दिया गया है, $F = F'$

$$\Rightarrow \quad \frac{q_1 q_2}{4\pi\varepsilon_0 r^2} = \frac{q_1 q_2}{4\pi\varepsilon_0 K (r')^2}$$

$$\therefore \quad r' = \frac{r}{\sqrt{K}}$$

22 *(b)* दूरी r पर स्थित एक इलेक्ट्रॉन और प्रोटॉन के बीच विद्युत बल

$$F_e = \frac{-ke^2}{r^2}$$

इलेक्ट्रॉन और प्रोटॉन के बीच लगने वाला संगत गुरुत्वाकर्षण बल

$$F_G = -G\frac{m_p m_e}{r^2}$$

$$\left|\frac{F_e}{F_G}\right| = \frac{ke^2}{Gm_p m_e}$$

$$= \frac{(9\times10^9)(1.6\times10^{-19})^2}{(6.67\times10^{-71})(9.1\times10^{-31})(1.67\times10^{-3})}$$

$$= 2.3\times10^{39}$$

$$\Rightarrow F_G/F_e = 10^{-39}$$

23 *(b)* कूलॉम के नियम से,

$$F = \frac{q_1q_2}{4\pi\varepsilon_0 r^2}$$

$$\therefore\ r^2 = \frac{q_1q_2}{4\pi\varepsilon_0 F}$$

$$= \frac{(9\times10^9)(8\times10^{-6})(-20\times10^{-6})}{9}$$

$\Rightarrow r = 0.4$ मी

24 *(a)*

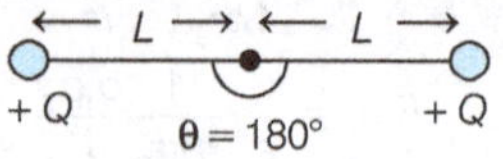

∴ प्रत्येक धागे में तनाव,

अर्थात् $F = \dfrac{kQQ}{(2L)^2} = \dfrac{1}{4\pi\varepsilon_0}\dfrac{Q^2}{(2L)^2}$

25 *(a)*

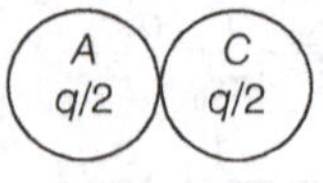

अर्थात् $q_A = q_c = \dfrac{q}{2}$

जब C को B से स्पर्श कराया जाता है, तो B और C का कुल आवेश

$$= q + q/2 = \frac{3q}{2}$$

जब B और C को अलग किया जाता है, तो आवेश उनके बीच समान रूप से साझा हो जाता है,

अर्थात् $q_B = q_C = \dfrac{3q}{4}$

इस प्रकार, अन्त में हमारे पास निम्नलिखित स्थिति होती है

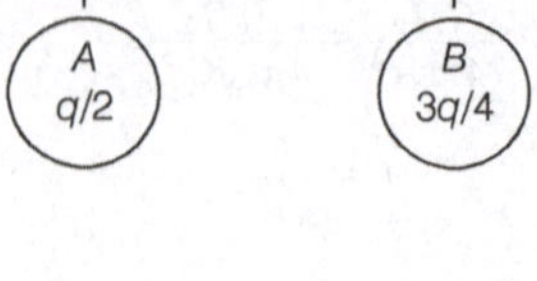

दिया गया है, $q_A = q_B = 6.5\times10^{-7}$ कूलॉम और $r = 50\times10^{-2}$ मी

∴ A और B के बीच नया प्रतिकर्षण बल

$$F = \frac{9\times10^9\times q_Aq_B}{r^2}$$

$$= \frac{9\times10^9\times\frac{1}{2}\times\frac{3}{4}\times(6.5\times10^{-7})^2}{(0.5)^2}$$

$= 5.7\times10^{-3}$ न्यूटन

26 *(d)* चूँकि, कूलॉम का आकर्षण = अभिकेन्द्रीय बल

$$\therefore \frac{1}{4\pi\varepsilon_0}\cdot\frac{q_1q_2}{r^2} = mr\omega^2 = \frac{4\pi^2 mr}{T^2}$$

$$\Rightarrow\quad T = \left(\frac{4\pi^2 mr^3}{kq_1q_2}\right)^{1/2}$$

27 *(b)* दी गई स्थिति नीचे दिए गए चित्र में देखी जा सकती है

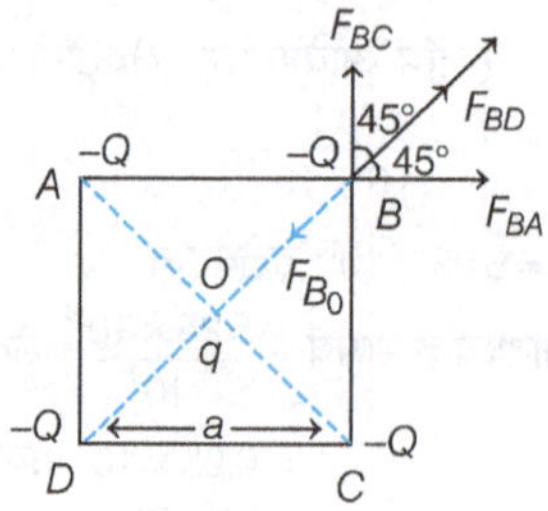

$$F_{BA} = F_{BC} = \frac{Q^2}{4\pi\varepsilon_0 a^2}$$

$$F_{BD} = \frac{Q^2}{4\pi\varepsilon_0(\sqrt{2}a)^2} = \frac{Q^2}{4\pi\varepsilon_0(2a^2)}$$

$$F_{BO} = \frac{-qQ}{4\pi\varepsilon_0\left(\frac{a}{\sqrt{2}}\right)^2} = \frac{-2qQ}{4\pi\varepsilon_0 a^2}$$

इसलिए, बिन्दु B पर $-Q$ पर कार्य करने वाला नेट बल शून्य होगा,

अर्थात्

$$F_{BA}\cos45° + F_{BC}\cos45° + F_{BD} - F_{BO} = 0$$

हल करने पर,

$$q = \frac{Q}{4}(1+2\sqrt{2})$$

28 *(b)* कूलॉम के नियम से, $F = \dfrac{1}{4\pi\varepsilon_0}\dfrac{q_1q_2}{l^2}$

$$F_{AB} = F_{AC} = -\frac{1}{4\pi\varepsilon_0}\frac{q^2}{l^2} = F$$

$$\Rightarrow F_R = \sqrt{F_{AC}^2 + F_{AB}^2 + 2F_{AB}F_{AC}\cos60°}$$

$$= \sqrt{3}F$$

$$= \sqrt{3}\frac{1}{4\pi\varepsilon_0}\frac{q^2}{l^2}$$

29 *(c)*

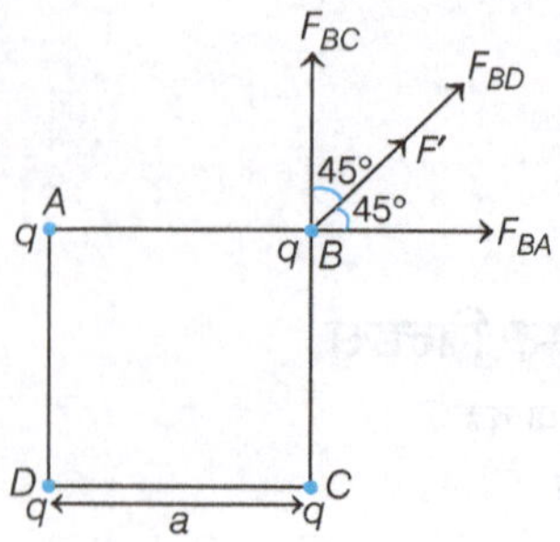

$$F_{कुल} = \left(\sqrt{2} + \frac{1}{2}\right)F$$

$$[\because F_{कुल} = F' + F_{BD};\ F' = \sqrt{F_{BA}^2 + F_{BC}^2}]$$

यहाँ, $F = \dfrac{kq^2}{a^2} = \left(\dfrac{2\sqrt{2}+1}{2}\right)\dfrac{q^2}{4\pi\varepsilon_0 a^2}$

30 *(b)* दिए गए चित्र के अनुसार,

$$F\sin\theta + F' = \frac{kq_1\cdot q_3}{a^2}\sin\theta + \frac{kq_1q_2}{b^2}$$

$$\propto \frac{q_2}{b^2} + \frac{q_3}{a^2}\sin\theta$$

31 *(b)* $\therefore F = \dfrac{kQ^2}{a^2}$

$$F_{कुल} = \sqrt{F^2 + F^2 + 2F^2\cos60°}$$

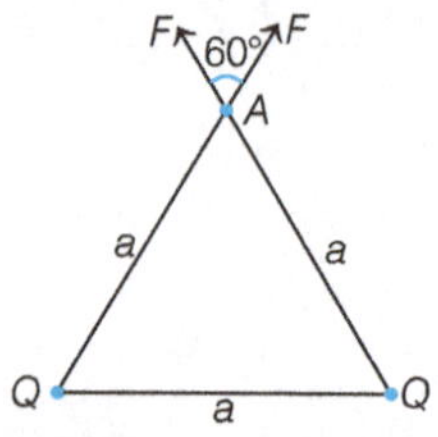

$$= \sqrt{3}F = \frac{\sqrt{3}kQ^2}{a^2}$$

32 *(c)* दिया गया है, विद्युत क्षेत्र, $E = Aa$ ...(i)

मूल बिन्दु पर केन्द्रित त्रिज्या a के एक गोले में समाहित आवेश q, जैसा कि नीचे दर्शाया गया है

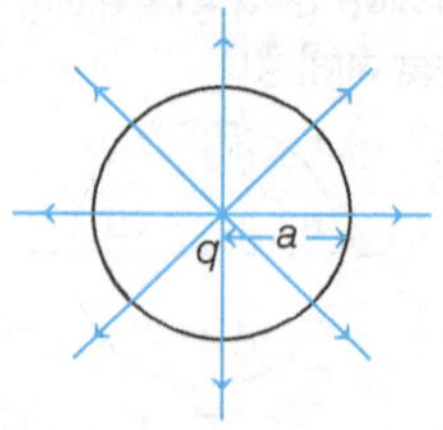

यहाँ, त्रिज्या, $r = a$

∴ विद्युत क्षेत्र, $E = \dfrac{1}{4\pi\varepsilon_0}\cdot\dfrac{q}{a^2}$ ...(ii)

समीकरणों (i) और (ii) से, $q = 4\pi\varepsilon_0 Aa^3$

33 *(d)* गोलक पर बल नीचे दिखाए अनुसार लगता है

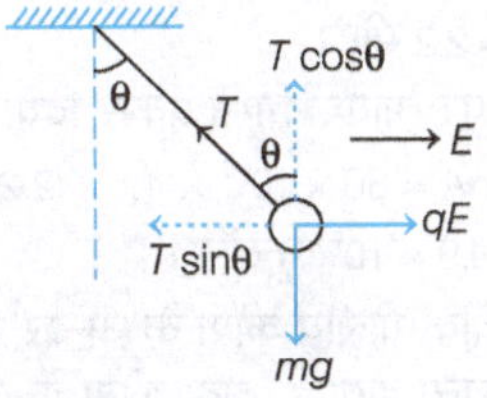

साम्यावस्था के लिए,

$T\cos\theta = mg$ ...(i)

तथा $T\sin\theta = qE$ ...(ii)

समी (ii) को (i) से विभाजित करने पर,

$\tan\theta = \dfrac{qE}{mg}$

$\Rightarrow \tan\theta = \dfrac{5\times10^{-6}\times2000}{2\times10^{-3}\times10} = \dfrac{1}{2} = 0.5$

$\Rightarrow \quad \theta = \tan^{-1}(0.5)$

34 *(c)* इलेक्ट्रॉन के लिए त्वरण $= \dfrac{eE}{m_e}$

$s = \dfrac{eE}{2m_e}\times t_1^2$ ...(i)

इसी प्रकार, प्रोटॉन के लिए,

$s = \dfrac{eE}{2m_p}\times t_2^2$ ...(ii)

समी (ii) को (i) से विभाजित करने पर,

$\dfrac{t_2}{t_1} = \left(\dfrac{m_p}{m_e}\right)^{1/2}$

35 *(c)* $E_1 = \dfrac{kq_1}{r^2} = \dfrac{(9\times10^9)\times(10^{-8})}{(0.05)^2}$

$= 3.6\times10^4$ न्यूटन/ कूलॉम

$E_2 = \dfrac{kq_2}{r^2} = \dfrac{(9\times10^9)\times(10^{-8})}{(0.05)^2}$

$= 3.6\times10^4$ न्यूटन /कूलॉम

A पर कुल विद्युत क्षेत्र का परिमाण

$E_A = E_1 + E_2 = 7.2\times10^4$ न्यूटन/कूलॉम ...(i)

यहाँ $\mathbf{E}_A$ दाई ओर निर्देशित है। अब, नीचे दी गई आकृति पर विचार करने पर q_1 और q_2 के कारण बिन्दु C पर प्रत्येक विद्युत क्षेत्र सदिश का परिमाण

$E_1' = E_2'$

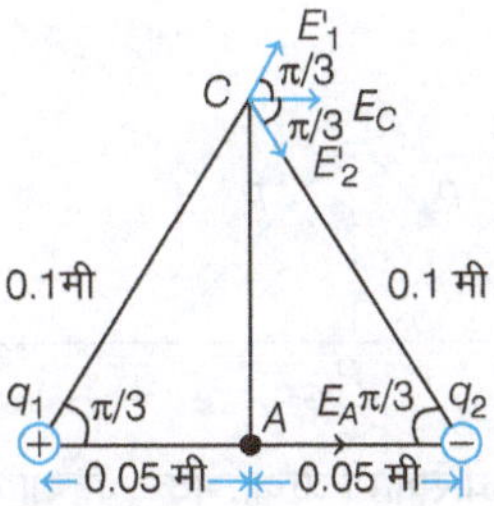

$= \dfrac{(9\times10^9)\times(10^{-8})}{(0.1)^2}$

$= 9\times10^3$ न्यूटन /कूलॉम

इन दोनों सदिशों का परिणामी

$E_C = E_1'\cos\dfrac{\pi}{3} + E_2'\cos\dfrac{\pi}{3}$

$= 9\times10^3$ न्यूटन/कूलॉम ... (ii)

यहाँ $\mathbf{E}_C$ दाई ओर संकेत करता है।

समी (i) को (ii) से विभाजित करने पर,

$\dfrac{E_A}{E_C} = \dfrac{7.2\times10^4}{9\times10^3} = \dfrac{8}{1}$

36 *(b)*

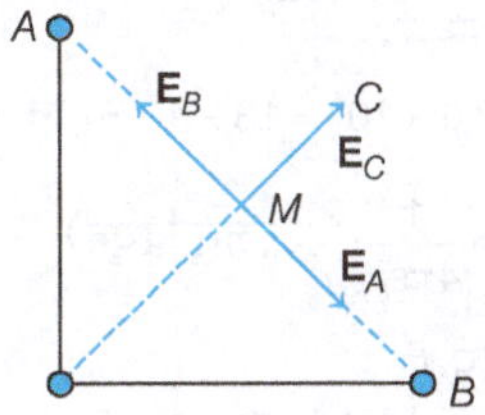

जहाँ, $\mathbf{E}_A = A$ पर रखे आवेश के कारण M पर विद्युत क्षेत्र,

$\mathbf{E}_B = B$ पर रखे आवेश के कारण M पर विद्युत क्षेत्र तथा $\mathbf{E}_C = C$ पर रखे आवेश के कारण M पर विद्युत क्षेत्र।

जैसा कि चित्र से देखा जा सकता है।

$|\mathbf{E_B}| = |\mathbf{E_A}|$ अतः M पर कुल विद्युत क्षेत्र,

$E_{कुल} = |\mathbf{E_C}|$ सदिश 2 की दिशा में।

37 *(b)*

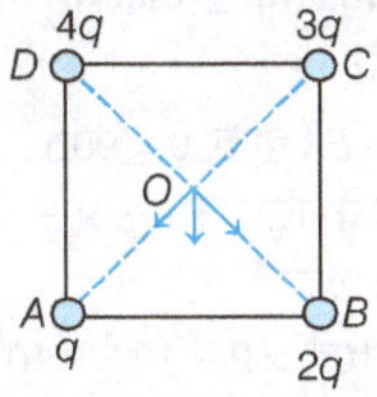

अतः कुल विद्युत क्षेत्र कोण AOB के समद्विभाजक के अनुदिश होगा जो CB के समानांतर है।

38 *(b)* $E = \dfrac{1}{4\pi\varepsilon_0}\cdot q\left[1 - \dfrac{1}{2^2} + \dfrac{1}{4^2} - \dfrac{1}{8^2} + \ldots\right]$

$= \dfrac{q}{4\pi\varepsilon_0}\dfrac{1}{\left[1-\left(-\dfrac{1}{4}\right)\right]} = 36$ वोल्ट/मीटर

39 *(b)* $E_R = E_1 - E_2$

$= \dfrac{1}{4\pi\varepsilon_0}\dfrac{q}{1} - \dfrac{1}{4\pi\varepsilon_0}q\left(\dfrac{1}{1+\dfrac{1}{4}}\right) = \dfrac{1}{10\pi\varepsilon_0}$

+ve अक्ष के अनुदिश

40 *(c)* $\dfrac{E_1}{E_2} = \dfrac{\dfrac{1}{4\pi\varepsilon_0}\dfrac{q}{\left(\dfrac{a}{\sqrt{2}}\right)^2}}{\dfrac{1}{4\pi\varepsilon_0}\dfrac{q}{\left(\dfrac{a}{2}\right)^2}} = \dfrac{1}{2}$

41 *(c)*

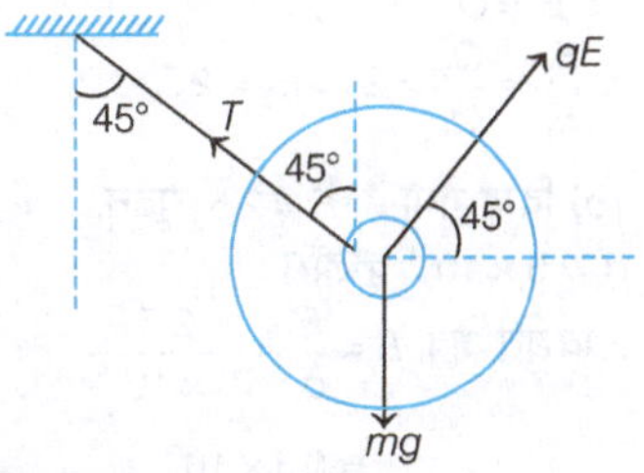

$\mathbf{E} = \hat{i} + \hat{j}$

$E = |\mathbf{E}| = \sqrt{2}$ न्यूटन/कूलॉम

साम्यावस्था के लिए,

$T\cos45° + qE\sin45° = mg$

$T\sin45° = qE\cos45° \Rightarrow T = qE$

$qE\cos45° + qE\sin45° = mg$

$\dfrac{qE}{\sqrt{2}} + \dfrac{qE}{\sqrt{2}} = mg, \sqrt{2}qE = mg$

$q = \dfrac{20}{2} = 10$ कूलॉम

42 *(d)* रैखिक आवेश घनत्व, $\lambda = \left(\dfrac{q}{\pi r}\right)$

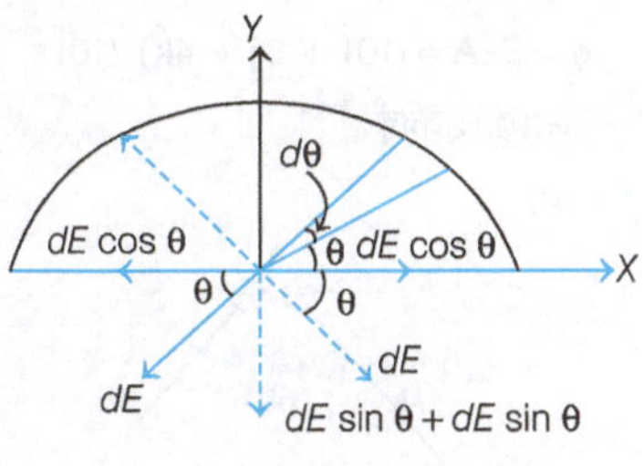

$E = \int dE \sin\theta(-\mathbf{j})$

$= \int_0^{\pi} \frac{k \cdot dq}{r^2} \sin\theta(-\mathbf{j})$

$= \int_0^{\pi} \frac{k \cdot dq}{r^2} \sin\theta(-\mathbf{j})$

$= \frac{q}{2\pi^2\varepsilon_0 r^2}(-\mathbf{j})$

43 *(a)* $mg = neE$

$\Rightarrow n = \frac{9.8 \times 10^{-3}}{10^{-10}} = 9.8 \times 10^7$

44 *(b)* दिया गया है, $Q_1 = 4$ कूलॉम, $Q_2 =$ कूलॉम

एक बिन्दु आवेश के कारण दूरी r पर विद्युत क्षेत्र है

$E = \frac{1}{4\pi\varepsilon_0} \cdot \frac{Q}{r^2}$

$\Rightarrow E \propto Q$

$\therefore \frac{E_2}{E_1} = \frac{Q_2}{Q_1} = 2 \Rightarrow E_2 = 2E_1$

45 *(c)* दिया गया है, $F = 2.5$ न्यूटन,

$q = 5 \times 10^{-4}$ कूलॉम

$\therefore$ विद्युत क्षेत्र, $E = \frac{F}{q} = \frac{2.5}{5 \times 10^{-4}}$

$= 0.5 \times 10^4$

$= 5000$ न्यूटन/कूलॉम

59 *(d)* दिया गया है, $d\mathbf{S} = 5\hat{\mathbf{i}}$,

$E = 4\hat{\mathbf{i}} + 4\hat{\mathbf{j}} + 4\hat{\mathbf{k}}$

विद्युत फ्लक्स निम्न प्रकार दिया जाता है।

$\phi = \mathbf{E} \cdot d\mathbf{S} = (5\hat{i}) \cdot (4\hat{\mathbf{i}} + 4\hat{\mathbf{j}} + 4\hat{\mathbf{k}})$

$\Rightarrow \phi = 20$ इकाई

60 *(a)* दिया गया है, $\mathbf{E} = 10\hat{\mathbf{i}} + 3\hat{\mathbf{j}} + 4\hat{\mathbf{k}}$

$\mathbf{A} = 10\hat{\mathbf{i}}$

किसी पृष्ठ से होकर गुजरने वाला फ्लक्स निम्न प्रकार से दिया जाता है

$\phi = \mathbf{E} \cdot \mathbf{A} = (10\hat{\mathbf{i}} + 3\hat{\mathbf{j}} + 4\hat{\mathbf{k}}) \cdot (10\hat{\mathbf{i}})$

$= 100$ इकाई

61 *(c)*

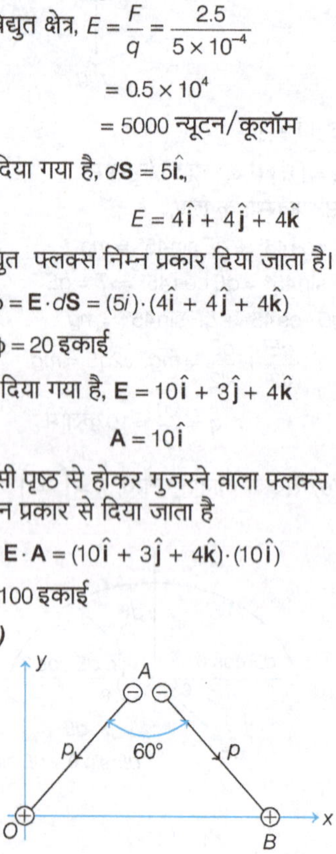

$p_{कुल} = \sqrt{p^2 + p^2 + 2p \cdot p\cos 60^\circ}$

$= \sqrt{3}p = \sqrt{3}ql$

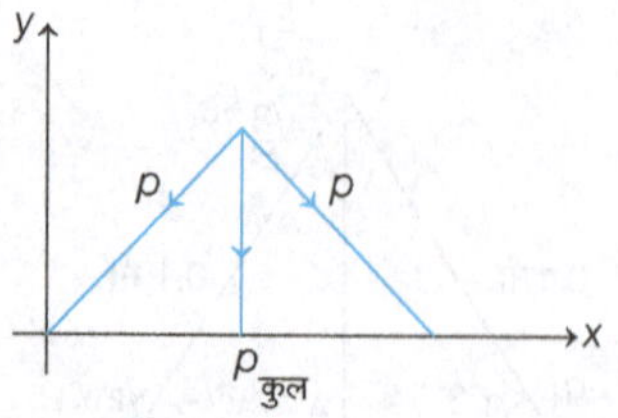

चूँकि परिणामी ऋणात्मक y-दिशा के अनुदिश निर्देशित है,

$p_{कुल} = -\sqrt{3}p\hat{\mathbf{j}} = -\sqrt{3}ql\hat{\mathbf{j}}$

63 *(c)* द्विध्रुव अक्ष पर बिन्दु P पर विद्युत क्षेत्र है

$E_p = \frac{2p}{4\pi\varepsilon_0 r^3} = \frac{2(2a \times q)}{4\pi\varepsilon_0 r^3}$

$= \frac{2(5 \times 10^{-3} \times 10 \times 10^{-6}) \times (9 \times 10^9)}{(15 \times 10^{-2})^3}$

$= 2.6 \times 10^5$ न्यूटन/ कूलॉम

अब, भूमध्य रेखीय तल के बिन्दु Q पर विद्युत क्षेत्र

$E_Q = \frac{p}{4\pi\varepsilon_0 r^3} = \frac{1}{2}E_p$

$= \frac{1}{2} \times 2.6 \times 10^5 = 1.3 \times 10^5$ न्यूटन /कूलॉम

64 *(d)* $E = \frac{1}{4\pi\varepsilon_0} \cdot \frac{2p}{r^3}$ (लघु द्विध्रुव)

$F = q_0 E$

$F_1 = q_0 \left[\frac{1}{4\pi\varepsilon_0} \cdot \frac{2p}{(2r)^3}\right] = \frac{F}{8}$

66 *(a)* कुल द्विध्रुव आघूर्ण

$p_{कुल} = \sqrt{p^2 + p^2 + 2p^2 \cos 120^\circ}$

$p_{कुल} = \sqrt{p^2 + p^2 - p^2} = p$

$\tau = p_{कुल} E \sin\theta$

$\Rightarrow \tau = pE\sin\theta = \mathbf{p} \times \mathbf{E}$

और यह धनात्मक Z-अक्ष के अनुदिश है।

67 *(c)* $\tau = p \cdot E$ (चूँकि, $\theta = 90°$)

अधिकतम के लिए, $\tau = p \times E$

$\tau = q \times 2aE$

$= 1 \times 10^{-6} \times 2 \times 10^{-2} \times 10^6$

$= 20 \times 10^{-3}$ न्यूटन-मीटर

68 *(c)* $\tau = pE \sin\theta$

$\tau = q \times 2aE \sin\theta$

$= q \times (4 \times 10^{-2}) \times 4 \times 10^5 \times \sin 60^\circ$

$\Rightarrow 8\sqrt{3} = q \times 4 \times 10^{-2} \times 4 \times 10^5 \times \sqrt{3}/2$

$\Rightarrow \quad q = 10^{-3}$ कूलॉम

69 *(b)* दिया गया है,

$d = 4.4$ मीटर, $\sigma = 80\mu$ माइक्रो/सेमी^{2}

$\therefore r = 2.2$ मीटर

गोले पर आवेश निम्न प्रकार दिया गया है

$Q = \sigma A = 80 \times 10^{-6} \times 4\pi \times (2.2)^2$

$= 4.9 \times 10^{-3}$ कूलॉम

71 *(b)* चूँकि गोलीय कोश के अन्दर कुल विद्युत क्षेत्र शून्य होता है, अतः कोश के अन्दर आवेश भी शून्य होगा।

अर्थात् $q + q' = 0$

$\therefore \quad q' = -q$

कोश की आन्तरिक पृष्ठ पर पृष्ठीय आवेश घनत्व

$\sigma_1 = \frac{q}{4\pi R_1^2} = \frac{-q}{4\pi R_1^2}$

72 *(c)* दिया गया है, $\lambda = (3x^2 + 5x + 2)$ कूलॉम/मी,

$\lambda = 3$ मीटर

छड़ पर विद्यमान कुल आवेश

$q = \int_0^1 \lambda dx = \int_0^3 (3x^2 + 5x + 2)dx$

$= \left[3 \cdot \frac{x^3}{3} + 5 \cdot \frac{x^2}{2} + 2x\right]_0^3 = 55.5$ कूलॉम

73 *(c)* प्रश्नानुसार,

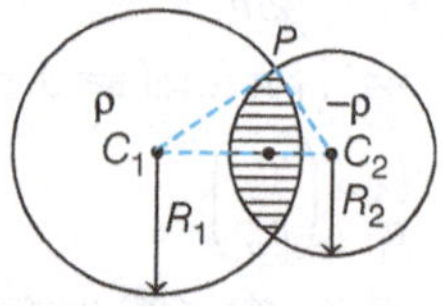

आवेश $\rho\Delta V$ के कारण P पर विद्युत क्षेत्र

$\mathbf{E}_1 = \frac{1}{4\pi\varepsilon_0} \frac{\rho\Delta V}{(C_1P)^2} = \frac{1}{4\pi\varepsilon_0} \frac{\rho\frac{4}{3}\pi(C_1P)^3}{(C_1P)^2}$

$= \frac{\rho}{3\varepsilon_0} C_1P$, PC_1 के साथ

इसी प्रकार,

$\mathbf{E}_2 = \frac{(-\rho)}{3\varepsilon_0} C_2P$, PC_2 के साथ

अतः, कुल विद्युत क्षेत्र, $|\mathbf{E}_p| = |\mathbf{E}_1| + |\mathbf{E}_2|$

$= \frac{\rho}{3\varepsilon_0}(C_1P + C_2P)$

चूँकि, ये दोनों गोले आंशिक रूप से एक- दूसरे को अधिव्यापन (Overlap) करते हैं।

तब, दूरी $C_1P + C_2P \approx C_1C_2$

$\therefore \mathbf{E}_p = \frac{\rho}{3\varepsilon_0} C_1, C_2$, $C_1 C_2$ के अनुदिश

अतः स्थिर विद्युत क्षेत्र परिमाण में स्थिर रहता है।

74 *(c)* चूँकि फ्लक्स $= \dfrac{q_{\text{परिबद्ध}}}{\varepsilon_0}$ अतः फ्लक्स केवल आवेशों $+q_1$ और $-q_1$ के कारण होता है और इनका योग शून्य हो जाता है। परन्तु q_2 अपना स्वयं का फ्लक्स उत्पन्न करता है तथा गोले से जुड़ा कुल फ्लक्स शून्य होता है। अतः विद्युत क्षेत्र सभी आवेशों के कारण होगा।

75 *(c)* $\oint_S \mathbf{E}\cdot d\mathbf{S} = \phi$ बन्द पृष्ठ पर विद्युत फ्लक्स को दर्शाता है।

जब $\oint_S \mathbf{E}\cdot d\mathbf{S} = 0$ इसका अर्थ है कि सतह में प्रवेश करने वाली फ्लक्स रेखाओं की संख्या इससे निकलने वाली फ्लक्स रेखाओं की संख्या के बराबर होनी चाहिए।

76 *(b)* गॉस के नियम से,

बन्द पृष्ठ क्षेत्रफल के माध्यम से प्रवाहित होने वाला विद्युत फ्लक्स

$$\phi = \frac{q_{\text{परिबद्ध}}}{\varepsilon_0}$$

यदि $q_{\text{परिबद्ध}} = 1$ इकाई, हो तब

$$\phi = \frac{1}{\varepsilon_0} = \varepsilon_0^{-1}$$

77 *(a)* गॉस के नियम के अनुसार,

$$\phi = \frac{q}{\varepsilon_0}$$

परन्तु, $\phi_{\text{गोला}} = \phi_{\text{घन}}$

$\therefore \phi_{\text{गोला}} : \phi_{\text{घन}} = 1:1$

78 *(d)* एक द्विध्रुव का कुल आवेश

$$= -e + e = 0$$

8 द्विध्रुवों का कुल आवेश $= 8 \times 0 = 0$

$\therefore$ घन के अन्दर कुल आवेश, $q = 0$

गॉस के नियम के अनुसार,

पृष्ठ से गुजरने वाला कुल फ्लक्स,

$$\phi = \frac{q}{\varepsilon_0} = \frac{0}{\varepsilon_0} = 0$$

79 *(a)* दिए गए पृष्ठ के अन्दर कुल आवेश $= Q - 2Q = -Q$

$\therefore$ गोले के पृष्ठ से होकर गुजरने वाला कुल फ्लक्स

$$\phi = \frac{-Q}{\varepsilon_0}$$

गोले के पृष्ठ पर विद्युत क्षेत्र

$$E = \frac{Q}{4\pi\varepsilon_0 R^2},$$

$$E \propto \frac{1}{R^2}$$

$-2Q$ के कारण गोले पर प्रत्येक स्थान पर विद्युत क्षेत्र समान नहीं है।

80 *(b)* बाह्य पृष्ठ पर गॉस के नियम का उपयोग करते हुए, माना द्विध्रुव पर आवेश q है, तब

$$\phi = \frac{\Sigma q}{\varepsilon_0} = EA$$

$$\text{या } E = \frac{1}{A\varepsilon_0}\Sigma q = \frac{(+Q+q-q)}{A\varepsilon_0} = \frac{Q}{A\varepsilon_0}$$

$$= \frac{\sigma}{\varepsilon_0} = \text{नियतांक}$$

81 *(a)* $q_{\text{कुल}} = q_1 + q_2 + q_2 = 8.85$ नैनो कूलॉम

$$\phi = \frac{q}{\varepsilon_0} = \frac{8.85 \times 10^{-9}}{8.85 \times 10^{-12}}$$

$= 10^3$ न्यूटन–मीटर^2 /कूलॉम

82 *(a)* $\phi_{\text{कुल}} = \phi_A + \phi_B + \phi_C = \dfrac{q}{\varepsilon_0}$

$\therefore \quad \phi_B = \phi$

और $\quad \phi_A = \phi_C = \phi'$

$$\therefore\ 2\phi' + \phi = \frac{q}{\varepsilon_0} \Rightarrow \phi' = \frac{1}{2}\left(\frac{q}{\varepsilon_0} - \phi\right)$$

83 *(b)* दो समानांतर प्लेटों के बीच विद्युत क्षेत्र नीचे दिखाया गया है।

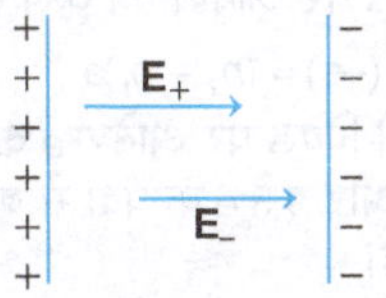

यहाँ, $E_+ = E_- = \dfrac{\sigma}{2\varepsilon_0}$

$$\Rightarrow E_{\text{कुल}} = 2\left(\frac{\sigma}{2\varepsilon_0}\right) = \left(\frac{\sigma}{\varepsilon_0}\right)$$

84 *(d)*

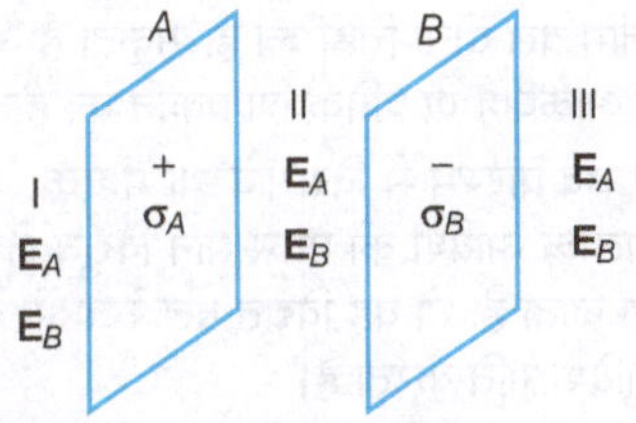

$$\mathbf{E}_1 = \mathbf{E}_A + \mathbf{E}_B$$

$$= \frac{\sigma}{2\varepsilon_0} + \left(-\frac{\sigma}{2\varepsilon}\right) = 0$$

87 *(d)* एकसमान रूप से आवेशित ठोस अचालक गोले के कारण विद्युत क्षेत्र निम्न प्रकार दिया जाता है

$$E = \frac{1}{4\pi\varepsilon_0}\frac{Q}{R^3}r\ (r < R \text{ के लिए})$$

$\therefore E \propto r$

अतः r बढ़ने पर विद्युत क्षेत्र बढ़ता है।

88 *(d)* बिन्दु P पर विद्युत क्षेत्र निम्न प्रकार दिया जाता है

$$E = E_1 + E_2 + E_3$$

$$= \frac{2k\lambda}{\frac{3r}{2}} + \frac{2k(2\lambda)}{\frac{r}{2}} + \frac{2k(\lambda)}{\frac{r}{2}}$$

$$\Rightarrow E = \frac{40k\lambda}{3r}$$

89 *(b)* हम जानते हैं कि एक समान रूप से आवेशित गोले के कारण विद्युत क्षेत्र निम्न प्रकार दिया जाता है

$$E = \frac{kqx}{R^3}$$

$$= \frac{1}{4\pi\varepsilon_0}\frac{qx}{R^3}$$

दूरी $x = \dfrac{R}{2}$ पर विद्युत क्षेत्र

$$E = \frac{1}{4\pi\varepsilon_0}\frac{q}{R^3}\frac{R}{2}$$

$$E = \frac{1}{8\pi\varepsilon_0}\frac{q}{R^2}$$

90 *(b)*

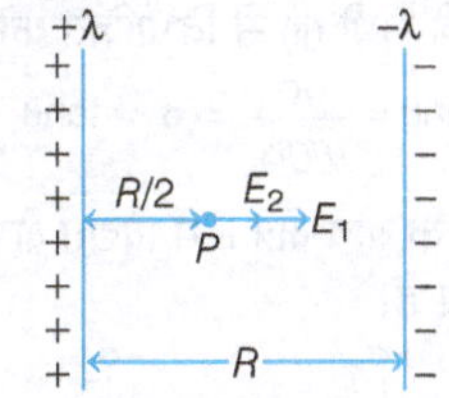

$+\lambda$ के कारण बिन्दु P पर विद्युत क्षेत्र

$$E_1 = \frac{\lambda}{2\pi\varepsilon_0\left(\frac{R}{2}\right)} = \frac{\lambda}{\pi\varepsilon_0 R}$$

$-\lambda$ के कारण बिदु P पर विद्युत क्षेत्र

$$E_2 = \frac{\lambda}{2\pi\varepsilon_0\left(\frac{R}{2}\right)} = \frac{\lambda}{\pi\varepsilon_0 R}$$

$\therefore$ बिन्दु P पर कुल विद्युत क्षेत्र

$$E_{\text{कुल}} = E_1 + E_2 = \frac{2\lambda}{\pi\varepsilon_0 R}$$

91 *(c)* दिया गया है, $l = 2.4$ मीटर,

$r = 4.6$ मिमी $= 4.6 \times 10^{-3}$ मीटर

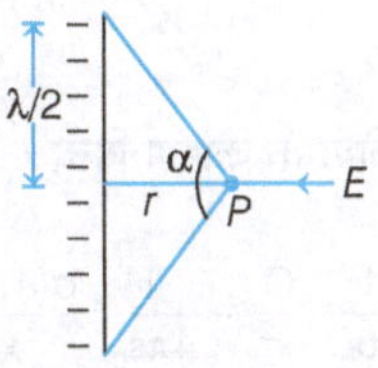

$q = -4.2 \times 10^{-7}$ कूलॉम

$\therefore$ रैखिक आवेश घनत्व,

$\lambda = \frac{q}{l} = \frac{-4.2 \times 10^{-7}}{2.4}$

$= -1.75 \times 10^{-7}$ कूलॉम/ मीटर

बिन्दु P पर विद्युत क्षेत्र

$E = \frac{\lambda}{2\pi\varepsilon_0 r}$

$= \frac{-1.75 \times 10^{-7}}{2 \times 3.14 \times 8.854 \times 10^{-12} \times 4.6 \times 10^{-3}}$

$= -6.7 \times 10^{5}$ न्यूटन /कूलॉम

92 *(d)* गेंद B का FBD निम्न प्रकार दिया गया है

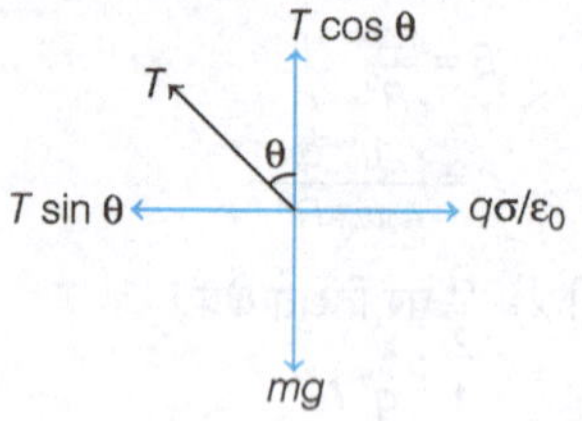

$\therefore \Sigma F_x = 0 \Rightarrow T\sin\theta = \frac{q\sigma}{\varepsilon_0}$ ...(i)

$\Sigma F_y = 0 \Rightarrow T\cos\theta = mg$ ...(ii)

समी (i) को समी (ii) से विभाजित करने पर,

$\tan\theta = \frac{q\sigma}{mg\varepsilon_0} \Rightarrow \sigma \propto \tan\theta$

93. *(c)* प्लेटों के बीच क्षेत्र II में विद्युत क्षेत्र नीचे दिखाए गए हैं।

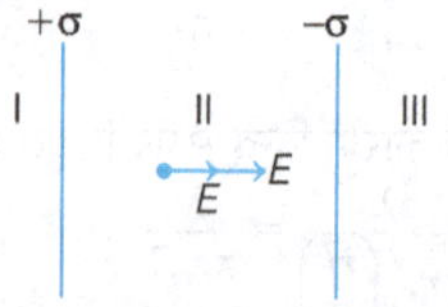

दिया गया है, $\sigma = 27 \times 10^{-22}$ कूलॉम मी$^{-2}$

$\therefore$ क्षेत्र II में कुल विद्युत क्षेत्र

$E_{\text{कुल}} = 2E = 2\left(\frac{\sigma}{2\varepsilon_0}\right) = \frac{\sigma}{\varepsilon_0}$

$= \frac{27 \times 10^{-22}}{8.85 \times 10^{-12}} = 3.05 \times 10^{-10}$ न्यूटन/कूलॉम

95. *(d)*

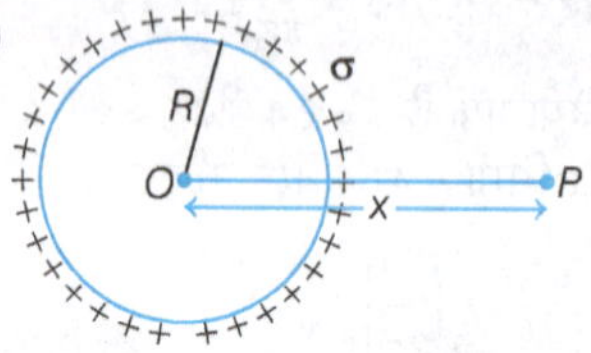

गोलीय कोश के कारण बिन्दु P पर विद्युत क्षेत्र

$E = \frac{1}{4\pi\varepsilon_0} \cdot \frac{Q}{x^2} = \frac{1}{4\pi\varepsilon_0} \cdot \frac{\sigma(4\pi R^2)}{x^2}$

$\therefore E \propto \frac{1}{x^2}$

अभिकथन-कारण प्रश्न

1 *(a)* जब हम किसी वस्तु को दूसरी वस्तु के साथ रगड़कर आवेश q_1 उत्पन्न करते हैं और दूसरी वस्तु पर इस प्रक्रिया में q_2 आवेश उत्पन्न होता है, तो q_1 व q_2 दोनों परिमाण में बराबर परन्तु विपरीत प्रकृति के होंगे। इस प्रकार $q_1 + q_2 = 0$

2 *(a)* स्थूल स्तर पर, हम 1 माइक्रो कूलॉम $= 10^{-6}$ कूलॉम कोटि के आवेशों पर विचार करते हैं,

तब इस पर कुल आवेश,

$= \frac{10^{-6}}{1.6 \times 10^{-19}} = 0.625 \times 10^{13}$

$= 10^{13}$ आवेश

कुछ सौ e के जुड़ने से आवेश, आकर्षण या प्रतिकर्षण पर कोई भौतिक प्रभाव प्रदर्शित नहीं करते हैं।

इसलिए क्वाण्टीकरण को नगण्य माना जा सकता है।

3 *(a)* पिण्ड पर आवेश की कुल मात्रा

$n_2 e + n_1(-e) = (n_2 - n_1)e$

किसी भी पिण्ड पर आवेश e का पूर्ण गुणज होता है और इसे e के पदों में बढ़ाया जा सकता है।

4 *(a)* विद्युत आवेशों के संरक्षण के अनुसार एक विलगित निकाय का कुल आवेश समान रहता है।

5 *(c)* कूलॉम बल और गुरुत्वाकर्षण बल एक ही व्युत्क्रम वर्ग नियम का पालन करते हैं। परन्तु गुरुत्वाकर्षण बल का केवल एक ही चिन्ह होता है, जो सदैव आकर्षण प्रकृति का होता है, जबकि कूलॉम बल दोनों चिह्नों का हो सकता है अर्थात् यह आकर्षण या प्रतिकर्षण प्रकृति का होता है।

6 *(c)* जब प्रारम्भ में विरामावस्था में एक धनात्मक आवेश को एकसमान विद्युत क्षेत्र में रखा जाता है, तो वह विद्युत बल रेखाओं के अनुदिश गति करता है।

परन्तु यदि एक बिन्दु आवेश को विरामावस्था से किसी दिशा में क्षेत्र के साथ कोण बनाते हुए छोड़ा जाए तो यह एक परवलयिक पथ का अनुसरण करता है।

8 *(a)* दिया गया है, द्विध्रुव आघूर्ण,

$p = 30 \times 10^{-5}$ कूलॉम-मीटर

गॉस के नियम का उपयोग करने पर

$\phi = \frac{Q_{\text{आंतरिक}}}{\varepsilon_0} = 0$

($\therefore Q_{\text{आंतरिक}} = 0$ द्विध्रुव के लिए)

9 *(d)* बन्द पृष्ठ के भीतर आवेश के विस्थापन के कारण, किसी भी बिन्दु पर **E** बदल सकता है। परन्तु बन्द पृष्ठ से गुजरने वाला नेट फ्लक्स नहीं बदलेगा। बन्द पृष्ठ से गुजरने वाला फ्लक्स पृष्ठ के भीतर आवेश के स्थान से स्वतन्त्र होता है क्योंकि यह इसकी सतह पर प्रत्येक स्थान पर समान है।

10 *(d)* **E**, चालक के पृष्ठ के बाहरी परिवेश में उपस्थित सभी आवेशों पर निर्भर करता है और इसका व्यंजक निम्न प्रकार दिया जाता है।

$\mathbf{E} = \frac{\sigma}{\varepsilon_0}$

कथन आधारित प्रश्न

2 *(b)* कथन II गलत है और इसे इस प्रकार सुधारा जा सकता है, − 2 इकाई आवेश + 6 इकाई आवेश = 4 इकाई आवेश,

5 *(b)* यदि विद्युत क्षेत्र में धनात्मक आवेश लाया जाए तो विद्युत क्षेत्र बढ़ जाएगा। इसलिए, कथन I सही है लेकिन कथन II गलत है।

7 *(d)* यद्यपि चालक पर कुल आवेश अभी भी शून्य है परन्तु प्रेरण के कारण ऋणात्मक आवेश क्षेत्र, धनात्मक आवेश क्षेत्र की तुलना में छड़ के अधिक निकट है।

यही कारण है कि चालक छड़ की ओर आकर्षित होता है। अतः कथन I और कथन II दोनों सही हैं।

8 *(d)* विद्युत स्थैतिक परिरक्षण, धातु चालक द्वारा सम्भव है। इसलिए, कथन I और कथन II दोनों सही हैं।

सुमेलन प्रकार प्रश्न

3 *(d)*

A. विद्युत बल रेखाएँ एक एकल धनात्मक आवेश से निकलती हैं और अनन्त तक जाती हैं।

B. विद्युत बल रेखाएँ अनन्त से आते हुए एक एकल ऋणात्मक आवेश में प्रवेश करती हैं।

C. विद्युत बल रेखाएँ धनात्मक युग्म द्वारा उत्पादित होने पर प्रतिकर्षित हो जाती हैं

D. विद्युत बल रेखाएँ, बराबर एवं विपरीत आवेशों के एक युग्म (Pair) द्वारा उत्पन्न होती हैं।

अतः A → 3, B → 4, C → 2 और D → 1

आंकिक मान प्रकार के प्रश्न

1 ***(12)*** दिया गया है, $m_1 = m_2 = 10$ ग्राम

आवेश, $q_1q_2 = 2 \times 10^{-7}$ कूलॉम

$\mu = 0.25, g = 10$ मी/से^{2}

किसी भी आवेश पर सीमित सन्तुलन की स्थिति में, स्थिर विद्युत बल = स्थैतिक घर्षण

$$\frac{kq_1q_2}{L^2} = \mu mg$$

$$= \frac{9 \times 10^9 \times 2 \times 10^{-7} \times 2 \times 10^{-7}}{L^2}$$

$$= 0.25 \times 0.01 \times 10$$

$\Rightarrow L = 0.12 = 12$ सेमी

2 ***(425)*** प्रश्न में दिए गए घन का आरेख निम्न प्रकार बनाया जा सकता है।

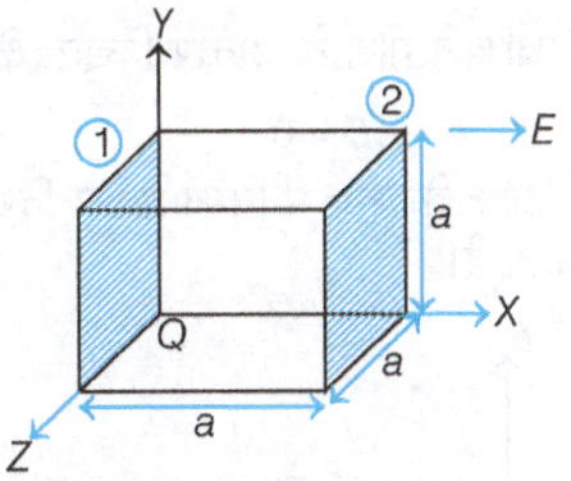

विद्युत फ्लक्स, $\phi = \mathbf{E} \cdot \mathbf{A} = EA\cos Q$

फलक 1 पर, $\phi_1 = E_0\, x a^2 = (0)a^2 = 0$ $(\because x = 0)$

फलक 2 पर, $\phi_2 = \mathbf{E} \cdot \mathbf{A}$

$= (E_0 a\,\hat{i}) \cdot (a^2\,\hat{i}) = E_0 a^2$

$= 6 \times 10^4 \times (2 \times 10^{-2})^3$

$\phi_2 = 48 \times 10^{-2}$ न्यूटन/मीटर^2-कूलॉम

कुल फ्लक्स, $\phi = \phi_2 - \phi_1$

$= 48 \times 10^{-2}$ न्यूटन/मीटर^2-कूलॉम

गॉस के नियम से,

$$\phi = \frac{q_{\text{परिबद्ध}}}{\varepsilon_0} \Rightarrow q_{\text{परिबद्ध}} = \phi\varepsilon_0$$

$= 48 \times 10^{-2} \times 8.85 \times 10^{-12}$

$\Rightarrow q_{\text{परिबद्ध}} \approx 425 \times 10^{-14}$ कूलॉम

3 ***(3)*** दिया है, $\mathbf{E}_{\text{अधिकतम}} = 3 \times 10^6$ वोल्ट/मी

$r = 3$ मी

हम जानते हैं, कि

$$E = \frac{1}{4\pi\varepsilon_0}\frac{q}{r^2}$$

$\Rightarrow q_{\text{अधिकतम}} = 4\pi\varepsilon_0 r^2 E_{\text{अधिकतम}}$

$$= \frac{(3)^2 \times (3 \times 10^6)}{9 \times 10^9} q_{\text{अधिकतम}}$$

$q_{\text{अधिकतम}} = 3 \times 10^{-3}$ कूलॉम

4 ***(25)*** दिया है, विद्युत क्षेत्र की तीव्रता,

$\mathbf{E} = 5 \times 10^3\,\hat{i}$ न्यूटन/कूलॉम

$\Rightarrow |\mathbf{E}| = 5 \times 10^3$ न्यूटन/कूलॉम

वर्ग की भुजा, $S = 10$ सेमी $= 0.1$ मीटर

वर्ग का क्षेत्रफल, $A = (0.1)^2 = 0.01$ मी^{2}

तल से गुजरने वाला फ्लक्स

$\phi = |\mathbf{E}| \times A\cos\theta°$

$= 5 \times 10^3 \times 0.01 \cos 0°$

$= 50$ न्यूटन/मीटर^2-कूलॉम

यदि तल, X-अक्ष के साथ 30° का कोण बनाता है, तो $\theta = 60°$

$\therefore$ तल से गुजरने वाला फ्लक्स

$\phi = |\mathbf{E}| \times A \times \cos 60°$

$= 5 \times 10^3 \times 0.01 \times \cos 60°$

$= 25$ न्यूटन-मीटर^2/कूलॉम

5 ***(180)*** बिन्दु B पर आवेश बिन्दु A पर आवेश को बल F_{AB} से प्रतिकर्षित करता है

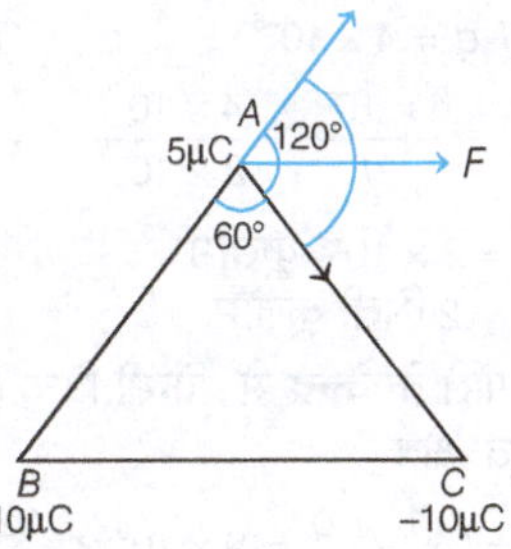

$$F_{AB} = \frac{kq_1q_2}{r^2}$$

$$= \frac{9 \times 10^9 \times 5 \times 10^{-6} \times 10 \times 10^{-6}}{(0.05)^2}$$

$= 180$ न्यूटन

C पर स्थित आवेश A पर स्थित आवेश को बल F_{AC} से आकर्षित करता है

$$F_{AC} = \frac{9 \times 10^9 \times (5 \times 10^{-6}) \times (10 \times 10^{-6})}{(0.05)^2}$$

$= 180$ न्यूटन

A पर परिणामी बल

$$F = \sqrt{F_{AB}^2 + F_{AC}^2 + 2F_{AB}F_{AC}\cos\theta}$$

$$= \sqrt{180^2 + 180^2 + 2(180)(180)\cos 120°}$$

$= 180$ न्यूटन

6 ***(5)*** $E_{\text{अक्षीय}} = \dfrac{1}{4\pi\varepsilon_0}\dfrac{2pr}{(r^2 - a^2)^2}$

पहली स्थिति के लिए,

$r = 10$ मीटर, $E = 2.5$ न्यूटन/कूलॉम

$$\therefore\ 2.5 = \frac{9 \times 10^9 \times 2p \times 10}{(10^2 - a^2)^2} \quad \text{...(i)}$$

दूसरी स्थिति के लिए,

$r = 20$ मी, $E = 0.2$ न्यूटन/कूलॉम

$$\therefore\ 0.2 = \frac{9 \times 10^9 \times 2p \times 20}{(20^2 - a^2)^2} \quad \text{...(ii)}$$

समी (i) को (ii) से विभाजित करने पर,

$$\frac{2.5}{0.2} = \frac{10\,(20^2 - a^2)^2}{20\,(10^2 - a^2)^2}$$

$\Rightarrow \quad a = 5$ मीटर

7 ***(2)*** दिया गया है, विद्युत क्षेत्र,

$E = 4m/e$ वोल्ट/मीटर

प्लेटों की लम्बाई, $l = 2$ मी

इलेक्ट्रॉन की गति, $v_x = 2$ मी/से

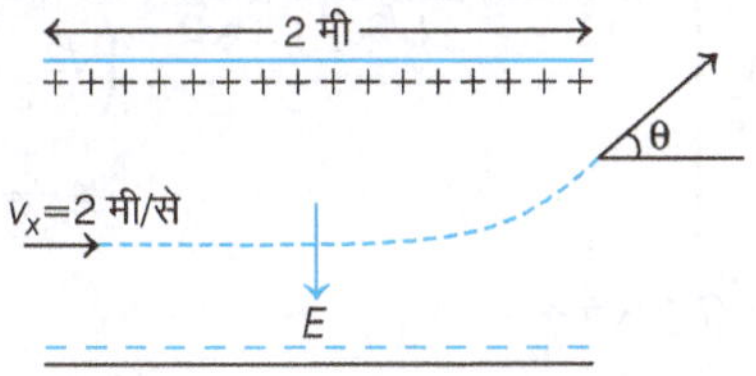

अविचलित होकर इलेक्ट्रॉन को बाहर आने में लगा समय

$$t = \frac{l}{v_x} = \frac{2}{2} = 1 \text{ सेकण्ड}$$

जैसा कि हम जानते हैं, $F = qE$

चूँकि इलेक्ट्रॉन **E** की दिशा के विपरीत त्वरित हो रहा है।

$$\Rightarrow -m \times a_y = e \times \frac{4m}{e}$$

$\Rightarrow \quad a_y = -4$ मी/से^{2}

गति के प्रथम समीकरण का उपयोग करने पर

$v_y = u_y + a_y t$

$\Rightarrow \quad v_y = 0 + (-4)(1)$

या $|v_y| = 4$ मी/से

चूँकि इलेक्ट्रॉन कोण θ से विक्षेपित होता है, अतः

$$\tan\theta = \frac{v_y}{v_x}$$

$$\theta = \tan^{-1}\left(\frac{4}{2}\right) = \tan^{-1}(2)$$

अतः x का मान 2 है।

8 ***(3)*** बिन्दु $x = 0$ पर, सभी आवेशों के कारण विद्युत क्षेत्र

$$E = \frac{1}{4\pi\varepsilon_0}\left[\frac{9}{1^2} + \frac{9}{2^2} + \frac{9}{4^2} + \frac{9}{8^2} + \ldots\right]$$

$$= \frac{q}{4\pi\varepsilon_0}\left[\frac{1}{1 - \frac{1}{4}}\right] = \frac{q}{3\pi\varepsilon_0}$$

अतः x का मान 3 है।

9 *(4)* हम एक वर्ग के कोनों पर रखे आवेश के सन्तुलन पर विचार करते हैं

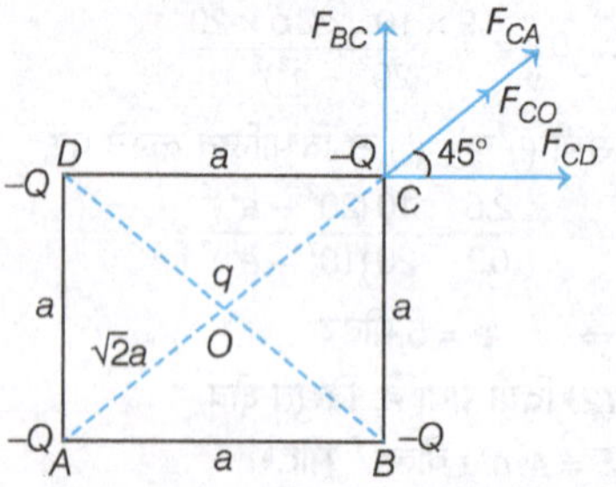

$F_{CD} + F_{CA}\cos 45° + F_{CO}\cos 45° = 0$

$$\frac{1}{4\pi\varepsilon_0}\left[\frac{(-Q)(-Q)}{a^2} + \frac{(-Q)(-Q)}{(\sqrt{2}a)^2} \times \frac{1}{\sqrt{2}} + \frac{(-Q)q}{\left(\sqrt{2}\frac{a}{2}\right)^2} \times \frac{1}{\sqrt{2}}\right] = 0$$

$$q = (\sqrt{4 \times 2} + 1\frac{Q}{4}$$

$\therefore x$ का मान 4 है।

10 *(6.25)* बल, $F = \frac{kq_1q_2}{d^2}$

दोनों गोलों को सम्पर्क में लाने के बाद प्रत्येक गोले पर आवेश,

$$= \frac{2\text{ नैनोकूलॉम} - 1\text{ नैनोकूलॉम}}{2}$$

$= 0.5$ नैनो कूलॉम

$$\therefore F = \frac{9 \times 10^9 \times 0.5 \times 10^{-9} \times (0.5 \times 10^{-9})}{(0.6)^2}$$

$= 6.25 \times 10^{-9}$ न्यूटन

NCERT Exemplar प्रश्न

4 *(c)* दी गई स्थिति नीचे दर्शाई गई है।

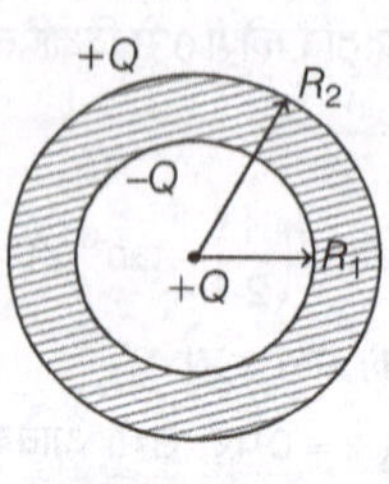

अब, गोलीय कोश के आन्तरिक पृष्ठ पर पृष्ठीय आवेश घनत्व

$$\sigma = \frac{q}{S} = \frac{-Q}{4\pi R_1^2}$$

$\therefore$ बाह्य पृष्ठ पर पृष्ठीय आवेश घनत्व

$$= \frac{+Q}{4\pi R_2^2}$$

6 *(c)*

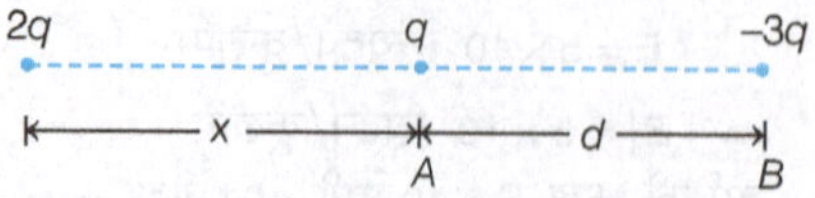

इस प्रकार, – 3q द्वारा आकर्षण बल = q द्वारा प्रतिकर्षण बल

$$\Rightarrow \frac{2q \times 3q}{4\pi\varepsilon_0(x+d)^2} = \frac{2q \times q}{4\pi\varepsilon_0 x^2}$$

$$\therefore x = \frac{d}{2} + \frac{\sqrt{3}d}{2} = \frac{d}{2}(1+\sqrt{3})$$

[q के बाईं ओर]

विगत परीक्षाओं के प्रश्न

1 *(c)* हम जानते हैं कि,

$\tau = pE\sin\theta$

$$\Rightarrow p = \frac{\tau}{E\sin\theta} = \frac{4}{2 \times 10^5 \times \sin 30°}$$

$\Rightarrow p = 4 \times 10^{-5}$ कूलॉम-मीटर

$\Rightarrow 2l \cdot q = 4 \times 10^{-5}$

$$\Rightarrow q = \frac{4 \times 10^{-5}}{2l} = \frac{4 \times 10^{-5}}{2 \times 10^{-2}}$$

$= 2 \times 10^{-3}$ कूलॉम

$= 2$ मिली कूलॉम

3 *(a)* गोले के केन्द्र से किसी बिन्दु $(x = 15)$ पर विद्युत क्षेत्र

$$E = \frac{1}{4\pi\varepsilon_0} \cdot \frac{q}{x^2} = 9 \times 10^9 \times \frac{32 \times 10^{-7}}{(15 \times 10^{-2})^2}$$

$= 1.28 \times 10^5$ न्यूटन/कूलॉम

5 *(b)* जब एक गोला एक आवेशित द्विध्रुव को परिबद्ध करता है।

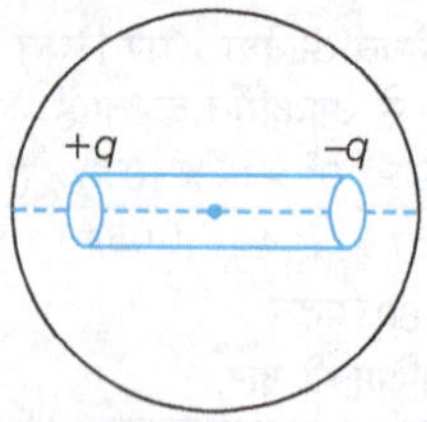

यहाँ, $q = \pm 3 \times 10^{-6}$ कूलॉम

अतः आंतरिक गॉस के नियम के अनुसार

$$\phi_E = \frac{q_{in}}{\varepsilon_0} = \frac{+3 \times 10^{-6} - 3 \times 10^{-6}}{\varepsilon_0} = 0$$

6 *(a)* (i) खोखले गोले के बाहर एक बिन्दु पर विद्युत क्षेत्र

$$\phi = \oint_S \mathbf{E} \cdot d\mathbf{S} = \frac{Q_{\text{परिबद्ध}}}{\varepsilon_0} \text{ [गॉस के नियम से]}$$

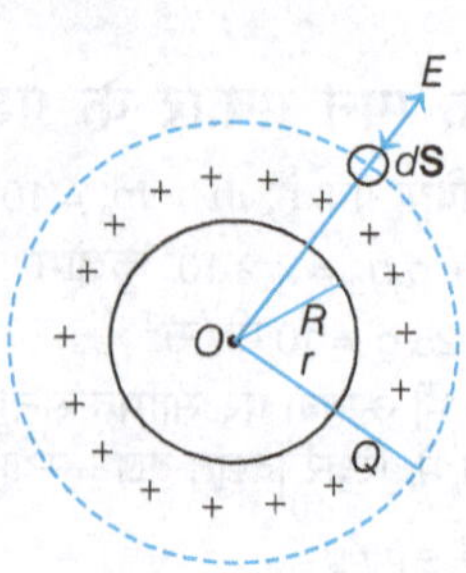

$$\Rightarrow E(4\pi r^2) = \frac{Q}{\varepsilon_0}$$

$$\Rightarrow E = \frac{Q}{4\pi\varepsilon_0 r^2} \Rightarrow E \propto \frac{1}{r^2}$$

(ii) पृष्ठ पर विद्युत क्षेत्र $(r = R)$,

$$E = \frac{Q}{4\pi\varepsilon_0 R^2}$$

(iii) खोखले गोले के अन्दर विद्युत क्षेत्र

$E = 0$

इसे ग्राफ के रूप में निम्न प्रकार दिखाया जा सकता है।

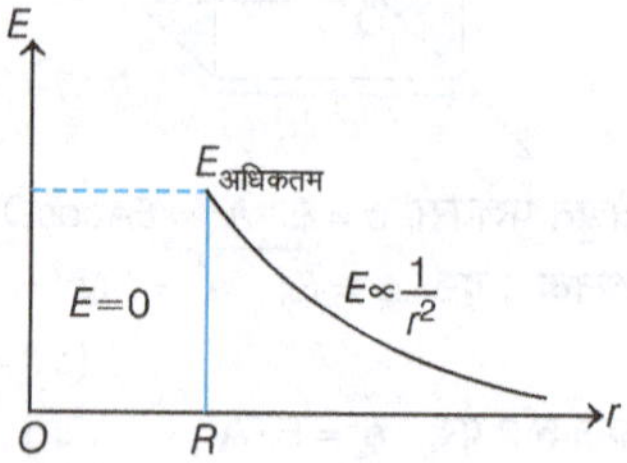

7 *(c)* एक हाइड्रोजन परमाणु पर कुल आवेश,

$q = -e + e + \Delta e = \Delta e$

$$F_r = \frac{kq^2}{d^2} = \frac{k(\Delta e)^2}{d^2}$$

$$F_G = \frac{Gm_h^2}{d^2}$$

यह दिया है, $F_r - F_G = 0 \Rightarrow (\Delta e)^2 = \frac{Gm_h^2}{K}$

$$(\Delta e)^2 = \frac{(6.67 \times 10^{-27})(1.67 \times 10^{21})^2}{9 \times 10^9}$$

$\Rightarrow \Delta e = 1.437 \times 10^{-37}$ कूलॉम

8 *(b)*

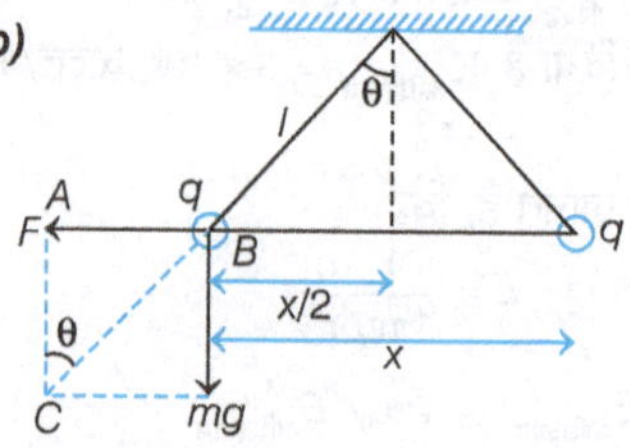

$\therefore \Delta ABC$ में, $\frac{F}{mg} = \tan\theta$ ...(i)

इसलिए, समी (i) को पुनः निम्न प्रकार लिखा जा सकता है

$$\frac{kq^2}{x^2mg} = \frac{x/2}{\sqrt{l^2 - \frac{x^2}{4}}}$$

$$\Rightarrow \frac{kq^2}{x^2mg} = \frac{x}{2l} \qquad (\because x << l \text{ दिया है})$$

या $q^2 \propto x^3 \Rightarrow q^2 \propto x^{3/2}$

$$\Rightarrow \frac{dq}{dt} \propto \frac{d(x^{3/2})}{dx} \cdot \frac{dx}{dt} \Rightarrow \frac{dq}{dt} \propto x^{1/2} \cdot v$$

$$\Rightarrow v \propto x^{-1/2}$$

9 *(d)* कुल फलक्स $(\phi) = \frac{Q_{\text{परिबद्ध}}}{\varepsilon_0}$

$$= \frac{+5q + q - 2q}{\varepsilon_0} = \frac{4q}{\varepsilon_0}$$

10 *(16)* दिया है, $\mathbf{E} = 2x\hat{i}$ न्यूटन/कूलॉम

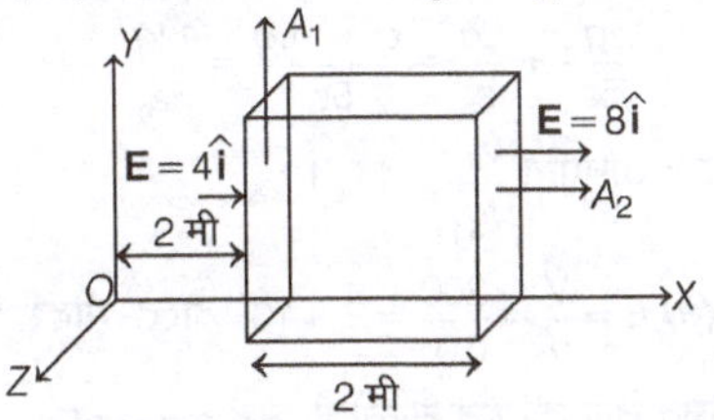

कुल फ्लक्स = A_2 फलक्स $- A_1$ पर फ्लक्स

$= E \cdot A_2 - E \cdot A_1$

$= 2 \times 4 \times 4 - 2 \times 2 \times 4$

$= 32 - 16$ न्यूटन-मी^{2}/कूलॉम

$= 16$ न्यूटन/मी^{2}-कूलॉम

11 *(d)*

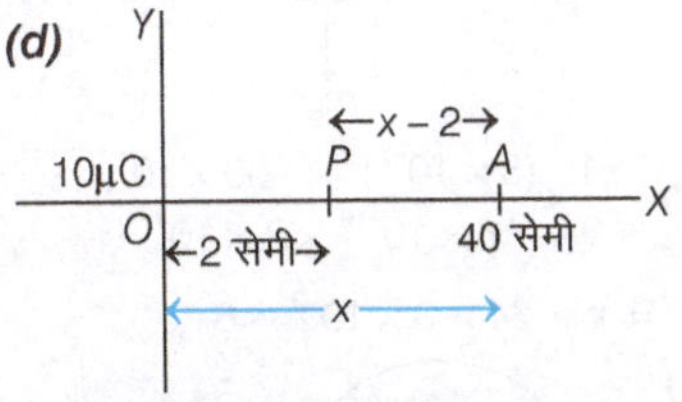

$$E_{OP} = E_{AP} \Rightarrow \frac{1}{4\pi\varepsilon_0} \cdot \frac{10^{-5}}{(2 \times 10^{-2})^2}$$

$$= \frac{1}{4\pi\varepsilon_0} \cdot \frac{4 \times 10^{-5}}{(x-2)^2 (10^{-2})^2}$$

$\Rightarrow x = 6$ सेमी

12 *(a)* चूँकि $\mathbf{E} = \frac{\sigma}{2\varepsilon_0}\hat{\mathbf{n}}$

नीचे दी गई स्थिति दर्शाई गई है।

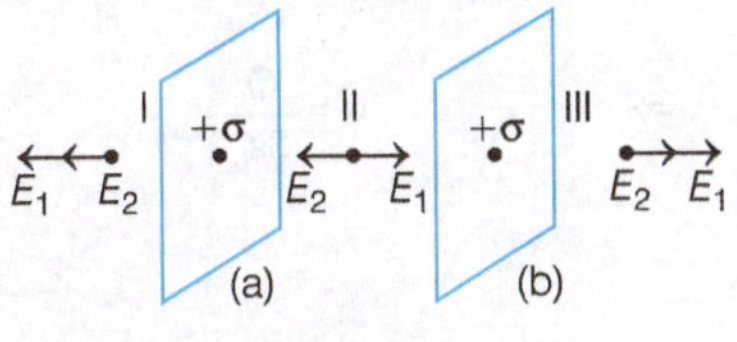

क्षेत्र I में, कुल विद्युत क्षेत्र,

$$\mathbf{E}_I = \mathbf{E}_1 + \mathbf{E}_2$$

$$\mathbf{E}_I = \left(-\frac{\sigma}{2\varepsilon_0}\hat{\mathbf{n}}\right) + \left(-\frac{\sigma}{2\varepsilon_0}\hat{\mathbf{n}}\right) = -\frac{\sigma}{\varepsilon_0}\hat{\mathbf{n}}$$

इसी प्रकार, क्षेत्र II और III में, कुल विद्युत क्षेत्र

$$\mathbf{E}_{II} = \left(-\frac{\sigma}{2\varepsilon_0}\hat{\mathbf{n}}\right) + \left(\frac{\sigma}{2\varepsilon_0}\hat{\mathbf{n}}\right) = 0$$

$$\mathbf{E}_{III} = \left(\frac{\sigma}{2\varepsilon_0}\hat{\mathbf{n}}\right) + \left(\frac{\sigma}{2\varepsilon_0}\hat{\mathbf{n}}\right) = \frac{\sigma}{\varepsilon_0}\hat{\mathbf{n}}$$

13 *(c)* दिया गया है, चालक की लम्बाई $= L$

चालक पर आवेश $= Q$

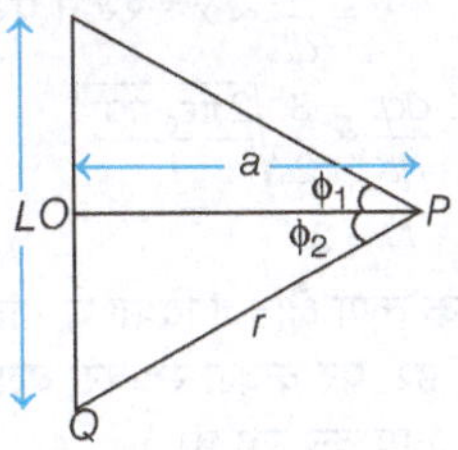

चित्र के अनुसार,

माना $PQ = r = \sqrt{OP^2 + OQ^2}$

$$\Rightarrow PQ = \sqrt{\left(\frac{\sqrt{3}}{2}L\right)^2 + \left(\frac{L}{2}\right)^2}$$

और बिन्दु P पर विद्युत क्षेत्र E होगा।

चूँकि, E (परिमित तार के कारण)

$$= \frac{k\lambda}{a}(\sin\phi_1 + \sin\phi_2) \qquad \text{...(i)}$$

$\lambda =$ रैखिक आवेश घनत्व $= \frac{Q}{L}$

और $\sin\phi_1 = \sin\phi_2 = \frac{L/2}{L} = \frac{1}{2}$

$$E = \frac{k\lambda}{a} = \frac{1}{4\pi\varepsilon_0} \frac{Q}{L \cdot \frac{\sqrt{3}L}{2}}$$

$$= \frac{1}{2\sqrt{3}\pi\varepsilon_0} \frac{Q}{L^2}$$

14 *(d)* दिया गया है, रैखिक आवेश घनत्व,

$\lambda = 3 \times 10^{-6}$ कूलॉम/मीटर

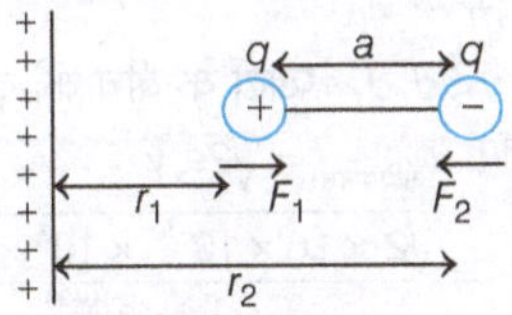

$r_1 = 10$ मिमी $= 10 \times 10^{-3}$ मी

$r_2 = 12$ मिमी $= 12 \times 10^{-3}$ मी

और आवेशों के बीच पृथक्करण,

$= r_2 - r_1 = 12 - 10$

$= 2$ मिमी $= 2 \times 10^{-3}$ मीटर

रैखिक आवेश के कारण विद्युत क्षेत्र, $E = \frac{2k\lambda}{x}$

$$\mathbf{F}_{\text{कुल}} = \mathbf{F}_1 - \mathbf{F}_2 = q\mathbf{E}_1 - q\mathbf{E}_2$$

$$\Rightarrow 4 = q\left(\frac{2k\lambda}{r_1} - \frac{2k\lambda}{r_2}\right)$$

$$\Rightarrow 4 = 2k\lambda q\left(\frac{1}{r_1} - \frac{1}{r_2}\right)$$

$\Rightarrow q = 4.44$ माइक्रोकूलॉम

15 *(b)* यहाँ, $E_A = \frac{kq}{(\sqrt{2}l)^2} = \frac{kq}{2l^2}$

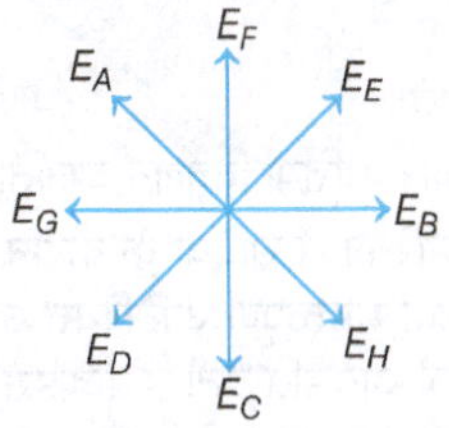

$$E_B = \frac{kq}{(l)^2}$$

E_A व E_H एक-दूसरे को निरस्त कर देंगे।

$$E_C = \frac{2kq}{l^2};\ E_D = \frac{kq}{(\sqrt{2}l)^2}$$

$$E_E = \frac{2kq}{(\sqrt{2}l)^2};\ E_F = \frac{kq}{l^2};$$

$$E_G = \frac{2kq}{l^2};\ E_H = \frac{kq}{(l)^2}$$

$$\therefore E_{\text{कुल}} = \sqrt{(E_C - E_F)^2 + (E_G - E_B)^2} - (E_E - E_D)$$

$$= \frac{kq}{l^2}\sqrt{2} - \frac{kq}{2l^2} = \frac{1}{4\pi\varepsilon_0} \cdot \frac{q}{(2l)^2}(2\sqrt{2} - 1)$$

स्किल बूस्टर्स

1 *(b)* काँच की छड़ धनात्मक आवेशित है।

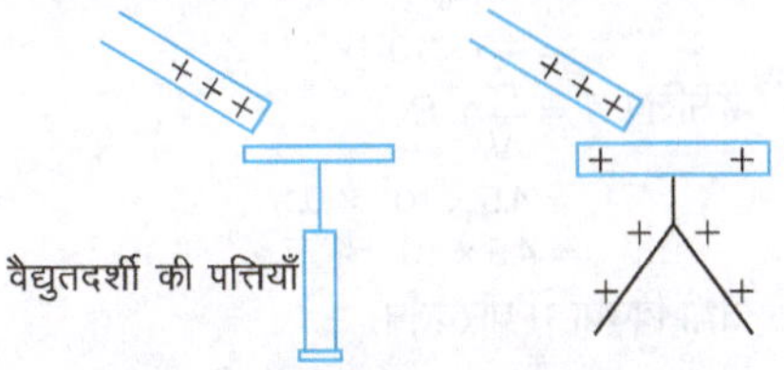

स्पर्श के कारण विद्युतदर्शी की पत्तियों पर कुछ धनात्मक आवेश आ जाता है, जिसके कारण वे विचलन दर्शाती हैं।

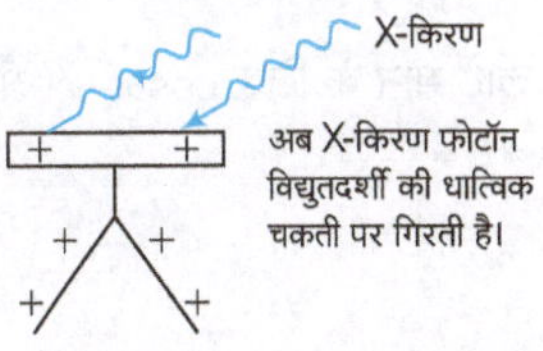

कुछ इलेक्ट्रॉन X-किरण फोटॉन को अवशोषित कर लेते हैं तथा शेष धातु की पृष्ठ से बाहर निकल जाते हैं।

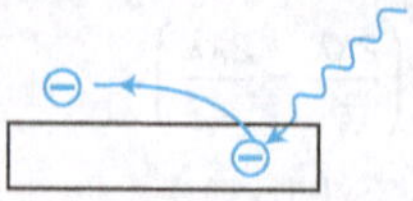

इससे धातु चकती और विद्युतदर्शी की पत्तियों पर अधिक धनात्मक आवेश उत्पन्न होता है।

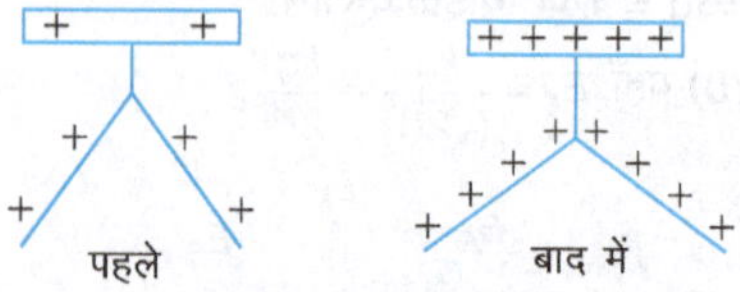

इस प्रकार, पत्तियाँ विचलन दर्शाती हैं।

2 *(d)* अमेरिका में सर्दियों के दौरान, ठण्डी शुष्क हवा महत्त्वपूर्ण अतिरिक्त आवेश के संचय की अनुमति देती है, जिससे झटका लगने की सम्भावना होती है।

3 *(c)*

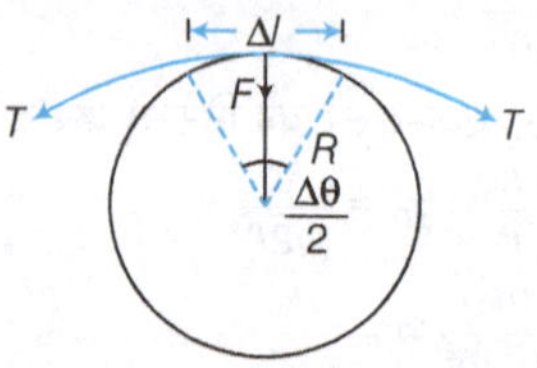

लम्बाई के एक छोटे खण्ड Δl पर विचार करें जोकि केन्द्र पर $\Delta\theta$ कोण बनाता है। तनाव के क्षैतिज घटक एक-दूसरे को निरस्त कर देते हैं और ऊर्ध्वाधर घटक इन बलों **F** से जुड़ जाते हैं।

$$\Rightarrow 2T\sin\frac{\theta}{2} = T\Delta\theta = T\cdot\frac{\Delta l}{R}$$

$$\Rightarrow \quad T = \frac{FR}{\Delta l}$$

जहाँ, $F = \frac{1}{4\pi\varepsilon_0}\cdot\frac{5\Delta l\times 10^{-8}}{R^2}$

$= 4.5\times 10^4 \times \Delta l$

इसलिए, $T = \frac{F}{\Delta l}\times R$

$= 4.5\times 10^4 \times 0.1$

$= 4.5\times 10^3$ न्यूटन

तथा त्रिज्या में परिवर्तन

$\Delta R = R\times\frac{T}{AY} = 2.25\times 10^{-3}$ मी

4 *(c)* साम्यावस्था पर,

$$\frac{q^2}{4\pi\varepsilon_0 x^2}\cos\theta = mg\sin\theta$$

θ के छोटे मान के लिए, $\cos\theta \to 1$ और

$\sin\theta \approx \theta = \frac{x/2}{l}$

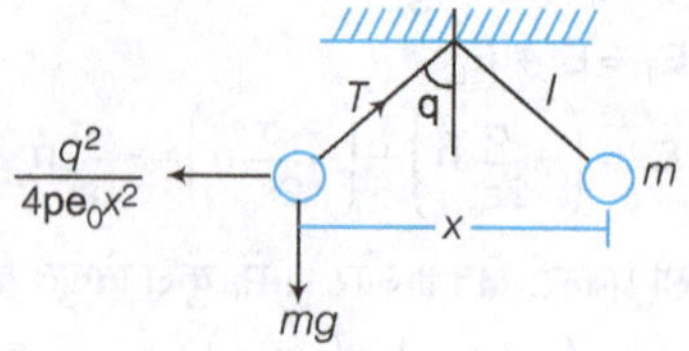

$$\Rightarrow \quad \frac{q^2}{4\pi\varepsilon_0 x^2} = \frac{mgx}{2l}$$

$$\Rightarrow \quad q = x^{3/2}\cdot\sqrt{\frac{2\pi\varepsilon_0 mg}{l}}$$

$$\Rightarrow \quad \frac{dq}{dt} = \frac{3}{2}\left(x^{1/2}\cdot\sqrt{\frac{2\pi\varepsilon_0 mg}{l}}\right)\cdot\left(\frac{dx}{dt}\right)$$

$v = \frac{dx}{dt} \propto x^{-1/2}$ रखने पर,

$$\Rightarrow \quad \frac{dq}{dt} \propto \frac{3}{2}\sqrt{\frac{2\pi\varepsilon_0 mg}{l}}$$

अतः $\quad N = 3$

5 *(a)* चूँकि कण क्षैतिज दिशा में गति कर रहा है अतः इस पर केवल स्टोक्स बल और विद्युत बल ही कार्य कर रहे हैं।

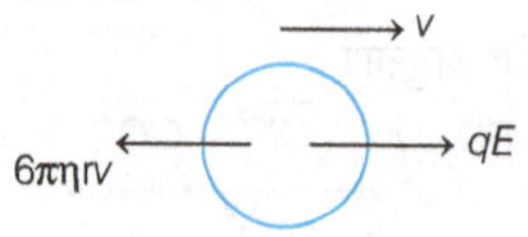

यदि $v =$ स्थिरांक, तो

$6\pi\eta r v = qE$

$6\pi\eta r v = neE \Rightarrow n = \frac{6\pi\eta r v}{Ee}$

$$= \frac{6\times 3.14\times 1.6\times 10^{-5}\times 5\times 10^{-7}\times 0.02}{6.28\times 10^5\times 1.6\times 10^{-16}}$$

$= 30$

6 *(a)* कण ऊपरी प्लेट से नहीं टकराएगा, यदि प्लेट तक पहुँचने से पूर्व प्लेट के अभिलम्बवत् वेग घटक शून्य है।

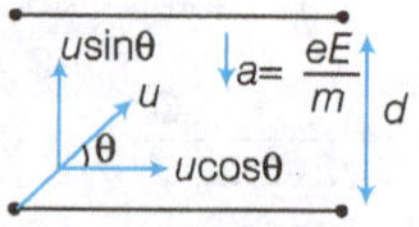

क्षेत्र के कारण त्वरण (नीचे की ओर)

$a_y = \frac{eE}{m}, v_y^2 = 0 = u^2 - 2(a_y)y$

जहाँ, $y < d, d =$ प्लेटों के बीच की दूरी

इसलिए, $u_{\text{अधिकतम}} = \sqrt{2a_y y}$

$$= \frac{\sqrt{2\times 1.6\times 10^{-19}\times 10^3\times 2\times 10^{-2}}}{1.6\times 10^{-30}}$$

$\Rightarrow u_{\text{अधिकतम}} = 2\times 10^6$ मी/से

7 *(c)* $\phi_{\text{घन}} = \frac{q_{\text{परिबद्ध}}}{\varepsilon_0} = \frac{\sqrt{3}a\lambda}{\varepsilon_0}$

$\phi_{\text{गोला}} = q_{\text{परिबद्ध}} = \frac{2a\lambda}{\varepsilon_0}$

अनुपात $r = \frac{\sqrt{3}a\lambda}{\varepsilon_0}\times\frac{\varepsilon_0}{2a\lambda} = \frac{\sqrt{3}}{2}$

8 *(d)* S_1 व S_2 के बीच के स्थान में वायु होने पर,

$\phi_{S_1} = \frac{q}{\varepsilon_0}$

और $\phi_{S_2} = \frac{2q}{\varepsilon_0}$

जब रिक्त स्थान में परावैद्युतांक $k = 5$ वाला पदार्थ भरा गया हो, तब

$\phi_{S_2} = \frac{Q}{K\varepsilon_0} = \frac{\phi_{S_1}}{5} = \frac{q}{5\varepsilon_0}$

इस स्थिति में S_2 से प्रवाहित फ्लक्स

$\phi_{S_2} = S_1$ का फ्लक्स + आवेश q_2 का फ्लक्स

$\frac{q}{5\varepsilon_0} + \frac{2q}{\varepsilon_0} = \frac{q+10q}{5\varepsilon_0} = \frac{11q}{5\varepsilon_0}$

तब अनुपात $\frac{\phi_{S_2}}{\phi_{S_1}} = 11:1$

9 *(a)* $E = \frac{V}{d} = \frac{200}{0.01} = 2\times 10^4$ वोल्ट-मीटर$^{-1}$

जब तेल की बूँद तैरती है, तब $mg = qE$

$\Rightarrow \frac{4}{3}\pi r^3\rho g = NeE$

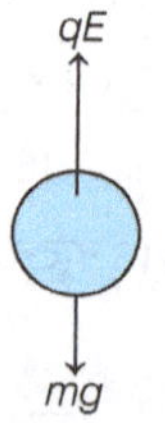

$$\therefore N = \frac{4}{3}\pi\frac{(8\times 10^{-7})^3\times 900\times 10}{1.6\times 10^{-19}\times 2\times 10^4}$$

$= \pi\times 64\times 3\times 10^{-2} \simeq 6$

10 *(c)*

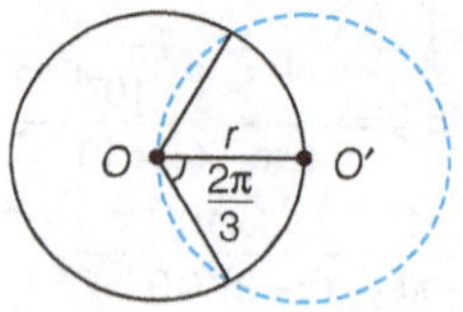

$L_{\text{आन्तरिक}} = \frac{2\pi}{3}r$

$Q_{\text{आन्तरिक}} = \frac{Q}{2\pi r}\times\frac{2\pi}{3}r = \frac{Q}{3}$

गॉस के नियम से $\phi = \frac{Q_{\text{आन्तरिक}}}{\varepsilon_0}$

$\Rightarrow \quad \phi = \frac{Q}{3\varepsilon_0}$

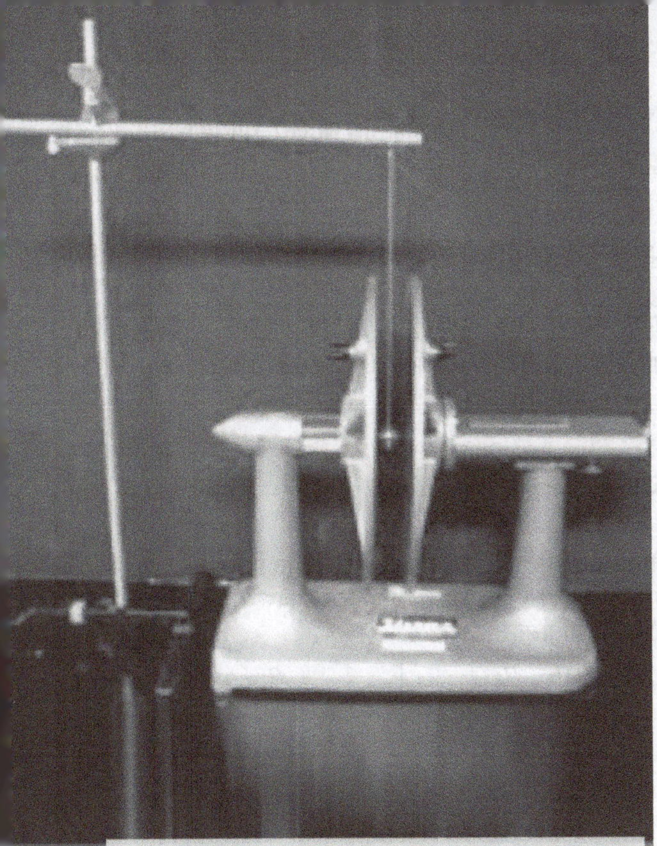

02

भौतिकी की Concept Master Videos के लिए Scan करें

स्थिरवैद्युत विभव एवं धारिता

Electrostatic Potential and Capacitance

5 वर्षों में NEET में पूछे गये शीर्षकवार प्रश्न

शीर्षक	वर्षवार प्रश्नों की संख्या				
	2024	2023	2022	2021	2020
वैद्युत द्विध्रुव के कारण विभव	1	1	–	–	1
आवेशों के निकाय के कारण विभव	1	–	1	1	1
समविभव पृष्ठ	–	–	1	–	1
धारिता पर परावैद्युत का प्रभाव	–	–	–	–	1
संधारित्रों का संयोजन	2	1	–	1	1
संधारित्र में संग्रहीत ऊर्जा	–	–	–	1	–

NEET में विगत 5 वर्षों में पूछे गये विशेष प्रकार के प्रश्न

प्रकार	वर्ष				
	2024	2023	2022	2021	2020
अभिकथन-कारण	–	–	–	–	–
कथन आधारित	–	–	–	–	–
सुमेलन	–	–	–	–	–

NEET के विगत 5 वर्षों का भारांकन

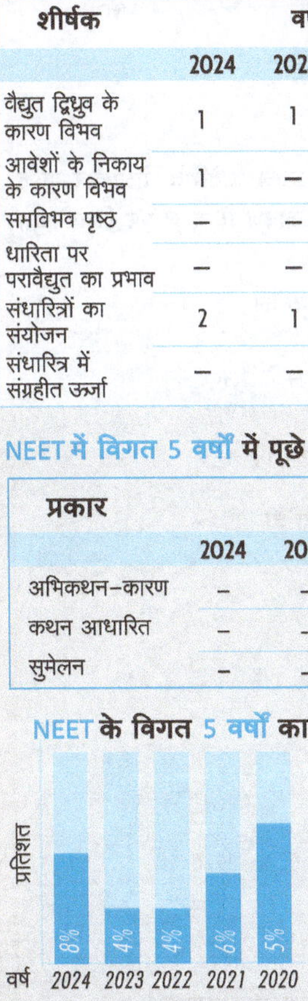

परिचय (Introduction)

- आवेशित कण q को स्थिरवैद्युत प्रतिकर्षण बल (जैसा कि चित्र में दर्शाया गया है) के विरुद्ध R से P तक ले जाने में बाह्य बल द्वारा किया गया कार्य निम्न प्रकार दिया जाता है

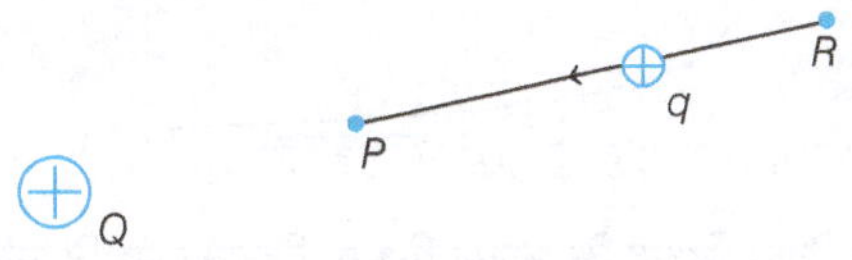

$$W_{RP} = \int_R^P \mathbf{F}_{\text{बाह्य}} \cdot d\mathbf{r} = -\int_R^P \mathbf{F}_E \cdot d\mathbf{r}$$

यह किया गया कार्य स्थितिज ऊर्जा के रूप में संचित हो जाता है।

- दो बिन्दुओं के बीच वैद्युत स्थितिज ऊर्जा अन्तर को किसी यादृच्छिक आवेश विन्यास (Arbitrary charge configuration) के वैद्युत क्षेत्र में आवेश q को एक बिन्दु से दूसरे बिन्दु तक ले जाने (त्वरित किए बना) के लिए आवश्यक कार्य के रूप में परिभाषित किया जाता है।

अर्थात् $\Delta U = U_P - U_R = W_{RP}$ **NEET 2022**

- आवेश को एक बिन्दु से दूसरे बिन्दु तक ले जाने में स्थिरवैद्युत क्षेत्र द्वारा किया गया कार्य केवल प्रारम्भिक एवं अन्तिम स्थितियों पर निर्भर करता है और एक बिन्दु से दूसरे बिन्दु तक ले जाने में तय किए गए पथ से स्वतन्त्र होता है। यह किसी संरक्षी बल का मूल अभिलक्षण (Fundamental characteristic) है।
- स्थितिज ऊर्जा का वास्तविक मान भौतिक रूप से महत्त्वपूर्ण नहीं है, केवल स्थितिज ऊर्जा में अन्तर ही महत्त्वपूर्ण है।
- किसी बिन्दु पर आवेश q की स्थितिज ऊर्जा (किसी आवेश विन्यास के कारण क्षेत्र की उपस्थिति में), आवेश q को अनन्त से उस बिन्दु तक लाने में लगाए गए बाह्य बल (वैद्युत बल के बराबर एवं विपरीत) द्वारा किया गया कार्य है।

अर्थात् $W_{\infty P} = U_P - U_\infty = U_P$

स्थिरवैद्युत विभव
(Electrostatic Potential)

- किसी बिन्दु पर स्थिरवैद्युत विभव (V), एकांक धनावेश को अनन्त से उस बिन्दु तक लाने में बाह्य बल द्वारा किए गए कार्य के बराबर होता है।

  अर्थात् $V = \dfrac{W}{q_0}$

- एकांक धनावेश को एक बिन्दु R से दूसरे बिन्दु P तक लाने में बाह्य बल द्वारा किया गया कार्य, उन बिन्दुओं (P व R) के बीच का **विभवान्तर** (Potential difference) कहलाता है।

  अर्थात् $V_{RP} = V_P - V_R = \dfrac{U_P - U_R}{q} = \dfrac{W_{RP}}{q}$

  या $V_{RP} = -\int \mathbf{E} \cdot d\mathbf{l}$

- r दूरी पर **बिन्दु आवेश के कारण विभव**, $V = \dfrac{1}{4\pi\varepsilon_0} \cdot \dfrac{Q}{r}$ NEET 2022, 21

- किसी बिन्दु आवेश के लिए, वैद्युत विभव (V) तथा वैद्युत क्षेत्र (E) में दूरी r के साथ परिवर्तन नीचे दिया गया है।

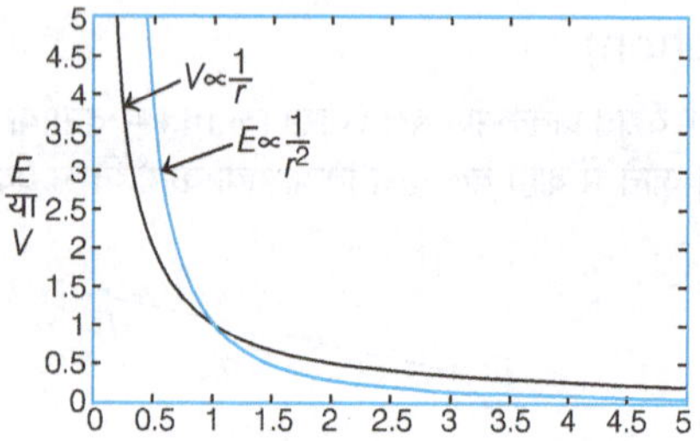

- किसी बिन्दु P पर **वैद्युत द्विध्रुव के कारण विभव**, जिसका स्थिति सदिश (Position vector) द्विध्रुव के मध्य बिन्दु के सापेक्ष **r** है, निम्न प्रकार दिया जाता है

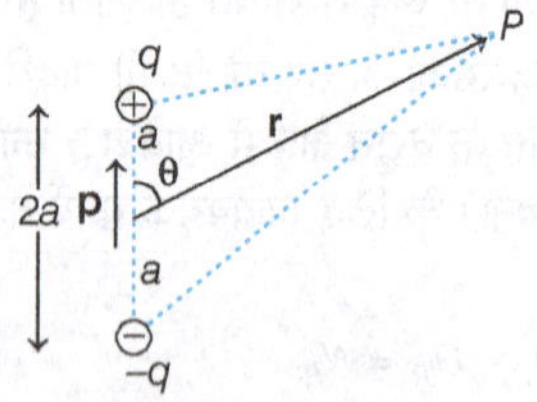

$$V = \frac{1}{4\pi\varepsilon_0} \cdot \frac{p\cos\theta}{r^2} \quad (r >> a)$$

या $$V = \frac{1}{4\pi\varepsilon_0} \cdot \frac{\mathbf{p} \cdot \hat{\mathbf{r}}}{|\mathbf{r}|^2}$$ NEET 2020

जहाँ θ, **r** व **p** के बीच का कोण है।

(i) **अक्षीय स्थिति** (Axial position) (θ = 0°) **पर विभव**

$$V_{\text{अक्षीय}} = \frac{1}{4\pi\varepsilon_0} \cdot \frac{p}{r^2}$$ NEET 2023

(ii) **निरक्षीय स्थिति** (Equitorial position) (θ = 90°) **पर विभव**

$$V_{\text{निरक्षीय}} = 0$$

- वैद्युत द्विध्रुव के कारण, विभव से सम्बन्धित कुछ महत्त्वपूर्ण बिन्दु निम्न प्रकार हैं
  (i) द्विध्रुव की अक्ष पर वैद्युत विभव $\theta = 0°$ के लिए धनात्मक और $\theta = \pi$ के लिए ऋणात्मक होता है। निरक्षीय तल (Equatorial plane) $\left(\theta = \dfrac{\pi}{2}\right)$ पर विभव शून्य होता है।
  (ii) द्विध्रुव के कारण, वैद्युत विभव बड़ी दूरी (Large distance) पर $1/r^2$ के रूप में घटता है जबकि बिन्दु आवेश के कारण विभव $1/r$ के रूप में घटता है।

- **आवेशों के निकाय के कारण किसी बिन्दु P पर वैद्युत विभव** यह व्यक्तिगत आवेशों (Individual charges) के कारण विभवों के बीजगणितीय योग के बराबर होता है।

  अर्थात् $V = \dfrac{1}{4\pi\varepsilon_0}\left(\dfrac{q_1}{r_{1P}} + \dfrac{q_2}{r_{2P}} + \dots \dfrac{q_n}{r_{np}}\right) = \dfrac{1}{4\pi\varepsilon_0} \sum_{i=1}^{n} \dfrac{q_i}{r_{ip}}$

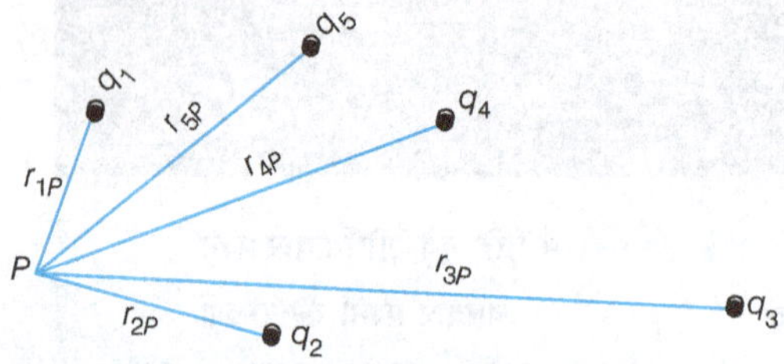

Marks Maximizer

- R त्रिज्या तथा आवेश q वहन करने वाले **पतले आवेशित गोलाकार कोश (Thin charged spherical shell) के कारण बिन्दु P पर स्थिरवैद्युत** विभव

  (i) कोश के अन्दर, $V = \dfrac{1}{4\pi\varepsilon_0} \cdot \dfrac{q}{R}$, $r < R$ के लिए

  (ii) कोश की सतह पर, $V = \dfrac{1}{4\pi\varepsilon_0} \cdot \dfrac{q}{R}$, $r = R$ के लिए

  (iii) कोश के बाहर, $V = \dfrac{1}{4\pi\varepsilon_0} \cdot \dfrac{q}{r}$, $r > R$ के लिए

  जहाँ, r कोश के केन्द्र से बिन्दु P की दूरी है।

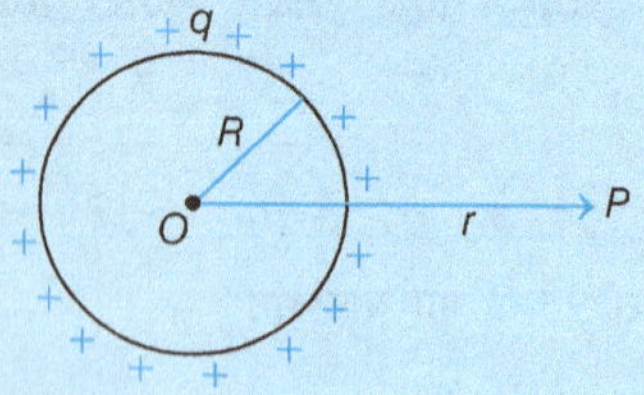

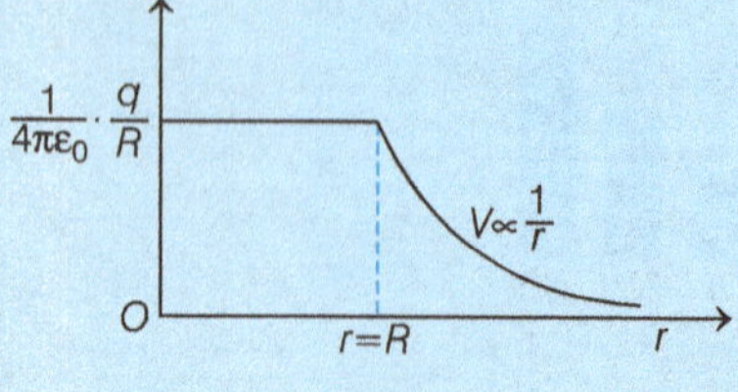

समविभव पृष्ठ (Equipotential Surface)

- वह पृष्ठ जिसके प्रत्येक बिन्दु पर वैद्युत विभव समान रहता है, **समविभव पृष्ठ** कहलाता है।
- एकल बिन्दु आवेश के समविभव पृष्ठ आवेश पर केन्द्रित, संकेन्द्री गोलाकार पृष्ठ होते हैं।
- प्रत्येक बिन्दु पर वैद्युत क्षेत्र, उस बिन्दु से गुजरने वाले समविभव पृष्ठ के अभिलम्बवत् होता है।
- किसी भी आवेश विन्यास के लिए, किसी बिन्दु से गुजरने वाला समविभव पृष्ठ, उस बिन्दु पर वैद्युत क्षेत्र के अभिलम्बवत् होता है।
- समविभव पृष्ठ पर किन्हीं दो बिन्दुओं के बीच कोई विभवान्तर नहीं होता है और समविभव पृष्ठ पर परीक्षण आवेश को स्थानान्तरित करने के लिए कार्य की आवश्यकता नहीं होती है।

(एकल बिन्दु आवेश के कारण समविभव पृष्ठ)

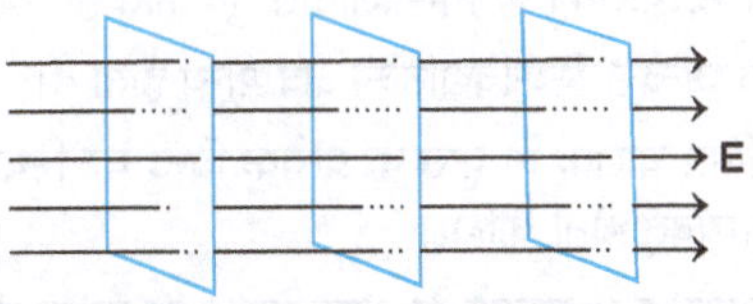

(एकसमान वैद्युत क्षेत्र के लिए समविभव पृष्ठ)

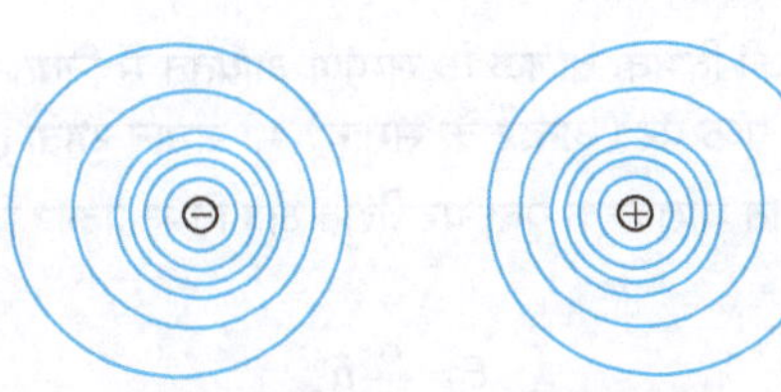

(वैद्युत द्विध्रुव के कारण समविभव पृष्ठ)

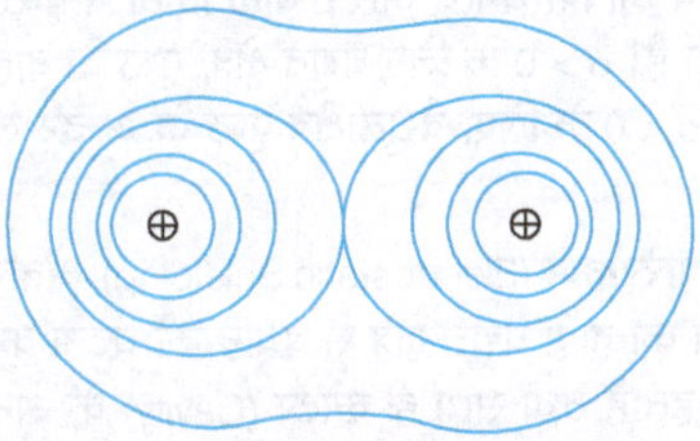

दो समान धनात्मक आवेशों के कारण समविभव पृष्ठ

- **वैद्युत क्षेत्र तथा वैद्युत विभव में सम्बन्ध** (Relation between Electric Field and Electric Potential) जब कोई एकांक धनावेश, पृष्ठ B से पृष्ठ A की ओर लम्बवत् गति करता है, जैसा कि चित्र में दर्शाया गया है, तब कृत कार्य = विभवान्तर

$$|\mathbf{E}|\,\delta l = V-(V+\delta V) = -\delta V \Rightarrow |\mathbf{E}| = \frac{-\delta V}{\delta l} = \frac{+|\delta V|}{\delta l}$$

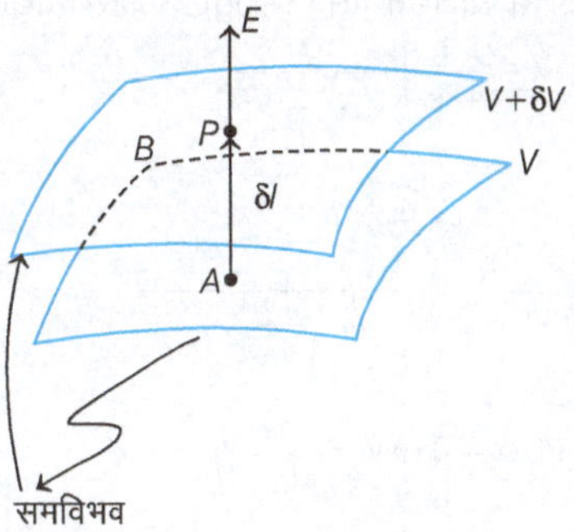

Concept Master Video के लिए

जहाँ, δl दो समविभव पृष्ठों के बीच की दूरी है तथा δV, वैद्युत क्षेत्र E की दिशा में V में परिवर्तन है।

वैद्युत क्षेत्र तथा विभव के मध्य सम्बन्ध के विषय में दो महत्त्वपूर्ण निष्कर्ष निम्नवत् हैं।

(i) वैद्युत क्षेत्र उस दिशा में स्थित होता है जिसमें विभव सबसे अधिक घटता है।

(ii) किसी बिन्दु पर वैद्युत क्षेत्र का परिमाण, उस बिन्दु पर समविभव पृष्ठ के अभिलम्बवत्, विभव के परिमाण में प्रति एकांक विस्थापन परिवर्तन द्वारा दिया जाता है।

आवेशों के निकाय की स्थितिज ऊर्जा

(Potential Energy of a System of Charges)

- दो बिन्दु आवेशों के निकाय की स्थिरवैद्युत स्थितिज ऊर्जा निम्न प्रकार दी जाती है

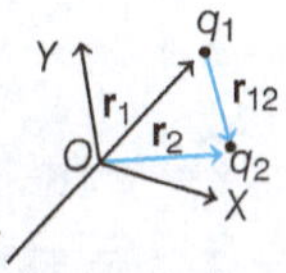

$$U = \frac{1}{4\pi\varepsilon_0} \cdot \frac{q_1 q_2}{r_{12}}$$

जहाँ, q_1 व q_2 आवेश तथा r_{12} बिन्दु आवेशों के बीच की दूरी हैं।

- तीन आवेशों के निकाय की स्थितिज ऊर्जा निम्न प्रकार दी जाती है

$$U = \frac{1}{4\pi\varepsilon_0}\left(\frac{q_1 q_2}{r_{12}} + \frac{q_1 q_3}{r_{13}} + \frac{q_2 q_3}{r_{23}}\right)$$

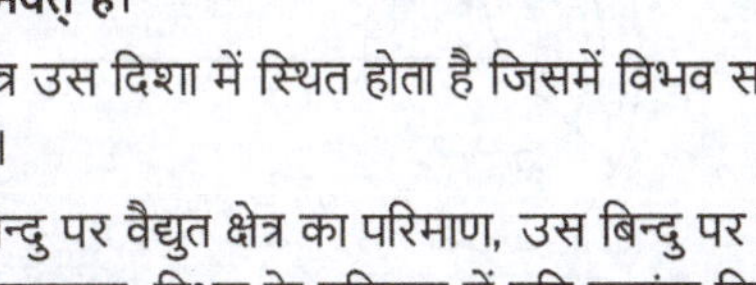

- n आवेशों के निकाय की स्थितिज ऊर्जा निम्न प्रकार दी जाती है

$$U = \frac{1}{4\pi\varepsilon_0}\sum_{i=1}^{n}\left[\sum_{j=1}^{n}\frac{q_i q_j}{r_{ij}}\right] \quad (j > i) \text{ के लिए}$$

- स्थितिज ऊर्जा, विन्यास की वर्तमान अवस्था का एक अभिलाक्षणिक गुण है और इस बात पर निर्भर नहीं करता है कि इस विन्यास को किस प्रकार प्राप्त किया गया है।

Marks Maximizer

(i) एकसमान रूप से आवेशित वलय (Ring) के कारण वैद्युत विभव,

$$V = \frac{1}{4\pi\varepsilon_0} \cdot \frac{q}{\sqrt{R^2 + x^2}}$$

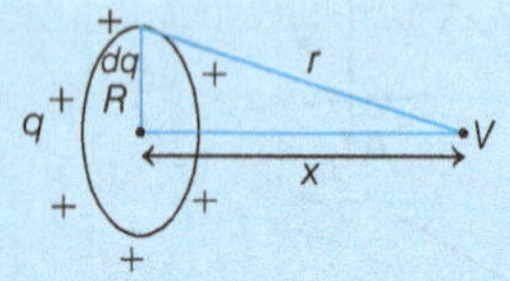

केन्द्र पर विभव, $x = 0 \Rightarrow V = \frac{1}{4\pi\varepsilon_0}\frac{q}{R}$

(ii) आवेश घनत्व σ वाले एकसमान रूप से आवेशित चकती (डिस्क) के कारण वैद्युत विभव, $V = 2\pi k\sigma\, [\sqrt{R^2 + x^2} - x]$

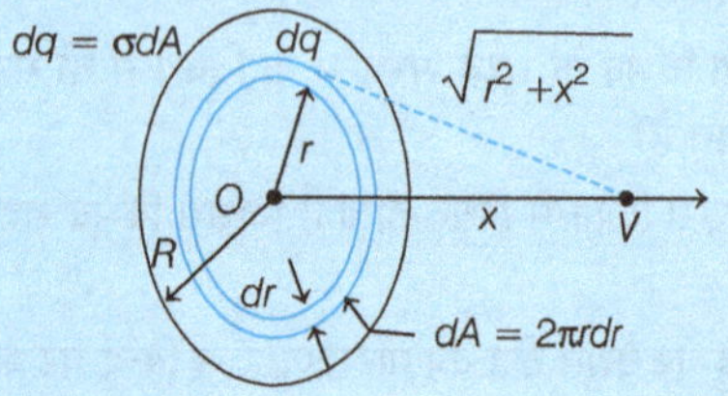

केन्द्र पर विभव, $x = 0$

$$\Rightarrow \quad V = 2\pi k\sigma R = \frac{\sigma R}{2\varepsilon_0}$$

(iii) एकसमान रूप से आवेशित लम्बे पतले तार के कारण विभवान्तर,

$$V_2 - V_1 = \frac{\lambda}{4\pi\varepsilon_0}\ln\left(\frac{x_1}{x_2}\right)$$

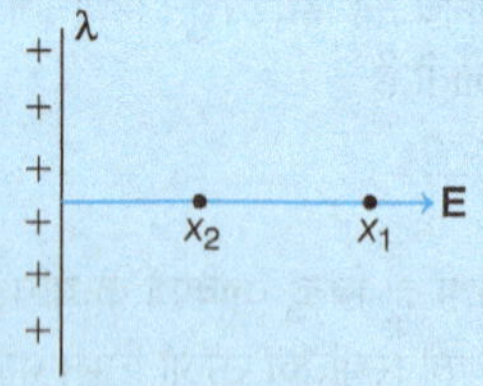

बाह्य क्षेत्र में स्थितिज ऊर्जा

(Potential Energy in an External Field)

- किसी बिन्दु पर **बाह्य क्षेत्र में स्थिति सदिश r वाले एकल आवेश q** की स्थितिज ऊर्जा $qV(\mathbf{r})$ होती है,
- जहाँ, $V(\mathbf{r})$ बाह्य वैद्युत क्षेत्र **E** के कारण उस बिन्दु पर विभव है।
- **बाह्य क्षेत्र में दो आवेशों के निकाय की स्थितिज ऊर्जा** निम्न प्रकार दी जाती है

$$U = q_1V(\mathbf{r}_1) + q_2V(\mathbf{r}_2) + \frac{q_1q_2}{4\pi\varepsilon_0 r_{12}}$$

जहाँ, q_1 व q_2 स्थिति सदिश क्रमशः $\mathbf{r}_1$ व $\mathbf{r}_2$ वाले दो बिन्दु आवेश हैं।

$V(\mathbf{r}_1)$ = बाह्य क्षेत्र के कारण $\mathbf{r}_1$ पर विभव

तथा $V(\mathbf{r}_2)$ = बाह्य क्षेत्र के कारण $\mathbf{r}_2$ पर विभव

- **बाह्य क्षेत्र में द्विध्रुव की स्थितिज ऊर्जा** (Potential Energy of a Dipole in an External Field) यदि कोई बाह्य बल-आघूर्ण $\tau_{\text{बाह्य}}$, इस प्रकार लगाया जाए कि वह बल-आघूर्ण को ठीक-ठीक उदासीन कर दे और इसे कागज के तल में बिना किसी कोणीय त्वरण के अत्यन्त सूक्ष्म कोणीय चाल से θ_0 से कोण θ_1 पर घूर्णित कर दे तो इस बाह्य बल-आघूर्ण द्वारा कृत कार्य निम्न प्रकार दिया जाता है

$$W = pE\,(\cos\theta_0 - \cos\theta_1)$$

- किसी एकसमान वैद्युत क्षेत्र में द्विध्रुव की स्थितिज ऊर्जा ,

$$U(\theta) = -\mathbf{p}\cdot\mathbf{E} = -pE\cos\theta$$

$\theta = 0°$ पर, $U = -pE$ अर्थात् न्यूनतम है। अतः द्विध्रुव स्थायी साम्यावस्था में होगा।

$\theta = 180°$ पर, $U = pE$ अर्थात् महत्तम है। अतः द्विध्रुव **अस्थायी साम्यावस्था** में होगा।

चालकों की स्थिरवैद्युतिकी

(Electrostatics of Conductors)

- **चालक** वे पदार्थ होते हैं जिनके माध्यम से विद्युत आवेश सरलतापूर्वक प्रवाहित हो सकता है।
- स्थिरवैद्युतिकी में, चालकों के निम्नलिखित गुण होते हैं

(i) चालकों के अन्दर, स्थिरवैद्युतिकी क्षेत्र शून्य होता है।

(ii) एक आवेशित चालक के पृष्ठ के प्रत्येक बिन्दु पर स्थिरवैद्युतिकी क्षेत्र पृष्ठ के लम्बवत् होना चाहिए।

(iii) स्थैतिक अवस्था में चालक के आन्तरिक भाग पर कोई अतिरिक्त आवेश नहीं हो सकता है।

(iv) स्थिरवैद्युतिकी विभव, चालक के सम्पूर्ण आयतन में नियत रहता है और इसके पृष्ठ पर (अन्दर के समान) भी समान रहता है।

(v) एक आवेशित चालक के पृष्ठ पर वैद्युत क्षेत्र निम्न प्रकार दिया जाता है

$$E = \frac{\sigma}{\varepsilon_0}\hat{\mathbf{n}}$$

जहाँ, σ पृष्ठीय आवेश घनत्व और $\hat{\mathbf{n}}$ बाह्य दिशा में पृष्ठ के लम्बवत् एकांक सदिश है। $\sigma > 0$ के लिए वैद्युत क्षेत्र, पृष्ठ के बाहर लम्बवत् होता है और $\sigma < 0$ के लिए, वैद्युत क्षेत्र पृष्ठ के अन्दर लम्बवत् होता है।

(vi) **स्थिरवैद्युत परिरक्षण** (Electrostatic Shielding) अंतरिक्ष के एक निश्चित क्षेत्र को बाह्य वैद्युत क्षेत्र से बचाने की घटना को स्थिरवैद्युत परिरक्षण कहते हैं तथा साथ ही कोटर (Cavity) के अन्दर वैद्युत क्षेत्र सदैव शून्य होता है।

इसका उपयोग संवेदनशील उपकरणों (Sensitive instruments) को बाह्य वैद्युत क्षेत्र से बचाने के लिए किया जाता है।

चालकों के गुणों को नीचे चित्र में दर्शाया गया है।

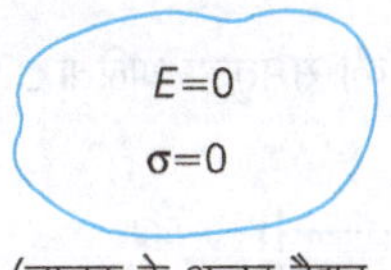

(चालक के अन्दर वैद्युत क्षेत्र शून्य होता है)

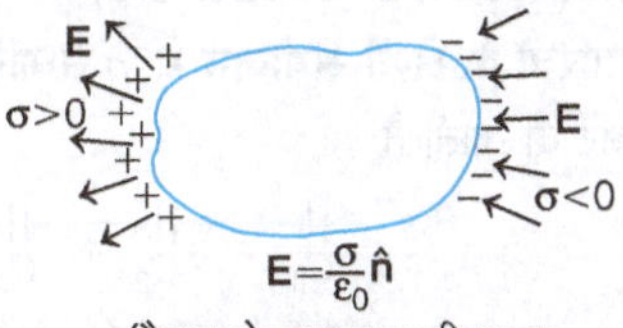

(वैद्युत क्षेत्र चालक की सतह के लम्बवत् होता है)

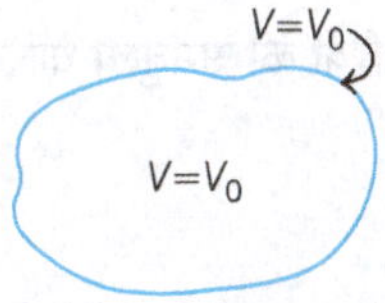

(चालक के पृष्ठ तथा अन्दर वैद्युत विभव नियत रहता है)

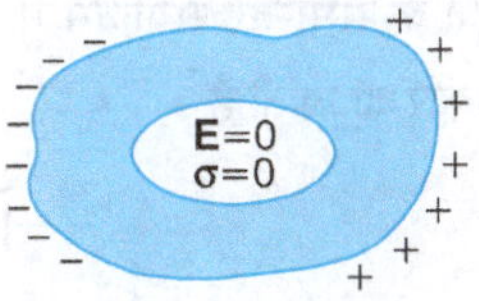

(चालक के अन्दर का कोटर बाह्य वैद्युत क्षेत्र से परिरक्षित होता है)

परावैद्युत और ध्रुवण
(Dielectrics and Polarisation)

- **परावैद्युत** (Dielectrics) अचालक पदार्थ होते हैं। चालकों के समान इनमें कोई (या नगण्य संख्या में) आवेश वाहक नहीं होता है।
- परावैद्युत में, आवेशों की मुक्त गति सम्भव नहीं है। यदि कोई बाह्य क्षेत्र आरोपित किया जाता है, तो यह परावैद्युत के अणुओं को खींचकर या पुनः अभिविन्यासित करके द्विध्रुव आघूर्ण प्रेरित कर देता है।
- प्रेरित द्विध्रुव आघूर्ण, परावैद्युत के पृष्ठ पर एक शुद्ध आवेश (Net charge) प्रेरित कर देता है जो बाह्य क्षेत्र का विरोध करता है।

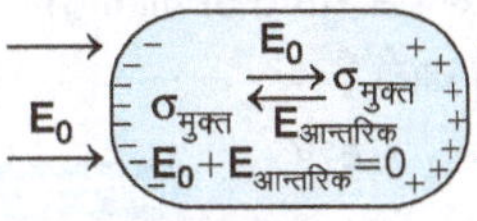

(बाह्य वैद्युत क्षेत्र E_0 में चालक का व्यवहार)

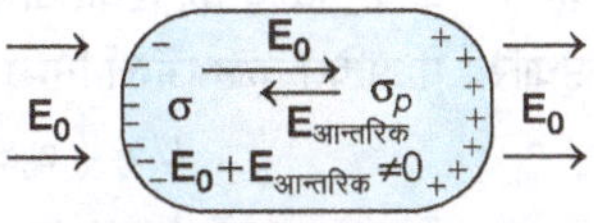

(बाह्य वैद्युत क्षेत्र E_0 में परावैद्युत का व्यवहार)

- बाह्य क्षेत्र में उनके व्यवहार के आधार पर परावैद्युत दो प्रकार के होते हैं।
  (i) **अध्रुवीय अणु** (Non-polar Molecule) में धनात्मक और ऋणात्मक आवेशों के केन्द्र संकेन्द्रित होते हैं। अणु में कोई स्थायी द्विध्रुव आघूर्ण नहीं होता है; जैसे- O_2, H_2 आदि।
  (ii) **ध्रुवीय अणु** (Polar Molecule) वह होता है जिसमें किसी बाह्य क्षेत्र की अनुपस्थिति में भी धनात्मक एवं ऋणात्मक आवेशों के केन्द्र अलग-अलग होते हैं। ऐसे अणुओं में स्थायी द्विध्रुव आघूर्ण होता है; जैसे-HCl, H_2O आदि।
- परावैद्युत जिसमें प्रेरित द्विध्रुव आघूर्ण क्षेत्र की दिशा में होता है तथा क्षेत्र की तीव्रता (Field strength) के समानुपाती होता है, **रैखिक समदैशिक परावैद्युत** (Linear isotropic dielectrics) कहलाता है।
- जब कोई ध्रुवीय या अध्रुवीय परावैद्युत, बाह्य वैद्युत क्षेत्र की उपस्थिति में नैट द्विध्रुव आघूर्ण विकसित कर लेता है, तो प्रति एकांक आयतन द्विध्रुव आघूर्ण को उसका ध्रुवण (Polarisation) कहते हैं तथा इसे **P** द्वारा निरूपित किया जाता है।
- रैखिक समदैशिक परावैद्युत के लिए, $\mathbf{P} = \varepsilon_0 \chi_e \mathbf{E}$
  जहाँ, χ_e परावैद्युत का एक नियत अभिलक्षण है जिसे परावैद्युत माध्यम की **वैद्युत प्रवृत्ति** (Electric susceptibility) कहते हैं।
- जब परावैद्युत स्लैब (पट्टी) को वैद्युत क्षेत्र के अन्दर रखा जाता है, तो ध्रुवण के कारण, स्लैब के प्रत्येक आयतन अवयव ΔV का क्षेत्र की दिशा में एक द्विध्रुव आघूर्ण $\mathbf{P}\Delta V$ होता है।
- ध्रुवीकृत परावैद्युत, दो आवेशित पृष्ठों के समतुल्य होता है जिनके प्रेरित पृष्ठीय आवेश घनत्व σ_p व $-\sigma_p$ है।
  इन पृष्ठीय आवेशों द्वारा उत्पन्न वैद्युत क्षेत्र, बाह्य क्षेत्र का विरोध करता है। परावैद्युत में कुल वैद्युत क्षेत्र, उस प्रकरण की तुलना में जिसमें कोई परावैद्युत नहीं है, कम हो जाता है।

Concept Master Video के लिए

- पृष्ठीय आवेश घनत्व $\pm\sigma_p$, परावैद्युत में परिबद्ध (मुक्त नहीं) आवेश से उत्पन्न होता है।

संधारित्र एवं धारिता
(Capacitors and Capacitance)

- संधारित्र किसी अचालक द्वारा पृथक किए गए दो चालकों का एक निकाय है। इसकी धारिता $C = \frac{Q}{V}$ द्वारा दी जाती है।
  जहाँ Q, संधारित्र के किसी एक चालक को दिया गया आवेश तथा V, चालकों के मध्य विभवान्तर है।
- धारिता का मात्रक फैरड (Farad) होता है।
- धारिता C न केवल दो चालको के निकाय के ज्यामितीय विन्यास (आकार, आकृति और पृथक्करण) पर निर्भर करती है बल्कि यह दोनों चालकों को पृथक करने वाले अचालक (परावैद्युत) की प्रकृति पर भी निर्भर करती है।
- वह अधिकतम वैद्युत क्षेत्र जिसे एक परावैद्युत माध्यम बिना भंजन (अपने अचालक के गुण) के सहन कर सकता है, को इसकी **परावैद्युत सामर्थ्य** (Dielectric strength) कहते हैं।
- 1 माइक्रोफैरड $= 10^{-6}$ फैरड, 1 नैनोफैरड $= 10^{-9}$ फैरड, 1 पिकोफैरड $= 10^{-12}$ फैरड

Marks Maximizer

- किसी गोलाकार संधारित्र, जिसका बाह्य गोला, पृथ्वी से संयोजित है की धारिता
  $$C = 4\pi\varepsilon_0\left(\frac{R_1R_2}{R_2 - R_1}\right)$$

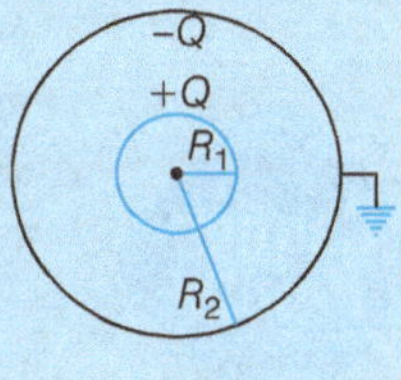

समान्तर प्लेट संधारित्र
(The Parallel Plate Capacitor)

- इसमें दो बड़ी समतल, समान्तर चालक प्लेट होती है जो एक-दूसरे से एक अल्प दूरी द्वारा पृथक रहती है, जैसा कि नीचे चित्र में दर्शाया गया है।

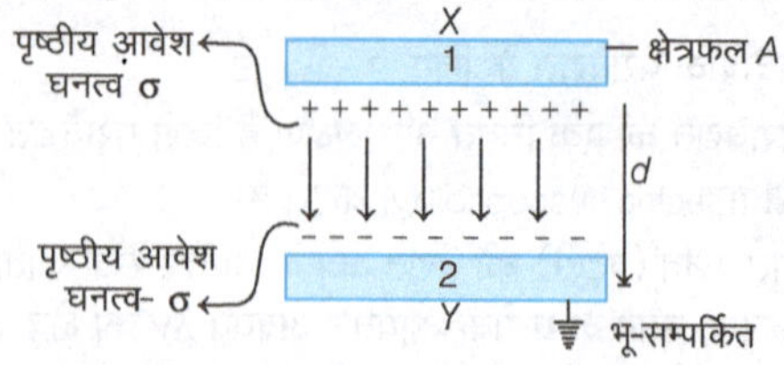

- किसी संधारित्र की प्लेटों के बीच वैद्युत क्षेत्र की तीव्रता, $E = \frac{\sigma}{\varepsilon_0} = \frac{q}{A\varepsilon_0}$
- प्लेटों के बीच विभवान्तर, $V = Ed = \frac{qd}{A\,\varepsilon_0}$

  जहाँ, d चालक प्लेटों के बीच की दूरी है।
- समान्तर प्लेट संधारित्र की धारिता C निम्न प्रकार दी जाती है

$$C = \frac{q}{V} = \frac{\varepsilon_0 A}{d}$$

NEET 2020

धारिता पर परावैद्युत का प्रभाव
(Effect of Dielectric on Capacitance)

- जब संधारित्र की प्लेटों के बीच K परावैद्युत नियतांक वाला परावैद्युत पदार्थ भरा जाता है, तब प्लेटों के बीच वैद्युत विभव निम्न प्रकार दिया जाता है

$$V = \frac{\sigma_d}{\varepsilon_0 K} = \frac{Qd}{A\varepsilon_0 K}$$

- परावैद्युत युक्त प्लेटों की धारिता C निम्न प्रकार दी जाती है

$$C = \frac{Q}{V} = \frac{\varepsilon_0 KA}{d} \quad \text{तथा} \quad K = \frac{\varepsilon}{\varepsilon_0} = \frac{C}{C_0}$$

  जहाँ, ε परावैद्युत माध्यम की निरपेक्ष वैद्युतशीलता (Permittivity) है।
- जब किसी संधारित्र की प्लेटों के बीच के क्षेत्र को परावैद्युत द्वारा पूर्ण रूप से भर दिया जाता है, तो क्षेत्र द्वारा परावैद्युत ध्रुवित हो जाता है, जिसका प्रभाव आवेश घनत्व $+\sigma_p$ व $-\sigma_p$ वाली दो आवेशित चादरों के समतुल्य होता है।

  परावैद्युत में वैद्युत क्षेत्र, $E = \frac{\sigma - \sigma_p}{\varepsilon_0}$

  रैखिक परावैद्युत के लिए $\sigma - \sigma_p = \frac{\sigma}{K}$

संधारित्रों का संयोजन
(Combination of Capacitors)

- **संधारित्रों के श्रेणी संयोजन** में, n संधारित्रों की समतुल्य धारिता C_s निम्न प्रकार दी जाती है

NEET 2023

$$\frac{1}{C_S} = \frac{1}{C_1} + \frac{1}{C_2} + \frac{1}{C_3} + \ldots + \frac{1}{C_n}$$

- **संधारित्रों के समान्तर संयोजन** में, n संधारित्रों की समतुल्य धारिता C_p निम्न प्रकार दी जाती है

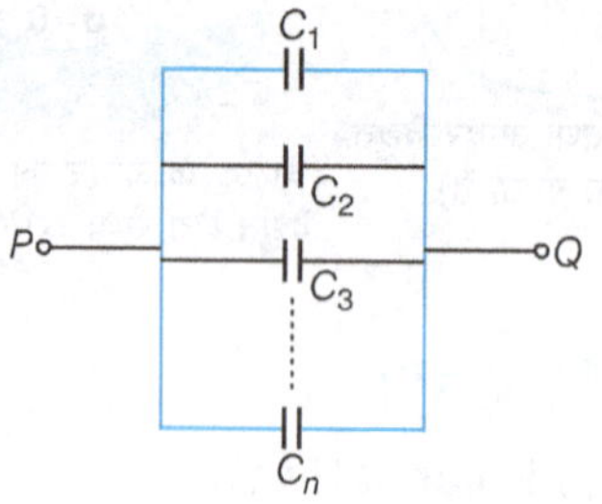

$$C_p = C_1 + C_2 + C_3 + \ldots + C_n$$

NEET 2023

संधारित्र में संग्रहीत ऊर्जा
(Energy Stored in a Capacitor)

- किसी संधारित्र की दो प्लेटों के बीच आवेश q को स्थानान्तरित करने में कृत कार्य, $W = \frac{1}{2}qV = \frac{1}{2}CV^2 = \frac{q^2}{2C}$

  NEET 2021

  यह कृत कार्य निकाय की स्थितिज ऊर्जा के रूप में संचित हो जाता है।
- संधारित्र में संचित कुल ऊर्जा निम्न प्रकार दी जाती है

$$U = \frac{1}{2}\varepsilon_0 E^2 \times Ad = \frac{1}{2}\varepsilon_0 E^2 V$$

  NEET 2021

  जहाँ, V संधारित्र का आयतन है।
- वैद्युत क्षेत्र **E** वाले किसी क्षेत्र का स्थिरवैद्युत ऊर्जा घनत्व (प्रति एकांक आयतन की ऊर्जा) निम्न प्रकार दिया जाता है

$$U = \frac{1}{2}\varepsilon_0 E^2$$

Caution Points

- किसी संधारित्र के अभिविन्यास को इस प्रकार बनाया जाता है कि संधारित्र के रिक्त क्षेत्र में पर्याप्त वैद्युत क्षेत्र सामर्थ्य हो तथा संधारित्र की प्लेटों के बीच न्यूनतम विभवान्तर हो।
- एक समान वैद्युत क्षेत्र **E** में वैद्युत द्विध्रुव पर बल- आघूर्ण (Torque)

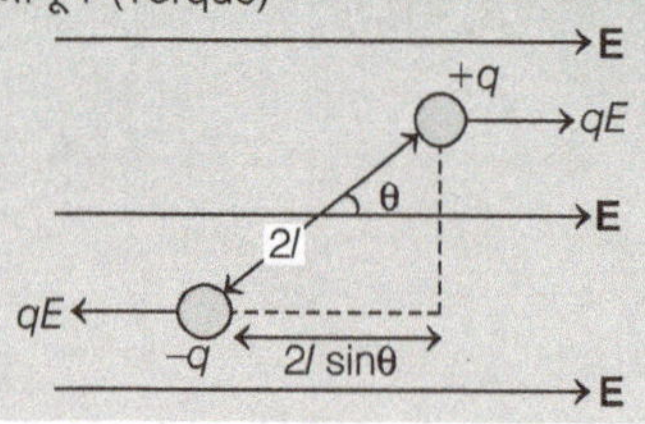

$$\tau_R = -(qE)\cdot(2l\sin\theta) \Rightarrow I\alpha = -pE\sin\theta \quad [\because p = q(2l)]$$

जहाँ, I दो आवेशों के निकाय का जड़त्व आघूर्ण है।

θ के छोटे मान के लिए, $\sin\theta \approx \theta$

$$\therefore \quad \alpha = -\left(\frac{pE}{I}\right)\cdot\theta \quad \ldots(i)$$

सरल आवर्त गति (SHM) की समीकरण से, $\alpha = -\omega^2\theta$ ...(ii)

समी (i) व (ii) की तुलना करने पर, $\omega = \sqrt{\frac{pE}{I}}$

अतः वैद्युत द्विध्रुव **E** के परितः दोलन करता है और अंतत, अपव्ययी तन्त्र (Dissipative mechanism) की स्थिति में अवमंदित (Damped) होकर **E** के साथ संरेखित हो जाता है।

PYQ नोट्स

1. रेखीय आवेश घनत्व λ वाले एकसमान रूप से आवेशित वृत्ताकार चाप के केन्द्र पर वैद्युत विभव निम्न प्रकार दिया जाता है।

$\therefore$ O पर वैद्युत विभव, $V_O = \left(\frac{\lambda}{4\pi\varepsilon_0}\right)\theta$

[JEE Main 2023]

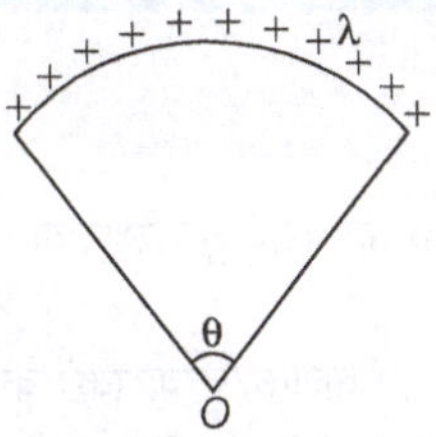

जहाँ, θ रेडियन में है।

2. जब एकसमान रूप से आवेशित दो गोलाकार चालक, एक चालक तार द्वारा संयोजित किए जाते हैं, तो आवेश उच्च विभव वाले चालक से निम्न विभव वाले चालक की ओर प्रवाहित होने लगता है। जब दोनों चालकों का विभव बराबर हो जाता है, तो आवेश का यह प्रवाह रुक जाता है।

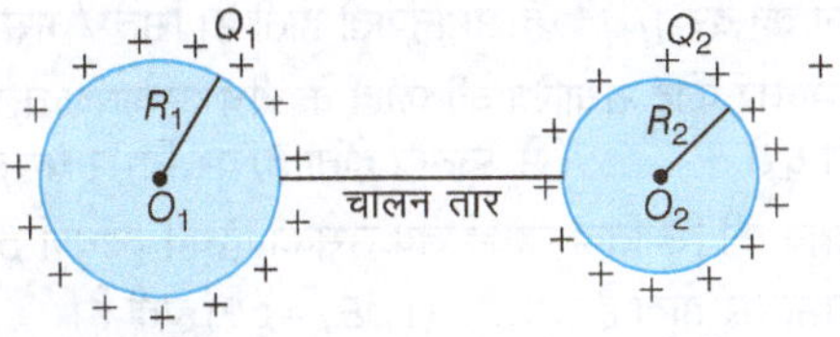

साम्यावस्था में, $V_1 = V_2$

$$\therefore\ Q_1 = \left(\frac{R_1}{R_1 + R_2}\right)(Q_1 + Q_2) \text{ तथा } Q_2 = \left(\frac{R_2}{R_1 + R_2}\right)(Q_1 + Q_2)$$

[NEET 2019]

3. एक समान्तर प्लेट संधारित्र की धारिता, जब इसे आंशिक रूप से परावैद्युत नियतांकों K_1 व K_2 वाले परावैद्युत पदार्थों से भरा जाता है, निम्न प्रकार दी गई है

$$C = \frac{\varepsilon_0 A}{(d - t_1 - t_2) + \frac{t_1}{K_1} + \frac{t_2}{K_2}}$$

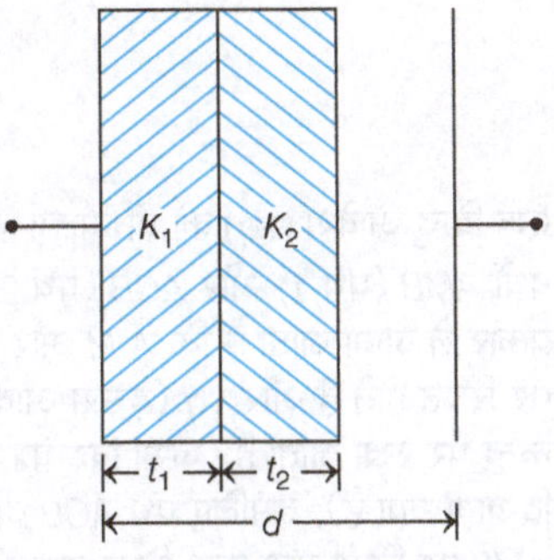

[JEE Main 2021, NEET 2020]

4. जब वैद्युत विभव V_1 व V_2 वाले दो संधारित्र C_1 व C_2 एक-दूसरे से जुड़े होते हैं, तब उनके बीच आवेशों का वितरण, आवेश संरक्षण के नियम के अनुसार होता है।

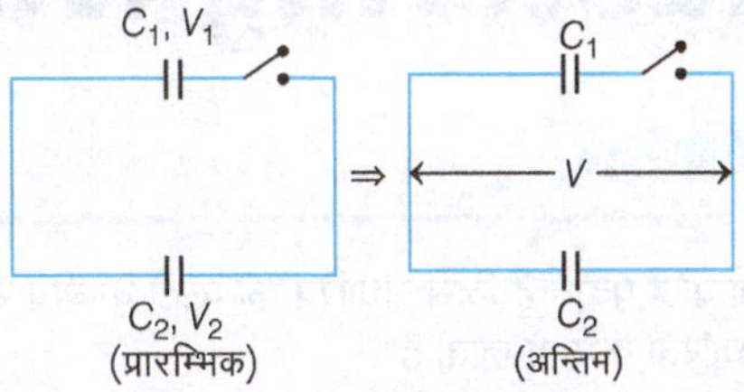

आवेशों के वितरण के पश्चात् उभयनिष्ठ विभव (V) निम्न प्रकार दिया जाता है

$$V = \frac{C_1V_1 + C_2V_2}{C_1 + C_2} = \frac{Q_1 + Q_2}{C_1 + C_2}$$

वितरण के पश्चात् ऊष्मा हानि या ऊर्जा हानि निम्न प्रकार दी जाती है

$$H = \frac{1}{2}\left(\frac{C_1C_2}{C_1 + C_2}\right)(V_1 - V_2)^2$$

[NEET 2016, NEET 2019]

5. आवेश Q तथा क्षेत्रफल A वाले एक समान्तर प्लेट संधारित्र C की प्लेटों के बीच स्थैतिक वैद्युत बल निम्न प्रकार दिया जाता है

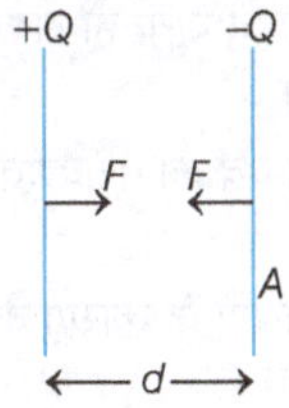

$$F = QE = Q\left(\frac{Q}{2A\varepsilon_0}\right) = \frac{Q^2}{2A\varepsilon_0}$$

[NEET 2018]

6. राशि $\varepsilon_0 E + P$ को **वैद्युत विस्थापन** (Electric displacement) कहते हैं और इसे D से निरूपित करते हैं। इस प्रकार,

$$D = \varepsilon_0 E + P$$

7. D तथा E के परिमाणों का अनुपात निम्न प्रकार दिया जाता है

$$\frac{D}{E} = \varepsilon_0 K$$

$\Rightarrow$ $D = \varepsilon_0 KE$

तथा $P = D - \varepsilon_0 E = \varepsilon_0(K - 1)E$

तथा वैद्युत प्रवृत्ति के लिए,

$$\chi_e = \varepsilon_0(K - 1)$$

Step by Step

Mastering NCERT

- कॉन्सेप्ट बिल्डर्स
- शीर्षकवार प्रश्न
- अभिकथन-कारण प्रश्न
- कथन आधारित प्रश्न
- सुमेलन प्रकार प्रश्न
- आंकिक मान प्रकार के प्रश्न
- NCERT Exemplar प्रश्न
- विगत परीक्षाओं के प्रश्न
- स्किल बूस्टर्स

कॉन्सेप्ट बिल्डर्स

1 क्या ऐसा कोई पदार्थ है जिसे संधारित्र की प्लेटों के बीच रखने पर उसकी धारिता कम हो जाती है?

2 एक ठोस चालक गोला समान त्रिज्या वाले खोखले गोले की तुलना में अधिक आवेश धारण कर सकता है। (सत्य/असत्य)

3 दो बराबर एवं समरूप आवेशों को मिलाने वाली रेखा के केन्द्र पर, $V \neq 0, E = 0$ (सत्य/असत्य)

4 संधारित्र प्लेटों के बीच परावैद्युत पट्टी रखने पर भी विभवान्तर स्थिर बना रहता है, जबकि इससे बैटरी जुड़ी रहती है। (सत्य/असत्य)

5 एक बिन्दु आवेश का वैद्युत विभव .... (गोलाकार/बेलनाकार) सममित होता है जबकि एक वैद्युत द्विध्रुव के लिए .... (गोलाकार/बेलनाकार) सममित होता है।

6 श्रेणी संयोजन में, तुल्य धारिता सबसे छोटी धारिता से .... (छोटी/बड़ी) होती है।

7 किसी बिन्दु पर वैद्युत विभव शून्य हो सकता है, जहाँ वैद्युत क्षेत्र शून्य नहीं है। (सत्य/असत्य)

8 तापमान में वृद्धि के साथ द्रव का परावैद्युत स्थिरांक बढ़ता है। (सत्य/असत्य)

9 परावैद्युत पट्टी के ध्रुवीकरण के कारण वैद्युत क्षेत्र के मान में .... (कमी/वृद्धि) हो जाती है।

10 वैद्युत द्विध्रुव के किसी भी निरक्षीय बिन्दु पर वैद्युत विभव .... (एक/शून्य) होता है

11 एक आदर्श अचालक का परावैद्युत स्थिरांक अनन्त होता है। (सत्य/असत्य)

12 आवेश सदैव .... (चालक/कुचालक) के पृष्ठ पर रहता है।

13 असमान क्षेत्रफल की दो प्लेटें संधारित्र का निर्माण .... (कर सकती हैं/नहीं कर सकती है)

14 संधारित्रों की किसी भी व्यवस्था में संग्रहित कुल ऊर्जा अलग-अलग संधारित्रों में संग्रहित ऊर्जाओं का योग होती है, चाहे संयोजन की विधि कुछ भी हो। (सत्य/असत्य)

15 यदि एक समान्तर प्लेट संधारित्र (प्रारम्भिक पृथक्करण d) की प्लेटों को कुछ वेग से दूर ले जाया जाए, तो समय के साथ धारिता में परिवर्तन की दर $1/d^2$ के समानुपाती होती है। [सत्य/असत्य]

16 एक समान्तर प्लेट संधारित्र की प्लेटों के बीच आकर्षण बल, प्लेटों के बीच की दूरी .... (से स्वतन्त्र होता है/पर निर्भर करता है)

17 एक द्विध्रुव की स्थितिज ऊर्जा जब उसका द्विध्रुव आघूर्ण p बाह्य क्षेत्र E के समान्तर होता है .... $(+pE\,/\,-pE)$ होती है।

18 हम किसी संधारित्र को अपनी इच्छानुसार जितना आवेश दे सकते हैं। (सत्य/असत्य)

19 जब एक समान्तर प्लेट संधारित्र की प्लेटों के बीच एक परावैद्युत रखा जाता है, तो इसकी धारिता .... (बढ़ती/घटती) है परन्तु विभवान्तर .... (बढ़ता/घटता) है।

20 एक खोखले आवेशित चालक की गुहिका में वैद्युत क्षेत्र .... (शून्य/अशून्य) होता है जबकि वैद्युत विभव...... (शून्य/अशून्य) होता है।

शीर्षकवार प्रश्न

स्थिर वैद्युत विभव

1 चित्र में दिखाए अनुसार, आवेश q को R से P तक ले जाने में बाह्य बलों द्वारा किया गया कार्य है

NCERT पृष्ठ 46

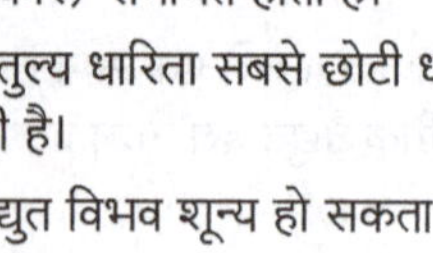

(a) $-\int_R^P \mathbf{F}_E \cdot d\mathbf{r}$ (b) $\int_R^P \mathbf{F}_E d\mathbf{r}$

(c) $\int_R^P 2\mathbf{F}_E d\mathbf{r}$ (d) $\int_R^P \frac{\mathbf{F}_E}{2} \cdot d\mathbf{r}$

2 एक बिन्दु आवेश $(+q)$ को दो अलग-अलग पथों AMB (पथ 1) और ACB (पथ 2) पर इस प्रकार ले जाया जाता है कि A, M और B वृत्त पर स्थित होते हैं और $+q$ (दूसरा आवेश) केन्द्र पर रखा जाता है (जैसा कि चित्र में दिखाया गया है), इसलिए पथ ACB और पथ AMB पर किया गया कार्य निम्न प्रकार सम्बन्धित है

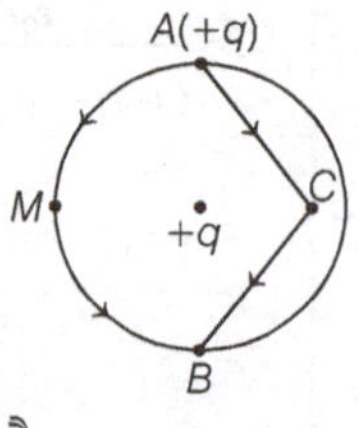

NCERT पृष्ठ 46

(a) $W_{AMB} > W_{ACB}$ (b) $W_{ACB} > W_{AMB}$

(c) $W_{ACB} = W_{AMB}$ (d) इनमें से कोई नहीं

3 दो आवेशित प्लेटों के बीच एकसमान विद्युत क्षेत्र E विद्यमान है। किसी गतिमान आवेश q को बन्द पथ $ABCDA$ पर ले जाने में किया गया कार्य कितना होगा? **NCERT पृष्ठ 46**

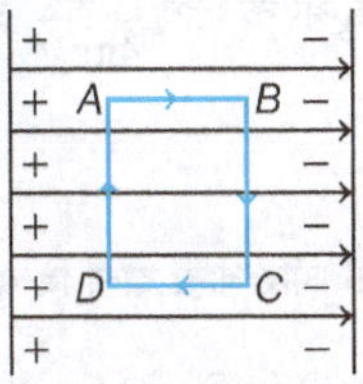

(a) $\oint \mathbf{E}.d\mathbf{l}$ (b) $-\oint \mathbf{E}.d\mathbf{l}$

(c) शून्य (d) इनमें से कोई नहीं

4 यदि 4 कूलॉम विद्युत आवेश को एक स्थान, जहाँ विभव −10 वोल्ट है, से दूसरे स्थान, जहाँ विभव V वोल्ट है, तक ले जाने में 100 जूल कार्य करना पड़े, तो V का मान ज्ञात कीजिए। **NCERT पृष्ठ 47**

(a) 5 वोल्ट (b) 10 वोल्ट (c) 25 वोल्ट (d) 15 वोल्ट

5 यदि dW एक अतिसूक्ष्म छोटे परीक्षण आवेश dq को अनन्त से बिन्दु P तक लाने में किया गया कार्य है, तो बिन्दु P पर विभव है **NCERT पृष्ठ 47**

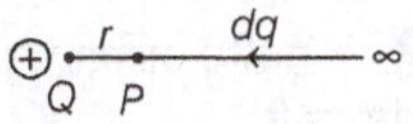

(a) $\dfrac{dW}{dq}$ (b) $-\dfrac{dW}{dq}$ (c) $dW \cdot dq$ (d) $\dfrac{dq}{dW}$

6 किसी क्षेत्र में, स्थिरवैद्युत विभव समीकरण $V = (4x^{3/2})$ वोल्ट के अनुसार X-अक्ष के साथ बदलता रहता है, जहाँ x मीटर में है। $x = 4$ मीटर पर वैद्युत क्षेत्र का परिमाण है **NCERT पृष्ठ 47**

(a) 24 वोल्ट/मीटर (b) 6 वोल्ट/मीटर

(c) 12 वोल्ट/मीटर (d) 22 वोल्ट/मीटर

7 चित्र में वर्ग $ABCD$ के कोने A से कोने B तक 2 माइक्रोकूलॉम बिन्दु आवेश को ले जाने में किया गया कार्य क्या है, जब वर्ग के केन्द्र पर 10 माइक्रोकूलॉम विद्यमान है? **NCERT पृष्ठ 47**

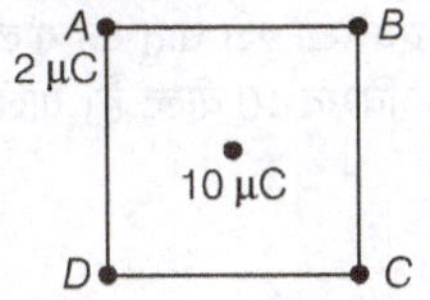

(a) शून्य (b) 5 जूल (c) 2 जूल (d) 20 जूल

बिन्दु आवेश के कारण विभव

8 दिए गए चित्र में बाह्य बल द्वारा $r' = \infty$ से $r' = r$ तक किया गया कुल कार्य W है **NCERT पृष्ठ 48**

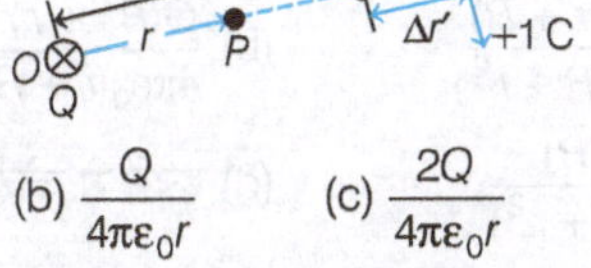

(a) $-\dfrac{Q}{4\pi\varepsilon_0 r}$ (b) $\dfrac{Q}{4\pi\varepsilon_0 r}$ (c) $\dfrac{2Q}{4\pi\varepsilon_0 r}$ (d) $-\dfrac{2Q}{4\pi\varepsilon_0 r}$

9 इस आरेख के अनुसार, एक बिन्दु आवेश $+q$ मूलबिन्दु O पर रखा गया है। एक अन्य बिन्दु आवेश $-Q$ को बिन्दु A [निर्देशांक $(0, a)$] से दूसरे बिन्दु B [निर्देशांक $(a, 0)$] तक सीधे पथ AB के अनुदिश ले जाने में किया गया कार्य है **NCERT पृष्ठ 48**

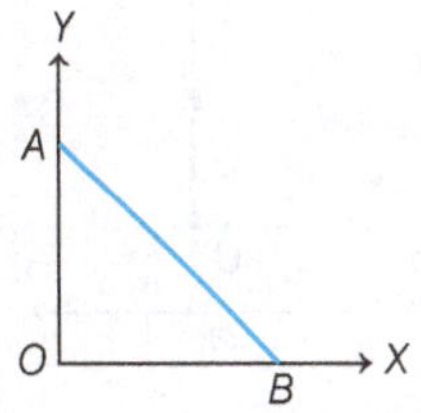

(a) शून्य (b) $\left(\dfrac{-qQ}{4\pi\varepsilon_0 a^2}\right)\sqrt{2}a$

(c) $\left(\dfrac{qQ}{4\pi\varepsilon_0 a^2}\right)\cdot\dfrac{a}{\sqrt{2}}$ (d) $\left(\dfrac{qQ}{4\pi\varepsilon_0 a^2}\right)\sqrt{2}a$

10 नीचे दिए गया चित्र एक बिन्दु आवेश Q के लिए विभव V या वैद्युत क्षेत्र E में r के साथ परिवर्तन को दर्शाता है। **NCERT पृष्ठ 49**

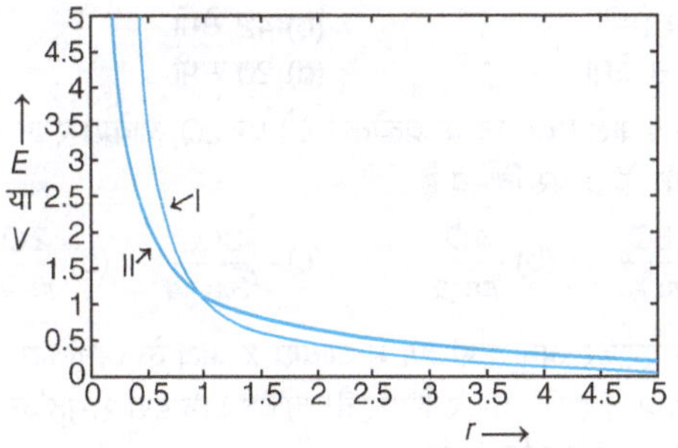

दिए गए वक्रों में से कौन-सा वक्र E तथा r या V के बीच तथा r के बीच सम्बन्ध को दर्शाता है?

(a) I → E तथा r के, बीच II → V तथा r के बीच

(b) I → V तथा r के बीच , II → E तथा r के बीच

(c) दोनों E तथा r के बीच को दर्शाते हैं

(d) दोनों V तथा r के बीच को दर्शाते हैं

वैद्युत द्विध्रुव के कारण विभव

11 किसी वैद्युत द्विध्रुव के वैद्युत विभव में r के साथ परिवर्तन है **NCERT पृष्ठ 50**

(a) $V \propto \dfrac{1}{r^3}$ (b) $V \propto \dfrac{1}{r^2}$

(c) $V \propto \dfrac{1}{r}$ (d) $V \propto r$

12 द्विध्रुव आघूर्ण p वाले द्विध्रुव का निरक्षीय तल में विभव है **NCERT पृष्ठ 50**

(a) अनन्त (b) शून्य

(c) अधिकतम (d) p के बराबर

13 नीचे दी गई आकृति में, O, AB को मिलाने वाली रेखा का केन्द्र है। विपरीत प्रकृति और समान परिमाण के दो आवेश क्रमशः बिन्दु A और B पर रखे गए हैं। NCERT पृष्ठ 51

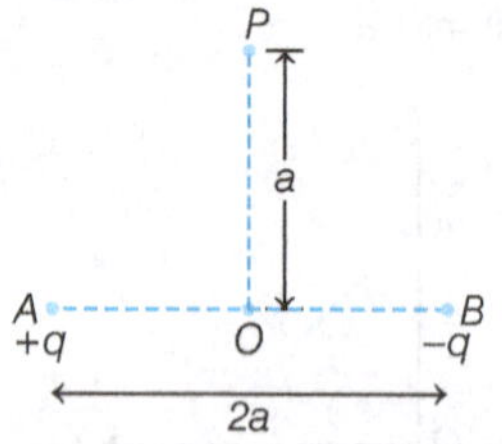

बिन्दु P पर विभव है

(a) $\frac{2kq}{a\sqrt{2}}$ (b) शून्य (c) $\frac{kq}{a\sqrt{2}}$ (d) $\frac{kq}{2a}$

आवेशों के निकाय के कारण विभव

14 दो आवेश 3×10^{-8} कूलॉम तथा -2×10^{-8} कूलॉम एक-दूसरे से 15 सेमी की दूरी पर स्थित हैं। दोनों आवेशों को मिलाने वाली रेखा पर किस बिन्दु पर विद्युत विभव शून्य है? NCERT पृष्ठ 51

(a) 9 सेमी (b) 42 सेमी
(c) 18 सेमी (d) 20 समी

15 भुजा a वाले एक घन के प्रत्येक कोने पर $2Q$ आवेश रखा गया है। घन के केन्द्र पर विभव है NCERT पृष्ठ 51

(a) $\frac{8Q}{\pi\varepsilon_0 a}$ (b) $\frac{4Q}{\pi\varepsilon_0 a}$ (c) $\frac{8Q}{\sqrt{3}\pi\varepsilon_0 a}$ (d) $\frac{2Q}{\pi\varepsilon_0 a}$

16 Q के बराबर अनन्त संख्या में आवेश X-अक्ष के अनुदिश $x = 1, 2, 4, 8$ ..... पर रखे गए हैं। आवेशों के इस समूह के कारण बिन्दु $x = 0$ पर विभव है। NCERT पृष्ठ 51

(a) $\frac{Q}{4\pi\varepsilon_0}$ (b) $\frac{2Q}{4\pi\varepsilon_0}$ (c) $\frac{3Q}{4\pi\varepsilon_0}$ (d) $\frac{Q}{\pi\varepsilon_0}$

17 चार आवेश +3 माइक्रोकूलॉम, −1 माइक्रोकूलॉम, + 5 माइक्रोकूलॉम तथा −7 माइक्रोकूलॉम, 0.5 मीटर त्रिज्या वाले एक वृत्त की परिधि पर व्यवस्थित हैं। केन्द्र पर विभव है NCERT पृष्ठ 51

(a) शून्य (b) 18×10^4 वोल्ट
(c) -18×10^4 वोल्ट (d) 288×10^3 वोल्ट

18 चार बिन्दु आवेश $+q, +q, -q$ तथा $-q$, क्रमशः भुजा a वाले एक वर्ग के कोनों A, B, C तथा D पर रखे गए हैं। वर्ग के केन्द्र O पर विद्युत विभव है NCERT पृष्ठ 51

(a) $\frac{1}{4\pi\varepsilon_0} \cdot \frac{q}{a}$ (b) $\frac{1}{4\pi\varepsilon_0} \cdot \frac{2q}{a}$ (c) $\frac{1}{4\pi\varepsilon_0} \cdot \frac{4q}{a}$ (d) शून्य

19 त्रिज्या R का एक धात्विक गोला V विभव तक आवेशित है। गोले के केन्द्र से दूरी $r (r > R)$ पर विद्युत क्षेत्र का परिमाण है NCERT पृष्ठ 51

(a) $\frac{V}{r}$ (b) $\frac{Vr}{R^2}$ (c) $\frac{VR}{r^2}$ (d) शून्य

20 केन्द्र से दूरी r पर Q आवेश और R त्रिज्या वाले एकसमान रूप से आवेशित पतले गोलीय कोश का स्थिरवैद्युत विभव है NCERT पृष्ठ 52

(a) कोश के बाह्य बिन्दुओं के लिए $\frac{Q}{4\pi\varepsilon_0 r}$ और आन्तरिक बिन्दुओं के लिए $\frac{Q}{4\pi\varepsilon_0 R}$

(b) कोश के आन्तरिक और बाह्य दोनों बिन्दुओं के लिए $\frac{Q}{4\pi\varepsilon_0 r}$

(c) कोश के बाह्य बिन्दुओं के लिए शून्य तथा आन्तरिक बिन्दुओं के लिए $\frac{Q}{4\pi\varepsilon_0 r}$

(d) कोश के आन्तरिक और बाह्य दोनों बिन्दुओं के लिए शून्य

21 10 सेमी त्रिज्या वाला एक खोखला धातु का गोला इस प्रकार आवेशित है कि इसकी सतह पर विभव 80 वोल्ट है। गोले के केन्द्र पर विभव है NCERT पृष्ठ 52

(a) 80 वोल्ट (b) 800 वोल्ट
(c) 8 वोल्ट (d) शून्य

22 तीन संकेन्द्रीय धातु कोश A, B और C जिनकी त्रिज्याएँ क्रमशः a, b और $c (a < b < c)$ हैं, के पृष्ठीय आवेश घनत्व क्रमशः $+\sigma, -\sigma$ और $+\sigma$ हैं। कोश B का विभव है NCERT पृष्ठ 52

(a) $\frac{\sigma}{\varepsilon_0}\left[\frac{a^2 - b^2}{a} + c\right]$ (b) $\frac{\sigma}{\varepsilon_0}\left[\frac{a^2 - b^2}{b} + c\right]$

(c) $\frac{\sigma}{\varepsilon_0}\left[\frac{b^2 - c^2}{b} + a\right]$ (d) $\frac{\sigma}{\varepsilon_0}\left[\frac{b^2 - c^2}{c} + a\right]$

23 एक चालक द्रव की 8 बूँदें हैं। प्रत्येक की त्रिज्या r है और वे आवेशित हैं। अब उन्हें संयोजित करके 1 वोल्ट की एक बड़ी बूँद बनाई जाती हैं छोटी बूँद का विभव ज्ञात कीजिए। NCERT पृष्ठ 52

(a) 0.25 वोल्ट (b) 4 वोल्ट
(c) 2 वोल्ट (d) 8 वोल्ट

24 5 सेमी त्रिज्या वाले एक खोखले धातु का गोला इस प्रकार आवेशित है कि इसकी सतह पर विभव 10 वोल्ट है। गोले के केन्द्र पर विभव है NCERT पृष्ठ 52

(a) 0 वोल्ट
(b) 10 वोल्ट
(c) सतह से 5 सेमी दूर स्थित बिन्दु के समान
(d) सतह से 25 सेमी दूरी स्थित बिन्दु के समान

25 एक आवेश Q त्रिज्या r और $R (R > r)$ वाले दो संकेन्द्रीय खोखले गोलों पर इस प्रकार वितरित है कि पृष्ठ आवेश घनत्व बराबर हैं। उभयनिष्ठ केन्द्र पर विभव ज्ञात कीजिए। NCERT पृष्ठ 52

(a) $\frac{Q}{4\pi\varepsilon_0} \times \frac{r + R)}{(R + r^2)}$ (b) $\frac{Q(R^2 + r)^2}{4\pi\varepsilon_0 (r + R)}$

(c) $\frac{Q(r + R)}{4\pi\varepsilon_0 (R^2 + r^2)}$ (d) इनमें से कोई नहीं

26 Q आवेश वाला एक ठोस चालक गोलीय एक अनावेशित संकेन्द्रीय चालक खोखले गोलाकार कोश से घिरा है। मान लें कि ठोस गोले की सतह और खोखले कोश की बाहरी सतह के बीच विभवान्तर V है। यदि कोश को अब $-3Q$ का आवेश दिया जाता है, तो दो समान सतहों के बीच नया विभवान्तर है **NCERT पृष्ठ 52**

(a) V (b) $2V$
(c) $4V$ (d) $-2V$

समविभव पृष्ठ

27 असत्य कथन चुनें। समविभव पृष्ठ **NCERT पृष्ठ 54**

(a) कम विद्युत क्षेत्र वाले क्षेत्रों की तुलना में बड़े विद्युत क्षेत्र वाले क्षेत्रों के अधिक निकट होते हैं।
(b) चालक के तीक्ष्ण किनारों के पास अधिक घना होगा।
(c) अधिक आवेश घनत्व वाले क्षेत्रों के पास अधिक घना होगा।
(d) सदैव समान दूरी पर होंगे।

28 एकसमान विद्युत क्षेत्र E के लिए, X-अक्ष के अनुदिश, समविभव सतह समतल होती है **NCERT पृष्ठ 54**

(a) Z-अक्ष के लम्बवत्
(b) YZ-तल के समान्तर
(c) YZ-तल के लम्बवत्
(d) Y-अक्ष के लम्बवत्

29 चित्र में तीन समविभव सतहें दर्शाई गई हैं **NCERT पृष्ठ 55**

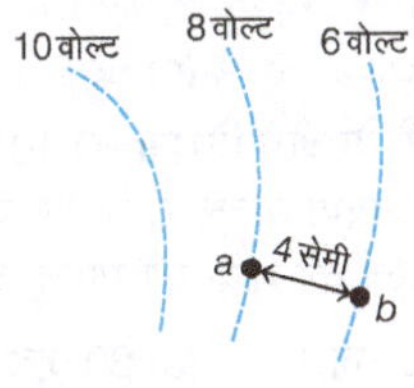

निम्नलिखित में से कौन-सा विकल्प सम्बन्धित क्षेत्र रेखाओं का सही प्रतिनिधित्व करता है?

(a) 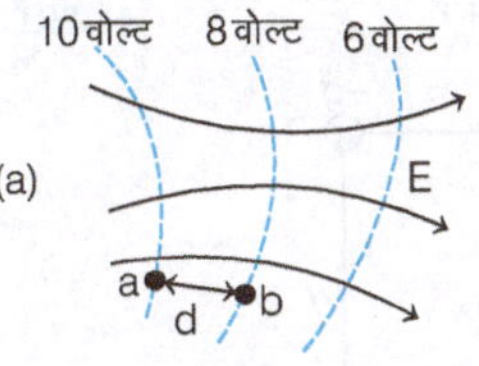

(b) 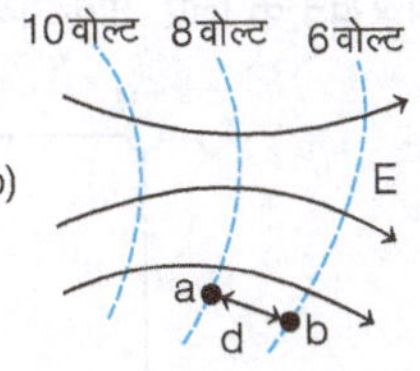

(c) 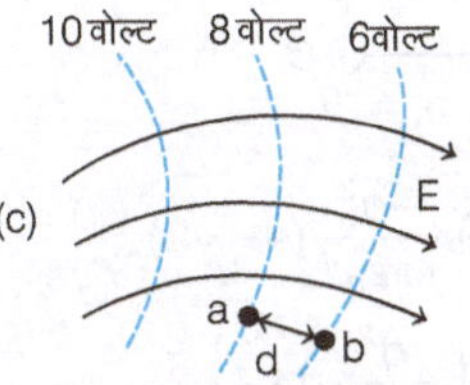

(d) इनमें से कोई नहीं

30 नीचे दिया गया चित्र विभिन्न समविभव सतहों को दर्शाता है। **NCERT पृष्ठ 55**

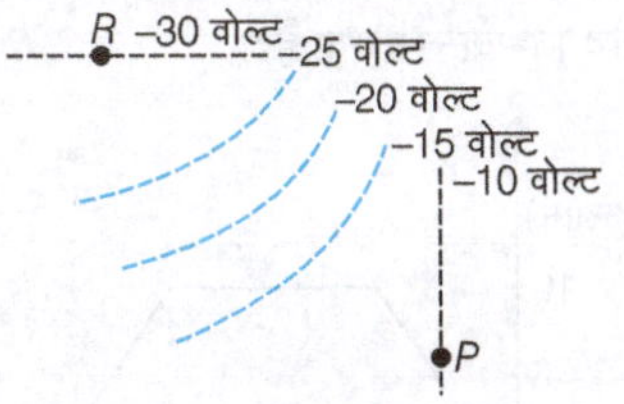

P और R पर विद्युत क्षेत्र E की दिशा क्या है?

(a) P पर, E बाईं ओर है तथा R पर E ऊपर की ओर है
(b) P पर, E दाईं ओर है और R पर E नीचे की ओर है
(c) P पर, E नीचे की ओर है और R पर E बाईं ओर है
(d) P पर E ऊपर की ओर है तथा R पर E दाईं ओर है

31 एक बिन्दु आवेश से एक निश्चित दूरी पर वैद्युत विभव 600 वोल्ट है तथा विद्युत क्षेत्र 200 न्यूटन / कूलॉम है। बिन्दु आवेश की दूरी (मीटर में) है **NCERT पृष्ठ 55**

(a) 2 (b) 3
(c) 1 (d) 0

32 अन्तरिक्ष में 100 वोल्ट/मीटर परिमाण का एकसमान विद्युत क्षेत्र रेखा $y = 3 + x$ के समान्तर निर्देशित है। बिन्दु $A(3, 1)$ और $B(1, 3)$ के बीच विभवान्तर ज्ञात कीजिए। **NCERT पृष्ठ 55**

(a) 100 वोल्ट (b) $20\sqrt{2}$ वोल्ट
(c) 200 वोल्ट (d) शून्य

33 वैद्युत विभव V, दूरी x (मीटर) के फलन के रूप में $V = (5x^2 - 10x - 9)$ वोल्ट द्वारा दिया गया है। $x = 1$ मीटर पर विद्युत क्षेत्र का मान है **NCERT पृष्ठ 55**

(a) 20 वोल्ट/मीटर (b) 6 वोल्ट/ मीटर
(c) 11 वोल्ट/ मीटर (d) शून्य

34 चित्र में समविभव सतहों का एक समूह दर्शाया गया है। इस क्षेत्र में विद्यमान विद्युत क्षेत्र का परिमाण और दिशा है **NCERT पृष्ठ 55**

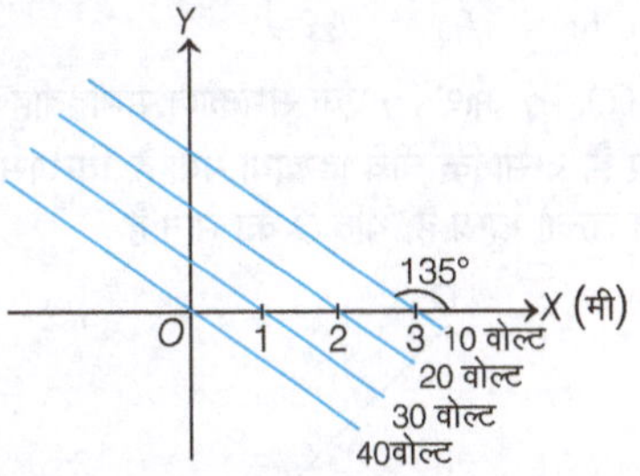

(a) $10\sqrt{2}$ वोल्ट/मीटर, X-अक्ष के साथ 45° पर
(b) $10\sqrt{2}$ वोल्ट/मीटर, X-अक्ष के साथ $-45°$ पर
(c) $5\sqrt{2}$ वोल्ट/मीटर, X-अक्ष के साथ 45° पर
(d) $5\sqrt{2}$ वोल्ट/मीटर, X-अक्ष के साथ $-45°$ पर

35 विद्युत विभव चित्र विद्युत क्षेत्र की तीव्रता E तथा दूरी x के बीच परिवर्तन दर्शाता है। O से $x = 2$ मीटर तथा $x = 6$ मीटर पर स्थित बिन्दुओं के बीच विभवान्तर क्या है? **NCERT पृष्ठ 55**

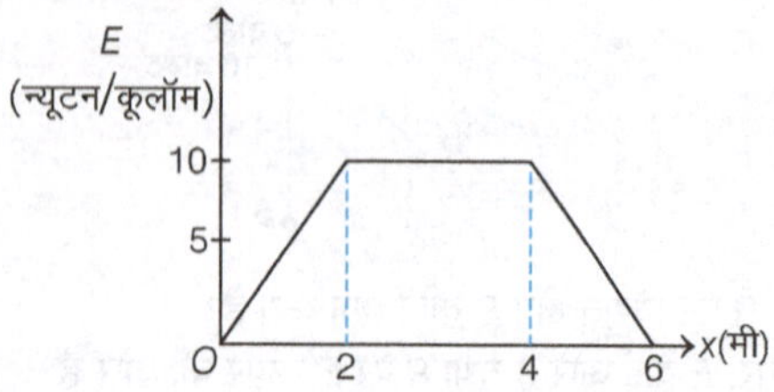

(a) 30 वोल्ट (b) 60 वोल्ट
(c) 40 वोल्ट (d) 80 वोल्ट

आवेशों के बीच एक निकाय की स्थितिज ऊर्जा

36 क्रमशः r_1, r_2 और r_3 पर स्थित तीन आवेशों q_1, q_2 और q_3 के निकाय की कुल स्थितिज ऊर्जा हैं **NCERT पृष्ठ 56**

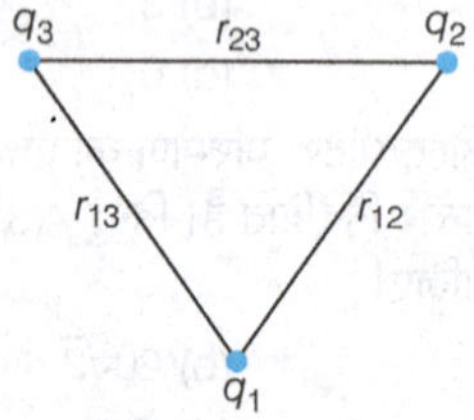

(a) $\frac{1}{4\pi\varepsilon_0}\left(\frac{q_1q_2}{r_{12}} + \frac{q_1q_3}{r_{13}} + \frac{q_2q_3}{r_{23}}\right)$

(b) $\frac{1}{4\pi\varepsilon_0}\left(\frac{q_1q_2}{r_{12}} - \frac{q_1q_3}{r_{13}} + \frac{q_2q_3}{r_{23}}\right)$

(c) $\frac{1}{4\pi\varepsilon_0}\left(\frac{q_1q_2}{r_{12}} + \frac{q_1q_3}{r_{13}} - \frac{q_2q_3}{r_{23}}\right)$

(d) $\frac{1}{4\pi\varepsilon_0}\left(\frac{q_1q_2}{r_{12}} - \frac{q_1q_3}{r_{13}} - \frac{q_2q_3}{r_{23}}\right)$

37 तीन आवेश Q, $+q$ और $+q$ एक समकोण समद्विबाहु त्रिभुज के शीर्षों पर रखे गए हैं, जैसा कि नीचे दिखाया गया है, विन्यास की कुल स्थिर वैद्युत ऊर्जा शून्य है, यदि Q का मान है **NCERT पृष्ठ 56**

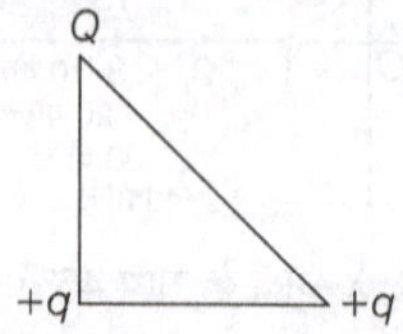

(a) $-2q$ (b) $\frac{-q}{1+\sqrt{2}}$

(c) $+q$ (d) $\frac{-\sqrt{2}q}{\sqrt{2}+1}$

38 समान परिमाण q के दो आवेशों को वायु में $2a$ दूरी पर रखा गया है तथा तीसरा आवेश $-2q$ मध्य बिन्दु पर रखा गया है। निकाय की स्थितिज ऊर्जा है **NCERT पृष्ठ 56**

(a) $-\frac{q^2}{8\pi\varepsilon_0 a}$ (b) $-\frac{3q^2}{8\pi\varepsilon_0 a}$ (c) $-\frac{5q^2}{8\pi\varepsilon_0 a}$ (d) $-\frac{7q^2}{8\pi\varepsilon_0 a}$

39 तीन बिन्दु आवेश $+q$ $-2q$ तथा $-2q$ भुजा a वाले एक समबाहु त्रिभुज के शीर्षों पर रखे गए हैं। उनकी दूरी को $2a$ तक बढ़ाने के लिए किसी बाह्य बल द्वारा किया गया कार्य होगा **NCERT पृष्ठ 56**

(a) $\frac{1}{4\pi\varepsilon_0}\frac{2q^2}{a}$ (b) $\frac{1}{4\pi\varepsilon_0}\frac{q^2}{2a}$ (c) $\frac{1}{4\pi\varepsilon_0}\frac{\delta q}{a^2}$ (d) शून्य

40 दो आवेश q_1 और q_2 को 30 सेमी की दूरी पर रखा गया है, जैसा कि चित्र में दिखाया गया है। एक तीसरा आवेश q_3, 40 सेमी त्रिज्या वाले वृत्त के चाप के अनुदिश C से D तक ले जाया जाता है। निकाय की स्थितिज ऊर्जा में परिवर्तन $\frac{q_3}{4\pi\varepsilon_0}K$ है, जहाँ K है **NCERT पृष्ठ 56**

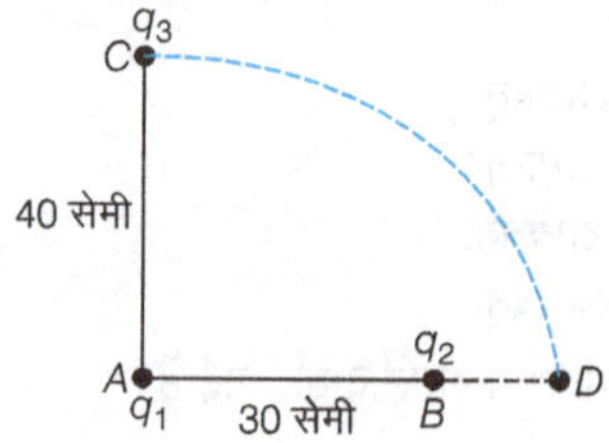

(a) $8q_2$ (b) $8q_1$ (c) $6q_2$ (d) $6q_1$

41 एक बादल और पृथ्वी के बीच विभवान्तर 10^7 वोल्ट है। जब विद्युत के कारण 100 कूलॉम आवेश बादल से जमीन पर स्थानान्तरित होता है, तो क्षय होने वाली ऊर्जा की मात्रा की गणना करें। **NCERT पृष्ठ 56**

(a) शून्य (b) 10^9 जूल (c) 60 जूल (d) 10^7 जूल

42 चार आवेशों को d भुजा वाले एक वर्ग $ABCD$ के कोनों पर व्यवस्थित किया गया है, जैसा कि चित्र में दिखाया गया है। इस व्यवस्था को एक साथ रखने के लिए आवश्यक कार्य है **NCERT पृष्ठ 57**

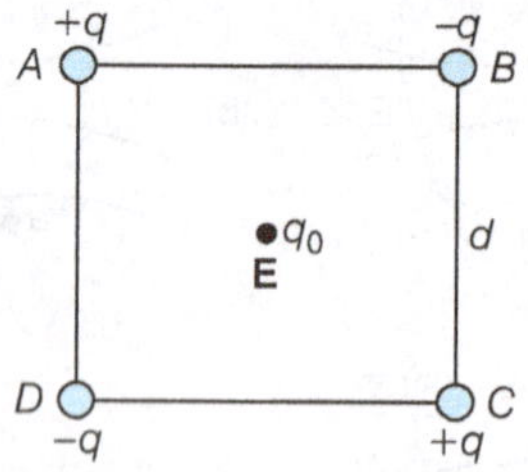

(a) $\frac{-q^2}{4\pi\varepsilon_0 d}(4-\sqrt{2})$ (b) $\frac{-q^3}{4\pi\varepsilon_0 d}(4-\sqrt{2})$

(c) $\frac{-q^4}{4\pi\varepsilon_0 d}(4-\sqrt{2})$ (d) $\frac{q^2}{4\pi\varepsilon_0 d}(4-\sqrt{2})$

बाह्य क्षेत्र में स्थितिज ऊर्जा

43 चित्र में, प्रोटॉन एकसमान वैद्युत क्षेत्र E में d दूरी तय करता है, जैसा कि चित्र में दिखाया गया है। क्या विद्युत क्षेत्र, प्रोटॉन पर धनात्मक या ऋणात्मक कार्य करता है? क्या प्रोटॉन की विद्युत स्थितिज ऊर्जा बढ़ती है या घटती है? **NCERT पृष्ठ 58**

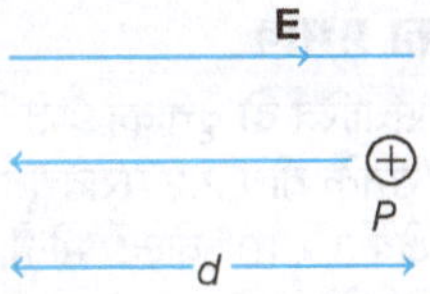

(a) ऋणात्मक, वृद्धि
(b) धनात्मक, कमी
(c) ऋणात्मक, कमी
(d) धनात्मक, वृद्धि

44 मान लीजिए नीचे दिखाए अनुसार दो आवेशों के एक निकाय को बाह्य वैद्युत क्षेत्र में रखा गया है $E = A(1/r)^2$, जहाँ $A = 9 \times 10^5$ कूलॉम /मीटर^2 विन्यास की वैद्युत स्थैतिज ऊर्जा क्या होगी? **NCERT पृष्ठ 59**

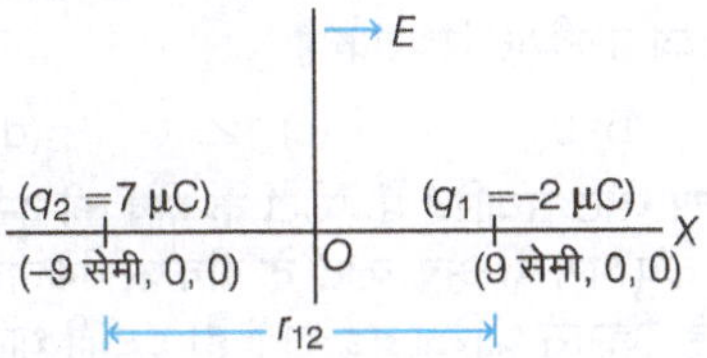

(a) 49 जूल
(b) 49.3 जूल
(c) –49.3 जूल
(d) 45 जूल

45 एक धनात्मक आवेश को निम्न विभव बिन्दु A से उच्च विभव बिन्दु B तक ले जाया जाता है, तब वैद्युत स्थितिज ऊर्जा **NCERT पृष्ठ 59**

(a) बढ़ती है
(b) घट जाती है
(c) वही रहेगी
(d) कुछ भी निश्चित भविष्यवाणी नहीं की जा सकती

46 1000 वोल्ट/ मीटर का वैद्युत क्षेत्र 45° के कोण पर एक विद्युत द्विध्रुव पर लगाया जाता है। वैद्युत द्विध्रुव आघूर्ण का मान 10^{-29} कूलॉम-मीटर है। वैद्युत द्विध्रुव की स्थितिज ऊर्जा क्या है? **NCERT पृष्ठ 60**

(a) -9×10^{-20} जूल
(b) -10×10^{-29} जूल
(c) -20×10^{-18} जूल
(d) -7×10^{-27} जूल

47 3.5 माइक्रोकूलॉम के धनात्मक और ऋणात्मक आवेशों से बना तथा 4.2 सेमी की दूरी पर स्थित एक वैद्युत द्विध्रुव को 5.87×10^5 न्यूटन/ कूलॉम के वैद्युत क्षेत्र में रखा गया है। द्विध्रुव पर क्षेत्र द्वारा लगाया जाने वाला अधिकतम बल आघूर्ण क्या होगा? द्विध्रुव को 0° से 180° तक घुमाने के लिए किया जाने वाला कार्य भी ज्ञात करें। **NCERT पृष्ठ 60**

(a) 86.289×10^{-3} न्यूटन/ मीटर, 1.72×10 जूल
(b) 7.526×10^{-3} , न्यूटन/ मीटर, 1.72×10 जूल
(c) 86.289×10^{-3} न्यूटन/ मीटर, 3.72×10 जूल
(d) 5.526×10^{-3} न्यूटन/ मीटर, 1.72×10 जूल

48 किसी पदार्थ के अणु में 10^{-29} कूलॉम-मीटर परिमाण का स्थायी विद्युत आघूर्ण है। इस पदार्थ के एक मोल को 10^6 वोल्ट/मीटर परिमाण का एक प्रबल स्थिरवैद्युत क्षेत्र लगाकर (कम तापमान पर) ध्रुवीकृत किया जाता है। क्षेत्र की दिशा अचानक 60° के कोण से 0° तक बदल जाती है। क्षेत्र की नई दिशा के साथ इसके द्विध्रुवों को संरेखित करने में पदार्थ से निकलने वाली ऊष्मा का अनुमान लगाएँ। **NCERT पृष्ठ 60**

(a) –3 जूल
(b) 3 जूल
(c) –6 जूल
(d) 6 जूल

चालकों की स्थिरवैद्युतिकी

49 यदि किसी चालक को अधिक आवेश दिया जाए, तो वह **NCERT पृष्ठ 62**

(a) इसकी सतह पर रहता है
(b) इसके केन्द्र की ओर गति करता है
(c) इसकी सतह से पलायन कर जाता है
(d) इसके अन्दर समान रूप से वितरित होता है

50 नीचे चित्र में दिखाए अनुसार एक चालक में एक गुहिका पर विचार करें, गुहिका में विद्युत क्षेत्र और आवेश घनत्व हैं **NCERT पृष्ठ 62**

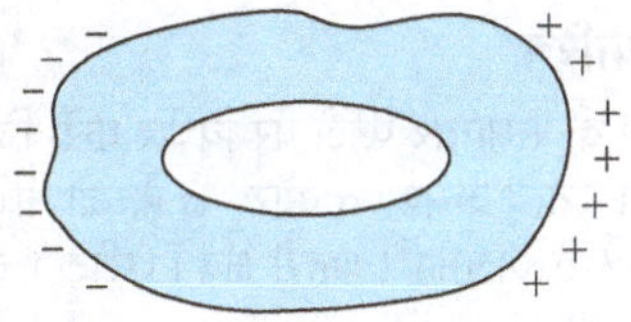

(a) $E > 0, \sigma > 0$
(b) $E < 0, \sigma < 0$
(c) $E = 0, \sigma = 0$
(d) $E > 0, \sigma < 0$

51 चालकों की स्थिरवैद्युतिकी के सम्बन्ध में निम्नलिखित कथनों को पढ़ें। निम्नलिखित में से कौन-सा सही है? **NCERT पृष्ठ 62**

(a) चालक के अन्दर, स्थिरवैद्युत क्षेत्र शून्य होता है।
(b) आवेशित चालक की सतह पर, प्रत्येक बिन्दु पर विद्युत क्षेत्र सतह के समानान्तर होना चाहिए।
(c) स्थिरवैद्युत विभव चालक के सम्पूर्ण आयतन में निरन्तर परिवर्तित होता रहता है।
(d) आवेशित चालक की सतह पर विद्युत क्षेत्र शून्य होता है।

परावैद्युत और ध्रुवण

52 यदि परावैद्युत स्थिरांक और परावैद्युत सामर्थ्य को क्रमशः K और X द्वारा दर्शाया जाए, तो संधारित्र में परावैद्युत के रूप में उपयोग करने के लिए उपयुक्त पदार्थ में होना चाहिए। **NCERT पृष्ठ 65**

(a) उच्च K और उच्च X
(b) उच्च K और निम्न X
(c) निम्न K और उच्च X
(d) निम्न K और निम्न X

53 जब किसी परावैद्युत को विद्युत क्षेत्र में रखा जाता है, तो परावैद्युत के अन्दर विद्युत क्षेत्र **NCERT पृष्ठ 65**

(a) बढ़ता है
(b) घटता है
(c) स्थिर रहता है
(d) शून्य हो जाता है

54 0°C और 1 वायुमण्डलीय दाब पर हीलियम का परावैद्युत स्थिरांक 1.00074 है। प्रत्येक हीलियम परमाणु में प्रेरित द्विध्रुव आघूर्ण ज्ञात कीजिए, जब गैस 10 वोल्ट/ मीटर तीव्रता के विद्युत क्षेत्र में है। NCERT पृष्ठ 66

(a) 2.4×10^{40} कूलॉम/ मीटर (b) 2.4×10^{-39} कूलॉम/ मीटर
(c) 2.6×10^{-39} कूलॉम/ मीटर (d) 1.5×10^{40} कूलॉम/ मीटर

संधारित्र एवं धारिता

55 दो संधारित्र C_1 तथा C_2 को क्रमशः 120 वोल्ट तथा 200 वोल्ट तक आवेशित किया जाता है। उन्हें एक साथ जोड़ने पर यह पाया जाता है कि उनमें से प्रत्येक पर विभव शून्य किया जा सकता है, तब NCERT पृष्ठ 67

(a) $5C_1=3C_2$ (b) $3C_1=5C_2$
(c) $3C_1+5C_2=0$ (d) $9C_1=4C_2$

56 धारिता C वाले एक संधारित्र को V विभव वाली बैटरी से आवेशित करके असंयोजित कर दिया जाता है। अब ऋणात्मक प्लेट को $+Q$ आवेश दिया जाता है, तो प्लेटों के बीच विभवान्तर है NCERT पृष्ठ 67

(a) V (b) $V-\frac{Q}{C}$ (c) $V-\frac{Q}{2C}$ (d) $V-\frac{2Q}{C}$

समान्तर प्लेट संधारित्र

57 क्षेत्रफल A की दो समान्तर प्लेटों पर विचार करें, जिनमें से प्रत्येक का पृष्ठीय आवेश घनत्व क्रमशः σ और $-\sigma$ है, जो नीचे चित्र में दर्शाए अनुसार दूरी d से अलग हैं। बाहरी क्षेत्र। (प्लेट 1 का ऊपरी क्षेत्र) में विद्युत क्षेत्र है NCERT पृष्ठ 68

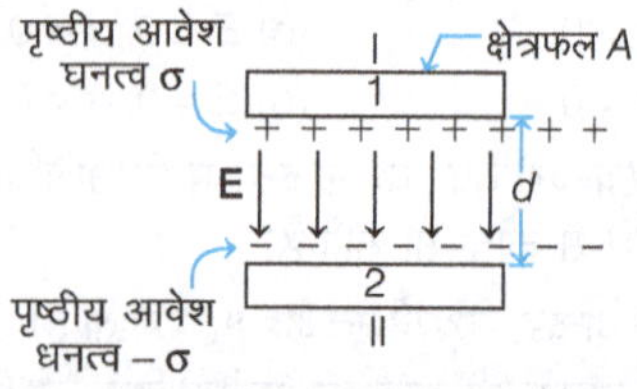

(a) $\frac{\sigma}{2\varepsilon_0}$ (b) $-\frac{\sigma}{2\varepsilon_0}$ (c) शून्य (d) $\frac{2\sigma}{4\varepsilon_0}$

58 एक समान्तर प्लेट संधारित्र जिसकी प्रत्येक प्लेट का क्षेत्रफल 1 मी^{2} है, एक-दूसरे से 0.1 मी की दूरी पर हैं। यदि प्लेटों के बीच विद्युत क्षेत्र 100 न्यूटन/ कूलॉम है, तो प्रत्येक प्लेट पर आवेश का परिमाण है $\left(\varepsilon_0=8.85\times10^{-12}\ \frac{\text{कूलॉम}^2}{\text{न्यूटन-मीटर}^2}\text{ ले}\right)$ NCERT पृष्ठ 68

(a) 9.85×10^{-10} कूलॉम (b) 8.85×10^{-10} कूलॉम
(c) 7.85×10^{-10} कूलॉम (d) 6.85×10^{-10} कूलॉम

59 एक समान्तर प्लेट संधारित्र को आवेशित किया जाता है और फिर आवेशन को असंयोजित कर दिया जाता है। यदि प्लेटों को अब अचालक हैण्डिल से अलग किया जाता है, तब NCERT पृष्ठ 69

(a) धारिता बढ़ जाती है
(b) स्थितिज ऊर्जा घटती है
(c) विभवान्तर बढ़ता है
(d) आवेश और विभवांतर दोनों समान रहते हैं

60 एक समान्तर प्लेट संधारित्र की धारिता 1 माइक्रोफैरड है। इसकी दो प्लेटों में से एक पर +2 माइक्रोकूलॉम आवेश तथा दूसरी प्लेट पर +4 माइक्रोकूलॉम आवेश दिया गया है। संधारित्र के सिरों पर उत्पन्न विभवान्तर है NCERT पृष्ठ 69

(a) 1 वोल्ट (b) 5 वोल्ट (c) 2 वोल्ट (d) 3 वोल्ट

धारिता पर परावैद्युत का प्रभाव

61 एक समान्तर प्लेट संधारित्र दो वृत्ताकार प्लेटों से बना है, जो 5 मिमी की दूरी पर हैं तथा उनके बीच 2.2 परावैद्युतांक का परावैद्युत है। जब परावैद्युत में विद्युत क्षेत्र 3×10^4 वोल्ट/मी है, तो धनात्मक प्लेट का आवेश घनत्व लगभग होगा NCERT पृष्ठ 69

(a) 6×10^{-7} कूलॉम/मी^{2} (b) 3×10^{-7} कूलॉम/ मी^{2}
(c) 3×10^{4} कूलॉम/मी^{2} (d) 6×10^{4} कूलॉम/ मी^{2}

62 एक समान्तर प्लेट वायु संधारित्र की धारिता 18 माइक्रोफैरड है। यदि प्लेटों के बीच की दूरी तीन गुनी कर दी जाए और उनके बीच एक परावैद्युत माध्यम भर दिया जाए, तो धारिता 72 माइक्रोफैरड हो जाती है। माध्यम का परावैद्युत स्थिरांक है NCERT पृष्ठ 69

(a) 4 (b) 9 (c) 12 (d) 2

63 एक समान्तर प्लेट संधारित्र में, प्लेटों के बीच की दूरी 3 मिमी है तथा उनके बीच वायु भरी है। अब, प्लेटों के बीच परावैद्युतांक 2 का परावैद्युत भरा जाता है, जिससे धारिता बढ़ जाती है। इसकी धारिता को मूल मान पर लाने के लिए, प्लेटों के बीच की दूरी होनी चाहिए NCERT पृष्ठ 69

(a) 1.5 मिमी (b) 2.5 मिमी (c) 4 मिमी (d) 6 मिमी

64 प्लेटों के बीच वायु के साथ एक समान्तर प्लेट संधारित्र की धारिता 3 माइक्रोफैरड है। प्लेटों के बीच एक परावैद्युत माध्यम के प्रवेश के साथ, धारिता 15 माइक्रोफैरड हो जाती है। माध्यम की वैद्युतशीलता है NCERT पृष्ठ 69

(a) 5 कूलॉम^2 न्यूटन$^{-1}$मी$^{-2}$
(b) 15 कूलॉम^2 न्यूटन$^{-1}$मी$^{-2}$
(c) 0.44×10^{-10} कूलॉम^2 न्यूटन$^{-1}$ मी$^{-2}$
(d) 8.845×10^{-11} कूलॉम^2 न्यूटन$^{-1}$मी$^{-2}$

65 15 नैनोफैरड धारिता वाले एक संधारित्र की प्लेटों के बीच एक परावैद्युत पट्टी रखी है जिसके लिए $\varepsilon_r=2.5$, परावैद्युत प्रबलता $d=30$ मेगा वोल्ट/मीटर तथा विभवान्तर = 30 वोल्ट है। प्लेट का क्षेत्रफल ज्ञात कीजिए। NCERT पृष्ठ 70

(a) 6.7×10^{-4} मी^{2} (b) 42×10^{-4} मी^{2}
(c) 8.0×10^{-4} मी^{2} (d) 9.85×10^{-4} मी^{2}

66 परावैद्युतांक K वाले धातु की एक पट्टी का क्षेत्रफल एक समान्तर प्लेट संधारित्र की प्लेटों के समान है, परन्तु इसकी मोटाई $(3/4)d$ है, जहाँ d प्लेटों के बीच की दूरी है। जब पट्टी को प्लेटों के बीच डाला जाता है, तो धारिता में क्या परिवर्तन होता है? NCERT पृष्ठ 70
(दिया गया है कि, C_0 उस संधारित्र की धारिता है जिसके प्लेटों के बीच माध्यम वायु है)

(a) $\frac{4KC_0}{K+3}$ (b) $\frac{K+3C_0}{4K}$ (c) $\frac{K-3C_0}{4K}$ (d) $\frac{4KC_0}{K-3}$

67 प्लेटों के बीच वायु के साथ एक समान्तर प्लेट संधारित्र को 500 वोल्ट के विभव तक आवेशित किया जाता है और फिर इन्सुलेट किया जाता है। प्लेटों के बीच एक प्लास्टिक प्लेट डाली जाती है जो पूरे अन्तराल को भर देती है। अब प्लेटों के बीच विभवातर 75 वोल्ट हो जाता है। प्लास्टिक प्लेट का परावैद्युत स्थिरांक है **NCERT पृष्ठ 70**

(a) $\frac{10}{3}$ (b) 5 (c) $\frac{20}{3}$ (d) 12

संधारित्रों का संयोजन

68 वायु से भरे दो समान्तर प्लेट संधारित्रों, जिनकी धारिता C तथा nC है, का समान्तर संयोजन, वोल्टेज V की बैटरी से जोड़ा गया है। जब संधारित्र पूर्णतः आवेशित हो जाते हैं, तो बैटरी निकाल ली जाती है तथा उसके पश्चात् प्रथम संधारित्र की दो प्लेटों के बीच K परावैद्युत स्थिरांक का परावैद्युत पदार्थ रख दिया जाता है। संयुक्त निकाय का नया विभवान्तर है **NCERT पृष्ठ 71**

(a) $\frac{(n+1)V}{(K+n)}$ (b) $\frac{nV}{K+n}$

(c) V (d) $\frac{V}{K+n}$

69 एक समानन्तर प्लेट संधारित्र की प्लेटों के बीच का स्थान $\frac{d}{2}$ मोटाई की दो पट्टियों से भरा जाता है। प्रत्येक में परावैद्युत स्थिरांक K_1 और K_2 हैं तथा d संधारित्र की प्लेटों के बीच की दूरी है। संधारित्र की धारिता है **NCERT पृष्ठ 71**

(a) $\frac{2\varepsilon_0 d}{A}\left(\frac{K_1+K_2}{K_1K_2}\right)$ (b) $\frac{2\varepsilon_0 A}{d}\left(\frac{K_1K_2}{K_1+K_2}\right)$

(c) $\frac{2\varepsilon_0 A}{A}(K_1+K_2)$ (d) $\frac{2\varepsilon_0 A}{d}\left(\frac{K_1+K_2}{K_1K_2}\right)$

70 एक समान्तर प्लेट संधारित्र जिसका अनुप्रस्थ-काट क्षेत्रफल A तथा बीच की दूरी d है, की प्लेटों के बीच में वायु भरी है। अब समान क्षेत्रफल परन्तु मोटाई t की एक पतली चालक पट्टिका को प्लेटों के बीच में डाला जाता है, जैसाकि चित्र में दिखाया गया है। संधारित्र की नई धारिता होगी **NCERT पृष्ठ 71**

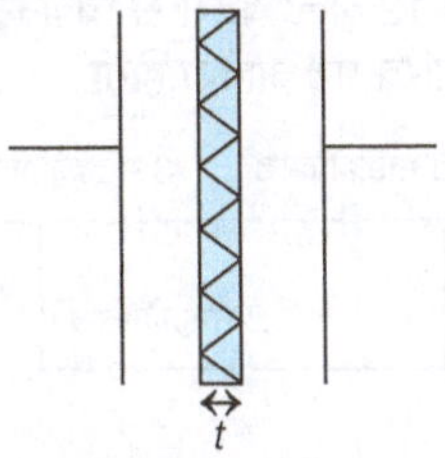

(a) $\frac{A\varepsilon_0}{d}$ (b) $\frac{A\varepsilon_0}{d-t}$

(c) $\frac{A\varepsilon_0}{t}$ (d) शून्य

71 नीचे चित्र में दर्शाए अनुसार समान्तर प्लेट संधारित्र की धारिता ज्ञात कीजिए। **NCERT पृष्ठ 71**

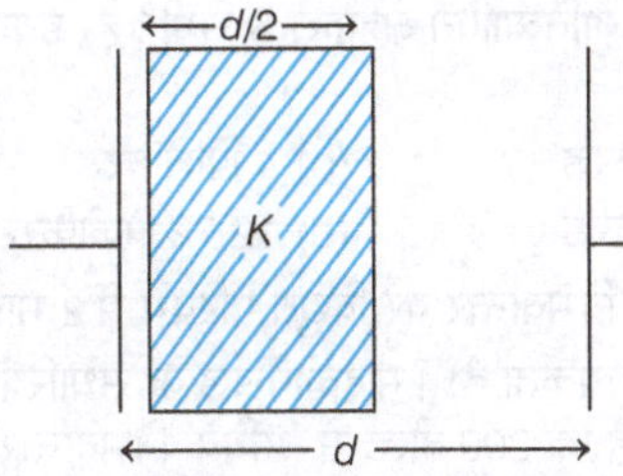

(a) $\frac{2KA\varepsilon_0}{(K+1)}$ (b) $\frac{2KA\varepsilon_0}{d}$ (c) $\frac{(K+1)A\varepsilon_0}{2d}$ (d) $\frac{2KA\varepsilon_0}{(K^2+1)d}$

72 एक समान्तर प्लेट संधारित्र की दो प्लेटें दी गई हैं जिन पर Q_1 और Q_2 आवेश हैं। संधारित्र की धारिता C है। जब स्विच बंद हो, तो असत्य कथन को चिन्हित कीजिए। मान लें कि Q_1, Q_2 दोनों धनात्मक हैं। **NCERT पृष्ठ 72**

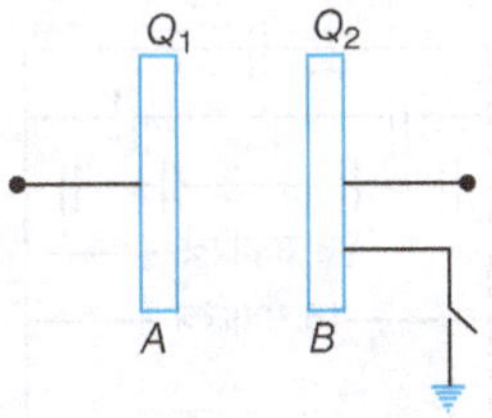

(a) स्विच के माध्यम से प्रवाहित आवेश शून्य है।

(b) स्विच के माध्यम से प्रवाहित आवेश $Q_1 + Q_2$ है।

(c) संधारित्र प्लेटों के बीच विभवान्तर $\frac{Q_1}{C}$ है।

(d) संधारित्र का आवेश Q_1 है।

73 एक समानान्तर प्लेट संधारित्र को आवेशित किया जाता है और फिर आदेशित बैटरी को असंयोजित कर दिया जाता है। यदि संधारित्र की प्लेटों को अचालक हैण्डिल के माध्यम से और दूर ले जाया जाता है, तो निम्नलिखित में से कौन-सा कथन सही है? **NCERT पृष्ठ 72**

(a) संधारित्र पर आवेश बढ़ता है।

(b) प्लेटों के सिरों पर वोल्टता बढ़ जाती है।

(c) धारिता बढ़ जाती है।

(d) संधारित्र में संग्रहित वैद्युत ऊर्जा कम हो जाती है।

74 C_0 धारिता वाले एक समान्तर प्लेट वायु संधारित्र को विद्युत वाहक बल V के एक सेल से जोड़ा जाता है और फिर उससे अलग कर दिया जाता है। अब इसमें K परावैद्युत स्थिरांक की एक परावैद्युत पट्टिका डाली जाती है, जो संधारित्र के वायु अन्तराल को भर सकती है। निम्नलिखित में से कौन-सा कथन असत्य है? **NCERT पृष्ठ 72**

(a) प्लेटों के बीच विभवान्तर K गुना कम हो जाता है।

(b) संधारित्र में संग्रहित ऊर्जा K गुना कम हो जाती है।

(c) ऊर्जा में परिवर्तन $\frac{1}{2}C_0V^2(K-1)$ है।

(d) ऊर्जा में परिवर्तन $\frac{1}{2}C_0V^2\left(\frac{1}{K}-1\right)$ है।

75 नौ प्लेटों को एक-दूसरे से जोड़कर एक ग्रम्फित संधारित्र (गैंग कैपेसिटर) बनाया गया है। क्रमागत प्लेटों के बीच की दूरी 0.885 सेमी है तथा प्लेट का अतिव्यापित क्षेत्रफल 5 सेमी^{2} है। इकाई की धारिता है **NCERT पृष्ठ 72**

(a) 1.06 पिकोफैरड (b) 4 पिकोफैरड
(c) 6.36 पिकोफैरड (d) 12.72 पिकोफैरड

76 1 किलोवोल्ट के विभवान्तर पर विद्युत परिपथ में 2 माइक्रोफैरड की धारिता की आवश्यकता है। 1 माइक्रोफैरड के संधारित्रों की एक बड़ी संख्या उपलब्ध है जो 300 वोल्ट से अधिक विभवान्तर को सहन नहीं कर सकती हैं। इसे प्राप्त करने के लिए आवश्यक संधारित्रों की न्यूनतम संख्या क्या है? **NCERT पृष्ठ 72**

(a) 16 (b) 24 (c) 32 (d) 2

77 1 माइक्रोफैरड धारिता वाले अनन्त संख्या में समान संधारित्रों को चित्र में दर्शाए अनुसार जोड़ा गया है। तब A और B के बीच तुल्य धारिता होगी **NCERT पृष्ठ 72**

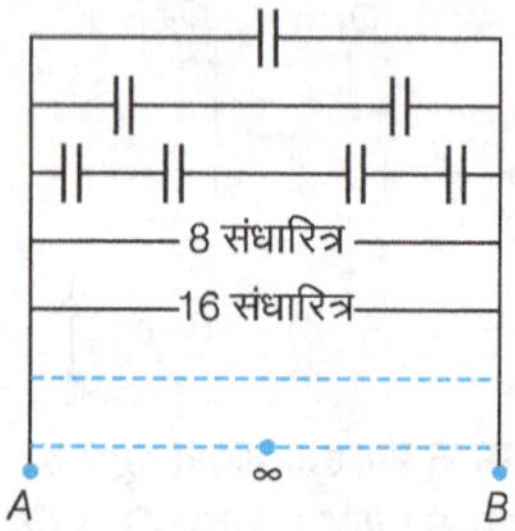

(a) 1 माइक्रोफैरड (b) 2 माइक्रोफैरड
(c) $\frac{1}{2}$ माइक्रोफैरड (d) ∞

78 दिखाए गए परिपथ में, यदि पूरे परिपथ की प्रभावी धारिता 0.5 माइक्रोफैरड होनी है, तो C का मान ज्ञात करें। परिपथ में सभी मान माइक्रोफैरड में हैं। **NCERT पृष्ठ 72**

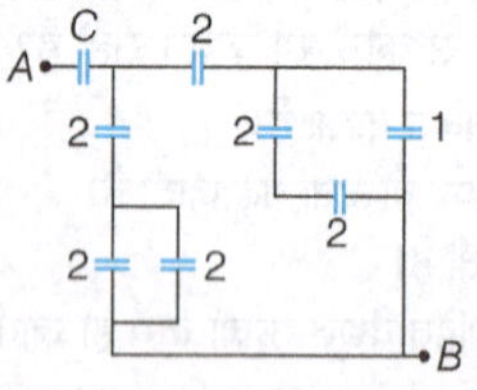

(a) $\frac{6}{5}$ माइक्रोफैरड (b) 4 माइक्रोफैरड
(c) $\frac{7}{10}$ माइक्रोफैरड (d) $\frac{7}{11}$ माइक्रोफैरड

79 कई संधारित्र, जिनमें से प्रत्येक की धारिता 1 माइक्रोफैरड है और यदि 500 वोल्ट से अधिक का संभावित अंतर प्रदान किया जाता है , तो उनमें से प्रत्येक छिद्रित हो जाता है। 2 माइक्रोफैरड की धारिता देने के लिए उपयुक्त व्यवस्था जिस पर 3000 वोल्ट लगाया जा सके के लिए कम-से-कम कितने संधारित्रों की आवश्यकता होगी? **NCERT पृष्ठ 72**

(a) 6 घटक संधारित्र (b) 12 घटक संधारित्र
(c) 72 घटक संधारित्र (d) 2 घटक संधारित्र

80 चित्र में दिखाए गए परिपथ में, 4.5 माइक्रोफैरड संधारित्र के सिरो पर विभवान्तर है **NCERT पृष्ठ 72**

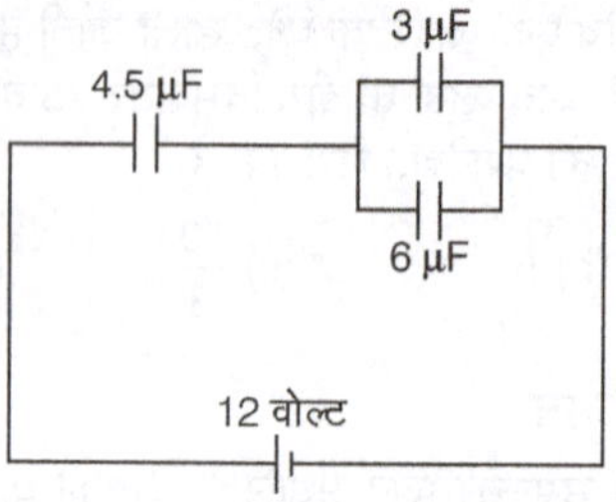

(a) $\frac{8}{3}$ वोल्ट (b) 4 वोल्ट
(c) 6 वोल्ट (d) 8 वोल्ट

81 निम्नलिखित परिपथ के टर्मिनल A और B के बीच तुल्य धारिता है (सभी संधारित्र समान हैं तथा उनकी धारिता 4 माइक्रोफैरड है) **NCERT पृष्ठ 72**

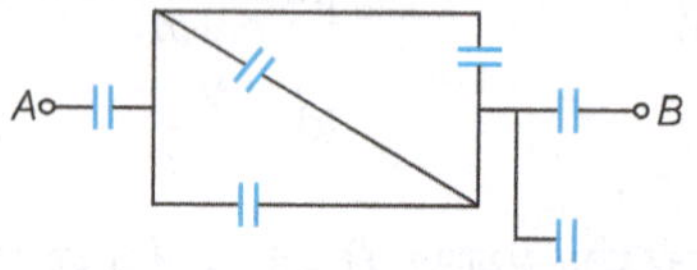

(a) 12 माइक्रोफैरड (b) $\frac{12}{7}$ माइक्रोफैरड
(c) $\frac{28}{3}$ माइक्रोफैरड (d) 27 माइक्रोफैरड

82 दो समान संधारित्रों को समान्तर क्रम में जोड़कर V विभव तक आवेशित किया गया है। अब इन्हें अलग करके श्रेणीक्रम में जोड़ दिया गया है अर्थात् एक धनात्मक प्लेट को दूसरे की ऋणात्मक प्लेट से जोड़ दिया गया है, जबकि खुली प्लेटों को खुला रखा गया है **NCERT पृष्ठ 72**

(a) आपस में जुड़ी प्लेटों पर आवेश अंततः शून्य हो जाता है।
(b) मुक्त प्लेटों पर आवेश बढ़ जाता है।
(c) निकाय में संग्रहित ऊर्जा बढ़ जाती है।
(d) मुक्त प्लेटों के बीच विभवान्तर 2 वोल्ट हो जाता है।

83 संधारित्र, जिनकी धारिता क्रमशः 6 माइक्रोफैरड, 3 माइक्रोफैरड तथा 2 माइक्रोफैरड को 12 वोल्ट बैटरी से चित्रानुसार जोड़ा गया हैं। 3 माइक्रोफैरड संधारित्र पर आवेश होगा **NCERT पृष्ठ 72**

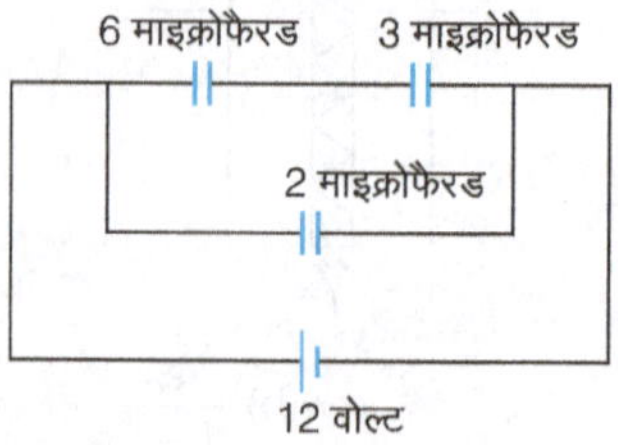

(a) 12 माइक्रोकूलॉम (b) 24 माइक्रोकूलॉम
(c) 8 माइक्रोकूलॉम (d) 16 माइक्रोकूलॉम

84 चित्र में दर्शाए अनुसार चार समान संधारित्रों की तुल्य धारिता 15 माइक्रोफैरड है। प्रत्येक संधारित्र का मान है **NCERT पृष्ठ 72**

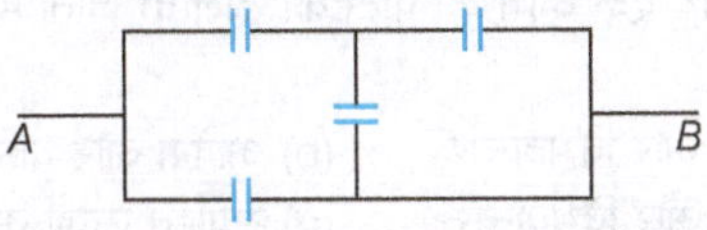

(a) 6 माइक्रोफैरड (b) 5 माइक्रोफैरड
(c) 8 माइक्रोफैरड (d) 9 माइक्रोफैरड

85 पाँच संधारित्र, जिनमें से प्रत्येक की धारिता का मान C है, चित्र में दर्शाए अनुसार जुड़े हुए हैं। P और R के बीच धारिता तथा P और Q के बीच धारिता का अनुपात है **NCERT पृष्ठ 72**

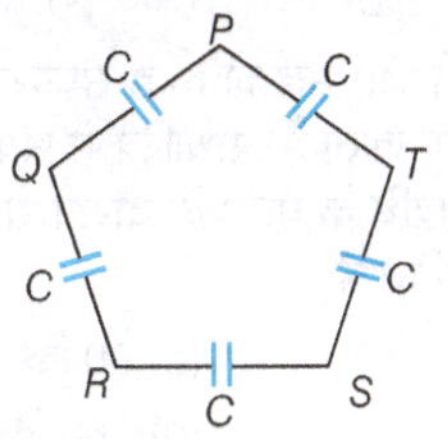

(a) 3 : 1 (b) 5 : 2 (c) 2 : 3 (d) 1 : 1

86 चित्र में दर्शाई गई व्यवस्था में, A और B के बीच तुल्य धारिता ज्ञात कीजिए (प्रतीकों का अपना सामान्य अर्थ है) (प्रत्येक संधारित्र की विमाएँ समान हैं) **NCERT पृष्ठ 72**

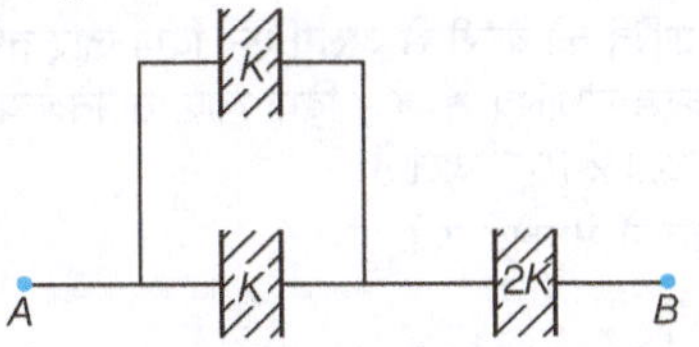

(a) $\frac{3A\varepsilon_0 K}{d}$ (b) $\frac{4A\varepsilon_0 K}{d}$ (c) $\frac{A\varepsilon_0 K}{d}$ (d) $\frac{2A\varepsilon_0 K}{d}$

87 दर्शाई गई, प्रणाली की तुल्य धारिता के लिए व्यंजक है (A ऊपरी प्लेटों में से एक प्लेट के अनुप्रस्थ-काट का क्षेत्रफल है) **NCERT पृष्ठ 72**

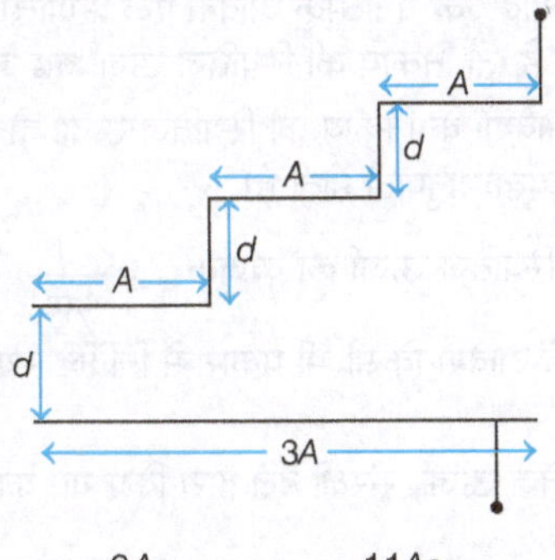

(a) $\frac{\varepsilon_0 A}{3d}$ (b) $\frac{3A\varepsilon_0}{d}$ (c) $\frac{11A\varepsilon_0}{6d}$ (d) $\frac{6A\varepsilon_0}{d}$

88 एक 10 माइक्रोफैरड संधारित्र को 50 वोल्ट के विभव तक आवेशित किया गया है तथा इसे एक अन्य अनावेशित संधारित्र में समान्तर क्रम से जोड़ा गया है। अब, उनका उभयनिष्ठ विभव 20 वोल्ट हो जाता है। दूसरे संधारित्र की धारिता है **NCERT पृष्ठ 72**

(a) 15 माइक्रोफैरड (b) 20 माइक्रोफैरड
(c) 25 माइक्रोफैरड (d) 40 माइक्रोफैरड

संधारित्र में संग्रहीत ऊर्जा

89 एक संधारित्र पर आवेश q, वोल्टेज V के साथ बदलता रहता है, जैसा कि चित्र में दिखाया गया है। त्रिभुज AOB का क्षेत्रफल प्रदर्शित करता है **NCERT पृष्ठ 73**

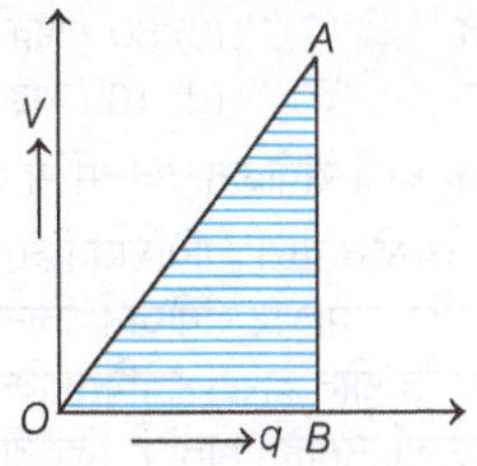

(a) प्लेटों के बीच विद्युत क्षेत्र (b) प्लेटों के बीच विद्युत फ्लक्स
(c) ऊर्जा घनत्व (d) संधारित्र द्वारा संग्रहित ऊर्जा

90 चित्र में 900 पिकोफैरड संधारित्र को 100 वोल्ट बैटरी द्वारा आवेशित किया गया हैं। संधारित्र द्वारा कितनी स्थिरवैद्युत ऊर्जा संग्रहित की गई है? **NCERT पृष्ठ 74**

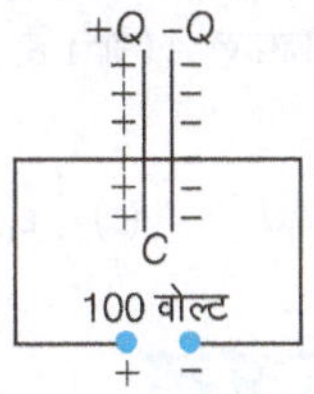

(a) 45×10^{-6} जूल (b) 4.5×10^{6} जूल
(c) 4.5×10^{-6} जूल (d) 0.45×10^{5} जूल

91 12 पिकोफैरड धारिता वाला एक समान्तर प्लेट संधारित्र एक बैटरी द्वारा इसकी प्लेटों के बीच 100 वोल्ट के विभवान्तर तक आवेशित किया जाता है। अब चार्जिंग बैटरी को अलग कर दिया जाता है तथा 6.5 परावैद्युतांक वाली एक चीनी मिट्टी की पट्टिका को प्लेटों के बीच डाल दिया जाता है। पट्टिका पर संधारित्र द्वारा किया गया कार्य है **NCERT पृष्ठ 74**

(a) 560 पिकोजूल (b) 508 पिकोजूल
(c) 692 पिकोजूल (d) 600 पिकोजूल

92 5 माइक्रोफैरड धारिता वाले एक संधारित्र को 5 माइक्रोकूलॉम तक आवेशित किया जाता है। यदि धारिता को 2 माइक्रोकूलॉम तक कम करने के लिए प्लेटों को अलग किया जाए, तो कितना कार्य होगा? **NCERT पृष्ठ 74**

(a) 6.25×10^{-6} जूल (b) 2.16×10^{-6} जूल
(c) 2.55×10^{-6} जूल (d) 3.75×10^{-6} जूल

93 दिए गए परिपथ में, A और B के बीच उत्पन्न ऊष्मा ज्ञात कीजिए (दिया गया है $C = 1$ माइक्रोफैरड) NCERT पृष्ठ 74

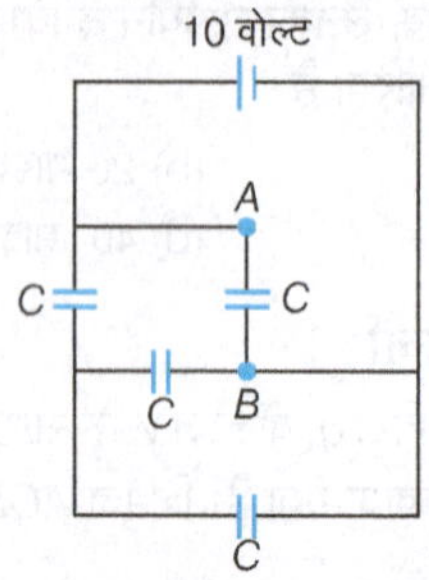

(a) 50 माइक्रो जूल (b) 60 माइक्रो जूल
(c) 70 माइक्रो जूल (d) 100 माइक्रो जूल

94 n_1 संधारित्रों का एक श्रेणी संयोजन, जिनमें से प्रत्येक का मान C_1 है, 4वोल्ट विभवान्तर के स्रोत द्वारा आवेशित किए जाते है। जब n_2 संधारित्रों का एक और समान्तर संयोजन, जिनमें से प्रत्येक का मान C_2 है, विभवान्तर V के स्रोत द्वारा आवेशित किया जाता है, तो इसमें उतनी ही (कुल) ऊर्जा संग्रहित होती है जितनी पहले संयोजन में थी। C_1 के पदों में C_2 का मान है NCERT पृष्ठ 74

(a) $\frac{2C_1}{n_1 n_2}$ (b) $16\frac{n_1}{n_2}$ (c) $2\frac{n_2}{n_1}C_1$ (d) $\frac{16\,C_1}{n_1 n_2}$

95 एक समान्तर प्लेट संधारित्र की प्लेटों के बीच के स्थान में एकसमान वैद्युत क्षेत्र E (वोल्ट/ मी) हैं। यदि प्लेटों के बीच की दूरी d मीटर है तथा प्रत्येक प्लेट का क्षेत्रफल A (मी^{2}) है, तो संधारित्र में संग्रहित ऊर्जा (जूल) है NCERT पृष्ठ 74

(a) $\frac{1}{2}\varepsilon_0 E^2$ (b) $\varepsilon_0 EAd$ (c) $\frac{1}{2}\varepsilon_0 E^2 Ad$ (d) $E^2 Ad / \varepsilon_0$

96 एक समानान्तर प्लेट संधारित्र को 5 वोल्ट बैटरी से जोड़कर आवेशित किया जाता है। फिर बैटरी को असंयोजित कर दिया जाता है और प्लेटों के बीच एक काँच की पट्टिका डाल दी जाती है, तो घटने वाली राशियाँ हैं NCERT पृष्ठ 74

(a) आवेश और विभवान्तर (b) आवेश और धारिता
(c) धारिता और विभवान्तर (d) संग्रहित ऊर्जा और विभवान्तर

97 एक समान्तर प्लेट संधारित्र जिसका प्लेट क्षेत्रफल A है तथा प्लेट पृथक्करण d है, को वोल्टेज V की बैटरी द्वारा आवेशित किया जाता है। फिर बैटरी को असंयोजित कर दिया जाता है। प्लेटों को पृथकरण $2d$ तक खींचने के लिए किया गया आवश्यक कार्य है NCERT पृष्ठ 74

(a) $\frac{AV^2\varepsilon_0}{d}$ (b) $\frac{2AV^2\varepsilon_0}{d}$ (c) $\frac{AV^2\varepsilon_0}{2d}$ (d) $\frac{3AV^2\varepsilon_0}{2d}$

98 एक डेफिब्रिलेटर में 40 माइक्रोफैरड संधारित्र को 3000 वोल्ट तक आवेशित किया जाता है। संधारित्र में संग्रहित ऊर्जा को 2 मिली सेकण्ड अवधि के पल्स के दौरान रोगी को भेजा जाता है। रोगी को दी गई शक्ति है NCERT पृष्ठ 74

(a) 45 किलोवाट (b) 90 किलोवाट
(c) 180 किलोवाट (d) 360 किलोवाट

99 एक 900 पिकोफैरड संधारित्र को 100 वोल्ट बैटरी द्वारा आवेशित किया जाता है, तो निम्नलिखित में से कौन-सा कथन सही है? NCERT पृष्ठ 74

(a) संधारित्र पर आवेश 4.5×10^{-8}कूलॉम है।
(b) संधारित्र द्वारा संग्रहित ऊर्जा 9×10^{-6} जूल है।
(c) यदि संधारित्र को बैटरी से अलग कर दिया जाए तथा दूसरे 900 पिकोफैरड संधारित्र से जोड़ दिया जाए, तो निकाय द्वारा संग्रहित ऊर्जा 2.25×10^{-6} जूल है।
(d) उपरोक्त में से कोई नहीं

अभिकथन-कारण प्रश्न

निर्देश *(प्रश्न क्रमांक 1-10) निम्नलिखित प्रश्नों में, अभिकथन के एक कथन बाद कारण का एक संगत कथन दिया गया है। निम्नलिखित विकल्पों में से, सही विकल्प का चयन कीजिए।*

(a) अभिकथन और कारण दोनों सही हैं और कारण, अभिकथन का सही स्पष्टीकरण है।
(b) अभिकथन और कारण दोनों सही हैं परन्तु कारण, अभिकथन का सही स्पष्टीकरण नहीं है।
(c) अभिकथन सही है परन्तु कारण गलत है।
(d) अभिकथन गलत है परन्तु कारण सही है।

1 **अभिकथन** एकांक धनात्मक आवेश को अनन्त से बिन्दु P तक लाने में स्थिरवैद्युत बल द्वारा किया गया कार्य धनात्मक होता है।

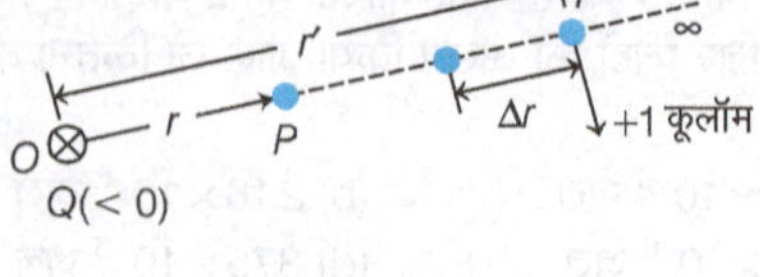

कारण $Q < 0$ के लिए, एकांक धनात्मक आवेश पर बल आकर्षक होता है, जिससे स्थिर वैद्युत बल और विस्थापन (अनंत से P तक) एक ही दिशा में हैं। NCERT पृष्ठ 46

2 **अभिकथन** यदि एक धनात्मक आवेश एक ऋणात्मक आवेश के निकट आता है, तो निकाय की स्थितिज ऊर्जा बढ़ जाती है।

कारण दो आवेशों के निकाय की स्थितिज ऊर्जा दो आवेशों के बीच की दूरी के व्युत्क्रमानुपाती होती है। NCERT पृष्ठ 55

3 **अभिकथन** स्थितिज ऊर्जा का व्यंजक $U = \frac{1}{4\pi\varepsilon_0}.\frac{q_1 q_2}{r_{12}}$ अपरिवर्तित रहता है, चाहे आवेश किसी भी प्रकार से निर्दिष्ट स्थानों पर लाया जाता है।

कारण स्थितिज ऊर्जा, संरक्षी बल द्वारा किए गए कार्य के ऋणात्मक होती है। NCERT पृष्ठ 56

4 **अभिकथन** एक संधारित्र को केवल सीमित मात्रा में आवेश दिया जा सकता है।
कारण संधारित्र द्वारा संग्रहित आवेश, संधारित्र की प्लेटों के आकार, आकृति तथा परिवेश के माध्यम पर निर्भर करता है। **NCERT पृष्ठ 61**

5 **अभिकथन** बाह्य विद्युत क्षेत्र की अनुपस्थिति में, ध्रुवीय परावैद्युत के प्रति एकांक आयतन का द्विध्रुव आघूर्ण शून्य होता है।
कारण ध्रुवीय परावैद्युत के द्विध्रुव यादृच्छिक रूप से विन्यासित होते हैं। **NCERT पृष्ठ 65**

6 **अभिकथन** ध्रुवीय अणुओं में स्थायी द्विध्रुव आघूर्ण होता है।
कारण ध्रुवीय अणुओं में, धनात्मक और ऋणात्मक आवेशों का केन्द्र तब भी संपाती होता है जब कोई बाह्य आवेश नहीं होता है। **NCERT पृष्ठ 65**

7 **अभिकथन** समान्तर प्लेट संधारित्र की धारिता बढ़ जाती है जब प्लेटों के बीच की दूरी कम कर दी जाती है।
कारण संधारित्र की धारिता उनके बीच की दूरी के समानुपाती होती है। **NCERT पृष्ठ 68**

8 **अभिकथन** एक समान्तर प्लेट संधारित्र को एक कुंजी के माध्यम से बैटरी से जोड़ा जाता है। प्लेटों के बीच K परावैद्युत स्थिरांक की एक परावैद्युत पट्टी डाली जाती है। संधारित्र के अन्दर विद्युत क्षेत्र K गुना हो जाता है।
कारण प्लेट पर आवेश का पृष्ठीय घनत्व स्थिर या अपरिवर्तित रहता है। **NCERT पृष्ठ 68**

9 **अभिकथन** यदि धारिता $C_1 < C_2 < C_3$ वाले तीन संधारित्रों को समान्तर क्रम में जोड़ा जाए, तो उनकी समतुल्य धारिताओं के बीच निम्नलिखित सम्बन्ध होगा

$$C_p > C_s$$

जहाँ, C_p और C_s क्रमशः समान्तर और श्रेणीक्रम में समतुल्य धारिताएँ हैं।

कारण $\frac{1}{C_p} = \frac{1}{C_1} + \frac{1}{C_2} + \frac{1}{C_3}$ तथा $C_s = C_1 + C_2 + C_3$

जहाँ, C_p और C_s क्रमशः समान्तर और श्रेणीक्रम में तुल्य धारिता हैं। **NCERT पृष्ठ 68**

10 **अभिकथन** जब किसी संधारित्र को एक निश्चित विभव तक आवेशित किया जाता है तथा बैटरी को अलग किए बिना उसकी प्लेटों के बीच एक परावैद्युत पदार्थ रख दिया जाता है, तो संधारित्र पर आवेश स्थिर रहता है।
कारण संधारित्र की प्लेटों के बीच परावैद्युत पदार्थ डालने से इसकी धारिता बढ़ जाती है। **NCERT पृष्ठ 69**

कथन आधारित प्रश्न

निर्देश *(प्रश्न क्रमांक 1-8) निम्नलिखित प्रश्नों में दो कथन (I और II) दिए गए हैं। दिए गए कथनों के आधार पर, नीचे दिए गए विकल्पों में से सही उत्तर चुनें।*

(a) कथन I और कथन II दोनों असत्य हैं।
(b) कथन I सत्य है परन्तु कथन II असत्य है।
(c) कथन I असत्य है परन्तु कथन II सत्य है।
(d) कथन I और कथन II दोनों सत्य हैं।

1 **कथन I** एक असमान रूप से आवेशित पतली वृत्ताकार वलय जिसका कुल आवेश शून्य है, के लिए वलय के अक्ष पर किसी भी बिन्दु पर विद्युत क्षेत्र शून्य होता है।
कथन II एक असमान रूप से आवेशित पतली वृत्ताकार वलय के लिए जिसका कुल आवेश शून्य है, वलय के अक्ष पर प्रत्येक बिन्दु पर विद्युत विभव शून्य होता है। **NCERT पृष्ठ 47**

2 **कथन I** गोले के अन्दर किसी भी बिन्दु पर विद्युत तीव्रता शून्य होती है।
कथन II चालक गोले के अन्दर किसी भी बिन्दु पर, स्थिरवैद्युत विभव, सतह पर विभव के बराबर होता है। **NCERT पृष्ठ 47**

3 **कथन I** दो समविभव सतहें एक-दूसरे को काट नहीं सकतीं।
कथन II दो समविभव सतहें एक-दूसरे के समान्तर होती हैं। **NCERT पृष्ठ 54**

4 **कथन I** धातुओं में, धनात्मक आयन नाभिक से बने होते हैं और बंधक इलेक्ट्रॉन अपनी निश्चित स्थिति में बने रहते हैं।
कथन II विद्युत अपघटनी चालकों में आवेश वाहक, धनात्मक तथा ऋणात्मक दोनों आयन होते हैं। **NCERT पृष्ठ 61**

5 **कथन I** समान धनात्मक आवेश और आयतन वाले चालकों का विभव भी समान होना चाहिए।
कथन II विद्युत विभव केवल चालक के आवेश और आयतन पर निर्भर करता है। **NCERT पृष्ठ 61**

6 **कथन I** एक बाह्य विद्युत क्षेत्र में, एक अध्रुवीय अणु के धनात्मक और ऋणात्मक आवेश विपरीत दिशाओं में विस्थापित होते हैं।
कथन II अध्रुवीय अणुओं में, विस्थापन तब रुक जाता है जब अणु के घटक आवेशों पर बाह्य बल को प्रत्यानयन बल द्वारा सन्तुलित कर दिया जाता है। **NCERT पृष्ठ 65**

7 **कथन I** विद्युत क्षेत्र सदिश (E), विद्युत विस्थापन सदिश (D) और विद्युत ध्रुवीकरण सदिश (P) एक-दूसरे के परस्पर लम्बवत् होते हैं।
कथन II विद्युत क्षेत्र सदिश (E), विद्युत विस्थापन सदिश (D) और वैद्युत ध्रुवीकरण सदिश (P) परस्पर एक-दूसरे के समान्तर होते हैं। **NCERT पृष्ठ 66**

8 **कथन I** संधारित्र की प्लेटों पर आवेश बढ़ाने का अर्थ है धारिता बढ़ाना।
कथन II धारिता आवेश के समानुपाती होती है। **NCERT पृष्ठ 68**

सुमेलन प्रकार प्रश्न

1 वैद्युत द्विध्रुव के सम्बन्ध में चित्र में दर्शाए अनुसार विभिन्न बिन्दुओं P_1, P_2, P_3 तथा P_4 पर विद्युत विभव के लिए कॉलम I (विभव) को कॉलम II (मान) से सुमेलित कीजिए। **NCERT पृष्ठ 51**

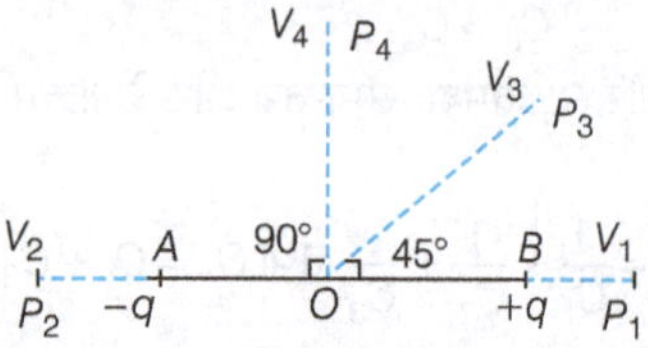

प्रत्येक बिन्दु P_1, P_2, P_3 तथा P_4 द्विध्रुव के मध्य-बिन्दु O से समान दूरी r पर हैं।

कॉलम I	कॉलम II
A. V_1	1. 0
B. V_2	2. $\frac{p}{4\sqrt{2}\pi\varepsilon_0 r^2}$
C. V_3	3. $\frac{-p}{4\pi\varepsilon_0 r^2}$
D. V_4	4. $\frac{p}{4\pi\varepsilon_0 r^2}$

नीचे दिए गए विकल्पों में से सही उत्तर चुनें।

कूट

	A	B	C	D
(a)	3	4	2	1
(b)	1	2	3	4
(c)	4	3	2	1
(d)	4	3	1	2

2 प्लेटों के बीच डाले गए एक परावैद्युत पदार्थ पर विचार कीजिए जो बीच के क्षेत्र को पूरी तरह से घेरता है। आवेशित प्लेटों पर पृष्ठीय आवेश घनत्व $\pm\sigma$ है। कॉलम I (संधारित्र का पैरामीटर) को कॉलम II (मान) से सुमेलित करें। **NCERT पृष्ठ 69**

कॉलम I	कॉलम II
A. विद्युत क्षेत्र E	1. $Qd / A\varepsilon_0 K$
B. प्लेटों के सिरों पर विभवान्तर V	2. $(\sigma - \sigma_p)/\varepsilon_0$
C. प्लेटों के बीच परावैद्युत के साथ धारिता C	3. C / C_0
D. पदार्थ का परावैद्युत स्थिरांक (K)	4. $\varepsilon_0 KA / d$

कूट

	A	B	C	D		A	B	C	D
(a)	1	2	3	4	(b)	2	1	4	3
(c)	3	4	1	2	(d)	4	2	3	1

3 कॉलम I (संधारित्र पर आवेश) को कॉलम II (मान) से समुलित करें। **NCERT पृष्ठ 72**

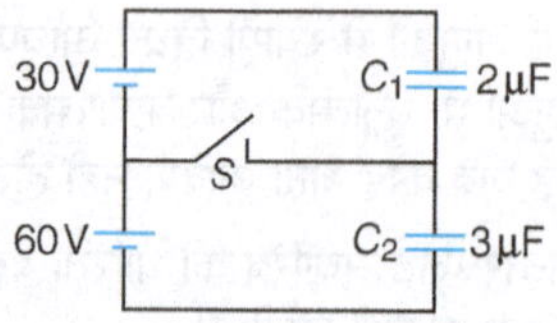

कॉलम I	कॉलम II
A. दोनों संधारित्रों पर आवेश (S खुला)	1. 108 माइक्रोकूलॉम
B. C_2 पर आवेश (S बन्द)	2. 240 माइक्रोकूलॉम
C. C_1 पर आवेश (S बन्द)	3. 60 माइक्रोकूलॉम
D. C_1 और C_2 पर आवेश (S बन्द)	4. 180 माइक्रोकूलॉम

नीचे दिए गए विकल्पों में से सही उत्तर चुनें।

कूट

	A	B	C	D		A	B	C	D
(a)	1	2	3	4	(b)	4	3	2	1
(c)	1	4	3	2	(d)	1	3	2	4

4 धारिता C वाले एक संधारित्र C_1 को विभवान्तर V_0 तक आवेशित किया गया है। अब आवेशित संधारित्र के टर्मिनलों को धारिता C/2 वाले अनावेशित संधारित्र C_2 से जोड़ा गया है। कॉलम I (संधारित्र की ऊर्जा) को कॉलम II (मान) से समुलित करें। **NCERT पृष्ठ 74**

कॉलम I	कॉलम II
A. संधारित्र C_1 की अन्तिम ऊर्जा	1. $-(1/6)CV_0^2$
B. संधारित्र C_2 की अन्तिम ऊर्जा	2. $(1/3)CV_0^2$
C. निकाय की अन्तिम ऊर्जा	3. $(2/9)CV_0^2$
D. संधारित्रों को जोड़ने पर ऊर्जा में परिवर्तन	4. $(1/9)CV_0^2$

नीचे दिए गए विकल्पों में से सही उत्तर चुनें।

कूट

	A	B	C	D		A	B	C	D
(a)	1	3	2	4	(b)	3	4	2	1
(c)	4	3	2	1	(d)	1	4	2	3

आंकिक मान प्रकार के प्रश्न

1 एक आवेशित गोलाकार गेंद के के लिए, गेंद अन्दर स्थिरवैद्युत विभव r के साथ निम्न प्रकार बदलते रहते है
$V = 2ar^2 + b$ यहाँ, a और b स्थिरांक हैं और r केन्द्र से दूरी है। गेंद के अन्दर आयतन आवेश घनत्व $-\beta a\varepsilon$ है। β का मान .... है।
ε = माध्यम की वैद्युतशीलता। NCERT पृष्ठ 48

2 पारे की 216 समान बूंदो को 2 वोल्ट के विभव तक आवेशित किया गया है। बूँदों को जोड़कर एक बूँदों बनाई गई है। इस बूँदों का विभव .... वोल्ट है। NCERT पृष्ठ 48

3 10 माइक्रोफैरड धारिता वाले एक संधारित्र C_1 को बैटरी का उपयोग करके 30 वोल्ट विभव तक आवेशित किया जाता है। अब बैटरी को हटा दिया जाता है और आवेशित संधारित्र को 10 माइक्रोफैरड धारिता वाले अनावेशित संधारित्र C_2 से जोड़ दिया जाता है, जैसा कि चित्र मे दिखाया गया है। जब स्विच बंद होता है, तो संधारित्रों के बीच आवेश प्रवाहित होता है। साम्यावस्था में संधारित्र C_2 पर आवेश .... माइक्रोकूलॉम है। NCERT पृष्ठ 69

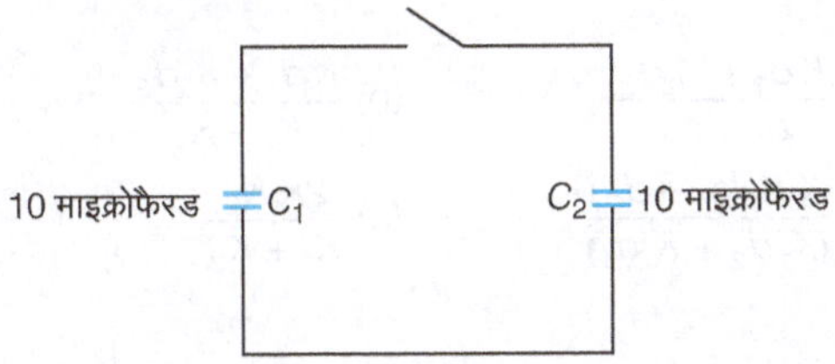

4 एक समान्तर प्लेट संधारित्र का प्लेट क्षेत्रफल 105 मी^{2} है तथा प्लेट पृथक्करण 15 मी है। प्लेटों के बीच का स्थान 5 मी मोटाई तक 10 परावैद्युत स्थिरांक वाले पदार्थ से भरा गया है। निकाय की परिणामी धारिता $x \times 10^{-13}$ फैरड है।
ε_0 का मान $= 8 \cdot 85 \times 10^{-12}$ कूलॉम^2/ न्यूटन- मी^{2}
निकटतम पूर्णांक में x का मान ...... है। NCERT पृष्ठ 70

5 प्लेटों के बीच हवा के साथ समान्तर प्लेट संधारित्र की धारिता 18 पिकोफैरड है। प्लेटों के बीच की दूरी आधी कर दी जाती है और उनके बीच का स्थान 3.5 परावैद्युत स्थिरांक वाले माध्यम से भर दिया जाता है। तब धारिता $\frac{x}{4}$ पिकोफैरड हो जाती है। x का मान है NCERT पृष्ठ 70

6 एक संधारित्र की समान्तर प्लेटों को जब d मोटाई के वायु माध्यम से अलग किया जाता है, तो इसकी धारिता 15 माइक्रोफैरड होती है। अब प्लेटों के बीच 1.5 परावैद्युत स्थिरांक वाले पदार्थ की एक पट्टिका रखी जाती है जिसका क्षेत्रफल प्लेटों के बराबर होता है परन्तु मोटाई $\frac{d}{2}$ है। पट्टिका की उपस्थिति में संधारित्र की धारिता .... माइक्रोफैरड होगी। NCERT पृष्ठ 70

7 2 माइक्रोफैरड संधारित्र C_1 को पहले बैटरी का उपयोग करके 100 वोल्ट के विभवान्तर पर आवेशित किया जाता है। अब, बैटरी को हटा दिया जाता है और संधारित्र को 8 माइक्रोफैरड के अनावेशित संधारित्र C_2 से जोड़ दिया जाता है। साम्यावस्था में C_2 पर विभव .... वोल्ट है। (निकटतम पूर्णांक मान तक पूर्णांकित करें) NCERT पृष्ठ 70

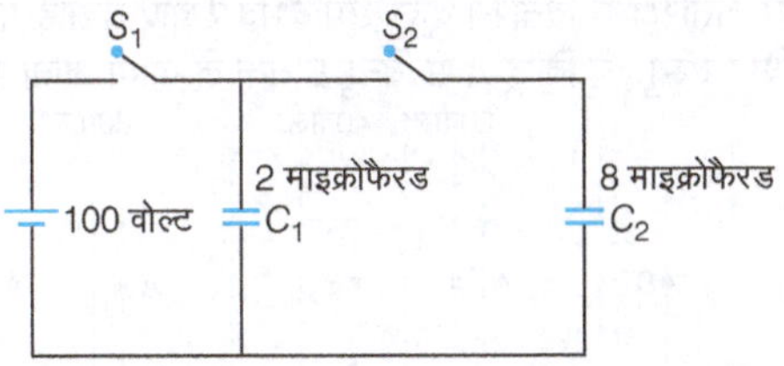

8 चार समान आयताकार प्लेट जिनकी लम्बाई $l = 5$ सेमी और चौड़ाई $b = \frac{6}{5}$ सेमी है, चित्र में दिखाए अनुसार व्यवस्थित की जाती हैं। A और C के बीच तुल्य धारिता $\frac{x\varepsilon_0}{d}$ है। x का मान .... है। NCERT पृष्ठ 72

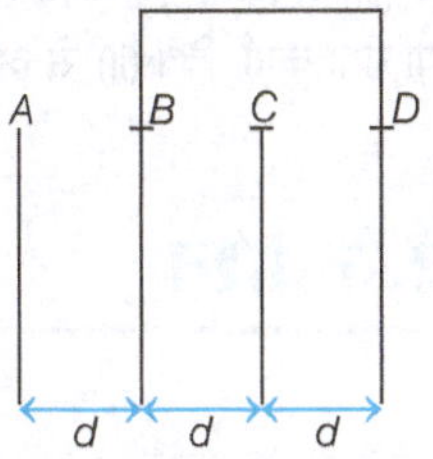

9 एक 80 पिकोफैरड के संधारित्र को 20 वोल्ट आपूर्ति द्वारा पूर्णतः आवेशित किया जाता है। अब इसे आपूर्ति से अलग कर दिया जाता है और समान्तर रूप से 80 पिकोफैरड धारिता वाले दूसरे अनावेशित संधारित्र से जोड़ दिया जाता है। इस प्रक्रिया में जब तक आवेश उनके बीच पुनः वितरित होता है, तब तक जो स्थिरवैद्युत स्थैतिक ऊर्जा नष्ट हो जाती है, वह (नैनोजूल में) है NCERT पृष्ठ 74

10 एक 400 पिकोफैरड के संधारित्र को 200 वोल्ट आपूर्ति द्वारा आवेशित किया जाता है।
अब इसे आपूर्ति से अलग कर दिया जाता है और दूसरे 400 पिकोफैरड धारिता वाले अनावेशित संधारित्र से जोड़ दिया जाता है। प्रत्येक संधारित्र में संग्रहित ऊर्जा $x \times 10^{-6}$ जूल है।
x का मान .... है। NCERT पृष्ठ 70

NCERT Exemplar प्रश्न

1 एक धनावेशित कण को एकसमान विद्युत क्षेत्र में विरामावस्था से मुक्त किया जाता है। आवेश की वैद्युत स्थितिज ऊर्जा

(a) स्थिर रहती है, क्योंकि विद्युत क्षेत्र एकसमान है

(b) बढ़ती है, क्योंकि आवेश, विद्युत क्षेत्र के अनुदिश गति करता है

(c) घटती है, क्योंकि आवेश, विद्युत क्षेत्र के अनुदिश गति करता है

(d) घटती है, क्योंकि आवेश, विद्युत क्षेत्र के विपरीत दिशा में गति करता है

2 चित्र में अंतरिक्ष में वितरित कुछ समविभव रेखाएँ दर्शाई गई हैं। एक आवेशित वस्तु को बिन्दु A से बिन्दु B तक ले जाया जाता है।

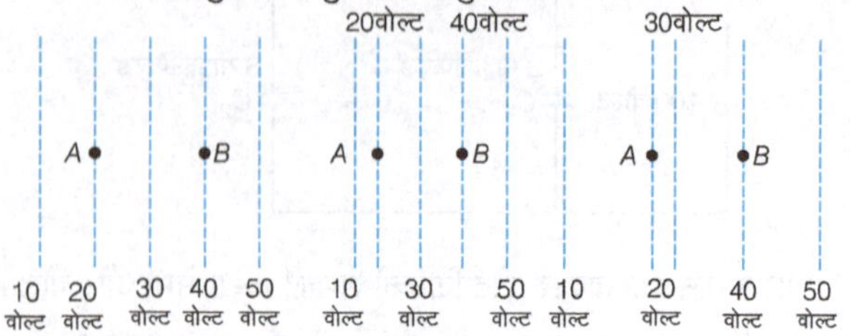

चित्र (i) चित्र (ii) चित्र (iii)

(a) चित्र (i) में किया गया कार्य सबसे अधिक है

(b) चित्र (ii) में किया गया कार्य न्यूनतम है

(c) चित्र (i), (ii) और (iii) में किया गया कार्य समान है।

(d) चित्र (iii) में किया गया कार्य, चित्र (ii) से अधिक है परन्तु चित्र (i) के बराबर है।

3 आवेशों के संग्रह से बहुत दूरी पर सम विभव, जिनका कुल योग शून्य नहीं है, लगभग होते हैं

(a) गोले

(b) समतल

(c) परवलय

(d) दीर्घवृत्त

4 एक समान्तर प्लेट संधारित्र दो परावैद्युत ब्लॉकों से बना है जो श्रेणीक्रम में जुड़े हैं। एक ब्लॉक की मोटाई d_1 और परावैद्युत स्थिरांक K_1 है तथा दूसरे ब्लॉक की मोटाई d_2 और परावैद्युत स्थिरांक K_2 है, जैसा कि चित्र में दिखाया गया है। इस व्यवस्था को मोटाई $(d = d_1 + d_2)$ और प्रभावी परावैद्युत स्थिरांक K के परावैद्युत पट्टी के रूप में माना जा सकता है, तो K है

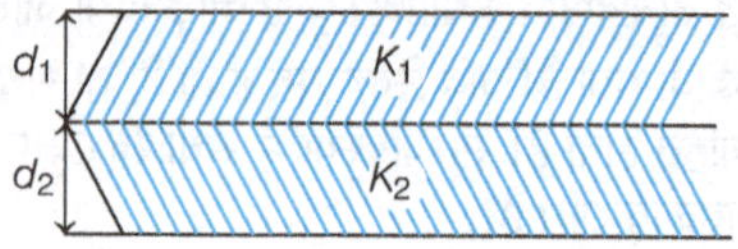

(a) $\dfrac{K_1d_1 + K_2d_2}{d_1 + d_2}$ (b) $\dfrac{K_1d_1 + K_2d_2}{K_1 + K_2}$

(c) $\dfrac{K_1K_2(d_1 + d_2)}{(K_1d_2 + K_2d_1)}$ (d) $\dfrac{2K_1K_2}{K_1 + K_2}$

विगत परीक्षाओं के प्रश्न

NEET

1 नीचे दो कथन दिए गए हैं: एक को अभिकथन (A) तथा दूसरे को कारण (R) से चिन्हित किया गया है।

अभिकथन (A) 4×10^{-6} कूलॉम-मीटर परिमाण के द्विध्रुव आघूर्ण सदिश p वाले द्विध्रुव के केन्द्र से 2 मी की दूरी (r) पर स्थित किसी अक्षीय बिन्दु पर विभव $\pm 9 \times 10^3$ वोल्ट है।

(दिया है, $\dfrac{1}{4\pi\varepsilon_0} = 9 \times 10^9$ SI मात्रक)

कारण (R) $V = \pm \dfrac{2p}{4\pi\varepsilon_0 r^2}$, जहाँ r द्विध्रुव के केन्द्र से 2 मीटर की दूरी पर स्थित किसी अक्षीय बिन्दु की दूरी है। NCERT पृष्ठ 48, NEET 2024

उपरोक्त कथनों के आधार पर, नीचे दिए गए विकल्पों में से सही उत्तर चुनिए।

(a) A व R दोनों सत्य हैं तथा R, A की सही व्याख्या है।

(b) A व R दोनों सत्य हैं तथा R, A की सही व्याख्या नहीं है।

(c) A सत्य है परन्तु R असत्य है।

(d) A असत्य है परन्तु R सत्य है।

2 एक पतला गोलीय कोश, किसी स्रोत द्वारा आवेशित किया गया है। प्रदर्शित चित्र के अनुसार, दो बिन्दुओं C व P के बीच विभवान्तर (वोल्ट में) है NCERT पृष्ठ 47, NEET 2024

(दिया है, $\dfrac{1}{4\pi\varepsilon_0} = 9 \times 10^9$ SI मात्रक में)

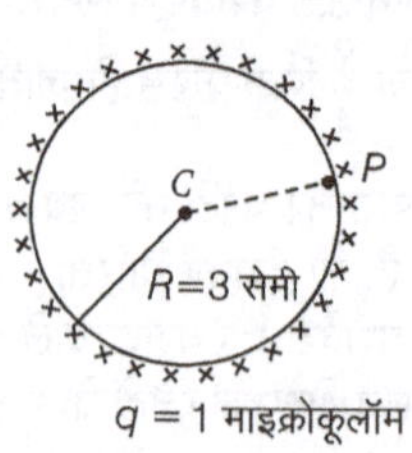

(a) 3×10^5 (b) 1×10^5 (c) 0.5×10^5 (d) शून्य

3 यदि एक बैटरी से जुड़े समान्तर प्लेट संधारित्र की प्लेट एक-दूसरे की ओर गति करती हैं, तब NCERT पृष्ठ 74, NEET 2024

A. इसमें संचित आवेश बढ़ता है। B. इसमें संचित ऊर्जा घटती है।

C. इसकी धारिता बढ़ती है।

D. इसके आवेश तथा वोल्टेज का अनुपात समान रहता है।

E. आवेश तथा वोल्टेज का गुणनफल बढ़ता है।

नीचे दिए गये विकल्पों में से उचित उत्तर चुनिए

(a) केवल A, B व E (b) केवल A, C व E

(c) केवल B, D व E (d) केवल A, B व C

4 निम्नलिखित परिपथ में टर्मिनल A व टर्मिनल B के बीच तुल्य धारिता है **NCERT पृष्ठ 70, NEET 2024**

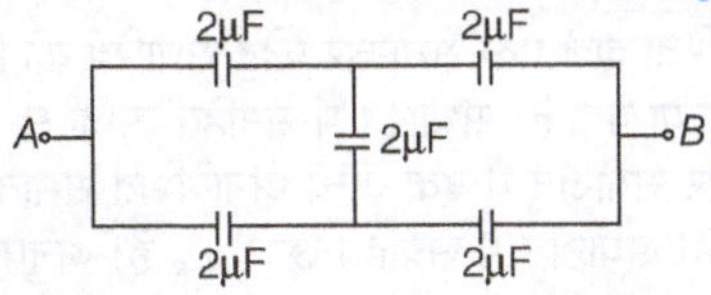

(a) 2 माइक्रोफैरड (b) 1 माइक्रोफैरड

(c) 0.5 माइक्रोफैरड (c) 4 माइक्रोफैरड

5 निम्नलिखित परिपथ में दर्शाई गई व्यवस्था की तुल्य धारिता है **NCERT पृष्ठ 72, NEET 2023**

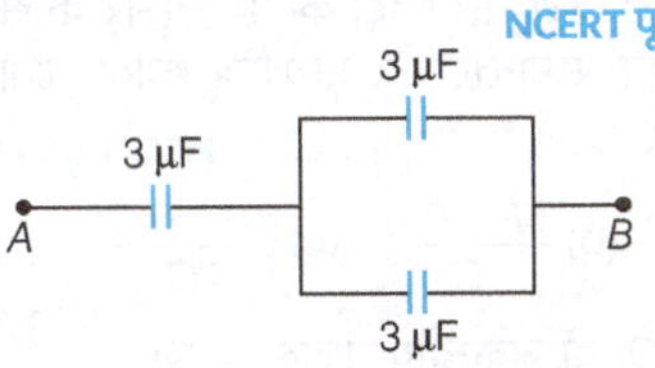

(a) 3 माइक्रोफैरड (b) 6 माइक्रोफैरड

(c) 9 माइक्रोफैरड (d) 2 माइक्रोफैरड

6 त्रिज्या R_1 और $R_2 (R_1 > R_2)$ वाले दो खोखले चालक गोलों पर समान आवेश हैं। विभव होगा **NCERT पृष्ठ 52, NEET 2022**

(a) छोटे गोले पर अधिक

(b) दोनों गोले पर बराबर

(c) गोलों के पदार्थ के गुण पर निर्भर करता है

(d) बड़े गोले पर अधिक

7 समान आकार की सत्ताईस बूँदें प्रत्येक V_1 विभव पर आवेशित हैं। वे मिलकर एक बड़ी बूँद बनाती हैं। बड़ी बूँद का विभव V_2 है। अनुपात V_1/V_2 ज्ञात कीजिए। बूँदों के संयोजन पर द्रव के घनत्व में परिवर्तन को अनदेखा करें। **NCERT पृष्ठ 52, NEET 2021**

(a) −2 (b) 3 (c) 14 (d) 9

8 त्रिज्या R_1 और R_2 वाले दो आवेशित गोलीय चालक एक तार से जुड़े हुए हैं। गोले के पृष्ठीय आवेश घनत्वों का अनुपात (σ_1 / σ_2) है **NCERT पृष्ठ 52, NEET 2021**

(a) $\dfrac{R_1}{R_2}$ (b) $\dfrac{R_2}{R_1}$ (c) $\sqrt{\left(\dfrac{R_1}{R_2}\right)}$ (d) $\dfrac{R_1^2}{R_2^2}$

9 धारिता $C = 900$ पिकोफैरड वाले एक संधारित्र को 100 वोल्ट, बैटरी B द्वारा पूर्णतः आवेशित किया जाता है, जैसा कि चित्र (a) में दर्शाया गया है। अब इसे बैटरी से अलग करके $C = 900$ पिकोफैरड धारिता वाले एक अन्य अनावेशित संधारित्र से जोड़ा जाता है, जैसा कि चित्र (b) में दिखा गया है। निकाय (b) द्वारा संग्रहित स्थिर वैद्युत ऊर्जा है **NCERT पृष्ठ 74, NEET 2021**

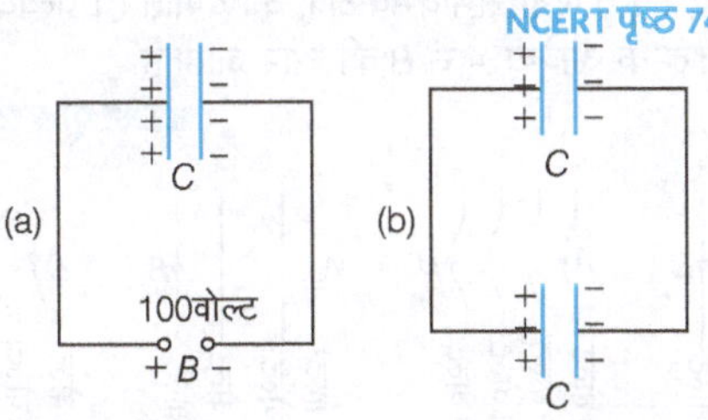

(a) 3.25×10^{-6} जूल (b) 2.25×10^{-6} जूल

(c) 1.5×10^{-6} जूल (d) 4.5×10^{-6} जूल

10 चित्र मे दिखाए गए संयोजन की तुल्य धारिता है **NCERT पृष्ठ 71, NEET 2021**

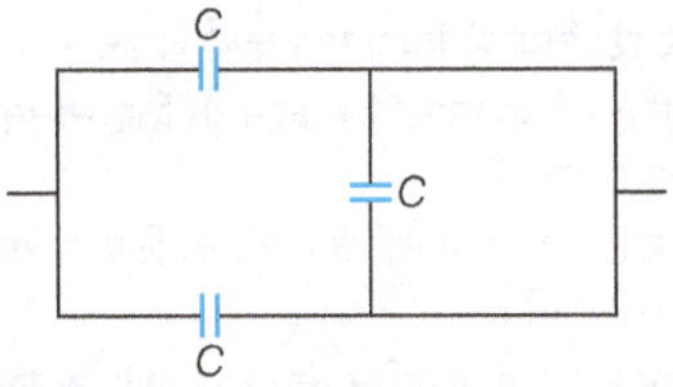

(a) 3 C (b) 2 C (c) $C/2$ (d) $3C/2$

11 एक लघु वैद्युत द्विध्रुव का विद्युत आघूर्ण 16×10^{-9} कूलॉम -मी द्विध्रुव के केन्द्र से 0.6 मीटर की दूरी पर स्थित किसी बिन्दु पर द्विध्रुव के कारण विद्युत विभव, जो द्विध्रुव अक्ष के साथ 60° का कोण बनाता है, होगा

$$\left(\frac{1}{4\pi\varepsilon_0} = 9 \times 10^9 \text{न्यूटन} - \text{मी}^2/\text{कूलाम}^2\right)$$

NCERT पृष्ठ 52, NEET 2020

(a) 200 वोल्ट (b) 400 वोल्ट (c) शून्य (d) 50 वोल्ट

12 एक समान्तर प्लेट संधारित्र, जिसका अनुप्रस्थ- काट क्षेत्रफल A और बीच की दूरी d है, की प्लेटों की बीच में वायु भरी है। अब, समान क्षेत्रफल परन्तु मोटाई $d/2$ की एक अचालक पट्टिका प्लेटों के बीच डाली जाती है, जैसा कि चित्र में दिखाया गया है जिसका परावैद्युत स्थिरांक ($K = 4$) है। नई धारिता का उसकी मूल धारिता से अनुपात होगा **NCERT पृष्ठ 71, NEET 2020**

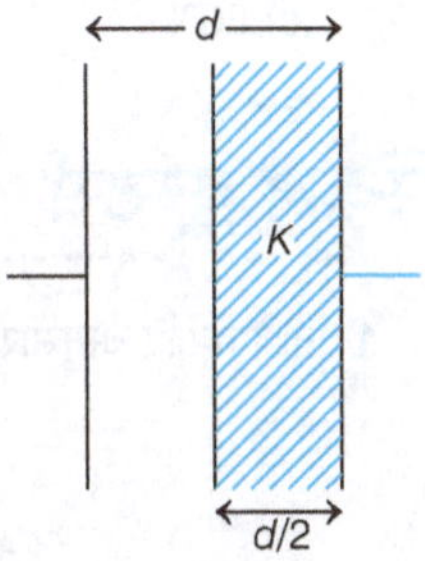

(a) 2 : 1 (b) 8 : 5 (c) 6 : 5 (d) 4 : 1

13 Q आवेश और A क्षेत्रफल वाले एक पृथक समानान्तर प्लेट संधारित्र C की धातु प्लेटों के बीच स्थिरवैद्युत बल है **NCERT पृष्ठ 74, NEET 2018**

(a) प्लेटों के बीच की दूरी के वर्गमूल के समानुपाती

(b) प्लेटों के बीच की दूरी के रैखिक रूप से आनुपातिक

(c) प्लेटों के बीच की दूरी से स्वतन्त्र

(d) प्लेटों के बीच की दूरी के व्युत्क्रमानुपाती

14 नीचे दिए गए आरेख समविभव क्षेत्रों को दर्शाते हैं। प्रत्येक आरेख में एक धनात्मक आवेश A से B की ओर जाता है

NCERT पृष्ठ 55, NEET 2017

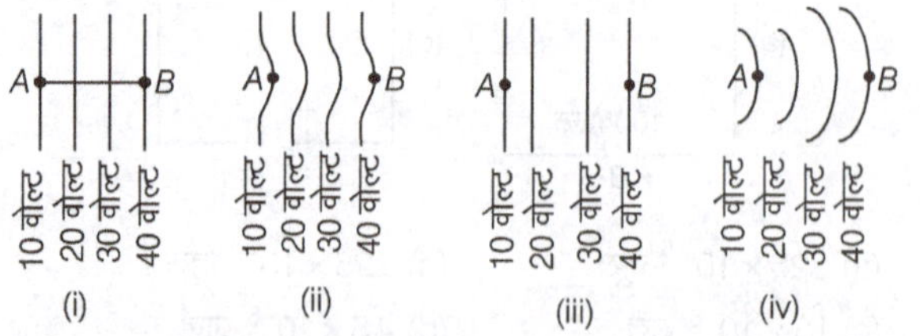

(a) चित्र (iii) में q को स्थानान्तरित करने के लिए अधिकतम कार्य की आवश्यकता होती है
(b) सभी चार स्थितियों में किया गया कार्य समान है
(c) चित्र (i) में q को स्थानान्तरित करने के लिए न्यूनतम कार्य की आवश्यकता होती है
(d) चित्र (ii) में q को स्थानान्तरित करने के लिए अधिकतम कार्य की आवश्यकता होती है

15 2 माइक्रोफैरड का एक संधारित्र चित्र में दर्शाए अनुसार आवेशित है। जब स्विच S को स्थिति 2 पर घुमाया जाता है, तो इसकी संग्रहित ऊर्जा का क्षय प्रतिशत होता है **NCERT पृष्ठ 80, NEET 2016**

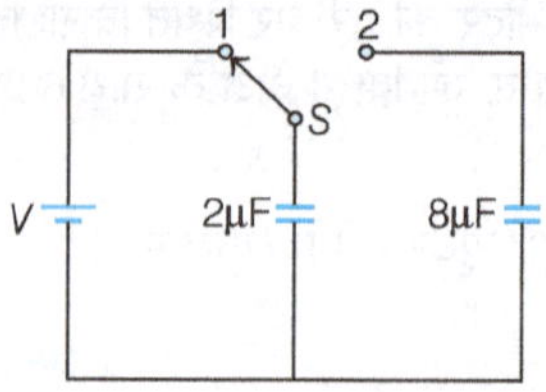

(a) 20%
(b) 75%
(c) 80%
(d) 0%

JEE Main

16 एक संधारित्र की दो प्लेटों के बीच की दूरी d है और इसकी धारिता C_1 है तथा प्लेटों के बीच का माध्यम वायु है। यदि प्लेटों के बीच मोटाई $2d/3$ और प्लेट के समान क्षेत्रफल की धातु की चादर डाली जाए, तो संधारित्र की धारिता C_2 हो जाती है। अनुपात C_2/C_1 है

NCERT पृष्ठ 70, JEE Main 2023

(a) 3 : 1 (b) 1 : 1 (c) 4 : 1 (d) 2 : 1

17 2 फैरड धारिता वाले एक समान्तर प्लेट संधारित्र को विभव V तक आवेशित किया गया है। संधारित्र में संग्रहित ऊर्जा E_1 है। संधारित्र को अब समान्तर संयोजन में एक अन्य अनावेशित समान संधारित्र से जोड़ा गया है। संयोजन में संग्रहित ऊर्जा E_2 है। अनुपात E_2/E_1 है

NCERT पृष्ठ 70, JEE Main 2023

(a) 1 : 2 (b) 1 : 4 (c) 2 : 3 (d) 2 : 1

18 दो समान पतली धातु की प्लेटों का क्रमशः q_1 तथा q_2 आवेश इस प्रकार हैं कि $q_1 > q_2$ हैं। प्लेटों को एक-दूसरे के समीप लाकर C धारिता का एक समान्तर प्लेट संधारित्र बनाया जाता है। उनके बीच विभवान्तर है **NCERT पृष्ठ 69, JEE Main 2022**

(a) $\frac{(q_1+q_2)}{C}$ (b) $\frac{(q_1-q_2)}{C}$ (c) $\frac{(q_1-q_2)}{2C}$ (d) $\frac{2(q_1-q_2)}{C}$

19 एक आवेश Q, दो संकेन्द्रीय चालक, पतले गोलीय कोशों जिनकी त्रिज्याएँ r और $R(R > r)$ पर वितरित हैं। यदि दोनों कोशों पर पृष्ठीय आवेश घनत्व समान हैं, तो उभयनिष्ठ केन्द्र पर वैद्युत विभव है

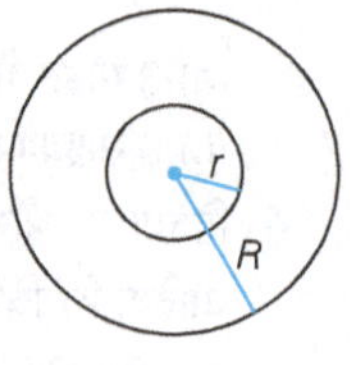

NCERT पृष्ठ 52, JEE Main 2020

(a) $\frac{1}{4\pi\varepsilon_0}\frac{(R+r)}{2(R^2+r^2)}Q$ (b) $\frac{1}{4\pi\varepsilon_0}\frac{(2R+r)}{(R^2+r^2)}Q$

(c) $\frac{1}{4\pi\varepsilon_0}\frac{(R+2r)Q}{2(R^2+r^2)}$ (d) $\frac{1}{4\pi\varepsilon_0}\frac{(R+r)}{(R^2+r^2)}Q$

स्किल बूस्टर्स

1 नीचे दर्शाए अनुसार किसी क्षेत्र में एकसमान विद्युत क्षेत्र पर विचार करें।

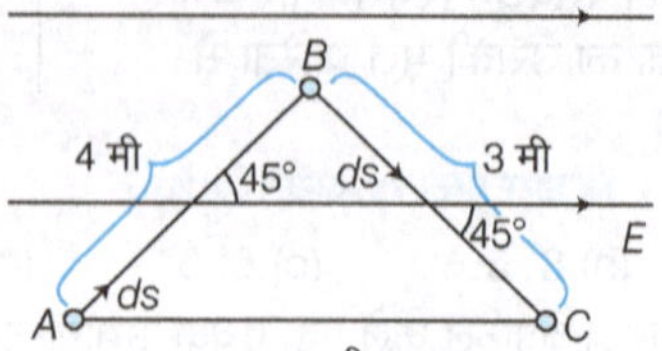

तब, बिन्दु A और C के बीच विभवांतर दिया जाता है

(a) $V_A - V_C = -\int_{AB} Eds\cos 45° - \int_{BC} Eds\cos 45°$

(b) $V_A - V_C - V_C = -\int_{AB} Eds\cos 45° - \int_{BC} Eds\cos 45°$

(c) $V_A - V_C = 5E$

(d) $V_C - V_A = 5E$

2 दो समान पतली वलय, जिनमें से प्रत्येक की त्रिज्या R है, एक-दूसरे से R दूरी पर समाक्षीय रूप से रखी गई हैं। यदि Q_1 और Q_2 क्रमशः दोनों वलयों पर समान रूप से फैले हुए आवेश हैं, तो एक वलय के केन्द्र से दूसरे वलय के केन्द्र तक आवेश q को ले जाने में किया गया कार्य है

(a) शून्य
(b) $q(Q_1 - Q_2)(\sqrt{2}-1)/\sqrt{2}(4\pi\varepsilon_0 R)$
(c) $q\sqrt{2}(Q_1 + Q_2)/(4\pi\varepsilon_0 R)$
(d) $q(Q_1/Q_2)(\sqrt{2}+1)/\sqrt{2}(4\pi\varepsilon_0 R)$

3 छिद्रयुक्त आवेशित डिस्क के अक्ष पर बिन्दु P पर विद्युत विभव है

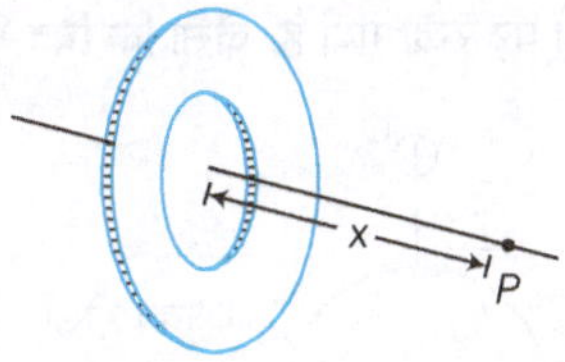

(दिया गया है, छिद्र की त्रिज्या $= a$, बाह्य त्रिज्या $= b$ तथा पृष्ठ पर आवेश घनत्व $= \sigma$)

(a) $k\sigma(\sqrt{x^2+b^2}-\sqrt{x^2+a^2})$

(b) $\frac{k\pi\sigma}{4}(\sqrt{x^2+b^2}-\sqrt{x^2+a^2})$

(c) $4\pi k\sigma(\sqrt{x^2+b^2}-\sqrt{x^2+a^2})$

(d) $2\pi k\sigma(\sqrt{x^2+b^2}-\sqrt{x^2+a^2})$

4 त्रिज्या a और एकसमान धनात्मक पृष्ठीय आवेश घनत्व σ वाली एक अचालक डिस्क को इसके अक्ष के ऊर्ध्वाधर रखते हुए धरातल पर रखा गया है। नगण्य द्रव्यमान 'm' और धनात्मक आवेश q वाले एक कण को शून्य प्रारम्भिक वेग के साथ ऊँचाई H से डिस्क के अक्ष से अनुदिश गिराया जाता है।

कण के लिए, $\frac{q}{m}=\frac{4\varepsilon_0 g}{\sigma}$ है। कण के लिए स्थितिज ऊर्जा (U) तथा ऊँचाई (H) के बीच वक्र है

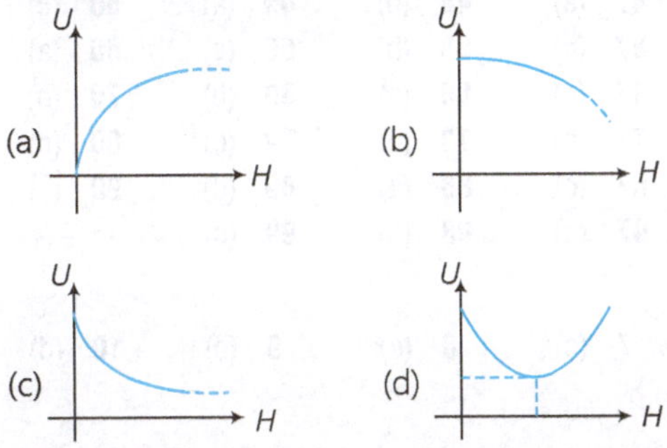

5 दो बड़ी धातु की प्लेटें एक-दूसरे से d दूरी पर $+V_0$ और $-V_0$ विभव पर रखी गई हैं। द्रव्यमान m और त्रिज्या $R(R << d)$ की एक छोटी चालक गेंद, प्लेटों के बीच लटकी हुई है। गेंद को सहारा देने वाला धागा जोकि एक पतला ताँबे का तार है, धरातल से इस प्रकार संयोजित है कि गेंद का विभव $V = 0$ पर स्थिर रहे ।

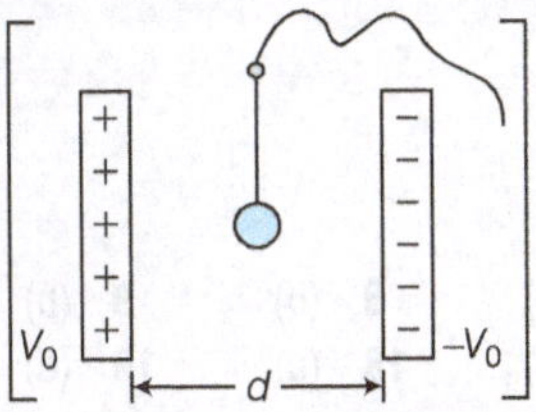

जब, V_0 पर्याप्त रूप से छोटा है, तो गेंद साम्यावस्था में ऊर्ध्वाधर लटकी रहती है।

गेंद की साम्यावस्था अस्थिर होती है जब , V_0 के क्रान्तिक मान

$V_0=\left(\frac{d^2mg}{N(4\pi\varepsilon_0 RL)}\right)^{1/2}$ से अधिक हो जाता है।

उपरोक्त व्यंजक में N का मान है

(a) 2 (b) 3 (c) 4 (d) 6

6 L लम्बाई की एक द्रव्यमानहीन दृढ़ छड़ के प्रत्येक सिरे पर दो छोटे गोले रखे गए हैं, जिनमें से प्रत्येक का द्रव्यमान m और आवेश q है। यह छड़ एकसमान विद्युत क्षेत्र **E** के क्षेत्र में इस प्रकार रखी गई है कि छड़ क्षेत्र की दिशा के साथ एक छोटा कोण θ (लगभग 3 से 5°) बनाती है। छड़ को क्षेत्र के समान्तर होने में कम से कम समय लगेगा।

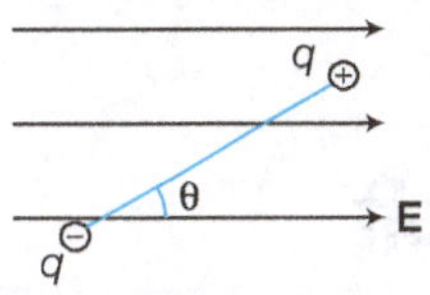

(a) $\frac{\pi}{2}\sqrt{\frac{mL}{2qE}}$ (b) $\frac{\pi}{4}\sqrt{\frac{mL}{qE}}$

(c) $2\pi\sqrt{\frac{mL}{2qE}}$ (d) इनमें से कोई नहीं

7 दो आवेशों q_1 तथा q_2 के मध्य विद्युत क्षेत्र का परिवर्तन, आवेशों को मिलाने वाली रेखा के अनुदिश नीचे दर्शाया गया है। तब,

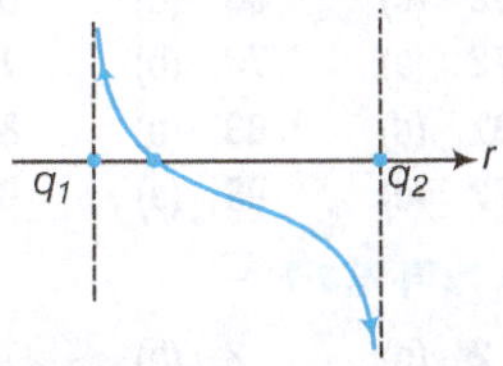

I. q_1 और q_2 धनात्मक हैं और $q_1 < q_2$ है।

II. q_1 और q_2 धनात्मक हैं और $q_1 > q_2$ है।

III. q_1 धनात्मक है, q_2 ऋणात्मक है और $q_1 < q_2$ है।,

IV. q_1 और q_2 ऋणात्मक हैं और $q_1 < q_2$ है

सही विकल्प है

(a) I और II (b) I और IV

(c) II और III (d) II और IV

8 XOY-तल में एक आयताकार सतह $x = 0$ से $x = w$ और $y = 0$ से $y = h$ तक फैली हुई है। यदि विद्युत क्षेत्र $\mathbf{E} = ay\,\hat{\mathbf{i}} + bz\,\hat{\mathbf{j}} + cx\,\hat{\mathbf{k}}$ क्षेत्र में विद्यमान हैं, तो सतह से गुजरने वाला फ्लक्स है

(a) $\frac{cw^2b}{2}$ (b) $\frac{chw^2}{2}$ (c) $\frac{c^2hw}{2}$ (d) $\frac{cw^2a}{2}$

9 दो गोलीय कोश चित्र में दर्शाए गए हैं।

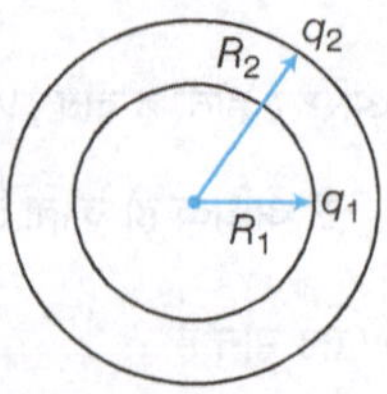

माना उनके उभ्यनिष्ठ केन्द्र से किसी बिन्दु की दूरी r है। तब, $R_1 < r < R_2$ के लिए विद्युत क्षेत्र

(a) q_2 के लिए स्थिर है और q_1 के लिए परिवर्तनीय है
(b) q_2 के लिए शून्य है और q_1 के लिए परिवर्तनीय है
(c) स्थिर है
(d) शून्य है

10 एक बिन्दु आवेश Q को r त्रिज्या r वाले एक काल्पनिक गॉसियन गोले के ऊपर $\frac{r}{2}$ दूरी पर रखा गया है, जैसा कि चित्र में दिखाया गया है।

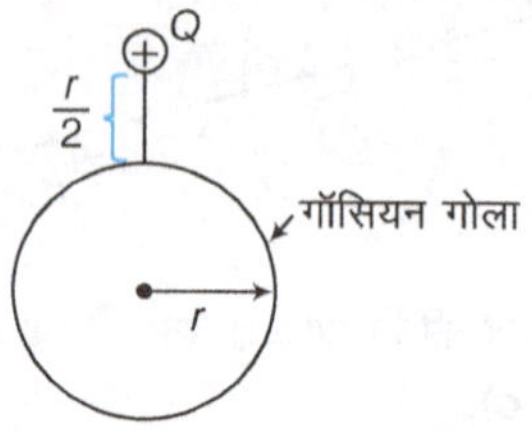

मान लीजिए E, गॉसियन पृष्ठ पर विद्युत क्षेत्र के परिमाण को दर्शाता है। $E_{\text{अधिकतम}} - E_{\text{न्यूनतम}}$ का मान है

(a) $\frac{24Q}{25\pi\varepsilon_0 r^2}$ (b) $\frac{20Q}{17\pi\varepsilon_0 r^2}$ (c) $\frac{12Q}{13\pi\varepsilon_0 r^2}$ (d) $\frac{7Q}{5\pi\varepsilon_0 r^2}$

प्रश्न कुंजी

शीर्षकवार प्रश्न

1 (a)	2 (c)	3 (c)	4 (d)	5 (a)	6 (c)	7 (a)	8 (b)	9 (a)	10 (a)
11 (b)	12 (b)	13 (b)	14 (a)	15 (c)	16 (b)	17 (a)	18 (d)	19 (c)	20 (a)
21 (a)	22 (b)	23 (a)	24 (b)	25 (c)	26 (a)	27 (d)	28 (b)	29 (c)	30 (a)
31 (b)	32 (d)	33 (d)	34 (a)	35 (a)	36 (a)	37 (d)	38 (d)	39 (d)	40 (a)
41 (b)	42 (a)	43 (a)	44 (b)	45 (a)	46 (d)	47 (a)	48 (b)	49 (a)	50 (c)
51 (a)	52 (a)	53 (b)	54 (b)	55 (b)	56 (c)	57 (c)	58 (b)	59 (c)	60 (a)
61 (a)	62 (c)	63 (d)	64 (c)	65 (a)	66 (a)	67 (c)	68 (a)	69 (b)	70 (b)
71 (a)	72 (a)	73 (b)	74 (d)	75 (b)	76 (c)	77 (b)	78 (d)	79 (c)	80 (d)
81 (b)	82 (d)	83 (b)	84 (d)	85 (c)	86 (c)	87 (c)	88 (a)	89 (d)	90 (c)
91 (b)	92 (d)	93 (a)	94 (d)	95 (c)	96 (d)	97 (c)	98 (b)	99 (c)	

अभिकथन-कारण प्रश्न

1 (a)	2 (d)	3 (b)	4 (a)	5 (a)	6 (c)	7 (c)	8 (c)	9 (c)	10 (d)

कथन आधारित प्रश्न

1 (c)	2 (d)	3 (b)	4 (d)	5 (a)	6 (d)	7 (c)	8 (a)

सुमेलन प्रकार प्रश्न

1 (c)	2 (b)	3 (c)	4 (b)

आंकिक मान प्रकार के प्रश्न

1 (12)	2 (72)	3 (150)	4 (885)	5 (504)	6 (45)	7 (20)	8 (4)	9 (8)	10 (2)

NCERT Exemplar प्रश्न

1 (c)	2 (c)	3 (a)	4 (c)

विगत परीक्षाओं के प्रश्न

1 (c)	2 (d)	3 (b)	4 (a)	5 (d)	6 (a)	7 (d)	8 (b)	9 (b)	10 (b)
11 (a)	12 (b)	13 (c)	14 (b)	15 (c)	16 (a)	17 (b)	18 (c)	19 (d)	

स्किल बूस्टर्स

1 (c)	2 (b)	3 (d)	4 (d)	5 (c)	6 (a)	7 (b)	8 (b)	9 (b)	10 (a)

क्रमवार

प्रश्नों का विश्लेषण

कॉन्सेप्ट बिल्डर्स

1 नहीं	2 असत्य
3 सत्य	4 सत्य
5 गोलाकार, बेलनाकार	6 छोटी
7 सत्य	8 असत्य
9 कम	10 शून्य
11 असत्य	12 चालक
13 कर सकती हैं	14 सत्य
15 सत्य	16 स्वतन्त्र
17 $-pE$	18 असत्य
19 बढ़ती है, घटता है	20 शून्य, अशून्य

शीर्षकवार प्रश्न

4 *(d)* चूँकि, $V_B - V_A = \frac{W_{AB}}{q_0}$

$$V - (-10 \text{ वोल्ट}) = \frac{100 \text{ जूल}}{4 \text{ कूलॉम}} = 25 \text{ वोल्ट}$$

$$V = 25 \text{ वोल्ट} - 10 \text{ वोल्ट} = 15 \text{ वोल्ट}$$

6 *(c)* $$|E| = \left.\frac{dV}{dx}\right|_{x=4} = -\frac{d}{dx}\left(4x^{\frac{3}{2}}\right)\Bigg|_{x=4}$$

$$= 4 \times \frac{3}{2}x^{\frac{1}{2}}\Bigg|_{x=4} = 6 \times (4)^{\frac{1}{2}}$$

$$= 12 \text{ वोल्ट/मी}$$

8 *(b)* दूरी r पर रखे दो धनात्मक आवेशों q_1 व q_2 के बीच लगने वाला स्थिरवैद्युत बल

$$\mathbf{F}_{21} = \frac{q_1 q_2}{4\pi\varepsilon_0 r^2}\hat{\mathbf{r}}$$

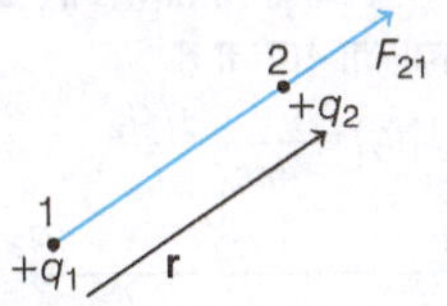

इस स्थिति में $q_1 = +Q, q_2 = +1$ कूलॉम

तथा $r = r'$

$$\Rightarrow \qquad \mathbf{F} = \frac{Q \times 1}{4\pi\varepsilon_0 (\mathbf{r})^2}\hat{\mathbf{r}}' \qquad \ldots\text{(i)}$$

बाह्य बल द्वारा किया गया कुल कार्य W, समीकरण का समाकलन करके प्राप्त किया जाता है।

(i) $r' = \infty$ से $r' = r$ तक

$$\therefore W = -\int_{\infty}^{r} \frac{Q}{4\pi\varepsilon_0 (r')^2} dr' = \left|\frac{Q}{4\pi\varepsilon_0 r'}\right|_{\infty}^{r} = \frac{Q}{4\pi\varepsilon_0 r}$$

9 *(a)* मूलबिन्दु O पर रखे बिन्दु आवेश q के कारण बिन्दु A पर विभव,

$$V_A = \frac{1}{4\pi\varepsilon_0} \cdot \frac{q}{a}$$

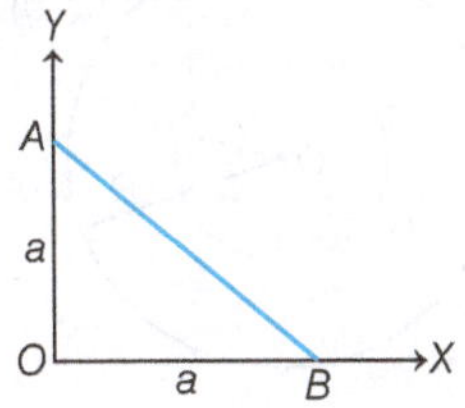

इसी प्रकार,

बिन्दु B पर विभव, $V_B = \frac{1}{4\pi\varepsilon_0} \cdot \frac{q}{a}$

अतः परीक्षण आवेश $-Q$ को A से B तक ले जाने में किया गया कार्य,

$$W = (V_A - V_B) \times Q = 0$$

10 *(a)* $E = \frac{KQ}{r} \Rightarrow E \propto \frac{1}{r^2}$

तथा विभव, $V = \frac{KQ}{r}$

$$\Rightarrow \qquad V \propto \frac{1}{r}$$

अतः r के ऐसे मानों के लिए, जहाँ $0 < r < 1$, E का मान V से अधिक होगा।

और $r > 1$ के लिए, E का मान V की तुलना में कम होगा।

$\therefore$ दिए गए ग्राफ से यह निष्कर्ष निकाला जा सकता है कि वक्र I, E तथा r के मध्य वक्र को दर्शाता है और वक्र II, V तथा r के मध्य वक्र को दर्शाता है।

14 *(a)*

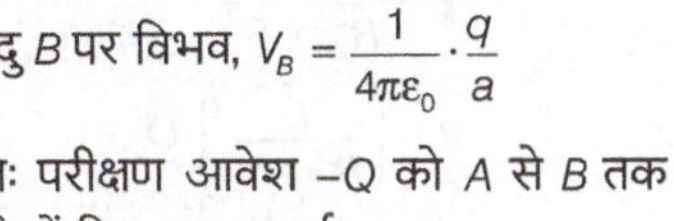

प्रश्नानुसार,

$$\frac{1}{4\pi\varepsilon_0}\left[\frac{3 \times 10^{-8}}{x \times 10^{-2}} - \frac{2 \times 10^{-8}}{(15 - x) \times 10^{-2}}\right] = 0$$

$$\Rightarrow \quad \frac{3}{x} - \frac{2}{15 - x} = 0$$

जिससे $x = 9$ सेमी प्राप्त होता है

यदि x विस्तारित रेखा OA पर स्थित है, तो आवश्यक शर्त है

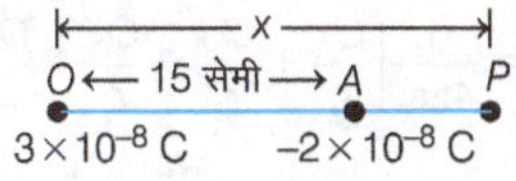

$$\frac{3}{x} - \frac{2}{15 - x} = 0$$

जिससे $x = 45$ सेमी प्राप्त होता है

इस प्रकार, ऋणात्मक आवेश की ओर धनात्मक आवेश से 9 सेमी तथा 45 सेमी दूरी पर वैद्युत विभव शून्य है।

15 *(c)* मान लीजिए, V_1 एक आवेश के कारण घन के केन्द्र पर विभव है।

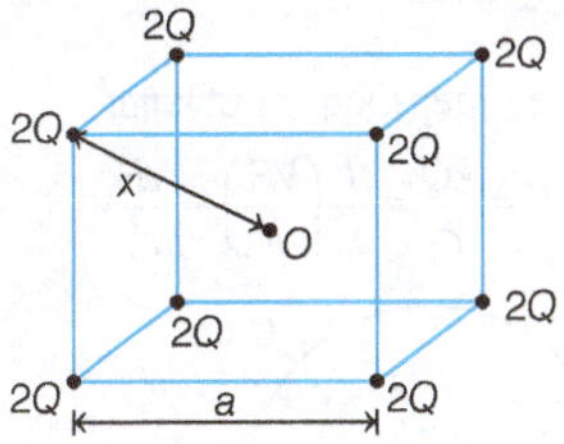

$$\Rightarrow \quad V_1 = \frac{1}{4\pi\varepsilon_0} \cdot \frac{2Q}{x}$$

घन के केन्द्र से उसके कोने की दूरी,

$$x = \frac{a\sqrt{3}}{2}$$

घन के सभी आठ कोनों के कारण घन के केन्द्र पर विभव,

$$V = 8V_1 = 8\left[\frac{1}{4\pi\varepsilon_0} \frac{2Q \times 2}{\sqrt{3}a}\right]$$

$$= \frac{32Q}{4\pi\varepsilon_0\sqrt{3} \times a} = \frac{8Q}{\sqrt{3}\pi\varepsilon_0 a}$$

16 *(b)* $$V = \frac{Q}{4\pi\varepsilon_0}\left[\frac{1}{r_1} + \frac{1}{r_2} + \frac{1}{r_3} \ldots\ldots\right]$$

$$= \frac{Q}{4\pi\varepsilon_0}\left[\frac{1}{1} + \frac{1}{2} + \frac{1}{4} + \frac{1}{8} + \ldots\ldots\right]$$

$$= \frac{Q}{4\pi\varepsilon_0} \cdot \frac{1}{\left(1 - \frac{1}{2}\right)}$$

$$= \frac{q}{4\pi\varepsilon_0\left(\frac{1}{2}\right)} = \frac{2Q}{4\pi\varepsilon_0}$$

18 *(d)*

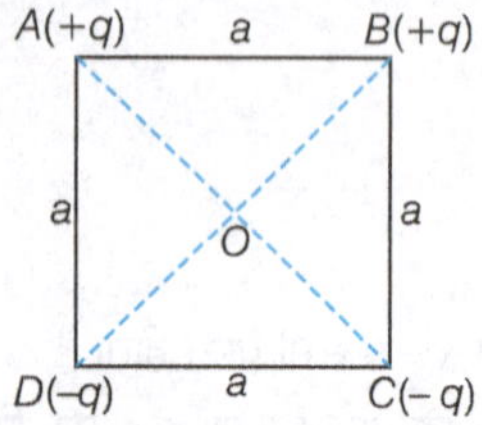

O पर विद्युत विभव,

$$V = \frac{1}{4\pi\varepsilon_0}\left(\frac{Q_A}{r_A} + \frac{Q_B}{r_B} + \frac{Q_C}{r_C} + \frac{Q_D}{r_D}\right)$$

$$r_A = r_B = r_C = r_D = \frac{\sqrt{2}a}{2} = \frac{a}{\sqrt{2}}$$

$$\therefore \quad V = \frac{1}{4\pi\varepsilon_0}\left[\frac{2 \times q}{\left(\frac{a}{\sqrt{2}}\right)} + \frac{2 \times (-q)}{\left(\frac{a}{\sqrt{2}}\right)}\right] = 0$$

19 *(c)* धातु के गोले का विभव,

$$V = \frac{kQ}{R}$$

$$\therefore \quad Q = \frac{VR}{k}$$

दूरी r पर विद्युत क्षेत्र का परिमाण

$$E = \frac{kQ}{r^2} = \frac{k}{r^2}\left(\frac{VR}{k}\right) = \frac{VR}{r^2}$$

22 *(b)*

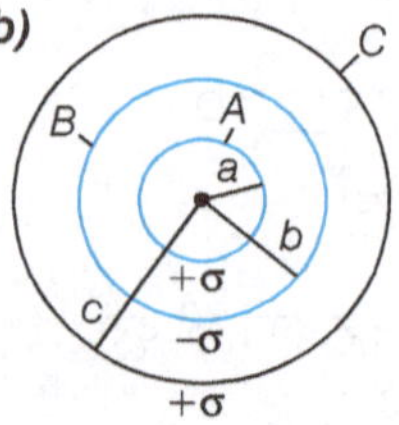

$$\therefore \quad V_B = \frac{k(Q_A + Q_B)}{b} + \frac{kQ_c}{c}$$

$$= \frac{1}{4\pi\varepsilon_0}\left[\frac{\sigma 4\pi a^2}{b} - \frac{\sigma 4\pi b^2}{b} + \frac{\sigma 4\pi c^2}{c}\right]$$

$$V_B = \frac{\sigma}{\varepsilon_0}\left(\frac{a^2 - b^2}{b} + c\right)$$

23 *(a)* बड़ी बूँद के लिए,

$$V = \frac{kQ}{R} = 1 \text{ वोल्ट}$$

अब, $\frac{4}{3}\pi R^3 = 8 \times \frac{4}{3}\pi r^3$

$$\therefore \quad r = \frac{R}{2} \text{ तथा } \rho_{\text{छोटा}} = \rho_{\text{बड़ा}}$$

$$\Rightarrow \quad \frac{q}{\frac{4}{3}\pi r^3} = \frac{Q}{\frac{4}{3}\pi R^3} \Rightarrow q = \frac{Q}{8}$$

$\therefore$ छोटी बूँद का विभव

$$V = \frac{kq}{r} = \frac{k\left(\frac{Q}{8}\right)}{\left(\frac{R}{2}\right)}$$

$$= \frac{1}{4}\left(\frac{kQ}{R}\right) = \frac{1}{4} \times 1 = \frac{1}{4} \text{ वोल्ट}$$

$$= 0.25 \text{ वोल्ट}$$

25 *(c)* दिया गया है, $\sigma_1 = \sigma_2$

$$\frac{q}{4\pi r^2} = \frac{Q - q}{4\pi R^2}$$

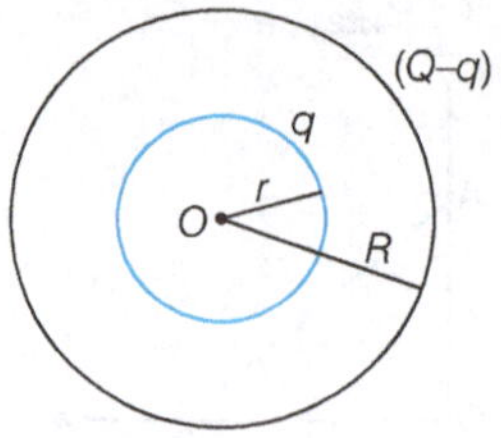

$$\frac{q}{r^2} = \frac{Q}{R^2} - \frac{q}{R^2}$$

$$\therefore \quad q = \left(\frac{r^2}{R^2 + r^2}\right) \cdot Q$$

$$Q - q = \left(\frac{R^2}{R^2 + r^2}\right) \cdot Q$$

कोश के उभयनिष्ठ केन्द्र पर विद्युत विभव,

$$V_0 = \frac{1}{4\pi\varepsilon_0} \cdot \frac{q}{r} + \frac{1}{4\pi\varepsilon_0} \cdot \frac{(Q - q)}{R}$$

$$= \frac{Q(r + R)}{4\pi\varepsilon_0(R^2 + r^2)}$$

26 *(a)* $\Delta V = V_1 - V_2$

$$= \left[\frac{1}{4\pi\varepsilon_0} \cdot \frac{Q}{R_1}\right] - \left[\frac{1}{4\pi\varepsilon_0} \cdot \frac{Q}{R_2}\right] = V$$

$$\Rightarrow \quad \Delta V' = V'_1 - V'_2$$

$$= \left[\frac{1}{4\pi\varepsilon_0} \cdot \frac{Q}{R_1} + \frac{1}{4\pi\varepsilon_0} \cdot \frac{3Q}{R_2}\right]$$

$$- \left[\frac{1}{4\pi\varepsilon_0} \cdot \frac{Q}{R_2} + \frac{1}{4\pi\varepsilon_0} \cdot \frac{3Q}{R_2}\right]$$

$$= \left[\frac{1}{4\pi\varepsilon_0} \cdot \frac{Q}{R_1} - \frac{1}{4\pi\varepsilon_0} \cdot \frac{Q}{R_2}\right] = V$$

27 *(d)* विद्युत क्षेत्र की तीव्रता आवेशित चालक के तीक्ष्ण किनारों के पास तथा उच्च आवेश घनत्व वाले क्षेत्रों के पास अधिक होती है। इसलिए, समविभव सतहें सदैव समान दूरी पर नहीं होती हैं।

30 *(a)* विद्युत क्षेत्र रेखाएँ समविभव सतहों के लम्बवत् होती हैं और विभव में कमी की दिशा की ओर निर्दिष्ट करती हैं। अतः P पर विद्युत क्षेत्र **E** बाईं ओर है और R पर **E** ऊपर की ओर है।

31 *(b)* चूँकि विद्युत क्षेत्र, $E = \left|\frac{V}{r}\right|$

$\therefore$ बिन्दु आवेश की दूरी,

$$r = \frac{V}{E} = \frac{600 \text{ वोल्ट}}{200 \text{ न्यूटन-कूलॉम}^{-1}} = 3 \text{ मी}$$

32 *(d)* बिन्दु A और B के बीच विभवान्तर है

$$V_B - V_A = -\int_{a_1}^{a_2} E dx - \int_{b_1}^{b_2} E dy$$

$$= -100\int_3^1 dx - 100\int_1^3 dy = 0$$

33 *(d)* $E = -\left.\frac{dV}{dx}\right|_{x=1} = 10x - 10\Big|_{x=1}$

$$= 10 \times 1 - 10 = 0$$

34 *(a)* $E = \left|\frac{-dV}{dr}\right| = \left|\frac{V_2 - V_1}{x \sin 45°}\right| = \frac{10}{(1) \sin 45°}$

$= 10\sqrt{2}$ वोल्ट/मी (X-अक्ष के साथ 45° पर)

$(\because x = 1)$

35 *(a)* $V_{x=2} = -\frac{1}{2} \times 2 \times 10 = 10$ वोल्ट

$$V_{x=6} = -\left(\frac{1}{2} \times 2 \times 10\right) + [(4 - 2) \times 10] + \left(\frac{1}{2} \times 2 \times 10\right)$$

$$= -[10 + 20 + 10] = -40 \text{ वोल्ट}$$

$$\Delta V = V_{x=2} - V_{x=6} = 30 \text{ वोल्ट}$$

36 *(a)* सर्वप्रथम, आवेश q_1 को अनन्त से बिन्दु r तक लाने में कोई कार्य नहीं किया जाता है। अतः आवेश q_2 को अन्त से r_2 तक लाने में q_1 एक विभव V_1 उत्पन्न करता है, इसीलिए इस चरण में कार्य किया जाता है और इसे निम्न प्रकार दिया जा सकता है

$$W_1 = q_2 V_1(r_2) = \frac{1}{4\pi\varepsilon_0} \cdot \frac{q_1 q_2}{r_{12}} \quad \ldots(i)$$

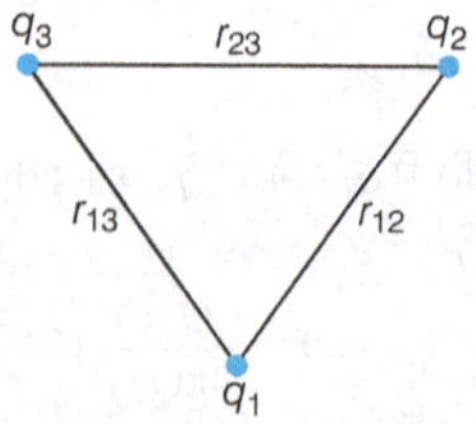

अब आवेश q_3 को अनन्त से बिन्दु r_3 तक लाने में किया गया कार्य,

$$W_2 = \frac{1}{4\pi\varepsilon_0}\left(\frac{q_1q_3}{r_{13}} + \frac{q_2q_3}{r_{23}}\right) \quad \ldots(ii)$$

दिए गए स्थानों पर आवेशों को एकत्रित करने में किया गया कुल कार्य समीकरणों (i) और (ii) को संयोजित करके प्राप्त किया जाता है।

किया गया यह कार्य, स्थितिज ऊर्जा के रूप में संग्रहित होता है तथा निम्न प्रकार दिया जाता है

$$U = W_1 + W_2$$

$$= \frac{1}{4\pi\varepsilon_0}\left(\frac{q_1q_2}{r_{12}} + \frac{q_1q_3}{r_{13}} + \frac{q_2q_3}{r_{23}}\right)$$

37 *(d)* अध्यारोपण के सिद्धान्त के अनुसार, आवेशित निकाय की कुल ऊर्जा,

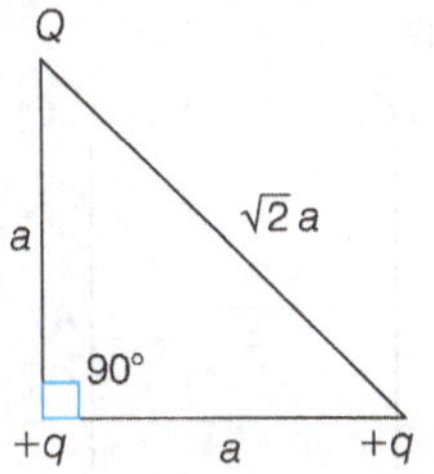

$$U = \frac{Kq^2}{a} + \frac{KQq}{a} + \frac{KQq}{\sqrt{2}a}$$

परन्तु दिया गया है, $U = 0$

$$\therefore \frac{kq}{a}\left[q + Q + \frac{Q}{\sqrt{2}}\right] = 0$$

$$\Rightarrow \quad Q = \frac{-\sqrt{2} \times q}{(\sqrt{2}+1)}$$

38 *(d)* यहाँ, निकाय की स्थितिज ऊर्जा,

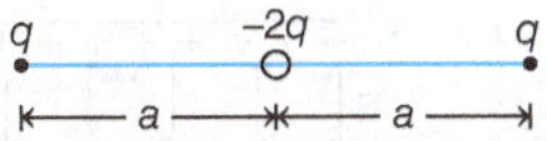

$$U = \frac{1}{4\pi\varepsilon_0}\left[\frac{q_1q_2}{r_{12}} + \frac{q_1q_3}{r_{13}} + \frac{q_2q_3}{r_{23}}\right]$$

$$= \frac{1}{4\pi\varepsilon_0}\left[\frac{qq}{2a} + \frac{q(-2q)}{a} + \frac{q(-2q)}{a}\right]$$

$$= \frac{-7q^2}{8\pi\varepsilon_0 a}$$

39 *(d)* a से $2a$ तक की दूरी बढ़ाने में किया गया कार्य,

$$W = U_f - U_i \quad \ldots(i)$$

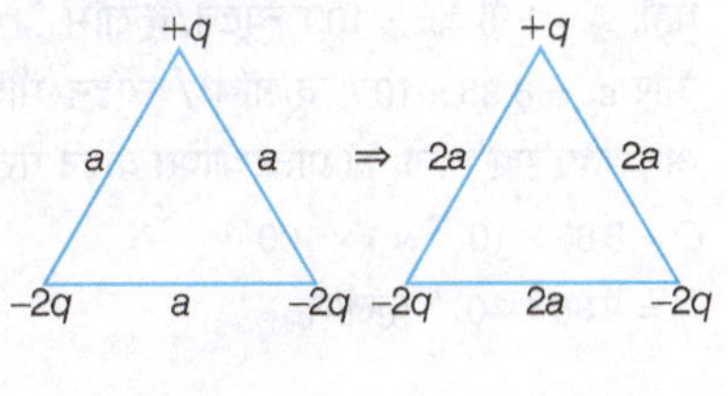

यहाँ, $U_i = \frac{1}{4\pi\varepsilon_0}$

$$\left[\frac{q(-2q)}{a} + \frac{q(-2q)}{a} + \frac{(-2q)(-2q)}{a}\right]$$

$$= \frac{1}{4\pi\varepsilon_0 a}[-2q^2 - 2q^2 + 4q^2] = 0$$

इसी प्रकार,

$$U_f = \frac{1}{4\pi\varepsilon_0(2a)}(-2q^2 - 2q^2 + 4q^2)$$

$$= 0$$

अतः समीकरण (i) से,

$$W = U_f - U_i = 0$$

40 *(a)* जब आवेश q_3, C पर है, तो निकाय की स्थितिज ऊर्जा,

$$U_C = \frac{1}{4\pi\varepsilon_0}\left[\left(\frac{q_1q_3}{AC} + \frac{q_2q_3}{BC}\right) + \frac{q_1q_2}{AB}\right]$$

$$= \frac{1}{4\pi\varepsilon_0}\left\{\left(\frac{q_1q_3}{0.4} + \frac{q_2q_3}{0.5}\right) + \frac{q_1q_2}{0.3}\right\}$$

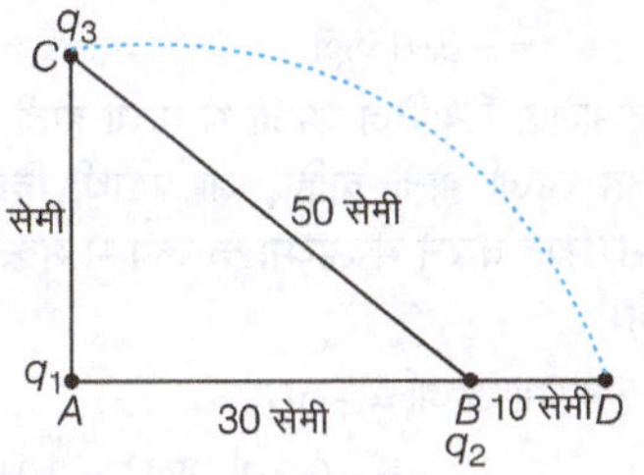

इसी प्रकार, जब आवेश q_3 बिन्दु D पर है, तो स्थितिज ऊर्जा है,

$$U_D = \frac{1}{4\pi\varepsilon_0}\left[\left(\frac{q_1q_3}{AD} + \frac{q_2q_3}{eD}\right) + \frac{q_1q_2}{AB}\right]$$

$$= \frac{1}{4\pi\varepsilon_0}\left\{\left(\frac{q_1q_3}{0.4} + \frac{q_2q_3}{0.1}\right) + \frac{q_1q_2}{0.3}\right\}$$

स्थितिज ऊर्जा में परिवर्तन,

$$\Delta U = U_D - U_C$$

$$\frac{q_3}{4\pi\varepsilon_0}K = \frac{1}{4\pi\varepsilon_0}\left(\frac{q_2q_3}{0.1} - \frac{q_2q_3}{0.5}\right)$$

$$\left[\because \Delta U = \frac{q_3K}{4\pi\varepsilon_0}\right]$$

$$\Rightarrow K = \left(\frac{q_2}{0.1} - \frac{q_2}{0.5}\right)$$

$$\Rightarrow K = 8q_2$$

42 *(a)* मान लीजिए, पहले आवेश $+q$ को बिन्दु A पर लाया जाता है और फिर, आवेश $-q$, $+q$ और $-q$ को क्रमशः बिन्दुओं B, C और D पर लाया जाता है। अतः आवश्यक कुल कार्य की गणना निम्न चरणों में की जा सकती है

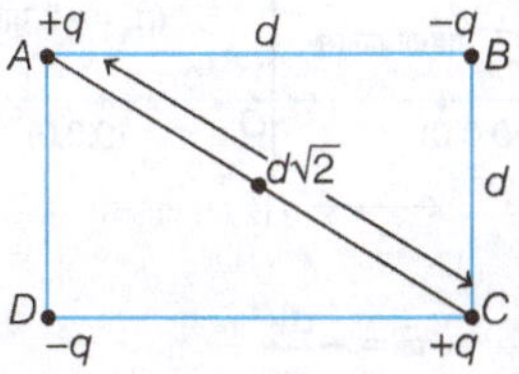

(i) आवेश $+q$ को बिन्दु A तक लाने के लिए आवश्यक कार्य, जब अन्य कोई आवेश उपस्थित नहीं है।

(ii) जब $+q$ बिन्दु A पर है, तब $-q$ को बिन्दु B तक लाने के लिए आवश्यक, कार्य। इसे (B पर आवेश) × (A पर आवेश $+q$ के कारण B पर स्थिरवैद्युत विभव) द्वारा व्यक्त किया जाता है।

$$= -q \times \left(\frac{q}{4\pi\varepsilon_0 d}\right)$$

$$= \frac{-q^2}{4\pi\varepsilon_0 d}$$

(iii) आवेश $+q$ को बिन्दु C तक लाने के लिए आवश्यक कार्य, जब $+q$ बिन्दु A पर तथा $-q$ बिन्दु B पर हो। यह (C पर आवेश) × (A और B पर आवेशों के कारण C पर विभव) द्वारा दिया जाता है।

$$= +q\left(\frac{+q}{4\pi\varepsilon_0 d\sqrt{2}} + \frac{-q^2}{4\pi\varepsilon_0 d}\right)$$

$$= \frac{-q^2}{4\pi\varepsilon_0 d}\left(1 - \frac{1}{\sqrt{2}}\right)$$

(iv) $-q$ को बिन्दु D तक लाने के लिए आवश्यक कार्य, जब A पर $+q$, B पर $-q$ तथा C पर $+q$ हो। यह (आवेश पर) निम्न प्रकार दिया जाता है

(D पर आवेश) × (A, B और C पर आवेशों के कारण D पर विभव)

$$= -q\left(\frac{+q}{4\pi\varepsilon_0 d} + \frac{-q}{4\pi\varepsilon_0 d\sqrt{2}} + \frac{q}{4\pi\varepsilon_0 d}\right)$$

$$= \frac{-q^2}{4\pi\varepsilon_0 d}\left(1 - \frac{1}{\sqrt{2}}\right)$$

(i), (ii), (iii) और (iv) चरणों में किए गए कार्य को जोड़ने पर, कुल आवश्यक कार्य है

$$= \frac{-q^2}{4\pi\varepsilon_0 d}\left\{(0) + (1) + \left(1 - \frac{1}{\sqrt{2}}\right) + \left(2 - \frac{1}{\sqrt{2}}\right)\right\}$$

$$= \frac{-q^2}{4\pi\varepsilon_0 d}(4 - \sqrt{2})$$

44 *(b)*

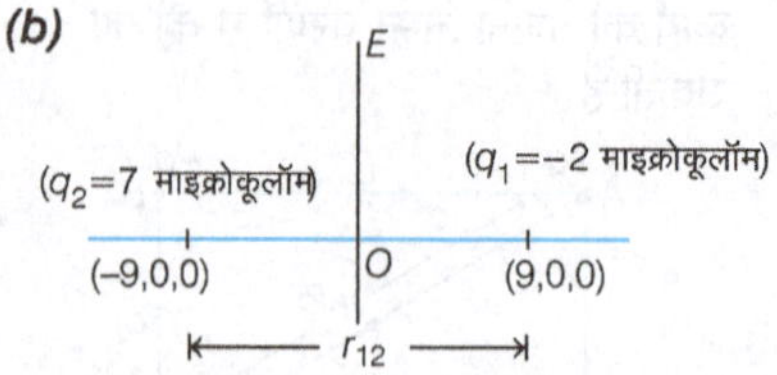

$$E = -\frac{dV}{dr}$$

$$\Rightarrow \int_{\infty}^{r_1} \frac{A}{r^2} dr = -\int_0^{V_1} dV$$

$$\Rightarrow \frac{A}{r_1} = V_1$$

या $V_1 = A/r_1$ और $V_2 = A/r_2$

निकाय की कुल स्थिरवैद्युत ऊर्जा

$$= q_1V_1 + q_2V_2 + \frac{kq_1q_2}{r_{12}}$$

$$= A\left(\frac{-2\times10^{-6}}{0.09}\right) + A\left(\frac{7\times10^{-6}}{0.09}\right) + \left(\frac{-9\times10^{9}\times7\times2\times10^{-12}}{0.18}\right)$$

$$= \frac{9\times10^5(5\times10^{-6})}{0.09} - 0.7 \text{ जूल}$$

$$= 50 \text{ जूल} - 0.7 \text{ जूल} = 49.3 \text{ जूल}$$

45 *(a)* दिया गया है, $V_B > V_A$

A और B के बीच स्थितिज ऊर्जा,

$U_B - U_A = q(V_B - V_A)$

जैसे, $V_B > V_A \Rightarrow U_B > U_A$

$\therefore$ A से B तक जाने पर स्थितिज ऊर्जा बढ़ती है।

47 *(a)* अधिकतम बल आघूर्ण के लिए,

$$\theta = 90^\circ$$

$$\tau_{\text{अधिकतम}} = pE\sin 90^\circ$$

अर्थात् $\tau_{\text{अधिकतम}} = pE$

$$\Rightarrow \tau_{\text{अधिकतम}} = q\times 2l\times E$$

$$= (3.5\times10^{-6})\times 4.2\times10^{-2}\times 5.87\times10^5$$

$$= 86.289\times10^{-3} \text{ न्यूटन/मी}$$

द्विध्रुव को θ_0 कोण से θ कोण तक घुमाने में किया गया कार्य,

$$W = \int_{\theta_0}^{\theta} pE\sin\theta d\theta$$

$$= pE[\cos\theta_0 - \cos\theta]$$

यहाँ, $\theta_0 = 0^0$ तथा $\theta = 180^\circ$

$$W = pE(\cos 0^\circ - \cos 180^\circ)$$

$$\Rightarrow W = 2pE$$

$$= 2\times q\times 2l\times E$$

$$= 2\times(93.5\times10^{-6})\times(94.2\times10^{-2})\times 5.87\times10^5$$

$$= 1.725\times10^{-1} \text{ जूल}$$

$$\approx 1.72\times10^{-1} \text{ जूल}$$

48 *(b)* अभी अणुओं का कुल द्विध्रुव आघूर्ण,

$$p = 6.02\times10^{23}\times10^{-29} \text{ कूलॉम-मी}$$

$$= 6.02\times10^{-6} \text{ कूलॉम-मी}$$

प्रारम्भिक स्थितिज ऊर्जा,

$$U_i = -pE\cos\theta$$

$$= -6.02\times10^{-6}\times10\times6\cos 60^\circ$$

$$= -6.02\times\frac{1}{2} = -3.01 \text{ जूल}$$

अन्तिम स्थितिज ऊर्जा (जब $\theta = 0^\circ$)

$$U_f = -6.02\times10^{-6}\times10^6\times\cos 0^\circ$$

$$= -6.02 \text{ जूल}$$

स्थितिज ऊर्जा में परिवर्तन

$$= -6.02 \text{ जूल} - (-3.01 \text{ जूल})$$

$$= -3.01 \text{ जूल}$$

इसलिए, स्थितिज ऊर्जा में कमी होती है। यह वह ऊर्जा होनी चाहिए जो पदार्थ, द्विध्रुव को संरेखित करने में ऊष्मा के रूप में मुक्त करते हैं।

$\therefore$ ऊष्मा ऊर्जा $= -\Delta U$

$$= -(-3.01 \text{ जूल}) = 3.01 \text{ जूल}$$

54 *(b)* चूँकि, ध्रुवीकरण, $P = \varepsilon_0\chi_e E$

और $\varepsilon_r = 1 + \chi_e$

$$\Rightarrow P = \varepsilon_0(\varepsilon_r - 1)E$$

यदि n प्रति एकांक आयतन में हीलियम परमाणुओं की संख्या है और p प्रति परमाणु द्विध्रुव आघूर्ण है, तब

$$P = np$$

या $p = \frac{P}{n} = \frac{\varepsilon_0(\varepsilon_r - 1)E}{n}$ ...(i)

चूँकि, NTP पर, गैस का 1 मोल (6.02×10^{23} परमाणु) 22.4 लीटर (अर्थात् 22.4×10^{-3} मी^{3}) आयतन घेरता है। तब,

$$n = \frac{6.02\times10^{23}}{22.4\times10^{-3}}$$

$$= 2.69\times10^{25} \text{ /मी}^{-3}$$ ...(ii)

समी (i) और (ii) से,

$$p = \frac{8.85\times10^{-12}(1.00074-1)(10)}{2.69\times10^{25}}$$

$$= 2.4\times10^{-39} \text{ कूलॉम-मी}$$

55 *(b)* दो संधारित्र नीचे दिए गए हैं

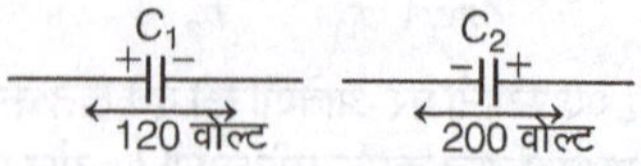

संयोजन के बाद विभव शून्य करने के लिए, दोनों संधारित्रों पर आवेश बराबर होना चाहिए।

$\therefore$ $q_1 = q_2 \Rightarrow C_1V_1 = C_2V_2$

या $120C_1 = 200C_2 \Rightarrow 3C_1 = 5C_2$

56 *(c)* संधारित्र के लिए, $C = \frac{\varepsilon_0 A}{d}$

प्रारम्भिक आवेश, $q = CV$ ...(i)

जब संधारित्र की ऋणात्मक प्लेट को $+Q$ आवेश दिया जाता है, तो संधारित्र के सिरों पर विभवान्तर,

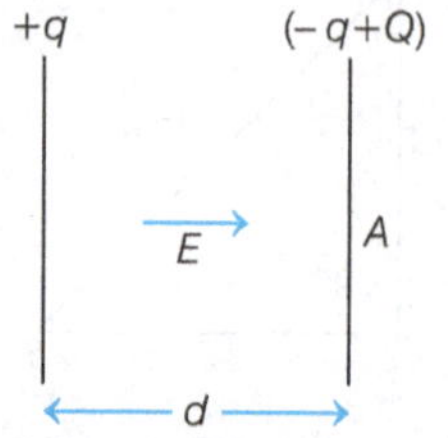

$$V' = Ed = \frac{qd}{2A\varepsilon_0} + \frac{qd}{2A\varepsilon_0} - \frac{Qd}{2A\varepsilon_0}$$

$$= \frac{qd}{A\varepsilon_0} - \frac{Qd}{2A\varepsilon_0} = \frac{q}{C} - \frac{Q}{2C}$$

$$= V - \frac{Q}{2C}$$ [समी (i) से]

57 *(c)*

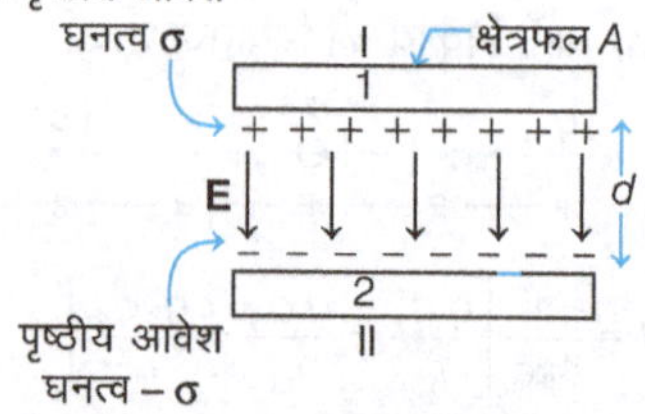

बाह्य क्षेत्र I (प्लेट 1 के ऊपर का क्षेत्र) में विद्युत क्षेत्र

$$E = E_\sigma + E_{-\sigma} = \frac{\sigma}{2\varepsilon_0} - \frac{\sigma}{2\varepsilon_0} = 0$$

58 *(b)* यदि Q = प्रत्येक प्लेट पर आवेश, तब

$$Q = CV = \frac{\varepsilon_0 A}{d}\cdot Ed = \varepsilon_0 AE$$

यहाँ, $A = 1$ मी^{2}, $E = 100$ न्यूटन/कूलॉम

और $\varepsilon_0 = 8.85\times10^{-12}$ कूलॉम^2/ न्यूटन-मी^{2}

अतः दिए गए मानों को प्रतिस्थापित करने पर,

$$Q = 8.85\times10^{-12}\times1\times100$$

$$= 8.85\times10^{-10} \text{ कूलॉम}$$

59 *(c)* जब संधारित्र को बैटरी से अलग कर दिया जाता है, तो आवेश, $Q =$ स्थिरांक

$\therefore \quad Q = CV = \left(\frac{\varepsilon_0 A}{d}\right) V =$ नियतांक

$\Rightarrow \quad V \propto d$

$\therefore$ जब पृथक्करण बढ़ता है, तो विभवान्तर भी बढ़ता है।

60 *(a)* संधारित्र का आवेश,

$$q = \Delta q_{\text{कुल}} = \frac{4-2}{2} = 1 \text{ माइक्रोकूलॉम}$$

संधारित्र की प्लेटों के बीच विभवान्तर

$$V = \frac{Q}{C} = \frac{1 \text{ माइक्रोकूलॉम}}{1 \text{ माइक्रोफैरड}} = 1 \text{ वोल्ट}$$

61 *(a)* परावैद्युत के अन्दर विद्युत क्षेत्र

$$= \frac{\sigma}{K\varepsilon_0} = 3 \times 10^4$$

इस प्रकार, आवेश घनत्व,

$$\sigma = K\varepsilon_0 \times 3 \times 10^4$$
$$= 2.2 \times 8.85 \times 10^{-12} \times 3 \times 10^4$$
$$= 5.841 \times 10^{-7} \approx 6 \times 10^{-7} \text{ कूलॉम/मी}^2$$

62 *(c)* प्रारम्भ में,

$$C_0 = \frac{\varepsilon_0 A}{d} = 18 \text{ माइक्रोफैरड} \quad \ldots(i)$$

जब $d' = 3d$ और एक परावैद्युत माध्यम प्रविष्ट कराया जाता है, तब धारिता,

$$C = \frac{K\varepsilon_0 A}{3d} = 72 \text{ माइक्रोफैरड} \quad \ldots(ii)$$

समी (ii) को (i) से विभाजित करने पर,

$$\frac{K}{3} = \frac{72}{18} = 4$$

$\therefore$ परावैद्युत स्थिरांक, $K = 12$

63 *(d)* $\frac{C'd'}{K} = Cd$ ($\because \varepsilon_0 A =$ स्थिरांक)

दिया है, $\quad C' = C \Rightarrow d' = Kd$

$\Rightarrow \quad d' = 2 \times 3 = 6$ मिमी

64 *(c)* वायु के साथ एक समान्तर प्लेट संधारित्र की धारिता, $C = \frac{\varepsilon_0 A}{d}$

तथा परावैद्युत माध्यम प्रयोग करने पर समान्तर प्लेट संधारित्र की धारिता,

$$C' = \frac{K\varepsilon_0 A}{d}$$

$\therefore \quad K = \frac{C'}{C} = \frac{15}{3} = 5$ तथा $K = \frac{\varepsilon}{\varepsilon_0}$

या $\varepsilon = K\varepsilon_0 = 5 \times 8.854 \times 10^{-12}$

$= 0.4427 \times 10^{-10}$ कूलॉम^2/ न्यूटन^2-मी^{2}

65 *(a)* यदि प्लेटों के बीच की दूरी d हो, तब

$$d = \frac{V}{E} = \frac{30}{30 \times 10^6} = 10^{-6} \text{ मी}$$

संधारित्र की धारिता, $C = \frac{\varepsilon_0 \varepsilon_r A}{d}$

$$15 \times 10^{-9} = \frac{8.85 \times 10^{-12} \times 2.5 \times A}{10^{-6}}$$

$\Rightarrow \quad A = 6.7 \times 10^{-4}$ मी^{2}

66 *(a)* माना, जब संधारित्र की प्लेटों के बीच कोई परावैद्युत नहीं है, तब प्लेटों का विभवान्तर V_0 तथा वैद्युत क्षेत्र, $E = \frac{V_0}{d}$

यदि प्लेटों का परावैद्युत भरा जाता है, तब वैद्युत क्षेत्र, $E = \frac{E_0}{K}$ तथा विभावन्तर,

$$V = E_0\left(\frac{1}{4}d\right) + \frac{E_0}{K}\left(\frac{3}{4}d\right) = E_0 d\left(\frac{1}{4} + \frac{3}{4K}\right)$$

$$= V_0 \cdot \left(\frac{K+3}{4K}\right) \qquad (\because V = E \cdot d)$$

विभवान्तर कारक $\frac{K+3}{4K}$ से कम हो जाता है।

जबकि प्लेटों का मुक्त आवेश Q_0 अप्रभावित रहता है।

$\therefore$ धारिता, $C = \frac{Q_0}{V} = \left(\frac{4K}{K+3}\right)\frac{Q_0}{V_0}$

$$= \frac{4KC_0}{K+3}\left[\because C_0 = \frac{Q_0}{V_0}\right]$$

67 *(c)* विलगित संधारित्र के लिए

$Q =$ स्थिरांक

$\therefore \quad C_2 = kC_1$

$\Rightarrow \quad \frac{Q}{V_2} = k \cdot \frac{Q}{V_1}$

$$k = \frac{V_1}{V_2} = \frac{500}{75} = \frac{20}{3}$$

68 *(a)* जब समान्तर संयोजन पूर्णतः आवेशित होता हे, तो संयोजन पर आवेश,

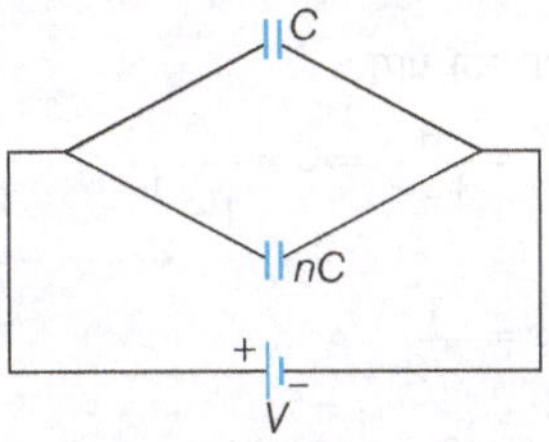

$$Q = C_{\text{समतुल्य}} V = C(1+n)V$$

जब बैटरी को निकाल दिया जाता है और पहले संधारित्र की दो प्लेटों के बीच एक परावैद्युत पट्टिका रख दी जाती है, तब निकाय पर आवेश समान रहता है। अब परावैद्युत प्रविष्ट कराने के बाद समतुल्य धारिता,

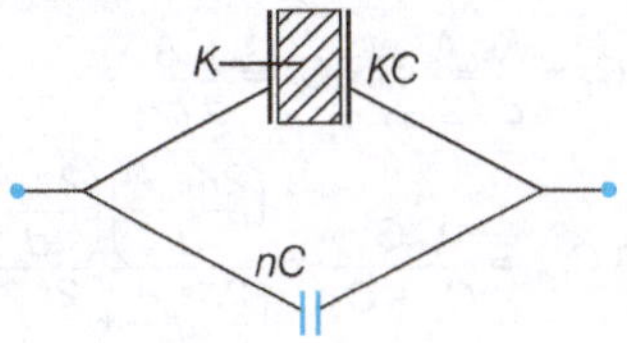

$$C_{\text{समतुल्य}} = KC + nC = (n+K)C$$

यदि परावैद्युत प्रविष्ट कराने के बाद विभव मान V' है, तो निकाय पर आवेश,

$$Q' = C_{\text{समतुल्य}} V' = (n+K)CV'$$

चूँकि $Q = Q'$

$$C(1+n)V = (9n+K)CV'$$

$\therefore \quad V' = \frac{(1+n)V}{(n+K)}$

69 *(b)* यहाँ, संधारित्र प्लेटों के बीच दो पटिटका प्रविष्ट करने के कारण, दो नए संधारित्र बनते हैं जिनकी नई धारिताएँ,

$$C_1 = \frac{K_1\varepsilon_0 A}{d/2} = \frac{2K_1\varepsilon_0 A}{d}$$

और $C_2 = \frac{2K_2\varepsilon_0 A}{d}$

$\therefore \quad \frac{1}{C_s} = \frac{1}{C_1} + \frac{1}{C_2}$

$$= \frac{d}{2K_1\varepsilon_0 A} + \frac{d}{2K_2\varepsilon_0 A}$$

$$= \frac{d}{2\varepsilon_0 A}\left(\frac{K_1 + K_2}{K_1 K_2}\right)$$

$\therefore$ धारिता, $C_s = \frac{2\varepsilon_0 A}{d}\left(\frac{K_1 K_2}{K_1 + K_2}\right)$

70 *(b)*

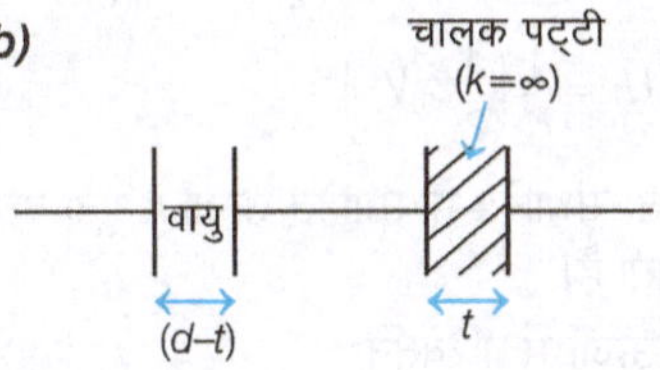

$\therefore$ समतुल्य धारिता,

$$\frac{1}{C} = \frac{1}{\left(\frac{\varepsilon_0 A}{d-t}\right)} + \frac{1}{\frac{K\varepsilon_0 A}{t}} \qquad (\because K = \infty)$$

$$= \frac{d-t}{\varepsilon_0 A} + 0$$

$\therefore \quad C = \frac{\varepsilon_0 A}{d-t}$

71 ***(a)*** यह संयोजन वैसा ही है जैसे दो संधारित्र श्रेणी में जुड़े हुए हैं और प्रत्येक संधारित्र की प्लेटों के बीच की दूरी $\frac{d}{2}$ है।

तब $C_1 = \frac{K\varepsilon_0 A}{d/2}$ और $C_2 = \frac{\varepsilon_0 A}{d/2}$

अतः $C_{\text{कुल}} = \frac{C_1C_2}{C_1 + C_2} = \frac{\left(\frac{2K\varepsilon_0 A}{d}\right)\left(\frac{2\varepsilon_0 A}{d}\right)}{\left(\frac{2K\varepsilon_0 A}{d} + \frac{2\varepsilon_0 A}{d}\right)}$

$= \frac{2KA\varepsilon_0}{(K+1)d}$

72 ***(a)*** जब हम प्लेट B को भूसम्पर्कित करते हैं, तो उसका सम्पूर्ण आवेश पृथ्वी में चला जाता है। अतः स्विच से प्रवाहित आवेश शून्य नहीं होता।

73 ***(b)*** विकल्प (b) में दिया गया कथन सही है परन्तु अन्य असत्य है और इन्हें निम्न प्रकार ठीक किया जा सकता है, जब बैटरी को असंयोजित किया जाता है, तो आवेश संरक्षित रहता है।

प्लेटें अलग हो जाती हैं, इसलिए धारिता कम हो जाएगी और वोल्टता में वृद्धि होगी। अब, धारिता कम हो जाती है, इसलिए ऊर्जा बढ़ेगी।

क्योंकि आवेश स्थिर है $\left(E = \frac{Q^2}{2C}\right)$

74 ***(d)*** प्रारम्भिक ऊर्जा, $U_i = \frac{1}{2}C_0V^2$

जब परावैद्युत पट्टिका प्रविष्ट कराई जाती है, तो धारिता K गुना हो जाती है तथा विभवान्तर K गुना कम हो जाता है।

$\therefore$ अन्तिम ऊर्जा, $U_f = \frac{1}{2}(KC_0)\left(\frac{V}{K}\right)^2$

या $U_f = \frac{1}{K}\left(\frac{1}{2}C_0V^2\right)$

अतः संधारित्र में संग्रहित ऊर्जा K गुना कम हो जाती है।

$\therefore$ ऊर्जा में परिवर्तन,

$$U_f - U_i = \frac{1}{2}C_0V^2\left(\frac{1}{K} - 1\right)$$

75 ***(b)*** प्रश्न के अनुसार, नौ प्लेटों की दी गई व्यवस्था, 8 संधारित्रों के समान्तर संयोजन के बराबर है, प्रत्येक संधारित्र की धारिता ,

$$C = \frac{\varepsilon_0 A}{d} = \frac{8.854 \times 10^{-12} \times 5 \times 10^{-4}}{0.885 \times 10^{-2}}$$

$= 0.5$ पिकोफैरड

अतः 8 संधारित्रों की इकाई की धारिता

$= 8C = 8 \times 0.5 = 4$ पिकोफैरड

76 ***(c)*** चूँकि प्रत्येक संधारित्र 300 वोल्ट से अधिक वहन नहीं कर सकता है, इसलिए प्रत्येक पंक्ति में चार संधारित्र इस स्थिति में होने चाहिए कि 1 किलो वोल्ट हो जाती है अर्थात् 1000 वोल्ट को 4 से विभाजित किया जाए (अर्थात् 250 वोल्ट, 300 वोल्ट से अधिक नहीं)

अब एक पंक्ति की समतुल्य धारिता

$= \frac{1}{4} \times 1$ माइक्रोफैरड $= 0.25$ माइक्रोफैरड

$\because$ श्रेणी संयोजन में, $C_{\text{समतुल्य}} = \frac{C}{n}$

अब हमें 2 माइक्रोफैरड के बराबर धारिता की आवश्यकता है, इसलिए हमें ऐसी n पंक्तियों की आवश्यकता होगी।

$\therefore n \times 0.25 = 2$ माइक्रोफैरड

$\because$ समान्तर संयोजन में $C_{\text{समतुल्य}} = nC$

$$n = \frac{2}{0.25} = 8$$

$\therefore$ संधारित्रों की कुल संख्या = पंक्तियों की संख्या × प्रत्येक पंक्ति में संधारित्रों की संख्या

$= 8 \times 4 = 32$

77 ***(b)***

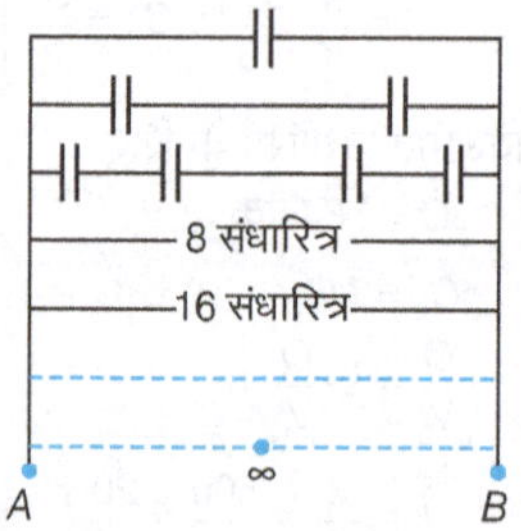

यह संयोजन एक GP बनाता है।

$$s = 1 + \frac{1}{2} + \frac{1}{4} + \frac{1}{8} + \ldots$$

अनन्त GP का योग

$$= \frac{a}{1-r} \Rightarrow s = \frac{1}{1-\frac{1}{2}}$$

$\Rightarrow \quad s = \frac{1}{1/2}$

$\therefore \quad s = 2$

अतः संयोजन की धारिता

$C_\infty = 2 \times 1$ माइक्रोफैरड

$= 2$ माइक्रोफैरड

78 ***(d)*** दिए गए परिपथ को सरलीकृत करने पर,

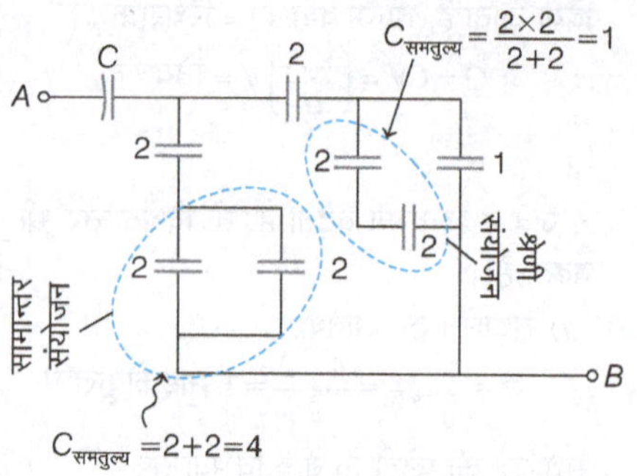

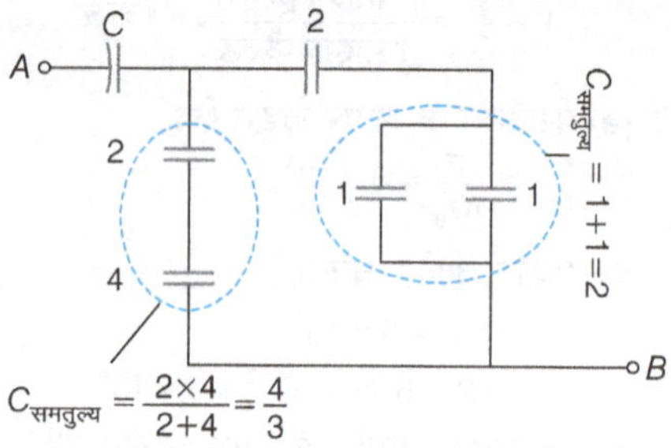

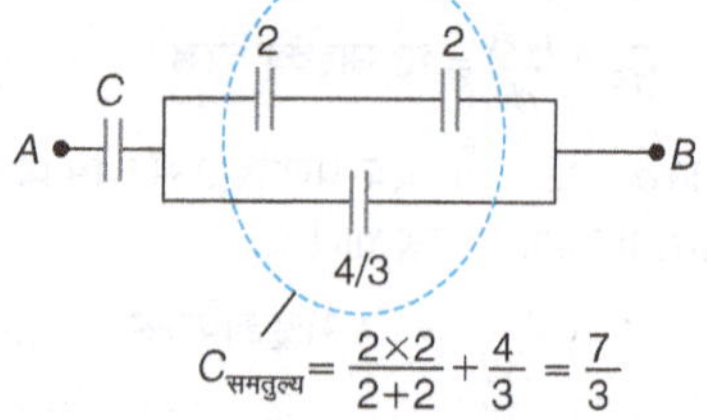

इसलिए, $\quad C_{AB} = \frac{C \times \frac{7}{3}}{C + \frac{7}{3}} = \frac{1}{2}$ (दिया है)

$\Rightarrow \quad \frac{7C}{3} = \frac{C}{2} + \frac{7}{6}$

$\Rightarrow \left(\frac{14-3}{6}\right)C = \frac{7}{6}$

$\Rightarrow \quad C = \frac{7}{11}$ माइक्रोफैरड

79 ***(c)*** प्रत्येक पंक्ति में चालको की न्यूनतम संख्या

$$\frac{V_{\text{अधिकतम}}}{V} = \frac{3000}{500} = 6$$

यदि C_s एक पंक्ति में 6 चालकों की धारिता है, तब

$$\frac{1}{C_s} = \frac{1}{1} + \frac{1}{1} + \frac{1}{1} + \frac{1}{1} + \frac{1}{1} + \frac{1}{1} = 6$$

$\Rightarrow \quad C_s = \frac{1}{6}$ माइक्रोफैरड

मान लीजिए कि समान्तर क्रम में ऐसी m पंक्तियाँ हैं, तब कुल धारिता,

$$C_{कुल} = m \times C_s$$
$$2 = m \times \frac{1}{6}$$
$$\therefore \quad m = 12$$

संधारित्रों की कुल संख्या $= 6 \times 12 = 72^2$

80 *(d)* दिए गए परिपथ में, समान्तर क्रम में संयोजित 3 माइक्रोफैरड और 6 माइक्रोफैरड संधारित्रों की कुल तुल्य धारिता

$$C' = 3 \text{ माइक्रोफैरड} + 6 \text{ माइक्रोफैरड} = 9 \text{ माइक्रोफैरड}$$

अब 4.5 माइक्रोफैरड संधारित्र और धारिता 9 माइक्रोफैरड श्रेणीक्रम में है। अतः संधारित्र की तुल्य धारिता,

$$C = \frac{9 \times 4.5}{9 + 4.5} = \frac{9 \times 4.5}{13.5} = 3 \text{ माइक्रोफैरड}$$

आवेश, $q = CV = 3 \times 12 = 36$ माइक्रोकूलॉम (दिया गया है, $V = 12$ वोल्ट)

4.5 माइक्रोफैरड के सिरों पर विभवान्तर

$$V' = \frac{q}{4.5} = \frac{36}{4.5} = 8 \text{ वोल्ट}$$

81 *(b)*

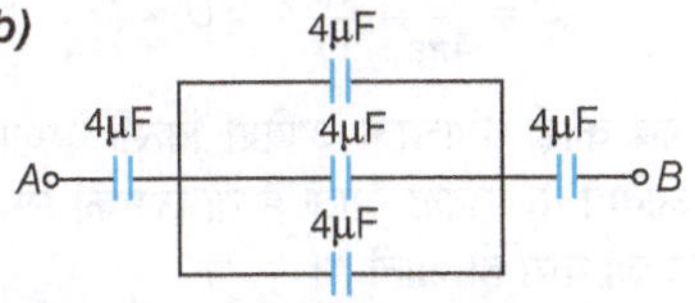

$\therefore$ A और B के बीच तुल्य धारिता,

$$\frac{1}{C} = \frac{1}{4} + \frac{1}{(4+4+4)} + \frac{1}{4}$$
$$\therefore \quad C = \frac{12}{7} \text{ माइक्रोफैरड}$$

82 *(d)*

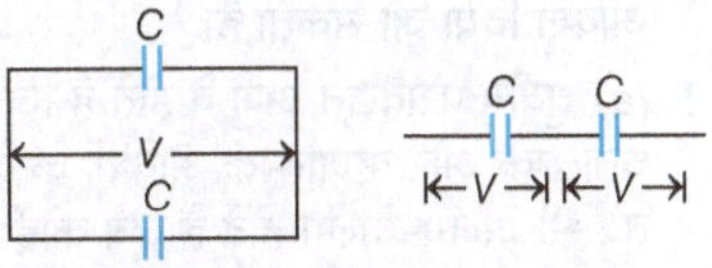

परिपथ पूर्ण होने पर आवेश, संधारित्र से प्रवाहित होगा। चूँकि परिपथ अपूर्ण है, इसलिए दोनों संधारित्रों पर आवेश समान रहता है।

$\therefore$ प्रारम्भिक संग्रहित ऊर्जा

$$= \text{अन्तिम संग्रहित ऊर्जा} = \left(\frac{1}{2}CV^2\right) \times 2 = CV^2$$

निकाय की मुक्त प्लेटों के बीच विभवान्तर,

$$V' = V + V + 2V$$

83 *(b)* विभिन्न संधारित्र के माध्यम से प्रवाहित आवेश नीचे चित्र में दिखाया गया है।

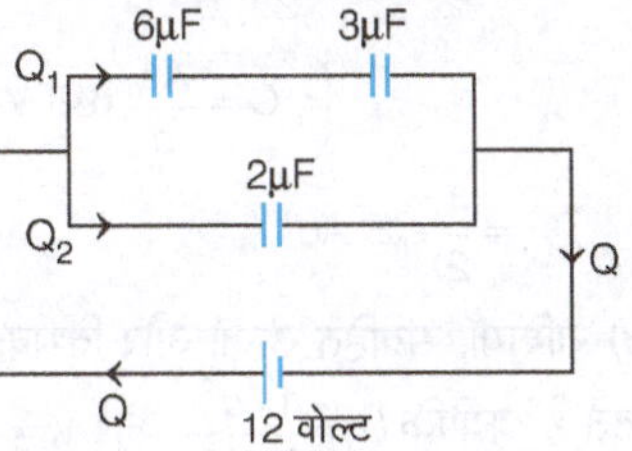

तुल्य धारिता,

$$C = \frac{6 \times 3}{6 + 3} + 2 = 4 \text{ माइक्रोफैरड}$$
$$\therefore \quad Q = CV = 4 \times 12 = 48 \text{ माइक्रोकूलॉम}$$

$\therefore$ 3 माइक्रोफैरड संधारित्र पर आवेश,

$$Q_1 = \frac{2}{4} \times 48 = 24 \text{ माइक्रोकूलॉम}$$

84 *(d)* बिन्दु A और B के बीच तुल्य धारिता,

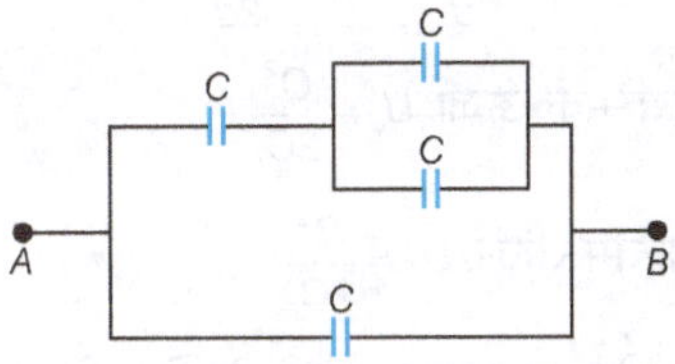

$$C_{eq} = \frac{C \times 2C}{C + 2C} + C \Rightarrow 15 = \frac{5C}{3}$$
$$\Rightarrow \quad C = 9 \text{ माइक्रोफैरड}$$

85 *(c)* P और R के बीच,

$$C_{समतुल्य} = \frac{C}{3} + \frac{C}{2} = \frac{5C}{6}$$

P और Q के बीच, $C_{समतुल्य} = C + \frac{C}{4} = \frac{5C}{4}$

$$\text{अनुपात} = \frac{4}{6} = \frac{2}{3}$$

86 *(c)* A और B के बीच समतुल्य धारिता निम्न प्रकार दी जाती है।

$$C_{समतुल्य} = \frac{2C_1 \times C_2}{2C_1 + C_2}$$

दिया है, $C_1 = KC; C_2 = 2KC$

$$\therefore \quad C_{समतुल्य} = \frac{2 \times KC \times 2KC}{2(KC) + 2KC} = KC = \frac{K\varepsilon_0 A}{d}$$

87 *(c)* तुल्य धारिता निम्न प्रकार दी जाती है।

$$C = \frac{\varepsilon_0 A}{d} + \frac{\varepsilon_0 A}{2d} + \frac{\varepsilon_0 A}{3d} = \frac{11}{6} \cdot \frac{\varepsilon_0 A}{d}$$

88 *(a)* $V_C = \frac{C_1V_1 + C_2V_2}{C_1 + C_2} \Rightarrow 20 = \frac{10 \times 50 + 0}{10 + C_2}$

$$\therefore \quad C_2 = 15 \text{ माइक्रोफैरड}$$

90 *(c)* दिया है,

$$C = 900 \text{ पिकोफैरड} = 900 \times 10^{-12} \text{ फैरड}$$

और $V = 100$ वोल्ट,

संधारित्र पर आवेश $Q = CV$

$$= 900 \times 10^{-12} \times 100$$
$$= 9 \times 10^{-8} \text{ कूलॉम}$$

$\therefore$ संधारित्र द्वारा संग्रहित ऊर्जा

$$= \left(\frac{1}{2}\right)CV^2 = \left(\frac{1}{2}\right)QV$$
$$= \left(\frac{1}{2}\right) \times 9 \times 10^{-8} \times 100$$
$$= 4.5 \times 10^{-6} \text{ जूल}$$

91 *(b)* एक आवेशित संधारित्र में संग्रहित ऊर्जा निम्न प्रकार दी जाती है

$$U = \frac{1}{2}CV^2 = \frac{1}{2} \cdot QV$$
$$\Rightarrow U = \frac{1}{2} \times 12 \times 10^{-12} \times 100$$
$$U = 6 \times 10^{-10} \text{ जूल}$$

पट्टिका डालने के बाद धारिता,

$$C' = KC$$

तथा अन्तिम ऊर्जा, $U' = \frac{1}{2} \cdot \frac{Q^2}{C'} = \frac{1}{2}\frac{Q^2}{KC}$

$$\Rightarrow U' = \frac{1}{K}U = \frac{1}{6.5} \times 6 \times 10^{-10} \text{ जूल}$$

($\because$ दिया है, $K = 6.5$)

अतः इस प्रक्रिया में व्यय हुई ऊर्जा पट्टिका पर किए गए कार्य के बराबर होगी, अर्थात्

$$W = U - U' = \left(1 - \frac{1}{6.5}\right) \times 6 \times 10^{-10} \text{ जूल}$$
$$\Rightarrow W = \frac{5.5}{6.5} \times 6 \times 10^{-10} \text{ जूल}$$
$$= 5.08 \times 10^{-10} \text{ जूल या } 508 \text{ पिकोजूल}$$

92 *(d)* संधारित्र में संग्रहित स्थितिज ऊर्जा,

$$U = \frac{1}{2}QV = \frac{1}{2}\frac{Q^2}{C}$$

अतः संधारित्र की प्रारम्भिक ऊर्जा,

$$U_i = \frac{1}{2}\frac{Q^2}{C_1}$$

संधारित्र की अन्तिम ऊर्जा,

$$U_f = \frac{1}{2}\frac{Q^2}{C_2}$$

जैसा कि हम जानते हैं: किया गया कार्य,

$$W = \Delta U = U_f - U_i = \frac{1}{2}Q^2\left[\frac{1}{C_2} - \frac{1}{C_1}\right]$$

$\Rightarrow \quad \Delta U = \frac{1}{2} \times (5 \times 10^{-6})^2 \left[\frac{1}{2 \times 10^{-6}} - \frac{1}{5 \times 10^{-6}}\right]$

$\Rightarrow \quad \Delta U = 3.75 \times 10^{-6}$ जूल

93 *(a)* एक आदर्श चालक के अनुदिश विभव गिरावट शून्य होती है, क्योंकि इसका प्रतिरोध शून्य होता है।

अतः बिन्दु A पर विभव = 10 वोल्ट

तथा बिन्दु B पर विभव = 0 वोल्ट

A के सिरों पर विभवान्तर

$AB = (10 - 0)$ वोल्ट = 10 वोल्ट

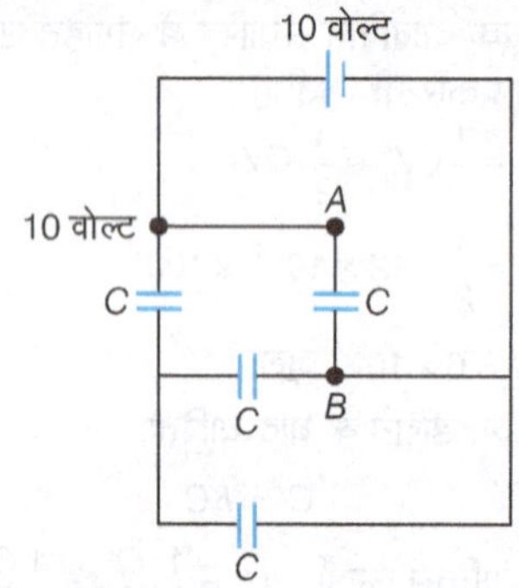

अधिकतम उत्पादित ऊष्मा संग्रहित ऊर्जा

$= \frac{1}{2} CV^2 = \frac{1}{2} \times 10^{-6} \times (10)^2$

= 50 माइक्रो-जूल

94 *(d)* दिया है, संधारित्र निकाय में विभवान्तर,

$\Delta V = 4$

संधारित्र निकाय में संग्रहित ऊर्जा,

$U = \frac{1}{2} C_{\text{समतुल्य}} \Delta V^2$

स्थिति I जब संधारित्रों को श्रेणीक्रम में जोड़ा जाता है,

$U_{\text{श्रेणी}} = \frac{1}{2} \frac{C_1}{n_1} (4V)^2$

स्थिति II जब संधारित्रों को समान्तर क्रम में जोड़ा जाता है,

$U_{\text{समान्तर}} = \frac{1}{2} (n_2 C_2) V^2$

दिया है, श्रेणी,

$U_{\text{श्रेणी}} = U_{\text{समान्तर}}$

या $\frac{1}{2} \frac{C_1}{n_1} (4V)^2 = \frac{1}{2} (n_2 C_2) V^2$

$C_2 = \frac{16 C_1}{n_1 n_2}$

95 *(c)* संधारित्र में संग्रहित ऊर्जा,

$U = \frac{1}{2} CV^2 = \frac{1}{2} \left(\frac{A\varepsilon_0}{d}\right) (Ed)^2$

$\left(\because C = \frac{A\varepsilon_0}{d} \text{ तथा } V = Ed\right)$

$= \frac{1}{2} \varepsilon_0 E^2 Ad$

96 *(d)* राशियाँ, संग्रहित ऊर्जा और विभवान्तर घटते है, क्योंकि $U = \frac{1}{2} \frac{q^2}{KC_0}$ और $V = \frac{q}{KC_0}$ घट जाती है। परावैद्युत प्रविष्ट करने पर धारिता बढ़ जाएगी (KC_0)। जहाँ C_0 काँच की पट्टिका की अनुपस्थिति में धारिता है और K परावैद्युत स्थिरांक है तथा q यहाँ स्थिर है।

97 *(c)* चूँकि ,बैटरी असंयोजित है।

आवेश, Q = स्थिरांक $= C_i V = \left(\frac{\varepsilon_0 A}{d}\right) V$

$\therefore \quad C_i = \frac{\varepsilon_0 A}{d} \Rightarrow C_f = \frac{\varepsilon_0 A}{2d}$

प्रारम्भिक ऊर्जा, $U_i = \frac{Q^2}{2C_i}$

अन्तिम ऊर्जा, $U_f = \frac{Q^2}{2C_f}$

$\therefore$ प्लेट पृथक्करण बढ़ाने के लिए किया गया कार्य, $W = U_f - U_i = \frac{Q^2}{2}\left(\frac{1}{C_f} - \frac{1}{C_i}\right)$

$= \frac{Q^2}{2}\left(\frac{2d}{\varepsilon_0 A} - \frac{d}{\varepsilon_0 A}\right)$

$= \left(\frac{\varepsilon_0^2 A^2 V^2}{2d^2}\right)\left(\frac{d}{\varepsilon_0 A}\right) = \frac{\varepsilon_0 A V^2}{2d}$

98 *(b)* संधारित्र में संग्रहित ऊर्जा,

$U = \frac{1}{2} CV^2 = \frac{1}{2} \times 40 \times 10^{-6} \times (3000)^2$

= 180 जूल

संधारित्र द्वारा प्रदत्त शक्ति,

$P = \frac{U}{t} = \frac{180}{2 \times 10^{-3}} = 90$ किलोवाट

99 *(c)* संधारित्र पर आवेश, $Q = CV$

$= 900 \times 10^{-12}$ फैरड $\times 100$ वोल्ट

$= 9 \times 10^{-8}$ कूलॉम

संधारित्र द्वारा संग्रहित ऊर्जा है।

$= \frac{1}{2} CV^2 = \frac{1}{2} QV$

$= \left(\frac{1}{2}\right) \times 9 \times 10^{-8}$ कूलॉम $\times 100$ वोल्ट

$= 4.5 \times 10^{-6}$ जूल

स्थिर स्थिति में, दो संधारित्रों की धनात्मक प्लेटें समान विभव तथा ऋणात्मक प्लेटें समान विभव पर होती हैं, माना, उभयनिष्ठ विभवान्तर V' है। तब प्रत्येक संधारित्र पर आवेश, $Q' = CV'$

आवेश संरक्षण नियम के अनुसार,

$Q' = Q$

इसका तात्पर्य है $V' = \frac{V}{2}$

निकाय की कुल ऊर्जा

$= \frac{1}{2} Q'V' = \frac{1}{4} QV$

$= 2.25 \times 10^{-6}$ जूल

अभिकथन-कारण प्रश्न

1 *(a)* $Q < 0$ के लिए, एकांक धनात्मक आवेश पर बल, आकर्षण बल होता है, जिससे स्थिरवैद्युत बल और विस्थापन एक ही दिशा में होते हैं। अतः इस कारण से एकांक धनात्मक आवेश को अनन्त से बिन्दु P तक लाने में विद्युत बल द्वारा किया गया कार्य धनात्मक होता है।

2 *(d)* दो आवेशों के निकाय की स्थितिज ऊर्जा है।

$U = \frac{1}{4\pi\varepsilon_0} \cdot \frac{q_1 q_2}{r} \Rightarrow U \propto \frac{1}{r}$

जब कोई धनात्मक आवेश किसी ऋणात्मक आवेश के निकट आता है.तो उसकी स्थितिज ऊर्जा कम हो जाती है।

4 *(a)* किसी संधारित्र में आवेश की अधिकतम मात्रा उसके आकार और आकृति पर निर्भर करती है। संधारित्र पर तथा आस-पास के माध्यम पर भी आवेश का प्रभाव पड़ता है। इस प्रकार, संधारित्र को केवल सीमित मात्रा में आवेश दिया जा सकता है।

5 *(a)* ध्रुवीय परावैद्युत अणु वे होते हैं.जिनमें धनात्मक और ऋणात्मक आवेशों के केन्द्र तब भी अलग-अलग होते हैं जब कोई बाहरी क्षेत्र न हो। इसका अर्थ है, उनके पास स्थायी द्विध्रुव होते हैं। इसलिए, किसी बाह्य विद्युत क्षेत्र की अनुपस्थिति में, विभिन्न स्थायी द्विध्रुव तापीय उत्तेजना के करण यादृच्छिक ढंग से विन्यासित होते हैं। इसलिए, कुल द्विध्रुव आघूर्ण शून्य होता है।

6 *(c)* ध्रुवीय अणु वह अणु होता है, जिसमें धनात्मक और ऋणात्मक आवेशों के केन्द्र अलग-अलग होते हैं, तथा जब कोई बाह्य क्षेत्र विद्यमान नहीं होता है। ऐसे अणुओं में स्थायी द्विध्रुव आघूर्ण होता है।

7 *(c)* किसी संधारित्र की धारिता, प्लेटों के बीच की दूरी के व्युत्क्रमानुपाती होती है। अतः जब प्लेटों के बीच की दूरी कम कर दी जाती है तो समानतर प्लेट संधारित्र का मान बढ़ जाता है।

8 *(c)* परावैद्युत पट्टिका की अनुपस्थिति में समान्तर प्लेट संधारित्र का पृष्ठ घनत्व धनात्मक निम्न प्रकार दिया जाता है

$$\sigma = \frac{q}{A} = \frac{CV}{A} \quad \ldots(i)$$

परावैद्युत पट्टिका की अनुपस्थिति में एक समान्तर प्लेट संधारित का पृष्ठ धनत्व

(चूँकि $\sigma' = \frac{q'}{A} = \frac{C'V'}{A} = \frac{(KC)V}{A}$)

चूँकि $(C' = KC, V' = V)$

अतः समी (i) से उपरोक्त समीकरण को निम्न प्रकार लिखा जा सकता है

$$\sigma' = \frac{Kq}{A} = K\sigma$$

एक संधारित्र की प्लेटों के बीच परावैद्युत प्रविष्ट कराने पर विद्युत क्षेत्र बन जाते हैं।

$$E' = \frac{K\sigma}{\varepsilon_0} = KE \quad \left[\because E = \frac{\sigma}{\varepsilon_0}\right]$$

इस प्रकार, विद्युत क्षेत्र और पृष्ठ घनत्व दोनो प्लेटों के बीच परावैद्युत प्रवाहित करने पर K गुना हो जाते हैं।

9 *(c)* श्रेणीक्रम में जुड़े होने पर संधारित्रों की तुल्य धारिता निम्नानुसार दी जाती है

$$\frac{1}{C_s} = \frac{1}{C_1} + \frac{1}{C_2} + \frac{1}{C_3} \quad \ldots(i)$$

और जब वे समान्तर में जुड़े होते हैं, तो तुल्य धारिता निम्न प्रकार दी जाती है

$$C_p = C_1 + C_2 + C_3 \quad \ldots(ii)$$

चूँकि, $C_1 < C_2 < C_3$, तो समी (i) और (ii) की तुलना करने पर, हम कह सकते हैं कि $C_p > C_s$

10 *(d)* जब बैटरी से जुड़े संधारित्र की प्लेटों के बीच परावैद्युत पदार्थ रखा जाता है, तो प्लेटों के बीच विभवान्तर स्थिर रहता है, परन्तु इसकी धारिता बढ़ जाती है।

चूँकि, $Q = CV \Rightarrow Q \propto C$

$\therefore$ संधारित्र पर आवेश भी बढ़ता है।

कथन आधारित प्रश्न

1 *(c)* कुल शून्य आवेश के साथ असमान रूप से आवेशित की गई पतली गोलाकार वलय के लिए, इसकी धुरी के प्रत्येक बिन्दु पर विद्युत विभव शून्य होना चाहिए। इसलिए, इसकी धुरी के प्रत्येक बिन्दु पर विद्युत क्षेत्र लम्बवत् होता है। अतः कथन I असत्य है, परन्तु कथन II सत्य है।

2 *(d)* एक चालक गोले के अन्दर विद्युत क्षेत्र की तीव्रता सदैव शून्य होती है और गोले के अन्दर स्थिरवैद्युत विभव क्षेत्र सतह के समान होता है।

3 *(b)* कथन I सत्य है लेकिन कथन II असत्य है। समविभव पृष्ठ समान्तर हो भी सकते हैं और नहीं भी, यह आवेशों के वितरण पर निर्भर करता है।

5 *(a)* आवेशित चालक का विद्युत विभव न केवल आवेश की मात्रा और आयतन पर निर्भर करता है, बल्कि चालक के आकार पर भी निर्भर करता है। इसलिए, यदि उनके आकार अलग-अलग हैं, तो उनका विद्युत विभव भी अलग-अलग हो सकता है। इसलिए कथन I और कथन II दोनों ही असत्य हैं।

7 *(c)* विद्युत क्षेत्र सदिश (**E**), विद्युत विस्थापन सदिश (**D**) और विद्युत ध्रुवीकरण सदिश (**P**) निम्न प्रकार सम्बन्धित हैं

$$\mathbf{D} = \varepsilon_0\mathbf{E} + \mathbf{P} \quad \ldots(i)$$

जहाँ, ε_0 मुक्त अंतरिक्ष की विद्युतशीलता है।

समी (i) से यह स्पष्ट है कि **D, E** और **P** एक ही दिशा में हैं, अर्थात् वे परस्पर एक-दूसरे के समानान्तर हैं।

8 *(a)* कथन I और कथन II दोनों असत्य हैं। आवेश बढ़ाने पर विभव बढ़ता है। लेकिन संधारित्र की धारिता संधारित्र की ज्यामिति द्वारा निश्चित होती है।

$\left(C = \frac{\varepsilon_0 A}{d}\right)$ धारिता आवेश से स्वतन्त्र होती है।

सुमेलन प्रकार प्रश्न

1 *(c)* विद्युत द्विध्रुव के कारण किसी भी बिन्दु पर विद्युत विभव निम्नानुसार दिया जाता है

$$V = \frac{p\cos\theta}{4\pi\varepsilon_0 r^2}$$

A. बिन्दु p_1 पर, $\theta = 0°$

$$\Rightarrow V_1 = \frac{1}{4\pi\varepsilon_0} \cdot \frac{p\cos 0°}{r^2} = \frac{p}{4\pi\varepsilon_0 r^2}$$

B. बिन्दु p_2 पर, $\theta = 180°$

$$\Rightarrow V_2 = \frac{1}{4\pi\varepsilon_0} \cdot \frac{p\cos 180°}{r^2} = \frac{-p}{4\pi\varepsilon_0 r^2}$$

C. बिन्दु p_3 पर, $\theta = 45°$

$$\Rightarrow V_3 = \frac{1}{4\pi\varepsilon_0} \cdot \frac{p\cos 45°}{r^2} = \frac{p}{4\sqrt{2}\pi\varepsilon_0 r^2}$$

D. बिन्दु p_4 पर,

$$\theta = 90°$$

$$\Rightarrow V_4 = \frac{1}{4\pi\varepsilon_0} \cdot \frac{p\cos 90°}{r^2} = 0$$

अतः $A \to 4, B \to 3, C \to 2$ और $D \to 1$

2 *(b)* एक परावैद्युत में विद्युत क्षेत्र निम्न द्वारा दिया जाता है।

A. $E = \frac{\sigma - \sigma_p}{\varepsilon_0}$

B. प्लेटों के बीच विभवान्तर

$$V = Ed = \frac{\sigma - \sigma_p}{\varepsilon_0} d$$

रैखिक परावैद्युत के लिए σ_p, E_0 के समानुपातिक होना चाहिए अर्थात् σ के समानुपातिक होना। इस प्रकार, $(\sigma - \sigma_p)$, σ के समानुपातिक है और हम लिख सकते हैं

$$\sigma - \sigma_p = \frac{\sigma}{k}, \text{ तब } V = \frac{\sigma d}{\varepsilon_0 K} = \frac{Qd}{A\varepsilon_0 K}$$

C. प्लेटों के बीच परावैद्युत के साथ धारिता C है

$$C = \frac{Q}{C} = \frac{\varepsilon_0 KA}{d}$$

$$C_0 = \frac{\varepsilon_0 A}{d} \Rightarrow C = \frac{\varepsilon_0 KA}{d}$$

$$\therefore \quad K = \frac{C}{C_0}$$

अतः $A \to 2, B \to 1, C \to 4$ और $D \to 3$

3 *(c)* A. जब S खुला हो, तब

$$C_{\text{समतुल्य}} = \frac{C_1C_2}{C_1 + C_2}$$

$$= \frac{(2\text{ माइक्रोफैरड})(3\text{ माइक्रोफैरड})}{(2\text{ माइक्रोफैरड} + 3\text{ माइक्रोफैरड})}$$

$$= \frac{6}{5}\text{ माइक्रोफैरड}$$

दोनों संधारित्रों पर आवेश q समान होगा। (क्योंकि ये श्रेणीक्रम में हैं) अर्थात्

$$q = C_{\text{समतुल्य}} V = \left(\frac{6}{5}\text{ माइक्रोफैरड}\right)(30 + 60)\text{ वोल्ट}$$

$= 108$ माइक्रोकूलॉम

B. C_2 पर आवेश,

$$q_2 = C_2V_2 \ (3\text{ माइक्रोफैरड})\ (60\text{ वोल्ट})$$

$= 180$ माइक्रोकूलॉम

C. जब S बन्द हो, तो C_1 पर आवेश

$$q_1 = C_1V_1$$

$= (2$ माइक्रोफैरड$)$ $(30$ वोल्ट$)$

$= 60$ माइक्रोकूलॉम

D. C_1 और C_2 पर आवेश

$= 60$ माइक्रोकूलॉम + 180 माइक्रोकूलॉम

$= 240$ माइक्रोकूलॉम

अतः $A \rightarrow 1, B \rightarrow 4, C \rightarrow 3$ तथा $D \rightarrow 2$

4 ***(b)*** A. हम जानते हैं

$$\frac{Q_1}{C_1} = \frac{Q_2}{C_2} \Rightarrow Q_2 = \left(\frac{C_2}{C_1}\right) Q_1 = \frac{\left(\frac{C}{2}\right)}{C} Q_1 = \frac{Q_1}{2}$$

इसके अतिरिक्त

$$Q = Q_1 + Q_2 = Q_1 + \frac{Q_1}{2} = \frac{3}{2} Q_1$$

$$Q_1 = \frac{2}{3} Q \text{ और } Q_2 = \frac{1}{3} Q$$

C_1 की अन्तिम ऊर्जा,

$$U_1 = \frac{Q_1^2}{2C_1} = \frac{\left(\frac{2}{3}Q\right)^2}{2C}$$

$$= \frac{2}{9}\left(\frac{Q^2}{C}\right) = \frac{2}{9}\left(\frac{C^2 V_0^2}{C}\right)$$

$$= \frac{2}{9} C V_0^2 \text{ (जैसे, } Q = CV_0)$$

B. C_2 की अन्तिम ऊर्जा,

$$U_2 = \frac{Q_2^2}{2C_2} = \frac{\left(\frac{1}{3}Q\right)^2}{2\left(\frac{C}{2}\right)} = \frac{1}{9}\left(\frac{Q^2}{C}\right) = \frac{1}{9} C V_0^2$$

C. निकाय की अन्तिम ऊर्जा,

$$U_{\text{अन्तिम}} = U_1 + U_2 = \frac{1}{3} C V_0^2$$

D. निकाय की प्रारम्भिक ऊर्जा,

$$U_{\text{प्रारम्भिक}} = \frac{Q^2}{2C} = \frac{(CV_0)^2}{2C} = \frac{1}{2} C V_0^2$$

$\therefore$ ऊर्जा में परिवर्तन,

$$\Delta U = U_{\text{अन्तिम}} - U_{\text{प्रारम्भिक}} = -\frac{1}{6} C V_0^2$$

अतः $A \rightarrow 3, B \rightarrow 4, C \rightarrow 2,$ और $D \rightarrow 1$

आंकिक मान प्रकार के प्रश्न

1 ***(12)***

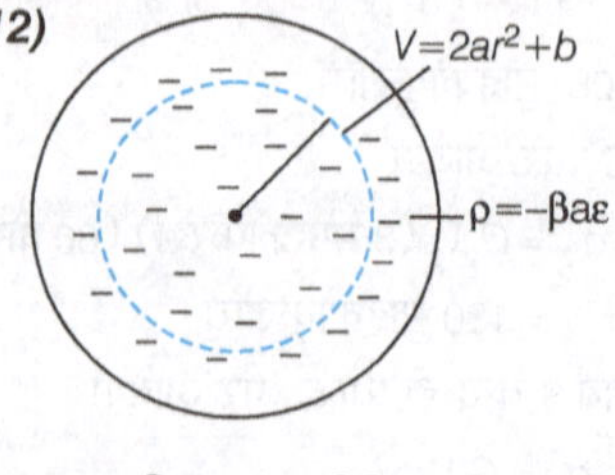

दिया गया है, एक आवेशित गोलाकार गेंद के अन्दर आयतन आवेश घनत्व, $\rho = -\beta a \varepsilon$ चूँकि आवेश घनत्व स्थिर है, अतः

त्रिज्या r के एक गॉसियन गोले में परिबद्ध आवेश,

$$q = \rho \cdot V = -\beta a \varepsilon \left(\frac{4}{3}\pi r^3\right)$$

गॉस के नियम के अनुसार, गॉसियन गोले की सतह पर विद्युत क्षेत्र होता है।

$$E = \frac{1}{4\pi\varepsilon} \frac{q_{\text{परिबद्ध}}}{r^2}$$

$$= \frac{1}{4\pi\varepsilon} \frac{-\beta a \varepsilon \frac{4}{3}\pi r^3}{r^2}$$

$$= -\frac{\beta}{3} a r$$

अब, $E = \frac{-dV}{dr}$ का प्रयोग करके,

$$V = \int_0^V dV = -\int_0^r (E dr)$$

$$V = \int_0^r \frac{\beta}{3} a r \, dr = \frac{\beta a}{3} \cdot \left(\frac{r^2}{2}\right)$$

या $V = \frac{\beta}{6} a r^2$ ...(i)

परन्तु , दिया गया विभव

$V = 2ar^2 + b$ ...(ii)

समी (i) और समी (ii) की तुलना करने पर

$$\frac{\beta}{6} = 2 \text{ या } \beta = 12$$

2 ***(72)*** जब सभी बूँदें, एकल बूँद में सम्मिलित हो जाती हैं, तो आयतन स्थिर रहता है,

अर्थात्, $216 \times \frac{4}{3}\pi r^3 = \frac{4}{3}\pi R^3$

$\Rightarrow \quad R = 6r$

$\therefore \quad V = \frac{kq}{r} = 2$ ...(i)

$\therefore \quad V_{\text{कुल}} = \frac{kQ}{R}$

जहाँ, Q बड़े गोले का आवेश है।

$\Rightarrow \quad V_{\text{कुल}} = \frac{k \times 216 q}{6r}$ ...(ii)

समी (ii) को समी (i) से विभाजित करने पर,

$$\frac{V_{\text{कुल}}}{V} = \frac{k \times 216 q \times r}{6r \times kq} = \frac{216}{6}$$

$\Rightarrow \quad V_{\text{कुल}} = 2 \times 36 = 72$ वोल्ट

3 ***(150)*** दी गई व्यवस्था

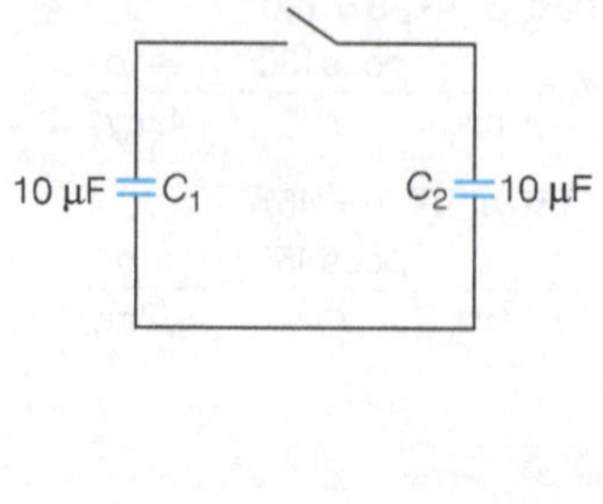

जब स्विच बंद होता है, तो संधारित्र C_1 से संधारित्र C_2 में आवेश प्रवाहित होता है। जब तक दोनों एक उभयनिष्ठ विभव तक नहीं पहुँच जाते।

अब, उभयनिष्ठ विभव,

$$V = \frac{Q_1 + Q_2}{C_1 + C_2} = \frac{10 \times 30 + 0}{20} = 15 \text{ वोल्ट}$$

आवेश के पुनर्वितरण के बाद C_2 पर आवेश।

$$Q_2 = C_2 \cdot V_2 \, (10 \times 10^{-6}) \times 15$$

$$= 150 \times 10^{-6} \text{ कूलॉम}$$

$$= 150 \text{ माइक्रोकूलॉम}$$

4 ***(885)*** जैसा कि हम जानते हैं, परावैद्युत स्थिरांक के साथ संधारित्र का व्यंजक,

$$C = \frac{A\varepsilon_0}{\left(d - t + \frac{t}{K}\right)}$$

$$\Rightarrow \quad C = \frac{10^5 \times 8.85 \times 10^{-12}}{\left(15 - 5 + \frac{5}{10}\right)}$$

$\Rightarrow \quad C = 8.85 \times 10^{-11}$ फैरड

$= 885 \times 10^{-13}$

5 ***(504)*** संधारित्र की प्रारम्भिक धारिता,

$C = \frac{\varepsilon_0 A}{d} = 18$ पिकोफैरड (दिया गया है)

जब पृथक्करण आधा हो और स्थान परावैद्युत $K = 3.5$ से भरा हो, तो संधारित्र की धारिता,

$$C' = \frac{\varepsilon_0 K A d}{\frac{d}{2}} = 2K\left(\frac{\varepsilon_0 A}{d}\right)$$

$= 2 \times 3.5 \times 18 = \frac{504}{4}$ पिकोफैरड

अतः $x = 504$

6 ***(45)*** प्रथम स्थिति के अनुसार,

$C = \frac{\varepsilon_0 A}{d}$ ...(i)

द्वितीय स्थिति के अनुसार,

पट्टिका की उपस्थिति में संधारित्र की धारिता,

$$C' = \frac{\varepsilon_0 K A d}{\frac{d}{2}} = \frac{\varepsilon_0 A}{d} \times 2K = C_0 \times 2K$$

$= 15 \times 10^{-6} \times 2 \times 1.5 = 45$ माइक्रोफैरड

7 ***(20)*** प्रारम्भिक स्थिति,

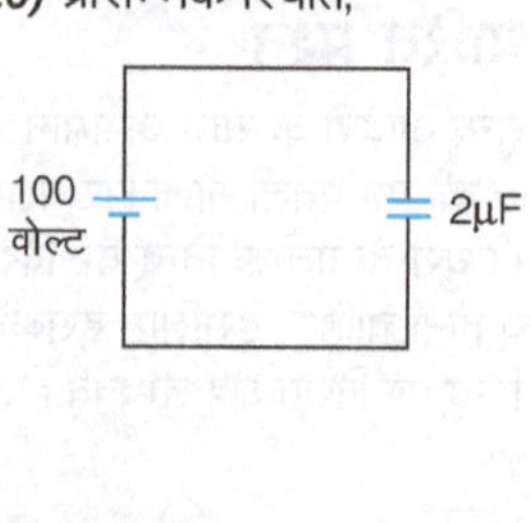

अब, बैटरी निकालने के बाद संधारित्र को जोड़ा जाता है।

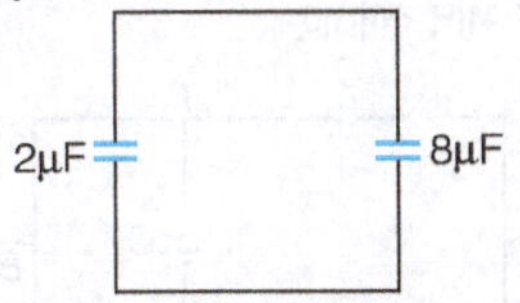

माना, V प्रत्येक संधारित्र के सिरों पर वोल्टता है।
अतः आवेश संरक्षण के नियमानुसार,

$$2 + 8 = 2 \times 100 = 200$$

$$\Rightarrow \quad 10V = 200$$

$$\Rightarrow \quad V = 20 \text{ वोल्ट}$$

हम जानते हैं,

$$Q = CV = 8 \times 20 = 160 \text{ माइक्रोकूलॉम}$$

8 *(4)* दिए गए चित्र को संधारित्रों का एक संयोजन दिखाया गया है।

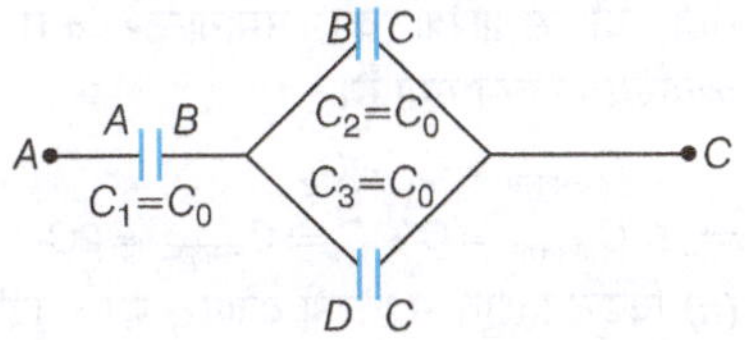

$$C'_{\text{समतुल्य}} = C_2 + C_3$$

$$\Rightarrow \quad C'_{\text{समतुल्य}} = C_0 + C_0 = 2C_0$$

$$\Rightarrow \quad \frac{1}{C'_{\text{समतुल्य}}} = \frac{1}{C_1} + \frac{1}{C'_{\text{समतुल्य}}}$$

$$\Rightarrow \frac{1}{C_0} + \frac{1}{2C_0} = \frac{3}{2C_0}$$

$$\Rightarrow \quad C'_{\text{समतुल्य}} = \frac{2C_0}{3} \quad \ldots(i)$$

चूँकि $\quad C_0 = \frac{\varepsilon_0 A}{d} \quad \ldots(ii)$

समी (i) और (ii) से,

$$C'_{\text{समतुल्य}} = \frac{2}{3}\left(\frac{\varepsilon_0 A}{d}\right)$$

$$\Rightarrow \quad C'_{\text{समतुल्य}} = \frac{2\varepsilon_0}{3d}(l \times b) = \frac{2\varepsilon_0}{3d}\left(5 \times \frac{6}{5}\right)$$

$$\Rightarrow \quad C'_{\text{समतुल्य}} = \frac{A\varepsilon_0}{d} \quad \ldots(iii)$$

प्रश्नानुसार,

A और C के बीच तुल्य धारिता $\frac{x\varepsilon_0}{d}$ है

अतः समी (iii) से इसकी तुलना करने पर

$$x = 4$$

9 *(8)* प्रारम्भ में, एक 80 पिकोफैरड संधारित्र को 20 वोल्ट आपूर्ति द्वारा पूर्ण रूप से आवेशित किया जाता है जैसा कि चित्र में दिखाया गया है।

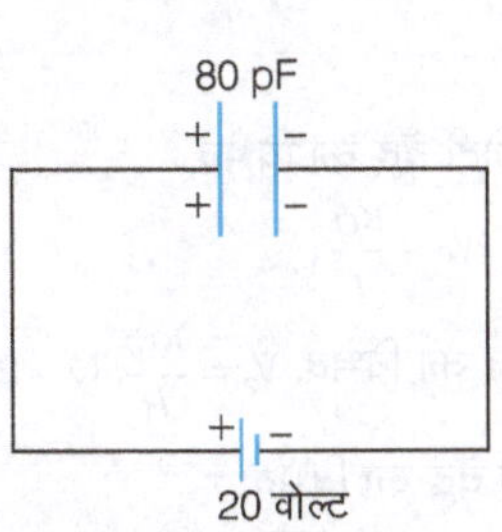

इसकी ऊर्जा, $U_1 = \frac{1}{2}CV^2$

$$\Rightarrow \quad U_1 = \frac{1}{2} \times 80 \times 10^{-12} \times (20)^2$$

$$= 80 \times 10^{-12} \times (20)^2$$

$$= 16 \times 10^{-9} \text{ जूल}$$

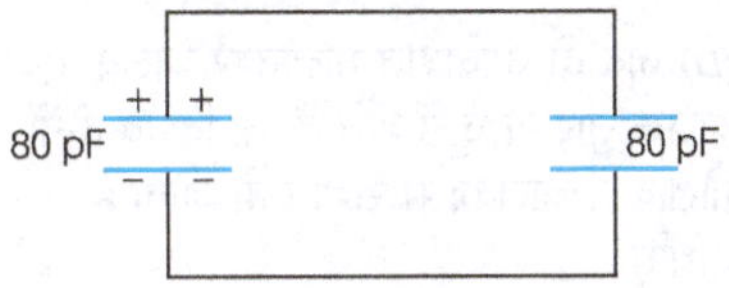

इसे एक अन्य अनावेशित 80 पिकोफैरड संधारित्र से जोड़ा जाता है, जैसा कि चित्र में दिखाया गया है।

आवेशित से अनावेशित संधारित्र में आवेश का स्थानान्तरण तब तक होता रहता है जब तक दोनों एकसमान विभव तक नहीं पहुँच जाते।

यदि V = उभयनिष्ठ विभव, तो

$$V = \frac{\text{कुल आवेश}}{\text{कुल धारिता}} = \frac{Q_1}{C_1 + C_2} = \frac{C_1 V_1}{C_1 + C_2}$$

$$= \frac{80 \times 10^{-12} \times 20}{80 \times 10^{-12} + 80 \times 10^{-12}} = 10 \text{ वोल्ट}$$

निकाय की अन्तिम ऊर्जा,

$$U_2 = \frac{1}{2}(C_1 + C_2) \cdot V^2$$

$$= \frac{1}{2} \times 2 \times 80 \times 10^{-12} \times (10)^2$$

$$= 80 \times 10^{-10}$$

$$= 8 \times 10^{-9} \text{ जूल}$$

ऊर्जा की हानि,

$$\Delta U = U_1 - U_2$$

$$= 16 \times 10^{-9} - 8 \times 10^{-9}$$

$$= 8 \times 10^{-9} \text{ जूल}$$

$$= 8 \text{ नैनोजूल}$$

10 *(2)* चूँकि दोनों संधारित्र समान हैं तथा सन्तुलन प्राप्त होने के बाद उभयनिष्ठ विभव है।

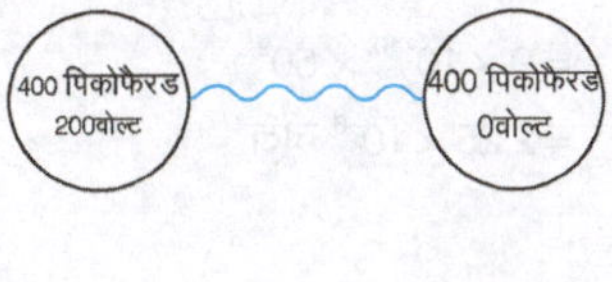

$$V = \frac{Q_1 + Q_2}{C_1 + C_2} = \frac{C_1 V_1 + C_2 V_2}{C_1 + C_2}$$

$$= \frac{400 \times 200 + 400 \times 0}{400 + 400} = 100 \text{ वोल्ट}$$

प्रत्येक संधारित्र में संग्रहित ऊर्जा,

$$U' = \frac{1}{2}C_1 V'^2$$

$$= \frac{1}{2} \times 400 \times 10^{-12} \times 100 \times 100$$

$$= 2 \times 10^{-6} \text{ जूल}$$

NCERT Exemplar प्रश्न

1 *(c)* विद्युत क्षेत्र सदैव घटते हुए विभव के अनुदिश कार्य करता है। इस प्रकार, एक धनात्मक आवेशित कण को एकसमान विद्युत क्षेत्र में विरामावस्था से छोड़ने पर कण द्वारा किया गया कार्य या विद्युत स्थितिज ऊर्जा का आवेश घटता है, क्योंकि यह विद्युत क्षेत्र के अनुदिश गति करता है। अर्थात् उच्च विभव से निम्न विभव की ओर चलता है।

4 *(c)* चूँकि, दो संधारित्र श्रेणी संयोजन में हैं, तुल्य धारिता निम्न प्रकार दी जाती है।

$$\frac{1}{C} = \frac{1}{C_1} + \frac{1}{C_2}$$

$$C = \frac{C_1 C_2}{C_1 + C_2} = \frac{\frac{K_1 \varepsilon_0 A}{d_1} \cdot \frac{K_2 \varepsilon_0 A}{d_2}}{\frac{K_1 \varepsilon_0 A}{d_1} + \frac{K_2 \varepsilon_0 A}{d_2}}$$

$$= \frac{K_1 K_2 \varepsilon_0 A}{K_1 d_2 + K_2 d_1} \quad \ldots(i)$$

लेकिन समतुल्य धारिता निम्न प्रकार दी गई है

$$C = \frac{K\varepsilon_0 A}{d_1 + d_2} \quad \ldots(ii)$$

समी (i) और (ii) की तुलना करने पर,

$$K = \frac{K_1 K_2 (d_1 + d_2)}{K_1 d_2 + K_2 d_1}$$

विगत परीक्षाओं के प्रश्न

1 *(c)* हम जानते हैं कि अक्षीय रेखा पर स्थित किसी भी बिन्दु पर, आदर्श बिन्दु के कारण विभव, $V = \pm \frac{1}{4\pi\varepsilon_0} \frac{p}{r^2}$

p तथा r के मान रखने पर,

$$V = \pm 9 \times 10^9 \times \frac{4 \times 10^{-6}}{(2)^2}$$

$$= \pm 9 \times 10^3 \text{ वोल्ट}$$

अतः A सत्य है, परन्तु R असत्य है।

2 *(d)* चूँकि कोश के अन्दर विद्युत क्षेत्र उपस्थित नहीं होता, इसलिए कोश के अन्दर किसी भी बिन्दु पर विभव, कोश की सतह पर स्थित विभव के समान होगा।

तब $V = \frac{1}{4\pi\varepsilon_0}\frac{q}{r}$

$V_C - V_P = 0$

3 *(b)* हम जानते हैं कि,

$$C = \frac{\varepsilon_0 A}{d} \Rightarrow E = \frac{1}{2}CV^2 \text{ तथा } Q = C \cdot V$$

प्लेटों के मध्य दूरी घटने पर, धारिता में वृद्धि होती है, जिसके कारण ऊर्जा में वृद्धि होती है तथा संचित आवेश में भी वृद्धि होती है। अतः A, C, तथा E सही हैं।

4 *(a)* दिए गए संधारित्रों का संयोजन, व्हीटस्टोन सेतु को प्रदर्शित करता है, इसलिए केन्द्रीय संधारित्र को हटाया जा सकता है।

प्रत्येक शाखा की धारिता,

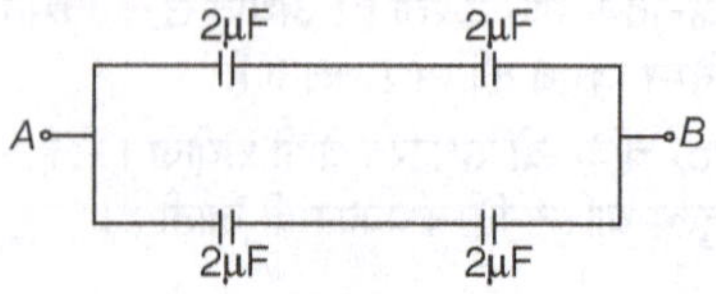

$$C = \frac{2}{2} = 1 \text{ माइक्रोफेरड}$$

A तथा B के मध्य धारिता,

$$C_{\text{कुल}} = 1 + 1 = 2 \text{ माइक्रोफेरड}$$

5 *(d)* निकाय की समतुल्य धारिता

$$C_{AB} = \frac{3 \times (3+3)}{3 + (3+3)} = \frac{18}{9} = 2 \text{ माइक्रोफैरड}$$

6 *(a)* आवेश Q के कारण त्रिज्या R के खोखले चालक गोले पर विभव है

$$V = \frac{1}{4\pi\varepsilon_0} \cdot \frac{Q}{R}$$

$\Rightarrow \quad V \propto \frac{1}{R}$ [समान आवेश Q के लिए]

$\Rightarrow \quad \frac{V_1}{V_2} = \frac{R_2}{R_1}$

चूँकि, $R_1 > R_2 \Rightarrow \frac{R_2}{R_1} < 1$

$\therefore \quad \frac{V_1}{V_2} < 1 \Rightarrow V_1 < V_2$

अतः छोटे गोले पर विभव अधिक होगा।

7 *(d)* प्रश्नानुसार,

$$V_{\text{बड़ी}} = 27 \times V_{\text{छोटी}}$$

$\Rightarrow \frac{4}{3}\pi R^3 = 27 \times \frac{4}{3}\pi r^3$

$\Rightarrow \quad R^3 = 27 \times r^3 \Rightarrow R = 3r$

अब, छोटी बूँद का विभव,

$V_1 = \frac{Kq}{r}$ ...(i)

बड़ी बूँद का विभव, $V_2 = \frac{KQ}{R}, Q = 27q$

तो बड़ी बूँद का विभव,

$\Rightarrow \quad V_2 = \frac{K \times 27q}{3r}$

$\Rightarrow \quad V_2 = 9\frac{Kq}{r}$

$V_2 = 9V$ [समी (i) से]

इसलिए, $\frac{V_2}{V_1} = 9$

8 *(b)* जब दो आवेशित गोलाकार चालक एक चालक तार से जुड़े होते हैं, तो विभव दोनों गोलाकार चालकों में समान हो जाता है, अर्थात्

$V_1 = V_2$

$\Rightarrow \quad \frac{Kq_1}{R_1} = \frac{Kq_2}{R_2} \Rightarrow \frac{q_1}{q_2} = \frac{R_1}{R_2}$ ...(i)

$$\sigma = \frac{q}{4\pi R^2}, \frac{\sigma_1}{\sigma_2} = \frac{\frac{q_1}{4\pi R_1^2}}{\frac{q_2}{4\pi R_2^2}}$$

$\Rightarrow \quad \frac{\sigma_1}{\sigma_2} = \frac{R_1}{R_2}\frac{R_2^2}{R_1^2}$ [समी (i) से]

$\Rightarrow \quad \frac{\sigma_1}{\sigma_2} = \frac{R_2}{R_1}$

9 *(b)* दी गई स्थिति नीचे दर्शाई गई है।

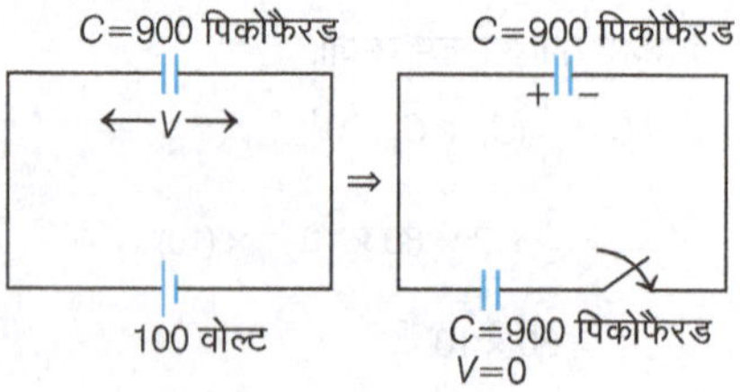

संयोजन के बाद अभयनिष्ठ विभव,

$$V = \frac{C_1V_1 + C_2V_2}{C_1 + C_2}$$

$$= \frac{C \times 100 + C \times 0}{C + C} = 50 \text{ वोल्ट}$$

स्थिर वैद्युतिकी में संग्रहित सम्भावित ऊर्जा,

$$U = 2 \times \frac{1}{2}CV^2 = CV^2$$

$$= 9 \times 10^{-10} \times 50^2$$

$$= 2.25 \times 10^{-6} \text{ जूल}$$

10 *(b)* चित्र में दिखाए अनुसार, नोड्स A, B, E और F मान लीजिए

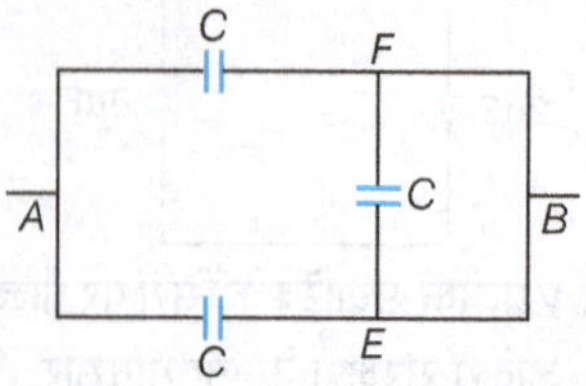

F पर विभव नोड E पर विभव के बराबर है। अतः EF खुले परिपथ के रूप में व्यवहार करता है।

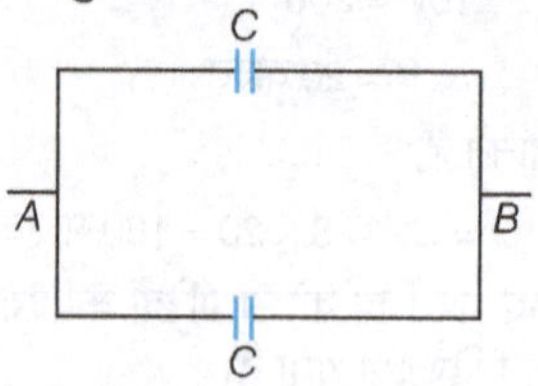

अब, दो संधारित्रों को समानान्तर क्रम में व्यवस्थित किया गया है।

$$C_{\text{समतुल्य}} = C_1 + C_2$$

$\Rightarrow \quad C_{\text{समतुल्य}} = C + C \Rightarrow C_{\text{समतुल्य}} = 2C$

11 *(a)* विद्युत द्विध्रुव से किसी कोण q पर r दूरी पर स्थित एक बिन्दु पर विद्युत विभव है

$$V = \frac{p\cos\theta}{4\pi\varepsilon_0 r^2}$$

$$= \frac{9 \times 10^9 \times 16 \times 10^{-9} \times \frac{1}{2}}{(0.6)^2}$$

$$= 2 \times 10^2 = 200 \text{ वोल्ट}$$

12 *(b)* समानान्तर प्लेट संधारित्र की धारिता, जब माध्यम वायु है।

$$C_0 = \frac{\varepsilon_0 A}{d}$$

दूसरी शर्त के अनुसार,

$$A' = A, t = \frac{d}{2}, K = 4$$

$\therefore$ धारिता, $C = \frac{\varepsilon_0 A}{(d-t) + \frac{t}{k}}$

$$= \frac{\varepsilon_0 A}{\left(d - \frac{d}{2}\right) + \frac{\frac{d}{2}}{4}} = \frac{8}{5} \cdot \frac{\varepsilon_0 A}{d}$$

$\therefore \quad \frac{C}{C_0} = \frac{\frac{8}{5} \cdot \frac{\varepsilon_0 A}{d}}{\frac{\varepsilon_0 A}{d}} \Rightarrow C : C_0 = 8 : 5$

13 *(c)* जैसा कि हम जानते हैं कि एक समानान्तर प्लेट संधारित्र में आवेश स्थानान्तरित करने में किया गया कुल कार्य निम्नानुसार दिया गया है

$$W = \frac{Q^2}{2C} \quad \ldots(i)$$

चूँकि, $W = F \times d \quad \ldots(ii)$

समी (i) और (ii) से, $W = \frac{Q^2}{2C} = Fd$

$$\Rightarrow \quad F = \frac{Q^2}{2Cd} \quad \ldots(iii)$$

एक समान्तर प्लेट की धारिता निम्न प्रकार दी गई है

$$C = \frac{\varepsilon_0 A}{d}$$

$$\therefore \quad F = \frac{Q^2 d}{2\varepsilon_0 A d} = \frac{Q^2}{2\varepsilon_0 A}$$

इसका अर्थ यह है कि स्थिरवैद्युत बल, प्लेटों के बीच की दूरी से स्वतन्त्र है।

15 *(c)* दी गई आकृति पर विचार करें, जब स्विच S को बिन्दु 1 से जोड़ा जाता है, तो इसमें संग्रहित प्रारम्भिक ऊर्जा संधारित्र को निम्न प्रकार दी जा सकती है

$$U = \frac{1}{2}(2 \text{ माइक्रोफैरड}) \times V^2$$

जब स्विच S को बिन्दु 2 से जोड़ा जाता है, तो 8 माइक्रोफैरड पर संयोजन पर ऊर्जा क्षय,

$$\Delta U = \frac{1}{2}\left(\frac{C_1C_2}{C_1 + C_2}\right) \cdot V^2$$

$$= \frac{1}{2} \times \frac{2 \text{ माइक्रोफैरड} \times 8 \text{ माइक्रोफैरड}}{10 \text{ माइक्रोफैरड}} \times V^2$$

$$= \frac{1}{2} \times (1.6 \text{ माइक्रोफैरड}) \times V^2$$

इसलिए, ऊर्जा की % हानि

$$\frac{\Delta U}{U} \times 100 = \frac{1.6}{2} \times 100 = 80\%$$

16 *(a)* दिया है, धातु शीट के लिए परावैद्युत स्थिरांक, $K = \infty$

धातु प्लेट की मोटाई, $t = \frac{2d}{3}$

संधारित्र की दो प्लेटों के बीच की दूरी $= d$

प्रश्नानुसार, $C_1 = \frac{\varepsilon_0 A}{d}$

$$C_2 = \frac{\varepsilon_0 A}{d - t + \frac{t}{K}} = \frac{\varepsilon_0 A}{d - \frac{2d}{3} + 0} = 3C_1$$

$$\Rightarrow \quad \frac{C_2}{C_1} = 3:1$$

17 *(b)* दिया है, $C = 2$ फैरड

संग्रहित ऊर्जा, $E_1 = \frac{1}{2}CV^2 \quad \ldots(i)$

अब, उभयनिष्ठ विभव,

$$V_C = \frac{C_1V_1 + C_2V_2}{C_1 + C_2} = \frac{CV + 0}{2C} = \frac{V}{2}$$

$$E_2 = \frac{1}{2}CV_2^2 = \frac{CV^2}{8} \quad \ldots(ii)$$

$$\frac{\text{समी (ii)}}{\text{समी (i)}} = \frac{E_2}{E_1} = \frac{\frac{CV^2}{8}}{\frac{CV^2}{2}} = \frac{1}{4}$$

18 *(c)* दी गई स्थिति नीचे दर्शाई गई है।

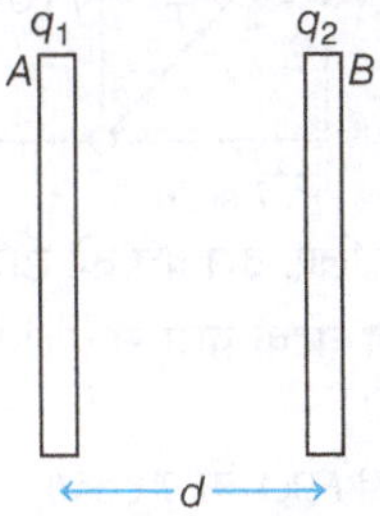

समान्तर प्लेट संधारित्र के अन्दर कुल विद्युत क्षेत्र,

$$E = \frac{\sigma_1}{2\varepsilon_0} - \frac{\sigma_2}{2\varepsilon_0} = \frac{1}{2\varepsilon_0}(\sigma_1 - \sigma_2)$$

$$= \frac{1}{2\varepsilon_0}\left[\frac{q_1}{A_1} - \frac{q_2}{A_2}\right]$$

$$\therefore \quad A_1 = A_2 = A$$

$$\Rightarrow \quad E = \frac{1}{2\varepsilon_0}\left[\frac{q_1}{A} - \frac{q_2}{A}\right] = \frac{q_1 - q_2}{2\varepsilon_0 A}$$

∴ प्लेटों के बीच विभवान्तर,

$$V = E \cdot d = \frac{(q_1 - q_2)d}{2\varepsilon_0 A}$$

$$= \frac{q_1 - q_2}{2\left(\frac{\varepsilon_0 A}{d}\right)} = \frac{q_1 - q_2}{2C} \quad \left(\text{जहाँ } \frac{\varepsilon_0 A}{d} = C\right)$$

19 *(d)*

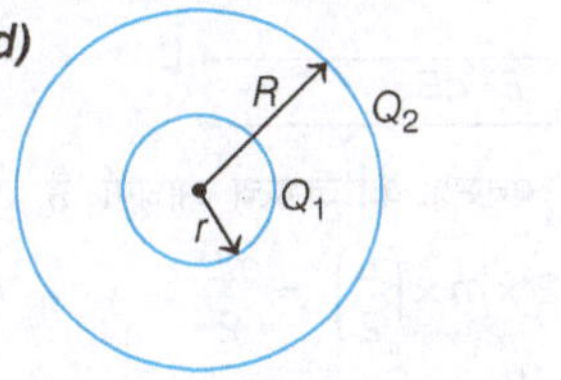

आन्तरिक कोश का आवेश घनत्व,

$$\sigma = \frac{Q_1}{4\pi r^2}$$

बाह्य कोश का आवेश धनत्व,

$$\sigma_2 = \frac{Q_2}{4\pi R^2} \text{ लेकिन } \sigma_1 = \sigma_2$$

$$\frac{Q_1}{4\pi r^2} = \frac{Q_2}{4\pi R^2} \Rightarrow Q_2 = \frac{Q_1 R^2}{r^2}$$

$$Q_1 + Q_2 = Q \Rightarrow Q_1 + \frac{Q_1 R^2}{r^2} = Q$$

या $Q_1 = \frac{Qr^2}{(r^2 + R^2)}$ और $Q_2 = \frac{QR^2}{(r^2 + R^2)}$

कोश के उभयनिष्ठ केन्द्र पर Q_1 तथा Q_2 के कारण विभव,

$$V = V_{Q_1} + V_{Q_2} = \frac{kQ_1}{r} + \frac{kQ_2}{R}$$

$$= \frac{kQr}{r^2 + R^2} + \frac{kQR}{r^2 + R^2} = \frac{1}{4\pi\varepsilon_0} \cdot \frac{Q(r + R)}{r^2 + R^2}$$

स्किल बूस्टर्स

1 *(c)* हम जानते हैं, $V_f - V_i = 0\int_i^f \mathbf{E} \cdot d\mathbf{s}$

$$V_f - V_i = -Ed$$

$$V_C - V_A = -5E$$

$$\Rightarrow V_A - V_C = 5E$$

2 *(b)* $V_{C_1} = V_{Q_1} + V_{Q_2}$

$$= \frac{Q_1}{4\pi\varepsilon_0 R} + \frac{1}{4\pi\varepsilon_0}\frac{Q_2}{R\sqrt{2}}$$

$$= \frac{1}{4\pi\varepsilon_0 R}\left(Q_1 + \frac{Q_2}{\sqrt{2}}\right)$$

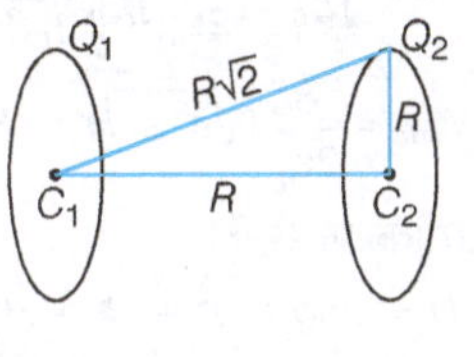

इसी प्रकार,

$$V_{C_2} = \frac{1}{4\pi\varepsilon_0 R}\left(Q_2 + \frac{Q_1}{\sqrt{2}}\right)$$

$$\therefore \Delta V = V_{C_1} - V_{C_2}$$

$$= \frac{1}{4\pi\varepsilon_0 R}\left[(Q_1 - Q_2) - \frac{1}{\sqrt{2}}(Q_1 - Q_2)\right]$$

$$= \frac{Q_1 - Q_2}{\sqrt{2}\,(4\pi\varepsilon_0 R)}(\sqrt{2} - 1)$$

$$W = q\Delta V$$

$$= q(Q_1 - Q_2)(\sqrt{2} - 1)/\sqrt{2}(4\pi\varepsilon_0 R)$$

3 *(d)* आवेशित वलय के परिणाम का उपयोग करते हुए dA क्षेत्रफल वाले वलय के कारण P पर विभव,

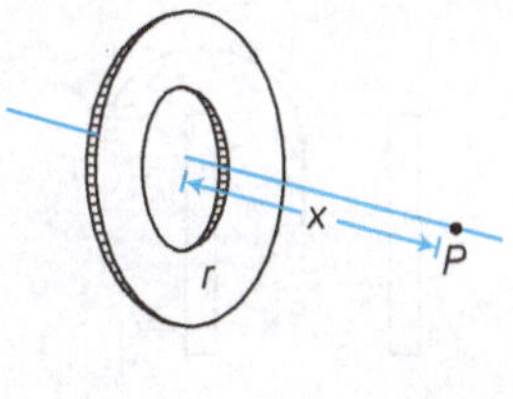

$$dV = \frac{kdq}{\sqrt{r^2 + x^2}}$$

$$dq = \sigma dA = \sigma 2\pi r dr$$

$$\therefore \quad V = \int_a^b 2\pi\sigma k \left(\frac{rdr}{\sqrt{r^2 + x^2}}\right)$$

$$= 2\pi\sigma k\,(\sqrt{x^2 + b^2} - \sqrt{x^2 + a^2})$$

4 *(d)* मोटाई dr की एक वलय के कारण अपनी धुरी पर विभव,

$$dV = \frac{1}{4\pi\varepsilon_0} \cdot \frac{dq}{x} \Rightarrow x = \sqrt{H^2 + r^2}$$

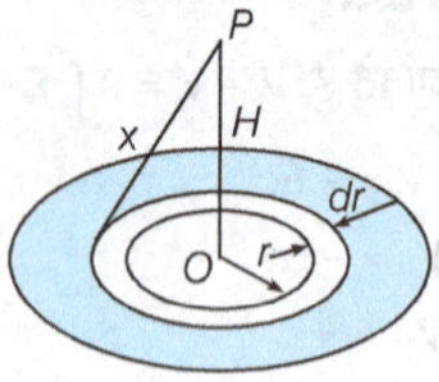

तथा $dq = 2\pi r dr \sigma$

$$\therefore \quad dV = \frac{\sigma}{2\varepsilon_0} \cdot \frac{rdr}{\sqrt{H^2 + r^2}}$$

पूर्ण वलय के कारण विभव,

$$V = \int_{r=0}^{a} dV = \frac{\sigma}{2\varepsilon_0} \int_{r=0}^{0} \frac{rdr}{\sqrt{H^2 + r^2}}$$

$$\Rightarrow \quad V_{P\text{ पर}} = \frac{\sigma}{2\varepsilon_0} \{\sqrt{a^2 + H^2} - H\}$$

U-H समीकरण से,

$$U = 2mg\,(\sqrt{a^2 + H^2} - H)$$

जो परवलयिक है और $U = 2mga$ पर, $H = 0$ है।

साथ ही $H = \frac{a}{\sqrt{3}}$ पर, $U = U_{\text{न्यूनतम}}$ है।

$\therefore$ ग्राफ होगा।

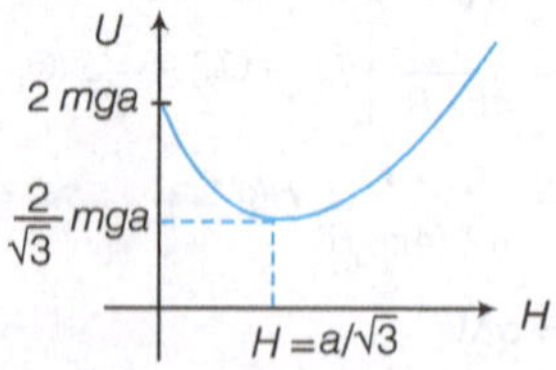

5 *(c)* प्लेटों के बीच का क्षेत्र $= \frac{2V_0}{d}$

यदि गेंद x से दाईं ओर थोड़ी दूरी तक घूमती है, तो वोल्टता $-Ex = \frac{-2V_0}{d}$ कम होती है।

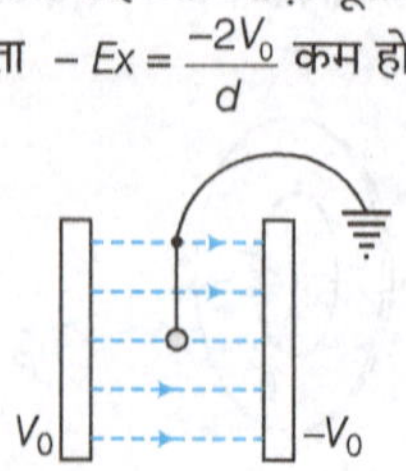

चूँकि भू-सम्बन्धी, आवेश q को जमीन से गेंद तक प्रवाहित करने की अनुमति देकर गेंद को शुन्य विभव पर रखता है। इसलिए

$$-\frac{2V_0}{d}x + \frac{kq}{R} = 0,\ k = \frac{1}{4\pi\varepsilon_0} \Rightarrow q = \frac{2V_0 xR}{kd}$$

$\therefore$ गेंद का अनुभव किया गया बल,

$$F = qE = \frac{4V_0^2 \times R}{kd^2}$$

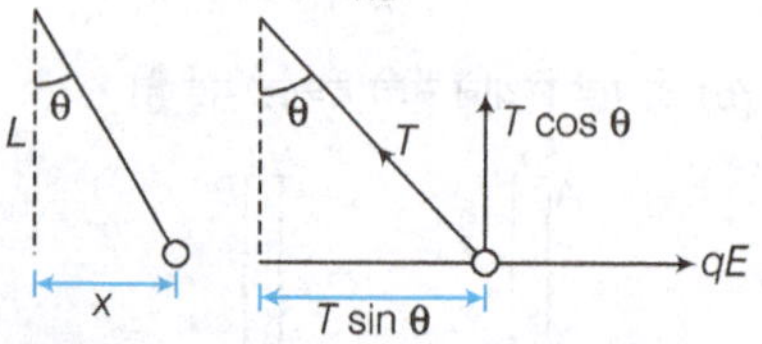

सन्तुलन के लिए, इस बल को डोरी तनाव T के क्षैतिज घटक द्वारा सन्तुलित किया जाना चाहिए।

मुक्त आरेख FBO से, $T\cos\theta = mg$

तथा $T\sin\theta = qE$

$$\Rightarrow \quad \tan\theta = \frac{qE}{mg} = \frac{4V_0^2 \times R}{kd^2\,mg} = \frac{x}{L}$$

छोटे विस्थापन x के लिए

$$\text{इसलिए, } V_0 = \left(\frac{kd^2\,mg}{4RL}\right)^{1/2}$$

यदि V_0 इससे कम है, तो गेंद की एकमात्र सन्तुलन स्थिति प्लेटों के बीच नीचे लटक रही है। यदि V_0 का मान, इस मान से अधिक हो जाता है, तो गेंद एक प्लेट या दूसरी प्लेट पर चली जाएगी।

$$\therefore \quad N = 4$$

6 *(a)* व्यवस्था पर बल-आघूर्ण,

$$\tau = -\mathbf{p} \times \mathbf{E} = qLE\sin\theta$$

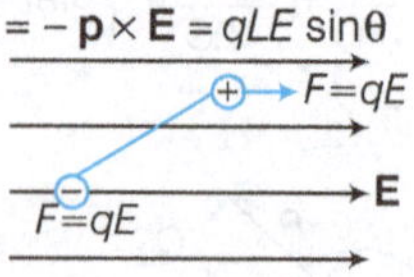

यदि, I = व्यवस्था का जड़त्व आघूर्ण है, तो

$$I = 2 \times m \times \left(\frac{L}{2}\right)^2 = \frac{mL^2}{2}$$

बल-आघूर्ण $= I\alpha$

$$qLE\sin\theta = \frac{mL^2}{2}\alpha \Rightarrow \alpha = -\frac{2qE}{mL}\sin\theta$$

छोटे कोणों के लिए

$$\sin\theta \approx \theta \Rightarrow \alpha = \frac{-2qE}{mL}\theta$$

सरल आवर्त गति का समीकरण

$$\Rightarrow \quad \frac{d^2\theta}{dt^2} + \frac{2qE}{mL} \cdot \theta = 0$$

तो, आवर्तकाल है $T = 2\pi\sqrt{\frac{mL}{2qE}}$

छड़ को क्षेत्र के साथ संरेखित होने में 1/4 दोलन पूरा करने के लिए समय लगता है।

$$\therefore \quad t = \frac{T}{4} = \frac{\pi}{2}\sqrt{\frac{mL}{2qE}}$$

7 *(b)* चूँकि, क्षेत्र q_1 तथा $q_1 < q_2$ के निकट एक बिन्दु पर शून्य है। साथ ही दोनों, q_1 और q_2 धनात्मक होने चाहिए। (या दोनों ऋणात्मक हो सकते हैं।)

8 *(b)* दिया है, $\mathbf{E} = ay\hat{\mathbf{i}} + bz\hat{\mathbf{j}} + cx\hat{\mathbf{k}}$

XY-तल में $z = 0$,

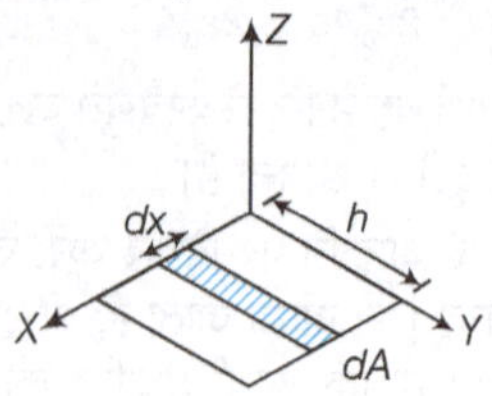

$$\therefore \quad E = ay\hat{\mathbf{i}} + cx\hat{\mathbf{k}} \Rightarrow d\mathbf{A} = hdx\hat{\mathbf{k}}$$

तथा फ्लक्स, $\phi_E = \int \mathbf{E} \cdot d\mathbf{A}$

$$= \int (ay\hat{\mathbf{i}} + cx\hat{\mathbf{k}}) \cdot (hdx)\hat{\mathbf{k}}$$

$$\therefore \quad \phi_E = \int_{x=0}^{x=w} chxdx = \frac{chw^2}{2}$$

9 *(b)* $r < R_1$ के लिए, $E = 0$, क्योंकि आंतरिक क्षेत्र $r < R_1$ कोई आवेश, नहीं है

($\therefore$ सभी बिन्दुओं पर, $E = 0$, $r < R_1$ के लिए)

$$\frac{dV}{dr} = -E = 0$$

$\Rightarrow$ $r < R_1$ के लिए V = नियतांक

$R_1 < r < R_2$, q_2 के लिए q_2 स्थिर है चूँकि बिन्दु, त्रिज्या R_2 के गोले के अन्दर स्थित है।

इसके अतिरिक्त, $R_1 < r < R_2$, के लिए आवेश q_2 क्षेत्र में योगदान नहीं करता है क्योंकि यह सतह के बाहर स्थित है।

10 *(a)* गॉसियन सतह से आवेश Q की न्यूनतम दूरी $\frac{r}{2}$ और अधिकतम दूरी $\frac{5r}{2}$ है।

$$\text{अतः} \quad E_{\text{अधिकतम}} = \frac{kQ}{d^2} = \frac{kQ}{\left(\frac{r}{2}\right)^2} = \frac{4kQ}{r^2}$$

$$E_{\text{न्यूनतम}} = \frac{kQ}{d^2} = \frac{kQ}{\left(\frac{5}{2}r\right)^2} = \frac{4kQ}{25r^2}$$

$$\therefore E_{\text{अधिकतम}} - E_{\text{न्यूनतम}} = \frac{4kQ}{r^2} - \frac{4kQ}{25r^2}$$

$$= \frac{24 \times 4kQ}{25r^2} = \frac{24Q}{25\pi\varepsilon_0 r^2}$$

03

भौतिकी की Concept Master *Videos* के लिए *Scan* करें

विद्युत धारा

Current Electricity

5 वर्षों में NEET में पूछे गये शीर्षकवार प्रश्न

शीर्षक	वर्षवार प्रश्नों की संख्या				
	2024	2023	2022	2021	2020
चालकों में विद्युत धारा	–	–	–	–	–
ओम का नियम	–	1	–	–	1
इलेक्ट्रॉनों का अपवाह एवं प्रतिरोधकता का उद्गम	–	–	1	–	1
विभिन्न पदार्थों की प्रतिरोधकता	1	–	–	–	1
प्रतिरोधकता की तापमान पर निर्भरता	1	1	1	–	1
विद्युत ऊर्जा, शक्ति	1	–	2	–	–
सेल, विद्युत वाहक बल और आन्तरिक प्रतिरोध	1	–	–	–	–
किरचॉफ के नियम	–	2	–	–	1
व्हीटस्टोन सेतु	–	–	1	–	–

NEET में विगत 5 वर्षों में पूछे गये विशेष प्रकार के प्रश्न

प्रकार	वर्ष				
	2024	2023	2022	2021	2020
अभिकथन–कारण	–	–	–	–	–
कथन आधारित	–	–	–	–	–
सुमेलन	–	–	–	1	–

NEET के विगत 5 वर्षों का भारांकन

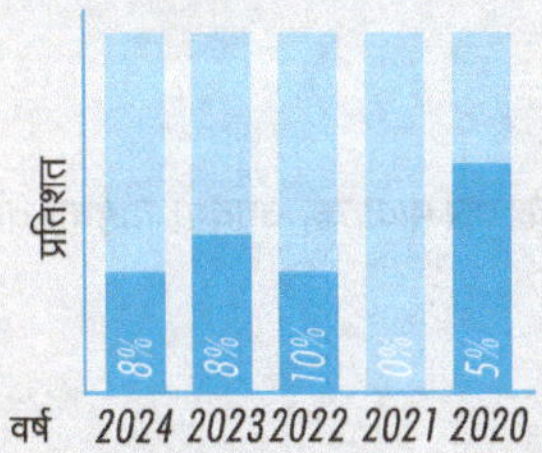

विद्युत धारा (Electric Current)

- किसी चालक के अनुप्रस्थ-काट क्षेत्रफल से गुजरने वाले विद्युत आवेश के प्रवाह की दर को विद्युत धारा कहते हैं।
- यदि किसी चालक से गुजरने वाली विद्युत धारा नियत (Steady) है, तब धारा

$$I = \frac{q}{t} = \frac{ne}{t} \qquad (\because q = ne)$$

जहाँ, n = धारा निर्मित करने वाले आवेशित कणों की संख्या तथा e = वैद्युतिक आवेश

- धाराएँ सदैव स्थायी नहीं होती हैं और इसलिए अधिक व्यापक रूप से हम धारा को निम्न प्रकार परिभाषित करते हैं

$$I(t) = \lim_{\Delta t \to 0} \left(\frac{\Delta Q}{\Delta t}\right)$$

जहाँ, ΔQ = चालक के अनुप्रस्थ-काट से प्रवाहित कुल आवेश

- इसका SI मात्रक ऐम्पियर (Ampere) होता है और इसे A से व्यक्त करते हैं, जहाँ 1 ऐम्पियर = 1 कूलॉम/सेकण्ड

चालकों में विद्युत धारा (Electric Current in Conductors)

- चालकों में, विद्युत धारा ऋणात्मक आवेशित इलेक्ट्रॉनों की गति के कारण होती है।
- विद्युत अपघटनी विलयन (Electrolytic solution) चालक के प्रकार हैं जिनमें विद्युत धारा धनात्मक एवं ऋणात्मक दोनों आवेशों की गति के कारण प्रवाहित होती है।
- जब चालकों में कोई वैद्युत क्षेत्र उपस्थित नहीं होता है, तो किसी भी दिशा में गति करने वाले इलेक्ट्रॉनों की संख्या, विपरीत दिशा में गति करने वाले इलेक्ट्रॉनों की संख्या के बराबर होती है। इस प्रकार चालक में कोई परिणामी विद्युत धारा नहीं होगी।

- यदि किसी चालक की आकृति सिलेण्ड्रीकल (बेलनाकार) है और उसके सिरों पर $+Q$ व $-Q$ आवेश रखे गए हैं जैसा कि चित्र में दर्शाया गया है, तो चालक में एक वैद्युत क्षेत्र उत्पन्न होता है जो धनात्मक आवेश से ऋणात्मक आवेश की ओर निर्देशित होता है। NEET 2019

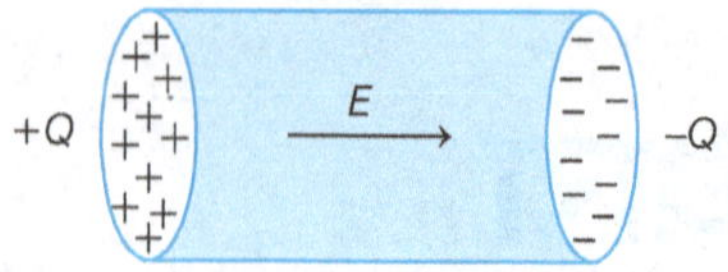

वैद्युत क्षेत्र के कारण इलेक्ट्रॉन $+Q$ की ओर गति करेंगे और बहुत कम समय के लिए विद्युत धारा उत्पन्न करेंगे।

यदि हम सेल या बैटरी का उपयोग करके चालक के सिरों पर सतत आवेश की आपूर्ति करते हैं, तो हमें सतत धारा प्राप्त होती है।

ओम का नियम (Ohm's Law)

- इस नियम के अनुसार, किसी चालक से प्रवाहित होने वाली धारा, उसके सिरों पर विभवान्तर (Potential difference) के समानुपाती होती है।

  अर्थात्, $I \propto V$ या $V \propto I$

  $\Rightarrow$ $V = IR$ NEET 2019

  जहाँ, R = चालक का प्रतिरोध, जिसे **ओम** (Ω) में मापा जाता है।
- प्रतिरोध R, न केवल चालक के पदार्थ पर बल्कि चालक की विमाओं पर भी निर्भर करता है।
- सामान्यतः चालक का प्रतिरोध इसकी लम्बाई के समानुपाती होता है,

  अर्थात् $R \propto l$

  तथा अनुप्रस्थ-काट के क्षेत्रफल के व्युत्क्रमानुपाती होता है, अर्थात्

  $$R \propto \frac{1}{A}$$

  अतः $R \propto \frac{l}{A} \Rightarrow R = \frac{\rho l}{A}$ NEET 2023

  जहाँ, ρ समानुपाती नियतांक है जिसे **पदार्थ की प्रतिरोधकता** (Resistivity of material) कहते हैं। यह पदार्थ की प्रकृति तथा चालक के तापमान पर निर्भर करती है, परन्तु चालक की विमाओं पर निर्भर नहीं करती है।
- ओम के नियम को निम्न प्रकार भी लिखा जा सकता है

  $$V = IR = \frac{I\rho l}{A} \qquad \left[\because R = \frac{\rho l}{A}\right]$$

  $$\therefore \quad V = \left(\frac{I}{A}\right) \cdot \rho l$$ NEET 2020

  जहाँ, $\frac{I}{A}$ प्रति एकांक क्षेत्रफल की धारा है, जिसे **धारा घनत्व** (Current density) कहते हैं और इसे J द्वारा व्यक्त किया जाता है।

  धारा घनत्व का SI मात्रक ऐम्पियर/मी^{2} होता है।

- यदि किसी चालक में एक समान वैद्युत क्षेत्र का परिमाण E हो तब

  $$V = El$$

  इसलिए, ओम के नियम से,

  $$El = J\rho l$$

  $\Rightarrow$ $E = J\rho$

  वेक्टर रूप में, $\mathbf{E} = \mathbf{J}\rho$

  या $\mathbf{J} = \frac{1}{\rho}\mathbf{E}$

  या $\mathbf{J} = \sigma\mathbf{E}$

  जहाँ σ, को चालकता कहते हैं।

  $$\sigma = \frac{1}{\rho}$$

इलेक्ट्रॉनों का अपवाह एवं प्रतिरोधकता का उद्गम (Drift of Electrons and the Origin of Resistivity)

NEET 2021

- वह औसत वेग जिसके साथ किसी चालक में उपस्थित मुक्त इलेक्ट्रॉन बाह्य वैद्युत क्षेत्र के प्रभाव के अन्तर्गत चालक के धनात्मक सिरे की ओर प्रवाहित होते हैं, **अपवाह वेग** (Drift velocity) कहलाता है।
- इलेक्ट्रॉनों के दो क्रमिक संघट्टों (Successive collisions) के बीच के समय को **विश्रांति काल** (Relaxation time) कहते हैं। इसे τ से व्यक्त किया जाता है।
- जब किसी चालक पर बाह्य वैद्युत क्षेत्र आरोपित किया जाता है, तो इलेक्ट्रॉनों पर लगने वाला बल, $F = eE$ होगा तथा इलेक्ट्रॉनों का त्वरण $a = \frac{eE}{m}$ होगा।

  अतः विश्रांति काल के पदों में अपवाह वेग, $v_d = \frac{eE}{m}\tau$
- **अपवाह वेग के पदों में विद्युत धारा,** $I = neAv_d$

  जहाँ, n = मुक्त इलेक्ट्रॉनों का संख्या घनत्व

  तथा A = अनुप्रस्थ-काट का क्षेत्रफल NEET 2020
- **चालक के किसी बिन्दु पर धारा घनत्व,** $J = \frac{I}{A} = nev_d$
- वेक्टर $\mathbf{J}$, $\mathbf{E}$ के समान्तर है, अतः $\mathbf{J} = \frac{ne^2}{m} \cdot \tau\mathbf{E}$ NEET 2022
- **चालकता (Conductivity) और विश्रांति काल** के बीच सम्बन्ध निम्न प्रकार दिया जाता है

  $$\sigma = \frac{ne^2}{m}\tau$$

गतिशीलता (Mobility)

- प्रति एकांक वैद्युत क्षेत्र के अपवाह वेग के परिमाण को आवेश वाहकों की **गतिशीलता** कहते हैं।

  अर्थात् $\mu = \frac{|\mathbf{v}_d|}{E} = \frac{e\tau}{m}$

  इसका SI मात्रक मी^{2}/से-वोल्ट होता है।

ओम के नियम की सीमाएँ
(Limitations of Ohm's Law)

- ओम का नियम प्रकृति का एक मौलिक नियम नहीं है, यह दी गई स्थितियों के अन्तर्गत कई पदार्थों में पाया जाने वाला एक सामान्य गुण है।
- विद्युत परिपथों में उपयोग किए जाने वाले कुछ ऐसे पदार्थ तथा युक्तियाँ विद्यमान है जहाँ V तथा I की आनुपातिकता लागू नहीं होती है। मुख्य रूप से विचलन (Deviation) एक या एक से अधिक निम्न प्रकार का होता है

(i) V की I से आनुपातिकता समाप्त हो जाती है। बिन्दुदार रेखा ओम के नियम को दर्शाती है और ठोस रेखा, अच्छे चालक के लिए V एवं I के मध्य ग्राफ है। जैसा कि चित्र में दर्शाया गया है।

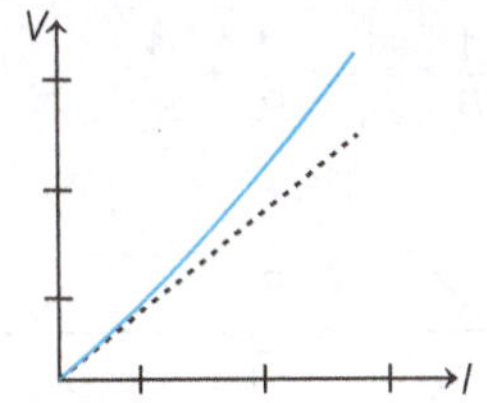

(ii) यदि I किसी V के लिए धारा है, तो V का परिमाण नियत रखकर इसकी दिशा परिवर्तित करने पर, विपरीत दिशा में I के समान परिमाण की धारा उत्पन्न नहीं होती है। यह घटना प्रायः डायोडों में होती है जैसा कि चित्र में दर्शाया गया है।

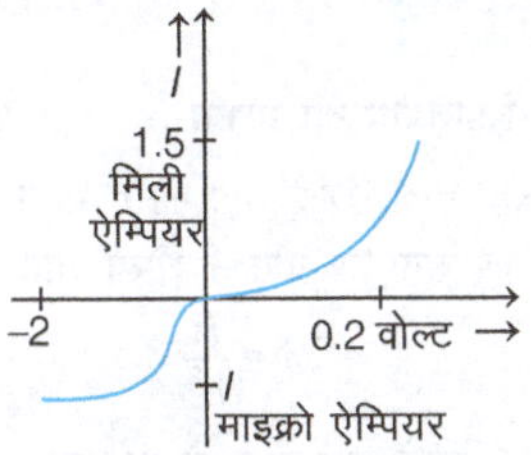

(iii) V तथा I के मध्य सम्बन्ध अद्वितीय (unique) नहीं है अर्थात् समान धारा I के लिए V के एक से अधिक मान हो सकते हैं, जैसा कि चित्र में दर्शाया गया है।

GaAs एक ऐसा पदार्थ है जो इस प्रकार का व्यवहार प्रदर्शित करता है।

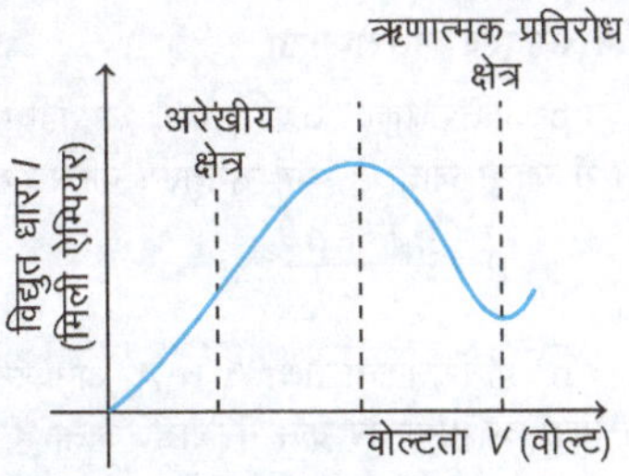

Concept Master
Video के लिए

विभिन्न पदार्थों की प्रतिरोधकता
(Resistivity of Various Materials)

- पदार्थों को उनकी प्रतिरोधकता के आधार पर चालक, अर्द्धचालक तथा अचालक के रूप में वर्गीकृत किया जाता है।
- धातुओं की प्रतिरोधकता कम अर्थात् 10^{-8} ओम-मी से 10^{-6} ओम-मी की परास में होती है।
- सिरेमिक, रबड़ तथा प्लास्टिक जैसे अचालकों की प्रतिरोधकता, धातुओं की तुलना में 10^{18} गुना अधिक होती है।
- अर्द्धचालकों की प्रतिरोधकता, धातुओं तथा अचालकों की प्रतिरोधकता के बीच होती है। उचित अशुद्धि मिलाकर, अर्द्धचालकों की प्रतिरोधकता को कम किया जा सकता है।

प्रतिरोधकता की ताप पर निर्भरता
(Temperature Dependence of Resistivity)

- किसी धात्विक चालक की प्रतिरोधकता, चालक के तापमान पर निर्भर करती है और तापमान में वृद्धि होने पर यह बढ़ जाती है। **NEET 2022**
- तापमान के साथ प्रतिरोधकता में परिवर्तन निम्न प्रकार दिया जाता है

$$\rho_T = \rho_0[1 + \alpha(T - T_0)]$$

जहाँ, ρ_T = तापमान T पर प्रतिरोधकता

ρ_0 = सन्दर्भ तापमान T_0 पर प्रतिरोधकता

तथा α = **प्रतिरोधकता का तापमान गुणांक**

α की विमा $[T^{-1}]$ होती है।

- धात्विक चालक के लिए α का मान धनात्मक होता है तथा प्रतिरोध के पदों में इसे निम्न प्रकार दिया जाता है

$$\alpha = \frac{R_2 - R_1}{R_1(t_2 - t_1)}$$

NEET 2023

- T के सापेक्ष खींचे गए ρ_T के ग्राफ को T की सीमित परास पर एक सीधी रेखा के रूप में माना जा सकता है। उदाहरण के लिए, तांबे की प्रतिरोधकता में परिवर्तन को नीचे दर्शाया गया है। यह 70 केल्विन से 150 केल्विन तापमान के बीच रेखीय (linear) होता है। **NEET 2020**

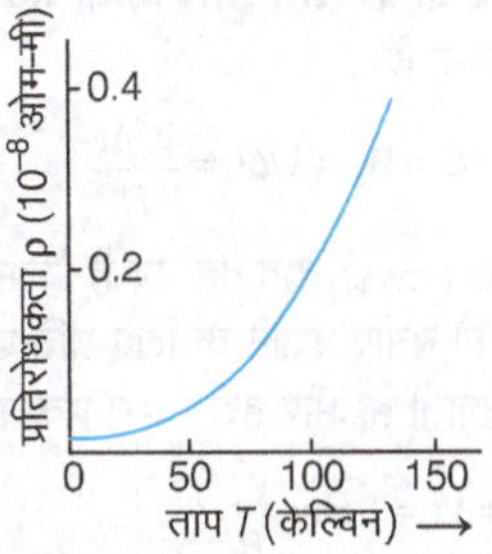

- सम्बन्ध $\rho = \frac{1}{\sigma} = \frac{m}{ne^2\tau}$ के अनुसार, प्रतिरोधकता ρ, प्रति एकांक आयतन में मुक्त इलेक्ट्रॉनों की संख्या n तथा संघट्टों के बीच औसत समय τ दोनों के व्युत्क्रमानुपाती होती है। **NEET 2020**
- किसी धातु में, n किसी भी सराहनीय सीमा (Appreciable extent) तक तापमान पर निर्भर नहीं करता है और इस प्रकार, तापमान में वृद्धि के साथ τ के मान में कमी से ρ के मान में वृद्धि होती है जैसा कि ऊपर दिए गए चित्र में दर्शाया गया है।
- कुछ धातुएँ जैसे नाइक्रोम, मैंगनिन तथा कॉन्स्टेंटन तापमान के साथ प्रतिरोधकता पर बहुत कम निर्भरता प्रदर्शित करती है।

- T के साथ नाइक्रोम की प्रतिरोधकता में परिवर्तन नीचे चित्र में दर्शाया गया है।

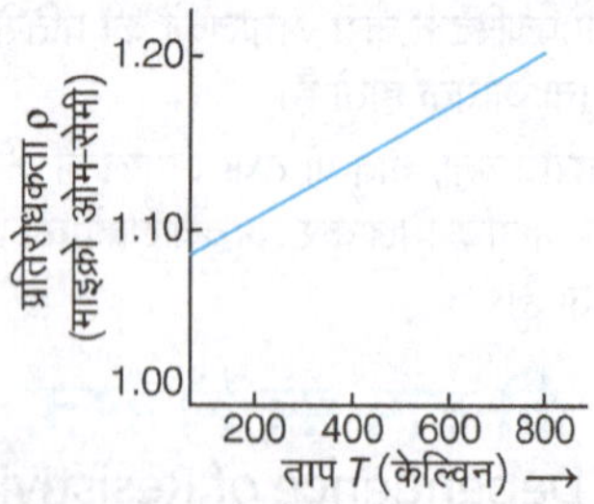

- अचालकों तथा अर्द्धचालकों के लिए, तापमान में वृद्धि के साथ n के मान में वृद्धि होती है। n के मान में यह वृद्धि, τ में किसी भी कमी की भरपाई करती है जिससे कि इस प्रकार के पदार्थों के लिए तापमान के साथ ρ घट जाए।
- अर्द्धचालकों की प्रतिरोधकता, तापमान में वृद्धि के साथ तेजी से घटती है जैसा कि नीचे चित्र में दर्शाया गया है।

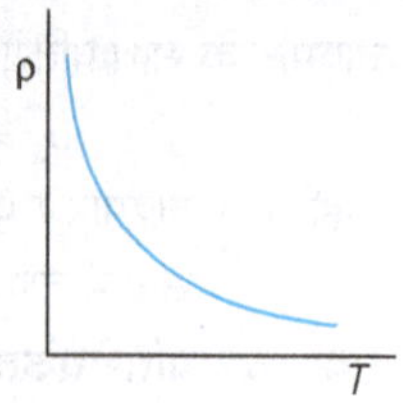

विद्युत ऊर्जा, शक्ति (Electrical Energy, Power)

- यदि किसी चालक के सिरों A व B पर वैद्युत विभव को क्रमशः V_A व V_B द्वारा व्यक्त किया जाता है तथा A से B की ओर प्रवाहित होने वाली धारा I है तब AB के एक्रॉस (Across) विभव, $V = V_A - V_B > 0$
- इस प्रकार, स्थितिज ऊर्जा में परिवर्तन,

$$\Delta U = \Delta Q\,(V_B - V_A) = -\,\Delta QV$$
$$= -\,I\Delta tV \qquad [\because \Delta Q = I\Delta t]$$

अतः **विद्युत ऊर्जा, किसी दिए गए परिपथ में विद्युत धारा को Δt समय तक बनाए रखने में वि.वा.ब. स्रोत द्वारा किया गया कुल कार्य है।** इसे निम्न प्रकार दर्शाया जाता है

$$E = W = VI\Delta t = \frac{V^2\Delta t}{R}$$

- **विद्युत शक्ति** (Electric power) यह वह दर है जिस पर किसी चालक में विद्युत धारा के प्रवाह को बनाए रखने के लिए प्रति एकांक समय में विद्युत ऊर्जा की आपूर्ति की जाती है और इसे निम्न प्रकार दिया जाता है

$$P = VI = I^2R = \frac{V^2}{R}$$

NEET 2022, 19

इसका SI मात्रक वाट (W) होता है और इसका व्यापारिक मात्रक (Commercial unit) अश्व शक्ति (HP) है, जहाँ 1 HP = 746 वाट

- संयोजित तारों में क्षय होने वाली शक्ति, $P_C = I^2R_C = \dfrac{P^2R_C}{V^2}$

जहाँ P, प्रतिरोध R_C वाले तार द्वारा दी जाने वाली शक्ति है।

* प्रतिरोधों का संयोजन (Combination of Resistors)

- **श्रेणीक्रम संयोजन में**
  (i) समतुल्य प्रतिरोध, $R = R_1 + R_2 + R_3$

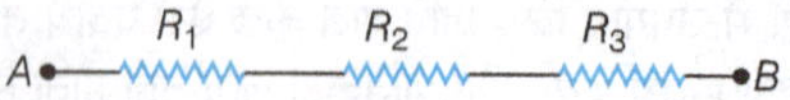

  (ii) प्रत्येक प्रतिरोध से गुजरने वाली धारा समान होती है। NEET 2023, 22
  (iii) अलग-अलग प्रतिरोधों के एक्रॉस विभवान्तरों का योग, स्रोत द्वारा आरोपित विभवान्तर के बराबर होता है।

- **समान्तर क्रम संयोजन में**
  (i) समतुल्य प्रतिरोध, $\dfrac{1}{R} = \dfrac{1}{R_1} + \dfrac{1}{R_2} + \dfrac{1}{R_3}$

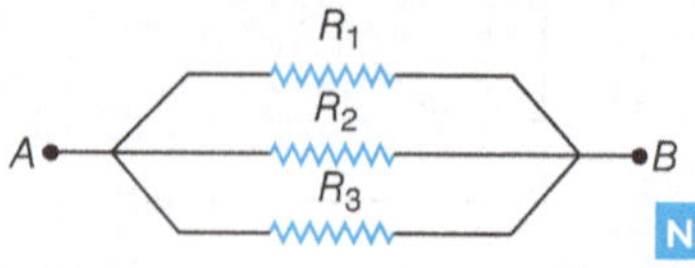

NEET 2023, 21, 20

  (ii) प्रत्येक प्रतिरोध के एक्रॉस विभवान्तर समान होता है।
  (iii) अलग-अलग प्रतिरोध से गुजरने वाली धाराओं का योग स्रोत से ली गई कुल विद्युत धारा के बराबर होता है।

Marks Maximizer

विभिन्न परिस्थितियों में प्रतिरोध की गणना

(i) जब R प्रतिरोध वाले किसी तार को n भागों में काटा जाता है और प्रत्येक भाग को समान्तर क्रम में जोड़ा जाता है, तब

$$R_{eq} = \frac{R}{n^2}$$

(ii) जब R प्रतिरोध वाले एक तार को एक वृत्त के रूप में मोड़ा जाता है, तब A व B के बीच प्रतिरोध

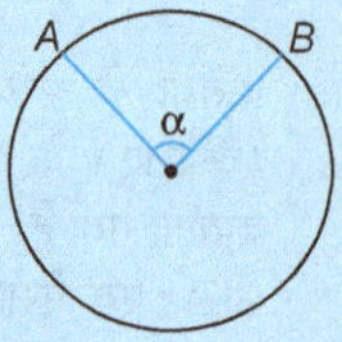

$$R_{AB} = \frac{R\alpha\,(2\pi - \alpha)}{4\pi^2}$$

विभिन्न स्थितियों में समतुल्य प्रतिरोधकता

(i) यदि ρ_1 व ρ_2 प्रतिरोधकता तथा l_1 व l_2 लम्बाईयों वाले दो तारों को श्रेणीक्रम में जोड़ा जाता है, तब समतुल्य प्रतिरोधकता,

$$\rho = \frac{\rho_2 l_1 + \rho_2 l_2}{l_1 + l_2}$$

(ii) यदि ρ_1 व ρ_2 प्रतिरोधकता तथा A_1 व A_2 अनुप्रस्थ-काट क्षेत्रफल वाले दो तारों को समान्तर क्रम में जोड़ा जाता है, तब

समतुल्य प्रतिरोधकता, $\rho = \dfrac{\rho_1\rho_2\,(A_1 + A_2)}{\rho_1 A_2 + \rho_2 A_1}$

* *यह शीर्षक NCERT के पाठ्यक्रम में सम्मिलित नहीं है, परन्तु NEET के नीवनतम पाठ्यक्रम में दिया गया है।*

सेल, विद्युत वाहक बल, आन्तरिक प्रतिरोध

(Cells, Emf, Internal Resistance)

- **विद्युत अपघटनी सेल** (Electrolytic cell) यह एक ऐसी युक्ति (Device) है जो रासायनिक ऊर्जा को विद्युत ऊर्जा में परिवर्तित करती है। सैलों के संयोजन से बैटरी बनती है।
- **सेल का विद्युत वाहक बल या ईएमएफ** (Electromotive force or emf of a cell) जब सेल से कोई विद्युत धारा प्रवाहित नहीं हो रही होती है, तब सेल के टर्मिनलों के एक्रॉस विभवान्तर को विद्युत वाहक बल (emf) कहते हैं।
- **सेल का आन्तरिक प्रतिरोध** (Internal resistance of a cell) यह सेल के विद्युत अपघटनी विलयन (Electrolyte) द्वारा इसके माध्यम से धारा के प्रवाह के लिए प्रदान किया जाने वाला प्रतिरोध है।
  जैसा कि नीचे चित्र में प्रदर्शित है, ε व V के पदों में इसे इस प्रकार व्यक्त किया जाता है $r = \left(\frac{\varepsilon}{V} - 1\right)R$

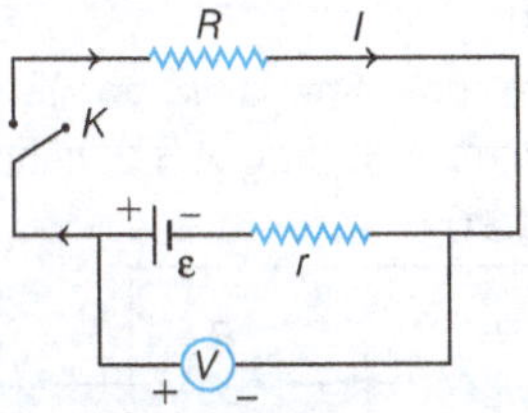

- किसी सेल का आन्तरिक प्रतिरोध निम्नलिखित पर निर्भर करता है
  (i) प्रत्येक इलेक्ट्रोड के पृष्ठ क्षेत्रफल पर
  (ii) दोनों इलेक्ट्रोडों के बीच की दूरी पर
  (iii) विद्युत अपघटनी विलयन की प्रकृति, तापमान तथा सान्द्रता (Concentration) पर
- सेल की चार्जिंग के दौरान, जैसा कि चित्र में दर्शाया गया है, टर्मिनलों के बीच विभवान्तर निम्न प्रकार दिया जाता है

$$V = \varepsilon + Ir$$

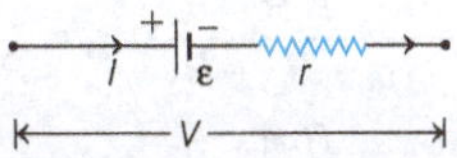

- एक परिमित (Finite) प्रतिरोध R के एक्रॉस सेल के द्वारा प्रवाहित धारा निम्न प्रकार दी जाती है $I = \frac{\varepsilon}{R + r}$

  किसी सेल में, $R = 0$ के लिए धारा अधिकतम होती है अर्थात्, $I_{\text{अधिकतम}} = \frac{\varepsilon}{r}$

श्रेणी तथा समान्तर क्रम में सेल

(Cells in Series and Parallel)

श्रेणी संयोजन (Series Combination)

- दो सेलों का श्रेणी संयोजन नीचे चित्र में दर्शाया गया है

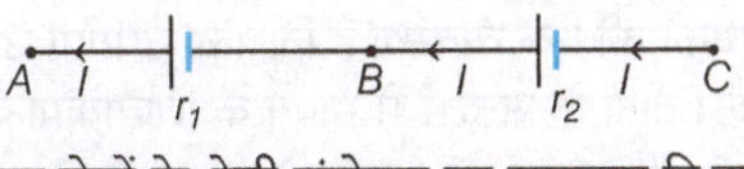

- ऊपर दर्शाए गए सेलों के श्रेणी संयोजन का समतुल्य वि.वा.ब., उनके अलग-अलग वि.वा.ब. के योग के ठीक बराबर होता है, अर्थात्

$$\varepsilon_{\text{समतुल्य}} = \varepsilon_1 + \varepsilon_2$$

तथा इस संयोजन का समतुलय आन्तरिक प्रतिरोध, उनके अलग-अलग आन्तरिक प्रतिरोधों के योग के ठीक बराबर होता है, अर्थात्

$$r_{\text{समतुल्य}} = r_1 + r_2$$

ये नियम, सेलों की किसी भी संख्या पर लागू किया जा सकता है।

- यदि बैटरियों में से किसी एक की ध्रुवता पलट दी जाए, तो समतुल्य वि.वा.ब. $(\varepsilon_1 - \varepsilon_2)$ होता है तथा कुल आन्तरिक प्रतिरोध समान बना रहता है।

समान्तर संयोजन (Parallel Combination)

- दो सेलों के समान्तर संयोजन का समतुल्य वि.वा.ब. नीचे चित्र में दर्शाया गया है और निम्न प्रकार दिया जाता है

$$\varepsilon_{eq} = \frac{\varepsilon_1 r_2 + \varepsilon_2 r_1}{r_1 + r_2}$$

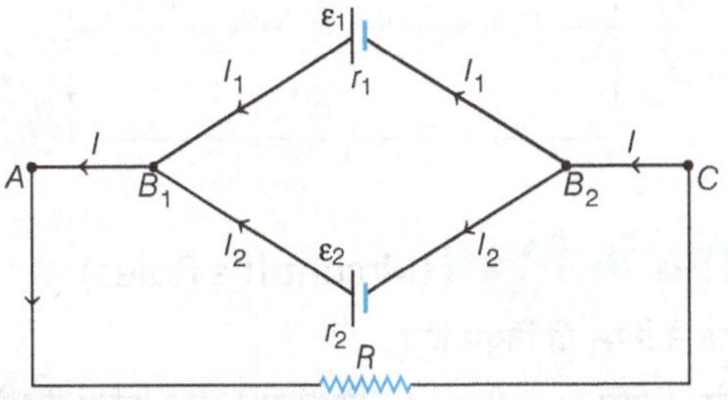

तथा संयोजन का आन्तरिक प्रतिरोध, $r_{eq} = \frac{r_1 r_2}{r_1 + r_2}$

m सेलों के लिए, जिनमें प्रत्येक का वि.वा.ब. ε तथा आन्तरिक प्रतिरोध r हो, तब

(i) कुल वि.वा.ब. = $\varepsilon_{\text{कुल}}$

(ii) कुल आन्तरिक प्रतिरोध = $\frac{r}{m}$

(iii) परिपथ का कुल प्रतिरोध, $R_T = R + \frac{r}{m}$

(iv) परिपथ में धारा, $I = \frac{\varepsilon}{R + \frac{r}{m}} = \frac{m\varepsilon}{mR + r}$

विशेष स्थितियाँ

(i) यदि $R << \frac{r}{m}$, तब

$I = \frac{m\varepsilon}{r}$ = एकल सेल के धारा का m गुना

(ii) यदि $R >> \frac{r}{m}$, तब

$I = \frac{E}{R}$ = एकल सेल द्वारा दी गई धारा

अतः यदि R कुल आन्तरिक प्रतिरोध की तुलना में अत्यधिक छोटा होता है, तब अधिकतम धारा प्राप्त करने के लिए सेलों को समान्तर क्रम में जोड़ा जाता है।

Marks Maximizer

मिश्रित संयोजन (Mixed Grouping)

नीचे दिए गए चित्र में, n समान सेलें, m पंक्तियों में जुड़ी है।

(i) कुल वि.वा.ब. = $m\varepsilon$

(ii) कुल प्रतिरोध, $= R + \frac{mr}{n}$

(iii) कुल धारा, $I = \frac{m\varepsilon}{R + \frac{mr}{n}}$

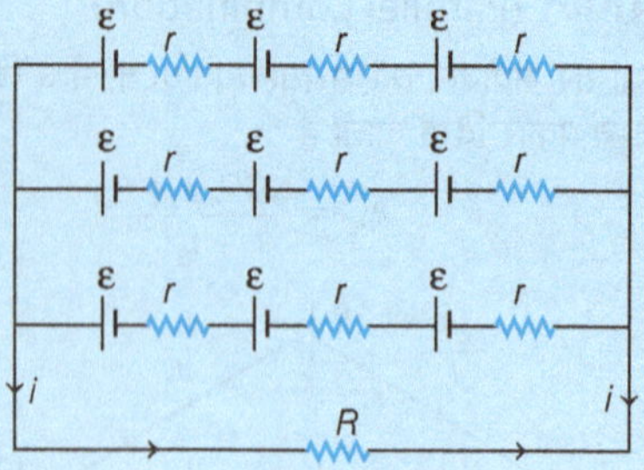

किरचॉफ के नियम (Kirchhoff's Rules)

- किरचॉफ ने निम्न दो नियम दिए

(i) **सन्धि नियम** (Junction rule) किसी सन्धि पर, सन्धि में प्रवेश करने वाली धाराओं का योग, सन्धि से दूर जाने वाली धाराओं के योग के बराबर होता है, अर्थात् $\Sigma I = 0$

यह नियम, **आवेशों के संरक्षण** के नियम पर आधारित है।

NEET 2019, 20, 23

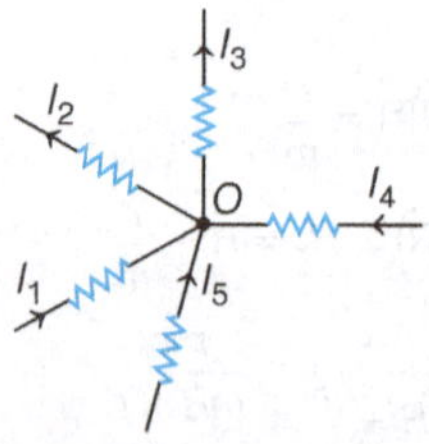

दिए गए चित्र से, $I_1 - I_2 - I_3 + I_4 + I_5 = 0$

(ii) **पाश (लूप) नियम** (Loop rule) प्रतिरोधों तथा सेलों से सम्मिलित किसी बन्द पाश के चारों ओर विभव में परिवर्तनों का बीजगणितीय योग शून्य होता है। अर्थात $\Sigma IR + \Sigma\varepsilon = 0$

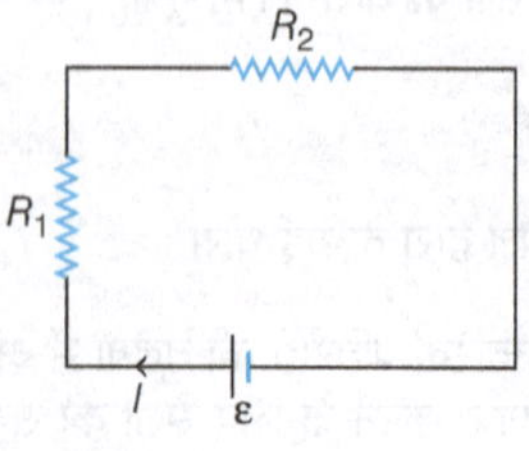

Concept Master Video के लिए

चित्र से, $\varepsilon - IR_1 - IR_2 = 0$

- यह नियम ऊर्जा के संरक्षण के नियम पर आधारित है।

Marks Maximizer

सन्धि को हटाना

नीचे दिए गए चित्र में, बैटरी का टर्मिनल, AB के एक्रॉस जुड़ा है तथा परिपथ DF के परितः सममित (Symmetric) है। अतः बिन्दु D को परिपथ को प्रभावित किए बिना अलग किया जा सकता है जैसा कि चित्र में दर्शाया गया है।

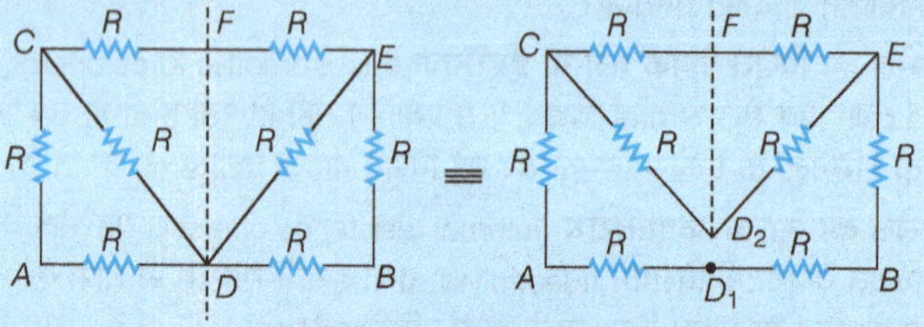

अतः बिन्दु D_1 व D_2 पर विभव समान होगा।

समविभव बिन्दु (Equipotential points)

किसी परिपथ के दो बिन्दुओं को समविभव बिन्दु कहा जाता है, यदि उनके विभव समान होते हैं।

इस तथ्य का उपयोग करके, निम्न परिपथ को नीचे दर्शाए अनुसार सरलीकृत किया जा सकता है। (बिन्दु A व 2 समविभव बिन्दु तथा बिन्दु B व 1 समविभव बिन्दु हैं।)

NEET 2020, 19

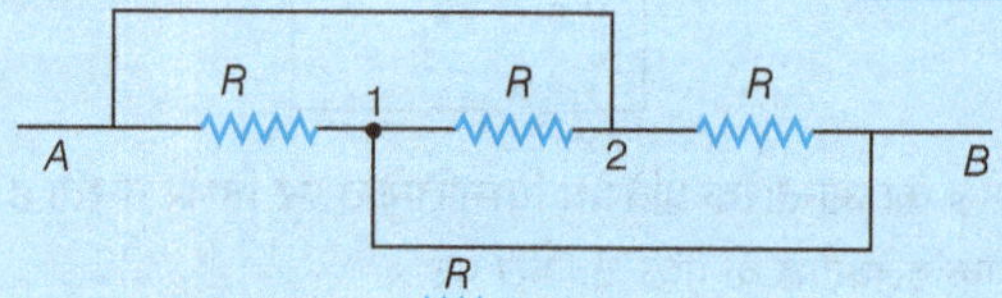

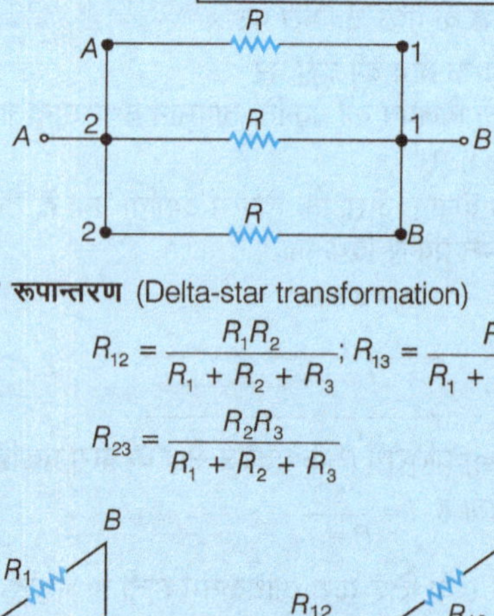

डेल्टा-स्टार रूपान्तरण (Delta-star transformation)

$$R_{12} = \frac{R_1R_2}{R_1 + R_2 + R_3};\ R_{13} = \frac{R_1R_3}{R_1 + R_2 + R_3};$$

$$R_{23} = \frac{R_2R_3}{R_1 + R_2 + R_3}$$

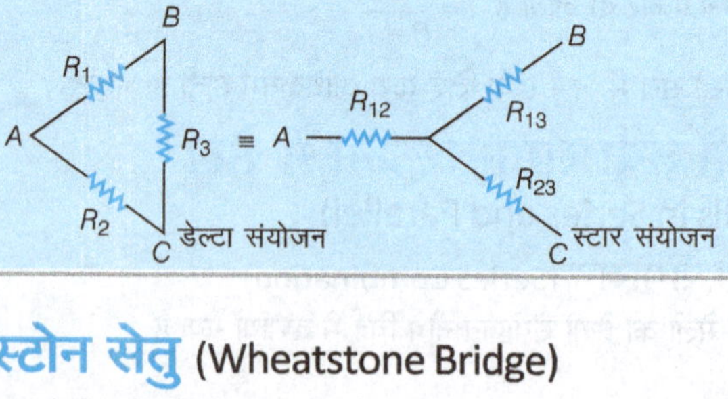

व्हीटस्टोन सेतु (Wheatstone Bridge)

- यह चार प्रतिरोधकों की एक व्यवस्था है जिसका उपयोग उनमें से एक के प्रतिरोध को अन्य तीनों के सन्दर्भ में मापने के लिए किया जाता है।
- विकर्ण रूप से विपरीत बिन्दुओं (A व C) के एक युग्म के एक्रॉस एक स्रोत संयोजन है। जैसा कि चित्र में दर्शाया गया है, AC को **बैटरी भुजा** कहते हैं।

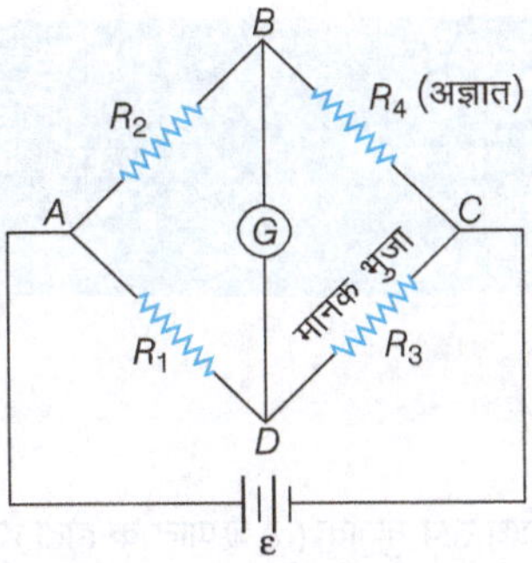

- अन्य दो शीर्षों B व D के बीच, एक गैल्वेनोमीटर (Galvanometer) जुड़ा रहता है। यह रेखा चित्र में BD के रूप में दर्शायी गई है और इसे **गैल्वेनोमीटर भुजा** कहते हैं।
- सन्तुलित सेतु की स्थिति में, प्रतिरोध इस प्रकार के होते हैं कि गैल्वेनोमीटर धारा, $I_g = 0$ इस स्थिति में, $\frac{R_2}{R_1} = \frac{R_4}{R_3}$

इस समीकरण को गैल्वेनोमीटर में शून्य या शून्य विक्षेपण (Null deflection) देने के लिए **सन्तुलन प्रतिबन्ध** (Balance condition) कहते हैं।
NEET 2022, 21

*मीटर सेतु (Meter Bridge)

- इस युक्ति (Device) का उपयोग किसी अज्ञात तार का प्रतिरोध ज्ञात करने के लिए किया जाता है।
- इसे नीचे चित्र में दर्शाया गया है

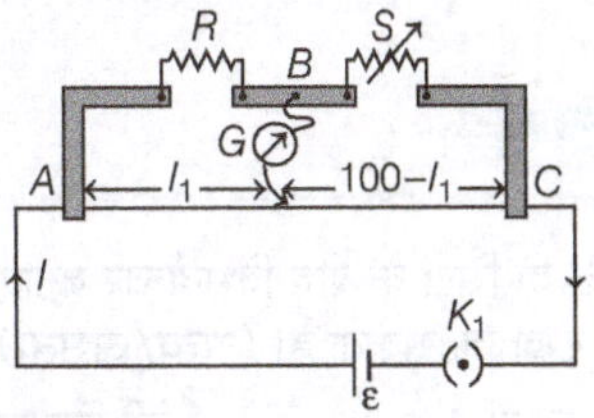

- इसका कार्य सिद्धान्त, व्हीटस्टोन सेतु के सिद्धान्त पर आधारित है

अर्थात् $R = S\left(\frac{l_1}{100 - l_1}\right)$

जहाँ, R = अज्ञात तार का प्रतिरोध, S = ज्ञात प्रतिरोध

तथा l_1 = प्रथम सिरे से शून्य बिन्दु की दूरी
NEET 2020, 19

Caution Points

- धारा एक अदिश (Scalar) राशि है, क्योंकि यह योग के सदिश नियम का पालन नहीं करती है, यद्यपि हम इसे तीर से दर्शाते हैं। इसे दो सदिशों के अदिश गुणनफल द्वारा दिया जाता है।

$I = \mathbf{J} \cdot \Delta\mathbf{S}$

जहाँ, $\mathbf{J}$ तथा $\Delta\mathbf{S}$ सदिश है।

- ओम के नियम के लिए एक अन्य व्यंजक $\mathbf{E} = \rho\mathbf{J}$ है जो यह दर्शाता है कि कोई पदार्थ ओम के नियम का तभी पालन करता है, जब इसकी प्रतिरोधकता, विद्युत क्षेत्र के परिणाम एवं दिशा से अप्रभावित रहती है।
- सजातीय चालक जैसे चाँदी अथवा अर्द्धचालक जैसे शुद्ध जर्मेनियम वैद्युत क्षेत्र के मान की एक निश्चित परास के भीतर ओम के नियम का पालन करते हैं। यद्यपि ओम के नियम से विचलन तब होता है जब सभी स्थितियों में वैद्युत क्षेत्र अत्यधिक शक्तिशाली होता है।
- वैद्युत क्षेत्र (E) में चालन इलेक्ट्रॉनों की गति के दो घटक होते हैं यादृच्छिक संघट्ट के कारण गति तथा $\mathbf{E}$ के कारण गति।
- सम्बन्ध $\mathbf{J} = \rho\mathbf{v}$ को प्रत्येक प्रकार के आवेश वाहकों पर अलग-अलग लागू किया जाना चाहिए।
- किसी चालक तार में कुल धारा तथा आवेश घनत्व, धनात्मक तथा ऋणात्मक दोनों प्रकार के आवेशों से प्राप्त होता है।

$$\mathbf{J} = \rho_+ \mathbf{v}_+ + \rho_- \mathbf{v}_-$$

$$\rho = \rho_+ + \rho_-$$

किसी धारावाही उदासीन तार के लिए,

$$\rho_+ = -\rho_- \Rightarrow \rho = 0$$

पुनः $\mathbf{v}_+ \sim 0$ जिससे $\mathbf{J} = \rho_- \mathbf{v}$ प्राप्त होता है।

इस प्रकार, $\mathbf{J} = \rho\mathbf{v}$, कुल धारा आवेश घनत्व के लिए लागू नहीं होता है।

PYQ नोट्स

1. यदि दो प्रतिरोध R_1 व R_2 समान्तर क्रम में जुड़े हों जैसा कि चित्र में दर्शाया गया है, तब धारा विभाजन नियम (Current division rule) का उपयोग करके आप I_1 व I_2 का मान निम्न प्रकार ज्ञात कर सकते हैं।

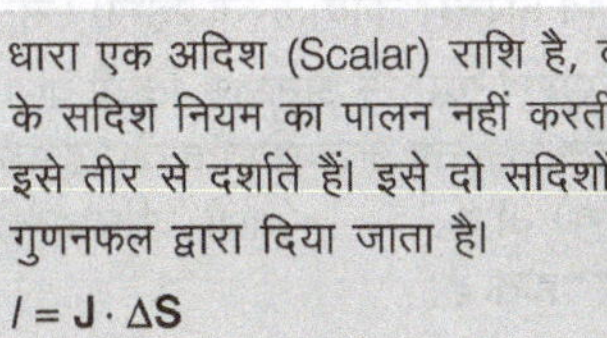

$$I_1 = \left(\frac{R_2}{R_1 + R_2}\right)I \text{ तथा } I_2 = \left(\frac{R_1}{R_1 + R_2}\right)I$$
[JEE Main 2023]

2. जब धारा I, प्रतिरोध R के प्रतिरोधक से प्रवाहित होती है, तो ऊष्मन के जूल के नियम के अनुसार, उत्पन्न ऊष्मा

$$H = I^2Rt = \frac{V^2}{R}t$$
[JEE Main 2021, NEET 2022]

3. वैद्युत परिपथों में फ्यूज का उपयोग, सुरक्षा युक्ति के रूप में किया जाता है। जब परिपथ में अत्यधिक मात्रा में धारा प्रवाहित होती है, तो यह पिघल जाता है और परिपथ को तोड़ देता है। [NEET 2019]
4. स्थैतिक अवस्था में, संधारित्र से कोई धारा प्रवाहित नहीं होती है। अतः संधारित्र एक खुले स्विच के समान कार्य करता है। [JEE Main 2023, 17]

*यह शीर्षक NCERT के पाठ्यक्रम में सम्मिलित नहीं है, परन्तु NEET के नीवनतम पाठ्यक्रम में दिया गया है।

Step by Step

Mastering NCERT

- कॉन्सेप्ट बिल्डर्स
- शीर्षकवार प्रश्न
- अभिकथन-कारण प्रश्न
- कथन आधारित प्रश्न
- सुमेलन प्रकार प्रश्न
- आंकिक मान प्रकार के प्रश्न
- NCERT Exemplar प्रश्न
- विगत परीक्षाओं के प्रश्न
- स्किल बूस्टर्स

कॉन्सेप्ट बिल्डर्स

1 किसी चालक के दो सिरों के बीच विभवान्तर बनाए रखकर विद्युत धारा को सतत रखा जा सकता है। (सत्य/असत्य)

2 इलेक्ट्रॉनिक धारा (Electronic current) की दिशा परम्परागत धारा (Conventional current) के .... (समान/विपरीत) होती है।

3 परम्परागत धारा ....(धनात्मक/ऋणात्मक) आवेश के प्रवाह के कारण होती है और इलेक्ट्रॉनिक धारा ...... (धनात्मक/ऋणात्मक) आवेश के कारण होती है।

4 यदि किसी तार को द्रव्यमान क्षति के बिना उसकी मूल लम्बाई से दोगुना करने के लिए खींचा जाता है, तो तार की प्रतिरोधकता में कितना परिवर्तन होगा?

5 n बराबर प्रतिरोधकों को पहले श्रेणीक्रम में तथा फिर समान्तर क्रम में जोड़ा जाता है। अधिकतम प्रतिरोध तथा न्यूनतम प्रतिरोध का अनुपात क्या होगा?

6 ठण्डे दिन की अपेक्षा गर्म दिन में कार का इंजन चालू करना आसान होता है। (सत्य/असत्य)

7 बैटरी का आन्तरिक प्रतिरोध तापमान ....(बढ़ने/घटने) के साथ घटता है।

8 धातुओं की प्रतिरोधकता की सीमा क्या है?

9 तापमान बढ़ने के साथ विश्रांति काल (Relaxection time) .... (बढ़ता/घटता) है।

10 तापीय ऊर्जा निरन्तर गति करते हुए इलेक्ट्रॉनों के वेग को ...... (घटाती/बढ़ाती) है।

11 कार्बन का प्रतिरोध ताप गुणांक (α) ऋणात्मक होता है। (सत्य/असत्य)

12 धारावाही तार में उत्पन्न ऊष्मीय ऊर्जा धारा के वर्ग के व्युत्क्रमानुपाती होती है। (सत्य/असत्य)

13 धारा घनत्व के पदों में एक प्रतिरोधक में प्रति इकाई आयतन स्थानांतरित शक्ति का सूत्र लिखिए।

14 समान्तर संयोजन में एक समान n प्रतिरोधकों के द्वारा शक्ति क्षय उसके श्रेणी संयोजन में शक्ति क्षय का .... $\left(n^2 / \frac{1}{n^2}\right)$ गुना होती है, यदि V समान रहता है।

15 तीन पिन पर कार्य करने वाला एक घरेलू विद्युत उपकरण शीर्ष पिन हटा देने पर भी निरन्तर कार्य करता रहेगा। (सत्य/असत्य)

16 किरचॉफ के पाश नियम के अनुसार, किसी परिपथ के किसी भी पाश में विद्युत वाहक बलों का बीजगणितीय योग इसमें उपस्थित .... (वोल्टेज/धारा) और .... (धारा/प्रतिरोधक) के गुणनफल के योग के बराबर होता है।

17 तार को मोड़ने या दिशा परिवर्तन से भी किरचॉफ सन्धि नियम की वैधता बदल जाएगी। (सत्य/असत्य)

18 जब व्हीटस्टोन सेतु संतुलित होता है, तो दो बिन्दुओं के बीच विभवान्तर .... (अधिकतम/शून्य) होता है।

19 व्हीटस्टोन सेतु सबसे अधिक संवेदनशील होता है जब चारों भुजाओं में प्रतिरोध समान कोटि का होता है। (सत्य/असत्य)

20 व्हीटस्टोन सेतु विधि बहुत उच्च और बहुत निम्न प्रतिरोधों के मापन के लिए लागू नहीं होती है। (सत्य/असत्य)

शीर्षकवार प्रश्न

चालकों में विद्युत धारा

1 एक इलेक्ट्रॉन एक परमाणु के नाभिक के चारों ओर चक्कर लगाता है। यह 0.72 Å त्रिज्या के पथ पर प्रति सेकण्ड 9.4×10^{18} चक्कर लगा रहा है। समतुल्य धारा है **NCERT पृष्ठ 82**

(a) 1.0 ऐम्पियर (b) 2.5 ऐम्पियर
(c) 1.5 ऐम्पियर (d) 2.0 ऐम्पियर

2 हाइड्रोजन परमाणु में, एक इलेक्ट्रॉन 5.0×10^{-11} मी त्रिज्या की कक्षा में 2.2×10^6 मी/से की चाल से गति करता है। समतुल्य धारा है **NCERT पृष्ठ 82**

(a) 11.2×10^{-3} ऐम्पियर (b) 1.9×10^{-3} ऐम्पियर
(c) 1.12×10^{-3} ऐम्पियर (d) 11.2×10^{4} ऐम्पियर

3 दो लड़के A और B एक मैदान में दो बिन्दुओं पर आवेशित गेंदों के समूह के समीप बैठे हैं, जहाँ प्रत्येक गेंद पर +3e आवेश है। A, B की ओर प्रति सेकण्ड 100 गेंदें फेंकता है, जबकि B उसी समय A की ओर प्रति सेकण्ड 50 गेंदें फेंकता है। A और B के मध्य-बिन्दु पर धारा ज्ञात कीजिए। **NCERT पृष्ठ 82**

(a) $i = 3.4 \times 10^{-17}$ ऐम्पियर बिन्दु A से B तक
(b) $i = 2.4 \times 10^{-17}$ ऐम्पियर बिन्दु A से B तक
(c) $i = 2.8 \times 10^{-17}$ ऐम्पियर बिन्दु A से B तक
(d) $i = 4.8 \times 10^{-7}$ ऐम्पियर बिन्दु A से B तक

4 किसी तार में प्रवाहित धारा समय के साथ समीकरण $i = 4 + 2t$ के अनुसार बदलती रहती है, जहाँ i ऐम्पियर में है और t सेकण्ड में है। समय $t = 2$ सेकण्ड से $t = 6$ सेकण्ड में तार के अनुप्रस्थ-काट से गुजरने वाली आवेश की मात्रा है **NCERT पृष्ठ 82**

(a) 40 कूलॉम (b) 48 कूलॉम (c) 38 कूलॉम (d) 43 कूलॉम

चालकों में विद्युत धारा

5 बीस मिलियन इलेक्ट्रॉन दो माइक्रो-सेकण्ड में बिन्दु X से बिन्दु Y तक पहुँचते हैं जैसा कि चित्र में दिखाया गया है। धारा की दिशा और परिमाण है **NCERT पृष्ठ 82**

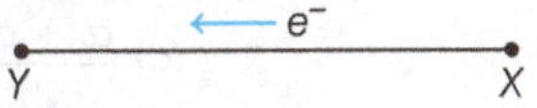

(a) 1.5×10^{-10} ऐम्पियर X से Y तक
(b) 1.6×10^{-6} ऐम्पियर Y से X तक
(c) 1.6×10^{-13} ऐम्पियर Y से X तक
(d) 1.6×10^{-4} ऐम्पियर X से Y तक

6 एक क्षेत्र में 10^{19} α-कण और 10^{19} प्रोटॉन प्रति सेकण्ड बाईं ओर चलते हैं, जबकि 10^{19} इलेक्ट्रॉन प्रति सेकण्ड दाईं ओर चलते हैं। धारा है **NCERT पृष्ठ 82**

(a) 3.2 ऐम्पियर बायीं ओर
(b) 3.2 ऐम्पियर दाईं ओर
(c) 6.4 ऐम्पियर बायीं ओर
(d) 6.4 ऐम्पियर दाईं ओर

ओम का नियम

7 एक तार के लिए $\frac{R}{l} = \frac{1}{2}$ और इसकी लम्बाई $l = 5$ सेमी है। यदि इसके एक्रॉस 1 वोल्ट का विभवान्तर आरोपित किया जाये, तब तार से प्रवाहित धारा होगी (R = प्रतिरोध) **NCERT पृष्ठ 83**

(a) 40 ऐम्पियर (b) 4 ऐम्पियर
(c) 25 ऐम्पियर (d) 2.5 ऐम्पियर

8 एक सुचालक के लिए V-I ग्राफ V-अक्ष के साथ 40° का कोण बनाता है। यहाँ, V वोल्टेज को दर्शाता है और I धारा को दर्शाता है। चालक का प्रतिरोध होगा **NCERT पृष्ठ 83**

(a) sin 40° (b) cos 40° (c) tan 40° (d) cot 40°

9 समान्तर फलकों वाले ब्लॉक के सभी किनारे असमान हैं। इसका सबसे लम्बा किनारा इसके सबसे छोटे किनारे का दोगुना है, तथा इसका तीसरा किनारा, सबसे छोटे किनारे का 1.5 गुना है तो समान्तर फलकों के बीच अधिकतम और न्यूनतम प्रतिरोध का अनुपात होगा **NCERT पृष्ठ 84**

(a) 8 (b) 4 (c) 2 (d) 14

10 अनुप्रस्थ-काट के क्षेत्रफल 2.0 मिमी^{2} तथा प्रतिरोधकता 1.7×1.8^{-8} ओम-मी वाला एक तांबे का तार 1 ऐम्पियर की धारा प्रवाहित करता है। तांबे के तार में विद्युत क्षेत्र है **NCERT पृष्ठ 84**

(a) 8.5×10^{-5} वोल्ट/मी (b) 8.5×10^{-4} वोल्ट/मी
(c) 8.5×10^{-3} वोल्ट/मी (d) 8.5×10^{-2} वोल्ट/मी

11 यदि तांबे के चालक की प्रतिरोधकता 1.7×10^{-8} ओम-मी है और विद्युत क्षेत्र 100 वोल्ट/मी है, तब धारा घनत्व होगा **NCERT पृष्ठ 85**

(a) 6×10^9 ऐम्पियर/मी^{2} (b) 1.7×10^{-6} ऐम्पियर/मी^{2}
(c) 1.7×10^{-10} ऐम्पियर/मी^{2} (d) 6×10^7 ऐम्पियर/मी^{2}

12 2 मिमी^{2} अनुप्रस्थ-काट वाले तांबे के तार से 4 कूलॉम का आवेश 2 सेकण्ड में प्रवाहित हो रहा है। यदि तांबे के तार की चालकता 6.25×10^7 सीमेन/मी हो, तो तांबे के तार में विद्युत क्षेत्र है **NCERT पृष्ठ 85**

(a) 0.8×10^{-2} न्यूटन/कूलॉम (b) 1.6×10^{-3} न्यूटन/कूलॉम
(c) 16×10^{-2} न्यूटन/कूलॉम (d) 3.2×10^{-3} न्यूटन/कूलॉम

इलेक्ट्रॉनों का अपवाह और प्रतिरोधकता का उद्गम

13 d व्यास वाले एक तार में धारा i प्रवाहित हो रही है, जिसमें इलेक्ट्रॉनों का अपवाह वेग v_d है। तार का व्यास $\frac{d}{4}$ करने पर नया अपवाह वेग क्या होगा? **NCERT पृष्ठ 86**

(a) $4v_d$ (b) $\frac{v_d}{4}$ (c) $16v_d$ (d) $\frac{v_d}{16}$

14 जब एक तार से धारा i प्रवाहित होती है, तो इलेक्ट्रॉनों का अनुगमन वेग v होता है। जब धारा $2i$ समान पदार्थ के दूसरे तार से प्रवाहित होती है, जिसकी लम्बाई दोगुनी और अनुप्रस्थ-काट का क्षेत्रफल दोगुना होता है, तो इलेक्ट्रॉनों का अनुगमन वेग होगा **NCERT पृष्ठ 86**

(a) $\frac{v}{8}$ (b) $\frac{v}{4}$ (c) $\frac{v}{2}$ (d) v

15 1 मी लम्बे तांबे के तार के सिरों पर 100 वोल्ट का विभवान्तर लगाया गया है। इलेक्ट्रॉनों का औसत अपवाह वेग क्या है? ($\sigma = 5.81 \times 10^{-7}$ प्रति ओम या $n_{Cu} = 8.5 \times 10^{28}$ प्रति मी^{3}) **NCERT पृष्ठ 86**

(a) 0.43 मी/से (b) 0.83 मी/से
(c) 0.52 मी/से (d) 0.95 मी/से

16 4×10^{-6} मी^{2} अनुप्रस्थ-काट के क्षेत्रफल वाले एक धातु के तार से 10 ऐम्पियर धारा प्रवाहित हो रही है। यदि एल्युमीनियम चालक का घनत्व 2.7 ग्राम/सेमी^{3} है। यह मानते हुए कि एल्युमीनियम चालक के लिए प्रति परमाणु 1 इलेक्ट्रॉन देता है, तो इलेक्ट्रॉनों का अपवाह वेग ज्ञात कीजिए, यदि एल्युमीनियम का आणविक भार 27 ग्राम है। **NCERT पृष्ठ 86**

(a) 1.6×10^{-4} मी/से (b) 3.6×10^{-4} मी/से
(c) 2.6×10^{-4} मी/से (d) 1.5×10^{-4} मी/से

17 1 सेमी^{2} अनुप्रस्थ-काट के क्षेत्रफल वाले एक चालक तार में प्रति मी^{3} 3×10^{23} आवेश वाहक हैं। यदि तार 24 मिली-ऐम्पियर धारा प्रवाहित करता है, तो वाहकों का अपवाह वेग है **NCERT पृष्ठ 86**

(a) 5×10^{-2} मी/से (b) 0.5 मी/से
(c) 5×10^{-3} मी/से (d) 4×10^{-2} मी/से

18 यदि तांबे की प्रतिरोधकता 1.72×10^{-8} ओम-मी है तथा तांबे में मुक्त इलेक्ट्रॉनों की संख्या 8.5×10^{28} प्रति मी^{2} है। गतिशीलता ज्ञात कीजिए। **NCERT पृष्ठ 88**

(a) 4.27×10^{-3} मी^{2}/कूलॉम-ओम
(b) 6.8×10^{-3} मी^{2}/कूलॉम-ओम
(c) 8.5×10^{-3} मी^{2}/कूलॉम-ओम
(d) 3.4×10^{-3} मी^{2}/कूलॉम-ओम

ओम के नियम की सीमाएँ

19 निम्न में से कौन-सा I-V ग्राफ ओमीय चालकों का प्रतिनिधित्व करता है? **NCERT पृष्ठ 89**

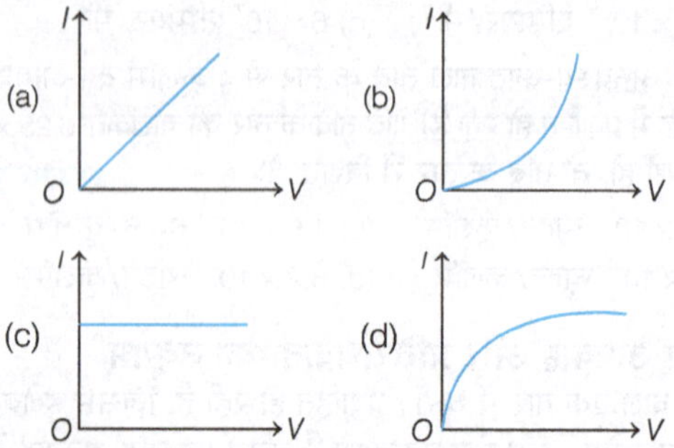

20 चित्र में दिया गया I-V ग्राफ प्रदर्शित करता है **NCERT पृष्ठ 89**

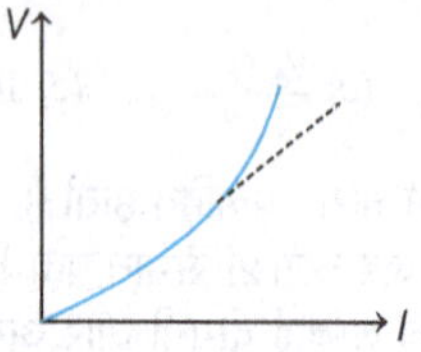

(a) ओमीय चालक (b) अतिचालक
(c) सुचालक (d) कुचालक

21 चित्र में प्रदर्शित किया गया I-V अभिलक्षण दर्शाता है **NCERT पृष्ठ 89**

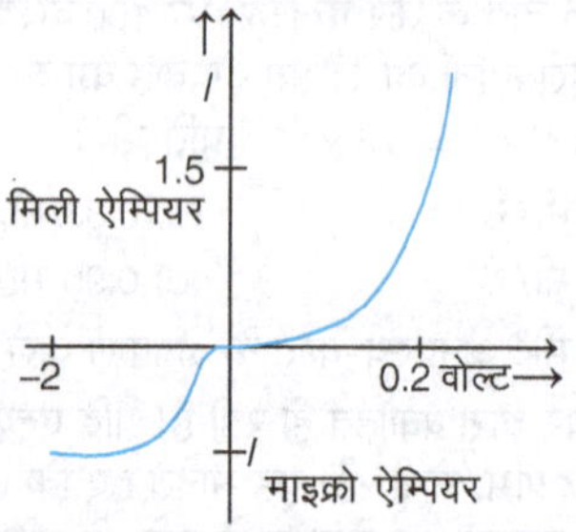

(a) सुचालक
(b) एक डायोड
(c) कुचालक
(d) ओमीय चालक

विभिन्न पदार्थों की प्रतिरोधकता

22 निम्नलिखित पदार्थों को उनकी प्रतिरोधकता के बढ़ते क्रम में व्यवस्थित किया गया है। निम्नलिखित में से कौन-सा क्रम सही है? **NCERT पृष्ठ 89**

(a) तांबा < जर्मेनियम < सिरेमिक
(b) जर्मेनियम < सिरेमिक < तांबा
(c) सिरेमिक < तांबा < जर्मेनियम
(d) सिरेमिक < जर्मेनियम < तांबा

प्रतिरोधकता की तापमान पर निर्भरता

23 20°C पर एक तार का प्रतिरोध 20 Ω है और 500°C पर 60 Ω है। तब किस तापमान पर इसका प्रतिरोध 25 Ω होगा? **NCERT पृष्ठ 90**

(a) 160°C (b) 250°C
(c) 100°C (d) 80°C

24 दो चालकों का 0°C पर प्रतिरोध समान है, लेकिन उनके प्रतिरोध के तापमान गुणांक α_1 और α_2 है। उनके श्रेणी संयोजन का प्रभावी ताप गुणांक है **NCERT पृष्ठ 90**

(a) $\frac{\alpha_1 + \alpha_2}{4}$ (b) $\alpha_1 \times \alpha_2$
(c) $\alpha_1 + \alpha_2$ (d) $\frac{\alpha_1 + \alpha_2}{2}$

25 किसी दिए गए धातु के तार के लिए दो अलग-अलग तापमानों T_1 और T_2 पर धारा i और वोल्टेज V का ग्राफ चित्र में दिखाया गया है। यह निष्कर्ष निकाला गया है कि **NCERT पृष्ठ 90**

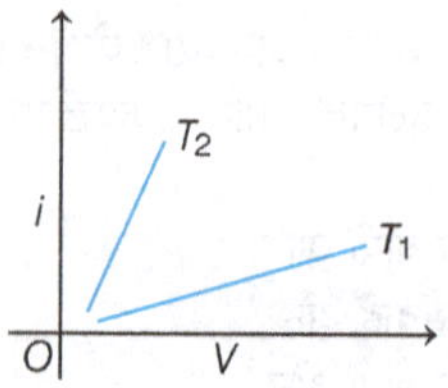

(a) $T_1 > T_2$ (b) $T_1 < T_2$
(c) $T_1 = T_2$ (d) $T_1 = 2T_2$

26 300-400 केल्विन ताप-परास (Temperature range) में Cu और अमिश्रित Si के प्रतिरोधों की ताप पर निर्भरता को सबसे उपयुक्त रूप से किसके द्वारा वर्णित किया गया है? **NCERT पृष्ठ 90**

(a) Cu के लिए रैखिक वृद्धि, Si के लिए रैखिक वृद्धि
(b) Cu के लिए रैखिक वृद्धि, Si के लिए चरघातांकी वृद्धि
(c) Cu के लिए रैखिक वृद्धि, Si के लिए चरघातांकी कमी
(d) Cu के लिए रैखिक कमी, Si के लिए रैखिक कमी

27 कमरे के ताप पर एक हीटर में तार का प्रतिरोध 65 Ω है। जब हीटर को 220 वोल्ट की आपूर्ति से जोड़ा जाता है, तो धारा कुछ सेकण्ड के बाद 2.8 ऐम्पियर पर स्थिर हो जाती है। तार का स्थिर तापमान क्या है? (प्रतिरोध का तापमान गुणांक, $\alpha = 1.70 \times 10^{-4}$ प्रति °C) **NCERT पृष्ठ 90**

(a) 955°C (b) 1055°C
(c) 1155°C (d) 1258°C

28 प्लैटिनम प्रतिरोध थर्मामीटर में तार का प्रतिरोध हिमांक पर 5 Ω और भाप बिन्दु पर 5.25 Ω है। जब थर्मामीटर को किसी अज्ञात गर्म वस्तु के सम्पर्क में रखा जाता है, तो इसका प्रतिरोध 5.5 Ω हो जाता है। गर्म वस्तु का ताप है **NCERT पृष्ठ 90**

(a) 100°C (b) 200°C
(c) 300°C (d) 350°C

29 चित्र (a) और चित्र (b) दोनों कुछ पदार्थों के लिए तापमान (*T*) के साथ प्रतिरोधकता (ρ) में परिवर्तन दिखा रहे हैं। इन पदार्थों के प्रकार की पहचान करें। **NCERT पृष्ठ 90**

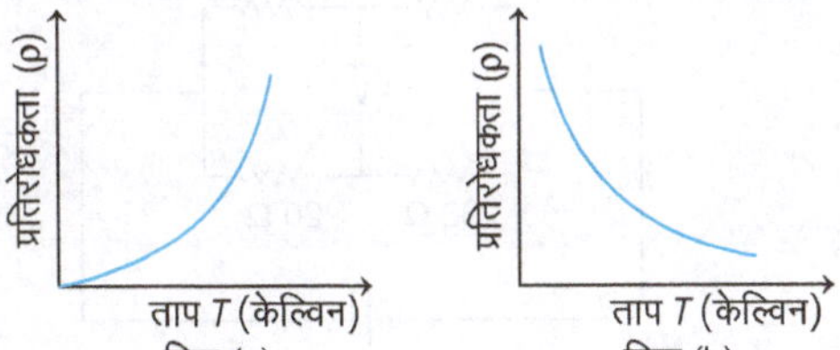

चित्र (a) चित्र (b)

(a) कुचालक और अर्द्धचालक (b) चालक और कुचालक
(c) चालक और अर्द्धचालक (d) अर्द्धचालक और चालक

प्रतिरोधों का संयोजन : श्रेणीक्रम तथा समान्तर क्रम

30 एक ही धातु के दो तारों की लम्बाई समान है, लेकिन उनके अनुप्रस्थ-काट का क्षेत्रफल 3 : 1 के अनुपात में है और उन्हें श्रेणीक्रम में जोड़ा गया है। मोटे तार का प्रतिरोध 10 Ω है। संयोजन का कुल प्रतिरोध क्या है? **Old NCERT पृष्ठ 107**

(a) (5/2) Ω (b) (40/2) Ω (c) 40 Ω (d) 100 Ω

31 यहाँ दिए गए नेटवर्क में बिंदु *P* और *Q* के बीच तुल्य प्रतिरोध बराबर होगा (दिया गया है, $r = \frac{3}{2}\Omega$) **Old NCERT पृष्ठ 107**

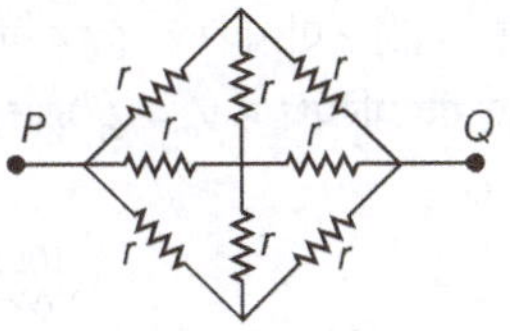

(a) $\frac{1}{2}\Omega$ (b) 1 Ω (c) $\frac{3}{2}\Omega$ (d) 2 Ω

32 8Ω प्रतिरोध के सिरों पर विभवान्तर 48 वोल्ट है जैसा कि चित्र में दर्शाया गया है। *X* तथा *Y* बिन्दुओं पर विभवान्तर का मान होगा **Old NCERT पृष्ठ 107**

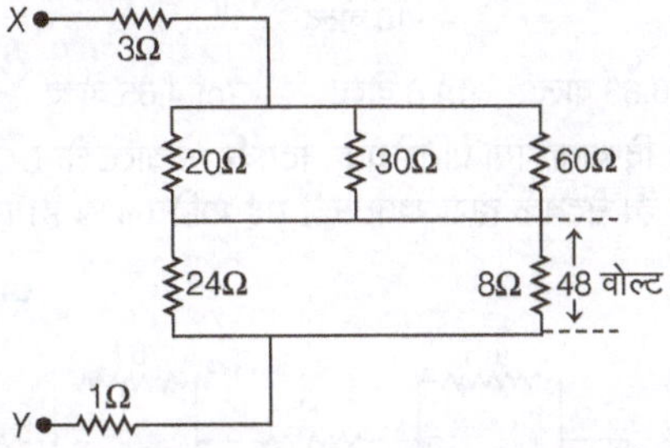

(a) 160 वोल्ट (b) 128 वोल्ट (c) 80 वोल्ट (d) 62 वोल्ट

33 400 Ω तथा 800 Ω के दो प्रतिरोध 6 वोल्ट बैटरी के साथ श्रेणीक्रम में जोड़े गये है। 400 Ω प्रतिरोध के बीच 10 k Ω के वोल्टमीटर द्वारा मापा गया विभवान्तर होगा **Old NCERT पृष्ठ 107**

(a) 2 वोल्ट (b) 1.95 वोल्ट
(c) 3.8 वोल्ट (d) 4 वोल्ट

34 धातु के एक समान तार का प्रतिरोध 18 Ω है और इसे मोड़कर समबाहु त्रिभुज के आकार में परिवर्तित किया गया है। तब, इस त्रिभुज के किसी भी दो शीर्षों के बीच का प्रतिरोध है **Old NCERT पृष्ठ 109**

(a) 12 Ω (b) 8 Ω (c) 2 Ω (d) 4 Ω

35 दो प्रतिरोध को समान्तर क्रम में जोड़ा गया हैं जिनका समतुल्य प्रतिरोध (3/5) Ω है। उनमें से एक प्रतिरोधक तार टूट गया और प्रभावी प्रतिरोध मान 3 Ω हो गया। तब टूटने वाले तार का प्रतिरोध (ओम में) था **Old NCERT पृष्ठ 109**

(a) 4/3 (b) 2 (c) 6/5 (d) 3/4

36 एकसमान अनुप्रस्थ-काट और लम्बाई *l* वाले एक तार का प्रतिरोध 16Ω है। इसे चार बराबर भागों में काटा जाता है। प्रत्येक भाग को समान रूप से *l* लम्बाई तक खींचा जाता है और सभी खींचे गए भागों को समान्तर में जोड़ा जाता है। इस प्रकार बने संयोजन के कुल प्रतिरोध की गणना करें। (माना तार के खिंचने से पदार्थ के घनत्व में कोई परिवर्तन नहीं होता है।) **Old NCERT पृष्ठ 109**

(a) 10 Ω (b) 12 Ω
(c) 16 Ω (d) 18 Ω

37 दर्शाए गए चित्र में *i* ज्ञात कीजिए। **Old NCERT पृष्ठ 108**

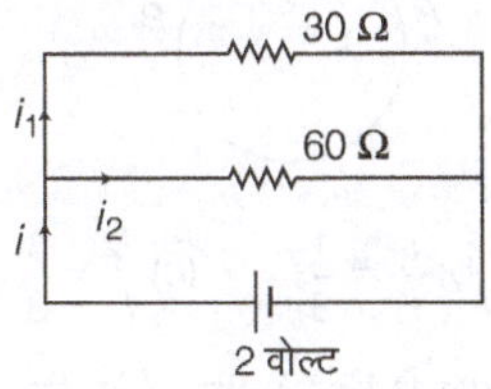

(a) 0.2 ऐम्पियर (b) 0.1 ऐम्पियर
(c) 0.3 ऐम्पियर (d) 0.4 ऐम्पियर

38 दो प्रतिरोध *R* और 2*R* एक विद्युत परिपथ में समान्तर क्रम में जोड़े गये हैं। प्रतिरोध *R* और 2*R* में उत्पन्न तापीय ऊर्जा का अनुपात होगा **Old NCERT पृष्ठ 107**

(a) 1 : 2 (b) 1 : 4
(c) 4 : 1 (d) 2 : 1

39 समान प्रतिरोध वाले *n* प्रतिरोधकों को श्रेणीक्रम में जोड़ने पर उनका तुल्य प्रतिरोध *R* होगा। यदि समान प्रतिरोधों को समान्तर क्रम में जोड़ा जाए, तो तुल्य प्रतिरोध होगा **Old NCERT पृष्ठ 107**

(a) R/n^2 (b) R/n
(c) n^2R (d) nR

40 पाँच प्रतिरोधक चित्र के अनुसार जोड़े गये हैं। बिंदु *B* और *C* के बीच समतुल्य प्रतिरोध ज्ञात कीजिए। **Old NCERT पृष्ठ 108**

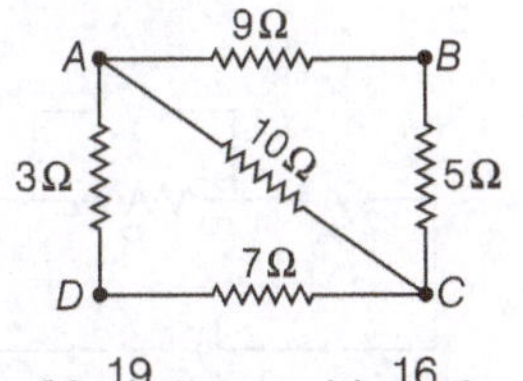

(a) $\frac{70}{19}\Omega$ (b) $\frac{19}{70}\Omega$ (c) $\frac{16}{5}\Omega$ (d) $\frac{15}{8}\Omega$

41 चित्र में दिखाए अनुसार बिंदु P, Q और R के बीच छह एक समान प्रतिरोध जोड़े गए हैं। तब, कुल प्रतिरोध निम्न में से किन बिन्दुओं के बीच अधिकतम होगा? **Old NCERT पृष्ठ 108**

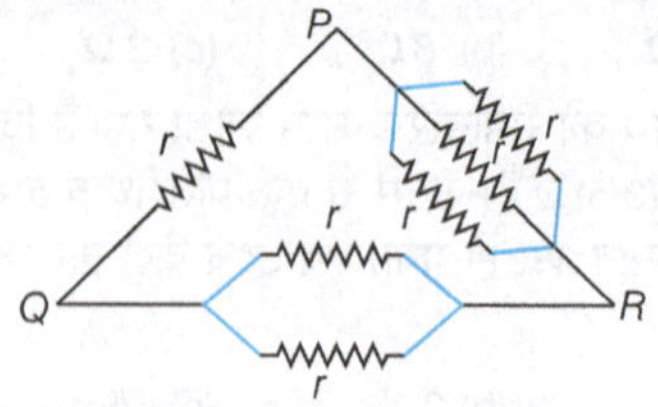

(a) P और Q
(b) Q और R
(c) P और R
(d) कोई भी दो बिंदुओं के बीच बराबर होगा

42 एक वलय प्रतिरोध $R_0 = 12\Omega$ वाले तार से बनाया गया है। चित्रानुसार अनुसार बिंदु A और B ज्ञात कीजिए, जिन पर एक धारावाही चालक जोड़ा जाना चाहिए, ताकि इन बिंदुओं के बीच उप-परिपथ का प्रतिरोध $(8/3)\,\Omega$ के बराबर हो। **Old NCERT पृष्ठ 108**

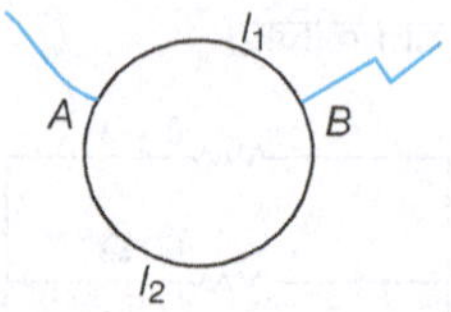

(a) $\frac{l_1}{l_2} = \frac{5}{8}$ (b) $\frac{l_1}{l_2} = \frac{1}{3}$ (c) $\frac{l_1}{l_2} = \frac{3}{8}$ (d) $\frac{l_1}{l_2} = \frac{1}{2}$

43 नीचे दिए गए परिपथ में बिंदु A और B के बीच तुल्य प्रतिरोध क्या है? **Old NCERT पृष्ठ 109**

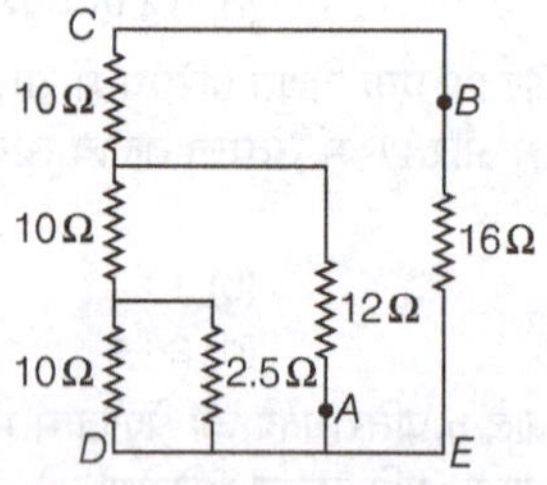

(a) 8 Ω (b) 12 Ω (c) 16 Ω (d) 32 Ω

44 चित्र में दिखाए गए प्रतिरोध R का वास्तविक मान 30 Ω है। इसे मानक सूत्र $R = \frac{V}{I}$ का उपयोग करके दिखाए गए प्रयोग में मापा जाता है, जहाँ V और I क्रमशः वोल्टमीटर और अमीटर के पाठ्यांक हैं। यदि R का मापा गया मान 5% कम है, तो वोल्टमीटर का आंतरिक प्रतिरोध होगा **Old NCERT पृष्ठ 109**

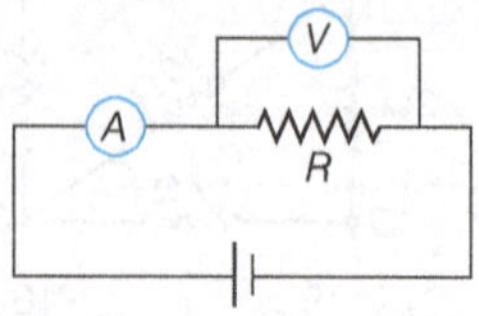

(a) 600 Ω (b) 570 Ω (c) 350 Ω (d) 35 Ω

45 दिखाए गए परिपथ में एक आदर्श वोल्टमीटर का पाठ्यांक है **Old NCERT पृष्ठ 109**

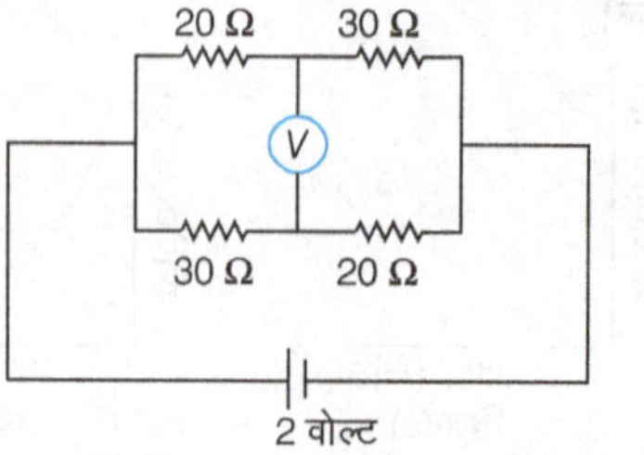

(a) 0.6 वोल्ट (b) 0 वोल्ट (c) 0.5 वोल्ट (d) 0.4 वोल्ट

46 दिए गए परिपथ में 8 Ω प्रतिरोध में धारा ज्ञात कीजिए। **Old NCERT पृष्ठ 109**

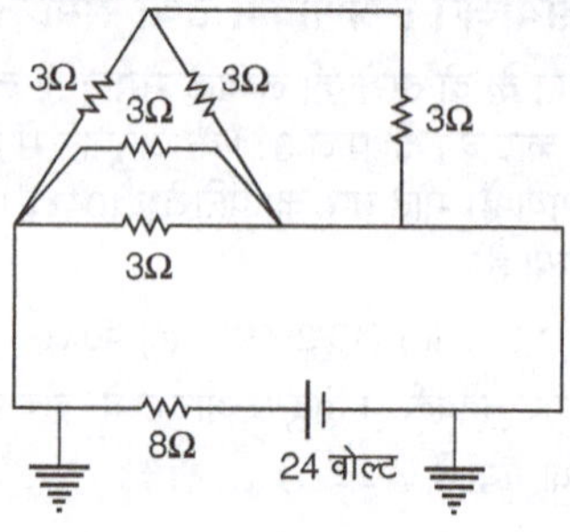

(a) 2 ऐम्पियर (b) 3 ऐम्पियर (c) 4 ऐम्पियर (d) 5 ऐम्पियर

47 चित्र में दिखाए गए परिपथ में $V_P - V_Q$ ज्ञात कीजिए। **Old NCERT पृष्ठ 109**

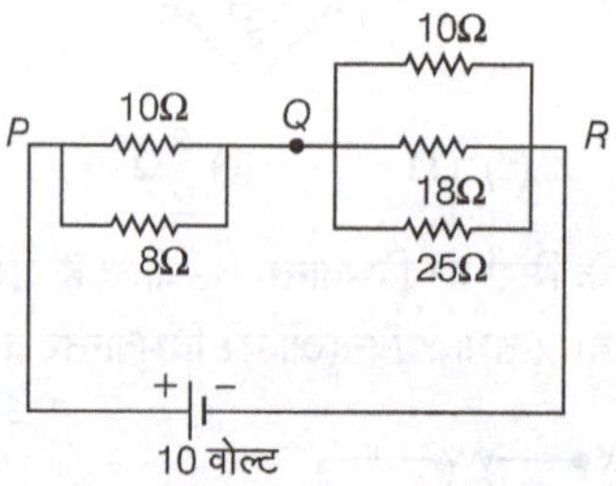

(a) 6.68 वोल्ट (b) 8 वोल्ट (c) 4.65 वोल्ट (d) 7 वोल्ट

48 नीचे दिखाया गया प्रतिरोधक नेटवर्क 16 वोल्ट के DC स्रोत से जोड़ा गया है। नेटवर्क द्वारा खपत की गई शक्ति 4 W है। R का मान होगा **Old NCERT पृष्ठ 109**

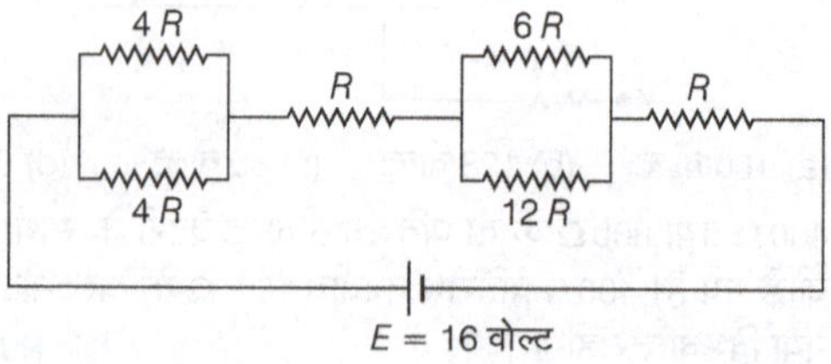

(a) 6 Ω (b) 8 Ω
(c) 1 Ω (d) 16 Ω

49 नीचे दिखाए गए परिपथ में, वोल्टमीटर और अमीटर का पाठ्यांक होगा **Old NCERT पृष्ठ 109**

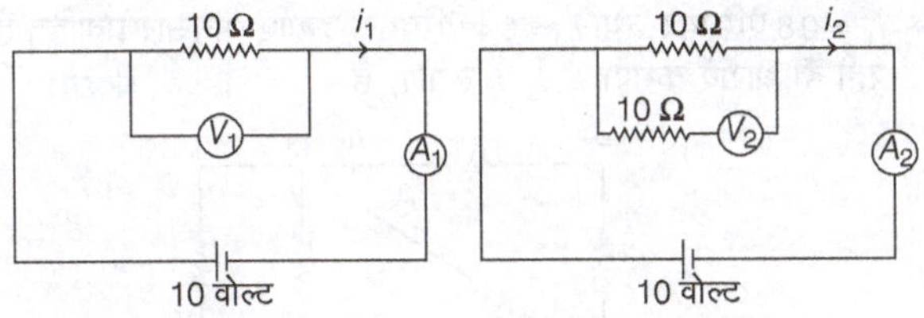

(a) $V_1 = V_2$ और $i_1 > i_2$ (b) $V_1 = V_2$ और $i_1 = i_2$
(c) $V_2 > V_1$ और $i_1 > i_2$ (d) $V_2 > V_1$ और $i_1 = i_2$

विद्युत ऊर्जा, शक्ति

50 2 मिली-ऐम्पियर की धारा एक अज्ञात प्रतिरोधक से प्रवाहित करने पर, जिससे 4.4 वाट की शक्ति क्षय होगी। जब 11 वोल्ट की एक आदर्श शक्ति आपूर्ति को इससे जोड़ा जाता है, तो क्षय हुई शक्ति होगी है **NCERT पृष्ठ 92**

(a) 11×10^{-4} वाट (b) 11×10^{-5} वाट
(c) 11×10^{5} वाट (d) 11×10^{-3} वाट

51 दो शहर एक दूसरे से 150 किलोमीटर की दूरी पर हैं। तांबे के तारों के माध्यम से एक शहर से दूसरे शहर में बिजली भेजी जाती है। प्रति किलोमीटर विभव में गिरावट 8 वोल्ट है और प्रति किलोमीटर औसत प्रतिरोध 0.5 Ω है। तार में शक्ति क्षय होगी **NCERT पृष्ठ 92**

(a) 19.2 वाट (b) 19.2 किलो वाट
(c) 19.2×10^4 वाट (d) 12.2 किलो वाट

52 एक विद्युत बल्ब पर 100 W, 230 V अंकित है। यदि आपूर्ति वोल्टेज 115 वोल्ट तक गिर जाता है, तो 20 मिनट में बल्ब द्वारा उत्पन्न ऊष्मा और प्रकाश ऊर्जा कितनी होगी? **NCERT पृष्ठ 92**

(a) 20000 जूल (b) 25000 जूल
(c) 30000 जूल (d) 35000 जूल

53 200 वोल्ट पर संचालित 100 वाट के लैम्प के फिलामेंट से प्रति सेकण्ड प्रवाहित होने वाले इलेक्ट्रॉनों की संख्या है, हैं **NCERT पृष्ठ 92**

(a) 3.1×10^{18} (b) 3.1×10^{19} (c) 4.8×10^{18} (d) 4.8×10^{19}

54 50 वोल्ट DC सप्लाई पर चलने वाली एक विद्युत मोटर 12 ऐम्पियर की धारा खींचती है। यदि मोटर की दक्षता 30% है, तो मोटर की वाइंडिंग के प्रतिरोध का अनुमान लगाएँ। **NCERT पृष्ठ 92**

(a) 1.5 Ω (b) 2 Ω (c) 2.9 Ω (d) 1 Ω

सेल, विद्युत वाहक बल, आन्तरिक प्रतिरोध

55 2.1 वोल्ट वाली सेल का आंतरिक प्रतिरोध क्या होगा जो 10 Ω के प्रतिरोध से गुजरकर 0.2 ऐम्पियर धारा देती है? **NCERT पृष्ठ 93**

(a) 0.2 Ω (b) 0.5 Ω (c) 0.8 Ω (d) 1.0 Ω

56 सेल का वि.वा.ब. 2 वोल्ट है तथा इस सेल का आंतरिक प्रतिरोध 0.1 Ω है, इसे 3.9 Ω के प्रतिरोध से जोड़ा गया है, सेल में प्रवाहित वोल्टेज होगा **NCERT पृष्ठ 93**

(a) 1.95 वोल्ट (b) 1.5 वोल्ट (c) 2 वोल्ट (d) 1.8 वोल्ट

57 चित्र में दर्शाए गए परिपथ में, E को जोड़ने से पहले और बाद में 8 Ω से प्रवाहित धारा समान है। तब E का मान है **NCERT पृष्ठ 93**

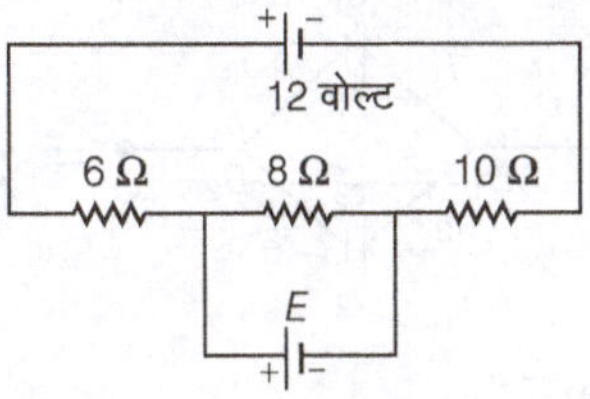

(a) 12 वोल्ट (b) 6 वोल्ट
(c) 4 वोल्ट (d) 2 वोल्ट

58 12 वोल्ट विद्युत वाहक बल तथा 1 Ω आंतरिक प्रतिरोध वाली बैटरी के टर्मिनलों को 16 Ω प्रतिरोध वाली वृत्ताकार कुण्डली से कुण्डली की परिधि पर चौथाई दूरी पर स्थित दो बिंदुओं पर जोड़ा गया है। वृत्त के छोटे चाप में प्रवाहित धारा होगी **NCERT पृष्ठ 93**

(a) 2.4 ऐम्पियर (b) 2.25 ऐम्पियर
(c) 0.75 ऐम्पियर (d) 1.66 ऐम्पियर

श्रेणी तथा समान्तर क्रम में सेल

59 विद्युत वाहक बल E और आन्तरिक प्रतिरोध r वाले सेल से जोड़े गये प्रतिरोध R में अधिक शक्ति क्षय होगा **NCERT पृष्ठ 93**

(a) $\dfrac{E^2}{r}$ (b) $\dfrac{E^2}{2r}$
(c) $\dfrac{E^2}{3r}$ (d) $\dfrac{E^2}{4r}$

60 श्रेणीक्रम में जोड़े गए दो सेलों को चित्र में दिखाया गया है। संयोजन के टर्मिनलों A और C के बीच विभवान्तर है ($\varepsilon_{eq} = \varepsilon_1 + \varepsilon_2$; $r_{eq} = r_1 + r_2$) **NCERT पृष्ठ 95**

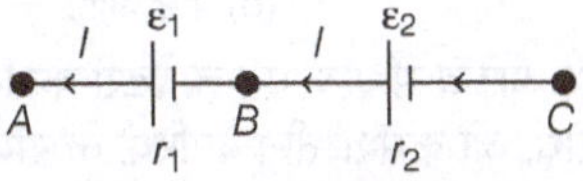

(a) $V_{AC} = \varepsilon_1 - Ir_1$ (b) $V_{AC} = \varepsilon_2 - Ir_2$
(c) $V_{AC} = \varepsilon_{eq} - Ir_{eq}$ (d) $V_{AC} = 2\varepsilon_{eq} - Ir_{eq}$

61 एक बैटरी समान प्रकार के n सेलों (प्रत्येक सेल का आंतरिक प्रतिरोध r है) से मिलकर बनी है जो श्रेणीक्रम में जुड़े है। बैटरी के टर्मिनलों को लघु-परिपथ किया जाता है और धारा I को मापा जाता है। तब कौन-सा ग्राफ I और n के बीच सही सम्बन्ध दर्शाता है? **NCERT पृष्ठ 95**

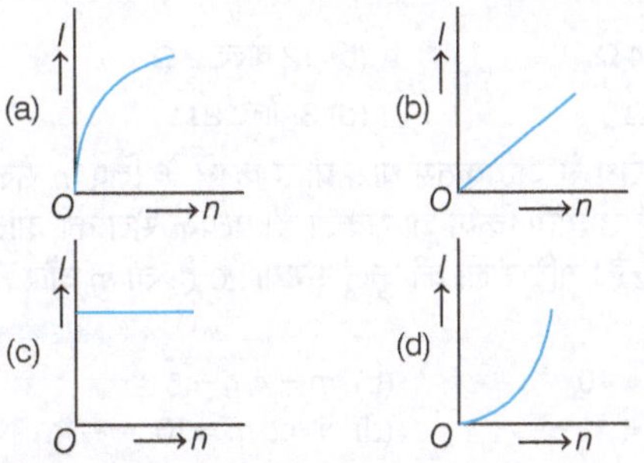

62 दिए गए चित्र में सेलों के समान्तर संयोजन पर विचार करें। इसके टर्मिनल B_1 तथा B_2 के बीच विभवान्तर है **NCERT पृष्ठ 95**

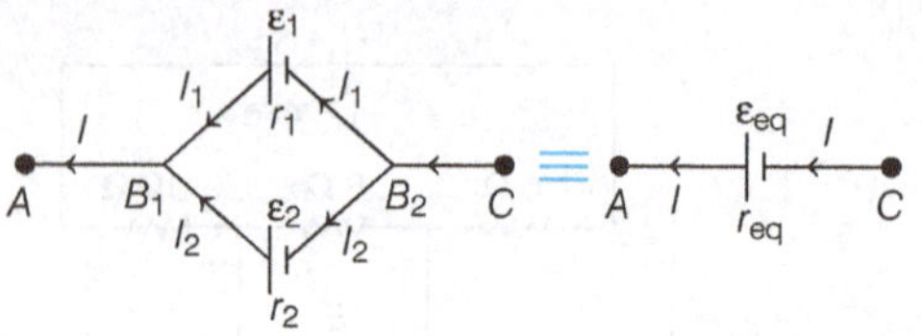

(a) $V = \varepsilon_{eq} - Ir_{eq}$
(b) $V = \varepsilon_2 - Ir_2$
(c) $V = 2\varepsilon_{eq} - Ir_{eq}$
(d) $V = \varepsilon_1 - 2Ir_1$

63 n एक समान सेलों, दो सेलों A और B के साथ श्रेणीक्रम विपरीत ध्रुवता के रूप में जोड़े गये हैं। प्रत्येक सेल का वि.वा.ब. E है और आंतरिक प्रतिरोध r है। सेल A या B के बीच विभवान्तर है ($n > 4$) **NCERT पृष्ठ 95**

(a) $\frac{2\varepsilon}{n}$
(b) $2\varepsilon\left(1-\frac{1}{n}\right)$
(c) $\frac{4\varepsilon}{n}$
(d) $2\varepsilon\left(1-\frac{2}{n}\right)$

64 0.2 Ω और 0.4 Ω आंतरिक प्रतिरोध वाले दो सेल समान्तर क्रम में जोड़े गये हैं। बैटरी टर्मिनल के बीच वोल्टेज 1.5 वोल्ट है। पहले सेल का विद्युत वाहक बल 1.2 वोल्ट है। दूसरे सेल का विद्युत वाहक बल है **NCERT पृष्ठ 95**

(a) 2.7 वोल्ट (b) 2.1 वोल्ट
(c) 3 वोल्ट (d) 4.2 वोल्ट

65 दिए गए परिपथ आरेख में, एक एकल बैटरी का वि.वा.ब. और आंतरिक प्रतिरोध, जो क्रमशः तीन बैटरियों के संयोजन के बराबर है, हैं **NCERT पृष्ठ 95**

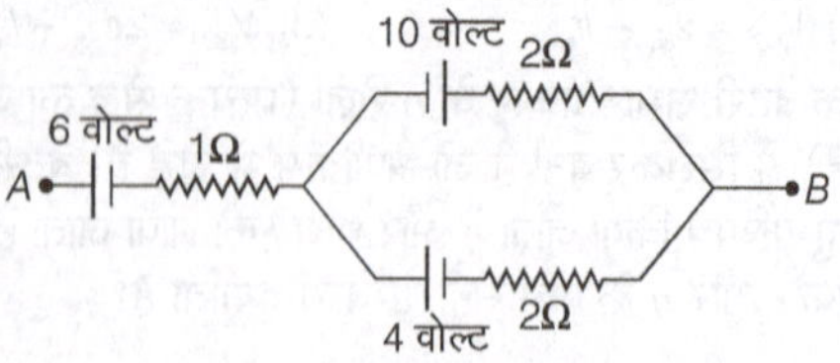

(a) 10 वोल्ट, 4 Ω (b) 12 वोल्ट 2 Ω
(c) 3 वोल्ट 6 Ω (d) 3 वोल्ट 2 Ω

66 2.5 Ω के प्रतिरोध से अधिकतम धारा प्राप्त करने के लिए, n सेल वाली m पंक्तियों का उपयोग किया जा सकता है। प्रत्येक सेल का आंतरिक प्रतिरोध 0.5 Ω है। यदि सेलों की कुल संख्या 20 है, तो m और n के मान क्या हैं? **NCERT पृष्ठ 95**

(a) $m = 2, n = 10$ (b) $m = 4, n = 5$
(c) $m = 5, n = 4$ (d) $n = 2, m = 10$

किरचॉफ के नियम

67 दिए गए परिपथ आरेख में धाराएँ $I_1 = -0.3$ ऐम्पियर, $I_4 = 0.8$ ऐम्पियर तथा $I_5 = 0.4$ ऐम्पियर, दर्शाए अनुसार प्रवाहित हो रही हैं। धाराएँ क्रमशः I_2, I_3, I_6 तथा I_6 हैं **NCERT पृष्ठ 97**

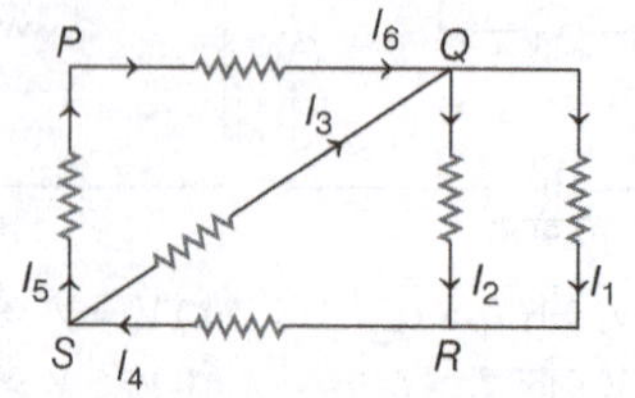

(a) 1.1 ऐम्पियर, 0.4 ऐम्पियर, 0.4 ऐम्पियर
(b) 1.1 ऐम्पियर - 0 4 . ऐम्पियर, 0.4 ऐम्पियर
(c) 0.4 ऐम्पियर, 1.1 A, 0.4 ऐम्पियर
(d) - 0 4 . A, 0.4 ऐम्पियर, 1.1 ऐम्पियर

68 यहाँ दिए गए परिपथ में, बिंदु A, B और C क्रमशः 70 वोल्ट, शून्य, 10 वोल्ट विभव पर हैं। तो, **NCERT पृष्ठ 97**

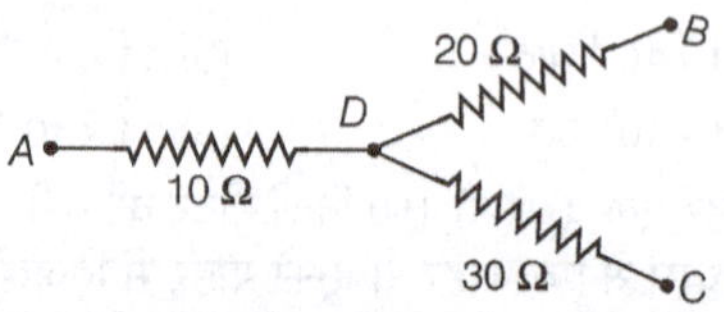

(a) बिंदु D 60 वोल्ट के विभव पर होगा
(b) बिंदु D परिपथ 20 वोल्ट के विभव पर होगा
(c) AD, DB तथा DC पथों पर धाराओं का अनुपात 1 : 2 : 3 होगा
(d) AD, DB तथा DC पथों पर धाराओं का अनुपात 3 : 2 : 1 होगा

69 परिपथ में गैल्वेनोमीटर G शून्य विक्षेप प्रदर्शित करता है। यदि बैटरियों A और B का आंतरिक प्रतिरोध नगण्य है, तो प्रतिरोधक R का मान होगा **NCERT पृष्ठ 97**

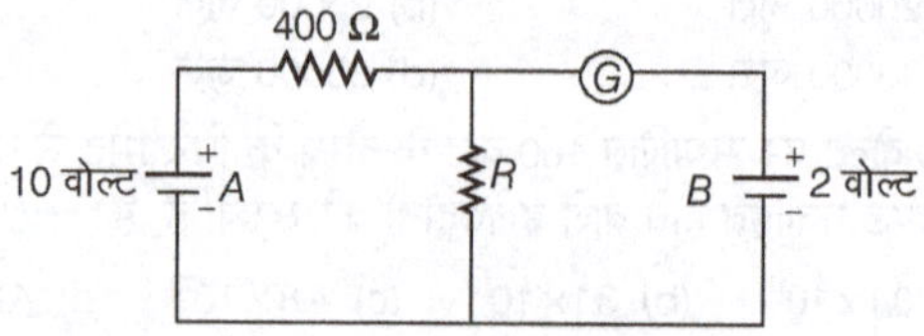

(a) 200 Ω (b) 100 Ω (c) 400 Ω (d) 1000 Ω

70 चार प्रतिरोधक जिनके प्रतिरोध r_1, r_2, r_3 और r_4 हैं, चित्रानुसार जोड़े गये है। परिपथ में उपयोग किये प्रतिरोधों के पथों में धाराओं का अनुपात $\frac{i_1}{i_4}$ होगा **NCERT पृष्ठ 97**

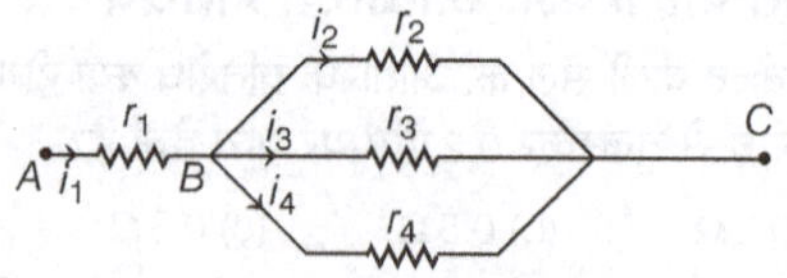

(a) $\frac{r_3r_4 + r_2r_4 + r_2r_3}{r_2r_3}$ (b) $\frac{r_1r_4 + r_1r_2 + r_2r_3}{r_1r_4}$

(c) $\frac{r_2}{r_4} + \frac{r_4}{r_3} + 1$ (d) $\frac{r_2}{r_4} + \frac{r_3}{r_2} + 1$

71 चित्र में प्रदर्शित की गई बैटरी का वि.वा.ब. है **NCERT पृष्ठ 97**

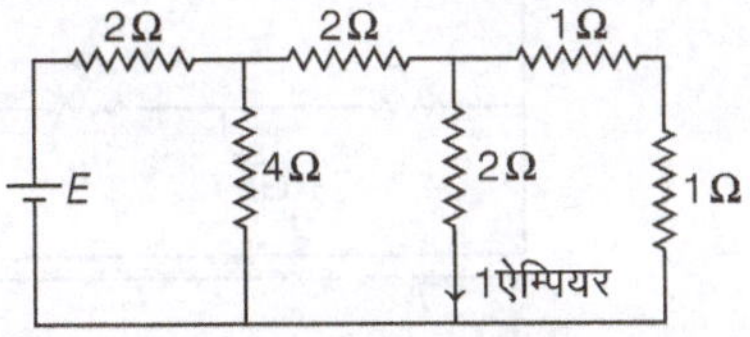

(a) 12 वोल्ट (b) 13 वोल्ट

(c) 16 वोल्ट (d) 18 वोल्ट

72 वि.वा.ब. ε और नगण्य आंतरिक प्रतिरोध की एक बैटरी जो 12 प्रतिरोधकों से बनी है। एक घनाकार नेटवर्क के विकर्ण विपरीत कोनों से जोड़ी गई है, प्रत्येक बैटरी का प्रतिरोध R है। तब नेटवर्क का तुल्य प्रतिरोध **NCERT पृष्ठ 97**

(a) $\frac{5}{6}R$ (b) $\frac{6}{5}R$

(c) $3R$ (d) $12R$

व्हीटस्टोन सेतु

73 चित्र में दिखाए गए परिपथ में धारा i ज्ञात कीजिए। **NCERT पृष्ठ 100**

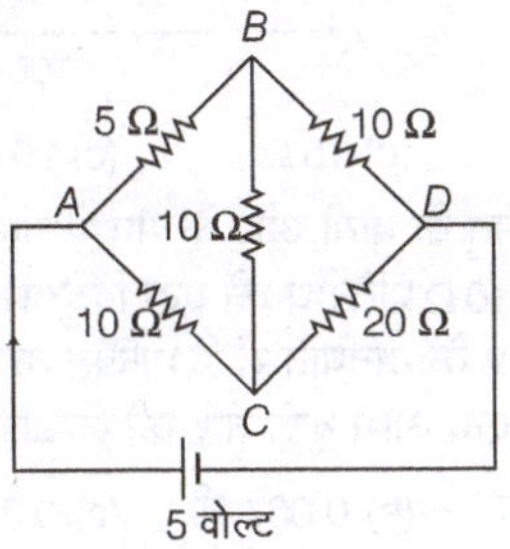

(a) 0.5 ऐम्पियर (b) 0.2 ऐम्पियर (c) 1 ऐम्पियर (d) 2 ऐम्पियर

74 व्हीटस्टोन सेतु में चार भुजाओं P, Q, R और S के प्रतिरोध क्रमशः 10 Ω, 30 Ω, 30 Ω और 90 Ω हैं। सेल का वि.वा.ब. और आंतरिक प्रतिरोध क्रमशः 7 वोल्ट और 5 Ω हैं। यदि गैल्वेनोमीटर का प्रतिरोध 50 Ω है, तो सेल से ली गई धारा होगी **NCERT पृष्ठ 82**

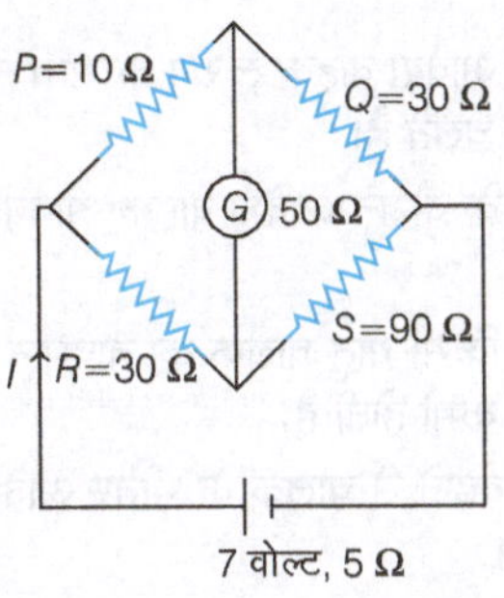

(a) 1.0 ऐम्पियर (b) 0.2 ऐम्पियर

(c) 0.1 ऐम्पियर (d) 2.0 ऐम्पियर

75 व्हीटस्टोन सेतु (चित्र देखें) में प्रतिरोध P और Q लगभग बराबर हैं। जब R = 400 Ω, तब सेतु संतुलित होता है। P और Q को परस्पर बदलने पर, संतुलन के लिए R का मान 405 Ω होगा। X का मान लगभग होगा **NCERT पृष्ठ 100**

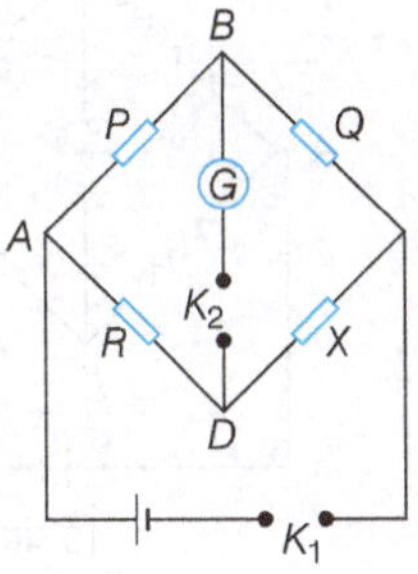

(a) 404.5 Ω

(b) 401.5 Ω

(c) 402.5 Ω

(d) 403.5 Ω

76 एक अज्ञात प्रतिरोध R_4 का मापन व्हीटस्टोन सेतु का उपयोग करके किया जाना है जैसा कि चित्र में दिखाया गया है। दो छात्र दो तरीकों से एक प्रयोग करते हैं। पहला छात्र R_2 = 10 Ω और R_1 = 5 Ω प्रयोग करता है और दूसरा छात्र R_2 = 1000 Ω और R_1 = 500 Ω प्रयोग करता है। मानक भुजा में, दोनों R_3 = 5 Ω का प्रयोग करते हैं। दोनों त्रुटियों के साथ $R_4 = \frac{R_2}{R_1} \times R_3$ = 10 Ω ज्ञात करते हैं। **NCERT पृष्ठ 100**

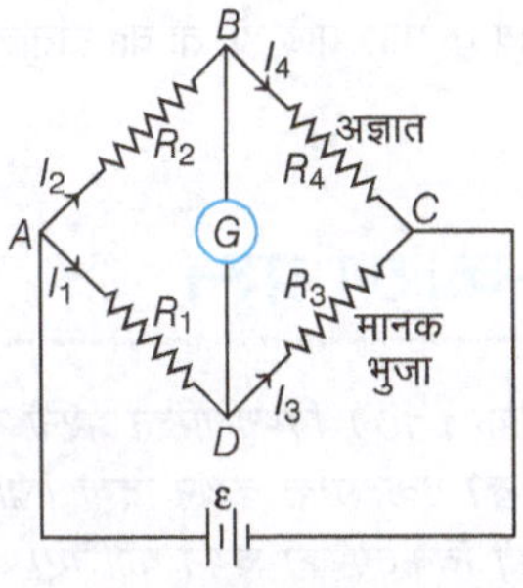

(a) दोनों विद्यार्थियों की माप की त्रुटियाँ समान हैं

(b) माप की त्रुटियाँ की माप उस यथार्थक पर निर्भर नहीं करतीं जिसके साथ R_2 और R_1 को मापा जा सकता है

(c) यदि छात्र R_2 और R_1 के बड़े मानों का उपयोग करता है, तो भुजाओं से होकर गुजरने वाली विद्युत धाराओं के मान बहुत कम होंगे। इससे शून्य विक्षेप का सटीक निर्धारण करना अधिक कठिन हो जाएगा

(d) व्हीटस्टोन सेतु एक बहुत ही सटीक उपकरण है और इसमें माप की कोई त्रुटि नहीं होती है

77 चित्र में व्हीटस्टोन सेतु की चार भुजाओं के प्रतिरोध निम्न हैं: $AB = 100\,\Omega$, $BC = 10\,\Omega$, $CD = 5\,\Omega$ तथा $DA = 60\,\Omega$.

NCERT पृष्ठ 100

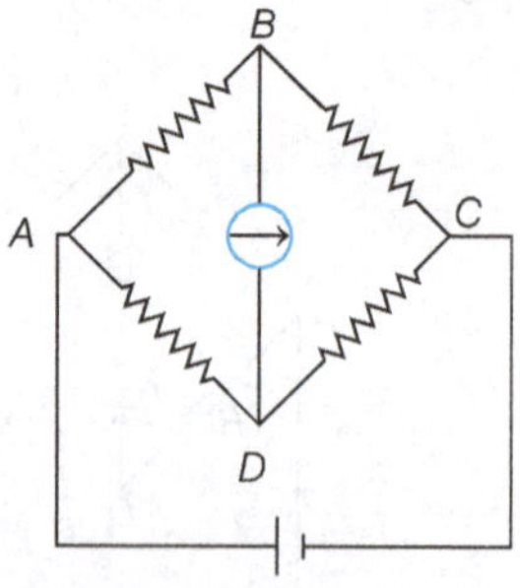

10 वोल्ट

$15\,\Omega$ प्रतिरोध का एक गैल्वेनोमीटर BD से जोड़ा गया है। जब AC पर 10 वोल्ट का विभवान्तर बनाए रखा जाता है, तो गैल्वेनोमीटर से प्रवाहित धारा की गणना कीजिए।

(a) 4.87 ऐम्पियर
(b) 4.87 मिली ऐम्पियर
(c) 4.0 ऐम्पियर
(d) 4.0 मिली ऐम्पियर

मीटर सेतु

78 मीटर सेतु को $\frac{P}{Q} = \frac{l_1}{l_2}$ के साथ संतुलन स्थिति में दिखाया गया है। यदि हम अब गैल्वेनोमीटर और सेल की स्थिति को परस्पर बदल दें, तो क्या सेतु कार्य करेगा? यदि हाँ, तो वह संतुलित स्थिति क्या होगी?

Old NCERT पृष्ठ 121

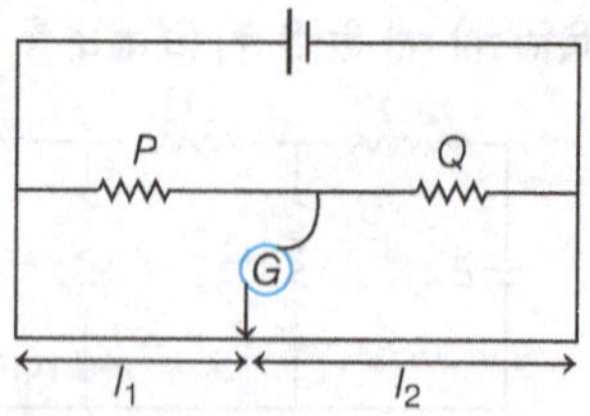

(a) हाँ, $\frac{P}{Q} = \frac{l_2 - l_1}{l_2 + l_1}$
(b) नहीं, कोई शून्य विक्षेप नहीं
(c) हाँ, $\frac{P}{Q} = \frac{l_2}{l_1}$
(d) हाँ, $\frac{P}{Q} = \frac{l_1}{l_2}$

79 मीटर सेतु की दोनों भुजाओं में प्रतिरोध क्रमशः $5\,\Omega$ और $R\,\Omega$ हैं। जब प्रतिरोध R में बराबर प्रतिरोध के साथ शंट लगाया जाता है, तो नया संतुलन बिंदु $1.6\,l_1$ पर होता है। प्रतिरोध R है

Old NCERT पृष्ठ 121

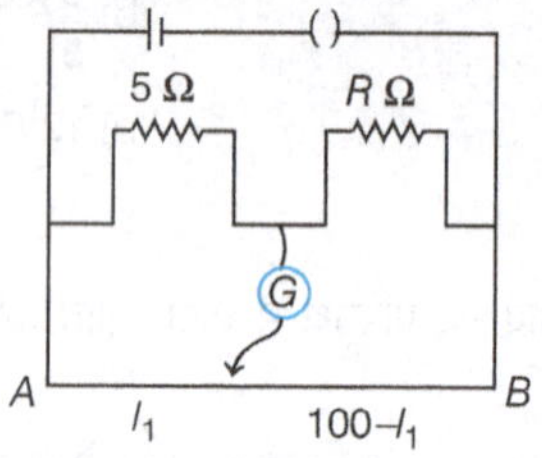

(a) $10\,\Omega$ (b) $15\,\Omega$ (c) $20\,\Omega$ (d) $25\,\Omega$

80 एक मीटर सेतु के बाँयी ओर के गैप में जुड़ा एक तार दाँयी ओर के गैप में जुड़े $10\,\Omega$ प्रतिरोध को एक बिंदु पर संतुलित करता है, जो सेतु तार को 3 : 2 के अनुपात में विभाजित करता है। यदि तार की लम्बाई 1 मी है, तो एक ओम वाले तार की लम्बाई है

Old NCERT पृष्ठ 121

(a) 0.057 मी (b) 0.067 मी (c) 0.37 मी (d) 0.134 मी

अभिकथन-कारण प्रश्न

निर्देश *(प्रश्न क्रमांक 1-10) निम्नलिखित प्रश्नों में, अभिकथन के एक कथन बाद कारण का एक संगत कथन दिया गया है। निम्नलिखित विकल्पों में से, सही विकल्प का चयन कीजिए।*

(a) अभिकथन और कारण दोनों सही हैं और कारण, अभिकथन की सही व्याख्या है।
(b) अभिकथन और कारण दोनों सही हैं लेकिन कारण, अभिकथन का सही व्याख्या नहीं है।
(c) अभिकथन सही है लेकिन कारण गलत है।
(d) अभिकथन गलत है लेकिन कारण सही है।

1 **अभिकथन** स्थिर वैद्युतिकी में, सभी आवेशों को चाहे वह मुक्त हो या बन्धन युक्त हो, विरामावस्था में माना जाता है।

कारण गतिशील आवेश मिलकर विद्युत धारा का निर्माण करते हैं।

NCERT पृष्ठ 81

2 **अभिकथन** किसी चालक से प्रवाहित धारा अनुगमन वेग के समानुपाती होती है।

कारण जैसे ही अनुगमन वेग बढ़ता है, चालक में से प्रवाहित धारा कम हो जाती है।

NCERT पृष्ठ 82

3 **अभिकथन** आवेश वाहक त्वरण के साथ नहीं बल्कि नियत अनुगमन वेग के साथ चलते हैं।

कारण गति के दौरान आवेश वाहक आयनों और परमाणुओं से टकराते हैं ।

NCERT पृष्ठ 85

4 **अभिकथन** किसी धातु चालक का तापमान बढ़ाने से उसकी विद्युत चालकता में कमी होती है।

कारण ताप बढ़ाने से चालक के भीतर आवेश वाहकों की गतिशीलता घट जाती है।

NCERT पृष्ठ 88

5 **अभिकथन** अचालकों और अर्द्धचालकों के लिए, ताप बढ़ने के साथ मुक्त इलेक्ट्रॉनों की संख्या बढ़ जाती है।

कारण मुक्त इलेक्ट्रॉनों की संख्या में यह वृद्धि, τ में कितनी भी कमी की तुलना में अधिक प्रभावी है, इसलिए ऐसे पदार्थों के लिए ρ तापमान के साथ घटता है।

NCERT पृष्ठ 89

6 **अभिकथन** ताप बढ़ने के साथ संघट्टों का औसत समय τ घटता है।

कारण ताप बढ़ने पर, विद्युत धारा के वाहक के रूप में कार्य करने वाले इलेक्ट्रॉनों की औसत गति बढ़ जाती है, जिसके परिणामस्वरूप संघट्ट बार-बार होते हैं। NCERT पृष्ठ 90

7 **अभिकथन** धातु के तार का ताप बढ़ने पर उसमें इलेक्ट्रॉनों का अनुगमन वेग कम हो जाता है।

कारण ताप बढ़ने पर धातु के तार की चालकता कम हो जाती है। NCERT पृष्ठ 90

8 **अभिकथन** एक बल्ब वि.वा.ब. E और आंतरिक प्रतिरोध r की एक बैटरी से जोड़ा गया है। बल्ब की चमक बल्ब में वोल्टेज के वर्ग के समानुपाती है।

कारण एक बल्ब द्वारा व्यय की गई शक्ति बल्ब में वोल्टेज के वर्ग के व्युत्क्रमानुपाती होती है । NCERT पृष्ठ 93

9 **अभिकथन** 65 वाट-210 वोल्ट का बल्ब 100 वाट-210 वोल्ट के बल्ब से अधिक चमकता है जब उन्हें विभवान्तर के साथ श्रेणीक्रम में जोड़ा जाता है।

कारण 100 वाट-210 वोल्ट के बल्ब का प्रतिरोध अधिक होगा। NCERT पृष्ठ 93

10 **अभिकथन** दो समान प्रतिरोधक R, वि.वा.ब. E और आंतरिक प्रतिरोध r वाली बैटरी से समान्तर क्रम में जोड़े गये हैं। प्रत्येक प्रतिरोधक से प्रवाहित धारा $\frac{E}{2r+R}$ है।

कारण प्रत्येक प्रतिरोधक से प्रवाहित धारा, समान्तर क्रम में प्रतिरोधों की संख्या से विभाजित परिपथ से प्रवाहित होने वाली कुल धारा के बराबर होती है। Old NCERT पृष्ठ 107

कथन आधारित प्रश्न

निर्देश *(प्रश्न क्रमांक 1-8) निम्नलिखित प्रश्नों में दो कथन (I और II) दिए गए हैं। दिए गए कथनों के आधार पर, नीचे दिए गए विकल्पों में से सही उत्तर चुनें।*

(a) कथन I और कथन II दोनों गलत हैं।
(b) कथन I सही है लेकिन कथन II गलत है।
(c) कथन I गलत है लेकिन कथन II सही है।
(d) कथन I और कथन II दोनों सही हैं।

1 **कथन I** जब 4 Ω प्रतिरोध वाले तार को खीचकर उसकी मूल लम्बाई से दोगुना कर दिया जाता है, तो खींचे गए तार का प्रतिरोध 16 Ω होगा।

कथन II खींचे गए तार का प्रतिरोध मूल प्रतिरोध n (अंतिम लम्बाई और प्रारंभिक लम्बाई का अनुपात) के वर्ग गुना के बराबर है। NCERT पृष्ठ 84

2 **कथन I** यदि किसी धातु के तार का तापमान बढ़ा दिया जाए, तो उसमें प्रवाहित इलेक्ट्रॉनों का अनुगमन वेग कम हो जाएगा।

कथन II चालक तार के बाहर विद्युत क्षेत्र जो नियत धारा वहन करता है, शून्य है। NCERT पृष्ठ 85

3 **कथन I** एक चालक में धारा तभी प्रवाहित होती है जब चालक के भीतर विद्युत क्षेत्र उपस्थित होता है।

कथन II विद्युत क्षेत्र के घटने के साथ इलेक्ट्रॉनों का अनुगमन वेग बढ़ता है। NCERT पृष्ठ 85

4 **कथन I** किसी धारा वाहक की गतिशीलता उसके द्रव्यमान के व्युत्क्रमानुपाती होती है।

कथन II चालक में इलेक्ट्रॉन और आयन के बीच क्रमागत संघट्ट के बीच समय के छोटे अंतराल को विश्रांति काल या औसत मुक्त समय (τ) कहा जाता है। NCERT पृष्ठ 88

5 **कथन I** ताप की सीमित सीमा के लिए प्रतिरोधकता और तापमान के बीच का ग्राफ नाइक्रोम जैसे पदार्थ के लिए सीधी रेखा होता है।

कथन II अर्धचालक की प्रतिरोधकता ताप बढ़ने के साथ बढ़ती है। NCERT पृष्ठ 90

6 **कथन I** 200 वाट का बल्ब 10 घंटे उपयोग करने पर 2 यूनिट विद्युत ऊर्जा की खपत करता है।

कथन II विद्युत ऊर्जा की 1 यूनिट = 1000 किलोवाट घण्टा NCERT पृष्ठ 92

7 **कथन I** तापमान में वृद्धि के साथ सेल का आंतरिक प्रतिरोध बढ़ता है।

कथन II खुले परिपथ में एक सेल के लिए, आंतरिक प्रतिरोध शून्य है। NCERT पृष्ठ 94

8 **कथन I** जब समान्तर परिपथ में समान शक्ति का दूसरा बल्ब चालू किया जाता है, तो बल्ब मंद नहीं होता है।

कथन II एक समान्तर परिपथ में प्रत्येक अवयव में वोल्टेज समान होता है। NCERT पृष्ठ 95

सुमेलन प्रकार प्रश्न

1 कॉलम I में धात्विक चालक के माध्यम से धारा के प्रवाह से सम्बद्ध कुछ भौतिक राशियाँ दी गई है। कॉलम II में विद्युत राशियों से सम्बद्ध कुछ गणितीय सम्बन्ध दिए गए हैं। कॉलम I और कॉलम II को उचित सम्बन्धों से सुमेलित करें। NCERT पृष्ठ 89

कॉलम I	कॉलम II
A. अनुगमन वेग	1. $\frac{m}{ne^2\rho}$
B. विद्युत प्रतिरोधकता	2. nev_d
C. विश्रांति काल	3. $\frac{eE}{m}\tau$
D. धारा घनत्व	4. E/J

नीचे दिए गए कूट से सही उत्तर चुनें।

कूट

	A	B	C	D		A	B	C	D
(a)	3	4	1	2	(b)	3	4	2	1
(c)	3	1	4	2	(d)	3	2	4	1

2 एक चालक की मोटाई उसके एक सिरे A से दूसरे सिरे B तक लगातार घटती जाती है। इसे बैटरी के टर्मिनलों से जोड़ा गया है। कॉलम I के पदों को कॉलम II में सम्बन्धित पदों से सुमेलित करें। NCERT पृष्ठ 89

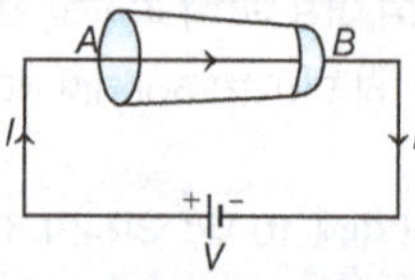

कॉलम I	कॉलम II
A. विद्युत क्षेत्र	1. रैखिक रूप से बढ़ता है
B. धारा घनत्व	2. A से B तक वृद्धि
C. इलेक्ट्रॉन की गतिशीलता	3. B से A तक घटता है
D. तापमान	4. कोई परिवर्तन नहीं होता है

नीचे दिए गए कूट से सही उत्तर चुनें।

कूट

	A	B	C	D		A	B	C	D
(a)	2	3	4	1	(b)	2	4	1	3
(c)	3	1	4	2	(d)	4	1	3	2

3 एक बैटरी A (15 वोल्ट, 1 Ω) और एक बैटरी B (10 वोल्ट, 1 Ω) को 3 Ω के प्रतिरोध से जोड़ा गया है जैसा कि चित्र में दिखाया गया है। NCERT पृष्ठ 93

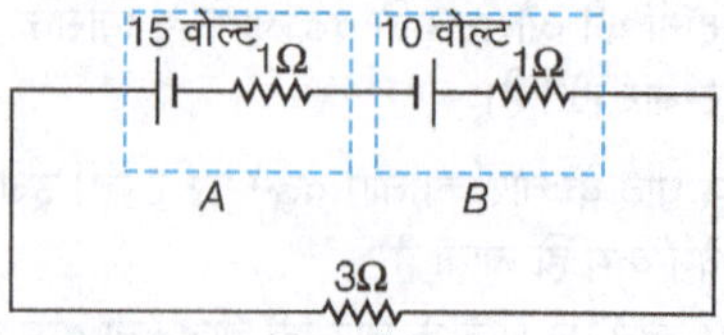

कॉलम I में दिए गए कथनों को कॉलम II के पदों से सुमेलित करें।

कॉलम I	कॉलम II
A. A में विभव पतन	1. A
B. B में विभव पतन	2. B
C. बैटरी द्वारा शक्ति की आपूर्ति	3. 14 वोल्ट
D. बैटरी द्वारा शक्ति की खपत	4. 11 वोल्ट

नीचे दिए गए कूट से सही उत्तर चुनें।

कूट

	A	B	C	D		A	B	C	D
(a)	2	3	4	1	(b)	4	2	1	3
(c)	3	4	1	2	(d)	3	1	4	2

4 दिए गए परिपथ में, शाखा AD में धारा I_2 है। कॉलम I के पदों को कॉलम II के संबंधित पदों से सुमेलित करें। NCERT पृष्ठ 101

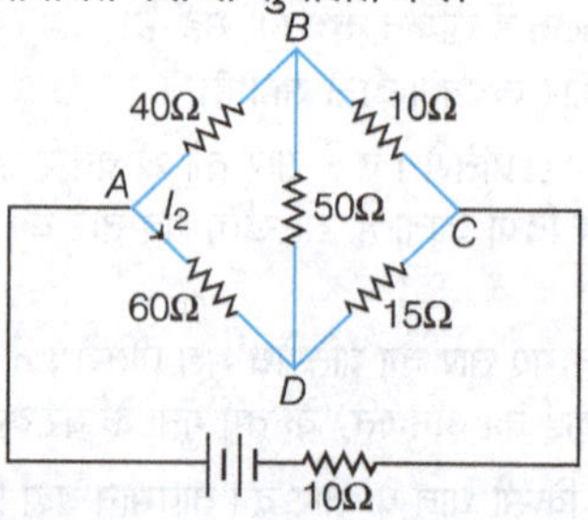

कॉलम I	कॉलम II
A. P_{AB}	1. $22.5 I_2^2$
B. P_{BC}	2. $15 I_2^2$
C. P_{DC}	3. $90 I_2^2$
D. P_{AD}	4. $60 I_2^2$

नीचे दिए गए कूट से सही उत्तर चुनें।

कूट

	A	B	C	D		A	B	C	D
(a)	3	1	2	4	(b)	2	1	3	4
(c)	3	4	1	2	(d)	2	4	3	1

आंकिक मान प्रकार के प्रश्न

1 2 मिमी त्रिज्या वाले एक बेलनाकार तार में धारा घनत्व 8×10^6 ऐम्पियर/मी है। त्रिज्या $R/2$ और R के बीच तार के बाहरी भाग से प्रवाहित धारा $n\pi$ ऐम्पियर है। n का मान ... ... है। **NCERT पृष्ठ 85**

2 माना 0.1 मी लम्बाई और 1 मिमी^{2} अनुप्रस्थ-काट का क्षेत्रफल का एक तार 5 वोल्ट से जोड़ा गया है। तब, धातु के तार से प्रवाहित धारा .... ऐम्पियर है। (जहाँ, $\mu = 5 \times 10^{-6}$ मी^{2}/वोल्ट-सेकण्ड $e = 1.6 \times 10^{-19}$ कूलॉम तथा $n = 8 \times 10^{28}$ प्रति मी^{3}) **NCERT पृष्ठ 85**

3 एक इलेक्ट्रॉन अनुप्रस्थ-काट के क्षेत्रफल $A = 1$ मिमी^{2} वाले एक तांबे के तार में $l = 1$ किमी की दूरी तय करता है, यदि इसमें धारा $I = 4.5$ ऐम्पियर प्रवाहित होती है, तो इलेक्ट्रॉन द्वारा एक किमी की दूरी तय करने में लिया गया समय .... $\times 10^6$ सेकण्ड है। (इलेक्ट्रॉनों का संख्या घनत्व $n = 10^{28}$ लें) **NCERT पृष्ठ 86**

4 20°C पर, एक लम्बे बेलनाकार चालक की प्रतिरोधकता का तापमान गुणांक शून्य के निकट है। यदि इसे लोहे और कार्बन की वैकल्पिक डिस्क को जोड़कर बनाया जाता है, तो कार्बन डिस्क की मोटाई और लोहे की डिस्क की मोटाई का अनुपात $x/1000$ है। x का मान ...... है। [कार्बन के लिए, $\rho = 3500 \times 10^{-8}$ ओम-मी, $\alpha = -0.5 \times 10^{-3}$ प्रति °C और लोहे के लिए, $\rho = 9.68 \times 10^{-8}$ ओम-मी, $\alpha = 6.5 \times 10^{-3}$ प्रति°C] **NCERT पृष्ठ 90**

5 60 Ω प्रतिरोध का एक समान तापित तार 220 वोल्ट के विभवान्तर से जोड़ा गया है। फिर तार को आधे से काट दिया जाता है और प्रत्येक आधे भाग पर अलग-अलग 220 वोल्ट का विभवान्तर लगाया जाता है। पहली स्थिति में शक्ति क्षय का दूसरी स्थिति में कुल शक्ति क्षय से अनुपात $\frac{x}{4}$ होगा, जहाँ x ...... है। **NCERT पृष्ठ 93**

6 एक हीटर को 100 वोल्ट लाइन में 1 किलोवाट की शक्ति से संचालित करने के लिए डिजाइन किया गया है। इसे चित्रानुसार 10 Ω के प्रतिरोध और प्रतिरोध R के संयोजन में जोड़ा गया है। यदि हीटर 62.5 वाट की शक्ति से संचालित होता है, तो R का मान $x \times 10^{-2}$ Ω है। x का मान .... है। **NCERT पृष्ठ 93**

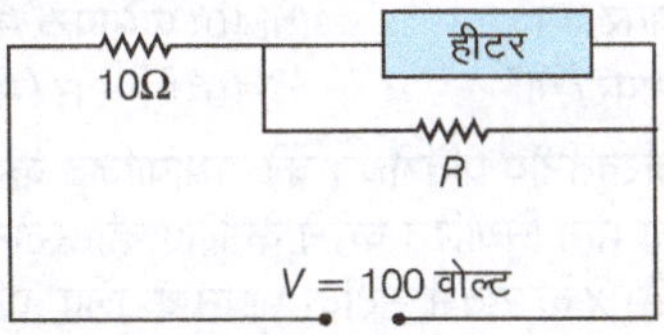

7 प्रतिरोध R के एक समान तार पर विभव V_0 आरोपित किया जाता है। शक्ति अपव्यय P_1 है। फिर तार को दो बराबर भागों में काटा जाता है और प्रत्येक आधे भाग की लम्बाई पर V_0 का विभव लगाया जाता है। दो तारों पर कुल शक्ति क्षय अनुपात P_2 है। अनुपात $P_2 : P_1$ का मान $\sqrt{x} : 1$ है। x का मान .... है। **NCERT पृष्ठ 93**

8 निम्न चित्र में, V_0 का मान ...... वोल्ट होगा। **NCERT पृष्ठ 95**

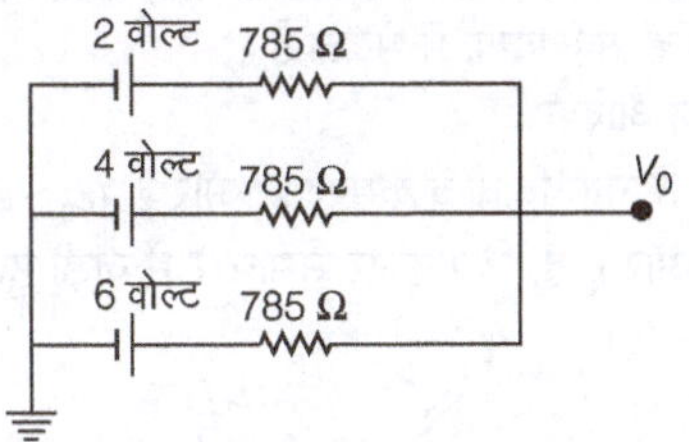

9 व्हीटस्टोन सेतु की चारों भुजाओं में प्रतिरोध है जैसा कि चित्र में दिखाया गया है। 15 Ω प्रतिरोध का एक गैल्वेनोमीटर BD से जुड़ा हुआ है। जब AC पर 10 वोल्ट का विभवान्तर बनाए रखा जाता है, तो गैल्वेनोमीटर से प्रवाहित धारा (मिली ऐम्पियर में) की गणना करें। **NCERT पृष्ठ 93**

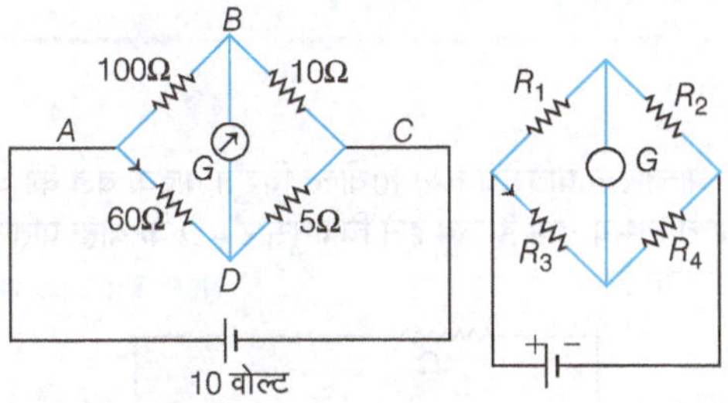

10 चित्र में दिखाए अनुसार 15 वोल्ट बैटरी द्वारा परिपथ को आपूर्ति की गई कुल धारा .... ऐम्पियर है। **Old NCERT पृष्ठ 107**

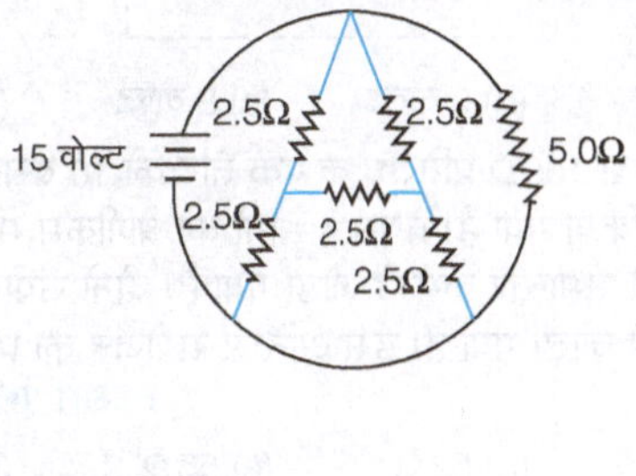

NCERT Exemplar प्रश्न

1 एक धारावाही तार (धारा I) एक वृत्त के आकार का है। ध्यान दें कि जैसे-जैसे धारा तार के अनुदिश आगे बढ़ती है, J (धारा घनत्व) की दिशा एक सटीक तरीके से बदलती है, जबकि धारा I अप्रभावित रहती है। वह कारण जो अनिवार्य रूप से इस घटना के लिए उत्तरदायी है

(a) वि.वा.ब का स्रोत

(b) तार की सतह पर संचित आवेशों द्वारा उत्पन्न विद्युत क्षेत्र

(c) तार के किसी दिए गए भाग के ठीक पीछे स्थित आवेश जो प्रतिकर्षण द्वारा उन्हें सही दिशा में भेजता हैं

(d) आगे का आवेश

2 दो बैटरियाँ जिनके वि.वा.ब क्रमशः ε_1 और ε_2 $(\varepsilon_2 > \varepsilon_1)$ तथा आंतरिक प्रतिरोध r_1 और r_2 हैं, चित्रानुसार समान्तर में जुड़ी हुई हैं।

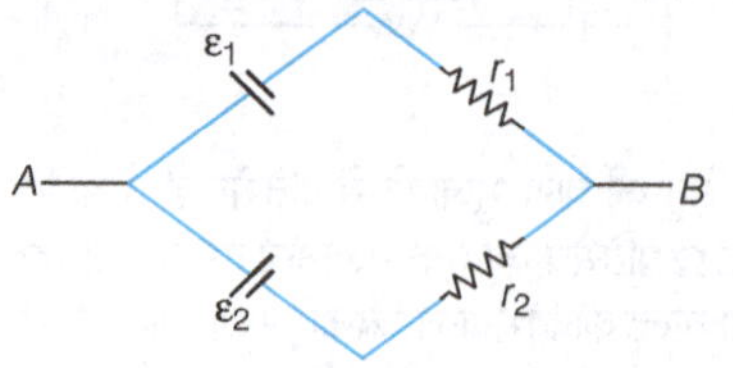

(a) दोनों सेलों का समतुल्य वि.वा.ब ε_{eq} दोनों सेलों के ε_1 तथा ε_2 के बीच होता है अर्थात् $\varepsilon_1 < \varepsilon_{eq} < \varepsilon_2$

(b) समतुल्य वि.वा.ब ε_{eq}, ε_1 से छोटा होता है

(c) ε_{eq} हमेशा $\varepsilon_{eq} = \varepsilon_1 + \varepsilon_2$ द्वारा दिया जाता है

(d) ε_{eq} आंतरिक प्रतिरोधों r_1 और r_2 पर निर्भर नहीं करता है

3 मीटर सेतु का उपयोग करके प्रतिरोध R को मापा जाना है। एक छात्र मानक प्रतिरोध S को 100 Ω के रूप में चुनता है। वह शून्य बिंदु को $l_1 = 2.9$ सेमी पर पाता है। उसे सटीकता में सुधार करने का प्रयास करने के लिए कहा जाता है। निम्नलिखित में से कौन-सा तरीका उपयोगी है?

(a) उसे l_1 को अधिक सटीकता से मापना चाहिए

(b) उसे S को 1000 Ω में बदलना चाहिए और प्रयोग को दोहराना चाहिए

(c) उसे S को 3 Ω में बदलना चाहिए और प्रयोग को दोहराना चाहिए

(d) मीटर सेतु से अधिक सटीक माप की आशा छोड़ देनी चाहिए

विगत परीक्षाओं के प्रश्न

NEET

1 1 Ω आन्तरिक प्रतिरोध तथा 10 वोल्ट विद्युत वाहक बल की बैटरी का सीमान्त विभव क्या है जब इसे चित्रानुसार 4 Ω के बाह्य प्रतिरोध से जोड़ा गया है? **NCERT पृष्ठ 96, NEET 2024**

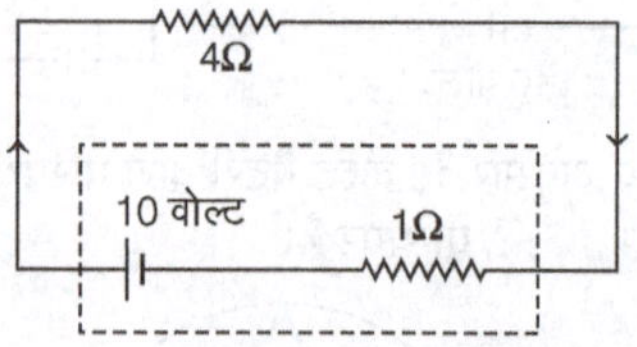

(a) 4 वोल्ट (b) 6 वोल्ट (c) 8 वोल्ट (d) 10 वोल्ट

2 l लम्बाई तथा 100 Ω प्रतिरोध के एक तार को 10 बराबर भागों में विभाजित किया गया है। प्रथम 5 भागों को श्रेणीक्रम में तथा अन्य 5 भागों को समान्तर क्रम में जोड़ा गया है। दोनों संयोजन को पुनः श्रेणीक्रम में जोड़ा गया है। इस अन्तिम संयोजन का प्रतिरोध है **NCERT पृष्ठ 95, NEET 2024**

(a) 26 Ω (b) 52 Ω (c) 55 Ω (d) 60 Ω

3 10 प्रतिरोधक, जिनमें से प्रत्येक का प्रतिरोध R है, वि.वा.ब E और नगण्य आंतरिक प्रतिरोध वाली बैटरी के साथ श्रेणीक्रम में जोड़े गये हैं। अब, इन प्रतिरोधों को समान बैटरी से समानान्तर क्रम में जोड़ा जाता है, तथा धारा n गुना बढ़ जाती है। n का मान है **NCERT पृष्ठ 94, NEET 2023**

(a) 100 (b) 1 (c) 1000 (d) 10

4 परिपथ आरेख में, यदि गैल्वेनोमीटर G कोई विक्षेपण नहीं दर्शाता है, तो R का मान निम्न प्रकार दिया जाता है **NCERT पृष्ठ 101, NEET 2023**

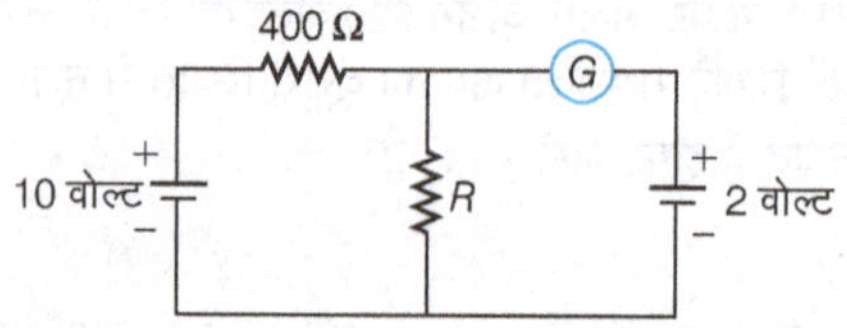

(a) 50 Ω (b) 100 Ω (c) 400 Ω (d) 200 Ω

5 10 मी लम्बाई और $(10^{-2}/\sqrt{\pi})$ मी त्रिज्या वाले एक तांबे के तार का विद्युत प्रतिरोध 10 Ω है। 10 वोल्ट/मी) के विद्युत क्षेत्र की सामार्थ्य के लिए तार में धारा घनत्व क्या है? **NCERT पृष्ठ 86, NEET 2022**

(a) 10^4 ऐम्पियर/मी^{2} (b) 10^6 ऐम्पियर/मी^{2}

(c) 10^{-5} ऐम्पियर/मी^{2} (d) 10^5 ऐम्पियर/मी^{2}

6 चित्रानुसार परिवर्तनीय प्रतिरोध Y को समायोजित करके अज्ञात प्रतिरोध X का मान निर्धारित करने के लिए व्हीटस्टोन सेतु का उपयोग किया जाता है। X के सबसे सटीक मापन के लिए, प्रतिरोध P और Q **NCERT पृष्ठ 101, NEET 2022**

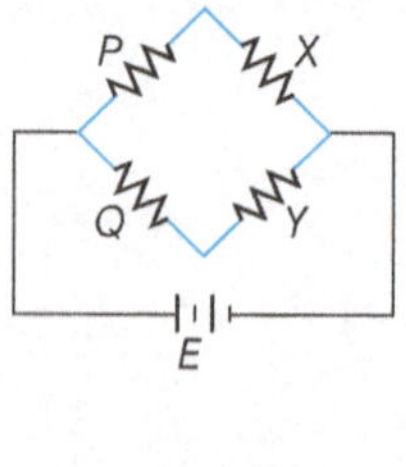

(a) लगभग बराबर और छोटे होने चाहिए
(b) बहुत बड़ा और असमान होना चाहिए
(c) कोई महत्वपूर्ण भूमिका नहीं निभाते
(d) लगभग 2X के बराबर होना चाहिए

7 तीन प्रतिरोधक जिनके प्रतिरोध r_1, r_2 और r_3 को जोड़ा गया है जैसा कि दिए गए परिपथ में दिखाया गया है। परिपथ में प्रयुक्त प्रतिरोधों के पदों में धाराओं का अनुपात i_3 / i_1 है **NCERT पृष्ठ 96, NEET 2021**

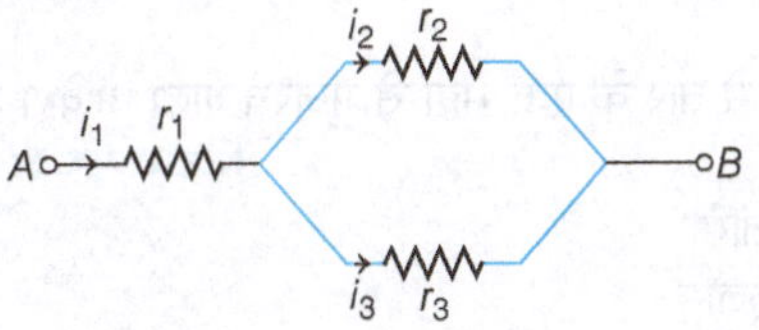

(a) $\frac{r_1}{r_2 + r_3}$ (b) $\frac{r_2}{r_2 + r_3}$
(c) $\frac{r_1}{r_1 + r_2}$ (d) $\frac{r_2}{r_1 + r_3}$

8 एक आवेशित कण जिसका अनुगमन 3×10^{-10} वोल्ट/मी के विद्युत क्षेत्र में 7.5×10^{-4} मी/से है। तब आवेशित कण की गतिशीलता मी^{2}/वोल्ट- सेकण्ड में है **NCERT पृष्ठ 86, NEET 2020**

(a) 2.5×10^{6} (b) 2.5×10^{-6}
(c) 2.25×10^{-15} (d) 2.25×10^{15}

9 n बराबर प्रतिरोधकों का एक समूह जिसमें प्रत्येक प्रतिरोधक का मान R है। वि.वा.ब. E और आंतरिक प्रतिरोध R की एक बैटरी से श्रेणी क्रम में जोड़ा गया है। ली गई धारा I है। अब, n प्रतिरोधकों को समान्तर क्रम में उसी बैटरी से जोड़ा जाता है। तब, बैटरी से ली गई धारा $10I$ हो जाती है। n का मान है **NCERT पृष्ठ 95, NEET 2018**

(a) 20 (b) 11 (c) 10 (d) 9

10 एक तार का प्रतिरोध R ओम है। यदि इसे पिघलाकर इसकी मूल लम्बाई से n गुना तक खींचा जाए, तो इसका नया प्रतिरोध होगा **NCERT पृष्ठ 84, NEET 2017**

(a) nR (b) $\frac{R}{n}$ (c) n^2R (d) $\frac{R}{n^2}$

11 एक फिलामेंट बल्ब (500 वाट, 100 वोल्ट) को 230 वोल्ट मुख्य सप्लाई में प्रयोग किया जाता है। जब प्रतिरोध R को श्रेणीक्रम में जोड़ा जाता है, तो यह उत्कृष्ट रूप से काम करता है और बल्ब 500 Ω की खपत करता है। R का मान है **NCERT पृष्ठ 93, NEET 2016**

(a) 230 Ω (b) 46 Ω (c) 26 Ω (d) 13 Ω

12 प्रतिरोध R से होकर गुजरने वाला आवेश समय t के साथ $Q = at - bt^2$ के अनुसार परिवर्तित होता है, जहाँ a और b धनात्मक स्थिरांक हैं। R में उत्पादित कुल ऊष्मा है **NCERT पृष्ठ 93, NEET 2016**

(a) $\frac{a^3R}{3b}$ (b) $\frac{a^3R}{2b}$
(c) $\frac{a^3R}{b}$ (d) $\frac{a^3R}{6b}$

13 समान विमाओं के दो धातु के तार श्रेणीक्रम में जोड़े गये हैं। यदि s_1 और s_2 क्रमशः धातु के तारों की चालकताएँ हैं, तो संयोजन की प्रभावी चालकता है **NCERT पृष्ठ 89, AIPMT 2015**

(a) $\frac{2\sigma_1\sigma_2}{\sigma_1 + \sigma_2}$ (b) $\frac{\sigma_1 + \sigma_2}{2\sigma_1\sigma_2}$
(c) $\frac{\sigma_1 + \sigma_2}{\sigma_1\sigma_2}$ (d) $\frac{\sigma_1\sigma_2}{\sigma_1 + \sigma_2}$

14 मीटर सेतु की दोनों भुजाओं में प्रतिरोध क्रमशः 5 Ω और R Ω हैं। जब प्रतिरोध R को बराबर प्रतिरोध के साथ शंट किया जाता है, तो नया संतुलन बिंदु $1.6\,l_1$ पर होता है। प्रतिरोध R, है **NCERT पृष्ठ 101, AIPMT 2014**

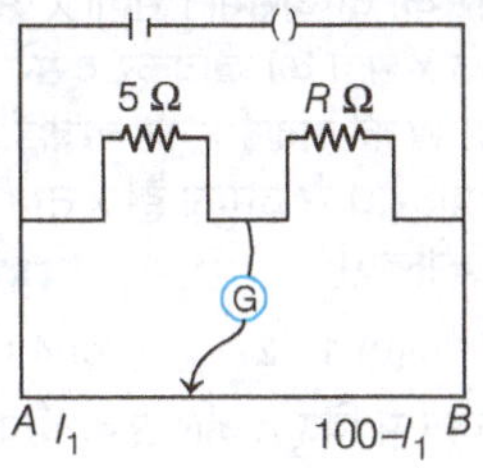

(a) 10 Ω (b) 15 Ω
(c) 20 Ω (d) 25 Ω

JEE Main

15 R प्रतिरोध तथा L लम्बाई के एक तार को 5 बराबर भागों में काटा गया है। यदि इन भागों को समान्तर क्रम में जोड़ दिया जाये तो परिणामी प्रतिरोध होगा **NCERT पृष्ठ 96, JEE Main 2024**

(a) $\frac{1}{25}R$ (b) $25R$
(c) $\frac{1}{5}R$ (d) $5R$

16 10 सेमी लम्बाई तथा $\sqrt{7} \times 10^{-4}$ मी त्रिज्या का एक तार मीटर सेतु के दाहिने अन्तराल से जोड़ा गया है। प्रतिरोध बॉक्स का प्रयोग करके 4.5 Ω का एक प्रतिरोध बाँये अन्तराल में जोड़ा गया है, तो बाँये सिरे से 60 सेमी की दूरी पर सन्तुलित लम्बाई प्राप्त होती है। यदि तार की प्रतिरोधकता $R \times 10^{-7}$ Ω हो, तो R का मान है **NCERT पृष्ठ 101, JEE Main 2024**

(a) 63 (b) 70 (c) 66 (d) 35

17 जैसा कि चित्र में दिखाया गया है, प्रतिरोधकों का एक समूह आंतरिक प्रतिरोध 3 Ω वाली 24 वोल्ट की बैटरी से जोड़ा गया है। प्रतिरोधकों R_4 और R_5 के माध्यम से धाराएँ क्रमशः I_4 और I_5 हैं। I_4 और I_5 के मान हैं **NCERT पृष्ठ 94, JEE Main 2023**

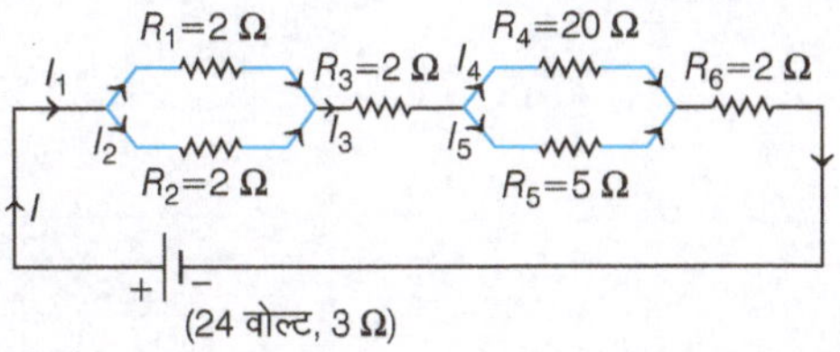

(a) $I_4 = \frac{8}{4}$ ऐम्पियर और $I_5 = \frac{2}{5}$ ऐम्पियर

(b) $I_4 = \frac{2}{5}$ ऐम्पियर और $I_5 = \frac{8}{5}$ ऐम्पियर

(c) $I_4 = \frac{24}{5}$ ऐम्पियर और $I_5 = \frac{6}{5}$ ऐम्पियर

(d) $I_4 = \frac{6}{5}$ ऐम्पियर और $I_5 = \frac{24}{5}$ ऐम्पियर

18 प्रतिरोध R के एकसमान तार के नियमित n बहुभुज के आसन्न कोनों के बीच समतुल्य प्रतिरोध होगा **NCERT पृष्ठ 96, JEE Main 2022**

(a) $\frac{(n-1)R}{n}$ (b) $\frac{(n-1)R}{(2n-1)}$ (c) $\frac{(n-1)R}{n^2}$ (d) $\frac{n^2R}{n-1}$

19 1 मी लम्बे तार को दो असमान भागों X और Y में विभाजित किया गया है। तार के X भाग को खींचकर दूसरे तार W में परिवर्तित किया जाता है। W की लंबाई X की लम्बाई से दोगुनी है और W का प्रतिरोध Y के प्रतिरोध से दोगुना है। X तथा Y की लम्बाई का अनुपात ज्ञात कीजिए। **NCERT पृष्ठ 96, JEE Main 2022**

(a) 1 : 4 (b) 1 : 2 (c) 4 : 1 (d) 2 : 1

20 दिए गए संयोजन में बिंदु A और B के बीच समतुल्य प्रतिरोध है **NCERT पृष्ठ 96, JEE Main 2022**

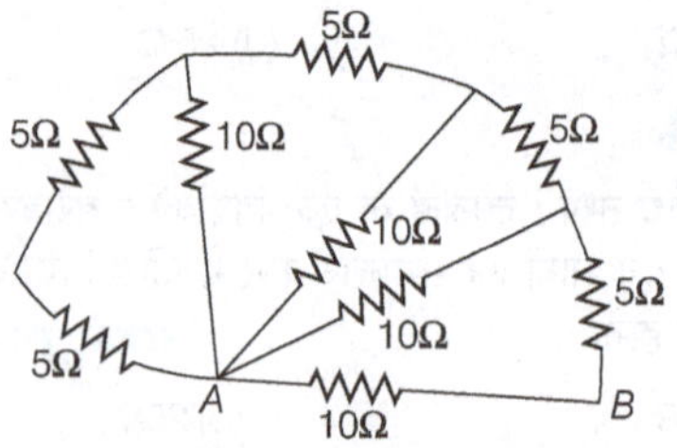

(a) 65 Ω (b) 20 Ω (c) 5 Ω (d) 2 Ω

21 दिए गए चित्र में, वि.वा.ब. E की एक बैटरी l लम्बाई और भिन्न अनुप्रस्थ-काट के क्षेत्रफल वाले त्रिज्या r_1 और r_2 $r_2(r_2 < r_1)$ के चालक PQ से जुड़ी हुई है। **NCERT पृष्ठ 86, JEE Main 2021**

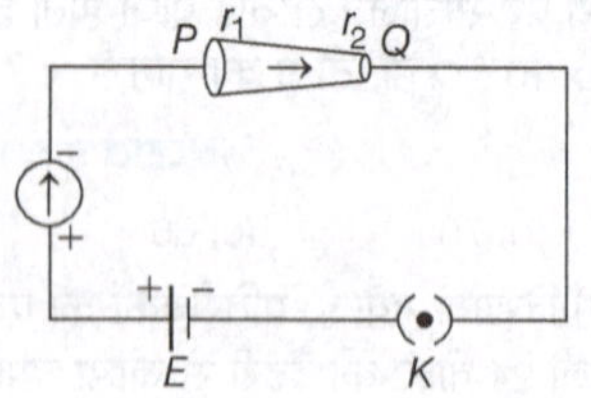

P से Q तक जाते समय सही विकल्प का चुनाव कीजिए।

(a) इलेक्ट्रॉन का अनुगमन वेग बढ़ता है

(b) विद्युत क्षेत्र घटता है

(c) इलेक्ट्रॉन धारा घट जाती है

(d) उपरोक्त सभी

22 एक तार में प्रवाहित धारा समय पर $i = \alpha_0 t + \beta t^2$ के अनुसार निर्भर करती है, जहाँ $\alpha_0 = 20$ ऐम्पियर/सेकण्ड और $\beta = 8$ ऐम्पियर/सेकण्ड ^{2} है।

15 सेकण्ड में तार के एक भाग से गुजरने वाला आवेश ज्ञात कीजिए। **NCERT पृष्ठ 86, JEE Main 2021**

(a) 260 कूलॉम

(b) 2100 कूलॉम

(c) 11250 कूलॉम

(d) 2250 कूलॉम

23 दिए गए चित्र में सेल का विद्युत वाहक बल 2.2 वोल्ट है तथा यदि आन्तरिक प्रतिरोध 0.6 Ω है। सम्पूर्ण परिपथ में शक्ति क्षय की गणना कीजिए। **NCERT पृष्ठ 93, JEE Main 2021**

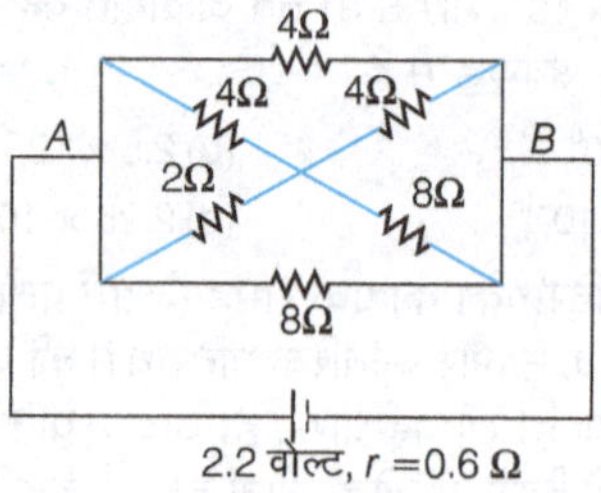

(a) 1.32 वाट

(b) 0.65 वाट

(c) 2.2 वाट

(d) 4.4 वाट

24 आंतरिक प्रतिरोध 1Ω और वि.वा.ब. 5 वोल्ट वाले पाँच समान सेल बाह्य प्रतिरोध R के साथ श्रेणी और समान्तर क्रम में जोड़े गये हैं। R के किस मान के लिए, श्रेणी और समानांतर संयोजन में धारा समान रहेगी? **NCERT पृष्ठ 94, JEE Main 2021**

(a) 1 Ω (b) 25 Ω

(c) 5 Ω (d) 10 Ω

स्किल बूस्टर्स

1 मोहित ने 120 वोल्ट लाइन पर 10 मिनट तक इलेक्ट्रिक हीटर चलाया। हीटर का प्रतिरोध 6 Ω है। इस समयावधि में मुक्त हुई ऊर्जा है

(a) 7.2×10^3 जूल
(b) 14.4×10^5 जूल
(c) 43.2×10^4 जूल
(d) 28.8×10^4 जूल

2 एक शहर के बिजलीघर 3 वाट प्रतिरोध के केबल के द्वारा एक कारखाने को 12000 वोल्ट पर 750 किलो वाट बिजली प्रदान करता है। यदि बिजली 12000 वोल्ट की अपेक्षा 50000 वोल्ट पर वितरित की जाती है, तो क्षय होने वाली बिजली होगी

(a) 1.1×10^5 वाट (b) 1.1×10^4 वाट
(c) 1.1×10^6 वाट (d) 1.1×10^3 वाट

3 एक छात्र ने बारह सेल का उपयोग करके एक जंबो (Jumbo) बैटरी बनाने की कोशिश की, जिनमें से प्रत्येक का वि.वा.ब. समान था। उसने सभी सेलों को श्रेणी क्रम में जोड़ा और इसे एक बंद बॉक्स में रखा। लेकिन कुछ सेल गलत तरीके से जोड़े गये हैं।
सेलों की यह बैटरी एक अमीटर और अन्य के समान दो सेल के साथ श्रेणीक्रम में जुड़ी हुई है। जब सेल और बैटरी एक दूसरे की सहायता करते हैं, तो धारा 3 ऐम्पियर होती है और जब सेल और बैटरी एक दूसरे का विरोध करते हैं, तो धारा 2 ऐम्पियर होती है। बैटरी में कितने सेल गलत तरीके से जुड़े हुए हैं?

(a) 1 (b) 6 (c) 4 (d) 8

4 एक घरेलू वायरिंग में 25 वाट, 40 वाट, 60 वाट और 100 वाट शक्ति के चार बल्ब श्रेणीक्रम में जुड़े हुए हैं। किस बल्ब के सिरे पर सबसे अधिक विभवान्तर है?

(a) 25 वाट (b) 40 वाट (c) 60 वाट (d) 100 वाट

5 हिमांशु ने एक इलेक्ट्रिक केतली खरीदी जिसमें दो तापीय कुण्डली हैं। जब केवल पहली कुण्डली को चालू किया जाता है, तो 6 मिनट में उबलना शुरू हो जाता है। जब केवल दूसरी कुण्डली को चालू किया जाता है, तो 8 मिनट में उबलना शुरू हो जाता है। यदि दोनों कुण्डलियों को समान्तर क्रम में एक साथ चालू किया जाए, तो उबलना कितने समय में शुरू होता है?

(a) 2.8 मिनट (b) 2 मिनट
(c) 3.4 मिनट (d) 5 मिनट

6 एक प्रयोग में, दो बल्ब श्रेणीक्रम में जोड़े गये हैं। यह पाया गया कि दूसरा प्रकाश बल्ब पहले की तुलना में कम चमकीला है। इसे देखकर, चार छात्र इसके चार कारण बताते हैं। सही कारण चुनें।

(a) छात्र I - पहला बल्ब कुछ धारा का उपयोग करता है।
(b) छात्र II - पहले बल्ब की वाटेज दूसरे बल्ब की वाटेज से कम है।
(c) छात्र III - पहले बल्ब का प्रतिरोध दूसरे बल्ब के प्रतिरोध से कम है।
(d) छात्र IV - धारा स्रोत से पहले बल्ब की दूरी धारा स्रोत से दूसरे बल्ब की दूरी से कम है।

7 एक बैटरी निर्माण संयंत्र में, विभिन्न प्रकार की बैटरियाँ बनाई जाती हैं। चार बैटरियाँ (बैटरी I, बैटरी II, बैटरी III और बैटरी IV) जिनमें 12 वोल्ट वि.वा.ब. और 0.04 Ω आंतरिक प्रतिरोध है, प्रत्येक को 50 ऐम्पियर, 25 ऐम्पियर, 60 ऐम्पियर और 40 ऐम्पियर की धारा से आवेशित किया जाता है। निम्नलिखित में से कौन-सा विकल्प उनके टर्मिनलों के बीच के विभवान्तर के बारे में गलत है?

(a) बैटरी I का विभवान्तर 14 वोल्ट है
(b) बैटरी II का विभवान्तर 13 वोल्ट है
(c) बैटरी III का विभवान्तर 16 वोल्ट है
(d) बैटरी IV का विभवान्तर 13.6 वोल्ट है

8 घरेलू तारों के लिए, तांबे की मिश्रधातु का उपयोग किया जाता है जिसका $\rho = 1.7 \times 10^{-8}$ ओम- मी और $n = 8.49 \times 10^{28}$ प्रति मी^{3} है। यदि तांबे का परमाणु अंतराल लगभग 0.2 नैनो मी है और एक इलेक्ट्रॉन औसतन दो सघट्टों के बीच लगभग X परमाणु अंतराल पर यात्रा करता है, तो X का मान है
(दिया गया है, तांबे के मुक्त इलेक्ट्रॉनों की औसत चाल लगभग 1.6×10^6 मी/से है)

(a) 300 (b) 200
(c) 250 (d) 400

9 एक इलेक्ट्रिक मोटर 220 वोल्ट पर प्रतिदिन 5 घण्टे चलती है। सप्लाई वायरिंग में 1 मिमी त्रिज्या और 10 मी लम्बाई के तांबे के तार होते हैं। प्रतिदिन बिजली की खपत 10 वाणिज्यिक इकाई है। तारों में इसका कितना भाग जूल में ऊष्मा के रूप परिवर्तित में जाता है? [तांबे के लिए, $\rho = 1.7 \times 10^{-8}$ ओम-मी]

(a) $\frac{1}{450}$
(b) $\frac{1}{600}$
(c) $\frac{1}{400}$
(d) $\frac{1}{550}$

10 दिए गए परिपथों के लिए, जब स्विच S_1 और S_2 बंद होते हैं, तो गैल्वेनोमीटर कोई विक्षेप नहीं दर्शाता है।
यदि $R_2 = kR_1$ तो k का मान है

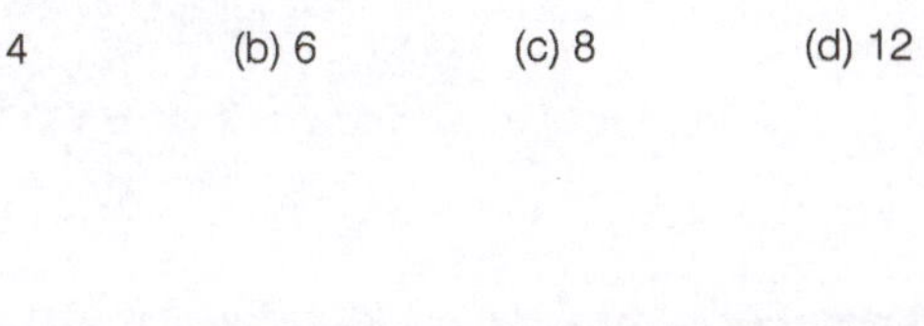

(a) 4 (b) 6 (c) 8 (d) 12

प्रश्न कुंजी

शीर्षकवार प्रश्न

1 (c)	2 (c)	3 (b)	4 (b)	5 (b)	6 (c)	7 (a)	8 (d)	9 (b)	10 (c)
11 (a)	12 (c)	13 (c)	14 (d)	15 (a)	16 (c)	17 (c)	18 (a)	19 (a)	20 (c)
21 (b)	22 (a)	23 (d)	24 (d)	25 (a)	26 (c)	27 (d)	28 (b)	29 (c)	30 (c)
31 (b)	32 (a)	33 (b)	34 (d)	35 (d)	36 (c)	37 (b)	38 (d)	39 (a)	40 (a)
41 (a)	42 (d)	43 (a)	44 (b)	45 (d)	46 (b)	47 (c)	48 (b)	49 (b)	50 (b)
51 (b)	52 (c)	53 (a)	54 (c)	55 (b)	56 (a)	57 (c)	58 (b)	59 (d)	60 (c)
61 (c)	62 (a)	63 (d)	64 (b)	65 (d)	66 (a)	67 (a)	68 (d)	69 (b)	70 (a)
71 (b)	72 (a)	73 (a)	74 (b)	75 (c)	76 (c)	77 (b)	78 (d)	79 (b)	80 (b)

अभिकथन-कारण प्रश्न

1 (b)	2 (c)	3 (a)	4 (a)	5 (a)	6 (a)	7 (b)	8 (c)	9 (c)	10 (a)

कथन आधारित प्रश्न

1 (d)	2 (d)	3 (b)	4 (d)	5 (b)	6 (b)	7 (a)	8 (d)

सुमेलन प्रकार प्रश्न

1 (a)	2 (a)	3 (c)	4 (a)

आंकिक मान प्रकार के प्रश्न

1 (24)	2 (3.2)	3 (3)	4 (36)	5 (1)	6 (500)	7 (16)	8 (4)	9 (4.87)	10 (9)

NCERT Exemplar प्रश्न

1 (b)	2 (a)	3 (c)

विगत परीक्षाओं के प्रश्न

1 (c)	2 (b)	3 (a)	4 (b)	5 (d)	6 (a)	7 (b)	8 (a)	9 (c)	10 (c)
11 (c)	12 (d)	13 (a)	14 (b)	15 (a)	16 (c)	17 (b)	18 (c)	19 (b)	20 (c)
21 (a)	22 (c)	23 (c)	24 (a)						

स्किल बूस्टर्स

1 (b)	2 (b)	3 (a)	4 (d)	5 (c)	6 (b)	7 (b)	8 (b)	9 (a)	10 (a)

क्रमवार
प्रश्नों का विश्लेषण

कॉन्सेप्ट बिल्डर्स

1 सत्य 2 विपरीत
3 धनात्मक, ऋणात्मक 4 समान रहता है
6 सत्य 7 बढ़ने
8 10^{-8} ओम-मी से 10^{-6} ओम- मी
9 घटता 10 घटाती
11 सत्य 12 असत्य
13 $\frac{P}{V} = J^2\sigma$ 14 n^2
15 सत्य 16 धारा, प्रतिरोधक
17 असत्य 18 शून्य
19 सत्य 20 सत्य

शीर्षकवार प्रश्न

1 **(c)** दिया है, प्रति सेकण्ड/चक्कर की संख्या

$= 9.4 \times 10^{18}$ चक्कर

$\therefore$ आवृत्ति, $\nu = 9.4 \times 10^{18}$ चक्कर सेकण्ड

अब, समतुल्य धारा,

$$I = \frac{e}{T} = e\nu \qquad \left[\because \nu = \frac{1}{T}\right]$$

$I = 1.6 \times 10^{-19} \times 9.4 \times 10^{18}$

$[\because e = 1.6 \times 10^{-19}$ कूलॉम$]$

$= 1.5$ ऐम्पियर

3 **(b)** माना मध्य बिंदु C है जैसा कि चित्र में दिखाया गया है

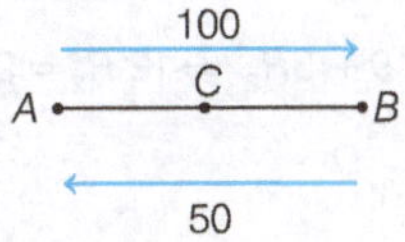

A से B तक धारा,

$$i_1 = 100 \times 3e = 300e \quad \left(\because i = \frac{ne}{t}\right)$$

B से A तक धारा,

$$i_2 = 50 \times 3e = 150e$$

कुल धारा,

$$i = 300e - 150\,e = 150\,e$$

दाईं ओर

$$i = 150 \times 1.6 \times 10^{-19}$$

$= 2.4 \times 10^{-17}$ ऐम्पियर (A से B तक)

4 **(b)** तात्कालिक आवेश,

$$dq = i\,dt = (4 + 2t)\,dt$$

$$\Rightarrow q = \int_2^6 (4 + 2t)\,dt = [4t + t^2]_2^6$$

$= 48$ कूलॉम

6 **(c)** कुल धारा,

$$i = n_\alpha q_\alpha + n_p q_p + n_e q_e \qquad \ldots(\text{i})$$

यहाँ, $n_\alpha = n_p = n_e = 10^{19}$

$q_p = q_e = 1.6 \times 10^{-19}$ कूलॉम

और $q_\alpha = 2q_p = 2 \times 1.6 \times 10^{-19}$ कूलॉम

इन मानों को समी (i) में प्रतिस्थापित करने पर,

$$i = 10^{19} \times (2 \times 1.6 \times 10^{-19}) + 10^{19} \times (1.6 \times 10^{-19}) + 10^{19} \times (1.6 \times 10^{-19})$$

$= 6.4$ ऐम्पियर (बायीं ओर)

8 **(d)** एक चालक के लिए V-I ग्राफ चित्र में दिखाया गया है

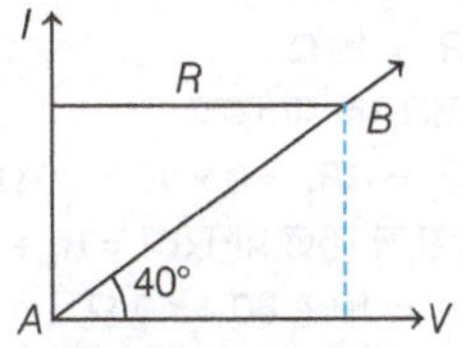

ओम के नियम के अनुसार,

धारा, $I = \frac{V}{R}$

ढाल AB = प्रतिरोध $R = \frac{V}{I}$

$$\Rightarrow \quad \frac{1}{\tan 40^\circ} = R = \frac{V}{I}$$

या $\quad R = \cot 40^\circ$

9 **(b)** प्रतिरोध

$$R = \rho l / A$$

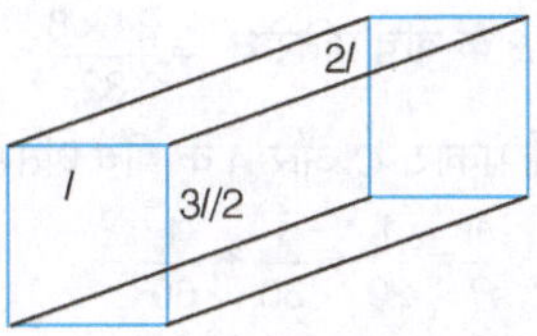

$(l \times 3l/2)$ क्षेत्रफल वाले समान्तर फलकों के बीच प्रतिरोध,

$$R_1 = \frac{\rho \times 2l}{l \times \frac{3l}{2}} = \frac{2\rho}{\frac{3l}{2}} = \frac{4\rho}{3l} \qquad \ldots(\text{i})$$

समान्तर फलकों के बीच प्रतिरोध जिसका क्षेत्रफल $l \times 2l$ है,

$$R_2 = \frac{\rho \times \frac{3l}{2}}{l \times 2l} = \frac{3\rho}{4l} \qquad \ldots(\text{ii})$$

$2l \times \frac{3l}{2}$ क्षेत्रफल वाले समान्तर फलकों के बीच प्रतिरोध,

$$R_3 = \frac{\rho \times l}{2l \times \frac{3l}{2}} = \frac{\rho}{3l} \qquad \ldots(\text{iii})$$

समी (i), (ii) और (iii) से,

$$R_{\text{अधिकतम}} = R_1 = \frac{4\rho}{3l}$$

तथा $\quad R_{\text{न्यूनतम}} = R_3 = \frac{\rho}{3l}$

$$\therefore \quad \frac{R_{\text{अधिकतम}}}{R_{\text{न्यूनतम}}} = 4$$

10 **(c)** विद्युत क्षेत्र,

$$E = \frac{V}{l} = \frac{IR}{l} \qquad [\because V = IR]$$

$$= \frac{I\rho l}{Al} = \frac{I\rho}{A} \qquad [\because R = \rho l/A]$$

$$\Rightarrow \quad E = \frac{1 \times 1.7 \times 10^{-8}}{2 \times 10^{-6}}$$

$= 8.5 \times 10^{-3}$ वोल्ट/मी

15 **(a)** विद्युत क्षेत्र

$= \frac{\Delta V}{l} = \frac{100}{1} = 100$ वोल्ट/मी

अनुगमन वेग, $v_d = \frac{i}{n_{Cu}eA}$ और धारा घनत्व,

$$J = \sigma E = \frac{i}{A}$$

$$\Rightarrow \quad v_d = \frac{\sigma E}{en_{Cu}} = \frac{5.81 \times 10^7 \times 100}{1.6 \times 10^{-19} \times 8.5 \times 10^{28}}$$

$= 0.43$ मी/से

16 *(c)* दिया है, $i = 10$ ऐम्पियर

$A = 4 \times 10^{-6}$ मी^{2},

$\rho = 2.7$ ग्राम/सेमी$^3 = 2.7 \times 10^3$ किग्रा/मी^{3}

$M_w = 27$ ग्राम $= 27 \times 10^{-3}$ किग्रा

यदि चालक में प्रति इकाई आयतन में इलेक्ट्रॉनों की कुल संख्या n हो, तो

$$n = \frac{\text{आवोगाद्रो संख्या}}{V} \times \left(\frac{M}{M_w}\right)$$

$$= 6 \times 10^{23} \times \frac{\rho}{M_w} \quad \left[\because \rho = \frac{M}{V}\right]$$

$$= 6 \times 10^{23} \times \frac{2.7 \times 10^3}{27 \times 10^{-3}}$$

$\therefore$ $n = 6 \times 10^{28}$

हम जानते हैं कि, अनुगमन वेग,

$$v_d = \frac{i}{neA}$$

$$= \frac{10}{6 \times 10^{28} \times 1.6 \times 10^{-19} \times 4 \times 10^{-6}}$$

$= 2.6 \times 10^{-4}$ मी/से

17 *(c)* दिया है, अनुप्रस्थ-काट का क्षेत्रफल,

$A = 1$ सेमी$^2 = 10^{-4}$ मी^{2}

प्रति मी^{3} इलेक्ट्रॉनों की संख्या,

$n = 3 \times 10^{23}$

धारा, $I = 24$ मिली ऐम्पियर

$= 24 \times 10^{-3}$ ऐम्पियर

अब, अनुगमन वेग,

$$v_d = \frac{I}{neA}$$

$$= \frac{24 \times 10^{-3}}{3 \times 10^{23} \times 1.6 \times 10^{-19} \times 10^{-4}}$$

$= 5 \times 10^{-3}$ मी/से

23 *(d)* दिया है, $R_{20} = 20\,\Omega$, $R_{500} = 60\,\Omega$, $R = 25\,\Omega$

$\therefore$ $R_t = R_0(1 + \alpha t)$

$\Rightarrow$ $20 = R_0(1 + \alpha \times 20)$ ...(i)

तथा $60 = R_0(1 + \alpha \times 500)$ ...(ii)

समी (ii) को समी (i) से विभाजित करने पर,

$$\frac{1 + 500\alpha}{1 + 20\alpha} = 3$$

$\Rightarrow$ $\alpha = \frac{2}{440} = \frac{1}{220}$ प्रति °C

समी (i) से,

$$20 = R_0\left(1 + \frac{1}{220} \times 20\right) \quad \text{...(iii)}$$

$R = 25\,\Omega$ पर,

$$25 = R_0\left(1 + \frac{1}{220} \times t\right) \quad \text{...(iv)}$$

समी (iv) को समी (iii) से विभाजित करने पर,

$$\frac{25}{20} = \frac{\left(1 + \frac{1}{220} \times t\right)}{\left(1 + \frac{1}{220} \times 20\right)} \Rightarrow \frac{5}{4} = \frac{220 + t}{240}$$

$\therefore$ $t = 80°\,C$

27 *(d)* दिया है, $T_1 = 27\,°C$,

$R_1 = 65\,\Omega$

$$R_2 = \frac{\text{आरोपित वोल्टेज}}{\text{स्थिर धारा}} = \frac{220}{2.8} = 78.6\,\Omega$$

अब, $R_2 = R_1[1 + \alpha(T_2 - T_1)]$ से,

$$\Rightarrow T_2 - T_1 = \frac{R_2 - R_1}{R_1} \times \frac{1}{\alpha}$$

$$= \frac{78.6 - 65}{65} \times \frac{1}{1.70 \times 10^{-4}}$$

$= 1231\,°C$

$\therefore$ $T_2 = 1231 + T_1$

$= 1231 + 27 = 1258\,°C$

30 *(c)* समान लम्बाई और समान पदार्थ के लिए,

$$\frac{R_2}{R_1} = \frac{A_1}{A_2} = \frac{3}{1} \Rightarrow R_2 = 3R_1$$

मोटे तार का प्रतिरोध,

$R_1 = 10\,\Omega$

पतले तार का प्रतिरोध,

$R_2 = 3R_1 = 3 \times 10 = 30\,\Omega$

श्रेणीक्रम में कुल प्रतिरोध $= R_1 + R_2$

$= 10 + 30 = 40\,\Omega$

32 *(a)* दिए गए परिपथ को निम्न प्रकार से पुनः बनाया जा सकता है।

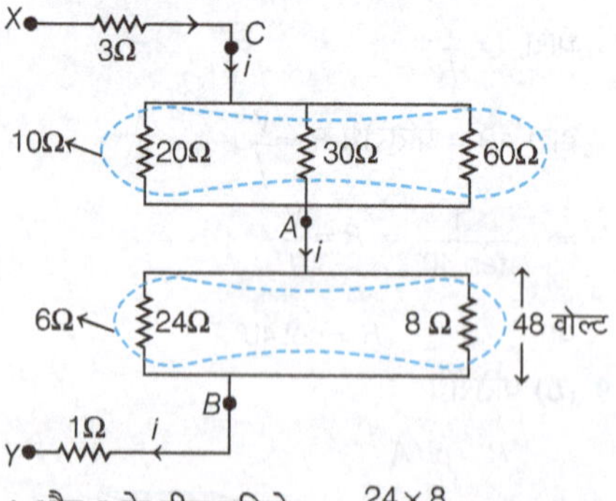

A और B के बीच प्रतिरोध $= \frac{24 \times 8}{32} = 6\,\Omega$

इसी प्रकार, C और A के बीच प्रतिरोध

$$\frac{1}{R} = \frac{1}{20} + \frac{1}{30} + \frac{1}{60}$$

$R = 10\,\Omega$

A और B के बीच धारा तथा X और Y के बीच धारा समान है,

$i = \frac{48}{6} = 8$ ऐम्पियर

X और Y के बीच प्रतिरोध

$= (3 + 10 + 6 + 1) = 20\,\Omega$

X और Y के बीच विभान्तर

$= 8 \times 20 = 160$ वोल्ट

33 *(b)* दिया है, $400\,\Omega$ और $10\,k\Omega$ या $10000\,\Omega$ के प्रतिरोध Ω समान्तर क्रम में हैं, उनका प्रभावी प्रतिरोध R_p होगा

$$R_p = \frac{400 \times 10000}{400 + 10000} = \frac{5000}{13}\,\Omega$$

परिपथ का कुल प्रतिरोध,

$$R = \frac{5000}{13} + 800 = \frac{15400}{13}\,\Omega$$

परिपथ में धारा,

$$i = \frac{V}{R} = \frac{6}{15400/13}$$

$= \frac{39}{7700}$ ऐम्पियर $\quad [\because V = 6$ वोल्ट$]$

वोल्टमीटर में विभवान्तर,

$V = iR_p = \frac{39}{7700} \times \frac{5000}{13} = 1.95$ वोल्ट

35 *(d)* समान्तर संयोजन का समतुल्य प्रतिरोध,

$$R_p = \frac{R_1 R_2}{R_1 + R_2} = \frac{3}{5}$$

और $R_1 = 3\,\Omega$, तो

$$\frac{3 \times R_2}{3 + R_2} = \frac{3}{5}$$

$\Rightarrow$ $15R_2 = 9 + 3R_2 \Rightarrow 12\,R_2 = 9$

$\therefore$ $R_2 = \frac{3}{4}\,\Omega$

36 *(c)* प्रत्येक भाग का प्रतिरोध

$$R' = \frac{R}{4} = \frac{16}{4} = 4\,\Omega$$

और प्रत्येक भाग की लम्बाई, $l' = l/4$ को l तक खींचने पर यह 4 गुना हो जाता है, इसलिए इसका प्रतिरोध

$$R'' = \frac{\rho(4l)}{(A/4)}$$

$$= 4^2 \frac{\rho l}{A} = 4^2 R'$$

$\Rightarrow$ $R'' = 4^2 \times 4 = 64\,\Omega$

समान्तर संयोजन के लिए,

$$\frac{1}{R_{eq}} = \frac{1}{64} + \frac{1}{64} + \frac{1}{64} + \frac{1}{64} = \frac{4}{64}$$

$$\Rightarrow R_{eq} = \frac{64}{4} = 16\,\Omega$$

40 *(a)* शाखा ADC में प्रतिरोध,

$$R_1 = 3\,\Omega + 7\,\Omega = 10\,\Omega$$

चूँकि, भुजाएँ ADC (10 Ω) और AC (10 Ω) समान्तर क्रम में हैं, उनका तुल्य प्रतिरोध,

$$R_2 = \frac{10 \times 10}{10 + 10} = 5\,\Omega$$

चूँकि, भुजा AB में R_2 9 Ω के एक श्रेणीक्रम में है, इनका तुल्य प्रतिरोध,

$$R_3 = 5\,\Omega + 9\,\Omega = 14\,\Omega$$

चूँकि R_3 भुजा BC में 5 Ω के समान्तर क्रम है, B और C के बीच समतुल्य प्रतिरोध,

$$R_{BC} = \frac{14 \times 5}{14 + 5} = \frac{70}{19}\,\Omega$$

42 *(d)* दिया है, तार का प्रतिरोध,

$$R_0 = R_1 + R_2 = 12\,\Omega$$

A और B के बीच प्रतिरोध,

$$R = \frac{R_1 \times R_2}{R_1 + R_2} = \frac{8}{3}\Omega$$

$$\Rightarrow R_1R_2 = \frac{8}{3}(R_1 + R_2) = \frac{8}{3} \times 12$$

$$R_1R_2 = 32\,\Omega \quad \ldots\text{(ii)}$$

समी (i) व (ii) से, $R_1 = 4\Omega$ और $R_2 = 8\Omega$

चूँकि $R \propto l$, तब

$$\frac{l_1}{l_2} = \frac{R_1}{R_2} = \frac{4}{8} = \frac{1}{2}$$

44 *(b)* R का वास्तविक मान $= 30\,\Omega$

R का मापा गया मान,

$$R' = 30 - (30 \text{ का } 5\%)$$

$$= 30 - \frac{5}{100} \times 30 = 28.5\,\Omega \quad \ldots\text{(i)}$$

अब, माना वोल्टमीटर का आंतरिक प्रतिरोध R_V है। वोल्टमीटर को उसके आंतरिक प्रतिरोध से परिवर्तित करने पर, हमें निम्न परिपथ प्राप्त होता है।

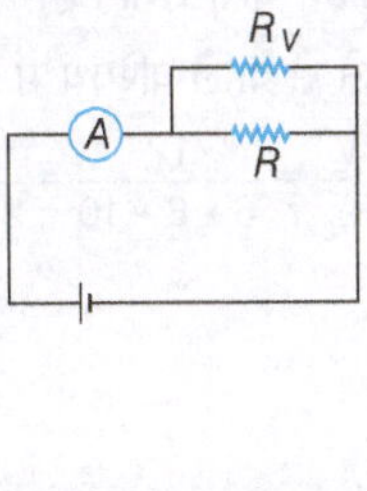

यह स्पष्ट है कि मापा गया मान, R', R और RV के समान्तर संयोजन के बराबर होना चाहिए। गणितीय रूप से,

$$R' = \frac{RR_V}{R + R_V} = 28.5\,\Omega$$

दिया गया है, $R = 30\,\Omega$

$$\Rightarrow \frac{30R_V}{30 + R_V} = 28.5\,\Omega$$

$$\Rightarrow R_V = \frac{28.5 \times 30}{1.5} = 19 \times 30$$

or $\quad R_V = 570\,\Omega$

45 *(d)* दिया गया परिपथ आरेख नीचे दिए गए चित्र में बने आरेख जैसा बनाया जा सकता है।

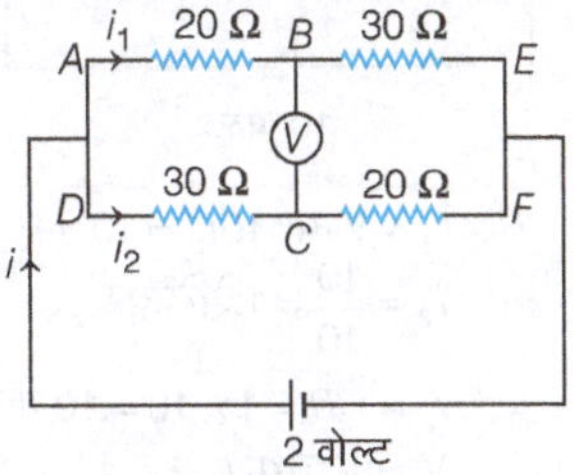

परिपथ का समतुल्य प्रतिरोध निम्न द्वारा दिया जाता है

$$\frac{1}{R_{eq}} = \frac{1}{R_{AE}} + \frac{1}{R_{DF}}$$

$$= \frac{1}{(20 + 30)} + \frac{1}{(30 + 20)}$$

$$= \frac{2}{50} \Rightarrow R_{eq} = 25\,\Omega$$

परिपथ में धारा, $i = \frac{V}{R} = \frac{2}{25}$ ऐम्पियर

चूँकि दो शाखाओं का प्रतिरोध समान अर्थात 50 Ω है, तो, धारा, $i_1 = i_2$

$$\Rightarrow i = i_1 + i_2 \Rightarrow \frac{2}{25} = 2i_1$$

$$\Rightarrow i_2 = i_1 = \frac{1}{25} \text{ ऐम्पियर}$$

∴ AB पर वोल्टेज,

$$V_1 = V_A - V_B = i_1R_1 = \frac{20}{25} \text{ वोल्ट}$$

और CD पर वोल्टेज,

$$V_2 = V_A - V_C = i_2R_2 = \frac{30}{25} \text{ वोल्ट}$$

∴ वोल्टमीटर पाठ्यांक $= V_2 - V_1$

$$= \frac{30}{25} - \frac{20}{25} = 0.4 \text{ वोल्ट}$$

46 *(b)* परिपथ को दो भागों में विभाजित करके पुनः तैयार किया जा सकता है।

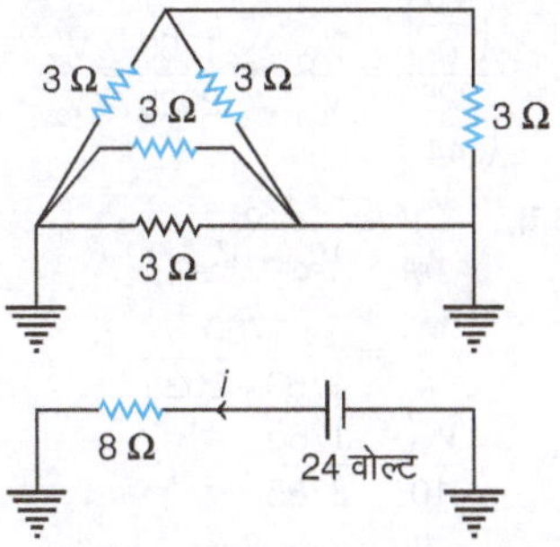

चूँकि 8 Ω प्रतिरोधक का दूसरा सिरा भूसम्पर्कित है, इसलिए इसका विभव शून्य है। 8 Ω प्रतिरोधक के एक्रॉस विभवान्तर

$$= 24 - 0 = 24 \text{ वोल्ट}$$

प्रतिरोधक 8 Ω में धारा,

$$i = \frac{V}{R} = \frac{24 - 0}{8} = 3 \text{ ऐम्पियर}$$

47 *(c)* परिपथ नीचे दिखाया गया है

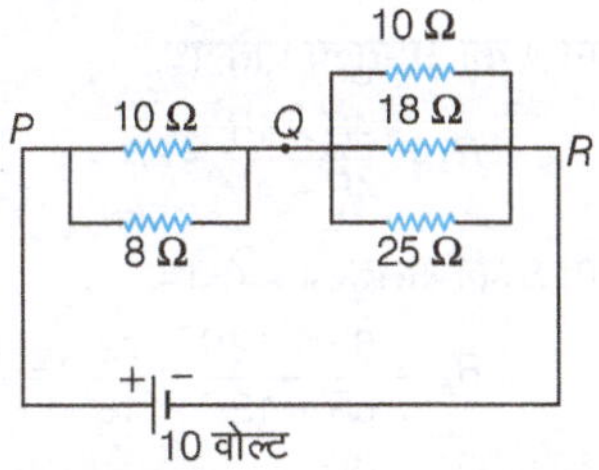

दिए गए परिपथ में, P और Q के बीच कुल प्रतिरोध R_{PQ} है और Q और R के बीच कुल प्रतिरोध R_{QR} है।

$$R_{PQ} = \frac{10 \times 8}{10 + 8} = \frac{80}{18} = \frac{40}{9}\,\Omega$$

$$\text{और } R_{QR} = \frac{10 \times 18 \times 25}{10 \times 18 + 18 \times 25 + 25 \times 10}$$

$$= \frac{4500}{880} = \frac{225}{44}\Omega$$

तब, परिपथ निम्न होगा

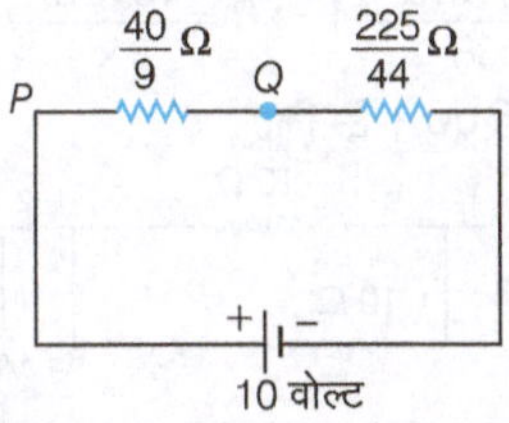

श्रेणी परिपथ में, वोल्टेज को उनके प्रतिरोध के अनुपात में विभाजित किया जाएगा।

$\therefore \quad \dfrac{R_{PQ}}{R_{QR}} = \dfrac{V_{PQ}}{V_{QR}}$

$\therefore \quad \dfrac{\left(\dfrac{40}{9}\right)}{\left(\dfrac{225}{44}\right)} = \dfrac{V_{PQ}}{V_{QR}} \Rightarrow \dfrac{1760}{2025} = \dfrac{V_{PQ}}{V_{QR}}$

अब, $\dfrac{V_{PQ}}{V_{PR}} = \dfrac{V_{PQ}}{V_{PQ} + V_{QR}}$

$= \dfrac{1760}{1760 + 2025}$

$\Rightarrow \quad \dfrac{V_{PQ}}{10} = \dfrac{1760}{3785}$

$\Rightarrow \quad V_{PQ} = 4.65$ वोल्ट

या $V_P - V_Q = 4.65$ वोल्ट

48 *(b)* दिया गया परिपथ निम्न है

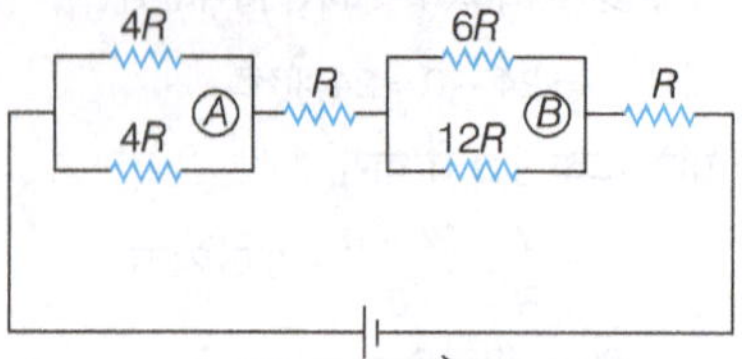

$E = 16$ वोल्ट

भाग A का समतुल्य प्रतिरोध,

$R_A = \dfrac{4R \times 4R}{4R + 4R} = 2R$

भाग B का समतुल्य प्रतिरोध,

$R_B = \dfrac{6R \times 12R}{6R + 12R} = \dfrac{72}{18}R = 4R$

$\therefore$ दिए गए नेटवर्क का कुल प्रतिरोध,

$R_s = 2R + R + 4R + R = 8R$

जैसा कि हम जानते हैं, परिपथ की शक्ति,

$P = \dfrac{E^2}{R_s} = \dfrac{(16)^2}{8R} = \dfrac{16 \times 16}{8R}$ ...(i)

प्रश्नानुसार, नेटवर्क द्वारा क्षय की गई बिजली,

$P = 4$ वाट

समी (i) से,

$\therefore \quad \dfrac{16 \times 16}{8R} = 4 \Rightarrow R = \dfrac{16 \times 16}{8 \times 4} = 8\,\Omega$

49 *(b)* परिपथ 1 के लिए,

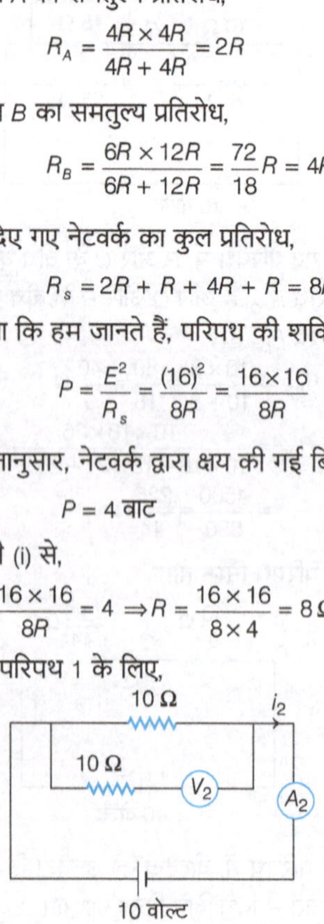

10 वोल्ट

$R \times i_1 = V$

या $\quad 10\,i_1 = 10$

$\Rightarrow \quad i_1 = \dfrac{10}{10} = 1$ ऐम्पियर

$\therefore \quad V_1 = i_1 \times R = 1 \times 10 = 10$ वोल्ट

इसी प्रकार परिपथ 2 के लिए, 10 Ω के प्रतिरोध को वोल्टेज के साथ जोड़ने से धारा पर कोई प्रभाव नहीं पड़ता है और इसलिए

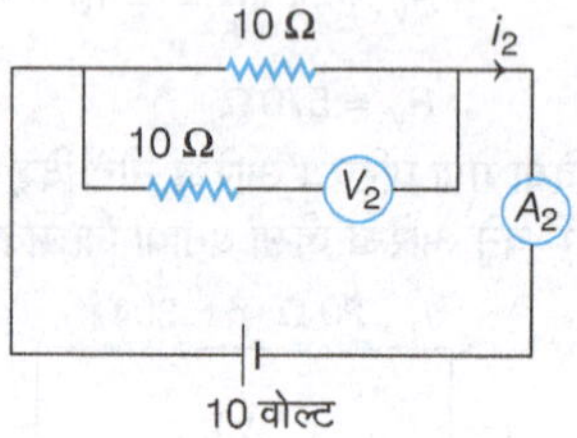

10 वोल्ट

$R \times i_2 = V$ या $10 i_2 = 10$

$\Rightarrow \quad i_2 = \dfrac{10}{10} = 1$ ऐम्पियर

$\Rightarrow \quad V_2 = i_2 R = 1 \times 10 = 10$ वोल्ट

$\therefore \quad V_1 = V_2$ तथा $i_1 = i_2$

50 *(b)* किसी प्रतिरोधक R द्वारा क्षयित शक्ति,

$P = I^2 R$ ... (i)

$4.4 = (2 \times 10^{-3})^2 \times R$

या $\quad R = \dfrac{4.4}{4 \times 10^{-6}}\,\Omega$ ...(ii)

जब इस प्रतिरोध R को 11 वोल्ट आपूर्ति से जोड़ा जाता है, तो क्षायित शक्ति,

$P = \dfrac{V^2}{R}$

या $\quad P = \dfrac{(11)^2}{4.4} \times 4 \times 10^{-6}$ [∵ समी (ii) से]

$\Rightarrow \quad P = \dfrac{11 \times 11 \times 4 \times 10^{-6}}{44 \times 10^{-1}}$

या $\quad P = 11 \times 10^{-5}$ वाट

51 *(b)* दो शहरों के बीच की दूरी,

$d = 150$ किमी

प्रति किमी विभव में गिरावट, $V = 8$ वोल्ट

प्रति किमी औसत प्रतिरोध, $R = 0.5\,\Omega$

प्रति किमी शक्ति क्षय,

$P_1 = \dfrac{V^2}{R} = \dfrac{8^2}{0.5} = 128$ वाट

$\therefore$ तार में कुल शक्ति क्षय $= P_1 \times d$

$= 128 \times 150 = 19.2$ किलो वाट

54 *(c)* चूँकि मोटर की दक्षता 30% है, मोटर वाइंडिंग में ऊष्मा के रूप में शक्ति का क्षय

$= (100\% - 30\%) = 70\%$

वाइण्डिंग में ऊष्मा के रूप में नष्ट हुई कुल शक्ति $= \left(\dfrac{70}{100}\right) \times 600 = 420$ वाट

यदि R मोटर की वाइण्डिग का प्रतिरोध है, तो ऊष्मा के रूप में क्षय होने वाली कुल शक्ति

$= i^2 R$

$\Rightarrow \quad i^2 R = 420$ वाट

$\Rightarrow \quad R = \dfrac{420}{(12)^2} = 2.9\,\Omega$

55 *(b)* दिया $i = 02$ ऐम्पियर, $E = 2.1$ वोल्ट

और $\quad R = 10\,\Omega$

$i = \dfrac{E}{R + r}$ या $E = i(R + r)$

$\Rightarrow \quad 2.1 = 0.2\,(10 + r)$

$\Rightarrow \quad 10 + r = \dfrac{2.1}{0.2}$

$\therefore \quad r = 10.5 - 10 = 0.5\,\Omega$

56 *(a)* स्थिति को परिपथ के रूप में निम्न प्रकार व्यवस्थित किया जा सकता है

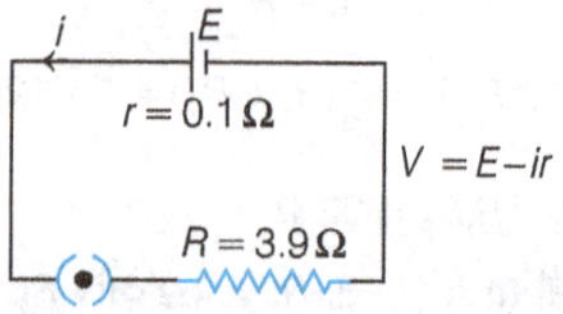

$\therefore \quad V = E - ir$

धारा, $\quad i = \dfrac{E}{R + r}$

$\Rightarrow \quad V = E - \left(\dfrac{E}{R + r}\right) r$

संख्यात्मक मान रखने पर,

$E = 2$ वोल्ट, $r = 0.1\,\Omega$ और $R = 3.9\,\Omega$

$\Rightarrow \quad V = 2 - \left(\dfrac{2}{3.9 + 0.1}\right) \times 0.1$

$\Rightarrow \quad V = 1.95$ वोल्ट

57 *(c)* दिया है, E को जोड़ने से पहले और बाद में 8 Ω में प्रवाहित धारा समान है।

E को जोड़ने से पहले परिपथ में धारा,

$I_1 = \dfrac{V}{R_{eq}} = \dfrac{12}{6 + 8 + 10} = \dfrac{1}{2}$ ऐम्पियर

E को जोड़ने के बाद परिपथ में धारा,

$$I_2 = \frac{1}{2} \text{ ऐम्पियर} \qquad [\because I_1 = I_2]$$

$\because$ 8Ω प्रतिरोधक पर वोल्टेज E के बराबर है।

$$\therefore \qquad E = IR$$

$$\Rightarrow \qquad E = \frac{1}{2} \times 8 = 4 \text{ वोल्ट}$$

58 *(b)*

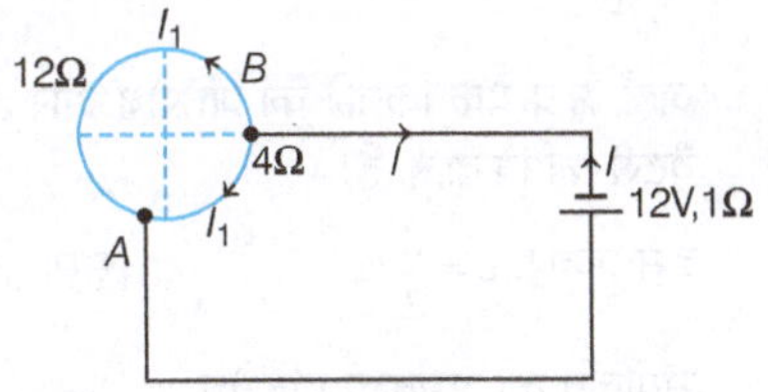

सेल के अनुदिश कुल प्रतिरोध

$$R = 1 + \frac{12 \times 4}{12 + 4} = 4\,\Omega$$

सेल से प्रवाहित धारा

$$I = \frac{E}{R} = \frac{12}{4} = 3 \text{ ऐम्पियर}$$

AB के अनुदिश विभवपात

$$V = E - ir$$

$$12 - 3 \times 1 = 9 \text{ वोल्ट}$$

अब $\qquad I_1 R_1 = I_2 R_2 = V$

$$I_2 \times 4 = 9$$

$$\Rightarrow \qquad I_2 = \frac{9}{4} = 2.25 \text{ ऐम्पियर}$$

60 *(c)* परिपथ नीचे दर्शाया गया है

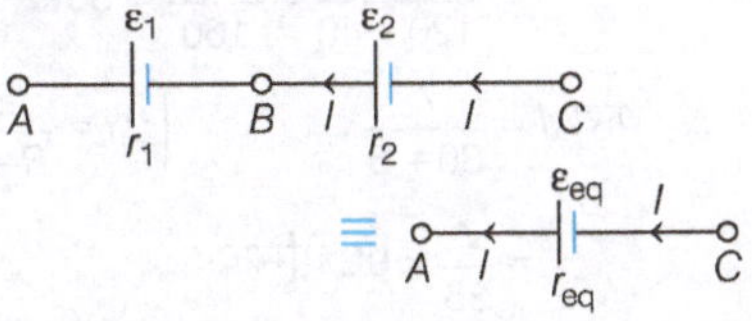

A और C के बीच विभवान्तर,

$$\begin{aligned} V_{AC} &= V_A - V_C \\ &= (V_A - V_B) + (V_B - V_C) \\ &= \varepsilon_1 - Ir_1 + \varepsilon_2 - Ir_2 \\ &= (\varepsilon_1 + \varepsilon_2) - I(r_1 + r_2) \\ &= \varepsilon_{eq} - Ir_{eq} \end{aligned}$$

62 *(a)* दिए गए परिपथ के अनुसार,

$$I = I_1 + I_2$$

यदि B_1 और B_2 के बीच विभवान्तर V हो, तो

$$I_1 = \frac{\varepsilon_1 - V}{r_1}$$

$$\Rightarrow \qquad I_2 = \frac{\varepsilon_2 - V}{r_2}$$

इन तीन समीकरणों को संयोजित करने पर,

$$\begin{aligned} I &= I_1 + I_2 \\ &= \frac{\varepsilon_1 - V}{r_1} + \frac{\varepsilon_2 - V}{r_2} \\ &= \left(\frac{\varepsilon_1}{r_1} + \frac{\varepsilon_2}{r_2}\right) - V\left(\frac{1}{r_1} + \frac{1}{r_2}\right) \end{aligned}$$

इस प्रकार, $V = \dfrac{\varepsilon_1 r_2 + \varepsilon_2 r_1}{r_1 + r_2} - I\,\dfrac{r_1 r_2}{r_1 + r_2}$

यदि हम संयोजन को एकल सेल द्वारा प्रतिस्थापित करना चाहते हैं, तो B_1 और B_2 के बीच वि.वा.ब. तथा $r_{\text{समतुल्य}}$ के बीच निम्न सम्बन्ध होगा

$$V = \varepsilon_{\text{समतुल्य}} - Ir_{\text{समतुल्य}}$$

63 *(d)* दो सेल गलत तरीके से जुड़े हुए हैं, तो

$$i = \frac{(n-4)\varepsilon}{nr}$$

A या B के बीच विभवान्तर,

$$\begin{aligned} V &= \varepsilon + ir \\ &= \varepsilon + \frac{(n-4)}{nr}\varepsilon \times r \\ &= \left(\frac{n+n-4}{n}\right)\varepsilon \\ &= \left(2 - \frac{4}{n}\right)\varepsilon \end{aligned}$$

$$\Rightarrow \qquad V = 2\varepsilon\left(1 - \frac{2}{n}\right)$$

64 *(b)* दिया है कि, बैटरी टर्मिनल पर परिणामी वोल्टेज = 1.5 वोल्ट

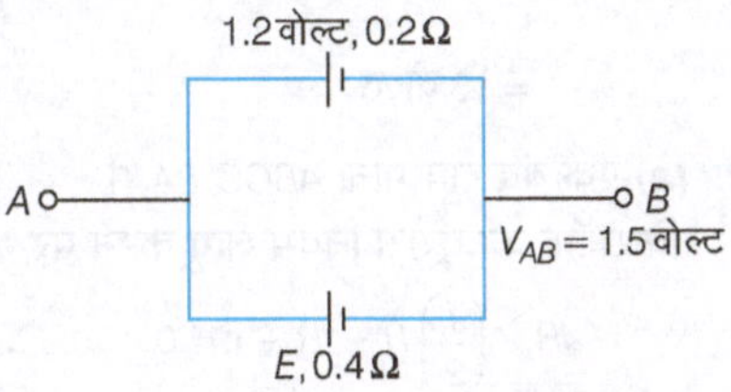

E_1 व E_2 वि.वा.ब. वाले दो सेलों जिनके आन्तरिक प्रतिरोध r_1 व r_2 समान्तर क्रम में हैं वाले परिपथ के लिए, बैटरी के समतुल्य वि.वा.ब. को निम्न प्रकार ज्ञात किया जाता है

$$E_{eq} = \frac{E_1/r_1 + E_2/r_2}{1/r_1 + 1/r_2}$$

$$\Rightarrow \qquad \frac{\frac{1.2}{0.2} + \frac{E}{0.4}}{\frac{1}{0.2} + \frac{1}{0.4}} = 1.5$$

$$\Rightarrow \qquad \frac{6 + 2.5E}{7.5} = 1.5$$

$$\Rightarrow \qquad E = \frac{(1.5 \times 7.5) - 6}{2.5}$$

$$E = 2.1 \text{ वोल्ट}$$

65 *(d)* दिए गए संयोजन में दो बैटरियाँ समान्तर क्रम में हैं तथा इन दोनों का परिणामी संयोजन तीसरी बैट्री के साथ श्रेणीक्रम में है।

समान्तर संयोजन के लिए,

$$E_{eq} = \frac{\frac{E_1}{r_1} - \frac{E_2}{r_2}}{\frac{1}{r_1} + \frac{1}{r_2}} = \frac{\frac{10}{2} - \frac{4}{2}}{\frac{1}{2} + \frac{1}{2}}$$

$$= \frac{6}{2} = 3 \text{ वोल्ट}$$

$$\frac{1}{r'_{eq}} = \frac{1}{r_1} + \frac{1}{r_2} = \frac{1}{2} + \frac{1}{2} = 1$$

$$\Rightarrow \qquad r'_{eq} = 1\,\Omega$$

अब, यह तीसरे के साथ श्रेणी क्रम में है, अर्थात्

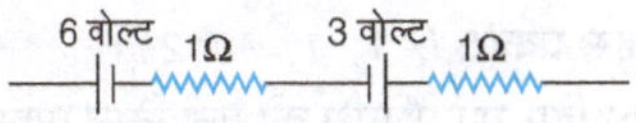

$$\Rightarrow \qquad r_{eq} = 1 + 1 = 2\Omega$$

और $\quad E_{eq} = 6 - 3 = 3$ वोल्ट

67 *(a)* दिए गए चित्र में, परिपथ धाराओं के साथ दिया गया है।

प्रश्न में $I_1 = -0.3$ ऐम्पियर दी गई है जिसके कारण हम I_1 भी दिशा को परिवर्तित कर सकते है।

किरचॉफ के सन्धि नियम से,

$$\Sigma I = 0$$

सन्धि S पर $I_4 = I_5 + I_3$

$\Rightarrow \quad 0.8 = 0.4 + I_3$

$\Rightarrow \quad I_3 = 0.4$ ऐम्पियर

संधि P,पर $\quad I_5 = I_6$

$\Rightarrow \quad I_6 = 0.4$ ऐम्पियर

संधि Q पर,

$I_2 = I_1 + I_3 + I_6 = 0.3 + 0.4 + 0.4$

$= 1.1$ ऐम्पियर

68 *(d)* किरचॉफ के नियम को बिंदु D आरोपित करने पर,

$$i_1 = i_2 + i_3$$

$$\frac{V_A - V_D}{10} = \frac{V_D - V_B}{20} + \frac{V_D - V_C}{30}$$

$\Rightarrow \quad 70 - V_D = \frac{V_D}{2} + \frac{V_D - 10}{3}$

$\Rightarrow \quad V_D = 40$ वोल्ट

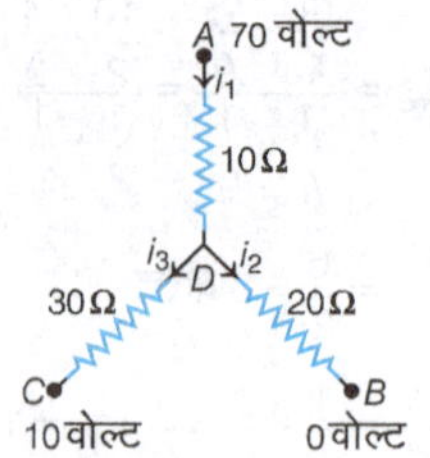

$i_1 = \frac{V_A - V_D}{10} = \frac{70 - 40}{10} = 3$ ऐम्पियर

$i_2 = \frac{V_D - V_B}{20} = \frac{40 - 0}{20} = 2$ ऐम्पियर

और $i_3 = \frac{V_D - V_C}{30} = \frac{40 - 10}{30} = 1$ ऐम्पियर

इस प्रकार, $i_1 : i_2 : i_3 = 3 : 2 : 1$

69 *(b)* दिए गए परिपथ को पुनः निम्न प्रकार बनाया जा सकता है

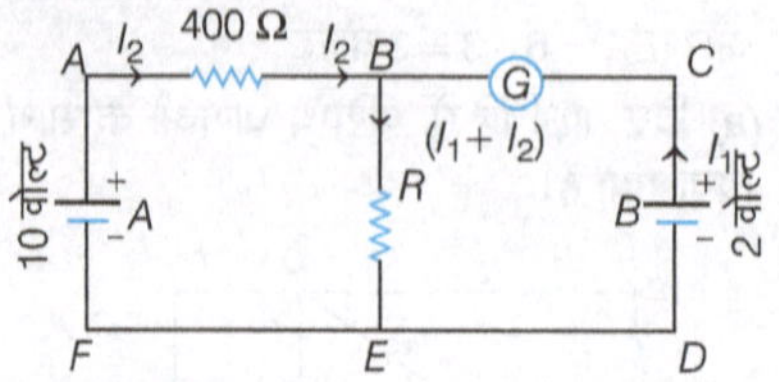

लूप $DCBED$ के लिए,

$$2 = (I_1 + I_2)R$$

परन्तु $I_1 = 0$, फिर

$2 = I_2 R \qquad \ldots(i)$

लूप $ABEFA$ के लिए,

$10 - 400I_2 - RI_2 = 0 \qquad \ldots(ii)$

समी (i) और (ii) से,

$$R = 100\,\Omega$$

70 *(a)* $V_{BC} = i_2 r_2 = i_3 r_3 = i_4 r_4 \qquad \ldots(i)$

$i_1 = i_2 + i_3 + i_4 \qquad \ldots(ii)$

समी (i) से i_2 और i_3 के मान समी (iii) में रखने पर।

$$i_1 = \frac{i_4 r_4}{r_2} + \frac{i_4 r_4}{r_3} + i_4$$

$$\Rightarrow \quad \frac{i_1}{i_4} = \frac{r_4}{r_2} + \frac{r_4}{r_3} + 1$$

$$= \frac{r_3 r_4 + r_2 r_4 + r_2 r_3}{r_2 r_3}$$

71 *(b)* धारा का वितरण निम्न चित्र में दिखाया गया है

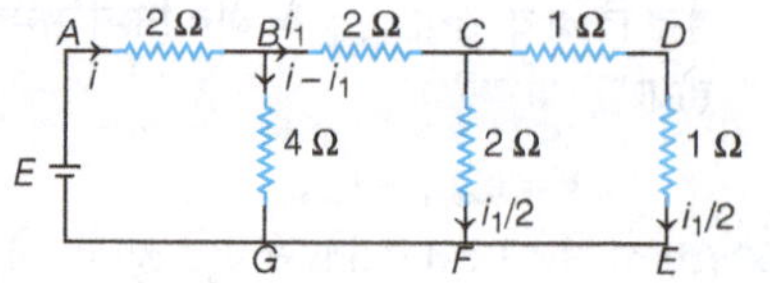

प्रश्नानुसार,

$\frac{i_1}{2} = 1$ ऐम्पियर (दिया है)

या $\quad i_1 = 2$ ऐम्पियर

बन्द परिपथ $BCFGB$ में,

$$2i_1 + 2 \times \frac{i_1}{2} - 4(i - i_1) = 0$$

$\Rightarrow \quad 4 + 2 = 4(i - 2)$

$\Rightarrow \quad i = \frac{7}{2}$ ऐम्पियर

पुनः $ABGA$ में,

$$2i + 4(i - i_1) = E$$

$$\Rightarrow \quad E = 2 \times \frac{7}{2} + 4\left(\frac{7}{2} - 2\right)$$

$= 13$ वोल्ट

72 *(a)* एक बंद लूप माना $ABCC'EA$ में, किरचॉफ का दूसरा नियम लागू करने पर,

$-IR - \left(\frac{I}{2}\right)R - IR + \varepsilon = 0 \qquad \ldots(i)$

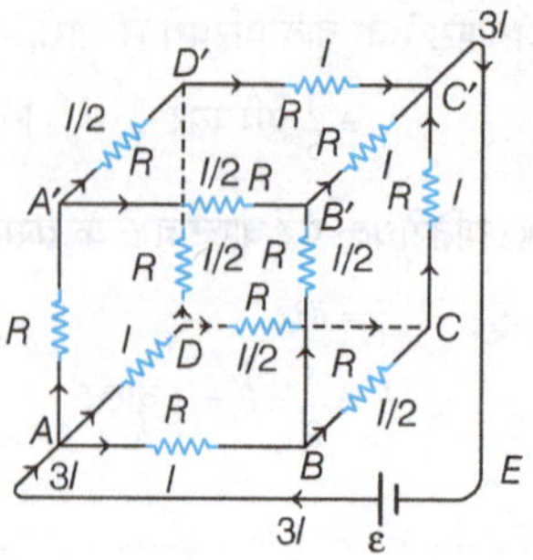

जहाँ, R प्रत्येक किनारे का प्रतिरोध और ε बैटरी का वि.वा.ब. है।

इस प्रकार, $\varepsilon = \frac{5}{2} IR$ [समी (i) से]

संयोजन का समतुल्य प्रतिरोध,

$$R_{समतुल्य} = \frac{\varepsilon}{3I} = \frac{(5/2)IR}{3I}$$

$$= \frac{5}{6} R$$

74 *(b)*

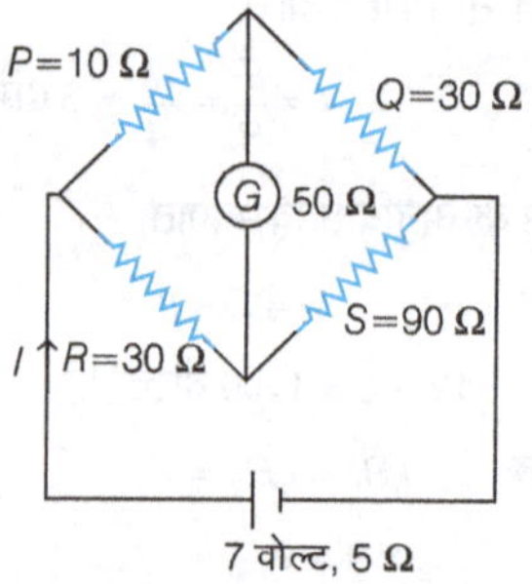

$$\therefore \quad R_{eff} = \frac{(P+Q)(R+S)}{(P+Q)+(R+S)}$$

$$= \frac{40 \times 120}{120 + 40} = \frac{4800}{160} = 30\,\Omega$$

$\therefore$ धारा, $I = \frac{7}{30 + 5} \qquad \left(\because I = \frac{E}{R + r}\right)$

$= \frac{7}{35} = 02$ ऐम्पियर

75 *(c)* पहली स्थिति में जब $R = 400\,\Omega$ तब संतुलन समीकरण निम्न होगा

$$\frac{P}{R} = \frac{Q}{X} \Rightarrow \frac{P}{400\,\Omega} = \frac{Q}{X}$$

$\Rightarrow \quad P = \frac{400 \times Q}{X} \qquad \ldots(i)$

दूसरी स्थिति में, P और Q परस्पर बदल जाते हैं और $\quad R = 405\,\Omega$

$$\therefore \quad \frac{Q}{R} = \frac{P}{X}$$

$$\Rightarrow \quad \frac{Q}{405} = \frac{P}{X} \quad \ldots(ii)$$

समी (i) से P का मान समी (ii) में प्रतिस्थापित करने पर,

$$\frac{Q}{405} = \frac{Q \times 400}{X^2}$$

$$\Rightarrow \quad X^2 = 400 \times 405$$

$$\Rightarrow \quad X = \sqrt{400 \times 405} = 402.5$$

X का मान $402.5\,\Omega$ के निकट है।

76 *(c)* दिया गया है, पहले छात्र के लिए,

$R_2 = 10\,\Omega$, $R_1 = 5\,\Omega$ और $R_3 = 5\,\Omega$

दूसरे छात्र के लिए,

$R_1 = 500\,\Omega$, $R_3 = 5\,\Omega$ और $R_2 = 1000\,\Omega$

अब, व्हीटस्टोन सेतु नियम के अनुसार,

$$\frac{R_2}{R_4} = \frac{R_1}{R_3}$$

$$\Rightarrow \quad R_4 = R_3 \times \frac{R_2}{R_1} \quad \ldots(i)$$

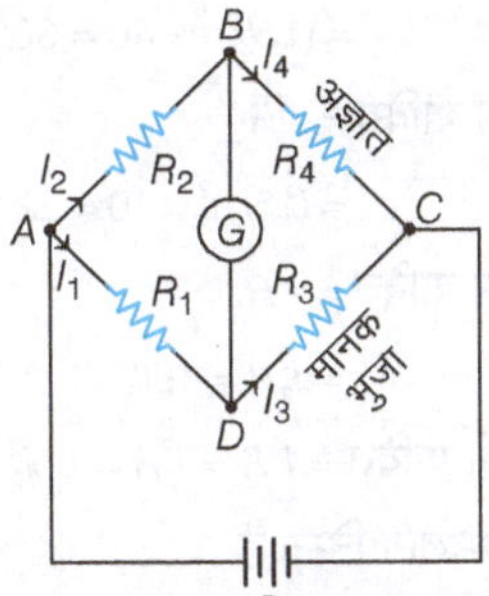

अब, सभी मान समी (i) में रखने पर,

दोनों छात्रों के लिए $R_4 = 10\,\Omega$

इस प्रकार है, हम विश्लेषण कर सकते हैं कि यदि प्रतिरोध समान मान के हैं, तो व्हीटस्टोन सेतु सबसे अधिक संवेदनशील और उत्कृष्ट है। इस प्रकार, दोनों छात्रों की माप की त्रुटियाँ सेतु की उत्कृष्टता और संवेदनशीलता पर निर्भर करती हैं, जो उस उत्कृष्टता पर निर्भर करती है तो किसके साथ R_2 और R_1 को मापा जा सकता है।

जब R_2 और R_1 अधिक होते हैं, तो सेतु की भुजाओं से होकर गुजरने वाली धाराएँ बहुत क्षीण होती हैं। इससे शून्य बिंदु का उत्कृष्ट निर्धारण अधिक कठिन हो सकता है।

77 *(b)* पाश $BADB$ पर विचार करने पर

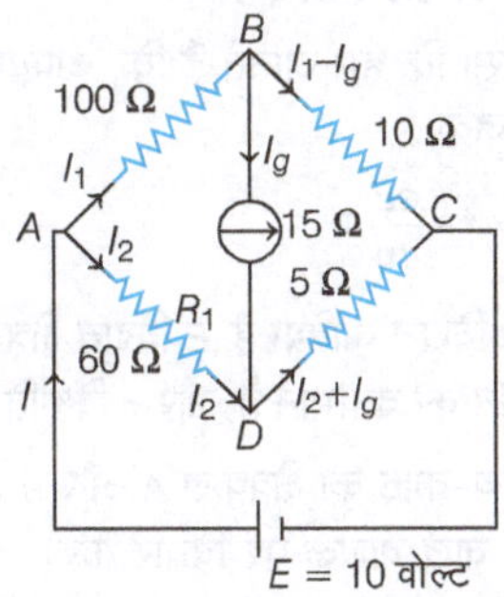

$$100\,I_1 + 15\,I_g - 60\,I_2 = 0$$

$$\Rightarrow \quad 20\,I_1 + 3I_g - 12\,I_2 = 0 \quad \ldots(i)$$

पाश $BCDB$ के लिए,

$$10\,(I_1 - I_g) - 15I_g - 5\,(I_2 + I_g) = 0$$

$$\Rightarrow \quad 10\,I_1 - 30\,I_g - 5I_2 = 0$$

$$\Rightarrow \quad 2I_1 - 6I_g - I_2 = 0 \quad \ldots(ii)$$

पाश $ADCEA$ के लिए,

$$60I_2 + 5\,(I_2 + I_g) = 10$$

$$\Rightarrow \quad 65\,I_2 + 5I_g = 10$$

$$\Rightarrow \quad 13I_2 + I_g = 2 \quad \ldots(iii)$$

समी (ii) को 10 से गुणा करने पर,

$$\Rightarrow \quad 20\,I_1 - 60\,I_g - 10I_2 = 0 \quad \ldots(iv)$$

समी (iv) को समी (i) से घटाने पर,

$$63I_g - 2I_2 = 0$$

$$\Rightarrow \quad I_2 = 31.5\,I_g$$

समी (iii) में I_2 का मान प्रतिस्थापित करने पर

$$13(31.5\,I_g) + I_g = 2$$

$$\Rightarrow \quad 410.5\,I_g = 2$$

$$\Rightarrow \quad I_g = 4.87 \text{ मिली ऐम्पियर}$$

79 *(b)* पहली स्थिति के लिए,

$$\frac{5}{I_1} = \frac{R}{(100 - I_1)} \quad \ldots(i)$$

अब, प्रतिरोध R को बराबर प्रतिरोध R के साथ शंट करने पर, उस भुजा का नया प्रतिरोध $R/2$ हो जाता है, इसलिए

$$\frac{5}{1.6I_1} = \frac{R/2}{(100 - 1.6I_1)} \quad \ldots(ii)$$

समी (i) और (ii) से,

$$\frac{1.6}{1} = \frac{(100 - 1.6\,I_1)}{100 - I_1} \times 2$$

$$\Rightarrow \quad 160 - 1.6\,I_1 = 200 - 3.2\,I_1$$

$$\Rightarrow \quad 1.6\,I_1 = 40$$

$$I_1 = \frac{400}{16} = 25 \text{ सेमी}$$

समी (i) से, $\frac{5}{25} = \frac{R}{75}$

$$\Rightarrow \quad R = 15\,\Omega$$

80 *(b)* परिपथ आरेख नीचे दिया गया है।

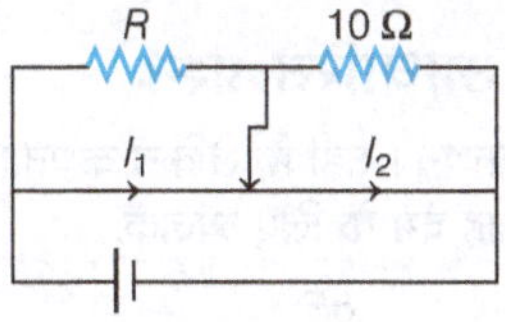

$$\frac{R}{10} = \frac{l_1}{l_2} \Rightarrow \frac{R}{10} = \frac{3}{2} \quad \text{(दिया है)}$$

$$\Rightarrow \quad R = 15\,\Omega$$

$15\,\Omega$ प्रतिरोध तार की लम्बाई = 1 मीटर

$1\,\Omega$ प्रतिरोध तार की लम्बाई $= \frac{1}{15}$

= 0.0666 मी

= 0.067 मी (लगभग)

अभिकथन-कारण प्रश्न

2 *(c)* लम्बाई l और अनुप्रस्थ-काट क्षेत्र A वाले एक चालक पर विचार करें। मुक्त इलेक्ट्रॉनों द्वारा चालक को पार करने में लिया गया समय,

$$t = \frac{l}{v_d}$$

अतः धारा $I = \frac{q}{t} = \frac{Al \times ne}{l / v_d}$

$$\Rightarrow \quad I = Ane\,v_d \Rightarrow I \propto v_d$$

इस प्रकार, धारा अपवाह वेग के समानुपाती है। इसलिए, अभिकथन सही है लेकिन कारण गलत है।

4 *(a)* जब किसी चालक का तापमान बढ़ता है, तो चालक के परमाणुओं को प्रदान की जाने वाली तापीय ऊर्जा बढ़ जाती है। यह बढ़ी हुई तापीय ऊर्जा इलेक्ट्रॉनों की यादृच्छिक गति को बढ़ाती है, जिससे जालक दोषों के साथ संघट्ट

की आवृत्ति कम हो जाती है। परिणामस्वरूप, आवेश वाहकों की गतिशीलता में सुधार होता है।

9 *(c)* अभिकथन सही है लेकिन कारण गलत है। बल्ब का प्रतिरोध,

$$R = \frac{V^2_{rated}}{P_{rated}}$$

$$\therefore \quad R_1 = \frac{(210)^2}{65} = 678.46\,\Omega$$

$$\therefore \quad R_2 = \frac{(210)^2}{100} = 441\,\Omega$$

कथन आधारित प्रश्न

3 *(b)* कथन I सही है, लेकिन कथन II गलत है। अपवाह वेग के लिए व्यंजक,

$$v_d = \frac{\sigma E}{ne}$$

चूँकि, $v_d \propto E$, विद्युत क्षेत्र में वृद्धि के साथ अपवाह वेग बढ़ता है।

5 *(b)* कथन *I* सही है लेकिन कथन II गलत है और इसे इस प्रकार सही किया जा सकता है, धातुओं के विपरीत, अर्द्धचालकों की प्रतिरोधकता बढ़ते तापमान के साथ कम हो जाती है।

6 *(b)* हम जानते हैं कि $P = \frac{Q}{t}$

$$\Rightarrow \quad Q = P \times t$$

$$\therefore \quad Q = 200 \times 10$$

= 2000 वाट घण्टा

= 2 किलो वाट घण्टा

($\because$ 1 यूनिट = 1 किलो वाट घण्टा)

= 2 विद्युत यूनिट

अतः कथन I सही है लेकिन कथन II गलत है।

7 *(a)* कथन I और कथन II दोनों गलत हैं। आंतरिक प्रतिरोध आयनों के प्रवाह का विरोध करता है। जैसे-जैसे तापमान बढ़ता है, आयन तेजी से गति करते हैं और अधिक धारा उत्पन्न होती है। इससे आंतरिक प्रतिरोध में कमी आती है। आंतरिक प्रतिरोध सेल के भीतर धारा के प्रवाह के विरोध को प्रदर्शित करता है और यह हमेशा कुछ सीमा तक एक निश्चित मान तक रहता है।

सुमेलन प्रकार प्रश्न

1 *(a)* जैसा कि हम जानते हैं कि, अपवाह वेग का व्यंजक,

$$v_d = \frac{eE}{m}\tau$$

यहाँ, e विद्युत आवेश है, *E* विद्युत क्षेत्र है, *m* इलेक्ट्रॉन का द्रव्यमान है और τ विश्रांति काल है।

अनुप्रस्थ-काट का क्षेत्रफल *A* और *n* आवेश घनत्व वाले चालक पर विचार करें।

विद्युत प्रतिरोधकता, $\rho = \frac{m}{ne^2\tau}$

विश्रांति काल, $\tau = \frac{m}{ne^2\rho}$

धारा घनत्व, $J = \frac{I}{A}$

$$= \frac{neAv_d}{A} = nev_d$$

पुनः $\frac{E}{J} = \frac{E}{\sigma E} = \frac{1}{\sigma} = \rho$

विद्युत प्रतिरोधकता, $\rho = \frac{E}{J}$

सही मिलान है A → 3, B → 4, C → 1 और D → 2

2 *(a)* असमान अनुप्रस्थ-काट का चालक, असमान अनुप्रस्थ-काट के अनेक चालकों का श्रेणी संयोजन होता है। अतः उनमें प्रवाहित धारा I स्थिर रहती है।

A. $E = \frac{V}{l} = \frac{IR}{l} = \frac{I\rho l}{lA} = \frac{I\rho}{A} \Rightarrow E \propto \frac{1}{A}$

$\therefore$ *E*, *A* सिरे से *B* तक बढ़ जाता है।

B. $J = \frac{I}{A} \Rightarrow J \propto \frac{1}{A}$

$\therefore$ धारा घनत्व *J*, *B* से *A* तक घटता है।

C. $\mu = \frac{v_d}{E} = \frac{eE\tau}{mE} = \frac{e\tau}{m}$ = नियत

D. तापमान रैखिक रूप से बढ़ता है। सही मिलान निम्न है

अतः A → 2, B → 3, C → 4 तथा D → 1

3 *(c)* एक परिपथ में प्रवाहित धारा,

$$I = \frac{15-10}{3\Omega + 1\Omega + 1\Omega} = 1 \text{ वोल्ट}$$

A. A पर विभावन्तर

$V_A = \varepsilon - Ir = 15 - (1 \times 1$ ऐम्पियर)

= 14 वोल्ट

B. *B* पर विभावन्तर,

$V_B = \varepsilon - Ir = 10 + (1 \times 1) = 11$ वोल्ट

C. बैटरी *A* द्वारा बिजली की आपूर्ति की जाती है क्योंकि यह बैटरी *B* को आवेशित कर रही है और इसलिए यह स्वयं को आवेशित कर रही है।

D. बैटरी *B* द्वारा बिजली की खपत होती है, क्योंकि इसे बैटरी *A* द्वारा चार्ज किया जा रहा है। सही मिलान निम्न है

अतः A → 3, B → 4, C → 1 और D → 2

4 *(a)* दिए गए परिपथ में व्हीटस्टोन सेतु संतुलित है।

चूँकि, $P/Q = R/S$

$$\Rightarrow \quad \frac{40}{10} = \frac{60}{15} = 4$$

अतः, $V_{AB} = V_{AD}$

$\Rightarrow \quad 40I_1 = 60I_2$ [माना *AB* में धारा I_1 है]

$$I_1 = 1.5I_2$$

AB में शक्ति = I^2R

$$= (1.5I_2)^2 \times 40 = 90I_2^2$$

BC में शक्ति = I^2R

$$= (1.5I_2)^2 \times 10 = 22.5I_2^2$$

DC में शक्ति = I^2R

$$= I_2^2R = 15I_2^2$$

AD में शक्ति = $I^2R = I_2^2R = 60I_2^2$

सही मिलान निम्न है

अतः A → 3, B → 1, C → 2 तथा D → 4

आंकिक मान प्रकार के प्रश्न

1 **(24)** तार के एक छोटे भाग के लिए धारा,

$$dI = J\left(\frac{dV}{l}\right)$$

$$\int_0^I dI = \int_{R/2}^{R} \frac{JdV}{l}$$

$$\int_0^I dI = J\int_{R/2}^{R} 2\pi r dr$$

$$I = 8 \times 10^6 \times 2 \times \pi \int_{R/2}^{R} r dr$$

$$= 16 \times 10^6 \times \pi \left[\frac{3R^2}{8}\right]$$

$$= 8 \times 10^6 \times \pi \times 3 \times 10^{-6} = 24\pi = n\pi$$

$$\therefore \quad n = 24$$

2 **(3.2)** दिया है, $A = 1$ मिमी$^2 = 10^{-6}$ मी^{2},

$l = 0.1$ मी, $V = 5$ वोल्ट

तार पर लगाए गए विभवान्तर के कारण चालक में विद्युत क्षेत्र स्थापित हो जाता है।

इसलिए

$$E = \frac{V}{l} = \frac{5}{0.1} = 50 \text{ वोल्ट/मी}$$

तार में प्रवाहित धारा,

$$I = nAev_d = nAe\mu E \quad \left(\text{जहाँ}, \mu = \frac{v_d}{E}\right)$$

$$= 8 \times 10^{28} \times 10^{-6} \times 1.6 \times 10^{-19} \times 5 \times 10^{-6} \times 50$$

$$= 3.2 \text{ ऐम्पियर}$$

3 **(3)** ताँबे के तार में गमन हेतु इलेक्ट्रॉन द्वारा लिया गया समय, $t = \frac{l}{v_d}$

जहाँ, $v_d = \frac{J}{ne}$

या $t = \frac{neAl}{I}$

$$t = \frac{10^{28} \times 1.6 \times 10^{-19} \times 10^3 \times 10^{-6}}{4.5}$$

$\Rightarrow \quad t \approx 3 \times 10^6$ सेकण्ड

4 **(36)** जब तापमान T_0 से T_1 तक परिवर्तित होता है, तो प्रतिरोध में परिवर्तन,

$$R - R_0 = R_0 \alpha_{av} (T - T_0)$$

यहाँ, डिस्क श्रेणीक्रम में होंगी, इसलिए

$$R_C + R_i = R_{0_C} [\alpha_C (T - T_0) + 1] + R_{0_i} [\alpha_i (T - T_0) + 1]$$

$$= R_{0_C} + R_{0_i} + [R_{0_C} \alpha_C + R_{0_i} \alpha_i] \; [T - T_0]$$

यह समीकरण स्थिर रहेगा, जब

$$R_{0_C} \alpha_C + R_{0_i} \alpha_i = 0$$

$\because \quad R = \frac{\rho L}{A}$ तथा $A_C = A_i + A$

$\therefore \quad L_c \rho_c \alpha_c + L \rho_i \alpha_i = 0$

या $\frac{L_c}{L_i} = -\frac{\rho_i \alpha_i}{\rho_c \alpha_c}$

$$= -\frac{9.68 \times 10^{-18} \times 6.5 \times 10^{-3}}{3500 \times 10^{-8} \times (-0.50 \times 10^{-3})}$$

$$= 0.036 = \frac{36}{1000} = \frac{x}{1000}$$

$\therefore \quad x = 36$

5 **(1) स्थिति I के लिए**

एकसमान तार का विभवान्तर,

$$V = 220 \text{ वोल्ट}$$

एकसमान तार का प्रतिरोध,

$$R_1 = 60\,\Omega$$

पहली स्थिति में शक्ति अपव्यय,

$$P_1 = \frac{V^2}{R_1} = \frac{(220)^2}{60}$$

स्थिति II के लिए

प्रत्येक आधे का प्रतिरोध,

$$R_2 = \frac{R_1}{2} = \frac{60}{2} = 30\,\Omega$$

$$\therefore \quad P_2 = \frac{V^2}{R_2} + \frac{V^2}{R_2} = \frac{(220)^2}{30} + \frac{(220)^2}{30} = \frac{(220)^2}{15}$$

इस प्रकार, पहली स्थिति में कुल शक्ति अपव्यय का दूसरी स्थिति से अनुपात,

$$\frac{P_1}{P_2} = \frac{(220)^2/60}{(220)^2/15} = \frac{1}{4}$$

तुलना करने पर $\frac{P_1}{P_2} = \frac{x}{4}$

X का मान 1 है।

6 **(500)** हीटर का प्रतिरोध,

$$R' = \frac{V^2}{P} = \frac{(100)^2}{1000} = \frac{10000}{1000} = 10\,\Omega$$

यदि हीटर को शक्ति $P' = 62.5$ वाट पर चलाना है, तो

$$V' = \sqrt{P'R'} = \sqrt{62.5 \times 10} = 25 \text{ वोल्ट}$$

चूँकि, हीटर में वोल्टेज ड्रॉप 25 वोल्ट है, इसलिए, $10\,\Omega$ प्रतिरोधकों में विभान्तर

$$= 100 - 25 = 75 \text{ वोल्ट}$$

इसलिए, परिपथ में धारा,

$$I = \frac{75}{10} = 7.5 \text{ ऐम्पियर}$$

अब, हीटर में प्रवाहित धारा

$$= \frac{V'}{R'} = \frac{25}{10} = 2.5 \text{ ऐम्पियर}$$

अतः प्रतिरोधक से प्रवाहित धारा,

$$R = 7.5 - 2.5 = 5.0 \text{ ऐम्पियर}$$

अतः,

$$R = \frac{V'}{5} = \frac{25}{5} = 5\,\Omega$$

$$= 500 \times 10^{-2}\,\Omega = x \times 10^{-2}\,\Omega$$

इसलिए, $x = 500$

7 **(16)** पहली स्थिति के अनुसार,

$$P_1 = \frac{V_0^2}{R}$$

दूसरी स्थिति के अनुसार, जब तार को दो भागों में काटा जाता है, तब

$$P_2 = \frac{V_0^2}{\frac{R}{2}} + \frac{V_0^2}{\frac{R}{2}}$$

$\Rightarrow \quad P_2 = \frac{4V_0^2}{R} = 4P_1$

$\Rightarrow \quad \frac{P_2}{P_1} = \frac{4}{1} = \frac{\sqrt{x}}{1}$ (दिया है)

$\therefore \quad \sqrt{x} = 4$

$\Rightarrow \quad x = 16$

8 **(4)** दिया गया परिपथ आरेख नीचे दर्शाया गया है

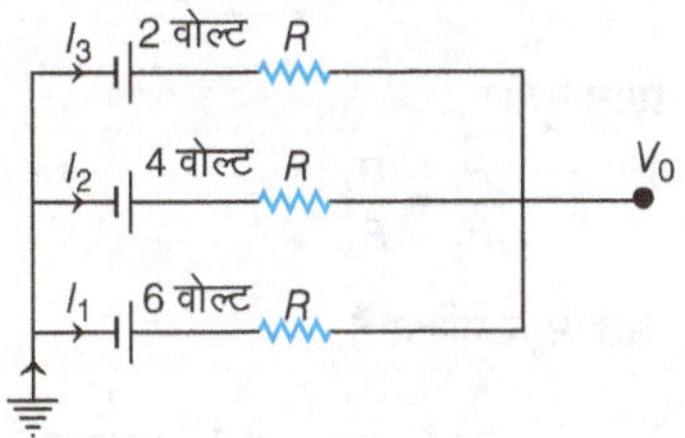

किरचॉफ के सन्धि नियम से,

$$I_1 + I_2 + I_3 = 0$$

$$\frac{V_1}{R_1} + \frac{V_2}{R_2} + \frac{V_3}{R_3} = 0$$

$\because \quad R_1 = R_2 = R_3 = R = 785\,\Omega$

$\therefore \quad V_1 + V_2 + V_3 = 0$

$$6 - V_0 + 4 - V_0 + 2 - V_0 = 0$$

$\Rightarrow \quad 12 - 3V_0 = 0$

$\Rightarrow \quad V_0 = 4$ वोल्ट

9 **(4.87)** चूँकि, A बैटरी के धनात्मक टर्मिनल से जुड़ा हुआ है, $V_A = 10$ वोल्ट तथा $V_C = 0$, B पर नोडल विश्लेषण से,

$$\frac{V_B - 10}{100} + \frac{V_B - V_D}{15} + \frac{V_B - 0}{10} = 0$$

$$53V_B - 20V_D = 30 \quad \ldots \text{(i)}$$

D पर नोडल विश्लेषण द्वारा,

$$\frac{V_D - 10}{60} + \frac{V_D - V_B}{15} + \frac{V_D - 0}{5} = 0$$

$$-4V_B + 17V_D = 10 \quad \ldots\text{(ii)}$$

समी (i) और (ii) को हल करने पर,

$$V_D = 0.792 \text{ वोल्ट}$$

$$\Rightarrow \quad V_B = 0.865 \text{ वोल्ट}$$

गैल्वेनोमीटर में प्रवाहित धारा,

$$I = \frac{V_B - V_D}{R}$$

उपरोक्त समी में मान प्रतिस्थापित करने पर,

$$I = \frac{0.865 - 0.792}{15}$$

$$\Rightarrow \quad I = 4.87 \text{ मिली ऐम्पियर}$$

10 *(9)* परिपथ आरेख नीचे दर्शाया गया है।

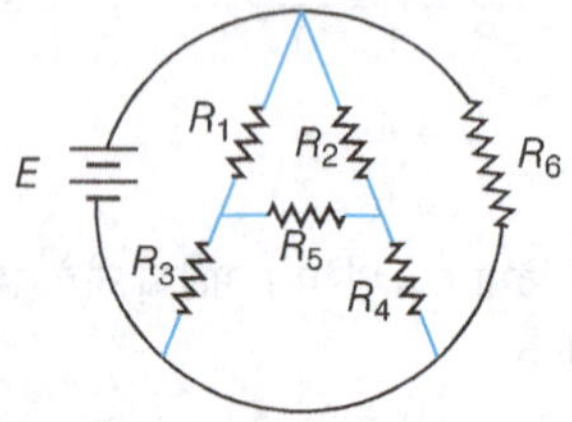

प्रश्नानुसार,

$$\frac{R_1}{R_2} = \frac{R_3}{R_4}$$

अतः R_5 उपेक्षित है

$$\therefore \quad \frac{1}{R_{eq}} = \frac{1}{2.5+2.5} + \frac{1}{2.5+2.5} + \frac{1}{5.0}$$

$$\Rightarrow \quad \frac{1}{R_{eq}} = \frac{1}{5.0} + \frac{1}{5.0} + \frac{1}{5.0}$$

$$\Rightarrow \quad \frac{1}{R_{eq}} = \frac{1+1+1}{5.0}$$

$$\Rightarrow \quad R_{eq} = \frac{5.0}{3}\Omega$$

अब, परिपथ में कुल धारा,

$$I = \frac{V}{R_{eq}} = \frac{15}{5/3} = 9 \text{ ऐम्पियर}$$

NCERT Exemplar प्रश्न

1 *(b)* धारा घनत्व J को E के साथ निम्न प्रकार व्यक्त किया है

$$J = \sigma E$$

जैसे ही E की दिशा बदलती है, J की दिशा भी बदल जाती है, लेकिन धारा I अप्रभावित रहती है।

इस प्रकार, प्रश्न में दी गई स्थिति के लिए उत्तरदायी है, तार की सतह पर संचित आवेशों द्वारा उत्पन्न विद्युत क्षेत्र है।

2 *(a)* इस संयोजन का समतुल्य वि.वा.ब. निम्न द्वारा दिया गया है

$$\varepsilon_{\text{समतुल्य}} = \frac{\varepsilon_2 r_1 + \varepsilon_1 r_2}{r_1 + r_2} \text{ तथा } \varepsilon_2 > \varepsilon_1$$

इससे पता चलता है कि दोनों सेलों का समतुल्य वि.वा.ब. $\varepsilon_{\text{समतुल्य}}$

$$\varepsilon_1 < \varepsilon_{\text{समतुल्य}} < \varepsilon_2$$

$\because \varepsilon_{\text{समतुल्य}}$, ε_1 और ε_2 का भारित माध्य है, इसलिए यह ε_1 और ε_2 के बीच होगा।

3 *(c)* संतुलन बिंदु को सेतु के मध्य के पास समायोजित करने में प्रतिशत त्रुटि को कम किया जा सकता है, अर्थात् जब l_1 50 सेमी के निकट हो। इसके लिए S का उपयुक्त चयन आवश्यक है।

तब, $$\frac{R}{S} = \frac{l_1}{(100 - l_1)}$$

चूँकि, यहाँ $R : S :: 2.9 : 97.1$, इसका तात्पर्य है कि S, R का लगभग 33 गुना है। इस अनुपात को 1:1 करने के लिए, S के मान को लगभग (1/33) गुना कम करना आवश्यक है, अर्थात् S का मान 3 Ω करना है।

विगत परीक्षाओं के प्रश्न

1 *(c)* दिया है,

प्रेरित विद्युत वाहक बल, $\varepsilon = 10$ वोल्ट

आन्तरिक प्रतिरोध, $r = 1\Omega$

बाह्य प्रतिरोध, $R = 4\Omega$

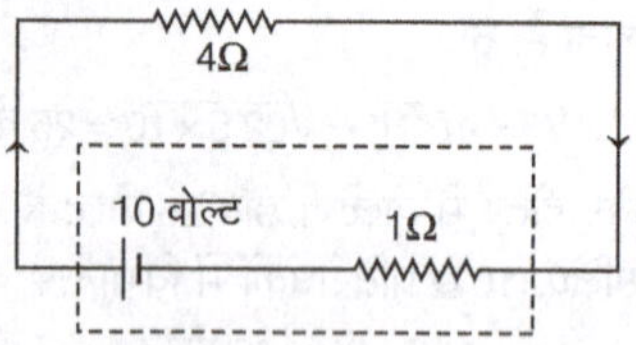

सीमान्त विभव, $V = \varepsilon - Ir$

तथा $$I = \frac{\varepsilon}{R+r} = \frac{10}{4+1} = 2 \text{ ऐम्पियर}$$

अतः $V = 10 - 2 \times 1 = 8$ वोल्ट

2 *(b)* दिया है,

l लम्बाई के तार को 10 भागों में विभाजित करने पर प्रत्येक तार का प्रतिरोध

$$= \frac{100}{10}\Omega = 10\Omega$$

प्रश्नानुसार, 5 भाग श्रेणीक्रम में संयोजित हैं,

अर्थात् $R_1 = 5 \times 10 = 50\Omega$

5 भाग समान्तर क्रम में संयोजित हैं,

अर्थात् $R_2 = \frac{R}{5} = \frac{10}{5} = 2\Omega$

R_1 तथा R_2 दोनों श्रेणीक्रम में संयोजित हैं।

अतः $R_{net} = R_1 + R_2$

$$= 50 + 2 = 52\Omega$$

3 *(a)* जब 10 प्रतिरोधक, जिनमें से प्रत्येक का प्रतिरोध R है, श्रेणीक्रम में जुड़े हों, तो समतुल्य प्रतिरोध,

$$R_s = R + R + R + \ldots 10 \text{ बार}$$

$$\Rightarrow \quad R_s = 10R$$

$\therefore$ बैटरी से ली गई धारा,

$$I_s = \frac{E}{R_S} = \frac{E}{10R} \quad \ldots\text{(i)}$$

दूसरी स्थिति में, जब प्रतिरोधकों को समान्तर क्रम में जोड़ा जाता है, तो समतुल्य प्रतिरोध,

$$\frac{1}{R_p} = \frac{1}{R} + \frac{1}{R} + \frac{1}{R} + \ldots 10 \text{ बार}$$

$$= \frac{10}{R}$$

$$\Rightarrow \quad R_p = \frac{R}{10}$$

$\therefore$ बैटरी से ली गई धारा,

$$I_p = \frac{E}{R_p} = \frac{E}{R/10}$$

$$= 10 \times \frac{E}{R}$$

$$= 100 \times \frac{E}{10R}$$

$$\Rightarrow \quad I_p = 100I$$

$$\therefore \quad n = 100$$

4 *(b)* दी गई स्थिति नीचे दर्शाई गई है

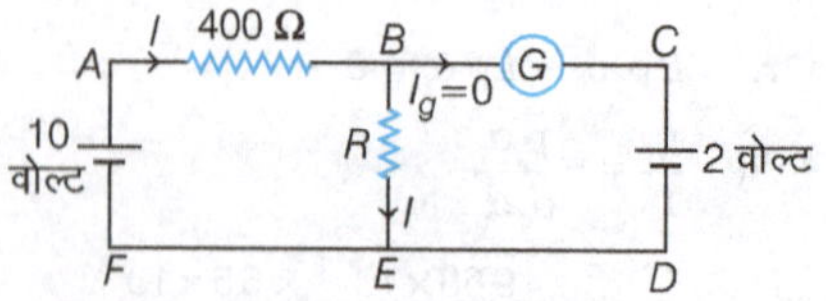

लूप $ABCDEFA$ में किरचॉफ के वोल्टेज नियम से,

$$400I + 2 - 10 = 0$$

$\Rightarrow \quad I = \frac{8}{400} = \frac{1}{50}$ ऐम्पियर

लूप $ABEFA$ में किरचॉफ के वोल्टेज नियम से, लागू करने पर,

$$400I + RI - 10 = 0$$
$$\Rightarrow \quad (400 + R)I = 10$$
$$\Rightarrow \quad (400 + R) \times \frac{1}{50} = 10$$
$$\Rightarrow \quad 400 + R = 500$$
$$\Rightarrow \quad R = 100\,\Omega$$

5 *(d)* दिया है, लम्बाई, $l = 10$ मी

त्रिज्या, $r = \frac{10^{-2}}{\sqrt{\pi}}$ मी

धारा घनत्व,

$$J = \sigma E = \frac{E}{\rho} \qquad \ldots(i)$$

हम जानते हैं कि

$$\rho = \frac{RA}{l} = \frac{10 \times \pi \times \frac{10^{-4}}{\pi}}{10}$$
$$= 10^{-4} \text{ ओम- मी}$$

समी (i) से,

$$J = \frac{10}{10^{-4}} = 10^5 \text{ ऐम्पियर/मी}^2$$

6 *(a)* अज्ञात प्रतिरोध X के सबसे सटीक माप के लिए, प्रतिरोध P और Q लगभग बराबर और छोटे होने चाहिए, जिससे प्रयोग में त्रुटि कम हो सके।

7 *(b)* प्रश्न में दिए गए परिपथ के अनुसार,

$$i_1 = i_2 + i_3 \qquad \ldots(i)$$

विद्युत परिपथ की समान्तर व्यवस्था में वोल्टेज समान रहता है।

$\therefore \quad V = ir$ (ओम के नियम द्वारा)

$$\Rightarrow \quad i_2 r_2 = i_3 r_3$$
$$\Rightarrow \quad i_2 = \frac{i_3 r_3}{r_2}$$

समी (i) में मान प्रतिस्थापित करने पर,

$$i_1 = \frac{i_3 r_3}{r_2} + i_3$$
$$\Rightarrow \quad \frac{i_1}{i_3} = \frac{r_3}{r_2} + 1$$
$$\Rightarrow \quad \frac{i_3}{i_1} = \frac{r_2}{r_3 + r_2}$$

8 *(a)* दिया है, अनुगमन वेग,

$$v_d = 7.5 \times 10^{-4} \text{ मी/से}$$

विद्युत क्षेत्र,

$$E = 3 \times 10^{-10} \text{ वोल्ट/मी}$$

गतिशीलता,

$$\mu = \frac{v_d}{E} = \frac{7.5 \times 10^{-4}}{3 \times 10^{-10}}$$
$$= 2.5 \times 10^6 \text{ मी}^2\text{/वोल्ट-सेकण्ड}$$

9 *(c)* जब प्रतिरोध R के n बराबर प्रतिरोधकों को श्रेणीक्रम में जोड़ा जाता है, तो ली गई धारा निम्न प्रकार दी जाती है

$$I = \frac{E}{nR + r}$$

जहाँ, nR = श्रेणीक्रम में n प्रतिरोधकों का तुल्य प्रतिरोध और r = बैटरी का आंतरिक प्रतिरोध

दिया है, $r = R$

$$\Rightarrow \quad I = \frac{E}{nR + R} = \frac{E}{R(n+1)} \qquad \ldots(i)$$

इसी प्रकार, जब n बराबर प्रतिरोधकों को समान्तर क्रम में जोड़ा जाता है, तो ली गई धारा निम्न प्रकार दी जाती है

$$I' = \frac{E}{\frac{R}{n} + R}$$

जहाँ, $\frac{R}{n}$ = समान्तर क्रम में n प्रतिरोधकों का समतुल्य प्रतिरोध है।

दिया है, $I' = 10I$

$$\Rightarrow \quad 10I = \frac{E}{\frac{R}{n} + R} = \frac{nE}{(n+1)R} \qquad \ldots(ii)$$

समी (i) से I का मान समी (ii) में प्रतिस्थापित करने पर,

$$10\left(\frac{E}{R(n+1)}\right) = \frac{nE}{R(n+1)} \Rightarrow n = 10$$

10 *(c)* चूँकि, आयतन समान रहता है,

$$A_1 l_1 = A_2 l_2$$

दिया है, $l_2 = nl_1$

$\therefore$ नया क्षेत्रफल,

$$A_2 = \frac{A_1 l_1}{l_2} = \frac{A_1}{n} \qquad \ldots(i)$$

खींचने के बाद तार का प्रतिरोध,

$$R_2 = \rho \frac{l_2}{A_2} = \rho \cdot \frac{nl_1}{A_1 / n}$$

[समी (i) का उपयोग करके]

$$= \left(\rho \frac{l_1}{A_1}\right) \cdot n^2 = n^2 \cdot R \qquad \left[\because R = \left(\rho \frac{l_1}{A_1}\right)\right]$$

11 *(c)* $P_{rated} = \frac{V_{rated}^2}{R}$

$\therefore$ बल्ब में धारा, $i = \frac{P}{V}$ $(\because P = Vi)$

$$\Rightarrow \quad i = \frac{500}{100} = 5 \text{ ऐम्पियर}$$

$\therefore$ बल्ब का प्रतिरोध, $R_b = \frac{100 \times 100}{500} = 20\,\Omega$

प्रतिरोध R श्रेणीक्रम में जोड़ा गया है

$\therefore$ धारा, $i = \frac{E}{R_{\text{कुल}}} = \frac{230}{R + R_b}$

$$\Rightarrow \quad R + 20 = \frac{230}{5} = 46$$
$$\therefore \quad R = 26\,\Omega$$

12 *(d)* दिया है, आवेश, $Q = at - bt^2 \qquad \ldots(i)$

हम जानते हैं कि धारा, $I = \frac{dQ}{dt}$

इसलिए, समी (i) को इस प्रकार लिखा जा सकता है

$I = \frac{d}{dt}(at - bt^2)$, के लिए,

$$\Rightarrow \quad I = a - 2bt \qquad \ldots(ii)$$

t के अधिकतम मान जब तक धारा बहती है

$$a - 2bt = 0$$
$$\therefore \quad t = \frac{a}{2b} \qquad \ldots(iii)$$

कुल उत्पादित ऊष्मा,

$$H = \int_0^t I^2 R\, dt$$
$$= \int_0^{a/2b} (a - 2bt)^2 R dt \qquad \left\{\because t = \frac{a}{2b}\right\}$$
$$= \int_0^{a/2b} (a^2 + 4b^2t^2 - 4abt) R dt$$
$$H = \left[a^2 t + 4b^2 \frac{t^3}{3} - \frac{4abt^2}{2}\right]_0^{a/2b} R$$

उपरोक्त समीकरण को हल करने पर,

$$H = \frac{a^3R}{6b}$$

13 *(a)* प्रतिरोधकता ρ वाले धातु के तार का कुल प्रतिरोध,

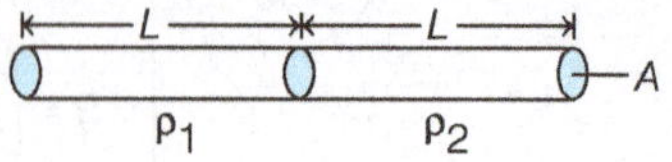

$$R_1 = \rho_1 \frac{L}{A}$$

इसी प्रकार,

$$R_2 = \rho_2 \frac{L}{A}$$

तब, दो धातु तारों का कुल प्रभावी प्रतिरोध,

$$R_{eq} = R_1 + R_2$$

$$\Rightarrow \quad \rho \frac{2L}{A} = \rho_1 \frac{L}{A} + \rho_2 \frac{L}{A}$$

$$\Rightarrow \quad 2\rho = \rho_1 + \rho_2$$

चालकता, $\sigma = \frac{1}{\rho}$, तब

$$\frac{2}{\sigma} = \frac{1}{\sigma_1} + \frac{1}{\sigma_2}$$

$$\Rightarrow \quad \frac{2}{\sigma} = \frac{\sigma_1 + \sigma_2}{\sigma_1 \sigma_2}$$

संयुक्त तारों की कुल प्रभावी चालकता,

$$\sigma = \frac{2\sigma_1\sigma_2}{\sigma_1 + \sigma_2}$$

14 *(b)* पहली स्थिति में, मीटर सेतु की संतुलित स्थिति निम्न होगी

$$\frac{5}{l_1} = \frac{R}{(100 - l_1)} \quad \text{...(i)}$$

अब, प्रतिरोध R को बराबर प्रतिरोध R से अलग करने पर, उस भुजा में नया प्रतिरोध $\frac{R}{2}$ बन जाता है। इसलिए, नई संतुलित स्थिति निम्न होगी

$$\frac{5}{1.6l_1} = \frac{R/2}{(100 - 1.6l_1)} \quad \text{...(ii)}$$

समी (i) और (ii) से,

$$\frac{1.6}{1} = \frac{(100 - 1.6l_1)}{100 - l_1} \times 2$$

$$\Rightarrow \quad 160 - 1.6l_1 = 200 - 3.2l_1$$

$$1.6l_1 = 40$$

$$\Rightarrow \quad l_1 = \frac{40}{1.6} = 25 \text{ मी}$$

समी (i) से,

$$\frac{5}{25} = \frac{R}{75}$$

$$\Rightarrow \quad R = 15\,\Omega$$

15 *(a)* हम जानते है, $R \propto l$

$\therefore$ प्रत्येक भाग का प्रतिरोध $\frac{R}{5}$ होगा।

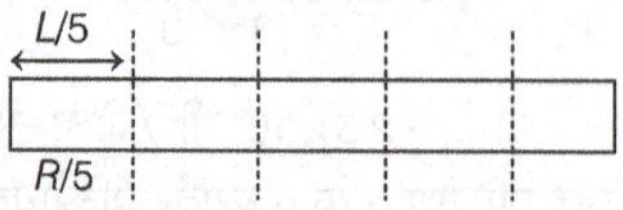

समान्तर क्रम में,

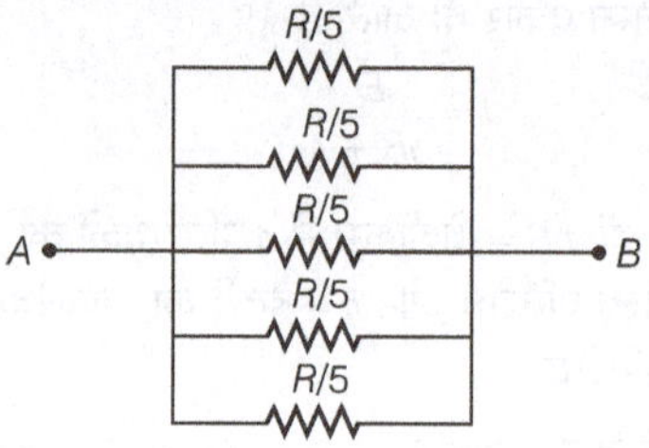

$$R_{eq} = \frac{R/5}{5} = \frac{R}{25}$$

16 *(c)*

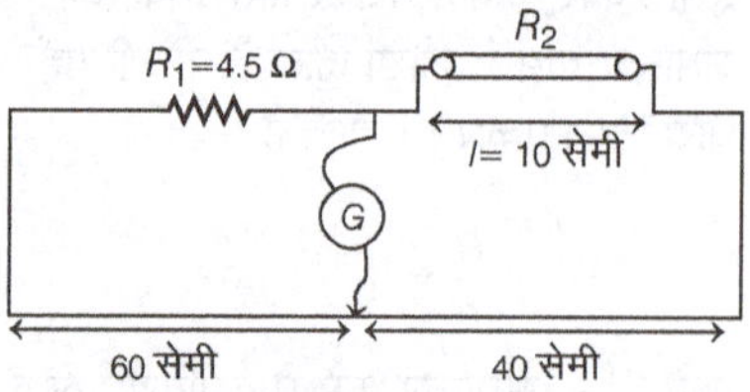

$r = \sqrt{7} \times 10^{-4}$ मी

$l = 10$ सेमी $= 10 \times 10^{-2}$ मी $= \frac{1}{10}$ मी

सन्तुलन अवस्था में, $\frac{R_1}{l_1} = \frac{R}{l_2}$

यहाँ, $R_1 = 4.5\Omega$, $l_1 = 60$ सेमी

$l_2 = 100 - l_1 = 40$ सेमी

$$R_2 = R$$

$$\frac{l_1}{l_2} = \frac{R_1}{R_2} \Rightarrow \frac{60}{40} = \frac{4.5\,\Omega}{R}$$

$$R = 3\Omega$$

$$R = \rho \frac{l}{A} \Rightarrow 3 = \rho \times \frac{1}{\pi r^2}$$

$$3 = \rho \times \frac{1}{10 \times \pi \times 7 \times 10^{-8}}$$

$$\Rightarrow \quad \rho = 21\pi \times 10^{-7}$$

$$\rho = 21\pi \times 10^{-7}$$

$$\rho = 21 \times \frac{22}{7} \times 10^{-7}$$

$$= 66 \times 10^{-7}$$

$$\rho = 66 \times 10^{-7}$$

$$\Rightarrow \quad R = 66$$

17 *(b)* दिया गया परिपथ निम्न है

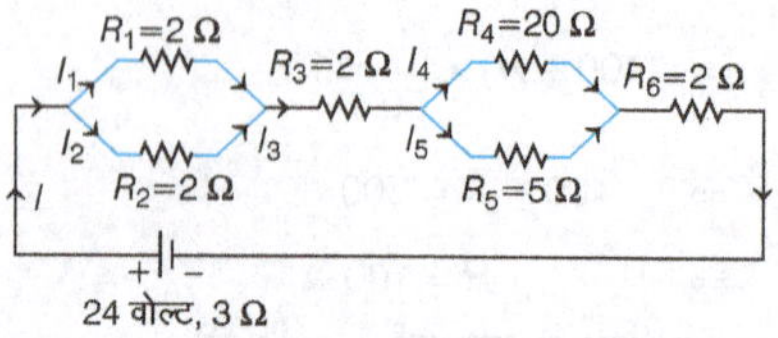

परिपथ का कुल प्रतिरोध

$$= (2\|2) + 2 + (20\|5) + 2 + 3$$

$$= \left(\frac{2 \times 2}{2 + 2}\right) + 2 + \left(\frac{20 \times 5}{20 + 5}\right) + 2 + 3$$

$$= 3 + 4 + 5 = 12\,\Omega$$

$$I = \frac{24}{12} = 2 \text{ ऐम्पियर}$$

अतः प्रतिरोधक R_4 से प्रवाहित धारा,

$$I_4 = \left(\frac{5}{25}\right) \times 2 = \frac{2}{5} \text{ ऐम्पियर}$$

R_5 में धारा,

$$I_5 = \frac{20}{25} \times 2 = \frac{8}{5} \text{ ऐम्पियर}$$

18 *(c)* जब प्रतिरोध R के एकसमान तार को नियमित n-भुजा के बहुभुज के आकार में परिवर्तित कर दिया जाता है, तो प्रत्येक भुजा का प्रतिरोध $R_1 = \frac{R}{n}$ होगा।

माना R_1 और R_2 एक नियमित बहुभुज के आसन्न कोनों के बीच प्रतिरोध हैं।

$(n - 1)$ भुजा का प्रतिरोध,

$$R_2 = \left(\frac{n-1}{n}\right)R$$

चूँकि, दो भाग समान्तर हैं।

इसलिए,

$$R_{\text{समतुल्य}} = \frac{R_1 R_2}{R_1 + R_2}$$

$$= \frac{\left(\frac{R}{n}\right)\left(\frac{n-1}{n}\right)R}{\frac{R}{n} + \left(\frac{n-1}{n}\right)R}$$

$$\Rightarrow \quad R_{\text{समतुल्य}} = \frac{(n-1)}{n^2}R$$

19 *(b)* प्रश्नानुसार,

$$l_w = 2l_x \quad \ldots \text{(i)}$$

$$R_w = 2R_y$$

$$\Rightarrow \quad \rho\frac{l_w}{A_w} = 2\rho\frac{l_y}{A_y} \quad \ldots \text{(ii)}$$

$$\Rightarrow \quad \frac{l_w}{A_w} = \frac{2l_y}{A_y}, \Rightarrow \frac{2l_x}{A_w} = \frac{2l_y}{A_y}$$

$$\Rightarrow \quad A_x l_x = A_w l_w \quad \ldots \text{(iii)}$$

समी (i) और (iii) से,

$$A_x l_x = A_w(2l_x); \Rightarrow A_x = 2A_w$$

समी (ii) से,

$$\frac{2l_x}{A_x/2} = \frac{2l_y}{A_y} \Rightarrow \frac{2l_x}{l_y} = \frac{A_x}{A_y} \quad \ldots \text{(iv)}$$

चूँकि, $A_x = A_y$

$$\Rightarrow \quad 2l_x = l_y, \Rightarrow \frac{l_x}{l_y} = \frac{1}{2}$$

20 *(c)* दिए गए संयोजन को निम्न प्रकार दिखाया गया है

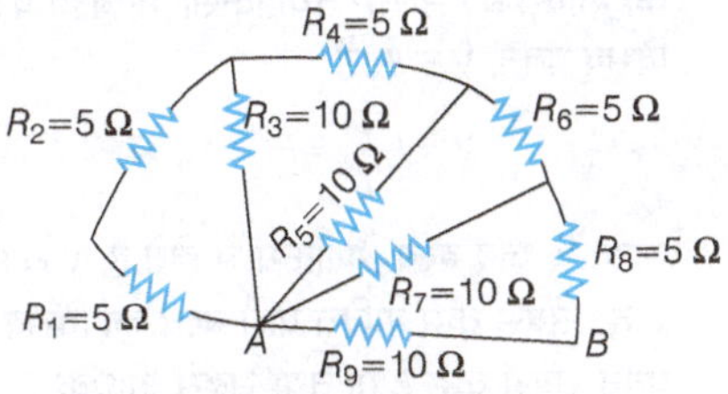

R_1 और R_2 श्रेणीक्रम में हैं।

$$\therefore \quad R_{12} = R_1 + R_2 = 5 + 5 = 10\,\Omega$$

अब, R_{12} और R_3 समान्तर हैं,

$$R_{123} = \frac{R_{12} \times R_3}{R_{12} + R_3} = \frac{10 \times 10}{10 + 10} = 5\,\Omega$$

अब, R_{123} और R_4 श्रेणीक्रम में हैं,

$$R_{1234} = 5 + 5 = 10\,\Omega$$

पुनः, $R_{1234} || R_5$

$$\therefore \quad R_{12345} = \frac{R_{1234} \times R_5}{R_{1234} + R_5}$$

$$\frac{10 \times 10}{10 + 10} = 5\,\Omega$$

इसी प्रकार, हल करने पर

$$R_{AB} = 5\,\Omega$$

21 *(a)* यदि हम केवल चालक PQ को निम्न प्रकार लें

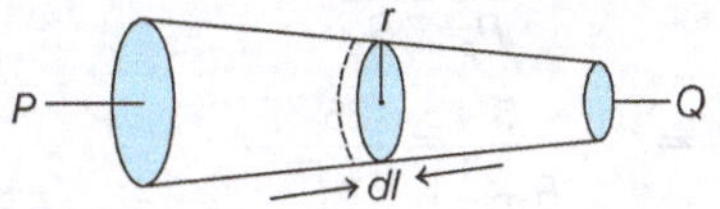

माना चालक PQ का लघु अवयव dl है। PQ से प्रवाहित धारा स्थिर है।

dl का प्रतिरोध,

$$dR = \frac{\rho dl}{A} \quad \ldots \text{(i)}$$

धारा, $$I = \frac{dV}{dR}$$

$$\Rightarrow \quad dV = IdR \quad \ldots \text{(ii)}$$

समी (i) और (ii) से,

$$dV = \frac{I\rho dl}{A}$$

$$\Rightarrow \quad dV = \frac{I\rho dl}{\pi r^2} \quad \ldots \text{(iii)} \quad (\because A = \pi r^2)$$

हम जानते हैं, कि

विद्युत क्षेत्र, $$E = \frac{dV}{dl} \quad \ldots \text{(iv)}$$

समी (iii) और (iv) से,

$$\Rightarrow \quad E = \frac{I\rho dl}{\pi r^2 dl}$$

$$\Rightarrow \quad E \propto \frac{1}{r^2} \quad \ldots \text{(v)}$$

हम जानते हैं कि, अनुगमन वेग,

$$v_d = \frac{eE\tau}{m} \Rightarrow v_d \propto E \quad \ldots \text{(vi)}$$

समी (v) और (vi) से हम कह सकते हैं कि यदि r घटता है, तो E बढ़ेगा और इसके कारण v_d बढ़ेगा।

22 *(c)* दिया है, $i = \alpha_0 t + \beta t^2$

जहाँ,

$\alpha_0 = 20$ ऐम्पियर/से, $\beta = 8$ ऐम्पियर/से^{2}

हम जानते हैं, $i = \dfrac{dq}{dt}$

$$\Rightarrow \quad \frac{dq}{dt} = i = \alpha_0 t + \beta t^2 = 20t + 8t^2$$

$$\Rightarrow \quad dq = (20t + 8t^2)dt$$

दोनों पक्षों समाकलन करने पर

$$\int_0^q dq = \int_0^{15} (20t + 8t^2)dt$$

$$q = \left[\frac{20t^2}{2} + \frac{8t^3}{3}\right]_0^{15}$$

$$= 10 \times (15)^2 + \frac{8}{3} \times (15)^3$$

$\therefore \quad q = 11250$ कूलॉम

23 *(c)* दिया गया परिपथ आरेख निम्न प्रकार परिवर्तित किया जा सकता है

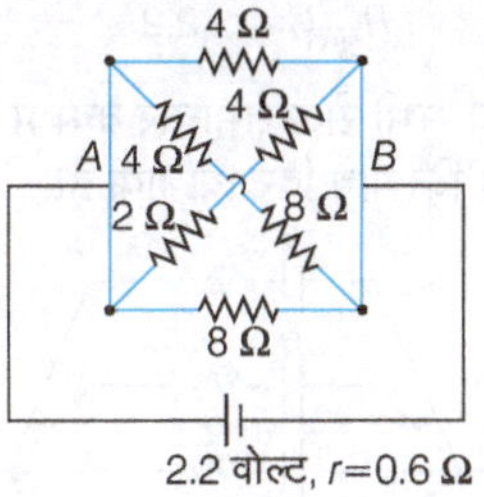

उपरोक्त परिपथ आरेख को पुनः बनाने पर

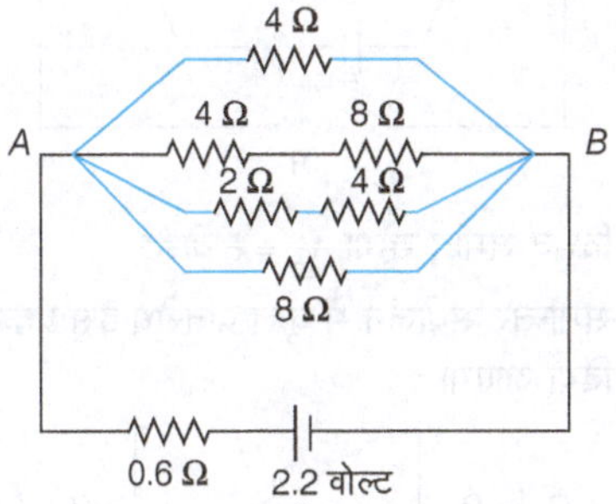

⇓

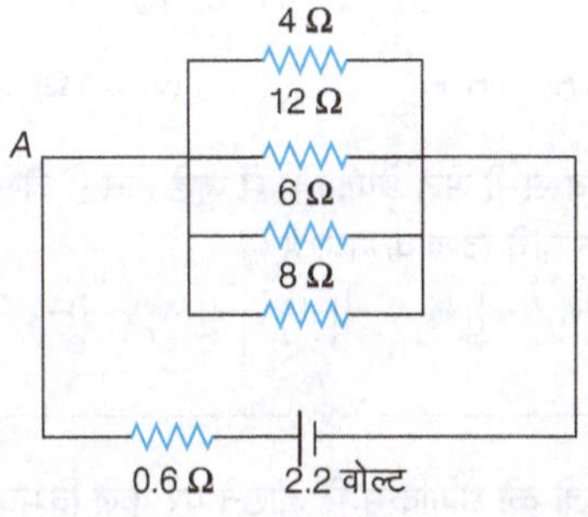

बिंदु A और B के बीच परिपथ का समतुल्य प्रतिरोध इस प्रकार दिया गया है

$$\frac{1}{R_{\text{समतुल्य}}} = \frac{1}{R_1} + \frac{1}{R_2} + \frac{1}{R_3} + \frac{1}{R_4}$$

$$= \frac{1}{4} + \frac{1}{12} + \frac{1}{6} + \frac{1}{8}$$

$$\Rightarrow R_{\text{समतुल्य}} = 1.6\,\Omega$$

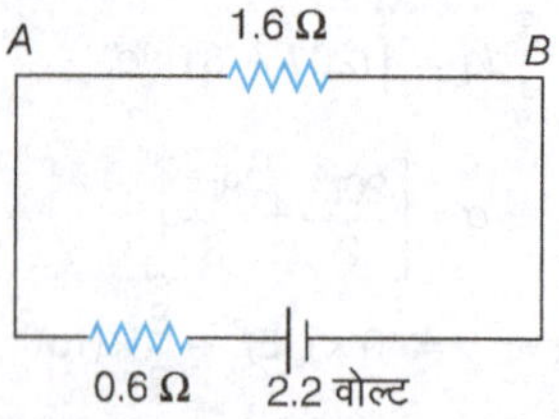

$R_{\text{कुल}} = 1.6 + 0.6 = 2.2\,\Omega$

$$P = \frac{V^2}{R_{\text{कुल}}} = \frac{2.2 \times 2.2}{2.2} = 2.2 \text{ वाट}$$

24 *(a)* जब सभी सेल समान्तर क्रम में जुड़े होते हैं जैसा कि नीचे दिखाया गया है।

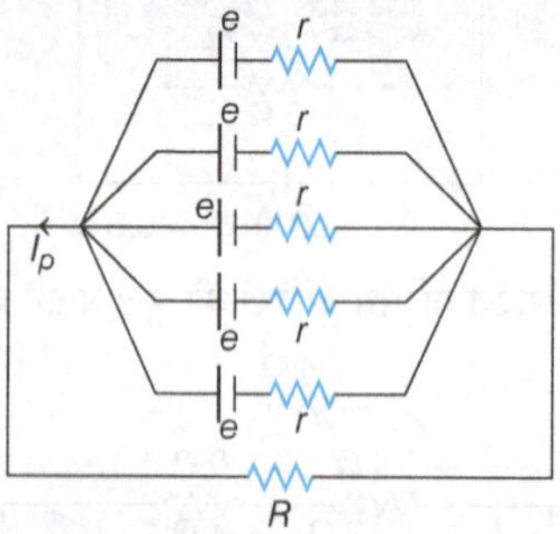

विभव समान रहेगा, $V_P = 5$ वोल्ट

समान्तर संयोजन में कुल प्रतिरोध इस प्रकार दिया जाएगा

$$R_p = R + \left[\frac{1}{\frac{1}{r}+\frac{1}{r}+\frac{1}{r}+\frac{1}{r}+\frac{1}{r}}\right] = R + \frac{r}{5}$$

$$\Rightarrow R_p = R + \frac{1}{5} \qquad (\because r = 1\Omega) \quad \ldots(\text{i})$$

जब सभी सेल श्रेणीक्रम में जुड़े होते हैं जैसा कि नीचे दिखाया गया है

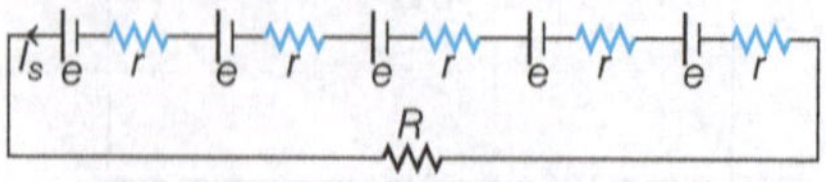

सेलों को श्रेणीक्रम में जोड़ने पर कुल विभव में वृद्धि होगी, $V_s = 5+5+5+5+5 = 25$ वोल्ट

कुल प्रतिरोध,

$$R_s = r+r+r+r+r+R$$
$$= 5r + R$$
$$R_s = 5 + R \qquad (\because r = 1\,\Omega) \ldots(\text{ii})$$

चूँकि, श्रेणी और समान्तर संयोजन दोनों में धारा समान है,

सूत्र, $I = V/R$ से,

$$\frac{V_p}{R_p} = \frac{V_s}{R_s}$$

$$\Rightarrow \quad \frac{5}{R+\frac{1}{5}} = \frac{25}{5+R}$$

[समी (i) और (ii) से]

$$\Rightarrow \quad 25 + 5R = 25R + 5$$

$$\Rightarrow \quad R = 1\Omega$$

स्किल बूस्टर्स

1 *(b)* उत्पन्न ऊष्मा, $H = \frac{V^2 t}{R}$

$$= (120)^2 \times \frac{10 \times 60}{6}$$
$$= 14.4 \times 10^5 \text{ जूल}$$

2 *(b)* $P = VI \Rightarrow I = \frac{P}{V}$

शक्ति क्षय $= I^2 R = \frac{P^2}{V^2} \cdot R$

$\therefore$ 12000 वोल्ट पर क्षय शक्ति

$$= \frac{(7.5 \times 10^5)^2}{(1.2 \times 10^4)^2} \times 3$$
$$= 11719 \text{ वाट}$$

50000 वोल्ट पर क्षय शक्ति

$$= \left(\frac{7.5 \times 10^5}{5 \times 10^4}\right)^2 \times 3 = 675 \text{ वाट}$$

अतः अंतर $= 11719 - 675$

$$= 1.1 \times 10^4 \text{ वाट}$$

3 *(a)* माना E प्रत्येक सेल का वि.वा.ब. है और n गलत तरीके से जुड़े सेलों की संख्या है। तब, बैटरी का कुल वि.वा.ब. = सही तरीके से जुड़े सेलों के वि.वा.ब. – गलत तरीके से जुड़े सेलों का वि.वा.ब.।

$$= (12 - n)E - nE = (12 - 2n)E$$

जब दो सेल बैटरी की सहायता करते हैं, तो कुल वि.वा.ब.

$$E_1 = (12 - 2n)E + 2E$$
$$= (14 - 2n)E$$

यदि R परिपथ में प्रतिरोध है, तो धारा,

$$I_1 = \frac{E_1}{R} = \frac{(14-2n)E}{R} \quad \ldots(\text{i})$$

जब दो सेल बैटरी का विरोध करते हैं, तो कुल वि.वा.ब.,

$$E_2 = (12 - 2n)E - 2E$$
$$= (10 - 2n)E \quad \ldots(\text{ii})$$

अब, परिपथ में धारा,

$$I_2 = \frac{(10-2n)E}{R}$$

समी (i) को समी (ii) से विभाजित करने पर,

$$\frac{I_1}{I_2} = \frac{(14-2n)}{(10-2n)} = \frac{(7-n)}{(5-n)}$$

दिया है, $I_1 = 3$ ऐम्पियर और $I_2 = 2$ ऐम्पियर

इस प्रकार,

$$\frac{3}{2} = \frac{(7-n)}{(5-n)}$$

$$n = 1$$

अतः बैटरी में एक सेल गलत तरीके से जुड़ा हुआ है।

4 *(d)* श्रेणीक्रम में धारा समान होती है तथा बल्ब की शक्ति $= I^2 R = P$ तथा किसी भी बल्ब पर विभव पतन, $V = IR$ है

$$\Rightarrow \quad V = I \cdot \frac{P}{I^2} = PI$$

स्पष्टतः, जब बल्ब श्रेणीक्रम में होते हैं, $V \propto P$ अतः, सबसे कम शक्ति वाले बल्ब का विभव पतन सबसे कम होगा तथा सबसे अधिक शक्ति वाले बल्ब का विभव पतन सबसे अधिक होगा।

5 *(c)* जल द्वारा अवशोषित ऊष्मा की मात्रा = कुण्डली द्वारा उत्पन्न ऊष्मा की मात्रा

$$= I^2 Rt = \frac{V^2}{R} t$$

प्रथम कुण्डली के लिए, $H = I^2 R_1 (6 \times 60)$

$$= \frac{V^2}{R_1}(6 \times 60)$$

द्वितीय कुण्डली के लिए, $H = I^2 R_2 (8 \times 60)$

$$= \frac{V^2}{R_2}(8 \times 60)$$

चूँकि, पानी को गर्म करने के लिए आवश्यक ऊष्मा की मात्रा दोनों स्थितियों में समान है।

$$\therefore \quad \frac{V^2}{R_1}(6 \times 60) = \frac{V^2}{R_2}(8 \times 60)$$

$$\Rightarrow \quad 6R_1 = 8R_2 \Rightarrow R_1 = \frac{3}{4} R_2$$

जब प्रतिरोधकों को समान्तर क्रम में जोड़ा जाता है,

$$R_{eq} = \frac{R_1R_2}{R_1 + R_2} = \frac{\frac{4}{3}R_1 \times R_1}{R_1 + \frac{4}{3}R_1}$$

$$= \frac{\frac{4}{3}}{\frac{7}{3}} R_1 = \frac{4}{7} R_1$$

∴ समय Δt में उत्पन्न ऊष्मा

$$\frac{V^2}{R_{eq}} \cdot \Delta t = \frac{V^2}{R_1}(6 \times 60)$$

$$\Rightarrow \quad \frac{V^2}{\frac{4}{7}R_1}\Delta t = \frac{V^2}{R_1} \times 6 \times 60$$

$\Rightarrow \quad \Delta t = \frac{4}{7} \times 6$ मिनट ≈ 3.4 मिनट

6 *(b)* बल्ब की अधिकतम शक्ति, अर्थात वाट क्षमता, $W = \frac{V_s^2}{R}$

जहाँ, V_s बल्ब पर विशिष्ट वोल्टेज है।

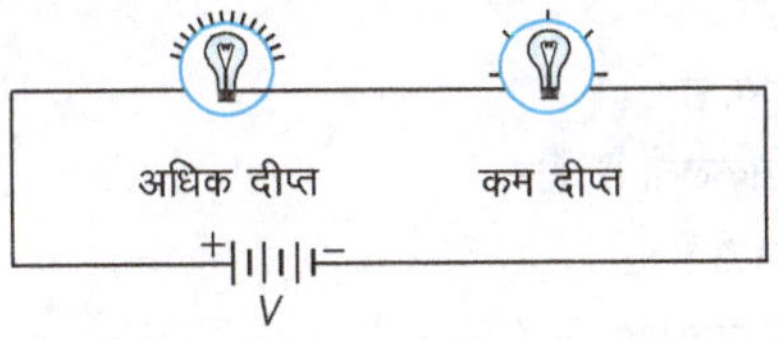

बल्ब के फिलामेंट का प्रतिरोध,

$$R = \frac{V_s^2}{W}$$

$$R \propto \frac{1}{W}$$

जब बल्बों को श्रेणीक्रम में जोड़ा जाता है, तो I स्थिर है।

खपत की गई शक्ति, $P = I^2R$

$$P \propto R \propto \frac{1}{W}$$

इसलिए, कम वाट क्षमता वाला बल्ब अधिक बिजली खपत करेगा, इसलिए अधिक चमक देगा।

चूँकि, पहला बल्ब अधिक चमक देता है, इसलिए पहले बल्ब की वाट क्षमता दूसरे बल्ब की वाट क्षमता से कम है। इसलिए, छात्र II का दावा सही है।

7 *(b)* बैटरी को आवेशित करते समय

$$V = E + Ir$$

अतः, V = सेल के टर्मिनलों पर विभव

बैटरी I के लिए,

$$V = 12 + 50 \times 0.04 = 14 \text{ वोल्ट}$$

बैटरी II के लिए,

$$V = 12 + 25 \times 0.04 = 13 \text{ वोल्ट}$$

बैटरी III के लिए,

$$V = 12 + 60 \times 0.04 = 14.4 \text{ वोल्ट}$$

बैटरी IV के लिए,

$$V = 12 + 40 \times 0.04 = 13.6 \text{ वोल्ट}$$

8 *(b)* औसत विश्रांति काल, $\tau = \frac{m}{ne^2\rho}$

$$= \frac{9.11 \times 10^{-31}}{(8.49 \times 10^{28}) \times (1.6 \times 10^{-19})^2 \times (1.7 \times 10^{-8})}$$

$$= 2.5 \times 10^{-14} \text{ मी/से}$$

दिया है, $v = 1.6 \times 10^6$ मी/से

एक इलेक्ट्रॉन द्वारा तय किया गया औसत मुक्त पथ (औसतन),

$$l = v\tau = 2.5 \times 10^{-14} \times 1.6 \times 10^6$$

$$= 4 \times 10^{-8} \text{ मी} = 40 \text{ नैनोमीटर}$$

औसत परमाणु अंतराल = 0.2 नैनोमीटर

संघट्टों के बीच इलेक्ट्रॉन द्वारा तय की गई परमाणु अंतराल की संख्या

$$= \frac{40}{0.2} = 200$$

$\therefore \quad X = 200$

9 *(a)* 5 घण्टे में बिजली खपत = 10 यूनिट

1 घंटे में खपत ऊर्जा = 2 यूनिट
= 2 किलो वाट घण्टा

अतः, खपत की गई शक्ति = 2000 जूल/से

परिपथ में धारा,

$$I = \frac{P}{V} = \frac{2000}{220} \approx 9 \text{ ऐम्पियर}$$

तारों में शक्ति क्षय = I^2R जूल/से

$$= \rho\frac{l}{A}\cdot I^2$$

$$= 1.7 \times 10^{-8} \times \frac{10}{\pi \times 10^{-6}} \times 81$$

$$\approx 4.4 \text{ जूल/से}$$

इसलिए, तारों में शक्ति क्षय,

$$= \frac{4.4}{2000} = \frac{1}{450}$$

10 *(a)* दोनों व्हीटस्टोन सेतु सन्तुलन की अवस्था में है, तब

$$\frac{3}{R_1} = \frac{9}{6} \quad \text{और} \quad \frac{4}{8} = \frac{R_2}{16}$$

$$\Rightarrow R_1 = \frac{6 \times 3}{9} = 2$$

तथा $\quad R_2 = \frac{4 \times 16}{8} = 8$

इसी प्रकार, $\frac{R_1}{R_2} = \frac{2}{8} = \frac{1}{4}$

इसलिए, $\quad k = 4$

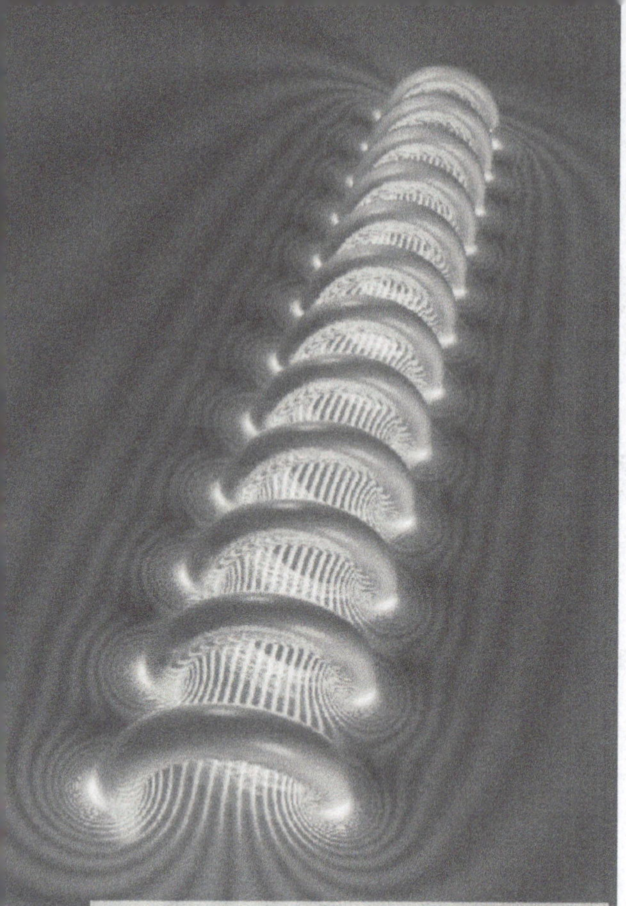

04

भौतिकी की Concept Master *Videos* के लिए *Scan* करें

गतिमान आवेश और चुम्बकत्व

Moving Charges and Magnetism

5 वर्षों में NEET में पूछे गये शीर्षकवार प्रश्न

शीर्षक	वर्षवार प्रश्नों की संख्या				
	2024	2023	2022	2021	2020
चुम्बकीय बल	-	1	-	1	-
चुम्बकीय क्षेत्र में गति	-	-	-	-	-
विद्युत धारा अवयव के कारण चुम्बकीय क्षेत्र : बायो-सेवर्ट नियम	1	-	2	-	-
ऐम्पियर का परिपथीय नियम	-	1	2	2	-
परिनालिका	-	-	-	1	1
चल कुण्डली गैल्वेनोमीटर	-	-	-	-	-

NEET में विगत 5 वर्षों में पूछे गये विशेष प्रकार के प्रश्न

प्रकार	वर्ष				
	2024	2023	2022	2021	2020
अभिकथन-कारण	–	–	–	–	–
कथन आधारित	-	1	-	-	-
सुमेलन	-	-	-	-	-

NEET के विगत 5 वर्षों का भारांकन

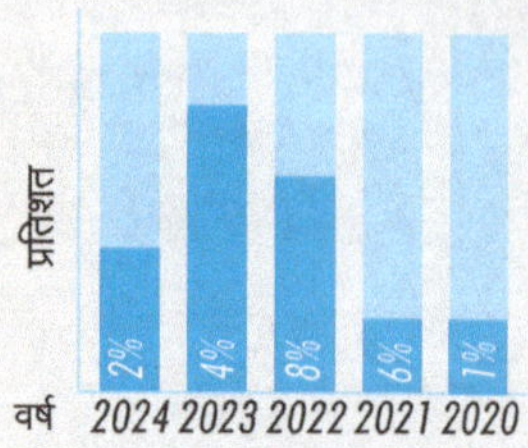

परिचय (Introduction)

- डच भौतिक विज्ञानी हैंस ऑर्स्टेड (Hans Oersted) ने निष्कर्ष निकाला कि गतिमान आवेश या किसी चालक में प्रवाहित वैद्युत धारा अपने चारों ओर एक चुम्बकीय क्षेत्र उत्पन्न करते हैं।
- ऑर्स्टेड ने देखा कि सीधे तार में प्रवाहित धारा समीप रखी चुम्बकीय कम्पास सुई में विक्षेपण (Deflection) उत्पन्न कर देती है।
- सुईयों का अभिविन्यास चित्र में दर्शाया गया है
  - (a) जब धारा कागज के तल से बाहर निकलती है और
  - (b) जब धारा कागज के तल में गति करती है
  - (c) तार के चारों ओर लोहे के बुरादे की व्यवस्था
- सुईयों के काले सिरे **उत्तरी ध्रुवों** (North poles) को दर्शाते हैं तथा चमकीले सिरे **दक्षिणी ध्रुवों** (South poles) को दर्शाते हैं। पृथ्वी के चुम्बकीय क्षेत्र का प्रभाव नगण्य माना गया है।

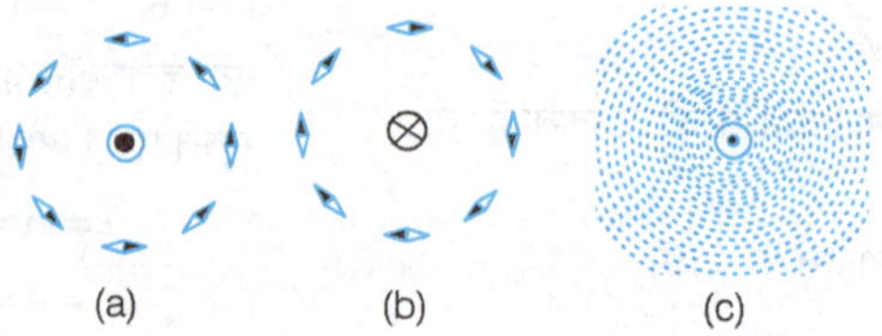

(a) (b) (c)

- कागज के तल से बाहर निकलने वाली धारा या क्षेत्र (वैद्युत या चुम्बकीय) को एक बिन्दु ⊙ द्वारा तथा कागज के अन्दर जाने वाली धारा या क्षेत्र को एक क्रॉस ⊗ द्वारा दर्शाया गया है।

चुम्बकीय बल (Magnetic Force)

- **स्रोत एवं क्षेत्र** स्थिर आवेश, वैद्युत क्षेत्र उत्पन्न करते हैं जबकि गतिमान आवेश, धारा तथा चुम्बकीय क्षेत्र उत्पन्न करते हैं। चुम्बकीय क्षेत्र एक सदिश राशि है और इसे B से व्यक्त किया जाता है। इसके अनेक मौलिक गुण हैं जो वैद्युत क्षेत्र के समान हैं।
- **चुम्बकीय क्षेत्र** B का SI मात्रक **न्यूटन/ऐम्पियर-मी** होता है। इस मात्रक को **टेस्ला** (T) भी कहते हैं।

- एक अन्य छोटे मात्रक (गैर-SI) **गॉस** (Gauss) (1 गॉस $= 10^{-4}$ टेस्ला) का भी प्रायः उपयोग किया जाता है।
- **अध्यारोपण का सिद्धान्त** (Principle of Superposition) कई स्रोतों का परिणामी चुम्बकीय क्षेत्र, प्रत्येक व्यक्तिगत स्रोत के चुम्बकीय क्षेत्र का सदिश योग होता है।

लॉरेन्ज बल (Lorentz Force)

- यह विद्युत आवेश q (जो v वेग से गतिमान है तथा किसी दिए गए समय t पर **r** दूरी पर स्थित है) पर वैद्युत तथा चुम्बकीय दोनों क्षेत्रों के कारण लगने वाला बल है तथा इसे निम्न प्रकार लिखा जाता है

$$\mathbf{F} = q\,[\mathbf{E}(\mathbf{r}) + v \times \mathbf{B}(\mathbf{r})] = \mathbf{F}_{\text{वैद्युत}} + \mathbf{F}_{\text{चुम्बकीय}}$$

- एकसमान चुम्बकीय क्षेत्र **B** में गतिमान आवेश q पर लगने वाला चुम्बकीय बल,

$$\mathbf{F} = q\,[\mathbf{v} \times \mathbf{B}] = qvB\sin\theta\hat{n}$$

NEET 2021

जहाँ θ ; **v** तथा **B** के बीच कोण है।

चुम्बकीय बल की निम्नलिखित विशेषताएँ होती हैं

(i) यह q, **v** तथा **B** पर निर्भर करता है। ऋणात्मक आवेश पर बल, धनात्मक आवेश पर बल के विपरीत होता है।

(ii) यदि कण का वेग चुम्बकीय क्षेत्र के लम्बवत् है तो चुम्बकीय बल अधिकतम होगा।

(iii) यदि कण का वेग चुम्बकीय क्षेत्र के समान्तर है तो चुम्बकीय बल शून्य होगा।

(iv) यदि कण का वेग शून्य है तो $|\mathbf{F}_m| = 0$, इसका अर्थ है कि केवल एक गतिमान आवेश ही चुम्बकीय बल का अनुभव करता है।

- आवेशित कण पर कार्य करने वाले चुम्बीय बल की दिशा नीचे दर्शायी गई है

(a) वेग **v** वाले तथा **B** के साथ θ कोण बनाते हुए धनात्मक आवेशित कण पर बल दाएँ हाथ के नियम द्वारा दिया गया है।

(b) यह दर्शाता है कि चुम्बकीय क्षेत्र की उपस्थिति में एक गतिमान आवेशित कण q, $-q$ की विपरीत दिशा में विक्षेपित होता है।

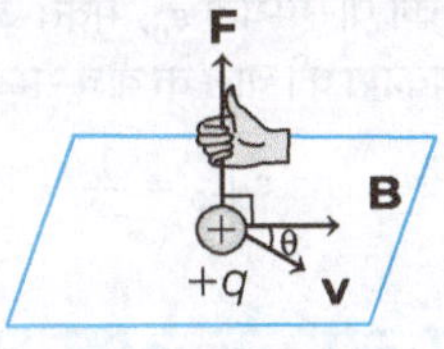

(a)

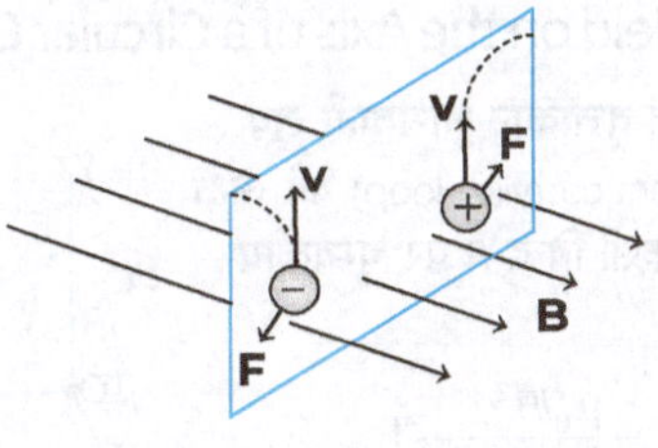

(b)

धारावाही चालक पर चुम्बकीय बल

(Magnetic Force on a Current Carrying Conductor)

- जब धारा I वाले किसी धारावाही चालक को एकसमान चुम्बकीय क्षेत्र **B** में रखा जाता है, तो चालक द्वारा अनुभव किया जाने वाला बल,

$$F = I\,(\mathbf{l} \times \mathbf{B}) \;\Rightarrow\; F = IBl\sin\theta$$

स्थिति I जब चालक को चुम्बकीय क्षेत्र में रखा जाता है तथा $\theta = 0°$, तब, $F = 0$

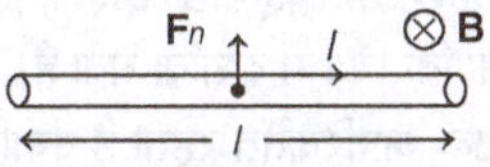

स्थिति II जब चालक को चुम्बकीय क्षेत्र की दिशा के लम्बवत् रखा जाता है तथा $\theta = 90°$ तब,

$\therefore$ $$F_{\text{अधिकतम}} = IBl$$

- यदि तार की आकृति स्वेच्छ (Arbitrary) ली गई है, तो हम इसे रैखिक पट्टियों के संग्रह के रूप में मानकर इस पर लॉरेन्ज बल की गणना कर सकते हैं।

$$\mathbf{F} = \sum_j I d\mathbf{l} \times \mathbf{B}$$

NEET 2023

चुम्बकीय क्षेत्र में गति (Motion in a Magnetic Field)

- बाह्य चुम्बकीय क्षेत्र **B** की उपस्थिति में एक गतिमान आवेश कण q, एक लम्बवत् बल $q\,[\mathbf{v} \times \mathbf{B}]$, का अनुभव करता है जो एक अभिकेन्द्रीय बल के रूप में कार्य करता है और चुम्बकीय क्षेत्र के लम्बवत् एक वृत्ताकार गति उत्पन्न करता है, जैसा कि चित्र में दर्शाया गया है

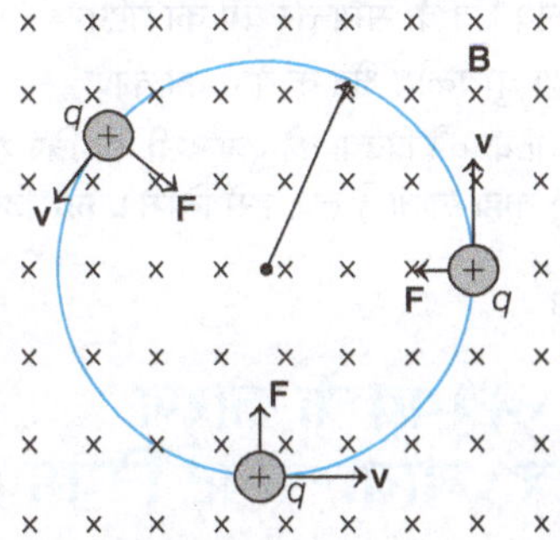

- गतिमान आवेश पर कार्यरत् बल निम्न प्रकार दिया जाता है

$$F = qvB$$

- यदि **v** तथा **B** एक-दूसरे के लम्बवत् हैं, तो कण एक वृत्त को वर्णित करता है। इस गति की निम्नलिखित विशेषताएँ होती हैं

(i) आवेशित कण द्वारा वर्णित वृत्त की त्रिज्या,

$$r = \frac{mv}{qB} = \frac{p}{qB} = \frac{\sqrt{2mK}}{qB}$$

NEET 2019

जहाँ, $p =$ आवेशित कण का संवेग

तथा $K =$ आवेशित कण की गतिज ऊर्जा

संवेग जितना अधिक होगा, त्रिज्या उतनी ही बड़ी होगी और वर्णित वृत्त भी उतना ही बड़ा होगा।

(ii) कण की **कोणीय आवृत्ति** ω निम्न प्रकार दी जाती है

$$\omega = \frac{qB}{m}$$

यह वेग या ऊर्जा से स्वतन्त्र होती है।

(iii) **एक चक्कर पूरा करने में कण द्वारा लिया गया समय,** $T = \frac{2\pi m}{qB}$.

नोट *वृत्ताकार पथ का आवर्तकाल, आवेशित कण के वेग पर निर्भर नहीं करता है।*

- यदि आवेशित कण के वेग में **B** के अनुदिश एक घटक है, तो यह कण को क्षेत्र के अनुदिश गति करने के लिए बाध्य करेगा, जिससे एक कुण्डलीदार गति उत्पन्न होगी जैसा कि चित्र में दर्शाया गया है।

  यद्यपि, वेग का यह घटक अपरिवर्तित रहता है क्योंकि चुम्बकीय क्षेत्र के अनुदिश गति, चुम्बकीय क्षेत्र से प्रभावित नहीं होगी।

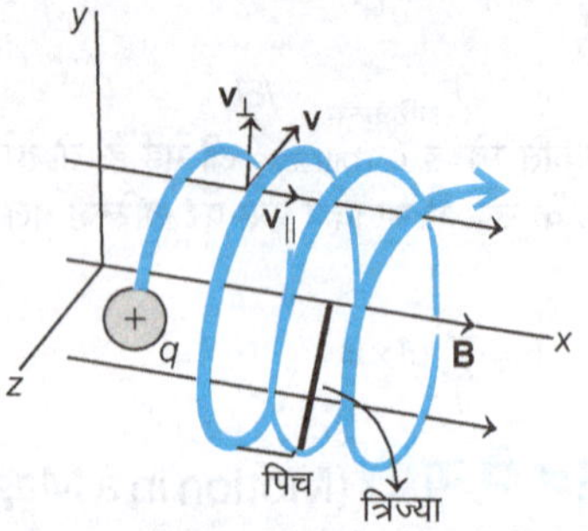

- एक चक्कर में चुम्बकीय क्षेत्र के अनुदिश चली गई दूरी **पिच** (Pitch) P कहलाती है।

$$P = v_{||}T = \frac{2\pi m v_{||}}{qB} = \frac{2\pi m v \cos\theta}{qB}$$

जहाँ, $v_{||}$ = चुम्बकीय क्षेत्र के समान्तर वेग का घटक

तथा θ = वेग तथा चुम्बकीय क्षेत्र के बीच का कोण

- गति के वृत्ताकार घटक की त्रिज्या को **कुण्डली की त्रिज्या** (Radius of helix) कहा जाता है तथा इसे निम्न प्रकार दिया जाता है, $R = \frac{mv_\perp}{qB}$

Concept Master
Video के लिए

विद्युत धारा अवयव के कारण चुम्बकीय क्षेत्र : बायो-सेवर्ट नियम (Magnetic Field due to a Current Element : Biot-Savart's Law)

- इस नियम के अनुसार, चुम्बकीय क्षेत्र का परिमाण, dB, धारा I तथा लम्बाई घटक $|dl|$ के समानुपाती तथा दूरी r के वर्ग के व्युत्क्रमानुपाती होता है।

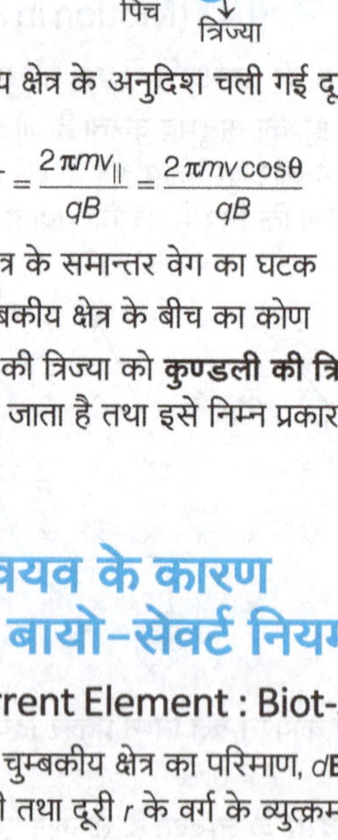

- इसकी दिशा dl तथा **r** के तलों के लम्बवत् होती है।

- जैसा कि चित्र में दर्शाया गया है, धारा I वहन करने वाले किसी परिमित चालक xy के लिए किसी बिन्दु P पर चालक के घटक dl के कारण चुम्बकीय क्षेत्र $d\mathbf{B}$ निम्न प्रकार दिया जाता है

$$d\mathbf{B} = \frac{\mu_0}{4\pi} \cdot \frac{I d\mathbf{l} \times \mathbf{r}}{r^3}$$

NEET 2022

इस प्रकार, $$|d\mathbf{B}| = \frac{\mu_0}{4\pi} - \frac{I dl \sin\theta}{r^2} \quad \text{...(i)}$$

जहाँ, $\frac{\mu_0}{4\pi} = 10^{-7}$ टेस्ला-मी/ऐम्पियर तथा μ_0 निर्वात् या मुक्त अंतरिक्ष की चुम्बकशीलता (Permeability) है।

Marks Maximizer

समी (i) के विभिन्न मापदण्डों वे साथ चुम्बकीय क्षेत्र में परिवर्तन

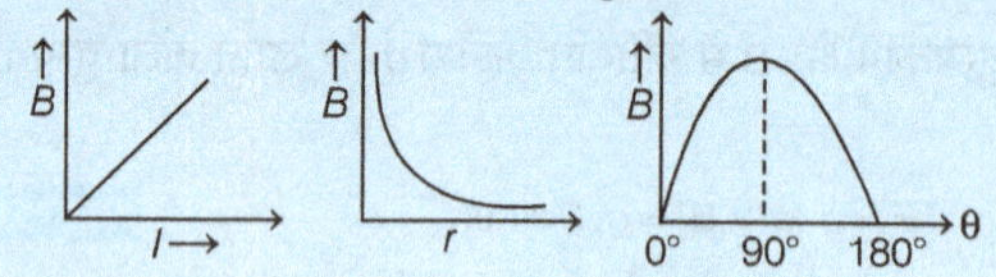

बायो-सेवर्ट नियम की कूलॉम नियम से तुलना (Comparison of Biot-Savart Law with Coulombs Law)

(i) दोनों ही दीर्घ परास के हैं, क्योंकि दोनों ही स्रोत से परीक्षण बिन्दु तक की दूरी के वर्ग के व्युत्क्रमानुपाती होते हैं।

(ii) वैद्युतस्थैतिक क्षेत्र, एक अदिश स्रोत अर्थात् वैद्युत आवेश द्वारा निर्मित होता है। चुम्बकीय क्षेत्र, एक सदिश स्रोत $I\,dl$ अर्थात् धारा अवयव द्वारा उत्पन्न होता है। NEET 2022

(iii) वैद्युतस्थैतिक क्षेत्र, स्रोत तथा क्षेत्र बिन्दु को जोड़ने वाले विस्थापन सदिश के अनुदिश होता है। चुम्बकीय क्षेत्र, विस्थापन सदिश r तथा धारा $I\,dl$ वाले तल के लम्बवत् होता है।

(iv) बायो-सेवर्ट नियम में एक कोण निर्भरता होती है जो वैद्युत स्थैतिक की स्थिति में विद्यमान नहीं होती है। dl की दिशा में किसी भी बिन्दु पर चुम्बकीय क्षेत्र शून्य होता है।

(v) मुक्त आकाश की पारगम्यता ε_0, मुक्त आकाश की चुम्बकशीलता μ_0 तथा निर्वात् में प्रकाश की चाल के बीच सम्बन्ध निम्न प्रकार दिया जाता है

$$\varepsilon_0\mu_0 = \frac{1}{c^2}$$

वृत्ताकार धारा लूप के अक्ष पर चुम्बकीय क्षेत्र (Magnetic Field on the Axis of a Circular Current Loop)

- चित्र में प्रदर्शित **वृत्ताकार धारावाही लूप** (Circular curent carrying loop) **की अक्ष** के अनुदिश किसी बिन्दु P पर चुम्बकीय क्षेत्र,

$$\mathbf{B} = \frac{\mu_0 I R^2}{2(x^2 + R^2)^{3/2}}\hat{\mathbf{i}}$$

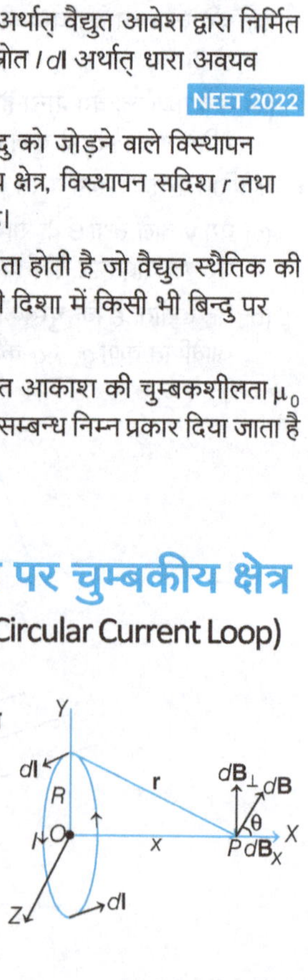

जब $x >> R$, तब $B \propto \dfrac{1}{x^3}$

- वृत्ताकार धारावाही चालक/क्वॉयल के केन्द्र ($x = 0$) पर चुम्बकीय क्षेत्र,

$$\mathbf{B} = \frac{\mu_0 I}{2R}\,\hat{\mathbf{i}}$$

जहाँ, वृत्ताकार लूप की त्रिज्या है।

- वृत्ताकार तार के कारण चुम्बकीय क्षेत्र रेखाएँ, बन्द लूप बनाती हैं तथा चुम्बकीय क्षेत्र की दिशा, दाएँ हस्त के अँगूठे के नियम द्वारा दी जाती है। नीचे दिए गए डायग्राम में, लूप का ऊपरी भाग, उत्तरी ध्रुव के रूप में तथा निचले भाग को दक्षिण ध्रुव के रूप में माना जा सकता है।

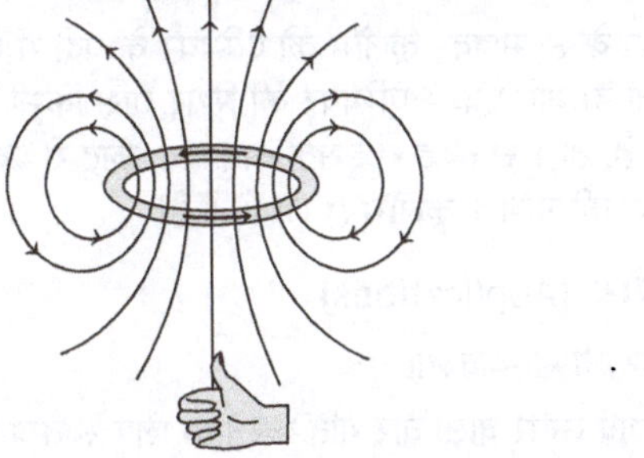

- अर्द्ध वृत्ताकार चाप के कारण केन्द्र पर चुम्बकीय क्षेत्र निम्न प्रकार दिया जाता है

$$B = \frac{\mu_0 I}{4R}$$

NEET 2023

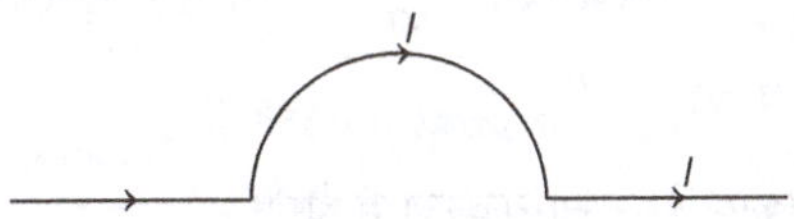

ऐम्पियर का परिपथीय नियम
(Ampere's Circuital Law)

- किसी बन्द लूप के परितः चुम्बकीय क्षेत्र **B** का रेखा समाकलन, लूप द्वारा परिबद्ध कुल धारा के μ_0 गुना के बराबर होता है अर्थात्

$$\oint \mathbf{B}\cdot d\mathbf{l} = \mu_0 I$$

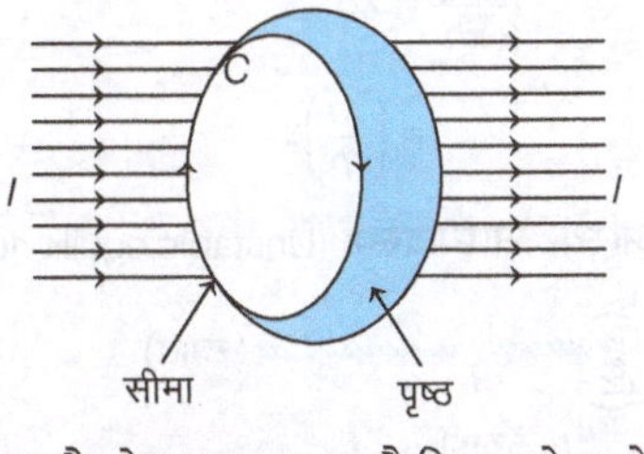

- ऐम्पियर लूप सम्भव है जो इस प्रकार का है कि लूप के प्रत्येक बिन्दु पर या तो
  (i) **B**, लूप के स्पर्शरेखीय है तथा एक अशून्य नियतांक है या
  (ii) **B**, लूप के अभिलम्बवत् है या
  (iii) **B**, नष्ट हो जाता है।
- तार के बाहर दूरी r पर चुम्बकीय क्षेत्र स्पर्शरेखीय होता है और निम्न प्रकार दिया जाता है

$$B = \frac{\mu_0 I}{2\pi r}$$

NEET 2022

- परिणाम से, कुछ महत्त्वपूर्ण बिन्दु प्राप्त किए जा सकते हैं
  (i) त्रिज्या r के वृत्त पर प्रत्येक बिन्दु पर चुम्बकीय क्षेत्र समान रहता है। तार के परितः चुम्बकीय क्षेत्र में **बेलनाकार सममिति** (Cylindrical symmetry) होती है।
  (ii) इस वृत्त के किसी भी बिन्दु पर क्षेत्र की दिशा, इसके स्पर्शरेखीय होती है। चुम्बकीय क्षेत्र के नियत परिमाण की रेखाएँ संकेन्द्री वृत्त (Concentric circle) बनाती हैं। वृत्ताकार रेखाएँ, **चुम्बकीय क्षेत्र रेखाएँ** कहलाती हैं।
  (iii) यद्यपि तार अनन्त लम्बाई का है तथापि अशून्य दूरी पर इसके कारण चुम्बकीय क्षेत्र अनन्त नहीं है।
- ऐम्पियर का परिपथीय नियम केवल उन स्थायी विद्युत धाराओं पर लागू होता है जो समय के साथ परिवर्तित नहीं होती हैं।

Marks Maximizer

अनन्त लम्बाई के ठोस बेलन या तार के कारण चुम्बकीय क्षेत्र

(i) केन्द्र से r दूरी पर चालक के अन्दर

$$B_s = \frac{\mu_0 I r}{2\pi R^2}$$

(ii) पृष्ठ पर, $B_s = \dfrac{\mu_0 I}{2\pi R}$ (अधिकतम)

(iii) चालक के बाहर, $B_{\text{बाहर}} = \dfrac{\mu_0 I}{2\pi r}$

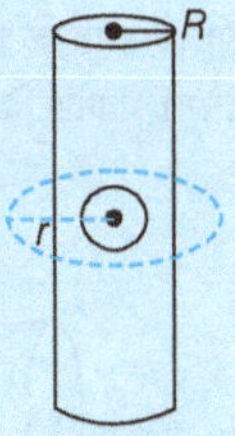

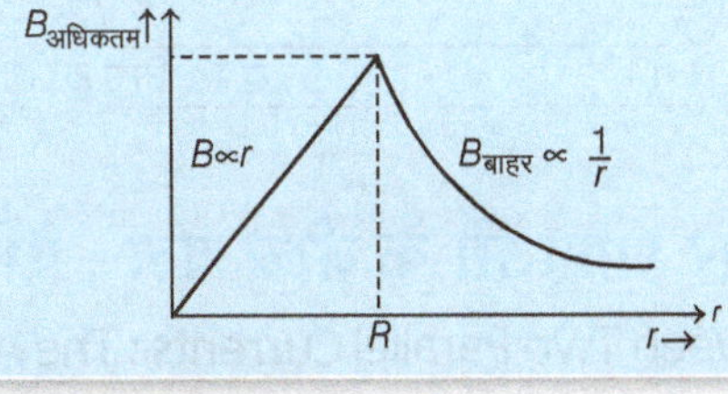

परिनालिका (Solenoid)

- परिनालिका एक कुण्डली/क्वॉयल होती है जिसकी लम्बाई इसकी त्रिज्या की तुलना में बड़ी होती है।
- इसमें एक लम्बा तार होता है जो हेलिक्स (Helix) के रूप में लिपटा होता है जिसमें प्रत्येक फेरा (Turn), अपने निकट के फेरे के साथ अत्यधिक समीप (सटा हुआ) रहता है। चुम्बकीय क्षेत्र, सभी फेरों के कारण क्षेत्रों के सदिश योग के बराबर होता है।

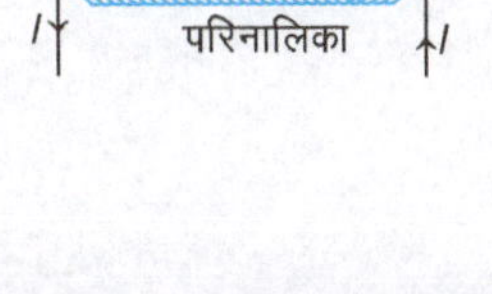

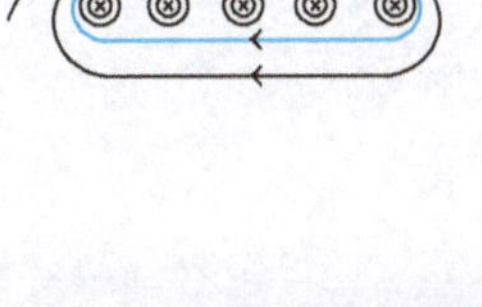

- एक आयताकार ऐम्पियर लूप पर विचार करें, जैसा कि चित्र में दर्शाया गया है।

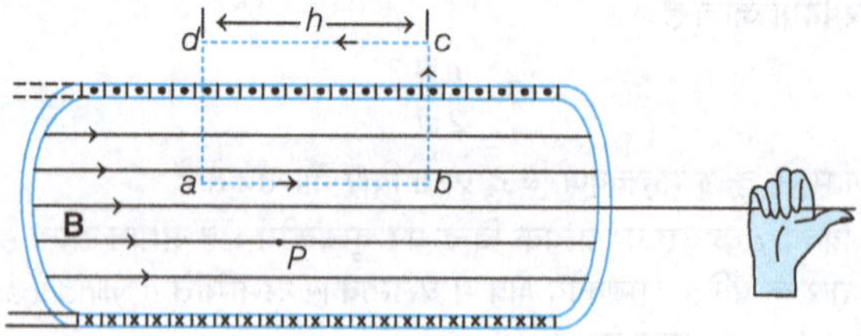

(i) परिनालिका के अन्दर किसी बिन्दु P पर,

$$B = \mu_0 nI$$

NEET 2022, 20

जहाँ, n = प्रति एकांक लम्बाई में फेरों की संख्या

(ii) परिनालिका के सिरों पर, $B = \frac{1}{2}\mu_0 nI$

(iii) क्षेत्र की दिशा दाएँ हस्त के अगूँठे के नियम द्वारा दी जाती है। परिनालिका के अन्दर क्षेत्र एकसमान तथा अक्ष के समान्तर होता है तथा इसके बाहर शून्य होता है। परिनालिका का उपयोग प्रायः एक समान चुम्बकीय क्षेत्र प्राप्त करने के लिए किया जाता है।

Marks Maximizer

परिमित लम्बाई के परिनालिका के अन्दर किसी अक्षीय बिन्दु P पर चुम्बकीय क्षेत्र निम्न प्रकार दिया जाता है

$$B = \frac{\mu_0 nI}{2}(\cos\theta_1 - \cos\theta_2)$$

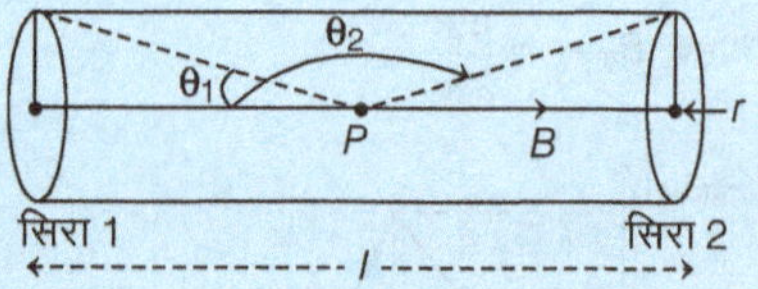

दो समान्तर धाराओं के बीच बल : ऐम्पियर (Force Between Two Parallel Currents : The Ampere)

- यदि अनन्त लम्बाई के दो समान्तर धारावाही चालकों की धाराएँ क्रमशः I_a व I_b हों तथा उनके बीच की दूरी d हो, तब किसी एक चालक की लम्बाई L द्वारा दूसरे धारावाही चालक के कारण अनुभव किया जाने वाला चुम्बकीय बल, $\mathbf{F}_{ba} = \frac{\mu_0}{2\pi}\cdot\frac{I_a I_b}{d}\cdot L$

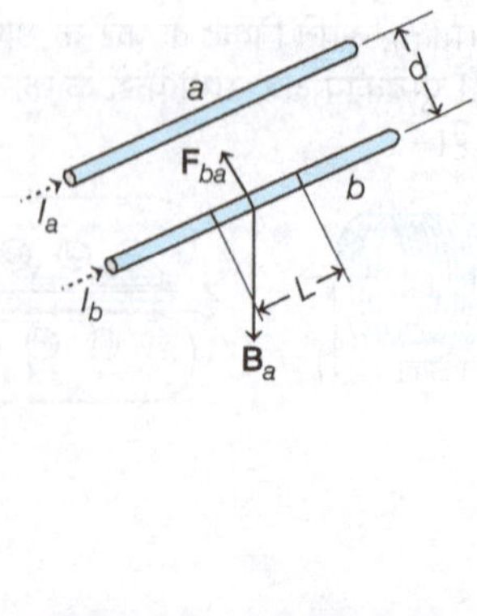

- प्रति एकांक लम्बाई पर बल, $f_{ba} = \frac{\mu_0 I_a I_b}{2\pi d}$
- बल की दिशा उनमें प्रवाहित धारा की दिशा पर निर्भर करती है तथा निम्न प्रकार की हो सकती है

  (i) **आकर्षी** (Attractive), यदि धारा एक ही दिशा में है।

  (ii) **प्रतिकर्षी** (Repulsive), यदि धारा विपरीत दिशा में है।

ऐम्पियर (Ampere)

- **एक ऐम्पियर** वह धारा है जो दो समान्तर समान लम्बे रेखीय चालकों में से प्रत्येक के माध्यम से बहती है तथा जो मुक्त आकाश में एक-दूसरे से 1 मीटर की दूरी पर रखे गए है, और एक दूसरे को 2×10^{-7} न्यूटन/मीटर के बल से आकर्षित या प्रतिकर्षित करते हैं।
- आवेश के SI मात्रक, कूलॉम को ऐम्पियर के पदों में परिभाषित किया जा सकता है। यदि एक 1 ऐम्पियर की स्थिर धारा किसी चालक में स्थापित की जाती है, तो 1 सेकण्ड में इसके अनुप्रस्थ-काट से प्रवाहित होने वाले आवेश की मात्रा **1 कूलॉम** (1 C) होती है।

अनुप्रयोग (Applications)

मुक्त तार की साम्यावस्था

(i) जब ऊपर वाला तार गति करने के लिए स्वतन्त्र हो, तब

$$\frac{\mu_0 I_1 I_2}{2\pi h} = \lambda g = \left(\frac{M}{l}\right)g$$

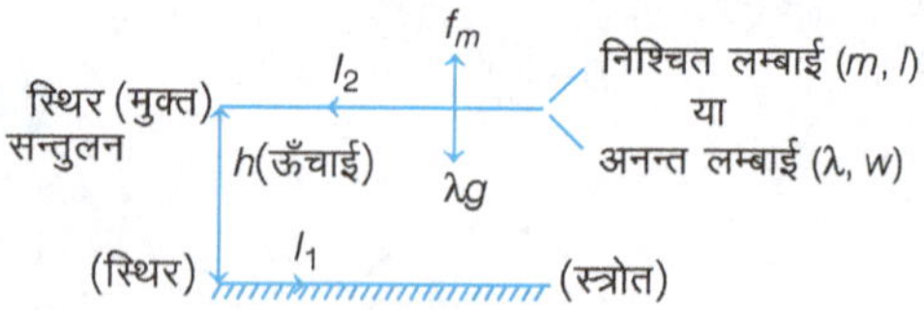

- यह निकाय स्थिर साम्यावस्था में होगा।
- यदि तार को थोड़ा हिलाया या छोड़ा जाता है, तब यह ऊर्ध्वाधर तल SHM निष्पादित करता है और इसका आवर्तकाल निम्न प्रकार दिया जाता है

$$T = 2\pi\sqrt{\frac{h}{g}}$$

(ii) जब निचला तार गति करने के लिए स्वतन्त्र हो, तब

$$\frac{\mu_0 I_1 I_2}{2\pi h} = \lambda g$$

$$= \left(\frac{m}{l}\right)g$$

- निकाय अस्थिर साम्यावस्था (Unstable equilibrium)

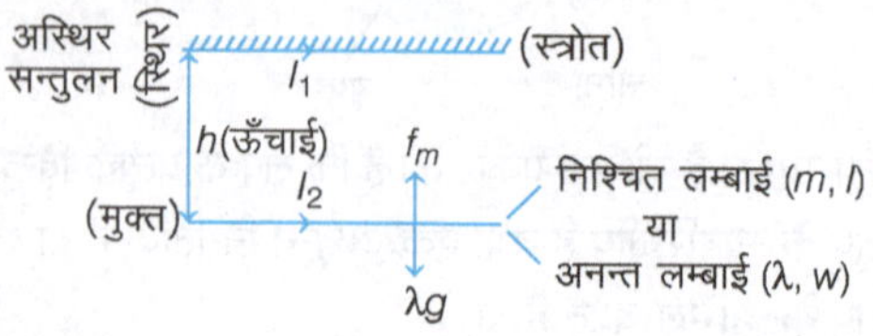

धारा लूप पर बल-आघूर्ण, चुम्बकीय द्विध्रुव
(Torque on a Current Loop, Magnetic Dipole)

- **एकसमान चुम्बकीय क्षेत्र में आयताकार लूप पर बल आघूर्ण** जब लूप का क्षेत्रफल सदिश, चुम्बकीय क्षेत्र के साथ कोई यादृच्छिक कोण θ बनाता है, जैसा कि चित्र में दर्शाया गया है तब बल-आघूर्ण निम्न प्रकार दिया जाता है

$$\tau = IAB\sin\theta$$

जहाँ, θ = कुण्डलीय तथा चुम्बकीय क्षेत्र रेखाओं के बीच कोण
तथा A = आयताकार कुण्डली का क्षेत्रफल ab

- धारा लूप का चुम्बकीय आघूर्ण, $\mathbf{m} = I\mathbf{A}$
जहाँ, क्षेत्रफल सदिश **A** की दिशा दाएँ हाथ के नियम द्वारा दी जाती है। इसका मात्रक ऐम्पियर-मीटर^2 होता है।
- बल-आघूर्ण को कुण्डली के चुम्बकीय आघूर्ण तथा चुम्बकीय क्षेत्र के सदिश गुणनफल द्वारा व्यक्त किया जाता है।

$$\tau = \mathbf{m} \times \mathbf{B}$$

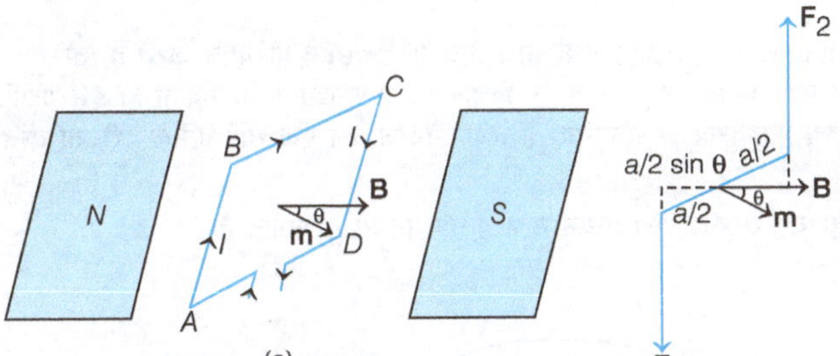

(a)

- जब **m** चुम्बकीय क्षेत्र **B** के समान्तर या असमान्तर होता है, तो बल-आघूर्ण, विलुप्त हो जाता है। जब कुण्डली पर बल आघूर्ण नहीं होता, तो यह साम्यावस्था को इंगित करता है। यदि लूप में पास-पास सटे हुए N फेरें हैं, तब $\mathbf{m} = NI\mathbf{A}$
इस प्रकार, $\tau = IAB\sin\theta$ **NEET 2021**

चुम्बकीय द्विध्रुव के रूप में वृत्ताकार धारा लूप
(Circular Current Loop as a Magnetic Field)

- अक्षीय रेखा पर धारावाही वृत्ताकार लूप के कारण चुम्बकीय क्षेत्र निम्न प्रकार दिया जाता है

$$\mathbf{B} = \frac{\mu_0}{4\pi} \cdot \frac{2\mathbf{m}}{x^3}$$

तथा x दूरी पर लूप के तल में चुम्बकीय क्षेत्र, $\mathbf{B} = \frac{\mu_0}{4\pi} \cdot \frac{\mathbf{m}}{x^3}$

[जहाँ $x >> R$, जहाँ R वृत्ताकार लूप की त्रिज्या है]

- समतल विद्युत धारा लूप, चुम्बकीय आघूर्ण $\mathbf{m} = I\mathbf{A}$ के चुम्बकीय द्विध्रुव के तुल्य होता है।

चल कुण्डली गैल्वेनोमीटर
(Moving Coil Galvanometer)

- यह युक्ति धारा को नैनोऐम्पियर (Nanoampere) तक मापने के लिए उपयोग की जाती है।
- जब गैल्वेनोमीटर की कुण्डली से धारा प्रवाहित होती है, तो इस पर एक बल आघूर्ण कार्य करता है। इस बल-आघूर्ण को निम्न प्रकार दिया जाता है

$$\tau = NIAB$$

- इस बल-आघूर्ण के कारण, स्प्रिंग से जुड़े प्वॉइण्टर (Pointer) द्वारा स्केल पर एक विक्षेपण (Deflection) ϕ इंगित होता है जिसे निम्न प्रकार दिया जाता है

$$\phi = \left(\frac{NAB}{k}\right)I$$

- जहाँ, k = स्प्रिंग का ऐंठन नियतांक (Torsional constant) या प्रति एकांक ऐंठन प्रत्यानयन बल-आघूर्ण (Restoring torque) है।

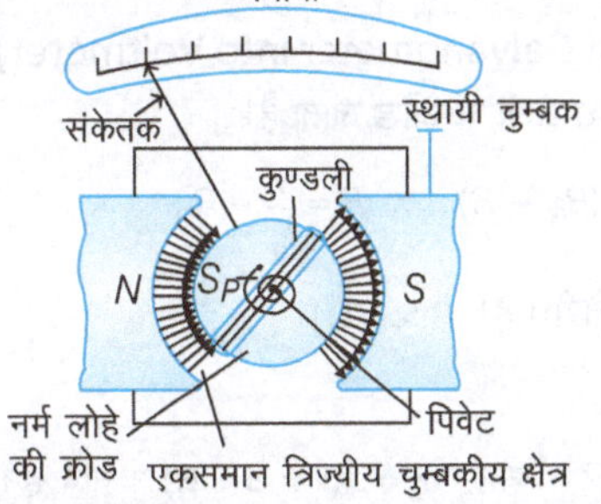

गैल्वेनोमीटर के उपयोग (Uses of Galvanometer)

(i) इसका उपयोग किसी वैद्युत परिपथ में विद्युत धारा का पता लगाने के लिए किया जाता है। जैसे – व्हीटस्टोन सेतु।
(ii) इसे निम्न प्रतिरोध (Low resistance) लगाकर अमीटर में बदला जा सकता है।
(iii) इसे श्रेणीक्रम में उच्च प्रतिरोध जोड़कर, वोल्टमीटर में बदला जा सकता है।

- गैल्वेनोमीटर को किसी दिए गए परिपथ में धाराओं के मान को मापने के लिए अमीटर के रुप में उपयोग नहीं किया जा सकता है। इसके दो कारण हैं
  (i) गैल्वेनोमीटर एक अतिसंवेदनशील उपकरण है, यह μA के क्रम की धारा के लिए पैमाने पर पूर्ण विक्षेपण प्रदर्शित करता है।
  (ii) धाराओं को मापने के लिए, गैल्वेनोमीटर को शृंखला में जोड़ा जाना चाहिए और चूँकि इसका प्रतिरोध उच्च होता है, अतः यह परिपथ में धारा के मान को परिवर्तित कर देगा।

गैल्वेनोमीटर का अमीटर में परिवर्तन
(Conversion of Galvanometer into Ammeter)

- गैल्वेनोमीटर को अमीटर के रूप में प्रयोग करने के लिए, गैल्वेनोमीटर कुण्डली के समान्तर में एक छोटा प्रतिरोध (जिसे शंट प्रतिरोध कहते है) r_s जोड़ा जाता है। इस व्यवस्था का प्रतिरोध $\frac{r_s}{R_G} = \frac{I_g}{I - I_g}$

जहाँ, r_s एक बहुत छोटा प्रतिरोध है। इस प्रकार, $r_s = \frac{I_g}{I - I_g} R_G$

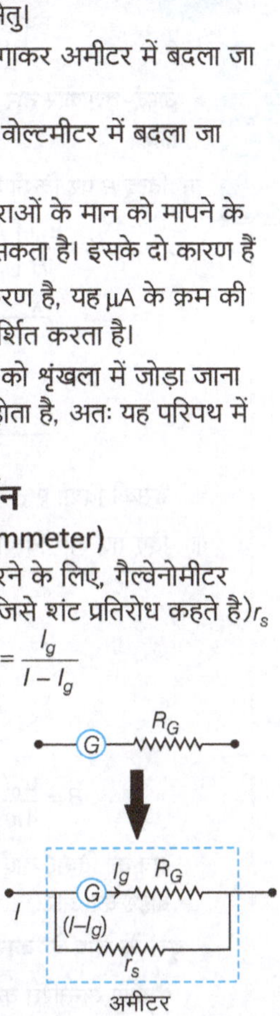

अमीटर

- गैल्वेनोमीटर की **धारा सुग्राहिता** प्रति एकांक धारा का विक्षेपण होती है तथा निम्न प्रकार दी जाती है।

$$\frac{\phi}{I} = \frac{NAB}{k}$$

फेरों की संख्या N में वृद्धि होने पर सुग्राहिता बढ़ जाती है।

- **वोल्टेज सुग्राहिता** (Voltage Sensitivity) आरोपित विभवान्तर का प्रति वोल्ट विक्षेपण होता है अर्थात्

$$\text{वोल्टेज सुग्राहिता} = \frac{\phi}{V} = \frac{\phi}{IR} = \left(\frac{NAB}{K}\right)\frac{I}{V} = \left(\frac{NAB}{K}\right)\frac{1}{R}$$

- गैल्वेनोमीटर का उपयोग, परिपथ के किसी दिए गए खण्ड (Section) के एक्रॉस वोल्टेज मापने के लिए वोल्टमीटर के रूप में किया जाता है। इसके लिए यह परिपथ के खण्ड के साथ समान्तर में संयोजित होना चाहिए।

गैल्वेनोमीटर का वोल्टमीटर में परिवर्तन

(Conversion of Galvanometer into Voltmeter)

- एक बड़ा प्रतिरोध श्रेणी में जोड़ा जाता है।

$$V = I_g (R_G + R) \quad \therefore \; R = \frac{V}{I_g} - R_G$$

यहाँ, R बड़ा प्रतिरोध है। ($R >> R_G$)

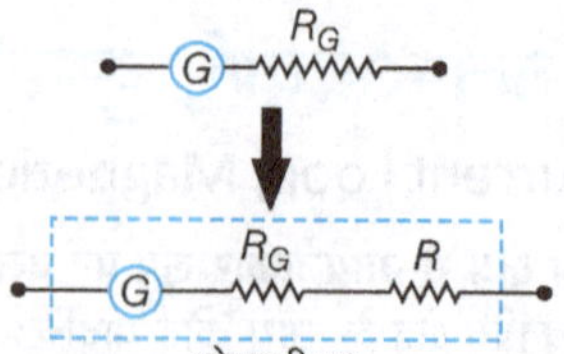

वोल्टमीटर

- यहाँ ध्यान देने योग्य मुख्य बात यह है कि धारा सुग्राहिता में वृद्धि करने से वोल्टेज सुग्राहिता में वृद्धि नहीं हो सकती है। यदि $N \to 2N$ अर्थात् फेरों की संख्या दो गुनी कर दी जाए तब

$$\frac{\phi}{I} \to 2\frac{\phi}{I}$$

- इस प्रकार धारा सुग्राहिता दोगुनी हो जाती है। यद्यपि गैल्वेनोमीटर के प्रतिरोध के दोगुना होने की सम्भावना है, क्योंकि यह तार की लम्बाई के समानुपाती होता है। यदि $N \to 2N$ तथा, $R \to 2R$ तब वोल्टेज सुग्राहिता परिवर्तित नहीं होती है।

Concept Master Video के लिए

Caution Points

- व्यंजक $\mathbf{F} = q(\mathbf{v} \times \mathbf{B} + \mathbf{E})$ में यदि हम तात्क्षणिक वेग (Instantaneous velocity) v के साथ तन्त्र (Frame) में परिवर्तन करते हैं, तो चुम्बकीय बल शून्य हो जाता है। तब आवेशित कण की गति को एक उपयुक्त वैद्युत क्षेत्र पर विचार करके समझाया जा सकता है। इस यद्यपि विरोधाभास के समाधान से पता चलता है कि विद्युत एवं चुम्बकत्व एक-दूसरे से सम्बन्धित हैं तथा लॉरेन्ज बल एक सार्वभौमिक वरीयता तन्त्र का संकेत नहीं देता है।
- ऐम्पियर का परिपथीय नियम, बायो-सेवर्ट नियम पर अधारित है। यह सम्बन्ध गॉस नियम तथा कूलॉम नियम के समान है।

PYQ नोट्स

- **अर्द्ध-वृत्ताकार तार से संयोजित समान्तर तारों के कारण चुम्बकीय क्षेत्र**

(i) बिन्दु P पर किसी दिए गए अभिविन्यास के कारण चुम्बकीय क्षेत्र,

$$B = \frac{\mu_0 I}{4R}\left[1 - \frac{2}{\pi}\right]$$

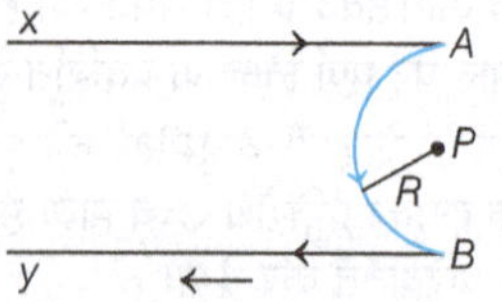

इसकी दिशा पृष्ठ से बाहर की ओर होती है। **[NEET 2023]**

(ii) दिए गए अभिविन्यास के कारण बिन्दु O पर चुम्बकीय क्षेत्र

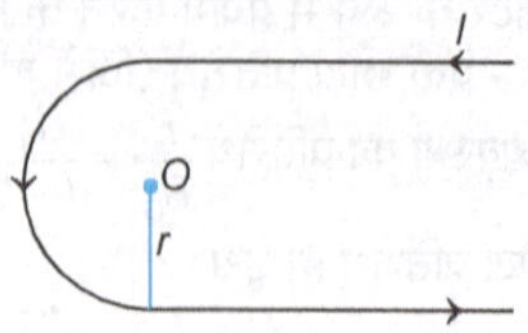

$$B = \frac{\mu_0 I}{4\pi r}[2 + \pi]$$

क्षेत्र की दिशा, दाएँ हाथ के नियम द्वारा दी जाती है अर्थात् पृष्ठ से बाहर की ओर। **[JEE Main 2023]**

- **वृत्त के चाप के कारण चुम्बकीय क्षेत्र**

θ कोण अन्तरित करने वाले चाप के केन्द्र पर चुम्बकीय क्षेत्र,

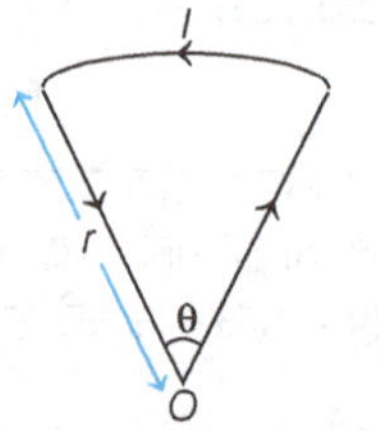

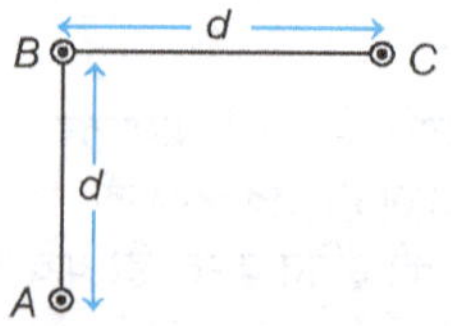

$$B = \frac{\mu_0 I}{2r} \times \frac{\theta}{2\pi}$$

[JEE Main 2019]

- **एक-दूसरे से समकोण पर रखे तीन परिमित सीधे तारों के कारण चुम्बकीय क्षेत्र**

तार A व C के कारण, तार B पर लगने वाला बल, आकर्षण बल है तथा यह निम्न प्रकार दिया जाता है

$$F = \frac{\mu_0 I^2}{\sqrt{2}\,\pi d}$$

[NEET 2017]

- **लम्बे सीधे तार के कारण चुम्बकीय क्षेत्र**

धारा I वाले सीधे लम्बे तार के कारण, बिन्दु P पर चुम्बकीय क्षेत्र,

$$B = \frac{\mu_0}{4\pi} \cdot \frac{I}{r}[\sin\phi_1 + \sin\phi_2]$$

[JEE Main 2021]

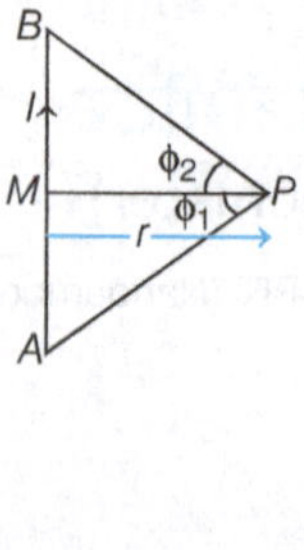

Step by Step

Mastering NCERT

- कॉन्सेप्ट बिल्डर्स
- शीर्षकवार प्रश्न
- अभिकथन–कारण प्रश्न
- कथन आधारित प्रश्न
- सुमेलन प्रकार प्रश्न
- आंकिक मान प्रकार के प्रश्न
- NCERT Exemplar प्रश्न
- विगत परीक्षाओं के प्रश्न
- स्किल बूस्टर्स

कॉन्सेप्ट बिल्डर्स

1 जब कोई आवेशित कण चुम्बकीय क्षेत्र की दिशा के लम्बवत् गति करता है, तो संवेग परिवर्तन की दर नियत रहती है। (सत्य/असत्य)

2 किसी चुम्बकीय क्षेत्र में गतिमान आवेश पर लगने वाला चुम्बकीय बल आवेशित कण के ... (वेग /द्रव्यमान) पर निर्भर करता है।

3 चल कुण्डली धारामापी में धारामापी का पैमाना बनाने के लिए .... (त्रिज्य/रैखिक) चुम्बकीय क्षेत्र का उपयोग किया जाता है।

4 चालक के बाहर चुम्बकीय क्षेत्र और केन्द्र से दूरी के बीच का ग्राफ अतिपरवलयिक होता है। (सत्य/असत्य)

5 यदि एक फेरे वाले धारावाही लूप को n समान वृत्ताकार लूपों की कुण्डली में रूपान्तरित किया जाए, तो केन्द्र पर चुम्बकीय क्षेत्र कितने गुना बढ़ जाएगा?

6 त्रिज्या r और वेग v के वृत्ताकार पथ पर घूमते किसी इलेक्ट्रॉन द्वारा उत्पन्न चुम्बकीय क्षेत्र क्या होगा?

7 जब किसी परिनालिका में धारा प्रवाहित होती है, तो वह .... (संकुचित/प्रसारित) हो जाती है।

8 AC अमीटर और वोल्टमीटर में पैमाने पर अंशांकन .... (असमान रूप से/समान रूप से) दूर होते हैं।

9 एक चल कुण्डली धारामापी प्रत्यावर्ती धारा को माप सकती है।(सत्य/असत्य)

10 एक .... (गतिमान आवेश/विराम आवेश) विद्युत और चुम्बकीय दोनों क्षेत्रों का स्रोत होता है।

11 चुम्बकीय क्षेत्र किसी धारावाही तत्व के अक्ष पर स्थित बिन्दुओं पर ...... (शून्य /अधिकतम) होता है तथा अवयव से होकर गुजरने वाले तथा उसके अक्ष के लम्बवत् तल में ...... (शून्य/अधिकतम) होता है।

12 ऐम्पियर का परिपथीय नियम बायो-सेवर्ट नियम से स्वतन्त्र नहीं होता है। (सत्य/असत्य)

13 किसी क्षेत्र से गुजरते समय इलेक्ट्रॉन का कोई विक्षेपण नहीं होता है, इसका अर्थ है कि उस क्षेत्र में कोई चुम्बकीय क्षेत्र नहीं है। (सत्य/असत्य)

14 एक असमान चुम्बकीय क्षेत्र में, धारा लूप पर कुल चुम्बकीय .... (बल/बल-आघूर्ण) शून्य नहीं होता है लेकिन उस पर कार्यरत् .... (बल/बल-आघूर्ण) शून्य या अशून्य हो सकता है।

15 यदि एक इलेक्ट्रॉन विद्युत और चुम्बकीय क्षेत्रों के बीच से अविचलित होकर गुजरता है, तो विद्युत और चुम्बकीय क्षेत्र के बीच का कोण क्या होगा?

16 चल कुण्डली गैल्वेनोमीटर की धारा सुग्राहिता को स्प्रिंग और निलम्बन तार के मरोड़ नियतांक (Torsion constant) को घटाकर नहीं बढ़ाया जा सकता है। (सत्य/असत्य)

17 एक आदर्श अमीटर और वोल्टमीटर का प्रतिरोध क्या होता है?

18 किसी दिए गए गैल्वेनोमीटर से तैयार किए जाने वाले अमीटर की सीमा जितनी अधिक होगी , उस उद्देश्य के लिए आवश्यक शण्ट प्रतिरोध का मान उतना ही .... (उच्च/निम्न) होगा।

19 अमीटर का परास कम किया जा सकता है। (सत्य/असत्य)

20 चुम्बकीय क्षेत्र में समतल धारा लूप पर कार्यरत् बल-आघूर्ण तब परिवर्तित होता है जब इसका क्षेत्रफल परिवर्तित किए बिना इसके आकार में परिवर्तन कर दिया जाता है। (सत्य/असत्य)

शीर्षकवार प्रश्न

चुम्बकीय बल

1 निम्न में से कौन-सा/से कथन सही है/हैं? NCERT पृष्ठ 109

(a) गतिशील आवेश या धाराएँ आसपास के स्थान में चुम्बकीय क्षेत्र उत्पन्न करती हैं।

(b) विद्युत क्षेत्र, ऊर्जा और संवेग को संचरित कर सकता है और तत्काल स्थापित हो जाता है।

(c) कई स्रोतों का चुम्बकीय क्षेत्र प्रत्येक व्यक्तिगत स्रोत के चुम्बकीय क्षेत्र का अंकगणितीय योग होता है।

(d) लॉरेन्ज बल q, $\mathbf{v}$ और $\mathbf{B}$ पर निर्भर करता है। ऋणात्मक आवेश पर बल, धनात्मक आवेश पर लगने वाले बल के समान होता है।

2 विद्युत क्षेत्र $\mathbf{E}(r)$ और चुम्बकीय क्षेत्र $\mathbf{B}(r)$ दोनों की उपस्थिति में वेग $\mathbf{v}$ से गतिमान आवेश $\mathbf{q}$ के आवेशित कण पर लॉरेन्ज बल निम्न प्रकार दिया जाता है NCERT पृष्ठ 109

(a) $q\left[\mathbf{E}(\mathbf{r})+\frac{1}{2}\mathbf{v}\times\mathbf{B}(\mathbf{r})\right]$ (b) $q\,[\mathbf{E}(\mathbf{r})+\mathbf{v}\times\mathbf{B}(\mathbf{r})]$

(c) $q\,[\mathbf{E}(\mathbf{r})-\mathbf{v}\times\mathbf{B}(\mathbf{r})]$ (d) $q[\mathbf{v}\times\mathbf{B}(\mathbf{r})-\mathbf{E}(\mathbf{r})]$

3 एक प्रोटॉन को वेग $\mathbf{v} = 2\hat{i}$ मी/से से एक क्षेत्र में प्रक्षेपित किया जाता है, जहाँ चुम्बकीय क्षेत्र $\mathbf{B} = (\hat{i} + 3\hat{j} + 4\hat{k})$ माइक्रो टेस्ला और विद्युत क्षेत्र $\mathbf{E} = 10\hat{i}$ माइक्रो वोल्ट/मी है, तो प्रोटॉन पर कुल बल ज्ञात कीजिए। NCERT पृष्ठ 109

(a) 22.6×10^{-25} न्यूटन (b) 14.14×10^{-25} न्यूटन
(c) 1.6×10^{-25} न्यूटन (d) 10.5×10^{-25} न्यूटन

4 एक 2 मेगा-इलेक्ट्रॉन वोल्ट, प्रोटॉन 2.5 टेस्ला के एकसमान चुम्बकीय क्षेत्र के लम्बवत् गति कर रहा है। प्रोटॉन पर चुम्बकीय बल है NCERT पृष्ठ 110

(a) 8×10^{-12} न्यूटन (b) 4×10^{-12} न्यूटन
(c) 16×10^{-12} न्यूटन (d) 2×10^{-12} न्यूटन

5 जब किसी इलेक्ट्रॉन को प्रबल चुम्बकीय क्षेत्र में रखा जाता है, तो NCERT पृष्ठ 110

(a) इलेक्ट्रॉन आरोपित चुम्बकीय क्षेत्र की विपरीत दिशा में गति करता है
(b) इलेक्ट्रॉन आरोपित चुम्बकीय क्षेत्र की दिशा में गति करता है
(c) इलेक्ट्रॉन चुम्बकीय क्षेत्र की लम्बवत् दिशा में गति करता है
(d) इलेक्ट्रॉन उसी स्थिति पर नियत रहता है

6 एक क्षैतिज धातु का तार उत्तर से दक्षिण की ओर विद्युत धारा वहन कर रहा है। एकसमान चुम्बकीय क्षेत्र का उपयोग करके, इसे गुरुत्व के प्रभाव में गिरने से रोकना है। इस चुम्बकीय क्षेत्र की दिशा होनी चाहिए NCERT पृष्ठ 110

(a) उत्तर की ओर (b) दक्षिण की ओर
(c) पूर्व की ओर (d) पश्चिम की ओर

7 एक प्रोटॉन 1.5 वेबर/मी^{2} फ्लक्स घनत्व के चुम्बकीय क्षेत्र में 2×10^7 मी/से वेग से क्षेत्र के साथ 30° कोण पर प्रवेश करता है। प्रोटॉन पर बल होगा NCERT पृष्ठ 110

(a) 2.4×10^{-12} न्यूटन (b) 0.24×10^{-12} न्यूटन
(c) 24×10^{-12} न्यूटन (d) 0.024×10^{-12} न्यूटन

8 एकसमान चुम्बकीय क्षेत्र में गतिशील आवेश पर चुम्बकीय बल की दिशा के लिए निम्न में से कौन-सा आरेख सही है? NCERT पृष्ठ 110

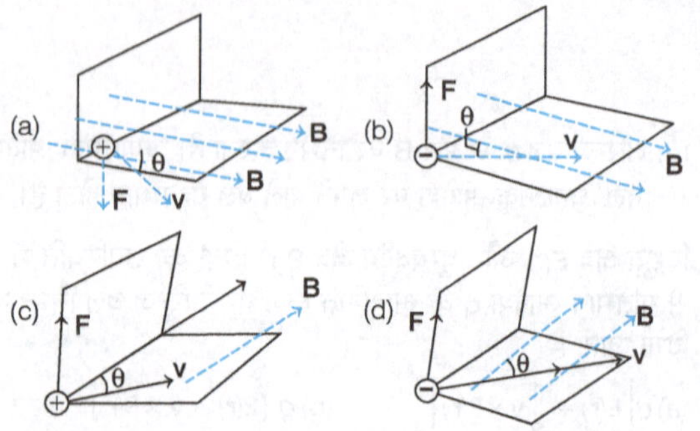

9 यदि 10^{-12} कूलॉम आवेश का एक कण x-दिशा में 10^5 मी/से वेग से गतिमान है और चुम्बकीय क्षेत्र के कारण y-दिशा में 10^{-10} न्यूटन का बल अनुभव करता है, तो न्यूनतम चुम्बकीय क्षेत्र होगा NCERT पृष्ठ 110

(a) 6.25×10^3 टेस्ला z-दिशा में (b) 10^{-15} टेस्ला z-दिशा में
(c) 6.25×10^{-3} टेस्ला z- दिशा में (d) 10^{-3} टेस्ला z-दिशा में

10 एक इलेक्ट्रॉन पुंज 10^6 मी/से के वेग से एकसमान चुम्बकीय क्षेत्र 0.2 टेस्ला से गुजर रहा है, जोकि पुंज की दिशा के लम्बवत् है। इलेक्ट्रॉन पर लगने वाला बल क्या है? NCERT पृष्ठ 110

(a) 3.2×10^{-14} न्यूटन (b) 1.5×10^{-14} न्यूटन
(c) 8×10^{-15} न्यूटन (d) 6.4×10^{-14} न्यूटन

11 2 कूलॉम आवेश युक्त एक आवेश कण $(2\hat{i} + 3\hat{j})$ मी/से के वेग से $\mathbf{E} = 2\hat{j}$ न्यूटन/कूलॉम और चुम्बकीय क्षेत्र $5\hat{k}$ टेस्ला वाले क्षेत्र के अन्दर फेंका जाता है। कण पर कार्यरत् लॉरेन्ज बल है NCERT पृष्ठ 110

(a) $(30\hat{i} - 16\hat{j})$ न्यूटन (b) $(15\hat{i} + 20\hat{j})$ न्यूटन
(c) $(15\hat{i} - 30\hat{j})$ न्यूटन (d) $(30\hat{i} + 15\hat{j})$ न्यूटन

12 एक इलेक्ट्रॉन 0.1 टेस्ला के एकसमान चुम्बकीय क्षेत्र में 10^6 मी/से के वेग से घूम रहा है जो गति की दिशा के लम्बवत् है। इलेक्ट्रॉन पर लगने वाला बल क्या है? NCERT पृष्ठ 110

(a) 1.6×10^{-12} न्यूटन (b) 1.6×10^{-14} न्यूटन
(c) 5×10^{-9} न्यूटन (d) 3.2×10^{-14} न्यूटन

13 एक इलेक्ट्रॉन पूर्व दिशा की ओर क्षैतिज रूप से यात्रा कर रहा है। ऊर्ध्वाधर नीचे की दिशा में एक चुम्बकीय क्षेत्र, इलेक्ट्रॉन पर एक बल लगाता है NCERT पृष्ठ 110

(a) पूर्व दिशा में (b) पश्चिम दिशा में
(c) उत्तर दिशा में (d) दक्षिण दिशा में

14 200 ग्राम द्रव्यमान और 1.5 मीटर लम्बाई का एक सीधा तार 2 ऐम्पियर की धारा वहन करता है। इसे एकसमान क्षैतिज चुम्बकीय क्षेत्र द्वारा मध्य वायु में रखा जाता है। चुम्बकीय क्षेत्र का परिमाण क्या है? NCERT पृष्ठ 111

(a) 1 टेस्ला (b) 0.65 टेस्ला
(c) 0.35 टेस्ला (d) 0.85 टेस्ला

चुम्बकीय क्षेत्र में गति

15 एक प्रयोग में, 500 वोल्ट का वोल्टेज आरोपित करके इलेक्ट्रॉनों को विराम अवस्था से त्वरित किया जाता है। यदि 100 मिली टेस्ला का चुम्बकीय क्षेत्र लगाया जाए, तो पथ की त्रिज्या की गणना करें। (इलेक्ट्रॉन का आवेश $= 1.6 \times 10^{-19}$ कूलॉम तथा इलेक्ट्रॉन का द्रव्यमान $= 9.1 \times 10^{-31}$ किग्रा लें) NCERT पृष्ठ 112

(a) 7.5×10^{-2} मी (b) 7.5×10^{-4} मी
(c) 7.5×10^{-3} मी (d) 7.5×10^{-2} मी

16 समान आवेश वाले द्रव्यमान m_a और m_b के दो कणों को लम्बवत् चुम्बकीय क्षेत्र में प्रक्षेपित किया जाता है। वे त्रिज्या r_a तथा r_b त्रिज्या के वृत्ताकार पथ पर इस प्रकार गति करते हैं कि $r_a > r_b$, तो निम्न में से कौन-सा विकल्प सही है? **NCERT पृष्ठ 112**

(a) $m_a v_a > m_b v_b$ (b) $m_a > m_b$ और $v_a > v_b$
(c) $m_a = m_b$ और $v_a > v_b$ (d) $m_b v_b > m_a v_a$

17 50 किलो इलेक्ट्रॉन वोल्ट गतिज ऊर्जा वाला एक ड्यूटेरॉन चुम्बकीय क्षेत्र B के लम्बवत् तल में 0.5 मी त्रिज्या की एक वृत्ताकार कक्षा को वर्णित कर रहा है। उसी चुम्बकीय क्षेत्र B के साथ उसी तल में 0.5 मी त्रिज्या की एक वृत्ताकार कक्षा को वर्णित करने वाले प्रोटॉन की गतिज ऊर्जा क्या होगी? **NCERT पृष्ठ 112**

(a) 25 किलो इलेक्ट्रॉन वोल्ट (b) 50 किलो इलेक्ट्रॉन वोल्ट
(c) 200 किलो इलेक्ट्रॉन वोल्ट (d) 100 किलो इलेक्ट्रॉन वोल्ट

18 एक प्रोटॉन, एक ड्यूटेरॉन और एक α-कण समान गतिज ऊर्जा के साथ लम्बवत् चुम्बकीय क्षेत्र (अपने वेग के लिए) के क्षेत्र में प्रवेश करते हैं। यदि r_p, r_d और r_α इन कणों के वृत्ताकार पथों की त्रिज्याएँ हैं, तो **NCERT पृष्ठ 112**

(a) $r_\alpha = r_p < r_d$ (b) $r_\alpha = r_d = r_p$
(c) $r_\alpha < r_d < r_p$ (d) $r_\alpha > r_d > r_p$

19 एक इलेक्ट्रॉन चुम्बकीय क्षेत्र के एक क्षेत्र में लम्बवत् 3×10^7 मी/से गति से प्रवेश करता है। चुम्बकीय क्षेत्र की सामर्थ्य 6×10^{-4} टेस्ला है। इसकी आवृत्ति है **NCERT पृष्ठ 112**

(a) 2 मैगा हर्ट्ज (b) 17 मैगा हर्ट्ज
(c) 20 मैगा हर्ट्ज (d) 2 मैगा हर्ट्ज

20 द्रव्यमान m और आवेश q का एक कण धनात्मक x-दिशा के अनुदिश एक नियत वेग v से गति करता है। यह एक ऐसे क्षेत्र में प्रवेश करता है जिसमें एकसमान चुम्बकीय क्षेत्र B है जो ऋणात्मक z-दिशा के साथ निर्देशित है, तथा $x = a$ से $x = b$ तक फैला हुआ है। v का वह आवश्यक न्यूनतम मान क्या है, जिससे कण $x > b$ क्षेत्र में प्रवेश कर सके? **NCERT पृष्ठ 112**

(a) $qb\,B/m$ (b) $[q\,(b-a)\,B]/m$
(c) $q\,aB/m$ (d) $q\,(b+a)\,B/2m$

21 द्रव्यमान 1.67×10^{-27} किग्रा और 1.6×10^{-19} कूलॉम आवेश वाले एक प्रोटॉन को X-अक्ष से 60° कोण पर 2×10^6 मी/से गति से प्रक्षेपित किया जाता है। यदि Y- अक्ष के अनुदिश चुम्बकीय क्षेत्र 0.104 टेस्ला लगाया जाता है, तो प्रोटॉन का पथ होगा **NCERT पृष्ठ 112**

(a) 0.2 मीटर त्रिज्या और $2\pi \times 10^{-7}$ सेकण्ड समयावधि का एक वृत्त
(b) 0.1 मीटर त्रिज्या और $2\pi \times 10^{-7}$ सेकण्ड समयावधि का एक वृत्त
(c) 0.2 मीटर त्रिज्या और $2\pi \times 10^{-7}$ सेकण्ड समयावधि का एक हेलिक्स
(d) 0.2 मीटर त्रिज्या और $4\pi \times 10^{-7}$ सेकण्ड समयावधि का एक हेलिक्स

22 1 मेगा इलेक्ट्रॉन वोल्ट ऊर्जा का एक प्रोटॉन 628×10^{-4} टेस्ला के एकसमान चुम्बकीय क्षेत्र से समकोण पर समतल में एक वृत्ताकार पथ को निरूपित करता है। प्रोटॉन का द्रव्यमान 1.6×10^{-27} है । प्रोटॉन की आवृत्ति लगभग बराबर होती है **NCERT पृष्ठ 112**

(a) 10^7 हर्ट्ज (b) 10^5 हर्ट्ज
(c) 10^6 हर्ट्ज (d) 10^4 हर्ट्ज

23 चुम्बकीय क्षेत्र में किसी कोण (0° या 90° के अतिरिक्त) पर गतिमान आवेश के पथ को दर्शाने के लिए कौन-सा चित्र सही है? **NCERT पृष्ठ 112**

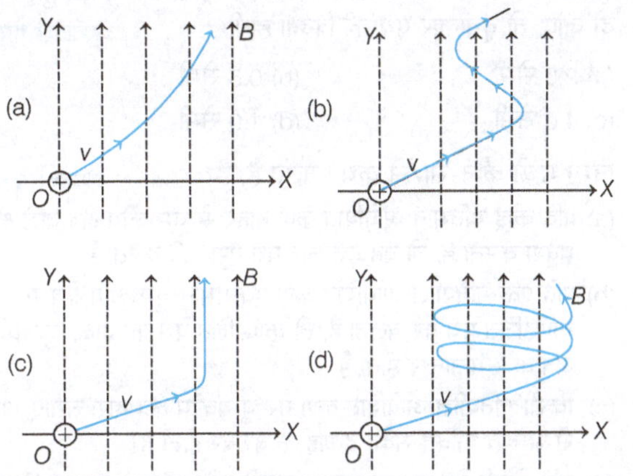

24 एक आयनित गैस में धनात्मक और ऋणात्मक दोनों आयन होते हैं। यदि इसे एक साथ $+x$-दिशा के अनुदिश विद्युत क्षेत्र और $+z$-दिशा के अनुदिश चुम्बकीय क्षेत्र के अधीन किया जाता है, तो **NCERT पृष्ठ 112**

(a) धनात्मक आयन $+y$-दिशा की ओर तथा ऋणात्मक आयन $-y$-दिशा की ओर विक्षेपित होते हैं
(b) सभी आयन $+y$-दिशा की ओर विक्षेपित होते हैं
(c) सभी आयन $-y$-दिशा की ओर विक्षेपित होते हैं
(d) धनात्मक आयन $-y$-दिशा की ओर तथा ऋणात्मक आयन $+y$-दिशा की ओर विक्षेपित होते हैं

25 एक इलेक्ट्रॉन एक आवेशित समान्तर प्लेट संधारित्र के अन्दर सीधे गति करता है। संधारित्र की प्लेटों में आवेश घनत्व σ होता है। प्लेटों के बीच का स्थान, प्रेरण **B** के स्थिर चुम्बकीय क्षेत्र से भरा गया है। **NCERT पृष्ठ 112**

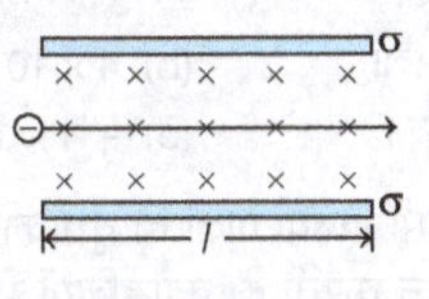

इलेक्ट्रॉन द्वारा क्षेत्र से गुजरने में लिया गया समय है

(a) $\dfrac{e\sigma}{\varepsilon_0 lB}$ (b) $\dfrac{\varepsilon_0 lB}{\sigma}$ (c) $\dfrac{\sigma e}{\varepsilon_0 B}$ (d) $\dfrac{\varepsilon_0 B}{e\sigma}$

26 एक प्रोटॉन और एक α-कण दोनों एकसमान चुम्बकीय क्षेत्र B में प्रवेश करते हैं, और क्षेत्र B से समकोण पर गति करते हैं। यदि दोनों कणों के लिए वृत्तीय कक्षाओं की त्रिज्या समान है और प्रोटॉन द्वारा अर्जित गतिज ऊर्जा 1 मेगा इलेक्ट्रॉन वोल्ट है, तो α-कण द्वारा अर्जित ऊर्जा होगी **NCERT पृष्ठ 112**

(a) 4 मेगा इलेक्ट्रॉन वोल्ट (b) 0.5 मेगा इलेक्ट्रॉन वोल्ट
(c) 1.5 मेगा इलेक्ट्रॉन वोल्ट (d) 1 मेगा इलेक्ट्रॉन वोल्ट

27 एकसमान चुम्बकीय क्षेत्र, इलेक्ट्रॉनों की गति की दिशा से समकोण पर कार्य करता है। परिणामस्वरूप, इलेक्ट्रॉन 2 सेमी त्रिज्या के एक वृत्ताकार पथ पर गति करता है। यदि इलेक्ट्रॉनों की गति दोगुनी कर दी जाए, तो वृत्ताकार पथ की त्रिज्या होगी **NCERT पृष्ठ 112**

(a) 2.0 सेमी (b) 0.5 सेमी
(c) 4.0 सेमी (d) 1.0 सेमी

28 निम्न में से कौन-सा/से कथन गलत है/हैं? **NCERT पृष्ठ 112**

(a) यदि कोई गतिमान आवेशित कण बाहर से चुम्बकीय क्षेत्र वाले क्षेत्र में प्रवेश करता है, तो वह वृत्ताकार पथ पूरा नहीं करता है
(b) यदि एक गतिशील आवेशित कण एकसमान चुम्बकीय क्षेत्र में कुण्डलित पथ पर चलता है, तो कुण्डलित पथ का अक्ष, चुम्बकीय क्षेत्र के समानान्तर होता है
(c) किसी गतिशील आवेशित कण पर चुम्बकीय क्षेत्र द्वारा लगाए गए बल से सम्बद्ध शक्ति सदैव इकाई के बराबर होती है।
(d) यदि किसी क्षेत्र में एकसमान चुम्बकीय क्षेत्र तथा एकसमान विद्युत क्षेत्र दोनों विद्यमान हों, तो इस क्षेत्र में गतिमान आवेशित कण वृत्ताकार पथ नहीं बना सकता।

विद्युत धारा अवयव के कारण चुम्बकीय क्षेत्र : बायो-सेवर्ट नियम

29 एक अवयव $\Delta l = \Delta x\,\hat{i}$ मूल बिन्दु पर रखा गया है तथा इसमें $I = 10$ ऐम्पियर विद्युत धारा प्रवाहित हो रही है।

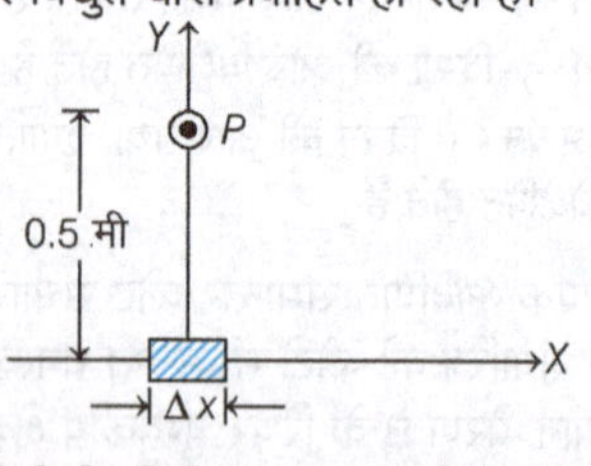

यदि $\Delta x = 1$ सेमी हो, तो बिन्दु P पर चुम्बकीय क्षेत्र है **NCERT पृष्ठ 114**

(a) $4\times10^{-8}\,\hat{k}$ टेस्ला (b) $4\times10^{-8}\,\hat{i}$ टेस्ला
(c) $4\times10^{-8}\,\hat{j}$ टेस्ला (d) $-4\times10^{-8}\,\hat{j}$ टेस्ला

30 5 सेमी और 10 सेमी त्रिज्या वाली दो वृत्ताकार कुण्डलियाँ 2 ऐम्पियर की समान धारा वहन करती हैं। कुण्डलियों में क्रमशः 50 और 100 फेरे हैं और उन्हें इस प्रकार रखा गया है कि उनके तल और केन्द्र एक-दूसरे से मिलते हैं। कुण्डलियों के उभयनिष्ठ केन्द्र पर चुम्बकीय क्षेत्र का परिमाण है **NCERT पृष्ठ 116**

(a) $8\pi\times10^{-4}$ टेस्ला, यदि कुण्डलियों में धाराएँ समान दिशा में हों
(b) $4\pi\times10^{-4}$ टेस्ला, यदि कुण्डलियों में धाराएँ विपरीत दिशा में हों
(c) शून्य, यदि कुण्डलियों में धाराएँ समान दिशा में हों
(d) $8\pi\times10^{-4}$ टेस्ला, यदि कुण्डलियों में धाराएँ विपरीत दिशा में हों

31 निम्न में से कौन-सा/से कथन गलत है/हैं ? **NCERT पृष्ठ 116**

(a) चुम्बकीय क्षेत्र में बेलनाकार सममिति पाई जाती है।
(b) चुम्बकीय क्षेत्र की नियत परिमाण की रेखाएँ समान्तर सीधी रेखाएँ होती हैं।
(c) यद्यपि तार अनंत है, फिर भी शून्येत्तर दूरी पर इसके कारण उत्पन्न क्षेत्र अनंत नहीं होता है।
(d) चुम्बकीय क्षेत्र की दिशा दाएँ हस्त नियम द्वारा दी गई है, जिसमें अंगुलियाँ चुम्बकीय क्षेत्र की दिशा में मुड़ेंगी।

32 12 ऐम्पियर धारा प्रवाहित करने वाले एक सीधे तार को 2.0 सेमी त्रिज्या के अर्द्धवृत्ताकार लूप में मोड़ा गया है। अर्द्धवृत्ताकार लूप के केन्द्र पर चुम्बकीय क्षेत्र क्या होगा? **NCERT पृष्ठ 117**

(a) $\mathbf{B} = 1.9\times10^{-4}$ टेस्ला, $\odot$
(b) $\mathbf{B} = 1.9\times10^{4}$ टेस्ला, $\odot$
(c) $\mathbf{B} = 1.9\times10^{-4}$ टेस्ला, $\otimes$
(d) $\mathbf{B} = 1.9\times10^{4}$ टेस्ला, $\otimes$

33 समान त्रिज्या ($R = 10$ सेमी) तथा समान धारा ($I = 7/2$ ऐम्पियर) वाले दो वृत्ताकार लूप एक ही अक्ष पर रखे गए हैं, जैसा कि चित्र में दिखाया गया है। यदि उनके केन्द्रों के बीच की दूरी 10 सेमी है, तो बिन्दु P पर कुल चुम्बकीय क्षेत्र क्या होगा? **NCERT पृष्ठ 116**

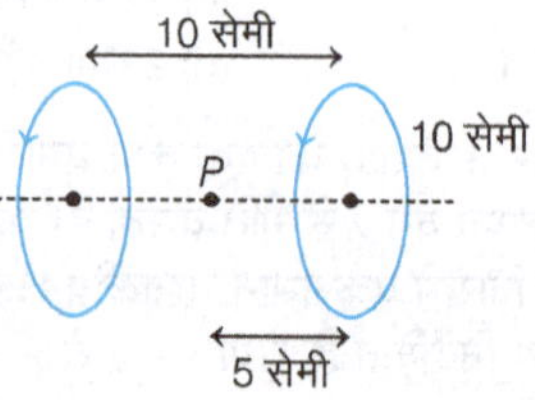

(a) $\dfrac{50\mu_0}{\sqrt{5}}$ टेस्ला (b) $\dfrac{28\mu_0}{\sqrt{5}}$ टेस्ला
(c) $\dfrac{56\mu_0}{\sqrt{5}}$ टेस्ला (d) $\dfrac{56\mu_0}{\sqrt{3}}$ टेस्ला

34 त्रिज्या r वाले एक वृत्ताकार धारावाही चालक के केन्द्र पर चुम्बकीय क्षेत्र B_c है। केन्द्र से r दूरी पर इसके अक्ष पर चुम्बकीय क्षेत्र B_a है तो $B_c : B_a$ का मान होगा **NCERT पृष्ठ 117**

(a) $1:\sqrt{2}$ (b) $1:2\sqrt{2}$
(c) $2\sqrt{2}:1$ (d) $\sqrt{2}:1$

35 0.4 मीटर त्रिज्या वाले तथा 3 ऐम्पियर धारा प्रवाहित करने वाले एक वृत्ताकार धारा लूप के केन्द्र पर चुम्बकीय क्षेत्र की तीव्रता है **NCERT पृष्ठ 117**

(a) 4.7×10^{-6} टेस्ला (b) 4.8×10^{-5} टेस्ला
(c) 5.2×10^{-8} टेस्ला (d) 4.8×10^{-2} टेस्ला

ऐम्पियर का परिपथीय नियम

36 त्रिज्या a का एक लम्बा सीधा तार अपने अनुप्रस्थ-काट पर समान रूप से वितरित धारा वहन करता है। $\frac{a}{3}$ तार के अक्ष से क्रमशः $\frac{a}{3}$ और $2a$ दूरियों पर तार के कारण चुम्बकीय क्षेत्रों का अनुपात हैं NCERT पृष्ठ 118

(a) $\frac{3}{2}$ (b) 2 (c) $\frac{2}{3}$ (d) $\frac{1}{2}$

37 100 फेरों वाली एक कसकर लपेटी हुई कुण्डली जिसकी त्रिज्या 10 सेमी है, कुण्डली में प्रवाहित धारा का परिमाण 1 ऐम्पियर है, कुण्डली के केन्द्र पर चुम्बकीय क्षेत्र का परिमाण क्या होगा ? NCERT पृष्ठ118

(a) 6.28×10^{-6} टेस्ला (b) 6.28×10^{-7} टेस्ला
(c) 6.28×10^{-5} टेस्ला (d) 6.28×10^{-4} टेस्ला

38 निम्न में से कौन-सा कथन गलत है/हैं ? NCERT पृष्ठ 118

(a) ऐम्पियर के नियम सम्बन्ध के लिए, दाएँ हस्त नियम के द्वारा एक चिन्ह परिपाटी दी गई है, जिसमें अँगूठे की दिशा से यह बोध होता है कि धारा I को धनात्मक माना जाता है।
(b) ऐम्पेरियन लूप वह होता है जिसके प्रत्येक बिंदु पर या तो **B** लूप के स्पर्शरिखीय होता है और एक अशून्य स्थिरांक **B** होता है या **B** लूप के अभिलम्ब होता है या **B** लुप्त हो जाता है।
(c) जब किसी प्रणाली में सममिति होती है, जैसे कि एक सीधे अनन्त धारावाही तार के लिए, तो ऐम्पियर का नियम चुम्बकीय क्षेत्रों का सरल मूल्यांकन करने में सक्षम बनाता है।
(d) ऐम्पियर का परिपथीय नियम उन धाराओं पर लागू होता है जो समय के साथ त्वरित होती हैं।

39 त्रिज्या R का एक बेलनाकार चालक अपने अनुप्रस्थ-काट में एकसमान वितरण वाली एक स्थिर धारा I प्रवाहित कर रहा है। बेलन के अक्ष से $r = \frac{R}{2}$ पर चुम्बकीय क्षेत्र सामर्थ्य क्या होगी? NCERT पृष्ठ 118

(a) $\frac{\mu_0 I}{2\pi R}$ (b) $\frac{\mu_0 I}{4\pi R}$ (c) $\frac{\mu_0 I}{2R}$ (d) शून्य

परिनालिका

40 एक लम्बी परिनालिका में 20 फेरे/सेमी हैं। परिनालिका के अन्दर 20 मी टेस्ला का चुम्बकीय क्षेत्र उत्पन्न करने के लिए आवश्यक धारा लगभग है NCERT पृष्ठ 122

(a) 1 ऐम्पियर (b) 2 ऐम्पियर
(c) 4 ऐम्पियर (d) 8 ऐम्पियर

41 0.5 मीटर लम्बाई वाली एक परिनालिका की त्रिज्या 1 सेमी है और यह 500 फेरों से बनी है। इसमें 5 ऐम्पियर धारा प्रवाहित होती है। परिनालिका के अन्दर चुम्बकीय क्षेत्र क्या है? NCERT पृष्ठ 122

(a) 6.28×10^{-3} टेस्ला (b) 6.28×10^{3} टेस्ला
(c) 6.28×10^{-5} टेस्ला (d) 6.28×10^{5} टेस्ला

42 एक बहुत लम्बी परिनालिका का निर्माण एक तार को कसकर लपेटकर किया जाना है जिसके केन्द्र पर 0.168 टेस्ला का चुम्बकीय क्षेत्र हो। परिनालिका की त्रिज्या 0.01 मीटर होनी चाहिए तथा तार में 2 ऐम्पियर की धारा प्रवाहित होनी चाहिए। यदि परिनालिका 1.4 मीटर लम्बी है, तो निकटतम पूर्णांक (मीटर में) में आवश्यक तार की लम्बाई क्या होगी? NCERT पृष्ठ 122

(a) 4220 (b) 5842 (c) 2550 (d) 58800

43 निम्न में से कौन-सा कथन गलत है/हैं ? NCERT पृष्ठ 122

(a) किसी परिनालिका में, कुल चुम्बकीय क्षेत्र सभी घुमावों के कारण उत्पन्न क्षेत्रों का सदिश योग होता है।
(b) वाइण्डिंग के लिए इनैमेल्ड तारों का उपयोग किया जाता है, ताकि तारों के फेरे एक-दूसरे से पृथक रहें।
(c) परिनालिका के अन्दर का क्षेत्र शून्य के समीप पहुंच जाता है तथा बाहर प्रत्येक स्थान पर अक्ष के समानान्तर हो जाता है।
(d) परिनालिका का उपयोग सामान्यतः एकसमान चुम्बकीय क्षेत्र प्राप्त करने के लिए किया जाता है।

44 एक लम्बी परिनालिका जिसकी लम्बाई 200 फेरे/सेमी है तथा जिसमें धारा/प्रवाहित होती है। इसके अक्ष पर चुम्बकीय क्षेत्र 6.28×10^{-2} वेबर/मी^{2} है। एक अन्य परिनालिका जिसकी लम्बाई 100 फेरे/सेमी है और जिसमें $I/3$ धारा प्रवाहित होती है, तो उसके अक्ष पर चुम्बकीय क्षेत्र होगा NCERT पृष्ठ 122

(a) 105×10^{-4} वेबर/मी^{2} (b) 1.05×10^{-2} वेबर/मी^{2}
(c) 1.05×10^{-5} वेबर/मी^{2} (d) 1.05×10^{-3} वेबर/मी^{2}

दो समान्तर धाराओं के बीच बल

45 6 ऐम्पियर धारा वहन करने वाले लंबे सीधे तार से 9 सेमी दूर एक बिन्दु पर चुम्बकीय फ्लक्स घनत्व क्या होगा? NCERT पृष्ठ 123

(a) 1.33×10^{-5} टेस्ला (b) 1.7×10^{-4} टेस्ला
(c) 2.3×10^{-2} टेस्ला (d) 1.36×10^{-4} टेस्ला

46 10 ऐम्पियर, 20 ऐम्पियर और 30 ऐम्पियर धारा वहन करने वाले तीन लम्बे तारो को एक-दूसरे के समानांतर रखा गया है, जैसा कि चित्र में दर्शाया गया है। बिन्दु P और Q तारों के मध्य में हैं। बिन्दु P और Q पर चुम्बकीय क्षेत्र का अनुपात क्या है? NCERT पृष्ठ 123

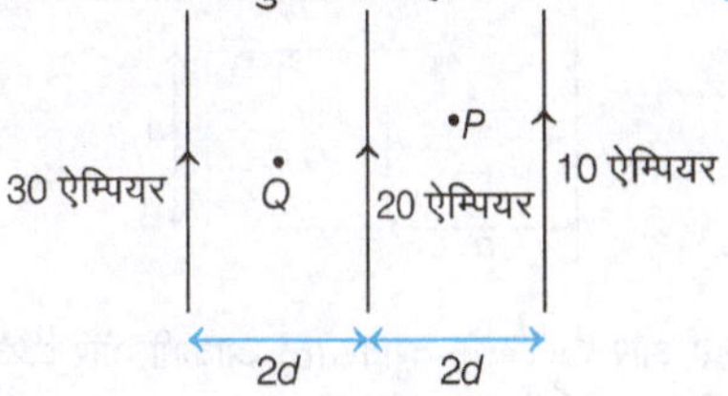

(a) 2 : 1 (b) 3 : 2 (c) 2 : 3 (d) 3 : 1

47 यदि दो समान्तर धारावाही चालकों को निर्वात् में 1 मीटर की दूरी पर इस प्रकार रखा जाए, कि प्रत्येक चालक 1 ऐम्पियर धारा प्रवाहित करे, तो उनमें उत्पन्न बल होता है NCERT पृष्ठ 123

(a) 2×10^{-7} न्यूटन/मी (b) 2×10^{7} न्यूटन/मी
(c) 9×10^{9} न्यूटन/मी (d) 9×10^{-9} न्यूटन/मी

48 दो लम्बे समान्तर सीधे तार A और B एक ही दिशा में 40 ऐम्पियर और 5.0 ऐम्पियर की धाराएँ वहन कर रहे हैं तथा इनके बीच 4×10^{-2} मी की दूरी है। तार A के 0.20 मी खण्ड पर बल है NCERT पृष्ठ 123

(a) 2×10^{-5} न्यूटन (B की ओर) (b) 2×10^{-5} न्यूटन (B से दूर)
(c) 2×10^{-5} न्यूटन (A की ओर) (d) 2×10^{-5} न्यूटन (B के समान्तर)

49 दो बहुत लम्बे, सीधे और समानान्तर तार एक ही दिशा में समान स्थिर धारा I प्रवाहित करते हैं। तारों के बीच की दूरी d है। समय के एक निश्चित क्षण पर, एक बिन्दु आवेश q तारों के तल में दो तारों से समान दूरी पर एक बिन्दु पर है। इसका तात्कालिक वेग v इस तल के लम्बवत् है। इस क्षण आवेश पर कार्यरत् चुम्बकीय क्षेत्र के कारण बल का परिमाण है NCERT पृष्ठ 123

(a) $\frac{\mu_0 Iqv}{2\pi d}$ (b) $\frac{\mu_0 Iqv}{\pi d}$ (c) $\frac{2\mu_0 Iqv}{\pi d}$ (d) 0

50 चित्र में दो समान्तर अनन्त लम्बे धारावाही तार दर्शाए गए हैं। यदि बिन्दु A पर परिणामी चुम्बकीय क्षेत्र शून्य हो, तो धारा I का मान ज्ञात कीजिए। NCERT पृष्ठ 123

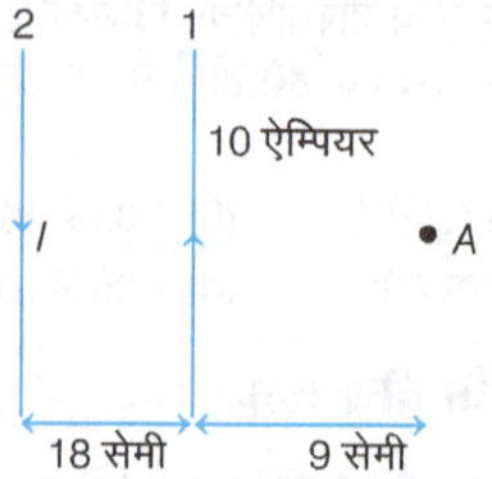

(a) 50 ऐम्पियर (b) 15 ऐम्पियर
(c) 30 ऐम्पियर (d) 25 ऐम्पियर

51 भुजा a तथा धारा I_2 वहन करने वाले एक दृढ़ वर्गाकार लूप एक दीर्घ धारा b वहन करने वाले तार के समीप एक क्षैतिज सतह पर उसी तल में रखा हुआ है, जैसा कि चित्र में दर्शाया गया है। तार के कारण लूप पर लगाने वाला कुल बल होगा। NCERT पृष्ठ 123

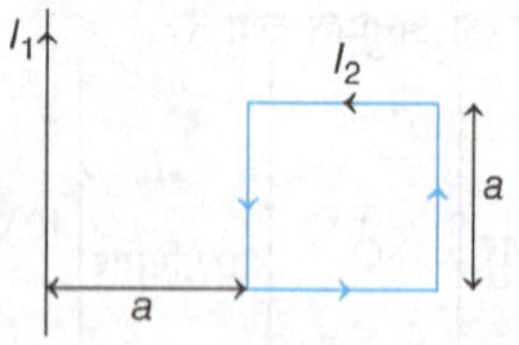

(a) प्रतिकर्षी और $\frac{\mu_0 I_1 I_2}{2\pi}$ के बराबर (b) आकर्षी और $\frac{\mu_0 I_1 I_2}{3\pi}$ के बराबर
(c) शून्य (d) प्रतिकर्षी और $\frac{\mu_0 I_1 I_2}{4\pi}$ के बराबर

52 समकोण समद्विबाहु ΔABC के रूप में धारावाही बन्द लूप को AB के अनुदिश कार्यरत् एकसमान चुम्बकीय क्षेत्र में रखा गया है। यदि भुजा BC पर चुम्बकीय बल F है, तो भुजा AC पर बल है NCERT पृष्ठ 123

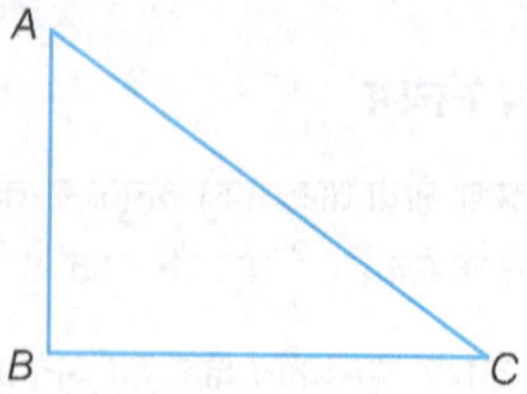

(a) $-F$ (b) F (c) $\sqrt{2}F$ (d) $-\sqrt{2}F$

53 धारावाही तीन लम्बे, सीधे और समान्तर तारों को चित्र में दर्शाए अनुसार व्यवस्थित किया गया है।

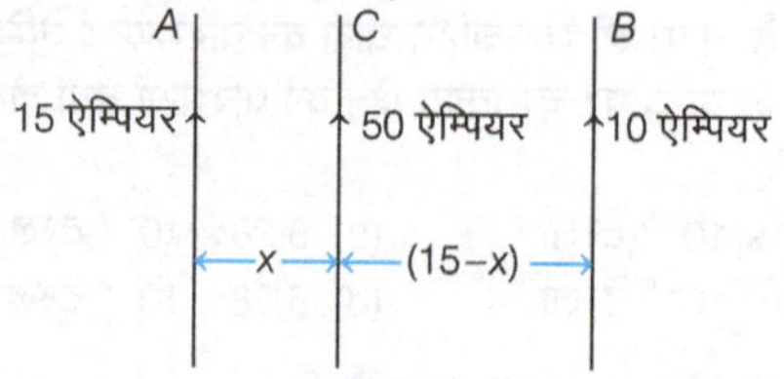

तार C जिसमें 50 A धारा प्रवाहित हो रही है, को इस प्रकार प्रतिस्थापित किया जाता है कि उस पर कोई बल अनुभव नहीं होता है। तार A से तार C की दूरी है NCERT पृष्ठ 123

(a) 9 सेमी (b) 7 सेमी (c) 5 सेमी (d) 3 सेमी

54 चित्र में 18 सेमी की दूरी पर स्थित दो लम्बे समानान्तर तार दर्शाए गए हैं। तार 1 में 8 ऐम्पियर और तार 2 में 12 ऐम्पियर धारा प्रवाहित हो रही है। तारों को जोड़ने वाली रेखा के किस बिन्दु पर चुम्बकीय क्षेत्र शून्य है? NCERT पृष्ठ 123

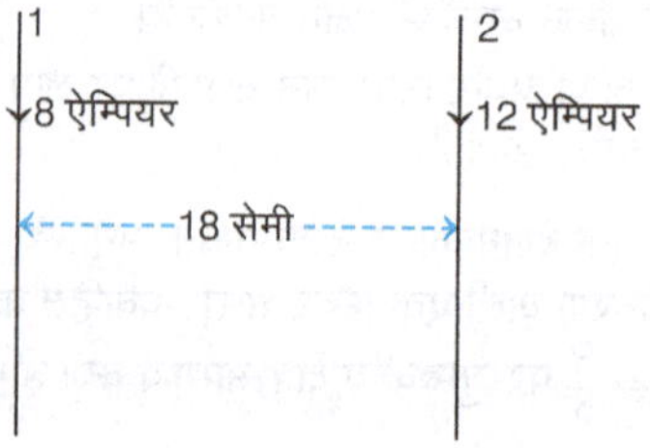

(a) तार 1 से 5.2 सेमी (b) तार 2 से 9.4 सेमी
(c) तार 1 से 7.2 सेमी (d) तार 2 से 10.3 सेमी

धारा लूप पर बल-आघूर्ण, चुम्बकीय द्विध्रुव

55 एक समतलीय लूप द्वारा परिवृत्त क्षेत्रफल 2×10^{-3} मी^{2} है। यदि लूप में 2 ऐम्पियर धारा प्रवाहित हो रही है, तो लूप के चुम्बकीय द्विध्रुव आघूर्ण का परिमाण क्या होगा? NCERT पृष्ठ 126

(a) 4×10^{3} जूल/टेस्ला (b) 8×10^{-3} जूल/टेस्ला
(c) 4×10^{-3} जूल/टेस्ला (d) 2×10^{-3} जूल/टेस्ला

56 25 फेरों और 12 सेमी त्रिज्या वाली एक वृत्ताकार कुण्डल को कुण्डली के तल के अभिलम्बवत् 0.5 टेस्ला के एकसमान चुम्बकीय क्षेत्र में रखा गया है। यदि कुण्डली में धारा 6 ऐम्पियर है, तो कुण्डली पर कार्यरत् कुल बल आघूर्ण है NCERT पृष्ठ 126

(a) शून्य (b) 3.4 न्यूटन-मी
(c) 3.8 न्यूटन-मी (d) 4.4 न्यूटन-मी

57 चुम्बकीय क्षेत्र में एक धारा लूप **NCERT पृष्ठ 126**

(a) बल-आघूर्ण का अनुभव करता है चाहे क्षेत्र सभी दिशाओं में एकसमान हो या असमान

(b) एक अभिविन्यास में साम्यावस्था में हो सकता है

(c) दो अभिविन्यासों में साम्यावस्था में हो सकता है तथा दोनों अवस्थाएँ अस्थिर होती हैं

(d) दो अभिविन्यासों में साम्यावस्था में हो सकता है, एक स्थिर जबकि दूसरी अस्थिर

58 10 सेमी और 5 सेमी भुजाओं वाला एक आयताकार लूप जिसमें 12 ऐम्पियर धारा प्रवाहित हो रही है, को विभिन्न दिशाओं में रखा गया है जैसा कि चित्र में दर्शाया गया है।

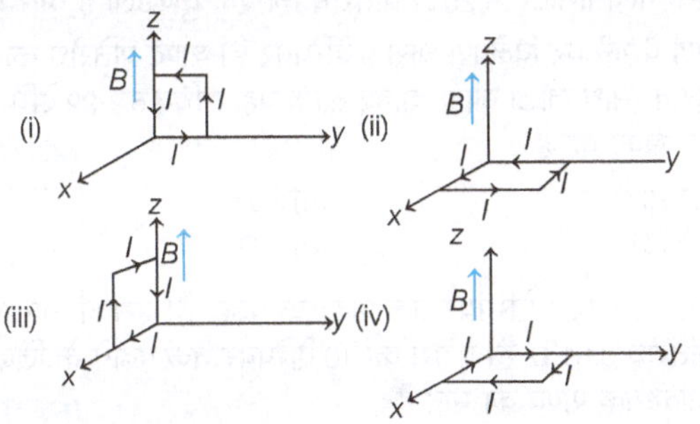

यदि धनात्मक z-दिशा में 0.3 टेस्ला का एकसमान चुम्बकीय क्षेत्र है, तो लूप किस अभिविन्यास में (i) स्थिर साम्यावस्था और (ii) अस्थिर साम्यावस्था में होगा? **NCERT पृष्ठ 126**

(a) क्रमशः (i) और (ii) (b) क्रमशः (i) और (iii)

(c) क्रमशः (ii) और (iv) (d) क्रमशः (ii) और (iii)

59 क्षैतिज तल में L भुजा वाले तार के एक छोटे वर्गाकार लूप में स्थिर धारा i प्रवाहित होती है। अब लूप को उसके मध्य से इस प्रकार मोड़ा जाता है कि उसका आधा भाग ऊर्ध्वाधर तल में रहता है। माना μ_1 और μ_2 क्रमशः मोड़ने से पहले और बाद में धारा लूप के कारण चुम्बकीय आघूर्ण को दर्शाते हैं। तब, **NCERT पृष्ठ 126**

(a) $\mu_2 = 0$ (b) μ_1 और μ_2 एक ही दिशा में हैं

(c) $\frac{|\mu_1|}{|\mu_2|} = \sqrt{2}$ (d) $\frac{|\mu_1|}{|\mu_2|} = \left(\frac{1}{\sqrt{2}}\right)$

60 एक इलेक्ट्रॉन 1 एंग्स्ट्रॉम त्रिज्या वाले हाइड्रोजन परमाणु के नाभिक के चारों ओर 10^6 मी/से की गति से चक्कर लगा रहा है। इलेक्ट्रॉन से सम्बद्ध चुम्बकीय द्विध्रुव आघूर्ण है **NCERT पृष्ठ 126**

(a) 8×10^{-24} ऐम्पियर-मी^{2} (b) 2×10^{-24} ऐम्पियर-मी^{2}

(c) $4 \times 10^{-24^2}$ ऐम्पियर-मी^{2} (d) 325×10^{-24} ऐम्पियर-मी^{2}

61 क्षेत्रफल A वाले एक वृत्ताकार लूप के केन्द्र पर चुम्बकीय क्षेत्र **B** है। लूप का चुम्बकीय आघूर्ण होगा। **NCERT पृष्ठ 126**

(a) $\frac{BA^2}{\mu_0 \pi}$ (b) $\frac{BA^{3/2}}{\mu_0 \pi}$ (c) $\frac{BA^{3/2}}{\mu_0 \pi^{1/2}}$ (d) $\frac{2BA^{3/2}}{\mu_0 \pi^{1/2}}$

62 एक वर्गाकार लूप में स्थिर धारा I प्रवाहित हो रही है तथा इसके चुम्बकीय द्विध्रुव आघूर्ण का परिमाण m है। यदि इस वर्गाकार लूप को वृत्ताकार लूप में परिवर्तित कर दिया जाए तथा इसमें समान धारा प्रवाहित हो रही हो, तो वृत्ताकार लूप के चुम्बकीय द्विध्रुव आघूर्ण का परिमाण (ऐम्पियर-मी में) होगा **NCERT पृष्ठ 126**

(a) $\frac{4m}{\pi}$ (b) $\frac{3m}{\pi}$ (c) $\frac{2m}{\pi}$ (d) $\frac{m}{\pi}$

63 त्रिज्या r की वृत्ताकार कक्षा में v गति से परिक्रमा करने वाले इलेक्ट्रॉन का चुम्बकीय आघूर्ण बराबर होता है **NCERT पृष्ठ 126**

(a) $evr/2$ के (b) evr के

(c) $er/2v$ के (d) इनमें से कोई नहीं

64 i ऐम्पियर धारा प्रवाहित करने वाले l मीटर लम्बाई के एक तार को समबाहु त्रिभुज के आकार में मोड़ा गया है। इसका चुम्बकीय द्विध्रुव आघूर्ण है **NCERT पृष्ठ 126**

(a) $\frac{il^2}{12}$ ऐम्पियर-मी^{2} (b) $\frac{il^2}{4}$ ऐम्पियर-मी^{2}

(c) $\frac{il^2}{12\sqrt{3}}$ ऐम्पियर-मी^{2} (d) $\frac{il^2}{6}$ ऐम्पियर-मी^{2}

65 10 सेमी भुजा वाली एक वर्गाकार कुण्डली में 20 फेरे हैं तथा इसमें 12 ऐम्पियर धारा प्रवाहित हो रही है। कुण्डली ऊर्ध्वाधर रूप से लटकी हुई है तथा कुण्डली के तल पर अभिलम्ब, 080 टेस्ला परिमाण के एकसमान क्षैतिज चुम्बकीय क्षेत्र की दिशा के साथ 30° का कोण बनाता है। कुण्डली द्वारा अनुभव किए गए बल-आघूर्ण का परिमाण क्या है? **NCERT पृष्ठ 126**

(a) 0.96 न्यूटन-मी (b) 96 न्यूटन-मी

(c) $0.96 \times \sqrt{3}$ न्यूटन-मी (d) $96 \times \sqrt{3}$ न्यूटन-मी

66 धारावाही तार की एक आयताकार कुण्डली एकसमान चुम्बकीय क्षेत्र में लटकी हुई है। कुण्डली का तल क्षेत्र की दिशा के साथ 30° का कोण बना रहा है और इसके द्वारा अनुभव किया गया बल-आघूर्ण τ_1 है और जब कुण्डली का तल क्षेत्र की दिशा के साथ 60° का कोण बना रहा है, तो इसके द्वारा अनुभव किया गया बल-आघूर्ण τ_2 है। तब अनुपात $\tau_1 : \tau_2$ है **NCERT पृष्ठ 126**

(a) $1 : \sqrt{3}$ (b) $\sqrt{3} : 1$ (c) 1 : 3 (d) 3 : 1

चल कुण्डली गैल्वेनोमीटर

67 70 Ω प्रतिरोध वाले एक गैल्वेनोमीटर को शण्ट प्रतिरोध $r_s = 0.03\ \Omega$ द्वारा अमीटर में परिवर्तित किया जाता है। इसके प्रतिरोध का मान हो जाएगा **NCERT पृष्ठ 130**

(a) 0.025 Ω (b) 0.022 Ω (c) 0.035 Ω (d) 0.030 Ω

68 एक गैल्वेनोमीटर का प्रतिरोध 50 Ω है और इससे होकर गुजरने वाली अधिकतम धारा 0.002 ऐम्पियर है। इसे 0-0.5 ऐम्पियर परास के अमीटर में परिवर्तित करने के लिए इससे कितना प्रतिरोध जोड़ा जाना चाहिए? **NCERT पृष्ठ 130**

(a) 0.2 Ω (b) 0.5 Ω (c) 0.002 Ω (d) 0.02 Ω

69 दर्शाए गए परिपथ में, 60 Ω प्रतिरोध वाले गैल्वेनोमीटर G को प्रतिरोध $r = 0.02\ \Omega$ द्वारा शण्ट किया जाता है। R से प्रवाहित धारा लगभग 1 ऐम्पियर है। प्रतिरोध R का मान लगभग है NCERT पृष्ठ 130

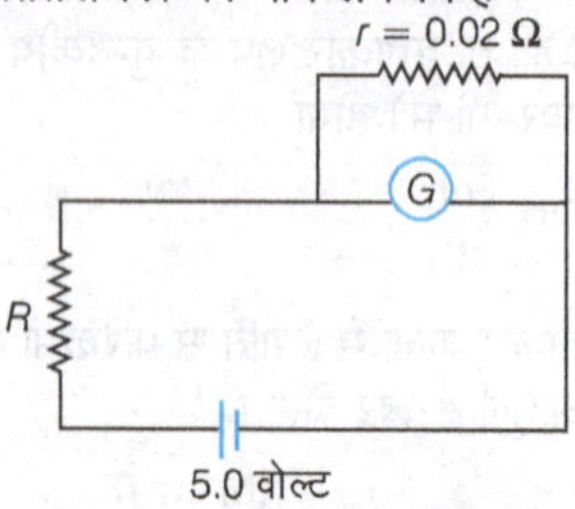

(a) 1.00 Ω (b) 5.00 Ω
(c) 11.0 Ω (d) 6.0 Ω

70 50 Ω प्रतिरोध के एक गैल्वेनोमीटर में 25 विभाजन हैं। 4×10^{-4} ऐम्पियर की धारा एक विभाजन का विक्षेपण देती है। इस गैल्वेनोमीटर को 25 वोल्ट के परास वाले वोल्टमीटर में परिवर्तित करने के लिए, इसे किस प्रतिरोध के साथ जोड़ा जाना चाहिए? NCERT पृष्ठ 130

(a) 2500 Ω शण्ट के रूप में (b) 245 Ω शण्ट के रूप में
(c) 2550 Ω श्रेणी में (d) 2450 Ω श्रेणी में

71 निम्न में से कौन-सा कथन गलत है/हैं ? NCERT पृष्ठ 130

(a) स्प्रिंग से जुड़े सूचक द्वारा चल कुडली गैल्वेनोमीटर के पैमाने पर दर्शाया गया विक्षेपण $\phi = \left(\frac{NAB}{k}\right)I$ द्वारा दिया जाता है।
(b) गैल्वेनोमीटर का उपयोग डिटेक्टर के रूप में यह जांचने के लिए किया जा सकता है कि परिपथ में धारा प्रवाहित हो रही है या नहीं।
(c) गैल्वेनोमीटर की धारा सुग्राहिता, प्रति एकांक धारा में विक्षेपण है जबकि वोल्टेज सुग्राहिता प्रति एकांक वोल्टेज में विक्षेपण है।
(d) वोल्टेज मापन में, मापक यंत्र के कारण होने वाले विक्षोभ को एक प्रतिशत से कम रखने के लिए गैल्वेनोमीटर के समान्तर एक लघु प्रतिरोध R जोड़ा जाता है।

72 दो गैल्वेनोमीटर A और B में, 10 विभाजनों का विक्षेपण उत्पन्न करने के लिए, क्रमशः 3 मिली ऐम्पियर और 5 मिली ऐम्पियर की धाराओं की आवश्यकता होती है, तब NCERT पृष्ठ 130

(a) A, B से अधिक सुग्राही है
(b) B, A से अधिक सुग्राही है
(c) दोनों समान रूप से सुग्राही हैं
(d) B की सुग्राहिता A की तुलना में 5/3 है

73 एक गैल्वेनोमीटर की कुण्डली में 100 फेरे हैं तथा इसका प्रभावी क्षेत्रफल 1 सेमी^{2} है। प्रत्यानयन युग्म 10^{-8} न्यूटन-मी/रेडियन है। धुवों के बीच चुम्बकीय क्षेत्र 5 टेस्ला है। इस गैल्वेनोमीटर की धारा सुग्राहिता होगी NCERT पृष्ठ 130

(a) 5×10^4 रेडियन माइक्रो ऐम्पियर (b) 5×10^6 प्रति ऐम्पियर
(c) 2×10^{-7} प्रति ऐम्पियर (d) 5 रेडियन/माइक्रो ऐम्पियर

74 जब 2 ऐम्पियर धारा को स्पर्शज्या गैल्वेनोमीटर से गुजारा जाता है, तो यह 30° का विक्षेपण देता है। 60° विक्षेपण के लिए धारा होनी चाहिए NCERT पृष्ठ 130

(a) 1 ऐम्पियर (b) $2\sqrt{3}$ ऐम्पियर
(c) 4 ऐम्पियर (d) 6 ऐम्पियर

75. एक अमीटर में मुख्य धारा का 10% गैल्वेनोमीटर से होकर गुजरता है। यदि गैल्वेनोमीटर का प्रतिरोध G है, तो अमीटर का प्रतिरोध है NCERT पृष्ठ 130

(a) $\frac{G}{5}$ (b) $\frac{G}{10}$ (c) $\frac{G}{20}$ (d) $\frac{G}{25}$

76 एक गैल्वेनोमीटर में 20 Ω प्रतिरोध की एक कुण्डली है और इसकी पूर्ण पैमाने पर विक्षेपण धारा 9 ऐम्पियर है। शण्ट प्रतिरोध का मान जो इसके साथ जोड़ा जाना चाहिए ताकि यह अधिकतम 99 ऐम्पियर धारा पढ़ सके, वह है NCERT पृष्ठ 130

(a) 10 Ω (b) 2 Ω
(c) 1 Ω (d) 9 Ω

77 एक अमीटर 1 ऐम्पियर तक पाठ्यांक पढ़ता है। इसका आन्तरिक प्रतिरोध 0.81 Ω है। परास को 10 ऐम्पियर तक बढ़ाने के लिए, आवश्यक शण्ट का मान है NCERT पृष्ठ 130

(a) 003 Ω (b) 03 Ω
(c) 0.9 Ω (d) 0.09 Ω

78 यदि मुख्य धारा का केवल 2% ही G प्रतिरोध के गैल्वेनोमीटर के माध्यम से होकर गुजरता है, तो शण्ट का प्रतिरोध होगा NCERT पृष्ठ 130

(a) $\frac{G}{49}$ (b) G (c) $\frac{G}{100}$ (d) $\frac{G}{98}$

79 G ओम प्रतिरोध वाले गैल्वेनोमीटर के लिए वोल्टेज सुग्राहिता S_V और धारा सुग्राहिता S_i के बीच सम्बन्ध है NCERT पृष्ठ 131

(a) $\frac{S_i}{G} = S_V$ (b) $\frac{S_V}{G} = S_i$
(c) $S_i S_V = G$ (d) $\sqrt{S_V S_i} = G$

80 एक चल कुण्डली गैल्वेनोमीटर की धारा सुग्राहिता को 50% बढ़ाने के लिए, इसका प्रतिरोध बढ़ाया जाता है, ताकि इसका नया प्रतिरोध इसके प्रारम्भिक प्रतिरोध का दोगुना हो जाए। इसकी वोल्टेज सुग्राहिता किस गुणक से परिवर्तित होती है? NCERT पृष्ठ 131

(a) 2 के गुणक से बढ़ती है (b) $\frac{1}{2}$ के गुणक से घटती है
(c) 4 के गुणक से बढ़ती है (d) $\frac{1}{4}$ के गुणक से घटती है

81 एक चल कुण्डली गैल्वेनोमीटर की धारा सुग्राहिता 10 भाग/मिली ऐम्पियर है तथा इसकी वोल्टता सुग्राहिता 20 भाग/वोल्ट है। गैल्वेनोमीटर का प्रतिरोध है NCERT Pg 131

(a) 100 Ω (b) 200 Ω (c) 250 Ω (d) 500 Ω

अभिकथन- कारण प्रश्न

निर्देश *(प्रश्न क्रमांक 1-10) निम्नलिखित प्रश्नों में, अभिकथन के एक कथन बाद कारण का एक संगत कथन दिया गया है। निम्नलिखित विकल्पों में से, सही विकल्प का चयन कीजिए।*

(a) अभिकथन और कारण दोनों सही हैं और कारण, अभिकथन की सही व्याख्या है।
(b) अभिकथन और कारण दोनों सही हैं लेकिन कारण, अभिकथन की सही व्याख्या नहीं है।
(c) अभिकथन सही है, लेकिन कारण गलत है।
(d) अभिकथन गलत है, लेकिन कारण सही है।

1 **अभिकथन** चुम्बकीय क्षेत्र गतिशील आवेश के साथ अन्तः क्रिया करता है न कि स्थिर आवेश के साथ।

कारण गतिशील आवेश चुम्बकीय क्षेत्र उत्पन्न करता है। NCERT पृष्ठ 112

2 **अभिकथन** चुम्बकीय क्षेत्र B के लम्बवत् गतिमान इलेक्ट्रॉन वृत्तीय गति करेगा।

कारण चुम्बकीय क्षेत्र द्वारा इलेक्ट्रॉन पर आरोपित बल उसके वेग के लम्बवत् होता है। NCERT पृष्ठ 112

3 **अभिकथन** यदि एक आवेशित कण को चुम्बकीय क्षेत्र में विरामावस्था से मुक्त किया जाता है, तो वह वृत्ताकार पथ पर गति करेगा।

कारण चुम्बकीय क्षेत्र द्वारा किया गया कार्य शून्य होता है। NCERT पृष्ठ 112

4 **अभिकथन** जब एक आवेशित कण चुम्बकीय क्षेत्र वाले क्षेत्र में इस प्रकार गति करता है कि उसका वेग क्षेत्र की दिशा के साथ कुछ न्यून कोण पर होता है, तो इसका प्रक्षेप पथ एक कुण्डलित (Helix) होता है।

कारण वेग का लम्बवत् घटक एक घूर्णनशील अभिकेन्द्रीय बल उत्पन्न करता है तथा वेग का समान्तर घटक कोई बल उत्पन्न नहीं करता है। NCERT पृष्ठ 112

5 **अभिकथन** यदि हम किसी गैल्वेनोमीटर की धारा सुग्राहिता को फेरों की संख्या में वृद्धि करके बढ़ाते हैं, तो इसकी वोल्टता सुग्राहिता भी बढ़ जाती है।

कारण किसी तार का प्रतिरोध भी *N* के साथ बढ़ता है। NCERT पृष्ठ 112

6 **अभिकथन** धारावाही-परिनालिका द्वारा उत्पन्न चुम्बकीय क्षेत्र (*n* व *I* नियत रखे गए हैं) इसकी लम्बाई और अनुप्रस्थ-काट क्षेत्रफल से स्वतन्त्र होता है।

कारण परिनालिका के अन्दर चुम्बकीय क्षेत्र एकसमान होता है। NCERT पृष्ठ 122

7 **अभिकथन** जब कुण्डली को त्रिज्यात चुम्बकीय क्षेत्र में निलम्बित किया जाता है, तो कुण्डली पर बल आघूर्ण न्यूनतम होता है।

कारण त्रिज्यात चुम्बकीय क्षेत्र में, चुम्बकीय बल रेखाएँ कुण्डली के लम्बवत् कार्य करती हैं। NCERT पृष्ठ 124

8 **अभिकथन** जब किसी धारावाही लूप की त्रिज्या आधी कर दी जाती है, तो उसका चुम्बकीय आघूर्ण एक-चौथाई हो जाता है।

कारण धारावाही लूप का चुम्बकीय आघूर्ण लूप की त्रिज्या के समानुपाती होता है। NCERT पृष्ठ 124

9 **अभिकथन** एक गैल्वेनोमीटर के समानान्तर में एक कम प्रतिरोध वाले शण्ट को जोड़कर अमीटर में परिवर्तित किया जा सकता है।

कारण समान्तर में शण्ट लगाने से गैल्वेनोमीटर की सुग्राहिता कम हो जाती है। NCERT पृष्ठ 128

10 **अभिकथन** एक आदर्श वोल्टमीटर का प्रतिरोध अनन्त होना चाहिए।

कारण वोल्टमीटर किसी परिपथ के किसी भी अवयव के समान्तर जुड़ा हुआ होता है। NCERT पृष्ठ 129

कथन आधारित प्रश्न

निर्देश *(प्रश्न क्रमांक 1-8) निम्नलिखित प्रश्नों में दो कथन (I और II) दिए गए हैं। दिए गए कथनों के आधार पर, नीचे दिए गए विकल्पों में से सही उत्तर चुनें।*

(a) कथन I और कथन II दोनों गलत हैं।
(b) कथन I सही है, लेकिन कथन II गलत है।
(c) कथन I गलत है, लेकिन कथन II सही है।
(d) कथन I और कथन II दोनों सही हैं।

1 **कथन I** यदि किसी चालक से धारा पूर्व से पश्चिम की ओर प्रवाहित हो रही है, तो चालक के ऊपर एक बिन्दु पर चुम्बकीय क्षेत्र की दिशा उत्तर की ओर होगी।

कथन II धारा *I* वहन करने वाले एक लंबे सीधे तार के कारण चुम्बकीय क्षेत्र I^3 के समानुपाती होता है। NCERT पृष्ठ 109

2 **कथन I** जब एक आवेशित कण लम्बवत् चुम्बकीय क्षेत्र के क्षेत्र में गति करता है, तो इसकी गति स्थिर रहती है।

कथन II आवेशित कण पर कार्यरत् बल $\mathbf{F} = q(\mathbf{v} \times \mathbf{B})$ द्वारा दिया जाता है। NCERT पृष्ठ 112

3 **कथन I** जब एक आवेशित कण चुम्बकीय क्षेत्र के क्षेत्र में इस प्रकार गति करता है कि उसका वेग,
क्षेत्र की दिशा के साथ कुछ न्यून कोण पर होता है, तो इसका प्रक्षेप पथ एक वृत्त होता है।

कथन II वेग का समान्तर घटक एक घूर्णनशील अभिकेन्द्रीय बल उत्पन्न करता है और वेग का लम्बवत् घटक कोई बल उत्पन्न नहीं करता है। NCERT पृष्ठ 112

4 **कथन I** बायो-सेवर्ट का नियम हमें केवल एक धारावाही चालक के एक अतिसूक्ष्म धारा अवयव (Idl) के चुम्बकीय क्षेत्र की प्रबलता के लिए व्यंजक देता है।

कथन II बायो-सेवर्ट का नियम आवेश q के कूलॉम के व्युत्क्रम वर्ग नियम के अनुरूप होता है, जिसमें पहला नियम अदिश स्रोत IqI द्वारा उत्पादित क्षेत्र से सम्बन्धित है जबकि दूसरा नियम एक सदिश स्रोत $I\,dl$ द्वारा उत्पादित क्षेत्र से सम्बन्धित है। NCERT पृष्ठ 114

5 **कथन I** दो लम्बे समानान्तर धारावाही चालकों के बीच प्रति एकांक लम्बाई पर बल का ग्राफ और उनके बीच की दूरी एक सीधी रेखा होती है।

कथन II समान धारा i को एक ही दिशा में ले जाने वाले दो समान्तर चालक एक-दूसरे को $\frac{\mu_0}{2\pi}\cdot\frac{i^2}{R}$ न्यूटन/मी बल से आकर्षित करते हैं। NCERT पृष्ठ 123

6 **कथन I** क्षेत्रफल A और धारा I वहन करने वाला एक समतलीय वृत्ताकार लूप, चुम्बकीय द्विध्रुव $M = IA$ के बराबर है।

कथन II अधिक दूरियों पर, वृत्ताकार लूप और चुम्बकीय द्विध्रुव का चुम्बकीय क्षेत्र समान होता है। NCERT पृष्ठ 129

7 **कथन I** गैल्वेनोमीटर का उपयोग किसी दिए गए परिपथ में धारा के मान को मापने के लिए अमीटर के रूप में नहीं किया जा सकता है।

कथन II गैल्वेनोमीटर माइक्रोऐम्पियर के क्रम की धारा के लिए पूर्ण पैमाने पर विक्षेपण देता है। NCERT पृष्ठ 131

8 **कथन I** यदि हम किसी गैल्वेनोमीटर की धारा सुग्राहिता को फेरों की संख्या बढ़ाकर बढ़ाते हैं, तो इसकी वोल्टेज सुग्राहिता भी बढ़ जाती है।

कथन II चुम्बकीय क्षेत्र, गतिशील आवेश की गतिज ऊर्जा को परिवर्तित नहीं कर सकता है। NCERT पृष्ठ 131

सुमेलन प्रकार प्रश्न

1 किसी आवेशित कण को कुछ प्रारम्भिक वेग के साथ ऐसे क्षेत्र में प्रक्षेपित किया जाता है जहाँ अशून्य विद्युत और चुम्बकीय क्षेत्र विद्यमान हैं। कॉलम I की प्रविष्टियों को कॉलम II की प्रविष्टियों से सुमेलित करें और नीचे दिए गए कूटों में से सही उत्तर चुनें। NCERT पृष्ठ 109

कॉलम I	कॉलम II
A. $\mathbf{E}=0, \mathbf{B}\neq 0$ और प्रारम्भिक वेग $\mathbf{B}\,(\theta\neq 90°)$ के साथ किसी भी कोण पर है	1. सीधी रेखा
B. $\mathbf{E}=0, \mathbf{B}\neq 0$ और प्रारम्भिक वेग $\mathbf{B}$ के लम्बवत् है	2. एकसमान पिच के साथ कुण्डलित पथ
C. $\mathbf{E}\neq 0, \mathbf{B}\neq 0, \mathbf{E}\,\|\,\mathbf{B}$ और प्रारम्भिक वेग दोनों के लिए है	3. वृत्ताकार
D. $\mathbf{E}\neq 0, \mathbf{B}\neq 0, \mathbf{E}$ पर लम्बवत् और $\mathbf{v}, \mathbf{E}$ और $\mathbf{B}$ दोनों पर लम्बवत्	4. असमान पिच के साथ कुण्डलित पथ

कूट

	A	B	C	D
(a)	2	3	4	1
(b)	1	3	4	2
(c)	2	3	1	4
(d)	4	1	2	3

2 N-फेरों का एक धारावाही तार लूप, एकसमान चुम्बकीय क्षेत्र $\mathbf{B}$ के क्षेत्र में रखा गया है। कॉलम I (लूप का बल-आघूर्ण और चुम्बकीय आघूर्ण) को कॉलम II (मान) से सुमेलित करें और नीचे दिए गए विकल्पों में से सही उत्तर का चयन करें। NCERT पृष्ठ 125

कॉलम I	कॉलम II
A. लूप पर आघूर्ण	1. mB
B. लूप पर आघूर्ण जब $\mathbf{m}$, $\mathbf{B}$ के समांतर या असमान्तर हो	2. NIA
C. लूप का चुम्बकीय आघूर्ण	3. शून्य
D. लूप पर बल-आघूर्ण जब $\mathbf{m}$, $\mathbf{B}$ के लम्बवत् हो	4. $\mathbf{m}\times\mathbf{B}$

कूट

	A	B	C	D
(a)	1	2	3	4
(b)	2	1	4	3
(c)	4	3	2	1
(d)	1	3	4	2

3 चित्र में एक चल कुण्डली गैल्वेनोमीटर की संरचना के विवरण को दर्शाया गया है।

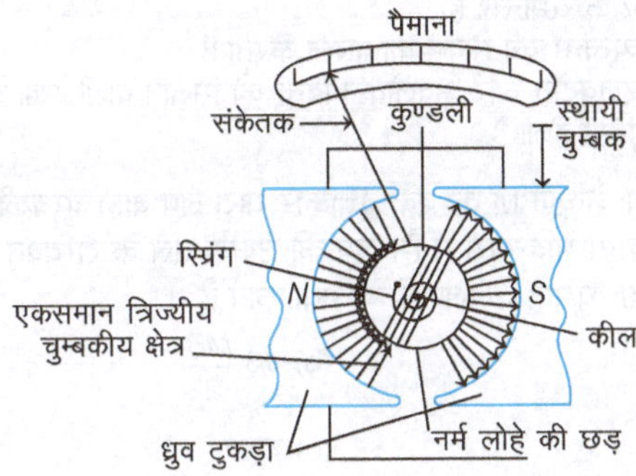

कॉलम I (भाग) को कॉलम II (प्रभाव) से सुमेलित करें और नीचे दिए गए कूट से सही उत्तर चुनिए। NCERT पृष्ठ 130

कॉलम I	कॉलम II
A. नर्म लोहे का कोर	1. विक्षेपण बल-आघूर्ण उत्पन्न करता है
B. ध्रुव टुकड़े	2. प्रत्यायन बल-आघूर्ण उत्पन्न करता है
C. स्प्रिंग	3. त्रिज्यात क्षेत्र उत्पन्न करता है
D. कुण्डली	4. क्षेत्र की सामर्थ्य बढ़ाता है

कूट

	A	B	C	D		A	B	C	D
(a)	1	2	3	4	(b)	1	2	4	3
(c)	2	1	3	4	(d)	4	3	2	1

आंकिक मान प्रकार के प्रश्न

1 एक इलेक्ट्रॉन 10 किमी/से की गति से सीधी रेखा में गति करता हुआ एकसमान विद्युत क्षेत्र में प्रवेश करता है, जहाँ वह अपनी गति के विपरीत दिशा में 2 किमी/से^{2} का स्थिर त्वरण अनुभव करता है। यह समय .... से के बाद अपने प्रारम्भिक बिन्दु पर वापस आ जाएगा। NCERT पृष्ठ 113

2 1 माइक्रो इलेक्ट्रॉन वोल्ट गतिज ऊर्जा वाला एक प्रोटॉन एकसमान चुम्बकीय क्षेत्र में त्रिज्या R वाले एक वृत्ताकार पथ पर घूम रहा है। समान क्षेत्र में समान त्रिज्या के वृत्त को निरूपित करने के लिए एक α-कण की ऊर्जा x माइक्रो इलेक्ट्रॉन वोल्ट है। x का मान .... है। NCERT पृष्ठ 113

3 -20×10^{-18} कूलॉम आवेश का एक कण X-अक्ष के अनुदिश 10 मी/से वेग से गति करता हुआ एक ऐसे क्षेत्र में प्रवेश करता है जहाँ प्रेरण का चुम्बकीय क्षेत्र **B**, Y-अक्ष के अनुदिश है और 10^4 वोल्ट/मी परिमाण का वैद्युत क्षेत्र ऋणात्मक Z-अक्ष के अनुदिश है। यदि आवेशित कण X-अक्ष के अनुदिश गति करना जारी रखता है तथा **B** का परिमाण $x \times 10^3$ वेबर/मी^{2} है, तो x का मान .... है। NCERT पृष्ठ 113

4 3 सेमी त्रिज्या वाले धारावाही वृत्ताकार लूप के कारण केन्द्र से 4 सेमी की दूरी पर अक्ष पर स्थित किसी बिन्दु पर चुम्बकीय क्षेत्र 54 मिली टेस्ला है। लूप के केन्द्र पर इसका मान x मिली टेस्ला है। x का मान .... है। NCERT पृष्ठ 116

5 16 ऐम्पियर धारा प्रवाहित करने वाले एक सीधे तार को 2.5 सेमी त्रिज्या के अर्द्धवृत्ताकार चाप में मोड़ा गया है, जैसा कि चित्र में दर्शाया गया है।

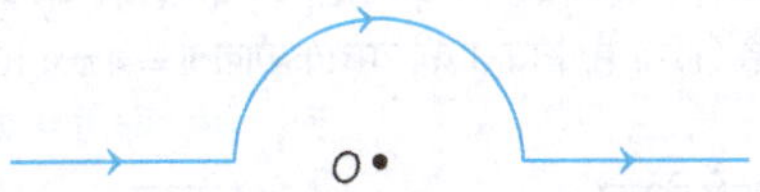

चाप के केन्द्र (O) पर धारा द्वारा उत्पन्न चुम्बकीय क्षेत्र .... $\times 10^{-4}$ टेस्ला है। NCERT Pg. 117

6 दो छोटे चुम्बकीय द्विध्रुव m_1 और m_2, जिनमें से प्रत्येक का चुम्बकीय आघूर्ण 2 ऐम्पियर-मी^{2} हैं, क्रमशः बिन्दु O और P पर रखे गए हैं। OP के बीच की दूरी 1 मीटर है। m_1 की उपस्थिति के कारण चुम्बकीय द्विध्रुव m_2 द्वारा अनुभव किया गया बल आघूर्ण .... $\times 10^{-7}$ न्यूटन-मी है। NCERT पृष्ठ 125

7 50 Ω प्रतिरोध का एक गैल्वेनोमीटर 3 वोल्ट की बैटरी से 2950 Ω प्रतिरोध के साथ श्रेणीक्रम में संयोजित है। गैल्वेनोमीटर में 30 विभाजनों का पूर्ण पैमाने पर विक्षेपण प्राप्त होता है। इस विक्षेपण को 20 विभाजनों तक कम करने के लिए, श्रेणीक्रम में प्रतिरोध .... Ω होना चाहिए। NCERT पृष्ठ 130

NCERT Exemplar प्रश्न

1 दो आवेशित कण एकसमान चुम्बकीय क्षेत्र $\mathbf{B} = B_0\hat{\mathbf{k}}$ में पूर्ण रूप से विपरीत दिशा में समान कुण्डलित पथ पर चलते हैं। तब,

(a) उनके संवेग के z-घटक बराबर होते हैं।

(b) उनका आवेश बराबर होना चाहिए।

(c) वे आवश्यक रूप से कण, प्रतिकण युग्म में प्रदर्शित करते हैं।

(d) आवेश से द्रव्यमान अनुपात $(e/m)_1 + (e/m)_2 = 0$ को सन्तुष्ट करते है।

2 बायो-सेवर्ट का नियम इंगित करता है कि गतिमान इलेक्ट्रॉन (वेग v) एक चुम्बकीय क्षेत्र **B** इस प्रकार उत्पन्न करता है, कि

(a) **B** , **v** पर लम्बवत् है

(b) **B** , **v** के समान्तर है

(c) यह व्युत्क्रम घन नियम का पालन करता है

(d) यह इलेक्ट्रॉन और अवलोकन बिन्दु को मिलाने वाली रेखा के अनुदिश होता है

3 चुम्बकीय आघूर्ण **M** का एक वृत्ताकार धारा लूप बाह्य चुम्बकीय क्षेत्र **B** में स्वेच्छ अभिविन्यास में है। लूप को उसके तल के लम्बवत् अक्ष के परितः 30° घुमाने के लिए किया गया कार्य है

(a) MB (b) $\sqrt{3}\,\dfrac{MB}{2}$

(c) $\dfrac{MB}{2}$ (d) शून्य

विगत परीक्षाओं के प्रश्न

NEET

1 10 सेमी त्रिज्या की कसकर लिपटी 100 फेरों की एक कुण्डली में प्रवाहित धारा 7 ऐम्पियर है। कुण्डली के केन्द्र पर चुम्बकीय क्षेत्र का परिमाण है (दिया है, निर्वात् की चुम्बकशीलता $= 4\pi \times 10^{-7}$ SI मात्रक)

NCERT पृष्ठ 121, NEET 2024

(a) 44 मिली टेस्ला (b) 4.4 टेस्ला

(c) 4.4 मिली टेस्ला (d) 44 टेस्ला

2 धनात्मक X-अक्ष के अनुदिश धारा I प्रवाहित करने वाले एक तार की लम्बाई L है। इसे चुम्बकीय क्षेत्र $\mathbf{B} = (2\hat{\mathbf{i}} + 3\hat{\mathbf{j}} - 4\hat{\mathbf{k}})$ टेस्ला में रखा गया है। तार पर लगने वाले चुम्बकीय बल का परिमाण है

NCERT पृष्ठ 110, NEET 2023

(a) $\sqrt{5}\,IL$ (b) $5IL$

(c) $\sqrt{3}\,IL$ (d) $3IL$

3 1 मिमी त्रिज्या वाली एक लम्बी परिनालिका में प्रति मिमी 100 फेरे हैं। यदि परिनालिका में 1 ऐम्पियर धारा प्रवाहित होती है , तो परिनालिका के केन्द्र पर चुम्बकीय क्षेत्र सामर्थ्य है NCERT पृष्ठ 124, NEET 2024

(a) 12.56×10^{-2} टेस्ला

(b) 12.56×10^{-4} टेस्ला

(c) 6.28×10^{-4} टेस्ला

(d) 6.28×10^{-2} टेस्ला

4 त्रिज्या R की एक मोटी धारावाही केबिल अपने अनुप्रस्थ-काट में समान रूप से वितरित धारा I वहन करती है। केबिल की अक्ष से r दूरी पर केबिल के कारण चुम्बकीय क्षेत्र B में परिवर्तन को निम्न प्रकार से दर्शाया जाता है NCERT पृष्ठ 118, NEET 2021

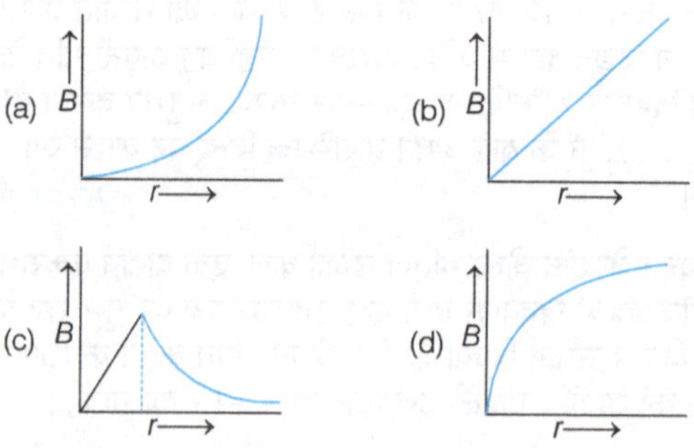

5 एक अनन्त लम्बा, सीधा चालक 5 ऐम्पियर की धारा प्रवाहित कर रहा है, जैसा कि चित्र में दिखाया गया है। एक इलेक्ट्रॉन चालक के समान्तर 10^5 मी/से की गति से घूर्णन कर रहा है। किसी क्षण इलेक्ट्रॉन और चालक के बीच लम्बवत् दूरी 20 सेमी है। उस क्षण पर इलेक्ट्रॉन द्वारा अनुभव किए गए बल के परिमाण की गणना करें।

NCERT पृष्ठ 123, NEET 2021

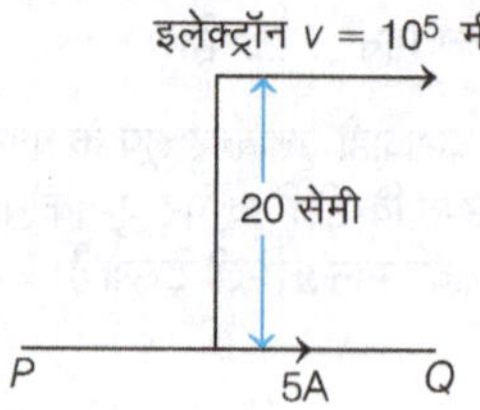

(a) 8×10^{-20} न्यूटन

(b) 4×10^{-20} न्यूटन

(c) $8\pi \times 10^{-20}$ न्यूटन

(d) $4\pi \times 10^{-20}$ न्यूटन

6 100 फेरों वाली 50 सेमी लम्बाई की एक लम्बी परिनालिका 25 ऐम्पियर धारा प्रवाहित करती है। परिनालिका के केन्द्र पर चुम्बकीय क्षेत्र है (माना $\mu_0 = 4\pi \times 10^{-7}$ टेस्ला मी/ऐम्पियर)

NCERT पृष्ठ 122, NEET 2020

(a) 3.14×10^{-4} टेस्ला (b) 6.28×10^{-5} टेस्ला
(c) 3.14×10^{-5} टेस्ला (d) 6.28×10^{-4} टेस्ला

7 त्रिज्या a का एक लम्बा सीधा तार एक स्थिर धारा I वहन करता है। धारा इसके अनुप्रस्थ-काट पर समान रूप से वितरित होती है। तार के अक्ष से त्रिज्यात दूरी क्रमशः $a/2$ और $2a$ पर चुम्बकीय क्षेत्र B और B' का अनुपात हैं

NCERT पृष्ठ 118, NEET 2016

(a) $\frac{1}{2}$ (b) 1 (c) 4 (d) $\frac{1}{4}$

8 स्थिर धारा प्रवाहित करने वाले एक लम्बे तार को एक फेरे वाले वृत्ताकार लूप में मोड़ा जाता है। लूप के केंद्र पर चुम्बकीय क्षेत्र B है। फिर इसे n फेरों की एक वृत्ताकार कुण्डली में मोड़ा जाता है। n फेरों की इस कुण्डली के केन्द्र पर चुम्बकीय क्षेत्र होगा

NCERT पृष्ठ 116, NEET 2016

(a) nB (b) n^2B (c) $2nB$ (d) $2n^2B$

9 एक वर्गाकार लूप $ABCD$ जिसमें धारा i प्रवाहित हो रही है, को एक लम्बे सीधे चालक XY जिसमें धारा I प्रवाहित हो रही है, के निकट और सहसमतलीय रखा गया है, लूप पर कुल बल होगा

NCERT पृष्ठ 122, NEET 2016

(a) $\frac{\mu_0 Ii}{2\pi}$ (b) $\frac{2\mu_0 IiL}{3\pi}$ (c) $\frac{\mu_0 IiL}{2\pi}$ (d) $\frac{2\mu_0 Ii}{3\pi}$

10 I धारा वहन करने वाले एक तार का आकार संलग्न चित्र में दिखाए अनुसार है। तार के रैखिक भाग बहुत लम्बे हैं और X-अक्ष के समान्तर हैं जबकि त्रिज्या R का अर्द्धवृत्ताकार भाग YZ-तल में स्थित है। बिन्दु O पर चुम्बकीय क्षेत्र है

NCERT पृष्ठ 117, AIPMT 2015

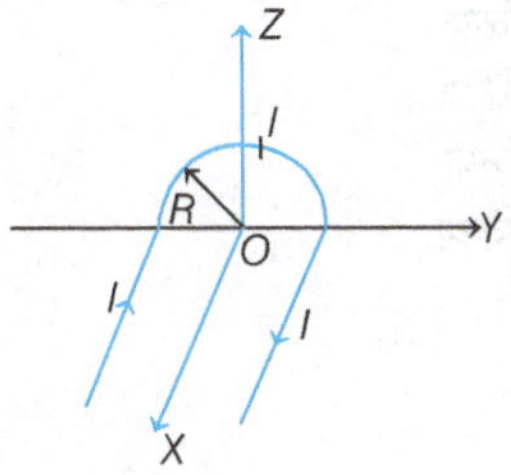

(a) $\mathbf{B} = \frac{\mu_0}{4\pi}\frac{I}{R}(\pi\hat{\mathbf{i}} + 2\hat{\mathbf{k}})$

(b) $\mathbf{B} = -\frac{\mu_0}{4\pi}\frac{I}{R}(\pi\hat{\mathbf{i}} - 2\hat{\mathbf{k}})$

(c) $\mathbf{B} = -\frac{\mu_0}{4\pi}\frac{I}{R}(\pi\hat{\mathbf{i}} + 2\hat{\mathbf{k}})$

(d) $\mathbf{B} = \frac{\mu_0}{4\pi}\frac{I}{R}(\pi\hat{\mathbf{i}} - 2\hat{\mathbf{k}})$

11 0.12 मीटर लम्बाई और 0.1 मीटर चौड़ाई वाली एक आयताकार कुण्डली जिसमें 50 तारों के फेरे हैं, 0.2 वेबर/मी^{2} सामर्थ्य के एकसमान चुम्बकीय क्षेत्र में लम्बवत् रूप से निलंबित है। कुण्डली में 2 ऐम्पियर की धारा प्रवाहित होती है। यदि कुण्डली का तल क्षेत्र की दिशा के साथ 30° के कोण पर झुका हुआ है, तो कुण्डली को स्थिर साम्यावस्था में रखने के लिए आवश्यक बल-आघूर्ण होगा

NCERT पृष्ठ 125, AIPMT 2015

(a) 0.15 न्यूटन-मी (b) 0.20 न्यूटन-मी
(c) 0.24 न्यूटन-मी (d) 0.12 न्यूटन-मी

JEE Main

12 2×10^{-3} टेस्ला का एक एकसमान चुम्बकीय क्षेत्र धनात्मक Y-अक्ष में कार्यरत् है। 20 सेमी तथा 10 सेमी भुजाओं का एक आयताकार लूप 5 ऐम्पियर धारा के साथ YZ-तल में है। ऋणात्मक X-अक्ष के संदर्भ में धारा वामावर्ती है। बल आघूर्ण का परिमाण एवं दिशा है

NCERT पृष्ठ 124, JEE Main 2024

(a) 2×10^{-4} न्यूटन-मी ऋणात्मक Z-दिशा के अनुदिश
(b) 2×10^{-4} न्यूटन-मी धनात्मक Y-दिशा के अनुदिश
(c) 2×10^{-4} न्यूटन-मी धनात्मक X-दिशा के अनुदिश
(d) 2×10^{-4} न्यूटन-मी धनात्मक Z-दिशा के अनुदिश

13 a त्रिज्या के एक सीधे लम्बे तार में प्रवाहित स्थायी धारा I है। धारा इसके अनुप्रस्थ-काट में समान रूप से वितरित है। तार की अक्ष से $\frac{a}{2}$ तथा $2a$ दूरी पर चुम्बकीय क्षेत्रों का अनुपात है

NCERT पृष्ठ 117, JEE Main 2024

(a) 3 : 4 (b) 1 : 4
(c) 4 : 1 (d) 1 : 1

14 एक इलेक्ट्रॉन को धारा वाही लम्बी परिनालिका के अन्दर अक्ष के अनुदिश एक समान वेग से प्रेक्षित किया जाता है। तब,

NCERT पृष्ठ 121, JEE Main 2024

(a) इलेक्ट्रॉन पथ अक्ष के चारों ओर गोलाकार होगा।
(b) इलेक्ट्रॉन अक्ष के अनुदिश त्वरित हो जाएगा।
(c) इलेक्ट्रॉन को अक्ष पर 45° पर एक बल का अनुभव होगा।
(d) इलेक्ट्रॉन परिनालिका की धुरी के अनुदिश एक समान वेग से गति करता रहेगा।

15 एक सम-अक्षीय सीधी केबल में, केन्द्रीय चालक और बाहरी चालक विपरीत दिशाओं में समान धारा प्रवाहित करते हैं। चुम्बकीय क्षेत्र शून्य है

NCERT पृष्ठ 121, JEE Main 2024

(a) आन्तरिक चालक के अन्दर
(b) दो चालकों के बीच में
(c) बाह्य चालक के अन्दर
(d) केबल के बाहर

16 एक लम्बे चालक तार जिसमें से धारा I प्रवाहित हो रही है, को N फेरों की एक वृत्ताकार कुण्डली में मोड़ा जाता है। फिर इसे n फेरों की एक वृत्ताकार कुण्डली में मोड़ा जाता है। दोनों स्थितियों में कुण्डलियों के केन्द्र पर चुम्बकीय क्षेत्र की गणना की जाती है। पहली स्थिति में चुम्बकीय क्षेत्र का दूसरी स्थिति में चुम्बकीय क्षेत्र से अनुपात है

NCERT पृष्ठ 116, JEE Main 2023

(a) $N^2 : n^2$ (b) $N : n$ (c) $n^2 : N^2$ (d) $n : N$

17 n फेरों वाली एक कुण्डली एक सर्पिल के रूप में कसकर बाँधी गई है, जिसकी आन्तरिक और बाहरी त्रिज्याएँ क्रमशः r_1 और r_2 हैं। जब I शक्ति की धारा कुण्डली से प्रवाहित की जाती है, तो इसके केन्द्र पर चुम्बकीय क्षेत्र होगा

NCERT पृष्ठ 122, JEE Main 2022

(a) $\dfrac{\mu_0 nI}{2(r_2 - r_1)}$ (b) $\dfrac{\mu_0 nI}{r_2}$

(c) $\dfrac{\mu_0 nI}{r_2 - r_1}\log_e \dfrac{r_1}{r_2}$ (d) $\dfrac{\mu_0 nI}{2(r_2 - r_1)}\log_e \dfrac{r_2}{r_1}$

18 दो अनन्त लम्बे सीधे धारावाही चालक हैं और उन्हें एक-दूसरे से समकोण पर रखा गया है, ताकि उनके उभयनिष्ठ सिरे मूल बिन्दु पर मिलें, जैसा कि नीचे दिए गए चित्र में दर्शाया गया है। दोनों चालकों में धारा का अनुपात 1 : 1 है। बिन्दु P पर चुम्बकीय क्षेत्र है

NCERT पृष्ठ 123, JEE Main 2021

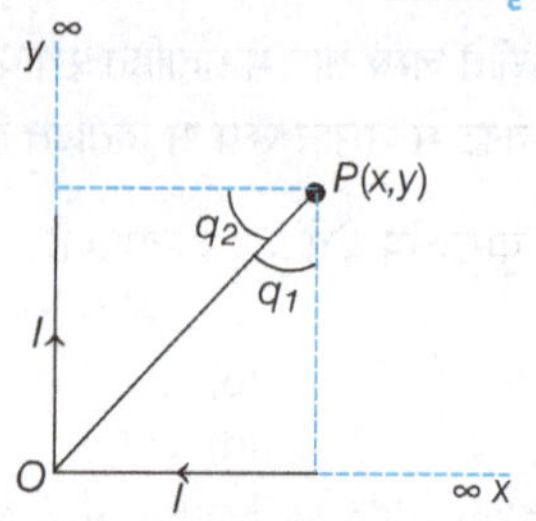

(a) $\dfrac{\mu_0 I}{4\pi xy}[\sqrt{x^2 + y^2} + (x + y)]$

(b) $\dfrac{\mu_0 I}{4\pi xy}[\sqrt{x^2 + y^2} - (x + y)]$

(c) $\dfrac{\mu_0 Ixy}{4\pi}[\sqrt{x^2 + y^2} - (x + y)]$

(d) $\dfrac{\mu_0 Ixy}{4\pi}[\sqrt{x^2 + y^2} + (x + y)]$

19 धारा I वहन करने वाले एक तार को $ABCDEFA$ आकार में मोड़ा गया है, जैसा कि चित्र में दर्शाया गया है, जहाँ आयत $ABCDA$ और $ADEFA$ एक-दूसरे के लम्बवत् हैं। यदि आयतों की भुजाओं की लम्बाई a और b है, तो लूप $ABCDEFA$ के चुम्बकीय आघूर्ण का परिमाण और दिशा क्या है?

NCERT पृष्ठ 126, JEE Main 2020

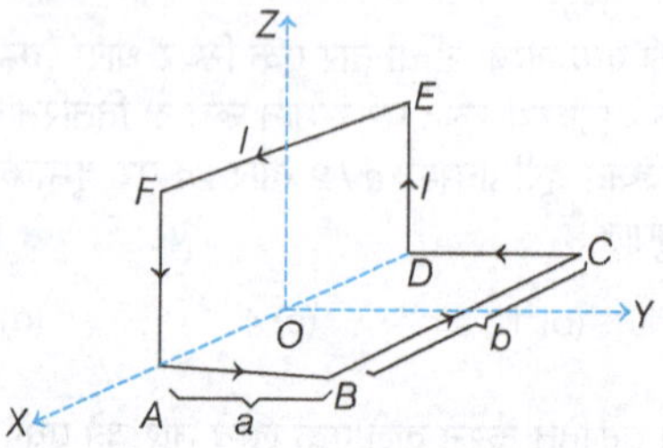

(a) $abI, \left(\dfrac{\hat{j}}{\sqrt{2}} + \dfrac{\hat{k}}{\sqrt{2}}\right)$ के अनुदिश

(b) $\sqrt{2}\, abI, \left(\dfrac{\hat{j}}{\sqrt{2}} + \dfrac{\hat{k}}{\sqrt{2}}\right)$ के अनुदिश

(c) $\sqrt{2}\, abI, \left(\dfrac{\hat{j}}{\sqrt{5}} + \dfrac{2\hat{k}}{\sqrt{5}}\right)$ के अनुदिश

(d) $abI, \left(\dfrac{\hat{j}}{\sqrt{5}} + \dfrac{2\hat{k}}{\sqrt{5}}\right)$ के अनुदिश

20 इलेक्ट्रॉन के समान आवेश वाला एक कण 05 टेस्ला के चुम्बकीय क्षेत्र के प्रभाव में 0.5 सेमी त्रिज्या के वृत्ताकार पथ पर गति करता है। यदि 100 वोल्ट/मी का विद्युत क्षेत्र इसे सीधे पथ पर गति करने के लिए बाध्य करता है, तो कण का द्रव्यमान होगा
(इलेक्ट्रॉन का आवेश $= 1.6 \times 10^{-19}$ कूलॉम लें)

NCERT पृष्ठ 110, JEE Main 2019

(a) 1.6×10^{-19} किग्रा

(b) 1.6×10^{-27} किग्रा

(c) 9.1×10^{-31} किग्रा

(d) 2.0×10^{-24} किग्रा

स्किल बूस्टर्स

1 दिए गए चित्र में, द्रव्यमान m और आवेश q का एक आवेशित गोला दर्शाई गई स्थिति से त्रिज्या R के एक ऊर्ध्वाधर स्थिर वृत्ताकार पथ पर विरामावस्था से सरकना शुरू करता है। प्रेरण का एक समान और स्थिर क्षैतिज चुम्बकीय क्षेत्र B विद्यमान है।

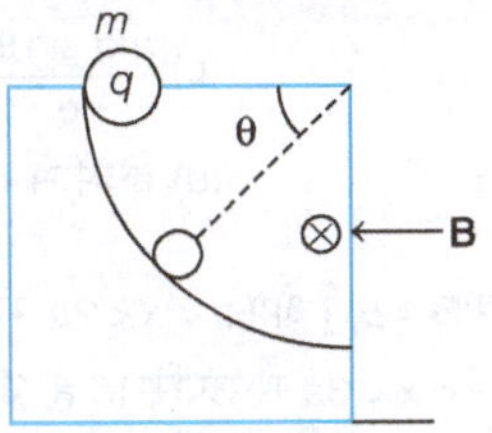

ट्रैक द्वारा गोले पर लगाया गया अधिकतम बल है

(a) mg (b) $3mg - qB\sqrt{2gR}$

(c) $3mg + qB\sqrt{2}gR$ (d) $mg - qB\sqrt{2gR}$

2 आवेशित कण पर चुम्बकीय बल $\mathbf{F}_m = q(\mathbf{v} \times \mathbf{B})$ और स्थिर वैद्युतिकी बल $\mathbf{F}_e = q\,\mathbf{E}$ द्वारा दिया जाता है। आवेश $q = 1$ कूलॉम और द्रव्यमान $m = 1$ किग्रा वाला एक कण मूल बिंदु पर विराम से छोड़ा जाता है। वैद्युत और चुम्बकीय क्षेत्र निम्न प्रकार दिए गए हैं

$x \le 1.8$ वैद्युत के लिए $\mathbf{E} = (10\hat{\mathbf{i}})$ न्यूटन/कूलॉम और

1.8 मी $\le x \le 2.4$ मी के लिए $\mathbf{E} = (-5\hat{\mathbf{k}})$ टेस्ला

एक परदे को $x = 3.0$ मी पर YZ-तल के समान्तर रखा गया है गुरूत्व बलों की नगण्म मानल लें।

कण द्वारा परदे से टकराने में लगने वाला समय है

(a) $\frac{1}{5}\left(3 + \frac{\pi}{6} + \frac{1}{\sqrt{3}}\right)$ सेकण्ड (b) $\frac{1}{5}\left(6 + \frac{\pi}{3} + \sqrt{3}\right)$ सेकण्ड

(c) $\frac{1}{3}\left(5 + \frac{\pi}{6} + \frac{1}{\sqrt{3}}\right)$ सेकण्ड (d) $\frac{1}{3}\left(6 + \frac{\pi}{18} + \sqrt{3}\right)$ सेकण्ड

3 त्रिज्या R वाले एक बेलन से, त्रिज्या $R/2$ वाला एक बेलन चित्रानुसार निकाला जाता है। शेष बेलन में प्रवाहित धारा I है। चुम्बकीय क्षेत्र सामर्थ्य है

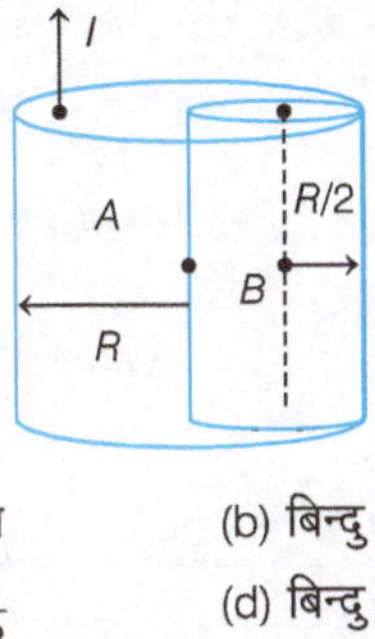

(a) बिन्दु A पर शून्य (b) बिन्दु B पर शून्य

(c) बिन्दु A पर $\frac{\mu_0 I}{3\pi R}$ (d) बिन्दु B पर $\frac{\mu_0 I}{\pi R}$

4 एक स्थिर धारा I एक तार लूप PQR से होकर गुजरती है जिसका आकार समकोण त्रिभुज का है जिसमें $PQ = 3x, PR = 4x$ और $QR = 5x$ है। इस लूप के कारण P पर चुम्बकीय क्षेत्र का परिमाण है

(a) $\frac{\mu_0 I}{48\pi x}$

(b) $7\left(\frac{\mu_0 I}{48\pi x}\right)$

(c) $7\left(\frac{\mu_0 I}{\pi x}\right)$

(d) $7\left(\frac{\mu_0 I}{48x}\right)$

5 चित्र में दिखाए अनुसार, वृत्त के क्षैतिज तल में एक बन्द पथ के चारों ओर धारा I प्रवाहित होती है। पथ में आठ चाप हैं जिनकी त्रिज्याएँ बारी-बारी से r और $2r$ हैं। चाप का प्रत्येक खण्ड, उभयनिष्ठ केन्द्र P पर समान कोण बनाता है। बिंदु P पर धारा पथ द्वारा उत्पन्न चुम्बकीय क्षेत्र है

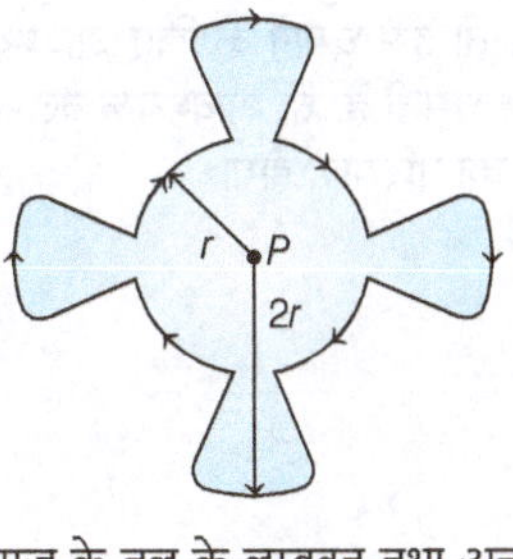

(a) $\frac{3}{8} \cdot \frac{\mu_0 I}{r}$, कागज़ के तल के लम्बवत् तथा अन्दर की ओर निर्देशित

(b) $\frac{3}{8} \cdot \frac{\mu_0 I}{r}$, कागज़ के तल के लम्बवत् तथा बाहर की ओर

(c) $\frac{1}{8} \cdot \frac{\mu_0 I}{r}$, कागज़ के तल के लम्बवत् तथा अंदर की ओर

(d) $\frac{1}{8} \cdot \frac{\mu_0 I}{r}$, कागज के तल के लम्बवत् तथा बाहर की ओर

6 चित्र में दर्शाई गई व्यवस्था में बिन्दु P पर चुम्बकीय क्षेत्र ज्ञात कीजिए।

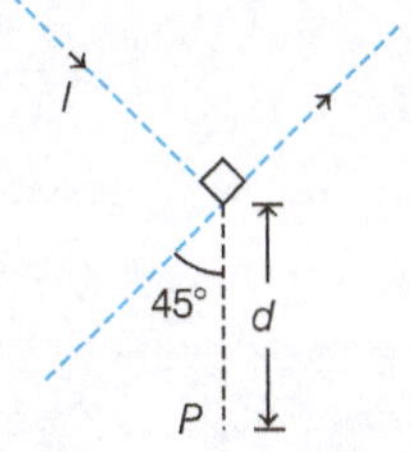

(a) $\frac{\mu_0 I}{\sqrt{2}\,\pi d}\left(1 - \frac{1}{\sqrt{2}}\right)$ (b) $\frac{2\mu_0 I}{\sqrt{2}\,\pi d}$

(c). $\frac{\mu_0 I}{\sqrt{2}\,\pi d}$ (d) $\frac{\mu_0 I}{\sqrt{2}\,\pi d}\left(1 + \frac{1}{\sqrt{2}}\right)$

7 आवेश q तथा द्रव्यमान m वाला एक आवेशित कण चित्र में दर्शाए अनुसार, θ कोण पर एकसमान चुम्बकीय क्षेत्र B में प्रवेश करता है।

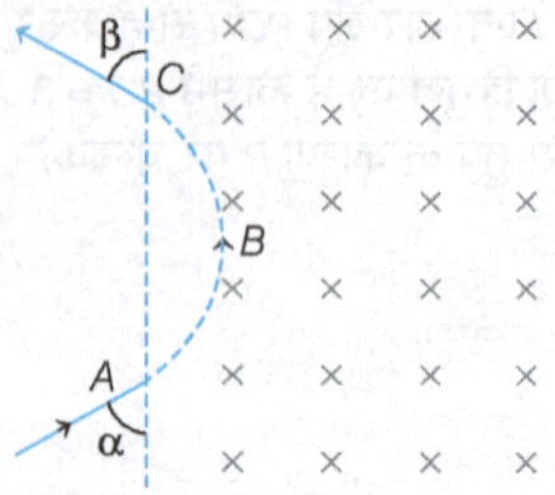

चुम्बकीय क्षेत्र में कण द्वारा व्यतीत किया गया समय है

(a) $\frac{2m\alpha}{Bq}$ (b) $\frac{m\alpha}{Bq}$

(c) $\frac{4m\alpha}{Bq}$ (d) $\frac{1}{2}\frac{m\alpha}{Bq}$

8 N फेरों तथा धारा I वाली एक आयताकार कुण्डली जो एक ऊर्ध्वाधर अक्ष के परितः घूमती है, को एकसमान क्षैतिज चुम्बकीय क्षेत्र B के क्षेत्र में रखा जाता है। जब कुण्डली का तल चुम्बकीय क्षेत्र के साथ कोण θ बनाता है, तो इसे घुमाने के लिए आवश्यक बल आघूर्ण τ_1 है। जब कुण्डली 90° घूमती है, तो आवश्यक बल-आघूर्ण τ_2 है। चुम्बकीय क्षेत्र B का परिमाण होगा

(a) $\frac{\sqrt{\tau_1^2 + \tau_2^2}}{NIA}$

(b) $\frac{2\sqrt{\tau_1^2 + \tau_2^2}}{NIA}$

(c) $\frac{\tau_1 + \tau_2}{2(NIA)}$

(d) $\frac{\tau_1 + \tau_2}{NIA}$

9 चित्र के लिए, एकल मोड़ वाली एक कुण्डली त्रिज्या r और द्रव्यमान m वाले गोले पर लपेटी गई है। कुण्डली का तल, झुकाव तल के समान्तर है और गोले के भूमध्यरेखीय तल में स्थित है। यदि गोला घूर्णी साम्यावस्था में है, तो B का मान है (कुण्डली में धारा I है)

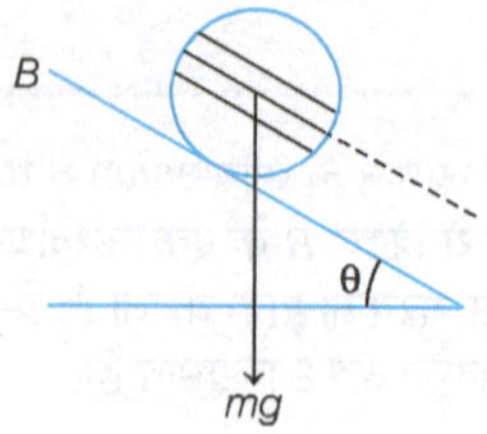

(a) $\frac{mg}{\pi I r}$ (b) $\frac{mg \sin\theta}{\pi I}$

(c) $\frac{mg \sin\theta}{\pi I r}$ (d) इनमें से कोई नहीं

10 एक चुम्बकीय क्षेत्र $\mathbf{B} = B_0\hat{\mathbf{j}}$ क्षेत्र $a < x < 2a$ में उपस्थित है और $\mathbf{B} = -B_0\hat{\mathbf{j}}$ क्षेत्र $2a < x < 3a$ में उपस्थित है, जहाँ B_0 एक धनात्मक स्थिरांक है। एक धनात्मक बिंदु आवेश, वेग $\mathbf{v} = v_0\hat{\mathbf{i}}$, से गति करता है, जहाँ v_0 एक धनात्मक स्थिरांक है और $x = a$ पर चुम्बकीय क्षेत्र में प्रवेश करता है। इस क्षेत्र में आवेश का प्रक्षेप पथ निम्न में से किस प्रकार हो सकता है?

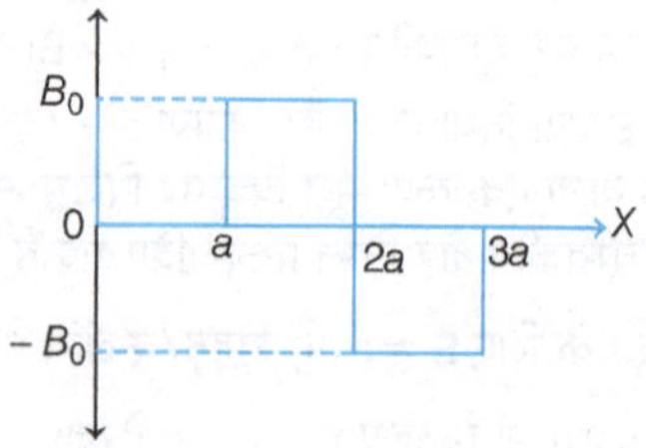

(a)

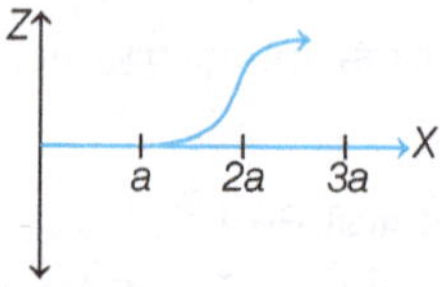

(b)

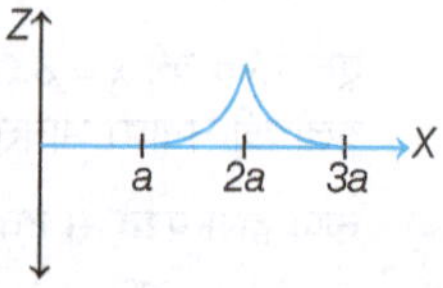

(c)

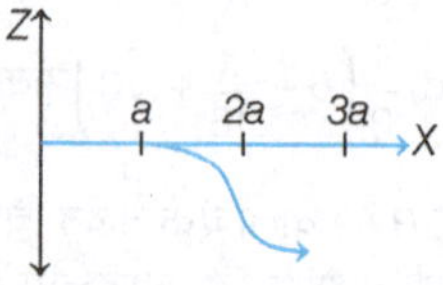

(d)

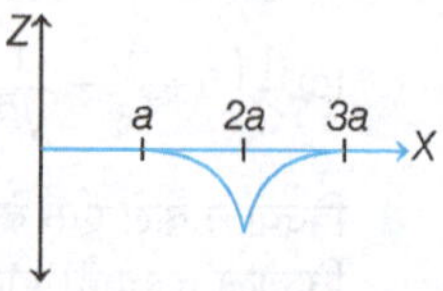

प्रश्न कुंजी

शीर्षकवार प्रश्न

1 (a)	2 (b)	3 (a)	4 (a)	5 (d)	6 (c)	7 (a)	8 (c)	9 (d)	10 (a)
11 (a)	12 (b)	13 (d)	14 (b)	15 (b)	16 (a)	17 (d)	18 (a)	19 (b)	20 (b)
21 (b)	22 (d)	23 (d)	24 (c)	25 (b)	26 (d)	27 (c)	28 (c)	29 (a)	30 (a)
31 (b)	32 (c)	33 (c)	34 (c)	35 (a)	36 (c)	37 (d)	38 (d)	39 (b)	40 (d)
41 (a)	42 (d)	43 (c)	44 (b)	45 (a)	46 (d)	47 (a)	48 (a)	49 (d)	50 (c)
51 (d)	52 (b)	53 (a)	54 (c)	55 (c)	56 (a)	57 (d)	58 (c)	59 (c)	60 (a)
61 (d)	62 (a)	63 (a)	64 (c)	65 (a)	66 (b)	67 (d)	68 (a)	69 (b)	70 (d)
71 (d)	72 (a)	73 (b)	74 (d)	75 (b)	76 (b)	77 (d)	78 (a)	79 (a)	80 (d)
81 (d)									

अभिकथन-कारण प्रश्न

1 (a)	2 (a)	3 (d)	4 (a)	5 (d)	6 (b)	7 (d)	8 (c)	9 (c)	10 (b)

कथन आधारित प्रश्न

1 (b)	2 (d)	3 (a)	4 (d)	5 (c)	6 (d)	7 (d)	8 (c)

सुमेलन प्रकार प्रश्न

1 (a)	2 (c)	3 (d)

आंकिक मान प्रकार के प्रश्न

1 (10)	2 (1)	3 (1)	4 (250)	5 (2)	6 (4)	7 (4450)

NCERT Exemplar प्रश्न

1 (d)	2 (a)	3 (d)

विगत परीक्षाओं के प्रश्न

1 (c)	2 (b)	3 (a)	4 (c)	5 (a)	6 (d)	7 (b)	8 (b)	9 (d)	10 (c)
11 (b)	12 (d)	13 (d)	14 (d)	15 (d)	16 (a)	17 (d)	18 (a)	19 (b)	20 (d)

स्किल बूस्टर्स

1 (b)	2 (a)	3 (c)	4 (b)	5 (a)	6 (a)	7 (a)	8 (a)	9 (a)	10 (a)

क्रमवार

प्रश्नों का विश्लेषण

कॉन्सेप्ट बिल्डर्स

1 सत्य

2 वेग

3 त्रिज्य

4 सत्य

5 n^2 गुना

6 $B = \frac{\mu_0}{4\pi} \cdot \frac{ev}{r^2}$

7 अनुबन्ध

8 समान रूप से

9 असत्य

10 गतिमान आवेश

11 शून्य, अधिकतम

12 सत्य

13 असत्य

14 बल, बल-आघूर्ण

15 90°

16 असत्य

17 शून्य, अनन्त

18 निम्न

19 असत्य

20 असत्य

शीर्षकवार प्रश्न

1 **(a)** विद्युत क्षेत्र, ऊर्जा और संवेग को संचरित कर सकता है और यह तात्कालिक स्थापित नहीं होता है, बल्कि संचरित होने में सीमित समय (Finite time) लेता है। कई स्रोतों का चुम्बकीय क्षेत्र, प्रत्येक विशिष्ट स्रोत के चुम्बकीय क्षेत्र का सदिश योग होता है। लॉरेन्ज बल q, $\mathbf{v}$ और $\mathbf{B}$ पर निर्भर करता है। ऋणात्मक आवेश पर बल धनात्मक आवेश पर बल के विपरीत होता है।

2 **(b)** जब एक बिन्दु आवेश q वेग $\mathbf{v}$ के साथ गतिमान होता है और विद्युत क्षेत्र $\mathbf{E}(r)$ और चुम्बकीय क्षेत्र $\mathbf{B}(r)$ दोनों की उपस्थिति में दिए गए समय t पर r पर स्थित होता है, तो यह एक बल का अनुभव करता है जिसे लॉरेन्ज बल कहते हैं और इसे निम्न रूप में व्यक्त किया जाता है

$$\mathbf{F} = \mathbf{F}_{\text{विद्युत}} + \mathbf{F}_{\text{चुम्बकीय}}$$

$$\mathbf{F} = q\,[\mathbf{E}(r) + \mathbf{v} \times \mathbf{B}(r)]$$

3 **(a)** दिया है, प्रोटॉन का वेग,

$\mathbf{v} = 2\hat{i}$ मी/से

चुम्बकीय क्षेत्र,

$\mathbf{B} = (\hat{i} + 3\hat{j} + 4\hat{k})$ माइक्रो टेस्ला

विद्युत क्षेत्र, $\mathbf{E} = 10\hat{i}$ माइक्रो-वोल्ट/मी

प्रोटॉन पर आवेश, $q = 1.6 \times 10^{-19}$ कूलॉम

लॉरेंज बल,

$$\mathbf{F} = q\mathbf{E} + q(\mathbf{v} \times \mathbf{B}) = q\,[\mathbf{E} + (\mathbf{v} \times \mathbf{B})]$$

$$= 1.6 \times 10^{-19}[10 \times 10^{-6}\hat{i} + 2\hat{i} \times (\hat{i} + 3\hat{j} + 4\hat{k}) \times 10^{-6}]$$

$$\mathbf{F} = 1.6 \times 10^{-25} \times [10\hat{i} - 8\hat{j} + 6\hat{k}] \text{ न्यूटन}$$

$$|F| = 1.6 \times 10^{-25} \times \sqrt{(10)^2 + (-8)^2 + (6)^2}$$

$$= 22.6 \times 10^{-25} \text{ न्यूटन}$$

4 **(a)** $F = qvB,\ E = \frac{1}{2}mv^2$

$$F = qB\sqrt{\frac{2E}{m}} = 1.6 \times 10^{-19} \times 2.5 \times \sqrt{\frac{2 \times 2 \times 10^6 \times 1.6 \times 10^{-19}}{1.6 \times 10^{-27}}}$$

$F = 8 \times 10^{-12}$ न्यूटन

5 **(d)** जब किसी आवेशित कण को प्रबल चुम्बकीय क्षेत्र में स्थिर ($v = 0$) रखा जाता है, तो आवेशित कण पर कोई बल कार्य नहीं करता है।

अर्थात् $F = Bqv = Bq \times 0$

$F = 0$

इसलिए, जब किसी इलेक्ट्रॉन को प्रबल चुम्बकीय क्षेत्र में रखा जाता है, तो इलेक्ट्रॉन समान स्थिति पर नियत रहता है।

6 **(c)** तार को गुरुत्व प्रभाव से बचाने के लिए चुम्बकीय बल, ऊर्ध्वाधर रूप से ऊपर की ओर होना चाहिए। चूँकि, क्षैतिज तार में धारा उत्तर से दक्षिण दिशा की ओर होती है, इसीलिए दाएँ हाथ के स्क्रू नियम के अनुसार, चुम्बकीय क्षेत्र पश्चिम से पूर्व की ओर, अर्थात् पूर्व की ओर होना चाहिए।

7 **(a)** प्रोटॉन पर कुल बल,

$$F = Bqv\sin\theta$$

$$= 1.5 \times 1.6 \times 10^{-19} \times 2 \times 10^7 \times \sin 30°$$

$$= 2.4 \times 10^{-12} \text{ न्यूटन}$$

8 **(c)** चुम्बकीय क्षेत्र में गतिशील आवेश पर बल की दिशा दक्षिण हस्त नियम द्वारा ज्ञात की जा सकती है। जैसा कि हम जानते हैं, $\mathbf{F}$ की दिशा वेग $\mathbf{v}$ और चुम्बकीय क्षेत्र $\mathbf{B}$ के क्रॉस गुणन की दिशा है , जो $\mathbf{v}$ और $\mathbf{B}$ युक्त तल के लम्बवत् होता है। इसीलिए धनात्मक आवेश के लिए यह ऊपर की ओर कार्यरत् होता है और ऋणात्मक आवेश के लिए यह नीचे की ओर कार्यरत् होता है, इसीलिए आरेख (c) सही है।

9 **(d)** जैसा कि हम जानते हैं, बल, $F = qvB$

$$\therefore \text{ चुम्बकीय क्षेत्र, } B = \frac{F}{qv} = \frac{10^{-10}}{10^{-12} \times 10^5}$$

$= 10^{-3}$ वेबर/मी^{2} या टेस्ला

अतः दाएँ हाथ के नियम के अनुसार, चूँकि कण x-दिशा में गति कर रहा है और y-दिशा में बल का अनुभव करता है, तो चुम्बकीय क्षेत्र z-दिशा के अनुदिश कार्य करता है।

10 **(a)** $F = q(\mathbf{v} \times \mathbf{B}) = qvB\sin\theta$

$$= 1.6 \times 10^{-19} \times 10^6 \times 0.2 \times \sin 90°$$

$$\therefore F = 3.2 \times 10^{-14} \text{ न्यूटन}$$

11 **(a)** $\mathbf{F} = q\,(\mathbf{E} + \mathbf{v} \times \mathbf{B})$

$$= 2\,[2\hat{j} + \{(2\hat{i} + 3\hat{j}) \times 5\hat{k}\}]$$

$$\Rightarrow \quad \mathbf{F} = (30\hat{i} - 16\hat{j}) \text{ न्यूटन}$$

12 **(b)** $F = qvB\sin\theta$

$$= (1.6 \times 10^{-19}) \times (10^6) \times (0 \cdot 1)\sin 90°$$

$$F = 1.6 \times 10^{-14} \text{ न्यूटन}$$

13 **(d)** फ्लेमिंग के बाएँ हाथ के नियम का उपयोग करके, बल की दिशा निर्धारित की जा सकती है। इसके अनुसार, अनुभव किया गया बल दक्षिण दिशा में होगा।

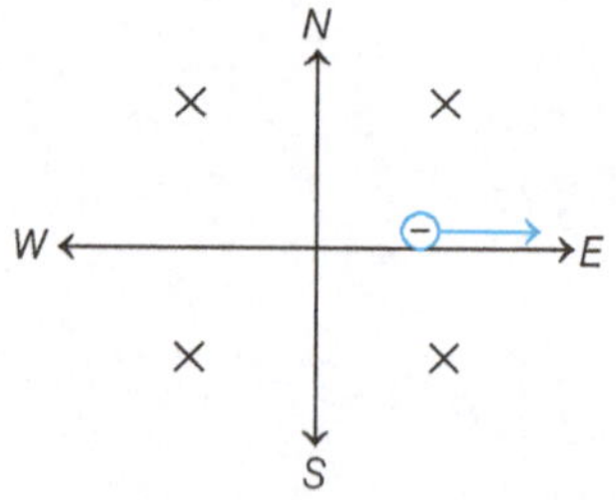

14 *(b)* 200 ग्राम द्रव्यमान और 1.5 मीटर लम्बाई वाला एक सीधा तार 2 ऐम्पियर धारा प्रवाहित करता है। इसे एकसमान क्षैतिज चुम्बकीय क्षेत्र द्वारा मध्य वायु (Mid-air) में रखा जाता है। परिमाण ilB का एक ऊर्ध्वगामी बल **F** है। मध्य वायु में निलम्बन (Suspensior) के लिए, इसे गुरुत्वीय बल द्वारा सन्तुलित किया जाना चाहिए, जैसा कि चित्र में दर्शाया गया है।

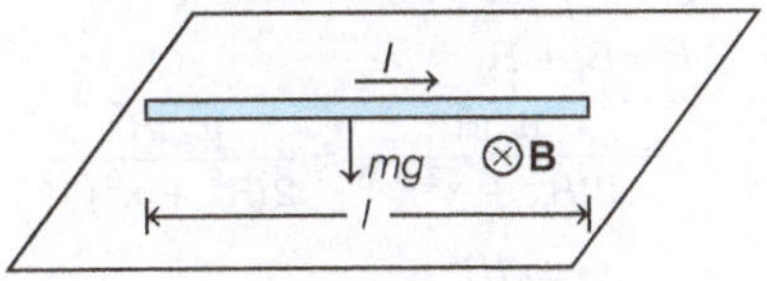

$mg = IlB$ [$\because m = 200$ ग्राम $= 0.2$ किग्रा]

$\Rightarrow \quad B = \dfrac{mg}{Il} = \dfrac{0.2 \times 9.8}{2 \times 1.5} = 0.65$ टेस्ला

15 *(b)* चुम्बकीय क्षेत्र की उपस्थिति में त्वरित इलेक्ट्रॉन की वृत्तीय गति के दौरान, इसकी त्रिज्या निम्न प्रकार से दी जाती है

$$r = \frac{mv}{Be} = \frac{\sqrt{2meV}}{eB}$$

जहाँ, v वेग और V वोल्टेज है।

$$r = \frac{\sqrt{2 \times 9.1 \times 10^{-31} \times 1.6 \times 10^{-19} \times 500}}{1.6 \times 10^{-19} \times 100 \times 10^{-3}}$$

$r = 7.5 \times 10^{-4}$ मी

16 *(a)* पथ की त्रिज्या, $r = \dfrac{mv}{qB}$

दिया है, $r_a > r_b$

$$\Rightarrow \quad \frac{m_a v_a}{qB} > \frac{m_b v_b}{qB}$$

[$\because q_a = q_b$ (दिया है)]

$\Rightarrow \quad m_a v_a > m_b v_b$

17 *(d)* एक आवेशित कण द्वारा परिचालित वृत्ताकार कक्षा की त्रिज्या निम्न प्रकार है

$$\because \quad r = \frac{mv}{Bq} = \frac{\sqrt{2mK}}{Bq}$$

जहाँ, K गतिज ऊर्जा है।

जब B समान हो, तो त्रिज्या को निम्न प्रकार लिख सकते हैं

$$r \propto \frac{\sqrt{2mK}}{q}$$

$$\Rightarrow \quad \frac{r_{\text{प्रोटॉन}}}{r_{\text{ड्यूटेरॉन}}} = \sqrt{\frac{m_p K_p}{m_d K_d}}$$

$$\Rightarrow \quad \frac{0.5}{0.5} = \sqrt{\frac{m_p K_p}{2m_p K_d}}$$

[$\because r_p = r_d = 0.5$ मी]

[$\because$ ड्यूटेरॉन का द्रव्यमान $= 2 \times$ प्रोटॉन का द्रव्यमान]

$$1 = \frac{m_p K_p}{2m_p K_d}$$

$K_p = 2K_d$

[$\because$ दिया है, $K_d = 50$ किलो इलेक्ट्रॉन वोल्ट]

$\Rightarrow K_p = 2 \times 50 = 100$ किलो इलेक्ट्रॉन वोल्ट

18 *(a)* जैसा कि हम जानते हैं कि

वृत्त की त्रिज्या,

$$r = \frac{mv}{qB}$$

$$K = \frac{1}{2}mv^2$$

$$r = \frac{\sqrt{2mK}}{qB} \quad \Rightarrow r \propto \frac{\sqrt{m}}{q}$$

$q_\alpha = 2q_p \quad \Rightarrow \quad m_\alpha = 4m_p$

$q_d = q_p \quad \Rightarrow \quad m_d = 2m_p$

$$r_\alpha = \frac{\sqrt{4m_p}}{2q_p} \propto \frac{\sqrt{m_p}}{q_p} = r_p$$

$$r_d = \frac{\sqrt{2m_p}}{q_p} \propto \sqrt{2}\frac{\sqrt{m_p}}{q_p} = \sqrt{2}r_p$$

$r_\alpha = r_p < r_d$

19 *(b)* दिया गया है, गति, $v = 3 \times 10^7$ मी/से

और चुम्बकीय क्षेत्र, $B = 6 \times 10^{-4}$ टेस्ला

त्रिज्या, $r = \dfrac{mv}{qB} = \dfrac{9 \times 10^{-31} \times 3 \times 10^7}{1.6 \times 10^{-19} \times 6 \times 10^{-4}}$

$= 28 \times 10^{-2}$ मी

एक इलेक्ट्रॉन की आवृत्ति,

$$\nu = \frac{v}{2\pi r} = \frac{3 \times 10^7}{2 \times \frac{22}{7} \times 28 \times 10^{-2}}$$

$= 17$ मेगा हर्ट्ज

20 *(b)* कण चुम्बकीय क्षेत्र में त्रिज्या r के वृत्ताकार पथ पर गति करता है। यह केवल $r \geq (b-a)$ के लिए $x > b$ क्षेत्र में प्रवेश कर सकता है।

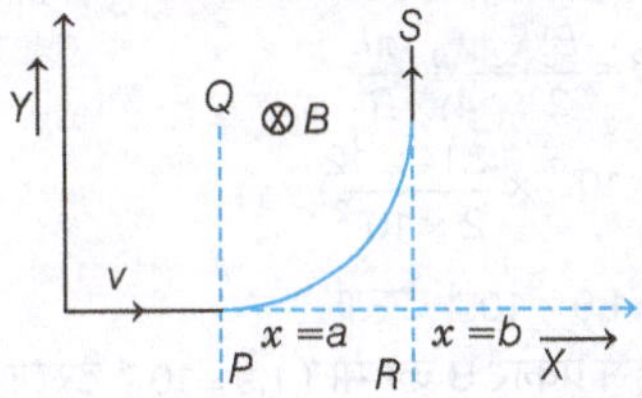

अब, $r = \dfrac{mv}{qB} \geq (b-a)$

या $v \geq \dfrac{q(b-a)B}{m}$

$\Rightarrow \quad v_{\text{मिनट}} = \dfrac{q(b-a)B}{m}$

21 *(b)* चूँकि, वेग का घटक **v** चुम्बकीय क्षेत्र **B** के अनुदिश है, अतः पथ कुण्डलित (Helical) है।

कुण्डली (Helix) की त्रिज्या,

$$r = \frac{mv_\perp}{Bq}$$

$$= \frac{1.67 \times 10^{-27} \times 2 \times 10^6 \sin 30^\circ}{0.104 \times 1.6 \times 10^{-19}}$$

$\Rightarrow r = \dfrac{0.2}{2}$ मी

$= 0.1$ मी

आवर्तकाल,

$$T = \frac{2\pi m}{Bq} = \frac{2\pi \times 1.67 \times 10^{-27}}{0.104 \times 1.6 \times 10^{-19}}$$

$= 2\pi \times 10^{-7}$ सेकण्ड

22 *(d)* दिया गया है, चुम्बकीय क्षेत्र,

$B = 6.28 \times 10^{-4}$ टेस्ला

और प्रोटॉन का द्रव्यमान,

$m_p = 1.67 \times 10^{-27}$ किग्रा

जैसा कि हम जानते हैं कि, प्रोटॉन की आवृत्ति,

$$f = \frac{1}{T} = \frac{qB}{2\pi m}$$

$$= \frac{1.6 \times 10^{-19} \times 6.28 \times 10^{-4}}{2 \times \frac{22}{7} \times 1.67 \times 10^{-27}} \approx 10^4 \text{ हर्ट्ज}$$

23 *(d)* जब चुम्बकीय क्षेत्र में कोई आवेश किसी कोण (0° या 90° के अतिरिक्त) पर गति कर रहा हो, तो वह विकल्प (d) में दर्शाए अनुसार कुण्डलित पथ (Helical path) पर गति करेगा।

24 *(c)* आयनित गैस के लिए, जैसे ही विद्युत क्षेत्र चालू होता है, धनात्मक आयन x-धनात्मक दिशा के अनुदिश और ऋणात्मक आयन ऋणात्मक x- दिशा के अनुदिश गति करना आरम्भ कर देंगे। दोनों प्रकार के आयनों की गति से सम्बद्ध धारा धनात्मक x-दिशा के अनुदिश होती है।

फ्लेमिंग के बाएँ हाथ के नियम के अनुसार, दोनों प्रकार के आयनों पर बल-ऋणात्मक y-दिशा के अनुदिश होगा।

25 *(b)* यदि विद्युत और चुम्बकीय क्षेत्र क्रमशः E और B हैं, तो किसी कण का वेग,

$$v = \frac{E}{B} = \frac{\sigma}{\varepsilon_0 B}$$

$\left[\because \text{ समान्तर प्लेट संधारित्र के लिए, } E = \dfrac{\sigma}{\varepsilon_0}\right]$

$\therefore$ इलेक्ट्रॉन द्वारा क्षेत्र से गुजरने में लिया गया समय,

$$t = \frac{l}{v} = \frac{\varepsilon_0 lB}{\sigma}$$

26 *(d)* वृत्ताकार कक्षा के चुम्बकीय क्षेत्र में त्रिज्या,

$$R = \frac{mv}{qB} = \frac{\sqrt{2mE}}{qB}$$

$$\left[\because \text{गतिज ऊर्जा}, E = \frac{1}{2}mv^2\right]$$

$$[\therefore mv = \sqrt{2mE}]$$

और एक वृत्ताकार कक्षा में गतिमान कण की कुल ऊर्जा,

$$E = \frac{q^2B^2R^2}{2m}$$

चुम्बकीय क्षेत्र में प्रवेश करने वाले प्रोटॉन के लिए,

$$E_1 = \frac{e^2 \times B^2 \times R^2}{2 \times m_p} \quad \ldots(i)$$

जहाँ, m_p प्रोटॉन का द्रव्यमान है।

इसी प्रकार, एकसमान चुम्बकीय क्षेत्र में गतिमान α-कण के लिए,

$$E_2 = \frac{(2e)^2 \times B^2 \times R^2}{2 \times (4m_p)} (\because m_\alpha = 4m_p) \quad \ldots(ii)$$

समी (ii) को समी (i) से विभाजित करने पर,

$$\frac{E_2}{E_1} = \frac{(2e)^2 \times B^2 \times R^2}{2 \times (4m_p)} \times \frac{2 \times m_p}{e^2 \times B^2 \times R^2}$$

$$\frac{E_2}{E_1} = 1$$

$\Rightarrow E_2 = E_1 = 1$ मेगा इलेक्ट्रॉन वोल्ट

27 *(c)* चुम्बकीय क्षेत्र में गतिमान इलेक्ट्रॉन की त्रिज्या,

$$r = \frac{mv}{qB} \Rightarrow r \propto v$$

अतः जैसे ही इलेक्ट्रॉन की गति दोगुनी हो जाएगी, इलेक्ट्रॉन के लिए त्रिज्या भी दोगुनी हो जाएगी।

$\therefore r_2 = 2r_1 = 2 \times 2$

$r_2 = 4$ सेमी

28 *(c)* चूँकि, चुम्बकीय क्षेत्र में गतिमान आवेशित कण की स्थिति में $\mathbf{F}_{\text{परिमाण}} \perp \mathbf{v}$, अतः इससे सम्बद्ध शक्ति शून्य होगी।

29 *(a)* चुम्बकीय क्षेत्र का परिमाण,

$$|d\mathbf{B}| = \frac{\mu_0}{4\pi} \cdot \frac{I\,dl \sin\theta}{r^2}$$

दिया है, $\Delta dl = \Delta x = 10^{-2}$ मी, $I = 10$ ऐम्पियर,

$r = 0.5$ मी,

$\theta = 90°$

$\Rightarrow \sin 90° = 1$

$$\Rightarrow \quad |d\mathbf{B}| = \frac{10^{-7} \times 10 \times 10^{-2}}{25 \times 10^{-2}}$$

या $\quad \mathbf{B} = 4 \times 10^{-8}\hat{\mathbf{k}}$ टेस्ला

चूँकि, $dl \times \mathbf{r} = \Delta x\hat{\mathbf{i}} \times y\hat{\mathbf{j}}$

$$= y\,\Delta x\,(\hat{\mathbf{i}} \times \hat{\mathbf{j}}) = y\,\Delta x\hat{\mathbf{k}}$$

अतः क्षेत्र की दिशा $+z$-दिशा में है।

इसलिए, $d\mathbf{B} = 4 \times 10^{-8}\hat{\mathbf{k}}$ टेस्ला

30 *(a)* केन्द्र पर धारावाही कुण्डली के कारण चुम्बकीय क्षेत्र, $B = \frac{\mu_0 NI}{2R}$

कुण्डली के लिए, $R = 5$ सेमी, $N = 50$, $I = 2$ ऐम्पियर

$$|\mathbf{B}_1| = \frac{4\pi \times 10^{-7} \times 50 \times 2}{2 \times 5 \times 10^{-2}}$$

$= 4\pi \times 10^{-4}$ टेस्ला

$I = 2$ ऐम्पियर, $N = 100$, वाली कुण्डली के लिए $R = 10$ सेमी

$$|\mathbf{B}_2| = \frac{4\pi \times 10^{-7} \times 100 \times 2}{2 \times 10 \times 10^{-2}}$$

$= 4\pi \times 10^{-4}$ टेस्ला

$\Rightarrow |\mathbf{B}_1| = |\mathbf{B}_2|$

$= 4\pi \times 10^{-4}$ टेस्ला

यदि धाराएँ समान दिशा में हों, तो

$B_{\text{कुल}} = |\mathbf{B}_1| + |\mathbf{B}_2|$

$= 8\pi \times 10^{-4}$ टेस्ला

यदि धाराएँ विपरीत दिशा में हों,

$B_{\text{कुल}} = |\mathbf{B}_1| - |\mathbf{B}_2| = 0$

31 *(b)* विकल्प (b) में दिया गया कथन गलत है और इसे निम्न प्रकार सुधारा जा सकता है। चुम्बकीय क्षेत्र के नियत परिमाण की रेखाएँ संकेन्द्रित वृत्त बनाती हैं, जिन्हें चुम्बकीय क्षेत्र रेखाएँ कहते हैं।

32 *(c)* दिया गया है, धारा, $I = 12$ ऐम्पियर,

त्रिज्या, $R = 2$ सेमी $= 2 \times 10^{-2}$ मी

धारावाही वृत्ताकार लूप के केन्द्र पर चुम्बकीय क्षेत्र

$$B_c = \frac{\mu_0 I}{2R} = \frac{\mu_0}{2\pi} \cdot \frac{\pi I}{R}$$

अर्द्धवृत्ताकार लूप के केन्द्र पर चुम्बकीय क्षेत्र ,

$$B = \frac{B_c}{2} = \frac{\mu_0}{4\pi} \cdot \frac{\pi I}{R}$$

$$= 10^{-7} \times \frac{3.14 \times 12}{2 \times 10^{-2}}$$

$= 1.9 \times 10^{-4}$ टेस्ला

इस प्रकार **B** का मान 1.9×10^{-4} टेस्ला है जो कागज के तल के अभिलम्बवत् है।

33 *(c)* दिया है, समान वृत्ताकार लूपों की त्रिज्या,

$R = 10$ सेमी $= 10^{-1}$ मी

धारा, $I = \frac{7}{2}$ ऐम्पियर

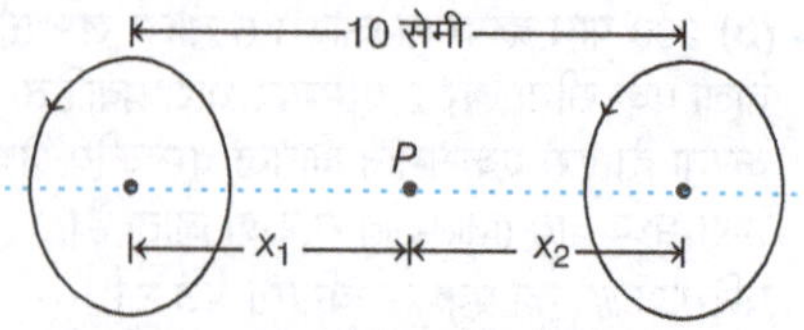

बिन्दु P पर दोनों वृत्ताकार लूपों से दूरी,

$x_1 = x_2 = x = 5$ सेमी $= 5 \times 10^{-2}$ मी

चुम्बकीय क्षेत्र का कुल परिमाण,

$$B = B_1 + B_2$$

$$= \frac{\mu_0 IR^2}{2(R^2 + x^2)^{3/2}} + \frac{\mu_0 IR^2}{2(R^2 + x^2)^{3/2}}$$

$$= \frac{\mu_0 IR^2}{(R^2 + x^2)^{3/2}}$$

$$= \frac{\mu_0 \times \frac{7}{2} \times (10^{-1})^2}{[(0.1)^2 + (0.05)^2]^{3/2}} = \frac{56\mu_0}{\sqrt{5}} \text{ टेस्ला}$$

34 *(c)* किसी धारावाही चालक के केन्द्र पर चुम्बकीय क्षेत्र,

$$B_c = \frac{\mu_0 I}{2r} \quad \ldots(i)$$

r दूरी पर धारावाही चालक के कारण अक्षीय बिन्दु पर चुम्बकीय क्षेत्र,

$$B_a = \frac{\mu_0 Ir^2}{2(r^2 + d^2)^{3/2}}$$

$$\Rightarrow \quad B_a = \frac{\mu_0 Ir^2}{2(2r^2)^{3/2}} \quad (\because d = r) \ldots(ii)$$

अब, $\frac{B_c}{B_a} = \frac{\mu_0 I}{2r} \times \frac{2(2r^2)^{3/2}}{\mu_0 Ir^2} = 2\sqrt{2}$

$B_c : B_a = 2\sqrt{2} : 1$

35 *(a)* कुण्डली के केन्द्र पर चुम्बकीय क्षेत्र,

$$B = \frac{\mu_0 I}{2a}$$

$$B = \frac{(4\pi \times 10^{-7} \times 3)}{(2 \times 0.4)}$$

$B = 4.7 \times 10^{-6}$ टेस्ला

36 *(c)* ऐम्पियर के परिपथीय नियम से, केन्द्र से $\frac{a}{3}$ दूरी पर तार के कारण चुम्बकीय क्षेत्र,

$$B_1 = \frac{\mu_0}{2\pi} \cdot \frac{i\left(\frac{a}{3}\right)}{a^2} = \frac{\mu_0 i}{6\pi a}$$

केन्द्र से $2a$ दूरी पर चुम्बकीय क्षेत्र,

$$B_2 = \frac{\mu_0 i}{2\pi(2a)} = \frac{\mu_0 i}{4\pi a}$$

चुम्बकीय क्षेत्रों का अनुपात होगा

$$\frac{B_1}{B_2} = \frac{\left(\frac{\mu_0 i}{6\pi a}\right)}{\left(\frac{\mu_0 i}{4\pi a}\right)} = \frac{2}{3}$$

37 *(d)* कुण्डली के केन्द्र पर चुम्बकीय क्षेत्र का परिमाण है,

$$B = \frac{\mu_0 NI}{2R}$$

$$= \frac{4\pi \times 10^{-7} \times 10^2 \times 1}{2 \times 10^{-1}}$$

$$= 2\pi \times 10^{-4}$$

$$= 6.28 \times 10^{-4} \text{ टेस्ला}$$

38 *(d)* ऐम्पियर का परिपथीय नियम उन स्थिर धाराओं के लिए लागू होता है जो समय के साथ त्वरित नहीं होती हैं।

39 *(b)* जैसा कि हम जानते हैं कि

$$J = \frac{I}{A} = \frac{I}{\pi R^2}$$

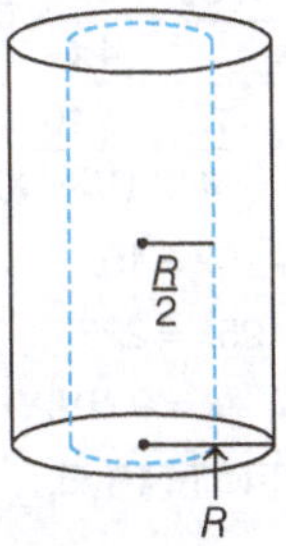

दूरी r पर धारा,

$$I_r = \frac{I}{\pi R^2} \times \pi r^2 = I\left(\frac{r}{R}\right)^2$$

ऐम्पियर के परिपथीय नियम से,

$$\oint B \cdot dl = \mu_0 I_r$$

$$\Rightarrow \quad B \cdot 2\pi r = \mu_0 I\left(\frac{r}{R}\right)^2$$

$$B = \frac{\mu_0 I}{2\pi r} \cdot \frac{r^2}{R^2} = \frac{\mu_0 I}{2\pi R^2} \times r$$

$$B = \frac{\mu_0 I}{2\pi R^2} \times \frac{R}{2} \qquad \left[\because r = \frac{R}{2}\right]$$

$$\therefore \quad B = \frac{\mu_0 I}{4\pi R}$$

40 *(d)* दिया है, $n = 20$ फेरे/सेमी

$= 20 \times 100$ फेरे/मी

$= 2000$ फेरे/मी

और चुम्बकीय क्षेत्र, $B = 20$ मिली-टेस्ला

$= 20 \times 10^{-3}$ टेस्ला

सूत्र के अनुसार, चुम्बकीय क्षेत्र,

$$B = \mu_0 nI$$

या $20 \times 10^{-3} = 4\pi \times 10^{-7} \times 2000 \times I$

$$\text{या} \quad I = \frac{20 \times 10^{-3}}{4\pi \times 10^{-7} \times 2000}$$

$$\Rightarrow \quad I \simeq 8 \text{ ऐम्पियर}$$

41 *(a)* दिया गया है, लम्बाई $l = 0.5$ मी, त्रिज्या, $r = 1$ सेमी $= 0.01$ मी तथा धारा, $I = 5$ ऐम्पियर

प्रति इकाई लम्बाई में फेरों की संख्या,

$$n = \frac{500}{0.5} = 1000 \text{ फेरे/मी}$$

$\because$ $l/r = 50$, अर्थात् $l >> r$.

इसीलिए, हम लम्बी परिनालिका के सूत्र का उपयोग कर सकते हैं,

चुम्बकीय क्षेत्र, $B = \mu_0 nI$

$$= 4\pi \times 10^{-7} \times 10^3 \times 5$$

$$= 6.28 \times 10^{-3} \text{ टेस्ला}$$

42 *(d)* दिया है, $B = 0.168$ टेस्ला

$r = 0.01$ मी

$I = 2$ ऐम्पियर

$B = \mu_0 nI$ के द्वारा

$$\Rightarrow \quad B = \frac{\mu_0 N}{l} I$$

$$\Rightarrow \quad N = \frac{Bl}{\mu_0 I}$$

अब, तार की कुल लम्बाई

$$L = N \times 2\pi r = \frac{B \cdot l \times 2\pi r}{\mu_0 I}$$

$$= \frac{0.168 \times 1.4 \times 2\pi \times 0.01 \times 10}{4\pi \times 10^{-7} \times 2}$$

$$\Rightarrow L = 58800 \text{ मी}$$

43 *(c)* विकल्प (c) में दिया गया कथन गलत है तथा इस प्रकार सुधारा जा सकता है कि परिनालिका के बाहर का क्षेत्र शून्य के समीप पहुँच जाता है तथा अन्दर प्रत्येक स्थान पर अक्ष के समान्तर हो जाता है। शेष कथन सही हैं।

44 *(b)* यहाँ, $B = \mu_0 nI$

$$\frac{B_1}{B_2} = \frac{n_1}{n_2} \cdot \frac{I_1}{I_2}$$

$$\Rightarrow \frac{6.28 \times 10^{-2}}{B_2} = \frac{200}{100} \times \frac{l}{l} \times 3$$

$$B_2 = 1.05 \times 10^{-2} \text{ वेबर/मी}^2$$

45 *(a)* दिया है,

$d = 9$ सेमी $= 9 \times 10^{-2}$ मी

$I = 6$ ऐम्पियर

एक सीधे तार के कारण चुम्बकीय क्षेत्र,

$$B = \frac{\mu_0 I}{2\pi d}$$

$$= \frac{4\pi \times 10^{-7} \times 6}{2\pi \times 9 \times 10^{-2}}$$

$$\therefore B = 1.33 \times 10^{-5} \text{ टेस्ला}$$

46 *(d)* बिन्दु P पर चुम्बकीय क्षेत्र निम्न द्वारा व्यक्त किया जाता है,

$$B_P = \left(\frac{\mu_0 I_1}{2\pi r_1}\right) + \left(\frac{\mu_0 I_2}{2\pi r_2}\right) + \left(\frac{\mu_0 I_3}{2\pi r_3}\right)$$

$$= \frac{\mu_0}{2\pi}\left(\frac{30}{3d} + \frac{20}{d} - \frac{10}{d}\right)$$

$$= \frac{\mu_0}{2\pi}\left(\frac{30 - 60 - 30}{3d}\right)$$

$$B_P = \frac{\mu_0}{2\pi} \frac{20}{d}$$

$$\text{अब, } B_Q = \frac{\mu_0}{2\pi}\left(\frac{30}{d} + \frac{20}{d} - \frac{10}{3d}\right)$$

$$= \frac{\mu_0}{2\pi}\left(\frac{90 - 60 - 10}{3d}\right) = \frac{\mu_0}{2\pi} \frac{20}{3d}$$

चुम्बकीय क्षेत्र का अनुपात

$$\frac{B_P}{B_Q} = \frac{\mu_0}{2\pi} \frac{20}{d} \times \frac{2\pi}{\mu_0} \frac{3d}{20}$$

$$\frac{B_P}{B_Q} = \frac{3}{1}$$

47 *(a)* किसी धारावाही चालक की प्रति इकाई लम्बाई पर कार्यरत् बल,

$$\frac{F}{l} = \frac{\mu_0}{4\pi} \frac{2I_1 I_2}{d}$$

जब $d = 1$ मी, $l = 1$मी

और $I_1 = I_2 = 1$ ऐम्पियर

तब यह बल, $F = 10^{-7} \times \frac{2 \times 1 \times 1}{1^2}$

$F = 2 \times 10^{-7}$ न्यूटन/मी

48 *(a)* दिया गया है,

$I_1 = 4.0$ ऐम्पियर, $I_2 = 5.0$ ऐम्पियर,

$d = 4 \times 10^{-2}$ मी

और $l = 0.20$ मी

धारावाही तार पर लगने वाला बल,

$$F = \frac{\mu_0 I_1 I_2 l}{2\pi d}$$

$$= \frac{4\pi \times 10^{-7} \times 4.0 \times 5.0 \times 0.20}{2 \times 3.14 \times 4 \times 10^{-2}}$$

$$= 2 \times 10^{-5} \text{ न्यूटन } (B \text{ की ओर})$$

49 *(d)* दी गई स्थिति को निम्न प्रकार दर्शाया जा सकता है

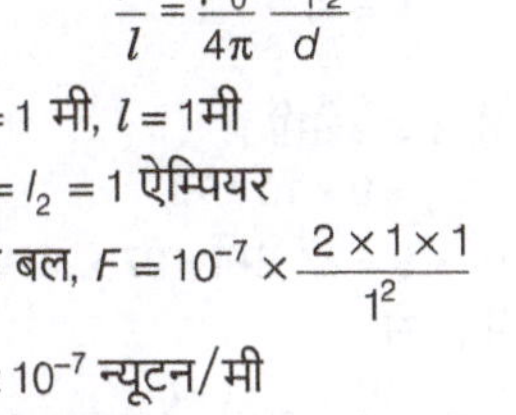

पहले तार के कारण मध्य बिन्दु P पर चुम्बकीय क्षेत्र $\mathbf{B}_1$ दाएँ हाथ नियम के अनुसार, नीचे की ओर है। इसी प्रकार, दूसरे तार के कारण चुम्बकीय क्षेत्र $\mathbf{B}_2$ ऊपर की ओर है।

मान लीजिए, आवेश **q** तात्कालिक वेग **v** से ऊपर की ओर गति कर रहा है, तो पहले तार के कारण q पर लगने वाले बल का परिमाण है

$$F_1 = q(\mathbf{v} \times \mathbf{B}_1) = qvB_1 \sin\theta$$
$$= qvB_1 \sin 180^\circ$$

इसी प्रकार, दूसरे तार के कारण q पर लगने वाले बल का परिमाण है

$$F_2 = q(\mathbf{v} \times \mathbf{B}_2) = qvB_2 \sin\theta$$
$$= qvB_2 \sin 0^\circ = 0$$

q पर बल का कुल परिमाण,

$$F_{\text{कुल}} = F_1 + F_2 = 0$$

50 *(c)* बिन्दु A पर धारावाही समान्तर तार 1 (10 ऐम्पियर) तथा तार 2 (I ऐम्पियर) पर लगने वाला परिणामी चुम्बकीय शून्य होता है,

अर्थात् $B_1 = B_2$

$$\frac{\mu_0 I_1}{2r_1} = \frac{\mu_0 I_2}{2r_2}$$

$$\Rightarrow \quad \frac{I_1}{r_1} = \frac{I_2}{r_2} \quad \ldots(i)$$

दिया है, $r_1 = 9$ सेमी $= 9 \times 10^{-2}$ मी

$r_2 = 18 + 9 = 27$ सेमी $= 27 \times 10^{-2}$ मी

$\therefore$ समी (i) से,

$$\frac{10}{9 \times 10^{-2}} = \frac{I}{27 \times 10^{-2}}$$

$\Rightarrow \quad I = 30$ ऐम्पियर

51 *(d)* समान दूरी पर स्थित दो तारों द्वारा अनुभव किया जाने वाला कुल बल, आकर्षी प्रकार का होता है, यदि उनमें धारा एक ही दिशा में प्रवाहित होती है। हालाँकि, यदि उनमें धारा विपरीत दिशा में प्रवाहित होती है, तो यह बल प्रतिकर्षी (Repulsive) प्रकृति का होता है, एक तार 1 पर बल, जिसमें धारा I_1 एक अन्य तार 2 के कारण प्रवाहित हो रही है, जिसे दूरी r द्वारा पृथक् किया गया है, तब

$$\mathbf{F} = I_1(l \times \mathbf{B}_2)$$

या $F = \dfrac{\mu_0 I_1 I_2}{2\pi r} \cdot l \sin\theta \quad \left[\because B_2 = \dfrac{\mu_0 I_2}{2\pi r}\right]$

यह वर्गाकार लूप देता है,

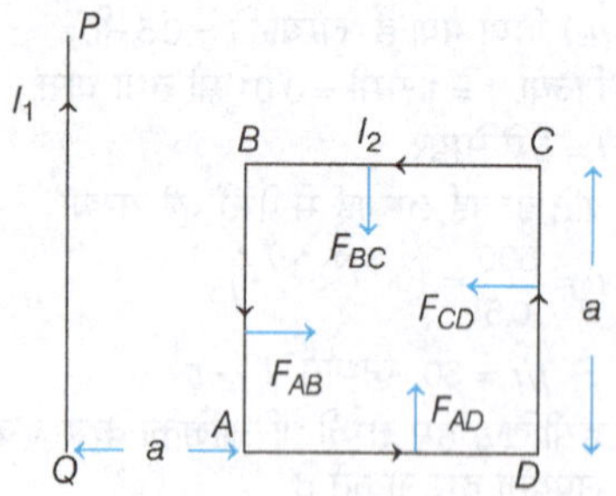

$F_{AB} = \dfrac{\mu_0 I_1}{2\pi a} \cdot I_2 a$ (तार PQ से दूर)

$F_{BC} = F_{AD} = 0 \quad [\because \theta = 0^\circ]$

$F_{CD} = \dfrac{\mu_0 I_1}{2\pi(2a)} \cdot I_2 a$

$= \dfrac{\mu_0 I_1}{4\pi a} \cdot I_2 a$ (तार PQ की ओर)

$\therefore \quad F_{\text{कुल}} = F_{AB} - F_{CD}$

$= \dfrac{\mu_0 I_1 I_2}{2\pi} - \dfrac{\mu_0 I_1 I_2}{4\pi}$ (तार से दूर)

$= \dfrac{\mu_0 I_1 I_2}{4\pi}$ (प्रकृति में प्रतिकर्षी)

52 *(b)* दी गई आकृति पर विचार करने पर,

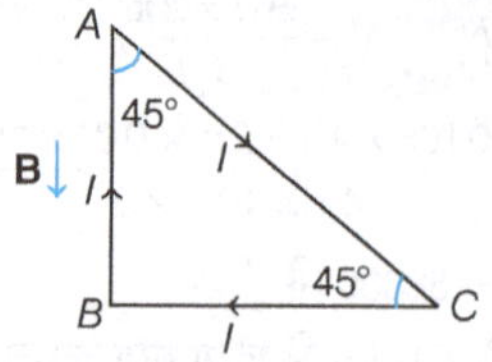

$BC = l$ लेने पर,

चित्र से, $\dfrac{BC}{AC} = \sin 45^\circ$

$\Rightarrow \quad \dfrac{l}{AC} = \dfrac{1}{\sqrt{2}}$

$\Rightarrow \quad AC = \sqrt{2}l \quad \ldots(i)$

चूँकि, चुम्बकीय क्षेत्र AB के अनुदिश है, अतः भुजाएँ चुम्बकीय क्षेत्र की दिशा के लम्बवत् हैं, अर्थात्, $\theta = 90^\circ$

$\therefore \quad F_{BC} = IB \times BC \times \sin 90^\circ = IBl \sin 90^\circ$

$F_{BC} = IBl \quad \ldots(ii)$

भुजा AC पर बल,

$F_{AC} = IB \times AC \times \sin 45^\circ$

$= IB \times \sqrt{2}l \times \dfrac{1}{\sqrt{2}}$ [समी (i) से]

$= IBl = F_{BC}$

$\therefore F_{AC} = F_{BC} = F$ [दिया है, $F_{BC} = F$]

53 *(a)* दी गई आकृति पर विचार करने पर

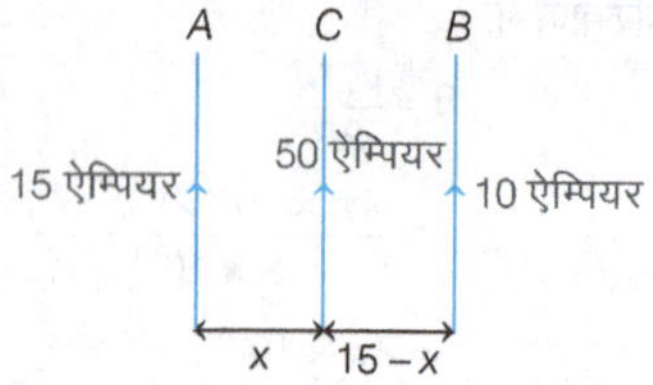

चूँकि, तार C को इस प्रकार प्रतिस्थापित किया जाता है कि, उस पर कोई नेट बल नहीं लगता, अतः

$$\frac{F_{AC}}{l} = \frac{F_{BC}}{l}$$

$$\frac{\mu_0 2 I_A I_C}{4\pi d} = \frac{\mu_0 2 I_B I_C}{4\pi d'}$$

$$\frac{\mu_0}{4\pi} \cdot \frac{2 \times 15 \times 50}{x} = \frac{\mu_0}{4\pi} \times \frac{2 \times 50 \times 10}{15 - x}$$

$$\frac{15}{x} = \frac{10}{(15 - x)}$$

$$225 - 15x = 10x$$

$\Rightarrow \quad 25x = 225$

$\Rightarrow \quad x = 9$ सेमी

54 *(c)* बायो -सेवर्ट नियम से,

$$B = \frac{\mu_0 I}{2\pi r}$$

तार 1 के लिए

$$B_1 = \frac{4\pi \times 10^{-7} \times 8}{2\pi r} \quad \ldots(i)$$

तार 2 के लिए

$$B_2 = \frac{4\pi \times 10^{-7} \times 12}{2\pi (0.18 - r)} \quad \ldots(ii)$$

समी (i) और (ii) से,

$$\frac{4\pi \times 10^{-7} \times 8}{2\pi r} = \frac{4\pi \times 10^{-7} \times 12}{2\pi (0.18 - r)}$$

$$\Rightarrow \quad \frac{2}{r} = \frac{3}{0.18 - r}$$

$\Rightarrow \quad r = 0.072$ मी

$= 7.2$ सेमी

अतः तार 1 से बिन्दु 7.2 सेमी पर चुम्बकीय क्षेत्र शून्य होगा।

55 *(c)* दिया है,

लूप का क्षेत्रफल,

$A = 2 \times 10^{-3}$ मी^{2}

धारा, $I = 2$ ऐम्पियर

$\therefore$ लूप से बद्ध चुम्बकीय द्विध्रुव आघूर्ण का परिमाण,

$m = IA = 2 \times 2 \times 10^{-3}$

$= 4 \times 10^{-3}$ जूल/टेस्ला

56 *(a)* कुण्डली पर कार्यरत बल-आघूर्ण

$|\tau| = |\mathbf{m} \times \mathbf{B}| = mB \sin\theta$

$= mB \sin 0°$

$\Rightarrow \tau = 0$

57 *(d)* चुम्बकीय क्षेत्र में एक धारा लूप दो दिशाओं में साम्यावस्था में हो सकता है। समान्तर m और B के लिए धारा लूप होता स्थिर है और असमान्तर के लिए यह अस्थिर होता है।

58 *(c)* बल-आघूर्ण $\tau = \mathbf{m} \times \mathbf{B}$

$\Rightarrow \quad |\tau| = |\mathbf{m}||\mathbf{B}| \sin\theta$

जहाँ, $m =$ कुण्डली का चुम्बकीय आघूर्ण

चित्र (ii) में दिए गए अभिविन्यास (वामावर्त) के लिए, $\theta = 0° \Rightarrow \tau = 0$

इसीलिए, इस अभिविन्यास के लिए लूप स्थिर साम्यावस्था में होगा और चित्र (iv) के लिए,

$\theta = \pi \Rightarrow \tau = 0$

इसीलिए, इस अभिविन्यास (दक्षिणावर्त) के लिए लूप अस्थिर साम्यावस्था में होगा।

59 *(c)* निम्नलिखित आकृति पर विचार करने पर,

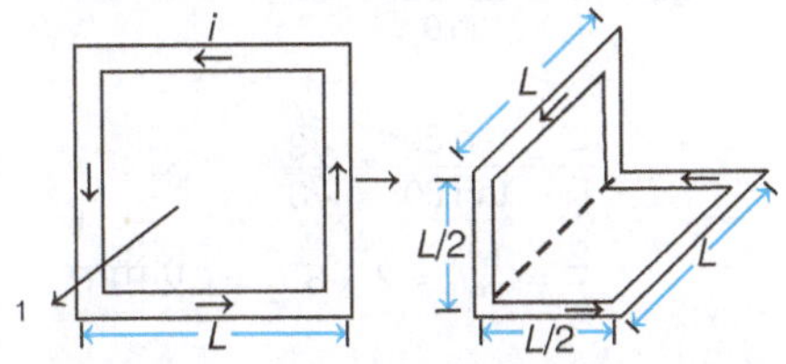

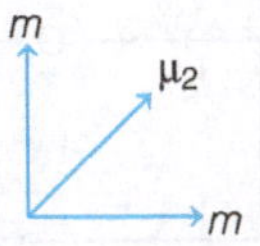

जैसा कि हम जानते हैं कि प्रारम्भिक चुम्बकीय आघूर्ण, $\mu_1 = iL^2$

लूप को मोड़ने के पश्चात्,

$m =$ प्रत्येक भाग के कारण चुम्बकीय आघूर्ण

$= i\left(\frac{L}{2}\right) \times L = \frac{iL^2}{2} = \frac{\mu_1}{2}$

तह के पश्चात् कुल चुम्बकीय आघूर्ण है

$\mu_2 = \sqrt{m^2 + m^2} = m\sqrt{2}$

$= \frac{\mu_1}{2} \times \sqrt{2} = \frac{\mu_1}{\sqrt{2}}$

$\therefore \frac{|\mu_1|}{|\mu_2|} = \sqrt{2}$

60 *(a)* दिया है, त्रिज्या $r = 1$ ऐंगस्ट्रॉम

$= 10^{-10}$ मी

गति, $v = 10^6$ मी/से

गतिमान इलेक्ट्रॉन से बद्ध धारा,

$$I = \frac{e}{T} = \frac{e}{\left(\frac{2\pi r}{v}\right)} = \frac{ev}{2\pi r} \quad \text{...(i)}$$

$\therefore$ घूमते हुए इलेक्ट्रॉन से बद्ध चुम्बकीय द्विध्रुव आघूर्ण,

$m = IA$

$= \frac{ev}{2\pi r} \times \pi r^2$ [समी (i) से]

$= \frac{evr}{2} = \frac{1.6 \times 10^{-19} \times 10^6 \times 10^{-10}}{2}$

$= 0.8 \times 10^{-23}$ ऐम्पियर-मी^{2}

$= 8 \times 10^{-24}$ ऐम्पियर-मी^{2}

61 *(d)* वृत्ताकार लूप के केन्द्र पर चुम्बकीय क्षेत्र,

$B = \frac{\mu_0}{4\pi} \frac{2\pi I}{r} = \frac{\mu_0 I}{2r}$

$\Rightarrow \quad I = \frac{2Br}{\mu_0}$

$A = \pi r^2$

या $\quad r = (A/\pi)^{1/2}$

चुम्बकीय आघूर्ण, $m = IA = \frac{2Br}{\mu_0} A$

r का मान रखने पर,

$m = \frac{2BA}{\mu_0} \times \left(\frac{A}{\pi}\right)^{1/2} = \frac{2BA^{3/2}}{\mu_0 \pi^{1/2}}$

62 *(a)* धारावाही लूप का चुम्बकीय द्विध्रुव आघूर्ण,

$m = IA$ (ऐम्पियर-मी^{2})

जहाँ, $I =$ लूप में धारा

और $A =$ लूप का क्षेत्रफल

माना दिए गए वर्गाकार लूप की भुजा a है, तब इसका चुम्बकीय द्विध्रुव आघूर्ण होगा

$m = Ia^2$

जब वर्ग को त्रिज्या r के वृत्ताकार लूप में परिवर्तित किया जाता है,

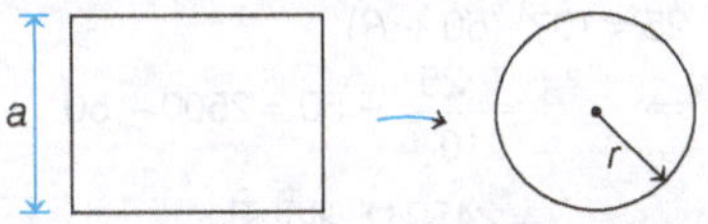

तब, तार की लम्बाई दोनों क्षेत्रफल में समान होगी,

$\Rightarrow \quad 4a = 2\pi r$

$\Rightarrow \quad r = \frac{4a}{2\pi} = \frac{2a}{\pi}$

अतः निर्मित वृत्ताकार लूप का क्षेत्रफल,

$A' = \pi r^2$

$= \pi\left(\frac{2a}{\pi}\right)^2$

$= \frac{4a^2}{\pi}$

वृत्ताकार लूप के चुम्बकीय द्विध्रुव आघूर्ण का परिमाण होगा

$m' = IA' = I\frac{4a^2}{\pi}$

दोनों आकृतियों के चुम्बकीय द्विध्रुव आघूर्णों का अनुपात,

$\frac{m'}{m} = \frac{I \cdot \frac{4a^2}{\pi}}{Ia^2} = \frac{4}{\pi}$

$\Rightarrow \quad m' = \frac{4m}{\pi}$ (ऐम्पियर-मी)

63 *(a)* एक इलेक्ट्रॉन, त्रिज्या **r** की वृत्ताकार कक्षा में **v** गति से परिक्रमा कर रहा है, जैसा कि नीचे दर्शाया गया है

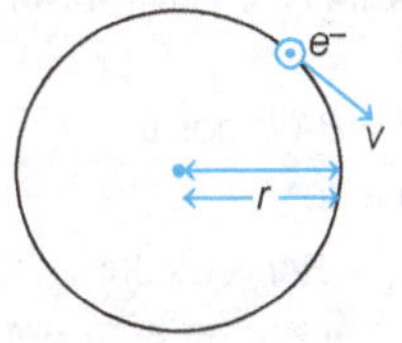

चुम्बकीय आघूर्ण, $M = NiA$

जहाँ, $N =$ वर्तमान लूप के घूर्णनों की संख्या

और $i =$ धारा

चूँकि, परिक्रमा करने वाला इलेक्ट्रॉन धारा i के एक धारा लूप के समान व्यवहार करता है,

अतः धारा,

$i = \frac{e}{T} = \frac{e}{\frac{2\pi r}{v}} = \frac{ev}{2\pi r}$

$\Rightarrow M = NiA = (1)\left(\frac{ev}{2\pi r}\right)(\pi r^2) = \frac{evr}{2}$

64 *(c)* समबाहु त्रिभुज का क्षेत्रफल

$= \frac{\sqrt{3}\,(\text{भुजा})^2}{4}$

यहाँ, भुजा $= \frac{l}{3}$

इसलिए, $A = \frac{\sqrt{3}}{4} \frac{l^2}{9} = \frac{l^2}{12\sqrt{3}}$

चुम्बकीय आघूर्ण,

$m = iA = \frac{il^2}{12\sqrt{3}}$

$m = \frac{il^2}{12\sqrt{3}}$ ऐम्पियर-मी^{2}

65 *(a)* दिया है, वर्गाकार कुण्डली की भुजा
$= 10$ सेमी $= 0.1$ मी
फेरों की संख्या $(n) = 20$
वर्गाकार कुण्डली में धारा, $I = 12$ ऐम्पियर
कुण्डली द्वारा निर्मित कोण, $\theta = 30°$ और
चुम्बकीय क्षेत्र, $B = 0.80$ टेस्ला

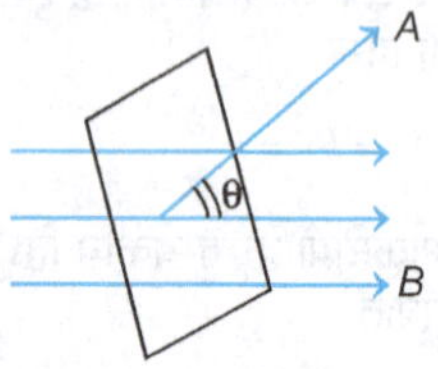

बल-आघूर्ण,
$\tau = NIAB \sin\theta$
$= 20 \times 12 \times (10 \times 10^{-2})^2 \times 0.80 \times \sin 30°$
$\tau = \frac{2.4 \times 0.80}{2}$
$= 0.96$ न्यूटन-मी

66 *(b)* आयताकार कुण्डली के कारण बल आघूर्ण,
$\tau = BA\, I_n \cos\theta$
$\theta = 30°$,
$\tau_1 = BAI_n \cos 30°$
जब कुण्डली $60°$ का कोण बना रही हो, तो बल-आघूर्ण होगा।
$\tau_2 = BAI_n \cos 60°$
इसीलिए, $\frac{\tau_1}{\tau_2} = \frac{\cos 30°}{\cos 60°} = \frac{\frac{\sqrt{3}}{2}}{\frac{1}{2}}$
$\frac{\tau_1}{\tau_2} = \frac{\sqrt{3}}{1}$ $\tau_1 : \tau_2 = \sqrt{3} : 1$

67 *(d)* गैल्वेनोमीटर को अमीटर में परिवर्तित करने के लिए प्रतिरोध को समान्तर में जोड़ा जाता है
प्रतिरोध, $R = \frac{R_G r_s}{R_G + r_s}$
दिया है, $R_G = 70\,\Omega$ और $r_s = 0.03\,\Omega$
$\therefore \quad R = \frac{70 \times 0.03}{70 + 0.03} = 0.02998$
$= 0.030\,\Omega$

68 *(a)* अमीटर परिपथ नीचे चित्र में दर्शाया गया है

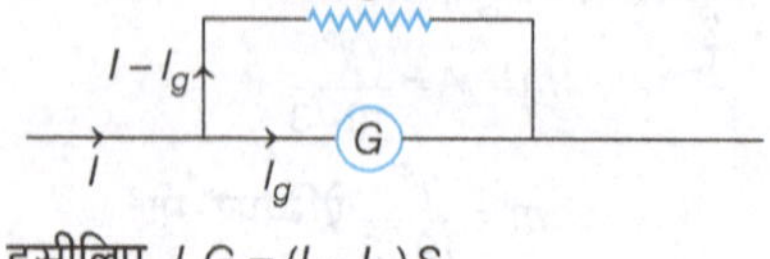

इसीलिए, $I_g G = (I - I_g) S$
यहाँ, $I_g = 0.002$ ऐम्पियर,
$I = 0.5$ऐम्पियर,
$G = 50\,\Omega$
तो, आवश्यक शण्ट प्रतिरोध होगा,
$S = \frac{I_g G}{I - I_g} = \frac{0.002 \times 50}{(0.5 - 0.002)} \approx 0.2\,\Omega$

69 *(b)* यहाँ, गैल्वेनोमीटर का प्रतिरोध,
$R_g = 60\,\Omega$
जब गैल्वेनोमीटर को प्रतिरोध r द्वारा शण्ट किया जाता है, तो इसका प्रभावी प्रतिरोध,
$R_P = \frac{R_g r}{R_g + r} = \frac{60 \times 0.02}{60 + 0.02}$
$\approx 0.02\,\Omega$ $[\because r = 0.02\,\Omega]$
परिपथ का कुल प्रतिरोध,
$R_{कुल} = R + R_P = R + 0.02$
धारा, $I = \frac{V}{R_{कुल}} = \frac{5}{R + 0.02}$
$\Rightarrow \quad 1 = \frac{5}{R + 0.02}$ $[\because I = 1$ ऐम्पियर$]$
$R + 0.02 = 5$
$\Rightarrow \quad R = 5 - 0.02$
$= 4.98 \approx 5\,\Omega$

70 *(d)* दिया गया है, गैल्वेनोमीटर का प्रतिरोध,
$R_g = 50\Omega$ और $I = 4 \times 10^{-4}$ ऐम्पियर
विभाजनों की संख्या $= 25$
$I_g = 25 \times I$
$= 25 \times 4 \times 10^{-4}$
$= 10^{-2}$ ऐम्पियर
चित्रानुसार,

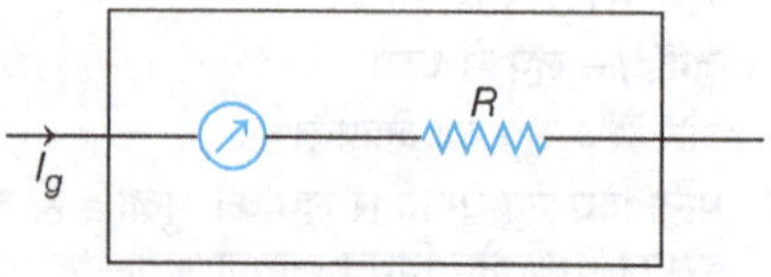

R गैल्वेनोमीटर को वोल्टमीटर में परिवर्तित करने के लिए श्रेणी में संयोजित प्रतिरोध है।
$\therefore \quad V = I_g (R_g + R)$
$25 = 10^{-2} (50 + R)$
$\Rightarrow \quad R = \frac{25}{10^{-2}} - 50 = 2500 - 50$
$= 2450\,\Omega$ श्रेणी में

71 *(d)* विकल्प (d) में दिया गया कथन गलत है और इसे निम्न प्रकार सुधारा जा सकता है, जब गैल्वेनोमीटर को वोल्टमीटर के रूप में उपयोग किया जाता है, तो इसे बहुत कम धारा लेनी चाहिए, अन्यथा वोल्टेज मापन मूल व्यवस्था को एक बहुत बड़ी मात्रा से विचलित कर देगा। इसलिए, मापन उपकरण के कारण होने वाले विचलन को एक प्रतिशत से कम रखने के लिए, बड़े प्रतिरोध R को गैल्वेनोमीटर के साथ श्रेणीक्रम में जोड़ा जाता है। शेष कथन सही हैं।

72 *(a)* दो गैल्वेनोमीटर A और B, 10 विभाजनों का विक्षेपण उत्पन्न करते हैं, तो न्यूनतम धारा को $A \rightarrow 0.3$ मिली ऐम्पियर/डिवीजन और $B \rightarrow 0.5$ मिली ऐम्पियर/डिवीजन द्वारा मापा जाता है, इसीलिए A, B से अधिक संवेदनशील है।

73 *(b)* दिया है, स्प्रिंग नियतांक,
$k = 10^{-8}$ न्यूटन-मी/रेडियन,
फेरों की संख्या, $N = 100$,
क्षेत्रफल, $A = 1$ सेमी $= (1 \times 10^{-2})^2$ मी^{2}
$= 1 \times 10^{-4}$ मी^{2}
और चुम्बकीय क्षेत्र, $B = 5$ टेस्ला
$\therefore \quad S_i = \frac{NBA}{k}$
$= \frac{100 \times 5 \times 1 \times 10^{-4}}{10^{-8}}$
$= 5 \times 10^6$ प्रति ऐम्पियर

74 *(d)* स्पर्शज्या गैल्वेनोमीटर के लिए
$I \propto \tan\theta$
$\Rightarrow \quad \frac{I_1}{I_2} = \frac{\tan\theta_1}{\tan\theta_2}$
$\frac{2}{I_2} = \frac{\tan 30°}{\tan 60°} = \frac{\frac{1}{\sqrt{3}}}{\sqrt{3}}$
$\frac{2}{I_2} = \frac{1}{3}, I_2 = 2 \times 3, I_2 = 6$ऐम्पियर

75 *(b)*

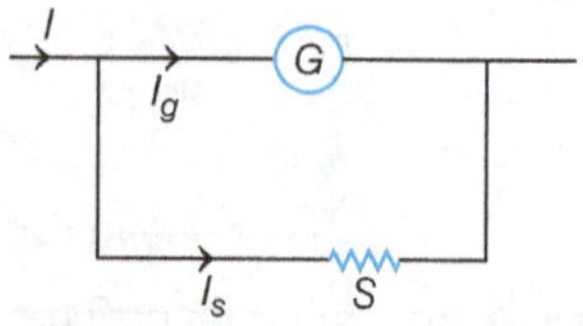

जैसा, $I_g = \frac{10}{100} I = 0.1I$
शंट के लिए, $I_s = I - I_g = 0.9I$
$S = \frac{I_g G}{I - I_g} = \frac{0.1IG}{0.9I} = \frac{G}{9}$
अमीटर का प्रतिरोध G और S का समान्तर संयोजन है।
$R_A = \frac{G(G/9)}{G + G/9} = \frac{G}{10}$
वैकल्पिक हल,
$IR_A = 0.1IG \Rightarrow R_A = \frac{G}{10}$

76 *(b)* दिया गया है, $I_g = 9$ ऐम्पियर,
$I = 99$ ऐम्पियर
$R_g = 20\,\Omega$
पूर्ण पैमाने पर विक्षेपण दर्शाने के लिए 99 ऐम्पियर की मुख्य धारा में से केवल 9 ऐम्पियर धारा ही कुण्डली से गुजरनी चाहिए।
कुण्डली से होकर प्रवाहित धारा है

$$\frac{I_g}{I} = \frac{R_s}{R_s + R_g}$$

$$R_s = \frac{I_g}{I}(R_s + R_g)$$

$$= \frac{9}{99}(R_s + 20)$$

$$R_s = \frac{1}{11}(R_s + 20)$$

$$11R_s - R_s = 20 \Rightarrow R_s = 2\,\Omega$$

∴ शण्ट प्रतिरोध का मान $2\,\Omega$ होना चाहिए।

77 *(d)* यहाँ, $S = \dfrac{G}{\dfrac{I}{I_g} - 1} = \dfrac{0.81}{\dfrac{10}{1} - 1}$

$$= \frac{81}{100} \times \frac{1}{9} = 0.09\,\Omega$$

78 *(a)* दिया गया है, गैल्वेनोमीटर से प्रवाहित धारा 2% है और शेष धारा 98% है।

$$\therefore \quad \frac{I_s}{I} = \frac{G}{S}$$

$$\frac{G}{S} = \frac{0.98}{02}$$

$$\frac{G}{S} = \frac{98}{2}$$

$$\therefore \quad S = \frac{G}{49}$$

79 *(a)* जैसा कि हम जानते हैं, धारा सुग्राहिता

$$S_i = \frac{NBA}{k} \quad \ldots(i)$$

तथा वोल्टेज सुग्राहिता,

$$S_V = \frac{NBA}{kR} \quad \ldots(ii)$$

समी *(i)* और (ii) से ,

$$\frac{S_i}{S_V} = R$$

$$\Rightarrow \frac{S_i}{G} = S_V \quad (\because R = G)$$

80 *(d)* वोल्टेज सुग्राहिता,

$$S_V = \frac{\text{धारा सुग्राहिता } S_i}{\text{गैल्वेनोमीटर प्रतिरोध } R}$$

दिया है, $R_{\text{प्रारम्भिक}} = R$,

$$R_{\text{अन्तिम}} = 2R_{\text{प्रारम्भिक}} = 2R$$

चूँकि, S_i को प्रारम्भिक मान के 50% तक बढ़ा दिया गया है, इसलिए

$$(S_i)_{\text{अन्तिम}} = S_i + S_i \text{ का } 50\% = 1.5\,S_i$$

⇒ नई वोल्टेज सुग्राहिता,

$$S_V' = \frac{1.5S_i}{2R} = \frac{3}{4}S_V \quad \left[\because S_V = \frac{S_i}{R}\right]$$

वोल्टेज सुग्राहिता में कमी

$$= \left[1 - \left(\frac{3}{4}\right)\right]S_V = \left(\frac{1}{4}\right)S_V$$

81 *(d)* धारा सुग्राहिता,

$$I_g = \frac{NBA}{k} = 10 \text{ भाग/मिली ऐम्पियर}$$

$$= \frac{10}{10^{-3}} = 1000 \text{ भाग/मिली ऐम्पियर}$$

वोल्टेज सुग्राहिता,

$$V_s = \frac{NBA}{kR} = 20 \text{ भाग/वोल्ट}$$

अब, $I_g = R \Rightarrow R = \dfrac{10000}{20}$

$$R = 500\,\Omega$$

अभिकथन-कारण प्रश्न

1 *(a)* स्थिर आवेश केवल विद्युत क्षेत्र उत्पन्न करता है। हालाँकि, गतिशील आवेश जो धारा के समतुल्य होता है, आस-पास के क्षेत्र में चुम्बकीय क्षेत्र उत्पन्न करता है तथा बाह्य चुम्बकीय क्षेत्र के साथ अन्तः क्रिया कर सकता है।

2 *(a)* जब कोई इलेक्ट्रॉन एकसमान चुम्बकीय क्षेत्र के लम्बवत् प्रवेश करता है, तो इलेक्ट्रॉन पर चुम्बकीय क्षेत्र और इलेक्ट्रॉन के वेग की दिशा दोनों के लम्बवत् दिशा में चुम्बकीय बल कार्य करता है। कण एकसमान वृत्तीय गति में घूमते हैं।
इसीलिए, चुम्बकीय क्षेत्र **B** के लम्बवत् गतिमान इलेक्ट्रॉन वृत्ताकार गति करेगा।

3 *(d)* जब आवेश q के एक आवेशित कण को एकसमान चुम्बकीय क्षेत्र B में विरामावस्था ($u = 0$) से छोड़ा जाता है, तो आवेशित कण पर लगने वाला चुम्बकीय बल
$F = Bqu\sin\theta = 0$, है, क्योंकि $u = 0$। अतः आवेशित कण वृत्ताकार पथ में गति नहीं करेगा।
चुम्बकीय क्षेत्र में, आवेशित कण पर बल सदैव आवेशित कण के वेग की दिशा के लम्बवत् कार्यरत् होता है, इसलिए चुम्बकीय क्षेत्र द्वारा आवेशित कण पर किया गया कार्य शून्य होता है।

4 *(a)* लम्बवत् घटक घूर्णन के कारण बनते हैं जबकि समान्तर घटक कण को क्षेत्र की दिशा में विस्थापित करते हैं। इस प्रकार पथ कुण्डलित होगा।

5 *(d)* धारा सुग्राहिता, $S_i = \dfrac{NBA}{k}$

$$S_i \propto N$$

और वोल्टेज सुग्राहिता, $S_V = \dfrac{NBA}{kR}$

$$S_V \propto \frac{N}{R}$$

इसीलिए, जब फेरों (turns) की संख्या N में वृद्धि करके S_i के मान को बढ़ाया जाता है, तो प्रयुक्त तार की लम्बाई भी बढ़ जाती है और इसीलिए प्रतिरोध R बढ़ जाता है। इस प्रकार, S_V समान रह सकता है या घट सकता है जबकि S_i बढ़ जाता है।
अतः अभिकथन गलत है, लेकिन कारण सही है।

6 *(b)* प्रति मीटर फेरों की संख्या तथा धारा वहन करने वाली परिनलिका के कारण चुम्बकीय क्षेत्र $B = \mu_0 nI$ है।
यह स्पष्ट है कि चुम्बकीय क्षेत्र लम्बाई और अनुप्रस्थ- काट के क्षेत्रफल पर निर्भर नहीं करता है। इसके साथ ही, परिनालिका के अन्दर चुम्बकीय क्षेत्र एकसमान होता है।
इसलिए, अभिकथन और कारण दोनों सही हैं, लेकिन कारण, अभिकथन की सही व्याख्या नहीं करता है।

7 *(d)* A गलत है लेकिन R सही है।
चुम्बकीय क्षेत्र में कुण्डली पर लगने वाला बल आघूर्ण निम्न प्रकार दिया जाता है

$$\tau = IBA\sin\theta$$

जब कुण्डली को त्रिज्य चुम्बकीय क्षेत्र में निलंबित किया जाता है, तो क्षेत्रफल सदिश और चुम्बकीय क्षेत्र के बीच का कोण 90° होता है।

$$\therefore \tau = IBA\sin 90^\circ$$

$$\Rightarrow \tau = IBA$$

जोकि बल-आघूर्ण का अधिकतम मान है।

8 *(c)* A सही है लेकिन R गलत है।
चुम्बकीय आघूर्ण निम्न प्रकार दिया गया है

$$\mathbf{M} = I\mathbf{A}$$

जहाँ, I = लूप से प्रवाहित धारा
और A = लूप का क्षेत्रफल

$$M = I(\pi R^2) \quad \ldots(i)$$

इसलिए, $M \propto R^2$ (लूप की त्रिज्या)
तब $R' = R/2$

$$M = I\left[\pi\left(\frac{R}{2}\right)^2\right]$$

$$M' = \frac{I\pi R^2}{4} \Rightarrow \frac{M}{4}$$ [समी (i) का प्रयोग करके]

$$M' = \frac{M}{4}$$

9 ***(c)*** A सही है लेकिन R गलत है।

समान्तर शण्ट प्रतिरोध अधिकांश धारा को इसके माध्यम से प्रवाहित होने देता है और धारा को गैल्वेनोमीटर से पास करने के लिए एक वैकल्पिक मार्ग प्रदान करता है। ऐसा गैल्वेनोमीटर की सीमा बढ़ाने के लिए किया जाता है, ताकि यह अधिक मान की धाराओं को माप सके, लेकिन इसका कारण असत्य है, क्योंकि समानान्तर शण्ट प्रतिरोध गैल्वेनोमीटर की सुग्राहिता को बढ़ाता है।

10 ***(b)*** A और R दोनों सही हैं, लेकिन R, A की सही व्याख्या नहीं करता है। एक वोल्टमीटर को उन घटकों के समान्तर जोड़ा जाता है जिनके बीच विभवान्तर को मापा जाना है। इसका प्रतिरोध बहुत अधिक होना चाहिए, ताकि इसमें से बहुत कम धारा प्रवाहित हो तथा उस घटक में विभवान्तर प्रभावित न हो।

कथन आधारित प्रश्न

1 ***(b)*** कथन I सही है लेकिन कथन II गलत है।

दक्षिणावर्त्त अँगूठे के नियम का उपयोग करते हुए, किसी धारावाही चालक के ऊपर स्थित बिन्दु पर चुम्बकीय क्षेत्र की दिशा उत्तर की ओर होती है।

धारा I वहन करने वाले एक लम्बे सीधे तार के कारण चुम्बकीय क्षेत्र निम्न होगा

$$B = \frac{\mu_0 I}{2\pi R}$$

$$\therefore \quad B \propto I$$

2 ***(d)*** जब एक आवेशित कण, चुम्बकीय क्षेत्र के लम्बवत् क्षेत्र में गति करता है, तो चुम्बकीय बल कण के वेग के लम्बवत् होता है।

इसीलिए, कोई कार्य नहीं किया जाता है और वेग के परिमाण में कोई परिवर्तन नहीं होता है।

3 ***(a)*** यदि वेग का घटक **B** के अनुदिश है, तो यह घटक अपरिवर्तित रहता है, क्योंकि चुम्बकीय क्षेत्र के अनुदिश गति चुम्बकीय क्षेत्र से प्रभावित नहीं होगी।

B के लम्बवत् तल में गति पहले की तरह वृत्ताकार होती है, जिससे एक कुण्डलित गति (Helical motion) उत्पन्न होती हैं

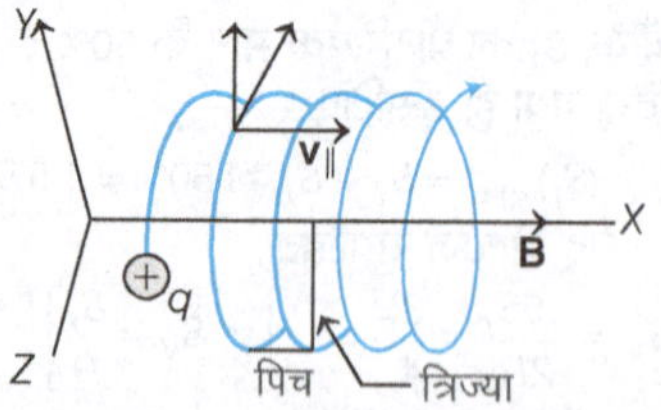

4 ***(d)*** बायो-सेवर्ट के नियम के अनुसार, लघु धारा तत्व $Id\mathbf{l}$ के कारण चुम्बकीय क्षेत्र, उससे r दूरी पर, निम्नानुसार दिया जाता है

$$d\mathbf{B} = \frac{\mu_0}{4\pi r^3}(Id\mathbf{l} \times \mathbf{r})$$

इस प्रकार, धारा तत्व $id\,l$ एक सदिश राशि है। अतः कथन I और कथन II दोनों सही हैं।

5 ***(c)*** प्रति इकाई लम्बाई पर बल, $F = \frac{\mu_0}{2\pi}\frac{i^2}{R}$

$$\Rightarrow F \propto \frac{1}{R}$$

अतः F और R का ग्राफ एक सीधी रेखा नहीं होता है।

8 ***(c)*** धारा सुग्राहिता, $S_i = \frac{NBA}{k}$

और वोल्टेज सुग्राहिता, $S_V = \frac{NBA}{kR}$

इसलिए जब फेरों की संख्या N बढ़ाने से S_i के मान में वृद्धि होती है, तो प्रयुक्त तार की लम्बाई में भी वृद्धि होती है, और इसलिए, R बढ़ जाता है। अतः, S_V समान रह सकता है या घट सकता है जबकि S_i बढ़ता है।

सुमेलन प्रकार प्रश्न

1 ***(a)***

A. चूँकि, $\mathbf{E} = 0$ और $\mathbf{B} \neq 0$ पर चुम्बकीय बल उस पर कार्य करेगा तथा पथ कुण्डलित (एकसमान पिच के साथ) होगा यदि **v**, **B** ($\theta \neq 90°$), से किसी भी कोण पर है।

B. चूँकि, $\mathbf{E} = 0, \mathbf{B} \neq 0$ और $\mathbf{v} \perp \mathbf{B}$, तो लॉरेन्ज बल, $F = q\,(\mathbf{v} \times \mathbf{B})$, आवेशित कण पर कार्य करता है, जो इसे अभिकेन्द्रीय बल प्रदान करता है और इसलिए, पथ वृत्ताकार होगा।

C. चूँकि, $\mathbf{E} \neq 0, \mathbf{B} \neq 0, \mathbf{E} \parallel \mathbf{B}$, अतः पथ असमान पिच के साथ कुण्डलित होगा, क्योंकि विद्युत और चुम्बकीय दोनों बल इस पर कार्य करते हैं।

D. चूँकि, $\mathbf{E} \neq 0, \mathbf{B} \neq 0, \mathbf{E} \perp \mathbf{B}$ तथा **v**, **E** तथा **B** दोनों के लम्बवत् है, तो कण चुम्बकीय तथा विद्युत क्षेत्र के परिणामी बल के कारण सीधी रेखा में गति करेगा।

अतः A → 2, B → 3, C → 4 और D → 1

आंकिक मान प्रकार के प्रश्न

1 ***(10)*** इलेक्ट्रॉन द्वारा लिया गया समय, जब उसका वेग 0 मी/से हो जाता है।

$$t = \frac{v-u}{-a} = \frac{0-u}{-a} = \frac{u}{a}$$

$$= \frac{10 \text{ किमी / से}}{2 \text{ किमी / से}^2} = 5 \text{ सेकण्ड}$$

अपनी प्रारंभिक स्थिति में वापस आने में लिया गया कुल समय,

$$T = t + t = 10 \text{ सेकण्ड}$$

2 ***(1)*** दी गई स्थिति के अनुसार,

$$F_c = F_m$$

$$\Rightarrow \frac{mv^2}{r} = qvB$$

$$\Rightarrow \quad r = \frac{mv}{qB} = \frac{p}{qB} = \frac{\sqrt{2mK}}{qB}$$

$$r_\alpha = \frac{\sqrt{2(4m)K'}}{2qB}$$

$$\frac{r}{r_\alpha} = \sqrt{\frac{K}{K'}}$$ लेकिन $r = r_\alpha$ (दिया है)

इस प्रकार, $K = K' = 1$ मेगा इलेक्ट्रॉन वोल्ट

अतः आवश्यक ऊर्जा का मान 1 मेगा इलेक्ट्रॉन वोल्ट है तथा x का मान 1 है।

3 ***(1)*** किसी आवेशित कण पर बल होता है

$$\mathbf{F} = q(\mathbf{E} + \mathbf{v} \times \mathbf{B})$$

या $\mathbf{F} = \mathbf{F}_e + \mathbf{F}_m$

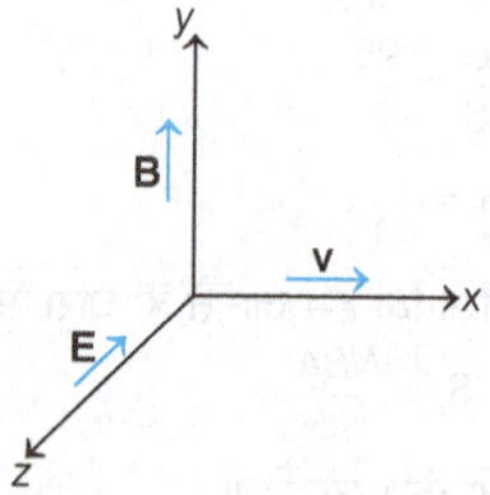

$$\therefore \mathbf{F}_e = q\mathbf{E} = -20 \times 10^{-18} \times 10^4(-\hat{\mathbf{j}})$$

$$= 20 \times 10^{-14}\,\hat{\mathbf{k}}$$

और $\mathbf{F}_m = -20 \times 10^{-18}(10\hat{\mathbf{i}} \times B\hat{\mathbf{j}})$

$$= -20 \times 10^{-17} \times B(+\hat{\mathbf{k}})$$

$$= -20 \times 10^{-17}\,B\hat{\mathbf{k}}$$

कण X-अक्ष के अनुदिश गति करना जारी रखेगा, अतः परिणामी बल शून्य के बराबर होगा।

$$\mathbf{F}_e + \mathbf{F}_m = 0$$

$$\Rightarrow 20 \times 10^{-14} = 20 \times 10^{-17} B$$

$$\Rightarrow \quad B = \frac{20 \times 10^{-14}}{20 \times 10^{-17}} = 10^3$$

या $B = 10^3$ वेबर/मी^{2}

अतः x का मान 1 है।

4 **(250)** दिया है, $R = 3$ सेमी $= 3 \times 10^{-2}$ मी

$x = 4$ सेमी $= 4 \times 10^{-2}$ मी

$B = 54$ किलो टेस्ला $= 54 \times 10^{-3}$ टेस्ला

कुण्डली का अक्ष के अनुदिश क्षेत्र निम्न प्रकार दिया गया है

$$B = \frac{\mu_0 I R^2}{2(R^2 + x^2)^{3/2}}$$

कुण्डली के केन्द्र पर $B' = \frac{\mu_0 I}{2R}$,

$$\therefore \frac{B'}{B} = \frac{\mu_0 I / 2R}{\left(\frac{\mu_0 I R^2}{2(R^2 + x^2)^{3/2}}\right)}$$

$$= \frac{(R^2 + x^2)^{3/2}}{R^3}$$

$$\therefore B' = \frac{B \times (R^2 + x^2)^{3/2}}{R^3}$$

$$= \frac{54 \times 10^{-3} \times [3^2 + 4^2]^{3/2}}{3^3}$$

$$= \frac{54 \times 10^{-3} \times 125}{27} = 250 \times 10^{-3}$$

$B' = 250$ मिली टेस्ला

अतः x का मान 250 है।

5 **(2)** केन्द्र पर वृत्त के कारण उत्पन्न चुम्बकीय क्षेत्र निम्न द्वारा दिया जाता है $B = \frac{\mu_0 I}{2R}$

अतः अर्द्धवृत्त के कारण चुम्बकीय क्षेत्र है

$$B = \frac{1}{2} \times \frac{\mu_0 I}{2R} = \frac{\mu_0 I}{4R}$$

$$B = \frac{4\pi \times 10^{-7} \times 16}{4 \times 2.5 \times 10^{-2}}$$

$= 2.0 \times 10^{-4}$ टेस्ला

6 **(4)** दिए गए चित्र में,

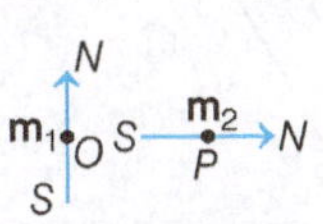

चुम्बकीय आघूर्ण की दिशा दक्षिण से उत्तर की ओर है।

जब दूसरे चुम्बक को पहले चुम्बक द्वारा उत्पन्न चुम्बकीय क्षेत्र में रखा जाता है, तो दूसरे चुम्बक पर कार्यरत् बल-आघूर्ण निम्न प्रकार से दिया जाता है

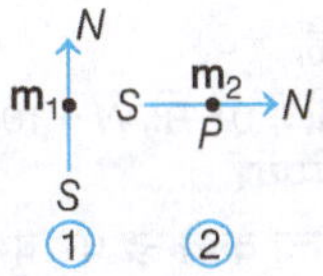

$\tau = \mathbf{m}_2 \times \mathbf{B}_1$

$|\tau| = m_2 B_1 \sin\theta \quad (\because \theta = 90°)$

$|\tau| = m_2 B_1$

बिन्दु P भूमध्यरेखीय स्थिति पर स्थित है, इसलिए

$$B_1 = \frac{\mu_0}{4\pi} \frac{m_1}{r^3}$$

$$|\tau| = \left(\frac{\mu_0}{4\pi} \frac{m_1}{r^3}\right) m_2$$

$m_1 = m_2 = 2$ ऐम्पियर-मी^{2} $r = 1$ मी (दिया है)

$$|\tau| = \frac{10^{-7} \times 2 \times 2}{(1)^3} = 4 \times 10^{-7} \text{ न्यूटन-मी}$$

$\Rightarrow \quad |\tau| = 4 \times 10^{-7}$ न्यूटन-मी

7 **(4450)** दी गई स्थिति के अनुसार, कुल आन्तरिक प्रतिरोध

$= (50 + 2950)\ \Omega$

$= 3000\ \Omega$

$\varepsilon = 3$ वोल्ट

$$I = \frac{\varepsilon}{R} = \frac{3}{3000}$$

$= 1 \times 10^{-3}$ ऐम्पियर

$= 1.0$ मिली ऐम्पियर

$\therefore$ 30 विभाजनों के पूर्ण पैमाने के विक्षेपण के लिए धारा 1.0 मिली ऐम्पियर है।

$\therefore$ 20 विभाजनों के विक्षेपण के लिए धारा,

$$I = \left(\frac{20}{30} \times 1\right) \text{ मिली ऐम्पियर}$$

या $\quad I = \frac{2}{3}$ मिली ऐम्पियर

माना प्रतिरोध $p\ \Omega$ है, तो

$$p = \frac{\varepsilon}{I} = \frac{3 \text{ वोल्ट}}{\left(\frac{2}{3} \times 10^3 \text{ ऐम्पियर}\right)}$$

$$= \frac{3 \times 3 \times 10^3}{2}\ \Omega$$

$= 4500\ \Omega$

लेकिन गैल्वेनोमीटर का प्रतिरोध $50\ \Omega$ है

$\therefore$ जोड़ा गया प्रतिरोध $= (4500 - 50)$

$= 4450\ \Omega$

NCERT Exemplar प्रश्न

1 **(d)** एकसमान चुम्बकीय क्षेत्र में आवेशित कण की गति के अनुरूप कुण्डलित पथ की दी गई पिच d के लिए,

$$\frac{q}{m} = \frac{2\pi v \cos\theta}{qB} = \text{नियत}$$

$$\Rightarrow \quad \left(\frac{e}{m}\right)_1 + \left(\frac{e}{m}\right)_2 = 0$$

2 **(a)** गतिशील आवेश से सम्बद्ध चुम्बकीय क्षेत्र,

$$\mathbf{B} = \frac{\mu}{4\pi} q \frac{\mathbf{v} \times \mathbf{r}}{r^2}$$

अँगूठे के नियम के अनुसार, **B**, **v** पर लम्बवत् होता है।

3 **(d)** लूप को उसके तल के लम्बवत् अक्ष के परितः 30° घुमाने पर चुम्बकीय आघूर्ण द्वारा चुम्बकीय क्षेत्र की दिशा के साथ बनाए गए कोण में कोई परिवर्तन नहीं होता है, इसीलिए लूप के घूर्णन के लिए किया गया कार्य शून्य होता है।

विगत परीक्षाओं के प्रश्न

1 **(c)** दिया है, फेरों की संख्या, $N = 100$

त्रिज्या, $r = 10$ सेमी $= 10 \times 10^{-2}$ मीटर

धारा, $I = 7$ ऐम्पियर

परिनालिका के केन्द्र पर चुम्बकीय क्षेत्र,

$$B = \frac{\mu_0 NI}{2r}$$

$$= \frac{4\pi \times 10^{-7} \times 100 \times 7}{2 \times 10 \times 10^{-2}}$$

$= 44 \times 10^{-4}$

$= 4.4 \times 10^{-3}$ टेस्ला $= 4.4$ मिली टेस्ला

2 **(b)** दिया गया है, $\mathbf{L} = L\hat{\mathbf{i}}$

$\mathbf{B} = (2\hat{\mathbf{i}} + 3\hat{\mathbf{j}} - 4\hat{\mathbf{k}})$ टेस्ला

$\therefore \quad \mathbf{F} = I(\mathbf{L} \times \mathbf{B})$

$= I[L\hat{\mathbf{i}} \times (2\hat{\mathbf{i}} + 3\hat{\mathbf{j}} - 4\hat{\mathbf{k}})]$

$= I[2L(\hat{\mathbf{i}} \times \hat{\mathbf{i}}) + 3L(\hat{\mathbf{i}} \times \hat{\mathbf{j}}) - 4L(\hat{\mathbf{i}} \times \hat{\mathbf{k}})]$

$= I[0 + 3L\hat{\mathbf{k}} + 4L\hat{\mathbf{j}}]$

$= I[4L\hat{\mathbf{i}} + 3L\hat{\mathbf{k}}]$

$\therefore \quad F = |\mathbf{F}| = \sqrt{(4LI)^2 + (3LI)^2} = 5LI$

3 **(a)** दिया गया है, परिनालिका की त्रिज्या, $r = 1$ मिमी

प्रति मिमी फेरों की संख्या $= \frac{100}{1\text{मिमी}}$

$\therefore$ प्रति मीटर फेरों की संख्या $= \dfrac{100}{1 \times 10^{-3}\text{मी}}$

अर्थात्, $n = 10^5$ फेरे/मी

परिनालिका से प्रवाहित धारा, $I = 1$ ऐम्पियर

$\therefore$ परिनालिका के केंद्र पर चुम्बकीय क्षेत्र सामर्थ्य, $B = \mu_0 nI$

$$= 4\pi \times 10^{-7} \times 10^5 \times 1$$
$$= 4\pi \times 10^{-2} \text{ टेस्ला}$$
$$= 12.56 \times 10^{-2} \text{ टेस्ला}$$

4. *(c)* चालक बेलनाकार केबिल के अंदर चुम्बकीय क्षेत्र,

$$B = \frac{\mu_0 I}{2\pi R^2} r \Rightarrow B \propto r$$

$\therefore$ r के साथ चुम्बकीय क्षेत्र का ग्राफ मूल बिन्दु से होकर गुजरने वाली एक सीधी रेखा है।

बेलन के बाहर एक बिंदु के लिए,

$$B = \frac{\mu_0 I}{2\pi R} \Rightarrow B \propto \frac{1}{R}$$

r के साथ चुम्बकीय क्षेत्र का ग्राफ बेलन की बाहरी सतह से गुजरने वाला एक आयताकार अतिपरवलय होता है।

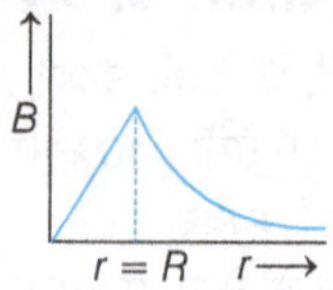

5 *(a)* तार से r दूरी पर धारावाही तार के कारण चुम्बकीय क्षेत्र,

$$B = \frac{\mu_0 2i}{4\pi r} = \frac{10^{-7} \times 2 \times 5}{20 \times 10^{-2}}$$
$$= \frac{1}{2} \times 10^{-5} \text{ टेस्ला}$$

इसीलिए,

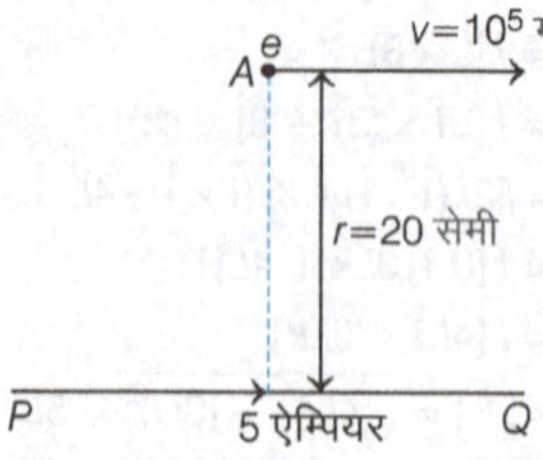

इसीलिए, इलेक्ट्रॉन पर कार्यरत् बल,

$$\mathbf{F} = q(\mathbf{v} \times \mathbf{B})$$
$$|\mathbf{F}| = 1.6 \times 10^{-19} \times \left(10^5 \times \frac{1}{2} \times 10^{-5}\right)$$
$$= 8 \times 10^{-20} \text{ न्यूटन}$$

6 *(d)* दिया है,

$l = 50$ सेमी $= 0.5$ मी, $N = 100$ फेरे और

$I = 2.5$ ऐम्पियर

$\therefore$ परिनालिका के केन्द्र पर चुम्बकीय क्षेत्र है

$$= \mu_0 nI = \mu_0 \left(\frac{N}{l}\right) \cdot I$$
$$= 4\pi \times 10^{-7} \times \frac{100}{0.5} \times 2.5$$
$$= 6.28 \times 10^{-4} \text{ टेस्ला}$$

अतः सही विकल्प *(d)* है।

7 *(b)* चित्र में दर्शाए अनुसार, त्रिज्या $\frac{a}{2}$ और $2a$ वाले दो ऐम्पियर लूपों पर विचार करने पर, इन लूपों के लिए ऐम्पियर का परिपथीय नियम लागू करने पर,

$$\oint \mathbf{B} \cdot d\mathbf{l} = \mu_0 I_{\text{बन्द}}$$

छोटे लूप के लिए,

$$B \times 2\pi\left(\frac{a}{2}\right) = \mu_0 \times \frac{I}{\pi a^2} \times \pi\left(\frac{a}{2}\right)^2$$
$$= \frac{\mu_0 I}{4}$$
$$\Rightarrow B = \frac{\mu_0 I}{4\pi a}, \text{ तार के अक्ष में } \frac{a}{2} \text{ दूरी पर}$$

इसी प्रकार, बड़े ऐम्पेरियन लूप (amperian loop) के लिए

$$B' \times 2\pi(2a) = \mu_0 I$$

[ऐम्पेरियन लूप द्वारा परिबद्ध कुल धारा 2 ऐम्पियर है] तार की अक्ष से $2a$ दूरी पर,

$$B' = \frac{\mu_0 I}{4\pi a}$$

$$\frac{B}{B'} \text{ का अनुपात} = \frac{\mu_0 I}{4\pi a} \times \frac{4\pi a}{\mu_0 I} = 1$$

8 *(b)* $B_{\text{केन्द्र}} = \dfrac{n \cdot \mu_0 i}{2R}$ एक वृत्ताकार कुण्डली के लिए)

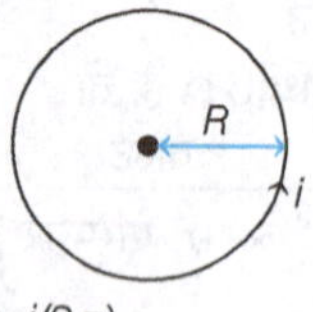

$$B = \frac{\mu_0 i}{2R} = \frac{\mu_0 i(2\pi)}{2(l)}$$
$$= \frac{\mu_0 \pi i}{l}$$
$$= \frac{\mu_0 ni}{2\left(\dfrac{l}{2n\pi}\right)} = \frac{n^2 \mu_0 \pi i}{l} = n^2 B$$

9 *(d)* दिए गए चित्र के अनुसार

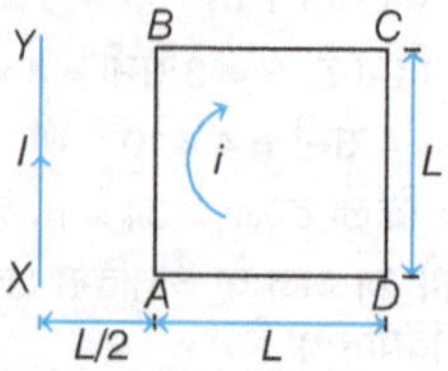

उपरोक्त चित्र से यह देखा जा सकता है कि एक लम्बे सीधे चालक XY और एक वर्गाकार लूप $ABCD$ की भुजा AB में धाराओं की दिशा एक ही दिशा में होती है। इसीलिए, दोनों के बीच आकर्षण बल विद्यमान होता है, जिसे F_{BA} द्वारा निम्न प्रकार अनुभव किया जाएगा

$$F_{BA} = \frac{\mu_0 IiL}{2\pi\left(\dfrac{L}{2}\right)}$$

XY और भुजा CD की स्थिति में, धाराओं की दिशा विपरीत दिशा में होती है। इसीलिए, यहाँ एक प्रतिकर्षण बल उपस्थित होता है जिसे CD द्वारा अनुभव किया जाएगा।

प्रतिकर्षण बल, $F_{CD} = \dfrac{\mu_0 IiL}{2\pi\left(\dfrac{3L}{2}\right)}$

इसीलिए, लूप $ABCD$ पर कुल बल होगा।

$$F_{\text{लूप}} = F_{BA} - F_{CD} = \frac{\mu_0 IiL}{2\pi}\left[\frac{1}{(L/2)} - \frac{1}{(3L/2)}\right]$$
$$F_{\text{लूप}} = \frac{2\mu_0 iI}{3\pi}$$

10 *(c)* विभिन क्षेत्रों में चुम्बकीय क्षेत्र निम्न प्रकार से दिया गया है

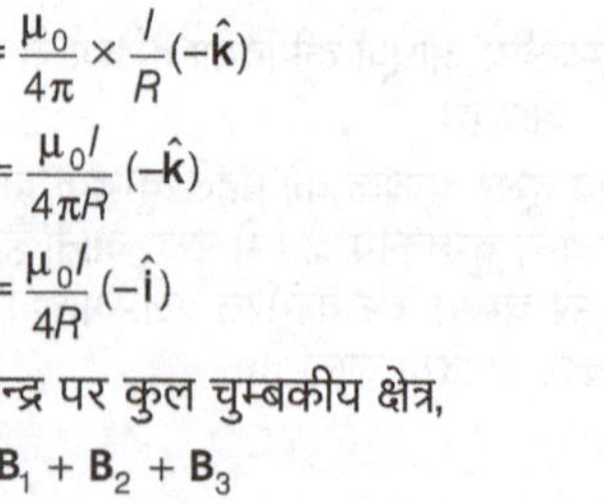

$$\mathbf{B}_1 = \frac{\mu_0}{4\pi} \times \frac{I}{R}(-\hat{\mathbf{k}})$$
$$\mathbf{B}_3 = \frac{\mu_0 I}{4\pi R}(-\hat{\mathbf{k}})$$
$$\mathbf{B}_2 = \frac{\mu_0 I}{4R}(-\hat{\mathbf{i}})$$

O केन्द्र पर कुल चुम्बकीय क्षेत्र,

$$\mathbf{B} = \mathbf{B}_1 + \mathbf{B}_2 + \mathbf{B}_3$$

$$= \frac{\mu_0 I}{4\pi R}(-2\hat{\mathbf{k}}) + \frac{\mu_0 I}{4R}(-\hat{\mathbf{i}})$$

$$= -\frac{\mu_0 I}{4\pi R}(2\hat{\mathbf{k}} + \pi\hat{\mathbf{i}})$$

11 ***(b)*** दिया है, $N = 50$

$B = 0.2$ वेबर/मी^{2}, $I = 2$ ऐम्पियर

$\theta = 60°$

$A = 0.12 \times 0.1 = 0.012$ मी^{2}

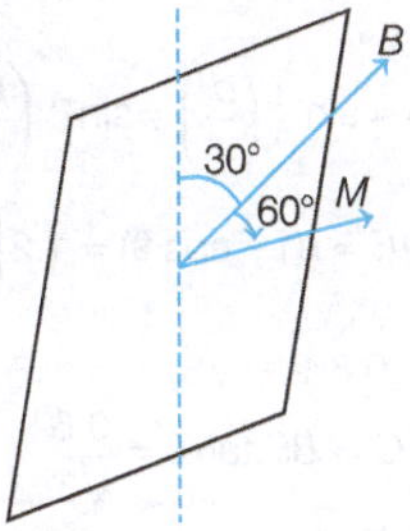

इस प्रकार, आवश्यक बल आघूर्ण,

$\tau = NIAB\sin\theta$

$= 50 \times 2 \times 0.012 \times 02 \times \sin 60°$

$= 50 \times 2 \times 0.12 \times 02 \times \frac{\sqrt{3}}{2}$

$= 0.20$ न्यूटन-मी

12 ***(d)***

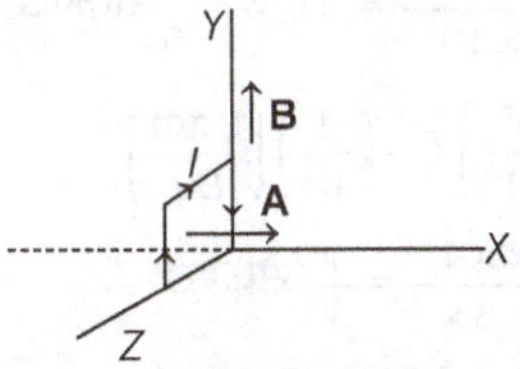

लूप पर बलाघूर्ण,

$= \mathbf{m} \times \mathbf{B} = I\mathbf{A} \times \mathbf{B}$

$= (5 \times 0.02\ \hat{\mathbf{i}}) \times (2 \times 10^{-3}\ \hat{\mathbf{j}})$

$= 2 \times 10^{-4}\ \hat{\mathbf{k}}$ न्यूटन-मी

13 ***(d)*** तार के बाहर चुम्बकीय क्षेत्र

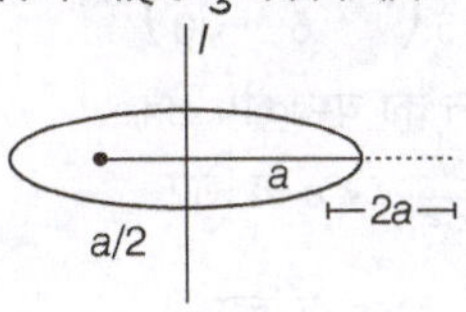

$$B_1 = \frac{\mu_0 i}{2\pi r_1} \quad \ldots(i)$$

तार के अन्दर चुम्बकीय क्षेत्र

$$B_2 = \frac{\mu_0}{2\pi} \cdot \frac{ir_2}{R^2}$$

यहाँ, $r_1 = 2a$, $r_2 = \frac{a}{2}$ तथा $R = a$

$$\therefore \quad B_1 = \frac{\mu_0 i}{2\pi(2a)} = \frac{\mu_0 i}{4\pi a} \quad \ldots(ii)$$

तथा $$B_2 = \frac{\mu_0 i\left(\frac{a}{2}\right)}{2\pi a^2} = \frac{\mu_0 i}{4\pi a} \quad \ldots(iii)$$

समी (ii) तथा समी (iii) से

अतः $\frac{B_1}{B_2} = 1:1$

14 ***(d)*** ∵ इलेक्ट्रॉन धारावाही परिनालिका के अन्दर चुम्बकीय क्षेत्र के अनुदिश एकसमान रूप से चल रहा है।

अर्थात् $\theta = 0°$

तो लॉरेन्ज बल का सूत्र उपयोग में लेने पर,

$$F_{\text{कुल}} = qvB\sin\theta = 0$$

अर्थात् इलेक्ट्रॉन अपनी गति व चाल बिना बदले प्रारम्भिक वेग की दिशा में चलेगा।

15 ***(d)***

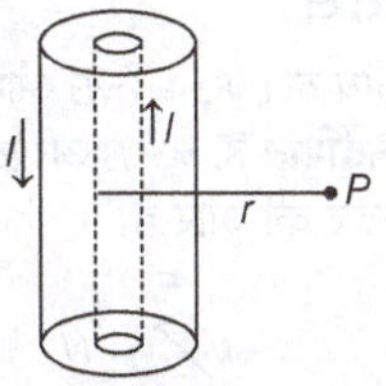

ऐम्पियर के परिपथीय नियम के अनुसार,

$$\oint \mathbf{B} \cdot d\mathbf{l} = \mu_0 (I_{\text{परिबद्ध}})$$

$I_{\text{परिबद्ध}} = 0$ (कुल धारा)

$\Rightarrow \quad B = 0$

अर्थात् चुम्बकीय क्षेत्र का मान बाहर शून्य होगा।

16 ***(a)*** N फेरों की संख्या वाली धारावाही कुण्डली R के केंद्र पर चुम्बकीय क्षेत्र निम्न प्रकार दिया गया है।

$$B = \frac{\mu_0 NI}{2R}$$

दी गई दो स्थितियों के लिए,

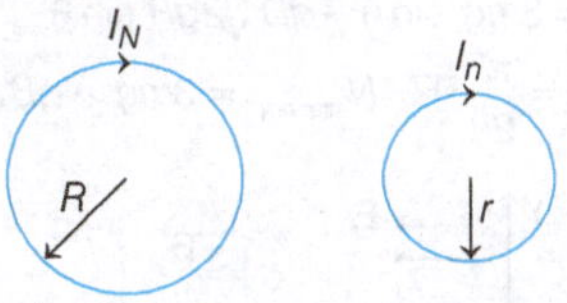

$l_1 = N \times 2\pi R$ $\quad$ $l_2 = n \times 2\pi r$

लम्बाई समान रहेगी, $l_1 = l_2$

$N \times 2\pi R = n \times 2\pi r$ या $\frac{r}{R} = \frac{N}{n}$

चूँकि, $B_1 = \frac{\mu_0 NI}{2R}$ और $B_2 = \frac{\mu_0 nI}{2r}$

$$\therefore \quad \frac{B_1}{B_2} = \frac{\frac{\mu_0 NI}{2R}}{\frac{\mu_0 nI}{2r}} = \frac{N}{n}\left(\frac{r}{R}\right) = \left(\frac{N}{n}\right)\left(\frac{N}{n}\right)$$

$$\Rightarrow \quad \frac{B_1}{B_2} = \left(\frac{N}{n}\right)^2$$

17 ***(d)*** पट्टी dr के कारण केंद्र पर चुम्बकीय क्षेत्र होगा

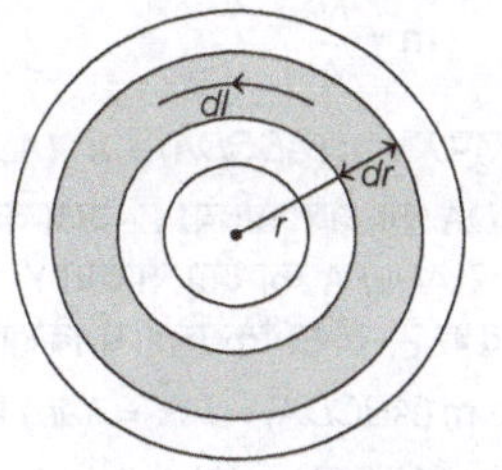

$$dB = \frac{\mu_0}{2r} dI = \frac{\mu_0}{2r} \cdot \left(\frac{n}{r_2 - r_1}\right) \cdot dr$$

इसीलिए, $$B_{\text{कुल}} = \int dB = \frac{\mu_0 nI}{2(r_2 - r_1)} \int_{r_1}^{r_2} \frac{dr}{r}$$

$$= \frac{\mu_0 nI}{2(r_2 - r_1)} \log_e\left(\frac{r_2}{r_1}\right)$$

18 ***(a)*** आरेख नीचे दिया गया है

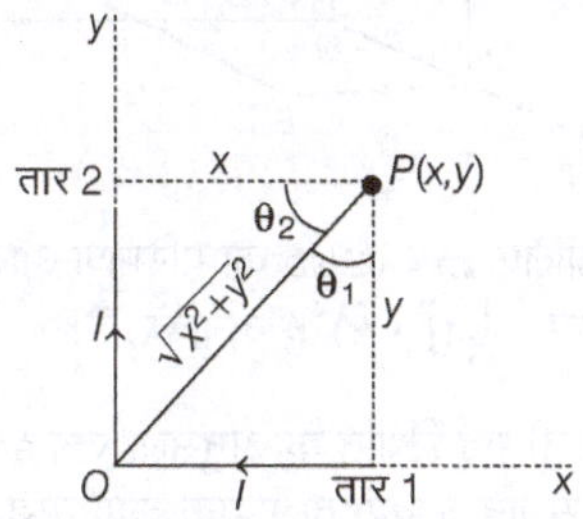

तार 1 के कारण चुम्बकीय क्षेत्र

$$B_{\text{तार1}} = \frac{\mu_0 I}{4\pi y}(\sin 90° + \sin\theta_1)$$

$$= \frac{\mu_0 I}{4\pi y}\left(1 + \frac{x}{\sqrt{x^2 + y^2}}\right)$$

तार 2 के कारण चुम्बकीय क्षेत्र,

$$= \frac{\mu_0 I}{4\pi x}(\sin 90° + \sin\theta_2)$$

$$B_{\text{तार 2}} = \frac{\mu_0 I}{4\pi x}\left(1 + \frac{y}{\sqrt{x^2 + y^2}}\right)$$

इस प्रकार, कुल चुम्बकीय क्षेत्र,

$$B = B_1 + B_2$$

$$= \frac{\mu_0 I}{4\pi}\left(\frac{1}{y} + \frac{x}{y\sqrt{x^2 + y^2}} + \frac{1}{x} + \frac{y}{x\sqrt{x^2 + y^2}}\right)$$

$$= \frac{\mu_0 I}{4\pi xy}\left[\sqrt{x^2 + y^2} + (x + y)\right]$$

19 ***(b)*** दिए गए आयताकार लूप को दो लूप *ABCDA* और *ADEFA* के संयोजन के रूप में देखा जा सकता है ।

तो, चुम्बकीय आघूर्ण निम्न प्रकार दिया जाता है

$$\mathbf{m} = \frac{N}{A}$$

$\mathbf{m}$ (लूप) $= \mathbf{m}(ABCDA) + \mathbf{m}(ADEFA)$

ABCDA का क्षेत्र सदिश *Z*-अक्ष के अनुदिश है और *ADEFA* का क्षेत्र सदिश *Y*-अक्ष के अनुदिश है, जैसा कि चित्र में दिखाया गया है।

अब, $\mathbf{m}(ABCDA) = IA\hat{\mathbf{k}} = I(ab)\,\hat{\mathbf{k}}$

और $\mathbf{m}(ADEFA) = IA\hat{\mathbf{j}} = I(ab)\,\hat{\mathbf{j}}$

$\therefore \quad \mathbf{m}$(लूप) $= lab\hat{\mathbf{k}} + lab\hat{\mathbf{j}} = lab(\hat{\mathbf{k}} + \hat{\mathbf{j}})$

$$= (lab\sqrt{2})\left(\frac{\hat{\mathbf{k}}}{\sqrt{2}} + \frac{\hat{\mathbf{j}}}{\sqrt{2}}\right)$$

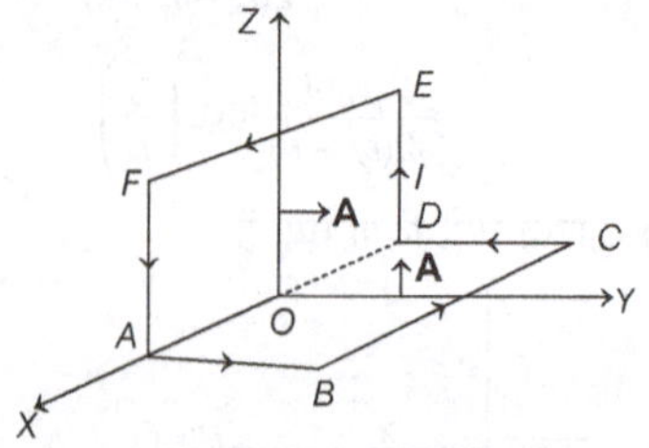

इसीलिए, $\mathbf{m} = \sqrt{2}lab$ का परिमाण और $\mathbf{m}$ की दिशा $\frac{1}{\sqrt{2}}(\hat{\mathbf{j}} + \hat{\mathbf{k}})$ के अनुदिश है।

20 ***(d)*** दी गई स्थिति के अनुसार, जब इलेक्ट्रॉन के समान आवेश वाला एक कण चुम्बकीय क्षेत्र में वृत्ताकार पथ पर गति करता है, तो बल सदैव केन्द्र की ओर तथा वेग के लम्बवत् कार्य करता है।

यहाँ, $B = 0.5$ टेस्ला

$R = 5$ सेमी

चुम्बकीय बल,

$$F_m = q(v \times B) = q\,vB\sin 90°$$

$$F_m = qvB \quad \text{...(i)}$$

जब विद्युत क्षेत्र लागू होता है और कण सीधे पथ पर गति करता हैं, तो यह वेग चयनक की स्थिति होती है।

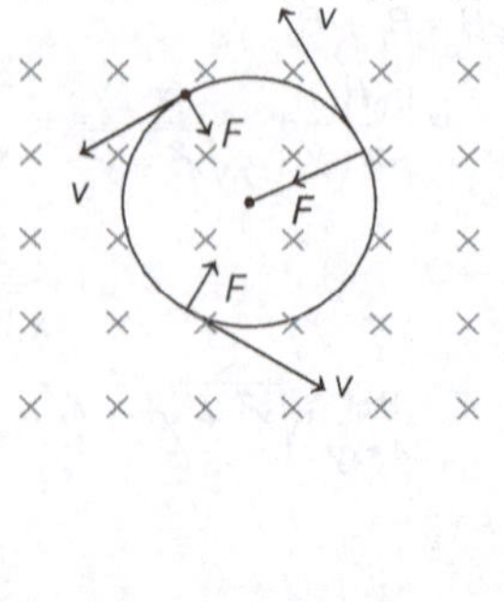

$$\therefore \quad F_e = qE \quad \text{...(ii)}$$

यहाँ, $F_m = F_e$

$$\Rightarrow \quad qvB = qE \quad \text{...(iii)}$$

प्रारम्भ में, कण चुम्बकीय क्षेत्र के अन्तर्गत गति करता है, इसीलिए कण द्वारा लिए गए वृत्ताकार पथ की त्रिज्या है

$$R = \frac{mv}{qB} \quad \text{...(iv)}$$

समी (iii) और (iv) से ,

$$m = \frac{qB^2R}{E}$$

$$m = \frac{1.6 \times 10^{-19} \times 0.25 \times 0.5 \times 10^{-2}}{10^2}$$

$$m = 2 \times 10^{-24} \text{ किग्रा}$$

स्किल बूस्टर्स

1 ***(b)*** चुम्बकीय बल, $F_m = qvB$ और $\mathbf{v} \times \mathbf{B}$ के अनुदिश निर्देशित है, $v \times B$ अर्थात् त्रिज्यात रूप से अन्दर की ओर है।

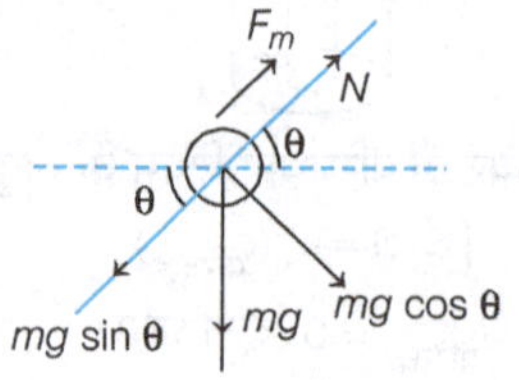

$$N - mg\sin\theta + F_m = \frac{mv^2}{R}$$

$$\Rightarrow N = \frac{mv^2}{R} + mg\sin\theta - qvB \quad \text{...(i)}$$

ऊर्जा संरक्षण से, गुरुत्वीय स्थितिज ऊर्जा में हानि = गतिज ऊर्जा में लाभ

$$\Rightarrow \quad mgR\sin\theta = \frac{1}{2}mv^2 \quad \text{...(ii)}$$

समी (i) और (ii) से,

$$N = 3mg\sin\theta - qB\sqrt{2gR\sin\theta}$$

$$\theta = \frac{\pi}{2}, \text{ पर } N_{\text{अधिकतम}} = 3mg - qB\sqrt{2gR}$$

2 ***(a)***

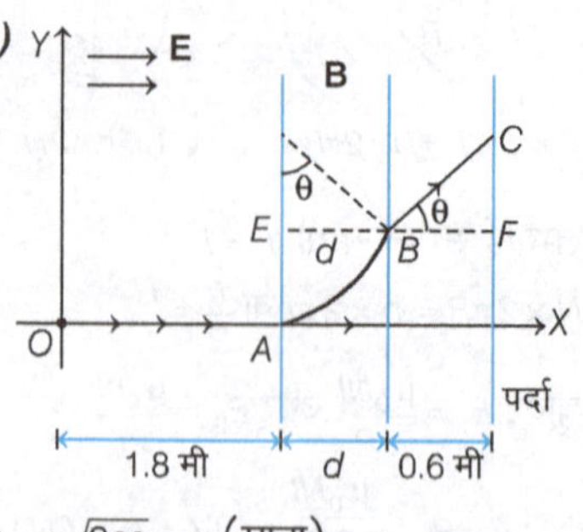

$$v_A = \sqrt{2as} = v \text{ (माना)}$$

$$\text{या } v = \sqrt{2\left(\frac{qE}{m}\right)s} = \sqrt{\frac{2 \times 1.0 \times 10 \times 1.8}{1}}$$

$= 6$ मी/से

चुम्बकीय क्षेत्र में गति परिवर्तित नहीं होती है, इसीलिए कण 6 मी/से से टकराएगा।

चुम्बकीय क्षेत्र में कण का पथ वृत्ताकार होता है। वृत्ताकार कण की त्रिज्या है

$$r = \frac{mv}{Bq} = \frac{(1)(6)}{(5)(1)} = 1.2 \text{ मी}$$

$$d = (2.4 - 1.8) \text{ मी} = 0.6 \text{ मी}$$

चूँकि, $d < r$

$$\theta = \sin^{-1}\left(\frac{d}{r}\right) = \sin^{-1}\left(\frac{0.6}{1.2}\right) = 30°$$

$$AE = r(1 - \cos\theta) = 1.2\left(1 - \frac{\sqrt{3}}{2}\right)$$

$$= 0.6(2 - \sqrt{3})$$

$$FC = BF\tan\theta = \frac{0.6}{\sqrt{3}}$$

$\therefore \quad y$-निर्देशांक $= AE + FC$

$$= 0.6\left(2 - \sqrt{3} + \frac{1}{\sqrt{3}}\right) = \frac{1.2(\sqrt{3} - 1)}{\sqrt{3}} \text{ मी}$$

कुल समय, $t = t_{OA} + t_{AB} + t_{BC}$

$$t_{OA} = \sqrt{\frac{2s}{A}} = \sqrt{\frac{2s}{\frac{qE}{m}}} = \frac{\sqrt{2ms}}{qE}$$

$$= \sqrt{\frac{2 \times 1 \times 1.8}{1 \times 10}} = 0.6 \text{ से} = \frac{3}{5} \text{ सेकण्ड}$$

$$t_{AB} = \left(\frac{30°}{360°}\right)T = \left(\frac{1}{12}\right)\left(\frac{2\pi m}{Bq}\right)$$

$$= \frac{2\pi \times 1}{12 \times 5 \times 1} = \frac{\pi}{30} \text{ सेकण्ड}$$

$$t_{BC} = \frac{BC}{v} = \frac{0.6\sec\theta}{v}$$

$$= \frac{(0.6)\left(\frac{2}{\sqrt{3}}\right)}{6} = \frac{1}{5\sqrt{3}} \text{ सेकण्ड}$$

$$\therefore \quad t = \frac{1}{5}\left(3 + \frac{\pi}{6} + \frac{1}{\sqrt{3}}\right) \text{ सेकण्ड}$$

3 ***(c)*** बेलन का चुम्बकीय क्षेत्र,

$$B = \frac{\mu_0 ir}{2\pi R^2}, \; r < a \text{ के लिए}$$

$$B = \frac{\mu_0 i}{2\pi r}, \; r \geq a \text{ के लिए}$$

हम दिए गए बेलन को दो बेलनों का संयोजन मान सकते हैं। एक बेलन जिसकी त्रिज्या *R* है, एक दिशा में धारा *I* ले जा रहा है और दूसरा बेलन जिसकी त्रिज्या $\frac{R}{2}$ है, दूसरी दिशा में $\frac{I}{3}$ धारा से ले जा रहा है।

बिन्दु *A* पर, $B = \frac{\mu_0(I/3)}{2\pi(R/2)} + 0 = \frac{\mu_0 I}{3\pi R}$

बिन्दु B पर,

$$B = \frac{\mu_0 (4I/3)}{2(\pi R^2)} \frac{R}{2} + 0 = \frac{\mu_0 I}{3\pi R}$$

4 *(b)* यहाँ, $B_{PR} = 0$ और $B_{PQ} = 0$

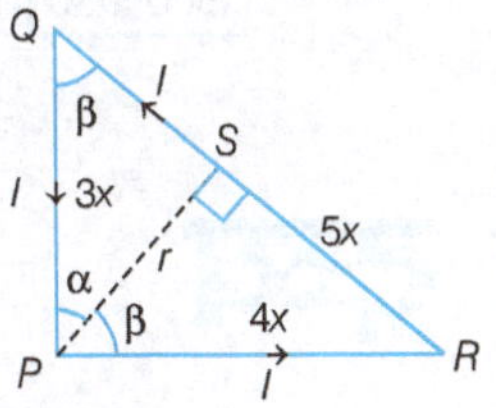

$$\sin\alpha = \frac{3}{5},$$

$$\sin\beta = \frac{4}{5},$$

$$\sin\alpha = \frac{r}{4x} = \frac{3}{5}$$

$$r = \frac{12x}{5}$$

QR के अनुदिश चुम्बकीय क्षेत्र ,

$$B = B_{QR} = \frac{\mu_0 I}{4\pi r}(\sin\alpha + \sin\beta)$$

$$= \frac{\mu_0}{4\pi} \cdot \frac{I}{12x/5}\left(\frac{3}{5} + \frac{4}{5}\right) = 7\left(\frac{\mu_0 I}{48\pi x}\right)$$

5 *(a)* त्रिज्या r वाले धारावाही तार के अनुदिश चुम्बकीय क्षेत्र, अर्थात्

$$\mathbf{B}_1 = \frac{\mu_0}{4\pi} \times \frac{I}{r} \times \pi = \frac{\mu_0 I}{4r}$$

त्रिज्या $2r$ के धारावाही तार के अनुदिश चुम्बकीय क्षेत्र , अर्थात्

$$\mathbf{B}_2 = \frac{\mu_0}{4\pi} \times \frac{I}{2r} \times \pi = \frac{\mu_0 I}{8r}$$

अतः बिन्दु P पर कुल चुम्बकीय क्षेत्र,

$$\mathbf{B} = \mathbf{B}_1 + \mathbf{B}_2 = \frac{\mu_0 I}{4r} + \frac{\mu_0 I}{8r}$$

$$= \frac{3}{8} \cdot \frac{\mu_0 I}{r}$$

अर्थात् चुम्बकीय क्षेत्र कागज के तल के लम्बवत् और अन्दर की ओर निर्देशित है।

6 *(a)* जैसा कि, हम जानते हैं

$$\frac{x}{d} = \sin 45° \Rightarrow x = \frac{d}{\sqrt{2}}$$

हम तार को बढ़ा सकते हैं और फिर बढ़े हुए भाग के क्षेत्र को घटा सकते हैं।

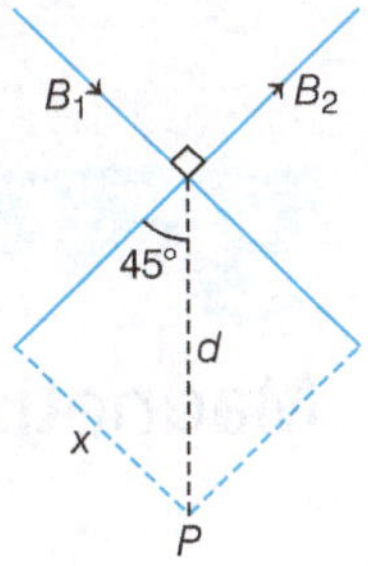

चुम्बकीय क्षेत्र,

$$B_1 = \frac{\mu_0 I}{4\pi d/\sqrt{2}}(\sin 0° + \sin 90°)$$

$$- \frac{\mu_0 I}{4\pi d/\sqrt{2}}(\sin 0° + \sin 45°)$$

$$= \frac{\mu_0 I}{2\sqrt{2}\pi d}\left(1 - \frac{1}{\sqrt{2}}\right)$$

और इसी प्रकार, $B_2 = \dfrac{\mu_0 I}{2\sqrt{2}\pi d}\left[1 - \dfrac{1}{\sqrt{2}}\right]$

तब, बिन्दु P पर कुल चुम्बकीय क्षेत्र,

$$B = (B_1 + B_2) = 2B$$

$$= \frac{\mu_0 I}{\sqrt{2}\pi d}\left(1 - \frac{1}{\sqrt{2}}\right)$$

7 *(a)* वृत्ताकार पथ की त्रिज्या है,

$$r = \frac{mv_0}{Bq}$$

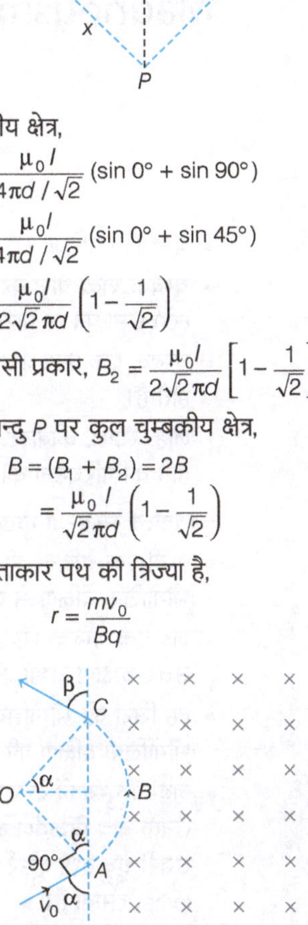

माना O वृत्ताकार पथ का केन्द्र है, तब

$$\angle OCD = \angle OAD$$

$$\Rightarrow \quad 90° - \beta = 90° - \alpha$$

$$\Rightarrow \quad \beta = \alpha$$

$$\Rightarrow \quad \angle AOC = 2\alpha$$

तो चाप की लम्बाई

$$ABC = r(2\alpha) = \frac{2mv_0}{Bq}\alpha$$

$$\text{समय }(ABC) = \frac{\text{चाप लम्बाई } ABC}{\text{गति}}$$

$$= \frac{2m\alpha}{Bq}$$

8 *(a)* $\tau_1 = NBIA\cos\theta$

$$\tau_2 = NBIA\cos(90° + \theta) = NBIA\sin\theta$$

$$\Rightarrow \tau_1^2 + \tau_2^2 = (NBIA)^2(\cos^2\theta + \sin^2\theta)$$

$$\Rightarrow \quad B = \frac{\sqrt{\tau_1^2 + \tau_2^2}}{NIA}$$

9 *(a)* गोले की साम्यावस्था के लिए गुरुत्वीय आघूर्ण को O के परितः चुम्बकीय आघूर्ण द्वारा सन्तुलित (Balance) करना चाहिए।

$$\tau_m = \pi I r^2 B\sin\theta$$

$$\tau_{\text{गुरुत्व}} = mgr\sin\theta$$

साम्यावस्था के लिए, $\tau_m = \tau_{\text{गुरुत्व}}$

या $\pi I r^2 B\sin\theta = mgr\sin\theta$

या $\quad B = \dfrac{mg}{\pi I r}$

10 *(a)* $\mathbf{F}_m = q(\mathbf{v} \times \mathbf{B})$

क्षेत्र के लिए, $a < x < 2a$

$$|\mathbf{F}| = qvB_0$$

बल $\mathbf{F}$, $(\mathbf{v} \times \mathbf{B})$ की दिशा में होगा, अर्थात्

$(\hat{\mathbf{i}} \times \hat{\mathbf{j}})$ के अनुदिश $= \hat{\mathbf{k}}$ $\quad 2a < x < 3a$

$|\mathbf{F}| = qvB_0$

$-\mathbf{F}, -\hat{\mathbf{k}}$ की दिशा में होगा इसलिए, वृत्तीय गति की दिशा ग्राफ (a) के समान होगी।

05

भौतिकी की Concept Master *Videos* के लिए *Scan* करें

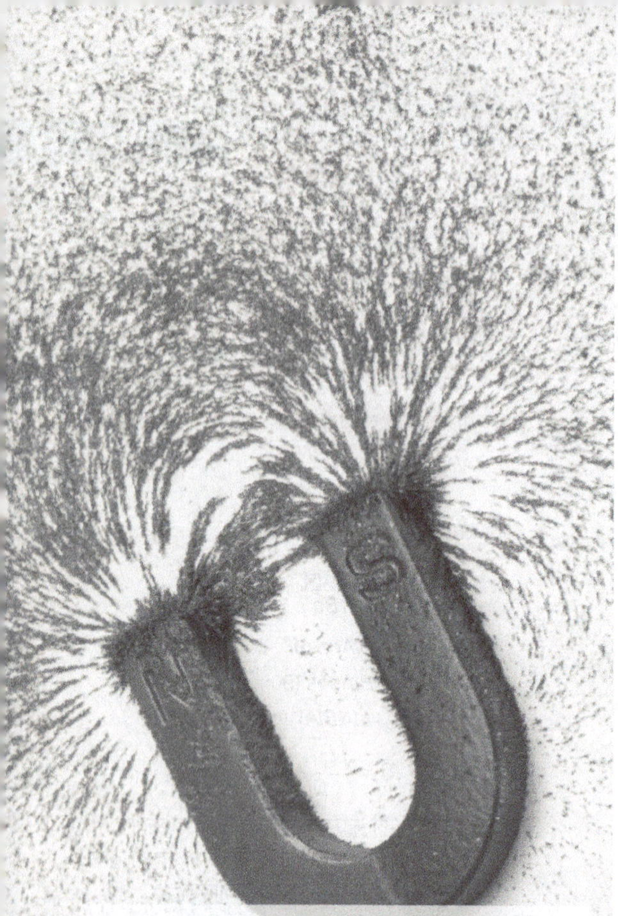

चुम्बकत्व एवं द्रव्य

Magnetism and Matter

5 वर्षों में NEET में पूछे गये शीर्षकवार प्रश्न

शीर्षक	वर्षवार प्रश्नों की संख्या				
	2024	2023	2022	2021	2020
छड़ चुम्बक	2	–	–	1	1
चुम्बकत्व एवं गॉस का नियम	–	1	–	–	–
चुम्बकत्व एवं चुम्बकीय तीव्रता	–	–	–	–	–
पदार्थों के चुम्बकीय गुण	1	–	1	–	1

NEET में विगत 5 वर्षों में पूछे गये विशेष प्रकार के प्रश्न

प्रकार	वर्ष				
	2024	2023	2022	2021	2020
अभिकथन–कारण	–	–	–	–	–
कथन आधारित	1	–	–	–	–
सुमेलन	1	–	–	–	–

NEET के विगत 5 वर्षों का भारांकन

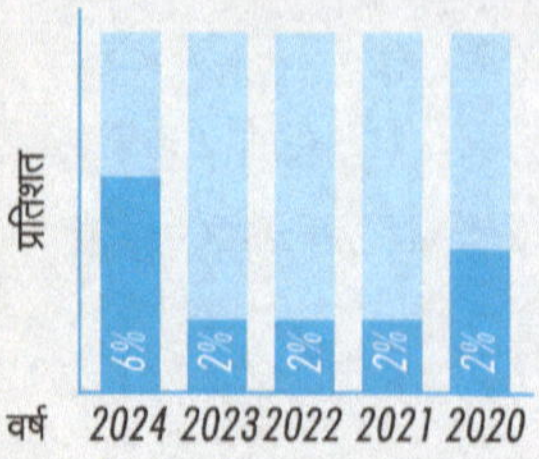

- चुम्बकीय परिघटनाएँ प्रकृति में सार्वभौमिक हैं।
- चुम्बक शब्द ग्रीस के **मैगनेशिया** नामक एक द्वीप के नाम से लिया गया है जहाँ 600 ईसा पूर्व के प्रारम्भ में चुम्बकीय अयस्कों के भण्डार मिले थे।
- चुम्बक एक ऐसा पदार्थ है जिसमें आकर्षण तथा निर्देशात्मक दोनों प्रकार के गुण होते हैं।
- लोहे, स्टील, कोबाल्ट, निकेल आदि के छोटे-छोटे टुकड़ों के चुम्बक की ओर आकर्षित होने की परिघटना को **चुम्बकत्व** (Magnetism) कहते हैं।

चुम्बकत्व सम्बन्धी कुछ सामान्य विचार निम्न प्रकार हैं

- पृथ्वी एक चुम्बक की भाँति व्यवहार करती है जिसका चुम्बकीय क्षेत्र लगभग भौगोलिक दक्षिण से उत्तर की ओर संकेत करता है।
- जब एक चुम्बक (छड़ चुम्बक) को स्वतन्त्रतापूर्वक लटकाया जाता है तो यह उत्तर-दक्षिण दिशा की ओर संकेत करता है।
- वह सिरा जो भौगोलिक उत्तर की ओर संकेत करता है, **उत्तरी ध्रुव** तथा जो सिरा भौगोलिक दक्षिण की ओर संकेत करता है, चुम्बक का **दक्षिणी ध्रुव** कहलाता है।
- जब दो चुम्बकों के उत्तरी ध्रुवों (या दक्षिणी ध्रुवों) को पास-पास लाया जाता है, तो उनके बीच **विकर्षण बल** (Repulsive force) लगता है। इसके विपरीत, एक चुम्बक के उत्तरी ध्रुव तथा दूसरे चुम्बक के दक्षिणी ध्रुव के मध्य **आकर्षण बल** (Attractive force) लगता है।
- हम किसी चुम्बक के उत्तरी ध्रुव या दक्षिणी ध्रुव को अलग-अलग नहीं कर सकते हैं। यदि किसी छड़ चुम्बक को दो भागों में विभाजित किया जाए तो हमें दो समान छड़ चुम्बक मिल जाएँगे जिनके चुम्बकत्व गुण क्षीण (Weak) होते हैं। वैद्युत आवेशों के असमान विलगित चुम्बकीय उत्तरी या दक्षिणी ध्रुव, जिन्हें चुम्बकीय एकल ध्रुव (Magnetic mono poles) कहते हैं, का अस्तित्व नहीं हैं।
- एक छड़ चुम्बक, छड़ के आकार में एक चुम्बक होती है जो अपने चारों ओर चुम्बकीय क्षेत्र उत्पन्न करती है। इसमें दो समान अलग न किए जा सकने वाले चुम्बकीय ध्रुव होते हैं।
- लौह तथा इसकी मिश्र धातुओं से चुम्बक बनाना सम्भव है।

छड़ चुम्बक (Bar Magnet)

- एक छड़ चुम्बक एक प्राकृतिक चुम्बकीय द्विध्रुव होता है जो अपने चारों ओर चुम्बकीय क्षेत्र उत्पन्न करता है।
- **छड़ चुम्बक के गुण निम्न प्रकार हैं**
  - ये लोहे, निकेल तथा कोबाल्ट के छोटे टुकड़ों को आकर्षित करते हैं।
  - छड़ चुम्बक के सिरे, जहाँ, छड़ चुम्बक के कारण चुम्बकीय बल कार्य करता है, चुम्बक के **ध्रुव** कहलाते हैं।
- स्वतन्त्रतापूर्वक लटका छड़ चुम्बक, स्वयं को पृथ्वी की उत्तर-दक्षिण दिशा में संरेखित करता है। स्वतन्त्र रूप से लटके हुए चुम्बक का वह ध्रुव जो पृथ्वी के उत्तर की ओर संकेत करता है, छड़ चुम्बक का **उत्तरी ध्रुव** (*N*) कहलाता है और वह ध्रुव जो पृथ्वी के दक्षिण की ओर संकेत करता है, छड़ चुम्बक का **दक्षिणी ध्रुव** (*S*) कहलाता है।
- समान ध्रुव एक-दूसरे को प्रतिकर्षित करते हैं जबकि विपरीत ध्रुव एक-दूसरे को आकर्षित करते हैं।
- चुम्बकीय ध्रुव सदैव, युग्मों (Pairs) में विद्यमान रहते हैं। प्रत्येक छड़ चुम्बक एक चुम्बकीय द्विध्रुव होता है। एकल ध्रुव (Mono poles) चुम्बकत्व में विद्यमान नहीं रहते हैं।
- एक लोहे के टुकड़े तथा चुम्बक के मध्य अन्तर प्रदर्शित करने का सबसे सुनिश्चित परीक्षण प्रतिकर्षण है।

चुम्बकीय क्षेत्र रेखाएँ (Magnetic Field Lines)

- किसी चुम्बक की चुम्बकीय क्षेत्र रेखाएँ, काल्पनिक रेखाएँ होती हैं जो निरन्तर चुम्बकीय क्षेत्र की दिशा को प्रदर्शित करती हैं।
- **चुम्बकीय क्षेत्र रेखाओं के मुख्य गुण निम्न प्रकार हैं**

(i) किसी चुम्बकीय (या परिनालिका) की चुम्बकीय क्षेत्र रेखाएँ सतत् बन्द लूप (Continuous closed loop) बनाती हैं।

(ii) क्षेत्र रेखा के किसी बिन्दु पर खींची गई स्पर्श रेखा, उस बिन्दु पर परिणामी चुम्बकीय क्षेत्र **B** की दिशा प्रदर्शित करती है।

(iii) प्रति एकांक क्षेत्रफल को जितनी अधिक चुम्बकीय क्षेत्र रेखाएँ पार करती है, उतना ही अधिक उस स्थान पर चुम्बकीय क्षेत्र **B** का परिमाण होता है। चित्र (a) में, क्षेत्र (ii) के चारों ओर **B**, क्षेत्र (i) की अपेक्षा अधिक है।

(iv) चुम्बकीय क्षेत्र रेखाएँ एक-दूसरे को कभी भी प्रतिच्छेद नहीं करती हैं। यदि ये ऐसा करती हैं तो प्रतिच्छेद बिन्दु पर चुम्बकीय क्षेत्र की दिशा अद्वितीय (Unique) नहीं होगी।

(v) नीचे चित्र (a), (b) व (c) में क्रमशः छड़ चुम्बक, धारावाही परिनालिका तथा वैद्युत द्विध्रुव की **चुम्बकीय क्षेत्र रेखाओं** को दर्शाया गया है।

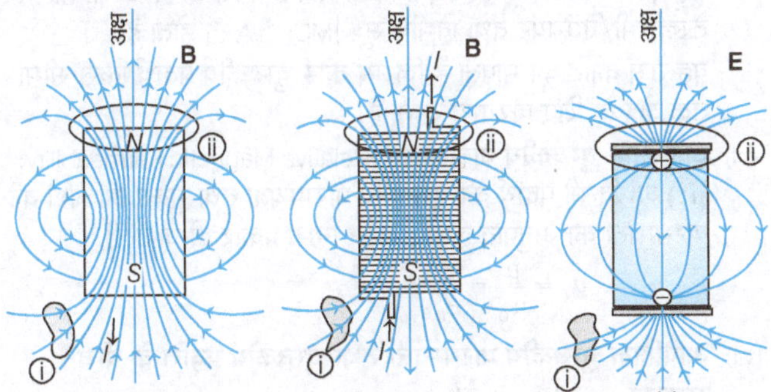

(a) (b) (c)

समतुल्य परिनालिका के रूप में छड़ चुम्बक (Bar Magnet as an Equivalent Solenoid)

- एक छड़ चुम्बक की चुम्बकीय क्षेत्र रेखाओं तथा एक परिनालिका की चुम्बकीय क्षेत्र रेखाओं के बीच समानता यह बताती है कि छड़ चुम्बक को परिनालिका के अनुरूप बड़ी संख्या में परिसंचारी धाराओं (Circulating currents) के रूप में माना जा सकता है।

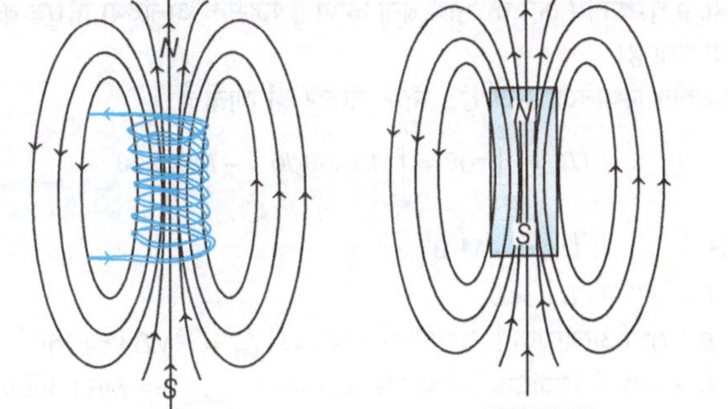

परिनालिका छड़ चुम्बक

- एक छड़ चुम्बक के दो बराबर टुकड़े करना, एक परिनालिका को काटने जैसा ही है। इससे हमें क्षीण (Weak) चुम्बकीय गुणों वाली दो परिनालिकाएँ मिल जाती हैं।
- क्षेत्र रेखाएँ सतत् बनी रहती हैं, परिनालिका के एक सिरे से बाहर निकलती हैं तथा दूसरे सिरे में प्रवेश करती हैं।
- परिनालिका के चुम्बकीय आघूर्ण का परिमाण निम्न प्रकार दिया जाता है
  M = फेरों की कुल संख्या × धारा × अनुप्रस्थ काट का क्षेत्रफल
  $= n(2l)\ I(\pi a^2)$
- **एक छड़ चुम्बक तथा एक परिनालिका समान चुम्बकीय क्षेत्र उत्पन्न करती हैं।** इस प्रकार, एक छड़ चुम्बक का चुम्बकीय आघूर्ण, समान चुम्बकीय क्षेत्र उत्पन्न करने वाली परिनालिका के चुम्बकीय आघूर्ण के समतुल्य होती है।

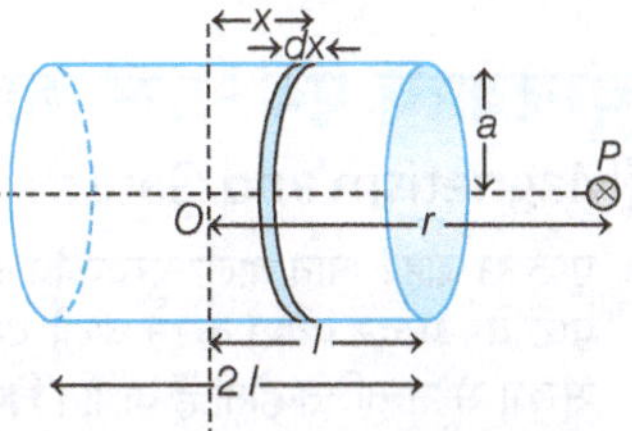

- अक्षीय स्थिति के लिए, छड़ चुम्बक के कारण किसी बिन्दु पर चुम्बकीय क्षेत्र $\mathbf{B}_a = \frac{\mu_0}{4\pi}\frac{2M}{r^3}$

Marks Maximizer

सामान्य स्थिति पर चुम्बकीय क्षेत्र $|\mathbf{B}_{res}| = \left(\frac{\mu_0}{4\pi}\right)\frac{M\sqrt{1+3\cos^2\theta}}{r^3}$

अक्षीय बिन्दु के लिए, $\theta = 0°$

निरक्षीय (Equatorial) बिन्दु के लिए, $\theta = 90°$

$$\tan\phi = \frac{|\mathbf{B}_n|}{|\mathbf{B}_r|} = \frac{\tan\theta}{2}$$

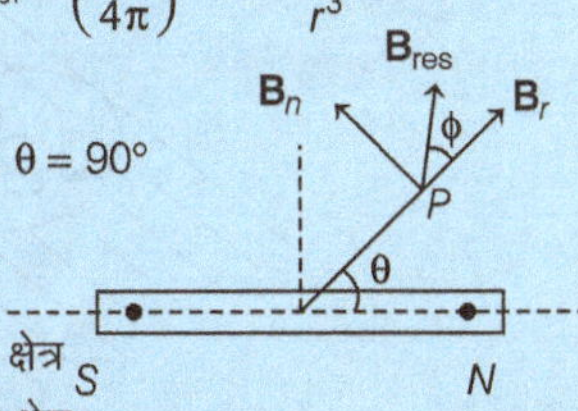

B_n = अभिलम्ब दिशा में चुम्बकीय क्षेत्र

तथा B_r = त्रिज्यीय दिशा में चुम्बकीय क्षेत्र

एकसमान चुम्बकीय क्षेत्र में द्विध्रुव
(Dipole in a Uniform Magnetic Field)

- जब किसी चुम्बकीय द्विध्रुव को एकसमान चुम्बकीय क्षेत्र में रखा जाता है तो यह कोई पूर्ण बल का अनुभव नहीं करता है। यद्यपि यह एक बल आघूर्ण का अनुभव करता है जिसे निम्न प्रकार दिया जाता है
बल आघूर्ण, $\tau = \mathbf{M} \times \mathbf{B} \Rightarrow |\tau| = MB\sin\theta\,\hat{\mathbf{n}}$
जहाँ, θ चुम्बकीय क्षेत्र के साथ बना कोण है जिसके अनुदिश द्विध्रुव को रखा गया है।
- चुम्बकीय स्थितिज ऊर्जा U_m निम्न प्रकार दी जाती है
$$U_m = \int_{90^\circ}^{\theta} \tau d\theta = \int_{90^\circ}^{\theta} MB\sin\theta d\theta = -MB\cos\theta$$
NEET 2021, 20
और $U_m = -\mathbf{M}\cdot\mathbf{B}$
(i) $\theta = 90^\circ$ पर $U_m = 0$
(ii) $\theta = 0^\circ$ (अत्यधिक स्थिर स्थिति) पर, $U_{\text{न्यूनतम}} = -MB$ (न्यूनतम)
(iii) $\theta = 180^\circ$ (अत्यधिक अस्थिर स्थिति) पर, $U_{\text{अधिकतम}} = +MB$ (अधिकतम)

द्विध्रुव अनुरूपता (The Dipole Analogy)

वैद्युत तथा चुम्बकीय द्विध्रुवों के बीच अनुरूपता को नीचे दर्शाया गया है

भौतिक राशि	स्थिर वैद्युत	चुम्बकत्व
अनुक्रमानुपाती	$1/\varepsilon_0$	μ_0
द्विध्रुव आघूर्ण	**p**	**M**
लघु द्विध्रुव हेतु निरक्षीय क्षेत्र	$-\mathbf{p}/4\pi\varepsilon_0 r^3$	$-\mu_0\mathbf{M}/4\pi r^3$
लघु द्विध्रुव के लिए अक्षीय क्षेत्र	$2\mathbf{p}/4\pi\varepsilon_0 r^3$	$-\mu_0 2\,\mathbf{M}/4\pi r^3$
बाह्य क्षेत्रः बल आघूर्ण	$\mathbf{p}\times\mathbf{E}$	$\mathbf{M}\times\mathbf{B}$
बाह्य क्षेत्रः ऊर्जा	$-\mathbf{p}\cdot\mathbf{E}$	$-\mathbf{M}.\mathbf{B}$

चुम्बकत्व एवं गॉस का नियम
(Magnetism and Gauss's Law)

Concept Master Video के लिए

- पृष्ठ से बाहर जाने वाली चुम्बकीय क्षेत्र रेखाओं की संख्या, पृष्ठ के अन्दर प्रवेश करने वाली चुम्बकीय क्षेत्र रेखाओं की संख्या से सन्तुलित होती हैं अर्थात् **किसी बन्द पृष्ठ से गुजरने वाला कुल चुम्बकीय फ्लक्स** (Magnetic flux) ϕ_B **सदैव शून्य होता है।**
NEET 2023
$$\phi_B = \sum_{a_{||}} \Delta\phi_B = \sum_{a_{||}} \mathbf{B}\cdot d\mathbf{S} = 0$$
जहाँ, **B** = चुम्बकीय क्षेत्र तथा ΔS = क्षेत्रफल अवयव

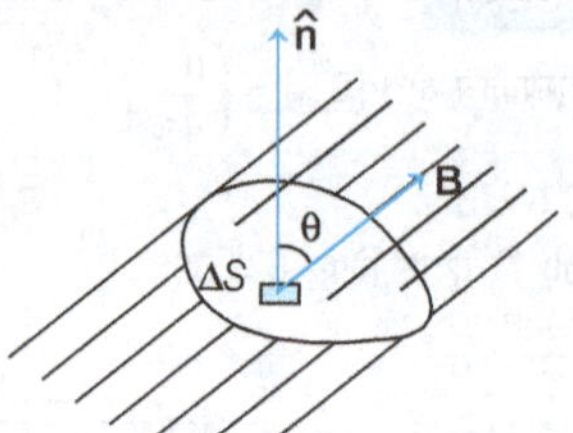

- गॉस का चुम्बकत्व नियम दर्शाता है कि एक ध्रुवों का अस्तित्व नहीं है। चुम्बकीय क्षेत्र रेखाओं का कोई प्रारम्भ बिन्दु या अन्त बिन्दु नहीं होता है।
- इस प्रकार हम कह सकते हैं कि आने वाला चुम्बकीय फ्लक्स, जाने वाले चुम्बकीय फ्लक्स के बराबर होता है।

चुम्बकत्व एवं चुम्बकीय तीव्रता
(Magnetisation and Magnetic Intensity)

(i) **चुम्बकीय प्रेरण** (Magnetic Induction) (*B*) यह किसी पदार्थ के अनुप्रस्थ- काट के क्षेत्रफल से अभिलम्बवत् गुजरने वाली चुम्बकीय क्षेत्र रेखाओं की संख्या होती है।
इसका SI मात्रक **टेस्ला (T)** या **वेबर/ मी² (Wm^{-2})** तथा CGS मात्रक **गॉस (Gauss) (G)** होता है।
तथा $1\text{T} = 10^4$ गॉस

(ii) **चुम्बकीय तीव्रता** (Magnetic Intensity) (*I*) यह प्रति एकांक आयतन में कुल चुम्बकीय आघूर्ण होती है।
अर्थात् $I = \dfrac{\text{चुम्बकीय आघूर्ण}}{\text{चुम्बकीय पदार्थ का आयतन}} = \dfrac{M}{V}$
यह एक सदिश राशि है तथा इसका SI मात्रक ऐम्पियर/ मीटर है।
इसका विमीय सूत्र $[M^0L^{-1}T^0A]$ है।

(iii) **चुम्बकीय क्षेत्र तीव्रता** (Magnetic Field Intensity) (*H*) यह किसी पदार्थ को चुम्बकीय बनाने के लिए बाह्य चुम्बकीय क्षेत्र की क्षमता (Capability) की माप है और इसे निम्न प्रकार दिया जाता है
$$H = \frac{B}{\mu_0} - I$$
इसका SI मात्रक ऐम्पियर/मीटर तथा CGS मात्रक ऑस्ट्रैड (Oersted) है।

(iv) **चुम्बकीय प्रवृत्ति** (Magnetic Susceptibility) (χ_m) यह किसी पदार्थ के चुम्बकत्व की तीव्रता तथा चुम्बकीय क्षेत्र का अनुपात होता है।
अर्थात् $\chi_m = \dfrac{I}{H}$
यह एक अदिश राशि है जिसकी कोई विमा तथा मात्रक नहीं है।
यह एक माप है जो बताती है कि चुम्बकीय क्षेत्र बाह्य क्षेत्र पर कैसे प्रतिक्रिया करता है।

(v) **चुम्बकीय पारगम्यता** (Magnetic Permeability) (μ) यह चुम्बकीय प्रेरण तथा चुम्बकीय तीव्रता का अनुपात होती है।
अर्थात् $\mu = \dfrac{B}{H}$
NEET 2022, 20
यह एक आदिश राशि है। इसका SI मात्रक वेबर/ ऐम्पियर-मी या टेस्ला-मी/ऐम्पियर तथा विमीय सूत्र $[MLT^{-2}A^{-2}]$ होता है।
यह उस कोटि को मापता है जिसमें कोई चुम्बकीय पदार्थ किस सीमा तक क्षेत्र के लिए पारगम्य रहता है।

(vi) **आपेक्षिक चुम्बकीय पारगम्यता** (Relative Magnetic Permeability) (μ_r) यह किसी पदार्थ की चुम्बकीय पारगम्यता तथा मुक्त आकाश की पारगम्यता का अनुपात होती है और निम्न प्रकार दी जाती है
$$\mu_r = \frac{\mu}{\mu_0} = \frac{B}{B_0}$$

(vii) **आपेक्षिक चुम्बकीय पारगम्यता तथा चुम्बकीय प्रवृत्ति के बीच सम्बन्ध** $\mu_r = 1 + \chi_m$ है।

पदार्थों के चुम्बकीय गुण (Magnetic Properties of Materials)

चुम्बकीय व्यवहार के पदों में सभी पदार्थ तीन प्रकारों, प्रतिचुम्बकीय, अनुचुम्बकीय तथा लौह-चुम्बकीय में वर्गीकृत किए जाते हैं।

गुण	प्रतिचुम्बकीय	अनुचुम्बकीय	लौह-चुम्बकीय
एकसमान चुम्बकीय क्षेत्र में रखा गया पदार्थ	विपरीत दिशा में खराब चुम्बकत्व। यहाँ, $B_m < B_0$	समान दिशा में खराब चुम्बकत्व। यहाँ, $B_m > B_0$	समान दिशा में प्रबल चुम्बकत्व। यहाँ, $B_m >> B_0$
	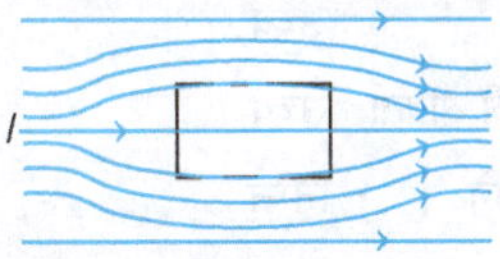	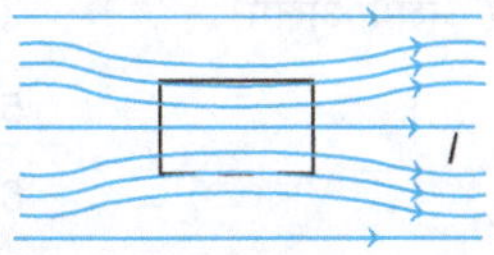	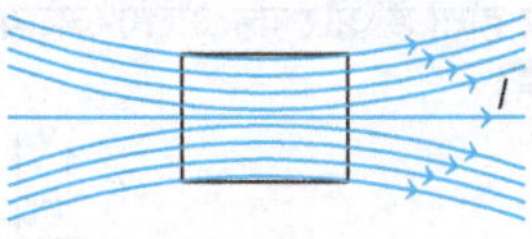
प्रकृति	चुम्बक द्वारा क्षीण प्रतिकर्षित	चुम्बक द्वारा क्षीण आकर्षित	चुम्बक द्वारा प्रबल आकर्षित
चुम्बकीय फ्लक्स घनत्व	वायु की तुलना में प्रतिचुम्बकीय पदार्थ के अन्दर कम	वायु की तुलना में अनुचुम्बकीय पदार्थ के अन्दर अधिक	वायु की तुलना में लौह-चुम्बकीय पदार्थ के अन्दर सर्वाधिक
चुम्बकत्व का कारण	इलेक्ट्रॉनों की कक्षीय गति	इलेक्ट्रॉनों की चक्रण गति	डोमेनों का निर्माण
चुम्बकीय क्षेत्र रेखाओं का व्यवहार	इनके बीच से नहीं गुजरती हैं	अधिकांश इनके बीच से गुजर जाती हैं	इनके बीच से गुजर जाती है
	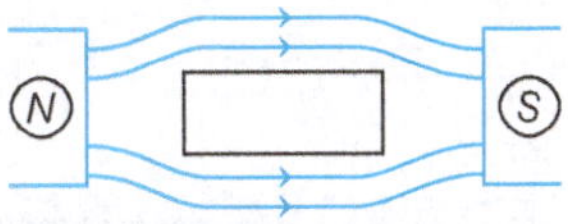	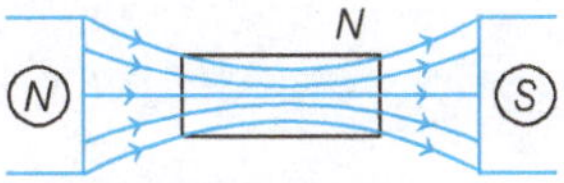	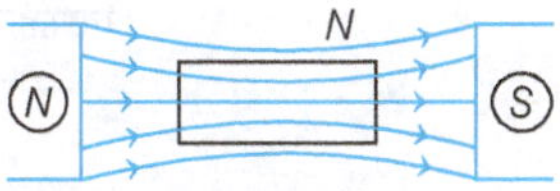
I-H	*I* छोटा है, ऋणात्मक व क्षेत्र के साथ रेखीय रूप से परिवर्तित होता है। 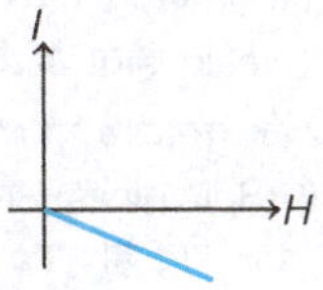	*I* छोटा है, धनात्मक व क्षेत्र के साथ रेखीय रूप से परिवर्तित होता है 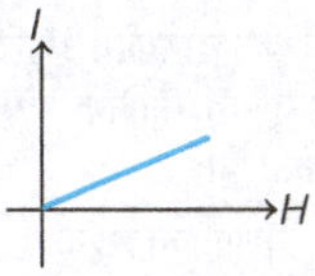	*I* बहुत बड़ा है, धनात्मक व क्षेत्र के साथ अरेखीय रूप से परिवर्तित होता है। 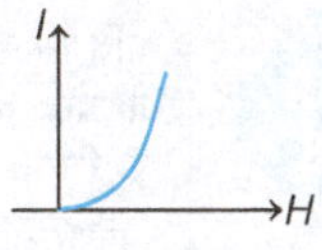
μ_r	$1 > \mu_r > 0, (\mu < \mu_0)$	$(1+\varepsilon) \geq \mu_r > 1, (\mu > \mu_0)$	$\mu_r >>> 1, (\mu >>> \mu_0)$
χ_m -*T* वक्र	χ_m छोटा, ऋणात्मक व तापमान से स्वतन्त्र $\chi_m \propto T^0$ 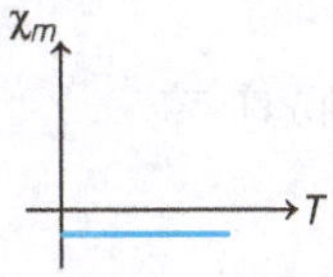	χ_m छोटा, धनात्मक व तापमान के व्युत्क्रम के साथ परिवर्तित होता है। $\chi_m \propto \frac{1}{T}$ (क्यूरी नियम) 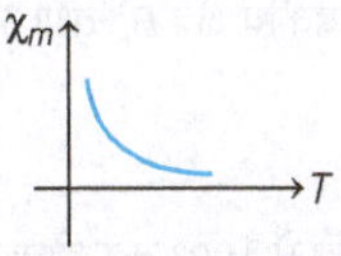	χ_m बहुत बड़ा, धनात्मक व तापमान पर निर्भर करता है। $\chi_m \propto \frac{1}{T - T_C}$ (क्यूरी-वीस नियम) 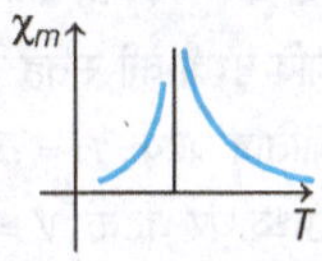 $T_{C\,(\text{लोहा})} = 770°C$
एकल परमाणु का चुम्बकीय आघूर्ण	परमाणु में स्थायी चुम्बकीय आघूर्ण नहीं होता है।	परमाणु में स्थायी चुम्बकीय आघूर्ण होता है जो यादृच्छिक रूप से उन्मुख होता है।	परमाणु में स्थायी चुम्बकीय आघूर्ण होता है जो डोमेन में व्यवस्थित रहता है।
पदार्थ की भौतिक अवस्था	ठोस, द्रव या गैस	ठोस, द्रव या गैस	सामान्यतः केवल ठोस
उदाहरण	बिस्मथ, ताँबा, लैड, जल, सोडियम क्लोराइड	एल्युमीनियम, सोडियम, कैल्शियम, ऑक्सीजन, कॉपर क्लोराइड	लोहा, कोबाल्ट, निकेल, गैडोलिनियम

Concept Master
Video के लिए

शैथिल्य (Hysteresis)

- किसी लौह-चुम्बकीय पदार्थ के चुम्बकीकरण और विचुम्बकीकरण की प्रक्रिया के दौरान चुम्बकीकरण (I) या चुम्बकीय प्रेरण (Magnetic induction) की तीव्रता (B) का चुम्बकीय क्षेत्र (H) से पीछे रह जाना, शैथिल्य कहलाता है।
- शैथिल्य लूप का क्षेत्रफल प्रति चक्र प्रति एकांक आयतन में ऊर्जा हानि के बराबर होता है और यह अलग-अलग पदार्थों के लिए अलग-अलग होता हैं।

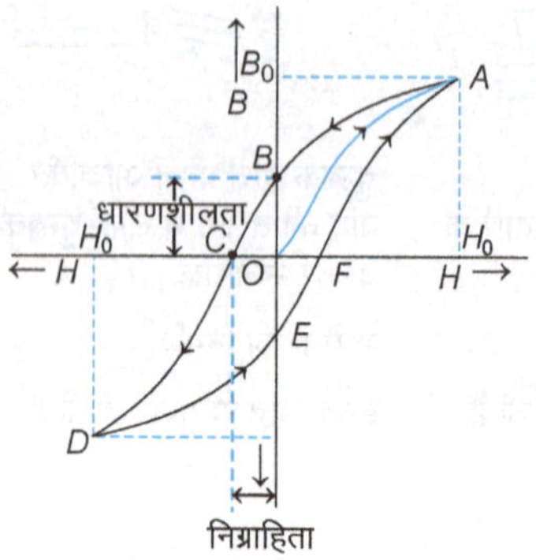

लौह-चुम्बकीय पदार्थ (Ferromagnetic Materials)

	पैरामीटर	नर्म लोहा	स्टील
1.	धारणशीलता	उच्च	निम्न
2.	निग्राहिता	निम्न	उच्च
3.	पारगम्यता	उच्च	निम्न
4.	प्रवृत्ति	उच्च	निम्न
5.	चुम्बकन की तीव्रता	उच्च	निम्न
6.	शैथिल्य हानि	निम्न	उच्च
7.	उपयोग	वैद्युत चुम्बक, ट्रांसफॉर्मर की कोर	स्थायी चुम्बक
8.	शैथिल्य लूप	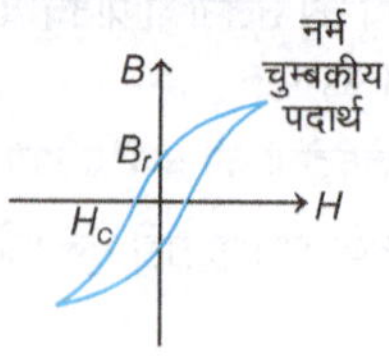	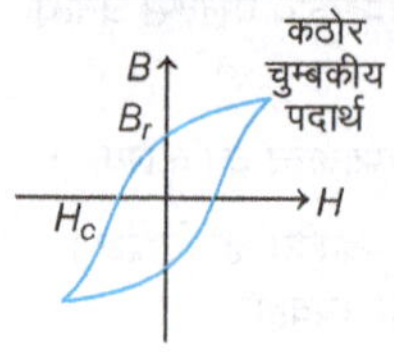

Caution Points

- प्रतिचुम्बकीय पदार्थों के लिए, चुम्बकीय प्रवृत्ति $\chi = -10^{-5}$ होती है जबकि अनुचुम्बकीय पदार्थों के लिए चुम्बकीय प्रवृत्ति $\chi = +10^{-5}$ होती है।
- प्रतिचुम्बकीय तथा अनुचुम्बकीय पदार्थों की चुम्बकीय प्रवृत्ति के बीच बहुत कम अन्तर होता है, परन्तु यह मौलिक रूप से भिन्न व्यवहार को प्रदर्शित कर सकता है।
- अतिचालक (Superconductor) एक विशेष प्रकार का पदार्थ है। इन पदार्थों में दो उल्लेखनीय गुण होते हैं।
  (i) ये पूर्ण प्रतिचुम्बक होते हैं।
  (ii) ये पूर्ण चालक भी होते हैं।
- प्रतिचुम्बकीत्व सार्वभौमिक है। यह सभी पदार्थों में विद्यमान रहता है परन्तु यह बहुत क्षीण (Weak) होता है और इसका पता लगाना कठिन है।
- कुछ अन्य प्रकार के चुम्बकीय पदार्थ जैसे लौह-चुम्बकीय, अलौह-चुम्बकीय तथा चक्रण काँच (Spin glass) भी विद्यमान है। ये पदार्थ अद्वितीय और रहस्यमयी गुणों वाले होते हैं।

PYQ नोट्स

- पृथ्वी के चुम्बकीय क्षेत्र के क्षैतिज तथा ऊर्ध्वाधर घटक
  यदि पृथ्वी की सतह के किसी बिन्दु पर कुल चुम्बकीय क्षेत्र B_E तथा δ नति कोण (Angle of dip) हो, तब
  क्षैतिज घटक, $H = B_E \cos\delta$
  ऊर्ध्वाधर घटक, $V = B_E \sin\delta$
- δ का मान दक्षिणी ध्रुव में $-90°$ से लेकर उत्तरी ध्रुव में $+90°$ तक होता है और भूमध्य रेखा पर इसका मान शून्य होता है। **[NEET 2022]**

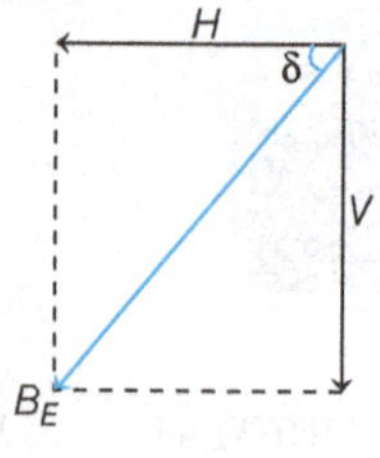

Step by Step

Mastering NCERT

- कॉन्सेप्ट बिल्डर्स
- शीर्षकवार प्रश्न
- अभिकथन-कारण प्रश्न
- कथन आधारित प्रश्न
- सुमेलन प्रकार प्रश्न
- आंकिक मान प्रकार के प्रश्न
- NCERT Exemplar प्रश्न
- विगत परीक्षाओं के प्रश्न
- स्किल बूस्टर्स

कॉन्सेप्ट बिल्डर्स

1 पृथ्वी एक चुम्बक की भाँति व्यवहार करती है, जिसका चुम्बकीय क्षेत्र लगभग भौगोलिक दक्षिण से उत्तर की ओर संकेत करता है। (सत्य/असत्य)

2 चुम्बकत्व का मूल रूप क्या है?

3 जब ध्रुव शक्ति q_m वाले चुम्बक को उसकी धुरी के लम्बवत दो बराबर भागों में काटा जाता है, तो प्रत्येक भाग की ध्रुव शक्ति .... होगी। (q_m / $q_m/2$)

4 चुम्बकीय ध्रुव समान शक्ति के असमान युग्मों के रूप में भी विद्यमान होते हैं। (सत्य/असत्य)

5 कम्पास के अभिविन्यास और वास्तविक उत्तर-दक्षिण दिशा के बीच विसंगति को चुम्बकीय .... (झुकाव/अवनति) के रूप में जाना जाता है।

6 एक चुम्बक को ...... पर विचुम्बकित हो जाता है। (गर्म करने/ठण्डा करने)

7 किस कोण पर चुम्बकीय स्थितिज ऊर्जा अधिकतम होती है?

8 यदि एक चुम्बकीय कील को एकसमान चुम्बकीय क्षेत्र में रखा जाए, जिस पर कुछ बल आघूर्ण लग रहा हो, तो कील पर कितना बल लगेगा?

9 ऐम्पियर परिकल्पना के अनुसार, चुम्बकीय प्रभाव का कारण क्या है?

10 किसी छड़ चुम्बक के समरेखीय बिन्दु पर चुम्बकीय क्षेत्र का सूत्र लिखिए।

11 कम ऋणात्मक चुम्बकशीलता वाले पदार्थ को ...... (अनुचुम्बकीय/प्रतिचुम्बकीय) पदार्थ कहा जाता है।

12 किसी अनुचुम्बकीय पदार्थ के चुम्बकन की तीव्रता चुम्बकीय क्षेत्र में वृद्धि के साथ घटती है। (सत्य/असत्य)

13 एक प्रतिचुम्बकीय पदार्थ की आपेक्षिक चुम्बकीय पारगम्यता 1 होती है। (सत्य/असत्य)

14 लौहचुम्बकीय पदार्थ में चुम्बकीय क्षेत्र के पीछे चुम्बकीय प्रेरण के विलम्बन की घटना को क्या कहा जाता है?

15 स्थायी चुम्बक बनाने के लिए नरम लोहा इस्पात की तुलना में अधिक उपयुक्त है। (सत्य/असत्य)

16 अनुचुम्बकीय पदार्थों में चुम्बकत्व का क्या कारण है?

17 प्रतिचुम्बकीय पदार्थ की चुम्बकशीलता तापमान पर निर्भर नहीं करती है। (सत्य/असत्य)

18 जल एक ...... (अनुचुम्बकीय/प्रतिचुम्बकीय) पदार्थ है।

19 किसी अनुचुम्बकीय पदार्थ के लिए चुम्बकीय चुम्बकशीलता और परम तापमान का गुणनफल एक स्थिरांक होता है। (सत्य/असत्य)

20 प्रतिचुम्बकीय पदार्थ के लिए χ_m ...... ($+10^5$ / $+10^{-5}$) और अनुचुम्बकीय पदार्थ के लिए χ_m .... ($+10^{-5}$ / -10^{-5}) है।

शीर्षकवार प्रश्न

छड़ चुम्बक

1 निम्नलिखित में से कौन-सा बिन्दु उच्चतम चुम्बकीय क्षेत्र शक्ति के क्षेत्र में स्थित है? **NCERT पृष्ठ 137**

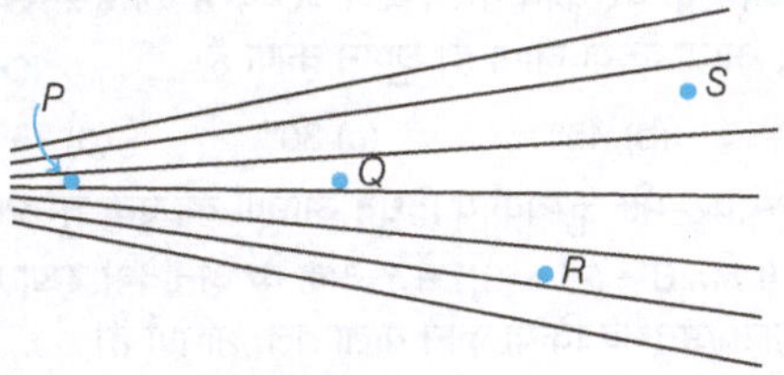

(a) P
(b) Q
(c) R
(d) S

2 नीचे दिए गए चित्र में दिए गए विभिन्न आरेख चुम्बकीय क्षेत्र रेखाएँ (आकृति में मोटी रेखाएँ) दिखाते हैं। इनमें से कौन-सा आरेख इसे सही रूप से दर्शाता है ? **NCERT पृष्ठ 137**

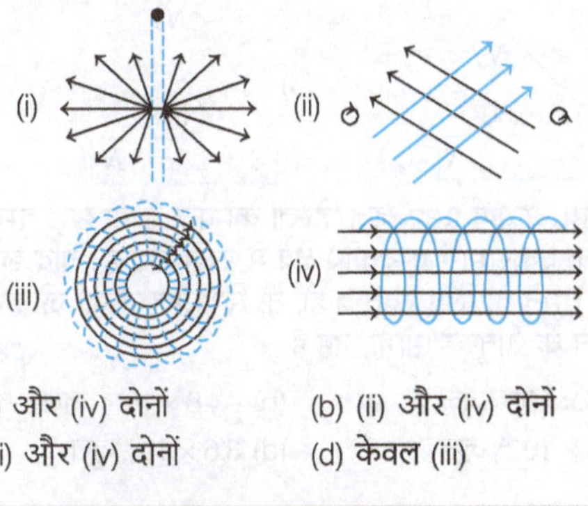

(a) (i) और (iv) दोनों
(b) (ii) और (iv) दोनों
(c) (iii) और (iv) दोनों
(d) केवल (iii)

3 एक बड़े चुम्बक को दो टुकड़ों में तोड़ दिया जाता है, ताकि उनकी लम्बाई 2 : 1 के अनुपात में हो। दो टुकड़ों की ध्रुव शक्तियों का अनुपात होगा **NCERT पृष्ठ 137**

(a) 2 : 1 (b) 1 : 2 (c) 4 : 1 (d) 1 : 1

4 यदि चुम्बकीय आघूर्ण 0.40 ऐम्पियर-मी^{2} वाले छड़ चुम्बक को अनुप्रस्थ-काट क्षेत्रफल 2×10^{-4}मी^{2} और 1000 फेरों वाली एक परिनालिका से प्रतिस्थापित किया जाए जिसका चुम्बकीय आघूर्ण समान है, तो परिनालिका में प्रवाहित धारा होगी **NCERT पृष्ठ 138**

(a) −2 ऐम्पियर (b) 2 ऐम्पियर
(c) 20 ऐम्पियर (d) 1 ऐम्पियर

5 एक क्षैतिज वृत्ताकार लूप में धारा प्रवाहित होती है जो ऊपर से देखने पर वामावर्त दिशा में दिखाई देती है। इसे एक समतुल्य चुम्बकीय द्विध्रुव *N-S* द्वारा प्रतिस्थापित किया जाता है। निम्नलिखित में से कौन-सा कथन सही है? **NCERT पृष्ठ 138**

(a) रेखा *N-S* लूप के व्यास के अनुदिश होनी चाहिए।
(b) रेखा *N-S* लूप के तल के समान्तर होनी चाहिए।
(c) दक्षिणी ध्रुव लूप के नीचे होना चाहिए।
(d) उत्तरी ध्रुव लूप के नीचे होना चाहिए।

6 एक धारावाही लूप को एकसमान चुम्बकीय क्षेत्र में चार भिन्न-भिन्न दिशाओं में रखा गया है जैसा कि चित्र में दिखाया गया है। स्थितिज ऊर्जा में वृद्धि का क्रम होगा **NCERT पृष्ठ 139**

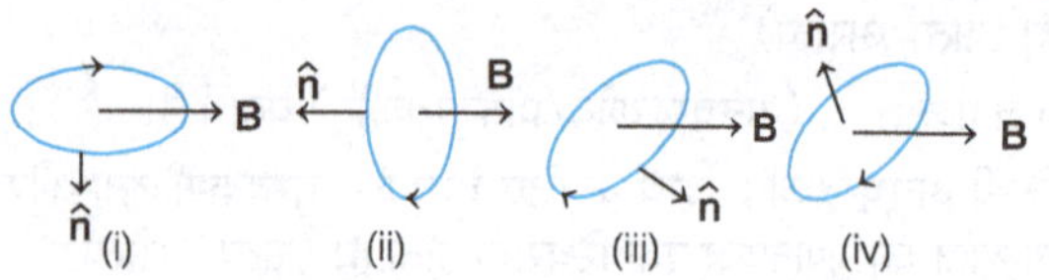

(a) (iii), (i), (iv) और (ii) (b) (i), (ii), (iii) और (iv)
(c) (ii), (iii), (i) और (iv) (d) (iv), (iii), (i) और (ii)

7 निम्नलिखित चित्र विभिन्न विन्यासों में छड़ चुम्बकों की व्यवस्था को दर्शाते हैं। प्रत्येक चुम्बक का चुम्बकीय द्विध्रुव आघूर्ण *M* है। किस विन्यास का शुद्ध चुम्बकीय द्विध्रुव आघूर्ण 2 *M* होगा? **NCERT पृष्ठ 139**

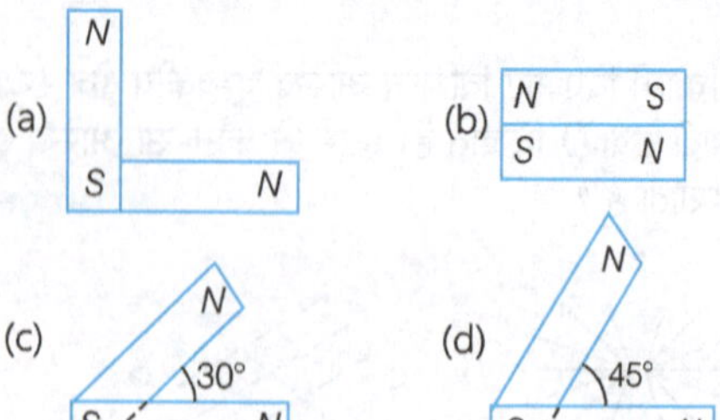

8 चुम्बकीय आघूर्ण 0.32 जूल/टेस्ला का एक छोटा छड़ चुम्बक 0.15 टेस्ला के एकसमान चुम्बकीय क्षेत्र में रखा गया है। यदि छड़ क्षेत्र के तल में घूमने के लिए स्वतन्त्र हो, तो स्थितिज ऊर्जा जो इसके अस्थिर सन्तुलन के अनुरूप होगी, वह है **NCERT पृष्ठ 139**

(a) 4.8×10^{-2} जूल (b) -4.8×10^{-2} जूल
(c) 7.5×10^{-2} जूल (d) 3.6×10^{5} जूल

9 विक्षेपण θ के साथ बल आघूर्ण τ के परिवर्तन की दर एक-समान प्रेरण के चुम्बकीय क्षेत्र *B* में स्वतन्त्र रूप से निलंबित चुम्बक के लिए अधिकतम होती है, जब **NCERT पृष्ठ 139**

(a) $\theta = 0°$ (b) $\theta = 45°$ (c) $\theta = 60°$ (d) $\theta = 90°$

10 चुम्बकीय आघूर्ण 2.0 ऐम्पियर-मीटर^2 के एक छड़ चुम्बक को 0.2 टेस्ला के एकसमान चुम्बकीय क्षेत्र में रखा गया है। छड़ चुम्बक पर 0.3464 जूल बल आघूर्ण है, तो छड़ चुम्बक और चुम्बकीय क्षेत्र के बीच का कोण है **NCERT पृष्ठ 139**

(a) 30° (b) 45° (c) 60° (d) 90°

11 चुम्बकीय आघूर्ण $25\,\hat{j}$ ऐम्पियर-मी^{2} के एक द्विध्रुव को एकसमान चुम्बकीय क्षेत्र $(3\hat{i} + 18\hat{j})$ टेस्ला में *Y*-अक्ष के अनुदिश रखा गया है। इस पर कार्य करने वाला बल आघूर्ण हैं **NCERT पृष्ठ 139**

(a) $-40\,\hat{k}$ न्यूटन-मी (b) $-50\hat{k}$ न्यूटन-मी
(c) $-60\hat{k}$ न्यूटन-मी (d) $-75\hat{k}$ न्यूटन-मी

12 एक छोटे छड़ चुम्बक का चुम्बकीय आघूर्ण, जिसे चुम्बकीय अक्ष के साथ 600 गॉस के बाह्य क्षेत्र से 30° पर रखा गया है और जो 0.03 न्यूटन-मीटर का बल आघूर्ण अनुभव करता है, क्या होगा? **NCERT पृष्ठ 139**

(a) 1.0 ऐम्पियर-मी^{2} (b) 0.3 ऐम्पियर-मी^{2}
(c) 2.2 ऐम्पियर-मी^{2} (d) 0.5 ऐम्पियर-मी^{2}

13 चुम्बकीय आघूर्ण 2.0 ऐम्पियर-मी^{2} का एक छड़ चुम्बक, 0.5 टेस्ला के एक चुम्बकीय क्षेत्र के सापेक्ष समानान्तर स्थिति में रखा गया है। चुम्बक की स्थिति को समानान्तर से प्रतिसमानान्तर करने में किए गए कार्य की मात्रा होगी **NCERT पृष्ठ 139**

(a) 3.0 जूल (b) 4.5 जूल
(c) 2.0 जूल (d) 2.5 जूल

14 1.0 ऐम्पियर-मीटर^2 चुम्बकीय आघूर्ण वाला एक चुम्बकीय द्विध्रुव 0.5 टेस्ला के एकसमान चुम्बकीय क्षेत्र में रखा गया है। चुम्बकीय क्षेत्र के बीच का कोण 45° है, तो चुम्बकीय द्विध्रुव पर बल आघूर्ण है **NCERT पृष्ठ 139**

(a) 0.48 जूल (b) 0.35 जूल
(c) 8.5 जूल (d) 0.85 जूल

15 एक छड़ चुम्बक को एकसमान चुम्बकीय क्षेत्र के समकोण पर रखा गया है। चुम्बक पर कार्य करने वाले बल युग्म को इस स्थिति से घुमाकर आधा किया जाना है। घूर्णन कोण है **NCERT पृष्ठ 139**

(a) 60° (b) 45° (c) 30° (d) 75°

16 $10\,\hat{j}$ ऐम्पियर-मी^{2} चुम्बकीय द्विध्रुव आघूर्ण का एक चुम्बक एकसमान चुम्बकीय क्षेत्र $\mathbf{B} = (2\hat{i} + 3\hat{j})$ में *Y*-अक्ष के अनुदिश रखा गया है। द्विध्रुव द्वारा अनुभव किया जाने वाला बल आघूर्ण है। **NCERT पृष्ठ 139**

(a) धनात्मक *Y*-अक्ष के अनुदिश 80 न्यूटन/मी
(b) ऋणात्मक *Y*-अक्ष के अनुदिश 60 न्यूटन/मी
(c) धनात्मक *Z*-अक्ष के अनुदिश 30 न्यूटन/मी
(d) ऋणात्मक *Z*-अक्ष के अनुदिश 20 न्यूटन/मी

17 द्विध्रुव आघूर्ण M का एक चुम्बक चुम्बकीय क्षेत्र तीव्रता B में सन्तुलन स्थिति में संरेखित है। चुम्बकीय क्षेत्र में इसे कोण θ से घुमाने के लिए किया गया कार्य होगा **NCERT पृष्ठ 139**

(a) $MB \sin\theta$ (b) $MB \cos\theta$
(c) $MB\ (1-\cos\theta)$ (d) $MB\ (1-\sin\theta)$

18 एक पतली छड़ चुम्बक को एकसमान चुम्बकीय क्षेत्र में रखा गया है और क्षेत्र के साथ संरेखित किया गया है। अब सुई को 45° के कोण से घुमाया जाता है और किया गया कार्य W है। इस स्थिति में चुम्बकीय सुई पर बल आघूर्ण है **NCERT पृष्ठ 139**

(a) शून्य (b) $\frac{W}{\sqrt{2}-1}$ (c) $\frac{W}{\sqrt{2}}$ (d) $\sqrt{2}\,W$

19 2×10^4 जूल/टेस्ला चुम्बकीय आघूर्ण वाला एक छड़ चुम्बक क्षैतिज तल में घूमने के लिए स्वतन्त्र है। अन्तरिक्ष में एक क्षैतिज चुम्बकीय क्षेत्र $B = 6\times10^{-4}$ टेस्ला विद्यमान है। चुम्बक को क्षेत्र के समानान्तर दिशा से क्षेत्र 60° दिशा में धीरे-धीरे ले जाने में किया गया कार्य है **NCERT पृष्ठ 139**

(a) 0.6 जूल (b) 12 जूल (c) 6 जूल (d) 2 जूल

20 चुम्बकीय आघूर्ण M वाले एक चुम्बक को याम्योत्तर से 90° के कोण पर घुमाने में किया गया कार्य, इसे 60° कोण पर घुमाने में किए गए संगत कार्य का n गुना होता है। n का मान है **NCERT पृष्ठ 139**

(a) 2 (b) 1
(c) 0.5 (d) 0.25

21 एक चुम्बकीय द्विध्रुव का बल आघूर्ण और चुम्बकीय स्थितिज ऊर्जा एक समान चुम्बकीय क्षेत्र (**B**) में सबसे स्थिर स्थिति है जिसमें चुम्बकीय आघूर्ण (**M**) होगा **NCERT पृष्ठ 139**

(a) शून्य, $-MB$ (b) शून्य, MB
(c) $-MB$, शून्य (d) MB, शून्य

22 3 सेमी लम्बाई वाले एक छड़ चुम्बक के कारण उसके मध्य बिन्दु से 75 सेमी की दूरी पर अक्षीय क्षेत्र का परिमाण क्या है, यदि इसका चुम्बकीय आघूर्ण 0.6 ऐम्पियर-मीटर^2 है? **NCERT पृष्ठ 139**

(a) 0.284 माइक्रो टेस्ला (b) 0.313 माइक्रो टेस्ला
(c) 0.013 माइक्रो टेस्ला (d) 0.113 माइक्रो टेस्ला

23 6 सेमी लम्बाई वाले छड़ चुम्बक का चुम्बकीय आघूर्ण 4 जूल/टेस्ला है। चुम्बक के केन्द्र से भूमध्य रेखा के अनुदिश 200 सेमी की दूरी पर चुम्बकीय क्षेत्र की तीव्रता ज्ञात कीजिए। **NCERT पृष्ठ 139**

(a) 3×10^{-8} टेस्ला (b) 5×10^{-8} टेस्ला
(c) 3.5×10^{-8} टेस्ला (d) 4×10^{-8} टेस्ला

24 3 सेमी लम्बाई वाले एक छड़ चुम्बक के अक्ष के अनुदिश बिन्दु A और B विपरीत छोर पर 24 सेमी और 48 सेमी की दूरी पर हैं। इन बिन्दुओं पर चुम्बकीय क्षेत्रों का अनुपात होगा **NCERT पृष्ठ 139**

(a) 8 (b) 3
(c) 4 (d) $1/2\sqrt{2}$

25 5.0 सेमी लम्बाई वाले एक छड़ चुम्बक के कारण उसके मध्य बिन्दु से 50 सेमी की दूरी पर भूमध्य और अक्षीय क्षेत्रों का परिमाण क्या है? छड़ चुम्बक का चुम्बकीय आघूर्ण 0.40 ऐम्पियर-मीटर^2 है। **NCERT पृष्ठ 139**

(a) 3.2×10^{-6} टेस्ला, 6.4×10^{-7} टेस्ला
(b) 4.2×10^{5} टेस्ला, 6×10^{-7} टेस्ला
(c) 5×10^{-6} टेस्ला, 3.2×10^{-7} टेस्ला
(d) 3.2×10^{-7} टेस्ला, 6.4×10^{-7} टेस्ला

26 दो समान चुम्बक, जिनमें से प्रत्येक का चुम्बकीय आघूर्ण M_0 है, एक दूसरे से 120° पर झुके हुए हैं। बिन्दु P पर चुम्बकीय प्रेरण है **NCERT पृष्ठ 139**

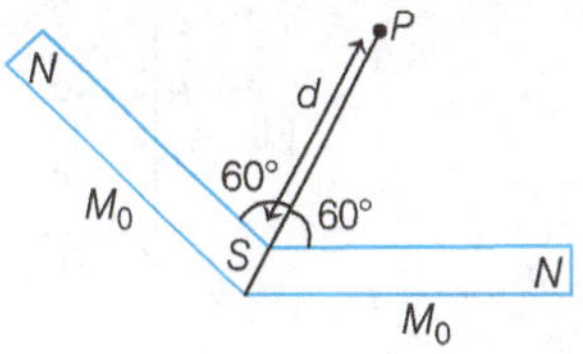

(a) $\frac{\mu_0 M_0}{2\pi d^3}$ (b) $\frac{\mu_0 2M_0}{6\pi d^3}$
(c) $\frac{\mu_0 2M}{2\pi d^2}$ (d) $\frac{\mu_0 2M_0}{8\pi d^2}$

27 एक चुम्बकीय द्विध्रुव का चुम्बकीय आघूर्ण 0.48 जूल/टेस्ला है। चुम्बकीय द्विध्रुव भूमध्यरेखीय के केन्द्र से 20 सेमी की दूरी पर चुम्बकीय द्विध्रुव द्वारा उत्पन्न चुम्बकीय क्षेत्र का परिमाण और दिशा है **NCERT पृष्ठ 139**

(a) 0.06 गॉस, N-S दिशा
(b) 4.95 गॉस, S-N दिशा
(c) 0.0195 गॉस, S-N दिशा
(d) 19.5 गॉस, N-S दिशा

28 8.0 ऐम्पियर-मीटर^2 चुम्बकीय आघूर्ण वाले दो छोटे छड़ चुम्बक एक वर्ग के विपरीत कोनों पर चित्रानुसार व्यवस्थित है। कोने D पर चुम्बकीय प्रेरण है **NCERT पृष्ठ 140**

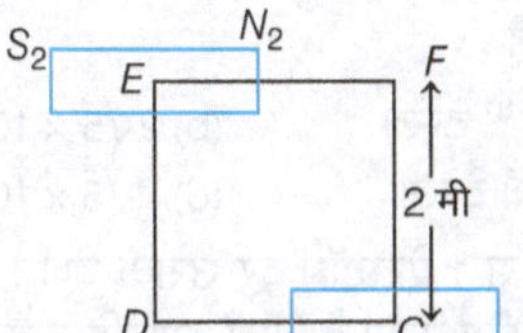

(a) 2 माइक्रो टेस्ला
(b) 1 माइक्रो टेस्ला
(c) 0.1 माइक्रो टेस्ला
(d) 0.2 माइक्रो टेस्ला

29 0.5 टेस्ला का एकसमान चुम्बकीय क्षेत्र B धनात्मक z–दिशा के अनुदिश है। 25 सेमी × 20 सेमी भुजाओं वाला एक आयताकार लूप $(abcd)$ 5 ऐम्पियर की धारा I वहन करता है। निम्नलिखित विभिन्न अभिविन्यासों में से, कौन-सा स्थिर सन्तुलन में आने के लिए न्यूनतम ऊर्जा का क्षय करता है? **NCERT पृष्ठ 139**

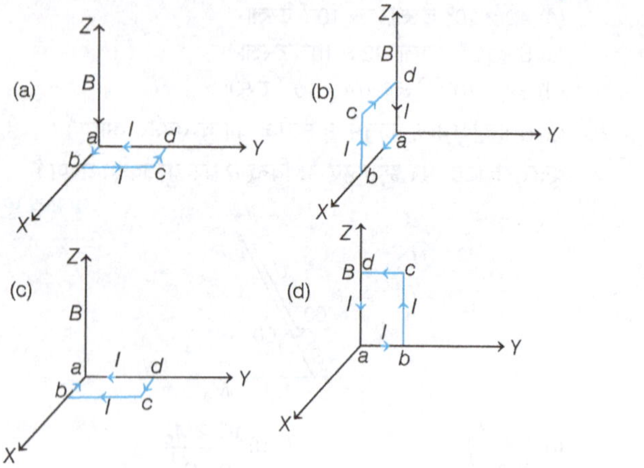

30 10 फेरों वाली एक छोटी वृत्ताकार कुण्डली, जिसका क्षेत्रफल 1 मिमी^{2} है और जिसमें $\left(\frac{21}{44}\right)$ ऐम्पियर धारा प्रवाहित हो रही है, 10^3 फेरे/मी की एक लम्बी परिनालिका के मध्य में है, जिसकी अक्ष परिनालिका की अक्ष के लम्बवत् है। यदि 1.5 $\times 10^{-8}$ न्यूटन-मीटर का बल आघूर्ण कुण्डली को परिनालिका में रोक सकता है, तो परिनालिका में प्रवाहित धारा होगी **NCERT पृष्ठ 139**

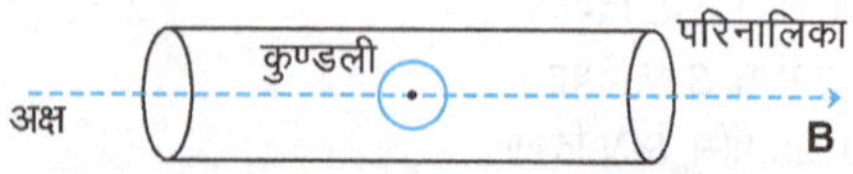

(a) 2.5 ऐम्पियर (b) 3.5 ऐम्पियर
(c) 1.5 ऐम्पियर (d) 2 ऐम्पियर

31 5.0 ऐम्पियर-मीटर^2 चुम्बकीय आघूर्ण वाले दो समान छड़ चुम्बक वायु में 10 मीटर की दूरी पर रखे गए हैं। इन छड़ चुम्बकों की अक्ष एक-दूसरे के लम्बवत् हैं। चुम्बकों के बीच मध्य-बिन्दु पर परिणामी चुम्बकीय क्षेत्र है **NCERT पृष्ठ 140**

(a) $5\sqrt{5} \times 10^{-10}$ टेस्ला (b) $2\sqrt{5} \times 10^{-5}$ टेस्ला
(c) $4\sqrt{5} \times 10^{-5}$ टेस्ला (d) $4\sqrt{5} \times 10^{-10}$ टेस्ला

32 आवेशित कण से 1 ऐंग्स्ट्रॉम दूर उसके घूर्णन अक्ष के अनुदिश एक बिन्दु पर चुम्बकीय प्रेरण है (यहाँ, आवेशित कण का चुम्बकीय आघूर्ण 1.4×10^{-26} ऐम्पियर-मीटर^2) है। **NCERT पृष्ठ 140**

(a) 2.8 मिली टेस्ला
(b) 2.8 माइक्रो टेस्ला
(c) 0.28 मिली टेस्ला
(d) 0.28 माइक्रो टेस्ला

33 16 फेरों और 10 सेमी त्रिज्या वाली एक वृत्ताकार कुण्डली जिसमें 0.75 ऐंग्स्ट्रॉम धारा प्रवाहित हो रही है, अपने तल को 5.0×10^{-2} टेस्ला परिमाण के बाह्य क्षेत्र के अभिलम्बवत विरामावस्था में है। निम्नलिखित में से कौन-सा/से कथन सही है/हैं? **NCERT पृष्ठ 145**

(a) कुण्डली का चुम्बकीय आघूर्ण 3.77 जूल/टेस्ला है।
(b) यदि कुण्डली अपनी साम्यावस्था के परितः 2 दोलन प्रति सेकण्ड की आवृत्ति से दोलन करती है, तो कुण्डली का जड़त्व आघूर्ण 1.2×10^{-4} किग्रा-मीटर^2 होगा।
(c) यदि कुण्डली अपनी साम्यावस्था के परितः 3 दोलन प्रति सेकण्ड की आवृत्ति से दोलन करती है, तो कुण्डली का जड़त्व आघूर्ण 3.2×10^{-4} किग्रा-मीटर^2 होगा।
(d) यदि जड़त्व आघूर्ण 4×10^{-2} किग्रा-मी^{2} है, तो कुण्डली 3 दोलन प्रति सेकण्ड की आवृत्ति से दोलन करती है।

चुम्बकत्व एवं गॉस का नियम

34 एक छड़ चुम्बक से परिबद्ध काल्पनिक बंद सतह से गुजरने वाला शुद्ध चुम्बकीय फ्लक्स (केवल परिमाण में) है **NCERT पृष्ठ 142**

(a) 1 (b) 1 से कम
(c) 1 से अधिक (d) शून्य

35 गॉस के चुम्बकत्व के नियम और स्थिरवैद्युतिकी के नियम के बीच का अन्तर इस तथ्य का प्रतिबिम्ब है कि **NCERT पृष्ठ 142**

(a) पृथक चुम्बकीय ध्रुवों का अस्तित्व नहीं है।
(b) पृथक चुम्बकीय ध्रुव विद्यमान हैं।
(c) चुम्बकीय पदार्थ का डोमेन ठीक से संरेखित नहीं है।
(d) चुम्बकीय पदार्थ का डोमन उचित रूप से संरेखित होता है।

चुम्बकत्व एवं चुम्बकीय तीव्रता

36 चुम्बकीय पदार्थ के एक पिण्ड की सतह S है। निम्नलिखित में से कौन-सा कथन सही है? **NCERT पृष्ठ 145**

(a) रेखाएँ **B** आवश्यक रूप से S पर सतत हैं।
(b) **B** की कुछ रेखाएँ S पर असतत होनी चाहिए।
(c) रेखाएँ **H** आवश्यक रूप से S पर सतत हैं।
(d) चुम्बकीय तीव्रता **H** पिण्ड के अन्दर और बाहर एकसमान बनी रहती है।

37 यह मानते हुए पृथ्वी का चुम्बकत्व प्राप्त करें कि पृथ्वी के क्षेत्र को चुम्बकीय आघूर्ण 8.0×10^{22} ऐम्पियर-मीटर^2 के एक विशाल छड़ चुम्बक द्वारा अनुमानित किया जा सकता। पृथ्वी की त्रिज्या 6400 किमी है। **NCERT पृष्ठ 145**

(a) 7.9×10^5 ऐम्पियर/मीटर
(b) 73 ऐम्पियर/मीटर
(c) 1.8×10^{-5} ऐम्पियर/मीटर
(d) 1.0 ऐम्पियर/मीटर

38 यदि 25 सेमी लम्बाई और 1×10^{-4} मीटर^2 अनुप्रस्थ-काट वाले एक छड़ चुम्बक का चुम्बकीय आघूर्ण 1.0 ऐम्पियर/मीटर^2 है, तो छड़ चुम्बक का चुम्बकत्व क्या होगा? NCERT पृष्ठ 145

(a) 4.0×10^4 ऐम्पियर/मीटर (b) 6.0×10^{-4} ऐम्पियर/मीटर
(c) 5.0×10^{-4} ऐम्पियर/मीटर (d) 2.5×10^4 ऐम्पियर/मीटर

39 घन के रूप में लौहचुम्बकीय लोहे के एक डोमेन में 8×10^{10} परमाणु हैं। यदि इस डोमेन की भुजा की लम्बाई 2.0 माइक्रो मीटर और प्रत्येक परमाणु का द्विध्रुव आघूर्ण 5×10^{-24} ऐम्पियर-मीटर^2 है, तो डोमेन का चुम्बकत्व क्या होगा? NCERT पृष्ठ 145

(a) 11.8×10^5 ऐम्पियर/मीटर (b) 5×10^4 ऐम्पियर/मीटर
(c) 23.5×10^4 ऐम्पियर/मीटर (d) 5×10^5 ऐम्पियर/मीटर

40 एक परिनालिका में 400 आपेक्षिक पारगम्यता वाले पदार्थ की एक क्रोड है। परिनालिका की घुमावदार क्रोड विलगिंत है और 3 ऐम्पियर की धारा वहन करती है। यदि घुमावों की संख्या 1500 प्रति मीटर है, तो चुम्बकत्व है NCERT पृष्ठ 145

(a) 7.78×10^5 मी/ऐम्पियर (b) 8.88×10^6 मी/ऐम्पियर
(c) 1.8×10^6 मी/ऐम्पियर (d) 102×10^5 मी/ऐम्पियर

41 0.2 सेमी^{2} अनुप्रस्थ-काट क्षेत्रफल वाली एक लोहे की छड़ 1200 ऐम्पियर/मीटर के चुम्बकीय क्षेत्र के अधीन है। लोहे की चुम्बकशीलता 599 है। पारगम्यता होगी NCERT पृष्ठ 146

(a) 7.9×10^5 टेस्ला मी/ऐम्पियर (b) 8.0×10^{22} टेस्ला मी/ऐम्पियर
(c) 7.5×10^{-4} टेस्ला मी/ऐम्पियर (d) 1.8×10^{-5} टेस्ला मी/ऐम्पियर

42 एक अनुचुम्बकीय पदार्थ की चुम्बकीय चुम्बकशीलता 10^{-5} है। जब इसे 0.5 टेस्ला के चुम्बकीय क्षेत्र में रखा जाता है, तो पदार्थ का चुम्बकत्व है NCERT पृष्ठ 146

(a) 5×10^{-5} ऐम्पियर/मीटर (b) 25×10^{-5} ऐम्पियर/मीटर
(c) 5×10^{-6} ऐम्पियर/मीटर (d) 25×10^{-6} ऐम्पियर/मीटर

43 एक परिनालिका में आपेक्षिक पारगम्यता 600 वाली पदार्थ की क्रोड है और इसकी वाइण्डिग में 1.5 ऐम्पियर धारा प्रवाहित होती है परिनालिका के फेरों की संख्या 600 प्रति मीटर है। पदार्थ का चुम्बकत्व लगभग है NCERT पृष्ठ 146

(a) 2.5×10^5 ऐम्पियर/मीटर (b) 2.5×10^5 ऐम्पियर/मीटर
(c) 5.3×10^5 ऐम्पियर/मीटर (d) 2.0×10^5 ऐम्पियर/मीटर

44 एक लम्बी परिनालिका में 1000 फेरें प्रति मीटर हैं तथा इसमें 1 ऐम्पियर की धारा प्रवाहित होती है। इसमें $\mu_r = 1000$ की नरम लोहे की क्रोड लगी है। क्रोड को क्यूरी ताप T_C से अधिक गर्म किया जाता है। निम्नलिखित में से कौन-सा/से कथन सही है/हैं? NCERT पृष्ठ 146

(a) परिनालिका में **H** क्षेत्र (लगभग) अपरिवर्तित रहता है लेकिन **B** क्षेत्र में भारी वृद्धि होती है।
(b) परिनालिका में **H** और **B** क्षेत्र लगभग अपरिवर्तित रहते हैं।
(c) क्रोड में चुम्बकन की दिशा उलट जाती है।
(d) क्रोड में चुम्बकशीलता लगभग 10^8 के गुणक से कम हो जाती है।

पदार्थों के चुम्बकीय गुण

45 निम्नलिखित में से कौन-सा/से कथन सही है/हैं? NCERT पृष्ठ 147

A. वैद्युत द्विध्रुव और एकल ध्रुव उपस्थित होते हैं जबकि चुम्बकीय एकल ध्रुव उपस्थित होते हैं लेकिन द्विध्रुव उपस्थित नहीं होते हैं।
B. किसी परिनालिका के कारण उसके सिरों पर तथा बाहर चुम्बकीय क्षेत्र रेखाएँ पूर्णतया सीधी तथा सीमित होती हैं।
C. एक छड़ चुम्बक के अन्दर चुम्बकीय क्षेत्र रेखाएँ समानान्तर होती है।
D. $\chi = +1$ एक पूर्ण प्रतिचुम्बकीय पदार्थ के लिए शर्त है, जहाँ χ इसकी चुम्बकीय चुम्बकशीलता है।

नीचे दिए गए विकल्पों में से सही उत्तर चुनें।

(a) केवल A और B
(b) केवल C और D
(c) केवल B और C
(d) केवल C

46 निम्नलिखित में से कौन-सा कथन गलत है? NCERT पृष्ठ 147

(a) प्रतिचुम्बकीय पदार्थ वे होते हैं जिसमें बाह्य चुम्बकीय क्षेत्र के शक्तिशाली भाग से क्षीण भाग की ओर जाने की प्रवृत्ति होती है।
(b) अतिचालक वे धातुएँ हैं जिन्हें बहुत कम तापमान पर ठण्डा किया जाता है जिससे उत्तम चालकता और उत्तम प्रतिचुम्बकत्व दोनों प्रदर्शित होते हैं।
(c) अतिचालक चुम्बकों का उपयोग चुम्बकीय उत्तोलित सुपरफास्ट रेलगाड़ियों को चलाने के लिए किया जा सकता है।
(d) अनुचम्बकीय पदार्थ के लिए χ तथा μ_0 दोनों केवल पदार्थ पर निर्भर करते हैं।

47 यदि किसी प्रतिचुम्बकीय पदार्थ को किसी छड़ चुम्बक के उत्तरी या दक्षिणी ध्रुव के पास लाया जाए, तो वह NCERT पृष्ठ 147

(a) दोनों ध्रुवों द्वारा आकर्षित होता है।
(b) दोनों ध्रुवों द्वारा प्रतिकर्षित होता है।
(c) उत्तरी ध्रुव द्वारा प्रतिकर्षित तथा दक्षिणी ध्रुव द्वारा आकर्षित होता है।
(d) उत्तरी ध्रुव द्वारा आकर्षित तथा दक्षिणी ध्रुव द्वारा प्रतिकर्षित होता है।

48 किसी प्रतिचुम्बकीय पदार्थ के लिए तापमान के साथ चुम्बकीय चुम्बकशीलता χ में परिवर्तन निम्न में से किस चित्र द्वारा दर्शाया गया है NCERT पृष्ठ 147

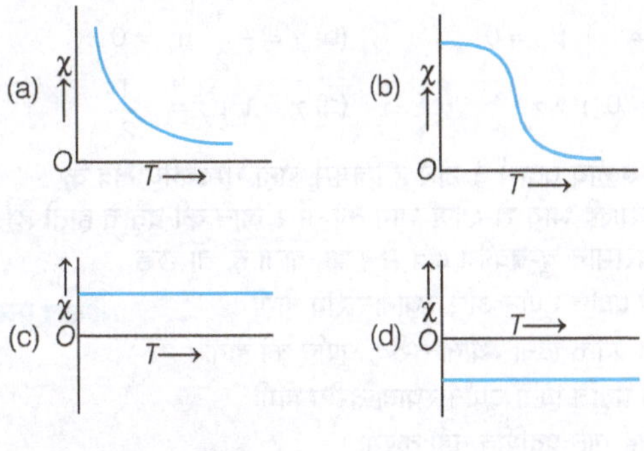

49 यदि एक प्रतिचुम्बकीय विलयन को U-नलिका में डाला जाता है और इस U-नलिका की एक भुजा को एक मजबूत चुम्बक के ध्रुवों के बीच रखा जाता है, जिसमें मेनिस्कस (विलयन का ऊपरी पृष्ठ U-नलिका में) क्षेत्र के अनुरूप होता है, तो विलयन का स्तर NCERT पृष्ठ 147

(a) उठेगा (b) गिरेगा
(c) धीरे-धीरे दोलन करेगा (d) इसी प्रकार बना रहेगा

50 एक पतली प्रतिचुम्बकीय छड़ को विद्युत चुम्बक के ध्रुवों के बीच लम्बवत रखा गया है। जब विद्युत चुम्बक में धारा का प्रवाह किया जाता है, तो प्रतिचुम्बकीय छड़ को क्षैतिज चुम्बकीय क्षेत्र से बाहर धकेल दिया जाता है। छड़ को गुरुत्वाकर्षण स्थितिज ऊर्जा प्राप्त होती है। ऐसा करने के लिए आवश्यक कार्य NCERT पृष्ठ 147

(a) छड़ के पदार्थ की जालक (Lattice) संरचना से प्राप्त होता है।
(b) चुम्बकीय क्षेत्र से प्राप्त होता है।
(c) धारा स्रोत से प्राप्त होता है।
(d) परिवर्तित चुम्बकीय क्षेत्र के कारण प्रेरित विद्युत क्षेत्र से प्राप्त होता है।

51 किसी पदार्थ X की आपेक्षिक पारगम्यता इकाई थोड़ी कम है और पदार्थ Y की आपेक्षिक पारगम्यता इकाई से थोड़ी अधिक है, तो NCERT पृष्ठ 147

(a) X अनुचुम्बकीय है और Y लौहचुम्बकीय है।
(b) X प्रतिचुम्बकीय है और Y लौहचुम्बकीय है।
(c) X और Y दोनों अनुचुम्बकीय हैं।
(d) X प्रतिचुम्बकीय है और Y अनुचुम्बकीय है।

52 एक प्रतिचुम्बकीय पदार्थ में चुम्बकीय क्षेत्र (H) के सम्बन्ध में चुम्बकन की तीव्रता (I) के परिवर्तन के लिए निम्न में से कौन-सा ग्राफ उपर्युक्त है? NCERT पृष्ठ 147

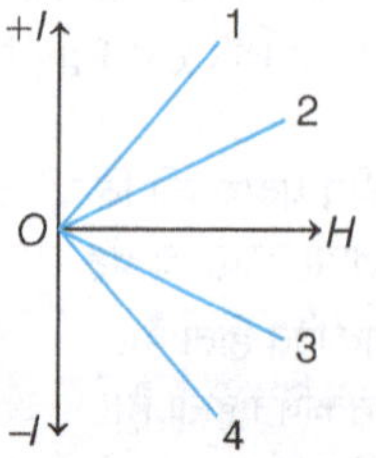

(a) 2 (b) 3 (c) 4 (d) 1

53 प्रतिचुम्बकीय पदार्थ अतिचालक होते हैं। ये धातुएँ हैं, जिन्हें बहुत कम तापमान पर ठण्डा किया जाता है, जो पूर्ण चालकता और पूर्ण चुम्बकत्व दोनों प्रदर्शित करते हैं, जब क्षेत्र रेखाएँ..... तथा ..... पर होती हैं। NCERT पृष्ठ 147

(a) $\chi = -1,\ \mu_r = 0$ (b) $\chi = -\frac{1}{2},\ \mu_r = 0$
(c) $\chi = 0,\ \mu_r = 1$ (d) $\chi = 1,\ \mu_r = -\frac{1}{2}$

54 प्रतिचुम्बकीय पदार्थ वे होते हैं जिनमें बाह्य चुम्बकीय क्षेत्र के शक्तिशाली भाग से क्षीण भाग की ओर जाने की प्रवृत्ति होती है। जब इसे असमान चुम्बकीय क्षेत्र में रखा जाता है, तो छड़ .... NCERT पृष्ठ 147

(a) की प्रवृत्ति घूर्णन और स्थानान्तरीय होगी
(b) की प्रवृत्ति बिना स्थानान्तरीय, घूर्णन की होगी
(c) की प्रवृत्ति बिना घूर्णन स्थानान्तरीय होगी
(d) कोई गति प्रदर्शित नहीं करेगी

55 यदि किसी चुम्बकीय पदार्थ की चुम्बकीय चुम्बकशीलता $(\chi) = -1$ है, तो आपेक्षिक चुम्बकीय पारगम्यता μ_r और चुम्बकीय पदार्थ का प्रकार क्या है? NCERT पृष्ठ 147

(a) –1, प्रतिचुम्बकीय (b) 1, अनुचुम्बकीय
(c) 2, लौहचुम्बकीय (d) 0, प्रतिचुम्बकीय

56 एक पूर्णतया प्रतिचुम्बकीय गोले के केन्द्र में एक छोटी गोलाकार गुहा है, जो एक अनुचुम्बकीय पदार्थ से भरी हुई है। सम्पूर्ण निकाय को एकसमान चुम्बकीय क्षेत्र B में रखा गया है। तब, अनुचुम्बकीय पदार्थ के अंदर का क्षेत्र है NCERT पृष्ठ 147

(a) $|B|$ से बहुत बड़ा और B के समानांतर होगा।
(b) B होगा।
(c) शून्य होगा।
(d) $|B|$ से बहुत बड़ा लेकिन B के विपरीत होगा।

57 1 सेमी भुजा वाले घन के रूप में एक अनुचुम्बकीय पदार्थ का चुम्बकीय द्विध्रुव आघूर्ण 20×10^{-6} जूल/टेस्ला है जब 60×10^{3} ऐम्पियर/मीटर की चुम्बकीय तीव्रता आरोपित की जाती है, तो इसकी चुम्बकीय चुम्बकशीलता होगी NCERT पृष्ठ 148

(a) 3.3×10^{-4} (b) 3.3×10^{-2}
(c) 4.2×10^{-2} (d) 2.3×10^{-2}

58 एक अनुचुम्बकीय पदार्थ के प्रति घन मीटर में 10^{28} परमाणु हैं। 350 केल्विन ताप पर इसकी चुम्बकीय चुम्बकशीलता 2.8×10^{-4} है 300 केल्विन पर इसकी चुम्बकशीलता होगी NCERT पृष्ठ 148

(a) 3.726×10^{-4} (b) 3.672×10^{-4}
(c) 2.672×10^{-4} (d) 3.267×10^{-4}

59 –73°C पर एक अनुचुम्बकीय पदार्थ की चुम्बकीय चुम्बकशीलता 0.0075 है, –173°C पर इसका मान होगा NCERT पृष्ठ 149

(a) 0.0075 (b) 0.015
(c) 0.0030 (d) 0.0045

60 निम्नलिखित में से कौन-सा कथन लौह-चुम्बकीय पदार्थ के सम्बन्ध में गलत है/हैं? NCERT पृष्ठ 149

(a) लौहचुम्बकीय पदार्थ में क्षेत्र रेखाएँ अत्यधिक संकेन्द्रित होती हैं।
(b) कठोर लौहचुम्बकीय वे होते हैं जिनमें चुम्बकन कायम रहता है।
(c) मृदु लौहचुम्बकीय पदार्थ वे होते हैं जिनमें बाह्य क्षेत्र को हटाने पर चुम्बकन लुप्त हो जाता है।
(d) लौहचुम्बकीय की सापेक्ष चुम्बकीय पारगम्यता 1 से कम होती है।

61 एक लौहचुम्बकीय पदार्थ को उसके क्यूरी तापमान से ऊपर गर्म किया जाता है। निम्न में से कौन-सा कथन सही है? NCERT पृष्ठ 149

(a) लौहचुम्बकीय डोमेन पूरी तरह से व्यवस्थित होते हैं।
(b) लौहचुम्बकीय डोमेन यादृच्छिक हो जाता है।
(c) लौहचुम्बकीय डोमेन प्रभावित नहीं होते हैं।
(d) लौहचुम्बकीय पदार्थ स्वयं को प्रतिचुम्बकीय पदार्थ में परिवर्तित कर लेता है।

62 लौहचुम्बकीय पदार्थ तापमान पर निर्भर होते हैं। बहुत अधिक तापमान पर पदार्थ अनुचुम्बकीय बन जाते हैं। इस स्थिति में डोमेन संरचना **NCERT पृष्ठ 149**

(a) तापमान के साथ विघटित हो जाती है।
(b) दाब से विघटिव हो जाती है।
(c) कभी-भी तापमान पर निर्भर नहीं रहती है।
(d) हमेशा दाब पर निर्भर करती है।

63 सुइयाँ N_1, N_2 और N_3 क्रमशः एक लौह चुम्बकीय एक अनुचुम्बकीय और एक प्रतिचुम्बकीय पदार्थों से बनी हैं, जब एक चुम्बक को उनके समीप लाया जाता है, तो **NCERT पृष्ठ 149**

(a) N_1 और N_2 को प्रबलता से आकर्षित करती है लेकिन N_3 को प्रतिकर्षित करती है।
(b) N_1 को प्रबलता से, N_2 को दुर्बलता से आकर्षित करती हैं तथा N_3 को दुर्बलता से प्रतिकर्षित करती हैं।
(c) N_1 को प्रबलता से आकर्षित करते हैं, किन्तु N_2 और N_3 को दुर्बलता से प्रतिकर्षित करते हैं।
(d) इन तीनों को आकर्षित करती है।

64 लौहचुम्बकीय लोहे में एक डोमेन 1 माइक्रो मीटर भुजा लम्बाई वाले घन रूप में है। डोमेन में आयरन परमाणुओं की संख्या का अनुमान लगाएँ। आयरन का आणविक द्रव्यमान 55 ग्राम/मोल है और इसका घनत्व 7.9 ग्राम/सेमी^{3} है। **NCERT पृष्ठ 149**

(a) 8.65×10^{-10} परमाणु (b) 8.0×10^{-13} परमाणु
(c) 8.0×10^{5} परमाणु (d) 8.65×10^{10} परमाणु

65 एक अनुचुम्बकीय पदार्थ के लिए $I-H$ ग्राफ को निम्न में से किस चित्र द्वारा दर्शाया गया है? **NCERT पृष्ठ 148**

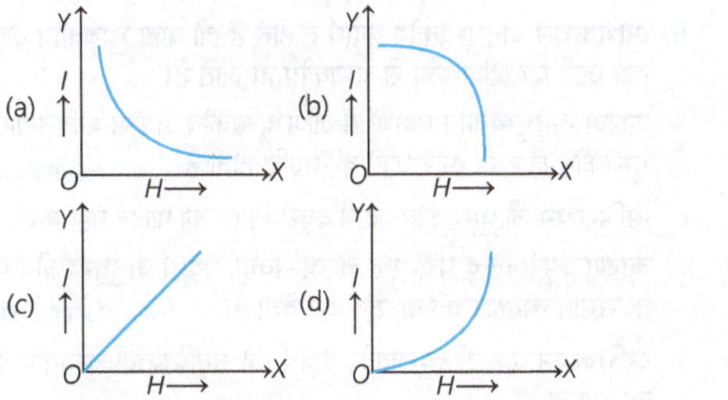

66 300 केल्विन पर मैग्नीशियम की चुम्बकशीलता 1.2×10^{-5} है। किस तापमान पर चुम्बकशीलता बढ़कर 1.8×10^{-5} हो जाएगी? **NCERT पृष्ठ 149**

(a) 100 केल्विन (b) 200 केल्विन
(c) 300 केल्विन (d) 400 केल्विन

67 किसी लौहचुम्बकीय पदार्थ के लिए निरपेक्ष तापमान T के साथ चुम्बकीय चुम्बकशीलता χ में परिवर्तन निम्न में से किस चित्र द्वारा दिया गया है **NCERT पृष्ठ 149**

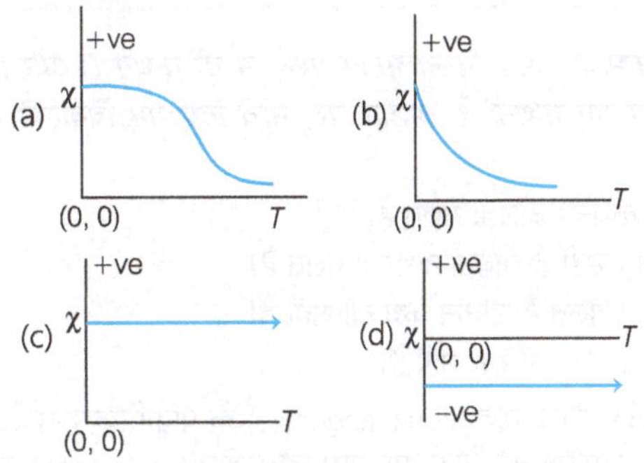

अभिकथन-कारण प्रश्न

निर्देश *(प्रश्न क्रमांक 1–10) निम्नलिखित प्रश्नों में, अभिकथन के एक कथन बाद कारण का एक संगत कथन दिया गया है। निम्नलिखित विकल्पों में से, सही विकल्प का चयन कीजिए।*

(a) अभिकथन और कारण दोनों सही हैं और कारण, अभिकथन की सही व्याख्या है।
(b) अभिकथन और कारण दोनों सही हैं लेकिन कारण, अभिकथन की सही व्याख्या नहीं है।
(c) अभिकथन सही है, परन्तु कारण गलत है।
(d) अभिकथन गलत है, परन्तु कारण सही है।

1 **अभिकथन** चुम्बक के ध्रुवों को दो टुकड़ों में तोड़कर अलग नहीं किया जा सकता।

कारण जब किसी चुम्बक को दो बराबर टुकड़ों में तोड़ा जाता है तो चुम्बकीय आघूर्ण आधा रह जाता है। **NCERT पृष्ठ 137**

2 **अभिकथन** चुम्बकत्व के लिए गॉस के नियम के अनुसार, किसी भी बन्द सतह के माध्यम से कुल चुम्बकीय फ्लक्स शून्य होता है।

कारण सतह से निकलने वाली चुम्बकीय क्षेत्र रेखाओं की संख्या, उसमें प्रवेश करने वाली रेखाओं की संख्या से संतुलित होती हैं। **NCERT पृष्ठ 143**

3 **अभिकथन** चुम्बकशीलता को चुम्बकन की तीव्रता M और चुम्बकीय तीव्रता H के अनुपात के रूप में परिभाषित किया गया है।

कारण चुम्बकशीलता का मान जितना अधिक होगा, चुम्बकत्व की तीव्रता M का मान उतना ही कम होगा। **NCERT पृष्ठ 146**

4 **अभिकथन** जब लोहे के टुकड़े को किसी शक्तिशाली चुम्बक के पास लाया जाता है, तो वह चुम्बकित हो जाता है।

कारण लोहा एक प्रतिचुम्बकीय पदार्थ है। जब एक प्रतिचुम्बकीय पदार्थ को चुम्बकीय क्षेत्र में लाया जाता है, तो यह अपने चुम्बकीय क्षेत्र को बाह्य चुम्बकीय क्षेत्र के साथ संरेखित करता है। **NCERT पृष्ठ 147**

5 **अभिकथन** अनुचुम्बकीय पदार्थ वे होते हैं जो बाह्य चुम्बकीय क्षेत्र में रखे जाने पर क्षीण रूप से चुम्बकीय हो जाते हैं।

कारण अनुचुम्बकीय पदार्थों में क्षीण चुम्बकीय क्षेत्र से शक्तिशाली चुम्बकीय क्षेत्र की ओर जाने की प्रवृत्ति होती है। NCERT पृष्ठ 148

6 **अभिकथन** लौहचुम्बकीय पदार्थ क्यूरी नियम का पालन नहीं करते हैं।

कारण क्यूरी बिन्दु पर, एक लौहचुम्बकीय पदार्थ अनुचुम्बकीय पदार्थ के समान व्यवहार करना शुरु कर देता है। NCERT पृष्ठ 148

7 **अभिकथन** एक लौहचुम्बकीय पदार्थ को संतृप्ति तक चुम्बकीत किया जा सकता है।

कारण लौह चुम्बकीय पदार्थों की आपेक्षिक पारगम्यता उच्च होती है। NCERT पृष्ठ 149

8 **अभिकथन** लौहचुम्बकीय पदार्थों में क्षीण चुम्बकीय क्षेत्र से शक्तिशाली चुम्बकीय क्षेत्र की ओर जाने की तीव्र प्रवृत्ति होती है।

कारण लौहचुम्बकीय पदार्थ के मूल परमाणु (या आयन या अणु) में अनुचुम्बकीय पदार्थ के समान द्विध्रुव आघूर्ण होता है। NCERT पृष्ठ 149

9 **अभिकथन** वे पदार्थ जो कमरे के तापमान पर अधिक समय तक अपना लौहचुम्बकीय गुण बनाए रखते हैं, स्थायी चुम्बक कहलाते हैं।

कारण एक परिनालिका के अंदर एक लौहचुम्बकीय छड़ रखकर तथा उसमें से वैद्युत धारा प्रवाहित करके स्थायी चुम्बकी बनाया जा सकता है। NCERT पृष्ठ 149

10 **अभिकथन** लौहचुम्बकीय पदार्थ वे होते हैं जो बाह्य चुम्बकीय क्षेत्र में रखे जाने पर तीव्र रूप से चुम्बकित हो जाते हैं।

कारण लौहचुम्बकीय पदार्थों में क्षीण चुम्बकीय क्षेत्र से शक्तिशाली चुम्बकीय क्षेत्र की ओर जाने की तीव्र प्रवृत्ति होती है, अर्थात् वे चुम्बक की ओर तीव्र रूप से आकर्षित होते हैं। NCERT पृष्ठ 149

कथन आधारित प्रश्न

निर्देश *(प्रश्न क्रमांक 1-8) निम्नलिखित प्रश्नों में दो कथन (I और II) दिए गए हैं। दिए गए कथनों के आधार पर, नीचे दिए गए विकल्पों में से सही उत्तर चुनें।*

(a) दोनों कथन I और II गलत हैं।
(b) कथन I सही है लेकिन कथन II गलत है।
(c) कथन I गलत है लेकिन कथन II सही है।
(d) दोनों कथन I और II सही है।

1 **कथन I** लौह मैग्नेटाइट (Iroun magnetite) के प्राकृतिक रूप से पाए जाने वाले अयस्क को दिया गया नाम लोडस्टोन (Lodestone) या लोड स्टोन चुम्बकत्व अग्रणी पत्थर का अर्थ है।

कथन II छड़ चुम्बक परिनालिका के अनुरूप नहीं हैं। NCERT पृष्ठ 139

2 **कथन I** वृत्त के रूप में मुड़ हुए धारा I ऐम्पियर वहन करने वाली लम्बाई L मीटर के एक तार का चुम्बकीय द्विध्रुव आघूर्ण $IL^2/4\pi$ ऐम्पियर-मी^{2} है।

कथन II एक वृत्ताकार लूप का चुम्बकीय द्विध्रुव आघूर्ण उसकी त्रिज्या के समानुपाती होता है। NCERT पृष्ठ 139

3 **कथन I** जब धारा प्रवाहित करने वाले एक वृत्ताकार लूप की त्रिज्या दोगुनी कर दी जाती है तो उसका चुम्बकीय आघूर्ण चार गुना हो जाता हैं।

कथन II चुम्बकीय आघूर्ण लूप के क्षेत्रफल पर निर्भर करता है। NCERT पृष्ठ 140

4 **कथन I** प्रतिचुम्बकीय पदार्थों की चुम्बक शीलता कम धनात्मक होती है।

कथन II प्रतिचुम्बकीय पदार्थों में बाह्य चुम्बकीय क्षेत्र के शक्तिशाली भाग से क्षीण भाग की ओर जाने प्रवृत्ति होती है। NCERT पृष्ठ 149

5 **कथन I** चुम्बकीय गॉस नियम और स्थिर वैद्युतिकी के बीच का अंतर इस तथ्य पर प्रतिबिम्बित है कि पृथक चुम्बकीय ध्रुवों के अस्तित्व के सम्बन्ध में ज्ञात नहीं है।

कथन II चुम्बकीय क्षेत्र का कोई स्रोत या सिंक (Sink) नहीं है सबसे सरल चुम्बकीय तत्व एक द्विध्रुव या एक धारा लूप है। NCERT पृष्ठ 142

6 **कथन I** चुम्बकशीलता को चुम्बकत्व की तीव्रता (I) से चुम्बकीय तीव्रता (H) के अनुपात के रूप में परिभाषित किया गया है।

कथन II चुम्बकशीलता का मान जितना अधिक होगा, चुम्बकत्व की तीव्रता (I) का मान उतना ही कम होगा। NCERT पृष्ठ 145

7 बाह्य चुम्बकीय क्षेत्र में एक प्रतिचुम्बकीय पदार्थ की छड़ रखी है।

कथन I क्षेत्र रेखाएँ आकर्षित होती हैं और परिणामस्वरूप पदार्थ के अंदर क्षेत्र बढ़ जाएगा।

कथन II जब छड़ असमान चुम्बकीय क्षेत्र में रखी जाती है, तो छड़ उच्च से निम्न क्षेत्र की ओर गति करेगा। NCERT पृष्ठ 147

8 **कथन I** किसी लौहचुम्बकीय पदार्थ को क्यूरी ताप से ऊपर गर्म करने पर वह प्रतिचुम्बकीय पदार्थ में परिवर्तित हो जाता है।

कथन II लौहचुम्बकीय पदार्थ में डोमेन पूरी तरह से व्यवस्थित होते हैं जब पदार्थ को किसी चुम्बकीय क्षेत्र में रखा जाता है। NCERT पृष्ठ 149

सुमेलन प्रकार प्रश्न

1 कॉलम I (विभिन्न अभिविन्यास पर चुम्बकीय द्विध्रुव की स्थितिज ऊर्जा) को कॉलम II (चुम्बकीय क्षेत्र में स्थितिज ऊर्जा का मान) से सुमेलित करें। NCERT पृष्ठ 139

कॉलम I	कॉलम II
A. $\theta = 90°$ स्थितिज ऊर्जा	1. न्यूनतम
B. $\theta = 0°$ स्थितिज ऊर्जा	2. $-\frac{1}{2} M.B$
C. $\theta = 180°$ स्थितिज ऊर्जा	3. शून्य
D. $\theta = 60°$ स्थितिज ऊर्जा	4. अधिकतम

नीचे दिए गए कूटों से सही उत्तर चुनें।

कूट

	A	B	C	D		A	B	C	D
(a)	3	1	4	2	(b)	1	2	4	3
(c)	2	1	3	4	(d)	1	4	2	3

2 कॉलम I (चुम्बकीय राशियाँ) को कॉलम II (उनके सूत्र) से सुमेलित करें। NCERT पृष्ठ 141

कॉलम I	कॉलम II
A. लघु द्विध्रुव के लिए भूमध्य क्षेत्र	1. $-\mathbf{M} \times \mathbf{B}$
B. लघु द्विध्रुव के लिए अक्षीय क्षेत्र	2. $\mathbf{M} \times \mathbf{B}$
C. बाह्य क्षेत्र : बल आघूर्ण	3. $-\mu_0 \mathbf{M}/4\pi r^3$
D. बाह्य क्षेत्र : ऊर्जा	4. $\mu_0 2\mathbf{M}/4\pi r^3$

नीचे दिए गए कूटों से सही उत्तर चुनें।

कूट

	A	B	C	D
(a)	3	4	2	1
(b)	3	4	2	1
(c)	3	1	2	4
(d)	4	2	3	1

3 कॉलम I (गुणों या क्रिया) को कॉलम II (पदार्थ या प्रभाव) से सुमेलित करें और नीचे दिए गए कूट से सही उत्तर चुनें। NCERT पृष्ठ 149

कॉलम I	कॉलम II
A. चुम्बक के ध्रुवों को उलटना	1. दिशा सूचक यंत्र
B. चुम्बक को गर्म करना	2. अल्निको
C. स्थायी वैद्युत चुम्बक	3. प्रत्यावर्ती धारा
D. उपयोग में प्रयुक्त चुम्बक का निर्देशक गुण	4. विचुम्बकीकरण

नीचे दिए गए कूटों से सही उत्तर चुनें।

कूट

	A	B	C	D		A	B	C	D
(a)	3	4	2	1	(b)	3	4	2	1
(c)	4	2	1	3	(d)	1	2	3	4

आंकिक मान प्रकार के प्रश्न

1 चुम्बकीय आघूर्ण 4.0 ऐम्पियर-मीटर^2 वाले दो समान छड़ चुम्बकों को 2 मीटर की दूरी पर इस प्रकार रखा गया है कि उनकी अक्ष एक दूसरे के लम्बवत् हैं। चुम्बकों के बीच मध्य-बिन्दु पर परिणामी चुम्बकीय क्षेत्र $n\sqrt{5} \times 10^{-7}$ टेस्ला है, तो n का मान ... है। NCERT पृष्ठ 139

2 एक लघु छड़ चुम्बक का चुम्बकीय आघूर्ण 0.5 ऐम्पियर-मीटर^2 है चुम्बक के केन्द्र से 20 सेमी की दूरी पर चुम्बक द्वारा अपनी धुरी पर उत्पन्न चुम्बकीय क्षेत्र का परिमाण S- N दिशा के साथ $x \times 10^{-7}$ टेस्ला है, तो x का मान .... है। NCERT पृष्ठ 139

3 चुम्बकीय आघूर्ण 4.0 ऐम्पियर-मीटर^2 वाले एक छड़ चुम्बक के कारण चुम्बकीय अक्ष से 30° का कोण बनाने वाली दिशा में उससे 1 मीटर दूर स्थिति एक बिन्दु पर चुम्बकीय क्षेत्र $2\sqrt{p} \times 10^{-7}$ टेस्ला है। p का मान .... है। NCERT पृष्ठ 139

4 12 सेमी लम्बे छड़ चुम्बक की ध्रुव शक्ति 25 ऐम्पियर-मीटर है। चुम्बक के केन्द्र से 10 सेमी दूरी इसकी अक्षीय रेखा पर एक बिन्दु पर चुम्बकीय प्रेरण $x \times 10^{-6}$ टेस्ला है, तो x का मान .... है। NCERT पृष्ठ 139

5 एक छड़ चुम्बक पर दो चुम्बकीय क्षेत्र कार्य करते हैं जो एक-दूसरे से 75° के कोण पर झुके हुए हैं। इनमें से एक क्षेत्र का परिमाण 17 मिली टेस्ला है। द्विध्रुव इस क्षेत्र के साथ 45° के कोण पर स्थित सन्तुलन प्राप्त करता है। दूसरे क्षेत्र का परिमाण (मिली टेस्ला में)...है। NCERT पृष्ठ 139

6 एक चुम्बक 10 सेमी लम्बा है। और इसकी ध्रुव शक्ति 150 CGS इकाई है (ध्रुव शक्ति की 1 CGS इकाई = 0.1 ऐम्पियर-मीटर)। चुम्बकीय क्षेत्र B का परिमाण इसकी धुरी पर 20 सेमी दूरी पर स्थित एक बिन्दु पर $n \times 10^{-6}$ टेस्ला है, तो n का मान ... है। NCERT पृष्ठ 139

7 दो लघु चुम्बकीय द्विध्रुव M_1 तथा M_2 जिनमें से प्रत्येक का चुम्बकीय आघूर्ण 1.2 ऐम्पियर-मीटर^2 को क्रमशः O और P बिन्दु पर रखा गया है। O और P के बीच की दूरी 1.2 मीटर है। M_1 की उपस्थिति के कारण चुम्बकीय द्विध्रुव M_2 द्वारा अनुभव किया गया बल आघूर्ण .... $\times 10^{-9}$ न्यूटन-मीटर है। NCERT पृष्ठ 139

8 एक छड़ चुम्बक का चुम्बकीय आघूर्ण 200 ऐम्पियर-मीटर^2 चुम्बक को 0.30 न्यूटन ऐम्पियर-मीटर के चुम्बकीय क्षेत्र में निलंबित किया गया है। चुम्बक को कोण θ के माध्यम से अपनी सन्तुलन स्थिति से घुमाने के लिए आवश्यक बल आघूर्ण 30 ऐम्पियर-मीटर है, तो θ (डिग्री में) .... है। NCERT पृष्ठ 149

9 10 सेमी $\times$ 0.5 सेमी $\times$ 0.4 सेमी आयाम वाले लौहचुम्बकीय पदार्थ की एक छड़ को 0.5×10^4 ऐम्पियर-मीटर^2 की शक्ति के चुम्बकीय क्षेत्र में रखा जाता है, जिसके परिणामस्वरूप छड़ में 10 ऐम्पियर-मीटर^2 का चुम्बकीय आघूर्ण उत्पन्न होता है। चुम्बकीय प्रेरण का मान $x \times 10^{-2}$ टेस्ला है, तो x का मान ...... है। NCERT पृष्ठ 149

NCERT Exemplar प्रश्न

1 एक अनुचुम्बकीय नमूना 4 केल्विन के तापमान पर 0.6 टेस्ला के बाह्य चुम्बकीय क्षेत्र में रखे जाने पर 8 ऐम्पियर/मीटर का कुल चुम्बकत्व दर्शाता है। जब उसी नमूने को 16 केल्विन के तापमान पर 0.2 टेस्ला के बाहरी चुम्बकीय क्षेत्र में रखा जाता है, तो चुम्बकत्व होगा

(a) (32/3) ऐम्पियर/मीटर
(b) (2/3) ऐम्पियर/मीटर
(c) 6 ऐम्पियर/मीटर
(d) 2.4 ऐम्पियर/मीटर

2 n फेरों, R माध्य त्रिज्या तथा a अनुप्रस्थ-काट त्रिज्या वाला एक टोरॉइड (Toroid) धारा प्रवाहित करता है। इसे xy-तल मानकर एक क्षैतिज मेज पर रखा गया है। इसका चुम्बकीय आघूर्ण **m**

(a) अशून्य नहीं है और सममिति द्वारा z-दिशा में संकेत करता है।
(b) टोरॉइड की अक्ष के अनुदिश बिन्दु ($\mathbf{m} = m\phi$) है।
(c) अशून्य है, अन्यथा टोरॉइड के बाहर बड़ी दूरी $\frac{1}{r^3}$ पर एक क्षेत्र गिर रहा होगा।
(d) त्रिज्य रूप से बाहर की ओर संकेत कर रहा है।

3 कमरे के तापमान पर एक स्थायी चुम्बक में,

(a) प्रत्येक अणु का चुम्बकीय आघूर्ण शून्य होता है।
(b) प्रत्येक अणुओं में अशून्य चुम्बकीय आघूर्ण होते हैं, जो पूर्ण रूप से संरेखित होते है।
(c) डोमेन आंशिक रूप से संरेखित हैं।
(d) सभी डोमेन पूर्ण रूप से संरेखित हैं।

4 दो आदर्श प्रणालियों पर विचार करें (i) बड़ी प्लेटों और छोटे पृथक्करण के साथ एक समानांतर प्लेट संधारित्र और (ii) लम्बाई $L >> R$, अनुप्रस्थ-काट की त्रिज्या वाली एक लम्बी परिनालिका

(i) में **E** को आदर्श रूप से प्लेटों के मध्य स्थिर और बाह्य शून्य माना जाता है।
(ii) में चुम्बकीय क्षेत्र परिनालिका के अन्दर स्थिर और बाह्य शून्य है। यद्यपि ये आदर्श धारणाएँ नीच दिए गए मूलभूत नियमों का खण्डन करती हैं।

(a) स्थिति (i) स्थिर वैद्युतिकी क्षेत्र के लिए गॉस के नियम का खण्डन करता है
(b) स्थिति (ii) चुम्बकीय क्षेत्र के लिए गॉस के नियम का खण्डन करता है
(c) स्थिति (i) से सहमत है $\oint \mathbf{E} . d\mathbf{l} = 0$.
(d) स्थिति (ii) विरोधाभासी है $\oint \mathbf{H} . d\mathbf{l} = I_{en}$

विगत परीक्षाओं के प्रश्न

NEET

1 सूची I को सूची II से सुमेलित कीजिए। NCERT पृष्ठ 146,NEET 2024

	सूची I (पदार्थ)		सूची II [चुम्बकीय प्रवृत्ति (χ)]
A.	प्रतिचुम्बकीय	I.	$\chi = 0$
B.	लौहचुम्बकीय	II.	$0 > \chi \geq -1$
C.	अनुचुम्बकीय	III.	$\chi >> 1$
D.	अचुम्बकीय	IV.	$0 < \chi < \varepsilon$ (एक सूक्ष्म धनात्मक संख्या)

नीचे दिए गए विकल्पों में से सही उत्तर चुनिए।

(a) A-II, B-III, C-IV, D-I
(b) A-II, B-I, C-III, D-IV
(c) A-III, B-II, C-I, D-IV
(d) A-IV, B-III, C-II, D-I

2 L लम्बाई की एक लौह छड़ चुम्बक का चुम्बकीय आघूर्ण M है। यह लम्बाई के मध्य से इस प्रकार मोड़ा गया है कि दोनों भुजाएँ एक-दूसरे के साथ 60° का कोण बनाती हैं। इस नई चुम्बक का चुम्बकीय आघूर्ण है NCERT पृष्ठ 137, NEET 2024

(a) M
(b) $\frac{M}{2}$
(c) $2M$
(d) $\frac{M}{\sqrt{3}}$

3 0.049 टेस्ला वाले एक समान चुम्बकीय क्षेत्र में एक चुम्बकीय सुई 5 सेकण्ड में 20 दोलन पूर्ण करती है। सुई का जड़त्व आघूर्ण 9.8×10^{-6} किग्रा-मी^{2} है। यदि सुई के चुम्बकीय आघूर्ण का मान $x \times 10^{-5}$ ऐम्पियर-मी^{2} है तो x का मान है

NCERT पृष्ठ 138, NEET 2024

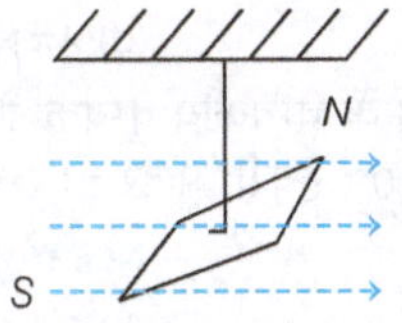

(a) $5\pi^2$ (b) $128\pi^2$ (c) $50\pi^2$ (d) $1280\pi^2$

4 आयाम $[MLT^{-2}A^{-2}]$ निम्न से सम्बन्धित हैं

NCERT पृष्ठ 146, NEET 2022

(a) स्व-प्रेरण
(b) चुम्बकीय पारगम्यता
(c) विद्युतशीलता
(d) चुम्बकीय फ्लक्स

5 चुम्बकशीलता 599 वाली एक लोहे की छड़ को 1200 ऐम्पियर/मीटर के चुम्बकीय क्षेत्र के अन्तर्गत लाया जाता है। छड़ के पदार्थ की पारगम्यता है ($\mu_0 = 4\pi \times 10^{-7}$ टेस्ला मीटर/ऐम्पियर)

NCERT पृष्ठ 146, NEET 2020

(a) 8.0×10^{-5} टेस्ला मीटर/ऐम्पियर
(b) $2.4\,\pi \times 10^{-5}$ टेस्ला मीटर/ऐम्पियर
(c) $2.4\pi \times 10^{-7}$ टेस्ला मीटर/ऐम्पियर
(d) $2.4\,\pi \times 10^{-4}$ टेस्ला मीटर/ऐम्पियर

6 किसी भी बंद सतह के माध्यम से कुल चुम्बकीय फ्लक्स है

NCERT पृष्ठ 142, NEET 2016

(a) धनात्मक (b) अनंत
(c) ऋणात्मक (d) शून्य

7 एक छड़ चुम्बक को एक समान क्षैतिज चुम्बकीय क्षेत्र में एक पतले सूती धागे से लटकाया गया है तथा यह सन्तुलन अवस्था में है। इसे 60° घुमाने के लिए आवश्यक ऊर्जा W है। अब चुम्बक को इस स्थिति में रखने के लिए आवश्यक बल आघूर्ण है

NCERT पृष्ठ 139, NEET 2016

(a) $\frac{W}{\sqrt{3}}$ (b) $\sqrt{3}\,W$
(c) $\frac{\sqrt{3}\,W}{2}$ (d) $\frac{2W}{\sqrt{3}}$

8 चुम्बकीय चुम्बकशीलता ऋणात्मक होती है

NCERT पृष्ठ 147, NEET 2016

(a) केवल अनुचुम्बकीय पदार्थ की
(b) केवल लौहचुम्बकीय पदार्थ की
(c) अनुचुम्बकीय और लौहचुम्बकीय पदार्थ दोनों की
(d) केवल प्रतिचुम्बकीय पदार्थ की

9 नीचे दिया गया चित्र विभिन्न विन्यासों में छड़ चुम्बकों की व्यवस्था को दर्शाता है। प्रत्येक का चुम्बकीय द्विध्रुव आघूर्ण M होता है। किस विन्यास में सबसे अधिक कुल चुम्बकीय द्विध्रुव आघूर्ण है।

NCERT पृष्ठ 139, AIPMT 2014

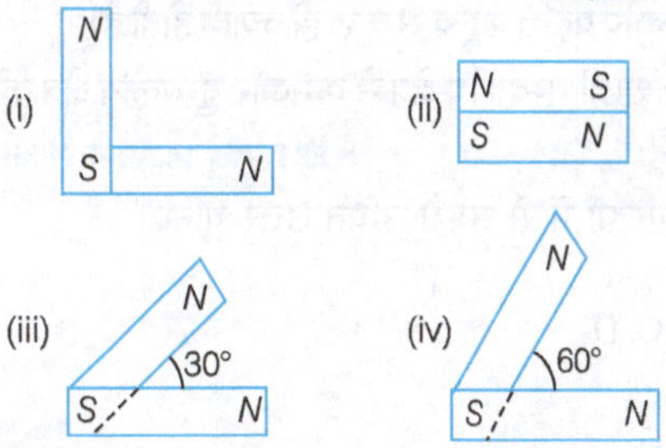

(a) (i) (b) (ii) (c) (iii) (d) (iv)

JEE Main

10 सूची I का सूची II के साथ मिलान कीजिए।

सूची-I (Y तथा X के बीच)		सूची-II (ग्राफ की आकृति)	
A.	Y = चुम्बकीय प्रवृत्ति X = चुम्बकीय क्षेत्र	I.	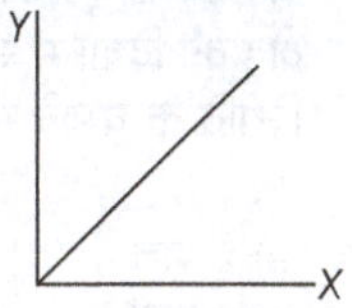
B.	Y = चुम्बकीय क्षेत्र $X = x < a$ के लिए धारावाही तार की केन्द्र से दूरी (जहाँ, a = तार की त्रिज्या)	II.	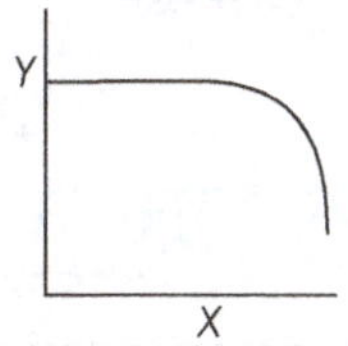
C.	Y = चुम्बकीय क्षेत्र $X = x > a$ के लिए धारावाही तार की केन्द्र से दूरी (जहाँ, a = तार की त्रिज्या)	III.	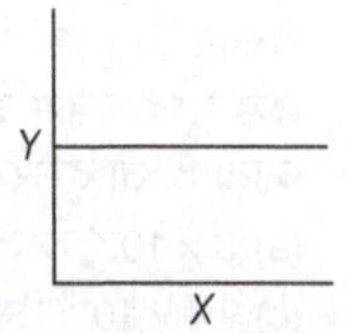
D.	Y = परिनालिका के भीतर चुम्बकीय क्षेत्र X = केन्द्र से दूरी	IV.	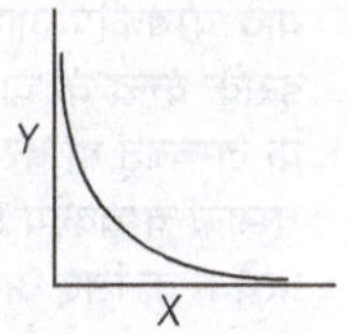

NCERT पृष्ठ 147, JEE Main 2024

दिए गए विकल्प में से सही उत्तर का चयन कीजिए।

	A	B	C	D
(a)	III	IV	I	II
(b)	III	I	IV	II
(c)	IV	I	III	II
(d)	I	III	II	IV

11 अनुचुम्बकीय पदार्थ

A. अपने को बाह्य चुम्बकीय क्षेत्र की दिशा में व्यवस्थित रखते हैं।

B. बाह्य चुम्बकीय क्षेत्र की ओर तेजी से आकर्षित होते हैं।

C. उनकी चुम्बकीय प्रवृत्ति, शून्य से कुछ ही ज्यादा होती है।

D. किसी शक्तिशाली चुम्बकीय क्षेत्र से कमजोर चुम्बकीय क्षेत्र की ओर गति करते हैं। **NCERT पृष्ठ 147, JEE Main 2024**

नीचे दिए गए विकल्पों में से सबसे उचित उत्तर चुनिए।

(a) केवल B, D
(b) केवल A, B, C, D
(c) केवल A, C
(d) केवल A, B, C

12 एक सीधी चुम्बकीय पट्टी का चुम्बकीय आघूर्ण 44 ऐम्पियर-मी^{2} है। यदि इसे अर्द्धवृत्ताकार आकृति में मोड़ दिया जाए, तो पट्टी का चुम्बकीय आघूर्ण .... ऐम्पियर-मी^{2} होगा। (दिया है $\pi = \frac{22}{7}$)

NCERT पृष्ठ 145, JEE Main 2024

13 5.0 ऐम्पियर/मीटर^2 चुम्बकीय आघूर्ण वाला एक छड़ चुम्बक 0.4 टेस्ला चुम्बकीय क्षेत्र के सापेक्ष समानांतर स्थिति में रखा गया है। क्षेत्र की दिशा में सापेक्ष चुम्बक को समानान्तर से प्रतिसमानान्तर स्थिति के घुमाने में किए गए आवश्यक कार्य की मात्रा है

NCERT पृष्ठ 139, JEE Main 2023

(a) 2 जूल (b) शून्य
(c) 4 जूल (d) 1 जूल

14 एक अनुचुम्बकीय पदार्थ की चुम्बकशीलता 99 है। वेबर ऐम्पियर-मीटर में पदार्थ की पारगम्यता है (मुक्त स्थान की पारगम्यता $\mu_0 = 4\pi \times 10^{-7}$ वेबर/ऐम्पियर-मीटर)

NCERT पृष्ठ 148, JEE Main 2022

(a) $4\pi \times 10^{-7}$ (b) $4\pi \times 10^{-4}$
(c) $4\pi \times 10^{-5}$ (d) $4\pi \times 10^{-6}$

15 एक छड़ के पदार्थ के चुम्बकीय चुम्बकशीलता 499 है। निर्वात् में पारगम्यता $4\pi \times 10^{-7}$ हेनरी/मीटर है। छड़ के पदार्थ की निरपेक्ष पारगम्यता है **NCERT पृष्ठ 146, JEE Main 2021, 20**

(a) $4\pi \times 10^{-4}$ (b) $2\pi \times 10^{-4}$
(c) $3\pi \times 10^{-4}$ (d) $\pi \times 10^{-4}$

16 10^{-3} मी^{3} आयतन और आपेक्षिक पारगम्यता 1000 वाली एक लोहे की छड़ को 10 फेरे/सेमी वाली एक परिनालिका में क्रोड के रूप में रखा गया है। यदि परिनालिका से 0.5 ऐम्पियर धारा प्रवाहित की जाए, तो छड़ का चुम्बकीय आघूर्ण होगा **NCERT पृष्ठ 145, JEE Main 2020**

(a) 50×10^2 ऐम्पियर-मीटर^2 (b) 5×10^2 ऐम्पियर-मीटर^2
(c) 500×10^2 ऐम्पियर-मीटर^2 (d) 0.5×10^2 ऐम्पियर-मीटर^2

17 एक छड़ चुम्बक को 0.2 मीटर लम्बाई, 100 फेरों और 5.2 ऐम्पियर धारा वहन करने वाली एक परिनालिका के अन्दर डालकर विचुम्बकित किया जाता है। छड़ चुम्बक की निग्राहिता है

NCERT पृष्ठ 145, JEE Main 2019

(a) 1200 ऐम्पियर/मी (b) 285 ऐम्पियर/मी
(c) 2600 ऐम्पियर/मी (d) 520 ऐम्पियर/मी

स्किल बूस्टर्स

1 एक छड़ चुम्बक दो चुम्बकीय क्षेत्रों के प्रभाव में है, जो एक दूसरे के लंबवत् हैं। इनमें से एक क्षेत्र का परिमाण 3.0×10^{-2} टेस्ला है यदि छड़ चुम्बक इस क्षेत्र के साथ 30° के कोण पर स्थिर सन्तुलन में आता है, तो दूसरे चुम्बकीय क्षेत्र का परिमाण क्या होगा?

(a) 3×10^{-2} टेस्ला (b) $\sqrt{3} \times 10^{-2}$ टेस्ला
(c) 2.4×10^{-2} टेस्ला (d) $\sqrt{2} \times 10^{-2}$ टेस्ला

2 यदि चुम्बकीय आघूर्ण M और जड़त्व आघूर्ण I (लम्बाई के लम्बवत् इसके केन्द्र के चारों और) वाले एक छड़ चुम्बक को इसकी लम्बाई के लम्बवत् दो बराबर टुकड़ों में विभाजित किया जाता है और मूल चुम्बक चुम्बकीय क्षेत्र B में अवधि T के साथ दोलन करता है, तो प्रत्येक के लिए अवधि T' क्या होगी? यदि कटे हुए टुकड़े समान रूप से दोलन करते हैं?

(a) $\frac{5T}{2}$ (b) $\frac{T}{2}$
(c) $\frac{3T}{4}$ (d) T

3 94 सेमी लम्बाई वाले एक परिनालिका में आपेक्षिक पारगम्यता 800 का एक लौहचुम्बकीय क्रोड है। परिनालिका की वाइण्डिंग क्रोड से विलगित है और 2 ऐम्पियर की धारा ले जाती है। यदि कुल फेरों की संख्या 3500 है, तो क्रोड में चुम्बकीय क्षेत्र है

(a) 5.4 टेस्ला (b) 7.4 टेस्ला
(c) 2.5 टेस्ला (d) 4.5 टेस्ला

4 अनुचुम्बकीय लवण के एक नमने में 2.0×10^{24} परमाणु द्विध्रुव होते हैं, जिनमें से प्रत्येक का विद्युत आघूर्ण 1.5×10^{-23} जूल/टेस्ला होता है। नमूने को 0.84 टेस्ला के समरूप चुम्बकीय क्षेत्र में रखा जाता है और 4.2 केल्विन के तापमान तक ठण्डा किया जाता है। तब प्राप्त चुम्बकीय संतृप्ति की कोटि 15% के बराबर होती है। 0.98 टेस्ला के चुम्बकीय क्षेत्र और 2.8 केल्विन के तापमान के लिए नमूने का कुल द्विध्रुव आघूर्ण है।

(a) 3×10^3 जूल/टेस्ला (b) $4\pi \times 10^{-5}$ जूल/टेस्ला
(c) 7.9 जूल/टेस्ला (d) 7×10^{-4} जूल/टेस्ला

5 2 माइक्रोमीटर भुजा की लम्बाई वाले घन के रूप में लोहे का एक डोमेन है। यदि किसी परमाणु का द्विध्रुव आघूर्ण 9.27×10^{-27} ऐम्पियर/मी^{2} है, तो चुम्बकत्व की तीव्रता है (आण्विक द्रव्यमान = 55 ग्राम/मोल और घनत्व = 7.92 ग्राम/सेमी^{3})

(a) 3×10^8 ऐम्पियर/मीटर
(b) 8×10^8 ऐम्पियर/मीटर
(c) 8×10^2 ऐम्पियर/मीटर
(d) 3×10^5 ऐम्पियर/मीटर

6 14 सेमी लम्बाई का एक छड़ चुम्बक चुम्बकीय याम्योत्तर में इस प्रकार रखा गया है कि इसका उत्तरी ध्रुव भौगोलिक उत्तरी ध्रुव की और संकेत कर रहा है। चुम्बक के केन्द्र से 18 सेमी की दूरी पर एक तटस्थ बिन्दु प्राप्त होता है। यदि $B_h = 0.4$ गॉस तो चुम्बक का चुम्बकीय आघूर्ण है।

(a) 2.880×10^3 जूल/टेस्ला
(b) 2.880×10^2 जूल/टेस्ला
(c) 2.880 जूल/टेस्ला
(d) 28.80 जूल/टेस्ला

7 16 फेरों और 10 सेमी त्रिज्या वाली एक वृत्ताकार कुण्डली जिसमें 0.75 ऐम्पियर धारा प्रवाहित हो रही है, अपने तल को एक कोण पर लम्बवत् रखकर विराम कर रही है। 5.0×10^{-2} टेस्ला का बाह्य क्षेत्र कुण्डली क्षेत्र की दिशा के लम्बवत् अपने तल में एक अक्ष के चारों ओर घूमने के लिए स्वतंत्र है जब कुण्डली को थोड़ा घुमाया जाता है और छोड़ा जाता है, तो यह 2.0 सेकेण्ड आवृत्ति के साथ अपने स्थिर सन्तुलन के सापेक्ष दोलन करती है। अपनी घूर्णन अक्ष के सापेक्ष कुंडली का जड़त्व आघूर्ण क्या है?

(a) 1.2×10^{-4}ग्राम-सेमी^{2}
(b) 3×10^{-4} किग्रा-मी^{2}
(c) 0.3×10^{-4} किग्रा-मी^{2}
(d) 1.2×10^{-4}किग्रा-मी^{2}

8 दिया गया चित्र तीन छड़ चुम्बकों की व्यवस्था को दर्शाता है। यदि प्रत्येक चुम्बक का चुम्बकीय आघूर्ण M है तथा दो युग्म चुम्बकों के बीच का कोण समान है, तो संयोजन का चुम्बकीय आघूर्ण है

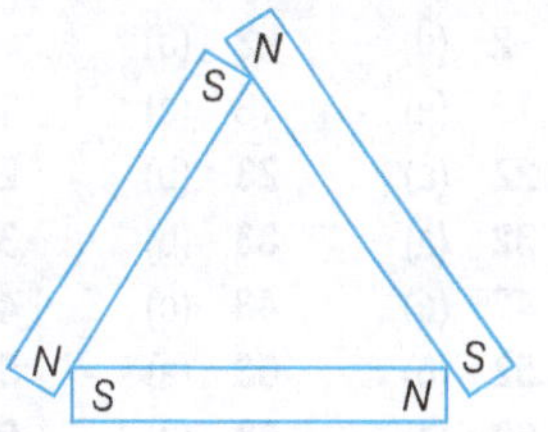

(a) $3M$ (b) M (c) $\frac{M\sqrt{3}}{2}$ (d) शून्य

9 दो छोटे छड़ चुम्बकों को लम्बवत् रखा गया है जैसा कि नीचे दिए गए चित्र में दिखाया गया है। बिन्दु P पर चुम्बकीय क्षेत्र है

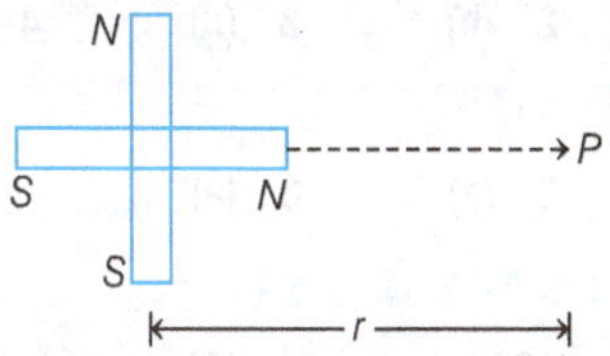

(a) $\frac{\mu_0 m}{4\pi r^3}$ (b) $\frac{\mu_0}{4\pi} \frac{2m}{r^3}$ (c) $\frac{\mu_0}{4\pi} \cdot \frac{m\sqrt{3}}{r^3}$ (d) $\frac{\mu_0}{4\pi} \cdot \frac{m\sqrt{5}}{r^3}$

10 समान भौतिक आयामों वाले दो छड़ चुम्बकों के चुम्बकीय आघूर्ण क्रमशः M और $2M$ हैं। यदि इन्हें इस प्रकार रखा जाए कि इनके चुम्बकीय आघूर्ण एक ही दिशा में संकेत करें तो दोलन की अवधि 3 सेकण्ड होगी। यदि इन्हें इस प्रकार रखा जाए कि इनके चुम्बकीय आघूर्ण विपरीत दिशा में संकेत करें तो समयावधि होगी।

(a) $\sqrt{3}$ सेकण्ड (b) $3\sqrt{3}$ सेकण्ड
(c) 3 सेकण्ड (d) 65 सेकण्ड

प्रश्न कुंजी

शीर्षकवार प्रश्न

1 (a)	2 (d)	3 (d)	4 (b)	5 (c)	6 (a)	7 (a)	8 (a)	9 (a)	10 (c)
11 (d)	12 (a)	13 (c)	14 (b)	15 (a)	16 (d)	17 (c)	18 (b)	19 (c)	20 (a)
21 (a)	22 (a)	23 (b)	24 (a)	25 (d)	26 (a)	27 (a)	28 (c)	29 (a)	30 (a)
31 (a)	32 (a)	33 (b)	34 (d)	35 (a)	36 (a)	37 (b)	38 (a)	39 (b)	40 (c)
41 (c)	42 (c)	43 (c)	44 (d)	45 (d)	46 (d)	47 (b)	48 (d)	49 (b)	50 (c)
51 (d)	52 (b)	53 (a)	54 (a)	55 (d)	56 (c)	57 (a)	58 (d)	59 (b)	60 (d)
61 (b)	62 (a)	63 (b)	64 (d)	65 (c)	66 (b)	67 (a)			

अभिकथन-कारण प्रश्न

1 (b)	2 (a)	3 (c)	4 (c)	5 (a)	6 (d)	7 (b)	8 (a)	9 (a)	10 (b)

कथन आधारित प्रश्न

1 (b)	2 (b)	3 (d)	4 (c)	5 (d)	6 (b)	7 (a)	8 (c)

सुमेलन प्रकार प्रश्न

1 (a)	2 (a)	3 (a)

आंकिक मान प्रकार के प्रश्न

1 (4)	2 (125)	3 (13)	4 (146)	5 (24)	6 (43)	7 (84)	8 (30)	9 (628)

NCERT Exemplar प्रश्न

1 (b)	2 (c)	3 (d)	4 (b)

विगत परीक्षाओं के प्रश्न

1 (a)	2 (b)	3 (d)	4 (b)	5 (d)	6 (d)	7 (b)	8 (d)	9 (c)	10 (b)
11 (c)	12 (28)	13 (c)	14 (c)	15 (b)	16 (b)	17 (c)			

स्किल बूस्टर्स

1 (b)	2 (b)	3 (b)	4 (c)	5 (c)	6 (c)	7 (d)	8 (d)	9 (d)	10 (b)

क्रमवार

प्रश्नों का विश्लेषण

कॉन्सेप्ट बिल्डर्स

1 सत्य
2 चुम्बकीय द्विध्रुव
3 q_m
4 सत्य
5 अवनति
6 गर्म करने
7 180°
8 शून्य
9 धारा लूप
10 $B_{अक्षीय} = \frac{-\mu_0 M}{4\pi r^3}$
11 प्रतिचुम्बकीय
12 असत्य
13 असत्य
14 शैथिल्य (Hysteresis)
15 असत्य
16 इलेक्ट्रॉनों की घूर्णन गति
17 सत्य
18 प्रतिचुम्बकीय
19 सत्य
20 $+10^{-5}, -10^{-5}$

शीर्षकवार प्रश्न

3 *(d)* ध्रुव की शक्ति लम्बाई पर निर्भर नहीं करती है, यह चुम्बक के अनुप्रस्थ-काट क्षेत्र पर निर्भर करती है। इसलिए, दोनो टुकड़ों की शक्ति समान रहेगी।

4 *(b)* परिनालिका का चुम्बकीय आघूर्ण

$M = NIA$

$\Rightarrow \quad 0.40 = 1000 \times I \times 2 \times 10^{-4}$

$\Rightarrow \quad I = 0.40 \times 10^4 / 1000 \times 2$

$= 2$ ऐम्पियर

5 *(c)* जब द्विध्रुव को समतुल्य छड़ चुम्बक से प्रतिस्थापित किया जाता है, तो *N-S* को मिलाने वाली रेखा, लूप के तल के लम्बवत होगी। चूँकि, धारा वामावर्त है, इसलिए उत्तरी ध्रुव लूप के ऊपर और दक्षिणी ध्रुव लूप के नीचे स्थित है।

6 *(a)* दी गई स्थितियों में,

(i) $U = -MB\cos 90° = 0$ $[\because \cos 90° = 0]$

(ii) $U = -MB\cos 180° = mB$

$[\because \cos 180° = -1]$

(iii) $U = -MB\cos(360° - \theta) = -MB\cos\theta$

$[\because \cos(360° - \theta) = +\cos\theta]$

(iv) $U = -MB\cos(90° - \theta) = MB\sin\theta$

$[\because \cos(90° + \theta) = -\sin\theta]$

अतः बढ़ते क्रम में स्थितिज ऊर्जा का सही क्रम है

(iii) > (i) > (iv) > (ii)

7 *(a)* चुम्बकीय आघूर्ण *S* से *N* तक है,

$M_{कुल} = \sqrt{M^2 + M^2 + 2M^2\cos\theta}$

इसलिए $M_{कुल} = 2M$ होगा, यदि $\cos\theta = 1$ है और $\cos\theta = 1$ होगा, जब θ होगा

$\theta = 90°$

8 *(a)* अस्थिर सन्तुलन के लिए **M** को **B** के प्रतिसमानान्तर होना चाहिए। इस स्थिति में $\theta = 180°$, इस प्रकार

$U = -MB\cos 180°$

$= -MB(-1) = MB$

अतः $U = (0.32)(0.15) = 4.8 \times 10^{-2}$ जूल

9 *(a)* जैसा कि हम जानते हैं,

बल आघूर्ण, $\tau = MB\sin\theta$

अतः विक्षेपण के साथ बल आघूर्ण में परिवर्तन की दर,

$\frac{d\tau}{d\theta} = MB\cos\theta$ यह अधिकतम होगा।

जब $\cos\theta = 1$ या $\theta = 0°$

10 *(c)* बल आघूर्ण $\tau = mB\sin\theta$

$\sin\theta = \frac{\tau}{MB} = \frac{0.3464}{2.0 \times 02}$

$\Rightarrow \sin\theta = 0.866$

$\Rightarrow \quad \theta = 60°$

11 *(d)* द्विध्रुव पर कार्य करने वाला आघूर्ण

$\tau = \mathbf{M} \times \mathbf{B}$

$= (25\hat{j}) \times (3\hat{i} + 18\hat{j})$

$= (25 \times 3)(-\hat{k}) + (25 \times 18)(0)$

$[\because \hat{j} \times \hat{j} = 0]$

$= -75\hat{k}$ न्यूटन-मी

12 *(a)* दिया है, $B = 600$ गॉस

$= 600 \times 10^{-4} = 6 \times 10^2$ टेस्ला

अब, बल आघूर्ण, $\tau = MB\sin\theta$

$M = \frac{\tau}{B\sin\theta} = \frac{0.03}{6 \times 10^{-2} \times \sin 30°}$

$= \frac{0\text{-}.03 \times 2}{6 \times 10^{-2}} = 1.0$ ऐम्पियर-मी²

13 *(c)* किया गया कार्य,

$W = MB[\cos 0° - \cos 180°]$

$= MB[1 + 1] = 2MB$

$= 2 \times 2.0 \times 0.5 = 2.0$ जूल

14 *(b)* चुम्बकीय द्विध्रुव पर बल आघूर्ण,

$\tau = MB\sin\theta$

$= 1.0 \times 0.5 \times \sin 45°$

$= 0.5 \times \frac{1}{\sqrt{2}} = 0.35$ जूल

15 *(a)* बल आघूर्ण, $\tau = MB\sin\theta$

जहाँ, $\theta = 90°$

$\tau = MB$

दिया गया $\tau_2 = \frac{1}{2}\tau_1$

$\therefore \quad MB\sin\theta = \frac{1}{2}MB$

$\therefore \quad \sin\theta = \frac{1}{2}$

$\Rightarrow \quad \theta = 30°$

घूर्णन कोण $= 90° - 30° = 60°$

16 *(d)* द्विध्रुव पर कार्य करने वाला बल आघूर्ण,

$\tau = \mathbf{M} \times \mathbf{B}$

$= 10\hat{j} \times (2\hat{i} + 3\hat{j})$

$= 20(\hat{j} \times \hat{i}) + 30(\hat{j} \times \hat{j})$

$= 20(-\hat{k}) = -20\hat{k}$ न्यूटन-मी

17 *(c)* एकसमान चुम्बकीय क्षेत्र *B* में चुम्बकीय द्विध्रुवीय आघूर्ण *M* के चुम्बक को सन्तुलन स्थिति से कोण θ तक घुमाने के लिए किया गया कार्य,

$W = \int dW = \int_0^\theta \tau d\theta = \int_0^\theta MB\sin\theta d\theta = MB(1 - \cos\theta)$

18 *(b)* हम जानते हैं, कि

$W = MB(\cos 0° - \cos\theta)$

$= MB(1 - \cos 45°)$

$= MB\left(1 - \frac{1}{\sqrt{2}}\right) = \left(\frac{\sqrt{2} - 1}{\sqrt{2}}\right) MB$

$\Rightarrow MB = \frac{\sqrt{2}\,W}{\sqrt{2} - 1}$ ...(i)

इसलिए, बल आघूर्ण $= MB\sin\theta$

$$\tau = MB \sin 45^\circ = \frac{W \times \sqrt{2}}{\sqrt{2}-1} \times \frac{1}{\sqrt{2}}$$
[समी (i) से]

$$= \frac{W}{\sqrt{2}-1}$$

19 *(c)* जब चुम्बकीय द्विध्रुव को प्रारम्भिक स्थिति θ_1 से अन्तिम स्थिति θ_2 तक घुमाया जाता है तब किया गया कार्य,

$$W = MB(\cos\theta_1 - \cos\theta_2)$$

दिया है, $\theta_1 = 0^\circ, \theta_2 = 60^\circ$

$$\therefore \quad W = MB(\cos 0^\circ - \cos 60^\circ)$$

$$\Rightarrow \quad W = MB\left(1 - \frac{1}{2}\right)$$

$$= \frac{2 \times 10^4 \times 6 \times 10^{-4}}{2} = 6 \text{ जूल}$$

20 *(a)* द्विध्रुव को θ_1 से θ_2 घुमाने में किया गया कार्य,

$$W = MB(\cos\theta_1 - \cos\theta_2)$$

स्थिति I

$$W_1 = -MB(\cos 90^\circ - \cos 0^\circ) = MB \quad \text{...(i)}$$

स्थिति II

$$W_2 = -MB(\cos 60^\circ - \cos 0^\circ)$$

$$= -MB\left(\frac{1}{2} - 1\right) = \frac{1}{2}MB \quad \text{...(ii)}$$

समी (i) और (ii) से,

$$W_2 = \frac{1}{2}W_1 \quad \text{...(iii)}$$

दिया है, $W_1 = nW_2$

समी (iii) और (iv) की तुलना करने पर,

$$n = 2$$

21 *(a)* बल आघूर्ण $\tau = |\mathbf{M} \times \mathbf{B}| = MB\sin\theta$

और चुम्बकीय स्थितिज ऊर्जा,

$$U_m = -\mathbf{M}\cdot\mathbf{B} = MB\cos\theta$$

पर $\theta = 0^\circ$ द्विध्रुव स्थिर स्थिति में होगा।

$$\tau = MB\sin\theta = MB\sin 0^\circ = 0$$

तथा $U_m = -MB\cos\theta$

$$= -MBN\cos 0^\circ = -MB$$

22 *(a)* $B_{\text{अक्षीय}} = \frac{\mu_0}{4\pi}\left(\frac{2m}{r^3}\right) = 10^{-7} \times \frac{2 \times 0.6}{(0.75)^3}$

$B_{\text{अक्षीय}} = 2.84 \times 10^{-7}$ टेस्ला $= 0.284$ माइक्रो टेस्ला

23 *(b)* भूमध्य रेखा पर चुम्बकीय क्षेत्र की शक्ति

$$M_{eq} = \frac{\mu_0}{4\pi}\frac{M}{d^3} = 10^{-7} \times \frac{4}{8}$$

$$= 5 \times 10^{-8} \text{ टेस्ला}$$

24 *(a)* अक्षीय चुम्बकीय क्षेत्र,

$$B = \frac{\mu_0}{4\pi}\cdot\frac{2M}{r^3} \Rightarrow B \propto \frac{1}{r^3}$$

इस प्रकार $\frac{B_1}{B_2} = \frac{r_2^3}{r_1^3} = \left(\frac{48}{24}\right)^3 = 8$

इस प्रकार, चुम्बकीय क्षेत्र का अनुपात 8 है।

25 *(d)* भूमध्य रेखा पर चुम्बकीय क्षेत्र,

$$B_e = \frac{\mu_0 M}{4\pi r^3} = \frac{10^{-7} \times 0.40}{(0.5)^3} = \frac{10^{-7} \times 0.40}{0.125}$$

$$= 3.2 \times 10^{-7} \text{ टेस्ला}$$

अक्षीय रेखा पर चुम्बकीय क्षेत्र,

$$B_a = \frac{\mu_0 2M}{4\pi r^3} = 6.4 \times 10^{-7} \text{ टेस्ला}$$

26 *(a)* कुल चुम्बकीय आघूर्ण

$$M_{\text{कुल}} = \sqrt{(M_0)^2 + (M_0)^2 + 2M_0M_0\cos(120^\circ)}$$

अब, बिन्दु P पर चुम्बकीय प्रेरण,

$$B_p = \frac{\mu_0}{4\pi}\cdot\frac{2M_{\text{कुल}}}{d^3}$$

$$\because M_{\text{कुल}} = M_0$$

$$\therefore \quad B_p = \frac{\mu_0}{4\pi}\cdot\frac{2M_0}{d^3} = \frac{\mu_0}{2\pi}\frac{M_0}{d^3}$$

27 *(a)* भूमध्य रेखा पर चुम्बकीय द्विध्रुव द्वारा उत्पन्न चुम्बकीय क्षेत्र,

$$B_p = \frac{\mu_0}{4\pi}\cdot\frac{M}{d^3}$$

$$= \frac{10^{-7} \times 0.48}{(0.20)^3} = \frac{0.48 \times 10^{-7}}{8 \times 10^{-3}}$$

$$= 0.06 \times 10^{-4} \text{ टेस्ला}$$

$= 0.06$ गॉस, N-S दिशा

28 *(c)* C अक्षीय बिन्दु पर चुम्बक के कारण D पर चुम्बकीय प्रेरण,

$$B_1 = \frac{\mu_0}{4\pi}\cdot\frac{2M_1}{d^3} = \frac{10^{-7} \times 2 \times 8.0}{(0.20)^3}$$

$= 2 \times 10^{-7}$ टेस्ला, D से C तक ...(i)

E [भूमध्यरेखीय बिन्दु] पर चुम्बक के कारण बिन्दु D पर चुम्बकीय प्रेरण,

$$B_2 = \frac{\mu_0}{4\pi}\cdot\frac{2M}{d^3} = \frac{10^{-7} \times 8.0}{(2.0)^3}$$

$= 1 \times 10^{-7}$ टेस्ला C से D तक ...(ii)

अब D पर कुल चुम्बकीय प्रेरण,

$$B = B_1 - B_2$$

समी (i) और (ii) से,

$$B = 2 \times 10^{-7} - 1 \times 10^{-7}$$

$= 1 \times 10^{-7}$ टेस्ला $= 0.1$ माइक्रो टेस्ला

29 *(a)* चुम्बकीय क्षेत्र में द्विध्रुव की चुम्बकीय स्थितिज ऊर्जा,

$$U = -\mathbf{M}\cdot\mathbf{B}$$

चूंकि स्थिर सन्तुलन के लिए M और B प्रत्येक स्थिति में समान हैं, इसलिए ऊर्जा न्यूनतम होनी चाहिए न्यूनतम स्थितिज ऊर्जा सम्भव है यदि **M** और **B** एक ही दिशा में हैं,

अर्थात् विकल्प (a) सही है। चूँकि विकल्प (a) के विन्यास का मान पहले से ही स्थिर सन्तुलन में है, इसलिए यह किसी भी ऊर्जा को नष्ट नहीं करेगा।

30 *(a)* अपनी धुरी पर एक लम्बी परिनालिका के कारण चुम्बकीय क्षेत्र,

$$B = \mu_0 nI_2 \quad \text{...(i)}$$

एक वृत्ताकार कुण्डली का चुम्बकीय आघूर्ण,

$$M = NAI_1 \quad \text{...(ii)}$$

बल आघूर्ण, $\tau = \mathbf{M} \times \mathbf{B}$

$$\tau = MB\sin\theta = MB$$

[$\because \theta = 90^\circ$ दिया गया]

$$\tau = (NAI_1)(\mu_0 nI_2) \quad \text{[समी (i) और (ii) से]}$$

$$\Rightarrow I_2 = \frac{\tau}{NAI_2\,\mu_0\,n} = \frac{1.5 \times 10^{-8}}{(10)(1 \times 10^{-6})\left(\frac{21}{44}\right)}$$

$(4\pi \times 10^{-7})(10^3) = 2.5$ ऐम्पियर

31 *(a)* मान लीजिए बिन्दु P चुम्बकों के बीच एक मध्य-बिन्दु है।

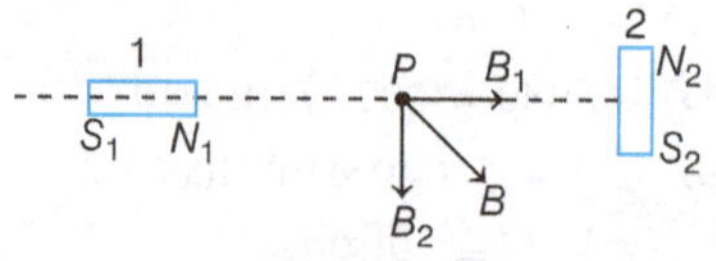

चुम्बक 1 के कारण चुम्बकीय क्षेत्र (अक्षीय पर),

$$B_1 = \frac{\mu_0}{4\pi}\cdot\frac{2M_1}{d_1^3}$$

$$\therefore \quad B_1 = 10^{-7} \times \frac{2 \times 5}{(10)^3} = 1 \times 10^{-9} \text{ टेस्ला}$$

चुम्बक 2 के कारण चुम्बकीय क्षेत्र (भूमध्य रेखा पर)

$$B_2 = \frac{\mu_0}{4\pi}\cdot\frac{M_2}{d_2^3}$$

$$= \frac{10^{-7} \times 5}{(10)^3}$$

$$= 5 \times 10^{-10} \text{ टेस्ला}$$

कुल चुम्बकीय क्षेत्र, $B = \sqrt{B_1^2 + B_2^2}$

$= \sqrt{(1\times10^{-9})^2 + (5\times10^{-10})^2}$

$= \sqrt{(100\times10^{-20}) + 25\times10^{-20}}$

$= \sqrt{125\times10^{-20}} = 5\sqrt{5}\times10^{-10}$ टेस्ला

32 *(a)* चुम्बकीय क्षेत्र का परिमाण,

$$= \frac{\mu_0}{4\pi}\cdot\frac{2M}{d^3} = 10^{-7}\times2\times\frac{1.4\times10^{-26}}{(1\times10^{-10})^3}$$

$$= \frac{10^{-7}\times2\times1.4\times10^{-26}}{1\times10^{-30}}$$

$= 2.8\times10^{-3}$ टेस्ला $= 2.8$ मिली टेस्ला

33 *(b)* कुण्डली के दोलन की आवृत्ति,

$$f = \frac{1}{2\pi}\sqrt{\frac{M\times B}{I}}$$

दोनों पक्षों का वर्ग करने पर,

$$f^2 = \frac{1}{4\pi^2}\cdot\frac{MB}{I}$$

$$\Rightarrow \quad I = \frac{MB}{4\pi^2 f^2}$$

$$= \frac{0.377\times5\times10^{-2}}{4\times3.14\times3.14\times2\times2}$$

$\Rightarrow \quad I = 12\times10^{-4}$ किलोग्राम-मीटर^2

34 *(d)* एक छड़ चुम्बक (द्विध्रुव) को घेरे हुए एक काल्पनिक बंद पृष्ठ से गुजरने वाला कुल चुम्बकीय फ्लक्स शून्य है क्योंकि छड़ चुम्बक के दो ध्रुव (उत्तरी और दक्षिणी ध्रुव) होते हैं, इसलिए पृष्ठ से निकलने वाली चुम्बकीय क्षेत्र रेखाओं की संख्या इसमें प्रवेश करने वाली चुम्बकीय क्षेत्र रेखाओं की संख्या से सन्तुलित होती है।

35 *(a)* यहाँ, चुम्बकत्व और स्थिरविद्युत दोनों नियम भिन्न हैं लेकिन पृथक चुम्बकीय ध्रुवों में गाउस चुम्बकत्व के नियम के अस्तित्व का पता नहीं है।

36 *(a)* चुम्बकीय पदार्थ के लिए चुम्बकीय क्षेत्र रेखाएँ सतत रेखाएँ बनाती हैं, इसलिए **B** की रेखाएँ S पर सतत होती हैं।

37 *(b)* चुम्बकन,

$$I = \frac{M_{\text{कुल}}}{V} = \frac{8.0\times10^{22}}{(4/3)\pi R^3} \quad \left[\because V = \frac{4}{3}\pi R^3\right]$$

$$= \frac{8.0\times10^{22}}{(4/3)(3.14)(6.4\times10^6)^3}$$

$= 73$ ऐम्पियर/मीटर

38 *(a)* आयतन, $V = l\times A$

$= 0.25\times1\times10^{-4}$

$= 2.5\times10^{-5}$ मी^{3}

$$I = \frac{M}{V} = \frac{1.0}{2.5\times10^{-5}}$$

$= 4.0\times10^{-4}$ ऐम्पियर/मीटर

39 *(b)* घन डोमेन का आयतन,

$V = l^3 = (2.0\times10^{-6})^3$

$= 8.0\times10^{-18}$ मी^{3}

सभी परमाणुओं का कुल द्विध्रुव आघूर्ण,

$M_{\text{अधिकतम}} = N\times M = 8\times10^{10}\times5\times10^{-24}$

$= 40\times10^{-14}$

$= 4\times10^{-13}$ ऐम्पियर-मीटर^2

डोमेन का चुम्बकन

$$I = \frac{M_{\text{अधिकतम}}}{V} = \frac{4\times10^{-13}}{8\times10^{-18}}$$

$= 5\times10^4$ ऐम्पियर/मीटर

40 *(c)* परिनालिका की चुम्बकीय तीव्रता,

$H = nI = 1500\times3$

$= 4500$ ऐम्पियर/मीटर

चुम्बकन $= (\mu_r - 1)H$

$= (400-1)\,4500 = 399\times4500$

$= 1.8\times10^6$ ऐम्पियर/मीटर

41 *(c)* क्रोड की पारगम्यता,

$\mu = \mu_0\,\mu_r = \mu_0\,(1 = \chi_m) \quad (\because \mu_r = 1+\chi_m)$

$= (4\pi\times10^{-7})(1+599)$

$= 7.5\times10^{-4}$ टेस्ला-मी/ऐम्पियर

42 *(c)* चुम्बकत्व, $= \chi H = 10^{-5}\times0.5$

$= 5\times10^{-6}$ ऐम्पियर/मीटर

43 *(c)* चुम्बकीय तीव्रता, $H = nI$

$= 600\times1.5 = 900$ ऐम्पियर/मीटर

अब, चुम्बकन, $I = \chi H$

$\because \quad \chi = \mu_r - 1$

$\therefore \quad I = (\mu_r - 1)H$

$= (600-1)\,900$

$= 5.3\times10^5$ ऐम्पियर/मीटर

44 *(d)* यहाँ, परिनालिका के लिए,

$\mathbf{H} = ni$

हम जानते हैं, $B = \mu_0\,\mu_r\,ni$

$= \mu_0\,n\,i\,\mu_r = k\,\mu_r$

जहाँ, $\quad k = \mu_0\,ni =$ नियत

इस प्रकार, उपरोक्त समीकरण से, हम पाते हैं कि **B**, μ_r में परिवर्तन के साथ बदलता रहता है

अब, कोड में चुम्बकन के लिए जब परिनालिका के लौह क्रोड का ताप क्यूरी ताप से ऊपर उठाया जाता है, तो यह अनुचुम्बकीय पदार्थ के रूप में व्यवहार करेगा, अर्थात् चुम्बकन उत्क्रम नहीं होता है।

हम जानते हैं, $(\chi)_{\text{लौह}} \approx 10^3$

और $(\chi)_{\text{अनु}} \approx 10^{-5}$

$$\Rightarrow \quad \frac{(\chi)_{\text{लौह}}}{(\chi)_{\text{अनु}}} = \frac{10^3}{10^{-5}} = 10^4$$

$$\Rightarrow \quad (\chi)_{\text{अनु}} = \frac{\chi_{\text{लौह}}}{10^8}$$

45 *(d)* A, चुम्बकीय द्विध्रुव मौजूद है लेकिन चुम्बकीय एकध्रुव मौजूद नहीं है। B. परिनालिका सिरों पर चुम्बकीय क्षेत्र रेखाएँ सीधी और सीमित नहीं हैं।

C. पूर्णतयः प्रतिचुम्बकीय पदार्थ के लिए $\chi = -1$

46 *(d)* अनुचुम्बकीय पदार्थ की चुम्बकशीलता,

$$\chi = C\frac{\mu_0}{T}$$

इसे क्यूरी का नियम कहा जाता है।

इस प्रकार, एक अनुचुम्बकीय पदार्थ के लिए χ और μ_0 दोनों न केवल पदार्थ के प्रकार पर निर्भर करते हैं, बल्कि नमूने के तापमान पर भी निर्भर करते हैं।

इस प्रकार, विकल्प (d) में दिया गया कथन गलत है।

48 *(d)* प्रतिचुम्बकीय पदार्थों के लिए चुम्बकीय चुम्बकशीलता ऋणात्मक होती है तथा यह ताप से स्वतन्त्र होती है।

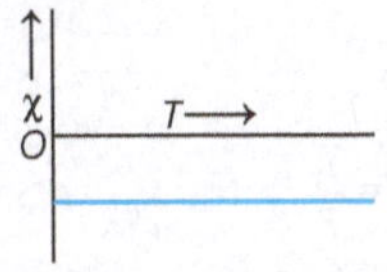

49 *(b)* एक प्रतिचुम्बकीय द्रव चुम्बकीय क्षेत्र शक्तिशाली भाग से क्षीण भाग की ओर गति करता है। इसलिए, विलयन के स्तर का नवचन्द्रक (Miniscus) नीचे गिर जाएगा।

52 *(b)* प्रतिचुम्बकीय पदार्थ के चुम्बकन की तीव्रता बहुत कम और ऋणात्मक होती है। यहाँ, ग्राफ 3 चुम्बकन की तीव्रता के ऋणात्मक मान को दर्शाता है और यह चित्र में दी गई तीव्रता से कम है। इसलिए ग्राफ 4 प्रतिचुम्बकीय पदार्थ को दर्शाता है।

55 *(d)* यहाँ, $\chi = -1$

तब, $\mu_r = 1 + \chi \Rightarrow \mu_r = 1 + (-1)$

$$= 1 - 1 = 0$$

चूँकि दिए गए पदार्थ की चुम्बकीय चुम्बकशीलता एक से कम है, अतः दिया गया चुम्बकीय पदार्थ प्रतिचुम्बकीय पदार्थ है।

56 *(c)* चूँकि गोला पूर्णतया प्रतिचुम्बकीय है, यह क्षेत्र को पूरी तरह निष्काषित कर देता है जैसा कि नीचे दिखाया गया है।

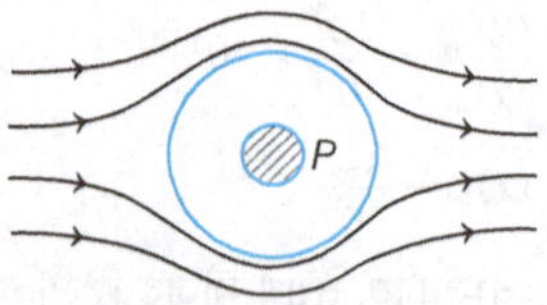

इसलिए, गोले की गुहा के अन्दर कोई चुम्बकीय क्षेत्र नहीं होगा। इसलिए, गोले के केन्द्र में गोलाकार गुहा में अनुचुम्बकीय नमून बाहरी क्षेत्र से अप्रभावित रहता है और चुम्बकीय नमूने के अन्दर शून्य होता है।

57 *(a)* चुम्बकन की तीव्रता,

$$I = \frac{M}{V} = \frac{20 \times 10^{-6}}{10^{-6}} = 20 \text{ ऐम्पियर/मीटर}$$

अब, चुम्बकीय चुम्बकशीलता,

$$\chi = \frac{\text{चुम्बकन की तीव्रता}}{\text{चुम्बकीय तीव्रता}} = \frac{I}{H}$$

$$= \frac{20}{60 \times 10^3}$$

$$\Rightarrow \chi = \frac{1}{3} \times 10^{-3} = 3.33 \times 10^{-4}$$

58 *(d)* अनुचुम्बकीय पदार्थ के लिए क्यूरी के नियम से,

$$\chi \propto \frac{1}{T}$$

$$\frac{\chi_2}{\chi_1} = \frac{T_1}{T_2}$$

$$\chi_2 = \frac{X_1 T_1}{T_2}$$

$$\chi_2 = \frac{2.8 \times 10^{-4} \times 350}{300}$$

$$= 3.267 \times 10^{-4}$$

59 *(b)* $\chi_m = 0.0075$

$T_1 = 73° \text{ C } (-73 + 273)$ केल्विन

$= 200$ केल्विन

$T_2 = -173° \text{ C } (-173 + 273)$

$= 100$ केल्विन

जहाँ अनुचुम्बकीय पदार्थ की चुम्बकीय चुम्बक शीलता

$$\chi_m \propto \frac{1}{T} \Rightarrow \frac{\chi_{m_2}}{\chi_{m_1}} = \frac{T_1}{T_2} = \frac{200}{100} = 2$$

$$\chi_{m_2} = 2\chi_{m_1} = 2 \times 0.0075 = 0.015$$

61 *(b)* गर्म करने पर, विभिन्न डोमेन में कुल चुम्बकत्व होता है जो याद्यच्छिक रूप से वितरित होता है। इस प्रकार, विभिन्न डोमेन के कारण पदार्थ का कुल चुम्बकत्व न्यूनतम हो जाता है।

62 *(a)* पर्याप्त उच्च ताप पर एक लौहचुम्बकीय अनुचुम्बकीय बन जाता है। डोमेन संरचना तापमान के साथ विघटित हो जाती है।

64 *(d)* घन डोमेन का आयतन,

$V = (10^{-6})^3$ मी$^3 = 10^{-18}$ मी$^3 = 10^{-12}$ सेमी^{3}

[∵ भुजा = 1 माइक्रो मी]

द्रव्यमान = घनत्व × आयतन

(∵ आयतन = 7.9 ग्राम-मी$^{-3}$)

$= 7.9$ ग्राम/सेमी$^3 \times 10^{-12}$ सेमी^{3}

$= 7.9 \times 10^{-12}$ ग्राम

यह दिया गया है, कि आवोगाद्रो संख्या अर्थात् $N_A = (6.023 \times 10^{23})$ लोहे के परमाणुओं का द्रव्यमान 55 ग्राम है।

अतः डोमेन में परमाणुओं की संख्या है

$$N = \frac{\text{द्रव्यमान} \times N_A}{\text{अणु द्रव्यमान}}$$

$$= \frac{7.9 \times 10^{-12} \times 6.023 \times 10^{23}}{55}$$

$= 8.65 \times 10^{10}$ परमाणु

65 *(c)* एक अनुचुम्बकीय पदार्थ में,

$$I = C\frac{B}{T} = C\frac{\mu H}{T} \qquad [\because B = \mu H]$$

$I \propto H$ इसलिए, H और I के बीच का ग्राफ एक सीधी रेखा है जिसे नीचे दिए गए चित्र में दर्शाया गया है

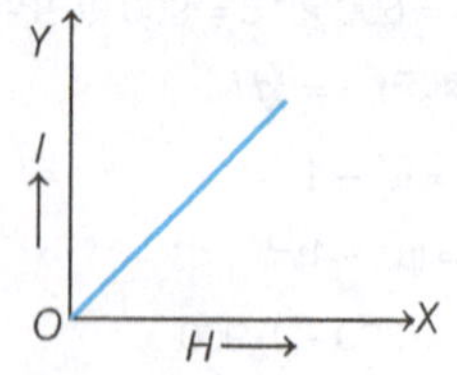

66 *(b)* चुम्बकीय चुम्बकशीलता के रूप में,

$$\chi = \frac{C}{T}$$

$$\Rightarrow \quad \frac{\chi}{\chi'} = \frac{T'}{T}$$

$$\Rightarrow T' = \left(\frac{\chi}{\chi'}\right) T = \left(\frac{1.2 \times 10^{-5}}{1.8 \times 10^{-5}}\right) 300$$

$= 200$ केल्विन

67 *(a)* जैसे ही लौहचुम्बकीय पदार्थ का ताप बढ़ाया जाता है, इसकी चुम्बकशीलता χ क्यूरी ताप तक स्थिर रहती है और फिर घट जाती है जैसा कि चित्र में दिखाया गया है।

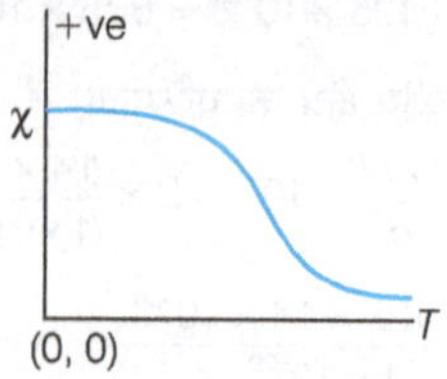

अभिकथन-कारण प्रश्न

1 *(b)* चुम्बक के ध्रुवों को दो टुकड़ों में तोड़कर अलग नहीं किया जा सकता। यदि एक छड़ चुम्बक को दो हिस्सों में तोड़ दिया जाए, तो हमें कुछ सीमा तक कमजोर गुणों वाले दो समान छड़ चुम्बक मिलते हैं। चूँकि, चुम्बकीय आघूर्ण आधा रह जाएगा, क्योंकि चुम्बकीय द्विध्रुव आघूर्ण ध्रुवों के बीच की लम्बाई के सीधे आनुपातिक होता है।

2 *(a)* एक छड़ चुम्बक को घेरने वाली बन्द सतह से गुजरने वाला कुल चुम्बकीय फ्लक्स शून्य होता है क्योंकि एक छड़ चुम्बक के दो ध्रुव होते हैं, (एक उत्तर और दूसरा दक्षिण) और उत्तरी ध्रुव से निकलने वाला चुम्बकीय फ्लक्स छड़ चुम्बक के दक्षिणी ध्रुव में प्रवेश करने वाले चुम्बकीय फ्लक्स के बराबर होता है।

3 *(c)* पदार्थ की चुम्बकशीलता,

$$\chi = \frac{M}{H}$$

$$\Rightarrow \quad M = \chi H$$

इस प्रकार, यह स्पष्ट है कि किसी पदार्थ की चुम्बकशीलता का मान जितना अधिक होगा, चुम्बकन की तीव्रता का माना भी इतना ही अधिक होगा, अर्थात् उसे उतनी ही आसानी से चुम्बकित किया जा सकेगा।

4 *(c)* जब लोहे के टुकड़े को शक्तिशाली चुम्बक के पास लाया जाता है, तो चुम्बक का बाहरी चुम्बकीय क्षेत्र, लोहे में चुम्बकीय डोमेन के क्षेत्र के साथ संरेखित करता है। ऐसा इसलिए होता है, क्योंकि लोहा एक लौह चुम्बकीय पदार्थ है।

5 *(a)* अनुचुम्बकीय पदार्थ वे होते हैं, जो बाह्य चुम्बकीय क्षेत्र में रखे जाने पर क्षीण रूप से चुम्बकित हो जाते हैं, क्योंकि इन पदार्थों में क्षीण चुम्बकीय क्षेत्र से शक्तिशाली चुम्बकीय क्षेत्र की ओर जाने की प्रवृत्ति होती है, अर्थात् वे चुम्बक की ओर क्षीण रूप से आकर्षित होते हैं।

6 *(d)* क्यूरी बिन्दु पर, एक लौहचुम्बकीय पदार्थ एक अनुचुम्बकीय पदार्थ की तरह व्यवहार करना शुरू कर देता है। इस प्रकार, लौहचुम्बकीय पदार्थ क्यूरी के नियम का पालन करते हैं।

7 *(b)* लौहचुम्बकीय पदार्थों में उच्च आपेक्षिक पारगम्यता होती है, जिसका अर्थ है कि वे चुम्बकीय क्षेत्र की ओर दृढ़ता से आकर्षित होते हैं। जब सभी चुम्बकीय डोमेन बाह्य चुम्बकीय क्षेत्र के साथ संरेखित होते हैं, तो लौहचुम्बकीय पदार्थ को संतृप्ति तक चुम्बकीत किया जा सकता है।

10 *(b)* लौहचुम्बकीय पदार्थों का गुण यह है कि जब उन्हें बाह्य चुम्बकीय क्षेत्र में रखा जाता है तो वे दृढ़ता से चुम्बकीय हो जाते हैं। उनमें क्षीण चुम्बकीय क्षेत्र से शक्तिशाली चुम्बकीय क्षेत्र की ओर जाने की तीव्र प्रवृत्ति होती है, अर्थात् वे चुम्बक की ओर दृढ़ता से आकर्षित होते हैं।

कथन आधारित प्रश्न

1 *(b)* प्राकृतिक रूप से पाया जाने वाला लौह अयस्क चुम्बकत्व में अग्रणी पत्थर (लोडस्टोन) है और चुम्बकीय घटनाएँ प्रकृति में सार्वभौमिक हैं।

2 *(b)* कथन I सही है और कथन II गलत है।
चुम्बकीय द्विध्रुव आघूर्ण,
$M = IA$ (I = धारा, A = क्षेत्र)
जब तार को वृत्त के आकार में मोड़ा जाता है,
तब $L = 2\pi R$ (R = वृत्त की त्रिज्या)
$\Rightarrow \quad F = \dfrac{1}{2\pi}$
इसलिए $M = I(\pi R^2) = I\pi\left(\dfrac{L}{2\pi}\right)$
$M = \dfrac{IL^2}{4\pi}$ ऐम्पियर-मीटर²

3 *(d)* $M = IA = I \times \pi r^2$
$r' = 2r$
$\therefore \quad M' = I \times \pi(2r)^2 = 4M$

4 *(c)* कथन I गलत है और निम्न प्रकार सही किया जा सकता है क्योंकि प्रतिचुम्बकीय पदार्थों की चुम्बकशीलता ऋणात्मक होती है और यह तापमान के साथ नहीं बदलती है।

6 *(b)* कथन I सही है और कथन II गलत है।
$\chi_m \propto I$ चुम्बकशीलता का मान जितना अधिक होगा, चुम्बकत्व का मान भी उतना ही अधिक होगा।

7 *(a)* पदार्थ के अन्दर चुम्बकीय क्षेत्र रेखाएँ नहीं बढ़ेंगी। साथ ही जब, चुम्बकीय पदार्थ को असमान चुम्बकीय क्षेत्र में रखा जाता है, तो वह निम्न क्षेत्र से उच्च क्षेत्र रेखा की ओर गति करता है, उच्च से निम्न क्षेत्र रेखा की ओर नहीं।

सुमेलन प्रकार प्रश्न

1 *(a)* चूँकि, चुम्बकीय विभव ऊर्जा U_m द्वारा दिया गया है
$$U_m = -\mathbf{M}\cdot\mathbf{B} = -MB\cos\theta$$
A. $\theta = 90°$ के लिए,
$U_m\; MB = -\cos 90° = 0$
B. $\theta = 0°$ के लिए
$U_m = MB\cos 0° = -MB$
स्थितिज ऊर्जा न्यूनतम है और इसलिए सुई सर्वाधिक स्थिर स्थिति में है।
C. $\theta = 180°$ के लिए,
$U_m = -MB\cos 180° = +MB$
स्थितिज ऊर्जा अधिकतम है और इसलिए सुई अस्थिर स्थिति में है
D. $\theta = 60°$ के लिए,
$U_m = -MB\cos 60° = -\dfrac{1}{2}MB$
अतः A → 3, B → 1, C → 4 और D → 2

2 *(a)*
A. यहाँ, लघु द्विध्रुव के लिए भूमध्य रेखा क्षेत्र निम्न प्रकार दिया गया है $-\dfrac{\mu_0 \mathbf{M}}{4\pi r^3}$
B. लघु द्विध्रुव के लिए अक्षीय क्षेत्र है $\dfrac{\mu_0 2\mathbf{M}}{4\pi r^3}$
C. टॉर्क के लिए बाह्य क्षेत्र $\mathbf{m}\times\mathbf{B}$ है।
D. ऊर्जा के लिए बाह्य क्षेत्र $-\mathbf{m}\times\mathbf{B}$ है।
अतः A → 3, B → 4, C → 2, D → 1

3 *(a)*
A. प्रत्यावर्ती धारा लगाने पर, किसी चुम्बक के उत्तरी और दक्षिणी ध्रुवों की स्थिति बदली जा सकती है।
B. गर्म करने पर चुम्बक के अणुओं की गतिज ऊर्जा बढ़ जाती है। गतिज ऊर्जा बढ़ने के कारण चुम्बकीय डोमेन अलग अलग दिशाओं में संकेत करते हैं, जिसके कारण चुम्बक विचुम्बकित हो जाता है।
C. अल्निकों, एल्युमिनियम, निकेल और कोबाल्ट से बना होता है जिसे स्थायी चुम्बक के रूप में जाना जाता है।
D. चुम्बक के निर्देशक गुण का उपयोग कम्पास में उत्तर और दक्षिण दिशाओं को खोजने के लिए किया जाता है।
अतः A → 3, B → 4, C → 2 और D → 1

आंकिक मान प्रकार के प्रश्न

1 *(4)* मान लीजिए बिन्दु P चुम्बकों के मध्य बिन्दु है

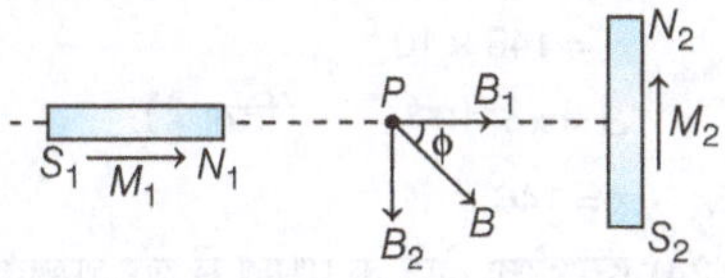

बिन्दु P पर चुम्बक 1 के कारण चुम्बकीय क्षेत्र,
$$B_1 = \frac{\mu_0}{4\pi}\frac{2M_1}{r_1^3} = \frac{10^{-7}\times 2\times 4.0}{(1)^3}$$
$= 8\times 10^{-7}$ टेस्ला
बिन्दु P पर चुम्बक 2 के कारण चुम्बकीय क्षेत्र,
$$B_2 = \frac{\mu_0}{4\pi}\cdot\frac{M_2}{(r_2)^3} = \frac{10^{-7}\times 4.0}{(1)^3}$$
$= 4\times 10^{-7}$ टेस्ला
बिन्दु P पर परिणामी चुम्बकीय क्षेत्र,
$$B = \sqrt{B_1^2 + B_2^2}$$
$$= \sqrt{(8\times 10^{-7})^2 + (4\times 10^{-7})^2}$$
$$= 4\sqrt{5}\times 10^{-7}$$
$B = n\sqrt{5}\times 10^{-7}$ टेस्ला (दिया है)
जहाँ, $n = 4$

2 *(125)* चुम्बक के अक्ष पर चुम्बकीय क्षेत्र,
$$B = \frac{\mu_0}{4\pi}\cdot\frac{2m}{d^3} = \frac{10^{-7}\times 2\times 0.5}{(0.2)^3}$$
$$= \frac{100\times 10^{-7}}{8} = 125\times 10^{-7}$$
दिया है, $B = x\times 10^{-7}$
$\therefore$ x का मान 125 है।

3 *(13)* बार चुम्बक के कारण चुम्बकीय क्षेत्र,
$$B = \frac{\mu_0}{4\pi}\cdot\frac{M}{r^3}\sqrt{1+3\cos^2\theta}$$
$$= 10^{-7}\times\frac{4.0}{(1)^3}\sqrt{1+3(\cos 30°)^2}$$
$$= 4\times 10^{-7}\sqrt{1+3\times\frac{3}{4}}$$
$$= 2\times 10^{-7}\times\sqrt{13} = 2\sqrt{13}\times 10^{-7}$$
$B = 2\sqrt{p}\times 10^{-7}$ (दिया है)
$\therefore \quad p = 13$

4 *(146)* चुम्बकीय आघूर्ण, $M = m \times 2l$

$= 25 \times 0.12$ ऐम्पियर-मीटर^2

चुम्बक के केन्द्र से अक्षीय रेखा पर 10 सेमी दूर स्थित बिन्दु पर चुम्बकीय प्रेरण

$$B = \frac{\mu_0}{4\pi} \times \frac{2Md}{(d^2 - l^2)^2}$$

$$= 10^{-7} \times \frac{2 \times 25 \times 0.12 \times 0.1}{[(0.1)^2 - (0.06)^2]^2}$$

$$= 146 \times 10^{-5}$$

$B = x \times 10^{-5}$ (दिया है)

$\therefore \quad x = 146$

5 *(24)* इन दोनों क्षेत्रों के प्रभाव में बार चुम्बक एक कोण बनाते हुए स्थिर सन्तुलन में पहुँच जाता है

$\theta_1 = 45°$, B_1 के साथ और

$\theta_2 = 75° - 45° = 30°$, B_2 के साथ

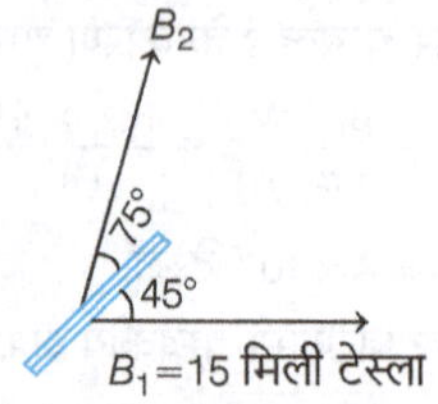

स्थिर सन्तुलन के लिए द्विध्रुव पर कार्य करने वाला कुल बल आघूर्ण शून्य होना चाहिए, अर्थात्,

$\tau_2 + \tau_2 = 0$ या $\tau_1 = \tau_2$

या $mB_1 \sin\theta_1 = mB_2 \sin\theta_2$

$$\Rightarrow B_2 = B_1 \times \frac{\sin\theta_1}{\sin\theta_2} = 17 \times \frac{\sin 45°}{\sin 30°}$$

$$= 17 \times \frac{1}{\sqrt{2}} \times 2$$

$= 24.03$ मिली-टेस्ला

≈ 24 मिली-टेस्ला

6 *(43)* दिया है, ध्रुव शक्ति

$m = 150$ CGS इकाई

$= 15$ ऐम्पियर-मीटर

अब, चुम्बकीय क्षेत्र

$$B = \frac{\mu_0}{4\pi} \times \frac{2Md}{(d^2 - l^2)^2} \quad \ldots(i)$$

जैसा कि हम जानते हैं कि,

$M = m \times 2l = 15 \times 0.1$

$= 1.5$ ऐम्पियर-मीटर^2

समी (i) से,

$$B = \frac{10^{-7} \times 2 \times 1.5 \times 0.2}{[(0.2)^2 - (0.05)^2]^2}$$

$$= 43 \times 10^{-6}$$

दिया है, $B = n \times 10^{-6}$ टेस्ला

$\therefore n = 43$

7 *(84)* बल आघूर्ण, $\tau = \mathbf{M_2} \times \mathbf{B_1}$

B_1 छोटे चुम्बक M_1 के कारण P पर चुम्बकीय क्षेत्र है

$$\tau = M_2 B_1 \sin 90°$$

$$= 12 \times \frac{\mu_0}{4\pi} \cdot \frac{M_1}{(1.2)^3} \times 1$$

$\Rightarrow \quad \tau = 84 \times 10^{-9}$ न्यूटन-मीटर

8 *(30)* दिया है, $M = 200$ ऐम्पियर-मीटर^2

$B = 0.30$ न्यूटन/ऐम्पियर-मीटर

$\tau = 30$ न्यूटन-मीटर

अनुभव किया गया बल आघूर्ण,

$$\tau = MB\sin\theta$$

$$\therefore \quad \sin\theta = \frac{\tau}{MB}$$

$$= \frac{30}{200 \times 0.3} = \frac{30}{60}$$

$$\sin\theta = \frac{1}{2}$$

$\Rightarrow \quad \sin\theta = \sin 30°$

$\therefore \quad \theta = 30°$

9 *(628)* दिया है, छड़ का आयतन,

$V = (10 \times 0.5 \times 0.4) \times 10^{-6}$

$= 2 \times 10^{-6}$ मी^{3}

चुम्बकीय शक्ति,

$H = 0.5 \times 10^{-4}$ ऐम्पियर/मीटर

चुम्बकीय आघूर्ण $M = 10$ ऐम्पियर-मीटर^2

अब, चुम्बकत्व

$I = \dfrac{M}{V} = \dfrac{10}{2 \times 10^{-6}} = 5 \times 10^6$ ऐम्पियर/मीटर

चुम्बकीय प्रेरण, $B = \mu_0 (H + I)$

$= 4\pi \times 10^{-7} [0.5 \times 10^4 + 5 \times 10^6]$

$= 6.28$ टेस्ला

$= 628 \times 10^{-2}$ टेस्ला

दिया है, $B = x \times 10^{-2}$

$\therefore \quad x = 628$

NCERT Exemplar प्रश्न

1 *(b)* जैसा कि हम जानते हैं,

$M \propto \dfrac{B\,(\text{चुम्बकीय क्षेत्र प्रेरण})}{T\,(\text{केल्विन में तापमान})}$

$$\Rightarrow \frac{M_2}{M_1} = \frac{B_2}{B_1} \times \frac{T_1}{T_2}$$

दिया है, $M_1 = 8$ ऐम्पियर/मीटर,

$B_1 = 0.6$ टेस्ला और $T_1 = 4$ केल्विन,

$B_2 = 0.2$ टेस्ला तथा $T_2 = 16$ केल्विन

$$\Rightarrow \quad \frac{0.2}{0.6} \times \frac{4}{16} = \frac{M_2}{8}$$

$\Rightarrow \quad M_2 = 8 \times \dfrac{1}{12} = \dfrac{2}{3}$ ऐम्पियर/मीटर

2 *(c)* टोरॉइड (Toriod) के स्थिति में, चुम्बकीय क्षेत्र केवल टोरॉइड तन्त्र के अन्दर ही केन्द्रित चुम्बकीय बल रेखाओं के रूप में सीमित होता है और टोरॉइड के तन्त्र के बाहर कोई चुम्बकीय क्षेत्र नहीं होता है। ऐसा इसलिए है, क्योंकि लूप में कोई धारा नहीं होती है। इस प्रकार, टोरॉइड का चुम्बकीय आघूर्ण शून्य होता है। सामान्य तौर पर, यदि हम r को टोरॉइड के बाहर एक बड़ी दूरी के रूप में लेते हैं, तो $m \propto \dfrac{1}{r^3}$ लेकिन यहाँ यह स्थिति सम्भव नहीं है।

3 *(d)* जैसा कि हम जानते हैं, कि स्थायी चुम्बक एक ऐसा पदार्थ है जो कमरे के ताप पर अधिक समय तक लौहचुम्बकीय गुण बनाए रखता है। लौहचुम्बकीय पदार्थ में अलग-अलग परमाणुओं में अनुचुम्बकीय पदार्थ की तरह ही द्विध्रुव आघूर्ण होता है। हालाँकि, वे एक दूसरे के साथ इस तरह से परस्पर प्रभाव डालते हैं कि वे डोमेन नामक सूक्ष्म आयतन पर एक सामान्य दिशा में स्वतः को सहज रूप से संरेखित करते हैं। इस प्रकार, हम कह सकते हैं। कि कमरे के ताप पर एक स्थायी चुम्बक में सभी डोमेन पूरी तरह से संरेखित होते हैं।

4 *(b)* जैसा कि गॉस का नियम $\oint_S \mathbf{E} \cdot d\mathbf{S} = \dfrac{q}{\varepsilon}$

स्थिर वैद्युतिकी क्षेत्र के लिए कहता है। यह स्थिर वैद्युतिकी क्षेत्रों के लिए विरोधाभासी नहीं है क्योंकि विद्युत क्षेत्र रेखाएं निरंतर बंद पथ नहीं बनाती है।

चुम्बकीय क्षेत्र में गॉस के नियम के अनुसार,

$$\oint_S \mathbf{B} \cdot d\mathbf{S} = 0$$

यह चुम्बकीय क्षेत्र के लिए विरोधाभासी है, क्योंकि परिनालिका के अंदर एक चुम्बकीय क्षेत्र होता है और परिनालिका के बाहर कोई विद्युत धारा प्रवाहित करने वाला क्षेत्र नहीं होता है, लेकिन चुम्बकीय क्षेत्र रेखाएँ बन्द पथ बनाती हैं।

विगत परीक्षाओं के प्रश्न

1 *(a)* प्रतिचुम्बकीय पदार्थ के लिए, चुम्बकीय प्रवृत्ति χ अल्प तथा ऋणात्मक होती है।
अर्थात् $0 > \chi \geq -1$
लौहचुम्बकीय पदार्थ के लिए, $\chi >> 1$
अनुचुम्बकीय पदार्थ के लिए, $0 < \chi < \varepsilon$
(ε सूक्ष्म तथा धनात्मक संख्या है) तथा
अचुम्बकीय पदार्थ के लिए, $\chi = 0$
अतः विकल्प (a) सही है।

2 *(b)*

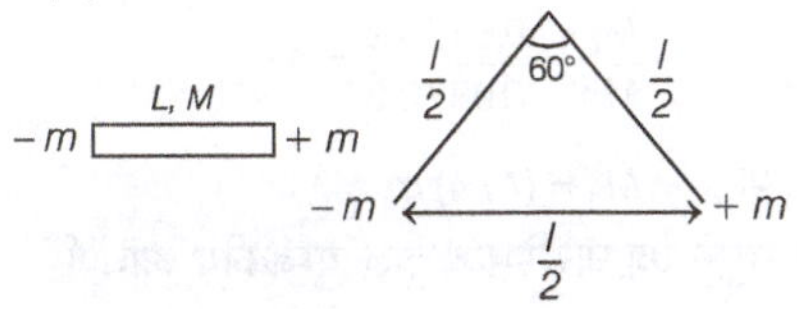

चुम्बकीय आघूर्ण, $M = m \cdot L$
नया चुम्बकीय आघूर्ण,
$$M' = m \cdot L' = m \cdot \frac{l}{2} = \frac{ml}{2}$$
अतः, $M' = \frac{M}{2}$

3 *(d)* दिया है, चुम्बकीय क्षेत्र, $B = 0.049$ टेस्ला
आवर्तकाल, $T = \frac{5}{20} = \frac{1}{4}$ सेकण्ड
जड़त्व आघूर्ण, $I = 9.8 \times 10^{-6}$ किग्रा-मी^{2}
चुम्बकीय क्षेत्र में चुम्बकीय सुई के दोलनों का आवर्तकाल, $T = 2\pi\sqrt{\frac{I}{MB}}$
जहाँ, M = सुई का चुम्बकीय आघूर्ण
$$\therefore \quad T = 2\pi\sqrt{\frac{9.8 \times 10^{-6}}{M \times 0.049}}$$
$$\left(\frac{1}{4}\right)^2 = (2\pi)^2 \left(\frac{9.8 \times 10^{-6}}{M \times 0.049}\right)$$
$$\frac{1}{16} = \frac{4\pi^2 \times 2 \times 10^{-4}}{M}$$
$$\Rightarrow \quad M = 16 \times 8 \times \pi^2 \times 10^{-4}$$
$$= 128\pi^2 \times 10^{-4} \text{ ऐम्पियर-मी}^2$$
$$= 1280\pi^2 \times 10^{-5} \text{ ऐम्पियर-मी}^2$$

4 *(b)* हम जानते है, कि धारा ले जाने वाली परिनालिका के कारण चुम्बकीय क्षेत्र,
$$B = \mu_0 nI \Rightarrow \mu_0 = \frac{B}{nI}$$
$$\Rightarrow [\mu_0] = \frac{[B]}{[n][I]} = \frac{\left[\frac{F}{IL}\right]}{[n][I]} \qquad [\because F = IBL]$$
$$= \frac{[F]}{[n][L][I^2]}$$
$$= \frac{[MLT^{-2}]}{[L^{-1}][L][A^2]}$$
$$= [MLT^{-2}A^{-2}]$$

5 *(d)* पृष्ठ, $\mu_m = \mu_0(1 + \chi)$
$$= 4\pi \times 10^{-7}(1 + 599)$$
$$= 24\pi \times 10^{-4} \text{ टेस्ला मिली ऐम्पीयर}$$

6 *(d)* एक बन्द पृष्ठ के माध्यम से कुल चुम्बकीय फ्लक्स शून्य है क्योंकि पृष्ठ से निकलने वाली क्षेत्र रेखाओं की संख्या पृष्ठ में प्रवेश करने वाली क्षेत्र रेखाओं की संख्या के बराबर होती है।

7 *(b)* चुम्बक को घुमाने में किया गया कार्य,
$$W = MB(\cos\theta_0 - \cos\theta)$$
जहाँ, M = चुम्बक का चुम्बकीय आघूर्ण तथा
B = चुम्बकीय क्षेत्र
$$W = MB(\cos 0° - \cos 60°)$$
$$= MB\left(1 - \frac{1}{2}\right) = \frac{MB}{2}$$
$$\therefore \quad MB = 2W \qquad \ldots(i)$$
इस स्थिति में चुम्बक पर बल आघूर्ण,
$$\tau = \mathbf{M} \times \mathbf{B}$$
$$= MB\sin\theta = 2W\sin 60° \quad [\text{समी (i) से}]$$
$$= 2W\frac{\sqrt{3}}{2} = \sqrt{3}W$$

8 *(d)* जैसा कि हम जानते हैं, चुम्बकीय पारगम्यता और पदार्थ की चुम्बकशीलता के बीच सम्बन्ध,
$$\mu_r = 1 + \chi_m \qquad \ldots(i)$$
$\because$ प्रतिचुम्बकीय पदार्थों के लिए,
$\mu_r < 1$ अतः समीकरण (i) के अनुसार प्रतिचुम्बकीय पदार्थ की चुम्बक शीलता (χ_m) ऋणात्मक होगी।

9 *(c)* चुम्बकीय आघूर्ण S से N तक है।
$$M_{\text{कुल}} = \sqrt{M^2 + M^2 + 2M^2\cos\theta}$$
यदि $\cos\theta$ अधिकतम है तो $M_{\text{कुल}}$ अधिकतम होगा। जब $\cos\theta$ अधिकतम होगा तो θ न्यूनतम होगा।
तो, $\theta = 30°$ पर $M_{\text{कुल}}$ अधिकतम होगा।

10 *(b)* चुम्बकीय पदार्थ की चुम्बकीय प्रवृत्ति चुम्बकन H क्षेत्र पर निर्भर नहीं करती है।

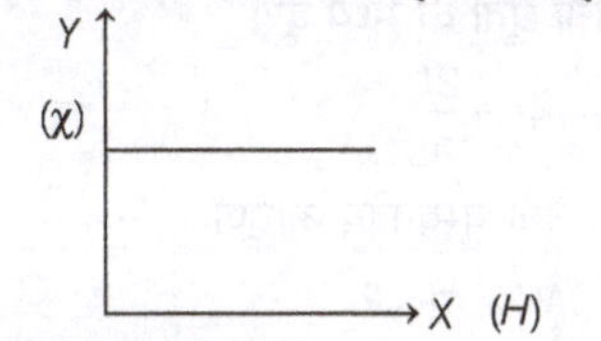

$\therefore \quad A \rightarrow III$

धारावाही तार के कारण $x < a$ के लिए चुम्बकीय क्षेत्र,
$$B = \frac{\mu_0 Ix}{2\pi a^2} \Rightarrow B \propto x$$

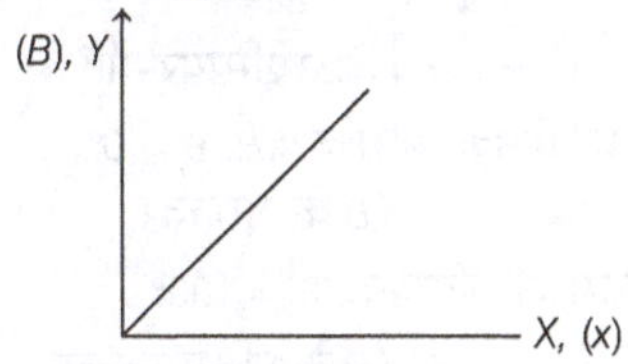

$\therefore \quad B \rightarrow I$

$x > a$ के लिए धारावाही तार के कारण चुम्बकीय क्षेत्र,

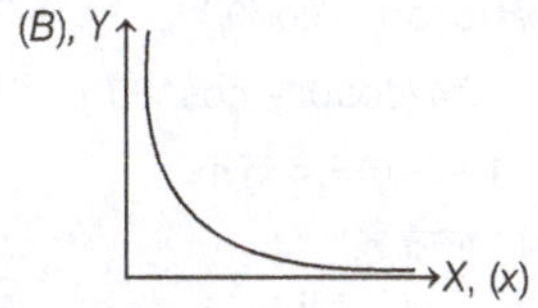

परिनालिका के अन्दर चुम्बकीय क्षेत्र नियत है एवं परिनालिका के बाहर शून्य है।

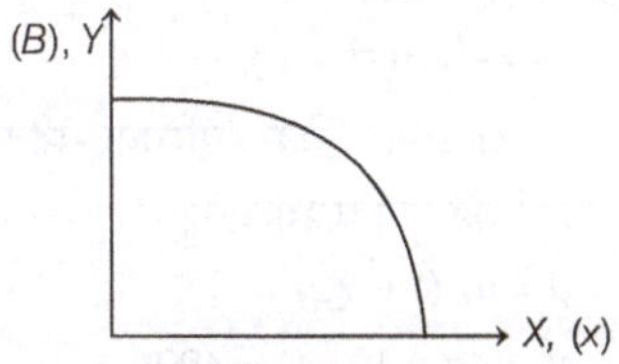

$\therefore \quad D \rightarrow II$

11 *(c)* अनुचुम्बकीय पदार्थ का स्वयं का दुर्बल द्विध्रुव आघूर्ण होता है। अतः वे चुम्बकीय क्षेत्र की दिशा में संरेखित होने की प्रवृत्ति रखते हैं एवं इनकी चुम्बकीय प्रवृत्ति एक छोटी धनात्मक संख्या है।

12 *(28)* सीधी पट्टी का चुम्बकीय आघूर्ण,
$M = 44$ ऐम्पियर-मी^{2}
जब इसे अर्द्धवृत्ताकार आकृति में मोड़ा जाता है

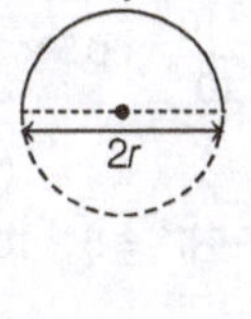

$l = \pi r$ या $r = \frac{l}{\pi}$

∵ दोनों ध्रुवों के मध्य दूरी

$2r = \frac{2l}{\pi}$

अतः नया चुम्बकीय आघूर्ण

$M' = m \times 2r$

$= m \times \frac{2l}{\pi}$

$= \frac{2}{\pi}(m \times l)$ $(\because m \times l = M)$

$= \frac{2}{\pi} \times 44 = \frac{2}{22} \times 44 \times 7$

$= 7 \times 4 = 28$ ऐम्पियर-मी^{2}

13 *(c)* प्रारम्भिक अभिविन्यास, $\theta_i = 0°$
(B के समान्तर)

अन्तिम अभिविन्यास, $\theta_f = 180°$
(B के प्रतिसमानान्तर)

द्विध्रुव को θ_i स्थिति से θ_f तक पर घुमाने में किया गया कार्य,

$W = MB(\cos\theta_i - \cos\theta_f)$

$= 5 \times 0.4 (\cos 0° - \cos 180°)$

$= 2(1-(-1)) = 4$ जूल

14 *(c)* हम जानते हैं,

$\mu_R = 1 + \chi \Rightarrow \frac{\mu_m}{\mu_0} = 1 + 99$

$\Rightarrow \mu_m = \mu_0 \times 100$

$= 4\pi \times 10^{-7} \times 100$

$= 4\pi \times 10^{-5}$ वेबर/ऐम्पियर-मीटर

15 *(b)* पदार्थ की पूर्ण पारगम्यता,

$\mu = \mu_0(1 + \chi_m)$

$\Rightarrow \mu = 4\pi \times 10^{-7}(1 + 499)$

$= 4\pi \times 10^{-7} \times 500$

$= 2\pi \times 10^{-4}$ हेनरी/मीटर

16 *(b)* लौह क्रोड परिनालिका का चुम्बकीय आघूर्ण,

$M = \mu_r NiA$

$M = \mu_r Ni\frac{V}{l}$ $\left\{\because A = \frac{V}{l}\right\}$

उपरोक्त समीकरण में सभी दिए गए मानों को प्रतिस्थापित करने पर,

$M = 1000 \times \frac{10}{10^{-2}} \times 0.5 \times 10^{-3}$

$(\because V = 10^{-3}$ मी$^3)$

$= 500$ ऐम्पियर-मी^{2} $= 5 \times 10^2$ ऐम्पियर-मीटर^2

17 *(c)* एक परिनालिका के लिए, चुम्बकीय प्रेरण,

$B = \mu_0 nI$ ...(i)

या $B = \mu_0 H$ ...(ii)

समी (i) और (ii) से,

$\mu_0 nI = \mu_0 H$

या $H = nI = \frac{N}{l}I$

$H = \frac{100}{0.2} \times 5.2 = 2600$ ऐम्पियर/मीटर

स्किल बूस्टर्स

1 *(b)* स्थिर सन्तुलन में, दो चुम्बकीय क्षेत्रों का बल आघूर्ण

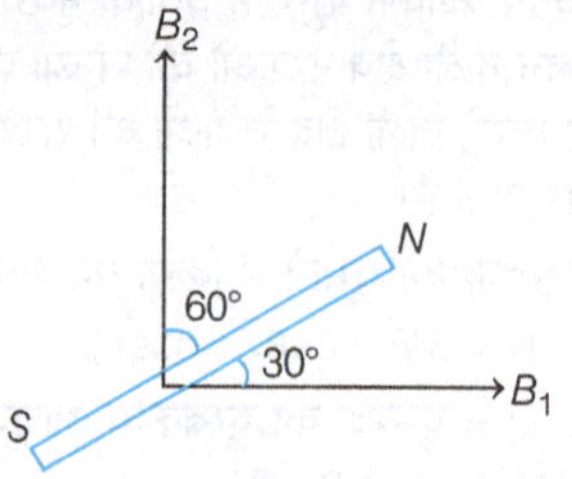

अर्थात् $\tau_1 = \tau_2$

$\Rightarrow MB_1 \sin\theta_1 = MB_2 \sin\theta_2 \Rightarrow B_2 = \frac{B_1 \sin\theta_1}{\sin\theta_2}$

$= \frac{3 \times 10^{-2} \times \sin 30°}{\sin 60°}$

$= \frac{3 \times 10^{-2} \times \frac{1}{2}}{\frac{\sqrt{3}}{2}} = \sqrt{3} \times 10^{-2}$ टेस्ला

2 *(b)* छड़ चुम्बक का जड़त्व आघूर्ण,

$I = \frac{ml^2}{12}$

केन्द्र से गुजरने वाली लम्बाई के लम्बवत अक्ष के चारों ओर जड़त्व आघूर्ण,

$I' = \frac{\frac{m}{2}\left(\frac{l}{2}\right)^2}{12} = \frac{ml^2}{12} \times \frac{1}{8} = \frac{I}{8}$ $(\because ml^2 = 12I)$

चुम्बकीय द्विध्रुव आघूर्ण, $M' = \frac{M}{2}$

दोलन की समय अवधि, $T' = 2\pi\sqrt{\frac{I}{MB}}$

$\therefore T' = 2\pi\sqrt{\frac{I'}{M'B}} = 2\pi\sqrt{\frac{\frac{I}{8}}{\frac{M}{2}B}}$

$\Rightarrow T' = \frac{2\pi}{2}\sqrt{\frac{I}{MB}} = \frac{T}{2}$

3 *(b)* प्रति मीटर फेरों की संख्या,

$= \frac{N}{l} = \frac{3500}{94 \times 10^{-2}}$

$= 3723.4$ प्रति मीटर

अब, क्रोड में चुम्बकीय क्षेत्र,

$B = \mu_0 \mu_e nI$

$= 4\pi \times 10^{-7} \times 800 \times 37763.4 \times 20$

$= 7.4$ टेस्ला

4 *(c)* किसी दिए गए नमूने के लिए,

$M \propto B/T$

या $\frac{M_1}{M_2} = \frac{B_1/T_1}{B_2/T_2}$

दिया है, $B_1 = 0.84$ टेस्ला $B_2 = 0.98$ टेस्ला

$T_1 = 4.2$ केल्विन और $T_2 = 2.8$ केल्विन

इस प्रकार,

$\frac{M_1}{M_2} = \frac{0.84/4.2}{0.98/2.8} = 4/7$

या $M_2 = (7/4)m_1$

नमूने का प्रारम्भिक कुल चुम्बकीय आघूर्ण,

$M_1 = nm$ का 15%

$M_1 = \frac{15 \times 2 \times 10^{24} \times 1.5 \times 10^{-23}}{100}$

$= 4.5$ जूल/टेस्ला

इस प्रकार $m_2 = (7/4)(4.5)$

$= 7.9$ जूल/टेस्ला

5 *(c)* घन डोमेन का आयतन,

$V = (2 \times 10^{-6})$ सेमी^{3} $= 8 \times 10^{-18}$ सेमी^{3}

एक डोमेन में परमाणुओं की संख्या,

$N = \frac{\text{कुल द्रव्यमान} \times \text{आवग्राद्रो संख्या}}{\text{अणु द्रव्यमान}}$

$N = \frac{\text{कुल द्रव्यमान} \times \text{आवग्राद्रो संख्या}}{\text{अणु द्रव्यमान}}$

$= \frac{8 \times 10^{-18} \times 7.92 \times 6.023 \times 10^{23}}{55} \times 10^6$

$= 6.92 \times 10^{11}$ परमाणु

डोमेन का कुल द्विध्रुवीय आघूर्ण,

$M_n = N \times M$

$= 6.92 \times 10^{11} \times 9.27 \times 10^{-27}$

$= 64 \times 10^{-16}$ ऐम्पियर-मीटर^2

अतः चुम्बकन की तीव्रता,

$I = \frac{M_n}{V} = \frac{64 \times 10^{-16}}{8 \times 10^{-18}}$

$= 8 \times 10^2$ ऐम्पियर/मीटर

6 *(c)*

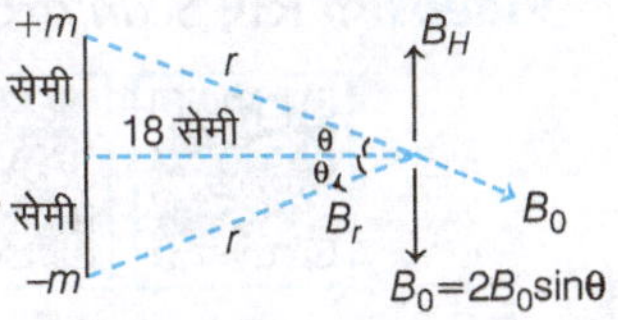

अर्थात् $\frac{2\mu_0}{4\pi}\frac{m}{r^2}\times\frac{7}{r}=0.4\times10^{-4}$

$$\Rightarrow 2\times10^{-7}\times\frac{m\times7}{(7^2+18^2)^{3/2}}\times10^4 = 0.4\times10^{-4}$$

$$m=\frac{4\times10^{-2}\times(373)^{3/2}}{14}$$

$M = m\times14$ सेमी $= m\times\frac{14}{100}$

$$=\frac{0.04\times(373)^{3/2}}{14}\times\frac{14}{100}$$

$$=4\times10^{-4}\times7203.82$$

$= 2.88$ जूल/टेस्ला

7 *(d)* दिया है, वृत्ताकार कुण्डली के फेरों की संख्या, $n = 16$

वृत्ताकार कुण्डली की त्रिज्या,

$r = 10$ सेमी $= 0.1$ मी

धारा, $I = 0.75$ ऐम्पियर

चुम्बकीय क्षेत्र, $B = 5.0\times10^{-2}$ टेस्ला

आवृत्ति, $f = 2$ प्रति सेकण्ड

कुण्डली का चुम्बकीय आघूर्ण,

$$M = nIA = 16\times0.75\times\pi\,(0.1)^2$$

$$= 16\times0.75\times3.14\times0.1\times0.1$$

$= 0.377$ जूल/टेस्ला

कुण्डली के दोलन की आवृत्ति,

$$f=\frac{1}{2\pi}\sqrt{\frac{M\times B}{I}}$$

जहाँ, I = कुण्डली का जड़त्व आघूर्ण

दोनों पक्षों का वर्ग करने पर, हमें प्राप्त होता है

$$f^2=\frac{1}{4\pi^2}\cdot\frac{MB}{I}$$

$$\Rightarrow \quad I=\frac{MB}{4\pi^2 f^2}$$

$$=\frac{0.377\times5\times10^{-2}}{4\times3.14\times3.14\times2\times2}$$

$= 1.2\times10^{-4}$ किग्रा-मी^{2}

इस प्रकार कुण्डली का जड़त्व आघूर्ण

$= 1.2\times10^{-4}$ किग्रा-मी^{2}

8 *(d)* प्रत्येक चुम्बक अपनी ध्रुव शक्ति और चुम्बकीय आघूर्ण के सम्बन्ध में समान होता है।

जब एक चुम्बक के उत्तरी ध्रुव को दूसरे चुम्बक के दक्षिणी ध्रुव के पास रखा जाता है, तो कुल ध्रुव शक्ति शून्य हो जाती है। इसलिए, दिए गए संयोजन का प्रभावी चुम्बकीय आघूर्ण शून्य है।

9 *(d)* इन चुम्बक द्वारा बिन्दु P पर उत्पन्न चुम्बकीय क्षेत्र परस्पर लम्बवत हैं। इसलिए उनका परिणामी क्षेत्र

$$B=\left[\left(\frac{\mu_0}{4\pi}\frac{m}{r^3}\right)^2+\left(\frac{\mu_0}{4\pi}\frac{2m}{r^3}\right)^2\right]^{1/2}$$

$$=\frac{\mu_0}{4\pi}\frac{m}{r^3}(1+4)^{1/2}$$

$$B=\frac{\mu_0}{4\pi}\frac{m\sqrt{5}}{r^3}$$

10 *(b)* प्रारम्भिक स्थिति में,

$$T\propto\frac{1}{\sqrt{M_1+M_2}}$$

और द्वितीय स्थिति पर,

$$T\propto\frac{1}{\sqrt{M_1-M_2}}$$

$$\Rightarrow \quad \frac{3^2}{T^2}=\frac{2M-M}{2M+M}$$

$\therefore \quad T^2 = 9\times3$ सेकण्ड^2

$\therefore \quad T = 3\sqrt{3}$ सेकण्ड

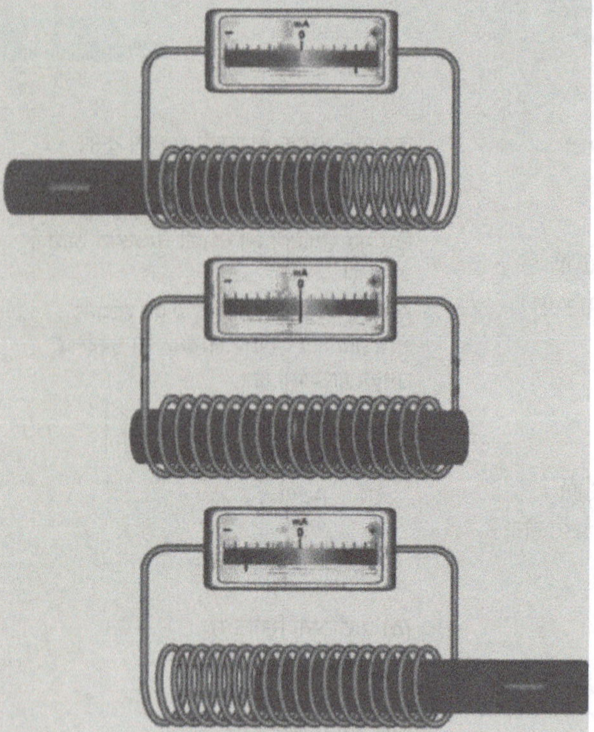

06

भौतिकी की Concept Master *Videos* के लिए *Scan* करें

विद्युत चुम्बकीय प्रेरण

Electromagnetic Induction

5 वर्षों में NEET में पूछे गये शीर्षकवार प्रश्न

शीर्षक	वर्षवार प्रश्नों की संख्या				
	2024	2023	2022	2021	2020
चुम्बकीय फ्लक्स	–	–	1	–	–
फैराडे के प्रेरण के नियम	1	–	1	–	1
गतिक विद्युत वाहक बल	1	–	–	–	1
प्रेरकत्व	–	1	–	1	1
AC जनित्र	–	–	–	–	–

NEET में विगत 5 वर्षों में पूछे गये विशेष प्रकार के प्रश्न

प्रकार	वर्ष				
	2024	2023	2022	2021	2020
अभिकथन-कारण	–	–	–	–	–
कथन आधारित	–	–	–	–	–
सुमेलन	–	–	–	–	–

NEET के विगत 5 वर्षों का भारांकन

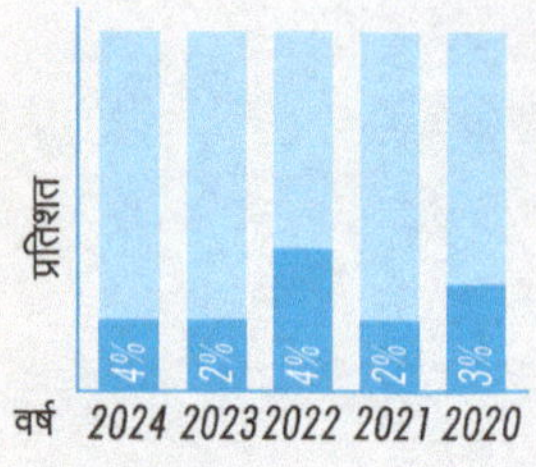

- ऑस्र्टेड, ऐम्पियर और कुछ अन्य वैज्ञानिकों ने सत्यापित किया कि **चुम्बकीय क्षेत्र, विद्युत धारा द्वारा उत्पन्न होता है।** दूसरी ओर, माइकल फैराडे और जोसेफ हेनरी के प्रयोगों ने प्रदर्शित किया कि परिवर्तनशील **चुम्बकीय क्षेत्र के द्वारा भी विद्युत धारा उत्पन्न की जा सकती है।**
- चुम्बकीय क्षेत्र को परिवर्तित करके विद्युत वाहक बल (EMF) या विद्युत धारा उत्पन्न होने की घटना को **विद्युत चुम्बकीय प्रेरण** (EMF) कहा जाता है।
- विद्युत चुम्बकीय प्रेरण (EMI) की प्रक्रिया द्वारा चालक में विकसित विद्युत वाहक बल को **प्रेरित विद्युत वाहक बल** (Induced EMI) के रूप में जाना जाता है और यदि चालक एक बन्द लूप के रूप में है, तो चालक में प्रवाहित होने वाली धारा को **प्रेरित धारा** (Induced current) के रूप में जाना जाता है।

फैराडे एवं हेनरी के प्रयोग

(The Experiments of Faraday and Henry)

विद्युत चुम्बकीय प्रेरण की खोज तथा विश्लेषण फैराडे और हेनरी द्वारा किए गए प्रयोगों की एक लम्बी शृंखला पर आधारित है। कुछ प्रयोग नीचे दिए गए हैं

- **प्रयोग 1** जब एक दण्ड चुम्बक को कुण्डली की ओर धकेला जाता है, तो धारामापी (गैल्वेनोमीटर) का संकेतक G विक्षेपित होता है, जैसा कि नीचे चित्र में दर्शाया गया है। यह विक्षेपण कुण्डली में विद्युत धारा की उपस्थिति को दर्शाता है। यह विक्षेपण तभी तक रहता है, जब तक दण्ड चुम्बक गति में रहता है। जब चुम्बक को स्थिर रखा जाता है, तो धारामापी (Galvanometer) कोई विक्षेपण नहीं दर्शाता है।

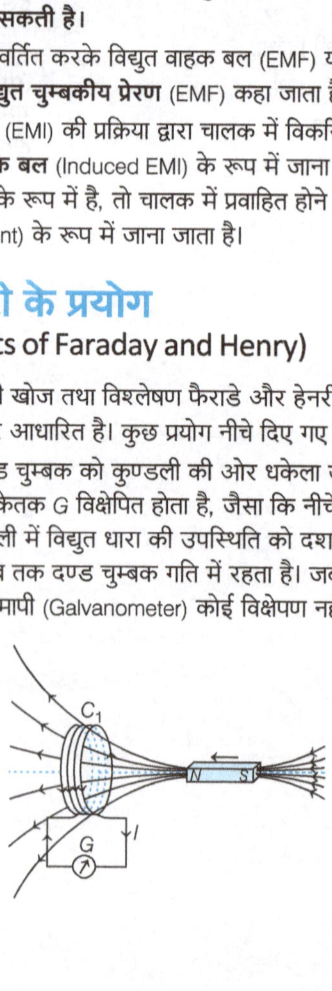

- **प्रयोग 2** निचे आरेख में दर्शाए अनुसार, धारावाही कुण्डली C_2 की गति के कारण कुण्डली C_1 में धारा प्रेरित (Induced) होती है। यह कुण्डलियों के बीच सापेक्ष गति है, जो विद्युत धारा को प्रेरित करती है।

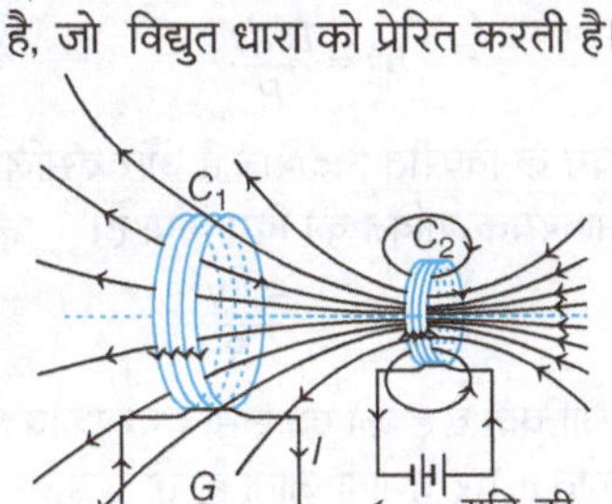

- **प्रयोग 3** इस प्रयोग में दो कुण्डलियों C_1 एवं C_2 को स्थिर रखा गया है। कुण्डली C_1 को एक गैल्वेनोमीटर (G) से जोड़ा गया है, जबकि दूसरी कुण्डली C_2 को एक दाब-कुँजी K के द्वारा एक बैटरी से चित्रानुसार जोड़ा जाता है।

  जब दाब-कुँजी K को दबाया जाता है, तो गैल्वेनोमीटर एक क्षणिक विक्षेप दर्शाता है। गैल्वेनोमीटर का संकेतक तत्काल शून्य पर वापस आ जाता है।

  यदि कुँजी को निरन्तर दबाकर रखा जाए, तो गैल्वेनोमीटर में कोई विक्षेप नहीं होता है। जब कुँजी को छोड़ा जाता है, तो पुनः एक क्षणिक विक्षेप देखा जाता है, लेकिन यह विक्षेप विपरीत दिशा में होता है।

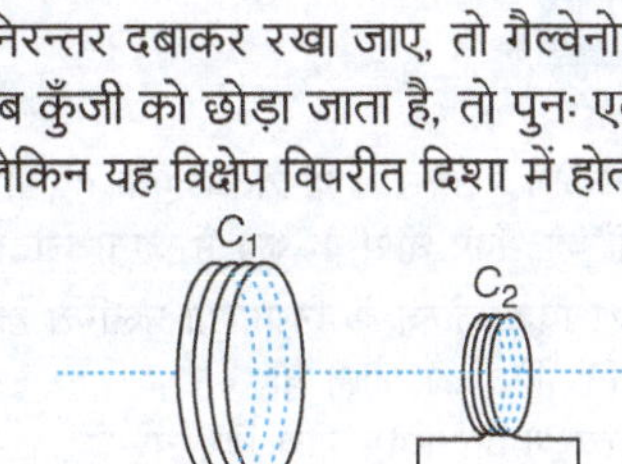

चुम्बकीय फ्लक्स (Magnetic Flux)

- जब किसी पृष्ठ को चुम्बकीय क्षेत्र में रखा जाता है, तो पृष्ठ क्षेत्रफल के अभिलम्बवत् गुजरने वाली चुम्बकीय क्षेत्र रेखाओं की कुल संख्या को उस पृष्ठ का **चुम्बकीय फ्लक्स** कहते हैं।
- एकसमान चुम्बकीय क्षेत्र **B** में रखे पृष्ठ क्षेत्रफल **A** के तल से बद्ध चुम्बकीय फ्लक्स नीचे चित्र में दर्शाया गया है।

  इसे $\phi_B = \mathbf{B} \cdot \mathbf{A} = BA\cos\theta$ के रूप में प्रदर्शित किया जाता है। NEET 2022

  जहाँ, θ = **B** और **A** के बीच का कोण है

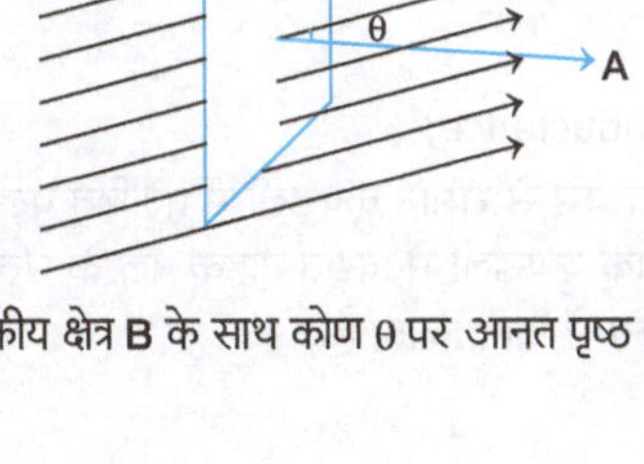

एकसमान चुम्बकीय क्षेत्र **B** के साथ कोण θ पर आनत पृष्ठ क्षेत्रफल **A** का तल

- **चुम्बकीय फ्लक्स का SI मात्रक** वेबर (Wb) या टेस्ला-मीटर^2 (T-m^2) है। यह एक सदिश राशि है।

फैराडे के प्रेरण के नियम (Faraday's Law of Induction)

- **प्रथम नियम** जब किसी परिपथ से बद्ध चुम्बकीय फ्लक्स के मान में समय के साथ परिवर्तन किया जाता है, तो परिपथ में एक विद्युत वाहक बल तभी तक प्रेरित होता है, जब तक कि फ्लक्स में परिवर्तन नहीं होता है।
- **द्वितीय नियम** परिपथ में उत्पन्न प्रेरित विद्युत वाहक बल का परिमाण परिपथ के चुम्बकीय फ्लक्स में समय के साथ होने वाले परिवर्तन की दर के बराबर होता है। [NEET 2020]

  गणितीय रूप से, प्रेरित विद्युत वाहक बल

$$\varepsilon = \frac{-d\phi_B}{dt}$$

ऋणात्मक चिन्ह प्रेरित विद्युत वाहक बल ε की ध्रुवता को दर्शाता है। अतः यह बन्द लूप में धारा की दिशा को प्रदर्शित करता है।

- N फेरों की एक बन्द घुमावदार कुण्डली में, प्रत्येक फेरे से सम्बद्ध चुम्बकीय फ्लक्स में परिवर्तन समान होता है इसलिए कुल प्रेरित विद्युत वाहक बल के लिए व्यंजक निम्न है

$$\varepsilon = -\frac{Nd\phi_B}{dt}$$

NEET 2019

- बन्द कुण्डली में फेरों की संख्या N को बढ़ाकर प्रेरित विद्युत वाहक बल को बढ़ाया जा सकता है।

लेन्ज का नियम तथा ऊर्जा संरक्षण (Lenz's Law and Conservation of Energy)

- लेन्ज के नियमानुसार, "किसी परिपथ में प्रेरित धारा की दिशा ऐसी होती है कि यह प्रेरित धारा उत्पन्न करने वाले परिपथ से सम्बद्धित चुम्बकीय फ्लक्स में परिवर्तन का विरोध करती है।
- प्रेरित विद्युत वाहक बल, $\varepsilon = \frac{-d\phi_B}{dt}$ में ऋणात्मक चिह्न प्रेरित विद्युत वाहक बल के सन्दर्भ में चुम्बकीय फ्लक्स की विपरीत प्रकृति को दर्शाता है।
- परिपथ से बद्ध चुम्बकीय फ्लक्स में परिवर्तन को रखने के लिए, कुण्डली के प्रेरित विद्युत वाहक बल के कारण विरोध के विरुद्ध कुछ यान्त्रिक कार्य करना पड़ता है। यह बाह्य यान्त्रिक कार्य परिपथ में विद्युत ऊर्जा के रूप में दिखाई देता है।
- यह नियम, ऊर्जा के संरक्षण के नियम पर आधारित है।

लेन्ज के नियम की सहायता से प्रेरित धारा की दिशा (Direction of Induced Current with the help of Lenz's Law)

- प्रेरित धारा की दिशा यह जाँच कर निर्धारित की जा सकती है कि किसी चालक लूप या परिपथ से गुजरने वाला चुम्बकीय फ्लक्स बढ़ रहा है या घट रहा है।
- यदि फ्लक्स में वृद्धि हो रही है, तो प्रेरित धारा के कारण चुम्बकीय क्षेत्र, चुम्बकीय फ्लक्स में परिवर्तन का विरोध करने के लिए विद्यमान चुम्बकीय क्षेत्र के विपरीत होगा, जैसा कि चित्र (a) में दर्शाया गया है।

- यदि फ्लक्स कम हो रहा है, तो प्रेरित धारा के कारण चुम्बकीय क्षेत्र, चुम्बकीय फ्लक्स में परिवर्तन का विरोध करने के लिए चित्र (*b*) में दर्शाए गए विद्यमान चुम्बकीय क्षेत्र के अनुदिश होगा।

Concept Master
Video के लिए

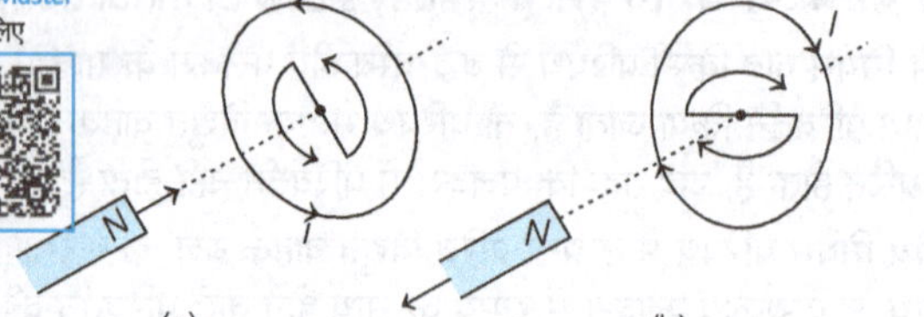

(a) लूप में प्रेरित धारा की दिशा इस प्रकार है कि छड़ चुम्बक प्रतिकर्षण बल का अनुभव करती है।

(b) लूप में प्रेरित धारा इस प्रकार है कि छड़ चुम्बक आकर्षक बल का अनुभव करता है।

गतिक विद्युत वाहक बल
(Motional Electromotive Force)

- किसी चालक की चुम्बकीय क्षेत्र में गति के कारण उसके सिरों पर प्रेरित विद्युत वाहक बल (emf) को **गतिक विद्युत वाहक** बल कहते हैं।
- जब लम्बाई *l* की एक चालक छड़ एकसमान चुम्बकीय क्षेत्र B (चित्रानुसार) के साथ गतिमान है, तब प्रेरित विद्युत वाहक बल का परिमाण होगा

$$|\varepsilon| = Blv$$

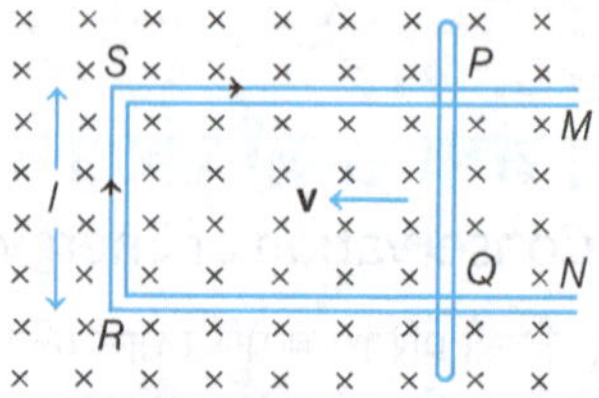

- एक स्थिर चालक की स्थिति में, इसके आवेशों पर लगने वाला बल,

$$\mathbf{F} = q(\mathbf{E} + \mathbf{v} \times \mathbf{B}) = q\mathbf{E}$$

चूँकि, $\mathbf{v} = 0$, इस प्रकार आवेश पर कोई भी बल केवल विद्युत क्षेत्र **E** से उत्पन्न होना चाहिए।

विद्युत वाहक बल से सम्बन्धित कुछ महत्त्वपूर्ण बिन्दुओं को नीचे निम्न प्रकार दिया गया है।

- यदि छड़, चुम्बकीय क्षेत्र की दिशा के साथ कोण θ बनाती हुई गतिमान है, तब $|\varepsilon| = Blv\sin\theta$

  $|\varepsilon| = 0$, **B** की समान्तर गति के लिए, अर्थात् $\mathbf{v} \parallel \mathbf{B}$
- यदि एक चालक छड़ दो समान्तर रेल पर चलती है, तो फिर से एक विद्युत वाहक बल प्रेरित होता है, जिसका परिमाण निम्न है

$$|\varepsilon| = Blv \qquad [\because \mathbf{v} \perp \mathbf{B}]$$

- प्रेरित धारा की दिशा **फ्लेमिंग के दाएँ हाथ के नियम** द्वारा दी जाती है।
- लूप में प्रेरित धारा को निम्न द्वारा दिया गया है

$$I = \frac{|\varepsilon|}{R} = \frac{Blv}{R}$$

जहाँ, R = लूप का प्रतिरोध

- धारा एवं चुम्बकीय क्षेत्र की उपस्थिति में, भुजा *PQ* (ऊपर दिए गए चित्र के अनुसार) एक चुम्बकीय बल का अनुभव करती है, जोकि निम्न प्रकार है

$$F = BIl = \frac{B^2 l^2 v}{R}$$

- उपर्युक्त बल छड़ के वेग के विपरीत निर्देशित है और इसलिए स्थिर वेग **v** को बनाए रखने के लिए आवश्यक शक्ति को दिया गया है।

$$P = +Fv = \frac{B^2 l^2 v^2}{R}$$

- जब लम्बाई *l* की एक धात्विक छड़ को एकसमान चुम्बकीय क्षेत्र *B* के अभिलम्बवत् कोणीय गति ω पर घुमाया जाता है, तो छड़ के आर-पार प्रेरित विद्युत वाहक बल निम्न प्रकार दिया जाता है $e = \frac{1}{2} Bl^2\omega$

NEET 2020

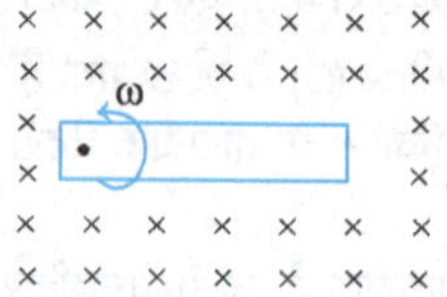

Marks Maximizer

भँवर धारा

- जब चालक से बद्ध चुम्बकीय फ्लक्स में परिवर्तन होता है, तो चालक के बड़े टुकड़ों में प्रेरित धाराओं को भँवर धारा के रूप में जाना जाता है।
- चालक में भँवर धारा की दिशा लेन्ज के नियम या फ्लेमिंग के दाएँ हस्त नियम को लागू करके निर्धारित की जाती है।

  भँवर धारा के कुछ महत्त्वपूर्ण अनुप्रयोग नीचे दिए गए हैं
- **प्रेरण भट्ठी** भँवर धारा के ताप प्रभाव पर आधारित है।
- विद्युत की खपत को ऊर्जा मीटर द्वारा भँवर धारा की संकल्पना का उपयोग करके रिकॉर्ड किया जाता है।
- भँवर धारा की संकल्पना का उपयोग स्पीडोमीटर में वाहन की तात्कालिक गति को मापने के लिए किया जाता है।
- भँवर धारा की संकल्पना का उपयोग विद्युत चुम्बकीय अवमन्दक में किया जाता है।

प्रेरकत्व (Inductance)

- किसी विद्युत परिपथ में विद्युत चालक की धारा के किसी भी परिवर्तन का विरोध करने की प्रवृत्ति को **प्रेरकत्व** (Inductance) कहते हैं।
- यह विद्युत परिपथ में वही भूमिका निभाता है, जो यान्त्रिकी में जड़त्व द्वारा निभाई जाती है। यह केवल कुण्डली (Coil) की ज्यामिति और आन्तरिक पदार्थ के गुणों पर निर्भर करता है।
- यह एक अदिश राशि है और इसका SI मात्रक हेनरी (H) है। इसका विमीय सूत्र $[ML^2T^{-2}A^{-2}]$ है।

स्व-प्रेरकत्व (Self-Inductance)

- धारा में परिवर्तन के माध्यम से समान कुण्डली में प्रवाहित फ्लक्स में परिवर्तन के कारण, वियुक्त पृथक् कुण्डली में विद्युत वाहक बल के उत्पादन की घटना को **स्व-प्रेरकत्व** के रूप में जाना जाता है।

- इस स्थिति में, N फेरों वाली कुण्डली से गुजरने वाला फ्लक्स-लिंकेज (Flux linkage), कुण्डली में प्रवाहित धारा के समानुपातिक होता है तथा इसे निम्न प्रकार व्यक्त किया जाता है।

$$N\phi_B \propto I \text{ या } N\phi_B = LI$$

जहाँ समानुपातिक स्थिरांक L को कुण्डली का **स्व-प्रेरण गुणांक** कहते हैं, इसे कुण्डली का स्व-प्रेरकत्व भी कहते हैं।

- स्व-प्रेरकत्व के कारण प्रेरित विद्युत वाहक बल होगा

$$\varepsilon = -\frac{d(N\phi_B)}{dt} = -L\frac{dI}{dt}$$

इस प्रकार, स्व-प्रेरित विद्युत वाहक बल (emf) सदैव कुण्डली में किसी भी धारा परिवर्तन (बढ़ना या घटना) का विरोध करता है।

- एक परिनालिका के लिए, जिसकी लम्बाई l फेरों की कुल संख्या N तथा अनुप्रस्थ काट का क्षेत्रफल A है, स्व-प्रेरकत्व L का मान निम्न होगा

$$L = \frac{\mu_0 N^2 A}{l} = \mu_0 n^2 Al = \mu_0 n^2 V$$

जहाँ, $n = \frac{N}{l}$ एवं V = परिनालिका का आयतन $= Al$

- यदि हम परिनालिका को आपेक्षिक चुम्बकशीलता μ_r वाले पदार्थ से भर दें, तो $L = \mu_r \mu_0 n^2 Al$.
- कुण्डली का स्व-प्रेरकत्व उसकी ज्यामिति एवं माध्यम की चुम्बकशीलता पर निर्भर करता है।
- स्व-प्रेरकत्व विद्युत वाहक बल को विरोधी विद्युत वाहक बल (back emf) भी कहते है, क्योंकि यह परिपथ में किसी भी धारा परिवर्तन का विरोध करता है। स्व-प्रेरकत्व, जड़त्व की भूमिका को निभाता है।
- प्रेरक को दी जाने वाली शक्ति, $P = (\varepsilon_{in})I = \left(L\frac{dI}{dt}\right)I$
- धारा स्थापित करने में, विरोधी विद्युत वाहक बल (Back emf) ε के विरुद्ध कार्य करना पड़ता है, इसे निम्न प्रकार प्रदर्शित किया जाता है

$$\frac{dW}{dt} = |\varepsilon| I$$

$$W = \int_0^I LI\,dI = \frac{1}{2}LI^2$$

NEET 2023

यह कार्य **चुम्बकीय स्थितिज ऊर्जा** के रूप में संचित हो जाता है।

अन्योन्य प्रेरकत्व (Mutual Inductance)

- वह घटना, जिसके द्वारा एक कुण्डली में धारा परिवर्तन या निकटवर्ती युग्मित कुण्डली से सम्बद्ध चुम्बकीय फ्लक्स के परिणामस्वरूप एक विरोधी विद्युत वाहक बल उत्पन्न होता है, उसे **अन्योन्य प्रेरकत्व** कहा जाता है।
- निकटवर्ती कुण्डली 2 में धारा-परिवर्तन के कारण कुण्डली 1 से बद्ध फ्लक्स-लिंकेज, कुण्डली 2 में धारा के समानुपाती होता है।

अर्थात् $N_1\phi_1 \propto I_2 \Rightarrow N_1\phi_1 = M_{12}I_2$

इसी प्रकार, $N_2\phi_2 = M_{21}I_1$

जहाँ, समानुपातिक स्थिरांक M_{12} एवं M_{21} को **अन्योन्य प्रेरकत्व** या **अन्योन्य प्रेरण का गुणांक** कहते हैं।

- दो लम्बी समाक्षी (Co-axial) परिनालिकाओं S_1 एवं S_2 जिनकी प्रत्येक की लम्बाई l है, जैसा कि चित्र में दर्शाया गया है। अन्योन्य प्रेरकत्व या अन्योन्य प्रेरण का गुणांक है

$$M_{12} = M_{21} = M = \mu_0 n_1 n_2 \pi r_1^2 l$$

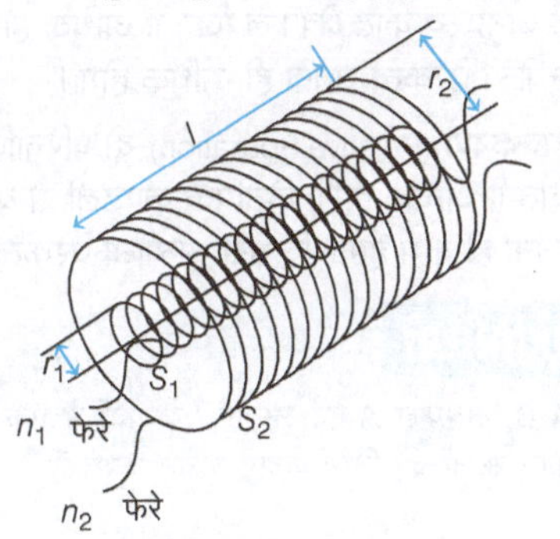

जहाँ, n_1 एवं n_2 क्रमशः परिनालिका की आन्तरिक एवं बाह्य कुण्डली की प्रति एकांक लम्बाई में फेरो की संख्या हैं

r_1 = आन्तरिक कुण्डली की त्रिज्या,

r_2 = बाह्य कुण्डली की त्रिज्या

एवं l = परिनालिका की लम्बाई

- यदि सापेक्ष चुम्बकशीलता μ_r का माध्यम उपस्थित है, तो अन्योन्य प्रेरकत्व M निम्न होगा

$$M = \mu_r \mu_0 n_1 n_2 \pi r_1^2 l$$

- आन्तरिक कुण्डली का प्रेरित विद्युत वाहक बल निम्न है

$$\varepsilon = -M\frac{dI_2}{dt}$$

- यह दर्शाता है, कि एक कुण्डली में परिवर्तित धारा एक निकटवर्ती कुण्डली में विद्युत वाहक बल प्रेरित कर सकती है। प्रेरित विद्युत वाहक बल का परिमाण धारा में परिर्तवन की दर एवं दो कुण्डलियों के अन्योन्य प्रेरकत्व पर निर्भर करता है।
- दो निकटवर्ती कुण्डलियों में एक साथ धारा प्रवाहित होने की स्थिति में, एक कुण्डली से सम्बद्ध फ्लक्स दो फ्लक्सों का योग होगा, जो स्वतंत्र रूप से विद्यमान होते हैं,

$$N_1\phi_1 = M_{11}I_1 + M_{12}I_2$$

जहाँ, M_{11} समान कुण्डली के कारण प्रेरकत्व को दर्शाता है।

प्रेरित विद्युत वाहक बल को निम्न प्रकार व्यक्त किया जा सकता है

$$\varepsilon_1 = -M_{11}\frac{dI_1}{dt} - M_{12}\frac{dI_2}{dt}$$

M_{11} स्व-प्रेरकत्व है एवं इसे L के रूप में लिखा जा सकता है

$$\therefore \quad \varepsilon_1 = -L_1\frac{dI_1}{dt} - M_{12}\frac{dI_2}{dt}$$

- **दो परिनालिकाओं के अन्योन्य प्रेरकत्व को प्रभावित करने वाले कारक**

दो परिनालिकाओं का अन्योन्य प्रेरकत्व उनकी ज्यामिति और कोर के पदार्थ की चुम्बकीय पारगम्यता पर निर्भर करता है, जिसे नीचे समझाया गया है

(i) **फेरों की संख्या** (Number of Turns) दो परिनालिकाओं में फेरों की संख्या जितनी अधिक होगी, उनका अन्योन्य प्रेरण उतना ही अधिक होगा, अर्थात् $M \propto N_1N_2$

(ii) **उभयनिष्ठ अनुप्रस्थ-काट क्षेत्रफल** (Common Cross-sectional Area) दो परिनालिकाओं का उभयनिष्ठ अनुप्रस्थ काट क्षेत्रफल जितना अधिक होगा, उनका अन्योन्य प्रेरकत्व उतना ही अधिक होगा।

Concept Master Video के लिए

(iii) **सापेक्ष पृथक्करण** (Relative Sparation) दो परिनालिकाओं के बीच की दूरी जितनी अधिक होगी, द्वितीयक कुण्डली से बद्ध चुम्बकीय फ्लक्स उतना ही कम होगा, जिससे अन्योन्य प्रेरकत्व भी कम होगा।

Marks Maximizer

- चुम्बकीय क्षेत्र B, क्षेत्रफल A एवं लम्बाई l के पदों में एक परिनालिका में संचित चुम्बकीय ऊर्जा को निम्न प्रकार व्यक्त करते हैं

$$U_B = \frac{1}{2\mu_0} B^2 Al$$

AC जनित्र (AC Generator)

- यह एक वैद्युतिक मशीन है, जो प्रत्यावर्ती धारा (AC) उत्पन्न करती है जो एक निश्चित समय अन्तराल के 'बाद नियमित रूप से अपनी दिशा बदलती है। और इसका उपयोग यान्त्रिक ऊर्जा को विद्युत ऊर्जा में परिवर्तित करने के लिए किया जाता है।
- **AC जनित्र के आवश्यक भाग** कुण्डली या आर्मेचर, क्षेत्र चुम्बक (N और S), स्लिप रिंग और ब्रश हैं, जैसा कि नीचे चित्र में दर्शाया गया है

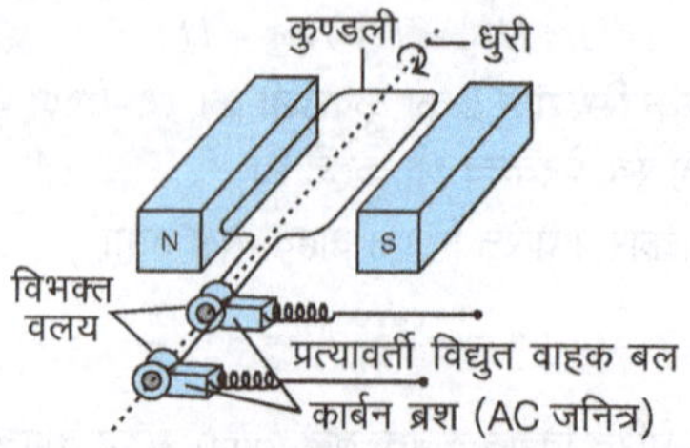

सिद्धान्त (Principle) यह विद्युत चुम्बकीय प्रेरण के सिद्धान्त पर आधारित होता है तथा प्रेरित विद्युत वाहक बल (Electromotive force) का परिमाण निम्न प्रकार दिया जाता है

$$\varepsilon = N\frac{d\phi}{dt} = NBA\omega \sin \omega t = \varepsilon_0 \sin \omega t$$

NEET 2022

जहाँ, $\varepsilon_0 = NBA\omega$

- **परिपथ में प्रेरित धारा** निम्न होगी

$$i = \frac{\varepsilon}{R} = \frac{\varepsilon_0}{R} \sin \omega t = i_0 \sin \omega t$$

कार्यविधि (Working)

एक चुम्बकीय क्षेत्र में घूर्णन करते हुए तार के लूप द्वारा एक प्रत्यावर्ती विद्युत वाहक बल (Alternating emf) उत्पन्न होता है, जैसा कि नीचे चित्र में दर्शाया गया है

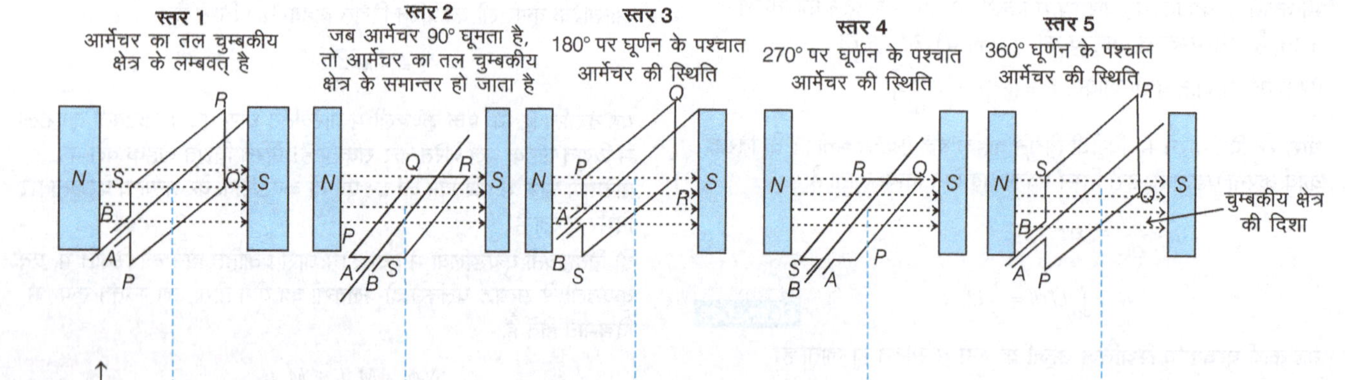

(एक चुम्बकीय क्षेत्र में घूर्णन करते हुए तार के लूप में एक प्रत्यावर्ती विद्युत वाहक बल उत्पन्न होता है)

यान्त्रिक ऊर्जा के स्त्रोत आधार पर जनित्र विविध प्रकार के होते हैं

(i) **जल-विद्युत जनित्र** (Hydroelectric Generator) में, आर्मेचर के घूमाने के लिए आवश्यक यान्त्रिक ऊर्जा ऊँचाई से गिरते हुए पानी द्वारा प्राप्त होती है, जैसे-बाँध।

(ii) **तापीय जनित्र** (Thermal Generator) में, कोयले या अन्य स्रोतों का उपयोग करके भाप बनाने के लिए पानी को गर्म किया जाता है। उच्च दाब पर भाप आर्मेचर के घूर्णन को उत्पन्न करती है।

(iii) **नाभिकीय शक्ति जनित्र** (Nuclear Power Generator) में, कोयले के स्थान पर परमाणु ईंधन को स्रोत के रूप में उपयोग किया जाता है।

यदि किसी कुण्डली में उत्पन्न तात्कालिक प्रेरित विद्युत वाहक बल

$e = e_0 \sin\omega t = nBA\omega\sin\omega t$ हो, तब

(a) जब $\omega t = 0, \pi$ अर्थात् कुण्डली ऊर्ध्वाधर है, तो विद्युत वाहक बल, $e = 0$

(b) जब $\omega t = \frac{\pi}{2}$ अर्थात् कुण्डली क्षैतिज है, तो विद्युत वाहक बल, $e > 0$ धनात्मक (अधिकतम)

Caution Points

- विद्युत और चुम्बकत्व एक-दूसरे से सम्बन्धित हैं। फैराडे और हेनरी ने दिखाया कि एक गतिशील चुम्बक विद्युत धारा को प्रेरित कर सकती है।
- बन्द परिपथ में, विद्युत धारा ऊर्जा के संरक्षण के कारण चुम्बकीय फ्लक्स में परिवर्तन का विरोध करती है।
- गतिक विद्युत वाहक बल को गतिशील आवेशों पर लॉरेंज बल (Lorentz force) द्वारा समझाया जा सकता है, लेकिन समय के साथ परिवर्ती चुम्बकीय क्षेत्र में स्थिर आवेश भी विद्युत वाहक बल को प्रेरित करते हैं। यह स्थिर क्षेत्र में गतिशील आवेशों और समय-परिवर्तनशील क्षेत्र में स्थिर आवेशों के बीच समरूपता का सुझाव देता है, जो फैराडें के नियम के लिए सापेक्षता के सिद्धान्त की प्रासंगिकता को दर्शाता है।

PYQ नोट्स

1. त्रिज्या r_1 एवं r_2 वाली दो संकेन्द्रित वृत्ताकार कुण्डलियों की व्यवस्था का अन्योन्य प्रेरकत्व, जिनमें क्रमशः n_1 एवं n_2 फेरों की संख्या समाक्षीय रूप से रखी गई हैं, जिसके केन्द्र एक-दूसरे से मिलते हैं, निम्न प्रकार से दिया गया है

$$M = \frac{\mu_0 n_1 n_2 \pi r_2^2}{2r_1}$$

[NEET 2021]

2. एक L-R परिपथ में, धारा वृद्धि के दौरान एक समय स्थिरांक $(t = \tau)$ के बाद बैटरी से कुल आवेश प्रवाह निम्न होगा

$$q = \int_0^{\tau} I dt = \int_0^{\tau} I_0(1 - e^{-t/\tau})dt \Rightarrow 0.367\left(\frac{EL}{R^2}\right)$$

जहाँ $E =$ बैटरी का विद्युत वाहक बल **[JEE Main 2020, 2019]**

3. यदि प्रतिरोध R की एक कुण्डली से गुजरने वाला चुम्बकीय फलक्स ϕ_1 से ϕ_2 में परिवर्तित हो जाता है, तब कुण्डली से प्रवाहित आवेश $\Delta q = -N\frac{\Delta\phi}{R} = N\frac{(\phi_1 - \phi_2)}{R}$ द्वारा दिया जाता है, जहाँ, $N =$ कुण्डली में फेरों की संख्या है। **[NEET 2019]**

Step by Step

Mastering NCERT

- कॉन्सेप्ट बिल्डर्स
- शीर्षकवार प्रश्न
- अभिकथन–कारण प्रश्न
- कथन आधारित प्रश्न
- सुमेलन प्रकार प्रश्न
- आंकिक मान प्रकार के प्रश्न
- NCERT Exemplar प्रश्न
- विगत परीक्षाओं के प्रश्न
- स्किल बूस्टर्स

कॉन्सेप्ट बिल्डर्स

1 कुण्डली में प्रेरित धारा बनाए रखने के लिए चुम्बकीय फ्लक्स आवश्यक है। (सत्य/असत्य)

2 कौन-सा नियम चुम्बकीय क्षेत्र में गतिशील चालक कुण्डली एक प्रेरित विद्युत वाहक बल के बारे में बताता है?

3 फैराडे का विद्युत चुम्बकीय प्रेरण का नियम .... (आवेश संरक्षण/ऊर्जा संरक्षण) के बारे में बताता है।

4 प्रेरित विद्युत वाहक बल कुण्डली के पदार्थ पर निर्भर नहीं करता है। (सत्य/असत्य)

5 प्रेरित विद्युत वाहक बल का परिमाण कुण्डली-चुम्बक निकाय के सापेक्ष चाल के अनुक्रमानुपाती है। (सत्य/असत्य)

6 प्रेरित धारा की अपनी कोई दिशा नहीं होती। (सत्य/असत्य)

7 जब किसी कुण्डली में धारा परिवर्तित होती है, तो यह समान कुण्डली में पश्च विद्युत वाहक बल प्रेरित करती है। (सत्य/असत्य)

8 एक परिनालिका को बैटरी से जोड़ा गया है, ताकि उसमें से एक स्थिर धारा प्रवाहित हो। यदि परिनालिका में एक लोहे का क्रोड डाला जाता है, तो धारा ....(बढ़ेगी/घटेगी/समान रहेगी)।

9 जब धारा के परिवर्तन की दर इकाई होती है, तो प्रेरित विद्युत वाहक बल कुण्डली से सम्बन्धित कुल फ्लक्स के बराबर होता है। (सत्य/असत्य)

10 स्व-प्रेरकत्व के बिना अन्योन्य प्रेरण होना .... (सम्भव/असंभव) है।

11 अन्योन्य प्रेरण (M) का विमीय सूत्र स्व-प्रेरण के .... (समान/असमान) है।

12 दो कुण्डलियों का अन्योन्य प्रेरण गुणांक कुण्डलियों के बीच के माध्यम पर निर्भर करता है। (सत्य/असत्य)

13 एक लम्बी परिनालिका का स्व-प्रेरण उसके अनुप्रस्थ-काट के क्षेत्रफल और लंबाई के समानुपाती होता है। (सत्य/असत्य)

14 यदि N किसी कुण्डली में फेरों की संख्या है, तो स्व-प्रेरण का मान .... (N/N^2) के रूप में परिवर्तित होता है।

15 एक परिनालिका का उसके सिरे पर प्रेरकत्व उसके केन्द्र का .... (एक चौथाई (1/4)/आधा $\left(\frac{1}{2}\right)$) होता है।

16 पूर्णतया युग्मित कुण्डलियों के लिए युग्मन गुणांक (Coupling Coefficient) क्या है?

17 किसी कुण्डली से संबद्ध स्व-प्रेरकत्व .... (कुण्डली के प्रेरित वोल्टेज/कुण्डली के प्रतिरोध) से स्वतंत्र होता है।

18 जब दो कुण्डलियों में धाराओं की दिशा विपरीत हो, तो समतुल्य प्रेरण क्या होगा?

19 एक ट्रांसफार्मर की क्रोड को भंवर धाराओं के..........(बढ़ाने/घटाने) के लिए (Laminated) किया जाता है।

20 AC जनरेटर का कार्य धारा के चुम्बकीय प्रभाव पर आधारित है। (सत्य/असत्य)

शीर्षकवार प्रश्न

फैराडे एवं हेनरी के प्रयोग

1 एक बंद कुण्डली में विद्युत धारा के प्रेरित होने का प्रायोगिक प्रदर्शन जब इसे परिवर्तित चुम्बकीय क्षेत्र से सम्बन्धित किया जाता है, निम्न में से किससे द्वारा दिया गया है **NCERT पृष्ठ 154**

(a) न्यूटन
(b) फैराडे
(c) लेन्ज़
(d) आइन्स्टीन

2 जब छड़ चुम्बक को कुण्डली से दूर ले जाया जाता है, जैसा कि चित्र में दिखाया गया है, तो गैल्वेनोमीटर के संकेतक के विक्षेप की दिशा होगी

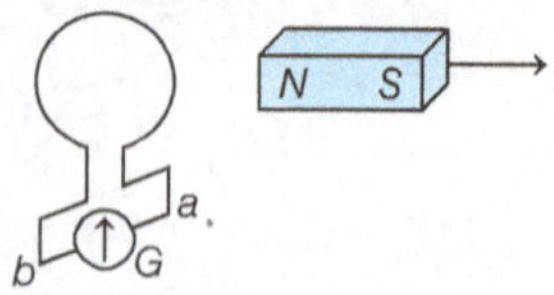

NCERT पृष्ठ 155

(a) a की ओर
(b) कोई विक्षेप नहीं
(c) b की ओर
(d) सूचक a और b के बीच दोलन करता है

3 चित्र में दर्शाए अनुसार, यह अवलोकन किया गया है कि जब टैपिंग कुंजी (Tapping Key) K को क्षणिक दबाया जाता है, तो गैल्वेनोमीटर क्षणिक विक्षेप दर्शाता है।

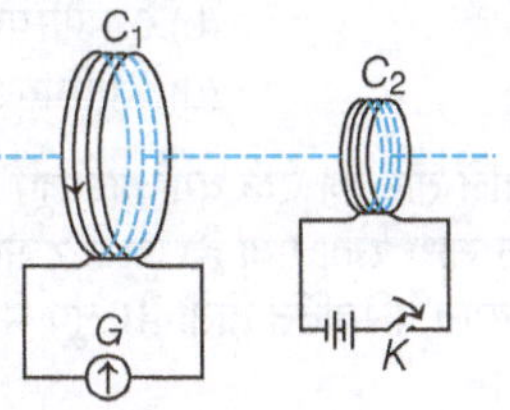

जब कुँजी को छोड़ा जाता है, तो कुण्डली C_2 में धारा प्रवाहित होती है और परिणामी चुम्बकीय क्षेत्र में **NCERT पृष्ठ 156**

(a) शून्य से अधिकतम मान तक वृद्धि होगी
(b) पहले वृद्धि फिर कमी होगी
(c) कोई परिवर्तन नहीं होता
(d) अधिकतम मान से शून्य तक कमी होगी

चुम्बकीय फ्लक्स

4 त्रिज्या R का एक वृत्ताकार लूप, जिसमें धारा I प्रवाहित हो रही है, XY-तल में स्थित है तथा इसका केन्द्र मूल बिन्दु पर स्थित है। XY-तल से होकर गुजरने वाला कुल चुम्बकीय फ्लक्स है **NCERT पृष्ठ 156**

(a) R के सीधे अनुक्रमानुपाती
(b) I के सीधे अनुक्रमानुपाती
(c) I के व्युत्क्रमानुपाती
(d) शून्य

5 एक चुम्बकीय द्विध्रुव बनाने वाले तार की एक वृत्ताकार कुण्डली पर विचार करें, जिसमें स्थिर धारा I प्रवाहित हो रही है। एक अनत तल के माध्यम से चुम्बकीय फ्लक्स वृत्ताकार कुण्डली में समावेशित है जिसे वृत्ताकार कुण्डली के क्षेत्र को छोड़कर ϕ_i द्वारा दिया जाता है। वृत्ताकार कुंडली के क्षेत्र से गुजरने वाला चुम्बकीय फ्लक्स ϕ_0 द्वारा दिया जाता है। निम्न में से कौन-सा विकल्प सही है? **NCERT पृष्ठ 156**

(a) $\phi_i > \phi_0$
(b) $\phi_i < \phi_0$
(c) $\phi_i = \phi_0$
(d) $\phi_i = -\phi_0$

6 0.2 मीटर त्रिज्या वाली एक वृत्ताकार डिस्क को एकसमान चुम्बकीय प्रेरण क्षेत्र $(1/\pi)$ वेबर/मी² में इस प्रकार रखा गया है कि इसकी धुरी B के साथ 60° का कोण बनाती है। डिस्क से जुड़ा चुम्बकीय फ्लक्स है **NCERT पृष्ठ 156**

(a) 0.02 वेबर
(b) 0.06 वेबर
(c) 0.08 वेबर
(d) 0.01 वेबर

7 a मीटर भुजा वाला एक वर्ग YZ-तल में एक क्षेत्र में स्थित है, जहाँ चुम्बकीय क्षेत्र $\mathbf{B} = B_0(3\hat{i} + 3\hat{j} - 4\hat{k})$ टेस्ला द्वारा दिया गया है, जहाँ B_0 नियत है। वर्ग से गुजरने वाले फ्लक्स का परिमाण (वेबर में) है **NCERT पृष्ठ 156**

(a) $2B_0a^2$
(b) $5B_0a^2$
(c) $3B_0a^2$
(d) $4B_0a^2$

8 निम्नलिखित चित्र पर विचार करें, 0.2 टेस्ला का एकसमान चुम्बकीय क्षेत्र धनात्मक X-अक्ष के अनुदिश कार्यकारक है। ब्लॉक की ऊपरी सतह से होकर गुजरने वाला चुम्बकीय फ्लक्स है **NCERT पृष्ठ 156**

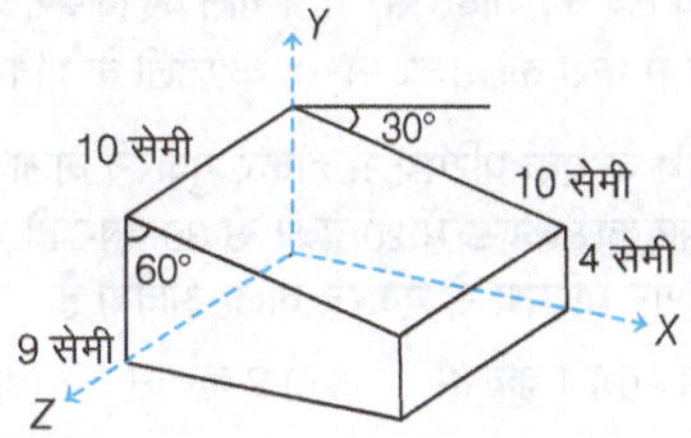

(a) शून्य
(b) 0.8 मिली-वेबर
(c) 1.0 मिली-वेबर
(d) –1.8 मिली-वेबर

फैराडे के प्रेरण के नियम

9 समय $t = 0$ पर, 1000 गॉस का चुम्बकीय क्षेत्र चित्र में दिखाए गए बंद लूप द्वारा क्षेत्र के लंबवत् गुजर रहा है।

यदि चुम्बकीय क्षेत्र अगले 5 सेकण्ड में रैखिक रूप से 500 गॉस तक कम हो जाता है, तो लूप में प्रेरित विद्युत वाहक बल है

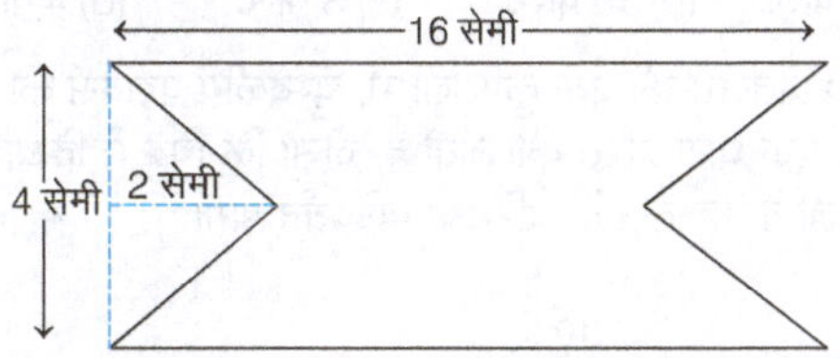

NCERT पृष्ठ 157

(a) 48 माइक्रोवोल्ट
(b) 28 माइक्रोवोल्ट
(c) 56 माइक्रोवोल्ट
(d) 36 माइक्रोवोल्ट

10 एक चालक कुण्डली से सम्बद्ध चुम्बकीय फ्लक्स ϕ समय t पर $\phi = 3t^n - 2^n$ के अनुसार निर्भर करता है। जहाँ n एक धनात्मक नियतांक है। यदि कुण्डली में प्रेरित विद्युत वाहक बल है, तो e से सम्बन्धित निम्न में से कौन-सा कथन गलत है? **NCERT पृष्ठ 157**

(a) यदि $0 < n < 1, e \neq 0$ तथा $|e|$ समय के साथ घटते हैं
(b) यदि $n = 1, e$ स्थिर है
(c) यदि $n > 1, |e|$ समय के साथ बढ़ता है।
(d) यदि $n > 1, |e|$ समय के साथ घटता है

11 20 Ω प्रतिरोध की एक कुण्डली के माध्यम से चुम्बकीय फ्लक्स समय के साथ $\phi = \left(\frac{t^3}{3} - \frac{t^3}{2} - 2t + 10\right)$ वेबर के अनुसार परिवर्तित होता है। तब परिपथ में धारा शून्य है **NCERT पृष्ठ 157**

(a) $t = 1$ सेकण्ड
(b) $t = 2$ सेकण्ड
(c) $t = 1.5$ सेकण्ड
(d) $t = 2.5$ सेकण्ड

12 जब भी किसी चुम्बक को चालक कुण्डली की ओर या उससे दूर ले जाया जाता है, तो एक विद्युत वाहक बल प्रेरित होता है, जिसका परिमाण स्वतंत्र होता है **NCERT पृष्ठ 157**

(a) चुम्बकीय क्षेत्र की शक्ति से (b) चाल पर जिससे चुम्बक घूम रहा है
(c) कुण्डली में फेरों की संख्या से (d) कुण्डली के प्रतिरोध से

13 10 Ω प्रतिरोध के एक परिपथ से होकर गुजरने वाला चुम्बकीय फ्लक्स 5 माइक्रोसेकण्ड में 20 वेबर से 30 वेबर हो जाता है। इस समय के दौरान परिपथ से गुजरने वाला आवेश है **NCERT पृष्ठ 157**

(a) 4 कूलाम (b) 1 कूलाम (c) 2 कूलाम (d) 5 कूलाम

14 फैराडे के विद्युत चुम्बकीय प्रेरण के नियम के अनुसार, किसी परिपथ में प्रेरित विद्युत वाहक बल का परिमाण परिवर्तन की समय के दर के बराबर होता है **NCERT पृष्ठ 157**

(a) चुम्बकीय क्षेत्र तीव्रता (b) चुम्बकीय क्षेत्र की तीव्रता
(c) चुम्बकीय फ्लक्स (d) विद्युत फ्लक्स

15 कुण्डली से सम्बद्ध चुम्बकीय फ्लक्स समय के साथ $\phi_B = 3t + 4t + 9$ के अनुसार परिवर्तित होता है, 2 सेकण्ड पर प्रेरित विद्युत वाहक बल का परिमाण है **NCERT पृष्ठ 157**

(a) 9 वोल्ट (b) 16 वोल्ट (c) 3 वोल्ट (d) 4 वोल्ट

16 100 Ω प्रतिरोध की एक कुण्डली में, चुम्बकीय फ्लक्स को परिवर्तित करके एक धारा प्रेरित की जाती है, जैसा कि चित्र में दिखाया गया है। कुण्डली के फ्लक्स के परिमाण परिवर्तन होगा **NCERT पृष्ठ 157**

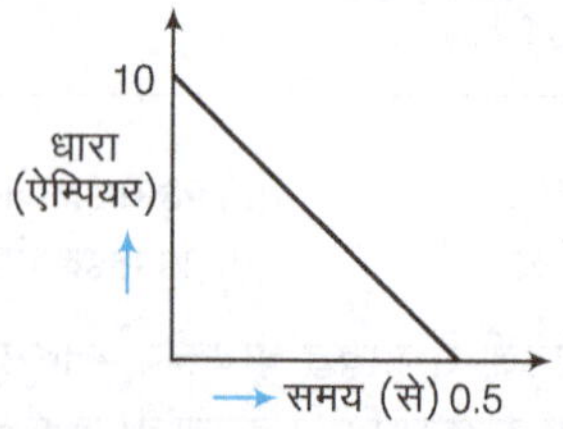

(a) 225 वेबर (b) 250 वेबर (c) 275 वेबर (d) 200 वेबर

17 10 सेमी त्रिज्या, 500 फेरे और 2Ω प्रतिरोध वाली एक वृत्ताकार कुण्डली को इस प्रकार रखा गया है कि इसका तल पृथ्वी के चुम्बकीय क्षेत्र के क्षैतिज घटक के लम्बवत् हो। इसे इसके ऊर्ध्वाधर व्यास के परितः 0.25 सेकण्ड में 180° घुमाया जाता है। कुण्डली में प्रेरित विद्युत वाहक बल का परिमाण ज्ञात कीजिए। इस स्थान पर पृथ्वी के चुम्बकीय क्षेत्र का क्षैतिज घटक 3.0×10^{-5} टेस्ला है। . **NCERT पृष्ठ 157**

(a) 3×10^3 वोल्ट (b) 3.8×10^3 मिली वोल्ट
(c) 3.8×10^3 मिली वोल्ट (d) 3.8×10^{-3} वोल्ट

18 किसी परिपथ से सम्बद्धित फ्लक्स को $\phi_B = t^2 - 3t - 7$ द्वारा दिया जाता है, समय (X-अक्ष) और प्रेरित विद्युत वाहक बल (Y-अक्ष) के बीच का ग्राफ होगा **NCERT पृष्ठ 157**

(a) मूल बिंदु से गुजरने वाली सीधी रेखा
(b) धनात्मक अन्तखण्ड के साथ सीधी रेखा
(c) ऋणात्मक अन्तखण्ड के साथ सीधी रेखा
(d) परवलय जो मूल बिंदु से न गुजरती हो

19 400 Ω प्रतिरोध की एक कुण्डली चुम्बकीय क्षेत्र में रखी गई है। यदि कुण्डली से सम्बद्ध चुम्बकीय फ्लक्स $\phi_B = 50t^2 + 4$ वेबर के अनुसार परिवर्तित हो। तब 2 सेकण्ड पर धारा का मान होगा। **NCERT पृष्ठ 157**

(a) 0.5 ऐम्पियर (b) 0.1 ऐम्पियर
(c) 2 ऐम्पियर (d) 1 ऐम्पियर

20 10 सेमी भुजा वाले तार का एक वर्गाकार लूप 45° के कोण पर एक चुम्बकीय क्षेत्र के साथ रखा गया है, जो 0.7 सेकण्ड में 0.1 टेस्ला से शून्य तक एकसमान परिवर्तित होता है। लूप में प्रेरित धारा (इसका प्रतिरोध 1 Ω) है। **NCERT पृष्ठ 157**

(a) 1.0 मिली-ऐम्पियर (b) 2.5 मिली-ऐम्पियर
(c) 3.5 मिली-ऐम्पियर (d) 4.0 मिली-ऐम्पियर

21 10 सेमी भुजा और 0.5Ω प्रतिरोध वाला एक वर्गाकार लूप को पूर्व-पश्चिम तल में लम्बवत् रखा गया है। तल पर उत्तर-पूर्व दिशा में 0.10 टेस्ला का एकसमान चुम्बकीय क्षेत्र स्थापित किया गया है। चुम्बकीय क्षेत्र स्थिर दर से 0.70 सेकण्ड में शून्य हो जाता है। इस समय अंतराल के दौरान प्रेरित विद्युत वाहक बल और विद्युत धारा के परिमाण हैं **NCERT पृष्ठ 157**

(a) 0.1 मिली वोल्ट, 2 ऐम्पियर
(b) 1 मिली वोल्ट, 2 ऐम्पियर
(c) 1 मिली वोल्ट, 2 ऐम्पियर
(d) 1 मिली वोल्ट, 0.2 ऐम्पियर

22 यदि 40 फेरों और 4.0 सेमी^{2} क्षेत्रफल वाली एक कुण्डली को अचानक चुम्बकीय क्षेत्र से हटा दिया जाए, तो यह अवलोकन किया जाता है कि 2.0×10^{-4} कूलॉम का आवेश कुण्डली में प्रवाहित होता है। यदि कुण्डली का प्रतिरोध 80 Ω है, तो चुम्बकीय फ्लक्स घनत्व (वेबर/मी^{2}) है **NCERT पृष्ठ 157**

(a) 0.5 (b) 1.0
(c) 1.5 (d) 2.0

23 10 सेमी और 5 सेमी भुजाओं के एक आयताकार लूप एक कटान के साथ एक विद्युत चुम्बक के ध्रुवीं टुकड़ों के बीच स्थिर है। चुम्बक का चुम्बकीय क्षेत्र लूप के लम्बवत् है। विद्युत चुम्बक को उत्पन्न करने वाली धारा कम हो जाती है, जिससे क्षेत्र अपने प्रारम्भिक मान से 0.3 टेस्ला तक 0.02 टेस्ला/सेकण्ड की दर से घटता है। यदि कटान को जोड़ा जाए और लूप का प्रतिरोध 2.0 Ω रखा जाए, तो लूप द्वारा ऊष्मा के रूप में क्षय की गई शक्ति है **NCERT पृष्ठ 157**

(a) 5 नैनोवाट (b) 4 नैनोवाट
(c) 3 नैनोवाट (d) 2 नैनोवाट

24 1.5 Ω प्रतिरोध का एक आयताकार तार लूप 0.3 टेस्ला परिमाण के एकसमान चुम्बकीय क्षेत्र में रखा गया है, जो लूप के लम्बवत् है। यदि इस चुम्बकीय क्षेत्र में लूप का क्षेत्रफल 0.05 मी^{2}/से की दर से घटता है, तो इसमें उत्पन्न ऊष्मा है **NCERT पृष्ठ 157**

(a) 1.5×10^{-6} वाट (b) 15×10^{-6} वाट
(c) 2×10^{-6} वाट (d) 150×10^{-6} वाट

लेन्ज का नियम तथा ऊर्जा संरक्षण

25 माना कि एक धातु की वलय क्षैतिज तल पर रखा गया है। एक छड़ चुम्बक को वलय के ऊपर इस प्रकार रखा गया है कि उसकी लंबाई वलय के अक्ष के अनुदिश हो। यदि चुम्बक को मुक्त रूप से गिराया जाए, तो गिरते चुम्बक का त्वरण है (g गुरूत्वीय त्वरण है)

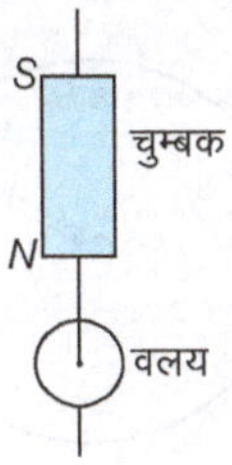

NCERT पृष्ठ 160

(a) g से अधिक (b) g के बराबर
(c) g से कम
(d) चुम्बक के द्रव्यमान पर निर्भर करता है

26 कागज के तल में लम्बवत् दिशा में एक समान चुम्बकीय क्षेत्र है। कागज के तल में एक अनियमित आकार का चालक लूप धीरे-धीरे एक वृत्ताकार लूप में बदल रहा है। फिर, NCERT पृष्ठ 160

(a) लूप में धारा वामावर्त दिशा में प्रेरित होती है
(b) लूप में धारा दक्षिणावर्त दिशा में प्रेरित होती है
(c) लूप में AC प्रेरित होता है
(d) लूप में कोई धारा प्रेरित नहीं होती है

27 चित्र में दर्शाई गई स्थिति पर विचार करें। लंबे समय के बाद, स्विच खोला जाता है। तब, बंद लूप में प्रेरित धारा की दिशा होगी

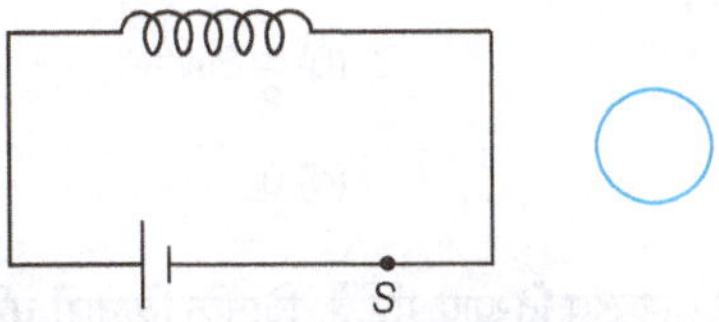

NCERT पृष्ठ 160

(a) दक्षिणावर्त (b) वामावर्त
(c) कोई धारा प्रेरित नहीं होगी
(d) परिपथ के प्रतिरोध पर निर्भर करता है

28 प्रेरित विद्युत वाहक बल की ध्रुवता ऐसी है कि यह एक धारा उत्पन्न करती है, जो इसे उत्पन्न करने वाले चुम्बकीय फ्लक्स में परिवर्तन का विरोध करती है, यह कथन है NCERT पृष्ठ 160

(a) फैराडे का नियम (b) लेन्ज़ का नियम
(c) बायोट-सावर्ट का नियम (d) फ्लेमिंग का बाएँ हाथ का नियम

29 एक अनन्त लम्बे बेलन को धनात्मक Z-अक्ष के अनुदिश एकसमान चुम्बकीय क्षेत्र B के समांतर रखा गया है, Z-अक्ष से देखने पर प्रेरित धारा की दिशा होगी NCERT पृष्ठ 160

(a) धनात्मक Z-अक्ष के दक्षिणावर्त दिशा में
(b) धनात्मक Z-अक्ष के वामावर्त दिशा में
(c) शून्य , कोई धारा प्रेरित नहीं होती
(d) चुम्बकीय क्षेत्र के अनुदिश

30 चित्रानुसार चालक तार के एक वृत्ताकार लूप के पास, एक इलेक्ट्रॉन एक सीधी रेखा में गति करता है। यदि लूप में हो तो प्रेरित धारा की दिशा है

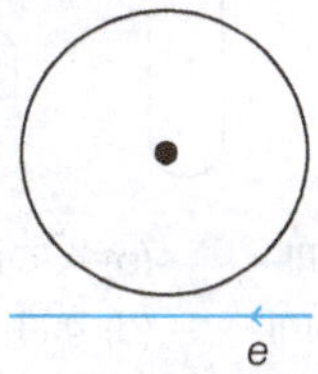

NCERT पृष्ठ 160

(a) परिवर्तनीय (b) दक्षिणावर्त
(c) वामावर्त (d) शून्य

31 एक बंद लूप एक बड़े संधारित्र की प्लेटों के बीच स्थिर विद्युत क्षेत्र के अभिलम्बवत् गति करता है। क्या लूप में प्रेरित धारा उत्पन्न होती है जब वह पूरी तरह से संधारित्र की प्लेटों के बीच के क्षेत्र के अंदर होता है? NCERT पृष्ठ 160

(a) हाँ (b) नहीं
(c) संभव हो सकता है (d) संभव नहीं हो सकता

32 एक छड़ चुम्बक का उत्तरी ध्रुव कुण्डली के केंद्र से गुजरने वाले अक्ष के अनुदिश तथा कुण्डली के तल के लम्बवत् एक कुण्डली की ओर गति करता है। चुम्बक की गति की दिशा में देखने पर कुण्डली में प्रेरित धारा की दिशा होती है NCERT पृष्ठ 160

(a) दक्षिणावर्त (b) वामावर्त
(c) कुण्डली में कोई धारा नहीं (d) या तो दक्षिणावर्त या वामावर्त

33 एक चुम्बक का उत्तरी ध्रुव एक धातु की वलय पर गिर रहा है जैसा कि चित्र में दिखाया गया है। यदि वलय को ऊपर से देखा जाए, तो उसमें प्रेरित धारा की दिशा होगी

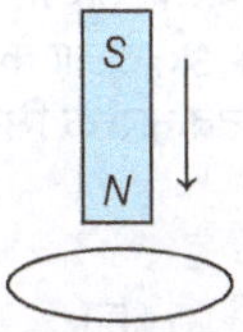

NCERT पृष्ठ 160

(a) धातु के वलय के आधार पर दक्षिणावर्त या वामावर्त
(b) कोई प्रेरित धारा नहीं
(c) वामावर्त
(d) दक्षिणावर्त

34 चित्र में एक चुम्बक अपने केंद्र से होकर जाने वाले धुरी पर घूमता है। दर्शाए गए किसी क्षण पर, प्रेरित धारा की दिशाएँ क्या हैं?

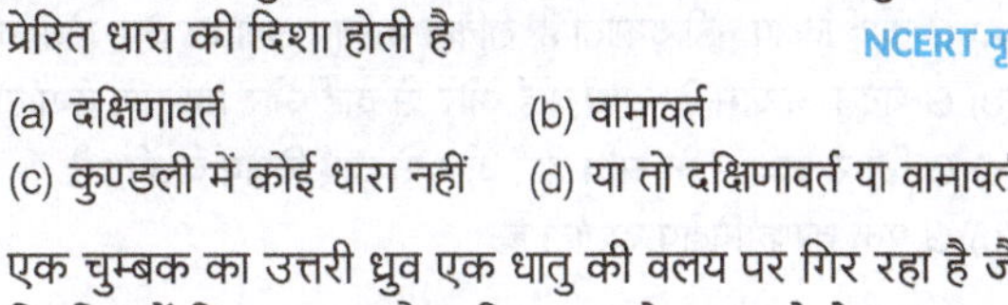

NCERT पृष्ठ 160

(a) A से B और C से D (b) B से A और C से D
(c) A से B और D से C (d) B से A और D से C

35 दिए गए आरेख में प्रदर्शित स्थिति में संधारित्र की ध्रुवता के सन्दर्भ में बताएँ

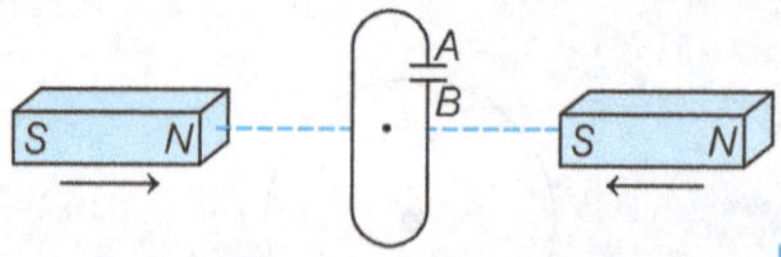

NCERT पृष्ठ 160

(a) प्लेट A धनात्मक होगी
(b) प्लेट B धनात्मक होगी
(c) प्लेट A ऋणात्मक होगी
(d) कोई आवेश विकसित नहीं होता

36 एक चुम्बक $N-S$ को एक स्प्रिंग से लटकाया गया है और जब यह दोलन करता है, तो चुम्बक कुण्डली C के अंदर और बाहर गति करता है। फिर, जैसे ही चुम्बक दोलन करता है,

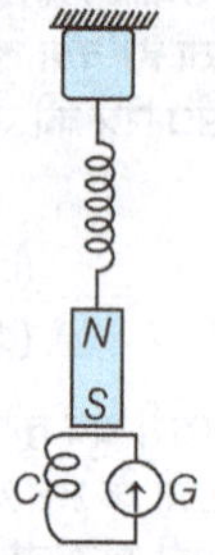

NCERT पृष्ठ 160

(a) G कोई विक्षेप नहीं दर्शाता है, लेकिन आयाम लगातार कम होता जाता है
(b) G घटते आयाम के साथ बाईं ओर से दाईं ओर विक्षेपण दर्शाता है
(c) G स्थिर आयाम के साथ बाएँ ओर से दाएँ विक्षेप दर्शाता है
(d) G एक तरफ विक्षेप दर्शाता है

गतिक विद्युत वाहक बल

37 1 मीटर लम्बाई का एक चालक तार XY-तल में रखा गया है। यह चुम्बकीय प्रेरण $\mathbf{B} = (4\hat{\mathbf{j}} + 3\hat{\mathbf{k}})$ टेस्ला के क्षेत्र में वेग $\mathbf{v} = (\hat{\mathbf{i}} + \hat{\mathbf{j}} + 2\hat{\mathbf{k}})$ मी/से से गति करता है। तब तार के सिरों के बीच विभवान्तर होगा

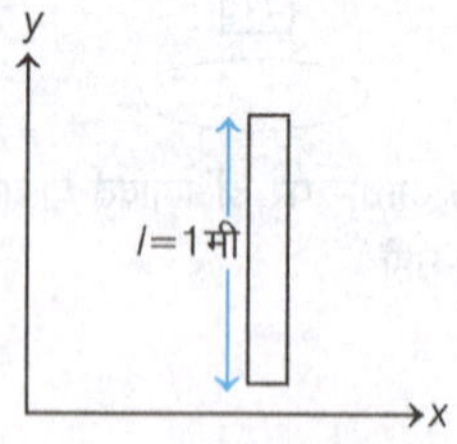

NCERT पृष्ठ 162

(a) 5 वोल्ट
(b) 2 वोल्ट
(c) 3 वोल्ट
(d) 4 वोल्ट

38 0.1 मीटर त्रिज्या वाली एक ताँबे की डिस्क को 0.1 टेस्ला के एकसमान चुम्बकीय क्षेत्र में इसके केन्द्र के चारों ओर 10 चक्कर प्रति सेकण्ड की गति से घूर्णन कराया जाता है, जिसका तल क्षेत्र के लम्बवत् है। डिस्क की त्रिज्या में प्रेरित विद्युत वाहक बल है। NCERT पृष्ठ 162

(a) $\frac{\pi}{10}$ वोल्ट
(b) $\frac{2\pi}{10}$ वोल्ट
(c) $\pi \times 10^2$ वोल्ट
(d) $2\pi \times 10^{-2}$ वोल्ट

39 1 मीटर लंबी धातु की छड़ को इसके अभिलंब अक्ष, जो इसके एक सिरे से होकर गुजरता है, के चारों ओर 400 रेडियन/सेकण्ड की कोणीय आवृत्ति के साथ घुमाया जाता है। छड़ का दूसरा सिरा एक गोलाकार धातु की वलय के संपर्क में है। अक्ष के समानांतर 0.5 टेस्ला का एक नियत और एकसमान चुम्बकीय क्षेत्र हर जगह स्थित होता है। वलय के केन्द्र और वलय के बीच प्रेरित विद्युत वाहक बल है

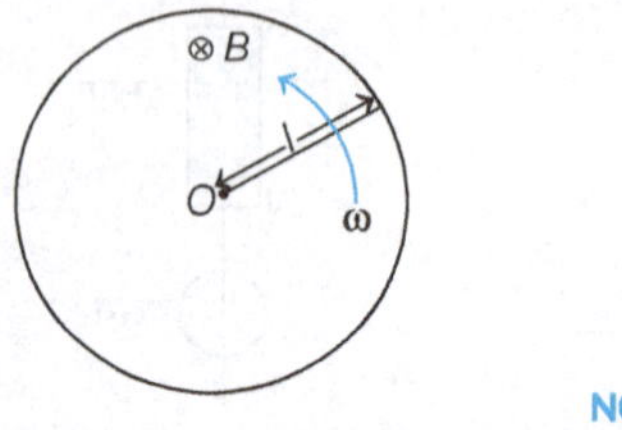

NCERT पृष्ठ 162

(a) 40 वोल्ट
(b) 100 वोल्ट
(c) 160 वोल्ट
(d) 50 वोल्ट

40 $2l$ लंबाई की एक चालक छड़ अपने लम्बवत् समद्विभाजक के चारों ओर निरंतर कोणीय गति ω से घूम रही है। घूर्णन अक्ष के समानांतर एकसमान चुम्बकीय क्षेत्र **B** स्थित है। छड़ के दो सिरों के बीच प्रेरित विद्युत वाहक बल है

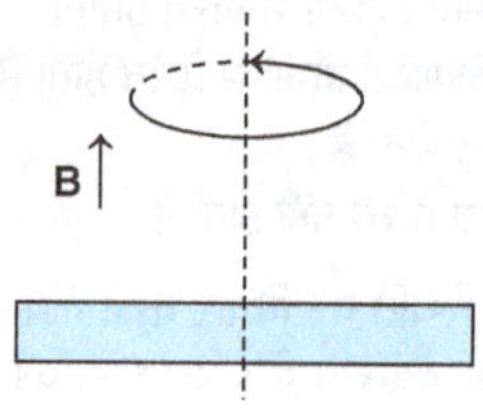

NCERT पृष्ठ 162

(a) $B\omega l^2$
(b) $\frac{1}{2} B\omega l^2$
(c) $\frac{1}{8} B\omega l^2$
(d) 0

41 चित्र में चार तार लूप दिखाए गए हैं, जिनके किनारों की लंबाई L या $2L$ है। सभी चार लूप एकसमान चुम्बकीय क्षेत्र **B** (पृष्ठ से बाहर की ओर निर्देशित) से एक समान नियत वेग से गुजरेंगे। जब वे क्षेत्र के माध्यम से आगे बढ़ते हैं तो प्रेरित विद्युत वाहक बल के अधिकतम परिमाण के अनुसार चारों लूपों के रेंक निर्धारित करें पहले अधिकतम

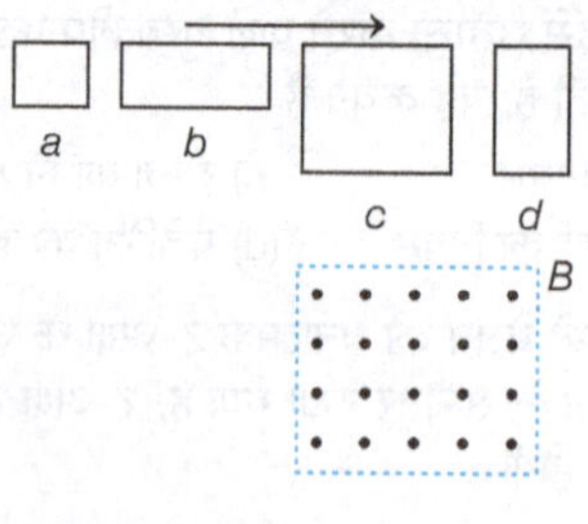

NCERT पृष्ठ 162

(a) $(e_c = e_d) < (e_a = e_b)$
(b) $(e_c = e_d) > (e_a = e_b)$
(c) $e_c > e_d > e_b > e_a$
(d) $e_c < e_d < e_b < e_a$

42 एक चालक छड़ AB एकसमान चुम्बकीय क्षेत्र में X-अक्ष के समांतर गति करती है, जो धनात्मक Z-दिशा को इंगित करती है। छड़ का A सिरा, **NCERT पृष्ठ 162**

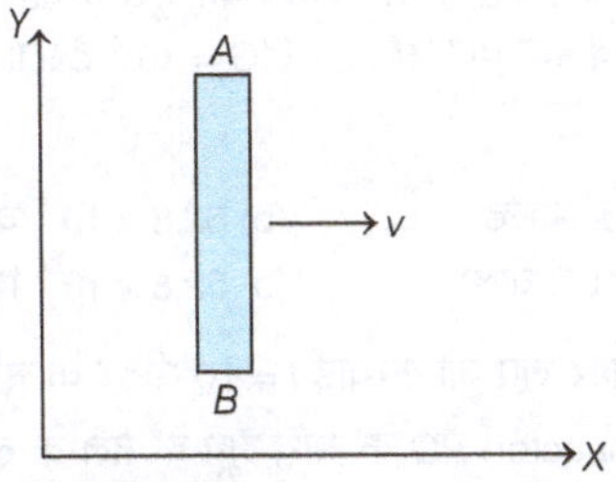

(a) धनात्मक आवेशित होता है
(b) ऋणात्मक आवेशित होता है
(c) उदासीन होता है
(d) पहले धनात्मक आवेशित और फिर ऋणात्मक आवेशित

43 लम्बाई l की एक चालक छड़, वेग v से अनुप्रस्थ चुम्बकीय क्षेत्र की सामर्थ्य B में गतिमान है। चालक छड़ पर प्रेरित वोल्टेज है **NCERT पृष्ठ 162**

(a) $\sqrt{\frac{Bvl}{2}}$ (b) $\sqrt{2Bvl}$
(c) Bvl (d) $\frac{Bvl}{2}$

44 एक आयताकार चालक $PQRS$ जिसमें भुजा PQ गति के लिए स्वतंत्र है। छड़ PQ को चित्रानुसार नियत वेग v से बाईं ओर गति कराई जाती है जैसाकि चित्र में प्रदर्शित है। माना कि घर्षण के कारण ऊर्जा की कोई हानि नहीं होती है।

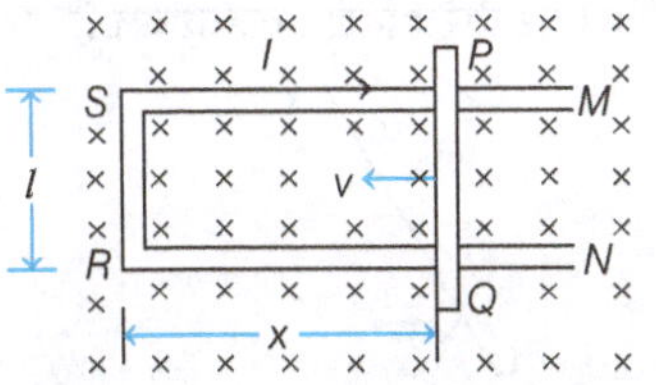

फ्लक्स में परिवर्तन की दर ϕ_B के कारण प्रेरित विद्युत वाहक बल होगा **NCERT पृष्ठ 162**

(a) $\varepsilon = -Bx\frac{dl}{dt}$ (b) $\varepsilon = -\frac{d}{dt}(Bx)$
(c) $\varepsilon = -Bl\frac{dx}{dt}$ (d) $\varepsilon = -xl \cdot \frac{dB}{dt}$

45 पूर्व से पश्चिम की ओर विस्तारित 20 मीटर लम्बा एक क्षैतिज सीधा तार 5.0 मीटर/सेकण्ड की चाल से पृथ्वी के चुम्बकीय क्षेत्र 6.30×10^{-4} वेबर/मी^{2} के क्षैतिज घटक 0.30×10^{-4} के समकोण पर गिर रहा है। तार में प्रेरित विद्युत वाहक बल का तात्कालिक मान होगा **NCERT पृष्ठ 162**

(a) 6.0 माइक्रो वोल्ट (b) 3 माइक्रो वोल्ट
(c) 4.5 माइक्रो वोल्ट (d) 1.5 माइक्रो वोल्ट

46 एक हेलीकॉप्टर 100 मी/से की गति से ऊर्ध्वाधरत् ऊपर उठता है। यदि हेलीकॉप्टर की लम्बाई 10 मीटर है और पृथ्वी के चुम्बकीय क्षेत्र का क्षैतिज घटक 5×10^{-3} वेबर/मीटर^2 है, तो हेलीकॉप्टर के अग्र भाग और पश्च भाग के बीच प्रेरित विद्युत वाहक बल है **NCERT पृष्ठ 162**

(a) 50 वोल्ट (b) 0.5 वोल्ट
(c) 5 वोल्ट (d) 25 वोल्ट

47 एक रेलवे ट्रैक की दो समानांतर पटरियाँ जो एक-दूसरे से और जमीन से पृथक् हैं, को एक मिलीवोल्टमीटर से जोड़ा गया है। पटरियों के बीच की दूरी 1 मीटर है। एक ट्रेन 72 किमी प्रति घण्टे के वेग से पथ के अनुदिश यात्रा कर रही है। मिलीवोल्टमीटर का पाठ्यांक (मिली वोल्ट में) है (पृथ्वी के चुम्बकीय प्रेरण का ऊर्ध्वाधर घटक 2×10^{-5} टेस्ला है) **NCERT पृष्ठ 162**

(a) 1.44 (b) 0.72 (c) 0.4 (d) 0.2

48 पूर्व से पश्चिम की ओर विस्तारित 10 मीटर लंबी एक क्षैतिज सीधी तार 0.30×10^{-2} वेबर/मीटर^2 तीव्रता वाले पृथ्वी के चुम्बकीय क्षेत्र के क्षैतिज घटक के समकोण पर 4.0 मी/से की चाल से गिर रही है। पश्चिम से पूर्व की ओर तार में प्रेरित विभव प्रवणता का तात्कालिक मान है **NCERT पृष्ठ 162**

(a) $+1.5 \times 10^{-3}$ वोल्ट/मीटर (b) -1.5×10^{-3} वोल्ट/मीटर
(c) $+1.2 \times 10^{-2}$ वोल्ट/मीटर (d) -1.5×10^{-4} वोल्ट/मीटर

49 एक आयताकार चालक $SPQR$ को समतल के लम्बवत् एकसमान चुम्बकीय क्षेत्र में रखा गया है तथा $x = 0$ से $x = b$ तक विस्तारित किया गया है, जैसा कि नीचे दिखाया गया है। l लंबाई की भुजा PQ, $X = 0$ से $x = 2b$ तक नियत चाल v से गति कर रही है। चालक में फ्लक्स और प्रेरित विद्युत वाहक बल ज्ञात कीजिए।

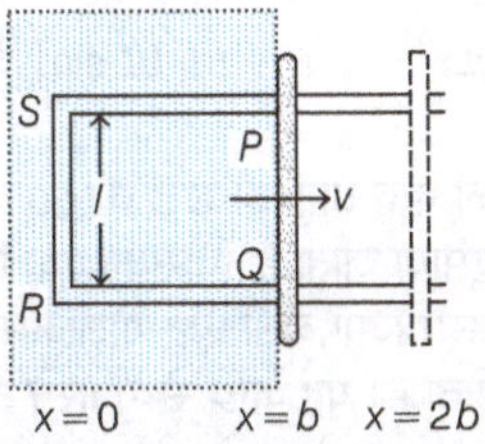

NCERT पृष्ठ 162

(a) $Blx, -Blv$ जब $0 \le x < b$ (b) $2Bl, -2Bl$
(c) $Blb, 0_D$ $b \le x \le 2b$ (d) $Bl, -Bl$

50 एक वृत्ताकार कुण्डली चुम्बकीय क्षेत्र में त्रिज्यक रूप से प्रसारित होती है और कुण्डली में कोई विद्युत वाहक बल उत्पन्न नहीं होता है। ऐसा इसलिए हो सकता है **NCERT पृष्ठ 162**

(a) चुम्बकीय क्षेत्र नियत है
(b) चुम्बकीय क्षेत्र वृत्ताकार कुण्डली के समान तल में नहीं है और यह भिन्न हो भी सकता है और नहीं भी
(c) चुम्बकीय क्षेत्र में एक लम्बवत् (कुण्डली के तल पर) घटक होता है, जिसका परिमाण उचित रूप से घट रहा है
(d) कुण्डली के तल के लम्बवत् दिशा में एक स्थिर चुम्बकीय क्षेत्र होता है

51 एक चालक तार से बना एक $\angle AOB$ चुम्बकीय क्षेत्र B से होकर अपने समद्विभाजक के अनुदिश गति करता है, जैसा कि चित्र में दर्शाया गया है। यदि चुम्बकीय क्षेत्र कागज के तल के लम्बवत् है, तो A और B के बीच प्रेरित विद्युत वाहक बल ज्ञात कीजिए।(जहाँ, $AO = BO = l$) **NCERT पृष्ठ 162**

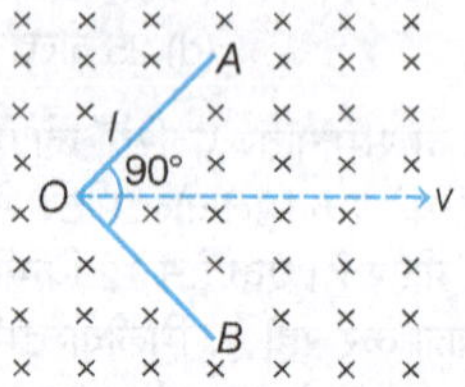

(a) $\frac{Bvl}{\sqrt{2}}$ (b) Bv

(c) $\sqrt{2}Blv$ (d) Blv

52 एक m द्रव्यमान का लोलक और L लम्बाई के चालक तार के सरल लोलक को गुरूत्वाकर्षण के अन्तर्गत θ कोण पर दोलन करता है। दोलन की लंबवत् दिशा में पृथ्वी के चुम्बकीय क्षेत्र का घटक B है। लोलक में अधिकतम प्रेरित विद्युत वाहक बल है **NCERT पृष्ठ 162**

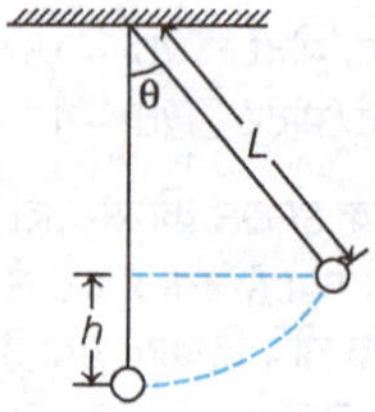

(a) $2BL\sin\left(\frac{\theta}{2}\right)(gL)^{1/2}$ (b) $BL\sin\left(\frac{\theta}{2}\right)(gL)$

(c) $BL\sin\left(\frac{\theta}{2}\right)(gL)^{3/2}$ (d) $BL\sin\left(\frac{\theta}{2}\right)(gL)^2$

53 1 मीटर लम्बाई की एक धातु की छड़ को 50 चक्कर/सेकण्ड की आवृत्ति के साथ घुमाया जाता है, जिसका एक सिरा केन्द्र पर और दूसरा सिरा 1 मीटर त्रिज्या वाली एक गोलाकार धातु की वलय की परिधि पर टिका होता है। यह केन्द्र से गुजरने वाली और इसके के तल के लम्बवत् एक अक्ष के चारों ओर घूम रही है, जैसा कि चित्र में दिखाया गया है। अक्ष के समानांतर 1 टेस्ला का एक नियत और एकसमान चुम्बकीय क्षेत्र प्रत्येक स्थान पर उपस्थित है। केन्द्र और धातु की वलय के बीच विद्युत वाहक बल क्या है? **NCERT पृष्ठ 162**

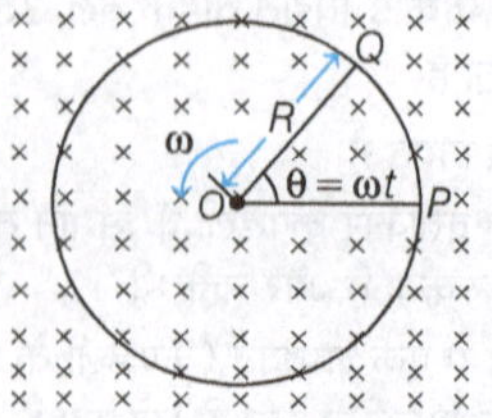

(a) 147 वोल्ट (b) 157 वोल्ट

(c) 140 वोल्ट (d) 164 वोल्ट

54 0.5 मीटर लम्बी 10 धातु की तीलियों वाला लम्बवत् एक पहिया किसी स्थान पर पृथ्वी के चुम्बकीय क्षेत्र μE के क्षैतिज घटक μE के लम्बवत् तल में 120 चक्कर/मिनट की गति से घुमाया जाता है। यदि उस स्थान पर $\mu_E = 0.4\,G$ है, तो पहिये की धुरी (Axle) और रिम के बीच प्रेरित विद्युत वाहक बल क्या है? ($1G = 10^{-4}$ टेस्ला लीजिए) **NCERT पृष्ठ 162**

(a) 628×10^{-5} वोल्ट (b) 62.8×10^{-5} वोल्ट

(c) 0.628×10^{-5} वोल्ट (d) 62.8×10^{-5} मिलीवोल्ट

55 एक आयताकार लूप जो लम्बाई $l = 1.0$ मीटर के चलित संयोजक (Sliding connector) PQ के साथ लूप के तल के लम्बवत् एकसमान चुम्बकीय क्षेत्र $B = 2$ टेस्ला में स्थित है। संयोजक के प्रतिरोध का मान $r = 2\,\Omega$ है। $6\,\Omega$ तथा $3\,\Omega$ के दो प्रतिरोध चित्रानुसार जुड़े है। संयोजक को स्थिर वेग $v = 2$ मी/से से गतिमान रखने के लिए, आवश्यक बाह्य बल है

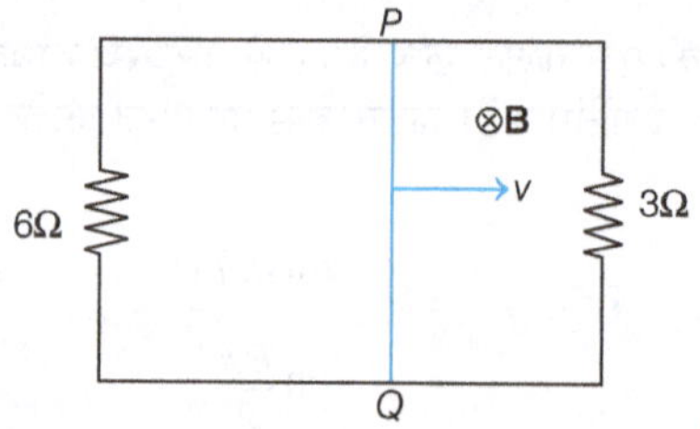

NCERT पृष्ठ 162

(a) 6 न्यूटन (b) 4 न्यूटन

(c) 2 न्यूटन (d) 1 न्यूटन

56 लम्बाई L की एकसमान चालक छड़ एकसमान अनुप्रस्थ चुम्बकीय क्षेत्र B_0 में वेग v_0 के साथ गतिशील है, जैसा कि चित्र में दिखाया गया है। छड़ के सिरों पर प्रेरित विद्युत वाहक बल है **NCERT पृष्ठ 162**

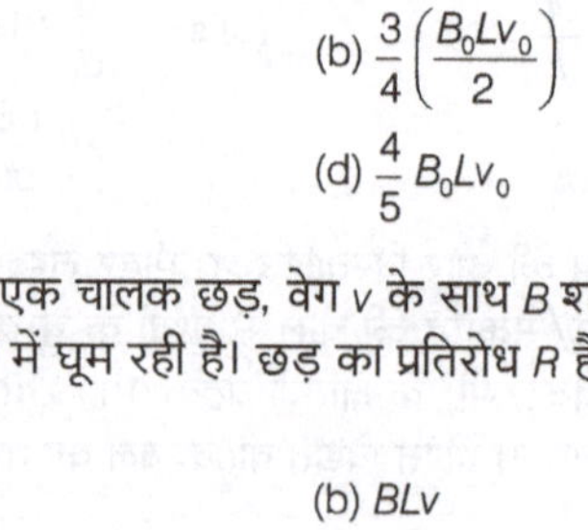

(a) $\frac{B_0Lv_0}{2}$ (b) $\frac{3}{4}\left(\frac{B_0Lv_0}{2}\right)$

(c) $\frac{3}{5}B_0Lv_0$ (d) $\frac{4}{5}B_0Lv_0$

57 लम्बाई L की एक चालक छड़, वेग v के साथ B शक्ति के अनुप्रस्थ चुम्बकीय क्षेत्र में घूम रही है। छड़ का प्रतिरोध R है, छड़ में धारा है **NCERT पृष्ठ 162**

(a) $\frac{BLv}{R}$ (b) BLv

(c) 0 (d) $\frac{B^2v^2L^2}{R}$

58 चित्र में एक चालक छड़ *PQ* को धातु की पटरी *RP* और *SQ* के संपर्क में दिखाया गया है , जो कागज़ के तल के लम्बवत् कार्य करने वाले 0.4 टेस्ला फ्लक्स घनत्व के एकसमान क्षेत्र में 25 सेमी की दूरी पर हैं। सिरे *R* और *SA* प्रतिरोध 5Ω के माध्यम से संयोजित हैं। जब छड़ 5 मीटर/सेकण्ड के वेग से दाईं ओर गति करती है, तो 5Ω प्रतिरोधक के माध्यम से प्रवाहित धारा का परिमाण और दिशा क्या है? NCERT पृष्ठ 162

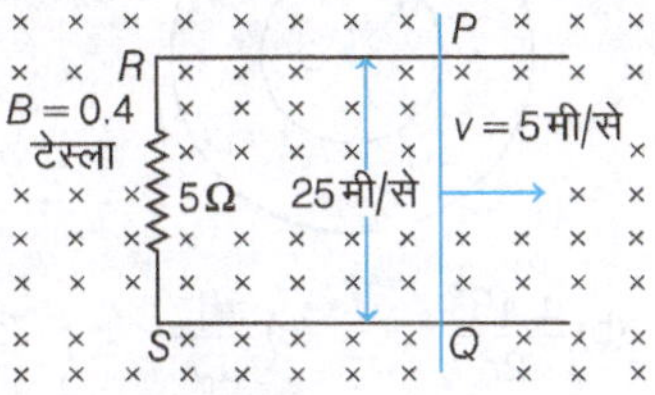

(a) *R* से *S* तक 0.1 ऐम्पियर
(b) *S* से *R* तक 0.1 ऐम्पियर
(c) *S* से *S* तक 0.5 ऐम्पियर
(d) *S* से *R* तक 0.5 ऐम्पियर

भँवर धारा

59 भँवर धाराएँ तब उत्पन्न होती हैं, जब Old NCERT पृष्ठ 218

(a) किसी धातु को परिवर्तनशील चुम्बकीय क्षेत्र में रखा जाता है
(b) किसी धातु को स्थिर चुम्बकीय क्षेत्र में रखा जाता है
(c) एक वृत्ताकार कुण्डली को चुम्बकीय क्षेत्र में रखा गया है
(d) एक वृत्ताकार कुण्डली से धारा प्रवाहित हो रही है

60 एक ताँबे की प्लेट को एक मजबूत चुम्बक के ध्रुव टुकड़ों के बीच एक सरल लोलक की भाँति झूलने दिया जाता है (जैसा कि चित्र में दिखाया गया है)। Old NCERT पृष्ठ 218

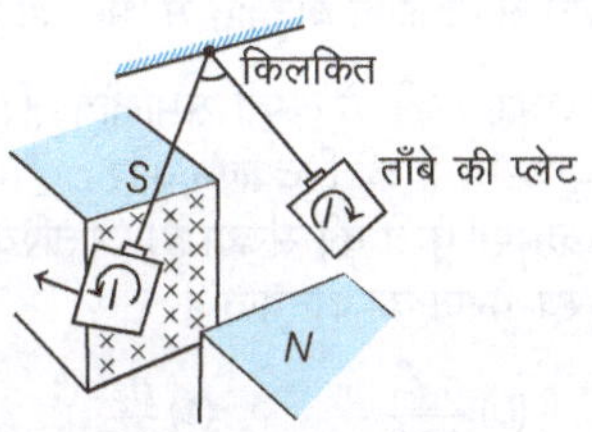

प्लेट की गति और इसके होने की घटना है
(a) अवमंदित, विद्युत चुम्बकीय प्रेरण
(b) त्वरित , प्रेरित धारा
(c) त्वरित , विद्युत चुम्बकीय प्रेरण
(d) अवमंदित , गॉस का नियम

61 विद्युत शक्ति मीटर में चमकदार धातु वलय के घूर्णन का कारण है। Old NCERT पृष्ठ 218

(a) लगातार कम होती धारा
(b) अन्दर लगी मोटर
(c) लगातार बढ़ती धारा
(d) भँवर धारा

प्रेरकत्व

62 दिए गए *L-R* परिपथ में, स्थिर अवस्था में प्रेरक में संगृहीत चुम्बकीय ऊर्जा है NCERT पृष्ठ 165

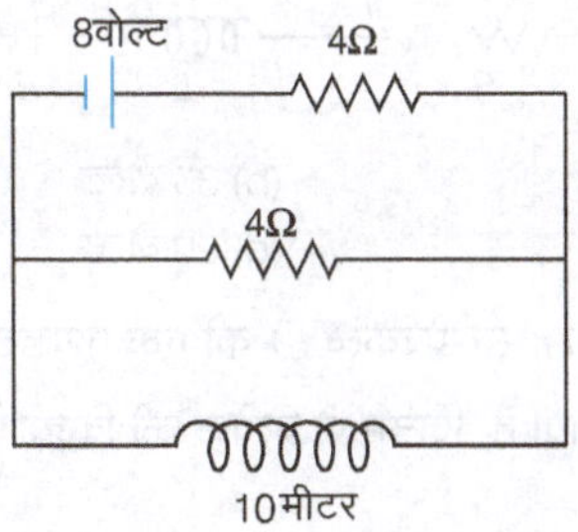

(a) 10 मिली जूल (b) 20 मिली जूल
(c) 40 मिली जूल (d) 5 मिली जूल

63 एक प्रेरक कुण्डली 32 जूल चुम्बकीय क्षेत्र ऊर्जा संगृहीत करती है तथा जब इसमें से 4 ऐम्पियर धारा प्रवाहित की जाती है, तो यह 320 वाट की दर से ऊष्मा के रूप में ऊर्जा का क्षय करती है। जब इस कुण्डली को आदर्श बैटरी से जोड़ा जाता है, तो परिपथ का समय नियतांक NCERT पृष्ठ 165

(a) 0.1 सेकण्ड (b) 0.2 सेकण्ड (c) 0.3 सेकण्ड (d) 0.4 सेकण्ड

64 एक कुण्डली में, जब धारा 0.1 सेकण्ड समय में 10 ऐम्पियर से 2 ऐम्पियर हो जाती है, तो प्रेरित विद्युत वाहक बल 3.20 वोल्ट है। कुण्डली का स्व-प्रेरकत्व क्या है ? NCERT पृष्ठ 165

(a) 4 हेनरी (b) 0.4 हेनरी (c) 0.04 हेनरी (d) 5 हेनरी

65 दिए गए शाखा *PQ* में, परिपथ के एक भाग में धारा $I = (2t + 3)$ ऐम्पियर प्रवाहित हो रही है, जहाँ *t* समय है सेकण्ड में, $t = 2$ सेकण्ड पर विभवान्तर $(V_P - V_Q)$ का मान क्या है? NCERT पृष्ठ 165

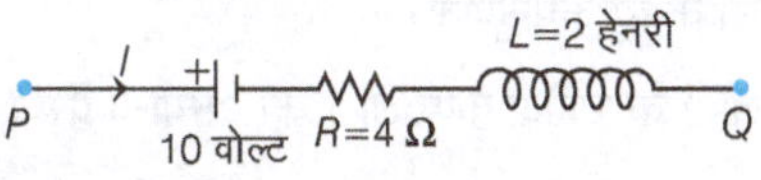

(a) 24 वोल्ट (b) 36 वोल्ट (c) 48 वोल्ट (d) 42 वोल्ट

66 *N* फेरों वाली कुण्डलियों के एक जोड़े का अन्योन्य प्रेरण *M* हेनरी है। यदि एक कुण्डली में *I* एम्पीयर की धारा को *t* सेकण्ड में शून्य पर लाया जाता है, तो दूसरी कुण्डली में प्रति फेरे में प्रेरित विद्युत वाहक बल (वोल्ट में) होगा NCERT पृष्ठ 165

(a) $\frac{MI}{Nt}$ (b) $\frac{MN}{It}$ (c) $\frac{NMI}{t}$ (d) $\frac{MIN^2}{t}$

67 एक परिनालिका में 0.3 मीटर की लम्बाई पर 2000 फेरे लपेटे गए हैं। इसके अनुप्रस्थ काट का क्षेत्रफल 1.2×10^{-3} मी^{2} है। इसके केंद्रीय भाग के चारों ओर 300 फेरों की एक कुण्डली लपेटी गई है। यदि परिनालिका में 2 ऐम्पियर की प्रारंभिक धारा को 0.25 सेकण्ड में वापस कर दिया जाए, तो कुण्डली में प्रेरित विद्युत वाहक बल बराबर होगा NCERT पृष्ठ 165

(a) 6×10^{-4} वोल्ट (b) 48 मिली वोल्ट
(c) 6×10^{-2} वोल्ट (d) 48 किलो वोल्ट

68 चित्र में दिखाए गए परिपथ में $R = 10\,\Omega$, $E = 10$ वोल्ट, $I = 2$ ऐम्पियर तथा $L = 5$ हेनरी है। परिपथ के भाग में धारा 2 ऐम्पियर/सेकण्ड की दर से कम हो रही है। इस क्षण पर विभवान्तर V_{AB} क्या है ?

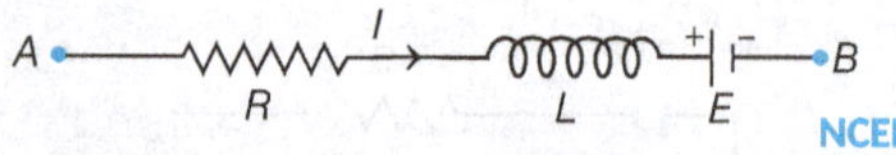

NCERT पृष्ठ 165

(a) 25 वोल्ट (b) 35 वोल्ट
(c) 40 वोल्ट (d) 20 वोल्ट

69 Cu तार (त्रिज्या r, स्व-प्रेरकत्व L) की एक कुण्डली को दो संकेन्द्रित फेरों में मोड़ा गया है, जिनमें से प्रत्येक की त्रिज्या $\left(\frac{r}{2}\right)$ है, अब स्व-प्रेरकत्व है NCERT पृष्ठ 165

(a) $2L$ (b) L
(c) $4L$ (d) $\frac{L}{2}$

70 निम्नलिखित में से कौन स्व-प्रेरण के समतुल्य है? NCERT पृष्ठ 165

(a) द्रव्यमान का जड़त्व
(b) ऊर्जा का जड़त्व
(c) आघूर्ण का जड़त्व
(d) धारा का जड़त्व

71 किसी कुण्डली में विद्युत धारा उसके आस-पास की किसी दूसरी कुण्डली द्वारा उत्पन्न फ्लक्स परिवर्तन या उसी कुण्डली द्वारा उत्पन्न फ्लक्स परिवर्तन द्वारा प्रेरित की जा सकती है। दोनों ही मामलों में, कुण्डली से प्रवाहित होने वाला फ्लक्स होता है। NCERT पृष्ठ 165

(a) धारा के वर्ग के समानुपाती
(b) धारा के वर्ग के व्युत्क्रमानुपाती
(c) धारा के समानुपातिक
(d) धारा के व्युत्क्रमानुपाती

72 कुण्डली 2 के सापेक्ष कुण्डली 1 का अन्योन्य प्रेरण M_{12} NCERT पृष्ठ 165

(a) जब उन्हें निकट लाया जाता है, तो बढ़ जाता है
(b) कुण्डलियों से प्रवाहित होने वाली धारा पर निर्भर करता है
(c) उनमें से एक को अक्ष के चारों ओर घुमाने पर बढ़ता है
(d) कुण्डली 1 के सापेक्ष कुण्डली 2 के M_{21} से भिन्न है

73 दो समान कुण्डलियाँ A और B समान अक्ष के साथ समानांतर रखी गई हैं, इन्हें कुछ दूरी द्वारा विभक्त किया गया है। कुण्डली A से 2 ऐम्पियर धारा प्रवाहित होती है और 10^{-2} वेबर का चुम्बकीय फलक्स B से होकर गुजरता है, (B से कोई धारा प्रवाहित नहीं होती) यदि A से कोई धारा प्रवाहित नहीं होती और B से 1 ऐम्पियर धारा प्रवाहित होती है, तो A से होकर प्रवाहित होने वाला फ्लक्स क्या है? NCERT पृष्ठ 165

(a) 5×10^{-3} वेबर (b) 0.5×10^{-3} वेबर
(c) 50×10^{-3} वेबर (d) 00.5×10^{-3} वेबर

74 दो सहसमतलीय संकेन्द्रीय वृत्ताकार चालकों A और B का केन्द्र O है, जिनकी त्रिज्याएँ क्रमशः r और R हैं जैसा कि चित्र में दिखाया गया है (यहाँ $r <<< R$)। चालक की प्रणाली का अन्योन्य प्रेरण निम्न द्वारा दिया जा सकता है NCERT पृष्ठ 165

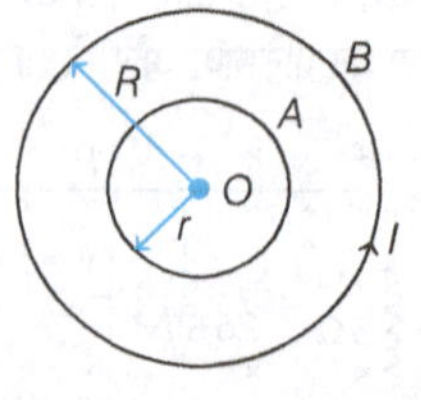

(a) $\frac{\mu_0 \pi r^2}{2R}$ (b) $\frac{\mu_0 \pi R^2}{2r}$ (c) $\frac{\pi R^2}{\mu_0 r}$ (d) $\frac{\mu_0 \pi r}{2R}$

75 दो कुण्डलियाँ P और Q कुछ दूरी पर रखी हैं। जब कुण्डली P से 3 ऐम्पियर की धारा प्रवाहित होती है तथा 10^{-3} वेबर का चुम्बकीय प्रवाह Q से होकर गुजरता है। Q से कोई धारा प्रवाहित नहीं होती है। जब P से कोई धारा प्रवाहित नहीं होती है और Q से 2 ऐम्पियर की धारा प्रवाहित होती है , तो P से होकर प्रवाह होने वाला फ्लक्स है NCERT पृष्ठ 165

(a) 6.67×10^{-3} वेबर (b) 6.67×10^{-4} वेबर
(c) 3.67×10^{-3} वेबर (d) 3.67×10^{-4} वेबर

76 अन्योन्य प्रेरण की घटना के अनुसार, NCERT पृष्ठ 165

(a) अन्योन्य प्रेरण दो कुण्डलियों की ज्यामिति पर निर्भर नहीं करता है
(b) अन्योन्य प्रेरकत्व आंतरिक चुम्बकीय गुण जैसे पदार्थ की आपेक्षिक पारगम्यता पर निर्भर करता है
(c) अन्योन्य प्रेरण पदार्थ के चुम्बकीय गुण से स्वतंत्र होता है
(d) कुण्डली 1 द्वारा कुण्डली 2 के स्थान पर उत्पन्न चुम्बकीय फ्लक्स और कुण्डली 2 में प्रवाहित धारा का अनुपात कुण्डलियों को आपस में बदलने से निर्धारित अनुपात से भिन्न होगा

77 यहाँ समान लंबाई l की दो लम्बी समाक्षीय परिनालिकाएँ हैं। आंतरिक और बाह्य कुण्डलियों की त्रिज्याएँ r_1 और r_2 हैं और प्रति इकाई लम्बाई n_1 और n_2 क्रमशः फेरों की संख्या है। आंतरिक कुण्डली के अन्योन्य प्रेरण और स्व-प्रेरण का अनुपात है NCERT पृष्ठ 165

(a) $\frac{n_2}{n_1} \frac{r_1}{r_2}$ (b) $\frac{n_2 r_2^2}{n_1 r_1^2}$ (c) $\frac{n_2}{n_1}$ (d) $\frac{n_1}{n_2}$

78 यदि प्रेरण कुण्डली खुली हो, तो L और R क्रमशः बन जाते हैं NCERT पृष्ठ 165

(a) ∞, 0 (b) 0, ∞
(c) ∞, ∞ (d) 0, 0

79 2 मिली हेनरी स्व-प्रेरकत्व वाली एक कुण्डली से प्रवाहित धारा 20 मिली ऐम्पियर/सेकण्ड की दर से परिवर्तित होती है कुण्डली में प्रेरित विद्युत वाहक बल है NCERT पृष्ठ 165

(a) 10 माइक्रो वोल्ट (b) 40 माइक्रो वोल्ट
(c) 10 मिली वोल्ट (d) 40 मिली वोल्ट

80 एक कुण्डली का प्रेरकत्व $L = 10$ हेनरी तथा प्रतिरोध $R = 5\Omega$ है। यदि बैटरी पर आरोपित वोल्टेज 10 वोल्ट है और परिपथ 1 मीटर सेकण्ड में बंद हो जाता है, तो प्रेरक में प्रेरित विद्युत वाहक बल ज्ञात कीजिए। **NCERT पृष्ठ 165**

(a) 2×10^4 वोल्ट (b) 1.2×10^4 वोल्ट
(c) 2×10^{-4} वोल्ट (d) 3×10^{-4} वोल्ट

81 0.2 सेकण्ड में, एक कुण्डली में धारा 1.5 एम्पियर से 2.5 ऐम्पियर तक बढ़ जाती है। यदि इस कुण्डली का प्रेरकत्व 60 मिली हेनरी है, तो $3\,\Omega$ के बाह्य प्रतिरोध में प्रेरित धारा होगी **NCERT पृष्ठ 165**

(a) 1 ऐम्पियर (b) 0.5 ऐम्पियर
(c) 0.2 ऐम्पियर (d) 0.1 ऐम्पियर

82 एक तांबे का तार एक लकड़ी के फ्रेम पर लपेटा गया है, जिसका आकार एक समबाहु त्रिभुज का है। यदि फ्रेम की प्रत्येक भुजा के रैखिक विमा को फ्रेम की प्रति इकाई लंबाई में कुण्डली के फेरों की संख्या समान रखते हुए 3 के कारक से बढ़ाया जाता है, तो कुण्डली में स्व- प्रेरकत्व का मान **NCERT पृष्ठ 165**

(a) 3 गुना बढ़ जाता है
(b) $9\sqrt{3}$ के कारक से घट जाती है
(c) 27 गुना बढ़ जाता है
(d) 9 गुना कम हो जाता है

83 एक 60 सेमी लम्बी परिनालिका में 50 फेरे लगे हैं तथा यह 7.5 मिमी त्रिज्या वाली लोहे की छड़ पर लिपटी हुई है। परिनालिका से प्रवाहित होने वाला फ्लक्स ज्ञात कीजिए, जब इसमें धारा 3 ऐम्पियर है तथा लोहे की आपेक्षिक पारगम्यता 600 है। **NCERT पृष्ठ 165**

(a) 1.66 वेबर (b) 2.66 वेबर
(c) 1.66 मिली वेबर (d) 1.66 माइक्रो वेबर

84 दो आदर्श प्रेरण कुण्डलियाँ, जिनमें से प्रत्येक का प्रेरकत्व L है, श्रेणीक्रम में इस प्रकार एक-दूसरे से जोडा गया है कि एक की वाइण्डिग (Winding) दिशा दूसरे की वाइण्डिग (Winding) की दिशा के ठीक विपरीत है, कुल प्रेरकत्व क्या है? **NCERT पृष्ठ 165**

(a) L^2 (b) $2L$
(c) $L/2$ (d) 0

85 समान आयाम, समान फेरों और समान संख्या में वाइंडिगे की परतों वाली तीन परिनालिकाएँ कुण्डिलयाँ ली गई हैं। प्रेरण L_1 की कुण्डली 1 प्रतिरोध 11 कूलॉम/मी के तार का उपयोग करके लपेटा गया था। प्रेरकत्व L_2 की कुण्डली 2 को समान तार का उपयोग करके लपेटा गया था, लेकिन प्रत्येक परत में घुमाव की दिशा उलट दी गई थी और प्रेरकत्व L_3 की कुण्डली 3 एक अतिचालक तार का उपयोग करके लपेटा गया था। कुण्डलियों L_1, L_2 का स्व-प्रेरक और L_3 इस प्रकार हैं कि **NCERT Pg 165**

(a) $L_1 = L_2 = L_3$ (b) $L_1 = L_2, L_3 = 0$
(c) $L_1 = L_3, L_2 = 0$ (d) $L_1 > L_2 > L_3$

86 एक कुण्डली का स्व -प्रेरकत्व विद्युत वाहक बल 25 वोल्ट है। जब इसमें धारा को 1 सेकण्ड में 10 ऐम्पियर से 25 एम्पियर तक एकसमान दर पर परिवर्तित किया जाता है , तो प्रेरकत्व की ऊर्जा में परिवर्तन होता है **NCERT पृष्ठ 165**

(a) 437.5 जूल (b) 740 जूल
(c) 637.5 जूल (d) 540 जूल

87 चुम्बकीय क्षेत्र B, क्षेत्र A और परिनालिका की लम्बाई l के पदों में परिनालिका में संगृहीत चुम्बकीय ऊर्जा के लिए अभिव्यक्ति है **NCERT पृष्ठ 165**

(a) $\frac{1}{2\mu_0} BAl$ (b) $\frac{1}{2\mu_0} B^2Al$
(c) $\frac{1}{\mu_0} B^2Al$ (d) $\frac{1}{\mu_0} BA^2l$

AC जनित्र

88 जब कुण्डली को स्थिर कोणीय गति ω से घुमाया जाता है, तो किसी भी क्षण t पर कुण्डली के चुम्बकीय क्षेत्र सदिश **B** और क्षेत्र सदिश **A** के बीच का कोण θ होता है **NCERT पृष्ठ 170**

(a) $q = \mathbf{AB}$
(b) $q = \mathbf{A}t$
(c) $\theta = \omega t$
(d) $\theta_1 = \mathbf{B}t$

89 तार लूप को चुम्बकीय क्षेत्र में घुमाया जाता है। प्रेरित विद्युत वाहक बल की दिशा में परिवर्तन की आवृत्ति है **NCERT पृष्ठ 170**

(a) प्रति चक्कर एक बार
(b) प्रति चक्कर दो बार
(c) प्रति चक्कर चार बार
(d) प्रति चक्कर छः बार

90 25 सेमी भुजा वाली 1000 फेरों वाली एक वर्गाकार कुण्डली को चुम्बकीय क्षेत्र में क्षेत्र की दिशा के लम्बवत् अक्ष के चारों ओर एकसमान गति से घुमाया जाता है। किसी क्षण t पर, कुण्डली में प्रेरित विद्युत वाहक बल $\varepsilon = 200 \sin 100\,\pi t$ है। तब चुम्बकीय प्रेरण है **NCERT पृष्ठ 170**

(a) 0.50 टेस्ला (b) 0.2 टेस्ला
(c) 10 टेस्ला^3 (d) 0.01 टेस्ला

91 कमला एक स्थिर चाल साइकिल चलाती है, साइकिल के पैडल 0.10 मी^2 क्षेत्रफल की 100 फेरों वाली कुण्डली से जुड़े हैं। कुण्डली प्रति सेकण्ड आधे चक्कर पर घूमती है और इसे कुण्डली के घूर्णन अक्ष के लम्बवत् 0.01 टेस्ला के एकसमान चुम्बकीय क्षेत्र में रखा गया है। कुण्डली में उत्पन्न अधिकतम वोल्टेज क्या है? **NCERT पृष्ठ 170**

(a) 3.14 वोल्ट
(b) 31.4 वोल्ट
(c) 0.314 वोल्ट
(d) 314 वोल्ट

92 जब 1 मीटर त्रिज्या और 100 फेरों वाली एक वृत्ताकार कुण्डली को क्षैतिज एकसमान चुम्बकीय क्षेत्र में घुमाया जाता है, तो प्रेरित विद्युत वाहक बल का शिखर मान 100 वोल्ट होता है। कुण्डली को खोल दिया जाता है और फिर 2 मीटर त्रिज्या वाली एक वृत्ताकार कुण्डली में लपेट दिया जाता है। यदि इसे अब समान गति से, समान परिस्थितियों में घुमाया जाए, तो उत्पन्न विद्युत वाहक बल का नया शिखर मान क्या होगा? **NCERT पृष्ठ 170**

(a) 50 वोल्ट (b) 25 वोल्ट
(c) 100 वोल्ट (d) 200 वोल्ट

93 एकसमान चुम्बकीय प्रेरण $B = 10^{-2}$ टेस्ला के क्षेत्र में एक 30 सेमी त्रिज्या और प्रतिरोध $\pi^2 \Omega$ की एक वृत्ताकार कुण्डली को एक अक्ष के चारों ओर घुमाया जाता है, जो B की दिशा के लम्बवत् है और जो कुण्डली का व्यास बनाती है। यदि कुण्डली 200 चक्कर प्रति मिनट पर घूमती है, तो कुण्डली में प्रेरित प्रत्यावर्ती धारा का मान है **NCERT पृष्ठ 170**

(a) $4\pi^2$ मिली ऐम्पियर (b) 30 मिली ऐम्पियर
(c) 6 मिली ऐम्पियर (d) 200 मिली ऐम्पियर

94 एक आयताकार कुण्डली $ABCD$ जो क्षैतिज अक्ष के चारों ओर स्थिर कोणीय वेग से घूमती है, जैसा कि चित्र में दिखाया गया है। कुण्डली के घूर्णन की धुरी और चुम्बकीय क्षेत्र B दोनों क्षैतिज हैं। परिपथ में अधिकतम धारा तब प्रवाहित होगी, जब कुण्डली का तल

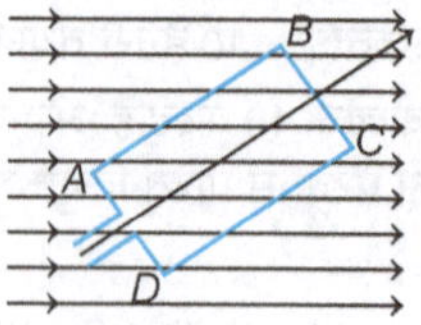

NCERT पृष्ठ 170

(a) चुम्बकीय क्षेत्र से 30° पर झुका हुआ हो
(b) चुम्बकीय क्षेत्र के लम्बवत्
(c) चुम्बकीय क्षेत्र से 45° पर झुका हुआ हो
(d) चुम्बकीय क्षेत्र के समानांतर

95 एक AC जनरेटर में, N फेरों वाली एक कुण्डली, सभी समान क्षेत्र A और कुल प्रतिरोध R की, चुम्बकीय क्षेत्र B में आवृत्ति ω के साथ घूमती है। कुण्डली में उत्पन्न विद्युत वाहक बल का अधिकतम मान है **NCERT पृष्ठ 170**

(a) $NAB\omega$ (b) $NABR\omega$
(c) NAB (d) $NABR$

96 जनरेटर का कार्य किस पर आधारित है? **NCERT पृष्ठ 170**

(a) धारा का चुम्बकीय प्रभाव
(b) धारा का तापीय प्रभाव
(c) धारा का रासायनिक प्रभाव
(d) विद्युत चुम्बकीय प्रेरण

अभिकथन-कारण प्रश्न

निर्देश *(प्रश्न क्रमांक 1-10) निम्नलिखित प्रश्नों में, अभिकथन के एक कथन बाद कारण का एक संगत कथन दिया गया है। निम्नलिखित विकल्पों में से, सही विकल्प का चयन कीजिए।*

(a) अभिकथन और कारण दोनों सही हैं और कारण अभिकथन का सही स्पष्टीकरण है।
(b) अभिकथन और कारण दोनों सही हैं, लेकिन कारण, अभिकथन का सही स्पष्टीकरण नहीं है।
(c) अभिकथन सही है, परन्तु कारण गलत है।
(d) अभिकथन गलत है, परन्तु कारण सही है।

1 **अभिकथन** यदि एक वृत्ताकार चालक कुण्डली को एकसमान चुम्बकीय क्षेत्र के अन्दर और समानान्तर रखा जाता है, तो कुण्डली से सम्बद्ध चुम्बकीय फ्लक्स शून्य होता है।

कारण कुण्डली का क्षेत्रफल बदलकर चुम्बकीय फ्लक्स को बदला जा सकता है। **NCERT पृष्ठ 157**

2 **अभिकथन** प्रेरित विद्युत वाहक बल सदैव घटित होगा, जब भी चुम्बकीय फ्लक्स में परिवर्तन होगा।

कारण जब भी चुम्बकीय फ्लक्स में परिवर्तन होता है, धारा सदैव प्रेरित होती है। **NCERT पृष्ठ 158**

3 **अभिकथन** केवल चुम्बकीय फ्लक्स में परिवर्तन से कुण्डली में प्रेरित धारा बनी रहेगी।

कारण यदि धारा सतत् है, तो कुण्डली में बड़े चुम्बकीय फ्लक्स की उपस्थिति कुण्डली में धारा बनाए रखती है। **NCERT पृष्ठ 158**

4 **अभिकथन** लेन्ज़ का नियम ऊर्जा संरक्षण के सिद्धान्त का उल्लंघन करता है।

कारण प्रेरित विद्युत वाहक बल सदैव अपने उत्पन्न होने के लिए उत्तरदायी चुम्बकीय फ्लक्स में परिवर्तन का विरोध करता है। **NCERT पृष्ठ 160**

5 **अभिकथन** चित्र में एक धातु चालक को चुम्बकीय क्षेत्र में गति करते हुए दिखाया गया है। इसके सिरों पर प्रेरित विद्युत वाहक बल शून्य है।

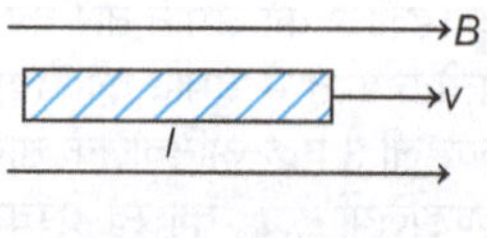

कारण किसी चालक के सिरों पर प्रेरित विद्युत वाहक बल $e = Bvl \sin\theta$ द्वारा दिया जाता है **NCERT पृष्ठ 162**

6 **अभिकथन** किसी भी धात्विक चालक में भँवर धारा तब उत्पन्न होती है, जब उसमें से चुम्बकीय फ्लक्स परिवर्तित होता है।

कारण विद्युत विभव आवेश के प्रवाह को निर्धारित करता है।
Old NCERT पृष्ठ 218

7 **अभिकथन** एक परिनालिका का स्व-प्रेरकत्व, परिनालिका के फेरों की नियत संख्या के लिए उसकी लम्बाई में वृद्धि के साथ बढ़ता है।

कारण स्व-प्रेरकत्व तथा धारा में परिवर्तन की दर के बीच वक्र परिनालिका में प्रेरित विद्युत वाहक बल देता है। NCERT पृष्ठ 168

8 **अभिकथन** यदि आंतरिक परिनालिका बाहरी परिनालिका से बहुत छोटा है (और काफी अंदर स्थित है) तो फ्लक्स ग्रंथिका $N_1\phi_1$ की गणना अभी भी की जा सकती है।

कारण बाहरी परिनालिका के कारण आंतरिक परिनालिका प्रभावी रूप से एकसमान चुम्बकीय क्षेत्र में स्थित रहता है। NCERT पृष्ठ 165

9 **अभिकथन** सह-अक्षीय परिनालिका की एक प्रणाली में, जब आंतरिक परिनालिका में धारा प्रवाहित होती है, तो बाहरी परिनालिका के साथ फ्लक्स ग्रांथिका की गणना करना अत्यंत कठिन होता है।

कारण आंतरिक परिनालिका के कारण चुम्बकीय क्षेत्र बाहरी परिनालिका की लम्बाई के साथ-साथ अनुप्रस्थ काट के क्षेत्रफल पर भी निर्भर करेगा (जब आंतरिक परिनालिका लम्बाई और त्रिज्या में छोटा होता है)। NCERT पृष्ठ 165

10 **अभिकथन** स्व-प्रेरकत्व विद्युत वाहक बल को पश्च विद्युत वाहक बल (Back emf) भी कहा जाता है ।

कारण एक परिपथ में धारा में किसी भी परिवर्तन का विरोध स्व प्रेरकत्व विद्युत वाहक बल करता है। NCERT पृष्ठ 165

कथन आधारित प्रश्न

निर्देश *(प्रश्न क्रमांक 1-8) निम्नलिखित प्रश्नों में दो कथन (I और II) दिए गए हैं। दिए गए कथनों के आधार पर, नीचे दिए गए विकल्पों में से सही उत्तर चुनें।*

(a) कथन I और कथन II दोनों गलत हैं।
(b) कथन I सत्य है, लेकिन कथन II असत्य है।
(c) कथन I असत्य है, लेकिन कथन II सत्य है।
(d) कथन I और कथन II दोनों सत्य हैं।

1 **कथन I** जब कुण्डली के पास स्थित चुम्बक स्थिर होता है, तो कुण्डली से जुड़ा हुआ धारामापी कोई विक्षेप नहीं दर्शाता है ।

कथन II चुम्बक और कुण्डली के बीच सापेक्ष गति कुण्डली में विद्युत धारा उत्पन्न करने के लिए उत्तरदायी है। NCERT पृष्ठ 155

2 **कथन I** यदि किसी कुण्डली का तल एकसमान चुम्बकीय क्षेत्र के समानान्तर है, तो कुण्डली के माध्यम से तुल्य फ्लक्स अधिकतम होता है।

कथन II किसी कुण्डली से गुजरने वाले चुम्बकीय फ्लक्स को चुम्बकीय क्षेत्र की प्रबलता में परिवर्तन करके परिवर्तित जा सकता है। NCERT पृष्ठ 156

3 **कथन I** यदि एक ताँबे की कुण्डली और एक एल्यूमीनियम की कुण्डली के माध्यम से चुम्बकीय फ्लक्स में समान मात्रा में परिवर्तन होता है, तो दोनों कुंडलियों में प्रेरित विद्युत वाहक बल समान होता है।

कथन II लेन्ज़ का नियम संवेग संरक्षण नियम के अनुरूप है। NCERT पृष्ठ 160

4 **कथन I** विद्युत परिपथ का प्रेरकत्व परिपथ में प्रवाहित धारा के किसी भी परिवर्तन का विरोध करता है।

कथन II जब किसी कुण्डली में प्रवाहित धारा स्थिर होती है, तो कोई विद्युत चुम्बकीय प्रेरण नहीं होता है। NCERT पृष्ठ 165

5 **कथन I** फैराडे के नियम ऊर्जा संरक्षण के परिणाम हैं।

कथन II अलग-अलग त्रिज्याओं वाले दो सह-अक्षीय चालक वलय अंतरिक्ष में रखे गए हैं। यदि वलय भी सह-समतलीय हैं, तो दोनों वलय का अन्योन्य प्रेरण अधिकतम है। NCERT पृष्ठ 166

कथन I एक लम्बी परिनालिका से होकर गिरने वाले चुम्बक का त्वरण कम हो जाता है।

कथन II किसी परिपथ में उत्पन्न प्रेरित धारा सदैव ऐसी दिशा में प्रवाहित होती है, कि वह उस कारण में परिवर्तन का विरोध करती है, जिसने इसे उत्पन्न किया है। NCERT पृष्ठ 166

7 **कथन I** AC जनित्र का सिद्धान्त धारा के चुम्बकीय प्रभाव पर आधारित है।

कथन II एक AC जनित्र द्वारा उत्पन्न धारा का परिमाण स्थिर होता है, लेकिन समय-समय पर इसकी दिशा बदलती रहती है। NCERT पृष्ठ 170

8 **कथन I** कुण्डलियों के एक युग्म का अन्योन्य प्रेरकत्व सापेक्ष अभिविन्यास पर निर्भर नहीं करता है।

कथन II AC जनित्र में, लूप के प्रभावी क्षेत्र को बदलकर चुम्बकीय फ्लक्स को बदला जाता है। NCERT पृष्ठ 171

सुमेलन प्रकार प्रश्न

1 एक वर्गाकार लूप $ABCD$ जिसका क्षेत्रफल 20 सेमी^{2} तथा प्रतिरोध 5Ω को 2 टेस्ला के एकसमान क्षेत्र में लूप के तल में एक अक्ष के चारों ओर 180° पर घुमाया जाता है, जो लूप के केंद्र से होकर गुजरता है।

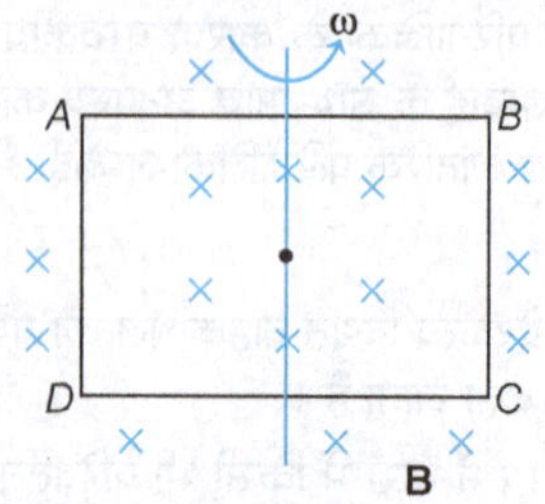

अब, निम्नलिखित स्तंभों का मिलान करें।

कॉलम I	कॉलम II
A. $t = 0.01$ सेकण्ड पर लूप में धारा (A में)	1. 2.4
B. $t = 0.02$ सेकण्ड पर लूप में धारा (A में)	2. 1.6
C. $t = 0.01$ सेकण्ड पर मुक्त आवेश का परिमाण (माइक्रो कूलॉम में)	3. 0.08
D. 0.03 सेकण्ड पर मुक्त आवेश का परिमाण (माइक्रो कूलॉम में)	4. 0.16

NCERT पृष्ठ 157

नीचे दिए गए कूट से सही उत्तर चुनें।

कूट

	A	B	C	D		A	B	C	D
(a)	1	2	3	4	(b)	4	3	2	1
(c)	3	4	1	2	(d)	3	1	2	4

2 लम्बाई l और प्रतिरोध R का एक चालक नीचे दर्शाए अनुसार वेग v से चुम्बकीय क्षेत्र B से होकर गुजर रहा है।

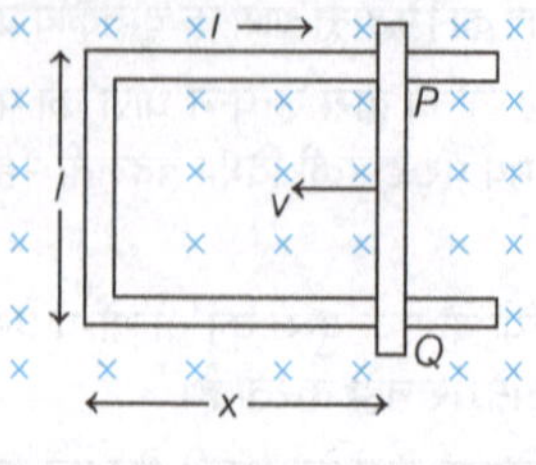

अब कॉलम I को कॉलम II से सुमेलित कीजिए।

कॉलम I	कॉलम II
A. लूप में प्रेरित धारा	1. Bvl
B. PQ पर बल	2. Bvl / R
C. PQ पर प्रेरित विद्युत वाहक बल	3. $\frac{B^2L^2V^2}{R}$
D. बाह्य बल द्वारा प्रदत्त शक्ति	4. $\frac{B^2l^2V}{R}$

NCERT पृष्ठ 162

नीचे दिए गए कूट से सही उत्तर चुनें।

कूट

	A	B	C	D
(a)	2	1	4	3
(b)	2	4	1	3
(c)	4	2	3	1
(d)	4	3	2	1

3 कॉलम I में विद्युतचुम्बकीय राशियाँ दी गई हैं और कॉलम II में यांत्रिक राशियाँ दी गई हैं। कॉलम I और कॉलम II का मिलान करें।

कॉलम I	कॉलम II
A. धारा	1. संवेग
B. चुम्बकीय फ्लक्स	2. स्थितिज ऊर्जा
C. प्रेरकत्व	3. गतिज ऊर्जा
D. चुम्बकीय ऊर्जा	4. द्रव्यमान

NCERT पृष्ठ 165

नीचे दिए गए कूट से सही उत्तर चुनें।

कूट

	A	B	C	D
(a)	1	2	4	3
(b)	2	4	3	1
(c)	2	1	3	4
(d)	2	1	4	3

आंकिक मान प्रकार के प्रश्न

1 2 मी^{2} क्षेत्रफल की एक वर्गाकार धात्विक की प्लेट से सामान्य रूप से गुजरने वाला चुम्बकीय क्षेत्र B समय के साथ परिवर्तित हो रहा है, जैसा कि चित्र में दिखाया गया है। $t = 3$ सेकण्ड से $t = 5$ सेकण्ड के दौरान प्लेट में प्रेरित विद्युत वाहक बल का परिमाण ... मिलीवोल्ट है। **NCERT पृष्ठ 157**

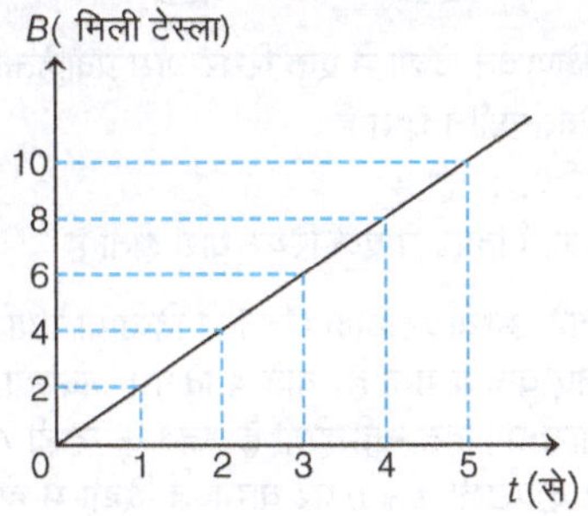

2 200 फेरों में एक विद्युतरोधी ताँबे का तार 24 सेमी^{2} अनुप्रस्थ-काट क्षेत्रफल वाले लकड़ी के बेलनाकार कोर के चारों ओर लपेटा गया है। तार के दोनों सिरे एक प्रतिरोधक से जुड़े हैं। परिपथ में कुल प्रतिरोध 24 Ω है। यदि कोर में इसकी धुरी के अनुदिश बाह्य रूप से लगाया गया एकसमान चुम्बकीय क्षेत्र एक दिशा में 1.5 टेस्ला से विपरीत दिशा में 1.5 टेस्ला में बदल जाता है, तो चुम्बकीय क्षेत्र के परिवर्तन के दौरान परिपथ में एक बिन्दु से प्रवाहित होने वाला आवेश .... माइक्रोकूलॉम होगा। **NCERT पृष्ठ 157**

3 8 Ω प्रतिरोध की एक कुण्डली में, बाहरी चुम्बकीय क्षेत्र के कारण चुम्बकीय फ्लक्स समय के साथ $\phi = \frac{2}{3}(4 - t^2)$ के अनुसार, बदलता रहता है। कुण्डली में फ्लक्स शून्य होने तक उत्पन्न कुल ऊष्मा का मान $\frac{X}{27}$ जूल होगा। x का मान .... है। **NCERT पृष्ठ 157**

4 दिए गए चित्र में, लूप के माध्यम से चुम्बकीय फ्लक्स सम्बन्ध $\phi B(t) = 10t^2 + 20t$ के अनुसार बढ़ता है जहाँ ϕ_B मिलीवेबर में और t सेकण्ड में है। $t = 5$ सेकण्ड पर $R = 10\,\Omega$ प्रतिरोधक से प्रवाहित धारा का परिमाण .... मिली ऐम्पियर है।

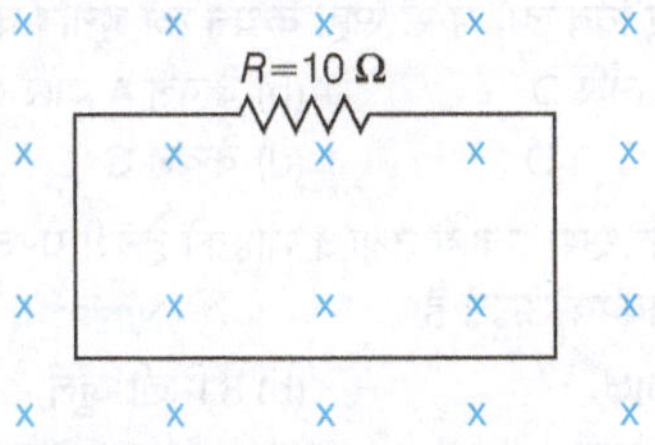

NCERT पृष्ठ 157

5 एक चालक वृत्ताकार लूप को 0.2 टेस्ला के एकसमान चुम्बकीय क्षेत्र में इस प्रकार रखा गया है, कि इसका तल क्षेत्र के लम्बवत् है। किसी तरह, लूप की त्रिज्या 2 मिलीमीटर/सेकण्ड की स्थिर दर से फैलने लगती है। उस क्षण, जब लूप की त्रिज्या 2 सेमी है, लूप में प्रेरित विद्युत वाहक बल का परिमाण .... माइक्रो वोल्ट होगा। **NCERT पृष्ठ 157**

6 एक 15 Ω, 30 मिली हेनरी स्थिर धारा ले जाने वाली कुण्डली को एक स्विच के माध्यम से 20 वोल्ट की बैटरी से जोड़ा गया है। अब, स्विच खोलने के बाद 100 माइक्रो सेकण्ड में धारा शून्य हो जाती है। कुण्डली में प्रेरित औसत विद्युत वाहक बल .... वोल्ट है। **NCERT पृष्ठ 157**

7 1 मीटर लम्बी धात्विक छड़ XY चित्रानुसार परिपथ को पूरा करती है। परिपथ का तल चुम्बकीय क्षेत्र के फ्लक्स घनत्व 0.15 टेस्ला के लम्बवत् है। यदि परिपथ का प्रतिरोध 10 Ω है, तो छड़ को 8 मी/सेकण्ड की नियत गति से, सांकेतिक दिशा में ले जाने के लिए आवश्यक बल .... $\times 10^{-3}$ न्यूटन होगा।

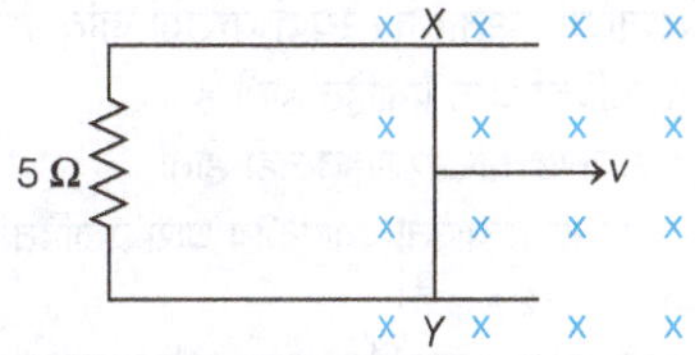

NCERT पृष्ठ 162

8 20 सेमी लम्बी धात्विक छड़ को छड़ के अभिलम्बवत् अक्ष के चारों ओर 180 चक्कर प्रति सेकण्ड से घुमाया जाता है, जो इसके एक सिरे से होकर गुजरती है। छड़ का दूसरा सिरा एक वृत्ताकार धातु की वलय के संपर्क में है। अक्ष के समानान्तर 0.2 टेस्ला का एक नियत और एकसमान चुम्बकीय क्षेत्र है। केंद्र और वलय के बीच उत्पन्न विद्युत वाहक बल .... मिलीवोल्ट है। $\left(\pi = \frac{22}{7}\right)$ लीजिए। **NCERT पृष्ठ 162**

9 दो संकेन्द्रीय वृत्ताकार कुण्डलियाँ जिनकी त्रिज्याएँ 1 सेमी तथा 1000 सेमी हैं, तथा फेरों की संख्या क्रमशः 20 तथा 100 है, केन्द्रों के समानान्तर समाक्षीय रूप से रखी गई हैं। इस व्यवस्था का अन्योन्य प्रेरण ...... $\times 10^{-10}$ हेनरी होगा। ($\pi^2 = 10$) लीजिए। **NCERT पृष्ठ 165**

10

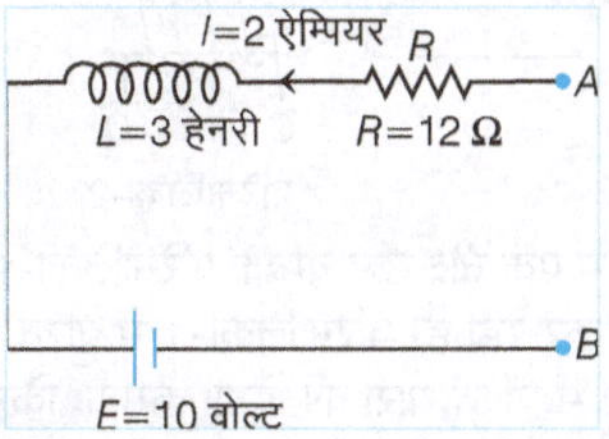

दी गई आकृति के अनुसार, यदि $dI/dt = -2$ ऐम्पियर/सेकण्ड है, तो V_{AB} का मान इस क्षण पर .... वोल्ट होगा। **NCERT पृष्ठ 165**

NCERT Examplar प्रश्न

1 L मीटर भुजा वाला एक वर्ग XY-तल में एक क्षेत्र में स्थित है, जहाँ चुम्बकीय क्षेत्र द्वारा दिया गया है $\mathbf{B} = B_0 (2\hat{i} + 3\hat{j} + 4\hat{k})$ टेस्ला, जहाँ B_0 नियत है। वर्ग से गुजरने वाले फ्लक्स का परिमाण है

(a) $2B_0L^2$ वेबर (b) $3B_0L^2$ वेबर
(c) $4B_0L^2$ वेबर (d) $\sqrt{29}\, B_0L^2$ वेबर

2 सीधे किनारों से बने एक लूप के छः कोने $A(0, 0, 0)$, $B(L, 0, 0)$, $C(L, L, 0)$, $D(0, L, 0)$, $E(0, L, L)$ और $F(0, 0, L)$ पर हैं। एक चुम्बकीय क्षेत्र $\mathbf{B} = B_0 (\hat{i} + \hat{j})$ टेस्ला स्थान में उपस्थित है। लूप $ABCDEFA$ से गुजरने वाला फ्लक्स (उसी क्रम में) है

(a) B_0L^2 वेबर (b) $2B_0L^2$ वेबर
(c) $\sqrt{2}B_0L^2$ वेबर (d) $4B_0L^2$ वेबर

3 एक बेलनाकार छड़ चुम्बक को उसकी धुरी के चारों ओर घुमाया जाता है। एक तार को अक्ष से जोड़ा जाता है और एक संपर्क के माध्यम से बेलनाकार सतह को स्पर्श कराया जाता है। तब,

(a) एमीटर A में दिष्ट धारा प्रवाहित होती है
(b) एमीटर A से कोई धारा प्रवाहित नहीं होती
(c) एमीटर A से एक प्रत्यावर्ती ज्यावक्रीय धारा प्रवाहित होती है, जिसका आवर्त काल $T = 2\pi\omega$ है।
(d) एमीटर A से समय -परिवर्तित अज्यावक्रीय धारा प्रवाहित होती है

4 चित्र में दर्शाए अनुसार दो कुण्डलियाँ A और B हैं। जब A को B की ओर ले जाया जाता है, तो B में धारा प्रवाहित होने लगती है, जैसा कि चित्र में दिखाया गया है। जब A को B से दूर ले जाया जाता है, तो धारा प्रवाहित होना बंद हो जाती है। जब A गति करना बंद कर देता है, तो B में धारा वामावर्त दिशा में प्रवाहित होती है। जब A गति करता है, तो B स्थिर रहता है। हम यह अनुमान लगा सकते हैं, कि

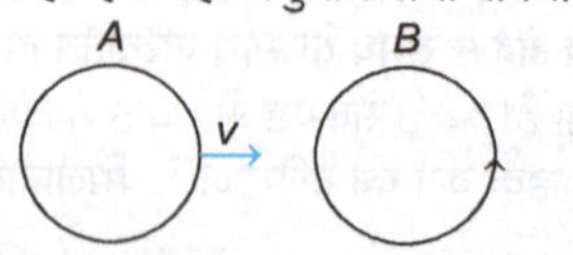

(a) A में दक्षिणावर्त दिशा में एक स्थिर धारा प्रवाहित होती है
(b) A में परिवर्तनशील धारा है
(c) A में कोई धारा नहीं है
(d) A में वामावर्त दिशा में एक स्थिर धारा होती है

5 कुण्डली A को ऊर्ध्वाधर अक्ष (चित्र में दिखाया गया है) के चारों ओर घूमाने के लिए बनाया गया है। यदि A विराम अवस्था में है, तो कुण्डली B में कोई धारा प्रवाहित नहीं होती है। जब कुण्डली A में धारा प्रवाहित होती है और कुण्डली $t = 0$ पर वामावर्त दिशा में होती है, चित्र में दिखाए गए $t = 0$ पर कुण्डली A पर धारा होगी

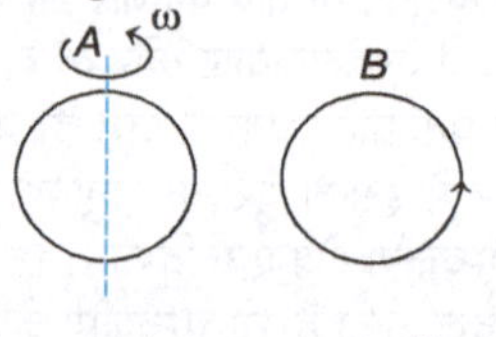

(a) दक्षिणावर्त स्थिर धारा (b) दक्षिणावर्त परिवर्तित धारा
(c) वामावर्त दिशा में परिवर्तित धारा (d) वामावर्त नियत धारा

6 निश्चित संख्या में N फेरों वाली, l लम्बाई और A अनुप्रस्थ-काट क्षेत्रफल वाली परिनालिका का स्व-प्रेरक L, बढ़ता है, जब

(a) l और A बढ़ता है। (b) l घटता है और A बढ़ता है
(c) l बढ़ता है और A घटता है (d) l और A दोनों घटते है।

विगत परीक्षाओं के प्रश्न

NEET

1

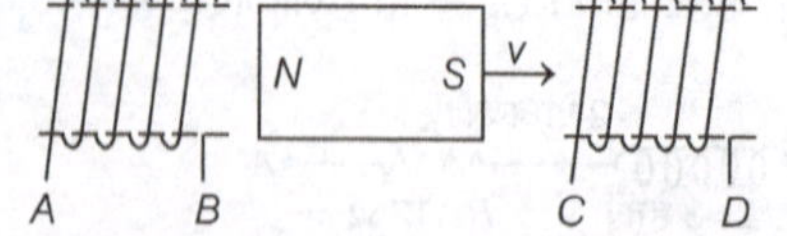

परिनालिका-1 परिनालिका-2

उपरोक्त चित्र में एक तीव्र छड़ चुम्बक परिनालिका-1 से परिनालिका-2 की ओर गति कर रही है। परिनालिका-1 में प्रेरित धारा की दिशा तथा परिनालिका-2 में प्रेरित धारा की दिशा क्रमशः किन दिशाओं में हैं?

NCERT पृष्ठ 163, NEET 2024

(a) AB एवं DC (b) BA एवं CD (c) AB एवं CD (d) BA एवं DC

2 एक शीट को एक प्रबल चुम्बकीय ध्रुव के सामने एक क्षैतिज सतह पर रखा जाता है। इसके लिए एक बल की आवश्यकता होती है

A. यदि शीट चुम्बकीय है तो उसे वहीं रखें
B. यदि शीट अचुम्बकीय है तो उसे वहीं रखें
C. यदि शीट चालक है तो उसे एकसमान वेग से ध्रुव से दूर ले जाएँ।
D. यदि शीट गैर-चालक और अध्रुवीय दोनों हैं तो उसे एकसमान वेग से ध्रुव से दूर ले जाएँ।

NCERT पृष्ठ 165, NEET 2024

नीचे दिए गए विकल्पों में से सही कथन का चुनाव कीजिए।

(a) केवल B और D (b) केवल A और C
(c) केवल A, C व D (d) केवल C

3 2 ऐम्पियर के धारा प्रवाही तथा 4 माइक्रो हेनरी प्रेरकत्व वाले प्रेरक में संग्रहित चुम्बकीय ऊर्जा है

NCERT पृष्ठ 165, NEET 2023

(a) 4 मिली जूल (b) 8 मिली जूल
(c) 8 माइक्रो जूल (d) 4 माइक्रा जूल

4 1 मीटर भुजा और 1Ω प्रतिरोध वाला एक वर्गाकार लूप 0.5 टेस्ला के चुम्बकीय क्षेत्र में रखा गया है। यदि लूप का तल चुम्बकीय क्षेत्र की दिशा के लम्बवत् है, तो लूप के माध्यम से चुम्बकीय फ्लक्स है

NCERT पृष्ठ 156, NEET 2022

(a) 0.5 वेबर (b) 1 वेबर (c) 0 (d) 2 वेबर

5 त्रिज्या R_1 और R_2 वाले दो चालक वृत्ताकार लूप एक ही तल में इस प्रकार रखे गए हैं, कि उनके केंद्र एक-दूसरे से मिलते हों। यदि $R_1 >> R_2$, उनके बीच पारस्परिक प्रेरण M सीधे आनुपातिक होगा

NCERT पृष्ठ 165, NEET 2021

(a) $\frac{R_1}{R_2}$ (b) $\frac{R_2}{R_1}$ (c) $\frac{R_1^2}{R_2}$ (d) $\frac{R_2^2}{R_1}$

6 एक कुण्डली से सम्बद्ध चुम्बकीय फ्लक्स (वेबर में) समीकरण $\phi = 5t^2 + 3t + 16t$ द्वारा व्यक्त किया जाता है चौथे सेकण्ड में कुण्डली में प्रेरित विद्युत वाहक बल का परिमाण होगा

NCERT पृष्ठ 157, NEET 2020

(a) 33 वोल्ट (b) 43 वोल्ट (c) 108 वोल्ट (d) 10 वोल्ट

7 0.5 मीटर त्रिज्या वाले एक साइकिल के पहिये को 0.1 टेस्ला के चुम्बकीय क्षेत्र में 10 रेडियन/सेकण्ड के नियत कोणीय वेग से घुमाया जाता है, जो पहिये के तल के लम्बवत् है। इसके केन्द्र और रिम के बीच उत्पन्न विद्युत वाहक बल है **NCERT पृष्ठ 162, NEET 2019**

(a) 0.25 वोल्ट (b) 0.125 वोल्ट (c) 0.5 वोल्ट (d) 0

8 एक प्रेरक में संग्रहित चुम्बकीय स्थितिज ऊर्जा का 25 मिली जूल है, जब प्रेरक में धारा 60 मिली ऐम्पियर है। इस प्रेरक का प्रेरकत्व है।

NCERT पृष्ठ 165, NEET 2018

(a) 1.389 हेनरी (b) 138.88 हेनरी
(c) 0.138 हेनरी (d) 13.89 हेनरी

9 0.1 मीटर व्यास वाली एक लम्बी परिनालिका में 2×10^4 फेरे प्रति मीटर है। परिनलिका के केन्द्र पर, 100 फेरे और 0.01 मीटर त्रिज्या वाली एक कुण्डली रखी जाती है, जिसका अक्ष परिनालिका के अक्ष के साथ संयोजित है। परिनालिका में धारा 0.05 सेकण्ड में 4 ऐम्पियर से 0 ऐम्पियर तक एक नियत दर से कम हो जाती है। यदि कुण्डली का प्रतिरोध $10\pi^2\Omega$ है, तो इस समय के दौरान कुण्डली से प्रवाहित होने वाला कुल आवेश है **NCERT पृष्ठ 157, NEET 2017**

(a) 32π माइक्रो कूलॉम (b) 16 माइक्रो कूलॉम
(c) 32 माइक्रो कूलॉम (d) 16π माइक्रो कूलॉम

10 एक r त्रिज्या के क्षेत्र के अन्दर एकसमान चुम्बकीय क्षेत्र, त्रिज्या r के क्षेत्र के अन्दर सीमित है। चुम्बकीय क्षेत्र समय के साथ $\frac{dB}{dt}$ की दर से बदलता है, त्रिज्या $R > r$ वाला लूप। क्षेत्र r को घेरता है और त्रिज्या R वाला लूप 2 चुम्बकीय क्षेत्र के क्षेत्र से बाहर है, जैसा कि चित्र में दिखाया गया है। तब, उत्पन्न विद्युत वाहक बल है

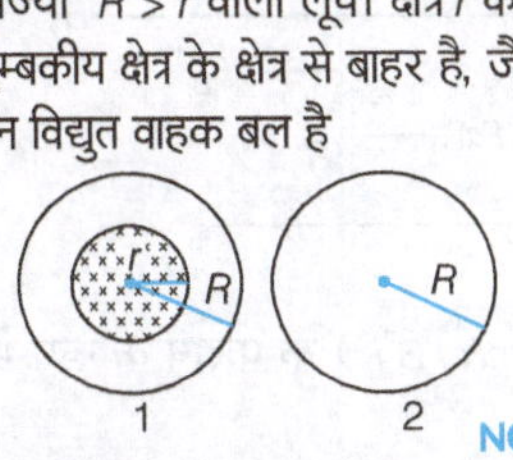

NCERT पृष्ठ 157, NEET 2016

(a) लूप 1 में शून्य और लूप 2 में शून्य
(b) लूप 1 में $-\frac{dB}{dt}\pi r^2$ और लूप 2 में $-\frac{dB}{dt}\pi r^2$
(c) लूप 1 में $-\frac{dB}{dt}\pi R^2$ और लूप 2 में शून्य
(d) लूप 1 में $-\frac{dB}{dt}\pi r^2$ और लूप 2 में शून्य

11 एक इलेक्ट्रॉन सीधे पथ XY पर चलता है, जैसा कि चित्र में दिखाया गया है। इलेक्ट्रॉन के पथ में एक कुण्डली $abcd$ समीप है। यदि कुण्डली में कोई प्रेरित धारा है, तो उसकी दिशा क्या होगी?

NCERT पृष्ठ 160, AIPMT 2015

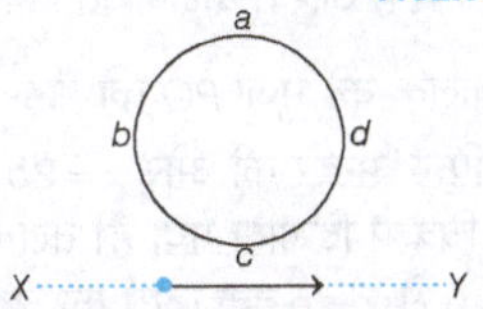

(a) $abcd$ (b) $adcb$
(c) जैसे ही इलेक्ट्रॉन कुण्डली से गुजरेगा धारा की दिशा उत्क्रमित करेगा
(d) कोई धारा प्रेरित नहीं

JEE Main

12 एक कुण्डली में धारा −2 ऐम्पियर से +2 ऐम्पियर तक 0.2 सेकण्ड में परिवर्तित होती है। तब 0.1 वोल्ट विद्युत वाहक बल प्रेरित होता है। कुण्डली का स्वप्रेरणांक है **NCERT पृष्ठ 165, JEE Main 2024**

(a) 2.5 मिली हेनरी (b) 5 मिली हेनरी
(c) 4 मिली हेनरी (d) 1 मिली हेनरी

13 2.5 मी लम्बाई तथा 2 मी चौड़ाई के एक आयताकार लूप को 4 टेस्ला के एक चुम्बकीय क्षेत्र में इससे 60° पर रखा गया है। लूप को 10 सेकण्ड में क्षेत्र से हटा दिया जाता है। इस समय में औसत प्रेरित विद्युत वाहक बल है **NCERT पृष्ठ 162, JEE Main 2024**

(a) −1 वोल्ट (b) −2 वोल्ट (c) +2 वोल्ट (d) +1 वोल्ट

14 $10/\sqrt{\pi}$ सेमी त्रिज्या का एक चालक वृत्ताकार लूप 0.5 टेस्ला के एकसमान चुम्बकीय क्षेत्र के लम्बवत् रखा गया है। चुम्बकीय क्षेत्र स्थिर दर पर 0.5 सेकण्ड में शून्य हो जाता है। 0.25 सेकण्ड पर वृत्ताकार लूप में प्रेरित विद्युत वाहक बल है **NCERT पृष्ठ 157, JEE Main 2023**

(a) वि.वा.ब. = 5 मिली वोल्ट (b) वि. वा. ब. = 100 मिली वोल्ट
(c) वि. वा ब. = 1 मिली वोल्ट (d) वि.वा. ब.= 10 मिली वोल्ट

15 एक कुण्डली के तल के लम्बवत् चुम्बकीय फ्लक्स $\phi = (st^2 + 4t^2 + 2t - 5)$ वेबर संबंध के अनुसार बदल रहा है । यदि कुण्डली का प्रतिरोध 5Ω है, तो $t = 2$ सेकण्ड पर कुण्डली के माध्यम से प्रेरित धारा होगी **NCERT पृष्ठ 157, JEE Main 2022**

(a) 15.6 ऐम्पियर (b) 16.6 ऐम्पियर
(c) 17.6 ऐम्पियर (d) 18.6 ऐम्पियर

16 L लम्बाई की एक चालक छड़ दो समान्तर चालक पटरियों पर चित्रानुसार स्वतंत्र रूप से फिसलने के लिए मुक्त है।

NCERT पृष्ठ 162, JEE Main 2021

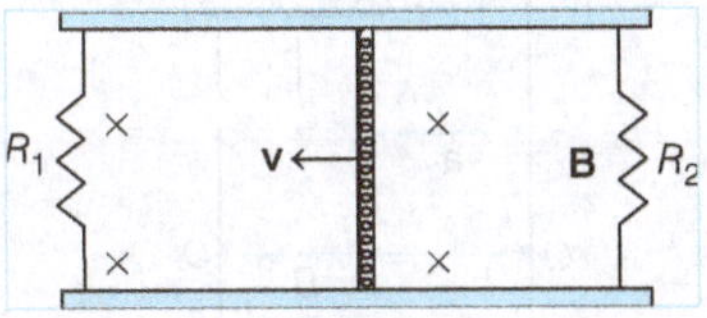

दो प्रतिरोधक R_1 और R_2 पटरी के सिरों पर जुड़े हुए हैं। पृष्ठ की ओर इंगित एकसमान चुम्बकीय क्षेत्र B है। एक बाहरी कारक नियत चाल v से छड़ को बाईं ओर खींचता है। प्रेरित धाराओं की दिशाओं के बारे में सही कथन I_1 और I_2 क्रमशः R_1 और R_2 से प्रवाहित होती है

(a) दोनों I_1 और I_2 वामावर्त दिशा में हैं।
(b) दोनों I_1 और I_2 दक्षिणावर्त दिशा में हैं।
(c) I_1 दक्षिणावर्त दिशा में है और I_2 वामावर्त दिशा में है।
(d) I_1 वामावर्त दिशा में है और I_2 दक्षिणावर्त दिशा में है।

17 एक आयताकार चालक की भुजा PQ को बाहर की ओर $x = 0$ से $x = 2b$ तक तथा फिर अन्दर की ओर $x = 2b$ से $x = 0$ तक गति कर रही है , जैसा कि चित्र में दिखाया गया है। तल के लम्बवत् एक समान चुम्बकीय क्षेत्र $x = 0$ से $x = b$ तक कार्य कर रहा है। दूरी के साथ विभिन्न राशियों में परिवर्तन दर्शाने वाले ग्राफ की पहचान करें।
NCERT पृष्ठ 162, JEE Main 2021

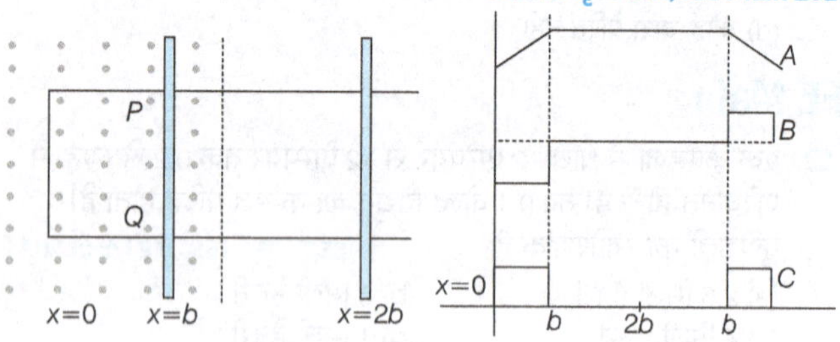

(a) A-फ्लक्स, B-शक्ति क्षय C- विद्युत वाहक बल
(b) A-शक्ति क्षय, B-फ्लक्स, C- विद्युत वाहक बल
(c) A-फ्लक्स, B-विद्युत वाहक बल , C-शक्ति क्षय
(d) A- विद्युत वाहक बल , B-शक्ति क्षय, C-फ्लक्स

18 एक कुण्डली को चुम्बकीय क्षेत्र B में नीचे चित्रानुसार रखा गया है।
NCERT पृष्ठ 160, JEE Main 2021

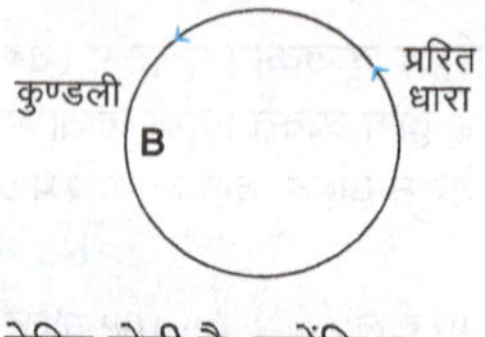

कुण्डली में धारा प्रेरित होती है, क्योंकि B
(a) बाहर की ओर तथा समय के साथ घटता है।
(b) कुण्डली के तल के समानान्तर और समय के साथ घटता है।
(c) बाहर की ओर तथा समय के साथ बढ़ता है
(d) कुण्डली के तल के समान्तर तथा समय के साथ बढ़ता है

स्किल बूस्टर्स

1 तार के एक अर्धवृत्ताकार टुकड़े को बिंदु P के चारों ओर (जैसा दिखाया गया है) कोणीय वेग ω के साथ P से गुजरने वाली अक्ष के चारों ओर घुमाया जाता है और तार के तल के लम्बवत् है । घूर्णन अक्ष के समांतर क्षेत्र में स्थिर परिमाण B का एक चुम्बकीय क्षेत्र मौजूद है।

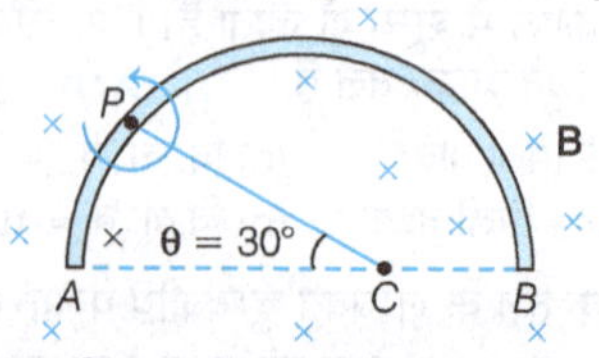

तार के सिरों (A और B) के बीच विभवान्तर है
(a) $\frac{B\omega R^2}{2}$ (b) $\frac{B\omega R^2}{4}$ (c) $2B\omega R^2$ (d) $B\omega R^2$

2 PQ एक अनंत धारावाही चालक है। AB और CD चिकनी चालक छड़ें हैं, जिन पर एक चालक EF स्थिर वेग v से गति कर रहा है, जैसा कि चित्र में दिखाया गया है। EF की स्थिर गति बनाए रखने के लिए आवश्यक बल है

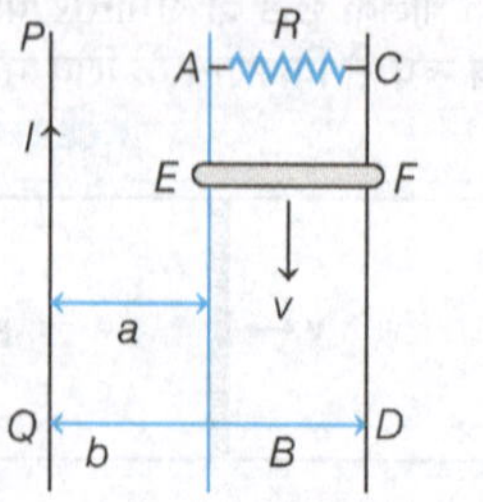

(a) $\frac{1}{vR}\left[\frac{\mu_0 Iv}{2\pi}\ln\left(\frac{b}{a}\right)\right]^2$ (b) $\left[\frac{\mu_0 Iv}{2\pi}\ln\left(\frac{b}{a}\right)\right]^2\frac{1}{R}$

(c) $\left[\frac{\mu_0 Iv}{2\pi}\ln\left(\frac{b}{a}\right)\right]^2\frac{v}{R}$ (d) $\frac{v}{R}\left[\frac{\mu_0 Iv}{2\pi}\ln\left(\frac{b}{a}\right)\right]^2$

3 एक शोध सहयोगी को 12 सेमी व्यास की एक खोखली प्लास्टिक ट्यूब के बाहर 1 हेनरी के स्वप्रेरण के साथ एक एयर-कोर परिनालिका की आवश्यकता है। ऐसी परिनालिका बाजार में उपलब्ध नहीं है, इसलिए, सहयोगी ने 0.81 मिमी व्यास के ताँबे के तार का उपयोग करके परिनालिका बनाने का फैसला किया। अब, सहयोगी को विभिन्न वस्तुओं की खरीदारी में मदद करें। प्लास्टिक ट्यूब निम्नलिखित आकारों में उपलब्ध हैं। अपनी आवश्यकता के अनुसार सबसे उपयुक्त आकार चुनें, ताकि हानि न्यूनतम हो।
(a) 100 मीटर (b) 75 मीटर (c) 50 मीटर (d) 25 मीटर

4 दिखाए गए चित्र में, छड़ का प्रतिरोध R है, क्षैतिज पटरियों में घर्षण नगण्य है। विद्युत वाहक बल की एक बैटरी E और नगण्य आंतरिक प्रतिरोध बिंदु a और b के बीच संयोजित है। छड़ प्रारम्भ में विराम अवस्था में है।

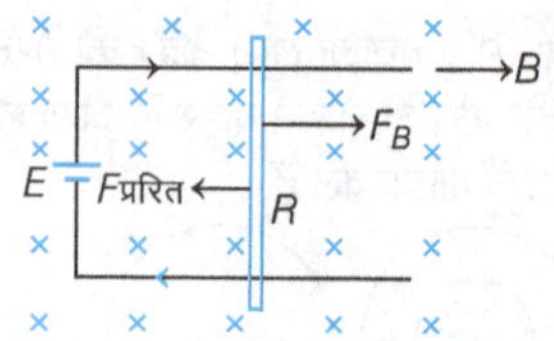

समय t (जहाँ, $\tau = mR / B^2l^2$) के फलन के रूप में छड़ का वेग है
(a) $\frac{E}{Bl}(1-e^{-t/\tau})$
(b) $\frac{E}{Bl}(1+e^{-t/\tau})$
(c) $\frac{3E}{2Bl}(1-e^{-t/\tau})$
(d) $\frac{E}{2Bl}(1-e^{-t/\tau})$

5 किसी क्षेत्र में चुम्बकीय क्षेत्र $\mathbf{B} = B_0\left(1+\frac{x}{a}\right)\hat{\mathbf{k}}$ से दिया जाता है।

d किनारे की लम्बाई वाला एक वर्गाकार लूप, जिसके किनारे X-अक्ष और Y-अक्ष के अनुदिश रखे गए हैं। लूप को स्थिर वेग $\mathbf{v} = v_0\,\hat{\mathbf{i}}$ से गतिशील कराया जाता है। $t = 0$ पर लूप में प्रेरित विद्युत वाहक बल है

(a) $\frac{v_0 B_0 d^2}{a}$ (b) $\frac{v_0 B_0 d^3}{a^2}$ (c) $v_0 B_0 d$ (d) 0

6 1 मीटर भुजा एक वर्गाकार तार का फ्रेम, $ABCD$ परिवर्तनशील चुम्बकीय क्षेत्र के खण्ड में रखा गया है, जिसका परिमाण 1 टेस्ला/सेकण्ड की स्थिर दर से घट रहा है।

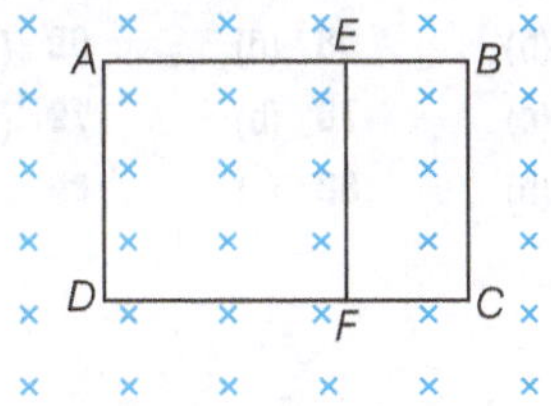

तार खण्ड EF इस प्रकार जुड़ा है कि $EB = FC = 0.5$ मीटर है। तार की प्रति मीटर लम्बाई का प्रतिरोध 1 ओम/मीटर है। खण्ड EF में धारा $\frac{1}{11p}$ ऐम्पियर है। p का मान ज्ञात कीजिए।

(a) 5 (b) 3 (c) 2 (d) 7

7 त्रिज्या R के अर्धवृत्त को घेरे हुए एक तार का लूप एकसमान चुम्बकीय क्षेत्र B की सीमा पर स्थित है। $t = 0$ क्षण पर, लूप को अक्ष O के चारों ओर स्थिर कोणीय त्वरण α के साथ घूर्णन कराया जाता है। दक्षिणावर्त विद्युत वाहक बल दिशा को धनात्मक माना जाता है।

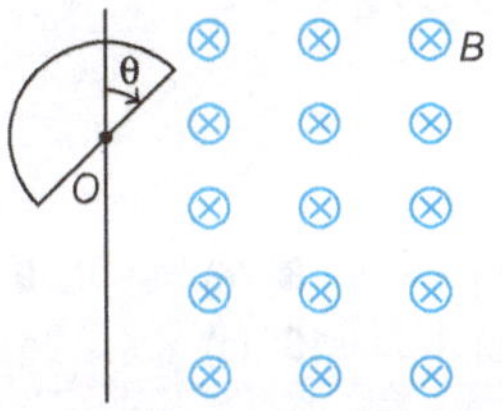

समय के फलन के रूप में विद्युत वाहक बल का परिवर्तन है

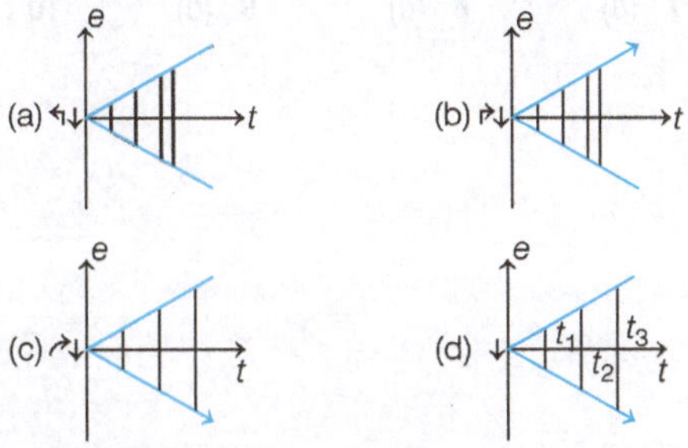

8 चित्र द्वारा कुछ तार खण्डों को एक साथ जोड़कर एक समतलीय लूप को दर्शाया गया है। लूप को चित्र के तल में जाने वाली दिशा के लम्बवत् चुम्बकीय क्षेत्र में रखा गया है। क्षेत्र का परिमाण समय के साथ बढ़ता है। खण्डों ab और cd में धाराएँ I_1 और I_2 हैं तब,

(a) $I_1 > I_2$
(b) $I_1 < I_2$
(c) ba की दिशा में है I_1 और cd दिशा में I_2 है
(d) ab की दिशा में I_1 है, और c की दिशा में I_2 है।

9 दो धातु की वलय A और B, जो आकार और माप में आदर्श है, लेकिन अलग-अलग प्रतिरोधकता वाले ρ_A और ρ_S चित्र में दिखाए अनुसार दो समान परिनालिकाओं के शीर्ष पर रखा गया है। जब धारा I को दोनों परिनालिकाओं में अदार्श तरीके से प्रवाहित किया जाता है, तो वलय A और B $h_A > h_B$ के साथ क्रमशः hA और hB ऊँचाई पर कूदते हैं।

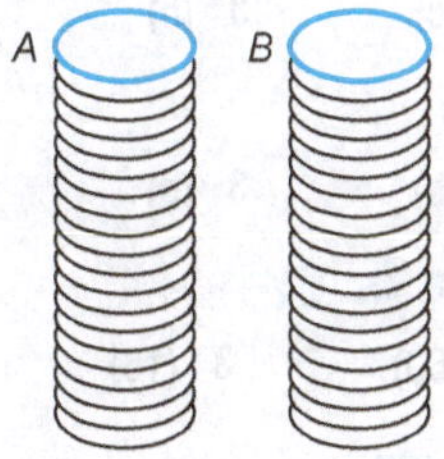

प्रतिरोधों और उनके द्रव्यमानों m_A और m_B के बीच संभावित संबंध हैं

(a) $\rho_A > \rho_B$ और $m_A = m_S$
(b) $\rho_A > \rho_B$ और $m_A > m_B$
(c) $\rho_A > \rho_B$ और $m_A > m_B$
(d) $\rho_A > \rho_B$ और $m_A < m_B$

10 2 सेमी भुजा वाला एक वर्गाकार लूप, कागज़ के तल से बाहर की ओर निर्देशित चुम्बकीय क्षेत्र के क्षेत्र में रखा गया है, जिसका परिमाण $B = 4t^2y$ है, जहाँ y को निर्देशांक अक्षों के सापेक्ष मीटर में मापा जाता है, जैसा कि चित्र में दिखाया गया है। $t = 25$ सेकण्ड पर लूप में प्रेरित विद्युत वाहक बल है

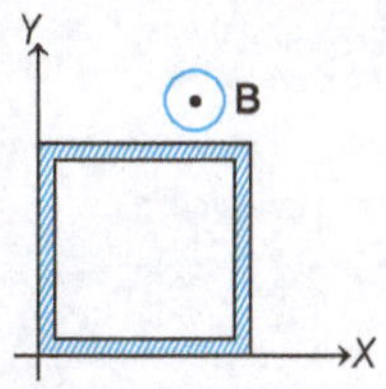

(a) 8×10^{-5} वोल्ट वामावर्त
(b) 8×10^{-5} वोल्ट दक्षिणावर्त
(c) 4×10^{-3} वोल्ट वामावर्त
(d) 4×10^{-3} वोल्ट दक्षिणावर्त

प्रश्न कुंजी

शीर्षकवार प्रश्न

1 (b)	2 (c)	3 (d)	4 (d)	5 (d)	6 (a)	7 (c)	8 (c)	9 (c)	10 (d)
11 (b)	12 (d)	13 (b)	14 (c)	15 (b)	16 (b)	17 (d)	18 (d)	19 (a)	20 (a)
21 (b)	22 (b)	23 (a)	24 (d)	25 (c)	26 (a)	27 (b)	28 (b)	29 (c)	30 (a)
31 (b)	32 (b)	33 (c)	34 (a)	35 (a)	36 (b)	37 (c)	38 (c)	39 (b)	40 (d)
41 (b)	42 (b)	43 (c)	44 (c)	45 (b)	46 (c)	47 (c)	48 (c)	49 (a)	50 (c)
51 (c)	52 (a)	53 (b)	54 (a)	55 (c)	56 (c)	57 (c)	58 (a)	59 (a)	60 (a)
61 (d)	62 (b)	63 (b)	64 (c)	65 (d)	66 (a)	67 (b)	68 (d)	69 (a)	70 (a)
71 (c)	72 (a)	73 (a)	74 (a)	75 (b)	76 (b)	77 (c)	78 (b)	79 (b)	80 (a)
81 (d)	82 (c)	83 (c)	84 (d)	85 (b)	86 (a)	87 (b)	88 (c)	89 (b)	90 (d)
91 (c)	92 (d)	93 (c)	94 (d)	95 (a)	96 (d)				

अभिकथन-कारण प्रश्न

1 (b)	2 (c)	3 (c)	4 (d)	5 (a)	6 (b)	7 (c)	8 (a)	9 (a)	10 (a)

कथन आधारित प्रश्न

1 (d)	2 (c)	3 (b)	4 (d)	5 (d)	6 (d)	7 (a)	8 (c)

सुमेलन प्रकार प्रश्न

1 (b)	2 (b)	3 (d)

आंकिक मान प्रकार के प्रश्न

1 (4)	2 (60)	3 (16)	4 (12)	5 (50)	6 (400)	7 (18)	8 (75)	9 (400)	10 (28)

NCERT Exemplar प्रश्न

1 (c)	2 (b)	3 (b)	4 (d)	5 (a)	6 (b)

विगत परीक्षाओं के प्रश्न

1 (a)	2 (b)	3 (c)	4 (a)	5 (d)	6 (d)	7 (b)	8 (d)	9 (c)	10 (c)
11 (c)	12 (b)	13 (d)	14 (d)	15 (a)	16 (c)	17 (c)	18 (a)		

स्किल बूस्टर्स

1 (d)	2 (a)	3 (c)	4 (a)	5 (a)	6 (c)	7 (d)	8 (d)	9 (d)	10 (b)

क्रमवार

प्रश्नों का विश्लेषण

कॉन्सेप्ट बिल्डर्स

1 असत्य
2 फैराडे का प्रथम नियम
3 ऊर्जा संरक्षण
4 सत्य
5 सत्य
6 सत्य
7 सत्य
8 समान रहेगी
9 असत्य
10 असम्भव
11 समान
12 सत्य
13 सत्य
14 N^2
15 आधा $\frac{1}{2}$
16 1
17 कुण्डली के प्रतिरोध
18 $L = L_1 + L_2 - 2M$
19 घटाने
20 असत्य

शीर्षकवार प्रश्न

4 *(d)* XY-तल से होकर गुजरने वाला कुल चुम्बकीय फ्लक्स है

$$\phi = BA\cos\theta$$
$$= BA\cos 90^\circ \qquad [\because B \perp A]$$
$$= 0$$

5 *(d)* हमें निम्नलिखित स्थिति दी गई है

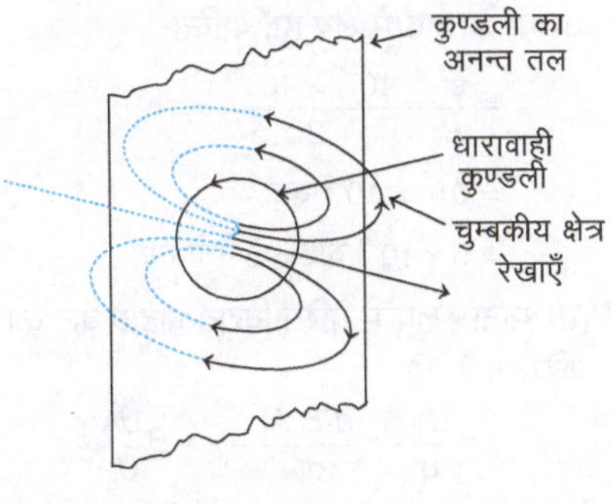

चुम्बकीय क्षेत्र रेखाओं के आरेख से, कुण्डली से प्रवेश करने वाला चुम्बकीय फ्लक्स अनन्त तल से जुड़े फ्लक्स के बराबर और विपरीत होता है,

इसलिए $\phi_i = -\phi_0$

6 *(a)*

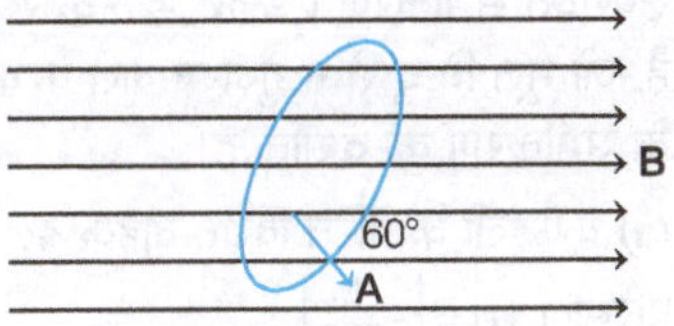

$$\therefore \quad \phi_B = BA\cos\theta$$
$$\Rightarrow \quad \phi_B = \frac{1}{\pi} \times \pi(0.2)^2 \times \cos 60^\circ$$
$$= (0.2)^2 \times \frac{1}{2} = 0.02 \text{ वेबर}$$

7 *(c)* दिया गया है,

$$\mathbf{B} = B_0(3\hat{\mathbf{i}} + 3\hat{\mathbf{j}} - 4\hat{\mathbf{k}}) \text{ टेस्ला}$$
$$\mathbf{B}_x = (3B_0\hat{\mathbf{i}}) \text{ टेस्ला}$$

या $B_x = (3B_0)$ टेस्ला = क्षेत्र A के अनुदिश B का घटक

वर्ग का क्षेत्रफल, $A = a^2$ (मी^{2})

चुम्बकीय फ्लक्स, $\phi_B = BA\cos\theta$

$$\Rightarrow \quad \phi_B = (B\cos\theta)A$$

(**A** के अनुदिश **B** का घटक) $A\phi_B$ (चुम्बकीय फ्लक्स का परिमाण)

$$= B_xA = 3B_0a^2 \text{ (टेस्ला-मी}^2) = 3B_0a^2 \text{ वेबर}$$

8 *(c)* चुम्बकीय फ्लक्स, $\phi = BA\cos\theta$

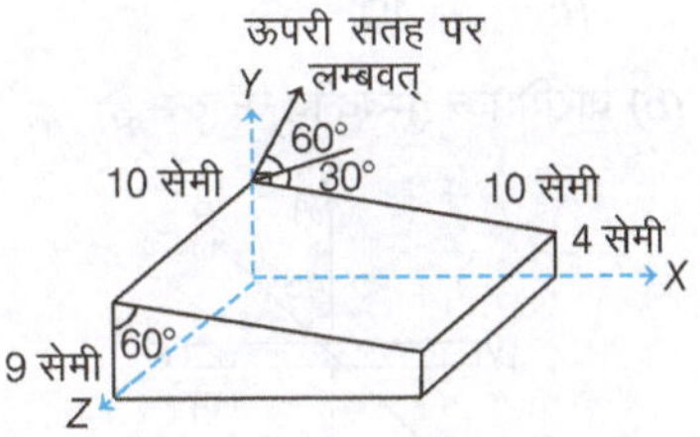

$$\therefore \quad \phi = 0.2 \times (10 \times 10 \times 10^{-4}) \times \cos 60^\circ$$
$$= 10^{-3} \text{ वेबर} = 10 \text{ मिली-वेबर}$$

9 *(c)* लूप में प्रेरित विद्युत वाहक बल ,

$$E = -\left(\frac{B_2 - B_1}{\Delta t}\right)A \qquad \ldots\text{(i)}$$

A = लूप का क्षेत्रफल

= आयत का क्षेत्रफल — दो त्रिभुजों का क्षेत्रफल

$$= \left(16 \times 4 - 2 \times \frac{1}{2} \times 4 \times 2\right) \text{ सेमी}^2$$
$$= 56 \times 10^{-4} \text{ मी}^2$$

समी. (i) का उपयोग करके, हम पाते हैं

$$E = \frac{(1000 - 500) \times 10^{-4} \times 56 \times 10^{-4}}{5}$$
$$= 56 \times 10^{-6} \text{ वोल्ट}$$
$$= 56 \text{ माइक्रोवोल्ट}$$

10 *(d)* दिया गया है,

$$\phi = 3t^n - 2^n$$

$n = +ve$ नियत

कुण्डली में प्रेरित विद्युत वाहक बल है

$$|e| = \frac{d\phi}{dt} = \frac{d}{dt}(3t^n - 2^n) = 3nt^{n-1}$$

यदि $0 < n < 1$, तो $e \neq 0$ और $|e| \propto \frac{1}{t}$

यदि $n > 1$, तो $e = 3 \times 1 \times t_0$

$= 3 =$ नियत

यदि $n > 1$, तो $|e| \propto t$ अर्थात् $|e|$ समय के साथ बढ़ेगा। अतः विकल्प (d) गलत है।

11 *(b)* कुण्डली में प्रेरित विद्युत वाहक बल है

$$e = \frac{d\phi}{dt} = \frac{d}{dt}\left(\frac{t^3}{3} - \frac{t^2}{2} - 2t + 10\right)$$
$$= -(t^2 - t - 2)$$

कुण्डली में प्रेरित धारा,

$$I = \frac{e}{R} = \frac{-(t^2 - t - 2)}{20} = 0$$
$$\Rightarrow t^2 - t - 2 = 0$$
$$t = 2 \text{ सेकण्ड}$$

12 *(d)* प्रेरित विद्युत वाहक बल का परिमाण कुण्डली के प्रतिरोध पर निर्भर नहीं करता है।

$$\therefore \quad e = -d\phi/dt = -\frac{Nd}{dt}(BA)$$

इस प्रकार, e, N, B और A पर निर्भर करता है, लेकिन प्रेरित धारा, R पर निर्भर करती है।

13 *(b)* दिया गया है,

$$R = 10\Omega, \quad \phi_1 = 20 \text{ वेबर}$$
$$\phi_2 = 30 \text{ वेबर}$$
$$\Delta t = 5 \text{ मिली सेकण्ड}$$
$$= 5 \times 10^{-3} \text{ सेकण्ड}$$

परिपथ से प्रवाहित होने वाला आवेश है

$$\Delta Q = \frac{\Delta\phi}{R} = \frac{\phi_2 - \phi_1}{R}$$

$$= \frac{30 - 20}{10} = 1 \text{ कूलॉम}$$

15 *(b)* प्रेरित विद्युत वाहक बल का परिमाण,

$$|\varepsilon| = \frac{d\phi_B}{dt} = \frac{\varepsilon}{dt}(3t^2 + 4t + 9)$$

$$= 6t + 4$$

At $t = 2$ सेकण्ड

$$|\varepsilon| = 6 \times 2 + 4 = 16 \text{ वोल्ट}$$

16 *(b)* प्रेरित धारा, $I = \frac{e}{R}$

$$\Rightarrow \quad I = \frac{e}{R} = \left(\frac{d\phi}{dt}\right)\frac{1}{R}$$

$$\Rightarrow \quad d\phi = IRdt$$

यहाँ, R स्थिर है

$$\phi = R\int Idt$$

$\int I.dt = I - t$ ग्राफ के अन्तर्गत क्षेत्र

$$= \frac{1}{2} \times 100 \times 0.5$$

$$\phi = 100 \times 2.5$$

$$= 250 \text{ वेबर}$$

17 *(d)* कुण्डली के माध्यम से प्रारम्भिक फ्लक्स,

$$\phi_{B(\text{प्रारम्भिक})} = BA\cos\theta_1$$

$$= 3.0 \times 10^{-5} \times (\pi \times 10^{-2}) \times \cos 0^\circ$$

$$= 3\pi \times 10^{-7} \text{ वेबर}$$

घूर्णन के बाद अन्तिम फ्लक्स, 180° के माध्यम से इसके ऊर्ध्वाधर व्यास के सन्दर्भ में इस प्रकार दिया गया है

$$\phi_{B(\text{अन्तिम})} = BA\cos\theta_2$$

$$= 3.0 \times 10^{-5} \times (\pi \times 10^{-2}) \times \cos 180^\circ$$

$$= -3\pi \times 10^{-7} \text{ वेबर}$$

$$\Rightarrow \Delta\phi_B = \phi_{B(\text{अन्तिम})} - \phi_{B(\text{प्रारम्भिक})}$$

$$= (-3\pi - 3\pi) \times 10^{-7} \text{ वेबर}$$

$$= -6\pi \times 10^{-7} \text{ वेबर}$$

इसलिए , प्रेरित विद्युत वाहक बल का अनुमानित मान

$$\varepsilon = -N\frac{\Delta\phi_B}{\Delta t} = -500 \times (-6\pi \times 10^{-7}) / 0.25$$

$$= 3.8 \times 10^{-3} \text{ वोल्ट}$$

18 *(d)* प्रेरित विद्युत वाहक बल,

$$\varepsilon = -\frac{d\phi_B}{dt} = -(3t^2 + 3) = -3t^2 - 3$$

$t = 0$, $\varepsilon = -3$ वोल्ट

उपरोक्त समीकरण $y = ax^2 + b$ के रूप में है, जो मूल बिन्दु से न गुजरने वाले परवलय के समीकरण को दर्शाता है।

19 *(a)* कुण्डली के प्रेरित विद्युत वाहक बल का परिमाण, $|\varepsilon| = \left|-\frac{d\phi_B}{dt}\right|_t$

$$= \left|-\frac{d}{dt}(50t^2 + 4)\right|_{t=2}$$

$$= [100t]_{t=2} = 200 \text{ वोल्ट}$$

कुण्डली में धारा,

$$I = \frac{|\varepsilon|}{R} = \frac{200}{400} = \frac{1}{2} = 0.5 \text{ ऐम्पियर}$$

20 *(a)* फैराडे के नियम से, प्रेरित विद्युत वाहक बल,

$$\varepsilon = -N\frac{d\phi_B}{dt}$$

$$\Rightarrow \quad \varepsilon = -1.\frac{d}{dt}(BA\cos 45^\circ)$$

$$= -\frac{A}{\sqrt{2}}\frac{dB}{dt}$$

$$= \frac{10^{-2}}{-\sqrt{2}} \times \frac{0.1}{0.7} = -1 \text{ मिली वोल्ट}$$

धारा का परिमाण

$$= \frac{|\varepsilon|}{R} = \frac{1 \text{ मिली वोल्ट}}{1\Omega} = 1.0 \text{ मिली-ऐम्पियर}$$

21 *(b)* प्रारम्भिक चुम्बकीय फ्लक्स है

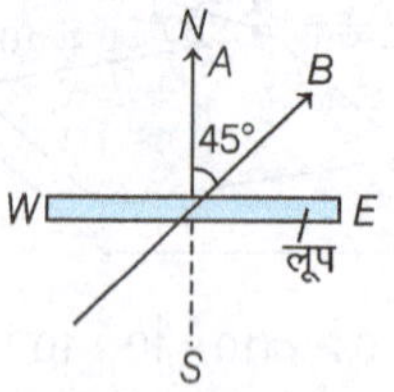

$$\theta_B = BA\cos\theta$$

$$\phi_B = 0.10 \times 10^{-2} \times \cos 45^\circ$$

$$= \frac{0.10 \times 10^{-2}}{\sqrt{2}} \text{ वेबर}$$

$$= \frac{10^{-3}}{\sqrt{2}} \text{ वेबर}$$

अन्तिम फ्लक्स, $\phi_{\text{न्यूनतम}} = 0$

प्रेरित विद्युत वाहक बल,

$$\varepsilon = \frac{|\Delta\phi_B|}{\Delta t} = \frac{|(\phi_B - 0)|}{\Delta t}$$

$$= \frac{10^{-3}}{\sqrt{2} \times 0.70} = 1.0 \text{ मिली वोल्ट}$$

और धारा का परिमाण

$$I = \frac{\varepsilon}{R} = \frac{1.0 \text{ मिली वोल्ट}}{0.5\Omega} = 2 \text{ मिली ऐम्पियर}$$

22 *(b)* प्रेरित विद्युत वाहक बल, $|\varepsilon| = \frac{d\phi_B}{dt}$ ... (i)

हम जानते हैं,

$$i = \frac{dq}{dt} \Rightarrow q = \int idt = \int \frac{\varepsilon}{R}dt$$

$$\Rightarrow \quad q = \frac{1}{R}\int \frac{d\phi_B}{dt} \cdot dt \quad \text{[समी. (i) से,]}$$

$$= \frac{1}{R}\int d\phi_B = \frac{\phi_B}{R}$$

N-फेरों के लिए, $q = \frac{N\phi_B}{R} = \frac{N}{R}(BA)$

$(\because \phi_B = BA)$

$$\Rightarrow qR = NBA$$

$$\Rightarrow \quad B = \frac{qR}{NA} = \frac{2.0 \times 10^{-4} \times 80}{40 \times 4.0 \times 10^{-4}}$$

$$\Rightarrow \quad 1.0 \text{ वेबर/मीटर}^2$$

23 *(a)* $\frac{dB}{dt} = 0.02$ टेस्ला/सेकण्ड

$$|\varepsilon| = \frac{d\phi_B}{dt} = A.\frac{dB}{dt}$$

[$\because \phi = dB$ और A एक नियतांक है।]

$$= 50 \times 10^{-4} \times 0.02 = 10^{-4} \text{ वोल्ट}$$

ऊष्मा के रूप में क्षय हुई शक्ति

$$= \frac{\varepsilon^2}{R} = \frac{10^{-4} \times 10^{-4}}{2}$$

$$= 0.5 \times 10^{-8} \text{ वाट}$$

$$= 5 \times 10^{-9} \text{ वाट} = 5 \text{ नैनो वाट}$$

24 *(d)* माना ε लूप में प्रेरित विद्युत वाहक बल का परिमाण है, तो

$$\varepsilon = \frac{d\phi_B}{dt} = \frac{d(B.A)}{dt} = \varepsilon = B.\frac{dA}{dt}$$

$$= 0.3 \times 0.05 = 0.015 \text{ वोल्ट}$$

या $\quad \varepsilon = 1.5 \times 10^{-2}$ वोल्ट

कुण्डली में उत्पन्न ऊष्मा,

$$H = P = \frac{\varepsilon^2}{R} = \frac{(1.5 \times 10^{-2})^2}{1.5}$$

$$= 150 \times 10^{-6} \text{ वाट}$$

26 (a)

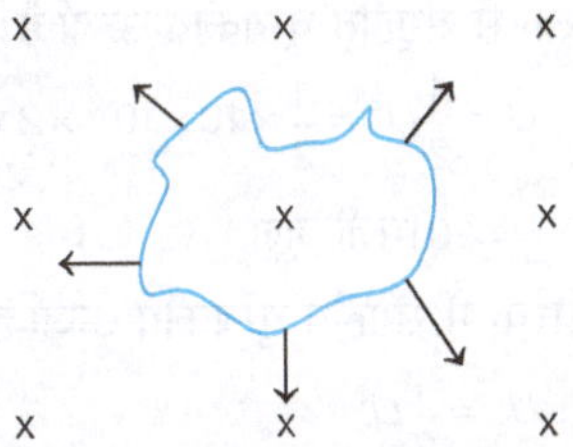

चूँकि, अनियमित आकार का चालक लूप धीरे-धीरे एक गोलाकार लूप में बदल रहा है। इसलिए, लूप से सम्बद्ध चुम्बकीय क्षेत्र बढ़ता है। लेन्ज़ के नियमानुसार, कुण्डली के माध्यम से चुम्बकीय फ्लक्स में परिवर्तन का विरोध करने के लिए लूप में एक वामावर्त धारा प्रेरित होती है।

32 (b) जब चुम्बक के उत्तरी ध्रुव को कुण्डली के एक सिरे की ओर लाया जाता है, तो कुण्डली में प्रेरित धारा ऐसी दिशा में प्रवाहित होती है, जिससे कुण्डली की ओर चुम्बक के उत्तरी ध्रुव की गति का विरोध हो। इस प्रकार, प्रेरित धारा की दिशा वामावर्त होती है, जैसा कि नीचे चित्र में दिखाया गया है।

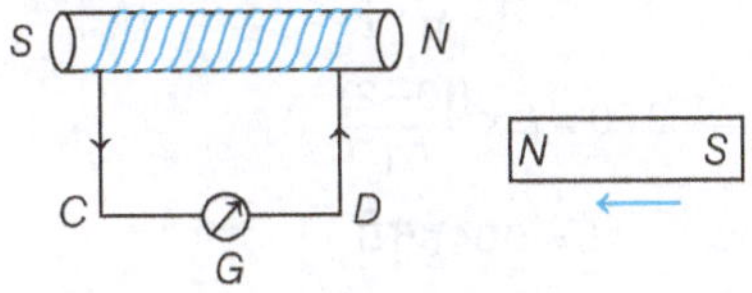

33 (c) लेन्ज़ के नियमानुसार , लूप में प्रेरित धारा की दिशा वामावर्त होगी, क्योंकि प्रेरित धारा वलय बनाती है, जो एक चुम्बकीय द्विध्रुव है जिसका N- ध्रुव ऊपर की ओर है, जो गिरते हुए चुम्बक के N- ध्रुव का विरोध करता है (प्रतिकर्षित करता है)।

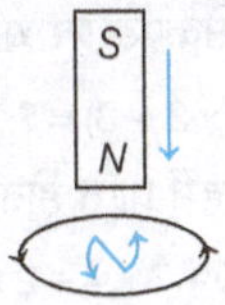

37 (c) तार के सिरों के बीच विभवान्तर है

$$e = |(\mathbf{v} \times \mathbf{B}).\mathbf{l}|$$

$$\therefore \mathbf{v} \times \mathbf{B} = \begin{vmatrix} \hat{\mathbf{i}} & \hat{\mathbf{j}} & \hat{\mathbf{k}} \\ 1 & 1 & 2 \\ 0 & 4 & 3 \end{vmatrix}$$

$$= (-5\hat{\mathbf{i}} - 3\hat{\mathbf{j}} + 4\hat{\mathbf{k}})$$

$$\therefore \quad e = |(-5\hat{\mathbf{i}} - 3\hat{\mathbf{j}} + 4\hat{\mathbf{k}}).(\hat{\mathbf{j}})|$$

$$= |-3| = 3 \text{ वोल्ट}$$

38 (c) वलय की त्रिज्या में प्रेरित विद्युत वाहक बल को दिया गया है

$$e = \frac{1}{2} B\omega R^2 = \frac{1}{2} B(2\pi f)R^2 = \pi B f R^2$$

$$= \pi \times (0.1) \times (10) \times (0.1)^2$$

$$= \pi \times 10^{-2} \text{ वोल्ट}$$

39 (b) केन्द्र और रिंग के बीच प्रेरित विद्युत वाहक बल है

$$e = \frac{1}{2} B\omega l^2 = \frac{1}{2} \times 0.5 \times 400 \times 1^2$$

$$= 100 \text{ वोल्ट}$$

40 (d)

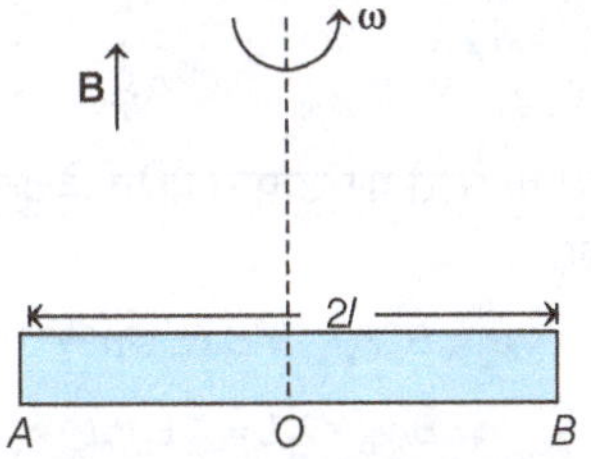

बिन्दु O और A के बीच प्रेरित विद्युत वाहक बल है

$$V_O - V_A = \frac{1}{2} B\omega l^2$$

बिन्दु O और B के बीच प्रेरित विद्युत वाहक बल है

$$V_O - V_B = \frac{1}{2} B\omega l^2$$

∴ छड़ के दो सिरों के बीच प्रेरित विद्युत वाहक बल है

$$V_A - V_B = (V_O - V_B) - (V_O - V_A)$$

$$= \frac{1}{2} B\omega l^2 - \frac{1}{2} B\omega l^2 = 0$$

41 (b) एकसमान चुम्बकीय क्षेत्र में चलती छड़ में प्रेरित विद्युत वाहक बल द्वारा दिया जाता है

$$e = Bvl \Rightarrow e \propto l$$

जैसे, $(l_c = l_d) > (l_a = l_b)$

$$\therefore \quad (e_c = e_d) > (e_a = e_b)$$

42 (b) कण्डक्टर के इलेक्ट्रॉन पर चुम्बकीय बल **F** है

$$\mathbf{F} = -e\mathbf{v} \times \mathbf{B}$$

F की दिशा निम्न प्रकार दी गई है

$$-\hat{\mathbf{i}} \times \hat{\mathbf{k}} = \hat{\mathbf{k}} \times \hat{\mathbf{i}} = \hat{\mathbf{j}}$$

इसलिए, इलेक्ट्रॉन चालक छड़ में B से A की ओर प्रवाहित होगा और छड़ का अन्तिम सिरा A ऋण आवेशित हो जाता है।

44 (c) प्रेरित विद्युत वाहक बल,

$$\varepsilon = \frac{-d\phi_B}{dt} = -\frac{d}{dt}(Blx)$$

$$= -Bl\frac{dx}{dt} = -Blv$$

प्रेरित विद्युत वाहक बल Blv को गतिशील विद्युत वाहक बल कहा जाता है।

45 (b) तार के सिरों पर प्रेरित विद्युत वाहक बल ,

$$\varepsilon = B_H lv$$

$$= 0.30 \times 10^{-4} \times 20 \times 50 = 3 \text{ मिली वोल्ट}$$

46 (c) हेलीकॉप्टर की नाक की नोक और पूँछ के बीच प्रेरित विद्युत वाहक बल द्वारा दिया जाता है

$$\varepsilon = B_H vl = 5 \times 10^{-3} \times 100 \times 10$$

$$= 5 \text{ वोल्ट}$$

47 (c) ∴ प्रेरित (विद्युत वाहक बल)

$$\varepsilon = Bvl = 2 \times 10^{-5} \times 72 \times \frac{5}{18} \times 1$$

$$= 0.4 \text{ मिली वोल्ट}$$

48 (c) प्रेरित विभव प्रवणता

$$= \frac{Bvl}{l} = Bv$$

$$= 0.30 \times 10^{-2} \times 4.0 = 0.012 \text{ वोल्ट मीटर}$$

$$= 1.2 \times 10^{-2} \text{ वोल्ट मीटर}$$

49 (a) फ्लस्क $x = 0$ से $x = 2b$ तक अग्रगामी गति पर विचार करें । परिपथ $SPQR$ से सम्बद्ध है

$$\phi_B = Blx, \; 0 \le x < b$$

प्रेरित विद्युत वाहक बल है

$$\varepsilon = -\frac{d\phi_B}{dt} = -\frac{Blx}{t} = -Blv, \; 0 \le x < b$$

ऐसा इसलिए है, क्योंकि दोनों ϕ_B तथा ε शून्य हैं, जहाँ $b < x < 2b$, क्योंकि $x > b$ के लिए B शून्य है ।

51 (c) नीचे दिखाए अनुसार, A और B के बीच प्रेरित विद्युत वाहक बल इस प्रकार दिया गया है

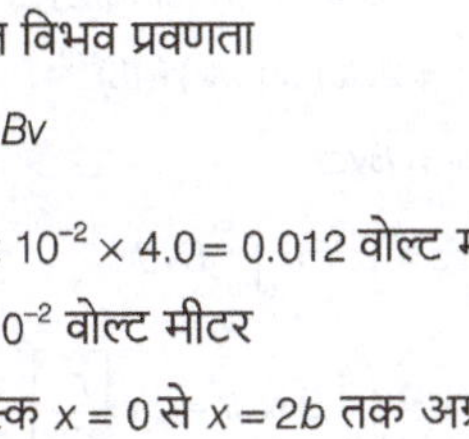

$$\varepsilon = Bv(AB)$$

ΔAOB में $AB = \sqrt{AO^2 + BO^2}$

$= \sqrt{l^2 + l^2} = \sqrt{2}\, l$

$\therefore \quad \varepsilon = Bv(\sqrt{2}\, l) = \sqrt{2}\, Bvl$

52 *(a)* $h = L - L\cos\theta \Rightarrow h = L(1 - \cos\theta)$

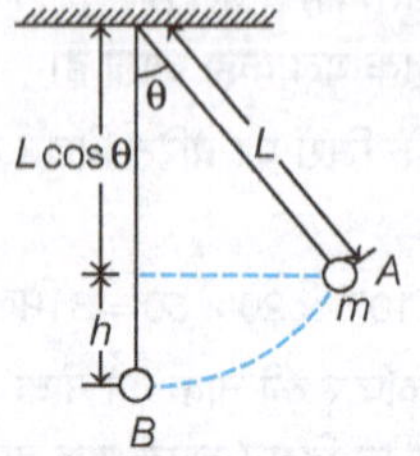

$v^2 = u^2 + 2gh$

$\therefore v^2 = 2gh = 2gL(1 - \cos\theta)$

$\Rightarrow v = 2\sqrt{gL}\, \sin\theta/2$

इस प्रकार, अधिकतम प्रेरित विद्युत वाहक बल,

$\varepsilon_{\text{अधिकतम}} = BvL$

$= B \times 2\sqrt{gL}\, (\sin\theta/2)\, L$

$= 2BL(\sin\theta/2)\, (gL)^{1/2}$

53 *(b)* $d\varepsilon = Bvdr$

$$\varepsilon = \int d\varepsilon = \int_0^R Bvdr$$

$$= \int_0^R B\omega r dr = B\omega\left[\frac{r^2}{2}\right]_0^R = \frac{B\omega R^2}{2}$$

$\because \omega = 2\pi\nu = 2\pi \times 50$ रेडियन/सेकण्ड

$$\varepsilon = \frac{1}{2} \times 1 \times 2\pi \times 50 \times (1)^2 = 157 \text{ वोल्ट}$$

54 *(a)* प्रेरित विद्युत वाहक बल , $\varepsilon = (1/2)\omega BR^2$

$= \frac{1}{2}\omega H_E R^2$ ($\because$ 1 सेकण्ड में 2 चक्कर)

$\omega = 2\pi\nu = 4\pi$ रेडियन/सेकण्ड

$\therefore \varepsilon = (1/2) \times 4\pi \times 0.4 \times 10^{-4} \times (0.5)^2$

$= 6.28 \times 10^{-5}$ वोल्ट

55 *(c)*

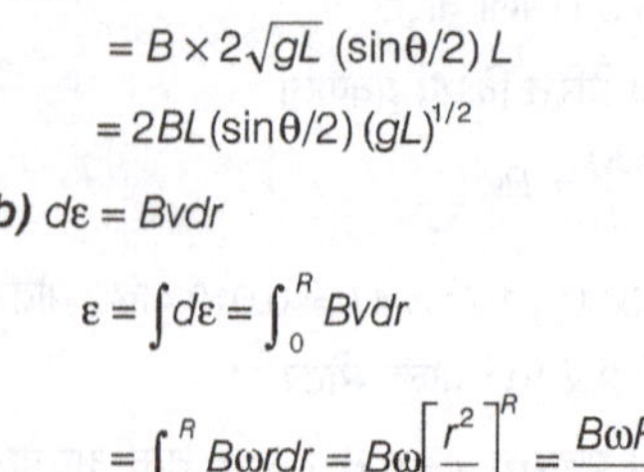

कनेक्टर के माध्यम से प्रवाहित नेट धारा है

$$i = \frac{Bvl}{\frac{R_1R_2}{R_1 + R_2} + r} = \frac{2 \times 2 \times 1}{\frac{6 \times 3}{6 + 3} + 2}$$

$= 1$ ऐम्पियर

$\therefore$ कनेक्टर पर लगाया गया बल है।

$F = Bil = 2 \times 1 \times 1 = 2$ न्यूटन

56 *(c)*

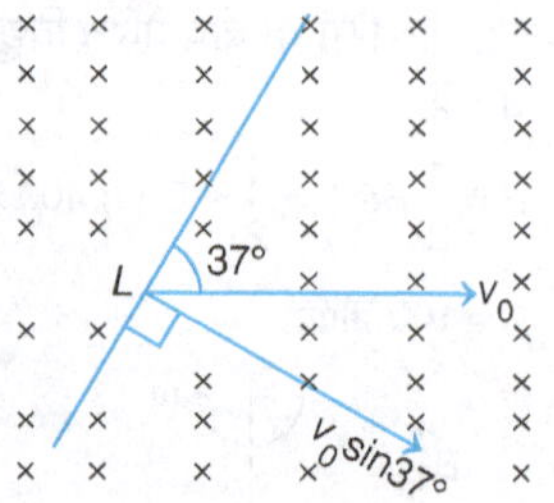

छड़ के सिरों पर उत्पन्न प्रेरित विद्युत वाहक बल,

$$e = B_\perp v_\perp l_\perp = B_0(v_0 \sin 37°).L$$

$$= B_0 v_0 \times \frac{3}{5} L = \frac{3}{5} B_0 v_0 L$$

58 *(a)* उत्पन्न प्रेरित विद्युत वाहक बल द्वारा दिया जाता है

$\varepsilon = Blv = 0.4 \times 0.25 \times 5 = 0.5$ वोल्ट

$5\,\Omega$ प्रतिरोध से धारा,

$$i = \frac{\varepsilon}{R} = \frac{0.5}{5} = 0.1 \text{ ऐम्पियर}$$

लेन्ज़ के नियम के अनुसार, जब छड़ PQ दाईं ओर चलती है, तो प्रेरित धारा एक दिशा में प्रवाहित होनी चाहिए, ताकि छड़ PQ बाईं ओर बल का अनुभव करे। फ्लेमिंग के बाएँ हाथ के नियम के अनुसार, तब छड़ PQ के धारा सिरे Q से P तक प्रवाहित होगी अर्थात् अन्त R से S तक $5\,\Omega$ प्रतिरोध से प्रवाहित होगी।

62 *(b)* स्थिर अवस्था में, प्रेरक एक बन्द परिपथ के समान व्यवहार करता है, इसलिए दिए गए परिपथ आरेख को इस प्रकार पुनः बनाया जा सकता है।

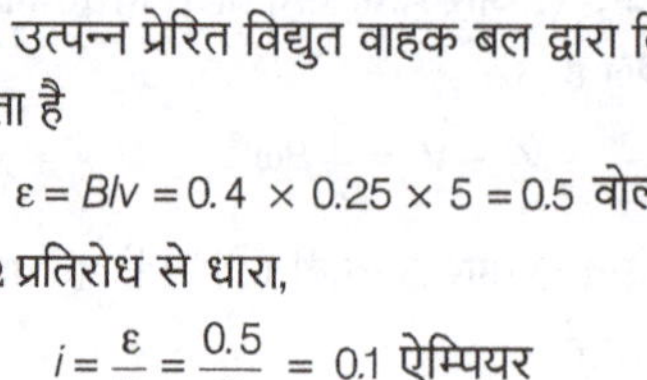

प्रेरक के माध्यम से प्रवाहित धारा है

$$I = \frac{\varepsilon}{R} = \frac{8}{4} = 2 \text{ ऐम्पियर}$$

$\therefore$ प्रेरक में संगृहीत चुम्बकीय ऊर्जा है

$$U = \frac{1}{2}LI^2 = \frac{1}{2} \times 10 \times 10^{-3} \times 2 \times 2$$

$= 20$ मिली जूल

63 *(b)* प्रेरक में संगृहीत चुम्बकीय ऊर्जा है

$$U_L = \frac{1}{2}LI^2$$

$\Rightarrow \quad 32 = \frac{1}{2} \times L \times (4)^2$

$\therefore \quad L = 4$ हेनरी

प्रतिरोधक में ऊष्मा अपव्यय की दर है

$U_R = I^2R$

$\Rightarrow \quad 320 = (4)^2 \times R$

$\Rightarrow \quad R = 20\Omega$

$\therefore$ परिपथ का समय नियतांक है

$$\tau = \frac{L}{R} = \frac{4}{20} = 0.2 \text{ सेकण्ड}$$

64 *(c)* कुण्डली में प्रेरित विद्युत वाहक बल है

$$e = -L\left(\frac{\Delta I}{\Delta t}\right)$$

$$= -L\left(\frac{I_2 - I_1}{\Delta t}\right)$$

$\Rightarrow \quad 3.20 = L \times \frac{(10-2)}{0.1}$

$\therefore \quad L = 0.04$ हेनरी

65 *(d)* बिन्दु P से Q तक किरचॉफ के वोल्टेज नियम को लागू करने पर,

$$V_P - 10 - IR - L\frac{dI}{dt} = V_Q$$

$\therefore V_P - V_Q = 10 + IR + L\frac{dI}{dt}$ ...(i)

$t = 2$ सेकण्ड पर धारा की दर

$I = (2 \times 2 + 3) = 7$ ऐम्पियर

समी (i) से , हमें प्राप्त होता है

$V_P - V_Q = 10 + 7 \times 4 + 2 \times 2 = 42$ वोल्ट

66 *(a)* कुण्डली में N फेरों के लिए प्रेरित धारा है

$$e = -\frac{\Delta(N\phi)}{\Delta t} = -\frac{\Delta(MI)}{\Delta t}$$

$$= M \cdot \left(\frac{I_1 - I_2}{t_2 - t_1}\right) = \frac{MI}{t}$$

$\therefore$ कुण्डली में प्रति इकाई फेरों पर प्रेरित विद्युत वाहक बल है

$$\frac{e}{N} = \frac{MI}{Nt}$$

67 *(b)* कुण्डली का अन्योन्य प्रेरण है

$$M = \frac{\mu_0 N_1 N_2 A}{l}$$

कुण्डली में प्रेरित विद्युत वाहक बल है

$$e_2 = M\left(\frac{\Delta I}{\Delta t}\right) = \left(\frac{\mu_0 N_1 N_2 A}{l}\right)\left(\frac{I_1 - I'_1}{\Delta t}\right)$$

$$= \left(\frac{4\pi\times10^{-7}\times2000\times300\times1.2\times10^{-3}}{0.3}\right)\times\frac{[2-(-2)]}{0.25}$$

$\approx 48\times10^{-3}$ वोल्ट = 48 मिली वोल्ट

68 *(d)* प्रेरक पर विद्युत वाहक बल है

$$e_L = \left|L\frac{dI}{dt}\right| = |5\times(-2)| = 10 \text{ वोल्ट}$$

समतुल्य परिपथ को पुनः बनाया जा सकता है

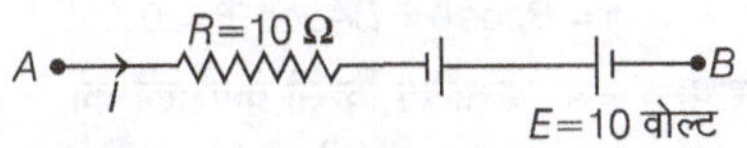

किरचॉफ के नियम को बिन्दु A से B तक आरोपित करने पर,

$$V_A - IR + e_L - E = V_B$$

$$\Rightarrow V_A - V_B = IR - e_L + E = 2\times10 - 10 + 10 = 20 \text{ वोल्ट}$$

69 *(a)* एक कुण्डली का स्व-प्रेरकत्व,

$$L = \frac{N\phi}{I} = \frac{NBA}{I} = \frac{N}{I}\cdot\frac{\mu_0 IN}{2r}\cdot\pi r^2 = \frac{\mu_0\pi N^2 r}{2}$$

$\therefore \quad L \propto N^2 r$

$$N_1 = 1,\ N_2 = 2,\ r_1 = r,\ r_2 = \frac{r}{2},\ L_1 = L$$

$$\therefore \quad \frac{L_2}{L_1} = \left(\frac{N_2}{N_1}\right)^2\cdot\left(\frac{r_2}{r_1}\right) = (2)^2\times\left(\frac{1}{2}\right)$$

$\therefore \quad L_2 = 2L_1 = 2L$

73 *(a)* चूँकि, $\phi_B = M_{BA} I_A$

$$M_{BA} = \frac{\phi_B}{I_A} = \frac{10^{-2}}{2} = 5\times10^{-3} \text{ हेनरी}$$

जब

$$I_B = 1 \text{ ऐम्पियर},\ \phi_A = M_{AB} I_B = (5\times10^{-3}) = 5\times10^{-3} \text{ वेबर}$$

74 *(a)* कुण्डली A से सम्बद्ध चुम्बकीय फ्लक्स,

$$\phi_A = BA = B\cdot\pi r^2$$

$$\Rightarrow \quad \phi_A = \frac{\mu_0 I}{2R}\cdot\pi r^2$$

$\therefore \quad \phi_A = MI$

$$\Rightarrow \quad M = \frac{\phi_A}{I} = \frac{\frac{\mu_0 I\cdot\pi r^2}{2R}}{I} = \frac{\mu_0\pi r^2}{2R}$$

75 *(b)*

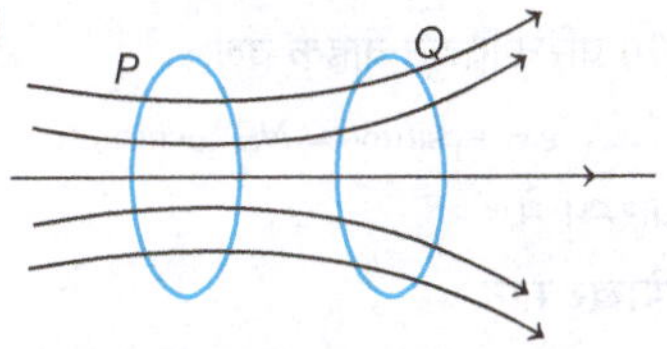

$\therefore \quad M_{PQ} = M_{QP}$

$$\Rightarrow \quad \frac{N_P\phi_{PQ}}{I_Q} = \frac{N_Q\phi_{QP}}{I_P}$$

$$\phi_{PQ} = \frac{I_Q\cdot\phi_{QP}}{I_P} = \frac{2}{3}\times10^{-3} = 0.667\times10^{-3} = 6.67\times10^{-4} \text{ वेबर}$$

77 *(c)* त्रिज्या r_1 और r_2 तथा फेरों की संख्या n_1 और n_2 वाली एक समाक्षीय परिनालिका के लिए अन्योन्य प्रेरकत्व क्रमशः इस प्रकार दिया गया है,

$M = \mu_0 n_1 n_2 \pi r_1^2 l$ (त्रिज्या r_1 की आन्तरिक कुण्डली के लिए)

आन्तरिक कुण्डली के लिए स्व-प्रेरकत्व,

$$L = \mu_0 n_1^2 \pi r_1^2 l$$

$$\therefore \quad \frac{M}{L} = \frac{n_1 n_2}{n_1^2} = \frac{n_2}{n_1}$$

78 *(b)* जब कुण्डली खुली हो, $\phi = 0$

$$\phi \propto i \Rightarrow \phi = Li$$

जहाँ, L आनुपातिकता स्थिरांक है जिसे स्व-प्रेरकत्व के रूप में जाना जाता है।

$$\therefore \quad L = \frac{\phi}{i} = 0$$

पुनः चूँकि $i = 0$, अतः

$$R = \frac{V}{i} = \frac{V}{0} = \infty$$

79 *(b)* कुण्डली में प्रेरित विद्युत वाहक बल द्वारा दिया जाता है

$$\varepsilon = -L\frac{dI}{dt}$$

$\therefore \quad |\varepsilon| = 2\times10^{-3}\times20\times10^{-3}$ वोल्ट = 40 माइक्रो वोल्ट

80 *(a)* $\therefore$ प्रेरक में प्रेरित विद्युत वाहक बल है,

$$|\varepsilon| = L\frac{dI}{dt} = 10\times\frac{2}{1\times10^{-3}} = 2\times10^4 \text{ वोल्ट}$$

81 *(d)* किसी कुण्डली में प्रेरित विद्युत वाहक बल,

$$\varepsilon = -L\frac{\Delta i}{\Delta t}$$

$$\therefore \quad \varepsilon = -\frac{60\times10^{-3}\times1}{0.2} = -0.3 \text{ वोल्ट}$$

प्रेरित धारा,

$$i = \frac{|\varepsilon|}{R} = \frac{0.3}{3} = 0.1 \text{ ऐम्पियर}$$

82 *(c)* एक कुण्डली का स्व-प्रेरक सम्बन्ध

$$L = \mu_0 n^2 A\cdot l$$

$\therefore$ समबाहु त्रिभुज का क्षेत्रफल,

$$A = \frac{\sqrt{3}}{4}a^2$$

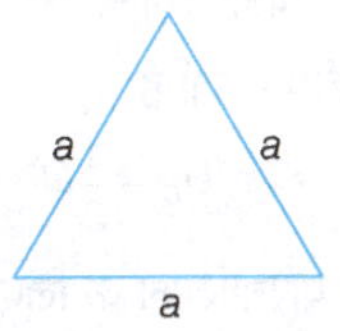

$\therefore$ स्व-प्रेरकत्व, $L = \mu_0 n^2\left[\frac{\sqrt{3}}{4}a^2\right]\cdot l$

यहाँ, $l = 3a\times N$

$$\therefore \quad L = \mu_0 n^2\left[\frac{\sqrt{3}}{4}a^2\right]\times3aN$$

या $\quad L \propto a^3$

तब, $\quad a' = 3a$ या $L' = 27L$

83 *(c)* परिनालिका से प्रवाहित होने वाला फ्लक्स

$$\phi = \mu_r\mu_0\frac{N^2}{l}Al = \frac{\mu_r\mu_0 N^2\pi r^2 l}{l}$$

$$\phi = 600\times4\pi\times10^{-7}\times50\times50\times\pi\times\frac{(7.5\times10^{-3})^2\times3}{6\times10^{-1}}$$

= 1.66 मिली -वेबर

84 (d) प्रथम कुण्डली में उत्पन्न विद्युत वाहक बल ऋणात्मक है तथा द्वितीय कुण्डली में उत्पन्न विद्युत वाहक बल धनात्मक है। तुल्य प्रेरकत्व,

$$L = -L_1 + L_2$$

$$\therefore \quad L = -\frac{\phi}{I} + \frac{\phi}{I} \Rightarrow L = 0$$

86 (a) $E = \frac{1}{2}LI^2$

$$\therefore \quad \Delta E = E_2 - E_1$$

$$= \frac{1}{2}LI_2^2 - \frac{1}{2}LI_1^2 \quad \ldots(i)$$

अब, एक कुण्डली में प्रेरित विद्युत वाहक बल है

$$\varepsilon = L\frac{dI}{dt}$$

यहाँ, $\varepsilon = 25$ वोल्ट,

$dI = I_2 - I_1 = (25 - 10) = 15$ ऐम्पियर

पर $dt = 1$ सेकण्ड

$$\Rightarrow \quad 25 = L \times \frac{15}{1} \text{ या } L = \frac{25}{15} = \frac{5}{3} \text{ हेनरी}$$

और समी. (i) में L, I_1 तथा I_2 के मान रखने पर

$$\Delta E = \frac{1}{2} \times \frac{5}{3} \times [25^2 - 10^2]$$

$$= \frac{1}{2} \times \frac{5}{3} \times 525$$

$$\Rightarrow \quad \Delta E = 437.5 \text{ जूल}$$

87 (b) चुम्बकीय ऊर्जा है

$$U_B = \frac{1}{2}LI^2$$

चूँकि, एक परिनालिका के लिए, $B = \mu_0 nI$ और

$$L = \mu_0 n^2 Al$$

$$\Rightarrow \quad U_B = \frac{1}{2}(\mu_0 n^2 Al)\left(\frac{B}{\mu_0 n}\right)^2 = \frac{1}{2\mu_0}B^2 Al$$

90 (d) कुण्डली में प्रेरित विद्युत वाहक बल,

$$\varepsilon = 200 \sin 100\pi t$$

मानक समीकरण के साथ तुलना करने पर हम पाते हैं,

$$\varepsilon = \varepsilon_0 \sin\omega t,$$

$$\varepsilon_0 = 200, \omega = 100\pi$$

$$\because \quad BAN\omega = \varepsilon_0$$

$$\therefore \quad B = \frac{\varepsilon_0}{AN\omega}$$

$$= \frac{200}{(0.25 \times 0.25) \times 1000 \times 100\,\pi}$$

$$= 0.01 \text{ टेस्ला}$$

91 (c) चूँकि कुण्डली प्रति सेकण्ड आधा चक्कर घूमती है, इसलिए कुण्डली के घूमने की आवृत्ति,

$$\nu = \frac{1/2}{1} = \frac{1}{2} = 0.5 \text{ हर्ट्ज}$$

प्रेरित विद्युत वाहक बल,

$$\varepsilon = \varepsilon_0 \sin\omega t = NBA\omega\sin\omega t$$

$$\varepsilon_{\text{अधिकतम}} = \varepsilon_0 = NBA\omega \quad (\because \sin\omega t = 1)$$

$$= NBA\,(2\pi\nu) \quad [\because \omega = 2\pi\nu]$$

$$= 100 \times 0.01 \times 0.10 \times 2 \times 3.14 \times 0.5$$

$$= 0.314 \text{ वोल्ट}$$

अधिकतम वोल्टेज 0.314 वोल्ट है।

92 (d) प्रेरित विद्युत वाहक बल,

$$\varepsilon = \varepsilon_0 \sin\omega t = NBA\omega\sin\omega t$$

प्रारम्भ में,

शिखर मान

$$\varepsilon_0 = N_1 BA_1\,\omega = 100 \text{ वोल्ट}$$

यहाँ,

$$2\pi r_1 \times 100 = 2\pi r_2 \times N_2 \quad \text{(दिया है)}$$

$$N_2 = \frac{r_1 \times 100}{r_2} = \frac{1 \times 100}{2} = 50 = \frac{N_1}{2}$$

अन्तिम स्थिति में, $\varepsilon_0 = N_2 BA_2\omega$

$$\Rightarrow \quad \varepsilon_0 = \frac{N_1}{2} \times B \times 4A_1 \times \omega$$

$$= 2 \times (\text{प्रारम्भिक विद्युत वाहक बल})$$

$$= 2 \times 100 = 200 \text{ वोल्ट}$$

$$(\because r_2 = 2r_1 \Rightarrow A_2 = 4A_1)$$

93 (c) प्रेरित प्रत्यावर्ती विद्युत वाहक बल है

$$\varepsilon = \varepsilon_0 \sin\omega t$$

अधिकतम धारा,

$$i_0 = \frac{\varepsilon_0}{R} = \frac{NBA\omega}{R}$$

$$A = \pi r^2 = \pi(0.3)^2 \text{ मी}^2$$

$$R = \pi^2\,\Omega$$

$$\nu = 200 \text{ rpm} = \frac{200}{60} \text{ सेकण्ड}^{-1}$$

$$\text{और} \quad \omega = 2\pi\left(\frac{200}{60}\right)$$

$$\therefore i_0 = \frac{1 \times 10^{-2} \times \pi\,(0.3)^2 \times 2\pi \times 200}{60 \times \pi^2}$$

$$= 6 \times 10^{-3} \text{ ऐम्पियर} = 6 \text{ मिली ऐम्पियर}$$

94 (d) यदि ε कुण्डली में प्रेरित विद्युत वाहक बल है, तो

$$\varepsilon = -\frac{d\phi}{dt} = -\frac{d}{dt}(NAB\cos\omega t)$$

$$\Rightarrow \quad \varepsilon = -NAB\frac{d}{dt}(\cos\omega t)$$

$$= -NAB\,(-\sin\omega t)\,\omega$$

$$\Rightarrow \quad \varepsilon = NAB\omega\sin\omega t$$

$$\therefore \varepsilon_{\text{अधिकतम}} = \varepsilon_0 = NAB\omega \times 1$$

इसलिए, ε अधिकतम होगा, यद्यपि धारा अधिकतम होगी (क्योंकि $i_0 = \varepsilon_0 / R$) जब $\theta = 90°$, अर्थात् कुण्डली के तल का अभिलम्ब चुम्बकीय क्षेत्र के लम्बवत् है या कुण्डली का तल चुम्बकीय क्षेत्र के समानान्तर है।

अभिकथन-कारण प्रश्न

1 (b) जब वृत्ताकार चालक कुण्डली ,चुम्बकीय क्षेत्र के समान्तर होती है, तो $\theta = 90°$

$\therefore$ चुम्बकीय फ्लक्स,

$$\phi = B\cos\theta = BA\cos 0° = 0$$

तथा $\phi \propto A$, इसलिए किसी कुण्डली का क्षेत्रफल बदलकर चुम्बकीय फ्लक्स को बदला जा सकता है, इसलिए अभिकथन और कारण सही हैं, लेकिन कारण अभिकथन का सही स्पष्टीकरण नहीं है।

2 (c) जब भी चुम्बकीय फ्लक्स में परिवर्तन होता है, तो विद्युत वाहक बल हमेशा प्रेरित होता है। धारा केवल बन्द लूप में प्रेरित होगी, इसलिए अभिकथन सही है, लेकिन कारण गलत है।

3 (c) चुम्बकीय फ्लक्स की उपस्थिति धारा उत्पन्न नहीं कर सकती, इसलिए अभिकथन सही है, लेकिन कारण गलत है।

4 (d) लेन्ज का नियम ऊर्जा के संरक्षण पर आधारित है और प्रेरित विद्युत वाहक बल सदैव इसके उत्पादन के कारण, अर्थात् चुम्बकीय फ्लक्स में परिवर्तन का विरोध करता है।

अतः अभिकथन गलत है, लेकिन कारण सही है।

7 (c) एक परिनालिका का स्व-प्रेरक निम्न सूत्र द्वारा दिया जाता है

$$L = \frac{\mu_0 N^2 A}{l}$$

फेरों की संख्या, $N =$ नियत

$$L \propto \frac{1}{l}$$

तथा प्रेरित विद्युत वाहक बल, $\varepsilon = L\frac{dI}{dt}$

$\therefore$ प्रेरित विद्युत वाहक बल और धारा परिवर्तन की दर $\left(\frac{dI}{dt}\right)$ के बीच ढाल स्व-प्रेरकत्व L देती है।

अतः अभिकथन सही है, लेकिन कारण गलत है।

8 *(a)* यदि आन्तरिक परिनालिका, बाहरी परिनालिका से बहुत छोटी है (और काफी अन्दर रखा गया है), तो सम्बद्ध फ्लक्स $N_1\phi_1$ की गणना अभी भी की जा सकती है। ऐसा इसलिए है, क्योंकि आन्तरिक परिनालिका बाहरी परिनालिका के कारण एकसमान चुम्बकीय क्षेत्र में स्थित रहती है।

अतः अभिकथन और कारण सही हैं तथा कारण अभिकथन का सही स्पष्टीकरण है।

9 *(a)* समाक्षीय परिनालिका की एक प्रणाली में, जब आन्तरिक परिनालिका की धारा प्रवाहित होती है, तो बाहरी परिनालिका के साथ फ्लक्स ग्रन्थिका की गणना करना बहुत कठिन होता है। ऐसा इसलिए है, क्योंकि आन्तरिक परिनालिका के कारण चुम्बकीय क्षेत्र बाहरी परिनालिका की लम्बाई के साथ-साथ अनुप्रस्थ-काट क्षेत्र में भी भिन्न होगा (जब आन्तरिक परिनालिका, लम्बाई और त्रिज्या में छोटी होती है)।

अतः अभिकथन और कारण सही हैं तथा कारण, अभिकथन का सही स्पष्टीकरण है।

10 *(a)* स्व-प्रेरित विद्युत वाहक बल को पश्च विद्युत वाहक बल भी कहा जाता है, क्योंकि यह परिपथ व धारा में किसी भी परिवर्तन का विरोध करता है। भौतिक रूप से, स्व-प्रेरक जड़त्व की भूमिका निभाता है। यह यांत्रिकी में द्रव्यमान का एक विद्युत चुम्बकीय एनालॉग (analogue) है। इसलिए, अभिकथन और कारण सही हैं और कारण अभिकथन की सही व्याख्या है।

कथन आधारित प्रश्न

2 *(c)* जब कुण्डली का तल चुम्बकीय क्षेत्र के समान्तर हो, तो $\theta = 90°$.

$\therefore$ फ्लक्स, $\phi = B \cdot A\cos\theta$

$$= BA\cos 90° = 0$$

B को परिवर्तित करके फ्लक्स को परिवर्तित किया जा सकता है, इसलिए कथन I असत्य है लेकिन कथन II सत्य है।

3 *(b)* प्रेरित विद्युत वाहक बल कुण्डली की प्रकृति पर निर्भर नहीं करता है। इसलिए, ताँबे और एल्युमिनियम दोनों कुण्डलियों में प्रेरित विद्युत वाहक बल समान है, इसलिए कथन I सत्य है, लेकिन कथन II असत्य है।

7 *(a)* एक जनित्र, विद्युत चुम्बकीय प्रेरण के सिद्धान्त पर आधारित है। AC जनित्र द्वारा उत्पादित धारा समय-समय पर परिमाण और दिशा दोनों में बदलती रहती है।
इसलिए, कथन I और कथन II दोनों असत्य हैं।

8 *(c)* कुण्डलियों की एक जोड़ी के बीच अन्योन्य प्रेरण कुण्डलियों के सापेक्ष अभिविन्यास पर निर्भर करता है, इसलिए कथन I असत्य है, लेकिन कथन II सत्य है।

सुमेलन प्रकार प्रश्न

1 *(b)* $t = 0.01$ सेकण्ड,

$$|e| = \frac{\Delta\phi_B}{\Delta t} = \frac{8\times10^{-3}}{0.01} = 0.8 \text{ वोल्ट}$$

$$i = \frac{|e|}{R} = \frac{0.8}{5} = 0.16 \text{ ऐम्पियर}$$

$$\Delta q = i\Delta t = 0.16\times0.01$$

$$= 1.6\times10^{-3} \text{ कूलॉम}$$

$$= 1.6 \text{ मिली कूलॉम}$$

अतः $t = 0.02$ सेकण्ड,

$$|e| = \frac{8\times10^{-3}}{0.02} = 0.4 \text{ वोल्ट}$$

$$i = \frac{|e|}{R} = 0.08 \text{ ऐम्पियर}$$

$$\Delta q = i\Delta t = 0.08\times0.03$$

$$= 2.4\times10^{-3} \text{ कूलॉम}$$

$$= 2.4 \text{ मिली कूलॉम}$$

2 *(b)* प्रेरित विद्युत वाहक बल, $e = Bvl$

प्रेरित धारा, $I = e/R = Bvl/R$

चालक PQ पर बल,

$$F = IBl\sin 90° = \frac{Blv}{R}\cdot lB = \frac{B^2l^2v}{R}$$

वितरित शक्ति, $P = F\cdot v = \frac{B^2l^2v^2}{R}$

आंकिक मान प्रकार के प्रश्न

1 *(4)* $\therefore\ m = \tan\theta = \frac{10}{5} = 2$

$\because\quad B = mt \Rightarrow B = 2t$

$\therefore\quad e = \frac{d\phi}{dt}$

$$e = \frac{d(BA)}{dt} = \frac{A(dB)}{dt}$$

$$e = \frac{2d\,(2t)}{dt} = 2\times2$$

$\Rightarrow\quad e = 4$ मिली वोल्ट

2 *(60)* $\Delta Q = \frac{\Delta\phi}{R} = \frac{2NBA}{R}$

$$= \frac{2\times200\times1.5\times24\times10^{-4}}{24}$$

$$= 6\times10^{-2} \text{ कूलॉम} = 60 \text{ मिली-कूलॉम}$$

3 *(16)* $\therefore$ चुम्बकीय फ्लक्स, $\phi = \frac{2}{3}(4-t^2)$

$\therefore\quad e = -\frac{d\phi}{dt} = \frac{-d}{dt}\left[\frac{2}{3}(4-t^2)\right]$

$$= -\frac{2}{3}\times(-2t) = \frac{4}{3}t$$

$t = 0$ से

$t = 2$ सेकण्ड के दौरान उत्पन्न ऊष्मा,

$$H = \int_0^2 \frac{e^2}{R}dt = \int_0^2 \frac{1}{8}\left(\frac{4}{3}t\right)^2 dt$$

$$= \frac{2}{9}\times\frac{8}{3} = \frac{16}{27} \text{ जूल}$$

$\therefore\quad x = 16$

4 *(12)* प्रश्नानुसार, लूप में फ्लक्स बढ़ता है

$$\phi_B(t) = 10t^2 + 20t \quad \text{...(i)}$$

प्रेरित विद्युत वाहक बल, $|e| = \frac{d\phi}{dt}$

$= (20t + 20)$ मिली वोल्ट

धारा, $i = \frac{|e|}{R} \Rightarrow i = \frac{20t+20}{10}$

$\Rightarrow\quad i = (2t+2)$ मिली ऐम्पियर

धारा $i = (2\times5+2)$ मिली ऐम्पियर

$\Rightarrow\quad i = 12$ मिली ऐम्पियर

5 *(50)* चुम्बकीय क्षेत्र, $B = 0.2$ टेस्ला

लूप की त्रिज्या में विस्तार

$\left(\frac{dr}{dt}\right) = 2$ मिली मी/से

$= 2\times10^{-3}$ मी/से

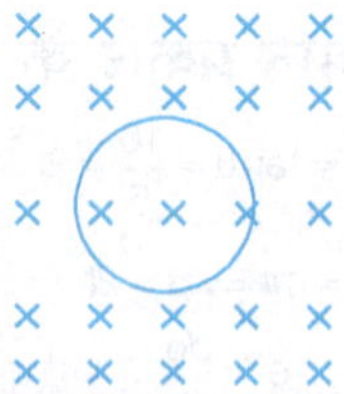

इस प्रकार, $\frac{dA}{dt} = 2\pi r \frac{dr}{dt}$

प्रेरित विद्युत वाहक बल,

$$\varepsilon = \left(-\frac{d\phi}{dt}\right) = \frac{BdA}{dt} = B2\pi r \frac{dr}{dt}$$

$$|\varepsilon|_r \simeq 2 \times 10^{-2}$$

$$= 0.2 \times 2 \times \pi \times 2 \times 10^{-2} \times 2 \times 10^{-3}$$

= 50 माइक्रो वोल्ट

6 *(400)* प्रेरित विद्युत वाहक बल,

$$e = \frac{\Delta\phi}{\Delta t} = L\frac{dI}{dt}$$

$$e = I \cdot \frac{\Delta V}{R \cdot \Delta t} = \frac{30 \times 10^{-3} \times 20 \times 10^{6}}{15 \times 100}$$

$\Rightarrow$ $e = 400$ वोल्ट

7 *(18)* छड़ पर बल, $F = \frac{B^2 l^2 v}{R}$

मान प्रतिस्थापित करने पर, हमें प्राप्त होता है

$$F = \frac{(0.15)^2 (1^2) \times 8}{10} = 18 \times 10^{-3}$$ न्यूटन

8 *(75)* दिया गया है, धातु की छड़ की कोणीय गति,

$\omega = 2\pi \times \frac{180}{60}$ रेडियन/से $= 6\pi$ रेडियन/से

केन्द्र और वलय के बीच प्रेरित विद्युत वाहक बल,

$$e = \frac{1}{2} B\omega l^2 = \frac{1}{2} \times 0.2 \times 6\pi \times (0.2)^2$$

= 0.075 वोल्ट = 75 मिली वोल्ट

9 *(400)* दिया है, $a = 1000$ सेमी, $b = 1$ सेमी

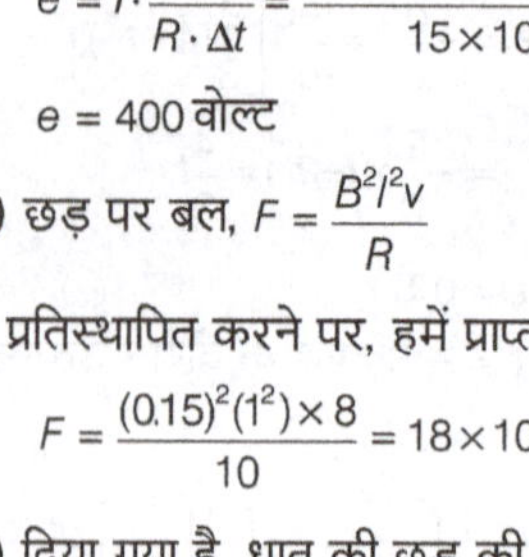

$b << a$

हम प्राथमिक के रूप में बड़ी कुण्डली लेंगे

$$B = \frac{\mu_0 i_p N}{2a}$$

द्वितीयक कुण्डली से गुजरने वाला फ्लक्स,

$$\phi_s = BA = \frac{\mu_0 i_p N}{2a} \times \pi b^2 \times n$$

अन्योन्य प्रेरण,

$$M = \frac{\phi_s}{i_p}$$

$$M = \frac{\mu_0 N n \pi b^2}{2a}$$

$$\Rightarrow M = \frac{4\pi \times 10^{-7} \times 20 \times 100 \times \pi \times 1 \times 10^{-4}}{2 \times 1000 \times 10^{-2}}$$

$$= 4\pi^2 \times 10^{-9}$$

या $M = 400 \times 10^{-10}$ हेनरी $(\pi^2 = 10)$

10 *(28)* $\Rightarrow V_A - IR - \frac{LdI}{dt} - 10 = V_B$

$$\Rightarrow V_A - V_B = 2 \times 12 + 3(-2) + 10$$

$$\Rightarrow V_A - V_B = 24 - 6 + 10$$

$\Rightarrow V_A - V_B = 28$ वोल्ट

$\Rightarrow$ $\Delta V = 28$ वोल्ट

NCERT Exemplar प्रश्न

1 *(c)* $A = L^2 \hat{\mathbf{k}}$

$\phi = \mathbf{B} \cdot \mathbf{A} = B_0(2\hat{\mathbf{i}} + 3\hat{\mathbf{j}} + 4\hat{\mathbf{k}}) \cdot L^2 \hat{\mathbf{k}}$

$= 4B_0 L^2$ वेबर

2 *(b)*

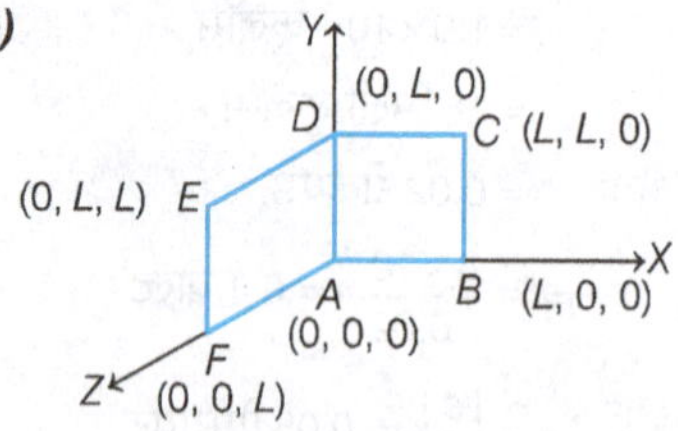

$$\phi = \mathbf{B} \cdot \mathbf{A}$$

$$\mathbf{A}_1 = L^2 \hat{\mathbf{k}}$$

$$\mathbf{A}_2 = L^2 \hat{\mathbf{i}}$$

$\therefore$ कुल क्षेत्रफल, $\mathbf{A} = \mathbf{A}_1 + \mathbf{A}_2$

$$= L^2 \hat{\mathbf{k}} + L^2 \hat{\mathbf{i}}$$

और $\mathbf{B} = B_0(\hat{\mathbf{i}} + \hat{\mathbf{k}})$ टेस्ला

अब, $\phi = \mathbf{B} \times \mathbf{A}$

$$= B_0(\hat{\mathbf{i}} + \hat{\mathbf{k}}) \cdot (L^2 \hat{\mathbf{k}} + L^2 \hat{\mathbf{i}})$$

$= 2B_0 L^2$ वेबर

3 *(b)* जब बेलनाकार छड़ चुम्बक को इसके अक्ष के चारों ओर घुमाया जाता है, जैसा कि चित्र में नीचे दिखाया गया है, तो परिपथ से सम्बद्ध फ्लक्स में कोई परिवर्तन नहीं होता है, परिणामस्वरूप, कोई विद्युत वाहक बल प्रेरित नहीं होता है और इसलिए अमीटर A से कोई धारा प्रवाहित नहीं होती है।

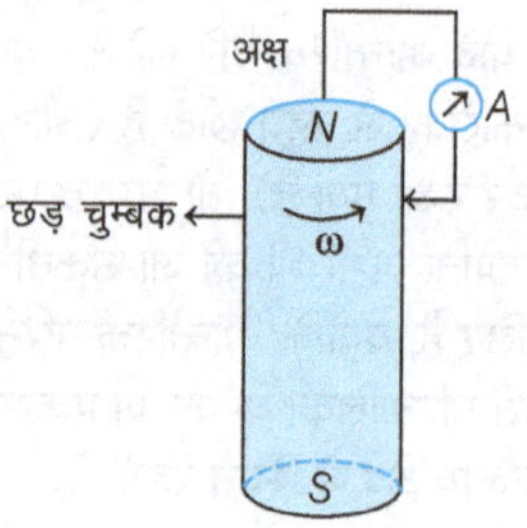

4 *(d)* जब A गति करना बन्द कर देता है, तो B में धारा शून्य हो जाती है, यह तभी सम्भव है जब A में धारा वामावर्त दिशा में नियत हो। यदि A में धारा परिवर्तनशील होगी, तो A के गति करना बन्द करने पर भी B में एक प्रेरित विद्युत वाहक बल (धारा) अवश्य होगा।

5 *(a)* जब B में धारा ($t = 0$ पर) वामावर्त होती है, तो B चुम्बक के उत्तरी ध्रुव के बराबर होता है और चुम्बकीय क्षेत्र रेखाएँ कुण्डली A की ओर निकलती हैं ।

जब कुण्डली $A, t = 0$ पर घूम रही होती है तो फ्लक्स में निरन्तर परिवर्तन के कारण A में दक्षिणावर्त दिशा में (लेन्ज़ के नियम के अनुसार) एक स्थिर धारा प्रवाहित होती है।

6 *(b)* अनुप्रस्थ-काट के क्षेत्रफल A और लम्बाई l वाली एक लम्बी परिनालिका, जिसमें प्रति एकांक लम्बाई में n फेरे हैं और परिनालिका के अन्दर चुम्बकशीलता का एक पदार्थ (जैसे- नर्म लोहे की चुम्बकशीलता का मान अधिक है) का स्वः प्रेरकत्व निम्न सूत्र द्वारा दिख जाता है

$$L = \mu_r \mu_0 n^2 A l$$

जहाँ, $n = N / l$

$$\Rightarrow \quad L = \frac{\mu_r \mu_0 N^2 A}{l}$$

इसलिए, स्व-प्रेरक L बढ़ता है, क्योंकि l घटता है और A बढ़ती है।

विगत परीक्षाओं के प्रश्न

1 *(a)* प्रेरित धारा की दिशा सदैव इस प्रकार होती है कि यह उस कारण का विरोध करती है जिसके कारण से इसकी उत्पत्ति होती है। परिनालिका-1 के लिए चुम्बक दूर जा रहा है, इस प्रकार, B बिन्दु के निकट S-ध्रुव उत्पन्न होगा।

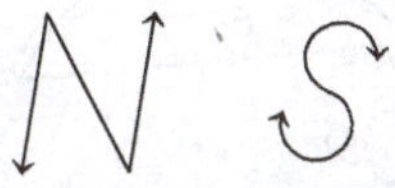

इस प्रकार, परिनालिका-1 में धारा A से B तथा परिनालिका-2 में धारा D से C की ओर निर्मित होगी।

2 *(b)* यदि शीट की प्रकृति चुम्बकीय है तब फ्लक्स शीट से जुड़ जाएगा तथा शीट को पकड़ने के लिए कम बल की आवश्यकता होगी। इस स्थिति में, ध्रुव शीट पर एक बल आरोपित करेगा।

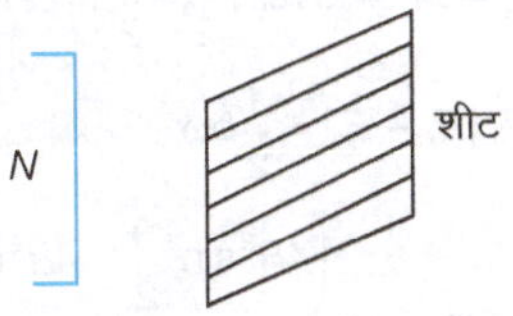

इसके अतिरिक्त शीट को चुम्बकीय ध्रुव की ओर या उससे दूर ले जाने के लिए भी एक बल की आवश्यकता होगी। यदि शीट अचुम्बकीय है तो शीट के अचालक होने पर उसे पकड़ने या हिलाने के लिए किसी बल की आवश्यकता नहीं होगी।

3 *(c)* संगृहीत चुम्बकीय ऊर्जा,

$$U = \frac{1}{2}Li^2$$

$$\therefore\ U = \frac{1}{2} \times 4 \times 10^{-6} \times 2^2 = 8 \times 10^{-6} \text{ जूल}$$

$= 8$ माइक्रो जूल

4 *(a)* वर्गाकार लूप की भुजा, $a = 1$ मीटर

$\therefore$ वर्गाकार लूप का क्षेत्रफल, $A = 1$ मीटर^2

वर्गाकार लूप का प्रतिरोध, $R = 1\Omega$

चुम्बकीय क्षेत्र, $B = 0.5$ टेस्ला

$\therefore$ लूप से गुजरने वाला चुम्बकीय फ्लक्स,

$$\phi = BA\cos\theta = 0.5 \times 1 \times \cos 0^\circ$$

$= 0.5$ वेबर

5 *(d)* चूँकि दोनों चालक वृत्ताकार लूप एक ही तल में हैं तथा उनके केन्द्र एक-दूसरे से संपाती हैं।

इसलिए, चुम्बकीय फ्लक्स, $\phi = Mi$ ...(i)

यहाँ, M अन्योन्य प्रेरण है।

इसके अतिरिक्त चुम्बकीय फ्लक्स, $\phi = BA$

यहाँ, B चुम्बकीय क्षेत्र है और $(A = \pi R_2^2)$ आन्तरिक वृत्ताकार लूप का क्षेत्रफल है। यदि बाहरी लूप से प्रवाहित धारा i है, तो चुम्बकीय क्षेत्र,

$$B = \frac{\mu_0 i}{2R_1}$$

चुम्बकीय फ्लक्स, $\phi = BA$

$$\Rightarrow \quad \phi = \frac{\mu_0 i}{2R_1}\pi R_2^2 \quad \text{...(ii)}$$

समी (i) और (ii) की तुलना करने पर,

$$M = \frac{\mu_0}{2R_1}\pi R_2^2$$

इस प्रकार, अन्योन्य प्रेरण $\frac{R_2^2}{R_1}$ सीधे आनुपातिक है

6 *(d)* कुण्डली से सम्बद्ध चुम्बकीय फ्लक्स,

$\phi = (5t^2 + 3t + 16)$ वेबर

प्रेरित विद्युत वाहक बल का परिमाण,

$$e = \left|-\frac{d\phi}{dt}\right| = \frac{d}{dt}(5t^2 + 3t + 16) = 10t + 3$$

$t = 3$ सेकण्ड के लिए,

$e_3 = 10 \times 3 + 3 = 33$ वोल्ट

$t = 4$ सेकण्ड के लिए,

$e_4 = 10 \times 4 + 3 = 43$ वोल्ट

$\therefore$ चौथे सेकण्ड में कुण्डली में प्रेरित विद्युत वाहक बल इस प्रकार दिया गया है

$e = e_4 - e_3 = 43 - 33 = 10$ वोल्ट

7 *(b)* प्रेरित विद्युत वाहक बल द्वारा दिया जाता है

$$e = \frac{1}{2}B\omega r^2 \quad \text{...(i)}$$

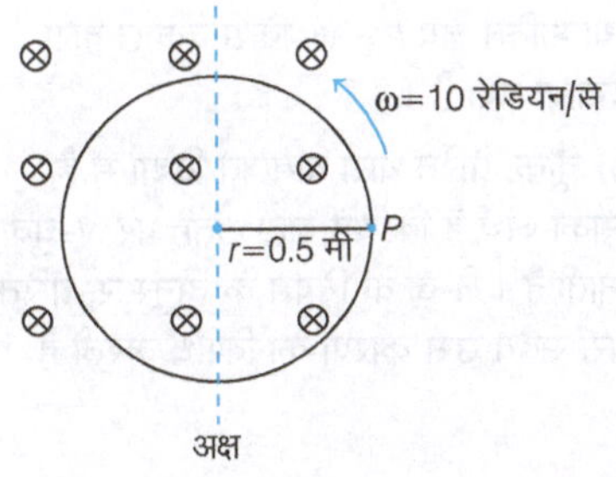

इन मानों को समी (i) में प्रतिस्थापित करने पर, हमें प्राप्त होता है

$$e = \frac{1}{2} \times 0.1 \times 10 \times (0.5)^2 = \frac{1}{8} = 0.125 \text{ वोल्ट}$$

8 *(d)* चूँकि, एक प्रेरक में संग्रहित ऊर्जा के लिए अभिव्यक्ति इस प्रकार दी गई है

$$U = \frac{1}{2}Li_0^2$$

उपरोक्त समीकरण में दिए गए मानों को प्रतिस्थापित करने पर, हमें प्राप्त होता है

$$(25 \times 10^{-3}) = \frac{1}{2} \times L \times (60 \times 10^{-3})^2$$

$$\Rightarrow \quad L = \frac{2 \times 25 \times 10^{-3}}{3600 \times 10^{-6}} = \frac{500}{36}$$

या $\quad L = 13.89$ हेनरी

9 *(c)* दिया है, परिनालिका का व्यास,

$2r = 0.1$ मीटर (r त्रिज्या है)

फेरों की संख्या, $N = 2 \times 10^4$ फेरे प्रति मीटर

कुण्डली के फेरों की संख्या $= 100$ फेरे

त्रिज्या $= 0.01$ मीटर

कुण्डली का प्रतिरोध $= 10\pi^2\Omega$

$$\therefore \quad \varepsilon = -N\frac{d\phi}{dt}$$

$$\left|\frac{\varepsilon}{R}\right| = \frac{N}{R}\frac{d\phi}{dt} \Rightarrow dq = \frac{N}{R}d\phi$$

$$\Delta q = \frac{N(\Delta\phi)}{R}$$

$$\Delta q = \frac{(\Delta\phi_{\text{कुल}})}{R} = \frac{NBA}{R} = \frac{\mu_0 n i \pi r^2}{R}$$

उपरोक्त मान रखने पर, हमें प्राप्त होता है

$$\Delta q = \frac{4\pi \times 10^{-7} \times 100 \times \pi\,(0.001)^2}{10\pi^2}$$

$= 32$ माइक्रो-कूलॉम

10 *(c)* क्षेत्र में प्रेरित विद्युत वाहक बल द्वारा दिया है

$$|e| = \frac{d\phi}{dt}$$

जहाँ, $\quad \phi = BA = \pi r^2 B$

$$\Rightarrow \quad \frac{d\phi}{dt} = -\pi r^2\frac{dB}{dt}$$

लूप 1 से सम्बद्ध चुम्बकीय फ्लक्स के परिवर्तन की दर

$$e_1 = -\frac{d\phi_1}{dt} = -\pi r^2\frac{dB}{dt}$$

इसी प्रकार, e_2 = लूप 2 से सम्बन्धित विद्युत वाहक बल

$$= -\frac{d\phi_2}{dt} = 0 \qquad (\because \phi_2 = 0)$$

11 *(c)* पहली धारा *abcd* की दिशा में उत्पन्न होती है, लेकिन जब इलेक्ट्रॉन दूर चला जाता है, तो लूप के अन्दर चुम्बकीय क्षेत्र कम हो जाता है और धारा अपनी दिशा बदल देती है।

12 *(b)* हम जानते है कि विद्युत वाहक बल,

$$\varepsilon = -\frac{Ldl}{dt}$$

$$\Rightarrow \quad |\varepsilon| = \frac{Ldl}{dt}$$

$$\Rightarrow \quad |\varepsilon| = L\frac{\Delta I}{\Delta t}$$

$$\Rightarrow \quad 0.1 = L\frac{[2-(-2)]}{0.2}$$

$$\Rightarrow \quad L = \frac{0.1 \times 0.2}{4} = 5 \times 10^{-3} \text{ हेनरी}$$

$$= 5 \text{ मिली हेनरी}$$

13 *(d)* $E_{avg} = \frac{\Delta\phi}{\Delta t} = \frac{BA\cos\theta}{10}$

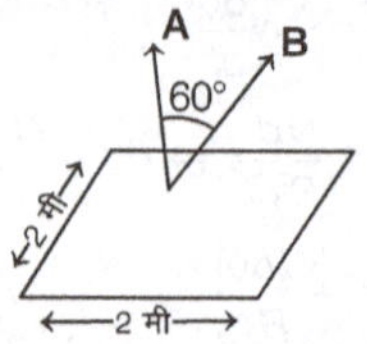

$$= 4 \times 2 \times \frac{5}{2} \times \frac{\cos 60^\circ}{10}$$

$$= 4 \times 5 \times \frac{1}{10 \times 2} = 1 \text{ वोल्ट} = 1 \text{ वोल्ट}$$

14 *(d)* 0.5 सेकण्ड में 0.5 टेस्ला का चुम्बकीय क्षेत्र शून्य हो जाता है।

अतः चुम्बकीय क्षेत्र के क्षय की दर,

$$\frac{\Delta B}{\Delta t} = \frac{0-0.5}{0.5} = -1 \text{ टेस्ला/सेकण्ड}$$

(ऋणात्मक चिन्ह दर्शाता है कि क्षेत्र कम हो रहा है)

अतः 0.25 सेकण्ड पर चुम्बकीय क्षेत्र होगा

$$\frac{\Delta B}{0.25} = -1 \text{ टेस्ला/से}$$

$$\Rightarrow \frac{B_2 - B_1}{0.25} = -1$$

या $\quad B_2 = 0.5 - 0.25 = 0.25$ टेस्ला

$t = 0.25$ सेकण्ड पर कुण्डली में प्रेरित विद्युत वाहक बल का परिमाण होगा

$$\varepsilon = \frac{d}{dt}\phi = \left(\frac{dB}{dt}\right)\cdot A$$

$$= \frac{\Delta B}{\Delta t}\cdot \pi r^2$$

$$= \frac{0.25}{0.25} \times \pi \times \left(\frac{10}{\sqrt{\pi}} \times 10^{-2}\right)^2$$

$$= 10^{-2} \text{ वोल्ट} = 10 \times 10^{-3} \text{ वोल्ट}$$

$$\Rightarrow \varepsilon = 10 \text{ मिली वोल्ट}$$

15 *(a)* $\therefore$ प्रेरित विद्युत वाहक बल,

$$e = \frac{d\phi}{dt} = 15t^2 + 8t + 2$$

$t = 2$ सेकण्ड पर,

$$e = (15 \times 2^2) + (8 \times 2) + 2 = 78 \text{ वोल्ट}$$

$$e = IR$$

$\therefore$ प्रेरित धारा, $I = \frac{e}{R} = \frac{78}{5} = 15.6$ ऐम्पियर

16 *(c)* इस पर विचार करते हुए, यह निष्कर्ष निकाला जा सकता है कि I_1 दक्षिणावर्त दिशा में है और I_2 वामावर्त दिशा में है तथा तुल्य परिपथ I_1 व I_2 की दिशाओं के साथ निम्न प्रकार दर्शाया जा सकता है

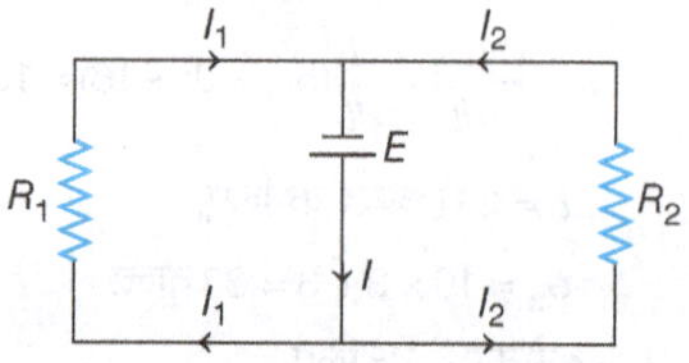

17 *(c)* आयताकार चालक क्षेत्र में गति करता है, इसलिए फ्लक्स $x = b$ तक बढ़ रहा है, फिर $x = b$ से $x = 0$ तक उल्टा जाने पर फ्लक्स उत्पन्न होता है। फ्लक्स को ग्राफ के आरेख *A* द्वारा दिखाया गया है।

चूँकि, विद्युत वाहक बल,

$e = -\frac{d\phi}{dt}$ जिसे वक्र *B* द्वारा दिखाया गया है

तथा शक्ति क्षय $P = VI$, जिसे वक्र *C* द्वारा दिखाया गया है।

18 *(a)* चूँकि, प्रेरित धारा वामावर्त दिशा में है, इसका अर्थ है कि यह बाह्य सतह पर *N*-ध्रुव बनाती है। लेन्ज़ के नियम के अनुसार, प्रेरित धारा सदैव उस कारण का विरोध करती है जिसके द्वारा वह उत्पन्न होती है, इसलिए प्रेरित धारा बाह्य दिशा में होती है, इसलिए *N*-ध्रुव की सामर्थ्य कम होते हुए भी उपस्थित रहती है।

स्किल बूस्टर्स

1 *(d)*

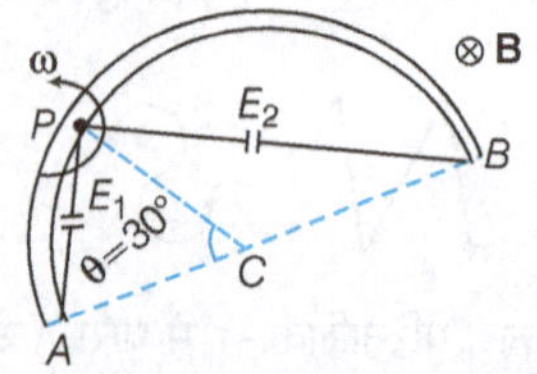

माना *PA* और *PB* लम्बाइयों में प्रेरित विद्युत वाहक बल क्रमशः E_1 और E_2 हैं, तथा *A* और *C* के बीच विभवान्तर $|E_1 - E_2|$ है।

अब, तारों की प्रभावी लम्बाइयाँ हैं,

$$l_1 = AP = 2R\sin\frac{\theta}{2}$$

और $l_2 = BP = 2R\sin\left(\frac{\pi}{2} - \frac{\theta}{2}\right) = 2R\cos\frac{\theta}{2}$

इसलिए, $|E_1 - E_2| = \frac{1}{2}b\omega$

$$\left(4R^2\sin^2\frac{\theta}{2} - 4R^2\cos^2\frac{\theta}{2}\right)$$

$$= 2B\omega R^2\left(\sin^2\frac{\theta}{2} - \cos^2\frac{\theta}{2}\right)$$

$$= 2B\omega R^2\cos\theta = 2B\omega R^2 \times \frac{1}{2} = B\omega R^2$$

2 *(a)* प्रेरित विद्युत वाहक बल

$$\int_a^b BV\,dx = \int_a^b \frac{\mu_0 I}{2\pi x} \times v\,dx$$

प्रेरित विद्युत वाहक बल,

$$E = \frac{\mu_0 I v}{2\pi}\ln\left(\frac{b}{a}\right) \qquad \ldots (i)$$

शक्ति का क्षय

$$= \frac{E^2}{R}$$

शक्ति $= Fv$

$$\Rightarrow \quad F = \frac{E^2}{vR}$$

समीकरण (i) से *E* का मान रखने पर, हमें प्राप्त होता है

$$\Rightarrow \quad F = \frac{1}{vR}\left[\frac{\mu_0 I v}{2\pi}\ln\left(\frac{b}{a}\right)\right]^2$$

3 *(c)* $L = \frac{\mu_0 N^2 A}{l} = \mu_0 n^2 A l = \frac{\mu_0 A l}{d^2}$

$$\Rightarrow \quad l = \frac{Ld^2}{\mu_0 \pi r^2} = \frac{1 \times (0.81 \times 10^{-3})^2}{4\pi \times 10^{-7} \times \pi \times (0.06)^2}$$

$$\approx 46 \text{ मी}$$

इसलिए, 50 मीटर लम्बी नलिका सबसे उपयुक्त है।

4 *(a)* किसी भी क्षण बैटरी की धारा,

$$I = \frac{E}{R}$$

इस धारा के कारण चुंबकीय बल,

$$F_B = IBl = \frac{EBl}{R}$$

यह बल छड़ को विरामावस्था से त्वरित करता है। तब छड़ में उत्पन्न गतिज विद्युत वाहक बल Blv होता है।

अतः, छड़ के पार प्रेरित धारा,

$$I_{\text{प्रेरित}} = \frac{Blv}{R}$$

प्रेरित धारा के कारण चुंबकीय बल,

$$F_{\text{प्रेरित}} = I_{\text{प्रेरित}} \cdot Bl = \frac{B^2 l^2 v}{R}$$

फिर, छड़ पर कार्य करने वाला तुल्य बल

$$\Rightarrow \quad F_B - F_{\text{प्रेरित}} = m\frac{dv}{dt}$$

$$\frac{EBl}{R} - \frac{B^2 l^2 v}{R} = m\frac{dv}{dt}$$

$$\int_0^v \frac{dv}{E - Blv} = \frac{Bl}{mR}\int_0^t dt$$

$$\frac{E - Blv}{E} = e^{-\frac{B^2 l^2}{mR}t}$$

एक छड़ की चाल

$$v = \frac{E}{Bl}(1 - e^{-t/\tau}),$$

जहाँ, $\tau = \frac{mR}{B^2 l^2}$

5 *(a)* भुजा (1) में चुम्बकीय क्षेत्र,

$$B_1 = B_0$$

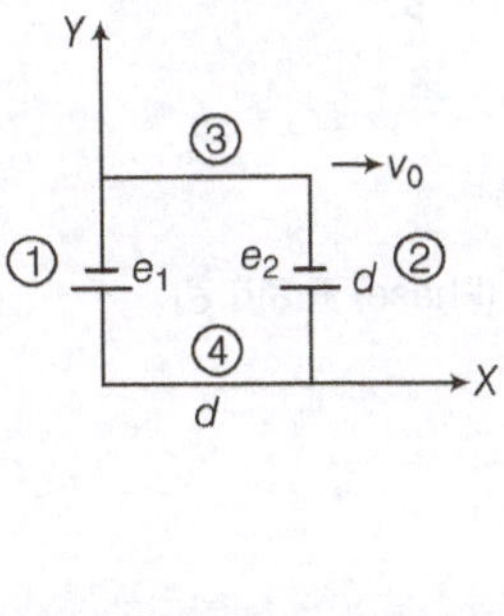

भुजा (1) में प्रेरित विद्युत वाहक बल

$$e_1 = B_0 v_0 d$$

भुजा (2) में चुम्बकीय क्षेत्र,

$$B_2 = B_0\left(1 + \frac{d}{a}\right)$$

भुजा (2) में प्रेरित विद्युत वाहक बल

$$e_2 = B_0\left(1 + \frac{d}{a}\right)v_0 d$$

प्रेरित विद्युत वाहक बल शून्य होगा।

तुल्य विद्युत वाहक बल ,

$$e = e_2 - e_1 = \frac{B_0 v_0 d^2}{a}$$

6 *(c)* लूप $AEFD$ और $EBCF$ में प्रेरित विद्युत वाहक बल होगा

$$\varepsilon_1 = \frac{d\phi}{dt} = A_1 \cdot \frac{dB}{dt}$$

$$= 1 \times 1 \times 1 = 1 \text{ वोल्ट}$$

$$\varepsilon_2 = A_2 \frac{dB}{dt}$$

$$= 0.5 \times 1 \times 1 = 0.5 \text{ वोल्ट}$$

ε_1 और ε_2 दोनों वामावर्त दिशा में हैं। तार के लूपों के प्रतिरोधों पर विचार करते हुए, हम रखते है

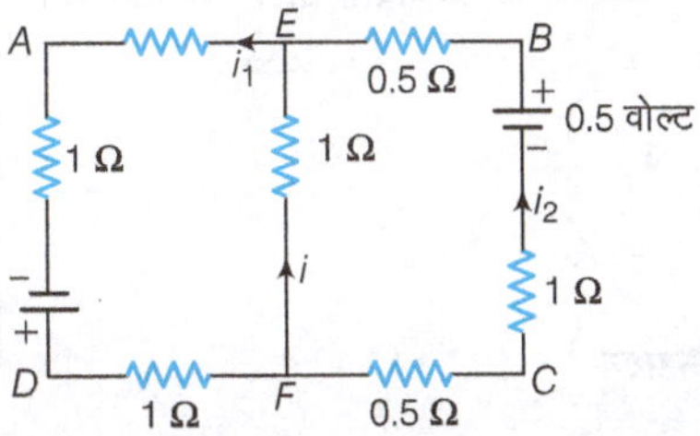

KVL का उपयोग करके, पर

$$i_1 = i + i_2 \quad \text{..(i)}$$

$$3i_1 + i = 1 \quad \text{...(ii)}$$

$$2i_2 - i = 0.5 \quad \text{...(iii)}$$

इन समीकरणों को हल करने पर, हमें प्राप्त होता है

$$i = \frac{1}{22} \text{ एम्पियर}$$

$\therefore \quad p = 2$

7 *(d)* दूसरा आधा चक्कर पूरा करने में लिया गया समय

$$t_2 = \sqrt{\frac{4\pi}{\alpha}} - \sqrt{\frac{2\pi}{\alpha}}$$

हम देखते हैं कि $t_2 < t_1$.

प्रेरित विद्युत वाहक बल को इस प्रकार लिख सकते हैं

$$e = (-1)^n \left[\frac{1}{2} BR^2 \alpha t\right]$$

जहाँ $n = 1, 2, 3$ लूप द्वारा पूरे किए गए आधे चक्करों की संख्या है। पहले आधे चक्कर की तुलना में दूसरे आधे चक्कर को पूरा करने में कम समय लगेगा।

8 *(d)* बन्द लूप से गुजरने वाला चुम्बकीय क्षेत्र X बढ़ रहा है।

इसलिए, लेन्ज के नियम से प्रेरित धारा बिन्दु चुम्बकीय क्षेत्र उत्पन्न करेगी, इसलिए प्रेरित धारा वामावर्त है।

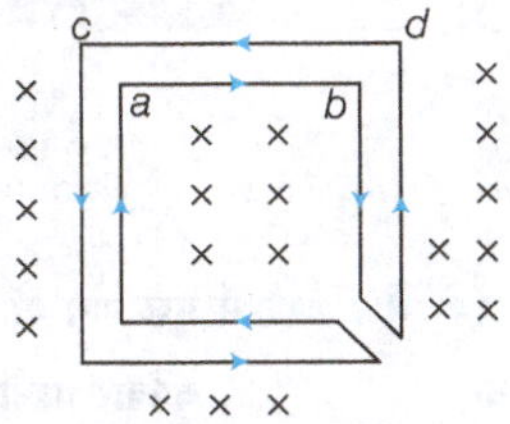

9 *(d)* प्रेरित विद्युत वाहक बल, $e = \frac{d\phi}{dt}$

समान वलयों के लिए, प्रेरित विद्युत वाहक बल समान होगा, लेकिन धारा भिन्न-भिन्न होगी।

दिया है, $h_A > h_B$

अतः, $V_A > V_B$ (चूँकि, $v^2 = gh$)

जब $\rho_A < \rho_B$, $I_A > I_B$ $\Rightarrow h_A > h_B$ तभी परिपूर्ण होता है जब $m_A = m_B$ हो केवल यदि $\rho_A < \rho_a$ तो, $I_A > I_B$ यह परिपूर्ण हो सकता है यदि $m_A < M_B$

10 *(b)* किसी क्षण t पर, स्ट्रिप से सम्बद्ध फ्लक्स के निर्देशांक y के साथ होगा

$$d\phi = Bl dy = 4lt^2 y dy$$

जहाँ, l = वर्गाकार लूप की भुजा की लम्बाई।

तो, वर्ग लूप से सम्बद्ध कुल फ्लक्स है

$$\phi = \int_0^l d\phi = \int_0^l 4lt^2 y dy = 2l^3 t^2$$

इसलिए, लूप में प्रेरित विद्युत वाहक बल है

$$\varepsilon = \frac{d\phi}{dt} = \frac{d}{dt} 2l^3 t^2 = 4l^3 t$$

$\therefore \quad t = 2.5$ सेकण्ड पर

$$\varepsilon = 8 \times 10^{-5} \text{ वोल्ट (वामावर्त)}$$

07

भौतिकी की Concept Master *Videos* के लिए *Scan* करें

प्रत्यावर्ती धारा

Alternating Current

- किसी परिपथ में, जब विद्युत आवेशों का प्रवाह निरन्तर परिवर्तित होता रहता है तथा इनकी दिशा समय-समय पर परिवर्तित होती रहती है, तो उसे प्रत्यावर्ती धारा (Alternating current) कहते हैं। प्रत्यावर्ती धारा के संगत वोल्टता को प्रत्यावर्ती वोल्टता (AC वोल्टता) कहते हैं।
- **दिष्ट धारा** (Direct current), वह धारा होती है जिसका परिमाण तथा दिशा समय के साथ परिवर्तित नहीं होता है।
- प्रत्यावर्ती धारा, प्रत्यावर्ती वोल्टता द्वारा प्रवाहित होती है। AC वोल्टता को DC वोल्टता से अधिक वरीयता दी जाती है, क्योंकि AC वोल्टता को ट्रान्सफॉर्मर के द्वारा आसानी से एवं प्रभावी रूप से एक वोल्टता से दूसरी वोल्टता में परिवर्तित किया जा सकता है।
- प्रत्यावर्ती धारा तथा दिष्ट धारा का $I-t$ ग्राफ नीचे दर्शाया गया है

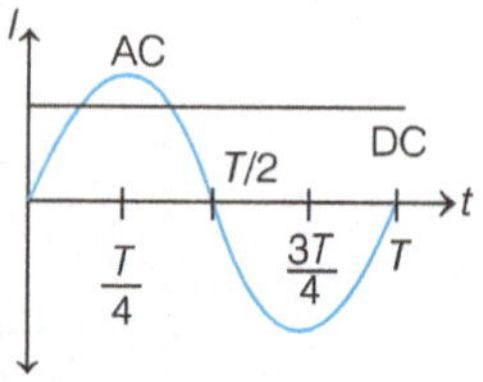

प्रतिरोधक पर आरोपित AC वोल्टता

(AC Voltage Applied to a Resistor)

जब विभवान्तर $V = V_m \sin\omega t$ का AC वोल्टता स्त्रोत, जहाँ V_m दोलायमान विभवान्तर का आयाम एवं ω इसकी कोणीय आवृत्ति है, को चित्र में दर्शाए अनुसार प्रतिरोधक R से संयोजित किया जाता है, तब

(i) परिपथ में धारा, $i = i_m \sin\omega t$, जहाँ $i_m = \dfrac{V_m}{R}$

(ii) वोल्टता तथा धारा एक-दूसरे के साथ कला (Phase) में होते हैं।

5 वर्षों में NEET में पूछे गये शीर्षकवार प्रश्न

शीर्षक	वर्षवार प्रश्नों की संख्या				
	2024	2023	2022	2021	2020
प्रतिरोधक पर आरोपित AC वोल्टता	-	-	1	-	1
एक श्रेणीबद्ध *L-C-R* परिपथ पर आरोपित AC वोल्टता	1	2	1	2	-
AC परिपथ में शक्ति: शक्ति गुणांक	-	-	-	-	1
ट्रान्सफॉर्मर	1	1	-	1	-

NEET में विगत 5 वर्षों में पूछे गये विशेष प्रकार के प्रश्न

प्रकार	वर्ष				
	2024	2023	2022	2021	2020
अभिकथन कारण	-	-	-	-	-
कथन आधारित	-	-	-	-	-
सुमेलन	-	-	-	-	-

NEET के विगत 5 वर्षों का भारांकन

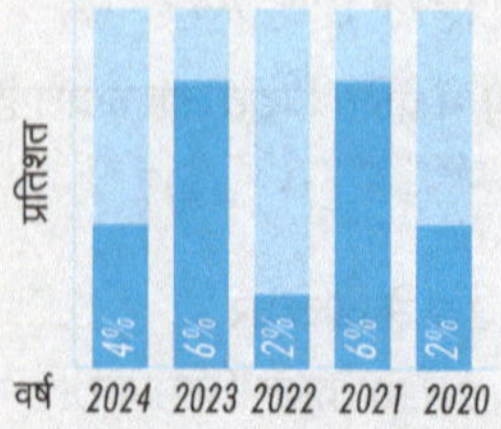

- एक पूर्ण चक्र पर तात्कालिक धारा मानों का योग शून्य होता है तथा औसत (माध्य) धारा भी शून्य होती है।
- एक पूर्ण चक्र पर औसत या माध्य धारा के शून्य मान का अर्थ यह नहीं है कि व्यय औसत शक्ति शून्य है।
- **प्रतिरोधक में क्षय होने वाली तात्क्षणिक शक्ति होती है**

$$P_R = I^2R = I_m^2 R\sin^2 \omega t$$

- **एक पूर्ण चक्र में औसत शक्ति है**

$$\bar{P}_R = < I_m^2 R\sin^2 \omega t > = \frac{1}{2} I_m^2 R = I_{rms}^2 R = \frac{V_{rms}^2}{R}$$

जहाँ, I_{rms} धारा का विशेष मान है, जिसे वर्ग माध्य मूल (rms) धारा कहते हैं और इसे I_{rms} द्वारा निर्दिष्ट किया जाता है।

$$I_{rms} = I_m / \sqrt{2} = 0.707\ I_m$$

इसी प्रकार, $V_{rms} = V_m / \sqrt{2} = 0.707\ V_m$ **NEET 2022**

- rms धारा (I_{rms}) शिखर धारा (Peak current) I_m से सम्बन्धित होती है, जैसा कि निम्न ग्राफ में दिया गया है

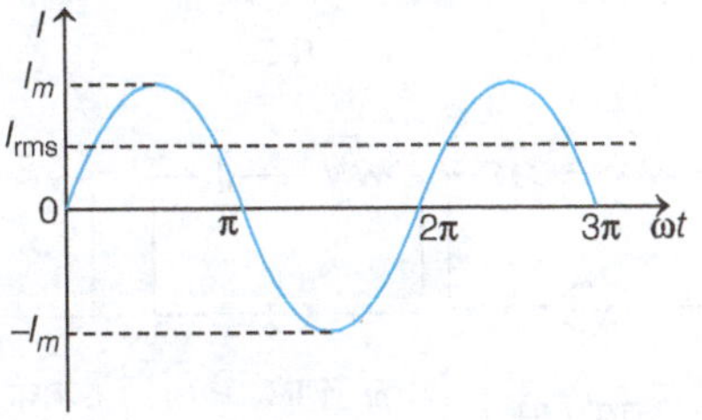

- AC धारा का rms मान, DC धारा के समतुल्य होता है, जो प्रत्यावर्ती धारा के समान औसत शक्ति क्षय उत्पन्न करेगा।

AC धारा एवं वोल्टता का घूर्णी सदिश-कला समंजक (फेजर्स) द्वारा निरूपण

(Representation of AC Current and Voltage by Rotating Vectors Phasors)

- AC परिपथ में धारा तथा वोल्टता के बीच कला (फेज) सम्बन्ध दर्शाने के लिए हम **फेजर्स** की धारणा का उपयोग करते हैं।
- फेजर (Phasor) एक सदिश है, जो मूल बिन्दु के परितः कोणीय वेग ω से घूर्णन करता है। फेजर्स के ऊर्ध्वाधर घटकों को $V_m \sin\omega t_1$ तथा $I_m \sin\omega t_1$ के रूप में दर्शाया जाता है।
- चित्र (a) में एक प्रतिरोधक से संयोजित AC स्त्रोत के साथ एक परिपथ के लिए **फेजर आरेख** दर्शाया गया है तथा चित्र (b) में वोल्टता V तथा I एवं ωt के बीच ग्राफ दिखाया गया है।

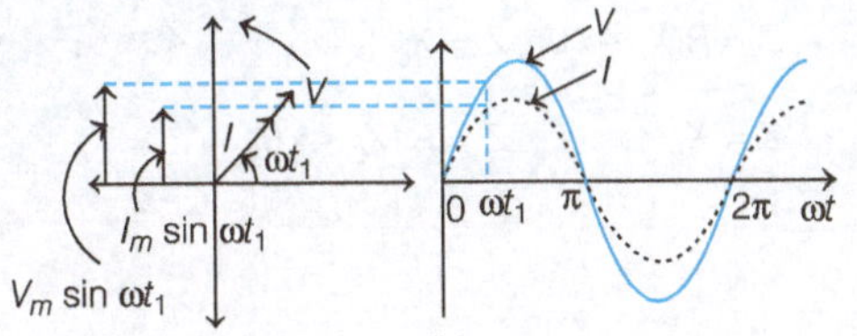

(a) (b)

- यहाँ, फेजर वोल्टता एवं धारा दोनों एक ही दिशा में हैं, इसीलिए वोल्टता तथा धारा के बीच कला कोण (Phase angle) शून्य होता है।

प्रेरक पर आरोपित AC वोल्टता

(AC Voltage Applied to an Inductor)

- जब एक AC वोल्टता स्रोत को चित्र में दर्शाए अनुसार एक शुद्ध प्रेरकीय परिपथ (Purely inductive circuit) से संयोजित किया जाता है, तब

(i) परिपथ में धारा, $I = I_m \sin\left(\omega t - \frac{\pi}{2}\right)$

(ii) राशि ωL प्रतिरोध के सदृश है इसे **प्रेरकीय प्रतिघात** (Inductive reactance) कहा जाता है। इसे X_L द्वारा प्रदर्शित किया जाता है, अर्थात्,

$$X_L = \omega L = (2\pi\nu)L$$

अतः धारा का आयाम है

$$I_m = \frac{V_m}{X_L} = \frac{V_m}{\omega L}$$

इसीलिए **प्रेरकीय प्रतिघात, प्रेरकत्व एवं धारा की आवृत्ति के अनुक्रमानुपाती होता है।**

(iii) प्रेरकीय प्रतिघात की विमा प्रतिरोध के समान होती है एवं इसका SI मात्रक ओम (Ω) होता है।

(iv) एक शुद्ध प्रेरकीय परिपथ में प्रेरकीय प्रतिघात धारा को वैसे ही नियन्त्रित करता है, जैसे शुद्ध प्रतिरोधी परिपथ में प्रतिरोध धारा को नियन्त्रित करता है।

(v) इस प्रकार के परिपथ में धारा, वोल्टता से $\frac{\pi}{2}$ कला (Phase) या एक-चौथाई $\left(\frac{1}{4}\right)$ चक्र से पीछे रहती है। इसका अर्थ है कि धारा, वोल्टता की अपेक्षा चौथाई आवर्तकाल $\left(\frac{T}{4} = \frac{\pi/2}{\omega}\right)$ के पश्चात् अपने अधिकतम मान को प्राप्त करती है।

(vi) **फेजर आरेख** तथा V व I एवं ωt के मध्य ग्राफ नीचे दर्शाए गए हैं

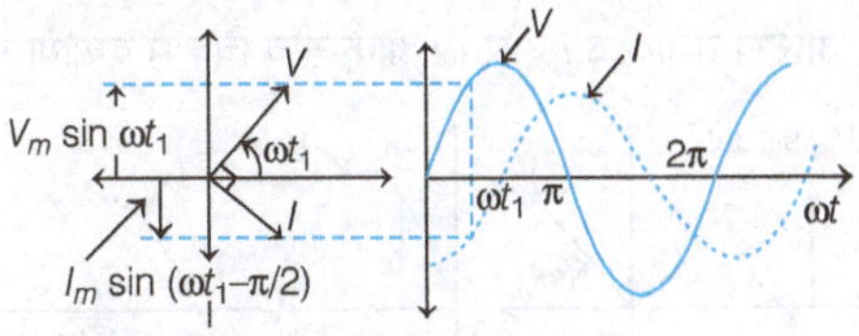

(vii) प्रेरक को आपूर्ति की गई तात्क्षणिक शक्ति,

$$P_L = I_{rms}V_{rms} = -\frac{I_mV_m}{2}\sin(2\omega t)$$

(viii) एक पूर्ण चक्र की औसत शक्ति

$$< P_L > = < -\frac{I_m V_m}{2}\sin(2\omega t) > = 0 \qquad [\because < \sin(2\omega t) > = 0]$$

इस प्रकार, एक पूर्ण चक्र में किसी प्रेरक को आपूर्ति की गई औसत शक्ति शून्य होती है।

संधारित्र पर आरोपित AC वोल्टता (AC Voltage Applied to a Capacitor)

- जब एक संधारित्र को चित्र में दर्शाए अनुसार परिपथ में AC वोल्टता स्रोत से संयोजित किया जाता है, तब

(i) परिपथ में धारा, $I = I_m \sin\left(\omega t + \frac{\pi}{2}\right)$

(ii) पद $\left(\frac{1}{\omega C}\right)$ प्रतिरोध के अनुरूप है और इसे धारितीय प्रतिघात (Capacitive reactance) कहा जाता है। इसे X_C द्वारा निरूपित किया जाता है, अर्थात्

$$X_C = \frac{1}{\omega C} = \frac{1}{2\pi\nu C}$$

NEET 2020

इसलिए, धारितीय प्रतिघात, आवृत्ति तथा धारिता के व्युत्क्रमानुपाती होता है।

इस प्रकार, धारा का आयाम, $I_m = \frac{V_m}{X_C} = \frac{V_m}{\left(\frac{1}{\omega C}\right)}$

(iii) धारितीय प्रतिघात की विमा प्रतिरोध के समान होती है तथा इसका SI मात्रक ओम (Ω) होता है।

(iv) शुद्ध धारितीय परिपथ में धारितीय प्रतिघात उसी प्रकार धारा के आयाम को नियन्त्रित करता है जिस प्रकार शुद्ध प्रतिरोधी परिपथ में प्रतिरोध धारा को नियन्त्रित करता है। लेकिन, यह आवृत्ति एवं धारिता के व्युत्क्रमानुपाती होता है।

(v) इस परिपथ में धारा, वोल्टता से $\frac{\pi}{2}$ कला या एक चौथाई चक्र अग्रगामी होती है इसका अर्थ है कि धारा, वोल्टता से एक चौथाई काल पहले अपने अधिकतम मान पर पहुँच जाती है।

(vi) **फेजर आरेख** तथा V व I और ωt ग्राफ नीचे चित्र में दर्शाया गया है

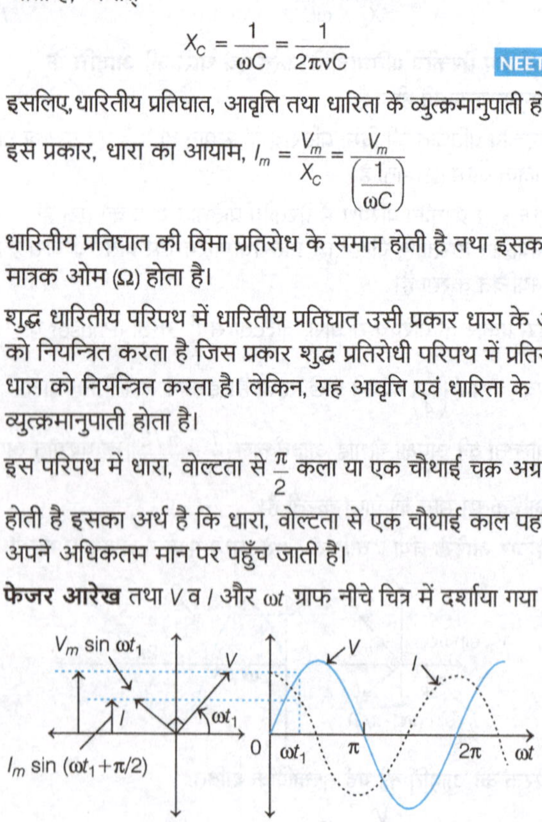

(vii) संधारित्र को प्रदान की गई तात्क्षणिक शक्ति

$$P_C = I_{rms} V_{rms} = \frac{I_m V_m}{2}\sin(2\omega t)$$

(viii) एक पूर्ण चक्र की औसत शक्ति

$$< P_C > = < \frac{I_m V_m}{2}\sin(2\omega t) > = 0 \qquad [\because < \sin(2\omega t) > = 0]$$

इस प्रकार, एक चक्र में संधारित्र को प्रदान की जाने वाली औसत शक्ति शून्य होती है।

नोट *जब एक संधारित्र को DC स्रोत से जोड़ा जाता है, तो पूर्ण आवेशित (Charged) होने के पश्चात्, परिपथ में धारा शून्य हो जाती है। जबकि, जब संधारित्र को AC स्रोत के साथ जोड़ा जाता है, तो यह धारा को सीमित या नियन्त्रित करता है, लेकिन आवेश के प्रवाह को पूर्ण रूप से नहीं रोकता है (संधारित्र एकान्तर क्रम में आवेशित एवं अनावेशित होता है, क्योंकि धारा प्रत्येक अर्द्ध चक्र में प्रत्यावर्तित होती है)*

Marks Maximizer

एक AC परिपथ में RL, RC तथा LC का संयोजन

पद	R-L	R-C	L-C
परिपथ	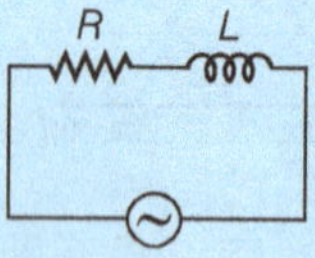 R तथा L में I समान	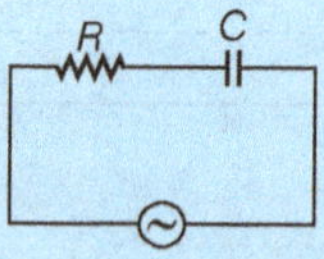 R तथा C में I समान	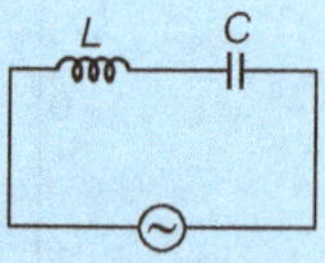 L तथा C में I समान
फेजर आरेख	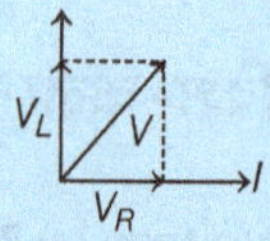 $V^2 = V_R^2 + V_L^2$	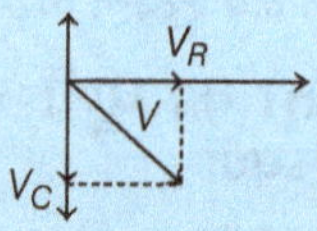 $V^2 = V_R^2 + V_C^2$	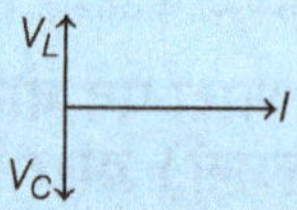 $V = V_L - V_C (V_L > V_C)$ $V = V_C - V_L (V_C > V_L)$
V तथा I के मध्य कलान्तर	V अग्र I $\left(0 \text{ से } \frac{\pi}{2}\right)$	V पश्च I $\left(-\frac{\pi}{2} \text{ से } 0\right)$	V पश्च I $\left(-\frac{\pi}{2}, \text{ यदि } X_C > X_L\right)$ V अग्र I $\left(+\frac{\pi}{2}, \text{ यदि } X_L > X_C\right)$
प्रतिबाधा	$Z = \sqrt{R^2 + X_L^2}$	$Z = \sqrt{R^2 + X_C^2}$	$Z = \|X_L - X_C\|$
निम्न ν पर	$Z = R (X_L \to 0)$	$Z = X_C$	$Z = X_C$
उच्च ν पर	$Z = X_L$	$Z = R (X_C \to 0)$	$Z = X_L$

श्रेणीबद्ध *L-C-R* परिपथ पर आरोपित AC वोल्टता AC Voltage Applied to a Series *L-C-R* Circuit

जब एक प्रतिरोध संधारित्र तथा एक प्रेरक $V = V_m \sin\omega t$ के किसी AC वोल्टता स्रोत के साथ श्रेणीक्रम में सयोजित किये जाते हैं,तब

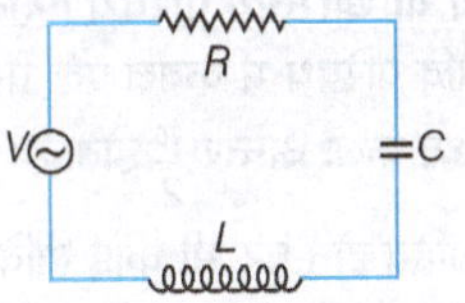

(i) परिपथ के सिरों पर वोल्टता, $V_m = \sqrt{V_R^2 + (V_C - V_L)^2}$

(ii) परिपथ में धारा, $I_m = \dfrac{V_m}{\sqrt{R^2 + (X_C - X_L)^2}}$

(iii) **प्रतिबाधा** *Z*, AC परिपथ द्वारा इसके माध्यम से प्रत्यावर्ती धारा के प्रवाह के लिए दिए जाने वाला विरोध या प्रतिरोध है। इसे निम्न प्रकार दिया जाता है।

$$Z = \sqrt{R^2 + (X_C - X_L)^2}$$

NEET2021

(iv) कला कोण ϕ, V_R तथा *V* के मध्य का कोण है जिसे निम्न आरेख से निर्धारित किया जा सकता है। इस आरेख को **प्रतिबाधा त्रिभुज** (Impedance triangle) कहा जाता है।

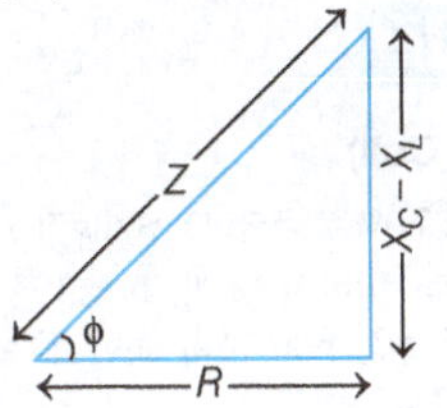

$\tan\phi = \dfrac{V_C - V_L}{V_R}$ या $\tan\phi = \dfrac{X_C - X_L}{R}$

(v) यदि $X_C > X_L$, ϕ धनात्मक है तथा परिपथ मुख्य रूप से धारितीय है, तब **परिपथ में धारा वोल्टता स्रोत से अग्रगामी हो जाती है।**

(vi) यदि $X_C < X_L$, ϕ ऋणात्मक होता है तथा परिपथ मुख्य रूप से प्रेरकीय है, तब **परिपथ में धारा स्रोत वोल्टता से पश्च हो जाती है।**

(vii) यदि $X_L = X_C$, तब ϕ शून्य होता है। इस स्थिति में, परिपथ में धारा तथा स्रोत वोल्टता कला में होते हैं।

(viii) **फेजर आरेख** तथा *V* व *I* एवं ωt ग्राफ को नीचे दर्शाया गया है

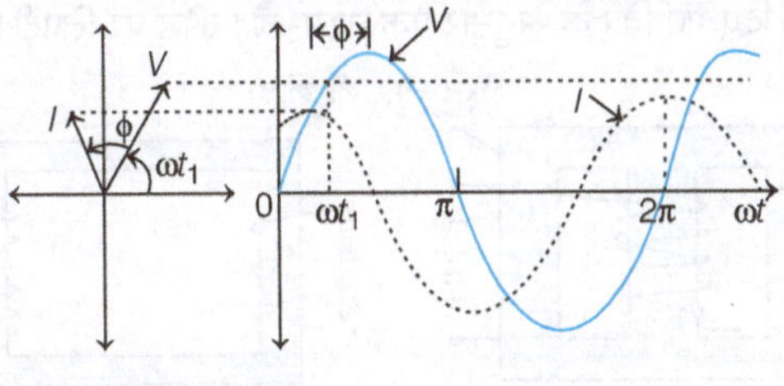

फेजर तकनीक का उपयोग करने की कुछ हानियाँ हैं, जोकि अग्र प्रकार हैं

(a) फेजर आरेख प्रारम्भिक स्थिति के बारे में कुछ नहीं बताता हैं आप *t* का कोई भी यादृच्छिक मान ले सकते हैं और अलग-अलग फेजर बना सकते हैं जिनमें सापेक्षिक कोण अन्तर होता है।

(b) विभिन्न फेजर्स के हल अलग-अलग होते हैं तथा इन्हें **स्थायी अवस्था हल** (Steady state solutions) कहते हैं।

(c) व्यापक हल में क्षणिक तथा स्थायी हल होता है समय के साथ, क्षणिक हल निष्प्रभावी हो जाता है और केवल स्थायी हल ही रहता है, जो परिपथ के व्यवहार का वर्णन करता है।

अनुनाद Resonance

यह वह स्थिति है जिसमें श्रेणीबद्ध *L-C-R* परिपथ की प्रतिबाधा न्यूनतम होती है और परिपथ से प्रवाहित धारा अधिकतम होती है। यह उन निकायों की सामान्य परिघटना है, जिनमें एक विशिष्ट आवृत्ति पर दोलन करने की प्रवृत्ति होती है। इस आवृत्ति को निकाय की **प्राकृतिक आवृत्ति** कहा जाता है।

V_m वोल्टता तथा आवृत्ति ω के साथ संचालित *L-C-R* परिपथ में धारा को निम्न प्रकार दर्शाया जाता है

$$I_m = \frac{V_m}{Z} = \frac{V_m}{\sqrt{R^2 + (X_C - X_L)^2}}$$

विशिष्ट आवृत्ति ω_0 पर, $X_C = X_L$, तब $Z = R$

यह आवृत्ति ω_0 **कोणीय अनुनादी आवृत्ति** कहलाती है तथा इसे निम्न प्रकार दर्शाया जाता है

$$\omega_0 = 1/\sqrt{LC}$$

$\Rightarrow$ अनुनादी आवृत्ति, $\nu = \dfrac{1}{2\pi\sqrt{LC}}$

NEET 2023, 22

- अनुनादी आवृत्ति पर, धारा का आयाम अधिकतम होता है, अर्थात $I_m = \dfrac{V_m}{R}$
- अनुनादी घटना एक परिपथ द्वारा प्रदर्शित की जाती है यदि इसमें *L* तथा *C* दोनों उपस्थित हों।
- अनुनाद *R-L* या *R-C* परिपथ में उत्पन्न नहीं होता है।

चित्र में किसी *L-C-R* परिपथ में ω के साथ I_m का परिवर्तन दर्शाया गया है यहाँ $L = 1\times10^{-3}$ हेनरी, $C = 1\times10^{-9}$ फैरड है तथा *R* के दो मानों अर्थात्

(i) $R = 100\Omega$ तथा (ii) $R = 200\Omega$ के लिए है।

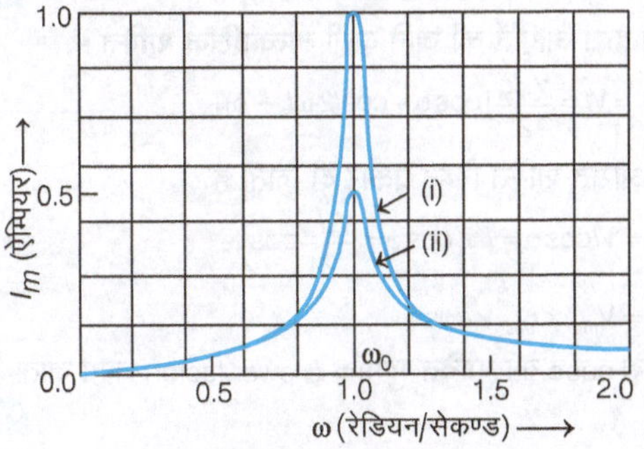

ω के साथ I_m का परिवर्तन

आरोपित स्रोत के लिए, $V_m = 100$ वोल्ट

कोणीय अनुनादी आवृत्ति, $\omega_0 = 1/\sqrt{LC} = 1 \times 10^6$ रेडियन/सेकण्ड

यहाँ, $R = 100\Omega$ के लिए धारा, $R = 200\Omega$ के लिए धारा से दोगुनी होती है।

- अनुनादी परिपथों के विभिन्न के अनुप्रयोग होते हैं। उदाहरण के लिए, रेडियो टी.वी. सेट की समस्वरण यन्त्रावली में।
- समस्वरण (tuning) के लिए, हम समस्वरण परिपथ में लगे संधारित्र की धारिता को इस प्रकार परिवर्तित करते हैं कि परिपथ की अनुनाद आवृत्ति, प्राप्त रेडियो सिग्नल की आवृत्ति के लगभग बराबर हो जाती है। जब ऐसा होता है तो परिपथ में उस विशिष्ट रेडियो स्टेशन से आने वाले संकेतों की आवृत्ति के साथ धारा के आयाम का मान अधिकतम हो जाता है।
- अनुनाद केवल परिपथ द्वारा प्रदर्शित होता है, यदि परिपथ में L तथा C दोनों उपस्थित हों, तो RL तथा RC परिपथों में अनुनाद नहीं हो सकता।

Marks Maximizer

- **गुणन कारक** (Quality Factor) अनुनाद पर प्रेरकत्व या धारिता के सिरों पर विकसित वोल्टता और श्रेणी L-C-R परिपथ में प्रतिरोधक के सिरों पर आरोपित वोल्टता के अनुपात को गुणन कारक कहते हैं।

$$Q = \frac{\omega_0 L}{R} = \frac{1}{\omega_0 CR} = \frac{1}{R}\sqrt{\frac{L}{C}}$$

- यह किसी परिपथ की उत्तम समस्वरण (Tuning) के लिए अधिकतम होना चाहिए।
- **अनुनाद की तीक्ष्णता** (Sharpness of Resonance)

$$= \frac{\omega_0}{2\Delta\omega} = \frac{\omega_0 L}{R}$$

- **परिपथ की बैण्ड चौड़ाई** (Bandwidth of Circuit)

$$2\Delta\omega = \omega_2 - \omega_1$$

- $\Delta\omega$, जितना छोटा होगा, अनुनाद उतना ही तीक्ष्ण (तीव्र) होगा।

AC परिपथ में शक्ति : शक्ति गुणांक (Power in AC Circuit : The Power Factor)

- जब किसी वोल्टता $V = V_m \sin\omega t$ को श्रेणीबद्ध L-C-R परिपथ पर आरोपित किया जाता है, तो परिपथ में धारा, $I = I_m \sin(\omega t + \phi)$, प्रवाहित होती है,

जहाँ, $I_m = \dfrac{V_m}{Z}$ एवं $\phi = \tan^{-1}\left[\dfrac{X_C - X_L}{R}\right]$ **NEET 2019**

तब स्रोत द्वारा आपूर्ति की जाने वाली **तात्कालिक शक्ति P,**

$$= VI = \frac{V_m I_m}{2}[\cos\phi - \cos(2\omega t + \phi)]$$

- AC की औसत शक्ति निम्न प्रकार दी जाती है

$$P_{av} = VI\cos\phi = I^2 Z\cos\phi = \frac{V_m I_m}{2}\cos\phi$$

$$= V_{rms} \times I_{rms} \times \cos\phi$$

यहाँ, राशि $\cos\phi$ को **शक्ति गुणांक** (Power factor) कहा जाता है। **NEET 2020**

- किसी परिपथ में शक्ति क्षय (Power dissipation) के लिए निम्न स्थितियाँ होती हैं

स्थिति I प्रतिरोधी परिपथ (Resistive Circuit) यदि परिपथ में केवल R है, तब इस स्थिति में, $\phi = 0 \Rightarrow \cos\phi = 1$ इसमें अधिकतम शक्ति क्षय होती है।

स्थिति II शुद्ध प्रेरकीय या धारितीय परिपथ (Purely Inductive or Capacitive Circuit) यदि परिपथ में केवल एक प्रेरक या संधारित्र हो, तो वोल्टेज एवं धारा के मध्य कला अन्तर $\dfrac{\pi}{2}$ होता है। इसीलिए, $\cos\phi = 0$ एवं परिपथ में धारा प्रवाहित होने पर भी कोई शक्ति क्षय नहीं होता है। इस धारा को कभी-कभी **वाटहीन धारा** भी कहा जाता है।

स्थिति III L-C-R श्रेणी परिपथ (L-C-R Series Circuit) एक L-C-R श्रेणी परिपथ में,

$$\phi = \tan^{-1}\left(\frac{X_C - X_L}{R}\right)$$

इसीलिए, R-C या R-C या R-C-L परिपथों में ϕ अशून्य हो सकता है। इसमें शक्ति केवल प्रतिरोधक में ही क्षय होती है।

Concept Master Video के लिए

स्थिति IV L-C-R परिपथ में अनुनाद पर शक्ति क्षय

अनुनाद पर, $X_C = X_L = 0$ एवं $\phi = 0$, इसीलिए $\cos\phi = 1$ एवं $P = I^2 Z = I^2 R$, अर्थात् अनुनाद पर परिपथ (R के माध्यम से) में अधिकतम शक्ति का क्षय होता है।

Marks Maximizer

चोक कुण्डली (Choke Coil)

- जब एक प्रेरक को प्रतिरोधक के साथ श्रेणीक्रम में संयोजित किया जाता है, तब उस परिपथ को चोक कुण्डली के रूप में जाना जाता है। इसका उपयोग शक्ति क्षय में वृद्धि किए बिना धारा को कम करने के लिए किया जाता है।
- चोक कुण्डली का शक्ति गुणांक,

$$\cos\phi = \frac{R}{\sqrt{R^2 + \omega^2 L^2}} = \frac{R}{\omega L} \quad (R \ll \omega L \text{ के लिए})$$

ट्रान्सफॉर्मर (Transformer)

- ट्रान्सफॉर्मर एक ऐसी युक्ति (Device) है जो निम्न वोल्टता (उच्च धारा) को उच्च वोल्टता (निम्न धारा) में और उच्च वोल्टता (निम्न धारा) को निम्न वोल्टता (उच्च धारा) में परिवर्तित करती है। यह विद्युत चुम्बकीय प्रेरण के सिद्धान्त पर आधारित है। इसमें कुण्डली के दो सेट होते हैं, जो एक-दूसरे से होते हैं ये दिए गए चित्र के अनुसार एक नरम-लौह क्रोड पर लिपटी होती है।

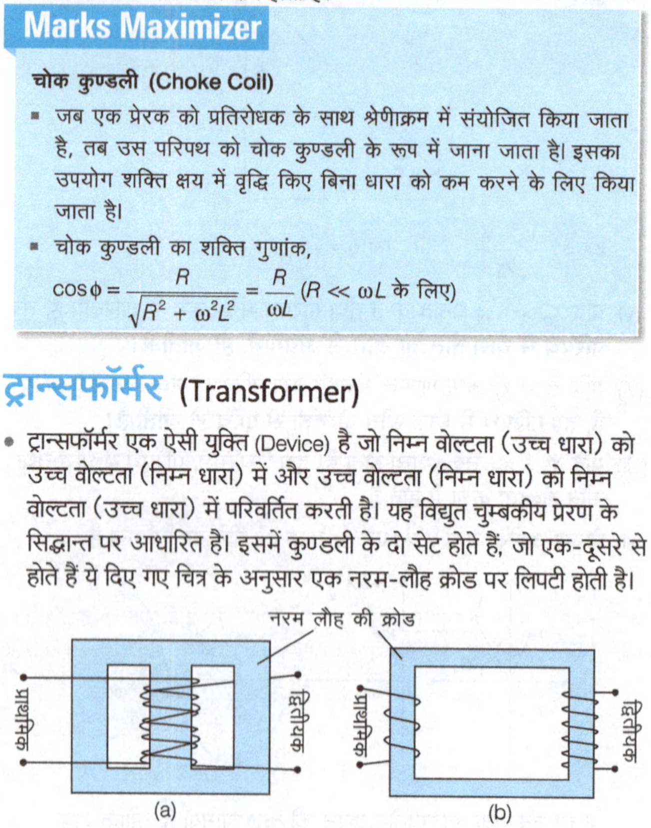

(a) (b)

निवेशी कुण्डली को **प्राथमिक कुण्डली** कहते हैं, जिसमें फेरों (Turns) की संख्या N_p होती है तथा निर्गम कुण्डली को **द्वितीयक कुण्डली** कहते हैं इसमें फेरों की संख्या N_s होती है।

- जब प्राथमिक कुण्डली पर प्रत्यावर्ती वोल्टता आरोपित की जाती है तो परिणामी धारा एक प्रत्यावर्ती चुम्बकीय फ्लक्स उत्पन्न करती है जो द्वितीयक कुण्डली से संयोजित होकर, इसमें एक वि.वा.ब. (emf) प्रेरित करती है। इस वि.वा.ब. का मान द्वितीयक कुण्डली में फेरों की संख्या पर निर्भर करता है।

एक आदर्श ट्रान्सफॉर्मर के लिए, $\frac{\varepsilon_s}{\varepsilon_p} = \frac{V_s}{V_p} = \frac{N_s}{N_p} = \frac{I_p}{I_s}$

(i) यदि $N_s > N_p$, हो, तो वोल्टता ($V_s > V_p$) बढ़ जाती है। इस प्रकार की व्यवस्था को **उच्चायी ट्रान्सफॉर्मर** (Set-up transformer) कहते हैं। हालाँकि, प्राथमिक की तुलना में द्वितीयक कुण्डली में धारा कम होती है अर्थात्, $I_s < I_p$

(ii) यदि $N_s < N_p$, तो यह एक **अपचायी ट्रान्सफॉर्मर** (Step-down transformer) होता है। इस स्थिति में $V_s < V_p$ तथा $I_s > I_p$ अर्थात् वोल्टता अपचायी या कम हो जाती है एवं धारा बढ़ जाती है। **NEET 2021**

- **ट्रान्सफॉर्मर की दक्षता** निम्न प्रकार व्यक्त की जाती है

$$\eta = \frac{V_s I_s}{V_p I_p} = \frac{\text{निर्गत शक्ति}}{\text{निवेशी शक्ति}}$$

NEET 2023

- आदर्श ट्रान्सफॉर्मर में, ऊर्जा की कोई क्षति नहीं होती है या यह 100% दक्षतापूर्ण होता है तब निवेशी शक्ति, निर्गत शक्ति (Output power) के बराबर होती है।
- किसी ट्रान्सफॉर्मर में कुछ ऊर्जा की क्षति निम्न कारणों से होती है

(i) **फ्लक्स क्षरण** (Flux Leakage) इसे प्राथमिक एवं द्वितीयक कुण्डलियों के उचित युग्मन द्वारा कम किया जा सकता है।

(ii) **कुडंलनों का प्रतिरोध** (Resistance of the Winding) कुण्डलनों (वाइण्डिंग) के लिए प्रयुक्त तार में कुछ प्रतिरोध होता है और ऊर्जा की क्षति ऊष्मीय प्रभाव (Heating effect) के कारण होती है। मोटे तार का उपयोग करके इसे कम किया जाता है।

(iii) **भँवर धाराएँ** (Eddy Currents) नरम लौह-क्रोड में उत्पन्न भँवर धाराओं के कारण लौह क्षतियाँ होती है। स्तरित (Laminated) क्रोड का उपयोग करके इसे कम किया जाता है।

(iv) **शैथिल्य क्षतियाँ** (Hysteresis Losses) ये ट्रान्सफॉर्मर के क्रोड के बार-बार चुम्बकीकरण और विचुम्बकीकरण के कारण उत्पन्न होती है। इसे नरम-लौह क्रोड का उपयोग करके कम किया जाता है, क्योंकि नरम लौह के लिए शैथिल्य लूप का क्षेत्र छोटा होता है और इसीलिए ऊर्जा की क्षति भी कम होती है।

- बड़े पैमाने पर संचरण में, ऊष्मा के रूप में शक्ति क्षय

$$P_{\text{क्षय}} = I_{rms}^2 R$$

Caution Points

- AC परिपथ में प्रयुक्त किसी अवयव का शक्ति निर्धारण (Power rating) इसके औसत शक्ति निर्धारण को दर्शाता है।
- किसी AC परपिथ में खपत शक्ति कभी भी ऋणात्मक नहीं होती है, क्योंकि विद्युत उपकरण हमेशा ऊर्जा का उपयोग करते हैं एवं इसे उसी समान मात्रा (Same amount) में वापस नहीं देते हैं।
- प्रत्यावर्ती धारा और दिष्ट धारा दोनों को एम्पियर में मापा जाता है। प्रत्यावर्ती धारा को DC के समान AC धाराओं को वहन करने वाले दो समान्तर तारों के अन्योन्य आकर्षण के रूप में परिभाषित नहीं किया जा सकता है। AC धारा स्रोत के साथ दिशा परिवर्तित करती है और आकर्षी बल (Attractive force) शून्य होगा।
- AC परिपथों में, वोल्टेज और धारा तकनीकी रूप से सदिश नहीं होते हैं, लेकिन हम उन्हें फेजर आरेख पर घूर्णी सदिश के रूप में दर्शाते हैं। सरल आवर्त रूप से परिवर्तित होने वाले अदिशों की कलाएँ और आयाम गणितीय रूप से उसी प्रकार संयोजित होते हैं जिस प्रकार हम दो सदिश को जोड़ते है।

PYQ नोट्स

1. AC धारा के कारण प्रतिरोध R में उत्पन्न ऊष्मा

$$H = I_{rms}^2 Rt$$

[JEE Main 2022]

2. उच्च कोणीय आवृत्ति पर, संधारित्र लघु-परिपथ एवं प्रेरक खुला-परिपथ के समान कार्य करता है। **[JEE Main 2021]**

3. AC परिपथ में शक्ति गुणांक को निम्न प्रकार भी व्यक्त किया जाता है

$$\text{शक्ति गुणांक} = \cos\phi = \frac{\text{प्रतिरोध}}{\text{कुल प्रतिबाधा}} = \frac{R}{Z}$$

[NEET 2020]

Step by Step

Mastering NCERT

- कॉन्सेप्ट बिल्डर्स
- शीर्षकवार प्रश्न
- अभिकथन-कारण प्रश्न
- कथन आधारित प्रश्न
- सुमेलन प्रकार प्रश्न
- आंकिक मान प्रकार के प्रश्न
- NCERT Exemplar प्रश्न
- विगत परीक्षाओं के प्रश्न
- स्किल बूस्टर्स

कॉन्सेप्ट बिल्डर्स

1 AC के माध्य मान और AC के वर्ग माध्य मूल (rms) मान के बीच क्या सम्बन्ध है?

2 AC वह धारा है जिसका परिमाण समय के सापेक्ष निरन्तर परिवर्तित होता रहता है। (सत्य/असत्य)

3 विद्युत लेपन, विद्युत परिष्करण, वैद्युतमुद्रण आदि के लिए किस धारा का उपयोग किया जाता है?

4 AC वोल्टता को .... (दिष्टकारी/ट्रान्सफॉर्मर) का उपयोग करके आसानी से और प्रभावी रूप से एक वोल्टता से अन्य वोल्टता में परिवर्तित किया जा सकता है।

5 AC का औसत मान हमेशा आधे चक्र पर परिभाषित किया जाता है। (सत्य/असत्य)

6 AC परिपथ में ऊर्जा का क्षय करने वाला एकमात्र घटक .... (प्रतिराधक/प्रेरक) होता है।

7 फेजर एक .... (अदिश/सदिश) राशि है।

8 प्रतिरोधक से सम्बद्ध प्रति चक्र औसत शक्ति .... होती है।

9 प्रेरक AC के लिए प्रतिरोधी पथ और DC के लिए आसान पथ प्रदान करता है। (सत्य/असत्य)

10 शुद्ध धारितीय AC परिपथ में औसत शक्ति अपव्यय (क्षय) क्या है?

11 श्रेणी अनुनाद परिपथ को ग्राही परिपथ (Acceptor circuit) भी कहा जाता है क्योंकि यह .... (न्यूनतम/अधिकतम) धारा स्वीकार करता है।

12 शुद्ध धारितीय परिपथ में, धारा को वाटहीन धारा कहा जाता है। (सत्य/असत्य)

13 जब धारितीय प्रतिघात किसी परिपथ में लोड किया जाता है तो धारा का आयाम क्या होता है?

14 अनुनाद आवृत्ति पर, श्रेणी L-C-R परिपथ में प्रतिबाधा .... (अधिकतम/न्यूनतम) होती है।

15 श्रेणी L-C-R परिपथ में प्रतिबाधा क्या है?

16 श्रेणी L-C-R परिपथ में गुणवत्ता कारक (Q-कारक) क्या है?

17 विद्युत वाहक बल ε_m के AC स्रोत से संयोजित L-C-R श्रेणी परिपथ में क्षयित शक्ति क्या होती है?

18 अनुनाद पर, श्रेणी L-C-R परिपथ में, शक्ति गुणांक शून्य होगा। (सत्य/असत्य)

19 ट्रान्सफॉर्मर में अपरिवर्तित रहने वाली राशि .... (धारा/आवृत्ति) होती है।

20 ट्रान्सफॉर्मर में भँवर धारा बढ़ाने के लिए स्तरित क्रोड (Laminated core) का उपयोग किया जाता है। (सत्य/असत्य)

शीर्षकवार प्रश्न

प्रतिरोधक पर आरोपित AC वोल्टता

1 एक AC परिपथ में, $I = 100 \sin 200\,\pi t$ धारा को शून्य से अपने शिखर मान को प्राप्त करने में आवश्यक समय होगा **NCERT पृष्ठ 178**

(a) $\frac{1}{100}$ सेकण्ड (b) $\frac{1}{200}$ सेकण्ड
(c) $\frac{1}{300}$ सेकण्ड (d) $\frac{1}{400}$ सेकण्ड

2 घर में विद्युत मेन्स 220 वोल्ट, 50 हर्ट्ज अंकित है। तात्क्षणिक वोल्टता के लिए समीकरण लिखिए। **NCERT पृष्ठ 178**

(a) $3.1 \sin (100\pi) t$ (b) $31.1 \cos (100\pi) t$
(c) $311.1 \sin (100\pi) t$ (d) $220 \cos (100\pi) t$

3 20 वाट का एक प्रतिरोध प्रत्यावर्ती विभव, $V = 220 \sin (100\,\pi t)$ के स्त्रोत से संयोजित है। धारा को अपने शिखर मान से rms मान में परिवर्तित होने में लगा समय है **NCERT पृष्ठ 179**

(a) 0.2 सेकण्ड (b) 0.25 सेकण्ड
(c) 25×10^{-3} सेकण्ड (d) 2.5×10^{-3} सेकण्ड

4 प्रत्यावर्ती धारा समीकरण $i = i_1 \cos \omega t + i_2 \sin \omega t$ द्वारा दी जाती है वर्ग माध्य मूल (rms) धारा निम्न में से किसके द्वारा दी जाती है? **NCERT पृष्ठ 179**

(a) $(1/\sqrt{2})(i_1 + i_2)$ (b) $(1/\sqrt{2})(i_1 + i_2)^2$
(c) $(1/\sqrt{2})(i_1^2 + i_2^2)^{1/2}$ (d) $(1/2)(i_1^2 + i_2^2)^{1/2}$

5 एक AC परिपथ में एक प्रतिरोधक के सिरों पर वोल्टता $V = 150\sin(150t)$ वोल्ट धारा, $I = 150\sin(150t)$ ऐम्पियर है प्रतिरोधक द्वारा क्षयित शक्ति है **NCERT पृष्ठ 179**

(a) 150 वाट (b) 11250 वाट
(c) 5625 वाट (d) 0 वाट

6 एक प्रत्यावर्ती धारा का rms मान क्या है जो एक प्रतिरोधक से प्रवाहित होने पर उत्पन्न ऊष्मा की तुलना में तीन गुना अधिक ऊष्मा उत्पन्न करती है, जो उसी प्रतिरोधक में 2 ऐम्पियर की दिष्ट धारा द्वारा होती है। **NCERT पृष्ठ 179**

(a) 6 ऐम्पियर (b) 2 ऐम्पियर
(c) 3.46 ऐम्पियर (d) 0.66 ऐम्पियर

7 एक प्रत्यावर्ती वोल्टता की आवृत्ति 50 चक्र/से है और इसका आयाम 120 वोल्ट है, तो वोल्टता का rms मान है **NCERT पृष्ठ 180**

(a) 101.3 वोल्ट (b) 84.8 वोल्ट
(c) 70.7 वोल्ट (d) 56.5 वोल्ट

8 एक जनित्र एक वोल्टता उत्पन्न करता है जो $V = 240\sin 120\,t$ द्वारा दिया जाता है, जहाँ t सेकण्ड में है। आवृत्ति और rms वोल्टता हैं **NCERT पृष्ठ 180**

(a) 60 हर्ट्ज और 240 वोल्ट (b) 19 हर्ट्ज और 120 वोल्ट
(c) 19 हर्ट्ज और 170 वोल्ट (d) 754 हर्ट्ज और 70 वोल्ट

9 SI मात्रक में AC वोल्टता स्रोत और समय के बीच सम्बन्ध है $V = 120\sin(100\pi t)\cos(100\pi t)$ वोल्ट। शिखर वोल्टता और आवृत्ति का मान होगा **NCERT पृष्ठ 180**

(a) 130 वोल्ट तथा 100 हर्ट्ज (b) $\frac{130}{\sqrt{2}}$ वोल्ट तथा 100 हर्ट्ज
(c) 60 वोल्ट तथा 200 हर्ट्ज (d) 60 वोल्ट तथा 100 हर्ट्ज

10 $V = 140\sin 314\,t$ द्वारा दिया गया एक प्रत्यावर्ती वोल्टता 40 Ω के शुद्ध प्रतिरोध के सिरो पर से संयोजित है। प्रतिरोधक द्वारा प्रवाहित rms धारा है **NCERT पृष्ठ 180**

(a) 1.98 ऐम्पियर (b) 8.43 ऐम्पियर
(c) 2.39 ऐम्पियर (d) 2.47 ऐम्पियर

11 चित्र में दर्शाए गए विभवान्तर V का rms मान है **NCERT पृष्ठ 180**

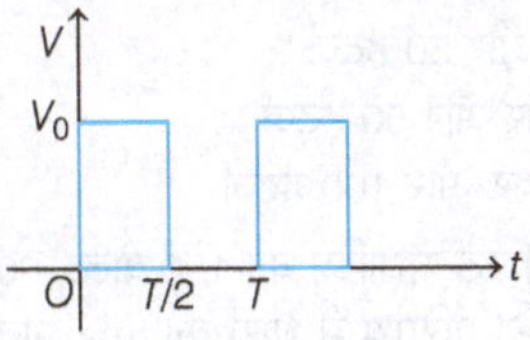

(a) V_0 (b) $\frac{V_0}{\sqrt{3}}$ (c) $\frac{V_0}{\sqrt{2}}$ (d) $\frac{V_0}{2}$

12 एक 800 Ω प्रतिरोधक को 220 वोल्ट, 50 हर्ट्ज AC सप्लाई से संयोजित किया गया है। परिपथ में धारा का rms मान है **NCERT पृष्ठ 180**

(a) 1.56 मिली ऐम्पियर (b) 0.275 ऐम्पियर
(c) 2.2 मिली ऐम्पियर (d) 4.0 मिली ऐम्पियर

AC धारा एवं वोल्टता का घूर्णी सदिश कला समंजक (फेजर्स) द्वारा निरूपण

13 किसी शुद्ध प्रतिरोधी परिपथ में धारा और वोल्टता के बीच कला सम्बन्ध को सबसे सही प्रकार से कौन-सा आरेख दर्शाता है? **NCERT पृष्ठ 181**

(a)
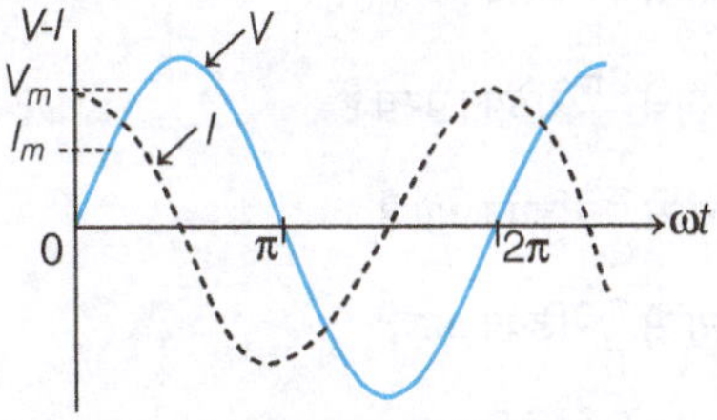

(b)
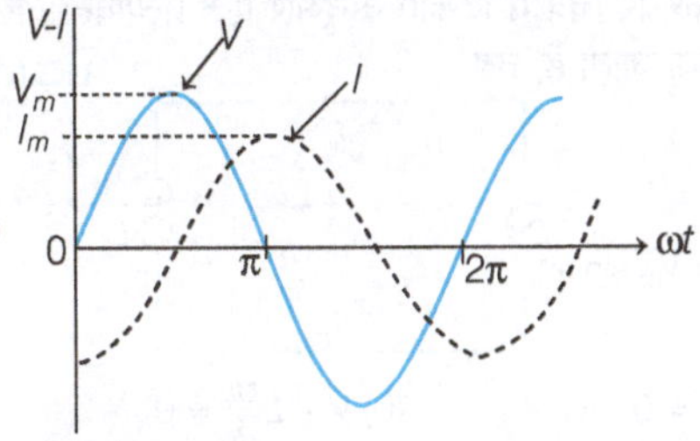

(c)
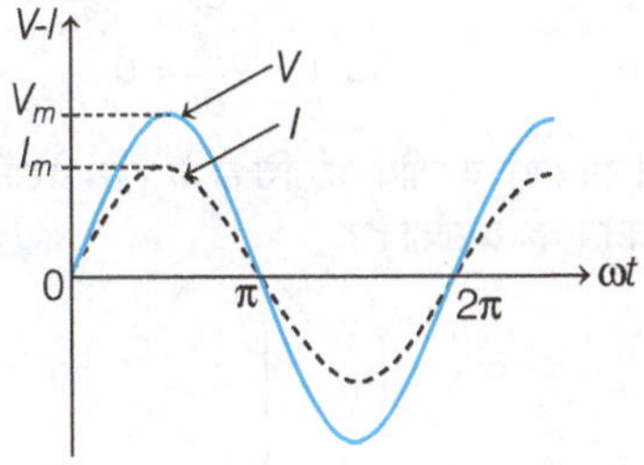

(d)
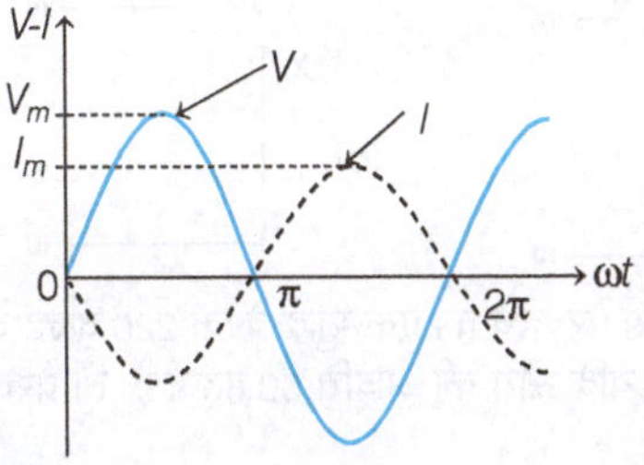

14 एक प्रतिरोधक की स्थिति में फेजर वोल्टता और धारा एक ही दिशा में हैं। यह हर समय ऐसा ही होता है। इसका अर्थ है कि वोल्टता और धारा के बीच का कलान्तर होगा **NCERT पृष्ठ 181**

(a) $\frac{\pi}{2}$ (b) $\frac{\pi}{4}$
(c) 0 (d) $\frac{3\pi}{2}$

15 फेजर एक है **NCERT पृष्ठ 181**

(a) सदिश राशि (b) प्रदिश राशि
(c) अदिश राशि (d) केवल लम्बाई में विमीय राशि

एक प्रेरक पर आरोपित AC वोल्टता

16 श्रेणी AC परिपथ में, यदि $V = V_0 \sin\left(\omega t + \frac{2\pi}{3}\right)$ और $I = I_0 \sin\left(\omega t + \frac{\pi}{3}\right)$, तो **NCERT पृष्ठ 181**

(a) वोल्टता धारा से $\frac{2\pi}{3}$ रेडियन अग्र है

(b) वोल्टता धारा से $\frac{2\pi}{3}$ रेडियन पश्च है

(c) वोल्टता धारा से $\frac{\pi}{2}$ रेडियन अग्र है

(d) वोल्टता धारा से $\frac{\pi}{3}$ रेडियन अग्र है

17 जब एक प्रेरक पर चित्र में दिखाए अनुसार एक प्रत्यावर्ती वोल्टता को आरोपित किया जाता है, तब **NCERT पृष्ठ 181**

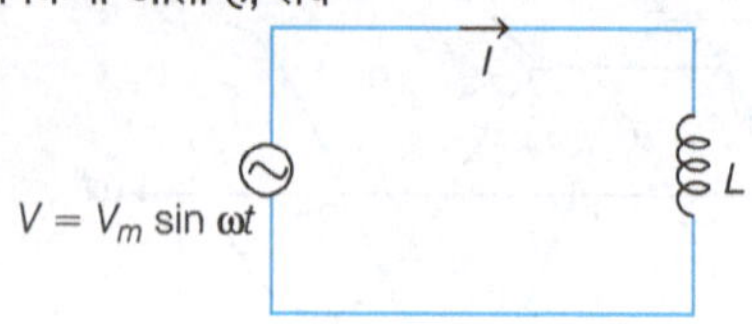

(a) $V + L\frac{dI}{dt} = 0$ (b) $V - L\frac{dI}{dt} = 0$

(c) $L + V\frac{dI}{dt} = 0$ (d) $L - V\frac{dI}{dt} = 0$

18 निम्न में से कौन सा ग्राफ कोणीय आवृत्ति ω के साथ प्रेरकीय प्रतिघात X_L के सही परिवर्तन को दर्शाता है? **NCERT पृष्ठ 182**

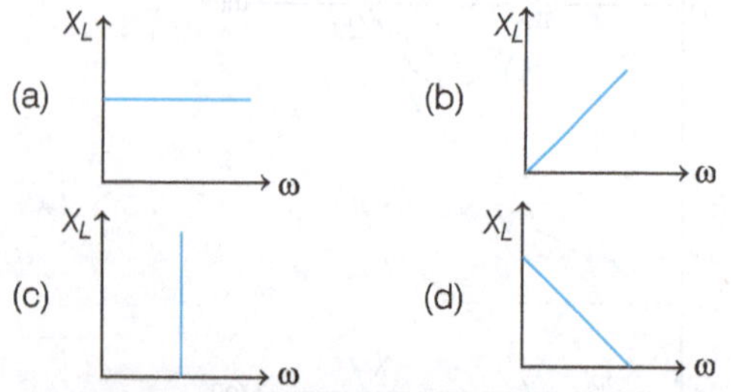

19 25.0 मिली हेनरी प्रेरकत्व का एक शुद्ध प्रेरक 220 वोल्ट के एक स्रोत से संयोजित है। यदि स्रोत की आवृत्ति 50 हट्र्ज है, तो प्रेरकीय प्रतिघात ज्ञात कीजिए। **NCERT पृष्ठ 182**

(a) 785 Ω

(b) 6.50 Ω

(c) 7.85 Ω

(d) 8.75 Ω

20 40 मिली हट्र्ज के शुद्ध प्रेरक वाला परिपथ जो 200 वोल्ट , 50 हट्र्ज के स्त्रोत से संयोजित है, में rms धारा है **NCERT पृष्ठ 182**

(a) 25 ऐम्पियर

(b) 16 ऐम्पियर

(c) 11 ऐम्पियर

(d) 28 ऐम्पियर

21 नगण्य प्रतिरोध का एक प्रेरकत्व, जिसका प्रतिघात 200 हट्र्ज पर 120 Ω है, 240 वोल्ट, 60 हट्र्ज, की विद्युत (शक्ति) लाइन से संयोजित है। प्रेरकत्व में धारा है **NCERT पृष्ठ 182**

(a) 6.66 ऐम्पियर (b) 6.60 ऐम्पियर

(c) 5.45 ऐम्पियर (d) 54.5 ऐम्पियर

22 एक आर्क लैम्प को कार्य करने के लिए 80 वोल्ट पर 10 ऐम्पियर की दिष्ट धारा की आवश्यकता होती है। यदि इसे 220 वोल्ट (rms), 50 हट्र्ज AC सप्लाई से जोड़ा जाता है, तो इसके कार्य करने के लिए आवश्यक श्रेणी प्रेरक लगभग होगा **NCERT पृष्ठ 182**

(a) 80 हेनरी (b) 0.08 हेनरी

(c) 0.044 हेनरी (d) 0.065 हेनरी

23 एक शुद्ध प्रतिरोधी परिपथ अवयव X को जब 200 वोल्ट की शिखर वोल्टता की AC सप्लाई से संयोजित किया जाता है तो यह 5 ऐम्पियर की शिखर धारा देता है जो वोल्टता के साथ कला में होती है। एक अन्य परिपथ अवयव Y को जब उसी AC सप्लाई से जोड़ा जाता है तो यह भी शिखर धारा का वही मान देता है लेकिन धारा 90° पीछे रह जाती है। यदि X और Y के श्रेणी संयोजन को समान आपूर्ति से जोड़ा जायें, तो धारा का rms मान क्या होगा? **NCERT पृष्ठ 182**

(a) $\frac{10}{\sqrt{2}}$ ऐम्पियर (b) $\frac{5}{\sqrt{2}}$ ऐम्पियर

(c) $\frac{5}{2}$ ऐम्पियर (d) 5 ऐम्पियर

संधारित्र पर आरोपित AC वोल्टता

24 निम्न में से किस परिपथ में शून्य शक्ति क्षय देखा जाता है? **NCERT पृष्ठ 184**

(a) शुद्ध धारितीय परिपथ

(b) शुद्ध प्रेरकीय परिपथ

(c) शुद्ध प्रतिरोधी परिपथ

(d) (a) और (b) दोनों

25 किसी परिपथ में प्रत्यावर्ती धारा निम्न प्रकार दी गई है $I = 20\sin(100\pi t + 0.05\pi)$ ऐम्पियर। धारा का rms मान और आवृत्ति क्रमशः हैं **NCERT पृष्ठ 184**

(a) 10 ऐम्पियर और 100 हट्र्ज

(b) 10 ऐम्पियर और 50 हट्र्ज

(c) $10\sqrt{2}$ ऐम्पियर और 50 हट्र्ज

(d) $10\sqrt{2}$ ऐम्पियर और 100 हट्र्ज

26 एक 30 माइक्रोफैरड संधारित्र को 150 वोल्ट, 60 हट्र्ज AC आपूर्ति से संयोजित किया है। परिपथ में धारा का rms मान है **NCERT पृष्ठ 184**

(a) 17 ऐम्पियर (b) 1.7 ऐम्पियर

(c) 1.7 मिली ऐम्पियर (d) 2.7 ऐम्पियर

27 एक विशुद्ध धारितीय परिपथ में, यदि AC स्रोत की आवृत्ति दोगुनी कर दी जाए, तो इसका धारितीय प्रतिघात **NCERT पृष्ठ 184**

(a) वही रहता है (b) दोगुना हो जायेगा

(c) आधा हो जायेगा (d) शून्य हो जायेगा

28 एक 15.0 माइक्रोफैरड संधारित्र को 220 वोल्ट, 50 हर्ट्ज स्रोत से संयोजित किया गया है। धारितीय प्रतिघात है **NCERT पृष्ठ 184**

(a) 220 Ω (b) 215 Ω

(c) 212 Ω (d) 204 Ω

29 यदि आवृत्ति को दोगुना कर दिया जाए, तो धारितीय प्रतिघात और धारा पर क्या प्रभाव पड़ेगा? **NCERT पृष्ठ 184**

(a) धारितीय प्रतिघात आधा हो जाता है, धारा दोगुनी हो जाती है

(b) धारितीय प्रतिघात दोगुना हो जाता है, धारा आधी हो जाती है

(c) धारितीय प्रतिघात और धारा दोनों आधे हो जाते हैं

(d) धारितीय प्रतिघात और धारा दोनों दो गुने हो जाते हैं

30 जब 36 माइक्रोफैरड का एक संधारित्र 240 वोल्ट, 50 हर्ट्ज आपूर्ति से संयोजित होता है तो परिपथ में धाराएँ (rms और शिखर) होती हैं **NCERT पृष्ठ 184**

(a) 1.47 ऐम्पियर, 2.04 ऐम्पियर

(b) 1.95 ऐम्पियर, 2.73 ऐम्पियर

(c) 2.73 ऐम्पियर, 3.85 ऐम्पियर

(d) 2.4 ऐम्पियर, 1.08 ऐम्पियर

31 एक प्रत्यावर्ती वोल्टता $V = 200\sqrt{2}\sin(100\,t)$ को एक AC अमीटर के माध्यम से 1 माइक्रोफैरड, संधारित्र से जोड़ा गया है। अमीटर का पाठ्यांक होगा **NCERT पृष्ठ 184**

(a) 10 मिली ऐम्पियर (b) 20 मिली ऐम्पियर

(c) 40 मिली ऐम्पियर (d) 80 मिली ऐम्पियर

32 संधारित्र के बारे में निम्न में से कौन-सा कथन गलत है? **NCERT पृष्ठ 184**

(a) धारितीय परिपथ में धारा है

$$i = i_m \sin\left(\omega t - \frac{\pi}{2}\right)$$

जहाँ, वोल्टेज, $V = V_m \sin \omega t$ है

(b) शुद्ध धारितीय परिपथ के लिए, $\frac{1}{\omega C}$ प्रतिरोध की भूमिका निभाता है। इसे धारितीय प्रतिघात कहा जाता है और इसे $X_C = \frac{1}{\omega C}$ द्वारा दर्शाया जाता है

(c) धारा वोल्टता की तुलना में एक-चौथाई अवधि काल पहले अपने अधिकतम मान पर पहुँच जाती है।

(d) संधारित्र की स्थिति में, औसत शक्ति, $P_c = \left\langle \frac{i_m V_m}{2}\sin(2\omega t)\right\rangle = 0$

चूँकि, $<\sin(2\omega t)> = 0$ एक पूर्ण चक्र पर।

33 धारितीय प्रतिघात के बारे में निम्न में से कौन-सा कथन सही है? **NCERT पृष्ठ 184**

(a) संधारित्र का प्रतिघात धारा की आवृत्ति के समानुपाती होता है।

(b) संधारित्र का प्रतिघात धारा की आवृत्ति के व्युत्क्रमानुपाती होता है।

(c) धारितीय प्रतिघात को फैरड में मापा जाता है।

(d) AC परिपथ में संधारित्र का प्रतिघात DC परिपथ में संधारित्र के प्रतिरोध के समान होता है।

34 जब $V = 200\sin\left(100\pi t - \frac{\pi}{3}\right)$ के एक प्रत्यावर्ती वोल्टता स्रोत को 2 माइक्रोफैरड धारिता के शुद्ध संधारित्र पर आरोपित किया जाता है, तब संधारित्र से प्रवाहित धारा का तात्क्षणिक मान है **NCERT पृष्ठ 184**

(a) $200\sin\left(100\pi t + \frac{\pi}{6}\right)$ (b) $0.04\pi\sin\left(100\pi t + \frac{\pi}{6}\right)$

(c) $200\sin\left(100\pi t - \frac{\pi}{6}\right)$ (d) $0.04\pi\sin\left(100\pi t - \frac{\pi}{6}\right)$

35 एक 15 माइक्रोफैरड संधारित्र को 220 वोल्ट, 50 हर्ट्ज के स्रोत से संयोजित किया गया है। संधारित्र से प्रवाहित धारा का rms मान है **NCERT पृष्ठ 184**

(a) 2.56 ऐम्पियर (b) 1.53 ऐम्पियर

(c) 1.04 ऐम्पियर (d) 1.96 ऐम्पियर

36 दो प्रत्यावर्ती परिपथों में समान धारा प्रवाहित हो रही है। पहले परिपथ में केवल प्रेरकत्व है तथा दूसरे परिपथ में केवल धारिता है। यदि AC के विद्युत वाहक बल की आवृत्ति बढ़ा दी जाए, तो धारा का मान **NCERT पृष्ठ 184**

(a) पहले परिपथ में बढ़ता है तथा दूसरे परिपथ में घटता है

(b) दोनों परिपथों में बढ़ता है

(c) दोनों परिपथों में घटता है

(d) पहले परिपथ में घटता है तथा दूसरे परिपथ में बढ़ता है

37 धारिता C का एक संधारित्र वोल्टता V के एक AC स्रोत के सिरों पर संयोजित किया जाता है। संधारित्र की प्लेटों के बीच विस्थापन धारा $I_d = V_0\,\omega C\cos\omega t$ द्वारा दी गई है तब आरोपित वोल्टेज V होगी **NCERT पृष्ठ 184**

(a) $V = V_0\sin\omega t$ (b) $V = V_0\cos\omega t$

(c) $V = V_0\sin(2\omega t)$ (d) $V = V_0\cos(2\omega t)$

38 निम्न में से कौन-सा ग्राफ आवृत्ति ν के साथ धारितीय प्रतिघात X_C के सही परिवर्तन को दर्शाता है? **NCERT पृष्ठ 184**

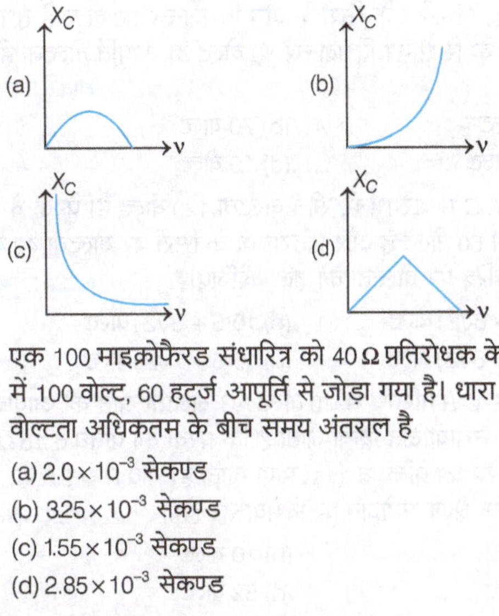

39 एक 100 माइक्रोफैरड संधारित्र को 40 Ω प्रतिरोधक के साथ श्रेणीक्रम में 100 वोल्ट, 60 हर्ट्ज आपूर्ति से जोड़ा गया है। धारा अधिकतम और वोल्टता अधिकतम के बीच समय अंतराल है **NCERT पृष्ठ 184**

(a) 2.0×10^{-3} सेकण्ड

(b) 3.25×10^{-3} सेकण्ड

(c) 1.55×10^{-3} सेकण्ड

(d) 2.85×10^{-3} सेकण्ड

40 एक AC परिपथ में एक संधारित्र में वोल्टता और धारा के बीच कलान्तर है NCERT पृष्ठ 185

(a) π (b) $\frac{\pi}{2}$

(c) 0 (d) $\frac{\pi}{3}$

श्रेणीबद्ध *L-C-R* परिपथ पर आरोपित AC वोल्टता

41 श्रेणी *L-C-R* परिपथ के लिए, NCERT पृष्ठ 187

(a) प्रतिरोध के सिरों पर आरोपित विद्युत वाहक बल तथा धारा समान कला में होती है।

(b) प्रेरक कुण्डली के सिरों पर आरोपित विद्युत वाहक बल तथा धारा का कलान्तर π होता है।

(c) संधारित्र और प्रेरक पर विभवान्तर का कलान्तर $\pi/2$ होता है।

(d) प्रतिरोध और संधारित्र पर विभवान्तर का कलान्तर π होता है।

42 चित्र में दर्शाए गए परिपथ में वोल्टमीटर और अमीटर के पाठ्यांक क्रमशः हैं (प्रतिघात चित्र में दर्शाया गया है) NCERT पृष्ठ 187

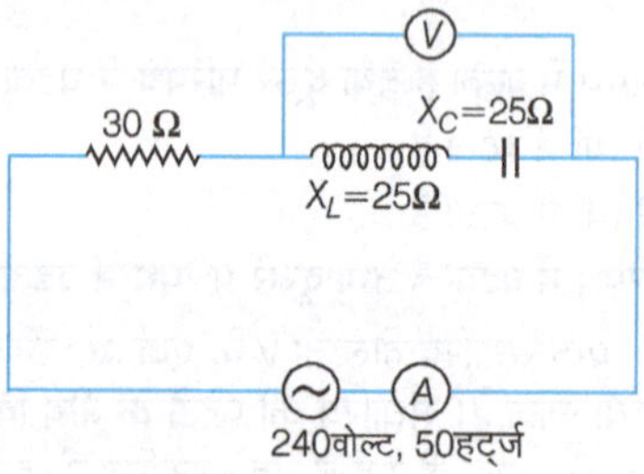

(a) 0 वोल्ट, 3 ऐम्पियर

(b) 0 वोल्ट, 8 ऐम्पियर

(c) 0 वोल्ट, 6 ऐम्पियर

(d) 0 वोल्ट, 12 ऐम्पियर

43 एक श्रेणी *L-C-R* परिपथ में, प्रेरक के सिरों के बीच विभवान्तर 60 वोल्ट है, संधारित्र के सिरों के बीच विभवान्तर 30 वोल्ट है तथा प्रतिरोधक के सिरों पर विभवान्तर 40 वोल्ट है। आपूर्ति वोल्टता होगी NCERT पृष्ठ 187

(a) 50 वोल्ट (b) 70 वोल्ट

(c) 130 वोल्ट (d) 10 वोल्ट

44 एक श्रेणी *L-C-R* परिपथ में, स्रोत वोल्टता 120 वोल्ट है। प्रेरक के सिरों पर वोल्टता 50 वोल्ट है और प्रतिरोधक के सिरों पर वोल्टता 40 वोल्ट है, तो संधारित्र पर वोल्टता को ज्ञात कीजिए। NCERT पृष्ठ 187

(a) $10(5-8\sqrt{2})$ वोल्ट (b) $10(5+8\sqrt{2})$ वोल्ट

(c) $20(5+8\sqrt{2})$ वोल्ट (d) $10(5+7\sqrt{2})$ वोल्ट

45 एक श्रेणी *L-C-R* परिपथ में, 10 वोल्ट AC वोल्टता स्रोत की आवृत्ति को इस प्रकार समायोजित किया जाता है कि प्रेरक का प्रतिघात 15 Ω और संधारित्र का प्रतिघात 11 Ω मापा जाता है। यदि $R = 3\,\Omega$ है, तो *L* और *C* के श्रेणी संयोजन पर विभवान्तर होगा NCERT पृष्ठ 187

(a) 8 वोल्ट (b) 10 वोल्ट

(c) 22 वोल्ट (d) 52 वोल्ट

46 निम्न में से कौन-सा कथन गलत है? NCERT पृष्ठ 187

(a) फेजर आरेख प्रारंभिक स्थिति के बारे में कुछ नहीं बताता है।

(b) *t* के किसी भी एकपक्षीय मान पर, यदि हम अलग-अलग फेजर्स खींचते हैं जो विभिन्न फेजर्स के बीच सापेक्ष कोण को दर्शाते हैं। इस प्रकार प्राप्त हल को स्थायी-अवस्था हल कहा जाता है।

(c) हमारे पास एक क्षणिक हल है जो $V = 0$ के लिए भी विद्यमान है। सामान्य हल, क्षणिक हल और स्थायी-अवस्था हल का योग होता है।

(d) पर्याप्त लम्बे समय के पश्चात्, परिपथ का व्यवहार केवल क्षणिक हल द्वारा वर्णित किया जाता है।

47 निम्न में से कौन-सा कथन सही है? NCERT पृष्ठ 187

(a) श्रेणी *L-C-R* परिपथ में, प्रत्येक अवयव में AC धारा किसी भी समय पर भिन्न होती है, जिसमें अलग-अलग आयाम और कला अलग-अलग होते हैं।

(b) एक परिपथ में प्रतिरोध के अनुरूप, हम एक *L-C-R* श्रेणी परिपथ में प्रतिबाधा *Z* प्रस्तुत करते हैं जो $Z = \sqrt{R^2 + (X_C - X_L)^2}$ द्वारा दिया जाता है

(c) फेजर I हमेशा फेजर V_R के समानान्तर होता है, कला कोण ϕ, V_R और *V* के बीच का कोण होता है और इसे $\tan\phi = \frac{V_L + V_C}{V_R}$, (जब $V_L > V_C$) से निर्धारित किया जा सकता है।

(d) प्रतिबाधा त्रिभुज एक समकोण त्रिभुज है जिसका आधार *Z* होता है।

48 निम्न में से कौन-सा कथन गलत है? NCERT पृष्ठ 187

(a) अनुनाद की घटना उन प्रणालियों में सामान्य होती है जिनमें एक विशेष आवृत्ति पर दोलन करने की प्रवृत्ति होती है।

(b) यदि ω में परिवर्तन किया जाए तो एक विशेष आवृत्ति ω_0 पर, $X_C > X_L$ तथा प्रतिबाधा अधिकतम हो जाती है। इस आवृत्ति को अनुनादी आवृत्ति कहते हैं।

(c) श्रेणी *L-C-R* परिपथ में धारा का आयाम निम्न प्रकार दिया जाता है

$$i_m = \frac{V_m}{\sqrt{R^2 + \left(\omega L - \frac{1}{\omega C}\right)^2}}$$

$\omega = \omega_0 = \frac{1}{\sqrt{LC}}$ पर, $(i_m)_{\text{अधिकतम}} = \frac{V_m}{R}$

(d) *R-L-C* परिपथ में प्रतिबाधा निम्न प्रकार दी जाती है

$$Z = \sqrt{R^2 + (X_C - X_L)^2}$$

49 यदि वोल्टमीटर V_1 का पाठ्यांक 30 वोल्ट है, तो वोल्टमीटर V_2 का पाठ्यांक क्या होगा ? NCERT पृष्ठ 187

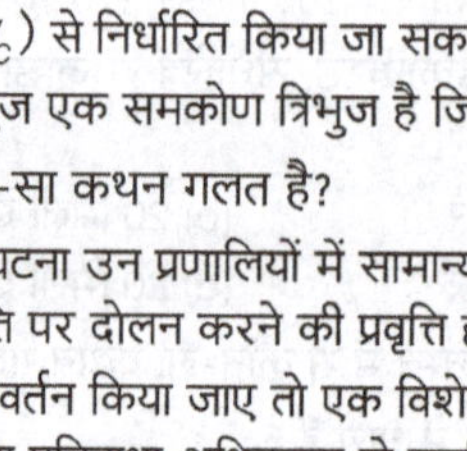

(a) 20.50 वोल्ट (b) 26.45 वोल्ट

(c) 32.65 वोल्ट (d) 15.24 वोल्ट

50 दिए गए परिपथ में, वोल्टमीटर V_1 तथा V_2 के पाठ्यांक 300 वोल्ट हैं। वोल्टमीटर V_3 तथा अमीटर A के पाठ्यांक क्रमशः हैं **NCERT पृष्ठ 187**

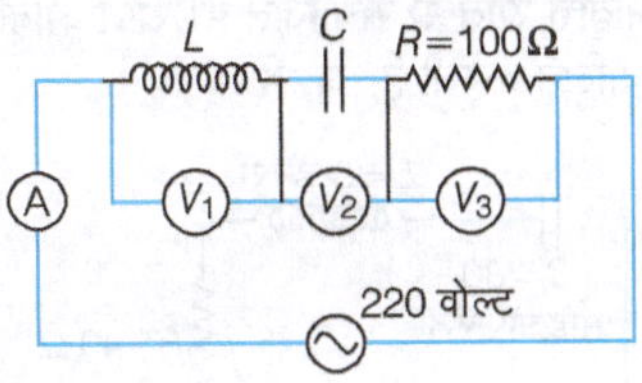

(a) 100 वोल्ट, 2.0 ऐम्पियर
(b) 150 वोल्ट, 2.2 ऐम्पियर
(c) 220 वोल्ट, 2.2 ऐम्पियर
(d) 220 वोल्ट, 2.0 ऐम्पियर

51 एक प्रतिरोधक और एक संधारित्र को AC स्रोत के साथ श्रेणीक्रम में संयोजित किया गया है। यदि संधारित्र के सिरे पर विभव पतन 5 वोल्ट है और प्रतिरोधक के सिरों पर विभव पतन 12 वोल्ट है, तो आरोपित वोल्टता है **NCERT पृष्ठ 187**

(a) 13 वोल्ट (b) 17 वोल्ट
(c) 5 वोल्ट (d) 12 वोल्ट

52 शिखर मान 300 वोल्ट और कोणीय आवृत्ति $\omega = 400$ रेडियन/से की एक ज्या वोल्टता को एक श्रेणी L-C-R परिपथ पर आरोपित की जाती है, जिसमें $R = 3\,\Omega$, $L = 20$ मिली हेनरी और $C = 625$ माइक्रो फैरड है। परिपथ में शिखर धारा है **NCERT पृष्ठ 187**

(a) 30.2 ऐम्पियर (b) 60 ऐम्पियर
(c) 100 ऐम्पियर (d) 60.2 ऐम्पियर

53 200 ओम का एक प्रतिरोधक और 15 माइक्रोफैरड का एक संधारित्र एक 220 वोल्ट, 50 हर्ट्ज वोल AC स्रोत से श्रेणीक्रम में संयोजित हैं। संयोजित परिपथ में धारा है **NCERT पृष्ठ 187**

(a) 755 ऐम्पियर (b) 7.55 मिली ऐम्पियर
(c) 0.755 ऐम्पियर (d) 0.755 मिली ऐम्पियर

54 प्रेरकत्व L का एक प्रेरक, धारिता C का एक संधारित्र तथा प्रतिरोध R का एक प्रतिरोधक, चित्र में दर्शाए अनुसार, विभवान्तर V वोल्ट के AC स्रोत से श्रेणीक्रम में संयोजित हैं। L, C तथा R के बीच विभवान्तर क्रमशः 90 वोल्ट, 10 वोल्ट तथा 60 वोल्ट है। L-C-R श्रेणी परिपथ की प्रतिबाधा 10 Ω है। L-C-R श्रेणी परिपथ से प्रवाहित धारा का आयाम है **NCERT पृष्ठ 187**

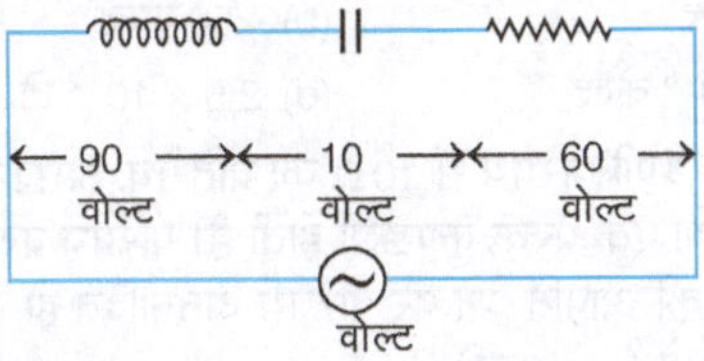

(a) $(5\sqrt{2})$ ऐम्पियर (b) $(5/\sqrt{2})$ ऐम्पियर
(c) $(10/\sqrt{2})$ ऐम्पियर (d) $(10\sqrt{2})$ ऐम्पियर

55 निम्न में से कौन-सा ग्राफ, श्रेणी L-C-R परिपथ के लिए सही है, जहाँ $X_C > X_L$ है? **NCERT पृष्ठ 188**

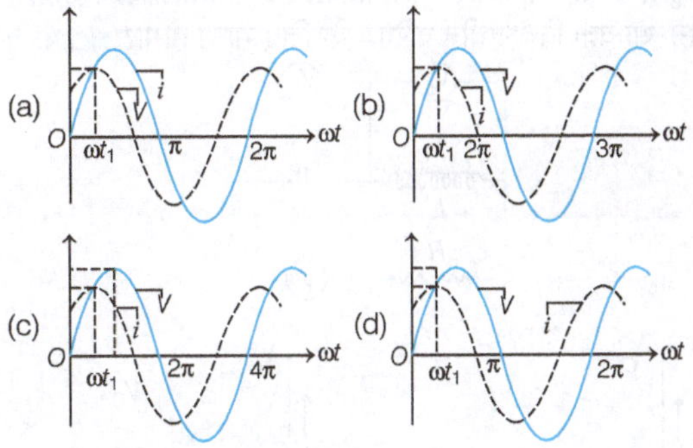

56 एक परिपथ में L, C और R आवृत्ति ν के प्रत्यावर्ती वोल्टेज स्रोत के साथ श्रेणीक्रम में संयोजित हैं। धारा वोल्टता से 45° अग्रगामी है। C का मान होगा **NCERT पृष्ठ 188**

(a) $\frac{1}{2\pi\nu(2\pi\nu L + R)}$ (b) $\frac{1}{\pi\nu(2\pi\nu L + R)}$
(c) $\frac{1}{2\pi\nu(2\pi\nu L - R)}$ (d) $\frac{1}{\pi\nu(2\pi\nu L - R)}$

57 300 Ω का प्रतिरोध और $(1/\pi)$ हेनरी का प्रेरकत्व, 20 वोल्ट की AC वोल्टता और 200 हर्ट्ज आवृत्ति से श्रेणीक्रम में जुड़े हुए हैं। वोल्टता और धारा के बीच का कला कोण है **NCERT पृष्ठ 188**

(a) $\tan^{-1}(4/3)$ (b) $\tan^{-1}(3/4)$
(c) $\tan^{-1}(3/2)$ (d) $\tan^{-1}(2/5)$

58 एक श्रेणी RC परिपथ में, आरोपित वोल्टेज 10 वोल्ट है तथा संधारित्र के सिरों पर वोल्टता 8 वोल्ट है। R के सिरों पर वोल्टेज तथा धारा और आरोपित वोल्टेज के बीच कलान्तर क्रमशः होगा **NCERT पृष्ठ 188**

(a) 6 वोल्ट, $\tan^{-1}\left(\frac{4}{3}\right)$
(b) 3 वोल्ट, $\tan^{-1}\left(\frac{3}{4}\right)$
(c) 6 वोल्ट, $\tan^{-1}\left(\frac{5}{3}\right)$
(d) 3 वोल्ट, $\tan^{-1}\left(\frac{4}{3}\right)$

59 कोणीय आवृत्ति ω का एक AC स्रोत प्रतिरोधक R और संधारित्र C युक्त परिपथ में प्रवाहित किया जाता है। प्रवाहित धारा I है। यदि अब स्रोत की आवृत्ति को $\frac{\omega}{3}$ में परिवर्तित कर दिया जाए (लेकिन वोल्टता समान रहे), तो परिपथ में धारा आधी हो जाती है। मूल आवृत्ति ω पर प्रतिघात और प्रतिरोध के अनुपात की गणना करें। **NCERT पृष्ठ 188**

(a) $\sqrt{\frac{3}{5}}$ (b) $\sqrt{\frac{2}{5}}$ (c) $\sqrt{\frac{1}{5}}$ (d) $\sqrt{\frac{4}{5}}$

60 यहाँ एक श्रेणी R, L और C परिपथ दर्शाया गया है। स्रोत आवृत्ति ν में परिवर्तन किया जाता है, लेकिन धारा को अपरिवर्तित रखा जाता है। आवृत्ति के साथ V_C और V_L में परिवर्तन दर्शाने वाले वक्रों में से कौन-सा वक्र विचाराधीन परिपथ के लिए मान्य होगा? **NCERT पृष्ठ 188**

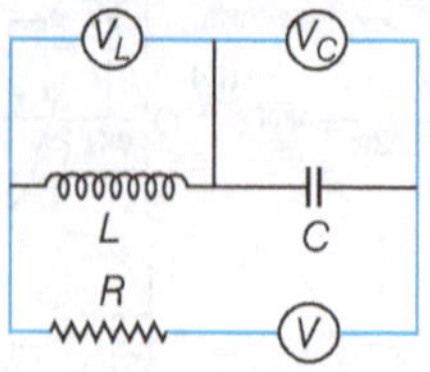

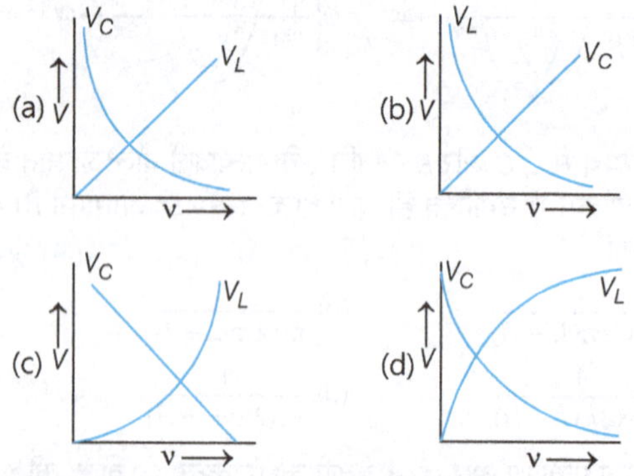

61 जब वोल्टता $V = V_0 \sin 100t$ का एक AC स्रोत किसी परिपथ से जोड़ा जाता है, तो परिपथ में वोल्टता V और धारा I के बीच कलान्तर $\frac{\pi}{4}$ पाया जाता है, जैसा कि चित्र में दर्शाया गया है। यदि परिपथ में संभवतः केवल R-C या R-L या L-C ही श्रेणी में संयोजित हों, तो दो अवयवों के संभावित मान होंगे **NCERT पृष्ठ 188**

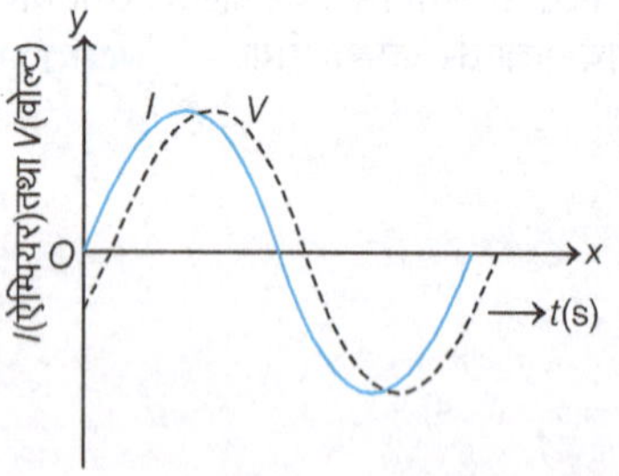

(a) $R = 1$ किलो ओम, $C = 10$ माइक्रोफैरड
(b) $R = 1$ किलो ओम, $C = 1$ माइक्रोफैरड
(c) $R = 1$ किलो ओम, $L = 10$ मिली हेनरी
(d) $R = 10$ किलो ओम, $L = 10$ मिली हेनरी

62 श्रेणी R-L-C परिपथ में, $L = 1.00$ मिली हेनरी, $C = 1.00$ नैनोफैरड तथा $R = 200\,\Omega$ है। $V_m = 100$ वोल्ट के साथ आरोपित स्रोत के लिए, अनुनाद आवृत्ति है **NCERT पृष्ठ 189**

(a) 1×10^3 रेडियन/से (b) 1×10^6 रेडियन/से
(c) 1.56×10^6 रेडियन/से (d) 1.75×10^3 रेडियन/से

63 चित्र में एक श्रेणी L-C-R परिपथ दर्शाया गया है, जो $C = 80$ माइक्रोफैरड, $L = 5$ हेनरी और $R = 40\,\Omega$ के साथ 200 हेनरी के एक परिवर्तनीय आवृत्ति स्रोत से संयोजित है। स्रोत आवृत्ति जो परिपथ को अनुनाद पर चालित करती है, वह है **NCERT पृष्ठ 189**

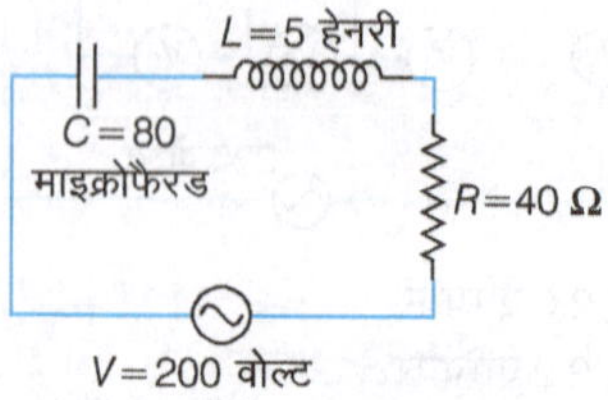

(a) 25 हर्ट्ज (b) $\frac{25}{\pi}$ हर्ट्ज
(c) 50 हर्ट्ज (d) $\frac{50}{\pi}$ हर्ट्ज

64 एक L-C-R परिपथ में, धारिता को C से $2C$ में परिवर्तित किया जाता है। अनुनाद आवृत्ति अपरिवर्तित रखने के लिए, प्रेरकत्व को L से किसमें परिवर्तित करना चाहिए **NCERT पृष्ठ 189**

(a) $4L$ (b) $2L$
(c) $L/2$ (d) $L/4$

65 चित्र में दर्शाए गए श्रेणी L-C-R परिपथ के लिए अनुनादी आवृत्ति पर कोणीय अनुनादी आवृत्ति तथा धारा का आयाम क्या होगा? **NCERT पृष्ठ 189**

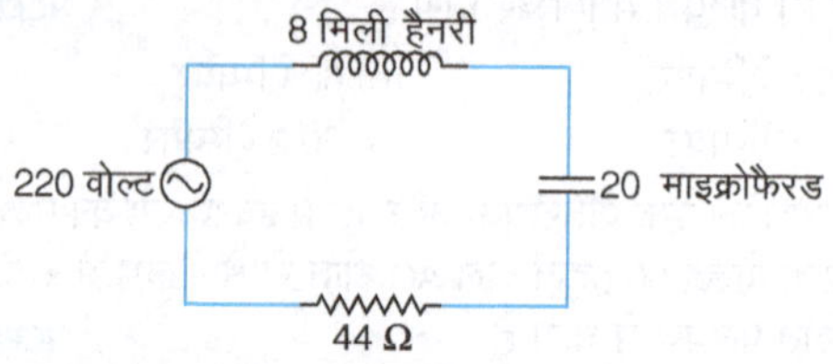

(a) 2500 रेडियन/से और $5\sqrt{2}$ ऐम्पियर
(b) 2500 रेडियन/से और 5 ऐम्पियर
(c) 2500 रेडियन/से और $\frac{5}{\sqrt{2}}$ ऐम्पियर
(d) 25 रेडियन/से और $5\sqrt{2}$ ऐम्पियर

66 एक श्रेणी L-C-R परिपथ में, R के सिरो पर वोल्टता 100 वोल्ट, $R = 1$ किलो ओम और $C = 2$ माइक्रोफैरड है। अनुनादी आवृत्ति $\omega = 200$ रेडियन/से है। अनुनाद पर, L के सिरों पर पर वोल्टता है **NCERT पृष्ठ 189**

(a) 40 वोल्ट (b) 250 वोल्ट
(c) 4×10^{-3} वोल्ट (d) 2.5×10^{-2} वोल्ट

67 एक L-C-R श्रेणी परिपथ में $10\,\Omega$ का प्रतिरोध, $60\,\Omega$ प्रतिघात का संधारित्र तथा एक प्रेरक कुण्डली होती है। परिपथ पर 300 वोल्ट, 100 हर्ट्ज की आपूर्ति देने पर परिपथ अनुनादित हो जाता है। कुण्डली का प्रेरकत्व है ($\pi = 3$ लें) **NCERT पृष्ठ 189**

(a) 0.1 हेनरी (b) 0.01 हेनरी
(c) 0.2 हेनरी (d) 0.02 हेनरी

68 एक श्रेणी L-C-R परिपथ पर आवृत्ति $\nu = \left(\frac{1}{2\pi\sqrt{LC}}\right)$ का प्रत्यावर्ती विद्युत वाहक बल (emf) आरोपित किया जाता है। आरोपित विद्युत वाहक बल की इस आवृत्ति के लिए, निम्न में से कौन सा कथन गलत है? **NCERT पृष्ठ 189**

(a) परिपथ अनुनाद पर है और इसकी प्रतिबाधा केवल प्रतिरोधी भाग से बनी होती है।

(b) परिपथ में धारा, आरोपित विद्युत वाहक बल के साथ कला में है तथा R के सिरों पर वोल्टता, आरोपित विद्युत वाहक बल के बराबर होता है

(c) प्रेरकत्व और धारिता के बीच विभवान्तर का योग आरोपित विद्युत वाहक बल के बराबर होता है जो परिपथ में धारा की कला से 180° अग्र होता है।

(d) यदि दो वोल्टताओं के बीच कलान्तर को सही से लिया जाए तो प्रतिरोधक और संधारित्र पर कुल वोल्टता स्रोत की वोल्टता के बराबर होती है।

69 दिए गए परिपथ में अनुनादी आवृत्ति ज्ञात कीजिए। **NCERT पृष्ठ 189**

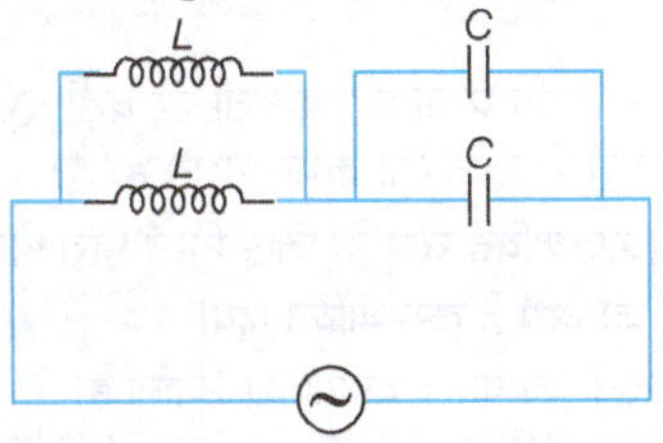

(a) $\frac{1}{\sqrt{LC}}$ (b) $\frac{2}{\sqrt{LC}}$ (c) $\frac{1}{2\sqrt{LC}}$ (d) $\frac{4}{\sqrt{LC}}$

70 चित्र में दिखाए गए परिपथ में, AC स्रोत $V = 20\cos(2000\,t)$ वोल्टता देता है। स्रोत प्रतिरोध को नगण्य करने पर, हुए वोल्टमीटर और अमीटर के पाठ्यांक होंगे **NCERT पृष्ठ 189**

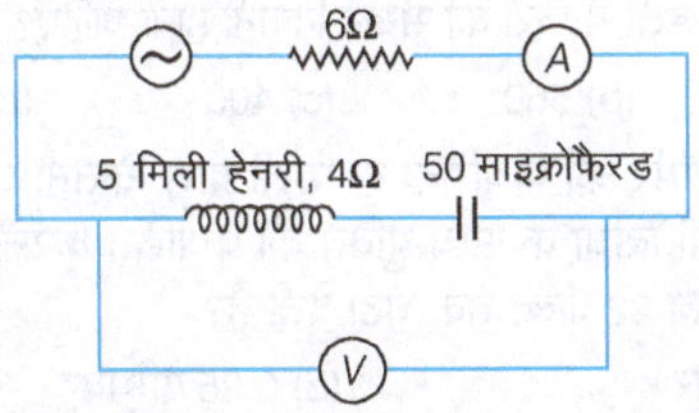

(a) 0 वोल्ट, 2.0 ऐम्पियर (b) 0 वोल्ट, 1.4 ऐम्पियर
(c) 5.6 वोल्ट, 1.4 ऐम्पियर (d) 8 वोल्ट, 2.0 ऐम्पियर

71 दर्शाए गए चित्र में, तीन AC वोल्टमीटर को संयोजित किया गया है। अनुनाद पर, वोल्टमीटर में पाठ्यांक होगा **NCERT पृष्ठ 189**

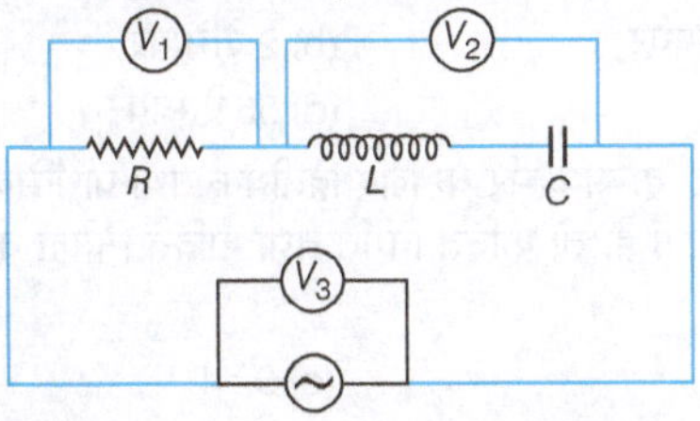

(a) V_1 शून्य है (b) V_2 शून्य है
(c) V_3 शून्य है (d) $V_1 = V_2 = V_3 = 0$

72 निम्न में से कौन-सा कथन सही है? **NCERT पृष्ठ 191**

(a) एक प्रेरकीय परिपथ में, किरचॉफ के लूप नियम का उपयोग करके, हम प्राप्त करते हैं $V - L\frac{di}{dt} = 0$

जहाँ, दूसरा पद प्रेरक में अन्योन्य प्रेरित विद्युत वाहक बल है।

(b) राशि ω चालकता के अनुरूप है।

(c) धारा फेजर I, वोल्टेज फेजर के $\frac{\pi}{2}$ पश्चगामी है।

(d) एक पूर्ण चक्र में एक प्रेरक को प्रदान की गई औसत शक्ति शून्य होती है

AC परिपथ में शक्ति : शक्ति गुणांक

73 600 वाट, 220 वोट की कुल शक्ति रेटिंग वाले विद्युत लैंम्पों के एक समूह को AC वोल्टेज $V = 169\sin(314t + 60°)$ द्वारा आपूर्ति प्रदान की जाती है। धारा का rms मान है **NCERT पृष्ठ 191**

(a) 10 ऐम्पियर (b) 9.04 ऐम्पियर
(c) 1.48 ऐम्पियर (d) 8 मिलीऐम्पियर

74 ω के मान के लिए, धारा का आयाम उसके अधिकतम मान का $1/\sqrt{2}$ गुना हो जाता है। इस मान पर, परिपथ द्वारा क्षयित शक्ति हो जाती है **NCERT पृष्ठ 191**

(a) दोगुनी (b) एक-चौथाई
(c) एक-तिहाई (d) आधी

75 एक लैम्प AC परिपथ में केवल 50% शिखर शक्ति की खपत करता है। आरोपित वोल्टता और परिपथ धारा के बीच कलान्तर क्या है? **NCERT पृष्ठ 191**

(a) $\frac{\pi}{6}$ (b) $\frac{\pi}{3}$
(c) $\frac{\pi}{4}$ (d) $\frac{\pi}{2}$

76 एक विद्युत परिपथ में R, L, C तथा एक AC वोल्टता स्रोत सभी श्रेणीक्रम में जुड़े हुए हैं। जब परिपथ से L को हटा दिया जाता है, तो परिपथ में वोल्टता तथा धारा के बीच कलान्तर $\frac{\pi}{3}$ होता है। यदि इसके स्थान पर, C को परिपथ से हटा दिया जाए, तो कलान्तर पुनः $\frac{\pi}{3}$ होता है। परिपथ का शक्ति गुणांक है **NCERT पृष्ठ 191**

(a) 1/2 (b) $1/\sqrt{2}$ (c) 1 (d) $\sqrt{3}/2$

77 आवृत्ति ν के एक AC परिपथ में एक उपकरण से प्रवाहित होने वाले विभवान्तर V तथा धारा i को $V = (5\cos\omega t)$ वोल्ट और $i = (2\sin\omega t)$ ऐम्पियर द्वारा दिया जाता है (जहाँ, $\omega = 2\pi\nu$) उपकरण में क्षय होने वाली शक्ति है **NCERT पृष्ठ 191**

(a) शून्य (b) 10 वाट (c) 5 वाट (d) 2.5 वाट

78 एक AC परिपथ में, emf और धारा के तात्क्षणिक मान $\varepsilon = (200\sin 314\,t)$ वोल्ट तथा $I = \sin(314t + \pi/3)$ ऐम्पियर है। औसत शक्ति की खपत है **NCERT पृष्ठ 191**

(a) 200 वाट (b) 100 वाट
(c) 50 वाट (d) 25 वाट

79 स्व-प्रेरकत्व L की एक कुण्डली एक बल्ब B और एक AC स्रोत के साथ श्रेणीक्रम में सयोजित की गई है। बल्ब की चमक कम हो जाती है जब **NCERT पृष्ठ 191**

(a) AC स्रोत की आवृत्ति कम हो जाती है
(b) कुण्डली में फेरों की संख्या कम हो जाती है
(c) उसी परिपथ में प्रतिघात $X_C - X_L$ की धारिता सम्मिलित होती है
(d) कुण्डली में एक लोहे की छड़ डाली जाती है

80 प्रेरकीय प्रतिघात 31 Ω की एक कुण्डली का प्रतिरोध 8 Ω है। इसे धारितीय प्रतिघात 25 Ω के एक संधारित्र के साथ श्रेणीक्रम में रखा गया है। इस संयोजन को 110 वोल्ट के AC स्रोत से संयोजित किया जाता है। परिपथ का शक्ति गुणांक है **NCERT पृष्ठ 191**

(a) 0.56 (b) 0.64 (c) 0.80 (d) 0.33

81 एक प्रेरक 20 मिली हेनरी, एक संधारित्र 100 माइक्रोफैरड और एक प्रतिरोधक 50, ओम, विद्युत वाहक बल के एक स्रोत, $V = 10 \sin 314\, t$ के सिरों पर श्रेणीक्रम में जुड़े हुए हैं। परिपथ में शक्ति क्षय है **NCERT पृष्ठ 191**

(a) 2.74 वाट (b) 0.43 वाट
(c) 0.79 वाट (d) 1.13 वाट

82 283 वोल्ट के शिखर मान और परिवर्तनशील आवृत्ति की वोल्टता एक श्रेणी L-C-R संयोजन पर आरोपित की जाती है जिसमें $R = 3\Omega$, $L =$ 25 मिली हेनरी और $C = 400$ माइक्रोफैरड है। स्रोत की आवृत्ति (हर्ट्ज में) जिस पर उपरोक्त परिपथ में अधिकतम शक्ति का क्षय होता है, वह है **NCERT पृष्ठ 191**

(a) 51.5 (b) 50.7 (c) 51.1 (d) 50.3

83 एक AC परिपथ में rms धारा 2 ऐम्पियर है। यदि वाटरहित धारा $\sqrt{3}$ ऐम्पियर हो, तो शक्ति गुणांक क्या है? **NCERT पृष्ठ 191**

(a) $\frac{1}{\sqrt{3}}$ (b) $\frac{1}{\sqrt{2}}$ (c) $\frac{1}{2}$ (d) $\frac{1}{3}$

84 एक प्रेरक 200 मिली हेनरी, संधारित्र 500 माइक्रोफैरड तथा प्रतिरोधक 10 Ω को एक 100 वोल्ट परिवर्तनीय आवृत्ति AC स्रोत के साथ श्रेणीक्रम में संयोजित किया गया हैं। वह आवृत्ति क्या है जिस पर परिपथ का शक्ति गुणांक इकाई है? **NCERT पृष्ठ 191**

(a) 10.22 हर्ट्ज (b) 12.4 हर्ट्ज
(c) 19.2 हर्ट्ज (d) 15.9 हर्ट्ज

85 चित्र में दर्शाए अनुसार परिपथ का शक्ति गुणांक है **NCERT पृष्ठ 191**

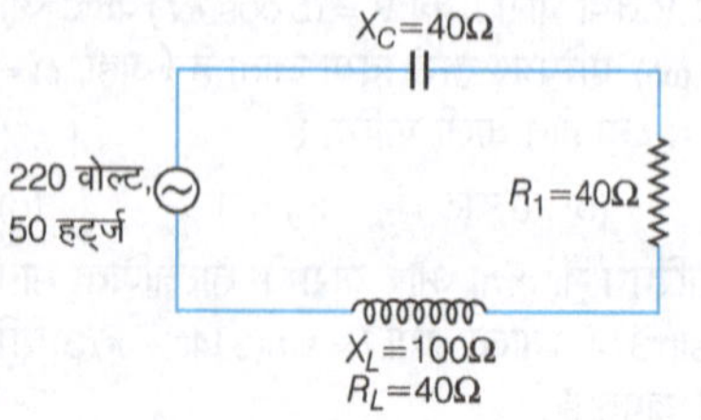

(a) 0.2 (b) 0.4 (c) 0.8 (d) 0.6

86 एक श्रेणी AC परिपथ जिसमें एक प्रेरक (20 मिली हेनरी), एक संधारित्र (120 माइक्रोफैरड) और एक प्रतिरोधक (60 Ω) है 24 वोल्ट/50 हर्ट्ज के AC स्रोत द्वारा संचालित होता है। 60 सेकण्ड में परिपथ में क्षय हुई ऊर्जा है **NCERT पृष्ठ 192**

(a) 3.39×10^3 जूल (b) 5.65×10^2 जूल
(c) 2.26×10^3 जूल (d) 5.17×10^2 जूल

ट्रान्सफॉर्मर

87 निम्न में से कौन-सा कथन सही है? **NCERT पृष्ठ 194**

(a) प्राथमिक और द्वितीयक कुण्डलियों को विभिन्न स्थानों पर लपेटकर फ्लक्स क्षरण को कम किया जाता है।
(b) पतले तार का उपयोग करके कुण्डलनों का प्रतिरोध न्यूनतम किया जाता है।
(c) स्तरित क्रोड का उपयोग करके भंवर धाराओं को कम किया जाता है।
(d) अचुम्बकीय पदार्थ का उपयोग करके शैथिल्य को न्यूनतम किया जाता है।

88 विद्युत ऊर्जा को उच्च प्रत्यावर्ती वोल्टता पर बड़ी दूरी तक प्रेषित किया जाता है। निम्न में से कौन-सा कथन गलत है/हैं? **NCERT पृष्ठ 194**

(a) किसी दिए गए शक्ति स्तर के लिए, निम्न धारा होती है।
(b) कम धारा का अर्थ है कम शक्ति क्षय।
(c) संचरण लाइनों को पतला बनाया जा सकता है।
(d) अपचायी ट्रान्सफॉर्मर का उपयोग करके ग्राही सिरें (Receiving end) पर वोल्टता को कम करना आसान होता है

89 एक विद्युत संचरण लाइन एक अपचायी ट्रान्सफॉर्मर को 2300V पर निवेश शक्ति प्रदान करती है, जिसकी प्राथमिक वाइंडिंग (कुण्डली) में 4000 फेरे हैं। 230 वोल्ट पर निर्गत शक्ति प्राप्त करने के लिए द्वितीयक कुण्डली में फेरों की संख्या कितनी होनी चाहिए? **NCERT पृष्ठ 195**

(a) 600 (b) 550 (c) 400 (d) 375

90 एक ट्रान्सफॉर्मर की प्राथमिक कुण्डली द्वारा कितनी धारा ली जाती है जो 220 Ω प्रतिबाधा के साथ युक्ति को प्रचालित करने के लिए 220 वोल्ट को 22 वोल्ट तक घटा देती है? **NCERT पृष्ठ 195**

(a) 1 ऐम्पियर (b) 0.25 ऐम्पियर
(c) 0.01 ऐम्पियर (d) 1.50 ऐम्पियर

91 एक 110 वोल्ट AC को 10 के अनुपात वाले ट्रान्सफॉर्मर से जोड़ा गया है। यदि द्वितीयक कुण्डली का प्रतिरोध 550 Ω है, तो द्वितीयक कुण्डली से प्रवाहित धारा होगी **NCERT पृष्ठ 195**

(a) 10 ऐम्पियर (b) 2 ऐम्पियर
(c) शून्य (d) 55 ऐम्पियर

92 एक आदर्श ट्रान्सफॉर्मर के लिए द्वितीयक तथा प्राथमिक फेरों का अनुपात 4 : 5 है, तो शक्ति निर्गत तथा शक्ति निवेश का अनुपात क्या होगा? **NCERT पृष्ठ 195**

(a) 4 : 9 (b) 9 : 4
(c) 5 : 4 (d) 1 : 1

93 प्राथमिक में 300 फेरे और द्वितीयक में 150 फेरे वाला एक ट्रान्सफॉर्मर 2.2 किलोवाट की निर्गत शक्ति प्रदान करता है। यदि द्वितीयक कुण्डली में धारा 10 ऐम्पियर है, तो प्राथमिक कुण्डली में निवेश वोल्टता और धारा हैं **NCERT पृष्ठ 195**

(a) 440 वोल्ट और 5 ऐम्पियर
(b) 220 वोल्ट और 20 ऐम्पियर
(c) 220 वोल्ट और 10 ऐम्पियर
(d) 440 वोल्ट और 20 ऐम्पियर

94 टर्न अनुपात $\frac{N_1}{N_2} = \frac{50}{1}$ के साथ एक ट्रान्सफॉर्मर 120 वोल्ट AC आपूर्ति से संयोजित है। यदि प्राथमिक और द्वितीयक परिपथ प्रतिरोध क्रमशः 1.5 किलो ओम और 1 ओम हैं, तो निर्गत की शक्ति ज्ञात कीजिए। **NCERT पृष्ठ 195**

(a) 5.76 वाट (b) 11.4 वाट
(c) 2.89 वाट (d) 7.56 वाट

95 एक ट्रान्सफॉर्मर का उपयोग 240 वोल्ट AC मुख्य से 140 वाट, 24 वोल्ट लैम्प को जलाने के लिए किया जाता है। मेन्स में धारा 0.7 ऐम्पियर है। ट्रान्सफॉर्मर की दक्षता लगभग है **NCERT पृष्ठ 195**

(a) 90% (b) 80% (c) 70% (d) 60%

96 90% दक्षता वाला एक ट्रांसफॉर्मर 200 वोल्ट और 3 किलोवाट विद्युत आपूर्ति पर कार्य कर रहा है। यदि द्वितीयक कुण्डली में धारा 6 ऐम्पियर है, तो द्वितीयक कुण्डली में वोल्टेज और प्राथमिक कुण्डली में धारा क्रमशः हैं **NCERT पृष्ठ 195**

(a) 300 वोल्ट, 15 ऐम्पियर (b) 450 वोल्ट, 15 ऐम्पियर
(c) 450 वोल्ट, 13.5 ऐम्पियर (d) 600 वोल्ट, 15 ऐम्पियर

97 एक अपचायी ट्रान्सफॉर्मर संचरण लाइन की वोल्टता को 2200 वोल्ट से घटाकर 220 वोल्ट कर देता है। इसके द्वारा प्रदान की गई शक्ति 880 वाट है और इसकी दक्षता 88% है। निवेश धारा है **NCERT पृष्ठ 195**

(a) 4.65 मिली ऐम्पियर (b) 0.465 ऐम्पियर
(c) 0.4545 ऐम्पियर (d) 4.65 ऐम्पियर

98 220 वोल्ट पर 800 किलोवाट विद्युत शक्ति की मांग वाला एक गाँव 440 वोल्ट पर विद्युत उत्पन्न करने वाले एक विद्युत संयंत्र से 15 किमी दूर स्थित है। विद्युत ले जाने वाली दो तार वाली लाइन का प्रतिरोध 0.5 Ω प्रति किमी है। गाँव को कस्बे के एक सबस्टेशन पर लगे 4000-220 वोल्ट अपचायी ट्रान्सफॉर्मर के माध्यम के द्वारा लाइन से विद्युत प्राप्त होती है। ऊष्मा के रूप में लाइन शक्ति क्षय है **NCERT पृष्ठ 195**

(a) 400 किलोवाट (b) 600 किलोवाट
(c) 300 किलोवाट (d) 800 वाट

अभिकथन-कारण प्रश्न

निर्देश *(प्रश्न क्रमांक 1-10) निम्नलिखित प्रश्नों में, अभिकथन के एक कथन बाद कारण का एक संगत कथन दिया गया है। निम्नलिखित विकल्पों में से, सही विकल्प का चयन कीजिए।*

(a) अभिकथन और कारण दोनों सही हैं और कारण, अभिकथन की सही व्याख्या करता है।
(b) अभिकथन और कारण दोनों सही हैं लेकिन कारण, अभिकथन की सही व्याख्या नहीं करता है।
(c) अभिकथन सही है परन्तु कारण गलत है।
(d) अभिकथन गलत है परन्तु कारण सही है।

1 **अभिकथन** आजकल, हम जिन विद्युत उपकरणों का उपयोग करते हैं, उनमें से अधिकांश को AC वोल्टता की आवश्यकता होती है।
कारण विद्युत कम्पनियों द्वारा बेची जाने वाली अधिकांश विद्युत ऊर्जा प्रत्यावर्ती धारा के रूप में प्रेषित एवं वितरित की जाती है। **NCERT पृष्ठ 177**

2 **अभिकथन** एक प्रतिरोधक के लिए फेजर्स V और I एक ही दिशा में होता हैं।
कारण वोल्टता और धारा के बीच कला कोण शून्य होता है। **NCERT पृष्ठ 178**

3 **अभिकथन** जब प्रत्यावर्ती धारा एक प्रेरक से प्रवाहित होती है, तो प्रत्यावर्ती धारा विद्युत वाहक बल से $\frac{\pi}{2}$ के कला कोण से पश्चगामी रहती है।
कारण AC स्रोत की आवृत्ति कम होने पर प्रेरकीय प्रतिघात बढ़ता है। **NCERT पृष्ठ 182**

4 **अभिकथन** जब संधारित्र को किसी AC स्रोत से संयोजित किया जाता है, तो यह धारा को सीमित या नियंत्रित करता है, लेकिन आवेश के प्रवाह को पूर्ण रूप से नहीं रोकता है।
कारण प्रत्येक अर्ध-चक्र के बाद धारा के विपरीत होने पर संधारित्र को एकांतर क्रम से आवेशित और निरावेशित किया जाता है। **NCERT पृष्ठ 184**

5 **अभिकथन** DC के लिए संधारित्र एक अवरोधक के रूप में कार्य करता है और AC के लिए एक आसान मार्ग प्रदान करता है।
कारण धारितीय प्रतिघात आवृत्ति के व्युत्क्रमानुपाती होता है। **NCERT पृष्ठ 184**

6 **अभिकथन** एक AC परिपथ में, संधारित्र को जोड़कर शक्ति गुणांक में सुधार किया जा सकता है।
कारण लोड के समानान्तर एक संधारित्र को अग्रगामी प्रतिक्रियाशील शक्ति प्रदान की जा सकती है, जो लोड में पश्चगामी प्रतिक्रियाशील शक्ति की क्षतिपूर्ति करती है। **NCERT पृष्ठ 184**

7 **अभिकथन** यदि $X_C > X_L$, ϕ धनात्मक है और परिपथ मुख्यतः धारितीय युक्त है। परिपथ में धारा स्रोत वोल्टेज से अग्रगामी रहती है।
कारण यदि $X_C < X_L$, ϕ ऋणात्मक है और परिपथ मुख्य रूप से प्रेरकीय है। परिपथ में धारा स्रोत वोल्टेज से पश्चगामी रहती है। **NCERT पृष्ठ 186**

8 **अभिकथन** एक श्रेणी R-L-C परिपथ में, प्रतिरोधक, प्रेरक और संधारित्र पर वोल्टता क्रमशः 8 वोल्ट, 16 वोल्ट और 10 वोल्ट हैं। परिपथ में परिणामी विद्युत वाहक बल 10 वोल्ट है।

कारण परिपथ का परिणामी विद्युत वाहक बल निम्न सम्बन्ध द्वारा दिया जाता है

$$E = \sqrt{V_R^2 + (V_L - V_C)^2}$$

NCERT पृष्ठ 186

9 **अभिकथन** अनुनाद घटना केवल उस परिपथ द्वारा प्रदर्शित की जाती है जिसमें L तथा C दोनों हों।

कारण L और C पर वोल्टता एक दूसरे को रद्द (Cancel) कर देते हैं और धारा आयाम $\frac{V_m}{R}$ है, R के सिरों पर प्रदर्शित होने वाला कुल स्रोत वोल्टता अनुनाद का कारण बनता है। NCERT पृष्ठ 186

10 **अभिकथन** ट्रान्सफॉर्मर धारा को प्रभावित किए बिना वोल्टता को बढ़ा सकता है, जो ऊर्जा संरक्षण के नियम का उल्लंघन करता है।

कारण एक ट्रान्सफॉर्मर अन्योन्य प्रेरण के सिद्धान्त पर कार्य करता है, जहां ऊर्जा संरक्षण बनाए रखने के लिए वोल्टता में परिवर्तन को धारा में परिवर्तन से संतुलित किया जाता है। NCERT पृष्ठ 195

कथन आधारित प्रश्न

निर्देश *(प्रश्न क्रमांक 1-8) निम्नलिखित प्रश्नों में दो कथन (I और II) दिए गए हैं। दिए गए कथनों के आधार पर, नीचे दिए गए विकल्पों में से सही उत्तर चुनें।*

(a) कथन I और कथन II दोनों गलत हैं।
(b) कथन I सही है, लेकिन कथन II गलत है।
(c) कथन I गलत है, लेकिन कथन II सही है।
(d) कथन I और कथन II दोनों सही हैं।

1 **कथन I** जब प्रत्यावर्ती धारा किसी संधारित्र से प्रवाहित होती है, तो प्रत्यावर्ती धारा विद्युत वाहक बल से $\frac{\pi}{2}$ कला कोण पीछे रहती है।

कथन II धारितीय प्रतिघात AC स्रोतों की आवृत्ति के समानुपाती होता है। NCERT पृष्ठ 182

2 **कथन I** संधारित्र युक्त परिपथ को सावधानी से संभालना चाहिए चाहे उसमें धारा न हो।

कथन II संधारित्र बहुत नाजुक होते हैं और इसलिए जल्दी टूट जाते हैं। NCERT पृष्ठ 184

3 **कथन I** एक विद्युत लैम्प को एक परिवर्तनीय संधारित्र और AC स्रोत के साथ श्रेणीक्रम में जोड़ा गया है, इसकी चमक धारिता में वृद्धि के साथ बढ़ जाती है।

कथन II संधारित्र की धारिता में वृद्धि से धारिताय प्रतिघात घटता है। NCERT पृष्ठ 185

4 **कथन I** अनुनाद पर, L-C-R श्रेणी परिपथ में न्यूनतम धारा होती है।

कथन II अनुनाद पर, L-C-R श्रेणी परिपथ में, धारा और विद्युत वाहक बल एक दूसरे के साथ कला में होते हैं। NCERT पृष्ठ 189

5 **कथन I** एण्टीना में लिया गया सिग्नल रेडियो के ट्यूनिंग परिपथ में एक स्रोत के रूप में कार्य करता है, इसीलिए परिपथ को केवल एक आवृत्ति पर संचालित किया जा सकता है।

कथन II रेडियो का एण्टीना कई प्रसारण स्टेशनों से सिग्नल स्वीकार करता है। NCERT पृष्ठ 189

6 **कथन I** जब AC परिपथ में केवल प्रतिरोधक होता है, तो इसकी शक्ति अधिकतम होती है।

कथन II AC परिपथ की शक्ति कला कोण से स्वतन्त्र होती है। NCERT पृष्ठ 191

7 **कथन I** शुद्ध प्रेरकीय या धारितीय परिपथ में शक्ति का क्षय नहीं होगा, चाहे परिपथ में धारा प्रवाहित हो रही हो।

कथन II जब एक संधारित्र को एक प्रेरक से जोड़ा जाता है, तो परिपथ में संधारित्र और प्रेरक पर आवेश विद्युत दोलन की परिघटना को प्रदर्शित करता है। NCERT पृष्ठ 191

8 **कथन I** AC उच्चायी ट्रान्सफॉर्मर AC स्रोत की आवृत्ति को परिवर्तित किए बिना निम्न AC वोल्टता को उच्च AC वोल्टता में परिवर्तित करता है।

कथन II ट्रान्सफॉर्मर की क्रोड उच्च पारगम्यता की चुम्बकीय सामग्री से बना होता है। NCERT पृष्ठ 195

सुमेलन प्रकार प्रश्न

1 कॉलम I (AC परिपथ स्थिति) को कॉलम II (शक्ति क्षय) से सुमेलित करें। नीचे दिए गए कूट से सही उत्तर चुनें। **NCERT पृष्ठ 190**

	कॉलम I		कॉलम II
A.	प्रतिरोधी परिपथ	1.	कोई शक्ति अपव्यय नहीं
B.	प्रेरकीय या धारितीय परिपथ	2.	$X_C = X_L$ के कारण अधिकतम शक्ति क्षय
C.	$L-C-R$ श्रेणी परिपथ	3.	शक्ति क्षय केवल प्रतिरोधक में ही नष्ट होती है।
D.	$L-C-R$ परिपथ में अनुनाद पर क्षय शक्ति	4.	अधिकतम शक्ति क्षय

कूट

	A	B	C	D
(a)	1	2	4	3
(b)	4	1	3	2
(c)	3	1	4	2
(d)	2	1	3	4

2 मान लीजिए कि कॉलम I में एक शुद्ध अवयव पर प्रत्यावर्ती विद्युत वाहक बल $E = E_0 \sin \omega t$ आरोपित किया जाता है, परिपथ में तात्कालिक धारा कॉलम II में दी गई है। नीचे दिए गए कूट से सही उत्तर चुनें। **NCERT पृष्ठ 185**

	कॉलम I		कॉलम II
A.	शुद्ध प्रेरकीय	1.	$i_0 = \dfrac{E_0}{2\pi fL}$
B.	शुद्ध धारितीय	2.	$i_0 = \dfrac{E_0}{R}$
C.	शुद्ध प्रतिरोधी	3.	$f_0 = \dfrac{1}{2\pi}\sqrt{\dfrac{1}{LC} - \dfrac{R^2}{L^2}}$
D.	AC में, समान्तर अनुनाद परिपथ	4.	$i_0 = E_0(2\pi \nu C)$

कूट

	A	B	C	D
(a)	1	4	2	3
(b)	3	2	1	4
(c)	4	3	2	1
(d)	2	1	3	4

3 श्रेणी R-L-C परिपथ के लिए, $R = 100\Omega$, $C = \dfrac{100}{\pi}$ माइक्रोफैरड तथा $L = \dfrac{100}{\pi}$ मिली हेनरी चित्र में दिखाए अनुसार AC स्रोत से संयोजित हैं। AC वोल्टता का rms मान 220 वोल्ट है तथा इसकी आवृत्ति 50 हट्र्ज है। कॉलम I में कुछ भौतिक राशियों का उल्लेख किया गया है, जबकि कॉलम II में राशियों के बारे में जानकारी दी गई है। निम्नलिखित कॉलमों को सुमेलित करें तथा सही विकल्प चुनें। (कॉलम II के सभी मान SI मात्रक में हैं) **NCERT पृष्ठ 187**

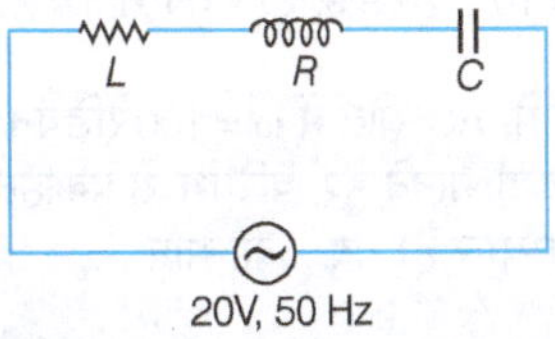

	कॉलम I		कॉलम II
A.	परिपथ की प्रतिबाधा	1.	265.7
B.	परिपथ से होकर गुजरने वाली धारा का rms मान	2.	1.63
C.	संधारित्र के सिरो पर वोल्टता का rms मान	3.	134.5
D.	प्रतिरोधक में व्यय की गई औसत शक्ति	4.	163

कूट

	A	B	C	D
(a)	3	2	4	1
(b)	1	4	3	2
(c)	3	4	2	1
(d)	4	3	1	2

आंकिक मान प्रकार के प्रश्न

1 एक AC स्रोत 220 वोल्ट, 50 हर्ट्ज पर निर्धारित है। वोल्टेता को शिखर मान से शून्य तक आवेशित होने में लगने वाला समय $n \times 10^{-3}$ सेकण्ड है। n का मान .... है। **NCERT पृष्ठ 179**

2 300 मिली हेनरी प्रेरकत्व और 2 ओम प्रतिरोध वाली एक कुण्डली वोल्टता 2 वोल्ट के स्रोत से संयोजित है। धारा $m \times 10^{-1}$ सेकण्ड में अपने स्थायी अवस्था मान के आधे तक पहुँच जाती है। m का मान .... है। **NCERT पृष्ठ 182**

3 एक संचरण स्टेशन 840 मीटर तरंगदैर्घ्य की तरंगें छोड़ता है। अनुनाद परिपथ में 2.2 माइक्रोफैरड के संधारित्र का उपयोग किया जाता है। अनुनाद के लिए आवश्यक कुण्डली का स्व-प्रेरकत्व .... $\times 10^{-8}$ हेनरी है। **NCERT पृष्ठ 184**

4 एक L-C-R श्रेणी परिपथ में, एक प्रेरक 40 मिली हेनरी तथा एक प्रतिरोधक 1 Ω कोणीय आवृत्ति 300 रेडियन/से के AC स्रोत से संयोजित हैं। धारिता का मान जिसके लिए धारा वोल्टता से 45° अग्रगामी है, $\frac{1}{x} \times 10^{-2}$ फैरड है, तो x का मान .... है। **NCERT पृष्ठ 187**

5 दिए गए परिपथ में, AC स्रोत में $\omega = 100$ रेडियन/से था। प्रेरक और संधारित्र को आदर्श मानते हुए, परिपथ से प्रवाहित होने वाली शुद्ध धारा $x \times 10^{-3}$ ऐम्पियर है। तब, x का मान .... है । **NCERT पृष्ठ 187**

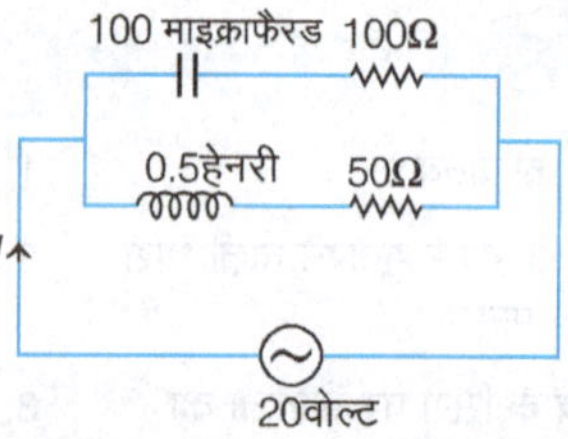

6 220 वोल्ट के शिखर मान की एक ज्या वोल्टता एक श्रेणी L-C-R परिपथ पर लगाया जाता है जिसमें $R = 121$ ओम, $L = 24$ मिली हेनरी और $C = 60$ माइक्रोफैरड है। अनुनाद स्थिति में क्षयित शक्ति का मान x वाट है। निकटतम पूर्णांक में x का मान ... है। **NCERT पृष्ठ 189**

7 एक L-C-R परिपथ में, अनुनाद आवृत्ति अपरिवर्तित रहने के लिए धारिता को C से $2C$ तक परिवर्तित किया जाता है, प्रेरकत्व को L से $\frac{L}{n}$ तक आवेशित किया जाना चाहिए। n का मान .... है। **NCERT पृष्ठ 189**

8 120 ओम के प्रतिरोध वाले एक श्रेणी L-C-R परिपथ की कोणीय अनुनाद आवृत्ति 4×10^5 रेडियन/से है। अनुनाद पर, प्रतिरोध और प्रेरकत्व पर वोल्टता क्रमशः 60 वोल्ट और 40 वोल्ट हैं। यदि परिपथ में धारा वोल्टता से 45° पीछे है एवं धारा की कोणीय आवृत्ति $x \times 10^5$ रेडियन/से है। x का मान .... है । **NCERT पृष्ठ 189**

9 चित्र (a) और (b) में दो परिपथ दर्शाए गए हैं। ....रेडियन/से की आवृत्ति पर, एक चक्र में क्षय होने वाली औसत शक्ति दोनों परिपथों में समान होगी। **NCERT पृष्ठ 190**

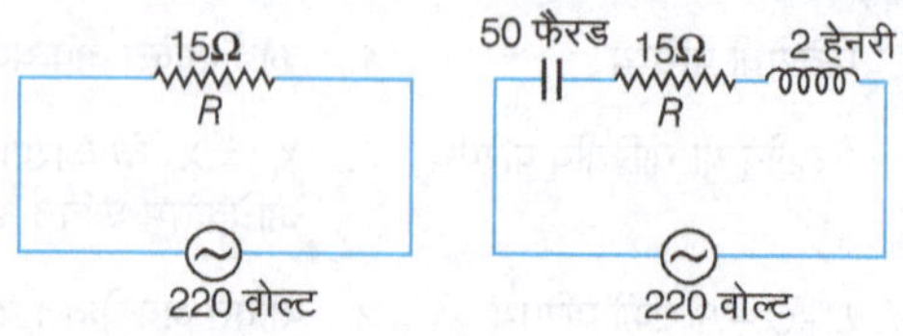

(a) (b)

10 एक परिपथ 220 वोल्ट, 50 हर्ट्ज के स्रोत से 550 वाट की शक्ति प्राप्त करता है। परिपथ का शक्ति गुणांक 0.8 तथा धारा विभवान्तर से कला में पश्चगामी है। परिपथ का शक्ति गुणांक 1.0 करने के लिए, इसके साथ संयोजित की जाने वाली धारिता का मान $\frac{1}{p\pi} \times 10^{-2}$ फैरड है, तो p का मान .... है। **NCERT पृष्ठ 191**

11 L-R श्रेणी का शक्ति गुणांक 0.6 है और एक C-R श्रेणी परिपथ का शक्ति गुणांक 0.5 है। यदि दो परिपथ के अवयव (L, C, और R) श्रेणी में जुड़ जाते हैं तो इस परिपथ का शक्ति गुणांक 1 पाया जाता है। L-R परिपथ में प्रतिरोध और C-R परिपथ में प्रतिरोध का अनुपात $\frac{x\sqrt{3}}{4}$ है, तो x का मान .... है । **NCERT पृष्ठ 191**

12 एक ट्रान्सफॉर्मर का उपयोग 240 वोल्ट AC मेन से एक 140 वाट, 24 वोल्ट के लैम्प को प्रकाशित करने के लिए किया जाता है। मुख्य केबिल में धारा 0.7 ऐम्पियर है। ट्रान्सफॉर्मेशन की दक्षता .... (प्रतिशत में) है। **NCERT पृष्ठ 194**

13 शुद्ध प्रतिरोधी लोड वाला एक आदर्श ट्रान्सफार्मर प्राथमिक पक्ष पर 10 किलोवोल्ट पर प्रचालित होता है। यह आस-पास के कई घरों को 220 वोल्ट पर विद्युत ऊर्जा की आपूर्ति करता है। ट्रान्सफॉर्मर द्वारा घरों में दी जाने वाली ऊर्जा की खपत की औसत दर 110 किलोवोट होती है। द्वितीयक परिपथ में आवश्यक प्रतिरोधी लोड (R_s) का मान .... मिली ओम होगा । **NCERT पृष्ठ 195**

14 1 मेगावाट विद्युत को एक पावर स्टेशन से 10 किमी दूर एक सुदूर गाँव में पहुंचाया जाना है। यदि वोल्टता को 11000 वोल्ट तक बढ़ाने के लिए उच्चायी ट्रान्सफॉर्मर का उपयोग किया जाता है और 0.5 सेमी त्रिज्या के ताँबे के तारों के एक युग्म के माध्यम से प्रेषित किया जाता है, तो वोल्टेज को 220 वोल्ट तक लाने के लिए अपचायी ट्रान्सफॉर्मर का उपयोग किया जाता है। प्रेषित शक्ति में ओमिक क्षति का अंश ....% है। (ρ_{cu} = 17×10-8 SI मात्रक) **NCERT पृष्ठ 195**

NCERT Exemplar प्रश्न

1 यदि 50 हर्ट्ज के AC परिपथ में rms धारा 5 ऐम्पियर है, तो इसका मान शून्य होने के 1/300 सेकण्ड बाद धारा का मान है

(a) $5\sqrt{2}$ ऐम्पियर (b) $5\sqrt{3/2}$ ऐम्पियर

(c) (5/6) ऐम्पियर (d) $(5/\sqrt{2})$ ऐम्पियर

2 एक प्रत्यावर्ती धारा जनित्र में एक आन्तरिक प्रतिरोध R_g और एक आन्तरिक प्रतिघात X_g होता है। इसका उपयोग प्रतिरोध R_g और प्रतिघात X_L से युक्त निष्क्रिय लोड को विद्युत की आपूर्ति प्रदान करने के लिए किया जाता है। जनित्र से लोड तक अधिकतम शक्ति पहुंचाने के लिए, X_L का मान .... के बराबर होता है।

(a) शून्य (b) X_g

(c) $-X_g$ (d) R_g

3 जब वोल्टता मापन उपकरण AC मेन्स से संयोजित होता है, तो मीटर 220 वोल्ट का स्थिर निवेश वोल्टता दर्शाता है। इसका अर्थ है

(a) निवेश वोल्टता AC वोल्टेता नहीं हो सकती है, लेकिन DC वोल्टता हो सकती है

(b) अधिकतम निवेशी वोल्टता 220 वोल्ट है

(c) मीटर v नहीं बल्कि $\langle v^2 \rangle$ पढ़ता है और $\sqrt{\langle v^2 \rangle}$ पढ़ने के लिए अशांकन किया जाता है।

(d) मीटर का सूचक किसी यांत्रिक दोष के कारण अटक गया है।

4 जनित्र के साथ L-C-R श्रेणी परिपथ में अनुनादी आवृत्ति को कम करने के लिए

(a) जनित्र की आवृत्ति कम कर दी जानी चाहिए।

(b) सबसे पहले समान्तर क्रम में एक ओर संधारित्र जोड़ा जाना चाहिए।

(c) प्रेरक की लौह क्रोड को हटा दिया जाना चाहिए।

(d) संधारित्र में परावैद्युत को हटा देना चाहिए।

5 1 ओम प्रतिघात के एक प्रेरक तथा 2 ओम के प्रतिरोधक को 6 वोल्ट (rms) AC स्रोत के सिरों से श्रेणीक्रम में जोड़ा गया है । परिपथ में क्षयित शक्ति है

(a) 8 वाट

(b) 12 वाट

(c) 14.4 वाट

(d) 18 वाट

6 एक अपचायी ट्रान्सफॉर्मर का निर्गत 24 वोल्ट मापा जाता है जब इसे 12 वाट के लाइट बल्ब से जोड़ा जाता है। शिखर धारा का मान है

(a) $(1/\sqrt{2})$ ऐम्पियर

(b) $\sqrt{2}$ ऐम्पियर

(c) 2 ऐम्पियर

(d) $2\sqrt{2}$ ऐम्पियर

विगत परीक्षाओं के प्रश्न

NEET

1 एक 10 माइक्रोफैरड के संधारित्र को चित्रानुसार एक 210 वोल्ट, 50 हर्ट्ज स्रोत से जोड़ा गया है। परिपथ में धारा का शिखर मान लगभग है ($\pi = 3.14$) **NCERT पृष्ठ 184, NEET 2024**

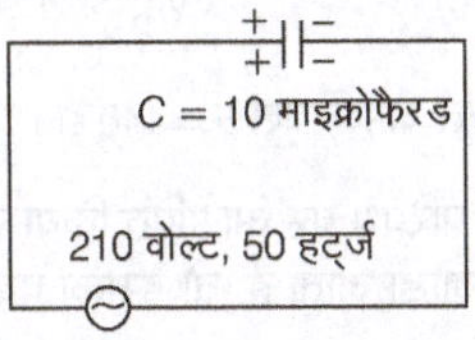

(a) 0.58 ऐम्पियर (b) 0.93 ऐम्पियर

(c) 1.20 ऐम्पियर (d) 0.35 ऐम्पियर

2 एक आदर्श ट्रान्सफॉर्मर में फेरों की संख्याओं का अनुपात $\frac{N_p}{N_s} = \frac{1}{2}$ है। तब अनुपात $V_s:V_p$ किसके बराबर है? (प्रतीकों का सामान्य अर्थ प्रयुक्त किया गया है) **NCERT पृष्ठ 195, NEET 2024**

(a) 1 : 2 (b) 2 : 1

(c) 1 : 1 (c) 1 : 4

3 श्रेणी L-C-R परिपथ में, प्रेरकत्व (L) 10 मिली हेनरी, धारिता (C) 1 माइक्रोफैरड तथा प्रतिरोध (R) 100 ओम है। वह आवृत्ति जिस पर अनुनाद होता है, वह है **NCERT पृष्ठ 189, NEET 2023**

(a) 15.9 किलो हर्ट्ज (b) 1.59 रेडियन/से

(c) 1.59 किलो हर्ट्ज (d) 15.9 रेडियन/से

4 परिपथ की शुद्ध प्रतिबाधा (जैसा कि चित्र में दर्शाया गया है) होगी **NCERT पृष्ठ 189, NEET 2023**

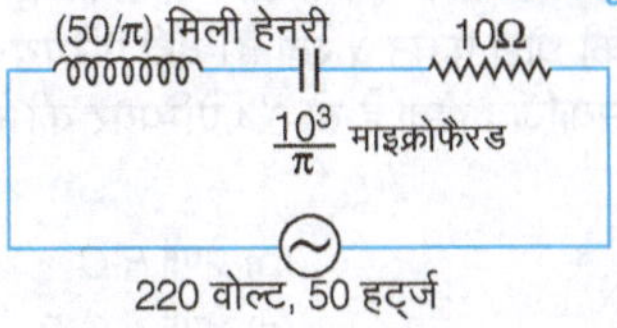

(a) 15 Ω (b) $5\sqrt{5}$ Ω (c) 25 Ω (d) $10\sqrt{2}$ Ω

5 एक 12 वोल्ट, 60 वाट लैम्प एक अपचायी ट्रान्सफार्मर के द्वितीयक से संयोजित है, जिसका प्राथमिक 220 वोल्ट के AC मेन से संयोजित है। ट्रान्सफॉर्मर को आदर्श मानते हुए, प्राथमिक कुण्डली में धारा क्या है? **NCERT पृष्ठ 195, NEET 2023**

(a) 2.7 ऐम्पियर (b) 3.7 ऐम्पियर

(c) 0.37 ऐम्पियर (d) 0.27 ऐम्पियर

6 AC स्रोत का शिखर वोल्टता बराबर होती है
NCERT पृष्ठ 180, NEET 2022

(a) AC स्रोत के rms मान के
(b) AC स्रोत के rms मान के $\sqrt{2}$ गुणा के
(c) AC स्रोत के rms मान के $\frac{1}{\sqrt{2}}$ गुणा के
(d) परिपथ को आपूर्ति की गई वोल्टता के मान के

7 प्रेरकत्व 10 हेनरी, धारिता 10 माइक्रोफैरड, प्रतिरोध 50 ओम वाला एक श्रेणी *L-C-R* परिपथ वोल्टता, $V = 200\sin(100\,t)$ वोल्ट के एक AC स्रोत से संयोजित है। यदि *L-C-R* परिपथ की अनुनादी आवृत्ति ν_0 है तथा AC स्रोत की आवृत्ति ν है, तो NCERT पृष्ठ 189, NEET 2022

(a) $\nu_0 = \nu = \frac{50}{\pi}$ हर्ट्ज
(b) $\nu_0 = \frac{50}{\pi}$ Hz, $\nu = 50$ हर्ट्ज
(c) $\nu = 100$ Hz, $\nu_0 = \frac{100}{\pi}$ हर्ट्ज
(d) $\nu_0 = \nu = 50$ हर्ट्ज

8 प्रेरकत्व *L* का एक प्रेरक, धारिता *C* का एक संधारित्र तथा प्रतिरोध *R* का एक प्रतिरोधक चित्र में दर्शाए अनुसार, विभवान्तर *V* वोल्ट के एक AC स्रोत से श्रेणीक्रम में जुड़े हुए हैं।

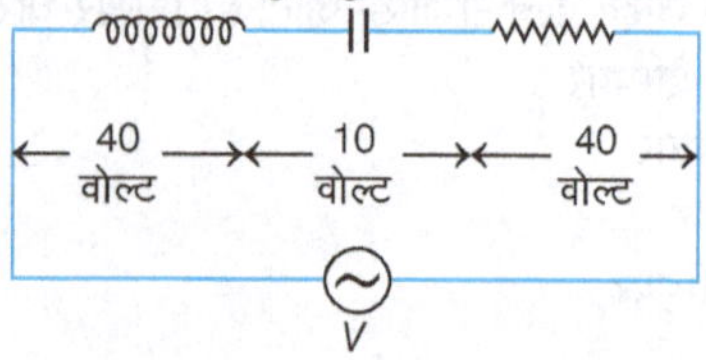

L, *C* और *R* के बीच विभवान्तर क्रमशः 40 वोल्ट, 10 वोल्ट और 40 वोल्ट है। *L-C-R* श्रेणी परिपथ से प्रवाहित धारा का आयाम $10\sqrt{2}$ ऐम्पियर है। परिपथ की प्रतिबाधा है NCERT पृष्ठ 187, NEET 2021

(a) $4\sqrt{2}\ \Omega$ (b) $5\sqrt{2}\,\Omega$ (c) $4\ \Omega$ (d) $5\,\Omega$

9 एक 40 फैरड संधारित्र को 200 वोल्ट, 50 हर्ट्ज AC सप्लाई से संयोजित किया गया है। परिपथ में धारा का rms मान लगभग है
NCERT पृष्ठ 184, NEET 2020

(a) 2.05 ऐम्पियर
(b) 2.5 ऐम्पियर
(c) 25.1 ऐम्पियर
(d) 1.7 ऐम्पियर

10 एक परिपथ जब 12 वोल्ट के AC स्रोत से संयोजित होता है तो 0.2 ऐम्पियर की धारा प्रदान करता है। वही परिपथ जब 12 वोल्ट के DC स्रोत से संयोजित होता है तो 0.4 ऐम्पियर की धारा देता है। परिपथ है
NCERT पृष्ठ 186, NEET 2019

(a) श्रेणी *L-R*
(b) श्रेणी *R-C*
(c) श्रेणी *L-C*
(d) श्रेणी *L-C-R*

11 एक प्रेरक 20 मेगाहर्ट्ज, एक संधारित्र 100 माइक्रोफैरड और एक प्रतिरोधक 50 ओम को विद्युत वाहक बल स्रोत, $V = 10\sin 314\,t$ के सिरों पर श्रेणीक्रम में संयोजित किया जाता है। परिपथ के सिरों पर शक्ति क्षय है
NCERT पृष्ठ 191, NEET 2018

(a) 0.79 वाट
(b) 0.43 वाट
(c) 2.74 वाट
(d) 1.13 वाट

12 100 ओम प्रतिरोध और 100 ओम प्रतिघात का संधारित्र 220 वोल्ट स्रोत से श्रेणीक्रम में जुड़े हैं। जब संधारित्र 50% आवेशित होता है, तो विस्थापन धारा का शिखर मान है NCERT पृष्ठ 191, NEET 2016

(a) 2.2 ऐम्पियर
(b) 11 ऐम्पियर
(c) 4.4 ऐम्पियर
(d) $11\sqrt{2}$ ऐम्पियर

JEE Main

13 150.0 माइक्रोफैरड धारिता का एक संधारित्र एक विद्युत वाहक बल के प्रत्यावर्ती स्रोत से संयोजित है, जिसका मान $E = 36\sin(120\pi t)$ वोल्ट है। परिपथ में धारा का अधिकतम मान लगभग बराबर होता है
NCERT पृष्ठ 184, JEE Main 2023

(a) 2 ऐम्पियर
(b) $\sqrt{2}$ ऐम्पियर
(c) $2\sqrt{2}$ ऐम्पियर
(d) $1/\sqrt{2}$ ऐम्पियर

14 $X_L = R$ वाले एक श्रेणी *L-R* परिपथ में, शक्ति गुणांक P_1 है। यदि $X_C = X_L$ वाले परिपथ में धारिता *C* का एक संधारित्र जोड़ा जाए, तो शक्ति गुणांक P_2 हो जाता है। P_1 तथा P_2 का अनुपात होगा
NCERT पृष्ठ 191, JEE Main 2023

(a) 1 : 1
(b) 1 : 2
(c) 1 : 3
(d) 1 : 2

15 दिए गए परिपथ में, प्रतिरोधक *R* से प्रवाहित धारा का rms मान (I_{rms}) है

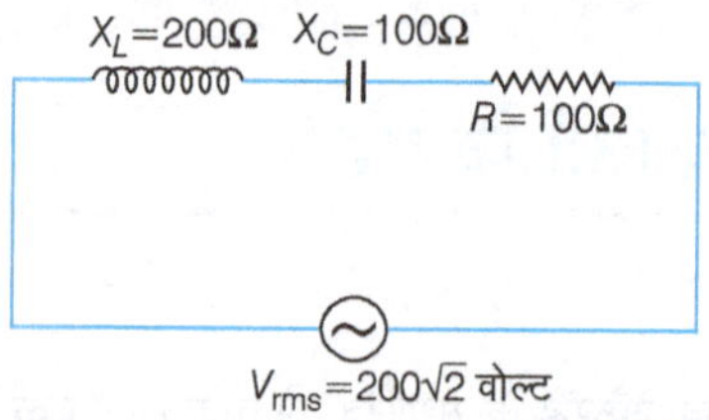

NCERT पृष्ठ 187, NEET 2023

(a) 20 ऐम्पियर
(b) $2\sqrt{2}$ ऐम्पियर
(c) 2 ऐम्पियर
(d) $\frac{1}{2}$ ऐम्पियर

16 एक प्रत्यावर्ती विद्युत वाहक बल $E = 440\sin 100\,\pi t$ को $\frac{\sqrt{2}}{\pi}$ हेनरी के प्रेरकत्व वाले एक परिपथ पर आरोपित किया जाता है। यदि परिपथ में एक AC अमीटर जोड़ा जाता है, तो इसका पाठ्यांक होगा
NCERT पृष्ठ 182, JEE Main 2022

(a) 4.4 ऐम्पियर
(b) 1.55 ऐम्पियर
(c) 2.2 ऐम्पियर
(d) 3.11 ऐम्पियर

17 4 ऐम्पियर की दिष्ट धारा तथा 4 ऐम्पियर के शिखर मान की प्रत्यावर्ती धारा क्रमशः 3 ओम तथा 2 ओम के प्रतिरोधों से प्रवाहित होती हैं। समान समयान्तराल में दो प्रतिरोधों में उत्पन्न ऊष्मा का अनुपात होगा
NCERT पृष्ठ 180, JEE Main 2022

(a) 3 : 2
(b) 3 : 1
(c) 3 : 4
(d) 4 : 3

स्किल बूस्टर्स

1 एक ट्रांसफार्मर की दक्षता 80% है। यह 4 किलोवाट और 100 वोल्ट पर कार्य करता है। यदि द्वितीयक वोल्टता 240 वोल्ट है, तो प्राथमिक और द्वितीयक धाराएँ ज्ञात कीजिए।

(a) 20 ऐम्पियर, 13.3 ऐम्पियर (b) 40 ऐम्पियर, 13.3 ऐम्पियर
(c) 50 ऐम्पियर, 40 ऐम्पियर (d) 30 ऐम्पियर, 20 ऐम्पियर

2 कान्हा एक L-C-R श्रेणी परिपथ में धारा और क्षयित शक्ति की गणना करना चाहता है। उसने 100 ओम प्रतिरोध को 200 वोल्ट के शिखर मान और 300 रेडियन/से कोणीय आवृत्ति वाले AC स्रोत से जोड़ा। जब उसने केवल धारिता को हटाया, तो पाया कि धारा वोल्टता से 60° पश्चगामी है। जबकि प्रेरकत्व हटाने पर उसने पाया कि धारा वोल्टता से 60° अग्रगामी है। उसके द्वारा प्राप्त शिखर धारा और क्षयित शक्ति का मान होगा

(a) 2 ऐम्पियर, 200 वाट (b) 4 ऐम्पियर, 100 वाट
(c) 3 ऐम्पियर, 120 वाट (d) इनमें से कोई नहीं

3 सड़क से आपके घर तक विद्युत की आपूर्ति करने वाली लाइन में

(a) अशून्य औसत धारा होती है
(b) 220 वोल्ट औसत वोल्टता होता है
(c) वोल्टता और धारा 90° से कला से बाहर होते हैं
(d) वोल्टता और धारा सम्भवतः कला ϕ, जैसे $|\phi| < \pi/2$ में भिन्न होती है।

4 चित्र में R-C परिपथ में संधारित्र के निरावेशन (Discharging) के लिए एक प्रायोगिक ग्राफ दिखाया गया है। इस परिपथ का समय स्थिरांक t किसके बीच विद्यमान है?

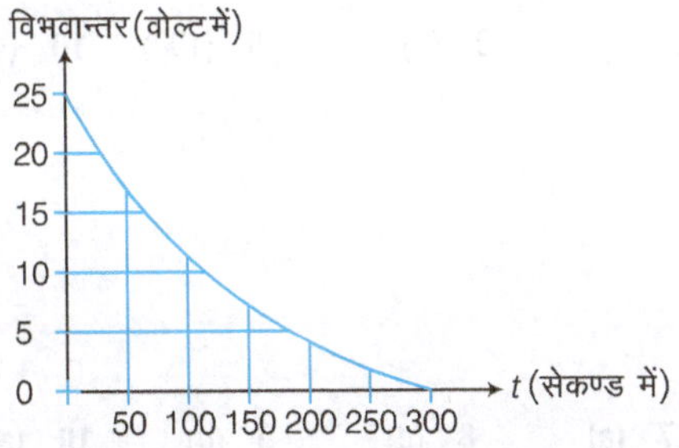

(a) 150 से और 200 से (b) 0 से और 50 से
(c) 50 से और 100 से (d) 100 से और 150 से

5 चित्र में दिखाए गए AC परिपथ के लिए, आपूर्ति वोल्टता का नियत rms मान V है लेकिन परिवर्तनशील आवृत्ति f है। अनुनाद पर, परिपथ

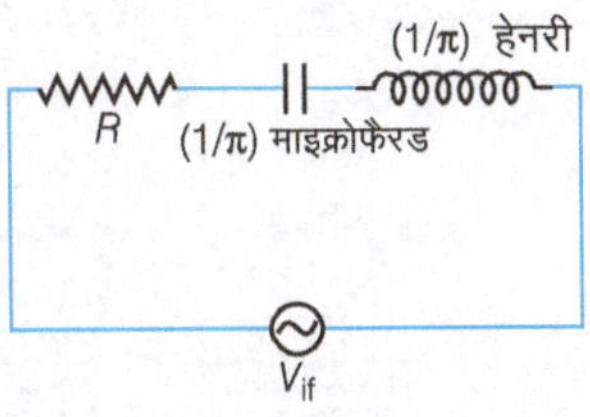

(a) में धारा $I = \dfrac{V}{R}$ दी गई है।
(b) की अनुनाद आवृत्ति 1000 हर्ट्ज है।
(c) संधारित्र के सिरो पर वोल्टता, प्रेरक के सिरों पर वोल्टता से 90° कला के बाहर (out of phase) है।
(d) में धारा निम्न द्वारा दी गई है, $I = \dfrac{V}{\sqrt{R^2 + \left(\dfrac{1}{\pi} + \dfrac{1}{\pi}\right)^2}}$

6 एक प्रतिरोधक $R << \sqrt{\dfrac{44}{C}}$ युक्त एक श्रेणी R-L-C परिपथ को दोलनों में स्थापित किया गया है। समय $t = \log 2 \times \left(\dfrac{2L}{R}\right)$ पर, तात्क्षणिक धारा, अधिकतम धारा की $\dfrac{1}{K}$ गुना हो जाती है। K का मान ज्ञात कीजिए।

(a) 1 (b) 2 (c) 3 (d) 4

7 एक प्रत्यावर्ती वोल्टता $e = e_1 \sin \omega t + e_2 \cos \omega t$ द्वारा दी जाती है, तो वोल्टता का मूल-माध्य-वर्ग मान किसके द्वारा दिया जाता है?

(a) $\sqrt{e_1^2 + e_2^2}$ (b) $\sqrt{e_1 e_2}$ (c) $\sqrt{\dfrac{e_1 e_2}{2}}$ (d) $\sqrt{\dfrac{e_1^2 + e_2^2}{2}}$

8 जब किसी परिनालिका पर 100 वोल्ट DC लगाया जाता है, तो उसमें 1 ऐम्पियर की धारा प्रवाहित होती है। जब उसी कुण्डली पर 100 वोल्ट AC लगाया जाता है, तो धारा घटकर 0.5 ऐम्पियर हो जाती है। यदि AC स्रोत की आवृत्ति 50 हर्ट्ज है, तो परिनालिका की प्रतिबाधा और प्रेरकत्व हैं

(a) 100 ओम, 0.93 हेनरी (b) 200 ओम, 1.0 हेनरी
(c) 10 ओम, 0.86 हेनरी (d) 200 ओम, 0.55 हेनरी

9 120 ओम के प्रतिरोध वाले एक श्रेणी L-C-R परिपथ की कोणीय अनुनादी आवृत्ति 4×10^3 रेडियन/से है। अनुनाद पर, प्रतिरोध और प्रेरकत्व के सिरों पर वोल्टता क्रमशः 60 वोल्ट और 40 वोल्ट हैं। L और C के मान क्रमशः हैं

(a) 20 मिली हेनरी, $\dfrac{25}{8}$ माइक्रोफैरड
(b) 2 मिली हेनरी, $\dfrac{1}{35}$ माइक्रोफैरड
(c) 20 मिली हेनरी, $\dfrac{1}{40}$ माइक्रोफैरड
(d) 2 मिली हेनरी, $\dfrac{25}{8}$ माइक्रोफैरड

10 एक AC वोल्टता के लिए, $\Delta V = 100 \sin 1000\, t$ को एक श्रेणी R-L-C परिपथ पर आरोपित किया जाता है। दिया गया है, प्रतिरोध 400 Ω, धारिता 5 माइक्रोफैरड और प्रेरकत्व 0.5 हर्ट्ज है, तो

(a) परिपथ में धारा का आयाम 2 ऐम्पियर है।
(b) परिपथ में धारा का आयाम 0.4 ऐम्पियर है।
(c) परिपथ में क्षयित औसत शक्ति 40 वाट है।
(d) परिपथ में क्षयित औसत शक्ति 8 वाट है।

प्रश्न कुंजी

शीर्षकवार प्रश्न

1 (d) 2 (c) 3 (d) 4 (c) 5 (b) 6 (c) 7 (b) 8 (c) 9 (d) 10 (d)
11 (c) 12 (b) 13 (c) 14 (c) 15 (a) 16 (d) 17 (b) 18 (b) 19 (c) 20 (b)
21 (a) 22 (d) 23 (c) 24 (d) 25 (c) 26 (b) 27 (c) 28 (c) 29 (a) 30 (c)
31 (b) 32 (a) 33 (b) 34 (b) 35 (c) 36 (d) 37 (a) 38 (c) 39 (c) 40 (b)
41 (a) 42 (b) 43 (a) 44 (a) 45 (a) 46 (d) 47 (b) 48 (b) 49 (b) 50 (c)
51 (a) 52 (b) 53 (c) 54 (d) 55 (d) 56 (c) 57 (a) 58 (a) 59 (a) 60 (a)
61 (a) 62 (b) 63 (b) 64 (c) 65 (a) 66 (b) 67 (a) 68 (c) 69 (a) 70 (c)
71 (b) 72 (a) 73 (c) 74 (d) 75 (b) 76 (c) 77 (a) 78 (c) 79 (d) 80 (c)
81 (c) 82 (d) 83 (c) 84 (d) 85 (c) 86 (d) 87 (c) 88 (c) 89 (c) 90 (c)
91 (b) 92 (d) 93 (a) 94 (a) 95 (b) 96 (b) 97 (c) 98 (b)

अभिकथन-कारण प्रश्न

1 (a) 2 (a) 3 (c) 4 (a) 5 (a) 6 (a) 7 (b) 8 (a) 9 (a) 10 (d)

कथन आधारित प्रश्न

1 (a) 2 (b) 3 (d) 4 (c) 5 (d) 6 (b) 7 (d) 8 (d)

सुमेलन प्रकार प्रश्न

1 (b) 2 (a) 3. (a)

आंकिक मान प्रकार के प्रश्न

1 (5) 2 (1) 3 (9) 4 (39) 5 (300) 6 (200) 7 (2) 8 (8) 9 (100) 10 (42)
11 (3) 12 (83.3) 13 (440) 14 (3.6)

NCERT Exemplar प्रश्न

1 (b) 2 (c) 3 (c) 4 (b) 5 (c) 6 (a)

विगत परीक्षाओं के प्रश्न

1 (b) 2 (b) 3 (c) 4 (b) 5 (d) 6 (b) 7 (a) 8 (d) 9 (b) 10 (a)
11 (a) 12 (a) 13 (a) 14 (d) 15 (c) 16 (c) 17 (b)

स्किल बूस्टर्स

1 (b) 2 (a) 3 (d) 4 (d) 5 (a) 6 (b) 7 (d) 8 (d) 9 (a) 10 (d)

क्रमवार

प्रश्नों का विश्लेषण

कॉन्सेप्ट बिल्डर्स

1 $\frac{I_{av}}{0.637} = \frac{I_{rms}}{0.707}$ 2 सत्य

3 DC 4 ट्रान्सफॉर्मर

5 सत्य 6 प्रतिरोधक

7 सदिश 8 $I_{rms} V_{rms}$

9 सत्य 10 शून्य वाट

11 अधिकतम 12 सत्य

13 $i_m = \frac{\varepsilon_m}{X_C}$ 14 न्यूनतम

15 $Z = \sqrt{R^2 + (X_C - X_L)^2}$

16 $Q = \frac{1}{R}\sqrt{\frac{L}{C}}$

17 $P = i_m^2 R = \frac{\varepsilon_m^2 R}{[R^2 + (X_L - X_C)^2]}$

18 असत्य 19 आवृत्ति

20 असत्य

शीर्षकवार प्रश्न

1 *(d)* धारा को शिखर मान तक पहुँचने में $\frac{T}{4}$ सेकण्ड लगते हैं, जहाँ T आवर्तकाल है।

$I = I_0 \sin\omega t$, से,

$$\omega = \frac{2\pi}{T} = 200\,\pi$$

$$\Rightarrow \quad T = \frac{1}{100} \text{ सेकण्ड}$$

शिखर मान तक पहुँचने के लिए आवश्यक समय

$$= T/4 = \frac{1}{400} \text{ सेकण्ड}$$

2 *(c)* दिया गया है, $V_{rms} = 220$ वोल्ट

$\nu = 50$ हर्ट्ज

$$\Rightarrow \quad V_m = V_{rms}\sqrt{2}$$
$$= 200 \text{ वोल्ट } (1.414)$$
$$= 311.1 \text{ वोल्ट}$$

अब $\omega = 2\pi\nu = 2\pi \times 50$

$= 100\,\pi$ रेडियन/से

इस प्रकार,

$$V = V_m \sin \omega t$$
$$= 311.1 \sin(100\pi)t$$

4 *(c)* यहाँ,

$$i = i_1 \cos\omega t + i_2 \sin\omega t \quad \ldots(i)$$

माना, $i_1 = A\sin\phi \quad \ldots(ii)$

और $i_2 = A\cos\phi \quad \ldots(iii)$

$\therefore$ समी (i) से,

$$i = A\sin\phi\cos\omega t + A\cos\phi\sin\omega t$$
$$= A[\cos\omega t \sin\phi + \sin\omega t\cos\phi]$$
$$i = A\sin(\omega t + \phi) \quad \ldots(iv)$$

समी (ii) और समी. (iii) का वर्ग करके जोड़ने पर,

$$i_1^2 + i_2^2 = A^2\sin^2\phi + A^2\cos^2\phi$$
$$= A^2$$
$$\Rightarrow \quad A = (i_1^2 + i_2^2)^{1/2} \quad \ldots(v)$$

$\therefore$ समी (iv) से,

$$i = (i_1^2 + i_2^2)^{\pi/2}\sin(\omega t + \phi) \quad \ldots(vi)$$

$\therefore$ समी (vi) की तुलना समी $i = i_m \sin(\omega t + \phi)$ से करने पर,

$$i_m = (i_1^2 + i_2^2)^{1/2}$$
$$\therefore \quad i_{rms} = \frac{i_m}{\sqrt{2}}$$
$$= \frac{(i_1^2 + i_2^2)^{1/2}}{\sqrt{2}}$$

5 *(b)* समीकरण

$V = 150\sin(150t)$ की तुलना $V = V_0 \sin\omega t$ से करने पर,

$V_0 = 150$ वोल्ट

तथा समी $I = I_0 \sin(\omega t)$ की तुलना

समी. $I = 150\sin(150\,t)$ से करने पर,

$I_0 = 150$ ऐम्पियर

AC परिपथ में क्षयित शक्ति,

$$P = \frac{1}{2}V_0 I_0$$
$$= \frac{1}{2} \times 150 \times 150$$
$$= 11250 \text{ वाट}$$

6 *(c)* प्रश्नानुसार,

AC द्वारा उत्पादित ऊष्मा = 3 × DC द्वारा उत्पादित ऊष्मा

$$I_{rms}^2 Rt = 3I^2 Rt$$
$$I_{rms}^2 = 3I^2$$
$$I_{rms}^2 = 3 \times (2)^2 \quad [\because I = 2 \text{ ऐम्पियर (दिया है)}]$$
$$I_{rms} = \sqrt{3} \times 2 = 3.46 \text{ ऐम्पियर}$$

7 *(b)* प्रत्यावर्ती वोल्टता का आयाम = शिखर वोल्टता $(V_m) = 120$ वोल्ट,

इसीलिए वोल्टता का rms मान अर्थात्

$$V_{rms} = \frac{V_m}{\sqrt{2}} = \frac{120}{1.414} = 84.8 \text{ वोल्ट}$$

8 *(c)* जनित्र द्वारा उत्पादित वोल्टेज,

$$V = 240\sin 120t$$

$V_m = 240$ वोल्ट और $\omega = 120$ रेडियन/से

एक जनित्र की आवृत्ति,

$$\nu = \frac{\omega}{2\pi} = \frac{120 \times 7}{2 \times 22}$$
$$= 19.09 \simeq 19 \text{ हर्ट्ज}$$
$$\Rightarrow V_{rms} = \frac{V_m}{\sqrt{2}} = \frac{240}{\sqrt{2}} = 120\sqrt{2} \approx 170 \text{ वोल्ट}$$

9 *(d)* $V = 120\sin(100\pi t)\cos(100\pi t)$

$= 60\sin(200\pi t)$

$(\because \sin 2\theta = 2\sin\theta\cos\theta)$

तो, $V_0 = 60$ वोल्ट

$\omega = 200\pi$

$2\pi f = 200 \cdot \pi$

$f = 100$ हर्ट्ज

10 *(d)* दिया है, गया $V = 140\sin 314t$,

$R = 40\Omega, V_0 = 140$ वोल्ट

$$\therefore \quad I_{rms} = \frac{V_{rms}}{R} = \frac{0.707V_0}{R}$$
$$= \frac{0.707 \times 140}{40} = 2.47 \text{ ऐम्पियर}$$

11 *(c)* $0 \le t \le \frac{T}{2}$ के लिए $V = V_0$

$\frac{T}{2} \le t \le T$ के लिए $V = 0$

$$V_{rms} = \left[\frac{\int_0^T V^2 dt}{\int_0^T dt}\right]^{\frac{1}{2}}$$
$$= \left[\frac{V_0^2}{T}[t]_0^{\frac{T}{2}}\right]^{\frac{1}{2}} = \frac{V_0}{\sqrt{2}}$$

12 *(b)* दिया गया है,

प्रतिरोध = 800 Ω

वोल्टता = 220 वोल्ट

$f = 50$ हर्ट्ज

$$I_{rms} = \frac{V_{rms}}{R} = 0.275 \text{ ऐम्पियर}$$

13 *(c)* शुद्ध प्रतिरोधी परिपथ में धारा और वोल्टता दोनों समान कला में होते हैं। अतः विकल्प (c) सही है।

14 *(c)* केवल प्रतिरोध वाले परिपथ में वोल्टता और धारा के बीच कलान्तर शून्य होगा।

19 *(c)* $X_L = 2\pi \nu L$

$= 2 \times 3.14 \times 50 \times 25 \times 10^{-3}$

$= 7.85\,\Omega$

20 *(b)* परिपथ में rms धारा,

$i_{rms} = \frac{V}{X_L} = \frac{V}{2\pi \nu L}$

$= \frac{200}{2 \times 3.14 \times 50 \times 40 \times 10^{-3}}$

≈ 16 ऐम्पियर

21 *(a)* प्रतिघात = 120 ओम

आवृत्ति, $\nu = 200$ हर्ट्ज

$X_L = \omega L = 2\pi \nu L$

$\Rightarrow \quad L = \frac{X_L}{2\pi\nu} = \frac{120}{2\pi \times 200} = \frac{3}{10\pi}$ हेनरी

यदि X'_L, 60 हर्ट्ज पर समान प्रेरकत्व के प्रतिघात को दर्शाता है, तो

$X'_L = \omega' L = 2\pi \nu' L$

$\Rightarrow \quad X'_L = (2\pi \times 60)\left(\frac{3}{10\pi}\right) = 36\,\Omega$

$i_{rms} = \frac{V_{rms}}{X'_L} = \frac{240 \text{ वोल्ट}}{36 \text{ ओम}} = 6.66$ ऐम्पियर

22 *(d)* $R = \frac{V}{I} = \frac{80}{10} = 8\,\Omega$

और $\omega = 50$ हर्ट्ज

AC परिपथ के लिए,

$I = \frac{V}{\sqrt{R^2 + X_L^2}}$

$\Rightarrow \quad 10 = \frac{220}{\sqrt{64 + X_L^2}}$

$\Rightarrow \sqrt{64 + X_L^2} = 22$

$\Rightarrow \quad X_L = \sqrt{420}$

$\Rightarrow \quad 2\pi \nu L = \sqrt{420}$

आर्क लैम्प पर श्रेणी प्रेरक,

$L = \frac{\sqrt{420}}{2\pi \times 50} = 0.065$ हेनरी

23 *(c)* परिपथ अवयव X के लिए, धारा वोल्टता के साथ समान कला में है। इसलिए X एक प्रतिरोधक होना चाहिए।

$\therefore \quad R = \frac{V_0}{I_0} = \frac{200}{5} = 40\Omega$

परिपथ अवयव Y के लिए, धारा वोल्टता से 90° पश्चगामी है, इस प्रकार Y एक प्रेरक होना चाहिए।

$X_L = \frac{V_0}{I_0} = \frac{200}{5} = 40\Omega$

R और L के श्रेणी संयोजन में,

$Z = \sqrt{R^2 + X_L^2}$

$= \sqrt{40^2 + 40^2} = 40\sqrt{2}\,\Omega$

$I_{rms} = \frac{V_{rms}}{Z} = \frac{V_0}{\sqrt{2}Z}$

$= \frac{200}{\sqrt{2} \times \sqrt{2} \times 40} = \frac{5}{2}$ ऐम्पियर

25 *(c)* $I = 20\sin(100\pi t + 0.05\pi)$ ऐम्पियर की मानक समीकरण के साथ तुलना करने पर,

$I_0 = 20$ ऐम्पियर एवं $\omega = 100\pi$ रेडियन/से

$\therefore \quad I_{rms} = \frac{I_0}{\sqrt{2}} = \frac{20}{\sqrt{2}} = 10\sqrt{2}$ ऐम्पियर

तथा $\nu = \frac{\omega}{2\pi} = \frac{100\pi}{2\pi} = 50$ हर्ट्ज

26 *(b)* चूँकि,

$C = 30 \times 10^{-6}$ फैरड, $V_{rms} = 150$ वोल्ट

$\nu = 60$ हर्ट्ज

धारिता प्रतिघात,

$X_C = \frac{1}{\omega C} = \frac{1}{2\pi \nu C} = 88.46\,\Omega$

$I_{rms} = \frac{V_{rms}}{X_C} = \frac{150}{88.46} = 1.7$ ऐम्पियर

27 *(c)* शुद्ध धारितीय परिपथ में,

$X_C = \frac{1}{2\pi f C}$

$\Rightarrow \quad \frac{X_{C_1}}{X_{C_2}} = \frac{\nu_2}{\nu_1} = \frac{2\nu}{\nu} = 2$

अतः $X_{C_2} = \frac{X_{C_1}}{2}$

28 *(c)* दिया गया है,

$C = 15$ माइक्रोफैरड $= 15 \times 10^{-6}$ फैरड

$V = 220$ वोल्ट और $\nu = 50$ हर्ट्ज

धारितीय प्रतिघात,

$X_C = \frac{1}{2\pi \nu C}$

$= \frac{1}{2\pi\,(50)\,(15 \times 10^{-6})}$

$= 212\,\Omega$

29 *(a)* धारितीय प्रतिघात

$X_C = \frac{1}{\omega C} = \frac{1}{2\pi \nu C}$

या $\quad X_C \propto \frac{1}{\nu}$ ...(i)

धारा, $\quad I = \frac{V_{rms}}{X_C} = V_{rms} \cdot \omega C$

$= V_{rms} \cdot 2\pi \nu C$

$\Rightarrow \quad I \propto \nu$ ...(ii)

समी (i) और (ii) से हम निष्कर्ष निकालते हैं कि यदि आवृत्ति दोगुनी कर दी जाए, तो धारितीय प्रतिघात आधा हो जाता है तथा धारा दोगुनी हो जाती है।

30 *(c)* दिया है, C = 36 माइक्रोफैरड

$= 36 \times 10^{-6}$ फैरड,

$V = 240$ वोल्ट और $\nu = 50$ हर्ट्ज

धारितीय प्रतिघात,

$X_C = \frac{1}{2\pi \nu C}$

$= \frac{1}{2\pi \times 50 \times 36 \times 10^{-6}} = 88\,\Omega$

rms धारा,

$i_{rms} = \frac{V_{rms}}{X_C}$

$= \frac{240}{88} = 2.73$ ऐम्पियर

शिखर धारा, $i_m = \sqrt{2}\, i_{rms}$

$= (1.41)\,(2.73$ ऐम्पियर$)$

$= 3.85$ ऐम्पियर

31 *(b)* दिया है, प्रत्यावर्ती वोल्टता,

$V = 200\sqrt{2}\sin(100t)$

और $C = 1$ माइक्रोफैरड

$= 1 \times 10^{-6}$ फैरड

मानक समीकरण से,

$V = V_m \sin \omega t$,

हम पाते हैं कि $V_m = 200\sqrt{2}$ वोल्ट

और $\omega = 100$ रेडियन/से

अमीटर का पाठ्यांक,

$i_{rms} = \frac{V_{rms}}{X_C} = \frac{V_m \omega C}{\sqrt{2}} \quad \left(\because X_C = \frac{1}{\omega C}\right)$

$= \frac{200\sqrt{2} \times 100 \times (1 \times 10^{-6})}{\sqrt{2}}$

$= 2 \times 10^{-2}$ ऐम्पियर $= 20$ मिली ऐम्पियर

32 *(a)* विकल्प (a) में दिया गया कथन गलत है और इसे इस प्रकार से सुधारा जा सकता है।

धारितीय परिपथ में धारा

$i = i_m \sin\left(\omega t + \frac{\pi}{2}\right)$

होती है, क्योंकि धारितीय परिपथ में वोल्टता अग्रगामी होती है

33 *(b)* एक AC परिपथ में धारितीय प्रतिघात निम्न प्रकार दिया जाता है

$$X_C = \frac{1}{\omega C} = \frac{1}{2\pi\nu C}$$

DC परिपथ में धारा की आवृत्ति शून्य होती है, अर्थात्,

$$\nu = 0 \Rightarrow X_C = \frac{1}{2\pi\nu C} = 0$$

इसलिए, AC और DC परिपथ के लिए इसके मान अलग-अलग होते हैं। अतः विकल्प (b) में दिया गया कथन सही है।

34 *(b)* शुद्ध संधारित्र की स्थिति में धारा, वोल्टता से $\frac{\pi}{2}$ अग्र होती है, इसीलिए

$$I = I_0 \sin\left(100\pi t - \frac{\pi}{3} + \frac{\pi}{2}\right)$$

$$= \frac{V_0}{X_c}\sin\left(100\pi t + \frac{\pi}{6}\right)$$

$$= V_0 \omega C \sin\left(100\pi t + \frac{\pi}{6}\right)$$

$$= (200)(100\pi)(2 \times 10^{-6})\sin\left(100\pi t + \frac{\pi}{6}\right)$$

$$= 0.04\pi \sin\left(100\pi t + \frac{\pi}{6}\right)$$

35 *(c)* दिया गया है, $C = 15$ माइक्रोफैरड

$= 1.5 \times 10^{-5}$ फैरड,

$\nu = 50$ हर्ट्ज

$V_{rms} = 220$ वोल्ट

∴ धारितीय प्रतिघात,

$$X_C = \frac{1}{\omega C} = \frac{1}{2\pi f C}$$

$$= \frac{1}{2 \times 3.14 \times 50 \times 1.5 \times 10^{-5}}$$

$$= 212.2\ \Omega$$

$$\therefore \quad I_{rms} = \frac{V_{rms}}{X_C}$$

$= \frac{220}{212.2} = 1.04$ ऐम्पियर

36 *(d)* प्रथम परिपथ के लिए,

$$i = \frac{V}{X_L} = \frac{V}{\omega L} \Rightarrow i \propto \frac{1}{\omega}$$

दूसरे परिपथ के लिए,

$$i = \frac{V}{X_C} = \frac{V}{1/\omega C} = \omega CV$$

$$\Rightarrow \quad i \propto \omega$$

इसलिए,यदि वि.वा.बल. (emf) की आवृत्ति ω में वृद्धि कर दी जाए, तो प्रथम परिपथ में धारा का मान घट जाएगा तथा दूसरे परिपथ में बढ़ जाएगा।

38 *(c)* जैसा कि हम जानते हैं कि,

$$X_C = \frac{1}{\omega C}$$

परन्तु $\quad \omega = 2\pi f$

$$\therefore \quad X_C = \frac{1}{2\pi f C}$$

$$X_C \propto \frac{1}{f}$$

अतः X_C, ν के व्युत्क्रमानुपाती होती है, अतः सही ग्राफ (c) है।

39 *(c)* दिया गया है, $C = 100$ माइक्रोफैरड

$= 10^{-4}$ फैरड

$R = 40\Omega$

आवृत्ति, $\nu = 60$ हर्ट्ज का उपयोग करने पर,

$$\tan\phi = \frac{X_C}{R} = \frac{1}{\omega CR}$$

$$= \frac{1}{2\pi\nu CR}$$

$$= \frac{1}{2\pi \times 60 \times 10^{-4} \times 40}$$

$$= 0.6634$$

$$\phi = \tan^{-1}(0.6634)$$

$= \frac{33.56 \times \pi}{180}$ रेडियन

अब, समय अन्तराल,

$$\Delta t = \frac{\phi}{\omega} = \frac{\frac{33.56 \times \pi}{180}}{120\pi}$$

$= 1.55 \times 10^{-3}$ सेकण्ड

41 *(a)* श्रेणी *L-C-R* परिपथ के लिए, प्रतिरोध पर लगने वाला emf और धारा एक ही कला में हैं और प्रेरक कुण्डली में कलान्तर $\frac{\pi}{2}$ है।

संधारित्र और प्रेरक पर विभवान्तर का कलान्तर π है तथा प्रतिरोध और संधारित्र पर $\frac{\pi}{2}$ है।

42 *(b)* दिया गया है, $R = 30\Omega$

$X_C = 25\Omega$

$X_L = 25\Omega$

$V_{rms} = 240$ वोल्ट

यहाँ, $\quad X_L = X_C$

अतः $\quad Z = R$

इसीलिए C और L पर विभव पतन शून्य होता है।

अब, इस परिपथ में धारा,

$$I_{rms} = \frac{V_{rms}}{Z}$$

$= \frac{240}{30} = 8$ ऐम्पियर

43 *(a)* श्रेणी *L-C-R* परिपथ में, आपूर्ति वोल्टता होगी

$$V_{rms} = \sqrt{V_R^2 + (V_L - V_C)^2}$$

$$= \sqrt{(40)^2 + (60 - 30)^2}$$

$$= \sqrt{1600 + 900}$$

$= \sqrt{2500} = 50$ वोल्ट

44 *(a)* दिया है, स्रोत वोल्टता (परिणामी वोल्टता)

$V = 120$ वोल्ट

प्रेरक पर वोल्टेज, $V_L = 50$ वोल्ट

प्रतिरोधक पर वोल्टता, $V_R = 40$ वोल्ट

L-C-R परिपथ में ,

$$V = \sqrt{V_R^2 + (V_L - V_C)^2}$$

या $\quad 120 = \sqrt{40^2 + (50 - V_C)^2}$

$$120^2 = 40^2 + (50 - V_C)^2$$

$$\Rightarrow (50 - V_C)^2 = 12800$$

$$\Rightarrow 50 - V_C = 80\sqrt{2}$$

$\Rightarrow \quad V_C = 10(5 - 8\sqrt{2})$ वोल्ट

45 *(a)* दिया गया है, $R = 3\Omega, X_L = 15\Omega, X_C = 11\Omega$,

और $V_{rms} = 10$ वोल्ट

∴ परिपथ के माध्यम से प्रवाहित धारा,

$$i_{rms} = \frac{V_{rms}}{\sqrt{R^2 + (X_L - X_C)^2}}$$

$$= \frac{10}{\sqrt{(3)^2 + (15 - 11)^2}}$$

$= \frac{10}{\sqrt{9 + 16}} = \frac{10}{5} = 2$ ऐम्पियर

श्रेणी संयोजन में, R के सिरों पर विभवान्तर

$V_R = i_{rms} R = 2 \times 3 = 6$ वोल्ट

C के सिरों पर, विभवान्तर

$V_L = i_{rms} X_L = 2 \times 15 = 30$ वोल्ट

L के सिरों पर, $V_C = i_{rms} X_C$

$= 2 \times 11 = 22$ वोल्ट

अतः विभवान्तर,

$$V_{LC} = V_L - V_C$$

$= 30 - 22 = 8$ वोल्ट

47 *(b)* एक श्रेणी *L-C-R* परिपथ में, प्रत्येक अवयव में AC धारा किसी भी समय पर समान होती है, जिसमें समान आयाम और कला होते हैं। फेजर / हमेशा फेजर V_R के समान्तर होता है, कला कोण ϕ, V_R और V के बीच का कोण होता है और जिसे निम्न प्रकार निर्धारित किया जा सकता है

$$\tan\phi = \frac{V_L - V_C}{V_R}$$

जब $V_L > V_C$

प्रतिबाधा आरेख नीचे दिखाया गया है

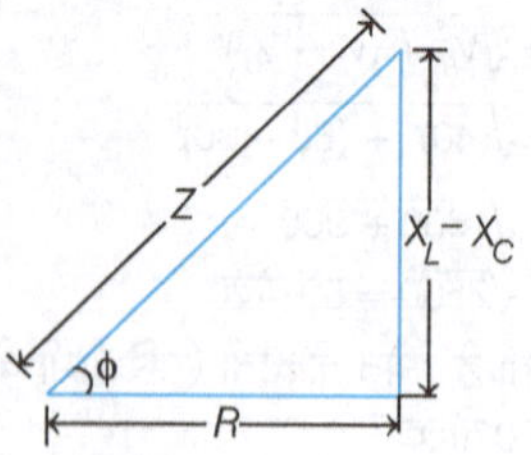

चित्र से प्रतिबाधा,

$$Z = \sqrt{R^2 + (X_L - X_C)^2}$$

जो परिपथ में प्रतिरोध के समतुल्य होता है। अतः विकल्प (b) में दिया गया कथन सही है तथा शेष गलत हैं।

48 ***(b)*** विकल्प (b) में दिया गया कथन गलत है और इसे इस प्रकार सुधारा जा सकता है। यदि ω परिवर्तित होता है, तो एक विशेष आवृत्ति ω_0 पर, $X_C = X_L$ और प्रतिबाधा न्यूनतम ($Z = R$) होती है। इस आवृत्ति को अनुनादी आवृत्ति कहा जाता है और इसे निम्न प्रकार दिया जाता है

$$\omega_0 = \frac{1}{\sqrt{LC}}$$

शेष कथन सही हैं।

49 ***(b)*** परिपथ पर आरोपित प्रत्यावर्ती वोल्टता का समीकरण,

$$V = 40\sqrt{2} \sin \omega t$$

AC वोल्टमीटर, वोल्टता के केवल rms मान को पढ़ता है।

$$\therefore \quad V_{rms} = \frac{V_m}{\sqrt{2}} = 40 \text{ वोल्ट} \quad [\because V_m = 40\sqrt{2}]$$

पुनः प्रश्नानुसार,

$$\sqrt{V_1^2 + V_2^2} = V_{rms}$$

या $\quad 30^2 + V_2^2 = 40^2$

$\therefore V_2$ का पाठ्यांक $= \sqrt{40^2 - 30^2}$

$= 26.45$ वोल्ट

50 ***(c)*** दिया गया है, $V_L = V_C = 300$ वोल्ट, $R = 100\Omega$ और $V_{rms} = 220$ वोल्ट

L-C-R परिपथ में परिणामी वोल्टता ,

$$V_{rms} = \sqrt{(V_L - V_C)^2 + V_R^2}$$

$$220 = \sqrt{(300 - 300)^2 + V_R^2}$$

या $\quad V_R = 220$ वोल्ट

तब, $\quad V_L = V_C = 300$ वोल्ट

$\Rightarrow \quad IX_L = IX_C$

$\Rightarrow \quad X_L = X_C$

अतः दिया गया परिपथ L-C-R श्रेणी अनुनाद परिपथ है।

$$\therefore \quad I_{rms} = \frac{V_R}{R} = \frac{220 \text{ वोल्ट}}{100 \text{ ओम}} = 2.2 \text{ ऐम्पियर}$$

51 ***(a)*** दिया गया है, $V_R = 12$ वोल्ट, $V_C = 5$ वोल्ट माना आरोपित वोल्टता V है।

दिए गए R-C परिपथ में वोल्ट V हो, तो

$$V_{rms} = \sqrt{V_R^2 + V_C^2} = \sqrt{(12)^2 + (5)^2}$$

$$= \sqrt{144 + 25} = \sqrt{169} = 13 \text{ वोल्ट}$$

52 ***(b)*** दिया गया है, $V_m = 300$ वोल्ट

$\omega = 400$ रेडियन/से

$R = 3\Omega$, $L = 20$ मिली हेनरी $= 20 \times 10^{-3}$ हेनरी

और $\quad C = 625$ माइक्रोफैरड

$= 625 \times 10^{-6}$ फैरड

परिपथ की प्रतिबाधा,

$$Z = \sqrt{R^2 + (X_L - X_C)^2}$$

यहाँ, $X_L = \omega L = 400 \times 20 \times 10^{-3} = 8\Omega$

और $X_C = \dfrac{1}{\omega C} = \dfrac{1}{400 \times 625 \times 10^{-6}} = 4\Omega$

$\Rightarrow \quad Z = \sqrt{(3)^2 + (8 - 4)^2} = 5\Omega$

$\therefore$ शिखर धारा, $i_m = \dfrac{V_m}{Z} = \dfrac{300}{5}$

$= 60$ ऐम्पियर

53 ***(c)*** दिया गया है, $R = 200$ ओम,

$C = 15$ माइक्रोफैरड $= 15 \times 10^{-6}$ फैरड

$V_{rms} = 220$ वोल्ट और $\nu = 50$ हट्र्ज

परिपथ की प्रतिबाधा,

$$Z = \sqrt{R^2 + X_C^2} = \sqrt{R^2 + (2\pi\nu C)^{-2}}$$

$$\left[\because X_C = \frac{1}{2\pi\nu C}\right]$$

$$= \sqrt{(200)^2 + (2 \times 3.14 \times 50 \times 15 \times 10^{-6})^{-2}}$$

$$= \sqrt{(200)^2 + (212)^2}$$

$= 291.5\Omega$

इसलिए, परिपथ में धारा

$$i_{rms} = V_{rms}/Z = \frac{220 \text{ वोल्ट}}{291.5 \text{ ओम}}$$

$= 0.755$ ऐम्पियर

54 ***(d)*** यहाँ, $Z = 10\Omega$

$$V_{rms} = \sqrt{V_R^2 + (V_L - V_C)^2}$$

$$= \sqrt{(60)^2 + (90 - 10)^2}$$

$= 100$ वोल्ट

$$I_{rms} = \frac{V_{rms}}{Z} = \frac{100}{10} = 10 \text{ ऐम्पियर}$$

$I_0 = 10\sqrt{2}$ ऐम्पियर

55 ***(d)*** L-C-R परिपथ के लिए यदि $X_C > X_L$ हो, तो धारा वोल्टता से $\frac{\pi}{2}$ अग्रगामी होती है।

56 ***(c)*** दिया गया है, $\phi = 45°$

$$\therefore \quad \tan 45° = \frac{\omega L - \frac{1}{\omega C}}{R}$$

$$\Rightarrow \quad 1 = \frac{\omega L - \frac{1}{\omega C}}{R}$$

$$R = \omega L - \frac{1}{\omega C}$$

$$\Rightarrow \quad \omega C = \frac{1}{\omega L - R}$$

$$\Rightarrow \quad C = \frac{1}{\omega(\omega L - R)}$$

$$= \frac{1}{2\pi\nu(2\pi\nu L - R)}$$

57 ***(a)*** दिया गया है, $R = 300\,\Omega$, $L = \left(\frac{1}{\pi}\right)$ हेनरी,

$V = 20$ वोल्ट और $\nu = 200$ हट्र्ज

यदि R-L परिपथ के लिए V और I के बीच का कलान्तर ϕ है, तो

$$\tan\phi = \frac{\omega L}{R} = \frac{2\pi\nu L}{R}$$

$$= \frac{2\pi \times 200}{300} \times \frac{1}{\pi} = \frac{4}{3}$$

$\Rightarrow \quad \phi = \tan^{-1}(4/3)$

58 ***(a)*** हम जानते हैं कि, श्रेणी R-C परिपथ के लिए,

$$V^2 = V_C^2 + V_R^2$$

दिया है, $V = 10$ वोल्ट और $V_C = 8$ वोल्ट

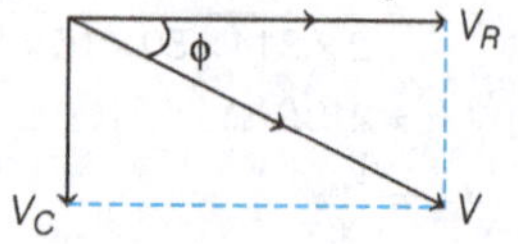

$$100 = 64 + V_R^2$$

$$V_R^2 = 36$$

$$V_R = 6 \text{ वोल्ट}$$

तथा $\quad \tan\phi = \dfrac{V_C}{V_R} \Rightarrow \tan\phi = \dfrac{8}{6}$

$$\tan\phi = \frac{4}{3}$$

$$\therefore \quad \phi = \tan^{-1}\left(\frac{4}{3}\right)$$

59 ***(a)*** कोणीय आवृत्ति ω पर, R-C परिपथ में धारा निम्न प्रकार से दी जाती है

$$I_{rms} = \frac{V_{rms}}{\sqrt{R^2 + \left(\frac{1}{\omega C}\right)^2}} \quad \ldots(i)$$

जब स्रोत की आवृत्ति को $\frac{\omega}{3}$ में परिवर्तित किया जाता है, तब

$$\frac{I_{rms}}{2} = \frac{V_{rms}}{\sqrt{R^2 + \left[\frac{1}{\omega C/3}\right]^2}}$$

$$= \frac{V_{rms}}{\sqrt{R^2 + \frac{9}{\omega^2 C^2}}} \quad \text{...(ii)}$$

समी (i) को समी (ii) से विभाजित करने पर,

$$\frac{I_{rms}}{\frac{I_{rms}}{2}} = \frac{V_{rms}}{\sqrt{R^2 + \frac{1}{\omega^2 C^2}}} \times \frac{\sqrt{R^2 + 9/\omega^2 C^2}}{V_{rms}}$$

$$\Rightarrow 4\left(R^2 + \frac{1}{\omega^2 C^2}\right) = R^2 + \frac{9}{\omega^2 C^2}$$

$$3R^2 = \frac{5}{\omega^2 C^2}$$

$$\Rightarrow \frac{1}{\omega CR} = \sqrt{\frac{3}{5}}$$

$$\Rightarrow \frac{X_C}{R} = \sqrt{\frac{3}{5}} \quad \left[\because X_C = \frac{1}{\omega C}\right]$$

60 *(a)* धारा अपरिवर्तित रखी जाती है।

$V_L = i \times (2\pi\nu L)$

या $V_L \propto \nu$ (सीधी रेखा)

$V_C = i \times \left(\frac{1}{2\pi\nu C}\right)$

या $V_C \propto \frac{1}{\nu}$ (आयताकार अतिपरवलय

61 *(a)* दिया है, $V = V_0 \sin 100t$

$\omega = 100$ रेडियन/से

यहाँ कलान्तर $\frac{\pi}{4}$ है, अतः परिपथ R-C हो सकता है।.

$$\therefore \tan\phi = \frac{X_C}{R} = \frac{1}{\omega CR}$$

$$\tan\frac{\pi}{4} = \frac{1}{\omega CR}$$

$$CR = \frac{1}{\omega} = \frac{1}{100}$$

$$\Rightarrow C = \frac{1}{100R}$$

यदि $R = 1 k\Omega = 1 \times 10^3 \Omega$, तब

$C = \frac{1}{100 \times 10^3} = 10^{-5}$ फैरड

$= 10 \times 10^{-6}$ फैरड

$= 10$ माइक्रोफैरड

62 *(b)* दिया गया है, $L = 1$ मिली हेनरी

$= 1 \times 10^{-3}$ हेनरी

और $C = 1$ नैनोफैरड $= 1 \times 10^{-9}$ फैरड

R-L-C श्रेणी परिपथ की अनुनादी आवृत्ति,

$$\omega_0 = \frac{1}{\sqrt{LC}} = \frac{1}{\sqrt{1 \times 10^{-3} \times 1 \times 10^{-9}}}$$

$= 1 \times 10^6$ रेडियन/से

63 *(b)* दिया गया है, $C = 80$ माइक्रोफैरड

$= 80 \times 10^{-6}$ फैरड, $L = 5$ हेनरी और

$R = 40\,\Omega$

अनुनाद पर, स्रोत आवृत्ति,

$$\nu = \frac{1}{2\pi\sqrt{LC}}$$

$$\therefore \nu = \frac{1}{2 \times \pi \times \sqrt{5 \times 80 \times 10^{-6}}}$$

$$= \frac{1}{2 \times \pi \sqrt{(400 \times 10^{-6})}}$$

$$= \frac{1}{2 \times \pi \times 2 \times 10^{-2}}$$

$= \frac{100}{\pi \times 4} = \frac{25}{\pi}$ हर्ट्ज

64 *(c)* अनुनाद पर $X_L = X_C$

$$\Rightarrow \omega L = \frac{1}{\omega C}$$

$$\Rightarrow \omega = \frac{1}{\sqrt{LC}}$$

चूँकि, अनुनादी आवृत्ति अपरिवर्तित रहती है।

$\sqrt{LC}$ = नियत

$\Rightarrow L_1 C_1 = L_2 C_2$

$\Rightarrow LC = L_2 (2C)$ (दिया गया है)

$\Rightarrow L_2 = L/2$

65 *(a)* दिया गया है, $L = 8$ मिली हेनरी

$= 8 \times 10^{-3}$ हेनरी,

$C = 20$ माइक्रोफैरड $= 20 \times 10^{-6}$ फैरड,

$R = 44\Omega$

और $V_{rms} = 220$ वोल्ट

श्रेणी L-C-R परिपथ की कोणीय अनुनाद आवृत्ति,

$$\omega_0 = \frac{1}{\sqrt{LC}}$$

$$= \frac{1}{\sqrt{8 \times 10^{-3} \times 20 \times 10^{-6}}}$$

$= 2500$ रेडियन/से

अनुनाद धारा $= V_m / R = \frac{V_{rms}\sqrt{2}}{R}$

$= \frac{220\sqrt{2}}{44} = 5\sqrt{2}$ ऐम्पियर

66 *(b)* दिया गया है, $V_R = 100$ वोल्ट, $R = 1 k\Omega$

$= 1000\,\Omega$, $C = 2$ माइक्रोफैरड

$= 2 \times 10^{-6}$ फैरड और $\omega = 200$ रेडियन/से

अनुनाद पर, $X_L = X_C$

या $\omega L = \frac{1}{\omega C}$

या $L = \frac{1}{\omega^2 C} = \frac{1}{(200)^2 \times 2 \times 10^{-6}}$

$= 12.5$ हेनरी

$I_0 = \frac{V_R}{R} = \frac{100}{1000} = 0.1$ ऐम्पियर

$\therefore V_L = I_0 X_L = I_0 \omega L$

$= (0.1)(200)(12.5)$

$= 250$ वोल्ट

67 *(a)* दिया गया है, $R = 10\,\Omega$, $X_C = 60\,\Omega$

$V = 300$ वोल्ट और $\nu = 100$ हर्ट्ज

कोणीय वेग, $\omega_0 = 2\pi\nu = 2\pi \times 100$

$\omega_0 = 2 \times 3 \times 100 = 600$ रेडियन/से

$(\because \pi = 3)$

अब, $\omega_0 = \frac{1}{\sqrt{LC}}$ ...(i)

तथा $X_C = \frac{1}{C\omega_0} = 60\Omega$

$$\Rightarrow C = \frac{1}{\omega_0 \times 60} = \frac{1}{600 \times 60}$$

$\Rightarrow C = \frac{1}{36 \times 10^3}$ फैरड

समी (i) में मान रखने पर,

$$600 = \frac{1}{\sqrt{L\left(\frac{1}{36 \times 10^3}\right)}}$$

$$\Rightarrow 36 \times 10^4 = \frac{36 \times 10^3}{L}$$

$\Rightarrow L = \frac{36 \times 10^3}{36 \times 10^4} = \frac{1}{10} = 0.1$ हेनरी

69 *(a)* दिए गए परिपथ आरेख में, प्रेरकत्व L के दोनों प्रेरक एक-दूसरे के समान्तर हैं, अतः

$$L_{\text{तुल्य}} = \frac{L_1 L_2}{L_1 + L_2} = \frac{L \cdot L}{L + L} = \frac{L}{2}$$

इसी प्रकार, $C_{\text{तुल्य}} = C_1 + C_2$

$= C + C = 2C$

$\therefore$ अनुनाद आवृत्ति,

$$\omega_r = \frac{1}{\sqrt{L_{\text{तुल्य}} \cdot C_{\text{तुल्य}}}} = \sqrt{\frac{1}{\frac{L}{2} . 2C}} = \sqrt{\frac{1}{LC}}$$

70 *(c)* $X_L = \omega L = 2000 \times 5 \times 10^{-3}$

$= 10\Omega$

$$X_C = \frac{1}{\omega C} = \frac{1}{2000 \times 50 \times 10^{-6}} = 10\Omega$$

अनुनाद पर,

$$X_L = X_C$$

$$i = \frac{V}{R} = \frac{20/\sqrt{2}}{10} = \sqrt{2} \text{ ऐम्पियर}$$

$$i = 1.4 \text{ ऐम्पियर}$$

$$V = iR = 1.4 \times 4 = 5.6 \text{ वोल्ट}$$

71 *(b)* माना परिपथ में धारा I है।

अब वोल्टमीटर 1 का पाठ्यांक, $V_1 = \frac{I}{R}$ है, जो शून्य नहीं है

अनुनाद स्थिति में,

$$X_L - X_C = 0$$

तो, वोल्टमीटर 2 का पाठ्यांक,

$$V_2 = \frac{I}{Z} = \frac{I}{0} = 0$$

वोल्टमीटर 3 का पाठ्यांक स्रोत AC धारा के विभवान्तर के बराबर होता है। इसलिए यह भी शून्य नहीं है। अतः विकल्प (b) सही उत्तर है।

73 *(c)* दिया गया है, $P = 600$ वाट, $V = 220$ वोल्ट

इसके अतिरिक्त AC वोल्टता,

$$V = 169\sin(314t + 60°)$$

AC वोल्टता के लिए सामान्य समीकरण है,

$$V = V_m \sin(\omega t + \phi)$$

इसकी तुलना प्रश्न में दिए गए समीकरण से करने पर,

$V_m = 169$ वाट $\omega = 314$ रेडियन/से, $\theta = 60°$

$$V_{rms} = \frac{V_m}{\sqrt{2}} = \frac{169}{\sqrt{2}} = 119.5 \text{ वोल्ट}$$

विद्युत लैम्प की शक्ति,

$$P = \frac{V^2}{R}$$

$$\Rightarrow \quad R = \frac{V^2}{P} = \frac{(220)^2}{600}$$

$$i_{rms} = \frac{V_{rms}}{R} = \frac{119.5 \times 600}{(220)^2}$$

$$(\because V_{rms} = i_{rms} R)$$

$$= 1.48 \text{ ऐम्पियर}$$

74 *(d)* श्रेणी L-C-R परिपथ में धारा का आयाम निम्न प्रकार द्वारा दिया जाता है।

$$i_m = \frac{V_m}{Z} = \frac{V_m}{\sqrt{R^2 + \left(\omega L - \frac{1}{\omega C}\right)^2}} \quad \ldots(i)$$

$$\text{तब,} \quad i_m = \frac{I_{\text{अधिकतम}}}{\sqrt{2}}$$

$$\Rightarrow \quad I_{\text{अधिकतम}} = i_m\sqrt{2}$$

$$\Rightarrow \quad \frac{V_m}{R} = i_m\sqrt{2}$$

$$\Rightarrow \quad i_m = \frac{V_m}{\sqrt{2}R} \quad \ldots(ii)$$

समी (i) और सेमी (ii) से,

$$\Rightarrow \frac{1}{2} \cdot \frac{V_m^2}{R^2} = \frac{V_m^2}{R^2 + (\omega L - 1/\omega C)^2}$$

$$\Rightarrow \quad 2R^2 = R^2 + \left(\omega L - \frac{1}{\omega C}\right)^2$$

$$\Rightarrow \quad R^2 = (\omega L - 1/\omega C)^2$$

$$\Rightarrow \quad R = (\omega L - 1/\omega C) \quad \ldots(iii)$$

यदि V और I के बीच कलान्तर ϕ है, तब

$$\Rightarrow \quad \tan\phi = \frac{\omega L - \frac{1}{\omega C}}{R} = \frac{\left(\omega L - \frac{1}{\omega C}\right)}{\left(\omega L - \frac{1}{\omega C}\right)} = 1$$

[समी (iii)]

$$\Rightarrow \quad \tan\phi = 1 = \tan 45°$$

$$\phi = 45°$$

शक्ति क्षय, $P = i_m^2 Z \cos\phi$

$$= \frac{I^2_{\text{अधिकतम}} \times \sqrt{R^2 + \left(\omega L - \frac{1}{\omega C}\right)^2}}{2} \times \cos 45°$$

$$= \frac{I^2_{\text{अधिकतम}} \times \sqrt{R^2 + R^2}}{2} \times \frac{1}{\sqrt{2}}$$

$$= \frac{I^2_{\text{अधिकतम}} \times \sqrt{2}R}{2} \times \frac{1}{\sqrt{2}} = \frac{I^2_{\text{अधिकतम}} R}{2} = \frac{P_{\text{अधिकतम}}}{2}$$

इस प्रकार, परिपथ द्वारा क्षय शक्ति आधी हो जाती है।

75 *(b)* लैम्प द्वारा खपत की गई शक्ति,

$$P = (1/2)\, V_m i_m \cos\phi$$

$$\Rightarrow \quad P = P_{\text{शिखर}} \cdot \cos\phi$$

दिया गया है, $P = P_{\text{शिखर}}$ का $50\% = \frac{1}{2} P_{\text{शिखर}}$

$$\Rightarrow \quad \frac{1}{2}(P_{\text{शिखर}}) = P_{\text{शिखर}} \cos\phi$$

$$\Rightarrow \quad \cos\phi = \frac{1}{2} \Rightarrow \phi = \frac{\pi}{3}$$

$\therefore$ आरोपित वोल्टता और परिपथ धारा के बीच कलान्तर $\frac{\pi}{3}$ होता है।

76 *(c)* दिया गया है, $\phi = \frac{\pi}{3}$

यहाँ, कलान्तर, $\tan\phi = \frac{X_L - X_C}{R}$

जब L हटा दिया जाता है, तब

$$\tan \pi/3 = \sqrt{3} = X_C/R$$

$$\Rightarrow \quad X_C = \sqrt{3}R$$

जब C हटा दिया जाता है, तब

$$\tan\frac{\pi}{3} = \sqrt{3} = \frac{X_L}{R}$$

$$\Rightarrow \quad X_L = \sqrt{3}R$$

अतः अनुनादी परिपथ में,

$$\tan\phi = \frac{\sqrt{3}R - \sqrt{3}R}{R} = 0$$

$$\Rightarrow \quad \phi = 0$$

$\therefore$ शक्ति गुणांक $= \cos\phi = \cos 0° = 1$

77 *(a)* दिया गया है,

$$V = 5\cos\omega t$$

$$= 5\sin\left(\omega t + \frac{\pi}{2}\right)$$

और $\quad i = 2\sin\omega t$

उपकरण में क्षय हुई शक्ति,

$$P = V_{rms} \times i_{rms} \times \cos\phi = 0$$

(चूँकि, $\phi = \frac{\pi}{2}$ इसीलिए $\cos\phi = \cos\frac{\pi}{2} = 0$)

78 *(c)* दिया गया है, $\varepsilon = (200\sin 374t)$ वोल्ट

और $\quad I = \sin(314t + \pi/3)$ ऐम्पियर

$\therefore \quad \phi = \frac{\pi}{3}$, $V_m = 200$ वोल्ट, $I_m = 1$ ऐम्पियर

$$V_{rms} = \frac{V_m}{\sqrt{2}} = \frac{200}{\sqrt{2}}$$

$$i_{rms} = \frac{I_m}{\sqrt{2}} = \frac{1}{\sqrt{2}}$$

$\therefore$ औसत शक्ति की खपत,

$$P = V_{rms}\, i_{rms} \cos\phi$$

$$= \frac{200}{\sqrt{2}} \cdot \frac{1}{\sqrt{2}} \cos\pi/3$$

$$= \frac{200}{2} \times \frac{1}{2} = 50 \text{ वाट}$$

79 *(d)* चूँकि, $Z = \sqrt{R^2 + X_L^2}$

$$= \sqrt{R^2 + (2\pi fL)^2}$$

तथा $\quad i = \frac{V}{Z}$ और $P = i^2 R$

जब लोहे की छड़ डाली जाती है, तो कुण्डली का प्रेरकत्व L बढ़ जाता है, जिससे प्रतिबाधा Z बढ़ जाती है और फलस्वरूप धारा i तथा परिपथ की शक्ति P कम हो जाती है। अतः बल्ब की चमक कम हो जाती है।

80 *(c)* AC परिपथ का शक्ति गुणांक निम्न प्रकार दिया जाता है

$$\cos\phi = \frac{R}{Z} \quad \ldots(i)$$

जहाँ, R प्रयुक्त प्रतिरोध है और Z परिपथ की प्रतिबाधा है।

$$Z = \sqrt{R^2 + (X_L - X_C)^2} \quad \ldots(ii)$$

समी (i) और (ii) से,

$$\cos\phi = \frac{R}{\sqrt{R^2 + (X_L - X_C)^2}}$$

दिया गया है,

$R = 8\,\Omega,\ X_L = 31\,\Omega,\ X_C = 25\,\Omega$

$\therefore \cos\phi = \dfrac{8}{\sqrt{(8)^2 + (31-25)^2}}$

$= \dfrac{8}{\sqrt{64+36}} = \dfrac{8}{10}$

अतः $\cos\phi = 0.80$

81 *(c)* दिया गया है, प्रेरकत्व,

$L = 20$ मिली हेनरी $= 20\times 10^{-3}$ हेनरी

धारिता, $C = 100$ माइक्रोफैरड

$= 100\times 10^{-6}$ फैरड $= 10^{-4}$ फैरड

प्रतिरोध, $R = 50\,\Omega$

emf, $V = 10\sin 314t$ ...(i)

emf का सामान्य समीकरण निम्न है

$V = V_m \sin \omega t$ ...(ii)

समी. (i) और (ii) की तुलना करने पर,

$V_m = 10$ वोल्ट, $\omega = 314$ रेडियन/से

इससे सम्बद्ध शक्ति क्षय (हानि),

$P = V_{rms} I_{rms} \cos\phi$

$= V_{rms}\left(\dfrac{V_{rms}}{Z}\right)\left(\dfrac{R}{Z}\right)$

$= \left(\dfrac{V_{rms}}{Z}\right)^2 R = \left(\dfrac{V_m}{\sqrt{2}\cdot Z}\right)^2 R$ ...(iii)

प्रतिबाधा, $Z = \sqrt{R^2 + (X_L - X_C)^2}$

$= \sqrt{R^2 + \left(\omega L - \dfrac{1}{\omega C}\right)^2}$ ...(iv)

उपरोक्त दिए गए मानों को समी (iv) में प्रतिस्थापित करने पर,

$Z = \sqrt{(50)^2 + \left[314\times 20\times 10^{-3} - \dfrac{1}{314\times 10^{-4}}\right]^2}$

$= \sqrt{2500 + [6280\times 10^{-3} - 0.00318\times 10^4]^2}$

$= \sqrt{2500 + (25.56)^2}$

$= 56.15\,\Omega \approx 56\,\Omega$

अब, इस मान को समी. (iii) में प्रतिस्थापित करने पर,

$P = \left(\dfrac{10}{\sqrt{2}\times 56}\right)^2 \times 50$

$= \dfrac{100}{2\times 3136}\times 50 = 0.79$ वाट

इस प्रकार, परिपथ में शक्ति हानि 0.79 वाट है।

82 *(d)* दिया गया है, $R = 3\,\Omega$, $L = 25$ मिली हेनरी $= 25\times 10^{-3}$ हेनरी,

$C = 400$ माइक्रोफैरड $= 400\times 10^{-6}$ फैरड

और $V = 283$ वोल्ट

वह आवृत्ति जिस पर अधिकतम शक्ति क्षय होती है,

$\nu = \dfrac{1}{2\pi\sqrt{LC}}$

$= \dfrac{1}{2\times 3.14\sqrt{25\times 10^{-3}\times 400\times 10^{-6}}}$

$= \dfrac{1}{2\times 3.14\sqrt{10^{-5}}}$

$= 50.3$ हर्ट्ज

83 *(c)* दिया गया है, $I_{rms} = 2$ ऐम्पियर

वाट रहित धारा, $I_W = \sqrt{3}$ ऐम्पियर

जैसा कि हम जानते हैं कि, वाट रहित धारा,

$I_w = I_{rms}\sin\phi$

$\sin\phi = \dfrac{I_w}{I_{rms}} = \dfrac{\sqrt{3}}{2}$

$\sin\phi = \sin 60^\circ$

$\therefore \phi = 60^\circ$

अब, शक्ति गुणांक $= \cos\phi$

$= \cos 60^\circ = \dfrac{1}{2}$

84 *(d)* दिया गया है,

$L = 200$ मिली हेनरी $= 0.2$ हेनरी

$C = 500$ माइक्रोफैरड $= 5\times 10^{-4}$ फैरड

$R = 10\Omega$

शक्ति गुणांक, $\cos\phi = 1$

$\because \cos\phi = R/Z$

$1 = R/Z \Rightarrow R = Z$

$R = \sqrt{R^2 + (X_L - X_C)^2}$

$R^2 = R^2 + (X_L - X_C)^2$

$X_L - X_C = 0$

$2\pi\nu L - \dfrac{1}{2\pi\nu C} = 0$

$\nu = \dfrac{1}{2\pi\sqrt{LC}}$

$= \dfrac{1}{2\times 3.14\sqrt{0.2\times 5\times 10^{-4}}}$

$= 15.9$ हर्ट्ज

85 *(c)* दिया गया है, $R_1 = 40\Omega$

$R_2 = 40\Omega$

$X_C = 40\Omega$

$X_L = 100\Omega$

अब, कुल प्रतिरोध,

$R = R_1 + R_2 = 40 + 40 = 80\Omega$

परिपथ की प्रतिबाधा,

$Z = \sqrt{R^2 + (X_L - X_C)^2}$

$= \sqrt{80^2 + (100-40)^2}$

$= \sqrt{6400 + 3600} = 100\Omega$

शक्ति गुणांक,

$\cos\phi = \dfrac{R}{Z} = \dfrac{80}{100} = 0.8$

86 *(d)* दिया गया है,

$L = 20$ मिली हेनरी, $C = 120$ माइक्रोफैरड

$R = 60\Omega$

इस श्रेणी परिपथ की प्रतिबाधा,

$Z = \sqrt{R^2 + (X_L - X_C)^2}$ ...(i)

$\because X_L = \omega L = (2\pi\nu)(L)$

$= 2\pi\times 50\times 20\times 10^{-3}\,\Omega$

$X_L = 6.28\Omega$ ...(ii)

एवं $X_C = \dfrac{1}{\omega C} = \dfrac{1}{2\pi\nu C}$

$= \dfrac{1}{2\pi\times 50\times 120\times 10^{-6}}$

$= \dfrac{250}{3\pi}\Omega$ ...(iii)

एवं $X_L - X_C = \left(6.28 - \dfrac{250}{3\pi}\right)$

$= -20.23\,\Omega$ ...(iv)

परिपथ में धारा का RMS मान,

$I_{rms} = \dfrac{V_{rms}}{Z} = \dfrac{24}{\sqrt{R^2 + (X_L - X_C)^2}}$

$I_{rms} = \dfrac{24}{\sqrt{60^2 + (-20.23)^2}} = \dfrac{24}{63.18}$

$I_{rms} = 0.379$ ऐम्पियर

इसलिए, ऊर्जा क्षय,

$E = I_{rms}^2 \times R\times t$

$= (0.379)^2\times 60\times 60$

$= 517.10 = 5.17\times 10^2$ जूल

87 *(c)* विकल्प में दिया गया कथन (c) सही है और शेष कथन गलत है और इन्हें इस प्रकार ठीक किया जा सकता है। प्राथमिक और द्वितीयक कुण्डलियों को एक के ऊपर एक लपेटने से फ्लक्स क्षरण कम हो जाता है। मोटे तार का उपयोग करके कुण्डलनों का प्रतिरोध कम किया जाता है। चुम्बकीय सामग्री का उपयोग करके शैथिल्य को कम किया जाता है, क्योंकि चुम्बकीय फ्लक्स, चुम्बकीय सामग्री के माध्यम से आसानी से गुजरता है।

88 *(c)* हमें उच्च प्रत्यावर्ती वोल्टता पर बड़ी दूरी पर ऊर्जा (शक्ति) संचरित करनी है, इसीलिए दी गई नियत शक्ति (*P*) के लिए, तारों के द्वारा प्रवाहित धारा कम होगी। इसके लिए, संचरण लाइनों को मोटा बनाया जाता है।

जैसे $P = E_{rms} i_{rms}$,

i_{rms} निम्न है, जब E_{rms} उच्च है

जैसे शक्ति क्षय $= i^2_{rms} R =$ निम्न ($\because i_{rms}$ निम्न है)

अर्थात्

अब, अपचायी ट्रान्सफॉर्मर का उपयोग करके प्राप्त करने वाले सिरे पर उच्च वोल्टेज को कम किया जाता है।

इसलिए, विकल्प (c) में दिया गया कथन गलत है और शेष सभी सही हैं।

89 *(c)* दिया है, $\varepsilon_p = 2300$ वोल्ट,

$N_p = 4000$ और $\varepsilon_s = 230$ वोल्ट

मान लीजिए N_s द्वितीयक कुण्डली में आवश्यक फेरों की संख्या हो, तब

$$\frac{\varepsilon_s}{\varepsilon_p} = \frac{N_s}{N_p}$$

$$\Rightarrow N_s = N_p\left(\frac{\varepsilon_s}{\varepsilon_p}\right)$$

$$= 4000\left(\frac{230}{2300}\right) = 400$$

90 *(c)* दिया है, $\varepsilon_p = 220$ वोल्ट

$\varepsilon_p = 22$ वोल्ट

और $Z = 220\,\Omega$

यदि द्वितीयक कुण्डली द्वारा प्रवाहित धारा i_s है, तो

$$i_s = \frac{\varepsilon_s}{Z} = \frac{22 \text{ वोल्ट}}{220 \text{ ओम}} = 0.1 \text{ ऐम्पियर}$$

हम जानते हैं कि $\varepsilon_p i_p = \varepsilon_s i_s$

जहाँ, i_p प्राथमिक कुण्डली द्वारा खींची गई धारा है।

इस प्रकार, $220 \times i_p = 22 \times 0.1$ ऐम्पियर

$\Rightarrow i_p = 0.01$ ऐम्पियर

91 *(b)* दिया है,

$V_p = 110$ वोल्ट,

$k = \frac{N_s}{N_p} = 10$

और $R_s = 550\,\Omega$

$$V_s = V_p \times \frac{N_s}{N_p}$$

$$= 110 \times 10 = 1100 \text{ वोल्ट}$$

द्वितीयक कुण्डली से प्रवाहित धारा,

$$i_s = \frac{V_s}{R_s} = \frac{1100}{550} = 2 \text{ ऐम्पियर}$$

92 *(d)* एक आदर्श ट्रान्सफॉर्मर में, कोई ऊर्जा क्षति नहीं होती है और फ्लक्स पूर्ण रूप से चुम्बकीय कोर के अन्दर सीमित रहता है, अर्थात् सही प्रकार ये युग्मित होता है। इसीलिए, सभी निवेशी शक्ति, निर्गत के सिरों पर दिखाई देती हैं।

$$\frac{P_{\text{निर्गत}}}{P_{\text{निवेशी}}} = 1 \text{ या } P_{\text{निर्गत}} : P_{\text{निवेशी}} = 1:1$$

93 *(a)* दिया है, प्राथमिक में फेरों की संख्या,

$N_1 = 300$

द्वितीयक कुण्डली में फेरों की संख्या,

$N_2 = 150$

निर्गत शक्ति, $P_2 = 2.2$ किलोवाट

$= 2.2 \times 10^3$ वाट

द्वितीयक कुण्डली में धारा, $I_2 = 10$ ऐम्पियर

निर्गत शक्ति, $P_2 = I_2 V_2$

$$\Rightarrow V_2 = \frac{P_2}{I_2} = \frac{2.2 \times 10^3}{10} = 220 \text{ वोल्ट} \quad \ldots \text{(i)}$$

हम जानते हैं कि

$$\frac{N_1}{N_2} = \frac{\text{निवेशी वोल्टता}}{\text{निर्गत् वोल्टता}} = \frac{V_1}{V_2}$$

$$\Rightarrow V_1 = \left(\frac{N_1}{N_2}\right) V_2$$

$$\Rightarrow V_1 = \left(\frac{300}{150}\right) \times (220)$$

[समी (i) का उपयोग करके]

$V_1 = 440$ वोल्ट ... (ii)

पुनः $\frac{V_1}{V_2} = \frac{I_2}{I_1}$

$$\Rightarrow I_1 = \left(\frac{V_2}{V_1}\right) I_2 = \frac{220}{440} \times 10$$

[समी (i) व समी (ii) का उपयोग करके]

$\Rightarrow I_1 = 5$ ऐम्पियर

94 *(a)* एक ट्रान्सफॉर्मर के फेरों का अनुपात दिया गया है,

$$\frac{N_1}{N_2} = \frac{50}{1}$$

$\Rightarrow N_1 = 50 N_2$

चूँकि, $\frac{N_1}{N_2} = \frac{V_1}{V_2}$,

$$\Rightarrow 50 = \frac{120}{V_2} [V_1 = 120 \text{ वोल्ट (दिया गया है)}]$$

$$\Rightarrow V_2 = \frac{12}{5} \text{ वोल्ट}$$

द्वितीयक कुण्डली पर निर्गत शक्ति,

$$P_s = \frac{V_2^2}{R_2} = \frac{\left(\frac{12}{5}\right)^2}{1} = \frac{144}{25} = 5.76 \text{ वाट}$$

[$R_2 = 1\Omega$ (दिया गया है)]

95 *(b)* दिया गया है, $P_o = 140$ वाट, $V_0 = 24$ वोल्ट,

$V_i = 240$ वोल्ट और $i_L = 0.7$ ऐम्पियर

ट्रांसफॉर्मर की निवेश शक्ति,

$P_i = V_i \times i_L = 240 \times 0.7 = 168$ वाट

ट्रांसफॉर्मर की दक्षता,

$$\eta = \frac{P_o}{P_i} \times 100 = \frac{140}{168} \times 100 \approx 80\%$$

96 *(b)* दिया गया है, प्रारम्भिक शक्ति,

$P_1 = 3$ किलोवाट $= 3000$ वाट

$V_1 = 200$ वोल्ट और $i_2 = 6$ ऐम्पियर

चूँकि दक्षता 90% है, तब अन्तिम शक्ति,

$$P_2 = P_1 \times \frac{\eta}{100} = 3000 \times \frac{90}{100}$$

$= 2700$ वाट

$P_1 = V_1 i_1 = 3000$ वाट

$$\Rightarrow i_1 = \frac{P_1}{V_1} = \frac{3000}{200} = 15 \text{ ऐम्पियर}$$

तथा $P_2 = V_2 i_2 = 2700$ वाट

$$\Rightarrow V_2 = \frac{P_2}{i_2} = \frac{2700}{6} = 450 \text{ वोल्ट}$$

97 *(c)* $\eta = \frac{\text{निवेशी वोल्टता}}{\text{निर्गत वोल्टता}}$

$$P_{\text{निर्गत}} = \frac{880}{88} \times 100 = 1000 \text{ वाट}$$

$$I_{\text{निवेशी}} = \frac{1000}{2200} = 0.4545 \text{ ऐम्पियर}$$

98 *(b)* दिया है, शक्ति, $P = 800 \times 10^3$ वाट

तार का प्रति किमी प्रतिरोध $= 0.5\Omega$

तारों का कुल प्रतिरोध,

$R = 0.5 \times 15 \times 2 = 15\Omega$

यहाँ, निवेशी वोल्टता, $V_{rms} = 4000$ वोल्ट

$$\therefore I_{rms} = \frac{P}{V_{rms}} = \frac{800 \times 10^3}{4000} = 200 \text{ ऐम्पियर}$$

लाइन शक्ति क्षय,

$= I^2_{rms} R = 200^2 \times 15 = 600$ किलोवाट

अभिकथन-कारण प्रश्न

3 *(c)* प्रेरकीय प्रतिघात, धारा के प्रेरकत्व और आवृत्ति के समानुपाती होता है।

$$X_L = \omega L = 2\pi\nu L$$

अतः AC स्रोत की आवृत्ति बढ़ने पर यह बढ़ जाता है।

5 *(a)* धारितीय प्रतिघात, आवृत्ति के व्युत्क्रमानुपाती होता है।

$$X_C = \frac{1}{\omega C} = \frac{1}{2\pi\nu C}$$

चूँकि DC की कोई आवृत्ति नहीं होती, अर्थात्

$f = 0$

अतः $X_C = \infty$.

इसीलिए, संधारित्र से कोई DC धारा प्रवाहित नहीं होती है लेकिन AC कुछ आवृत्ति के साथ ज्या फलन के समान परिवर्तित होती है। इसलिए, यह संधारित्र से आसानी से गुज़रती है।

अतः संधारित्र DC के लिए एक अवरोध के रूप में कार्य करता है और AC के लिए एक आसान पथ प्रदान करता है।

6 **(a)** जब किसी लोड में पश्चगामी (प्रेरकीय) प्रतिक्रियाशील शक्ति होती है, तो समान्तर में एक संधारित्र को जोड़कर शक्ति गुणांक को कम कर सकते हैं, यह अग्रगामी (धारितीय) प्रतिक्रियाशील शक्ति प्रदान करता है, जो पश्चगामी प्रतिक्रियाशील शक्ति का विरोध करता है और इस प्रकार शक्ति गुणांक में सुधार करता है।

7 **(b)** एक श्रेणी R-L-C परिपथ में धारा और वोल्टता के बीच कलान्तर है

$$\phi = \tan^{-1}\left(\frac{X_C - X_L}{R}\right)$$

अतः यदि $X_C > X_L$, ϕ धनात्मक है और परिपथ मुख्य रूप से धारितीय है, तो परिपथ में धारा स्रोत वोल्टता से अग्रगामी होती है।

यदि $X_C < X_L$, ϕ ऋणात्मक है और परिपथ मुख्य रूप से प्रेरकीय है, तो परिपथ में धारा स्रोत वोल्टता से पश्चगामी रहती है।

8 **(a)** L-C-R परिपथ में परिणामी वि.वा.ब. (emf) निम्न प्रकार दिया जाता है

$$E = \sqrt{V_R^2 + (V_L - V_C)^2}$$

दिया है, $V_R = 8$ वोल्ट, $V_L = 6$ वोल्ट

और $V_C = 10$ वोल्ट

$\Rightarrow E = \sqrt{(8)^2 + (16 - 10)^2}$

$\Rightarrow E = \sqrt{64 + 36}$

$\Rightarrow E = 10$ वोल्ट

9 **(a)** यह ध्यान रखना महत्वपूर्ण है कि अनुनाद घटना केवल उस परिपथ द्वारा प्रदर्शित होती है जिसमें L और C दोनों परिपथ में उपस्थित होते हैं।

L और C के सिरों पर वोल्टता एक-दूसरे को निरस्त (Cancel) (दोनों कला से बाहर होना) करते हैं और धारा आयाम V_m/R है। इसका अर्थ है कि हम R-L या R-C परिपथ में अनुनाद नहीं कर सकते हैं।

$$V = \sqrt{V_R^2 + (V_L - V_C)^2} = V_R \quad (\because V_L = V_C)$$

अतः अनुनाद पर कुल स्रोत वोल्टता R के सिरों पर प्रदर्शित होता है।

10 **(d)** एक ट्रान्सफॉर्मर ऊर्जा संरक्षण के नियम का उल्लंघन किए बिना वोल्टता को बढ़ा (उच्चायी में) सकता है या वोल्टता को घटा (अपचायी में) सकता है। ट्रांसफॉर्मर अन्योन्य प्रेरण के सिद्धान्त पर कार्य करते हैं, जहाँ प्राथमिक कुण्डली में परिवर्तित चुम्बकीय क्षेत्र द्वितीयक कुण्डली में वोल्टता को प्रेरित करता है। द्वितीयक कुण्डली में वोल्टता परिवर्तन को धारा में परिवर्तन द्वारा सन्तुलित किया जाता है ताकि यह सुनिश्चित हो सके कि ऊर्जा संरक्षित है।

कथन आधारित प्रश्न

1 **(a)** जब शुद्ध संधारित्र को प्रत्यावर्ती वि.वा.ब. (emf) के स्रोत से जोड़ा जाता है, तो प्रत्यावर्ती वि.वा.ब. का तात्क्षणिक मान $E = E_0 \sin\omega t$ द्वारा दिया जाता है और सम्बन्धित प्रत्यावर्ती धारा $I = I_0 \sin\left(\omega t + \frac{\pi}{2}\right)$ द्वारा दी जाती है। इन दोनों समीकरणों से यह निष्कर्ष निकलता है कि प्रत्यावर्ती धारा वि.वा.ब. को $\frac{\pi}{2}$ के कला कोण से अग्र (leads) ले जाती है।

धारितीय प्रतिघात, $X_C = \frac{1}{\omega C}$

2 **(b)** कथन I सही है और कथन II गलत है। बैटरी निकालने के बाद एक आवेशित संधारित्र, स्वयं को निरावेशित (Discharge) नहीं करता है। यदि इसे स्पर्श किया जाए, तो संधारित्र पर अभी भी विद्यमान सही मात्रा में आवेश के कारण झटका लग सकता है।

3 **(d)** धारितीय प्रतिघात, $X_C = \frac{1}{\omega C}$। जब धारिता बढ़ जाती है, धारितीय प्रतिघात कम हो जाता है। इसके मानों में कमी के कारण, परिपथ में धारा $\left(I = \frac{E}{\sqrt{R^2 + X_C^2}}\right)$ बढ़ जाएगी और इसीलिए स्रोत की चमक भी बढ़ जाएगी।

4 **(c)** अनुनाद पर $X_L = X_C$ या $\omega L = \frac{1}{\omega C}$। इस कारण L-C-R श्रेणी परिपथ की प्रतिबाधा परिपथ के प्रतिरोध के बराबर हो जाती है तथा धारा अधिकतम होती है। जबकि, संगत कलान्तर भी शून्य के बराबर होता है।

6 **(b)** शक्ति, $P = E_{rms} i_{rms} \cos\phi$, जहाँ ϕ वह कोण है जिसे कला कोण (Phase angle) के रूप में जाना जाता है।

शुद्ध प्रतिरोधी AC परिपथ के लिए ,

$\phi = 0$ तथा $\cos\phi = 1$

$\therefore P = P_{\text{अधिकतम}} = E_{rms} I_{rms}$

सुमेलन प्रकार प्रश्न

3 **(a)** चूँकि,

$$X_L = \omega L = 2\pi \times 50 = \frac{100}{\pi} \times 10^{-3} = 10\Omega$$

और $X_C = \frac{1}{\omega C}$

$$= \frac{1}{2\pi \times 50 \times \frac{100}{\pi} \times 10^{-6}} = 100\Omega$$

परिपथ की प्रतिबाधा,

$$Z = \sqrt{R^2 + (X_L - X_C)^2} = \sqrt{(100)^2 + (10 - 100)^2} = 134.5\Omega$$

परिपथ से गुजरने वाली धारा का rms मान है

$$I_{rms} = \frac{220}{Z} = \frac{220}{134.5} = 1.63 \text{ ऐम्पियर}$$

संधारित्र के सिरो पर विभवपतन का rms मान है

$$V_{CV} = I_{rms} X_C = 1.63 \times 100 = 163 \text{ वोल्ट}$$

प्रतिरोधक में क्षय की गई औसत शक्ति है

$$P_{\text{औसत}} = I_{rms}^2 \times R = (1.63)^2 \times 100 = 265.7 \text{ वाट}$$

अतः A $\rightarrow$ 3, B $\rightarrow$ 2, C $\rightarrow$ 4, D $\rightarrow$ 1

आंकिक मान प्रकार के प्रश्न

1 **(5)** $t = \frac{T}{4}$ या $t = \frac{1}{4f} = \frac{1}{4 \times 50}$

$t = 5 \times 10^{-3}$ सेकण्ड

$\therefore n = 5$

2 **(1)** यहाँ, $I = I_0\left[1 - e^{-\left(\frac{R}{L}\right)t}\right]$

$$\frac{I_0}{2} = I_0\left[1 - e^{-\left(\frac{2}{300} \times 10^3\right)t}\right]$$

$$e^{\frac{-20}{3}t} = 1 - \frac{1}{2} = \frac{1}{2}$$

$$\frac{20}{3}t = \ln 2 = 2.3026 \times \log 2$$

$$= 2.3026 \times 0.301$$

$$= 0.6931$$

या $t = \frac{0.6931}{20} \times 3 = 0.1$ सेकण्ड

$= 1 \times 10^{-1}$ सेकण्ड

$\Rightarrow m = 1$

3 **(9)** दिया है, संचरण सिग्नल की तरंगदैर्ध्य,

$\lambda = 840$ मी,

$C = 2.2$ माइक्रोफैरड

$= 2.2 \times 10^{-6}$ माइक्रोफैरड

जैसा कि हम जानते हैं, अनुनादी आवृत्ति,

$$\nu = \frac{1}{2\pi\sqrt{LC}}$$

इसके अतिरिक्त, आवृत्ति (ν)

$$\therefore \frac{v}{\lambda} = \frac{1}{2\pi\sqrt{LC}}$$

$$\Rightarrow \sqrt{LC} = \frac{\lambda}{v \times 2\pi}$$

दोनों पक्षों का वर्ग करने पर, हमें प्राप्त होता है

$$\Rightarrow LC = \frac{\lambda^2}{v^2 \times 4\pi^2}$$

$$\Rightarrow L = \frac{\lambda^2}{v^2 \times 4\pi^2 \times C}$$

$$\Rightarrow L = \frac{(840)^2}{(3 \times 10^8)^2 4\pi^2 \times 2.2 \times 10^{-6}}$$

$\therefore$ $L = 9 \times 10^{-8}$ हेनरी

4 **(39)** दिया है, प्रेरकत्व, $L = 40$ मिली हेनरी

प्रतिरोध, $R = 1\Omega$

कोणीय आवृत्ति, $\omega = 300$ रेडियन/से

हम जानते हैं कि L-C-R परिपथ में,

$$\tan\phi = \frac{X_C - X_L}{R}$$

जहाँ, ϕ = कला कोण $= 45°$

X_C = धारितीय प्रतिघात $= \frac{1}{\omega C}$

X_L = प्रेरकीय प्रतिघात $= \omega L$

$$\Rightarrow \tan 45° = \frac{X_C - X_L}{R}$$

$\Rightarrow X_C - X_L = R$ $[\because \tan 45° = 1]$

$$\Rightarrow \frac{1}{\omega C} - \omega L = R$$

$$\Rightarrow \frac{1}{\omega C} - 300 \times 40 \times 10^{-3} = 1$$

$$\Rightarrow \frac{1}{\omega C} = 13 \Rightarrow \omega C = \frac{1}{13}$$

$$\Rightarrow C = \frac{1}{13\omega} \Rightarrow C = \frac{1}{13 \times 300}$$

$\Rightarrow C = \frac{1}{39} \times 10^{-2}$ फैरड $= \frac{1}{x} \times 10^{-2}$

अतः $x = 39$

5 **(300)** दिया है, $\omega = 100$ रेडियन/से

$L = 0.5$ हेनरी

$C = 100$ माइक्रोफैरड $= 10^{-4}$ फैरड

$V = 20$ वोल्ट

$R_1 = 100\Omega, R_2 = 50\Omega$

$$\therefore X_L = \omega L = 100 \times 0.5 = 50\Omega$$

$$X_C = \frac{1}{\omega C} = \frac{1}{100 \times 10^{-4}} = 100\Omega$$

संधारित्र के सिरों पर प्रतिबाधा,

$$Z_1 = \sqrt{R_1^2 + X_C^2} = \sqrt{100^2 + 100^2}$$

$$= 100\sqrt{2}\,\Omega$$

धारा $I_1 = \frac{V}{Z_1} = \frac{20}{100\sqrt{2}}$

$= \frac{1}{5\sqrt{2}}$ ऐम्पियर

प्रेरक के सिरों पर प्रतिबाधा,

$$Z_2 = \sqrt{R_2^2 + X_L^2}$$

$$= \sqrt{(50)^2 + (50)^2}$$

$$= 50\sqrt{2}\,\Omega$$

$\therefore$ धारा, $I_2 = \frac{V}{Z_2} = \frac{20}{50\sqrt{2}} = \frac{\sqrt{2}}{5}$ ऐम्पियर

तो, परिपथ से गुजरने वाली कुल धारा,

$$I = \sqrt{I_1^2 + I_2^2}$$

$$= \sqrt{\left(\frac{1}{5\sqrt{2}}\right)^2 + \left(\frac{\sqrt{2}}{5}\right)^2} = \sqrt{\frac{1}{50} + \frac{2}{25}} = \sqrt{\frac{5}{50}}$$

$= 0.3 = 300 \times 10^{-3}$

$= x \times 10^{-3}$ (दिया है)

$\therefore$ $x = 300$

6 **(200)** दिया है, $V_0 = 220$ वोल्ट

$R = 121\Omega$, $L = 24$ मिली हेनरी

और $C = 60$ माइक्रोफैरड

हम जानते हैं कि, अनुनादी शक्ति पर,

$$P = \frac{V_{rms}^2}{R}$$

$$\Rightarrow P = \frac{(220/\sqrt{2})^2}{121}$$

$\left[\because V_{rms} = \frac{V_0}{\sqrt{2}} = \frac{220}{\sqrt{2}}\text{ वोल्ट}\right]$

$$= (220)^2/242 = \frac{48400}{242}$$

≈ 200 वाट

$\Rightarrow x = 200$

7 **(2)** अनुनाद पर,

$$\omega L = \frac{1}{\omega C} \text{ या } \omega = \frac{1}{\sqrt{LC}}$$

अनुनादी आवृत्ति को अपरिवर्तित रखने के लिए,

LC = नियत।

$$L_1C_1 = L_2C_2$$

$$L_2 = \frac{L_1C_2}{C_2} = \frac{LC}{2C} = \frac{L}{2}$$

अतः $n = 2$

8 **(8)** दिया है, $R = 120\Omega$

$\omega_0 = 4 \times 10^5$ रेडियन/से

$V_R = 60$ वोल्ट, $V_L = 40$ वोल्ट

$\phi = 45°$

R के सिरों पर धारा,

$I = \frac{V_R}{R} = \frac{60}{120} = 0.5$ ऐम्पियर

प्रेरक के सिरों पर प्रवाहित धारा,

$$I = \frac{V_L}{Z} = \frac{V_L}{\omega_0 L}$$

$$L = \frac{V_L}{\omega_0 I} = \frac{40}{4 \times 10^5 \times 0.5}$$

$= 0.2$ मिली हेनरी

अनुनाद स्थिति पर,

$$\omega_0 = \frac{1}{\sqrt{LC}}$$

$$C = \frac{1}{\omega_0^2 L} = \frac{1}{(4 \times 10^5)^2 \times 0.2 \times 10^{-3}}$$

$= \frac{1}{32}$ माइक्रोफैरड

जैसा कि हम जानते हैं कि,

$$\tan\phi = \frac{X_L - X_C}{R}$$

$$\tan 45° = \frac{\omega L - \frac{1}{\omega C}}{R}$$

$$1 = \frac{\omega L - \frac{1}{\omega C}}{R}$$

$$R = \omega L - \frac{1}{\omega C}$$

$$120 = 2 \times 10^{-4}\omega - \frac{1}{\omega\left(\frac{1}{32} \times 10^{-6}\right)}$$

$$\omega^2 - 6 \times 10^5\omega - 16 - 10^{10} = 0$$

इसे हल करने पर,

$\omega = 8 \times 10^5 = x \times 10^5$ (दिया गया है)

अतः $x = 8$

9 **(100)** परिपथ (a) के लिए,

$$P_a = \frac{V_{rms}^2}{R}$$

परिपथ (b) के लिए, $P_b = \frac{V_{rms}^2}{Z^2} \times R$

दिया है कि $P_a = P_b$

$\Rightarrow \quad \frac{V_{rms}^2}{R} = \frac{V_{rms}^2}{Z^2} \times R \Rightarrow R^2 = Z^2$

$\Rightarrow \quad 225 = \sqrt{(X_C - X_L)^2 + (15)^2}$

$\Rightarrow \quad 225 = (X_C - X_L)^2 + 225$

$\Rightarrow \quad X_C = X_L \Rightarrow \frac{1}{\omega C} = \omega L$

$\Rightarrow \quad \omega^2 = \frac{1}{LC} = \frac{10^6}{50 \times 2}$

$\Rightarrow \quad \omega = 100$ रेडियन/से

10 *(42)* दिया है, शक्ति, $P = 550$ वाट

$V_{rms} = 220$ वोल्ट, $\nu = 50$ हर्ट्ज

जैसा कि हम जानते हैं कि,

शक्ति, $P = V_{rms} \times I_{rms} \times \cos\phi$

परन्तु, $I_{rms} = \frac{V_{rms}}{Z}$

$\Rightarrow \quad Z = \frac{V_{rms}^2}{P} \cos\phi$

$Z = \frac{(220)^2 \times 0.8}{550} = 70.4\Omega$

यहाँ, $\cos\phi = R/Z$

$R = Z\cos\phi = 70.4 \times 0.8$

$= 56.32\Omega$

तथा $Z^2 = R^2 + X_L^2$

$X_L = \sqrt{Z^2 - R^2}$

$\omega L = \sqrt{(70.4)^2 - (56.32)^2}$

$= 42.2\Omega$

अब, प्रश्नानुसार,

$\cos\phi = 1$

$\therefore \quad R = Z$

$Z = \sqrt{Z^2 + \left(\omega L - \frac{1}{\omega C}\right)^2}$

$\therefore \quad \omega L = \frac{1}{\omega C}$

$C = \frac{1}{(\omega L)\omega} = \frac{1}{42.2 \times 2\pi\nu}$

$= \frac{1}{42.2 \times 2\pi \times 50}$

$C = \frac{1}{2\pi \times 50 \times 42.2}$

$\approx \frac{1}{42\pi} \times 10^{-2}$ फैरड

$= \frac{1}{p\pi} \times 10^{-2}$ फैरड

(दिया गया है)

$\therefore \quad p = 42$

11 *(3)* L-R परिपथ के लिए,

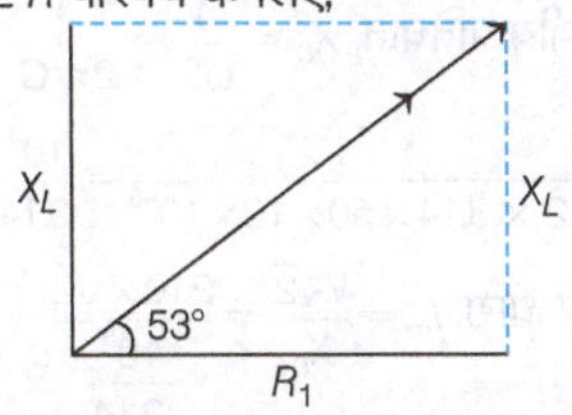

दिया है, $\cos\phi = 0.6$

$\cos\phi = 3/5$

$\phi = 53°$

अब, $\tan 53° = \frac{X_L}{R_1}$

$\frac{4}{3} = \frac{X_L}{R_1}$

$\Rightarrow \quad X_L = \frac{4R_1}{3}$

C-R परिपथ के लिए,

$\cos\phi = 0.5$

$\Rightarrow \quad \phi = 60°$

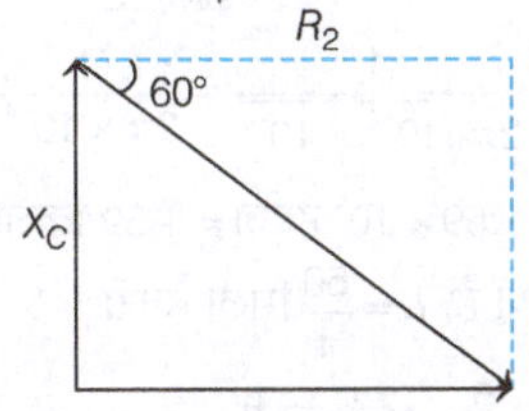

$\tan 60° = \frac{X_C}{R_2}$

$\sqrt{3} = X_C / R_2$

$X_C = \sqrt{3}R_2$

L-C-R परिपथ के लिए,

$\cos\phi = 1$

$\phi = 0°$

अतः, $X_C = X_L$

$\sqrt{3}R_2 = \frac{4R_1}{3}$

$\frac{R_1}{R_2} = \frac{3\sqrt{3}}{4} = \frac{x\sqrt{3}}{4}$ (दिया गया है)

अतः $x = 3$

12 *(83.3)* दक्षता $= \frac{V_s \times I_s}{V_p \times I_p} \times 100\%$

$= \frac{140}{240 \times 0.7} \times 100\% = 83.3\%$

13 *(440)* दिया है,

$\frac{V_s}{V_p} = \frac{N_s}{N_p} \Rightarrow \frac{220}{10000} = \frac{N_s}{N_p}$

$\frac{N_s}{N_p} = \frac{22}{1000}$ ...(i)

एक आदर्श ट्रान्सफॉर्मर के लिए,

निवेशी शक्ति = निगर्त शक्ति

और शक्ति निम्न प्रकार दी जाती है

$P = VI$

$I_p V_p = I_s V_s = 110000$

$10000 \times I_p = 110000$

$I_p = 11$ ऐम्पियर

अब, $R_p = \frac{V_p}{I_p} = \frac{10000}{11}\Omega$

द्वितीयक कुण्डली के लिए, $P_s = V_s . I_s$

$I_s = \frac{P_s}{V_s} = \frac{110000}{220} = 500$ ऐम्पियर

$\Rightarrow \quad R_s = \frac{V_s}{I_s} = \frac{200 \text{ वोल्ट}}{500 \text{ ऐम्पियर}}$

$R_s = 440 \times 10^{-3}\Omega$

$= 440$ मिली ओम

14 *(3.6)* दिया है, लम्बाई $l = 10$ किमी

$= 10 \times 10^3$ मी

त्रिज्या, $r = 0.5$ सेमी $= 5 \times 10^{-3}$ मी

$\rho = 1.7 \times 10^{-8}\Omega$-मी

अब, दोनों तारों का प्रतिरोध,

$R = \frac{n\rho l}{A} = \frac{2 \times 1.7 \times 10^{-8} \times 10 \times 10^3}{3.14 \times (5 \times 10^{-3})^2} = 4.3\Omega$

यहाँ, $P = 10^6$ वाट, $V = 11000$ वोल्ट

धारा, $\frac{P}{V} = \frac{10^6}{11000} = \frac{10^3}{11}$ ऐम्पियर

अब, शक्ति क्षय, $I^2 R = \left(\frac{10^3}{11}\right)^2 \times 4.3$

$P_{\text{क्षय}} = 3.6 \times 10^4$ वाट

$\therefore$ ओमिक क्षय $= \frac{P_{\text{क्षय}}}{P} \times 100\%$

$= \frac{3.6 \times 10^4}{10^6} \times 100 = 3.6\%$

NCERT Exemplar प्रश्न

1 *(b)* दिया है, $i_{rms} = 5$ ऐम्पियर, $\nu = 50$ हर्ट्ज

और $t = \frac{1}{300}$ से

$i_0 = i_{rms}\sqrt{2}$

$i_0 = \sqrt{2} \times 5 = 5\sqrt{2}$ ऐम्पियर

$\Rightarrow \quad i = i_0 \sin\omega t = 5\sqrt{2}\sin 2\pi f t$

$= 5\sqrt{2}\sin 2\pi \times 50 \times \frac{1}{300}$

$= 5\sqrt{2}\sin\frac{\pi}{3} = 5\sqrt{2} \times \frac{\sqrt{3}}{2}$

$= 5\sqrt{3/2}$ ऐम्पियर

2 ***(c)*** जनित्र से लोड तक अधिकतम शक्ति पहुँचाने के लिए, कुल आन्तरिक प्रतिघात कुल बाह्य प्रतिघात के संयुग्म के बराबर होना चाहिए।

अतः, $X_{\text{आंतरिक}} = X_{\text{बाह्य}}$

$\Rightarrow \quad X_g = (X_L) = -X_L$

$X_L = -X_g$

3 ***(c)*** AC मेन्स से संयोजित वोल्टमीटर माध्य मान ($<v^2>$) पढ़ता है और अंशाकन इस प्रकार से किया जाता है कि यह, $<v^2>$ का मान देता है, जिसे rms मान देने के लिए फॉर्म (रूपक) गुणांक से गुणा किया जाता है, अर्थात् $\sqrt{<v^2>}$।

4 ***(b)*** हम जानते हैं कि, *L-C-R* परिपथ में अनुनादी आवृत्ति निम्न प्रकार दी जाती है

$$\nu_0 = \frac{1}{2\pi\sqrt{LC}}$$

अब ν_0 को कम करने के लिए या तो हम *L* बढ़ा सकते हैं या *C* बढ़ा सकते हैं। धारिता बढ़ाने के लिए, हमें पहले एक अन्य संधारित्र को समान्तर क्रम में जोड़ना होगा।

5 ***(c)*** दिया है, $X_L = 1\,\Omega$, $R = 2\,\Omega$, $V_{rms} = 6$ वोल्ट

परिपथ में व्यय हुई औसत शक्ति,

$$P_{\text{औसत}} = V_{rms}\, i_{rms} \cos\phi \quad \ldots(i)$$

$$i_{rms} = \frac{i_0}{\sqrt{2}} = \frac{V_{rms}}{Z}$$

$$Z = \sqrt{R^2 + X_L^2} = \sqrt{4+1} = \sqrt{5}$$

$$\Rightarrow i_{rms} = \frac{6}{\sqrt{5}} \text{ ऐम्पियर}$$

$$\cos\phi = \frac{R}{Z} = \frac{2}{\sqrt{5}}$$

$$P_{av} = 6 \times \frac{6}{\sqrt{5}} \times \frac{2}{\sqrt{5}} \quad \text{[समी (i) से]}$$

$$= \frac{72}{\sqrt{5}\sqrt{5}} = \frac{72}{5} = 14.4 \text{ वाट}$$

6 ***(a)*** द्वितीयक वोल्टता, $V_s = 24$ वोल्ट

द्वितीयक कुण्डली से संयोजित शक्ति,

$P_s = 12$ वाट

$$\Rightarrow i_s = \frac{P_s}{V_s} = \frac{12}{24} = \frac{1}{2} \text{ ऐम्पियर} = 0.5 \text{ ऐम्पियर}$$

द्वितीयक कुण्डली में धारा का शिखर मान,

$$i_0 = i_s\sqrt{2} = (0.5)\,(1.414) = 0.707$$

या $i_0 = 1/\sqrt{2}$ ऐम्पियर

विगत परीक्षाओं के प्रश्न

1 ***(b)*** दिया है,

$C = 10$ माइक्रोफैरड $= 10 \times 10^{-6}$ फैरड

विभव, $V = 210$ वोल्ट

आवृत्ति, $f = 50$ हर्ट्ज

परिपथीय प्रतिघात, $X_C = \frac{1}{\omega C} = \frac{1}{2\pi f C}$

$$= \frac{1}{2 \times 3.14 \times 50 \times 10 \times 10^{-6}} = \frac{10^3}{3.14}$$

$$\text{शिखर धारा, } I_m = \frac{V\sqrt{2}}{X_C} = \frac{210 \times \sqrt{2}}{\frac{10^3}{3.14}}$$

$$= \frac{3.14 \times 210 \times \sqrt{2}}{1000} \simeq 0.93 \text{ ऐम्पियर}$$

2 ***(b)*** हम जानते हैं कि, परिणमन अनुपात,

$$r = \frac{N_s}{N_p} = \frac{V_s}{V_p}$$

$$\because \quad \frac{N_p}{N_s} = \frac{1}{2} = \frac{V_p}{V_s} \Rightarrow V_s : V_p = 2:1$$

3 ***(c)*** श्रेणी *L-C-R* परिपथ में,

$L = 10$ मिली हैनरी $= 10^{-2}$ हेनरी

$C = 1$ माइक्रोफैरड $= 10^{-6}$ फैरड, $R = 100\,\Omega$

$\therefore$ अनुनादीं आवृत्ति, $f = \frac{1}{2\pi\sqrt{LC}}$

$$= \frac{1}{2\pi\sqrt{10^{-2} \times 10^{-6}}} = \frac{1}{2\pi \times 10^{-4}} = \frac{10^4}{2\pi}$$

$= 1.59 \times 10^3$ हर्ट्ज $= 1.59$ किलो हर्ट्ज

4 ***(b)*** दिया है, $L = \frac{50}{\pi}$ मिली हैनरी

$$= \frac{5}{\pi} \times 10^{-2} \text{ हेनरी}$$

$$C = \frac{10^3}{\pi} \text{ माइक्रोफैरड} = \frac{1}{\pi} \times 10^{-3} \text{फैरड}$$

$R = 10\,\Omega$, $\nu = 50$ हर्ट्ज, $V = 220$ वोल्ट

$$\therefore X_L = 2\pi\nu L$$

$$= 2\pi \times 50 \times \frac{5}{\pi} \times 10^{-2} = 5\,\Omega$$

$$X_C = \frac{1}{\omega C} = \frac{1}{2\pi\nu C}$$

$$= \frac{1}{2\pi \times 50 \times \frac{1}{\pi} \times 10^{-3}} = \frac{1}{10^{-1}} = 10\,\Omega$$

$\therefore$ परिपथ की कुल प्रतिबाधा,

$$Z = \sqrt{R^2 + (X_C - X_L)^2}$$

$$= \sqrt{10^2 + (10-5)^2}$$

$$= \sqrt{125} = 5\sqrt{5}\,\Omega$$

5 ***(d)*** दिए गए प्रश्न के अनुसार,

$V_s = 12$ वोल्ट

$$\therefore \quad I_s = \frac{P}{V_s} = \frac{60}{12} = 5 \text{ ऐम्पियर}$$

$\therefore$ दिया है, $V_p = 220$ वोल्ट

आदर्श ट्रान्सफॉर्मर के लिए

$$I_p V_p = I_s V_s$$

$$\Rightarrow \quad I_p = \frac{I_s V_s}{V_p} = \frac{5 \times 12}{220} = 0.27 \text{ ऐम्पियर}$$

6 ***(b)*** हम जानते हैं कि, शिखर वोल्टता (V_0) और rms वोल्टता (V_{rms}) निम्न प्रकार से एक-दूसरे से सम्बन्धित हैं

$$\therefore \quad V_0 = \sqrt{2}\, V_{rms}$$

7 ***(a)*** दिया है, श्रेणी *L-C-R* परिपथ में ,

$L = 10$ हेनरी, $C = 10$ माइक्रोफैरड

$= 10^{-5}$ फैरड

$R = 50\,\Omega$

स्रोत वोल्टता $V = 200\sin(100\,t)$ वोल्ट

$\omega = 100$ रेडियन/से

$\therefore \quad 2\pi\nu = 100$

$$\Rightarrow \quad \nu = \frac{100}{2\pi} = \frac{50}{\pi} \text{ हर्ट्ज}$$

अनुनादी आवृत्ति, $\nu_0 = \frac{1}{2\pi\sqrt{LC}}$

$$= \frac{1}{2\pi\sqrt{10 \times 10^{-5}}}$$

$$= \frac{1}{2\pi \times 10^{-2}} = \frac{50}{\pi} \text{ हर्ट्ज}$$

इस प्रकार, $\nu = \nu_0 = \frac{50}{\pi}$ हर्ट्ज

8 ***(d)*** प्रश्नानुसार, दिया गया परिपथ आरेख नीचे दर्शाया गया है।

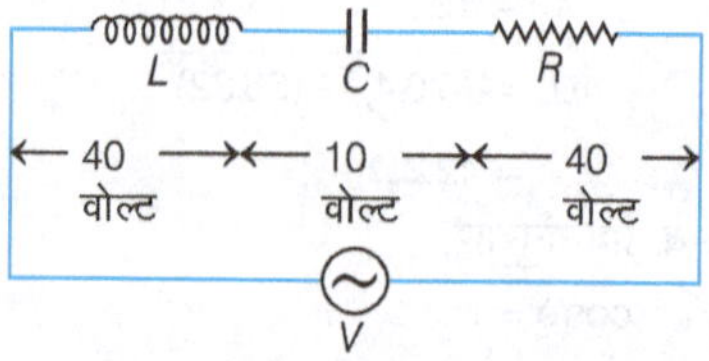

दिया है, $V_L = 40$ वोल्ट, $V_C = 10$ वोल्ट

और $V_R = 40$ वोल्ट

$I_0 = 10\sqrt{2}$ ऐम्पियर $\quad \ldots(i)$

$$\therefore \quad I_{rms} = \frac{I_0}{\sqrt{2}}$$

$$\Rightarrow \quad I_{rms} = \frac{10\sqrt{2}}{\sqrt{2}} \quad \text{[समी (i) से]}$$

$$\Rightarrow \quad I_{rms} = 10 \text{ ऐम्पियर}$$

$$\therefore \quad V_{rms} = \sqrt{V_R^2 + (V_L - V_C)^2}$$

$$\Rightarrow \quad V_{rms} = \sqrt{(40)^2 + (40-10)^2}$$

$$\Rightarrow \quad V_{rms} = 50 \text{ वोल्ट}$$

L-C-R श्रेणी परिपथ *Z* की प्रतिबाधा,

$$Z = \frac{V_{rms}}{I_{rms}} \Rightarrow Z = \frac{50}{10}$$

$$Z = 5\Omega$$

9 ***(b)*** दिया है, $C = 40$ माइक्रोफैरड

$= 40 \times 10^{-6}$ फैरड

($V_{rms} = 200$ वोल्ट, $\nu = 50$ हर्ट्ज)

जैसे, $X_C = \frac{1}{2\pi\nu C}$

$= \frac{1}{2\pi \times 50 \times 40 \times 10^{-6}} = \frac{250}{\pi}\Omega$

$\therefore \quad I_{rms} = \frac{V_{rms}}{X_C} = \frac{200}{\left(\frac{250}{\pi}\right)} = 2.5$ ऐम्पियर

10 ***(a)*** जब परिपथ AC स्रोत से संयोजित होता है,

वोल्टता, $V = 12$ वोल्ट

धारा, $I = 0.2$ वोल्ट

$\Rightarrow$ प्रतिबाधा, $Z = \frac{V}{I} = \frac{12}{02} = 60\,\Omega$

जब यह DC स्रोत से संयोजित होता है,

वोल्टता, $V = 12$ वोल्ट, धारा, $I = 0.4$ ऐम्पियर

$\Rightarrow$ प्रतिरोध, $R = \frac{V}{I} = \frac{12}{0.4} = 30\Omega$

DC आपूर्ति के समान, संधारित्र एक खुले परिपथ के रूप में कार्य करता है तथा परिपथ से कोई धारा प्रवाहित नहीं होती है।

अतः दिए गए परिपथ में संधारित्र श्रेणी संयोजन में नहीं होगा। अतः परिपथ एक श्रेणी L-R परिपथ होना चाहिए।

11 ***(a)*** AC परिपथ की प्रतिबाधा,

$Z = \sqrt{R^2 + (X_C - X_L)^2}$

जहाँ, X_C = धारितीय प्रतिघात और

X_L = प्रेरकीय प्रतिघात

इसके अतिरिक्त $X_C = \frac{1}{\omega C}$ और $X_L = \omega L$

$$\therefore \quad Z = \sqrt{(50)^2 + \left(\frac{1}{314 \times 100 \times 10^{-6}} - 314 \times 20 \times 10^{-3}\right)^2}$$

या $\quad Z = 56\,\Omega$

परिपथ में शक्ति क्षय,

$P_{av} = \left(\frac{V_{rms}}{Z}\right)^2 R$

$\therefore \quad P_{av} = \left(\frac{10}{(\sqrt{2})56}\right)^2 \times 50 = 0.79$ वाट

12 ***(a)*** R-C परिपथ की प्रतिबाधा,

$Z = \sqrt{R^2 + X_C^2}$

जहाँ, $R = 100\,\Omega$ और $X_C = 100\,\Omega$

$\Rightarrow \quad Z = \sqrt{(100)^2 + (100)^2} = 100\sqrt{2}\,\Omega$

धारा का शिखर मान,

$I_{\text{अधिकतम}} = \frac{V_{\text{अधिकतम}}}{Z} = \frac{220\sqrt{2}}{100\sqrt{2}} = 2.2$ ऐम्पियर

13 ***(a)*** दिया है, प्रत्यावर्ती AC स्रोत

$E = 36\sin(120\pi t)$ वोल्ट

$C = 150$ माइक्रोफैरड

$Q = CV$ का उपयोग करके

$Q = CE_0 \sin\omega t$

धारा, $i = \frac{dQ}{dt} = CE_0\omega\cos\omega t$

धारा का अधिकतम मान,

$i_0 = CE_0\omega$

या $\quad i_0 = 150 \times 10^{-6} \times 36 \times 120\pi$

$= 2.03$ ऐम्पियर ≈ 2 ऐम्पियर

14 ***(d)*** शक्ति गुणांक, $\cos\phi = \frac{R}{Z}$

$\therefore$ शक्ति गुणांक, $P_1 = \frac{R}{\sqrt{X_L^2 + R^2}}$

$= \frac{R}{\sqrt{R^2 + R^2}} \qquad (\because X_L = R)$

अतः $\quad P_1 = \frac{1}{\sqrt{2}}$

अब, जब परिपथ में एक संधारित्र जोड़ा जाता है जैसे कि,

$X_L = X_C$

तब, शक्ति गुणांक होगा

$\Rightarrow \quad \left[P_2 = \frac{R}{\sqrt{R^2 + (X_L - X_C)^2}}\right]$

$= \frac{R}{\sqrt{R^2}} = \frac{R}{R} = 1$

अतः अनुपात, $\quad \frac{P_1}{P_2} = \frac{1}{\sqrt{2}}$

15 ***(c)*** दिया है, $X_L = 200\,\Omega$,

$X_C = 100\,\Omega, R = 100\,\Omega$

$V_{rms} = 200\sqrt{2}$ वोल्ट

प्रतिबाधा,

$Z = \sqrt{R^2 + (X_L - X_C)^2}$

$= \sqrt{(100)^2 + (200 - 100)^2}$

$= \sqrt{100^2 + 100^2} = 100\sqrt{2}\,\Omega$

$\therefore \quad I_{rms} = \frac{V_{rms}}{Z} = \frac{200\sqrt{2}}{100\sqrt{2}} = 2$ ऐम्पियर

16 ***(c)*** दिया है, $E = 440\sin 100\,\pi t$

($E_0 = 440$ वोल्ट तथा $\omega = 100\pi$)

$L = \frac{\sqrt{2}}{\pi}$ हेनरी

हम जानते हैं कि, कि एक AC अमीटर का पाठ्यांक I_{rms} देता है

तो, I_{rms} की गणना करते हैं।

$X_L = \omega L = 100\pi\frac{\sqrt{2}}{\pi}$

$= 100\sqrt{2}\,\Omega$

$\therefore$ धारा का शिखर मान,

$= I_0 = \frac{E_0}{X_L} = \frac{440}{100\sqrt{2}}$

$\Rightarrow \quad I_0 = \frac{4.4}{\sqrt{2}} = \frac{4.4\sqrt{2}}{2} = 2.2\sqrt{2}$ ऐम्पियर

$I_{rms} = \frac{I_0}{\sqrt{2}} = \frac{2.2\sqrt{2}}{\sqrt{2}} = 2.2$ ऐम्पियर

17 ***(b)*** दिया है, दिष्ट धारा के लिए,

$I_1 = 4$ ऐम्पियर, $R_1 = 3\Omega$

प्रत्यावर्ती शिखर धारा के लिए,

$I_0 = 4$ ऐम्पियर

$I_{rms} = \frac{I_0}{\sqrt{2}} = \frac{4}{\sqrt{2}} = 2\sqrt{2}$ ऐम्पियर

$= \frac{R_1 \text{ के सिरों पर उत्पादित ऊष्मा } (H_1)}{R_2 \text{ के सिरों पर उत्पादित ऊष्मा } (H_2)}$

$= \frac{I_1^2 R_1 t}{I_2^2 R_2 t} \Rightarrow \frac{H_1}{H_2} = \frac{I_1^2 R_1}{(I_{rms})^2 R_2}$

$= \frac{4^2 \times 3}{(2\sqrt{2})^2 \times 2} = \frac{4 \times 4 \times 3}{8 \times 2} = \frac{3}{1}$

$\therefore \quad H_1 : H_2 = 3:1$

स्किल बूस्टर्स

1 ***(b)*** यहाँ, $\eta = 80\%$, $P_i = 4$ किलो वाट

$= 4000$ वाट

$E_p = 100$ वोल्ट, $E_s = 240$ वोल्ट,

$I_p = ?, I_s = ?$

चूँकि, निवेशी शक्ति $(P_i) = E_p I_p$

$\therefore \quad I_p = \frac{P_i}{E_p} = \frac{4000}{100} = 40$ ऐम्पियर

$\eta = \frac{E_s I_s}{E_p I_p} \Rightarrow \frac{80}{100} = \frac{240\,I_s}{4000}$

$\Rightarrow \quad I_s = \frac{80 \times 4000}{100 \times 240} = 13.3$ ऐम्पियर

2 ***(a)*** $\tan 60^\circ = \frac{\omega L}{R}$, $\tan 60^\circ = \frac{1/\omega C}{R}$

$\therefore \quad \omega L = \frac{1}{\omega C}$

$\therefore$ परिपथ की प्रतिबाधा,

$Z = \left[R^2 + \left(\omega L - \frac{1}{\omega C}\right)^2\right]^{\frac{1}{2}} = R$

परिपथ में धारा,

$i_0 = \frac{V_0}{Z} = \frac{V_0}{R} = \frac{200}{100} = 2$ ऐम्पियर

औसत शक्ति, $\bar{P} = \frac{1}{2} V_0 i_0 \cos\phi$

लेकिन, $\tan\phi = \dfrac{\omega L - \dfrac{1}{\omega C}}{R} = 0$

$\therefore \quad \cos\phi = 1$

$\therefore \quad \bar{P} = \frac{1}{2} \times 200 \times 2 \times 1 = 200$ वाट

3 *(d)* सड़क से हमारे घर तक विद्युत आपूर्ति करने वाली लाइन प्रत्यावर्ती धारा की आपूर्ति करती है, जिसका औसत मान/माध्य मान एक चक्र में शून्य होता है। चूँकि, लाइन में कुछ प्रतिरोध ($R \neq 0$) होता है, इसीलिए वोल्टेज और धारा कला ϕ में इस प्रकार भिन्न होते हैं कि $|\phi| < \frac{\pi}{2}$

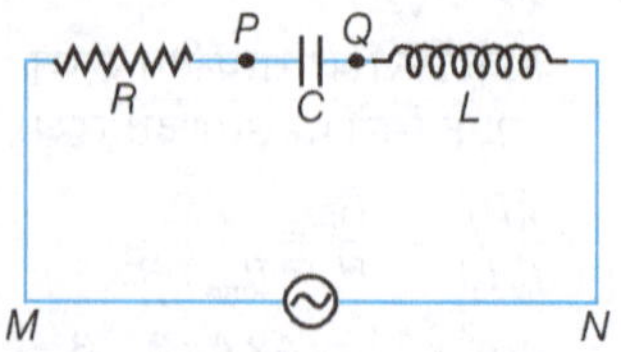

4 *(d)* चूँकि, निरावेशित RC परिपथ में संधारित्र के सिरों पर विभव, $V = V_0 e^{-t/\tau}$, जब इस परिपथ का समय नियतांक $t = \tau$ है

$$V = V_0 e^{-1} = \frac{V_0}{e} = \frac{25}{2.718} = 9.2 \text{ वोल्ट}$$

$V = 9.2$ वोल्ट के संगत t, 100 सेकण्ड और 150 सेकण्ड के मध्य होता है।

5 *(a)* L-C-R परिपथ में, हमारे पास अनुनादीं आवृत्ति है,

$$f_{\text{अनुनादी}} = \frac{1}{2\pi\sqrt{LC}}$$

$$= \frac{1}{2\pi\sqrt{\frac{1}{\pi} \times \frac{1}{\pi} \times 10^{-6}}}$$

$= 500$ हर्ट्ज

लेकिन अनुनाद पर, $Z = R$

तो, धारा, $I = \frac{V}{Z} = \frac{V}{R}$

जब L और C श्रेणीक्रम में होते हैं, तब संधारित्र और प्रेरक के सिरों पर वोल्टता 180° कला से बाहर (Out of phase) होता है।

6 *(b)* $\quad Q = Q_{\text{अधिकतम}} e^{-Rt/2L} \cos(\omega dt)$

$I_{\text{अधिकतम}} \propto e^{-Rt/2L}$

$$\frac{1}{K} = e^{-Rt/2L}$$

$\Rightarrow \quad -\log K = -\frac{Rt}{2L}$

$\Rightarrow \quad -\log K = \frac{-R}{2L} \times \log 2 \times \frac{2L}{R}$

$\Rightarrow \quad K = 2$

7 *(d)* दिया है, $e = e_1 \sin\omega t + e_2 \cos\omega t$

प्रत्यावर्ती वोल्टता का rms मान

दिया है, $e_{1\text{rms}} = \frac{e_1}{2}$ तथा

इसी प्रकार, $e_{2\text{rms}} = \frac{e_2}{\sqrt{2}}$

फेजर आरेख का उपयोग करके, हम पाते हैं

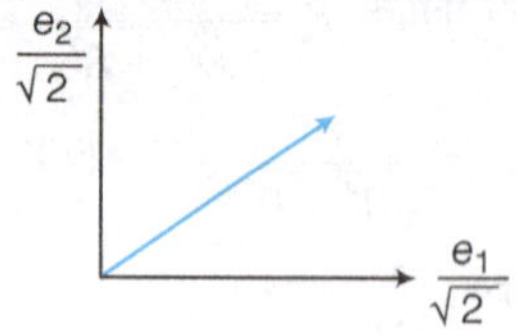

वोल्टता का कुल परिणामी मूल माध्य वर्ग निम्न प्रकार दिया जाता है

$$e_{\text{rms}} = \sqrt{\frac{e_1^2 + e_2^2}{2}}$$

8 *(d)* जब एक परिनालिका पर DC आरोपित किया जाता है, तो प्रतिरोध, $R = \frac{V}{I}$

$$R = \frac{100}{1} = 100\,\Omega$$

जब AC आरोपित किया जाता है, तब

$$Z = \frac{100}{0.5} = 200\,\Omega$$

कुल प्रतिबाधा, $\quad Z = \sqrt{R^2 + X_L^2}$

$$200 = \sqrt{(100)^2 + X_L^2}$$

$\Rightarrow \quad (200)^2 = (100)^2 + X_L^2$

$\Rightarrow \quad 30000 = X_L^2$

$\Rightarrow \quad X_L = 173.205\,\Omega$

अब, $\quad X_L = \omega L$

$\Rightarrow \quad 173.205 = 2\pi\nu L$

$\Rightarrow \quad \frac{173.205}{2\pi \times \nu} = L$

$\Rightarrow \quad \frac{173.205}{2 \times 3.14 \times 50} = L$

$\Rightarrow \quad 0.55\,\Omega = L$

$L = 0.55\,\Omega$

9 *(a)* L-C-R श्रेणी परिपथ में,

$V_R = 60$ वोल्ट, $V_R = IR$

$I = \frac{60}{120} = \frac{1}{2}$ ऐम्पियर

प्रेरक के सिरों पर वोल्टता पतन

$V_L = IX_L$

$40 = \frac{1}{2} X_L$

नैट प्रतिक्रियाशील प्रेरकत्व,

$X_L = 80\,\Omega$, अर्थात् $\omega L = 80\,\Omega$

$L = \frac{80}{4 \times 10^3} = 20$ मिली हेनरी

जैसा कि हम जानते हैं कि कोणीय आवृत्ति,

$\omega = \frac{1}{\sqrt{LC}}$

दोनों पक्षों का वर्ग करने पर, हमें प्राप्त होता है

$$\omega^2 = \frac{1}{LC}$$

$$(4 \times 10^3)^2 = \frac{1}{20 \times 10^{-3} \times C}$$

$\Rightarrow \quad C = \frac{1}{16 \times 10^6 \times 20 \times 10^{-3}}$

$C = \frac{25}{8}$ माइक्रोफैरड

10 *(d)* दिया है,

$\omega = 1000$ रेडियन/से $R = 400\,\Omega$

$C = 5 \times 10^{-6}$ फैरड,

$L = 0.5$ हैनरी

$V_{\text{अधिकतम}} = 100$ वोल्ट

$\omega L = 500\,\Omega, \frac{1}{\omega C} = 200\,\Omega$

परिपथ प्रतिबाधा,

$$Z = \sqrt{R^2 + \left(\omega L - \frac{1}{\omega C}\right)^2}$$

$$= \sqrt{(400)^2 + (300)^2} = 500\,\Omega$$

$$I_{\text{अधिकतम}} = \frac{\Delta V_{\text{अधिकतम}}}{Z}$$

$= \frac{100}{500} = 0.2$ ऐम्पियर

परिपथ में क्षय हुई औसत शक्ति,

$$P = I_{\text{rms}}^2 R = \left(\frac{I_{\text{अधिकतम}}^2}{2}\right) R$$

$= \frac{(0.2)}{2} \times 400 = 8$ वाट

08

भौतिकी की Concept Master *Videos* के लिए *Scan* करें

विद्युत चुम्बकीय तरंगें

Electromagnetic Waves

5 वर्षों में NEET में पूछे गये शीर्षकवार प्रश्न

शीर्षक	वर्षवार प्रश्नों की संख्या				
	2024	2023	2022	2021	2020
विस्थापन धारा	1	–	–	1	–
विद्युत चुम्बकीय तरंगें	1	1	1	1	3
विद्युत चुम्बकीय स्पेक्ट्रम	–	–	–	–	1

NEET में विगत 5 वर्षों में पूछे गये विशेष प्रकार के प्रश्न

प्रकार	वर्ष				
	2024	2023	2022	2021	2020
अभिकथन-कारण	–	–	–	–	–
कथन-आधारित	–	–	–	–	–
सुमेलन	–	–	1	–	–

NEET के विगत 5 वर्षों का भारांकन

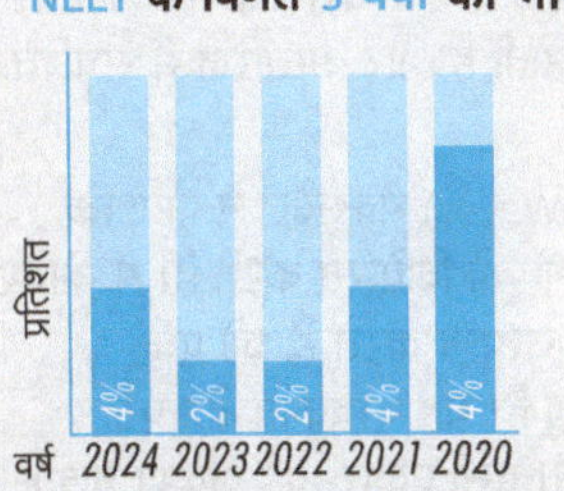

- मैक्सवेल (Maxwell) ने विद्युत एवं चुम्बकीय क्षेत्रों तथा उनके स्रोतो, आवेश एवं धारा घनत्व को सम्मिलित करके समीकरणों का एक समुच्चय निर्मित किया। इन समीकरणों को **मैक्सवेल के समीकरण** (Maxwell's equations) कहते हैं।
- इन समीकरणों ने विद्युत चुम्बकीय तरंगों के अस्तित्व की भविष्यवाणी की, जो अन्तरिक्ष में संचरित समय-परिवर्तित विद्युत तथा चुम्बकीय क्षेत्र (युग्मित) हैं।
- इन समीकरणों के अनुसार, तरंगों की चाल प्रकाशीय मापन द्वारा प्राप्त प्रकाश की चाल (3×10^8 मी/से) के अत्यन्त निकट होती हैं।
- इससे यह उल्लेखनीय निष्कर्ष प्राप्त हुआ कि प्रकाश एक विद्युत-चुम्बकीय तरंग है। इस प्रकार, मैक्सवेल के कार्य ने विद्युत चुम्बकत्व एवं प्रकाश के क्षेत्र को एकीकृत किया।

विस्थापन धारा (Displacement Current)

- चित्र से लूप, c_1 के लिए, ऐम्पियर का परिपथीय नियम निम्न है

$$\int_{C_1} \mathbf{B} \cdot d\mathbf{l} = \mu_0 I$$

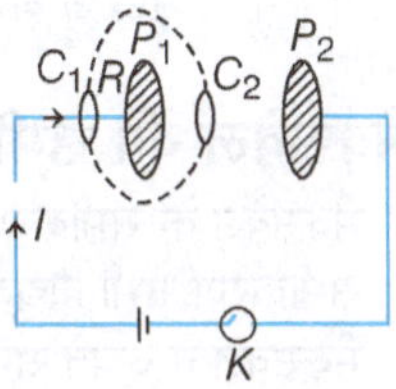

यहाँ, $I \neq 0, \ B \neq 0$

- अब, लूप c_2 के लिए, ऐम्पियर का परिपथीय नियम निम्न है

$$\int_{C_2} \mathbf{B} \cdot d\mathbf{l} = 0$$

क्योंकि सन्धारित्र के अन्दर चालन धारा I शून्य होती है।

अतः $\int_{C_1} \mathbf{B} \cdot d\mathbf{l} \neq \int_{C_2} \mathbf{B} \cdot d\mathbf{l}$ जबकि व्यावहारिक रूप से ये दोनों राशियाँ बराबर होनी चाहिए।

- ऐम्पियर के परिपथीय नियम में इस असंगति को दूर करने के लिए मैक्सवेल ने एक अतिरिक्त पद जोड़ा, जिसे विस्थापन धारा कहा जाता है।
- **विस्थापन धारा** (Displacement Current) वह धारा होती है, जो समय के सापेक्ष विद्युत फ्लक्स के परिवर्तन की दर के कारण उत्पन्न होती है। इसे मैक्सवेल की **विस्थापन धारा** के नाम से भी जाना जाता है। इसे निम्न प्रकार से दर्शाया जाता है

$$i_d = \varepsilon_0 \frac{d\phi_E}{dt}$$ NEET 2021, 19

- कुल धारा i, चालन धारा (i_c) तथा विस्थापन धारा (i_d) का योग होती है।

  अतः हमें प्राप्त होता है, $i = i_c + i_d = i_c + \varepsilon_0 \frac{d\phi_E}{dt}$
- सन्धारित्र प्लेटों के बाहर सन्धारित्र निकाय के लिए, $i_c = i$ तथा $i_d = 0$, दूसरी ओर सन्धारित्र के अन्दर, $i_c = 0$ तथा $i_d = i$
- **मैक्सवेल ने ऐम्पियर के परिपथीय नियम** को एक अन्तर के साथ संशोधित किया। नए नियम के अनुसार, **बन्द पथ के अनुदिश चुम्बकीय क्षेत्र का रैखिक समाकलन, उस बन्द पथ से घिरी सतह से गुजरने वाली कुल धारा (अर्थात् चालन धारा तथा विस्थापन धारा का योग) के μ_0 गुना के बराबर होता है।** इसे निम्न रूप में दर्शाया जाता है

$$\oint \mathbf{B} \cdot d\mathbf{l} = \mu_0 \left(I_c + \varepsilon_0 \frac{d\phi_E}{dt} \right)$$

  इसे **ऐम्पियर-मैक्सवेल नियम** के रूप में भी जाना जाता है।

नोट *विस्थापन धारा का भौतिक प्रभाव चालन धारा के समान ही होता है।*

उपरोक्त चर्चा से निम्नलिखित निष्कर्ष निकाला जा सकता है

- समय पर निर्भर विद्युत एवं चुम्बकीय क्षेत्र एक-दूसरे की उत्पत्ति के कारक हैं। यह विस्थापन धारा के चुम्बकीय क्षेत्र का स्त्रोत होने का परिणाम है।
- फैराडे का विद्युत चुम्बकीय प्रेरण का नियम एवं मैक्सवेल-ऐम्पियर का परिपथीय नियम इस कथन की परिमाणात्मक अभिव्यक्ति है, जहाँ धारा, कुल धारा होती है।
- इस सममिति की एक अत्यन्त महत्त्वपूर्ण निष्पत्ति विद्युत चुम्बकीय तरंगों का अस्तित्व है।

Concept Master
Video के लिए

Marks Maximizer

$$i_d = \varepsilon_0 \frac{d\phi_E}{dt} = \varepsilon_0 A \frac{dE}{dt} = \frac{\varepsilon_0 A}{d} \cdot \frac{dV}{dt}$$

यहाँ, A = सन्धारित्र की प्लेट का क्षेत्रफल, E = विद्युत क्षेत्र, V = विभवान्तर तथा d = प्लेटों के बीच की दूरी।

मैक्सवेल की समीकरण (Maxwell's Equations)

- मैक्सवेल के समीकरण विद्युत तथा चुम्बकत्व के मूल नियम हैं। ये समीकरण सभी विद्युत-चुम्बकीय अन्तःक्रियाओं का पूर्ण विवरण देते हैं। मैक्सवेल ने अपने समीकरणों के आधार पर विद्युत चुम्बकीय तरंगों के अस्तित्व की भविष्यवाणी की।
- मैक्सवेल के चार समीकरण हैं, जिन्हें नीचे समझाया गया है

(i) **गॉस का स्थिरवैद्युतिकी का नियम** (Gauss's Law of Electrostatics) इस नियम के अनुसार, किसी भी बन्द सतह से गुजरने वाला कुल विद्युत फ्लक्स सदैव उस सतह द्वारा घेरे गए कुल आवेश के $\frac{1}{\varepsilon_0}$ गुना के बराबर होता है। इसे $\oint \mathbf{E} \cdot d\mathbf{S} = \frac{q}{\varepsilon_0}$ द्वारा दिया जाता है

इसे **मैक्सवेल का प्रथम समीकरण** कहते हैं। इससे यह निष्कर्ष निकलता है कि विद्युत चुम्बकीय बल रेखाएँ बन्द सतत् वक्र नहीं होती हैं।

(ii) **स्थिर चुम्बकिकी में गॉस का नियम** (Gauss's Law in Magnetostatics) इस नियम के अनुसार, किसी भी बन्द सतह के माध्यम से गुजरने वाला कुल चुम्बकीय फ्लक्स हमेशा शून्य होता है इसे निम्नवत् दर्शाया जाता है

$$\oint \mathbf{B} \cdot d\mathbf{S} = 0$$

इस समीकरण को **मैक्सवेल की दूसरी समीकरण** कहते हैं।

इससे यह निष्कर्ष प्राप्त होता है कि चुम्बकीय बल रेखाएँ बन्द एवं सतत् वक्र होती हैं।

(iii) **फैराडे का विद्युत चुम्बकीय प्रेरण का नियम** (Faraday's Law of Electromagnetic Induction) इस नियम के अनुसार, किसी परिपथ में उत्पन्न प्रेरित वि.वा.ब. (emf) संख्यात्मक रूप से इसके माध्यम से गुजरने वाले चुम्बकीय फ्लक्स के परिवर्तन की दर के बराबर होता है, इसे निम्नवत् दर्शाया जाता है

$$\oint \mathbf{E} \cdot d\mathbf{l} = -\frac{d\phi_B}{dt}$$

इस समीकरण को **मैक्सवेल की तीसरी समीकरण** कहते हैं।

इससे यह निष्कर्ष प्राप्त होता है कि समय के साथ परिवर्तित चुम्बकीय क्षेत्र विद्युत क्षेत्र उत्पन्न करता है।

(iv) **ऐम्पियर-मैक्सवेल का परिपथीय नियम** (Ampere-Maxwell's Circuital Law) इस नियम के अनुसार, बन्द पथ के अनुदिश, चुम्बकीय क्षेत्र का रेखीय समाकलन उस बन्द पथ से घिरी सतह से गुजरने वाली कुल धारा (अर्थात् चालन धारा तथा विस्थापन धारा का योग) के μ_0 गुना के बराबर होता है, इसे निम्न प्रकार से व्यक्त किया जाता है

$$\oint \mathbf{B} \cdot d\mathbf{l} = \mu_0 \left(I_c + \varepsilon_0 \frac{d\phi_E}{dt} \right)$$

इस समीकरण को **मैक्सवेल की चौथी समीकरण** कहा जाता है। यह दर्शाती है कि समय के साथ परिवर्तनशील विद्युत क्षेत्र, चुम्बकीय क्षेत्र उत्पन्न करता है।

विद्युत चुम्बकीय तरंगें (Electromagnetic Waves)

- ये तरंगें विद्युत क्षेत्र E एवं चुम्बकीय क्षेत्र B में एक-दूसरे से समकोण पर ज्यावक्रीय परिवर्तन के कारण उत्पन्न होती हैं और अन्तरिक्ष में संचरित होती हैं।
- **EM तरंगों के स्त्रोत** (Sources of EM Waves) मैक्सवेल ने पाया कि त्वरित या दोलित आवेश चुम्बकीय तरंगों को विकिरत करते हैं। ये आवेश अंतरिक्ष में एक दोलनशील विद्युत क्षेत्र उत्पन्न करते हैं, जो एक दोलनशील चुम्बकीय क्षेत्र उत्पन्न करता है। यह चुम्बकीय क्षेत्र पुनः दोलनशील विद्युत क्षेत्र का स्त्रोत होता है। इसी प्रकार, यह प्रक्रिया चलती रहती है। अतः दोलनशील विद्युत एवं चुम्बकीय क्षेत्र एक-दूसरे को सम्पोषित (Regenerate) करते रहते हैं।
- विद्युत चुम्बकीय तरंग की आवृत्ति स्वाभाविक रूप से आवेश के दोलन के समतुल्य होती है और संचरित तरंग से जुड़ी ऊर्जा, स्त्रोत (त्वरित आवेश) की ऊर्जा से ही प्राप्त होती है।

- विद्युत चुम्बकीय तरंगें तभी उत्पन्न होती हैं, जब तीव्र गति से गमन करने वाले इलेक्ट्रॉनों को अचानक उच्च परमाणु संख्या वाले धातु लक्ष्य द्वारा रोक दिया जाता है। इन विद्युत चुम्बकीय तरंगों को X-किरणें कहा जाता है।
- **EM तरंगों की प्रकृति** (Nature of EM Waves) विद्युत चुम्बकीय तरंगें प्रकृति में अनुप्रस्थ होती हैं। विद्युत चुम्बकीय तरंग में, विद्युत और चुम्बकीय क्षेत्र एक-दूसरे के लम्बवत् होते हैं ओर संचरण की दिशा के लम्बवत् होते हैं।
- नीचे Z-दिशा के अनुदिश संचरित होने वाली एक समतल विद्युत चुम्बकीय तरंग दर्शाई गई है।

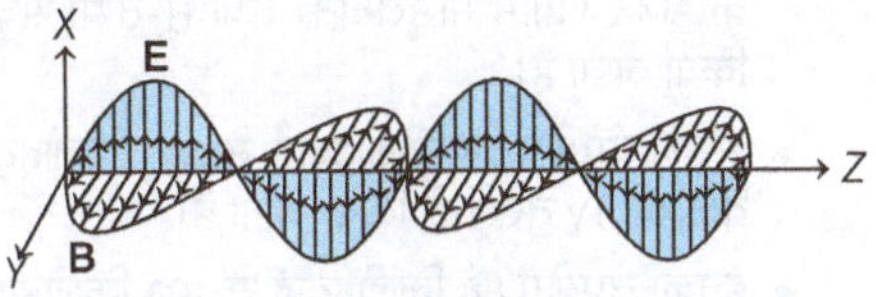

संचरण की दिशा

- विद्युत क्षेत्र E_X, X-अक्ष के अनुदिश तथा चुम्बकीय क्षेत्र B_y, Y-अक्ष के अनुदिश है जो निम्न रूप में दर्शाया गया है।

$$E_x = E_0 \sin(kz - \omega t) = E_0 \sin\left[2\pi\left(\frac{z}{\lambda} - \nu t\right)\right]$$

$$= E_0 \sin\left[2\pi\left(\frac{z}{\lambda} - \frac{t}{T}\right)\right]$$

तथा $$B_Y = B_0 \sin(kz - \omega t) = B_0 \sin\left[2\pi\left(\frac{z}{\lambda} - \nu t\right)\right]$$

$$= B_0 \sin\left[2\pi\left(\frac{z}{\lambda} - \frac{t}{T}\right)\right]$$

NEET 2020

जहाँ, k तरंग सदिश या संचरित (गमनकारी) सदिश $= \frac{2\pi}{\lambda}$ है

तथा ω कोणीय आवृत्ति है।

k की दिशा तरंग के संचरण की दिशा निर्दिष्ट करती है।

EM तरंगों की महत्त्वपूर्ण विशेषताएँ नीचे दी गई हैं

(i) विद्युत चुम्बकीय तरंगें, त्वरित आवेश द्वारा उत्पन्न होती हैं।

(ii) इन तरंगों को संचरण के लिए किसी भौतिक माध्यम की आवश्यकता नहीं होती है।

(iii) ये तरंगें प्रकाश की चाल (3×10^8 मी/से) से मुक्त अन्तरिक्ष में गमन करती हैं जोकि $c = 1/\sqrt{\mu_0 \varepsilon_0}$ (तथा $c = \nu\lambda$) सम्बन्ध द्वारा दर्शाई जाती हैं। इसका अर्थ है कि **प्रकाश तरंगें प्रकृति में विद्युत चुम्बकीय होती हैं**।

(iv) किसी माध्यम में विद्युत चुम्बकीय तरंग की गति $v = 1/\sqrt{\mu\varepsilon}$ द्वारा दर्शाई जाती है, जहाँ ε तथा μ क्रमशः किसी पदार्थ के माध्यम की विद्युत पारगम्यता तथा चुम्बकीय पारगम्यता हैं। इसका अर्थ है कि किसी माध्यम में EM तरंग की गति उस माध्यम के विद्युत एवं चुम्बकीय गुणों पर निर्भर करती है। NEET 2019

(v) विद्युत तथा चुम्बकीय क्षेत्रों के परिवर्तन की दिशा एक-दूसरे के लम्बवत् होती है तथा तरंग संचरण की दिशा के भी लम्बवत् होती है। अतः विद्युत चुम्बकीय तरंगें प्रकृति में अनुप्रस्थ होती हैं।

Marks Maximizer

- मुक्त निर्वात् में, विद्युत चुम्बकीय तरंगों में विद्युत तथा चुम्बकीय क्षेत्रों के परिमाण निम्न प्रकार से सम्बन्धित होते हैं

$$E_0 / B_0 = c$$

NEET 2023, 20

- विद्युत चुम्बकीय तरंगों में ऊर्जा, विद्युत तथा चुम्बकीय क्षेत्रों के मध्य समान रूप से विभाजित होती है।

$$U_e = U_m$$

जहाँ, U_e= विद्युत क्षेत्र की ऊर्जा तथा U_m= चुम्बकीय क्षेत्र की ऊर्जा

- किसी निर्वात् में विद्युत क्षेत्र **E** में **ऊर्जा घनत्व** (प्रति इकाई आयतन ऊर्जा) $\frac{1}{2}\varepsilon_0 E^2$ तथा चुम्बकीय क्षेत्र **B** में ऊर्जा घनत्व $\frac{B^2}{2\mu_0}$ है।

$\therefore$ एक विद्युत चुम्बकीय तरंग से सम्बद्ध ऊर्जा निम्न है

$$U = \frac{1}{2}\varepsilon_0 E^2 + \frac{1B^2}{2\mu_0}$$

औसत ऊर्जा घनत्व, $u_{\text{औसत}} = \frac{1}{4}\varepsilon_0 E_0^2 + \frac{1}{4}\frac{B_0^2}{\mu_0}$

तथा $$u_{\text{औसत}} = \frac{1}{2}\varepsilon_0 E_0^2 = \frac{B_0^2}{2\mu_0}$$

- विद्युत चुम्बकीय तरंगें आवेश रहित (Uncharged) होने के कारण विद्युत तथा चुम्बकीय क्षेत्रों द्वारा विक्षेपित नहीं होती हैं।
- विद्युत चुम्बकीय तरंगों में संवेग होता है। चूँकि इनमें संवेग होता है, अतः ये तरंगें दाब भी डालती हैं, जिसे **विकिरण दाब** (Radiation pressure) कहते हैं।

  यदि तरंग पूर्णतः अवशोषित सतह पर आपतित होती है, तो वितरित संवेग $p = \frac{U}{c}$ द्वारा दिया जाता है तथा सतह पर लगाया गया बल

  $F = \frac{p}{\Delta t}$ होता है।

- यदि सतह पूर्णतः परावर्तक है, तो सतह पर स्थानान्तरित संवेग निम्न होगा

$$p = \frac{2U}{c}$$

- क्षेत्रफल A की सतह पर सामान्य रूप से पड़ने वाले विकिरण के कारण दाब निम्न प्रकार दिया जाता है

$$P = \frac{F}{A} = \frac{1}{A}\frac{d}{dt}\cdot\left(\frac{U}{c}\right)$$

$$= \frac{1}{c}\cdot\frac{\left(\frac{dU}{dt}\right)}{A}$$

यहाँ $\frac{dU}{dt}$ वह दर है, जिस पर ऊर्जा आ रही है।

नोट *प्रकाश, सूर्य से पृथ्वी तक ऊर्जा ले जाता है, जिससे पृथ्वी पर जीवन सम्भव होता है।*

विद्युत चुम्बकीय स्पेक्ट्रम (Electromagnetic Spectrum)

- तरंगदैर्ध्य λ तथा आवृत्ति ν के बढ़ते और घटते क्रम में विद्युत चुम्बकीय तरंगों की व्यवस्था को विद्युत चुम्बकीय स्पेक्ट्रम कहा जाता है। इन तरंगों में दृश्य प्रकाश तरंगें, X-किरणें, गामा किरणें, रेडियो तरंगें, सूक्ष्म तरंगें, पराबैंगनी तथा अवरक्त तरंगें सम्मिलित हैं।

विद्युत चुम्बकीय स्पेट्रम के विभिन्न क्षेत्रों की तरंगदैर्ध्य परास, आवृत्ति परास और उपयोग नीचे तालिका में संक्षिप्त रूप से दिए गए हैं।

	तरंग का नाम	आवृत्ति परास	तरंगदैर्ध्य परास	उत्पादन	संसूचन	उपयोग
(i)	**रेडियो तरंगें**	500 किलोहर्ट्ज से 1000 मेगाहर्ट्ज	> 0.1 मी	वायु में इलेक्ट्रॉनों का तीव्र त्वरण या मन्दन	वायु में ग्रहण	• इनका उपयोग 530 किलोहर्ट्ज से 1710 किलोहर्ट्ज तक के AM (आयाम मॉडुलेशन) तथा भू-तरंग संचरण में किया जाता है। • इनका उपयोग 54 किलोहर्ट्ज से 890 किलोहर्ट्ज परास तक की TV तरंगों में किया जाता है। • इनका उपयोग 88 किलोहर्ट्ज से 108 किलोहर्ट्ज तक के FM (आवृत्ति मॉडुलेशन) में किया जाता है।
(ii)	**सूक्ष्म तरंगें**	1 गीगाहर्ट्ज से 300 गीगाहर्ट्ज	0.1 मी से 1 मिमी	क्लेस्ट्रॉन वाल्व या मेग्नेट्रॉन वाल्व	बिन्दु सम्पर्क डायोड	• इनका उपयोग विमान संचालन के लिए RADAR प्रणालियों में किया जाता है। NEET 2022, 20 • इनका उपयोग माइक्रोवेव ओवन में खाना पकाने के उद्देश्य से किया जाता है। • इनका उपयोग परमाणु और आण्विक संरचनाओं के अध्ययन में किया जाता है।
(iii)	**अवरक्त तरंगें** (ऊष्मा तरंगें)	3×10^{11} हर्ट्ज से 4×10^{14} हर्ट्ज	1 मिमी से 700 नैनोमीटर	परमाणुओं एवं अणुओं में कम्पन	थर्मोपाइलस, बोलोमीटर तथा अवरक्त फोटोग्राफिक फिल्म	• इनका उपयोग भौतिक चिकित्सा में किया जाता है। • इनका उपयोग सैनिक उद्देश्यों के लिए उपग्रहों में किया जाता है। • इनका उपयोग मौसम पूर्वानुमान में किया जाता है।
(iv)	**प्रकाश तरंगें** (दृश्य तरंगें)	4×10^{14} हर्ट्ज से 7×10^{14} हर्ट्ज	700 नैनोमीटर से 400 नैनोमीटर	परमाणुओं में इलेक्ट्रॉन, प्रकाश उत्सर्जित करते हैं, जब ये उच्च ऊर्जा स्तर से निम्न ऊर्जा स्तर पर संक्रमण करते हैं।	नेत्र, फोटो सेल तथा फोटोग्राफिक फिल्म	• इनका उपयोग मनुष्यों तथा जानवरों के प्रकाशीय अंगों द्वारा नीचे दिए गए तीन प्राथमिक उद्देश्य के लिए किया जाता है। (i) वस्तुओं को देखने, उनसे टकराने से बचने तथा खतरे से बचने के लिए। (ii) भोजन की खोज करने के लिए। (iii) अन्य जीवित प्राणियों को खोजने के लिए।
(v)	**पराबैंगनी किरणें**	10^{14} हर्ट्ज से 10^{16} हर्ट्ज	400 नैनोमीटर से 1 नैनोमीटर	परमाणु में आन्तरिक सेल, इलेक्ट्रॉनों का उच्च ऊर्जा स्तर से निम्न ऊर्जा स्तर पर संक्रमण करते हैं।	फोटो सेल तथा फोटोग्राफिक फिल्म	• इनका उपयोग बर्गलर अलार्म (Burgler alarm) में किया जाता है। • इनका उपयोग खनिज नमूनों की जाँच में किया जाता है। • इनका उपयोग आण्विक संरचना का अध्ययन करने के लिए किया जाता है। • जल शोधक में जीवाणुओं को मारने के लिए। • लेजर नेत्र शल्य चिकित्सा में उपयोग किया जाता है।

	तरंग का नाम	आवृत्ति परास	तरंगदैर्ध्य परास	उत्पादन	संसूचन	उपयोग
(vi)	X-किरणें	3×10^{16} हर्ट्ज से 3×10^{21} हर्ट्ज	1 नैनोमीटर से 10^{-3} नैनोमीटर	X-किरण नलिका अथवा आन्तरिक सेलों के इलेक्ट्रॉन, उच्च ऊर्जा इलेक्ट्रॉनों द्वारा धातुओं पर बमबारी	फोटोग्राफिक फिल्म, गीजर नलिकाएँ, आयनीकरण चैम्बर	• इनका उपयोग चिकित्सा में फ्रैक्चर, रोगग्रस्त अंगों, शरीर में पथरी आदि का पता लगाने के लिए किया जाता है। • इनका उपयोग अभियान्त्रिकी में दोषों, पुलों में दरारों का पता लगाने तथा वेल्ड के परीक्षण के लिए किया जाता है। • इनका उपयोग धातुओं या विस्फोटक सामग्री का पता लगाने के लिए किया जाता है।
(vii)	गामा (γ) किरणें	3×10^{18} हर्ट्ज से 5×10^{22} हर्ट्ज	$<10^{-3}$ नैनोमीटर	नाभिकों का रेडियोएक्टिव क्षय	फोटोग्राफिक फिल्म तथा आयनीकरण चैम्बर	• इनका उपयोग ट्यूमर तथा कैंसर के उपचार के लिए रेडियो चिकित्सा में किया जाता है। • इनका उपयोग खाद्य उद्योग में रोगजनक सूक्ष्मजीवों को मारने के लिए किया जाता है।

Caution Points

- सभी विद्युत चुम्बकीय तरंगें, निर्वात् में समान गति से गमन करती हैं, इसीलिए इन तरंगों को इनकी तरंगदैर्ध्य और आवृत्तियों के आधार पर विभेदित किया जाता है। इन तरंगों की पदार्थ के साथ अन्तःक्रिया भी भिन्न होती है।
- अवरक्त तरंगें, इलेक्ट्रॉन के साथ-साथ किसी पदार्थ के परमाणुओं या अणुओं को भी कम्पित कर सकती हैं यह कम्पन आन्तरिक ऊर्जा में वृद्धि करता है, जिससे पदार्थ के तापमान में अधिक वृद्धि होती है इसीलिए इन्हें प्रायः ऊष्मा तरंगें (Heat waves) कहा जाता है।
- मनुष्य के नेत्र, प्रकाश के रंगों के प्रति सबसे अधिक संवेदनशील होती हैं, क्योंकि मनुष्य की दृष्टि सूर्य से आने वाली सबसे शक्तिशाली तरंगदैर्ध्य के प्रति सबसे अधिक संवेदनशील होती है।

PYQ नोट्स

1. **विद्युत क्षेत्र घटक द्वारा उत्पादित तीव्रता**

   यदि किसी बिन्दु स्त्रोत द्वारा उत्पन्न तीव्रता निम्न दी गई हो, $I=\dfrac{P}{4\pi r^2}$ **[JEE Main 2023]**

   तब विद्युत क्षेत्र घटक द्वारा उत्पन्न तीव्रता निम्न प्रकार दर्शाई जाती है $I_E=\dfrac{I}{2}$

2. **अपरावर्तक सतह पर ऊर्जा**

   अपरावर्तक सतह के लिए, प्राप्त ऊर्जा निम्नवत् दी जाती है **[NEET 2020]**

   प्राप्त ऊर्जा = औसत फ्लक्स × पृष्ठ क्षेत्रफल × समय

Step by Step

Mastering NCERT

- कॉन्सेप्ट बिल्डर्स
- शीर्षकवार प्रश्न
- अभिकथन–कारण प्रश्न
- कथन आधारित प्रश्न
- सुमेलन प्रकार प्रश्न
- आंकिक मान प्रकार के प्रश्न
- NCERT Exemplar प्रश्न
- विगत परीक्षाओं के प्रश्न
- स्किल बूस्टर्स

कॉन्सेप्ट बिल्डर्स

1 विस्थापन धारा, विद्युत फ्लक्स में परिवर्तन के कारण उत्पन्न होती है। (सत्य/असत्य)

2 ऐम्पियर के परिपथीय नियम में लुप्त पद लिखिए।

3 विद्युत चुम्बकीय तरंगों का वेग, माध्यम के किन कारकों पर निर्भर करता है?

4 विद्युत चुम्बकीय तरंग किससे बनी होती है?

5 विद्युत चुम्बकीय तरंगों में, विद्युत और चुम्बकीय क्षेत्र एक-दूसरे के .... दोलन करते हैं। (समानान्तर/लम्बवत्)

6 विद्युत चुम्बकीय तरंग का संवेग .... होता है। (रैखिक/कोणीय)

7 विभिन्न विकिरणों की सभी विद्युत चुम्बकीय तरंगें निर्वात् में ...... (समान/भिन्न) गति से चलती हैं लेकिन वे माध्यम में ...... (समान/भिन्न) गति से चलती हैं।

8 किसी माध्यम में गमन करते प्रकाश के वेग का सूत्र लिखिए।

9 निर्वात् में 4000 ऐंग्स्ट्रॉम तथा 8000 ऐंग्स्ट्रॉम तरंगदैर्ध्य वाली प्रकाश किरणों के वेगों का अनुपात क्या है?

10 विद्युत चुम्बकीय तरंगों को उत्पन्न करने के लिए कौन-सा मूल दोलक परिपथ प्रयुक्त होता है?

11 *LC* दोलित्रीय परिपथ द्वारा उत्पन्न EM तरंगों की आवृत्ति के लिए व्यंजक लिखिए।

12 माइक्रोतरंगों, UV-किरणों और अवरक्त किरणों में से कौन-सा विकिरण किसी धात्विक सतह से इलेक्ट्रॉनों के उत्सर्जन के लिए सबसे प्रभावी है?

13 यदि विद्युत चुम्बकीय विकिरण की तरंगदैर्ध्य दोगुनी कर दी जाए, तो फोटॉनों की ऊर्जा आधी हो जाती है। (सत्य/असत्य)

14 रेडियो तरंगों की अधिकतम आवृत्ति सीमा क्या है?

15 कैंसर के इलाज के लिए किस विद्युत चुम्बकीय तरंग का उपयोग किया जाता है?

16 माइक्रोतरंगें विशेष निर्वात् नलियों में दोलन धाराओं के कारण उत्पन्न होती हैं। (सत्य/असत्य)

17 .... (पराबैंगनी/अवरक्त) तरंगों के कारण होने वाले कम्पन से पदार्थ की आन्तरिक ऊर्जा और फलस्वरूप तापमान बढ़ जाता है।

18 ट्रेनों की आवाजाही देखने के लिए .... का उपयोग किया जाता है। (अवरक्त तरंगों/माइक्रो तरंगों)

19 गामा किरणें उच्च गति वाले इलेक्ट्रॉनों द्वारा धातु लक्ष्य पर बमबारी करके उत्पन्न की जाती हैं। (सत्य/असत्य)

20 दृश्य प्रकाश की तरंगदैर्ध्य अवरक्त विकिरण से कम होती है। (सत्य/असत्य)

शीर्षकवार प्रश्न

विस्थापन धारा

1 ऐम्पियर के परिपथीय नियम में असंगति को निम्नलिखित को जोड़कर दूर किया जा सकता है NCERT पृष्ठ 201

(a) AC धारा (b) DC धारा

(c) विस्थापन धारा (d) प्रतिबाधा

2 मैक्सवेल के समीकरण से उभरने वाली सबसे महत्त्वपूर्ण भविष्यवाणी .... के अस्तित्व से सम्बन्धित है। NCERT पृष्ठ 201

(a) विद्युत चुम्बकीय तरंगों

(b) विद्युत क्षेत्र

(c) चुम्बकीय क्षेत्र

(d) धारा

3 दी गई आकृति में, किस विन्यास के लिए, सन्धारित्र की प्लेटों के बाहर बिन्दु *P* पर चुम्बकीय क्षेत्र सभी स्थानों पर समान होगा? NCERT पृष्ठ 202

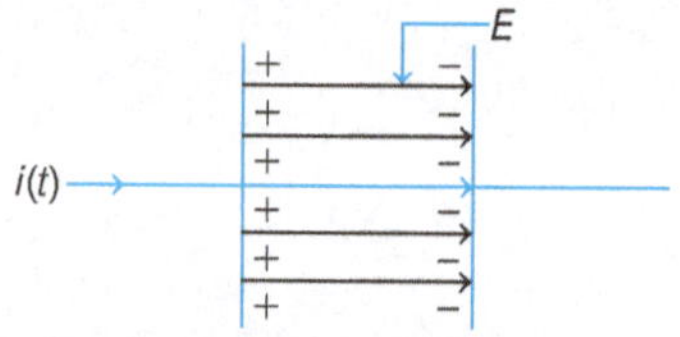

(a) तार के लम्बवत् समतल वृत्ताकार लूप में

(b) तार के समानान्तर समतल वृत्ताकार लूप में

(c) प्लेटों के बीच तल वाले बर्तन जैसी सतह में

(d) ढक्कन के बिना टिफिन बॉक्स जैसी आकृति में

4 एक समान्तर प्लेट सन्धारित्र पर आवेश $q = q_0 \cos 2\pi vt$ के अनुसार परिवर्तित होता है। प्लेटें बहुत बड़ी हैं और एक-दूसरे के समीप रखी हुई हैं, जिनका क्षेत्रफल A तथा बीच की दूरी d है। किनारों के प्रभावों की उपेक्षा करते हुए, सन्धारित्र से होकर गुजरने वाली विस्थापन धारा ज्ञात कीजिए। NCERT पृष्ठ 203

(a) $-\sin 2\pi vt\ (2\pi v)$
(b) $q_0 \cos 2\pi vt$
(c) $2\pi q_0\ v\sin(2\pi vt)$
(d) $-2\pi q_0 v\sin(2\pi vt)$

5 1 माइक्रोफैरड के समान्तर प्लेट सन्धारित्र के बीच के स्थान में 10 ऐम्पियर की विस्थापन धारा के लिए वोल्टेज के परिवर्तन की तात्कालिक दर क्या है ? NCERT पृष्ठ 203

(a) 10^5 वोल्ट/ सेकण्ड
(b) 10^6 वोल्ट/ सेकण्ड
(c) 10^{-6} वोल्ट/ सेकण्ड
(d) 10^7 वोल्ट/ सेकण्ड

6 एक समानान्तर प्लेट सन्धारित्र में दो गोलाकार प्लेटें हैं जिनकी त्रिज्या $R = 10$ सेमी तथा बीच की दूरी $d = 0.5$ मिमी हैं। सन्धारित्र को दो प्लेटों के बीच एक परिवर्तनशील विभवान्तर लगाकर एक समान दर पर आवेशित किया जा रहा है। सन्धारित्र के लिए विस्थापन धारा की गणना करें। मान लें कि विद्युत क्षेत्र केवल विस्थापन धारा के कारण है तथा प्लेटों के बीच विद्युत क्षेत्र में परिवर्तन की दर 5×10^{13} मी/से है। NCERT पृष्ठ 203

(a) 12.8 ऐम्पियर
(b) 12.6 ऐम्पियर
(c) 13.9 ऐम्पियर
(d) 10.5 ऐम्पियर

7 8 माइक्रो फैरड धारिता वाले एक सन्धारित्र पर सीधे एक ज्यावक्रीय वोल्टेज लगाया जाता है। स्रोत की आवृत्ति 30.0 किलो हर्ट्ज और वोल्टेज आयाम 300 वोल्ट है। सन्धारित्र की प्लेटों के बीच विस्थापन धारा का अधिकतम मान ज्ञात कीजिए। NCERT पृष्ठ 203

(a) 42.5 ऐम्पियर
(b) 4.25 माइक्रो ऐम्पियर
(c) 4.52 ऐम्पियर
(d) 4.52 माइक्रो ऐम्पियर

8 एक समानान्तर प्लेट सन्धारित्र को 100×10^{-6} कूलॉम आवेश द्वारा आवेशित किया जाता है। विकिरण स्त्रोत से गिरने वाले विकिरणों के कारण, प्लेट से 2×10^{-7} कूलॉम/सेकण्ड की दर से आवेश व्यय हो जाता है। विस्थापन धारा का परिमाण है NCERT पृष्ठ 203

(a) 10^{-6} ऐम्पियर
(b) 10^{-4} ऐम्पियर
(c) 2×10^{-7} ऐम्पियर
(d) 2×10^{-7} माइक्रो कूलॉम/ सेकण्ड

9 $\frac{1}{2}$ फैरड धारिता के एक समान्तर प्लेट सन्धारित्र की प्लेटों के बीच I ऐम्पियर परिमाण की तात्क्षणिक विस्थापन धारा स्थापित करने के लिए, $\frac{dV}{dt}$ का मान है NCERT पृष्ठ 204

(a) $2I$
(b) $\frac{I}{2}$
(c) $\frac{1}{2I}$
(d) I

10 सममित प्रतिरूप और विस्थापन धारा के चुम्बकीय क्षेत्र के स्त्रोत होने के परिणाम के विषय में कौन-सा कथन सही है? NCERT पृष्ठ 204

(a) समय के साथ परिवर्तित होने वाला विद्युत क्षेत्र, चुम्बकीय क्षेत्र को उत्पन्न करता है।
(b) समय के साथ परिवर्तित होने वाला चुम्बकीय क्षेत्र, विद्युत क्षेत्र को उत्पन्न करता है।
(c) समय के साथ परिवर्तित होने वाला emf, विद्युत क्षेत्र को उत्पन्न करता है।
(d) समय के साथ परिवर्तित होने वाली विस्थापन धारा, विद्युत क्षेत्र को उत्पन्न करता है।

11 2 माइक्रोफैरड समान्तर प्लेट सन्धारित्र की प्लेटों के बीच के स्थान में 1 मिली ऐम्पियर, तात्कालिक विस्थापन धारा स्थापित करने के लिए विभवान्तर के परिवर्तन की दर है NCERT पृष्ठ 204

(a) 100 वोल्ट/ सेकण्ड
(b) 200 वोल्ट/ सेकण्ड
(c) 300 वोल्ट/ सेकण्ड
(d) 500 वोल्ट/ सेकण्ड

12 प्लेट क्षेत्र A और प्लेटों के बीच दूरी d वाला एक समानान्तर प्लेट सन्धारित्र, एक स्थिर धारा द्वारा आवेशित होता है। माना समतल सतह का क्षेत्रफल $\frac{2A}{3}$ प्लेट के समान्तर है और यह प्लेटों के बीच बनाया गया है, तो इस क्षेत्र के माध्यम से प्रवाहित विस्थापन धारा है NCERT पृष्ठ 203

(a) $\frac{2I}{3}$
(b) $\frac{I}{2}$
(c) $\frac{I}{4}$
(d) $\frac{I}{8}$

13 मैक्सवेल के समीकरणों के सम्बन्ध में निम्नलिखित में से कौन-सा कथन सही है? NCERT पृष्ठ 205

(a) मैक्सवेल के समीकरणों से उभरने वाली सबसे महत्त्वपूर्ण भविष्यवाणी चुम्बकीय तरंगों का अस्तित्व है।
(b) मैक्सवेल के समीकरण में केवल विद्युत और चुम्बकीय क्षेत्र सम्मिलित हैं।
(c) सभी सतहों के लिए कुल धारा i का मान समान होता है।
(d) हम फैराडे के विद्युत चुम्बकीय प्रेरण के नियम को पुनः व्यक्त कर सकते हैं कि प्रेरित विद्युत वाहक बल, चुम्बकीय फ्लक्स के परिवर्तन की दर के बराबर होता है।

14 निर्वात् में विद्युत चुम्बकीय तरंगों का कुल औसत ऊर्जा घनत्व निम्न सम्बन्ध द्वारा दिया जाता है Old NCERT पृष्ठ 277

(a) $\frac{E^2}{2\varepsilon_0} + \frac{B^2}{2\mu_0}$
(b) $\frac{1}{2}\varepsilon_0 E^2 + \frac{1}{2}\mu_0 B^2$
(c) $\frac{E^2 + B^2}{c}$
(d) $\frac{1}{2}\varepsilon_0 E^2 + \frac{B^2}{2\mu_0}$

विद्युत चुम्बकीय तरंगें

15 एक विद्युत चुम्बकीय तरंग, निर्वात् में Z-अक्ष के अनुदिश $\mathbf{E} = (E_1\hat{\mathbf{i}} - E_2\hat{\mathbf{j}})\cos(kz - \omega t)$ द्वारा यात्रा करती है। निम्नलिखित विकल्पों में से सही कथन ज्ञात कीजिए। NCERT पृष्ठ 206

(a) सम्बन्धित चुम्बकीय क्षेत्र $\mathbf{B} = \frac{1}{c}(E_1\hat{\mathbf{i}} - E_2\hat{\mathbf{j}})\sin(kz - \omega t)$ द्वारा गया दिया है।

(b) सम्बन्धित चुम्बकीय क्षेत्र $\mathbf{B} = \frac{1}{c}(E_1\hat{\mathbf{i}} + E_2\hat{\mathbf{j}})\cos(kz - \omega t)$ द्वारा गया दिया है।

(c) दिया गया विद्युत चुम्बकीय क्षेत्र वृत्तीय रूप से ध्रुवित है।

(d) दी गई विद्युत चुम्बकीय तरंग समतलीय ध्रुवित है।

16 Z-अक्ष के अनुदिश गमन करने वाली विद्युत चुम्बकीय तरंग $\mathbf{E} = E_0\cos(kz - \omega t)$ द्वारा व्यक्त की गई है। निम्नलिखित में से सही कथन चुनें। NCERT पृष्ठ 206

(a) सम्बन्धित चुम्बकीय क्षेत्र $\mathbf{B} = \frac{1}{c}(\hat{\mathbf{j}} \times \mathbf{E})$ द्वारा व्यक्त किया गया है।

(b) विद्युत चुम्बकीय क्षेत्र को सम्बन्धित चुम्बकीय क्षेत्र $\mathbf{E} = c\,(\mathbf{E} \times \hat{\mathbf{j}})$ के रूप में लिखा जा सकता है।

(c) $\hat{\mathbf{k}} \cdot \mathbf{E} = 0, \hat{\mathbf{k}} \cdot \mathbf{B} = 0.$

(d) $\hat{\mathbf{k}} \times \mathbf{E} = 0, \hat{\mathbf{k}} \times \mathbf{B} = 0.$

17 मुक्त अन्तरिक्ष में एक बिन्दु पर सूर्य के प्रकाश की तीव्रता 0.099 वाट/ मीटर^2 देखी जाती है। उस बिन्दु पर चुम्बकीय क्षेत्र का शिखर मान क्या होगा? ($\varepsilon_0 = 8.85 \times 10^{-12}$ कूलॉम^2/ न्यूटन-मीटर^2) NCERT पृष्ठ 206

(a) 2.88×10^{-8} टेस्ला (b) 1.96×10^{-8} टेस्ला

(c) 8.31 टेस्ला (d) 5.88 टेस्ला

18 X-अक्ष के साथ गति करने वाली प्रकाश की किरण को विद्युत क्षेत्र $E_y = 300\sin\omega(t - x/c)$ द्वारा वर्णित किया जाता है। Y-अक्ष के साथ 3×10^7 मी/ से की गति के साथ गतिमान आवेश q पर विद्युत बल और चुम्बकीय बल का अनुपात है
(दिया है, प्रकाश की गति $= 3 \times 10^8$ मी/ से) NCERT पृष्ठ 206

(a) 1 : 1 (b) 1 : 10 (c) 10 : 1 (d) 1 : 2

19 एक EM तरंग एक माध्यम में $\mathbf{v} = v\hat{\mathbf{i}}$ वेग से संचरित हो रही है। इस EM तरंग का तात्कालिक दोलनशील विद्युत क्षेत्र + Y-अक्ष के अनुदिश है, तब EM तरंग के दोलनशील चुम्बकीय क्षेत्र की दिशा होगी NCERT पृष्ठ 206

(a) $-y$-दिशा (b) $+z$-दिशा

(c) $-z$-दिशा (d) $-x$-दिशा

20 द्रव्यमान M की एकसमान भार वाली एक डोरी एक दृढ़ छत से लम्बवत् लटकी हुई है। एक अनुप्रस्थ तरंग इसके मुक्त सिरे से स्थिर सिरे की ओर भेजी जाती है। जैसे ही तरंग ऊपर की ओर बढ़ती है, NCERT पृष्ठ 206

(a) इसकी गति और आवृत्ति बढ़ जाती है।

(b) इसकी गति और तरंगदैर्ध्य बढ़ जाती है।

(c) इसकी गति कम हो जाती है लेकिन तरंगदैर्ध्य बढ़ जाती है।

(d) इसकी गति और तरंगदैर्ध्य घट जाती है।

21 अनुप्रस्थ तरंग का समीकरण $y = 5\sin(\pi t - 0.1\pi x)$ द्वारा व्यक्त किया जाता है, जहाँ x और y सेमी में हैं। तरंग की तरंगदैर्ध्य λ और वेग v क्रमशः हैं NCERT पृष्ठ 206

(a) 20 सेमी, 10 सेमी/ से

(b) 10 सेमी, 100 सेमी/ से

(c) 10 सेमी, 50 सेमी/ से

(d) 20 सेमी, 50 सेमी/ से

22 एक तरंग एक रस्सी पर गमन करती है। तरंग का समीकरण $y = A\sin(\omega t - kx)$ है। यह हल्की रस्सी के एक सिरे $x = 0$ से बँधी एक भारी रस्सी से परावर्तित होती है। यदि 36% आपतित ऊर्जा का भाग वापस परावर्तित हो जाता है, तो परावर्तित तरंग का समीकरण है NCERT पृष्ठ 206

(a) $y = \frac{8}{10}A\sin(\omega t + kx)$ (b) $y = -\frac{6}{10}A\sin(\omega t + kx)$

(c) $y = \frac{6}{10}A\sin(kx + \omega t)$ (d) $y = -\frac{8}{10}A\sin(kx + \omega t)$

23 समतलीय विद्युत चुम्बकीय तरंग के लिए विद्युत क्षेत्र E और चुम्बकीय क्षेत्र B की दिशा क्रमशः $-\hat{\mathbf{i}} + \hat{\mathbf{j}}$ और $-\hat{\mathbf{i}} - \hat{\mathbf{j}}$ के अनुदिश हैं। समतलीय विद्युत चुम्बकीय तरंग के संचरण की दिशा है NCERT पृष्ठ 206

(a) $+x$ -दिशा (b) $+z$-दिशा (c) $+y$ -दिशा (d) $-x$ -दिशा

24 किसी माध्यम में विद्युत चुम्बकीय तरंग के विद्युत क्षेत्र भाग को निम्न द्वारा दर्शाया जाता है $E_x = 0$

$E_y = 2.5\frac{\text{N}}{\text{C}}\cos[(2\pi \times 10^6$ रेडियन/ मी$)t - (\pi \times 10^{-2}$ रेडियन/ से$)\,x]$

$E_z = 0$ तरंग है NCERT पृष्ठ 206

(a) आवृत्ति $2\pi \times 10^5$ हर्ट्ज और तरंगदैर्ध्य 200 मीटर के साथ y- दिशा के अनुदिश गतिमान

(b) आवृत्ति 10^5 हर्ट्ज और तरंगदैर्ध्य के साथ x -दिशा के अनुदिश गतिमान

(c) 10^5 हर्ट्ज आवृत्ति और 200 मीटर तरंगदैर्ध्य के साथ x- दिशा के अनुदिश गतिमान

(d) 10^5 हर्ट्ज आवृत्ति और 200 मीटर तरंगदैर्ध्य के साथ y- दिशा के अनुदिश गतिमान

25 निर्वात् में विद्युत चुम्बकीय तरंग से सम्बन्धित विद्युत क्षेत्र को $\mathbf{E} = \hat{\mathbf{i}}\,40\cos(kz - 6 \times 10^8 t)$ द्वारा व्यक्त किया जाता है। जहाँ E, z और t क्रमशः वोल्ट/ मी, मीटर और सेकण्ड में हैं। तरंग सदिश k का मान है NCERT पृष्ठ 206

(a) 2 मी$^{-1}$ (b) 0.5 मी$^{-1}$ (c) 6 मी$^{-1}$ (d) 3 मी$^{-1}$

26 समतलीय विद्युत चुम्बकीय तरंग में विद्युत क्षेत्र $E_z = 60\sin(4\pi \times 10^9 t - \pi \times 10^3 x)$ वोल्ट/ मीटर द्वारा व्यक्त किया जाता है, जहाँ x मीटर में है और t सेकण्ड में है। चुम्बकीय क्षेत्र का आयाम और तरंगदैर्ध्य है NCERT पृष्ठ 206

(a) 2×10^{-7} टेस्ला और 2×10^{-3} मीटर

(b) 2×10^{-7} टेस्ला और 10^{-7} मीटर

(c) 4×10^{-7} टेस्ला और 10^{-3} मीटर

(d) 4×10^{-7} टेस्ला और 2×10^{-3} मीटर

27 एक तरंग को $y = (0.25\,m)\sin(5\pi x - \pi t)$ समीकरण द्वारा वर्णित किया जाता है। यहाँ, x मीटर में है और t सेकण्ड में है। तरंग की गति है NCERT पृष्ठ 206

(a) 5 मी/ से (b) 0.2 मी/ से (c) 0.1 मी/ से (d) 0.5 मी/ से

28 प्रगामी तरंग का समीकरण $y = 4\sin\left(4\pi t - 0.04x + \frac{\pi}{3}\right)$ द्वारा व्यक्त किया गया है, जहाँ x मीटर में है और t सेकण्ड में है। तरंग की गति है NCERT पृष्ठ 206

(a) $20\,\pi$ मी/ से (b) $100\,\pi$ मी/ से
(c) $200\,\pi$ मी/ से (d) $\frac{100}{\pi}$ मी/ से

29 यदि स्थिर तरंग का समीकरण $y = 2A\sin\left(\frac{2\pi ct}{\lambda}\right)\cos\left(\frac{2\pi x}{\lambda}\right)$ द्वारा व्यक्त किया गया है, तो निम्नलिखित में से कौन-सा सही है? NCERT पृष्ठ 206

(a) $\frac{c}{\lambda}$ की इकाई वही है जो $\frac{x}{\lambda}$ की है
(b) xt की इकाई वही है जो λ की है
(c) $\frac{2\pi c}{\lambda}$ की इकाई वही है जो $\frac{2\pi x}{\lambda t}$ की है
(d) ct की इकाई वही है जो $\frac{\lambda}{x}$ की है

30 दी गई निम्न दो तरंगों के बीच कलान्तर है

$$y_1 = a_1\sin\left(\omega t - \frac{2\pi}{\lambda}x\right)$$

$$y_2 = a_2\cos\left(\omega t - \frac{2\pi}{\lambda}x + \phi\right)$$

NCERT पृष्ठ 206

(a) $\frac{2\pi}{\lambda}(\phi)$ (b) ϕ (c) $\frac{\pi}{2} + \phi$ (d) $\phi - \frac{\pi}{2}$

31 विद्युत चुम्बकीय तरंग को विद्युत क्षेत्र $\mathbf{E} = E_0\,\hat{\mathbf{n}}\sin[\omega t + (6y - 8z)]$ द्वारा दर्शाया जाता है। इकाई सदिशों $\hat{\mathbf{i}}, \hat{\mathbf{j}}, \hat{\mathbf{k}}$ को x, y और z दिशाओं में मानते हुए संचरण $\hat{\mathbf{s}}$ की दिशा ज्ञात कीजिए। NCERT पृष्ठ 206

(a) $\hat{\mathbf{s}} = \frac{3\hat{\mathbf{i}} - 4\hat{\mathbf{j}}}{5}$ (b) $\hat{\mathbf{s}} = \frac{-4\hat{\mathbf{k}} + 3\hat{\mathbf{j}}}{5}$
(c) $\hat{\mathbf{s}} = \left(\frac{-3\hat{\mathbf{j}} + 4\hat{\mathbf{k}}}{5}\right)$ (d) $\hat{\mathbf{s}} = \frac{4\hat{\mathbf{j}} - 3\hat{\mathbf{k}}}{5}$

32 25 गीगाहर्ट्ज आवृत्ति की एक समतलीय विद्युत चुम्बकीय तरंग z-दिशा के साथ निर्वात् में संचरित हो रही है। अन्तरिक्ष में समय एक विशेष बिन्दु पर, चुम्बकीय क्षेत्र को $\mathbf{B} = 5 \times 10^{-8}\,\hat{\mathbf{j}}$ टेस्ला द्वारा व्यक्त किया जाता है। संगत विद्युत क्षेत्र $\mathbf{E}$ (प्रकाश की गति, $c = 3 \times 10^8$ मी/ से) है NCERT पृष्ठ 206

(a) $-1.66 \times 10^{-16}\,\hat{\mathbf{i}}$ वोल्ट/ मीटर
(b) $1.66 \times 10^{-16}\,\hat{\mathbf{i}}$ वोल्ट/ मीटर
(c) $-15\,\hat{\mathbf{i}}$ वोल्ट/ मीटर
(d) $15\,\hat{\mathbf{i}}$ वोल्ट/ मीटर

33 एक आवेशित कण अपनी माध्य स्थिति के चारों ओर 10^9 हर्ट्ज की आवृत्ति के साथ दोलन करता है। उत्पन्न विद्युत चुम्बकीय तरंगों की ………… है। NCERT पृष्ठ 207

(a) आवृत्ति 10^9 हर्ट्ज (b) आवृत्ति 2×10^9 हर्ट्ज
(c) तरंगदैर्ध्य 0.2 मीटर (d) तरंगदैर्ध्य 0.5 मीटर

34 विद्युत चुम्बकीय तरंग का चुम्बकीय क्षेत्र $B_y = 3 \times 10^{-7}\sin(10^3 x + 6.28 \times 10^{12}\,t)$ द्वारा व्यक्त किया जाता है, जहाँ t और x क्रमशः सेकण्ड और मीटर में हैं। विद्युत चुम्बकीय तरंग की तरंगदैर्ध्य है NCERT पृष्ठ 207

(a) 6.28 सेमी (b) 3.14 सेमी
(c) 0.63 सेमी (d) 0.32 सेमी

35 मुक्त अन्तरिक्ष में विद्युत चुम्बकीय तरंग का विद्युत क्षेत्र $\mathbf{E} = 10\cos(10^7 t + kx)\,\hat{\mathbf{j}}$ वोल्ट/ मीटर द्वारा व्यक्त किया जाता है, जहाँ t और x क्रमशः सेकण्ड और मीटर में हैं। यह अनुमान लगाया जा सकता है कि NCERT पृष्ठ 207

(a) तरंगदैर्ध्य $\lambda = 188.4$ मीटर है
(b) तरंग संख्या $k = 0.33$ रेडियन/ मीटर है
(c) तरंग आयाम 20 वोल्ट/ मीटर है
(d) उपरोक्त में से कोई नहीं

36 मान लीजिए कि विद्युत चुम्बकीय तरंग के विद्युत क्षेत्र का आयाम $E_0 = 120$ न्यूटन/ कूलॉम है और इसकी आवृत्ति $\nu = 50.0$ मेगाहर्ट्ज है। यदि तरंग X- अक्ष के अनुदिश यात्रा करती है तो E के लिए व्यंजक होंगे NCERT पृष्ठ 207

(a) [(120 न्यूटन/ कूलॉम) sin {(1.05 रेडियन/ मीटर) x $-(3.14 \times 10^7$ रेडियन/ से) t}]$\hat{\mathbf{i}}$
(b) [(120 न्यूटन/ कूलॉम) sin {(1.05 रेडियन/ मीटर) x − $(3.14 \times 10^7$ रेडियन/ से) t}]$\hat{\mathbf{k}}$
(c) [(120 न्यूटन/ कूलॉम) sin {(1.05 रेडियन/ मीटर) x − $(3.14 \times 10^7$ रेडियन/ से) t}]$\hat{\mathbf{j}}$
(d) [(120 न्यूटन/ कूलॉम) cos {(1.05 रेडियन/ मीटर) x − $(3.14 \times 10^7$ रेडियन/ से) t}]$\hat{\mathbf{j}}$

37 समतलीय विद्युत चुम्बकीय तरंग में विद्युत क्षेत्र आवृत्ति 2.0×10^{10} हर्ट्ज और आयाम 48 वोल्ट/ मीटर पर ज्यावक्रीय रूप से दोलन करता है। दोलनशील चुम्बकीय क्षेत्र का आयाम क्या है? NCERT पृष्ठ 207

(a) 0.8×10^{-7} टेस्ला (b) 1.6×10^{-7} टेस्ला
(c) 3.2×10^{-8} टेस्ला (d) 6.4×10^{-8} टेस्ला

38 यदि समतलीय विद्युत चुम्बकीय तरंग में चुम्बकीय क्षेत्र $\mathbf{B} = 3 \times 10^{-8}\sin(1.6 \times 10^3 x + 48 \times 10^{10} t)\,\hat{\mathbf{j}}$, टेस्ला द्वारा व्यक्त किया जाता है तो विद्युत क्षेत्र के लिए व्यंजक क्या होगा? NCERT पृष्ठ 207

(a) $\mathbf{E} = 60\sin(1.6 \times 10^3 x + 48 \times 10^{10} t)\,\hat{\mathbf{k}}$ वोल्ट/ मीटर
(b) $\mathbf{E} = 3 \times 10^{-8}\sin(1.6 \times 10^3 x + 48 \times 10^{10} t)\,\hat{\mathbf{i}}$ वोल्ट/ मीटर
(c) $\mathbf{E} = 3 \times 10^{-8}\sin(1.6 \times 10^3 x + 48 \times 10^{10} t)\,\hat{\mathbf{j}}$ वोल्ट/ मीटर
(d) $\mathbf{E} = 9\sin(1.6 \times 10^3 x + 48 \times 10^{10} t)\,\hat{\mathbf{k}}$ वोल्ट/ मीटर

39 वायु से एक EM तरंग एक माध्यम में प्रवेश करती है। हवा में विद्युत क्षेत्र $\mathbf{E}_1 = E_{01}\hat{\mathbf{x}}\cos\left[2\pi\nu\left(\frac{z}{c}-t\right)\right]$ और माध्यम में $\mathbf{E}_2 = E_{02}\hat{\mathbf{x}}\cos[k(2z-ct)]$ हैं, जहाँ तरंग संख्या k और आवृत्ति ν वायु में उनके मानों को सन्दर्भित करती है। माध्यम अचुम्बकीय है। यदि ε_{r_1} और ε_{r_2} क्रमशः वायु और माध्यम की सापेक्ष विद्युतशीलता को दर्शाते हैं, तो निम्नलिखित में से कौन-सा विकल्प सही है? NCERT पृष्ठ 207

(a) $\frac{\varepsilon_{r_1}}{\varepsilon_{r_2}} = 4$ (b) $\frac{\varepsilon_{r_1}}{\varepsilon_{r_2}} = 2$ (c) $\frac{\varepsilon_{r_1}}{\varepsilon_{r_2}} = \frac{1}{4}$ (d) $\frac{\varepsilon_{r_1}}{\varepsilon_{r_2}} = \frac{1}{2}$

40 किसी माध्यम का अपवर्तनांक और पारगम्यता क्रमशः 1.7 और 7×10^{-7} हेनरी/ मीटर है तो माध्यम की सापेक्ष विद्युतशीलता लगभग है NCERT पृष्ठ 207

(a) 25 (b) 15 (c) 10 (d) 5

41 ऊर्जा फ्लक्स 20 वाट/ सेमी^{2} के साथ प्रकाश एक अपरावर्तक सतह पर अभिलम्बवत् आपतित होता है। यदि सतह का क्षेत्रफल 25 सेमी^{2} है, तो 20 मिनट की समयावधि के दौरान सतह पर लगाया गया औसत बल है Old NCERT पृष्ठ 277

(a) 2.1×10^{-6} न्यूटन (b) 1.2×10^{-6} न्यूटन
(c) 1.66×10^{-6} न्यूटन (d) 2.1×10^{6} न्यूटन

42 4 वोल्ट/ मीटर विद्युत क्षेत्र के आयाम वाली एक समतलीय विद्युत चुम्बकीय तरंग, Z-अक्ष के अनुदिश समय के साथ प्रसारित होती है। चुम्बकीय क्षेत्र का औसत ऊर्जा घनत्व (जूल/ मी^{3} में) है Old NCERT पृष्ठ 277

(a) 33.29×10^{-12} जूल/ मी^{3} (b) 35.4×10^{-12} जूल/ मी^{3}
(c) 37.72×10^{-12} जूल/ मी^{3} (d) 30.1×10^{-12} जूल/ मी^{3}

43 50 मेगाहर्ट्ज आवृत्ति की एक समतलीय विद्युत चुम्बकीय तरंग मुक्त आकाश में धनात्मक x-दिशा के अनुदिश गमन करती है। आकाश और समय में एक विशेष बिन्दु पर, विद्युत क्षेत्र $\mathbf{E} = 6.3\hat{\mathbf{j}}$ वोल्ट/ मीटर है। बिन्दु पर संगत चुम्बकीय क्षेत्र **B** होगा NCERT पृष्ठ 207

(a) $18.9\times10^{-8}\,\hat{\mathbf{k}}$ टेस्ला (b) $6.3\times10^{-8}\,\hat{\mathbf{k}}$ टेस्ला
(c) $2.1\times10^{-8}\,\hat{\mathbf{k}}$ टेस्ला (d) $8\,\hat{\mathbf{k}}$ टेस्ला

44 25 मेगाहर्ट्ज आवृत्ति की एक समतलीय विद्युत चुम्बकीय तरंग मुक्त अन्तरिक्ष में धनात्मक x-दिशा के साथ गमन करती है। अन्तरिक्ष और समय में एक विशेष बिन्दु पर विद्युत क्षेत्र $\mathbf{E} = 6.3\hat{\mathbf{j}}$ वोल्ट/ मीटर है। तब, इस बिन्दु पर चुम्बकीय क्षेत्र **B** होगा NCERT पृष्ठ 207

(a) $2.1\times10^{-6}(-\hat{\mathbf{k}})$ टेस्ला (b) $2.1\times10^{-6}(\hat{\mathbf{k}})$ टेस्ला
(c) $2.1\times10^{-6}(\hat{\mathbf{j}})$ टेस्ला (d) $2.1\times10^{-6}(\hat{\mathbf{i}})$ टेस्ला

45 अन्तरिक्ष में संचरित होने वाली विद्युत चुम्बकीय तरंग में, विद्युत क्षेत्र का शिखर मान 0.12 वोल्ट/ सेमी है। चुम्बकीय क्षेत्र प्रेरण का शिखर मान है NCERT पृष्ठ 207

(a) 40 पिको टेस्ला (b) 20 नैनो टेस्ला
(c) 30 नैनो टेस्ला (d) 40 नैनो टेस्ला

46 $\nu = 3.0$ मेगाहर्ट्ज आवृत्ति की एक विद्युत चुम्बकीय तरंग निर्वात् के सापेक्ष विद्युतशीलता $\varepsilon = 4.0$ वाले परावैद्युत माध्यम में गुजरती है, तब NCERT पृष्ठ 207

(a) तरंगदैर्ध्य दोगुनी हो जाती है तथा आवृत्ति आधी हो जाती है।
(b) तरंगदैर्ध्य आधी हो जाती है तथा आवृत्ति अपरिवर्तित रहती है।
(c) तरंगदैर्ध्य और आवृत्ति दोनों अपरिवर्तित रहते हैं।
(d) तरंगदैर्ध्य दोगुनी हो जाती है तथा आवृत्ति अपरिवर्तित रहती है।

47 निम्नलिखित में से कौन-सा कथन गलत है? NCERT पृष्ठ 207

(a) विद्युत चुम्बकीय तरंगों को किसी भी क्षेत्र द्वारा विक्षेपित नहीं किया जा सकता।
(b) किसी माध्यम में प्रकाश का वेग $v = 1/\sqrt{\mu\varepsilon}$ होता है, अतः यह माध्यम के विद्युत तथा चुम्बकीय दोनों गुणों पर निर्भर करता है।
(c) निर्वात् में विद्युत चुम्बकीय तरंगों के वेग की स्थिरता का उपयोग समय के मानक को परिभाषित करने के लिए किया जाता है।
(d) k की दिशा तरंग के प्रसार की दिशा का वर्णन करती है।

48 समतलीय विद्युत चुम्बकीय तरंग के लिए निम्नलिखित में से कौन-सा कथन सही है? NCERT पृष्ठ 207

(a) केवल विद्युत क्षेत्र का औसत मान शून्य होता है।
(b) केवल चुम्बकीय क्षेत्र का औसत मान शून्य होता है।
(c) विद्युत और चुम्बकीय दोनों क्षेत्रों का औसत मान शून्य है।
(d) चुम्बकीय ऊर्जा का औसत मान शून्य होता है।

49 ऊर्जा E का एक विकिरण एक पूर्णतया परावर्तक सतह पर अभिलम्बवत् रूप से गिरता है। सतह पर स्थानान्तरित संवेग है Old NCERT पृष्ठ 277

(a) E/c (b) $2E/c$ (c) Ec (d) E/c^2

50 विद्युत चुम्बकीय तरंग में विद्युत ऊर्जा घनत्व का औसत मान है (E_0 विद्युत चुम्बकीय तरंग में विद्युत क्षेत्र का शिखर मान है) Old NCERT पृष्ठ 277

(a) $\frac{1}{2}\varepsilon_0E_0^2$ (b) $\frac{E_0^2}{2\varepsilon_0}$ (c) $\varepsilon_0E_0^2$ (d) $\frac{1}{4}\varepsilon_0E_0^2$

51 मान लीजिए कि 2.5% दक्षता वाला बल्ब एक बिन्दु स्रोत है। 3 मीटर की दूरी पर स्थित 100 वाट के बल्ब से आने वाले विकिरण द्वारा उत्पादित विद्युत और चुम्बकीय क्षेत्रों के शिखर मान क्रमशः हैं Old NCERT पृष्ठ 277

(a) 2.5 वोल्ट/ मीटर, 3.6×10^{-8} टेस्ला
(b) 4.2 वोल्ट/ मीटर, 2.8×10^{-8} टेस्ला
(c) 4.08 वोल्ट/ मीटर, 1.36×10^{-8} टेस्ला
(d) 3.6 वोल्ट/ मीटर, 4.2×10^{-10} टेस्ला

52 जिस तरंग की तरंगदैर्ध्य प्रकाश तरंगों से दस लाख गुना अधिक होती है, उसे विवर्तित, अपवर्तित और ध्रुवित किया जा सकता है। इससे यह स्थापित हुआ कि विकिरण में .... है। Old NCERT पृष्ठ 277

(a) कण प्रकृति (b) तरंग प्रकृति
(c) कण और तरंग दोनों प्रकृति (d) विद्युत चुम्बकीय प्रकृति

53 40 वेबर/ सेमी^{2} ऊर्जा फ्लक्स वाला प्रकाश अपरावर्तक सतह पर अभिलम्बवत् आपतित होता है। यदि सतह का क्षेत्रफल 20 सेमी^{2} है, तो 10 मिनट के दौरान दिया गया कुल संवेग (पूर्ण अवशोषण के लिए) है Old NCERT पृष्ठ 277

(a) 10×10^{-5} किग्रा-मी/ से (b) 10×10^{-4} किग्रा-मी/ से
(c) 102×10^{4} किग्रा-मी/ से (d) 1.03×10^{7} किग्रा-मी/ से

54 एक 27 मिलीवाट लेजर बीम का अनुप्रस्थ-काट क्षेत्रफल 10 मिमी^{2} है। इस विद्युत चुम्बकीय तरंग में अधिकतम विद्युत क्षेत्र का परिमाण निम्न द्वारा दिया है **Old NCERT पृष्ठ 277**

[मुक्त अन्तरिक्ष की विद्युतशीलता, $\varepsilon_0 = 9 \times 10^{-12}$ SI इकाइयाँ और प्रकाश की गति $c = 3 \times 10^8$ मी/ से लें]

(a) 1 किलोवाल्ट/ मी (b) 0.7 किलोवाल्ट/ मी
(c) 2 किलोवाल्ट/ मी (d) 1.4 किलोवाल्ट/ मी

55 मुक्त अन्तरिक्ष में विद्युत क्षेत्र में विद्युत चुम्बकीय तरंग की ऊर्जा U_E और चुम्बकीय क्षेत्र में U_B होती है। तब, **Old NCERT पृष्ठ 277**

(a) $U_E = U_B$ (b) $U_E > U_B$ (c) $U_E < U_B$ (d) $U_E = \frac{U_B}{2}$

विद्युत चुम्बकीय स्पेक्ट्रम

56 हाइड्रोजन में दो निकट ऊर्जा स्तरों से उत्पन्न विकिरणों की आवृत्ति जिसे लैम्ब शिफ्ट के रूप में जाना जाता है, 1057 मेगाहर्ट्ज है। यह आवृत्ति विद्युत चुम्बकीय तरंगों की किस श्रेणी में आती है? **NCERT पृष्ठ 209**

(a) अवरक्त किरणें (b) X-किरणें (c) γ-किरणें (d) रेडियो तरंगें

57 रेडियो तरंगें इमारतों के आस-पास विवर्तित होती हैं, जबकि प्रकाश तरंगें विवर्तित नहीं होती हैं। इसका कारण यह है कि रेडियो तरंगें **NCERT पृष्ठ 209**

(a) प्रकाश की गति से अधिक गति से गमन करती है
(b) प्रकाश की तुलना में बहुत बड़ी तरंगदैर्ध्य होती है
(c) विद्युत चुम्बकीय तरंगें नहीं हैं
(d) आवृत्ति बहुत उच्च होती है

58 वह स्थिति क्या है जिसके अन्तर्गत माइक्रोवेव ओवन, जल अणुओं वाले खाद्य पदार्थ को सबसे अधिक कुशलता से गर्म करता है? **NCERT पृष्ठ 209**

(a) माइक्रोतरंगों की आवृत्ति पानी के अणुओं की अनुनाद आवृत्ति के संगत होती है।
(b) माइक्रोतरंगों की आवृत्ति का जल अणुओं की प्राकृतिक आवृत्ति से कोई सम्बन्ध नहीं है।
(c) माइक्रोतरंगें ऊष्मा तरंगें हैं, इसलिए सदैव ऊष्मन उत्पन्न करती हैं।
(d) अवरक्त तरंगें, माइक्रोवेव ओवन में ताप उत्पन्न करती हैं।

59 निम्नलिखित में से कौन-सा कथन गलत है? **NCERT पृष्ठ 209**

(a) आवृत्ति के अनुसार, विद्युत चुम्बकीय तरंगों के वर्गीकरण को विद्युत चुम्बकीय स्पेक्ट्रम कहा जाता है।
(b) AM बैण्ड 530 किलोहर्ट्ज से 70 किलोहर्ट्ज तक होता है।
(c) FM रेडियो बैंड का विस्तार 88 मेगाहर्ट्ज से 108 मेगाहर्ट्ज तक होता है।
(d) अवरक्त तरंगें ठण्डे पिण्डों और अणुओं द्वारा उत्पन्न होती हैं।

60 UV-किरणों के विषय में निम्नलिखित में से कौन-सा कथन गलत है ? **NCERT पृष्ठ 210**

(a) पराबैंगनी किरणें 4×10^{-7} मीटर (400 नैनोमीटर) से लेकर 6×10^{-10} मीटर (0.6 नैनोमीटर) तक की तरंगदैर्ध्य को कवर करती हैं।
(b) UV-विकिरण विशेष लैंम्पों और बहुत गर्म पिण्डों द्वारा उत्पन्न होता है।
(c) सूर्य, पराबैंगनी प्रकाश का एक महत्त्वपूर्ण स्त्रोत है।
(d) वायुमण्डल में ओजोन परत UV-किरणों को अवशोषित नहीं कर सकती।

61 निम्नलिखित में से कौन-सा कथन गलत है? **NCERT पृष्ठ 210**

(a) माइक्रोतरंगों की तरंगदैर्ध्य UV-किरणों की तुलना में अधिक होती है।
(b) अवरक्त किरणों की तरंगदैर्ध्य UV-किरणों की तुलना में कम होती है।
(c) माइक्रोतरंगों की तरंगदैर्ध्य अवरक्त किरणों की तुलना में अधिक होती है।
(d) विद्युत चुम्बकीय स्पेक्ट्रम में गामा किरणों की तरंगदैर्ध्य सबसे छोटी होती है।

62 अवरक्त विकिरण .... का प्रयोग करके पृथ्वी की सतह को गर्म रखता है। **NCERT पृष्ठ 210**

(a) ग्रीनहाउस प्रभाव (b) अनुनाद प्रभाव
(c) रेडियोधर्मिता (d) इनमें से कोई नहीं

63 स्पेक्ट्रम में दृश्य किरणों की सीमा लगभग होती है **NCERT पृष्ठ 210**

(a) 4×10^{14} हर्ट्ज से 4×10^{11} हर्ट्ज
(b) 4×10^{14} हर्ट्ज से 7×10^{14} हर्ट्ज
(c) 4×10^{12} हर्ट्ज से 7×10^{14} हर्ट्ज
(d) 4×10^{11} हर्ट्ज से 7×10^{14} हर्ट्ज

64 UV-विकिरण किसके द्वारा अवशोषित किया जाता है? **NCERT पृष्ठ 210**

(a) साधारण काँच (b) प्रिज्म
(c) काला काँच (d) 'b' एवं 'c' दोनों

65 निर्वात् में गमन करने वाली X-किरणें, गामा किरण और माइक्रोतरंगों की .... होता/ होती है। **NCERT पृष्ठ 211**

(a) तरंगदैर्ध्य समान लेकिन वेग भिन्न
(b) आवृत्ति समान लेकिन वेग भिन्न
(c) वेग समान लेकिन तरंगदैर्ध्य भिन्न
(d) वेग समान और आवृत्ति समान

66 विद्युत चुम्बकीय स्पेक्ट्रम में, X-किरण क्षेत्र स्थित है **NCERT पृष्ठ 211**

(a) माइक्रोतरंगें क्षेत्र से दूर
(b) गामा किरणों से दूर
(c) UV-क्षेत्र से दूर
(d) अवरक्त किरण क्षेत्र के ऊपर

67 X-किरणें उत्पन्न करने की एक सामान्य विधि है **NCERT पृष्ठ 211**

(a) उच्च ऊर्जा इलेक्ट्रॉनों द्वारा धातु लक्ष्य पर बमबारी करना
(b) कम ऊर्जा वाले न्यूट्रॉन द्वारा धातु लक्ष्य पर बमबारी करना
(c) कम ऊर्जा वाले प्रोटॉन द्वारा धातु लक्ष्य पर बमबारी करना
(d) उच्च ऊर्जा न्यूट्रॉन द्वारा धातु लक्ष्य पर बमबारी करना

68 गामा किरणों की तरंगदैर्ध्य होती है **NCERT पृष्ठ 211**

(a) 10^{-10} मीटर से कम होकर 10^{-24} मीटर तक
(b) 10^{-14} मीटर से कम होकर 10^{-10} मीटर तक
(c) 10^{-11} मीटर से कम होकर 10^{-14} मीटर तक
(d) 10^{-14} नैनो मीटर से कम 10^{-10} नैनो मीटर

69 गामा किरणों का पता लगाया जा सकता है **NCERT पृष्ठ 211**

(a) फोटोसेल द्वारा (b) गाइगर ट्यूब द्वारा
(c) थर्मोपाइल्स द्वारा (d) डायोड द्वारा

70 यदि X-किरणों, γ-किरणों और UV-किरणों की आवृत्तियाँ क्रमशः n_1, n_2, n_3 हैं, तब NCERT पृष्ठ 211

(a) $n_1 > n_2, n_2 < n_3$ (b) $n_1 < n_2, n_2 < n_3$

(c) $n_1 < n_2, n_2 > n_3$ (d) $n_1 > n_2, n_2 > n_3$

71 निम्नलिखित विद्युत चुम्बकीय विकिरणों को तरंगदैर्ध्य के बढ़ते क्रम में व्यवस्थित करें NCERT पृष्ठ 211

I. नीला प्रकाश II. पीला प्रकाश

III. X-किरणें IV. रेडियो तरंग

(a) IV, II, I, III (b) I, II, IV, III

(c) III, I, II, IV (d) II, I, IV, III

72 EM तरंगों के विषय में निम्नलिखित में से कौन-सा कथन सही है? NCERT पृष्ठ 211

(a) गामा किरणें नाभिकीय अभिक्रियाओं में उत्पन्न होती हैं।

(b) पराबैंगनी तरंगों का उपयोग सूजे हुए जोड़ों के उपचार में किया जाता है।

(c) साँप अवरक्त किरणों का पता नहीं लगा सकते।

(d) विद्युत चुम्बकीय तरंगें, ध्वनि तरंगों के समान ध्रुवीकरण प्रदर्शित नहीं करती हैं।

अभिकथन-कारण प्रश्न

निर्देश *(प्रश्न क्रमांक 1-10) निम्नलिखित प्रश्नों में, अभिकथन के एक कथन बाद कारण का एक संगत कथन दिया गया है। निम्नलिखित विकल्पों में से, सही विकल्प का चयन कीजिए।*

(a) अभिकथन और कारण दोनों सही हैं और कारण, अभिकथन का सही स्पष्टीकरण है।

(b) अभिकथन और कारण दोनों सही हैं लेकिन कारण, अभिकथन का सही स्पष्टीकरण नहीं है।

(c) अभिकथन सही है लेकिन कारण गलत है।

(d) अभिकथन गलत है लेकिन कारण सही है।

1 **अभिकथन** नीचे चित्र में दर्शाई गई स्थिति में सतह P से होकर प्रवाहित होने वाली धारा शून्य है।

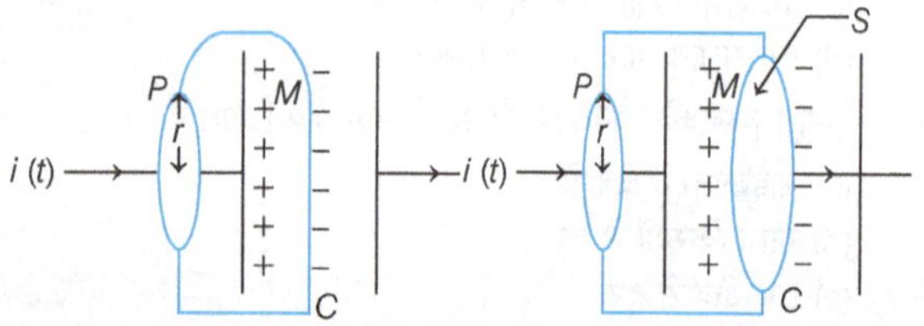

कारण समान परिमाप वाली दी गई सतहों पर ऐम्पियर के परिपथीय नियम को लागू करने पर समीकरण $\oint B\cdot dl = \mu_0 i(t)$ का बायाँ पक्ष नहीं बदलता है, लेकिन दायाँ पक्ष शून्य रहता है। NCERT पृष्ठ 203

2 **अभिकथन** विद्युत चुम्बकीय तरंग एक आत्मनिर्भर दोलनशील तरंग है।

कारण एक दोलनशील आवेश अन्तरिक्ष में एक विद्युत क्षेत्र उत्पन्न करता है, जो एक दोलनशील चुम्बकीय क्षेत्र उत्पन्न करता है, जो विद्युत क्षेत्र का एक स्त्रोत होता है। NCERT पृष्ठ 205

3 **अभिकथन** विद्युत चुम्बकीय तरंग प्रकृति में अनुप्रस्थ होती है।

कारण विद्युत चुम्बकीय तरंग, विद्युत और चुम्बकीय क्षेत्र की दिशा के समानान्तर संचरित होती है। NCERT पृष्ठ 207

4 **अभिकथन** विद्युत चुम्बकीय तरंगों का वेग माध्यम के विद्युत और चुम्बकीय गुणों पर निर्भर करता है।

कारण मुक्त अन्तरिक्ष में विद्युत चुम्बकीय तरंगों का वेग नियत रहता है। NCERT पृष्ठ 207

5 **अभिकथन** विद्युत चुम्बकीय तरंगों में ऊर्जा और संवेग होते हैं।

कारण विद्युत चुम्बकीय तरंगें ध्रुवीकृत हो सकती हैं। NCERT पृष्ठ 207

6 **अभिकथन** जब सूर्य की रोशनी हमारे हाथ पर पड़ती है, तो हम विद्युत चुम्बकीय तरंगों से ऊर्जा अवशोषित होते हुए अनुभव करते हैं (हमारे हाथ गर्म हो जाते हैं)।

कारण विद्युत चुम्बकीय तरंगें हमारे हाथ में संवेग स्थानान्तरित करती हैं। चूँकि प्रकाश का वेग c बहुत अधिक होता है इसलिए स्थानान्तरित संवेग की मात्रा बहुत कम होती है और हमें दाब अनुभव नहीं होता है। NCERT पृष्ठ 210

7 **अभिकथन** अवरक्त तरंगों को कभी-कभी ऊष्मा तरंगें भी कहा जाता है।

कारण अधिकांश पदार्थों में उपस्थित जल अणु आसानी से अवरक्त तरंगों को अवशोषित कर लेते हैं। अवशोषण के बाद, उनकी ऊष्मीय गति बढ़ जाती है, अर्थात् वे गर्म हो जाते हैं और अपने आस-पास के वातावरण को गर्म कर देते हैं। NCERT पृष्ठ 210

8 **अभिकथन** UV-विकिरणों का उपयोग LASIK नेत्र शल्य चिकित्सा में किया जाता है।

कारण छोटी तरंगदैर्ध्य के कारण, UV-विकिरणों को बहुत संकीर्ण किरणों में केन्द्रित किया जा सकता है। NCERT पृष्ठ 210

9 **अभिकथन** आँख 5.36×10^{-10} हर्ट्ज आवृत्ति के प्रकाश के लिए सबसे अधिक संवेदनशील होती है।

कारण प्रकाश की आवृत्ति प्रकाश की तरंगदैर्ध्य के सीधे आनुपातिक होती है। NCERT पृष्ठ 210

10 **अभिकथन** खगोलीय X-किरणें केवल पृथ्वी की परिक्रमा करने वाले उपग्रहों से ही सम्भव है।

कारण X-किरण दूरबीन की दक्षता किसी भी अन्य दूरबीन की तुलना में अधिक होती है। NCERT पृष्ठ 211

कथन आधारित प्रश्न

निर्देश *(प्रश्न क्रमांक 1-8) निम्नलिखित प्रश्नों में दो कथन (I और II) दिए गए हैं। दिए गए कथनों के आधार पर, नीचे दिए गए विकल्पों में से सही उत्तर चुनें।*

(a) कथन I और कथन II दोनों असत्य हैं।
(b) कथन I सत्य है, लेकिन कथन II असत्य है।
(c) कथन I असत्य है, लेकिन कथन II सत्य है।
(d) कथन I और कथन II दोनों सत्य हैं।

1 एक समान्तर प्लेट सन्धारित्र के लिए नीचे दो कथन दिए गए हैं।

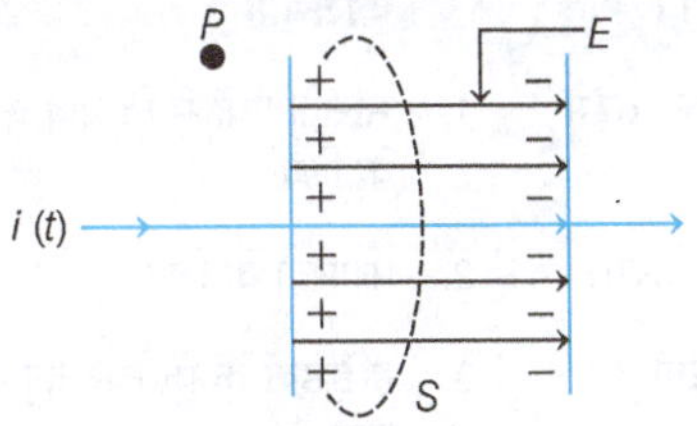

कथन I E का परिमाण सन्धारित्र की प्लेटों के क्षेत्रफल A पर समान होता है तथा इसके बाहर लुप्त हो जाता है।

कथन II गॉस के नियम का उपयोग करके सतहों S से गुजरने वाला विद्युत फ्लक्स ϕ_E निम्न प्रकार दिया जाता है

$$\phi_E = |\mathbf{E}|A = \frac{1}{\varepsilon_0}\frac{Q}{A}\cdot A = \frac{Q}{\varepsilon_0}$$

NCERT पृष्ठ 203

2 **कथन I** कुल धारा (i), चालन धारा जिसे (i_C) द्वारा दर्शाया जाता है, और विस्थापन धारा जिसे (i_d) द्वारा दर्शाया जाता है, का योग है।

$$i_d = \varepsilon_0\left(\frac{d\phi_E}{dt}\right)$$

कथन II सन्धारित्र प्लेटों के बाहर, चालन धारा और विस्थापन धारा दोनों होती हैं। NCERT पृष्ठ 203

3 **कथन I** सभी प्रकार से विस्थापन धारा का भौतिक प्रभाव, चालन धारा के समान ही होता है।

कथन II किसी चालक तार में विद्युत क्षेत्र के कारण विस्थापन धारा शून्य हो सकती है, क्योंकि विद्युत क्षेत्र E समय के साथ नहीं बदलता है। NCERT पृष्ठ 204

4 **कथन I** दोलनशील आवेश त्वरित आवेश का एक उदाहरण है।

कथन II धारा $i = \varepsilon_0 \frac{d\phi_E}{dt}$ विद्युत क्षेत्र में परिवर्तन के कारण होती है, इसलिए इसे चालन धारा कहा जाता है। NCERT पृष्ठ 205

5

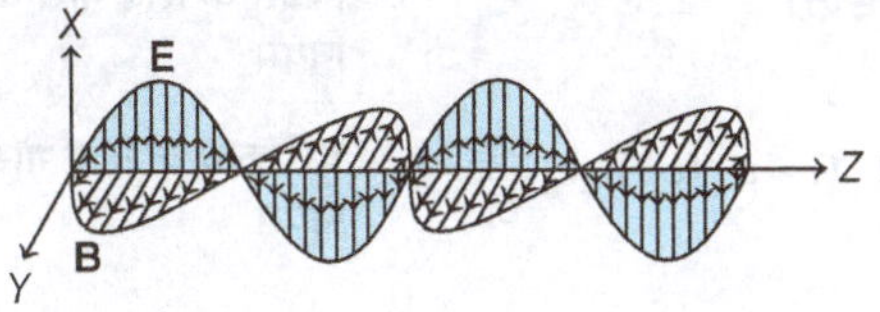

कथन I एक समतल विद्युत चुम्बकीय तरंग z-दिशा के साथ प्रसारित होती है (क्षेत्रों को Z- निर्देशांक के एक फलन के रूप में दिए गए समय t पर दिखाया गया है)।

कथन II विद्युत क्षेत्र E, Y-अक्ष के अनुदिश है तथा किसी निश्चित समय पर Z के साथ ज्यावक्रीय रूप से परिवर्तित होता है। NCERT पृष्ठ 206

6 **कथन I** पदार्थ का माध्यम, विद्युत और चुम्बकीय क्षेत्रों के कम्पन में सम्मिलित है।

कथन II वायु में ध्वनि तरंगें सम्पीड़न और विरलन की अनुदैर्ध्य तरंगें हैं। NCERT पृष्ठ 207

7 **कथन I** विद्युत चुम्बकीय तरंगों के वृहत् तकनीकी महत्त्व में उनके द्वारा ऊर्जा को एक स्थान से दूसरे स्थान तक ले जाने की क्षमता है।

कथन II प्रसारण स्टेशनों से रेडियो और टीवी संकेत ऊर्जा ले जाते हैं। NCERT पृष्ठ 209

8 **कथन I** रेडियो तरंगें, चालक तारों में आवेशों की त्वरित गति से उत्पन्न होती हैं।

कथन II रेडियो तरंगों का उपयोग रेडियो और टेलीविज़न संचार प्रणालियों में किया जाता है। NCERT पृष्ठ 209

सुमेलन प्रकार प्रश्न

1 कॉलम I (समीकरण) को कॉलम II (नियम) से सुमेलित करें और नीचे दिए गए विकल्पों में से सही उत्तर का चयन करें। NCERT पृष्ठ 205

	कॉलम I		कॉलम II
A.	$\oint \mathbf{E}\cdot d\mathbf{A} = Q/\varepsilon_0$	1.	फैराडे का नियम
B.	$\oint \mathbf{B}\cdot d\mathbf{A} = 0$	2.	ऐम्पियर-मैक्सवेल नियम
C.	$\oint \mathbf{E}\cdot d\mathbf{l} = -\frac{d\phi_B}{dt}$	3.	विद्युत के लिए गॉस का नियम
D.	$\oint \mathbf{B}\cdot d\mathbf{l} = \mu_0 i_c + \mu_0\varepsilon_0 \frac{d\phi_E}{dt}$	4.	चुम्बकत्व के लिए गॉस का नियम

कूट

	A	B	C	D		A	B	C	D
(a)	4	3	2	1	(b)	3	2	1	4
(c)	3	4	1	2	(d)	1	2	3	4

2 कॉलम I (EM तरंग) को कॉलम II (आवृत्ति बैण्ड) से सुमेलित करें और नीचे दिए गए विकल्पों में से सही उत्तर का चयन करें। NCERT पृष्ठ 209

	कॉलम I		कॉलम II
A.	रेडियो तरंगें	1.	54 मेगाहर्ट्ज
B.	आयाम मॉडुलित	2.	54 मेगाहर्ट्ज से 890 मेगाहर्ट्ज
C.	लघु तरंग बैण्ड	3.	530 किलोहर्ट्ज से 1710 किलोहर्ट्ज
D.	टी. वी. तरंग	4.	500 किलोहर्ट्ज से 1000 मेगाहर्ट्ज

कूट

	A	B	C	D
(a)	3	1	4	2
(b)	1	4	2	3
(c)	4	1	3	2
(d)	4	3	1	2

3 कॉलम I (EM तरंग) को कॉलम II (अनुप्रयोग एसोसिएशन) के साथ सुमेलित करें और नीचे दिए गए विकल्पों में से सही उत्तर का चयन करें। NCERT पृष्ठ 210

	कॉलम I		कॉलम II
A.	अवरक्त तरंगें	1.	माँसपेशियों में खिंचाव का उपचार करने के लिए
B.	रेडियो तरंगें	2.	प्रसारण के लिए
C.	X-किरणें	3.	हड्डियों के फ्रैक्चर का पता लगाने के लिए
D.	पराबैंगनी	4.	वायुमण्डल की ओजोन परत द्वारा अवशोषित

कूट

	A	B	C	D
(a)	4	3	2	1
(b)	1	2	4	3
(c)	3	2	1	4
(d)	1	2	3	4

आंकिक मान प्रकार के प्रश्न

1 समतलीय विद्युत चुम्बकीय तरंग का चुम्बकीय क्षेत्र $\mathbf{B} = B_0\hat{\mathbf{i}}[\cos(kz-\omega t)] + B_1\hat{\mathbf{j}}[\cos(kz+\omega t)]$ द्वारा दिया जाता है, जहाँ $B_0 = 3\times10^{-5}$ टेस्ला और $B_1 = 2\times10^{-6}$ टेस्ला है। स्थिर आवेश, $Q = 10^{-4}$ कूलॉम द्वारा $z=0$ पर अनुभव किए गए बल का वर्ग मूल्य माध्य (rms) .... $\times10^{-1}$ न्यूटन है। NCERT पृष्ठ 207

2 एक राडार विद्युत क्षेत्र $E_0 = 2.25$ वोल्ट/ मीटर और चुम्बकीय क्षेत्र $B_0 = 1.5\times10^{-8}$ टेस्ला का एक विद्युत चुम्बकीय सिग्नल भेजता है जो किसी माध्यम में दृष्टि रेखा पर 3 किमी दूर स्थित लक्ष्य पर आघात करता है। उसके बाद सिग्नल (प्रतिध्वनि) की एक जोड़ी उसी वेग और उसी पथ से राडार की ओर वापस परावर्तित होती है। यदि सिग्नल राडार से $t=0$ सेकण्ड समय पर प्रेषित किया गया था, तो $x\times10^{-5}$ सेकण्ड समय के बाद, प्रतिध्वनि राडार तक पहुँचती है। x का मान .... है। NCERT पृष्ठ 207

3 एक लाल LED अपने चारों ओर समान रूप से 0.15 वाट का प्रकाश उत्सर्जित करती है। डायोड से 1 मीटर की दूरी पर प्रकाश के विद्युत क्षेत्र का आयाम .... (वोल्ट/ मीटर में) है Old NCERT पृष्ठ 277

4 किसी अचुम्बकीय माध्यम से प्रसारित समतल विद्युत चुम्बकीय तरंग का विद्युत क्षेत्र निम्न प्रकार दिया जाता है

$E = 20\cos(2\times10^{10}t - 200x)$ वोल्ट/ मीटर माध्यम का परावैद्युत स्थिरांक .... के बराबर होता है। (दिया है, $\mu_r = 1$) NCERT पृष्ठ 207

5 एक समतलीय विद्युत चुम्बकीय तरंग $E_y = 100\cos(6\times10^8 t + 4x)$ वोल्ट/ मीटर एक माध्यम में प्रसारित हो रही है। उस माध्यम का अपवर्तनांक .... है। NCERT पृष्ठ 207

6 यदि कोई स्त्रोत 8.196×10^6 हर्ट्ज आवृत्ति की विद्युत चुम्बकीय तरंगें प्रेषित कर रहा है, तो स्त्रोत से प्रेषित विद्युत चुम्बकीय तरंगों की तरंगदैर्ध्य .... सेमी होगी। NCERT पृष्ठ 207

7 फ्लुड लाइट के सामने स्थित फिल्टर से निकलने वाली किरण का चुम्बकीय क्षेत्र निम्न प्रकार है
$B = 12 \times 10^{-8} \sin(120 \times 10^7 z - 36 \times 10^{15} t)$ टेस्ला किरण की औसत तीव्रता .... $\times 10^{-2}$ वेबर/ मी^{2} है। **Old NCERT पृष्ठ 277**

8 मुक्त अंतरिक्ष में विद्युत चुम्बकीय तरंग के लिए विद्युत क्षेत्र $\mathbf{E} = \hat{\mathbf{i}} 30 \cos(kz - 6 \times 10^8 t)$ है, जहाँ **E** का परिमाण वोल्ट/ मीटर में है। तरंग सदिश k का परिमाण .... रेडियन/ मीटर है। (मुक्त अंतरिक्ष में EM तरंग का वेग 3×10^8 मी/ से है) **Old NCERT पृष्ठ 277**

9 110 वाट लाइट बल्ब की लगभग 10% शक्ति, दृश्य विकिरण में परिवर्तित हो जाती है। बल्ब से 1 मीटर से 5 मीटर तक की दूरी पर दृश्य विकिरण की औसत तीव्रता में परिवर्तन $a \times 10^{-2}$ वेबर/ मी^{2} है। a का मान ...... होगा। **Old NCERT पृष्ठ 277**

10 3 मीटर की दूरी पर स्थित 100 वाट के बल्ब से आने वाले विकिरण द्वारा उत्पन्न विद्युत क्षेत्र की तीव्रता E है। समान दूरी पर स्थित 55 वाट के बल्ब से आने वाले विकिरण द्वारा उत्पन्न विद्युत क्षेत्र की तीव्रता $\sqrt{\frac{x}{20}} Ex$ है। x का मान .... है। **Old NCERT पृष्ठ 277**

NCERT Examplar प्रश्न

1 एक रैखिक रूप से ध्रुवीकृत विद्युत चुम्बकीय तरंग, $\mathbf{E} = E_0 \hat{\mathbf{i}} \cos(kz - \omega t)$, $z = a$ पर एक पूर्णतः परावर्तक अनन्त दीवार पर अभिलम्बवत् रूप से आपतित होती है। यह मानते हुए कि दीवार की सामग्री प्रकाशिक रूप से निष्क्रिय है, परावर्तित तरंग का समीकरण है
(a) $\mathbf{E}_r = E_0 \hat{\mathbf{i}} (kz - \omega t)$
(b) $\mathbf{E}_r = E_0 \hat{\mathbf{i}} \cos(kz + \omega t)$
(c) $\mathbf{E}_r = -E_0 \hat{\mathbf{i}} \cos(kz + \omega t)$
(d) $\mathbf{E}_r = E_0 \hat{\mathbf{i}} \sin(kz - \omega t)$

2 3 मीटर दूरी पर 100 वाट बल्ब से आने वाले विकिरणों द्वारा उत्पन्न विद्युत क्षेत्र की तीव्रता E है। समान दूरी पर 50 वाट बल्ब से आने वाले विकिरणों द्वारा उत्पन्न विद्युत क्षेत्र की तीव्रता है
(a) $\frac{E}{2}$ (b) $2E$ (c) $\frac{E}{\sqrt{2}}$ (d) $\sqrt{2}E$

3 विद्युत और चुम्बकीय क्षेत्र घटकों द्वारा EM तरंग की तीव्रता में किए गए योगदान का अनुपात है
(a) $c : 1$ (b) $c^2 : 1$
(c) $1 : 1$ (d) $\sqrt{c} : 1$

विगत परीक्षाओं के प्रश्न

NEET

1 एक समान्तर प्लेट संधारित्र को एक प्रतिरोध द्वारा एक बैटरी से जोड़कर आवेशित किया गया है। यदि परिपथ में धारा I हो, तो प्लेटों के बीच अन्तराल में **NCERT पृष्ठ 202, NEET 2024**
(a) कोई धारा नहीं है।
(b) I परिमाण की समान विस्थापन धारा I की समान दिशा में बहती है।
(c) I की विपरीत दिशा में I के बराबर परिमाण की विस्थापन धारा प्रवाहित होती है।
(d) किसी भी दिशा में परन्तु I से अधिक परिमाण की विस्थापन धारा प्रवाहित होती है।

2 निर्वात् में संचरित विद्युत चुम्बकीय तरंग में कौन-सा गुण नहीं होता है? **NCERT पृष्ठ 206, NEET 2024**
(a) वे अनुप्रस्थ प्रवृत्ति की हैं।
(b) विद्युत क्षेत्र में ऊर्जा घनत्व, चुम्बकीय क्षेत्र में ऊर्जा घनत्व के बराबर होता है।
(c) वे $\frac{1}{\sqrt{\mu_0 \varepsilon_0}}$ के बराबर चाल से गति करती हैं।
(d) वे एकसमान चाल से गतिमान आवेशों द्वारा उत्पन्न होती हैं।

3 धारिता C का एक सन्धारित्र, वोल्टेज V के एक AC स्त्रोत से जुड़ा हुआ है, जोकि $V = V_0 \sin \omega t$ द्वारा दिया गया है। सन्धारित्र की प्लेटों के बीच विस्थापन धारा का समीकरण है **NCERT पृष्ठ 204, NEET 2021**
(a) $I_d = V_0 \omega C \cos \omega t$ (b) $I_d = \frac{V_0}{\omega C} \cos \omega t$
(c) $I_d = \frac{V_0}{\omega C} \sin \omega t$ (d) $I_d = V_0 \omega C \sin \omega t$

4 x-दिशा में प्रसारित होने वाली एक समतलीय विद्युत चुम्बकीय तरंग के लिए, निम्नलिखित में से कौन-सा संयोजन क्रमशः विद्युत क्षेत्र (**E**) और चुम्बकीय क्षेत्र (**B**) के लिए सही सम्भव दिशाएँ प्रदान करता है? **NCERT पृष्ठ 206, NEET 2021**
(a) $\hat{\mathbf{j}} + \hat{\mathbf{k}}, \hat{\mathbf{j}} + \hat{\mathbf{k}}$ (b) $-\hat{\mathbf{j}} + \hat{\mathbf{k}}, -\hat{\mathbf{j}} - \hat{\mathbf{k}}$
(c) $\hat{\mathbf{j}} + \hat{\mathbf{k}}, -\hat{\mathbf{j}} + \hat{\mathbf{k}}$ (d) $-\hat{\mathbf{j}} + \hat{\mathbf{k}}, -\hat{\mathbf{j}} + \hat{\mathbf{k}}$

5 समतलीय विद्युत चुम्बकीय तरंग में चुम्बकीय क्षेत्र निम्न प्रकार से दिया जाता है $B_y = 2 \times 10^{-7} \sin(\pi \times 10^3 x + 3\pi \times 10^{11} t)$ टेस्ला तरंग की तरंगदैर्ध्य की गणना करें। **NCERT पृष्ठ 206, NEET 2020**
(a) $\pi \times 10^3$ मीटर (b) 2×10^{-3} मीटर
(c) 2×10^3 मीटर (d) $\pi \times 10^{-3}$ मीटर

6 निम्नलिखित में से सबसे छोटी तरंगदैर्ध्य वाली विद्युत चुम्बकीय तरंग कौन-सी है? NCERT पृष्ठ 211, NEET 2020

(a) UV-किरणें (b) X-किरणें
(c) γ-किरणें (d) माइक्रोतरंगें

7 धारिता के एक समान्तर प्लेट सन्धारित्र को 20 माइक्रोफैरड के एक वोल्टेज स्त्रोत द्वारा आवेशित किया जा रहा है जिसका विभव 3 वोल्ट/ सेकण्ड की दर से परिवर्तित हो रहा है। संयोजक तारों के माध्यम से चालन धारा और सन्धारित्र की प्लेटों के माध्यम से विस्थापन धारा क्रमशः होगी NCERT पृष्ठ 203, NEET 2019

(a) 60 माइक्रो ऐम्पियर, 60 माइक्रो ऐम्पियर
(b) 60 माइक्रो ऐम्पियर, शून्य
(c) शून्य, शून्य
(d) शून्य, 60 माइक्रो ऐम्पियर

8 पारदर्शी माध्यम के लिए सापेक्ष पारगम्यता और विद्युतशीलता μ तथा ε_r क्रमशः 1.0 और 1.44 हैं। इस माध्यम में प्रकाश का वेग होगा NCERT पृष्ठ 207, NEET 2019

(a) 2.5×10^8 मी/ से (b) 3×10^8 मी/ से
(c) 2.08×10^8 मी/ से (d) 4.32×10^8 मी/ से

9 मुक्त आकाश में विद्युत चुम्बकीय तरंग में विद्युत क्षेत्र का वर्ग माध्य मूल मान $E_{\text{rms}}=6$ वोल्ट/ मी है चुम्बकीय क्षेत्र का शिखर मान है NCERT पृष्ठ 207, NEET 2017

(a) 2.83×10^{-8} टेस्ला (b) 0.70×10^{-8} टेस्ला
(c) 4.23×10^{-8} टेस्ला (d) 1.41×10^{-8} टेस्ला

10 EM तरंगों की ऊर्जा 15 किलो इलेक्ट्रॉन वोल्ट क्रम की है। यह स्पेक्ट्रम के किस भाग से सम्बन्धित है? NCERT पृष्ठ 211, AIPMT 2015

(a) X-किरणें (b) अवरक्त किरणें
(c) पराबैंगनी किरणें (d) γ-किरणें

JEE Main

11 एक समतल विद्युत चुम्बकीय तरंग में चुम्बकीय क्षेत्र $B_y=(3.5\times10^{-7})\sin(1.5\times10^3x+0.5\times10^{11}t)$ टेस्ला है। वैद्युत क्षेत्र होगा NCERT पृष्ठ 205, JEE Main 2024

(a) $E_z=105\sin(1.5\times10^3x+0.5\times10^{11}t)$ वोल्ट/मी
(b) $E_z=1.17\sin(1.5\times10^3x+0.5\times10^{11}t)$ वोल्ट/मी
(c) $E_y=1.17\sin(1.5\times10^3x+0.5\times10^{11}t)$ वोल्ट/मी
(d) $E_y=10.5\sin(1.5\times10^3x+0.5\times10^{11}t)$ वोल्ट/मी

12 नीचे दो कथन दिए गए हैं

कथन I विद्युत चुम्बकीय तरंगें ऊर्जा का संचरण करती हैं जब वह आकाश में गति करती हैं और इस ऊर्जा में विद्युत क्षेत्र तथा चुम्बकीय क्षेत्र का बराबर भाग होता है।

कथन II जब कोई विद्युत चुम्बकीय तरंग किसी तल से टकराती है, तो तल पर एक दाब आरोपित होता है।

उपरोक्त कथनों के संदर्भ में, नीचे दिए गए विकल्पों में से सबसे उचित उत्तर चुनिए NCERT पृष्ठ 205, JEE Main 2024

(a) कथन I सही है लेकिन कथन II गलत है।
(b) कथन I गलत है लेकिन कथन II सही है।
(c) दोनों कथन I तथा कथन II गलत हैं।
(d) दोनों कथन I तथा कथन II सही हैं।

13 एक समतल विद्युत चुम्बकीय तरंग में विद्युत क्षेत्र 5×10^{10} हट्र्ज आवृत्ति तथा 50 वोल्ट/मी^{2} आयाम के ज्या वक्रीय दोलन करता है। तरंग के विद्युत चुम्बकीय क्षेत्र का कुल औसत ऊर्जा घनत्व है [दिया है, $\varepsilon_0=8.85\times10^{-12}$ कूलॉम^2/न्यूटन-मी^{2}] NCERT पृष्ठ 205, JEE Main 2024

(a) 4.425×10^{-8} जूल/मी^{3}
(b) 2.212×10^{-8} जूल/मी^{3}
(c) 1.106×10^{-8} जूल/मी^{3}
(d) 2.212×10^{-10} जूल/मी^{3}

14 निम्नलिखित में से कौन-सा मैक्सवेल समीकरण समय-परिवर्ती परिस्थितयों के लिए मान्य है परन्तु स्थैतिक परिस्थियातें के लिए मान्य नहीं है? NCERT पृष्ठ 205, JEE Main 2023

(a) $\oint \mathbf{E}\cdot d\mathbf{l}=0$ (b) $\oint \mathbf{D}\cdot d\mathbf{A}=Q$
(c) $\oint \mathbf{B}\cdot d\mathbf{l}=\mu_0 I$ (d) $\oint \mathbf{E}\cdot d\mathbf{l}=-\dfrac{d\phi_B}{dt}$

15 यदि **E** और **K** निर्वात् में EM तरंगों के विद्युत क्षेत्र और प्रसार सदिशों को दर्शाते हैं, तो चुम्बकीय क्षेत्र सदिश ......(ω कोणीय आवृत्ति) द्वारा दिया जाता है। NCERT पृष्ठ 206, JEE Main 2023

(a) $\omega(\mathbf{k}\times\mathbf{E})$ (b) $\mathbf{k}\times\mathbf{E}$ (c) $\dfrac{1}{\omega}(\mathbf{k}\times\mathbf{E})$ (d) $\omega(\mathbf{E}\times\mathbf{k})$

16 Y-अक्ष के अनुदिश प्रसारित विद्युत चुम्बकीय तरंग में चुम्बकीय क्षेत्र का आयाम 6.0×10^{-7} टेस्ला है। विद्युत चुम्बकीय तरंग में विद्युत क्षेत्र का अधिकतम मान है NCERT पृष्ठ 207, JEE Main 2023

(a) 2×10^{15} वोल्ट/ मीटर (b) 180 वोल्ट/ मीटर
(c) 5×10^{14} वोल्ट/ मीटर (d) 6.0×10^{-7} वोल्ट/ मीटर

17 समतलीय विद्युत चुम्बकीय तरंग का चुम्बकीय क्षेत्र निम्न द्वारा दिया जाता है

$$\mathbf{B}=2\times10^{-8}\sin(0.5\times10^3x+1.5\times10^{11}t)\hat{\mathbf{j}} \text{ टेस्ला}$$

विद्युत क्षेत्र का आयाम होगा NCERT पृष्ठ 207, JEE Main 2022

(a) X-अक्ष के अनुदिश 6 वोल्ट/ मीटर
(b) Z-अक्ष के अनुदिश 3 वोल्ट/ मीटर
(c) Z-अक्ष के अनुदिश 6 वोल्ट/ मीटर
(d) Z-अक्ष के अनुदिश 2×10^{-8} वोल्ट/ मीटर

18 x-दिशा में प्रसारित होने वाली एक EM तरंग की तरंगदैर्ध्य 8 मिमी है। y-दिशा में कम्पन करने वाले विद्युत क्षेत्र का अधिकतम परिमाण 60 वोल्ट/ मीटर है। यदि EM तरंग निर्वात् में प्रसारित हो रही है, तो विद्युत और चुम्बकीय क्षेत्रों के लिए सही समीकरण चुनें। NCERT पृष्ठ 207, JEE Main 2022

(a) $E_y = 60 \sin\left[\frac{\pi}{4} \times 10^3 (x - 3 \times 10^8 t)\right] \hat{j}$ वोल्ट/ मीटर

$E_z = 2 \sin\left[\frac{\pi}{4} \times 10^3 (x - 3 \times 10^8 t)\right] \hat{k}$ टेस्ला

(b) $E_y = 60 \sin\left[\frac{\pi}{4} \times 10^3 (x - 3 \times 10^8 t)\right] \hat{j}$ वोल्ट/ मीटर

$B_z = 2 \times 10^{-7} \sin\left[\frac{\pi}{4} \times 10^3 (x - 3 \times 10^8 t)\right] \hat{k}$ टेस्ला

(c) $E_y = 2 \times 10^{-7} \sin\left[\frac{\pi}{4} \times 10^3 (x - 3 \times 10^8 t)\right] \hat{j}$ वोल्ट/ मीटर

$B_z = 60 \sin\left[\frac{\pi}{4} \times 10^3 (x - 3 \times 10^8 t)\right] \hat{k}$ टेस्ला

(d) $E_y = 2 \times 10^{-7} \sin\left[\frac{\pi}{4} \times 10^4 (x - 4 \times 10^8 t)\right] \hat{j}$ वोल्ट/ मीटर

$B_z = 60 \sin\left[\frac{\pi}{4} \times 10^4 (x - 4 \times 10^8 t)\right] \hat{k}$ टेस्ला

स्किल बूस्टर्स

1 हरा प्रकाश विद्युत क्षेत्र **E** और चुम्बकीय क्षेत्र **B** के साथ निर्वात् में यात्रा कर रहा है। प्रकाश के ध्रुवीकरण की दिशा **X** है और संचरण की दिशा **k** है। तो

(a) $\mathbf{X} \,||\, \mathbf{E}$ तथा $\mathbf{k} \,||\, \mathbf{E} \times \mathbf{B}$
(b) $\mathbf{X} \,||\, \mathbf{E}$ तथा $\mathbf{k} \,||\, \mathbf{B} \times \mathbf{E}$
(c) $\mathbf{X} \,||\, \mathbf{B}$ तथा $\mathbf{k} \,||\, \mathbf{B} \times \mathbf{E}$
(d) $\mathbf{X} \,||\, \mathbf{B}$ तथा $\mathbf{k} \,||\, \mathbf{E} \times \mathbf{B}$

2 एक समतलीय विद्युत चुम्बकीय तरंग $\frac{\hat{i} + \hat{j}}{\sqrt{2}}$ दिशा के साथ प्रसारित हो रही है, जिसका ध्रुवीकरण $-\hat{k}$ दिशा के साथ है। तरंग के चुम्बकीय क्षेत्र का सही रूप होगा (यहाँ, B_0 एक स्थिरांक है)

(a) $B_0 \, \hat{k} \cos\left(\omega t - k\frac{\hat{i} + \hat{j}}{\sqrt{2}}\right)$
(b) $B_0 \frac{\hat{i} - \hat{j}}{\sqrt{2}} \cos\left(\omega t + k\frac{\hat{i} + \hat{j}}{\sqrt{2}}\right)$
(c) $B_0 \frac{\hat{i} + \hat{j}}{\sqrt{2}} \cos\left(\omega t - k\frac{\hat{i} + \hat{j}}{\sqrt{2}}\right)$
(d) $B_0 \frac{-\hat{i} + \hat{j}}{\sqrt{2}} \cos\left(\omega t - k\frac{\hat{i} + \hat{j}}{\sqrt{2}}\right)$

3 निर्वात् में x-दिशा के साथ प्रसारित होने वाली समतलीय विद्युत चुम्बकीय तरंग का विद्युत क्षेत्र $\mathbf{E} = E_0 \hat{\mathbf{k}} \cos(\omega t - kx)$ है। समय $t = 2$ सेकण्ड पर चुम्बकीय क्षेत्र है

(a) $\mathbf{B} = E_0 \sqrt{\mu_0 \varepsilon_0} \cos(kx) \hat{\mathbf{j}}$
(b) $\mathbf{B} = \frac{E_0}{\sqrt{\mu_0 \varepsilon_0}} \cos(kx) \hat{\mathbf{k}}$
(c) $\mathbf{B} = E_0 \sqrt{\mu_0 \varepsilon_0} \cos(2\omega - kx) \hat{\mathbf{k}}$
(d) $\mathbf{B} = E_0 \sqrt{\mu_0 \varepsilon_0} \cos(2\omega - kx) \hat{\mathbf{j}}$

4 एक समान्तर प्लेट सन्धारित्र को स्थिर धारा i द्वारा आवेशित किया जाता है। मान लीजिए कि प्लेटों के समान्तर समतल पृष्ठीय क्षेत्रफल $A/2$, प्लेटों के बीच सममित रूप से खींचा गया है, तो इस क्षेत्र से होकर गुजरने वाली विस्थापन धारा होगी ($A =$ प्लेटों का क्षेत्र और $d =$ प्लेटों के बीच की दूरी)

(a) $\frac{i}{4}$
(b) $\frac{i}{2}$
(c) i
(d) $\frac{i}{8}$

5 एक नया वैज्ञानिक राडार उद्देश्य के लिए X-किरणों का उपयोग करता है लेकिन राडार लक्ष्य का पता लगाने में सक्षम नहीं है, क्योंकि

(a) यह लक्ष्य द्वारा परावर्तित नहीं होता
(b) यह लक्ष्य द्वारा आंशिक रूप से अवशोषित हो जाता है
(c) यह विद्युत चुम्बकीय तरंग नहीं है
(d) यह लक्ष्य द्वारा पूरी तरह अवशोषित हो जाता है

6 भुजा a वाला एक वर्गाकार लूप, लूप के तल के लम्बवत् एक समरूप चुम्बकीय क्षेत्र में रखा गया है। क्षेत्र B समय के साथ समीकरण $B = kt$ के अनुसार बदलता है, जहाँ K एक स्थिरांक है और t समय है। लूप में विद्युत क्षेत्र है

(a) $\frac{Ka}{4}$
(b) $\frac{Ka^2}{4}$
(c) $\frac{K}{4a}$
(d) $\frac{K}{2a}$

7 एक विद्युत चुम्बकीय तरंग तीव्रता I (वाट/ मी^{2}) द्वारा एक पूर्णतया कृष्ण पिण्ड पर डाला गया दाब है (c प्रकाश का वेग है)

(a) Ic
(b) Ic^2
(c) $\frac{I}{c}$
(d) $\frac{I}{c^2}$

8 एक सन्धारित्र और एक प्रतिरोधक को 220 वोल्ट स्त्रोत से श्रेणीक्रम में जोड़ा गया है। जब सन्धारित्र 50% आवेशित होता है, तो विस्थापन धारा का शिखर मान ($R = 100\Omega$, $X_C = 100\Omega$) है।

(a) 2.2 ऐम्पियर
(b) 1.56 ऐम्पियर
(c) 4.4 ऐम्पियर
(d) 1.1 ऐम्पियर

प्रश्न कुंजी

शीर्षकवार प्रश्न

1 (c)	2 (a)	3 (a)	4 (d)	5 (d)	6 (c)	7 (c)	8 (c)	9 (a)	10 (a)
11 (d)	12 (a)	13 (c)	14 (d)	15 (d)	16 (c)	17 (a)	18 (c)	19 (b)	20 (b)
21 (a)	22 (c)	23 (b)	24 (c)	25 (a)	26 (a)	27 (b)	28 (b)	29 (c)	30 (c)
31 (c)	32 (d)	33 (a)	34 (c)	35 (a)	36 (c)	37 (b)	38 (d)	39 (c)	40 (d)
41 (c)	42 (b)	43 (c)	44 (b)	45 (d)	46 (b)	47 (c)	48 (c)	49 (b)	50 (d)
51 (c)	52 (b)	53 (b)	54 (d)	55 (a)	56 (d)	57 (b)	58 (a)	59 (d)	60 (d)
61 (b)	62 (a)	63 (b)	64 (a)	65 (c)	66 (c)	67 (a)	68 (a)	69 (b)	70 (c)
71 (c)	72 (a)								

अभिकथन-कारण प्रश्न

1 (a)	2 (a)	3 (c)	4 (b)	5 (b)	6 (b)	7 (a)	8 (a)	9 (c)	10 (c)

कथन आधारित प्रश्न

1 (d)	2 (b)	3 (d)	4 (b)	5 (b)	6 (c)	7 (d)	8 (d)

सुमेलन प्रकार प्रश्न

1 (c)	2 (d)	3 (d)

आंकिक मान प्रकार के प्रश्न

1 (6)	2 (4)	3 (3)	4 (9)	5 (2)	6 (3660)	7 (171)	8 (2)	9 (84)	10 (11)

NCERT Exemplar प्रश्न

1 (b)	2 (a)	3 (c)

विगत परीक्षाओं के प्रश्न

1 (b)	2 (d)	3 (a)	4 (b)	5 (b)	6 (c)	7 (a)	8 (a)	9 (a)	10 (a)
11 (a)	12 (d)	13 (c)	14 (d)	15 (c)	16 (b)	17 (c)	18 (b)		

स्किल बूस्टर्स

1 (a)	2 (d)	3 (d)	4 (b)	5 (a)	6 (a)	7 (c)	8 (a)

क्रमवार

प्रश्नों का विश्लेषण

कॉन्सेप्ट बिल्डर्स

1 सत्य

2 $\varepsilon_0\left(\frac{d\phi_E}{dt}\right)$

3 पारगम्यता (μ_0) और विद्युतशीलता (ε_0)

4 विद्युत और चुम्बकीय क्षेत्र

5 लम्बवत्

6 रैखिक

7 समान, भिन्न

8 $\nu = \frac{1}{\sqrt{\mu\varepsilon}}$

9 1

10 LC दोलनी परिपथ

11 $\nu = \frac{1}{2\pi\sqrt{LC}}$

12 UV-किरणें

13 सत्य

14 1000 मेगाहर्ट्ज

15 γ-किरणें

16 सत्य

17 अवरक्त

18 माइक्रो तरंगें

19 असत्य

20 सत्य

शीर्षकवार प्रश्न

4 *(d)* $i_d = \frac{dq}{dt}$

$= \frac{d}{dt}(q) = \frac{d}{dt}(q_0 \cos 2\pi\nu t)$

$= -2\pi q_0 \nu \sin(2\pi\nu t)$

5 *(d)* विस्थापन धारा,

$i_d = \varepsilon_0 \frac{d\phi_E}{dt}$

$= \varepsilon_0 A \frac{d}{dt}\left(\frac{V}{d}\right) \quad \left(\because \phi_E = EA = \frac{AV}{d}\right)$

$\Rightarrow i_d = \frac{\varepsilon_0 A}{d} \times \frac{dV}{dt} = C\frac{dV}{dt} \quad \left(\because C = \frac{\varepsilon_0 A}{d}\right)$

दिया है, $i_d = 10$ ऐम्पियर और

$C = 10^{-6}$ फैरड

$\Rightarrow \frac{dV}{dt} = \frac{i_d}{C} = \frac{10}{10^{-6}} = 10^7$ वोल्ट/ सेकण्ड

अतः वोल्टेज की तात्कालिक दर 10^7 वोल्ट/ सेकण्ड है।

6 *(c)* दिया है, प्लेट की त्रिज्या,

$R = 10$ सेमी $= 0.1$ मीटर,

सन्धारित्र का अनुप्रस्थ-काट क्षेत्रफल,

$A = \pi R^2 = \pi(0.1)^2$

$= 3.14 \times 10^{-2}$ मी^{2}

विद्युत क्षेत्र में परिवर्तन की दर,

$\frac{dE}{dt} = 5 \times 10^{13}$ वोल्ट-मी/ से

विस्थापन धारा,

$i_d = \varepsilon_0 \frac{d\phi_E}{dt} = \varepsilon_0 A \frac{dE}{dt} \quad [\because \phi_E = EA]$

$= (8.85 \times 10^{-12})(3.14 \times 10^{-12})(5 \times 10^{13})$

$\therefore i_d = 13.9$ ऐम्पियर

7 *(c)* $\omega = 2\pi\nu = 2\pi \times (3.00 \times 10^3$ सेकण्ड$^{-1})$

$= 6\pi \times 10^3$ सेकण्ड$^{-1}$

सन्धारित्र में वोल्टेज,

$V = V_0 \sin \omega t$

$= (30.0) \sin (6\pi \times 10^3 t)$

विस्थापन धारा,

$i_d = i_c = \frac{dq}{dt} = \frac{d}{dt}(q)$

$= \frac{d}{dt}(CV) = C\frac{dV}{dt}$

$= (8 \times 10^{-6}) \frac{d}{dt}[30.0 \sin (6\pi \times 10^3 t)]$

$= (8 \times 10^{-6})\ (30.0)\ (6\pi \times 10^3) \cos(6\pi \times 10^3 t)$

$= 4.52 \cos (6\pi \times 10^3 t)$ ऐम्पियर

इसलिए, विस्थापन धारा समय के साथ ज्यावक्रीय रूप से बदलती रहती है और इसका अधिकतम मान 4.52 ऐम्पियर होता है।

8 *(c)* विस्थापन धारा का परिमाण,

$i_d = i_C = \left|\frac{dq}{dt}\right|$

$= 2 \times 10^{-7}$ कूलॉम/ सेण्कड

$= 2 \times 10^{-7}$ ऐम्पियर

$\therefore$ विस्थापन धारा 2×10^{-7} ऐम्पियर है।

9 *(a)* माना सन्धारित्र का क्षेत्रफल A है तथा प्लेटों के बीच की दूरी d है। संधारित्र से प्रवाहित विस्थापन धारा,

$I_d = \varepsilon_0 \frac{d\phi_E}{dt} = \varepsilon_0 \frac{d(EA)}{dt}$

$= \varepsilon_0 \frac{A}{d} \times d \times \frac{dE}{dt}$

$\Rightarrow I_d = Cd \times \frac{dE}{dt} \quad \left(\because C = \frac{\varepsilon_0 A}{d}\right)$

यदि प्लेटों के बीच विभवान्तर V है, तो

$I_d = Cd \frac{d}{dt}\left(\frac{V}{d}\right) \quad \left(\because E = \frac{V}{d}\right)$

$= Cd \times \frac{1}{d}\frac{dV}{dt}$

$\frac{dV}{dt} = \frac{I_d}{C}$

$\therefore \frac{dV}{dt} = 2I$

11 *(d)* दिया है,

$I_d = 1$ मिली ऐम्पियर

$= 1 \times 10^{-3}$ ऐम्पियर,

$C = 2$ माइक्रो फैरड $= 2 \times 10^{-6}$ फैरड

जैसे, $I_d = I_C = \frac{d}{dt}(VC) = C\frac{dV}{dt}$

$\Rightarrow \frac{dV}{dt} = \frac{I_d}{C} = \frac{1 \times 10^{-3}}{2 \times 10^{-6}}$

$= 0.5 \times 10^3$

$= 500$ वोल्ट/ सेकण्ड

12 *(a)* समय t पर सन्धारित्र प्लेटों पर आवेश निम्न प्रकार दिया जाता है

$q = It$

अब, इस क्षण प्लेटों के बीच विद्युत क्षेत्र

$E = \frac{\sigma}{\varepsilon_0} = \frac{q}{A\varepsilon_0} = \frac{It}{A\varepsilon_0}$

क्षेत्र $\frac{2A}{3}$ से प्रवाहित फ्लक्स

$\phi_E = \left(\frac{2A}{3}\right)E = \frac{2It}{3\varepsilon_0}$

अतः विस्थापन धारा,

$I_d = \varepsilon_0 \frac{d\phi_E}{dt} = \varepsilon_0 \frac{d}{dt}\left(\frac{2It}{3\varepsilon_0}\right)$

$I_d = \varepsilon_0 \times \frac{2I}{3\varepsilon_0} = \frac{2I}{3}$

14 *(d)* विद्युत चुम्बकीय तरंग का विद्युत ऊर्जा घनत्व,

$$\mu_e = \frac{1}{2}\varepsilon_0 E^2$$

विद्युत चुम्बकीय तरंग का चुम्बकीय ऊर्जा घनत्व,

$$\mu_m = \frac{B^2}{2\mu_0}$$

इसलिए कुल ऊर्जा घनत्व

$$\mu = \frac{1}{2}\varepsilon_0 E^2 + \frac{B^2}{2\mu_0}$$

15 *(d)* यहाँ, विद्युत चुम्बकीय तरंग में, विद्युत क्षेत्र सदिश,

$$\mathbf{E} = (E_1\hat{\mathbf{i}} - E_2\hat{\mathbf{j}})\cos(kz - \omega t)$$

सम्बन्धित चुम्बकीय क्षेत्र सदिश,

$$\mathbf{B} = \frac{\mathbf{E}}{c} = \frac{E_1\hat{\mathbf{i}} - E_2\hat{\mathbf{j}}}{c}\cos(kz - \omega t)$$

E और **B** एक-दूसरे के लम्बवत् हैं और विद्युत चुम्बकीय तरंग का संचरण **E** के साथ-साथ **B** पर भी लम्बवत् है, इसलिए दी गई विद्युत चुम्बकीय तरंग समतल ध्रुवित है।

16 *(c)* एक विद्युत चुम्बकीय तरंग ऋणात्मक z-दिशा के अनुदिश गमन कर रही है। इसका विद्युत क्षेत्र,

$$\mathbf{E} = E_0\cos(kz - \omega t)$$

जो Z-अक्ष के लम्बवत् है। यह ऋणात्मक y-दिशा के अनुदिश कार्य करता है।

विद्युत चुम्बकीय तरंग में सम्बन्धित चुम्बकीय क्षेत्र B, X-अक्ष के अनुदिश, अर्थात् $\hat{\mathbf{k}} \times \mathbf{E}$ के अनुदिश है।

$$B_0 = \frac{E_0}{c}$$

$$\Rightarrow \quad \mathbf{B} = \frac{1}{c}(\hat{\mathbf{k}} \times \mathbf{E})$$

सम्बन्धित विद्युत क्षेत्र को चुम्बकीय क्षेत्र के पदों में $\mathbf{E} = c\,(\mathbf{B} \times \hat{\mathbf{k}})$ लिखा जा सकता है। $\hat{\mathbf{k}}$ और **E** के बीच का कोण 90° है तथा $\hat{\mathbf{k}}$ और **B** के बीच का कोण 90° है। इसलिए,

$$\hat{\mathbf{k}} \cdot \mathbf{E} = E\cos 90° = 0$$

और $\hat{\mathbf{k}} \cdot \mathbf{B} = E\cos 90° = 0 \quad (\because |\hat{\mathbf{k}}| = 1)$

तथा $\hat{\mathbf{k}} \times \mathbf{E} = B\sin 90° = E$

और $\hat{\mathbf{k}} \times \mathbf{B} = B\sin 90° = B.$

17 *(a)* दिया है, सूर्य के प्रकाश की तीव्रता,

$$I = 0.099 \text{ वेबर/ मी}^2$$

जैसा कि हम जानते हैं,

$$I = \frac{\varepsilon_0 c}{2}E_0^2$$

$$\Rightarrow \quad E_0 = \sqrt{2\frac{I}{\varepsilon_0 c}}$$

अतः, $B_0 = \frac{E_0}{c} = \frac{1}{c}\sqrt{\frac{2I}{\varepsilon_0 c}}$

$$= \frac{1}{3\times10^8}\sqrt{\frac{2\times0.099}{8.85\times10^{-12}\times3\times10^8}}$$

$$= 2.88\times10^{-8} \text{ टेस्ला}$$

18 *(c)* विद्युत क्षेत्र घटक,

$$E_y = 300\sin\omega\left(t - \frac{x}{c}\right)$$

Y-अक्ष के अनुदिश गतिमान आवेश की गति, $v = 3\times10^7$ मी/ से

$$\therefore \quad \frac{\text{विद्युत बल } (F_e)}{\text{चुम्बकीय बल } (F_m)} = \frac{qE}{Bqv}$$

$$\Rightarrow \quad \frac{F_e}{F_m} = \frac{E}{Bv} = \frac{E/B}{v} = \frac{c}{v} \quad \left(\because \frac{E}{B} = c\right)$$

$$= \frac{3\times10^8}{3\times10^7} = \frac{10}{1}$$

$$\Rightarrow F_e : F_m = 10 : 1$$

21 *(a)* $y = 5\sin(\pi t - 0.1\pi x) = A\sin(\omega t - kx)$

$$\frac{2\pi}{\lambda} = \frac{1}{10}\times\pi$$

$$\therefore \quad \lambda = \frac{20\pi}{\pi} = 20 \text{ सेमी}$$

$$\therefore \quad v = \frac{\omega}{k} = \frac{\pi}{0.1\pi} = \frac{1}{0.1} = 10 \text{ सेमी/ से}$$

22 *(c)* जैसा कि हम जानते हैं कि,

$$y = A\sin(\omega t - kx)$$

$$E \propto A^2$$

$$\therefore \quad A' = \sqrt{0.36A^2}$$

$$= 0.6 \text{ ऐम्पियर}$$

तो परावर्तित तरंग का समीकरण,

$$y = \frac{6}{10}A\sin(kx + \omega t)$$

23 *(b)* $\mathbf{E} = \frac{-\hat{\mathbf{i}} + \hat{\mathbf{j}}}{\sqrt{2}}$ तथा $\mathbf{B} = \frac{-\hat{\mathbf{i}} - \hat{\mathbf{j}}}{\sqrt{2}}$

$$\mathbf{E}\times\mathbf{B} = \frac{-\hat{\mathbf{i}} + \hat{\mathbf{j}}}{\sqrt{2}} \times \frac{-\hat{\mathbf{i}} - \hat{\mathbf{j}}}{\sqrt{2}} = \frac{2\hat{\mathbf{k}}}{2} = \hat{\mathbf{k}}$$

24 *(c)* दिए गए समीकरण $E_y = 2.5\frac{\text{N}}{\text{C}}\cos$

$$\left[\left(2\pi\times10^6 \frac{\text{रेडियन}}{\text{मी}}\right)t - \left(\pi\times10^{-2}\frac{\text{रेडियन}}{\text{मी}}\right)x\right]$$

की मानक समीकरण से तुलना करने पर,

$$E_y = E_0\cos(\omega t - kx),$$

$$\omega = 2\pi f = 2\pi\times10^6$$

$\therefore \quad f = 10^6$ हर्ट्ज $\therefore f = 10^6$ हर्ट्ज

हम जानते हैं कि,

$$\frac{2\pi}{\lambda} = k = \pi\times10^{-2} \text{ प्रति मीटर}$$

$$\Rightarrow \quad \lambda = 200 \text{ मीटर}$$

E_y से तरंग की दिशा धनात्मक x-दिशा में है।

25 *(a)* विद्युत चुम्बकीय तरंग की गति,

$$v = \frac{\omega}{k} \quad \ldots(i)$$

विद्युत चुम्बकीय तरंग समीकरण,

$$\mathbf{E} = \hat{\mathbf{i}}\,40\cos(kz - 6\times10^8 t) \quad \ldots(ii)$$

मानक समीकरण के साथ समी (ii) की तुलना करने पर,

$$\omega = 6\times10^8$$

और $E_0 = 40$

तरंग गुणांक, $k = \frac{\omega}{c} = \frac{6\times10^8}{3\times10^8}$

($\therefore v = c$ निर्वात् के लिए)

$$\Rightarrow \quad k = 2 \text{ प्रति मीटर}$$

26 *(a)* हम जानते हैं कि, $E = cB$

EM तरंग समीकरण से,

$$E_0 = 60$$

$$\therefore \quad B_0 = \frac{E_0}{c} = \frac{60}{3\times10^8}$$

$$\Rightarrow \quad B_0 = 2\times10^{-7} \text{ टेस्ला}$$

अतः चुम्बकीय क्षेत्र का आयाम 2×10^{-7} टेस्ला है।

अब, तरंगदैर्ध्य का निम्न प्रकार दिया जा सकता है

$$k = \frac{2\pi}{\lambda}$$

EM तरंग समीकरण से,

$$10^3\pi = \frac{2\pi}{\lambda}$$

$$\Rightarrow \quad \lambda = 2\times10^{-3} \text{ मीटर}$$

27 *(b)* दिया है,

$$y = (025 \text{ मी})\sin(5\pi x - \pi t)$$

यहाँ $kx = 5\pi x$

$$\frac{2\pi}{\lambda} = 5\pi$$

$$\Rightarrow \quad \lambda = 0.4 \text{ मीटर}$$

और $\omega t = \pi t$

$$\frac{2\pi}{T} = \pi \Rightarrow T = 2 \text{ सेकण्ड}$$

$$\therefore \quad v = \frac{\lambda}{T} = \frac{0.4}{2}$$

$$\Rightarrow \quad v = 02 \text{ मी/ से}$$

28 *(b)* दिया है,

$y = 4\sin\left(4\pi t - 0.04x + \frac{\pi}{3}\right)$

विद्युत चुम्बकीय तरंग समीकरण से,

$k = 0.04$

$\frac{2\pi}{\lambda} = 0.04$

$\Rightarrow \lambda = 50\pi$

$\omega = 4\pi$

$\frac{2\pi}{T} = 4\pi$

$\Rightarrow T = \frac{1}{2}$

तरंग की गति,

$v = \frac{\lambda}{T} = \frac{50\pi}{\frac{1}{2}}$

$\Rightarrow v = 100\pi$ मी/ से

31 *(c)* विद्युत चुम्बकीय तरंग समीकरण,

$\mathbf{E} = E_0\hat{\mathbf{n}}\sin[\omega t + (6y - 8z)]$

$\Rightarrow \mathbf{E} = E_0\hat{\mathbf{n}}\sin[\omega t - (8z - 6y)]$ ...(i)

मानक समी से समी (i) की तुलना करने पर,

$\mathbf{k}\cdot\hat{\mathbf{r}} = 8z - 6y$ ...(ii)

यहाँ, $\hat{\mathbf{r}} = x\hat{\mathbf{i}} + y\hat{\mathbf{j}} + z\hat{\mathbf{k}}$

$\mathbf{k} = k_x\hat{\mathbf{i}} + k_y\hat{\mathbf{j}} + k_z\hat{\mathbf{k}}$

$\therefore \mathbf{k}\cdot\hat{\mathbf{r}} = xk_x + yk_y + zk_z$ ...(iii)

समी (ii) और (iii) से

$xk_x =$ शून्य $\Rightarrow k_x = 0$

$yk_y = -6y \Rightarrow k_y = -6$

$zk_z = 8z \Rightarrow k_z = 8$

अतः $\mathbf{k} = -6\hat{\mathbf{j}} + 8\hat{\mathbf{k}}$

तो संचरण की दिशा,

$\hat{\mathbf{s}} = \hat{\mathbf{k}} = \frac{\mathbf{k}}{|\mathbf{k}|} = \frac{-6\hat{\mathbf{j}} + 8\hat{\mathbf{k}}}{\sqrt{6^2 + 8^2}}$

$= \frac{-6\hat{\mathbf{j}} + 8\hat{\mathbf{k}}}{10} = \frac{-3\hat{\mathbf{j}} + 4\hat{\mathbf{k}}}{5}$

32 *(d)* दिया है, $\mathbf{B} = 5\times10^{-8}\hat{\mathbf{j}}$ और $\mathbf{v} = 3\times10^8\hat{\mathbf{k}}$

$\mathbf{E} = \mathbf{B}\times\mathbf{v}$ का प्रयोग करने पर, हमें प्राप्त होता है

$\mathbf{E} = (5\times10^{-8}\hat{\mathbf{j}})\times(3\times10^8\hat{\mathbf{k}})$

$= 15\hat{\mathbf{i}}$ वोल्ट/ मीटर

34 *(c)* दिया है,

$B_y = 3\times10^{-7}\sin(10^3 + 6.28\times10^{12}t)$

मानक समीकरण से तुलना करने पर,

$k = 10^3$

$\Rightarrow \frac{2\pi}{\lambda} = 10^3 \quad \left(\because k = \frac{2\pi}{\lambda}\right)$

$\Rightarrow \lambda = \frac{2\pi}{10^3} = \frac{2\times3.14}{10^3}$

$= 6.28\times10^{-3}$ मीटर

$= 0.63$ सेमी

35 *(a)* दिया है,

$\mathbf{E} = 10\cos(10^7t + kx)\hat{\mathbf{j}}$ वोल्ट/ मीटर

मानक समीकरण $E = E_0\cos(\omega t + kx)$ से तुलना करने पर,

तरंग का आयाम = 10 वोल्ट/ मीटर

तथा कोणीय आवृत्ति, $\omega = 10^7$

$\therefore c = \frac{\omega}{k}$

$\Rightarrow 3\times10^8 = \frac{10^7}{k}$

$\Rightarrow k = \frac{1}{30} = 0.033$ रेडियन/ मी

$\Rightarrow \frac{2\pi}{\lambda} = \frac{1}{30} \quad \left[\because k = \frac{2\pi}{\lambda}\right]$

$\Rightarrow \lambda = 2\pi\times30 = 188.4$ मीटर

37 *(b)* दिया है, $v = 2\times10^{10}$ हर्ट्ज

तथा $E_0 = 48$ वोल्ट/ मीटर

सूत्र का उपयोग करते हुए, $c = \frac{E_0}{B_0}$

दोलनशील चुम्बकीय क्षेत्र का आयाम,

$B_0 = \frac{E_0}{c} = \frac{48}{3\times10^8}$

$= 1.6\times10^{-7}$ टेस्ला

39 *(c)* प्रगामी तरंग की गति $v = \frac{\omega}{k}$

वायु में विद्युत क्षेत्र,

$\mathbf{E}_1 = E_{01}\hat{\mathbf{x}}\cos\left(\frac{2\pi vz}{c} - 2\pi vt\right)$

$\therefore$ वायु में गति $= \frac{2\pi v}{\left(\frac{2\pi v}{c}\right)} = c$

$c = \frac{1}{\sqrt{\mu_0\varepsilon_{r_1}\varepsilon_0}}$ ...(i)

माध्यम में,

$\mathbf{E}_2 = E_{02}\hat{\mathbf{x}}\cos(2kz - kct)$

$\therefore$ माध्यम में गति $= \frac{kc}{2k} = \frac{c}{2}$

$\frac{c}{2} = \frac{1}{\sqrt{\mu_0\varepsilon_{r_2}\varepsilon_0}}$ ...(ii)

चूँकि माध्यम अचुम्बकीय माध्यम है

$\mu_{\text{माध्यम}} = \mu_{\text{वायु}}$

समी (i) को समी (ii) से विभाजित करने पर,

$2 = \sqrt{\frac{\varepsilon_{r_2}}{\varepsilon_{r_1}}} \Rightarrow \frac{\varepsilon_{r_1}}{\varepsilon_{r_2}} = \frac{1}{4}$

40 *(d)* दिया है, $n = 1.7$,

$\mu = 7\times10^{-7}$ हेनरी/ मीटर

अपवर्तनांक, $n = \frac{c}{v}$

$\Rightarrow v = \frac{c}{n} = \frac{3\times10^8}{1.7}$

$= 1.76\times10^8$ मी/ से

$v = \frac{1}{\sqrt{\mu\varepsilon}} = \frac{1}{\sqrt{\mu\varepsilon_0\varepsilon_r}}$

$\Rightarrow \varepsilon_r = \frac{1}{v^2\mu\varepsilon_0}$

$= \frac{1}{(1.76\times10^8)^2\times7\times10^{-7}\times8.85\times10^{-12}}$

$= 5.21 \approx 5$

41 *(c)* दिया है, ऊर्जा = 20 वेबर/ सेमी^{2}

क्षेत्रफल, $A = 25$ सेमी^{2}

समय, $t = 20$ मिनट $= 20\times60$

$= 1200$ सेकण्ड

सतह पर पड़ने वाली कुल ऊर्जा,

$u = 20\times25\times1200 = 6\times10^5$ जूल

अब, पूर्ण अवशोषण के लिए दिया गया कुल संवेग,

$p = \frac{u}{c} = \frac{6\times10^5}{3\times10^8} = 2\times10^{-3}$ किग्रा-मी/ से

सतह पर लगाया गया औसत बल,

$F = \frac{p}{t} = \frac{2\times10^{-3}}{0.12\times10^4}$

$= 1.66\times10^{-6}$ न्यूटन

42 *(b)* जैसा कि हम जानते हैं कि,

$c = \frac{E_0}{B_0}$ ...(i)

चुम्बकीय क्षेत्र का औसत ऊर्जा घनत्व,

$u_B = \frac{1}{4}\cdot\frac{B_0^2}{\mu_0}$

समी (i) से,

$u_B = \frac{1}{4}\frac{E_0^2}{\mu_0c^2} = \frac{1}{4}\varepsilon_0E_0^2 \quad \left(\because c = \frac{1}{\sqrt{\mu_0\varepsilon_0}}\right)$

$= \frac{1}{4}\times8.85\times10^{-12}\times4^2$

$= 35.4\times10^{-12}$ जूल/ मी^{3}

43 *(c)* विद्युत चुम्बकीय तरंग के कारण विद्युत क्षेत्र की तीव्रता, $E_0 = 6.3$ वोल्ट/ मी

जैसा कि हम जानते हैं,

$\frac{E_0}{B_0} = c$

$\Rightarrow \quad B_0 = \frac{E_0}{c} = \frac{6.3}{3\times10^8}$

$= 2.1\times10^{-8}$ टेस्ला

चूँकि, तरंग का संचरण X-अक्ष के अनुदिश है तथा वैद्युत क्षेत्र सदिश Y-अक्ष के अनुदिश है। अतः तरंग का चुम्बकीय क्षेत्र संचरण की दिशा एवं वैद्युत क्षेत्र की दिशा के लम्बवत् होना चाहिए।

इस प्रकार **B**, $\hat{k}$ के अनुदिश इस प्रकार होगा कि **E** × **B**, x-दिशा में होना चाहिए।

$\therefore \mathbf{B} = 2.1\times10^{-8}\,\hat{k}$ टेस्ला

44 *(b)* हम जानते है कि $\frac{E_0}{B_0} = c$

$\therefore \quad B_0 = \frac{E_0}{c}$

मान रखने पर,

$B_0 = \frac{6.3\times10^{+2}}{3\times10^8} = 2.1\times10^{-6}$ टेस्ला

∴ **E** y-दिशा में अनुदिश तथा तरंग x-दिशा के अनुदिश है, अतः **B** X-अक्ष तथा Y-अक्ष दोनों के लम्बवत होना चाहिए।

E × **B**, x-दिशा के अनुदिश तथा **B**, z-दिशा के अनुदिश होना चाहिए।

$\therefore \quad \mathbf{E} = B_0\hat{\mathbf{k}}$

इस प्रकार, $B = 2.1\times10^{-6}\,\hat{k}$ टेस्ला

45 *(d)* दिया है,

$E_0 = 0.12$ वोल्ट/ सेमी $= 0.12\times10^2$ वोल्ट/ मी

चूँकि, हम जानते है कि

$\frac{E_0}{B_0} = c$

$\Rightarrow B_0 = \frac{E_0}{c} = \frac{0.12\times10^2}{3\times10^8} = 40\times10^{-9}$ टेस्ला

$\Rightarrow B_0 = 40$ नैनो टेस्ला

इस प्रकार, चुम्बकीय क्षेत्र का शिखर मान 40 नैनो टेस्ला है।

46 *(b)* विद्युत चुम्बकीय तरंग की आवृत्ति माध्यम में अपरिवर्तित रहती है लेकिन तरंग की तरंगदैर्ध्य और वेग माध्यम में परिवर्तन के साथ बदल जाते हैं।

$c = \frac{1}{\sqrt{\mu_0\varepsilon_0}} = \nu\lambda_{\text{निर्वात्}} \quad \ldots(i)$

माध्यम में विद्युत चुम्बकीय तरंग का वेग,

$v_{\text{माध्यम}} = \frac{1}{\sqrt{\mu_0\mu_r\varepsilon_0\varepsilon_r}} = \frac{c}{\sqrt{\mu_r\varepsilon_r}}$

परावैद्युत माध्यम के लिए, $\mu_r = 1$

$\therefore \quad v_{\text{माध्यम}} = \frac{C}{\sqrt{\varepsilon r}} \quad \ldots(i)$

यहाँ $\varepsilon_r = 4.0$

माध्यम में तरंग की तरंगदैर्ध्य

$\lambda_{\text{माध्यम}} = \frac{v_{\text{माध्यम}}}{\nu} = \frac{c}{2\nu} = \frac{\lambda_{\text{निर्वात्}}}{2}$

[समी (i) व (ii) से]

47 *(c)* विकल्प (c) में दिया गया कथन गलत है और इसे निम्न प्रकार सुधारा जा सकता है, निर्वात् में विद्युत चुम्बकीय तरंगों के वेग की स्थिरता का उपयोग लम्बाई के मानक को परिभाषित करने के लिए किया जाता है। मीटर को प्रकाश द्वारा निर्वात् में समय (1/c) सेकण्ड में तय की गई दूरी के रूप में परिभाषित किया जाता है।

48 *(c)* विद्युत और चुम्बकीय दोनों क्षेत्रों का औसत मान शून्य होता है, क्योंकि वे ज्यावक्रीय तरंगें हैं, जिनका औसत एक पूर्ण चक्र के लिए शून्य निकलता है। चुम्बकीय ऊर्जा का औसत मान शून्य नहीं हो सकता, क्योंकि

$U_{\text{औसत}} = \frac{B_0^2}{2\mu_0}$

जहाँ, $B_0 =$ शिखर मान

49 *(b)* सतह का प्रारम्भिक संवेग,

$p_i = E/c$

चूँकि सतह पूर्णतः परावर्तित होती है, अतः वही संवेग भी पूर्णतः परावर्तित हो जाएगा।

अन्तिम संवेग, $p_f = -\frac{E}{c}$

∴ संवेग में परिवर्तन, $\Delta p = p_f - p_i$

$= -\frac{E}{c} - \frac{E}{c} = -\frac{2E}{c}$

इस प्रकार, सतह पर स्थानान्तरित संवेग,

$\Delta p' = \Delta p = \frac{2E}{c}$

50 *(d)* विद्युत ऊर्जा घनत्व,

$u_e = \frac{1}{2}\varepsilon_0 E_{rms}^2$

$E_{rms} = \frac{E_0}{\sqrt{2}}$

$\therefore \quad \mu_e = \frac{1}{4}\varepsilon_0 E_0^2$

51 *(c)* तीव्रता, $I = \frac{P}{A} = \frac{100\times2.5}{4\pi(3)^2\times100}$

$= \frac{2.5}{36\pi}$ वेबर/ मी^{2}

तीव्रता का आधा भाग विद्युत क्षेत्र का तथा आधा भाग चुम्बकीय क्षेत्र का होता है।

$\therefore \quad \frac{I}{2} = \frac{1}{4}\varepsilon_0 E_0^2 c$

$\Rightarrow \quad E_0 = \sqrt{\frac{2I}{\varepsilon_0 c}}$

$= \sqrt{\frac{2\times\frac{2.5}{36\pi}}{8.85\times10^{-12}\times3\times10^8}}$

$= 4.08$ वोल्ट/ मीटर

$\therefore B_0 = \frac{E_0}{c} = \frac{4.08}{3\times10^8} = 1.36\times10^{-8}$ टेस्ला

53 *(b)* दिया है, समय, $t = 10$ मिनट

$= 10\times60$ सेकण्ड

t समय में सतह पर गिरने वाली कुल ऊर्जा,

$U = \phi At = 40\times20\times(10\times60)$

$= 4.8\times10^5$ जूल

आपतित प्रकाश का संवेग,

$p = \frac{U}{c} = \frac{4.8\times10^5}{3\times10^8}$

$= 16\times10^{-4}$ किग्रा-मी/ से

परावर्तित प्रकाश का संवेग = 0

(पूर्ण अवशोषण)

सतह पर स्थानान्तरित संवेग,

$= 16\times10^{-4} - 0$

$= 16\times10^{-4}$ किग्रा-मी$^{-1}$

54 *(d)* दिया है, लेज़र बीम की शक्ति

$(P) = 27$ मिलीवाट $= 27\times10^{-3}$ वाट

अनुप्रस्थ-काट का क्षेत्रफल $(A) = 10$ मिमी^{2}

$2 = 10\times10^{-6}$ मी^{2}

विद्युत चुम्बकीय तरंग की तीव्रता,

$I = \frac{1}{2}nc\varepsilon_0 E^2$

जहाँ, n अपवर्तनांक है, वायु के लिए $n = 1$

$\therefore \quad I = \frac{1}{2}c\cdot\varepsilon_0 E^2 \quad \ldots(i)$

तथा $\quad I = \frac{P}{A} \quad \ldots(ii)$

समी (i) व (ii) से

$\frac{1}{2}c\,\varepsilon_0 E^2 = \frac{P}{A}$ या $E^2 = \frac{2P}{Ac\,\varepsilon_0}$

या $E = \sqrt{\frac{2\times27\times10^{-3}}{10\times10^{-6}\times3\times10^8\times9\times10^{-12}}}$

$\simeq 1.4\times10^3$ वोल्ट/ मीटर

$= 1.4$ किलो वोल्ट/ मीटर

55 *(a)* विद्युत क्षेत्र में विद्युत चुम्बकीय तरंग का ऊर्जा घनत्व,

$U_E = \frac{1}{2}\varepsilon_0\cdot E^2 \quad \ldots(i)$

चुम्बकीय क्षेत्र में विद्युत चुम्बकीय तरंगों का ऊर्जा घनत्व,

$U_B = \frac{B^2}{2\mu_0} \quad \ldots(ii)$

EM तरंगों का वेग,

$$c = \frac{1}{\sqrt{\mu_0 \varepsilon_0}} \quad \ldots(iii)$$

और $$\frac{E}{B} = c \quad \ldots(iv)$$

समी (i) को समी (ii) से विभाजित करने पर,

$$\frac{U_E}{U_B} = \frac{\frac{1}{2}\varepsilon_0 E^2}{\frac{1}{2}B^2 \times \frac{1}{\mu_0}} = \frac{\mu_0 \varepsilon_0 E^2}{B^2} \quad \ldots(v)$$

समी (iii), (iv) और (v) का उपयोग करने पर

$$\frac{U_E}{U_B} = \frac{c^2}{c^2} = 1$$

अतः $U_E = U_B$

60 *(d)* विकल्प (d) में दिया गया कथन गलत है और इसे निम्न प्रकार सुधारा जा सकता है,
अधिकांश पराबैंगनी किरणें लगभग 40-50 किमी की ऊँचाई पर वायुमण्डल में ओजोन परत द्वारा अवशोषित हो जाती हैं।

61 *(b)* विद्युत चुम्बकीय स्पेक्ट्रम में तरंगदैर्ध्य का क्रम निम्नानुसार है

$$\lambda_{\gamma\text{-किरणें}} < \lambda_{X\text{-किरणें}} < \lambda_{UV\text{- किरणें}} < \lambda_{\text{दृश्य किरणें}} < \lambda_{\text{अवरक्त तरंगें}} < \lambda_{\text{माइक्रोवेव}} < \lambda_{\text{रेडियो तरंगें}}$$

इससे हम यह निष्कर्ष निकाल सकते हैं कि अवरक्त किरणों की तरंगदैर्ध्य UV-किरणों की तुलना में अधिक होती है।

72 *(a)* विकल्प (a) में दिया गया कथन सही है, अन्य सभी गलत हैं तथा इन्हें निम्न प्रकार सही किया जा सकता है, UV-किरणों का उपयोग LASIK नेत्र शल्य चिकित्सा और जल शोधक में किया जाता है।
साँप अवरक्त तरंगों का पता लगा सकते हैं।
विद्युत चुम्बकीय तरंगें ध्रुवीकरण प्रदर्शित करती हैं, जबकि ध्वनि तरंगें नहीं।

अभिकथन-कारण प्रश्न

1 *(a)* समान परिमाप वाली ऐसी सतहों पर ऐम्पियर का परिपथीय नियम लागू करने पर, हम पाते हैं कि समीकरण $\oint B \cdot dl = \mu_0 i(t)$ का बायाँ पक्ष नहीं बदलता है, परन्तु दायाँ पक्ष शून्य होता है। चूँकि, सतह से कोई धारा प्रवाहित नहीं होती है,

अर्थात् $i = 0, \oint B \cdot dl = 0$

2 *(a)* एक दोलनशील आवेश अन्तरिक्ष में एक विद्युत क्षेत्र उत्पन्न करता है, जो एक दोलनशील चुम्बकीय क्षेत्र उत्पन्न करता है, जो विद्युत क्षेत्र का एक स्त्रोत होता है। इस प्रकार, EM तरंग एक आत्मनिर्भर दोलनशील तरंग है।

3 *(c)* विद्युत और चुम्बकीय क्षेत्र तरंग संचरण की दिशा के लम्बवत् दोलन करते हैं।
अतः ये अनुप्रस्थ प्रकृति के हैं। इस प्रकार, अभिकथन सही है, परन्तु कारण गलत है।

7 *(a)* अवरक्त तरंगों को कभी-कभी ऊष्मा तरंगें भी कहा जाता है क्योंकि अधिकांश पदार्थों में उपस्थित पानी के अणु आसानी से अवरक्त तरंगों को अवशोषित कर लेते हैं (कई अन्य अणु , जैसे—CO_2, NH_3 भी अवरक्त तरंगों को अवशोषित करते हैं)। अवशोषण के बाद, उनकी ऊष्मीय गति बढ़ जाती है, अर्थात् वे गर्म हो जाते हैं और अपने आस-पास के वातावरण को गर्म कर देते हैं।

8 *(a)* छोटी तरंगदैर्ध्य के कारण, UV-विकिरणों को LASIK नेत्र शल्य चिकित्सा जैसे उच्च परिशुद्ध अनुप्रयोगों के लिए बहुत संकीर्ण किरणों में केंद्रित किया जा सकता है।

9 *(c)* मानव नेत्र लगभग 5.36×10^{14} हर्ट्ज आवृत्ति वाले प्रकाश के प्रति सबसे अधिक संवेदनशील है, जो विद्युत चुम्बकीय स्पेक्ट्रम के पीले-हरे क्षेत्र में होता है।

10 *(c)* पृथ्वी का वायुमण्डल, दृश्य प्रकाश और रेडियो तरंगों के लिए पारदर्शी है लेकिन X-किरणों को अवशोषित करता है।
इसलिए, X-किरण दूरबीन का उपयोग पृथ्वी की सतह पर नहीं किया जा सकता।

कथन आधारित प्रश्न

2 *(b)* कथन I सही है लेकिन कथन II गलत है और इसे निम्न प्रकार ठीक किया जा सकता है,
कुल धारा i, i_c द्वारा निरूपित चालन धारा और $i_d = \varepsilon_0 \, (d\phi_E/dt)$ द्वारा निरूपित विस्थापन धारा का योग है। अतः

$$i = i_c + i_d = i_c + \varepsilon_0 \frac{d\phi_E}{dt}$$

स्पष्ट शब्दों में, इसका अर्थ यह है कि सन्धारित्र प्लेटों के बाहर, हमारे पास केवल चालन धारा है, अर्थात् $i_c = i$ तथा कोई विस्थापन धारा नहीं, अर्थात् $i_d = 0$।

4 *(b)* कथन I सही है लेकिन कथन II गलत है और इसे निम्न प्रकार सुधारा जा सकता है,
विद्युत धारा, $i = \varepsilon_0 \frac{d\phi_E}{dt}$ विद्युत क्षेत्र में परिवर्तन के कारण उत्पन्न होती है, इसलिए इसे विस्थापन धारा कहा जाता है।

5 *(b)* कथन I सही है लेकिन कथन II गलत है और इसे निम्न प्रकार ठीक किया जा सकता है,
विद्युत क्षेत्र E, X-अक्ष के अनुदिश है और एक निश्चित समय पर Z के साथ ज्यावक्रीय रूप से परिवर्तित होता है।

अंकिक मान प्रकार के प्रश्न

1 *(6)* जैसा कि हम जानते हैं कि, $c = \frac{E_0}{B_0}$

दिया है, $\mathbf{B} = B_0 \hat{\mathbf{i}}[\cos(kz - \omega t)] + B_1 \hat{\mathbf{j}} [\cos(kz + \omega t)]$

$$\therefore \quad \mathbf{E}_0 = B_0 c(-\hat{\mathbf{j}}) = (3 \times 10^{-5})\, c\, (-\hat{\mathbf{j}})$$

$$\mathbf{B}_1 = (2 \times 10^{-6}) c(-\hat{\mathbf{i}})$$

स्थिर आवेश पर बल,

$$F = QE = Qc(\mathbf{E}_0 + \mathbf{E}_1)$$
$$= Qc[(-3 \times 10^{-5}\hat{\mathbf{j}}) + (-2 \times 10^{-6}\hat{\mathbf{i}})]$$
$$\therefore \quad F = 10^{-4} \times 3 \times 10^8 \sqrt{(-3 \times 10^{-5})^2 + (-2 \times 10^{-6})^2}$$
$$= 3 \times 10^4 \times 3 \times 10^{-5}$$
$$F = 0.9 \text{ न्यूटन}$$

इसलिए $F_{rms} = \frac{F}{\sqrt{2}} = \frac{0.9}{\sqrt{2}} = 0.6$ न्यूटन

$$= 6 \times 10^{-1} \text{ न्यूटन}$$

2 *(4)* माध्यम में विद्युत चुम्बकीय सिग्नल की गति,

$$c = \frac{E_0}{B_0} = \frac{2.25}{1.5 \times 10^{-8}} = 1.5 \times 10^8 \text{ मी/ से}$$

अब, सिग्नल भेजने और प्राप्त करने में लगने वाला समय,

$$t = \frac{2d}{v} = \frac{2 \times 3 \times 10^3}{1.5 \times 10^8} \quad [\because v = c]$$
$$t = 4 \times 10^{-5} \text{ सेकण्ड}$$

अतः x का मान 4 है।

3 *(3)* प्रकाश की तीव्रता, $I = u_{av} c$

इसके अतिरिक्त, $I = \frac{P}{4\pi r^2}$ और

$$u_{av} = \frac{1}{2}\varepsilon_0 E_0^2$$

अतः $$\frac{P}{4\pi r^2} = \frac{1}{2}\varepsilon_0 E_0^2 c$$

या $$E_0 = \sqrt{\frac{2P}{4\pi\varepsilon_0 r^2 c}}$$

यहाँ, $P = 0.15$ वाट, $r = 1$ मीटर

$c = 3 \times 10^8$ मी/ से

$$\therefore \quad E_0 = \sqrt{\frac{2 \times 0.15 \times 9 \times 10^9}{1^2 \times 3 \times 10^8}}$$
$$= \sqrt{9} = 3 \text{ वोल्ट/ मीटर}$$

4 *(9)* विद्युत क्षेत्र के लिए मानक समीकरण,
$E = E_0 \cos(\omega t - kz)$ वोल्ट/ मीटर
दिए गए समीकरण से इसकी तुलना करने पर,
$k = 200$
$\omega = 2 \times 10^{10}$ रेडियन/ सेकण्ड
$\therefore$ तरंग की गति, $v = \frac{\omega}{k} = \frac{2 \times 10^{10}}{200} = 10^8$ मी/ से
अपवर्तक सूचकांक,
$\mu = \frac{c}{v} = \frac{3 \times 10^8}{10^8} = 3$
जैसा कि हम जानते हैं,
$\mu = \sqrt{\varepsilon_r \mu_r}$
$3 = \sqrt{\varepsilon_r (1)}$
$\Rightarrow \varepsilon_r = 9$

5 *(2)* दिया है, $E_y = 100 \cos(6 \times 10^8 t + 4x)$
उपरोक्त समीकरण की तुलना मानक समीकरण से करने पर,
$\omega = 6 \times 10^8$ रेडियन/ सेकण्ड
$k = 4$
तरंग का वेग,
$v = \frac{\omega}{k} = \frac{6 \times 10^8}{4} = 1.5 \times 10^8$ मी/ से
अब, माध्यम का अपवर्तनांक,
$n = \frac{c}{v} = \frac{3 \times 10^8}{1.5 \times 10^8} = 2$

6 *(3660)* दिया है, EM तरंगों की आवृत्ति,
$\nu = 8.196 \times 10^6$ हर्ट्ज
EM तरंगों का वेग, $v = 3 \times 10^8$ मी/ से
$\therefore$ EM तरंगों की तरंगदैर्ध्य,
$\lambda = \frac{v}{\nu} = \frac{3 \times 10^8}{8.196 \times 10^6} = 36.60$ मी
$= 3660$ सेमी

7 *(171)* दिया है, $B = 12 \times 10^{-8}$
$\sin(1.20 \times 10^7 z - 3.6 \times 10^{15} t)$ टेस्ला
$B = B_0(kz - \omega t)$ से इसकी तुलना करने पर,
$B_0 = 12 \times 10^{-8}$ टेस्ला
$\therefore I_{av} = \frac{1}{2} \cdot \frac{B_0^2 c}{\mu_0} = \frac{1}{2} \frac{(12 \times 10^{-8})^2 \times 3 \times 10^8}{4\pi \times 10^{-7}}$
$I_{av} = 171 \times 10^{-2}$ वोल्ट/ मीटर^2
अतः औसत तीव्रता 171×10^{-2} वोल्ट/ मीटर है।

8 *(2)* दिया है,
$\mathbf{E} = \hat{\mathbf{i}} 30 \cos(kz - 6 \times 10^8 t) \hat{\mathbf{i}}$
उपरोक्त समीकरण की मानक समीकरण से तुलना करने पर,
$\omega = 6 \times 10^8$ रेडियन/ सेकण्ड
अतः, $v = \frac{\omega}{k}$
$\Rightarrow k = \frac{\omega}{v} = \frac{6 \times 10^8}{3 \times 10^8} = 2$ रेडियन/ मीटर

9 *(84)* दृश्य विकिरण में परिवर्तित प्रकाश बल्ब की प्रभावी शक्ति,
110 वाट का $P\% = \frac{10}{100} \times 110 = 11$ वाट
दृश्य विकिरण की औसत तीव्रता में परिवर्तन,
$I_1 - I_2 = \frac{P'}{4\pi r_1^2} - \frac{P'}{4\pi r_2^2}$
यहाँ, $r_1 = 1$ मीटर और $r_2 = 5$ मीटर
$= \frac{P'}{4\pi}\left(\frac{1}{r_1^2} - \frac{1}{r_2^2}\right) = \frac{11}{4\pi}\left(\frac{1}{1^2} - \frac{1}{5^2}\right)$
$= \frac{11}{4 \times \frac{22}{7}}\left(\frac{24}{25}\right) = \frac{7}{8} \times \frac{24}{25} = \frac{21}{25}$
$= 0.84$
$= 84 \times 10^{-2}$ वेबर/ मीटर^2
$= a \times 10^{-2}$ वेबर/ मीटर^2 [दिया है]
$\therefore a = 84$

10 *(11)* तीव्रता,
$I = \frac{\text{ऊर्जा}}{\text{क्षेत्रफल} \times \text{समय}}$
$= \frac{\text{शक्ति}}{\text{क्षेत्रफल}}$
$= U_{av} c = \frac{1}{2} c \varepsilon_0 E_0^2$
$\Rightarrow P \propto E_0^2$
$\Rightarrow \frac{P_1}{P_2} = \frac{E_1^2}{E_2^2}$
$\Rightarrow \frac{E_1}{E_2} = \sqrt{\frac{P_1}{P_2}}$
$\Rightarrow \frac{E_1}{E_2} = \sqrt{\frac{100}{55}}$
$\Rightarrow E_2 = \sqrt{\frac{11}{20}} E_1 = \sqrt{\frac{11}{20}} E \quad (\because E_1 = E)$
$\sqrt{\frac{x}{20}} E$ से तुलना करने पर, $x = 11$

NCERT Exemplar प्रश्न

1 *(b)* दिया है, आपतित विद्युत चुम्बकीय तरंग,
$\mathbf{E} = E_0 \hat{\mathbf{i}} \cos(kz - \omega t)$
इस प्रकार, परावर्तित विद्युत चुम्बकीय तरंग निम्न प्रकार से दी जाती है
$\mathbf{E}_r = E_0(-\hat{\mathbf{i}}) \cos[k(-z) - \omega t + \pi]$
$= -E_0 \hat{\mathbf{i}} \cos[-(kz + \omega t) + \pi]$
$= E_0 \hat{\mathbf{i}} \cos[-(kz + \omega t)]$
$= E_0 \hat{\mathbf{i}} \cos(kz + \omega t)]$
$[\because \cos(\pi - \theta) = -\cos\theta$ तथा $\cos(-\theta) = \cos\theta]$

2 *(a)* आपतित विकिरण के कारण किसी सतह पर विद्युत क्षेत्र की तीव्रता,
$E = \frac{U}{At}$ जहाँ, $\frac{U}{t} = P$ (शक्ति)
$\therefore E \propto P$ (दिए गए पृष्ठ क्षेत्र के लिए)
अतः $\frac{E'}{E} = \frac{P'}{P}$
$= \frac{50}{100} = \frac{1}{2}$
या $E' = E/2$

3 *(c)* विद्युत क्षेत्र के सन्दर्भ में EM तरंग की तीव्रता,
$U_{av} = \frac{1}{2} \varepsilon_0 E_0^2$
चुम्बकीय क्षेत्र के सन्दर्भ में EM तरंग की तीव्रता,
$U_{av} = \frac{1}{2} \cdot \frac{B_0^2}{\mu_0}$
चूँकि, $(U_{av})_{\text{चुम्बकीय क्षेत्र}} = \frac{1}{2} \varepsilon_0 E_0^2$
$= \frac{1}{2} \varepsilon_0 (cB_0)^2 \quad (\because E_0 = cB_0)$
$= \frac{1}{2} \varepsilon_0 \times c^2 B_0^2$
हम जानते है, $c = \frac{1}{\sqrt{\mu_0 \varepsilon_0}}$
$\therefore (U_{av})_{\text{चुम्बकीय क्षेत्र}} = \frac{1}{2} \varepsilon_0 \times \frac{1}{\mu_0 \varepsilon_0} B_0^2 = \frac{1}{2} \frac{B_0^2}{\mu_0}$
$= (U_{av})_{\text{चुम्बकीय क्षेत्र}}$
इस प्रकार, विद्युत चुम्बकीय तरंग में ऊर्जा, विद्युत और चुम्बकीय सदिशों के बीच समान रूप से विभाजित होती है। इसलिए, विद्युत चुम्बकीय तरंग की तीव्रता में विद्युत क्षेत्र और चुम्बकीय क्षेत्र घटकों के योगदान का अनुपात 1 : 1 है।

विगत परीक्षाओं के प्रश्न

1 *(b)* जब एक संधारित्र को बैटरी से आवेशित किया जाता है, तो इसकी विपरीत प्लेटें अधिकतम मान तक आवेशित हो जाती हैं तथा संधारित्र के आवेशित होने पर विस्थापन धारा उत्पन्न होती है।
$I_d = \varepsilon \cdot \frac{d\phi_E}{dt}$

आवेशन के कारण ϕ_E में परिवर्तन होता है जिसके परिणामस्वरूप, आवेशन के समय विस्थापन धारा के समान चालन धारा उत्पन्न होती है। जब संधारित्र पूर्णतः आवेशित हो जाता है, तो विस्थापन धारा शून्य हो जाती है।

2 **(d)** विद्युत चुम्बकीय तरंगें त्वरित आवेशित कणों द्वारा उत्पन्न होती हैं।
अतः विकल्प (d) गलत है।

3 **(a)** दिया है, AC स्त्रोत वोल्टेज,
$$V = V_0 \sin \omega t \quad \ldots(i)$$
हम जानते हैं,
$$Q = CV \quad \ldots(ii)$$
समी (ii) का समय के सापेक्ष अवकलन करने पर,
$$\frac{dQ}{dt} = \frac{d(CV)}{dt}$$
$$\Rightarrow \frac{dQ}{dt} = \frac{Cd(V_0 \sin \omega t)}{dt}$$
[समीकरण (i) से]
$$\Rightarrow \frac{dQ}{dt} = C\omega V_0 \cos \omega t$$
जैसा कि हम जानते हैं, विस्थापन धारा,
$$I_d = \frac{dQ}{dt} = V_0 \omega C \cos \omega t$$

4 **(b)** हम जानते हैं कि विद्युत चुम्बकीय तरंग में विद्युत क्षेत्र (*E*) और चुम्बकीय क्षेत्र (*B*) एक दूसरे के लम्बवत् होते हैं,
$$\mathbf{E} \cdot \mathbf{B} = 0$$
विकल्प (a) पर विचार करें;
$(\hat{\mathbf{j}} + \hat{\mathbf{k}}) \cdot (\hat{\mathbf{j}} + \hat{\mathbf{k}}) = 1 + 1 = 2 \neq 0$
अतः यह गलत विकल्प है।
विकल्प (b) पर विचार करें;
$(-\hat{\mathbf{j}} + \hat{\mathbf{k}}) \cdot (-\hat{\mathbf{j}} - \hat{\mathbf{k}}) = 1 - 1 = 0$
अतः यह शर्त $\mathbf{E} \cdot \mathbf{B} = 0$ को संतुष्ट करती है।
इसी प्रकार, विकल्प (c) और (d) गलत हैं।

6 **(c)** γ-किरणों की तरंगदैर्ध्य सबसे छोटी होती हैं, क्योंकि इनमें UV-किरणों, माइक्रो तरंगों तथा X-किरणों की तुलना में अधिक आवृत्ति होती है।

8 **(a)** दिया है, $\varepsilon_r = 1.44, \mu_r = 1$
हम वह जानते हैं, $\varepsilon_r = \frac{\varepsilon}{\varepsilon_0}$
$$\Rightarrow \varepsilon = \varepsilon_r \varepsilon_0 \text{ तथा } \mu_r = \frac{\mu}{\mu_0}$$
$$\Rightarrow \mu = \mu_r \mu_0$$
$\therefore$ माध्यम में प्रकाश का वेग,
$$v = \frac{1}{\sqrt{\mu\varepsilon}} = \frac{1}{\sqrt{\mu_r \mu_0 \varepsilon_r \varepsilon_0}}$$
$$= \frac{c}{\sqrt{\mu_r \varepsilon_r}}$$
$$= \frac{3 \times 10^8}{\sqrt{1 \times 1.44}}$$
$$= 2.5 \times 10^8 \text{ मी/ से}$$

9 **(a)** हम जानते हैं कि,
$$\frac{E_{rms}}{B_{rms}} = c \text{ या } B_{rms} = \frac{E_{rms}}{c}$$
$$\Rightarrow B_{rms} = \frac{6}{3 \times 10^8}$$
$$= 2 \times 10^{-8} \text{ टेस्ला}$$
$$B_{rms} = \frac{B_0}{\sqrt{2}}$$
$$\therefore B_0 = B_{rms}\sqrt{2}$$
$$= 2 \times 10^{-8} \times \sqrt{2}$$
$$B_0 \approx 2.83 \times 10^{-8} \text{ टेस्ला}$$

10 **(a)** दिया है, EM तरंगों की ऊर्जा 15 किलो इलेक्ट्रॉन वोल्ट के क्रम की है,
$$E = h\nu = h \times \frac{c}{\lambda}$$
$$\Rightarrow \lambda = \frac{h \times c}{E}$$
$$= \frac{6.624 \times 10^{-34} \times 3 \times 10^8}{15 \times 10^3 \times 1.6 \times 10^{-19}}$$
$$= 0.828 \times 10^{-10} \text{ मीटर}$$
$$= 0.828 \text{ ऐंग्स्ट्रॉम}$$
[$\because$ 1 ऐंग्स्ट्रॉम $= 10^{-10}$ मीटर]
इस प्रकार, यह स्पेक्ट्रम X-किरणों का एक भाग है।

11 **(a)** दिया है,
$$B_y = (3.5 \times 10^{-7}) \sin(1.5 \times 10^3 x + 0.5 \times 10^{11} t) \text{ टेस्ला}$$
हम जानते हैं, कि $\mathbf{E} \times \mathbf{B}$ = तरंग संचरण की दिशा अर्थात् *x*-दिशा
अतः *E*, *z*-दिशा में होना चाहिए।
$\because$ हम जानते हैं कि
$$\left|\frac{E_0}{B_0}\right| = c$$
$$E_0 = B_0 c = 3.5 \times 10^{-7} \times 3 \times 10^8$$
$$= 105 \text{ वोल्ट/मी}$$
$$\therefore E_z = E_0 \sin(1.5 \times 10^3 x + 0.5 \times 10^{11} t)$$
$$= 105 \sin(1.5 \times 10^3 x + 0.5 \times 10^{11} t) \text{ वोल्ट/मी}$$

12 **(d)** दोनों कथन सही हैं क्योंकि ऊर्जा विद्युत और चुम्बकीय क्षेत्रों द्वारा समान रूप से साझा की जाती है और विकिरण दबाव EM तरंगों द्वारा स्थानान्तरित गति के कारण होता है।

13 **(c)** एक विद्युत चुम्बकीय तरंग का औसत ऊर्जा घनत्व,
$$u_{avg} = u_e + u_B$$
$$= 2u_e = \varepsilon_0 E^2$$
E = विद्युत क्षेत्र का वर्ग-माध्य-मूल मान
$$= \frac{E_0}{\sqrt{2}}$$
अतः $$u_{avg} = \varepsilon_0 \left(\frac{E_0}{\sqrt{2}}\right)^2 = \frac{1}{2} \varepsilon_0 \cdot E_0^2$$
$$= \frac{1}{2} \times 8.85 \times 10^{-12} \times (50)^2$$
$$= 1.106 \times 10^{-8} \text{ जूल/मी}^3$$

14 **(d)** $\oint \mathbf{E} \cdot d\mathbf{l} = -\frac{d\phi_B}{dt}$

15 **(c)** चुम्बकीय क्षेत्र, सदिश विद्युत चुम्बकीय तरंग के प्रसार की दिशा और विद्युत क्षेत्र सदिश की दिशा दोनों के लम्बवत् है।
इसके अतिरिक्त, $\frac{E}{B} = c$ और $\frac{\omega}{k} = c$
तो, चुम्बकीय क्षेत्र सदिश,
$$B = \frac{1}{\omega}(\mathbf{k} \times \mathbf{E})$$
$$\left(\because B = \frac{E}{c} = \frac{E}{\omega / k} = \frac{kE}{\omega}\right)$$

16 **(b)** दिया है, चुम्बकीय क्षेत्र का परिमाण
$|B| = 6 \times 10^{-7}$ टेस्ला
हम जानते हैं $\left|\frac{E}{B}\right| = c$
$$\Rightarrow E = Bc$$
$$= 6 \times 10^{-7} \times 3 \times 10^8$$
$$= 180 \text{ वोल्ट/ मी}$$

18 **(b)** हम जानते हैं कि,
$$c = \frac{E_0}{B_0}$$
$$\Rightarrow B_0 = \frac{E_0}{c} = \frac{60}{3 \times 10^8}$$
$$= 2 \times 10^{-7} \text{ टेस्ला}$$
$\mathbf{E} \times \mathbf{B}$ संचरण की दिशा में होना चाहिए।
अतः $\mathbf{B}$ की दिशा $\hat{\mathbf{k}}$, के अनुदिश है।
$$k = \frac{2\pi}{\lambda} = \frac{2\pi}{8} \times 10^3$$
$$= \frac{\pi}{4} \times 10^3 \text{ प्रति मीटर}$$
इसलिए
$$E_y = 60 \sin\left[\frac{\pi}{4} \times 10^3 (x - ct)\right] \hat{\mathbf{j}} \text{ वोल्ट/ मीटर}$$
$$B_z = 2 \times 10^{-7} \sin\left[\frac{\pi}{4} \times 10^3 (x - ct)\right] \hat{\mathbf{k}} \text{ टेस्ला}$$

स्किल बूस्टर्स

1 *(a)* ध्रवीकरण **E** के समान्तर होता है और प्रसार **E** × **B** के लम्बवत् दिशा में होता है।

2 *(d)* तरंग के संचरण की दिशा **E** × **B** है **E** – के अनुदिश है तथा तरंग $\frac{\hat{i}+\hat{j}}{\sqrt{2}}$ दिशा में संचरित होती है।

यदि हम $\mathbf{B} = \frac{-\hat{i}+\hat{j}}{\sqrt{2}}$ को चुनते हैं, तो

$$\mathbf{E}\times\mathbf{B} = -\hat{k}\times\left(\frac{-\hat{i}+\hat{j}}{\sqrt{2}}\right) = \frac{\hat{i}+\hat{j}}{\sqrt{2}}$$

3 *(d)* चूँकि तरंग x-दिशा में संचरित हो रही है और **E**, z-दिशा में है, अतः **B**, y-दिशा में होना चाहिए।

साथ ही, तरंग की दिशा **E** × **B** द्वारा दी गई है, इसलिए, **B** ऋणात्मक x-दिशा में है,

$$B_0 = \frac{E_0}{c} = E_0\sqrt{\mu_0\varepsilon_0}$$

$$\Rightarrow \mathbf{B} = E_0\sqrt{\mu_0\varepsilon_0}\cos(2\omega - kx)\hat{j}$$

4 *(b)* माना समय t पर सन्धारित्र पर आवेश Q है अतः

प्लेटों के बीच विद्युत क्षेत्र, $E = \frac{Q}{\varepsilon_0 A}$

इसलिए, फ्लक्स

$$\phi = \frac{Q}{\varepsilon_0 A}\cdot\frac{A}{2} = \frac{Q}{2\varepsilon_0}$$

$$\therefore \quad i_d = \varepsilon_0\frac{d\phi_E}{dt}$$

$$= \varepsilon_0\frac{1}{2\varepsilon_0}\cdot\frac{dQ}{dt} = \frac{i}{2}$$

5 *(a)* X-किरणें लक्ष्य से परावर्तित नहीं होती, इसलिए इनका उपयोग रडार के लिए नहीं किया जा सकता।

6 *(a)* $\oint \mathbf{E}\cdot d\mathbf{l} = \frac{d\phi_B}{dt}$

$$E\,(4a) = \frac{d}{dt}(Kt \times a^2)$$

$$E = \frac{Ka}{4}$$

7 *(c)* चूँकि कृष्ण पिण्ड एक अपरावर्तक सतह है। अतः $p = \frac{I}{c}$

8 *(a)* $(i_d)_{\text{अधिकतम}} = (i_c)_{\text{अधिकतम}}$

$$= i_0 = \frac{\varepsilon_0}{Z}$$

$$= \frac{220\sqrt{2}}{\sqrt{100^2 + 100^2}}$$

$$\Rightarrow (i_d)_{\text{अधिकतम}} = \frac{220\sqrt{2}}{100\sqrt{2}}$$

$$= 2.2 \text{ ऐम्पियर}$$

09

भौतिकी की Concept Master *Videos* के लिए *Scan* करें

किरण प्रकाशिकी एवं प्रकाशिक यन्त्र

Ray Optics and Optical Instruments

5 वर्षों में NEET में पूछे गये शीर्षकवार प्रश्न

शीर्षक	वर्षवार प्रश्नों की संख्या				
	2024	2023	2022	2021	2020
गोलीय दर्पणों द्वारा प्रकाश का परावर्तन	–	–	–	–	1
अपवर्तन	–	1	1	–	–
पूर्ण आन्तरिक परावर्तन	–	–	–	–	1
गोलीय पृष्ठों पर लेन्स द्वारा अपवर्तन	–	2	1	2	1
प्रिज्म द्वारा अपवर्तन	1	–	–	1	1
प्रकाशिक यन्त्र	1	–	–	1	–

NEET में विगत 5 वर्षों में पूछे गये विशेष प्रकार के प्रश्न

प्रकार	वर्ष				
	2024	2023	2022	2021	2020
अभिकथन-कारण	–	–	–	–	–
कथन आधारित	–	–	–	–	–
सुमेलन	–	–	–	–	–

NEET के विगत 5 वर्षों का भारांकन

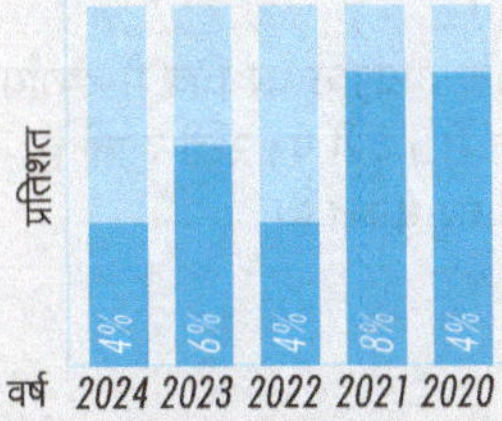

- मानव नेत्र, विद्युत चुम्बकीय तरंगों को केवल विद्युत चुम्बकीय स्पेक्ट्रम की एक छोटी परास के अन्दर ही देख सकता है। स्पेक्ट्रम के इस क्षेत्र (लगभग 400 नैनो मीटर से 750 नैनो मीटर की तरंगदैर्ध्य से सम्बन्धित विद्युत चुम्बकीय विकिरण (Electromagnetic radiation) को **दृश्य प्रकाश** (Visible light) कहते हैं।
- निर्वात् में प्रकाश की चाल $c = 2.99992458 \times 10^8$ मी/से या 3×10^8 मी/से है। निर्वात् में यह चाल प्रकृति में पायी जा सकने वाली सबसे उच्चतम चाल है।
- प्रकाश की तरंगदैर्ध्य सामान्य वस्तुओं के आकार की तुलना में बहुत छोटी होती है और दो बिन्दुओं के बीच सबसे कम दूरी तय करती है, इसलिए यह माना जाता है कि प्रकाश एक सीधी रेखा में गति करता है।
- प्रकाश तरंग के सीधी रेखा पथ **को प्रकाश किरण** (Ray of light) कहते है और ऐसी किरणों का एक बण्डल (Bundle) **प्रकाश पुंज** (Beam of light) बनाता है।

गोलीय दर्पणों द्वारा प्रकाश का परावर्तन

(Reflection of Light by Spherical Mirrors)

किसी पृष्ठ से टकराने पर प्रकाश किरणों के वापस उसी माध्यम में लौटने की घटना को **प्रकाश का परावर्तन** (Reflection of light) कहते हैं।

- **परावर्तन के नियम** (Laws of Reflection) चिकने परावर्तक पृष्ठ से प्रकाश के परावर्तन के दो नियम हैं जैसा कि नीचे दी गई आकृति से स्पष्ट है।
  (i) आपतित किरण, परावर्तित किरण और आपतन बिन्दु पर परावर्तक सतह से अभिलम्ब एक ही तल में होते हैं।
  (ii) आपतन कोण, $\angle i$ = परावर्तन कोण, $\angle r$

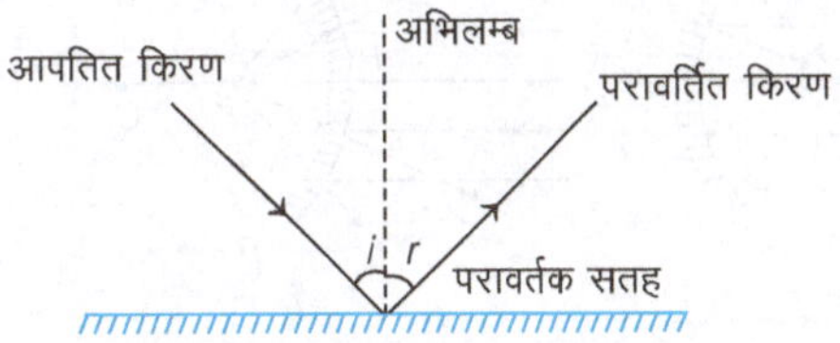

नोट *ये नियम किसी भी परावर्तक सतह (समतल या गोलाकार) पर प्रत्येक बिन्दु के लिए मान्य है।*

Marks Maximizer

- **दो झुके हुए समतल दर्पणों द्वारा बनाए गए प्रतिबिम्बों की संख्या** यदि दो समतल दर्पण θ कोण पर झुके हुए हैं, तो उनके द्वारा बनाए गए प्रतिबिम्बों की संख्या निम्न प्रकार दी जाती है।

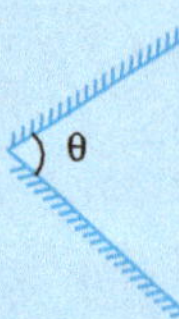

यदि $\frac{360°}{\theta}$ सम है, तो $N = \frac{360°}{\theta} - 1$

यदि $\frac{360°}{\theta}$ विषम है, तो $N = \frac{360°}{\theta}$

- **गोलीय दर्पण** (Spherical Mirror) वह दर्पण होता है जिसकी परावर्तित सतह एक खोखले गोले का भाग होती है। गोलीय दर्पण दो प्रकार के होते हैं; **अवतल दर्पण** और **उत्तल दर्पण**।
  - (i) **अवतल दर्पण** यह एक वक्रित दर्पण (Curved mirror) होता है जिसका परावर्तक पृष्ठ, वक्रित पृष्ठ के अन्दर की ओर होता है।
  - (ii) **उत्तल दर्पण** यह एक वक्रित दर्पण होता है जिसका परावर्तक पृष्ठ, वक्रित पृष्ठ के बाहर की ओर होता है।
- गोलीय दर्पण से सम्बन्धित कुछ पद निम्न प्रकार है।
  - (i) गोलीय दर्पण के ज्यामितीय केन्द्र (Geometric centre) को उसका **ध्रुव** (Pole) कहते हैं।
  - (ii) गोलीय दर्पण के ध्रुव तथा वक्रता केन्द्र को मिलाने वाली रेखा को **मुख्य अक्ष** (Principal axis) (*P*) कहते हैं।
  - (iii) **उपाक्षीय किरणें** (Paraxial Rays) वे किरणें हैं जो दर्पण के ध्रुव *P* के निकट बिन्दुओं पर आपतित होती हैं तथा मुख्य अक्ष के साथ छोटे कोण बनाती है।
  - (iv) **दर्पण का मुख्य फोकस** मुख्य अक्ष पर एक बिन्दु *F* होता है, जिस पर अवतल दर्पण के लिए परावर्तित किरणें अभिसरित होती है या उत्तल दर्पण के लिए अपसरित होती हुई प्रतीत होती है।
  - (v) दर्पण का **फोकस तल** वह तल होता है जिसके माध्यम से परावर्तित किरणें अभिसरित होती हैं (या अपसरित होती हुई प्रतीत होती है।) जब प्रकाश की समान्तर उपाक्षीय (Paraxial) किरणों का पुँज मुख्य अक्ष के साथ कुछ कोण बनाते हुए आपतित होता है।
  - (vi) **फोकस दूरी** एक गोलीय दर्पण के फोकस *F* व ध्रुव *P* के बीच की दूरी होती है। यदि फोकस दूरी *f* तथा *R* गोलीय दर्पण की वक्रता त्रिज्या है तब, $f = \frac{R}{2}$
- इन पदों को गोलीय दर्पणों (अवतल व उत्तल) में नीचे चित्र में दर्शाया गया है

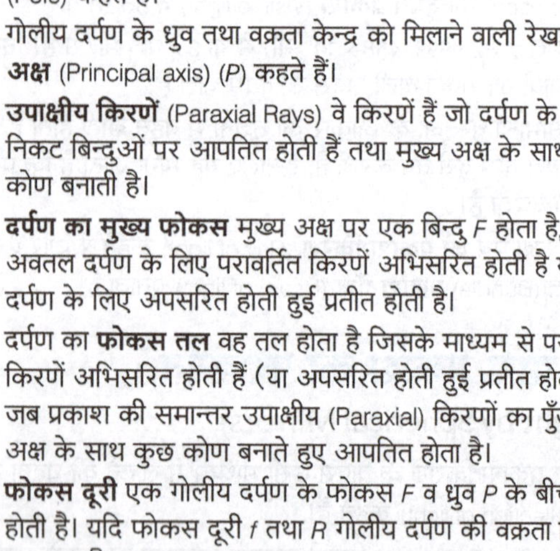

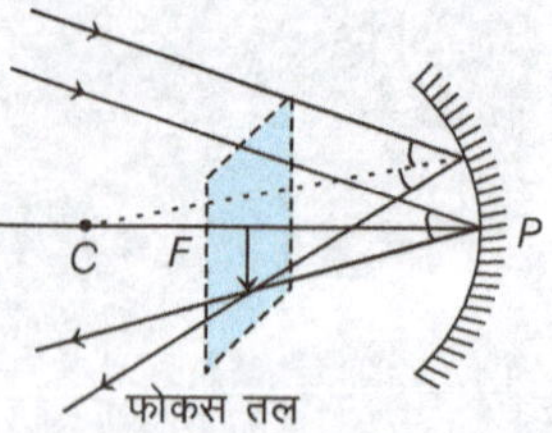

चिन्ह परिपाटी (Sign Convention)

- **कार्तीय चिन्ह परिपाटी** के अनुसार,
  - (i) सभी दूरियाँ दर्पण के ध्रुव से मापी जाती हैं।
  - (ii) आपतित प्रकाश की दिशा के समान दिशा में मापी गई दूरियाँ धनात्मक मानी जाती हैं तथा आपतित प्रकाश की दिशा के विपरीत दिशा में मापी गई दूरियाँ ऋणात्मक मानी जाती हैं।
  - (iii) *X*-अक्ष के सापेक्ष ऊपर की ओर मापी गई ऊँचाई तथा दर्पण/लेन्स की मुख्य अक्ष (*X*-अक्ष) के लम्बवत् मापी गई ऊँचाई धनात्मक मानी जाती है। नीचे की ओर मापी गई ऊँचाई, ऋणात्मक मानी जाती है।

एक दर्पण के लिए कार्तीय चिह्न परिपाटी नीचे चित्र में दर्शायी गई है।

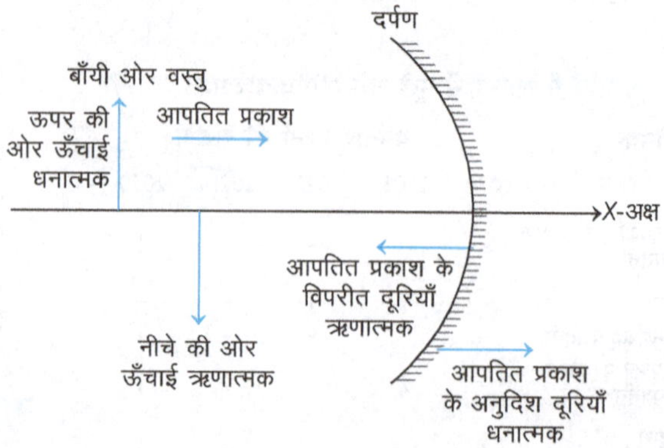

- **प्रतिबिम्ब** (Image) यदि किसी बिन्दु से निकलने वाली किरणें परावर्तन और या अपवर्तन के पश्चात् किसी अन्य बिन्दु पर मिलती है, तो उस बिन्दु को **पहले बिन्दु का प्रतिबिम्ब** कहते हैं।
  - (i) प्रतिबिम्ब **वास्तविक** होता है, यदि किरणें वास्तव में बिन्दु पर अभिसरित होती हैं।
  - (ii) प्रतिबिम्ब **आभासी** होता है, यदि किरणें वास्तव में नहीं मिलती हैं। परन्तु पीछे की ओर ले जाने पर बिन्दु से अपसरित होती हुई प्रतीत होती हैं।

दर्पण समीकरण और आवर्धन
(Mirror Equation and Magnification)

- **दर्पण समीकरण** (Mirror Equation) जैसा कि अग्रपृष्ठ पर चित्र में दर्शाया गया है, यदि कोई वस्तु *AB*, दर्पण *MPN* ध्रुव से *u* दूरी पर रखी जाती है और उसका प्रतिबिम्ब *A′ B′* ध्रुव *P* से *v* दूरी पर बनता है।

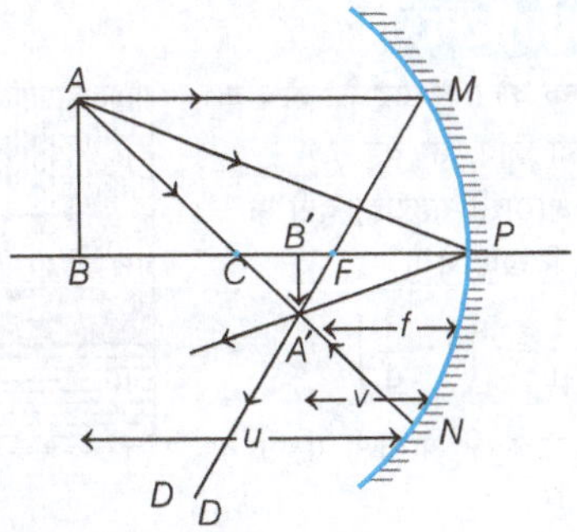

तो दर्पण समीकरण के अनुसार,

$$\frac{1}{v}+\frac{1}{u}=\frac{1}{f}$$

NEET 2020

जहाँ, f दर्पण की फोकस दूरी है।

- **रेखीय आवर्धन** (Linear Magnification) यह प्रतिबिम्ब की ऊँचाई h' तथा वस्तु की ऊँचाई h का अनुपात होता है और इसे निम्न प्रकार दिया जाता है।

$$m=\frac{h'}{h}=-\frac{v}{u}=\frac{f}{f-u}=\frac{f-v}{f}$$

Marks Maximizer

अनुदैर्ध्य आवर्धन (Longitudinal Magnification)

- बड़ी वस्तु (O_1O_2) के लिए,

$$m_l=\frac{|v_1|-|v_2|}{|u_2|-|u_1|}$$

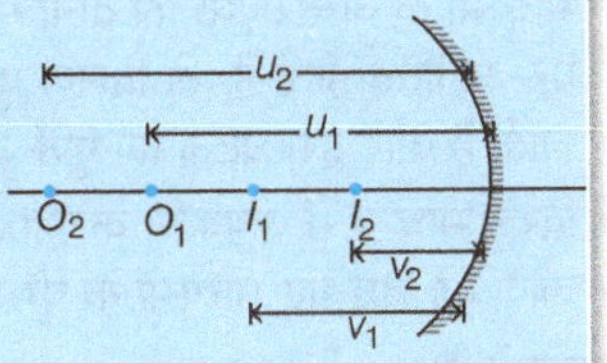

- बहुत छोटी वस्तु के लिए,

$$m_l=\frac{dv}{du}=\frac{-v^2}{u^2}=-(m)^2$$

- **गोलीय दर्पण द्वारा प्रतिबिम्ब का वेग**

जब कोई वस्तु मुख्य अक्ष के अनुदिश $\mathbf{v}_{OM}$ वेग से गति कर रही हो, तो दर्पण के सापेक्ष प्रतिबिम्ब का वेग निम्न प्रकार दिया जाता है।

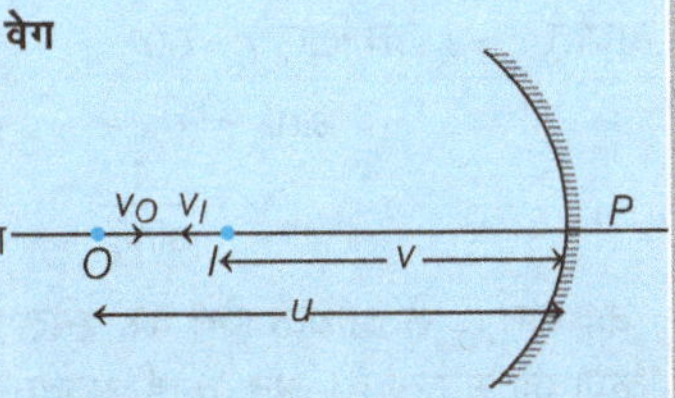

$$\mathbf{v}_{IM}=-\frac{\mathbf{v}^2}{u^2}\mathbf{v}_{OM}$$

- वस्तु की विभिन्न स्थितियों के लिए अवतल दर्पण द्वारा प्रतिबिम्ब का बनना

वस्तु की स्थिति	प्रतिबिम्ब की स्थिति	प्रतिबिम्ब का आकार	प्रतिबिम्ब की प्रकृति
अनन्त पर	फोकस F पर	अत्यधिक छोटा बिन्दु आकार का	वास्तविक एवं उल्टा
C से दूर	F तथा C के बीच	छोटा	वास्तविक एवं उल्टा
C पर	C पर	समान आकार	वास्तविक एवं उल्टा
C तथा F के मध्य	C से दूर	बड़ा	वास्तविक एवं उल्टा
F पर	अनन्त पर	अत्यधिक बड़ा	वास्तविक एवं उल्टा
P तथा F के बीच	दर्पण के पीछे	बड़ा	आभासी तथा सीधा

- उत्तल दर्पण द्वारा बने प्रतिबिम्ब की प्रकृति, स्थिति एवं सापेक्ष आकार

वस्तु की स्थिति	प्रतिबिम्ब की स्थिति	प्रतिबिम्ब का आकार	प्रतिबिम्ब की प्रकृति
अनन्त पर	फोकस F पर, दर्पण के पीछे	बहुत छोटा बिन्दु के आकार का	आभासी एवं सीधा
अनन्त तथा दर्पण के ध्रुव P के बीच	P तथा F के बीच दर्पण के पीछे	छोटा	आभासी एवं सीधा

अपवर्तन (Refraction)

- यह प्रकाश किरण के मुड़ने की घटना है, जब प्रकाश किरणें अपने प्रकाशीय घनत्वों के आधार पर एक पारदर्शी माध्यम से दूसरे माध्यम में जाती हैं।
- जब एक प्रकाश किरण-पुँज एक पारदर्शी माध्यम में दूसरे माध्यम से प्रवेश करता है, तो प्रकाश का एक भाग पहले माध्यम में वापस परावर्तित हो जाता है जबकि शेष भाग दूसरे माध्यम में प्रवेश करता है जैसा कि नीचे दिए गए चित्र में दर्शाया गया है

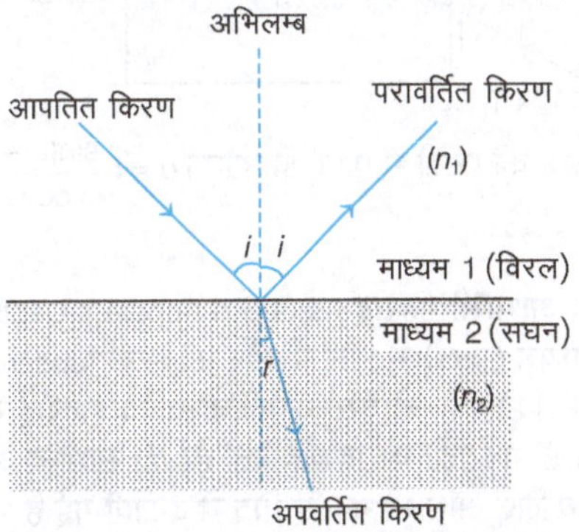

- **अपवर्तन के नियम** (Laws of Refraction) अपवर्तन के दो नियम है, जोकि निम्न प्रकार हैं
  - (i) आपतित किरण अपवर्तित किरण और अन्तरापृष्ठ के आपतन बिन्दु पर अभिलम्ब, सभी एक ही तल में स्थित होते हैं।
  - (ii) आपतन कोण i की ज्या (sin) और अपवर्तन कोण r की ज्या का अनुपात नियत होता है अर्थात्

$$\frac{\sin i}{\sin r}=\text{नियतांक}\ (n_{21})\quad \text{या}\quad {}^1n_2=\frac{n_2}{n_1}$$

NEET 2023, 22

जहाँ, n_{21} एक नियतांक है जिसे पहले माध्यम के सापेक्ष दूसरे माध्यम का **अपवर्तनांक** कहते हैं।

इसे **स्नेल के अपवर्तन के नियम** (Snell's laws of refraction) के रूप में भी जाना जाता है।

अपवर्तनांक (Refractive Index) यह निर्वात् में प्रकाश की चाल (c) तथा किसी माध्यम में प्रकाश की चाल (v) का अनुपात होता है।

अर्थात्, $n=\frac{c}{v}$

नोट *n_{21} माध्यमों के युग्म का एक विशिष्ट गुण है (और प्रकाश की तरंगदैर्ध्य पर भी निर्भर करता है।) परन्तु यह आपतन कोण से स्वतन्त्र होता है।*

- प्रकाश के अपवर्तन से सम्बन्धित कुछ महत्त्वपूर्ण बिन्दु निम्नवत् है।
  (i) यदि $n_{21} > 1, r < i$ तब अपवर्तित किरण अभिलम्ब की ओर झुकती है। ऐसी स्थिति में, माध्यम 2 को माध्यम 1 की तुलना में प्रकाशिक रूप से सघन (denser) कहा जाता है।
  (ii) यदि $n_{21} < 1, r > i$, तो अपवर्तित किरण अभिलम्ब से दूर झुकती है।

नोट $n_{12} = \dfrac{1}{n_{21}}$ तथा $n_{32} = n_{31} \times n_{12}$

- **पार्श्व विस्थापन** (Lateral Shift) जैसा कि चित्र में दर्शाया गया है, यदि प्रकाश की किरण एक आयताकार काँच की पट्टी (Slab) से होकर गुजरती है तथा यदि निर्गत किरण, आपतित किरण के समान्तर है, तो कोई विचलन नहीं होता है, परन्तु आपतित किरण के **सापेक्ष पार्श्व विस्थापन** होता है।

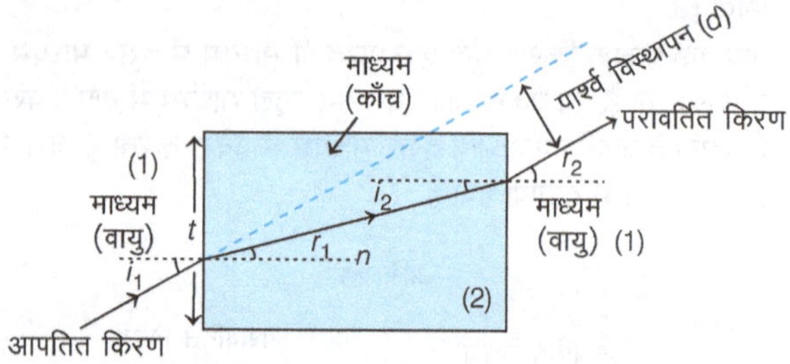

- आयताकार काँच की पट्टी में पार्श्व विस्थापन $d = t\,\dfrac{\sin(i_1 - r_1)}{\cos r_1}$ द्वारा दिया जाता है।

- **वास्तविक एवं आभासी गहराई** (Real and Apparent Depth) जब कोई वस्तु सघन माध्यम (जल) में होती है और पर्यवेक्षक (observer) विरल माध्यम (वायु) में होता है, तो वस्तु अपनी वास्तविक गहराई से कम गहराई (आभासी गहराई) पर दिखाई देती है। (a) सामान्य और (b) तिरछी दृष्टि के लिए आभासी गहराई चित्र में दर्शायी गई है

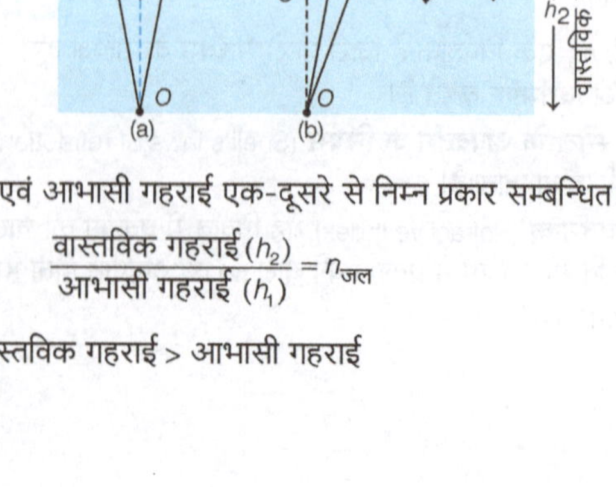

वास्तविक एवं आभासी गहराई एक-दूसरे से निम्न प्रकार सम्बन्धित है

$$\frac{\text{वास्तविक गहराई } (h_2)}{\text{आभासी गहराई } (h_1)} = n_{\text{जल}}$$

अर्थात्, वास्तविक गहराई > आभासी गहराई

Marks Maximizer

- यदि किसी सिक्के को t मोटाई के काँच के फ्रेम के नीचे रखा जाए, तो यह d = (मोटाई – आभासी गहराई) दूरी से ऊपर उठा हुआ दिखाई देगा
  अर्थात् $d = t - \dfrac{t}{\mu} = t\left(1 - \dfrac{1}{\mu}\right)$
- चित्र में प्रदर्शित पात्र की आभासी गहराई
  $= \dfrac{d_1}{\mu_1} + \dfrac{d_2}{\mu_2} + \dfrac{d_3}{\mu_3}$

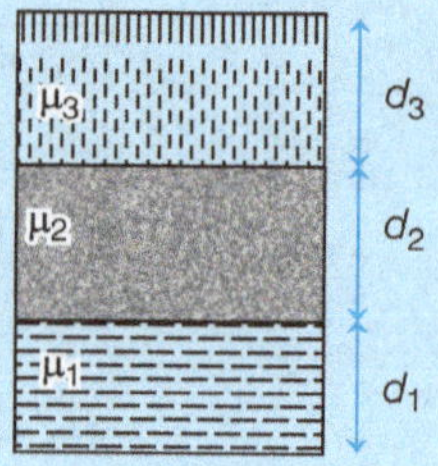

पूर्ण आन्तरिक परावर्तन

(Total Internal Reflection)

- जब प्रकाश किसी प्रकाशतः सघन माध्यम से प्रकाशतः विरल माध्यम में गमन करता है, तब अन्तरापृष्ठ पर वह आंशिक रूप से वापस उसी माध्यम में परावर्तित हो जाता है तथा आंशिक रूप से दूसरे माध्यम में अपवर्तित हो जाता है। इस परावर्तन को **आन्तरिक परावर्तन** कहते हैं।
- जब सघन माध्यम से विरल माध्यम में जाने वाली प्रकाश की किरण दो माध्यमों के अन्तरापृष्ठ पर दोनों माध्यमों के क्रान्तिक कोण से अधिक कोण पर आपतित होती है, तो किरण पूर्ण रूप से सघन माध्यम में परावर्तित हो जाती है और इस घटना को **पूर्ण आन्तरिक परावर्तन** (TIR) कहते हैं।
- विरल माध्यम में अपवर्तन कोण 90° के संगत सघन माध्यम के आपतन कोण को दिए गए माध्यमों के युग्म (Pair) के लिए **क्रान्तिक कोण** (i_c) कहते हैं।

अर्थात्, $i = i_C$ के लिए, $r = 90°$ **NEET 2019**

$$\sin i_C = n_{21}$$
$$n_{12} = \frac{1}{\sin i_C}$$

NEET 2020

i का मान i_C से अधिक होने पर, स्नेल के अपवर्तन के नियम को लागू नहीं किया जा सकता है। अतः कोई अपवर्तन सम्भव नहीं होता है।

नीचे दिया गया चित्र सघन माध्यम (जल) में एक बिन्दु A से विरल माध्यम (वायु) के साथ अन्तरापृष्ठ पर विभिन्न आपतन कोणों पर आपतित किरणों के अपवर्तन और आन्तरिक परावर्तन को दर्शाता है। जब आपतन कोण में वृद्धि होती है और यह AO_4 हो जाता है, तो अपवर्तन सम्भव नहीं होता है और आपतित किरण पूर्णतः परावर्तित हो जाती है।

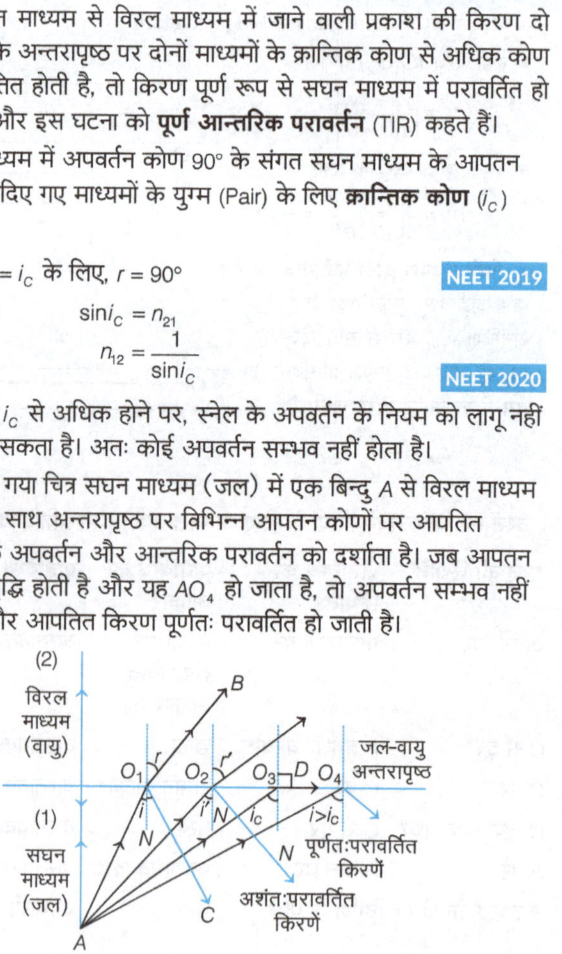

- पूर्ण आन्तरिक परावर्तन के कुछ अनुप्रयोग निम्न प्रकार हैं
  (i) **प्रिज्म** (Prism) प्रिज्म को पूर्ण आन्तरिक परावर्तन का उपयोग करते हुए प्रकाश को 90° या 180° तक मोड़ने के लिए डिजाइन किया गया है। (जैसा कि चित्र a, b में दर्शाया गया है।) ऐसे प्रिज्मों का उपयोग, प्रतिबिम्बों का आकार परिवर्तित किए बिना उन्हें उलटने के लिए भी किया जाता है जैसा कि चित्र (c) में दर्शाया गया है

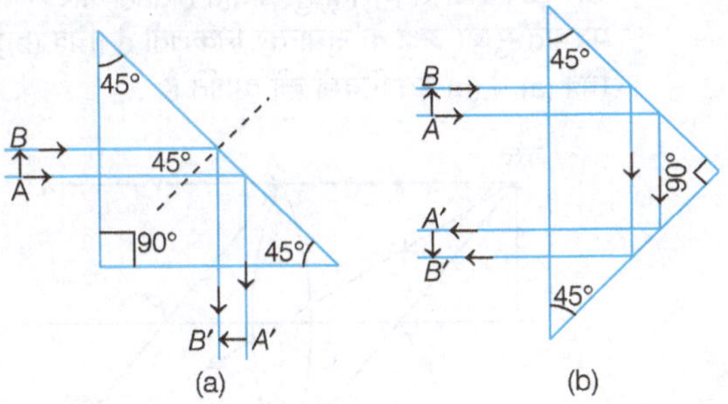

(c)

  (ii) **प्रकाशिक तन्तु** (Optical Fibres) प्रकाशिक तन्तु को उच्च गुणवत्ता वाले मिश्रित काँच/क्वार्ट्ज से बनाया जाता है। प्रत्येक तन्तु में एक क्रोड (Core) तथा आच्छद (Cladding) होता है। क्रोड के पदार्थ का अपवर्तनांक, आच्छद के अपवर्तनांक की तुलना में अधिक होता है। जब प्रकाश के रूप में एक संकेत तन्तु के एक सिरे पर एक उपयुक्त कोण पर निर्देशित किया जाता है, तो यह तन्तु की लम्बाई के अनुदिश बार-बार आन्तरिक परावर्तन से गुजरता है और अन्त में दूसरे सिरे से बाहर निकल जाता है जैसा कि चित्र में दर्शाया गया है

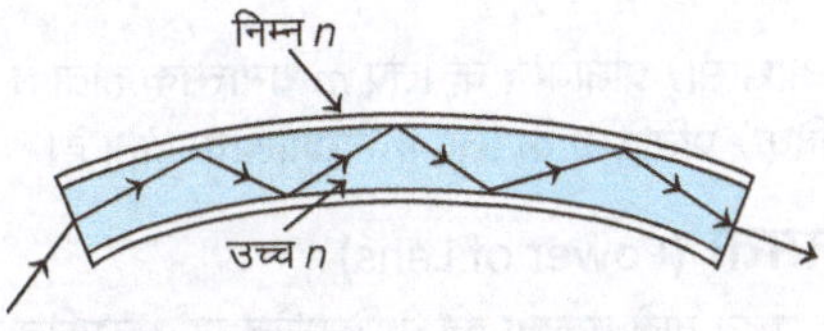

चूँकि प्रकाश प्रत्येक चरण में पूर्ण आन्तरिक परावर्तन से गुजरता है, इसलिए प्रकाश संकेत की तीव्रता में कोई उल्लेखनीय कमी नहीं होती है। क्वार्ट्ज जैसे पदार्थों में शुद्धिकरण और विशेष तैयारी से इसे प्राप्त किया जा सकता है। सिलिका-काँच तन्तु में, 1 किमी की तन्तु लम्बाई में 95% से अधिक प्रकाश सन्चरित करना सम्भव है।

इस प्रकार, प्रकाशीय तन्तु लम्बी दूरी के माध्यम से ऑडियों और वीडियो संकेतों को सन्चरित करने के लिए व्यापक रूप से प्रयोग किए जाते हैं।

प्रकाशीय तन्तु इस प्रकार बनाए जाते हैं कि आन्तरिक सतह के एक तरफ से परावर्तित प्रकाश, दूसरी तरफ क्रान्तिक कोण से बड़े कोण पर टकराता है।

यद्यपि तन्तु मुड़ा हुआ हो, तो प्रकाश इसकी लम्बाई के साथ आसानी से गमन कर सकता है। इस प्रकार प्रकाशित तन्तु का उपयोग प्रकाशीय पाइप के रूप में कार्य करने के लिए किया जा सकता है।

प्रकाशिक तन्तु के उपयोग (Uses of Optical Fibre)

प्रकाशिक तन्तुओं के बण्डल का कई प्रकार से उपयोग किया जा सकता है

(i) प्रकाशिक तन्तुओं का उपयोग बड़े पैमाने पर वैद्युत संकेतों, जिन्हें उचित ट्रॉन्सड्यूसरों द्वारा प्रकाश में परिवर्तित किया जा सकता है, के संचरण तथा अभिग्रहण में किया जाता है।

(ii) प्रकाशिक तन्तुओं का उपयोग प्रकाशिक संकेतों के संचरण के लिए भी किया जा सकता है।

गोलीय पृष्ठों पर लेन्स द्वारा अपवर्तन

(Refraction by Lenses on Spherical Surfaces)

गोलीय पृष्ठ पर अपवर्तन (Refraction at a Spherical Surface)

यदि किसी वस्तु O को अपवर्तनांक n_1 के माध्यम में वक्रता त्रिज्या R के गोलीय पृष्ठ के ध्रुव से u दूरी पर रखा जाता है और अपवर्तन के पश्चात् उसका प्रतिबिम्ब अपवर्तनांक n_2 के माध्यम में v दूरी पर बनता है, जैसा कि नीचे चित्र में दर्शाया गया है। तब, $\frac{n_2}{v} - \frac{n_1}{u} = \frac{n_2 - n_1}{R}$

***नोट** यह समीकरण किसी भी वक्रित गोलीय पृष्ठ के लिए मान्य है।*

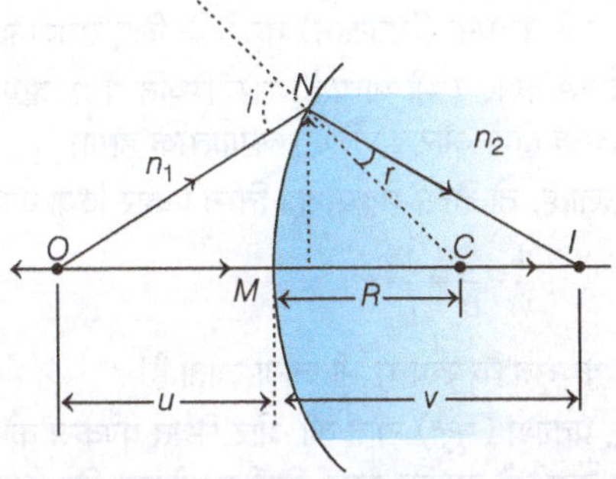

- **लेन्स** (Lens) लेन्स एक पारदर्शी प्रकाशीय माध्यम में है, जो दो पृष्ठों से घिरा होता है जिनमें कम से कम एक गोलीय होना चाहिए। लेन्स दो प्रकार के होते हैं; **उत्तल लेन्स** तथा **अवतल लेन्स**।
- **उत्तल लेन्स** एक ऐसा लेन्स है, जो अपनी मुख्य अक्ष के समान्तर आने वाली प्रकाश किरणों को अभिसरित करता है

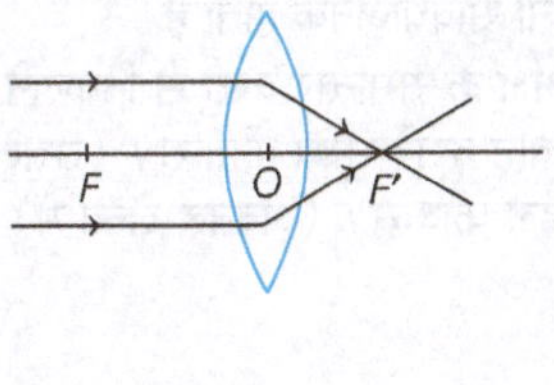

- **अवतल लेन्स** एक ऐसा लेन्स जो अपनी मुख्य अक्ष के समान्तर आने वाली प्रकाश की किरणों को अपसरित करता है।

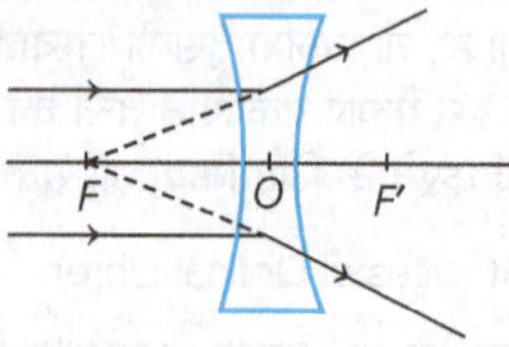

लेन्स द्वारा अपवर्तन (Refraction by a Lens)

- द्विउत्तल लेन्स के लिए लेन्स मेकर सूत्र जिसमें वस्तु O को अपवर्तनांक n_1 के माध्यम में u दूरी पर रखा गया है। लेन्स के पदार्थ का अपवर्तनांक n_2 है। अन्तिम प्रतिबिम्ब I अपवर्तनांक n_1 के समान माध्यम में v दूरी पर बनता है जैसा कि नीचे दिए गए चित्र में दर्शाया गया है

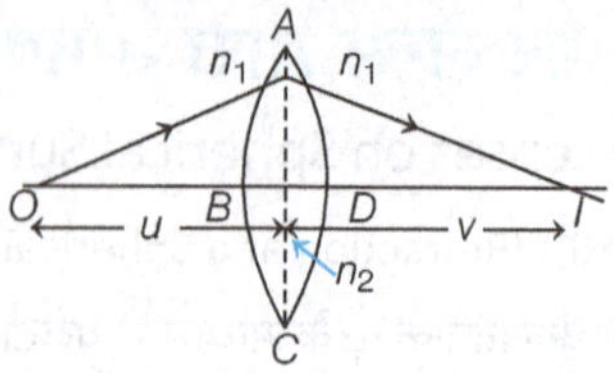

$$\frac{1}{f} = (n_{21} - 1)\left(\frac{1}{R_1} - \frac{1}{R_2}\right),$$

जहाँ, $$n_{21} = \frac{n_2}{n_1}$$

NEET 2023, 21

यह सूत्र उपयुक्त वक्रता त्रिज्या के पृष्ठों का उपयोग करके वांछित फोकस दूरी के लेन्स अधिकल्पना (डिजाइन) करने के लिए उपयोगी है।

यह अवतल लेन्स के लिए भी मान्य है। उस स्थिति में R_1 ऋणात्मक होगा तथा R_2 धनात्मक होगा और इसलिए f ऋणात्मक होगा।

- यदि लेन्स पतला है, तो लेन्स मेकर सूत्र निम्न प्रकार दिया जाता है।

$$\frac{1}{v} - \frac{1}{u} = \frac{1}{f}$$

इसे **पतले लेन्स के सूत्र** के रूप में भी जाना जाता है।

- लेन्स के लिए, प्रकाश (मूल) स्रोत की ओर स्थित फोकस को **प्रथम फोकस बिन्दु** कहते हैं जबकि दूसरा **द्वितीय फोकस बिन्दु** कहलाता है।
- लेन्स द्वारा किसी बिन्दु का प्रतिबिम्ब ज्ञात करने के लिए, हम किसी बिन्दु के एक बिन्दु से निकलने वाली कोई भी दो किरणें ले सकते हैं। अपवर्तन के नियमों का उपयोग करके उनके पथ का पता लगा सकते हैं और वह बिन्दु प्राप्त कर सकते हैं जहाँ, अपवर्तन किरणें मिलती हैं या मिलती हुई प्रतीत होती है। यद्यपि, प्रायोगिक रूप से, निम्नलिखित किरणों में से किन्हीं भी दो का चयन करना सुविधाजनक होता है

(i) लेन्स के मुख्य अक्ष के समान्तर वस्तु से निकलने वाली किरण अपवर्तन के पश्चात दूसरे मुख्य फोकस P (उत्तल लेन्स में) से गुजरती है या पहले फोकस F (अवतल लेन्स में) से विचलित होती हुई प्रतीत होती है।

(ii) लेन्स के प्रकाशिक केन्द्र से गुजरने वाली प्रकाश की किरण अपवर्तन के पश्चात बिना किसी विचलन के निकलती है।

(iii) (a) उत्तल लेन्स के पहले मुख्य फोकस [चित्र (a)] से गुजरने वाली प्रकाश की किरण अपवर्तन के पश्चात् मुख्य अक्ष के समान्तर निकलती है।

(b) अवतल लेन्स पर पड़ने वाली प्रकाश की किरण दूसरे फोकस बिन्दु पर मुख्य अक्ष से मिलती हुई प्रतीत होती है और अपवर्तन के पश्चात मुख्य अक्ष के समान्तर निकलती है [चित्र (b)]।

चित्र (a) व (b) इन नियमों को दर्शाते हैं

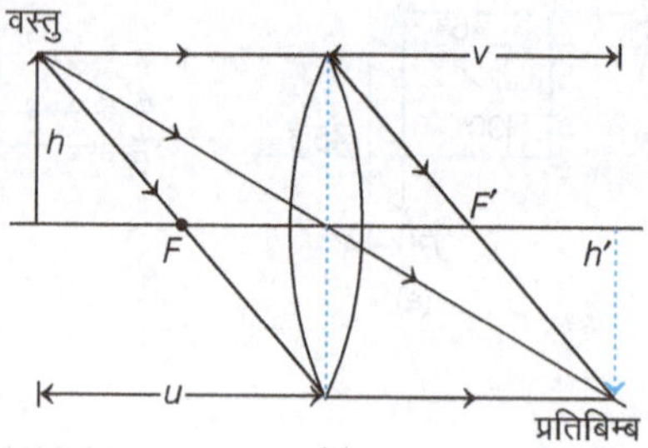

(a)

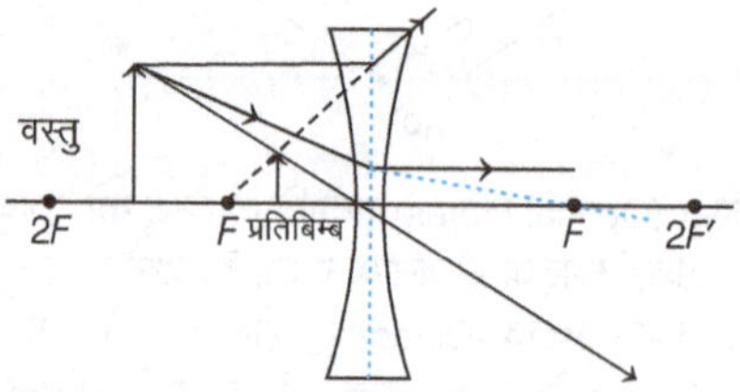

(b)

Concept Master Video के लिए

- लेन्स द्वारा उत्पन्न **आवर्धन m** को प्रतिबिम्ब के आकार और वस्तु के आकार के रूप में परिभाषित किया जाता है।

गणितीय रूप से, $m = \frac{h'}{h} = \frac{v}{u}$

सीधे (और आभासी) प्रतिबिम्ब के लिए m **धनात्मक** होता है और उल्टे (और वास्तविक) प्रतिबिम्ब के लिए m **ऋणात्मक** होता है।

लेन्स की क्षमता (Power of Lens)

- यह लेन्स पर पड़ने वाले प्रकाश को अभिसरित या अपसरित करने की कोटि की माप होती है।

इसे गणितीय रूप से निम्न प्रकार लिखा जाता है।

$$P = \frac{1}{f(\text{मी})} = \frac{100}{f(\text{सेमी})} \text{ डायोप्टर}$$

NEET 2022

इसे उस कोण की स्पर्शज्या से परिभाषित करते हैं जिससे यह किसी मुख्य अक्ष के समान्तर प्रकाश पुँज को जो प्रकाशिक केन्द्र से एकांक दूरी पर गिरता है, अभिसरित या अपसरित करता है। इस प्रकार लेन्स की क्षमता,

$$\tan\delta = h/f$$

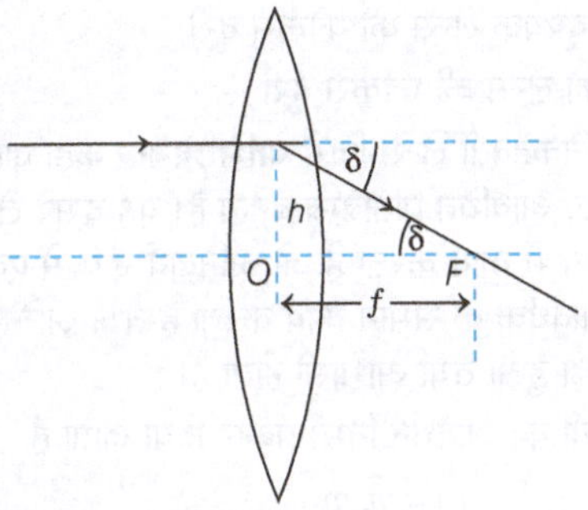

यह अभिसारी लेन्स के लिए धनात्मक तथा अपसारी लेन्स के लिए ऋणात्मक होता है।

पतले लेन्सों का संयोजन

(Combination of Thin Lenses)

- यदि फोकस दूरी $f_1, f_2, f_3, \ldots$ के कई पतले लेन्स सम्पर्क में रखे जाते हैं, तो उनके संयोजन की प्रभावी फोकस दूरी और क्षमता निम्न प्रकार दी जाती है **NEET 2023**

$$\frac{1}{f}=\frac{1}{f_1}+\frac{1}{f_2}+\frac{1}{f_3}+\ldots \quad \text{तथा } P=P_1+P_2+P_3, \ldots$$

जब समान तथा विपरीत फोकस दूरी वाले दो पतले लेन्स (अर्थात् एक उत्तल व दूसरा अवतल) सम्पर्क में रखे जाते हैं, तो समतुल्य फोकस दूरी व क्षमता निम्न प्रकार दी जाती है।

$$\frac{1}{F}=\frac{1}{f}+\frac{1}{-f}=0 \text{ या } F=\infty \text{ तथा क्षमता, } P=\frac{1}{F}=0$$

लेन्सों का यह संयोजन, समतल काँच की प्लेट के समान व्यवहार करता है।

- लेन्सों का संयोजन वांछित आवर्धन के अपसारी या अभिसारी लेन्स प्राप्त करने में सहायता करता है। यह प्रतिबिम्ब की तीक्ष्णता (Sharpness) को भी बढ़ाता है। इस प्रकार, ऐसे संयोजन का कुल आवर्धन, $m = m_1\, m_2\, m_3 \ldots.$ द्वारा दिया जाता है। लेन्सों के संयोजन की प्रणाली का उपयोग प्रायः कैमरों, सूक्ष्मदर्शी, दूरबीनों और अन्य प्रकाशिक उपकरणों के लिए लेन्स डिजाइन करने में किया जाता है।

Concept Master Video के लिए

Marks Maximizer

रजत समतल पृष्ठ युक्त समतलोत्तल लेन्स (Plano-Convex lens)

- प्रभावी फोकस दूरी ($|f|$)

$$|f|=\frac{|f_L|}{2}=\frac{R}{2(\mu-1)}, \text{ जहाँ, } f_L = \text{लेन्स की फोकस दूरी}$$

- लेन्स की प्रभावी क्षमता, $P=\frac{2(\mu-1)}{R}$

रजत वक्रित पृष्ठ युक्त समतलोत्तल लेन्स

- प्रभावी फोकस दूरी, $\frac{1}{|f|}=\frac{2}{|f_L|}+\frac{1}{R/2}=\frac{2(\mu-1)}{R}+\frac{2}{R}=\frac{2\mu}{R}$

$$\therefore \quad |f|=\frac{R}{2\mu}$$

- लेन्स की प्रभावी क्षमता, $P=\frac{2\mu}{R}$

प्रिज्म द्वारा अपवर्तन

(Refraction Through a Prism)

- **प्रिज्म** एक समरूप, पारदर्शी माध्यम का एक भाग है, जो दो समतल सतहों (अपवर्तक सतह) से घिरा होता है, जो एक दूसरे से उपयुक्त कोण पर झुके होते हैं, जिसे प्रिज्म कोण (Prism angle) कहते हैं।
- प्रिज्म के माध्यम से प्रकाश का अपवर्तन नीचे दिए गए चित्र में दर्शाया गया है

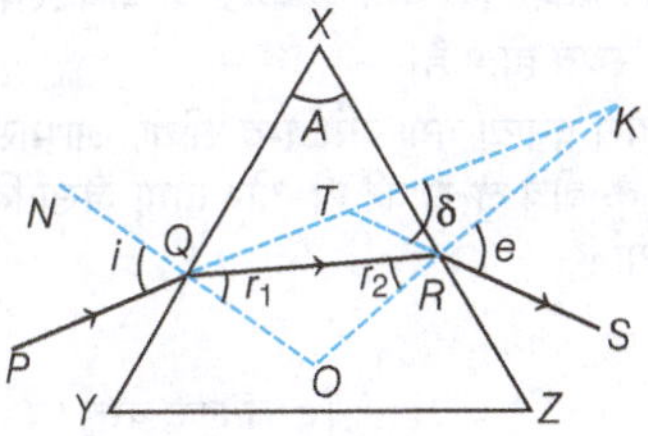

- प्रिज्म से गुजरने वाली निर्गत किरण RS तथा आपतित किरण PQ के बीच के कोण को **विचलन कोण** (Angle of deviation) कहते हैं।
अर्थात् $\delta = i + e - A$ तथा $A = r_1 + r_2$
जहाँ, i आपतन कोण है, e निर्गत कोण है और A प्रिज्म कोण है।
- विचलन कोण आपतन कोण पर निर्भर करता है। न्यूनतम विचलन D_m पर, प्रिज्म के अन्दर अपवर्तित किरण अपने आधार के समान्तर हो जाती है।
- त्रिभुजाकार प्रिज्म के लिए विचलन कोण (δ) तथा आपतन कोण (i) के बीच ग्राफ नीचे चित्र में दर्शाया गया है

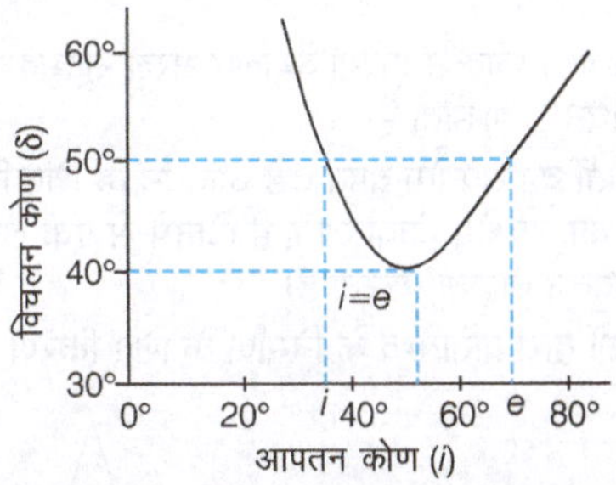

ग्राफ से यह निष्कर्ष निकाला जा सकता है कि विचलन कोण पहले आपतन कोण (i) में वृद्धि के साथ घटता है और $i = e$ पर न्यूनतम D_m हो जाता है और इसके बाद आपतन कोण i में वृद्धि के साथ बढ़ता है।

न्यूनतम विचलन की स्थिति में, $\delta = D_m$, $i = e$ तथा $r_1 = r_2 = \frac{A}{2}$

- प्रिज्म के पदार्थ का अपवर्तनांक निम्न प्रकार दिया जाता है।

$$n_{21}=\frac{\sin\left(\frac{A+D_m}{2}\right)}{\sin(A/2)}$$

छोटे कोण वाले प्रिज्म के लिए, $D_m = (n_{21}-1)A$
इसका तात्पर्य यह है कि, पतले प्रिज्म प्रकाश को अधिक विचलित नहीं करते हैं।

प्रकाशिक यन्त्र (Optical Instruments)

दर्पण लेन्स और प्रिज्म के परावर्तक और अपवर्तक गुणों का उपयोग करके कई प्रकाशिक यन्त्र डिजाइन किए गए हैं। कुछ मुख्य प्रकाशिक यन्त्र निम्न प्रकार हैं

सूक्ष्मदर्शी (Microscope)

- **सरल आवर्धक** अथवा **सरल सूक्ष्मदर्शी** कम फोकस दूरी का एक अभिसारी लेन्स होता है। इसमें एक उत्तल लेन्स होता है जिसमें वस्तु उसके फोकस और प्रकाशिक यन्त्र के केन्द्र के बीच स्थित होती है और नेत्र उसके निकट स्थित होता है।
  सरल सूक्ष्मदर्शी द्वारा बनाया गया प्रतिबिम्ब सीधा, आभासी, बढ़ा हुआ और वस्तु और अनन्त के बीच लेन्स की ही ओर होगा जैसा कि नीचे दिए गए चित्र में दिखाया गया है

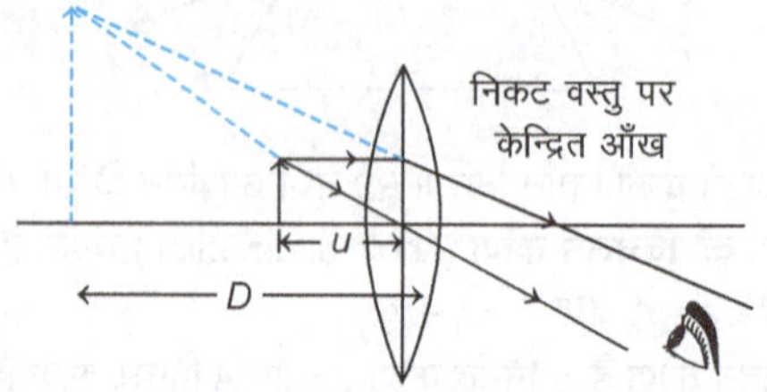

- सरल सूक्ष्मदर्शी द्वारा निकट बिन्दु D पर बने प्रतिबिम्ब के लिए रैखिक आवर्धन m निम्न सम्बन्ध का उपयोग करके प्राप्त किया जा सकता है

$$m = \left(1 - \frac{v}{f}\right) = \left(1 + \frac{D}{f}\right)$$

- जब प्रतिबिम्ब अनन्त पर होता है, तब कोणीय आवर्धन, $m = \frac{D}{f}$
- वास्तविक (Realstic) फोकस दूरियों के लिए सरल सूक्ष्मदर्शी में सीमित अधिकतम आवर्धन (≤ 9) होता है।
- **संयुक्त सूक्ष्मदर्शी** का उपयोग बहुत बड़े आवर्धन के लिए किया जाता है। इसमें दो लेन्सों का उपयोग किया जाता है जिनमें से एक लेन्स, दूसरे लेन्स के प्रभाव को संयुक्त (बढ़ाता) करता है।
- संयुक्त सूक्ष्मदर्शी द्वारा प्रतिबिम्ब के निर्माण के लिए किरण आरेख चित्र में दर्शाया गया है।

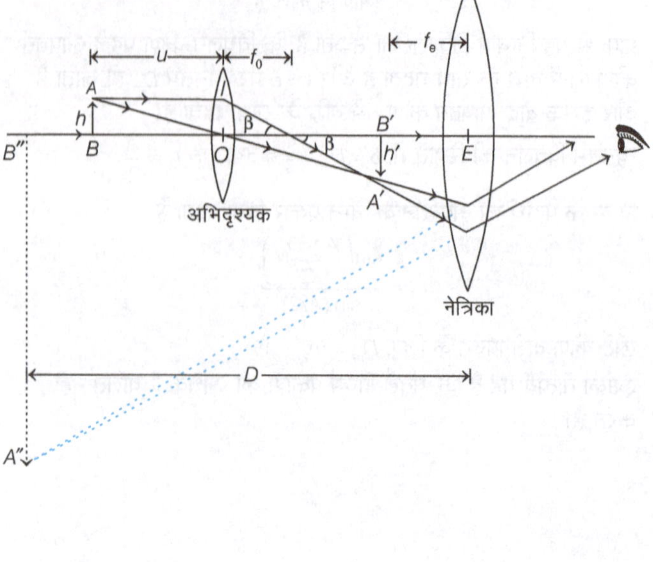

जहाँ, f_o = अभिदृश्यक लेन्स की फोकस दूरी
तथा f_e = नेत्रिका लेन्स की फोकस दूरी

- वस्तु के सबसे निकटवर्ती लेन्स जिसे **अभिदृश्यक** कहा जाता है, वस्तु का वास्तविक, उल्टा, आवर्धित प्रतिबिम्ब बनता है। यह दूसरे लेन्स, **नेत्रिका** के लिए वस्तु के रूप में कार्य करता है जो अनिवार्य रूप से एक सरल सूक्ष्मदर्शी या आवर्धक के समान कार्य करता है तथा अन्तिम प्रतिबिम्ब बनाता है, जो बढ़ा हुआ तथा आभासी होता है।
- संयुक्त सूक्ष्मदर्शी का आवर्धन निम्न प्रकार दिया जाता है

$$m = m_o m_e$$

- संयुक्त सूक्ष्मदर्शी का आवर्धन m तथा नलिका की लम्बाई L, जब अन्तिम प्रतिबिम्ब आभासी दृष्टि से कम-से-कम D दूरी पर बनता है निम्न प्रकार दी जाती है

$$m = m_o m_e = \left(\frac{v_o}{u_o}\right)\left(1 + \frac{D}{f_e}\right) = \left(\frac{L}{f_o}\right)\left(1 + \frac{D}{f_0}\right)$$

तथा $L = v_o + \left(\frac{f_e D}{f_e + D}\right)$

- संयुक्त सूक्ष्मदर्शी का आवर्धन m तथा नलिका की लम्बाई L, जब अन्तिम प्रतिबिम्ब अनन्त (सामान्य व्यवस्था) पर बनता है निम्न प्रकार द्वारा दी जाती है

$$m = m_o m_e = \left(\frac{v_o}{u_o}\right)\left(\frac{D}{f_e}\right) = \left(\frac{L}{f_o}\right)\left(\frac{D}{f_e}\right)$$

तथा $L = f_o + f_e$

दूरबीन (Telescope)

- दूरबीन अथवा दूरदर्शक का उपयोग दूर की वस्तुओं को कोणीय आवर्धन प्रदान करने के लिए किया जाता है। इसमें नेत्रिका की तुलना में बड़ी फोकस दूरी और बहुत बड़े द्वारक का अभिदृश्यक लेन्स होता है।
- एक अपवर्तक या खगोलीय दूरबीन द्वारा प्रतिबिम्ब निर्माण के लिए किरण आरेख चित्र में दर्शाया गया है।

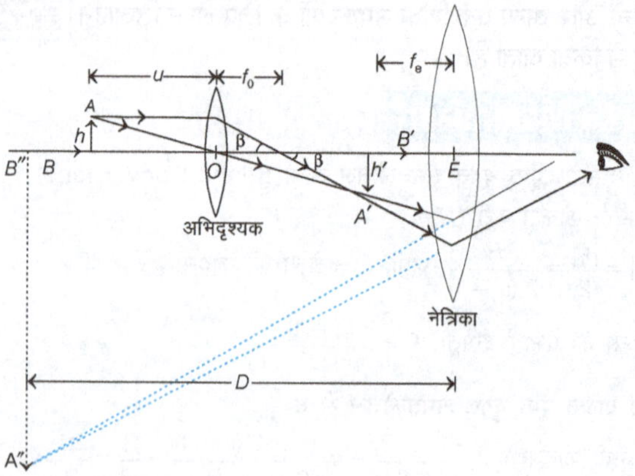

- अपवर्तक प्रकार के दूरबीन में दो अभिसारी लेन्स होते हैं। वस्तु की ओर मुख किए हुए लेन्स को अभिदृश्यक या क्षेत्र लेन्स के रूप में जाना जाता है और इसकी फोकस दूरी और द्वारक बड़ा होता है, जबकि नेत्र की ओर

मुख किए हुए दूसरे लेन्स को नेत्रिका के रूप में जाना जाता है और इसकी फोकस दूरी व द्वारक छोटे होते हैं।

- आवर्धन क्षमता m, नेत्र पर अन्तिम प्रतिबिम्ब द्वारा बनाए गए कोण β और वस्तु द्वारा लेन्स या नेत्र पर बनाए गए कोण α का अनुपात होती है। इस प्रकार, $m = \frac{\beta}{\alpha}$
- अपवर्तक प्रकार के दूरबीन की अपवर्तक नली की आवर्धन क्षमता m तथा नली की लम्बाई L जब अनन्तः पर अन्तिम प्रतिबिम्ब बनता है निम्न प्रकार दी जाती है

$$m = \frac{\beta}{\alpha} = \frac{f_o}{f_e} \text{ तथा } L = f_o + f_e$$

- एक अपवर्तक प्रकार के दूरबीन की नली की लम्बाई L तथा आवर्धन क्षमता m, जब अन्तिम प्रतिबिम्ब स्पष्ट दृष्टि की न्यूनतम दूरी D पर बनता है। निम्न प्रकार दी जाती है।

$$m = \frac{\beta}{\alpha} = \frac{f_o}{f_e}\left(1 + \frac{f_e}{D}\right) \text{ तथा } L = f_o + \left(\frac{f_e D}{f_e + D}\right)$$

- **पार्थिव दूरबीनों में**, लेंसों के अतिरिक्त अन्तिम प्रतिबिम्ब को सीधा बनाने के लिए प्रतिलोमी लेन्सों (Inverting lens) का एक युग्म होता है।
- **अपवर्तक दूरबीनों** का उपयोग पार्थिव एवं खगोलीय दोनों प्रकार के प्रेक्षणों के लिए किया जाता है। खगोलीय दूरबीन के बारे में ध्यान देने योग्य मुख्य विचार इसकी प्रकाश संग्रहण क्षमता तथा इसकी विभेदन क्षमता या विभेदन है।
- दर्पण उद्देश्यों वाले दूरबीनों को **परावर्तक दूरबीन** (Reflecting telescope) कहते हैं। दर्पण में कोई वर्ण विपथन (Chromatic aberration) नहीं होता है।
- **कैसेग्रेन दूरबीन** (Cassegrain Telescope) का मुख्य लाभ यह है कि इसके छोटे दूरबीन में बड़ी फोकस दूरी होती है।

Caution Points

- प्रतिबिम्ब के निर्माण के लिए नियमित परावर्तन या अपवर्तन आवश्यक है सभी किरणों को प्रतिबिम्ब बिन्दु तक लगातार पहुँचना चाहिए।
- मोटे लेन्स द्वारा बनाए गए रंगीन प्रतिबिम्बों के निर्माण का कारण वर्ण विक्षेपण हैं। वस्तु का रंग उस पर पड़ने वाले प्रकाश के रंग से निर्धारित होता है। परन्तु एकवर्णी प्रकाश की स्थिति में परिणाम पूर्ण रूप से अलग हो सकता है।
- सूक्ष्मदर्शी के बिना, जब वस्तु को 25 सेमी पर रखा जाता है, तो प्रतिबिम्ब बहुत छोटे कोण पर बनता है। सरल सूक्ष्मदर्शी मे जब वस्तु को नेत्र के निकट रखा जाता है, तो एक बड़ा प्रतिबिम्ब बनता है।

PYQ नोट्स

1. **दो लेन्स कुछ दूरी पर रखे गए हैं** जब फोकस दूरी f_1 व f_2 के दो लेन्स एक-दूसरे से कुछ दूरी पर समाक्षीय रूप से रखे जाते हैं, तो निकाय की तुल्य फोकस दूरी निम्न प्रकार दी जाती है।

$$\frac{1}{F} = \frac{1}{f_1} + \frac{1}{f_2} - \frac{d}{f_1 f_2}$$

तथा निकाय की तुल्य क्षमता निम्न प्रकार दी जाती है

$$P = P_1 + P_2 - dP_1P_2$$

2. **दो झुके हुए समतल दर्पणों द्वारा किरण का विचलन** जब एक किरण दो झुके हुए समतल दर्पणों के निकाय पर पड़ती है जैसे कि चित्र में दर्शाया गया है, तो यह विचलित हो जाती है और यह विचलन निम्न प्रकार दिया जाता है

कुल विचलन $(\delta) = 360° - 2\alpha$

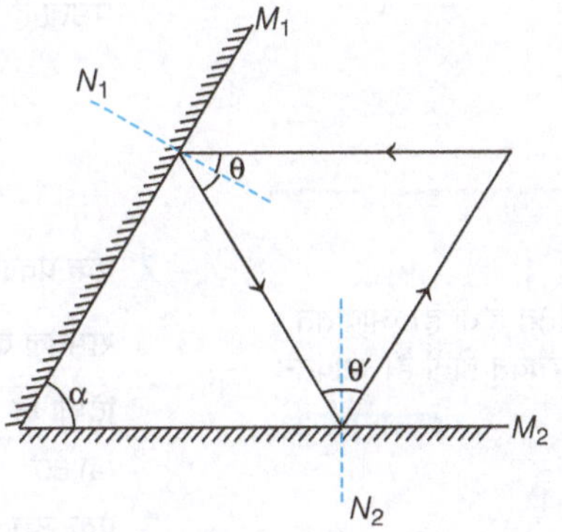

Step by Step

Mastering NCERT

- कॉन्सेप्ट बिल्डर्स
- शीर्षकवार प्रश्न
- अभिकथन–कारण प्रश्न
- कथन आधारित प्रश्न
- सुमेलन प्रकार प्रश्न
- आंकिक मान प्रकार के प्रश्न
- NCERT Exemplar प्रश्न
- विगत परीक्षाओं के प्रश्न
- स्किल बूस्टर्स

कॉन्सेप्ट बिल्डर्स

1 यदि किसी दर्पण को कोण θ से घुमाया जाए, तो परावर्तित किरण कोण .... ($\theta/2\theta$) से घूमेगी।

2 यदि किसी वस्तु को एक-दूसरे के साथ कोण θ (180° का उपगुणक) पर झुके हुए दो समतल दर्पणों के बीच रखा जाए, तो बनने वाले प्रतिबिम्बों की कुल संख्या कितनी होगी?

3 यदि एक अवतल दर्पण को पानी में रखा जाए, तो दर्पण की फोकस दूरी में क्या परिवर्तन होना चाहिए।

4 परवलयिक दर्पण गोलाकार विपथन नहीं दर्शाते हैं। (सत्य/असत्य)

5 उत्तल लेन्स के लिए किसी वस्तु और वास्तविक प्रतिबिम्ब के बीच न्यूनतम दूरी क्या होगी?

6 जब किसी लेन्स को किसी द्रव या माध्यम में डुबोया जाता है, तो उसकी फोकस दूरी हमेशा .... (बढ़ती/घटती) है।

7 यदि प्रकश का एक स्रोत अपवर्तनांक μ के द्रव में h गहराई पर स्थित है, तो यह प्रकाश को R त्रिज्या के एक वृत्त में इस प्रकार प्रसारित करेगा $\mu = \sqrt{1 + h^2/R^2}$ (सत्य/असत्य)

8 किसी अपवर्तक माध्यम से विस्थापित अभिलम्ब किन कारकों पर निर्भर करता है ?

9 एक समान्तर पाश्र्व काँच की पट्टी द्वारा उत्पन्न पाश्र्व विस्थापन शून्य होता है जब आपतन कोण (i) ...... ($0^\circ/90^\circ$) है और अधिकतम जब .... ($0^\circ/90^\circ$) होता है।

10 एक गोलाकार बुलबुला काँच के टुकड़े में अन्तर्निहित है। इससे गुजरने वाली प्रकाश किरण के लिए यह .... (उत्तल/अवतल) लेन्स की तरह व्यवहार करता है।

11 1.5 अपवर्तनांक वाले काँच से बने, उभयावतल लेन्स के प्रत्येक फलक की वक्रता त्रिज्या 30 सेमी है। वायु में लेन्स की फोकस दूरी .... (30/–30) सेमी है।

12 100 मीटर फोकस दूरी के लेन्स की क्षमता एक डायोप्टर होती है। (सत्य/असत्य)

13 किसी प्रिज्म के पदार्थ का अपवर्तनांक प्रिज्म कोण और न्यूनतम विचलन कोण पर निर्भर करता है। (सत्य/असत्य)

14 खोखले प्रिज्म से गुजरने वाली प्रकाश की किरण कोई वर्णक्रम नहीं देती। (सत्य/असत्य)

15 सूक्ष्मदर्शी की आवर्धन क्षमता प्रयुक्त प्रकाश के रंग पर निर्भर करती है। (सत्य/असत्य)

16 संयुक्त सूक्ष्मदर्शी में अभिदृश्यक लेन्स की फोकस दूरी नेत्रिका की फोकस दूरी से .... (अधिक/कम) होती है।

17 यदि किसी सूक्ष्मदर्शी के अभिदृश्यक और नेत्रिका को आपस में बदल दिया जाए, तो वह दूरबीन के रूप में कार्य कर सकता है। (सत्य/असत्य)

18 एक दूरबीन के लिए, ट्यूब की लम्बाई में वृद्धि के साथ आवर्धन .... (बढ़ता/घटता) है।

19 एक दूरबीन में अभिदृश्यक .... (छोटी/बड़ी) फोकस दूरी वाला और .... (छोटा/बड़ा) द्वारक होता है।

20 एक खगोलीय दूरबीन एक उल्टा प्रतिबिम्ब बनाती है। चूँकि खगोलीय पिण्ड आकार में अण्डाकार होते हैं, इसलिए इससे कोई फर्क नहीं पड़ता है कि अन्तिम प्रतिबिम्ब उल्टा है या सीधा। (सत्य/असत्य)

शीर्षकवार प्रश्न

गोलीय दर्पणों द्वारा प्रकाश का परावर्तन

1 एक प्रकाश की किरण समतल दर्पण से परावर्तित होती है। आपतित किरण और परावर्तित किरण एक-दूसर के लम्बवत् होती हैं। आपतन कोण है **NCERT पृष्ठ 222**

(a) 60°
(b) 30°
(c) 45°
(d) 0°

2 एक प्रकाश की किरण $\frac{1}{2}(\hat{i} + \sqrt{3}\hat{j})$ दिशा में संचरित होते हुए किसी समतल दर्पण पर आपतित होती है। परावर्तन के बाद, यह $\frac{1}{2}(\hat{i} - \sqrt{3}\hat{j})$ दिशा के अनुदिश संचरित होती है आपतन कोण है **NCERT पृष्ठ 222**

(a) 30° (b) 45° (c) 60° (d) 75°

3 एक उत्तल दर्पण 16 सेमी त्रिज्या वाले गोले से बना है, तो दर्पण की फोकस दूरी क्या है? **NCERT पृष्ठ 222**

(a) 4 सेमी (b) 8 सेमी (c) 12 सेमी (d) 16 सेमी

4 यदि किसी अवतल दर्पण का निचला आधा भाग काला कर दिया जाए, तो NCERT पृष्ठ 222

(a) प्रतिबिम्ब दूरी बढ़ जाती है।
(b) प्रतिबिम्ब दूरी कम हो जाती है।
(c) प्रतिबिम्ब की तीव्रता बढ़ जाती है।
(d) प्रतिबिम्ब की तीव्रता कम हो जाती है।

5 30 सेमी लम्बाई वाली एक छड़ 10 सेमी फोकस दूरी वाले अवतल दर्पण की मुख्य अक्ष के अनुदिश इस प्रकार रखी गई है कि ध्रुव के निकट इसका सिरा दर्पण से 20 सेमी दूर है। प्रतिबिम्ब की लम्बाई है NCERT पृष्ठ 222

(a) 10 सेमी (b) 15 सेमी
(c) 2.5 सेमी (d) 7.5 सेमी

6 लम्बाई b की एक छोटी रेखीय वस्तु फोकस लम्बाई f के अवतल दर्पण के अक्ष के अनुदिश दर्पण के ध्रुव से u दूरी पर रखी गई है प्रतिबिम्ब का आकार लगभग बराबर है NCERT पृष्ठ 222

(a) $b\left(\frac{u-f}{f}\right)^{1/2}$ (b) $b\left(\frac{f}{u-f}\right)^{1/2}$
(c) $b\left(\frac{u-f}{f}\right)$ (d) $b\left(\frac{f}{u-f}\right)^{2}$

7 एक अवतल दर्पण की फोकस दूरी 30 सेमी है। दर्पण के सामने (अक्ष पर) वस्तु की स्थिति ज्ञात कीजिए, ताकि प्रतिबिम्ब वस्तु के आकार का तीन गुना हो। NCERT पृष्ठ 222

(a) 40 सेमी
(b) 20 सेमी
(c) 50 सेमी
(d) 20 सेमी और 40 सेमी दोनों सम्भव हैं।

8 जब किसी वस्तु को अवतल दर्पण से 30 सेमी की दूरी पर रखा जाता है, तो प्रतिबिम्ब 10 मीटर की दूरी पर बनता है। यदि वस्तु को 9 मीटर/सेकण्ड की गति से स्थानान्तरित किया जाता है, तो प्रतिबिम्ब जिस गति से स्थानान्तरित होगा वह है NCERT पृष्ठ 222

(a) 10 सेमी/सेकण्ड (b) 1 मीटर/सेकण्ड
(c) 9 मीटर/सेकण्ड (d) 0.9 मी/सेकण्ड

9 एक वस्तु अवतल दर्पण से 30 सेमी पर रखी गई है। यदि प्रतिबिम्ब वास्तविक और 2 गुना आवर्धित है, तो वस्तु की दूसरी स्थिति ज्ञात कीजिए जहाँ, प्रतिबिम्ब 2 गुना आवर्धित हो NCERT पृष्ठ 222

(a) +30 सेमी (b) –30 सेमी
(c) –10 सेमी (d) +10 सेमी

10 36 सेमी वक्रता त्रिज्या वाले अवतल गोलाकार दर्पण से एक वस्तु कितनी दूर होनी चाहिए कि उसका वास्तविक प्रतिबिम्ब आकार में 1/9वाँ भाग बने? NCERT पृष्ठ 222

(a) 120 सेमी (b) 140 सेमी
(c) 160 सेमी (d) 180 सेमी

11 2 सेमी ऊँची एक वस्तु को अवतल दर्पण से 16 सेमी की दूरी पर रखा गया है जो 3 सेमी ऊँचा एक वास्तविक प्रतिबिम्ब बनाता है। दर्पण की फोकस दूरी क्या है? NCERT पृष्ठ 222

(a) – 9.6 सेमी (b) – 3.6 सेमी
(c) – 6.3 सेमी (d) – 8.3 सेमी

12 एक वस्तु अवतल दर्पण के अक्ष के अनुदिश धीरे-धीरे उसके फोकस बिन्दु से दूर जा रही है। रेखीय आवर्धन (m) के परिमाण एवं दर्पण से वस्तु की दूरी (x) का चित्रित निरूपण सही रूप से इस प्रकार दिया गया है (ग्राफ योजनाबद्ध रूप से बनाए गए हैं और स्केल के अनुसार नहीं है।) NCERT पृष्ठ 222

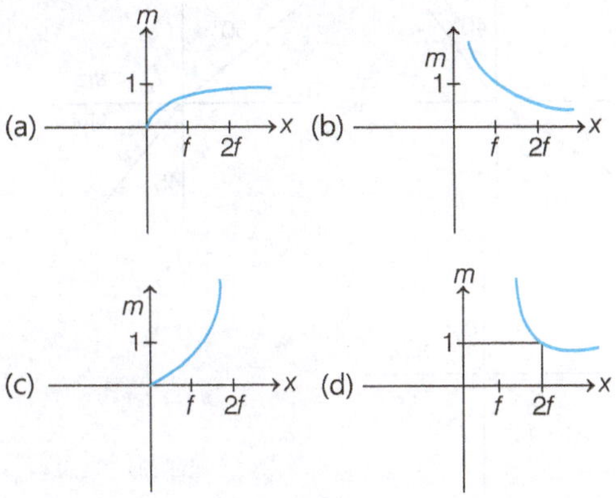

13 चेहरा देखने के लिए अवतल दर्पण की फोकस दूरी 0.4 मीटर है। 5 के आवर्धन के साथ अपने प्रतिबिम्ब को सीधा देखने के लिए आप दर्पण को अपने चेहरे से कितनी दूरी पर रखते हैं? NCERT पृष्ठ 222

(a) 0.16 मीटर (b) 1.60 मीटर
(c) 0.32 मीटर (d) 0.24 मीटर

14 एक कार पश्चदर्शी दर्पण की वक्रता त्रिज्या $R = 2$ मीटर है। एक जॉगर 5 मी-से$^{-1}$ की गति से कार (पीछे से) की ओर जाता है। जब जॉगर दर्पण से 39 मीटर दूर होता है, तो प्रतिबिम्ब की औसत गति है NCERT पृष्ठ 222

(a) 0.3×10^{-2} मी-से$^{-1}$ (b) 0.1×10^{-2} मी-से$^{-1}$
(c) 0.5×10^{-2} मी-से$^{-1}$ (d) 0.5 सेमी/मी-से

15 दो दर्पण जो ऊर्ध्वाधर रूप से लगे है; एक-दूसरे की ओर v मी/से की गति से बढ़ने के लिए बनाया गया है। जब दर्पण d मीटर की दूरी पर होते हैं, तो एक कण एक दर्पण से शुरू होकर दोनों दर्पणों के बीच दूसरे दर्पण तक पहुँचने तक उच्छलन (Bounce) करता है ओर यह इसी तरह चलता रहता है। यदि कण 4 v मी/से की नियत गति से चले, तो दर्पणों के एक-दूसरे से मिलने से पहले यह कितनी बार यात्रा करेगा और यह कुल कितनी दूरी तय करता है? NCERT पृष्ठ 222

(a) ∞, 5.1d (b) ∞, 2.0d
(c) 0, 6.1 d (d) 0,1.6 d

अपवर्तन

16 प्रकाश की एक किरण एक वायु-काँच अन्तरापृष्ठ पर आपतन कोण (i = 60°) पर टकराती है तथा अपवर्तन कोण r पर अपवर्तित हो जाती है। आपतन कोण (i > 60°) बढ़ाने पर, अपवर्तन कोण r

(a) घट जाता है
(b) वही रहता है। **NCERT पृष्ठ 228**
(c) 60° के बराबर है
(d) बढ़ता है।

17 जैसा कि आप चित्र (i) और (ii) से देख सकते हैं, वायु से काँच की ओर तथा वायु से जल की ओर प्रकाश का अपवर्तन दर्शाया गया है। चित्र (iii) में दिखाए अनुसार, अपवर्तन की स्थिति में कोण θ का मान ज्ञात कीजिए। **NCERT पृष्ठ 228**

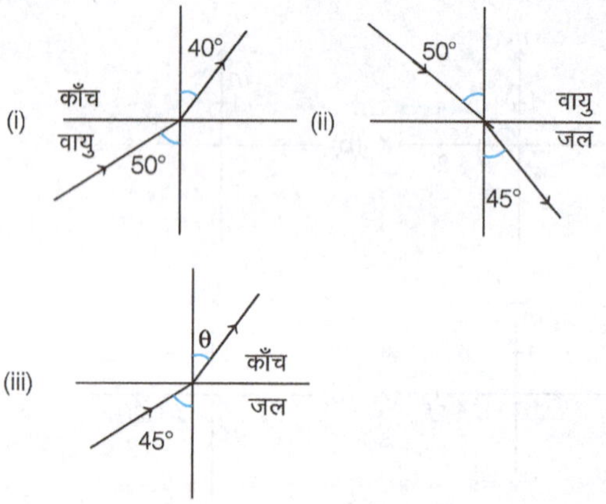

(a) 30°
(b) 50°
(c) 40°
(d) 45°

18 किसी निर्वात में प्रकाश की एक किरण AO एक काँच की स्लैब पर 60° के कोण पर आपतित होती है तथा OB के अनुदिश 30° के कोण पर अपवर्तित होती है जैसा कि चित्र में दिखाया गया है। A से B तक प्रकाश किरण की प्रकाशीय पथ लम्बाई है **NCERT पृष्ठ 228**

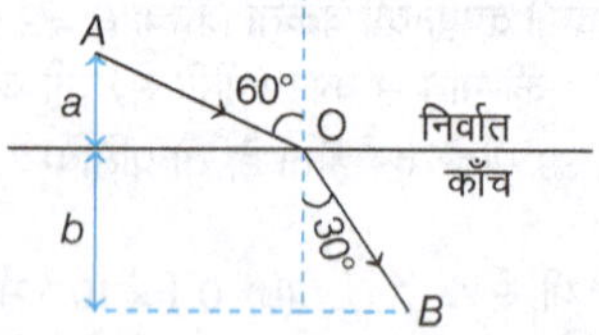

(a) $\frac{2\sqrt{3}}{a} + 2b$
(b) $2a + \frac{2b}{3}$
(c) $2a + 2b$
(d) $2a + \frac{2b}{\sqrt{3}}$

19 प्रकाश की एक किरण किसी पदार्थ की पट्टी पर 60° के आपतन कोण पर पड़ती है। यदि परावर्तित और अपवर्तित किरणें एक-दूसरे के लम्बवत है, तो दिए गए विकल्पों में से कौन-सा/से सही है/हैं? **NCERT पृष्ठ 228**

(a) अपवर्तन कोण 45° है।
(b) अपवर्तन कोण 30° है।
(c) पदार्थ का अपवर्तनांक $\sqrt{3}$ है।
(d) 'b' एवं 'c' दोनों।

20 एक बिन्दु स्रोत S से प्रकाश की एक अपसरित किरण जिसका विचलन कोण α है चित्र में दिखाए अनुसार एक काँच की पट्टी पर सममित रूप से गिरती है। दो चरम किरणों के आपतन कोण बराबर है। यदि काँच की पट्टी की मोटाई t है और इसका अपवर्तनांक n है, तो निर्गत् किरण का विचलन कोण है **NCERT पृष्ठ 228**

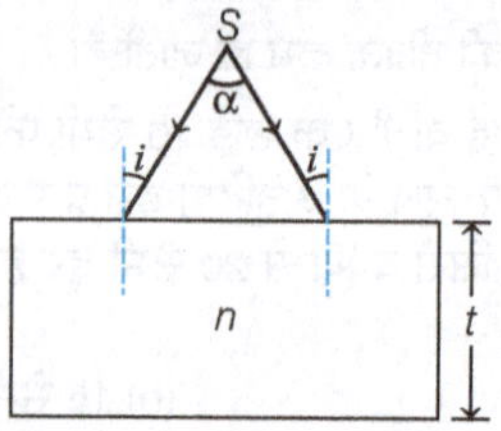

(a) शून्य
(b) α
(c) $\sin^{-1}(1/n)$
(d) $2\sin^{-1}(1/n)$

21 एक बीकर में h_1 ऊँचाई तक पानी और पानी के ऊपर h_2 ऊँचाई तक केरोसिन है, जिसकी कुल ऊँचाई (पानी + केरोसिन) ($h_1 + h_2$) है। पानी का अपवर्तनांक n_1 और केरोसिन का n_2 है। जब इसे ऊपर से देखा जाता है, तो बीकर के तल की स्थिति में आभासी परिवर्तन है **NCERT पृष्ठ 228**

(a) $\left(1-\frac{1}{n_1}\right)h_2 + \left(1-\frac{1}{n_2}\right)h_1$
(b) $\left(1+\frac{1}{n_1}\right)h_1 + \left(1+\frac{1}{n_2}\right)h_2$
(c) $\left(1-\frac{1}{n_1}\right)h_1 + \left(1-\frac{1}{n_2}\right)h_2$
(d) $\left(1+\frac{1}{n_1}\right)h_2 - \left(1+\frac{1}{n_2}\right)h_1$

22 एक बर्तन में 33.25 सेमी की ऊँचाई तक पानी (n = 1.33) भरा हुआ है। एक अवतल दर्पण को पानी के स्तर से 15 सेमी ऊपर रखा गया है और नीचे रखी वस्तु का प्रतिबिम्ब पानी के स्तर से 25 सेमी नीचे बनाता है। दर्पण की फोकस दूरी है **NCERT पृष्ठ 228**

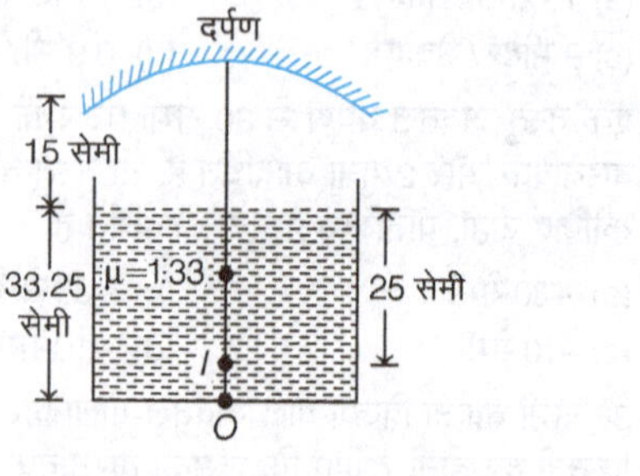

(a) 10 सेमी
(b) 15 सेमी
(c) –18.3 सेमी
(d) 25 सेमी

23 एक बर्तन में 13 सेमी की ऊँचाई तक पानी भरा हुआ है। एक सूक्ष्मदर्शी द्वारा, बर्तन के तल पर पड़े एक पेंच की आभासी गहराई को 8.5 सेमी मापा गया है। यदि पानी को समान ऊँचाई तक 1.70 अपवर्तनांक के द्रव से प्रतिस्थापित कर दिया जाता है। वह दूरी ज्ञात कीजिए जिस पर सूक्ष्मदर्शी को पुनः पेंच पर केन्द्रित करने के लिए ले जाना होगा ? **NCERT पृष्ठ 228**

(a) 0.85 सेमी (b) 0.52 सेमी
(c) 0.65 सेमी (d) 1.02 सेमी

24 R त्रिज्या का एक अवतल दर्पण क्षैतिज मेज पर रखा गया है। इसमें h ऊँचाई तक जल (अपवर्तनांक $=\mu$) डाला जाता है। वस्तु को कहाँ रखा जाना चाहिए कि उसका प्रतिबिम्ब वहीं बनें? **NCERT पृष्ठ 228**

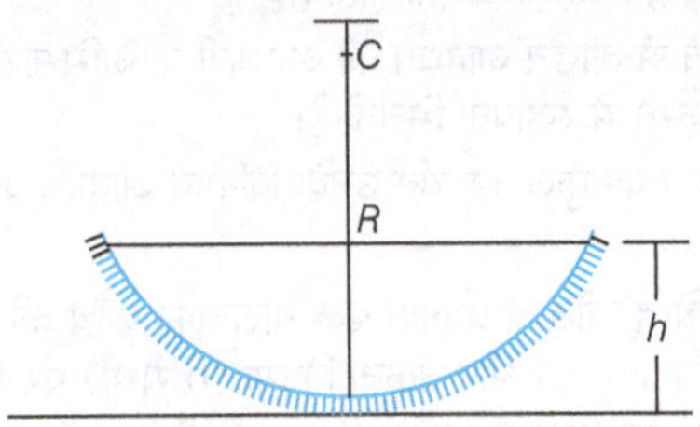

(a) $\frac{R+h}{\mu}$ (b) $\frac{R-h}{\mu}$ (c) $\frac{R-2h}{\mu}$ (d) $\frac{R+2h}{\mu}$

25 हवा में प्रकाश की गति 3.0×10^8 मी/से है। 1.5 अपवर्तनांक वाले काँच में प्रकाश की गति होगी **NCERT पृष्ठ 228**

(a) 1.5×10^8 मी/से (b) 2.0×10^8 मी/से
(c) 1.8×10^8 मी/से (d) 2.5×10^8 मी/से

26 जब प्रकाश की किरण तेल से काँच में प्रवेश करती है, तो तेल-काँच अन्तरापृष्ठ पर प्रकाश का वेग एक कारक से परिवर्तित होता है [दिया गया है $n_{\text{तेल}}=2, n_{\text{काँच}}=3/2$] **NCERT पृष्ठ 228**

(a) $\frac{4}{3}$ (b) $\frac{3}{4}$ (c) 3 (d) 1

27 एक बिन्दु दीप्त वस्तु (O) d ऊँचाई और μ अपवर्तनांक वाली काँच की पट्टी के सामने वाले भाग से h दूरी पर है। पट्टी के पिछले भाग पर एक परावर्तक समतल दर्पण है। एक पर्यवेक्षक दर्पण में वस्तु का प्रतिबिम्ब देखता है जैसा कि चित्र में दिखाया गया है। पर्यवेक्षक द्वारा देखे गए सामने वाले भाग से प्रतिबिम्ब की दूरी होगी। **NCERT पृष्ठ 228**

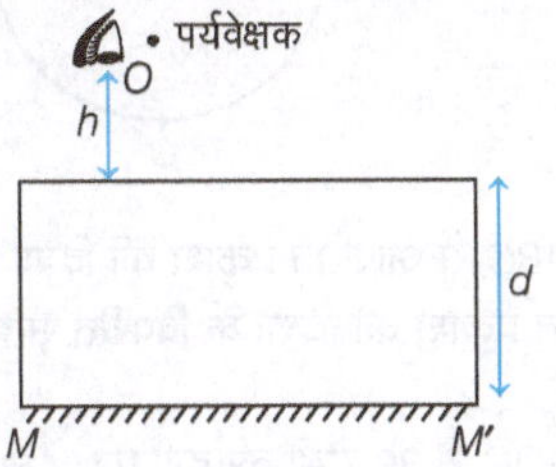

(a) $h+\frac{2d}{\mu}$ (b) $2h+2d$ (c) $h+d$ (d) $h+\frac{f}{\mu}$

28 x गहराई वाले एक बर्तन को तेल के μ_1 अपवर्तनांक से आधा भरा गया है तथा शेष आधा भाग जल के μ_2 अपवर्तनांक से भरा है। ऊपर से देखने पर बर्तन की गहराई है। **NCERT पृष्ठ 228**

(a) $\frac{x(\mu_1+\mu_2)}{2\mu_1\mu_2}$ (b) $\frac{x\mu_1\mu_2}{2(\mu_1+\mu_2)}$
(c) $\frac{x\mu_1\mu_2}{(\mu_1+\mu_2)}$ (d) $\frac{2x(\mu_1+\mu_2)}{\mu_1\mu_2}$

29 घनत्व $d_1>d_2>d_3$ और अपवर्तनांक $\mu_1>\mu_2>\mu_3$ वाले तीन अमिश्रणीय द्रव एक बीकर में डाले गए हैं। प्रत्येक द्रव स्तम्भ की ऊँचाई $h/3$ हैं। बीकर के तल पर एक बिन्दु बनाया गया है।सामान्य दृष्टि के लिए, बिन्दु की आभासी गहराई है **NCERT पृष्ठ 228**

(a) $\frac{h}{6}\left(\frac{1}{\mu_1}+\frac{1}{\mu_2}+\frac{1}{\mu_3}\right)$ (b) $\frac{h}{6}\left(\frac{1}{\mu_1}-\frac{1}{\mu_2}-\frac{1}{\mu_3}\right)$
(c) $\frac{h}{3}\left(\frac{1}{\mu_1}-\frac{1}{\mu_2}-\frac{1}{\mu_3}\right)$ (d) $\frac{h}{3}\left(\frac{1}{\mu_1}+\frac{1}{\mu_2}+\frac{1}{\mu_3}\right)$

पूर्ण आन्तरिक परावर्तन

30 दी गई आकृति में θ का मान ज्ञात कीजिए। **NCERT पृष्ठ 229**

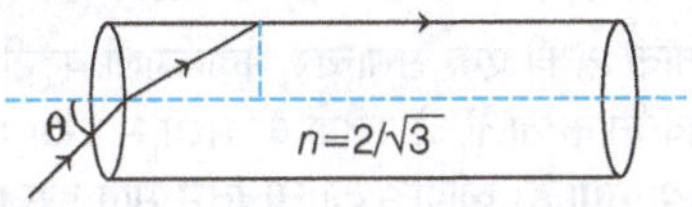

(a) $\sin^{-1}\left(\frac{2}{\sqrt{3}}\right)$ (b) $\sin^{-1}\left(\frac{1}{\sqrt{3}}\right)$
(c) $\sin^{-1}\left(\frac{1}{2}\right)$ (d) $\sin^{-1}\left(\frac{1}{\sqrt{2}}\right)$

31 यदि माध्यम A से B तक जाने वाले प्रकाश के लिए क्रान्तिक कोण θ है, तो माध्यम B में प्रकाश की गति ज्ञात कीजिए, यदि माध्यम A में प्रकाश की गति v है **NCERT पृष्ठ 229**

(a) $v(1-\cos\theta)$ (b) $\frac{v}{\cos\theta}$ (c) $\frac{v}{\sin\theta}$ (d) $v(1-\sin\theta)$

32 दो पारदर्शी माध्यम A और B को समतल सीमा द्वारा अलग किया गया है। माध्यम A में 2×10^8 मी/से और माध्यम B में 2.5×10^8 मी/से प्रकाश की गति है। वह क्रान्तिक कोण जिसके लिए A से B तक जाने वाली प्रकाश की किरण पूर्ण आन्तरिक परावर्तित होती है वह है **NCERT पृष्ठ 229**

(a) $\sin^{-1}\left(\frac{1}{2}\right)$ (b) $\sin^{-1}\left(\frac{2}{5}\right)$
(c) $\sin^{-1}\left(\frac{4}{5}\right)$ (d) $\sin^{-1}\left(\frac{3}{4}\right)$

33 प्रकाश की एक किरण काँच-जल के अंतरापृष्ठ पर एक कोण पर (जैसा कि नीचे दिखाया गया है।) आपतित होती है और अन्ततः जल की सतह के समानान्तर निकलती है तो n_g का मान होगा **NCERT पृष्ठ 229**

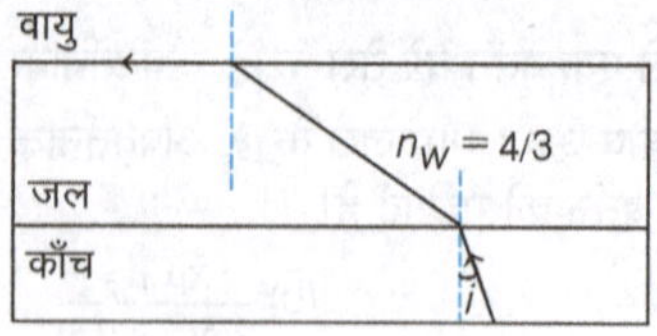

(a) (4/3) sin i (b) 1/sin i (c) 4/3 (d) 1

34 सघन माध्यम से आने वाली प्रकाश की किरण विरल माध्यम पर आपतन कोण i पर टकराती है। (चित्र देखें) परावर्तित और अपवर्तित किरणें एक-दूसरे से 90° का कोण बनाती है। परावर्तन और अपवर्तन कोण r और r' है। क्रान्तिक कोण है **NCERT पृष्ठ 229**

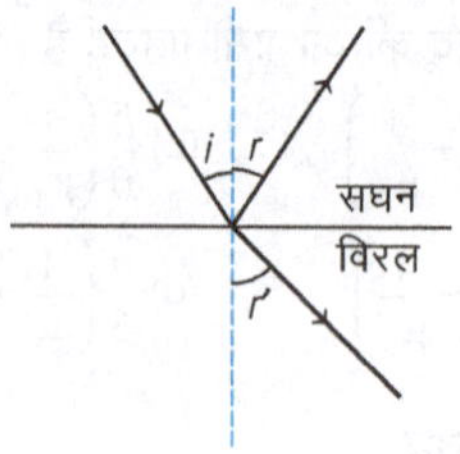

(a) $\sin^{-1}(\tan r)$ (b) $\sin^{-1}(\cot i)$
(c) $\sin^{-1}(\tan r')$ (d) $\tan^{-1}(\sin i)$

35 अपवर्तनांक 2 की एक समान्तर भुजा वाली पट्टी $ABCD$ को $\sqrt{2}$ और $\sqrt{3}$ अपवर्तनांक वाली दो स्लैबों के मध्य में रखा गया है, जैसा कि चित्र में दिखाया गया है। कोण θ का न्यूनतम मान इस प्रकार है कि किरण PQ का दोनों सतहों AB और CD पर पूर्ण आन्तरिक परावर्तन होता है। **NCERT पृष्ठ 229**

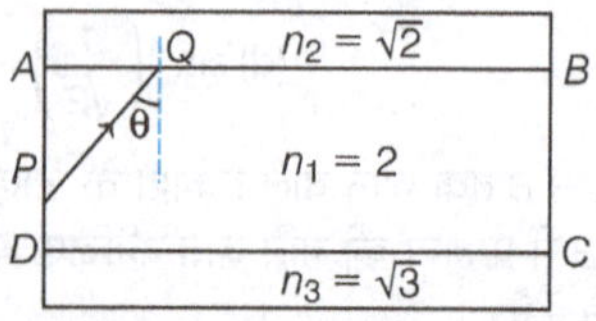

(a) 30° (b) 45° (c) 60° (d) 75°

36 एक प्रकाश किरण क्षेत्र I से क्षेत्र IV तक विचरण कर रही है (चित्र देखें) क्षेत्र I, II, III और IV में अपवर्तनांक क्रमशः $n_0, \frac{n_0}{2}, \frac{n_0}{6}$ और $\frac{n_0}{8}$ है। क्षेत्र IV में प्रवेश करने से चूक जाने वाली किरण का आपतन कोण θ है **NCERT पृष्ठ 229**

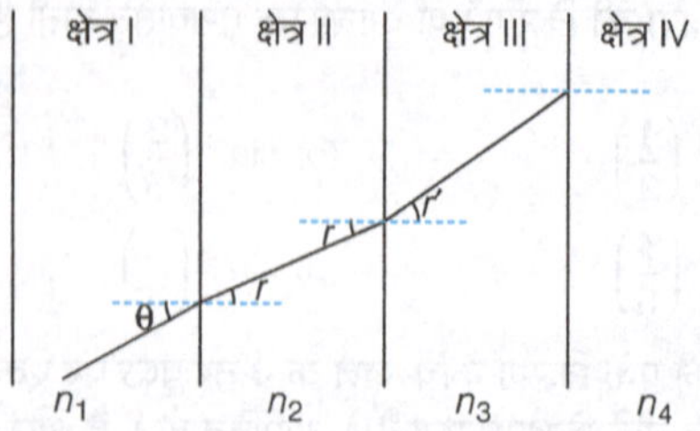

(a) $\sin^{-1}\left(\frac{3}{4}\right)$ (b) $\sin^{-1}\left(\frac{1}{8}\right)$
(c) $\sin^{-1}\left(\frac{1}{4}\right)$ (d) $\sin^{-1}\left(\frac{1}{3}\right)$

लेन्स द्वारा गोलीय पृष्ठों पर अपवर्तन

37 एक बिन्दु स्रोत से एक प्रकाश गोलाकार काँच की सतह ($\mu = 1.5$ और वक्रता त्रिज्या = 10 सेमी) पर गिरती है। बिन्दु स्रोत और काँच की सतह के बीच की दूरी 50 सेमी है। प्रतिबिम्ब की स्थिति है। **NCERT पृष्ठ 232**

(a) 25 सेमी (b) 50 सेमी (c) 100 सेमी (d) 150 सेमी

38 निम्नलिखित में से कौन-सा कथन सही है? **NCERT पृष्ठ 232**

(a) लेन्स की क्षमता उस अभिसरण या अपसरण की माप है, जिसे लेन्स इस पर गिरने वाले प्रकाश द्वारा प्रस्तुत करता है।
(b) प्रकाशिक केन्द्र से इकाई दूरी पर गिरने वाली प्रकाश किरण के अभिसरण कोण की कोज्या क्षमता होती है।
(c) लेन्सों को काटने से वांछित आवर्धन का अपसारी या अभिसारी आवर्धन प्राप्त करने में सहायता मिलती है।
(d) लेन्सों के संयोजन का कुल आवर्धन उनके विशिष्ट आवर्धन का योग होता है।

39 वायु में स्थित एक बिन्दु स्रोत से प्रकाश एक गोलाकार काँच की सतह (जिसका अपवर्तनांक $n = 1.5$ और वक्रता त्रिज्या 20 सेमी) पर गिरता है। काँच की सतह से प्रकाश स्रोत की दूरी 100 सेमी है। काँच की सतह से प्रतिबिम्ब की दूरी है **NCERT पृष्ठ 232**

(a) 20 सेमी (b) 50 सेमी (c) 100 सेमी (d) 75 सेमी

40 किसी वस्तु को त्रिज्या R तथा अपवर्तनांक n वाले गोले के सामने प्रथम पृष्ठ से x दूरी पर रखा गया है। x का वह मान है, जिसके लिए प्रथम पृष्ठ से अपवर्तन के पश्चात प्रकाश अक्ष के समान्तर हो जाता है। **NCERT पृष्ठ 232**

(a) $\frac{R}{(n-1)}$ (b) $\frac{R}{n+1}$ (c) $\frac{2R}{(1+n)}$ (d) $\frac{Rn}{(n+1)}$

41 एक गोले की सतह पर रखे गए निशान को काँच के माध्यम से चित्र में दिखाए अनुसार विपरीत दिशा में देखा जाता है। गोले का व्यास 30 सेमी है और काँच का अपवर्तनांक 1.5 है। प्रतिबिम्ब की स्थिति है **NCERT पृष्ठ 232**

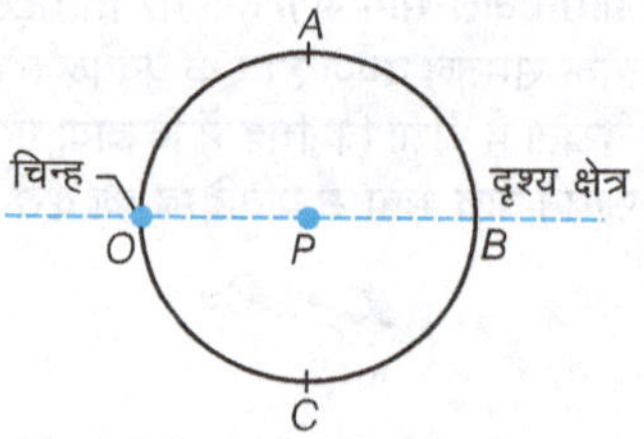

(a) सतह ABC से आपतित प्रकाश की दिशा में 60 सेमी की दूरी पर
(b) आपतित प्रकाश की दिशा के विपरीत सतह ABC से 60 सेमी की दूरी पर
(c) सतह AOC से 30 सेमी की दूरी पर, ABC पर आपतित प्रकाश की दिशा के विपरीत
(d) 'b' एवं 'c' दोनों

42 वक्रता त्रिज्या R का एक गोलाकार पृष्ठ वायु (अपवर्तनांक 1.0) को काँच (अपवर्तनांक 1.5) से अलग करता है। काँच में वक्रता का केन्द्र है। एक बिन्दु वस्तु P को वायु में वास्तविक प्रतिबिम्ब Q प्राप्त करने के लिए रखा जाता है। काँच में रेखा PQ सतह को बिन्दु O पर काटती है और $PO = OQ$ है। दूरी PO बराबर है NCERT पृष्ठ 232

(a) $5R$ (b) $3R$
(c) $2R$ (d) $1.5R$

43 वक्राकार सतह से अपवर्तन के बाद अभिसारी किरण का प्रतिबिम्ब बनता है NCERT पृष्ठ 232

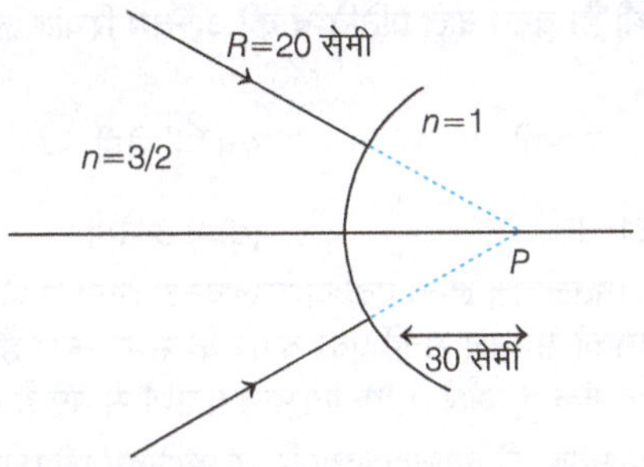

(a) 40 सेमी (b) $\frac{40}{3}$ सेमी (c) $-\frac{40}{3}$ सेमी (d) 20 सेमी

44 जब प्रकाश की किरण निर्वात से किसी माध्यम में जा रही हो, तो आपतन कोण (i) और परावर्तन कोण r के बीच सम्बन्ध दिखाया गया है। यदि माध्यम में प्रकाश की गति nC है, तो n का मान है (c निर्वात् में प्रकाश का वेग है) NCERT पृष्ठ 232

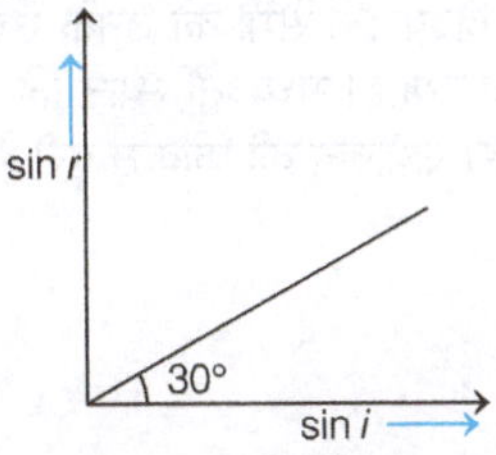

(a) 1.5 (b) 2
(c) $(2)^{-1}$ (d) $(3)^{-1/2}$

45 एक काँच (अपवर्तनांक $\mu = 1.5$) से निर्मित फोकस दूरी $f = 16$ सेमी के पतले लेन्स को 1.42 अपवर्तनांक के द्रव में डूबाया जाता है। यदि द्रव में इसकी फोकस दूरी f_1 है, तो अनुपात f_1 / f का निकटतम पूर्णांक है NCERT पृष्ठ 232

(a) 1 (b) 5 (c) 9 (d) 17

46 एक लेन्स फ्लिण्ट ग्लास (अपवर्तनांक = 1.5) से बना है। जब लेन्स को अपवर्तनांक 1.25 के द्रव में डुबोया जाता है, तो फोकस दूरी NCERT पृष्ठ 232

(a) 1.25 गुणन से बढ़ जाती है (b) 2.5 गुणन से बढ़ जाती है
(c) 1.2 गुणन से बढ़ जाती है (d) 1.2 गुणन से घट जाती है

47 1.5 अपवर्तनांक वाले काँच के एक अवतल लेन्स की दोनों सतहें समान वक्रता त्रिज्या R की हैं। इसे 1.75 अपवर्तनांक वाले माध्यम में डुबाने पर यह इस प्रकार व्यवहार करेगा NCERT पृष्ठ 232

(a) $3.0\,R$ फोकस दूरी का अभिसारी लेन्स
(b) 3.0 फोकस दूरी का अभिसारी लेन्स
(c) $3.5\,R$ फोकस दूरी का अपसारी लेन्स
(d) $3.0\,R$ फोकस दूरी का अपसारी लेन्स

48 एक खोखला द्वि-अवतल लेन्स बहुत पतले पारदर्शी पदार्थ से बना है। इसे वायु या दो तरल पदार्थों L_1 या L_2 में से किसी एक से भरा जा सकता है, जिनके अपवर्तनांक क्रमशः n_{L_1} और n_{L_2} (इस प्रकार कि $n_{L_1} > n_{L_2} > 1$) है। लेन्स प्रकाश की समानान्तर किरण को अपसारित करेगा, यदि इसे भरा जाए। NCERT पृष्ठ 232

(a) वायु और वायु में रखे गए (b) वायु और L_1 में डूबे हुए
(c) L_1 और L_2 में डूबे हुए से (d) L_2 और L_1 में डूबे हुए

49 एक द्वि-उत्तल लेन्स जिसका अपवर्तनांक 1.33 है, दोनों की वक्रता त्रिज्याओं का परिमाण 10 सेमी हैं। यदि कोई वस्तु इस लेन्स से 5 सेमी की दूरी पर रखी जाती है, तो बनने वाले प्रतिबिम्ब की स्थिति (सेमी में) है NCERT पृष्ठ 232

(a) 7.46 वस्तु की समान दिशा (b) 7.46 वस्तु की विपरीत दिशा
(c) 14.45 वस्तु की समान दिशा (d) 14.45 वस्तु की विपरीत दिशा

50 एक पर्दा किसी वस्तु से 90 सेमी की दूरी पर रखा गया है। पर्दे पर किसी वस्तु का प्रतिबिम्ब एक उत्तल लेन्स द्वारा 20 सेमी की दूरी पर स्थित दो अलग-अलग स्थानों पर बनता है। लेन्स की फोकस दूरी क्या है? NCERT पृष्ठ 232

(a) 18 सेमी (b) 21.4 सेमी
(c) 60 सेमी (d) 85.6 सेमी

51 एक वस्तु को लेन्स के मुख्य फोकस से x_1 दूरी पर रखा गया है और इसका वास्तविक प्रतिबिम्ब दूसरे मुख्य फोकस से x_2 की दूरी पर बनता है। लेन्स की फोकस लम्बाई है NCERT पृष्ठ 232

(a) $x_1 x_2$ (b) $\frac{x_1 x_2}{2}$
(c) $\frac{x_1 + x_2}{2}$ (d) $\sqrt{x_1 x_2}$

52 एक उत्तल लेन्स की वक्रता त्रिज्या क्रमशः 20 सेमी तथा 30 सेमी हैं। जिसकी वक्रता त्रिज्या छोटी है उसके पृष्ठ को रजतित किया जाता है, तब, वह व्यवहार करेगा ($\mu_g = 1.5$) NCERT पृष्ठ 232

(a) समतुल्य फोकस दूरी $\frac{30}{11}$ सेमी का अवतल दर्पण।
(b) समतुल्य फोकस दूरी $\frac{60}{11}$ सेमी का अवतल दर्पण।
(c) समतुल्य फोकस दूरी $\frac{30}{11}$ सेमी का उत्तल दर्पण।
(d) समतुल्य फोकस दूरी $\frac{60}{11}$ सेमी का उत्तल दर्पण।

53 ग्राफ दर्शाता है कि एक पतले लेन्स द्वारा उत्पादित आवर्धन m प्रतिबिम्ब दूरी v के साथ कैसे बदलता है? प्रयुक्त लेन्स की फोकल लम्बाई क्या है? **NCERT पृष्ठ 232**

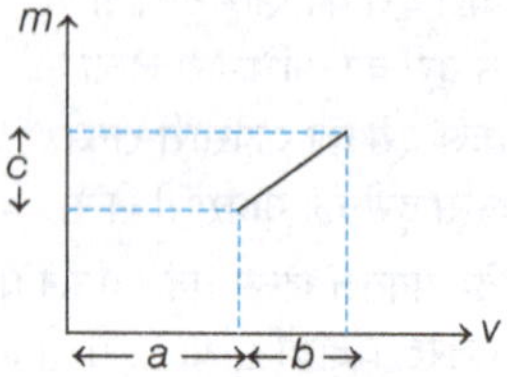

(a) $\frac{b^2c}{a}$ (b) $\frac{b^2}{ac}$

(c) $\frac{a}{c}$ (d) $\frac{b}{c}$

54 एक उभयोत्तल लेन्स की क्षमता 20 डायोप्टर है तथा प्रत्येक पृष्ठ की वक्रता त्रिज्या 5 सेमी है। लेन्स के पदार्थ का अपवर्तनांक ज्ञात कीजिए। **NCERT पृष्ठ 232**

(a) $\frac{4}{3}$ (b) $\frac{3}{2}$

(c) $\frac{9}{8}$ (d) $\frac{3}{5}$

55 40 सेमी फोकस दूरी का एक उत्तल लेन्स, 40 सेमी फोकस दूरी का एक अवतल लेन्स तथा 15 सेमी फोकस दूरी का एक अवतल लेन्स एक-दूसरे के सम्पर्क में रखे गए हैं। संयोजन की क्षमता डायोप्टर में है **NCERT पृष्ठ 232**

(a) +1.5 (b) −1.5 (c) +6.67 (d) −6.67

56 दी गई वस्तु की अन्तिम प्रतिबिम्ब की स्थिति ज्ञात कीजिए जो पहले लेन्स से 40 सेमी की दूरी पर रखी गई है। प्रत्येक लेन्स की फोकस दूरी 10 सेमी है। **NCERT पृष्ठ 232**

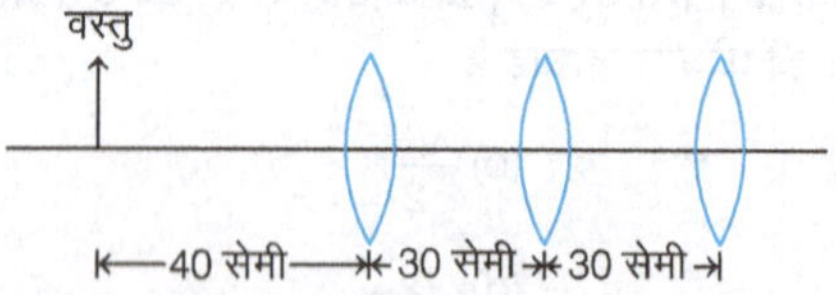

(a) 40 सेमी (b) 50 सेमी

(c) 45 सेमी (d) 55 सेमी

57 25 सेमी फोकल लम्बाई के एक अपसारी लेन्स को 20 सेमी फोकल लम्बाई के एक अभिसारी लेन्स से 15 सेमी की दूरी पर रखा गया है। समानान्तर प्रकाश की एक किरण अपसारी लेन्स पर पड़ती है। बनने वाला अन्तिम प्रतिबिम्ब है **NCERT पृष्ठ 232**

(a) आभासी तथा अभिसारी लेन्स से 40 सेमी की दूरी पर

(b) वास्तविक तथा अपसारी लेन्स से 40 सेमी की दूरी पर

(c) वास्तविक तथा अभिसारी लेन्स से 6 सेमी की दूरी पर

(d) वास्तविक तथा अभिसारी लेन्स से 40 सेमी की दूरी पर

58 किसी दिए गए लेन्स के लिए आवर्धन दोगुना पाया गया जब वस्तु 0.15 मी पर उतनी ही दूरी पर थी जितनी दूरी पर वस्तु 0.2 मी पर थी। लेन्स की फोकस दूरी है **NCERT पृष्ठ 232**

(a) 1.5 मीटर (b) 0.20 मीटर

(c) 0.10 मीटर (d) 0.05 मीटर

59 एक वस्तु को 10 सेमी वक्रता त्रिज्या के अवतल लेन्स के सामने 21 सेमी की दूरी पर रखा गया है। 3 सेमी मोटाई और $\frac{3}{2}$ अपवर्तनांक वाली एक काँच की पट्टी को वस्तु और लेन्स के बीच के स्थान में लेन्स के करीब रखा गया है। लेन्स से पट्टी की निकट सतह की दूरी 1 सेमी है। बनने वाले प्रतिबिम्ब की अन्तिम स्थिति ज्ञात कीजिए। **NCERT पृष्ठ 232**

(a) 5.67 सेमी (b) $\frac{20}{3}$ सेमी

(c) 21 सेमी (d) 2.3 सेमी

60 एक समतलोत्तल लेन्स एक समतलावतल लेन्स में बिल्कुल फिट बैठता है। उनकी समतल सतहें एक-दूसरे के समानान्तर हैं। यदि लेन्स अपवर्तनांक n_1 और n_2 के विभिन्न पदार्थों से बने हैं और R लेन्स की वक्रीय सतह की वक्रता त्रिज्या है, तो संयोजन की फोकल लम्बाई है **NCERT पृष्ठ 232**

(a) $\frac{R}{2(n_1 + n_2)}$ (b) $\frac{R}{2(n_1 - n_2)}$

(c) $\frac{R}{n_1 - n_2}$ (d) $\frac{2R}{n_2 - n_1}$

61 काँच (अपवर्तनांक = 1.5) के दो समान पतले समतलोत्तल लेन्स प्रत्येक की वक्रता त्रिज्या 20 सेमी को उनके उत्तल सतहों को केन्द्र में संयोजित कर रखा गया है। मध्यवर्ती स्थान को 1.7 अपवर्तनांक के तेल से भरा गया है। संयोजन की फोकस दूरी है **NCERT पृष्ठ 232**

(a) −20 सेमी

(b) −25 सेमी

(c) −50 सेमी

(d) 50 सेमी

प्रिज्म द्वारा अपवर्तन

62 प्रिज्मों के माध्यम से अपवर्तन को दर्शाया गया है। निम्नांकित प्रकाश किरण के पथ के लिए गलत कथनों को चुनें **NCERT पृष्ठ 232**

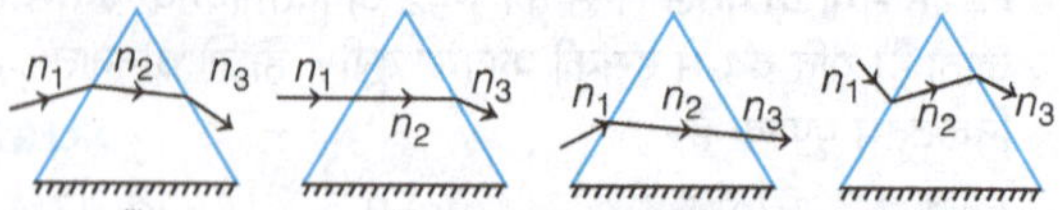

(a) यदि $n_2 > n_1$ और $n_2 > n_3$, तो (i) सही है

(b) यदि $n_1 = n_2$ और $n_2 > n_3$, तो (ii) सही है

(c) यदि $n_2 > n_1$ और $n_2 = n_3$, तो (iii) सही है

(d) यदि $n_1 > n_2$ और $n_2 > n_3$, तो (iv) सही है

63 एक किरण, छोटे कोण A वाले प्रिज्म की एक सतह पर आपतन कोण i पर आपतित होती है तथा विपरीत सतह से अभिलम्बवत् निकलती है। यदि प्रिज्म के पदार्थ का अपवर्तनांक μ है, तो आपतन कोण लगभग बराबर है **NCERT पृष्ठ 232**

(a) $\frac{A}{\mu}$ के (b) $\frac{A}{2\mu}$ के

(c) μA के (d) $\frac{\mu A}{2}$ के

64 एकवर्णी प्रकाश कोण A वाले काँच के प्रिज्म पर आपतित होता है। यदि प्रिज्म के पदार्थ का अपवर्तनांक μ है। फलक AB पर कोण θ पर आपतित किरण प्रिज्म के फलक AC से होकर सन्चरित होगी बशर्ते की **NCERT पृष्ठ 239**

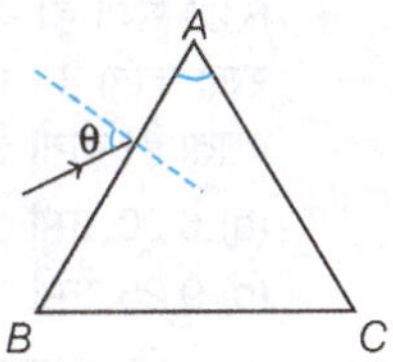

(a) $\theta > \cos^{-1}\left[\mu \sin\left(A + \sin^{-1}\left(\frac{1}{\mu}\right)\right)\right]$

(b) $\theta < \cos^{-1}\left[\mu \sin\left(A + \sin^{-1}\left(\frac{1}{\mu}\right)\right)\right]$

(c) $\theta > \sin^{-1}\left[\mu \sin\left(A - \sin^{-1}\left(\frac{1}{\mu}\right)\right)\right]$

(d) $\theta < \sin^{-1}\left[\mu \sin\left(A - \sin^{-1}\left(\frac{1}{\mu}\right)\right)\right]$

65 एक त्रिभुजाकार प्रिज्म के एक फलक पर अभिलम्बवत् आपतित प्रकाश किरण नीचे दर्शाए अनुसार पथ का अनुसरण करती है, तब दूसरे फलक पर अपवर्तन कोण r_2 है **NCERT पृष्ठ 239**

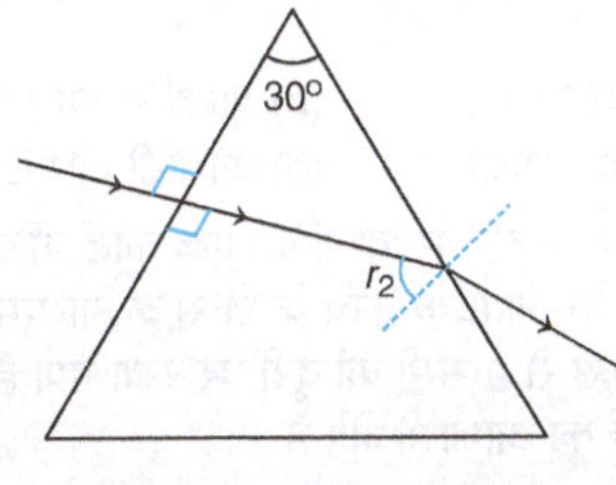

(a) 60° (b) 90° (c) 30° (d) 45°

66 किसी प्रिज्म के पदार्थ के अपवर्तन सूचकांक का अधिकतम मान क्या होगा, जो प्रकाश को स्वयं में से होकर गुजरने देता है, जबकि प्रिज्म का अपवर्तन कोण A है? **NCERT पृष्ठ 239**

(a) $\sqrt{1+\sin\left(\frac{A}{2}\right)}$ (b) $\sqrt{1+\cos\left(\frac{A}{2}\right)}$

(c) $\sqrt{1+\tan^2\left(\frac{A}{2}\right)}$ (d) $\sqrt{1+\cot^2\left(\frac{A}{2}\right)}$

67 1.732 अपवर्तनांक के प्रिज्म के लिए न्यूनतम विचलन कोण प्रिज्म के कोण के बराबर है, तो, प्रिज्म का कोण है **NCERT पृष्ठ 239**

(a) 60° (b) 70° (c) 50° (d) 55°

68 यदि प्रिज्म का एक फलक रजतित है, जिसका प्रिज्म कोण 30° तथा $n = \sqrt{2}$ है। आपतन कोण क्या होगा, जिससे आपतित किरण अपने पथ पर वापस आ जाएगी? **NCERT पृष्ठ 239**

(a) 30° (b) 60° (c) 90° (d) 45°

69 एक प्रकाश किरण $\mu = \sqrt{3}$ अपवर्तनांक वाले काँच के गोले पर 60° के आपतन कोण पर आपतित होती है जैसा कि चित्र में दिखाया गया है। दो अपवर्तनों के बाद कुल विचलन होगा **NCERT पृष्ठ 239**

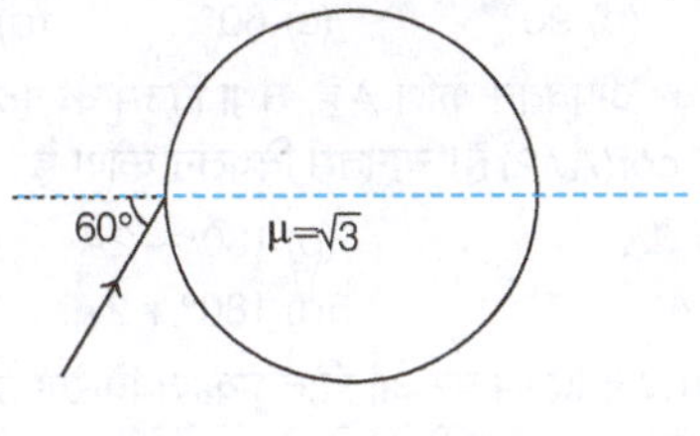

(a) 30° (b) 45° (c) 60° (d) 120°

70 एक त्रिभुजाकार प्रिज्म के लिए विचलन कोण D और आपतन कोण का एक ग्राफ या आरेख नीचे दर्शाया गया है। **NCERT पृष्ठ 239**

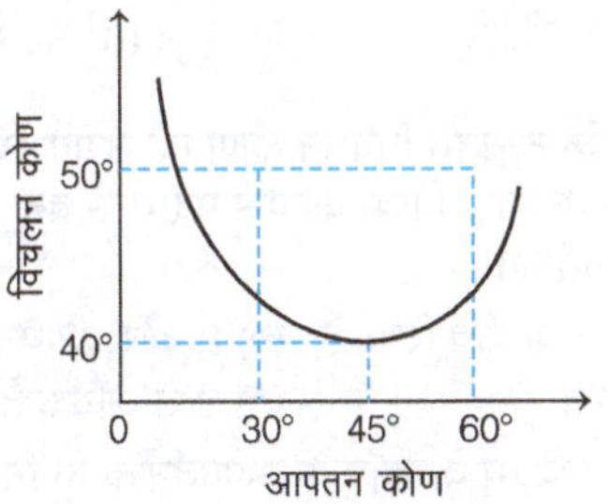

आपतन कोण जिसके लिए प्रकाश किरण आधार के समान्तर गमन करती है, वह है

(a) 30° (b) 60°

(c) 45° (d) सूचना अपर्याप्त

71 कौन-सा ग्राफ एक प्रिज्म के लिए आपतन कोण और विचलन कोण के बीच सम्बन्ध को सही ढंग से दर्शाता है? **NCERT पृष्ठ 239**

(a)
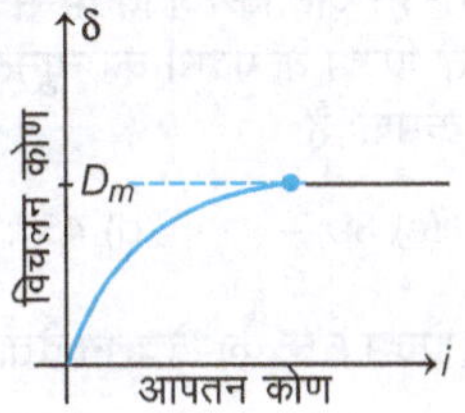

(b)
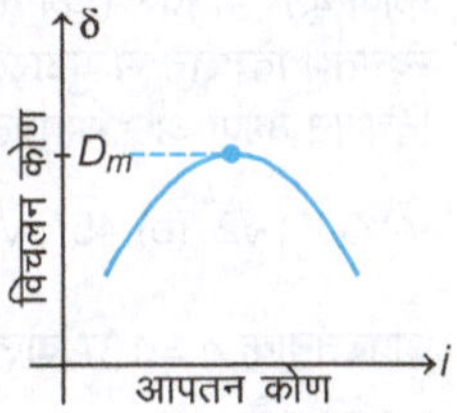

(c)
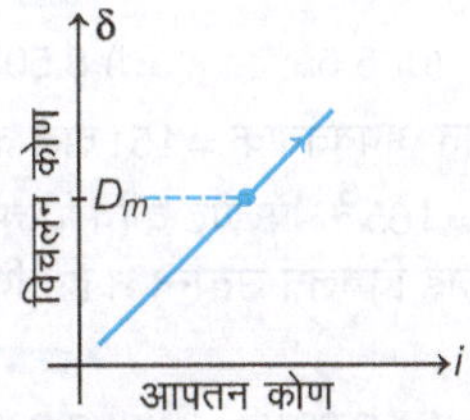

(d)
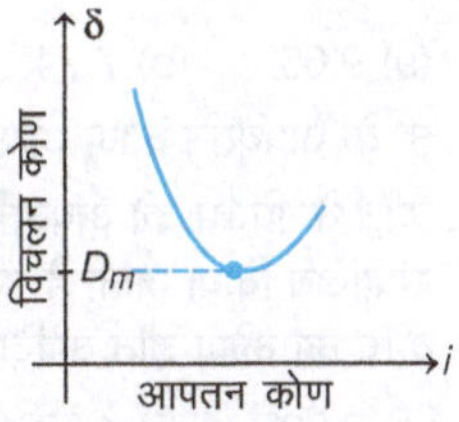

72 प्रकाश की एक किरण एक समबाहु प्रिज्म से इस प्रकार गुजरती है कि आपतन कोण, निर्गत् कोण के बराबर है तथा निर्गत् कोण, प्रिज्म के कोण का 3/4 हैं विचलन कोण है NCERT पृष्ठ 239

(a) 25° (b) 30° (c) 45° (d) 35°

73 एक समबाहु त्रिभुजाकार प्रिज्म पर एक निश्चित कोण पर एकवर्णी प्रकाश आपतित होता है तथा न्यूनतम विचलन से गुजरता है। यदि प्रिज्म के पदार्थ का अपवर्तनांक $\sqrt{3}$ है, तो आपतन कोण है NCERT पृष्ठ 239

(a) 45° (b) 90° (c) 60° (d) 30°

74 एक प्रिज्म का अपवर्तन कोण A है, तथा प्रिज्म के पदार्थ का अपवर्तनांक $\cot(A/2)$ है। न्यूनतम विचलन कोण है NCERT पृष्ठ 239

(a) $180° - 3A$ (b) $180° - 2A$
(c) $90° - A$ (d) $180° + 2A$

75 यदि एक समबाहु प्रिज्म पर आपतित प्रकाश किरण 30° के कोण पर न्यूनतम विचलन से गुजरती है, तो प्रिज्म में प्रकाश की गति होगी NCERT पृष्ठ 239

(a) $\frac{3}{\sqrt{2}} \times 10^8$ मी/से (b) $\frac{1}{\sqrt{2}} \times 10^8$ मी/से
(c) $\frac{2}{\sqrt{3}} \times 10^8$ मी/से (d) $\frac{2}{3} \times 10^8$ मी/से

76 किसी प्रिज्म के न्यूनतम विचलन कोण को उसके प्रिज्म कोण के बराबर करने के लिए, प्रिज्म को ऐसे पदार्थ से बना होना चाहिए जिसका अपवर्तनांक NCERT पृष्ठ 239

(a) $\sqrt{2}$ और 1 के बीच स्थित है (b) 2 और $\sqrt{2}$ के बीच स्थित है
(c) 1 से कम है (d) 2 से अधिक है

77 *i-D* ग्रॉफ द्वारा प्रिज्म के काँच के अपवर्तनांक के निर्धारण के लिए किए गए प्रयोग में, यह पाया गया कि 35° के कोण पर आपतित किरण 40° के विचलन से गुजरती है तथा 79° के कोण पर निर्गत होती है। उस स्थिति में, निम्नलिखित में से कौन-सा अपवर्तनांक के अधिकतम सम्भव मान के सबसे निकट है? NCERT पृष्ठ 239

(a) 1.4 (b) 1.6 (c) 1.7 (d) 1.8

78 किसी प्रिज्म के अपवर्तक पृष्ठ पर प्रकाश की किरण का आपतन कोण 45° है। प्रिज्म का कोण 60° है। यदि किरण प्रिज्म से होकर न्यूनतम विचलन से गुजरती है, तो प्रिज्म के पदार्थ का न्यूनतम विचलन कोण और अपवर्तनांक क्रमशः हैं NCERT पृष्ठ 239

(a) 30°; $\sqrt{2}$ (b) 45°; $\sqrt{2}$ (c) 30; $\frac{1}{2}$ (d) 45°; $\frac{1}{\sqrt{2}}$

79 अपवर्तनांक $n = 1.57$ वाला एक प्रिज्म 5.5° का विचलन देता है। प्रिज्म का कोण है NCERT पृष्ठ 239

(a) 9.65° (b) 7.74° (c) 5.5° (d) 8.50°

80 5° के अपवर्तन कोण और औसत अपवर्तनांक = 1.51 वाले क्राउन काँच के प्रिज्म को अपवर्तनांक = 1.65 के फ्लिण्ट काँच प्रिज्म के साथ संयोजित किया जाता है ताकि कोई विचलन उत्पन्न न हो। फ्लिण्ट काँच का कोण ज्ञात कीजिए। NCERT पृष्ठ 239

(a) 3.92° (b) 4.68° (c) 5.32° (d) 7.28°

81 5° कोण वाले प्रिज्म के अपवर्तक सतहों में से एक पर सफेद प्रकाश आपतित होता है। यदि लाल और नीले रंगों के अपवर्तनांक क्रमशः 1.641 और 1.659 हैं, तो प्रिज्म से बाहर निकलने पर इन दो रंगों के बीच कोणीय पृथक्करण क्या होगा? NCERT पृष्ठ 239

(a) 0.9° (b) 0.09° (c) 1.8° (d) 1.2°

प्रकाशिक यन्त्र

82 एक संयुक्त सूक्ष्मदर्शी में, दो लेन्सों की फोकस दूरी 1.5 सेमी और 6.25 सेमी है। यदि किसी वस्तु को अभिदृश्यक से 2 सेमी की दूरी पर रखा जाता है और अन्तिम प्रतिबिम्ब नेत्र लेन्स से 25 सेमी की दूरी पर बनता है। दोनों लेन्सों के बीच की दूरी है NCERT पृष्ठ 240

(a) 6.00 सेमी (b) 7.75 सेमी
(c) 9.25 सेमी (d) 11.0 सेमी

83 25 सेमी सामान्य निकट बिन्दु वाला एक व्यक्ति 8.0 मिमी फोकस दूरी के अभिदृश्यक और 2.5 सेमी फोकस दूरी के नेत्रिका वाले संयुक्त सूक्ष्मदर्शी का उपयोग करके अभिदृश्यक से 9.0 मिमी दूर स्थित वस्तु को तीव्र फोकस में ला सकता है। दो लेन्सों के बीच की दूरी है NCERT पृष्ठ 240

(a) 9.47 सेमी (b) 3.36 सेमी
(c) 6.00 सेमी (d) 7.49 सेमी

84 एक खगोलीय दूरबीन के लेन्स की फोकल लम्बाई 50 सेमी और 5 सेमी है। जब प्रतिबिम्ब स्पष्ट दृष्टि की न्यूनतम दूरी पर बनता है, तो दूरबीन की लम्बाई होगी NCERT पृष्ठ 240

(a) 45 सेमी (b) 55 सेमी (c) $\frac{275}{6}$ सेमी (d) $\frac{325}{6}$ सेमी

85 किसी खगोलीय दूरबीन में किसी वस्तु के सापेक्ष अन्तिम प्रतिबिम्ब होता है NCERT पृष्ठ 240

(a) आभासी और सीधा (b) वास्तविक और सीधा
(c) वास्तविक और उल्टा (d) आभासी और उल्टा

86 1 मिमी^{2} आकार के वर्गों में विभाजित एक कार्ड शीट को 10 सेमी फोकल लम्बाई के आवर्धक काँच के लेन्स के माध्यम से देखा जा रहा है। कार्ड को लेन्स से 9 सेमी की दूरी पर रखा गया है। लेन्स के माध्यम से कार्ड का आभासी क्षेत्र है NCERT पृष्ठ 240

(a) 1 सेमी^{2} (b) 0.81 सेमी^{2}
(c) 0.27 सेमी^{2} (d) 0.60 सेमी^{2}

87 किसी सूक्ष्मदर्शी में दो लेन्सों की फोकस दूरी 1.2 सेमी और 6.25 सेमी हैं यदि किसी वस्तु को 2 सेमी पर रखा जाए और अन्तिम छवि नेत्र लेन्स से 25 सेमी पर बने, तो दोनों लेन्सों के बीच की दूरी क्या है? NCERT पृष्ठ 240

(a) 6.00 सेमी (b) 8.00 सेमी
(c) 7.75 सेमी (d) 9.25 सेमी

88 एक संयुक्त सूक्ष्मदर्शी में एक अभिदृश्यक जिसकी फोकस दूरी $f_0 = 1.0$ सेमी है, एक नेत्रिका जिसकी फोकस दूरी, $f_e = 20$ सेमी है तथा एक नली की लम्बाई 20 सेमी है, तो आवर्धन है NCERT पृष्ठ 240

(a) 200 (b) 250 (c) 100 (d) 150

89 एक सयुक्त सूक्ष्मदर्शी में 2.0 सेमी फोकस दूरी का एक अभिदृश्यक और 6.25 सेमी फोकस दूरी की एक नेत्रिका है तथा अभिदृश्यक और नेत्रिका के बीच की दूरी 15 सेमी है। यदि अन्तिम प्रतिबिम्ब स्पष्ट दृष्टि की न्यूनतम दूरी (25 सेमी) पर बनता है, तो वस्तु की अभिदृश्यक से दूरी है **NCERT पृष्ठ 240**

(a) 1.5 सेमी (b) 2.5 सेमी (c) 3.0 सेमी (d) 4.0 सेमी

90 चन्द्रमा का व्यास 3.5×10^3 किमी है और पृथ्वी से इसकी दूरी 3.8×10^5 किमी है। इसे एक दूरबीन द्वारा देखा जाता है जिसके अभिदृश्यक और नेत्रिका की फोकस दूरी क्रमशः 4 मीटर और 10 सेमी है। चन्द्रमा के प्रतिबिम्ब का व्यास लगभग होगा **NCERT पृष्ठ 240**

(a) 2° (b) 20° (c) 40° (d) 50°

91 यदि अभिदृश्यक और नेत्र लेन्स की फोकस दूरी क्रमशः 10 सेमी और 10 मिमी है, तो अभिलम्बवत् समायोजन में दूरबीन का कोणीय आवर्धन है **NCERT पृष्ठ 240**

(a) 10 (b) 5 (c) 100 (d) 50

92 एक खगोलीय दूरदर्शी में दूर की वस्तुओं के लिए कोणीय आवर्धन का परिमाण 5 है। अभिदृश्यक और नेत्रिका की विभाजक दूरी 36 सेमी है और अन्तिम प्रतिबिम्ब अनन्त पर बनता है, तो अभिदृश्यक की फोकस दूरी f_0 तथा नेत्रिका की फोकस दूरी f_e क्रमशः हैं **NCERT पृष्ठ 240**

(a) 45 सेमी और –9 सेमी (b) –7.2 सेमी और 5 सेमी
(c) 50 सेमी और 10 सेमी (d) 30 सेमी और 6 सेमी

93 एक परावर्तक दूरदर्शी में 150 सेमी फोकस दूरी का एक अभिदृश्यक लेन्स और 5.0 सेमी फोकस दूरी की एक नेत्रिका है। अभिदृश्यक और नेत्रिका के बीच की दूरी क्या है? **NCERT पृष्ठ 240**

(a) 1.25 मीटर (b) 1.55 मीटर (c) 1.3 मीटर (d) 1.8 मीटर

94 एक खगोलीय दूरदर्शी में सामान्य समायोजन में अभिदृश्यक लेन्स के आन्तरिक भाग पर L लम्बाई की एक सीधी काली रेखा खींची गई है। नेत्रिका इस रेखा का वास्तविक प्रतिबिम्ब बनाती है। इस प्रतिबिम्ब की लम्बाई l हैं, दूरबीन का आवर्धन है **NCERT पृष्ठ 240**

(a) $\frac{L}{l}+1$ (b) $\frac{L}{l}-1$ (c) $\frac{L+1}{L-1}$ (d) $\frac{L}{l}$

95 एक पर्यवेक्षक 20 आवर्धन क्षमता की दूरदर्शी से 10 मीटर ऊँचे दूर स्थित पेड़ को देखता है। पर्यवेक्षक को पेड़ दिखाई देता है **NCERT पृष्ठ 240**

(a) 10 गुना लम्बा (b) 10 गुना नजदीक
(c) 20 गुना लम्बा (d) 20 गुना नजदीक

96 F_1 और F_2 क्रमशः दूरदर्शी के अभिदृश्यक और नेत्रिका की फोकस दूरी है। दी गई दूरदर्शी का कोणीय आवर्धन बराबर है **NCERT पृष्ठ 240**

(a) $\frac{F_1}{F_2}$ (b) $\frac{F_2}{F_1}$ (c) $\frac{F_1F_2}{F_1+F_2}$ (d) $\frac{F_1+F_2}{F_1F_2}$

97 एक दूरदर्शी में क्रमशः 0.3 मीटर और 3 सेमी फोकस दूरी के दो पतले लेन्स लगे हैं। इसे चन्द्रमा पर केन्द्रित किया गया है, जो अभिदृश्यक पर 0.5° का कोण बनाता है तब, अन्तिम प्रतिबिम्ब द्वारा आँख पर बनाया गया कोण होगा **NCERT पृष्ठ 240**

(a) 5° (b) 0.25° (c) 0.5° (d) 0.35°

98 यदि अभिदृश्यक लेन्स की फोकस दूरी बढ़ा दी जाए, तो आवर्धन शक्ति **NCERT पृष्ठ 240**

(a) सूक्ष्मदर्शी का मान बढ़ जाएगा, लेकिन दूरबीन का मान घट जाएगा।
(b) सूक्ष्मदर्शी और दूरबीन दोनों का मान बढ़ जाएगा
(c) सूक्ष्मदर्शी और दूरबीन दोनों घट जाएँगे
(d) सूक्ष्मदर्शी का मान घटेगा, परन्तु दूरबीन का मान बढ़ेगा

99 निम्नलिखित में से कौन-सा कथन गलत है? **NCERT पृष्ठ 240**

(a) सरल सूक्ष्मदर्शी छोटी फोकस दूरी का एक अभिसारी लेन्स होता है।
(b) सूक्ष्मदर्शी के लिए, अनन्त पर बने प्रतिबिम्ब का आवर्धन, निकट बिन्दु पर बने प्रतिबिम्ब के आवर्धन से एक अधिक होता है।
(c) अधिकतम आवर्धन के लिए एक संयोजन के लिए दो लेन्सों का उपयोग किया जाता है, तथा दूसरे के प्रभाव को संयुक्त सूक्ष्मदर्शी कहते हैं।
(d) वस्तु के निकटतम लेन्स को अभिदृश्यक तथा नेत्र के निकट वाले लेन्स को नेत्रिका कहते हैं।

अभिकथन-कारण प्रश्न

निर्देश *(प्रश्न क्रमांक 1-10) निम्नलिखित प्रश्नों में, अभिकथन के एक कथन बाद कारण का एक संगत कथन दिया गया है। निम्नलिखित विकल्पों में से, सही विकल्प का चयन कीजिए।*

(a) अभिकथन और कारण दोनों सही हैं और कारण, अभिकथन का सही स्पष्टीकरण है।
(b) अभिकथन ओर कारण दोनों सही हैं लेकिन कारण, अभिकथन का सही स्पष्टीकरण नहीं है।
(c) अभिकथन सही है परन्तु कारण गलत है।
(d) अभिकथन गलत है परन्तु कारण सही है।

1 **अभिकथन** समतल दर्पण के अभिलम्ब के अनुदिश आपतित प्रकाश की किरण दर्पण से परावर्तन के पश्चात अपना पथ पुनः निर्धारित करती है।
कारण अभिलम्ब के अनुदिश प्रकाश किरण का आपतन कोण $\pi/2$ होता है। **NCERT पृष्ठ 222**

2 **अभिकथन** दर्पण के मुख्य अक्ष के लम्बवत रखी गई विस्तारित वस्तु का प्रतिबिम्ब सीधा होगा, यदि वस्तु वास्तविक लेकिन प्रतिबिम्ब आभासी हो।
कारण दर्पण के मुख्य अक्ष के लम्बवत रखी गई किसी विस्तारित वस्तु का प्रतिबिम्ब सीधा बनेगा, यदि वस्तु आभासी हो, किन्तु प्रतिबिम्ब वास्तविक हो। **NCERT पृष्ठ 225**

3 **अभिकथन** हीरे का अपवर्तनांक $\sqrt{6}$ है और द्रव का अपवर्तनांक $\sqrt{3}$ है। यदि प्रकाश हीरे से द्रव की ओर जाता है, जब आपतन कोण 30° होगा, तब यह पूर्णतया परावर्तित हो जाएगा।

कारण $n = \frac{1}{\sin i_c}$, जहाँ n तरल के सापेक्ष हीरे का अपवर्तनांक है और i_c क्रान्तिक कोण है। NCERT पृष्ठ 229

4 **अभिकथन** प्रकाशिक तन्तु के माध्यम से प्रकाश का संचरण क्रोड-आच्छद अन्तरापृष्ठ पर होने वाले पूर्ण आन्तरिक परावर्तन के कारण होता है।

कारण प्रकाशिक तन्तु के क्रोड का अपवर्तनांक आच्छद (Cladding) की तुलना में अधिक होता है। NCERT पृष्ठ 229

5 **अभिकथन** अभिसारी किरणों के अभिसारी लेन्स का गुण सभी माध्यमों में समान रहता है। NCERT पृष्ठ 232

कारण लेन्स का गुण, चाहे किरणें अपसारी हों या अभिसारी, परिवेश के माध्यम पर निर्भर करता है।

6 **अभिकथन** यदि दर्पण की फोकस दूरी f है और फोकस से वस्तु की दूरी u है, तो दर्पण का आवर्धन f / u है।

कारण आवर्धन = $\frac{\text{प्रतिबिम्ब का आकार}}{\text{वस्तु का आकार}}$ NCERT पृष्ठ 222

7 **अभिकथन** पतले प्रिज्म प्रकाश को अधिक विचलित नहीं करते।

कारण पतले प्रिज्म का कोण A छोटा होता है और इसलिए, D_m (न्यूनतम विचलन) भी बहुत छोटा होता है

$D_m = [({}^1n_2 - 1)A]$ जहाँ, ${}^1n_2$ माध्यम 1 के सापेक्ष प्रिज्म का अपवर्तनांक है। NCERT पृष्ठ 239

8 **अभिकथन** वायु के सापेक्ष काँच का अपवर्तनांक लाल और बैंगनी प्रकाश के लिए भिन्न होता है।

कारण माध्यमों के एक युगम का अपवर्तनांक प्रयुक्त प्रकाश की तरंगदैर्ध्य पर निर्भर करता है। NCERT पृष्ठ 232

9 **अभिकथन** जब श्वेत प्रकाश किसी प्रिज्म से होकर गुजरता है, तो लाल घटक झुकाव सबसे अधिक लेकिन बैंगनी घटक के लिए यह सबसे कम होता है।

कारण लाल रंग काँच में बैंगनी रंग की तुलना में तीव्रता से गमन करता है। NCERT पृष्ठ 239

10 **अभिकथन** यदि अभिदृश्यक लेन्स का व्यास अधिक है, तो दूरदर्शी की विभेदन क्षमता अधिक होती है।

कारण बड़े व्यास का अभिदृश्यक लेन्स अधिक प्रकाश एकत्र करता है। NCERT पृष्ठ 245

कथन आधारित प्रश्न

निर्देश *(प्रश्न क्रमांक 1-8) निम्नलिखित प्रश्नों में दो कथन (I और II) दिए गए हैं। दिए गए कथनों के आधार पर, नीचे दिए गए विकल्पों में से सही उत्तर चुनें।*

(a) कथन I और कथन II दोनों गलत हैं।
(b) कथन I सही है लेकिन कथन II गलत हैं।
(c) कथन I गलत है लेकिन कथन II सही है।
(d) कथन I और कथन II दोनों सही हैं।

1 **कथन I** आपतित किरण, परावर्तित किरण तथा परावर्तक पृष्ठ का अभिलम्ब दो तलों में स्थित बिन्दु पर आपतित होता है

कथन II गोलाकार दर्पण के ध्रुव और वक्रता केन्द्र को मिलाने वाली रेखा को मुख्य अक्ष के रूप में जाना जाता है। NCERT पृष्ठ 222

2 **कथन I** अवतल दर्पण के लिए, परावर्तित किरणें एक बिन्दु F से विचलित होती हुई प्रतीत होती हैं और उत्तल दर्पण के लिए बिन्दु F पर अभिसरित होती हैं (F को दर्पण का मुख्य फोकस कहा जाता है।)

कथन II यदि प्रकाश की समान्तर किरणें मुख्य अक्ष के साथ कुछ कोण बनाते हुए आपतित होती हैं, तो परावर्तित किरणें मुख्य अक्ष के अभिलम्ब F से होकर फोकल तल में एक बिन्दु से अभिसरित (या अपसरित होती हुई प्रतीत) होगी। NCERT पृष्ठ 222

3 **कथन I** परावर्तित किरण दर्पण के फोकस से होकर गुजरती है, जब वह मुख्य अक्ष के समानान्तर आपतित होती है।

कथन II ध्रुव पर किसी भी कोण पर आपतित किरण के लिए, परावर्तित किरण परावर्तन के नियमों का पालन करती है। NCERT पृष्ठ 222

4 **कथन I** काँच की पट्टी के अन्दर प्रकाश का वेग विभिन्न रंगों के लिए समान होता है।

कथन II एक श्वेत प्रकाश की किरण एक आयताकार काँच की पट्टी से निकलने पर विक्षेपण नहीं दिखाती है। NCERT पृष्ठ 228

5 **कथन I** प्रकाशिक तन्तु का उपयोग लम्बी दूरियों के लिए श्रव्य और दृष्टि संकेतों को बड़े पैमाने पर सन्चारित करने के लिए किया जाता है।

कथन II यहाँ प्रकाश संकेतों की तीव्रता में उल्लेखनीय हानि होती है। NCERT पृष्ठ 229

6 **कथन I** पूर्ण आन्तरिक परावर्तन तब घटित होता है जब प्रकाश सघन माध्यम से विरल माध्यम में क्रान्तिक कोण से अधिक कोण पर गुजरता है।

कथन II यदि पारदर्शी काँच से वायु में जाने वाला प्रकाश 30° के आपतन कोण पर पूर्ण आन्तरिक परावर्तन से गुजरता है, तब काँच का अपवर्तनांक 1.5 है। NCERT पृष्ठ 230

7 **कथन I** यदि किसी प्रिज्म की स्थिति में आपतन कोण धीरे-धीरे बढ़ाया जाता है, तो प्रिज्म द्वारा उत्पन्न विचलन पहले कम होगा, फिर बढ़ेगा।

कथन II न्यूनतम विचलन पर, $r_1 = A/2$. **NCERT पृष्ठ 231**

8 **कथन I** यदि किसी सूक्ष्मदर्शी का अभिदृश्यक और नेत्रिका को आपस में बदल दिया जाए, तो यह दूरदर्शी की तरह काम करता है।

कथन II दूरदर्शी के अभिदृश्यक लेन्स की फोकस दूरी छोटी होती है। **NCERT पृष्ठ 245**

सुमेलन प्रकार प्रश्न

1 बर्फ की एक परत ($n = 4/3$) को एक काँच की प्लेट ($n = 3/2$) पर रखते हैं। प्रकाश की एक किरण बर्फ की सतह पर 60° का आपतन कोण बनाती है जैसा कि नीचे चित्र में दिखाया गया है। **NCERT पृष्ठ 228**

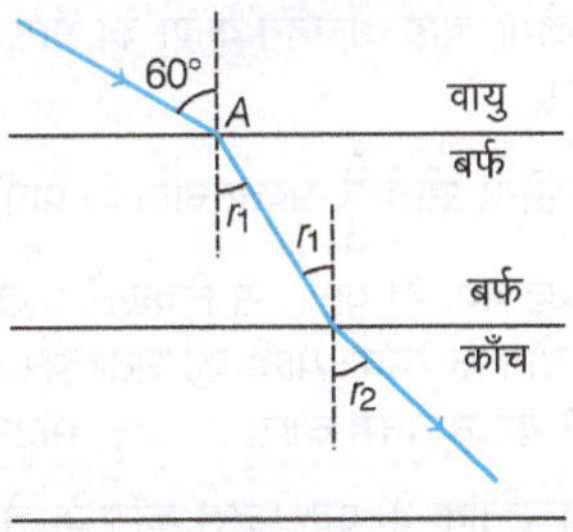

उपरोक्त चित्र के सन्दर्भ में, कॉलम I (पैरामीटर) को कॉलम II (मान) से सुमेलित करें।

	कॉलम I		कॉलम II
A.	$\sin r_1$	1.	$1/\sqrt{3}$
B.	$\sin r_2$	2.	$3\sqrt{3}/8$
C.	काँच के सापेक्ष बर्फ का अपवर्तनांक	3.	$8/9$
D.	$\sin 60° + \frac{4}{3}\sin r$	4.	$2\sin 60°$

नीचे दिए गए कूट से सही उत्तर चुनें।

कूट

	A	B	C	D
(a)	1	4	3	2
(b)	2	1	3	4
(c)	2	3	1	4
(d)	1	3	4	2

2 एक प्रकाश किरण त्रिभुजाकार प्रिज्म से होकर गुजरती है जिसका प्रिज्म कोण $A = 60°$ और $\mu = n = 1.5$ है। उपरोक्त स्थिति के सन्दर्भ में, कॉलम I (कोण) को कॉलम II (मान) से सुमेलित करें।

[कुछ उपयोगी आँकड़े, $2\sin^{-1}(0.75) = 97°$ **NCERT पृष्ठ 239**

$> \sin^{-1}(2/3) = 42°$ और $\sin^{-1}(0.463) = 28°$

	कॉलम I		कॉलम II
A.	न्यूनतम विचलन ($D_{न्यूनतम}$)	1.	58°
B.	अधितकम विचलन ($D_{अधिकतम}$)	2.	37°
C.	अपवर्तन कोण r_1 जब अधिकतम विचलन होता है।	3.	42°
D.	निर्गमित कोण	4.	28°

नीचे दिए गए कूट से सही उत्तर चुनें।

कूट

	A	B	C	D
(a)	1	4	3	2
(b)	4	2	1	3
(c)	2	1	3	4
(d)	3	4	2	1

3 निम्नलिखित प्रश्न के लिए सभी लेन्सों की वक्रता त्रिज्या और अपवर्तनांक समान हैं। फोकस दूरी के सम्बन्ध में, कॉलम I को कॉलम II से सुमेलित करें। **NCERT पृष्ठ 239**

	कॉलम I		कॉलम II
A.		1.	$2f$
B.		2.	$-f$
C.		3.	f
D.		4.	$\frac{f}{2}$

नीचे दिए गए कूट से सही उत्तर चुनें।

कूट

	A	B	C	D		A	B	C	D
(a)	1	3	4	2	(b)	1	4	3	2
(c)	2	1	3	4	(d)	4	3	2	1

आंकिक प्रकार के प्रश्न

1 10 सेमी लम्बाई की एक पतली बेलनाकार छड़ को 20 सेमी फोकस दूरी वाले अवतल दर्पण के मुख्य अक्ष पर क्षैतिज रूप से रखा गया है। छड़ को इस तरह रखा गया है कि छड़ का मध्य बिन्दु दर्पण के ध्रुव से 40 सेमी की दूरी पर है। दर्पण द्वारा बनने वाले प्रतिबिम्ब की लम्बाई $x/3$ सेमी होगी। x का मान .... है। NCERT पृष्ठ 222

2 आरेख में एक प्रिज्म का अनुप्रस्थ-काट चित्र समबाहु त्रिभुज ABC दिखाया गया है। इस प्रिज्म का उपयोग करते समय न्यूनतम विचलन तब, प्रेक्षित किया जाता है जब आपतन कोण प्रिज्म कोण के बराबर होता है। प्रकाश द्वारा P(BC का मध्य-बिन्दु) से A तक जाने में लिया गया समय .... $\times 10^{-10}$ सेकण्ड है। NCERT पृष्ठ 239

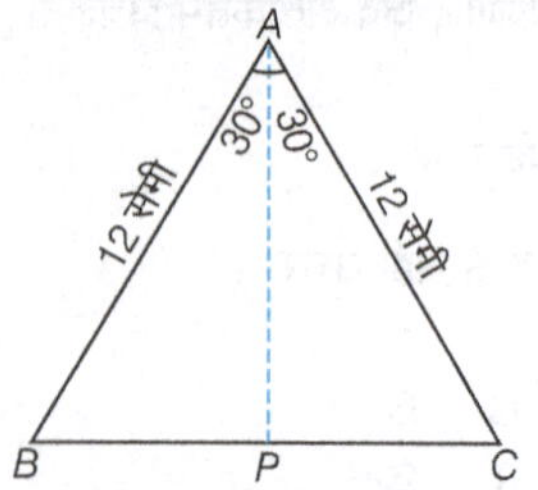

3 जैसा कि चित्र में दिखाया गया है, एक पतले समतलावतल लेन्स और एक पतले समतलोत्तल लेन्स के संयोजन का उपयोग अनन्त पर स्थित किसी वस्तु का प्रतिबिम्ब प्राप्त करने के लिए किया जाता है। दोनों लेन्सों की वक्रता त्रिज्या 30 सेमी है और दोनों लेन्सों के लिए पदार्थ का अपवर्तनांक 1.75 है। दोनों लेन्स एक-दूसरे से 40 सेमी की दूरी पर रखे गए हैं। संयोजन के कारण, वस्तु का प्रतिबिम्ब अवतल लेन्स से, $x =$...... सेमी दूरी पर बनता है। NCERT पृष्ठ 232

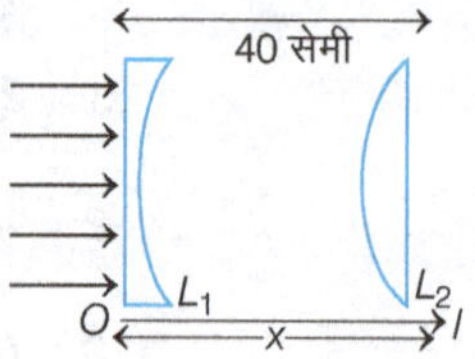

4 7 आवर्धन वाले सूक्ष्मदर्शी लेन्स का उपयोग करके 30 सेमी की निकट बिन्दु दूरी से देखी गई वस्तु एक अविभाज्य प्रतिबिम्ब देती है। दिए गए लेन्स और 0.7 मीटर लम्बाई की एक ट्यूब के साथ एक नेत्रिका का उपयोग करके अनन्त दूरी पर एक विभाज्य प्रतिबिम्ब को पहले से दोगुने कुल आवर्धन के साथ देखा जाता है, यदि नेत्रिका की फोकल लम्बाई .... सेमी के बराबर है। NCERT पृष्ठ 240

5 μ अपवर्तनांक वाली एक पारदर्शी छड़ में प्रकाश किसी आपतन कोण पर प्रवेश करता है। छड़ की सामग्री के अपवर्तनांक $\sqrt{x}$ मान के लिए, प्रकाश एक बार इसमें प्रवेश करने के बाद इसके पार्श्व फलक से बाहर नहीं निकलेगा, चाहे आपतन कोण का मान कुछ भी हो। x का मान .... है। NCERT पृष्ठ 229

6 प्रकाश का एक बिन्दु स्रोत $\frac{5}{3}$ अपवर्तनांक के पानी की सतह से 4 मीटर नीचे रखा गया है। पानी से निकलने वाले सभी प्रकाश को रोकने के लिए स्रोत के ऊपर पानी की सतह पर रखी जाने वाली डिस्क (चकती) का न्यूनतम व्यास .... मीटर है। NCERT पृष्ठ 229

7 वायु में 1.5 अपवर्तनांक के एक पतले काँच के लेन्स की प्रकाशिक शक्ति -5 D है। अपवर्तनांक (1.6) वाले द्रव माध्यम में इसकी प्रकाशिक शक्ति .... D है। NCERT पृष्ठ 232

8 15 सेमी फोकस दूरी के उत्तल लेन्स से 30 सेमी की दूरी पर एक चमकदार वस्तु को रखा गया है। लेन्स के दूसरी ओर, वस्तु का सीधा प्रतिबिम्ब प्राप्त करने के लिए, लेन्स से कितनी दूरी (सेमी में) पर 10 सेमी वक्रता त्रिज्या का उत्तल दर्पण रखा जाना चाहिए? NCERT पृष्ठ 232

9 अपवर्तनांक 1.5 वाले उत्तल लेन्स की फोकस दूरी 2 सेमी है। अपवर्तनांक 1.25 वाले द्रव में डूबे लेन्स की फोकस दूरी .... सेमी है। NCERT पृष्ठ 232

10 दस गुना कोणीय आवर्धन के एक खगोलीय दूरदर्शी की लम्बाई 55 सेमी है। अभिदृश्यक की फोकस दूरी .... सेमी है। NCERT पृष्ठ 240

NCERT Exemplar प्रश्न

1 एक वस्तु एक समान गति 5 मी/से के साथ लेन्स के बाईं ओर से अभिसारी लेन्स के पास आती है और फोकस पर रुक जाती है। प्रतिबिम्ब

(a) लेन्स से एकसमान गति 5 मी/से से दूर चला जाता है

(b) एकसमान त्वरण से लेन्स से दूर चला जाता है

(c) असमान त्वरण से लेन्स से दूर चला जाता है

(d) असमान त्वरण के साथ लेन्स की ओर गति करता है

2 एक समतलोत्तल की वक्रीय सतह की वक्रता त्रिज्या 20 सेमी है। यदि लेन्स के पदार्थ का अपवर्तनांक 1.5 है, तो यह

(a) केवल अपनी वक्रीय सतह पर स्थित वस्तुओं के लिए उत्तल लेन्स की तरह कार्य करेगा

(b) अपने वक्र पक्ष पर स्थित वस्तुओं के लिए अवतल लेन्स की तरह कार्य करता है

(c) वस्तु जिस भी ओर स्थित हो, उत्तल लेन्स की तरह कार्य करेगा

(d) वस्तु जिस भी ओर स्थित हो, अवतल लेन्स की तरह कार्य करेगा

3 अवतल दर्पण पर आपतित प्रकाश किरण की दिशा को PQ द्वारा दर्शाया गया है, जबकि परावर्तन के बाद किरण जिस दिशा में गमन करेगी, उसे 1, 2, 3 और 4 चिह्नित चार किरणों द्वारा दर्शाया गया है, जैसा कि चित्र में प्रदर्शित है। चार किरणों में से कौन-सी किरण परावर्तित किरण की दिशा को सही ढंग से दर्शाती है?

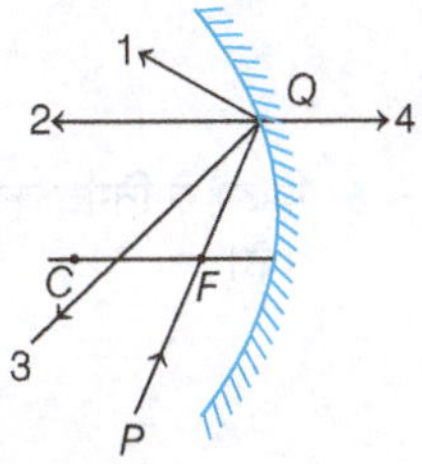

(a) 1 (b) 2 (c) 3 (d) 4

4 तारपीन का प्रकाशीय घनत्व पानी से अधिक होता है जबकि इसका द्रव्यमान घनत्व कम होता है। आरेख में एक बर्तन में पानी के ऊपर तैरती तारपीन की एक परत प्रदर्शित है। आरेख में तारपीन पर आपतित चार किरणों में से किसके लिए प्रदर्शित पथ सही है?

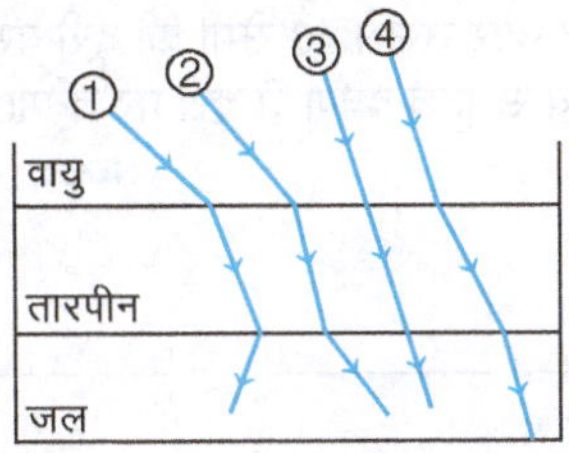

(a) 1 (b) 2 (c) 3 (d) 4

5 प्रयोगशालाओं में कुछ ऐसे पदार्थ विकसित किए गए हैं जिनका अपवर्तनांक ऋणात्मक है (नीचे दिखाया गया चित्र)। वायु (माध्यम 1) से ऐसे माध्यम (माध्यम 2) में प्रवेश करने वाली किरण निम्नलिखित पथ का अनुसरण करेगी

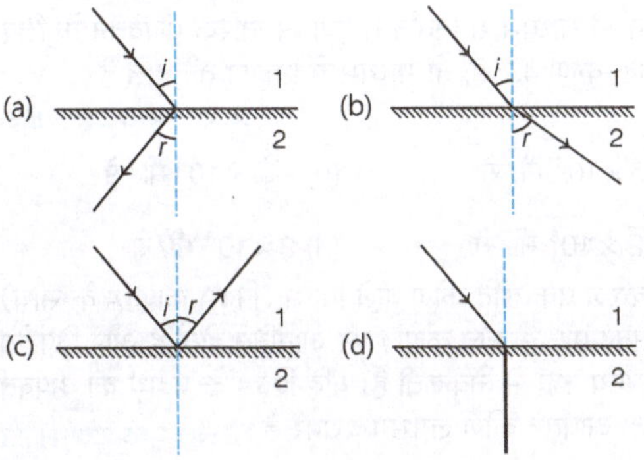

6 काँच के एक आयताकार ब्लॉक $ABCD$ का अपवर्तनांक 1.6 है। एक पिन को फलक AB आकृति के बीच में रखा गया है। फलक AD से देखने पर पिन

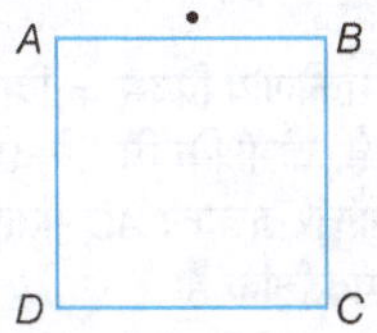

(a) B के निकट प्रतीत होता है (b) D के निकट प्रतीत होता है
(c) AD के केन्द्र में प्रतीत होते हैं (d) बिल्कुल भी दिखाई न देना

7 एक औसत व्यक्ति की निकट दृष्टि 25 सेमी होती है। किसी वस्तु को 10 के कोणीय आवर्धन के साथ देखने के लिए सूक्ष्मदर्शी की क्षमता कितनी होनी चाहिए?

(a) 10 D
(b) 20 D
(c) 40 D
(d) 30 D

8 घनत्व $d_1 > d_2 > d_3$ तथा अपवर्तनांक $n_1 > n_2 > n_3$ वाले तीन अमिश्रणीय द्रव एक बीकर में डाले गए हैं। प्रत्येक द्रव स्तम्भ की ऊँचाई $\frac{h}{3}$ है। बीकर के तल पर एक बिन्दु बनाया गया है। सामान्य दृष्टि के लिए, बिन्दु की स्पष्ट गहराई ज्ञात कीजिए?

(a) $\frac{h}{3}\left(\frac{1}{n_1}+\frac{1}{n_2}+\frac{1}{n_3}\right)$

(b) $3h\left(\frac{1}{n_1}+\frac{1}{n_2}-\frac{1}{n_3}\right)$

(c) $\frac{h}{3}\left(\frac{1}{n_1}-\frac{1}{n_2}+\frac{1}{n_3}\right)$

(d) $3h\left(\frac{1}{n_1}-\frac{1}{n_2}-\frac{1}{n_3}\right)$

9 एक काँच के प्रिज्म ($n = \sqrt{3}$) के लिए न्यूनतम विचलन कोण प्रिज्म के कोण के बराबर होता है। प्रिज्म का कोण ज्ञात कीजिए।

(a) 40° (b) 45°
(c) 60° (d) 75°

विगत परीक्षाओं के प्रश्न

NEET

1 एक प्रकाश किरण समकोणीय प्रिज्म के बिन्दु P पर 30% के आपतन कोण से प्रवेश करती है, जैसा कि चित्र में दर्शाया गया है। यह प्रिज्म के आधार BC के समान्तर चलकर AC सतह के अनुदिश पारगमित होती है। प्रिज्म का अपवर्तनांक है **NCERT पृष्ठ 239, NEET 2024**

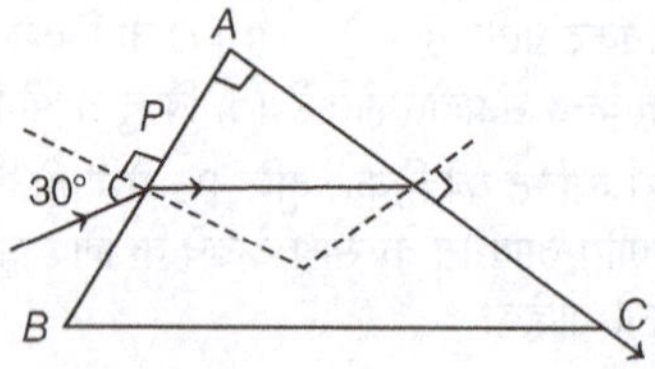

(a) $\frac{\sqrt{5}}{4}$ (b) $\frac{\sqrt{5}}{2}$ (c) $\frac{\sqrt{3}}{4}$ (d) $\frac{\sqrt{3}}{2}$

2 एक सूक्ष्म दूरदर्शी के अभिदृश्यक लेंस की फोकस दूरी 140 सेमी तथा नेत्रिका की फोकस दूरी 5.0 सेमी है। दूर स्थित वस्तु को देखने के लिए दूरदर्शी की आवर्धन क्षमता है **NCERT पृष्ठ 240, NEET 2024**

(a) 34 (b) 28
(c) 17 (d) 32

3 वायु में प्रकाश t_1 समय में x दूरी तय करता है और दूसरे सघन माध्यम में t_2 समय में $10x$ दूरी तय करता है। इस माध्यम के लिए क्रान्तिक कोण क्या है? **NCERT पृष्ठ 229, NEET 2023**

(a) $\sin^{-1}\left(\frac{10t_2}{t_1}\right)$ (b) $\sin^{-1}\left(\frac{t_1}{10t_2}\right)$

(c) $\sin^{-1}\left(\frac{10t_1}{t_2}\right)$ (d) $\sin^{-1}\left(\frac{t_2}{t_1}\right)$

4 यहाँ दर्शाए गए चित्र में, लेन्सों के संयोजन की समतुल्य फोकस दूरी क्या है (मान लें कि सभी परतें पतली हैं)? **NCERT पृष्ठ 232, NEET 2023**

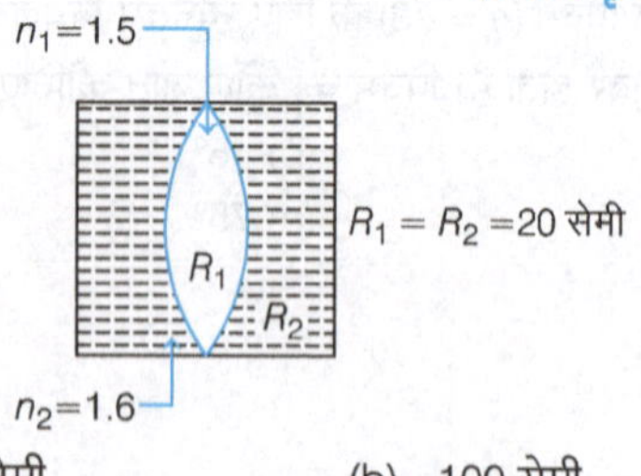

(a) −40 सेमी (b) −100 सेमी
(c) −50 सेमी (d) 40 सेमी

5 एक उभयोत्तल लेन्स में प्रत्येक की वक्रता त्रिजयाएँ 20 सेमी हैं। यदि लेन्स के पदार्थ का अपवर्तनांक 1.5 है, तो लेन्स की क्षमता क्या है? **NCERT पृष्ठ 232, NEET 2022**

(a) +20 D (b) +5 D (c) अनन्त (d) +2 D

6 प्रिज्म से निर्गत कोण का मान ज्ञात कीजिए। काँच का अपवर्तनांक 3 है। **NCERT पृष्ठ 239, NEET 2021**

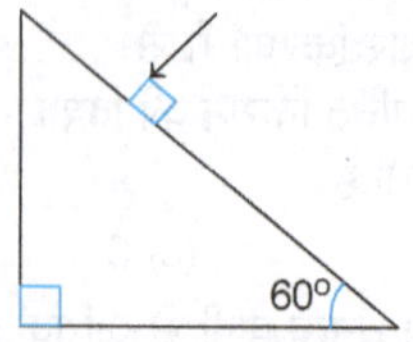

(a) 60° (b) 30° (c) 45° (d) 90°

7 एक बिन्दु वस्तु को 30 सेमी फोकस दूरी वाले उत्तल लेन्स से 60 सेमी की दूरी पर रखा गया है। यदि एक समतल दर्पण को लेन्स की मुख्य अक्ष के लम्बवत और उससे 40 सेमी की दूरी पर रखा जाए, तो अन्तिम प्रतिबिम्ब समतल दर्पण से दूरी पर बनेगा **NCERT पृष्ठ 232, NEET 2021**

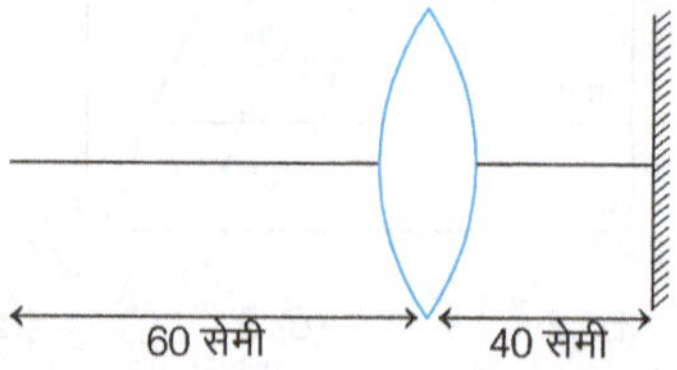

(a) लेन्स से 20 सेमी दूर, यह एक वास्तविक प्रतिबिम्ब होगा
(b) लेन्स से 30 सेमी दूर, यह एक वास्तविक प्रतिबिम्ब होगा
(c) समतल दर्पण से 30 सेमी दूर, यह एक आभासी प्रतिबिम्ब होगा
(d) समतल दर्पण से 20 सेमी दूर, यह एक आभासी प्रतिबिम्ब होगा

8 यदि किसी माध्यम से निर्वात में पूर्ण आन्तरिक परावर्तन के लिए क्रान्तिक कोण 45° है, तो माध्यम में प्रकाश की चाल है **NCERT पृष्ठ 239, NEET 2020**

(a) 1.5×10^8 मी/से (b) $\frac{3}{\sqrt{2}} \times 10^8$ मी/से

(c) $\sqrt{2} \times 10^8$ मी/से (d) 3×10^8 मी/से

9 एक किरण एक छोटे कोण वाले प्रिज्म (प्रिज्म कोण A के साथ) की एक सतह पर आपतन कोण i पर आपतित होती है और विपरीत सतह से सामान्य रूप से निकलती है। यदि प्रिज्म के पदार्थ का अपवर्तनांक μ है, तो आपतन कोण लगभग बराबर है **NCERT पृष्ठ 239, NEET 2020**

(a) $\frac{2A}{\mu}$ (b) μA

(c) $\frac{\mu A}{2}$ (d) $\frac{A}{2\mu}$

10 एक सम-उत्तल लेन्स की शक्ति P है इसे मुख्य अक्ष वाले तल द्वारा दो सममित अर्द्धांश में काटा जाता है। एक भाग की शक्ति होगी **NCERT पृष्ठ 232, NEET 2019**

(a) 0 (b) $\frac{P}{2}$ (c) $\frac{P}{4}$ (d) P

11 दो समान पतले सम-उत्तल लेन्स, प्रत्येक की फोकस दूरी f है, को एक-दूसरे के सम्पर्क में इस प्रकार रखा जाता है कि संयोजन की फोकस दूरी F_1 है। जब दो लेन्सों के बीच की जगह को ग्लिसरीन (जिसका अपवर्तनांक $\mu = 1.5$ काँच के समान ही होता है) से भर दिया जाता है, तो समतुल्य फोकस दूरी F_2 होती है। अनुपात $F_1 : F_2$ होगा NCERT पृष्ठ 232, NEET 2019

(a) 1 : 2 (b) 2 : 3
(c) 3 : 4 (d) 2 : 1

12 एक प्रिज्म के पदार्थ का अपवर्तनांक $\sqrt{2}$ है तथा प्रिज्म का कोण 30° है। प्रिज्म की दो अपवर्तक सतहों में से एक को चाँदी की परत चढ़ाकर अन्दर की ओर दर्पण जैसा बनाया गया है। दूसरी सतह से प्रिज्म में प्रवेश करने वाली एकवर्णी प्रकाश की किरण (चाँदी की सतह से परावर्तन के बाद) अपना पथ वापस ले लेगी, यदि प्रिज्म पर उसका आपतन कोण है NCERT पृष्ठ 232, NEET 2018

(a) 30° (b) 45° (c) 60° (d) शून्य

JEE Main

13 लेन्सों के संयोजन द्वारा बने प्रतिबिम्ब की स्थिति है NCERT पृष्ठ 232, JEE Main 2024

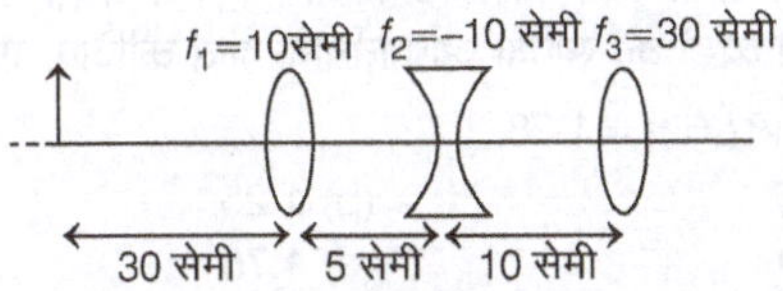

(a) 15 सेमी (दूसरे लेन्स से दाएँ) (b) 15 सेमी (दूसरे लेन्स से बाएँ)
(c) 30 सेमी (तीसरे लेन्स से बाएँ) (d) 30 सेमी (तीसरे लेन्स से दाएँ)

14 निम्नलिखित चित्र क्रमशः 10 सेमी व 15 सेमी फोकस दूरी के L_1 व L_2 दो द्वि-उत्तल लेन्सों को दर्शाता है। L_1 व L_2 के बीच की दूरी है NCERT पृष्ठ 232, JEE Main 2024

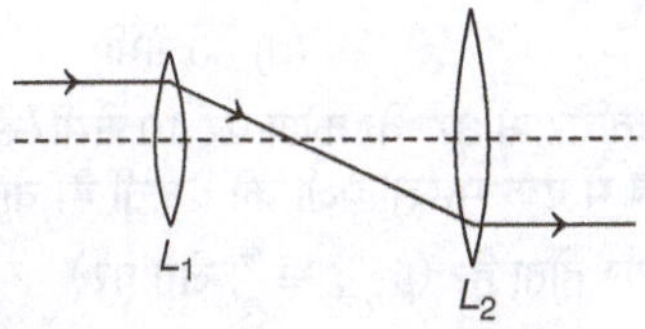

(a) 25 सेमी (b) 10 सेमी
(c) 35 सेमी (d) 15 सेमी

15 40 सेमी वक्रता त्रिज्या वाले अवतल दर्पण के सामने ध्रुव से 15 सेमी और 25 सेमी की दूरी पर दो वस्तुएँ A और B रखी गई हैं। दर्पण द्वारा बनाये गये प्रतिबिम्बों के बीच की दूरी .... है। NCERT पृष्ठ 222, JEE Main 2023

(a) 60 सेमी (b) 40 सेमी
(c) 160 सेमी (d) 100 सेमी

16 प्रकाश की चाल का दो माध्यमों A और B में अन्तर $(v_A - v_B) 2.6 \times 10^7$ मी/से है। यदि माध्यम B का अपवर्तनांक 1.47 है, तो माध्यम B और माध्यम A के अपवर्तनांक का अनुपात होगा। (दिया गया है निर्वात् में प्रकाश की चाल $= 3 \times 10^8$ मी/से) NCERT पृष्ठ 228, JEE Main 2023

(a) 1.303 (b) 1.318
(c) 1.13 (d) 0.12

17 चित्र में दर्शाए अनुसार प्रकाश की एक किरण वायु से 4/3 अपवर्तनांक वाले सघन माध्यम में प्रवेश कर रही है। जैसा कि चित्र में दिखाया गया है, प्रकाश की किरण निकटवर्ती सतह पर पूर्ण आन्तरिक परावर्तन से गुजरती है। कोण θ का अधिकतम मान बराबर होना चाहिए। NCERT पृष्ठ 229, JEE Main 2021

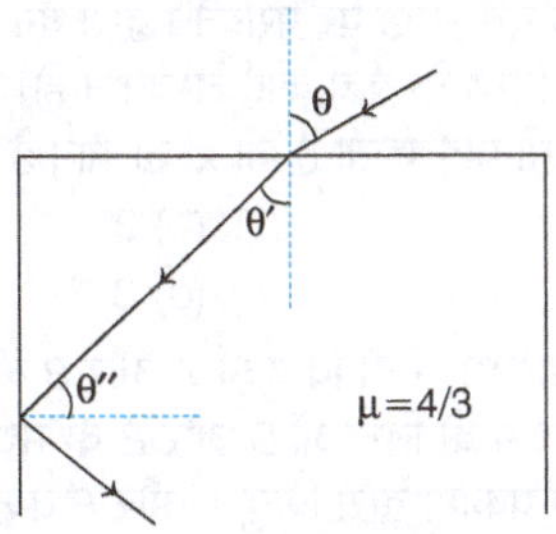

(a) $\sin^{-1}\frac{\sqrt{7}}{3}$ (b) $\sin^{-1}\frac{\sqrt{5}}{4}$

(c) $\sin^{-1}\frac{\sqrt{7}}{4}$ (d) $\sin^{-1}\frac{\sqrt{5}}{3}$

18 60 सेमी लम्बाई वाली एक दूरदर्शी की आवर्धन क्षमता 5 है। इसके नेत्रिका की फोकस दूरी क्या है? NCERT पृष्ठ 240, JEE Main 2020

(a) 10 सेमी (b) 20 सेमी
(c) 30 सेमी (d) 40 सेमी

19 चित्र में, प्रकाशिक तन्तु $l = 2$ मीटर लम्बा है और इसका व्यास $d = 20\,\mu$मी है। यदि प्रकाश की किरण तन्तु के एक छोर $\theta_1 = 40°$ के कोण पर आपतित होती है, तो दूसरे छोर से निकलने से पहले इसके द्वारा किए गए परावर्तनों की संख्या लगभग होगी। (तन्तु का अपवर्तनांक 1.31 है और $\sin 40° = 0.64$) NCERT पृष्ठ 229, JEE Main 2019

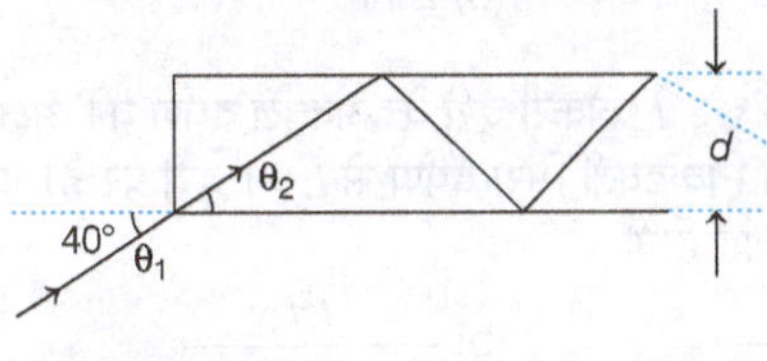

(a) 55000 (b) 66000
(c) 45000 (d) 57000

स्किल बूस्टर्स

1 तीन समकोण प्रिज्म के अपवर्तनांक एक साथ संलग्न किए गए हैं, ताकि मध्यवर्ती प्रिज्म के फलक बाहरी प्रिज्मों में से एक के सम्पर्क में हों। यदि किरण संयुक्त ब्लॉक से होकर बिना किसी विचलन के निकलती है, तो

(a) $\mu_1^2 + \mu_3^2 + \mu_2^2 = 1$ (b) $\mu_1^2 + \mu_3^2 - \mu_2^2 = 1$
(c) $\mu_1^2 - \mu_3^2 + \mu_2^2 = 1$ (d) $\mu_1 + \mu_2 - \mu_3 = 1$

2 20 सेमी की गहराई पर $\frac{10}{3}$ अपवर्तनांक वाले द्रव से भरे बीकर के तल पर एक छोटी वस्तु रखी जाती है। बीकर के ऊपर एक पिन क्षैतिज रूप से रखी जाती है और तब तक समायोजित की जाती है जब तक कि द्रव सतह पर परावर्तन द्वारा बने पिन के प्रतिबिम्ब और वस्तु के प्रतिबिम्ब के बीच कोई लम्बन न हो। द्रव सतह से पिन की ऊँचाई x सेमी पाई जाती है, तो x का मान है

(a) 6 (b) 9
(c) 4 (d) 3

3 यदि पहले माध्यम में दो बिन्दुओं A और B के मध्य का प्रकाशीय पथ दूसरे माध्यम में दो बिन्दुओं D और E के मध्य के प्रकाशीय पथ के समान है, तो प्रकाश द्वारा बिन्दु A और B तक जाने में लिए गए समय और बिन्दु C से D तक जाने में लिए गए समय का अनुपात है

(a) 5 (b) 2
(c) 1 (d) 4

4 प्रकाश की एक किरण $\mu = 2$ अपवर्तनांक वाली पट्टी पर 60° के आपतन कोण पर आपतित होती है जैसा कि चित्र में दिखाया गया है। स्लैब की मोटाई 1 मी है। किरण में पार्श्व विस्थापन है

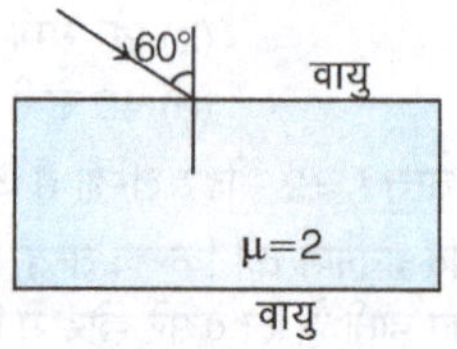

(a) 1 मी (b) 0.5 मी
(c) $\frac{\sqrt{3}}{2\sqrt{13}}(\sqrt{13}-1)$ मी (d) 2 मी

5 L लम्बाई की एक छड़ f फोकस दूरी के अवतल दर्पण की अक्ष पर स्थित है। छड़ का निकटवर्ती सिरा दर्पण से $L > f$ दूरी पर है। इसके प्रतिबिम्ब की लम्बाई होगी

(a) $\frac{Lf^2}{(L-f)(2L-f)}$ (b) $\frac{L^2f}{(L-f)(2L-f)}$
(c) $\frac{2Lf^2}{(L-f)(2L-f)}$ (d) $\frac{2L^2f}{(L-f)(2L-f)}$

6 1 मिमी भुजा का एक घन 20 सेमी फोकस दूरी वाले अवतल दर्पण के ध्रुव से 30 सेमी दूरी पर रखा गया है। इसकी एक भुजा चित्रानुसार प्रकाशीय अक्ष के समानान्तर है। घन के आयतन में आवर्धन ज्ञात कीजिए।

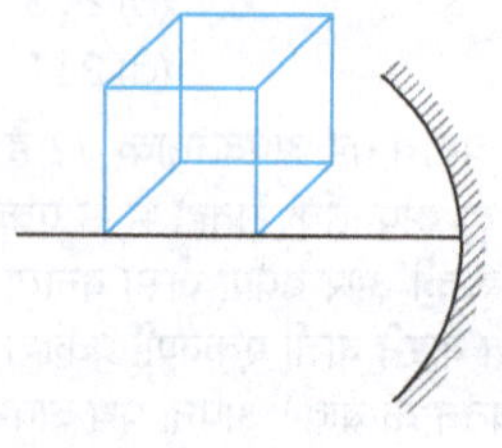

(a) 4 (b) 2
(c) 16 (d) 24

7 दो प्रकाशीय माध्यमों के बीच समतल परिसीमा होती है। मान लीजिए आपतित किरण का क्रान्तिक कोण C है और जिस पर अपवर्तित किरण परावर्तित किरण के लम्बवत होती है वह आपतन कोण i है (यह माना जाता है कि किरण प्रकाशीय रूप में सघन माध्यम से आती है) इन माध्यमों का सापेक्ष आपवर्तनांक ज्ञात कीजिए, यदि $\sin C / \sin i = \eta = 1.28$

(a) 2.25 (b) 1.25
(c) 1.50 (d) 1.75

8 प्रकाश का एक बिन्दु स्रोत उत्तल लेन्स की मुख्य अक्ष पर 30 सेमी की दूरी पर रखा गया है। उत्तल लेन्स की तरफ, 10 सेमी वक्रता त्रिज्या का एक उत्तल दर्पण रखा गया है जिससे वस्तु का सीधा प्रतिबिम्ब उत्तल दर्पण के वक्रता केन्द्र के साथ संलग्न हो जाए, लेन्स और दर्पण के बीच की दूरी है

(a) 25 सेमी (b) 50 सेमी
(c) 40 सेमी (d) 60 सेमी

9 एक पक्षी ऊर्ध्वाधर से 37° के कोण पर 10 सेमी/से की गति से उड़ रहा है, तालाब में एक मछली पक्षी को देखती है। वह कब मछली के ऊपर ऊर्ध्वाधर होता है? ($\mu_{\text{पानी}} = \frac{4}{3}$, लेने पर)

(a) पक्षी के प्रतिबिम्ब की गति 10.24 सेमी/से है
(b) पक्षी के प्रतिबिम्ब की गति 10.67 सेमी/से है
(c) जिस कोण पर पक्षी मछली की ओर उड़ता हुआ प्रतीत होता है वह $\tan^{-1}\left(\frac{9}{16}\right)$ ऊर्ध्वाधर है
(d) जिस कोण पर पक्षी मछली की ओर उड़ता हुआ प्रतीत होता है वह $\tan^{-1}\left(\frac{16}{9}\right)$ ऊर्ध्वाधर है।

प्रश्न कुंजी

शीर्षकवार प्रश्न

1 (c)	**2** (a)	**3** (b)	**4** (d)	**5** (d)	**6** (d)	**7** (d)	**8** (b)	**9** (c)	**10** (d)
11 (a)	**12** (d)	**13** (c)	**14** (a)	**15** (b)	**16** (d)	**17** (c)	**18** (c)	**19** (d)	**20** (b)
21 (c)	**22** (c)	**23** (a)	**24** (b)	**25** (b)	**26** (a)	**27** (a)	**28** (a)	**29** (d)	**30** (b)
31 (c)	**32** (c)	**33** (b)	**34** (a)	**35** (c)	**36** (b)	**37** (b)	**38** (a)	**39** (c)	**40** (a)
41 (b)	**42** (a)	**43** (a)	**44** (d)	**45** (c)	**46** (b)	**47** (a)	**48** (d)	**49** (a)	**50** (b)
51 (d)	**52** (b)	**53** (d)	**54** (b)	**55** (d)	**56** (b)	**57** (d)	**58** (c)	**59** (a)	**60** (c)
61 (c)	**62** (d)	**63** (c)	**64** (c)	**65** (c)	**66** (d)	**67** (a)	**68** (d)	**69** (c)	**70** (c)
71 (d)	**72** (b)	**73** (c)	**74** (b)	**75** (a)	**76** (b)	**77** (a)	**78** (a)	**79** (a)	**80** (a)
81 (b)	**82** (d)	**83** (a)	**84** (d)	**85** (d)	**86** (a)	**87** (b)	**88** (b)	**89** (b)	**90** (b)
91 (a)	**92** (d)	**93** (b)	**94** (d)	**95** (d)	**96** (a)	**97** (a)	**98** (d)	**99** (b)	

अभिकथन-कारण प्रश्न

1 (c)	**2** (b)	**3** (d)	**4** (b)	**5** (d)	**6** (d)	**7** (a)	**8** (a)	**9** (d)	**10** (b)

कथन आधारित प्रश्न

1 (c)	**2** (c)	**3** (d)	**4** (c)	**5** (b)	**6** (b)	**7** (d)	**8** (a)

सुमेलन प्रकार प्रश्न

1 (b)	**2** (c)	**3** (c)

आंकिक मान प्रकार के प्रश्न

1 (32)	**2** (6)	**3** (120)	**4** (30)	**5** (2)	**6** (6)	**7** (1)	**8** (20)	**9** (5)	**10** (50)

NCERT Exempar प्रश्न

1 (c)	**2** (c)	**3** (b)	**4** (b)	**5** (a)	**6** (d)	**7** (c)	**8** (a)	**9** (c)

विगत परीक्षाओं के प्रश्न

1 (b)	**2** (b)	**3** (c)	**4** (b)	**5** (b)	**6** (a)	**7** (d)	**8** (b)	**9** (b)	**10** (d)
11 (a)	**12** (b)	**13** (d)	**14** (a)	**15** (c)	**16** (c)	**17** (a)	**18** (a)	**19** (d)	

स्किल बूस्टर्स

1 (b)	**2** (a)	**3** (c)	**4** (c)	**5** (a)	**6** (c)	**7** (b)	**8** (b)	**9** (c)

क्रमवार
प्रश्नों का विश्लेषण

कॉन्सेप्ट बिल्डर्स

1 2θ 2 $n = \frac{360°}{\theta} - 1$

3 कोई परिवर्तन नहीं 4 सत्य

5 $4f$ 6 बढ़ती

7 सत्य

8 मोटाई और अपवर्तनांक

9 0°, 90° 10 अवतल

11 −30 12 असत्य

13 असत्य 14 सत्य

15 सत्य 16 कम

17 असत्य 18 घटता है

19 बड़ी, बड़ा 20 सत्य

शीर्षकवार प्रश्न

1 *(c)*

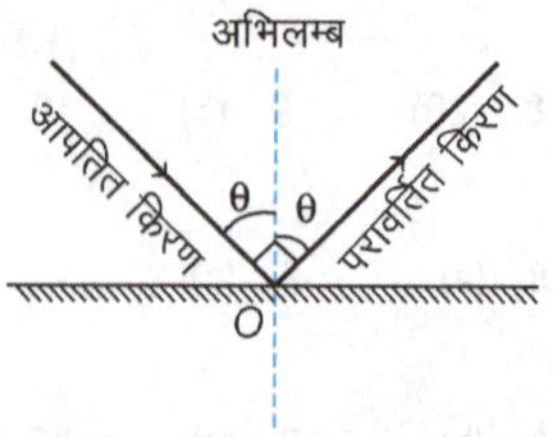

$\Rightarrow \quad \theta + \theta = 2\theta = 90°$ [आकृति से]

$\Rightarrow \quad \theta = 45°$

2 *(a)*

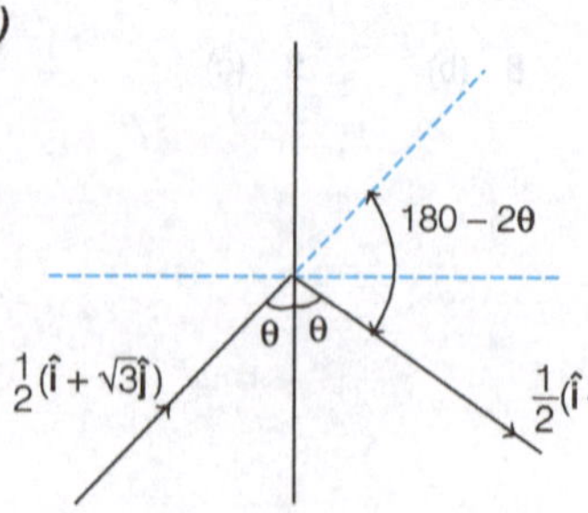

$\cos(180° - 2\theta) = \frac{\mathbf{a}\cdot\mathbf{b}}{|\mathbf{a}||\mathbf{b}|} = -\frac{1}{2} = \cos 120°$

या $\quad \theta = 30°$

3 *(b)* दर्पण की फोकस दूरी है

$$f = \frac{R}{2}$$

जहाँ, R दर्पण की वक्रता त्रिज्या है।

यहाँ, $R = 16$ सेमी

$$f = \frac{16}{2} = 8 \text{ सेमी}$$

5 *(d)*

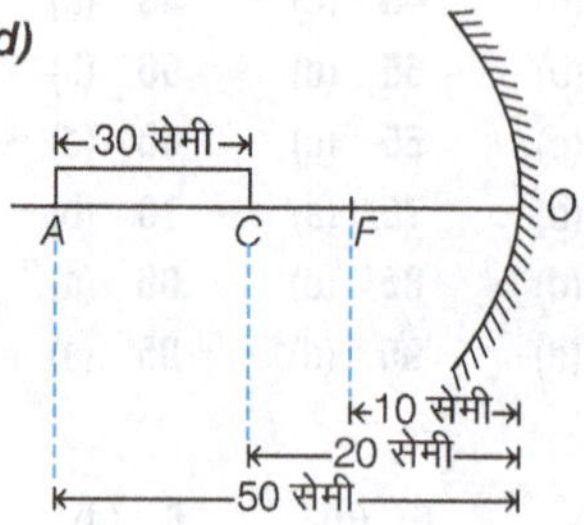

दर्पण सूत्र से, बिन्दु A की प्रतिबिम्ब दूरी,

$$\frac{1}{v_A} + \frac{1}{u_A} = \frac{1}{f}$$

$$\Rightarrow \quad \frac{1}{v_A} = \frac{1}{-10} - \frac{1}{(-50)}$$

$$\Rightarrow \quad v_A = -12.5 \text{ सेमी}$$

इसी प्रकार, C की प्रतिबिम्ब दूरी

$$\frac{1}{v_C} + \frac{1}{u_C} = \frac{1}{f}$$

$$\Rightarrow \quad \frac{1}{v_C} - \frac{1}{20} = \frac{-1}{10}$$

$$\Rightarrow \quad v_C = -20 \text{ सेमी}$$

$\therefore$ प्रतिबिम्ब की लम्बाई $= |v_A - v_C|$

$$|-12.5 - (-20)| = 7.5 \text{ सेमी}$$

6 *(d)* हम जानते हैं कि,

$$v = \left(\frac{uf}{u-f}\right) \quad \ldots(i)$$

समी (i) को u के सापेक्ष अवकलन करने पर, हमें प्राप्त होता है

$$\Rightarrow \quad dv = -\left(\frac{f}{u-f}\right)^2 du$$

$$|dv| = \left(\frac{f}{u-f}\right)^2 |du| \quad \ldots(ii)$$

यहाँ, प्रतिबिम्ब का आकार $= |dv|$,

वस्तु का आकार $= |du| = b$

प्रतिबिम्ब का आकार $= b\left(\frac{f}{u-f}\right)^2$

7 *(d)* चूँकि अवतल दर्पण वास्तविक या आभासी प्रतिबिम्ब बना सकता है, आवर्धन $m = +3$

दर्पण सूत्र से,

$$\frac{1}{v} + \frac{1}{u} = \frac{1}{f}$$

Case I $m = \frac{-v}{u} \Rightarrow 3 = \frac{-v}{-x}$ [माना $u = x$]

$$v = 3x$$

$$\therefore \quad \frac{1}{3x} - \frac{1}{x} = -\frac{1}{30} \Rightarrow x = 20 \text{ सेमी}$$

$$\Rightarrow \quad u = -20 \text{ सेमी}$$

Case II $m = -3$

$$\Rightarrow \quad \frac{f}{f-u} = -3$$

$$\Rightarrow \quad u = -40 \text{ cm}$$

8 *(b)* दर्पण सूत्र से,

$$\frac{1}{u} + \frac{1}{v} = \frac{1}{f} \quad \ldots(i)$$

समी (i) का समय के सापेक्ष अवकलन करने पर,

$$-\frac{1}{u^2}\frac{du}{dt} - \frac{1}{v^2}\frac{dv}{dt} = 0$$

$$\therefore \quad \frac{dv}{dt} = \frac{-v^2}{u^2}\left(\frac{du}{dt}\right)$$

[दिया है, $v = 30$ सेमी, $u = 10$ सेमी, $\frac{du}{dt} = 9$ मी/से]

$$= -\left(\frac{10}{30}\right)^2 \times 9 = -1 \text{ मी/से}$$

$$\Rightarrow \quad \left|\frac{dv}{dt}\right| = 1 \text{ मी/से}$$

9 *(c)* आवर्धन $m = +2$ (वास्तविक प्रतिबिम्ब)

$$m = \frac{-v}{u} = -2, \; u = -30 \text{ सेमी}$$

$$\Rightarrow \quad v = -60 \text{ सेमी}$$

फोकस दूरी, $\frac{1}{f} = \frac{1}{v} + \frac{1}{u} = \frac{1}{-60} + \frac{1}{-30}$

$$f = -20 \text{ सेमी}$$

समान आवर्धन के लिए,

$$|m| = 2 \quad \text{या} \quad m = +2$$

$$\Rightarrow \quad -\frac{v}{u} = +2 \quad \text{या} \; v = -2u$$

माना $u = -x$, तब

$$\frac{1}{f} = \frac{1}{v} + \frac{1}{u}$$

$$\Rightarrow \frac{1}{-20} = \frac{1}{2x} + \frac{1}{-x}$$

$$\Rightarrow \frac{-1}{20} = \frac{-1}{2x} \quad \text{या} \quad x = 10 \text{ सेमी}$$

अतः दर्पण से वस्तु की दूरी 10 सेमी है।

10 *(d)* दर्पण सूत्र से,

$$\frac{1}{v} + \frac{1}{u} = \frac{1}{f} = \frac{2}{R}$$

$$\frac{1}{v} + \frac{1}{u} = \frac{2}{-36} = \frac{1}{-18} \quad \ldots(i)$$

माना, $\frac{-v}{u} = -\frac{1}{9}$

$$\therefore \quad v = \frac{u}{9} \quad \ldots(ii)$$

समी (i) और (ii) से,

$$\frac{9}{u} + \frac{1}{u} = \frac{1}{-18}$$

$$u = -180 \text{ सेमी}$$

11 *(a)* रैखिक आवर्धन के रूप में,

$$m = \frac{h_2}{h_1} = \frac{-v}{u}$$

जहाँ, v प्रतिबिम्ब दूरी है।

$$\Rightarrow \quad v = \frac{-h_2}{h_1} \times u$$

$$v = -\frac{(-3)}{2} \times (-16) = -24 \text{ सेमी}$$

अब, दर्पण सूत्र का उपयोग करते हुए,

$$\frac{1}{f} = \frac{1}{v} + \frac{1}{u} = -\frac{1}{24} - \frac{1}{16}$$

$$= \frac{-2-3}{48} = \frac{-5}{48}$$

$$\Rightarrow \quad f = \frac{-48}{5} = -9.6 \text{ सेमी}$$

13 *(c)* $-\frac{v}{u} = 5$ या $v = -5u$

दर्पण सूत्र का उपयोग करते हुए,

$$\frac{1}{v} + \frac{1}{u} = \frac{1}{f}$$

$$\frac{1}{-5u} + \frac{1}{u} = -\frac{1}{0.4}$$

$$\Rightarrow \quad u = -\frac{1.6}{5} = -0.32 \text{ मी}$$

14 *(a)* दर्पण की फोकस दूरी,

$$f = \frac{R}{2} = \frac{2}{2} = 1 \text{ मी}$$

साथ ही, प्रतिबिम्ब दूरी, $u = -39$ मी

दर्पण समीकरण से हमें प्राप्त होता है

$$v = \frac{fu}{u-f} \quad \ldots(i)$$

$$v = \frac{(-39) \times 1}{-39-1} = \frac{39}{40} \text{ मी}$$

$$u = -39 + (5 \times 1)$$

$$= -39 + 5 = -34$$

$$\therefore \quad v = \frac{(-34) \times 1}{-34-1} = \frac{34}{35} \text{ मी}$$

1 सेकण्ड में प्रतिबिम्ब की स्थिति में हुआ परिवर्तन

$$\frac{39}{40} - \frac{34}{35} = \frac{1365-1360}{1400}$$

$$= \frac{5}{1400} = \frac{1}{280}$$

$$= 0.3 \times 10^{-2} \text{ मी/से}$$

15 *(b)* दिया गया है, दर्पण की गति $= v$

$\therefore$ दोनों दर्पणों का सापेक्ष वेग

$$= v - (-v) = 2v$$

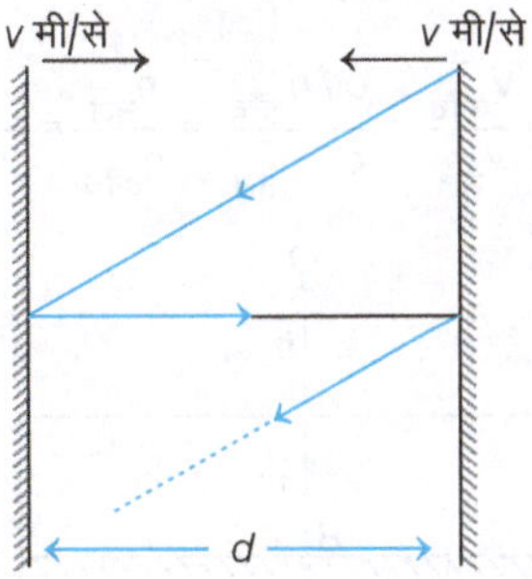

$$t = \frac{d}{2v}$$

मान लीजिए t समय में कण s मी की दूरी तय करता है

$$\therefore \quad s = 4v \times \frac{d}{2v}$$

$$s = 2d$$

17 *(c)* $${}^a n_g = \frac{\sin i}{\sin r} = \frac{\sin 50^\circ}{\sin 40^\circ} \quad \ldots(i)$$

इसी प्रकार,

$${}^a n_w = \frac{\sin 50^\circ}{\sin 45^\circ} \quad \ldots(ii)$$

$${}^w n_g = \frac{\sin 45^\circ}{\sin \theta} \quad \ldots(iii)$$

$$\because \quad {}^a n_w \times {}^w n_g = {}^a n_g$$

$$\Rightarrow \frac{\sin 50^\circ}{\sin 45^\circ} \times \frac{\sin 45^\circ}{\sin \theta} = \frac{\sin 50^\circ}{\sin 40^\circ}$$

[समी (i), (ii) और (iii) का उपयोग करके]

$$\sin \theta = \sin 40^\circ \quad \text{या} \ \theta = 40^\circ$$

18 *(c)* आकृति से,

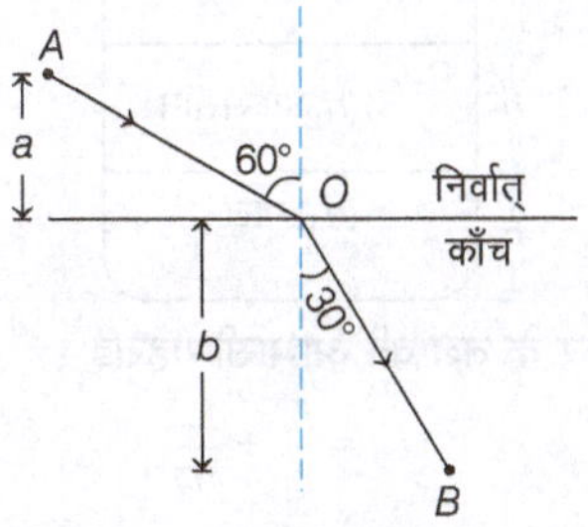

$$\Rightarrow \quad AO = \frac{a}{\cos 60^\circ} = 2a$$

$$\text{या,} \quad BO = \frac{b}{\cos 30^\circ} = \frac{2}{\sqrt{3}} b$$

प्रकाश किरण की प्रकाशीय पथ लम्बाई

$$= AO + \mu (BO)$$

यहाँ, μ को स्नेल के नियम का उपयोग करके निर्धारित किया जा सकता है, अर्थात्

$$\mu = \frac{\sin 60^\circ}{\sin 30^\circ} = \frac{\sqrt{3}/2}{1/2} = \sqrt{3}$$

$$\therefore \quad \text{प्रकाशीय पथ} = 2a + \left(\sqrt{3} \times \frac{2}{\sqrt{3}} b\right)$$

$$= 2a + 2b$$

19 *(d)*

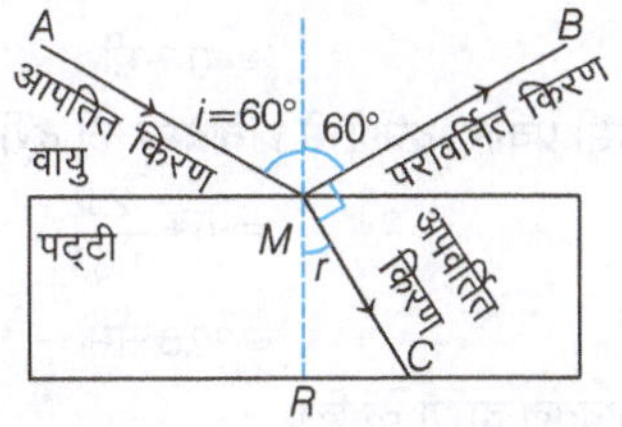

$$\angle r = 180^\circ - 90^\circ - 60^\circ = 30^\circ$$

स्नेल के नियम से,

$$\frac{\sin i}{\sin r} = \frac{n_{\text{पट्टी}}}{n_{\text{वायु}}} \Rightarrow \frac{\sin 60^\circ}{\sin 30^\circ} = \frac{n_{\text{पट्टी}}}{1.0}$$

$$\therefore \quad n_{\text{पट्टी}} = \left(\frac{\sqrt{3}}{2}\right) \times 2 = \sqrt{3}$$

20 *(b)*

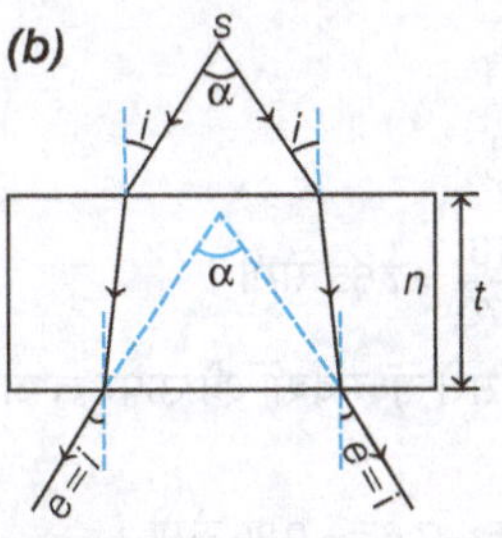

तथा, $i = e$,

इसलिए निर्गत किरण का अपसारी कोण भी समान है, अर्थात् α

21 *(c)* दिया गया बीकर इस प्रकार है,

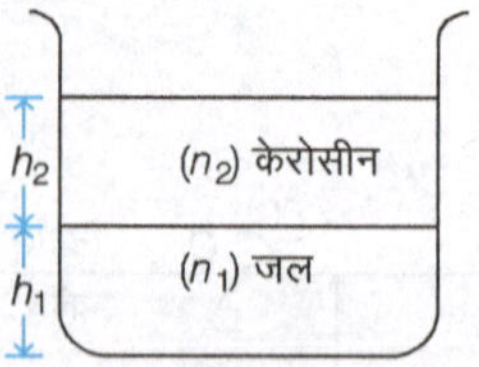

बीकर के तल की आभासी गहराई

$$= \frac{h_1}{n_1} + \frac{h_2}{n_2}$$

इस प्रकार आभासी प्रतिस्थापन = वास्तविक गहराई – आभासी गहराई

$$= (h_1 + h_2) - \left(\frac{h_1}{n_1} + \frac{h_2}{n_2}\right)$$

$$= h_1\left(1 - \frac{1}{n_1}\right) + h_2\left(1 - \frac{1}{n_2}\right)$$

22 *(c)* वस्तु की आभासी गहराई

$$= \frac{\text{वास्तविक गहराई}}{\text{अपवर्तनांक}}$$

$$= \frac{33.25}{1.33} \text{ सेमी}$$

दर्पण से वस्तु की दूरी $= 15 + \frac{33.25}{1.33}$

$= 40$ सेमी

इसी प्रकार, दर्पण से प्रतिबिम्ब की दूरी

$$= 15 + \frac{25}{1.33}$$

$= 33.8$ सेमी

अवतल दर्पण के लिए,

$$f = \frac{uv}{u+v} = \frac{(-40)\,(-33.8)}{(-40 - 33.8)}$$

$= -18.3$ सेमी

23 *(a)* $n_{\text{जल}} = \frac{h_1}{h_2} = \frac{13}{8.5} = 1.53$

मान लीजिए पेंच की नई आभासी गहराई h_3 है

$\therefore \quad n' = \frac{h_1}{h_3}$

या $\quad h_3 = \frac{h_1}{n'}$

$$= \frac{13}{170} = 7.65 \text{ सेमी}$$

$\therefore$ वह दूरी जिससे सूक्ष्मदर्शी को ऊपर ले जाया जाना चाहिए

$= 8.5 - 7.65 = 0.85$ सेमी

24 *(b)*

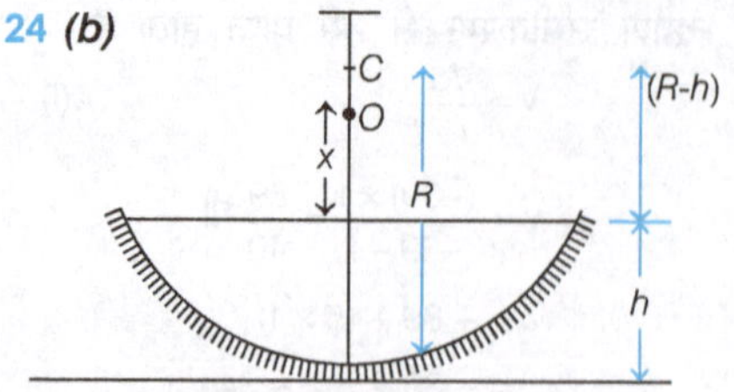

$$\because \quad \frac{\text{वास्तविक गहराई}}{\text{आभासी गहराई}} = \frac{1}{\mu}$$

$$\frac{x}{R-h} = \frac{1}{\mu}$$

$$\therefore \quad x = \frac{R-h}{\mu}$$

26 *(a)* दिया गया है, $n_{\text{तेल}} = 2,\ n_{\text{काँच}} = 3/2$

तेल में प्रकाश का चाल निम्न प्रकार दिया जाता है

$$v_{\text{तेल}} = \frac{\text{प्रकाश की चाल } c)}{n_{\text{तेल}}} = \frac{c}{n_{\text{तेल}}}$$

इसी प्रकार, $v_{\text{काँच}} = \frac{c}{n_{\text{काँच}}}$

$$\therefore \quad \frac{v_{\text{काँच}}}{v_{\text{तेल}}} = \frac{c/n_{\text{काँच}}}{c \quad n_{\text{तेल}}} = \frac{n_{\text{तेल}}}{n_{\text{काँच}}} = \frac{2}{3/2} = \frac{4}{3}$$

27 *(a)*

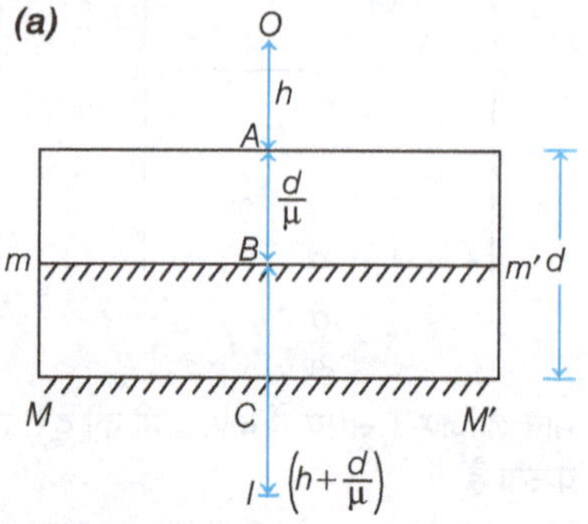

पर्यवेक्षक के सामने वाली सतह से आभासी दर्पण की दूरी mm' है

$$AB = \frac{d}{\mu}$$

$\therefore$ वस्तु O के प्रतिबिम्ब I की दर्पण से दूरी mm' है

$$BI = \left(h + \frac{d}{\mu}\right)$$

$\therefore$ प्रतिबिम्ब I के सामने वाली सतह से दूरी है

$$AI = \frac{d}{\mu} + \left(h + \frac{d}{\mu}\right)$$

$$= \left(h + \frac{2d}{\mu}\right)$$

28 *(a)*

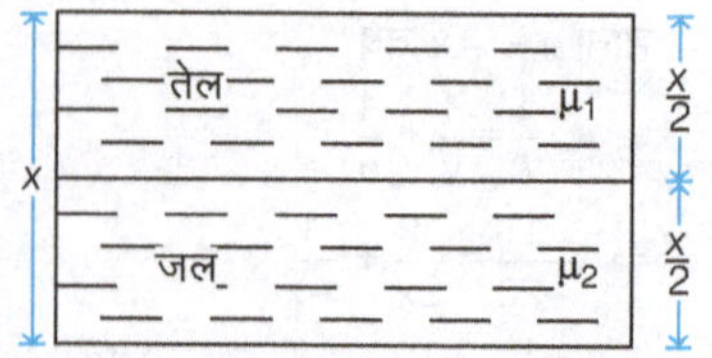

जब बर्तन को ऊपर से देखा जाता है, तो उसकी आभासी गहराई है

$$= \frac{x/2}{\mu_1} + \frac{x/2}{\mu_2} = \frac{x(\mu_1 + \mu_2)}{2\mu_1\mu_2}$$

30 *(b)* दिया गया चित्र निम्न प्रकार बनाया जा सकता है

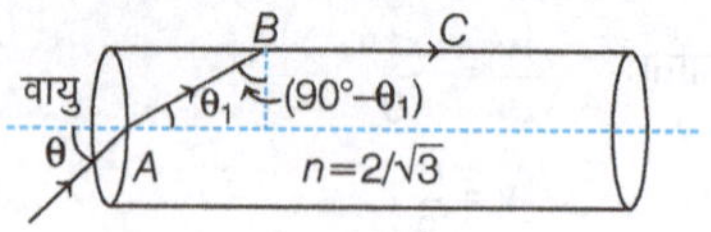

$$i_C = \sin^{-1}\frac{1}{n} \quad \text{...(i)}$$

$\Rightarrow (90° - \theta_1) =$ क्रान्तिक कोण (i_C)

$$\sin(90° - \theta_1) = \frac{\sqrt{3}}{2}$$

[समी (i) का उपयोग करके]

$\Rightarrow \quad \theta_1 = 30°$

प्रथम अंतरापृष्ठ पर स्नेल के नियम का उपयोग करते हुए,

$$n_1 \sin\theta = n_2 \sin\theta_1$$

$$\Rightarrow \quad 1 \sin\theta = \frac{2}{\sqrt{3}} \sin 30°$$

$$\Rightarrow \quad \theta = \sin^{-1}\left(\frac{1}{\sqrt{3}}\right)$$

31 *(c)* हम जानते हैं कि, $\sin\theta = \frac{n_2}{n_1}$

$$\Rightarrow \quad \sin\theta = \frac{v}{v'} \Rightarrow v' = \frac{v}{\sin\theta}$$

32 *(c)*

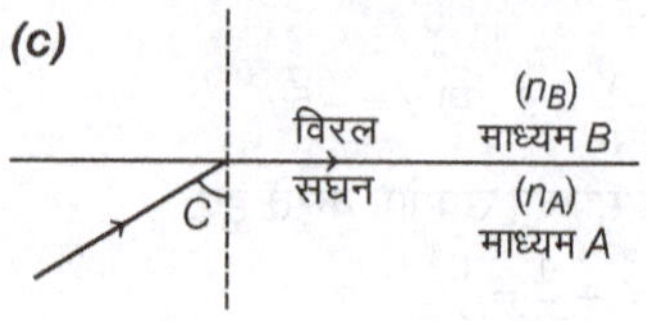

चूँकि, माध्यम के एक युग्म के लिए क्रान्तिक कोण

$$i_C = \sin^{-1}\left(\frac{n_r}{n_d}\right)$$

जैसे, $\quad \frac{v_A}{v_B} = \frac{n_B}{n_A} = \frac{n_r}{n_d}$

$$\frac{n_r}{n_d} = \frac{2\times10^8}{2.5\times10^8} = \frac{4}{5}$$

$$\therefore \quad i_C = \sin^{-1}\left(\frac{4}{5}\right)$$

33 *(b)*

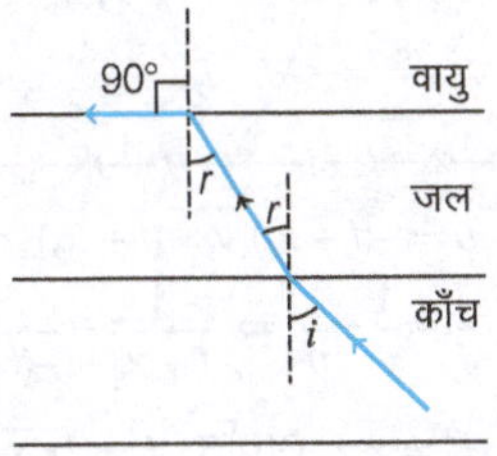

काँच-जल अंतरापृष्ठ के लिए, स्नेल का नियम लागू करने पर,

$$\Rightarrow \quad n_g = \frac{n_w \sin r}{\sin i} \quad \ldots(i)$$

पुनः $\frac{\sin r}{\sin 90°} = \frac{n_a}{n_w} = \frac{1}{n_w}$

$$\Rightarrow \quad \sin r = \frac{1}{n_w} \quad \ldots(ii)$$

समी (i) और (ii) से, हमें प्राप्त होता है

$$n_g = \frac{(n_w)\times\left(\frac{1}{n_w}\right)}{\sin i} \Rightarrow n_g = \frac{1}{\sin i}$$

34 *(a)*

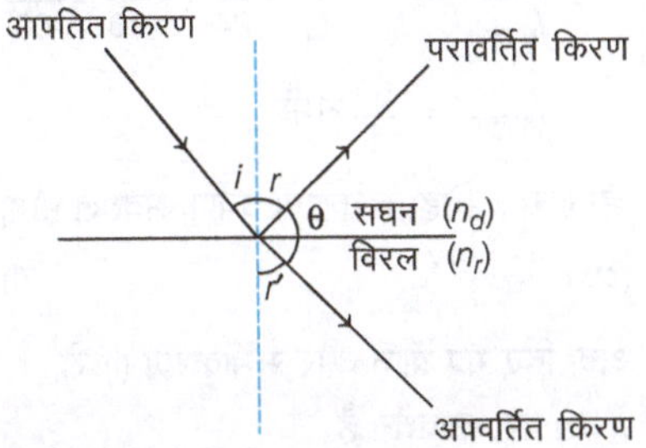

आकृति से, , $r+\theta+r' = 180°$

या, $\quad i + r' = 90° \quad [\because i = r] \ldots(i)$

स्नेल के नियम को लागू करते हुए,

$$\frac{\sin i}{\sin r'} = \frac{n_r}{n_d} \quad \ldots(ii)$$

साथ ही, क्रान्तिक कोण $= i_C = \sin^{-1}\left(\frac{n_r}{n_d}\right)$

$$\Rightarrow \quad i_C = \sin^{-1}\left(\frac{\sin i}{\sin r'}\right)$$

[समी (ii) के उपयोग से]

इसलिए, $i_C = \sin^{-1}\left(\frac{\sin i}{\cos i}\right) = \sin^{-1}(\tan i)$

या $\quad i_C = \sin^{-1}(\tan r) \quad [\because i = r]$

35 *(c)* चूँकि, क्रान्तिक कोण, $i_C = \sin^{-1}\left(\frac{n_r}{n_d}\right)$

सतह *AB* पर पूर्ण आन्तरिक परावर्तन के लिए $(\theta > i_C)$

$$\Rightarrow \quad \theta > \sin^{-1}\left(\frac{\sqrt{2}}{2}\right) \quad \ldots(i)$$

तथा सतह *CD* पर पूर्ण आन्तरिक परावर्तन के लिए,

$$\theta > \sin^{-1}\left(\frac{\sqrt{3}}{2}\right) \quad \ldots(ii)$$

दोनों समी (i) और (ii) के सही होने के लिए,

$$\theta > \sin^{-1}\left(\frac{\sqrt{3}}{2}\right)$$

$$\because \quad \sin^{-1}\left(\frac{\sqrt{3}}{2}\right) > \sin^{-1}\left(\frac{\sqrt{2}}{2}\right)$$

अतः दोनों सतहों *AB* और *CD* पर पूर्ण आन्तरिक परावर्तन तभी सम्भव है, जब

$$\Rightarrow \quad \theta > 60°$$

$$\therefore \quad \theta_{\text{न्यूनतम}} = 60°$$

36 *(b)* क्रान्तिक कोण, $i_C = \sin^{-1}\left(\frac{n_r}{n_d}\right)$

$$= \sin^{-1}\left(\frac{n_0/8}{n_0/6}\right) = \sin^{-1}\left(\frac{3}{4}\right)$$

$$\Rightarrow \sin i_C = \frac{3}{4} \quad \ldots(i)$$

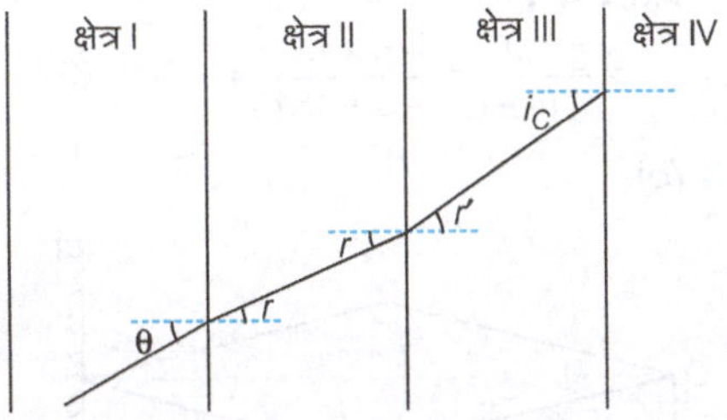

अंतरापृष्ठ पर स्नेल का नियम लागू करने पर,

$$n_1 \sin\theta = n_2 \sin r = n_3 \sin r' = \text{स्थिरांक}$$

$$\Rightarrow n_1 \sin\theta = n_3 \sin r'$$

$$\Rightarrow \quad \sin\theta = \frac{1}{6}\times\frac{3}{4} = \frac{1}{8} \quad [\text{समी (i) से}]$$

$$\Rightarrow \quad \theta = \sin^{-1}\left(\frac{1}{8}\right)$$

37 *(b)* $u = -50$ सेमी,

$\mu_1 = 1, \mu_2 = 1.5, R = 10$ सेमी

$$\therefore \quad \frac{\mu_2}{v} - \frac{\mu_1}{u} = \frac{\mu_2 - \mu_1}{R}$$

$$\Rightarrow \frac{1.5}{v} - \frac{1}{-50}v = \frac{1.5-1}{10}$$

$$\therefore \quad v = 50 \text{ सेमी}$$

39 *(c)* लेन्स मेकर सूत्र से,

$$\frac{n_2}{v} - \frac{n_1}{u} = \frac{n_2 - n_1}{R}$$

$$\Rightarrow \frac{1.5}{v} + \frac{1}{100} = \frac{0.5}{20} \Rightarrow v = +100 \text{ सेमी}$$

40 *(a)*

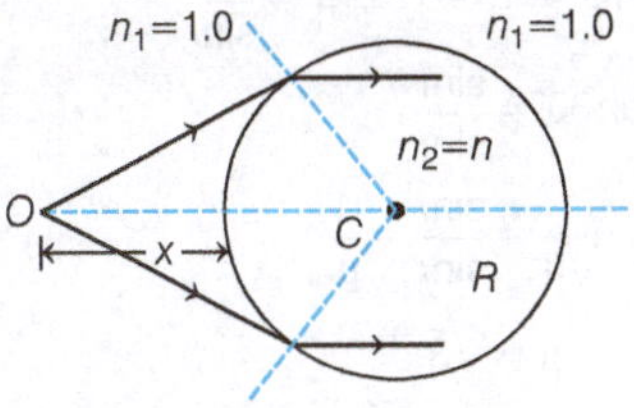

$$\frac{n_2}{v} - \frac{n_1}{u} = \frac{n_2 - n_1}{R}$$

$$\Rightarrow \quad \frac{n}{\infty} - \frac{1}{(-x)} = \frac{n-1}{+R}$$

$[\therefore n_1 = 1$ और $n_2 = n]$

या, $\quad x = \frac{R}{(n-1)}$

41 *(b)*

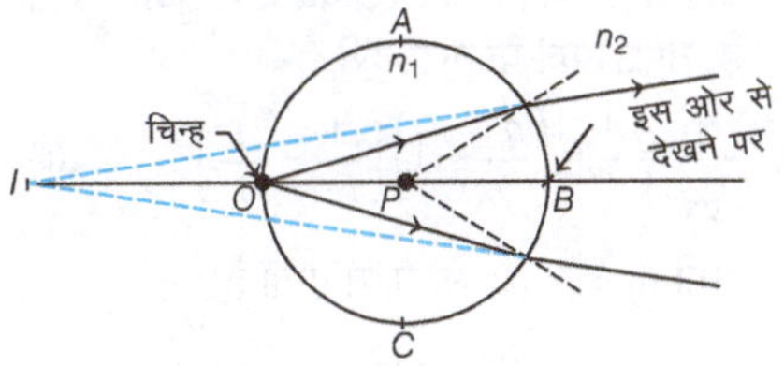

$$\frac{n_2}{v} - \frac{n_1}{u} = \frac{n_2 - n_1}{R}$$

$$\frac{1}{v} - \frac{1.5}{(-30)} = \frac{(1-1.5)}{(-15)}$$

$$\Rightarrow \quad v = -60 \text{ सेमी}$$

42 *(a)* मान लीजिए $PO = OQ = x$

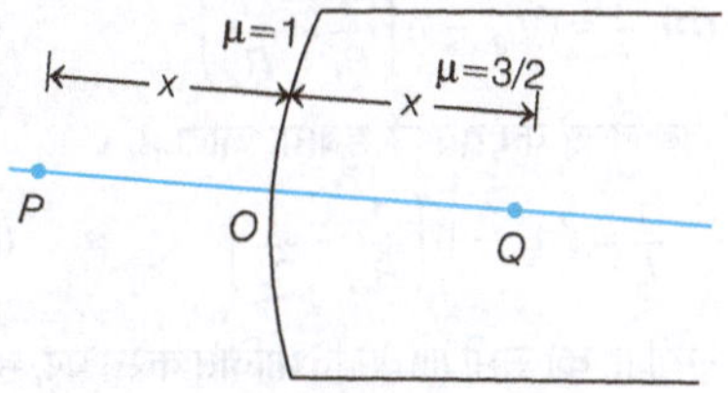

$$\frac{\mu_2}{v} - \frac{\mu_1}{u} = \frac{\mu_2 - \mu_1}{R}$$

$$\frac{\frac{3}{2}}{x} - \frac{1}{-x} = \frac{\frac{3}{2}-1}{R}$$

$$x = 5R$$

43 *(a)* $\frac{n_2}{v} - \frac{n_1}{u} = \frac{n_2 - n_1}{R}$

$$\frac{1}{v} - \frac{\frac{3}{2}}{30} = \frac{1 - \frac{3}{2}}{20}$$

$$v = +40 \text{ सेमी}$$

44 *(d)* स्नेल के नियम से, $\mu = \frac{\sin i}{\sin r}$

$$\tan 30° = \frac{\sin r}{\sin i}$$

$$\Rightarrow \quad \frac{1}{\sqrt{3}} = \frac{\sin r}{\sin i} = \frac{1}{\mu}$$

$$\Rightarrow \quad \mu = \sqrt{3}$$

$$\therefore \quad n = \frac{1}{\mu} = \frac{1}{\sqrt{3}} = (3)^{-1/2}$$

45. *(c)* $\frac{1}{f} = \left(\frac{n_2}{n_1} - 1\right)\left(\frac{1}{R_1} - \frac{1}{R_2}\right)$

वायु में एक काँच-लेन्स के लिए, फोकल लम्बाई,

$$\frac{1}{f_{\text{वायु}}} = \frac{1}{f} = \left(\frac{n_g}{n_a} - 1\right)\left(\frac{1}{R_1} - \frac{1}{R_2}\right) \quad \text{...(i)}$$

जब लेन्स को किसी तरल पदार्थ में डुबोया जाता है, तो उसकी फोकस दूरी,

$$\frac{1}{f_{\text{द्रव}}} = \frac{1}{f_l} = \left(\frac{n_g}{n_l} - 1\right)\left(\frac{1}{R_1} - \frac{1}{R_2}\right) \quad \text{...(ii)}$$

समी (i) और (ii) से, प्राप्त होता है।

$$\frac{f_l}{f} = \frac{\left(\frac{n_g}{n_a} - 1\right)}{\left(\frac{n_g}{n_l} - 1\right)}$$

$$\frac{f_l}{f} = \frac{\left(\frac{1.5}{1} - 1\right)}{\left(\frac{1.5}{1.42} - 1\right)} = \frac{71}{8} \approx 9$$

46 *(b)* $\frac{1}{f_1} = ({}^a n_g - 1)\left(\frac{1}{R_1} - \frac{1}{R_2}\right)$ ...(i)

जब लेन्स को द्रव में डुबोया जाता है,

$$\frac{1}{f_2} = ({}^l n_g - 1)\left(\frac{1}{R_1} - \frac{1}{R_2}\right) \quad \text{...(ii)}$$

समी (i) को समी (ii), से विभाजित करने पर, हमें प्राप्त होता है,

$$\frac{f_2}{f_1} = \frac{({}^a n_g - 1)}{({}^l n_g - 1)}$$

$$\Rightarrow \frac{f_2}{f_1} = \frac{(1.5 - 1)}{\left(\frac{1.5}{1.25} - 1\right)} \quad \text{या} \quad f_2 = 2.5 f_1$$

47 *(a)* लेन्स मेकर सूत्र आरोपित करने पर,

$$\frac{1}{f} = ({}^m n_g - 1)\left(\frac{1}{R_1} - \frac{1}{R_2}\right)$$

$$= \left(\frac{1.5}{1.75} - 1\right)\left(\frac{1}{-R} - \frac{1}{+R}\right)$$

$$\Rightarrow f = \frac{1.75}{0.25 \times 2} R = \frac{7}{2} R = +3.5 R$$

48 *(d)* $\frac{1}{f} = ({}^1 n_2 - 1)\left(\frac{1}{R_1} - \frac{1}{R_2}\right)$

व्यंजक $\left(\frac{1}{R_1} - \frac{1}{R_2}\right)$ ऋणात्मक है।

इसलिए, $(n_2 - 1) > 0 \Rightarrow \frac{n_2}{n_1} > 1$ या, $n_2 > n_1$

इस प्रकार, यदि लेन्स को अपवर्तनांक n_{L_2} वाले द्रव L_2 से भरा जाता है और अपवर्तनांक n_{L_1} वाले द्रव L_1 में रखा जाता है, तो उपरोक्त स्थिति सन्तुष्ट हो जाएगी और यह प्रकाश की समानान्तर किरण को अपसारित कर देगा।

49 *(a)* लेन्स मेकर के सूत्र का उपयोग करते हुए,

$$\frac{1}{f} = (n - 1)\left(\frac{1}{R_1} - \frac{1}{R_2}\right) \quad \text{...(i)}$$

$$\frac{1}{f} = (1.33 - 1)\left(\frac{1}{10} + \frac{1}{10}\right)$$

$$\Rightarrow \quad f = 15.15 \text{ सेमी}$$

प्रतिबिम्ब दूरी,

$$v = \frac{uf}{u + f} = \frac{-5 \times 15.15}{-5 + 15.15} = -7.46 \text{ सेमी}$$

50 *(b)*

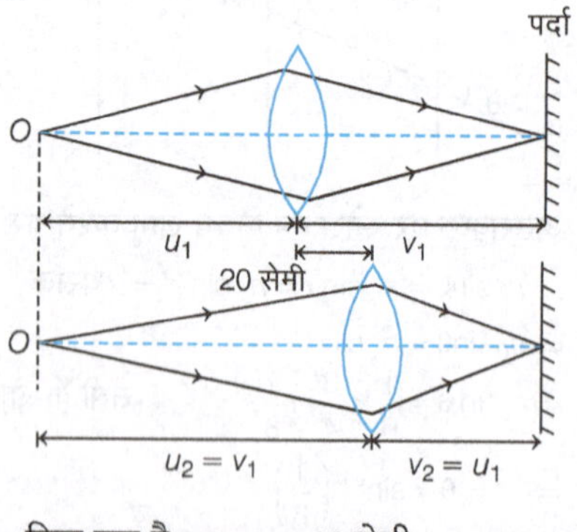

दिया गया है, $u_1 + v_1 = 90$ सेमी

$$v_1 - u_1 = 20 \text{ सेमी}$$

हल करने पर, $v_1 = 55$ सेमी , $u_1 = 35$ सेमी

लेन्स सूत्र से, $\frac{1}{v_1} - \frac{1}{u_1} = \frac{1}{f}$

$$\frac{1}{55} - \frac{1}{-35} = \frac{1}{f} \Rightarrow f = 21.4 \text{ सेमी}$$

51 *(d)*

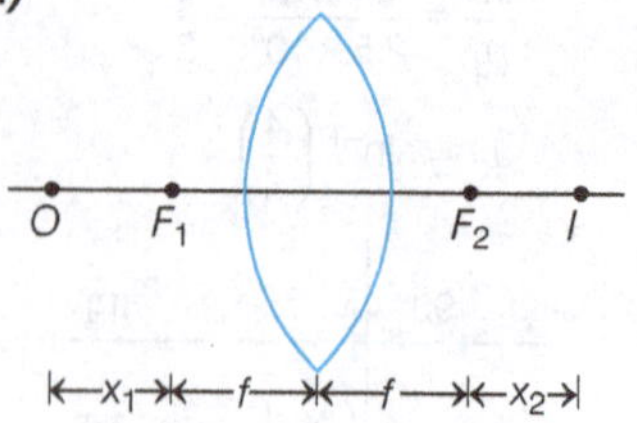

$$u = -(f + x_1), v = (f + x_2)$$

$$\frac{1}{f} = \frac{1}{v} - \frac{1}{u} \Rightarrow \frac{1}{f + x_2} - \frac{1}{-(f + x_1)}$$

$$f^2 = x_1 x_2 \text{ अर्थात्, } f = \sqrt{x_1 x_2}$$

52 *(b)* लेन्स मेकर सूत्र से,

$$\frac{1}{f_2} = (\mu_g - 1)\left[\frac{1}{R_1} - \frac{1}{R_2}\right]$$

$$\therefore \quad = (1.5 - 1)\left[\frac{1}{20} - \frac{1}{-30}\right]$$

या, $f_L = \frac{120}{5} = 24$ सेमी

अब दर्पण की फोकस दूरी,

$$f_m = \frac{R}{2} = \frac{-20}{2}$$

$$f_m = -10 \text{ सेमी}$$

$\therefore$ समतुल्य फोकस दूरी है

$$\frac{1}{f_{\text{समतुल्य}}} = \frac{-2}{f_L} + \frac{1}{f_M} = \frac{-2}{24} + \frac{1}{-10} = \frac{-11}{60}$$

$$f_{\text{समतुल्य}} = \frac{-60}{11} \text{ सेमी}$$

ऋणात्मक चिह्न के कारण दर्पण अवतल होगा

53 *(d)* $m = 1 - \frac{v}{f}$ ...(i)

अब, दिए गए ग्राफ और समीकरण (i) से,

$v = a$ पर, आवर्धन है

$$m_1 = 1 - \frac{a}{f} \quad \text{...(ii)}$$

$v = a + b$, पर, आवर्धन है

$$m_2 = 1 - \frac{a + b}{f} \quad \text{...(iii)}$$

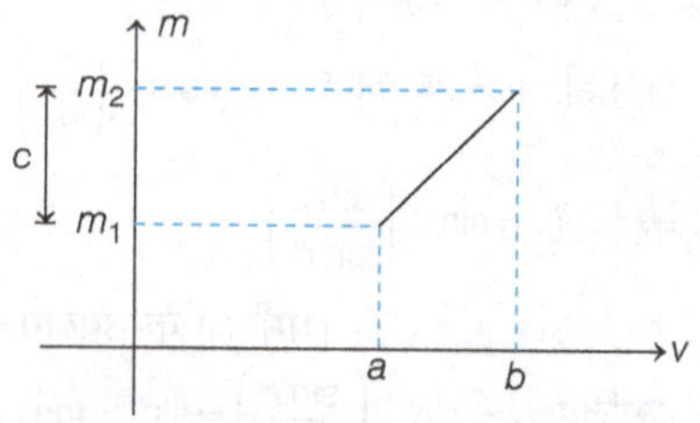

ग्राफ से हम यह भी कह सकते हैं कि

$$m_2 - m_1 = c \quad \text{...(iv)}$$

अतः समी (ii), (iii) और (iv) से, हमें प्राप्त होता है

$$\left(1-\frac{(a+b)}{f}\right)-\left(1-\frac{a}{f}\right)=c$$

⇒ $f=-\frac{b}{c}$

या $|f|=\frac{b}{c}$

54 *(b)* $f=\frac{100}{20}=5$ सेमी

लेन्स मेकर सूत्र से,

$$\frac{1}{f}=(n-1)\left(\frac{1}{R_1}-\frac{1}{R_2}\right)$$

⇒ $\frac{1}{f}=(n-1)\left(\frac{1}{R}+\frac{1}{R}\right)$

$\frac{1}{5}=(n-1)\left(\frac{2}{5}\right)$

⇒ $n=3/2$

55 *(d)* समतुल्य फोकस दूरी के लिए

$$\frac{1}{f}=\frac{1}{f_1}+\frac{1}{f_2}+\frac{1}{f_3}$$

⇒ $\frac{1}{f}=\frac{1}{(+40)}+\frac{1}{(-40)}+\frac{1}{(-15)}$

⇒ $f=-15$ सेमी

चूँकि क्षमता, P (डायोप्टर में)

$=\frac{1}{f\,(\text{मी में})}$

$=-\frac{100}{15}=-\frac{20}{3}$

$=-6.67$ डायोप्टर

56 *(b)*

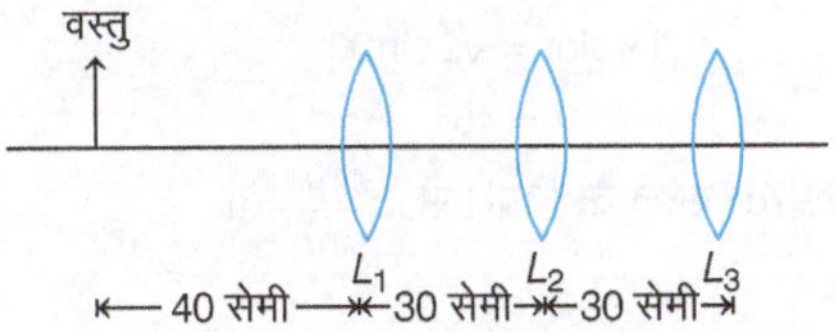

प्रथम लेन्स से अपवर्तन के लिए, L_1

$\frac{1}{v}=\frac{1}{10}-\frac{1}{40}=\frac{3}{40}$ सेमी

⇒ $v=\frac{40}{3}$ सेमी

यह प्रतिबिम्ब दूसरे लेन्स L_2 के लिए एक वस्तु के रूप में कार्य करता है।

∴ दूसरे लेन्स के लिए वस्तु दूरी L_2

$|u|=30-\frac{40}{3}=\frac{50}{3}$ सेमी

अब, L_2 से अपवर्तन के लिए,

⇒ $\frac{1}{v}=\frac{1}{u}+\frac{1}{f}$

$=\frac{1}{10}-\frac{3}{50}=\frac{2}{50}$

⇒ $v=25$ सेमी

यह प्रतिबिम्ब तीसरे लेन्स L_3 के लिए एक वस्तु के रूप में कार्य करता है

∴ तीसरे लेन्स के लिए वस्तु दूरी L_3

$=|u|=30-25=5$ सेमी

L_3 से अपवर्तन के लिए,

$\frac{1}{v}=\frac{1}{f}+\frac{1}{u}=\frac{1}{10}-\frac{1}{5}$

या, $v=-10$ सेमी

∴ L_1 से दूरी अर्थात् अन्तिम प्रतिबिम्ब की स्थिति

$=30+(30-10)=50$ सेमी

57 *(d)*

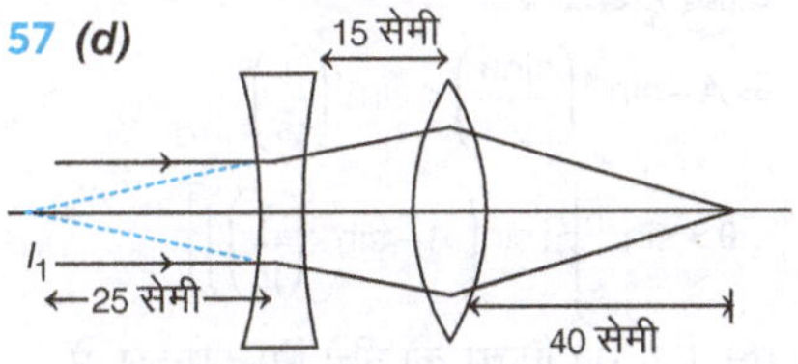

अवतल लेन्स के लिए,

$\frac{1}{f_1}=\frac{1}{v_1}-\frac{1}{u_1} \Rightarrow \frac{-1}{25}=\frac{1}{v_1}-\frac{1}{\infty}$

⇒ $v_1=-25$ सेमी

उत्तल लेन्स के लिए,

$\frac{1}{f_2}=\frac{1}{v_2}-\frac{1}{u_2}$

$\frac{1}{20}=\frac{1}{v_2}-\frac{1}{(-25-15)}$

⇒ $\frac{1}{20}=\frac{1}{v_2}-\frac{1}{-40}$

$v_2=40$ सेमी

धनात्मक चिह्न दर्शाता है कि प्रतिबिम्ब वास्तविक तथा अभिसारी लेन्स से 40 सेमी की दूरी पर बनेगा।

58 *(c)* लेन्स का आवर्धन, $|m|=\frac{|v|}{|u|}$

स्थिति I $u_1=-0.15$ मी $=-15$ सेमी,

$v_1=?$ और $m_1=?$

स्थिति II $u_2=-0.2$ मीटर $=-20$ सेमी

$v_2=?$ और $m_2=?$

दिया है, $|m_1|=2|m_2|$,

⇒ $\frac{|v_1|}{|u_1|}=2\frac{|v_2|}{|u_2|}$

⇒ $\frac{|v_1|}{|v_2|}=\frac{2\times15}{20}=\frac{3}{2}$

⇒ $|v_1|=\frac{3}{2}|v_2|$ या $v_1=\frac{3}{2}v_2$

पतले लेन्स का सूत्र आरोपित करने पर,

$\frac{1}{v}-\frac{1}{u}=\frac{1}{f}$

और $\frac{1}{f}=\frac{1}{v_1}-\frac{1}{u_1}$ ...(i)

और $\frac{1}{f}=\frac{1}{v_2}-\frac{1}{u_2}$ ...(ii)

समी (i) और (ii) से,

$\frac{1}{v_1}-\frac{1}{u_1}=\frac{1}{v_2}-\frac{1}{u_2}$

या $v_2=+20$ सेमी

⇒ $v_1=\frac{3}{2}\times v_2=\frac{3}{2}\times20=+30$ सेमी

समी (i) से,

$\frac{1}{f}=\frac{1}{+30}-\frac{1}{(-15)}=\frac{3}{30}$

∴ $f=10$ सेमी $=0.10$ मी

59 *(a)* $R=10$ सेमी

वस्तु की दूरी $=21$ सेमी

पट्टी के कारण परिवर्तन

$=t\left(1-\frac{1}{\mu}\right)=3\left(1-\frac{2}{3}\right)=1$ सेमी

किरण (आपतित) की दिशा में

अतः $u=-21+1=-20$ सेमी

$f=\frac{R}{2}=5$ सेमी

अब, $\frac{1}{v}-\frac{1}{u}=-\frac{1}{f} \Rightarrow \frac{1}{v}-\frac{1}{-20}=-\frac{1}{5}$

$v=-\frac{20}{3}$ सेमी

प्रतिबिम्ब की अन्तिम स्थिति $=v-1$

$=\frac{20}{3}-1=\frac{17}{3}=5.67$ सेमी

60 *(c)* दिए गए दो लेन्सों के संयोजन की फोकस दूरी,

$\frac{1}{f}=\frac{1}{f_1}+\frac{1}{f_2}$ ...(i)

समतलोत्तल लेन्स के लिए,

$\frac{1}{f_1}=(n_1-1)\left(\frac{1}{R}-\frac{1}{\infty}\right)=\frac{n_1-1}{R}$

इसी प्रकार, समतावतल लेन्स के लिए,

$R_1=-R$ और $R_2=\infty$

इसलिए, $\frac{1}{f_2}=(n_2-1)\left(\frac{1}{-R}-\frac{1}{\infty}\right)=\frac{-(n_2-1)}{R}$

$\frac{1}{f_1}$ और $\frac{1}{f_2}$ के मानों को समी (i), में रखने पर हमें प्राप्त होता है

$$\frac{1}{f} = \frac{(n_1 - 1)}{R} - \frac{(n_2 - 1)}{R}$$

$$f = \frac{R}{n_1 - n_2}$$

61 *(c)* दी गई स्थिति को निम्न प्रकार से दर्शाया जा सकता है

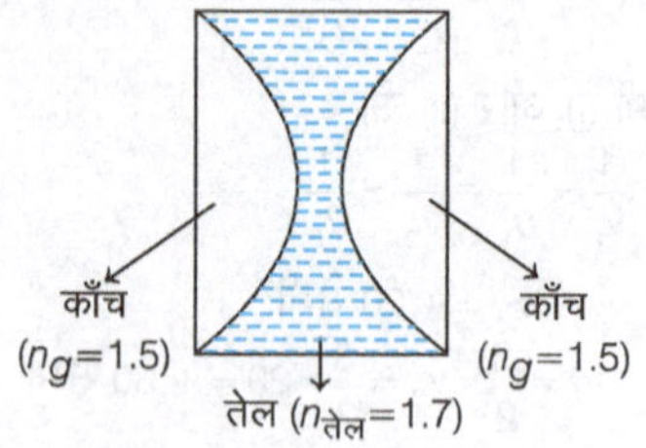

लेंस मेकर के सूत्र से,

$$\frac{1}{f} = (n-1)\left[\frac{1}{R_1} - \frac{1}{R_2}\right]$$

समतलोत्तल लेन्स के लिए, $R_1 = R$ और समतल सतह के लिए, $R_2 = \infty$

$$\therefore \quad \frac{1}{f_{समतलोत्तल\ लेन्स}} = (1.5-1)\left(\frac{1}{R} - 0\right)$$

$$\Rightarrow \quad \frac{1}{f_{समतलोत्तल\ लेन्स}} = \frac{0.5}{R} \quad ...(i)$$

$$\frac{1}{f_{अवतल}} = (1.7-1)\left(-\frac{1}{R} - \frac{1}{R}\right) = \frac{-1.4}{R} \quad ...(ii)$$

इसलिए,

$$\frac{1}{f_{तुल्य}} = 2 \times \frac{1}{f_{समतलोत्तल\ लेन्स}} + \frac{1}{f_{अवतल}}$$

$$= 2 \times \frac{0.5}{R} + \left(\frac{-1.4}{R}\right)$$

प्रश्नानुसार, $R = 20$ सेमी

$$\therefore \quad f_{तुल्य} = -\frac{R}{0.4} = -\frac{20}{0.4} = -50 \text{ सेमी}$$

63 *(c)* चूँकि अपवर्तित किरण विपरीत सतह से अभिलम्बवत् निकलती है,

$$\therefore \quad r_2 = 0$$

$$\therefore \quad r_1 + r_2 = A \Rightarrow r_1 = A$$

स्नेल के नियम से,

$$1 \sin i = \mu \sin r_1 = \mu \sin A$$

छोटे कोणों के लिए, $\sin i \approx i$ और $\sin A \approx A$

$$\therefore \quad i = \mu A$$

64 *(c)* सतह AB पर स्नेल का नियम

$$1 \sin\theta = \mu \sin r_1$$

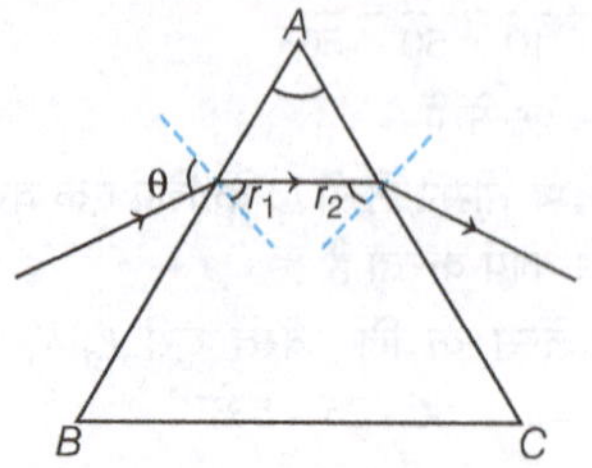

$$r_1 = \sin^{-1}\left(\frac{\sin\theta}{\mu}\right)$$

$$\therefore \ r_2 = A - r_1 = A - \sin^{-1}\left(\frac{\sin\theta}{\mu}\right)$$

किरण को AC के माध्यम से प्रेषित किया जाना चाहिए $r_2 < i_C$

$$\Rightarrow A - \sin^{-1}\left(\frac{\sin\theta}{\mu}\right) < \sin^{-1}\left(\frac{1}{\mu}\right)$$

$$\therefore \ \theta > \sin^{-1}\left[\mu \sin\left(A - \sin^{-1}\left(\frac{1}{\mu}\right)\right)\right]$$

65 *(c)* दिए गए प्रिज्म को नीचे निम्न प्रकार से दर्शाया जा सकता है।

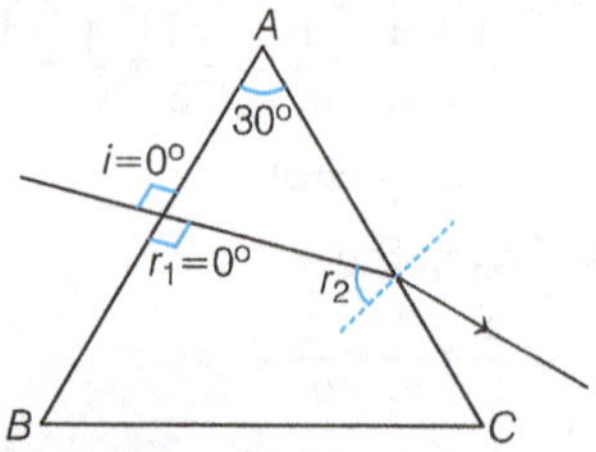

दिया गया है, $A = 30°$, $i = 0° \Rightarrow r_1 = 0°$

चूँकि प्रिज्म का कोण

$$A = r_1 + r_2$$

$$\Rightarrow \quad 30° = 0 + r_2$$

$$\Rightarrow \quad r_2 = 30°$$

66 *(d)*

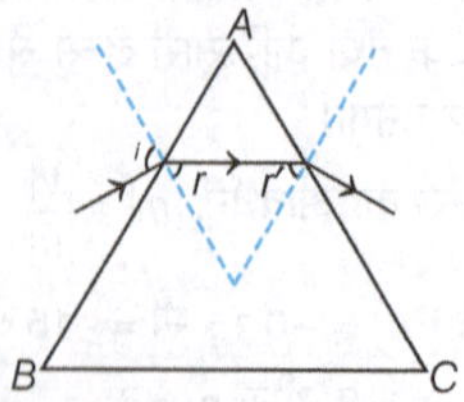

$$r' \le C$$

$$(r + r' = A)$$

$$(A - r) \le C$$

$$A \le (r + C)$$

$$r_{अधिकतम} = C \text{ यदि } i = 90°$$

$$A \le 2C$$

$$\frac{A}{2} \le \sin^{-1}\left(\frac{1}{\mu}\right)$$

$$\mu \le \sqrt{1 + \cot^2\left(\frac{A}{2}\right)}$$

$$\mu_{अधिकतम} = \sqrt{1 + \cot^2\left(\frac{A}{2}\right)}$$

67 *(a)*

$$\mu = \frac{\sin\frac{A + D_m}{2}}{\sin\frac{A}{2}}$$

$$\therefore \quad A = D_m$$

अतः
$$\mu = \frac{\sin\frac{A+A}{2}}{\sin\frac{A}{2}} \Rightarrow 1.732 = \frac{\sin A}{\sin\frac{A}{2}}$$

$$A = 60°$$

68 *(d)*

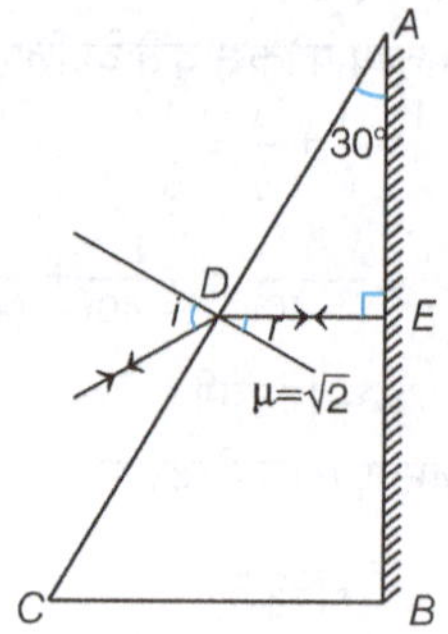

तो, अपवर्तन कोण,

$$r = 90° - 60° = 30°$$

स्नेल के नियम से,

$$n_1 \sin i = n_2 \sin r$$

$$1 \times \sin i = \sqrt{2} \sin 30°$$

$$i = 45°$$

69 *(c)* स्नेल के नियम से, $\frac{\sin i}{\sin r} = \mu$

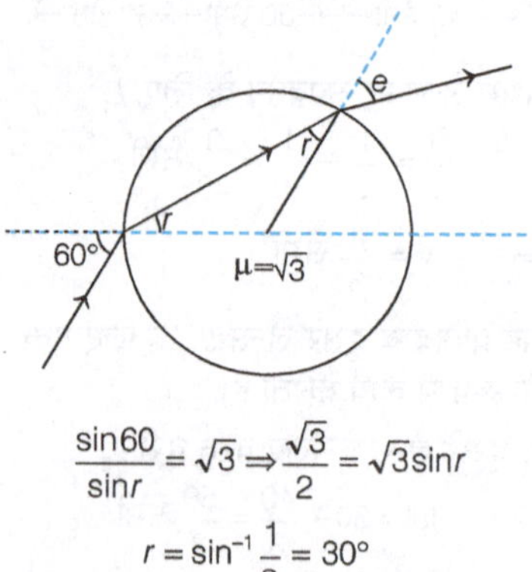

$$\frac{\sin 60}{\sin r} = \sqrt{3} \Rightarrow \frac{\sqrt{3}}{2} = \sqrt{3} \sin r$$

$$r = \sin^{-1}\frac{1}{2} = 30°$$

पुनः सतह 2 पर स्नेह का नियम आरोपित करने पर,

$$\frac{\sin e}{\sin r} = \sqrt{3}$$

$$\sin e = \sqrt{3}\sin r = \sqrt{3} \times \frac{1}{2}$$

$$e = 60°$$

प्रथम सतह पर विचलन है

$$\delta_1 = i - r = 60 - 30 = 30°$$

दूसरी सतह पर विचलन

$$\delta_2 = 60° - 30° = 30°$$

कुल विचलन, $\delta_{कुल} = 30° + 30° = 60°$

70 *(c)* जब प्रकाश किरण आधार के समान्तर गमन करती है, तो प्रकाश न्यूनतम विचलन से गुजरता है। इसलिए, न्यूनतम विचलन के लिए,

$D_{न्यूनतम} = 40°$

$i = e = 45°$ (चित्र से)

71 *(d)*

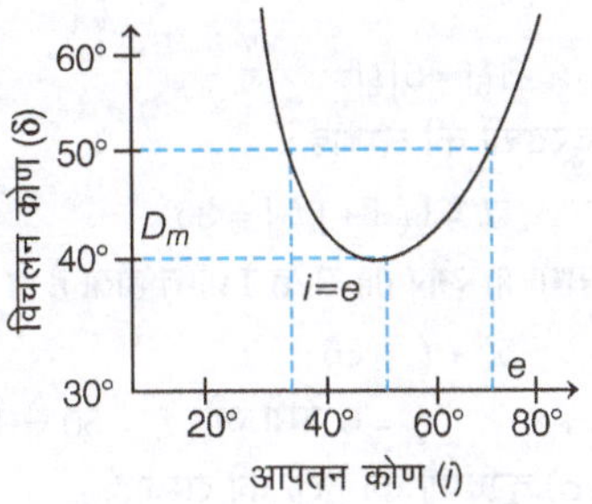

72 *(b)* दिए गए समबाहु प्रिज्म के लिए,

$$A = 60°$$

$$i = e = \frac{3}{4}A = \frac{3}{4} \times 60° = 45°$$

सम्बन्ध से, $A + D = i + e$

हम रखते है, $60° + D = 45° + 45°$

$$\Rightarrow \quad D = 90° - 60° = 30°$$

73 *(c)* प्रिज्म सूत्र का उपयोग करके

$$n = \sqrt{3} = \frac{\sin\left(\frac{A+\delta}{2}\right)}{\sin\left(\frac{A}{2}\right)} \text{ या } \frac{60+\delta}{2} = 60°$$

या न्यूनतम विचलन कोण $\delta = 60°$

आपतन कोण, $i = \frac{60+\delta}{2} = 60°$

74 *(b)* हम जानते हैं, कि एक प्रिज्म का अपवर्तनांक

$$n = \frac{\sin\left(\frac{A+D_m}{2}\right)}{\sin\frac{A}{2}}$$

$$\Rightarrow \quad \cot\frac{A}{2} = \frac{\sin\left(\frac{A+D_m}{2}\right)}{\sin\frac{A}{2}}$$

$$\Rightarrow \quad D_m = 180° - 2A$$

75 *(a)* प्रिज्म सूत्र के अनुसार,

$$n = \frac{\sin\left(\frac{A+D_m}{2}\right)}{\sin\left(\frac{A}{2}\right)}$$

$$n = \frac{\sin\left(\frac{60°+30°}{2}\right)}{\sin\left(\frac{60°}{2}\right)}$$

$$= \frac{\sin 45°}{\sin 30°}$$

या $\quad n = \sqrt{2}$

$$\Rightarrow \quad v = \frac{c}{n} = \frac{3\times10^8}{\sqrt{2}}$$

$$= \frac{3}{\sqrt{2}} \times 10^8 \text{ मी/से}$$

76 *(b)* प्रिज्म सूत्र से,

$$n = \frac{\sin\left(\frac{A+D_m}{2}\right)}{\sin\left(\frac{A}{2}\right)}$$

$$\Rightarrow n = \frac{\sin\left(\frac{A+A}{2}\right)}{\sin\left(\frac{A}{2}\right)}$$

$$n = 2\left\{\cos\left(\frac{A}{2}\right)\right\}$$

दी गई स्थिति में A का मान 0° से 90° तक परिवर्तित होता है।

$$\Rightarrow \quad n = 2\cos\left(\frac{90°}{2}\right) = n_{न्यूनतम} = \sqrt{2}$$

$$n_{अधिकतम} = n' = 2\cos 0° = 2$$

77 *(a)* हम जानते हैं,

$$D_m = (i_1 + i_2) - A$$

$$\Rightarrow \quad 40° = (35° + 79°) - A \Rightarrow A = 74°$$

अब, प्रिज्म सूत्र से,

$$n = \frac{\sin\left(\frac{A+D_m}{2}\right)}{\sin\left(\frac{A}{2}\right)}$$

$$n = \frac{\sin\left(\frac{74°+40°}{2}\right)}{\sin\left(\frac{74°}{2}\right)} \approx 1.4$$

78 *(a)*

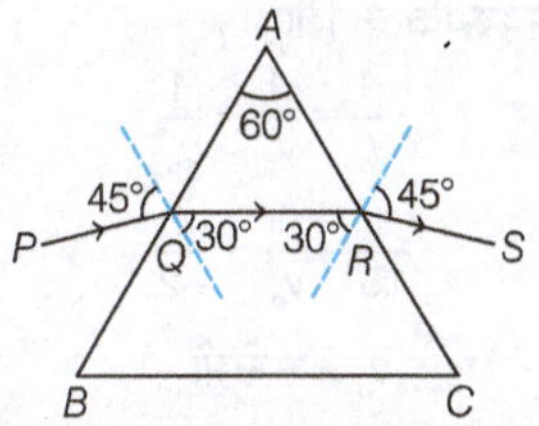

इसलिए, किरण न्यूनतम विचलन से गुजरती है

$$D_{न्यूनतम} = i + e - (r + r')$$

$$= 90° - 60° = 30°$$

हम यह भी जानते हैं कि,

$$n = \frac{\sin\left(\frac{A+D_m}{2}\right)}{\sin\frac{A}{2}}$$

$$\therefore \quad n = \frac{\sin\left(\frac{60°+30°}{2}\right)}{\sin\left(\frac{60°}{2}\right)} = \frac{\sin 45°}{\sin 30°}$$

$$= \frac{1/\sqrt{2}}{1/2} = \frac{2}{\sqrt{2}} = \sqrt{2}$$

79 *(a)* $D = (n-1)A$

$$\Rightarrow \quad A = \frac{D}{n-1} = \frac{5.5}{1.57-1} = 9.65°$$

80 *(a)* क्राउन काँस द्वारा उत्पादित विचलन,

$$D = (n-1)A = (1.51 - 1) \times 5 = 2.55°$$

और फ्लिण्ट काँच द्वारा उत्पादित विचलन,

$$D' = (1.65 - 1)A' = 0.65\,A'$$

बिना किसी विचलन के लिए, $D' = D$

या $\quad 0.65\,A' = 2.55$

$$A' = \frac{2.55}{0.65} = 3.92°$$

81 *(b)* नीले रंग के प्रकाश के लिए,

$$D_b = (n_b - 1)A$$

इसी प्रकार, लाल रंग के प्रकाश के लिए,

$$D_r = (n_r - 1)A$$

∴ उत्सर्जित नीली और लाल किरणों के बीच का कोण

$$= D_b - D_r = (n_b - n_r)A$$

$$= (1.659 - 1.641) \times 5$$

$$= 0.018 \times 5° = 0.09°$$

82 *(d)* संयुक्त सूक्ष्मदर्शी के लिए,

$f_o = 1.5$ सेमी, $f_e = 6.25$ सेमी

$u_o = -2$ सेमी

$v_e = -25$ सेमी

अभिदृश्यक के लिए,

$$\frac{1}{f_o}=\frac{1}{v_o}-\frac{1}{u_o}$$

⇒ $\frac{1}{1.5}=\frac{1}{v_o}-\frac{1}{-2}$

∴ $v_o=6$ सेमी

नेत्रिका के लिए,

$$\frac{1}{f_e}=\frac{1}{v_e}-\frac{1}{u_e}$$

⇒ $\frac{1}{2.5}=\frac{1}{-25}-\frac{1}{u_e}$

∴ $u_e=-5$ सेमी

∴ दो लेन्सों के बीच की दूरी है

$|v_o|+|u_e|=6+|-5|=11$ सेमी

83 *(a)* संयुक्त सूक्ष्मदर्शी के लिए

$D=25$ सेमी, $f_o=8$ मिमी $=0.8$ सेमी

$f_e=2.5$ सेमी, $u_o=-9$ मिमी

$=-0.9$ सेमी,

$v_e=-D=-25$ सेमी

अभिदृश्यक के लिए,

$$\frac{1}{f_o}=\frac{1}{v_o}-\frac{1}{u_o}\Rightarrow\frac{1}{0.8}=\frac{1}{v_o}-\frac{1}{-0.9}$$

∴ $v_o=7.2$ सेमी

नेत्रिका के लिए,

$$\frac{1}{f_e}=\frac{1}{v_e}-\frac{1}{u_e}$$

⇒ $\frac{1}{2.5}=\frac{1}{-25}-\frac{1}{u_e}$

∴ $u_e=-2.27$ सेमी

∴ दो लेन्सो के बीच की दूरी है

$|v_0|+|u_e|=7.2+|-2.27|=9.47$ सेमी

84 *(d)* खगोलीय दूरदर्शी के लिए,

$f_o=50$ सेमी, $f_e=5$ सेमी, $D=25$ सेमी

जब अन्तिम प्रतिबिम्ब स्पष्ट दृष्टि की न्यूनतम दूरी पर बनता है, तो दूरदर्शी की लम्बाई निम्न प्रकार से दी जाती है

$$L=f_o+\frac{f_eD}{f_e+D}=50+\frac{5\times25}{5+25}$$

$=\frac{325}{6}$ सेमी

86 *(a)* लेन्स सूत्र से,

$$v=\frac{uf}{u+f}=\frac{-9\times10}{-9+10}=-90 \text{ सेमी}$$

आवर्धन, $m=\frac{v}{u}=\frac{-90}{-9}=10$

∴ आवर्धक लेन्स के माध्यम से कार्ड का आभासी क्षेत्र

= (1 मिमी × 10) × (1 मिमी × 10)

= 100 मिमी^{2} = 1 सेमी^{2}

87 *(b)* अभिदृश्यक, $\frac{1}{v_o}-\frac{1}{u_o}=\frac{1}{f}$

⇒ $\frac{1}{v_o}=\frac{1}{1.2}-\frac{1}{2}$

⇒ $v_o=3$ सेमी

नेत्रिका के लिए,

$$\frac{1}{v_e}-\frac{1}{u_e}=\frac{1}{f_e}$$

⇒ $\frac{1}{-25}-\frac{1}{u_e}=\frac{1}{6.25}$

⇒ $-\frac{1}{u_e}=\frac{1}{6.25}+\frac{1}{25}$

$u_e=-5$ सेमी

दो लेन्सों के बीच की दूरी

$=|v_o|+|u_e|=3+5=8$ सेमी

88 *(b)* अभिदृश्यक के कारण आवर्धन है

$$m_0=\frac{L}{f_o}=\frac{20}{1}=20$$

और नेत्रिका के कारण है $m_e=\frac{D}{f_e}$

⇒ $m_e=\frac{25}{2}=12.5$

संयुक्त सूक्ष्मदर्शी का आवर्धन है

$$|m|=m_0m_e=\left(\frac{L}{f_o}\right)\left(\frac{D}{f_e}\right)$$

$=20\times12.5=250$

89 *(b)* नेत्रिका द्वारा प्रतिबिम्ब

$$\frac{1}{v_e}-\frac{1}{u_e}=\frac{1}{f_e}$$

⇒ $\frac{1}{-25}-\frac{1}{-u_e}=\frac{1}{\frac{25}{4}}$

$\frac{1}{u_e}=\frac{4}{25}+\frac{1}{25}$

⇒ $u_e=5$ सेमी

$L=v+|u_e|$

$15=v_o+5$

⇒ $v_o=15-5=10$ सेमी

अभिदृश्यक द्वारा प्रतिबिम्ब

$$\frac{1}{v_0}-\frac{1}{u_0}=\frac{1}{f_0}$$

⇒ $\frac{1}{10}-\frac{1}{-u_o}=\frac{1}{2}$

$\frac{1}{u_o}=\frac{1}{2}-\frac{1}{10}=\frac{4}{10}$

$u_o=\frac{5}{2}$ सेमी $=2.5$ सेमी

90 *(b)* चन्द्रमा द्वारा अभिदृश्यक पर बनाया गया कोण

$$\theta_0=\frac{3.5\times10^3}{3.8\times10^5}=9.2\times10^{-3} \text{ (रेडियन)}$$

$$=\left(9.2\times10^{-3}\times\frac{180}{\pi}\right)^\circ=0.5^\circ$$

$|m|=\frac{f_o}{f_e}=\frac{400}{10}=40$ मी

$m=\frac{\theta}{\theta_0}\Rightarrow 40=\frac{\theta}{(0.5)^\circ}$

$\theta=20^\circ$

92 *(d)* ∴ दूरदर्शी के लिए $|m|=\frac{|f_o|}{|f_e|}=5$

⇒ $|f_o|=5|f_e|$ ...(i)

दूरदर्शी की लम्बाई

$L=|f_o|+|f_e|=36$ ...(ii)

समी (i) और (ii) से, हमें प्राप्त होता है

$5f_e+f_e=36$

⇒ $f_e=6$ सेमी और $f_o=30$ सेमी

93 *(b)* दूरदर्शी की नली की लम्बाई,

$L=f_o+f_e$

⇒ $L=1.5+0.05=1.55$ मी

94 *(d)*

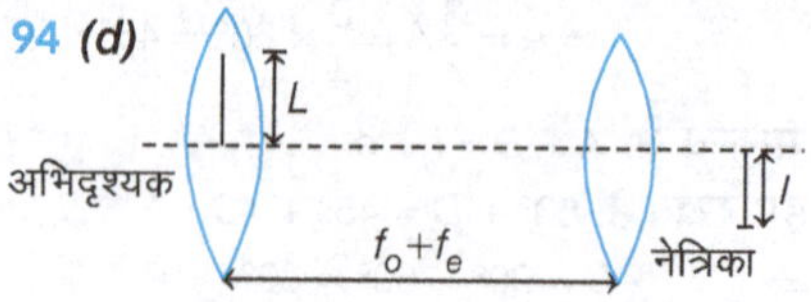

∴ $u=(f_o+f_e)$ और $f=f_e$

लेन्स सूत्र का उपयोग करते हुए,

$$\frac{1}{v}-\frac{1}{u}=\frac{1}{f}\Rightarrow\frac{1}{v}-\frac{1}{(f_o+f_e)}=\frac{1}{f_e}$$

$$v=\frac{(f_o+f_e)f_e}{f_o}$$

लेन्स का आवर्धन

$$m=\frac{v}{u}=\frac{(f_o+f_e)f_e}{f_o(f_o+f_e)}=\frac{f_e}{f_o}=\frac{I}{L} \quad ...(i)$$

दूरदर्शी का आवर्धन, $|m|=\left|\frac{f_o}{f_e}\right|$

⇒ $m=\frac{L}{I}$ [समी (i) का उपयोग करके]

95 *(d)* दूरदर्शी वस्तु को विभेदित कर समीप लाती है। अतः 20 आवर्धन क्षमता वाली दी गई दूरदर्शी, पेड़ को प्रक्षेक के 20 गुना समीप दिखाएगी।

96 *(a)* दूरदर्शी के लिए कोणीय आवर्धन,

$$|m| = \left|\frac{f_o}{f_e}\right| = \left|\frac{F_1}{F_2}\right| = \frac{F_1}{F_2}$$

97 *(a)* दूरदर्शी के लिए,

कोणीय आवर्धन, $m = \frac{\beta}{\alpha} = \frac{f_o}{f_e}$

$$\therefore \quad \frac{\beta}{0.5°} = \frac{0.3}{0.03} \Rightarrow \beta = 5°$$

98 *(d)* सूक्ष्मदर्शी के लिए,

$$m = \frac{L}{f_o}\frac{D}{f_e}$$

$$\Rightarrow \quad m \propto \frac{1}{f_o}$$

दूरदर्शी के लिए,

$$|m| = \frac{f_o}{f_e} \Rightarrow m \propto f_o$$

अभिकथन-कारण प्रश्न

1 *(c)*

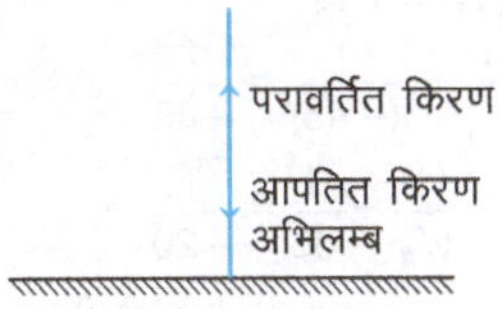

$\Rightarrow$ परावर्तन कोण = 0°

(परावर्तन के नियमों से)

अतः अभिकथन सही है परन्तु कारण गलत है

3 *(d)* द्रव के सापेक्ष में हीरे का अपवर्तनांक,

$$^{l}n_d = \frac{1}{\sin i_c} = \frac{n_d}{n_l}$$

$$\Rightarrow \quad \frac{\sqrt{6}}{\sqrt{3}} = \frac{1}{\sin i_c}$$

$$\Rightarrow \quad \sin i_c = \frac{1}{\sqrt{2}} = \sin 45°$$

$$\therefore \quad i_c = 45°$$

इसका अर्थ यह है कि जब हीरे से द्रव की ओर गमन करती हुई प्रकाश की किरण 45° के कोण पर आपतित होगी, तो वह पूर्ण आन्तरिक परावर्तन के कारण पूर्णतः परावर्तित हो जाएगी।. अतः अभिकथन गलत है लेकिन कारण सही है

4 *(b)* प्रकाशिक तन्तु सन्चार माध्यम में संकेतो का प्रसार प्रकाशिक तन्तु से होता है, जो क्रोड-आच्छद माध्यम पर पूर्ण आन्तरिक परावर्तन की घटना पर आधारित है। आच्छद के पदार्थ का अपवर्तनांक क्रोड की तुलना में कम है, इसलिए, क्रोड-आच्छद अन्तरापृष्ठ पर गिरने वाला प्रकाश पूरी तरह से आन्तरिक रूप से परावर्तित हो जाता है। इसलिए, अभिकथन और कारण सही हैं लेकिन कारण अभिकथन का सही स्पष्टीकरण नहीं है।

5 *(d)* जब एक अभिसारी लेन्स को लेन्स के पदार्थ से अधिक अपवर्तनांक वाले पारदर्शी माध्यम के अन्दर रखा जाता है, तो यह अपसारी लेन्स की तरह व्यवहार करता है। इसलिए, लेन्स का गुण, चाहे किरणें अभिसारी हों या अपसारी, आसपास के माध्यम पर निर्भर करता है। इसलिए, अभिकथन गलत है लेकिन कारण सही है।

6 *(d)* दर्पण द्वारा उत्पन्न आवर्धन,

$$m = \frac{\text{प्रतिबिम्ब का आकार}}{\text{वस्तु का आकार}} = \frac{I}{O}$$

$$= \frac{f}{f-u} = \frac{f}{x}$$

जहाँ, x (मान लीजिए) फोकस से वस्तु की दूरी है। इसलिए, अभिकथन गलत है लेकिन कारण सही है।

7 *(a)* पतले प्रिज्मों के लिए, प्रिज्म A का कोण छोटा होता है। इसलिए, न्यूनतम विचलन के लिए

$$^{1}n_2 = \frac{\sin\left(\frac{A + D_{\text{न्यूनतम}}}{2}\right)}{\sin(A/2)} \quad \ldots(i)$$

$$\sin\left(\frac{A + D_{\text{न्यूनतम}}}{2}\right) \approx \frac{A + D_{\text{न्यूनतम}}}{2}$$

$\because \sin\theta \approx \theta$ छोटे के लिए θ)

और $\sin\frac{A}{2} \approx \frac{A}{2}$

उपरोक्त अनुमानों का उपयोग करते हुए,

$$^{1}n_2 = \frac{A + D_{\text{न्यूनतम}}}{A}$$

$$\Rightarrow \quad D_{\text{न्यूनतम}} = (^{1}n_2 - 1)A$$

अतः यह देखा जा सकता है कि यदि A छोटा है, तो $D_{\text{न्यूनतम}}$ भी छोटा होगा इस प्रकार, पतले प्रिज्म प्रकाश को अधिक विचलित नहीं करते हैं। इसलिए, अभिकथन और कारण सही हैं और कारण अभिकथन का सही स्पष्टीकरण है।

8 *(a)* किसी भी माध्यम युग्म का अपवर्तनांक प्रकाश की तरंगदैर्ध्य के व्युत्क्रमानुपाती होता है।

चूँकि, $\lambda_v < \lambda_r \Rightarrow n_v > n_r$ इसलिए वायु के सम्बन्ध में काँच का अपवर्तनांक लाल प्रकाश और बैंगनी प्रकाश के लिए अलग-अलग होता है। इसलिए, अभिकथन और कारण सही हैं और कारण अभिकथन का सही स्पष्टीकरण है।

9 *(d)* जब सफेद प्रकाश प्रिज्म से होकर गुजरता है, तो सफेद प्रकाश के लाल घटक का झुकाव सबसे कम होता है जबकि बैंगनी के लिए यह सबसे अधिक होता हे। इसी प्रकार, लाल प्रकाश काँच के प्रिज्म में बैंगनी प्रकाश की तुलना में अधिक तीव्रता से गमन करता है। इसलिए, अभिकथन गलत है लेकिन कारण सही है।

कथन आधारित प्रश्न

1 *(c)* कथन II सही है लेकिन कथन I गलत है और इसे इस प्रकार सही किया जा सकता है, परावर्तन के नियमों के अनुसार, परावर्तन कोण (अर्थात् परावर्तित किरण और परावर्तक सतह या दर्पण के अभिलम्ब के बीच का कोण) आपतन कोण (आपतित किरण और अभिलम्ब के बीच का कोण) के बराबर होता है। आपतित किरण, परावर्तित किरण और आपतन बिन्दु पर परावर्तक सतह के अभिलम्ब एक ही तल में स्थित आपतित बिन्दु पर होते हैं। ये नियम किसी भी परावर्तक सतह चाहे वह समतल हो या वक्र पर स्थित प्रत्येक बिन्दु पर मान्य हैं।

2 *(c)* कथन I गलत है और कथन II सही है। इसे इस प्रकार सही किया जा सकता है, परावर्तित किरण अवतल दर्पण के मुख्य अक्ष पर एक बिन्दु F पर अभिसरित होती है। उत्तल दर्पण के लिए, परावर्तित किरणें उसके मुख्य अक्ष पर एक बिन्दु F से अपसरित होती हुई प्रतीत होती हैं। इस बिन्दु F को दर्पण का मुख्य फोकस कहा जाता है।

4 *(c)* कथन I गलत है और कथन II सही है। काँच की पट्टी में प्रकाश का वेग अलग-अलग रंगों के लिए अलग-अलग होता है। जब प्रकाश की एक सफेद किरण आयताकार काँच की पट्टी से निकलती है, तो कोई विक्षेपण नहीं होता है।

5 *(b)* कथन I सही है लेकिन कथन II गलत है और इसे इस प्रकार सही किया जा सकता है, क्योंकि प्रकाशिक तन्तु इस तरह से बनाए जाते हैं कि आन्तरिक सतह के एक तरफ से

परावर्तित प्रकाश दूसरे पर क्रान्तिक कोण से बड़े कोण पर टकराता है।

इसके कारण पूर्ण आन्तरिक परावर्तन होता है चूँकि, प्रकाशिक तन्तु में प्रत्येक चरण में प्रकाश पूर्ण आन्तरिक परावर्तन से गुजरता है, इसलिए प्रकाश संकेत की तीव्रता में कोई उल्लेखनीय कमी नही होती है। भले ही तन्तु मुड़ा हुआ हो, प्रकाश आसानी से इसकी लम्बाई के साथ गमन कर सकता है।

6 **(b)** कथन I सही है तथा कथन II गलत है और इसे सही किया जा सकता है,

काँच का अपवर्तनांक,

$$(n) = \frac{1}{\sin i_c}$$

$$= \frac{1}{\sin 30^\circ} = 2$$

8 **(a)** कथन I तथा कथन II दोनों गलत हैं। दो लेन्सो को आपस में बदलकर सूक्ष्मदर्शी दूरदर्शी की तरह काम नहीं कर सकती। दूरदर्शी में, अभिदृश्यक की फोकस दूरी नेत्रिका से बहुत बड़ी होती है।

सुमेलन प्रकार प्रश्न

1 **(b)** A पर, वायु-बर्फ अन्तरापृष्ठ पर स्नेल के नियम को अरोपित करने पर,

$$\frac{\sin i_1}{\sin r_1} = {}^{\text{वायु}}n_{\text{बर्फ}} = \frac{n_{\text{बर्फ}}}{n_{\text{वायु}}}$$

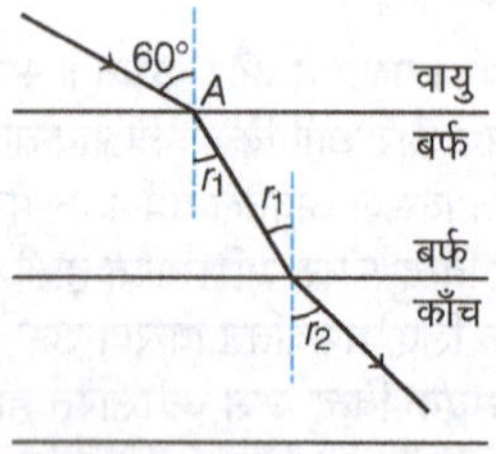

$$\Rightarrow \frac{\sin 60^\circ}{\sin r_1} = \frac{n_{\text{बर्फ}}}{1} \quad \text{...(i)}$$

$$\Rightarrow \sin r_1 = \frac{\sin 60^\circ}{n_{\text{बर्फ}}} = \frac{\sqrt{3}/2}{4/3} = \frac{3\sqrt{3}}{8}$$

इसी प्रकार, B पर, बर्फ-काँच के अन्तरापृष्ठ पर स्नेल के नियम को अरोपित करने पर,

$$\frac{\sin r_1}{\sin r_2} = {}^{\text{बर्फ}}n_{\text{काँच}} = \frac{n_{\text{काँच}}}{n_{\text{बर्फ}}} \quad \text{...(ii)}$$

समी (i) और (ii) को गुणा करने पर, हम

$$\frac{\sin 60^\circ}{\sin r_1} \times \frac{\sin r_1}{\sin r_2} = \frac{n_{\text{बर्फ}}}{1} \times \frac{n_{\text{काँच}}}{n_{\text{बर्फ}}}$$

$$\Rightarrow \frac{\sin 60^\circ}{\sin r_2} = n_{\text{काँच}}$$

$$\Rightarrow \sin r_2 = \frac{\sin 60^\circ}{n_{\text{काँच}}} = \frac{\sqrt{3}/2}{3/2} = \frac{1}{\sqrt{3}}$$

तथा, काँच के सापेक्ष बर्फ का अपवर्तनांक

$$\Rightarrow {}^{\text{काँच}}n_{\text{बर्फ}} = \frac{{}^{\text{वायु}}n_{\text{बर्फ}}}{{}^{\text{वायु}}n_{\text{काँच}}} = \frac{4/3}{3/2} = \frac{8}{9}$$

वायु-बर्फ अन्तरापृष्ठ के लिए, $n_1 \sin i = n_2 \sin r_1$

$$\Rightarrow \sin 60^\circ = \frac{4}{3}\sin r_1$$

$$\Rightarrow \sin 60^\circ + \frac{4}{3}\sin r_1 = 2\sin 60^\circ$$

अतः $A \to 2$, $B \to 1$, $C \to 3$ और $D \to 4$

2 **(c) न्यूनतम विचलन**

$$n = \frac{\sin\frac{(A + D_{\text{न्यूनतम}})}{2}}{\sin\frac{A}{2}}$$

मान रखने पर,

$$\frac{3}{2} = \frac{\sin\left(\frac{60^\circ + D_{\text{न्यूनतम}}}{2}\right)}{\sin\left(\frac{60^\circ}{2}\right)}$$

$$\Rightarrow \quad \frac{3}{4} = \sin\left(\frac{60^\circ + D_{\text{न्यूनतम}}}{2}\right)$$

$$\Rightarrow 2\sin^{-1}(0.75) = 60^\circ + D_{\text{न्यूनतम}}$$

$$\Rightarrow \quad 97^\circ = 60^\circ + D_{\text{न्यूनतम}}$$

$$\Rightarrow \quad D_{\text{न्यूनतम}} = 37^\circ$$

अधिकतम विचलन

विलचन अधिकतम होता है, जब $i = 90^\circ$ या $e = 90^\circ$, आपतन कोण या निर्गत कोण पर मान लीजिए, $i = 90^\circ$

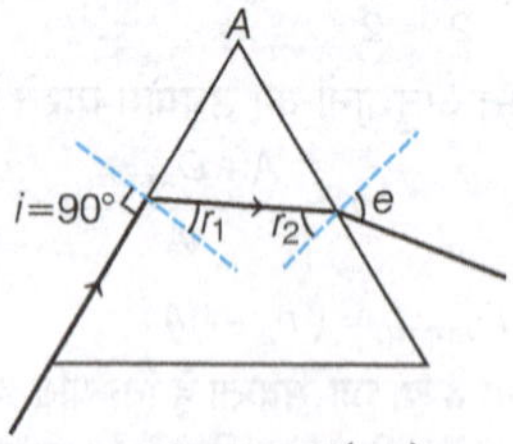

$$\Rightarrow \quad r_1 = i_C = \sin^{-1}\left(\frac{n_r}{n_d}\right)$$

$$\Rightarrow \quad r_1 = \sin^{-1}\left(\frac{2}{3}\right) = 42^\circ$$

$$r_1 + r_2 = A \Rightarrow r_2 = A - r_1$$

$$= 60^\circ - 42^\circ = 18^\circ$$

$\frac{\sin r_2}{\sin e} = \frac{1}{n}$ का उपयोग करते हुए

$$\Rightarrow \quad \sin e = n\sin r_2 = 1.5\sin 18^\circ$$

$$\Rightarrow \quad \sin e = 0.463 \Rightarrow e = 28^\circ$$

$$\text{विचलन} = D_{\text{अधिकतम}} = i + e - A$$

$$= 90^\circ + 28^\circ - 60^\circ = 58^\circ$$

अतः $A \to 2$, $B \to 1$, $C \to 3$ और $D \to 4$

आंकिक मान प्रकार के प्रश्न

1 **(32)** प्रश्नानुसार,

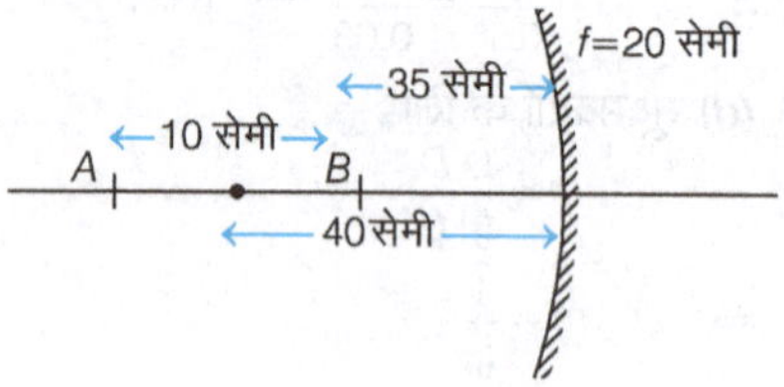

मान लीजिए छड़ AB का प्रतिबिम्ब $A'B'$ है तथा दर्पण से बिन्दु A' और B' की दूरी क्रमशः v'_A और v'_B है।

दर्पण सूत्र से,

बिन्दु A के लिए,

$$\frac{1}{v'_A} + \frac{1}{(-45)} = \frac{1}{-20}$$

$$\frac{1}{v'_A} - \frac{1}{45} = \frac{1}{-20}$$

$$\Rightarrow \quad v'_A = -36 \text{ सेमी}$$

बिन्दु B के लिए,

$$\frac{1}{v_B'} + \frac{1}{(-35)} = \frac{1}{-20}$$

$$\Rightarrow \quad \frac{1}{v_B'} - \frac{1}{35} = \frac{1}{-20}$$

$$\Rightarrow \quad v_B' = -\frac{140}{3} \text{ सेमी}$$

छड़ के प्रतिबिम्ब की लम्बाई

$$= |v_A' - v_B'|$$

$$\left|-36 - \left(-\frac{140}{3}\right)\right| = \left|+\frac{32}{3}\right|$$

तो, $x = 32$

2 **(6)**

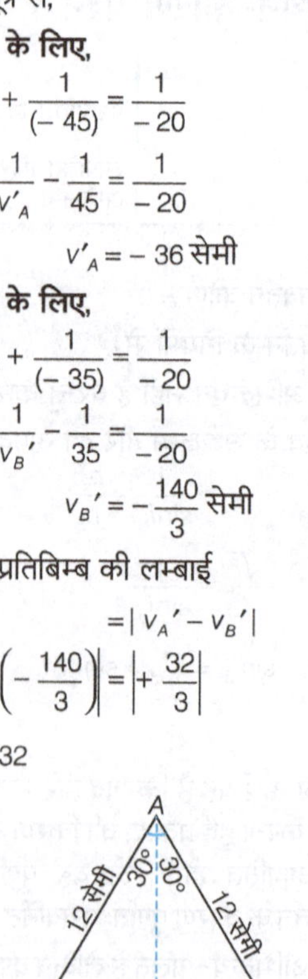

अपवर्तन कोण, $r = \frac{A}{2} = \frac{60°}{2} = 30°$

तब, स्नेल के अपवर्तन नियम से,

$$\mu = \frac{\sin i}{\sin r} = \frac{\sin 60°}{\sin 30°} = \frac{\frac{\sqrt{3}}{2}}{\frac{1}{2}} = \sqrt{3}$$

$$d = \mu \times AP = \sqrt{3} \times 6\sqrt{3} \times 10^{-2}$$
$$= 18 \times 10^{-2} \text{ मी}$$

$$t = \frac{d}{c} = \frac{18 \times 10^{-2}}{3 \times 10^{8}} \text{ सेकण्ड}$$
$$= 6 \times 10^{-10} \text{ सेकण्ड}$$

3 ***(120)*** लेन्स मेकर के सूत्र का उपयोग करते हुए,

$$\frac{1}{f} = (\mu - 1)\left(\frac{1}{R_1} - \frac{1}{R_2}\right)$$

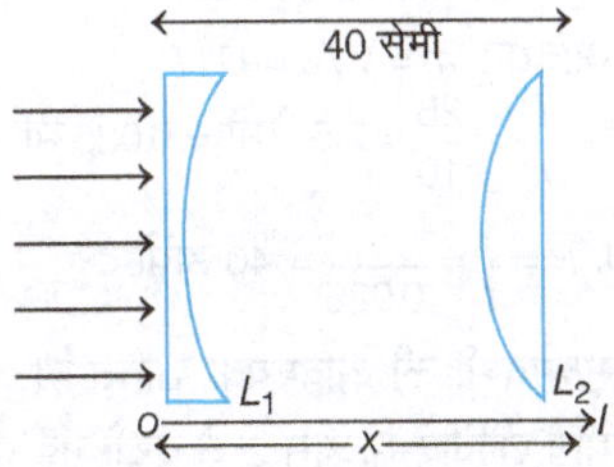

लेन्स के लिए, L_1

इसलिए, $\frac{1}{f_1} = 0.75\left(-\frac{1}{30}\right) = -\frac{1}{40}$

या $f_1 = -40$ सेमी

लेन्स L_2 के लिए,

$\therefore \frac{1}{f_2} = 0.75\left(\frac{1}{30}\right) = 40$ सेमी

अब, दी गई स्थिति में, लेन्स L_1 के लिए,

$$\frac{1}{v} - \frac{1}{u} = \frac{1}{f}$$

हम जानते है $\frac{1}{v} = \frac{1}{-40}$

या $v = -40$ सेमी

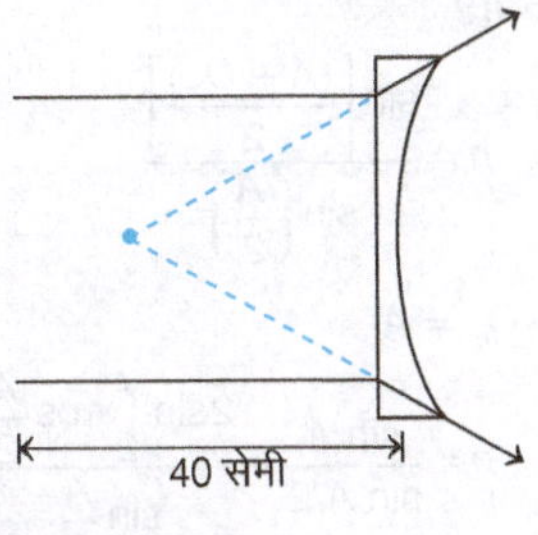

अब लेन्स L_2 के लिए,

इसलिए, $\frac{1}{v} - \frac{1}{-80} = \frac{1}{40}$

या $\frac{1}{v} = \frac{1}{40} - \frac{1}{80} = \frac{1}{80}$

या $v = 80$ सेमी

अतः समतलावतल (L_1) लेन्स से प्रतिबिम्ब की दूरी है $80 + 40 = 120$ सेमी।

4 ***(30)*** दिया है, आवर्धन , $m = 7$

चूँकि, हम जानते हैं कि

$$m = 1 + \frac{D}{f_o} \Rightarrow 7 = 1 + \frac{30}{f_o}$$

$\Rightarrow$ $f_o = 5$ सेमी

संयुक्त सूक्ष्मदर्शी के लिए आवर्धन क्षमता निम्न प्रकार दी जाती है

$$m = \frac{l \cdot D}{f_o f_e} = 2m_{\text{साधारण सूक्ष्मदर्शी}}$$

$$m \Rightarrow 14 = \frac{70 \times 30}{5 \cdot f_e} \Rightarrow f_e = 30 \text{ सेमी}$$

5 ***(2)*** इस फलक पर कोई अपवर्तन न होने पर,

$$\theta > C$$
$$\sin\theta > \sin C$$

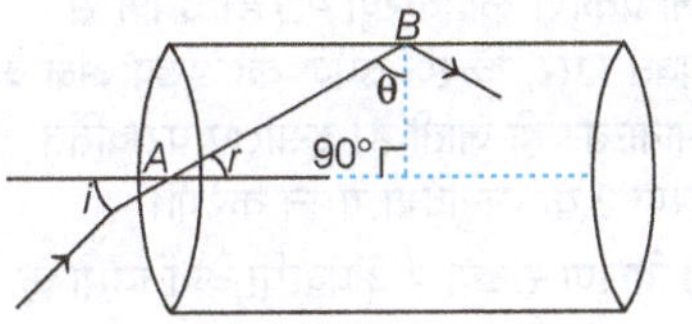

लेकिन, $\theta + r = 90°$

[चित्र की ज्यामिति के अनुसार]

$\Rightarrow$ $\theta = (90° - r)$

$\therefore \sin(90° - r) > \sin C$

या $\cos r > \sin C$ ...(i)

अब, स्नेल के नियम से,

$$\mu = \frac{\sin i}{\sin r} \Rightarrow \sin r = \frac{\sin i}{\mu}$$

$$\therefore \quad \cos r = \sqrt{\left(1 - \frac{\sin^2 i}{\mu^2}\right)}$$

$\therefore$ समी (i) से,

$$\sqrt{1 - \frac{\sin^2 i}{\mu^2}} > \sin C \Rightarrow \sin C = \frac{1}{\mu}$$

$$\therefore \quad \mu^2 > \sin^2 i + 1$$

$\sin i$ का अधिकतम मान 1 है

अतः $\mu^2 > 2$ या $\mu > \sqrt{2}$

अतः x का मान 2 है।

6 ***(6)***

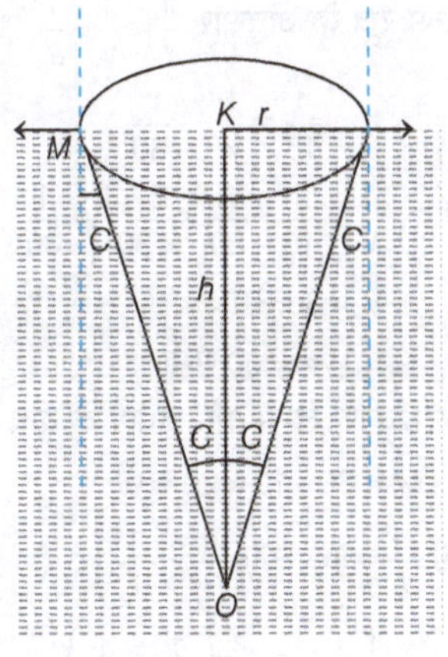

प्रकाश के पूर्ण आन्तरिक परावर्तन के लिए,

$$\sin C = \frac{1}{\mu} = \frac{r}{\sqrt{r^2 + h^2}}$$

या $r^2 = \frac{h^2}{\mu^2 - 1} = \frac{(4)^2}{\left(\frac{5}{3}\right)^2 - 1}$

अतः $r^2 = 9$

$\therefore$ $r = 3$ मी

$\therefore$ डिस्क का व्यास $= 2r = 6$ मी

7 ***(1)*** लेन्स मेकर सूत्र से,

$$\frac{1}{f_a} = (\mu - 1)\left(\frac{1}{R_1} - \frac{1}{R_2}\right)$$

$$\frac{1}{f_a} = (1.5 - 1)\left(\frac{1}{R_1} - \frac{1}{R_2}\right) \quad \text{...(i)}$$

और $\frac{1}{f_m} = \left(\frac{\mu_g - \mu_m}{\mu_m}\right)\left(\frac{1}{R_1} - \frac{1}{R_2}\right)$ ...(ii)

समी (i) तथा (ii) से,

इस प्रकार,

$$\frac{f_m}{f_a} = \frac{(1.5 - 1)}{\left(\frac{1.5}{1.6} - 1\right)} = -8$$

या $f_m = -8 \times f_a = -8 \times \frac{-1}{5} = 1.6$ मी

$\therefore$ $P_m = \frac{\mu_m}{f_m} = \frac{1.6}{1.6} = 1$ डायोप्टर

8 ***(20)***

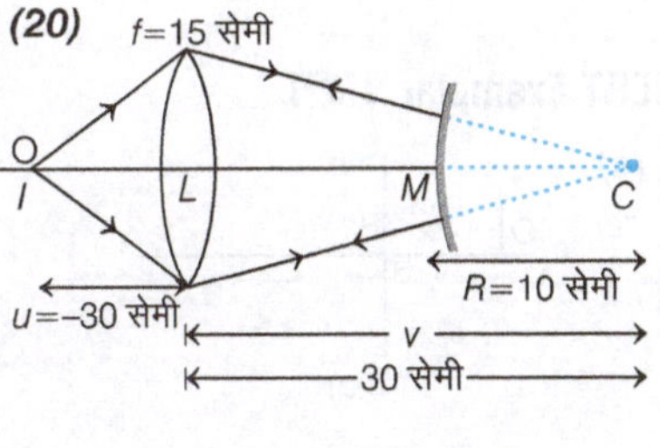

लेन्स सूत्र के अनुसार, $\frac{1}{f}=\frac{1}{v}-\frac{1}{u}$

∴ $\frac{1}{15}=\frac{1}{v}-\frac{1}{-30}$

या $\frac{1}{v}=\frac{1}{15}-\frac{1}{30}=\frac{2-1}{30}=\frac{1}{30}$

∴ $v = 30$ सेमी

∴ $LC = v = 30$ सेमी

इस प्रकार, लेन्स और दर्पण के बीच की दूरी

$LM = 30-10 = 20$ सेमी

9 *(5)* $\frac{1}{f_a}=(\mu_g-1)\left(\frac{1}{R_1}-\frac{1}{R_2}\right)$ ...(i)

$\frac{1}{f_l}=({}_l\mu_g-1)\left(\frac{1}{R_1}-\frac{1}{R_2}\right)$

या $\frac{1}{f_l}=\left(\frac{\mu_g}{\mu_l}-1\right)\left(\frac{1}{R_1}-\frac{1}{R_2}\right)$ ...(ii)

समी (i) और (ii) से,

$$\frac{\frac{1}{f_a}}{\frac{1}{f_l}}=\frac{(\mu_g-1)}{\left(\frac{\mu_g}{\mu_l}-1\right)}$$

या $\frac{f_l}{f_a}=\frac{(\mu_g-1)}{\left(\frac{\mu_g}{\mu_l}-1\right)}$

या $\frac{f_l}{f_a}=\frac{(1.5-1)}{\left(\frac{1.5}{1.25}-1\right)}=\frac{\frac{1}{2}}{\frac{1}{5}}=\frac{5}{2}$

∴ $f_l=\frac{5}{2}f_a=\frac{5}{2}\times 2=5$ सेमी

10 *(50)* खेगोलीय दूरबीन के लिए,

जहाँ, आवर्धन, $m=\frac{f_o}{f_e}=10$ ...(i)

दूरबीन नली की लम्बाई

$L=f_o+f_e$

और $f_o+f_e=55$ ...(ii)

समी (i) और (ii) को हल करने पर, हमें प्राप्त होता है

या $f_o=50$ सेमी

NCERT Exemplar प्रश्न

2 *(c)*

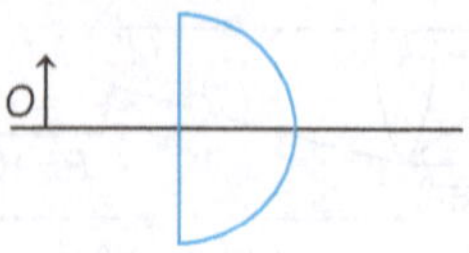

(a)

$R_1=\infty, R_2=-20$ सेमी

⇒ $\frac{1}{f}=(n-1)\left(\frac{1}{R_1}-\frac{1}{R_2}\right)$

$=(1.5-1)\left(\frac{1}{\infty}+\frac{1}{20}\right)=\frac{1}{40}$

⇒ $f=+40$ सेमी

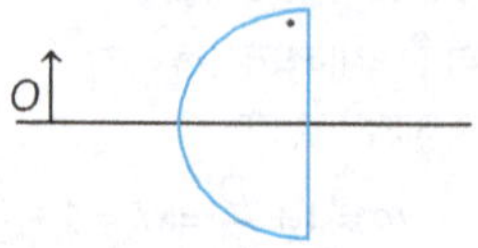

(b)

$R_1=20$ सेमी $R_2=\infty$

⇒ $\frac{1}{f'}=(n-1)\left(\frac{1}{R_1}-\frac{1}{R_2}\right)$

$=(1.5-1)\left(\frac{1}{20}-\frac{1}{\infty}\right)=\frac{1}{40}$

⇒ $f'=40$ सेमी

तब, लेन्स भी उत्तल की तरह व्यवहार करता है।

3 *(b)* दिए गए चित्र में फोकस से होकर गुजरने वाली तथा अवतल दर्पण की सतह पर पड़ने वाली प्रकाश की किरण PQ है। दर्पण से परावर्तन पर, किरण दर्पण की मुख्य अक्ष के समानान्तर हो जाती है। इसलिए परावर्तित किरण 2 के अनुदिश गमन करेगी।

4 *(b)* किरण संख्या 2 अपवर्तन के नियमों के अनुसार सही पथ का अनुसरण करती है।

चूँकि, $\mu_{\text{तारपीन}} > \mu_{\text{जल}} > \mu_{\text{वायु}}$

इसलिए, जब प्रकाश हवा से तारपीन की ओर (अर्थात् , विरल से सघन माध्यम की ओर) गमन करता है, तो अपवर्तन के बाद यह अभिलम्ब की ओर झुक जाता है। फिर जब यह तारपीन-पानी के अन्तरपृष्ठ से टकराता है, तो सघन से विरल माध्यम की ओर गमन करते समय इसे अभिलम्ब से दूर झुकना चाहिए।

5 *(a)* ऋणात्मक अपवर्तनांक के लिए, अर्थात् n_2 ऋणात्मक है।

स्नेल के नियम को लागू करते हुए,

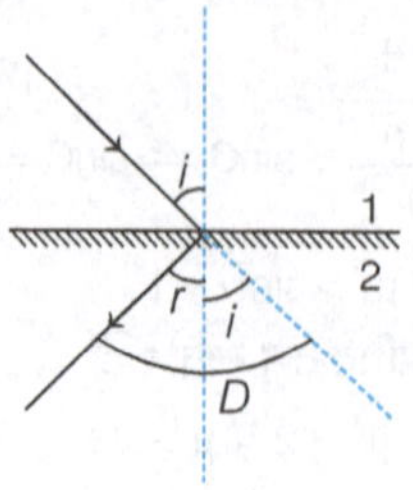

$\frac{\sin i}{\sin r}={}^1n_2$ (माध्यम 2 का माध्यम 1 के सापेक्ष अपवर्तनांक $1={}^1n_2$) = ऋणात्मक

$\Rightarrow \sin r=\frac{\sin i}{{}^1n_2}=\frac{\text{धनात्मक}}{\text{ऋणात्मक}}=$ ऋणात्मक

6 *(d)*

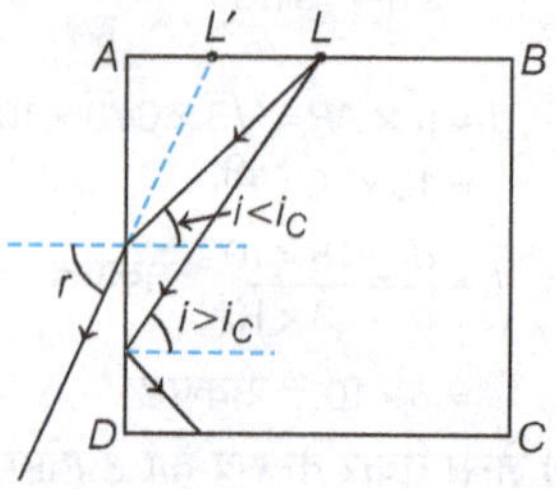

$\mu=1.6$ के लिए, $\sin i_C=\frac{1}{n}=\frac{1}{1.6}=0.625$

⇒ $i_C=\sin^{-1}(0.625)=38.7°$

7 *(c)* आवर्धन, $m=v/u=D/f$

⇒ $f=\frac{D}{m}=\frac{25}{10}=2.5$ सेमी $=0.025$ मी

जैसा, $P=\frac{1}{f}=\frac{1}{0.025}=40$ डायोप्टर

यह सूक्ष्मदर्शी की आवश्यक शक्ति है।

8 *(a)* मान लीजिए माध्यम 2 से देखी गई वस्तु के लिए आभासी गहराई O_1 है

तब $O_1=\frac{n_2}{n_1}\frac{h}{3}$ ...(i)

अतः

वास्तविक गहराई = द्रव की ऊँचाई स्तम्भ + O_1

⇒ $O_2=\frac{n_3}{n_2}\left(\frac{h}{3}+O_1\right)=\frac{n_3}{n_2}\left(\frac{h}{3}+\frac{n_2h}{n_1 3}\right)$

[समी (i) का उपयोग करके]

$=\frac{h}{3}\left(\frac{n_3}{n_2}+\frac{n_3}{n_1}\right)$

$O_3=\frac{1}{n_3}\left(\frac{h}{3}+O_2\right)=\frac{h}{3}\left(\frac{1}{n_1}+\frac{1}{n_2}+\frac{1}{n_3}\right)$

यह स्पष्ट गहराई के लिए आवश्यक व्यंजक है।

9 *(c)* $n=\frac{\sin\left[\frac{(A+D_m)}{2}\right]}{\sin\left(\frac{A}{2}\right)}$

यहाँ, $D_m=A$

∴ $n=\frac{\sin A}{\sin A/2}=\frac{2\sin\frac{A}{2}\cos\frac{A}{2}}{\sin\frac{A}{2}}$

अपवर्तनांक के दिए गए मान के लिए, $n = \sqrt{3}$

हम जानते है, $\cos\frac{A}{2} = \frac{\sqrt{3}}{2}$ या $\frac{A}{2} = 30°$

$\therefore \quad A = 60°$

विगत परीक्षाओं के प्रश्न

1 *(b)* दिया है, प्रिज्म में किरणें आधार के समान्तर है।

$$A = r_1 + r_2$$

अर्थात्, $r_2 = 90 - r_1$ ...(i)

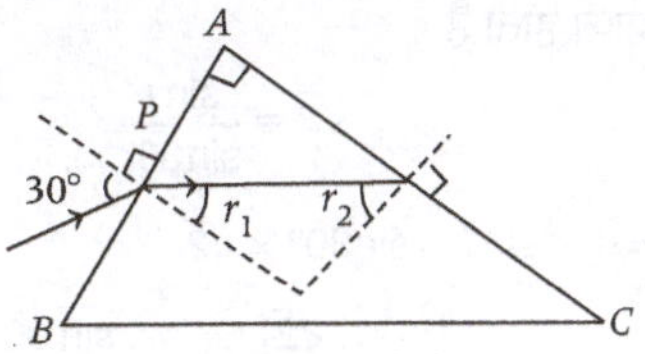

AB अन्तरापृष्ठ के लिए ,

$$\sin 30° = \mu \sin r_1$$

$\Rightarrow \quad \sin r_1 = \frac{1}{2\mu}$ ...(ii)

AC अन्तरापृष्ठ के लिए ,

$$\mu \sin r_2 = 1 \sin 90°$$

$\Rightarrow \quad \sin r_2 = \frac{1}{\mu} \Rightarrow \sin(90 - r_1) = \frac{1}{\mu}$

$\cos r_1 = \frac{1}{\mu}$ ...(iii)

हम जानते हैं कि $\sin^2\theta + \cos^2\theta = 1$

समी (ii) तथा (iii) से,

$$\sin^2 r_1 + \cos^2 r_1 = 1$$

$\Rightarrow \quad \left(\frac{1}{2\mu}\right)^2 + \left(\frac{1}{\mu}\right)^2 = 1$

$\Rightarrow \quad \frac{1}{4\mu^2} + \frac{1}{\mu^2} = 1$

$\Rightarrow \quad \frac{1}{\mu^2}\left(\frac{1}{4} + \frac{1}{1}\right) = 1$

$\Rightarrow \quad \mu^2 = \frac{5}{4}$

$\Rightarrow \quad \mu = \frac{\sqrt{5}}{2}$

2 *(b)* दिया गया है,

अभिदृश्यक लेन्स की फोकस दूरी, $(f_o) = 140$ सेमी

नेत्रिका की फोकस दूरी, $f_e = 5$ सेमी

दूरदर्शी की आवर्धन क्षमता, $m = -\frac{f_o}{f_e}$

$$m = \frac{140}{5}$$

$$m = -28$$

अर्थात आवर्धन क्षमता 28 होगी।

3 *(c)* दी गई स्थिति के अनुसार,

$$c = \frac{x}{t_1} \text{ और } v = \frac{10x}{t_2}$$

तब, $\sin i_c = \frac{1}{\mu}$

$$= \frac{1}{(c/v)} = \frac{v}{c} = \frac{\frac{10x}{t_2}}{\frac{x}{t_1}} = \frac{10t_1}{t_2}$$

$\Rightarrow \quad i_c = \sin^{-1}\left(\frac{10t_1}{t_2}\right)$

4 *(b)* नीचे चित्र में स्थिति दर्शायी गई है

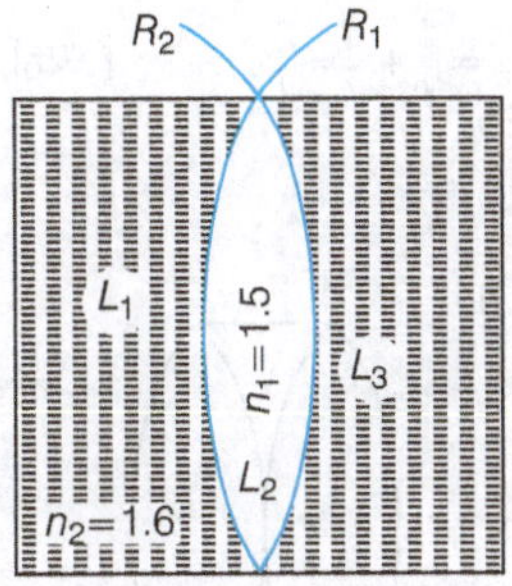

लेन्स L_1 की फोकस दूरी इस प्रकार दी गई है

$$\frac{1}{f_1} = (n_2 - 1)\left(\frac{1}{\infty} - \frac{1}{R_1}\right)$$

$$= (1.6 - 1)\left(-\frac{1}{20}\right) = -\frac{3}{100}$$

$\Rightarrow \quad \frac{1}{f_1} = \frac{-3}{100}$ सेमी

इसी प्रकार, लेन्स L_3 की फोकस दूरी

$$f_3 = \frac{-100}{3} \text{ सेमी}$$

अब, उत्तल लेन्स L_2 की फोकस दूरी इस प्रकार दी गई है

$$\frac{1}{f_2} = (n_1 - 1)\left(\frac{1}{R_1} - \frac{1}{R_2}\right)$$

$$= (1.5 - 1)\left(\frac{1}{20} - \frac{1}{-20}\right) = \frac{1}{20}$$

$\Rightarrow \quad f_2 = 20$ सेमी

यदि संयोजन की फोकस दूरी F हो, तो

$$\frac{1}{F} = \frac{1}{f_1} + \frac{1}{f_2} + \frac{1}{f_3} = \frac{-3}{100} + \frac{1}{20} - \frac{3}{100}$$

$\therefore \quad F = -100$ सेमी

5 *(b)* लेन्स मेकर के सूत्र का उपयोग करके, हम जानते है,

$$\frac{1}{f} = (\mu - 1)\left(\frac{1}{R_1} - \frac{1}{R_2}\right)$$

$$= (1.5 - 1)\left(\frac{1}{20} - \frac{1}{-20}\right) = 0.5\left(\frac{2}{20}\right)$$

$\Rightarrow \quad \frac{1}{f} = 0.5 \times \frac{1}{10} \Rightarrow f = \frac{10}{0.5}$

$\Rightarrow \quad f = 20$ सेमी $= 0.2$ मी

$\therefore$ लेन्स की क्षमता,

$$P = \frac{1}{f} \text{ (मीटर में)}$$

$$p = \frac{1}{02} = +5 \text{ डायोप्टर}$$

6 *(a)*

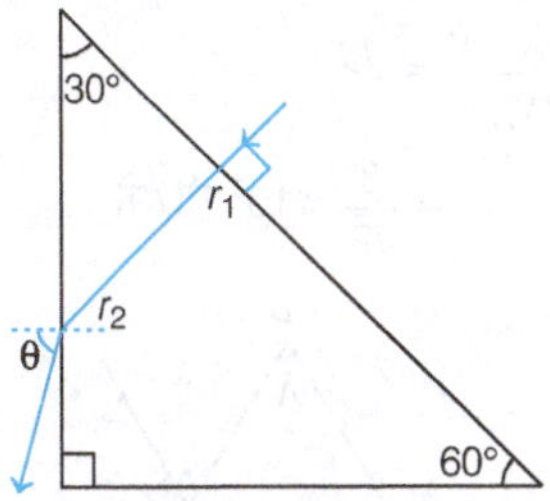

दी गइ आकृति से, $r_1 = 0°$

चूँकि, $\quad A = r_1 + r_2$

जहाँ, A प्रिज्म का कोण है।

$$30° = 0° + r_2 \Rightarrow r_2 = 30°$$

काँच और वायु के अन्तरपृष्ठ में स्नेल के नियम का उपयोग करते हुए,

$$n_2 \sin\theta_2 = n_1 \sin\theta_1$$

$\Rightarrow \quad n_2 \sin r_2 = n_1 \sin e$

दिया है, $\frac{n_2}{n_1} = \frac{\sqrt{3}}{1}$

$$\sqrt{3}\sin 30° = 1 \cdot \sin e$$

$$\frac{\sqrt{3}}{2} = \sin e$$

$\Rightarrow \quad \sin e = \sin 60° \Rightarrow \quad e = 60°$

7 *(d)* $\frac{1}{f} = \frac{1}{v} - \frac{1}{u}$

$$\frac{1}{+30} = \frac{1}{v} - \frac{1}{(-60)} \Rightarrow v = 60 \text{ सेमी}$$

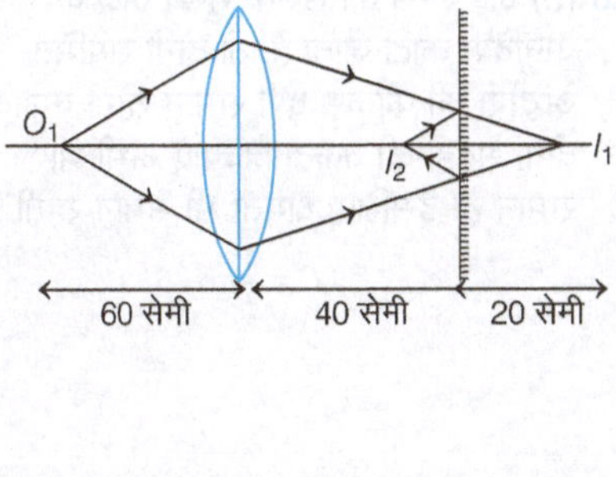

पुनः लेन्स सूत्र का उपयोग करके,

$$\frac{1}{v}+\frac{1}{20}=\frac{1}{30}$$

या $v=-60$ सेमी लेन्स से

अर्थात् समतल दर्पण से 20 सेमी दूर तथा आभासी प्रकृति का।

8 *(b)* क्रान्तिक कोण, $i_c = 45°$

हम जानते हैं कि

$$\mu=\frac{1}{\sin i_c}=\frac{1}{\sin 45°}$$

$$=\frac{1}{1/\sqrt{2}}=\sqrt{2}$$

$$\Rightarrow \frac{\text{वायु में प्रकाश का वेग}}{\text{माध्यम में प्रकाश का वेग}}=\sqrt{2}$$

$$\Rightarrow \frac{3\times10^8}{v_m}=\sqrt{2}$$

$$\Rightarrow v_m=\frac{3}{\sqrt{2}}\times10^8 \text{ मी/से}$$

9 *(b)*

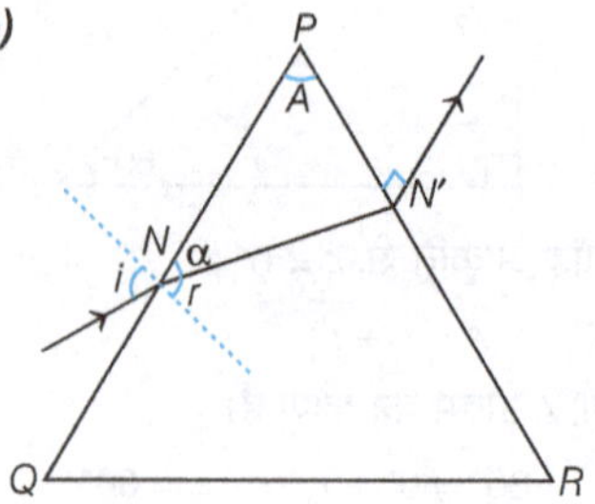

आरेख से $\Delta PNN'$ में,

$$A+\alpha+90°=180°$$

$$\Rightarrow \alpha=90°-A \quad \ldots(i)$$

तथा, $r+\alpha=90° \Rightarrow r=90°-\alpha$

$$=90°-(90°-A)=A$$

[∵ समी (i) से]

$$\Rightarrow r=A$$

स्नेल के नियम से,

$$\mu_1 \sin i=\mu_2 \sin r \Rightarrow \sin i=\mu \sin A$$

(यहाँ, $\mu_1=1$ और $\mu_2=\mu$)

छोटे कोण के लिए,

$\sin\theta \simeq \theta \Rightarrow i =$ माइक्रोऐम्पियर

10 *(d)* जब लेन्स को उसके मुख्य अक्ष के अनुदिश काटा जाता है, तो दोनों सममित अर्द्धांश की फोकस दूरी समान रहेगी क्योंकि दोनों सतहों की वक्रता त्रिज्याएँ अभी भी समान हैं। इसलिए, क्षमता भी समान रहती है।

$$P=\frac{1}{f}$$

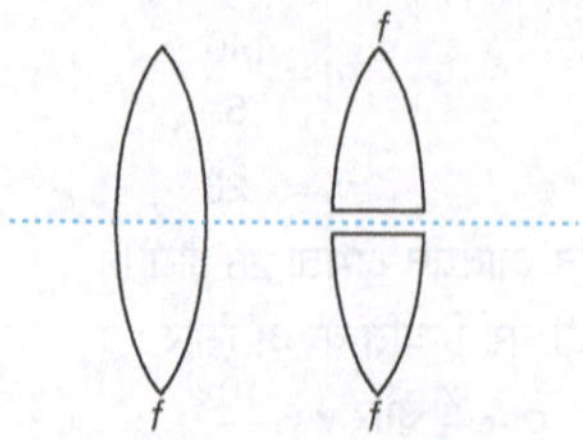

11 *(a)* **स्थिति I**

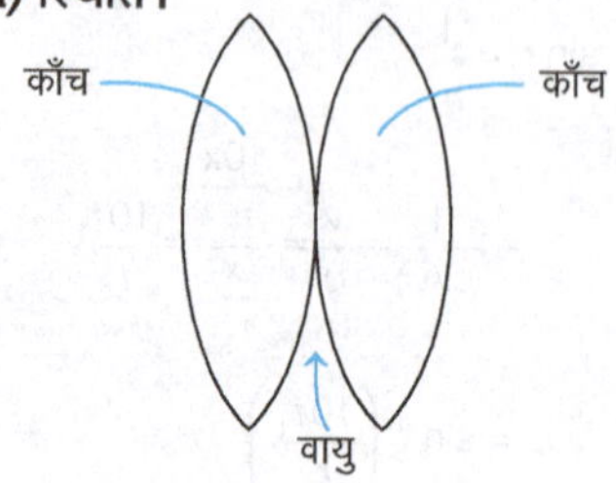

$$\frac{1}{F_1}=\frac{1}{f_1}+\frac{1}{f_2}$$

$$=\frac{1}{f}+\frac{1}{f}=\frac{2}{f} \quad [\because \text{यहाँ}, f_1=f_2]$$

$$\Rightarrow F_1=\frac{f}{2} \quad \ldots(i)$$

स्थिति II

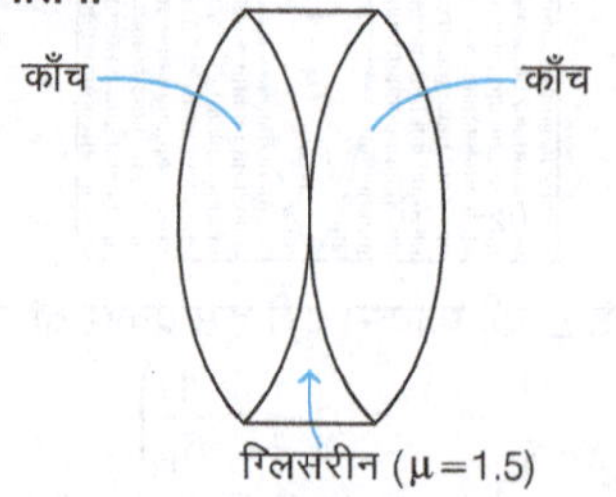

$$\frac{1}{F_2}=\frac{1}{f}+\frac{1}{(-f)}+\frac{1}{f}=\frac{1}{f}$$

$$\Rightarrow F_2=f \quad \ldots(ii)$$

समी (i) और (ii) से, हमें प्राप्त होता है

$$F_1:F_2=1:2$$

12 *(b)*

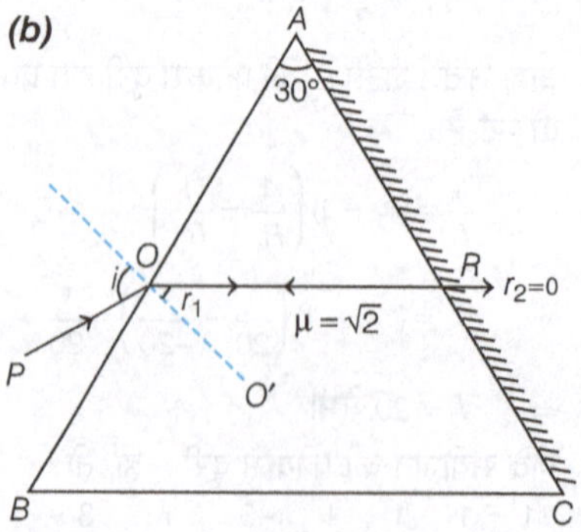

ΔAOR में,

$$\angle AOR+\angle ARO+\angle OAR=180°$$

$$\Rightarrow \angle AOR+90°+30°=180°$$

$$\Rightarrow \angle AOR=180°-120°=60° \quad \ldots(i)$$

हम जानते हैं,

$$\angle AOR+\angle r_1=90°$$

$$\Rightarrow \angle r_1=90°-60°=30° \quad [\text{समी (i) से}]$$

सतह AB पर स्नेल का नियम लागू करने पर, हमें प्राप्त होता है

$$\mu=\frac{\sin i}{\sin r_1}$$

दिए गए मानों को प्रतिस्थापित करने पर, हमें प्राप्त होता है

$$\sqrt{2}=\frac{\sin i}{\sin 30°}$$

$$\Rightarrow \sin i=\sin 30°\times\sqrt{2}$$

$$=\frac{1}{2}\times\sqrt{2} \quad \left[\because \sin 30°=\frac{1}{2}\right]$$

$$=\frac{1}{\sqrt{2}} \text{ या } i=\sin^{-1}\left(\frac{1}{\sqrt{2}}\right)$$

$$\Rightarrow i=45° \quad \left[\because \sin 45°=\frac{1}{\sqrt{2}}\right]$$

13 *(d)*

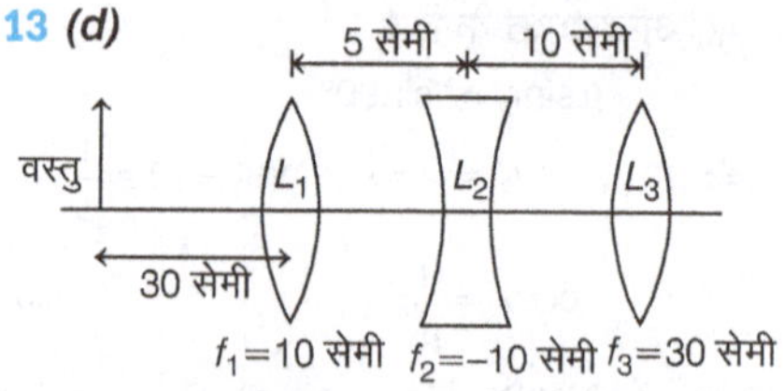

लेन्स L_1 के लिए

$u=-30$ सेमी, $f=10$ सेमी

लेन्स सूत्र से, $\frac{1}{v}-\frac{1}{u}=\frac{1}{f}$

$$\frac{1}{v}-\frac{1}{(-30)}=\frac{1}{10}$$

$$\Rightarrow \frac{1}{v}=\frac{1}{10}-\frac{1}{30}=\frac{2}{30}=\frac{1}{15}$$

$$\Rightarrow v=15 \text{ सेमी}$$

यह प्रतिबिम्ब लेन्स L_2 के लिए बिम्ब का कार्य करता है।

$\Rightarrow L_2$, के लिए $u=+10$ सेमी,

$f=-10$ सेमी

$$\frac{1}{v}-\frac{1}{u}=\frac{1}{f} \Leftrightarrow \frac{1}{v}-\frac{1}{10}=\frac{1}{-10}$$

$$\Rightarrow \frac{1}{v}=0 \text{ या } v=\infty$$

लेन्स L_2 के लिए L_1 से किरणें, इसके द्वितीय फोकस बिन्दु पर निर्देशित होती है।

∴ अपवर्तन के पश्चात् किरणें समान्तर हो जाती है।

अतः L_3 के लिए, $u = \infty$

(L_3 पर समान्तर किरणें गिरती है)

प्रतिबिम्ब का निर्माण, L_3 के दाईं ओर फोकस पर 30 सेमी होता है।

14 *(a)* दिया है, $f_1 = 10$ सेमी, $f_2 = 15$ सेमी

चित्र से स्पष्ट है कि, किरणें लेन्स L_1 से एक निश्चित बिन्दु पर अभिसरित होती है, जहाँ से लेन्स L_2, किरणों को, मुख्य अक्ष के समान्तर अपसरित कर देता है।

अर्थात् $f_1 + f_2 = 10 + 15 = 25$ सेमी

15 *(c)* प्रश्नागत स्थिति इस प्रकार है

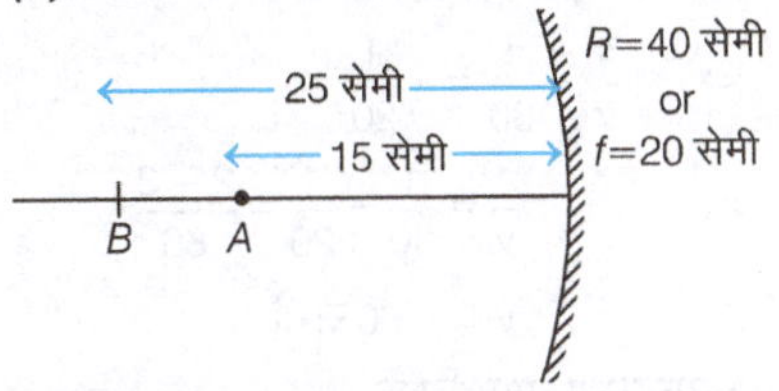

दर्पण सूत्र का उपयोग करते हुए,

$$\frac{1}{v} + \frac{1}{u} = \frac{1}{f}$$

बिन्दु A के लिए,

$u = -15$ सेमी, $f = -20$ सेमी

$$\frac{1}{v_A} + \frac{1}{-15} = \frac{1}{-20}$$

$$\frac{1}{v_A} = \frac{1}{15} - \frac{1}{20} = \frac{4-3}{60} = \frac{1}{60}$$

$v_A = +60$ सेमी

बिन्दु B के लिए,

$u = -25$ सेमी, $f = -20$ सेमी

$$\frac{1}{v_B} + \frac{1}{-25} = \frac{1}{-20}$$

$$\Rightarrow \frac{1}{v_B} = \frac{1}{25} - \frac{1}{20} = \frac{4-5}{100} = -\frac{1}{100}$$

$\Rightarrow v_B = -100$ सेमी

अतः दर्पण द्वारा निर्मित प्रतिबिम्बों के बीच की दूरी है

$$d = |v_A - v_B| = |60 - (-100)|$$

$\Rightarrow d = 160$ सेमी

16 *(c)* $v_A = \dfrac{c}{\mu_A}$

$$v_B = \frac{c}{\mu_B}$$

$$\because v_A - v_B = c\left(\frac{1}{\mu_A} - \frac{1}{\mu_B}\right)$$

$$\Rightarrow 2.6\times10^7 = 3\times10^8\left(\frac{1}{\mu_A} - \frac{1}{\mu_B}\right)$$

$\Rightarrow \mu_A = 1.30$

इसलिए, $\dfrac{\mu_B}{\mu_A} = \dfrac{1.47}{1.30} = 1.13$

17 *(a)* स्नेल के नियम का उपयोग करके,

$$\mu = \frac{\sin i}{\sin r} \Rightarrow \frac{4}{3} = \frac{\sin\theta}{\sin\theta'} \quad \ldots(i)$$

चित्र से, $\theta'' = 90 - \theta'$

पूर्ण आन्तरिक परावर्तन के लिए,

$$\frac{1}{\mu} = \sin\theta''$$

$$\Rightarrow \sin\theta' = \sqrt{1-\left(\frac{3}{4}\right)^2}$$

$$= \sqrt{\frac{7}{16}} = \frac{\sqrt{7}}{4}$$

समी (i) में $\sin\theta'$ का मान रखने पर, हमें प्राप्त होता है

$$\frac{4}{3} = \frac{\sin\theta\times4}{\sqrt{7}} \Rightarrow \sin\theta = \frac{\sqrt{7}}{3}$$

$$\Rightarrow \theta = \sin^{-1}\left(\frac{\sqrt{7}}{3}\right)$$

18 *(a)* सामान्य समायोजन में एक दूरदर्शी के लिए,

$$f_o + f_e = L$$

(दूरदर्शी की नली की लम्बाई)

तथा $\dfrac{f_o}{f_e} = m$ [आवर्धन]

प्रश्न में दिए गए मानों के अनुसार, हम रखते है

$f_o + f_e = 60$ सेमी और $\dfrac{f_o}{f_e} = 5$

या $f_o = 5f_e$

उपरोक्त समी में f_o का मान रखने पर,

$5f_e + f_e = 60$

$f_e = 10$ सेमी

19 *(d)*

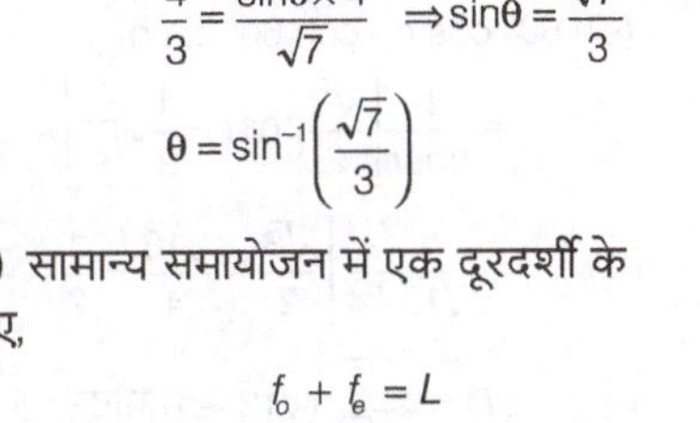

स्नेल के नियम से, $n_1 \sin i = n_2 \sin r$

जहाँ, $n_1 = 1, n_2 = 1.31$ तथा $i = 40°$

तो, हमें प्राप्त होता है

$$1\sin 40° = 1.31\sin r$$

$$\Rightarrow \sin r = \frac{0.64}{1.31} = 0.49 \approx 0.5$$

अतः $r = 30°$

ΔOAB से, $\theta = 90 - r = 60°$

अब, $\tan\theta = \dfrac{x}{20\,\mu m}$

$\Rightarrow x = 20\sqrt{3}\,\mu m$ [$\because \tan 60° = \sqrt{3}$]

एक परावर्तन $20\sqrt{3}\,\mu m$ में होता है।.

∴ 2 मी में होने वाले परावर्तनों की कुल संख्या

$$= n = \frac{2\text{ m}}{20\sqrt{3}\,\mu m}$$

≈ 57000 परावर्तन

स्किल बूस्टर्स

1 *(b)* आकृति के अनुसार, r_1 और r_2, r_3 और r_4 और r_5 और r_6 के बीच सम्बन्ध इस प्रकार दिए गए हैं

$$r_1 + r_2 = 90° \quad \ldots(i)$$

$$r_3 + r_4 = 90° \quad \ldots(ii)$$

$$r_5 + r_6 = 90° \quad \ldots(iii)$$

चूँकि निर्गत किरण आपतित किरण के समान्तर होती है,

$$r_7 = 90° - i \quad \ldots(iv)$$

$$\sin i = \mu_1 \sin r_1$$

$$\mu_1 \sin r_2 = \mu_2 \sin r_3$$

$$\mu_2 \sin r_4 = \mu_3 \sin r_5$$

$$\mu_3 \sin r_6 = \sin r_7$$

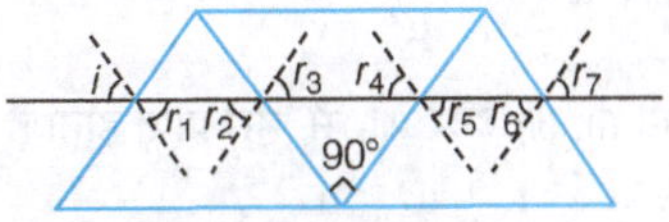

उपरोक्त समीकरणों में समी (i) से (iv) का उपयोग करने पर,

$$\sin i = \mu_1 \sin r_1 \quad \ldots(v)$$

$$\mu_1 \cos r_1 = \mu_2 \sin r_3 \quad \ldots(vi)$$

$$\mu_2 \cos r_3 = \mu_3 \sin r_5 \quad \ldots(vii)$$

$$\mu_3 \cos r_5 = \cos i \quad \ldots(viii)$$

दी गई समीकरणों के वर्ग का सम करने पर

(समी v)^2 + (समी vi)^2 + (समी vii)^2 + (समी viii)^2

हम पाते हैं $1 + \mu_2^2 = \mu_1^2 + \mu_3^2$

$$\mu_1^2 + \mu_3^2 - \mu_2^2 = 1$$

2 *(a)* पिन का प्रतिबिम्ब I_1 है जो सतह के नीचे x पर बनता है, साथ ही वस्तु की स्पष्ट गहराई

$$= \frac{20}{\mu}$$

इस प्रकार, $x = \frac{20}{(10/3)} = 6$ सेमी

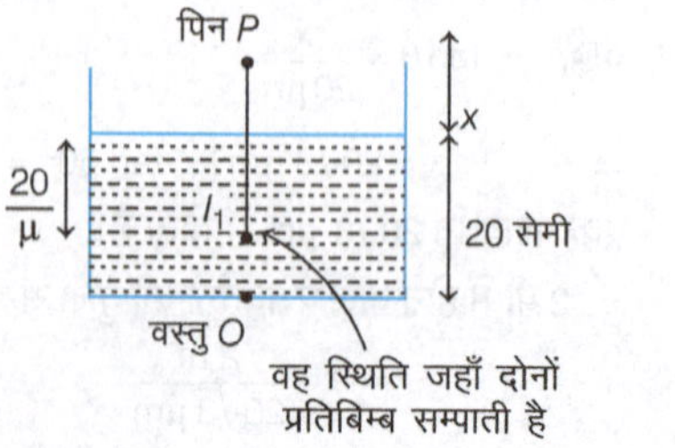

3 *(c)* प्रश्नानुसार,

$$\mu AB = \mu' CD$$

$$\Rightarrow \quad \frac{AB}{CD} = \frac{\mu'}{\mu} \quad \ldots(i)$$

जहाँ, μ = प्रथम माध्यम का अवर्तनांक

μ' = दूसरे माध्यम का अपवर्तनांक

यदि t_1 और t_2 प्रथम माध्यम में A से B तक तथा दूसरे माध्यम में C से D तक जाने में लिया गया समय हो, तो

$$t_1 v_1 = AB$$

$$t_2 v_2 = CD$$

$$\Rightarrow \quad \frac{t_1 v_1}{t_2 v_2} = \frac{AB}{CD}$$

$$\Rightarrow \quad \frac{t_1}{t_2} = \frac{AB}{CD} \cdot \frac{v_2}{v_1} \quad \ldots(ii)$$

चूँकि, $\mu \propto \frac{1}{v} \Rightarrow \frac{\mu}{\mu'} = \frac{v_2}{v_1} \quad \ldots(iii)$

समी (i), (ii) और (iii) से, हमें प्राप्त होता है

$$\frac{t_1}{t_2} = \frac{\mu'}{\mu} \times \frac{\mu}{\mu'} = 1$$

4 *(c)* दी गई स्थिति के लिए किरण आरेख को निम्नलिखित चित्र में दर्शाया गया है।

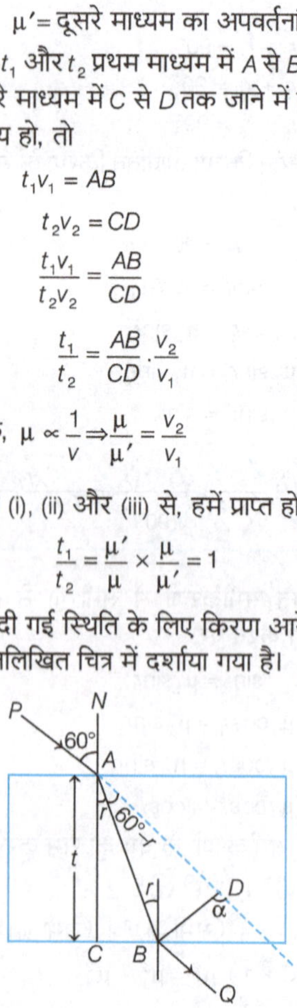

जब प्रकाश की किरण PA के अनुदिश आपतित होती है तथा AB के अनुदिश अपवर्तित होती है, तो स्नेल के नियम के अनुसार

$$\mu = \frac{\sin 60°}{\sin r} \Rightarrow 2 = \frac{\sqrt{3}/2}{\sin r}$$

$$\Rightarrow \sin r = \frac{\sqrt{3}}{4}$$

$$\therefore \cos r = \sqrt{1 - \sin^2 r}$$

$$= \sqrt{1 - \left(\frac{\sqrt{3}}{4}\right)^2} = \sqrt{1 - \frac{3}{16}} = \frac{\sqrt{13}}{4}$$

$$\Rightarrow \cos r = \frac{\sqrt{13}}{4}$$

ΔABC में,

$$\sec r = \frac{AB}{AC} = \frac{AB}{t} \Rightarrow AB = t \sec r$$

$\therefore$ पार्श्व स्थानान्तरण,

$$BD = AB \sin \angle BAD = AB \sin(60° - r)$$

$$\Rightarrow BD = t \sec r$$

$$(\sin 60° \cos r - \cos 60° \sin r)$$

$$= \frac{t}{\cos r}\left[\frac{\sqrt{3}}{2}\cos r - \frac{1}{2}\sin r\right]$$

$$= \frac{1}{\sqrt{13}/4}\left[\frac{\sqrt{3}}{2} \times \frac{\sqrt{13}}{4} - \frac{1}{2} \times \frac{\sqrt{3}}{4}\right]$$

$$\Rightarrow \quad BD = \frac{\sqrt{3}}{2\sqrt{13}}(\sqrt{13} - 1) \text{ मीटर}$$

5 *(a)* दी गई स्थिति को चित्र में दर्शाया गया है। छड़ के समीपस्थ सिरे A के लिए,

$$\frac{1}{f} = \frac{1}{u} + \frac{1}{v}$$

$$\Rightarrow \quad v = \frac{uf}{u - f} = \frac{Lf}{L - f}$$

छड़ के दूरस्थर सिरे B के लिए,

$$\frac{1}{f} = \frac{1}{u + L} + \frac{1}{v_1}$$

$$\Rightarrow \quad \frac{1}{v_1} = \frac{1}{f} - \frac{1}{2L} = \frac{2L - f}{(f)(2L)}$$

$$\therefore \quad v_1 = \frac{(f)(2L)}{2L - f}$$

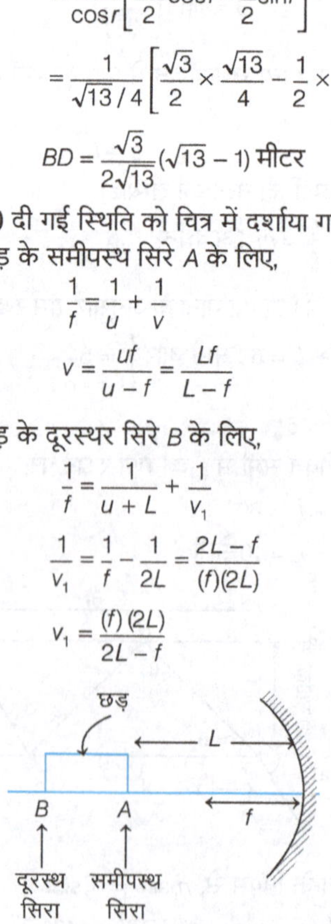

प्रतिबिम्ब की लम्बाई,

$$= v - v_1 = \frac{Lf}{L - f} - \frac{(2L)(f)}{(2L - f)}$$

$$= \frac{Lf(2L - f) - 2Lf(L - f)}{(L - f)(2L - f)}$$

$$= \frac{2L^2 f - Lf^2 - 2L^2 f + 2Lf^2}{(L - f)(2L - f)}$$

$$= \frac{Lf^2}{(L - f)(2L - f)}$$

6 *(c)* यहाँ, $u = -30$ सेमी,

$f = -20$ सेमी

$$\because \quad \frac{1}{v} + \frac{1}{u} = \frac{1}{f}$$

$$\Rightarrow \quad \frac{1}{v} - \frac{1}{30} = -\frac{1}{20}$$

$$\Rightarrow \quad \frac{1}{v} = \frac{1}{30} - \frac{1}{20} = \frac{2 - 3}{60}$$

$$\therefore \quad v = -60 \text{ सेमी}$$

$\therefore$ अनुप्रस्थ आवर्धन है

$$m = \frac{-v}{u} = -2$$

और अनुदैर्ध्य आवर्धन है

$$m_l = \frac{-v^2}{u^2} = -4$$

प्रकाशीय अक्षों के समान्तर भुजाओं में आवर्धन m_l है तथा प्रकाशीय अक्ष के लम्बवत् भुजाओं में आवर्धन m है।

$$\therefore \quad \frac{l'}{l} = \frac{-v^2}{u^2}$$

$$\therefore \quad l' = -4l = -4 \text{ मिमी}$$

और $\frac{b'}{b} = m = -2$

$$b' = -2 \times 1 = -2 \text{ मिमी}$$

$\therefore$ प्रतिबिम्ब का आयतन $= l' \times b' \times b'$

$$= 4 \times (2)(2) = 16 \text{ मिमी}^3$$

इस प्रकार, आयतन में आवर्धन 16 है।

7 *(b)* मान लीजिए दो प्रकाशीय माध्यमों के अपवर्तनांक क्रमशः μ_1 और μ_2 है। यहाँ, $\mu_1 > \mu_2$ है। PQ दो माध्यमों को अलग करने वाली सीमा है।

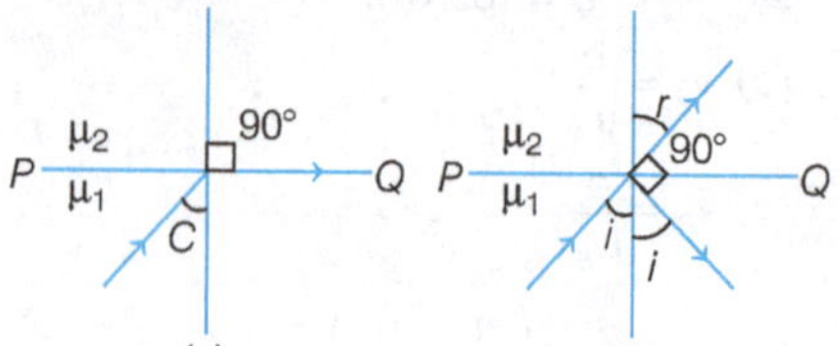

(a) (b)

चित्र (a) से, $\sin C = \frac{\mu_2}{\mu_1}$ ...(i)

चित्र (b) से, $r = (90 - i)$

हम जानते हैं कि,

$$\frac{\mu_2}{\mu_1} = \frac{\sin i}{\sin r} = \frac{\sin i}{\sin(90 - i)} = \frac{\sin i}{\cos i} = \tan i$$

इस प्रकार, $\tan i = \frac{\mu_2}{\mu_1}$ ...(ii)

समी (i) और (ii) से, हमें प्राप्त होता है

$$\sin C = \tan i \quad \text{...(iii)}$$

दिया है कि

$$\frac{\sin C}{\sin i} = \eta \quad \text{...(iv)}$$

समी (iii) और (iv) से, हमें प्राप्त होता है

$$\frac{\tan i}{\sin i} = \eta \text{ या } \frac{1}{\cos i} = \eta$$

या $\cos i = (1/\eta)$ ...(v)

समी (ii) से,

$$\frac{\mu_2}{\mu_1} = \frac{\sin i}{\cos i} = \frac{\sqrt{1 - \cos^2 i}}{\cos i}$$

$$= \frac{\sqrt{1 - (1/\eta)^2}}{(1/\eta)}$$

या $\frac{\mu_2}{\mu_1} = \sqrt{(\eta^2 - 1)}$ या $\frac{\mu_1}{\mu_2} = \frac{1}{\sqrt{(\eta^2 - 1)}}$

$\therefore \mu_{(\text{सापेक्षिक})} = \frac{\mu_1}{\mu_2} = \frac{1}{\sqrt{(1.28)^2 - 1}} = 1.25$

8 ***(b)*** उत्तल लेन्स और उत्तल दर्पण द्वारा प्रतिबिम्ब के निर्माण के नीचे दर्शाया गया है।

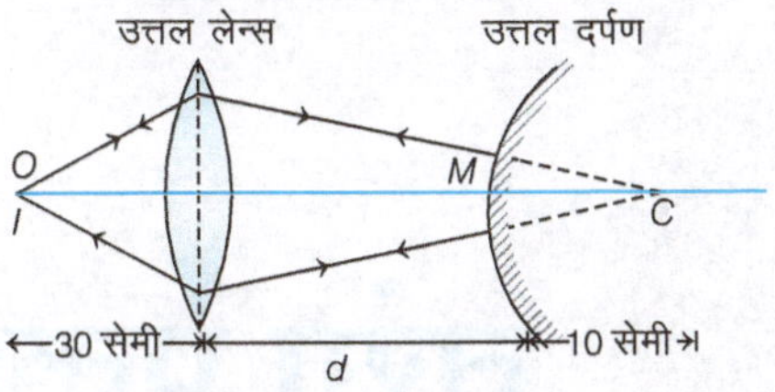

दी गई स्थिति के अनुसार, वस्तु 'O' का प्रतिबिम्ब वस्तु के साथ संलग्न है; जैसा कि ऊपर चित्र में दिखाया गया है।

इस स्थिति में, लेन्स से अपवर्तन के बाद किरणों को उत्तल दर्पण पर लम्बवत रूप से गिरना चाहिए अथवा लेन्स से अपवर्तित किरणों को दर्पण के केन्द्र (C) पर मिलाना चाहिए।

लेन्स के लिए, $u = -30$ सेमी, $f = 20$ सेमी

$$\therefore \quad \frac{1}{f} = \frac{1}{v} - \frac{1}{u}$$

$$\Rightarrow \quad \frac{1}{v} = \frac{1}{u} + \frac{1}{f} = \frac{1}{-30} + \frac{1}{20} = \frac{1}{60}$$

$$\Rightarrow \quad v = 60 \text{ सेमी}$$

अतः चित्र से, लेन्स और दर्पण के बीच की दूरी

$$d = v - 10$$

$$= 60 - 10 = 50 \text{ सेमी}$$

9 ***(c)*** यहाँ, $u = -y$, $v = -y'$

$$\mu_1 = 1, \; \mu_2 = \frac{4}{3}$$

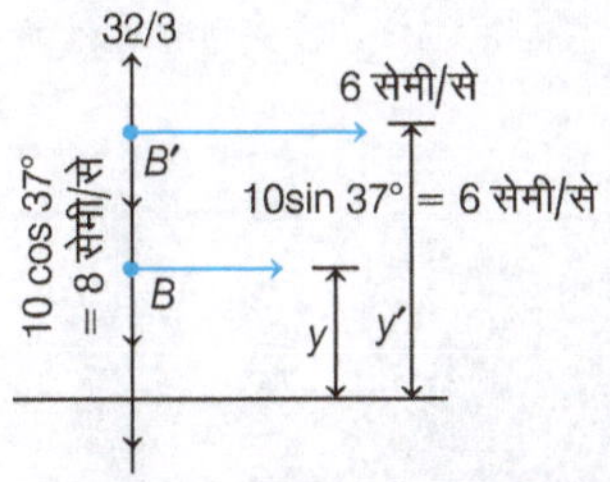

$$\because \quad \frac{\mu_2}{\mu_1} = \frac{v}{u}$$

$$\text{या} \quad \frac{4}{3} = \frac{-y'}{-y}$$

$$\therefore \quad y' = \frac{4}{3} y$$

$$\therefore \quad dy' = \frac{4}{3} \frac{dy}{dt}$$

$$\frac{dy'}{dt} = \frac{4}{3} \times (-8)$$

$$= -\frac{32}{3} \text{ सेमी/से}$$

$\therefore$ प्रतिबिम्ब की चाल

$$= \sqrt{\left(\frac{32}{3}\right)^2 + 6^2}$$

$$= 12.24 \text{ सेमी/से}$$

$$\tan\theta = \frac{6}{32/3} = \frac{18}{32} = \frac{9}{16}$$

$$\therefore \quad \theta = \tan^{-1}\left(\frac{9}{16}\right)$$

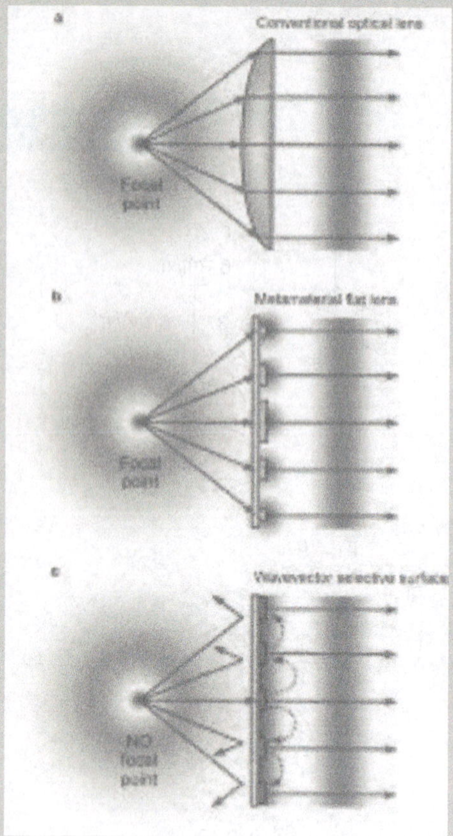

10

भौतिकी की Concept Master *Videos* के लिए *Scan* करें

तरंग प्रकाशिकी
Wave Optics

5 वर्षों में NEET में पूछे गये शीर्षकवार प्रश्न

शीर्षक	वर्षवार प्रश्नों की संख्या				
	2024	2023	2022	2021	2020
तरंगो का कला सम्बद्ध तथा कला असम्बद्धा योग	–	–	–	–	1
प्रकाश तरंगों का व्यतिकरण और यंग का प्रयोग	1	1	1	–	2
विवर्तन	–	–	–	–	1
ध्रुवण	1	–	1	–	1

NEET में विगत 5 वर्षों में पूछे गये विशेष प्रकार के प्रश्न

प्रकार	वर्ष				
	2024	2023	2022	2021	2020
अभिकथन-कारण	–	–	–	–	–
कथन आधारित	–	–	–	–	–
सुमेलन	–	–	–	–	–

NEET के विगत 5 वर्षों का भारांकन

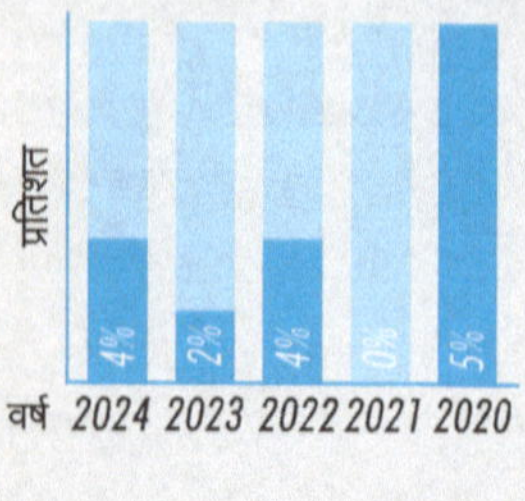

- **प्रकाश के कणिका मॉडल** (Corpuscular Model of light) में वर्णन किया गया है, यदि प्रकाश की किरण (अपवर्तन के समय) अभिलम्ब की ओर मुड़ती है, तो दूसरे माध्यम में प्रकाश की चाल अधिक होगी।
- सन् 1678 में डच भौतिकविद् क्रिस्टिऑन हाइगेन्स ने प्रकाश के तरंग सिद्धान्त को प्रस्तुत किया। यह सिद्धान्त वर्णन करता है कि अपवर्तन के समय यदि तरंगे अभिलम्ब की ओर मुड़ती हैं तो दूसरे माध्यम में प्रकाश की चाल कम होगी। यह प्रकाश के कणिका मॉडल का उपयोग करते समय की गई प्रागुक्ति के विपरीत है।
- बाद में प्रयोग द्वारा यह दर्शाया गया कि जल में प्रकाश की चाल वायु में प्रकाश की चाल से कम होती है। इस प्रकार तरंग मॉडल की पुष्टि की गई।
- सन् 1801 में जब टॉमस यंग ने अपना प्रसिद्ध व्यतिकरण प्रयोग किया, तब निश्चित रूप से यह स्थापित हो गया कि वास्तव में प्रकाश की प्रकृति तरंग के प्रकार की होती है।
- दृश्य प्रकाश की तरंगदैर्ध्य को मापा गया और यह पाया गया कि यह अत्यन्त छोटी है। उदाहरण के लिये पीले प्रकाश की तरंगदैर्ध्य लगभग 0-6 **माइक्रोमीटर** है। दृश्य प्रकाश की तरंग दैर्ध्य छोटी होने के कारण प्रकाश को सरल रेखाओं में गमन करता हुआ माना जा सकता है।
- प्रकाशिकी की वह शाखा जिसमें तरंगदैर्ध्य की परिमितता को पूर्ण रूप से नगण्य मानते हैं, **ज्यामितीय प्रकाशिकी** (Geometrical optics) कहलाती है तथा किरण को ऊर्जा संचरण के उस पथ की भाँति परिभाषित करते हैं। जिसमें तरंगदैर्ध्य का मान शून्य की ओर प्रवृत्त होता है।
- मैक्सवेल ने प्रतिपादित किया कि प्रकाश विद्युत चुम्बकीय तरंग ही है। मैक्सवेल के अनुसार विद्युत चुम्बकीय तरंग समय परिवर्तित विद्युत और चुम्बकीय क्षेत्रों से सम्बद्धितयुग्म है। जो दिक् स्थान (Space) में संचरित होती है।
- किरण प्रकाशिकी प्रकाश की रेखीय गति पर आधारित है और दर्पण लेन्स परावर्तन अपवर्तन आदि की विवेचना करती है। जबकि तरंग प्रकाशिकी निर्धारित करती है कि प्रकाश तरंग के रूप में गति करता है। जो वस्तु के चारों ओर मुड़ सकती है, विवर्तित और व्यतिकरण इत्यादि हो सकते हैं।
- ध्रुवण की घटना इस सिद्धान्त पर आधारित है कि प्रकाश तरंग अनुप्रस्थ विद्युत चुम्बकीय तरंग है।

हाइगेन्स का सिद्धान्त (Huygen's Principle)

तरंगाग्र (Wavefront)

- समान कला में दोलन करने वाले सभी कणों का बिन्दु पथ **तरंगाग्र** कहलाता है। अतः एक तरंगाग्र एक नियत कला का पृष्ठ है।
- तरंगाग्र का आकार प्रकाश के स्रोत के आकार पर निर्भर करता है। तरंगाग्र तीन प्रकार का हो सकता है।

(i) **गोलीय तरंगाग्र** (Spherical Wavefront) जब प्रकाश का स्रोत एक बिन्दु स्रोत होता है, तब तरंगाग्र केन्द्र के साथ स्त्रोत के रूप में गोलाकार होता है।

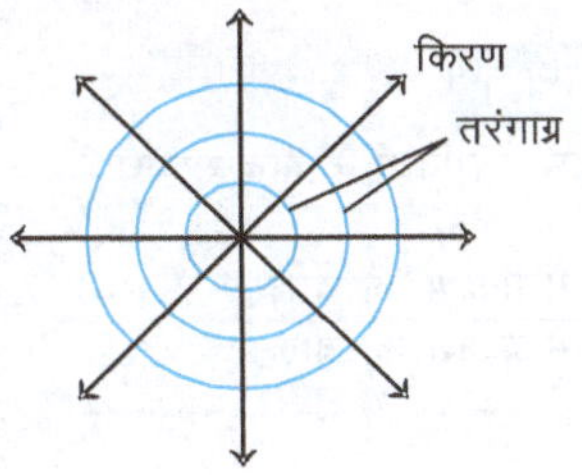

(ii) **बेलनाकार तरंगाग्र** (Cylindrical Wavefront) जब प्रकाश स्रोत रेखीय होता है, तब बेलन पर स्थित सभी बिन्दु स्रोत से समान दूरी पर होते हैं। अतः तरंगाग्र बेलनाकार होता है।

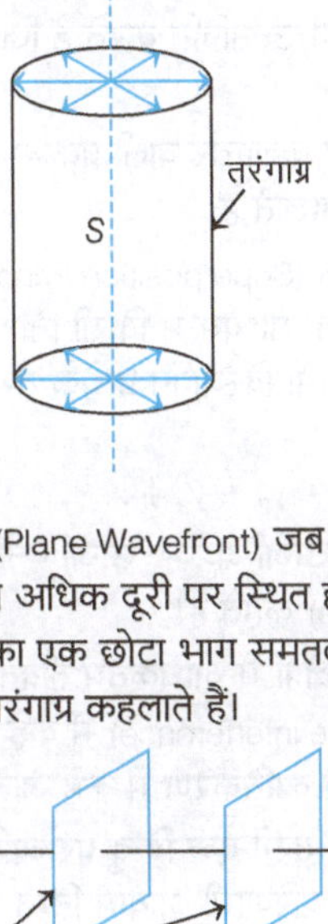

(iii) **समतलीय तरंगाग्र** (Plane Wavefront) जब एक प्रकाश के बिन्दु स्रोत या रेखीय स्रोत बहुत अधिक दूरी पर स्थित होते हैं, तब गोलीय या बेलनाकार तरंगाग्र का एक छोटा भाग समतलीय प्रतीत होता है। ऐसे तरंगाग्र समतलीय तरंगाग्र कहलाते हैं।

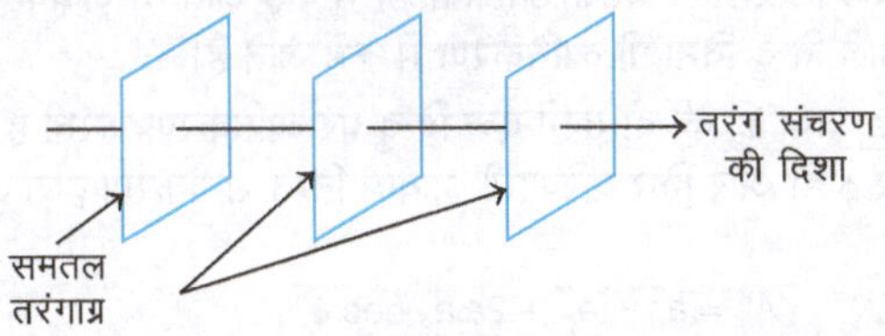

- वह चाल जिसके साथ तरंगाग्र स्रोत से बाहर की ओर गति करता है **तरंग की चाल** कहलाता है। तरंग की ऊर्जा तरंगाग्र के लम्बवत् गति करती है।
- हाइगेन्स का सिद्धान्त एक ज्यामितीय संरचना है जो किसी भी समय दी गई तरंगाग्र की आवृति को किसी बाद के समय में ज्ञात करने की अनुमति प्रदान करता है यह सिद्धान्त माध्यम में तरंगाग्र के संरचण सम्बन्धी तथ्य भी प्रदान करता है।

हाइगेन्स संरचना (Huygen's Construction)

- हाइगेन्स सिद्धान्त के अनुसार

(i) तरंगाग्र का प्रत्येक बिन्दु एक द्वितीयक विक्षोभ का स्रोत है। और इन बिन्दुओं से होने वाली तरंगिकाएँ तरंग की गति से सभी दिशाओं में फैलती हैं।

(ii) तरंगाग्र से निर्गमन होने वाली इन तरंगिकाओं को प्रायः द्वितीयक तरंगिकाओं के नाम से जाना जाता है और यदि हम इन सभी गोलों पर एक उभयनिष्ठ स्पर्शक पृष्ठ खीचें तो हमें किसी बाद के समय पर तरंगाग्र की नयी स्थिति प्राप्त हो जाती है।

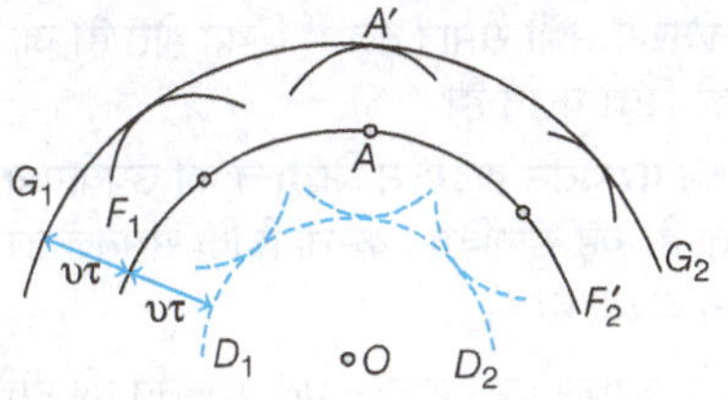

(iii) द्वितीयक तरंगिकाओं की आवृत्ति समान लेकिन तीव्रता कम होती है।

हाइगेन्स ने तर्क प्रस्तुत किया कि अग्र दिशा में द्वितीयक तरंगिकाओं का आयाम अधिकतम होता है तथा पश्च दिशा में शून्य होता है। इस प्रकार हाइगेन्स पश्च तरंगों की व्याख्या कर पाये।

हाइगेन्स सिद्धान्त का उपयोग करते हुए समतल तरंगों का अपवर्तन तथा परावर्तन

(Refraction and Reflection of Plane Waves Using Huygen's Principle)

- **समतल तरंगों का अपवर्तन** हाइगेन्स सिद्धान्त का उपयोग करके व्युत्पन्न किया जाता है जैसा कि चित्र में दिखाया गया है।

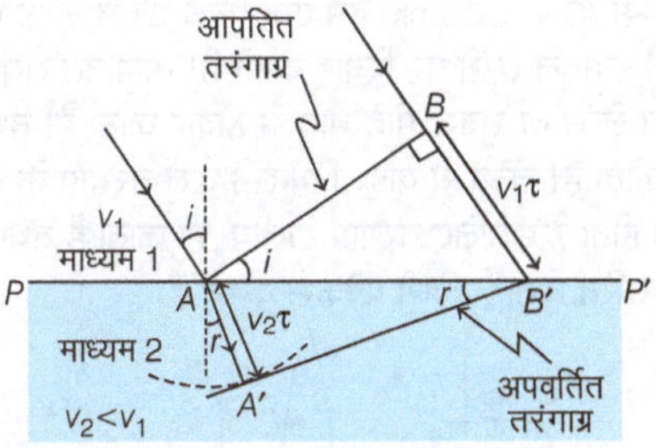

- हमें एक महत्वपूर्ण परिणाम प्राप्त होता है यदि $r < i$ (अर्थात्, यदि किरण अभिलम्ब की ओर मुड़ती है) तो दूसरे माध्यम में, प्रकाश तरंग की चाल (v_2) पहले माध्यम में प्रकाश तरंग की चाल (v_1) से कम होगी। यह प्रागुक्ति (prediction) प्रकाश के कणिका मॉडल की प्रागुक्ति के विपरीत हैं यह प्रदर्शित करता है कि **समतल तरंग का अपवर्तन स्नैल के नियम का पालन करता है।**

अर्थात् $n_1 \sin i = n_2 \sin r$

जहाँ, i = समतल तरंग का आपतन (Incidence) कोण

r = समतल तरंग का अपवर्तन (Refraction) कोण

- प्रथम माध्यम में समतल तरंग की चाल और तरंगदैर्ध्य क्रमशः v_1 और λ_1 हैं तथा द्वितीय माध्यम में v_2 और λ_2 है। तब

$$\frac{\lambda_1}{\lambda_2} = \frac{v_1}{v_2}$$

उपरोक्त समीकरण से ज्ञात होता है कि जब एक तरंग सघन माध्यम ($v_1 > v_2$) में अपवर्तित होता है तब (तरंग की) तरंगदैर्ध्य और चाल कम हो जाते हैं लेकिन आवृत्ति $\left(\nu = \frac{v}{\lambda}\right)$ एक समान रहती है।

- इसके अतिरिक्त आपतित किरण, सतह के आपतन बिन्दु पर अभिलम्ब तथा परावर्तित किरण सभी समान तल में स्थित होते हैं। जो अपवर्तन के द्वितीय नियम को सिद्ध करते हैं।
- **समतल तरंग का परावर्तन** हाइगेन्स सिद्धान्त का उपयोग करके व्युत्पन्न किया जा सकता है। यह सुनिश्चित करता है कि समतल तरंग परावर्तन के नियम का पालन करती है।

हाइगेन्स सिद्धान्त के आधार पर अपवर्तन एवं परावर्तन को नीचे प्रदर्शित किया गया है।

1. **पतला प्रिज्म** (Thin Prism) हम एक पतले प्रिज्म से गुजरने वाली समतल तरंग पर विचार करते हैं स्पष्टतया, क्योंकि काँच में प्रकाश तरंगो की चाल कम होती है इसलिए, अन्दर आते हुए तरंगाग्र का निचला भाग (जो काँच की अधिकतम मोटाई को पार करता है) सबसे अधिक विलंबित होगा। इसके परिणामस्वरूप प्रिज्म से बाहर निकलने वाले तरंगाग्र के अनुसार झुक जायेगा।

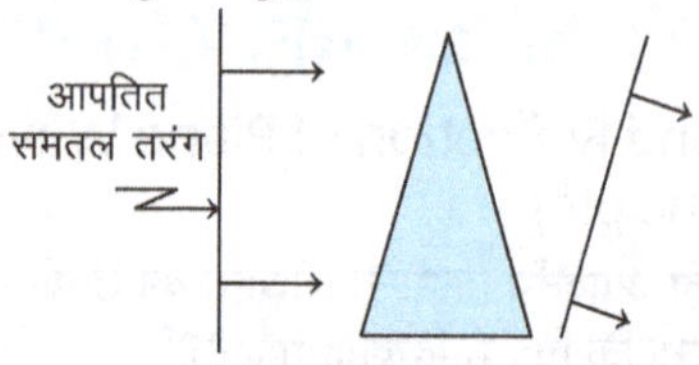

2. **उत्तल लेन्स** (Convex Lens) हम एक पतले उत्तल लेन्स पर आपतित होने वाली समतल तरंगें पर विचार करते हैं। आपतित समतल तरंग का मध्य भाग लेन्स के सबसे मोटे भाग से होकर जाता है। तथा र्वाधिक विलवित होता है। लेन्स से बाहर निकलने वाले तरंगाग्र के केन्द्र पर अवनमन होता है इसलिए तरंगाग्र गोलीय हो जाता है तथा एक बिन्दु F पर अभिसरित होता है जिसे **फोकस** कहते हैं।

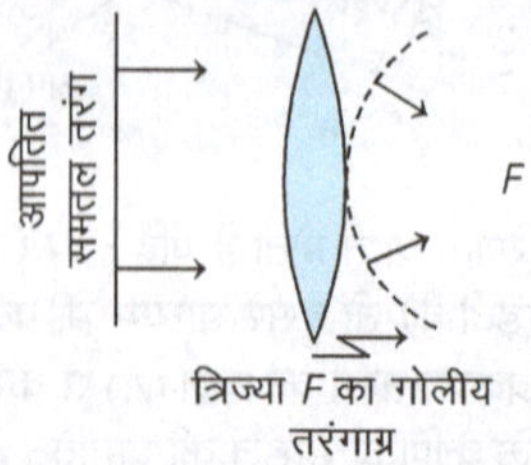

3. **समतल तरंग का परावर्तन अवतल दर्पण द्वारा** (Reflection of Plane Wave by a Concave Lens) एक अवतल दर्पण पर एक समतल तरंग आपतित होती है तथा परावर्तन पर हमें एक गोलीय तरंग प्राप्त होती है। जो फोकस बिन्दु F पर अभिसारित होती है। इसी प्रकार हम अवतल लेन्सों तथा उत्तल दर्पणों द्वारा अपवर्तन तथा परावर्तन को साथ में समझ सकते हैं।

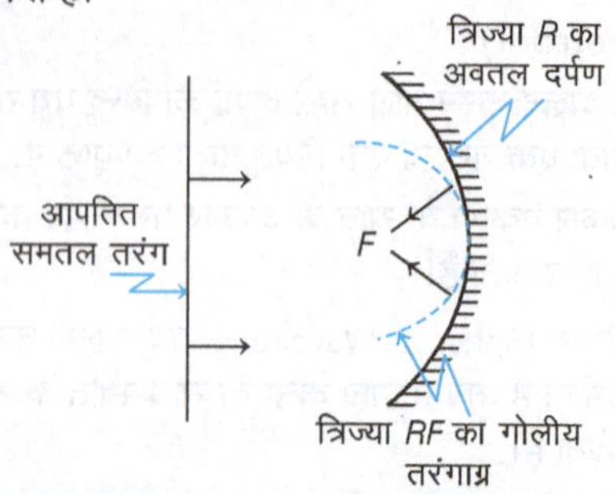

Concept Master
Video के लिए

Marks Maximizer

- अपवर्तनांक वेग और तरंगदैर्ध्य के बीच सम्बन्ध $\frac{v_1}{v_2} = \frac{\lambda_1}{\lambda_2} = \frac{\mu_2}{\mu_1}$

$$\mu = \frac{c}{v} = \frac{\text{निर्वात् में प्रकाश की चाल}}{\text{माध्यम में प्रकाश की चाल}}$$

तरंगों का कला-सम्बद्ध तथा कला असम्बद्ध योग (Coherant and Incoherant Addition of Waves)

- प्रकाश के **कला सम्बद्ध स्रोत** वे स्रोत है, जो समान आवृत्ति तथा समान तरंगदैर्ध्य की प्रकाश तरंगें उत्सर्जित करते हैं जिनका प्रारम्भिक कलान्तर नियत रहता है।
- दो प्रकाश स्रोत जो नियत कलान्तर वाली प्रकाश तरंगें उत्सर्जित नहीं करते **कला असम्बद्ध स्रोत** कहलाते हैं।
- **अध्यारोपण का सिद्धान्त** (Superposition Principle) अध्यारोपण के सिद्धान्त के अनुसार किसी माध्यम में किसी निश्चित बिन्दु पर अनेक तरंगों द्वारा उत्पन्न परिणामी विस्थापन प्रत्येक तरंग द्वारा उत्पन्न विस्थापन का सदिश योग होता है।

$$y = y_1 + y_2 + y_3 + \ldots.$$

- तरंगों के अध्यारोपण के ऊर्जा क्षेत्र में, ऊर्जा पुनर्वितरण की घटना को **व्यतिकरण** (Interference) कहते हैं।
- तरंगों के अध्यारोपण के क्षेत्रों में अधिकतम तीव्रता के बिन्दु **संपोषी व्यतिकरण** (Constructive interference) में कहे जाते हैं। जबकि न्यूनतम तीव्रता वाले बिन्दु **विनाशी व्यतिकरण** में कहे जाते हैं।

आयाम a_1 तथा a_2 की दो तरंगें एक बिन्दु पर व्यतिकरण करती है जहाँ कलान्तर ϕ है। और फिर परिणामी आयाम निम्न समीकरण द्वारा प्राप्त होता है।

$$A^2 = a_1^2 + a_2^2 + 2a_1a_2 \cos\phi$$

संपोषी व्यतिकरण के लिए, $A_{\text{अधिकतम}} = (a_1 + a_2)$

विनाशी व्यतिकरण के लिए, $A_{\text{न्यूनतम}} = (a_1 - a_2)$

- परिणामी व्यतिकरण $I = I_1 + I_2 + 2\sqrt{I_1 I_2}\cos\phi$

जब $I_1 = I_2 = I_0$, तब परिणामी तीव्रता

$$I = I_0 + I_0 + 2I_0\cos\phi = 2I_0\,(I + \cos\phi)$$

या $$I = 4I_0 \cos^2\left(\frac{\phi}{2}\right)$$

संपोषी व्यतिकरण के लिए, $\phi = 0, \pm 2\pi, \pm 4\pi$

विनाशी व्यतिकरण के लिए, $\phi = \pm \pi, \pm 3\pi, \pm 5\pi$

Marks Maximizer

- अधिकतम तथा न्यूनतम तीव्रता का अनुपात निम्न सूत्र द्वारा ज्ञात किया जाता है।

$$\frac{I_{\text{अधिकतम}}}{I_{\text{न्यूनतम}}} = \left(\frac{a_1 + a_2}{a_1 - a_2}\right)^2 = \left(\frac{\sqrt{I_1} + \sqrt{I_2}}{\sqrt{I_1} - \sqrt{I_2}}\right)^2$$

- **कला असम्बद्ध तरंगों का योग** (Addition of Incoherent Waves) यदि दो कम्पन्न स्रोतों के बीच कलान्तर (समय के साथ) शीघ्रता से परिवर्तित होता है, तो इस प्रकार की तरंग, कलाअसम्बद्ध कहलाती है।
  इस प्रकार की तरंगों के लिये, परिणामी तीव्रता
  $$I = I_1 + I_2 + \ldots$$
- उन बिन्दुओं का बिन्दुपथ जिसके लिए $S_1P - S_2P$ शून्य होता है, $\pm\lambda, \pm 2\lambda, \pm 3\lambda$ को निम्न ग्राफ में दर्शाया गया है।

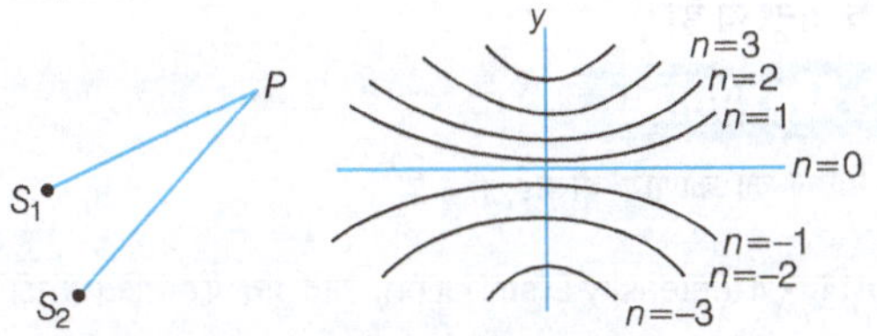

- यदि दो प्रकाश स्रोत कला असम्बद्ध है। तब किसी बिन्दु पर कलान्तर ϕ समय के साथ परिवर्तित नहीं होता है। और हमें एक स्थिर व्यतिकरण पैटर्न प्राप्त होगा। अर्थात् समय के साथ **उच्चिष्ठ** (Maxima) और **निम्निष्ठ** (Minima) की स्थिति नहीं बदलेगी।
- यदि दो सुईयाँ निश्चित कलान्तर नहीं रख पाती है तो समय के साथ व्यतिकरण पैटर्न भी बदलेगा।
- यदि समय के साथ कलान्तर बहुत तेजी से परिवर्तित होता है। समय के साथ उच्चिष्ठ तथा निम्निष्ट की स्थितियाँ भी बहुत तेजी से परिवर्तित होगी। तथा औसत तीव्रता $I = 2I_0$ दी गई है।

प्रकाश तरंगों का व्यतिकरण तथा यंग का प्रयोग (Interference of Light Waves and Young's Experiment)

- यदि दो सूक्ष्म छिद्रों S_1 व S_2 को सोडियम लैम्प द्वारा प्रकाशित किया जाता हैं तो इनकी तीव्रतायें जुड़ जाती है और परदे पर कोई व्यतिकरण फिन्जें प्राप्त नहीं होती है। इस प्रकार स्रोत में 10^{-10} सेकण्ड की कोटि के समय अन्तरालों पर आकस्मिक कल्प परिवर्तन होता है।

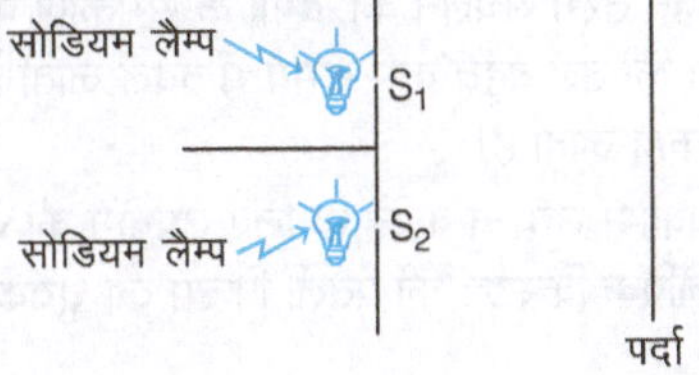

- यंग ने स्रोतों S_1 तथा S_2 से उत्सर्जित होने वाली तरंगों की कलाओं को नियन्त्रित करने के लिये एक उत्तम तकनीक उपयोग की। जैसा कि चित्र (a) तथा (b) में प्रदशित की गयी है। S_1 तथा S_2 से उत्सर्जित होने वाली गोलीय तरंगें परदे GG' पर व्यतिकरण फ्रिन्जें उत्पन्न करेगी। जैसा कि चित्र (b) में दर्शाया गया है।

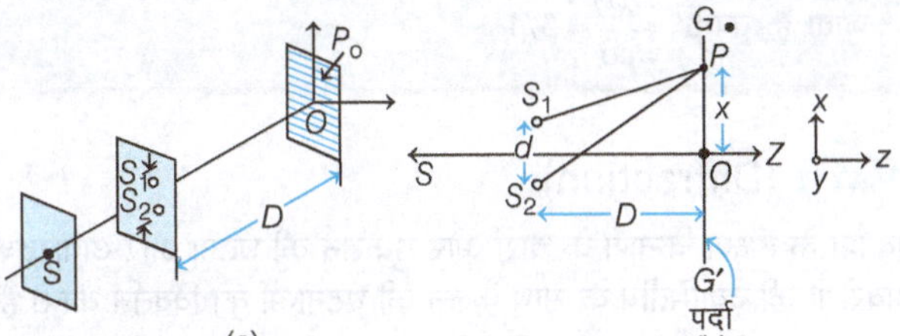

(a) (b)

- संपोषी व्यतिकरण द्वारा दीप्त क्षेत्र प्राप्त होंगे।
  अर्थात् $X = X_n = \frac{n\lambda D}{d}; n = 0, \pm 1, \pm 2, \ldots$
- विनाशी व्यतिकरण द्वारा अदीप्त क्षेत्र प्राप्त होंगे।
  जब $\frac{xd}{D} = \left(n + \frac{1}{2}\right)\lambda$
  अर्थात् $X = X_n = \left(n + \frac{1}{2}\right)\frac{\lambda D}{d};$
  $n = 0, \pm 1, \pm 2$
- इस प्रकार परदे पर अदीप्त तथा दीप्त क्षेत्र प्राप्त होंगे। ऐसे बेड़ो को फ्रिन्ज कहते हैं। काले तथा दीप्त फ्रिन्जें समान दूरी पर है।
- YDSE में केन्द्रीय बिन्दु O चमकीला होगा, क्योंकि $S_1O = S_2O$ और यह $n = 0$ के अनुदिश होगा। माना एक रेखा कागज के तल के लम्बवत् है और बिन्दु O से गुजरती हैं तब इस रेखा पर s_1 व s_2 से सभी बिन्दु समान दूरी पर होंगे। और एक चमकीली केन्द्रीय फ्रिन्ज प्राप्त होगी जो एक सीधी रेखा है। यदि बिन्दु स्रोतों के स्थान पर हम स्लिटों का प्रयोग करते, तो प्रत्येक युग्म एक सीधी रेखा फिन्जें उत्पन्न करता और तीव्रता को बढ़ा देता है।

YDSE में तीव्रता वितरण

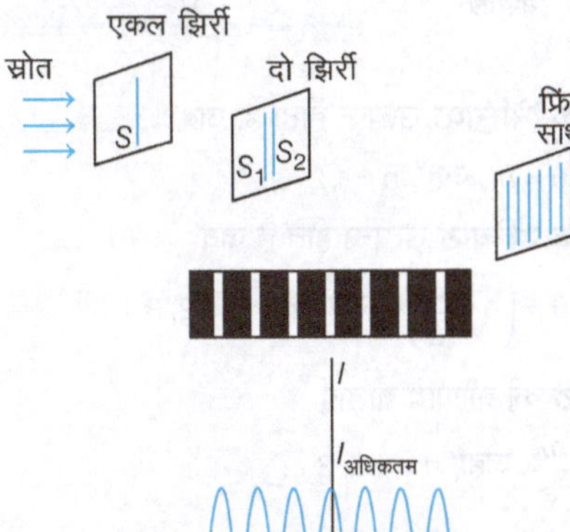

Concept Master Video के लिए

Marks Maximizer

- दो क्रमागत दीप्त और अदीप्त फ्रिन्ज के बीच की दूरी निम्न सूत्र से ज्ञात की जाती है $\beta = x_{n+1} - x_n = \frac{\lambda D}{d}$ NEET 2020
- जब सम्पूर्ण उपकरण μ अपवर्तनांक वाले अपारदर्शी माध्यम में डूबाया जाता है, तब $\beta' = \frac{\lambda D}{\mu d} = \beta/\mu$

विवर्तन (Diffraction)

- प्रकाश के तीक्ष्ण किनारों के चारों ओर मुकड़ने की घटना और अपारदर्शी अवरोधों की ज्यामितीय के साथ फैलने की घटनाओं को विवर्तन कहते हैं।
- प्रकाश किरणों का मुड़ना अवरोधों के आकार तथा प्रकाश की तरंगदैर्ध्य पर निर्भर करता है। यदि अवरोधों का आकार प्रकाश की तरंगदैर्ध्य की कोटि का हो तो प्रकाश विवर्तित होता है और इसे नग्न आँखों से आसानी से देखा जा सकता है।
- जब यंग के प्रयोग में द्विझिर्री को एक संकीर्ण एकक झिर्री (एकवर्णी स्रोत से प्रकाशित) द्वारा प्रतिस्थापित किया जाता हैं तो एक चौड़ा पैटर्न दिखाई पड़ता है। जिसके मध्य में दीप्त क्षेत्र होता है इसके दोनों ओर क्रमागत दीप्त और अदीप्त क्षेत्र होते हैं। जिनकी तीव्रता केन्द्र से दूर होने पर कम होती जाती है।
- **एक स्लिट के कारण विवर्तन** (Diffraction due to a Single Slit) प्रकार का एक समान्तर पुँज समतल तरंगाग्र के साथ एकल स्लिट AB पर पड़ती है। स्लिट की चौड़ाई प्रकाश की तरंगदैर्ध्य की कोटि भी है। अतः स्लिट से गुजरने पर विवर्तन होता है। जैसा कि चित्र में दिखाया गया हैं

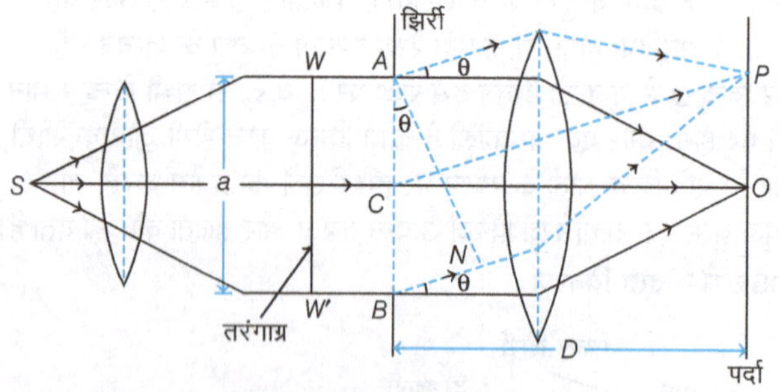

(i) ***n*वाँ द्वितीयक निम्निष्ठ** उत्पन्न होता है, जब

$$a \sin\theta = n\lambda \text{ जहाँ, } n = 1, 2, 3, ...$$

(ii) ***n*वाँ द्वितीयक उच्चिष्ठ** उत्पन्न होते है जब

$$a \sin\theta = \left(n + \frac{1}{2}\right)\lambda \text{ जहाँ, } n = 0, 1, 2, 3, ...$$

(iii) ***n* वे निम्निष्ठ** की कोणीय चौड़ाई

$$\theta_n = \frac{n\lambda}{a}, \text{ जहाँ, } n = 1, 2, 3, ...$$

(iv) ***n*वें** द्वितीयक निम्निष्ठ की **कोटि की चौड़ाई**

$$x_n = \frac{Dn\lambda}{a}$$

(v) *n*वें उच्चिष्ठ की **कोणीय चौड़ाई**

$$\theta_n = \left(n + \frac{1}{2}\right)\frac{\lambda}{a}$$

(vi) **केन्द्रीय उच्चिष्ठ की तीव्रता** अधिकतम होती है और द्वितीयक उच्चिष्ठ की तीव्रता बढ़ते क्रम के साथ घटती जाती है। विवर्तन पैटर्न का ग्राफ नीचे प्रदर्शित किया गया है।

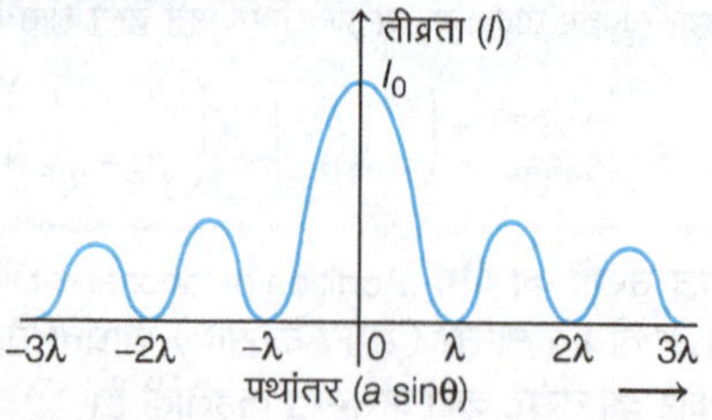

- व्यतिकरण ओर विवर्तन में प्रकाश ऊर्जा का पुनर्वितरण होता हैं यदि यह एक क्षेत्र (जहाँ दीप्त फ्रिन्जों का निर्माण होता है) कम हो जाती है। यह अन्य क्षेत्र में बढ़ जाती है। (जहाँ अदीप्त फ्रिन्जों का निर्माण होता है) इस प्रकार ऊर्जा में कोई लाभ व हानि नहीं होती है। जो ऊर्जा संरक्षण के नियम के अनुरूप है।

Marks Maximizer

- दीप्त फ्रिन्ज की कोणीय चौड़ाई, $\theta = \frac{2\lambda}{a}$
- **तीव्रता वितरण** (Intensity Distribution) यदि पर्दे पर उच्चिष्ठ की स्थिति θ है। तब इसकी तीव्रता निम्न सूत्र द्वारा प्राप्त होती हैं $I_\theta = I_0\left(\frac{\sin\alpha}{\alpha}\right)^2$,
  जहाँ $\alpha = \frac{\pi a}{\lambda}\sin\theta$ और
  I_0 = केन्द्रीय उच्चिष्ठ की तीव्रता।

ध्रुवण (Polarisation)

- प्रकाश के कम्पनों को तरंग गति की दिशा के लम्बवत् एक निश्चित दिशा में सीमित करने की घटना, प्रकाश का ध्रुवण कहलाती है।
- **अनुप्रस्थ तरंगें** (Transverse Waves) जब कण का विस्थापन तरंग गति के लम्बवत् होता है। तब इसे अनुप्रस्थ तरंग कहा जाता है।
- **रेखीय ध्रुवीय तरंग** (Linearly Polarised Wave) इस तरंग में वैद्युत क्षेत्र सदिशों के कम्पन्न एक समतल में सीमित होते हैं। और अद्वितीय दिशा के समानान्तर होते है इसे समतल ध्रुवित प्रकाश भी कहा जाता है।
- रेखीय ध्रुवित तरंग में, सभी बिन्दुओं पर हर समय, कम्पन्न समान तल में स्थित होता है। इसलिये इसे **समतल ध्रुवित तरंग** भी कहा जाता है।
- रेखीय ध्रुवित तरंगें सभी अनुप्रस्थ तरंग होती है अर्थात् डोरी के प्रत्येक बिन्दु का विस्थापन तरंग संचलन की दिशा के समकोण पर होता है। यदि डोरी के कम्पन्न का तल बहुत कम समय में बदल जाता है तो इसे समतल **अध्रुवित तरंग** कहा जाता है।
- समतल ध्रुवित प्रकाश उत्पन्न करने के लिए उपयोग की जाने वाली अल्ट्रामाइक्रोस्कोपिक क्रिस्टल की पतली फिल्म को **ध्रुवक** के रूप में जाना जाता है।

- यदि ध्रुवक पर अध्रुवित प्रकाश तरंग आपतित होती है, तो प्रकाश तरंग संरेखित अणुओं के लम्बवत् दिशा में दोलन करते हुये विद्युत सदिश के साथ रेखीय रूप से ध्रुवित होती है। इस दिशा को ध्रुवक के पारित-अक्ष के रूप में जाना जाता है।
- पोलेराइड का उपयोग धूप के चश्में, खिड़की के शीशे, फोटोग्राफिक कमरे और 3D मूवी कमरे आदि में तीव्रता को निर्धारित करने के लिये किया जा सकता है।
- जब पूर्ण अंधकार के बिना विश्लेषक के माध्यम से अधिकतम और न्यूनतम तीव्रता देखी जाती है। तब तरंग के **आंशिक रूप से ध्रुविकृत** कहा जाता है।
- **मैलस का नियम** (Malus's Law) इसके अनुसार जब समतल ध्रुवित प्रकाश विश्लेषक पर गिरता है तो विश्लेषक के निर्गत प्रकाश की परिणामी तीव्रता विश्लेषक और ध्रुवक संचरण अक्ष के बलों के बीच के कोण की कोज्या के वर्ग के रूप में समानुपातिक बदलती है। **NEET 2017**

  अर्थात् $I = I_0 \cos^2\theta$

  जहाँ, I_0 = समतल ध्रुवित प्रकाश की तीव्रता

  I = विश्लेषक से निकलने वाली संचारित प्रकाश की तीव्रता

  तथा θ = ध्रुवक तथा विश्लेषक की अक्षों के बीच कोण
- चित्र (a) विद्युत संदिश के व्यवहार को प्रदर्शित करता है। जब प्रकाश दो पोलेराइडों से गुजरता है।

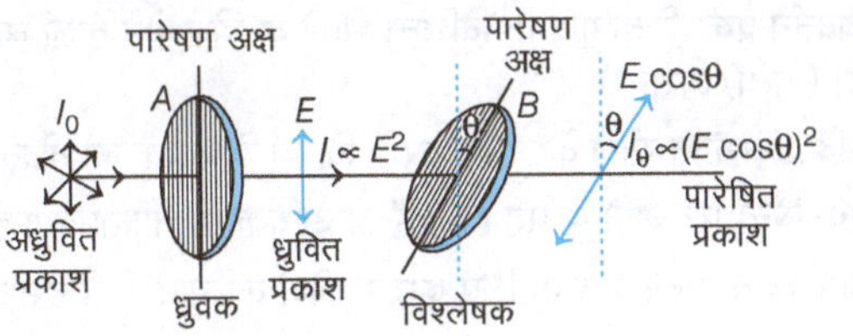

(a)

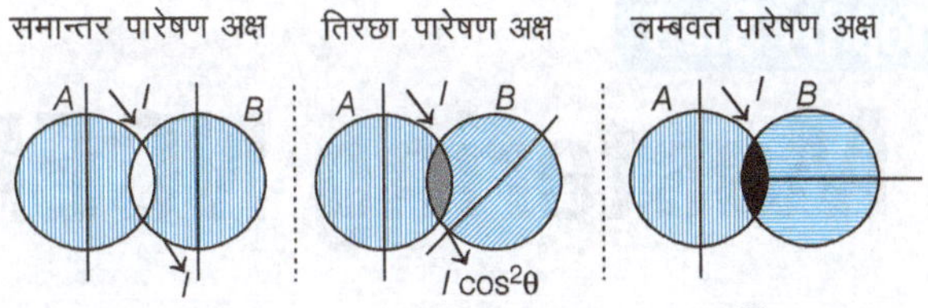

(i) (ii) (iii)

(b)

- चित्र (b) प्रकाश के पारगमन को दो पोलेराइडों के बीच इस तरह प्रदर्शित करता है कि पारगमन अंश 1 से 0 तक गिरता है जब उनके बीच का कोण 0° से 90° तक परिवर्तित होता है।

Marks Maximizer

परावर्तन का ध्रुवण (Polarisation of Reflection)

यदि $i = \theta_p$ अपवर्तित प्रकाश आंशिक रूप से ध्रुवित हो जाता है और परावर्तित प्रकाश पूर्ण रूप से ध्रुवित हो जाता है।

यदि $i < \theta_p$ या $i > \theta_p$ पर दोनों परावर्तित और अपवर्तित किरण आंशिक रूप से ध्रुवित होती है।

काँच के लिए $\theta_p = \tan^{-1}(1.5) \approx 57°$, जल के लिए $\theta_p = \tan^{-1}(1.33) \approx 53°$

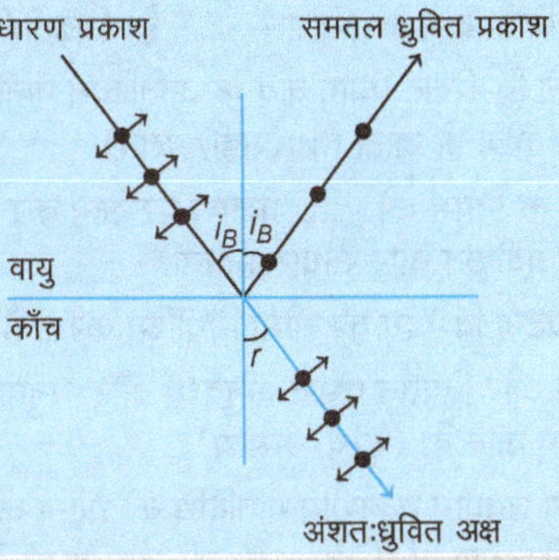

Caution Points

- विववर्तन की घटना को किरण प्रकाशिकी द्वारा नहीं समझाया जाता है यह किरण प्रकाशिकी की सीमाओं को प्रदर्शित करता है। सूक्ष्मदर्शी तथा दूरदर्शी की बहुत निकट की वस्तुओं में अन्तर ज्ञात करने की विभेदन सीमा प्रकाश की तरंगदैर्ध्य द्वारा निर्धारित की जाती है।
- अधिकतर व्यतिकरण और विवर्तन की घटनायें अनुदैर्ध्य तरंगों जैसे वायु में ध्वनि के लिए हमारे चारो तरफ घटित होती है। लेकिन ध्रुवण केवल अनुप्रस्थ तरंगों जैसे प्रकाश तरंगें में होता है।

PYQ नोट्स

1. **ब्रूस्टर का नियम** (Brewster's Law) इस नियम के अनुसार, जब अध्रुवित प्रकाश को i_B कोण पर एक ऐसी सतह पर आपतित किया जाता है जो अपवर्तनांक μ वाले माध्यम को वायु से अलग करता है, तब परावर्तित प्रकाश समतल ध्रुवित प्रकाश (आपतित तल के लम्बवत्) होता है। जो $\mu = \tan i_B$ व्युत्पन्न करता है।

   ध्रुवण कोण, $i_B + r = \frac{\pi}{2}$

   अर्थात् परावर्तित समतल ध्रुवित प्रकाश अपवर्तित प्रकाश से समकोण पर होता है। **[NEET 2020]**

2. **फ्रिन्जों का विस्थापन** (Displacement of Fringes) जब एक अपवर्तनांक n की तथा $x\lambda$ मोटाई की काँच प्लेट प्रकाश पुँज के मार्ग में रखी जाती है तब काँच प्लेट के कारण अधिक पथान्तर

   $\Delta L = (n-1)t = (n-1)x\lambda$

   $(\because t = x\lambda)$

   तथा फ्रिन्ज विस्थापन निम्न प्रकार दिया गया है $\frac{\beta}{\lambda}(n-1)x\lambda$

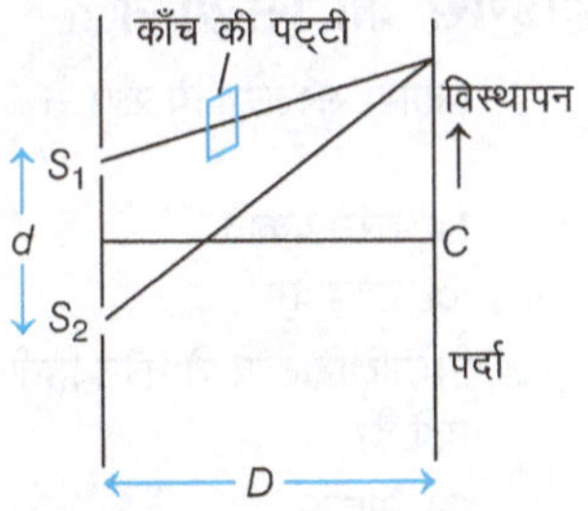

N फ्रिन्जों की संख्या में विस्थापन $N = \frac{(n-1)t}{\lambda}$ या $t = \frac{N\lambda}{(n-1)}$

[JEE Main 2019]

Step by Step

Mastering NCERT

- कॉन्सेप्ट बिल्डर्स
- शीर्षकवार प्रश्न
- अभिकथन-कारण प्रश्न
- कथन आधारित प्रश्न
- सुमेलन प्रकार प्रश्न
- आंकिक मान प्रकार के प्रश्न
- NCERT Exemplar प्रश्न
- विगत परीक्षाओं के प्रश्न
- स्किल बूस्टर्स

कॉन्सेप्ट बिल्डर्स

1 जब प्रकाश विरल माध्यम से सघन माध्यम में जाता है, तो प्रकाश तरंग की आवृत्ति नियत रहती है लेकिन तरंगदैर्ध्य और वेग दोनों घट जाते हैं। (सत्य/असत्य)

2 केन्द्रीय उच्चिष्ठ शून्य प्रकाशीय पथान्तर के साथ बनने वाला उच्चिष्ठ है। इसे पर्दे पर .... (कहीं भी/केन्द्र) बनाया जा सकता है।

3 फ्रिंज की चौड़ाई किस प्रकाश के लिए अधिक मोटी होती है? (लाल या नीली)

4 यग के द्विस्लिट प्रयोग में, nवाँ उच्चिष्ठ हमेशा nवाँ निम्निष्ठ से पहले आता है। (सही/गलत)

5 व्यतिकरण के लिए, फ्रिन्जों की तीव्रता समान होती है। लेकिन, विवर्तन में, तीव्रता फ्रिंज क्रम के अनुसार .... है। (बढ़ती/घटती)

6 जब यंग का द्वि-स्लिट प्रयोग वायु के अतिरिक्त पानी में किया जाता है, तो फ्रिंज संकीर्ण हो जाती है।। (सही/गलत)

7 हम मैलस के नियम को .... प्रकाश पर लागू कर सकते हैं। (ध्रवीकृत/ध्रुवीकृत और साधारण दोनों)

8 कौन-सी घटना विभेदन की सीमा निर्धारित करती है?

9 व्यतिकरण और विवर्तन प्रभाव अनुदैर्ध्य और अनुप्रस्थ दोनों तरंगों द्वारा दिखाए जाते हैं। (सत्य/असत्य)

10 .... का उपयोग प्रकाशीय गतिविधि की घटना का उपयोग करके क्रिस्टल और अणुओं में समरूपता की जांच करने के लिए किया जाता है। (ध्रुवीकरण/व्यतिकरण)

11 किरण प्रकाशिकी तरंग प्रकाशिकी का एक सीमित अध्ययन है। (सत्य/असत्य)

12 पोलेरॉइड का उपयोग त्रि-विमीय गति चित्रों और ऑप्टिकल तनाव विश्लेषण में किया जाता है। (सत्य/असत्य)

13 प्रकाश का व्यतिकरण ऊर्जा संरक्षण के नियम का पालन नहीं करता है। (सही/गलत)

14 यंग का द्विस्लिट प्रयोग श्वेत प्रकाश के स्रोत का उपयोग करके किया जाता है। व्यतिकरण फ्रिंज .... होंगी। (रंगीन/काला और श्वेत)

15 प्रत्येक स्लिट से विवर्तन एक द्विस्लिट प्रयोग में व्यतिकरण पैटर्न को प्रभावित करता है। (सत्य/असत्य)

16 एक खगोलीय दूरबीन की विभेदन क्षमता .... है जब अभिदृश्यक लेंस की फोकस दूरी बढ़ाई जाती है। (बढ़ती/घटती)

17 विवर्तन एक ही तरंगाग्र के विभिन्न भागों के बीच होने वाला व्यतिकरण है। (सत्य/असत्य)

18 यदि n असंगत स्रोतों के समान तरंगें, जिनमें से प्रत्येक की तीव्रता I_0 है, एक बिन्दु पर अतिव्यापित होती हैं तो अधिकतम तीव्रता क्या होगी?

19 वायु-काँच अंतरापृष्ठ के लिए ब्रूस्टर कोण का मान $\frac{\pi}{3}$ है इसलिए काँच का अपवर्तनांक .... है। $\left(\sqrt{3}/\frac{1}{\sqrt{3}}\right)$

20 ब्रिवेस्टर कोण का मान अपवर्तक माध्यम की प्रकृति और प्रकाश की .... पर निर्भर करता है। (तरंगदैर्ध्य/तीव्रता)

शीर्षकवार प्रश्न

हाइगेंस का सिद्धान्त

1 प्रकाश सरलरेखीय रूप से .... के कारण संचरित होता है। NCERT पृष्ठ 257

(a) तरंग प्रकृति (b) बड़ी तरंगदैर्ध्य
(c) उच्च वेग (d) उच्च आवृत्ति

2 निम्नलिखित में से कौन द्वितीयक तरंग में प्राथमिक तरंग के समान नहीं है? NCERT पृष्ठ 257

(a) आवृत्ति
(b) तरंगदैर्ध्य
(c) वेग
(d) तीव्रता

3 बाद के समय t पर द्वितीयक तरंगाग्र की स्थिति रेखाचित्र द्वारा प्राप्त की जा सकती है NCERT पृष्ठ 257

(a) प्राथमिक तरंगाग्र के प्रत्येक बिन्दु पर व्यास $2vt$ का एक गोला ।
(b) प्राथमिक तरंगाग्र के प्रत्येक बिन्दु पर व्यास $2t$ का एक गोला ।
(c) प्राथमिक तरंगाग्र के प्रत्येक बिन्दु पर व्यास vt keâe Skeâ Je=ôe
(d) प्राथमिक तरंगाग्र से कुछ दूरी vt पर स्थित एक तल।

4 हाइगेंस के सिद्धान्त के अनुसार, तरंगाग्र का प्रत्येक बिन्दु .... स्रोत है NCERT पृष्ठ 257

(a) द्वितीयक विक्षोभ (b) प्राथमिक विभोक्ष
(c) तीसरा विक्षोभ (d) चौथा विक्षोभ

5 द्वितीयक तरंगिकाओं के हाइगेंस सिद्धान्त का उपयोग .... के लिए किया जा सकता है। NCERT पृष्ठ 257

(a) निर्वात में प्रकाश का वेग ज्ञात करने
(b) प्रकाश कण के व्यवहार की व्याख्या करने
(c) तरंगाग्र की नई स्थिति ज्ञात करने
(d) प्रकाश विद्युत प्रभाव की व्याख्या करने

6 निम्नलिखित में से कौन-सी घटना हाइगेंस के तरंगाग्र निर्माण द्वारा स्पष्ट नहीं की जा सकती है? NCERT पृष्ठ 257

(a) अपवर्तन (b) परावर्तन
(c) विवर्तन (d) स्पेक्ट्रा की उत्पत्ति

हाइगेंस सिद्धान्त का उपयोग करके समतल तरंगों का अपवर्तन और परावर्तन

7 दी गई आकृति में, प्रकाश सघन माध्यम 1 से विरल माध्यम 2 में जाता है।

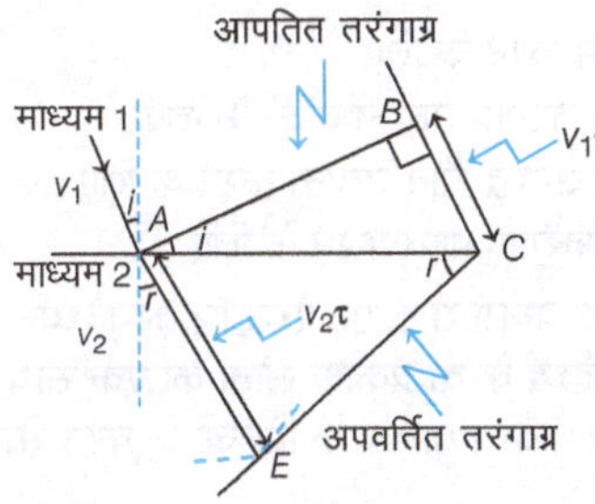

जब $i > i_c$ (आपतन का क्रान्तिक कोण), तो तरंगाग्र EC है। NCERT पृष्ठ 258

(a) माध्यम 2 में और अधिक गहराई में निर्मित
(b) सतही रेखा AC के समीप निर्मित
(c) AC के लम्बवत् निर्मित
(d) माध्यम 1 में निर्मित (AB के एक ही ओर)

8 जब प्रकाश सघन माध्यम में अपवर्तित होता है, तो NCERT पृष्ठ 259

(a) इसकी तरंगदैर्ध्य और आवृत्ति दोनों बढ़ जाती है।
(b) इसकी तरंगदैर्ध्य बढ़ जाती है लेकिन आवृत्ति अपरिवर्तित रहती है।
(c) इसकी तरंगदैर्ध्य घट जाती है लेकिन आवृत्ति वही रहती है।
(d) इसकी तरंगदैर्ध्य और आवृत्ति दोनों घट जाती है।

9 दिए गए चित्र में, एक समतल तरंग AB एक परावर्तक पृष्ठ MN पर कोण i पर आपतित होती हैं।
परावर्तित तरंगाग्र निम्न प्रकार से प्राप्त किया जाता है :
(माना प्रकाश की चाल v है तथा प्रकाश द्वारा B से C तक जाने में लिया गया समय t है) NCERT पृष्ठ 261

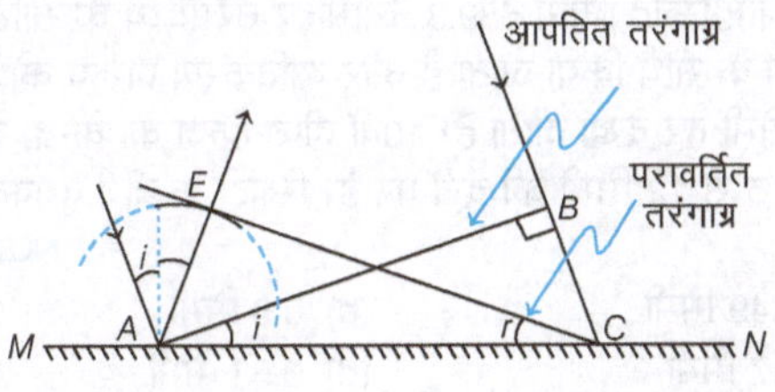

(a) बिन्दु A से vt त्रिज्या का एक गोला खींचकर
(b) बिन्दु C से vt त्रिज्या का एक गोला खींचकर
(c) बिन्दु A से लम्ब
(d) बिन्दु C से लम्ब

10 यदि नीचे दिखाए गए चित्र में ABC आपतित तरंगाग्र है, तो अपवर्तित तरंगाग्र होगा NCERT पृष्ठ 261

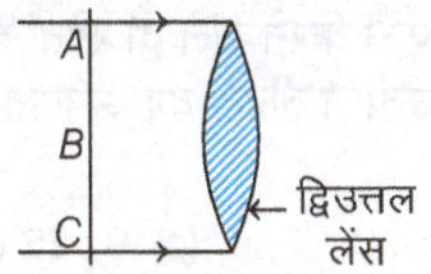

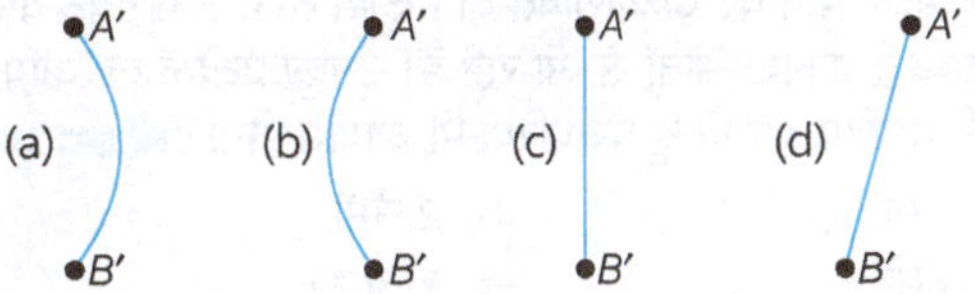

तरंगों का कला संम्बद्ध और कला असंबद्ध योग

11 निम्नलिखित में से कौन सा कथन निरन्तर व्यतिकरण उत्पन्न करने की अनुचित स्थिति है? NCERT पृष्ठ 263

(a) व्यतिकरण करने वाली तरंगों के बीच कलान्तर समय के साथ स्थिर रहता है।
(b) व्यतिकरण तरंगों का आयाम स्तर लगभग समान होता है।
(c) व्यतिकरण तरंगें समान आवृत्ति की होती हैं।
(d) व्यतिकरण तरंगें केवल विपरीत दिशाओं में चलती हैं।

12 माना S_1 और S_2 दो स्रोत हैं और यदि S_1 से तरंग तरंगदैर्ध्य λ की सात गुना दूरी तय करके किसी उभयनिष्ठ बिन्दु P पर पहुँचती है और S_2 से तरंग तरंगदैर्ध्य की नौ गुना दूरी तय करके किसी उभयनिष्ठ बिन्दु P पर पहुँचती है। निम्नलिखित में से कौन सा कथन गलत है? NCERT पृष्ठ 263

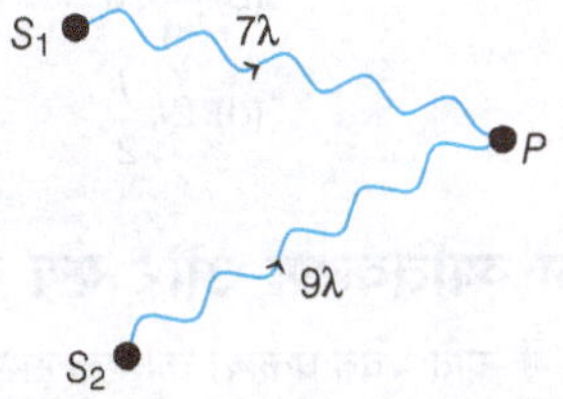

(a) $S_2P - S_1P = 2\lambda$
(b) S_1 से आने वाली तरंगें S_2 से आने वाली तरंगों से ठीक दो चक्र पहले आती हैं।
(c) बिन्दु P पर S_1 तथा S_2 से आने वाली तरंगें समान कला में होती हैं।
(d) बिन्दु P पर S_1 तथा S_2 से आने वाली तरंगें कला से बाहर हैं।

13 यदि दो तरंगें, स्रोत S_1 और S_2 से निकल रही हैं और उनके विस्थापन निम्न प्रकार हैं $y_1 = a\cos\omega t$ तथा $y_2 = a\cos(\omega t - 4\pi)$ यह तरंगें एक-दूसरे पर अध्यारोपित होकर उत्पन्न करेगी। NCERT पृष्ठ 263

(a) सम्पोषी व्यतिकरण (b) विनाशकारी व्यतिकरण
(c) विवर्तन (d) ध्रुवीकरण

14 माना किसी तरंग द्वारा किसी बिन्दु P पर उत्पादित विस्थापन $y_1 = a\cos\omega t$ है और दूसरी तरंग द्वारा $y_2 = a\cos\omega t$ है। माना I_0 प्रत्येक तरंग द्वारा उत्पादित तीव्रता को दर्शाता है, तो दोनों तरंगों के अध्यारोपण के कारण परिणामी तीव्रता है **NCERT पृष्ठ 264**

(a) I_0 (b) $2I_0$ (c) $\frac{I_0}{2}$ (d) $4I_0$

15 यदि व्यतिकरण उत्पन्न करने वाले दो स्रोतों का आयाम अनुपात 3 : 5 है, तो प्रत्येक द्वारा उत्पन्न तीव्रता का अनुपात क्या होगा? **NCERT पृष्ठ 264**

(a) 3 : 5 (b) 5 : 3 (c) 9 : 25 (d) 25 : 9

16 पर्दे के मध्य भाग पर अध्यारोपित दो प्रकाश तरंगें π रेडियन वाले कलासम्बद्ध प्रकाश स्रोतों से आ रही हैं। उनका प्रत्येक का आयाम 2 सेमी हैं। दिए गए बिन्दु पर परिणामी आयाम होगा **NCERT पृष्ठ 264**

(a) 8 सेमी (b) 2 सेमी
(c) 4 सेमी (d) शून्य

17 एक ही दिशा में संचरित होने वाली दो समान प्रकाश तरंगों में ϕ कलांतर है। अध्यारोपण के बाद, परिणामी तरंग की तीव्रता समानुपाती होगी **NCERT पृष्ठ 264**

(a) $\cos\phi$ (b) $\cos\phi/2$
(c) $\cos^2\phi/2$ (d) $\cos^2\phi$

18 64 : 1 के अनुपात में तीव्रता वाले दो कलासम्बद्ध स्रोतों से प्रकाश तरंग व्यतिकरण उत्पन्न करती है। व्यतिकरण प्रारूप के उच्चिष्ठ और निम्निष्ठ का अनुपात है **NCERT पृष्ठ 264**

(a) 81 : 49 (b) 64 : 25
(c) 87 : 64 (d) 49 : 81

19 दो एकवर्णी कलासम्बद्ध प्रकाश किरणों A और B की तीव्रता क्रमशः I और $I/4$ हैं। यदि इन तरंगों को एक दूसरे पर अध्यारोपित किया जाए, तो उच्चिष्ठ तथा निम्निष्ठ तीव्रताएँ होंगी **NCERT पृष्ठ 264**

(a) $\frac{9I}{4}, \frac{I}{4}$ (b) $\frac{5I}{4}, 0$
(c) $\frac{5I}{4}, I$ (d) $2I, \frac{I}{2}$

प्रकाश तरंगों का व्यतिकरण और यंग का प्रयोग

20 दर्शाए गए चित्र में, यदि श्वेत प्रकाश की एक समान्तर किरण बिन्दु O के तल पर आपतित होती है, तो पर्दे पर निकटतम श्वेत बिन्दु की O से दूरी $\frac{d}{A}$ है। A का मान ज्ञात कीजिए। (माना $d << D$) **NCERT पृष्ठ 265**

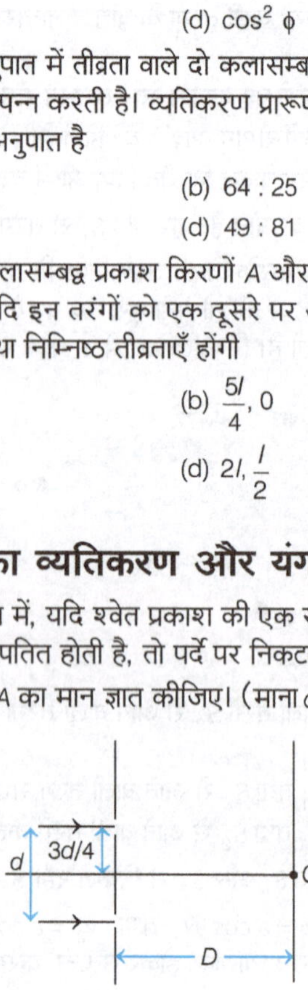

(a) 3 (b) 5
(c) 4 (d) 6

21 समान तीव्रता I_0 की प्रकाश उत्सर्जक तरंगों के दो कलासम्बद्ध स्रोत YDSE में फ्रिंज प्रारूप उत्पन्न करते हैं। केन्द्रीय उच्चिष्ठ पर, परिणामी तीव्रता होगी **NCERT पृष्ठ 265**

(a) I_0 (b) $2I_0$ (c) $4I_0$ (d) $16I_0$

22 यंग के व्यतिकरण प्रयोग में दो स्लिटों को 6000 ऐंग्स्ट्रॉम तरंगदैर्ध्य के नारंगी प्रकाश से प्रकाशित किया जाता है। व्यतिकरण प्रारूप स्लिट तलों से दूर पर्दे पर देखा जाता हैं यदि केन्द्रीय दीप्त फ्रिंज को शून्य के रूप में गिना जाता है, तो चौथे दीप्त फ्रिंज पर दो स्लिटों से प्रकाश के लिए पथान्तर क्या होना चाहिए? **NCERT पृष्ठ 265**

(a) 3 माइक्रोमीटर
(b) 1.6 माइक्रोमीटर
(c) 2.4 माइक्रोमीटर
(d) 3.6 माइक्रोमीटर

23 यंग के द्विस्लिट प्रयोग में, एक एकल स्लिट को दो स्लिटों से पहले रखा जाता है **NCERT पृष्ठ 265**

(a) तीव्रता कम करने के लिए
(b) बेलनाकार तरंगाग्र उत्पन्न करने के लिए
(c) एक कला सम्बद्ध स्रोत उत्पन्न करने के लिए
(d) गोलाकार तरंगाग्र प्राप्त करने के लिए

24 यंग के द्विस्लिट प्रयोग में 1500 ऐंग्स्ट्रॉम तरंगदैर्ध्य और 2500 ऐंग्स्ट्रॉम तरंगदैर्ध्य के दो प्रकाश स्रोतों का एक साथ उपयोग किया जाता है। दो तरंगदैर्ध्य प्रारूप के फ्रिन्जों के कौन से क्रम संपाती होते हैं? **NCERT पृष्ठ 266**

(a) प्रथम स्रोत का तीसरा क्रम और द्वितीय स्रोत का 5वाँ क्रम
(b) प्रथम स्रोत का 7वाँ क्रम और द्वितीय स्रोत का 5वाँ क्रम
(c) प्रथम स्रोत का 5वाँ क्रम और द्वितीय स्रोत का तीसरा क्रम
(d) प्रथम स्रोत का 5वाँ क्रम और द्वितीय स्रोत का 7वाँ क्रम

25 दो स्लिट एक दूसरे से 0.5 मिमी दूरी पर हैं तथा $\lambda = 6000$ ऐंग्स्ट्रॉम प्रकाश से प्रकाशित हैं। यदि पर्दे को स्लिट से 2.5 मीटर दूर रखा जाए, तो केन्द्र से तीसरे द्वीप्त प्रतिबिम्ब की दूरी होगी। **NCERT पृष्ठ 266**

(a) 1.5 मिमी (b) 3 मिमी
(c) 6 मिमी (d) 9 मिमी

26 यंग का द्विस्लिट प्रयोग क्रमशः 4360 एंग्स्ट्रॉम तथा 5460 ऐंग्स्ट्रॉम तरंगदैर्ध्य के नीले और हरे प्रकाश के साथ किया जाता है। यदि x केन्द्रीय उच्चिष्ठ से 4वें उच्चिष्ठ की दूरी है, तो **NCERT पृष्ठ 266**

(a) x (नीला) = x (हरा) (b) x (नीला) > x (हरा)
(c) x (नीला) < x (हरा) (d) $\frac{x\text{ (नीला)}}{x\text{ (हरा)}} = \frac{5460}{4360}$

27 यंग का द्विस्लिट प्रयोग 589.3 नैनोमीटर तरंगदैर्ध्य के सोडियम (पीले) प्रकाश के साथ किया जाता है और व्यतिकरण प्रारूप को पर्दे पर 100 सेमी दूर देखा जाता है। 10वीं द्वीप्त फ्रिंज का केन्द्र, केन्द्रीय उच्चिष्ठ से 12 मिमी की दूरी पर है। स्लिटों के बीच पृथक्करण है **NCERT पृष्ठ 266**

(a) 0.49 मिमी (b) 0.6 मिमी
(c) 0.7 मिमी (d) 0.53 मिमी

28 यंग के द्विस्लिट प्रयोग में, स्लिट्स को 0.5 मिमी से अलग किया जाता है और स्क्रीन को 150 सेमी दूर रखा जाता है। 650 नैनोमीटर और 520 नैनोमीटर की दो तरंगदैर्ध्य वाली प्रकाश की किरण का उपयोग स्क्रीन पर व्यतिकरण फ्रिंज प्राप्त करने के लिए किया जाता है। सामान्य केन्द्रीय उच्चिष्ठ से उस बिन्दु तक की न्यूनतम दूरी क्या है जहाँ दोनों तरंग दैर्ध्य के कारण दीप्त फ्रिंज संपाती होते हैं? **NCERT पृष्ठ 266**

(a) 7.8 नैनोमीटर (b) 9.75 नैनोमीटर
(c) 15.6 नैनोमीटर (d) 1.56 नैनोमीटर

29 यंग के द्विस्लिट प्रयोग में, स्लिट 2 मिमी दूर हैं और दो तरंगदैर्ध्य $\lambda_1 = 12000$ ऐंग्स्ट्रॉम तथा $\lambda_2 = 10000$ ऐंग्स्ट्रॉम के फोटॉनों द्वारा प्रकाशित हैं। स्क्रीन पर उभयनिष्ठ केन्द्रीय दीप्त फ्रिंज से कितनी न्यूनतम दूरी पर (अर्थात् स्लिट से 2 मी), एक व्यतिकरण पैटर्न से प्राप्त दीप्त फ्रिंज दूसरे पैटर्न से प्राप्त दीप्त फ्रिंज के साथ संपाती होगी? **NCERT पृष्ठ 266**

(a) 8 मिमी (b) 6 मिमी
(c) 4 मिमी (d) 3 मिमी

30 यंग का द्विस्लिट प्रयोग 6000 ऐंग्स्ट्रॉम तरंगदैर्ध्य के प्रकाश के साथ किया जाता है जिसमें 16 फ्रिंज स्क्रीन पर एक निश्चित क्षेत्र को घेरती हैं। यदि 24 फ्रिंज λ तरंगदैर्ध्य के दूसरे प्रकाश के साथ समान क्षेत्र का घेरती है तो λ **NCERT पृष्ठ 266**

(a) 6000 ऐंग्स्ट्रॉम (b) 4500 ऐंग्स्ट्रॉम
(c) 5000 ऐंग्स्ट्रॉम (d) 4000 ऐंग्स्ट्रॉम

31 यंग के द्विस्लिट प्रयोग में, स्लिट पृथक्करण 1 मिमी है और स्क्रीन स्लिट से 1 मीटर दूर है। 500 नैनोमीटर तरंगदैर्ध्य के एकवर्णी प्रकाश के लिए, केन्द्रीय उच्चिष्ठ से तीसरे निम्निष्ठ की दूरी है **NCERT पृष्ठ 266**

(a) 0.50 नैनोमीटर (b) 1.25 मिमी
(c) 1.50 नैनोमीटर (d) 1.75 नैनोमीटर

32 यंग के द्विस्लिट प्रयोग में केन्द्रीय उच्चिष्ठ O पर तीव्रता I_0 है। यदि दूरी OP, पैटर्न की फ्रिंज चौड़ाई के एक तिहाई के बराबर है, तो बिन्दु P पर तीव्रता होगी **NCERT पृष्ठ 266**

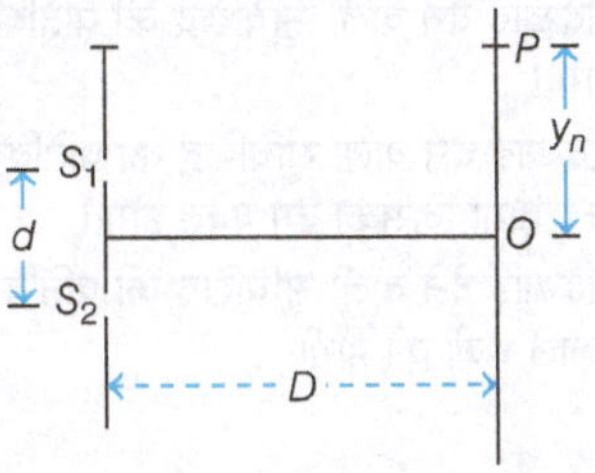

(a) $\frac{I_0}{2}$ (b) $\frac{2I_0}{3}$ (c) $\frac{I_0}{4}$ (d) $\frac{3I_0}{4}$

33 यदि YDSE में तरंगदैर्ध्य 400 नैनोमीटर का पाचवाँ क्रम उच्चिष्ठ 5000 ऐंग्स्ट्रॉम तरंगदैर्ध्य के nवें क्रम उच्चिष्ठ के साथ मेल खाता है तो n का मान क्या है? **NCERT पृष्ठ 266**

(a) 3 (b) 4 (c) 5 (d) 6

34 450 नैनोमीटर तरंगदैर्ध्य वाले एकवर्णी प्रकाश की समानान्तर किरण 0.2 नैनोमीटर चौड़ाई वाले एक लम्बे स्लिट से होकर गुजरती है। कोणीय विचलन क्या है जिसमें अधिकांश प्रकाश विवर्तित हो जाता है? **NCERT पृष्ठ 266**

(a) 4.5×10^{-3} रेडियन
(b) 2×10^{-4} रेडियन
(c) 4×10^{-3} रेडियन
(d) 4.5×10^{-4} रेडियन

35 एकवर्णी प्रकाश को दोहरी स्लिट से गुजारा जाता है और 2.5 मीटर दूर स्क्रीन पर व्यतिकरण पैटर्न देखा जाता है। स्लिटों के बीच पृथक्करण 0.5 नैनोमीटर है। प्रथम द्वीप्त फ्रिंज की केन्द्रीय फ्रिंज से दूरी 3.5 नैनोमीटर है। उपयोग किए गए प्रकाश की तरंगदैर्ध्य है **NCERT पृष्ठ 266**

(a) 600 नैनोमीटर (b) 500 नैनोमीटर
(c) 650 नैनोमीटर (d) 700 नैनोमीटर

36 YSDE में, स्लिट्स को 0.28 मिमी से अलग किया जाता है और स्क्रीन को 1.4 मीटर दूर रखा जाता है। केन्द्रीय दीप्त फ्रिंज और चौथे दीप्त फ्रिंज के बीच की दूरी 1.2 सेमी मापी जाती है। प्रयोग में उपयोग किए गए प्रकाश की तरंगदैर्ध्य है **NCERT पृष्ठ 266**

(a) 600 नैनोमीटर (b) 550 नैनोमीटर
(c) 400 नैनोमीटर (d) 750 नैनोमीटर

37 1 मिमी चौड़ाई की एक संकीर्ण स्लिट को 600 नैनोमीटर तरंगदैर्ध्य के एकवर्णी प्रकाश से प्रकाशित किया जाता है। 2 मीटर की दूरी पर स्थित एक पर्दे के दोनों ओर प्रथम निम्निष्ठों के बीच की दूरी है **NCERT पृष्ठ 266**

(a) 1.2 सेमी (b) 1.2 मिमी
(c) 2.4 सेमी (d) 2.4 मिमी

38. यंग के द्विस्लिट प्रयोग में, $d = 1$ मिमी और $D = 200$ सेमी है। यह पाया गया है कि 7वीं दीप्त फ्रिंज, फ्रिंज पैटर्न की पहली अदीप्त फ्रिंज से 6.5 मिमी की दूरी पर है। प्रयुक्त प्रकाश की तरंगदैर्ध्य है **NCERT पृष्ठ 266**

(a) 4000 ऐंग्स्ट्रॉम (b) 5200 ऐंग्स्ट्रॉम
(c) 5000 ऐंग्स्ट्रॉम (d) 2000 ऐंग्स्ट्रॉम

39 YSDE में यदि $D = 1$ मीटर, $d = 1$ मिमी और $\lambda = 6000$ ऐंग्स्ट्रॉम है, तो केन्द्रीय उच्चिष्ठ से 1000वें उच्चिष्ठ की दूरी होगी **NCERT पृष्ठ 266**

(a) $\frac{1}{2}$ मी (b) $\frac{3}{5}$ मी
(c) $\frac{3}{4}$ मी (d) $\frac{4}{5}$ मी

40 द्वि-स्लिट प्रयोग में, $d = 3$ नैनोमीटर के साथ एकल स्लिट पैटर्न के केन्द्रीय उच्चिष्ठ के अन्दर द्वि-स्लिट पैटर्न के 8 उच्चिष्ठ प्राप्त करने के लिए प्रत्येक स्लिट की चौड़ाई कितनी होनी चाहिए? **NCERT पृष्ठ 266**

(a) 0.6 मिमी (b) 0.4 मिमी
(c) 0.75 मिमी (d) 0.3 मिमी

41 यदि यंग के द्वि-स्लिट प्रयोग में स्रोत S को चित्र में दिखाए अनुसार ϕ कोण से विस्थापित किया जाता है। तो केन्द्रीय दीप्त फ्रिंज ϕ कोण से किस ओर विस्थापित हो जाएगी? **NCERT पृष्ठ 266**

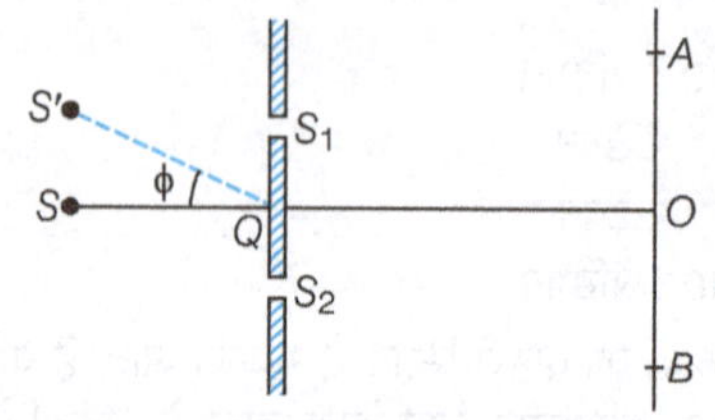

(a) पर्दे के अन्त A पर
(b) पदे के अन्त B पर
(c) बिल्कुल भी विस्थापित नहीं होगा
(d) स्रोत के विस्थापन के कारण होने वाले अतिरिक्त कलान्तर के आधार पर या तो अन्त A या B पर

42 यंग के द्विस्लिट प्रयोग में एक बिन्दु P पर पहुँचने वाले दो विक्षोभों का कलान्तर $\pi/2$ है। इस बिन्दु की तीव्रता को अधिकतम तीव्रता I_0 के पदों में व्यक्त किया जाता है **NCERT पृष्ठ 266**

(a) $\frac{3}{2}I_0$ (b) $\frac{1}{2}I_0$
(c) $\frac{4}{3}I_0$ (d) $\frac{3}{4}I_0$

43 यदि यंग के द्वि-स्लिट प्रयोग में व्यतिकरण करने वाली दो किरणों की तीव्रताएँ I_1 और I_2 हैं, तो अधिकतम ओर न्यूनतम तीव्रता के बीच का विषमता अच्छा होता है जब **NCERT पृष्ठ 266**

(a) I_1, I_2 से बहुत बड़ा हो (b) I_2, I_2 से छोटा हो
(c) $I_1 = I_2$ (d) या तो $I_1 = 0$ या $I_2 = 0$

44 यदि यंग के द्विस्लिट प्रयोग में, स्लिट की चौड़ाई और स्क्रीन से स्लिट की दूरी दोनों को दोगुना कर दिया जाता है, तो फ्रिंज की चौड़ाई **Old NCERT पृष्ठ 364**

(a) बढ़ती है (b) घटती है
(c) अपरिवर्तित रहती है (d) इनमें से कोई नहीं

45 यंग के द्वि-स्लिट व्यतिकरण पैटर्न में फ्रिंज की चौड़ाई 32×10^{-4} मीटर तब होती है जब 5600 ऐंग्स्ट्रॉम तरंगदैर्ध्य का लाल प्रकाश उपयोग किया जाता है। यदि 4200 ऐंग्स्ट्रॉम तरंगदैर्ध्य का नीला प्रकाश उपयोग किया जाए तो इसमें कितना परिवर्तन होगा? **Old NCERT पृष्ठ 364**

(a) 8×10^{-4} मी (b) 0.8×10^{-4} मी
(c) 4.2×10^{-4} मी (d) 0.45×10^{-4} मी

46 यंग के द्विस्लिट प्रयोग में, फ्रिंज की चौड़ाई 1×10^{-4} मीटर है। यदि स्लिट और स्क्रीन के बीच की दूरी दोगुनी कर दी जाए और दो स्लिटों के बीच की दूरी आधी कर दी जाए और तरंगदैर्ध्य को 6.4×10^{-7} मीटर से 4.0×10^{-7} तक बदल दिया जाए, तब मीटर में फ्रिंज चौड़ाई का मान होगा **Old NCERT पृष्ठ 364**

(a) 0.15×10^{-4} मीटर (b) 2.0×10^{-4} मीटर
(c) 1.25×10^{-4} मीटर (d) 2.5×10^{-4} मीटर

47 केन्द्र से 5वीं अद्वीप्त फ्रिंज की दूरी 4 मिमी है। यदि $D = 2$ और $\lambda = 600$ नैनोमीटर है, तो स्लिटों के बीच की दूरी है **Old NCERT पृष्ठ 364**

(a) 1.35 मिमी (b) 2.00 मिमी
(c) 3.25 मिमी (d) 10.35 मिमी

48 माना यंग के द्विस्लिट स्लिट प्रयोग में S_1 और S_2 दो स्लिट हैं और C स्क्रीन का केन्द्र है। यदि $\angle S_1CS_2 = \theta$ और λ तरंगदैर्ध्य है, तो फ्रिंज की चौड़ाई होगी **Old NCERT पृष्ठ 364**

(a) $\frac{\lambda}{\theta}$ (b) $\lambda\theta$ (c) $\frac{2\lambda}{\theta}$ (d) $\frac{\lambda}{2\theta}$

49 एकवर्णी प्रकाश के साथ दो स्लिट प्रयोग में, स्लिट से कुछ दूरी पर रखी गई स्क्रीन पर फ्रिंज प्राप्त की जाती हैं। यदि स्क्रीन को 5×10^{-2} मीटर स्लिट की ओर ले जाया जाता है, तो फ्रिंज की चौड़ाई 3×10^{-5} मीटर परिवर्तित होती है यदि स्लिट के बीच की दूरी 10^{-3} मीटर है तो उपयोग की गई प्रकाश की तरंगदैर्ध्य है **Old NCERT पृष्ठ 364**

(a) 6000 ऐंग्स्ट्रॉम (b) 5000 ऐंग्स्ट्रॉम
(c) 3000 ऐंग्स्ट्रॉम (d) 4500 ऐंग्स्ट्रॉम

50 यंग के द्विस्लिट स्लिट प्रयोग में, यदि बिन्दु स्रोतों को स्लिटों द्वारा प्रतिस्थापित किया जाता है जैसा कि नीचे चित्र में दिखाया गया है, तो देखी गई तीव्रता पैटर्न होगी **Old NCERT पृष्ठ 366**

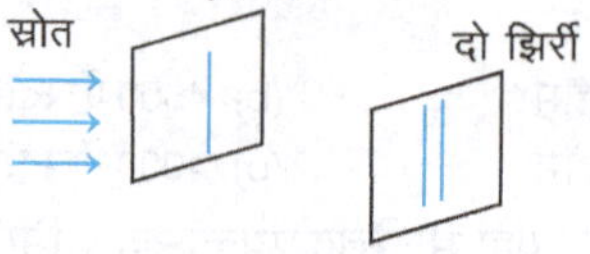

(a) घटती तीव्रता के साथ बिन्दु फ्रिंज
(b) बढ़ती तीव्रता के साथ बिन्दु फ्रिंज
(c) घटती तीव्रता के साथ सीधी रेखा फ्रिंज
(d) बढ़ती तीव्रता के साथ सीधी रेखा फ्रिंज

51 सूर्य का प्रकाश 10^3 ऐंग्स्ट्रॉम चौड़ाई के एक सूचिछिद्र (Pinhole) पर पड़ा है। निम्नलिखित में से सही कथन चुनें **NCERT पृष्ठ 267**

(a) स्क्रीन पर दिखाई देने वाला सूचिछिद्र का प्रतिबिम्ब एक तीक्ष्ण श्वेत वलय होगा।
(b) स्क्रीन पर दिखाई देने वाली सूचिछिद्र की प्रतिबिम्ब ज्यामितीय छवि से भिन्न होगी।
(c) स्क्रीन पर दिखाई देने वाला सूचिछिद्र का प्रतिबिम्ब एक फैला हुआ केन्द्रीय बिन्दु होगा जिसका रंग श्वेत होगा।
(d) स्क्रीन पर दिखाई देने वाली सूचिछिद्र की प्रतिबिम्ब श्वेत वलय के साथ एक काले धब्बे की होगी

विवर्तन

52 एक द्वि-स्लिट प्रयोग में, स्क्रीन पर एक निश्चित बिन्दु पर दो व्यतिकरण करने वाली तरंगों के बीच पथान्तर एक तरंगदैर्ध्य का $\frac{1}{8}$वाँ भाग है। उस बिन्दु पर प्रकाश की तीव्रता का एक द्वीप्त फ्रिंज के केन्द्र पर तीव्रता से अनुपात है **NCERT पृष्ठ 267**

(a) 0.568 (b) 0.853 (c) 2.60 (d) 0.672

53 6000 ऐंग्स्ट्रॉम तरंगदैर्ध्य की प्रकाश की एक समानान्तर किरण 0.3 मिमी चौड़ाई वाली एकल स्लिट द्वारा विवर्तित हो जाती है। विवर्तित प्रकाश के प्रथम निम्निष्ठ की कोणीय स्थिति है **NCERT पृष्ठ 267**

(a) 6×10^{-3} रेडियन (b) 1.8×10^{-3} रेडियन
(c) 3.2×10^{-3} रेडियन (d) 2×10^{-3} रेडियन

54 श्वेत प्रकाश के साथ एकल स्लिट विवर्तन पैटर्न बनाया गया है। प्रकाश की किस तरंगदैर्ध्य के लिए, विवर्तन पैटर्न में तीसरा द्वितीयक उच्चिष्ठ 6500 ऐंग्स्ट्रॉम तरंगदैर्ध्य के लाल प्रकाश के पैटर्न में दूसरे द्वितीयक उच्चिष्ठ के साथ मेल खाता है? **NCERT पृष्ठ 267**

(a) 4400 ऐंग्स्ट्रॉम (b) 4100 ऐंग्स्ट्रॉम
(c) 4642.8 ऐंग्स्ट्रॉम (d) 9100 ऐंग्स्ट्रॉम

55 600 नैनोमीटर तरंगदैर्ध्य की प्रकाश की एक समानान्तर किरण d चौड़ाई की एक स्लिट पर सामान्यतः आपतित होती है। यदि स्लिट और स्क्रीन के बीच की दूरी 1 मीटर है और स्क्रीन के केन्द्र से द्वितीयक क्रम उच्चिष्ठ की दूरी 15 मिमी है, तो स्लिट की चौड़ाई है **NCERT पृष्ठ 267**

(a) 40 माइक्रोमीटर (b) 80 माइक्रोमीटर
(c) 160 माइक्रोमीटर (d) 100 माइक्रोमीटर

56 यदि हम λ तरंगदैर्ध्य और e स्लिट चौड़ाई के साथ एकल-स्लिट विवर्तन का निरीक्षण करते हैं तो केन्द्रीय उच्चिष्ठ की चौड़ाई 2θ है समान तरंगदैर्ध्य के लिए स्लिट चौड़ाई कम करने पर **NCERT पृष्ठ 267**

(a) θ बढ़ता है
(b) θ अपरिवर्तित रहता है
(c) θ घट जाता है
(d) θ प्रकाश की तीव्रता के आधार पर बढ़ता या घटता है

57 यदि फोकस दूरी f का एक अभिसारी लेन्स स्लिट के बाद रखा जाता है और एकल-स्लिट विवर्तन में लेन्स के फोकस पर रखे गए पर्दे पर फ्रिंज प्राप्त होते हैं, तो पर्दे का आकार है **NCERT पृष्ठ 267**

(a) λ/a (b) $f\lambda/a$ (c) a/λ (d) fa/λ

ध्रुवण

58 तीव्रता I_0 की एक अध्रुवित प्रकाश किरण एक पोलेरॉइड पर पड़ती है। निर्गत किरण की तीव्रता है **NCERT पृष्ठ 270**

(a) $\frac{I_0}{2}$ (b) I_0 (c) $\frac{I_0}{4}$ (d) शून्य

59 I_0 तीव्रता की अध्रुवित प्रकाश की किरण को एक पोलेरॉइड A से तथा फिर एक अन्य पोलेरॉइड B से गुजारा जाता है, जो इस प्रकार उन्मुख है कि इसका मुख्य तल A के सापेक्ष 45° का कोण बनाता है। निर्गत प्रकाश की तीव्रता है **NCERT पृष्ठ 270**

(a) I_0 (b) $I_0/2$ (c) $I_0/4$ (d) $I_0/8$

60 किस कोण पर, संचरित प्रकाश की तीव्रता अधिकतम होती है जब एक पोलेरॉइड शीट को दो क्रॉस किए गए पोलेरॉइड के बीच घुमाया जाता है? **NCERT पृष्ठ 270**

(a) $\pi/4$ (b) $\pi/2$ (c) $\pi/3$ (d) π

61 एक अध्रुवित किरण पुंज I_0 तीव्रता एक दूसरे से 60° का कोण बनाते हुए निकिल प्रिज्म के एक जोड़े पर आपतित होता है। जोड़े से निकलने वाले प्रकाश की तीव्रता है **NCERT पृष्ठ 270**

(a) I (b) $I_0/2$
(c) $I_0/4$ (d) $I_0/8$

62 निम्नलिखित में से किसका उपयोग धूप के चश्मे, खिड़की के शीशे आदि में तीव्रता को नियन्त्रित करने के लिए किया जा सकता है? **NCERT पृष्ठ 271**

(a) अनुप्रस्थ तरंग (b) पोलेरॉइड
(c) समतल ध्रुवित तरंग (d) ध्रुवित तरंग

63 दो पोलेरॉइड शीट को उनके अक्षों के समान्तर व्यवस्थित किया जाता है। फिर दूसरे पोलेरॉइड को 60° के कोण से घुमाया जाता है। प्रथम स्थिति में प्रेषित प्रकाश की तीव्रता का द्वितीय स्थिति से अनुपात क्या है? **NCERT पृष्ठ 270**

(a) 2 : 1 (b) 4 : 1
(c) 16 : 1 (d) 1 : 1

64 32 वाट/मी^{2} तीव्रता का अध्रुवित प्रकाश तीन ध्रुवकों से इस प्रकार गुजरता है, कि पहले का संचरण अक्ष तीसरे के साथ घूमता है। यदि निकलने वाले प्रकाश की तीव्रता 2 वाट/मी^{2} है तो पहले दो ध्रुवकों के बीच संचरण अक्ष का कोण क्या है? **NCERT पृष्ठ 270**

(a) 30° (b) 45°
(c) 22.5° (d) 60°

65 सोडियम लैम्प से आने वाले प्रकाश को प्रकाश पथ में एक के बाद एक रखे गए दो पोलेरॉइड से गुजारा जाता है। आपतित प्रकाश की तीव्रता को 100% मानते हुए, बाहर आने वाले प्रकाश की तीव्रता को किस सीमा में परिवर्तित किया जा सकता है?

(a) 0% से 100% (b) 0% से 50%
(c) 0% से 25% (d) 0% से 75%

66 अध्रुवित तीव्रता का प्रकाश I दो ध्रुवकों A और उसके बाद B की प्रणाली पर आपतित होता है। निर्गत प्रकाश की तीव्रता $\frac{2I}{3}$। यदि तीसरा ध्रुवक C को A और B के बीच रखा जाता है, निर्गत प्रकाश की तीव्रता $\frac{I}{3}$ कम हो जाती है। ध्रुवकों को A और C के बीच का कोण θ है, तब **NCERT पृष्ठ 270**

(a) $\cos\theta = \left(\frac{1}{2}\right)^{1/2}$ (b) $\cos\theta = \left(\frac{2}{3}\right)^{1/4}$

(c) $\cos\theta = \left(\frac{2}{3}\right)^{1/2}$ (d) $\cos\theta = \left(\frac{1}{2}\right)^{1/4}$

67 जब प्रकाश तरंगों के विद्युत क्षेत्र के दोनों घटक इस प्रकार उपस्थित हों कि एक दूसरे से अधिक प्रबल हो और ऐसे प्रकाश को घूर्णनशील विश्लेषक के माध्यम से देखा जाए, तो अधिकतम और न्यूनतम तीव्रता दिखाई देती है, लेकिन पूर्ण अन्धकार दिखाई नहीं देता। इस प्रकार के प्रकाश को कहा जाता है **Old NCERT पृष्ठ 377**

(a) ध्रुवीकृत (b) रैखिक रूप से ध्रुवीकृत
(c) आंशिक रूप से ध्रुवीकृत (d) इनमें से कोई नहीं

68 जब काँच की स्लैब की सतह पर आपतन कोण 45° होता है, तो यह पाया जाता है कि परावर्तित किरण पूरी तरह से ध्रुवित होती है। काँच में प्रकाश का वेग है Old NCERT पृष्ठ 381

(a) $\sqrt{3}\times10^8$ मी/से
(b) 3×10^8 मी/से
(c) 2×10^8 मी/से
(d) $\sqrt{2}\times10^8$ मी/से

69 अध्रुवित प्रकाश समतल काँच की सतह पर आपतित होता है। आपतन कोण क्या होना चाहिए, ताकि परावर्तित और अपवर्तित किरणें एक दूसरे के लम्बवत हो? [काँच के लिए $\mu = 1.5$] Old NCERT पृष्ठ 381

(a) 60° (b) 90° (c) 0° (d) 57°

70 किसी माध्यम का अपवर्तनांक 1 है। यदि अध्रुवित प्रकाश माध्यम के ध्रुवण कोण पर आपतित होता है, तो अपवर्तन कोण है Old NCERT पृष्ठ 381

(a) 60° (b) 45°
(c) 30° (d) 0°

71 किसी निश्चित माध्यम का क्रान्तिक कोण $\sin^{-1}\left(\frac{4}{5}\right)$ है। माध्यम का ध्रुवण कोण है Old NCERT पृष्ठ 381

(a) $\tan^{-1}\left(\frac{5}{4}\right)$ (b) $\sin^{-1}\left(\frac{4}{5}\right)$
(c) $\sin^{-1}\left(\frac{5}{4}\right)$ (d) $\tan^{-1}\left(\frac{4}{3}\right)$

अभिकथन-कारण प्रश्न

निर्देश *(प्रश्न क्रमांक 1-10) निम्नलिखित प्रश्नों में, अभिकथन के एक कथन बाद कारण का एक संगत कथन दिया गया है। निम्नलिखित विकल्पों में से, सही विकल्प का चयन कीजिए।*

(a) अभिकथन और कारण दोनों सही हैं और कारण, अभिकथन का सही स्पष्टीकरण है।
(b) अभिकथन और कारण दोनों सही हैं, लेकिन कारण, अभिकथन का सही स्पष्टीकरण नहीं है।
(c) अभिकथन सही है, परन्तु कारण गलत है।
(d) अभिकथन गलत है, परन्तु कारण सही है।

1 **अभिकथन** ज्यामितीय प्रकाशिकी के क्षेत्र में माना जाता है कि प्रकाश लगभग सीधी रेखा में गमन करता है।

कारण दृश्य प्रकाश की तरंगदैर्ध्य सामान्य दर्पणों और लेंसों की तुलना में बहुत छोटी होती है। NCERT पृष्ठ 255

2 **अभिकथन** एक पतली प्रिज्म द्वारा समतल तरंग के अपवर्तन पर निर्गत समतल तरंगाग्र झुका हुआ होता है।

कारण काँच में प्रकाश तरंगों की गति अधिक होती है तथा प्रिज्म का आधार शीर्ष से मोटा होता है। NCERT पृष्ठ 257

3 **अभिकथन** यदि हमारे पास सभी दिशाओं में समान रूप से तरंगें उत्सर्जित करने वाला एक बिन्दु स्रोत है, तो बिन्दु का स्थान जिसका आयाम समान है और जो एक ही कला में कम्पन्न करता है, तो तरंगाग्र गोल होते है।

कारण तरंगाग्र का प्रत्येक बिन्दु द्वितीयक विक्षोभ का स्रोत है तथा इन बिन्दुओं से निकलने वाली तरंगिकाएं तरंग की गति के साथ सभी दिशाओं में फैलती हैं। NCERT पृष्ठ 257

4 **अभिकथन** जब एकवर्णी प्रकाश दो माध्यमों को अलग करने वाली सतह पर आपतित होता है, तो परावर्तित और अपवर्तित प्रकाश दोनों की आवृत्ति आपतित आवृत्ति के समान होती है।

कारण प्रकाश की चाल और प्रकाश की तरंगदैर्ध्य दोनों अपवर्तन में परिवर्तित होते हैं और इसलिए अनुपात $v = c/\lambda$ नियत रहता है। NCERT पृष्ठ 259

5 **अभिकथन** पर्दे पर व्यतिकरण पैटर्न के द्वीप्त बैण्ड की तीव्रता अधिकतम है और $4I_0$ के बराबर है, जहाँ I_0 प्रत्येक स्रोत से प्रकाश की तीव्रता है।

कारण दोनों स्रोतों से आने वाली प्रकाश तरंगों की तीव्रता चाहे जो भी हो, अदीप्त फ्रिन्ज पर तीव्रता सदैव शून्य होती है। NCERT पृष्ठ 264

6 **अभिकथन** यंग का द्वि-स्लिट प्रयोग श्वेत प्रकाश के स्रोत का उपयोग करके किया जा सकता है।

कारण लाल प्रकाश की तरंगदैर्ध्य श्वेत प्रकाश में अन्य रंगों की तरंगदैर्ध्य से कम होती है। NCERT पृष्ठ 265

7 **अभिकथन** व्यतिकरण में सभी फ्रिंज समान चौड़ाई के होते हैं।

कारण व्यतिकरण में, फ्रिंज की चौड़ाई फ्रिंज की स्थिति से स्वतन्त्र होती है। NCERT पृष्ठ 266

8 **अभिकथन** जब दो कलासम्बद्ध स्रोत एक दूसरे के अत्यन्त निकट होते हैं तो कोई व्यतिकरण पैटर्न प्राप्त नहीं होता है।

कारण फ्रिंज की चौड़ाई, दो स्लिटों के बीच की दूरी के व्युत्क्रमानुपाती होती है। NCERT पृष्ठ 266

9 **अभिकथन** हम एकवर्णी प्रकाश से प्रकाशित विस्तृत स्लिट से विवर्तन पैटर्न प्राप्त नहीं कर सकते।

कारण विवर्तन पैटर्न में, सभी उज्जवल बैण्ड समान तीव्रता के नहीं होते हैं। NCERT पृष्ठ 267

10 **अभिकथन** यंग के द्वि-स्लिट प्रयोग में, अदीप्त फ्रिंजों के लिए फ्रिंज की चौड़ाई श्वेत फ्रिंजों के लिए फ्रिंज की चौड़ाई के समान होती है।

कारण यंग के द्वि-स्लिट प्रयोग में, जब फ्रिंजों का निर्माण श्वेत प्रकाश के स्रोत से किया जाता है, तो केवल अदीप्त तथा द्वीप्त फ्रिंज ही देखी जाती हैं। Old NCERT पृष्ठ 366

कथन आधारित प्रश्न

निर्देश *(प्रश्न क्रमांक 1-8) निम्नलिखित प्रश्नों में दो कथन (I और II) दिए गए हैं। दिए गए कथनों के आधार पर, नीचे दिए गए विकल्पों में से सही उत्तर चुनें।*

(a) दोनों कथन I और कथन II गलत हैं।
(b) कथन I सही है लेकिन कथन II गलत है।
(c) कथन I गलत है लेकिन कथन II सही है।
(d) दोनों कथन I और कथन II सही हैं।

1 **कथन I** एक बिन्दु स्रोत गोलीय तरंगाग्र उत्सर्जित करता है।
कथन II समान आयाम वाले तथा समान कला में कम्पन्न करने वाले बिन्दु का बिन्दुपथ सदैव गोले कहलाते हैं। NCERT पृष्ठ 257

2 **कथन I** प्रकाश की किरण वह पथ है जिस पर प्रकाश गमन करता है। यह हमेशा तरंगाग्र के अभिलम्बवत् होती है।
कथन II हाइगेंस के द्वितीयक तरंगिकाओं के सिद्धान्त का उपयोग केवल परावर्तन के नियम को सिद्ध करने के लिए किया जा सकता है। NCERT पृष्ठ 257

3 **कथन I** जब प्रकाश तरंग विरल माध्यम से सघन माध्यम में जाती है, तो उसकी चाल कम हो जाती है। चाल में कमी का अर्थ है प्रकाश तरंग द्वारा वहन की जाने वाली ऊर्जा में कमी से है।
कथन II तरंगों की ऊर्जा तरंगों के वेग के समानुपाती होती है। NCERT पृष्ठ 260

4 **कथन I** सभी द्वीप्त व्यतिकरण बैण्ड की तीव्रता समान होती है।
कथन II व्यतिकरण में, सभी बैंड दो स्रोतों से समान मात्रा में प्रकाश प्राप्त करते हैं। NCERT पृष्ठ 264

5 **कथन I** जब यंग का द्विस्लिट प्रयोग श्वेत प्रकाश के स्रोत के साथ किया गया, तो केवल काली तथा श्वेत फ्रिन्ज ही दिखाई देती है।
कथन II व्यतिकरण की स्थिति में श्वेत प्रकाश विभिन्न रंगों में प्रसारित नहीं होता है। NCERT पृष्ठ 266

6 **कथन I** यंग के द्वि-स्लिट प्रयोग में, यदि आपतित एकवर्णी प्रकाश की तरंगदैर्ध्य को दोगुना कर दिया जाए, तो पर्दे पर द्वीप्त फ्रिंजों की संख्या घट जाएगी।
कथन II स्क्रीन पर द्वीप्त फ्रिंजों की अधिकतम संख्या प्रयुक्त प्रकाश की तरंगदैर्ध्य के व्युत्क्रमानुपाती होती है। NCERT पृष्ठ 266

7 **कथन I** YDSE में, यदि ऊपरी स्लिट के सामने एक पतली फिल्म लगायी जाती है, तो फ्रिंज पैटर्न नीचे की दिशा में स्थानांतरित हो जाता है।
कथन II YDSE में, यदि स्लिट की चौड़ाई असमान है, तो निम्निष्ठ पूर्णतः अंधकारमय होगा। NCERT पृष्ठ 266

8 **कथन I** एकल स्लिट के माध्यम से विवर्तन के लिए, तरंग की तरंग दैर्ध्य स्लिट के आकार के बराबर होनी चाहिए।
कथन II ध्वनि तरंगों में विवर्तन पैटर्न का अवलोकन बहुत सामान्य है, लेकिन प्रकाश तरंगों में ऐसा नहीं है। NCERT पृष्ठ 267

सुमेलन प्रकार प्रश्न

1 कॉलम I (प्रकाश स्रोत) को कॉलम II (तरंगाग्र का आकार) से सुमेलित करें और नीचे दिए गए कूटों में से सही उत्तर का चयन करें। NCERT पृष्ठ 261

कॉलम I		कॉलम II	
A.	बिन्दु स्रोत से प्रकाश	1.	समतल
B.	उत्तल लेन्स से निकलने वाला प्रकाश जब बिन्दु स्रोत उसके फोकस पर हो	2.	गोलाकार
C.	एक पतले प्रिज्म से निकलता प्रकाश	3.	समतल की ओर झुका हुआ
D.	रेखीय स्रोत से निकलने वाला प्रकाश	4.	बेलनाकार

कूट

	A	B	C	D		A	B	C	D
(a)	1	2	3	4	(b)	1	4	2	3
(c)	2	1	3	4	(d)	2	3	1	4

2 कॉलम I (व्यतिकरण) को कॉलम II (सम्बन्ध) से सुमेलित करें और नीचे दिए गए कूटों में से सही उत्तर का चयन करें। NCERT पृष्ठ 263

कॉलम I		कॉलम II	
A.	सम्पोषी व्यतिकरण	1.	$n\lambda$
B.	विनाशी व्यतिकरण	2.	$(2n+1)\lambda/2$
C.	सम्पोषी व्यतिकरण के लिए पथान्तर	3.	तरंगें व्यतिकरण बिन्दु पर एक ही कला में होती हैं।
D.	विनाशी व्यतिकरण के लिए पथान्तर	4.	तरंगें व्यतिकरण बिन्दु पर कला में नहीं होती हैं।

कूट

	A	B	C	D
(a)	4	1	3	2
(b)	4	3	1	2
(c)	3	4	1	2
(d)	3	4	2	1

3 एक मिलीमीटर की दूरी पर दो स्लिट बनाई गई हैं तथा पर्दे को 1 मीटर की दूरी पर रखा गया है। 500 नैनो मीटर तरंगदैर्ध्य का नीला-हरा प्रकाश प्रयोग किया गया है। Old NCERT पृष्ठ 364

कॉलम I (गतिविधि) को कॉलम II (फ्रिंज पैटर्न में परिवर्तन) से सुमेलित करें और नीचे दिए गए कूटों में से सही उत्तर का चयन करें।

कॉलम I		कॉलम II	
A.	स्क्रीन को स्लिट के तल से दूर ले जाया जाता है।	1.	फ्रिंजों की रैखिक चौड़ाई b बढ़ जाती है।
B.	स्रोत से छोटे तरंगदैर्ध्य के दूसरे स्रोत से प्रतिस्थापित किया जाता है।	2.	फ्रिंज का कोणीय पृथक्करण स्थिर रहता है।
C.	प्रयोग का पूर्ण व्यवस्थानों पानी में डूबा दिया जाता है।	3.	फ्रिंज पृथक्करण घटता है।
D.	स्लिट्स के बीच की दूरी कम हो जाती है।	4.	फ्रिंज की चौड़ाई (3/4) हो गई।

कूट

	A	B	C	D		A	B	C	D
(a)	1	3	4	2	(b)	3	1	4	2
(c)	2	3	4	1	(d)	2	3	1	4

4 कॉलम I (YDSE में परिवर्तन) को कॉलम II (फ्रिंजों में परिवर्तन) से सुमेलित करें और नीचे दिए गए कूटों में से सही उत्तर का चयन करें। Old NCERT पृष्ठ 364

कॉलम I		कॉलम II	
A.	यदि सोडियम प्रकाश को समान तीव्रता के लाल प्रकाश से प्रतिस्थापित किया जाए।	1.	केन्द्रीय फ्रिंज को छोड़कर सभी फ्रिंज रंगीन हैं।
B.	एकवर्णी प्रकाश को श्वेत प्रकाश द्वारा प्रतिस्थापित किया जाता है।	2.	फ्रिंज की चौड़ाई चौगुनी हो जाएगी।
C.	स्लिट और स्क्रीन के बीच की दूरी दोगुनी कर दी जाती है और स्लिट के बीच की दूरी आधी कर दी जाती है।	3.	उज्ज्वल फ्रिंज कम चमकीली हो जाएगी।
D.	यदि सिकी एक स्लिट को सेलोफोन पेपर से ढक दिया जाए।	4.	फ्रिंज की चौड़ाई बढ़ जाएगी।

कूट

	A	B	C	D		A	B	C	D
(a)	4	1	2	3	(b)	1	2	3	4
(c)	2	3	1	4	(d)	3	2	4	1

आंकिक मान प्रकार के प्रश्न

1 यंग के द्विस्लिट प्रयोग में 5000 ऐंग्स्ट्रॉम तरंगदैर्ध्य (λ) के प्रकाश के साथ किया गया स्लिटों के बीच की दूरी 0.4 मिमी है और स्क्रीन स्लिटों से 800 सेमी की दूरी पर है। केन्द्रीय उच्चिष्ठ से तीसरे उच्चिष्ठ की दूरी (सेमी में) ज्ञात कीजिए। NCERT पृष्ठ 266

2 YDSE व्यवस्था में विभिन्न तरंगदैर्ध्यों $\lambda_1 = 560$ नैनोमीटर और $\lambda_2 = 400$ नैनोमीटर की मिश्रित रोशनी का उपयोग किया जाता है। यदि $D = 1$ मीटर तथा $d = 0.1$ मिमी है तो दो पूरी तरह से अंधेरे क्षेत्रों के बीच की दूरी ...... मिमी है। NCERT पृष्ठ 266

3 श्वेत प्रकाश को एक द्विस्लिट से गुजारा जाता है और 1.5 मीटर दूर एक स्क्रीन पर व्यतिकरण देखा जाता है। स्लिट के बीच का पृथक्करण 0.3 मिमी है। पहली बैंगनी और लाल फ्रिंज केन्द्रीय श्वेत फ्रिंज से 2.0 मिमी और 3.5 मिमी दूर बनती हैं। लाल और बैंगनी प्रकाश की तरंग दैर्ध्य में अन्तर .... नैनोमीटर है। NCERT पृष्ठ 266

4 यंग के द्विस्लिट प्रयोग में, दो सुसंगत स्रोतों को 0.90 मिमी की दूरी पर रखा जाता है और एक मीटर की दूरी पर फ्रिंज देखे जाते हैं। यदि यह केन्द्रीय फ्रिंज से 1 मिमी की दूरी पर दूसरा अदीप्त फ्रिंज उत्पन्न करता है, तो उपयोग किए जाने वाले एकवर्णी प्रकाश की तरंगदैर्ध्य .... 10^{-5} सेमी होगी। NCERT पृष्ठ 266

5 650 नैनोमीटर और 655 नैनोमीटर तरंगदैर्ध्य के सोडियम प्रकाश का उपयोग एकल छिद्र पर विवर्तन का अध्ययन करने के लिए किया जाता है। 0.75 मिमी स्लिट और स्क्रीन के बीच की दूरी 1.5 मीटर है। दोनों स्थिति में प्राप्त विवर्तन पैटर्न के पहले उच्चिष्ठ की स्थितियों के बीच का अन्तर ...... $\times 10^{-6}$ मीटर है। NCERT पृष्ठ 267

6 YDSE में, फ्रिंज से कुछ दूरी पर रखी स्क्रीन पर प्राप्त की जाती हैं। जब स्क्रीन को स्लिट की ओर 5 सेमी तक ले जाया जाता है, तो फ्रिंज की चौड़ाई में परिवर्तन 3×10^{-5} मीटर होता है। यदि दो स्लिटों के बीच की दूरी 10^{-3} मीटर है, तो उपयोग किए गए प्रकाश की तरंग दैर्ध्य ऐंग्स्ट्रॉम .... है। Old NCERT पृष्ठ 364

NCERT Examplar प्रश्न

1 10^4 ऐंग्स्ट्रॉम चौड़ाई की एक स्लिट पर आपतित सूर्य की रोशनी पर विचार करें। स्लिट के माध्यम से देखा गया प्रतिबिम्ब

(a) बीच में श्वेत रंग का एक बारीक नुकीला है।

(b) केन्द्र में एक चमकदार श्वेत जो किनारों पर शून्य तीव्रता तक फैलता है।

(c) केन्द्र में एक चमकदार श्वेत जो विभिन्न रंगों के क्षेत्रों में फैलता है।

(d) केवल एक फैला हुआ श्वेत रंग का हो

2 यंग के द्विस्लिट स्लिट प्रयोग में, स्रोत श्वेत प्रकाश है। एक छिद्र लाल फिल्टर द्वारा और दूसरे नीले फिल्टर द्वारा ढका हुआ है। इस स्थिति में,

(a) लाल और नीले रंग के वैकल्पिक व्यतिकरण पैटर्न होंगे

(b) लाल रंग के लिए नील रंग से अलग एक व्यतिकरण पैटर्न होगा

(c) कोई स्पष्ट व्यतिकरण फ्रिंज नहीं होगा

(d) लाल रंग के लिए एक व्यतिकरण पैटर्न होगा तथा नीले रंग के लिए एक व्यतिकरण पैटर्न होगा

3 चित्र में स्लिट S_1, S_2 के साथ एक मानक दो स्लिट व्यवस्था दिखाई गई है। P_1 और P_2, P के दोनों ओर दो न्यूनतम बिन्दु हैं जैसा कि चित्र में दिखाया गया है।

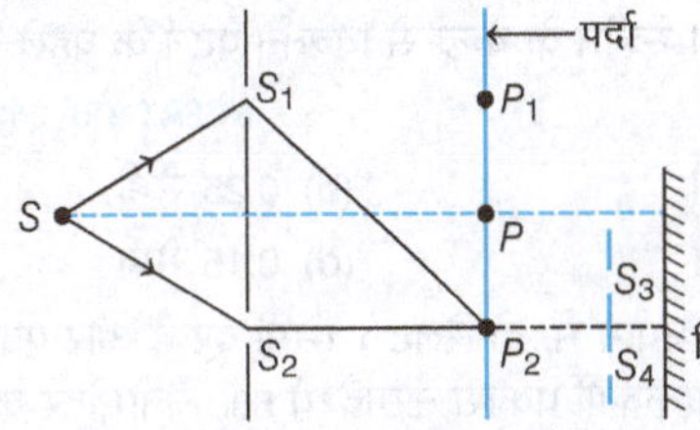

स्क्रीन पर P_2 पर एक छिद्र है और P_2 के पीछे एक दूसरी 2 स्लिट व्यवस्था है जिसमें स्लिट S_3, S_4 हैं और उनके पीछे एक दूसरी स्क्रीन है। दूसरी स्क्रीन पर आपको क्या पैटर्न मिलेगा?

(a) दूसरी स्क्रीन पर कोई व्यतिकरण पैटर्न नहीं होगा लेकिन यह द्विप्त होगी

(b) दूसरी स्क्रीन पूरी तरह से अद्विप्त होगी

(c) दूसरे स्क्रीन पर एक ही द्विपत बिन्दु होगा

(d) दूसरे स्क्रीन पर नियमित दो स्लिट पैटर्न होगा

4 मानव आँख का कोणीय विभेदन लगभग $\phi = 5.8 \times 10^{-4}$ रेडियन है और एक सामान्य फोटोप्रिंटर न्यूनतम 300 dpi (डॉट्स प्रति इंच, 1 इंच = 2.53 सेमी) प्रिंट करता है। प्रिंट किए गए पेज को किस न्यूनतम दूरी (z) पर रखा जाना चाहिए ताकि कोई अलग-अलग डॉट्स न देख सके?

(a) 14.5 सेमी (b) 12.5 सेमी (c) 19.8 सेमी (d) 10.25 सेमी

विगत परीक्षाओं के प्रश्न

NEET

1 एक अध्रुवित प्रकाश पुंज किसी काँच की सतह पर ब्रूस्टर कोण पर टकराता है, तब **NCERT पृष्ठ 268, NEET 2024**

(a) परावर्तित प्रकाश आंशिक ध्रुवित होगा।

(b) अपवर्तित प्रकाश पूर्णतः ध्रुवित होगा।

(c) दोनों परावर्तित व अपवर्तित प्रकाश पूर्णतः ध्रुवित होंगे।

(d) परावर्तित प्रकाश पूर्णतः ध्रुवित परन्तु अपवर्तित प्रकाश आंशिक ध्रुवित होगा।

2 यदि यंग के द्वि-छिद्र प्रयोग में एकवर्णी स्रोत को श्वेत प्रकाश से परिवर्तित कर दिया गया हो, तो **NCERT पृष्ठ 264, NEET 2024**

(a) व्यतिकरण प्रारूप अदृश्य होगा।

(b) कुछ रंगीन फ्रिंजों से घिरी एक अदीप्त केन्द्रीय फ्रिंज होगी।

(c) कुछ रंगीन फ्रिंजों से घिरी एक दीप्त केन्द्रीय फ्रिंज होगी।

(d) सभी दीप्त फ्रिंजें समान चौड़ाई की होंगी।

3 प्रकाश के दो कलासम्बद्ध स्रोत एक स्क्रीन पर व्यतिकरण करते हैं और फ्रिंज पैटर्न उत्पन्न करते हैं। केन्द्रीय उच्चिष्ठ के लिए, दो तरंगों के बीच कलान्तर होगा **NCERT पृष्ठ 264, NEET 2020**

(a) शून्य (b) π

(c) $\frac{3\pi}{2}$ (d) $\frac{\pi}{2}$

4 यंग के द्वि-स्लिट प्रयोग में, यदि दो स्लिटों से आने वाले प्रकाश के बीच कोई प्रारम्भिक कला-अन्तर नहीं है, तो पाँचवें निम्निष्ठ के अनुरूप स्क्रीन पर एक बिन्दु का पथान्तर होता है **NCERT पृष्ठ 266, NEET 2020**

(a) $5\frac{\lambda}{2}$ (b) $10\frac{\lambda}{2}$

(c) $9\frac{\lambda}{2}$ (d) $11\frac{\lambda}{2}$

5 $\lambda = 6000$ ऐंग्स्ट्रॉम के लिए फ्राउनहोफर विवर्तन में केन्द्रीय उच्चिष्ठ की कोणीय चौड़ाई θ_0 है। जब उसी स्लिट को किसी अन्य एकवर्णी प्रकाश से प्रकाशित किया जाता है, तो कोणीय चौड़ाई 30% कम हो जाती है। इस प्रकार की तरंगदैर्ध्य है **NCERT पृष्ठ 267, NEET 2019**

(a) 1800 ऐंग्स्ट्रॉम (b) 4200 ऐंग्स्ट्रॉम

(c) 6000 ऐंग्स्ट्रॉम (d) 420 ऐंग्स्ट्रॉम

6 दो पोलेरॉइड P_1 और P_2 को उनकी अक्ष पर रखा गया है जो एक-दूसरे के लम्बवत रखते है। अध्रुवित प्रकाश $(I_0) P_1$ बिन्दु पर आपतित होता है। एक तीसरा पोलेरॉइड P_3, P_1 और P_2 से बीच इस प्रकार रखा गया है कि इसकी अक्ष P_1 के साथ 45° का कोण बनाती है। P_2 से होकर गुजरने वाले प्रकाश की तीव्रता है **NCERT पृष्ठ 270, NEET 2017**

(a) $\frac{I_0}{2}$ (b) $\frac{I_0}{4}$ (c) $\frac{I_0}{8}$ (d) $\frac{I_0}{16}$

7 एक रैखिक द्वारक जिसकी चौड़ाई 0.02 सेमी है, को 60 सेमी फोकस दूरी के लेन्स के ठीक सामने रखा गया है। द्वारक को तरंगदैर्ध्य 5×10^{-5} मीटर की समानान्तर किरण द्वारा सामान्य रूप से प्रकाशित किया जाता है। स्क्रीन के केन्द्र से विवर्तन पैटर्न के पहले अद्वीप्त बैण्ड की दूरी है **NCERT पृष्ठ 261, NEET 2016**

(a) 0.10 सेमी (b) 0.25 सेमी
(c) 0.20 सेमी (d) 0.15 सेमी

8 एक द्वि-स्लिट प्रयोग में, दो स्लिट 1 मिमी दूर हैं और पर्दा 1 मीटर दूर रखा गया है। एकवर्णी प्रकाश तरंगदैर्ध्य 500 नैनोमीटर का उपयोग किया जाता है। एकल स्लिट पैटर्न के केन्द्रीय उच्चिष्ठ के अन्दर द्विस्लिट के दस उच्चिष्ठ प्राप्त करने के लिए प्रत्येक स्लिट की चौड़ाई क्या होगी? **NCERT पृष्ठ 266, AIPMT 2015**

(a) 0.2 मिमी (b) 0.1 मिमी
(c) 0.5 मिमी (d) 0.02 मिमी

9 यंग के द्वि-स्लिट प्रयोग में दो स्लिटों की चौड़ाई 1 : 25 के अनुपात में है। व्यतिकरण पैटर्न में अधिकतम और न्यूनतम पर तीव्रता का अनुपात $\frac{I_{\text{अधिकतम}}}{I_{\text{न्यूनतम}}}$ है। **NCERT पृष्ठ 266, AIPMT 2015**

(a) $\frac{9}{4}$ (b) $\frac{121}{49}$ (c) $\frac{49}{121}$ (d) $\frac{4}{9}$

10 तरंगदैर्ध्य λ, के एकवर्णी प्रकाश की समानान्तर किरण के लिए विवर्तन एक एकल स्लिट द्वारा उत्पन्न होता है जिसकी चौड़ाई a प्रकाश की तरंगदैर्ध्य के क्रम की होती है। यदि D स्लिट से स्क्रीन की दूरी है, तो केन्द्रीय उच्चिष्ठ की चौड़ाई होगी **NCERT पृष्ठ 267, AIPMT 2015**

(a) $\frac{2D\lambda}{a}$ (b) $\frac{D\lambda}{a}$ (c) $\frac{Da}{\lambda}$ (d) $\frac{2Da}{\lambda}$

11 एकल स्लिट विवर्तन पैटर्न के केन्द्रीय उच्चिष्ठ के समीप प्रथम निम्निष्ठ पर, स्लिट के किनारे से हाइगेन्स तरंग्राग और स्लिट के मध्य-बिन्दु से तरंगाग्र के बीच कलान्तर है **NCERT पृष्ठ 268, AIPMT 2015**

(a) $\frac{\pi}{4}$ रेडियन (b) $\frac{\pi}{2}$ रेडियन
(c) π रेडियन (d) $\frac{\pi}{8}$ रेडियन

JEE Main

12 जब अध्रुवित प्रकाश वायु से किसी पारदर्शी माध्यम पर 60° के कोण पर आपतित होता है, तो परावर्तित किरण पूर्णतः ध्रुवित होती है। माध्यम का अपवर्तन कोण है **NCERT पृष्ठ 268, JEE Main 2024**

(a) 90° (b) 60° (c) 45° (d) 30°

13 2 सेमी तरंगदैर्ध्य वाला एक माइक्रोवेव सामान्यतः 4 सेमी चौड़ाई की एक स्लिट पर गिरता है। स्लिट से 1.5 मी दूर प्राप्त विवर्तन पैटर्न के केन्द्रिय उच्चिष्ठ का कोणीय फैलाव होगा **NCERT पृष्ठ 266, JEE Main 2024**

(a) 60° (b) 45° (c) 30° (d) 15°

14 जब एक पोलेरॉइड चादर दो क्रॉसित पोलेरॉइडों के बीच घूमती है, तब किस घूर्णन के लिए पारगमित प्रकाश की तीव्रता अधिकतम होगी? **NCERT पृष्ठ 268, JEE Main 2024**

(a) 60° (b) 30°
(c) 90° (d) 45°

15 यंग के द्वि स्लिट प्रयोग में, दो स्लिटों को 800 नैनोमीटर तरंगदैर्ध्य के प्रकाश से प्रकाशित किया जाता है। A_1P को मिलाने वाली रेखा A_1, A_2 पर लम्बवत् है जैसा कि चित्र में दिखाया गया है। यदि पहला निम्निष्ठ P पर पाया जाता है, तो स्लिट पृथक्करण का मान a होगा। स्लिट से स्क्रीन की दूरी, $D = 5$ सेमी है **NCERT पृष्ठ 265, JEE Main 2023**

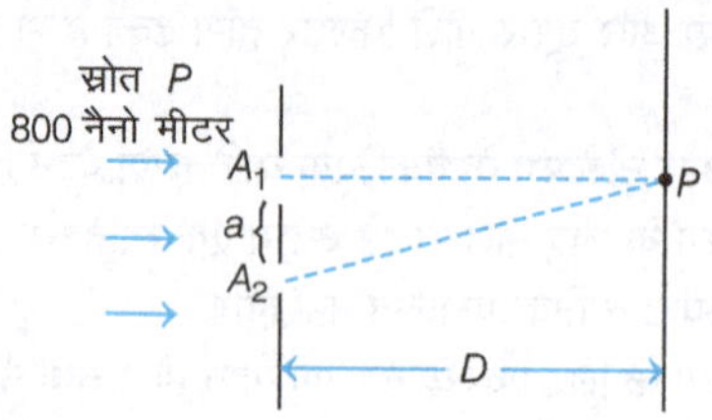

(a) 0.5 मिमी (b) 0.1 मिमी
(c) 0.4 मिमी (d) 0.2 मिमी

16 n पोलेरॉइड शीट को इस तरह व्यवस्थित किया जाता है कि प्रत्यक शीट के साथ 45° का कोण बनाती है। तीव्रता I का एक अध्रुवित प्रकाश इस व्यवस्था में आपतित होता है। आउटपुट तीव्रता $I/60$ पायी जाती है। n का मान होगा **NCERT पृष्ठ 270, JEE Main 2023**

(a) 3 (b) 6
(c) 4 (d) 5

17 एक पोलेराइजर-विश्लेषक सेट को इस तरह से समायोजित किया जाता है कि विश्लेषक से निकलने वाले प्रकाश की तीव्रता मूल तीव्रता का सिर्फ 10% हो। यह मानते हुए कि पोलराइजर-विश्लेषक सेट किसी भी प्रकाश को अवशोषित नहीं करता है, आउटपुट तीव्रता को शून्य करने के लिए विश्लेषक को जिस कोण से आगे घुमाने की आवश्यकता है, वह है **NCERT पृष्ठ 270, JEE Main 2020**

(a) 71.6° (b) 90°
(c) 45° (d) 18.4°

18 स्लिट पृथक्करण 0.1 मिमी के साथ यंग के द्विस्लिट स्लिट प्रयोग में, λ_1 तरंगदैर्ध्य के प्रकाश का उपयोग करके 1/40 रेडियन के कोण पर एक द्विप्त फ्रिंज देखा जाता है। जब λ_2 तरंगदैर्ध्य के प्रकाश का उपयोग किया जाता है तो उसी सेट अप में उसी कोण पर एक द्विप्त फ्रिंज देखा जाता है। यह देखते हुए कि λ_1 और λ_2 दृश्यमान सीमा (380 नैनोमीटर से 740 नैनोमीटर) में हैं, तो λ_1 तथा λ_2 का मान हैं **NCERT पृष्ठ 266, JEE Main 2019**

(a) 380 नैनोमीटर, 525 नैनोमीटर
(b) 400 नैनोमीटर, 500 नैनोमीटर
(c) 380 नैनोमीटर, 500 नैनोमीटर
(d) 625 नैनोमीटर, 500 नैनोमीटर

स्किल बूस्टर्स

1 प्रकाश की एक समानान्तर एकवर्णी किरण एक संकीर्ण स्लिट पर अभिलम्बवत् रूप से आपतित होती है। आपतित किरण की दिशा के लम्बवत् रखी गई स्क्रीन पर एक विवर्तन पैटर्न बनती है। विवर्तन पैटर्न के पहले निम्निष्ठ पर, स्लिट के दो किनारों से आने वाली किरणों के बीच कलान्तर होता है

(a) शून्य (b) $\pi/2$
(c) π (d) 2π

2 पतले लेन्स के ऊपरी आधे हिस्से में अपवर्तनांक μ होता है और निचले आधे हिस्से में अपवर्तनांक $\mu - \delta\mu$ ($\delta\mu << \mu$) पर्दे पर फ्रिंज का आकार होता है

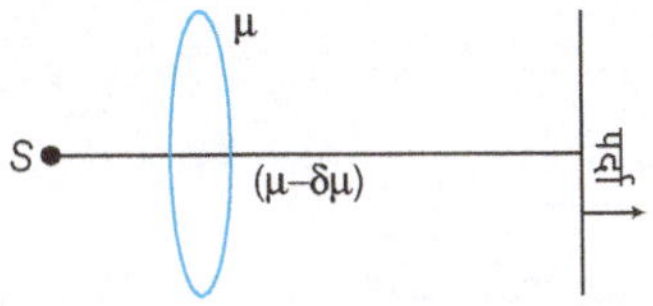

(a) अतिपरवलयिक (b) सरल रेखा
(c) वृत्तीय (d) कोई पर्याप्त जानकारी नहीं

3 यंग के द्विस्लिट स्लिट प्रयोग में स्लिट 1 मिमी की दूरी पर हैं। उन्हें 1 मीटर दूर पर्दे पर श्वेत प्रकाश (400 नैनोमीटर से 700 नैनोमीटर) द्वारा प्रकाशित किया जाता है, तो व्यतिकरण पैटर्न बनता है। यदि इस स्क्रीन पर केन्द्रीय द्विप्त फ्रिंज से 2 मिमी की दूरी पर एक सूचिछिद्र बनाया जाता है, तो प्रकाश में कुछ तरंगदैर्ध्य अनुपस्थित होंगे। अनुपस्थित तरंगदैर्ध्य हैं

(a) 571.4 नैनोमीटर और 444.4 नैनोमीटर
(b) 500 नैनोमीटर और 450 नैनोमीटर
(c) 402 नैनोमीटर, 507 नैनोमीटर तथा 609 नैनोमीटर
(d) 550 नैनोमीटर, 600 नैनोमीटर और 680 नैनोमीटर

4 I_0 तीव्रता के एकवर्णी प्रकाश की समानान्तर किरण काँच की प्लेट पर पड़ती है, प्रकाश का 25% भाग ऊपरी सतह से परावर्तित होता है तथा 50% भाग निचली सतह से परावर्तित होता है। परावर्तित प्रकाश के व्यतिकरण क्षेत्र में न्यूनतम तथा अधिकतम तीव्रता का अनुपात है

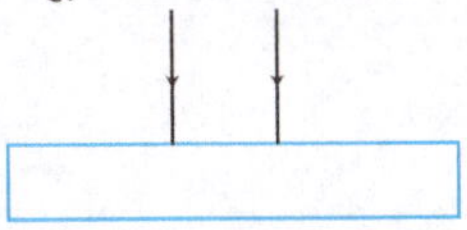

(a) $\dfrac{\left(\dfrac{1}{2} - \sqrt{\dfrac{3}{8}}\right)^2}{\left(\dfrac{1}{2} + \sqrt{\dfrac{3}{8}}\right)^2}$ (b) $\dfrac{(1-\sqrt{2})^2}{(1+\sqrt{2})^2}$

(c) $\dfrac{3}{8}$ (d) $\dfrac{4}{9}$

5 समतल ध्रुवित प्रकाश की एक किरण अनुप्रस्थ-काट क्षेत्र 3×10^{-4} मी^{2} के एक ध्रुवक पर सामान्य रूप से आपतित होती है जो किरण के अक्ष के चारों ओर 10π प्रति रेडियन के कोणीय वेग से घूमता है। आपतित किरण की शक्ति 10^{-3} वाट है। निर्गत किरण की तीव्रता ज्ञात कीजिए।

(a) $\dfrac{1}{3}$ वाट/मी^{2} (b) $\dfrac{5}{3}$ वाट/मी^{2}

(c) $\dfrac{4}{3}$ वाट/मी^{2} (d) $\dfrac{10}{3}$ वाट/मी^{2}

6 यंग का द्विस्लिट स्लिट प्रयोग 4/3 अपवर्तनांक वाले माध्यम में किया जाता है। 0.45 मिमी की दूरी पर स्थित स्लिट्स पर 600 नैनोमीटर तरंगदैर्ध्य का प्रकाश पड़ रहा है। निचली स्लिट S_2 को 10.4 मिमी मोटाई और 1.5 अपवर्तनांक वाली पतली कांच की शीट से ढका गया है। 1.5 मीटर की दूरी पर रखी गई स्क्रीन पर व्यतिकरण पैटर्न देखा जाता है। व्यतिकरण पैटर्न स्लिट्स से 1.5 मीटर की दूरी पर रखी गई स्क्रीन पर देखा जाता है जैसा कि चित्र में दिखाया गया है। (इस प्रश्न में सभी तरंगदैर्ध्य 4/3 अपवर्तनांक वाले दिए गए माध्यम के लिए हैं। विक्षेपण पर ध्यान न दें।) Y-अक्ष पर केन्द्रीय उच्चिष्ठ (शून्य पथ अन्तर वाला पथांतर) का स्थान ज्ञात कीजिए।

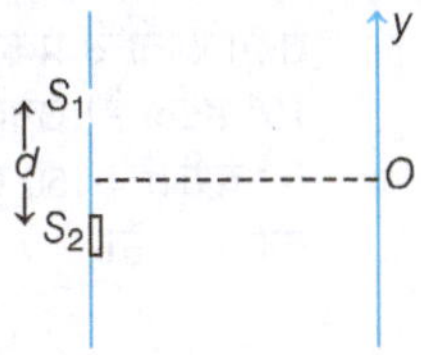

(a) 5.22 मिमी (b) 4.33 मिमी
(c) 3.43 मिमी (d) 3.33 मिमी

7 एक एकवर्णी तरंगदैर्ध्य प्रकाश d पृथक्करण स्लिट वाले एक तल पर अभिलम्ब से α कोण पर आपतित होता है। α का न्यूनतम मान ज्ञात कीजिए, ताकि पर्दे के केन्द्र पर एक निम्निष्ठ बन जाए।

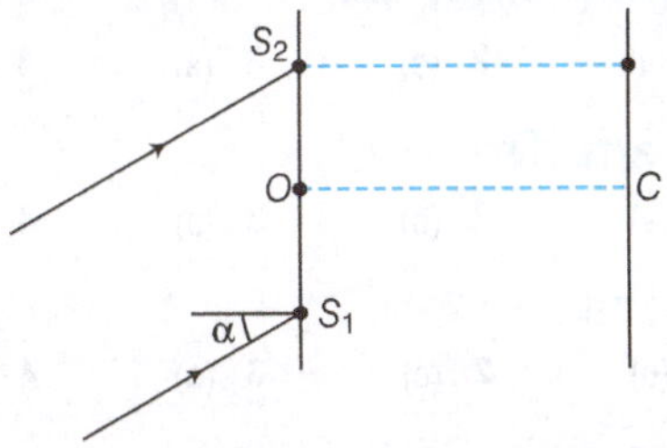

(a) $\cos^{-1}\left(\dfrac{\lambda}{d}\right)$ (b) $\sin^{-1}\left(\dfrac{\lambda}{2d}\right)$

(c) $\sin^{-1}\left(\dfrac{\lambda}{d}\right)$ (d) $\sin^{-1}\left(\dfrac{\lambda}{4d}\right)$

8 तीन प्रकाश तरंगें एक निश्चित बिन्दू पर मिलती हैं, जहाँ उनके विद्युत क्षेत्र घटक $E_1 = E_0 \cos \omega t$, $E_2 = E_0 \sin(\omega t + 53°)$ और $E_3 = E_0 \sin(\omega t - 37°)$ है। उस बिन्दु पर उनका परिणामी घटक $E(t)$ ज्ञात कीजिए।

(a) $\dfrac{\sqrt{84}}{5} \sin\left(\omega t + \tan^{-1}\dfrac{6}{7}\right)$

(b) $E_0 \sin(\omega t + 60°)$

(c) $E = \dfrac{\sqrt{85}}{5} \sin\left(\omega t + \tan^{-1}\dfrac{7}{6}\right)$

(d) उपरोक्त में से कोई नहीं

9 एक यंग के द्विस्लिट प्रयोग पर विचार करें जिसमें अलर्ग-अलग स्लिट चौड़ाई है, परिणामस्वरूप, दो स्लिटों से तरंगों के आयाम I_0 और $4I_0$ हैं। स्क्रीन पर एक बिन्दु पर तीव्रता, जहाँ तरंगों के बीच कलान्तर $\frac{2\pi}{3}$ .... होती है।

(a) I_0 (b) $2I_0$
(c) $3I_0$ (d) $4I_0$

10 यंग के द्विस्लिट प्रयोग में, स्लिट S_1 और S_2 को कलासम्बद्ध माइक्रो तरंग स्रोतों से प्रकाशित किया जाता है, जिनमें से प्रत्येक की आवृत्ति 10^6 हर्ट्ज है। उनके बीच प्रारम्भिक कलान्तर शून्य है। स्लिट के बीच की दूरी $d = 150$ मीटर है। प्रत्येक स्रोत पर $\theta = 30°$ के लिए तीव्रता का .... है।

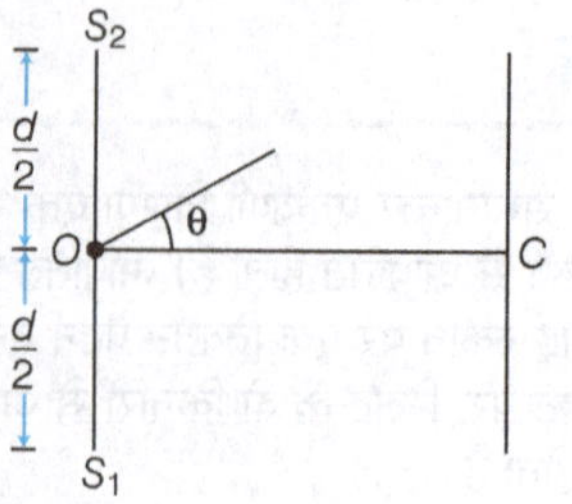

(a) 1 वाट/मी^{2}
(b) 2 वाट/मी^{2}
(c) 3 वाट/मी^{2}
(d) 4 वाट/मी^{2}

प्रश्न कुंजी

शीर्षकवार प्रश्न

1 (a)	2. (d)	3 (a)	4 (a)	5 (c)	6 (d)	7 (d)	8 (c)	9 (a)	10 (b)
11 (d)	12 (d)	13 (a)	14 (d)	15 (c)	16 (d)	17 (c)	18 (a)	19 (a)	20 (d)
21 (c)	22 (c)	23 (c)	24 (c)	25 (d)	26 (c)	27 (a)	28 (a)	29 (b)	30 (d)
31 (b)	32 (c)	33 (b)	34 (a)	35 (d)	36 (a)	37 (d)	38 (c)	39 (c)	40 (c)
41 (b)	42 (b)	43 (c)	44 (c)	45 (b)	46 (d)	47 (d)	48 (a)	49 (a)	50 (d)
51 (b)	52 (b)	53 (d)	54 (c)	55 (d)	56 (a)	57 (b)	58 (a)	59 (c)	60 (a)
61 (d)	62 (b)	63 (b)	64 (c)	65 (b)	66 (d)	67 (c)	68 (b)	69 (d)	70 (b)
71 (a)									

अभिकथन-कारण प्रश्न

1 (a)	2 (c)	3 (a)	4 (a)	5 (c)	6 (c)	7 (a)	8 (a)	9 (b)	10 (c)

कथन आधारित प्रश्न

1 (a)	2 (b)	3 (a)	4 (b)	5 (a)	6 (c)	7 (a)	8 (d)

सुमेलन प्रकार प्रश्न

1 (c)	2 (c)	3 (c)	4 (a)

आंकिक प्रकार के प्रश्न

1 (3)	2 (28)	3 (300)	4 (6)	5 (15)	6 (6000)

NCERT Exemplar प्रश्न

1 (a)	2 (c)	3 (d)	4 (a)

विगत परीक्षाओं के प्रश्न

1 (d)	2 (c)	3 (a)	4 (c)	5 (b)	6 (c)	7 (d)	8 (a)	9 (a)	10 (a)
11 (c)	12 (d)	13 (a)	14 (d)	15 (d)	16 (b)	17 (d)	18 (d)		

स्किल बूस्टर्स

1 (d)	2 (c)	3 (a)	4 (a)	5 (b)	6 (b)	7 (b)	8 (a)	9 (c)	10 (b)

क्रमवार

प्रश्नों का विश्लेषण

कॉन्सेप्ट बिल्डर्स

1 सत्य	2 कहीं भी
3 लाल	4 सत्य
5 बढ़ जाती है	6 सत्य
7 ध्रुवीकरण	8 विवर्तन
9 सत्य	10 ध्रुवीकरण
11 सत्य	12 सत्य
13 असत्य	14 रंगीन
15 सत्य	16 बढ़ जाती है
17 सत्य	18 $n^2 I_0$
19 $\sqrt{3}$	20 तरंगदैर्ध्य

शीर्षकवार प्रश्न

2 *(d)* द्वितीयक तरंग की आवृत्ति, तरंगदैर्ध्य और वेग समान रहता है लेकिन तीव्रता बढ़ जाती है।

3 *(a)* प्राथमिक तरंगाग्र के प्रत्येक बिन्दु पर vt त्रिज्या का गोला खींचकर प्रत्येक गोले पर एक उभयनिष्ठ स्पर्श रेखा खींचकर, तरंगाग्र की नई स्थिति प्राप्त की जा सकती है।

5 *(c)* किसी दिए गए तरंगाग्र पर प्रत्येक बिन्दु प्रकाश के द्वितीयक स्रोत के रूप में कार्य करता है और द्वितीयक तरंगिकाओं का उत्सर्जन करता है।

जो माध्यम में प्रकाश की गति से सभी दिशाओं में यात्रा करते हैं। इन सभी को स्पर्श करने वाली सतह द्वितीयक तरंगिकाएँ स्पर्शरिखीय रूप से आगे की दिशा में, नया तरंगाग्र (नई स्थिति) प्रदान करती हैं।

6 *(d)* हाइगेंस का नियम ऊर्जा के क्वाण्टीकरण की व्याख्या नहीं करता है, इसलिए यह स्पेक्ट्रम की उत्पत्ति समझाने में सक्षम नहीं है।

7 *(d)* चूँकि $i > i_c$, कोई अपवर्तित तरंग नहीं हो सकती। इसलिए, सभी आपतन कोणों के लिए, जो क्रान्तिक कोण से बड़े हैं। 2 माध्यम में कोई तरंगाग्र नहीं होगा। इसलिए, यह माध्यम 1 (समान पर) में बनता है (*AB* की भुजा पर)।

8 *(c)* चूँकि, $\lambda \propto \frac{1}{\mu}$

सघन माध्यम में, $\mu_2 > \mu_1, \lambda_1 > \lambda_2$

9 *(a)* एक समतल तरंग *AB* एक परावर्तक सतह *MN* पर i कोण पर आपतित होती है, तो तरंगाग्र द्वारा बिन्दु *B* से *C* तक आगे बढ़ने में लिया गया समय t है। अतः, दिए गए चित्र से दूरी $BC = vt$ जहाँ, v प्रकाश की चाल है। परावर्तित तरंगाग्र प्राप्त करने के लिए, बिन्दु *A* से vt त्रिज्या का एक गोला खींचा जाना चाहिए (प्रश्न में दी गई आकृति देखें)। इस गोले पर खींची गई स्पर्शरिखा *CE*, *AB* के परावर्तित तरंगाग्र को दर्शाती है।

10 *(b)* जब *ABC* तरंगाग्र काँच के लेन्स से होकर गुजरता है, तो इसका वेग कम हो जाता है।

$$V_{\text{काँच}} = \frac{V_{\text{वायु}}}{n_{\text{काँच}}}$$

जहाँ, $V_{\text{काँच}}$ और $V_{\text{वायु}}$ क्रमशः काँच और वायु में वेग हैं और $n_{\text{काँच}}$ वायु से कांच का अपवर्तनांक है।

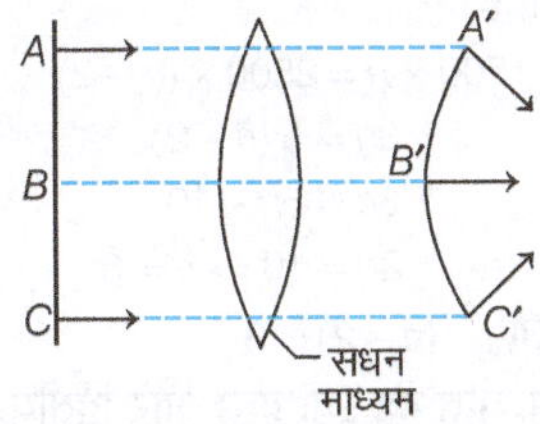

बिन्दु *A* और *C* पर तरंगें काँच में कम समय तक रहती हैं। इसलिए वे अधिक दूरी तय करती हैं जबकि *B* पर तरंग कम दूरी तय करती है क्योंकि यह काँच में अधिक समय तक रहती है (काँच का मध्य भाग मोटा होता है) और अन्त में *A′B′C′* नए तरंगाग्र की स्थिति है। यह आकृति में दिखाए अनुसार अवतल आकार का है।

11 *(d)* विकल्प (d) में दिया गया कथन गलत है तथा निम्न प्रकार सही किया जा सकता है, क्योंकि व्यतिकरण तरंगों की गति समान या विपरीत दिशा में हो सकती है। शेष कथन सही हैं।

12 *(d)* दिया है, $S_1P = 7\lambda$ और $S_2P = 9\lambda$

किसी भी बिन्दु पर समपोषी व्यतिकरण के लिए, तरंगों के बीच पथान्तर 2λ होना चाहिए।

अतः

$$S_2P - S_1P = 9\lambda - 7\lambda$$

$$\Rightarrow \quad S_2P - S_1P = 2\lambda$$

इसलिए, स्रोतों S_1, S_2 को सम्पोषी व्यतिकरण करने वाला कहा जाता है।

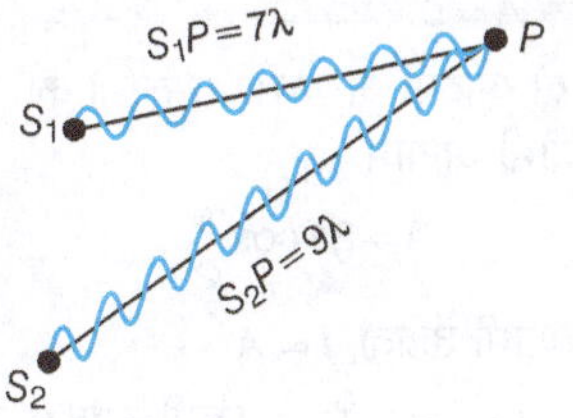

S_1 से निकलने वाली तरंगें S_2 से ठीक दो चक्र पहले पहुँचेंगी क्योंकि $S_2P - S_1P = 2\lambda$ और फिर कला में होगी।

13 *(a)* दिया है, स्रोत S_1 द्वारा उत्पन्न विस्थापन

$$y_1 = a\cos\omega t$$

S_2 द्वारा उत्पन्न विस्थापन,

$$y_2 = a\cos(\omega t - 4\pi)$$
$$= a\cos\omega T$$

चूँकि दो विस्थापन एक ही कला में हैं, इसलिए अध्यारोपण करने पर वे समपोषी व्यतिकरण उत्पन्न करेंगे।

14 *(d)* स्रोत S_1 द्वारा बिन्दु *P* पर उत्पन्न विस्थापन,

$$y_1 = a\cos\omega t$$

S_2 (बिन्दु *P* पर) द्वारा उत्पन्न विस्थापन,

$$y_2 = a\cos\omega t$$

इस प्रकार, विस्थापन का परिणामी

$$Y = Y_1 + Y_2 = 2a\cos\omega t$$

तीव्रता

$$I \propto (2a)^2$$
$$I = 4ka^2$$

यहाँ $\quad I_0 = ka^2$

$$I = 4I_0$$

15 *(c)* दिया है, आयामों का अनुपात,

$$\frac{a_1}{a_2} = \frac{3}{5}$$

चूँकि तीव्रता आयाम के वर्ग के समानुपाती होती है अर्थात् $I \propto a^2$

$$\therefore \quad \frac{I_1}{I_2} = \left(\frac{a_1}{a_2}\right)^2 = \left(\frac{3}{5}\right)^2 = \frac{9}{25}$$

या 9 : 25

16 *(d)* दिया है, आयाम $a = 2$ सेमी और कलान्तर, $\phi = \pi$ रेडियन

∴ परिणामी आयाम,

$$A = 2a\cos\frac{\phi}{2}$$

$$A = 2\times 2\times\cos\frac{\pi}{2}$$

$$A = 0$$

17 *(c)* दो आदर्श अध्यारोपित तरंगों का परिणामी आयाम

$$A = 2a\cos\frac{\phi}{2} \quad \ldots(i)$$

परिणामी तीव्रता, $I \propto A^2$

$\Rightarrow \quad I \propto \cos^2\frac{\phi}{2}$ [समीकरण (i) से]

18 *(a)* कलासम्बद्ध स्रोतों की तीव्रता का अनुपात,

अर्थात् $\frac{I_1}{I_2} = \frac{64}{1} = \frac{8^2}{1^2}; \frac{I_{अधिकतम}}{I_{न्यूनतम}} = ?$

$I_1 \propto a^2 \Rightarrow I_{अधिकतम} \propto (a+b)^2$

$I_2 \propto a^2 \Rightarrow I_{न्यूनतम} \propto (a-b)^2$

$\Rightarrow \quad \frac{I_1}{I_2} = \frac{a^2}{b^2} = \frac{64}{1}$

$\Rightarrow \quad \frac{a}{b} = \frac{8}{1}; a = 8b$

अतः $\frac{I_{अधिकतम}}{I_{न्यूनतम}} = \frac{(a+b)^2}{(a-b)^2} = \frac{(8b+b)^2}{(8b-b)^2}$

$$= \frac{81b^2}{49b^2} = 81:49$$

19 *(a)* दिया है, $I_1 = 1$

$$I_2 = \frac{1}{4}$$

अधिकतम तीव्रता,

$$I_{अधिकतम} = I_1 + I_2 + 2\sqrt{I_1 I_2}$$

$$= I + \frac{I}{4} + 2\sqrt{\frac{I\times I}{4}}$$

$$= 2I + \frac{I}{4} = \frac{9I}{4}$$

न्यूनतम तीव्रता,

$$I_{न्यूनतम} = I_1 + I_2 - 2\sqrt{I_1 I_2}$$

$$= I + \frac{I}{4} - 2\sqrt{\frac{I\times I}{4}} = \frac{I}{4}$$

20 *(d)* निकटतम द्वीप्त बिन्दु केन्द्रीय उच्चिष्ठ पर होगा।

$$\therefore \quad y = \frac{3d}{4} - \frac{d}{2} = \frac{d}{4}$$

अतः A का मान 4 है।

21 *(c)* I_0 तीव्रता की दो किरणों के एक कला ϕ में व्यतिकरण के कारण तीव्रता

$$I_{कुल} = I_1 + I_2 + 2\sqrt{I_1 I_2}\cos\phi$$

केन्द्रीय उच्चिष्ठ के लिए, $\cos\phi = 1$

$$\Rightarrow \quad (I_{कुल})_{अधिकतम} = (\sqrt{I_1} + \sqrt{I_2})^2$$

$$= (2\sqrt{I_0})^2 = 4I_0$$

22 *(c)* दिया है, केन्द्र पर पथान्तर शून्य है।

चौथी चमकीली फ्रिन्ज पर पथान्तर

$= 4\lambda = 4\times 6000\times 10^{-10}$ मी

($\because \lambda = 6000$ ऐंग्स्ट्रॉम

$= 2.4\times 10^{-6}$ मीटर $= 2.4$ माइक्रोन)

23 *(c)* एक एकल विस्तृत स्रोत, विभिन्न समय पर उत्पन्न होने वाली अनेक तरंगें उत्पन्न करता है। इसलिए एक एकल स्रोत से आने वाला प्रकाश कला असम्बद्ध हो सकता है। एक एकल झिर्री, एकल स्रोत से आने वाली तरंगों के केवल एक भाग को ही काटती है। इसलिए यह एक कला सम्बद्ध स्रोत होता है।

24 *(c)* माना 1500 ऐंग्स्ट्रॉम का nवाँ फ्रिंज 2500 ऐंग्स्ट्रॉम के $(n-2)$ वें फ्रिंज के साथ सम्पाती है।

$$\therefore \quad 1500\times n = 2500\times(n-2)$$

$$3n = 5(n-2)$$

$$3n = 5n - 10$$

$$2n = 10 \Rightarrow n = 5$$

इसलिए, $(n-2) = 3$

∴ प्रथम स्रोत का 5वां क्रम और द्वितीय स्रोत का तीसरा क्रम एकसमान होगा।

25 *(d)* दिया है, तरंगदैर्ध्य, $\lambda = 6000$ ऐंग्स्ट्रॉम

पर्दे की दूरी, $D = 25$ मीटर

दो स्लिटों के बीच की दूरी, $d = 0.5$ मिमी

केन्द्र से nवें चमकीलें फ्रिंज की दूरी,

$$y_n = \frac{nD\lambda}{d}$$

$$\therefore \quad y_3 = \frac{3\times 2.5\times 6000\times 10^{-10}}{0.5\times 10^{-3}} \quad [\because n = 3]$$

$= 9\times 10^{-3}$ मीटर $= 9$ मिमी

26 *(c)* दिया है, नीले प्रकाश की तरंगदैर्ध्य

$= 4360$ ऐंग्स्ट्रॉम

तथा हरे प्रकाश की तरंगदैर्ध्य $= 5460$ ऐंग्स्ट्रॉम

केन्द्रीय उच्चिष्ठ से nवें उच्चिष्ठ की स्थिति

$$x_n = \frac{n\lambda D}{d} \Rightarrow x_n \propto \lambda$$

दिया है $\quad \lambda_{नीला} < \lambda_{हरा}$

अतः $\quad x_{(नीला)} < x_{(हरा)}$

27 *(a)* दिया है, तरंगदैर्ध्य, $\lambda = 589.3$ नैनोमीटर

$= 589.3\times 10^{-9}$ मीटर

स्क्रीन की दूरी, $D = 100$ सेमी $= 1$ मीटर

10वीं द्विप्त फ्रिंज की स्थिति, $x = 12$ मिमी

$= 12\times 10^{-3}$ मीटर

10वें द्वीप्त फ्रिंज की स्थिति $= \frac{10\lambda D}{d}$

$$\Rightarrow \quad \frac{10\lambda D}{d} = 12\times 10^{-3}$$

$$\Rightarrow \quad d = \frac{10\lambda D}{12\times 10^{-3}}$$

∴ स्लिटों के बीच की दूरी,

$$d = \frac{10\times 589.3\times 10^{-9}\times 1}{12\times 10^{-3}}$$

$= 4.9\times 10^{-4}$ मीटर $= 0.49$ मिमी

28 *(a)* माना प्रथम तरंगदैर्ध्य के कारण n_1 वाँ फ्रिंज बनता है तथा n_2 द्वितीय तरंगदैर्ध्य के कारण बनने वाली सभी फ्रिंजें सम्पाती होंगी, अर्थात् उभयनिष्ठ केन्द्रीय उच्चिष्ठ से उनकी दूरी समान होगी।

अर्थात् $\quad y_{n_1} = y_{n_2}$

$$\Rightarrow \quad \frac{n_1\lambda_1 D}{d} = \frac{n_2\lambda_2 D}{d}$$

$$\Rightarrow \quad \frac{n_1}{n_2} = \frac{\lambda_2}{\lambda_1} = \frac{520}{650} = \frac{4}{5}$$

अतः केन्द्रीय उच्चिष्ठ से सम्पाती बिन्दु की दूरी

$$y = \frac{n_1\lambda_1 D}{d} = \frac{n_2\lambda_2 D}{d}$$

$= \frac{4\times 650\times 10^{-9}\times 1.5}{0.5\times 10^{-3}} = 7.8$ मिमी

29 *(b)* दिया है, तरंगदैर्ध्य, $\lambda_1 = 12000$ ऐंग्स्ट्रॉम

तथा $\lambda_2 = 10000$ ऐंग्स्ट्रॉम

पर्दे की दूरी, $D = 2$ मीटर और स्लिटों के बीच की दूरी,

$d = 2$ मिमी $= 2\times 10^{-3}$ मीटर

हम जानते है,

$$\frac{\lambda_1}{\lambda_2} = \frac{12000}{10000} = \frac{6}{5} = \frac{n_2}{n_1} \quad [\because n_1\lambda_1 = n_2\lambda_2]$$

जैसाकि $\quad x = \frac{n_1\lambda_1 D}{d}$

$$= \frac{5\times 12000\times 10^{-10}\times 2}{2\times 10^{-3}} \quad [\because n_1 = 5]$$

$= 5\times 1.2\times 10^{4}\times 10^{-10}\times 10^{3} = 6$ मिमी

30 *(d)* दिया है, $\lambda_1 = 6000$ ऐंग्स्ट्रॉम, $n_1 = 16$ फ्रिंज और $n_2 = 24$ फ्रिंज

nवें फ्रिंज की स्थिति, $x_n = \frac{nD\lambda}{d}$

अब दो फ्रिन्जों के लिए,

$$\frac{\lambda_1}{\lambda_2} = \frac{n_2}{n_1} \Rightarrow \frac{6000}{\lambda_2} = \frac{24}{16}$$

$$\Rightarrow \lambda_2 = \frac{6000 \times 16}{24} = \frac{96000}{24} = 4000 \text{ ऐंग्स्ट्रॉम}$$

31 *(b)* दिया है, तरंगदैर्ध्य,

$\lambda = 500$ नैनोमीटर $= 500 \times 10^{-9}$ मीटर

$d = 1$ मिमी $= 1 \times 10^{-3}$ मीटर और

$D = 1$ मीटर

तीसरे निम्निष्ठ की दूरी,

$$x_n = \left(n + \frac{1}{2}\right)\frac{\lambda D}{d}$$

$$x_3 = \left(2 + \frac{1}{2}\right)\frac{\lambda D}{d} \quad [\because n = 2]$$

$$\Rightarrow x_3 = \frac{5\lambda D}{2d} = \frac{5 \times 500 \times 10^{-9} \times 1}{2 \times 1 \times 10^{-3}}$$

$= 12.5 \times 10^{-4}$ मीटर $= 1.25$ मिमी

32 *(c)* दिया है, $OP = y_n$

दूरी OP पैटर्न की फ्रिंज चौड़ाई के एक-तिहाई के बराबर है।

$$y_n = \frac{\beta}{3} = \frac{1}{3}\left(\frac{D\lambda}{d}\right) = \frac{D\lambda}{3d}$$

$$\Rightarrow \frac{dy_n}{D} = \frac{\lambda}{3}$$

पथान्तर $= S_2P - S_1P = \frac{dyn}{d} = \frac{\lambda}{3}$

$\therefore$ कलान्तर

$$\phi = \frac{2\pi}{\lambda} \times$$

पथान्तर $= \frac{2\pi}{\lambda} \times \frac{\lambda}{3} = \frac{2\pi}{3}$

यदि केन्द्रीय फ्रिंज पर तीव्रता I_0 है, तो कलान्तर ϕ वाले बिन्दु P पर तीव्रता,

$$I = I_0 \cos^2 \phi$$

$$\Rightarrow I = I_0 \left(\cos\frac{2\pi}{3}\right)^2$$

$$= I_0 \left(-\cos\frac{\pi}{3}\right)^2$$

$$= I_0 \left(\frac{-1}{2}\right)^2 = \frac{I_0}{4}$$

अतः बिन्दु P पर तीव्रता $\frac{I_0}{4}$ होगी।

33 *(b)* दिया है,

$\lambda_1 = 400$ नैनोमीटर $= 400 \times 10^{-9}$ मीटर

$\lambda_2 = 5000$ ऐंग्स्ट्रॉम $= 5000 \times 10^{-10}$ मीटर $= 500 \times 10^{-9}$ मीटर

λ_1 तरंगदैर्ध्य के लिए दो क्रमागत फ्रिंजों के बीच की दूरी β_1 है तथा λ_2 के लिए β_2 है।

$$\therefore \quad n_1\beta_1 = n_2\beta_2$$

$$\Rightarrow n_1 \frac{\lambda_1 D}{d} = n_2 \frac{\lambda_2 D}{d}$$

$$\Rightarrow 5 \times \frac{400 \times 10^{-9} \times D}{d} = n_2 \times \frac{500 \times 10^{-9} \times D}{d}$$

$$\Rightarrow n_2 = \frac{5 \times 400}{500} = 4$$

34 *(a)* अधिकांश प्रकाश दो प्रथम क्रम निम्निष्ठों के बीच विवर्तित होता है। अतः निम्निष्ठ निम्न कोणों पर उत्पन्न होता है।

$$b \sin\theta = \pm\lambda$$

$$\Rightarrow \sin\theta = \pm\frac{\lambda}{b} = \pm\frac{4.50 \times 10^{-9} \text{ m}}{0.2 \times 10^{-3} \text{ m}}$$

$\sin\theta = \pm 2.25 \times 10^{-3}$ रेडियन

कोणीय विचलन $= 4.5 \times 10^{-3}$ रेडियन

35 *(d)* प्रथम द्वीप्त फ्रिंज के लिए, केन्द्र से दूरी

$$\beta = \frac{D\lambda}{d}$$

$$\Rightarrow 3.5 \times 10^{-3} = \frac{2.5 \times \lambda}{0.5 \times 10^{-3}}$$

$\lambda = 0.7 \times 10^{-6}$ मीटर $= 700$ नैनोमीटर

36 *(a)* स्लिटों के बीच की दूरी,

$d = 0.28 \times 10^{-3}$ मीटर

स्लिट्स और पर्दे के बीच की दूरी,

$D = 1.4$ मीटर

केन्द्रीय फ्रिंज के बीच की दूरी

चौथी $(n = 4)$ फ्रिंज, $= 1.2 \times 10^{-2}$ मीटर

समपोषी व्यतिकरण की स्थिति में, दो फ्रिंजों के बीच की दूरी,

$$y = n\lambda D/d$$

$\Rightarrow \lambda = yd/nD = 6 \times 10^{-7}$ मीटर

$= 600$ नैनोमीटर

37 *(d)* दोनों ओर की पहली अद्विप्त फ्रिंज के लिए,

$$d\sin\theta = \lambda \quad \text{या} \quad \frac{dy}{D} = \lambda$$

$$\therefore \quad y = \frac{\lambda D}{d}$$

इसलिए, दोनों ओर दो अदीप्त फ्रिंजों के बीच की दूरी

$$= 2y = \frac{2\lambda D}{d}$$

$= \frac{2\,(600 \times 10^{-6} \text{ मिमी})\,(2 \times 10^{3} \text{ मिमी})}{(1.0 \text{ मिमी})}$

$= 2.4$ मिमी

38 *(c)* दिया है, $D = 200$ सेमी $= 2$ मीटर

$d = 1$ मिमी $= 10^{-3}$ मीटर

पथान्तर $= 6.5$ मीटर $= 6.5 \times 10^{-3}$ मीटर

हम जानते हैं, पथान्तर

$$= \frac{7\lambda D}{d} - \frac{(2 \times 1 - 1)\,\lambda_D}{2d}$$

$$6.5 \times 10^{-3} = \frac{13\lambda D}{2d}$$

$$= \frac{13 \times \lambda \times 200 \times 10^{-2}}{2 \times 1 \times 10^{-3}}$$

$$\lambda = 0.5 \times 10^{-3} \times 10^{-3}$$

$= 5 \times 10^{-7}$ मीटर $= 5000$ ऐंग्स्ट्रॉम

39 *(c)* दिया है, $D = 1$ मी

$D = 1$ मिमी $= 10^{-3}$ मीटर

1000वें उच्चिष्ठ के लिए

$$d \sin\theta = 1000\,\lambda$$

$$\Rightarrow \sin\theta = \frac{1000 \times 6000 \times 10^{-10}}{1 \times 10^{-3}}$$

$$\sin\theta = 0.6, \theta = 36.869$$

$$\therefore \quad y = D\tan\theta = 1 \times \tan 36.869 = 0.75$$

$\Rightarrow y = \frac{3}{4}$ मीटर

40 *(c)* दिया है, $d = 3$ मिमी

माना एकल स्लिट की चौड़ाई $= a$

पथान्तर $= a\sin\theta >> \theta = \lambda$

$$\Rightarrow \theta = \frac{\lambda}{a}$$

एकल स्लिट के केन्द्रीय उच्चिष्ठ की कोणीय चौड़ाई $= 2\,\frac{\lambda}{a}$

तो, 8वें उच्चिष्ठ की चौड़ाई

$= 8 \times$ फ्रिंज चौड़ाई

$$= 8 \times \frac{\lambda}{d}$$

या $\frac{2\lambda}{a} = 8 \times \frac{\lambda}{d} \Rightarrow 4a = d$

$a = \frac{3 \times 10^{-3}}{4} = 0.75 \times 10^{-3}$ मीटर

$\Rightarrow a = 0.75$ मिमी

41 *(b)* चूँकि, जब स्रोत S लम्बवत द्विभाजक पर होता है, तो केन्द्रीय द्विप्त फ्रिंज O पर होता है, जो लम्बवत् द्विभाजक पर भी होता है।

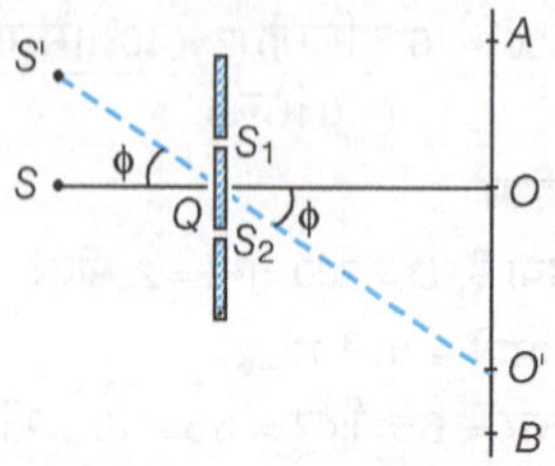

यदि S को बिन्दु S' पर ϕ कोण द्वारा स्थानान्तरित किया जाता है, तो केन्द्रीय फ्रिंज, ϕ कोण पर बिन्दु O' पर दिखाई देती है (जैसा कि ऊपर चित्र में दिखाया गया है), जिसका अर्थ है कि यह द्विभाजक के दूसरी तरफ (पर्दे से अन्त B की ओर) स्थानांतरित होता है।

42 *(b)* परिणामी तीव्रता,

$$I = I_0 \cos^2 \frac{\phi}{2}$$

यहाँ, I_0 अधिकतम तीव्रता है और $\phi = \frac{\pi}{2}$

$$I = I_0 \cos^2 \left(\frac{\pi}{2 \times 2}\right)$$

$$= I_0 \cos^2 \frac{\pi}{4}$$

$$I = \frac{I_0}{2}$$

43 *(c)* विपरीत व्यतिकरण तब होगा जब विनाशी व्यतिकरण के कारण अद्वीप्त बैण्ड पर पूर्ण अंधेरा हो, अर्थात् $I_p = I_{\text{न्यूनतम}} = 0$ और समपोषी व्यतिकरण के कारण द्वीप्त बैण्ड पर पूर्ण (अधिकतम) रोशनी हो, अर्थात् $I_p = I_{\text{अधिकतम}} = 4I_0$ जो केवल तभी सम्भव है जब प्रत्येक तीव्रता समान हो।

44 *(c)* जैसा कि हम जानते हैं, फ्रिंज की चौड़ाई,

$$\beta_1 = \frac{\lambda D}{d}$$

प्रश्नानुसार,

$$\beta_2 = \lambda \left(\frac{2D}{2d}\right) = \frac{\lambda D}{d}$$

[∴ स्लिट की चौड़ाई और पर्दे की दूरी दोनों दो गुनी हो जाती है]

$$\Rightarrow \quad \beta_1 = \beta_2$$

45 *(b)* दिया है, फ्रिंज की चौड़ाई,

$\beta = 3.2 \times 10^{-4}$ मीटर

तरंगदैर्ध्य, $\lambda_1 = 5600$ ऐंग्स्ट्रॉम

और $\lambda_2 = 4200$ ऐंग्स्ट्रॉम

अब, $\frac{\beta_2}{\beta_1} = \frac{\lambda_2}{\lambda_1} = \frac{4200}{5600}$ $[\because \beta \propto \lambda]$

$$\beta_2 = \frac{6}{8} \times \beta_1 = \frac{6}{8} \times 3.2 \times 10^{-4}$$

$= 2.4 \times 10^{-4}$ मीटर

फ्रिंज की चौड़ाई में कमी,

$$\Delta\beta = \beta_1 - \beta_2 = (3.2 - 2.4) \times 10^{-4}$$

$= 0.8 \times 10^{-4}$ मीटर

46 *(d)* YDSE में फ्रिंज चौड़ाई

$$\beta = \frac{\lambda D}{d}$$

$$\therefore \quad \frac{\beta_2}{\beta_1} = \frac{\lambda_2 D_2 d}{\lambda_1 D_1 d_2}$$

$$\Rightarrow \quad \beta_2 = \frac{\beta_1 \times \lambda_2 \times 2D_1 \times d_1}{\lambda_1 \times D_1 \times d_1/2}$$

$\left[\begin{array}{l}\therefore \text{ दिया है } D_2 = 2D_1 \\ \text{तथा} \quad d_2 = d_1/2\end{array}\right]$

$$\Rightarrow \quad \beta_2 = \beta_1 \times \frac{\lambda_2}{\lambda_1} \times 4$$

$$= 1 \times 10^{-4} \times \frac{4.0 \times 10^{-7}}{6.4 \times 10^{-7}} \times 4$$

$[\because \beta_1 = 1 \times 10^{-4}$ मीटर$]$

$\Rightarrow \quad \beta_2 = 2.5 \times 10^{-4}$ मीटर

47 *(a)* दिया है, $D = 2$मीटर

केन्द्र से 5वीं अद्विप्त फ्रिंज की दूरी

$= 4 \times 10^{-3}$ मीटर

तरंगदैर्ध्य, $\lambda = 600$ नैनोमीटर

$= 6 \times 10^{-7}$ मीटर

∴ केन्द्र से 5वीं अद्विप्त फ्रिंज की दूरी

$$= \beta + \beta + \beta + \beta + \frac{\beta}{2} = \frac{9\beta}{2}$$

प्रश्नानुसार, $\frac{9\beta}{2} = 4 \times 10^{-3}$

$$\frac{9}{2} \times \frac{D\lambda}{d} = 4 \times 10^{-3}$$

$$\frac{9}{2} \times \frac{2 \times 6 \times 10^{-7}}{d} = 4 \times 10^{-3}$$

$\Rightarrow d = 1.35 \times 10^{-3}$ मीटर $= 1.35$ मिमी

48 *(a)* प्रश्नानुसार स्लिट्स की स्थिति नीचे दर्शाई गई है

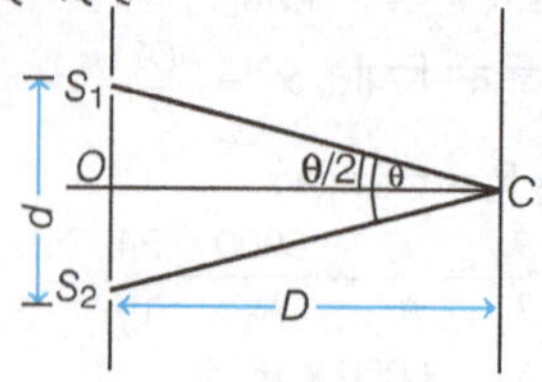

तो, दो स्लिट्स, अर्थात् S_1 और S_2 के बीच की दूरी, ΔS_1OC, $\frac{d/2}{D} = \tan\frac{\theta}{2}$

$$\Rightarrow \quad d = 2\tan(\theta/2)\, D$$

छोटे कोणों के लिए $\theta, \tan\theta \approx \theta$

$\Rightarrow \quad d = 2 \times \frac{\theta}{2} \times D = D\theta$ या $\frac{D}{d} = \frac{1}{\theta}$

फ्रिंज की चौड़ाई, $\beta = \frac{\lambda D}{d} = \frac{\lambda}{\theta}$

49 *(a)* फ्रिंज की चौड़ाई,

$\beta_1 = \frac{\lambda D_1}{d}$ तथा $\beta_2 = \frac{\lambda D_2}{d}$

$$\beta_1 - \beta_2 = \frac{\lambda}{d}(D_1 - D_2)$$

यहाँ $\beta_1 - \beta_2 = 3 \times 10^{-5}$ मी

$d = 10^{-3}$ मी

और $D_1 - D_2 = 5 \times 10^{-2}$ मी

$$\Rightarrow \quad 3 \times 10^{-5} = \frac{\lambda}{10^{-3}}(5 \times 10^{-2})$$

$$\Rightarrow \quad \lambda = \frac{3}{5} \times \frac{10^{-8}}{10^{-2}}$$

$= 0.6 \times 10^{-6}$ मी $= 6000$ ऐंग्स्ट्रॉम

50 *(d)* फ्रिंज सीधी रेखाएँ हैं, जबकि S_1 और S_2 बिन्दु स्रोत हैं। यदि बिन्दु स्रोतों के अतिरिक्त स्लिट का उपयोग किया जाता है, तो प्रत्येक बिन्दु युग्म द्वारा बढ़ी हुई तीव्रता के साथ सीधी रेखा में फ्रिंज का उत्पादन होगा। जैसा कि नीचे चित्र में दिखाया गया है।

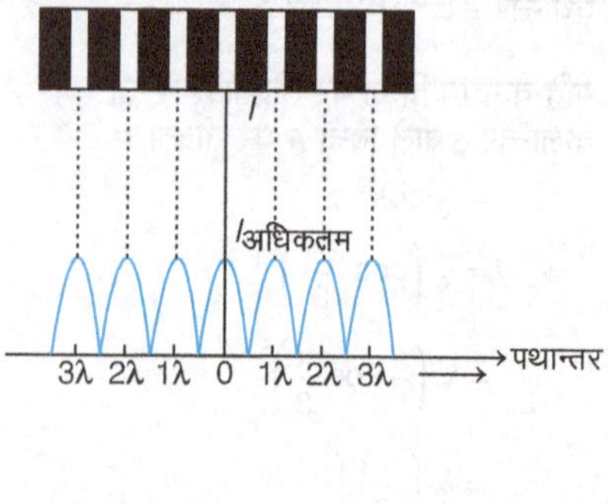

51 *(b)* दिया है, सूचीछिद्र की चौड़ाई

$= 10^3$ ऐंगस्ट्रॉम = 1000 ऐंगस्ट्रॉम

हम जानते हैं कि सूर्य के प्रकाश की तरंगदैर्ध्य 4000 ऐंगस्ट्रॉम से 8000 ऐंगस्ट्रॉम तक होती है।

चूँकि, स्लिट की चौड़ाई तरंगदैर्ध्य के बराबर होती है, इसलिए प्रकाश छिद्र से विवर्तित होता है। सूर्य के प्रकाश के विवर्तन के कारण, स्क्रीन पर बनने वाला प्रतिबिम्ब ज्यामितीय प्रतिबिम्ब से भिन्न होगा और रंगों का अतिव्यापन होगा।

इस प्रकार, विकल्प (b) में दिया गया कथन सही है, शेष गलत है।

52 *(b)* YDSE में, किसी बिन्दु पर तीव्रता

$$I_{कुल} = 2I_0 (1 + \cos\phi) \quad \ldots(i)$$

जहाँ, ϕ = व्यतिकरण करने वाली तरंगों के बीच कलान्तर

$$\phi = \frac{1}{8}\lambda = \frac{1}{8} \times 2\pi$$

एक तरंगदैर्ध्य का पथान्तर 2π रेडियन के कलान्तर के समतुल्य होता है।

$$\Rightarrow \quad \phi = \frac{\pi}{4}$$

$$\cos\phi = \frac{1}{\sqrt{2}} \approx 0.7$$

अतः दिए गए बिन्दु P पर $I_{कुल}$,

$= I_1 = 2I_0 (1 + 0.7) = 2 \times 1.7 I_0$

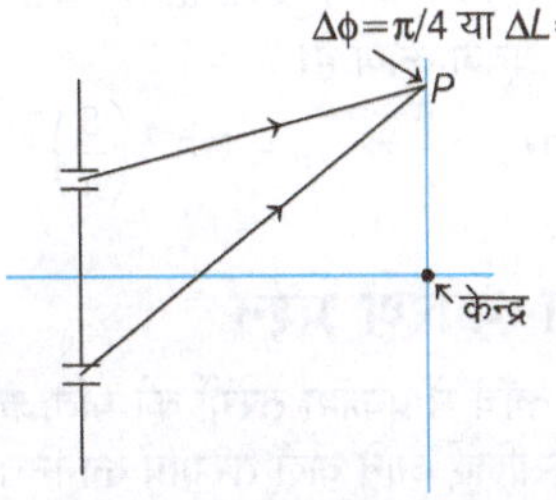

एक द्विप्त फ्रिंज के केन्द्र पर तीव्रता उच्चिष्ठ को प्रतिस्थापित करके प्राप्त की जा सकती है

$\phi = 0, 2\pi \ldots n\pi$

$I_{कुल} = I_2 = 2I_0 (1 + \cos 0°) = 4I_0$

अतः आवश्यक अनुपात

$$\frac{I_1}{I_2} = \frac{2 \times 1.7 I_0}{4I_0} = \frac{1.7}{2} = 0.853$$

53 *(d)* निम्निष्ठ के लिए, $d \sin\theta = m\lambda$

प्रथम निम्निष्ठ (मी = 1)

$$\Rightarrow \quad \sin\theta = \frac{\lambda}{d}$$

प्रथम निम्निष्ठ की कोणीय स्थिति,

$$\sin\theta = \theta = \frac{\lambda}{d} = \frac{6000 \times 10^{-10}}{0.3 \times 10^{-3}}$$

$= 2 \times 10^{-3}$ रेडियन

अतः प्रथम निम्निष्ठ की कोणीय स्थिति 2×10^{-3} रेडियन है।

54 *(c)* लाल प्रकाश का उपयोग करके द्वितीय द्वितीयक उच्चिष्ठ के लिए,

$$d \sin\theta_1 = \frac{(2m+1)\lambda_1}{2}$$

जहाँ, $m = 2$

$$d \sin\theta_1 = \frac{5\lambda_1}{2}$$

$$\sin\theta_1 = \frac{5\lambda_1}{2d} \quad \ldots(i)$$

जब श्वेत प्रकाश का उपयोग किया जाता है, तीसरे द्वितीयक उच्चिष्ठ की स्थिति के लिए ($m = 3$)

$$d \sin\theta_2 = \frac{7\lambda_2}{2}$$

$$\Rightarrow \quad \sin\theta_2 = \frac{7\lambda_2}{2d} \quad \ldots(ii)$$

चूँकि, ये स्थितियाँ श्वेत और लाल प्रकाश के लिए एक दूसरे के साथ सम्पाती हैं

$$\sin\theta_1 = \sin\theta_2 \Rightarrow \frac{5\lambda_1}{2d} = \frac{7\lambda_2}{2d}$$

$$\Rightarrow \quad \lambda_2 = \frac{5}{7}\lambda_1 = \frac{5}{7} \times 6500 \text{ ऐंगस्ट्रॉम}$$

श्वेत प्रकाश की तरंगदैर्ध्य,

$\lambda_2 = 4642.85$ ऐंगस्ट्रॉम

55 *(d)* स्क्रीन के केन्द्र से द्वितीयक क्रम उच्चिष्ठ की दूरी,

$$x = \frac{5}{2}\frac{D\lambda}{d}$$

$$\Rightarrow d = \frac{5}{2}\frac{D\lambda}{n}$$

दिया है,

$D = 1$ मीटर, $x = 15$ मिमी

$\lambda = 600$ नैनोमीटर $= 6000 \times 10^{-9}$ मीटर

$$\therefore d = \frac{5}{2} \times \frac{1 \times 600 \times 10^{-9}}{15 \times 10^{-3}} = 100 \text{ माइक्रोमीटर}$$

56 *(a)* केन्द्रीय उच्चिष्ठ की कोणीय चौड़ाई,

$$(2\theta) = \frac{2\lambda}{d} = \frac{2\lambda}{e}$$

$$\Rightarrow \quad (2\theta) = \frac{\lambda}{e}$$

$$\Rightarrow \quad \theta \propto \frac{1}{e} \quad [\text{के लिए } \lambda = \text{स्थिर}]$$

अतः स्लिट चौड़ाई e कम करने पर, θ बढ़ जायेगी।

57 *(b)* यदि फोकस दूरी f का एक अभिसारी लेन्स स्लिट के बाद रखा जाए और पर्दे पर फ्रिंज प्राप्त हो, तो विवर्तन पैटर्न के प्रथम शून्य से केन्द्रीय उच्चिष्ठ की दूरी λ/a है। यदि f लेन्स की फोकस दूरी है, तो पर्दे का आकार $f\lambda/a$ होगा।

58 *(a)* अध्रुवित किरण में, संचरण की दिशा के लम्बवत तल में सभी दिशाओं में कम्पन सम्भव है। इसलिए, θ का मान 0 से 2π तक कोई भी हो सकता है।

$$[\cos^2\theta]_{av} = \frac{1}{2\pi}\int_0^{2\pi} \cos^2\theta \, d\theta$$

$$= \frac{1}{2\pi}\int_0^{2\pi}\left(\frac{1+\cos 2\theta}{2}\right)d\theta$$

$$= \frac{1}{4\pi}\left([\theta]_0^{2\pi} + \left[\frac{\sin 2\theta}{2}\right]_0^{2\pi}\right)$$

$$= \frac{1}{4\pi} \times 2\pi = \frac{1}{2}$$

मैलस के नियमानुसार,

$$I = I_0 \cos^2\theta \Rightarrow I = I_0 \times \frac{1}{2} = \frac{I_0}{2}$$

59 *(c)* स्थिति नीचे दर्शाई गई है।

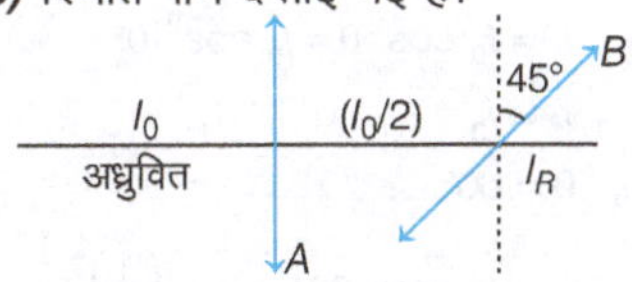

मैलस के नियम के अनुसार,

$$I_R = \left(\frac{I_0}{2}\right)\cos^2(45°) = \frac{I_0}{2} \times \frac{1}{2} = \frac{I_0}{4}$$

60 *(a)* माना कि प्रथम ध्रुवक P_1 से गुजरने के बाद ध्रुवित प्रकाश की तीव्रता I_0 है, तो द्वितीय ध्रुवक से गुजरने के बाद प्रकाश की तीव्रता

$$I = I_0 \cos^2\theta$$

P_1 और P_2 के पास अक्षों के बीच का कोण θ है। चूँकि P_1 और P_3 को पार किया जाता है, इसलिए P_2 और P_3 के पास अक्षों के बीच का कोण $\left(\frac{\pi}{2} - \theta\right)$ होगा।

P_3 से निकलने वाले प्रकाश की तीव्रता,

$$I = I_0 \cos^2\theta \cos^2\left(\frac{\pi}{2} - \theta\right)$$

$$= I_0 \cos^2\theta \sin^2\theta = \left(\frac{I_0}{4}\right)\sin^2 2\theta$$

तीव्रता अधिकतम होती है, जब

$\sin 2\theta = 1$

$\Rightarrow \quad 2\theta = \pi/2$ या $\theta = \pi/4$

इसलिए, प्रेषित तीव्रता अधिकतम होगी जब $\theta = \pi/4$ होगा।

61 *(d)* P_1 और P_2 के बीच का कोण = 60°

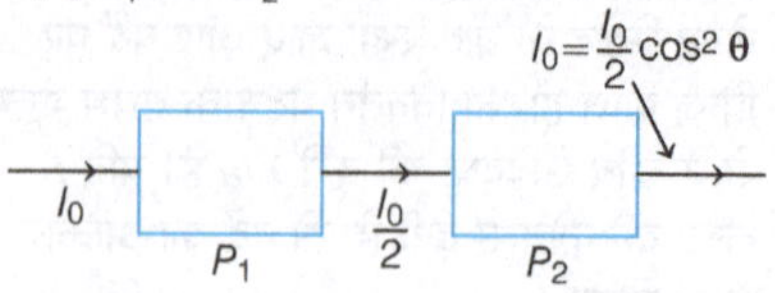

P_2 से निकलने वाले प्रकाश की तीव्रता,

$$I = \frac{I_0}{2}\cos^2\theta$$

जहाँ, $\theta = P_1$ और P_2 के बीच का कोण अतः

$$I = \frac{I_0}{2}\cos^2 60° = \frac{I_0}{2}\left(\frac{1}{2}\right)^2 = \frac{I_0}{8}$$

62 *(b)* पोलेरॉइड का उपयोग धूप के चश्मे, खिड़की के शीशे आदि में तीव्रता को नियन्त्रित करने के लिए किया जा सकता है।
दो पोलेरॉइड के अक्ष के बीच के कोण को समायोजित करके आपतित प्रकाश की तीव्रता को 50% से शून्य तक नियन्त्रित किया जा सकता है।

63 *(b)* माना I_0 प्रथम पोलेरॉइड के माध्यम से तीव्रता है जब अक्ष समानान्तर है।
मैलस के नियमानुसार

$$I_1 = I_0\cos^2\theta = I_0\cos^2 0°$$

$$I_1 = I_0$$

जब, $\theta = 60°$

$$I_2 = I_0\cos^2 60° = I_0 \times \left(\frac{1}{2}\right)^2;\ I_2 = \frac{I_0}{4}$$

$$\therefore \quad \frac{I_1}{I_2} = \frac{I_0}{\left(\frac{I_0}{4}\right)} = \frac{4}{1}$$

64 *(c)* दिया है, $I = 2$ वाट/मी²

$I_0 = 32$ वाट/मी²

माना दो ध्रुवकों की धुरी के बीच का कोण θ है, तो $(90° - \theta)$ दूसरे और तीसरे ध्रुवक के बीच का कोण होगा।

$$\therefore \quad I = \frac{I_0}{2}\cos^2\theta\cos^2(90-\theta)$$

$$2 = \frac{32}{2}\cos^2\theta\cos^2(90-\theta)$$

$$2 = 16\cos^2\theta\sin\theta^2$$

$$\frac{1}{2} = 4\cos^2\theta\sin\theta^2$$

$$\frac{1}{2} = (2\cos\theta\sin\theta)^2$$

$$\frac{1}{2} = \sin^2 2\theta$$

$$\therefore \quad \sin 2\theta = \frac{1}{\sqrt{2}}$$

$$2\theta = \sin^{-1}\frac{1}{\sqrt{2}} = 45° \Rightarrow \theta = 22.5°$$

65 *(b)* माना I_0 आपतित प्रकाश की तीव्रता है।
चूँकि आपतित प्रकाश अध्रुवित है, इसलिए पहले पोलेरॉइड से निकलने वाले प्रकाश की तीव्रता,

$$I_1 = \frac{I_0}{2}$$

यदि दो पोलेरॉइड के बीच का कोण θ हो, तो दूसरे पोलेरॉइड से निकलने वाले प्रकाश की तीव्रता,

$$I_2 = I_1\cos^2\theta = \frac{I_0}{2}\cos^2\theta$$

$$I_0 = 100$$

$$\therefore \quad I_1 = \frac{100}{2} = 50$$

चूँकि θ का मान 90° से 0° तक परिवर्तित होता है इसलिए बाहर आने वाले प्रकाश की तीव्रता 0% से 50% तक परिवर्तित हो सकती है।

66 *(d)* मैलस नियम के अनुसार,

$$I_0 = \cos^2\theta$$

माना ध्रुवक C, A तथा B के साथ कोण θ पर है

$$\therefore \quad I_C = \left(\frac{2I}{3}\right)\cos^2\theta$$

$$I_B = I_C\cos^2\theta$$

$$I_B = \frac{2I}{3}\cos^4\theta$$

$$I_B = \frac{I}{3}$$

$$\therefore \quad \frac{I}{3} = \frac{2I}{3}\cos^4\theta$$

$$\Rightarrow \quad \cos^4\theta = \frac{1}{2};\ \cos\theta = \left(\frac{1}{2}\right)^{1/4}$$

67 *(c)* विशेष स्थिति में, विद्युत क्षेत्र के दो लम्बवत् घटकों में से एक शून्य है। अन्य कोणों पर, दोनों घटक उपस्थित हैं, लेकिन एक दूसरे की तुलना में अधिक मजबूत है। जब इस तरह के प्रकाश को घूमते हुए विश्लेषक के माध्यम से देखा जाता है, तो अधिकतम और न्यूनतम प्रकाश दिखाई देता है।
इस स्थिति में प्रकाश तीव्रता तो कम होती है लेकिन पूर्ण अन्धकार नहीं होता। इस तरह के प्रकाश को आंशिक रूप से ध्रुवीकृत कहा जाता है।

68 *(b)* दिया है, आपतन कोण = 45°
चूँकि परावर्तित प्रकाश पूर्णतः ध्रुवित होता है, इसलिए $i_p = 45°$
ब्रूस्टर के नियम से, $\mu = \tan i_p$

$$= \tan 45° = 1$$

$$\mu = \frac{c}{v}$$

$$\Rightarrow \quad v = \frac{c}{\mu} = \frac{3\times10^8}{1}$$

$$\Rightarrow \quad v = 3\times10^8 \text{ मी/से}$$

69 *(d)* दिया है, $i + r = \pi/2$
ब्रिवेस्टर के नियम के अनुसार,

$$\tan i_B = \mu = 1.5$$

$$\tan i_B = \tan - 1(1.5)$$

$$\Rightarrow \quad i_B = 57°$$

अर्थात् यह वायु के ग्लास अन्तरापृष्ठ के लिए ब्रिवेस्टर कोण है।

70 *(b)* दिया है, माध्यम का अपवर्तनांक $\mu = 1$
ब्रिवेस्टर का नियम, $\tan i_p = \mu$

$$\tan i_p = 1$$

$$i_p = \tan^{-1}(1) = 45°$$

$$i_p + r = 90°$$

$$r = 90° - i_p = 90° - 45°$$

$$\Rightarrow \quad r = 45°$$

71 *(a)* दिया है, क्रान्तिक कोण,

$$i_c = \sin^{-1}\left(\frac{4}{5}\right)$$

$$\therefore \quad \sin i_c = \frac{4}{5}$$

$$\mu = \frac{1}{\sin i_c} = \frac{5}{4}$$

ब्रूस्टर के नियम के अनुसार, $\tan i_p = \mu$
जहाँ, i_p ध्रुवण कोण है।

$$\therefore \quad \tan i_p = \frac{5}{4} \Rightarrow i_p = \tan^{-1}\left(\frac{5}{4}\right)$$

अभिकथन-कारण प्रश्न

2 *(c)* चूँकि काँच में प्रकाश तरंगों की गति कम होती है, इसलिए आने वाले तरंगाग्र का निचला भाग (जो काँच की सबसे अधिक मोटाई से होकर गुजरता है) विलम्बित हो जाएगा, जिसके परिणामस्वरूप उभरते तरंगाग्र में झुकाव होगा, जैसा कि नीचे चित्र में दिखाया गया है।

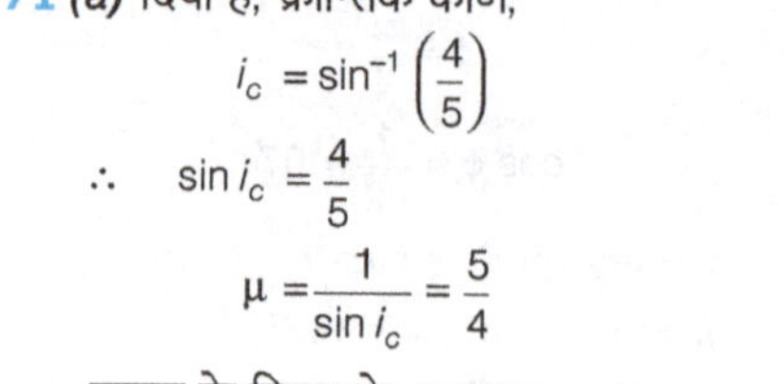

अतः अभिकथन सही है परन्तु कारण गलत है।

5 *(c)* यदि I_1 और I_2 दो स्रोतों से आने वाली तरंगों की तीव्रता है, तो अधिकतम तीव्रता,

$$I_{\text{अधिकतम}} = (\sqrt{I_1} + \sqrt{I_2})^2 = (2\sqrt{I_0})^2 = 4I_0$$

[$\because$ $I_1 = I_2 = I_0$ (दिया है)]

अदिप्त बैण्ड पर देखी गई न्यूनतम तीव्रता

$$I_{\text{न्यूनतम}} = (\sqrt{I_1} - \sqrt{I_2})^2$$
$$I_1 = I_2 = I_0$$
$$I_{\text{न्यूनतम}} = 0$$
$$I_1 \neq I_2$$
$$I_{\text{न्यूनतम}} \neq 0$$

इसलिए, अदीप्त पट्टी की तीव्रता सदैव शून्य नहीं होती।

6 *(c)* अभिकथन सही है लेकिन कारण गलत है। जब यंग के द्विस्लिट स्लिट प्रयोग में स्रोत श्वेत प्रकाश होता है, तो केन्द्रीय फ्रिंज श्वेत होती है क्योंकि सभी रंग वहाँ समान कला में मिलते हैं।

8 *(a)* जब d नगण्य रूप से छोटा होता है, तो फ्रिंज चौड़ाई b जो $1/d$ के समानुपाती होती है, बहुत बड़ी हो सकती है। इस प्रकार एक एकल फ्रिंज पूरे पर्दे पर आ सकती है। इसलिए, पैटर्न का पता नहीं लगाया जा सकता है।

9 *(b)* जब स्लिट चौड़ी होती है (अर्थात् $a >> \lambda$), तो प्रकाश का झुकाव इतना छोटा हो जाता है कि स्लिट से पर्दे की एक निश्चित दूरी तक इसका पता नहीं लगाया जा सकता। इसलिए, व्यावहारिक रूप से, कोई विवर्तन नहीं होता है।

10 *(c)* यंग के द्वि-स्लिट प्रयोग में, गहरे और श्वेत फ्रिंजों के लिए फ्रिंज की चौड़ाई समान होती है, जबकि उसी प्रयोग में, जब श्वेत प्रकाश (स्रोत के रूप में) का उपयोग किया जाता है, तो केन्द्रीय फ्रिंज श्वेत होती है जिसके चारों ओर कुछ रंगीन फ्रिंज देखी जाती हैं।

कथन आधारित प्रश्न

1 *(a)* स्रोत से अधिक दूरी पर, गोले के छोटे भाग को समतल तरंग माना जा सकता है, जैसा कि चित्र में दिखाया गया है।

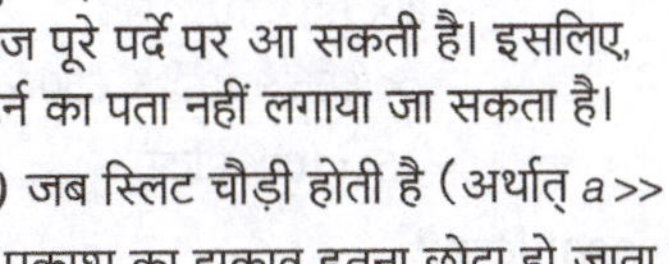

2 *(b)* यहाँ, हाइगेंस के द्वितीयक तरंगिकाओं के सिद्धान्त का उपयोग परावर्तन के नियम और अपवर्तन नियम को प्रतिपादित करने के लिए किया जा सकता है।

3 *(a)* जब प्रकाश तरंग विरल माध्यम से सघन माध्यम में जाती है तो वह अपनी गति व्यय कर देती है लेकिन तरंग द्वारा वहन की जाने वाली ऊर्जा उसकी गति पर निर्भर नहीं करती है। इसके अतिरिक्त, यह तरंग के आयाम पर निर्भर करती है।

4 *(b)* कथन I सही है लेकिन कथन II गलत है। दीप्त व्यतिकरण बैंड की तीव्रता समान होती है क्योंकि $I_{\text{अधिकतम}} \propto (a_1 + a_2)^2$ स्थिर होता है।

5 *(a)* कथन I और कथन II दोनों गलत हैं। जब यंग का डबल स्लिट प्रयोग श्वेत प्रकाश के स्रोत द्वारा किया जाता है, तो केन्द्रीय फ्रिंज दीप्त होगी, पूरी तरह से अदीप्त फ्रिंज नहीं होगी और केन्द्रीय फ्रिंज के साथ वाली फ्रिंज बैंगनी होगी।

6 *(c)* तरंगदैर्ध्य फ्रिंजों की संख्या के व्युत्क्रमानुपाती होती है, इसलिए तरंगदैर्ध्य को दोगुना करने पर फ्रिंजों की संख्या कम हो जाती है।

अतः कथन I गलत है और कथन II सही है।

7 *(a)* यदि ऊपरी स्लिट के सामने एक पतली फिल्म रखी जाती है, तो फ्रिंज पैटर्न ऊपर की दिशा में शिफ्ट हो जाता है। यदि स्लिट की चौड़ाई असमान है, तो निम्निष्ठ पूरी तरह से अदीप्त नहीं होगा।

8 *(d)* विवर्तन एक तरंग घटना है। इसे विद्युत चुम्बकीय और अनुदैर्ध्य तरंगों में भी देखा जाता है।

सुमेलन प्रकार प्रश्न

1 *(c)* A. एक बिन्दु स्रोत से अपसारित होने वाली प्रकाश किरणें।

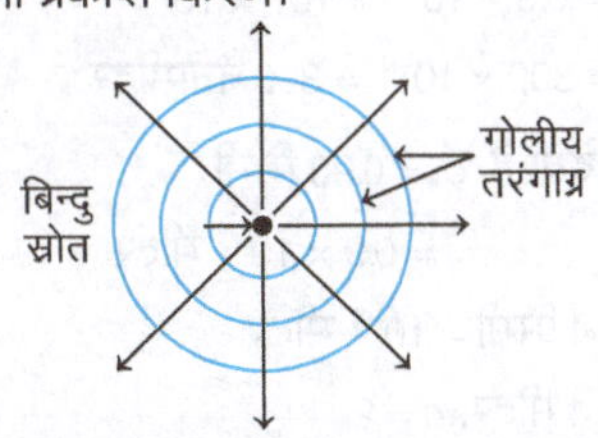

B. उत्तल लेन्स से निकलती एक प्रकाश किरण जब एक बिन्दु स्रोत को उसके फोकस पर रखा जाता है।

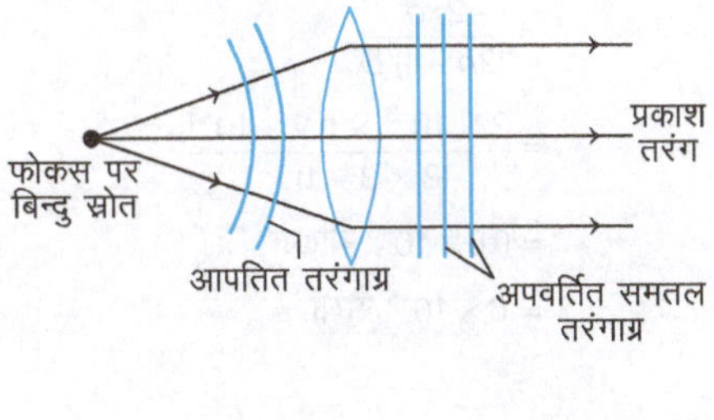

C. एक पतले प्रिज्म पर आपतित समतल तरंग।

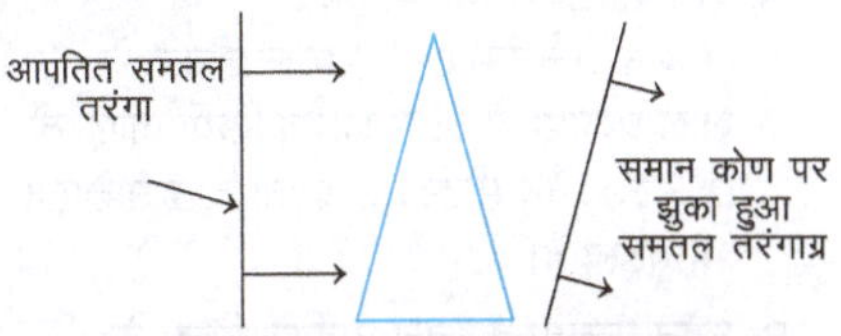

अतः A → 2, B → 3, C → 4 और D → 1।

2 *(c)* समपोषी व्यतिकरण तब उत्पन्न होता है जब तरंगें इस प्रकार अतिव्यापित होती हैं कि एक तरंग का शिखर दूसरी तरंग के शिखर के सम्पाती होता है। तथा प्रथम का गर्त दूसरे गर्त से सम्पाती होता है, अर्थात् तरंगें एक ही कला में होती है।

विनाशी व्यतिकरण में तरंगें कला से बाहर हो जाती हैं।

उच्चिष्ठ (या सम्पोषी व्यतिकरण) के लिए, पथान्तर $= n\lambda$ $(n = 0, 2, 3, ...)$

निम्निष्ठ (या विनाशी व्यतिकरण) के लिए, पथान्तर $= (2n + 1)\dfrac{\lambda}{2}$ $(n = 0, 1, 2, 3, ...)$

अतः A → 3, B → 4, C → 1 और D → 2।

3 *(c)* A. यदि पर्दे को स्लिट के तल से दूर ले जाया जाए, अर्थात् D का मान बढ़ाने पर, फ्रिंजों का कोणीय पृथक्करण $(= \lambda/d)$ स्थिर रहता है। लेकिन वास्तविक फ्रिंजों का पृथक्करण $\left(\dfrac{\lambda D}{d}\right)$ बढ़ जाता है।

B. जब स्रोत को छोटे तरंगदैर्ध्य के दूसरे स्रोत द्वारा प्रतिस्थापित किया जाता है, तो फ्रिंजों का पृथक्करण (और कोणीय पृथक्करण भी) कम हो जाता है।

C. जब माध्यम जल है,

$$\lambda' = \frac{\lambda_{\text{वायु}}}{4/3} = \frac{3}{4}\lambda_{\text{वायु}}$$

$\therefore$ फ्रिंज चौड़ाई,

$$\beta' = \frac{\lambda' D}{d} = \frac{3}{4}\left(\frac{\lambda D}{d}\right) = \frac{3}{4}\beta$$

इसलिए, फ्रिंज चौड़ाई, $\left(\dfrac{3}{4}\right)$ th

D. फ्रिंज चौड़ाई, $\beta = \dfrac{D\lambda}{d}$

अतः $\beta \propto \dfrac{1}{d}$ जब स्लिटों के बीच की दूरी कम कर दी जाती है, तो फ्रिंजों की रैखिक चौड़ाई β बढ़ जाती है।

अतः A → 2, B → 3, C → 4 और D → 1।

4 *(a)* फ्रिंज चौड़ाई, $\beta = \frac{D\lambda}{d}$

A. यदि सोडियम प्रकाश को (λ = 589 नैनोमीटर) समान तीव्रता के लाल प्रकाश से प्रतिस्थापित किया जाए, तो (λ = 700 नैनोमीटर) λ बढ़ता है, इसलिए β भी बढ़ता है।

B. श्वेत प्रकाश केन्द्रित अदीप्त फ्रिंज के साथ रंगीन फ्रिंज उत्पन्न करता है।

C. यदि D को दोगुना कर दिया जाए और d को आधा कर दिया जाए, तो $\beta\left(\frac{2\lambda D}{d/2} = \frac{4\lambda D}{d}\right)$ चार गुना हो जायेगा।

D. यदि किसी भी स्लिट को सेलोफोन पेपर से ढककर उसकी तीव्रता कम कर दी जाए, तो दीप्त फ्रिंज कम दीप्त हो जाएंगे।

अतः A → 4, B → 1, C → 2 और D → 2 सही है।

अंकिक मान प्रकार के प्रश्न

1 *(3)* दिया है, λ = 5000 ऐंग्स्ट्रॉम

$d = 0.4$ मिमी $= 0.4 \times 10^{-3}$ मीटर

$D = 800$ सेमी $= 8$ मीटर

$n = 3$

हम जानते हैं, $x = (n)\lambda \frac{D}{d}$

$= 3 \times 5000 \times 10^{-10} \times \frac{8}{0.4 \times 10^{-3}}$

$= 3 \times 10^{-2}$ मीटर

$= 3$ सेमी

2 *(28)* पूर्ण अंधकार पर दोनों निम्निष्ठ संगत होते हैं।

निम्निष्ठ के लिए

$x_n = (2n-1)\frac{\lambda D}{2d}$

तरंगदैर्ध्य λ_1 और λ_2 के लिए,

$x_n = (2n-1)\frac{\lambda_1 D}{2d}$

$x_m = (2m-1)\frac{\lambda_2 D}{2d}$

$x_n = x_m$

$(2n-1)\frac{\lambda_1 D}{2d} = (2m-1)\frac{\lambda_2 D}{2d}$

$(2n-1)\frac{\lambda_1}{2} = (2m-1)\frac{\lambda_2}{2}$

$\frac{2n-1}{2m-1} = \frac{\lambda_2}{\lambda_1} = \frac{560 \text{ nm}}{400 \text{ nm}} = \frac{7}{5}$

सम्भावित मान हैं—($n_1 = 4, m_1 = 3$) तथा ($n_2 = 1, m_2 = 8$)...... आदि

इन निम्निष्ठ की स्थिति

$y_1 = \frac{(2n_1 - 1)\lambda_1 D}{d}$

तथा $y_2 = \frac{(2n_2 - 1)\lambda_1 D}{d}$

$\therefore$ दूरी $= y_2 - y_1 = 42 - 14 = 28$ मिमी

3 *(300)* दीप्त फ्रिंज की स्थिति,

$y_n = \frac{n\lambda D}{d}$

$D = 1.5$ मीटर, $d = 0.3 \times 10^{-3}$ मीटर

तथा $n = 1$

$\lambda = \frac{y_n d}{D}$

प्रथम बैंगनी के लिए,

$y_n = 2$ मिमी

$= 2 \times 10^{-3}$ मिमी

$\therefore \lambda_{\text{बैंगनी}} = 2 \times 10^{-3}\left(\frac{d}{D}\right)$

प्रथम लाल के लिए,

$y_n = 3.5$ मिमी $= 3.5 \times 10^{-3}$ मीटर

$\lambda_{\text{लाल}} = 3.5 \times 10^{-3}\left(\frac{d}{D}\right)$

$\Delta\lambda = \lambda_{\text{लाल}} - \lambda_{\text{बैंगनी}}$

$= 3.5 \times 10^{-3}\left(\frac{d}{D}\right) - 2 \times 10^{-3}\left(\frac{d}{D}\right)$

$= \frac{d}{D}(1.5) \times 10^{-3}$

$= \frac{0.3 \times 10^{-3}}{1.5} \times 1.5 \times 10^{-3} = 0.3 \times 10^{-6}$

$= 0.3 \times 10^{-6} \times 10^3 \times 10^{-3}$

$= 300 \times 10^{-9} = 300$ नैनोमीटर

4 *(6)* दिया है, $d = 0.90$ मिमी

$= 0.9 \times 10^{-3}$ मीटर

$x = 1$ मिमी $= 10^{-3}$ मीटर

$D = 1$ मीटर, $n = 2$

अदिप्त फ्रिंज के लिए,

$x = (2n-1)\frac{\lambda D}{2d}$

$\lambda = \frac{2xd}{(2n-1)D}$

$= \frac{2 \times 10^{-3} \times 0.9 \times 10^{-3}}{(2 \times 3 - 1) \times 1}$

$= 0.6 \times 10^{-6}$ मीटर

$\lambda = 6 \times 10^{-5}$ सेमी

5 *(15)* दिया है, $\lambda_1 = 650 \times 10^{-9}$ मीटर

$\lambda_2 = 655 \times 10^{-9}$ मीटर

द्वारक की चौड़ाई,

$a = 0.75$ मिमी $= 7.5 \times 10^{-4}$ मीटर

स्क्रीन और स्रोत के बीच की दूरी, $D = 1.5$ मी

प्रथम उच्चिष्ठ की स्थिति,

$a \sin\theta = 3\lambda/2$

$\sin\theta \approx \theta = \frac{y}{D}$

$\therefore a\frac{y}{D} = \frac{3\lambda}{2}$

$\Rightarrow y = \frac{3\lambda D}{2a}$

$\therefore y_1 = \frac{3\lambda_1 D}{2a}$

तथा $y_2 = \frac{3\lambda_2 D}{2a}$

$\therefore \Delta y = y_2 - y_1 = \frac{3\lambda_2 D}{2a} - \frac{3\lambda_1 D}{2a}$

$= \frac{3D}{2a}(\lambda_2 - \lambda_1)$

$= \frac{3 \times 1.5}{2 \times 7.5 \times 10^{-4}} \times (655 \times 10^{-9} - 650 \times 10^{-9})$

$= 15 \times 10^{-6}$ मीटर

6 *(6000)* दिया है,

$\Delta\beta = 3 \times 10^{-5}$ मीटर

$\Delta D = 5 \times 10^{-2}$ मीटर

$d = 10^{-3}$ मीटर

$\Delta\beta = \frac{\lambda}{d}\Delta D$

$3 \times 10^{-5} = \frac{\lambda}{10^{-3}} \times 5 \times 10^{-2}$

$\lambda = \frac{3 \times 10^{-5} \times 10^{-3}}{5 \times 10^{-2}}$

$= 6 \times 10^{-7}$ मीटर

$= 6000 \times 10^{-10}$ मीटर

$= 6000$ ऐंग्स्ट्रॉम

NCERT Exemplar प्रश्न

1 *(a)* दिया गया है, स्लिट की चौड़ाई

$= 10^4$ Å $= 10000$ ऐंग्स्ट्रॉम

$= 10^4 \times 10^{-10}$ मी $= 10^{-6}$ ऐंग्स्ट्रॉम

$= 1$ माइक्रोमीटर

(दृश्यमान) सूर्य के प्रकाश की तरंगदैर्ध्य 4000 ऐंग्स्ट्रॉम से 8000 ऐंग्स्ट्रॉम तक होती है। चूँकि स्लिट की चौड़ाई तरंगदैर्ध्य के बराबर

होती है, इसलिए, केन्द्र पर उच्चिष्ठ के साथ विवर्तन होता है। अतः केन्द्र में सभी रंग दिखाई देते हैं, अर्थात् रंगों का मिश्रण केन्द्र पर श्वेत पैच बनाता है। इसके माध्यम से देखा गया चित्र बीच में श्वेत रंग की एक पतली, तीखी दरार होगी।

2 *(c)* यंग के द्विस्लिट स्लिट प्रयोग में, जब एक छिद्र को लाल फिल्टर तथा दूसरे को नीले फिल्टर द्वारा ढका जाता है। इस स्थिति में फिल्टरेशन के कारण केवल लाल तथा नीली रोशनी ही उपस्थित होती है। यंग के द्विस्लिट स्लिट प्रयोग में, स्क्रीन पर फ्रिंज बनाने के लिए एकवर्णी प्रकाश का उपयोग किया जाता है। इसलिए, दी गई स्थिति में, कोई व्यतिकरण फ्रिंज नहीं होगी।

3 *(d)* जैसा कि दिया गया है, बिन्दु P_2 (निम्निष्ठ) पर एक छिद्र है। छिद्र स्लिट S_3 और S_4 के लिए नए प्रकाश स्रोत के रूप में कार्य करेगा। इसलिए, दूसरी पर्दे पर एक नियमित दो स्लिट पैटर्न होगा।

4 *(a)* दिया है, मानव आँख का कोणीय विभेदन $\phi = 5.8 \times 10^{-4}$ रेडियन तथा प्रिंटर 300 डॉट्स प्रति इंच प्रिंट करता है।

दो बिन्दुओं के बीच की रैखिक दूरी,

$$l = \frac{2.54}{300} = 0.84 \times 10^{-2} \text{ सेमी}$$

z सेमी की दूरी पर, यह एक कोण अन्तरित करता है।

$$\phi = \frac{\lambda}{z}$$

$$\therefore \quad z = \frac{l}{\phi} = \frac{0.84 \times 10^{-2}}{5.8 \times 10^{-4}} = 14.5 \text{ सेमी}$$

विगत परीक्षाओं के प्रश्न

1 *(d)* ब्रिवेस्टर कोण पर, अपवर्तित तथा परावर्तित किरण के मध्य 90° का कोण होता है, इसलिए परावर्तित किरण पूर्णतः रेखीय ध्रुवित तथा अपवर्तित किरण आंशिक ध्रुवित होती है।

2 *(c)* यदि यंग के द्वि-छीद्र प्रयोग में एकवर्णी प्रकाश के स्थान पर श्वेत प्रकाश प्रयोग में लिया जाता है, तो सभी तरंगदैर्ध्य उनके तरंगदैर्ध्यों के क्रम में उच्चिष्ठ तथा निम्ननिष्ठ प्रदर्शित करती है। इस प्रकार कुछ रंगीन फ्रिन्जों से घिरी एक दीप्त केन्द्रीय फ्रिन्ज होगी।

3 *(a)* केन्द्रीय उच्चिष्ठ के लिए, व्यतिकरण में दोनों सुसंगत स्रोतों के लिए पथांतर शून्य होता है।

$$\text{इसलिए, कलान्तर} = \frac{2\pi}{\lambda} \times \text{पथांतर}$$

$$= \frac{2\pi}{\lambda} \times 0 = 0$$

4 *(c)* YDSE में, nवें निम्निष्ठ के लिए पथांतर निम्न प्रकार दिया जाता है।

$$\Delta y = (2n - 1)\frac{\lambda}{2}$$

5वें न्यूनतम के लिए, $n = 5$

$$\therefore \quad \Delta y = [2(5) - 1]\frac{\lambda}{2} = \frac{9\lambda}{2}$$

5 *(b)* केन्द्रीय उच्चिष्ठ की कोणीय चौड़ाई निम्न द्वारा दी जाती है।

$$2\theta = \frac{2\lambda}{a} \quad \ldots\text{(i)}$$

जहाँ, λ = प्रयुक्त प्रकाश की तरंगदैर्ध्य

तथा a = स्लिट की चौड़ाई,

λ_1 = 6000 ऐंग्स्ट्रॉम के लिए, $2\theta = \theta_0$ (दिया है)

तरंगदैर्ध्य λ_2 के दूसरे प्रकाश के लिए, कोणीय चौड़ाई 30% कम हो जाती है,

$$2\theta = \left(\frac{100 - 30}{100}\right)\theta_0$$

$$= \frac{70}{100}\theta_0 = 0.7\theta_0$$

इन मानों के लिए समी (i) का उपयोग करने पर,

$$\frac{\theta}{0.7\theta_0} = \frac{\lambda_1}{\lambda_2}$$

$$\Rightarrow \quad \lambda_2 = \lambda_1 \times 0.7$$

$$= 6000 \times 0.7$$

$$= 4200 \text{ ऐंग्स्ट्रॉम}$$

6 *(c)* प्रश्नानुसार, उपरोक्त चित्र से,

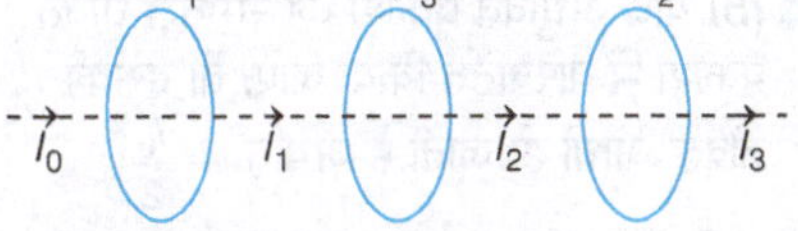

P_3 के माध्यम से प्रेषित तीव्रता,

$$I_2 = \frac{I_0}{2}\cos^2 45°$$

$$\Rightarrow \quad I_2 = \frac{I_0}{2} \times \left(\frac{1}{\sqrt{2}}\right)^2 \Rightarrow I_2 = \frac{I_0}{4}$$

P_2 के माध्यम से प्रेषित तीव्रता,

$$I_3 = \frac{I_0}{4}\cos^2 45°$$

$$\Rightarrow \quad I_3 = \frac{I_0}{4} \times \left(\frac{1}{\sqrt{2}}\right)^2 \Rightarrow I_3 = \frac{I_0}{4} \times \frac{1}{2}$$

$$\Rightarrow \quad I_3 = \frac{I_0}{8}$$

7 *(d)* विवर्तन पैटर्न के प्रथम अदीप्त बैण्ड की पर्दे के केन्द्र से दूरी प्रथम निम्निष्ठ की स्थिति द्वारा दी गई है।

$$\text{अर्थात्} \; Y = \frac{\lambda D}{a}$$

$$\Rightarrow \quad Y = \frac{(5 \times 10^{-5})(0.6)}{0.02 \times 10^{-2}} \text{ (दिया है)}$$

$$\Rightarrow \quad Y = 0.15 \text{ सेमी}$$

8 *(a)* दिया गया है, d = 1 मिमी

$= 1 \times 10^{-3}$ मीटर

D = 1 मीटर

λ = 500 नैनोमीटर $= 5 \times 10^{-7}$ मीटर

चूँकि, केन्द्रीय उच्चिष्ठ की चौड़ाई = 10 उच्चिष्ठ की चौड़ाई

$$\therefore \quad \frac{2D\lambda}{a} = 10\left(\frac{\lambda D}{d}\right)$$

$$\Rightarrow \quad a = \frac{d}{5} = \frac{10^{-3}}{5} = 02 \times 10^{-3} \text{ मीटर}$$

a = 02 मिमी

9 *(a)* दिया है, यंग का द्वि-स्लिट प्रयोग, जिसमें चौड़ाई की दो स्लिटें 1 : 25 अनुपात में है। इसलिए, तीव्रता का अनुपात,

$$\frac{I_1}{I_2} = \frac{W_1}{W_2} = \frac{1}{25}$$

$$\Rightarrow \quad \frac{I_2}{I_1} = \frac{25}{1}$$

$$\therefore \frac{I_{\text{अधिकतम}}}{I_{\text{न्यूनतम}}} = \frac{(\sqrt{I_2} + \sqrt{I_1})^2}{(\sqrt{I_2} - \sqrt{I_1})^2} = \left[\frac{\sqrt{\frac{I_2}{I_1}} + 1}{\sqrt{\frac{I_2}{I_1}} - 1}\right]^2$$

$$\Rightarrow \quad \left[\frac{5+1}{5-1}\right]^2 = \left(\frac{6}{4}\right)^2 = \frac{36}{14} = \frac{9}{4}$$

10 *(a)* उच्चिष्ट की स्थिति के लिए, ज्यामिति से,

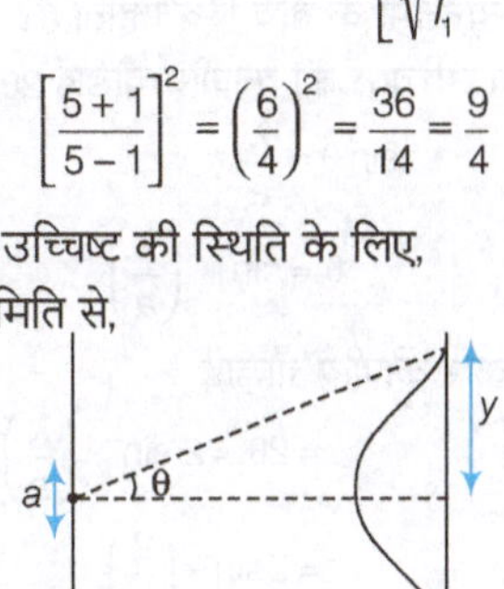

$$\sin\theta \approx \theta = \frac{Y}{D} \quad \text{(छोटे कोण के लिए)}$$

$$\frac{Y}{D} = \frac{\lambda}{a} \Rightarrow Y = \frac{\lambda D}{a}$$

इसलिए, केन्द्रीय उच्चिष्ठ की चौड़ाई

$$= 2Y = \frac{2\lambda D}{a}$$

11 *(c)* P पर प्रथम निम्निष्ठ के लिए,

$a \sin\theta = n\lambda$

जहाँ, $n = 1 \Rightarrow a \sin\theta = \lambda$

अतः, कलान्तर,

$$\Delta\phi = \frac{\Delta X_1}{\lambda} \times 2\pi$$

$$= \frac{(a/2)\sin\theta}{\lambda} \times 2\pi$$

$$= -\frac{\lambda}{2\lambda} \times 2\pi = \pi \text{ रेडियन}$$

12 *(d)* ब्रिवेस्टर के नियम के अनुसार, जब परावर्तित किरण का ध्रुवीकरण होता है तो परावर्तित और अपवर्तित किरणें लम्बवत् होती है।

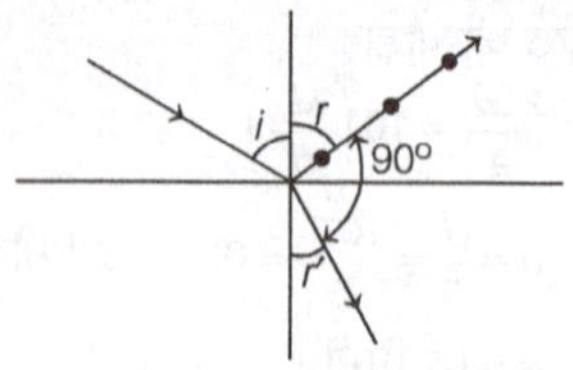

इसलिए , $r + r' = 90°$

$\Rightarrow \quad r' = 90° - r = 90° - i$

$= 90° - 60° = 30°$

13 *(a)*

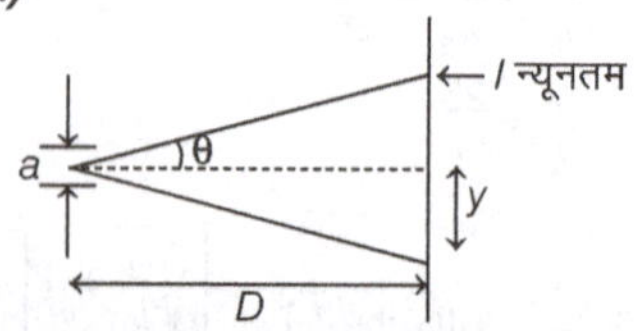

केन्द्रीय उच्चिष्ठ, केन्द्र रेखा के दोनों ओर दो प्रथम न्यूनतमों के बीच स्थित होता है।

केन्द्रीय उच्चिष्ठ की कोणीय चौड़ाई 2θ है,

जहाँ $\quad \sin\theta = \frac{\lambda}{a}$

$\Rightarrow \quad \theta = \sin^{-1}\left(\frac{\lambda}{a}\right)$

इस प्रकार कोणीय चौड़ाई

$$= 2\theta = 2\sin^{-1}\left(\frac{\lambda}{a}\right)$$

$$= 2\sin^{-1}\left(\frac{2}{4}\right)$$

$$= 2\sin^{-1}\left(\frac{1}{2}\right)$$

$$= 2 \times 30° = 60°$$

14 *(d)* जब एक पोलेराइड शीट को दो पार किए गए पोलेराइड्स के बीच एक कोण ϕ से घुमाया जाता है, तो संचरित प्रकाश की तीव्रता

$$I = I_0 \cos^2\phi \cdot \sin^2\phi$$

$\therefore \quad I_{\text{अधिकतम}}$ at $\phi = 45°$

$\phi = 45°$

15 *(d)* दिए गए यंग के द्विस्लिट प्रयोग में, प्रथम निम्निष्ठ P पर होता है

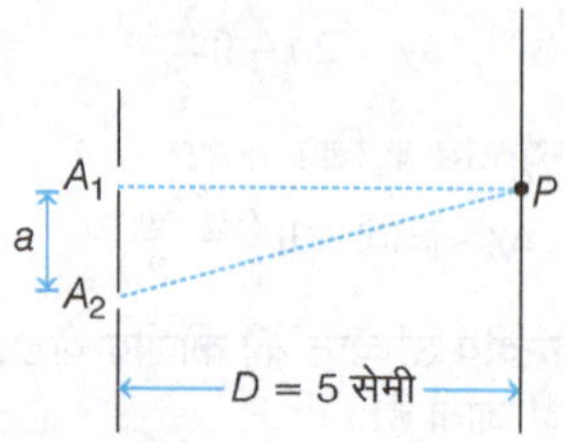

$\lambda = 800$ नैनोमीटर

प्रथम निम्निष्ठ के लिए,

पथान्तर, $\quad A_2P - A_1P$

$$= \sqrt{(5^2 + a^2)} - 5 = \frac{\lambda}{2}$$

लम्बाई को सेमी में लेने पर

$\Rightarrow \quad \sqrt{(5^2 + a^2)} - 5$

$$= \frac{800 \times 10^{-9} \times 100}{2}$$

$\Rightarrow \quad \sqrt{(5^2 + a^2)} = 5 + 4 \times 10^{-5}$

वर्ग करने पर,

$$5^2 + a^2 = 5^2 + (4 \times 10^{-5})^2 + 40 \times 10^{-5}$$

$(4 \times 10^{-5})^2$ के बहुत छोटा होने के कारण नगण्य मानने पर

$$a^2 = 400 \times 10^{-6}$$

$\Rightarrow \quad a = 20 \times 10^{-3}$ सेमी

$= 20 \times 10^{-3} \times 10$ मिमी

$= 0.2$ मिमी

16 *(b)* यदि अध्रुवित प्रकाश को समतल ध्रुवित प्रकाश में परिवर्तित किया जाए, तो इसकी तीव्रता आधी हो जाती है अर्थात् $I = \frac{I_0}{2}$

जहाँ I_0 अध्रुवित प्रकाश की तीव्रता है।

मैलस नियम के अनुसार, $I = I_0 \cos^2\theta$

अतः $I = \frac{I_0}{2}$

$[\cos^2 45° \times \cos^2 45° \times ... \times (n-1)]$

$\Rightarrow \quad \frac{I_0}{64} = \frac{I_0}{2} \times \left(\frac{1}{2}\right)^{n-1}$

$\Rightarrow \quad \frac{1}{32} = \frac{1}{2^{n-1}} \Rightarrow \frac{1}{2^5} = \frac{1}{2^{n-1}}$

$\therefore \quad n - 1 = 5$ या $\quad n = 6$

17 *(d)* मैलस के नियम से, विश्लेषक से प्राप्त आउटपुट तीव्रता,

$$I' = I_0 \cos^2\theta$$

जहाँ θ = ध्रुवीकरणकर्ता और विश्लेषक के बीच का कोण।

दिया है

I' = प्रारम्भिक तीव्रता का 10%

$\Rightarrow \quad I' = \frac{1}{10} I_0$

$= I_0 \times \cos^2\theta$

$\Rightarrow \quad \cos^2\theta = \frac{1}{10}$

$\Rightarrow \quad \cos\theta = \frac{1}{\sqrt{10}}$

$\Rightarrow \quad \theta = \cos^{-1}\frac{1}{\sqrt{10}} \approx 71.6°$

यदि ध्रुवक और विश्लेषक के बीच का कोण 90° है, तो आउटपुट तीव्रता शून्य है। इसलिए, आउटपुट तीव्रता को शून्य करने के लिए विश्लेषक को $90° - 71.6° = 18.40°$ से घुमाया जाना चाहिए।

18 *(d)* θ के छोटे मान के लिए

$\sin\theta \approx \theta$

अतः पथान्तर $= \Delta L = d\theta$

S_1 और S_2 से आने वाली दोनों किरणें एक ही कला में होती हैं। इसलिए, पथान्तर प्रयुक्त प्रकाश की तरंगदैर्ध्य का पूर्णांक गुणक होता है।

अर्थात् $\Delta L = n\lambda$ या $d\theta = n\lambda$

$\Rightarrow \quad \lambda = \frac{d\theta}{n}$

$\theta = \frac{1}{40}$ रेडियन, $d = 0.1$ मिमी

अतः $\lambda = \frac{0.1}{40n}$ मिमी

$= \frac{0.1 \times 10^{-3} \text{ मीटर}}{40\,n}$

$= \frac{0.1 \times 10^{-3} \times 10^9}{40n}$ नैनोमीटर

$\Rightarrow \quad = \frac{2500}{n}$ नैनोमीटर

λ_1 के प्रकाश से,

$\lambda_1 = \frac{2500}{n_1}$ नैनोमीटर

और तरंगदैर्ध्य λ_2 के प्रकाश से,

$\lambda_2 = \frac{2500}{n_2}$ नैनोमीटर

अब, n_1 और n_2 के लिए विभिन्न पूर्णांक मानों का चयन करने पर (अर्थात् $n_1, n_2 = 1, 2, 3, \ldots$ आदि)

$n_1 = 4$

$\lambda_1 = \frac{2500}{4}$

$= 625$ नैनोमीटर

और $n_2 = 5$ के लिए,

$\lambda_2 = \frac{2500}{5}$

$= 500$ नैनोमीटर

ये मान दिए गए अन्तराल 500 नैनोमीटर से 600 नैनोमीटर में स्थित हैं।

स्किल बूस्टर्स

1 *(d)*

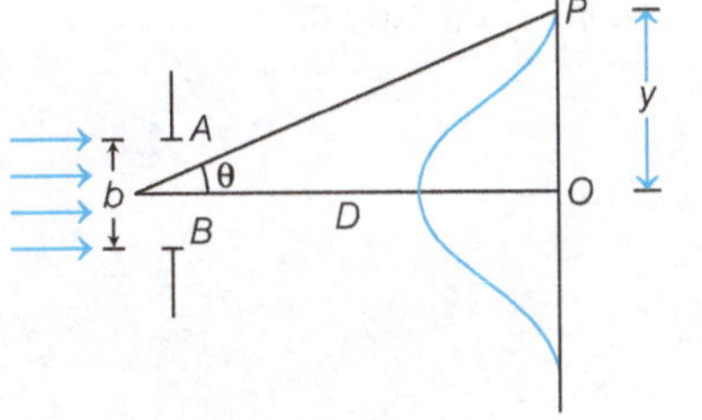

प्रथम निम्निष्ठ पर, $b \sin\theta = \lambda$

छोटे कोण के लिए, $\sin\theta \approx \theta$

$\Rightarrow \quad b\theta = \lambda \quad \ldots\text{(i)}$

चित्रानुसार, $\tan\theta = y/D \quad \ldots\text{(ii)}$

छोटे कोण के लिए, $\tan\theta \approx \theta$

$\Rightarrow \quad y = \frac{\lambda D}{b}$

$\Rightarrow \quad \frac{yb}{D} = \lambda \quad \ldots\text{(iii)}$

अब, P (प्रथम निम्निष्ठ) पर, दो किनारों (A और B) से पहुँचने वाली किरणों के बीच पथ अन्तर,

$\Delta x = \frac{yb}{D}$

($\Delta x = \frac{yd}{D}$ YDSE से तुलना करें)

$\Rightarrow \quad \Delta x = \lambda$ [समीकरण (i) से]

संगत कलान्तर के लिए,

$\phi = \left(\frac{2\pi}{\lambda}\right)\Delta x$

$\Rightarrow \quad \phi = \frac{2\pi}{\lambda} \cdot \lambda = 2\pi$

2 *(c)* यहाँ, लेंस अपवर्तनांक μ और $(\mu - \delta\mu)$ के दो माध्यमों का संयोजन है।

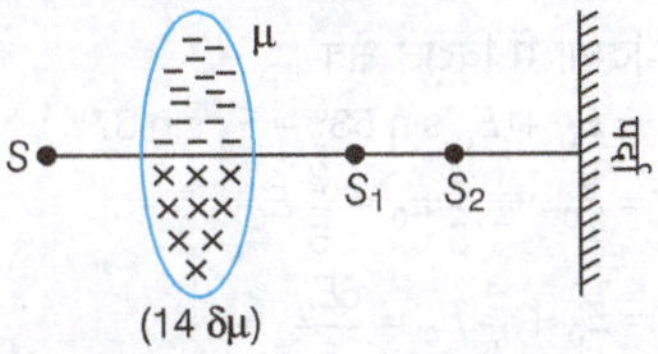

S_1 और S_2 को जोड़ने वाली रेखा पर्दे पर लम्बवत् है। इसलिए, पर्दे पर फ्रिंज का आकार वृत्ताकार है।

3 *(a)* बिन्दु P पर पथांतर

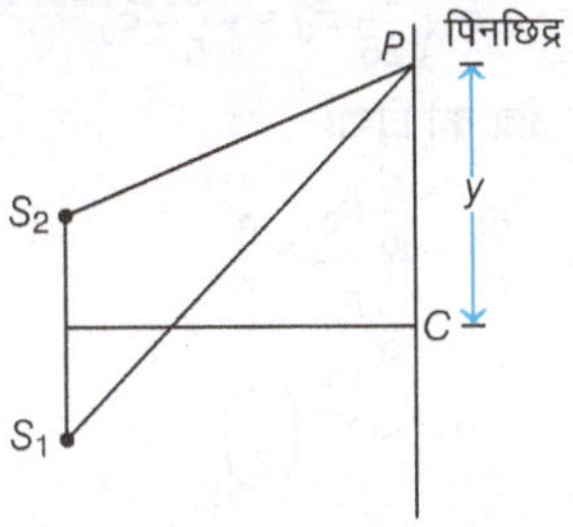

$\Delta x = \frac{yd}{D} = \frac{2 \times 10^{-3} \times 1 \times 10^{-3}}{1}$

$= 2 \times 10^{-6}$

$= 2000 \times 10^{-9}$ मीटर

$= 2000$ नैनोमीटर

अनुपस्थित तरंगदैर्ध्य के लिए, निम्निष्ठ का निर्माण,

$\therefore \quad \Delta x = (2m - 1)\frac{\lambda}{2}$

या $\quad 2000 = (2m - 1)\frac{\lambda}{2}$

$\therefore \quad \lambda = \frac{4000}{2m - 1}$

यहाँ, $m = 1, 2, 3, \ldots$

$m = 1$ के लिए, $\lambda_1 = 4000$ नैनोमीटर

$m = 2$ के लिए, $\lambda_2 = \frac{4000}{3}$ नैनोमीटर

$m = 3$ के लिए, $\lambda_3 = 800$ नैनोमीटर

$m = 4$ के लिए, $\lambda_4 = 571.4$ नैनोमीटर

$m = 5$ के लिए, $\lambda_5 = 444.4$ नैनोमीटर

$m = 6$ के लिए, $\lambda_6 = 363.6$ नैनोमीटर

4 *(a)* ऊपरी सतह से परावर्तित प्रकाश की तीव्रता, $I_1 = I_0 \times \frac{25}{100} = \frac{I_0}{4}$ और ऊपरी सतह से संचरित प्रकाश की तीव्रता,

$I_1 = I_0 - \frac{I_0}{4} = \frac{3I_0}{4}$

निचली सतह से परावर्तित प्रकाश की तीव्रता,

$I_2 = \frac{3I_0}{4} \times \frac{50}{100} = \frac{3I_0}{8}$

$\therefore \frac{I_{\text{न्यूनतम}}}{I_{\text{अधिकतम}}} = \frac{(\sqrt{I_1} - \sqrt{I_2})^2}{(\sqrt{I_1} + \sqrt{I_2})^2}$

$= \frac{\left(\sqrt{\frac{I_0}{4}} - \sqrt{\frac{3I_0}{8}}\right)^2}{\left(\sqrt{\frac{I_0}{4}} + \sqrt{\frac{3I_0}{8}}\right)^2} = \frac{\left(\frac{1}{2} - \sqrt{\frac{3}{8}}\right)^2}{\left(\frac{1}{2} + \sqrt{\frac{3}{8}}\right)^2}$

5 *(b)* यदि किसी भी क्षण, ध्रुवण की धुरी आपतित के कम्पन की दिशा के साथ एक कोण θ बनाती है, तो

मैलस के नियम से,

$I = I_0 \cos^2\theta$

चूँकि ध्रुवक घूम रहा है, इसलिए θ के सभी मान सम्भव है।

$\therefore \quad \langle I \rangle = \langle I_0 \cos^2\theta \rangle$

$= \frac{I_0}{2} = \frac{\text{क्षमता}}{2 \times \text{क्षेत्रफल}}$

$= \frac{10^{-3}}{2 \times 3 \times 10^{-4}} = \frac{5}{3}$ वाट/मी^{2}

6 *(b)* $\Delta x_1 = 0$

$\Delta x_2 = \mu_w \frac{yd}{D}$

$\Delta x_3 = (\mu - \mu_w)t$

$\Delta x = \mu_w \frac{yd}{D} + (\mu - \mu_w)t$

द्विप्त फ्रिंज के लिए,

$\Delta x = m\lambda$

$\frac{\mu_w yd}{D} + (\mu - \mu_w)t = m\lambda$

केन्द्रीय दीप्त फ्रिंज के लिए, $m = 0$

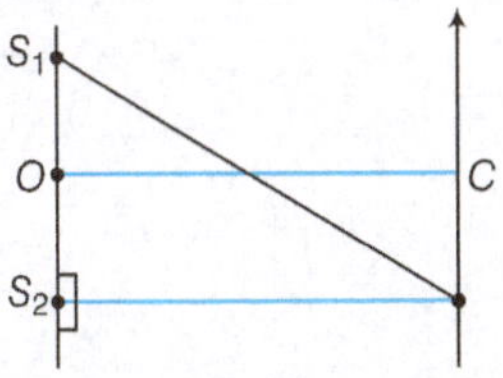

$\frac{\mu_w yd}{D} + (\mu - \mu_w)t = 0$

$\frac{\mu_w yd}{D} = -(\mu - \mu_w)t$

$y = \frac{-(\mu - \mu_w)tD}{\mu_w d}$

$y = -\frac{\left[\frac{3}{2} - \frac{4}{3}\right] 10.4 \times 10^{-3} \times 3 \times 1.5}{4 \times 45 \times 10^{-5}}$

$$y = \frac{-10.4 \times 3 \times 1.5 \times 10^{-3}}{6 \times 4 \times 45 \times 10^{-5}}$$

$\Rightarrow \quad y = -4.33$ मीटर

7 *(b)* दिया है, $\Delta x = \sin\alpha + d\sin\theta$

पर्दे के केन्द्र के लिए, $\theta = 0$

$\therefore \quad \Delta x = d\sin\alpha = (2m-1)\frac{\lambda}{2}$

$\therefore \quad \sin\alpha = (2m-1)\frac{\lambda}{2d}$

$\therefore \quad \alpha_{\text{न्यूनतम}} = \sin^{-1}\left(\frac{\lambda}{2d}\right)$

8 *(a)* X-दिशा में विद्युत क्षेत्र,

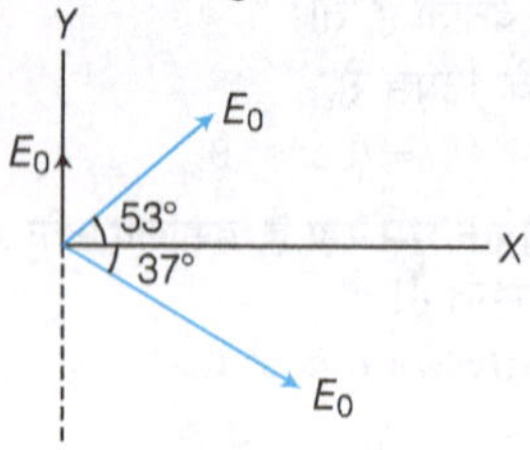

$$E_x = E_0\cos 37° + E_0\cos 53°$$
$$= \frac{4}{5}E_0 + \frac{3}{5}E_0 = \frac{7}{5}E_0$$

Y-दिशा में विद्युत क्षेत्र

$$E_y = E_0 + E_0\sin 53° - E_0\sin 37°$$
$$= E_0 + \frac{4}{5}E_0 - \frac{3}{5}E_0$$
$$= E_0 + \frac{1}{5}E_0 = \frac{6E_0}{5}$$

$$\therefore \quad E_0' = \sqrt{E_x^2 + E_y^2}$$
$$= \sqrt{\frac{49}{25} + \frac{36}{25}}\,E_0$$
$$= \sqrt{\frac{85}{25}}\,E_0 = \frac{\sqrt{85}}{5}E_0$$

विद्युत क्षेत्र की दिशा

$$\tan\phi = \frac{E_y}{E_x} = \frac{\frac{6}{5}E_0}{\frac{7}{5}E_0} = \frac{6}{7}$$

$$\therefore \quad \phi = \tan^{-1}\left(\frac{6}{7}\right)$$

अतः $E = E_0'\sin(\omega t + \phi)$

$$= \frac{\sqrt{85}}{5}\sin\left[\omega t + \tan^{-1}\left(\frac{6}{7}\right)\right]$$

9 *(c)* दिया है, $I_1 = I_0$ तथा $I_2 = 4I_0$

$$\because \quad I = I_1 + I_2 + 2\sqrt{I_1 I_2}\cos\phi$$
$$= I_0 + 4I_0 + 2 \times 2I_0\left(-\frac{1}{2}\right)$$
$$= 5I_0 - 2I_0 = 3I_0$$

10 *(b)* पथान्तर, $\Delta x = d\sin\theta$

$\therefore$ कलान्तर, $\phi = \frac{2\pi}{\lambda}\Delta x$

$$= \frac{2\pi}{\lambda}(d\sin\theta) = \frac{2\pi}{\frac{c}{\nu}}(d\sin\theta)$$

$$\therefore \phi = \frac{2\pi}{3 \times 10^8} \times 10^6 \times 150\sin 30° = \frac{\pi}{2}$$

$$\because I = 4I_0\cos^2\frac{\phi}{2} = 4 \times 1\cos^2\frac{\pi}{4}$$

$$= 4 \times \frac{1}{2} = 2 \text{ वेबर/मी}^2$$

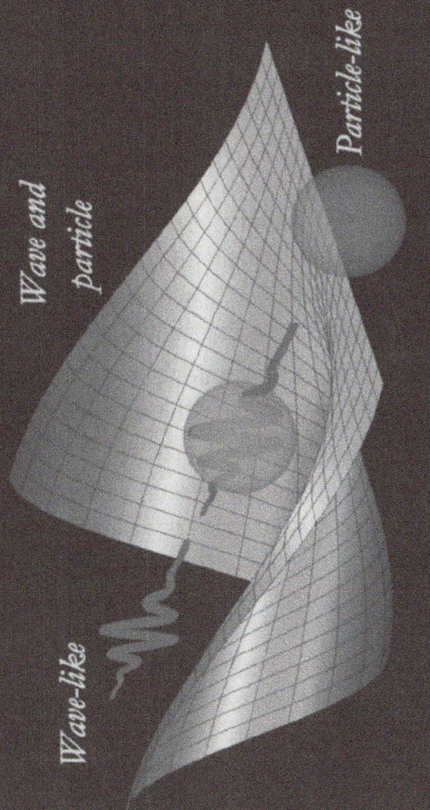

5 वर्षों में NEET में पूछे गये शीर्षकवार प्रश्न

शीर्षक	वर्षवार प्रश्नों की संख्या				
	2024	2023	2022	2021	2020
इलेक्ट्रॉन उत्सर्जन	–	–	–	–	–
प्रकाश विद्युत प्रभाव का प्रयोगात्मक अध्ययन	–	–	–	–	–
प्रकाश विद्युत प्रभाव तथा प्रकाश का तरंग सिद्धांत	–	–	–	–	–
आइन्स्टीन का प्रकाश विद्युत समीकरण : विकिरण का ऊर्जा क्वाण्टम	–	1	1	–	1
प्रकाश की कणीय प्रकृति: फोटॉन	1	–	–	1	–
द्रव्य की तरंग प्रकृति	1	–	1	1	3

NEET में विगत 5 वर्षों में पूछे गये विशेष प्रकार के प्रश्न

प्रकार	वर्ष				
	2024	2023	2022	2021	2020
कथन-कारण	–	–	–	–	–
कथन प्रकार	1	–	–	–	–
मिलान प्रकार	–	–	–	–	–

NEET के विगत 5 वर्षों का भारांकन

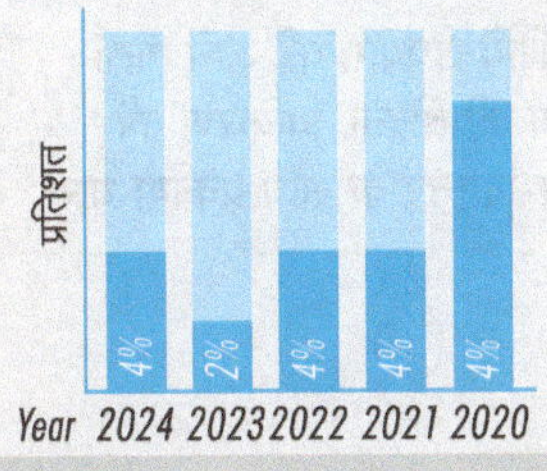

11

भौतिकी की Concept Master Videos के लिए Scan करें

विकिरण तथा द्रव्य की द्वैत प्रकृति

Dual Nature of Radiation and Matter

परिचय (Introduction)

- सन् 1887 में वैद्युतचुम्बकीय विकिरणों की उत्पत्ति एवं संसूचना पर मैक्सवेल के समीकरण तथा हट्‌र्ज के प्रयोगों ने प्रकाश की तरंग प्रकृति को अभूतपूर्व रूप से स्थापित किया।
- 19वीं शताब्दी के अंतिम चरण में वैज्ञानिकों द्वारा की गई प्रमुख खोजें जैसे 1895 में रुंटगेन (Roentgen) की X-किरण की खोज तथा 1897 में जे. जे. थॉमसन की इलेक्ट्रॉनों की खोज आदि के द्वारा परमाणु की संरचना के ज्ञान में वृद्धि करती है।
- 1870 में विलियम क्रुक्स (William Crookes) द्वारा **कैथोड किरणों** की खोज की गई थी। जिसके बाद 1879 में थॉमसन द्वारा यह पुष्टि की गई कि ये किरणें तीव्रता से चलने वाली ऋण आवेशित कणों की धारा से बनी हैं।
- जे.जे. थॉमसन ने कैथोड किरणों के आवेश से द्रव्यमान के अनुपात (e/m) को ज्ञात किया। ये किरणें प्रकाश की चाल के लगभग 0.1 से 0.2 गुना अधिक चाल से गति करती थीं। इनका स्वीकृत (e/m) मान 1.76×10^{11} कूलॉम/किग्रा है।
- 1887 में यह पाया गया कि धातुओं को उच्च ताप तक गर्म करने पर ये ऋण आवेशित कण उत्सर्जित करती हैं। इनका (e/m) अनुपात कैथोड किरण के समतुल्य होता है। 1897 में थॉमसन ने इन कणों को इलेक्ट्रॉन नाम दिया और सुझाया कि ये द्रव्य के मौलिक सार्वत्रिक अवयव हैं। इसके लिए 1906 में इन्हें नोबेल पुरस्कार प्रदान किया गया।
- 1913 में मिलिकन के तेल-बूँद प्रयोग में इलेक्ट्रॉन का आवेश 1.602×10^{-19} कूलॉम पाया गया, जिससे ज्ञात होता है कि वैद्युत आवेश क्वाण्टीकृत है। इससे आवेश (e) और विशिष्ट आवेश (e/m) का उपयोग करके इलेक्ट्रॉन के द्रव्यमान की गणना सम्भव हो सकी।

इलेक्ट्रॉन उत्सर्जन (Electron Emission)

- धातुएँ विद्युत का संचालन कर सकती हैं क्योंकि उनमें मुक्त इलेक्ट्रॉन होते हैं। ये इलेक्ट्रॉन ऋणात्मक आवेशित कण होते है, लेकिन सामान्यतः ये धातु के पृष्ठ से सरलतापूर्वक बाहर नहीं निकल सकते। यदि ये धातु से बाहर आने का प्रयास करते है तो धातु का पृष्ठ धनात्मक रूप से आवेशित हो जाता है और उन्हें धातु की ओर वापस खींच लेता है। इसलिए इलेक्ट्रॉन को धातु से बाहर आने के लिए इस आकर्षण के विरूद्ध पर्याप्त ऊर्जा की आवश्यकता होती है। धातु की सतह से इलेक्ट्रॉन के उत्सर्जन की इस घटना को इलेक्ट्रॉन उत्सर्जन कहा जाता है।

- धातु की सतह से इलेक्ट्रॉन के बाहर आने के लिए आवश्यक न्यूनतम ऊर्जा को धातु का **कार्य फलन** (Work function) कहते हैं।
  कार्य फलन से संबंधित कुछ महत्वपूर्ण बिंदु निम्नलिखित हैं
  (i) इसे सामान्यतः ϕ_0 द्वारा प्रदर्शित किया जाता है और इलेक्ट्रॉन वोल्ट (इलेक्ट्रॉन-वोल्ट) में मापा जाता है। एक इलेक्ट्रॉन वोल्ट वह ऊर्जा है जो एक इलेक्ट्रॉन द्वारा तब प्राप्त की जाती है जब उसे 1 वोल्ट के विभवांतर से त्वरित किया जाता है। 1 इलेक्ट्रॉन वोल्ट = 1.602×10^{-19} जूल
  (ii) ϕ_0 धातु के गुणों व उसकी सतह की प्रकृति पर निर्भर करता है।
- धातु की सतह से इलेक्ट्रॉन उत्सर्जन के लिए आवश्यक न्यूनतम ऊर्जा निम्नलिखित भौतिक प्रक्रियाओं में से किसी एक के द्वारा मुक्त इलेक्ट्रॉनों को प्रदान की जाती है।
  (i) **तापायनिक उत्सर्जन** (Thermionic Emission) उपयुक्त तापन के द्वारा मुक्त इलेक्ट्रॉनों को पर्याप्त तापीय ऊर्जा दी जा सकती है, जिससे कि वे धातु से बाहर आ सकें।
  (ii) **क्षेत्र उत्सर्जन** (Field Emission) किसी धातु पर लगाया गया प्रबल विद्युत क्षेत्र (10^8 वोल्ट/मी की कोटि का), इलेक्ट्रॉनों को धातु-पृष्ठ के बाहर ला सकता है, जैसा कि स्पार्क प्लग में होता है।
  (iii) **प्रकाश-विद्युत उत्सर्जन** (Photoelectric Emission) उपयुक्त आवृत्ति का प्रकाश जब किसी धातु-पृष्ठ पर पड़ता है, तो इलेक्ट्रॉनों का धातु पृष्ठ से उत्सर्जन होता है, इसे **प्रकाश-विद्युत उत्सर्जन** कहते हैं। इस प्रक्रिया के दौरान उत्पन्न प्रकाश जनित इलेक्ट्रॉन **प्रकाशिक इलेक्ट्रॉन्स** (Photoelectrons) कहलाते हैं।

प्रकाश-विद्युत प्रभाव (Photoelectric Effect)

प्रकाश-विद्युत प्रभाव निम्नलिखित प्रेक्षणों पर आधारित है

- **हट्र्ज का प्रक्षेण** (Hertz's Observation) स्फुलिंग-विसर्जन (Spark discharge) के द्वारा वैद्युतचुम्बकीय तरंगों की उत्पत्ति के अपने प्रायोगिक अन्वेषण में हट्र्ज ने यह प्रेक्षित किया कि परीक्षण लूप (Detector loop) पर उच्च वोल्टता स्फुलिंग अधिक हो जाता है जब उत्सर्जन प्लेट को किसी आर्क लैप से पराबैंगनी प्रकाश के द्वारा प्रदीप्त किया जाता है।
- **हॉलवॉक्स और लिनार्ड के प्रेक्षण** (Hallwach and Lenard's Observations)
  (i) लेनार्ड ने पाया कि जब पराबैंगनी विकिरणों को दो इलेक्ट्रोड (धातु प्लेट) वाली किसी निर्वातित काँच की नली में उत्सर्जक प्लेट पर आपतित किया जाता है, तो परिपथ में धारा का प्रवाह होता है। जैसे ही पराबैंगनी किरणों को आपतित होने से रोक दिया जाता है, धारा का प्रवाह भी रूक जाता है। उन्होंने यह भी अध्ययन किया कि प्रकाश वैद्युत धारा संग्राहक प्लेट विभव के साथ कैसे परिवर्तित होती है।
  (ii) **लेनार्ड** और **हॉलवॉक्स** ने यह भी देखा कि जब पराबैंगनी प्रकाश उत्सर्जक प्लेट पर आपतित होता है तो कोई इलेक्ट्रॉन उत्सर्जन नहीं होता है। यदि आपतित प्रकाश की आवृत्ति एक निशिचत न्यूनतम मान से कम है तो इसे **देहली आवृत्ति** (Threshold frequency) कहा जाता है। यह न्यूनतम आवृत्ति उत्सर्जक प्लेट के पदार्थ की प्रकृति पर निर्भर करती है।
  (iii) कुछ धातुएँ जैसे कि जिंक, कैडमियम, और मैग्नीशियम पराबैंगनी प्रकाश के सम्पर्क में आने पर इलेक्ट्रॉन उत्सर्जित करती हैं।
  यद्यपि लीथियम, सोडियम, पोटेशियम, व रूबीडियम जैसी क्षार धातुएँ द्रव्य प्रकाश के रूप इलेक्ट्रॉन उत्सर्जित करती हैं।
  इन उत्सर्जित इलेक्ट्रॉनों को **प्रकाशिक इलेक्ट्रॉन** नाम दिया गया और यह परिघटना **प्रकाश वैद्युत प्रभाव** कहलाती हैं।

प्रकाश विद्युत प्रभाव का प्रयोगात्मक अध्ययन
(Experimental Study of Photoelectric Effect)

- प्रकाश विद्युत प्रभाव के प्रयोगात्मक अध्ययन में प्रकाश संवेदी पदार्थ के रूप में उत्सर्जन इलेक्ट्रोड C को ऋणात्मक विभव दिया जाता है जबकि संग्राहक इलेक्ट्रोड A को निर्वातित नली में धनात्मक विभव प्रदान किया जाता है।
  जब स्रोत S से उच्च आवृत्ति का प्रकाश संग्राहक इलेक्ट्रोड C पर आपतित होता है और क्वार्ट्ज कक्ष (Quartz window) से गुजरता है जैसा कि चित्र में दिखाया गया हैं, तो यह **प्रकाश इलेक्ट्रॉन** उत्सर्जित करता है जो **प्रकाश विद्युत धारा** उत्पन्न करते हैं जोकि प्रकाश इलेक्ट्रॉनों की संख्या के अनुक्रमानुपाती होती हैं।
- यदि संग्राहक इलेक्ट्रोड A को उत्सर्जन इलेक्ट्रोड C की तुलना में ऋणात्मक बनाया जाता है तो यह प्रकाश इलेक्ट्रोनों की गति की दिशा में एक विद्युत क्षेत्र स्थापित करता है, जो इलेक्ट्रोनों पर एक मन्दक बल आरोपित करता है।
- इसका परिणाम यह होता है कि कुछ ही इलेक्ट्रॉन संग्राहक पर पहुँचते हैं जिससे प्रकाश विद्युत धारा का मान कम हो जाता है।
  प्रबल ऋणात्मक विभव V_0 के साथ कोई भी प्रकाश इलेक्ट्रॉन संग्राहक इलेक्ट्रॉड A तक नहीं पहुँचता है। इस विभव को **निरोधी विभव** (Stopping potential) कहते हैं।

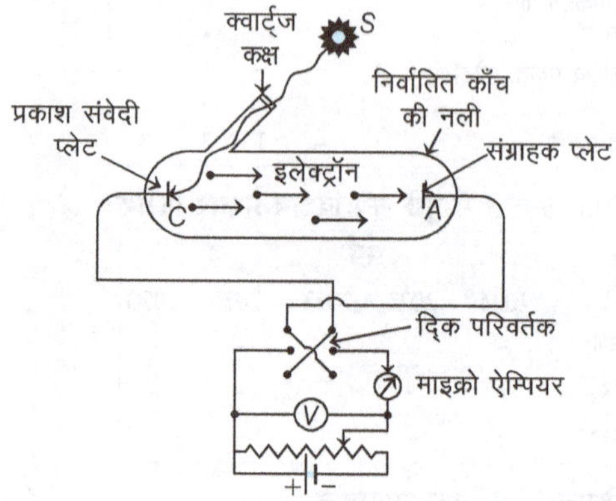

- प्रकाश विद्युत प्रभाव का अध्ययन करने के लिये उपयोग की जाने वाली प्रायोगात्मक व्यवस्था के आधार पर विकिरण की तीव्रता, विकिरण की आवृत्ति और प्लेट A तथा प्लेट C के बीच विभवान्तर के साथ प्रकाश धारा में परिवर्तन अग्रपृष्ठ वर्णित है।

प्रकाश-विद्युत धारा पर प्रकाश की तीव्रता का प्रभाव

(Effect of Intensity of Light on Photocurrent)

- प्रकाश विद्युत धारा आपतित प्रकाश की तीव्रता के बढ़ने के साथ रैखिक रूप से बढ़ती है जैसा कि नीचे दिए गए ग्राफ में दर्शाया गया है।
- यहाँ आपतित विकिरण की तीव्रता तथा त्वरित विभव स्थिर हैं। प्रकाश विद्युत धारा ∝ आपतित प्रकाश तीव्रता

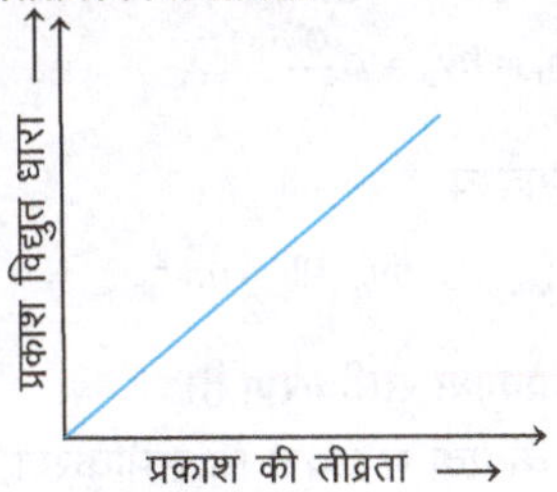

प्रकाश विद्युत धारा पर विभव का प्रभाव

(Effect of Potential on Photoelectric Current)

- भिन्न-भिन्न तीव्रता वाले आपतित विकिरण के लिए संग्राहक प्लेट विभवांतर के साथ प्रकाश विद्युत धारा में होने वाला परिवर्तन नीचे प्रदर्शित किया गया है।

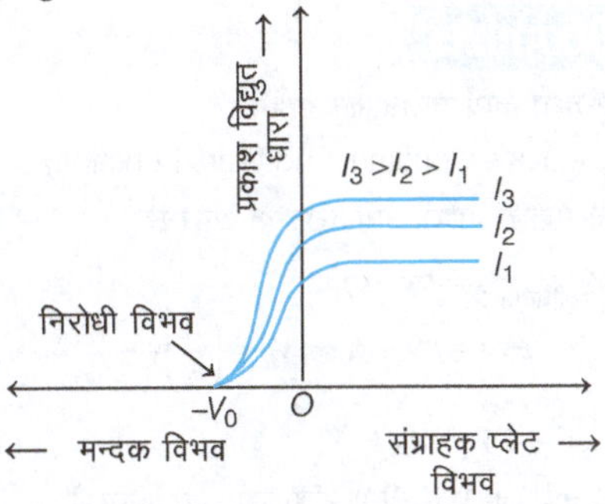

उपरोक्त में से हम ज्ञात कर सकते हैं कि

(i) किसी निश्चित आवृत्ति और आपतित विकिरण के लिये प्रकाश विद्युत धारा, संग्राहक पर आपतित विभव के बढ़ने के साथ बढ़ती है। कुछ स्थितिओं पर प्रकाश विद्युत धारा अधिकतम या संतृप्त हो जाती है।

(ii) प्रकाश विद्युत धारा के अधिकतम मान को **संतृप्त धारा** (Stauration current) कहते है। संतृप्त धारा उस स्थिति के समान है जब उत्सर्जक पट्टिका के द्वारा उत्सर्जित सभी प्रकाशिक इलेक्ट्रॉन संग्राहक पर पहुँच जाते हैं।

(iii) आपतित विकिरण की विशेष आवृत्ति के लिये प्लेट *A* पर दिया गया न्यूनतम ऋणात्मक (मंदक) विभव V_0, जिस पर प्रकाशीय धारा शून्य हो जाती है **अंतक** (Cutt-off) अथवा **निरोधी विभव** (Stopping potential) कहलाता है।

(iv) प्रकाश-विद्युत धारा तब शून्य होती है जब निरोधी विभव, अधिकतम गतिज ऊर्जा ($K_{\text{अधिकतम}}$) वाले प्रकाशिक इलेक्ट्रॉनों को विकर्षित करने के लिए पर्याप्त होता है अर्थात् $K_{\text{अधिकतम}} = eV_0$

(v) इस प्रकार आपतित विकिरण की दी गई आवृत्ति के लिये निरोधी विभव, इसकी तीव्रता से स्वतन्त्र होता है। दूसरे शब्दों में प्रकाशीय इलेक्ट्रॉनों की अधिकतम गतिज ऊर्जा, प्रकाश स्रोत तथा संग्राहक प्लेट के पदार्थ पर निर्भर करती है लेकिन आपतित विकिरण की तीव्रता पर निर्भर नहीं करती है।

निरोधी विभव पर आपतित विकिरण की आवृत्ति का प्रभाव (Effect of Frequency of Incident Radiation or Stopping Potential)

- आपतित विकिरण की विभिन्न आवृत्तियों के लिये संग्राहक प्लेट विभव के साथ प्रकाश विद्युत धारा में परिवर्तन को नीचे चित्र प्रदर्शित किया गया है

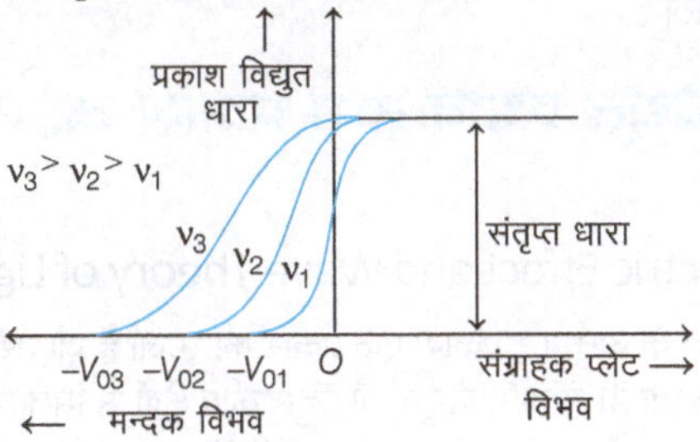

उपरोक्त ग्राफ से हमें ज्ञात होता है कि

(i) यदि निरोधी विभव $V_{03} > V_{02} > V_{01}$ के क्रम में है तो आवृत्तियों का क्रम $\nu_3 > \nu_2 > \nu_1$ होता है।

(ii) इसका तात्पर्य यह है कि आपतित प्रकाश की आवृत्ति जितनी अधिक होगी, प्रकाशीय इलेक्ट्रॉनों की गतिज ऊर्जा उतनी ही अधिक होगी।

(iii) फलस्वरूप इन्हें पूर्ण रूप से रोकने के लिये अधिक निरोधी विभव की आवश्यकता होगी।

- भिन्न धातुओं *A* तथा *B* के लिये आपतित विकिरण की आवृत्ति और सम्बन्धित निरोधी विभव के बीच ग्राफ एक सीधी रेखा होता है जैसा कि चित्र में प्रदर्शित किया गया है।

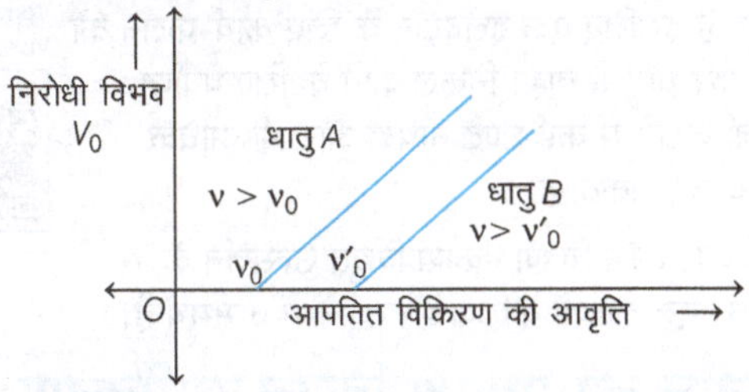

यह ग्राफ दर्शाता है कि

(i) एक दिए गये प्रकाश-संवेदी पदार्थ के लिए, निरोधी विभव V_0 आपतित विकिरण की आवृत्ति के साथ रैखिक रूप से परिवर्तित होता है।

(ii) एक निश्चित निम्नतम अंतक आवृत्ति ν_0 विद्यमान होती है जिसके लिये निरोधी विभव शून्य होता है।

नोट *आपतित प्रकाश की अधिकतम आवृत्तियों के लिये निरोधी विभव अधिक ऋणात्मक होता है।*

- उपरोक्त प्रेक्षणों में निम्न तथ्य अंतर्निहित हैं।

(i) प्रकाशीय इलेक्ट्रोनों की अधिकतम गतिज ऊर्जा आपतित विकिरण की आवृत्ति के साथ रैखिक रूप से परिवर्तित होती है जबकि यह इसकी तीव्रता पर निर्भर नहीं करती है।

(ii) आपतित विकिरण की आवृत्ति ν के लिये इसका मान अंतक आवृत्ति ν_0 से कम है तथा कोई प्रकाश विद्युत उत्सर्जन संभव नहीं है जबकि विकिरण की तीव्रता अधिक है। इस न्यूनतम अंतक आवृत्ति (Cutt-off frequency) ν_0 को **देहली आवृत्ति** (Threshold frequency) कहते हैं। यह अलग-अलग धातुओं के लिए अलग-अलग होती है।

नोट देहली तरंगदैर्ध्य λ_0 *आपतित विकिरण की वह अधिकतम तरंगदैर्ध्य है जिसके ऊपर कोई प्रकाश विद्युत उत्सर्जन नहीं होता है।*

- यदि आपतित विकिरण की आवृत्ति देहली आवृत्ति से अधिक है तो प्रकाश विद्युत उत्सर्जन बिना किसी स्पष्ट समय अन्तराल ((Time-lag) (10^{-9} सेकण्ड या कम) के तत्काल शुरू हो जाता है जबकि आपतित विकिरण बहुत मंद होती है।

प्रकाश विद्युत प्रभाव तथा प्रकाश का तरंग सिद्धान्त

(Photoelectric Effect and Wave Theory of Light)

- तरंग सिद्धान्त के अनुसार, प्रकाश एक प्रकार की ऊर्जा है जो तरंगों के रूप में संचरण करता है। ये तरंगें विद्युत और चुम्बकीय क्षेत्रों से मिलकर बनी होती हैं और अंतरिक्ष में गमन करते समय फैलती हैं। प्रकाश के इस सिद्धान्त के आधार पर प्रकाश विद्युत प्रभाव को निम्नानुसार समझाया जा सकता है
  (i) धातु की सतह पर मुक्त इलेक्ट्रॉन लगातार विकिरण ऊर्जा को अवशोषित करते हैं। इस प्रकार सतह पर प्रकाश इलेक्ट्रॉनों की अधिकतम गतिज ऊर्जा तीव्रता में वृद्धि के साथ बढ़नी चाहिए।
  (ii) प्रकाश विकिरण की आवृत्ति चाहे कुछ भी हो, एक पर्याप्त तीव्र विकिरण पुंज (पर्याप्त समय में) इलेक्ट्रॉनों को इतनी पर्याप्त ऊर्जा देने में समर्थ होना चाहिए जो इनकी धातु की सतह से बाहर निकलने के लिए आवश्यक न्यूनतम ऊर्जा से अधिक हो।
  (iii) चूँकि इलेक्ट्रॉनों द्वारा ऊर्जा का अवशोषण निरन्तर होता है इसलिए एक इलेक्ट्रॉन के लिए कार्य-फलन को पार कर धातु से बाहर निकल आने के लिए पर्याप्त ऊर्जा जुटाने में कई घण्टे अथवा और भी अधिक समय लग सकता है।

Concept Master Video के लिए

इस प्रकार तरंग चित्रण प्रकाश विद्युत उत्सर्जन के अत्यन्त मूल लक्षणों की व्याख्या करने में असमर्थ है।

आइन्स्टीन का प्रकाश विद्युत समीकरण : विकिरण का ऊर्जा क्वाण्टम

(Einstein's Photoelectric Equation : Energy Quantum of Radiation)

- आइन्स्टीन के अनुसार विकिरण से ऊर्जा के निरन्तर अवशोषण द्वारा प्रकाश विद्युत उत्सर्जन नहीं होता है।
- विकिरण ऊर्जा छोटी इकाइयों से बनी होती है जिन्हें **क्वाण्टा** (Quanta) कहते हैं। विकिरण ऊर्जा के प्रत्येक क्वाण्टम की ऊर्जा $h\nu$ होती है जहाँ h प्लांक स्थिरांक है और ν प्रकाश की आवृत्ति है।
- आइन्स्टीन की व्याख्या के अनुसार धातु की सतह पर आपतित होने वाले फोटॉन पूरी तरह से धातु के मुक्त इलेक्ट्रॉन द्वारा अवशोषित हो जाते हैं। प्रत्येक फोटॉन की ऊर्जा ($h\nu$) का कुछ भाग इलेक्ट्रॉनों के मुक्त होने या इसके कार्य फलन ϕ_0 के विपरीत कार्य करने में व्यय हो जाता है तथा शेष ऊर्जा उत्सर्जित प्रकाश इलेक्ट्रॉनों की गतिज ऊर्जा के रूप में प्राप्त हो जाती है।

$$h\nu = \frac{1}{2}mv^2_{\text{अधिकतम}} + \phi_0$$

चूँकि ($K_{\text{अधिकतम}}$) ऋणात्मक नहीं होती है, इसलिए प्रकाश इलेक्ट्रॉनों का उत्सर्जन केवल तभी संभव है जब $h\nu > \phi_0$ या $\nu > \nu_0$

- देहली आवृत्ति के अनुरूप फोटॉन की ऊर्जा $h\nu_0$ इलेक्ट्रॉन को मुक्त करने के लिए पर्याप्त है अर्थात् यह धातु के कार्य फलन ϕ_0 के बराबर है।

अर्थात् $$\phi_0 = h\nu_0 = h\frac{c}{\lambda_0}$$

जहाँ λ_0 = देहली तरंगदैर्ध्य

इसलिए $h\nu = \frac{1}{2}mv^2_{\text{अधिकतम}} + h\nu_0$ या $\frac{1}{2}mv^2_{\text{अधिकतम}} = h(\nu - \nu_0)$ NEET 2021

यही **आइन्स्टीन का प्रकाश समीकरण** है।

- देहली तरंगदैर्ध्य λ_0 के पदों में उपरोक्त समीकरण को निम्न प्रकार व्यक्त किया जा सकता है।

Concept Master Video के लिए

$$eV_0 = hc\left(\frac{1}{\lambda} - \frac{1}{\lambda_0}\right)$$

जहाँ, λ आपतित फोटॉन की तरंगदैर्ध्य है।

Marks Maximizer

प्लांक नियतांक तथा कार्य फलन का मापन

(Measuring Planck's Constant and Work Function)

- आइन्स्टीन की प्रकाश वैद्युत समीकरण के अनुसार NEET 2021

$$K_{\text{अधिकतम}} = h\nu - \phi_0$$

$$\therefore \quad eV_0 = h\nu - \phi_0 \Rightarrow V_0 = \left(\frac{h}{e}\right)\nu - \frac{h\nu_0}{e}$$

$$y = mx + X$$

यहाँ $m = \tan\theta = \frac{h}{e}$ जो एक सीधी रेखा का ढाल होता है

इसलिये निरोधी विभव V_0 तथा आवृत्ति ν के बीच ग्राफ एक ढाल $\left(\frac{h}{e}\right)$, के रूप एक सीधी रेखा होता है जैसा कि चित्र में प्रदर्शित किया गया है।

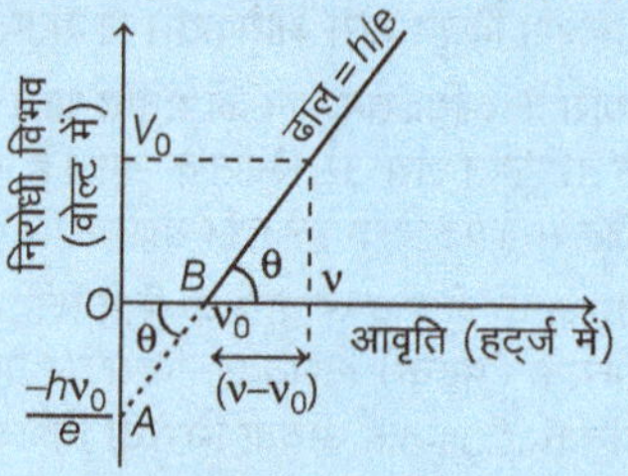

इस प्रकार ढाल m को ज्ञात करके प्लांक स्थिांक h को निर्धारित किया जाता है। विभव अक्ष पर अन्तःखण्ड निम्न बिन्दु पर स्थित होता है।

$$OA = OB\tan\theta = \nu_0 = \frac{h}{e} \text{ या } OA = \frac{2h\nu_0}{e}$$

$$\therefore \quad \phi_0 = h\nu_0 = e \times OA$$

इस प्रकार कार्य फलन ϕ_0 अन्तःखण्ड OA को ज्ञात करके निर्धारित किया जा सकता है।

प्रकाश की कण प्रकृति : फोटॉन
(Particle Nature of Light : The Photon)

- आइन्स्टीन एक महत्वपूर्ण परिणाम पर पहुँचे कि प्रकाश किसी द्रव्य के साथ अन्योय क्रिया में इस प्रकार व्यवहार करता है जैसे यह क्वाण्टा अथवा ऊर्जा के पैकेट (जिनमें प्रत्येक की ऊर्जा $h\nu$ है) का बना हो। प्रकाश क्वांटम को संवेग ($h\nu/c$) से सम्बद्ध किया जा सकता है। संवेग के साथ-साथ ऊर्जा का एक निश्चित मान इसका प्रबल सूचक है कि प्रकाश क्वांटम को कण से सम्बद्ध किया जा सकता है। इस कण को बाद में **फोटॉन** का नाम दिया गया।
- **फोटॉन के गुण** निम्नलिखित हैं
  (i) विकिरण के द्रव्य के साथ अन्योय क्रिया में, विकिरण इस प्रकार व्यवहार करता है मानो यह ऐसे कणों से बना हो, जिन्हें फोटॉन कहते हैं।
  (ii) प्रत्येक फोटॉन की ऊर्जा $E (= h\nu)$ तथा संवेग $p(= h\nu/c)$ होता है जहाँ c प्रकाश की चाल है।
  (iii) एक निश्चित आवृत्ति ν अथवा तरंगदैर्ध्य λ, के सभी फोटॉनों की ऊर्जा $E = (h\nu = hc/\lambda)$ और संवेग $p(h\nu/c = h/\lambda)$ समान होते हैं। जबकि विकिरण के तीव्रता चाहे कुछ भी हो। फोटॉन की ऊर्जा विकिरण की तीव्रता पर निर्भर नहीं करती।
  (iv) फोटॉन विद्युत उदासीन होते हैं और विद्युत तथा चुम्बकीय क्षेत्रों के द्वारा विक्षेपित नहीं होते है।
  (v) फोटॉन-कण संघट्ट (जैसे कि फोटॉन-इलेक्ट्रॉन संघट्ट) में कुल ऊर्जा तथा कुल संवेग संरक्षित रहते हैं, जबकि किसी संघट्ट में फोटॉनों की संख्या संरक्षित नहीं रह सकती है।
  फोटॉन अवशोषित हो सकता है अथवा एक नया फोटॉन सृजित हो सकता है।

द्रव्य की तरंग प्रकृति (Wave Nature of Matter)

- प्रायोगिक सत्यापन ने यह सिद्ध कर दिया कि प्रकाश द्वैत प्रकृति का होता है, कुछ घटनाओं में यह तरंग की तरह व्यवहार करता है और कुछ घटनाओं में यह कण की तरह व्यवहार करता है। यह उस कण की विमाओं पर निर्भर करता है जिसके साथ प्रकाश अन्योन्य क्रिया करता है।

द्रव्य तरंगें : दे-ब्रॉग्ली तरंगें
(Matter Waves : de-Broglie Waves)

- सन् 1924 में लुइस विक्टर दे-ब्रॉगली (Louis Victor de-Broglie) ने एक परिकल्पना को प्रस्तुत किया कि पदार्थ के गतिमान कण उपयुक्त परिस्थितियों में तरंग के समान गुण प्रदर्शित कर सकते हैं।
- दे-ब्रॉग्ली के अनुसार एक तरंग एक गतिशील पदार्थ या द्रव्य कण से सम्बद्ध होती है जो प्रत्येक प्रकार से भागों को नियन्त्रित करती है। इस तरंग को द्रव्य तरंग या दे-ब्रॉग्ली तरंग कहा जाता है। इसकी तरंगदैर्ध्य दे-ब्रॉग्ली तरंगदैर्ध्य कहलाती है जिसे निम्न सूत्र द्वारा प्रदर्शित किया जाता है।

$$\lambda = \frac{h}{p} = \frac{h}{mv}$$

NEET 2022, 21

Marks Maximizer

अनावेशित कणों के साथ दे-ब्रॉग्ली तरंगदैर्ध्य निम्न प्रकार होती है

(i) न्यूट्रॉन के लिये, ($m_n = 1.67 \times 10^{-21}$ किग्रा)

$$\lambda = \frac{h}{\sqrt{2mE}} = \frac{0286}{\sqrt{E(eV)}} \text{ ऐंग्स्ट्रॉम}$$

$$= \frac{123}{\sqrt{V}} \text{ नैनोमीटर}$$

(ii) गैस अणुओं के लिये, तरंगदैर्ध्य $\lambda = \dfrac{h}{m \times v_{rms}}$

Caution Points

- किसी धातु में सभी मुक्त इलेक्ट्रॉनों की ऊर्जा समान नहीं होती है। उनका ऊर्जा वितरण उन इलेक्ट्रॉनों के प्रभाव के कारण होता है जो पॉली के अपवर्जन के सिद्धान्त का अनुसरण करते हैं। यह वितरण, विशिष्ट मैक्सवेल वितरण से भिन्न होता है।
- प्रकाश वैद्युत प्रभाव में द्रव्य के साथ प्रकाश की अन्योन्य क्रिया में ऊर्जा का अवशोषण $h\nu$ की सतत् इकाइयों में होता है। यह बिल्कुल ही ऐसा कहने के समान नहीं है कि प्रकाश ऐसे पृथक कणों से बना है, जिनमें प्रत्येक की ऊर्जा $h\nu$ है।
- पदार्थ-तरंग की तरंगदैर्ध्य $\lambda = h/p$ का भौतिकीय महत्व है। इसके कला-वेग v_p का कोई भौतिकीय महत्व नहीं होता है जबकि पदार्थ-तरंग का समूह-वेग (v_g) भौतिक रूप से अर्थपूर्ण है और कण के वेग के बराबर होता है।

PYQ नोट्स

1. यदि तरंगदैर्ध्य λ और तीव्रता I का समान्तर प्रकाश पुँज सतह के क्षेत्रफल A पर लम्बवत् रूप से आपतित होता है तब प्रति सेकण्ड सतह को पार करने वाले फोटॉनों की संख्या, निम्न प्रकार दी जाती है।

$$n = \frac{\text{शक्ति}}{\text{एक फोटॉन की ऊर्जा}} = \left(\frac{I \cdot A}{hc}\right)\lambda$$

[JEE Main 2023, 22]

2. ताप T केल्विन पर द्रव्यमान m वाली आदर्श गैस की दे-ब्रॉग्ली तरंगदैर्ध्य निम्न सूत्र द्वारा व्यक्त जाती है

$$\lambda = \frac{h}{\sqrt{3mk_BT}}$$

[JEE Main 2022, 20]

3. यदि एक आवेश q को विभवान्तर V द्वारा त्वरित किया जाता है, तब आवेशित कण से सम्बन्धित दे-ब्रॉग्ली तरंगदैर्ध्य निम्न सूत्र द्वारा व्यक्त की जाती है

$$\lambda = \frac{h}{\sqrt{2mqV}}$$

[NEET 2021, 19]

Step by Step

Mastering NCERT

- कॉन्सेप्ट बिल्डर्स
- शीर्षकवार प्रश्न
- अभिकथन–कारण प्रश्न
- कथन आधारित प्रश्न
- सुमेलन प्रकार प्रश्न
- आंकिक मान प्रकार के प्रश्न
- NCERT Exemplar प्रश्न
- विगत परीक्षाओं के प्रश्न
- स्किल बूस्टर्स

कॉन्सेप्ट बिल्डर्स

1 परमाणुओं का स्पेक्ट्रम परमाणु संरचना के बारे में जानकारी प्रदान करता है। (सत्य/असत्य)

2 बोहर का परमाणु मॉडल किसी भी ऐसे परमाणु पर लागू होता है जिसमें केवल एक इलेक्ट्रॉन हो। (सत्य/असत्य)

3 देहली आवृत्ति से ऊपर, प्रति सेकण्ड उत्सर्जित प्रकाशीय इलेक्ट्रॉनों की संख्या, आपतित विकिरण की .... (आवृत्ति/तीव्रता) के सीधे अनुक्रमानुपाती होती है।

4 विद्युत चुम्बकीय विकिरण का .... (फोटॉन/तरंग) सिद्धान्त लगभग तात्क्षणिक प्रकाश विद्युत उत्सर्जन का अनुमान लगाता है, जबकि .... (फोटॉन/तरंग) सिद्धान्त में उत्सर्जन से पहले इलेक्ट्रॉनों को ऊर्जा अवशोषित करने के लिए एक सीमित समय की आवश्यकता होती है ।

5 दे-ब्रॉग्ली तरंगदैर्ध्य कण के आवेश से स्वतंत्र होती है। (सत्य/असत्य)

6 प्रत्येक आपतित फोटॉन अनिवार्य रूप से धातु की सतह से एक इलेक्ट्रॉन को बाहर निकलता है। (सत्य/असत्य)

7 $\frac{h}{e}$ (h = प्लांक स्थिरांक, e = इलेक्ट्रॉन का आवेश) की विमाएँ .... (चुम्बकीय फ्लक्स/विद्युत फ्लक्स) के समान होती हैं।

8 लिथियम और ताँबे का कार्य फलन क्रमशः 2.3 इलेक्ट्रॉन वोल्ट और 4.0 इलेक्ट्रॉन वोल्ट हैं। ये दोनों धातुएँ दृश्य प्रकाश के साथ कार्य करने वाले प्रकाश विद्युत सेल के लिए उपयोगी होंगी। (सत्य/असत्य)

9 इलेक्ट्रॉन की दे-ब्रॉग्ली तरंगदैर्ध्य घट जाती है जब वह निम्नतम स्वीकृत कक्षा से उच्चतर कक्षाओं की ओर जाता है। (सत्य/असत्य)

10 यदि एक इलेक्ट्रॉन और एक प्रोटॉन को समान विभव से त्वरित किया जाए, तो किसका संवेग कम होगा?

11 उस परिघटना का नाम बताइए जो विद्युत चुम्बकीय विकिरण की क्वाण्टम प्रकृति को दर्शाती है।

12 क्या हम किसी पदार्थ को प्रकाशिक इलेक्ट्रॉन उत्सर्जक के रूप में उपयोग कर सकते हैं?

13 यदि किसी प्रकाशीय सेल में आपतित विकिरण की तीव्रता में वृद्धि कर दी जाए, तो उसका निरोधी विभव .... (समान रहता है/घट जाता है।)

14 सिनेमैटोग्राफी में प्रकाशीय सेल द्वारा निभाई गई भूमिका .... है।

15 क्रमशः 25 वोल्ट और 36 वोल्ट से त्वरित इलेक्ट्रॉन किरणों से सम्बद्ध दे-ब्रॉग्ली तरंगदैर्ध्य का अनुपात .... होता है।

16 किसी कण की गतिज ऊर्जा उसकी दे-ब्रॉग्ली तरंगदैर्ध्य के व्युत्क्रमानुपाती होती है। (सत्य/असत्य)

17 कुछ .... (क्षार/क्षारीय) धातुएँ दृश्य प्रकाश में प्रकाश विद्युत प्रभाव प्रदर्शित कर सकती हैं।

18 संग्राहक पट्टिका को दिया गया ... (न्यूनतम/अधिकतम) ऋणात्मक विभव जिसके लिए प्रकाश धारा शून्य हो जाती है, निरोधी विभव कहलाता है।

19 फोटॉन-कण संघट्ट में, कुल ऊर्जा और कुल संवेग .... (संरक्षित/असंरक्षित) होता है।

20 नेत्र-लेंस द्वारा प्रकाश को एकत्रित करने और केन्द्रित करने की प्रक्रिया को .... (तरंग/कण) प्रकृति में सही तरह से वर्णित किया गया है लेकिन छड़ और शंकु द्वारा इसके अवशोषण के लिए प्रकाश की .... (तरंग/कण) प्रकृति की आवश्यकता होती है।

शीर्षकवार प्रश्न

परिचय

1 कैथोड किरण कणों का विशिष्ट आवेश प्रायोगात्मक रूप से सबसे पहले किसने निर्धारित किया था? NCERT पृष्ठ 274

(a) मैक्सवेल (b) जे. जे. थॉमसन
(c) हर्ट्ज (d) रुंटगेन

2 मिलिकन के तेल-बूँद प्रयोग का उपयोग किसके लिए किया जाता है? NCERT पृष्ठ 274

(a) इलेक्ट्रॉन के आवेश के मापन हेतु
(b) प्रोटॉन के द्रव्यमान के मापन हेतु
(c) इलेक्ट्रॉन के विशिष्ट आवेश के मापन हेतु
(d) इलेक्ट्रॉन के विशिष्ट द्रव्यमान के मापन हेतु

3 प्रोटॉन पर विशिष्ट आवेश 9.6×10^7 कूलॉम/किग्रा होता है। α-कण पर विशिष्ट आवेश होगा **NCERT पृष्ठ 274**

(a) 9.6×10^7 कूलॉम/किग्रा
(b) 19.2×10^7 कूलॉम/किग्रा
(c) 4.8×10^7 कूलॉम/किग्रा
(d) 2.4×10^7 कूलॉम/किग्रा

इलेक्ट्रॉन उत्सर्जन

4 मुक्त इलेक्ट्रॉन सामान्यतः धातु की सतह से बाहर नहीं निकल सकते, क्योंकि **NCERT पृष्ठ 275**

(a) मुक्त इलेक्ट्रॉन एक या अन्य आयनिक कोर से बंधे होते हैं।
(b) मुक्त इलेक्ट्रॉन परमाणु के अंदर गहराई में स्थित होते हैं।
(c) मुक्त इलेक्ट्रॉन धातु के जालक में प्रोटॉन के आकर्षण बल द्वारा बंधे रहते हैं।
(d) यदि कोई इलेक्ट्रॉन धातु के बाहर आने का प्रयास करता है, तो धातु की सतह धनात्मक आवेश प्राप्त कर लेती है और इलेक्ट्रॉन को वापस धातु की ओर खींच लेती है।

5 निम्न विकल्पों में से किस धातु का कार्य फलन सबसे कम होता है? **NCERT पृष्ठ 275**

(a) सीज़ियम (b) एल्युमीनियम
(c) चांदी (d) प्लेटिनम

प्रकाश विद्युत प्रभाव

6 हॉलवॉक्स ने एक अनावेशित जिंक पट्टिका को एक इलेक्ट्रोस्कोप से संयोजित किया, जैसा कि नीचे दिखाया गया है। **NCERT पृष्ठ 276**

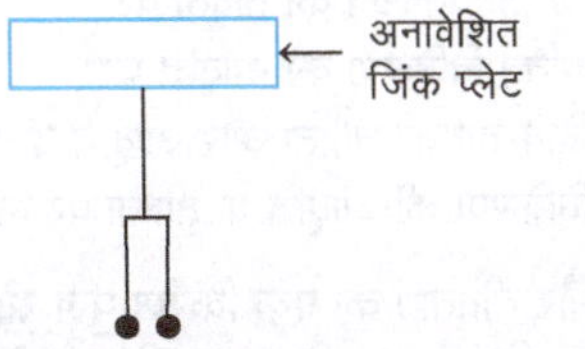

इस पट्टिका को UV-प्रकाश द्वारा विकिरणित किया जाता है। इसका परिणाम सही रूप से निम्न में किसके द्वारा दिखाया गया है?

(a)
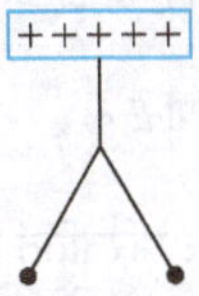

(b)
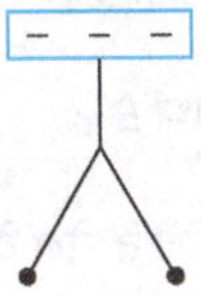

(c)
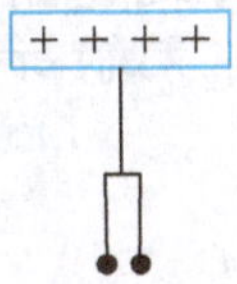

(d)
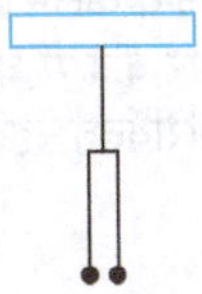

प्रकाश विद्युत प्रभाव का प्रयोगात्मक अध्ययन

7 जब पीली रोशनी किसी धातु की सतह पर पड़ती है, तो कोई इलेक्ट्रॉन उत्सर्जित नहीं होता है, जबकि हरी रोशनी इलेक्ट्रॉन उत्सर्जित कर सकती है। यदि लाल रोशनी सतह पर पड़ती है, तो **NCERT पृष्ठ 277**

(a) कोई इलेक्ट्रॉन उत्सर्जित नहीं होता है।
(b) अधिक इलेक्ट्रॉन उत्सर्जित होते हैं।
(c) उच्च ऊर्जा के इलेक्ट्रॉन उत्सर्जित होते हैं।
(d) कम ऊर्जा के इलेक्ट्रॉन उत्सर्जित होते हैं।

8 दृश्य प्रकाश के साथ प्रकाश उत्सर्जन संभव है **NCERT पृष्ठ 277**

(a) कार्बन में (b) सीज़ियम में
(c) जिंक में (d) मैग्नीशियम में

9 प्रकाश की तीव्रता के साथ प्रकाश विद्युत धारा में परिवर्तन को सही ढंग से किसमें दर्शाया गया है? **NCERT पृष्ठ 277**

(a)
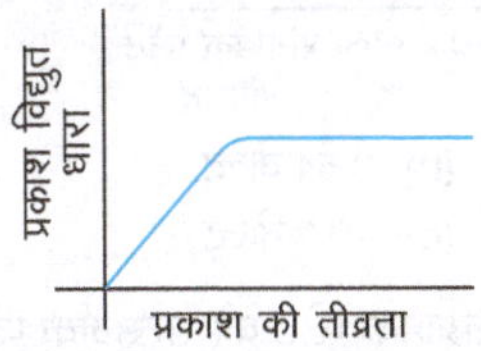

(b)
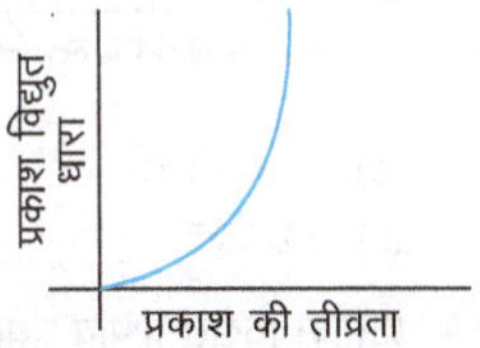

(c)
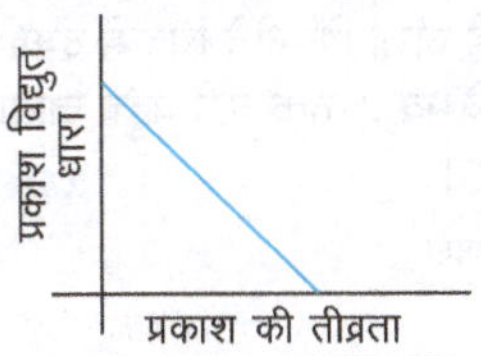

(d)
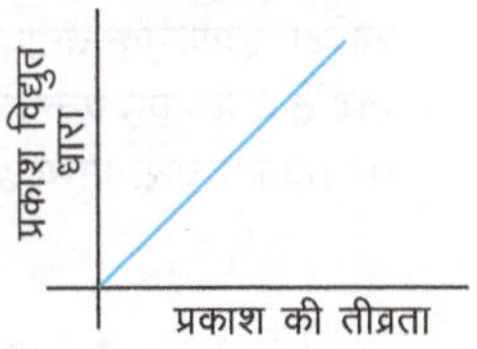

10 आवृत्ति स्थिर रखते हुए प्रकाश उत्सर्जन के दौरान धातु की सतह से प्रति सेकण्ड उत्सर्जित होने वाले प्रकाशिक इलेक्ट्रॉनों की संख्या बढ़ती है

(a) आपतित विकिरण की तीव्रता में वृद्धि के साथ **NCERT पृष्ठ 277**
(b) आपतित विकिरण के आपतन कोण में वृद्धि के साथ
(c) संग्राहक और उत्सर्जी पट्टिका के बीच विभवान्तर में कमी के साथ
(d) 'a' और 'c' दोनों

11 प्रकाश के एक बिंदु स्रोत का उपयोग प्रकाश विद्युत प्रभाव के एक प्रयोग में किया जाता है। निम्न में से कौन-सा वक्र उत्सर्जक से स्रोत की दूरी d के साथ प्रकाश विद्युत धारा i के परिवर्तन को उचित प्रकार से दर्शाता है? **NCERT पृष्ठ 277**

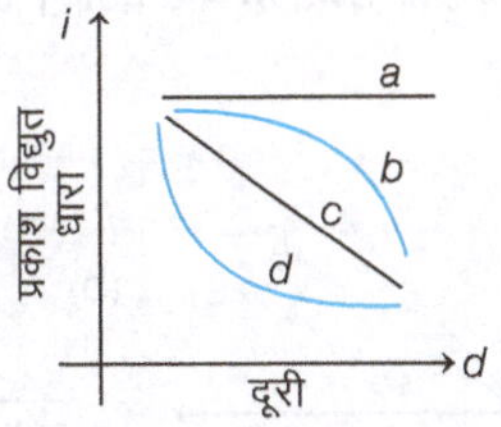

(a) A (b) B (c) C (d) D

12 एक प्रकाश विद्युत प्रभाव प्रयोग में आपतित प्रकाश की आवृत्ति और तीव्रता को स्थिर रखते हुए, उत्सर्जक और संग्राहक पट्टिका के विभवांतर में वृद्धि के साथ प्रकाश विद्युत धारा **NCERT पृष्ठ 277**

(a) बढ़ती है
(b) घट जाती है
(c) स्थिर रहती है
(d) शुरू में बढ़ती है ओर फिर स्थिर हो जाती है

13 दिए गए ग्राफ में निरोधी विभव V_0 का मान है **NCERT पृष्ठ 277**

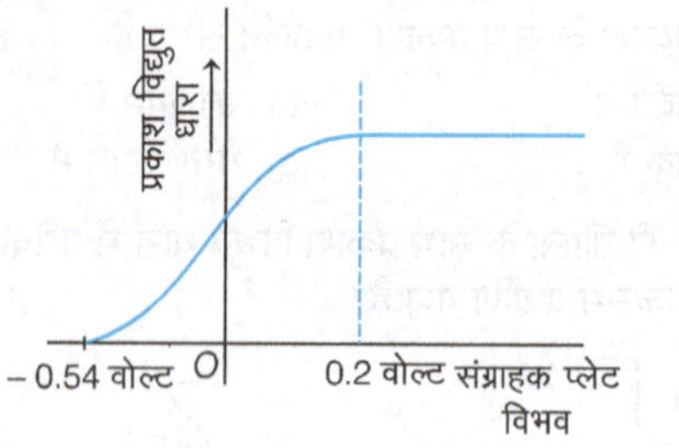

(a) –0.54 वोल्ट (b) 0.54 वोल्ट
(c) 0.2 वोल्ट (d) –0.2 वोल्ट

14 प्रकाश विद्युत प्रभाव प्रयोग में, संग्राहक प्लेट को उत्सर्जक प्लेट के सापेक्ष ऋणात्मक बनाया जाता है जैसा कि नीचे चित्र में दर्शाया गया है जब तक कि यह एक निश्चित विभव V_0 तक नहीं पहुंच जाता है जिस पर प्रकाश धारा शून्य हो जाती है। **NCERT पृष्ठ 277**

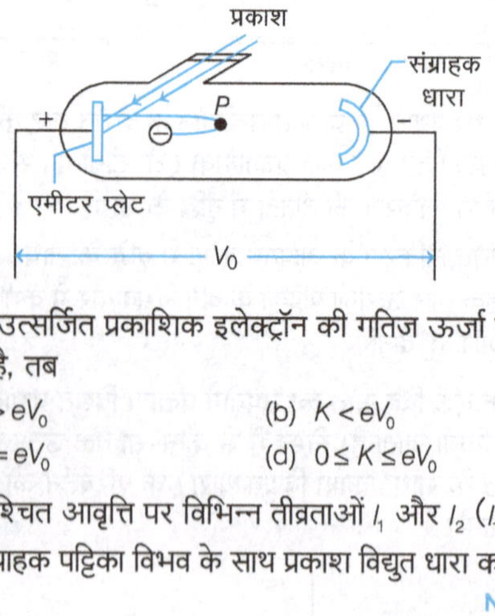

यदि K उत्सर्जित प्रकाशिक इलेक्ट्रॉन की गतिज ऊर्जा को इंगित करता है, तब

(a) $K > eV_0$ (b) $K < eV_0$
(c) $K = eV_0$ (d) $0 \le K \le eV_0$

15 एक निश्चित आवृत्ति पर विभिन्न तीव्रताओं I_1 और I_2 ($I_1 > I_2$) के लिए संग्राहक पट्टिका विभव के साथ प्रकाश विद्युत धारा का परिवर्तन है **NCERT पृष्ठ 277**

(a)
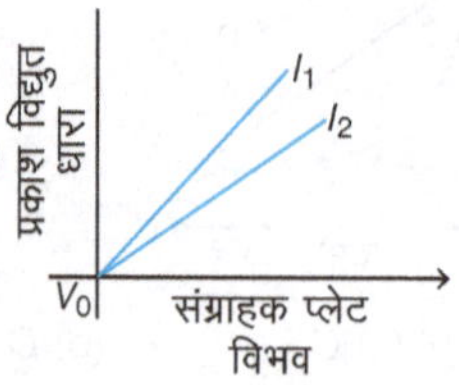

(b)
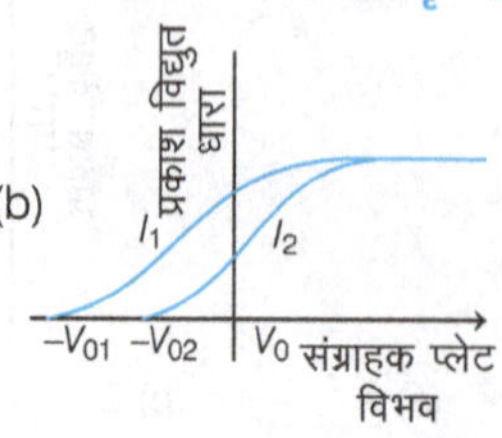

(c)
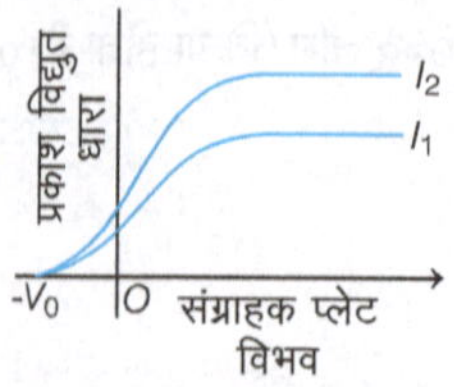

(d)
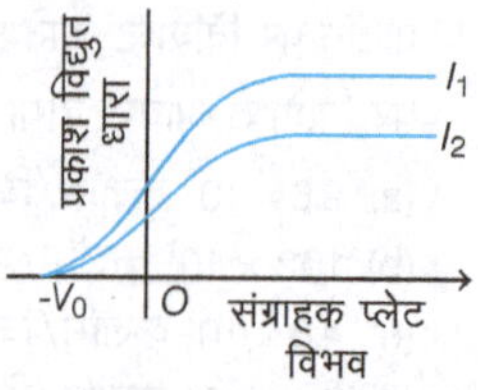

16 एक छात्र एक निर्वातित काँच की नली का उपयोग करके प्रकाश विद्युत प्रभाव प्रयोग करते समय विभिन्न आवृत्तियों पर समान तीव्रता के प्रकाश विकिरण के लिए एक ग्राफ बनाता है जैसा कि नीचे दिखाया गया है **NCERT पृष्ठ 277**

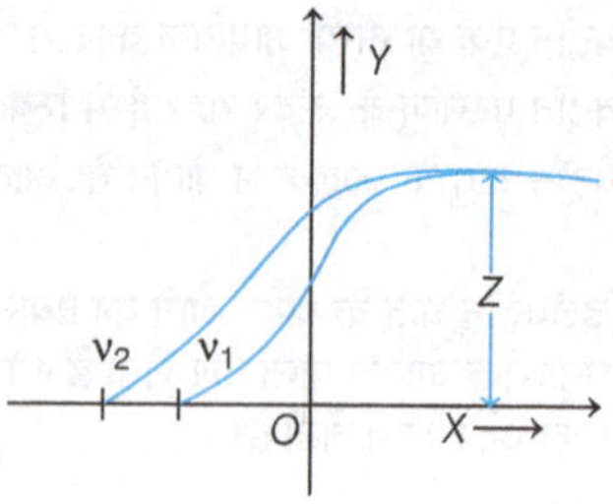

यहाँ,

(a) $X \rightarrow$ प्रकाश विद्युत धारा; $Y \rightarrow$ मंदन विभव; $Z \rightarrow$ निरोधी विभव
(b) $X \rightarrow$ मंदक प्लेट विभव; $Y \rightarrow$ प्रकाश विद्युत धारा; $Z \rightarrow$ निरोधी विभव
(c) $X \rightarrow$ संग्राहक प्लेट विभव; $Y \rightarrow$ प्रकाश विद्युत धारा; $Z \rightarrow$ संतृप्त धारा
(d) $X \rightarrow$ मंदक प्लेट विभव $Y \rightarrow$ प्रकाश विद्युत धारा $Z \rightarrow$ संतृप्त धारा

17 उत्सर्जित प्रकाशिक इलेक्ट्रॉनों की अधिकतम गतिज ऊर्जा निर्भर करती है **NCERT पृष्ठ 277**

(a) केवल आपतित विकिरण की तीव्रता पर
(b) केवल आपतित विकिरण की आवृत्ति पर
(c) आपतित विकिरण की तीव्रता और आवृत्ति दोनों पर
(d) आपतित विकिरण की आवृत्ति या तीव्रता पर निर्भर नहीं करती है

18 तरंगदैर्ध्य λ और तीव्रता I का एक किरण पुंज सोडियम धातु की स्वच्छ सतह पर गिरता है। यदि N प्रकाशिक इलेक्ट्रॉन गतिज ऊर्जा E के साथ उत्सर्जित होते हैं, तो **NCERT पृष्ठ 277**

(a) $N \propto I$ तथा $E \propto I$ (b) $N \propto I$ तथा $E \propto \frac{1}{\lambda}$
(c) $N \propto \lambda$ तथा $E \propto I$ (d) $N \propto \frac{1}{\lambda}$ तथा $E \propto \frac{1}{I}$

19 एक प्रकाश विद्युत सेल के कैथोड को इस प्रकार परिवर्तित किया जाता है कि कार्य फलन W_1 से $W_2 (W_2 > W_1)$> में परिवर्तित हो जाता है। यदि पहले और बाद में धारा क्रमशः i_1 और i_2 हैं और अन्य सभी स्थितियाँ अपरिर्वितत रहती हैं, तब **NCERT पृष्ठ 277**

(a) $i_1 = i_2$ (b) $i_1 < i_2$
(c) $i_1 > i_2$ (d) $\frac{W_1}{W_2} = \frac{i_1}{i_2}$

20 चित्र में तीन अलग-अलग विकिरणों के लिए प्रकाश-संवेदी सतह के लिए एनोड विभव के साथ प्रकाश धारा में परिवर्तन दिखाया गया है। मान लीजिए कि वक्र a, b और c के लिए I_a, I_b और I_c तीव्रताएँ हैं और ν_a, ν_b और ν_c क्रमशः आवृत्तियाँ हैं तब, NCERT पृष्ठ 277

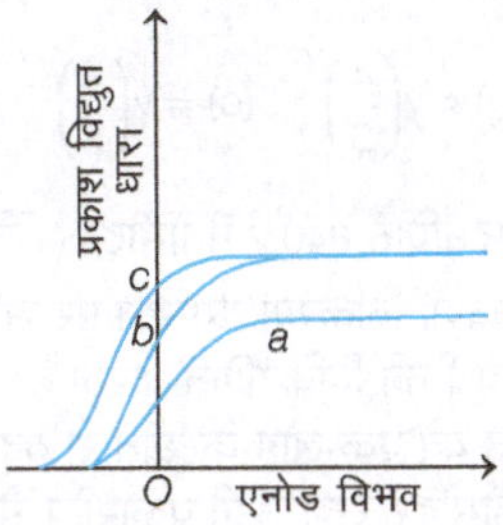

(a) $\nu_a = \nu_b$ तथा $I_a \neq I_b$
(b) $\nu_a = \nu_c$ तथा $I_a = I_c$
(c) $\nu_a = \nu_b$ तथा $I_a = I_b$
(d) $\nu_b = \nu_c$ तथा $I_b = I_c$

प्रकाश विद्युत प्रभाव तथा प्रकाश का तरंग सिद्धान्त

21 व्यतिकरण, विवर्तन और ध्रुवीकरण की परिघटनाएँ, प्रकाश को .... मानकर समझायी जाती हैं। NCERT पृष्ठ 280

(a) तरंग
(b) कण
(c) कणिकाएँ
(d) क्वार्क

22 प्रकाश विद्युत प्रभाव के प्रायोगिक अवलोकन को यदि प्रकाश के तरंग चित्र के रूप में समझाया जाए, तो NCERT पृष्ठ 280

(a) अधिकतम गतिज ऊर्जा पहले बढ़ती है फिर आवृत्ति के साथ घटती है
(b) प्रकाश उत्सर्जन के लिए विकिरण की तीव्र किरण पर्याप्त होती है
(c) प्रकाश उत्सर्जन के लिए आवश्यक समय लगभग 10^{-9} सेकण्ड होता है
(d) प्रकाशिक इलेक्ट्रॉनों की अधिकतम गतिज ऊर्जा तीव्रता के साथ घटती है

आइन्स्टीन का प्रकाश विद्युत समीकरण : विकिरण का ऊर्जा क्वाण्टम

23 आइन्स्टीन के प्रकाश विद्युत समीकरण के अनुसार, $K_{\text{अधिकतम}} \propto \nu$, क्योंकि एक इलेक्ट्रॉन उत्सर्जित होता है जब NCERT पृष्ठ 281

(a) कुछ फोटॉनों के अवशोषण के बाद, अवशोषित ऊर्जा एक निश्चित मान से अधिक हो जाती है
(b) सतह पर गिरने वाले फोटॉनों की संख्या क्रांतिक आयतन से अधिक हो जाती है।
(c) केवल यह सतह पर विद्यमान होते हैं
(d) पर्याप्त ऊर्जा के एकल फोटॉन के अवशोषण के बाद

24 प्लेटिनम का कार्य फलन 6.35 इलेक्ट्रॉन वोल्ट है। प्लेटिनम की देहली आवृत्ति है NCERT पृष्ठ 281

(a) 15.32×10^{14} हट्र्ज
(b) 15.32×10^{16} हट्र्ज
(c) 15.32×10^{19} हट्र्ज
(d) 15.32×10^{18} हट्र्ज

25 एक प्रकाश संवेदी पदार्थ का कार्य फलन 4.0 इलेक्ट्रॉन वोल्ट है। प्रकाश की सबसे लम्बी तरंगदैर्ध्य लगभग जो पदार्थ से फोटॉन उत्सर्जन का कारण बन सकती है, है NCERT पृष्ठ 281

(a) 31000 नैनोमीटर
(b) 966 नैनोमीटर
(c) 31 नैनोमीटर
(d) 310 नैनोमीटर

26 किसी धातु की प्रकाश विद्युत देहली आवृत्ति ν है। जब 6ν आवृत्ति का प्रकाश धातु पर आपतित होता है, तो उत्सर्जित प्रकाशीय इलेक्ट्रॉन की अधिकतम गतिज ऊर्जा होती है NCERT पृष्ठ 281

(a) $4h\nu$
(b) $5h\nu$
(c) $3h\nu$
(d) $(3/2)h\nu$

27 तरंगदैर्ध्य λ_A तथा λ_B का प्रकाश क्रमशः दो समान धातु प्लेटों A तथा B पर पड़ता हैं। प्रकाशिक इलेक्ट्रॉनों की अधिकतम गतिज ऊर्जा क्रमशः K_A तथा K_B हैं, तो निम्न में से कौन सा सम्बन्ध सत्य है? $(\lambda_A = 2\lambda_B)$ NCERT पृष्ठ 281

(a) $K_A > \frac{K_B}{2}$
(b) $2K_A = K_B$
(c) $K_A = 2K_B$
(d) $K_A > 2K_B$

28 एक धात्विक सतह को आवृत्ति ν_1 के एकवर्णी प्रकाश से विकिरणित किया जाता है तथा विरोधी विभव V_1 पाया जाता है। यदि आवृत्ति ν_2 का प्रकाश सतह का विकिरणित करता है, तो निरोधी विभव होगा NCERT पृष्ठ 281

(a) $V_1 + \frac{h}{e}(\nu_1 + \nu_2)$
(b) $V_1 - \frac{h}{e}(\nu_1 - \nu_2)$
(c) $V_1 + \frac{e}{h}(\nu_2 - \nu_1)$
(d) $V_1 - \frac{h}{e}(\nu_1 + \nu_2)$

29 आपतित प्रकाश की आवृत्तियों ν_1 और ν_2 क लिए एक धात्विक सतह से प्रकाश विद्युत उत्सर्जन देखा जाता है $(\nu_1 > \nu_2)$। यदि दोनों स्थितियों में उत्सर्जित प्रकाशिक इलेक्ट्रॉनों की गतिज ऊर्जा के अधिकतम मान $1 : n$ के अनुपात में हैं, तो धातु की सतह की देहली आवृत्ति है NCERT पृष्ठ 281

(a) $\frac{(\nu_1 - \nu_2)}{(n-1)}$
(b) $\frac{(n\nu_1 - \nu_2)}{(n-1)}$
(c) $\frac{(n\nu_2 - \nu_1)}{(n-1)}$
(d) $\frac{(\nu_1 - \nu_2)}{n}$

30 किसी निश्चित धातु के लिए, आपतित आवृत्ति ν, देहली आवृत्ति ν_0 की पाँच गुनी है तथा उत्सर्जित प्रकाशीय इलेक्ट्रॉनों का अधिकतम वेग 8×10^6 मी/से है। यदि $\nu = 2\nu_0$ है, तो प्रकाशीय इलेक्ट्रॉनों का अधिकतम वेग होगा NCERT पृष्ठ 281

(a) 4×10^6 मी/से
(b) 6×10^6 मी/से
(c) 8×10^6 मी/से
(d) 1×10^6 मी/से

31 एक प्रकाश विद्युत प्रयोग में, धातु पर आपतित प्रकाश की तरंगदैर्ध्य 300 नैनोमीटर से 400 नैनोमीटर तक परिवर्तित की जाती है। निरोधी विभव में कमी लगभग किसके बराबर है?

$\left(\frac{hc}{e} = 1240 \text{ नैनोमीटर वोल्ट}\right)$ NCERT पृष्ठ 281

(a) 0.5 वोल्ट (b) 2.0 वोल्ट (c) 1.5 वोल्ट (d) 1.0 वोल्ट

32 एक प्रकाश विद्युत सतह को तरंगदैर्ध्य λ और $\lambda/2$ के एकवर्णी प्रकाश द्वारा क्रमिक रूप से प्रकाशित किया जाता है। यदि दूसरी स्थिति में उत्सर्जित प्रकाशिक इलेक्ट्रॉनों की अधिकतम गतिज ऊर्जा पहली स्थिति की तुलना में 3 गुना होती है, तो सामग्री की सतह का कार्य फलन (h = प्लांक स्थिरांक और c = प्रकाश की गति) है NCERT पृष्ठ 281

(a) $\frac{hc}{2\lambda}$ (b) $\frac{hc}{\lambda}$

(c) $\frac{2hc}{\lambda}$ (d) $\frac{hc}{3\lambda}$

33 एक प्रकाश विद्युत प्रभाव प्रयोग में, प्रकाश की देहली तरंगदैर्ध्य 380 नैनोमीटर हैं। यदि आपतित प्रकाश की तरंगदैर्ध्य 260 मिमी है, तो उत्सर्जित इलेक्ट्रॉनों की अधिक गतिज ऊर्जा होगी

$\left[\text{दिया है, } E(\text{इलेक्टॉन वोल्ट में}) = \frac{1237}{\lambda(\text{में नैनोमीटर})}\right]$ NCERT पृष्ठ 281

(a) 15.1 इलेक्ट्रॉन वोल्ट (b) 3.0 इलेक्ट्रॉन वोल्ट

(c) 1.5 इलेक्ट्रॉन वोल्ट (d) 4.5 इलेक्ट्रॉन वोल्ट

34 रूबीडियम प्रकाशीय सेल के साथ एक प्रयोग में एक पारा स्त्रोत से निम्न रेखाओं का उपयोग किया गया

$\lambda_1 = 3650$ ऐंग्स्ट्रॉम $\lambda_2 = 4047$ ऐंग्स्ट्रॉम, $\lambda_4 = 5461$ ऐंग्स्ट्रॉम, $\lambda_5 = 6907$ ऐंग्स्ट्रॉम निरोधी विभव क्रमशः $V_{01} = 1.28$ वोल्ट, $V_{02} = 0.95$ वोल्ट, $V_{03} = 0.74$ वोल्ट, $V_{04} = 0.16$ वोल्ट, $V_{05} = 0$ वोल्ट हैं। NCERT पृष्ठ 281

धातु की देहली आवृत्ति और कार्य फलन क्रमशः हैं

(a) 4×10^{14} हट्र्ज, 1.5 इलेक्ट्रॉन वोल्ट

(b) 4.3×10^{14} हट्र्ज, 1.8 इलेक्ट्रॉन वोल्ट

(c) 4×10^{14} हट्र्ज, 3 इलेक्ट्रॉन वोल्ट

(d) 1.5×10^{14} हट्र्ज, 5 इलेक्ट्रॉन वोल्ट

35 एक सोडियम लैम्प से 600 नैनोमीटर तरंगदैर्ध्य का प्रकाश एक प्रकाशीय सेल पर पड़ता है और प्रकाशीय इलेक्ट्रॉनों के उत्सर्जन का कारण बनता है जिसके लिए निरोधी विभव 0.5 वोल्ट है और एक सोडियम लैम्प से 400 नैनोमीटर तरंगदैर्ध्य के प्रकाश के साथ, निरोधी विभव 1.5 वोल्ट है। इस विवरण के साथ, $\frac{h}{e}$ का मान है NCERT पृष्ठ 281

(a) 4×10^{-59} वोल्ट-से (b) 0.25×10^{15} वोल्ट-से

(c) 4×10^{-15} वोल्ट-से (d) 4×10^{-8} वोल्ट-से

36 तरंगदैर्ध्य λ का विकिरण एक प्रकाशीय सेल पर आपतित होता है। सबसे तीव्र उत्सर्जित इलेक्ट्रॉन की गति v होती है। यदि तरंगदैर्ध्य को $\frac{3\lambda}{4}$ से परिवर्तित कर दिया जाए, तो सबसे तीव्र उत्सर्जित इलेक्ट्रॉन की गति होगी NCERT पृष्ठ 281

(a) $> v\left(\frac{4}{3}\right)^{1/2}$ (b) $< v\left(\frac{4}{3}\right)^{1/2}$ (c) $= v\left(\frac{4}{3}\right)^{1/2}$ (d) $= v\left(\frac{3}{4}\right)^{1/2}$

37 नियॉन लैम्प से उत्सर्जित 640.2 नैनोमीटर (1 नैनोमीटर = 10^{-9} मीटर) तरंगदैर्ध्य का एकवर्णी विकिरण टंगस्टन पर सीज़ियम से निर्मित प्रकाश-संवेदी पदार्थ को विकिरणित करता है। निरोधी वोल्टेज 0.54 मापा जाता है स्रोत को एक लोहे के स्रोत से बदल दिया जाता है और इसकी 427.2 नैनोमीटर रेखा उसी प्रकाशीय सैल को विकिरणित करती है। नए निरोधी वोल्टेज का मान होगा NCERT पृष्ठ 281

(a) 1.51 वोल्ट (b) 3.5 वोल्ट

(c) 0.05 वोल्ट (d) 2.03 वोल्ट

38 एक प्रकाश विद्युत प्रभाव प्रयोग में, आपतित प्रकाश की आवृत्ति ν एवं निरोधी विभव V_0 के मध्य ग्राफ में खींचा जाता है। प्रकाश विद्युत सतह का कार्य फलन क्या होगा? NCERT पृष्ठ 281

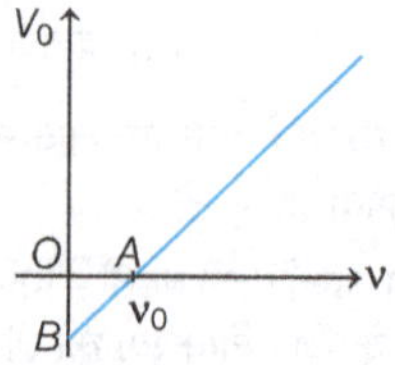

(a) $OB \times e$ (इलेक्ट्रॉन वोल्ट में) (b) OB (वोल्ट में)

(c) OA (इलेक्ट्रॉन वोल्ट में) (d) रेखा AB का ढलान

39 एक प्रकाश विद्युत प्रभाव प्रयोग में, आपतित प्रकाश की आवृत्ति तथा कट-ऑफ वोल्टेज के बीच ढलान 4.12×10^{-15} वोल्ट-से पाया गया। प्लांक स्थिरांक के मान की गणना करें। NCERT पृष्ठ 281

(a) 6.0×10^{-14} जूल-से (b) 0.63×10^{-34} जूल-से

(c) 6.59×10^{-34} जूल-से (d) 0

40 एक प्रकाश विद्युत प्रयोग में, आरोपित विभवांतर V (कैथोड़ और एनोड के बीच) और प्रकाश विद्युत धारा I के बीच संबंध नीचे दिए गए ग्राफ में दिखायागया है। यदि प्लांक स्थिरांक $h = 6.6 \times 10^{-34}$ है, तो आपतित विकिरण की आवृत्ति लगभग (से$^{-1}$ में) होगी ($\phi = 1$ इलेक्ट्रॉन वोल्ट लें) NCERT पृष्ठ 281

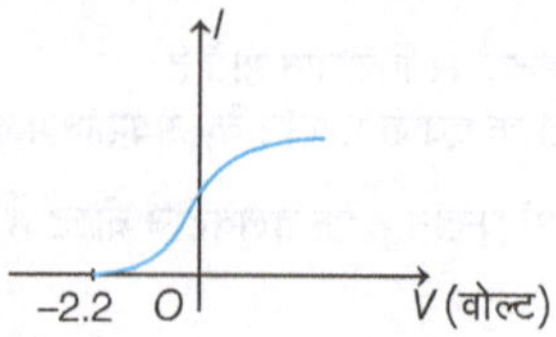

(a) 0.436×10^{18} (b) 0.436×10^{17}

(c) 0.775×10^{15} (d) 0.775×10^{16}

41 आपतित फोटॉन तरंगदैर्ध्य λ के साथ प्रकाश विद्युत प्रभाव के लिए निरोधी विभव V है। $\frac{1}{\lambda}$ के साथ V_0 के उचित परिवर्तनों की पहचान करें। **NCERT पृष्ठ 281**

(a) 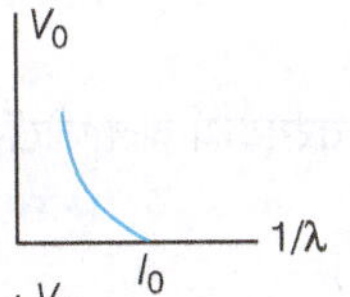

(b) 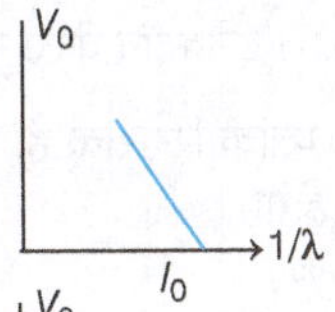

(c) 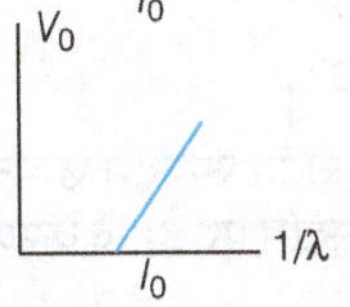

(d) 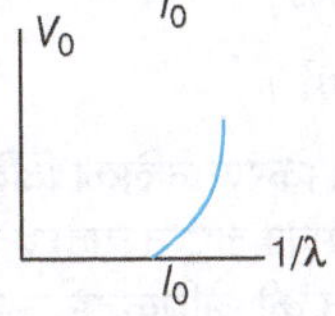

42 प्रकाश विद्युत प्रयोग में, आपतित फोटॉन की अधिकतम गतिज ऊर्जा K तथा आवृत्ति के बीच ग्राफ को चित्रानुसार बनाया गया है। θ का मान है। **NCERT पृष्ठ 281**

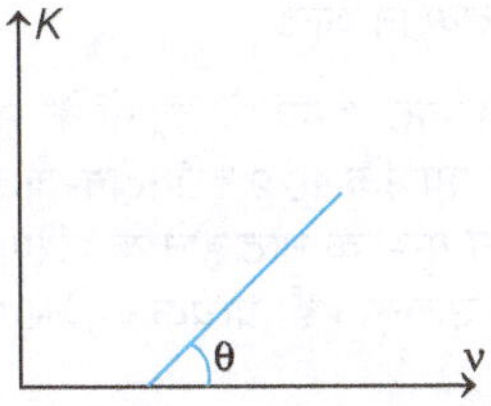

(a) $\tan^{-1}\left(\frac{h}{e}\right)$ (b) $\tan^{-1}(h)$

(c) $\tan^{-1}\left(\frac{e}{h}\right)$ (d) $\tan^{-1}\left(\frac{1}{h}\right)$

43 किसी धात्विक सतह पर 7.21×10^{14} हट्र्ज आवृत्ति का प्रकाश आपतित होता है। सतह में अधिकतम गति 6×10^5 मी/से के साथ इलेक्ट्रॉन निकलते हैं। इलेक्ट्रॉनों के प्रकाश उत्सर्जन के लिए देहली आवृत्ति है (दिया है $h = 6.63 \times 10^{-34}$ जूल-से, $m_e = 9.1 \times 10^{-31}$किग्रा) **NCERT पृष्ठ 281**

(a) 2.32×10^{14} हट्र्ज
(b) 2.32×10^{12} हट्र्ज
(c) 4.74×10^{14} हट्र्ज
(d) 4.74×10^{12} हट्र्ज

44 एक धातु की सतह से ऊर्जा E का एक फोटॉन एक प्रकाशिक इलेक्ट्रॉन को बाहर निकालता है जिसका कार्य फलन ϕ_0 है। यदि यह इलेक्ट्रॉन क्षेत्र के लम्बवत दिशा में एक समान चुम्बकीय क्षेत्र B में प्रवेश करता है और त्रिज्या r के एक वृत्ताकार पथ को निरूपित करता है, तो त्रिज्या r (सामान्य संकेतन में) है **NCERT पृष्ठ 281**

(a) $\sqrt{\frac{2m(E-\phi_0)}{eB}}$ (b) $\sqrt{2m(E-\phi_0)}eB$

(c) $\sqrt{\frac{2e(E-\phi_0)}{mB}}$ (d) $\frac{\sqrt{2m(E-\phi_0)}}{eB}$

45 जब किसी धातु की सतह को आवृत्ति f के प्रकाश से प्रदीप्त किया जाता है, तो अधिकतम गतिज ऊर्जा 1 इलेक्ट्रॉन वोल्ट का प्रकाशीय इलेक्ट्रॉन उत्सर्जित होता हैं। जब उसी सतह को आवृत्ति $\frac{3f}{2}$ के प्रकाश से प्रदीप्त किया जाता है तो अधिकतम गतिज ऊर्जा 4 इलेक्ट्रॉन वोल्ट का प्रकाशीय इलेक्ट्रॉन उत्सर्जित होता है। धातु का कार्य फलन है **NCERT पृष्ठ 281**

(a) 5 इलेक्ट्रॉन वोल्ट (b) 4 इलेक्ट्रॉन वोल्ट
(c) 3 इलेक्ट्रॉन वोल्ट (d) 2 इलेक्ट्रॉन वोल्ट

46 किसी सतह से तरंगदैर्ध्य 200 नैनोमीटर के आपतित प्रकाश द्वारा उत्सर्जित सभी इलेक्ट्रॉनों को $\frac{4N}{C}$ के एकसमान विद्युत क्षेत्र की दिशा में 1 मी चलने से पहले रोका जा सकता है। सतह का कार्य फलन है **NCERT पृष्ठ 281**

(a) 4 इलेक्ट्रॉन वोल्ट
(b) 6. 2 इलेक्ट्रॉन वोल्ट
(c) 2 इलेक्ट्रॉन वोल्ट
(d) 2.2 इलेक्ट्रॉन वोल्ट

47 Al, K और Pt का कार्य फलन क्रमशः 4.28 इलेक्ट्रॉन वोल्ट, 2.30 इलेक्ट्रॉन वोल्ट और 5.65 इलेक्ट्रॉन वोल्ट हैं। सम्बन्धित देहली आवृत्ति का सही क्रम होगा **NCERT पृष्ठ 281**

(a) Pt > Al > K (b) Al > Pt > K
(c) K > Al > Pt (d) Al > K > Pt

48 जब $2\nu_0$ आवृत्ति (जहाँ, ν_0 = देहली आवृत्ति) का प्रकाश किसी धातु की प्लेट पर पड़ता है, तो उत्सर्जित इलेक्ट्रॉनों का अधिकतम वेग v_1 होता है। जब आपतित विकिरण की आवृत्ति बढ़ाकर $5\nu_0$ कर दी जाती है, तो उसी प्लेट से उत्सर्जित इलेक्ट्रॉनों का अधिकतम वेग v_2 होता है। v_1 से v_2 का अनुपात क्या है? **NCERT पृष्ठ 281**

(a) 4 : 1 (b) 1 : 4
(c) 1 : 2 (d) 2 : 1

49 जब आपतित तरंगदैर्ध्य λ है तो किसी धातु की सतह से इलेक्ट्रॉन की गतिज ऊर्जा E है। उसी सतह से इलेक्ट्रॉन की गतिज ऊर्जा को $2E$ तक बढ़ाने के लिए आपतित तरंगदैध्य होनी चाहिए **NCERT पृष्ठ 281**

(a) 2λ (b) $\frac{\lambda}{2}$

(c) $\frac{hc\lambda}{E\lambda + hc}$ (d) $\frac{2hc\lambda}{E\lambda + hc}$

50 कार्य फलन ϕ वाली धातु की सतह पर आपतित तरंगदैर्ध्य λ के प्रकाश द्वारा उत्सर्जित इलेक्ट्रॉन का अधिकतम वेग है, (जहाँ h = प्लांक स्थिरांक, m = इलेक्ट्रॉन का द्रव्यमान और c = प्रकाश की गति, जबकि बिन्दु स्रोत एकवर्णी है।) **NCERT पृष्ठ 281**

(a) $\left[\frac{2(hc + \lambda\phi)}{m\lambda}\right]^{1/2}$ (b) $\frac{2(hc - \lambda\phi)}{m}$

(c) $\left[\frac{2(hc - \lambda\phi)}{m\lambda}\right]^{1/2}$ (d) $\left[\frac{2(h\lambda - \phi)}{m\lambda}\right]^{1/2}$

51 जब एक निश्चित प्रकाश-संवेदी सतह को तरंगदैर्ध्य λ के एकवर्णी प्रकाश से प्रदीप्त किया जाता है, तो प्रकाशिक इलेक्ट्रॉनों के लिए निरोधी विभव V_0 होता है। जब उसी सतह को तरंगदैर्ध्य 2λ से प्रदीप्त किया जाता है, तो निरोधी विभव $\frac{V_0}{4}$ होता है। प्रकाश विद्युत उत्सर्जन के लिए देहली तरंगदैर्ध्य है NCERT पृष्ठ 281

(a) λ (b) 2λ
(c) 3λ (d) 4λ

52 प्रकाशिक इलेक्ट्रॉनों की गतिज ऊर्जा E है, जब उन पर तरंगदैर्ध्य λ का प्रकाश पड़ता है। यदि प्रकाशिक इलेक्ट्रॉन की गतिज ऊर्जा आधी अर्थात् $E/2$ हो जाती है, तो आपतित प्रकाश की तरंगदैर्ध्य होगी NCERT पृष्ठ 281

(a) $\frac{hc\lambda}{E\lambda - h\lambda}$ (b) $\frac{hc(2hc - E\lambda)}{2\lambda}$
(c) 2λ (d) $\frac{\lambda}{2}$

53 जब ऊर्जा $h\nu$ का फोटॉन, $h\nu_0$ कार्य फलन वाले प्रकाश संवेदी पदार्थ की सतह पर आपतित होता है, तो NCERT पृष्ठ 281

(a) सभी उत्सर्जित इलेक्ट्रॉनों की गतिज ऊर्जा $h\nu_0$ होती है
(b) उत्सर्जित इलेक्ट्रॉनों की गतिज ऊर्जा $h(\nu - \nu_0)$ होती है
(c) सभी तीव्र इलेक्ट्रॉनों की गतिज ऊर्जा $h(\nu - \nu_0)$ होती है
(d) सभी उत्सर्जित इलेक्ट्रॉनों की गतिज ऊर्जा $h\nu$ होती है

54 जब अधिकतम 300 नैनोमीटर तरंगदैर्ध्य का प्रकाश किसी प्रकाश विद्युत उत्सर्जक पर पड़ता है, तो प्रकाशिक इलेक्ट्रॉन मुक्त होता हैं। हालांकि दूसरे उत्सर्जक के लिए अधिकतम 600 नैनोमीटर तरंगदैर्ध्य का प्रकाश विद्युत उत्सर्जन का कारण बनता है। पहले उत्सर्जक और दूसरे उत्सर्जक के कार्य फलनों का अनुपात होगा NCERT पृष्ठ 281

(a) 1:2 (b) 2:1
(c) 1:1 (d) 1:4

55 किसी निश्चित परमाणु के ऊर्जा स्तर A, B और C ऊर्जा के बढ़ते मानों के संगत हैं, अर्थात्, $E_A < E_B < E_C$ यदि λ_1, λ_2 और λ_3 क्रमशः C से B, B से A और C से A संक्रमण के संगत विकिरणों की तरंगदैर्ध्य हैं, तो निम्न में से कौन-सा संबंध सही है? NCERT पृष्ठ 281

(a) $\lambda_3 = \lambda_1 + \lambda_2$ (b) $\lambda_3^{-1} = \lambda_1^{-1} + \lambda_2^{-1}$
(c) $\lambda_3 + \lambda_1 + \lambda_2 = 0$ (d) $\lambda_3^2 = \lambda_1^2 + \lambda_2^2$

प्रकाश की कण प्रकृति : फोटॉन

56 जब प्रकाश किरण पुंज की तीव्रता बढ़ाई जाती है, तो NCERT पृष्ठ 283

(a) उपस्थित फोटॉनों की ऊर्जा बढ़ जाती है
(b) उपस्थिति फोटॉनों का संवेग बढ़ जाता है
(c) उपस्थित फोटॉनों की तरंगदैर्ध्य बढ़ जाती है
(d) प्रति सेकण्ड एकांक क्षेत्रफल को पार करने वाले फोटॉनो की संख्या बढ़ जाती है

57 6 मेगा इलेक्ट्रॉन वोल्ट फोटॉन का रेखीय संवेग होगा NCERT पृष्ठ 283

(a) 0.01 इलेक्ट्रॉन वोल्ट से/मी
(b) 0.02 इलेक्ट्रॉन वोल्ट से/मी
(c) 0.03 इलेक्ट्रॉन वोल्ट से/मी
(d) 0.04 इलेक्ट्रॉन वोल्ट से/मी

58 यदि h प्लांक स्थिरांक है, तो 1 ऐंग्स्ट्रॉम तरंगदैर्ध्य वाले फोटॉन का संवेग होगा NCERT पृष्ठ 283

(a) $10^{10}\,h$ (b) $1\,h$
(c) $10^{7}\,h$ (d) $10^{12}\,h$

59 एक X किरण नलिका विकिरण का एक सतत स्पेक्ट्रम उत्पन्न करती है जिसका लघु तरंगदैर्ध्य सिरा 0.55 ऐंग्स्ट्रॉम पर है। विकिरण में एक फोटॉन की अधिकतम ऊर्जा है NCERT पृष्ठ 283

(a) 32.6 इलेक्ट्रॉन वोल्ट
(b) 22.6 किलो इलेक्ट्रॉन वोल्ट
(c) 15.2 किलो इलेक्ट्रॉन वोल्ट
(d) 12.8 किलो इलेक्ट्रॉन वोल्ट

60 उच्च ऊर्जा वाले इलेक्ट्रॉनों एवं पॉजिट्रॉनों के संघट्ट के एक त्वरित प्रयोग में यह माना गया कि 10.2 इलेक्ट्रॉन-वोल्ट कुल ऊर्जा वाले इलेक्ट्रॉन-पॉजिट्रॉन युग्म के नष्ट होने के परिणामस्वरूप समान ऊर्जा वाली दो γ-किरणें उत्पन्न हुईं। प्रत्येक γ-किरण तरंगदैर्ध्य क्या होगी? NCERT पृष्ठ 283

(a) 2.436×10^{-7} मीटर (b) 1.436×10^{-7} मीटर
(c) $2.436 \times 10^{+7}$ मीटर (d) $1.436 \times 10^{+7}$ मीटर

61 6.0×10^{14} हट्र्ज आवृत्ति की एक लेजर किरण 2×10^{-3} वाट के स्रोत से उत्सर्जित होती है। प्रति सेकण्ड उत्सर्जित फोटॉनों की संख्या है NCERT पृष्ठ 283

(a) 3×10^{10} (b) 6×10^{14}
(c) 9×10^{19} (d) 5×10^{15}

62 पृथ्वी की सतह तक पहुँचने वाले सूर्य के प्रकाश का ऊर्जा फ्लक्स 1.52×10^3 वाट/मी^{2} है। सूर्य के प्रकाश में फोटॉनों की औसत तरंगदैर्ध्य 520 नैनोमीटर है। प्रति सेकण्ड पृथ्वी पर प्रति वर्ग-मीटर कितने फोटॉन आपतित होते हैं? NCERT पृष्ठ 283

(a) 4×10^{21} (b) 4×10^{34}
(c) 4×10^{31} (d) 4×10^{28}

63 प्रकाश के दो स्रोत प्रत्येक 200 वाट की शक्ति उत्सर्जित करते हैं। एक 2 नैनोमीटर तरंगदैर्ध्य की X-किरणें उत्सर्जित करता है और दूसरा 400 नैनोमीटर का दृश्य प्रकाश उत्सर्जित करता है। दी गई तरंगदैर्ध्य के X-किरणों के फोटॉनों की संख्या का दृश्य प्रकाश के फोटॉनों की संख्या से अनुपात क्या है? NCERT पृष्ठ 283

(a) 1:100 (b) 1:200
(c) 1:500 (d) 1:300

64 2.0 वाट/मी² तीव्रता तथा 10.6 इलेक्ट्रॉन-वोल्ट फोटॉनों का एक किरण पुँज, 1.0×10^{-4} मी² पृष्ठीय क्षेत्रफल वाली प्लेटिनम सतह पर गिरता है। प्लेटिनम का कार्य फलन 5.6 इलेक्ट्रॉन-वोल्ट है। दिया गया है कि 0.53% आपतित फोटॉन, प्रकाशीय इलेक्ट्रॉन उत्सर्जित करते हैं। प्रति सेकण्ड उत्सर्जित होने वाले प्रकाशीय इलेक्ट्रॉनों की संख्या तथा उनकी अधिकतम गतिज ऊर्जा होगी **NCERT पृष्ठ 283**

(a) 7×10^{11}, 0.0 इलेक्ट्रॉन वोल्ट
(b) 6.25×10^{11}, 5.0 इलेक्ट्रॉन वोल्ट
(c) 9×10^{10}, 6.0 इलेक्ट्रॉन वोल्ट
(d) 11×10^{11}, 2.5 इलेक्ट्रॉन वोल्ट

65 यदि एक प्रोटॉन और एक α-कण के लिए दे-ब्रॉग्ली तरंगदैर्ध्य बराबर हैं, तो उनके वेगों का अनुपात होगा **NCERT पृष्ठ 283**

(a) 4 : 1 (b) 2 : 1 (c) 1 : 2 (d) 1 : 4

66 फोटॉन के बारे में निम्न में से कौन-सा कथन गलत है? **NCERT पृष्ठ 283**

(a) फोटॉन कोई दाब नहीं डालते हैं
(b) फोटॉन का संवेग $\frac{hv}{c}$ है
(c) फोटॉन का विराम द्रव्यमान शून्य होता है।
(d) फोटॉन की ऊर्जा hv होती है

67 तरंगदैर्ध्य λ के n फोटॉन m द्रव्यमान वाले एक कृष्णिका पिण्ड द्वारा अवशोषित किये जाते हैं। पिण्ड द्वारा प्राप्त संवेग है **NCERT पृष्ठ 283**

(a) $\frac{h}{m\lambda}$ (b) $\frac{mnh}{\lambda}$
(c) $\frac{nh}{m\lambda}$ (d) $\frac{nh}{\lambda}$

68 दृश्य क्षेत्र में बैंगनी रंग के लिए प्रकाश की तरंगदैर्ध्य लगभग 390 नैनोमीटर और लाल रंग के लिए लगभग 760 नैनोमीटर होती है। बैंगनी सिरे पर फोटॉन की ऊर्जा (इलेक्ट्रॉन वोल्ट में) है **NCERT पृष्ठ 283**

(a) 2.32 (b) 3.19 (c) 1.42 (d) 4.13

69 एक नीला लैम्प मुख्य रूप से 4500 ऐंग्स्ट्रॉम तरंगदैर्ध्य का प्रकाश उत्सर्जित करता है। लैम्प की क्षमता 150 वाट है तथा 8% ऊर्जा दृश्य प्रकाश के रूप में उत्सर्जित होती है। प्रति सेकण्ड लैम्प द्वारा उत्सर्जित फोटॉनों की संख्या है **NCERT पृष्ठ 283**

(a) 3×10^{19} (b) 3×10^{24}
(c) 3×10^{20} (d) 3×10^{18}

70 एक 100 वाट का सोडियम लैम्प सभी दिशाओं में समान रूप से ऊर्जा विकरित करता है। यह लैम्प एक बडे गोले के केन्द्र में स्थित है जो उस पर आपतित सभी सोडियम प्रकाश को अवशोषित कर लेता है। सोडियम प्रकाश की तरंगदैर्ध्य 589 नैनोमीटर है। गोले पर प्रति सेकण्ड वितरित फोटॉनों की संख्या है **NCERT पृष्ठ 283**

(a) 3×10^{15} (b) 3×10^{10}
(c) 3×10^{20} (d) 3×10^{19}

पदार्थ की तरंग प्रकृति

71 5.4×10^6 मी/से की गति से घूमने वाले इलेक्ट्रॉन से सम्बद्ध दे-ब्रॉग्ली तरंगदैर्ध्य है **NCERT पृष्ठ 284**

(a) 0.135 नैनोमीटर (b) 0.125 नैनोमीटर
(c) 0.150 नैनोमीटर (d) 0.145 नैनोमीटर

72 निम्न में से कौन-सा चित्र कण के संवेग p और सम्बन्धित दे-ब्रॉग्ली तरंगदैर्ध्य λ के परिवर्तन को दर्शाता है? **NCERT पृष्ठ 284**

(a) 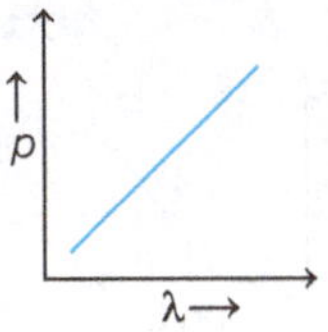

(b) 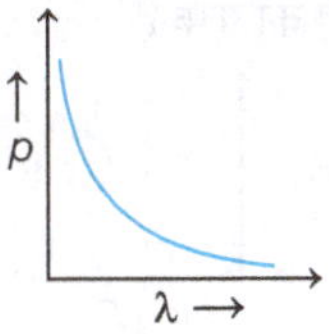

(c) 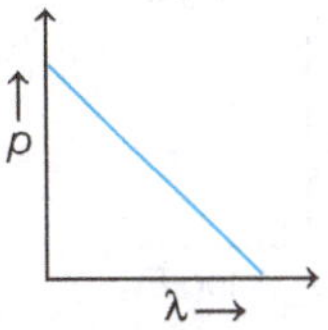

(d) 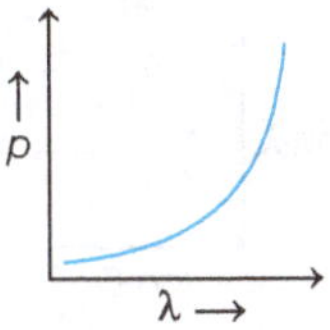

73 विद्युत चुम्बकीय तरंग की तरंगदैर्ध्य होती है **NCERT पृष्ठ 284**

(a) अपने फोटॉन की दे-ब्रॉग्ली तरंगदैर्ध्य से अधिक
(b) अपने फोटॉन की दे-ब्रॉग्ली तरंगदैर्ध्य से कम
(c) किसी विकिरण की तरंगदैर्ध्य और उसके फोटॉन की दे-ब्रॉग्ली तरंगदैर्ध्य के बीच कोई सम्बन्ध नहीं है
(d) अपने फोटॉन की दे-ब्रॉग्ली तरंगदैर्ध्य के बराबर

74 यदि α-कण, प्रोटॉन और इलेक्ट्रॉन समान वोल्ट संवेग से गति करते हैं, तो उनसे संबंधित दे-ब्रॉग्ली तरंगदैर्ध्य $\lambda_\alpha, \lambda_p, \lambda_e$ किस प्रकार सम्बन्धित हैं? **NCERT पृष्ठ 284**

(a) $\lambda_\alpha = \lambda_p = \lambda_e$ (b) $\lambda_\alpha < \lambda_p < \lambda_e$
(c) $\lambda_\alpha > \lambda_p > \lambda_e$ (d) $\lambda_p > \lambda_e > \lambda_\alpha$

75 एक कण इलेक्ट्रॉन की तुलना में तीन गुना तीव्र गति से घूम रहा है। यदि कण की दे-ब्रॉग्ली तरंगदैर्ध्य और इलेक्ट्रॉन की दे-ब्रॉग्ली तरंगदैर्ध्य का अनुपात 1.83×10^{-4} है, तो कण है **NCERT पृष्ठ 284**

(a) एक म्युऑन (b) एक प्रोटॉन
(c) एक न्यूट्रॉन (d) या तो एक न्यूट्रॉन या प्रोटॉन

76 यदि **NCERT पृष्ठ 284**

I. 0.4 किग्रा द्रव्यमान की एक गोली जो 1.0 किमी प्रति घण्टे की गति से चल रही है, दे-ब्रॉग्ली तरंगदैर्ध्य λ_1 है।

II. 0.60 किग्रा द्रव्यमान की एक गेंद जो 1.0 मी/से की गति से घूम रही है, दे-बॉग्ली तरंगदैर्ध्य λ_2 है।

III. 1.0×10^{-9} किग्रा द्रव्यमान का एक धूल कण जो 2.2 मी/से की गति से बह रहा है, दे-बॉग्ली तरंगदैर्ध्य λ_3 है, तब

(a) $\lambda_1 > \lambda_2 > \lambda_3$ (b) $\lambda_2 > \lambda_1 > \lambda_3$
(c) $\lambda_1 < \lambda_2 < \lambda_3$ (d) $\lambda_3 > \lambda_1 > \lambda_2$

77 दे-ब्रॉग्ली तरंगदैर्ध्य λ वाले इलेक्ट्रॉन एक X-किरण नलिका में लक्ष्य पर गिरते हैं। उत्सर्जित X-किरण की कट-आफ तरंगदैर्ध्य है **NCERT पृष्ठ 284**

(a) $\lambda_0 = \dfrac{2mc\lambda^2}{h}$ (b) $\lambda_0 = \dfrac{2h}{mc}$

(c) $\lambda_0 = \dfrac{2m^2c^2\lambda^3}{h^2}$ (d) $\lambda_0 = \lambda$

78 एक इलेक्ट्रॉन की ऊर्जा ($\log E$) तथा उसकी दे-ब्रॉग्ली तरंगदैर्ध्य ($\log \lambda$) के बीच का ग्राफ है **NCERT पृष्ठ 284**

(a) 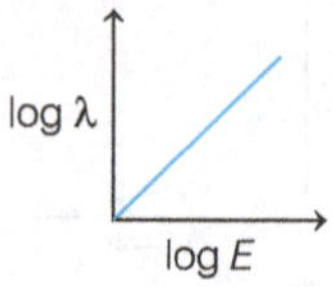

(b) 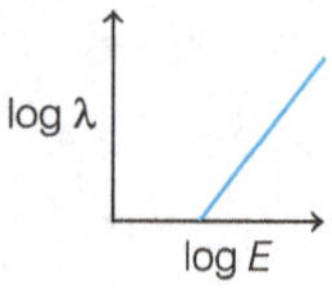

(c) 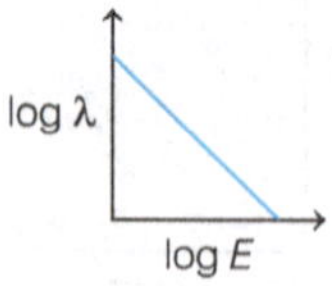

(d) 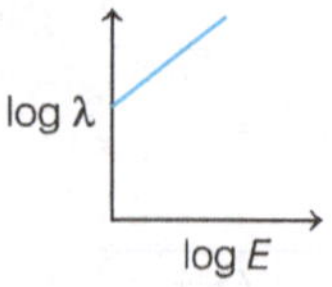

79 गतिज ऊर्जा E से गतिमान एक कण की दे-ब्रॉग्ली तरंगदैर्ध्य λ है। यदि इसकी ऊर्जा में ΔE ऊर्जा को जोड़ दिया जाए, तो तरंगदैर्ध्य $\lambda/2$ हो जाती है। ΔE का मान है **NCERT पृष्ठ 284**

(a) $2E$ (b) $4E$ (c) $3E$ (d) E

80 यदि कण की गतिज ऊर्जा को उसके पूर्व मान से 16 गुना बढ़ा दिया जाए, तो कण की दे-ब्रॉग्ली तरंगदैर्ध्य में प्रतिशत परिवर्तन होगा। **NCERT पृष्ठ 284**

(a) 25 (b) 75 (c) 60 (d) 50

81 एक प्रोटॉन और एक α-कण को विरामावस्था से समान ऊर्जा तक त्वरित किया जाता है। दे-ब्रॉग्ली तरंगदैर्ध्य λ_p और λ_α का अनुपात है **NCERT पृष्ठ 284**

(a) 2 : 1 (b) 1 : 1 (c) 2 : 1 (d) 4 : 1

82 द्रव्यमान m_1 और $m_2 (m_1 > m_2)$ के दो कणों A_1 और A_2 की दे-ब्रॉग्ली तरंगदैर्ध्य समान होती हैं, तब **NCERT पृष्ठ 284**

(a) उनके संवेग समान वोल्ट होते हैं
(b) उनकी ऊर्जाएँ समान वोल्ट होती हैं
(c) A_1 का संवेग, A_2 के संवेग से कम होता है
(d) A_1 की ऊर्जा, A_2 की ऊर्जा से अधिक होती है

83 एक फोटॉन की दे-ब्रॉग्ली तरंगदैर्ध्य एक इलेक्ट्रॉन की दे-ब्रॉग्ली तरंगदैर्ध्य से दोगुनी है। यदि इलेक्ट्रॉन का वेग $v_e = \dfrac{c}{100}$ है, तब **NCERT पृष्ठ 284**

(a) $\dfrac{E_e}{E_p} = 10^{-4}$ (b) $\dfrac{E_e}{E_p} = 10^{-2}$

(c) $\dfrac{p_e}{m_e c} = 10^{-3}$ (d) $\dfrac{p_e}{m_e c} = 10^{-4}$

84 सोडियम की वर्णक्रमीय उत्सर्जन रेखा से उत्सर्जित प्रकाश की तरंगदैर्ध्य 589 नैनोमीटर है। वह गतिज ऊजा ज्ञात कीजिए जिस पर इलेक्ट्रॉन ओर न्यूट्रॉन की दे-ब्रॉग्ली तरंगदैर्ध्य समान होंगी। **NCERT पृष्ठ 284**

(a) $KE_e = 5 \times 10^{-25}$ जूल, $KE_n = 6.5 \times 10^{-28}$ जूल
(b) $KE_e = 6.96 \times 10^{-25}$ जूल, $KE_n = 3.82 \times 10^{-28}$ जूल
(c) $KE_e = 1.25 \times 10^{-25}$ जूल, $KE_n = 6.23 \times 10^{-28}$ जूल
(d) $KE_e = 3.26 \times 10^{+25}$ जूल, $KE_n = 4.06 \times 10^{+28}$ जूल

85 द्रव्यमान m के एक इलेक्ट्रॉन और एक फोटॉन की ऊर्जा E समान हैं इलेक्ट्रॉन तथा फोटॉन से सम्बद्ध दे-ब्रॉग्ली तरंगदैर्ध्य का अनुपात (c प्रकाश का वेग है) हैं **NCERT पृष्ठ 284**

(a) $\left(\dfrac{E}{2m}\right)^{1/2}$ (b) $c(2mE)^{1/2}$

(c) $\dfrac{1}{c}\left(\dfrac{2m}{E}\right)^{1/2}$ (d) $\dfrac{1}{c}\left(\dfrac{E}{2m}\right)^{1/2}$

86 द्रव्यमान m द्रव्यमान और आवेश e वाला एक इलेक्ट्रॉन, जो प्रारंभ में विरामावस्था में है, स्थिर विद्युत क्षेत्र E द्वारा त्वरित हो जाता है। समय t पर इलेक्ट्रॉन की दे-ब्रॉग्ली तरंगदैर्ध्य में परितर्वन की दर, (सापेक्ष प्रभाव के नगण्य मानकर) होती है **NCERT पृष्ठ 284**

(a) $\dfrac{-h}{eEt^2}$ (b) $\dfrac{-eEt}{h}$ (c) $\dfrac{-mh}{eEt^2}$ (d) $\dfrac{-h}{eE}$

87 एक प्रोटॉन और एक α-कण समान विभवांतर से त्वरित होते हैं। दे-ब्रॉग्ली तरंगदैर्ध्य λ_p और λ_α का अनुपात है **NCERT पृष्ठ 284**

(a) $\sqrt{2} : 1$ (b) $\sqrt{4} : 1$

(c) $\sqrt{6} : 1$ (d) $\sqrt{8} : 1$

88 एक इलेक्ट्रॉन माइक्रोस्कोप में प्रयोग किए गए इलेक्ट्रॉनों को 25 किलो वोल्ट के वोल्टेज से त्वरित किया जाता है। यदि वोल्टेज को 100 किलो वोल्ट तक बढ़ा दिया जाए, तो इलेक्ट्रॉनों से सम्बद्ध दे-ब्रॉग्ली तरंगदैर्ध्य **NCERT पृष्ठ 284**

(a) 2 गुना कम हो जाएगी (b) 4 गुना कम हो जाएगी
(c) 4 गुना वृद्धि होगी (d) 2 गुना वृद्धि होगी

89 जब 4.25 इलेक्ट्रॉन वोल्ट ऊर्जा का फोटॉन किसी धातु A की सतह से टकराता है, तो उत्सर्जित प्रकाशीय इलेक्ट्रॉनों की अधिकतम गतिज ऊर्जा T_A इलेक्ट्रॉन-वोल्ट तथा दे-ब्रॉग्ली तरंगदैर्ध्य λ_A होती है। 4.70 इलेक्ट्रॉन वोल्ट ऊर्जा के फोटॉन द्वारा किसी अन्य धातु B से मुक्त किए गए प्रकाशीय इलेक्ट्रॉनों की अधिकतम गतिज ऊर्जा $T_B = (T_A - 1.5)$ इलेक्ट्रॉन वोल्ट होती है। यदि इन प्रकाशीय इलेक्ट्रॉनों की दे-ब्रॉग्ली तरंगदैर्ध्य $\lambda_B = 2\lambda_A$ है, तब **NCERT पृष्ठ 284**

(a) A का कार्य फलन 3.25 इलेक्ट्रॉन वोल्ट है
(b) B का कार्य फलन 2.20 इलेक्ट्रॉन वोल्ट है
(c) $T_A = 3.00$ इलेक्ट्रॉन वोल्ट
(d) $T_B = 0.5$ इलेक्ट्रॉन वोल्ट

90 तापमान T केल्विन और द्रव्यमान m पर भारी जल के साथ तापीय साम्यावस्था में एक न्यूट्रॉन की दे-ब्रॉग्ली तरंगदैर्ध्य है **NCERT पृष्ठ 284**

(a) $\frac{h}{\sqrt{mkT}}$ (b) $\frac{h}{\sqrt{3mkT}}$

(c) $\frac{2h}{\sqrt{3mkT}}$ (d) $\frac{2h}{\sqrt{mkT}}$

91 एक इलेक्ट्रॉन 1 नैनोमीटर चौड़े क्षेत्र में सीमित है। हाइजेनबर्ग अनिश्चितता सिद्धान्त का उपयोग करके संवेग में अनिश्चितता ज्ञात करें। ($h = 6.63 \times 10^{-34}$ जूल-से) **NCERT पृष्ठ 284**

(a) 1.05×10^{-25} किग्रा-मी/से

(b) 2.03×10^{-31} किग्रा-मी/से

(c) 3.05×10^{-34} किग्रा-मी/से

(d) 2.49×10^{-32} किग्रा-मी/से

92 एक α-कण 0.25 वेबर/मी^{2} के चुम्बकीय क्षेत्र की उपस्थिति में 0.83 सेमी त्रिज्या के वृत्ताकार पथ पर गति करता है। कण से बद्ध दे-ब्रॉग्ली तरंगदैर्ध्य होगी **NCERT पृष्ठ 284**

(a) 1 ऐंग्स्ट्रॉम

(b) 0.1 ऐंग्स्ट्रॉम

(c) 10 ऐंग्स्ट्रॉम

(d) 0.01 ऐंग्स्ट्रॉम

93 एक कण मूल बिन्दु की ओर निर्देशित एक बल के कारण मूल बिन्दु के चारों ओर एक बंद कक्षा में घूमता है। कण की दे-ब्रॉग्ली तरंगदैर्ध्य $\lambda_1 > \lambda_2$ के साथ दो मानों λ_1 और λ_2 क बीच चक्रीय रूप से परिवर्तित होती रहती है। **NCERT पृष्ठ 284**

निम्न कथनों में से कौन-सा सत्य है?

(a) कण मूल बिन्दु को केन्द्र मानकर वृत्ताकार कक्षा में घूम सकता है।

(b) कण मूल बिन्दु को केन्द्र मानकर दीर्घवृत्ताकार कक्षा में घूम सकता है।

(c) जब दे-ब्रॉग्ली तरंगदैर्ध्य λ_1 है, तो कण मूल बिन्दु के निकट होता है

(d) 'a' और 'c' दोनों

94 द्रव्यमान m का एक इलेक्ट्रॉन वेग $v = v_0\hat{i}\,(v_n > 0)$ के साथ $dt = 0$ पर विद्युत क्षेत्र $E = -E_0\,\hat{i}\,(E_0$ = स्थिरांक > 0 में प्रवेश करता है। यदि प्रारंभ में इसकी दे-ब्रॉग्ली तरंगदैर्ध्य λ_0 है, तो समय t पर इसकी दे-ब्रॉग्ली तरंगदैर्ध्य क्या है? **NCERT पृष्ठ 284**

(a) $\lambda_0 t$ (b) $\lambda_0\left(1+\frac{eE_0}{mv_0}t\right)$

(c) $\frac{\lambda_0}{\left(1+\frac{eE}{mv_0}t\right)}$ (d) λ_0

95 एक इलेक्ट्रॉन माइक्रोस्कोप में प्रयुक्त किए जाने वाले इलेक्ट्रॉनों को 25 किलो-वोल्ट के विभवान्तर के द्वारा त्वरित किया जाता है। यदि विभवान्तर को 100 किलो-वोल्ट तक बढ़ा दिया जाए, तो इलेक्ट्रॉनों से सम्बन्धित दे-ब्रॉग्ली तरंगदैर्ध्य में **NCERT पृष्ठ 284**

(a) चार गुना वृद्धि होगी (b) दो गुना वृद्धि होगी

(c) आधी हो जाती है (d) एक चौथाई हो जाती है

96 द्रव्यमान m के एक इलेक्ट्रॉन की दे-ब्रॉग्ली तरंगदैर्ध्य λ है जब इसे विभवांतर V से त्वरित किया जाता है। तब द्रव्यमान M के प्रोटॉन को विभवांतर 9 वोल्ट से त्वरित किया जाता है, तो इसके साथ सम्बद्ध दे-ब्रॉग्ली तरंगदैर्ध्य होगी (मान लें कि तरंगदैर्ध्य कम वोल्टेज पर निर्धारित होती है)। **NCERT पृष्ठ 284**

(a) $\frac{\lambda}{3}\sqrt{\frac{M}{m}}$ (b) $\frac{\lambda}{3}\frac{M}{m}$

(c) $\frac{\lambda}{3}\sqrt{\frac{m}{M}}$ (d) $\frac{\lambda}{3}\frac{m}{M}$

97 V वोल्ट से त्वरित प्रोटॉन के लिए, दे-ब्रॉग्ली तरंगदैर्ध्य निम्न में से किस प्रकार से व्यक्त की जाती है? **NCERT पृष्ठ 284**

(a) $\frac{12.27}{\sqrt{V}}$ ऐंग्स्ट्रॉम

(b) $\frac{0.286}{\sqrt{V}}$ ऐंग्स्ट्रॉम

(c) $\frac{0.101}{\sqrt{V}}$ ऐंग्स्ट्रॉम

(d) $\frac{0.202}{\sqrt{V}}$ ऐंग्स्ट्रॉम

98 दो इलेक्ट्रॉन एक दूसरे के लंबवत गैर-सापेक्षिक गति से घूम रहे हैं। यदि संगत दे-ब्रॉग्ली तरंगदैर्ध्य λ_1 तथा λ_2 हैं, तो उनके द्रव्यमान केंद्र से जुड़े निर्देश फ्रेम में उनकी दे-ब्रॉग्ली तरंगदैर्ध्य है? **NCERT पृष्ठ 284**

(a) $\lambda_{CM} = \frac{2\lambda_1\lambda_2}{\sqrt{\lambda_1^2 + \lambda_2^2}}$ (b) $\lambda_{CM} = \lambda_1 = \lambda_2$

(c) $\lambda_{CM} = \left(\frac{\lambda_1 + \lambda_2}{2}\right)$ (d) $\frac{1}{\lambda_{CM}} = \frac{1}{\lambda_1} + \frac{1}{\lambda_2}$

99 यदि किसी कण की गतिज ऊर्जा एक-चौथाई तक कम हो जाती है, तो दे-ब्रॉग्ली तरंदैर्ध्य में प्रतिशत वृद्धि होती है **NCERT पृष्ठ 284**

(a) 41% (b) 100%

(c) 144% (d) 200%

100 $4m$ द्रव्यमान का एक कण विरामावस्था में शून्येतर वेग वाले m तथा $3m$ दव्यमान के दो कणों में विघटित हो जाता है। कण 1 तथा 2 के दे-ब्रॉग्ली तरंगदैर्ध्य का अनुपात है **NCERT पृष्ठ 284**

(a) $\frac{1}{2}$ (b) $\frac{1}{4}$ (c) 2 (d) 1

अभिकथन-कारण प्रश्न

निर्देश *(प्रश्न क्रमांक 1-10) निम्नलिखित प्रश्नों में, अभिकथन के एक कथन बाद कारण का एक संगत कथन दिया गया है। निम्नलिखित विकल्पों में से, सही विकल्प का चयन कीजिए।*

(a) अभिकथन और कारण दोनों सही हैं और कारण, अभिकथन की सही व्याख्या है
(b) अभिकथन और कारण दोनों सही हैं लेकिन कारण, अभिकथन की सही व्याख्या नहीं है।
(c) अभिकथन सही है परन्तु कारण गलत है।
(d) अभिकथन गलत है परन्तु कारण सही है।

1 **अभिकथन** धातु के अन्दर इलेक्ट्रॉनों को धातु से बाहर निकलने की स्वतंत्रता होती है।

कारण चालक के अन्दर इलेक्ट्रॉन अतिरिक्त ऊर्जा की आवश्यकता के धातु से बाहर नहीं निकल सकते हैं। NCERT पृष्ठ 275

2 **अभिकथन** प्रकाश की कण प्रकृति प्रकाश विद्युत प्रभाव की देहली आवृत्ति द्वारा समर्थित होती है।

कारण जब आपतित प्रकाश की आवृत्ति देहली आवृत्ति से कम होती है, तो इलेक्ट्रॉन धातु की सतह से मुक्त नहीं होते हैं। NCERT पृष्ठ 276

3 **अभिकथन** $\nu > \nu_0$ (देहली आवृत्ति) के लिए, प्रकाश विद्युत धारा तीव्रता के समानुपाती होती है।

कारण उपलब्ध ऊर्जा क्वाण्टा की संख्या जितनी अधिक होगी, ऊर्जा क्वाण्टा को अवशोषित करने वाले इलेक्ट्रॉनों की संख्या भी उतनी ही अधिक होगी तथा धातु से बाहर आने वाले इलेक्ट्रॉनों की संख्या भी उतनी ही अधिक होगी। NCERT पृष्ठ 277

4 **अभिकथन** यदि किसी धातु का कार्य फलन न्यूनतम होता है, तो उसकी प्रकाश-संवदेनशीलता अधिक होती है।

कारण कार्य फलन $= h\nu_0$, जहाँ ν_0 देहली आवृत्ति है। NCERT पृष्ठ 277

5 **अभिकथन** दरवाजे की लाइट में प्रयुक्त प्रकाशीय सेल हेतु विद्युतीय परिपथ का उपयोग स्वचालित दरवाजा खोलने वाले के रूप में किया जाता है।

कारण प्रकाशीय धारा में अचानक परिवर्तन, दरवाजा खोलने में सहायता करता है। NCERT पृष्ठ 277

6 **अभिकथन** प्रकाश विद्युत धारा की सामर्थ्य आपतित विकिरण की तीव्रता पर निर्भर करती है।

कारण ऊर्जा E के एक फोटॉन का द्रव्यमान E/c^2 के बराबर होता है और संवेग E/c के बराबर होता है। NCERT पृष्ठ 278

7 **अभिकथन** प्रकाश विद्युत प्रभाव में निरोधी विभव आपतित प्रकाश की तीव्रता से स्वतंत्र होता है।

कारण निरोधी विभव केवल आपतित प्रकाश की आवृत्ति पर निर्भर करता है, जो फोटॉनों की ऊर्जा निर्धारित करता है। NCERT पृष्ठ 278

8 **अभिकथन** ऊर्जा का प्रकाश क्वाण्टम फोटॉन से सम्बन्धित होता है।

कारण ऊर्जा का प्रकाश क्वाण्टम भी संवेग के साथ सम्बन्धित होता है। NCERT पृष्ठ 280

9 **अभिकथन** हमारे दैनिक जीवन में स्थूल वस्तुएँ प्रमुख रूप से तरंग जैसे गुण प्रदर्शित करती हैं।

कारण स्थूल वस्तुओं की तरंगदैर्ध्य बहुत छोटी होती है। NCERT पृष्ठ 280

10 **अभिकथन** यदि आपतित विकिरण की ऊर्जा धातु के कार्य फलन को पूरा करने के लिए अपर्याप्त होती है, तो प्रकाश-विद्युत प्रभाव उत्पन्न नहीं होगा।
कारण यदि आपतित विकिरण की ऊर्जा धातु के कार्य फलन के बराबर है तो प्रकाशीय इलेक्ट्रॉनों की गतिज ऊर्जा शून्य होगी। NCERT पृष्ठ 281

कथन आधारित प्रश्न

निर्देश *(प्रश्न क्रमांक 1-8) निम्नलिखित प्रश्नों में दो कथन (I और II) दिए गए हैं। दिए गए कथनों के आधार पर, नीचे दिए गए विकल्पों में से सही उत्तर चुनें।*

(a) कथन I और कथन II दोनों गलत हैं।
(b) कथन I सही है, लेकिन कथन II गलत हैं।
(c) कथन I गलत है, लेकिन कथन II सही है।
(d) कथन I और कथन II दोनों सही हैं।

1 **कथन I** प्रकाश विद्युत प्रभाव का अध्ययन करने के लिए प्रयोग किए जाने वाले प्रायोगिक व्यवस्था में, पर्याप्त रूप से लघु तरंगदैर्ध्य के स्रोत से एकवर्णी प्रकाश का उपयोग किया जाता है।

कथन II उत्सर्जक प्लेट पर आपतित प्रकाश की तीव्रता उत्सर्जक से प्रकाश स्रोत की दूरी से स्वतंत्र होती है। NCERT पृष्ठ 277

2 **कथन I** कम तीव्रता का अर्थ है इलेक्ट्रॉन उत्सर्जन में विलम्ब।

कथन II निरोधी विभव V_0 तथा आवृत्ति ν के बीच के वक्र का ढाल पदार्थ की प्रकृति से स्वतंत्र होता है। NCERT पृष्ठ 277

3 **कथन I** यह एक प्रबल व्यावहारिक प्रमाण है कि कम द्रव्यमान वाला कण उच्च गति पर तरंग बन जाता है।।

कथन II जब यंग के द्विस्लिट प्रयोग में प्रकाश के स्थान पर इलेक्ट्रॉनों या तापीय न्यूट्रॉनों का उपयोग किया जाता है, तो उच्चिष्ठ और निम्निष्ठ का समान पैटर्न देखा जाता है। NCERT पृष्ठ 278

4 **कथन I** प्रकाश विद्युत संतृप्त धारा आपतित प्रकाश की आवृत्ति में वृद्धि के साथ बढ़ती है

कथन II आपतित फोटॉनों की ऊर्जा आवृत्ति में वृद्धि के साथ बढ़ती है और परिणामस्वरूप प्रकाश विद्युत धारा बढ़ जाती है। NCERT पृष्ठ 279

5 **कथन I** धातु की सतह से उत्सर्जित प्रकाशीय इलेक्ट्रॉनों की गतिज ऊर्जा आपतित फोटॉन की तीव्रता पर निर्भर नहीं करती है।

कथन II धात्विक सतह से इलेक्ट्रॉनों का निष्कासन, आपतित फोटॉनों की आवृत्ति की देहली आवृत्ति से कम होने पर संभव नहीं है। NCERT पृष्ठ 279

6 **कथन I** प्रकाश विद्युत प्रभाव, प्रकाश की तरंग प्रकृति को प्रदर्शित करता है।

कथन II उत्सर्जित प्रकाशीय इलेक्ट्रॉनों की संख्या, प्रकाश की आवृत्ति के समानुपाती होती है। NCERT पृष्ठ 281

7 **कथन I** जब $h\nu < \phi_0$ होता है तो धातु की सतह से एक इलेक्ट्रॉन उत्सर्जित होता है।

कथन II चूंकि, $K_{\text{अधिकतम}}$ धनात्मक होना चाहिए, इसका तात्पर्य है कि प्रकाश विद्युत उत्सर्जन केवल तभी संभव है, जब $h\nu = \phi_0$ NCERT पृष्ठ 281

8 **कथन I** किसी प्रयोग को समझने के लिए कण या तरंग का वर्णन सबसे उपयुक्त है या नहीं, यह प्रयोग की प्रकृति से स्वतंत्र होता है।

कथन II सामान्यतः इलेक्ट्रॉन से सम्बद्ध पदार्थ तरंग अंतरिक्ष के कुछ परिमित क्षेत्र में विस्तारित एक तरंग पैकेट होती है। NCERT पृष्ठ 284

सुमेलन प्रकार प्रश्न

1 कॉलम I में दी गई राशियों को कॉलम II में उनकी परिभाषाओं से सुमेलित करें और नीचे दिए गए कूट से सही उत्तर का चयन करें। NCERT पृष्ठ 280

कॉलम I	कॉलम II
A. कार्य फलन	1. प्रति सेकण्ड उत्सर्जित प्रकाशीय इलेक्ट्रॉनों की अधिकतम संख्या
B. निरोधी विभव	2. प्रति सेकण्ड उत्सर्जित प्रकाशीय इलेक्ट्रॉनों की संख्या
C. संतृप्त धारा	3. न्यूनतम मंदन विभव
D. प्रकाशीय धारा	4. धातु की सतह से निष्कासन के लिए इलेक्ट्रॉन द्वारा आवश्यक न्यूनतम ऊर्जा

कूट

	A	B	C	D
(a)	2	4	3	1
(b)	3	2	4	1
(c)	4	3	1	2
(d)	1	2	3	4

2 कॉलम I (राशियाँ) को कॉलम II (मानों का व्यंजक) से सुमेलित करें और नीचे दिए गए कूट से सही उत्तर का चयन करें। NCERT पृष्ठ 281

कॉलम I	कॉलम II
A. एक इलेक्ट्रॉन द्वारा अवशोषित फोटॉनों की अधिकतम संख्या	1. $\frac{\phi_0}{\nu_0}$
B. प्रति सेकण्ड स्रोत द्वारा उत्सर्जित फोटॉनों की संख्या	2. $\frac{P}{E}$
C. एक फोटॉन की ऊर्जा	3. $h\nu$
D. प्लांक स्थिरांक	4. 1

कूट

	A	B	C	D
(a)	2	4	1	3
(b)	4	2	3	1
(c)	2	4	3	1
(d)	3	1	2	4

3 कॉलम I (राशि) को कॉलम II (सूत्र) से सुमेलित करें और नीचे दिए गए कूट से सही उत्तर का चयन करें NCERT पृष्ठ 285

कॉलम I	कॉलम II
A. निरोधी विभव	1. $K_{\text{अधिकतम}} = h\nu - \phi$
B. आवृत्ति तथा निरोधी विभव के बीच का ढलान	2. $\lambda = \frac{h}{mv}$
C दे-ब्रॉग्ली तरंगदैर्ध्य	3. $\frac{h}{e}$
D. प्रकाश विद्युत समीकरण	4. $\frac{K_{\text{अधिकतम}}}{e}$

कूट

	A	B	C	D
(a)	4	3	2	1
(b)	2	1	3	4
(c)	3	2	1	4
(d)	1	4	2	3

आंकिक मान प्रकार के प्रश्न

1 ऊर्जा E के इलेक्ट्रॉनों का एक किरण पुंज 1 ऐंग्स्ट्रॉम के परमाणु अंतराल वाले लक्ष्य से बिखरा हुआ है। पहली अधिकतम तीव्रता $\theta = 60°$ पर होती है। तब, E (इलेक्ट्रॉन-वोल्ट में) .... है। NCERT पृष्ठ 284

2 जब देहली आवृत्ति से दोगुनी आवृत्ति वाला प्रकाश धातु की प्लेट से टकराता है, तो उत्सर्जित इलेक्ट्रॉनों का अधिकतम वेग v_1 होता है। यदि आपतित विकिरण की आवृत्ति देहली मान से पाँच गुना बढ़ा दी जाए, तो उत्सर्जित इलेक्ट्रॉन का अधिकतम वेग v_2 हो जाता है। यदि $v_2 = xv_1$ है, तो x का मान .... होगा। NCERT पृष्ठ 281

3 धातु के कार्य फलन की दोगुनी और दस गुनी ऊर्जा वाली फोटॉनों की दो धाराएँ क्रमिक रूप से धातु की सतह से टकराती हैं। इन दोनों स्थितियों में उत्सर्जित प्रकाशिक इलेक्ट्रॉनों के अधिकतम वेगों का अनुपात $x : y$ है। x का मान .... है। NCERT पृष्ठ 281

4 किसी धातु की सतह को पहले $\lambda_1 = 350$ नैनोमीटर तरंगदैर्ध्य के प्रकाश से तथा फिर $\lambda_2 = 540$ नैनोमीटर तरंगदैर्ध्य के प्रकाश से प्रकाशित किया जाता है। यह पाया गया कि दोनों स्थितियों में प्रकाशीय इलेक्ट्रॉनों की अधिकतम गति 2 के गुणक से भिन्न होती है। धातु का कार्य फलन (इलेक्ट्रॉन वोल्ट में) लगभग (फोटॉन की ऊर्जा $= (1240/\lambda)$ इलेक्ट्रॉन वोल्ट) ...... $\times 10^{-2}$ इलेक्ट्रॉन वोल्ट है। NCERT पृष्ठ 281

5 एक फोटॉन की ऊर्जा, जिसकी दे-ब्रॉग्ली तरंगदैर्ध्य 225 वोल्ट विभवांतर से त्वरित एक इलेक्ट्रॉन की तरंगदैर्ध्य के बराबर होती है, लगभग .... किलो इलेक्ट्रॉन वोल्ट होती है। NCERT पृष्ठ 284

6 चित्र में प्रस्तुत आँकड़ों से, एक सीज़ियम उत्सर्जक के लिए आवृत्ति ν के एक फलन के रूप में निरोधी विभव V_0 (वोल्ट में) द्वारा इंगित किया जाता है। सीज़ियम का कार्य फलन (इलेक्ट्रॉन वोल्ट में) .... होता है। NCERT पृष्ठ 281

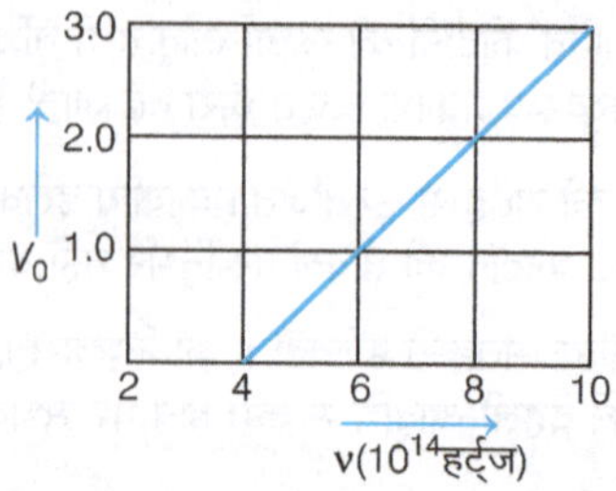

7 जब 750 नैनोमीटर की तरंगदैर्ध्य वाला प्रकाश किसी धातु पर पड़ता है, तो इससे एक निश्चित गतिज ऊर्जा के साथ प्रकाशीय इलेक्ट्रॉन उत्सर्जित होते हैं। यदि इसके स्थान पर 450 नैनोमीटर तरंगदैर्ध्य वाला प्रकाश उपयोग किया जाए, तो प्रकाशीय इलेक्ट्रॉन की अधिकतम गतिज ऊर्जा दोगुनी हो जाती है। इलेक्ट्रॉन-वोल्ट में धातु का कार्य फलन .... है। ($hc = 1230$ इलेक्ट्रॉन-वोल्ट-नैनोमीटर) NCERT पृष्ठ 281

8 पृथ्वी की सतह तक पहुँचने वाले सूर्य के प्रकाश का ऊर्जा फ्लक्स 1.388×10^3 वाट/मी^{2} है। सूर्य के प्रकाश में फोटॉनों की औसत तरंगदैर्ध्य 500 नैनोमीटर है। पृथ्वी की सतह पर प्रति वर्ग मीटर आपतित फोटॉनों की संख्या $x \times 10^4$ है। x का मान ज्ञात कीजिए। NCERT पृष्ठ 283

9 300 नैनोमीटर तरंगदैर्ध्य और 1.0 वाट/मी^{2} तीव्रता का पराबैंगनी प्रकाश एक प्रकाश-संवेदी पदार्थ की सतह पर पड़ता है। यदि आपतित फोटॉन प्रकाशिक इलेक्ट्रॉन उत्पन्न करते हैं, तो सतह के 1.0 सेमी^{2} क्षेत्र से प्रति सेकण्ड उत्सर्जित प्रकाशिक इलेक्ट्रॉनों की संख्या लगभग .... $\times 10^{14}$ सेमी^{2}/से होती है। NCERT पृष्ठ 283

10 यदि किसी कूलिज ट्यूब से निकलने वाले सतत स्पेक्ट्रम की लघु तरंगदैर्ध्य सीमा 10 ऐंग्स्ट्रॉम है, तो कूलिज ट्यूब में, लक्ष्य धातु तक पहुँचने वाले इलेक्ट्रॉनों की दे-ब्रॉग्ली तरंगदैर्ध्य .... ऐंग्स्ट्रॉम होगी। NCERT पृष्ठ 284

NCERT Exemplar प्रश्न

1 एक कण को H ऊँचाई से गिराया जाता है। कण से सम्बद्ध दे-ब्रॉग्ली तरंगदैर्ध्य .... के समानुपाती होती है।

(a) H (b) $H^{1/2}$ (c) H^0 (d) $H^{-1/2}$

2 एक प्रोटॉन 1 मेगा इलेक्ट्रॉन-वोल्ट ऊर्जा के साथ नाभिक से बँधा है। नाभिक से इस प्रोटॉन को हटाने के लिए आवश्यक फोटॉन की ऊर्जा क्या होगी?

(a) 1.2 नैनोमीटर (b) 1.2×10^{-3} नैनोमीटर
(c) 1.2×10^{-6} नैनोमीटर (d) 1.2×10^{1} नैनोमीटर

3 एक खाली कक्ष में रखी धातु की सतह पर पड़ने वाले इलेक्ट्रॉनों (प्रत्येक की ऊर्जा E_0) के किरण पुंज पर विचार करें।

(a) कोई इलेक्ट्रॉन उत्सर्जित नहीं होगा क्योंकि केवल फोटॉन ही इलेक्ट्रॉन उत्सर्जित कर सकते हैं।
(b) इलेक्ट्रॉन उत्सर्जित हो सकते, लेकिन सभी की ऊर्जा E_0 होगी।
(c) इलेक्ट्रॉन किसी भी ऊर्जा के साथ उत्सर्जित हो सकते हैं, जबकि अधिकतम ऊर्जा $E_0 - \phi$ (ϕ कार्य फलन है) होगी।
(d) इलेक्ट्रॉन किसी भी ऊर्जा के साथ उत्सर्जित हो सकते हैं जबकि अधिकतम ऊर्जा E_0 होगी।

4 यदि एक प्रोटॉन, एक न्यूट्रॉन, एक इलेक्ट्रॉन और एक-α-कण की ऊर्जा समान है, तो उनकी दे-ब्रॉग्ली तरंगदैर्ध्य की तुलना निम्न प्रकार होगी

(a) $\lambda_p = \lambda_n > \lambda_e > \lambda_\alpha$ (b) $\lambda_\alpha < \lambda_p = \lambda_n < \lambda_e$
(c) $\lambda_e < \lambda_p = \lambda_n > \lambda_\alpha$ (d) $\lambda_e = \lambda_p = \lambda_n = \lambda_\alpha$

5 एक इलेक्ट्रॉन प्रारंभिक वेग $\mathbf{v} = v_0\,\hat{i}$ से घूम रहा है तथा चुम्बकीय क्षेत्र $\mathbf{B} = B_0\,\hat{j}$ में है। इसकी दे-ब्रॉग्ली तरंगदैर्ध्य

(a) स्थिर रहती है (b) समय के साथ बढ़ती है
(c) समय के साथ घटती है (d) पहले बढ़ती है फिर घटती है

6 एक इलेक्ट्रॉन (द्रव्यमान m) जिसका प्रारंभिक वेग $\mathbf{v} = v_0\,\hat{i}$ है, विद्युत क्षेत्र $\mathbf{E} = E_0\,\hat{j}$ में है। यदि $\lambda_0 = h/mv_0$ हो, तो समय t पर इसकी दे-ब्रॉग्ली तरंगदैर्ध्य होगी।

(a) λ_0 (b) $\lambda_0\sqrt{1+\dfrac{e^2E_0^2t^2}{m^2v_0^2}}$

(c) $\dfrac{\lambda_0}{\sqrt{1+\dfrac{e^2E_0^2t^2}{m^2v_0^2}}}$ (d) $\dfrac{\lambda_0}{\left(1+\dfrac{e^2E_0^2t^2}{m^2v_0^2}\right)}$

विगत परीक्षाओं के प्रश्न

NEET

1 यदि निर्वात में प्रकाश की चाल c है, तो फोटॉन के लिए निम्नलिखित में से सही कथन है। **NCERT पृष्ठ 283, NEET 2024**

A. फोटॉन की ऊर्जा $E = h\nu$ है।
B. फोटॉन की चाल c है।
C. फोटॉन का संवेग $p = h\nu/c$ है।
D. फोटॉन-इलेक्ट्रॉन संघट्ट में, दोनों कुल ऊर्जा व कुल संवेग संरक्षित रहते हैं।
E. फोटॉन पर धनात्मक आवेश होता है।

निम्नलिखित विकल्पों में से सही उत्तर चुनिए।

(a) केवल A व B (b) केवल A, B, C व D
(c) केवल A, C व D (d) केवल A, B, D व E

2 निम्न में से कौन-सा ग्राफ $\left(\dfrac{1}{\lambda^2}\right)$ तथा इसकी गतिज ऊर्जा E के परिवर्तन को दर्शाता है (जहाँ, λ एक मुक्त कण की दे-ब्रोग्ली तरंगदैर्ध्य है) **NCERT पृष्ठ 285, NEET 2024**

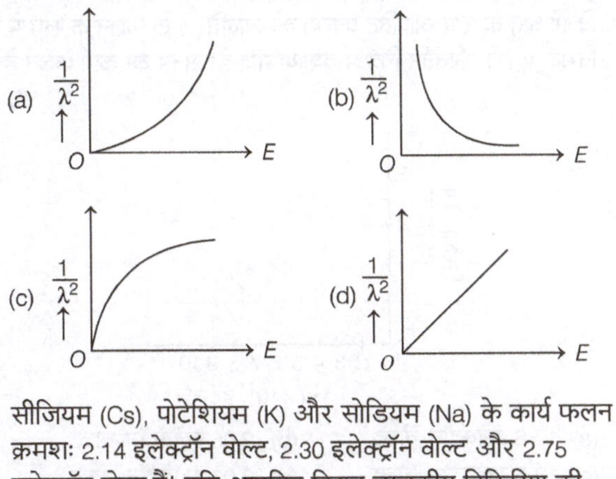

3 सीजियम (Cs), पोटेशियम (K) और सोडियम (Na) के कार्य फलन क्रमशः 2.14 इलेक्ट्रॉन वोल्ट, 2.30 इलेक्ट्रॉन वोल्ट और 2.75 इलेक्ट्रॉन वोल्ट हैं। यदि आपतित विद्युत चुम्बकीय विकिरण की आपतित ऊर्जा 2.20 इलेक्ट्रॉन वोल्ट है तो इनमें से कौन-सी प्रकाश-संवेदी सतह प्रकाशिक इलेक्ट्रॉन उत्सर्जित कर सकती है? **NCERT पृष्ठ 276, NEET 2023**

(a) Na और K दोनों (b) केवल K
(c) केवल Na (d) केवल Cs

4 जब ν और $\nu/2$ आवृत्ति के दो एकवर्णी प्रकाश किसी प्रकाशीय विद्युत धातु पर पड़ते हैं, तो उनका निरोधी विभव क्रमशः $\dfrac{V_s}{2}$ तथा V_s हो जाता है। इस धातु के लिए देहली आवृत्ति है **NCERT पृष्ठ 281, NEET 2022**

(a) 3ν (b) $\dfrac{2}{3}\nu$
(c) $\dfrac{3}{2}\nu$ (d) 2ν

5 तरंगदैर्ध्य की एक विद्युत चुम्बकीय तरंग नगण्य कार्य फलन की प्रकाश-संवेदी सतह पर आपतित होती है। यदि सतह से उत्सर्जित प्रकाशिक इलेक्ट्रॉन का द्रव्यमान m है, जिसकी दे-ब्रॉग्ली तरंगदैर्ध्य λ_d है, तो **NCERT पृष्ठ 284, NEET 2021**

(a) $\lambda = \left(\dfrac{2h}{mc}\right)\lambda_d^2$ (b) $\lambda = \left(\dfrac{2m}{hc}\right)\lambda_d^2$
(c) $\lambda = \left(\dfrac{2mc}{h}\right)\lambda_c^2$ (d) $\lambda = \left(\dfrac{2mc}{h}\right)\lambda_d^2$

6 तरंगदैर्ध्य 600 नैनोमीटर के एकवर्णी प्रकाश के स्रोत द्वारा प्रति सेकण्ड औसतन उत्सर्जित फोटॉनों की संख्या क्या होगी जब यह 3.3×10^{-3} वाट की शक्ति प्रदान करता है? ($h = 6.6\times10^{-34}$ जूल-से)। **NCERT पृष्ठ 283, NEET 2021**

(a) 10^{18} (b) 10^{17} (c) 10^{16} (d) 10^{15}

7 144 इलेक्ट्रॉन-वोल्ट की गतिज ऊर्जा से गतिमान एक इलेक्ट्रॉन की दे-ब्रॉग्ली तरंगदैर्ध्य लगभग है **NCERT पृष्ठ 284, NEET 2020**

(a) 102×10^{-3} नैनोमीटर (b) 102×10^{-4} नैनोमीटर
(c) 102×10^{-5} नैनोमीटर (d) 102×10^{-2} नैनोमीटर

8 एक इलेक्ट्रॉन को V वोल्ट के विभवांतर से विरामावस्था से त्वरित किया जाता है। यदि इलेक्ट्रॉन की दे-ब्रॉग्ली तरंगदैर्ध्य 1227×10^{-2} नैनोमीटर है, तो विभवांतर है NCERT पृष्ठ 284, NEET 2020

(a) 10^2 वोल्ट (b) 10^3 वोल्ट (c) 10^4 वोल्ट (d) 10 वोल्ट

9 देहली आवृत्ति की 1.5 गुना आवृत्ति का प्रकाश एक प्रकाश-संवेदी पदार्थ पर आपतित होता है। यदि आवृत्ति आधी कर दी जाए और तीव्रता दोगुनी कर दी जाए, तो प्रकाश-विद्युत धारा क्या होगी? NCERT पृष्ठ 277, NEET 2020

(a) चार गुना (b) एक-चौथाई (c) शून्य (d) दोगुनी

10 एक प्रकाश संवेदी पदार्थ का कार्य फलन 4.0 इलेक्ट्रॉन वोल्ट है। प्रकाश की यह सबसे लम्बी तरंगदैर्ध्य लगभग क्या होगी, जो पदार्थ से फोटॉन उत्सर्जन का कारण बन सकती है? NCERT पृष्ठ 277, NEET 2019

(a) 3100 नैनोमीटर (b) 966 नैनोमीटर
(c) 31 नैनोमीटर (d) 310 नैनोमीटर

11 एक इलेक्ट्रॉन को 10000 वोल्ट के विभवान्तर से त्वरित किया जाता है। इसकी दे-ब्रॉग्ली तरंगदैर्ध्य (लगभग) है : $m_e = 9 \times 10^{-31}$ किग्रा) NCERT पृष्ठ 284, NEET 2019

(a) 12.2×10^{-12} मीटर (b) 12.2×10^{-14} मीटर
(c) 12.2 नैनोमीटर (d) 12.2×10^{-13} मीटर

12 जब $2v_0$ आवृत्ति (जहाँ, v_0 देहली आवृत्ति है) का प्रकाश किसी धातु की प्लेट पर पड़ता है, तो उत्सर्जित इलेक्ट्रॉनों का अधिकतम वेग v_1 होता है। जब आपतित विकिरण की आवृत्ति $5v_0$ तक बढ़ा दी जाती है तो उसी प्लेट से उत्सर्जित इलेक्ट्रॉनों का अधिकतम वेग v_2 होता है। v_1 से v_2 का अनुपात क्या है? NCERT पृष्ठ 281, NEET 2018

(a) 4 : 1 (b) 1 : 4 (c) 1 : 2 (d) 2 : 1

JEE Main

13 जब धातु की सतह पर 300 नैनोमीटर तरंगदैर्ध्य का पराबैंगनी प्रकाश आपतित होता है जिसका कार्यफलन 2.13 इलेक्ट्रॉन वोल्ट है, तो इलेक्ट्रॉन का उत्सर्जन होता है। निरोधी विभव है (दिया है, $hc = 1240$ इलेक्ट्रॉन-वोल्ट-नैनोमीटर) NCERT पृष्ठ 281, JEE Main 2024

(a) 4.1 वोल्ट (b) 1.5 वोल्ट (c) 2 वोल्ट (d) 4 वोल्ट

14 नीचे दो कथन दिए गए हैं

कथन I दो प्रकाश सुग्राही पदार्थों M_1 व M_2 के लिए आवृत्ति (ν) के साथ विभव पतन को चित्र प्रदर्शित करता है। प्रवणता का मान $\frac{h}{e}$ है, जहाँ h प्लांक नियतांक तथा e इलेक्ट्रॉन का आवेश है।

कथन II समान आवृत्ति के आपतित विकिरण के लिए M_2 अधिक गतिज ऊर्जा के प्रकाश इलेक्ट्रॉन उत्सर्जित करेगा।

उपरोक्त कथनों के आधार पर, नीचे दिये गये विकल्पों में से सबसे उचित उत्तर चुनिए। NCERT पृष्ठ 282, JEE Main 2024

(a) दोनों कथन I व कथन II गलत हैं।
(b) कथन I गलत है परन्तु कथन II सही है।
(c) दोनों कथन I व कथन II सही हैं।
(d) कथन I सही है परन्तु कथन II गलत है।

15 एक प्रोटॉन व एक इलेक्ट्रॉन की दे-ब्रोग्ली तरंगदैर्ध्य समान हैं। यदि प्रोटॉन व इलेक्ट्रॉन की गतिज ऊर्जाएँ क्रमशः K_p तथा K_e हों, तब सही सम्बन्ध चुनिए। NCERT पृष्ठ 283, JEE Main 2024

(a) $K_p = K_e^2$ (b) $K_p > K_e$
(c) $K_p < K_e$ (d) $K_p = K_e$

16 प्रकाश विद्युत प्रभाव में

A. प्रकाश धारा आपतित विकिरण की तीव्रता के समानुपाती होती है।
B. अधिकतम गतिज ऊर्जा जिसके साथ प्रकाशीय इलेक्ट्रॉन उत्सर्जित होते हैं, आपतित प्रकाश की तीव्रता पर निर्भर करती है।
C. अधिकतम गतिज ऊर्जा जिसके साथ प्रकाशीय इलेक्ट्रॉन उत्सर्जित होते हैं, आपतित प्रकाश की आवृत्ति पर निर्भर करती है।
D. प्रकाशीय इलेक्ट्रॉनों के उत्सर्जन के लिए आपतित विकिरण की न्यूनतम देहली तीव्रता की आवश्यकता होती है।
E. प्रकाशीय इलेक्ट्रॉनों की अधिकतम गतिज ऊर्जा आपतित प्रकाश की आवृत्ति से स्वतंत्र होती है। NCERT पृष्ठ 277, JEE Main 2023

नीचे दिए गए विकल्पों में से सही उत्तर चुनें।

(a) केवल A और B (b) केवल B और C
(c) केवल A और C (d) केवल A और E

17 किसी धातु के लिए आपतित प्रकाश की आवृत्ति (ν) के फलन के रूप में निरोधी विभव (V_0) में परिवर्तन चित्र में दर्शाया गया है। सतह का कार्य फलन है NCERT पृष्ठ 281, JEE Main 2023

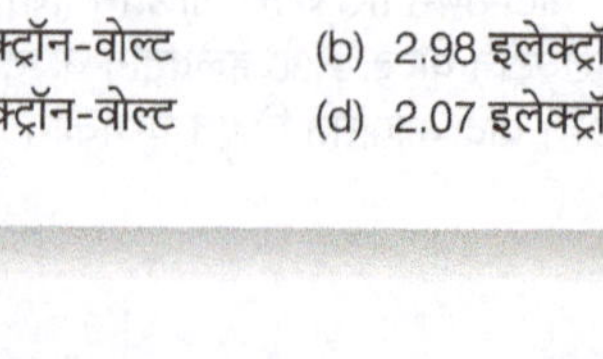

(a) 1.36 इलेक्ट्रॉन-वोल्ट (b) 2.98 इलेक्ट्रॉन-वोल्ट
(c) 18.6 इलेक्ट्रॉन-वोल्ट (d) 2.07 इलेक्ट्रॉन-वोल्ट

18 यदि विद्युत चुम्बकीय विकिरण का एक स्रोत जिसकी शक्ति 15 किलो वाट है, 10^{16} फोटॉन उत्पन्न करता है, तो विकिरण स्पेक्ट्रम के किस भाग से सम्बन्धित है? (प्लांक स्थिरांक $h = 6 \times 10^{-34}$ जूल-से लें)
NCERT पृष्ठ 283, JEE Main 2023

(a) रेडियो तरंगें (b) गामा किरणें
(c) पराबैंगनी किरणों (d) सूक्ष्म तरंगें

19 900 नैनोमीटर तरंगदैर्ध्य और 100 वाट/मी² तीव्रता वाला प्रकाश का एक समानांतर किरण पुंज,किरण पुंज के लम्बवत् सतह पर आपतित होती है। एक सेकण्ड में किरण पुंज के लंबवत 1 सेमी² क्षेत्रफल से गुजरने वाले फोटॉन की संख्या है NCERT पृष्ठ 283, JEE Main 2022

(a) 4.5×10^{16} (b) 4.5×10^{17}
(c) 4.5×10^{17} (d) 4.5×10^{29}

20 670.5 इलेक्ट्रॉन तंरगदैर्ध्य वाला एक एकवर्णी निऑन लैम्प एक प्रकाश संवेदी पदार्थ को प्रदीप्त करता है, जिसका निरोधी वोल्टेज 0.48 वोल्ट है। यदि प्रकाश स्रोत को 474.6 नैनोमीटर तरंगदैर्ध्य वाले किसी अन्य स्रोत से परिवर्तित दिया जाए, तो निरोधी वोल्टेज क्या होगा?
NCERT पृष्ठ 281, JEE Main 2021

(a) 0.96 वोल्ट (b) 1.25 वोल्ट
(c) 0.24 वोल्ट (d) 1.5 वोल्ट

स्किल बूस्टर्स

1 निम्नलिखित प्रकाश-विद्युत उत्सर्जन प्रयोग पर विचार करें

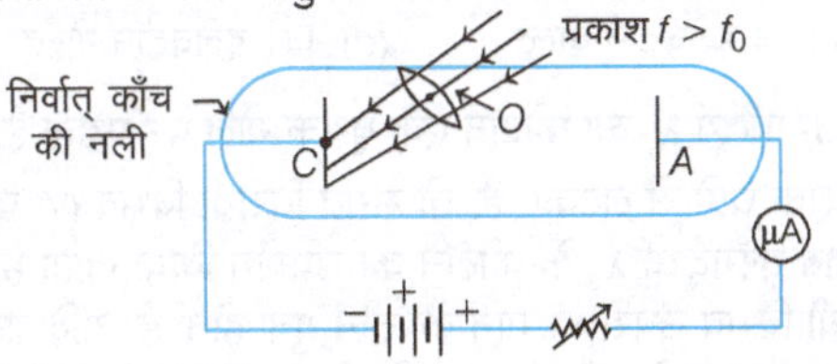

लेंस और कैथोड के केंद्र (OC) की दूरी प्रारम्भ में लेंस की फोकल लम्बई से कम है। प्रकाश संवेदी कैथोड का व्यास लेंस के व्यास से अधिक है। लेंस के कैथोड से धीरे-धीरे स्थिर गति से दूर ले जाता है। निम्न में से कौन-सा ग्राफ सही है? मान लीजिए कि प्रकाश लेंस से गुजरने के बाद ही कैथोड पर पड़ता है।

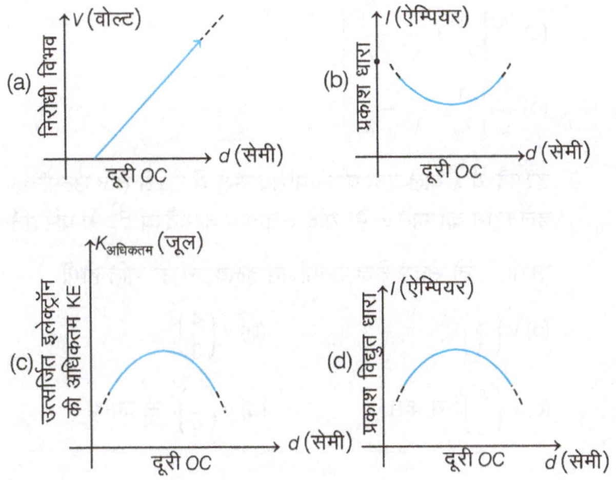

2 एक बिन्दु स्रोत S से 0.1 मीटर व्यास के छेद वाली कार्ड शीट से L दूरी पर रखा गया है। एक प्रकाश-संवेदी धातु प्लेट P का कार्ड शीट के दूसरी ओर इस छिद्र से D दूरी पर रखा गया है जैसा कि चित्र में दिखाया गया है।

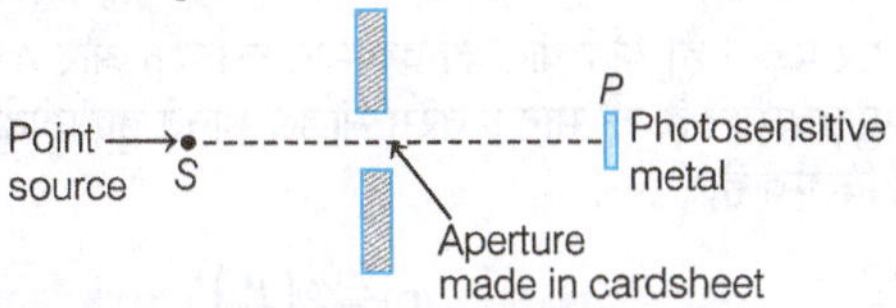

यदि स्रोत धातु प्लेट P की देहली आवृत्ति से अधिक आवृत्ति का प्रकाश उत्सर्जित करता है, तो सही विकल्प को चयन करें।

(a) जब फोकस दूरी L का अवतल द्वारक (Aperture) में रखा जाता है, तो P की प्रकाश उत्सर्जन दर बढ़ जाती है।
(b) जब फोकस दूरी L का उत्तल लेंस द्वारक में रखा जाता है, तो P की प्रकाश उत्सर्जन दर कम हो जाती है।
(c) जब एक काँच की स्लैब को छिद्र में रखा जाता है, तो P की प्रकाश उत्सर्जन दर समान रहती है।
(d) जब एक प्रिज्म को द्वारक में रखा जाता है तो P से प्रकाश का उत्सर्जन समान रहता है।

मान लीजिए कि लेंस, स्लैब या प्रिज्म द्वारक के समान आकार के हैं तथा P, द्वारक से बहुत छोटा है।

3 मान लीजिए कि कुल तीव्रता 1 माइक्रो वाट/सेमी² की एक प्रकाश किरण 4.5 इलेक्ट्रॉन-वोल्ट कार्य फलन और 1.0 सेमी क्षेत्रफल वाले एक स्वच्छ लोहे के नमूने के टुकड़े पर पड़ती है। मान लीजिए कि लोहे का नमूना 96% प्रकाश को परिवर्तित करता है और अवशोषित ऊर्जा का केवल 3% बैंगनी क्षेत्र में होता है जो प्रकाश उत्सर्जन (तरंगदैर्ध्य 250 नैनोमीटर) का कारण बन सकता है। उत्सर्जित इलेक्ट्रॉनों की संख्या होगी

(a) 1.5×10^{10} इलेक्ट्रॉन प्रति सेकण्ड
(b) 3.0×10^{9} इलेक्ट्रॉन प्रति सेकण्ड
(c) 3.0×10^{10} इलेक्ट्रॉन प्रति सेकण्ड
(c) 1.5×10^{10} इलेक्ट्रॉन प्रति सेकण्ड

4 प्रारम्भिक वेग $E_0 v_0 \hat{\mathbf{i}}$ वाला एक इलेक्ट्रॉन क्रमशः विद्युत और चुम्बकीय क्षेत्रों $-E_0 v_0 \hat{\mathbf{i}}$, और $B_0 \hat{\mathbf{j}}$ के क्षेत्र में है। समय t पर इलेक्ट्रॉन की दे-ब्रॉग्ली तरंगदैर्ध्य है

(a) $\lambda = \dfrac{h}{mv_0}$
(b) $\lambda = \dfrac{h}{qt\,(E_0)}$
(c) $\lambda = \dfrac{h}{qt\,(E_0^2 + B_0^2)^{\frac{1}{2}}}$
(d) $\lambda = \dfrac{h}{qt\left((E_0^2 + v_0^2 B_0^2)^{\frac{1}{2}}\right)}$

5 हाइड्रोजन परमाणु की कक्षा में इलेक्ट्रॉन के लिए दे-ब्रॉग्ली तरंगदैर्ध्य 10^{-9} मीटर हैं। इस इलेक्ट्रॉन के लिए मुख्य क्वाण्टम संख्या है

(a) 1 (b) 2 (c) 3 (d) 4

6 मान लीजिए I प्रकाश की तीव्रता है जो कार्य फलन ϕ_0 वाली धातु की सतह पर पड़ती है। यदि धातु का द्रव्यमान घनत्व ρ और A इसका परमाणु द्रव्यमान है, तो मानक तरंग मॉडल मानते हुए फोटोइलेक्ट्रिक समय विलम्ब है

(a) $\dfrac{\phi_0 \rho}{IA}$
(b) $\dfrac{2\phi_0}{I}\left(\dfrac{\rho}{A}\right)^{\frac{2}{3}}$
(c) $\dfrac{\phi_0}{I}\left(\dfrac{\rho}{A}\right)^{\frac{2}{3}}$
(d) $\dfrac{\phi_0}{I} \cdot \dfrac{\rho}{(A)^{\frac{1}{3}}}$

7 चित्र सीजियम, पोटेशियम, सोडियम और लिथियम की प्रकाश संवेदनशील सतह के लिए निरोधी विभव (V_0) और आवृत्ति (ν) के बीच अलग-अलग ग्राफ दिखाता है। यदि प्लॉट समानांतर है, तो उनके कार्य फलन के अनुसार लक्ष्यों की सही रैंकिंग सबसे पहले सबसे बड़ी होगी।

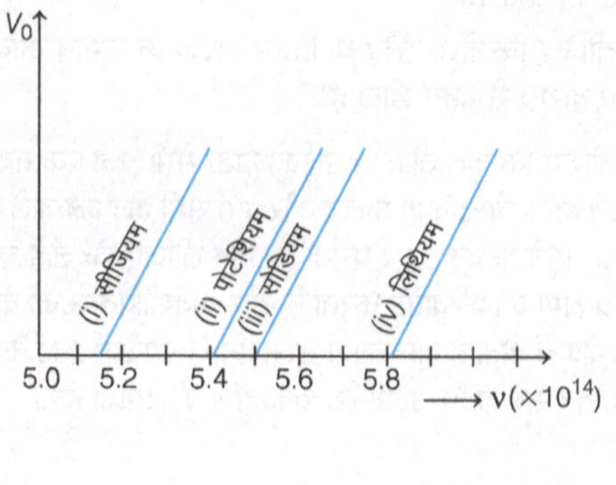

(a) (i) > (ii) > (iii) > (iv)
(b) (i) > (iii) > (ii) > (iv)
(c) (iv) > (iii) > (ii) > (i)
(d) (i) = (iii) > (ii) = (iv)

8 आपतित विकिरण के निरोधी विभव और आवृत्ति के बीच का ग्राफ निम्न चित्र में दर्शाया गया है।

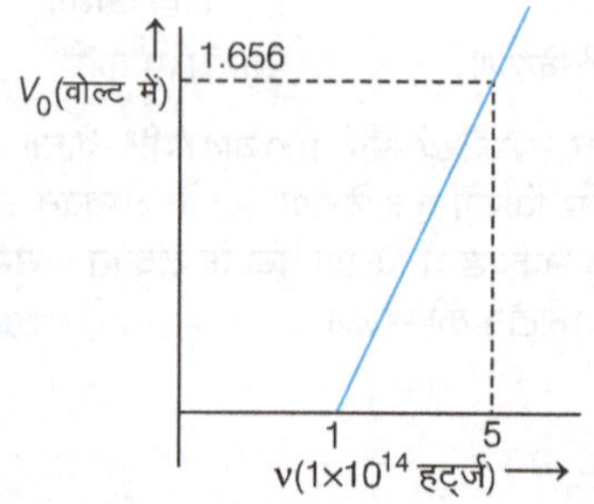

ϕ_0 का मान है

(a) 1.14 इलेक्ट्रॉन वोल्ट
(b) 0.414 इलेक्ट्रॉन वोल्ट
(c) 44.14 इलेक्ट्रॉन वोल्ट
(d) 441 इलेक्ट्रॉन वोल्ट

9 जब तरंगदैर्ध्य λ_1 का फोटॉन एक पृथक गोले पर पड़ता है, जो एक अचालक धागे से लटका है, तो संगत निरोधी विभव (V) पाया जाता है। जब तरंगदैर्ध्य λ_2 के फोटॉन का उपयोग किया जाता है, तो संगत निरोधी विभव उपरोक्त मान का तीन गुना होता है। यदि तरंगदैर्ध्य λ_3 का प्रकाश उपयोग किया जाता है, तो इस स्थिति के लिए निरोधी विभव की गणना करें।

(a) $\dfrac{hc}{e}\left[\dfrac{1}{\lambda_3} + \dfrac{1}{2\lambda_2} - \dfrac{1}{\lambda_1}\right]$
(b) $\dfrac{hc}{e}\left[\dfrac{1}{\lambda_3} + \dfrac{1}{2\lambda_2} - \dfrac{3}{2\lambda_1}\right]$
(c) $\dfrac{hc}{e}\left[\dfrac{1}{\lambda_3} + \dfrac{1}{\lambda_2} - \dfrac{1}{\lambda_1}\right]$
(d) $\dfrac{hc}{e}\left[\dfrac{1}{\lambda_3} - \dfrac{1}{\lambda_2} - \dfrac{1}{\lambda_1}\right]$

10 तरंगदैर्ध्य λ वाले एक फोटोमिसिव सेल में सबसे तेज उत्सर्जित इलेक्ट्रॉन की गति v है। यदि उत्तेजक तरंगदैर्ध्य $\dfrac{3\lambda}{4}$ से परिवर्तित की जाती है, तो सबसे तेज उत्सर्जित इलेक्ट्रॉन की गति होगी

(a) $v\left(\dfrac{3}{4}\right)^{\frac{1}{2}}$
(b) $v\left(\dfrac{4}{3}\right)^{\frac{1}{2}}$
(c) $v\left(\dfrac{4}{3}\right)^{\frac{1}{2}}$ से कम
(d) $v\left(\dfrac{4}{3}\right)^{\frac{1}{2}}$ से ज्यादा

प्रश्न कुंजी

शीर्षकवार प्रश्न

1 (b)	2 (a)	3 (c)	4 (d)	5 (a)	6 (a)	7 (a)	8 (b)	9 (d)	10 (a)
11 (d)	12 (d)	13 (a)	14 (c)	15 (d)	16 (c)	17 (b)	18 (b)	19 (a)	20 (a)
21 (a)	22 (b)	23 (d)	24 (a)	25 (d)	26 (b)	27 (a)	28 (b)	29 (b)	30 (a)
31 (d)	32 (a)	33 (c)	34 (b)	35 (c)	36 (a)	37 (a)	38 (a)	39 (c)	40 (c)
41 (c)	42 (b)	43 (c)	44 (d)	45 (a)	46 (d)	47 (a)	48 (c)	49 (c)	50 (c)
51 (c)	52 (b)	53 (b)	54 (b)	55 (b)	56 (d)	57 (b)	58 (a)	59 (b)	60 (a)
61 (d)	62 (a)	63 (b)	64 (b)	65 (a)	66 (a)	67 (d)	68 (b)	69 (a)	70 (c)
71 (a)	72 (b)	73 (d)	74 (a)	75 (d)	76 (c)	77 (a)	78 (c)	79 (c)	80 (b)
81 (a)	82 (a)	83 (b)	84 (b)	85 (d)	86 (a)	87 (d)	88 (a)	89 (d)	90 (b)
91 (a)	92 (d)	93 (b)	94 (c)	95 (c)	96 (c)	97 (b)	98 (a)	99 (b)	100 (d)

अभिकथन-कारण प्रश्न

1 (d)	2 (b)	3 (a)	4 (b)	5 (a)	6 (b)	7 (a)	8 (a)	9 (d)	10 (b)

कथन आधारित प्रश्न

1 (b)	2 (c)	3 (c)	4 (a)	5 (d)	6 (a)	7 (a)	8 (c)

सुमेलन प्रकार प्रश्न

1 (c)	2 (b)	3 (a)

आंकिक मान प्रकार के प्रश्न

1 (50.47)	2 (2)	3 (1)	4 (188)	5 (15.2)	6 (1.66)	7 (0.547)	8 (4.19)	9 (1.5)	10 (0.3)

NCERT Exemplar प्रश्न

1 (d)	2 (b)	3 (d)	4 (b)	5 (a)	6 (c)

विगत परीक्षाओं के प्रश्न

1 (b)	2 (d)	3 (d)	4 (c)	5 (d)	6 (c)	7 (d)	8 (c)	9 (c)	10 (d)
11 (a)	12 (c)	13 (c)	14 (d)	15 (c)	16 (c)	17 (d)	18 (b)	19 (b)	20 (b)

स्किल बूस्टर्स

1 (b)	2 (a)	3 (d)	4 (d)	5 (c)	6 (c)	7 (c)	8 (b)	9 (b)	10 (d)

क्रमवार
प्रश्नों का विश्लेषण

कॉन्सेप्ट बिल्डर्स

1 सत्य

2 सत्य

3 तीव्रता

4 फोटॉन, तरंग

5 सत्य

6 असत्य

7 चुम्बकीय फ्लक्स

8 असत्य

9 असत्य

10 इलेक्ट्रॉन

11 प्रकाश विद्युत प्रभाव

12 हाँ, यदि आवृत्ति उपयुक्त हो

13 समान रहता है

14 ध्वनि पुनरुत्पादन करना

15 6.5

16 सत्य

17 क्षार

18 न्यूनतम

19 संरक्षित

20 तरंग, कण

शीर्षकवार प्रश्न

3 *(c)* प्रोटॉन का विशिष्ट आवेश

$$= \frac{e}{m} = 9.6 \times 10^7 \text{ कूलॉम/किग्रा}$$

$\therefore$ एक α कण का विशिष्ट आवेश

$$= \frac{2e}{4m} = \frac{e}{2m} = \frac{9.6 \times 10^7}{2}$$

$$= 4.8 \times 10^7 \text{ कूलॉम/किग्रा}$$

5 *(a)* सीजियम के लिए कार्य फलन 21.14 इलेक्ट्रॉन वोल्ट, एल्युमीनियम के लिए 4.28 इलेक्ट्रॉन वोल्ट, सिल्वर के लिए 470 इलेक्ट्रॉन वोल्ट तथा प्लेटिनम के लिए 5.65 इलेक्ट्रॉन वोल्ट है।

$\therefore$ प्लेटिनम के लिए कार्य फलन सबसे अधिक होता है जबकि सीजियम के लिए यह सबसे कम होता है।

11 *(d)* जैसे-जैसे स्रोत की सतह से दूरी बढ़ती है विकिरण की तीव्रता कम होती जाती है।

$\therefore$ तीव्रता $(I) \propto \frac{1}{(d)^2}$

चूँकि प्रकाश विद्युत धारा (i) $\propto$ तीव्रता (I)

इस प्रकार I के परिवर्तन को दिए चित्र में वक्र d द्वारा सही प्रकार से दर्शाया गया है।

13 *(a)* दिए गए ग्राफ से,

निरोधी विभव का मान

$V_0 = -0.54$ वोल्ट

14 *(c)* इस प्रकार बिन्दु P पर (जैसा कि दिए गए चित्र में दर्शाया गया है) यह स्पष्ट रूप से देखा जा सकता है कि इलेक्ट्रॉन प्रतिकर्षित हुआ होगा, अतः अधिकतम गतिज ऊर्जा $K = eV_0$

15 *(d)*

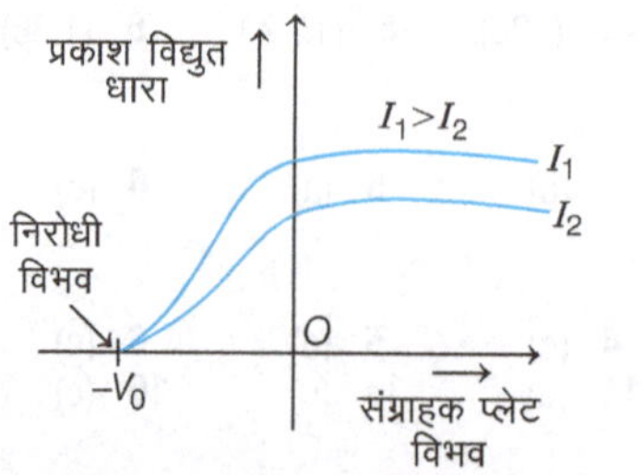

यहाँ अधिक तीव्रता I_1 के लिए अधिक प्रकाश इलेक्ट्रॉन उत्सर्जित होते हैं और इसलिए संतृप्त धारा अधिक होती है। इस प्रकार ग्राफ I_1, संगत ग्राफ I_2 की तुलना में ऊपर होगा। चूँकि निरोधी विभव तीव्रता से स्वतन्त्र होता है, इसलिए ग्राफ दोनों तीव्रताओं I_1 और I_2 के लिए निरोधी विभव V_0 के समान मान पर अभिसरित होते हैं।

16 *(c)* समान तीव्रता और परिवर्तनीय आवृत्तियों पर आपतित विकिरण के लिए दिया गया ग्राफ संग्राहक पट्टिका के विभव के साथ प्रकाश धारा के परिवर्तन को दर्शाता है। इसे अग्र दिए गए ग्राफ में दिखाया गया है।

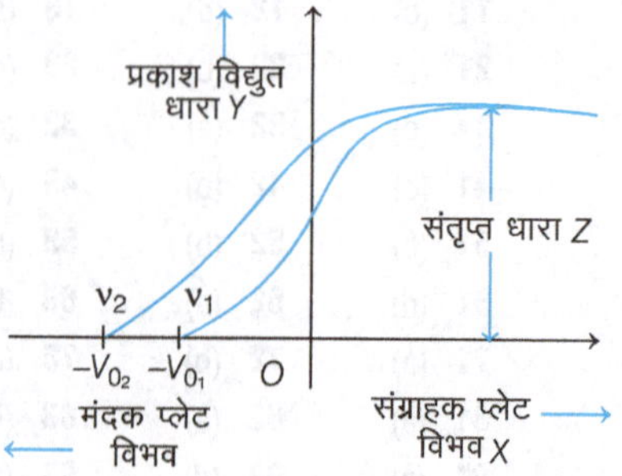

$Y \rightarrow$ प्रकाश विद्युत धारा

$Z \rightarrow$ संतृप्त धारा

18 *(b)* प्रकाश इलेक्ट्रॉनों की संख्या,

$$N \propto I \quad \ldots(i)$$

जैसा $\nu \cdot \lambda$ = प्रकाश की गति (c)

$$\therefore \quad \nu \propto \frac{1}{\lambda}$$

तथा $E = h\nu$

$$\Rightarrow \quad E \propto \nu$$

$$\Rightarrow \quad E \propto \frac{1}{\lambda} \quad \ldots(ii)$$

अतः समी (i) और (ii) से,

$$N \propto I \text{ एवं } E \propto \frac{1}{\lambda}$$

23 *(d)* आइन्स्टीन के प्रकाश विद्युत समीकरण के अनुसार, प्रकाश विद्युत प्रभाव में सम्मिलित मौलिक प्रक्रिया, एक एकल इलेक्ट्रॉन द्वारा पर्याप्त ऊर्जा के एकल प्रकाश क्वांटम (फोटॉन) का अवशोषण होती है।

इस प्रकार $K_{\text{अधिकतम}}$ आपतित विकिरण (फोटॉन) की आवृत्ति ν पर रैखिक रूप से निर्भर करता है।

$$K_{\text{अधिकतम}} \propto \nu$$

24 *(a)*

$$\nu_0 = \frac{\phi_0}{h}$$

$$= \frac{6.35 \times 1.6 \times 10^{-19}}{6.63 \times 10^{-34}}$$

$$= 15.32 \times 10^{16} \text{ हर्ट्ज}$$

25 *(d)* पदार्थ का कार्य फलन निम्न प्रकार दिया जाता है

$$\phi_0 = h\nu$$

$$\phi_0 = \frac{hc}{\lambda} \text{ या } \lambda = \frac{hc}{\phi_0} \quad \ldots(i)$$

$$\therefore \quad \lambda = \frac{6.63 \times 10^{-14} \times 3 \times 10^8}{4 \times 1.6 \times 10^{-18}}$$

$$= 3.108 \times 10^{-7} \text{ मी} \approx 310 \text{ नैनोमीटर}$$

26 *(b)* $K_{\text{अधिकतम}} = h\nu - \phi = h\nu - h\nu_0$

$$K_{\text{अधिकतम}} = h(6\nu) - h(\nu) = 5h\nu$$

27 *(a)* आइन्स्टीन के प्रकाश विद्युत समीकरण के अनुसार, धातु प्लेट A के लिए

$$K_A = \frac{hc}{\lambda_A} - \phi$$

$$\Rightarrow \quad 2K_A = \frac{2hc}{\lambda_A} - 2\phi$$

$$\text{या } 2K_A + \phi = \frac{2hc}{\lambda_A} - \phi \quad \ldots(i)$$

यह दिया गया है कि B की तरंगदैर्ध्य धातु A की तरंगदैर्ध्य से आधी है, अर्थात्,

$$\lambda_B = \frac{\lambda_A}{2}$$

इसीलिए,

$$K_B = \frac{hc}{\lambda_B} - \phi = \frac{2hc}{\lambda_A} - \phi$$

$$\Rightarrow \quad 2K_A + \phi = K_B \quad \text{(समी (i) से)}$$

$$\Rightarrow \quad K_A < \frac{K_B}{2}$$

28 *(b)* $K_{\text{अधिकतम}} = \frac{1}{2} mv^2 = eV_1 \quad \ldots(i)$

आइन्स्टीन के प्रकाश विद्युत समीकरण के अनुसार

$$K_{\text{अधिकतम}} = h\nu_1 - \phi_0$$

$$\Rightarrow \quad h\nu_1 = \phi_0 + eV_1 \quad \ldots(ii)$$

(समी (i) का उपयोग करने पर)

इसी प्रकार,

$$h\nu_2 = \phi_0 + eV_2 \quad \ldots(iii)$$

समी (ii) और (iii) से,

$$\therefore \quad h(\nu_1 - \nu_2) = e(V_1 - V_2)$$

$$\frac{h}{e}(\nu_1 - \nu_2) = V_1 - V_2$$

$\therefore$ निरोधी विभव

$$V_2 = V_1 - \frac{h}{e}(\nu_1 - \nu_2)$$

29 *(b)* आइन्स्टीन का प्रकाश विद्युत समीकरण इस प्रकार दिया जाता है।

$$h\nu - h\nu_0 = K_{\text{अधिकतम}}$$

$$\therefore \quad h(\nu_1 - \nu_0) = K_1 \quad \ldots(i)$$

इसी प्रकार, आवृत्ति ν_2 के साथ आपतित प्रकाश के लिए समीकरण होगा

$$h(\nu_2 - \nu_0) = K_2 \quad \ldots(ii)$$

प्रश्न में अनुपात $\frac{K_1}{K_2}$ दिया गया है $= \frac{1}{n}$

$\therefore$ समी (i) को (ii) से विभाजित करने पर,

$$\frac{\nu_1 - \nu_0}{\nu_2 - \nu_0} = \frac{K_1}{K_2} = \frac{1}{n}$$

इस प्रकार धात्विक सतह की देहली आवृत्ति,

$$\nu_0 = \frac{(n\nu_1 - \nu_2)}{(n-1)}$$

30 *(a)* आइन्स्टीन के प्रकाश विद्युत समीकरण के अनुसार,

$$h\nu = h\nu_0 + \frac{1}{2} mv^2_{\text{अधिकतम}}$$

$$\text{या } \frac{1}{2} mv^2_{\text{अधिकतम}} = h\nu - h\nu_0 \quad \ldots(i)$$

$$v_{\text{अधिकतम}} = 8 \times 10^5 \text{ मी/से}$$

आपतित आवृत्ति $\nu = 5\nu_0$ दी गई है।

$$\Rightarrow \quad \frac{1}{2} m(8 \times 10^6)^2 = h(5\nu_0 - \nu_0) \quad \ldots(ii)$$

यदि $\quad v = 2v_0$ तब

$$\frac{1}{2} mv^2_{\text{अधिकतम}} = h(2\nu_2 - \nu_0) \quad \ldots(iii)$$

समी (ii) को समी (iii) से विभाजित करने पर,

(λ नैनोमीटर में है)

$$\frac{(8 \times 10^6)^2}{v^2_{\text{अधिकतम}}} = \frac{4\nu_0}{\nu_0}$$

$$v_{\text{अधिकतम}} = 4 \times 10^6 \text{ मी/से}$$

31 *(d)* प्रकाश विद्युत प्रभाव के लिए आइंस्टीन समीकरण

$$E = h\nu = \phi + eV_0 \quad \ldots(i)$$

λ के लिए,

$$E_1 = h\nu_1 = \phi = eV_{01}$$

$$\text{या} \quad \frac{hc}{\lambda_1} = \phi + eV_{01} \quad \ldots(ii)$$

$$\text{इसी प्रकार, } \frac{hc}{\lambda_2} = \phi + eV_{02} \quad \ldots(iii)$$

समी (ii) और (iii) से,

$$\frac{hc}{e}\left[\frac{1}{\lambda_1} - \frac{1}{\lambda_2}\right] = \Delta V$$

दिए गए मानों का उपयोग करने पर

$$\Delta V = 1240\left[\frac{1}{300} - \frac{1}{400}\right] \frac{\text{nm} - \text{V}}{\text{nm}}$$

$$\Rightarrow \quad \Delta V = 1.03 \text{ वोल्ट} \approx 1 \text{ वोल्ट}$$

32 *(a)* आइन्स्टीन के प्रकाश विद्युत समीकरण के अनुसार,

$$E = K_{\text{अधिकतम}} + \phi$$

$$\Rightarrow K_{\text{अधिकतम}} = E - \phi = h\nu - \phi$$

$$K_{\text{अधिकतम}} = \frac{hc}{\lambda} - \phi \quad \ldots(i)$$

इसी प्रकार दूसरी स्थिति में

$$3K_{\text{अधिकतम}} = \frac{hc}{\frac{\lambda}{2}} - \phi \quad \ldots(ii)$$

समी (i) और (ii) को हल करने पर,

$$\phi = \frac{hc}{2\lambda}$$

33 *(c)* आइन्स्टीन के प्रकाश विद्युत के प्रभाव सम्बन्ध

$$(\text{KE})_{\text{अधिकतम}} = eV_0 = h\nu - h\nu_0 \quad \ldots(i)$$

लेकिन $h\nu = E = \frac{1237}{\lambda(\text{nm})}$ eV (दिया गया है।)

$$\therefore \quad E_0 = \frac{1237}{\lambda_0(\text{nm})} \text{ इलेक्ट्रॉन वोल्ट} \quad \ldots(ii)$$

समी (i) और (ii) से, $(\text{KE})_{\text{अधिकतम}} = E - E_0$

$$= \left(\frac{1237}{\lambda} - \frac{1237}{\lambda_0}\right) \text{ इलेक्ट्रॉन-वोल्ट}$$

$$= 1237\left[\frac{1}{\lambda} - \frac{1}{\lambda_0}\right] \text{ इलेक्ट्रॉन-वोल्ट} \quad \ldots(iii)$$

(λ नैनोमीटर में है)

समी (iii) में और λ_0 का मान रखने पर,

$$(\text{KE})_{\text{अधिकतम}} = 1237\left(\frac{1}{260} - \frac{1}{380}\right) \text{ इलेक्ट्रॉन वोल्ट}$$

$$\Rightarrow (\text{KE})_{\text{अधिकतम}} = 1.5 \text{ इलेक्ट्रॉन-वोल्ट}$$

34 *(b)* सभी तरंगदैर्ध्यों के लिए ν की गणना करने पर, हमें निम्न तालिका प्राप्त होती है।

$\nu \times 10^{14}$ हर्ट्ज	8.219	7.412	6.884	5.493	4.343
V_0 (वोल्ट)	1.28	0.95	0.74	0.16	0

चूँकि $V_0 = 0$ पर $\nu = \nu_0$ (देहली आवृत्ति)

$\therefore$ तालिका से आवृत्ति

$\nu_0 = 4.343 \times 10^{14}$ हर्ट्ज

कार्य फलन $\phi_0 = h\nu_0$

$= 6.63 \times 10^{-34} \times 4.343 \times 10^{14}$

$= 2.88 \times 10^{-19}$ जूल

$= 1.8$ इलेक्ट्रॉन-वोल्ट

इस प्रकार, धातु की देहली आवृत्ति और कार्य फलन क्रमशः : 4.3×10^{14} हर्टज और 1.8 इलेक्ट्रॉन वोल्ट होते हैं।

35 *(c)* $K_{\text{अधिकतम}} = eV = h\nu - \phi_0 = \dfrac{hc}{\lambda} - \phi$

यहाँ, $\lambda = 600$ नैनीमीटर

$= 6 \times 10^{-7}$ मीटर और $V_0 = 0.5$ वोल्ट,

तब $0.5e = \dfrac{hc}{6 \times 10^{-7}} - \phi_0$

$$\Rightarrow \quad 0.5 = \frac{h}{e}\left(\frac{c}{6 \times 10^{-7}}\right) - \frac{\phi_0}{e} \quad \ldots(i)$$

इसी प्रकार, जब $\lambda = 400$ नैनोमीटर

$= 4 \times 10^{-7}$ मी और $V_0 = 1.5$ वोल्ट

$$\text{तब } 1.5 = \frac{h}{e}\left(\frac{c}{4 \times 10^{-7}}\right) - \frac{\phi_0}{e} \quad \ldots(ii)$$

समी (i) को (ii) से घटाने पर,

$$1 = \frac{h}{e}\frac{c}{10^{-7}}\left[\frac{1}{4} - \frac{1}{6}\right]$$

$$\frac{h}{e} = 4 \times 10^{-15} \text{ वोल्ट-से}$$

36 *(a)* $E = (\text{KE})_{\text{अधिकतम}} + \phi$

$$\text{या } \frac{hc}{\lambda} = (\text{KE})_{\text{अधिकतम}} + \phi \quad \ldots(i)$$

इसी प्रकार यदि विकिरण की तरंगदैर्ध्य को परिवर्तित कर दिया जाए

$$\text{तब, } \frac{hc}{\left(\dfrac{3\lambda}{4}\right)} = (\text{KE})'_{\text{अधिकतम}} + \phi$$

$$\Rightarrow \frac{4}{3}\left(\frac{hc}{\lambda}\right) = (\text{KE})'_{\text{अधिकतम}} + \phi \quad \ldots(ii)$$

$\left(\dfrac{hc}{\lambda}\right)$ का मान प्रतिस्थापित करने पर

उपरोक्त समी (ii) में समी (i) से हम पाते हैं

$$\frac{4}{3}[(\text{KE})_{\text{अधिकतम}} + \phi] = (\text{KE})'_{\text{अधिकतम}} + \phi$$

$$\frac{4}{3}(\text{KE})_{\text{अधिकतम}} + \frac{\phi}{3} = (\text{KE})_{\text{अधिकतम}} \quad \ldots(iii)$$

यदि v और v' उत्सर्जित इलेक्ट्रॉन की अधिकतम चाल हैं जब प्रकाश की तरंगदैर्ध्य क्रमशः λ और $\dfrac{3\lambda}{4}$ हैं तो समी (iii) को इस प्रकार लिखा जा सकता है।

$$\frac{1}{3}mv'^2 = \frac{4}{3}\left(\frac{1}{2}mv^2\right) + \frac{\phi}{3}$$

$$\text{अर्थात्} \quad v' > v\left(\frac{4}{3}\right)^{1/2}$$

37 *(a)* संवेदी पदार्थ का कार्य फलन,

$$\phi_0 = \frac{hc}{\lambda} - eV_0$$

$$= \frac{6.63 \times 10^{-34} \times 3 \times 10^8}{640.2 \times 10^{-9}} - 1.6 \times 10^{-19} \times 0.54$$

$= 1.3975 = 1.4$ इलेक्ट्रॉन वोल्ट

अब, यदि सामग्री को लौह स्रोत द्वारा विकसित किया जाता है, तब

तरंगदैर्ध्य $\lambda = 427.2$ नैनोमीटर

$= 427.2 \times 10^{-9}$ मीटर

मान लें कि V'_0 नया निरोधी विभव है

$$\Rightarrow eV'_0 = \frac{hc}{\lambda} - \phi_0$$

$$= \frac{6.63 \times 10^{-34} \times 3 \times 10^8}{427.2 \times 10^{-9} \times 1.6 \times 10^{-79}} - 1.4$$

$= 1.51$ इलेक्ट्रॉन वोल्ट

38 *(a)* आइन्स्टीन के समीकरण से,

$$eV_0 = h\nu - \phi_0$$

$$\text{या} \quad V_0 = \frac{h}{e}\nu - \frac{\phi_0}{e}$$

उपरोक्त समीकरण ढाल $\dfrac{h}{e}$ के साथ सीधी रेखा $(y = mx - c)$ का समीकरण है तथा y-अन्तः खण्ड $= \dfrac{\phi_0}{e}$

$\therefore$ कार्य फलन ϕ_0

$= e \times y$ अन्तः खण्ड (इलेक्ट्रॉन वोल्ट में)

जैसा कि दिए गए ग्राफ में y-अन्तः खण्ड

$= OB$

$= e \times OB$ (इलेक्ट्रॉन वोल्ट में)

39 *(c)*

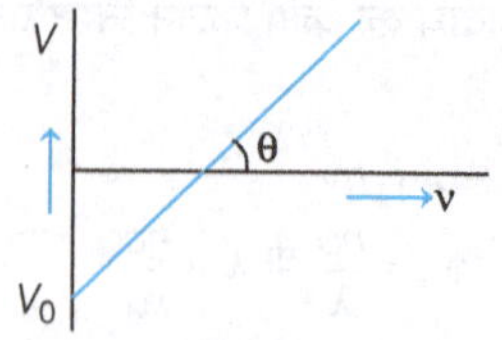

ग्राफ से हम लिख सकते हैं

$$\tan\theta = \frac{\Delta V}{\Delta \nu}$$

प्रकाश विद्युत प्रभाव के लिए

$$eV = h\nu - \phi$$

उपरोक्त समीकरण के दोनों पक्षों का अवलकन (Differentiating) करने पर,

$$\frac{\Delta V}{\Delta \nu} = \frac{h}{e}$$

$$\therefore \quad \frac{h}{e} = 4.12 \times 10^{-15}$$

$$h = 1.6 \times 10^{-19} \times 4.12 \times 10^{-15}$$

$= 6.592 \times 10^{-34}$ जूल-से

40 *(c)* ग्राफ से, निरोधी विभव का परिमाण

$V_0 = 2.2$ वोल्ट

चूँकि प्रकाश विद्युत प्रभाव के लिए

$K_{\text{अधिकतम}} = eV_0 = 2.2$ इलेक्ट्रॉन वोल्ट

आइन्स्टीन के प्रकाश विद्युत समीकरण से

$$KE_{\text{अधिकतम}} = h\nu - \phi$$

जहाँ कार्य फलन $\phi = 1$ इलेक्ट्रॉन वोल्ट

$\Rightarrow h\nu = (2.2 + 1) = 3.2$ इलेक्ट्रॉन वोल्ट

$\therefore$ आपतित विकिरण की आवृत्ति

$$\nu = \frac{3.2 \times 1.6 \times 10^{-19}}{h}$$

$= 0.775 \times 10^{15}$ प्रति सेकण्ड

41 *(c)* $K_{\text{अधिकतम}} = \dfrac{hc}{\lambda} - \phi_0$

$$\Rightarrow \quad V_0 = \left(\frac{hc}{e}\right)\left(\frac{1}{\lambda}\right) = \frac{\phi_0}{e}$$

ν_0 और $\dfrac{1}{\lambda}$ के बीच का ग्राफ नीचे दर्शाया गया है

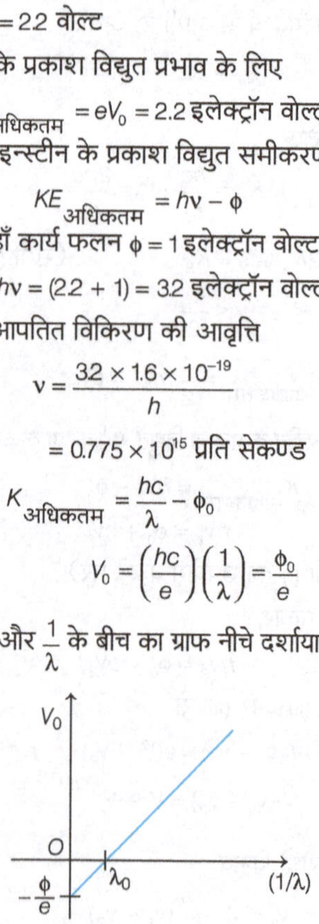

42 *(b)* $K = h\nu - h\nu_0$

$$\frac{dK}{d\nu} = h = \tan\theta$$

$\Rightarrow \quad \theta = \tan^{-1}(h)$

43 *(c)*

$$KE_{अधिकतम} = \frac{1}{2}mv^2_{अधिकतम} = h(\nu - \nu_0)$$

$$\frac{1}{2}mv^2_{अधिकतम} = h(\nu - \nu_0)$$

$$\nu_0 = \nu - \frac{mv^2_{अधिकतम}}{2h}$$

$$= 7.21 \times 10^{14} - \frac{9.1 \times 10^{-31} \times (6 \times 10^5)^2}{2 \times (6.63 \times 10^{-14})}$$

$$\nu_0 = 4.74 \times 10^{14} \text{ हट्र्ज}$$

44 *(d)* आइन्स्टीन के समीकरण से आपतित फोटॉन की ऊर्जा,

$$E = \phi_0 + \frac{1}{2}mv^2$$

प्रकाश इलेक्ट्रॉन का वेग,

$$v = \sqrt{\frac{2(E - \phi_0)}{m}}$$

या त्रिज्या, $r = \frac{mv}{eB}$

या $\quad r = \frac{m\sqrt{\frac{2(E - \phi_0}{m}}}{eB}$

$\Rightarrow \quad r = \frac{\sqrt{2m(e - \phi_0)}}{eB}$

45 *(a)* प्रकाश विद्युत प्रभाव के लिए आइन्स्टीन का समीकरण निम्न प्रकार दिया गया है।

$$E_{अधिकतम} = hv - \phi_0$$

या $\quad hv = E_{अधिकतम} + \phi_0$

पहली स्थिति में $f = 1 + \phi_0$ ...(i)

द्वितीय स्थिति में,

$$\frac{3f}{2} = 4 + \phi_0 \quad ...(ii)$$

समी (ii) को समी (i) से विभाजित करने पर,

$$\frac{\frac{3f}{2}}{\frac{f}{1}} = \frac{4 + \phi_0}{1 + \phi_0}$$

$\Rightarrow \quad W = 5$ इलेक्ट्रॉन वोल्ट

46 *(d)* $\frac{1}{2}mv^2_{अधिकतम} = eEd$

= 4 इलेक्ट्रॉन वोल्ट

आपतित फोटॉन की ऊर्जा,

$$= \frac{1240}{200} = 6.2 \text{ इलेक्ट्रॉन वोल्ट}$$

प्रकाश विद्युत समीकरण से

$$\frac{1}{2}mv^2_{अधिकतम} = h\nu - \phi_0$$

$\therefore \phi_0 = 6.2 - 4 = 2.2$ इलेक्ट्रॉन वोल्ट

48 *(c)* आइन्स्टीन के प्रकाश विद्युत समीकरण के अनुसार,

$$K_{अधिकतम} = \frac{1}{2}mv^2_{अधिकतम}$$

$$= h\nu - \phi_0 = h\nu - h\nu'_0 \quad ...(i)$$

जब प्रकाश की आपतित आवृत्ति

$\nu = 2\nu_0$ हो, तब

$$\frac{1}{2}mv_1^2 = h(2\nu_0) - h\nu_0 = h\nu_0 \quad ...(ii)$$

यदि विकिरण की आपतित आवृत्ति

$\nu = 5\nu_0$, हो तब

$$\frac{1}{2}mv_2^2 = h(5\nu_0) = h\nu_0$$

$$= 4h\nu_0 \quad ...(iii)$$

$$\therefore \quad \frac{\frac{1}{2}mv_1^2}{\frac{1}{2}mv_2^2} = \frac{h\nu}{4h\nu_0} = \frac{1}{4}$$

$\therefore \quad v_1 : v_2 = 1 : 2$

49 *(c)* प्रकाश विद्युत समीकरण के अनुसार,

पहली स्थिति में, $E = \frac{hc}{\lambda} - \phi_0$ ...(i)

दूसरी स्थिति में, $2E = \frac{hc}{\lambda'} - \phi_0$ ...(ii)

समी (i) और (ii) से,

$$2E - \frac{hc}{\lambda'} = \left[-\frac{hc}{\lambda} + E\right]$$

$$\lambda' = \frac{hc\lambda}{E\lambda + hc}$$

50 *(c)* आइन्स्टीन के प्रकाश विद्युत के समीकरण के अनुसार,

$$\frac{hc}{\lambda} = \phi + \frac{1}{2}mv^2$$

$$\Rightarrow \quad v = \left[\frac{2(hc - \lambda\phi)}{m\lambda}\right]^{1/2}$$

51 *(c)* पहली स्थिति के लिए,

$$eV_0 = \frac{hc}{\lambda} = \frac{hc}{\lambda_0} \quad ...(i)$$

दूसरी स्थिति के लिए,

$$\frac{eV_0}{4} = \frac{hc}{2\lambda} - \frac{hc}{\lambda_0}$$

$$\Rightarrow \quad eV_0 = \frac{4hc}{2\lambda} - \frac{4hc}{\lambda_0} \quad ...(ii)$$

समी (i) और (ii) से,

$$\Rightarrow \quad \frac{hc}{\lambda} - \frac{hc}{\lambda_0} = \frac{4hc}{2\lambda} - \frac{4hc}{\lambda_0}$$

$$\Rightarrow \quad \lambda_0 = 3\lambda$$

52 *(b)* $\quad E = \frac{hc}{\lambda} - \phi$

$$\frac{E}{2} = \frac{hc}{\lambda'} - \phi$$

अब $E - \frac{E}{2} = \frac{hc}{\lambda} - \frac{hc}{\lambda'}$

या $\quad \lambda' = \frac{hc(2hc - E\lambda)}{2\lambda}$

53 *(b)* $\frac{1}{2}mv^2_{अधिकतम} = h\nu - h\nu_0$

$$\frac{1}{2}mv^2_{अधिकतम} = h(\nu - \nu_0)$$

यह आइन्स्टीन का प्रकाश विद्युत प्रभाव का समीकरण है।

54 *(b)* कार्य फलन $\phi = \frac{hc}{\lambda}$

$$\frac{\phi_1}{\phi_2} = \frac{600}{300} = 2 : 1$$

55 *(b)* $(E_C - E_E) + (E_B - E_A) = (E_C - E_A)$

$$\frac{hc}{\lambda_1} + \frac{hc}{\lambda_2} = \frac{hc}{\lambda_3}$$

$$\frac{1}{\lambda_3} = \frac{1}{\lambda_1} + \frac{1}{\lambda_2}$$

57 *(b)* फोटॉन का रेखीय संवेग, $p = \frac{E}{c}$

$$\Rightarrow p = \frac{6 \times 10^6 \text{ इलेक्ट्रॉन वोल्ट}}{3 \times 10^8 \text{ मी/से}}$$

= 0.02 इलेक्ट्रॉन-वोल्ट से/मी

58 *(a)* फोटॉन का संवेग

$$p = \frac{E}{c} = \frac{h\nu}{c} = \frac{h}{\lambda}$$

$$\Rightarrow p = \frac{h}{\lambda} = \frac{h}{1 \times 10^{-10}} = 10^{10} h$$

59 *(b)* X-किरण फोटॉन की अधिकतम ऊर्जा

$E_{\text{अधिकतम}} = h\nu_{\text{अधिकतम}} = \dfrac{hc}{\lambda_{\text{न्यूनतम}}}$

$= \dfrac{6.63 \times 10^{-34} \times 3 \times 10^8}{0.55 \times 10^{-10} \times 1.6 \times 10^{-19}}$ इलेक्ट्रॉन वोल्ट

= 22.6 किलो इलेक्ट्रॉन वोल्ट

60 *(a)* एक γ-किरण की ऊर्जा,

$= \dfrac{10.2}{2} = 5.1$ इलेक्ट्रॉन वोल्ट

$= 8.16 \times 10^{-19}$

माना लीजिए λ तरंगदैर्ध्य है।

प्रत्येक किरण की ऊर्जा $E = \dfrac{hc}{\lambda}$

या $\lambda = \dfrac{hc}{E} = \dfrac{6.63 \times 10^{-34} \times 3 \times 10^8}{8.16 \times 10^{-19}}$

$= 2.436 \times 10^{-7}$ मी

61 *(d)* लेजर बीम में प्रत्येक फोटॉन की ऊर्जा

$= h\nu$

$= 6.63 \times 10^{-34} \times 6 \times 10^{34}$ इकाई

प्रति सेकण्ड उत्सर्जित फोटॉनों की संख्या,

$= \dfrac{2 \times 10^{-3}}{6.626 \times 10^{-34} \times 6 \times 10^{14}}$

$= 5 \times 10^{15}$ फोटॉन प्रति से

62 (a) फोटॉनों की संख्या

$n = \dfrac{I}{E} = \dfrac{I}{hc}\lambda \qquad \left[\because E = \dfrac{hc}{\lambda}\right]$

$\dfrac{1.52 \times 10^3 \times 520 \times 10^{-9}}{6.63 \times 10^{-34} \times 3 \times 10^8}$

$n = 4 \times 10^{21}$ फोटॉन प्रति वर्ग मीटर

63 *(b)* स्रोत की शक्ति

= प्रति सेकण्ड उत्सर्जित फोटॉनों की संख्या × एक फोटॉन की ऊर्जा

$\therefore \quad n_1 \dfrac{hc}{\lambda_1} = n_2 \dfrac{hc}{\lambda_2}$

$\Rightarrow \quad \dfrac{n_1}{n_2} = \dfrac{\lambda_1}{\lambda_2} = \dfrac{2}{400}$

$= \dfrac{1}{200} = 1:200$

64 *(b)* एकांक समय में इकाई क्षेत्रफल पर आपतित फोटॉनों की संख्या,

$= \dfrac{I}{E_i} = \dfrac{2}{16.96 \times 10^{-19}}\ 1.18 \times 10^{18}$

इसीलिए, दिए गए क्षेत्रफल पर आपतित फोटॉनों की संख्या,

$= (1.18 \times 10^{18})(1.0 \times 10^{-4}) = 1.18 \times 10^{14}$

$\therefore$ प्रति सेकण्ड उत्सर्जित प्रकाश इलेक्ट्रॉनों की संख्या

$n = \left(\dfrac{0.53}{100}\right)(1.18 \times 10^{14})$

$= 6.25 \times 10^{11}$

$K_{\text{अधिकतम}} = E_i -$ कार्य फलन

$= (10.6 - 5.6) = 5.0$ इलेक्ट्रॉन-वोल्ट

65 *(a)* जैसा $\lambda = \dfrac{h}{mv} \Rightarrow \lambda \propto \dfrac{1}{mv}$

इस प्रकार $\dfrac{\lambda_\alpha}{\lambda_a} = \dfrac{m_\alpha v_\alpha}{m_p v_p}$

$\Rightarrow \quad \dfrac{1}{1} = \dfrac{m_\alpha v_\alpha}{m_p v_p} \Rightarrow \dfrac{v_p}{v_\alpha} = \dfrac{m_\alpha}{m_p} = \dfrac{4}{1}$

67 *(d)* n फोटॉनों की ऊर्जा

$E = \dfrac{nhc}{\lambda}$

$\therefore$ पिण्ड द्वारा प्राप्त संवेग,

$p = \dfrac{E}{c} = \dfrac{nh}{\lambda}$

68 *(b)* बैंगनी प्रकाश की तरंगदैर्ध्य,

$\lambda = 390$ नैनोमीटर $= 390 \times 10^{-9}$ मी

$\therefore$ बैंगनी सिरे पर ऊर्जा, $E = \dfrac{hc}{\lambda}$

$= \dfrac{6.63 \times 10^{-34} \times 3 \times 10^8}{390 \times 10^{-9} \times 16 \times 10^{-19}}$ इलेक्ट्रॉन वोल्ट

$= 3.19$ इलेक्ट्रॉन वोल्ट

69 *(a)* प्रति सेकण्ड लैम्प द्वारा उत्सर्जित फोटॉनों की संख्या,

$n = \dfrac{P \text{ का } 18\%}{E} = \dfrac{8P\lambda}{100\, hc}$

$= \dfrac{8 \times 150 \times 4500 \times 10^{-10}}{100 \times 6.63 \times 10^{-34} \times 3 \times 10^8}$

$= 3 \times 10^{-19}$ फोटॉन प्रति सेकण्ड

70 *(c)* गोले पर प्रति सेकण्ड वितरित फोटॉनों की संख्या

$n = \dfrac{P}{E} = \dfrac{P\lambda}{hc}$

$= \dfrac{100 \times 589 \times 10^{-9}}{6.63 \times 10^{-34} \times 3 \times 10^9}$

$= 3 \times 10^{20}$ फोटॉन प्रति सेकण्ड

71 *(a)* संवेग,

$p = mv = 9.11 \times 10^{-31} \times 5.4 \times 10^6$

$= 492 \times 10^{-24}$ किग्रा/मी

दे-ब्रॉग्ली तरंगदैर्ध्य, $\lambda = \dfrac{h}{p}$

$= \dfrac{6.63 \times 10^{-34} \text{ जूल-से}}{4.92 \times 10^{-24} \text{ किग्रा- मी/से}^{-1}}$

$= 1.35 \times 10^{-10}$ मी

$= 0.135$ नैनोमीटर

72 *(b)* किसी कण की दे-ब्रॉग्ली तरंग दैर्ध्य निम्न प्रकार व्यक्त की जाती है

$\lambda = \dfrac{h}{p}$

$\Rightarrow \qquad p\lambda = h$

समीकरण $yx = c$ के रूप में है, जो एक आयताकार अतिपरवलय का समीकरण है।

74 *(a)* दे-ब्रॉग्ली तरंगदैर्ध्य

$\lambda = \dfrac{h}{p}$ ...(i)

दिया है $p_\alpha = p_p = p_e$

$\therefore \qquad \lambda_\alpha = \lambda_p = \lambda_e$ (समी (i) से)

75 *(d)* दिया है, $\dfrac{\lambda_p}{\lambda_e} = 1.83 \times 10^{-4}$

चूँकि $\lambda = \dfrac{h}{p} = \dfrac{h}{mv}$

या $\quad m = \dfrac{h}{\lambda v}$ ...(i)

समी (i) का उपयोग करने पर

$\dfrac{m_e}{m_p} = \dfrac{\lambda_p v_p}{\lambda_e v_e}$

$= (1.83 \times 10^{-4}) \times 3 = 5.49 \times 10^{-4}$

$\Rightarrow m_p = \dfrac{m_e}{5.49 \times 10^{-4}} = \dfrac{9.1 \times 10^{-31}}{5.49 \times 10^{-4}}$

$\Rightarrow 1.66 \times 10^{-27}$ किग्रा

अतः कण प्रोटॉन या न्यूट्रॉन हो सकता है।

76 *(c)* $\lambda \propto \dfrac{1}{p}$

प्रश्नानुसार,

$p_1 = m_1 v_1 = (0.4$ किग्रा $\times 1$ किमी/से$)$

$= 400$ किग्रा-मी/से

$p_2 = m_2 v_2 = (0.60$ किग्रा $\times 1$ मी/से$)$

$= 0.6$ किग्रा-मी/से

$p_3 = m_3v_3 = (1.0 \times 10^{-9} \times 2.2$ मी/से)

2.2×10^{-9} किग्रा मी/से

$\Rightarrow \quad p_1 > p_2 > p_3$

$\therefore \quad \lambda_1 < \lambda_2 < \lambda_3$ समीकरण (i) से

77 **(a)** प्रहारक इलेक्ट्रॉनों का संवेग

$$p = \frac{h}{\lambda} \quad \ldots(i)$$

∴ प्रहारक इलेक्ट्रॉनों की गतिज ऊर्जा,

$$K = \frac{p^2}{2m} = \frac{h^2}{2m\lambda^2}$$

यह X-किरण फोटॉनों की भी अधिकतम ऊर्जा होती है।

इसलिए, $\frac{hc}{\lambda_0} = \frac{h^2}{2m\lambda^2}$

जहाँ, λ_0 कट ऑफ तरंगदैर्ध्य $= \frac{2m\lambda^2 c}{h}$

78 **(c)** जैसा कि हम जानते हैं कि, एक इलेक्ट्रॉन की तरंगदैर्ध्य

$$\lambda = \frac{h}{\sqrt{2mE}} = \frac{h}{\sqrt{2m}} \cdot \frac{1}{\sqrt{E}}$$

$$\Rightarrow \quad \log\lambda = \log\left(\frac{h}{\sqrt{2m}} \cdot \frac{1}{\sqrt{E}}\right)$$

$$\Rightarrow \quad \log\lambda = -\frac{1}{2}\log E + \log\frac{h}{\sqrt{2m}}$$

79 **(c)** एक गतिशील कण की दे-ब्रॉग्ली तरंगदैर्ध्य, $\lambda = \frac{h}{p} = \frac{h}{\sqrt{2mK}}$

जहाँ, K = कण की गतिज ऊर्जा

अब, दी गई स्थिति में $\lambda = \frac{h}{\sqrt{2mE}}$ ...(i)

$$\frac{\lambda}{2} = \frac{h}{\sqrt{2m(E + \Delta E)}} \quad \ldots(ii)$$

समी (i) को (ii) से विभाजित करने पर,

$$2 = \frac{\sqrt{E + \Delta E}}{\sqrt{E}} \Rightarrow \Delta E = 3E$$

80 **(b)** प्रारम्भ में दे-ब्रॉग्ली तरंगदैर्ध्य,

$$\lambda_1 = \frac{h}{p} = \frac{h}{\sqrt{2mK}} \quad \ldots(i)$$

$$\lambda_2 = \frac{h}{\sqrt{2m(16K)}} = \frac{h}{4\sqrt{2mK}} = \frac{\lambda_1}{4}$$

$\lambda_2 = \lambda_1$ का 25% (समी (i) से)

इस प्रकार, कण की दे-ब्रॉग्ली तरंगदैर्ध्य में 75% परिवर्तन होता है।

81 **(a)** $\lambda = \frac{h}{p}$

$$\Rightarrow \quad \lambda = \frac{h}{\sqrt{2mKE}}$$

$$\therefore \quad \frac{\lambda_p}{\lambda_\alpha} = \frac{\sqrt{2m_\alpha KE_\alpha}}{\sqrt{2m_p KE_p}} \quad \ldots(i)$$

यहाँ $KE_\infty = KE_p$ तथा $m_2 = 4m_p$

$$\Rightarrow \quad \frac{\lambda_p}{\lambda_\alpha} = \sqrt{\frac{4m_p}{m_p}} = \frac{2}{1}$$

या $\lambda_p : \lambda_\alpha = 2 : 1$

82 **(a)** $p \propto \frac{1}{\lambda}$

$$\therefore \quad \frac{p_1}{p_2} = \frac{\lambda_2}{\lambda_1}$$

लेकिन $\lambda_1 = \lambda_2 = \lambda$

तब $\frac{p_1}{p_2} = \frac{\lambda}{\lambda} = 1$

$$\Rightarrow \quad p_1 = p_2 \quad \ldots(i)$$

इस प्रकार उनका संवेग समान होता है।

तथा $E = \frac{p^2}{2m}$

$$\Rightarrow \quad E \propto \frac{1}{m}$$

$$\Rightarrow \quad \frac{E_1}{E_2} = \frac{m_2}{m_7} < 1 \quad [\because m_1 > m_2]$$

$$\Rightarrow \quad E_1 < E_2$$

83 **(b)** $\lambda_e = \frac{h}{m_e v_e}$

$$= \frac{h}{m_e\left(\frac{c}{100}\right)} = \frac{100h}{m_e c} \quad \ldots(i)$$

जहाँ, दे-ब्रॉग्ली तरंगदैर्ध्य

$$\lambda_e = \frac{h}{\sqrt{2m_e E_e}}$$

$$\Rightarrow \quad E_e = \frac{h^2}{2\lambda_e^2 m_e} \quad \ldots(ii)$$

$$E_p = \frac{hc}{\lambda_p} = \frac{h}{2\lambda_e} \quad \ldots(iii)$$

$[\because \lambda_p = 2\lambda_e$ दिया है $]$

समी (ii) को समी (ii) से विभाजित करने पर,

$$\therefore \quad \frac{E_p}{E_e} = \frac{h}{2\lambda_e} \times \frac{2\lambda_e^2 m_e}{h^2}$$

अतः $\frac{E_e}{e_p} = \frac{1}{100} = 10^{-2}$

84 **(b)** हम जानते हैं, $\lambda = \frac{h}{\sqrt{2KEm_e}}$

(i) इलेक्ट्रॉन की गतिज ऊर्जा

$$KE_e = \frac{h^2}{2\lambda^2 m_e}$$

$$= \frac{(6.63 \times 10^{-34})^2}{2 \times (589 \times 10^{-9})^2 \times 9.1 \times 10^{-31}}$$

$= 6.96 \times 10^{-25}$ जूल

(ii) न्यूट्रॉनों की गतिज ऊर्जा

$$KE_n = \frac{h^2}{2\lambda^2 m_n}$$

$$= \frac{(6.63 \times 10^{-34})^2}{2 \times (589 \times 10^{-9})^2 \times 1.67 \times 10^{-27}}$$

$\approx 3.82 \times 10^{-28}$ जूल

85 **(d)** एक इलेक्ट्रॉन के लिए दे-ब्रॉग्ली तरंगदैर्ध्य,

$$\lambda_e = \frac{h}{\sqrt{2mE}} \quad \ldots(i)$$

फोटॉन की दे-ब्रॉग्ली तरंगदैर्ध्य

$$\lambda_p = \frac{hc}{E} \quad \ldots(ii)$$

अब समी (i) को समी (ii) से विभाजित करने पर,

$$\Rightarrow \frac{\lambda_e}{\lambda_p} = \frac{1}{c} \cdot \sqrt{\frac{E}{2m}} = \frac{1}{c}\left(\frac{E}{2m}\right)^{1/2}$$

86 **(a)** $a = \frac{eE}{m}$

$$\therefore v + u + at = 0 + \frac{eE}{m}t$$

$$\Rightarrow \quad v = \frac{eEt}{m}$$

दे-ब्रॉग्ली तरंगदैर्ध्य $\lambda = \frac{h}{mv}$

$$= \frac{h}{m\left(\frac{eEt}{m}\right)} = \frac{h}{eEt}$$

दे-ब्रॉग्ली तरंगदैर्ध्य में परिवर्तन की दर,

$$\frac{d\lambda}{dt} = \frac{h}{eE}\left(-\frac{1}{t^2}\right) = \frac{-h}{eEt^2}$$

87 **(d)** दे-ब्रॉग्ली तरंगदैर्ध्य के रूप में,

$$\lambda = \frac{h}{\sqrt{2mqV}}$$

$$\therefore \quad \lambda \propto \frac{1}{\sqrt{mq}}$$

$\therefore \quad \dfrac{\lambda_p}{\lambda_a} = \dfrac{\sqrt{m_\alpha q_\alpha}}{m_p q_p}$

जैसा कि हम जानते हैं $m_\alpha = 4m_p, q_\alpha = 2q_p$

तरंगदैर्ध्य का अनुपात,

$$\frac{\lambda_p}{\lambda_\alpha} = \frac{\sqrt{4m_p \times 2e}}{\sqrt{m_p \times e}} = \sqrt{8} : 1$$

88 *(a)* V वोल्ट के विभव से त्वरित इलेक्ट्रॉन से सम्बन्धित दे-ब्रॉग्ली तरंगदैर्ध्य निम्न प्रकार दी जाती है

$$\lambda = \frac{12.77}{\sqrt{V}} \text{ ऐंग्स्ट्रॉम}$$

$\therefore \quad \dfrac{\lambda_1}{\lambda_2} = \sqrt{\dfrac{V_2}{V_1}}$

या $\quad \lambda_2 = \lambda_1 \sqrt{\dfrac{V_1}{V_2}}$

$\Rightarrow \quad \lambda_2 = V_1 \sqrt{\dfrac{25}{100}}$

$\Rightarrow \lambda_2 = \lambda_1 \sqrt{\dfrac{1}{4}} = \dfrac{\lambda_1}{2}$

89 *(d)* चूँकि, अधिकतम गतिज ऊर्जा,

$$K_{\text{अधिकतम}} = E - \phi_0 \quad \ldots \text{(i)}$$

धातु *A* के लिए

$$T_A = 4.25\,(\phi_0)_A \quad \ldots \text{(ii)}$$

धातु *B* के लिए

$$T_B = 4.70 - (\phi_0)_B \quad \ldots \text{(iii)}$$

यह दिया गया है कि

$$T_B = T_A - 1.5$$

$4.25 - (\phi_0)_A - 1.5 = 4.70 - (\phi_0)_B$

$(\phi_0)_B - (\phi_0)_A = 1.95$ इलेक्ट्रॉन वोल्ट ... (iv)

दे-ब्रॉग्ली तरंगदैर्ध्य,

$$\lambda = \frac{h}{\sqrt{2mK}}$$

$\Rightarrow \lambda \propto \dfrac{1}{\sqrt{K}}$

या $\dfrac{\lambda_B}{\lambda_B} = \sqrt{\dfrac{K_A}{K_B}} = \sqrt{\dfrac{T_A}{T_B}} = \sqrt{\dfrac{T_A}{t_A - 15}}$

दिया है, $\lambda_B = 2\,\lambda_A$

$\Rightarrow \quad 2 = \sqrt{\dfrac{T_A}{T_A - 1.5}}$

$\Rightarrow \quad T_A = 2$ इलेक्ट्रॉन वोल्ट

और $T_B = T_A - 1.5$

$(2 - 1.5)$ इलेक्ट्रॉन वोल्ट

$= 0.5$ इलेक्ट्रॉन वोल्ट

$T_B = 0.5$ इलेक्ट्रॉन वोल्ट

समी (i) से,

$$2 = 4.25 - (\phi_0)_A$$

$\Rightarrow (\phi_0)_A = 2.25$ इलेक्ट्रॉन वोल्ट

समी (iv) से,

$(\phi_0)_B - 2.25 = 1.95$

$\Rightarrow (\phi_0)_B = 4.2$ इलेक्ट्रॉन वोल्ट

90 *(b)* न्यूट्रॉन की दे-ब्रॉग्ली तरंगदैर्ध्य,

$$\lambda = \frac{h}{p} = \frac{h}{\sqrt{2m(KE)}}$$

$$= \frac{h}{\sqrt{2m \times \frac{3}{2} kT}}$$

$$= \frac{h}{\sqrt{3mkT}}$$

91 *(a)* संवेग में अनिश्चितता,

$$\Delta P = \frac{h}{\Delta x} = \frac{h}{2\pi \Delta x} \left(\because \hbar = \frac{h}{2\pi}\right)$$

$$= \frac{6.63 \times 10^{-34}}{2 \times 3.14 \times 10^{-9}}$$

$\approx 1.05 \times 10^{-25}$ किग्रा-मी/से

92 *(d)* $mv - RB_q$

$$mv = 0.83 \times 10^{-2} \times 0.25 \times 2 \times 1.6 \times 10^{-19}$$

दे-ब्रॉग्ली तंरगदैर्ध्य,

$$\lambda = \frac{h}{mv}$$

$$= \frac{6.6 \times 10^{-34}}{0.83 \times 10^{-2} \times 0.25 \times 2 \times 1.6 \times 10^{-19}}$$

$\lambda = 1 \times 10^{-12} = 0.01$ ऐंग्स्ट्रॉम

94 *(c)* प्रश्नानुसार,

$$v = v_0\,\hat{\mathbf{i}}, e = -E_0\hat{\mathbf{i}}$$

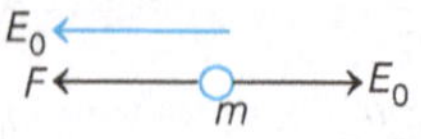

$|\mathbf{F}| = q\,|\mathbf{E}| \Rightarrow F = eE_0$

न्यूटन के गति के द्वितीय नियम से,

$\therefore \quad F = ma = eE_0$

$\Rightarrow \quad a = \dfrac{eE_0}{m} \quad \ldots \text{(i)}$

या $a = \dfrac{(-e)(-E_0\hat{\mathbf{i}})}{m} = \dfrac{eE_0\hat{\mathbf{i}}}{m}$

गति के प्रथम समीकरण से,

$$v = u + at$$

यहाँ, u (प्रारम्भिक वेग) $= v_0$

$\Rightarrow \quad v = v_0 + \dfrac{eE_0}{m}t \quad \ldots \text{(ii)}$

(समी (i) से)

इलेक्ट्रॉन की प्रारम्भिक दे-ब्रॉग्ली तरंगदैर्ध्य,

$$\lambda_0 = \frac{h}{mv_0}$$

$\Rightarrow \quad h = \lambda_0 m v_0 \quad \ldots \text{(iii)}$

समय t के पश्चात्, दे-ब्रॉग्ली तरंगदैर्ध्य,

$$\lambda = \frac{h}{mv}$$

$$\lambda = \frac{h}{m\left(v_0 + \frac{eE_0}{m}t\right)}$$

$\therefore \quad \lambda = \dfrac{\lambda_p}{\left[1 + \dfrac{eE_0}{mv_0}t\right]}$

95 *(c)* $\lambda \propto \dfrac{1}{\sqrt{V}}$ से

$\Rightarrow \dfrac{\lambda_1}{\lambda_2} = \dfrac{\sqrt{V_2}}{\sqrt{V_1}} = \dfrac{\sqrt{100}}{\sqrt{25}} = 2$

$\Rightarrow \lambda_2 = \dfrac{\lambda_2}{2}$

96 *(c)* दे-ब्रॉग्ली तरंगदैर्ध्य

$$\lambda = \frac{h}{\sqrt{2meV}} \Rightarrow \lambda \propto \frac{1}{\sqrt{mV}}$$

$$\frac{\lambda_2}{\lambda_1} = \sqrt{\frac{m_1 V_1}{m_2 V_2}}$$

या $\quad \dfrac{\lambda_2}{\lambda} = \sqrt{\dfrac{mV}{M(9V)}}$

$\Rightarrow \quad \lambda_2 = \dfrac{\lambda}{3}\sqrt{\dfrac{m}{M}}$

97 *(b)* $\lambda = \dfrac{h}{\sqrt{2meV}}$

$$\lambda = \frac{6.6 \times 10^{-34}}{\sqrt{2 \times 1.67 \times 10^{-27} \times 1.6 \times 10^{-19}}}$$

$\lambda = \dfrac{0.286}{\sqrt{V}}$ ऐंग्स्ट्रॉम

98 *(a)* द्रव्यमान केन्द्र का वेग है

$$\mathbf{v}_{CM} = \frac{mv_1\hat{\mathbf{i}} + mv_2\hat{\mathbf{j}}}{(m+m)}$$

$$\Rightarrow \quad \mathbf{v}_{CM} = \frac{1}{2}\sqrt{v_1^2 + v_2^2}$$

$$\Rightarrow \frac{h}{m\lambda_{CM}} = \frac{1}{2}\sqrt{\left(\frac{h}{m\lambda_1}\right)^2 + \left(\frac{h}{m\lambda_2}\right)^2}$$

$$\therefore \quad \lambda_{CM} = \frac{2\lambda_1\lambda_2}{\lambda_1^2 + \lambda_2^2}$$

99 *(b)* कण की अन्तिम गतिज ऊर्जा,

$$K_2 = \frac{K_1}{4}$$

कण की दे-ब्रॉग्ली तरंगदैर्ध्य,

$$\lambda = \frac{h}{\sqrt{2mK}}$$

$$\frac{\lambda_2}{\lambda_1} = \sqrt{\frac{K_1}{K_2}} = 2$$

$$\therefore \quad \lambda_2 = 2\lambda_1$$

∴ दे-ब्रॉग्ली तरंगैदर्ध्य में % वृद्धि,

$$\left(\frac{\lambda_2 - \lambda_1}{\lambda_1} \times 100\right)\%$$

$$= \left(\frac{2\lambda_1 - \lambda_1}{\lambda_1} \times 100\right)\% = 100\%$$

100 *(d)* संवेग संरक्षण द्वारा,

$$4m \times 0 = m\mathbf{v}_1 + 3m\mathbf{v}_2$$

$$\Rightarrow \quad \mathbf{v}_2 = -\frac{\mathbf{v}_1}{3}$$

$$\therefore \quad v_2 = \frac{v_1}{3}$$

∴ कण 1 और 2 की दे-ब्रॉग्ली तरंगदैर्ध्यों का अनुपात

$$\frac{\lambda_1}{\lambda_2} = \frac{m_2v_2}{m_1v_1}$$

$$= 3 \times \frac{1}{3} = 1$$

अभिकथन-कारण प्रश्न

1 *(d)* किसी धातु में इलेक्ट्रॉन स्थिर विभव के अन्तर्गत पदार्थ के अन्दर स्वतन्त्र रूप से घूम सकते हैं, लेकिन धातु से बाहर निकलने के लिए उन्हें अतिरिक्त ऊर्जा की आवश्यकता होती है।

2 *(b)* प्रकाशिक इलेक्ट्रॉन तब तक उत्सर्जित नहीं होते हैं जब तक कि आपतित प्रकाश आवृत्ति एक निश्चित सीमा से ऊपर न हों, चाहे इसकी तीव्रता कुछ भी हो। प्रकाश विद्युत प्रभाव में, इसमें एक कण के साथ टकराव सम्मिलित होता है। तीव्रता को एक फोटॉन ऊर्जा ($h\nu$) और कुल फोटॉन संख्या (N) के गुणनफल के रूप में दर्शाया जाता है। तरंग सिद्धान्त में, तीव्रता न केवल आवृत्ति के वर्ग के समानुपातिक होती है, बल्कि आयाम के वर्ग के समानुपातिक भी होती है।

आइन्स्टीन द्वारा समान आवृत्ति के लिए प्रस्तावित क्वांटम सिद्धान्त में तीव्रता में वृद्धि केवल फोटॉनों की संख्या में वृद्धि की ओर ले जाती है।

3 *(a)* आइन्स्टीन के विद्युत प्रभाव के सिद्धान्त के अनुसार, विकिरण की तीव्रता प्रति क्षेत्रफल प्रति एकांक समय में ऊर्जा क्वांटा की संख्या के समानुपाती होती है। इस प्रकार, उपलब्ध ऊर्जा क्वांटा की संख्या जितनी अधिक होगी, ऊर्जा क्वाण्टम को अवशोषित करने वाले इलेक्ट्रानों की संख्या उतनी ही अधिक होगी और इसलिए धातु से निकलने वाले इलेक्ट्रॉनों की संख्या भी अधिक होगी।

अतः $\nu > \nu_0$ के लिए प्रकाशिक विद्युत धारा तीव्रता के समानुपाती होती है।

4 *(b)* कार्य फलन प्रकाश संवेदी धातु से प्रकाशिक इलेक्ट्रॉनों को बाहर निकालने के लिए आवश्यक न्यूनतम ऊर्जा होती है। अतः धातु में उच्च प्रकाश संवेदनशीलता के लिए, कार्य फलन छोटा होना चाहिए।

गणितीय रूप से, कार्य फलन $h\nu_0$ के रूप में दिया जाता है, जहाँ ν_0 देहली आवृत्ति है।

5 *(a)* किसी दरवाजे के समीप आने वाला व्यक्ति प्रकाशीय सेल आपतित प्रकाश किरण को रोक सकता है। इस व्यवधान के कारण प्राकशिक धारा की मात्रा में अचानक परिवर्तन होता है। इस प्रकार प्रकाशिक धारा में यह परिवर्तन एक मोटर को चालू करने में सहायता करता है जो दरवाजे में फिट की जाती है और दरवाजा खोलती है।

6 *(b)* प्रकाशिक विद्युत धारा आपतति विकिरण की तीव्रता के सीधे अनुक्रमानुपाती होती है क्योंकि प्रत्येक फोटॉन एक इलेक्ट्रॉन को निष्कासित करता है जो प्रकाश का निर्माण करता है।

8 *(a)* प्रकाश जब पदार्थ के साथ क्रिया करता है तो ऐसा व्यवहार करता है, जैसे कि वह क्वाण्टा या $h\nu$ ऊर्जा के पैकेट से बना हो, आइन्स्टीन बाद में एक महत्त्वपूर्ण परिणाम पर पहुँचे, कि प्रकाश क्वाण्टम को संवेग $\left(\frac{h\nu}{c}\right)$ के साथ भी जोड़ा जा सकता है।

इसी प्रकार ऊर्जा के साथ साथ संवेग का एक निश्चित मान एक प्रबल संकेत है कि प्रकाश क्वाण्टम को एक कण के साथ जोड़ा जा सकता है। इस कण को बाद में फोटॉन नाम दिया गया।

9 *(d)* किसी कण से सम्बन्ध तरंगदैर्ध्य निम्न प्रकार दी जाती है

$$\lambda = \frac{h}{p} = \frac{h}{mv}$$

$$\Rightarrow \quad \lambda \propto \frac{1}{m} \text{ या } \lambda \propto \frac{1}{v}$$

इस प्रकार हम कह सकते हैं कि भारी कणों के लिए तरंगदैर्ध्य λ छोटी होती है। चूँकि स्थूल वस्तुएँ प्रकृति में भारी होती हैं, इसलिए उनकी तरंगदैर्ध्य इतनी छोटी होती है कि इसे मापना असंभव होता है। यही कारण है कि हमारे दैनिक जीवन में स्थूल वस्तुएँ तरंग जैसे गुण नहीं दिखाती हैं।

10 *(b)* किसी धातु का कार्य फलन जो इसकी सतह से इलेक्ट्रॉनों को मुक्त करने के लिए आवश्यक न्यूनतम ऊर्जा है, इलेक्ट्रॉनों को बाहर निकालने के लिए आवश्यक न्यूनतम ऊर्जा के समान होता है। परिणामस्वरूप, आंइस्टीन के प्रकाशिक इलेक्टॉन समीकरण के अनुसार, उत्सर्जित इलेक्ट्रॉनों की गतिज ऊर्जा को निम्न प्रकार व्यक्त किया जा सकता है।

$$KE = h\nu - \phi_0$$

यदि $h\nu = \phi_0$ तब, $KE = 0$

कथन आधारित प्रश्न

1 *(b)* कथन I सही है और कथन II गलत है और इसे निम्न प्रकार सुधारा जा सकता है। प्रकाश विद्युत प्रभाव का अध्ययन करने के लिए प्रयोग किए जाने वाले प्रयोगिक व्यवस्था अप में उत्सर्जक से प्रकाश स्रोत की दूरी परिवर्तित करके प्रकाश की तीव्रता को परिवर्तित किया जा सकता है।

$$\text{तीव्रता} \propto \frac{1}{(\text{दूरी})^2}$$

2 *(c)* आइन्स्टीन के सिद्धान्त में प्रकाश विद्युत प्रभाव में सम्मिलित मौलिक प्रक्रिया, एक इलेक्ट्रॉन के प्रकाश क्वाण्टम का अवशोषण होती है। यह प्रक्रिया तात्कालिक होती है। इस प्रकार तीव्रता चाहे कुछ भी हो अर्थात् प्रति एकांक समय और प्रति इकाई क्षेत्रफल में विकिरण क्वाण्टा की संख्या चाहे जितनी हो, प्रकाश विद्युत उत्सर्जन तात्कालिक अर्थात् तुरन्त होता है। इसका अर्थ है कि तीव्रता होने पर भी इलेक्ट्रॉनों के उत्सर्जन में कोई देरी नहीं होती है।

प्रकाश विद्युत समीकरण से,

$$eV_0 = h\nu - \phi_0$$

या $$V_0 = \left(\frac{h\nu}{e}\right) - \frac{\phi_0}{e}$$

इसीलिए यह अनुमान लगाता है कि V_0 तथा V के बीच का वक्र के ढाल (Slope) के साथ एक सीधी रेखा $\left(\frac{h}{e}\right)$ में होता है और यह पदार्थ की प्रकृति से स्वतन्त्र होता है।

3 *(c)* कथन I गलत है, लेकिन कथन II सही है। एक कण तरंग के समान व्यवहार करता है न कि तरंग होता है।

4 *(a)* कथन I और कथन II दोनों गलत हैं। प्रकाश विद्युत संतृप्त धारा आवृत्ति से स्वतन्त्र होती है। यह केवल प्रकाश की तीव्रता पर निर्भर करती है।

6 *(a)* प्रकाश विद्युत प्रभाव, प्रकाश के कण की प्रकृति को दर्शाता है। उत्सर्जित प्रकाशीय इलेक्ट्रॉनों की संख्या आपतित प्रकाश की तीव्रता के समानुपाती होती है। इसलिए कथन I और कथन II दोनों गलत हैं।

7 *(a)* आइन्स्टीन का प्रकाश विद्युत समीकरण

$$K_{\text{अधिकतम}} = h\nu - \phi_0$$

जहाँ, $K_{\text{अधिकतम}}$ उत्सर्जित इलेक्ट्रॉन की अधिकतम गतिज ऊर्जा है।

h = प्लांक स्थिरांक ν = आपतित विकिरण की आवृत्ति तथा ϕ_0 = धातु का कार्य फलन

चूँकि, $K_{\text{अधिकतम}}$ ऋणात्मक नहीं होनी चाहिए। अतः प्रकाश विद्युत उत्सर्जन तभी संभव है,

जब $h\nu > \phi_0$

या $\nu > \nu_0$

जहाँ $\nu_0 = \dfrac{\phi_0}{h}$

इसलिए अधिक प्रबलता से बंधे इलेक्ट्रॉन अधिकतम मान से कम गतिज ऊर्जा के साथ उभरेंगे।

∴ उत्सर्जित प्रकाशिक इलेक्ट्रॉनों की गतिज ऊर्जा 0 से K के बीच होती है।

8 *(c)* किसी प्रयोग को समझने के लिए कण या तरंग का वर्णन सबसे उपयुक्त है या नहीं, यह प्रयोग की प्रकृति पर निर्भर करता है।

जैसे किसी वस्तु को अपनी आँख से देखने की घटना में, नीचे दिए गए दोनों विवरण महत्त्वपूर्ण है। सबसे पहले, नेत्र लेन्स द्वारा प्रकाश को एकत्रित करने और फोकस करने की क्रियाविधि को तरंग चित्र में भली भाँति से वर्णित किया गया है। दूसरे, छड़ तथा शंकु (रेटिना के) द्वारा इसके अवशोषण के लिए प्रकाश के फोटॉन की आवश्यकता होती है।

सुमेलन प्रकार प्रश्न

2 *(b)* एक इलेक्ट्रॉन प्रकाश के एक फोटॉन को अवशोषित करता है और यदि फोटॉन द्वारा वहन की जाने वाली ऊर्जा धातु के कार्य फलन से अधिक होती है तो इलेक्ट्रॉन उत्सर्जित होता है।

स्रोत से कुल उत्सर्जित शक्ति = P (प्रति सेकण्ड कुल ऊर्जा)

प्रत्येक फोटॉन द्वारा वहन की जाने वाली ऊर्जा $= E$

अतः स्रोत द्वारा उत्सर्जित फोटॉनों की संख्या $= \dfrac{P}{E}$

एक फोटॉन की ऊर्जा $E = h\nu$

कट-ऑफ (Cut-off) या देहली आवृत्ति के लिए, आपतित विकिरण की ऊर्जा $h\nu_0$ कार्य फलन ϕ_0 के बराबर होनी चाहिए, ताकि

$h\nu_0 = \phi_0$ हो,

$$\Rightarrow \quad h = \frac{\phi_0}{\nu_0}$$

अतः A → 4, B → 2, C → 3 और D → 1

आंकिक मान प्रकार के प्रश्न

1 *(50.47)*

$$\therefore \quad \lambda = \frac{h}{p} = \frac{h}{\sqrt{2mE}}$$

अधिकतम तीव्रता के लिए $2d \sin\theta = \lambda$

$$2d \sin 60° = \frac{h}{\sqrt{2mE}}$$

$$2 \times 10^{-30} \times \frac{\sqrt{3}}{2} = \frac{6.64 \times 10^{-34}}{\sqrt{2 \times 91 \times 10^{-31} E}}$$

= 50.47 इलेक्ट्रॉन वोल्ट

2 *(2)* आइन्स्टीन के प्रकाश विद्युत समीकरण के अनुसार,

$$\frac{1}{2}mv^2 = h\nu - h\nu_0$$

स्थिति I $\nu_1 = 2\nu_0$

अर्थात्, $\frac{1}{2}mv_1^2 = h\nu_1 - h\nu_0$

$$= h \cdot 2\nu_0 - h\nu_0 = h\nu_0$$

$$\Rightarrow \quad \frac{1}{2}mv_1^2 = 4h\nu_0 \quad \text{...(i)}$$

स्थिति II $\nu_2 = 5\nu_0$

$$\frac{1}{2}mv_2^2 = h\nu_2 - h\nu_0$$

$$= 5h\nu_0 - h\nu_0$$

$$\frac{1}{2}mv_2^2 = 4h\nu_0 \quad \text{... (iii)}$$

समी (i) को समी (ii) से विभाजित करने पर,

$$\frac{\frac{1}{2}mv_1^2}{\frac{1}{2}mv_2^2} = \frac{h\nu_0}{4h\nu_0}$$

$$\Rightarrow \quad v_2 = 2v_1$$

$$\therefore \quad x = 2$$

3 *(1)* दिया है, प्रथम आपतित ऊर्जा

$$E_1 = 2\,\phi_0$$

दूसरी आपतित ऊर्जा $E_2 = 10\,\phi_0$

$KE = E_1 - \phi_0$

$\therefore \quad \frac{1}{2} mv_1^2 = 2\phi_0 - \phi_0 = \phi_0$ ...(i)

और $\frac{1}{2} mv_2^2 = 10\phi_0 - \phi_0 = 9\phi_0$ ...(ii)

समी (i) को समी (ii) से विभाजित करने पर,

$\Rightarrow \quad \frac{v_1}{v_2} = \frac{1}{3} = \frac{x}{y} \Rightarrow x = 1$

4 ***(188)*** आइन्स्टीन प्रकाश विद्युत समीकरण

$E - \phi = \frac{1}{2} mv^2$

$E_2 = \phi + \frac{1}{2}(2v)^2$ ...(i)

$E_2 = \phi + \frac{1}{2}(v)^2$ ...(ii)

समी (i) को समी (ii) से विभाजित करने पर

$\Rightarrow \quad \frac{E_1 - \phi}{E_2 - \phi} = 4$

$$\frac{\frac{hc}{\lambda_1} - \phi}{\frac{hc}{\lambda_2} - \phi} = 4$$

$$\phi = \left(\frac{hc}{3}\right)\left(\frac{4}{\lambda_2} - \frac{1}{\lambda_1}\right)$$

$$= \left(\frac{1240}{3}\right)\left[\frac{4 \times 350 - 540}{350 \times 540}\right]$$

$= 188 \times 10^{-2}$ इलेक्ट्रॉन वोल्ट

5 ***(15.2)*** विभवान्तर V के अन्तर्गत त्वरित इलेक्ट्रॉनों से सम्बन्धित दे-ब्रॉग्ली तरंगदैर्ध्य,

$\lambda = \frac{12.27}{\sqrt{V}}$ ऐंग्स्ट्रॉम

$= \frac{12.27}{\sqrt{225}}$ ऐंग्स्ट्रॉम $= 0.818$ ऐंग्स्ट्रॉम

फोटॉन की ऊर्जा, $E = \frac{hc}{\lambda}$

$= \frac{6.63 \times 10^{-34} \times 3 \times 10^8}{0.818 \times 10^{-10} \times 1.6 \times 10^{-19}}$ इलेक्ट्रॉन वोल्ट

≈ 15.2 किलो इलेक्ट्रॉन वोल्ट

6 ***(1.66)*** प्रकाश विद्युत प्रभाव के लिए आइन्स्टीन का समीकरण,

$h\nu = \phi + eV_0$

$V_0 = \frac{h\nu}{e} - \frac{\phi}{e}$

दिए गए ग्राफ से, $V_0 = 0$

$\nu = 4 \times 10^4$ हट्र्ज

$0 = \frac{h \times 4 \times 10^{14}}{1.6 \times 10^{-19}} = \frac{\phi}{e}$

$\phi = 4 \times 10^{14} \times 6.6 \times 10^{-34}$ जूल

$= 1.66$ इलेक्ट्रॉन वोल्ट

7 ***(0.547)*** आइन्स्टीन के प्रकाश विद्युत के समीकरण के द्वारा

$K_m = \frac{hc}{\lambda} - \phi$

$K = \frac{1230}{750} - \phi$

तथा $2K = \frac{1230}{450} - \phi$

समी (i) और (ii) के उपयोग से,

$\Rightarrow \frac{2 \times 1230}{750} - 2\phi = \frac{1230}{450} - \phi$

$\Rightarrow \phi = \frac{2 \times 1230}{750} - \frac{1230}{450}$

$= 0.547$ इलेक्ट्रॉन वोल्ट

8 ***(4.19)*** पृथ्वी की सतह पर प्रति सेकण्ड प्रति वर्ग मीटर आपतित फोटॉनों की संख्या,

$n = \frac{I}{E} = \frac{I\lambda}{hc}$

$= \frac{1.388 \times 10^3 \times 600 \times 10^{-9}}{6.63 \times 10^{-14} \times 3 \times 10^8}$

$= 4.19 \times 10^{21} \Rightarrow n = 4.19$

9 ***(1.5)*** $n = \frac{\text{शक्ति}}{hc/\lambda}$

$= \frac{300 \times 10^{-9}}{6.6 \times 10^{-34} \times 3 \times 10^8}$

$= 1.5 \times 10^{18}$ मी²/से

$= 1.5 \times 10^{14}$ सेमी²/ से

10 ***(0.3)*** $KE = \frac{p^2}{2m_e} = \frac{hc}{\lambda_{\text{न्यूनतम}}}$

$p = \sqrt{\frac{2hcm_e}{\lambda_{\text{न्यूनतम}}}}$

तथा $\lambda_{\text{दे-ब्रॉग्ली}} = \frac{h}{p}$

$= \sqrt{\frac{h \times \lambda_{\text{न्यूनतम}}}{2m_p c}}$

$\lambda_{\text{न्यूनतम}} = 10$ ऐंग्स्ट्रॉम

$\lambda_{\text{दे-ब्रॉग्ली}} = 0.3$ ऐंग्स्ट्रॉम

NCERT Exemplar प्रश्न

1. ***(d)*** गति के समीकरण से,

$v^2 - u^2 = 2gH \Rightarrow \therefore u = 0$

$\Rightarrow$ कण द्वारा प्राप्त वेग

$v = \sqrt{2gH}$

$\therefore \quad \lambda = \frac{h}{p} = \frac{h}{mv} = \frac{h}{m\sqrt{2gH}}$

$\Rightarrow \quad \lambda \propto H^{1/2}$

2 ***(b)*** दिया है $E = 1$ मेगा इलेक्ट्रॉन वोल्ट

एक फोटॉन की ऊर्जा $E = \frac{hc}{\lambda}$

$\Rightarrow \lambda = \frac{6.63 \times 10^{-34} \times 3 \times 10^8 \times 10^9}{1.6 \times 10^{-19} \times 1}$

$= \frac{1240}{1} = 1.2 \times 10^{-3}$ नैनोमीटर

4 ***(b)*** हम जानते हैं कि λ और K के बीच सम्बन्ध निम्न प्रकार दिया जाता है

$\lambda = \frac{h}{\sqrt{2mK}}$

इस प्रकार $\lambda \propto \frac{1}{\sqrt{m}}$

$\therefore \quad \lambda_p : \lambda_n : \lambda_p : \lambda_0$

$\Rightarrow \frac{1}{\sqrt{m_p}} : \frac{1}{\sqrt{m_n}} : \frac{1}{\sqrt{m_e}} : \frac{1}{\sqrt{m_a}}$

तथा $m_p = m_n$, अतः $\lambda_p = \lambda_n$

$m_a > m_p$,

इसलिए $\lambda_p > \lambda_n$

अतः $\lambda_q < \lambda_p = \lambda_n < \lambda_e$

5 ***(a)*** दिया है $\mathbf{v} = v_0\hat{\mathbf{i}}$ तथा $\mathbf{B} = B_0\hat{\mathbf{j}}$

चुम्बकीय क्षेत्र में गतिशील आवेशित कण पर लगने वाला बल $= q(\mathbf{v} \times \mathbf{B})$

या $\quad F = q(v_0\hat{\mathbf{i}} \times B_0\hat{\mathbf{j}})$

या $\quad F = qB_0v_0\hat{\mathbf{k}}$

$\therefore q$ ऋणात्मक है, बल $-\hat{\mathbf{k}}$ कागज के तल में) की दिशा में है।

वेग से लम्बवत् बल के लिए, कण एकसमान वृत्तीय गति निष्पादित करता है। चूँकि वेग v_0 का परिमाण स्थिर है। अतः

दे-ब्रॉग्ली तरंगदैर्ध्य

$\lambda = \frac{h}{mv} = \frac{h}{mv_0} =$ नियत

6 *(c)* इलेक्ट्रॉन की प्रारम्भिक दे-ब्रॉग्ली तरंगदैर्ध्य

$$\lambda_0 = \frac{h}{mv_0}$$

विद्युत क्षेत्र में इलेक्ट्रॉन पर लगने वाला बल

$$\mathbf{F} = -e\mathbf{E} = -eE_0\hat{\mathbf{j}}$$

इलेक्ट्रॉन का त्वरण

$$\mathbf{a} = \frac{\mathbf{F}}{m} = -\frac{eE_0}{m}\hat{\mathbf{j}}$$

यह ऋणात्मक Y-अक्ष के अनुदिश कार्य कर रहा है।

X-अक्ष के साथ इलेक्ट्रॉन का प्रारम्भिक वेग $\mathbf{v}_{x0} = v_0\hat{\mathbf{i}}$, y अक्ष के अनुदिश इलेक्ट्रॉन का प्रारम्भिक वेग

$$\mathbf{v}_{y0} = 0$$

t के पश्चात् X-अक्ष के अनुदिश इलेक्ट्रॉन का वेग

$$\mathbf{v}_x = v_0\hat{\mathbf{j}}$$

X-अक्ष के अनुदिश इलेक्ट्रॉन का कोई त्वरण नहीं होता है।

Y-अक्ष के अनुदिश समय t के बाद इलेक्ट्रॉन का वेग

$$v_y = 0 + \left(-\frac{eE_0}{m}\hat{\mathbf{j}}\right)t$$

$$= -\frac{eE_0}{m}t\hat{\mathbf{j}}$$

t समय के पश्चात इलेक्ट्रॉन के वेग का परिमाण,

$$|\mathbf{v}| = \sqrt{v_x^2 + v_y^2}$$

$$= \sqrt{v_0^2 + \left(\frac{-eE_0}{m}t\right)^2}$$

$$= v_0\sqrt{1 + \frac{e^2E_0^2t^2}{m^2v_0^2}}$$

दे-ब्रॉग्ली तरंगदैर्ध्य

$$\lambda = \frac{h}{mv} = \frac{h}{mv_0\sqrt{1 + \frac{e^2E_0^2t^2}{(m^2v_0^2)}}}$$

$$\left(\text{यहाँ } \lambda_0 = \frac{h}{mv_0}\right)$$

$$= \frac{\lambda_0}{\left(1 + \frac{e^2E_0^2t^2}{m^2v_0^2}\right)^{1/2}}$$

विगत परीक्षाओं के प्रश्न

1 *(b)* फोटॉन ऊर्जा का बण्डल (पैकेट) होता है। यह द्रव्यमानहीन तथा आवेशरहित कण होता है। फोटॉन का विरामावस्था द्रव्यमान शून्य होता है। निर्वात में यह प्रकाश की चाल (c) से गति करता है तथा इसकी ऊर्जा $h\nu$ के समान होती है। फोटॉन पर धनात्मक आवेश होता है। तब फोटॉन का संवेग,

$$p = \frac{E}{c} = \frac{h\nu}{c}$$

2 *(d)* हम जानते हैं कि,

$$\lambda = \frac{h}{p} = \frac{h}{\sqrt{2mE}}$$

यहाँ, E = गतिज ऊर्जा

अतः $\lambda^2 = \frac{h^2}{2mE}$

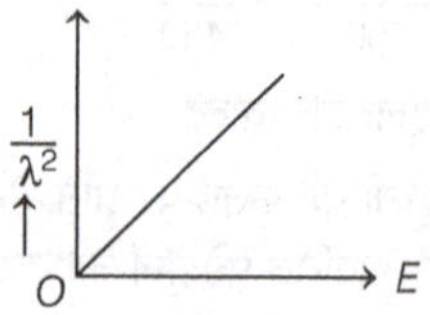

$$\Rightarrow \quad \frac{1}{\lambda^2} = \frac{2mE}{h^2}$$

$$\Rightarrow \quad \frac{1}{\lambda^2} \propto E$$

अतः विकल्प (d) सही है।

4 *(c)* आइन्स्टीन के प्रकाश विद्युत समीकरण से

$$eV' = h\nu' - h\nu_0$$

जब $\nu' = \nu$

और $V' = V_s/2$ तब

$$\therefore \quad \frac{eV_s}{2} = h\nu - h\nu_0 \quad \ldots(i)$$

फिर जब $\nu' = \frac{\nu}{2}$ तथा $V' = V_s$ तब

$$\therefore \quad eV_s = \frac{h\nu}{2} - h\nu_0 \quad \ldots(ii)$$

समी (i) को समी (ii) से विभाजित करने पर,

$$\frac{eV_s/2}{eV_s} = \frac{h\nu - h\nu_0}{\frac{h\nu}{2} - h\nu_0}$$

$$\Rightarrow \quad \nu_0 = \frac{3}{2}\nu$$

5 *(d)* चूँकि कार्य फलन नगण्य है इसलिए उत्सर्जित इलेक्ट्रॉन की गतिज ऊर्जा = आपतित फोटॉन की ऊर्जा

अर्थात् $\frac{1}{2}mv^2 = h\nu$

$$\Rightarrow \quad \frac{p^2}{2m} = \frac{hc}{\lambda}$$

$$\Rightarrow \quad p = \sqrt{\frac{2mhc}{\lambda}}$$

उत्सर्जित इलेक्ट्रॉन की दे-ब्रॉग्ली तरंगदैर्ध्य के

$$\lambda_d = \frac{h}{p} = \frac{h}{\sqrt{\frac{2mhc}{\lambda}}}$$

$$\Rightarrow \quad \lambda_d = \sqrt{\frac{h\lambda}{2mc}}$$

$$\Rightarrow \quad \lambda = \left(\frac{2mc}{h}\right)\lambda_d^2$$

6 *(c)* हम जानते हैं, कि $p = \frac{nhc}{\lambda}$

$$3.3 \times 10^{-3} = \frac{n \times 6.6 \times 10^{-34} \times 3 \times 10^8}{600 \times 10^{-19}}$$

$$\Rightarrow \quad n = 10^{16}$$

7 *(d)* इलेक्ट्रॉन की गतिज ऊर्जा

$K = 144$ इलेक्ट्रॉन वोल्ट

$\Rightarrow eV = 144$ इलेक्ट्रॉन वोल्ट

$V = 144$ वोल्ट

$\therefore$ दे-ब्रॉग्ली तरंगदैर्ध्य

$\therefore \lambda = \frac{1277}{\sqrt{V}}$ ऐंगस्ट्रॉम

$= \frac{1227}{\sqrt{144}}$ ऐंगस्ट्रॉम

$= \frac{1227}{12}$ ऐंगस्ट्रॉम

$= 0.102$ ऐंगस्ट्रॉम

$= 1.02$ नैनोमीटर

$= 102 \times 10^2$ नैनोमीटर

8 *(c)* दिया है $\lambda = 1227 \times 10^{-2}$ नैनोमीटर

$= 1227 \times 10^{-11}$ मीटर

गतिमान इलेक्ट्रॉन का दे-ब्रॉग्ली तरंगदैर्ध्य से सम्बन्ध निम्न प्रकार दिया जाता है

$\lambda = \frac{1227}{\sqrt{V}}$ ऐंगस्ट्रॉम

$\Rightarrow \sqrt{V} = \frac{12.27}{\lambda} \times 10^{-10}$ मीटर

$= \frac{12.27 \times 10^{-10}}{12.27 \times 10^{-11}} = 10^2$

$\Rightarrow \quad V = 10^4$ वोल्ट

9 *(c)* प्रारम्भ में प्रकाश की आवृत्ति

$\nu = 1.5\, \nu_0$

लेकिन जब आपतित प्रकाश की आवृत्ति आधी कर दी जाती है।

तब $\quad \nu' = \frac{\nu}{2} = 0.75\, \nu_0$

इस प्रकार, यह देहली आवृत्ति से कम हो जाता है। इस स्थिति में कोई प्रकाश विद्युत प्रभाव नहीं होता है। इसलिए प्रकाश विद्युत धारा शून्य हो जाती है।

अतः सही विकल्प (c) है।

10 *(d)* पदार्थ का कार्य फलन निम्न प्रकार से दिया जाता है।

$\phi = h\nu, \phi = \frac{hc}{\lambda}$

$\Rightarrow 4 \times 1.6 \times 10^{-19} = \frac{6.63 \times 10^{-34} \times 3 \times 10^8}{\lambda}$

या $\lambda = \frac{6.63 \times 10^{-34} \times 3 \times 10^8}{4 \times 1.6 \times 10^{-19}}$

$= 3.108 \times 10^{-7}$ मीटर

$= 310$ नैनोमीटर

11 *(a)* यदि इलेक्ट्रॉन को V वोल्ट के विभव से त्वरित किया जाता है, तो इससे सम्बन्धित तरंगदैर्ध्य निम्न प्रकार से दी जाती है।

$\lambda = \frac{12.27}{\sqrt{V}}$ ऐंग्स्ट्रॉम

$= \frac{12.27}{\sqrt{10000}} = 10^{-10}$

$= 12.27 \times 10^{-72}$ मी

12 *(c)* आइन्स्टीन के प्रकाश विद्युत समीकरण के अनुसार

$K_{\text{अधिकतम}} = \frac{1}{2} mv_{\text{अधिकतम}} = h\nu - \phi_0$

$= h\nu - h\nu_0 \quad \ldots(i)$

जब प्रकाश की आपतित आवृत्ति, $\nu = 2\nu_0$

समी (i) में ν का मान प्रतिस्थापित करने पर

$\frac{1}{2} mv_1^2 = h(2\nu_0) - h\nu_0 = h\nu_0 \quad \ldots(ii)$

यदि विकिरण की आपतित आवृत्ति

$\nu = 5\nu_0$

समी (i) में ν का मान प्रतिस्थापित करने पर

$\frac{1}{2} mv_2^2 = h(5\nu_0) - h\nu_0 - 4h\nu_0 \ldots(iii)$

समी (ii) को समी (iii) से विभाजित करने पर,

$$\frac{\frac{1}{2} mv_1^2}{\frac{1}{2} mv_2^2} = \frac{h\nu_0}{4h\nu_0}$$

$\therefore v_2 : v_2 = 1:2$

13 *(c)* दिया है, $\lambda = 300$ नैनोमीटर

$\phi_0 = 2.13$ इलेक्ट्रॉन-वोल्ट

आइन्स्टीन समीकरण के अनुसार,

$\frac{hc}{\lambda} - \phi_0 = K_{\text{अधिकतम}}$

$\Rightarrow \quad \frac{hc}{\lambda} - \phi_0 = eV_0$

$\Rightarrow \quad \left(\frac{1240}{300} - 2.13\right) eV_0 = eV_0$

$\Rightarrow \quad V_0 = 2$ वोल्ट

14 *(d)* कथन I सही है परन्तु कथन II गलत है।

हम जानते हैं,

कार्य फलन समीकरण से ,

$eV_0 = h\nu - \phi$

$V_0 = \frac{h}{e}\nu - \frac{\phi}{e}$

अतः पदार्थ M_2 का कार्यफलन अधिक होगा तथा गतिज ऊर्जा कम होगी।

15 *(c)* दे-ब्रॉग्ली तरंगदैर्ध्य

$\lambda = \frac{h}{p} = \frac{h}{\sqrt{2mK}}$

दिया है, $\lambda_{\text{प्रोटॉन}} = \lambda_{\text{इलेक्ट्रॉन}}$

$\Rightarrow \quad \frac{h}{\sqrt{2m_pK_p}} = \frac{h}{\sqrt{2m_eK_e}}$

$\Rightarrow \quad m_pK_p = m_eK_e$

$\Rightarrow \quad \frac{K_p}{K_e} = \frac{m_e}{m_p} = \frac{1}{1836}$

$\therefore \quad m_p \approx 1836 m_e$

$\Rightarrow \quad \frac{K_p}{K_e} < 1$ या $K_p < K_e$

16 *(c)* प्रकाश उत्सर्जन में तीव्रता $\propto$ प्रकाश धारा उत्सर्जित इलेक्ट्रॉनों की अधिकतम गतिज ऊर्जा आपतित प्रकाश की आवृत्ति पर निर्भर करती है।

प्रकाश उत्सर्जन केवल तभी सम्भव होता है जब आवृत्ति, देहली आवृत्ति से अधिक होती है।

अतः कथन A और C सही हैं।

17 *(d)* आइन्स्टीन के प्रकाश विद्युत समीकरण से दिया है, $eV_0 = h\nu - \phi$

$\Rightarrow 0 = h\nu - \phi$

$\Rightarrow \phi = h\nu$

$= 6.6 \times 10^{-34} \times 5 \times 10^{14}$

$= 2.07$ इलेक्ट्रॉन वोल्ट

18 *(b)* जैसा कि हम जानते हैं कि शक्ति,

$P = \frac{E}{t} = n\frac{hc}{\lambda}$

$\Rightarrow \quad \lambda = \frac{nhc}{P}$

$= \frac{10^{16} \times 6 \times 10^{-34} \times 3 \times 10^8}{15 \times 10^3}$

$= 12 \times 10^{-13}$

$= 0.0012$ ऐंग्स्ट्रॉम

यह तरंगदैर्ध्य गामा किरणों के संगत होती है।

19 *(b)* प्रत्येक फोटॉन की ऊर्जा

$E_1 = \frac{hc}{\lambda}$

$= \frac{6.63 \times 10^{-34} \times 3 \times 10^8}{9 \times 10^{-7}}$

$= 2.21 \times 10^{-19}$ जूल

हम जानते हैं कि प्रकाश तरंग की तीव्रता

$I = \frac{P}{A}$

$\Rightarrow \quad P = IA$

$= 100 \times 10^{-4} = 10^{-2}$ वाट

$= 10^2$ जूल/से

$\therefore$ एक सेकण्ड में प्रकाश किरण की कुल ऊर्जा $E = P \times t$

$= 10^{-2} \times 1 = 10^{-2}$ जूल

फोटॉनों की संख्या

$= \frac{\text{कुल ऊर्जा}}{\text{एक फोटॉन की ऊर्जा}}$

$= \frac{10^{-2}}{2.21 \times 10^{-19}} = 4.5 \times 10^{16}$

20 *(b)* $\lambda_1 = 670$ नैनोमीटर,

$V_1 = 0.48$ वोल्ट

$\lambda_2 = 474.6$ नैनोमीटर

आइन्स्टीन के प्रकाश विद्युत समीकरण से

$$eV_1 = \frac{hc}{\lambda_1} - \phi_0$$

$\therefore$ ϕ_0 कार्य फलन है

$$eV_1 = \frac{hc}{\lambda_1} - eV_1 \quad \ldots(i)$$

और इसी प्रकार $eV_2 = \dfrac{hc}{\lambda_2} - \phi_0$

$$\Rightarrow \quad \phi_0 = \frac{hc}{\lambda_2} - eV_2 \quad \ldots(ii)$$

समी (i) और (iii) से

$$\therefore \quad \frac{hc}{\lambda_1} - eV_1 = \frac{hc}{\lambda_2} - eV_2$$

$$\Rightarrow \quad V_2 = V_1 + \frac{hc}{e}\left(\frac{1}{\lambda_2} - \frac{1}{\lambda_1}\right)$$

$$= 0.48 + \frac{6.63 \times 10^{-34} \times 3 \times 10^8}{1.6 \times 10^{-19}} \left(\frac{1}{474.6} - \frac{1}{670.5}\right)$$

$= 1.25$ वोल्ट

स्किल बूस्टर्स

1 *(b)* जब लेन्स को दूर ले जाया जाता है, तो प्रारंभ में यह कैथोड़ पर केन्द्रित होता है, जिससे कम क्षेत्रफल का एक तीव्र बिन्दु बनता है।

इसलिए एक छोटे से क्षेत्रफल में तीव्रता बढ़ जाती है। इसके परिणामस्वरूप उत्सर्जन दर कम हो जाती है क्योंकि जिस क्षेत्र पर प्रकाश केन्द्रित होता है वह कम हो जाता है।

2 *(a)* अवतल लेन्स स्रोत S का प्रतिबिम्ब S' पर बनाता है।

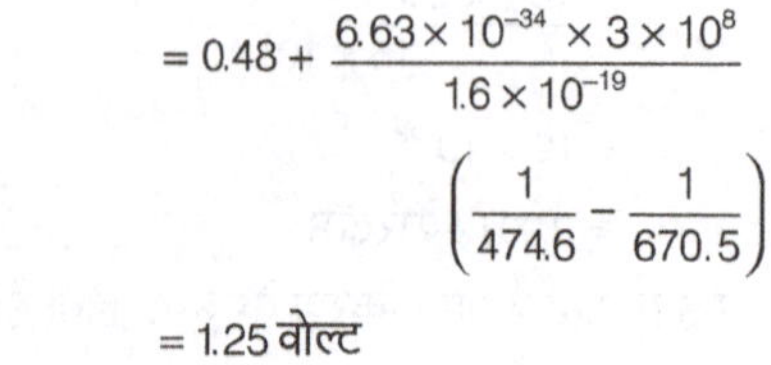

अतः S' अब एक स्रोत के समान कार्य करता है और जैसे जैसे- इसकी दूरी कम होती है प्रकाश उत्सर्जन दर बढ़ती जाती है।

द्वारक के स्थान पर उत्तल लेन्स का उपयोग करने पर, यह लेन्स तक पहुँचने वाले सभी फोटॉनों को धातु की सतह तक पहुँचाता है।

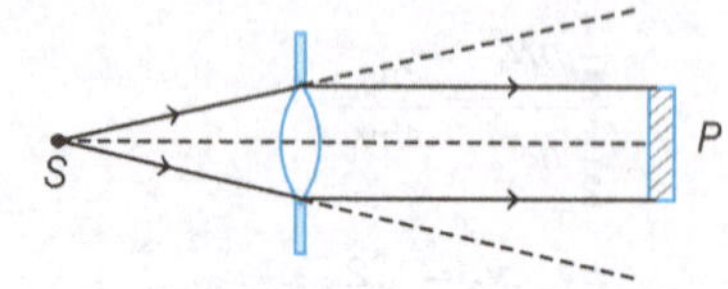

$\therefore$ प्रकाश उत्सर्जन दर बढ़ जाती है।

जब द्वारक के स्थान पर काँच का स्लैब रखा जाता है, तो यह प्रकाश का एक भाग अवशोषित कर लेता है तथा शेष भाग को उत्सर्जित कर देता है, जिससे प्रकाश उत्सर्जन की दर कम हो जाती है।

जब द्वारक के स्थान पर प्रिज्म रखा जाता है, तो यह प्रकाश किरण पुंज (एकवर्णी) को विचलित कर सकता है

जब तक कि प्रकाश P तक न पहुँचे।

अत : विकल्प (a) सही है।

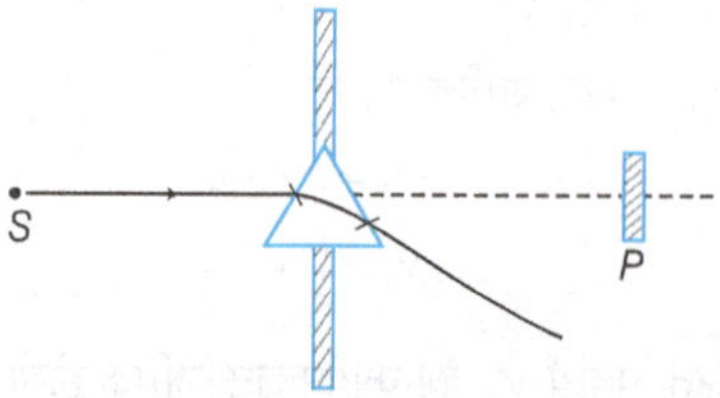

3 *(d)* केवल 4% ऊर्जा अवशोषित होती है और इसका केवल 3% ही प्रकाश उत्सर्जन का कारण बन सकता है। प्रकाश उत्सर्जन के लिए उपलब्ध तीव्रता

$I = 0.03 \times 0.04\, I_0 = 1.2$ नैनोवाट/सेमी^{2}

$\therefore$ इलेक्ट्रॉनों की संख्या/सेकण्ड

$$= \frac{1.2 \times 10^{-9} \text{ वाट}}{hf}$$

$= 1.5 \times 10^9$ इलेक्ट्रॉन/सेकण्ड

4 *(d)* किसी भी क्षण इलेक्ट्रॉन पर शुद्ध बल,

$$= q(\mathbf{E} + \mathbf{v} \times \mathbf{B})$$

$$= q(-E_0\hat{\mathbf{i}} + v_0\hat{\mathbf{j}} \times B_0\hat{\mathbf{j}})$$

$$= q(-E_0\hat{\mathbf{j}} + v_0B_0\hat{\mathbf{k}})$$

इलेक्ट्रॉन का त्वरण,

$$a = \frac{F}{m} = \frac{q}{m}(-E_0\hat{\mathbf{i}} + v_0B_0\hat{\mathbf{k}})$$

t सेकण्ड के बाद वेग

$$= u + at$$

$$= 0 + \frac{q}{m}(-E_0\hat{\mathbf{i}} + v_0B_0\hat{\mathbf{k}}) \cdot t$$

इस प्रकार, t सेकण्ड बाद इलेक्ट्रॉन का संवेग

या $\mathbf{p} = m\mathbf{v} = q\,(-E_0\hat{\mathbf{i}} + v_0B_0\hat{\mathbf{k}})$

या $|\mathbf{p}| = \sqrt{E_0^2q^2t^2 + v_0^2B_0^2q^2t^2}$

$$\mathbf{p} = qt\sqrt{E_0^2 + (v_0B_0)^2}$$

इस प्रकार $\lambda =$ गतिमान इलेक्ट्रॉन से सम्बद्ध तरंगदैर्ध्य

$$= \frac{h}{p} = \frac{h}{qt\left(\sqrt{E_0^2 + (v_0B_0)^2}\right)}$$

5 *(c)* $2\pi r_1 n = \lambda$

$$\Rightarrow \quad n = \frac{\lambda}{2\pi r_1}$$

$$\Rightarrow \quad n = \frac{10^{-9}}{2 \times 3.14 \times 5.13 \times 10^{-11}}$$

$$\Rightarrow \quad n = 3$$

6 *(c)* माना, धातु में प्रति परमाणु एक मुक्त इलेक्ट्रॉन है

d = परमाणु के बीच का अन्तर

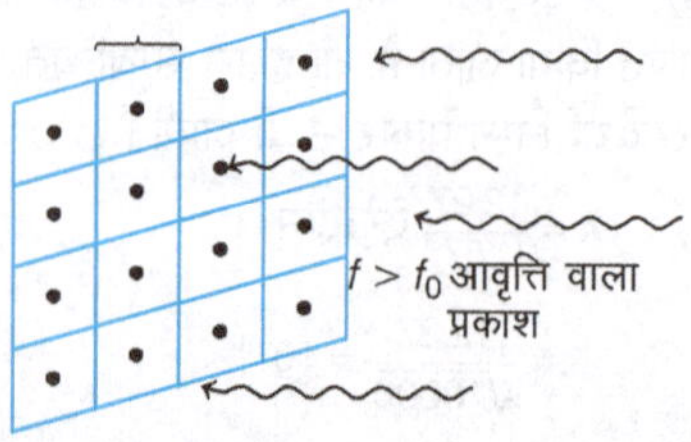

प्रति एकांक समय में प्रत्येक परमाणु पर गिरने वाली कुल ऊर्जा की मात्रा

$$\frac{dE}{dt} + Id^2 \left(\begin{array}{l} d^2 = \text{क्षेत्र} \\ I = \text{तीव्रता} \end{array}\right)$$

समय में अवशोषित ऊर्जा

$$t = Id^2t$$

भुजा d वाले घन का आयतन d^3 है और हम मानते हैं कि d^3 आयतन में एक परमाणु हैं। अतः प्रति एकांक आयतन में परमाणुओं की संख्या,

$$N = \frac{1}{d^3}$$

लेकिन, $N = \frac{\rho}{A}$

इसलिए, $d = \left(\frac{A}{\rho}\right)^{1/2}$

प्रकाश उत्सर्जन के लिए
अवशोषित ऊर्जा = कार्य फलन

$$Id^2 t = \phi_0$$

या $t = \frac{\phi_0}{id^2}$

$\Rightarrow$ t = समय अन्तराल

$$= \frac{\phi_0}{I}\left(\frac{\rho}{A}\right)^{2/3}$$

7 *(c)* V_0 और v के बीच का ग्राफ y-अक्ष को V_0 पर काटता है।

जहाँ V_0 निरोधी विभव को दर्शाता है।
दिए गए ग्राफ के लिए

$$(V_0)_{(iv)} > (V_0)_{(iii)} > (V_0)_{(ii)} > (V_0)_i$$
$$(W_0)_{(iv)} > (W_0)_{(iii)} > (W_0)_{(ii)} > (W_0)_i$$

10 *(d)* प्रकाश विद्युत समीकरण से,

$$h\nu - W_0 0 = \frac{1}{2}mv^2_{\text{अधिकतम}}$$

$$\Rightarrow \quad \frac{hc}{\lambda} - \frac{hc}{\lambda_0} - \frac{1}{2}mv^2_{\text{अधिकतम}}$$

$$\Rightarrow \quad hc\left(\frac{\lambda_0 - \lambda}{\lambda\lambda_0}\right) - \frac{1}{2}mv^2_{\text{अधिकतम}}$$

$$\Rightarrow \quad v_{\text{अधिकतम}} \sqrt{\frac{2hc}{m}\left(\frac{\lambda_0 - \lambda}{\lambda\lambda_0}\right)}$$

जब तरंगदैर्ध्य λ तथा वेग v' हो, तब

$$v' = \sqrt{\frac{2hc}{m}\left(\frac{\lambda_0 - \lambda}{\lambda\lambda_0}\right)} \quad \text{.... (i)}$$

जब तरंगदैर्ध्य $\frac{3\lambda}{4}$ तथा वेग v' हो, तब

$$\Rightarrow \quad v = \sqrt{\frac{2hc}{m}\frac{\lambda_0 - (3\lambda/4)}{(3\lambda/4)\lambda_0}} \quad \text{....(ii)}$$

समी (ii) को समी (i) से विभाजित करने पर,

$$\frac{v'}{v} = \sqrt{\frac{\lambda_0 - [3\lambda/4]}{\frac{3}{4}\lambda\lambda_0} \times \frac{\lambda\lambda_0}{\lambda_0 - \lambda}}$$

$$v' = v\left(\frac{4}{3}\right)^{1/2} \sqrt{\frac{\lambda_0 - (3\lambda/4)}{\lambda_0 - \lambda}}$$

अर्थात् $v' = v\left(\frac{4}{3}\right)^{1/2}$

12

भौतिकी की Concept Master *Videos* के लिए *Scan* करें

परमाणु
Atoms

- **परमाणु का पहला मॉडल जे. जे. टॉमसन** (J. J. Thomson) ने **सन् 1898** में प्रस्तावित किया था। इस मॉडल के अनुसार, परमाणु (Atom) का धनात्मक आवेश (Positive charge) सम्पूर्ण आयतन में एक समान रूप से वितरित होता है और ऋणात्मक आवेशित इलेक्ट्रॉन (Negatively charged electron) इसमें तरबूज के बीजों के समान समाहित होते हैं।
- इस मॉडल को परमाणु का **प्लम पुडिंग मॉडल** (Plum pudding model) कहा गया। यद्यपि परमाणुओं के विस्तृत अध्ययनों से ज्ञात होता है कि इलेक्ट्रॉनों और प्रोटॉनों का वितरण, इस मॉडल में प्रस्तावित वितरण से बहुत अलग है।
- संघनित पदार्थ (ठोस और तरल पदार्थ) और सघन गैसों (Dense gases) के परमाणु सभी तापमानों पर विद्युत चुम्बकीय विकिरण (Electromagnetic waves) उत्सर्जित करते हैं जिसमें विभिन्न तरंगदैर्ध्यों का सतत् वितरण निहित होता है।
- **उन्नीसवीं शताब्दी** (Nineteenth century) **के आरम्भ में** यह स्थापित किया गया कि प्रत्येक तत्व विकिरण (Radiation) के एक अभिलाक्षणिक स्पेक्ट्रम (Characteristic spectrum) से सम्बन्धित है। इससे परमाणु की संरचना और उससे उत्सर्जित विकिरण के स्पेक्ट्रम के बीच सम्बन्ध का प्रतिपादन हुआ।
- परमाणु संरचना की जाँच के लिए रदरफोर्ड (Rutherford) ने सन् 1906 में परमाणु द्वारा α-कण प्रकीर्णन (Scattering) का एक प्रयोग प्रस्तावित किया। यह प्रयोग सन् 1911 में **हैंस गाइगर और अर्नेस्ट मार्सडेन** (Hans Geiger and Ernest Marsden) द्वारा किया गया था। इस प्रयोग ने रदरफोर्ड के ग्रहीय मॉडल (Planetary model) को जन्म दिया जिसे **परमाणु का नाभिकीय मॉडल** (Nuclear model) भी कहा जाता है।
- रदरफोर्ड का ग्रहीय मॉडल परमाणु संरचना की बहुत अच्छी प्रकार से व्याख्या करता है यद्यपि यह हाइड्रोजन स्पेक्ट्रम के असतत् स्तरों (Discrete levels) की व्याख्या नहीं कर सकता है।

5 वर्षों में NEET में पूछे गये शीर्षकवार प्रश्न

शीर्षक	वर्षवार प्रश्नों की संख्या				
	2024	2023	2022	2021	2020
α-कण का प्रकीर्णन तथा परमाणु का रदरफोर्ड नाभिकीय मॉडल	1	–	–	–	–
हाइड्रोजन परमाणु का बोर मॉडल	–	1	1	–	2
हाइड्रोजन परमाणु का रेखा स्पेक्ट्रम	1	2	–	–	–

NEET में विगत 5 वर्षों में पूछे गये विशेष प्रकार के प्रश्न

प्रकार	वर्ष				
	2024	2023	2022	2021	2020
अभिकथन-कारण	–	–	–	–	–
कथन आधारित	1	–	–	–	–
सुमेलन	1	–	–	–	–

NEET के विगत 5 वर्षों का भारांकन

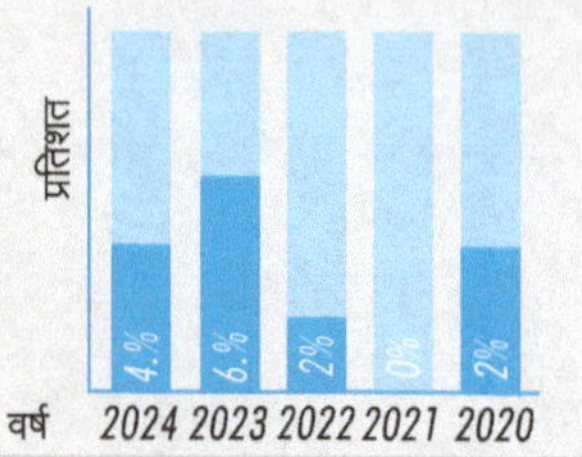

α-कण का प्रकीर्णन तथा परमाणु का रदरफोर्ड नाभिकीय मॉडल (α-Particle Scattering and Rutherford's Nuclear Model of Atom)

- गाइगर-मार्सडेन प्रयोग में $^{214}_{83}Bi$ रेडियोधर्मी स्रोत (Radioactive source) से उत्सर्जित 5.5 मैगाइलेक्ट्रॉन वोल्ट α-कण के पुंज (Beam) को 2.1×10^{-7} मीटर मोटी स्वर्ण पन्नी (Gold foil) पर निर्देशित किया गया, जैसा कि चित्र (अग्र पृष्ठ पर) में दिखाया गया है। इन प्रकीर्णित α-कणों का जिंक सल्फाइड (Zinc sulphide) के घूर्णी संसूचक (Rotatable detector) द्वारा अवलोकन किया गया।

- इस प्रयोग में प्रयुक्त सम्पूर्ण उपकरणों (Apparatus) को निर्वात् कक्ष (Vacuum chamber) में रखा जाता गया।

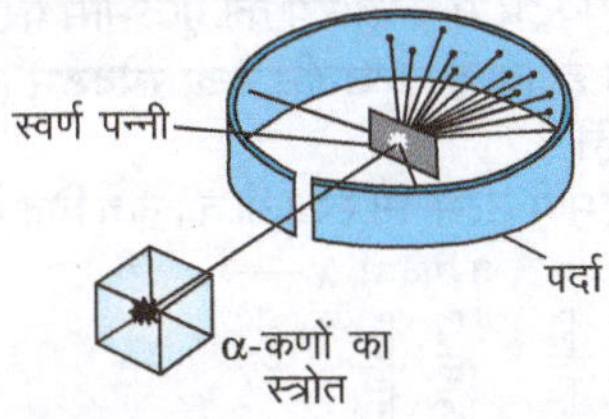

- ये प्रकीर्णित α-कण स्क्रीन से टकराकर चमकीले फ्लैश या प्रस्फुर (Scintillations) उत्पन्न करते हैं। इन प्रस्फुरों के वितरण का अध्ययन प्रकीर्णन के कोण के फलन (Function) के रूप में किया जा सकता है।
- रदरफोर्ड के प्रकीर्णित α-कण का प्रयोग या **गाइगर-मार्सडेन प्रयोग** का योजनाबद्ध आरेख नीचे प्रदर्शित किया गया है।

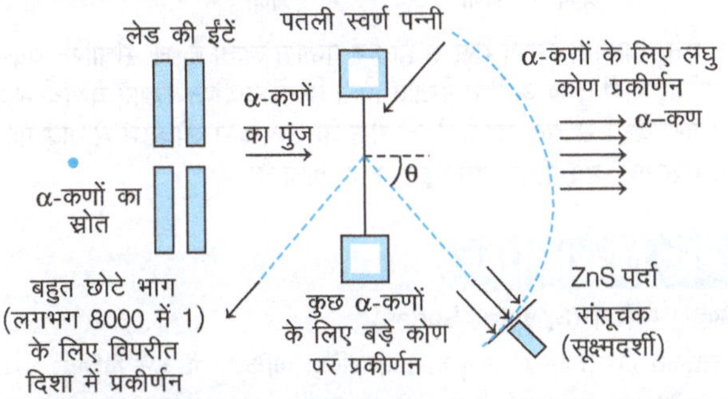

- **इस प्रयोग से निम्न प्रेक्षण** प्राप्त हुए
  (i) इस प्रयोग में बहुत से α-कण बिना किसी विक्षेप (Deflection) के पन्नी (foil) से सीधे ही गुजर जाते हैं। इसका अर्थ है कि परमाणु का अधिकांश भाग रिक्त है।
  (ii) आपतित α-कणों में से केवल 0.14% (लगभग) का 1° के कोण से अधिक प्रकीर्णन होता है।
  (iii) प्रत्येक 8000 α-कणों में से केवल एक α-कण 90° से अधिक विक्षेपित होता है अर्थात् परमाणु का सम्पूर्ण धनात्मक आवेश (Positive charge) और अधिकांश द्रव्यमान (*m*) परमाणु के केन्द्र में संकेन्द्रित होता है, जिसे **नाभिक** (Nucleus) कहते हैं।
  (iv) प्रकीर्णन कोण पर प्रति इकाई क्षेत्र $N(\theta)$ में प्रकीर्णित α-कणों की संख्या $\sin^4\frac{\theta}{2}$ के व्युत्क्रमानुपाती रूप से परिवर्तित होती है।

$$N(\theta) \propto \frac{1}{\sin^4\left(\frac{\theta}{2}\right)}$$

गाइगर एवं मार्सडेन द्वारा प्राप्त विभिन्न कोणों पर पतली पन्नी द्वारा α-कणों के प्रकीर्णन के प्रायोगिक डेटा बिन्दु चित्र में दर्शाए गए हैं

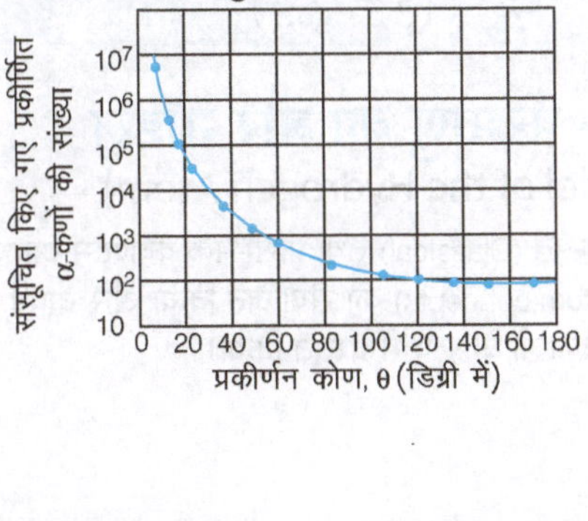

- α-कण के प्रक्षेप पथ की गणना न्यूटन के गति के द्वितीय नियम तथा α-कणों और धनात्मक आवेशित नाभिक के मध्य प्रतिकर्षण के स्थिर वैद्युतिकी बल के लिए कूलॉम के नियम का उपयोग करके की जा सकती है। इस बल का परिमाण निम्न प्रकार ज्ञात किया जा सकता है

$$F = \frac{1}{4\pi\varepsilon_0} \cdot \frac{(2e)(Ze)}{r^2}$$

जहाँ, *r*, α-कण तथा नाभिक के मध्य दूरी है।

- जब α-कण नाभिक के पास आता है या दूर जाता है, तो α-कण पर बल का परिमाण तथा दिशा लगातार बदलती रहती है।
- किसी लक्ष्य नाभिक के कूलॉम क्षेत्र में **α-कणों का प्रक्षेप पथ** नीचे चित्र में प्रदर्शित किया गया है।

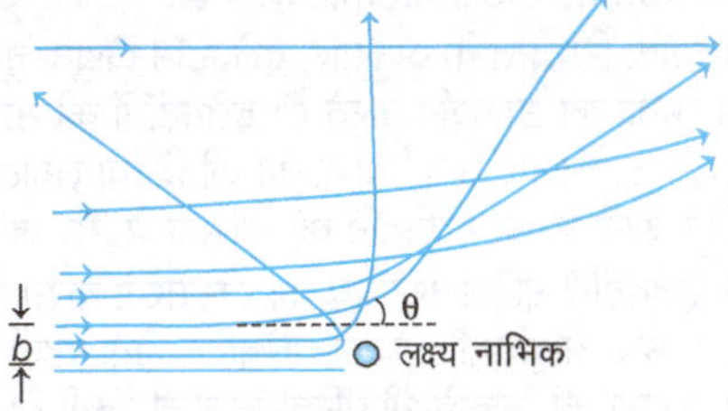

- नाभिक के केन्द्र से α-कण के प्रारम्भिक वेग सदिश की लम्बवत् दूरी को **संघट्ट प्राचल** (Impact parameter) कहते हैं। इसे *b* से प्रदर्शित करते हैं।

Marks Maximizer

- α-कण का प्रक्षेप पथ (Trajectory) संघट्ट प्राचल पर निर्भर करता है।

रदरफोर्ड के अनुसार संघट्ट प्राचल, $b = \dfrac{Ze^2 \cot\frac{\theta}{2}}{4\pi\varepsilon_0 E_k}$

जहाँ, E_k = आपतित α-कण की गतिज ऊर्जा

(i) प्रत्यक्ष संघट्ट (Head on collision) के लिए संघट्ट प्राचल शून्य होता है तथा α-कण वापस आ जाता है अर्थात् यदि $b = 0$ हो, तो $\theta = 180°$ होगा।

(ii) वृहत संघट्ट (Large impact) प्राचल के लिए α-कण लगभग अपरिवर्तित रहता है अर्थात् यदि $b = \infty$ हो, तो $\theta = 0°$ होगा।

- नाभिक से α-कण की वह न्यूनतम दूरी जिस पर α-कण पहुँचता है, उसे **समीपतम पहुँच की दूरी** (Distance of closest approach) कहते हैं। इसे r_0 से प्रदर्शित करते हैं।

$$r_0 = \frac{2Ze^2}{4\pi\varepsilon_0 E_k}$$

इस दूरी पर α-कणों की सम्पूर्ण गतिज ऊर्जा, वैद्युत स्थैतिक स्थितिज ऊर्जा में परिवर्तित हो जाती है।

रदरफोर्ड के परमाणु मॉडल के सिद्धान्त
(Postulates of Rutherford's Atomic Model)

- इन प्रेक्षणों के आधार पर रदरफोर्ड ने परमाणु का एक नाभिकीय मॉडल प्रस्तुत किया, जिसे **ग्रहीय मॉडल** (Planetary model) भी कहते हैं, जिसमें परमाणु का सम्पूर्ण धनात्मक आवेश तथा अधिकांश द्रव्यमान, एक छोटे आयतन में केन्द्रित होता है, जिसे **नाभिक** कहते हैं।

- रदरफोर्ड के प्रयोग के आधार पर नाभिक का आकार लगभग 10^{-15} मीटर से 10^{-14} मीटर तक होता है जबकि गतिज ऊर्जा सिद्धान्त के अनुसार, परमाणु का आकार 10^{-10} मीटर माना जाता है। इस प्रकार परमाणु का अधिकांश भाग रिक्त होता है।
- इलेक्ट्रॉन नाभिक के चारों ओर खाली स्थान में घूर्णन करते हैं। इलेक्ट्रॉन और नाभिक के बीच स्थिरवैद्युत आकर्षण बल द्वारा अभिकेन्द्रीय बल प्रदान किया जाता है।
- परमाणु पूर्णतः उदासीन (Neutral) होता है। अतः नाभिक पर कुल धनात्मक आवेश इलेक्ट्रॉनों पर कुल ऋणात्मक आवेश के समान होता है।

रदरफोर्ड के परमाणु मॉडल की कमियाँ
(Drawbacks of Rutherford's Atomic Model)

(i) विद्युत चुम्बकीय सिद्धान्त के अनुसार, इलेक्ट्रॉन विद्युत-चुम्बकीय तरंगों के रूप में ऊर्जा का उत्सर्जन करते हैं। इलेक्ट्रॉनों की ऊर्जा में इस निरन्तर हानि के कारण, उनकी कक्षाओं की त्रिज्या लगातार कम होती जानी चाहिए और अंततः इलेक्ट्रॉन को नाभिक में गिर जाना चाहिए।

(ii) जैसे-जैसे इलेक्ट्रॉन सर्पिलाकार पथ का अनुसरण करते हैं, उनके कोणीय वेग और आवृत्तियाँ लगातार परिवर्तित होती रहती है। इसलिए उत्सर्जित प्रकाश की आवृत्ति भी परिवर्तित होती रहती है। किन्तु वास्तव में देखे गए स्पेक्ट्रम के विपरीत ये एक सतत् स्पेक्ट्रम उत्सर्जित करते हैं।

इलेक्ट्रॉन कक्षाएँ (Electron Orbits)

- हाइड्रोजन परमाणु में गतिशील रूप से स्थिर कक्षा के लिए घूर्णी इलेक्ट्रॉनों और नाभिक के मध्य स्थिर वैद्युतिकी आकर्षण बल (F_e), आपेक्षित अभिकेन्द्रीय बल (F_c) प्रदान करता है।

$$F_e = F_c \Rightarrow \frac{e^2}{4\pi\varepsilon_0 r^2} = \frac{mv^2}{r}$$

- **इलेक्ट्रॉन के वेग तथा कक्षीय त्रिज्या के मध्य निम्न सम्बन्ध** होता है

$$r = \frac{e^2}{4\pi\varepsilon_0 mv^2}$$

- **हाइड्रोजन परमाणु में इलेक्ट्रॉन की गतिज ऊर्जा K तथा स्थिरवैद्युत स्थितिज ऊर्जा U** को निम्न प्रकार दर्शाया जाता है

$$K = \frac{e^2}{8\pi\varepsilon_0 r} \text{ तथा } U = \frac{-e^2}{4\pi\varepsilon_0 r}$$

NEET 2019

- **हाइड्रोजन परमाणु में इलेक्ट्रॉन की कुल ऊर्जा E** को निम्न प्रकार दर्शाया जाता है

$$E = \frac{-e^2}{8\pi\varepsilon_0 r}$$

ऋणात्मक चिन्ह इस तथ्य को दर्शाता है कि इलेक्ट्रॉन नाभिक से बँधा हुआ है।

- यदि E धनात्मक है, तो इलेक्ट्रॉन नाभिक के चारों ओर बन्द कक्षा का अनुसरण नहीं करता है।

परमाणु स्पेक्ट्रम (Atomic Spectra)

- प्रत्येक तत्व में विकिरण का एक विशिष्ट स्पेक्ट्रम होता है, जिसे वह उत्सर्जित करता है।
- जब किसी परमाणु गैस या वाष्प को कम दाब पर उत्तेजित (प्रायः माध्यम में विद्युत धारा प्रवाहित करके) किया जाता है, तो उत्सर्जित विकिरण में केवल विशिष्ट तरंगदैर्ध्य वाला एक स्पेक्ट्रम होता है। इस प्रकार के स्पेक्ट्रम में काले रंग की पृष्ठभूमि पर दीप्त रेखाएँ (Bright lines) होती हैं, जिन्हें **उत्सर्जन रेखा स्पेक्ट्रम** (Emission line spectrum) कहते हैं।

Concept Master Video के लिए

- हाइड्रोजन के स्पेक्ट्रम में उत्सर्जन रेखाओं को नीचे चित्र में दिखाया गया है।

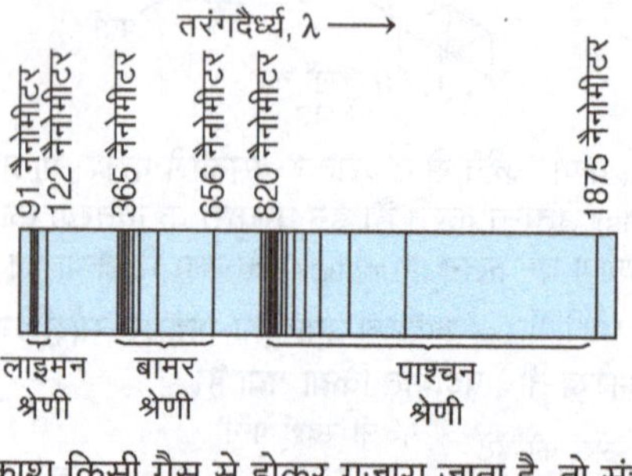

- जब श्वेत प्रकाश किसी गैस से होकर गुजारा जाता है, तो संचारित प्रकाश के स्पेक्ट्रम में कुछ अदीप्त रेखाएँ होती हैं। ये अदीप्त रेखाएँ यथार्थ रूप से उन तरंगदैर्ध्य से मेल खाती हैं जो गैस के उत्सर्जन स्पेक्ट्रम में पाए गए थे। इसे **गैस का अवशोषण स्पेक्ट्रम** कहा जाता है।

Marks Maximizer

स्पेक्ट्रल श्रेणियाँ (Spectral Series)

- उत्तेजित हाइड्रोजन परमाणु द्वारा उत्सर्जित विकिरण में कुछ विशिष्ट तरंगदैर्ध्य या आवृत्तियाँ होती हैं जिनका मान क्वाण्टम संख्या n_1 तथा n_2 पर निर्भर करता है। इस सम्बन्ध को **रिड्बर्ग सूत्र** (Rydberg formula) कहते हैं।

$$\bar{v} = \frac{1}{\lambda} = R\left(\frac{1}{n_1^2} - \frac{1}{n_2^2}\right)$$

NEET 2023

श्रेणी का नाम	स्पेक्ट्रल सूत्र	अन्तिम कक्षा की संख्या	क्षेत्र
लाइमन श्रेणी	$\frac{1}{\lambda} = R\left(\frac{1}{(1)^2} - \frac{1}{(n)^2}\right)$	$n = 2, 3, 4, \ldots$	पराबैंगनी
बामर श्रेणी	$\frac{1}{\lambda} = R\left(\frac{1}{(2)^2} - \frac{1}{(n)^2}\right)$	$n = 3, 4, 5, \ldots$	दृश्य
पाश्चन श्रेणी	$\frac{1}{\lambda} = R\left(\frac{1}{(3)^2} - \frac{1}{(n)^2}\right)$	$n = 4, 5, 6 \ldots$	अवरक्त के निकट
ब्रैकेट श्रेणी	$\frac{1}{\lambda} = R\left(\frac{1}{(4)^2} - \frac{1}{(n)^2}\right)$	$n = 5, 6, 7 \ldots$	अवरक्त
फुण्ड श्रेणी	$\frac{1}{\lambda} = R\left(\frac{1}{(5)^2} - \frac{1}{(n)^2}\right)$	$n = 6, 7, 8 \ldots$	अवरक्त से दूर

हाइड्रोजन परमाणु का बोर मॉडल
(Bohr Model of the Hydrogen Atom)

- बोर ने चिरसम्मत (Classical) तथा प्रारम्भिक क्वाण्टम अवधारणाओं (Early quantum concepts) को संयोजित किया और अपने सिद्धान्तों को तीन अभिधारणाओं के रूप में प्रस्तुत किया।

ये तीन अभिधारणाएँ निम्न प्रकार हैं

(i) किसी परमाणु में एक इलेक्ट्रॉन, विकिरित ऊर्जा के उत्सर्जन बिना विशेष स्थिर कक्षाओं में घूर्णन कर सकता है जिन्हें स्थिर कक्षा कहा जाता है। इस प्रकार, प्रत्येक परमाणु की एक निश्चित अवस्था होती हैं तथा प्रत्येक निश्चित अवस्था की एक निश्चित कुल ऊर्जा होती है।

(ii) इलेक्ट्रॉन नाभिक के चारों ओर केवल उन्हीं कक्षाओं में घूमता है जिनके लिए कोणीय संवेग $\frac{h}{2\pi}$ का पूर्ण गुणज होता है।

जहाँ h = प्लांक नियतांक (6.6×10^{-34} जूल-सेकण्ड)

इस प्रकार, परिक्रमा करने वाले इलेक्ट्रॉन का कोणीय संवेग L क्वाण्टित होता है अर्थात्

$$L = \frac{nh}{2\pi}$$

(iii) जब एक इलेक्ट्रॉन उच्च अस्थिर कक्षा से निम्न स्थिर कक्षा में संक्रमण करता है, तो इसकी प्रारम्भिक और अन्तिम अवस्थाओं के मध्य ऊर्जा का अन्तर, इसके द्वारा उत्सर्जित फोटॉन की ऊर्जा के बराबर होता है। उत्सर्जित फोटॉन की आवृत्ति निम्न प्रकार ज्ञात की जा सकती है

$$\gamma = \frac{E_i - E_f}{h}$$

जहाँ, E_i तथा E_f ($E_i > E_f$) प्रारम्भिक तथा अन्तिम स्थिति में ऊर्जाएँ हैं।

- nवीं कक्षा में इलेक्ट्रॉन की **कक्षीय त्रिज्या** (Orbital radius)

$$r_n = \left(\frac{n}{m}\right)^2 \left(\frac{h}{2\pi}\right)^2 \frac{4\pi\varepsilon_0}{e^2} \Rightarrow r_n \propto n^2$$

तब बोर त्रिज्या ($n = 1$) निम्न प्रकार दी जाती है

$$r_1 = a_0 = \frac{h^2\varepsilon_0}{\pi m e^2}$$

$$= 5.29 \times 10^{-11} \text{ मीटर}$$

- हाइड्रोजन परमाणु की स्थिर अवस्था में इलेक्ट्रॉन की कुल ऊर्जा,

$$E_n = \frac{-me^4}{8n^2\varepsilon_0^2h^2}$$

$$= \frac{-2.18 \times 10^{-18}}{n^2} \text{ जूल}$$

NEET 2023, 19

$$= \frac{-13.6}{n^2} \text{ इलेक्ट्रॉन-वोल्ट}$$

NEET 2022, 20

यहाँ ऋणात्मक चिन्ह हाइड्रोजन परमाणु से एक इलेक्ट्रॉन को निकालने के लिए आवश्यक ऊर्जा की मात्रा को दर्शाता है।

Marks Maximizer

- nवीं कक्षा में इलेक्ट्रॉन का **कक्षीय वेग** (Orbital velocity),

$$v_n = \frac{1}{4} \cdot \frac{e^2}{4\pi\varepsilon_0} \frac{1}{\left(\frac{h}{2\pi}\right)}$$

$$\Rightarrow \quad v_n \propto \frac{1}{n}$$

हाइड्रोजन परमाणु की प्रथम कक्षा ($n = 1$) में इलेक्ट्रॉन का कक्षीय वेग,

$$v_1 = \frac{e^2}{2h\varepsilon_0} = \frac{c}{137}$$

ऊर्जा स्तर (Energy Levels)

- जब परमाणु का इलेक्ट्रॉन नाभिक की सबसे निकटतम कक्षा में घूर्णन करता है, तो इसकी ऊर्जा सबसे कम (अधिकतम ऋणात्मक मान) होती है।
- परमाणु की सबसे न्यूनतम अवस्था (Lowest state) को **मूल अवस्था** (Ground state) कहते हैं। अधिकांश हाइड्रोजन परमाणु निम्नतम अवस्था में रहते हैं।
- हाइड्रोजन परमाणु की निम्नतम अवस्था से इलेक्ट्रॉन मुक्त करने के लए आवश्यक न्यूनतम ऊर्जा 13.6 इलेक्ट्रॉन-वोल्ट है और इसे **हाइड्रोजन परमाणु की आयनन ऊर्जा** (Ionisation energy of the hydrogen atom) कहते हैं।
- जब नाभिक से इलेक्ट्रॉन को पूर्ण रूप से दूर कर दिया जाता है और वह विराम अवस्था में होता है, तो इसकी उच्चतम ऊर्जा अवस्था $n = \infty$ के संगत होती है तथा इसकी ऊर्जा 0 इलेक्ट्रॉन-वोल्ट होती है।
- निम्न ऊर्जा अवस्था n_i से उच्च ऊर्जा अवस्था n_f ($n_i > n_f$) के लिए इलेक्ट्रॉन को उत्तेजित करने हेतु आवश्यक ऊर्जा की मात्रा निम्न प्रकार दी जाती है

$$\Delta E = E_{n_f} - E_{n_i}$$

- इलेक्ट्रॉन एक फोटॉन उत्सर्जित करके उत्तेजित अवस्था से प्रारम्भिक अवस्था में वापस आ जाता है।
- जैसे-जैसे हाइड्रोजन परमाणु को उत्तेजित किया जाता है अर्थात् n का मान बढ़ाया जाता है, तो उत्तेजित परमाणु से इलेक्ट्रॉन को मुक्त करने के लिए आवश्यक न्यूनतम ऊर्जा का मान कम हो जाता है।
- हाइड्रोजन परमाणु की स्थिर अवस्थाओं के लिए ऊर्जा स्तर आरेख को नीचे चित्र द्वारा दर्शाया गया है।

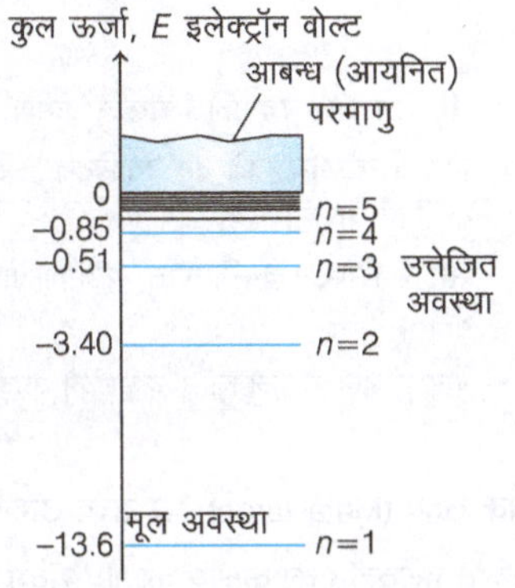

हाइड्रोजन परमाणु का रेखा स्पेक्ट्रम (The Line Spectra of the Hydrogen Atom)

- जब कोई हाइड्रोजन जैसा परमाणु उच्च ऊर्जा अवस्था (क्वाण्टम संख्या n_i) से निम्न ऊर्जा अवस्था (क्वाण्टम संख्या n_f) में संक्रमण करता है, तो ऊर्जा के इस अन्तर को v_{if} आवृत्ति के फोटॉन द्वारा वहन किया जाता है।

$$h v_{if} = E_{n_f} - E_{n_i}$$

- परमाणु स्पेक्ट्रम में विभिन्न रेखाएँ तब उत्पन्न होती हैं जब इलेक्ट्रॉन उच्च ऊर्जा अवस्था से निम्न ऊर्जा अवस्था में संक्रमण करता है और फोटॉन उत्सर्जित करता है। इन स्पेक्ट्रमी रेखाओं को **उत्सर्जन रेखाएँ** कहते हैं। nवीं कक्षा में एक इलेक्ट्रॉन के लिए सम्भावित संक्रमण की संख्या $\frac{n(n-1)}{2}$ होती है।

- जब कोई परमाणु ऐसा फोटॉन अवशोषित करता है जिसकी ऊर्जा उतनी ही होती है जितनी कि निम्न ऊर्जा अवस्था में स्थित इलेक्ट्रॉन को उच्च ऊर्जा अवस्था में जाने के लिए आवश्यक है, तो इस प्रक्रिया को **अवशोषण** कहा जाता है।

Concept Master Video के लिए

बोर के क्वाण्टीकरण के द्वितीय अभिगृहीत का दे-ब्रॉग्ली द्वारा स्पष्टीकरण

(De-Broglie's Explanation of Bohr's Second Postulate of Quantisation)

- बोर के द्वितीय अभिगृहीत के अनुसार, नाभिक के चारों ओर परिक्रमा करने वाले इलेक्ट्रॉन का कोणीय संवेग क्वाण्टित होता है।
- दे-ब्रॉग्ली ने अपनी परिकल्पना के आधार पर यह समझाया कि द्रव्य कणों; जैसे-इलेक्ट्रॉन को इनकी वृत्तीय कक्षा में एक कण तरंग के रूप में देखा जाना चाहिए। एक डोरी में संचरण करती तरंगों के सदृश, कण तरंगें भी अनुनादी अवस्थाओं में अप्रगामी तरंगें उत्पन्न कर सकती हैं।

  चित्र में प्रदर्शित r_n त्रिज्या की nवीं कक्षा में परिक्रमा करते किसी इलेक्ट्रॉन के लिए,

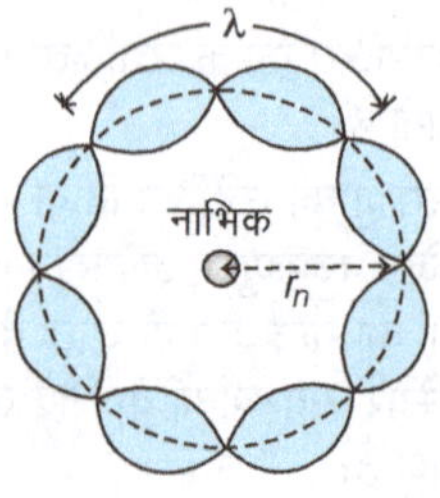

$$2\pi r_n = n\lambda, \quad n = 1, 2, 3 \ldots \qquad \left[\because \lambda = \frac{h}{mv_n}\right]$$

या $$mv_n r_n = \frac{nh}{2\pi}$$

यह बोर द्वारा प्रस्तावित क्वाण्टम स्थिति है। इस प्रकार, दे-ब्रॉग्ली की परिकल्पना, परिक्रमण करते इलेक्ट्रॉन के कोणीय संवेग के क्वाण्टीकरण की बोर द्वारा प्रस्तावित द्वितीय अभिगृहीत के लिए व्याख्या प्रस्तुत करती है।

- इलेक्ट्रॉन की क्वाण्टित कक्षाएँ तथा ऊर्जा स्थितियाँ, इलेक्ट्रॉन की तरंग प्रकृति के कारण होती हैं। इसमें केवल अनुनादी अप्रगामी तरंगें ही अवस्थित रह सकती हैं।
- **बोर मॉडल की सीमाएँ** (Limitations) निम्न प्रकार हैं

  (i) बोर मॉडल केवल हाइड्रोजनसम परमाणुओं के लिए मान्य है। इसे द्वि-परमाणवीय तत्व; जैसे—हीलियम के लिए विस्तारित नहीं किया जा सकता।

  (ii) बोर मॉडल स्पेक्ट्रम आवृत्तियों की सापेक्ष तीव्रताओं को समझाने में असमर्थ है।

  (iii) बोर का सिद्धान्त चुम्बकीय क्षेत्र (जीमान प्रभाव) या विद्युत क्षेत्र (स्टार्क प्रभाव) में स्पेक्ट्रमी रेखाओं से आगे विभाजन की व्याख्या नहीं करता है।

  (iv) यह विभिन्न कक्षाओं में इलेक्ट्रॉनों के वितरण की व्याख्या नहीं करता है।

  (vi) यह हाइड्रोजन उत्सर्जन स्पेक्ट्रम की दृश्य आवृत्तियों में क्षीण और प्रबल तीव्रता के कारण की व्याख्या करने में असमर्थ है।

Caution Points

- थॉमसन और रदरफोर्ड मॉडल क्रमशः स्थिर वैद्युतिक अस्थिरता और इलेक्ट्रॉन के विद्युत चुम्बकीय विकिरण के कारण अस्थिर हैं।
- बोर ने कोणीय गति को क्वाण्टित करने का चयन किया, क्योंकि h की विमा कोणीय गति की विमा के समान होती है, जो एक गोलाकार कक्षा के लिए प्रासंगिक है।
- सोलर सिस्टम के विपरीत, परमाणुओं में इलेक्ट्रॉन-इलेक्ट्रॉन बल महत्वपूर्ण है, जो बोर मॉडल को बहु-इलेक्ट्रॉन परमाणुओं के लिए अनुप्रयुक्त बनाता है।
- बोर मॉडल में इलेक्ट्रॉन कक्षा की आवृत्ति, स्पेक्ट्रमी रेखा आवृत्ति के संगत नहीं होती हैं। ये अधिक क्वाण्टम संख्या संक्रमणों के संगत होती है।

PYQ नोट्स

1. जब धात्विक लक्ष्य (Metal target) पर उच्च ऊर्जा के इलेक्ट्रॉनों की बमबारी कराई जाती है, तो X-किरणों का उत्सर्जन होता है। **[JEE Main 2023]**
2. परिक्रमा करते इलेक्ट्रॉन का कक्षीय कोणीय संवेग (Orbital angular momentum),

   $$\mu_L = \frac{-ev_n r_n}{2} = -\frac{eL}{2m}$$

   [JEE Main 2022]
3. हाइड्रोजन परमाणु की nवीं कक्षा में परिक्रमा करते इलेक्ट्रॉन का आवर्तकाल,

   $$T_n = \frac{2\pi r_n}{v_n} = n^3 T_1$$

   जहाँ, T_1 = निम्नतम अवस्था में आवर्तकाल **[NEET 2017]**

Step by Step

Mastering NCERT

- कॉन्सेप्ट बिल्डर्स
- शीर्षकवार प्रश्न
- अभिकथन-कारण प्रश्न
- कथन आधारित प्रश्न
- सुमेलन प्रकार प्रश्न
- आंकिक मान प्रकार के प्रश्न
- NCERT Exemplar प्रश्न
- विगत परीक्षाओं के प्रश्न
- स्किल बूस्टर्स

कॉन्सेप्ट बिल्डर्स

1 परमाणु का कौन-सा मॉडल इसमें द्रव्यमान के लगभग सतत् वितरण को मानता है?

2 रदरफोर्ड मॉडल परिक्रमा करने वाले इलेक्ट्रॉनों के कारण अस्थिर होता है। (सत्य/असत्य)

3 नाभिक के आकार का अनुमान किन कणों के प्रकीर्णन से लगाया जा सकता है?

4 प्रत्येक 8000 α-कणों में से लगभग एक α-कण $90°$ से अधिक विचलित होता है। (सत्य/असत्य)

5 दी गई ऊर्जा के प्रक्षेप्य के लिए, संघट्ट प्राचल में वृद्धि के साथ प्रकीर्णन कोण .... (बढ़ता/घटता)है।

6 बोर के परमाणु मॉडल में इलेक्ट्रॉन की गतिज ऊर्जा कक्षीय त्रिज्या में वृद्धि के साथ बढ़ती है। (सत्य/असत्य)

7 स्थिर बोर कक्षा में इलेक्ट्रॉन की स्थितिज ऊर्जा, कक्षीय त्रिज्या में वृद्धि के साथ बढ़ती है। (सत्य/असत्य)

8 रदरफोर्ड का परमाणु मॉडल किसी परमाणु की स्थिरता की व्याख्या नहीं कर सकता है। (सत्य/असत्य)

9 बोर का मॉडल केवल हाइड्रोजनसम परमाणुओं (एकल इलेक्ट्रॉन) पर लागू होता है। (सत्य/असत्य)

10 बोर के परमाणु मॉडल के अनुसार, स्थिर कक्षाओं की त्रिज्याएँ क्वाण्टम संख्या n के वर्ग के व्युत्क्रमानुपाती होती हैं। (सत्य/असत्य)

11 हाइड्रोजन परमाणु की पहली कक्षा में इलेक्ट्रॉन की परिक्रमण आवृत्ति 6.57×10^5 चक्र/से होती है। (सत्य/असत्य)

12 प्लांक स्थिरांक की विमाएँ .... (कोणीय संवेग/रेखीय संवेग) के समान होती हैं।

13 रिड्बर्ग स्थिरांक का मान .... (1.09×10^7 मी$^{-1}$/2.5×10^6 मी$^{-1}$) होता है।

14 H-परमाणु में एक इलेक्ट्रॉन को उसकी पहली उत्तेजित अवस्था तक उत्तेजित करने क लिए आवश्यक ऊर्जा .... (−13.6 इलेक्ट्रॉन-वोल्ट /10.2 इलेक्ट्रॉन-वोल्ट) है।

15 जब हाइड्रोजन परमाणु चौथी उत्तेजित अवस्था में होता है, तो उसके द्वारा उत्सर्जित स्पेक्ट्रल रेखाओं की अधिकतम संख्या कितनी होती है?

16 जब इलेक्ट्रॉन नाभिक से बहुत दूर होता है, तो उसकी स्थितिज ऊर्जा क्या होती है?

17 हाइड्रोजन परमाणु की पहली से दूसरी उत्तेजित अवस्था में ऊर्जाओं का अनुपात .... (9 : 4/3 : 5) होता है।

18 हाइड्रोजन की कौन-सी स्पेक्ट्रल श्रेणी UV-क्षेत्र में स्थित होती है?

19 हाइड्रोजन स्पेक्ट्रम की ...... (पाश्चन/बामर) श्रेणी विद्युत चुम्बकीय स्पेक्ट्रम के दृश्य भाग में स्थित होती है।

20 बामर श्रेणी में सबसे लघु और दीर्घ तरंगदैर्ध्य क्रमशः 911 ऐंग्स्ट्रॉम और 1215 ऐंग्स्ट्रॉम हैं। (सत्य/असत्य)

शीर्षकवार प्रश्न

α-कण का प्रकीर्णन तथा परमाणु का रदरफोर्ड नाभिकीय मॉडल

1 गीगर-मार्सडेन प्रयोग में, किसी विशेष कोण पर प्रकीर्णित α-कणों का पता लगाया जाता है **NCERT पृष्ठ 292**

(a) ZnS लेपित स्क्रीन पर α-कणों द्वारा उत्पन्न फ्लैश (प्रस्फुर) की गिनती करके

(b) फोटोग्राफिक फिल्म पर उत्पादित बिन्दुओं की गिनती करके

(c) गैल्वेनोमीटर संसूचक का उपयोग करके

(d) गाइगर-काउण्टर का उपयोग करके

2 गाइगर-मार्सडेन प्रयोग के अवलोकनों के सम्बन्ध में गलत कथन का चयन करें। **NCERT पृष्ठ 292**

(a) अनेक α-कण स्वर्ण पन्नी से सीधे गुजर जाते हैं।

(b) केवल 2% α-कण का ही $1°$ से अधिक प्रकीर्णन होता है।

(c) 8000, α-कणों में से लगभग 1 कण ही $90°$ से अधिक विक्षेपित होता है।

(d) बहुत कम α-कण वापस परावर्तित होते हैं।

3 विभिन्न कोणों पर प्रकीर्णित α-कणों की कुल संख्या का ग्राफ निम्न में से कौन-सा है? NCERT पृष्ठ 293

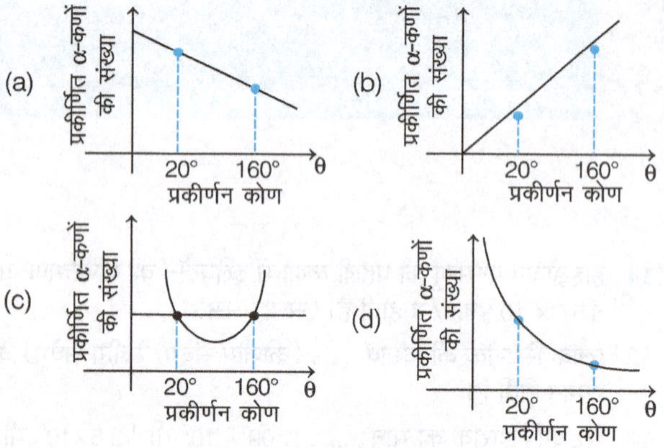

4 नीचे दिए गए चित्र में α-कण का प्रक्षेप पथ दिखाया गया है, तो संघट्ट प्राचल है NCERT पृष्ठ 294

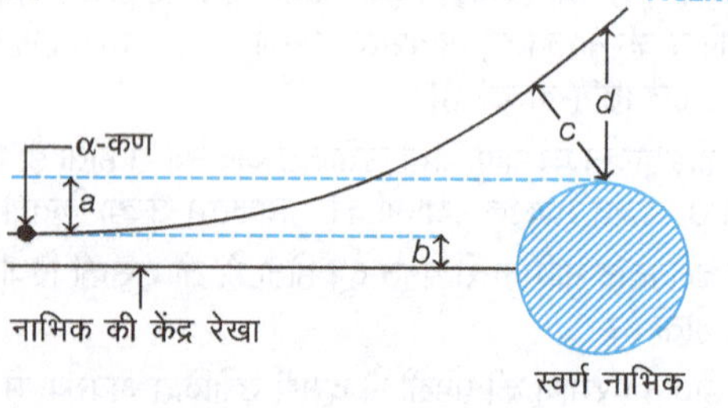

(a) a (b) b (c) c (d) d

5 α-कणों की एक दी गई किरण में संघट्ट प्राचल b का वितरण होता है, जिससे किरण विभिन्न दिशाओं में प्रकीर्णित हो जाती है, जैसा कि नीचे चित्र में दिखाया गया है। तब, NCERT पृष्ठ 294

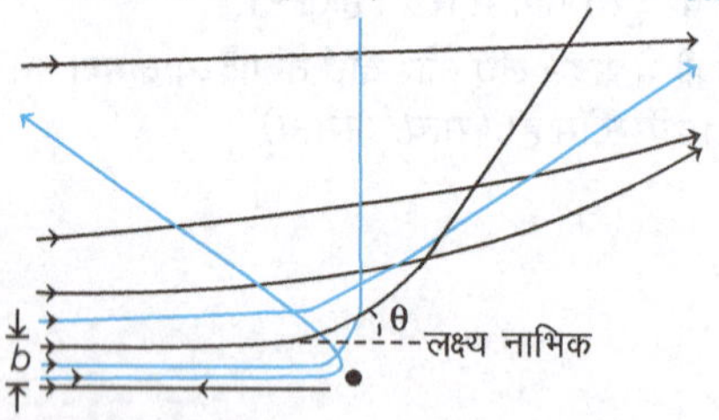

(a) b = न्यूनतम तथा $\theta \cong 0$
(b) b = अधिकतम तथा $\theta \cong \pi$
(c) b = न्यूनतम तथा $\theta \cong \pi$
(d) b = अधिकतम तथा θ सभी मानों पर

6 गाइगर-मार्सडेन प्रयोग में, 7.7 मेगाइलेक्ट्रॉन वोल्ट, α-कण के नाभिक के सबसे निकटतम पहुँच (Closest approach) की दूरी ज्ञात कीजिए, इससे पहले कि वह क्षण भर के लिए विराम अवस्था में आ जाए और अपनी दिशा विपरीत कर लें। (स्वर्ण नाभिक के लिए, $Z = 79$) NCERT पृष्ठ 295

(a) 10 फैरोमीटर (b) 20 फैरोमीटर
(c) 30 फैरोमीटर (d) 40 फैरोमीटर

7 α-प्रकीर्णन प्रयोग में, α-कण और स्वर्ण नाभिक के मध्य आमने-सामने की टक्कर में, पृथक्करण की न्यूनतम दूरी या निकटतम पहुँच 4×10^{-14} मीटर है। α-कण की ऊर्जा है (स्वर्ण का परमाणु क्रमांक = 79 लें) NCERT पृष्ठ 296

(a) 5.68 मेगाइलेक्ट्रॉन वोल्ट (b) 8 मेगाइलेक्ट्रॉन वोल्ट
(c) 4.47 मेगाइलेक्ट्रॉन वोल्ट (d) 7.24 मेगाइलेक्ट्रॉन वोल्ट

8 गाइगर-मार्सडेन प्रयोग में, 7.7 मेगाइलेक्ट्रॉन वोल्ट ऊर्जा का एक α-कण स्वर्ण नाभिक के सामने आता है, यह क्षण भर के लिए रुक जाता है और अपनी दिशा विपरीत कर लेता है। हम यह निष्कर्ष निकाल सकते हैं कि (स्वर्ण के लिए, $Z = 79$) NCERT पृष्ठ 296

(a) स्वर्ण नाभिक की त्रिज्या 3.0×10^{-14} मीटर है
(b) स्वर्ण नाभिक की त्रिज्या 3.0×10^{-14} मीटर से अधिक है
(c) स्वर्ण नाभिक की त्रिज्या 3.0×10^{-14} मीटर से कम है
(d) दिए गए विवरण से त्रिज्या का अनुमान नहीं लगाया जा सकता

9 यदि हाइड्रोजन परमाणु में इलेक्ट्रॉन की कक्षीय त्रिज्या 4.7×10^{-11} मीटर है, तो हाइड्रोजन परमाणु में इलेक्ट्रॉन की गतिज ऊर्जा की गणना करें। NCERT पृष्ठ 296

(a) 15.3 इलेक्ट्रॉन-वोल्ट (b) −15.3 इलेक्ट्रॉन-वोल्ट
(c) 13.6 इलेक्ट्रॉन-वोल्ट (d) −13.6 इलेक्ट्रॉन-वोल्ट

10 प्रायोगिक तौर पर यह पाया गया है कि हाइड्रोजन परमाणु को प्रोटॉन और इलेक्ट्रॉन में पृथक् करने के लिए 13.6 इलेक्ट्रॉन-वोल्ट ऊर्जा की आवश्यकता होती है, तो हाइड्रोजन परमाणु में इलेक्ट्रॉन का वेग क्या होगा? NCERT पृष्ठ 296

(a) 10^{15} मी/से (b) 2.2×10^{6} मी/से
(c) 4.2×10^{8} मी/से (d) 3×10^{8} मी/से

11 द्रव्यमान m और आवेश $+e$ का एक मूल कण, आवेश Ze के एक अधिक भारी कण की ओर वेग v से प्रक्षेपित किया जाता है, जहाँ $Z > 0$ है। आपतित कण की निकटतम सम्भावित दूरी क्या है? NCERT पृष्ठ 296

(a) $\dfrac{Ze^2}{2\pi\varepsilon_0 mv^2}$ (b) $\dfrac{Ze}{4\pi\varepsilon_0 mv^2}$
(c) $\dfrac{Ze^2}{8\pi\varepsilon_0 mv^2}$ (d) $\dfrac{Ze}{8\pi\varepsilon_0 mv^2}$

परमाणु स्पेक्ट्रम

12 उत्सर्जन रेखा स्पेक्ट्रम तब देखा जाता है जब NCERT पृष्ठ 296

(a) किसी गैस को गर्म करके या उसमें से विद्युत को प्रवाहित करके उत्तेजित किया जाता है।
(b) दाब आरोपित करके गैस को उत्तेजित किया जाता है।
(c) कम दाब की स्थिति में एक गैस को गर्म करके या इसमें से विद्युत प्रवाहित करके उत्तेजित किया जाता है।
(d) उच्च दाब की स्थिति में गैस को गर्म करके या इसमें से विद्युत प्रवाहित करके उत्तेजित किया जाता है।

13 जब श्वेत प्रकाश को अनुत्तेजित गैस से गुजारा जाता है, तो संचरित प्रकाश में सम्मिलित होते हैं **NCERT पृष्ठ 297**

(a) काली पृष्ठभूमि में कुछ दीप्त रेखाएँ
(b) चमकदार पृष्ठभूमि में कुछ अदीप्त रेखाएँ
(c) बारी-बारी से अदीप्त और दीप्त रेखाएँ
(d) बारी-बारी से अदीप्त और दीप्त बैण्ड

14 हाइड्रोजन परमाणु की कक्षा में एक इलेक्ट्रॉन की कुल ऊर्जा −1.51 इलेक्ट्रॉन-वोल्ट है। इसकी गतिज और स्थितिज ऊर्जाएँ क्रमशः होंगी **NCERT पृष्ठ 297**

(a) 1.51 इलेक्ट्रॉन-वोल्ट, 1.51 इलेक्ट्रॉन-वोल्ट
(b) 1.51 इलेक्ट्रॉन-वोल्ट, 3.02 इलेक्ट्रॉन-वोल्ट
(c) 1.51 इलेक्ट्रॉन-वोल्ट, −3.02 इलेक्ट्रॉन-वोल्ट
(d) −1.50 इलेक्ट्रॉन-वोल्ट, −1.51 इलेक्ट्रॉन-वोल्ट

15 हाइड्रोजन परमाणु $n = 5$ ऊर्जा स्तर से $n = 2$ ऊर्जा स्तर में परिवर्तित होने पर प्रकाश उत्सर्जित करता है। परमाणु किस रंग का प्रकाश उत्सर्जित करेगा? **NCERT पृष्ठ 297**

(a) लाल (b) पीला (c) हरा (d) बैंगनी

16 निम्नलिखित में से कौन-सा विकल्प हाइड्रोजन के उत्सर्जन स्पेक्ट्रम में बामर श्रेणी को सही प्रकार से दर्शाता है? **Old NCERT पृष्ठ 421**

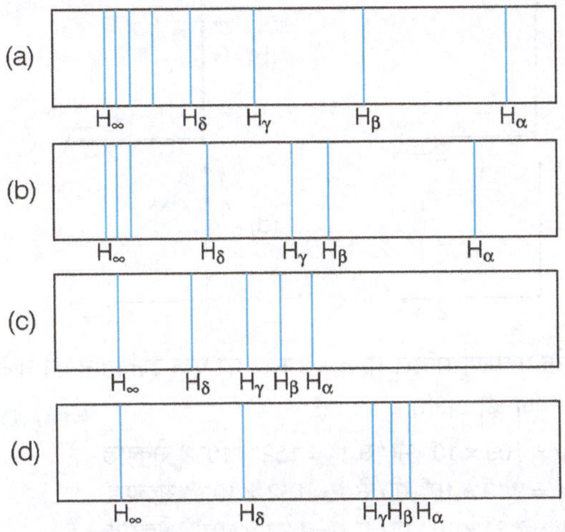

17 बामर श्रेणी में सबसे लघु तरंगदैर्ध्य या श्रेणी सीमा होती है **Old NCERT पृष्ठ 421**

(a) 128 नैनोमीटर (b) 486 नैनोमीटर
(c) 656 नैनोमीटर (d) 364 नैनोमीटर

18 हाइड्रोजन परमाणु के लिए लाइमन श्रेणी की पहली पंक्ति की तरंगदैर्ध्य, हाइड्रोजन जैसे आयन के लिए बामर श्रेणी की दूसरी पंक्ति के बराबर है। हाइड्रोजन जैसे आयन की परमाणु संख्या Z है **Old NCERT पृष्ठ 421**

(a) 3 (b) 4 (c) 1 (d) 2

19 लाइमन श्रेणी की प्रथम रेखा की तरंगदैर्ध्य 1215 ऐंग्स्ट्रॉम है, बामर श्रेणी की प्रथम रेखा की तरंगदैर्ध्य होगी **Old NCERT पृष्ठ 422**

(a) 4545 ऐंग्स्ट्रॉम (b) 5295 ऐंग्स्ट्रॉम
(c) 6561 ऐंग्स्ट्रॉम (d) 6750 ऐंग्स्ट्रॉम

20 हाइड्रोजन स्पेक्ट्रम में लाइमन श्रेणी की पहली रेखा की तरंगदैर्ध्य 1210 ऐंग्स्ट्रॉम है। $Z = 11$ वाले हाइड्रोजन जैसे परमाणु की संगत रेखा किसके बराबर है? **Old NCERT पृष्ठ 422**

(a) 4000 ऐंग्स्ट्रॉम (b) 100 ऐंग्स्ट्रॉम
(c) 40 ऐंग्स्ट्रॉम (d) 10 ऐंग्स्ट्रॉम

21 यदि लाइमन श्रेणी की श्रेणी सीमा आवृत्ति ν_L है, तो फुण्ड श्रेणी की श्रेणी सीमा आवृत्ति होगी **Old NCERT पृष्ठ 422**

(a) $25\,\nu_L$ (b) $16\nu_L$
(c) $\frac{\nu_L}{16}$ (d) $\frac{\nu_L}{25}$

22 बामर श्रेणी की अन्तिम रेखा और लाइमन श्रेणी की अन्तिम रेखा की तरंगदैर्ध्य का अनुपात है **Old NCERT पृष्ठ 422**

(a) 2 (b) 1
(c) 4 (d) 0.5

23 फुण्ड श्रेणी में उत्सर्जित स्पेक्ट्रल रेखाओं की अधिकतम से न्यूनतम तरंगदैर्ध्य का अनुपात है **Old NCERT पृष्ठ 422**

(a) $\frac{\lambda_{\text{अधिकतम}}}{\lambda_{\text{न्यूनतम}}} = \frac{4}{3}$ (b) $\frac{\lambda_{\text{अधिकतम}}}{\lambda_{\text{न्यूनतम}}} = \frac{9}{5}$
(c) $\frac{\lambda_{\text{अधिकतम}}}{\lambda_{\text{न्यूनतम}}} = \frac{16}{7}$ (d) $\frac{\lambda_{\text{अधिकतम}}}{\lambda_{\text{न्यूनतम}}} = \frac{36}{11}$

24 हाइड्रोजन के स्पेक्ट्रम में, लाइमन श्रेणी में सबसे दीर्घ तरंगदैर्ध्य तथा बामर श्रेणी में सबसे दीर्घ तरंगदैर्ध्य का अनुपात क्या होता है? **Old NCERT पृष्ठ 422**

(a) $\frac{4}{9}$ (b) $\frac{9}{4}$ (c) $\frac{27}{5}$ (d) $\frac{5}{27}$

25 एक 12.75 इलेक्ट्रॉन-वोल्ट इलेक्ट्रॉन पुंज का उपयोग कमरे के तापमान पर गैसीय हाइड्रोजन पर बमबारी करने के लिए किया जाता है, तो उत्सर्जित तरंगदैर्ध्य हैं **Old NCERT पृष्ठ 422**

(a) या तो पाश्चन, लाइमन या बामर श्रेणी में
(b) या तो ब्रैकेट, फुण्ड या लाइमन श्रेणी में
(c) या तो पाश्चन, ब्रैकेट या बामर श्रेणी में
(d) या तो लाइमन, बामर या ब्रैकेट श्रेणी में

हाइड्रोजन परमाणु का बोर मॉडल

26 बोर मॉडल एकल आयनित हीलियम पर लागू किया जाता है। स्पेक्ट्रम के दृश्य क्षेत्र में स्थित रेखाओं पर विचार करें। निम्न में से कौन-सा संक्रमण दृश्य प्रकाश का फोटॉन दे सकता है? **NCERT पृष्ठ 297**

(a) $n = 5$ से $n = 4$ (b) $n = 7$ से $n = 4$
(c) $n = 2$ से $n = 1$ (d) $n = 8$ से $n = 3$

27 बोर मॉडल का उपयोग करते हुए H-परमाणु की मूल अवस्था में इलेक्ट्रॉन द्वारा उत्पन्न विद्युत धारा I, बोर त्रिज्या (a_0) और प्रथम अवस्था में इलेक्ट्रॉन के वेग (v_0) के पदों में है **NCERT पृष्ठ 297**

(a) $\frac{ev_0}{2\pi a_0}$ (b) $\frac{2\pi a}{ev_0}$ (c) $\frac{2\pi a}{v_0}$ (d) $\frac{v_0}{2\pi a}$

28 हाइड्रोजन परमाणु की मूल अवस्था में एक इलेक्ट्रॉन, त्रिज्या R की वृत्ताकार कक्षा में वामावर्त दिशा में परिक्रमण कर रहा है। इलेक्ट्रॉन का कक्षीय चुम्बकीय द्विध्रुव आघूर्ण होगा **NCERT पृष्ठ 297**

(a) $\frac{eh}{4\pi m}$ (b) $\frac{eh}{2\pi m}$ (c) $\frac{eh^2}{4\pi m}$ (d) $\frac{e^2h}{4\pi m}$

29 मूल अवस्था ऊर्जा स्तर में एक इलेक्ट्रॉन की गति 2.6×10^6 मी/से है, तो चौथी उत्तेजित अवस्था में इसकी गति होगी **NCERT पृष्ठ 297**

(a) 5.6×10^6 मी/से (b) 6.6×10^5 मी/से
(c) 5.5×10^5 मी/से (d) 4.3×10^6 मी/से

30 जब हाइड्रोजन परमाणु में एक इलेक्ट्रॉन अपनी 4वीं से 5वीं स्थिर कक्षा से उत्तेजित होता है, तो इलेक्ट्रॉन के कोणीय संवेग में परिवर्तन होता है **NCERT पृष्ठ 297**

(a) 4.6×10^{-34} जूल-सेकण्ड (b) 3.32×10^{-34} जूल-सेकण्ड
(c) 1.05×10^{-34} जूल-सेकण्ड (d) 2.08×10^{-34} जूल-सेकण्ड

31 बोर के परमाणु मॉडल के सम्बन्ध में निम्न में से कौन-सा कथन गलत है? **NCERT पृष्ठ 298**

(a) क्वाण्टित कक्षा में इलेक्ट्रॉन ऊर्जा विकीर्ण नहीं करेंगे।
(b) इलेक्ट्रॉनों का द्रव्यमान परिक्रमण के दौरान परिवर्तित होता है।
(c) ऊर्जा के उत्सर्जन या अवशोषण के परिणामस्वरूप इलेक्ट्रॉन एक कक्षा से दूसरी कक्षा में स्थानान्तरित होता है।
(d) कक्षक इलेक्ट्रॉन का कोणीय संवेग क्वाण्टित होता है।

32 निम्न में से किस बोर कक्षा (n) में हाइड्रोजन परमाणु सबसे कम आवृत्ति के फोटॉन उत्सर्जित करता है? **NCERT पृष्ठ 299**

(a) $n=2$ से $n=1$ (b) $n=4$ से $n=2$
(c) $n=4$ से $n=1$ (d) $n=4$ से $n=3$

33 10 किग्रा का एक उपग्रह 8000 किलोमीटर की त्रिज्या वाली कक्षा में प्रत्येक 2 घण्टे में एक बार पृथ्वी की परिक्रमा करता है। यह मानते हुए कि बोर का कोणीय गति सिद्धान्त उपग्रह पर उसी प्रकार लागू होता है जैसे हाइड्रोजन परमाणु में इलेक्ट्रॉन पर लागू होता है, तो उपग्रह की कक्षा की क्वाण्टम संख्या है **NCERT पृष्ठ 299**

(a) 5.3×10^{40} (b) 5.3×10^{45}
(c) 7.8×10^{48} (d) 7.8×10^{50}

34 हाइड्रोजन परमाणु की मूल अवस्था में इलेक्ट्रॉन कक्षा की त्रिज्या और इलेक्ट्रॉन की गति क्रमशः 5.30×10^{-11} मीटर और 2.2×10^6 मी/से है, तो पहली उत्तेजित अवस्था में इस इलेक्ट्रॉन की कक्षीय अवधि होगी **NCERT पृष्ठ 299**

(a) 1.21×10^{-14} सेकण्ड (b) 1.21×10^{-12} सेकण्ड
(c) 1.21×10^{-10} सेकण्ड (d) 1.21×10^{-15} सेकण्ड

35 बोर के मॉडल के अनुसार, 1.5×10^{11} मीटर त्रिज्या वाली कक्षा में 3×10^4 मी/से की कक्षीय गति के साथ सूर्य के परितः पृथ्वी की परिक्रमा को दर्शाने वाली क्वाण्टम संख्या है (पृथ्वी का द्रव्यमान $=6\times10^{24}$ किग्रा) **NCERT पृष्ठ 299**

(a) 5.98×10^{86} (b) 2.57×10^{38}
(c) 8.57×10^{64} (d) 2.57×10^{74}

36 हाइड्रोजन परमाणु में एक इलेक्ट्रॉन n_1 से n_2 में संक्रमण करता है। यदि प्रारम्भिक अवस्था में इलेक्ट्रॉन का आवर्तकाल अन्तिम अवस्था में आवर्तकाल का 27 गुना है, तब (प्रतीकों के अपने सामान्य अर्थ हैं) **NCERT पृष्ठ 299**

(a) $n_1=3n_2$ (b) $n_2=3n_1$ (c) $n_2=9n_1$ (d) $n_2=4n_1$

37 पॉजिट्रोनियम एक H-परमाणु के समान होता है जिसमें प्रोटॉन के स्थान पर पॉजिट्रॉन (इलेक्ट्रॉन का एक धनात्मक आवेशित प्रतिकण जो इलेक्ट्रॉन जितना ही भारी होता है) होता है। पॉजिट्रोनियम की मूल अवस्था ऊर्जा होगी **NCERT पृष्ठ 299**

(a) -3.4 इलेक्ट्रॉन-वोल्ट (b) -5.2 इलेक्ट्रॉन-वोल्ट
(c) -6.8 इलेक्ट्रॉन-वोल्ट (d) -10.2 इलेक्ट्रॉन-वोल्ट

38 nवीं बोर कक्षा में Ze आवेश के नाभिक के परितः एक इलेक्ट्रॉन का परिक्रमण समय किसके समानुपाती होता है? **NCERT पृष्ठ 299**

(a) n (b) $\frac{n^3}{Z^2}$ (c) $\frac{n^2}{Z}$ (d) $\frac{Z}{n}$

39 nवीं कक्षा में इलेक्ट्रॉन की त्रिज्या r_n तथा परमाणु क्रमांक Z के मध्य ग्राफ है **NCERT पृष्ठ 299**

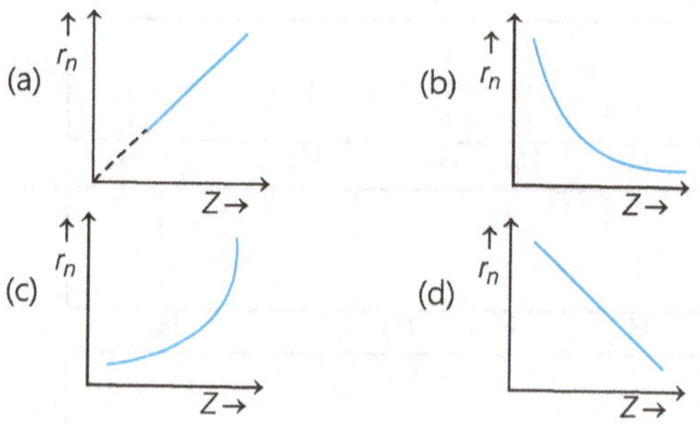

40 बोर के परमाणु मॉडल में, $n=3$ स्तर पर एक इलेक्ट्रॉन की गति और परिक्रमण की अवधि क्रमशः हैं **NCERT पृष्ठ 299**

(a) $v=1.09\times10^6$ मी/से, $t=1.52\times10^{-16}$ सेकण्ड
(b) $v=2.19\times10^6$ मी/से, $t=1.52\times10^{-16}$ सेकण्ड
(c) $v=7.31\times10^6$ मी/से, $t=1.22\times10^{-16}$ सेकण्ड
(d) $v=7.31\times10^5$ मी/से, $t=4.08\times10^{-15}$ सेकण्ड

41 ऑगर प्रक्रिया में, एक परमाणु फोटॉन उत्सर्जित किए बिना निम्न अवस्था में संक्रमण करता है। अतिरिक्त ऊर्जा एक बाह्य इलेक्ट्रॉन को हस्तान्तरित होती है जिसे परमाणु द्वारा निष्कासित (Ejected) किया जा सकता है (इसे ऑगर इलेक्ट्रॉन कहा जाता है)। नाभिक को विशाल मानते हुए, $n=2$ से $n=1$ के संक्रमण ऊर्जा को अवशोषित करके क्रोमियम द्वारा उत्सर्जित $n=4$ ऑगर इलेक्ट्रॉन की गतिज ऊर्जा (किलो इलेक्ट्रॉन-वोल्ट में) है **NCERT पृष्ठ 299**

(a) 4.6 (b) 7.5 (c) 5.38 (d) 2.68

42 हाइड्रोजन परमाणु की बोर कक्षा में एक इलेक्ट्रॉन की गतिज ऊर्जा और कुल ऊर्जा का अनुपात क्या है? **NCERT पृष्ठ 299**

(a) $2:-1$ (b) $1:-1$ (c) $1:1$ (d) $1:-2$

43 हाइड्रोजन परमाणु की बोर कक्षा में एक इलेक्ट्रॉन की कुल ऊर्जा – 3.4 इलेक्ट्रॉन-वोल्ट है। इसकी गतिज और स्थितिज ऊर्जाएँ क्रमशः हैं **NCERT पृष्ठ 299**

(a) – 3.4 इलेक्ट्रॉन-वोल्ट, – 6.8 इलेक्ट्रॉन-वोल्ट
(b) 3.4 इलेक्ट्रॉन-वोल्ट, – 6.8 इलेक्ट्रॉन-वोल्ट
(c) 3.4 इलेक्ट्रॉन-वोल्ट, 3.4 इलेक्ट्रॉन-वोल्ट
(d) –3.4 इलेक्ट्रॉन-वोल्ट, – 3.4 इलेक्ट्रॉन-वोल्ट

44 जैसे ही हाइड्रोजन परमाणु की बोर कक्षा में इलेक्ट्रॉन अवस्था $n = 2$ से $n = 1$ में जाता है, तो गतिज ऊर्जा K और स्थितिज ऊर्जा U में क्या परिवर्तन होता है? **NCERT पृष्ठ 299**

(a) K एक-चौथाई हो जाता है और U चार गुना हो जाता है
(b) K चार गुना हो जाता है और U दो गुना हो जाता है
(c) K और U दोनों चार गुना हो जाते हैं
(d) K और U दोनों दोगुने हो जाते हैं

45 यदि nवीं कक्षा में हाइड्रोजन परमाणु की ऊर्जा E_n है, तो nवीं कक्षा में एकल आयनित हीलियम (He^+) परमाणु की ऊर्जा होगी **NCERT पृष्ठ 299**

(a) $4E_n$ (b) $E_n/4$ (c) $2E_n$ (d) $E_n/2$

46 यदि हाइड्रोजन परमाणु में इलेक्ट्रॉन की बन्धन ऊर्जा 13.6 इलेक्ट्रॉन-वोल्ट है, तो Li^{2+} की प्रथम उत्तेजित अवस्था से इलेक्ट्रॉन को निकालने के लिए आवश्यक ऊर्जा है **NCERT पृष्ठ 299**

(a) 122.4 इलेक्ट्रॉन-वोल्ट (b) 30.6 इलेक्ट्रॉन-वोल्ट
(c) 13.6 इलेक्ट्रॉन-वोल्ट (d) 3.4 इलेक्ट्रॉन-वोल्ट

47 एक हाइड्रोजन परमाणु की उत्तेजित अवस्था में इलेक्ट्रॉन की ऊर्जा –3.4 इलेक्ट्रॉन-वोल्ट है। इसका कोणीय संवेग होगा **NCERT पृष्ठ 299**

(a) 1.11×10^{34} जूल-सेकण्ड (b) 1.51×10^{-31} जूल-सेकण्ड
(c) 2.10×10^{-34} जूल-सेकण्ड (d) 3.72×10^{-34} जूल-सेकण्ड

48 एक हाइड्रोजन परमाणु और Li^+ आयन दोनों द्वितीय उत्तेजित अवस्था में हैं। यदि L_H और L_{Li} उनके क्रमशः इलेक्ट्रॉनिक कोणीय संवेग हैं तथा E_H और E_{Li} उनकी क्रमशः ऊर्जाएँ हैं, तो **NCERT पृष्ठ 299**

(a) $L_H > L_{Li}$ और $|E_H| > |E_{Li}|$
(b) $L_H = L_{Li}$ और $|E_H| < |E_{Li}|$
(c) $L_H = L_{Li}$ और $|E_H| > |E_{Li}|$
(d) $L_H > L_{Li}$ और $|E_H| < |E_{Li}|$

49 He^+ आयन अपनी प्रथम उत्तेजित अवस्था में है। इसकी आयनन ऊर्जा है **NCERT पृष्ठ 299**

(a) 54.40 इलेक्ट्रॉन-वोल्ट (b) 13.60 इलेक्ट्रॉन-वोल्ट
(c) 48.36 इलेक्ट्रॉन-वोल्ट (d) 6.04 इलेक्ट्रॉन-वोल्ट

50 जैसे-जैसे हाइड्रोजन परमाणु की उत्तेजना बढ़ती है (अर्थात् n में वृद्धि होती है), तो उत्तेजित अवस्था से इलेक्ट्रॉन को मुक्त करने के लिए आवश्यक न्यूनतम ऊर्जा का मान **NCERT पृष्ठ 299**

(a) बढ़ता है (b) घट जाता है
(c) समान रहता है (d) पहले बढ़ता है फिर घटता है

51 5 इलेक्ट्रॉन-वोल्ट गतिज ऊर्जा वाला एक इलेक्ट्रॉन हाइड्रोजन परमाणु पर उसकी मूल अवस्था में आपतित होता है। संघट्ट

(a) प्रत्यास्थ होना चाहिए। **NCERT पृष्ठ 299**
(b) आंशिक रूप से प्रत्यास्थ होना चाहिए।
(c) पूर्ण रूप से अप्रत्यास्थ होना चाहिए।
(d) पूर्ण रूप से अप्रत्यास्थ हो सकता है।

52 हाइड्रोजन गैस और He^+ गैस (He^+ एकल आयनित He परमाणु है) के मिश्रण में, H-परमाणु और He^+ आयन अपनी-अपनी प्रथम उत्तेजित अवस्था में उत्तेजित होते हैं। इसके पश्चात्, H-परमाणु अपनी कुल उत्तेजना ऊर्जा को He^+ आयनों (संघट्ट के द्वारा) में स्थानान्तरित करते हैं। He^+ आयनों में अंततः अवस्था की क्वाण्टम संख्या n है **NCERT पृष्ठ 299**

(a) 2 (b) 3 (c) 4 (d) 5

53 हाइड्रोजन परमाणु की चौथी कक्षा में एक इलेक्ट्रॉन को 15 इलेक्ट्रॉन-वोल्ट की ऊर्जा दी गई है। हाइड्रोजन परमाणु से बाहर आने पर इसकी अन्तिम ऊर्जा ज्ञात कीजिए। **NCERT पृष्ठ 299**

(a) 14.15 इलेक्ट्रॉन-वोल्ट
(b) 13.6 इलेक्ट्रॉन-वोल्ट
(c) 12.08 इलेक्ट्रॉन-वोल्ट
(d) 15.85 इलेक्ट्रॉन-वोल्ट

54 हाइड्रोजन परमाणु का आयनीकरण विभव 13.6 इलेक्ट्रॉन-वोल्ट है। यदि मूल अवस्था में हाइड्रोजन परमाणु को 12.1 इलेक्ट्रॉन-वोल्ट फोटॉन ऊर्जा के एकवर्णी विकिरण द्वारा उत्तेजित किया जाता है, तो हाइड्रोजन परमाणु द्वारा उत्सर्जित स्पेक्ट्रल रेखाएँ होंगी

(a) केवल एक (b) संख्या में दो **NCERT पृष्ठ 299**
(c) संख्या में तीन (d) संख्या में चार

55 यदि म्यूओनिक हाइड्रोजन परमाणु एक ऐसा परमाणु है, जिसमें लगभग 207 m_e द्रव्यमान का ऋणात्मक आवेशित म्यूऑन μ एक प्रोटॉन के चारों ओर परिक्रमण करता है, तो इस परमाणु की प्रथम बोर त्रिज्या ($r_e = 0.53 \times 10^{-10}$ मी) है **NCERT पृष्ठ 299**

(a) 2.56×10^{-10} मी (b) 2.56×10^{-11} मी
(c) 2.56×10^{-12} मी (d) 2.56×10^{-13} मी

56 एक इलेक्ट्रॉन Ze आवेश के नाभिक के चारों ओर परिक्रमण कर रहा है। यदि एक इलेक्ट्रॉन को $n = 1$ से $n = 2$ अवस्था में उत्तेजित करने के लिए 40.8 इलेक्ट्रॉन-वोल्ट ऊर्जा की आवश्यकता है, तो Z का मान क्या है? **NCERT पृष्ठ 299**

(a) 2 (b) 3
(c) 4 (d) 5

57 प्रारम्भ में एक हाइड्रोजन परमाणु मूल स्तर में एक फोटॉन को अवशोषित करता है और $n = 4$ स्तर तक उत्तेजित होता है, तो फोटॉन की तरंगदैर्ध्य है **NCERT पृष्ठ 299**

(a) 790 ऐंग्स्ट्रॉम
(b) 870 ऐंग्स्ट्रॉम
(c) 970 ऐंग्स्ट्रॉम
(d) 1070 ऐंग्स्ट्रॉम

58 हाइड्रोजन परमाणु के सम्बन्ध में निम्न विकल्पों में से गलत कथन चुनें। **NCERT पृष्ठ 299**

(a) रेखीय संवेग कक्षाओं की संख्या n के अनुक्रमानुपाती होता है।
(b) बोर के मॉडल में यह माना गया कि इलेक्ट्रॉनिक कक्षाएँ वृत्ताकार होती हैं।
(c) जब हाइड्रोजन परमाणु इलेक्ट्रॉन उत्सर्जन जैसी प्रक्रियाओं द्वारा ऊर्जा प्राप्त करता है, तो इसे उत्तेजित अवस्था में कहा जाता है।
(d) प्रथम बोर कक्षा में एक इलेक्ट्रॉन की दे-ब्रॉग्ली तरंगदैर्ध्य, कक्षा की परिधि के बराबर होती है।

59 जब एक इलेक्ट्रॉन उत्तेजित अवस्था से हाइड्रोजन जैसे परमाणु/आयन की मूल अवस्था में संक्रमण करता है, तब निम्न में से सही कथन चुनें। **NCERT पृष्ठ 299**

(a) इसकी गतिज ऊर्जा बढ़ जाती है लेकिन स्थितिज ऊर्जा और कुल ऊर्जा घट जाती है।
(b) गतिज ऊर्जा, स्थितिज ऊर्जा और कुल ऊर्जा में कमी आती है।
(c) गतिज ऊर्जा घटती है, स्थितिज ऊर्जा बढ़ती है लेकिन कुल ऊर्जा समान रहती है।
(d) गतिज ऊर्जा और कुल ऊर्जा घटती है लेकिन स्थितिज ऊर्जा बढ़ती है।

60 नीचे दिया गया आरेख एक निश्चित परमाणु में इलेक्ट्रॉन के ऊर्जा स्तर को दर्शाता है। आरेख में प्रदर्शित कौन-सा संक्रमण सबसे अधिक ऊर्जा वाले फोटॉन के उत्सर्जन को दर्शाता है? **NCERT पृष्ठ 300**

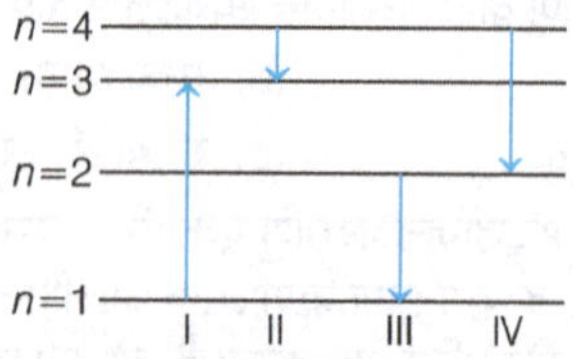

(a) I (b) II
(c) III (d) IV

61 निम्न में से किस-संक्रमण पर हाइड्रोजन परमाणु में ऊर्जा अवशोषित होती है, जिससे अवशोषण स्पेक्ट्रम प्राप्त होता है? **NCERT पृष्ठ 300**

(a) $n = 1 \rightarrow n'$ जहाँ $n' > 1$ (b) $n = 2 \rightarrow 1$
(c) $n' \rightarrow n$ (d) $n \rightarrow n' = \infty$

हाइड्रोजन परमाणु का रेखा स्पेक्ट्रम

62 एक परमाणु उच्च ऊर्जा अवस्था n_i से निम्न ऊर्जा अवस्था n_f में संक्रमण करता है, तो एक फोटॉन की ऊर्जा का अन्तर (जहाँ, n मुख्य क्वाण्टम संख्या को दर्शाता है) है **NCERT पृष्ठ 301**

(a) $h = -E_{n_i} - E_{n_f}$
(b) $h\nu_{if} = E_{n_i} + E_{n_f}$
(c) $h\nu_{if} = E_{n_f} - E_{n_i}$
(d) $h\nu_{if} = E_{n_i} - E_{n_f}$

63 जब हाइड्रोजन परमाणु को स्तर n से स्तर $(n-1)$ तक अनुत्तेजित (De-excites) किया जाता है, तो उत्सर्जित विकिरण की आवृत्ति होती है **NCERT पृष्ठ 301**

(a) $\dfrac{me^4\,(2n-1)}{(4\pi)^3\,\varepsilon_0^2\,(h/2\pi)^3 n^2\,(n-1)^2}$

(b) $\dfrac{me^4(1-2n)}{4\pi^2\varepsilon_0^2\,(h/2\pi)^3 n^2}$

(c) $\dfrac{me^4\,(1-2n)}{4\pi^3\,\varepsilon_0\,(h/2\pi)^2\,(n-1)^2}$

(d) $\dfrac{me^4\,(2n-1)}{(4\pi)^3\,\varepsilon_0^2\,(h/2\pi)^3(n-1)^2}$

64 एक इलेक्ट्रॉन हाइड्रोजन परमाणु की चौथी कक्षा से दूसरी कक्षा में प्रवेश करता है। दिया गया है, रिड्बर्ग स्थिरांक $R = 10^7$ सेमी$^{-1}$। उत्सर्जित विकिरण की हर्ट्ज में आवृत्ति होगी **NCERT पृष्ठ 301**

(a) $\frac{3}{16} \times 10^5$ (b) $\frac{3}{16} \times 10^{15}$ (c) $\frac{9}{16} \times 10^{15}$ (d) $\frac{3}{4} \times 10^{15}$

65 हाइड्रोजन जैसे परमाणु में अवस्था $n = 4$ से $n = 3$ तक संक्रमण के परिणामस्वरूप UV-विकिरण होता है। संक्रमण में IR विकिरण तब प्राप्त होगा, जब **NCERT पृष्ठ 301**

(a) $2 \rightarrow 1$ (b) $3 \rightarrow 2$ (c) $1 \rightarrow 2$ (d) $5 \rightarrow 4$

66 चित्र में एक अणु के कुछ ऊर्जा स्तर दर्शाए गए हैं। तरंगदैर्ध्यों का अनुपात $r = \frac{\lambda_1}{\lambda_2}$ इस प्रकार दिया गया है **NCERT पृष्ठ 301**

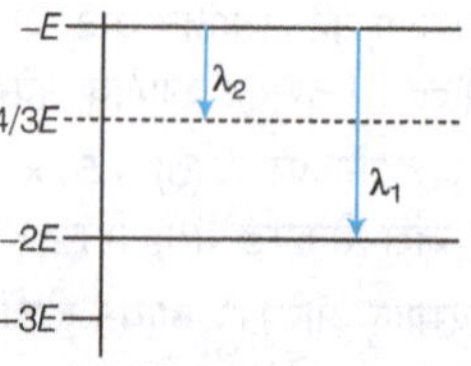

(a) $r = \frac{2}{3}$ (b) $r = \frac{3}{4}$ (c) $r = \frac{1}{3}$ (d) $r = \frac{4}{3}$

67 हाइड्रोजन परमाणुओं के $n = 2$ से $n = 1$ तक के संक्रमणों से आने वाले विकिरण $n = 1$ और $n = 2$ अवस्थाओं में He^+ आयनों पर पड़ते हैं। विकिरण से ऊर्जा अवशोषित करते समय हीलियम आयनों का सम्भावित संक्रमण है **NCERT पृष्ठ 301**

(a) $n = 2 \rightarrow n = 3$ (b) $n = 1 \rightarrow n = 4$
(c) $n = 2 \rightarrow n = 5$ (d) $n = 2 \rightarrow n = 4$

68 हाइड्रोजन परमाणु में इलेक्ट्रॉन पहले तीसरी उत्तेजित अवस्था से दूसरी उत्तेजित अवस्था में तथा फिर दूसरी उत्तेजित अवस्था से पहली उत्तेजित अवस्था में जाता है। दोनों स्थितियों में उत्सर्जित तरंगदैर्ध्यों का अनुपात $\lambda_1 : \lambda_2$ है **NCERT पृष्ठ 301**

(a) $\frac{7}{5}$ (b) $\frac{27}{20}$ (c) $\frac{27}{5}$ (d) $\frac{20}{7}$

69 उत्तेजित अवस्था से हाइड्रोजन परमाणु तरंगदैर्ध्य λ का फोटॉन उत्सर्जित करके मूल अवस्था में आता है। यदि R रिड्बर्ग स्थिरांक है, तो उत्तेजित अवस्था की मुख्य क्वाण्टम संख्या n है NCERT पृष्ठ 301

(a) $\sqrt{\frac{\lambda R}{\lambda R+1}}$ (b) $\sqrt{\frac{\lambda}{\lambda R-1}}$

(c) $\sqrt{\frac{\lambda R^2}{\lambda R-1}}$ (d) $\sqrt{\frac{\lambda R}{\lambda-1}}$

70 हाइड्रोजन $({}_1H^1)$, ड्यूटेरियम $({}_1H^2)$, एकल आयनित हीलियम $({}_2He^4)$ और द्विआयनित लिथियम $({}_3Li^8)^{2+}$ सभी के नाभिक के परितः एक इलेक्ट्रॉन होता है। $n=2$ से $n=1$ तक इलेक्ट्रॉन संक्रमण पर विचार करें। यदि उत्सर्जित विकिरण की तरंगदैर्ध्य चार तत्वों के लिए क्रमशः $\lambda_1, \lambda_2, \lambda_3$ और λ_4 हैं, तब निम्न में से लगभग कौन-सा सम्बन्ध सही है? NCERT पृष्ठ 301

(a) $4\lambda_1 = 2\lambda_2 = 2\lambda_3 = \lambda_4$ (b) $\lambda_1 = 2\lambda_2 = 2\lambda_3 = \lambda_4$

(c) $\lambda_1 = \lambda_2 = 4\lambda_3 = 9\lambda_4$ (d) $\lambda_1 = 2\lambda_3 = 3\lambda_3 = 4\lambda_4$

71 सोडियम की पीली रेखा की तरंगदैर्ध्य 5896 ऐंग्स्ट्रॉम है, इसकी तरंग संख्या होगी NCERT पृष्ठ 301

(a) 50883 प्रति सेमी (b) 16961 प्रति सेमी

(c) 17581 प्रति सेमी (d) 50833 प्रति सेमी

72 हाइड्रोजन स्पेक्ट्रम के ऊर्जा स्तर चित्र में दर्शाए गए हैं।

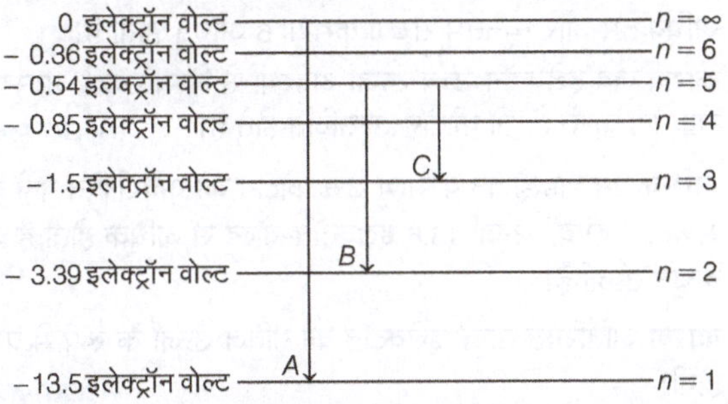

संक्रमण A, B और C दर्शाते हैं NCERT पृष्ठ 301

(a) बामर श्रेणी की तीसरी स्पेक्ट्रम रेखा और पाश्चन श्रेणी की दूसरी रेखा

(b) हाइड्रोजन का आयनीकरण विभव, बामर श्रेणी की दूसरी स्पेक्ट्रम रेखा और पाश्चन श्रेणी की तीसरी स्पेक्ट्रम रेखा

(c) लाइमन श्रेणी की श्रेणी सीमा, बामर श्रेणी की तीसरी स्पेक्ट्रम रेखा और पाश्चन श्रेणी की दूसरी स्पेक्ट्रम रेखा

(d) लाइमन श्रेणी की श्रेणी सीमा, बामर श्रेणी की द्वितीय स्पेक्ट्रम रेखा तथा पाश्चन श्रेणी की तृतीय स्पेक्ट्रम रेखा

73 यदि ν_1 लाइमन श्रेणी की श्रेणी सीमा की आवृत्ति है और ν_2 लाइमन श्रेणी की प्रथम पंक्ति की आवृत्ति है तथा ν_3 बामर श्रेणी की श्रेणी सीमा की आवृत्ति है, तब NCERT पृष्ठ 301

(a) $\nu_1 - \nu_2 = \nu_3$

(b) $\nu_1 = \nu_2 - \nu_3$

(c) $\frac{1}{\nu_2} = \frac{1}{\nu_1} + \frac{1}{\nu_3}$

(d) $\frac{1}{\nu_1} = \frac{1}{\nu_2} + \frac{1}{\nu_3}$

74 H-परमाणु के स्पेक्ट्रम के लिए बोहर मॉडल NCERT पृष्ठ 301

(a) आण्विक रूप में हाइड्रोजन पर लागू नहीं होता है।

(b) बहु-इलेक्ट्रॉन परमाणु के लिए लागू होता है।

(c) सतत् तथा असतत् स्पेक्ट्रम रेखाओं की व्याख्या करता है।

(d) 'a' और 'b' दोनों

बोर के क्वाण्टीकरण के द्वितीय अभिगृहीत का दे-ब्रॉग्ली द्वारा स्पष्टीकरण

75 हाइड्रोजन जैसे परमाणु में इलेक्ट्रॉन की कक्षा की त्रिज्या 4.5 a_0 है, जहाँ a_0 बोहर त्रिज्या है। इसका कक्षीय कोणीय संवेग $\frac{3h}{2\pi}$ है। यह दिया गया है कि h प्लांक स्थिरांक है और R रिड्बर्ग स्थिरांक है। निम्न में से कौन-सी तरंगदैर्ध्य सम्भव नहीं है, जब परमाणु अनुत्तेजित (de-excites) होता है? NCERT पृष्ठ 301

(a) $\frac{9}{32R}$

(b) $\frac{9}{16R}$

(c) $\frac{9}{5R}$

(d) $\frac{1}{3R}$

76 हाइड्रोजन जैसे परमाणु का एक इलेक्ट्रॉन उत्तेजित अवस्था में है। यदि इलेक्ट्रॉन की कुल ऊर्जा –4.6 इलेक्ट्रॉन-वोल्ट है, तो इलेक्ट्रॉन की दे-ब्रॉग्ली तरंगदैर्ध्य क्या होगी? NCERT पृष्ठ 301

(a) 6.27 नैनोमीटर (b) 2.48 नैनोमीटर

(c) 0.57 नैनोमीटर (d) 8 नैनोमीटर

77 हाइड्रोजन परमाणु की दूसरी कक्षा में परिक्रमण करते हुए इलेक्ट्रॉन की तरंगदैर्ध्य λ है। इसकी परिधि क्या है? NCERT पृष्ठ 302

(a) λ (b) 2λ

(c) 3λ (d) 4λ

अभिकथन-कारण प्रश्न

निर्देश *(प्रश्न क्रमांक. 1-10) निम्नलिखित प्रश्नों में, अभिकथन के एक कथन बाद कारण का एक संगत कथन दिया गया है। निम्नलिखित कथनों में से, सही कथन का चयन कीजिए।*

(a) अभिकथन और कारण दोनों सही हैं और कारण, अभिकथन की सही व्याख्या है।
(b) अभिकथन और कारण दोनों सही हैं लेकिन कारण, अभिकथन की सही व्याख्या नहीं है।
(c) अभिकथन सही है लेकिन कारण गलत है।
(d) अभिकथन गलत है लेकिन कारण सही है।

1 **अभिकथन** परमाणु का अधिकांश स्थान रिक्त होता है।
कारण रदरफोर्ड के प्रयोग से, नाभिक का आकार 10^{-10} मीटर होता है और गतिज सिद्धान्त से परमाणु का आकार 10^{-15} मीटर होता है। **NCERT पृष्ठ 293**

2 **अभिकथन** परमाणु में इलेक्ट्रॉन, कूलॉम बलों के कारण बँधे होते हैं।
कारण परमाणु केवल इसलिए स्थिर होते हैं, क्योंकि कूलॉम के नियम के कारण अभिकेन्द्रीय बल, अपकेन्द्रीय बल द्वारा सन्तुलित होता है। **NCERT पृष्ठ 293**

3 **अभिकथन** परमाणु नाभिक और α-कण के बीच प्रतिकर्षण बल व्युत्क्रम वर्ग नियम के अनुसार दूरी के साथ परिवर्तित होता रहता है।
कारण रदरफोर्ड ने α-कण प्रकीर्णन का प्रयोग किया। **NCERT पृष्ठ 294**

4 **अभिकथन** यदि किसी परमाणु में इलेक्ट्रॉन स्थिर होते, तो वे नाभिक में गिर जाते।
कारण ऋणात्मक आवेशित इलेक्ट्रॉनों और धनात्मक नाभिक के बीच स्थिर वैद्युत आकर्षण बल कार्य करता है। **NCERT पृष्ठ 295**

5 **अभिकथन** ज्वाला में गर्म की गई विरल गैसों या पारा वाष्प प्रकाश के समान दीप्ति नलिका में विद्युतीय रूप से उत्तेजित प्रकाश से उत्सर्जित प्रकाश में केवल कुछ निश्चित असतत तरंगदैर्ध्य होती हैं।
कारण परमाणुओं के ऊर्जा स्तरों की ऊर्जा का मान नियत होता है। **NCERT पृष्ठ 296**

6 **अभिकथन** प्रथम उत्तेजित अवस्था में हाइड्रोजन परमाणु में एक इलेक्ट्रॉन की ऊर्जा लगभग -5.45×10^{-19} जूल होती है।
कारण हाइड्रोजन परमाणु में इलेक्ट्रॉन की ऊर्जा $-\dfrac{m^2 l^2}{8n^2 \varepsilon_0 h^2}$ के द्वारा ज्ञात की जा सकती है, जहाँ, m इलेक्ट्रॉन का द्रव्यमान, e मूल आवेश, n मुख्य क्वाण्टम संख्या और h प्लांक स्थिरांक है। **NCERT पृष्ठ 299**

7 **अभिकथन** बोर ने माना कि नाभिक के परितः स्थिर कक्षाओं में इलेक्ट्रॉन विकिरण नहीं करते हैं।
कारण चिरसम्मत भौतिकी के अनुसार, सभी गतिशील इलेक्ट्रॉन विकिरण करते हैं। **NCERT पृष्ठ 299**

8 **अभिकथन** उच्चतम ऊर्जा अवस्था नाभिक के निकटतम कक्षा में परिक्रमण करने वाले इलेक्ट्रॉन के अनुरूप होती है।
कारण n बढ़ने पर उत्तेजित अवस्थाओं की ऊर्जाएँ एक दूसरे के समीप आती जाती हैं। **NCERT पृष्ठ 300**

9 **अभिकथन** हाइड्रोजन परमाणु में इलेक्ट्रॉन, ऊर्जा स्तर $n = 4$ से $n = 1$ तक जाता है। उत्सर्जित किए जा सकने वाले फोटॉन की अधिकतम और न्यूनतम संख्या क्रमशः 6 और 1 होती है।
कारण जब इलेक्ट्रॉन उच्च ऊर्जा अवस्था से निम्न ऊर्जा अवस्था में संक्रमण करते हैं, तो फोटॉन उत्सर्जित होते हैं। **NCERT पृष्ठ 300**

10 **अभिकथन** हाइड्रोजन परमाणु उस फोटॉन को अवशोषित नहीं कर सकता, जिसकी ऊर्जा 13.6 इलेक्ट्रॉन-वोल्ट से अधिक होती है जोकि बन्धन ऊर्जा है।
कारण अतिरिक्त ऊर्जा इलेक्ट्रॉन की गतिज ऊर्जा के रूप में प्रकट होगी। **NCERT पृष्ठ 300**

कथन आधारित प्रश्न

निर्देश *(प्रश्न क्रमांक 1-8) निम्नलिखित प्रश्नों में दो कथन (I और II) दिए गए हैं। दिए गए कथनों के आधार पर, नीचे दिए गए विकल्पों में से सही उत्तर चुनें।*

(a) कथन I और कथन II दोनों गलत हैं।
(b) कथन I सही है लेकिन कथन II गलत है।
(c) कथन I गलत है लेकिन कथन II सही है।
(d) कथन I और कथन II दोनों सही हैं।

1 **कथन I** जे.जे. टॉमसन के परमाणु मॉडल के अनुसार, परमाणु का ऋणात्मक आवेश समान रूप से वितरित होता है और इसमें धनात्मक आवेश अन्तर्निहित होते हैं।
कथन II सभी तापमानों पर संघनित पदार्थ और सघन गैसें EM विकिरण उत्सर्जित करती हैं जिसमें विभिन्न तीव्रता के साथ कई तरंगदैर्ध्यों का निरन्तर वितरण उपस्थित होता है। **NCERT पृष्ठ 290**

2 गाइगर-मार्सडेन प्रयोग में दो कथन नीचे दिए गए हैं।

कथन I स्वर्ण से निर्मित पतली धातु की पन्नी पर $^{214}_{83}U$ से α-कण उत्सर्जित होते हैं।

कथन II α-कणों को सीसे की ईंटों से गुजारकर एक संकीर्ण पुंज में समान्तरित किया जाता है। NCERT पृष्ठ 292

3 **कथन I** एक परमाणु के धनावेशित नाभिक की त्रिज्या लगभग 10^{-15} मीटर होती है।

कथन II α-कण प्रकीर्णन प्रयोग में, α-कणों के लिए निकटतम पहुँच की दूरी 10^{-15} मी होती है। NCERT पृष्ठ 294

4 **कथन I** यदि H-परमाणु में किसी इलेक्ट्रॉन की कुल ऊर्जा धनात्मक है, तो इलेक्ट्रॉन नाभिक से बँधा होगा।

कथन II गाइगर-मार्सडेन प्रयोग में, स्वर्ण पन्नी बहुत पतली होती है, इसलिए इसमें से गुजरने के दौरान α-कण एक बार से अधिक प्रकीर्णन से नहीं गुजरेंगे। NCERT पृष्ठ 296

5 **कथन I** बोर मॉडल एक इलेक्ट्रॉन परमाणु और बहु-इलेक्ट्रॉन परमाणु दोनों के लिए मान्य होता है।

कथन II ऑर्बिटल एक इलेक्ट्रॉन तरंग फलन है जो नाभिक के परितः मुक्त स्थान के एक निश्चित क्षेत्र में एक इलेक्ट्रॉन को खोजने की सम्भावना प्रदान करता है। NCERT पृष्ठ 297

6 **कथन I** बोर का मॉडल एकल आयनित हीलियम परमाणु पर लागू नहीं होता है।

कथन II लाइमन श्रेणी अवरक्त क्षेत्र में स्थित होती है जबकि ब्रैकेट श्रेणी पराबैंगनी क्षेत्र में स्थित होती है। NCERT पृष्ठ 297

7 **कथन I** हाइड्रोजन परमाणु में केवल एक इलेक्ट्रॉन होता है लेकिन इसके उत्सर्जन स्पेक्ट्रम में कई रेखाएँ होती हैं।

कथन II हाइड्रोजन परमाणु का स्पेक्ट्रम केवल अवशोषण स्पेक्ट्रम होता है। NCERT पृष्ठ 297

सुमेलन प्रकार प्रश्न

1 हाइड्रोजन की बामर स्पेक्ट्रल श्रेणी के लिए, कॉलम I (बामर स्पेक्ट्रल श्रेणी) को कॉलम II (तरंगदैर्ध्य) के साथ सुमेलित कीजिए और नीचे दिए गए कूट से सही उत्तर का चयन कीजिए। Old NCERT पृष्ठ 421

कॉलम I		कॉलम II
A. H_α	1.	410.2 नैनोमीटर
B. H_β	2.	434.1 नैनोमीटर
C. H_γ	3.	486.1 नैनोमीटर
D. H_δ	4.	656.3 नैनोमीटर

कूट

	A	B	C	D		A	B	C	D
(a)	4	1	2	3	(b)	4	3	2	1
(c)	3	2	4	1	(d)	2	3	4	1

2 हाइड्रोजन परमाणु की स्पेक्ट्रम श्रेणी के लिए, कॉलम I (स्पेक्ट्रम श्रेणी) को कॉलम II (क्षेत्र) से सुमेलित करें और नीचे दिए गए कूट से सही उत्तर का चयन करें। NCERT पृष्ठ 297

कॉलम I		कॉलम II
A. लाइमन श्रेणी	1.	पराबैंगनी क्षेत्र
B. बामर श्रेणी	2.	अवरक्त क्षेत्र
C. पाश्चन श्रेणी	3.	दृश्य क्षेत्र
D. ब्रैकेट श्रेणी	4.	निकट अवरक्त क्षेत्र

कूट

	A	B	C	D		A	B	C	D
(a)	1	3	4	2	(b)	2	1	3	4
(c)	3	1	2	4	(d)	1	4	2	3

3 कॉलम I (स्पेक्ट्रल श्रेणी) को कॉलम II (श्रेणी की अधिकतम तरंगदैर्ध्य) से सुमेलित करें और नीचे दिए गए कूट से सही उत्तर का चयन करें। (R = रिड्बर्ग स्थिरांक) Old NCERT पृष्ठ 421

कॉलम I		कॉलम II
A. लाइमन श्रेणी	1.	400/9R
B. बामर श्रेणी	2.	144/7R
C. पाश्चन श्रेणी	3.	36 / 5R
D. ब्रैकेट श्रेणी	4.	4 / 3R

कूट

	A	B	C	D		A	B	C	D
(a)	2	3	4	1	(b)	3	4	1	2
(c)	4	3	2	1	(d)	4	2	1	3

4 नील्स बोर द्वारा दिए गए हाइड्रोजन परमाणु के परमाणु मॉडल के लिए, कॉलम I (राशियाँ) को कॉलम II (आनुपातिकता) से सुमेलित करें और नीचे दिए गए कूट से सही उत्तर का चयन करें। NCERT पृष्ठ 299

कॉलम I		कॉलम II
A. कोणीय संवेग	1.	$1/n$
B. इलेक्ट्रॉन का वेग	2.	n^2
C. इलेक्ट्रॉन की त्रिज्या	3.	$1/n^2$
D. इलेक्ट्रॉन की ऊर्जा	4.	n

कूट

	A	B	C	D		A	B	C	D
(a)	1	2	3	4	(b)	4	3	2	1
(c)	4	1	3	2	(d)	3	1	2	4

आंकिक मान प्रकार के प्रश्न

1 जब कोई कण स्वर्ण नाभिक के पास पहुँचता है, तो $\sqrt{d_1}$ तथा $\sqrt{d_2}$ क्रमशः प्रकीर्णन कोण 60° और 90° के संगत संघट्ट प्राचल होते हैं। यदि d_1 और d_2 का अनुपात x है, तो x का मान .... है। NCERT पृष्ठ 294

2 प्रारम्भिक ऊर्जा 10 मेगाइलेक्ट्रॉन वोल्ट का एक एल्फा कण $Z = 79$ के नाभिक द्वारा उत्पन्न व्युत्क्रम वर्ग क्षेत्र द्वारा प्रकीर्णित होता है। प्रकीर्णन कोण 90° के लिए, संघट्ट प्राचल $p \times 10^{-15}$ मी है। p का मान .... है। NCERT पृष्ठ 294

3 250 MeV/c^2 द्रव्यमान का एक कण स्थिर अवस्था वाले हाइड्रोजन परमाणु से टकराता है। टक्कर के तुरन्त पश्चात् कण स्थिर हो जाता है और परमाणु पीछे हटकर अपनी दूसरी उत्तेजित अवस्था में चला जाता है। कण की प्रारम्भिक गतिज ऊर्जा (इलेक्ट्रॉन-वोल्ट में) $\frac{48.32}{N}$ है। N का मान ...... है। दिया है कि हाइड्रोजन परमाणु का द्रव्यमान 1 GeV/c^2 है। NCERT पृष्ठ 296

4 बोहर के परमाणु मॉडल में, इलेक्ट्रॉन को 8.4 ऐंग्स्ट्रॉम त्रिज्या की दूसरी वृत्ताकार कक्षा में परिक्रमण करते हुए माना जाता है। यदि इलेक्ट्रॉन की गति 1.32×10^6 मी/से है, तो इलेक्ट्रॉन से सम्बद्ध धारा ..... $\times 10^{-2}$ मिली ऐम्पियर होगी। $\left(\pi = \frac{22}{7} \text{ लें}\right)$ NCERT पृष्ठ 296

5 एक हाइड्रोजन परमाणु पहली उत्तेजित अवस्था से मूल अवस्था में संक्रमण करता है और एक फोटॉन उत्सर्जित करता है। यह फोटॉन उत्तेजित अवस्था में एक द्वि-आयनित लिथियम परमाणु ($Z = 3$) से टकराता है और परिक्रमा करने वाले इलेक्ट्रॉन को पूरी तरह से हटा देता है। इस प्रक्रिया में आयन की उत्तेजित अवस्था के लिए सबसे कम क्वाण्टम संख्या .... है। NCERT पृष्ठ 297

6 10.2 इलेक्ट्रॉन-वोल्ट ऊर्जा का प्रकाश एक हाइड्रोजन परमाणु पर उसकी मूल अवस्था में आपतित होता है। परमाणु विकिरण को अवशोषित करता है और अपनी उत्तेजित अवस्थाओं में से किसी एक में पहुँच जाता है। उत्तेजित अवस्था में परमाणु का कोणीय संवेग $x/\pi \times 10^{-7}$ इलेक्ट्रॉन-वोल्ट-सेकण्ड है। x का मान .... है। ($h = 4.14 \times 10^{-15}$ इलेक्ट्रॉन-वोल्ट-सेकण्ड, $c = 3 \times 10^8$ मी/से लें)। NCERT पृष्ठ 297

7 हाइड्रोजन स्पेक्ट्रम में बामर श्रेणी से एक फोटॉन 1.4 इलेक्ट्रॉन-वोल्ट कार्य फलन वाली धातु की सतह पर आपतित होता है। एक प्रकाशीय-इलेक्ट्रॉन की अधिकतम गतिज ऊर्जा .... इलेक्ट्रॉन वोल्ट है। NCERT पृष्ठ 297

8 हाइड्रोजन परमाणु में $n = 3$ से $n = 1$ तक इलेक्ट्रॉन का संक्रमण होता है और एक फोटॉन उत्सर्जित होता है। यह फोटॉन अज्ञात कार्य फलन के एक प्रकाश संवेदनशील पदार्थ पर पड़ता है। प्रकाशीय इलेक्ट्रॉन 9 इलेक्ट्रॉन-वोल्ट की अधिकतम गतिज ऊर्जा वाले पदार्थ से उत्सर्जित होते हैं। पदार्थ की देहली तरंगदैर्ध्य $p \times 10^{-7}$ मीटर है। p का मान .... है। NCERT पृष्ठ 297

9 एक इलेक्ट्रॉन हाइड्रोजन परमाणु की दूसरी उत्तेजित अवस्था से पहली उत्तेजित अवस्था में कूदता है, उत्सर्जित फोटॉन की तरंगदैर्ध्य λ_0 है। यदि इलेक्ट्रॉन हाइड्रोजन परमाणु की तीसरी उत्तेजित अवस्था से दूसरी उत्तेजित अवस्था में कूदता है, तो उत्सर्जित फोटॉन की तरंगदैर्ध्य $\frac{x\lambda_0}{35}$ होगी। x का मान ...... है। NCERT पृष्ठ 299

10 हाइड्रोजन के समान परमाणु की आयनन ऊर्जा 9 रिड्बर्ग है। इस परमाणु की पहली कक्षा की त्रिज्या हाइड्रोजन परमाणु की पहली कक्षा की त्रिज्या की तुलना में $\frac{1}{x}$ गुना है। x का मान .... है। NCERT पृष्ठ 299

NCERT Exemplar प्रश्न

1 बोर त्रिज्या $a_0 = 53$ पिकोमीटर लेते हुए, बोर मॉडल के आधार पर मूल अवस्था में Li^{2+} आयन की त्रिज्या होगी

(a) 53 पिकोमीटर (b) 27 पिकोमीटर

(c) 18 पिकोमीटर (d) 13 पिकोमीटर

2 सरल बोर मॉडल के अनुसार, मूल अवस्था के लिए, H-परमाणु में इलेक्ट्रॉन का कोणीय संवेग = h है। चूँकि कोणीय संवेग एक सदिश राशि है और इसलिए सभी सम्भावित दिशाओं में सदिश के साथ कक्षाओं की अनन्त सम्भावनाएँ होंगी। वास्तव में, यह सत्य नहीं है

(a) क्योंकि बोर मॉडल कोणीय संवेग का गलत मान देता है।

(b) क्योंकि इनमें से केवल एक की ही ऊर्जा न्यूनतम होगी।

(c) कोणीय संवेग इलेक्ट्रॉनों के चक्रण की दिशा में होना चाहिए।

(d) क्योंकि इलेक्ट्रॉन केवल क्षैतिज कक्षाओं में ही परिक्रमण करते हैं।

3 मूल अवस्था में दो हाइड्रोजन परमाणु अप्रत्यास्थ रूप से टकराते हैं। उनकी संयुक्त गतिज ऊर्जा में अधिकतम कमी होगी

(a) 10.20 इलेक्ट्रॉन वोल्ट (b) 20.40 इलेक्ट्रॉन वोल्ट

(c) 13.6 इलेक्ट्रॉन वोल्ट (d) 27.2 इलेक्ट्रॉन वोल्ट

4 उत्तेजित अवस्था में परमाणुओं का एक समूह क्षय (Decay) होता है

(a) सामान्यतः निम्न ऊर्जा वाली किसी अवस्था में

(b) केवल बाह्य विद्युत क्षेत्र द्वारा उत्तेजित होने पर निम्न अवस्था में

(c) सभी एक साथ निम्न अवस्था में

(d) केवल टकराने पर ही फोटॉन उत्सर्जित करने में

विगत परीक्षाओं के प्रश्न

NEET

1 नीचे दो कथन दिए गए हैं: NCERT पृष्ठ 296, NEET 2024

कथन I परमाणु विद्युत उदासीन होते हैं, क्योंकि इनमें समान संख्या में धनात्मक तथा ऋणात्मक आवेश होते हैं।

कथन II प्रत्येक तत्व के परमाणु स्थाई होते हैं तथा अपना अभिलाक्षणिक स्पैक्ट्रम उत्सर्जित करते हैं।

उपरोक्त कथनों के आधार पर, नीचे दिए गए विकल्पों में से सबसे सही उत्तर चुनिए

(a) कथन I व कथन II दोनों सत्य हैं।
(b) कथन I व कथन II दोनों असत्य हैं।
(c) कथन I सत्य है परन्तु कथन II असत्य है।
(d) कथन I असत्य है परन्तु कथन II सत्य है।

2 सूची I को सूची II से सुमेलित कीजिए। NCERT पृष्ठ 300, NEET 2024

	सूची I (निम्नलिखित स्तरों के संक्रमणों के लिए हाइड्रोजन की स्पैक्ट्रमी रेखाएँ)		सूची II [तरंगदैर्ध्य (nm)]
A.	$n_2 = 3$ से $n_1 = 2$	I.	410.2
B.	$n_2 = 4$ से $n_1 = 2$	II.	434.1
C.	$n_2 = 5$ से $n_1 = 2$	III.	656.3
D.	$n_2 = 6$ से $n_1 = 2$	IV.	486.1

नीचे दिए गए विकल्पों में से सही उत्तर चुनिए

(a) A-II, B-I, C-IV, D-III
(b) A-III, B-IV, C-II, D-I
(c) A-IV, B-III, C-I, D-II
(d) A-I, B-II, C-III, D-IV

3 हाइड्रोजन परमाणु को मूल अवस्था में 10.2 इलेक्ट्रॉन-वोल्ट ऊर्जा दी गई है। इलेक्ट्रॉन के संक्रमण के कारण कितनी स्पेक्ट्रमी रेखाएँ उत्सर्जित होंगी? NCERT पृष्ठ 296, NEET 2024

(a) 3 (b) 6
(c) 1 (d) 10

4 हाइड्रोजन परमाणु की आन्तरिक कक्षा की त्रिज्या 5.3×10^{-11} मीटर है। हाइड्रोजन परमाणु की तीसरी स्वीकृत कक्षा की त्रिज्या क्या होगा? NCERT पृष्ठ 296, NEET 2023

(a) 1.06 ऐंग्स्ट्रॉम
(b) 1.59 ऐंग्स्ट्रॉम
(c) 4.77 ऐंग्स्ट्रॉम
(d) 0.53 ऐंग्स्ट्रॉम

5 हाइड्रोजन परमाणु की nवीं स्थिर कक्षा में एक इलेक्ट्रॉन की कुल ऊर्जा निम्न के द्वारा प्राप्त की जा सकती है NCERT पृष्ठ 299, NEET 2020

(a) $E_n = \frac{13.6}{n^2}$ इलेक्ट्रॉन वोल्ट
(b) $E_n = -\frac{13.6}{n^2}$ इलेक्ट्रॉन वोल्ट
(c) $E_n = -\frac{1.36}{n^2}$ इलेक्ट्रॉन वोल्ट
(d) $E_n = -13.6 \times n^2$ इलेक्ट्रॉन वोल्ट

6 जब द्रव्यमान m का एक α-कण v वेग से गतिमान होकर Ze आवेश के भारी नाभिक पर बमबारी करता है, तो नाभिक से इसकी निकटतम पहुँच की दूरी, m पर निम्न रूप में निर्भर करती है NCERT पृष्ठ 295, NEET 2016

(a) $\frac{1}{\sqrt{m}}$ (b) $\frac{1}{m^2}$ (c) m (d) $\frac{1}{m}$

7 He^+ (हीलियम) की तीसरी कक्षा पर विचार करें, गैर-सापेक्षवादी पहुँच का उपयोग करते हुए, इस कक्षा में इलेक्ट्रॉन की गति होगी (दिया है, $K = 9 \times 10^9$, स्थिरांक, $Z = 2$ और प्लांक स्थिरांक, $h = 6.6 \times 10^{-34}$ जूल-सेकण्ड) NCERT पृष्ठ 299, AIPMT 2015

(a) 2.92×10^6 मी/से (b) 1.46×10^6 मी/से
(c) 0.73×10^6 मी/से (d) 3.0×10^8 मी/से

JEE Main

8 पाश्चन श्रेणी के साथ सम्बन्धित अधिकतम तरंगदैर्ध्य है [दिया हैं, $R_H = 1.097 \times 10^7$ SI मात्रक] NCERT पृष्ठ 296, JEE Main 2024

(a) 2.973×10^{-6} मीटर (b) 1.876×10^{-6} मीटर
(c) 1.091×10^{-6} मीटर (d) 3.646×10^{-6} मीटर

9 He^+ आयन की प्रथम उत्तेजित अवस्था में ऊर्जा है, (हाइड्रोजन परमाणु के लिए मूल अवस्था ऊर्जा – 13.6 इलेक्ट्रॉन वोल्ट है) NCERT पृष्ठ 299, JEE Main 2023

(a) – 27.2 इलेक्ट्रॉन वोल्ट (b) – 3.4 इलेक्ट्रॉन वोल्ट
(c) – 54.4 इलेक्ट्रॉन वोल्ट (d) – 13.6 इलेक्ट्रॉन वोल्ट

10 द्रव्यमान m का एक छोटा कण इस प्रकार से गति करता है कि इसकी स्थितिज ऊर्जा $U = \frac{1}{2} m\omega^2 r^2$ है, जहाँ ω नियतांक है और r कण की मूल बिन्दु से दूरी है। संवेग और वृत्ताकार कक्षा के बोर क्वाण्टीकरण को मानते हुए, nवीं कक्षा की त्रिज्या अनुक्रमानुपाती होगी NCERT पृष्ठ 302, JEE Main 2023

(a) $\frac{1}{n}$ के (b) n के
(c) $\sqrt{n}$ के (d) n^2 के

11 हाइड्रोजन परमाणु में $n = 4$ से $n = 1$ स्तर तक संक्रमण में एक फोटॉन उत्सर्जित होता है। इस संक्रमण के लिए संगत तरंगदैर्ध्य है (दिया है, $h = 4 \times 10^{-15}$ इलेक्ट्रॉन-वोल्ट-सेकण्ड)
NCERT पृष्ठ 299, Main 2023
(a) 94.1 नैनोमीटर (b) 99.3 नैनोमीटर
(c) 974 नैनोमीटर (d) 941 नैनोमीटर

12. nवीं कक्षा में परिक्रमण करते हुए इलेक्ट्रॉन का संवेग निम्न प्रकार से दिया जाता है (प्रतीकों के अपने सामान्य अर्थ हैं)
NCERT पृष्ठ 302, Main 2022
(a) $\frac{nh}{2\pi r}$ (b) $\frac{nh}{2r}$
(c) $\frac{nh}{2\pi}$ (d) $\frac{2\pi r}{nh}$

13 हाइड्रोजन परमाणु के एक इलेक्ट्रॉन के संक्रमण के कारण उत्पन्न फोटॉनों की ऊर्जाओं का अनुपात ज्ञात कीजिए। (i) दूसरे अनुमत ऊर्जा स्तर से पहले ऊर्जा स्तर तक और (ii) उच्चतम अनुमत ऊर्जा स्तर से पहले अनुमत ऊर्जा स्तर तक। NCERT पृष्ठ 299, Main 2022
(a) 3 : 4 (b) 4 : 3
(c) 1 : 4 (d) 4 : 1

14 एक हाइड्रोजन परमाणु मूल अवस्था में 10.2 इलेक्ट्रॉन वोल्ट ऊर्जा अवशोषित करता है। हाइड्रोजन परमाणु के इलेक्ट्रॉन का कोणीय संवेग किस मान से बढ़ेगा? (दिया है, प्लांक स्थिरांक $= 6.6 \times 10^{-34}$ जूल-सेकण्ड)
NCERT पृष्ठ 299, Main 2022
(a) 2.10×10^{-34} जूल-सेकण्ड (b) 1.05×10^{-34} जूल-सेकण्ड
(c) 3.15×10^{-34} जूल-सेकण्ड (d) 4.2×10^{-34} जूल-सेकण्ड

स्किल बूस्टर्स

1 एकवर्णी तरंगदैर्ध्य λ को कमरे के तापमान पर हाइड्रोजन नमूने पर आपतित किया जाता है। हाइड्रोजन परमाणु ऊर्जा को अवशोषित करता है और तत्पश्चात् 10 विभिन्न तरंगदैर्ध्यों के विकिरण उत्सर्जित करता है। λ का मान है
(a) 95 नैनोमीटर (b) 103 नैनोमीटर
(c) 73 नैनोमीटर (d) 88 नैनोमीटर

2 हाइड्रोजन के समान बोर परमाणु की आयनीकरण ऊर्जा 4 रिड्बर्ग है। इस परमाणु में इलेक्ट्रॉन की मूल अवस्था कक्षा की त्रिज्या है
(a) 0.53 ऐंग्स्ट्रॉम (b) 0.265 ऐंग्स्ट्रॉम
(c) 0.1325 ऐंग्स्ट्रॉम (d) 1.06 ऐंग्स्ट्रॉम

3 हाइड्रोजन के समान परमाणु के क्रमांक 1, 2 और 3 वाले संक्रमणों में फोटॉनों की तरंगदैर्ध्य और आवृत्तियाँ क्रमशः $\lambda_1, \lambda_2, \lambda_3$ और f_1, f_2, f_3 हैं। तब, सही विकल्प को चिन्हित करें।

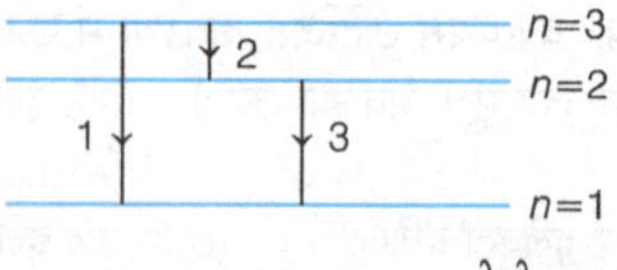

(a) $\lambda_3 = \lambda_1 + \lambda_2$ (b) $\lambda_3 = \frac{\lambda_1\lambda_2}{\lambda_1 + \lambda_2}$
(c) $f_3 = \frac{f_1 + f_2}{f_1 f_2}$ (d) $f_3 = \frac{f_1 f_2}{f_1 + f_2}$

4 गति v से गतिमान एक न्यूट्रॉन एक हाइड्रोजन परमाणु से टकराता है जो कि मूल अवस्था में है तथा उसी रेखा में, तथा उसी गति से न्यूट्रॉन की ओर बढ़ रहा है। न्यूट्रॉन की वह न्यूनतम गति जिसके लिए अप्रत्यास्थ टक्कर (पूर्ण या आंशिक) हो सकती है, वह (लगभग) है
(a) 3×10^4 मी/से (b) 3×10^8 मी/से
(c) 4×10^8 मी/से (d) 3×10^6 मी/से

5 बोर का परमाणु सिद्धान्त पहला सफल सिद्धान्त है, जिसे 1913 में प्रस्तुत किया गया था जो सन् 1913 में रेखा उत्सर्जन स्पेक्ट्रम की व्याख्या करता है। बोर का कार्य सराहनीय है, क्योंकि जब सन् 1924 में दे-ब्रॉग्ली की परिकल्पना प्रकाश में आई, तो परिणाम बिल्कुल वही पाए गए। $n = 4$ अवस्था में H-परमाणु में, इलेक्ट्रॉन से बद्ध दे-ब्रॉग्ली तरंगदैर्ध्य λ है
(a) $\lambda =$ बोर की कक्षा की परिधि
(b) $\lambda = 4 \times$ बोर की कक्षा की परिधि
(c) $\lambda = \frac{1}{4}$ बोर की कक्षा की परिधि
(d) कोई सम्बन्ध उपस्थित नहीं है

6 गतिज ऊर्जा K का एक न्यूट्रॉन स्थिर अवस्था में स्थित हाइड्रोजन परमाणु से आमने-सामने की टक्कर करता है तथा गति करने के लिए स्वतन्त्र है। तब, सही विकल्प का चयन करें।

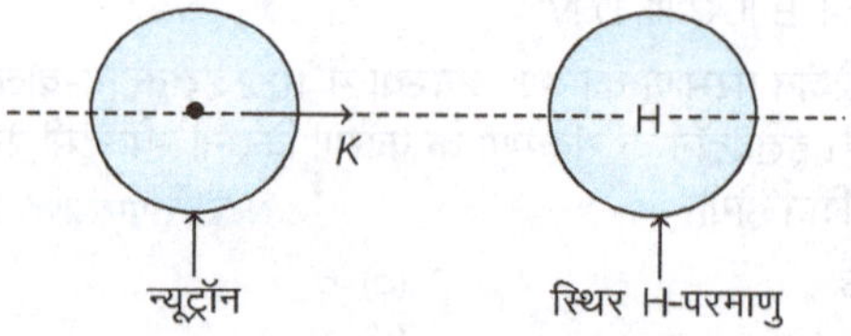

(a) $K < 204$ इलेक्ट्रॉन वोल्ट के लिए, टक्कर पूर्णतया प्रत्यास्थ है
(b) $K > 204$ इलेक्ट्रॉन वोल्ट के लिए, टक्कर पूर्णतया अप्रत्यास्थ है
(c) $K \geq 204$ इलेक्ट्रॉन वोल्ट के लिए, टक्कर प्रत्यास्थ हो सकती है या पूर्णतया अप्रत्यास्थ भी हो सकती है।
(d) $K = 244$ इलेक्ट्रॉन वोल्ट के लिए, टक्कर प्रत्यास्थ, अप्रत्यास्थ या पूर्णतया अप्रत्यास्थ हो सकती है।

7 मूल अवस्था के लिए, H-परमाणु में इलेक्ट्रॉन का कोणीय संवेग $\frac{h}{2\pi}$ होता है।

सरल बोर मॉडल के अनुसार, कोणीय संवेग एक सदिश राशि है और इसलिए सभी सम्भावित दिशाओं में सदिश की ओर इंगित करते हुए अनन्त रूप से कई कक्षाएँ होंगी। वास्तव में, यह सही नहीं, क्योंकि

(a) बोर मॉडल कोणीय संवेग का गलत मान देता है।
(b) इनमें से केवल एक अभिविन्यास न्यूनतम ऊर्जा के संगत होता है।
(c) कोणीय संवेग, इलेक्ट्रॉन के घूमने की दिशा में होता है।
(d) इलेक्ट्रॉन क्षैतिज कक्षाओं में परिक्रमण करते हैं।

8 किसी दिए गए कोण के लिए α-कण प्रकीर्णन प्रयोग में, मोटाई t और प्रति इकाई आयतन n परमाणुओं वाली पन्नी द्वारा θ कोण या अधिक से प्रकीर्णित कणों का अंश (Fraction) होगा

(a) $nt\pi b^2$ (b) $nt^2\pi b$ (c) $n^2t^3b^3$ (d) $n\pi$

9 एक α-कण को नाभिक द्वारा प्रकीर्णित किया जाता है जैसा कि चित्र में दर्शाया गया है।

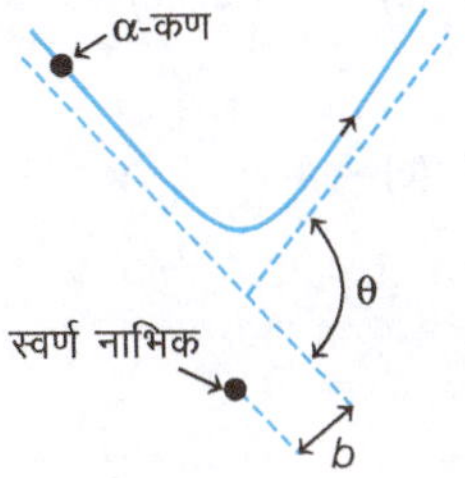

माना α-कण का द्रव्यमान m है तथा इसकी गति v है। यह मानते हुए कि नाभिक स्थिर रहता है, α-कण के संवेग में परिवर्तन होगा

(a) $2mv \sin\theta$
(b) $2mv \cos\theta$
(c) $2mv \cos\frac{\theta}{2}$
(d) $2mv \sin\frac{\theta}{2}$

10 रदरफोर्ड के कुछ प्रयोगों में चांदी की पन्नी का उपयोग किया जाता है। माना α-कणों की गतिज ऊर्जा 4.8 मैगाइलेक्ट्रॉन वोल्ट, α-कणों का द्रव्यमान 6.64×10^{-27} किग्रा तथा चाँदी के नाभिक पर आवेश 47 इलेक्ट्रॉन है। आमने-सामने की टक्कर के लिए, α-कण के लिए संघट्ट प्राचल, जो 45° के कोण पर प्रकीर्णित है, होगा

(a) 2.8×10^{-14} मीटर
(b) 3.36×10^{-14} मीटर
(c) 1.41×10^{-14} मीटर
(d) 5.60×10^{-14} मीटर

प्रश्न कुंजी

शीर्षकवार प्रश्न

1 (a)	2 (b)	3 (d)	4 (b)	5 (c)	6 (c)	7 (a)	8 (c)	9 (a)	10 (b)
11 (a)	12 (c)	13 (b)	14 (c)	15 (d)	16 (a)	17 (d)	18 (d)	19 (c)	20 (d)
21 (d)	22 (c)	23 (d)	24 (d)	25 (a)	26 (b)	27 (a)	28 (a)	29 (b)	30 (c)
31 (b)	32 (d)	33 (b)	34 (d)	35 (d)	36 (a)	37 (c)	38 (b)	39 (d)	40 (d)
41 (c)	42 (b)	43 (b)	44 (c)	45 (a)	46 (b)	47 (c)	48 (b)	49 (b)	50 (b)
51 (a)	52 (c)	53 (a)	54 (c)	55 (d)	56 (a)	57 (c)	58 (a)	59 (a)	60 (c)
61 (a)	62 (d)	63 (a)	64 (c)	65 (d)	66 (c)	67 (d)	68 (d)	69 (a)	70 (c)
71 (b)	72 (c)	73 (a)	74 (a)	75 (b)	76 (c)	77 (b)			

अभिकथन-कारण प्रश्न

1 (c)	2 (c)	3 (b)	4 (a)	5 (a)	6 (c)	7 (b)	8 (d)	9 (b)	10 (d)

कथन आधारित प्रश्न

1 (c)	2 (c)	3 (d)	4 (c)	5 (c)	6 (a)	7 (b)

सुमेलन प्रकार प्रश्न

1 (b)	2 (a)	3 (c)	4 (d)

आंकिक मान प्रकार के प्रश्न

1 (3)	2 (11)	3 (3)	4 (4)	5 (4)	6 (414)	7 (2)	8 (4)	9 (100)	10 (3)

NCERT Exemplar प्रश्न

1 (c)	2 (a)	3 (a)	4 (a)

विगत परीक्षाओं के प्रश्न

1 (c)	2 (b)	3 (c)	4 (c)	5 (b)	6 (d)	7 (b)	8 (b)	9 (d)	10 (c)
11 (a)	12 (a)	13 (a)	14 (b)						

स्किल बूस्टर्स

1 (a)	2 (b)	3 (b)	4 (a)	5 (c)	6 (a)	7 (a)	8 (a)	9 (d)	10 (b)

क्रमवार

प्रश्नों का विश्लेषण

कॉन्सेप्ट बिल्डर्स

1 टॉमसन मॉडल 2 सत्य
3 α-कण 4 सत्य
5 घटता 6 असत्य
7 सत्य 8 सत्य
9 सत्य 10 असत्य
11 सत्य 12 कोणीय संवेग
13 1.09×10^7 मी$^{-1}$
14 10.2 इलेक्ट्रॉन-वोल्ट
15 6 16 शून्य
17 9 : 4 18 लाइमन श्रेणी
19 बामर 20 असत्य

शीर्षकवार प्रश्न

2 *(b)* गाइगर-मार्सडेन प्रयोग के अनुसार, केवल 0.14% आपतित α-कण 1° से अधिक पर प्रकीर्णित होते हैं। विकल्प (b) में दिया गया कथन गलत है, शेष सही हैं।

6 *(c)* दिया है, $K = 7.7$ मेगाइलेक्ट्रॉन वोल्ट

$$= 1.2\times 10^{-12} \text{ जूल}$$

$$Z = 79$$

माना r निकटतम पहुँच (Approach) की दूरी है।

ऊर्जा संरक्षण के नियम से,

α-कण की प्रारम्भिक गतिज ऊर्जा = निकाय की अन्तिम स्थितिज ऊर्जा

$$K = \frac{1}{4\pi\varepsilon_0}\frac{(2e)(Ze)}{r}$$

$$\Rightarrow \quad r = \frac{1}{4\pi\varepsilon_0}\frac{2Ze^2}{K}$$

$$r = \frac{9\times 10^9 \times 2\times 79\times(1.6\times 10^{-19})^2}{1.2\times 10^{-12}}$$

$$= 30\times 10^{-15} \text{ मीटर} = 30 \text{ फर्मी मीटर}$$

8 *(c)* माना कि d, α-कण और स्वर्ण नाभिक के बीच केन्द्र-से-केन्द्र की दूरी है, जब α-कण अपने विराम बिन्दु पर है। तब, हम ऊर्जा संरक्षण को $E_i = E_f$ प्रकार से लिख सकते हैं

$$K = \frac{1}{4\pi\varepsilon_0}\cdot\frac{(2e)(Ze)}{d} = \frac{2Ze^2}{4\pi\varepsilon_0 d}$$

इस प्रकार, निकटतम पहुँच की दूरी d निम्न प्रकार दी गई है

$$d = \frac{2Ze^2}{4\pi\varepsilon_0 K} = \frac{2kZe^2}{K}$$

$$K = 7.7\times 1.6\times 10^{-19} \text{ जूल}$$

$$= 1.2\times 10^{-12} \text{ जूल}$$

$$\therefore d = \frac{(2)\times(9.0\times 10^9)\times(1.6\times 10^{-19})^2\, Z}{1.2\times 10^{-12}}$$

$$= 3.84\times 10^{-16}\, Z \text{ मीटर}$$

स्वर्ण पन्नी की परमाणु संख्या $Z = 79$ है, इसीलिए

$$d\,(\text{Au}) = 3.84\times 10^{-16}\times 79$$

$$= 3.0\times 10^{-14} \text{ मीटर}$$

इसीलिए स्वर्ण नाभिक की त्रिज्या 3.0×10^{-14} मीटर से कम है।

10 *(b)* हाइड्रोजन परमाणु में इलेक्ट्रॉन की कुल ऊर्जा – 13.6 इलेक्ट्रॉन वोल्ट है।

$$E = -13.6\times 1.6\times 10^{-19} \text{ जूल}$$

$$= -2.2\times 10^{-18} \text{ जूल}$$

जैसा कि हम जानते हैं, हाइड्रोजन परमाणु में इलेक्ट्रॉन की कुल ऊर्जा E होती है

$$E = \frac{-e^2}{8\pi\varepsilon_0 r} \Rightarrow r = \frac{-e^2}{8\pi\varepsilon_0 E}$$

$$\Rightarrow \quad r = -\frac{9\times 10^9\times(1.6\times 10^{-19})^2}{2\times -2.2\times 10^{-18}}$$

$$= 5.3\times 10^{-11} \text{ मीटर}$$

चूँकि इलेक्ट्रॉन नाभिक के परितः अभिकेन्द्रीय बल द्वारा परिक्रमण करता है, इसलिए इलेक्ट्रॉन को परमाणु से पृथक् करने के लिए आवश्यक स्थिरवैघुतिक बल इस अभिकेन्द्रीय बल के बराबर होना चाहिए।

अर्थात् $\quad F_c = F_e$

$$\Rightarrow \quad \frac{mv^2}{r} = \frac{1}{4\pi\varepsilon_0}\cdot\frac{e^2}{r^2}$$

$$\Rightarrow \quad v = \frac{e}{\sqrt{4\pi\varepsilon_0 mr}}$$

$$\Rightarrow \quad v = \frac{1.6\times 10^{-19}}{\sqrt{4\times 3.14\times 8.85\times 10^{-12}\times 9.1\times 10^{-31}\times 5.3\times 10^{-11}}}$$

$$= 2.2\times 10^6 \text{ मी/से}$$

14 *(c)* दिया है, कुल ऊर्जा = – 1.51 इलेक्ट्रॉन वोल्ट

कुल ऊर्जा = – गतिज ऊर्जा

$\therefore$ गतिज ऊर्जा = – (– 1.51 इलेक्ट्रॉन वोल्ट)

गतिज ऊर्जा = 1.51 इलेक्ट्रॉन वोल्ट

अब, स्थितिज ऊर्जा = 2 × कुल ऊर्जा

= 2 × (– 1.51) इलेक्ट्रॉन वोल्ट

= – 3.02 इलेक्ट्रॉन वोल्ट

15 *(d)* $\frac{1}{\lambda} = R\left[\frac{1}{2^2}-\frac{1}{5^2}\right] = R\left[\frac{1}{4}-\frac{1}{25}\right]$

$$\frac{1}{\lambda} = \frac{21R}{100}$$

$$\therefore \quad \lambda = \frac{100}{21R} = \frac{100}{21\times 1.1\times 10^7}$$

$$= \frac{100}{23.1\times 10^7}$$

$\lambda = 4329$ एंगस्ट्राम

यह तरंगदैर्ध्य बैंगनी रंग के संगत है। इसीलिए, परमाणु बैंगनी रंग का प्रकाश उत्सर्जित करेगा।

18 *(d)* हाइड्रोजन परमाणु के लिए लाइमन श्रेणी की पहली रेखा की तरंगदैर्ध्य निम्न प्रकार से दी जाती है

$$\frac{1}{\lambda} = R\left[\frac{1}{1^2}-\frac{1}{2^2}\right] \quad \ldots\text{(i)}$$

हाइड्रोजन परमाणु के लिए बामर श्रेणी की दूसरी रेखा की तरंगदैर्ध्य निम्न प्रकार दी गई है

$$\frac{1}{\lambda'} = Z^2R\left[\frac{1}{2^2}-\frac{1}{4^2}\right] \quad \ldots\text{(ii)}$$

जैसा कि दिया गया है,

$\lambda = \lambda'$

समी (i) और (ii) से,

$$R\left[\frac{1}{1^2}-\frac{1}{2^2}\right]=Z^2R\left[\frac{1}{2^2}-\frac{1}{4^2}\right]$$

$$\Rightarrow \frac{3}{4}=\frac{3Z^2}{16}$$

$$\Rightarrow Z^2=4 \Rightarrow Z=2$$

19 *(c)* दिया है, $\lambda_2 = 1215$ ऐंग्स्ट्रॉम

लाइमन श्रेणी की पहली रेखा के लिए,

$$\frac{1}{\lambda_L}=R\left[\frac{1}{1^2}-\frac{1}{2^2}\right]$$

$$=R\left[\frac{3}{4}\right]=\frac{3R}{4}$$

$$\therefore \lambda_L=\frac{4}{3R} \quad \ldots(i)$$

बामर श्रेणी की पहली रेखा के लिए,

$$\frac{1}{\lambda_B}=R\left[\frac{1}{2^2}-\frac{1}{3^2}\right]$$

$$=R\left[\frac{1}{4}-\frac{1}{9}\right]$$

$$\Rightarrow \frac{1}{\lambda_B}=\frac{5R}{36}$$

$$\therefore \lambda_B=\frac{36}{5R} \quad \ldots(ii)$$

समी (i) और (ii) से,

$$\frac{\lambda_B}{\lambda_L}=\frac{36/5R}{4/3R}$$

$$\frac{\lambda_B}{1215}=\frac{36\times 3}{4\times 5}$$

$$\therefore \lambda_B=\frac{108}{20}\times 1215$$

$$\Rightarrow \lambda_B = 6561 \text{ ऐंग्स्ट्रॉम}$$

20 *(d)* दिया है, $\lambda = 1210$ ऐंग्स्ट्रॉम (लाइमन श्रेणी के लिए)

लाइमन श्रेणी की पहली रेखा के लिए,

$n_1 = 1, n_2 = 2$

और $\frac{1}{\lambda}=Z^2R\left[\frac{1}{1^2}-\frac{1}{2^2}\right]$

हाइड्रोजन परमाणु के लिए, $Z = 1$

$$\therefore \frac{1}{\lambda}=R\frac{3}{4} \quad \ldots(i)$$

हाइड्रोजन जैसे परमाणु के लिए,

$Z = 11$

$$\therefore \frac{1}{\lambda'}=121\times R\frac{3}{4}$$

$$\Rightarrow \frac{1}{\lambda'}=121\frac{3R}{4} \quad \ldots(ii)$$

समी (i) और (ii) से,

$$\frac{\lambda'}{\lambda}=\frac{3R/4}{121R\times 3/4}=\frac{1}{121}$$

$$\Rightarrow \lambda'=\frac{\lambda}{121}=\frac{1210}{121}$$

$$\Rightarrow \lambda' = 10 \text{ ऐंग्स्ट्रॉम}$$

21 *(d)* श्रेणी सीमा, लाइमन श्रेणी में $n_2 = \infty$ से $n_1 = 1$ तक तथा फुण्ड श्रेणी में $n_2 = \infty$ से $n_1 = 5$ तक संक्रमण में होती है। लाइमन श्रेणी के लिए,

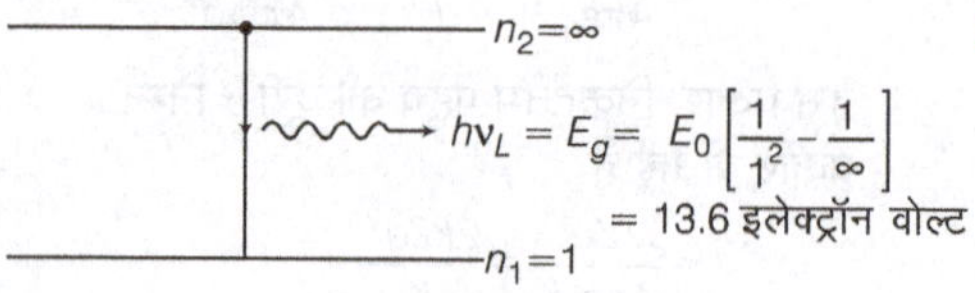

$$h\nu_L = 13.6 \text{ इलेक्ट्रॉन वोल्ट} \quad \ldots(i)$$

फुण्ड श्रेणी में,

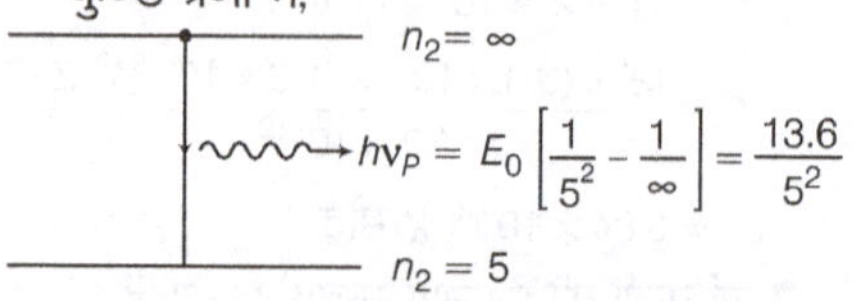

$$h\nu_P=\frac{13.6}{5^2} \text{ इलेक्ट्रॉन वोल्ट} \quad \ldots(ii)$$

समी (i) और (ii) से,

$$25h\nu_P = h\nu_L$$

$$\therefore \nu_P=\frac{\nu_L}{25}$$

22 *(c)* बामर श्रेणी की अन्तिम रेखा के लिए,

$n_1 = 2$ और $n_2 = \infty$

$$\Rightarrow \frac{1}{\lambda_B}=R\left(\frac{1}{2^2}-\frac{1}{\infty^2}\right)=\frac{R}{4} \quad \ldots(i)$$

इसी प्रकार, लाइमन श्रेणी की अन्तिम रेखा के लिए,

$n_1 = 1$ और $n_2 = \infty$

$$\Rightarrow \frac{1}{\lambda_L}=R\left(\frac{1}{1^2}-\frac{1}{\infty^2}\right)=R \quad \ldots(ii)$$

समी (i) और (ii) से,

$$\frac{\frac{1}{\lambda_B}}{\frac{1}{\lambda_L}}=\frac{R/4}{R}$$

$$\Rightarrow \frac{\lambda_L}{\lambda_B}=\frac{1}{4} \Rightarrow \frac{\lambda_B}{\lambda_L}=4$$

23 *(d)* फुण्ड श्रेणी में,

$$\frac{1}{\lambda}=R\left(\frac{1}{5^2}-\frac{1}{n^2}\right) \text{ जहाँ } n = 6, 7, \ldots$$

अधिकतम तरंगदैर्ध्य निम्न द्वारा दी जाती है

$$\frac{1}{\lambda_{\text{अधिकतम}}}=R\left(\frac{1}{5^2}-\frac{1}{6^2}\right)=R\left(\frac{11}{900}\right) \quad \ldots(i)$$

न्यूनतम तरंगदैर्ध्य निम्न द्वारा दी जाती है

$$\frac{1}{\lambda_{\text{न्यूनतम}}}=R\left(\frac{1}{5^2}-\frac{1}{\infty}\right)=\frac{R}{25} \quad \ldots(ii)$$

समी (i) और (ii) से,

$$\frac{\lambda_{\text{अधिकतम}}}{\lambda_{\text{न्यूनतम}}}=\frac{R/25}{11R/900}=\frac{36}{11}$$

24 *(d)* लाइमन श्रेणी में सबसे बड़ी तरंगदैर्ध्य के लिए, $n_1 = 1$ तथा $n_2 = 2$

$$\frac{1}{\lambda_1}=R\left[\frac{1}{1^2}-\frac{1}{2^2}\right] \quad \ldots(i)$$

बामर श्रेणी में सबसे बड़ी तरंगदैर्ध्य के लिए, $n_1 = 2$ और $n_2 = 3$

$$\frac{1}{\lambda_2}=R\left[\frac{1}{2^2}-\frac{1}{3^2}\right] \quad \ldots(ii)$$

समी (ii) को समी (i) से विभाजित करने पर,

$$\frac{\lambda_1}{\lambda_2}=\frac{R\left[\frac{1}{4}-\frac{1}{9}\right]}{R\left[1-\frac{1}{4}\right]}=\frac{\frac{5}{36}}{\frac{3}{4}}$$

$$\Rightarrow \frac{\lambda_1}{\lambda_2}=\frac{5}{36}\times\frac{4}{3}=\frac{5}{27}$$

25 *(a)* जब 12.75 इलेक्ट्रॉन-वोल्ट की इलेक्ट्रॉन किरण हाइड्रोजन गैस पर आपतित होती है, तो H-परमाणुओं की ऊर्जा

$= -13.6 + 12.75 = -0.85$ इलेक्ट्रॉन वोल्ट

यह $n=\sqrt{\frac{13.6}{0.85}}=4$ उत्तेजित अवस्था से मेल खाता है।

$n = 4$ के लिए विभिन्न संक्रमण नीचे दर्शाए गए हैं

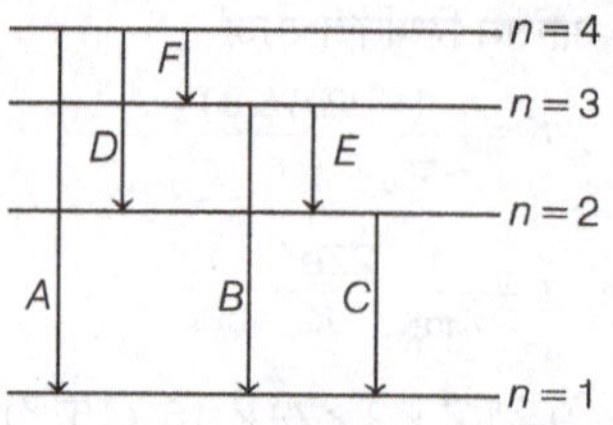

स्पष्टतः उत्सर्जित विकिरण **लाइमन श्रेणी** (*A*, *B* तथा *C*) में निहित है। कुछ उत्सर्जन **बामर श्रेणी** (*D* तथा *E*) में हैं।

उनमें से एक ($n = 4$ से $n = 3$) पाश्चन श्रेणी (*F*) में स्थित है।

26 *(b)* $\frac{1}{\lambda} = RZ^2\left(\frac{1}{n^2} - \frac{1}{m^2}\right)$

दृश्य क्षेत्र के लिए संक्रमण है

$n = 2$ से 3, 4, 5, ... आदि

यहाँ $Z = 2$

$$\frac{1}{\lambda} = R\left(\frac{Z^2}{n^2} - \frac{Z^2}{m^2}\right)$$

$$= R\left(\frac{4}{4^2} - \frac{4}{m^2}\right)$$

$m = 6$ से 4, 7 से 4, ...

28 *(a)* बोर के परमाणु सिद्धान्त के अनुसार,

$$mvr = n\frac{h}{2\pi}$$

$n = 1$ के लिए,

$$mvr = \frac{h}{2\pi} \Rightarrow \frac{h}{2\pi mr} \quad \text{...(i)}$$

धारा के प्रवाह की दर निम्न प्रकार दी गई है

$$I = e\left(\frac{v}{2\pi r}\right)$$

समी (i) से,

$$I = \frac{e}{2\pi r} \times \frac{h}{2\pi mr} = \frac{eh}{4\pi^2 mr^2}$$

अब, चुम्बकीय द्विध्रुव आघूर्ण M है।

$$M = IA = \frac{eh}{4\pi^2 mr^2} \times \pi r^2$$

$$\Rightarrow \quad M = \frac{eh}{4\pi m}$$

30 *(c)* कोणीय संवेग में परिवर्तन,

$$\Delta L = L_2 - L_1 = \frac{n_2 h}{2\pi} - \frac{n_1 h}{2\pi}$$

$$= \frac{h}{2\pi}(n_2 - n_1)$$

$$\therefore \quad \Delta L = \frac{6.6 \times 10^{-34}}{2 \times 3.14} \times (5 - 4)$$

$= 1.05 \times 10^{-34}$ जूल-सेकण्ड

31 *(b)* विकल्प (b) में दिया गया कथन गलत है और इसे इस प्रकार सुधारा जा सकता है : बोर के परमाणु मॉडल के अनुसार, इलेक्ट्रॉन विकिरण ऊर्जा के उत्सर्जन के बिना अपरिवर्तित स्थिर कक्षाओं में परिक्रमण करता है। इस प्रकार, इसका द्रव्यमान नियत रहता है।

32 *(d)* फोटॉन उत्सर्जन की आवृत्ति निम्न द्वारा दी जाती है

$$\nu_n = \frac{\Delta E}{h}$$

अब $E = R\left(\frac{1}{n_1^2} - \frac{1}{n_2^2}\right)$

$$E_{4\to 3} = R\left(\frac{1}{3^2} - \frac{1}{4^2}\right)$$

$$= R\left(\frac{1}{9} - \frac{1}{16}\right) = 0.05\,R$$

∴ सबसे कम ऊर्जा $n = 4$ से $n = 3$ संक्रमण के लिए है, इसीलिए इस संक्रमण में उत्सर्जित फोटॉनों की आवृत्ति कम होगी।

33 *(b)* दिया है, $M = 10$ किग्रा,

$r_n = 8000$ किमी $= 8 \times 10^6$ मी

$T = 2h = 2 \times 60 \times 60$

$= 7200$ सेकण्ड

nवीं कक्षा का वेग निम्न प्रकार दिया गया है

$$v_n = \frac{2\pi r_n}{T} \quad \text{...(i)}$$

बोर के मॉडल से,

$$Mv_n r_n = \frac{nh}{2\pi} \quad \text{...(ii)}$$

समी (i) और (ii) से,

$$Mr_n\left(\frac{2\pi r_n}{T}\right) = \frac{nh}{2\pi}$$

$$\Rightarrow \quad n = \frac{2\pi}{h} \times \frac{2\pi r_n}{T} \times M \times r_n$$

$$= \frac{(2\pi r_n)^2 M}{T \times h}$$

$$= \frac{(2 \times 3.14 \times 8 \times 10^6)^2 \times 10}{7200 \times 6.64 \times 10^{-34}}$$

$$= 5.3 \times 10^{45}$$

34 *(d)* दिया है, $r_1 = 5.30 \times 10^{-11}$ मीटर,

$v_1 = 22 \times 10^6$ मी/से

प्रथम उत्तेजित अवस्था के लिए,

$$r_n = n^2 r_1$$

और $v_n = \frac{v_1}{n}$

$\therefore \quad r_2 = 4r_1 \qquad (\because n = 2)$

$= 4 \times 5.30 \times 10^{-11}$

$r_2 = 2.12 \times 10^{-10}$ मीटर

और $v_2 = \frac{v_1}{2} = \frac{2.2 \times 10^6}{2}$

$= 1.1 \times 10^6$ मी/से

कक्षीय काल निम्न प्रकार दिया गया है

$$T = \frac{2\pi r_2}{v_2}$$

$$= \frac{2 \times 3.14 \times 2.12 \times 10^{-10}}{1.1 \times 10^6}$$

$= 1.21 \times 10^{-15}$ सेकण्ड

37 *(c)* बोर के मॉडल के अनुसार, किसी परमाणु की मूल अवस्था ऊर्जा निम्न प्रकार से दी जाती है

$$E = \frac{-me^4}{8\varepsilon_0^2 h^2} \quad \text{...(i)}$$

पॉजिट्रोनियम में इलेक्ट्रॉन और पॉजिट्रॉन का कम किया गया द्रव्यमान m होता है और इसे निम्न प्रकार से व्यक्त किया जाता है

$$m = \frac{M_e M_p}{M_e + M_p}$$

$$= \frac{M_e}{2} \qquad (\because M_p = M_e)$$

समी (i) से, मूल अवस्था ऊर्जा है

$$E = -\frac{\left(\frac{M_e}{2}\right)e^4}{8.\,\varepsilon_0^2 h^2}$$

$\because \quad \frac{M_e e^4}{8\varepsilon_0^2 h^2} = 13.6$ इलेक्ट्रॉन वोल्ट

$$\therefore \quad E = -\frac{1}{2}\left(\frac{M_e e^4}{8\varepsilon_0^2 h^2}\right) = -\frac{13.6}{2}$$

$\Rightarrow \quad E = -6.8$ इलेक्ट्रॉन वोल्ट

38 *(b)* यहाँ, T_n = परिक्रमण काल $= \frac{2\pi r_n}{v_n}$

यहाँ $r_n = \frac{n^2 h^2 \varepsilon_0}{\pi m Z e^2}$

और $v_n = \frac{Ze^2}{2\varepsilon_0 nh}$

इसीलिए, $T_n = 2\pi \times \frac{n^2 h^2 \varepsilon_0}{\pi m Z e^2} \times \frac{2\varepsilon_0 nh}{Ze^2}$

$$= \frac{4\varepsilon_0^2 n^3 h^3}{mZ^2 e^4}$$

$$\Rightarrow \quad T_n \propto \frac{n^3}{Z^2}$$

40 *(d)* इलेक्ट्रॉन का वेग,

$$v_n = \frac{2\pi KZe^2}{nh}$$

$$v_3 = \frac{2 \times \pi \times 9 \times 10^9 \times 1 \times (1.6 \times 10^{-19})^2}{3 \times 6.6 \times 10^{-34}}$$

$= 7.31 \times 10^5$ मी/से

इसके अतिरिक्त, आर्वतकाल, $T_n = \frac{2\pi r_n}{v_n}$

जहाँ, $r_n = \frac{n^2 h^2 E_0}{\pi m Z e^2}$

$$\Rightarrow r_3 = \frac{(3)^2 \times (6.6\times10^{-34})^2 \times 8.85\times10^{-12}}{\pi\times9.1\times10^{-31}\times1\times(1.6\times10^{-19})^2}$$

$= 4.75 \times 10^{-10}$ मीटर

$$\Rightarrow \therefore T_3 = \frac{2\pi r_3}{v_3} = \frac{2\pi\times4.75\times10^{-10}}{7.31\times10^5}$$

$= 4.08 \times 10^{-15}$ सेकण्ड

41 *(c)* $n = 2$ से $n = 1$ संक्रमण में,

$$\Delta E = RhcZ^2\left[\frac{1}{1^2}-\frac{1}{2^2}\right]$$

$$= RhcZ^2\left[\frac{3}{4}\right] \quad \ldots(i)$$

$n = 4$ से एक इलेक्ट्रॉन को बाहर निकालने के लिए आवश्यक ऊर्जा,

$$E' = \frac{RhcZ^2}{n^2} = \frac{RhcZ^2}{16} \quad \ldots(ii)$$

अब, ऑगर इलेक्ट्रॉन की गतिज ऊर्जा,

$$KE = \Delta E - E'$$

समी (i) और (ii) से,

$$KE = \frac{3}{4}RhcZ^2 - \frac{RhcZ^2}{16}$$

$$= RhcZ^2\left[\frac{3}{4}-\frac{1}{16}\right]$$

$$= RhcZ^2\left[\frac{11}{16}\right]$$

यहाँ, $Rhc = 13.6$ इलेक्ट्रॉन वोल्ट, $Z = 24$, तब

$$KE = \frac{13.6\times(24)^2\times11}{16}$$

$= 5.38\times10^3$ इलेक्ट्रॉन वोल्ट

$= 5.38$ किलो इलेक्ट्रॉन वोल्ट

42 *(b)* बोर परमाणु की nवीं कक्षा में एक इलेक्ट्रॉन का वेग है

$$v_n = \frac{e^2\times2\pi}{4\pi\varepsilon_0 nh} = \frac{e^2}{2\varepsilon_0 nh}$$

$\therefore$ गतिज ऊर्जा,

$$(KE)_n = \frac{1}{2}mv_n^2 = \frac{1}{2}m\left(\frac{e^2}{2\varepsilon_0 nh}\right)^2$$

$$= \frac{me^4}{8\varepsilon_0^2n^2h^2} \quad \ldots(i)$$

हाइड्रोजन परमाणु में इलेक्ट्रॉन की कुल ऊर्जा,

$$(TE)_n = -\frac{e^2}{8\pi\varepsilon_0 r_n}$$

जहाँ, $r_n = \frac{n^2h^2 4\pi\varepsilon_0}{m4\pi^2e^2} = \frac{n^2h^2\varepsilon_0}{\pi me^2}$

$$\Rightarrow (TE)_n = -\frac{e^2}{8\pi\varepsilon_0}\times\frac{\pi me^2}{n^2h^2\varepsilon_0}$$

$$= \frac{-me^4}{8n^2\varepsilon_0^2h^2} \quad \ldots(ii)$$

समी (i) और (ii) से,

$$(KE)_n : (TE)_n = \frac{me^4}{8\varepsilon_0^2n^2h^2} : \frac{-8\varepsilon_0^2n^2h^2}{me^4}$$

$= 1 : -1$

43 *(b)* बोर के मॉडल के अनुसार,

$$KE = \frac{me^4}{8\varepsilon_0^2n^2h^2} \quad \ldots(i)$$

इसी प्रकार, सम्भावित ऊर्जा निम्न प्रकार से दी जाती है

$$PE = \frac{-me^4}{4\varepsilon_0^2n^2h^2} \quad \ldots(ii)$$

$\therefore$ कुल ऊर्जा, $E = PE + KE = -\frac{me^4}{8\varepsilon_0^2r^7h^2}$

समी (i) और (ii) से,

$\Rightarrow$ $KE = -E$ तथा $PE = 2E$

दिया है, $E = -3.4$ इलेक्ट्रॉन वोल्ट

$\therefore$ $KE = -(-3.4) = 3.4$ इलेक्ट्रॉन वोल्ट

तथा $PE = 2(-3.4) = -68$ इलेक्ट्रॉन वोल्ट

46 *(b)* हाइड्रोजन की प्रथम उत्तेजित अवस्था में इलेक्ट्रॉन की ऊर्जा,

$$E_n = -\frac{13.6}{n^2} = -\frac{13.6}{2^2}$$

$= -3.40$ इलेक्ट्रॉन वोल्ट

(प्रथम उत्तेजना में $n = 2$)

तो, दोहरे आयनित लिथियम ($Z = 3$) के लिए ऊर्जा होगी

$E_n = (E_H)Z^2 = -3.40\times9$

$= -30.6$ इलेक्ट्रॉन वोल्ट

$\therefore$ इलेक्ट्रॉन को हटाने के लिए आवश्यक ऊर्जा,

$-E_n = 30.6$ इलेक्ट्रॉन वोल्ट

48 *(b)* एक इलेक्ट्रॉन का कोणीय संवेग,

$$L = \frac{nh}{2\pi}$$

द्वितीय उत्तेजित अवस्था में, $n = 3$, H और Li^+ दोनों के लिए,

$\Rightarrow$ $L_H = L_{Li}$

ऊर्जा, $E_n = \frac{-Z^2(13.6)}{n^2}$

$\Rightarrow$ $E_n = Z^2$

$Z_H = 1$ तथा $Z_{Li^+} = 3$

$\therefore$ $|E_{Li}| > |E_H|$

49 *(b)* बोर मॉडल द्वारा आयन जैसे हाइड्रोजन परमाणु की ऊर्जा है

$$E_n = -13.6\frac{Z^2}{n^2}$$

प्रथम उत्तेजित अवस्था में He^+ आयन के लिए,

$n = 2, Z = 2$

$\therefore E_2 = -13.6\times\frac{4}{4} = -13.6$ इलेक्ट्रॉन वोल्ट

तो, यह आयनीकरण ऊर्जा है

$= -(E_2) = 13.6$ इलेक्ट्रॉन वोल्ट

52 *(c)* इलेक्ट्रॉन की ऊर्जा,

$$E_n = \frac{-13.6}{n^2}Z^2$$

प्रथम उत्तेजित अवस्था में,

$E_{H_2} = \frac{-13.6(1)^2}{(2)^2} = -3.4$ इलेक्ट्रॉन वोल्ट

और $E_{He} = \frac{-13.6(2)^2}{(2)^2}$

$= -13.6$ इलेक्ट्रॉन वोल्ट

H-परमाणु, हीलियम परमाणु को उत्तेजक ऊर्जा ($13.6 - 3.4 = 10.2$ इलेक्ट्रॉन वोल्ट) देता है।

अब, He आयन की ऊर्जा

$= -13.6 + 10.2$

$= -3.4$ इलेक्ट्रॉन वोल्ट

पुनः $E = \frac{-13.6}{n^2} = Z^2$

$$\Rightarrow n = \sqrt{\frac{13.6\times4}{3.4}} = 4$$

54 *(c)* जब इलेक्ट्रॉन 12.1 इलेक्ट्रॉन वोल्ट ऊर्जा का फोटॉन अवशोषित करता है, तब

इलेक्ट्रॉन की ऊर्जा = प्रारम्भिक ऊर्जा + अवशोषित ऊर्जा

$E = -13.6 + 12.1$

$\Rightarrow$ $E = -1.5$ इलेक्ट्रॉन वोल्ट

जो $\sqrt{\frac{13.6}{15}} = 3$ उत्तेजित अवस्था से मेल खाती है। तब सम्भावित संक्रमणों की संख्या है

$$N = \frac{n(n-1)}{2} = 3$$

अर्थात् $n = 3 \rightarrow n = 2$

$\Rightarrow$ $n = 2 \rightarrow n = 1$

$\Rightarrow$ $n = 3 \rightarrow n = 1$

$\therefore$ हाइड्रोजन परमाणु द्वारा उत्सर्जित स्पेक्ट्रम रेखाएँ संख्या में तीन होती हैं।

56 *(a)* हाइड्रोजन जैसे परमाणु के लिए nवीं अवस्था में एक इलेक्ट्रॉन की ऊर्जा

$$E_n = \frac{Z^2}{n^2}(E_1)_H = -13.6\frac{Z^2}{n^2} \text{ इलेक्ट्रॉन वोल्ट}$$

$\therefore$ इलेक्ट्रॉन को $n=1$ से $n=2$ तक उत्तेजित करने के लिए आवश्यक ऊर्जा,

$$E = E_2 - E_1$$

$$40.8 = -13.6Z^2\left(\frac{1}{2^2}-\frac{1}{1^2}\right)$$

$$40.8 = \frac{13.6\,Z^2 \times 3}{4}$$

$$Z^2 = \frac{40.8 \times 4}{13.6 \times 3} \Rightarrow Z = 2$$

57 *(c)* ऊर्जा का अवशोषण निम्न के द्वारा दिया जाता है

$$E = E_2 - E_1$$

$$E_n = -\frac{13.6}{n^2} \text{ इलेक्ट्रॉन वोल्ट}$$

$$E_2 - E_1 = -\frac{13.6}{4^2} - \left(-\frac{13.6}{1^2}\right)$$

$$= 12.75 \text{ इलेक्ट्रॉन वोल्ट}$$

$$= 2.04 \times 10^{-18}$$

चूँकि $E = \frac{hc}{\lambda} \Rightarrow \lambda = \frac{hc}{E}$

$$= \frac{6.6 \times 10^{-34} \times 3 \times 10^8}{2.04 \times 10^{-18}}$$

$$= 970 \times 10^{-10} = 970 \text{ ऐंग्स्ट्रॉम}$$

58 *(a)* चूँकि, रेखीय संवेग, $p = mv$

$\Rightarrow p \propto v$

चूँकि $v \propto \frac{1}{n} \Rightarrow p \propto \frac{1}{n}$

अर्थात् रेखीय संवेग कक्षाओं की संख्या n के व्युत्क्रमानुपाती होती है। इस प्रकार, विकल्प *(a)* में दिया गया कथन गलत है, शेष सही हैं।

59 *(a)* जैसा कि हम जानते हैं कि, एक इलेक्ट्रॉन की गतिज ऊर्जा

$$\text{KE} \propto \left(\frac{Z^2}{n}\right)$$

जब इलेक्ट्रॉन उत्तेजित अवस्था से मूल अवस्था में संक्रमण करता है, तो n घटता है और गतिज ऊर्जा बढ़ती है।

हम जानते हैं कि, मूल अवस्था के लिए स्थितिज ऊर्जा सबसे कम होती है। इसके साथ ही, कुल ऊर्जा = – गतिज ऊर्जा,

अतः n बढ़ने पर कुल ऊर्जा भी घटती है।

इस प्रकार, विकल्प *(a)* में दिया गया कथन सही है, शेष गलत हैं।

63 *(a)* उत्सर्जित आवृत्ति ν निम्न द्वारा दी जाती है

$$h\nu = \Delta E$$

$$\Rightarrow \nu = \frac{\Delta E}{h} = \frac{E_n - E_{n-1}}{h}$$

चूँकि $E_n = \dfrac{-me^4}{(4\pi)^3\,\varepsilon_0^2\,\dfrac{h^2}{(2\pi)^3}}\left(\dfrac{1}{n^2}\right)$

$$\Rightarrow \nu = -\frac{me^4}{(4\pi)^3\,\varepsilon_0^2\left(\frac{h}{2\pi}\right)^3}\left\{\frac{1}{n^2}-\frac{1}{(n-1)^2}\right\}$$

$$= \frac{me^4(2n-1)}{(4\pi)^3\,\varepsilon_0^2\left(\frac{h}{2\pi}\right)^3 n^2(n-1)^2}$$

64 *(c)* हम जानते हैं कि, आवृत्ति,

$$\nu = \frac{c}{\lambda} = c\,.\,R\left(\frac{1}{n_1^2}-\frac{1}{n_2^2}\right)$$

$$= 3\times 10^8 \times 10^7\left(\frac{1}{2^2}-\frac{1}{4^2}\right)$$

$$= \frac{9}{16}\times 10^{15} \text{ हर्ट्ज}$$

66 *(c)* हम जानते हैं कि $\lambda = \frac{hc}{\Delta E}$

$\therefore$ तब तरंगदैर्ध्य का अनुपात

$$\frac{\lambda_1}{\lambda_2} = \frac{hc/\Delta E_1}{hc/\Delta E_2} = \frac{\Delta E_2}{\Delta E_1}$$

$$= \frac{\left(\frac{4}{3}E - E\right)}{2E - E} = \frac{1}{3}$$

67 *(d)* $n=2$ से $n=1$ के संक्रमण में हाइड्रोजन इलेक्ट्रॉन की अनुत्तेजित ऊर्जा (De-excitation energy) है।

$$E = 13.6 \times \left(\frac{1}{n_f^2}-\frac{1}{n_i^2}\right) \text{ इलेक्ट्रॉन वोल्ट}$$

$$= 13.6\left(\frac{1}{1^2}-\frac{1}{2^2}\right) = 102 \text{ इलेक्ट्रॉन वोल्ट}$$

हीलियम आयन (He^+) के इलेक्ट्रॉन ऊर्जा स्तर निम्न प्रकार हैं

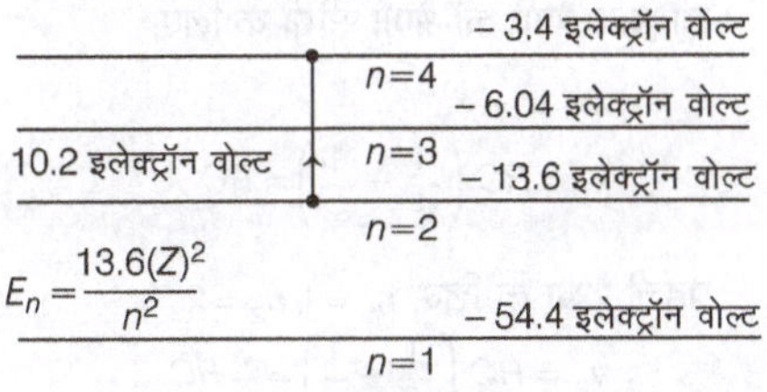

अतः ऊर्जा 102 इलेक्ट्रॉन वोल्ट का एक फोटॉन He^+ आयन में $n=2$ से $n=4$ तक का संक्रमण उत्पन्न कर सकता है।

68 *(d)* यहाँ, तरंगदैर्ध्य λ_1 के लिए $n_1 = 4$ तथा $n_2 = 3$ तथा λ_2 के लिए, $n_1 = 3$ और $n_2 = 2$

अब, $\frac{1}{\lambda} = -R\left[\frac{1}{n_2^2}-\frac{1}{n_1^2}\right]$

अतः λ_1 के लिए $n_2 = 4$ तथा $n_1 = 3$

$$\Rightarrow \frac{1}{\lambda_1} = -R\left[\frac{1}{(4)^2}-\frac{1}{(3)^2}\right]$$

$$\frac{1}{\lambda_1} = R\left[\frac{7}{144}\right] \quad \ldots(i)$$

इसी प्रकार, λ_2 के लिए, $n_2 = 3$ और $n_1 = 2$

$$\Rightarrow \frac{1}{\lambda_2} = -R\left[\frac{1}{(3)^2}-\frac{1}{(2)^2}\right]$$

$$\frac{1}{\lambda_2} = R\left[\frac{5}{36}\right] \quad \ldots(ii)$$

समी (i) और (ii) से,

$$\frac{\lambda_1}{\lambda_2} = \frac{5R}{36}\times\frac{144}{7R} = \frac{20}{7}$$

69 *(a)* संक्रमण के दौरान फोटॉन द्वारा उत्सर्जित तरंगदैर्ध्य निम्न द्वारा दी जाती है

$$\frac{1}{\lambda} = RZ^2\left(\frac{1}{n_1^2}-\frac{1}{n_2^2}\right)$$

$Z = 1$ (H के लिए),

$n_1 = n,\ n_2 = 1$ (मूल अवस्था)

$$\frac{1}{\lambda} = R(1)^2\left(\frac{1}{n^2}-\frac{1}{1}\right)$$

$$\frac{1}{n^2} = \frac{1}{\lambda R} + 1$$

$$n = \sqrt{\frac{\lambda R}{\lambda R + 1}}$$

73 *(a)* हम जानते हैं कि, आवृत्ति,

$$\nu = RC\left(\frac{1}{n_1^2} - \frac{1}{n_2^2}\right)$$

लाइमन श्रेणी की श्रेणी सीमा के लिए,

$n_1 = 1, n_2 = \infty$

$$\nu_1 = RC\left(\frac{1}{1^2} - \frac{1}{\infty}\right) = RC$$

पहली रेखा के लिए, $n_1 = 1, n_2 = 2$

$$\nu_2 = RC\left(\frac{1}{1^2} - \frac{1}{4}\right) = \frac{3}{4}RC$$

बामर श्रेणी की श्रेणी सीमा के लिए,

$n_1 = 2, n_2 = \infty$

$$\nu_3 = RC\left(\frac{1}{4} - \frac{1}{\infty}\right) = \frac{RC}{4}$$

$$\Rightarrow \nu_1 - \nu_2 = RC - \frac{3}{4}RC$$

$$= \frac{RC}{4} = \nu_3$$

75 *(b)* चूँकि कोणीय संवेग L है, अतः

$$\frac{nh}{2\pi} = \frac{3h}{2\pi} \Rightarrow n = 3$$

$$a_0 \times \frac{n^2}{Z} = 4.5a_0$$

$$\Rightarrow \frac{n^2}{Z} = 4.5$$

$$\Rightarrow Z = 2$$

रिड्बर्ग के सूत्र के अनुसार,

$$\frac{1}{\lambda} = RZ^2\left(\frac{1}{n_1^2} - \frac{1}{n_2^2}\right)$$

$$\Rightarrow \frac{1}{\lambda_1} = R \times 2^2\left[\frac{1}{1^2} - \frac{1}{3^2}\right]$$

$$\Rightarrow \frac{1}{\lambda_1} = 4R \times \frac{8}{9}$$

$$\frac{1}{\lambda_2} = 4R\left[\frac{1}{2^2} - \frac{1}{3^2}\right]$$

$$\Rightarrow \frac{1}{\lambda_2} = 4R \times \frac{5}{36}$$

$$\frac{1}{\lambda_3} = 4R\left[\frac{1}{1^2} - \frac{1}{2^2}\right]$$

$$\Rightarrow \frac{1}{\lambda_3} = 4R \times \frac{3}{4}$$

$$\Rightarrow \lambda_1 = \frac{9}{32R}, \lambda_2 = \frac{9}{5R}, \lambda_3 = \frac{1}{3R}$$

इसीलिए, $\lambda = \frac{9}{16R}$ सम्भव नहीं है।

76 *(c)* दिया है, $E = -4.6$ इलेक्ट्रॉन वोल्ट

$K = -E = -(-4.6)$

$= 4.6$ इलेक्ट्रॉन वोल्ट

दे-ब्रॉग्ली तरंगदैर्ध्य, $\lambda = \frac{h}{\sqrt{2mK}}$

$$= \frac{6.6 \times 10^{-34}}{\sqrt{2 \times 9.1 \times 10^{-31} \times 4.6 \times 1.6 \times 10^{-19}}}$$

$= 0.57 \times 10^{-9}$ मीटर

$= 0.57$ नैनोमीटर

77 *(b)* दे-ब्रॉग्ली के अनुसार कक्षा की परिधि $n\lambda$ के बराबर है।

$\therefore \quad 2\pi r = n\lambda$

चूँकि इलेक्ट्रॉन दूसरी कक्षा में परिक्रमण कर रहा है।

$\therefore \quad 2\pi r = n\lambda \qquad (\because n = 2)$

अतः कक्षाओं की परिधि 2λ है।

अभिकथन-कारण प्रश्न

2 *(c)* बोर के परमाणु मॉडल के अनुसार, इलेक्ट्रॉन निश्चित त्रिज्या की निश्चित कक्षा में नाभिक के परितः परिक्रमण करते हैं। जब तक इलेक्ट्रॉन एक निश्चित कक्षा में रहता है, तब तक वह कोई ऊर्जा विकरित नहीं करता है। इसीलिए अभिकथन सही है लेकिन कारण गलत है।

3 *(b)* रदरफोर्ड ने पुष्टि की है कि नाभिक के कारण α-कण पर प्रतिकर्षण बल, व्युत्क्रम वर्ग नियम के अनुसार, दूरी के साथ परिवर्तित होता रहता है और धनात्मक आवेश केन्द्र में केन्द्रित होते हैं तथा सम्पूर्ण परमाणु में वितरित नहीं होते हैं। इसीलिए, अभिकथन और कारण सही हैं लेकिन कारण, अभिकथन की सही व्याख्या नहीं करता है।

5 *(a)* ऐसी गैसों में, परमाणुओं के बीच औसत दूरी अधिक (Large) होती है। इसीलिए, उत्सर्जित विकिरण को परमाणुओं या अणुओं के बीच परस्पर क्रिया के कारण अलग-अलग परमाणुओं का कारण माना जा सकता है। अतः अभिकथन और कारण सही हैं तथा कारण, अभिकथन की सही व्याख्या है।

6 *(c)* हाइड्रोजन परमाणु की nवीं कक्षा में इलेक्ट्रॉन की ऊर्जा है,

$$E_n = -\frac{me^4}{8n^2\varepsilon_0^2h^2}$$

$$= \frac{-2.18 \times 10^{-18}}{n^2}$$

प्रथम उत्तेजित अवस्था ($n = 2$) के लिए,

$$E_2 = -\frac{2.18 \times 10^{-18}}{4}$$

$= -5.45 \times 10^{-19}$ जूल

इसीलिए, अभिकथन सही है लेकिन कारण गलत है।

7 *(b)* बोर ने माना कि नाभिक के परितः स्थिर कक्षाओं में इलेक्ट्रॉन विकिरण नहीं करते हैं। यह बोर के सिद्धान्तों में से एक है। इसके अनुसार, गतिशील इलेक्ट्रॉन केवल तभी विकिरण करते हैं जब वे एक कक्षा से निचली कक्षा में जाते हैं। इसीलिए, अभिकथन और कारण सही हैं लेकिन कारण अभिकथन की सही व्याख्या नहीं करता है।

8 *(d)* किसी परमाणु की ऊर्जा सबसे कम तब होती है जब उसका इलेक्ट्रॉन नाभिक के सबसे निकट की कक्षा में परिक्रमण कर रहा होता है, अर्थात् वह कक्षा जिसके लिए $n = 1$ होता है।

यद्यपि, उच्चतम ऊर्जा अवस्था $n = \infty$ के अनुरूप होती है और इसकी ऊर्जा शून्य होती है।

चूँकि, $E_n \propto \frac{1}{n^2}$

इसीलिए, जैसे-जैसे n का मान बढ़ता है, उत्तेजित अवस्थाओं की ऊर्जाएँ समीप आती जाती हैं। इसीलिए, अभिकथन गलत है लेकिन कारण सही है।

9 *(b)* सभी सम्भव संक्रमणों द्वारा फोटॉनों की अधिकतम संख्या $= {}^4C_2 = 6$

संक्रमण की न्यूनतम संख्या = 1

अर्थात् सीधे 4 से 1 पर कूद जाता है।

इसलिए, अभिकथन और कारण सही हैं लेकिन कारण, अभिकथन की सही व्याख्या नहीं है।

10 *(d)* यह 136 इलेक्ट्रॉन वोल्ट से अधिक ऊर्जा वाले फोटॉन को अवशोषित कर सकता है, शेष ऊर्जा, KE के रूप में दिखाई देती है। अतः अभिकथन गलत है लेकिन कारण सही है।

कथन आधारित प्रश्न

6 *(a)* कथन I और कथन II दोनों गलत हैं। बोर का मॉडल एकल आयनित हीलियम (He^+) पर लागू होता है, क्योंकि यह हाइड्रोजन जैसे आयनों में इलेक्ट्रॉनों के व्यवहार का वर्णन करता है। लाइमन श्रेणी पराबैंगनी क्षेत्र में जबकि ब्रैकेट श्रेणी अवरक्त क्षेत्र में स्थित होती है।

7 *(b)* कथन I सही है लेकिन कथन II गलत है। हाइड्रोजन परमाणु में उत्सर्जन और अवशोषण दोनों स्पेक्ट्रम होते हैं।

सुमेलन प्रकार प्रश्न

1 *(b)* बामर श्रेणी के लिए,

$$\frac{1}{\lambda} = R\left(\frac{1}{2^2} - \frac{1}{n^2}\right)$$

A. $n = 3$ के लिए,

$$(H_{\alpha-\text{श्रेणी}})\ \frac{1}{\lambda_\alpha} = 1.097 \times 10^7 \left(\frac{1}{2^2} - \frac{1}{3^2}\right)$$

$$= 1.097 \times 10^7 \times \frac{5}{36} \text{ मीटर}^{-1}$$

$$\lambda_\alpha = \frac{36}{5 \times 1.097 \times 10^7}$$

$$= 656.3 \times 10^{-9} \text{ मीटर}$$

$$= 656.3 \text{ नैनोमीटर}$$

B. $n = 4$ के लिए

$$(H_{\beta-\text{श्रेणी}})\frac{1}{\lambda_\beta} = 1.097 \times 10^7 \left(\frac{1}{2^2} - \frac{1}{4^2}\right)$$

$$= 1.097 \times 10^7 \times \frac{3}{16} \text{ मीटर}^{-1}$$

$$\Rightarrow \quad \lambda_\beta = \frac{16}{3 \times 1.097 \times 10^7}$$

$$= 486.1 \times 10^{-9} \text{ मीटर}$$

$$= 486.1 \text{ नैनोमीटर}$$

C. $n = 5$ के लिए,

$$(H_{\gamma-\text{श्रेणी}})\frac{1}{\lambda_\gamma} = 1.097 \times 10^7 \times \left(\frac{1}{2^2} - \frac{1}{5^2}\right)$$

$$= 1.097 \times 10^7 \times \frac{21}{100} \text{ मीटर}^{-1}$$

$$\Rightarrow \quad \lambda_\gamma = \frac{100}{21 \times 1.097 \times 10^7}$$

$$= 434.1 \text{ नैनोमीटर}$$

D. $n = 6$ के लिए,

$$(H_{\delta-\text{श्रेणी}})\ \frac{1}{\lambda_\delta} = 1.097 \times 10^7 \left(\frac{1}{2^2} - \frac{1}{6^2}\right)$$

$$= 1.097 \times 10^7 \times \frac{8}{36} \text{ मीटर}^{-1}$$

$$\Rightarrow \quad \lambda_\delta = \frac{36}{8 \times 1.097 \times 10^7}$$

$$= 410.2 \text{ नैनोमीटर}$$

अतः A → 4, B → 3, C → 2 और D → 1.

3 *(c)* लाइमन श्रेणी,

$$\frac{1}{\lambda} = R\left(\frac{1}{1^2} - \frac{1}{n^2}\right), n = 2, 3, 4, \ldots$$

बामर श्रेणी,

$$\frac{1}{\lambda} = R\left(\frac{1}{2^2} - \frac{1}{n^2}\right), n = 3, 4, 5, \ldots$$

पाश्चन श्रेणी,

$$\frac{1}{\lambda} = R\left(\frac{1}{3^2} - \frac{1}{n^2}\right), n = 4, 5, 6, \ldots$$

ब्रैकेट श्रेणी,

$$\frac{1}{\lambda} = R\left(\frac{1}{4^2} - \frac{1}{n^2}\right), n = 5, 6, 7, \ldots$$

अधिकतम तरंगदैर्ध्य प्राप्त करने के लिए हम प्रतिस्थापित करते हैं।

∴ लाइमन के लिए,

$$\lambda_{\text{अधिकतम}} = \frac{1}{R\left(1 - \frac{1}{4}\right)} = \frac{4}{3R}$$

बामर के लिए,

$$\lambda_{\text{अधिकतम}} = \frac{1}{R\left(\frac{1}{4} - \frac{1}{9}\right)} = \frac{36}{5R}$$

पाश्चन के लिए,

$$\lambda_{\text{अधिकतम}} = \frac{1}{R\left(\frac{1}{9} - \frac{1}{16}\right)} = \frac{144}{7R}$$

ब्रैकेट के लिए,

$$\lambda_{\text{अधिकतम}} = \frac{1}{R\left(\frac{1}{16} - \frac{1}{25}\right)} = \frac{400}{9R}$$

अतः, A → 4, B → 3, C → 2 और D → 1.

4 *(d)* जैसा कि हम जानते हैं,

A. कोणीय संवेग,

$$L = \frac{nh}{2\pi} \Rightarrow L \propto n$$

B. इलेक्ट्रॉनों का वेग,

$$v_n = \frac{1}{n} \cdot \frac{e^2}{4\pi\varepsilon_0} \cdot \frac{1}{(h/2\pi)}$$

$$v_n \propto 1/n$$

C. एक इलेक्ट्रॉन की त्रिज्या,

$$r_n = \frac{n^2}{m}\left(\frac{h}{2\pi}\right)^2 \frac{4\pi\varepsilon_0}{e^2}$$

$$\Rightarrow \quad r_n \propto n^2$$

D. स्थितिज ऊर्जा,

$$U_n = -\frac{me^4}{4n^2\varepsilon_0^2h^2}$$

$$\therefore \quad U_n \propto 1/n^2$$

अतः A → 4, B → 1, C → 2 और D → 3.

आंकिक मान प्रकार के प्रश्न

1 (3)

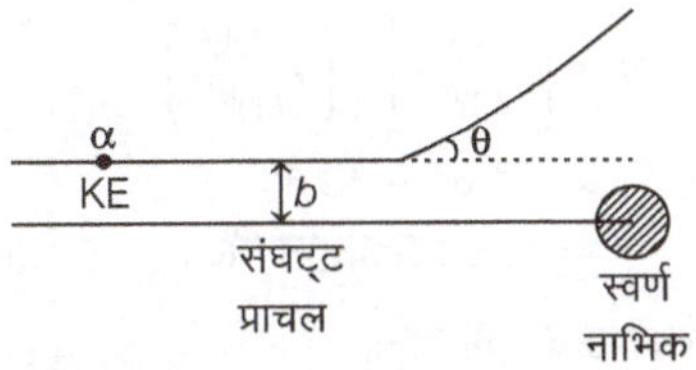

संघट्ट प्राचल b निम्न द्वारा दिया गया है

$$b = \frac{Ze^2 . \cot(\theta/2)}{4\pi\varepsilon_0 (KE)}$$

या $\quad b \propto \cot\frac{\theta}{2}$

दिए गए मानों से,

$$\therefore \quad \frac{\sqrt{d_1}}{\sqrt{d_2}} = \frac{\cot(60°/2)}{\cot(90°/2)}$$

$$= \frac{\cot 30°}{\cot 45°}$$

या $\quad \dfrac{\sqrt{d_1}}{\sqrt{d_2}} = \dfrac{\sqrt{3}}{1}$

दोनों पक्षों का वर्ग करने पर,

$$\frac{d_1}{d_2} = 3 \text{ और } \frac{d_1}{d_2} = x \text{ (दिया गया है)}$$

तब $\quad x = 3$

2 *(11)* दिया है, $q = 90°$, $Z = 79$

$E_k = 10$ मेगाइलेक्ट्रॉन वोल्ट

$= 1.6 \times 10^{-12}$ जूल

अब, संघट्ट प्राचल,

$$b = \frac{Ze^2 \cot(\theta/2)}{4\pi\varepsilon_0 E_k}$$

$= \dfrac{79 \times 9 \times 10^9 \times (1.6 \times 10^{-19})^2 \times \cot 45°}{1.6 \times 10^{-12}}$

$= 79 \times 9 \times 1.6 \times 10^{-17}$ मीटर

$= 11 \times 10^{-15}$ मीटर

$\therefore \quad p = 11$

3 *(3)* कण का द्रव्यमान,

$m_p = 250 \text{ MeV/c}^2$

हाइड्रोजन परमाणु का द्रव्यमान,

$m_H = \dfrac{1 \text{GeV}}{c^2} = 1000 \text{ MeV/c}^2$

$\therefore \quad m_H = 4m_p$

रेखीय संवेग संरक्षण नियम का उपयोग करते हुए,

$m_p v_p + 0 = 0 + m_H v_H$

$m_p v_p = 4m_p v_H$

$v_H = v_p / 4$

जब परमाणु अपनी दूसरी उत्तेजित अवस्था में जाता है,

$\Delta E = \left[\dfrac{-13.6}{(3)^2}\right] - \left(\dfrac{-13.6}{(1)^2}\right)$

$= -1.51 + 13.6$

$= 12.08$ इलेक्ट्रॉन वोल्ट ...(i)

गतिज ऊर्जा की हानि,

$\Delta E = \dfrac{1}{2} m_p v_p^2 - \dfrac{1}{2}(4m_p) v_H^2$

$= \dfrac{1}{2} m_p v_p^2 - \dfrac{1}{2}(4m_p)\left(\dfrac{v_p}{4}\right)^2$

$= \dfrac{1}{2} m_p v_p^2 \left(1 - \dfrac{1}{4}\right)$

$\Delta E = \dfrac{3}{4} K \left[\because K = \dfrac{m_p v_p^2}{2}\right]$ ...(ii)

समी (i) और (ii) से,

$\dfrac{3}{4} K = 12.08$

$\Rightarrow \quad K = \dfrac{12.08 \times 4}{3}$

$= \dfrac{48.32}{3}$ इलेक्ट्रॉन वोल्ट

$= \dfrac{48.32}{N}$

$\therefore \quad N = 3$

4 *(4)* त्रिज्या,

$r = 8.4$ ऐंग्स्ट्रॉम $= 8.4 \times 10^{-10}$ मी

गति, $v = 1.32 \times 10^6$ मी/से

गतिमान इलेक्ट्रॉन के कारण सम्बद्ध धारा,

$I = \dfrac{e}{T} = \dfrac{e\omega}{2\pi} \Rightarrow I = \dfrac{e}{2\pi} \dfrac{v}{r}$

$= \dfrac{1.6 \times 10^{-19} \times 1.32 \times 10^6 \times 7}{2 \times 22 \times 8.4 \times 10^{-10}}$

$\therefore \quad I = 4 \times 10^{-2}$ मिली ऐम्पियर

5 *(4)* यहाँ, $n_2 = 1, n_1 = 2$

उत्सर्जित फोटॉन की ऊर्जा,

$\Delta E = \left(\dfrac{1}{n_2^2} - \dfrac{1}{n_1^2}\right) \times 13.6$ इलेक्ट्रॉन वोल्ट

$= \left(\dfrac{1}{1} - \dfrac{1}{2^2}\right) 13.6 = 10.2$ इलेक्ट्रॉन वोल्ट

माना, द्वि-आयनित लिथियम की nवीं उत्तेजित अवस्था से इलेक्ट्रॉन को हटाने के लिए आवश्यक ऊर्जा E' है।

$\therefore \quad E' = \dfrac{13.6 Z^2}{n^2}$

$\Delta E \geq E'$

$10.2 \geq \dfrac{13.6 Z^2}{n^2}$

$\Rightarrow \quad n^2 \geq \dfrac{13.6 \times 9}{10.2}$

$\Rightarrow \quad n^2 \geq 12 \Rightarrow \quad n \geq 3.46$

इसीलिए, उत्तेजित अवस्था की न्यूनतम क्वाण्टम संख्या 4 होनी चाहिए।

6 *(414)* फोटॉन की ऊर्जा,

$E = 10.2$ इलेक्ट्रॉन वोल्ट

माना इलेक्ट्रॉन मूल अवस्था $(n = 1)$ से $(n-1)$वीं उत्तेजित अवस्था (या nवीं कक्षा) में संक्रमण करता है, तब

$E = 13.6 \left(\dfrac{1}{1^2} - \dfrac{1}{n^2}\right) \times Z^2$

(इलेक्ट्रॉन वोल्ट में)

हाइड्रोजन परमाणु के लिए, $Z = 1$

$E = 13.6 \left(\dfrac{1}{1} - \dfrac{1}{n^2}\right)$

$10.2 = 13.6 \left(1 - \dfrac{1}{n^2}\right) \Rightarrow n = 2$

कोणीय संवेग, $L = \dfrac{nh}{2\pi}$

$= 2 \times \dfrac{4.14 \times 10^{-15}}{2\pi}$

$\Rightarrow \quad L = \dfrac{414}{\pi} \times 10^{-17}$ इलेक्ट्रॉन वोल्ट-से

$\Rightarrow \quad x = 414$

7 *(2)* बामर श्रेणी में संक्रमण $n = 3, 4, 5, \ldots \infty$ से $n = 2$ तक होता है।

$\therefore \Delta E_{\text{अधिकतम}} = E_\infty - E_2$

$= 0 - \left(\dfrac{-13.6}{(2)^2}\right)$

$= \dfrac{13.6}{4}$ इलेक्ट्रॉन वोल्ट

इसलिए, अधिकतम गतिज ऊर्जा,

$K_{\text{अधिकतम}} = \Delta E_{\text{अधिकतम}} -$ कार्य फलन

$= 3.4 - 1.4 = 2$ इलेक्ट्रॉन वोल्ट

8 *(4)* दिया है, $n_1 = 3, n_2 = 1$

$(\text{KE})_{\text{अधिकतम}} = 9$ इलेक्ट्रॉन वोल्ट

उत्सर्जित फोटॉन की ऊर्जा,

$E = E_1 - E_3 = 13.6\left[\dfrac{1}{1^2} - \dfrac{1}{3^2}\right]$

$h\nu = 12.1$ इलेक्ट्रॉन वोल्ट

जैसा कि हम जानते हैं कि,

$h\nu = (\text{KE})_{\text{अधिकतम}} + W_0$

$W_0 = h\nu - (\text{KE})_{\text{अधिकतम}}$

$= (12.1 - 9)$

$= 3.1$ इलेक्ट्रॉन वोल्ट

$= 3.1 \times 1.6 \times 10^{-19}$ जूल

$= 4.96 \times 10^{-19}$ जूल

अब, $W_0 = \dfrac{hc}{\lambda_0} \Rightarrow \lambda_0 = \dfrac{hc}{W_0}$

$= \dfrac{6.62 \times 10^{-34} \times 3 \times 10^8}{4.96 \times 10^{-19}}$

$= 4 \times 10^{-7}$ मीटर

$= p \times 10^{-7}$ मीटर (दिया है)

$\therefore \quad p = 4$

9 *(100)* पहली अवस्था के अनुसार,

$\dfrac{hc}{\lambda_0} = \dfrac{-13.6}{3^2} - \left(\dfrac{-13.6}{2^2}\right)$

$\Rightarrow \quad \dfrac{hc}{\lambda_0} = \dfrac{13.6 \times 5}{36}$

दूसरी अवस्था के अनुसार,

$\dfrac{hc}{\lambda'} = \dfrac{-13.6}{4^2} - \left(\dfrac{-13.6}{3^2}\right)$

$\dfrac{hc}{\lambda'} = \dfrac{13.6 \times 7}{16 \times 9}$ ...(ii)

समी (i) को समी (ii) से विभाजित करने पर

$\dfrac{hc/\lambda_0}{hc/\lambda'} = \dfrac{13.6 \times 5}{36} \times \dfrac{16 \times 9}{13.6 \times 7}$

$\Rightarrow \quad \dfrac{\lambda'}{\lambda_0} = \dfrac{20}{7}$

$\Rightarrow \quad \lambda' = \dfrac{100}{35} \lambda_0 = \dfrac{x}{35} \lambda_0$

$\therefore \quad x = 100$

NCERT Exemplar प्रश्न

2 *(a)* सरल बोर मॉडल में, केवल कोणीय संवेग के परिमाण को $\frac{h}{2\pi}$ के कुछ पूर्णांक गुणकों के बराबर रखा जाता है, जहाँ h प्लांक स्थिरांक है और इस प्रकार बोर मॉडल कोणीय संवेग का गलत मान देता है।

3 *(a)* मूल अवस्था में दो H-परमाणुओं के प्रत्यास्थ रूप से टकराने से बद्ध कुल ऊर्जा,

$$E = 2 \times 13.6 \text{ इलेक्ट्रॉन वोल्ट}$$
$$= 27.2 \text{ इलेक्ट्रॉन वोल्ट}$$

टक्कर के बाद दो H-परमाणुओं से बद्ध कुल ऊर्जा,

$$E' = E_2 + E_1 = \left(\frac{13.6}{2^2}\right) + 13.6$$
$$= 17.0 \text{ इलेक्ट्रॉन वोल्ट}$$

इसीलिए, उनकी संयुक्त गतिज ऊर्जा की अधिकतम हानि,

$$DE = E - E' = 27.2 - 17.0$$
$$= 10.2 \text{ इलेक्ट्रॉन वोल्ट}$$

विगत परीक्षाओं के प्रश्न

1 *(c)* परमाणु विद्युत रूप से उदासीन होते हैं, क्योंकि इनमें समान संख्या में इलेक्ट्रॉन तथा प्रोटॉन उपस्थित होते हैं।

कथन II असत्य है, क्योंकि रेडियोधर्मी तत्वों के परमाणु अस्थायी होते हैं।

अतः विकल्प *(c)* सही है।

2 *(b)* स्पैक्ट्रमी रेखाओं की तरंगदैर्ध्य,

$$\frac{1}{\lambda} = R\left[\frac{1}{n_1^2} - \frac{1}{n_2^2}\right]$$

A. $$\frac{1}{\lambda} = 1.09737 \times 10^7\left[\frac{1}{2^2} - \frac{1}{3^2}\right]$$
$$= 1.09737 \times 10^7\left[\frac{1}{4} - \frac{1}{9}\right]$$
$$= 1.09737 \times 10^7\left[\frac{5}{36}\right]$$
$$\Rightarrow \lambda = \frac{36 \times 10^{-7}}{5 \times 1.09737} = 6.56114 \times 10^{-7}$$
$$\simeq 656.3 \text{ नैनोमीटर}$$

B. $$\lambda = \frac{10^{-7}}{1.09737\left[\frac{1}{2^2} - \frac{1}{4^2}\right]}$$
$$= \frac{10^{-7} \times 16}{1.09737 \times 3}$$
$$= 4.8601 \times 10^{-7} \text{ मीटर}$$
$$\simeq 486.1 \text{ नैनो मीटर}$$

C. $$\lambda = \frac{10^{-7}}{1.09737 \times \left[\frac{1}{2^2} - \frac{1}{5^2}\right]}$$
$$= \frac{10^{-7} \times 100}{1.09737 \times 21}$$
$$= 4.3393 \times 10^{-7} \text{ मीटर}$$
$$\simeq 434.1 \text{ नैनोमीटर}$$

D. $$\lambda = \frac{10^{-7}}{1.09737 \times \left[\frac{1}{2^2} - \frac{1}{6^2}\right]}$$
$$= \frac{10^{-7} \times 144}{1.09737 \times 32} \simeq 410.2 \text{ नैनोमीटर}$$

अतः A - III, B - IV, C - II, D - I

3 *(c)* दी गई ऊर्जा, $E = 10.2$ इलेक्ट्रॉन वोल्ट

इलेक्ट्रॉन की ऊर्जा

$$= -13.6 + 10.2$$
$$= -3.4 \text{ इलेक्ट्रॉन वोल्ट}$$

यह प्रथम उत्तेजित अवस्था $n - 2$ की ऊर्जा के संगत हैं।

इसलिए, केवल एक स्पेक्ट्रम रेखा $n_2 \to n_1$ उत्सर्जित होगी।

4 *(c)* H-परमाणु की तीसरी स्वीकृत कक्षा की त्रिज्या,

$$r_3 = r_0 n^2 = r_0 (3)^2$$
$$= 9 \times 5.3 \times 10^{-11}$$
$$= 4.77 \times 10^{-10} \text{ मीटर}$$
$$= 4.77 \text{ ऐंग्स्ट्रॉम}$$

5 *(b)* हाइड्रोजन परमाणु की nवीं स्थिर कक्षा में एक इलेक्ट्रॉन की कुल ऊर्जा निम्न द्वारा दी जाती है

$$E_n = \frac{-Rhc}{n^2} = \frac{-13.6}{n^2} \text{ इलेक्ट्रॉन वोल्ट}$$

$[\because Rhc = 13.6 \text{ इलेक्ट्रॉन वोल्ट}]$

7 *(b)* He^+ की तीसरी कक्षा में इलेक्ट्रॉन की ऊर्जा

$$E_3 = -13.6 \times \frac{Z^2}{n^2} \text{ इलेक्ट्रॉन वोल्ट}$$
$$= -13.6 \times \frac{4}{9} \times 1.6 \times 10^{-19} \text{ जूल}$$

बोर के मॉडल से,

$$E_3 = -K$$
$$E_3 = -\frac{1}{2} m_e v^2$$
$$\Rightarrow \quad -\left(\frac{1}{2} \times 9.1 \times 10^{-31} \times v^2\right)$$
$$= -13.6 \times \frac{4}{9} \times 1.6 \times 10^{-19}$$
$$\Rightarrow \quad v^2 = \frac{136 \times 16 \times 4 \times 2 \times 10^{+11}}{9 \times 91}$$

या $v = 1.46 \times 10^6$ मी/से

8 *(b)* हाइड्रोजन परमाणु से स्पेक्ट्रमी रेखा की तरंगदैर्ध्य निम्न प्रकार दी जाती है

$$\frac{1}{\lambda} = R\left(\frac{1}{n_1^2} - \frac{1}{n_2^2}\right)$$

पाश्चन श्रेणी की दीर्घतम तरंगदैर्ध्य के लिए

$$n_1 = 3, n_2 = 4$$
$$\therefore \frac{1}{\lambda} = R\left(\frac{1}{3^2} - \frac{1}{4^2}\right)$$
$$\Rightarrow \lambda = \frac{144}{7R} = \frac{144}{7 \times 1.097 \times 10^7}$$
$$= 1.876 \times 10^{-6} \text{ मीटर}$$

9 *(d)* He^+ के लिए,

$$E = -13.6\frac{Z^2}{n^2} = -13.6 \times \frac{4}{4}$$
$$= -13.6 \text{ इलेक्ट्रॉन वोल्ट}$$

10 *(c)* कोणीय संवेग,

$$L = mvr = \frac{nh}{2\pi}$$

या $$mr^2\omega = \frac{nh}{2\pi}$$
$$r^2 \propto n \Rightarrow r \propto \sqrt{n}$$

11 *(a)* $n = 4$ से $n = 1$ तक संक्रमण के दौरान मुक्त ऊर्जा,

$$\Delta E = \frac{-13.6}{4^2} - \left(-\frac{13.6}{1^2}\right)$$
$$= 13.6 - \frac{13.6}{4^2} = 13.6\left(1 - \frac{1}{16}\right)$$
$$= 12.75 \text{ इलेक्ट्रॉन वोल्ट}$$

चूँकि, $\Delta E = \frac{hc}{\lambda} \Rightarrow \lambda = \frac{hc}{\Delta E}$

$$= \frac{4 \times 10^{-15} \times 3 \times 10^8}{12.75} \text{ मीटर}$$
$$= 0.941 \times 10^{-7}$$
$$= 94.1 \times 10^{-9} = 94.1 \text{ नैनोमीटर}$$

12 *(a)* हम जानते हैं कि कोणीय संवेग,

$$L = \frac{nh}{2\pi}$$
$$L = mvr \Rightarrow mvr = \frac{nh}{2\pi} \Rightarrow mv = \frac{nh}{2\pi r}$$
$$p = mv = \frac{nh}{2\pi r}$$

स्किल बूस्टर्स

1 *(a)* चूँकि नमूना कमरे के तापमान पर है, इसलिए प्रारम्भ में सभी परमाणु मूल अवस्था में होते हैं। अनुत्तेजन (तरंगदैर्ध्य λ द्वारा उत्तेजित होने के पश्चात्) में 10 तरंगदैर्ध्य उत्सर्जित होती हैं, यह 10 अलग-अलग संक्रमणों को दर्शाता है।

अब, $\frac{n}{2}(n-1) = 10$ का उपयोग करने पर

$n = 5$

अतः आपतित तरंगदैर्ध्य, परमाणु को $n = 5$ अवस्था तक उत्तेजित करने में सक्षम है।

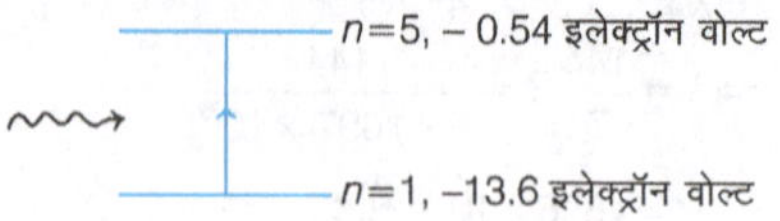

अतः आपतित फोटॉन की ऊर्जा,

$E = [-0.54 - (-13.6)]$

$E = 13.06$ इलेक्ट्रॉन वोल्ट

चूँकि, फोटॉन की ऊर्जा, $E = \frac{hc}{\lambda}$

$\Rightarrow \quad \lambda = \frac{hc}{E}$

$\therefore \quad \lambda = \frac{1240}{13.06}$ नैनोमीटर

$= 94.9 = 95$ नैनोमीटर

2 *(b)* 1 रिड्बर्ग $= 2.2 \times 10^{-18}$ जूल $= Rhc$

H-समान परमाणु की आयनन ऊर्जा

$= 4$ रिड्बर्ग

$= 4 \times 2.2 \times 10^{-18}$ जूल

$= \frac{4 \times 2.2 \times 10^{-18}}{1.6 \times 10^{-18}}$ इलेक्ट्रॉन वोल्ट

$= 55$ इलेक्ट्रॉन वोल्ट

अतः प्रथम कक्षा में ऊर्जा $= -55$ इलेक्ट्रॉन वोल्ट

$= -13.6 \times Z^2$

$\Rightarrow \quad Z^2 = \frac{-55}{-13.6} = 4$

$\Rightarrow \quad Z = 2$

अब, मूल अवस्था की त्रिज्या

$= \frac{0.53}{Z}$ ऐंग्स्ट्रॉन $= 0.265$ ऐंग्स्ट्रॉम

3 *(b)* संक्रमण 1, 2 और 3 के लिए

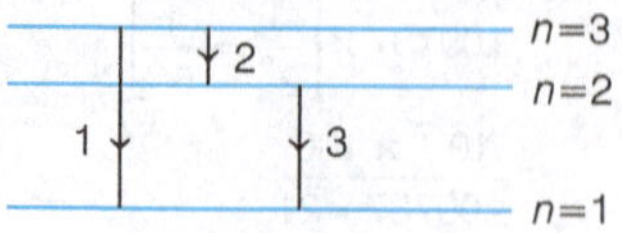

$$E_{31} = E_{32} + E_{21}$$

$$\Rightarrow \quad h \times f_{31} = h \times f_{32} + h \times f_{21}$$

$$\Rightarrow \quad f_3 = f_2 + f_1$$

$$\Rightarrow \quad \frac{c}{\lambda_3} = \frac{c}{\lambda_2} + \frac{c}{\lambda_1}$$

$$\Rightarrow \quad \frac{1}{\lambda_3} = \frac{\lambda_1 + \lambda_2}{\lambda_2 . \lambda_1}$$

$$\Rightarrow \quad \lambda_3 = \frac{\lambda_1 \lambda_2}{\lambda_1 + \lambda_2}$$

4 *(a)* एक पूर्णतया अप्रत्यास्थ टक्कर पर विचार करते हैं। टक्कर के बाद न्यूट्रॉन और हाइड्रोजन परमाणु एक साथ गति करेंगे (गति v' मान लें)।

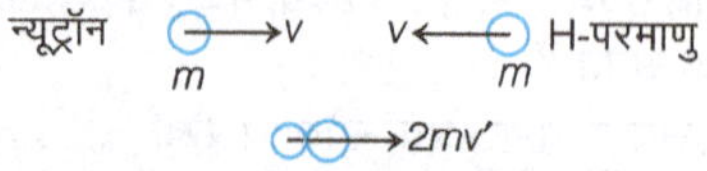

संवेग संरक्षण से, $v' = 0$

अतः सम्पूर्ण ऊर्जा को उत्तेजना ऊर्जा में परिवर्तित किया जाता है। यह कम से कम 10.2 इलेक्ट्रॉन वोल्ट होनी चाहिए।

$$\Rightarrow \quad 2 \times \frac{1}{2} mv^2 = 10.2 \times 1.6 \times 10^{-19}$$

$$\Rightarrow \quad v^2 = \frac{10.2 \times 1.6 \times 10^{-19}}{1.6 \times 10^{-27}}$$

$$= 10.2 \times 10^8$$

$$\approx 3.19 \times 10^4 \text{ मी/से}$$

5 *(c)* $n = 4$ अवस्था में एक इलेक्ट्रॉन ऐसी तरंगदैर्ध्य की तरंग के समान व्यवहार करता है जो 4 तरंगदैर्ध्यों में पूरी परिधि तय कर लेती है।

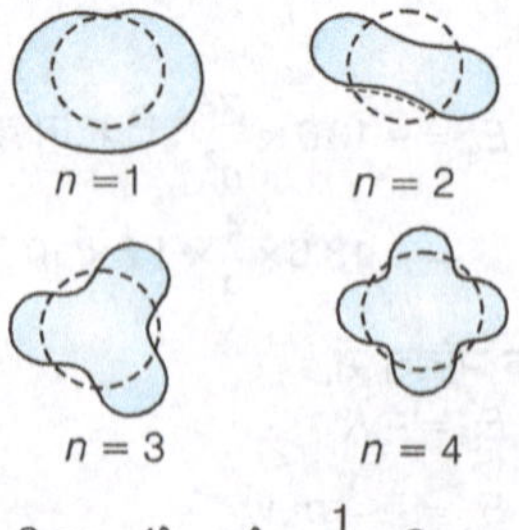

$$\therefore \quad 2\pi r = 4\lambda \Rightarrow \lambda = \frac{1}{4} \times 2\pi r$$

6 *(a)* टक्कर से गतिज ऊर्जा में होने वाली हानि का उपयोग परमाणु को एक स्तर से दूसरे स्तर तक उत्तेजित करने के लिए किया जाएगा।

इसीलिए,

$\Delta E = 0$, 10.2 इलेक्ट्रॉन वोल्ट, 12.09 इलेक्ट्रॉन वोल्ट, 12.75, इलेक्ट्रॉन वोल्ट 13.06 इलेक्ट्रॉन वोल्ट

, ..., 13.6 इलेक्ट्रॉन वोल्ट

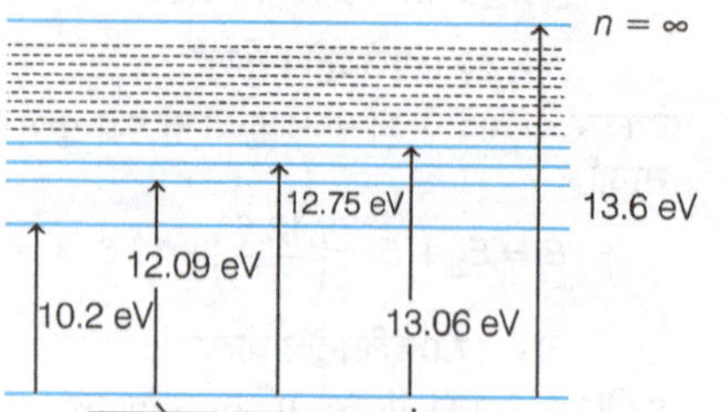

हाइड्रोजन परमाणु का संक्रमण

माना $v_0 =$ न्यूट्रॉन की प्रारम्भिक गति है और परिणाम एक पूर्णतया अप्रत्यास्थ टक्कर है। यदि $v_f =$ अन्तिम सामान्य गति है, तो संवेग संरक्षण द्वारा

$$mv_0 = mv_f + mv_f \Rightarrow v_f = \frac{v_0}{2}$$

अन्तिम गतिज ऊर्जा

$$= \frac{1}{2} \times 2m \times \frac{v_0^2}{4} = \frac{K_i}{2}$$

अतः गतिज ऊर्जा की अधिकतम हानि

$$\Delta K = K_i - K_f$$

$$= K - \frac{K}{2} = \frac{K}{2}$$

अतः ΔK के सम्भावित मान 0 और $\frac{K}{2}$ हैं।

$$\Rightarrow \quad \Delta K = \left[0, \frac{K}{2}\right]$$

इसलिए $K < 20.4$ के लिए

$\Delta K < 10.2$ इलेक्ट्रॉन वोल्ट

यह सम्भव है जब टक्कर प्रत्यास्थ हो।

इसीलिए $K = 20.4$, $\Delta K = 0$ या 10.2 इलेक्ट्रॉन वोल्ट के लिए टक्कर हमेशा प्रत्यास्थ होती है।

$\Rightarrow$ टक्कर पूर्णतया अप्रत्यास्थ या पूर्णतया प्रत्यास्थ हो सकती है।

$K = 24.18$ इलेक्ट्रॉन वोल्ट के लिए,

$\Delta K = 12.09$, टक्कर पूर्णतया अप्रत्यास्थ है।
जब $\Delta K = 0$, तो टक्कर प्रत्यास्थ होती है।
जब $\Delta K = 1020$, तो टक्कर अप्रत्यास्थ होती है।

7 *(a)* बोर के परमाणु मॉडल में केवल कक्षीय कोणीय गति पर विचार किया जाता है। इलेक्ट्रॉन के चक्रण या अभिविन्यास को ध्यान में नहीं रखा जाता है और इसीलिए बोर का मॉडल कोणीय संवेग का गलत मान देता है।

8 *(a)*

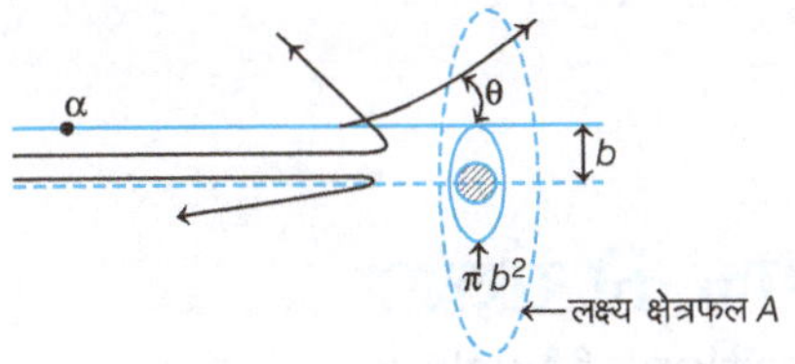

α-कण नाभिक के निकट पहुँचने से पहले ही प्रकीर्णित हो जाता है और इसलिए वह नाभिक से b दूरी तक नहीं गुजर पाता। अब, α-कणों का अंश, जो कोण θ या उससे अधिक से प्रकीर्णन होता है,

$$f = \frac{\text{कोण}\theta \text{ या अधिक से प्रकीर्णित } \alpha\text{ - कण}}{\text{आपतित } \alpha - \text{ कणों के कुल सदस्य}}$$

$$= \frac{\text{सकल अनुप्रस्थ - काट}}{\text{लक्षित क्षेत्रफल}}$$

अब, जब α-कण किरण पुंज को क्षेत्र A पर लक्षित किया जाता है, तो यह ntA नाभिक से टकराता है। लेकिन एक α-कण जो प्रारम्भ में क्षेत्रफल πb^2 में कहीं पर भी निर्देशित होता है, θ या उससे अधिक कोण से प्रकर्णित हो जाता है।

जहाँ, $\cot\dfrac{\theta}{2} = \dfrac{2\pi\varepsilon_0 mv^2}{Ze^2}\cdot b$

इसीलिए, $f = \dfrac{\text{सकल अनुप्रस्थ – काट}}{\text{क्षेत्रफल}}$

$$= \frac{ntA \times \pi b^2}{A} = nt\pi b^2$$

9 *(d)* ज्या के नियम से,

$$\frac{\Delta p}{\sin\theta} = \frac{mv}{\sin\left(\dfrac{\pi - \theta}{2}\right)}$$

इस प्रकार, $\sin\left(\dfrac{\pi-\theta}{2}\right) = \cos\dfrac{\theta}{2}$

और $\sin\theta = 2\sin\dfrac{\theta}{2}\cos\dfrac{\theta}{2}$

$$\frac{\Delta p}{2\sin\dfrac{\theta}{2}\cos\dfrac{\theta}{2}} = \frac{mv}{\cos\dfrac{\theta}{2}}$$

$$\Rightarrow \quad \Delta p = 2mv\,.\sin\frac{\theta}{2}$$

10 *(b)* संघट्ट प्राचल,

$$b = \frac{Z_1Z_2e^2}{4\pi\varepsilon_0} \times \frac{1}{2K} \times \cot\frac{\theta}{2}$$

आमने-सामने की टक्कर के लिए, निकटतम पहुँच की दूरी,

$$d_0 = \frac{Z_1Z_2e^2}{4\pi\varepsilon_0} \times \frac{1}{K}$$

अतः उपरोक्त व्यजंक से,

$$b = d_0 \times \frac{1}{2\tan\left(\dfrac{\theta}{2}\right)}$$

अब, $d_0 = \dfrac{1}{4\pi\varepsilon_0} \times Z_1Z_2 \times e^2 \times \dfrac{1}{K}$

$$= \frac{9\times 10^9 \times 2\times 47\times (16\times 10^{-19})^2}{4.8\times 10^5 \times 1.6\times 10^{-19}}$$

$$= 2.8\times 10^{-14} \text{ मीटर}$$

$$\therefore \quad b = \frac{2.8\times 10^{-14}}{2\times(\sqrt{2}-1)} = 3.36\times 10^{-14} \text{ मीटर}$$

13

भौतिकी की Concept Master *Videos* के लिए *Scan* करें

नाभिक
Nuclei

5 वर्षों में NEET में पूछे गये शीर्षकवार प्रश्न

शीर्षक	वर्षवार प्रश्नों की संख्या				
	2024	2023	2022	2021	2020
परमाणु द्रव्यमान एवं नाभिक की संरचना	1	-	1	-	-
नाभिक का आकार	-	-	1	-	-
रेडियोएक्टिवता	-	1	-	2	2
नाभिकीय ऊर्जा	-	-	-	1	2

NEET में विगत 5 वर्षों में पूछे गये विशेष प्रकार के प्रश्न

प्रकार	वर्ष				
	2024	2023	2022	2021	2020
अभिकथन–कारण	–	–	–	–	–
कथन आधारित	–	–	–	–	–
सुमेलन	–	–	–	–	–

NEET के विगत 5 वर्षों का भारांकन

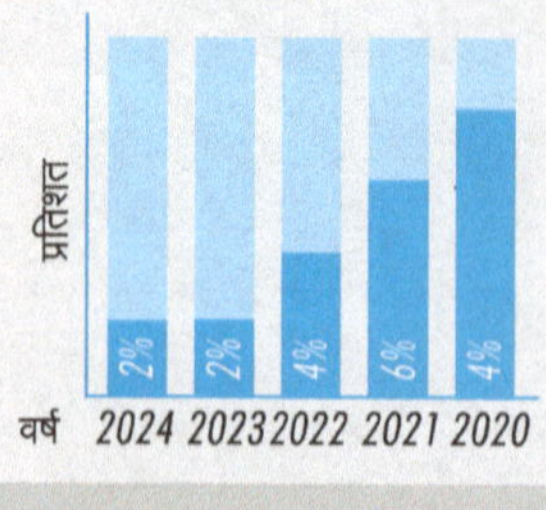

परमाणु द्रव्यमान एवं नाभिक की संरचना
(Atomic Masses and Composition of Nucleus)

- प्रत्येक परमाणु में, धनात्मक आवेश तथा द्रव्यमान सघन रूप से केन्द्रित होकर परमाणु के केन्द्र में **नाभिक** (Nucleus) का निर्माण करते हैं।
- नाभिक की सम्पूर्ण विमा (Dimensions) परमाणु की तुलना में बहुत छोटी होती है।
- परमाणु का द्रव्यमान एक किलोग्राम की तुलना में बहुत कम होता है, अतः परमाणु द्रव्यमान को व्यक्त करने के लिए अलग इकाई का प्रयोग किया जाता है, जिसे **परमाणु द्रव्यमान मात्रक** (Atomic mass unit) कहते हैं। इसे u से प्रदर्शित करते है। यह कार्बन (^{12}C) परमाणु के द्रव्यमान के 1/12वें भाग के बराबर होता है।

$$1\,u = \frac{\text{एक } ^{12}C \text{ परमाणु का द्रव्यमान}}{12}$$

$$\therefore \quad 1\,u = 1.660539 \times 10^{-27} \text{ किग्रा}$$

- इसके अतिरिक्त, परमाणु द्रव्यमान मात्रक (u) में व्यक्त विभिन्न तत्त्वों के परमाणु द्रव्यमान, हाइड्रोजन परमाणु के पूर्ण गुणज के समीप होते हैं, किन्तु इस नियम के अनेक उल्लेखनीय अपवाद हैं, क्लोरीन (परमाणु द्रव्यमान = 35.46u) उनमें से एक है।
- **नाभिक की संरचना** (Composition of Nucleus) नाभिक की संरचना को निम्नलिखित शब्दों और प्रतीकों का उपयोग करके वर्णित किया जा सकता है

  $Z \to$ परमाणु क्रमांक = प्रोटॉनों की संख्या = इलेक्ट्रॉनों की संख्या

  $N \to$ न्यूट्रॉनों की संख्या

  $A \to$ द्रव्यमान संख्या = $Z + N$ = प्रोटॉन एवं न्यूट्रॉन की कुल संख्या।
- **परमाणु प्रजातियाँ** (Nuclear Species) या **न्यूक्लाइड्स** (Nuclides) को निम्न प्रकार प्रदर्शित किया जाता है $^{A}_{Z}X$; X = तत्त्व का रासायनिक प्रतीक

न्यूक्लिऑन के गुण

नाम	प्रतीक	आवेश	द्रव्यमान	ऊर्जा
प्रोटॉन	p	$+e$	1.007276 u	938.28 मेगा इलेक्ट्रॉन वोल्ट
न्यूट्रॉन	n	0	1.008665 u	939.57 मेगा इलेक्ट्रॉन वोल्ट

नोट *(i) परमाणु के सभी इलेक्ट्रॉन नाभिक के बाहर होते हैं।*

(ii) न्यूक्लिऑन शब्द एक प्रोटॉन और न्यूट्रॉन को सन्दर्भित करता है।

- **समस्थानिक** (Isotopes) जब किसी तत्त्व के परमाणुओं का परमाणु क्रमांक समान तथा द्रव्यमान संख्या/परमाणु भार भिन्न होते हैं, तो इन्हें समस्थानिक कहते हैं। हाइड्रोजन ($_1^1H$), ड्यूटेरियम ($_1^2H$) तथा ट्राइटियम ($_1^3H$) समस्थानिक के उदाहरण हैं। इनके नाभिकों के द्रव्यमान का अनुपात 1:2:3 होता है। इन्हें तत्त्वों को आवर्त सारणी में एक ही स्थान पर रखा गया है।

नोट *ट्राइटियम का नाभिक अस्थिर होने के कारण ये स्वाभाविक रूप से उत्पन्न नहीं होते हैं।*

- चित्र (a) हाइड्रोजन के समस्थानिकों तथा चित्र (b) लिथियम के समस्थानिकों को दर्शाता है।

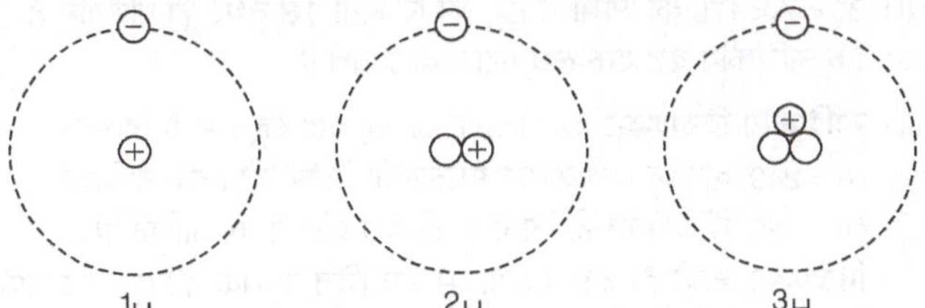

(a)

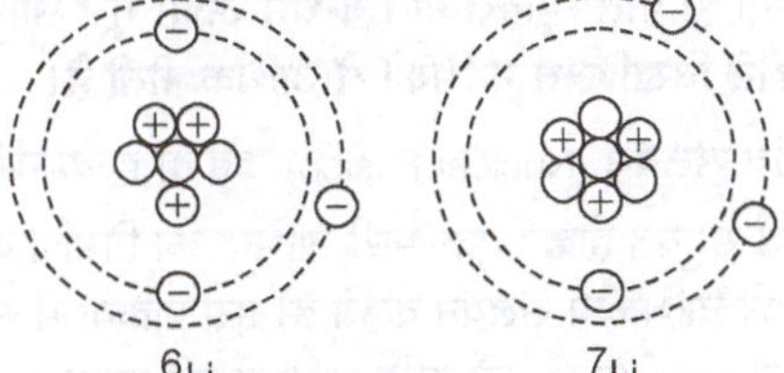

(b)

- **समभारिक** (Isobars) जब विभिन्न तत्त्वों के परमाणुओं की द्रव्यमान संख्या/परमाणु भार समान किन्तु परमाणु क्रमांक भिन्न होते हैं, तो इन्हें समभारिक कहते हैं।
  $_{17}^{37}Cl$ तथा $_{16}^{37}S$ समभारिक के उदाहरण हैं।
- **सम न्यूटॉनिक** (Isotones) वे न्यूक्लाइड्स जिनमें न्यूट्रॉनों की संख्या N समान तथा परमाणु क्रमांक Z भिन्न होते हैं, सम **न्यूट्रॉनिक** कहलाते हैं। $_{80}^{198}Hg$ तथा $_{79}^{197}Au$ सम न्यूट्रॉनिक के उदाहरण हैं।
- **समावयवी** (Isomers) वे नाभिक जिनके परमाणु क्रमांक तथा द्रव्यमान संख्या समान हो परन्तु विभिन्न ऊर्जा अवस्थाओं में विद्यमान है। समावयवी (Isomers) कहलाते हैं।

नाभिक का आकार (Size of Nucleus)

- नाभिक की त्रिज्या एक परमाणु की त्रिज्या से लगभग 10^4 गुना छोटी होती है। इसका आयतन, परमाणु के आयतन का 10^{-12} गुना होता है। इसमें परमाणु का अधिकांश भाग (99.9% से अधिक) समाहित होता है। दूसरे शब्दों में **परमाणु लगभग खाली** होता है।
- किसी **नाभिक की त्रिज्या** केवल इसकी द्रव्यमान संख्या (A) पर निर्भर करती है।

नाभिक की त्रिज्या, $R = R_0 A^{1/3}$ **NEET 2022**

जहाँ, R_0 = नियतांक [1.2×10^{-15} मीटर या 1.2 फेम्टोमीटर]

अर्थात् नाभिक का आयतन इसकी द्रव्यमान संख्या (A) के समानुपाती होता है।

$$V \propto R^3 \Rightarrow V \propto (R_0 A^{1/3})^3$$

अतः $$V \propto A$$

जहाँ, A = तत्त्व का परमाणु भार

- **नाभिक का घनत्व** (Density of Nucleus) एक स्थिरांक है, जो सभी नाभिकों के लिए परमाणु भार (A) से स्वतन्त्र होता है।

सम्बन्ध के अनुसार, $\rho = \dfrac{3m}{4\pi R_0^3}$

जहाँ m = नाभिक का औसत मान

इसका मान लगभग 2.3×10^{17} किग्रा/मी^{3} है।

- सभी परमाणुओं के नाभिकों का घनत्व समान होता है, क्योंकि यह द्रव्यमान संख्या से स्वतन्त्र होता है।
- नाभिक के अन्दर पदार्थ समान रूप से वितरित नहीं होते हैं। नाभिक के केन्द्र का घनत्व अधिकतम होता है जबकि इसके किनारों पर घनत्व कम होता है। अतः नाभिक की तीक्ष्ण सीमाएँ (Sharp boundaries) नहीं होती हैं।
- नाभिक के उच्च घनत्व ($\approx 10^{17}$ किग्रा/मीटर^3) से तात्पर्य नाभिक की अत्यधिक सघनता से है।

द्रव्यमान-ऊर्जा तथा नाभिकीय बन्धन ऊर्जा
(Mass-Energy and Nuclear Binding Energy)

- आइन्स्टीन के सर्वप्रथम प्रतिपादित किया कि द्रव्यमान, ऊर्जा का दूसरा रूप हैं। आइन्स्टीन के अनुसार, समतुल्य **द्रव्यमान-ऊर्जा** का सम्बन्ध निम्न प्रकार है

$$E = mc^2$$ **NEET 2020**

जहाँ, m = द्रव्यमान, c = निर्वात् में प्रकाश का वेग तथा

E = समतुल्य ऊर्जा

इस सम्बन्ध को न्यूक्लिआनों के बीच नाभिकीय अभिक्रियाओं के अध्ययन से प्राप्त किया गया है।

- **ऊर्जा संरक्षण के नियमानुसार**, द्रव्यमान से सम्बन्धित प्रारम्भिक तथा अन्तिम ऊर्जाएँ समान होती हैं। बशर्ते द्रव्यमान सम्बन्धी ऊर्जा भी सम्मिलित हो।
- नाभिक, न्यूट्रॉन एवं प्रोटॉन के संयोजन से बना होता है। अतः यह अपेक्षित है कि नाभिक का द्रव्यमान, इसमें विद्यमान न्यूट्रॉनों एवं प्रोटॉनों के द्रव्यमान के कुल योग के बराबर होना चाहिए। किन्तु वास्तव में नाभिक का द्रव्यमान (M), न्यूट्रॉनों और प्रोटॉनों के द्रव्यमानों के कुल योग से कम पाया जाता है।
- किसी नाभिक को बनाने वाले न्यूक्लिऑनों के द्रव्यमान का योग और नाभिक के शेष द्रव्यमान के अन्तर को **द्रव्यमान क्षति** (Mass defect) कहते हैं। इसे ΔM से प्रदर्शित करते है।

$$\Delta M = Zm_{\text{प्रोटॉन}} + (A - Z)m_{\text{न्यूट्रॉन}} - m_{\text{नाभिक}}$$

- किसी नाभिक में न्यूक्लिऑनों को एक साथ बाँधे रखने के लिए आवश्यक ऊर्जा को **बन्धन ऊर्जा** (Binding energy) कहते हैं।

- यदि ΔM द्रव्यमान क्षति है, तो आइन्स्टीन के द्रव्यमान-ऊर्जा सम्बन्ध के अनुसार, $E_b = \Delta MC^2$

$$\therefore \quad E_b = [(Zm_p + (A-Z)m_n) - M] \times c^2$$

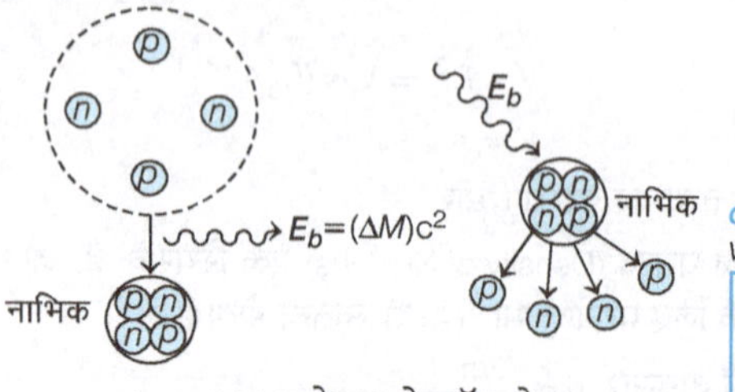

Concept Master Video के लिए

1 u = 931.5 मेगा इलेक्ट्रॉन वोल्ट

- **किसी नाभिक की बन्धन ऊर्जा** (E_b) तथा उस नाभिक में न्यूक्लिऑन की संख्या के अनुपात को प्रति न्यूक्लिऑन **बन्धन ऊर्जा** (Binding energy per nucleon, E_{bn}) कहते हैं।

$$E_{bn} = \frac{E_b}{A}$$

एक नाभिक को उसके अलग-अलग न्यूक्लिऑनों से पृथक् करने के लिए आवश्यक प्रति न्यूक्लिऑन औसत ऊर्जा को प्रति न्यूक्लिऑन बन्धन ऊर्जा (E_{bn}) भी कहते हैं।

Marks Maximizer

- BE में वृद्धि = BE का उत्पादन − BE का अभिकारक
  BE = बन्धन ऊर्जा

NEET 2021

बन्धन ऊर्जा वक्र (Binding Energy Curve)

- प्रति न्यूक्लिऑन बन्धन ऊर्जा (E_{bn}) तथा द्रव्यमान संख्या (A) के मध्य वक्र नीचे चित्र में दर्शाया गया है

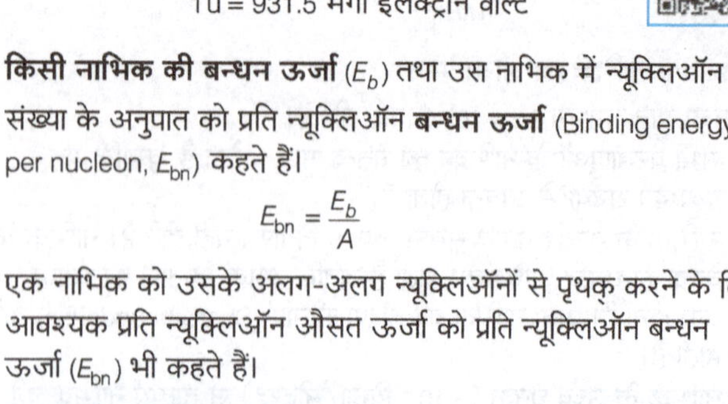

वक्र की मुख्य विशेषताएँ निम्न प्रकार हैं

(i) **प्रति न्यूक्लिऑन बन्धन ऊर्जा (E_{bn}) प्रयोगात्मक रूप से नियत** होती है। अर्थात् मध्यवर्ती द्रव्यमान संख्या ($30 < A < 170$) के नाभिक के लिए बन्धन ऊर्जा, द्रव्यमान संख्या से स्वतन्त्र होती है।

(ii) $A = 56$ के लिए वक्र का अधिकतम मान 8.75 मेगा इलेक्ट्रॉन वोल्ट है तथा $A = 238$ के लिए वक्र का अधिकतम मान 7.6 मेगा इलेक्ट्रॉन वोल्ट है।

(iii) **हल्के नाभिक ($A < 30$) तथा बहुत भारी नाभिक ($A > 170$) दोनों के लिए प्रति न्यूक्लिऑन बन्धन ऊर्जा (E_{bn}) का मान कम होता है। अर्थात् सर्वाधिक स्थिर नाभिक की प्रति न्यूक्लिऑन बन्धन ऊर्जा उच्च होती है। जबकि कम प्रति न्यूक्लिऑन बन्धन ऊर्जा वाले नाभिक को उसके न्यूक्लियॉन घटकों में तोड़ना आसान होता है।**

- प्रति न्यूक्लिऑन बन्धन ऊर्जा (E_{bn}) तथा द्रव्यमान संख्या A के मध्य वक्र से प्राप्त निष्कर्ष निम्न प्रकार हैं

(i) नाभिकीय बल एक प्रकार का आकर्षण बल है जो प्रति न्यूक्लिऑन पर कुछ मेगा इलेक्ट्रॉन वोल्ट की बन्धन ऊर्जा (E_{bn}) उत्पन्न करन के लिए पर्याप्त है।

(ii) $30 < A < 170$ की सीमा में E_{bn} की स्थिरता इस तथ्य का परिणाम है कि नाभिकीय बल एक लघु परास वाला बल है।

(iii) **नाभिकीय विखण्डन** (Nuclear Fission) जब बहुत भारी नाभिक ($A = 240$) वक्र के अधिकतम समतल के निकट दो हल्के नाभिकों ($A = 120$) में विभक्त हो जाता है, तो इस प्रक्रिया को नाभिकीय विखण्डन कहते हैं। इस प्रक्रिया में उत्पादित नाभिक की E_{bn} बढ़ जाती है तथा विखण्डन की प्रक्रिया के फलस्वरूप अधिक मात्रा में ऊर्जा मुक्त होती है। **प्रति न्यूक्लिऑन बन्धन ऊर्जा मूल नाभिक की तुलना में दो छोटे विखण्डित नाभिकों में अधिक होती है।**

(iv) **नाभिकीय संलयन** (Nuclear Fusion) जब दो हल्के नाभिक ($A \le 10$) आपस में संयुक्त होकर एक भारी नाभिक का निर्माण करते हैं, तो इस प्रक्रिया को नाभिकीय संलयन कहते है। इस प्रक्रिया में संयुक्त नाभिक की बन्धन ऊर्जा (E_{bn}), दो हल्के नाभिकों की तुलना में अधिक होती है। इस प्रक्रिया में अत्यधिक मात्रा में ऊर्जा मुक्त होती है। यह सूर्य का ऊर्जा स्रोत है।

नाभिकीय बल (Nuclear Force)

- नाभिक के अन्दर प्रतिकर्षित स्थिर वैद्युतिकी बल, गुरुत्वीय आकर्षण बल की तुलना में अधिक मजबूत होता है, क्योंकि दो प्रोटॉन के मध्य स्थिरवैद्युतिकी बल और गुरुत्वाकर्षण बल का अनुपात बहुत अधिक होता है अर्थात् $\frac{F_e}{F_g} = 10^{36}$
- प्रकृति में पाए जाने वाले सर्वाधिक मजबूत बलों में से एक नाभिकीय बल है। यह बहुत सूक्ष्म दूरी (4.2 फेम्टोमीटर) पर कार्य करता है।
- नाभिकीय बल, प्रोटॉन के मध्य स्थिर वैद्युतिकी प्रतिकर्षण को प्रभावी रूप से सन्तुलित करता है जिससे नाभिक में न्यूक्लिऑन एक साथ बंधे रहते हैं।
- **नाभिकीय बलों के कुछ महत्त्वपूर्ण गुण निम्नलिखित हैं**

(i) यह दो आवेशों के मध्य लगने वाले कूलॉम बल या द्रव्यमानों के मध्य लगने वाले गुरुत्वाकर्षण बल से कहीं अधिक मजबूत होता है।

(ii) एक न्यूक्लिऑन अपने सबसे निकटतम पड़ोसी से अन्योन्य क्रिया करता है, यह उन न्यूक्लिऑन के साथ अन्योन्य क्रिया नहीं करता है जो इसके साथ प्रत्यक्ष अन्योन्य क्रिया नहीं करते हैं। इसे **संतृप्ति गुण**

(Saturation property) कहते हैं। दो न्यूक्लिऑनों के मध्य नाभिकीय बल तीव्र गति से शून्य हो जाता है जब उनके बीच दूरी कुछ फेम्टोमीटर (f_m) से अधिक बढ़ जाती है। इस कारण बड़े आकार के नाभिकों में बलों की संतृप्तता (Saturation of forces) की स्थिति उत्पन्न हो जाती है परिणामस्वरूप प्रति **न्यूक्लिऑन बंधन ऊर्जा** (**E_{bn}**) **नियत** हो जाती है।

नीचे ग्राफ में दो न्यूक्लिऑनों के मध्य स्थितिज ऊर्जा को उनके बीच की दूरी के फलन के रूप में दर्शाया गया है।

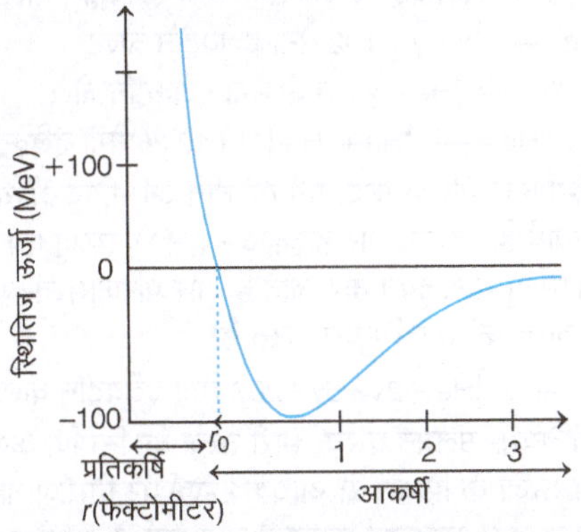

यह इस तथ्य पर प्रकाश डालता है कि **नाभिकीय बल एक प्रकार का लघु-परास वाला बल है।** पृथक्करण के बीच की दूरी r_0 (< 1 फेम्टोमीटर) से अधिक दूरी पर यह बल आकर्षण प्रकार का होता है, किन्तु r_0 से कम दूरी पर यह बल अत्यधिक प्रतिकर्षण वाला हो जाता है।

(iii) न्यूट्रॉन-न्यूट्रॉन, प्रोट्रॉन-न्यूट्रॉन तथा प्रोटॉन-प्रोटॉन के बीच नाभिकीय बल लगभग समान होता है। π मेसॉन (Mesons) के आदान-प्रदान के कारण नाभिकीय बल, आकर्षण प्रकार का होता है। यह विद्युत आवेश पर निर्भर नहीं करता है।

रेडियोएक्टिवता (Radioactivity)

- सन् 1896 में एण्टोनी हेनरी बेकरल ने रेडियोएक्टिवता की खोज की थी।
- यह एक नाभिकीय परिघटना है जिसमें एक अस्थिर नाभिक कुछ कणों (α, β) और विद्युत चुम्बकीय विकिरण (γ-किरणें) के उत्सर्जन के साथ क्षय (Decay) से गुजरता है। इसे **रेडियोएक्टिव क्षय** (Radioactive decay) कहते हैं।
- प्रकृति में तीन प्रकार के रेडियोएक्टिव क्षय होते हैं जो निम्न प्रकार हैं
  - (i) **α-क्षय** (α-Decay) किसी रेडियोऐक्टिव नाभिक से हीलियम ($_2He^4$) के उत्सर्जन की घटना को α-क्षय कहते हैं। **NEET 2019**
  - (ii) **β-क्षय** (β-Decay) एक इलेक्ट्रॉन (β-क्षय) या पॉजिट्रॉन (β^+ क्षय) के स्वतः उत्सर्जन की घटना को β-क्षय कहते है। पॉजिट्रॉन वे कण होते हैं जिनका द्रव्यमान इलेक्ट्रॉन के समान होता है किन्तु इनका आवेश इलेक्ट्रॉन के विपरीत (धनात्मक) होता है।
  - (iii) **γ-क्षय** (γ-Decay) जब कोई नाभिक उत्तेजित अवस्था से स्वतः ही अपनी निम्नतम अवस्था में क्षय हो जाता है तथा नाभिक के दो ऊर्जा स्तरों के अन्तर के समान ऊर्जा वाला एक फोटॉन उत्सर्जित होता है, तो इसे γ-क्षय कहते हैं।

Marks Maximizer

- एक α- क्षय के बाद परमाणु क्रमांक Z में 2 की कमी होती है।
- एक β^+- क्षय के बाद परमाणु क्रमांक Z में 1 की कमी होती है।
- एक β^-- क्षय के बाद परमाणु क्रमांक Z में 1 की वृद्धि होती है।

NEET 2021

नाभिकीय ऊर्जा (Nuclear Energy)

- नाभिक के रूपान्तरण के दौरान मुक्त होने वाली ऊर्जा को नाभिकीय ऊर्जा कहते हैं। एक नाभिकीय अभिक्रिया को निम्न प्रकार लिखा जा सकता है

$$A + a \longrightarrow B + b + Q$$

जहाँ A एवं a **मूल नाभिक** (Parent nuclei) है तथा B एवं b **उत्पादित नाभिक** (Product nuclei) है। इस प्रक्रिया में Q **मुक्त हुई ऊर्जा** है।

- **Q-मान** (Q-value) या मूल नाभिक $[A + a]$ और उत्पादित नाभिक $[B + b]$ के शेष द्रव्यमानों के बीच के अन्तर की समतुल्य ऊर्जा को **नाभिकीय अभिक्रिया ऊर्जा** या नाभिकीय अभिक्रिया का **Q-मान** कहते हैं।

  ऊष्माक्षेपी अभिक्रियाओं (Exothermic reactions) के लिए Q-मान धनात्मक तथा ऊष्माशोषी अभिक्रियाओं (Endothermic reactions) के लिए Q-मान ऋणात्मक होता है।
- नाभिकीय अभिक्रिया में,
  - न्यूक्लिऑन की संख्या (अर्थात् परमाण्विक द्रव्यमान) संरक्षित रहती है।
  - परमाणु संख्या तथा आवेश भी संरक्षित रहते हैं।
  - उत्पादित नाभिकों $(B + b)$ का रेखीय संवेग सदैव मूल नाभिकों $(A + a)$ के रेखीय संवेग के योग के बराबर होता है।
- नाभिक से ऊर्जा प्राप्त करने की दो भिन्न विधियाँ निम्न प्रकार हैं

  (i) नाभिकीय विखण्डन (ii) नाभिकीय संलयन

नाभिकीय विखण्डन (Nuclear Fission)

- एक भारी नाभिक ($_{92}U^{235}$ या $_{92}U^{239}$) का तुलनीय द्रव्यमान के दो हल्के नाभिकों में विभाजित होने के साथ-साथ धीमी गति के न्यूट्रॉनों की बमबारी से ऊर्जा मुक्त करने की प्रक्रिया को नाभिकीय विखण्डन कहते हैं।
- जब एक यूरेनियम समस्थानिक ($^{235}_{92}U$) न्यूट्रॉनों की बमबारी के कारण दो मध्यवर्ती द्रव्यमान के दो परमाणु में टूटता है तो उच्च मात्रा में ऊर्जा उत्पन्न करता है।

$$^1_0n + {}^{235}_{92}U \longrightarrow {}^{236}_{92}U \longrightarrow {}^{144}_{51}Ba + {}^{89}_{36}Kr + 3\,^1_0n + Q \text{ (मुक्त ऊर्जा)}$$

NEET 2020

- उपरोक्त अभिक्रिया में मुक्त ऊर्जा को Q-मान कहते हैं। इसकी निम्न सूत्र द्वारा गणना की जा सकती है

  Q = उत्पाद की अन्तिम गतिज ऊर्जा-अभिकारक की प्रारम्भिक गतिज ऊर्जा
- द्रव्यमान-ऊर्जा संरक्षण के नियमानुसार, Q = (**अभिकारकों के प्रारम्भिक द्रव्यमानों का योग – उत्पाद के अन्तिम द्रव्यमानों का योग** $\times c^2$)
- विखण्डित उत्पाद रेडियोएक्टिव नाभिक होते है। ये स्थिर उत्पाद प्राप्त करने के लिए क्रमिक रूप से β-कण उत्सर्जित करते हैं। उपरोक्त U – 235 की नाभिकीय विखण्डन प्रक्रिया में प्रत्येक विखण्डन के दौरान 200 मेगा इलेक्ट्रॉन वोल्ट ऊर्जा मुक्त होती है।

- विखण्डन प्रक्रिया में विघटन ऊर्जा सर्वप्रथम न्यूट्रॉन तथा विखण्डों की गतिज ऊर्जा के रूप में प्राप्त होती है। तत्पश्चात् इसे ऊष्मा के रूप में वातावरण को स्थानान्तरित किया जाता है।
- नाभिकीय विखण्डन नाभिकीय रिएक्टर (भट्टी) में ऊर्जा का स्रोत होता है, जो विद्युत उत्पादन करता है।
- परमाणु बम से निकलने वाली अत्यधिक ऊर्जा अनियन्त्रित नाभिकीय विखण्डन से प्राप्त होती है।

Marks Maximizer

नाभिकीय रिएक्टर की निर्गत शक्ति (Output Power)

- यदि प्रति सेकण्ड n संख्या में विखण्डन हो रहा है तथा प्रत्येक विखण्डन, E ऊर्जा का उत्पन्न करता है, तो शक्ति, $P = nE$
- यदि A द्रव्यमान संख्या का x ग्राम परमाणु ईंधन t सेकण्ड में विखण्डित होता है, तो उत्पन्न शक्ति, $P = \frac{N_A E x}{A t}$

जहाँ, E = प्रति विखण्डन उत्पादित ऊर्जा, N_A = आवोग्रादों संख्या

नाभिकीय संलयन : तारों में ऊर्जा जनन

(Nuclear Fusion : Energy Generation in Stars)

- यह एक ऐसी घटना है, जिसमें दो हल्के नाभिक संयुक्त होकर बड़े नाभिक का निर्माण करते हैं और परिणामस्वरूप ऊर्जा मुक्त करते हैं।

$${}_1^1H + {}_1^1H \longrightarrow {}_1^2H + e^+ + \nu + 0.42 \text{ मेगा इलेक्ट्रॉन वोल्ट}$$

$${}_1^2H + {}_1^2H \longrightarrow {}_2^3He + n + 3.27 \text{ मेगा इलेक्ट्रॉन वोल्ट}$$

$${}_1^2H + {}_1^2H \longrightarrow {}_1^3H + {}_1^1H + 4.03 \text{ मेगा इलेक्ट्रॉन वोल्ट}$$

- दो नाभिकों को संलयनित करने के लिए, उन्हें इतने समीप होना चाहिए, ताकि नाभिकों के मध्य लगने वाला कम दूरी का आकर्षण बल उन नाभिकों पर प्रभाव डालने में सक्षम हो सके। इसके लिए, उन्हें धनात्मक आवेशों के कूलॉम प्रतिकर्षण पर नियन्त्रण करना होगा जो केवल उच्च ताप पर ही प्राप्त किया जा सकता है।
- **ताप नाभिकीय (थर्मोन्यूक्लिअर) संलयन** (Thermonuclear Fusion) जब निकाय के तापमान को बढ़ाकर संलयन प्राप्त किया जाता है, तो कणों के पास कूलाम प्रतिकर्षण प्रभाव/अवरोध को पार करने के लिए पर्याप्त गतिज ऊर्जा होती है। जिस कारण इसे **ताप नाभिकीय संलयन** कहते हैं।
- यह तारों के आन्तरिक भाग में ऊर्जा उत्पादन का स्रोत है। सूर्य के आन्तरिक भाग का तापमान 1.5×10^7 केल्विन है, जो औसत ऊर्जा के कणों के संलयन के लिए आवश्यक अनुमानित तापमान से बहुत कम है।
- सूर्य में संलयन प्रक्रिया में कई अभिक्रियाएँ सम्मिलित होती हैं जो अन्ततः हाइड्रोजन को हीलियम में परिवर्तित करती है साथ ही अत्यधिक मात्रा में ऊर्जा मुक्त करती है।
- इस प्रक्रिया को **प्रोटॉन-प्रोटॉन चक्र** के नाम से जाना जाता है, जिसे निम्न प्रकार दर्शाया गया है।

1. ${}_1^1H + {}_1^1H \longrightarrow {}_1^2H + e^+ + \nu + 0.42$ मेगा इलेक्ट्रॉन वोल्ट
2. $e^+ + e^- \longrightarrow \gamma + \gamma + 1.02$ मेगा इलेक्ट्रॉन वोल्ट
3. ${}_1^2H + {}_1^1H \longrightarrow {}_2^3He + \gamma + 5.49$ मेगा इलेक्ट्रॉन वोल्ट
4. ${}_2^3He + {}_2^3He \longrightarrow {}_2^4He + {}_1^1H + {}_1^1H + 12.86$ मेगा इलेक्ट्रॉन वोल्ट

- चतुर्थ अभिक्रिया होने के लिए, पूर्व की तीन अभिक्रियाओं का दो बार होना अनिवार्य है, जिससे चार हाइड्रोजन (${}_1H^1$) परमाणु एक हीलियम (${}_2He^4$) परमाणु में संलयन कर जाते हैं और परिणामस्वरूप 26.7 मेगा इलेक्ट्रॉन वोल्ट की ऊर्जा मुक्त करते है।

$$4{}_1^1H + 2e^- \longrightarrow {}_2^4He + 2\nu + 6\gamma + 26.7 \text{ मेगा इलेक्ट्रॉन वोल्ट}$$

- तारों में हीलियम, संलयन करके भारी तत्त्वों का निर्माण करती है, किन्तु यह बन्धन ऊर्जा के शिखर से अधिक ऊर्जा पर निर्माण नहीं कर पाती है। सूर्य लगभग 5 अरब वर्ष पुराना है तथा सूर्य में अगले 5 अरब वर्ष से अधिक के लिए पर्याप्त हाइड्रोजन है। सूर्य ठण्डा टूटा हुआ और एक लाल दानव (Red giant) के रूप में परिवर्तित हो जाएगा।
- **नियन्त्रित संलयन रिऐक्टरों** (Controlled Fusion Reactors) में नाभिकीय ईंधन को 10^8 केल्विन के तापमान तक गर्म करके स्थिर शक्ति उत्पन्न की जाती है। इस तापमान पर ईंधन धनात्मक आयनों और इलेक्ट्रॉनों (प्लाज्मा) का मिश्रण होता है।
- वैश्विक प्रयास मानवता के लिए वस्तुतः असीमित शक्ति प्रदान करने के लिए रिएक्टरों में उच्च तापमान प्लाज्मा को नियन्त्रित करने पर केन्द्रित हैं। भारत इस आशाजनक तकनीक पर कार्य करने वाले देशों में से एक है।
- अत्यधिक नाभिकीय ऊर्जा के अनियन्त्रित विमोचन को परमाणु विस्फोट कहा जाता है। विखण्डन बम को विस्फोट करके संलयन अभिक्रियाओं के लिए उच्च तापमान स्थिति का निर्माण किया जाता है।

Caution Points

- इलेक्ट्रॉन प्रकीर्णन एक नाभिकीय त्रिज्या उत्पन्न करता है जो α-कण प्रकीर्णन से भिन्न होता है, क्योंकि इलेक्ट्रॉन प्रकीर्णन, आवेश वितरण को ज्ञात करता है, जबकि α-कण प्रकीर्णन परमाणु पदार्थ का अनुभव करता है।
- आइन्स्टीन के $E = mc^2$ द्वारा प्रतिपादित किया गया कि द्रव्यमान और ऊर्जा समतुल्य हैं, जिसे द्रव्यमान और ऊर्जा संरक्षण के नियम से जाना जाता है। तथा यह सिद्धान्त नाभिकीय भौतिकी (Nuclear physics) में सबसे स्पष्ट है और नाभिकीय ऊर्जा को समझने और इसे ऊर्जा के स्रोत के रूप में उपयोग करने के लिए आवश्यक है। इसके अतिरिक्त, यह सिद्धान्त प्रारम्भिक और अन्तिम द्रव्यमान के सन्दर्भ में नाभिकीय प्रक्रियाओं के Q- मान को व्यक्त करने में सहायता प्रदान करता है।
- हल्के नाभिकों के नाभिकीय संलयन या भारी नाभिक के विखण्डन के परिणामस्वरूप ऊष्माक्षेपी नाभिकीय अभिक्रिया उत्पन्न होती है। जिसे बन्धन ऊर्जा वक्र में देखा जा सकता है।
- संलयन के लिए उच्च तापमान की आवश्यकता होती है, क्योंकि हल्के नाभिकों को अभिक्रिया करने के लिए कूलॉम विभव रोधिका को पार करने हेतु पर्याप्त प्रारम्भिक ऊर्जा की आवश्यकता होती है।
- बन्धन ऊर्जा वक्र सामान्यतः चिकना होता है परन्तु यह न्यूक्लाइड; जैसे–He^4 तथा O^{16} (नाभिक की कोश संरचना) पर शिखर (Peaks) प्रदर्शित करता है।
- इलेक्ट्रॉन और पॉजिट्रॉन समान द्रव्यमान और विपरीत आवेश वाले कण-प्रतिकण युग्म हैं। (इलेक्ट्रॉन तथा पॉजिट्रॉन के टकराव के फलस्वरूप परस्पर विनाश होता है, जिससे ऊर्जा, γ-किरण, फोटॉन के रूप में मुक्त होती है।)
- रेडियोएक्टिवता, परमाणु अस्थिरता का प्रतीक है। स्थिरता के लिए सन्तुलित न्यूट्रॉन, प्रोट्रॉन अनुपात (हल्के नाभिकों के लिए 1:1 तथा भारी नाभिकों के लिए 3:2) की आवश्यकता होती है। अधिकांश न्यूट्रॉन-प्रोट्रॉन प्रतिकर्षण का प्रतिकार करते हैं। इस अनुपात में विचलित होने वाले नाभिक अस्थिर होते हैं।

Step by Step

Mastering NCERT

- कॉन्सेप्ट बिल्डर्स
- शीर्षकवार प्रश्न
- अभिकथन-कारण प्रश्न
- कथन आधारित प्रश्न
- सुमेलन प्रकार प्रश्न
- आंकिक मान प्रकार के प्रश्न
- NCERT Exemplar प्रश्न
- विगत परीक्षाओं के प्रश्न
- स्किल बूस्टर्स

कॉन्सेप्ट बिल्डर्स

1 किसी नाभिक की त्रिज्या एक परमाणु की त्रिज्या से .... ($10^4/10^6$) के गुणन से छोटी होती है।

2 नाभिकीय द्रव्य का घनत्व नाभिक के आकार पर निर्भर नहीं करता है। (सत्य/असत्य)

3 नाभिक का घनत्व उसके केन्द्र पर अधिकतम होता है और जैसे-जैसे हम नाभिक से बाहर की ओर बढ़ते हैं, यह .... (बढ़ता/घटता) है।

4 द्रव्यमान संख्या 8 और 27 वाले नाभिकों की त्रिज्याओं का अनुपात क्या है?

5 यदि दो छोटे नाभिकों को संयोजित करके एक अपेक्षाकृत भारी नाभिक बनाया जाए, तो प्रति न्यूक्लिऑन बन्धन ऊर्जा में क्या परिवर्तन होगा?

6 जब बोरॉन नाभिक $^{10}_{5}B$ पर न्यूट्रॉन की बमबारी होती है, तो α-कण उत्सर्जित होते हैं। परिणामस्वरूप नाभिक .... (Li/Be) तत्त्व का होता है।

7 नाभिक के द्रव्यमान और उसके घटकों के कुल द्रव्यमान के बीच के अन्तर को क्या कहते हैं?

8 $^{235}_{92}U$ की प्रति न्यूक्लिऑन बन्धन ऊर्जा क्या होती है?

9 सभी तत्त्वों में से, किस तत्त्व की प्रति न्यूक्लिऑन बन्धन ऊर्जा अधिकतम है और इसका मान क्या है?

10 नाभिकीय बल अकेन्द्रीय बल होते हैं। इससे पता चलता है कि नाभिक में न्यूक्लिऑनों का वितरण गोलाकार रूप से सममित होता है। (सत्य/असत्य)

11 नाभिकीय बल प्रकृति में आवेश पर निर्भर होते हैं। (सत्य/असत्य)

12 γ-किरणों को विद्युत और चुम्बकीय दोनों क्षेत्रों द्वारा विक्षेपित .... (किया जा सकता है/नहीं किया जा सकता है)।

13 α-क्षय में, मूल नाभिक से एक α-कण उत्सर्जित होता है और परमाणु भार संख्या .... (2/4) कम हो जाती है और परमाणु संख्या .... (2/4) कम हो जाती है।

14 γ-क्षय में, ... (निम्न/उच्च) ऊर्जा वाले फोटॉन उत्सर्जित होते हैं।

15 α, β और γ-किरणों में से α-कणों की भेदन क्षमता अधिकतम होती है। (सत्य/असत्य)

16 द्रव्यमान संरक्षित नहीं होता है, लेकिन द्रव्यमान और ऊर्जा एक इकाई के रूप में संरक्षित होते हैं जिसे द्रव्यमान-ऊर्जा कहा जाता है। (सत्य/असत्य)

17 $^{235}_{92}U$ नाभिक के विखण्डन में उत्सर्जित न्यूट्रॉनों की औसत संख्या कितनी है?

18 तारकीय ऊर्जा का स्रोत क्या है?

19 एक संलयन अभिक्रिया ....(निम्न/उच्च) तापमान पर प्रारम्भ होती है।

20 .... (विखण्डन/संलयन) रिएक्टर (भट्टी) सफल होने पर समाज को लगभग असीमित ऊर्जा की आपूर्ति कर सकते हैं।

शीर्षकवार प्रश्न

परमाणु द्रव्यमान एवं नाभिक की संरचना

1 किसी नाभिक के आयतन का एक परमाणु के आयतन से लगभग अनुपात क्या है? **NCERT पृष्ठ 306**

(a) 10^{-34} (b) 10^{-20}
(c) 10^{-15} (d) 10^{-10}

2 दो स्थायी समस्थानिकों $^{6}_{3}Li$ और $^{7}_{3}Li$ की बहुलता का प्रतिशत क्रमशः 7.5% और 92.5% है। इन समस्थानिकों के द्रव्यमान क्रमशः 6.01512 u और 7.01600 u हैं। लिथियम का परमाणु भार है **NCERT पृष्ठ 307**

(a) 6.941 u (b) 3.321 u
(c) 5.561 u (d) 7.621 u

3 क्लोरीन के दो समस्थानिक जिनका द्रव्यमान क्रमशः 34.98 u एवं 36.98u है और इनकी सापेक्ष बहुलता का प्रतिशत क्रमशः 75.4% और 24.6% हैं। क्लोरीन का औसत परमाणु द्रव्यमान है **NCERT पृष्ठ 307**

(a) 34.98 u (b) 36.98 u
(c) 35.47 u (d) 35 u

4 परमाणु भार 10.81 वाले प्राकृतिक बोरॉन में दो समस्थानिक ^{10}B और ^{11}B पाए जाते हैं। प्राकृतिक बोरॉन के समस्थानिकों की बहुलता का अनुपात होना चाहिए **NCERT पृष्ठ 307**

(a) 11 : 10 (b) 81 : 19
(c) 10 : 11 (d) 19 : 81

5 यदि m, m_n और m_p क्रमशः $_ZX^A$ नाभिक, न्यूट्रॉन और प्रोटॉन के द्रव्यमान हैं, तब NCERT पृष्ठ 308

(a) $m < (A-Z)m_n + Zm_p$ (b) $m = (A-Z)m_n + Zm_p$
(c) $m = (A-Z)m_p + Zm_n$ (d) $m > (A-Z)m_n + Zm_p$

6 यदि $^{27}_{13}Al$ के नाभिक की त्रिज्या लगभग 3.6 फेम्टोमीटर है, तो $^{125}_{52}Te$ की नाभिकीय त्रिज्या लगभग होगी। NCERT पृष्ठ 309

(a) 9.6 फेम्टोमीटर (b) 12 फेम्टोमीटर
(c) 4.8 फेम्टोमीटर (d) 6 फेम्टोमीटर

7 समस्थानिक, समभारिक और समन्यूट्रॉनिक को क्रमशः दर्शाने वाला समूह है NCERT पृष्ठ 309

(a) (^2_1H, ^3_1H), ($^{197}_{79}Au$, $^{198}_{80}Hg$) तथा (^3_2He, ^2_1H)
(b) (^3_2He, ^1_1H), ($^{197}_{79}Au$, $^{198}_{80}Hg$) तथा (^1_1H, ^3_1H)
(c) (^3_2He, ^3_1H), (^2_1H, ^3_1H) तथा ($^{197}_{79}Au$, $^{198}_{80}Hg$)
(d) (^2_1H, ^3_1H), (^3_2He, ^3_1H) तथा ($^{197}_{79}Au$, $^{198}_{80}Hg$)

8 ^{40}Ca और ^{16}O के नाभिकों के द्रव्यमान घनत्व का अनुपात लगभग है NCERT पृष्ठ 309

(a) 5 (b) 2 (c) 0.1 (d) 1

9 दो नाभिकों की द्रव्यमान संख्याओं का अनुपात 1 : 27 है। उनके आयतन का अनुपात है NCERT पृष्ठ 309

(a) 3 : 1 (b) 1 : 27 (c) 9 : 1 (d) 27 : 1

नाभिक का आकार

10 नाभिक का पृष्ठीय क्षेत्रफल (यह मानते हुए कि यह एक पूर्ण गोला है), (जहाँ, A = द्रव्यमान संख्या) NCERT पृष्ठ 309

(a) $(1.8\times 10^{-29})A^{1/3}$ (b) $(1.8\times 10^{-29})A^2$
(c) $(1.8\times 10^{-29})A^{2/3}$ (d) $(1.8\times 10^{-29})A^3$

11 सोने के समस्थानिक $^{197}_{79}Au$ और चाँदी के समस्थानिक $^{107}_{47}Ag$ की नाभिकीय त्रिज्या का अनुपात है NCERT पृष्ठ 309

(a) 1.23 (b) 0.216 (c) 2.13 (d) 3.46

12 यदि ^{27}Al की नाभिकीय त्रिज्या 3.6 फेम्टोमीटर है, तो ^{64}Cu की अनुमानित नाभिकीय त्रिज्या फेम्टोमीटर में है NCERT पृष्ठ 309

(a) 2.4 (b) 1.2 (c) 4.8 (d) 3.6

13 दो नाभिकों की द्रव्यमान संख्या 4 : 3 के अनुपात में है। उनका परमाणु घनत्व किस अनुपात में होगा? NCERT पृष्ठ 309

(a) 4 : 3 (b) $\left(\frac{3}{4}\right)^{1/3}$ (c) 1 : 1 (d) $\left(\frac{4}{3}\right)^{1/3}$

14 वह नाभिक जिसकी त्रिज्या Cs^{189} की त्रिज्या की एक तिहाई है NCERT पृष्ठ 309

(a) Be^9 (b) Li^7 (c) F^{19} (d) Cl^2

15 लोहे के नाभिक का द्रव्यमान 55.85 u तथा $A = 56$ है। इसका नाभिकीय घनत्व होगा (मान लीजिए, $R_0 = 1.2\times 10^{-15}$ मी) NCERT पृष्ठ 310

(a) 4.28×10^{17} किग्रा/मी^{3} (b) 2×10^{10} किग्रा/मी^{3}
(c) 2.29×10^{17} किमी/मी^{3} (d) 9×10^{10} किग्रा/मी^{3}

द्रव्यमान-ऊर्जा तथा नाभिकीय बन्धन ऊर्जा

16 किसी पदार्थ के 2 ग्राम की समतुल्य ऊर्जा है NCERT पृष्ठ 310

(a) 18×10^{13} मिली जूल (b) 18×10^{13} जूल
(c) 9×10^{13} मिली जूल (d) 9×10^{13} जूल

17 एक घण्टे के लिए 200 मेगावाट की विद्युत शक्ति का उत्पादन करने के लिए कितने द्रव्यमान को ऊर्जा में परिवर्तित करना होगा ? NCERT पृष्ठ 310

(a) 2×10^{-6} किग्रा (b) 8×10^{-6} किग्रा
(c) 1×10^{-6} किग्रा (d) 3×10^{-6} किग्रा

18 हीलियम ($_2He^4$) की द्रव्यमान क्षति है [प्रोटॉन का द्रव्यमान, $m_p = 1.0072676$ u, न्यूट्रॉन का द्रव्यमान, $m_n = 1.008665$ u और $_2He^4$ का द्रव्यमान = 4.001506 u] NCERT पृष्ठ 311

(a) 0.016767 u (b) 1.00726 u
(c) 2.00686 u (d) 0.0303592 u

19 दिया गया है, एक न्यूट्रॉन का द्रव्यमान = 1.00866 u, एक प्रोटॉन का द्रव्यमान = 1.00727u तथा $^{16}_8O$ का द्रव्यमान = 15.99053 u तब, $^{16}_8O$ के उसके घटकों में विभाजित करने के लिए आवश्यक ऊर्जा है NCERT पृष्ठ 311

(a) 12.7 मेगा इलेक्ट्रॉन वोल्ट (b) 931.5 मेगा इलेक्ट्रॉन वोल्ट
(c) 1.49×10^{-10} जूल (d) 127.5 मेगा इलेक्ट्रॉन वोल्ट

20 दिया गया है, $m(^{56}_{26}Fe) = 55.934939$ u, $m_{\text{प्रोटॉन}} = 1.007825$ u तथा $m_{\text{न्यूट्रॉन}} = 1.008665$ u तब, Fe की प्रति न्यूक्लिऑन बन्धन ऊर्जा है, NCERT पृष्ठ 312

(a) 8.790 मेगा इलेक्ट्रॉन वोल्ट (b) 7.75 मेगा इलेक्ट्रॉन वोल्ट
(c) 7.5 मेगा इलेक्ट्रॉन वोल्ट (d) 9.28 मेगा इलेक्ट्रॉन वोल्ट

21 यदि ड्यूटेरॉन की प्रति न्यूक्लियॉन बन्धन ऊर्जा 2.115 मेगा इलेक्ट्रॉन वोल्ट है, तो परमाणु द्रव्यमान इकाई में इसका द्रव्यमान क्षय है NCERT पृष्ठ 312

(a) 0.0024 u (b) 25.62 u
(c) 96.264 u (d) 0.0045 u

22 लीथियम नाभिक के लिए परमाणु द्रव्यमान संख्या के फलन के रूप में प्रति न्यूक्लिऑन बन्धन-ऊर्जा का वक्र एक तीव्र शिखर है। इसका अर्थ है कि लीथियम NCERT पृष्ठ 312

(a) विखण्डनीय पदार्थ के रूप में उपयोग किया जा सकता है
(b) अत्यधिक रेडियोधर्मी है
(c) आसानी से तोड़ा जा सकता है
(d) बहुत स्थायी है

23 माना $_{17}Cl^{35}$ एवं $_{15}P^{31}$ की बन्धन ऊर्जा क्रमशः 287.67 मेगा इलेक्ट्रॉन वोल्ट और 262.48 मेगा इलेक्ट्रॉन वोल्ट हैं। तब NCERT पृष्ठ 312

(a) $_{15}P^{31}$ की तुलना में $_{17}Cl^{35}$ अधिक स्थायी है
(b) $_{17}Cl^{35}$ की तुलना में $_{15}P^{31}$ अधिक स्थायी है
(c) दोनों तत्त्वों की स्थिरता बराबर है
(d) दिए गए आंकड़ों से अनुमान नहीं लगाया जा सकता

24 द्रव्यमान संख्या 240 वाला एक नाभिक, द्रव्यमान संख्या 110 और 130 के दो खण्डों में विभाजित हो जाता है, जिनकी प्रति न्यूक्लिऑन बन्धन ऊर्जा क्रमशः 7.8 मेगा इलेक्ट्रॉन वोल्ट और 8.0 मेगा इलेक्ट्रॉन वोल्ट है। यदि अखण्डित नाभिक की प्रति न्यूक्लियॉन बंधन ऊर्जा 7.5 मेगा इलेक्ट्रॉन वोल्ट है। इस प्रक्रिया में मुक्त ऊर्जा है **NCERT पृष्ठ 312**

(a) 216 मेगा इलेक्ट्रॉन वोल्ट (b) 153 मेगा इलेक्ट्रॉन वोल्ट
(c) 124 मेगा इलेक्ट्रॉन वोल्ट (d) 98 मेगा इलेक्ट्रॉन वोल्ट

25 तत्त्वों A, B, C और D की द्रव्यमान संख्याएँ क्रमशः 30, 60, 90 और 120 हैं। उनकी प्रति न्यूक्लिऑन बन्धन ऊर्जा क्रमशः 5 मेगा इलेक्ट्रॉन वोल्ट, 8.5 मेगा इलेक्ट्रॉन वोल्ट, 8 मेगा इलेक्ट्रॉन वोल्ट और 7 मेगा इलेक्ट्रॉन वोल्ट हैं। तब, निम्नलिखित में से किस अभिक्रिया/अभिक्रियाओं में ऊर्जा मुक्त होती हैं? **NCERT पृष्ठ 312**

(i) $D \rightarrow 2B$ (ii) $C \rightarrow B + A$
(iii) $B \rightarrow 2A$

(a) केवल (i) में (b) (ii), (iii) में
(c) (i), (iii) में (d) (i), (ii) और (iii) में

26 नाभिकों के लिए प्रति न्यूक्लिऑन बन्धन ऊर्जा तथा द्रव्यमान संख्या के मध्य वक्र चित्र में दिखाया गया है, वक्र पर W, X, Y और Z चार नाभिक दर्शाए गए हैं। ऊर्जा मुक्त करने वाली प्रक्रिया है **NCERT पृष्ठ 312**

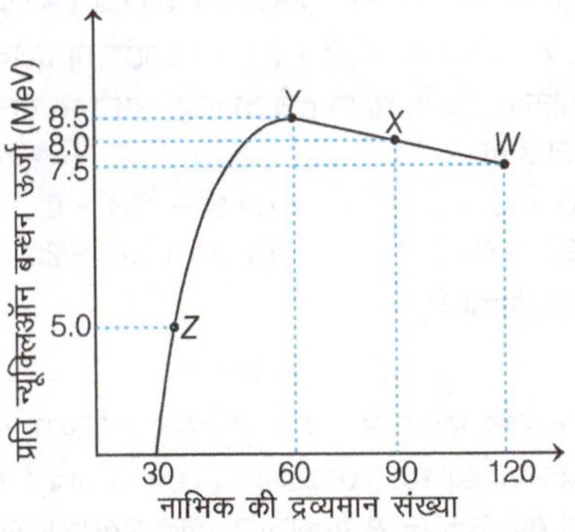

(a) $Y \rightarrow 2Z$ (b) $W \rightarrow X + Z$
(c) $W \rightarrow 2Y$ (d) $X \rightarrow Y + Z$

नाभिकीय बल

27 यदि किसी न्यूक्लिऑन के नाभिकीय बल के परास में अधिकतम p-सन्निकट हो सकते हैं , तो न्यूक्लिऑन जोड़कर A बढ़ाने पर, प्रति न्यूक्लिऑन बन्धन ऊर्जा **NCERT पृष्ठ 312**

(a) अचानक बढ़ जाती है
(b) धीरे-धीरे कम हो जाती है
(c) स्थिर रहती है
(d) पहले तेजी से बढ़ती है और फिर धीरे-धीरे घटती है

28 निम्नलिखित में से कौन-सा न्यूक्लिऑनों के एक जोड़े की स्थितिज ऊर्जा U का उनके पृथक्करण r के फलन के रूप में सही ग्राफ है? **NCERT पृष्ठ 313**

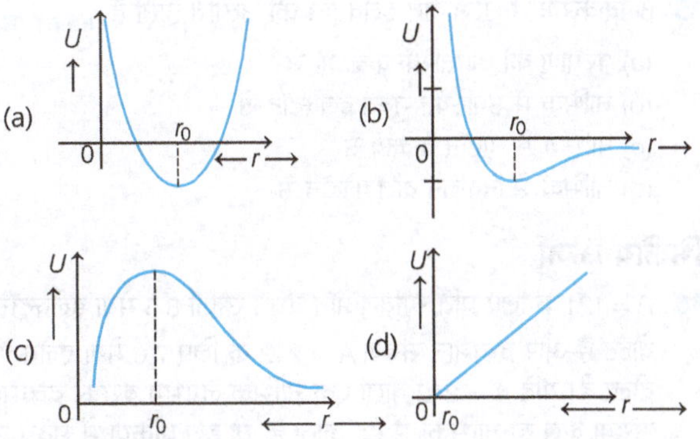

29 दो न्यूक्लिऑन 1 फेम्टोमीटर की दूरी पर हैं। यदि दोनों न्यूट्रॉन है तो उनके बीच कुल बल F_1 है, यदि दोनों प्रोटॉन हैं तो उनके बीच कुल बल F_2 है, और यदि एक प्रोटॉन है और दूसरा न्यूट्रॉन है, तो उनके बीच का कुल F_3 है। F_1, F_2 तथा F_3 के मध्य सम्बन्ध है। **NCERT पृष्ठ 313**

(a) $F_1 > F_2 > F_3$ (b) $F_1 = F_3 > F_2$
(c) $F_2 > F_1 > F_3$ (d) $F_1 = F_2 > F_3$

30 दो प्रोटॉन 40 ऐंगस्ट्रॉम की दूरी पर रखे गए हैं। यदि F_n नाभिकीय बल है और F_e उनके बीच स्थिरवैद्युतिकीय बल है, तो **NCERT पृष्ठ 313**

(a) $F_n << F_e$ (b) $F_n \approx F_e$ (c) $F_n >> F_e$ (d) $F_n = F_e$

31 नाभिकीय बल हैं **NCERT पृष्ठ 313**

(a) लघु परास का आकर्षक और आवेश से स्वतन्त्र
(b) लघु परास का आकर्षक और आवेश पर निर्भर
(c) दीर्घ परास का प्रतिकर्षी और आवेश से स्वतन्त्र
(d) दीर्घ परास का प्रतिकर्षी और आवेश पर निर्भर

रेडियोऐक्टिवता

32 α-कण में सम्मिलित हैं **NCERT पृष्ठ 314**

(a) 2 इलेक्ट्रॉन, 2 प्रोटॉन और 2 न्यूट्रॉन
(b) 2 इलेक्ट्रॉन और 4 प्रोटॉन
(c) केवल 2 प्रोटॉन
(d) 2 प्रोटॉन और 2 न्यूट्रॉन

33 नाभिकीय अभिक्रिया ${}^{238}_{92}U \longrightarrow X + {}^{4}_{2}He$ में नाभिक X होता है। **NCERT पृष्ठ 314**

(a) ${}^{234}_{90}Th$ (b) ${}^{235}_{90}U$ (c) ${}^{237}_{91}Pa$ (d) ${}^{140}_{54}Xe$

34 ऋणात्मक β-क्षय के दौरान, उत्सर्जित इलेक्ट्रॉन के साथ एक एण्टीन्यूट्रिनो भी उत्सर्जित होता है। तब, **NCERT पृष्ठ 314**

(a) केवल रैखिक संवेग संरक्षित रहेगा
(b) कुल रेखीय संवेग और कुल कोणीय संवेग संरक्षित रहेंगे, लेकिन कुल ऊर्जा संरक्षित नहीं रहेगी
(c) कुल रेखीय संवेग और कुल ऊर्जा संरक्षित रहेगी, लेकिन कुल कोणीय संवेग संरक्षित नहीं रहेगा
(d) कुल रेखीय संवेग, कुल कोणीय संवेग तथा कुल ऊर्जा संरक्षित रहेगी

35 β-विकिरण में उत्सर्जित इलेक्ट्रॉन की उत्पत्ति होती है NCERT पृष्ठ 314

(a) परमाणु की आन्तरिक कक्षाओं से
(b) नाभिक में उपस्थित मुक्त इलेक्ट्रॉन से
(c) नाभिक में न्यूट्रॉन के क्षय से
(d) नाभिक से निकलने वाले फोटॉन से

नाभिकीय ऊर्जा

36 $A = 121$ के लिए प्रति न्यूक्लिऑन बंधन ऊर्जा 8.5 मेगा इलेक्ट्रॉन वोल्ट है और द्रव्यमान संख्या $A = 242$ के लिए 7.6 मेगा इलेक्ट्रॉन वोल्ट है। यदि $A = 242$ वाला एक नाभिक लगभग बराबर द्रव्यमान संख्या वाले दो नाभिकों में टूट जाता है, तो इस प्रक्रिया में मुक्त ऊर्जा है NCERT पृष्ठ 314

(a) 192 मेगा इलेक्ट्रॉन वोल्ट (b) 217.8 मेगा इलेक्ट्रॉन वोल्ट
(c) 220 मेगा इलेक्ट्रॉन वोल्ट (d) 208.2 मेगा इलेक्ट्रॉन वोल्ट

37 पॉज़िट्रॉन पर आवेश का पॉज़िट्रॉन के द्रव्यमान से अनुपात लगभग होता है NCERT पृष्ठ 314

(a) $+2 \times 10^{11}$ कूलॉम/किग्रा (b) $+5 \times 10^{12}$ कूलॉम/किग्रा
(c) -2×10^{11} कूलॉम/किग्रा (d) -5×10^{11} कूलॉम/किग्रा

38 ${}^{7}_{3}Li$ और ${}^{4}_{2}He$ नाभिक की प्रति न्यूक्लिऑन बन्धन ऊर्जा क्रमशः 5.60 मेगा इलेक्ट्रॉन वोल्ट और 7.06 मेगा इलेक्ट्रॉन वोल्ट है। नाभिकीय अभिक्रिया ${}^{7}_{3}Li + {}^{1}_{1}H \rightarrow {}^{4}_{2}He + {}^{4}_{2}He + Q$ में मुक्त ऊर्जा Q का मान है NCERT पृष्ठ 315

(a) 19.6 मेगा इलेक्ट्रॉन वोल्ट (b) –2.4 मेगा इलेक्ट्रॉन वोल्ट
(c) 8.4 मेगा इलेक्ट्रॉन वोल्ट (d) 17.3 मेगा इलेक्ट्रॉन वोल्ट

39 दिया गया है, परमाणु द्रव्यमान ${}^{238}_{92}U = 238.05079u$, ${}^{4}_{2}He = 4.00260u$ और ${}^{234}_{90}Th = 234.04363u$ है। ${}^{238}_{92}U$ के α-क्षय के दौरान मुक्त होने वाली नाभिकीय ऊर्जा है NCERT पृष्ठ 315

(a) 4.25 मेगा इलेक्ट्रॉन वोल्ट (b) 4.5 मेगा इलेक्ट्रॉन वोल्ट
(c) 6 मेगा इलेक्ट्रॉन वोल्ट (d) 5 मेगा इलेक्ट्रॉन वोल्ट

40 यदि द्रव्यमान संख्या $A = 240$ तथा $E_{bn} = 7.6$ मेगा इलेक्ट्रॉन वोल्ट वाला एक नाभिक $A = 120$ तथा $E_{bn} = 8.5$ मेगा इलेक्ट्रॉन वोल्ट के दो टुकड़ों में विभाजित हो जाता है, तो मुक्त ऊर्जा लगभग होती है NCERT पृष्ठ 315

(a) 216 मेगा इलेक्ट्रॉन वोल्ट (b) 200 मेगा इलेक्ट्रॉन वोल्ट
(c) 100 मेगा इलेक्ट्रॉन वोल्ट (d) 156 मेगा इलेक्ट्रॉन वोल्ट

41 U^{235} पर धीमे न्यूट्रॉन से बमबारी करने पर 200 मेगा इलेक्ट्रॉन वोल्ट ऊर्जा निकलती है। यदि निर्गत् शक्ति 1.6 मेगावाट है, तो विखण्डन की दर होगी NCERT पृष्ठ 315

(a) 5×10^{22} प्रति सेकण्ड (b) 5×10^{16} प्रति सेकण्ड
(c) 8×10^{16} प्रति सेकण्ड (d) 20×10^{16} प्रति सेकण्ड

42 निम्नलिखित में से कौन-सी विखण्डन अभिक्रिया है/हैं? NCERT पृष्ठ 315

I. ${}^{1}_{0}n + {}^{235}_{92}U \rightarrow {}^{236}_{92}U \rightarrow {}^{144}_{56}Ba + {}^{89}_{36}Kr + 3{}^{1}_{0}n$
II. ${}^{1}_{0}n + {}^{235}_{92}U \rightarrow {}^{236}_{92}U \rightarrow {}^{133}_{51}Sb + {}^{99}_{41}Nb + 4{}^{1}_{0}n$
III. ${}^{1}_{0}n + {}^{235}_{92}U \rightarrow {}^{140}_{54}Xe + {}^{94}_{38}Sr + 2{}^{1}_{0}n$
IV. ${}^{2}_{1}H + {}^{2}_{1}H \rightarrow {}^{3}_{2}He + {}^{1}_{0}n$

(a) I, II और IV
(b) III और IV दोनों
(c) II, III और IV
(d) I, II और III

43 यूरेनियम का एक नाभिक विरामावस्था में थोरियम और हीलियम के नाभिकों में विघटित हो जाता है, तब NCERT पृष्ठ 315

(a) हीलियम नाभिक में थोरियम नाभिक की तुलना में अधिक गतिज ऊर्जा होती है
(b) हीलियम नाभिक का संवेग थोरियम नाभिक से कम होता है
(c) हीलियम नाभिक का संवेग थोरियम नाभिक से अधिक होता है
(d) हीलियम नाभिक की गतिज ऊर्जा थोरियम नाभिक से कम होती है

44 सूर्य में संलयन अभिक्रिया में निम्नलिखित अभिक्रियाएँ सम्मिलित होती हैं। NCERT पृष्ठ 315

${}^{1}_{1}H + {}^{1}_{1}H \longrightarrow {}^{2}_{1}H + e^{+} + \nu + 0.42$ मेगा इलेक्ट्रॉन वोल्ट (A)
$e^{+} + e^{-} \longrightarrow \gamma + \gamma + 1.02$ मेगा इलेक्ट्रॉन वोल्ट (B)
${}^{2}_{1}H + {}^{1}_{1}H \longrightarrow {}^{3}_{2}He + \gamma + 5.49$ मेगा इलेक्ट्रॉन वोल्ट (C)
${}^{3}_{2}He + {}^{3}_{2}He \longrightarrow {}^{4}_{2}He + {}^{1}_{1}H + {}^{1}_{1}H + 12.86$ मेगा इलेक्ट्रॉन वोल्ट (D)

चौथी अभिक्रिया (D) के घटित होने के लिए, उपरोक्त तीन अभिक्रियाओं का संयोजन होगा

(a) A + B + C (b) 2A + 2B + C
(c) A + 2B + C (d) 2A + 2B + 2C

45 संलयन अभिक्रिया में,

$${}^{2}_{1}H + {}^{2}_{1}H \longrightarrow {}^{3}_{2}He + {}^{1}_{0}n$$

परमाणु द्रव्यमान मात्रक में व्यक्त ड्यूटेरॉन, हीलियम और न्यूट्रॉन के द्रव्यमान क्रमशः 2.015, 3.017 और 1.009 हैं। यदि 1 किग्रा ड्यूटेरियम पूर्ण संलयन से गुजरता है, कुल मुक्त ऊर्जा की मात्रा ज्ञात करें। (1 परमाणु द्रव्यमान मात्रक = 9315 मेगा इलेक्ट्रॉन वोल्ट) NCERT पृष्ठ 315

(a) 9.0×10^{13} जूल (b) 20×10^{5} जूल
(c) 5×10^{16} जूल (d) 8×10^{5} जूल

46 यदि किसी नाभिकीय संलयन अभिक्रिया में द्रव्यमान क्षय 0.3% है, तब 1 किग्रा द्रव्यमान के संलयन में मुक्त ऊर्जा है NCERT पृष्ठ 315

(a) 27×10^{10} जूल (b) 27×10^{11} जूल
(c) 27×10^{12} जूल (d) 27×10^{13} जूल

47 एक नाभिकीय संलयन अभिक्रिया में $4({}^{4}_{2}He) \rightarrow {}^{16}_{8}O$ दी गई है। यदि He का परमाणु द्रव्यमान 4.0026 amu तथा O का परमाणु द्रव्यमान 15.9994 amu है, तब अभिक्रिया का Q-मान लगभग होगा NCERT पृष्ठ 315

(a) 5.4 मेगा इलेक्ट्रॉन वोल्ट (b) 10.2 मेगा इलेक्ट्रॉन वोल्ट
(c) 18.6 मेगा इलेक्ट्रॉन वोल्ट (d) 20.4 मेगा इलेक्ट्रॉन वोल्ट

48 ड्यूटेरॉन ^2_1H की बन्धन ऊर्जा 1.112 मेगा इलेक्ट्रॉन वोल्ट प्रति न्यूक्लियॉन है और एक α-कण ^4_2He की बन्धन ऊर्जा 7.047 मेगा इलेक्ट्रॉन वोल्ट प्रति न्यूक्लियॉन है। तब संलयन अभिक्रिया $^2_1H + ^2_1H \rightarrow ^4_2He + Q$ में मुक्त ऊर्जा Q है **NCERT पृष्ठ 315**

(a) 1 मेगा इलेक्ट्रॉन वोल्ट (b) 11.9 मेगा इलेक्ट्रॉन वोल्ट
(c) 23.8 मेगा इलेक्ट्रॉन वोल्ट (d) 931 मेगा इलेक्ट्रॉन वोल्ट

49 संलयन अभिक्रिया उच्च तापमान पर होती है, क्योंकि **NCERT पृष्ठ 316**

(a) अणु उच्च तापमान पर टूट जाते हैं
(b) उच्च तापमान पर नाभिक टूट जाते हैं
(c) परमाणु उच्च तापमान पर आयनित हो जाते हैं
(d) गतिज ऊर्जा उच्च तापमान पर नाभिकों के बीच कूलॉम प्रतिकर्षण बल अभिभूत करने के लिए पर्याप्त होता है।

50 एक नाभिकीय संलयन अभिक्रिया में, दो नाभिक A और B, नाभिक C बनाने के लिए क्षयित होते हैं, इस प्रक्रिया में ऊर्जा की एक मात्रा ΔE मुक्त होती है। यदि तीनों नाभिकों की द्रव्यमान क्षति क्रमशः ΔM_A, ΔM_B और ΔM_C हैं, तब निम्नलिखित में से कौन-सा सम्बन्ध सही है? यहाँ, c प्रकाश की गति है। **NCERT पृष्ठ 316**

(a) $\Delta M_A + \Delta M_B = \Delta M_C - \Delta E / c^2$
(b) $\Delta M_A + \Delta M_B = \Delta M_C + \Delta E / c^2$
(c) $\Delta M_A - \Delta M_B = \Delta M_C - \Delta E / c^2$
(d) $\Delta M_A - \Delta M_B = \Delta M_C + \Delta E / c^2$

अभिकथन-कारण प्रश्न

निर्देश *(प्रश्न क्रमांक 1-10) निम्नलिखित प्रश्नों में, अभिकथन के एक कथन बाद कारण का एक संगत कथन दिया गया है। निम्नलिखित विकल्पों में से, सही विकल्प का चयन कीजिए।*

(a) अभिकथन और कारण दोनों सही हैं और कारण, अभिकथन का सही स्पष्टीकरण है।
(b) अभिकथन और कारण दोनों सही हैं लेकिन कारण, अभिकथन का सही स्पष्टीकरण नहीं है।
(c) अभिकथन सही है लेकिन कारण गलत है।
(d) अभिकथन गलत है लेकिन कारण सही है।

1 **अभिकथन** किसी तत्त्व के लिए सामान्यतः $N \geq Z$ (N = न्यूट्रॉनों की संख्या, Z = परमाणु क्रमांक)।

कारण न्यूट्रॉन सदैव आकर्षक नाभिकीय बल का अनुभव नहीं करते। **NCERT पृष्ठ 308**

2 **अभिकथन** प्रारम्भ में यह माना जाता था कि नाभिकीय अभिक्रिया में द्रव्यमान और ऊर्जा अलग-अलग संरक्षित होते हैं।

कारण आइन्स्टीन के अनुसार, द्रव्यमान-ऊर्जा को ऊर्जा के अन्य रूपों में परिवर्तित किया जा सकता है। **NCERT पृष्ठ 310**

3 **अभिकथन** प्रति न्यूक्लिऑन बन्धन ऊर्जा मध्यम द्रव्यमान संख्याओं $(30 < A < 170)$ के लिए प्रयोगात्मक रूप से स्थायी है।

कारण नाभिकीय बल प्रकृति में लघु परास का होता है। **NCERT पृष्ठ 312**

4 **अभिकथन** न्यूक्लाइड $^{30}_{13}Al$, $^{40}_{20}Ca$ की तुलना में कम स्थायी होते है।

कारण प्रोटॉन और न्यूट्रॉन की विषम संख्या वाले न्यूक्लाइड सामान्यतः अस्थायी होते हैं। **NCERT पृष्ठ 312**

5 **अभिकथन** विद्युत बलों और गुरुत्वाकर्षण बलों के विपरीत, नाभिकीय बल की सीमा सीमित होती है।

कारण नाभिकीय बल व्युत्क्रम वर्ग नियम का पालन नहीं करते हैं। **NCERT पृष्ठ 313**

6 **अभिकथन** न्यूट्रॉन-न्यूट्रॉन, प्रोटॉन-न्यूट्रॉन और प्रोटॉन-प्रोटॉन के बीच नाभिकीय बल लगभग समान होता है।

कारण नाभिकीय बल, विद्युत आवेश पर निर्भर नहीं करता है। **NCERT पृष्ठ 314**

7 **अभिकथन** भारी नाभिक के विखण्डन या हल्के नाभिक के संलयन के दौरान बन्धन ऊर्जा मुक्त होती है।

कारण भारी नाभिकों के लिए Z बढ़ने पर प्रति न्यूक्लिऑन बन्धन ऊर्जा बढ़ जाती है, जबकि हल्के नाभिकों के लिए Z बढ़ने पर यह घट जाती है। **NCERT पृष्ठ 315**

8 **अभिकथन** द्रव्यमान वर्णक्रममापी (स्पेक्ट्रोमीटर) का उपयोग किसी तत्व के समस्थानिकों को पृथक करने के लिए किया जा सकता है।

कारण विभिन्न समस्थानिकों के मध्य इलेक्ट्रॉनों की संख्या में भिन्नता के कारण समस्थानिकों का पृथक्करण संभव है। **NCERT पृष्ठ 315**

9 **अभिकथन** ताप नाभिकीय संलयन अभिक्रिया पृथ्वी पर प्राकृतिक रूप से संभव नहीं है।

कारण ताप नाभिकीय संलयन अभिक्रिया के लिए तापमान और दाब की उच्चतम स्थिति की आवश्यकता होती है। **NCERT पृष्ठ 317**

10 **अभिकथन** ताप नाभिकीय संलयन अभिक्रियाओं में समाज को असीमित मात्रा में ऊर्जा प्रदान करने की क्षमता है।

कारण हाइड्रोजन समस्थानिकों के साथ एकल संलयन घटना $^{235}_{93}U$ नाभिकीय विखण्डन की तुलना में अधिक ऊर्जा उत्पन्न करती है। **NCERT पृष्ठ 317**

कथन आधारित प्रश्न

निर्देश *(प्रश्न क्रमांक 1-8) निम्नलिखित प्रश्नों में दो कथन (I और II) दिए गए हैं। दिए गए कथनों के आधार पर, नीचे दिए गए विकल्पों में से सही उत्तर चुनें।*

(a) कथन I और कथन II दोनों गलत हैं।
(b) कथन I सही है लेकिन कथन II गलत है।
(c) कथन I गलत है लेकिन कथन II सही है।
(d) कथन I और कथन II दोनों सही हैं।

1 **कथन I** परमाणु द्रव्यमान इकाई में व्यक्त विभिन्न तत्वों के परमाणु द्रव्यमान, हाइड्रोजन परमाणु के द्रव्यमान के पूर्ण गुणज के सन्निकट होते हैं।
कथन II द्रव्यमान वर्णक्रममापी (स्पेक्ट्रोमीटर) का उपयोग सटीक परमाणु द्रव्यमान को मापने के लिए किया जाता है। NCERT पृष्ठ 307

2 **कथन I** नाभिक में धनात्मक आवेश प्रोटॉन के कारण होता है।
कथन II एक परमाणु में इलेक्ट्रॉनों का आवेश $-Ze$ से अधिक हो सकता है। NCERT पृष्ठ 308

3 **कथन I** संकुलन गुणांक (Packing fraction) का धनात्मक मान बन्धन ऊर्जा के उच्च मान को दर्शाता है।
कथन II नाभिक के परमाणु द्रव्यमान और द्रव्यमान संख्या के बीच के अन्तर का परमाणु द्रव्यमान से अनुपात को संकुलन गुणांक कहते है। NCERT पृष्ठ 309

4 **कथन I** जब एक भारी नाभिक, $A=240$ को दो $A=120$ नाभिकों में खण्डित किया जाता है, तो निर्मित नाभिक की बन्धन ऊर्जा प्रारम्भिक नाभिक से अधिक होती है।
कथन II जब दो बहुत हल्के नाभिक ($A \leq 10$) मिलकर एक भारी नाभिक बनाते हैं, तो निर्मित नाभिक की बन्धन ऊर्जा प्रारम्भिक नाभिक से अधिक होता है। NCERT पृष्ठ 312

5 **कथन I** नाभिकीय बल आकर्षी और प्रतिकर्षी दोनों है और यह कुछ प्रति न्यूक्लिऑन इलेक्ट्रॉन वोल्ट की बन्धन ऊर्जा उत्पन्न करने के लिए पर्याप्त है।
कथन II बलों का संतृप्ति गुण, E_{bn} (प्रति न्यूक्लियॉन बंधन ऊर्जा) की स्थिरता का कारण है। NCERT पृष्ठ 313

6 **कथन I** संलयन न्यूट्रॉन-प्रेरित नाभिकीय अभिक्रिया है।
कथन II विखण्डन में विघटन ऊर्जा सबसे पहले टुकड़ों और न्यूट्रॉनों की गतिज ऊर्जा के रूप में प्रकट होती है। NCERT पृष्ठ 315

7 **कथन I** हाइड्रोजन बम में हाइड्रोजन, ड्यूटेरियम और ट्राइटियम के समस्थानिकों का संलयन सम्मिलित होता है।
कथन II सूर्य के अनुमानित जीवन के बाद, इसका बाहरी आवरण लाल दानव (Red gaint) में परिवर्तित हो जाएगा। NCERT पृष्ठ 317

8 तारे के आन्तरिक भाग में, जब कोर में हाइड्रोजन खत्म होकर हीलियम बन जाता है, तो कोर ठण्डा होने लगता है। फिर, तारा अपने गुरुत्वाकर्षण के कारण संकुचित होने लगता है, जिससे
कथन I कोर और तारे के तापमान में कमी होगी।
कथन II कोर के तापमान में वृद्धि और यदि $T > 10^8$ केल्विन बढ़ जाए, तो हीलियम का संलयन कार्बन में संलयन से परिवर्तित हो जाएगा। NCERT पृष्ठ 317

सुमेलन प्रकार प्रश्न

1 सोने के नाभिक $^{197}_{79}Au$ के लिए कॉलम I और कॉलम II का सही सुमेलन करें। NCERT पृष्ठ 308

	कॉलम I		कॉलम II
A.	प्रोटॉनों की संख्या	1.	118
B.	न्यूट्रॉनों की संख्या	2.	197
C.	न्यूक्लिऑनों की संख्या	3.	1.264×10^{-17}
D.	कुल धनात्मक आवेश (कूलॉम में)	4.	79

नीचे दिए गए कूटों से सही उत्तर चुनें।

कूट

	A	B	C	D		A	B	C	D
(a)	1	2	3	4	(b)	4	1	2	3
(c)	2	1	3	4	(d)	4	1	3	2

2 यह मानते हुए कि प्रोटॉन और न्यूट्रॉन का द्रव्यमान समान है। नाभिकीय त्रिज्या निम्न प्रकार दी गई है $R = 1.2 \times 10^{-15} A^{1/3}$ मीटर और न्यूक्लिऑन का द्रव्यमान $= 1.677 \times 10^{-27}$ किग्रा
उपरोक्त शर्त के आधार पर, कॉलम I (पदों) को कॉलम II (मानों) से सुमेलित करें। NCERT पृष्ठ 309

	कॉलम I		कॉलम II
A.	नाभिकीय द्रव्यमान (किग्रा में)	1.	2.307×10^{14}
B.	नाभिकीय आयतन (मी^{3} में)	2.	$1.67 \times 10^{-27} A$
C.	नाभिकीय घनत्व (किग्रा/मी^{3} में)	3.	$7.24 \times 10^{-45} A$
D.	नाभिकीय घनत्व और जल घनत्व का अनुपात	4.	2.307×10^{17}

नीचे दिए गए कूटों से सही उत्तर चुनें।

कूट

	A	B	C	D
(a)	2	3	4	1
(b)	3	2	1	4
(c)	3	4	2	1
(d)	4	3	2	1

3 कॉलम I में दी गई नाभिकीय अभिक्रियाओं का सुमेलन कॉलम II में दी गई अभिक्रियाओं में सम्मिलित ऊर्जा से कीजिए। **NCERT पृष्ठ 310**

कॉलम I	कॉलम II
A. ${}_1^2H + {}_1^2H \to {}_1^3H + {}_1^1H + E_1$	1. 17.6 मेगा इलेक्ट्रॉन वोल्ट
B. ${}_1^3H + {}_1^2H \to {}_2^4He + {}_0^1n + E_2$	2. 18.3 मेगा इलेक्ट्रॉन वोल्ट
C. ${}_1^2H + {}_1^2H \to {}_2^3He + {}_0^1n + E_3$	3. 4 मेगा इलेक्ट्रॉन वोल्ट
D. ${}_2^3H + {}_1^2H \to {}_2^4He + E_4$	4. 13.3 मेगा इलेक्ट्रॉन वोल्ट

नीचे दिए गए कूटों से सही उत्तर चुनें।

कूट

	A	B	C	D
(a)	1	4	3	2
(b)	3	1	4	2
(c)	1	2	3	4
(d)	3	4	2	1

आंकिक मान प्रकार के प्रश्न

1 प्रोटॉन और न्यूट्रॉन के लिए समान द्रव्यमान मानते हुए, न्यूक्लिऑन द्रव्यमान 1.6×10^{-27} किग्रा और नाभिकीय त्रिज्या $1.5 \times 10^{-15}\ A^{1/3}$ मी है। नाभिकीय घनत्व और पानी के घनत्व का अनुमानित अनुपात $n \times 10^{13}$ है। n का मान .... है। **NCERT पृष्ठ 309**

2 सूर्य सभी दिशाओं में ऊर्जा विकीर्णित करता है। सूर्य से पृथ्वी की सतह पर प्राप्त औसत विकिरण 1.4 किलो वाट/मी^{2} है। पृथ्वी-सूर्य की औसत दूरी 1.5×10^{11} मी है। सूर्य द्वारा प्रतिदिन द्रव्यमान क्षय ....$\times 10^{14}$ किग्रा है। (1 दिन = 86400 सेकण्ड) **NCERT पृष्ठ 311**

3 एक नाभिक जिसकी द्रव्यमान संख्या 240 है तथा प्रति न्यूक्लियॉन बन्धन ऊर्जा 7.6 मेगा इलेक्ट्रॉन वोल्ट है, दो खण्डों में विखण्डित हो जाता है, जिनमें से प्रत्येक की द्रव्यमान संख्या 120 है तथा प्रति न्यूक्लिऑन बंधन ऊर्जा 8 मेगा इलेक्ट्रॉन वोल्ट है। बंधन-ऊर्जा में कुल वृद्धि ...... मेगा इलेक्ट्रॉन वोल्ट है। **NCERT पृष्ठ 311**

4 नाभिक ${}_6^{12}C$ के लिए प्रति न्यूक्लिऑन बन्धन ऊर्जा .... मेगा इलेक्ट्रॉन वोल्ट है।
(${}_6^{12}C$ का परमाणु द्रव्यमान = 12.0000 u, हाइड्रोजन नाभिक का द्रव्यमान = 1.007825 u, न्यूट्रॉन का द्रव्यमान = 1.00865 u) **NCERT पृष्ठ 312**

5 एक नाभिक दो नाभिकीय खण्डों में इस तरह खण्डित होता है कि उनके वेगों का अनुपात 2 : 1 है। उनके संबंधित नाभिक आकार का अनुपात $1:(n)^{1/3}$ है। n का मान है **NCERT पृष्ठ 315**

6 ${}^{240}X$ के नाभिक के विखण्डन के दौरान मुक्त होने वाली ऊर्जा 200 मेगा इलेक्ट्रॉन वोल्ट है। यदि 60 ग्राम शुद्ध ${}^{240}X$ के सभी परमाणु विखंडन से गुजरते हैं, तो मुक्त होने वाली ऊर्जा .... $\times 10^{25}$ मेगा इलेक्ट्रॉन वोल्ट है। (दिया गया है, $N_A = 6 \times 10^{23}$) **NCERT पृष्ठ 315**

7 ${}_{95}^{235}U$ के एकल विखण्डन में 220 मेगा इलेक्ट्रॉन वोल्ट ऊर्जा मुक्त होती है, 1.5 किलोवाट की शक्ति उत्पन्न करने के लिए आवश्यक विखण्डन .....$\times 10^{13}$ है। **NCERT पृष्ठ 315**

8 100 वाट के एक विद्युत लैम्प को 2 किग्रा ड्यूटेरियम के संलयन द्वारा .... $\times 10^4$ वर्षों तक प्रदीप्त रखा जा सकता है। (निकटतम पूर्ण संख्या तक पूर्णांकित करें)
संलयन अभिक्रिया को इस प्रकार लिया जा सकता है

$${}_1^2H + {}_1^2H \longrightarrow {}_2^3He + n + 3.2 \text{ मेगा इलेक्ट्रॉन वोल्ट}$$

NCERT पृष्ठ 315

9 जब एक धीमी गति से चलने वाला न्यूट्रॉन यूरेनियम परमाणु (${}_{92}^{235}U$) से टकराता है, तो निम्नलिखित अभिक्रिया होती है

$${}_0^1n + {}_{92}^{235}U \longrightarrow {}_{92}^{236}U \longrightarrow {}_{40}^{99}Zr + {}_{52}^{134}Te + 3{}_0^1n$$

यदि न्यूट्रॉन की गतिज ऊर्जा नगण्य माना जायें, (क्योंकि यह बहुत कम है), तो अभिक्रिया का Q,-मान $37 \times K$ मेगा इलेक्ट्रॉन वोल्ट है K का मान .... है। दिया है

$m(U^{235}) = 235.0439$ u, $m(n) = 1.0087$ u,

$m(Zr^{99}) = 98.9165$ u, $m(Te^{134}) = 133.9115$ u **NCERT पृष्ठ 315**

10 एक तारा प्रारम्भ में 10^{40} ड्यूटेरॉन रखता हैं। यह निम्न अभिक्रियाओं के माध्यम से ऊर्जा उत्पन्न करता है,

$${}_1H^2 + {}_1H^2 \to {}_1H^3 + p$$

$${}_1H^2 + {}_1H^3 \to {}_2He^4 + n$$

नाभिकों का द्रव्यमान इस प्रकार है

$m(H^2) = 2.014$ amu, $M(p) = 1.007$ amu,

$m(n) = 1.008$ amu, $M(He^4) = 4.001$ amu

यदि तारे द्वारा विकीर्णित औसत शक्ति 10^{16} वाट है, तो तारे की ड्यूटेरॉन आपूर्ति .... $\times 10^9$ सेकण्ड समय में समाप्त हो जाती है। **NCERT पृष्ठ 317**

NCERT Exemplar प्रश्न

1 भारी स्थायी नाभिक में प्रोटॉन की तुलना में न्यूट्रॉन अधिक होते हैं। ऐसा इस तथ्य के कारण होता है कि
(a) न्यूट्रॉन प्रोटॉन से भारी होते हैं
(b) प्रोटॉन के बीच स्थिर वैद्युतिक बल प्रतिकर्षी होता है
(c) β-क्षय द्वारा न्यूट्रॉन: प्रोटॉन में विघटित हो जाते हैं
(d) न्यूट्रॉन के मध्य नाभिकीय बल प्रोटॉन से क्षीण होता है

2 हाइड्रोजन परमाणु और m द्रव्यमान के कण के बीच गुरुत्वाकर्षण बल न्यूटन के नियम द्वारा दिया जाएगा
$F = G\dfrac{M.m}{r^2}$, जहाँ r किमी में है और
(a) $M = m_{\text{प्रोट्रॉन}} + m_{\text{इलेक्ट्रॉन}}$
(b) $M = m_{\text{प्रोट्रॉन}} + m_{\text{इलेक्ट्रॉन}} - \dfrac{B}{c^2} (B = 13.6 \text{ eV})$
(c) M हाइड्रोजन परमाणु के द्रव्यमान से संबंधित नहीं है।
(d) $M = m_{\text{प्रोट्रॉन}} + m_{\text{इलेक्ट्रॉन}} - \dfrac{|V|}{c^2} (|V|) =$
हाइड्रोजन परमाणु में इलेक्ट्रॉन की स्थितिज ऊर्जा का परिमाण।

विगत परीक्षाओं के प्रश्न

NEET

1 $^{290}_{82}X \xrightarrow{\alpha} Y \xrightarrow{e^+} Z \xrightarrow{\beta^-} P \xrightarrow{e^-} Q$
उपरोक्त नाभिकीय उत्सर्जन के लिए उत्पाद Q की द्रव्यमान संख्या व परमाणु क्रमांक क्रमशः हैं **NCERT पृष्ठ 309, NEET 2024**
(a) 280, 81 (b) 286, 80
(c) 288, 82 (d) 286, 81

2 दी गई नाभिकीय अभिक्रिया में, तत्त्व X है **NCERT पृष्ठ 315, NEET 2022**
$^{22}_{11}\text{Na} \longrightarrow X + e^+ + \nu$
(a) $^{23}_{10}\text{Ne}$ (b) $^{22}_{10}\text{Ne}$
(c) $^{22}_{12}\text{Mg}$ (d) $^{23}_{11}\text{Na}$

3 द्रव्यमान संख्या 189 का एक नाभिक, द्रव्यमान संख्या 125 और 64 वाले दो नाभिकों में विखण्डित हो जाता है। दो संतति (उत्पाद) नाभिकों की त्रिज्याओं का अनुपात क्रमशः है **NCERT पृष्ठ 309, NEET 2022**
(a) 4 : 5 (b) 5 : 4
(c) 25 : 16 (d) 1 : 1

4 द्रव्यमान संख्या 240 वाला एक नाभिक समान द्रव्यमान संख्या 120 वाले दो खण्डों में विखण्डित हो जाता है, अखण्डित नाभिकों की प्रति न्यूक्लियॉन बन्धन ऊर्जा 7.6 मेगा इलेक्ट्रॉन वोल्ट है, जबकि खण्डों की प्रति न्यूक्लियॉन बन्धन ऊर्जा 8.5 मेगा इलेक्ट्रॉन वोल्ट है। इस प्रक्रिया में बंधन-ऊर्जा में कुल लाभ है **NCERT पृष्ठ 315, NEET 2021**
(a) 0.9 मेगा इलेक्ट्रॉन वोल्ट
(b) 9.4 मेगा इलेक्ट्रॉन वोल्ट
(c) 804 मेगा इलेक्ट्रॉन वोल्ट
(d) 216 मेगा इलेक्ट्रॉन वोल्ट

5 किसी पदार्थ के 0.5 ग्राम की समतुल्य ऊर्जा है **NCERT पृष्ठ 310, NEET 2020**
(a) 4.5×10^{13} जूल (b) 1.5×10^{13} जूल
(c) 0.5×10^{13} जूल (d) 4.5×10^{16} जूल

6 जब यूरेनियम समस्थानिक $^{235}_{92}\text{U}$ पर न्यूट्रॉन से बमबारी की जाती है, तो यह $^{89}_{36}\text{Kr}$, तीन न्यूट्रॉन और ...... उत्पन्न करता है **NCERT पृष्ठ 315, NEET 2020**
(a) $^{91}_{40}\text{Zr}$ (b) $^{101}_{36}\text{Kr}$ (c) $^{103}_{36}\text{Kr}$ (d) $^{144}_{56}\text{Ba}$

7 यूरेनियम का एक नाभिक विरामावस्था में थोरियम और हीलियम के नाभिकों में विघटित हो जाता है। **NCERT पृष्ठ 315, AIPMT 2015**
(a) हीलियम नाभिक में थोरियम नाभिक की तुलना में अधिक गतिज ऊर्जा होती है
(b) हीलियम नाभिक का संवेग थोरियम नाभिक से कम होता है
(c) हीलियम नाभिक का संवेग थोरियम नाभिक से अधिक होता है
(d) हीलियम नाभिक की गतिज ऊर्जा थोरियम नाभिक से कम होती है

8 नाभिक ^4_2He और ^7_3Li की प्रति न्यूक्लिऑन बन्धन ऊर्जाएँ क्रमशः 5.60 मेगा इलेक्ट्रॉन वोल्ट और 7.06 मेगा इलेक्ट्रॉन वोल्ट हैं। परमाणु अभिक्रिया, $^7_3\text{Li} + ^1_1\text{H} \rightarrow ^4_2\text{He} + ^4_2\text{He} + Q$ में विमुक्त ऊर्जा Q का मान है **NCERT पृष्ठ 312, AIPMT 2015**
(a) 19.6 मेगा इलेक्ट्रॉन वोल्ट (b) – 2.4 मेगा इलेक्ट्रॉन वोल्ट
(c) 8.4 मेगा इलेक्ट्रॉन वोल्ट (d) 17.3 मेगा इलेक्ट्रॉन वोल्ट

9 यदि $^{27}_{13}\text{Al}$ नाभिक की त्रिज्या R_{Al} ली जाए, तो $^{125}_{53}\text{Te}$ नाभिक की त्रिज्या लगभग होगी **NCERT पृष्ठ 309, AIPMT 2015**
(a) $\left(\dfrac{53}{13}\right)^{\frac{1}{3}} R_{\text{Al}}$ (b) $\dfrac{5}{3} R_{\text{Al}}$ (c) $\dfrac{3}{5} R_{\text{Al}}$ (d) $\left(\dfrac{13}{53}\right)^{\frac{1}{3}} R_{\text{Al}}$

JEE Main

10 $_6C^{12}$ का परमाणु द्रव्यमान 12.000000 u तथा $_6C^{13}$ का परमाणु द्रव्यमान 13.003354 u है। यदि न्यूट्रॉन का द्रव्यमान 1.008665 u हो, तो $_6C^{13}$ से एक न्यूट्रॉन निष्कासित करने के लिए आवश्यक ऊर्जा होगी **NCERT पृष्ठ 311, JEE Main 2024**
(a) 6.25 MeV (b) 62.5 MeV (c) 49.5 MeV (d) 4.95 MeV

11 192 द्रव्यमान संख्या के नाभिक की त्रिज्या के आधी त्रिज्या वाले नाभिक की द्रव्यमान संख्या है **NCERT पृष्ठ 309, JEE Main 2024**

(a) 32 (b) 20
(c) 24 (d) 40

12 एक नाभिक की बन्धन ऊर्जा 18×10^8 J है। तब नाभिक के सभी न्यूक्लिऑनों का कुल द्रव्यमान तथा उस नाभिक के द्रव्यमान में कितना अन्तर है? **NCERT पृष्ठ 315, JEE Main 2024**

(a) 2 μg (b) 02 μg
(c) 20 μg (d) 10 μg

13 प्रोटॉन, न्यूट्रॉन और हीलियम नाभिक के द्रव्यमान क्रमशः 1.0073u, 1.0087 u और 4.0015 u है। हीलियम नाभिक की बन्धन ऊर्जा है **NCERT पृष्ठ 311, JEE Main 2023**

(a) 14.2 मेगा इलेक्ट्रॉन वोल्ट
(b) 28.4 मेगा इलेक्ट्रॉन वोल्ट
(c) 7.1 मेगा इलेक्ट्रॉन वोल्ट
(d) 56.8 मेगा इलेक्ट्रॉन वोल्ट

14 एक नाभिकीय अभिक्रिया का Q-मान और प्रक्षेप्य कण की गतिज ऊर्जा, K_p, इस प्रकार संबंधित हैं **NCERT पृष्ठ 315, JEE Main 2022**

(a) $Q = K_p$ (b) $(K_p + Q) < 0$
(c) $Q < K_p$ (d) $(K_p + Q) > 0$

15 निम्नलिखित में से कौन-सा ग्राफ $\ln A$ के साथ परिवर्तन $\left(\frac{R}{R_0}\right)$ को दर्शाती हैं (यदि R = नाभिक की त्रिज्या और A = इसकी द्रव्यमान संख्या)? **NCERT पृष्ठ 309, JEE Main 2022**

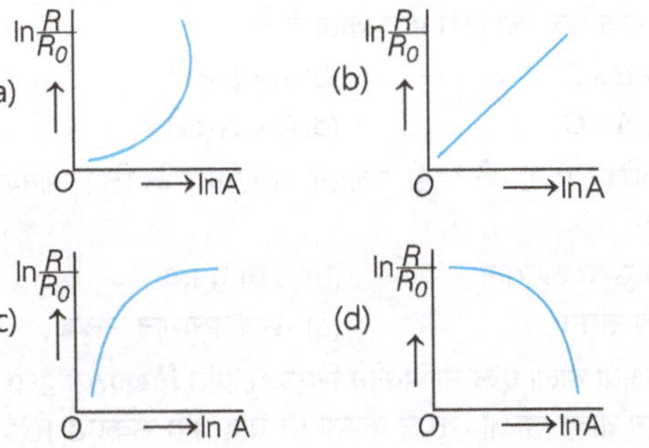

16 नाभिक A की द्रव्यमान संख्या 220 है तथा प्रति न्यूक्लिऑन इसकी बन्धन ऊर्जा 5.6 मेगा इलेक्ट्रॉन वोल्ट है। यह द्रव्यमान संख्या 105 तथा 115 वाले दो खण्डों B तथा C में विभाजित हो जाता है। खण्डों B तथा C में न्यूक्लिऑन की बन्धन ऊर्जा 6.4 मेगा इलेक्ट्रॉन वोल्ट प्रति न्यूक्लिऑन है। प्रति विखण्डन विमुक्त ऊर्जा Q होगी **NCERT पृष्ठ 315, JEE Main 2022**

(a) 0.8 मेगा इलेक्ट्रॉन वोल्ट
(b) 275 मेगा इलेक्ट्रॉन वोल्ट
(c) 220 मेगा इलेक्ट्रॉन वोल्ट
(d) 176 मेगा इलेक्ट्रॉन वोल्ट

17 द्रव्यमान संख्या 184 वाला एक नाभिक प्रारम्भ में विरामावस्था में α-कण उत्सर्जित करता है यदि अभिक्रिया का Q-मान 5.5 मेगा इलेक्ट्रॉन वोल्ट है, α-कण की गतिज ऊर्जा की गणना करें। **NCERT पृष्ठ 315, JEE Main 2021**

(a) 5.0 मेगा इलेक्ट्रॉन वोल्ट
(b) 5.5 मेगा इलेक्ट्रॉन वोल्ट
(c) 0.12 मेगा इलेक्ट्रॉन वोल्ट
(d) 5.38 मेगा इलेक्ट्रॉन वोल्ट

18 $^{120}_{50}Sn$ के लिए प्रति न्यूक्लिऑन बन्धन ऊर्जा ज्ञात कीजिए। प्रोटॉन का द्रव्यमान, $m_p = 1.00783$ u, न्यूट्रॉन का द्रव्यमान, $m_n = 1.00867$ u तथा टिन नाभिक का द्रव्यमान $m_{Sn} = 119.902199$ u
(मान लीजिए, 1 u = 931 मेगा इलेक्ट्रॉन वोल्ट) **NCERT पृष्ठ 312, JEE Main 2020**

(a) 9.0 मेगा इलेक्ट्रॉन वोल्ट
(b) 7.5 मेगा इलेक्ट्रॉन वोल्ट
(c) 8.0 मेगा इलेक्ट्रॉन वोल्ट
(d) 8.5 मेगा इलेक्ट्रॉन वोल्ट

19 दिया गया है कि ^7_3Li का द्रव्यमान = 7.0160 u, ^4_2He का द्रव्यमान = 4.00264 u और ^1_1H का द्रव्यमान = 1.0079 u है। जब प्रोटॉन के ग्रहण द्वारा ^7_3Li के 20 ग्राम को ^4_2He में परिवर्तित किया जाता है तो विमुक्त ऊर्जा (किलोवाट घण्टे में) है।
न्यूक्लिऑन का द्रव्यमान = 1 GeV/c^2 **NCERT पृष्ठ 311, JEE Main 2020**

(a) 4.5×10^5
(b) 8×10^6
(c) 6.82×10^5
(d) 1.33×10^6

स्किल बूस्टर्स

1 अभिक्रिया पर विचार करें, $^{14}N(\alpha, p)^{17}O$
इसमें सम्मिलित द्रव्यमान हैं
$^{14}N = 14.00307$ u, $^{4}He = 4.00260$ u
$^{1}H = 1.00783$ u, $^{17}O = 16.99913$ u
तब,
(a) अभिक्रिया स्वतः प्रवर्तित होती है
(b) अभिक्रिया तब सम्भव है जब α-कण की गतिज ऊर्जा 1.54 मेगा इलेक्ट्रॉन वोल्ट हो
(c) अभिक्रिया तब सम्भव है जब α-कण की गतिज ऊर्जा 0.54 मेगा इलेक्ट्रॉन वोल्ट हो
(d) अभिक्रिया का Q-मान 1.54 मेगा इलेक्ट्रॉन वोल्ट है

2 समस्थानिक ^{235}U और ^{238}U को अलग करने की एक प्रक्रिया चुंबकीय क्षेत्र में उनके पथों की त्रिज्या के अन्तर पर आधारित है। मान लें कि, यूरेनियम के एकल आयनित परमाणु एक सामान्य स्रोत से शुरू होते हैं और एकसमान चुम्बकीय क्षेत्र के लम्बवत् चलते हैं। जब दो समस्थानिकों की ऊर्जा समान होती है,
तो किरणों का अधिकतम स्थानिक पृथक्करण होता है
(a) $\frac{2\sqrt{2}K}{BZ}(\sqrt{m_2} - \sqrt{m_1})$ (b) $\frac{2\sqrt{2K}}{BZ}(\sqrt{m_2} - \sqrt{m_1})$
(c) $\frac{2\sqrt{2K(m_2 - m_1)}}{BZ}$ (d) शून्य

3 दो नाभिकों को क्षयित करने के लिए, उन्हें लगभग 2 फेम्टोमीटर या उससे कम की दूरी पर लाया जाना चाहिए। मान लीजिए कि दो ड्यूटेरियम नाभिकों को समान और विपरीत वेगों से संघट्ट कर एक साथ क्षयित किया जा सकता है। उपरोक्त प्रक्रिया के लिए आवश्यक न्यूनतम गति लगभग होनी चाहिए
(a) 5.8×10^{12} मी/से (b) 5.8×10^{10} मी/से
(c) 5.8×10^{6} मी/से (d) 5.8×10^{4} मी/से

4 जब एक धीमी गति से चलने वाला न्यूट्रॉन, यूरेनियम परमाणु ($^{235}_{92}U$) से टकराता है, तो निम्नलिखित प्रतिक्रिया होती है
$$^{1}_{0}n + ^{235}_{92}U \longrightarrow ^{236}_{92}U \longrightarrow ^{99}_{40}Zr + ^{134}_{52}Te + 3^{1}_{0}n$$
यदि न्यूट्रॉन की गतिज ऊर्जा को नगण्य माना जाता है (क्योंकि यह बहुत कम है), तो अभिक्रिया का Q-मान $37 \times K$ मेगा इलेक्ट्रॉन वोल्ट है। K का मान ज्ञात करें। निम्नलिखित आंकड़ों का उपयोग करें।
$m(U^{235}) = 235.0439$ u, $m(n) = 1.0087$ u,
$m(Zr^{99}) = 98.9165$ u, $m(Te^{134}) = 133.9115$ u
(a) 7 (b) 5
(c) 2 (d) 3

5 लीथियम नाभिक पर एक प्रोटॉन से बमबारी की जाती है। टक्कर के कारण दो α-कण उत्पन्न होते हैं।

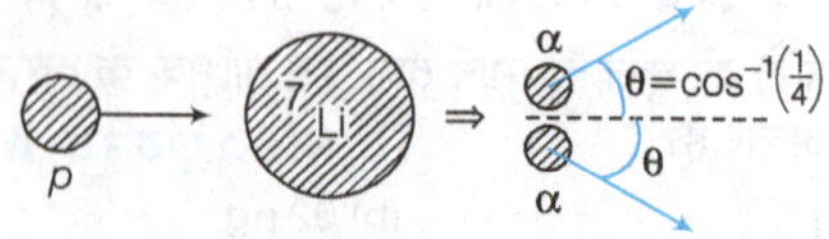

यदि α-कणों की गति की दिशा और बमबारी करने वाले प्रोटॉन की दिशा $\cos^{-1}(1/4)$ के कोण पर है, तो प्रोटॉन (K_p) की गतिज ऊर्जा और α-कण ($K\alpha$) की गतिज ऊर्जा के बीच सही सम्बन्ध है
(a) $K_p = 2K_\alpha$
(b) $K_p = \frac{1}{2}K_\alpha$
(c) $2K_p = 3K_\alpha$
(d) $K_p = K_\alpha$

6 विभिन्न नाभिकों के लिए N (न्यूट्रॉन संख्या) तथा Z (प्रोटॉन संख्या) के आरेख पर विचार करें। मान लें कि तीन न्यूक्लाइड A, B और C चित्र में दिखाए अनुसार स्थित हैं।

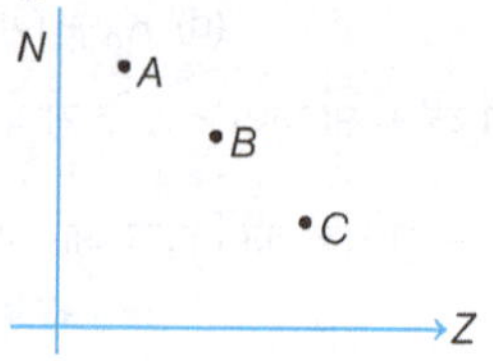

उनकी स्थायित्व का क्रम हो सकता है
(a) $A > B > C$ (b) $A < B < C$
(c) $B > A > C$ (d) $C < A < B$

7 निम्नलिखित में से कौन-सी संलयन अभिक्रिया के लिए आवश्यक नहीं है?
(a) एक उच्च तापमान (b) उच्च घनत्व
(c) उच्च समय (d) उच्च द्रव्यमान संख्या

8 40% दक्षता वाला एक नाभिकीय रिएक्टर प्रति विखण्डन 250 मेगा इलेक्ट्रॉन वोल्ट ऊर्जा उत्पन्न करता है। यदि प्रति सेकण्ड 10^{14} विखण्डन हो रहे हैं, तो रिएक्टर की निर्गत् शक्ति है
(a) 2000 वाट (b) 4000 वाट
(c) 1600 वाट (d) 3200 वाट

9 निम्नलिखित अभिक्रिया पर विचार करें
$$^{2}_{1}H + ^{2}_{1}H \longrightarrow ^{3}_{2}He + ^{1}_{0}n$$
$m(^{2}_{1}H) = 2.014082$ u, $m(^{3}_{2}He) = 3.016029$ u
$m(^{1}_{0}n) = 1.008665$ u

सही विकल्प को चिह्नित करें।

(a) यदि 3.23 मेगा इलेक्ट्रॉन वोल्ट से अधिक ऊर्जा की आपूर्ति की जाए, तो अभिक्रिया प्रारम्भ हो जाएगी।

(b) अभिक्रिया तब होती है जब अभिकारकों की कुल गतिज ऊर्जा 3.23 मेगा इलेक्ट्रॉन वोल्ट से अधिक हो जाती है।

(c) अभिक्रिया इस प्रकार होती है कि अन्तिम कुल KE (गतिज ऊर्जा), कुल प्रारम्भिक KE (गतिज ऊर्जा) से 3.23 मेगा इलेक्ट्रॉन वोल्ट कम होती है।

(d) अभिक्रिया के लिए किसी देहली ऊर्जा की आवश्यकता नहीं होती है।

10 निम्नलिखित अभिक्रिया में लगभग 20 मेगा इलेक्ट्रॉन वोल्ट ऊर्जा मुक्त होती है।

$${}^2_1H + {}^2_1H \longrightarrow {}^1_0n + {}^4_2He$$

यदि एक नाभिकीय रिएक्टर की क्षमता 1 मेगावाट है, तो ${}^2_1H$ का प्रतिदिन खपत होने वाला द्रव्यमान है

(a) 0.001 ग्राम

(b) 0.1 ग्राम

(c) 10.0 ग्राम

(d) 1000 ग्राम

प्रश्न कुंजी

शीर्षकवार प्रश्न

1 (c)	**2** (a)	**3** (c)	**4** (d)	**5** (a)	**6** (d)	**7** (d)	**8** (d)	**9** (b)	**10** (c)
11 (a)	**12** (c)	**13** (c)	**14** (b)	**15** (c)	**16** (b)	**17** (b)	**18** (d)	**19** (d)	**20** (a)
21 (d)	**22** (d)	**23** (b)	**24** (d)	**25** (a)	**26** (c)	**27** (c)	**28** (b)	**29** (b)	**30** (a)
31 (a)	**32** (d)	**33** (a)	**34** (d)	**35** (c)	**36** (b)	**37** (a)	**38** (d)	**39** (a)	**40** (a)
41 (b)	**42** (d)	**43** (a)	**44** (d)	**45** (a)	**46** (d)	**47** (b)	**48** (c)	**49** (d)	**50** (a)

अभिकथन-कारण प्रश्न

1 (d)	**2** (b)	**3** (a)	**4** (b)	**5** (b)	**6** (a)	**7** (c)	**8** (c)	**9** (a)	**10** (c)

कथन आधारित प्रश्न

1 (d)	**2** (b)	**3** (b)	**4** (d)	**5** (c)	**6** (c)	**7** (d)	**8** (d)

सुमेलन प्रकार प्रश्न

1 (b)	**2** (a)	**3** (b)

आंकिक मान प्रकार के प्रश्न

1 (11)	**2** (3.8)	**3** (96)	**4** (7.6)	**5** (2)	**6** (3)	**7** (4.26)	**8** (5)	**9** (5)	**10** (1290)

NCERT Exemplar प्रश्न

1 (b)	**2** (b)

विगत परीक्षाओं के प्रश्न

1 (d)	**2** (b)	**3** (b)	**4** (d)	**5** (a)	**6** (d)	**7** (a)	**8** (d)	**9** (b)	**10** (d)
11 (c)	**12** (c)	**13** (b)	**14** (d)	**15** (b)	**16** (d)	**17** (d)	**18** (d)	**19** (d)	

स्किल बूस्टर्स

1 (b)	**2** (b)	**3** (c)	**4** (b)	**5** (d)	**6** (c)	**7** (d)	**8** (c)	**9** (d)	**10** (b)

क्रमवार

प्रश्नों का विश्लेषण

कॉन्सेप्ट बिल्डर्स

1 10^4
2 सत्य
3 घटता
4 $\frac{2}{3}$
5 वृद्धि
6 Li
7 द्रव्यमान क्षति
8 7.6 मेगा इलेक्ट्रॉन वोल्ट/न्यूक्लिऑन
9 Fe, 8.8 मेगा इलेक्ट्रॉन वोल्ट/न्यूक्लिऑन
10 असत्य
11 असत्य
12 नहीं किया जा सकता है
13 4, 2
14 उच्च
15 असत्य
16 सत्य
17 2.5
18 परमाणु संलयन
19 उच्च
20 संलयन

शीर्षकवार प्रश्न

1 *(c)* नाभिक की R त्रिज्या $= 10^{-15}$ मीटर
परमाणु की त्रिज्या $= 10^{-10}$ मीटर

$$\frac{\text{नाभिक का आयतन}}{\text{परमाणु का आयतन}} = \left(\frac{R}{r}\right)^3 = \left(\frac{10^{-15}}{10^{-10}}\right)^3$$

$$\frac{V\,(\text{नाभिक})}{V\,(\text{परमाणु})} = (10^{-5})^3$$

$$\simeq 10^{-15}$$

2 *(a)* परमाणु भार = समस्थानिकों का औसत भार

$$= \frac{6.01512 \times 7.5 + 7.01600 \times 92.5}{7.5 + 92.5}$$

$$= 0.45113 + 6.4898 = 6.941 \text{ u}$$

3 *(c)* क्लोरीन परमाणु का औसत परमाणु द्रव्यमान उसके दो समस्थानिक द्रव्यमानों के भारित औसत से प्राप्त होता है
जो औसत परमाणु द्रव्यमान है

$$= \frac{75.4 \times 34.98 + 24.6 \times 36.98}{100}$$

$$= 35.47\text{u}$$

4 *(d)* मान लें कि ^{10}B को x% से दर्शाया गया हैं और ^{11}B का प्रतिशत $= (100 - x)$ है।
औसत परमाणु द्रव्यमान

$$= \frac{10x + (100 - x)11}{100}$$

$$10.81 = \frac{10x + 1100 - 11x}{100}$$

$$x = 1100 - 1081 = 19$$

^{11}B का %$(100 - 19) = 81$ है
तथा ^{10}B का % = 19 है।
अतः अनुपात 19 : 81 है।

6 *(d)* दिया गया है, $A_{Al} = 27$,
$r_{Al} = 3.6$ फेक्टोमीटर

$$A_{Te} = 125$$

$$R = R_0 A^{1/3}$$

$$\therefore \quad \frac{R_{Te}}{R_{Al}} = \left(\frac{A_{Te}}{A_{Al}}\right)^{1/3} = \left(\frac{125}{27}\right)^{1/3} = \frac{5}{3}$$

$$\Rightarrow \quad R_2 = \frac{5}{3} R_1$$

$$\therefore \quad R = \frac{5}{3} \times 3.6 = 6 \text{ फेम्टोमीटर}$$

9 *(b)* नाभिक का आयतन α परमाणु द्रव्यमान
तो $\quad V_1 \propto A_1 \quad$ ...(i)
और $\quad V_2 \propto A_2 \quad$ ...(ii)
दिया गया, $\frac{A_1}{A_2} = \frac{1}{27}$ [समी (i) और (ii) से]
तो, $\frac{V_1}{V_2} = \frac{1}{27}$

10 *(c)* नाभिक का पृष्ठीय क्षेत्रफल,

$$S_A = 4\pi R^2 = 4\pi\,(R_0 A^{1/3})^2$$

$$= 4\pi\, R_0^2 \cdot A^{2/3}$$

$$= 1.2 \times 10^{-15} \text{ मी},$$

स्थिरांक (R_0) का मान प्रतिस्थापित करने पर

$$S_A = 4(3.14)(1.2 \times 10^{-15})^2 A^{2/3}$$

$$= (1.8 \times 10^{-29})\, A^{2/3}$$

11 *(a)* दिया है, सोने के समस्थानिकों का परमाणु द्रव्यमान $A_1 = 197$ और रजत (चाँदी) के समस्थानिकों का परमाणु द्रव्यमान $A_2 = 107$
चूँकि, नाभिक की त्रिज्या, $R = R_0 A^{1/3}$

$$\therefore \quad \frac{R_1}{R_2} = \left(\frac{A_1}{A_2}\right)^{1/3} = \left(\frac{197}{107}\right)^{1/3}$$

$$= 1.225 \simeq 1.23$$

सोने के समस्थानिक $^{197}_{97}$Au और रजत के समस्थानिक $^{197}_{97}$Au की नाभिकीय त्रिज्या का अनुपात 1.23 है।

12 *(c)* नाभिकीय त्रिज्या, $R \propto A^{1/3}$,
जहाँ, A द्रव्यमान संख्या है।
^{27} Al, के लिए

$$R = R_0 A^{1/3} = R_0 (27)^{1/3} = 3R_0$$

$$R_0 = \frac{3.6}{3} = 1.2 \text{ फेम्टोमीटर}$$

[$\because R = 3.6$ फेम्टोमीटर, Al के लिए]
^{64}Cu के लिए, $R = R_0\, A^{1/3} = 1.2\,(64)^{1/3} = 4.8$ फेम्टोमीटर

14 *(b)* माना नाभिक X^A है

$$\therefore \frac{R_X}{R_{Cs}} = \left(\frac{A}{189}\right)^{1/3} \qquad (\because R = R_0 A^{1/3})$$

$$\Rightarrow \frac{\frac{R}{3}}{R} = \left(\frac{A}{189}\right)^{1/3} \Rightarrow A = \frac{189}{27} = 7$$

इसलिए नाभिक Li^7 है।

15 *(c)* दिया है, $m_{Fe} = 55.85$,

$$= 55.85 \times 1.66 \times 10^{-27} \text{ किग्रा}$$

$$= 927 \times 10^{-26} \text{ किग्रा},$$

$$A = 56 \text{ और } R_0 = 1.2 \times 10^{-15} \text{ मी}$$

$$\text{नाभिकीय घनत्व} = \frac{\text{द्रव्यमान}}{\text{आयतन}} = \frac{m_{Fe}}{(4/3)\pi R_0^3 A}$$

$$= \frac{9.27 \times 10^{-26}}{(4\pi/3)(1.2 \times 10^{-15})^3} \times \frac{1}{56}$$

$$= 2.29 \times 10^{17} \text{ किग्रा/मी}^3$$

16 *(b)* समतुल्य द्रव्यमान-ऊर्जा सम्बन्ध के अनुसार, ऊर्जा $E = mc^2$
हम जानते हैं,

$$E = 2 \times 10^{-3} \times (3 \times 10^8)^2$$

$$\Rightarrow \quad E = 2 \times 10^{-3} \times 9 \times 10^{16}$$

$$= 18 \times 10^{13} \text{ जूल}$$

17 *(b)* दिया गया है

$$P = 200 \text{ मेगावाट} = 200 \times 10^6 \text{ वाट}$$

$$= 2 \times 10^8 \text{ वाट}$$

$$t = 1 \text{ घण्टा} = 3600 \text{ सेकण्ड}$$

चूँकि ऊर्जा,

$$E = P \times t = 2 \times 10^8 \times 3600$$

तथा $E = mc^2$

$$\Rightarrow \quad m = \frac{E}{c^2} = \frac{2 \times 10^8 \times 3600}{(3 \times 10^8)^2}$$

$= 8 \times 10^{-6}$ किग्रा

18 *(d)* द्रव्यमान क्षति, Δm

$$= [Zm_p + (A - Z) m_n] - M_n$$

यहाँ, द्रव्यमान संख्या, $A = 4$

न्यूट्रॉन की संख्या $= A - Z = 4 - 2 = 2$

${}_2^4He$ में न्यूक्लिऑन का द्रव्यमान = 2 प्रोटॉन का द्रव्यमान + 2 न्यूट्रॉन का द्रव्यमान

$= 2 \times 1.0072676 + 2 \times 1.008665$

इसीलिए $\Delta m = 2 \times 1.0072676 + 2 \times 1.008665 - 4.001506$

$= 0.0303592$ u

19 *(d)* दिया गया है, न्यूट्रॉन का द्रव्यमान

$= 1.00866$ u

प्रोटॉन का द्रव्यमान = 1.00727 u,

${}_8^{16}O$ का द्रव्यमान = 15.99053 u

न्यूट्रॉन की संख्या $= (A - Z) = 8$

इसलिए, 8 न्यूट्रॉन का द्रव्यमान

$= 8 \times 1.00866$ u

8 प्रोटॉन का द्रव्यमान $= 8 \times 1.00727$ u

अतः नाभिक ${}_8^{16}O$ का आपेक्षित द्रव्यमान

$= 8 \times (1.00866 + 1.00727)$

$= 8 \times 2.01593$ u $= 16.12744$ u

इस प्रकार, द्रव्यमान क्षति

$\Delta m = 16.12744$ u $- 15.99053$ u

$= 0.13691$ u

चूँकि, 1 u = 931.5 मेगा इलेक्ट्रॉन वोल्ट.

${}_8^{16}O$ के लिए, $\Delta m = 0.13691$ u

$\Rightarrow \quad E = 0.13691 \times 931.5$

$= 127.5$ मेगा इलेक्ट्रॉन वोल्ट

20 *(a)* दिया है, $m({}_{26}^{56}Fe) = 55.934939$ u

$m_p = 1.007825$ u और $m_n = 1.008665$ u

साथ ही, $A = 56$ और $Z = 26$

${}_{26}^{56}Fe$ नाभिक में 26 प्रोटॉन और $(56 - 26) = 30$ न्यूट्रॉन होते हैं।

अतः द्रव्यमान क्षति

$= [26(1.007825) + 30(1.008665)] - 55.934939$

$= 0.528461$ u

कुल बन्धन ऊर्जा $= \Delta m \times 931.5$ मेगा इलेक्ट्रॉन वोल्ट

$= 0.528461 \times 931.5$ मेगा इलेक्ट्रॉन वोल्ट

$= 492.26$ मेगा इलेक्ट्रॉन वोल्ट

अतः प्रति न्यूक्लियॉन बन्धन ऊर्जा

$$= \frac{\text{कुल BE}}{A}$$

$$= \frac{492.26}{56}$$

$= 8.790$ मेगा इलेक्ट्रॉन वोल्ट

21 *(d)* प्रति न्यूक्लियॉन बन्धन-ऊर्जा,

$$E_{bn} = \frac{E_b}{A} \quad \ldots(i)$$

ड्यूटेरॉन के लिए परमाणु द्रव्यमान,

$A = 2$ तथा $E_{bn} = 2.115$ मेगा इलेक्ट्रॉन वोल्ट

इन मानों को समी (i) में प्रतिस्थापित करने पर,

$$2.115 = \frac{E_b}{2}$$

$E_b = 2 \times 2.115$ मेगा इलेक्ट्रॉन वोल्ट

$$E_b = \Delta mc^2$$

$$\Rightarrow \quad \Delta m = \frac{E_b}{c^2}$$

अतः द्रव्यमान क्षति,

$$\Delta m = \frac{2 \times 2.115 u}{931.5} = 0.0045 \text{ u}$$

23 *(b)* दिया है, क्लोरीन की बन्धन ऊर्जा

$= 287.67$ मेगा इलेक्ट्रॉन वोल्ट

और फॉस्फोरस की बन्धन ऊर्जा

$= 262.48$ मेगा इलेक्ट्रॉन वोल्ट

${}_{17}Cl^{35}$ प्रति न्यूक्लिऑन ${}_{17}Cl^{35}$ बन्धन ऊर्जा

$$= \frac{\text{बंधन - ऊर्जा}}{\text{द्रव्यमान संख्या}}$$

$= \frac{287.67}{35} = 8.22$ मेगा इलेक्ट्रॉन वोल्ट

इसी प्रकार,

${}_{15}P^{31}$ की प्रति न्यूक्लिऑन बन्धन ऊर्जा

$= \frac{262.48}{31} = 8.47$ मेगा इलेक्ट्रॉन वोल्ट

चूँकि, ${}_{15}P^{31}$ की BE, ${}_{17}Cl^{35}$ की BE से अधिक है, इसलिए ${}_{15}P^{31}$ अधिक स्थायी है।

24 *(d)* $X^{240} \rightarrow Y^{110} + Z^{130}$

$$Q = (BE)_{\text{उत्पादन}} - (BE)_{\text{अभिकारक}}$$

$$= [(7.8 \times 110) + (8 \times 130)] - [240 \times 7.5]$$

$= 1898 - 1800 = 98$ मेगा इलेक्ट्रॉन वोल्ट

25 *(a)* A के लिए कुल बन्धन ऊर्जा,

$E_A = 5 \times 30 = 150$ मेगा इलेक्ट्रॉन वोल्ट

B के लिए बंधन ऊर्जा,

$E_B = 8.5 \times 60 = 510$ मेगा इलेक्ट्रॉन वोल्ट

C के लिए बन्धन ऊर्जा,

$E_C = 8 \times 90 = 720$ मेगा इलेक्ट्रॉन वोल्ट

D के लिए बन्धन ऊर्जा,

$E_D = 7 \times 120 = 840$ मेगा इलेक्ट्रॉन वोल्ट

अब प्रत्येक अभिक्रिया के लिए अंतिम और प्रारम्भिक ऊर्जाओं का अन्तर,

अभिक्रिया (i) $D \rightarrow 2B$,

$\Delta E = 2E_B - E_D = 2(510) - 840$

$\Delta E = 180$ मेगा इलेक्ट्रॉन वोल्ट

$\Rightarrow \Delta E > 0$ (ऊर्जा मुक्त)

अभिक्रिया (ii) $C \rightarrow B + A$,

$\Delta E = E_B + E_A - E_C$

$\Delta E = -60$ मेगा इलेक्ट्रॉन वोल्ट,

ऊर्जा $\Delta E < 0$ (ऊर्जा अवशोषित)

अभिक्रिया (iii) $B \rightarrow 2A$,

$\Delta E = 2E_A - E_B$

$\Delta E = -210$ मेगा इलेक्ट्रॉन वोल्ट,

$\Delta E < 0$ (ऊर्जा अवशोषित)

अतः केवल अभिक्रिया (i) में ही ऊर्जा मुक्त होती है।

26 *(c)* W के लिए कुल बन्धन ऊर्जा,

$E_W = 120 \times 7.5 = 900$ मेगा इलेक्ट्रॉन वोल्ट

X के लिए बन्धन ऊर्जा,

$E_X = 90 \times 8.0 = 720$ मेगा इलेक्ट्रॉन वोल्ट

Y के लिए बन्धन ऊर्जा,

$E_Y = 60 \times 8.5 = 510$ मेगा इलेक्ट्रॉन वोल्ट

Z के लिए बन्धन ऊर्जा,

$E_Z = 30 \times 5 = 150$ मेगा इलेक्ट्रॉन वोल्ट

अब, प्रत्येक अभिक्रिया के लिए अन्तिम और प्रारम्भिक ऊर्जाओं का अन्तर,

अभिक्रिया (a) $Y \rightarrow 2Z$,

$\Delta E = 2E_Z - E_Y = -210$ मेगा इलेक्ट्रॉन वोल्ट

$\Delta E < 0$ (अवशोषित ऊर्जा)

अभिक्रिया (b)

$W \rightarrow X + Z$

$\Delta E = E_X + E_Z - E_W$

$= -30$ मेगा इलेक्ट्रॉन वोल्ट

$\Delta E < 0$ (अवशोषित ऊर्जा)

अभिक्रिया (c) $W \to 2Y$,

$\Delta E = 2E_Y - E_W = 120$ मेगा इलेक्ट्रॉन वोल्ट

$\Delta E > 0$ ऊर्जा मुक्त

अभिक्रिया (d) $X \to Y + Z$,

$\Delta E = E_Y + E_Z - E_X$

$= -60$ मेगा इलेक्ट्रॉन वोल्ट

$\Delta E < 0$ (अवशोषित ऊर्जा)

अतः केवल अभिक्रिया (c) में ही ऊर्जा मुक्त होती है।

27 ***(c)*** यदि किसी न्यूक्लिऑन के पास नाभिकीय बल के परास के अन्दर अधिकतम p-सन्निकट हो सकते हैं, तो इसकी बन्धन ऊर्जा p के समानुपाती होगी।

यदि हम न्यूक्लिऑनों को जोड़कर A बढ़ाते हैं, तो वे अन्दर के न्यूक्लिऑन की बन्धन-ऊर्जा को नहीं बदलेंगे। ऐसा इसलिए है क्योंकि एक बड़े नाभिक में अधिकांश न्यूक्लिऑन केवल अपने निकटतम पड़ोसियों के साथ ही परस्पर क्रिया करते हैं। दी गई स्थिति में प्रति न्यूक्लिऑन बंधन स्थायी रहती है।

29 ***(b)*** आकर्षण नाभिकीय बल न्यूट्रॉन-न्यूट्रॉन, प्रोटॉन-प्रोटॉन, प्रोटॉन-न्यूट्रॉन के लिए समान रहता है। परन्तु दो प्रोटॉनों के लिए कुल बल = नाभिकीय बल-प्रतिकर्षण, स्थिर वैद्युत बल

अतः $F_1 = F_3 > F_2$

36 ***(b)*** दी गई अभिक्रिया,

$$\underset{\left(\frac{BE}{A}\overset{A=242}{=}7.6\text{MeV}\right)}{P} \to \underset{\left(\frac{BE}{A}\overset{A=121}{=}8.5\text{MeV}\right)}{2Q} + \underset{(\text{मुक्त ऊर्जा})}{\Delta E}$$

कुल प्रारम्भिक, बंधन ऊर्जा

(BE) $= 242 \times 7.6$ मेगा इलेक्ट्रॉन वोल्ट

$= 1839.2$ मेगा इलेक्ट्रॉन वोल्ट

कुल अन्तिम बंधन ऊर्जा (BE) $= 121 \times 2 \times 8.5$ मेगा इलेक्ट्रॉन वोल्ट

$= 2057$ मेगा इलेक्ट्रॉन वोल्ट

मुक्त ऊर्जा $= (2057 - 1839.2)$ मेगा इलेक्ट्रॉन वोल्ट $= 217.8$ मेगा इलेक्ट्रॉन वोल्ट

37 ***(a)*** पॉज़िट्रॉन पर आवेश का पॉज़िट्रॉन के द्रव्यमान से अनुपात,

$$\frac{q}{m} = \frac{1.6 \times 10^{-19}}{9.1 \times 10^{-31}}$$

$= 1.75 \times 10^{11}$

$\approx 2 \times 10^{11}$ कूलॉम/किग्रा

38 ***(d)*** दिया है, नाभिकीय अभिक्रिया,

$${}^7_3\text{Li} + {}^1_1\text{H} \longrightarrow {}^4_2\text{He} + {}^4_2\text{He} + Q$$

$\Rightarrow Q = 2 \times 4$ (He की E_{bn}) -7Li की E_{bn})

जहाँ, E_{bn} प्रति न्यूक्लिऑन बन्धन-ऊर्जा है।

दिए गए मानों को प्रतिस्थापित करने पर, मुक्त ऊर्जा,

$Q = 2\,(4 \times 7.06) - 7 \times 5.60$

$= 17.28 \simeq 17.3$ मेगा इलेक्ट्रॉन वोल्ट

39 ***(a)*** ${}^{238}_{92}\text{U}$ की नाभिकीय अभिक्रिया निम्न द्वारा दी गई है

$${}^{238}_{92}\text{U} \to {}^{234}_{90}\text{Th} + {}^4_2\text{He} + Q$$

इस प्रक्रिया में मुक्त ऊर्जा निम्न प्रकार से दी जाती है

$$Q = \Delta mc^2 = (M_\text{U} - M_\text{Th} - M_\text{He})\,c^2$$

परमाणु द्रव्यमान के दिए गए मानों को प्रतिस्थापित करने पर,

$$Q = (238.05079 - 234.04363 - 4.00260)\text{u} \times c^2$$

$= (0.00456\text{ u})c^2$

$= (0.00456\text{ u})$ (931.5 मेगा इलेक्ट्रॉन वोल्ट/u)

$= 4.25$ मेगा इलेक्ट्रॉन वोल्ट

40 ***(a)*** दिया गया है, $A = 240$ नाभिक के लिए E_{bn} लगभग 7.6 मेगा इलेक्ट्रॉन वोल्ट है।

दो $A = 120$ खण्ड नाभिकों के लिए E_{bn} लगभग 8.5 मेगा इलेक्ट्रॉन वोल्ट है।

तो, न्यूक्लिऑन की बन्धन-ऊर्जा में लाभ लगभग है (8.5–7.6 =) 0.9 मेगा इलेक्ट्रॉन वोल्ट

इसलिए, बन्धन-ऊर्जा में कुल लाभ $240 \times 0.9 = 216$ मेगा इलेक्ट्रॉन वोल्ट है।

41 ***(b)*** U^{235} पर न्यूट्रॉन द्वारा बमबारी करने पर मुक्त ऊर्जा $= 200$ मेगा इलेक्ट्रॉन वोल्ट

$= 200 \times 10^6 \times 1.6 \times 10^{-19}$ जूल

परमाणु रिएक्टर का विद्युत उत्पादन

$= 1.6$ मेगावाट $= 1.6 \times 10^6$ वाट

अतः विखण्डन की दर

$$= \frac{1.6 \times 10^6}{200 \times 10^6 \times 1.6 \times 10^{-19}}$$

$= 5 \times 10^{16}$ प्रति सेकण्ड

43 ***(a)*** प्रश्नानुसार,

$${}_{92}\text{U}^{238} \longrightarrow {}_{90}\text{Th}^{234} + {}_2\text{He}^4$$

रेखीय संवेग संरक्षण नियम के अनुसार

$$|p_\text{Th}| = |p_\text{He}| = p$$

चूँकि, किसी वस्तु की गतिज ऊर्जा,

$$\text{KE} = \frac{p^2}{2M}$$

जहाँ, M वस्तु का द्रव्यमान है। इस प्रकार,

$$\text{KE} \propto \frac{1}{M}$$

चूँकि, $M_\text{He} < M_\text{Th}$

$\Rightarrow \text{KE}_\text{He} > \text{KE}_\text{Th}$

अर्थात् हीलियम नाभिक में थोरियम की तुलना में अधिक गतिज ऊर्जा होती है।

44 ***(d)*** चौथी अभिक्रिया (D) के घटित होने के लिए, पहली तीन अभिक्रियाएँ दो बार घटित होनी चाहिए। जिसमें दो हल्के हीलियम नाभिक (${}^3_2$He) मिलकर एक हीलियम नाभिक (${}^4_2$He) बनाते हैं।

तो, सही संयोजन होगा 2A + 2B + 2C

45 ***(a)*** दिया है, संलयन अभिक्रिया,

$${}^2_1\text{H} + {}^2_1\text{H} \longrightarrow {}^3_2\text{He} + {}^1_0n$$

द्रव्यमान क्षति, $\Delta m =$ द्रव्यमान 2(${}^2_1$H) – द्रव्यमान (${}^3_2$He + ${}^1_0n$)

$\Delta m = 2(2.015) - (3.017 + 1.009)$

$= 0.004$ amu

अतः मुक्त ऊर्जा $= (0.004 \times 931.5)$ मेगा इलेक्ट्रॉन वोल्ट

$= 3.726$ मेगा इलेक्ट्रॉन वोल्ट

प्रति ड्यूटेरॉन उत्सर्जित ऊर्जा

$$= \frac{3.726}{2} = 1.863 \text{ मेगा इलेक्ट्रॉन वोल्ट}$$

1 किलोग्राम में ड्यूटेरॉनों की संख्या

$= (6.023 \times 10^{23}) \times$ (मोलों की संख्या)

$$= (6.023 \times 10^{23})\frac{1000}{2} = 3.01 \times 10^{26}$$

अतः प्रति किलोग्राम ड्यूटेरियम संलयन से निकलने वाली ऊर्जा

$= (3.01 \times 10^{26} \times 1.863)$

$= 5.6 \times 10^{26}$ मेगा इलेक्ट्रॉन वोल्ट

$= 5.6 \times 10^{26} \times 10^6 \times 1.6 \times 10^{-19}$ जूल

$\approx 9.0 \times 10^{13}$ जूल

46 ***(d)*** दिया है, $\Delta M = 1$ किलोग्राम का 0.3%

$$= \frac{0.3}{100} \times 1 \text{ किग्रा} = 3 \times 10^{-3} \text{ किग्रा}$$

$\therefore\ \Delta E = (\Delta m)c^2$

$= 3 \times 10^{-3} \times (3 \times 10^8)^2$

$\Delta E = 27 \times 10^{13}$ जूल

47 *(b)* अभिक्रिया दी गई है

$$4\,({}_2^4\text{He}) \longrightarrow {}_8^{16}\text{O} + Q$$

$Q = \Delta M \times 931$ मेगा इलेक्ट्रॉन वोल्ट

[$1\text{ u} = 931$ मेगा इलेक्ट्रॉन वोल्ट]

$Q = (4 \times 4.0026 - 15.994) \times 931$ मेगा इलेक्ट्रॉन वोल्ट

$= 0.011 \times 931$ मेगा इलेक्ट्रॉन वोल्ट

$Q = 10.2$ मेगा इलेक्ट्रॉन वोल्ट

48 *(c)* दी गई अभिक्रिया

$$ {}_1^2\text{H} + {}_1^2\text{H} \longrightarrow {}_2^4\text{He} + Q$$

Q = उत्पाद की BE-अभिकारकों की BE

$= (4 \times 7.047 - 2 \times 2 \times 1.112)$ मेगा इलेक्ट्रॉन वोल्ट

$= (28.188 - 4.448)$ मेगा इलेक्ट्रॉन वोल्ट

$Q = 23.8$ मेगा इलेक्ट्रॉन वोल्ट

49 *(d)* संलयन अभिक्रिया होने के लिए, दो नाभिकों को इतना सन्निकट आना चाहिए कि आकर्षक लघु परास नाभिकीय बल उन्हें प्रभावित कर सके तथा उनके सन्निकट उपयुक्त ऊर्जा होनी चाहिए, जो कूलॉम प्रतिकर्षण बल अवरोध को दूर करने के लिए पर्याप्त हो। यह तभी प्राप्त किया जा सकता है, जब प्रभिक्रिया उच्च तापमान पर हो रही हो।

50 *(a)* नाभिकीय अभिक्रिया,

$$A + B \longrightarrow C + \Delta E$$

A की $\text{BE} = \Delta M_A c^2$

B की $\text{BE} = \Delta M_B c^2$

C की $\text{BE} = \Delta M_C c^2$

ऊर्जा (ΔE)

= C की BE – (A की BE + B की BE)

$\Delta E = \Delta M_C c^2 - (M_A c^2 + M_B c^2)$

$\Delta M_A + \Delta M_B = \Delta M_C - \dfrac{\Delta E}{c^2}$

अभिकथन-कारण प्रश्न

1 *(d)* किसी तत्त्व के लिए, यह सदैव सत्य नहीं होता है कि परमाणु संख्या Z न्यूट्रॉन (N) की संख्या से कम या बराबर होती है। उदाहरण के लिए, हाइड्रोजन परमाणु में कोई न्यूट्रॉन नहीं होता है लेकिन इसमें एक प्रोटॉन होता है। इसलिए, हाइड्रोजन परमाणु की परमाणु संख्या न्यूट्रॉन की संख्या से अधिक होती है। अतः हाइड्रोजन परमाणु के लिए $Z > N$ नाभिक में न्यूट्रॉन के बीच बल केवल 1 फेम्टोमीटर की परास तक ही आकर्षक होता है। लेकिन यह आकर्षक बल अत्यधिक प्रतिकर्षक हो जाता है जब न्यूट्रॉन लगभग 0.6 से 0.7 फेम्टोमीटर के सन्निकट आते हैं। इसलिए, न्यूट्रॉन हमेशा आकर्षक नाभिकीय बल का अनुभव नहीं करते हैं।

2 *(b)* सापेक्षता के विशेष सिद्धान्त के आगमन से पहले, यह प्रस्तुत किया गया था कि किसी अभिक्रिया में द्रव्यमान और ऊर्जा अलग-अलग संरक्षित होते हैं। हालाँकि, आइन्स्टीन ने दिखाया कि द्रव्यमान, ऊर्जा का दूसरा रूप है और द्रव्यमान-ऊर्जा को ऊर्जा के अन्य रूपों में परिवर्तित किया जा सकता है, जैसे गतिज ऊर्जा और इसके विपरीत।

3 *(a)* $30 < A < 170$ के परास में प्रति न्यूक्लिऑन बन्धन ऊर्जा की स्थिरता इस तथ्य का परिणाम है कि नाभिकीय बल, प्रकृति में लघु परासीय होते है।

4 *(b)* 20 परमाणु द्रव्यमान तक, स्थायी नाभिक में न्यूट्रॉन से प्रोटॉन का अनुपात $\left(\dfrac{n}{p}\right) = 1$ होता है।

$\dfrac{n}{p}({}_{13}^{30}\text{Al}) = \dfrac{30-13}{13} = 1.3 > 1,$

अतः Al अस्थायी है।

$\dfrac{n}{p}({}_{20}^{40}\text{Ca}) = \dfrac{20}{20} = 1$ स्थायी

इसके अतिरिक्त, प्रोटॉन और न्यूट्रॉन दोनों की विषमता नाभिकीय बन्धन ऊर्जा को कम करती है, जिससे विषम नाभिक सामान्यतः कम स्थायी होते हैं।

5 *(b)* स्थायी गुरुत्वाकर्षण बल प्रकृति का सबसे क्षीण बल है लेकिन इसकी परास अनन्त है। इसके अतिरिक्त, विद्युत बलों का परास अनंत होती है लेकिन नाभिकीय बल नाभिक के अन्दर काम करता है, इसलिए यह लघु परास का बल है। इसलिए, अभिकथन सत्य है।

कारण सही है, क्योंकि नाभिकीय बल व्युत्क्रम वर्ग नियम का पालन नहीं करते हैं, लेकिन यह नाभिकीय बलों की लघु-सीमा प्रकृति की सही व्याख्या नहीं है।

7 *(c)* जब भारी नाभिक, विखण्डन से गुजरते हैं या हल्के नाभिक संलयन से गुजरते हैं, तो ऊर्जा मुक्त होती है। इसलिए, अभिकथन सही है। इसका कारण गलत है, क्योंकि भारी नाभिकों के लिए Z के बढ़ने के साथ BE प्रति न्यूक्लिऑन घटता है, तथा हल्के नाभिकों के लिए Z के बढ़ने के साथ BE प्रति न्यूक्लिऑन बढ़ता है।

8 *(c)* यह तथ्य है कि समस्थानिक को द्रव्यमान वर्ण क्रममापी (स्पेक्ट्रोमीटर) का उपयोग करके अलग किया जा सकता है, इसलिए अभिकथन सही है लेकिन कारण गलत है क्योंकि समस्थानिकों में इलेक्ट्रॉनों की नहीं बल्कि न्यूट्रॉन की संख्या भिन्न होती है।

9 *(a)* ताप नाभिकीय अभिक्रिया वे संलयन अभिक्रियाएँ हैं जो रिएक्टर के तापमान और दाब को बढ़ाकर प्राप्त की जाती हैं, ताकि कणों में कूलॉम प्रतिकर्षण अवरोध को दूर करने के लिए पर्याप्त गतिज ऊर्जा हो।

चूँकि, पृथ्वी पर ऐसी परिस्थितियाँ प्राकृतिक रूप से प्राप्त करना बहुत कठिन है, इसलिए यह अभिक्रिया सम्भव नहीं है।

10 *(c)* अभिकथन सही है लेकिन कारण गलत है। क्योंकि एकल संलयन की तुलना में एकल विखण्डन में बहुत अधिक ऊर्जा मुक्त होती है। (H-समस्थानिकों के साथ एकल संलयन में मुक्त ऊर्जा की मात्रा = 17.5890 मेगा इलेक्ट्रॉन वोल्ट जबकि U-235 के एकल परमाणु विखण्डन में मुक्त ऊर्जा 201.7588 मेगा इलेक्ट्रॉन वोल्ट है।)

कथन आधारित प्रश्न

2 *(b)* कथन II गलत है और इसे इस प्रकार सही किया जा सकता है।

परमाणु के नाभिक के बाहर इलेक्ट्रॉनों की संख्या Z है, जो परमाणु क्रमांक है। इस प्रकार, परमाणु इलेक्ट्रॉनों का कुल आवेश $(-Ze)$ है और चूँकि परमाणु उदासीन है, इसलिए नाभिक का आवेश $(+Ze)$ है।

3 *(b)* कथन I सही है और कथन II गलत है। प्रति न्यूक्लिऑन द्रव्यमान क्षति को संकुलन गुणांक कहा जाता है।

अतः $p = \dfrac{\Delta m}{A} = \dfrac{m - A}{A}$

p के धनात्मक मान का अर्थ यह नहीं है कि Δm बड़ा है और बन्धन ऊर्जा की गणना इस प्रकार की जाएगी

$$E = \Delta m \times c^2$$

4 *(d)* एक भारी नाभिक, मान लीजिए $A = 240$ में प्रति न्यूक्लिऑन बन्धन ऊर्जा, $A = 120$ वाले नाभिक की तुलना में कम होती है।

इस प्रकार, यदि एक नाभिक, $A = 240$, दो $A = 120$ वाले नाभिकों में खन्डित होता है, तो न्यूक्लिऑन अधिक हल्के रूप से बंध जाते हैं।

इसी प्रकार, दो बहुत हल्के नाभिकों $[A \leq 10]$ को जोड़कर एक भारी नाभिक बनाने पर विचार करें। जुड़े हुए भारी नाभिकों की प्रति न्यूक्लिऑन बंधन-ऊर्जा, हल्के नाभिकों की प्रति न्यूक्लियॉन बन्धन-ऊर्जा से अधिक होती है। इस प्रकार, दोनों स्थितियों में बने नाभिक की बन्धन ऊर्जा, प्रारम्भिक नाभिक की बन्धन ऊर्जा से अधिक होती है।

5 **(c)** दो न्यूक्लिऑन के बाहय नाभिकीय बल तेजी से शून्य हो जाते हैं क्योंकि उनकी परास कुछ फेक्टोमीटर से अधिक होता है । इससे मध्यम या बड़े आकार के नाभिक में बलों की संतृप्ति होती है, जो प्रति न्यूक्लिऑन बन्धन ऊर्जा के स्थायित्व का कारण है। हालाँकि, नाभिकीय बल, आकर्षक और पर्याप्त रूप से शक्तिशाली होते हैं जिससे प्रति न्यूक्लियॉन कुछ मेगा इलेक्ट्रॉन वोल्ट की बन्धन-ऊर्जा उत्पन्न होती है।

6 **(c)** न्यूट्रॉन प्रेरित नाभिकीय अभिक्रियाएँ विखण्डन अभिक्रियाएँ हैं। विखण्डन में विघटन ऊर्जा सबसे पहले खण्डों और न्यूट्रॉन की गतिज ऊर्जा के रूप में प्रकट होती है। अन्ततः, यह सन्निकट पदार्थ में स्थानान्तरित हो जाएगी, जो ऊष्मा के रूप में प्रकट होती है।

8 **(d)** जैसे ही क्रोड में हाइड्रोजन खत्म होकर हीलियम बन जाता है, कोर ठण्डा होने लगता है। तारे का अपने ही गुरुत्वाकर्षण के कारण पतन होने लगता है, जिससे क्रोड का तापमान बढ़ जाता है।

यदि यह तापमान लगभग 10^8 K तक बढ़ जाता है, तो संलयन फिर से होता है, इस बार संलयन हीलियम नाभिक से कार्बन में होता है। संलयन के माध्यम से इस प्रकार की प्रक्रिया से उच्च द्रव्यमान वाले तत्त्व उत्पन्न हो सकते हैं।

सुमेलन प्रकार प्रश्न

1 **(b)** $^{197}_{79}$Au नाभिक में,

प्रोटॉन की संख्या $= Z = 79$

न्यूट्रॉन की संख्या $= (A - Z)$

$= 197 - 79 = 118$

न्यूक्लिऑनों की संख्या $= A = 197$

कुल धनात्मक आवेश $= Ze$

$= (79 \times 1.6 \times 10^{-19})$ कूलॉम

$= 1.264 \times 10^{-17}$ कूलॉम

अतः विकल्प (b) सही है।

$(A \to 4; B \to 1; C \to 2; D \to 3)$

2 **(a)** यहाँ, $R = 1.2 \times 10^{-15}\ A^{1/3}$, मीटर

न्यूक्लियॉन का द्रव्यमान,

$m = 1.67 \times 10^{-27}$ किग्रा

परमाणु द्रव्यमान $= mA = 1.67 \times 10^{-27} \times A$ किग्रा

नाभिकीय आयतन $= \frac{4}{3}\pi R^3$

$= \frac{4}{3}\pi(1.2 \times 10^{-15}\ A^{1/3})^3$ मी^{3}

$= 7.24 \times 10^{-45} A$ मी^{3}

नाभिकीय घनत्व,

$$\rho_{nu} = \frac{1.67 \times 10^{-27} \times A}{\frac{4}{3}\pi (1.2 \times 10^{-15}\ A^{1/3})^3}$$

$= 2.307 \times 10^{17}$ किग्रा मी$^{-3}$

अब, पानी का घनत्व,

$\rho_{जल} = 10^3$ किग्रा मी$^{-3}$

$$\therefore \quad \frac{\rho_{nu}}{\rho_{जल}} = \frac{2.307 \times 10^{17}}{10^3} = 2.307 \times 10^{14}$$

3 **(b)** $E_1 = [2m({}_1H^2) - m({}_1H^3) - m({}_1H^1)] \times 931.5 = 4$ मेगा इलेक्ट्रॉन वोल्ट

$E_2 = [-m({}_2H^4) - m({}_0n^1) + m({}_1H^3) + m({}_1H^2)] \times 931.5$ मेगा इलेक्ट्रॉन वोल्ट

$= 17.6$ मेगा इलेक्ट्रॉन वोल्ट

$E_3 = [-m({}_2He^3) - m({}_0n^1) + 2m({}_1H^2)] \times 931.5$ मेगा इलेक्ट्रॉन

$= 13.3$ मेगा इलेक्ट्रॉन वोल्ट

$E_4 = -m({}_2He^3) - m({}_1n^1) + m({}_2He^4) + m({}_1H^1) \times 931.5 = 18.3$ मेगा इलेक्ट्रॉन वोल्ट

अतः $A \to 3, B \to 1, C \to 4, D \to 2$

आंकिक मान प्रकार के प्रश्न

1 **(11)** एक न्यूक्लिऑन का द्रव्यमान

$= 1.6 \times 10^{-27}$ किग्रा

नाभिक का आयतन

$= \frac{4}{3}\pi R^3$

$= \frac{4}{3}\pi(1.5 \times 10^{-15} A^{1/3})^3$

$= \frac{4}{3}\pi(1.5 \times 10^{-15})^3 A$

जहाँ A = नाभिक में न्यूक्लिऑनों की संख्या

तो नाभिकीय घनत्व $= \frac{\text{द्रव्यमान}}{\text{आयतन}}$

$$= \frac{A \times 1.6 \times 10^{-27}}{\frac{4}{3}\pi(1.5 \times 10^{-15})^3 A} \text{ किग्रा/मीटर}^3$$

$$= \frac{1.6 \times 10^{-27}}{\frac{4}{3}\pi \times (1.5)^3 \times 10^{-45}} \text{ किग्रा/मीटर}^3$$

$= 1.1 \times 10^{17}$ किग्रा/मीटर^3

तथा पानी का घनत्व $= 1000$ किग्रा/मीटर^3

इसलिए, अनुपात

$$\frac{\rho_{नाभिक}}{\rho_{पानी}} = \frac{1.1 \times 10^{17}}{10^3} = 1.1 \times 10^{14}$$

$$\frac{\rho_{नाभिक}}{\rho_{पानी}} = 11 \times 10^{13}$$

$\therefore \quad n = 11$

2 **(3.8)** पृथ्वी द्वारा प्राप्त औसत विकिरण $= 1.4$ किलोवाट/मी$^2 = 1.4$ किलो-जूल/से-मी^{2}

$$= \frac{1.4 \text{ किलो जूल}}{\frac{1}{86400} \text{ प्रतिदिन - मी}^2}$$

$$= \frac{1.4 \times 86400}{\text{प्रतिदिन - मी}^2} \text{ किलो-जूल}$$

पृथ्वी द्वारा प्रतिदिन प्राप्त कुल विकिरण

$$= \frac{4\pi r^2 \times 1.4 \times 86400}{1} \frac{\text{किलोजूल}}{\text{प्रतिदिन}} = E$$

r = पृथ्वी-सूर्य की औसत दूरी

$= 1.5 \times 10^{11}$ मीटर

$E = 4\pi(1.5 \times 10^{11})^2 \times 1.4 \times 86400 \times 10^3$

अब, $E = mc^2$

$m = \frac{E}{c^2}$

$$m = \frac{4\pi \times (1.5 \times 10^{11})^2 \times 1.4 \times 86400 \times 10^3}{(3 \times 10^8)^2} \text{ किग्रा}$$

$m = 3.79 \times 10^{11} \times 10^3$ किग्रा

सूर्य द्वारा प्रतिदिन क्षय द्रव्यमान,

$m = 3.8 \times 10^{14}$ किग्रा

3 **(96)** दी गई अभिक्रिया

$$\underset{\left(\substack{A=240 \\ \frac{BE}{A} = 7.6\text{MeV}}\right)}{X} \longrightarrow \underset{\left(\substack{A=120 \\ \frac{BE'}{A} = 8\text{MeV}}\right)}{2Y}$$

कुल प्रारम्भिक BE

$= 240 \times 7.6$ मेगा इलेक्ट्रॉन वोल्ट

$= 1824$ मेगा इलेक्ट्रॉन वोल्ट

कुल अन्तिम BE

$= 120 \times 2 \times 8$ मेगा इलेक्ट्रॉन वोल्ट

$= 1920$ मेगा इलेक्ट्रॉन वोल्ट

BE में लाभ

$= (1920 - 1824)$ मेगा इलेक्ट्रॉन वोल्ट

BE में लाभ $= 96$ मेगा इलेक्ट्रॉन वोल्ट

4 **(7.6)** कार्बन नाभिक में द्रव्यमान क्षय,

$\Delta m = [Zm_p + (A - Z)m_n - m_C]$

$= [6 \times 1.007825 + 6(1.008665) - 12.00000]$ u

$\Delta m = (12.09894 - 12.00000)$u $= 0.09894$u

बन्धन ऊर्जा

$= \Delta m \times 931.5$ मेगा इलेक्ट्रॉन वोल्ट

[1 u = 931.5 मेगा इलेक्ट्रॉन वोल्ट]

$= 0.09894 \times 931.5$ मेगा इलेक्ट्रॉन वोल्ट

$= 92.16$ मेगा इलेक्ट्रॉन वोल्ट

प्रति न्यूक्लिऑन बंधन ऊर्जा,

$\frac{BE}{A} = \frac{92.16}{12} = 7.68$ मेगा इलेक्ट्रॉन वोल्ट

5 **(2)** चूँकि, निकाय का रैखिक संवेग संरक्षित रहना चाहिए।

इसलिए, $m_1v_1 - m_2v_2 = 0$

$\Rightarrow \quad \frac{m_1}{m_2} = \frac{v_1}{v_2} = \frac{1}{2}$

चूँकि, दोनों कणों का घनत्व समान है।

$\therefore \quad \frac{\rho\frac{4}{3}\pi r_1^3}{\rho\frac{4}{3}\pi r_2^3} = \frac{1}{2}$

$\frac{r_1^3}{r_2^3} = \frac{1}{2} \Rightarrow \frac{r_1}{r_2} = \frac{1}{(2)^{1/3}}$

$\therefore \quad n = 2$

6 **(3)** दिए गए समस्थानिक (^{240}X) का मोलर द्रव्यमान = 240 ग्राम

अतः 240 ग्राम में उपस्थित नाभिकों की संख्या

$= N_A = 6 \times 10^{23}$

इसलिए 60 ग्राम में उपस्थित नाभिकों की संख्या

$\frac{N_A}{4} = \frac{6 \times 10^{23}}{4} = 1.5 \times 10^{23}$

1 नाभिक विखण्डन में 200 मेगा इलेक्ट्रॉन वोल्ट ऊर्जा देता है।

अतः ^{240}X के 60 ग्राम के विखण्डन से प्राप्त कुल ऊर्जा होगी

$= 1.5 \times 10^{23} \times 200$

$= 3 \times 10^{25}$ मेगा इलेक्ट्रॉन वोल्ट

7 **(4.26)** प्रति विखण्डन मुक्त ऊर्जा

$= 220$ मेगा इलेक्ट्रॉन वोल्ट

$= 220 \times 10^6 \times 1.6 \times 10^{-19}$

$= 352 \times 10^{-13}$ जूल

प्रति सेकण्ड कुल उत्सर्जित ऊर्जा

$= 1.5$ किलोवाट $= 1500$ जूल/सेकण्ड

1500 जूल/सेकेण्ड की शक्ति उत्पन्न करने के लिए प्रति सेकण्ड होने वाले विखण्डनों की संख्या है

$n = \frac{1500}{352 \times 10^{-13}}$

$n = 4.26 \times 10^{13}$

8 **(5)** 2 ग्राम ड्यूटेरियम में उपस्थित परमाणुओं की संख्या $= 6 \times 10^{23}$

2 किग्रा ड्यूटेरियम में उपस्थित परमाणुओं की संख्या

$= \frac{6 \times 10^{23} \times 2000}{2} = 6 \times 10^{26}$

दिया है कि, 2 ड्यूटेरियम परमाणुओं के संलयन से मुक्त ऊर्जा = 3.2 मेगा इलेक्ट्रॉन वोल्ट

2 किग्रा ड्यूटेरियम के संलयन से मुक्त कुल ऊर्जा $= \frac{3.2}{2} \times 6 \times 10^{26}$

$= 9.6 \times 10^{26}$ मेगा इलेक्ट्रॉन वोल्ट

$= 9.6 \times 10^{26} \times 10^6 \times 1.6 \times 10^{-19}$ जूल

$= 15.34 \times 10^{13}$ जूल

विद्युत लैम्प द्वारा प्रति सेकण्ड खपत ऊर्जा

$= 100 \times 1$ जूल

$= 100$ जूल

बल्ब जितने समय के लिए जलेगा,

$= \frac{15.34 \times 10^{13}}{100}$ सेकण्ड

$= \frac{15.34 \times 10^{11}}{3.15 \times 10^7}$ वर्ष

(1 वर्ष $= 3.15 \times 10^7$ सेकण्ड)

$= 4.869 \times 10^4$ वर्ष $\approx 5 \times 10^4$ वर्ष

9 **(5)** द्रव्यमान क्षय

$\Delta m = [m(U^{235}) + m(n')] - [m(Zr^{99}) + m(Te^{134}) + 3m(n')]$

$\Delta m = [235.0439 + 1.0087] - [98.9165 + 133.9115 + 3(1.0087)]$

$\Delta m = \{236.0526 - 235.8541\}$u

$\Delta m = 0.1985$u

जैसा कि हम जानते है,

1 u = 931.5 मेगा इलेक्ट्रॉन वोल्ट

अतः अभिक्रिया का Q-मान है

$Q = \Delta m \times 931.5$

$= 0.1985 \times 931.5$ मेगा इलेक्ट्रॉन वोल्ट

$Q \approx 185$ मेगा इलेक्ट्रॉन वोल्ट

$Q = 37 \times 5$ मेगा इलेक्ट्रॉन वोल्ट

$\therefore \quad K = 5$

10 **(1290)** दी गई अभिक्रियाएँ,

$^2_1H + ^2_1H \rightarrow ^3_1H + p \quad \ldots(i)$

$^2_1H + ^3_1H \rightarrow ^4_2He + n \quad \ldots(ii)$

समी (i) और (ii) को जोड़ने पर,

$3(^2_1H) + ^3_1H \rightarrow ^3_1H + ^4_2He + n + p$

$3\,(^2_1H) \rightarrow ^4_2He + n + p \quad \ldots(iii)$

द्रव्यमान क्षय,

$\Delta m = [3 \times m(^2_1H) - m(^4He) - m(n) - m(p)]$ u

$= [3 \times 2.014 - 4.001 - 1.008 - 1.007]$ u

$\Delta m = 0.026$ u

ऊर्जा मुक्त हुई $= \Delta m \times 931.5$ मेगा इलेक्ट्रॉन वोल्ट

$= 0.026 \times 931.5$

$= 24.219$ मेगा इलेक्ट्रॉन वोल्ट

मुक्त ऊर्जा $= 24.219$ मेगा इलेक्ट्रॉन वोल्ट

$= 24.219 \times 10^6 \times 1.6 \times 10^{-19}$ जूल

$= 38.75 \times 10^{-13}$ जूल

$= 3.875 \times 10^{-12}$ जूल

यह 3 ड्यूटेरॉन परमाणुओं की क्षति से उत्पन्न ऊर्जा है। 10^{40} ड्यूटेरॉन द्वारा मुक्त ऊर्जा

$= 10^{40} \times 3.875 \times 10^{-12}$

$= 1.29 \times 10^{28}$ जूल

तारे द्वारा विकीर्णित शक्ति $= 10^{16}$ वाट

या 10^{16} जूल/सेकण्ड

तारे के सभी ड्यूटेरॉन क्षय होने में लगा कुल समय,

$t = \frac{1.29 \times 10^{28}}{10^{16}}$

$= 1.29 \times 10^{12}$ सेकण्ड

$= 1290 \times 10^9$ सेकण्ड

NCERT Exemplar प्रश्न

1 *(b)* न्यूट्रॉन के मध्य केवल आकर्षक बल होता है और यह लघु परास का बल होता है। जबकि प्रोटॉन के मध्य बल प्रतिकर्षी होता है।
स्थायी न्यूक्लाइड के लिए, या तो

$\frac{N}{Z}=1$ या $\frac{N}{Z}>1$

इसलिए, भारी स्थायी नाभिक में प्रोटॉन की तुलना में न्यूट्रॉन अधिक होते हैं।

विगत परीक्षाओं के प्रश्न

1 *(d)* दिया है,

$${}^{290}_{82}X \xrightarrow{\alpha} Y \xrightarrow{e^+} Z \xrightarrow{\beta^-} P \xrightarrow{e^-} Q$$

चूँकि $X \to Y$ से, α-कण उत्सर्जित होता है, अतः ${}^{286}_{80}Y$.

अब, $Y \to Z$ से, e^+ उत्सर्जित होता है, अतः ${}^{286}_{79}Z$.

इसी प्रकार, $Z \to P$ से, β^- उत्सर्जित होता है, अतः ${}^{286}_{80}P$.

तथा $P \to Q$ से, e^- उत्सर्जित होता है, अतः ${}^{286}_{81}Q$.

2 *(b)* दी गई नाभिकीय अभिक्रिया को इस प्रकार दर्शाया गया है

$${}^{22}_{11}\text{Na} \longrightarrow {}^{M}_{Z}X + e^+ + \nu$$

चूँकि, अभिक्रिया के दोनों पक्षों के लिए परमाणु संख्या और द्रव्यमान संख्या समान होते हैं।
अतः, परमाणु क्रमांक के लिए,

$$11 = Z + 1 \Rightarrow Z = 10$$

द्रव्यमान संख्या के लिए,

$$22 = M$$

$$\therefore \quad {}^{M}_{Z}X = {}^{22}_{10}\text{Ne}$$

3 *(b)* दिया है, मूल नाभिक की द्रव्यमान संख्या, $A = 189$
संतति नाभिक की द्रव्यमान संख्या ,

$A_1 = 125$ और $A_2 = 64$

हम जानते हैं कि, $R = R_0(A^{1/3})$

$$\therefore \quad \frac{R_1}{R_2} = \left(\frac{A_1}{A_2}\right)^{1/3} = \left(\frac{125}{64}\right)^{1/3}$$

$$= \left[\left(\frac{5}{4}\right)^3\right]^{1/3} = \frac{5}{4}$$

$\therefore R_1 : R_2 = 5 : 4$

4 *(d)* द्रव्यमान संख्या 240 वाला एक नाभिक द्रव्यमान संख्या 120 वाले दो खण्डों में खण्डित हो जाता है।

$$X^{240} \longrightarrow Y^{120} + Z^{120}$$

अखण्डित नाभिकों की प्रति न्यूक्लिऑन बन्धन ऊर्जा, $X = 7.6$ मेगा इलेक्ट्रॉन वोल्ट
खण्डित नाभिक की प्रति न्यूक्लिऑन बन्धन ऊर्जा, $Y = Z = 8.5$ मेगा इलेक्ट्रॉन वोल्ट
अब, बन्धन-ऊर्जा में कुल लाभ का निर्धारण करेंगे। बन्धन ऊर्जा में लाभ = उत्पादों की बन्धन ऊर्जा – अभिकारकों की बन्धन ऊर्जा

$$= 2 \times 120 \times 8.5 - 240 \times 7.6$$

$= 216$ मेगा इलेक्ट्रॉन वोल्ट

5 *(a)* दिया है, $m = 0.5$ ग्राम

$= 0.5 \times 10^{-3}$ किग्रा

द्रव्यमान के समतुल्य ऊर्जा,

$$E = mc^2$$

जहाँ, c प्रकाश की वेग,.

$$= 0.5 \times 10^{-3} \times (3 \times 10^8)^2$$

$$(\because c = 3 \times 10^8)$$

$= 4.5 \times 10^{13}$ जूल

6 *(d)* यहाँ, ${}^{235}_{92}\text{U} + {}^{1}_{0}n \longrightarrow {}^{89}_{36}\text{Kr} + {}^{A}_{Z}X + 3({}^{1}_{0}n)$
संरक्षण के नियम के अनुसार,
$(\text{परमाणु क्रमांक})_{\text{अभिकारक}} = (\text{परमाणु क्रमांक})_{\text{उत्पाद}}$

$$92 + 0 = 36 + Z$$

$$\Rightarrow \quad Z = 92 - 36 = 56$$

इसी प्रकार,
$(\text{परमाणु द्रव्यमान})_{\text{अभिकारक}} = (\text{परमाणु द्रव्यमान})_{\text{उत्पाद}}$

$$235 + 1 = 89 + A + 3 \times 1$$

$$\Rightarrow \quad A = 144$$

अर्थात् अन्य तत्व ${}^{144}_{56}\text{Ba}$ है।

7 *(a)* ${}_{92}\text{U}^{238} \longrightarrow {}_{90}\text{Th}^{234} + {}_{2}\text{He}^{4}$
रेखीय संवेग संरक्षण नियम के अनुसार

$$|p_{\text{Th}}| = |p_{\text{He}}| = p$$

⇒ चूँकि, किसी तत्त्व की गतिज ऊर्जा,

$$\text{KE} = \frac{p^2}{2m}$$

जहाँ, m तत्त्व का द्रव्यमान है।

इस प्रकार, $\text{KE} \propto \frac{1}{m}$

इसलिए, $m_{\text{He}} < m_{\text{Th}} \Rightarrow K_{\text{He}} > K_{\text{Th}}$

8 *(d)* ${}_1\text{H}^1$ के लिए बन्धन ऊर्जा लगभग शून्य है और यह प्रश्न में भी नहीं दी गई है इसलिए इसे अनदेखा कर सकते हैं

$Q = 2(E_{bn}$ of He$) - (E_{bn}$ of Li$)$

$Q = [2\,(4 \times 7.06) - (7 \times 5.60)]$ मेगा इलेक्ट्रॉन वोल्ट

$\therefore \; Q = 17.28$ मेगा इलेक्ट्रॉन वोल्ट $\simeq 17.3$ मेगा इलेक्ट्रॉन वोल्ट

9 *(b)* नाभिक की त्रिज्या,

$$R = R_0 A^{1/3} \Rightarrow R \propto A^{1/3}$$

$$\frac{R_{\text{Al}}}{R_{\text{Te}}} = \left(\frac{A_{\text{Al}}}{A_{\text{Te}}}\right)^{1/3} = \left(\frac{27}{125}\right)^{1/3} = \frac{3}{5}$$

$$R_{\text{Te}} = \frac{5}{3} R_{\text{Al}}$$

10 *(d)* दिया है, ${}_6\text{C}^{12} = 12.000000$ u

${}_6\text{C}^{13} = 13.003354$ u

${}_0n^1 = 1.008665$u

द्रव्यमान क्षति,

$$\Delta M = [12.000000 + 1.008665] - 13.003354$$

$= 0.005311$ u

आवश्यक ऊर्जा,

$$\Delta E = 0.005311 \times 931.5 = 4.9471$$

≈ 4.95 मेगा इलेक्ट्रॉन वोल्ट

11 *(c)* नाभिक की त्रिज्या, $R = R_0 A^{1/3}$
द्रव्यमान संख्या 192 के नाभिक के लिए,

$$R = R_0\,(192)^{\frac{1}{3}} \quad \ldots\text{(i)}$$

$\frac{R}{2}$ त्रिज्या के नाभिक के लिए माना द्रव्यमान संख्या A' है तब

$$\frac{R}{2} = R_0 A'^{1/3} \quad \ldots\text{(ii)}$$

समी (ii) को समी (i) से भाग देने पर,

$$2A'^{1/3} = 192^{1/3} \Rightarrow 8A' = 192$$

$$\Rightarrow \quad A' = \frac{192}{8} = 24$$

12 *(c)* बन्धन ऊर्जा,

$$E = \Delta M \cdot c^2 \quad \ldots\text{(i)}$$

$\Delta M =$ द्रव्यमान क्षति

$c = 3 \times 10^8$ मी/से

$E = 18 \times 10^8$ जूल

समी (i) में मान प्रतिस्थापित करने पर,

$$\Delta M = \frac{E}{c^2} = \frac{18 \times 10^8}{(3 \times 10^8)^2}$$

$= 2 \times 10^{-8}$ किग्रा $= 2 \times 10^{-8} \times 10^3$ ग्राम

$= 2 \times 10^{-5}$ g

$= 20 \times 10^{-6}$ ग्राम = 20 माइक्रो ग्राम

13 *(b)* बन्धन ऊर्जा $= \Delta mc^2$

$= [Zm_p + (A - Z)m_n - m_{He}]c^2$

$= [Zm_p + (A - Z)m_n - m_{He}] \times 931.5$

$= (2 \times 1.0073 + (4 - 2) \times 1.0087$

$- 4.00154) \times 931.5$

बन्धन ऊर्जा = 28.4 मेगा इलेक्ट्रॉन वोल्ट

14 *(d)* एक ऊष्माक्षेपी अभिक्रिया के लिए

$Q > 0$, साथ ही $K_p > 0$

अतः $Q + K_p > 0$

यदि अभिक्रिया ऊष्माशोषी है तो,

$K_p > 0$ और $Q < 0$

अतः $K_p + Q > 0$

अतः किसी भी प्रकार की परमाणु अभिक्रिया के लिए $K_p + Q > 0$

15 *(b)* नाभिक की त्रिज्या निम्न सूत्र द्वारा दी है

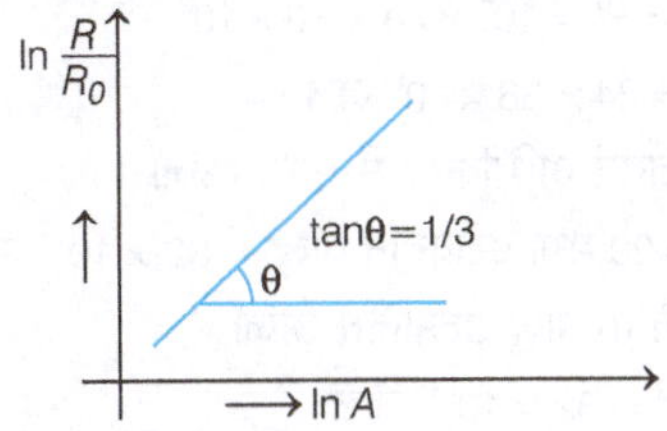

$R = R_0 A^{1/3} \Rightarrow \frac{R}{R_0} = A^{1/3}$

$\Rightarrow \ln \frac{R}{R_0} = \frac{1}{3} \ln A$

सरल रेखा $y = mx + c$ के समीकरण से इसकी तुलना करने पर,

$m = \frac{1}{3}$ और $C = 0$

16 *(d)* नाभिक A की प्रति न्यूक्लिऑन बन्धन ऊर्जा, $E_A = 5.6$ मेगा इलेक्ट्रॉन वोल्ट

$M_A = 220$

नाभिक B और C की प्रति न्यूक्लियॉन बन्धन ऊर्जा, $E_B = E_C = E = 6.4$ मेगा इलेक्ट्रॉन वोल्ट

$M_B = 105, M_C = 115$

अतः प्रति विखण्डन मुक्त ऊर्जा

Q = उत्पाद नाभिक की कुल बन्धन-ऊर्जा

– अभिकारक नाभिक की कुल बन्धन-ऊर्जा

$= (M_B + M_C)E - M_A \times E_A$

$= (105 + 115)(6.4) - 220 \times 5.6$

= 176 मेगा इलेक्ट्रॉन वोल्ट

17 *(d)* प्रारम्भिक द्रव्यमान संख्या A, 184 है तथा Q मान 5.5 मेगा इलेक्ट्रॉन वोल्ट है।

α-उत्सर्जन का समीकरण है।

$$X_Z^A \longrightarrow Y_{Z-2}^{A-4} + \alpha + Q$$

$$X_Z^{184} \longrightarrow Y_{Z-2}^{180} + \alpha + Q$$

$p_Y, p_\alpha, m_Y, m_\alpha, \text{KE}_Y$ और KE_α क्रमशः Y और α का संवेग, द्रव्यमान, गतिज ऊर्जा हो

संवेग संरक्षण के नियमानुसार,

α का संवेग = Y का संवेग $\Rightarrow p_\alpha = p_Y$

$\therefore \sqrt{2m_\alpha E_\alpha} = \sqrt{2m_Y E_Y}$

[$\because$ संवेग, $p = \sqrt{2mE}$]

$\Rightarrow \quad E_\alpha = \frac{180}{4} E_Y = 45 E_Y$

$\Rightarrow \quad E_Y = \frac{E_\alpha}{45}$

ऊर्जा संरक्षण के नियमानुसार,

$$Q = \text{KE}_Y + \text{KE}_\alpha = \frac{\text{KE}_\alpha}{45} + \text{KE}_\alpha$$

$\Rightarrow 5.5 = \text{KE}_\alpha \left(\frac{46}{45}\right)$

$\Rightarrow \text{KE}_\alpha = \frac{5.5 \times 45}{46} = 5.38$ मेगा इलेक्ट्रॉन वोल्ट

18 *(d)* $m_{\text{सैद्धांतिक}} = Zm_p + (A - Z)m_n$

$= 50(1.00783 \text{ u}) + (120 - 50) + (1.00867 \text{ u})$

$= 50.391500 \text{ u} + 70.606900 \text{ u}$

$= 120.998400 \text{ u}$

$m_{\text{सैद्धांतिक}} = 119.902199 \text{ u}$

इसलिए, द्रव्यमान क्षति

$\Delta m = m_{\text{सैद्धांतिक}} - m_{\text{प्रयोगात्मक}}$

$= 120.998400 \text{ u} - 119.902199 \text{ u}$

$= 1.096201 \text{ u}$

कुल बन्धन ऊर्जा,

$E = \Delta m \times 931$ मेगा इलेक्ट्रॉन वोल्ट

$= 1.096201 \times 931$ मेगा इलेक्ट्रॉन वोल्ट

$= 1020.563131$ मेगा इलेक्ट्रॉन वोल्ट

अतः प्रति न्यूक्लियॉन बंधन-ऊर्जा,

$$(\text{BE})_{\text{प्रति नाभिक}} = \frac{\text{BE}}{\text{न्यूक्लिऑनों की कुल संख्या}}$$

$= \frac{1020.563131}{120}$

$= 8.50469275833$ मेगा इलेक्ट्रॉन वोल्ट

$\simeq 8.5$ मेगा इलेक्ट्रॉन वोल्ट

19 *(d)* दिया है,

$m({}_3^7\text{Li}) = 7.0160 \text{ u}$

$m({}_2^4\text{He}) = 4.0026 \text{ u}$

$m({}_1^1\text{H}) = 1.0079 \text{ u}$

नाभिकीय अभिक्रिया

$${}_3^7\text{Li} + {}_1^1\text{H} \longrightarrow {}_2^4\text{He} + {}_2^4\text{He}$$

एक नाभिकीय अभिक्रिया में मुक्त ऊर्जा,

$Q = \Delta mc^2 = \Delta m \times 931$ मेगा इलेक्ट्रॉन वोल्ट

$= (7.0160 + 1.0079 - 2 \times 4.0026)$

$\times 931$ मेगा इलेक्ट्रॉन वोल्ट

$= 17.41$ मेगा इलेक्ट्रॉन वोल्ट

स्किल बूस्टर्स

1 *(b)* दी गई अभिक्रिया,

$${}_2^4\text{He} + {}_7^{14}\text{N} \longrightarrow {}_8^{17}\text{O} + {}_1^1\text{H}$$

अभिक्रिया का Q-मान,

$Q = 931.5 \times [m({}_7^{14}\text{N}) + m({}_2^4\text{He})]$

$- \{m({}_8^{17}\text{O}) + m({}_1^1\text{H})\}$

$= 931.5\,(14.00307 + 4.00260$

$- 1.00783 - 16.99913)$

$= -1.20$ मेगा इलेक्ट्रॉन वोल्ट

जैसे कि Q-मान ऋणात्मक है, इसलिए अभिक्रिया ऊष्माशोषी है और बाह्य ऊर्जा के बिना आगे नहीं बढ़ सकती। इस अभिक्रिया को प्रारम्भ करने के लिए α-कण की न्यूनतम गतिज ऊर्जा होगी

$K_{\text{न्यूनतम}} = |Q| \times \left(\frac{m_\alpha}{m_N} + 1\right)$

$= 1.20 \times \left(\frac{4.00260}{14.00307} + 1\right)$

$= 1.54$ मेगा इलेक्ट्रॉन वोल्ट

2 *(b)* आवेशित कण के लिए, पथ की त्रिज्या,

$r = \frac{mv}{qB}$

$\Rightarrow \quad r = \frac{mv}{qB} = \frac{\sqrt{2mK}}{Bq}$

जब कणों (2-भिन्न समस्थानिकों के नाभिक) की ऊर्जा समान होती है, तब

$r_1 = \frac{\sqrt{2m_1K}}{BZ}$

और $\quad r_2 = \frac{\sqrt{2m_2K}}{BZ}$

दो चिन्हों के मध्य पृथक्करण,

$d = 2r_2 - 2r_1$ (चित्र देखें)

$= \frac{2\sqrt{2m_2K}}{BZ} - \frac{2\sqrt{2m_1K}}{BZ}$

$= \frac{2\sqrt{2K}}{BZ}(\sqrt{m_2} - \sqrt{m_1})$

3 *(c)* सम्पूर्ण प्रक्रिया चित्र में दर्शाई गई है।

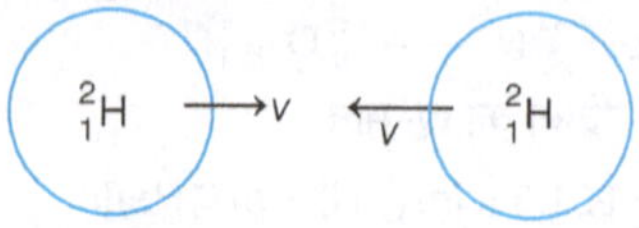

2 फेम्टोमीटर पृथक्करण के लिए स्थितिज ऊर्जा अवरोध,

$U = \frac{kq_1q_2}{r} = \frac{9 \times 10^9 \times (1.6 \times 10^{-19})^2}{2 \times 10^{-15}}$

$= 1.15 \times 10^{-13}$ जूल

उपलब्ध गतिज ऊर्जा के साथ बराबर करने पर,

$2 \times \frac{1}{2}mv^2 = 1.15 \times 10^{-13}$

$\Rightarrow \quad v^2 = \frac{1.15 \times 10^{-13}}{2 \times 1.67 \times 10^{-27}}$

$\Rightarrow \quad v \approx 5.8 \times 10^6$ मी/से

4 *(b)* $\Delta M = \{m(U^{235}) + m(n)\}$

$- \{m(Zr^{99}) + m(Te)^{134} + 3m(n)\}$

$= 0.1985$ u

अतः अभिक्रिया का Q-मान है

$Q = \Delta M \times 931.5 = 185$ मेगा इलेक्ट्रॉन वोल्ट

$= 5 \times 37$ मेगा इलेक्ट्रॉन वोल्ट

दिया है, $K \times 37$

$K = 5$

5 *(d)* संवेग संरक्षण, नियमानुसार,

$\Sigma p_x =$ स्थिरांक

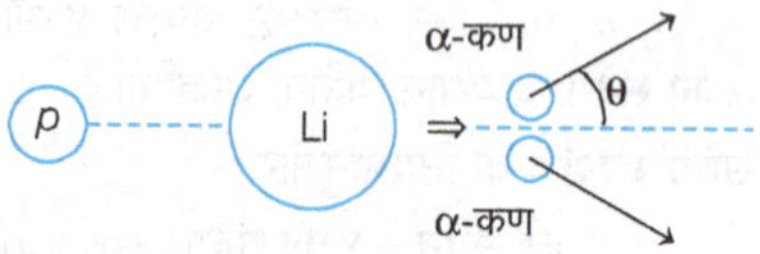

$p_p + p_{Li} = 2p_\alpha \cos\theta$

$\sqrt{2m_pK_p} + 0 = 2(\sqrt{2m_\alpha K_\alpha})\cos\theta$

$\Rightarrow \quad 2m_pK_p = 2^2 \times 2m_\alpha K_\alpha \cos^2\theta$

$\Rightarrow \quad m_pK_p = 4 \times 4\, m_p \times K_\alpha \times \frac{1}{16}$

$\Rightarrow \quad K_p = K_\alpha$

6 *(c)* एक अधिक स्थायी $N = Z$ (B) अधिक न्यूट्रॉन संख्या (N) वाला नाभिक अधिक परमाणु संख्या (Z) वाले नाभिक की तुलना में थोड़ा अधिक स्थायी होता है।

अतः स्थिरता का क्रम $B > A > C$ है।

7 *(d)* विकल्प (d) सही नहीं है, क्योंकि संलयन में 2 हल्के नाभिक सम्मिलित होते हैं और उच्च द्रव्यमान संख्या वाले नाभिक विखण्डन से गुजरते हैं। अन्य सभी विकल्प सही हैं।

8 *(c)* प्रति सेकण्ड मुक्त कुल ऊर्जा

$= 250 \times 1.6 \times 10^{-13} \times 10^{14}$

$= 4000$ जूल

निर्गत शक्ति $= 4000 \times \frac{40}{100}$

$= 1600$ वाट $= 1600$ वाट

9 *(d)* चूँकि, $m(^2_1H) = 2.014082$ u

और $m(^3_2He) = 3.016029$ u

और $m(^1_0n) = 1.008665$ u

$\Delta m =$ द्रव्यमान क्षति

$= 2m(^2_1H) - m(^3_2He) - m(^1_0n)$

$= 2 \times 2.014082 - 3.016029$

$- 1.008665$

$\Delta m = 0.003470$

$\Rightarrow Q$-मान = अभिक्रिया में विमुक्त ऊर्जा

$Q =$ [द्रव्यमान (अभिकारक) − द्रव्यमान (उत्पादन)] $\times 931.5$

$= \Delta m \times 931.5$ मेगा इलेक्ट्रॉन वोल्ट

$= 3.232$ मेगा इलेक्ट्रॉन वोल्ट

चूँकि Q-मान धनात्मक है, इसलिए किसी देहली ऊर्जा की आवश्यकता नहीं है।

10 *(b)* $P = 10^6$ वाट

समय = 1 दिन $= 24 \times 36 \times 10^2$ सेकण्ड

उत्सर्जित ऊर्जा,

$U = Pt = 10^6 \times 24 \times 36 \times 10^2$

$= 24 \times 36 \times 10^8$ जूल

संलयन अभिक्रिया से मुक्त ऊर्जा,

$= 20$ मेगा इलेक्ट्रॉन वोल्ट $= 32 \times 10^{-13}$ जूल

प्रति परमाणु उत्सर्जित ऊर्जा,

${}_1H^2 = 32 \times 10^{-13}$ जूल

प्रयुक्त ${}_1H^2$ परमाणुओं की संख्या,

$= \frac{24 \times 36 \times 10^8}{32 \times 10^{-13}} = 27 \times 10^{21}$

6×10^{23} परमाणु का द्रव्यमान = 2 ग्राम

$\therefore 27 \times 10^{21}$ परमाणुओं का द्रव्यमान

$= \frac{2}{6 \times 10^{23}} \times 27 \times 10^{21} \simeq 0.1$ ग्राम

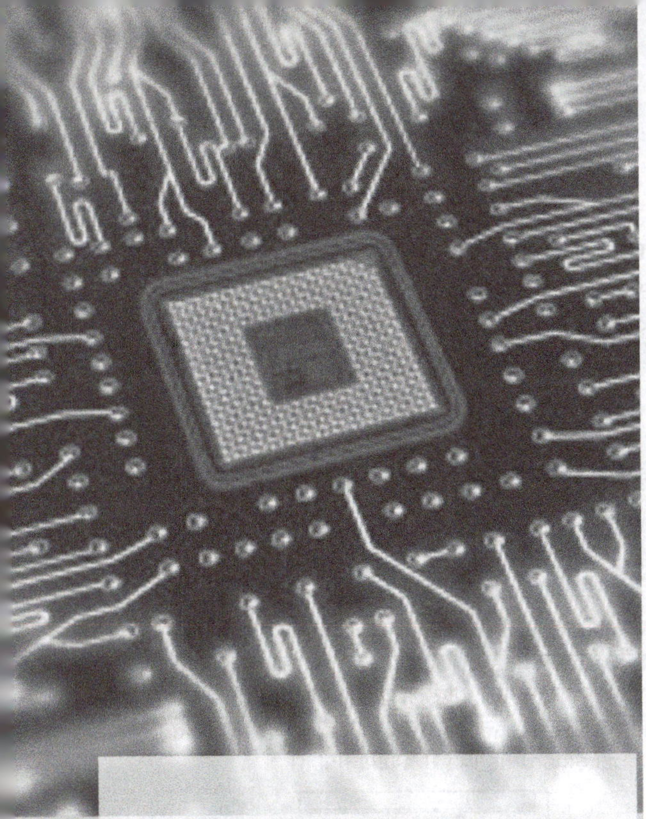

14

भौतिकी की Concept Master *Videos* के लिए *Scan* करें

अर्द्धचालक इलेक्ट्रॉनिकी : पदार्थ, युक्तियाँ तथा सरल परिपथ

Semiconductor Electronics : Materials, Devices and Simple Circuits

5 वर्षों में NEET में पूछे गये शीर्षकवार प्रश्न

शीर्षक	वर्षवार प्रश्नों की संख्या				
	2024	2023	2022	2021	2020
नैज अर्द्धचालक	–	–	–	–	1
बाह्य अर्द्धचालक	–	–	–	1	1
p-n सन्धि	–	–	–	–	1
अर्द्धचालक डायोड	1	–	1	–	1
सन्धि डायोड का दिष्टकारी के रूप में अनुप्रयोग	–	1	1	–	–
विशेष उद्देश्य *p-n* सन्धि डायोड	1	–	–	1	–
डिजिटल इलेक्ट्रॉनिक्स तथा लॉजिक गेट्स	2	1	1	–	2

NEET में विगत 5 वर्षों में पूछे गये विशेष प्रकार के प्रश्न

प्रकार	वर्ष				
	2024	2023	2022	2021	2020
अभिकथन-कारण	–	–	–	–	–
कथन आधारित	1	1	–	–	–
सुमेलन प्रकार	–	0	–	0	0

NEET के विगत 5 वर्षों का भारांकन

- इलेक्ट्रॉनिकी परिपथ उन सभी युक्तियों के मूल निर्माण खण्ड हैं जिनमें इलेक्ट्रॉनों का नियन्त्रित प्रवाह प्राप्त किया जा सकता है। ट्रान्जिस्टर की खोज से पहले वैक्यूम ट्यूब का अधिकतर प्रयोग किया जाता था।
- 1930 में, यह अनुभव किया गया कि कुछ ठोस अवस्था अर्द्धचालक तथा उनकी सन्धियों में यह सम्भावना होती है कि उनके द्वारा आवेश वाहकों की संख्या तथा प्रवाह की दिशा को नियन्त्रित किया जा सकता है। प्रकाश, ऊष्मा या निम्न आरोपित वोल्टेज जैसे सरल उत्तेजक किसी अर्द्धचालक में गतिमान आवेशों की संख्या परिवर्तित कर सकते हैं।
- अर्द्धचालक युक्तियों में आवेश वाहकों की आपूर्ति तथा प्रवाह ठोस के अन्दर ही होता है।
- अर्द्धचालक युक्तियों में बाह्य तापन या अधिक निर्वातिक स्थान की आवश्यकता नहीं होती है। ये आकार में छोटे होती हैं, निम्न शक्ति की खपत करती हैं, निम्न वोल्टेज पर प्रचलित होती हैं, इनका जीवनकाल दीर्घ होता है तथा अत्यधिक विश्वसनीय होती हैं।

धातुओं, चालकों तथा अर्द्धचालकों का वर्गीकरण

(Classification of Metals, Conductors and Semiconductors)

- **वैद्युतिक चालकता** (Conductivity σ) **या प्रतिरोधकता** ($\rho = 1/\sigma$) के सापेक्ष मानों के आधार पर, ठोस पदार्थों का वर्गीकरण निम्न प्रकार से किया जाता है

(i) **धातुएँ** (Metals) इनमें बहुत कम प्रतिरोधकता (या उच्च चालकता) होती है।

$$\rho \sim 10^{-2}\text{-}10^{-8}\ \Omega\text{-m};\ \sigma \sim 10^{2}\text{-}10^{8}\ \text{Sm}^{-1}$$

(ii) **अर्द्धचालक** (Semiconductors) इनकी प्रतिरोधकता या चालकता धातुओं तथा कुचालकों (Insulators) के बीच की होती है।

$$\rho \sim 10^{-5}\text{-}10^{6}\ \Omega\text{-m};\ \sigma \sim 10^{5} - 10^{-6}\ \text{Sm}^{-1}$$

(iii) **कुचालक या विद्युतरोधी** (Insulators) इनकी प्रतिरोधकता (उच्च या निम्न चालकता) होती है।

$$\rho \sim 10^{11}\text{-}10^{19}\Omega\text{-m};\ \sigma \sim 10^{-11} - 10^{-19}\ \text{Sm}^{-1}$$

ठोसों में ऊर्जा बैण्ड (Energy Band in Solids)

- किसी ठोस के क्रिस्टल के अन्दर प्रत्येक इलेक्ट्रॉन की अपनी एक अद्वितीय स्थिति होती है तथा किन्हीं दो इलेक्ट्रॉनों के चारों ओर के आवेशों का प्रारूप एक जैसा नहीं होता है। इस कारण से ही प्रत्येक इलेक्ट्रॉन का ऊर्जा स्तर भिन्न होता है। सतत् ऊर्जा परिवर्तन वाले इन विभिन्न ऊर्जा स्तरों को **ऊर्जा बैण्ड** (Energy band) कहा जाता है।

  ये बैण्ड निम्न प्रकार के होते हैं

  (i) **संयोजी बैण्ड** (Valance Band) संयोजी इलेक्ट्रॉनों के ऊर्जा परास को संयोजी बैण्ड कहते हैं।

  (ii) **चालन बैण्ड** (Conduction Band) चालन इलेक्ट्रॉनों के ऊर्जा परास को चालन बैण्ड कहते हैं।

नोट *बाह्य ऊर्जा के बिना सभी संयोजी इलेक्ट्रॉन संयोजकता बैण्ड में ही रहेंगे।*

वर्जित ऊर्जा अन्तराल या ऊर्जा बैण्ड अन्तराल (Forbidden Energy Gap or Energy Band Gap)

- संयोजी बैण्ड के शीर्ष तथा चालन बैण्ड के निचले भाग के बीच के अन्तराल को **ऊर्जा बैण्ड अन्तराल** कहते हैं।
- यदि λ इलेक्ट्रॉन को उत्तेजित करने के लिए प्रयुक्त विकिरण की तरंगदैर्ध्य है ताकि वह संयोजी बैण्ड से चालन बैण्ड में प्रवेश कर सके तो ऊर्जा बैण्ड अन्तराल है

$$E_g = h\nu = \frac{hc}{\lambda}$$

अर्द्धचालक में ऊर्जा अन्तराल तापमान पर निर्भर करता है।

- **फर्मी ऊर्जा** (Fermi Energy) यह किसी पदार्थ के मुक्त इलेक्ट्रॉन द्वारा परम शून्य तापमान अर्थात् 0 केल्विन पर प्राप्त की जाने वाली अधिकतम सम्भावित ऊर्जा है।
- **ऊर्जा बैण्ड अन्तराल के आधार पर** ठोस पदार्थों को निम्न प्रकार वर्गीकृत किया जा सकता है

  (i) **धातु** (Metals) धातुओं में, चालन बैण्ड आंशिक रूप से भरा होता है तथा संयोजी बैण्ड आंशिक रूप से रिक्त रहता है या चालन और संयोजी बैण्ड अतिव्याप्त (ओवरलैप) होते हैं। जब अतिव्यापन होता है तो संयोजी बैण्ड से इलेक्ट्रॉन सरलता से चालन बैण्ड में जा सकते हैं। इसीलिए इस प्रकार के पदार्थों की प्रतिरोधकता निम्न तथा चालकता उच्च होती है। इसे नीचे चित्र में दर्शाया गया है

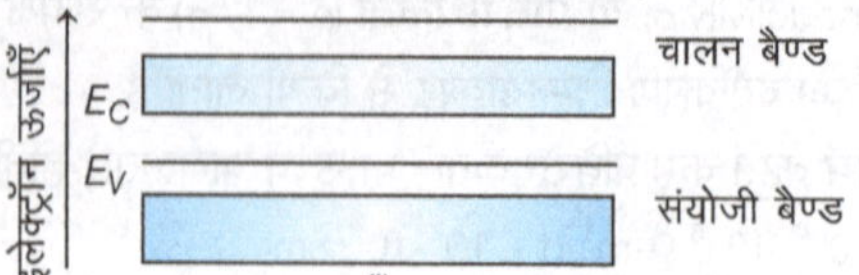

(i)

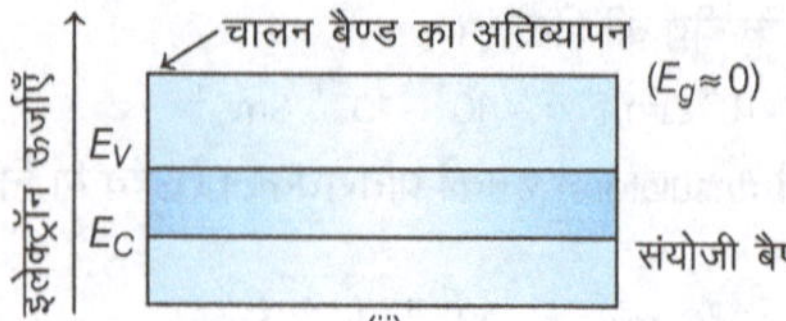

(ii)

  (ii) **विद्युतरोधी** (Insulatros) विद्युतरोधी में, एक बड़ा बैण्ड अन्तराल E_g उपस्थित (E_g > 3 इलेक्ट्रॉन वोल्ट) होता है। चालन बैण्ड में कोई इलेक्ट्रॉन नहीं होते हैं और इसीलिए कोई विद्युत चालन सम्भव नहीं है। नीचे चित्र में विद्युतरोधी का ऊर्जा अन्तराल आरेख दर्शाया गया है।

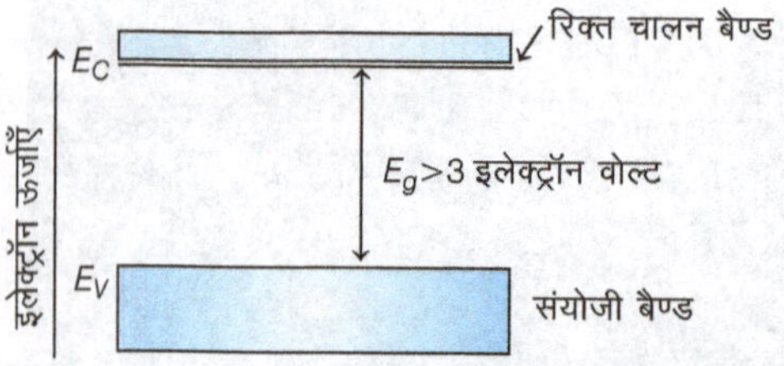

  (iii) **अर्द्धचालक** (Semiconductors) अर्द्धचालकों में, एक परिमित लेकिन लघु बैण्ड अन्तराल (E_g < 3 इलेक्ट्रॉन वोल्ट) होता है। इसी कारण से कमरे के ताप पर, संयोजी बैण्ड से कुछ इलेक्ट्रॉन चालन बैण्ड में जा सकते हैं। इस प्रकार, इन पदार्थों का प्रतिरोध, विद्युतरोधी जितना अधिक नहीं होता है। यह चित्र में दर्शाया गया है।

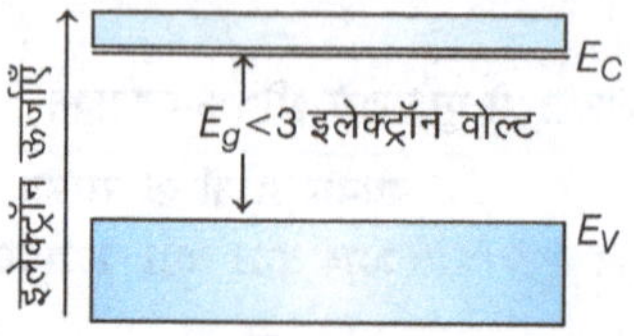

  अर्द्धचालक में, ऊर्जा बैण्ड अन्तराल (1 इलेक्ट्रॉन वोल्ट) के क्रम में होता है। सिलिकॉन के लिए यह 1.1 इलेक्ट्रॉन वोल्ट तथा जर्मेनियम के लिए 0.7 इलेक्ट्रॉन वोल्ट होता है। परम शून्य तापमान पर, अर्द्धचालक एक आदर्श कुचालक (विद्युतरोधी) के समान व्यवहार करता है।

  (iv) **होल या रिक्ति** (Hole) जब कोई इलेक्ट्रॉन उत्तेजित होकर चालन बैण्ड में चला जाता है, तो संयोजी बैण्ड में एक रिक्ति (होल) बन जाता है। होल धनात्मक आवेश का स्थान होता है। होल की गतिशीलता (Mobility) इलेक्ट्रॉन की तुलना में कम होती है।

Concept Master Video के लिए

नैज अर्द्धचालक (Intrinsic Semiconductor)

- शुद्ध अर्द्धचालक जिसमें कोई अशुद्धता (Impurity) नहीं होती है, उसे शुद्ध या **नैज अर्द्धचालक** कहते हैं; जैसे-सिलिकॉन, जर्मेनियम आदि। इससे सम्बन्धित कुछ महत्त्वपूर्ण बिन्दु निम्नलिखित हैं

  (i) नैज अर्द्धचालक में, मुक्त इलेक्ट्रॉनों की संख्या n_e, होलों की संख्या n_h के बराबर होती है अर्थात् $n_e = n_h = n_i$

  जहाँ, n_i को **नैज वाहक सान्द्रता** कहते हैं।

नोट *अर्द्धचालक में यह अद्वितीय गुण होता है कि इसमें इलेक्ट्रॉनों के अतिरिक्त होल भी गति करते हैं।*

  (ii) मुक्त इलेक्ट्रॉन चालन इलेक्ट्रॉन के रूप में पूर्णतः स्वतन्त्रतापूर्वक गति करता है और एक विद्युत क्षेत्र आरोपित करने पर एक इलेक्ट्रॉन धारा (I_e) देता है और इस क्षेत्र के कारण होल ऋणात्मक विभव की ओर बढ़ते हैं जिससे होल धारा I_h उत्पन्न होती है।

  इसीलिए, कुल धारा, $I = I_e + I_h = neA(v_e + v_h)$

Marks Maximizer

- नैज अर्द्धचालक की चालकता
$$\sigma = n_i e\,(\mu_e + \mu_h)$$
- नैज अर्द्धचालक की प्रतिरोधकता
$$\rho = \frac{1}{\sigma} = \frac{1}{e\,n_i\,(\mu_e + \mu_h)}$$

(iii) चालन इलेक्ट्रॉन और कोटर होल्स की उत्पत्ति की प्रक्रिया के दौरान ही पुनः संयोजन (Recombination) की प्रक्रिया होती है जिसमें इलेक्ट्रॉन होल के साथ पुनः संयोजन (Recombine) करते हैं। साम्यावस्था पर आवेश वाहकों के उत्पन्न होने की दर उनके पुनः संयोजन की दर के बराबर होती है। इलेक्ट्रॉन के होल से टकराने (Colliding) के कारण पुनः संयोजन होता है।

- **नैज अर्द्धचालक की चालकता पर तापमान का प्रभाव** एक नैज अर्द्धचालक की चालकता उसके तापमान पर निर्भर करती है लेकिन कमरे के तापमान पर इसकी चालकता बहुत कम होती है।
- तापमान बढ़ने के साथ, इलेक्ट्रॉन-होल युग्मों का घनत्व बढ़ जाता है जो नैज अर्द्धचालक की चालकता को बढ़ाता है।
- निम्न चित्र में Si या Ge संरचना का योजनाबद्ध द्वि-विमीय निरूपण दर्शाया गया है, जिसमें निम्न तापमान पर सहसयोजक आबन्ध दिखाए गए हैं (सभी बन्ध बने हुए) तथा + 4 प्रतीक Si तथा Ge के आन्तरिक कोर को इंगित करता है।

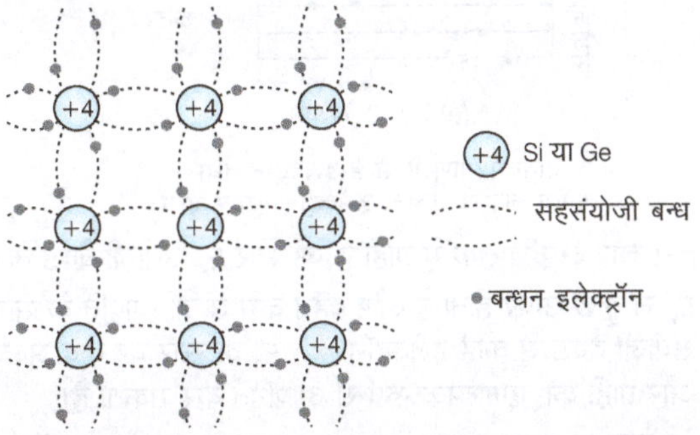

- निम्न चित्र में एक होल की सम्भावित ऊष्मीय गति का सरलीकृत निरूपण दर्शाया गया है। नीचे वाले बाएँ हाथ के सहसंयोजी बन्ध (स्थान 2) से एक इलेक्ट्रॉन प्रारम्भिक होल (स्थान 1) पर चला जाता है, जिससे उसके स्थान पर एक होल (रिक्ति) रह जाता है जो स्थान 1 से स्थान 2 तक होल के आभासी स्थानान्तरण को प्रदर्शित करता है।

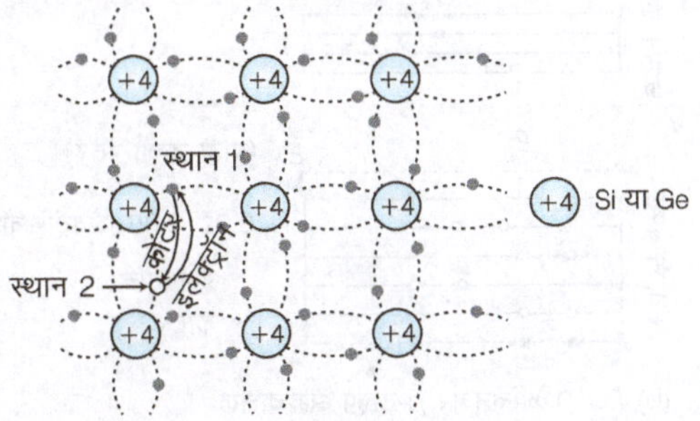

नैज अर्द्धचालक का ऊर्जा बैण्ड आरेख

(Energy Band Diagram of Intrinsic Semiconductor)

- संयोजी बैण्ड $T = 0$ केल्विन पर अर्थात् परम शून्य ताप मान पर इलेक्ट्रॉनों से पूर्णतः भरा होता है जबकि चालन बैण्ड खाली होता है। इसलिए, $T = 0$ केल्विन पर कोई नैज अर्द्धचालक विद्युतरोधी की भाँति व्यवहार करता है। उच्च तापमान ($T > 0$ केल्विन) पर, कुछ इलेक्ट्रॉन ऊर्जा प्राप्त करने के बाद उत्तेजित होकर संयोजी बैण्ड से चालन बैण्ड में पहुँचते हैं, जिससे संयोजी बैण्ड में समान संख्या में होल्स (Holes) बन जाते हैं।

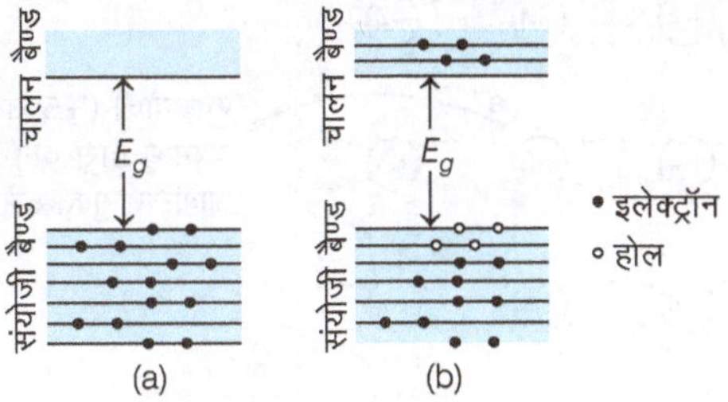

बाह्य अर्द्धचालक (Extrinsic Semiconductor)

- जब किसी शुद्ध (नैज) अर्द्धचालक में उसकी चालकता बढ़ाने के लिए अल्प मात्रा में उपयुक्त अशुद्धि मिलाई जाती है, तो निर्मित अर्द्धचालक को **बाह्य अर्द्धचालक** या **अशुद्ध अर्द्धचालक** कहते हैं।
- किसी वांछित अशुद्धि को सावधानीपूर्वक मिश्रित करना **अपमिश्रण** या **मादन** (Doping) कहलाता है और अशुद्धि परमाणुओं को **अपमिश्रक** (Dopants) कहते हैं, इसीलिए बाह्य अर्द्धचालकों को **मादित अर्द्धचालक** (Doped semiconductor) भी कहा जाता है।
- अपमिश्रण (डोपिंग) के लिए, अपमिश्रक (Dopants) और अर्द्धचालक परमाणुओं का आकार लगभग समान होना चाहिए।
- अपमिश्रण में दो प्रकार के अपमिश्रण का उपयोग किया जाता है।
  (i) **पंचसंयोजक** (Pentavalent) संयोजकता 5; जैसे-आर्सेनिक (As), एण्टीमनी (Sb), फॉस्फोरस (P) आदि।
  (ii) **त्रिसंयोजक** (Trivalent) संयोजकता 3; जैसे-इण्डियम (In), बोरॉन (B), एल्युमीनियम (Al) आदि।
- अशुद्धि (या अपमिश्रक) के आधार पर बाह्य अर्द्धचालक दो प्रकार के होते हैं : *n*-प्रकार का अर्द्धचालक तथा *p*-प्रकार का अर्द्धचालक।
  (i) ***n*-प्रकार अर्द्धचालक** (*n*-type Semiconductors) यह Si तथा Ge (अर्थात् चतुषसंयोजी) शुद्ध अर्द्धचालक को एक समूह V पंचसंयोजी अशुद्धि; जैसे आर्सेनिक (As), फॉस्फोरस (P) आदि के साथ अपमिश्रित (Doped) करके प्राप्त किया जाता है।
- अर्द्धचालक में मिलाए गए पंचसंयोजी अशुद्धि परमाणु को **दाता परमाणु** (Donor atoms) कहा जाता है।
- *n*-प्रकार के अर्द्धचालक में, धारा का चालन इलेक्ट्रॉनों के कारण होता है, अर्थात् इलेक्ट्रॉन बहुसंख्यक वाहक (Majority carriers) होते हैं तथा होल्स अल्पसंख्यक वाहक (Minority carriers) होते हैं, इसलिए, इन्हें *n*-प्रकार के अर्द्धचालक कहते हैं।
- *n*-प्रकार के अर्द्धचालक के लिए, $n_e >> n_h$।

- n-प्रकार अर्द्धचालक की चालकता, $\sigma_n = e n_e \mu_e$ है।
- चित्र (a) में पंच संयोजी दाता परमाणु (As, Sb, P आदि) को चतुर्थ संयोजी Si या Ge के लिए अपमिश्रित (Doped) किया गया है, जो n-प्रकार अर्द्धचालक बनाता है और चित्र (b) में n-प्रकार के अर्द्धचालक सामान्यतः के लिए प्रयुक्त किए जाने वाले योजनाबद्ध आरेख को दर्शाया गया है, जिसमें प्रतिस्थापी दाता (Substituent donors) के स्थिर कोर को केवल एक अतिरिक्त धनात्मक आवेश तथा इससे सम्बद्ध इलेक्ट्रॉन को दिखाया गया है।

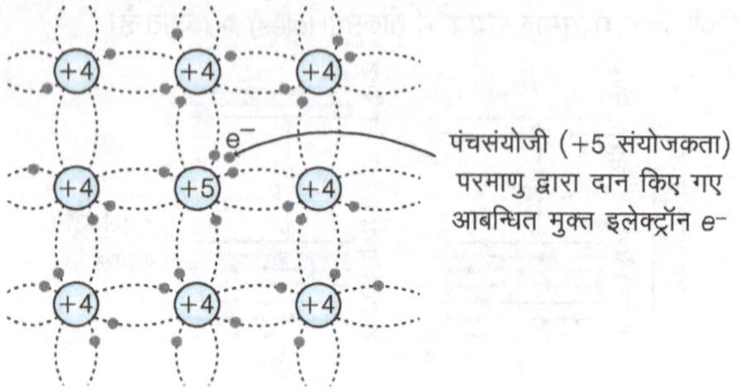

(a)

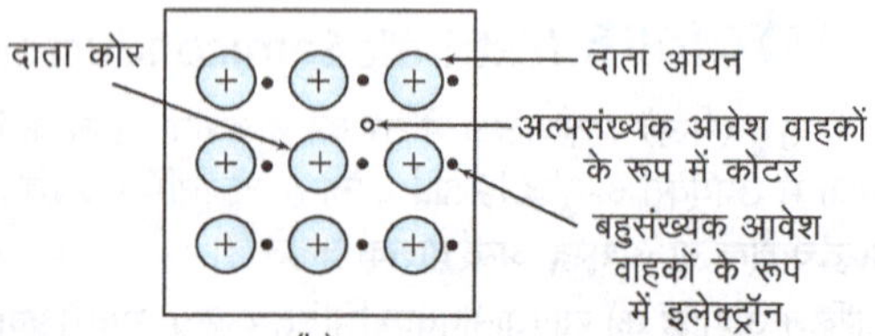

(b)

(ii) **p-प्रकार अर्द्धचालक** (p-type semiconductors) यह तब बनता है जब Si तथा Ge के शुद्ध अर्द्धचालक में समूह III की त्रिसंयोजी अशुद्धियाँ; जैसे-एल्युमीनियम (Al), बोरॉन (B) आदि अपमिश्रित की जाती हैं।

- अर्द्धचालक में मिलाए गए त्रिसंयोजी अशुद्धि परमाणु को **ग्राही परमाणु** (Acceptor atom) कहते हैं।
- p-प्रकार अर्द्धचालक में, धारा का चालन होल्स के कारण होता है अर्थात् होल्स बहुसंख्यक वाहक होते हैं तथा इलेक्ट्रॉन अल्पसंख्यक वाहक होते हैं इसलिए इस अर्द्धचालक को p-प्रकार का अर्द्धचालक कहते हैं।
- p-प्रकार अर्द्धचालक के लिए पुनः संयोजन प्रक्रिया में शुद्ध (आन्तरिक) रूप से उत्पन्न इलेक्ट्रॉनों की संख्या n_i घटकर n_e हो जाती है, अतः $n_h >> n_e$ ।
- p-प्रकार अर्द्धचालक की चालकता $\sigma_p = e n_h \mu_h$ है। NEET 2019
- चित्र (a) में चतुर्थ संयोजी Si तथा Ge के चालक में त्रिसंयोजी ग्राही परमाणु (In, Al, B आदि) के अपमिश्रण से निर्मित p-टाइप अर्द्धचालक दर्शाया गया है। चित्र (b) में p-प्रकार के पदार्थ का सामानयतः प्रयुक्त योजनाबद्ध निरूपण दिया है, जो एक प्रभावी अतिरिक्त ऋणात्मक आवेश के साथ प्रतिस्थापी ग्राही परमाणु की स्थिर कोर तथा उससे सम्बद्ध होल को दर्शाता है।

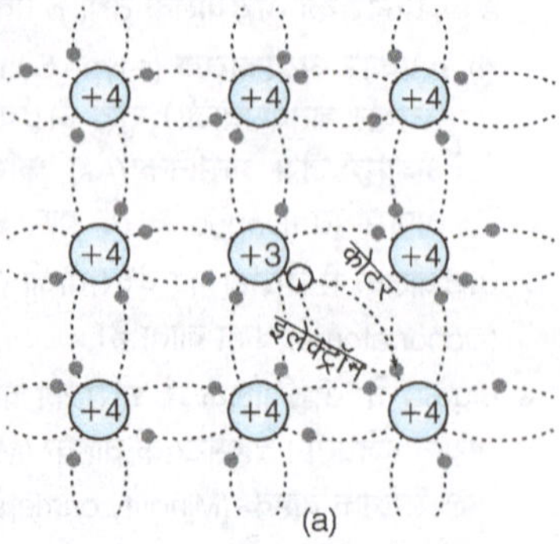

(a)

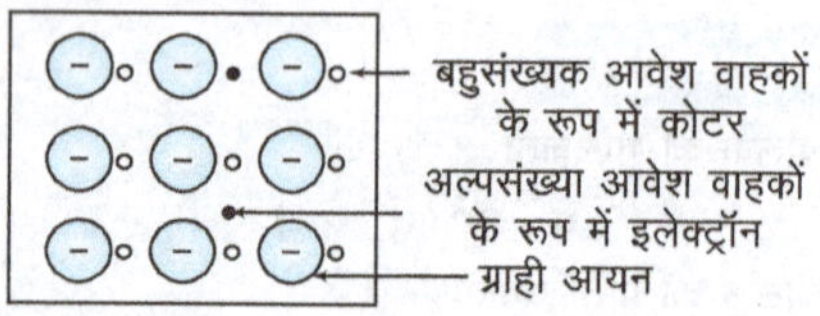

(b)

- अपमिश्रित क्रिस्टल एक समग्र आवेश उदासीनता बनाए रखता है, क्योंकि अतिरिक्त आवेश वाहकों का आवेश जालक में आयनीकृत कोरों पर आवेश की मात्रा के ही समान एवं विपरीत होता है।
- **अर्द्धचालक की ऊर्जा बैण्ड संरचना** भी अपमिश्रण (डोपिंग) से प्रभावित होती है।

(i) ***n*-प्रकार अर्द्धचालक** में दाता ऊर्जा स्तर E_D, चालन बैण्ड की तली E_C से कुछ नीचे होता है तथा इस स्तर से कुछ इलेक्ट्रॉन बहुत कम ऊर्जा की आपूर्ति होने पर चालन बैण्ड में प्रवेश कर जाते हैं।

- चित्र में $T > 0$ केल्विन पर n-प्रकार अर्द्धचालक का ऊर्जा बैण्ड दर्शाया गया है।

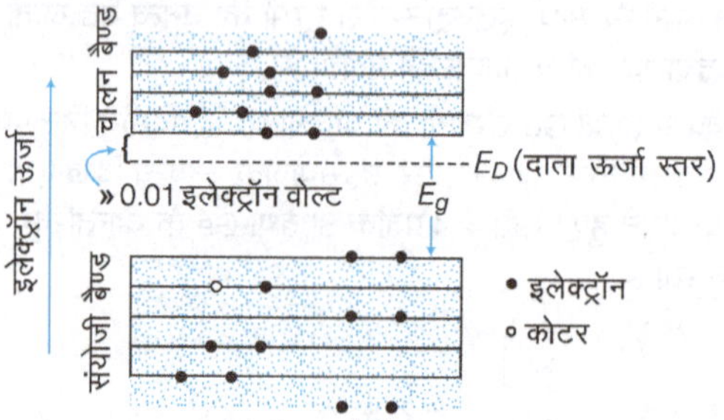

(a) $T > 0$ केल्विन

दाता परमाणुओं से 9 इलेक्ट्रॉन तथा तापीय रूप से उत्पन्न इलेक्ट्रॉन कोटर युग्म

(ii) ***p*-प्रकार अर्द्धचालक** में ग्राही ऊर्जा स्तर E_A संयोजी बैण्ड के शीर्ष E_V से कुछ ऊपर होता है और बहुत कम ऊर्जा आपूर्ति के साथ संयोजी बैण्ड से कोई इलेक्ट्रॉन (e^-) E_A के स्तर पर कूद सकता है और ग्राही को ऋणात्मक रूप से आयनित कर सकता है।

- ऊष्मीय साम्यावस्था में एक बाह्य अर्द्धचालक में इलेक्ट्रॉन व होल सान्द्रता निम्न प्रकार दी जाती है

$$n_e n_h = n_i^2$$

- चित्र में $T > 0$ केल्विन पर p-टाइप अर्द्धचालक का ऊर्जा बैण्ड दर्शाया गया है।

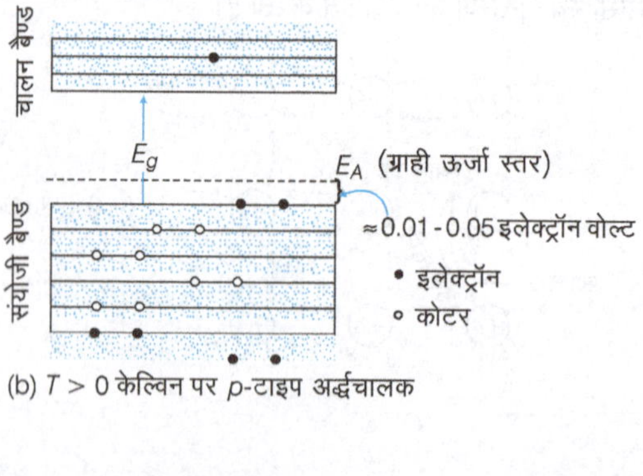

(b) $T > 0$ केल्विन पर p-टाइप अर्द्धचालक

Marks Maximizer

- धातु की चालकता, $\sigma = \frac{neV}{E}$

  (n = इलेक्ट्रॉनों का संख्या घनत्व, V = अपवाह वेग,
  E = विद्युत क्षेत्र, e = इलेक्ट्रॉन का आवेश

  इलेक्ट्रॉन एवं होल्स के कारण अर्द्धचालक में प्रवाहित धारा,
  $$I = eA(n_e v_e + n_h v_h)$$
  (A = अनुप्रस्थ-काट का क्षेत्रफल)
- नैज अर्द्धचालक की चालकता $\sigma_i = ne(\mu_e + \mu_h)$ (μ = गतिशीलता)
- एक इलेक्ट्रॉन-होल युग्म बनाने के लिए आवश्यक न्यूनतम ऊर्जा,
  $$E_g = h\nu_{\text{न्यूनतम}} = \frac{hc}{\lambda_{\text{अधिकतम}}}$$
- तापमान के साथ चालकता में परिवर्तन $\sigma = \exp\left(\frac{-E_g}{2k_B T}\right)$

p-n सन्धि (*p-n* Junction)

- एक *p-n* सन्धि, *p*-टाइप तथा *n*-टाइप अर्द्धचालक के बीच एक अन्तराफलक (Interface) या सीमा है।
- यह डायोड ट्रान्जिस्टर आदि जैसे कई अर्द्धचालक युक्तियों का मूल निर्माण खण्ड है।
- *p-n* सन्धि के निर्माण के दौरान तथा *p*-फलक (*p*-side) एवं *n*-फलक में सान्द्रता प्रवणता (Concentration gradient) के कारण होल *p*-फलक से *p*-फलक तक विसरित हो जाते हैं। आवेश वाहकों की यह गति धारा उत्पन्न करती है।
- *p-n* सन्धि में **प्रवाहित धारा** (Current) दो प्रकार की होती है
  (i) **विसरण धारा** (Diffusion Current, I_{df}) यह सान्द्रता अन्तर के कारण इलेक्ट्रॉनों और होल्स के विसरण अर्थात् प्रसार के कारण *p*-फलक से *n*-फलक की ओर प्रवाहित धारा है।
  (ii) **अपवाह धारा** (Drift Current, I_{dr}) यह अवक्षय क्षेत्र में निर्मित इलेक्ट्रॉन-होल युग्मों (तापीय टकराव के कारण) के कारण *n*-फलक से *p*-फलक की ओर प्रवाहित धारा है।
- जैसे-जैसे होल विसरित होते हैं, सन्धि के *p*-फलक पर ऋणात्मक आवेश (या ऋणात्मक स्थल-आवेश क्षेत्र) की एक परत विकसित होती है। इसी प्रकार, जैसे-जैसे e^-, $n \to p$ की ओर विसरित होता है, तो वह सन्धि के *n*-फलक पर धनात्मक आवेश की परत पीछे छोड़ता है। सन्धि के दोनों ओर इस स्थान-आवेश क्षेत्र (Space-charge region) को **अवक्षय क्षेत्र** (Depletion region) के रूप में जाना जाता है। क्योंकि इलेक्ट्रॉन तथा होल जो सन्धि के आर-पार प्रारम्भिक गति में भाग लेते हैं, वे इसके मुक्त आवेशों के क्षेत्र को समाप्त कर देते है, जैसा कि चित्र में दर्शाया गया हे। इस अवक्षय क्षेत्र की मोटाई माइक्रोमीटर के दसवें भाग की कोटि की होती है।

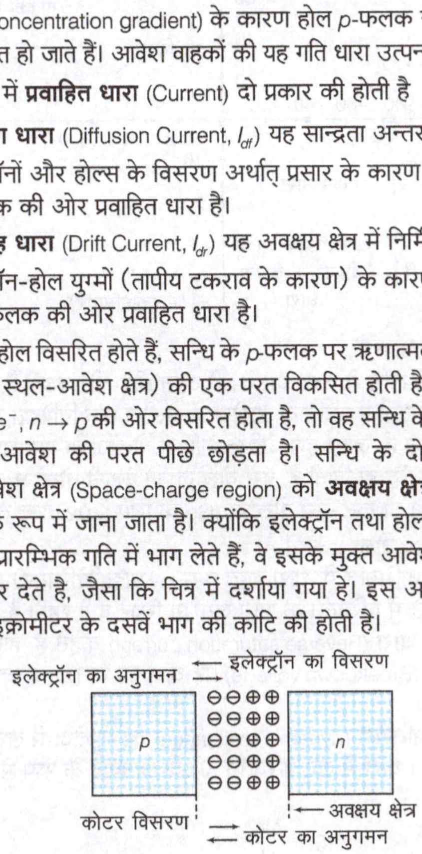

- प्रारम्भ में विसरण धारा अधिक होती है और अपवाह धारा कम होती है जैसे-जैसे विसरण प्रक्रिया होती रहती है सन्धि के दोनों ओर रिक्त-आवेश क्षेत्र (Space-charge region) विस्तारित होते हैं, जिससे विद्युत क्षेत्र के सामर्थ्य में वृद्धि होती है और इसीलिए अपवाह धारा में भी वृद्धि होती है। यह प्रकिया तब तक चलती रहती है जब तक कि विसरण धारा अपवाह धारा के बराबर नहीं हो जाती। इस प्रकार, एक *p-n* सन्धि बनती है। साम्यावस्था में *p-n* सन्धि पर नैट विद्युत धारा (Net electric current) नहीं होती है।
- *n*-क्षेत्र से इलेक्ट्रॉनों (e^-) की हानि तथा *p*-क्षेत्र से होल्स (e^+) की प्राप्ति के कारण दोनों क्षेत्रों की सन्धि के आर-पार एक विभवान्तर उत्पन्न हो जाता है। यह विभवान्तर *n*-क्षेत्र से *p*-क्षेत्र की ओर इलेक्ट्रॉनों की गति को रोकता है और इसे प्रायः **रोधिका विभव** (Barrier potential) कहते हैं।

अर्द्धचालक डायोड (Semiconductor Diode)

यह मूल रूप से एक *p-n* सन्धि है, जिसके सिरों पर बाह्य वोल्टेज (बायस) के अनुप्रयोग के लिए धात्विक सम्पर्क होते हैं। यह एक दो टर्मिनल युक्ति है। डायोड तथा उसेक प्रतीक को नीचे दर्शाया गया है।

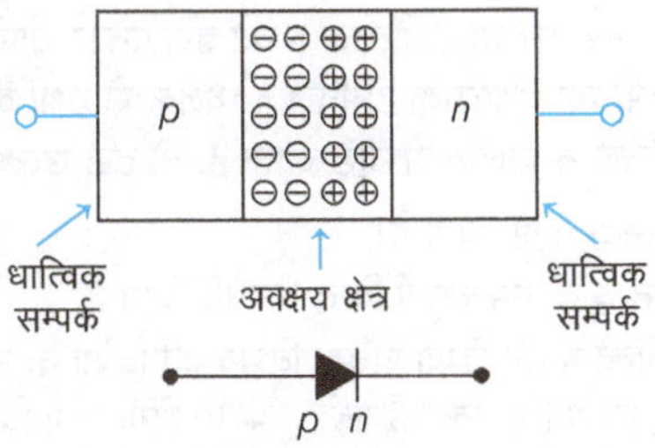

- तीर की दिशा धारा की पारम्परिक दिशा को इंगित करती है (जब डायोड अग्र बायस में होता है)। डायोड पर बाह्य वोल्टेज-V आरोपित करके साम्यावस्था में रोधिका विभव को परिवर्तित किया जा सकता है।

अग्र अभिनति में *p-n* सन्धि डायोड (*p-n* Junction Diode Under Forward Bias)

- जब किसी अर्द्धचालक डायोड पर बाह्य वोल्टेज V को इस प्रकार आरोपित किया जाता है, कि बैटरी के धनात्मक टर्मिनल से *p*-फलक तथा बैटरी के ऋणात्मक टर्मिनल से *n*-फलक संयोजित हो, तो इसे **अग्र अभिनति** (forward biased) कहा जाता है।

  इससे सम्बन्धित कुछ महत्त्वपूर्ण बिन्दु निम्नलिखित हैं
  (i) अग्र अभिनति के अन्तर्गत प्रभावी रोधक ऊँचाई $(V_0 - V)$ होती है।
  (ii) आरोपित वोल्टेज के कारण, *n*-फलक से इलेक्ट्रॉन अवक्षय क्षेत्र (Depletion region) को पार करके *p*-फलक पर पहुँचते हैं। इसी प्रकार, *p*-फलक से होल सन्धि को पार करके *n*-फलक पर पहुँचते हैं। अग्र अभिनति में होने वाली इस प्रक्रिया को **अल्पसंख्यक वाहक अन्तःक्षेपण** (Minority carrier injection) कहते हैं।
  (iii) कुल डायोड अग्र धारा का मान होल विसरण धारा एवं इलेक्ट्रॉन विसरण की पारम्परिक धारा का योग होता है। धारा का परिमाण मिली ऐम्पियर में होता है।

(iv) चित्र (a) में अग्र अभिनति के अन्तर्गत *p-n* सन्धि डायोड तथा चित्र (b) में विभिन्न स्थितियों (1) बिना बैटरी, (2) निम्न बैटरी वोल्टेज एवं (3) उच्च बैटरी वोल्टेज के लिए रोधक विभव दर्शाया गया है।

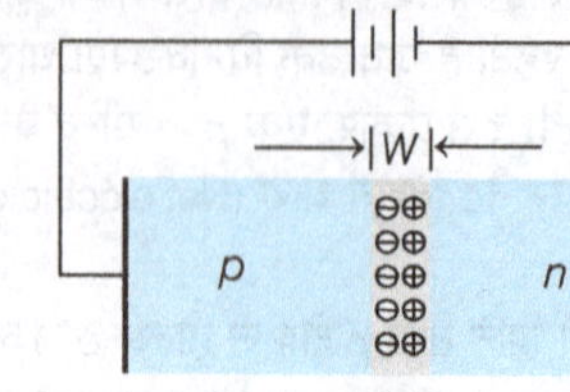

(a)

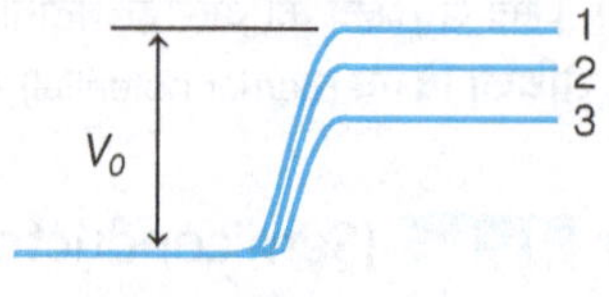

(b)

उत्क्रम अभिनति के अन्तर्गत *p-n* सन्धि डायोड

(*p-n* Junction Diode Under Reverse Bias)

- जब डायोड के सिरों पर बाह्य वोल्टेज *V* को इस प्रकार आरोपित किया जाता है कि बैटरी का धनात्मक टर्मिनल *n*-फलक से तथा बैटरी का ऋणात्मक टर्मिनल *p*-फलक से जुड़ जाता है, तो इसे **उत्क्रम अभिनति** (Reverse biased) कहा जाता है।

इससे सम्बन्धित कुछ महत्त्वपूर्ण बिन्दु निम्नलिखित हैं

(i) आरोपित वोल्टेज की दिशा रोधक विभव की दिशा के समान ही होती है, इसलिए प्रभावी रोधक ऊँचाई ($V_0 + V$) होगी तथा विद्युत क्षेत्र में परिवर्तन के कारण अवक्षय क्षेत्र चौड़ा हो जाएगा। **NEET 2020**

उत्क्रम अभिनति में, वाहकों का अपवाह (Drift) धारा में वृद्धि (अर्थात् अपवाह धारा) के लिए उत्तरदायी होता है। अपवाह धारा (Drift current) कुछ माइक्रोऐम्पियर कोटि की होती है।

(ii) उत्क्रम अभिनति में किसी क्रान्तिक उत्क्रम अभिनति वोल्टेज तक धारा अनिवार्य रूप में वोल्टेज पर निर्भर नहीं करती है, इस वोल्टेज को **भंजन वोल्टेज** (Breakdown voltage, V_{br}) कहते हैं। जब $V = V_{br}$, तब डायोड उत्क्रम धारा में तेजी से वृद्धि होती है।

(iii) उत्क्रम अभिनति के अन्तर्गत *p-n* सन्धि डायोड एवं रोधक विभव क्रमशः चित्र (a) तथा (b) में दर्शाए गए हैं।

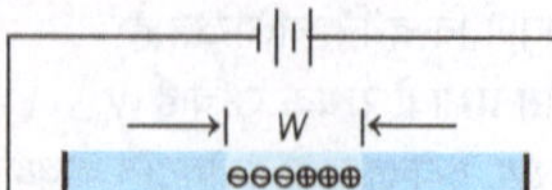

(a)

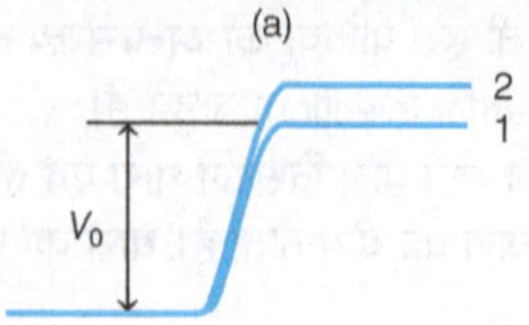

(b)

Concept Master Video के लिए

नी वोल्टेज या देहली वोल्टेज

(Knee Voltage or Threshold Voltage)

वह अग्र वोल्टेज जिसके आगे सन्धि से होकर प्रवाहित धारा वोल्टेज के साथ तेजी से बढ़ने लगती है, उसे नी वोल्टेज या देहली वोल्टेज कहा जाता है।

डायोड का *V-I* अभिलाक्षणिक

(*V-I* Characteristic of a Diode)

डायोड के *V-I* अभिलक्षणों का अध्ययन करने के लिए परिपथ व्यवस्था चित्र (a) तथा (b) में दर्शायी गई है।

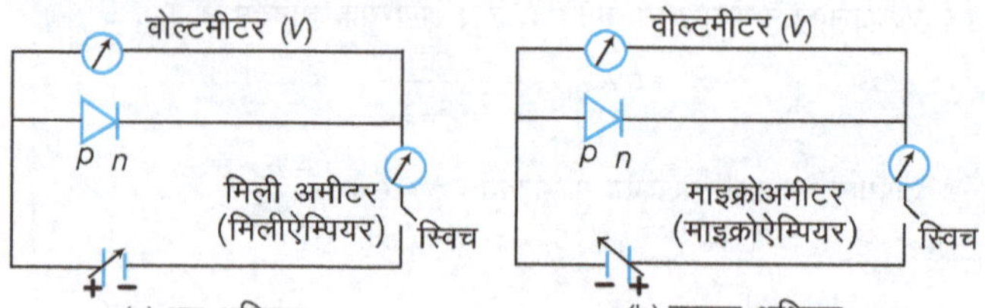

(a) अग्र अभिनत (b) उत्क्रम अभिनत

- किसी सिलिकॉन डायोड के *V-I* अभिलक्षाणिक (आरोपित वोल्टेज के फलन के रूप में धारा का परिवर्तन) को नीचे दिया गया है।

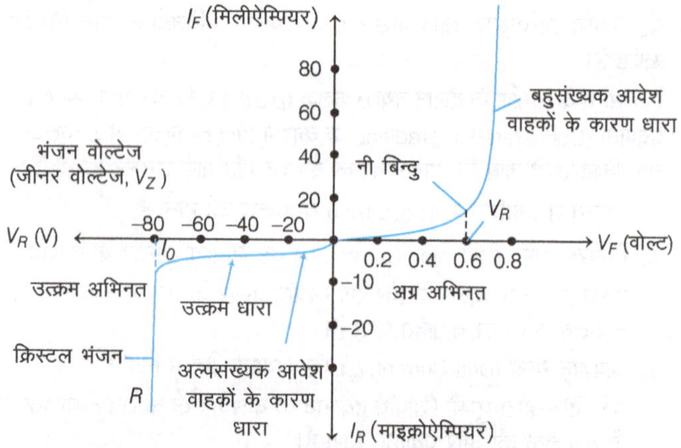

ऊपर दिए गए ग्राफ से,

(i) अग्र अभिनति में, धारा प्रारम्भ में बहुत धीरे-धीरे बढ़ती है, लगभग नगण्य बढ़ती है जब तक डायोड में वोल्टेज एक निश्चित मान से अधिक न हो जाए। इस अभिलाक्षणिक वोल्टेज के बाद डायोड धारा में सार्थक वृद्धि हो जाती है, इस वोल्टेज को **देहली वोल्टेज** (Threshold voltage) या **कट-इन वोल्टेज** (Ge के लिए ~ 0.2 वोल्ट तथा Si के लिए ~ 0.7 वोल्ट) कहते हैं।

(ii) उत्क्रम अभिनति में, धारा बहुत कम (~ माइक्रोऐम्पियर) होती है तथा अभिनति में परिवर्तन के साथ लगभग स्थिर बनी रहती है, इसे **उत्क्रम सन्तृप्त धारा** (Reverse saturation current) कहते हैं, हालाँकि भंजन वोल्टेज (Breakdown voltage) पर धारा का मान अचानक में बढ़ जाता है।

(iii) **गतिक प्रतिरोध** (dynamic resistance) को वोल्टेज में लघु परिवर्तन ΔV (तथा धारा में लघु परिवर्तन ΔI) के अनुपात के रूप में परिभाषित करते हैं।

अर्थात् $$r_d = \frac{\Delta V}{\Delta I}$$

नोट p-n सन्धि डायोड मुख्य रूप से केवल एक दिशा (अग्र अभिनति) में धारा के प्रवाह की अनुमति देता है।

Marks Maximizer

- सन्धि डायोड के माध्यम से तापमान पर निर्भर धारा निम्न प्रकार दी जाती है $I = I_0\,(e^{\frac{eV}{kT}} - 1)$

  (I_0 = उत्क्रम सन्तृप्त धारा, V = वोल्टेज)
  k = बोल्टजमान स्थिरांक तथा T = निरपेक्ष तापमान)

सन्धि डायोड का दिष्टकारी के रूप में अनुप्रयोग

(Application of Junction Diode as a Rectifier)

- **दिष्टकारी** (Rectifier) यह एक ऐसी युक्ति है जो एक या अधिक $p-n$ सन्धि डायोड का उपयोग करके प्रत्यावर्ती धारा (AC) को प्रत्यक्ष धारा (DC) में परिवर्तित करती है। एक डायोड वन-वे वाल्व (One-way valve) के रूप में व्यवहार करता है, जो धारा को एक दिशा में ही प्रवाहित होने देता है।
- यदि डायोड के सिरों पर कोई प्रत्यावर्ती वोल्टेज आरोपित की जाए, तो चक्र के केवल उस भाग में जिसमें डायोड अग्र अभिनति (Forward baised) है, धारा प्रवाहित होगी। इस विशेषता का उपयोग प्रत्यावर्ती वोल्टेज को दिष्टकृत (Rectify) करने के लिए किया जाता है तथा इस उद्देश्य के लिए प्रयुक्त परिपथ को दिष्टकारी कहा जाता है। यह **अर्द्ध-तरंग दिष्टकारी** तथा **पूर्ण-तरंग दिष्टकारी** दो प्रकार का होता है।
- **अर्द्ध तरंग दिष्टकारी** (Half wave Rectifier) यह वह परिपथ है जिसमें श्रेणीक्रम में संयोजित लोड के साथ-साथ एक डायोड के सिरों पर कोई प्रत्यावर्ती वोल्टेज आरोपित की जाती है। डायोड धनात्मक अर्द्ध-चक्र के दौरान प्रचलित होता है और ऋणात्मक अर्द्ध चक्र के दौरान प्रचलित नहीं होता है, इसीलिए लोड पर एकदिशीय स्पन्दित (DC) वोल्टेज दिखाई देगा। इस प्रक्रिया को अर्द्ध-तरंग दिष्टकरण (Half-wave rectification) के रूप में जाना जाता है। इसे नीचे चित्र में दर्शाया गया है।

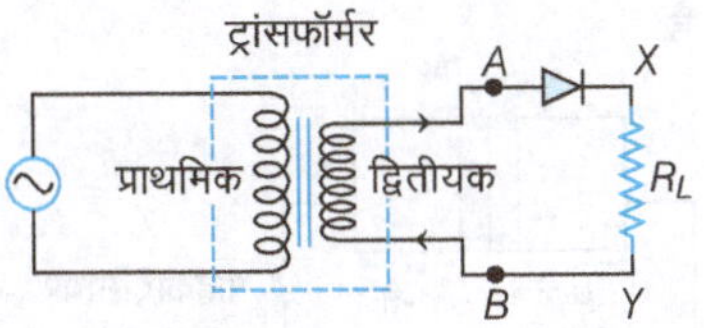

नीचे अर्द्ध-तरंग दिष्टकारी से निवेशी A.C. वोल्टेज तथा निर्गत वोल्टेज तरंगरूप को दर्शाया गया है।

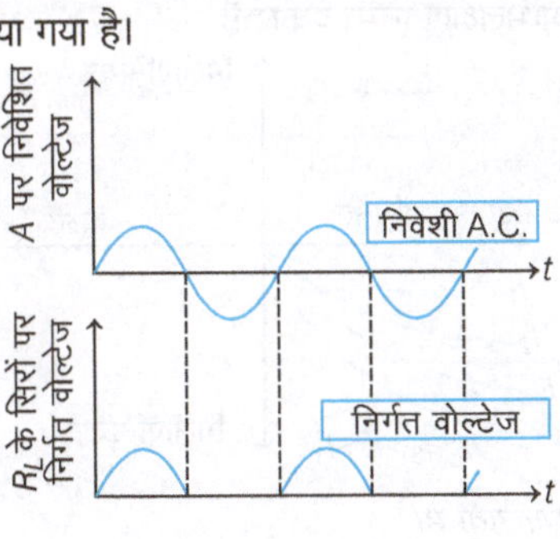

- निवेश आवृत्ति तथा निर्गत आवृत्ति के मध्य निम्न सम्बन्ध होता है

$$f_{out} = f_{in}$$

NEET 2022

- **पूर्ण तरंग दिष्टकारी** (Full-wave Rectifier) यह वह परिपथ है जो AC चक्र के धनात्मक और ऋणात्मक दोनों ही अर्द्धचक्रों में तद्नुरूपी दिष्टकृत निर्गत् वोल्टेज (Rectified output voltage) देता है, इसे नीचे दर्शाया गया है

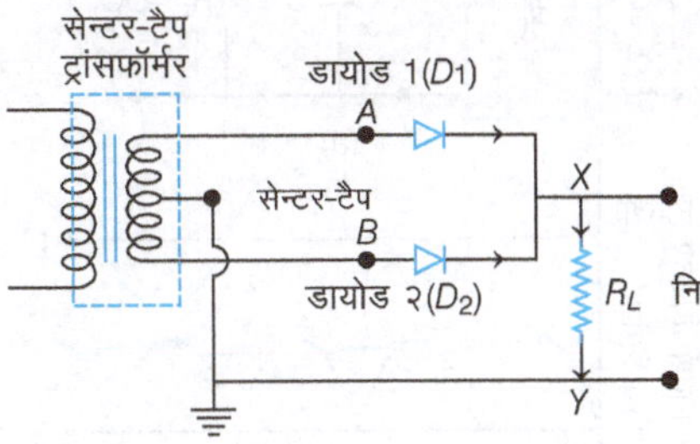

- पूर्ण तरंग दिष्टकारी के लिए ट्रान्सफॉर्मर की द्वितीयक कुण्डली को सेन्टर टैपिंग (Centre tapping) के साथ प्रदान किया जाता है और इसलिए इसे **सेन्टर-टैप ट्रॉन्सफॉर्मर** कहा जाता है।
- A पर डायोड D_1 तथा B पर डायोड D_2 के दिए गए निवेश के तरंग रूप तथा पूर्ण तरग दिष्टकारी में संयोजित R_L के आर-पार निर्गत तरंग रूप नीचे दिए गए हैं

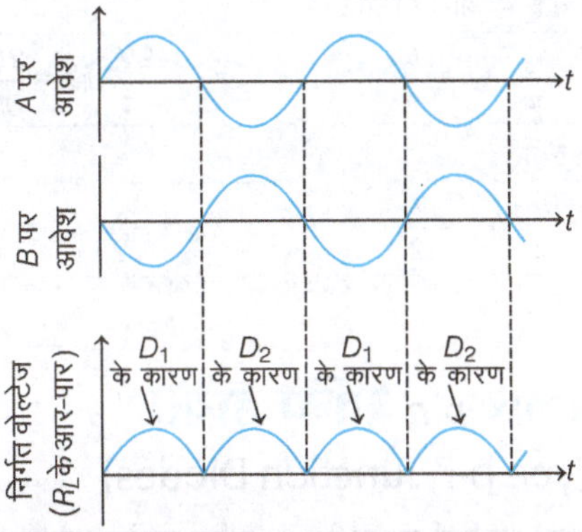

- निवेश आवृत्ति तथा निर्गत आवृत्ति के मध्य सम्बन्ध निम्न है

$$f_{out} = 2 \times f_{in}$$

- दिष्टकारी में दिष्टकृत (Rectified) वोल्टेज स्पन्द (Pulse) के रूप में होते हैं। स्पन्दित वोल्टेज से स्थिर DC निर्गत प्राप्त करने के लिए, समान्तर में एक सन्धारित्र या लोड प्रतिरोध R_L के साथ श्रेणीक्रम में एक प्रेरक संयोजित होता है।

  चूँकि ये अतिरिक्त परिपथ AC उर्मिका (AC ripple) को फिल्टर करते हैं तथा शुद्ध DC वोल्टेज प्रदान करते हैं अतः इन्हें **फिल्टर** (Filter) कहते हैं।

NEET 2023

- फिल्टरों में सन्धारित्र के आर-पार वोल्टेज में गिरावट की दर परिपथ में प्रयुक्त धारिता (C) तथा प्रभावी प्रतिरोध R_L के गुणनफल पर व्युत्क्रम (Inversely) रूप से निर्भर करती है और इसे **समय स्थिरांक** (Time constant) कहा जाता है।

$$\tau = R_L C$$

- चित्र (a) में सन्धारित्र फिल्टर के साथ एक पूर्ण तरंग दिष्टकारी दिखाया गया है। चित्र (b) में पूर्ण तंरग दिष्टकारी [चित्र (a) के] की निवेश एवं निर्गत् वोल्टेज को दर्शाया गया है।

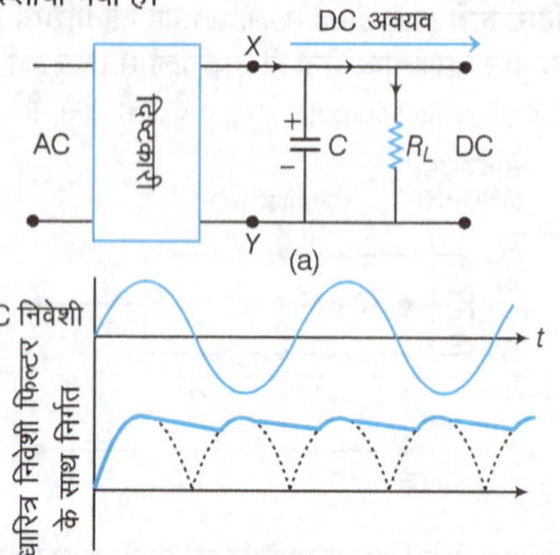

(a)
(b)

Marks Maximizer

अर्द्ध तंरग दिष्टकारी के रूप में p-n सन्धि डायोड	पूर्ण तरग दिष्टकारी के रूप में p-n सन्धि डायोड
एक चक्र में औसत निर्गत	
(i) $V_{DC} = \frac{V_0}{\pi}; \ I_{DC} = \frac{I_0}{\pi}$	$V_{DC} = \frac{2V_0}{\pi}, I_{DC} = \frac{2I_0}{\pi}$
(ii) rms निर्गत	
$I_{rms} = \frac{I_0}{2}, V_{rms} = \frac{V_0}{2}$	$V_{rms} = \frac{V_0}{\sqrt{2}}, \ I_{rms} = \frac{I_0}{\sqrt{2}}$

*विशेष प्रकार p-n सन्धि डायोड

(Special Type p-n Junction Diodes)

उद्देश्य के आधार पर कई प्रकार के p-n सन्धि डायोड उपलब्ध हैं उनमें से कुछ का विवरण यहाँ दिया गया है।

जेनर डायोड (Zener Diode)

- यह एक विशेष उद्देश्य वाला अर्द्धचालक डायोड है जिसे भंजक क्षेत्र में उत्क्रम अभिनति पर प्रचालित करने के लिए बनाया गया है और वोल्टेज नियामक (Voltage regulator) के रूप में उपयोग किया जाता है।
- $p-n$ सन्धि के p तथा n-फलक दोनों को भारी मात्रा में डोपिंग (Doping) करके जेनर डायोड को बनाया जाता है। इसके कारण निर्मित अवक्षय क्षेत्र बहुत पतला ($< 10^{-6}$ मी) होता है तथा सन्धि का विद्युत क्षेत्र बहुत अधिक ($\sim 5 \times 10^6$ वोल्ट/मी) होता है, यहाँ तक कि लगभग 5 वोल्ट के लघु उत्क्रम अभिनति वोल्टेज के लिए भी विद्युत क्षेत्र उच्च होता है।
- इसका प्रतीक नीचे दर्शाया गया है।

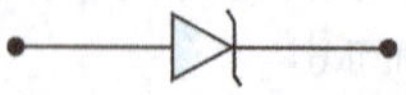

- जेनर डायोड का I-V अभिलक्षण निम्न है

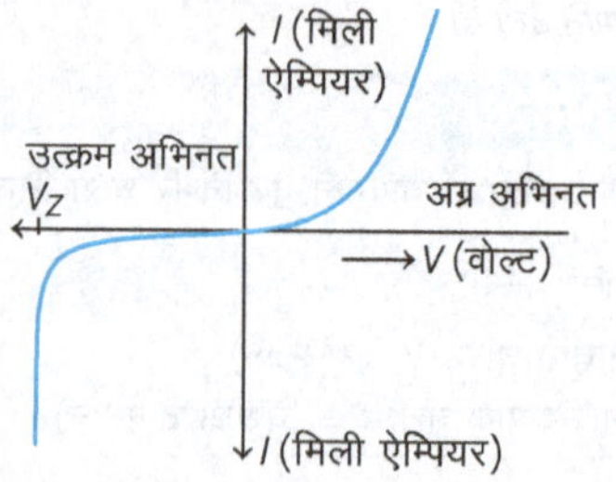

- जेनर डायोड का उपयोग **वोल्टेज नियामक** के रूप में किया जा सकता है, जिसमें नियत निर्गत वोल्टेज (output voltage) को इसके समान्तर में संयोजित लोड प्रतिरोध में ले जाया जाता है।

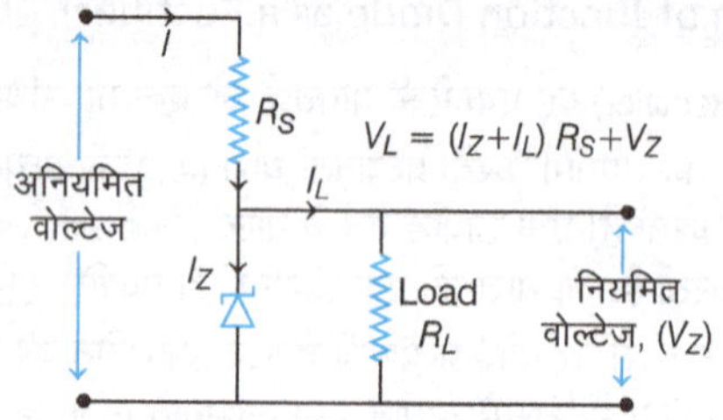

प्रकाशिकी इलेक्ट्रॉनिकी सन्धि युक्तियाँ

(Optoelectronic Junction Devices)

- अर्द्धचालक डायोड जिसमें वाहक फोटॉन (फोटो उत्तेजन) द्वारा उत्पन्न होते हैं, प्रकाशिकी इलेक्ट्रॉनिकी युक्ति कहलाती है। उदाहरण के लिए फोटो डायोड, LED, फोटोवाहक सेल (सोलर सेल) आदि।
- **फोटो डायोड** (Photodiode) एक सन्धि डायोड है, जिसे पारदर्शी विण्डो (Window) के साथ निर्मित किया जाता है ताकि डायोड पर प्रकाश पड़ सकें। यह उत्क्रम अभिनति पर प्रचालित होता है। जब इसे अर्द्धचालक के ऊर्जा ग्राफ (E_g) से अधिक फोटॉन ऊर्जा के प्रकाश से प्रदीप्त किया जाता है, तो इलेक्ट्रॉन-होल युग्म, अवक्षय क्षेत्र के समीप उत्पन्न होते हैं।
  (i) उत्क्रम अभिनति के अन्तर्गत एक प्रदीप्त फोटो डायोड को नीचे चित्र में दर्शाया गया है

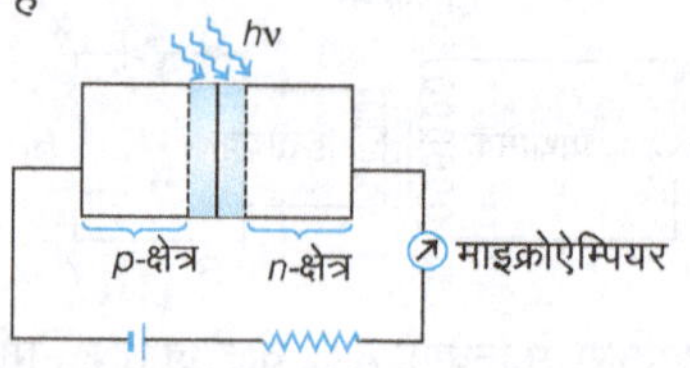

  (ii) इसकी I-V अभिलक्षण निम्न प्रकार है

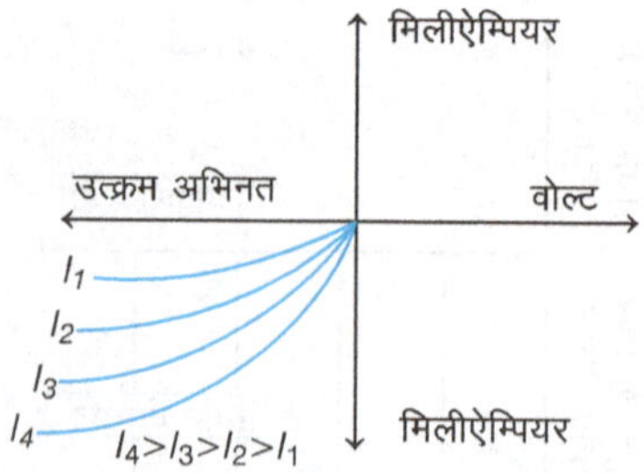

* यह शीर्षक NCERT के नवीनतम पाठ्यक्रम में सम्मिलित नहीं है, परन्तु NEET के नवीनतम पाठ्यक्रम में दिया गया है।

(iii) इसका उपयोग ऑप्टिकल सिगनल का पता लगाने के लिए फोटो डिटेक्टर के रूप में किया जा सकता है।

- **प्रकाश उत्सर्जक डायोड** (Light Emitting Diode, LED) विद्युत ऊर्जा को प्रकाश ऊर्जा में परिवर्तित करता है। यह भारी मादित (Doped) की गई *p-n* सन्धि है जो अग्र अभिनति पर स्वतः स्फूर्त विकिरण (Spontaneous radiation) उत्सर्जित करता है।
  (i) इसका *I-V* अभिलक्षण Si सन्धि डायोड के समान होता है लेकिन देहली वोल्टेज बहुत अधिक तथा प्रत्येक रंग के लिए थोड़ा अलग होता है।
  (ii) LED's का उत्क्रम अभिनति वोल्टेज बहुत कम होता है।
  (iii) इनका उपयोग रिमोट कण्ट्रोल, बर्गलर अलार्म प्रणाली आदि में किया जाता है।

LED का प्रतीक नीचे दिखाया गया है।

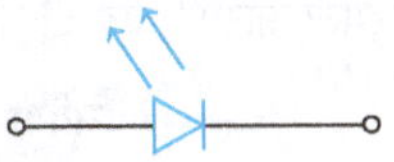

- प्रदीप्त निम्न प्रकाश लैम्पों की तुलना में LEDs के निम्न लाभ हैं
  (i) निम्न प्रचालन वोल्टेज तथा निम्न शक्ति
  (ii) तीव्र क्रिया तथा वार्म-अप समय (Warm-up time) की आवश्यकता नहीं।
  (iii) लगभग एकवर्णी
  (iv) लम्बा जीवनकाल तथा मजबूती
  (v) तीव्र ऑन-ऑफ स्विचिंग क्षमता
- **सोलर सेल** (Solar Cell) मूल रूप से एक *p-n* सन्धि है जो सोर विकिरण पड़ने पर वि.वा.ब. (emf) उत्पन्न करता है।
- **प्रकाश पड़ने पर सोलर सेल द्वारा वि.वा.ब. का उत्पादन** यह निम्न तीन मौलिक प्रक्रियाओं के कारण होता है, उत्पादन, पृथक्करण तथा संग्रह।
  (i) सन्धि के समीप प्रकाश ($h\nu > E_g$ के साथ) के कारण *e-h* युग्मों का **उत्पादन**।
  (ii) अवक्षय क्षेत्र के विद्युत क्षेत्र के कारण इलेक्टॉनों तथा होल्स का **पृथक्करण**। इलेक्ट्रॉनों को *n*-फलक तथा होल्स को *p*-फलक में प्रवाहित कर दिया जाता है।
  (iii) *n*-फलक तक पहुँचने वाले इलेक्ट्रॉनों को अग्र सम्पर्क (front contact) द्वारा एकत्र किया जाता है तथा *p*-फलक तक पहुँचने वाले होल्स को पश्च सम्पर्क द्वारा एकत्र किया जाता है। इस प्रकार, *p*-फलक धनात्मक हो जाता है तथा *n*-फलक ऋणात्मक हो जाता है, जिससे फोटो वोल्टेज उत्पन्न होता है।
    (a) एक प्रदीप्त $p-n$ सन्धि सौर सेल को नीचे दिखाया गया है।

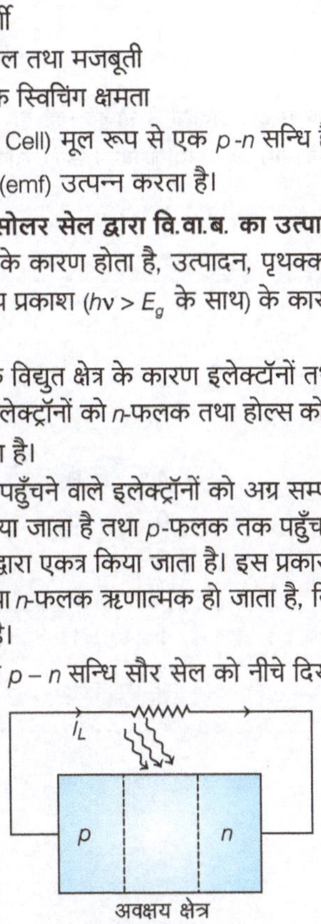

(b) इसका *I-V* अभिलक्षण निम्न प्रकार है

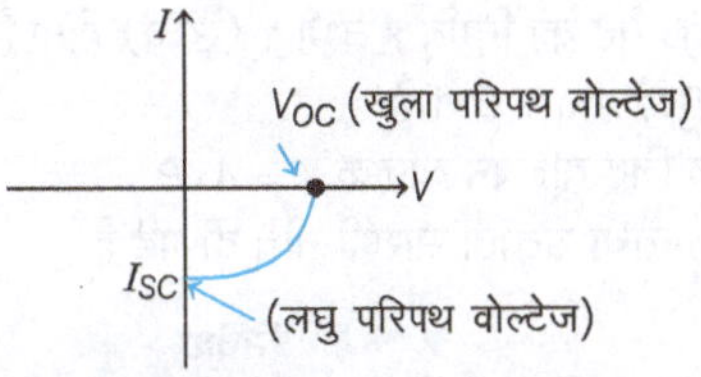

नोट *लगभग 1.5 इलेक्ट्रॉन वोल्ट ऊर्जा अन्तराल के अर्द्धचालक, सोलर सेल निर्माण के लिए आदर्श पदार्थ होते हैं।*

*डिजिटल इलेक्ट्रॉनिक्स तथा लॉजिक गेट्स (Digital Electronics and Logic Gates)

- **लॉजिक गेट्स** (logic gates) डिजिटल इलेक्ट्रॉनिक्स का आधारभूत बिल्डिंग ब्लॉक है, जो डिजिटल सिग्नल को एक विशिष्ट प्रकार से संसाधित (process) करता है। यह निवेश तथा निर्गत वोल्टेज के मध्य एक तार्किक सम्बन्ध को दर्शाता है।

नोट *प्रत्येक लॉजिक (तार्किक) गेट को एक प्रतीक द्वारा दर्शाया जाता है तथा इसके कार्य को एक सत्यता सारणी द्वारा परिभाषित किया जाता है, जिसमें पंक्तियाँ (rows) उनसे सम्बन्धित निर्गत तार्किक स्तरों के साथ सम्भावित निवेश तार्किक स्तर का संयोजन है।*

- तीन मूलभूत लॉजिक गेट निम्न प्रकार हैं
  (i) **NOT गेट** एक आधारभूत लॉजिक गेट है, जिसमें एक निवेश *A* और एक निर्गत *Y* होता है। यह अपने निर्गत (आउटपुट) पर निवेश का उत्क्रम रूप होता है और इसे **इन्वर्टर** के रूप में जाना जाता है।
  NOT गेट के लिए बूलियन व्यंजक $Y = \overline{A}$ है।
  इसका प्रतीक तथा सत्यता सारणी नीचे दी गई है

निवेश	निर्गत्
A	$Y = \overline{A}$
0	1
1	0

  (ii) **OR गेट** में दो या दो से अधिक निवेश तथा केवल एक निर्गत होता है। किसी भी एक निवेश *A* या *B* या दोनों निवेश के 1 (उच्च) होने पर निर्गत 1 (उच्च) होता है।
  OR गेट के लिए बूलियन व्यंजक, $Y = A + B$
  इसका प्रतीक तथा सत्यता सारणी नीचे दी गई है

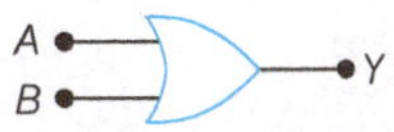

निवेश		निर्गत
A	B	$Y = A + B$
0	0	0
0	1	1
1	0	1
1	1	1

* *यह शीर्षक NCERT के पाठ्यक्रम में सम्मिलित नहीं है, परन्तु NEET के नवीनतम पाठ्यक्रम में दिया गया है।*

(iii) **AND गेट** में दो या दो से अधिक निवेश होते हैं और केवल एक निर्गत् होता है। AND गेट का निर्गत् Y तभी 1 (उच्च) होता है जब दोनों निवेश (इनपुट) A तथा B, 1 है।
AND गेट क लिए बूलियन व्यंजक $Y = A \cdot B$
इसका प्रतीक तथा सत्यता सारणी नीचे दी गई है

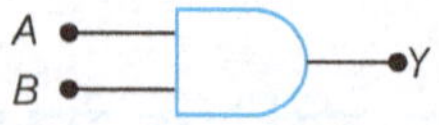

निवेश		निर्गत्
A	B	$Y = A \cdot B$
0	0	0
0	1	0
1	0	0
1	1	1

*लॉजिक गेटस का संयोजन (Combination of Logic Gates)

(iv) **NAND गेट** एक AND गेट को NOT गेट के साथ जोड़ने पर प्राप्त होता है। यदि दोनों निवेश A तथा B, 1 हों, तो निर्गत् $Y = 1$ नहीं होगा। इसे **सार्वभौमिक गेट** (Universal gate) भी कहा जाता है, क्योंकि इसका उपयोग करके अन्य मूल गेट OR, AND तथा NOT को बनाया जा सकता है।
NAND गेट के लिए बूलियन व्यंजक $Y = \overline{A \cdot B}$
इसका प्रतीक तथा सत्यता सारणी नीचे दी गई है

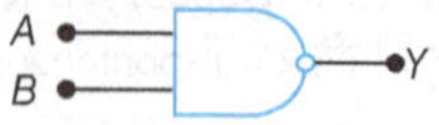

निवेश		निर्गत्
A	B	$Y = \overline{A \cdot B}$
0	0	1
0	1	1
1	0	1
1	1	0

(v) **NOR गेट** एक NOT गेट तथा एक OR गेट को जोड़ने पर प्राप्त होता है इसका निर्गत् Y तभी 1 होता है जब दोनों निवेश A तथा B, 0 हों।
NOR गेट के लिए बूलियन व्यंजक, $Y = \overline{A + B}$
इसका प्रतीक तथा सत्यता सारणी नीचे दी गई है

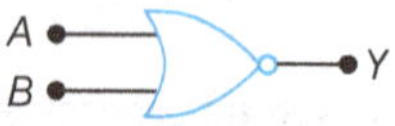

निवेश		निर्गत्
A	B	$Y = \overline{A + B}$
0	0	1
0	1	0
1	0	0
1	1	0

Caution Points

- ऊर्जा बैण्ड (E_C या E_V) की संकल्पना एक काल्पनिक अवधारणा है, ये बैण्ड वास्तव में ठोस पदार्थों में मौजूद नहीं है।
- ऊर्जाएँ समग्र औसत है। E_C तथा E_V को क्रमशः चालन बैण्ड ऊर्जा स्तरों के निचले भाग तथा संयोजी बैण्ड ऊर्जा स्तरों के शीर्ष के सरल रूप में लिया जाना चाहिए।

PYQ नोट्स

XOR गेट

1. इसका प्रतीक तथा सत्यता सारणी निम्न प्रकार है

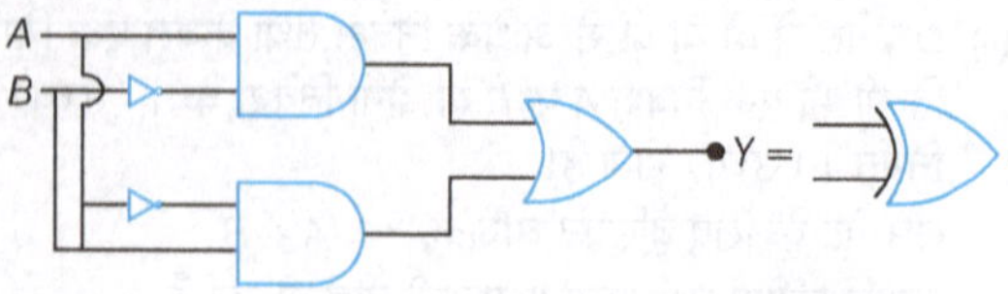

A	B	A ⊕ B
0	0	0
0	1	1
1	0	1
1	1	0

[NEET 2018]

* यह शीर्षक NCERT के पाठ्यक्रम में सम्मिलित नहीं है, परन्तु NEET के नवीनतम पाठ्यक्रम में दिया गया है।

Step by Step

Mastering NCERT

- कॉन्सेप्ट बिल्डर्स
- शीर्षकवार प्रश्न
- अभिकथन–कारण प्रश्न
- कथन आधारित प्रश्न
- सुमेलन प्रकार प्रश्न
- आंकिक मान प्रकार के प्रश्न
- NCERT Exemplar प्रश्न
- विगत परीक्षाओं के प्रश्न
- स्किल बूस्टर्स

कॉन्सेप्ट बिल्डर्स

1 इण्डियम और गैलियम के अतिरिक्त किन तत्वों का उपयोग p-प्रकार के अर्द्धचालक बनाने के लिए किया जा सकता है?

2 p-n प्रकार की सन्धि अर्द्धचालक डायोड के रूप में कार्य कर सकती है। (सत्य/असत्य)

3 LED में उत्सर्जित प्रकाश की तीव्रता प्रयुक्त, अर्द्धचालक के मादन (Doping) स्तर पर निर्भर करती है। (सत्य/असत्य)

4 अग्र अभिनति में p-n सन्धि डायोड में सन्धि के एक्रॉस बहुसंख्यक वाहक का .... (विसरण/अवमन्दन) होता है।

5 शुद्ध अर्द्धचालक के संयोजी कोश में इलेक्ट्रॉनों की संख्या .... (3/4) होती है।

6 पश्च अभिनति वाले p-n सन्धि का उपयोग प्रकाश की तीव्रता मापने के लिए फोटो डायोड के रूप में किया जा सकता है। (सत्य/असत्य)

7 प्रकाश उत्सर्जक डायोड पश्च अभिनति में होने पर प्रकाश विकिरण देते हैं। (सत्य/असत्य)

8 परम शून्य ताप पर शुद्ध अर्द्धचालक की प्रतिरोधकता क्या होती है?

9 जेनर डायोड का उपयोग वोल्टेज रेगुलेटर के रूप में किया जा सकता है। (सत्य/असत्य)

10 p-प्रकार के अर्द्धचालक, n-प्रकार के अर्द्धचालक से अच्छे होते हैं क्योंकि इनमें इलेक्ट्रॉनों की गतिशीलता अधिक होती है। (सत्य/असत्य)

11 LED द्वारा उत्सर्जित प्रकाश की आवृत्ति .... पर निर्भर करती है।

12 एक आदर्श सन्धि डायोड अग्र अभिनति होने पर एक बन्द स्विच की भाँति तथा पश्च अभिनति में खुले स्विच की भाँति कार्य करता है। (सत्य/असत्य)

13 अर्द्धचालक के सहसंयोजक बन्ध से इलेक्ट्रॉन के हटने से उत्पन्न रिक्ति को .... कहते हैं।

14 एक अबायसित p-n सन्धि डायोड में, सन्धि का p-सिरा, n-सिरे उस की तुलना में .... विभव पर होता है।

15 सौर सेल के निर्माण हेतु प्रयुक्त सामान्य अर्द्धचालक GaAs है। (सत्य/असत्य)

16 p-n सन्धि के निर्माण में सम्मिलित किसी एक महत्त्वपूर्ण प्रक्रिया का नाम बताइए।

17 संयोजी बैण्ड के ठीक ऊपर ग्राही ऊर्जा स्तर के निर्माण के कारण अर्द्धचालक में ऊर्जा अन्तराल .... (घटता/बढ़ता) है।

18 जब दोनों इनपुट उच्च हों तो NAND गेट का आउटपुट .... (निम्न/उच्च) होता है।

19 .... एक डिजिटल परिपथ है जो इनपुट और आउटपुट वोल्टेज के बीच तार्किक सम्बन्ध का अनुसरण करता है।

20 सन्धि के दोनों ओर बहुसंख्यक कणों की सान्द्रता में अन्तर के कारण सन्धि के एक्रॉस विसरण धारा स्थापित हो जाती है। (सत्य/असत्य)

शीर्षकवार प्रश्न

परिचय

1 वैक्यूम डायोड जैसे (वैक्यूम ट्यूब) में इलेक्ट्रॉनों के प्रवाह के लिए वैक्यूम की आवश्यकता होती है अन्यथा, **NCERT पृष्ठ 323**

(a) इलेक्ट्रॉन कैथोड से बाहर नहीं निकलेंगे
(b) शेष गैस के अणुओं या परमाणुओं से इलेक्ट्रॉनों का निष्कर्षण अचानक बढ़ जाएगा
(c) कैथोड का कार्य फलन कम हो जाएगा
(d) इलेक्ट्रॉन अपने मार्ग में वायु के अणुओं से टकराने पर अपनी ऊर्जा खो सकते हैं

2 वैक्यूम ट्यूब हैं **NCERT पृष्ठ 323**

(a) भारी और उच्च बिजली की खपत करता है
(b) आकार में छोटा और उच्च बिजली की खपत करता है
(c) भारी और कम बिजली की खपत करता है
(d) विश्वसनीय और लम्बे समय तक चलने वाला है

धातुओं, चालकों और अर्द्धचालकों का वर्गीकरण

3 विभिन्न प्रकार के ठोसों के लिए विद्युत चालकता के सापेक्ष मानों का सही क्रम है **NCERT पृष्ठ 324**

(a) $\sigma_{\text{अर्द्धचालक}} > \sigma_{\text{कुचालक}} > \sigma_{\text{चालक}}$
(b) $\sigma_{\text{चालक}} > \sigma_{\text{अर्द्धचालक}} > \sigma_{\text{कुचालक}}$
(c) $\sigma_{\text{अर्द्धचालक}} > \sigma_{\text{चालक}} > \sigma_{\text{कुचालक}}$
(d) $\sigma_{\text{कुचालक}} > \sigma_{\text{अर्द्धचालक}} > \sigma_{\text{चालक}}$

4 निम्नलिखित में से गलत कथन का चयन कीजिए। **NCERT पृष्ठ 324**

(a) वैक्यूम टेट्रोड में चार इलेक्ट्रोड होते हैं।
(b) लिक्विड क्रिस्टल डिस्प्ले मॉनिटर को कैथोड किरण ट्यूब द्वारा प्रतिस्थापित किया गया है।
(c) वैक्यूम डायोड को सामान्यतः वाल्व के रूप में लिया जाता है।
(d) 'a' और 'b' दोनों

5 किसी निश्चित पदार्थ का ऊर्जा अन्तराल न तो बहुत बड़ा है और न ही शून्य है। यद्यपि बाह्य ऊर्जा की सहायता से चालन होने का कारण है (कमरे के ताप पर) बाह्य ऊर्जा के कारण NCERT पृष्ठ 325

(a) चालन बैण्ड में रिक्तियाँ
(b) संयोजी बैण्ड में इलेक्ट्रॉन
(c) चालन बैण्ड में इलेक्ट्रॉन
(d) सभी इलेक्ट्रॉन संयोजी बन्ध स्तर से बन्धे होते हैं

6 पदार्थ A के ऊर्जा स्तर आरेख में, चालन बैण्ड आंशिक रूप से भरा हुआ है और संयोजी बैण्ड आंशिक रूप से खाली है और पदार्थ B के लिए, चालन और संयोजी बैण्ड दोनों एक दूसरे के ऊपर अध्यारोपित करते हैं, तो पदार्थ A और B क्रमशः हैं NCERT पृष्ठ 325

(a) कुचालक और अर्द्धचालक (b) अर्द्धचालक और चालक
(c) दोनों अर्द्धचालक हैं (d) दोनों चालक हैं

7 यदि सोडियम प्रकाश (λ = 580 नैनो मी) के एक फोटॉन की ऊर्जा अर्द्धचालक के ऊर्जा अन्तराल के बराबर है, तो कोटर-इलेक्ट्रॉन युग्म बनाने के लिए आवश्यक न्यूनतम ऊर्जा है NCERT पृष्ठ 325

(a) 1.5 इलेक्ट्रॉन वोल्ट (b) 3.2 इलेक्ट्रॉन वोल्ट
(c) 2.1 इलेक्ट्रॉन वोल्ट (d) 4.1 इलेक्ट्रॉन वोल्ट

नैज अर्द्धचालक

8 परिमित तापमान पर एक नैज अर्द्धचालक के चालन बैण्ड में इलेक्ट्रॉनों के पाए जाने की सम्भावना NCERT पृष्ठ 327

(a) ऊर्जा अन्तराल बढ़ने के साथ तेजी से बढ़ती है
(b) ऊर्जा अन्तराल बढ़ने के साथ तेजी से घटती है
(c) तापमान बढ़ने के साथ घटती है
(d) तापमान और अन्तराल पर निर्भर नहीं करती है

9 एक नैज अर्द्धचालक की कमरे के तापमान पर प्रतिरोधकता 0.50 Ω मी है। यदि इलेक्ट्रॉन तथा कोटरों की गतिशीलता क्रमशः 0.39 मी^{2}/वोल्ट से और 0.11 मी^{2}/वोल्ट से है तो नैज वाहकों की सान्द्रता ज्ञात कीजिए। NCERT पृष्ठ 327

(a) 1.2×10^{18} मी$^{-3}$ (b) 2.5×10^{19} मी$^{-3}$
(c) 1.9×10^{20} मी$^{-3}$ (d) 3.1×10^{21} मी$^{-3}$

10 उच्च तापमान ($T>0$ केल्विन) पर, Si या Ge के कुछ सहसंयोजक बन्ध टूट जाते हैं और बन्ध में एक रिक्ति बन जाती है। रिक्ति या कोटर का प्रभावी आवेश है NCERT पृष्ठ 327

(a) धनात्मक (b) ऋणात्मक (c) उदासीन
(d) पदार्थ के आधार पर या तो धनात्मक या ऋणात्मक

11 साम्य स्थिति में, Ge क्रिस्टल में इलेक्ट्रॉन-कोटरो युग्मों की उत्पत्ति की दर NCERT पृष्ठ 328

(a) इलेक्ट्रॉन और कोटर युग्मों के पुनर्संयोजन की दर से अधिक है
(b) इलेक्ट्रॉन और कोटर युग्मों के पुनर्संयोजन की दर से कम है
(c) इलेक्ट्रॉन और कोटर युग्मों के पुनर्संयोजन की दर के बराबर है
(d) हमेशा शून्य होती है

12 तापमान ($T>0$ केल्विन) पर एक नैज अर्द्धचालक के लिए ऊर्जा बैण्ड गैप E_g आरेख है
(यहाँ, E_C चालन बैण्ड के लिए ऊर्जा है और E_V संयोजी बैण्ड के लिए ऊर्जा है) NCERT पृष्ठ 329

(a)
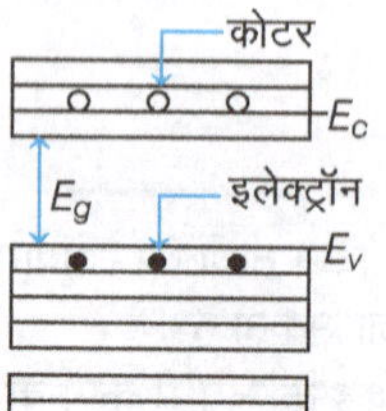

(b)
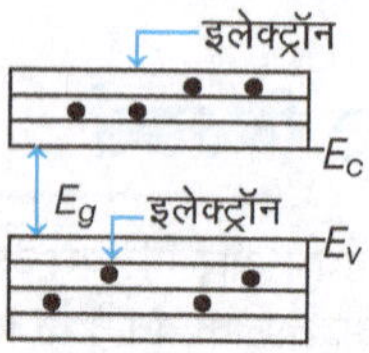

(c)
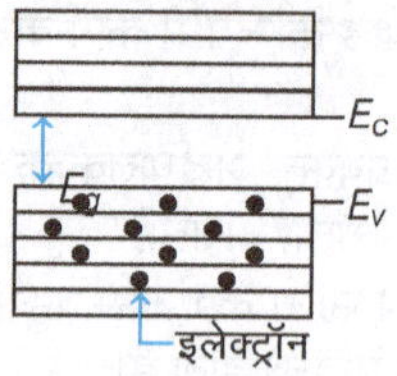

(d)
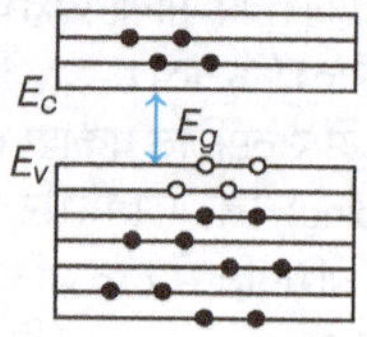

बाह्य या अपद्रव्यी अर्द्धचालक

13 निम्नलिखित में से गलत कथन चुनें। NCERT पृष्ठ 329

(a) नैज अर्द्धचालक में मुक्त इलेक्ट्रॉनों की संख्या कोटरो की संख्या के बराबर होती है।
(b) यदि चालन बैण्ड में निम्नतम स्तर संयोजी बैण्ड के उच्चतम स्तर से कम है, तो चालन होता है।
(c) अर्द्धचालकों में इलेक्ट्रॉनों के अतिरिक्त कोटर भी गति करते हैं।
(d) अशुद्धि का आकार अर्द्धचालक परमाणुओं से बड़ा हो सकता है।

14 बाह्य p-प्रकार और n-प्रकार अर्द्धचालक पदार्थों में, अशुद्ध परमाणुओं का शुद्ध परमाणुओं से अनुपात है। NCERT पृष्ठ 329

(a) 1 (b) 10^{-1} (c) 10^{-4} (d) 10^{-7}

15 एक बाह्य अर्द्धचालक के लिए, NCERT पृष्ठ 329

(a) चालन बैण्ड और संयोजी बैण्ड अध्यारोपित होते हैं
(b) चालन बैण्ड और संयोजी बैण्ड के बीच का अन्तर 16 इलेक्ट्रॉन वोल्ट से अधिक होता है
(c) चालन बैण्ड और संयोजी बैण्ड के बीच का अन्तर लगभग 1 इलेक्ट्रॉन वोल्ट है
(d) चालन बैण्ड और संयोजी बैण्ड के बीच का अन्तर 100 इलेक्ट्रॉन वोल्ट और अधिक होगा

16 n-प्रकार अर्द्धचालक में, निम्नलिखित में से कौन-सा कथन सत्य है? NCERT पृष्ठ 330

(a) इलेक्ट्रॉन बहुसंख्यक आवेश वाहक होते हैं तथा त्रिसंयोजी परमाणु अशुद्धि के रूप में होते हैं।
(b) इलेक्ट्रॉन अल्पसंख्यक आवेश वाहक होते हैं तथा पंचसंयोजी परमाणु अशुद्धि के रूप में होते हैं।
(c) कोटर अल्पसंख्यक आवेश वाहक होते हैं तथा पंचसंयोजी परमाणु अशुद्धि के रूप में होते हैं।
(d) कोटर बहुसंख्यक आवेश वाहक होते हैं तथा त्रिसंयोजी परमाणु अशुद्धि के रूप में होते हैं।

17 एक बाह्य अर्द्धचालक में अशुद्धि परमाणु के कारण चालन के लिए उपलब्ध इलेक्ट्रॉनों की संख्या **NCERT पृष्ठ 330**

(a) तापमान में वृद्धि के साथ बढ़ती है
(b) तापमान में वृद्धि के साथ घट जाती है
(c) परिवेश के तापमान में परिवर्तन से स्वतन्त्र है
(d) कमरे के तापमान से ऊपर के तापमान पर शून्य हो जाता है

18 Si परमाणु की संरचना का द्विविमिय आरेख नीचे दिया गया है **NCERT पृष्ठ 331**

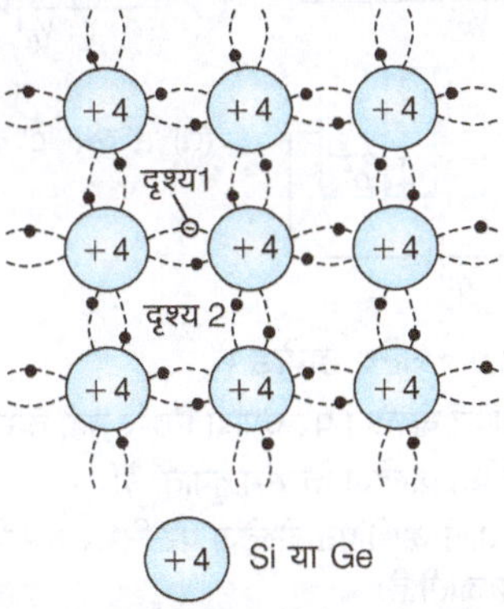

यहाँ, o→ कोटर, •→ इलेक्ट्रॉन । तब, $T = 0$ केल्विन पर

(a) यह एक कुचालक की तरह व्यवहार करता है
(b) एक मुक्त इलेक्ट्रॉन साइट 1 से ऊष्मीय रूप से उत्तेजित हो सकता है
(c) साइट 2 से एक इलेक्ट्रॉन साइट 1 पर जा सकता है
(d) 'b' एवं 'c' दोनों

19 p-प्रकार अर्द्धचालक के लिए निम्नलिखित में से कौन सा कथन सत्य है? **NCERT पृष्ठ 331**

(a) कोटर बहुसंख्यक वाहक होते हैं तथा त्रिसंयोजी परमाणु मादित होते हैं।
(b) कोटर बहुसंख्यक वाहक होते हैं तथा पंचसंयोजी परमाणु मादित होते हैं।
(c) इलेक्ट्रॉन बहुसंख्यक वाहक होते हैं तथा पंचसंयोजी परमाणु मादित होते हैं।
(d) इलेक्ट्रॉन बहुसंख्यक वाहक होते हैं तथा त्रिसंयोजी परमाणु मादित होते हैं।

20 एक Ge नमूने को Al से मादित किया गया है। ग्राही परमाणु की सान्द्रता $\sim 10^{21}$ परमाणु प्रति मी^{3} है। दिया गया है इलेक्ट्रॉन-कोटर युग्मों की आन्तरिक सान्द्रता $\sim 10^{19}$ प्रति मी^{3} है, नमूने में इलेक्ट्रॉनों की सान्द्रता है **NCERT पृष्ठ 332**

(a) 10^{17} प्रति मी^{3} (b) 10^{15} प्रति मी^{3}
(c) 10^4 प्रति मी^{3} (d) 10^2 प्रति मी^{3}

21 मान लीजिए एक शुद्ध Si क्रिस्टल में 5×10^{28} परमाणु मी$^{-3}$ हैं। इसे पंच संयोजी आर्सेनिक द्वारा प्रति मिलियन भाग सान्द्रता द्वारा मादित किया गया है। यदि आन्तरिक युग्मों की संख्या 1.5×10^{16} मी$^{-3}$ है, तो मादित क्रिस्टल में कोटरों की संख्या है। **NCERT पृष्ठ 332**

(a) 4.5×10^9 मी$^{-3}$ (b) $\sim 10^{16}$ मी$^{-3}$
(c) 2.25×10^{32} मी$^{-3}$ (d) 5×10^{22} मी$^{-3}$

22 प्रति मी^{3} सिलिकॉन परमाणुओं की संख्या 5×10^{28} है। इसे 5×10^{22} प्रति मी^{3} के इण्डियम द्वारा मादित किया जाता है और दिया गया है कि, $n_i = 1.5 \times 10^{16}$ मी$^{-3}$। तो इलेक्ट्रॉन तथा कोटरों की संख्या (नमूने के प्रति घनमीटर में) होगी। **NCERT पृष्ठ 332**

(a) $4.95 \times 10^{22}, 4.54 \times 10^9$ (b) $4.54 \times 10^9, 4.54 \times 10^9$
(c) $4.54 \times 10^9, 4.95 \times 10^{22}$ (d) $4.95 \times 10^{22}, 4.95 \times 10^{22}$

p-n जंक्शन

23 साम्यावस्था में p-भाग तथा n-भाग के मध्य विभवान्तर को दर्शाने वाला ग्राफ है। **NCERT पृष्ठ 333**

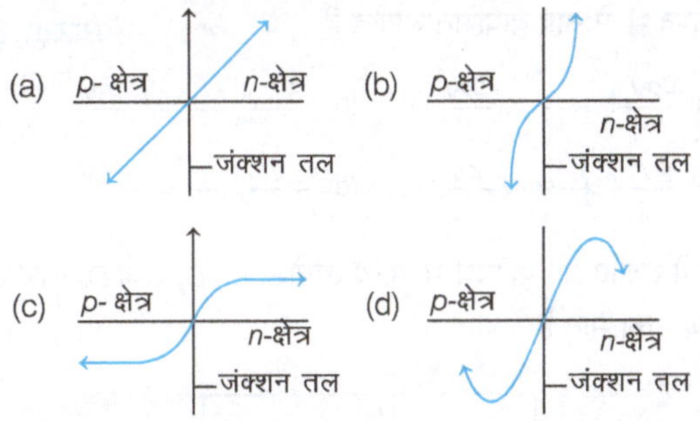

24 यदि p-n सन्धि पर कोई बाह्य वोल्टेज आरोपित नहीं किया जाता है, तो होगा **NCERT पृष्ठ 333**

(a) सन्धि के एक्रॉस विद्युत क्षेत्र नहीं होगा।
(b) सन्धि के एक्रॉस विद्युत क्षेत्र n-भाग से p-भाग की ओर होगा।
(c) सन्धि के एक्रॉस विद्युत क्षेत्र p-भाग से n-भाग की ओर होगा।
(d) p-n सन्धि के निर्माण के दौरान एक अस्थायी विद्युत क्षेत्र होता है जो बाद में लुप्त हो जाएगा।

25 सिलिकॉन के $p-n$ सन्धि डायोड के अग्र तथा पश्च बायस में आवेश वाहकों की गति के लिए प्रमुख तन्त्र **NCERT पृष्ठ 333**

(a) अग्र बायस में अवमन्दन, पश्च बायस में विसरण
(b) अग्र बायस में विसरण, पश्च बायस में अवमन्दन
(c) अग्र और पश्च दोनों बायसों में विसरण
(d) अग्र और पश्च दोनों बायसों में अवमन्दन

26 सन्धि डायोड में निर्मित विभव अवरोध ... के प्रवाह में अवरोध करता है। **NCERT पृष्ठ 334**

(a) केवल दोनों क्षेत्रों में अल्पसंख्यक वाहकों
(b) केवल बहुसंख्यक वाहक
(c) p क्षेत्र में इलेक्ट्रॉन
(d) p क्षेत्र में कोटर

27 एक अबायसित p-n सन्धि में, कोटर p-क्षेत्र से n-क्षेत्र में विसरित होते हैं, क्योंकि **NCERT पृष्ठ 333**

(a) n-क्षेत्र में मुक्त इलेक्ट्रॉन उन्हें आकर्षित करते हैं।
(b) वे सन्धि के एक्रॉस विभवान्तर के कारण गति करते हैं।
(c) p-क्षेत्र में कोटरों की सान्द्रता n-क्षेत्र की तुलना में अधिक है।
(d) उपरोक्त सभी

अर्द्धचालक डायोड

28 नीचे दिखाए गए अनुसार p-n सन्धि डायोड के प्रतीक में तीर .... दिशा को इंगित करता है NCERT पृष्ठ 334

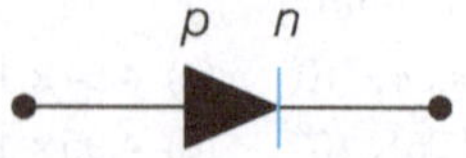

(a) अवमन्दन धारा
(b) कोटरों का प्रवाह
(c) संवहन धारा (जब डायोड अग्र बासयित है)
(d) विद्युत क्षेत्र

29 निम्न में से अग्र बायसित डायोड है NCERT पृष्ठ 334

(a) 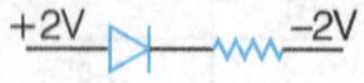

(b) 

(c) 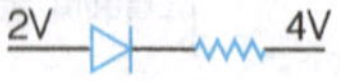

(d) 

30 नीचे दर्शाए गए परिपथ में सन्धि डायोड, D_1, D_2 तथा D_3 आदर्श हैं तब i का मान है NCERT पृष्ठ 334

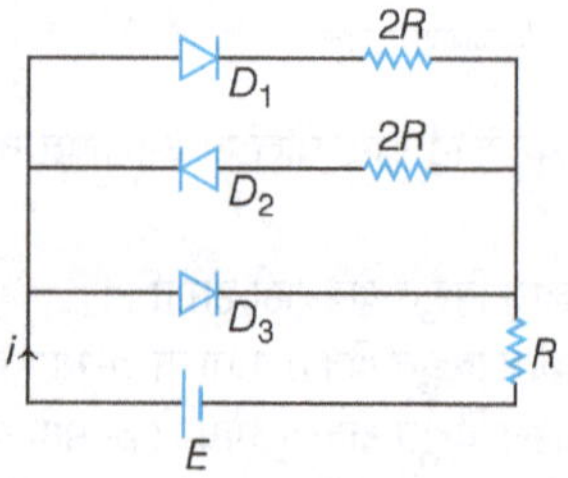

(a) E/R (b) $E/2R$
(c) $2E/3R$ (d) शून्य

31 चार आदर्श सिलिकॉन डायोड चित्र में दिखाए अनुसार संयोजित हैं तो प्रतिरोध R के माध्यम से प्रवाहित धारा है NCERT पृष्ठ 334

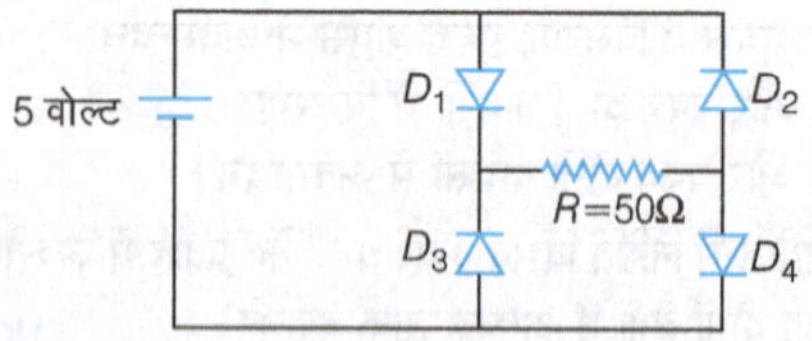

(a) 0.2 ऐम्पियर (b) 0.1 ऐम्पियर
(c) 0.3 ऐम्पियर (d) 0.5 ऐम्पियर

32 यदि अग्र अभिनति में लगाया गया विभवान्तर V है तथा p-n सन्धि का अवरोधक विभव V_0 है, तो अग्र अभिनति के अन्तर्गत प्रभावी अवरोध ऊँचाई है NCERT पृष्ठ 335

(a) V (b) $V_0 - V$
(c) $V_0 + V$ (d) V_0

33 p-n सन्धि के अग्र अभिनति के सन्दर्भ में, निम्नलिखित में से कौन-सा चित्र सही प्रकार से अल्पसंख्यक वाहक विसरण प्रक्रिया को दर्शाता है? NCERT पृष्ठ 335

यहाँ, e- इलेक्ट्रॉन और o कोटरों को दर्शाता है

(a) 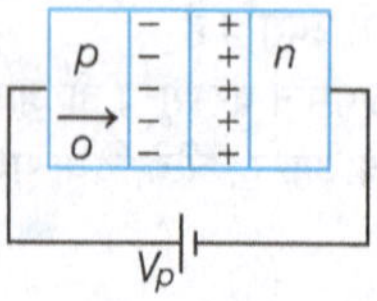

(b) 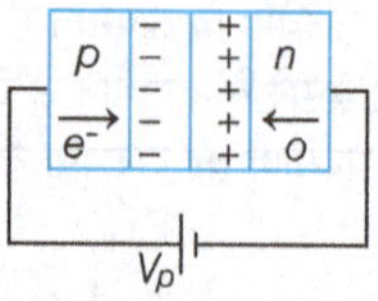

(c) 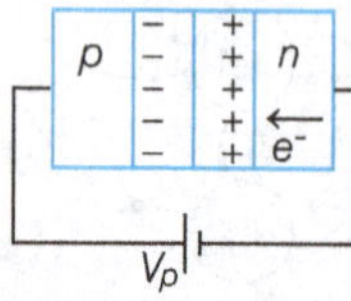

(d) 'a' तथा 'c' दोनों

34 पश्च बायसित p-n सन्धि डायोड में, NCERT पृष्ठ 335

(a) धारा आरोपित वोल्टेज पर ज्यादा निर्भर नहीं करती है।
(b) धारा आरोपित वोल्टेज के समानुपाती है।
(c) प्रारम्भ में धारा आरोपित वोल्टेज पर निर्भर करती है, फिर यह स्वतन्त्र हो जाती है।
(d) पश्च बायस में धारा प्रवाहित नहीं होती है।

35 पश्च अभिनत p-n सन्धि डायोड में ब्रेकडाउन होने की अधिक सम्भावना किसके कारण होती है? NCERT पृष्ठ 335

(a) यदि मादन कम होता है अल्पसंख्यक आवेश वाहकों का वेग अल्प होता है।
(b) यदि मादन अधिक होता है अल्पसंख्यक आवेश वाहकों का वेग अधिक होता है।
(c) यदि मादन की सान्द्रता कम होती है तो अवक्षय परत में प्रबल विद्युत क्षेत्र होता है।
(d) यदि मादन की सान्द्रता उच्च होती है तो अवक्षय परत में प्रबल विद्युत क्षेत्र होता है।

36 यदि एक अबायसित p-n सन्धि डायोड का अवरोधक विभव V_0 है, तो पश्च अभिनति बायस पर अवरोधक क्षमता को सही तरीक से दर्शाने वाला ग्राफ है NCERT पृष्ठ 336

(a) 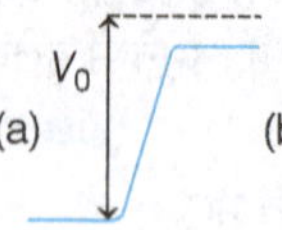

(b) 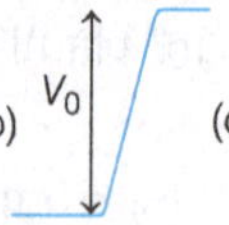

(c) 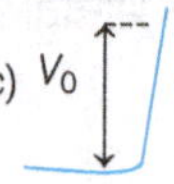

(d) 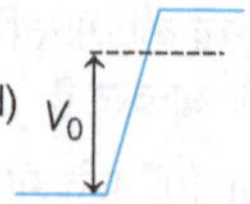

37 यदि पश्च अभिनति विभव को एक क्रान्तिक मान (ब्रेक डाउन) तक बढ़ाया जाता है तब NCERT पृष्ठ 336

(a) डायोड अधिक गर्म होने के कारण नष्ट हो जाता है।
(b) डायोड से कोई धारा प्रवाहित नहीं होती है।
(c) p से n-भाग की ओर अधिक धारा प्रवाहित होती है।
(d) विभव अवरोध शून्य हो जाता है।

38 सिलिकॉन डायोड का V - I अभिलाक्षणिक वक्र है NCERT पृष्ठ 336

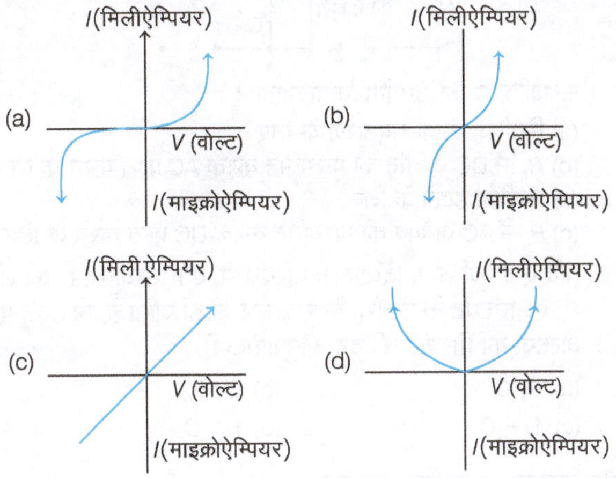

39 एक अरैखिक उपकरण की V-I अभिलाक्षणिक ग्राफ को चित्र में दिखाया गया हैं। ऋणात्मक प्रतिरोध दर्शाने वाला क्षेत्र है NCERT पृष्ठ 336

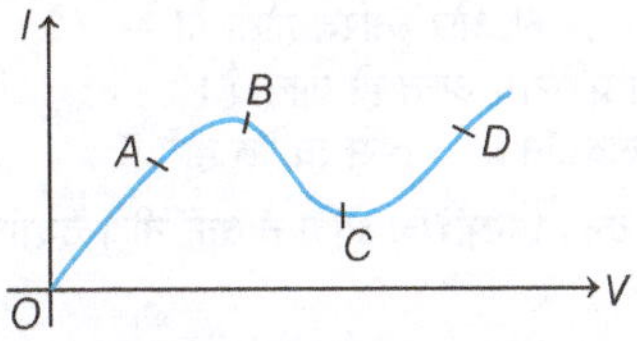

(a) OA (b) AB (c) CD (d) BC

40 जब एक p-n सन्धि डायोड के एक्रॉस वोल्टेज पतन 0.65 वोल्ट से 0.70 वोल्ट तक बढ़ा दिया जाता है, तो डायोड धारा में परिवर्तन 5 मिली ऐम्पियर है। डायोड का गतिशील प्रतिरोध है NCERT पृष्ठ 337

(a) 5 Ω (b) 10 Ω
(c) 20 Ω (d) 25 Ω

41 सिलिकॉन डायोड का V-I अभिलाक्षणिक वक्र नीचे दर्शाय गया हैं। NCERT पृष्ठ 337

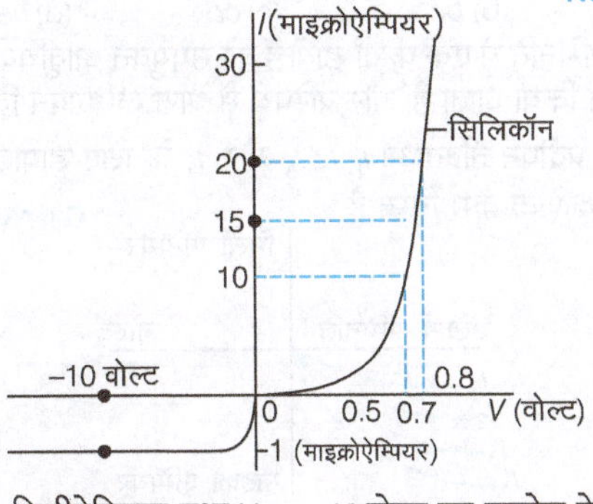

D = 15 मिलीऐम्पियर तथा V_D = –10 वोल्ट पर डायोड के प्रतिरोध का अनुपात है

(a) 10^{-3} (b) 10^{-4} (c) 10^{-5} (d) 10^{-6}

42 परिपथ में धारा I का मान है NCERT पृष्ठ 337

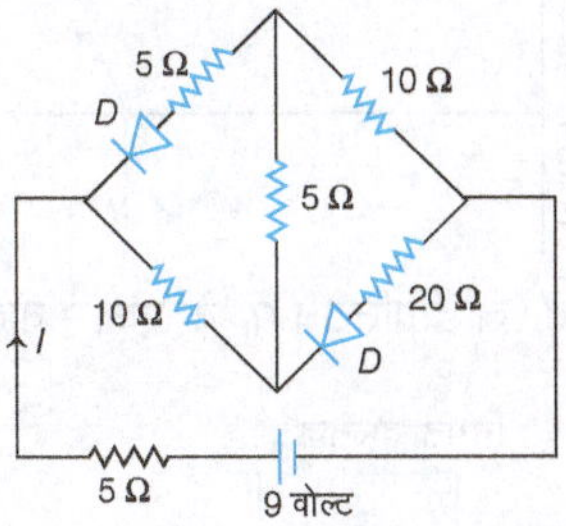

(a) 0.2 ऐम्पियर (b) 0 ऐम्पियर
(c) 0.6 ऐम्पियर (d) 0.3 ऐम्पियर

43 चित्र में दिखाए गए परिपथ में उपयोग किए गए डायोड में सभी धाराओं पर 0.5 वोल्ट का नियत वोल्टेज पतन होता है और अधिकतम शक्ति परास 100 मिली वाट है। प्रतिरोध R के एक्रॉस अधिकतम धारा I तथा विभव पतन V_R के मान हैं NCERT पृष्ठ 337

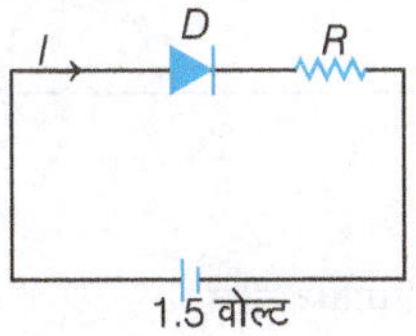

(a) I = 200 मिलीऐम्पियर V_R = 1 वोल्ट
(b) I = 200 मिलीऐम्पियर V_R = 10 वोल्ट
(c) I = 100 मिलीऐम्पियर V_R = 2 वोल्ट
(d) I = 100 मिलीऐम्पियर V_R = 10 वोल्ट

44 जब किसी डायोड का अग्र बायस वोल्टेज 0.6 वोल्ट से 0.7 वोल्ट तक बदला जाता है, तो धारा 5 मिलीऐम्पियर से 15 मिलीऐम्पियर तक बदल जाती है। तब, इसका अग्र बायस प्रतिरोध है NCERT पृष्ठ 337

(a) 6 Ω (b) 5 Ω
(c) 10 Ω (d) 3 Ω

दिष्टकारी के रूप में सन्धि डायोड का अनुप्रयोग

45 डायोड का उपयोग सबसे अधिक प्रत्यावर्ती वोल्टेज के दिष्करण के लिए किया जाता है। तो, निम्न में से कौन-सा गुण इसके लिए उत्तरदायी है? NCERT पृष्ठ 338

(a) एक दिशा में धारा प्रवाह
(b) पश्च अभिनति बायस की तुलना में अग्र अभिनति से प्रतिरोध कम है
(c) पश्च धारा, आरोपित वोल्टेज पर निर्भर नहीं करती है
(d) 'a' और 'b' दोनों

46 किसी भी प्रायोगिक अर्द्ध-तरंग दिष्टकारी परिपथ के लिए, डायोड का पश्च ब्रेकडाउन वोल्टेज NCERT पृष्ठ 338

(a) शिखर AC वोल्टेज से ज्यादा होता है
(b) प्रत्यावर्ती वोल्टेज से वर्ग माध्य मूल मान से अधिक होता है
(c) माध्य AC वोल्टेज से अधिक होता है
(d) rms AC वोल्टेज से छोटा होता है

47 अर्द्ध-तरंग दिष्टकारी का इनपुट निम्नानुसार है **NCERT पृष्ठ 338**

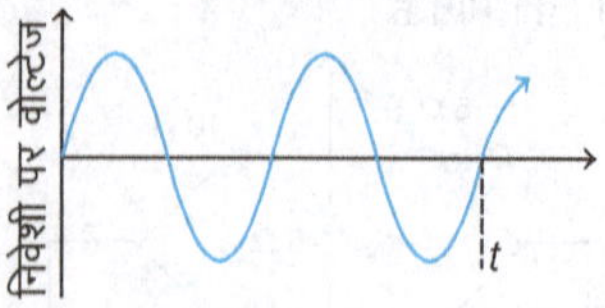

इसका आउटपुट (लोड प्रतिरोध R_L के एक्रॉस वोल्टेज)

(a)
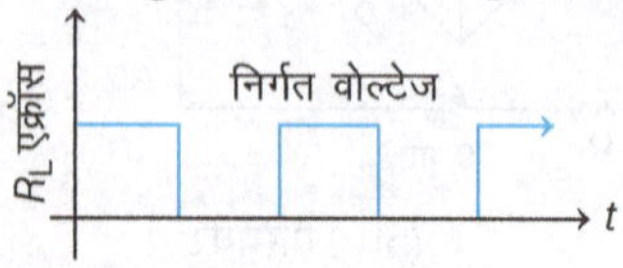

(b)
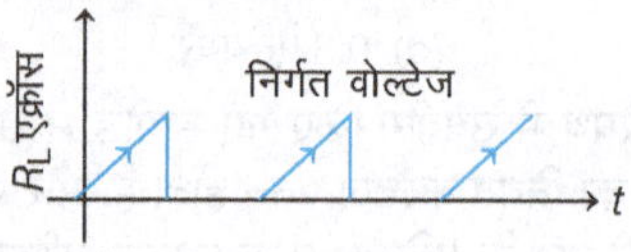

(c)
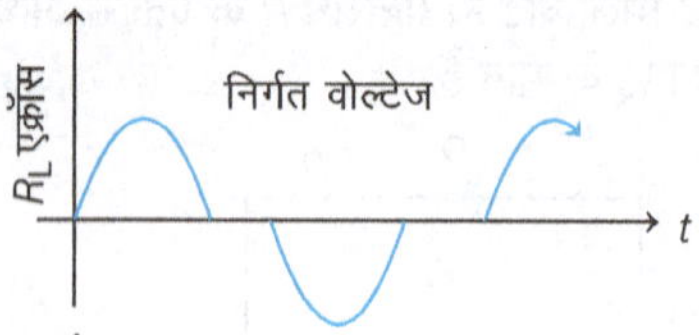

(d)
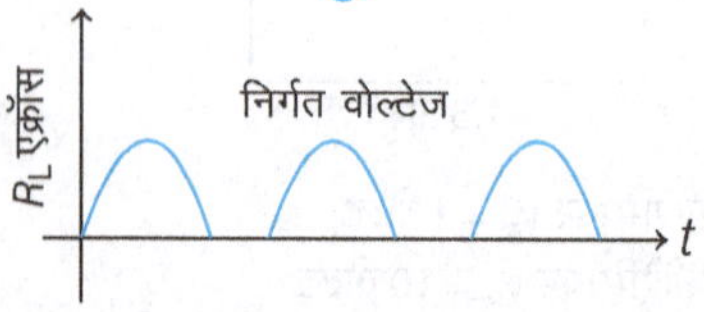

48 यदि किसी p-n सन्धि में 10 वोल्ट का वर्गाकार इनपुट सिग्नल चित्रानुसार दिया जाता है **NCERT पृष्ठ 338**

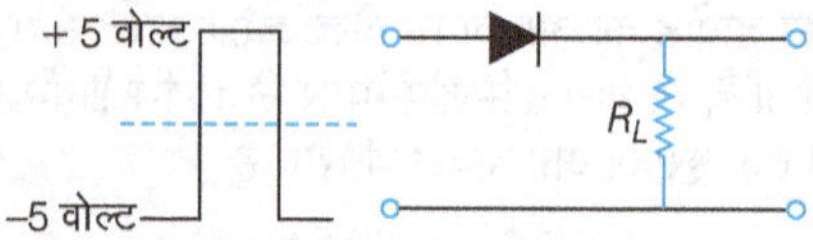

फिर, R_L पर आउटपुट होगा

(a)
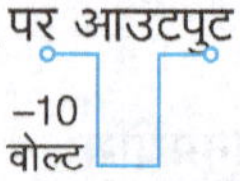

(b)

(c)
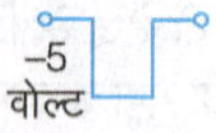

(d)
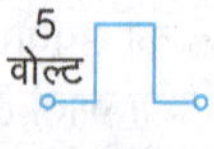

49 जब इनपुट आवृत्ति का मान 50 हर्ट्ज है तो पूर्ण तरंग दिष्टकारी और अर्द्ध तरंग दिष्टकारी की आउटपुट आवृत्तियों का अनुपात है **NCERT पृष्ठ 338**

(a) 1 : 2 (b) 2 : 1 (c) 4 : 1 (d) 1 : 4

50 यदि पूर्ण तरंग दिष्टीकरण के लिए 2 डायोड के साथ एक केन्द्र टैप ट्रांसफॉर्मर का उपयोग किया जाता है, तो प्रत्येक डायोड के सम्बन्ध में दिष्टकारी का आउटपुट वोल्टेज है **NCERT पृष्ठ 339**

(a) 2 × ट्रांसफॉर्मर का द्वितीयक वोल्टेज
(b) (2/3) × ट्रांसफॉर्मर का द्वितीयक वोल्टेज
(c) (1/2) × ट्रांसफॉर्मर का द्वितीयक वोल्टेज
(d) (3/2) × ट्रांसफॉर्मर का द्वितीयक वोल्टेज

51 दिए गए परिपथ में,

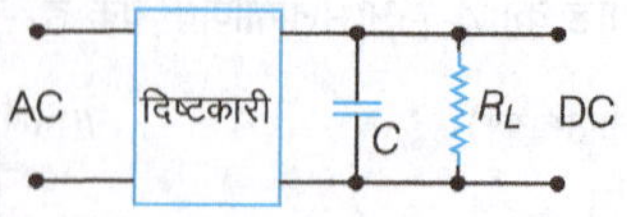

सन्धारित्र C का उपयोग किया जाता है **NCERT पृष्ठ 339**

(a) स्थितिज ऊर्जा भण्डारण के लिए
(b) R_L में DC अवयव को पारगमित करके AC प्राप्त करने के लिए
(c) स्पार्किंग हटाने के लिए
(d) R_L में AC अवयव को पारगमित करके DC प्राप्त करने के लिए

52 यदि एक पूर्ण तरंग दिष्टकारी परिपथ में, एक सन्धारित्र C को लोड R_L (आउटपुट के एक्रॉस) के समान्तर जोड़ा जाता है, तो C के एक्रॉस वोल्टेज की गिरावट की दर आनुपातिक है **NCERT पृष्ठ 339**

(a) $R_L C$ (b) C / R_L
(c) $1 / R_L C$ (d) R_L / C

विशेष प्रकार p-n सन्धि डायोड

53 जेनर डायोड में आन्तरिक क्षेत्र उत्सर्जन या क्षेत्र आयनीकरण के दौरान **Old NCERT पृष्ठ 485**

(a) संयोजी इलेक्ट्रॉन $n \to p$ की ओर त्वरित होते हैं।
(b) कोटर $n \to p$ की ओर त्वरित होता है।
(c) डायोड का प्रतिरोध अन्त हो जाता है।
(d) संयोजी इलेक्ट्रॉन $n \to p$ से त्वरित होते हैं

54 जेनर डायोड का I-V अभिलाक्षणिक वक्र नीचे दर्शाया गया है। **Old NCERT पृष्ठ 485**

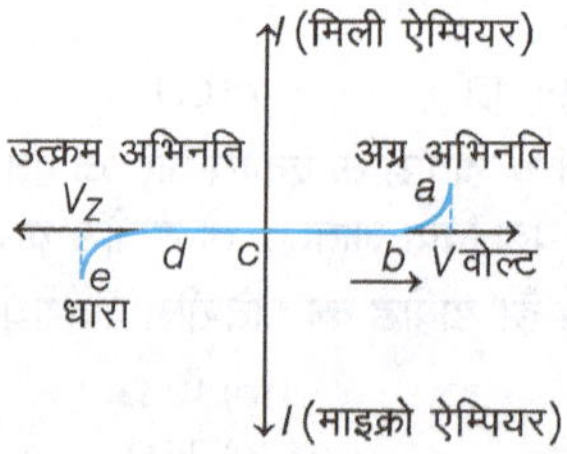

ऊपर अंकित भागों में से कौन-सा वोल्टेज रेगुलेशन के संचालन के लिए उपयुक्त है?

(a) ab (b) bc (c) cd (d) de

55 पश्च अभिनति में एक फोटो डायोड को उपयुक्त आवृत्तियों के प्रकाश से विकरित किया जाता है और परिपथ में धारा का मापन किया जाता है विभिन्न प्रदीपन तीव्रताओं I_1, I_2, I_3 और I_4 के लिए डायोड का अभिलाक्षणिक क्रम निम्न है **Old NCERT पृष्ठ 487**

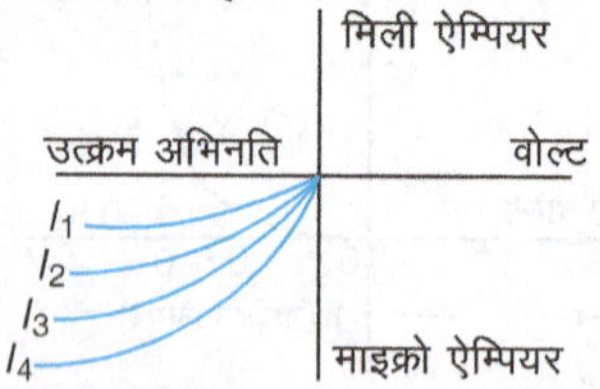

तो, इनमें से अधिकतम तीव्रता है

(a) I_1 (b) I_2 (c) I_3 (d) I_4

56 एक p-n फोटो डायोड 2 इलेक्ट्रॉन वोल्ट ऊर्जा अन्तराल वाले पदार्थ से बना है। पदार्थ द्वारा अवशोषित की जाने वाली न्यूनतम आवृत्ति है (मान लीजिए, hc = 1240 eV-nm) है **Old NCERT पृष्ठ 487**

(a) 1×10^{14} हट्‌र्ज (b) 20×10^{14} हट्‌र्ज
(c) 10×10^{14} हट्‌र्ज (d) 5×10^{14} हट्‌र्ज

57 एक p-n फोटो डायोड 1.0 इलेक्ट्रॉन-वोल्ट ऊर्जा अन्तराल वाले पदार्थ से बना है। पदार्थ द्वारा अवशोषित की जाने वाली अधिकतम आवृत्ति है **Old NCERT पृष्ठ 487**

(a) 10^{-2} मी (b) 1.2×10^{-7} मी (c) 1.2×10^{-10} मी (d) 1.6×10^{-6} मी

58 दृश्य प्रकाश उत्पन्न करने वाली LED बनाने में उपयोग किए जाने वाले अर्द्धचालकों में ऊर्जा अन्तराल E_g इस प्रकार होना चाहिए कि **Old NCERT पृष्ठ 488**

(a) 1.1 इलेक्ट्रॉन वोल्ट < E_g
(b) E_g > 3 इलेक्ट्रॉन वोल्ट
(c) 1.8 इलेक्ट्रॉन वोल्ट < E_g < 3 इलेक्ट्रॉन वोल्ट
(d) 1.1 इलेक्ट्रॉन वोल्ट< E_g < 2.8 इलेक्ट्रॉन वोल्ट

59 दिया गया ग्राफ एक अर्द्धचालक उपकरण के लिए V-I अभिलक्षण को दर्शाता है। **Old NCERT पृष्ठ 489**

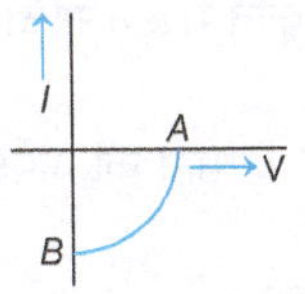

निम्नलिखित कथनों में से कौन सही है?

(a) यह सौर सेल के लिए V-I अभिलक्षण है, जहाँ बिन्दु A खुले परिपथ वोल्टेज का प्रतिनिधित्व करता है और बिन्दु B लघुपथित धारा को दर्शाता है
(b) यह एक p-n जंक्शन सेल के लिए है और बिन्दु A और B क्रमशः खुले परिपथ वोल्टेज और धारा का प्रतिनिधित्व करते हैं।
(c) यह एक फोटो डायोड के लिए है और बिन्दु A और B क्रमशः खुले परिपथ वोल्टेज और धारा को दर्शाते हैं।
(d) यह एक LED के लिए है और बिन्दु A और B क्रमशः खुले परिपथ वोल्टेज और लघुपथित धारा को दर्शाते हैं।

डिजिटल इलेक्ट्रॉनिक्स तथा लॉजिक गेट्स

60 दिए गए परिपथ में, Y का मान है **Old NCERT पृष्ठ 502**

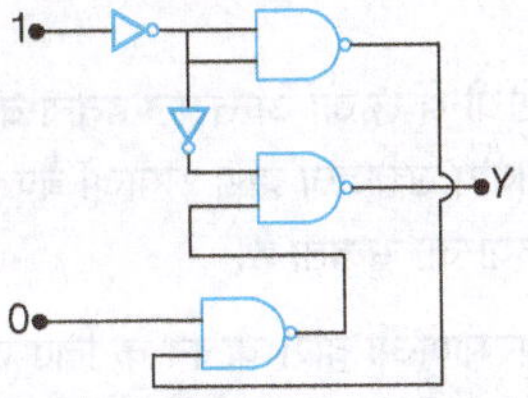

(a) 0 और 1 के बीच टॉगल करता है
(b) 1
(c) 0
(d) निष्पादित नहीं होगा

61 चित्र में दिखाए गए लॉजिक परिपथ का आउटपुट (Y) है **Old NCERT पृष्ठ 502**

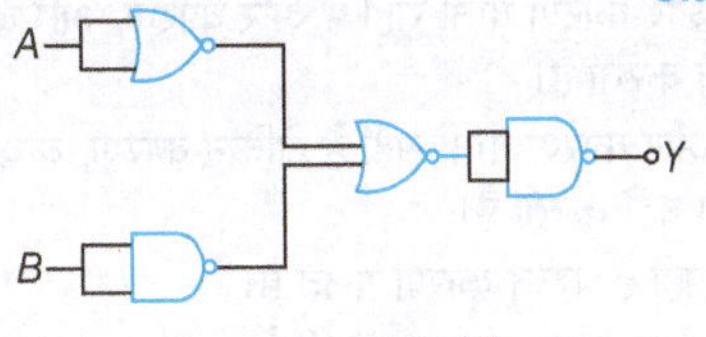

(a) $\overline{A+B}$ (b) AB
(c) $A\oplus B$ (d) $\overline{A\cdot B}$

62 दिए गए लॉजिक परिपथ का आउटपुट है **Old NCERT पृष्ठ 502**

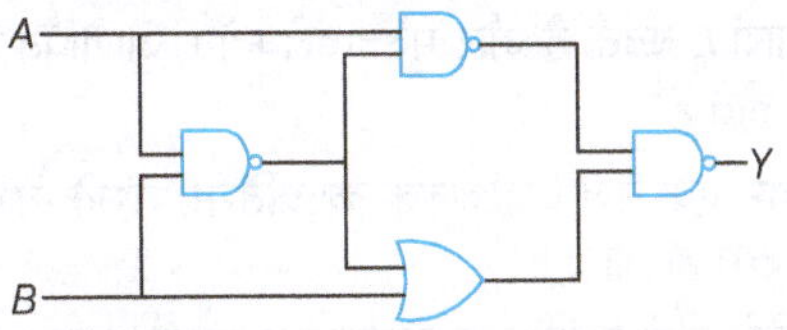

(a) $\bar{A}B$ (b) $A\bar{B}$
(c) $AB+\overline{AB}$ (d) $A\bar{B}+\bar{A}B$

63 निम्नलिखित परिपथ किसके समान कार्य करता है? **Old NCERT पृष्ठ 504**

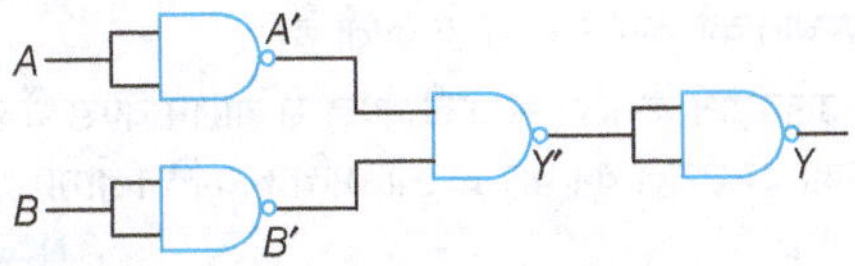

(a) NOR गेट (b) NAND गेट (c) AND गेट (d) OR गेट

64 दिए गए परिपथ आरेख द्वारा दर्शाया गया सही बूलियन व्यंजक है **Old NCERT पृष्ठ 505**

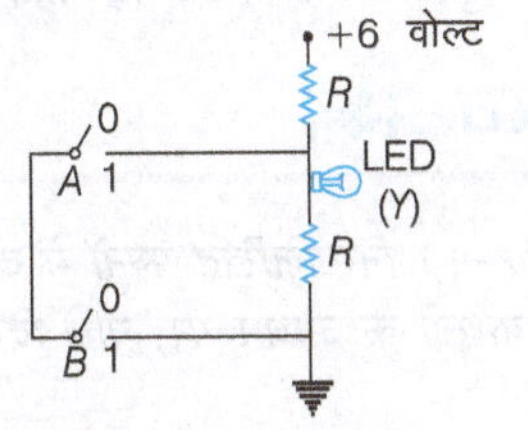

(a) OR (b) NAND (c) NOR (d) AND

अभिकथन-कारण प्रश्न

निर्देश *(प्रश्न क्रमांक 1-10) निम्नलिखित प्रश्नों में, अभिकथन के एक कथन बाद कारण का एक संगत कथन दिया गया है। निम्नलिखित विकल्पों में से, सही विकल्प का चयन कीजिए।*

(a) कथन और कारण दोनों सही हैं और कारण, अभिकथन की सही व्याख्या करता है।

(b) कथन और कारण दोनों सही हैं लेकिन कारण, कथन का सही व्याख्या नहीं करता है।

(c) कथन सही है परन्तु कारण गलत है।

(d) कथन गलत है परन्तु कारण सही है।

1 **अभिकथन** अर्द्धचालक में कुल धारा, इलेक्ट्रॉन धारा और कोटर धारा का योग होती है।

कारण अर्द्धचालक में, कोटरों के धनात्मक विभव की ओर गति के कारण धारा I_h बनती है और मुक्त इलेक्ट्रॉन, आरोपित विद्युत क्षेत्र के अन्तर्गत होते हैं। NCERT पृष्ठ 328

2 **अभिकथन** एक नैज अर्द्धचालक का प्रतिरोध उसके तापमान में वृद्धि के साथ कम हो जाता है।

कारण जैसे-जैसे किसी नैज अर्द्धचालक का तापमान बढ़ता है, चालन इलेक्ट्रॉनों के साथ-साथ कोटरों की संख्या भी बढ़ती जाती है। NCERT पृष्ठ 329

3 **अभिकथन** एक परिमित तापमान पर एक नैज अर्द्धचालक के चालन बैण्ड में इलेक्ट्रॉन पाए जाने की सम्भावना बैण्ड अन्तराल में वृद्धि के साथ चरघातांकी रूप से कम हो जाती है।

कारण इलेक्ट्रॉन के लिए संयोजी बैण्ड से चालन बैण्ड में जाते समय बड़े ऊर्जा अन्तराल को पार करना अधिक कठिन होगा। NCERT पृष्ठ 329

4 **अभिकथन** n-प्रकार के अर्द्धचालक में कोटरों की संख्या चालन इलेक्ट्रॉनों की संख्या से कम होती है।

कारण कोटरों के पुनर्संयोजन की दर बढ़ जाती है। NCERT पृष्ठ 330

5 **अभिकथन** p-n सन्धि के p-भाग पर स्थित इलेक्ट्रॉन, सन्धि तल पर आवेश वाहकों के विसरण के ठीक एक क्षण बाद n-भाग पर चला जाता है।

कारण आवेश वाहकों के अवमन्दन से सन्धि तल पर सान्द्रता प्रवणता कम हो जाती है। NCERT पृष्ठ 333

6 **अभिकथन** साम्यावस्था के अन्तर्गत p-n सन्धि में, सन्धि के एक्रॉस धारा प्रवाहित नहीं होती है।

कारण एक स्थायी p-n सन्धि केवल तभी बनती है जब अवमन्दन और विसरण धाराएँ बराबर होती हैं। NCERT पृष्ठ 333

7 **अभिकथन** आरोपित वोल्टेज (p-n सन्धि के अग्र बायस में) अधिकांशतः अवक्षय क्षेत्र के एक्रॉस विभव पतन होता है तथा सन्धि के p-भाग और n-भाग में वोल्टेज गिरावट नगण्य होती है।

कारण अवक्षय क्षेत्र का प्रतिरोध n या p-भाग के प्रतिरोध की तुलना में बड़ा होता है। NCERT पृष्ठ 333

8 **अभिकथन** दी गई आकृति में p-n सन्धि से प्रवाहित धारा का मान 20 मिली ऐम्पियर होगा।

कारण चित्र में, p-भाग, n-भाग की अपेक्षा उच्च विभव पर है। NCERT पृष्ठ 333

9 **अभिकथन** फोटो डायोड पश्च अभिनति में संचालित होते हैं।

कारण अग्र बायस में धारा पश्च बायस में धारा (~μ ऐम्पियर) की तुलना में अधिक (~मिलीऐम्पियर) होती है। NCERT पृष्ठ 487

10 **अभिकथन** NAND और NOR गेट्स को डिजिटल बिल्डिंग ब्लॉक कहा जाता है।

कारण NAND या NOR गेट्स के बार-बार उपयोग से सभी बेसिक या जटिल गेट्स को बनाया जा सकता है। NCERT पृष्ठ 505

कथन आधारित प्रश्न

निर्देश *(प्रश्न क्रमांक 1-8) निम्नलिखित प्रश्नों में दो कथन (I और II) दिए गए हैं। दिए गए कथनों के आधार पर, नीचे दिए गए विकल्पों में से सही उत्तर चुनें।*

(a) कथन I और कथन II दोनों गलत हैं

(b) कथन I सही है लेकिन कथन II गलत है।

(c) कथन I गलत है लेकिन कथन II सही है

(d) कथन I और कथन II दोनों सही हैं।

1 **कथन I** धातुओं में जब चालन बैण्ड आंशिक रूप से रिक्त होता है तो उसके निचले स्तर से इलेक्ट्रॉन उच्च स्तर पर जा सकते हैं जिससे चालन सम्भव हो जाता है।

कथन II विद्युतरोधी में ऊर्जा अन्तराल इतना बड़ा होता है कि इलेक्ट्रॉनों को तापीय उत्तेजना द्वारा संयोजी बैण्ड से चालन बैण्ड तक उत्तेजित नहीं किया जा सकता है। NCERT पृष्ठ 327

2 **कथन I** मादन परमाणुओं द्वारा चालन के लिए उपलब्ध कराए गए इलेक्ट्रॉनों की संख्या मादन स्तर में किसी भी वृद्धि से स्वतन्त्र होती है।

कथन II जब अर्द्धचालक प्रकृति में बाह्य अर्द्धचालक होता है तब अर्द्धचालक की विद्युत चालकता उसके सहसंयोजक बन्ध के टूटने के कारण होती है। NCERT पृष्ठ 329

3 सामान्यतः प्रयुक्त p-प्रकार के पदार्थ का आरेख निम्न है

NCERT पृष्ठ 329

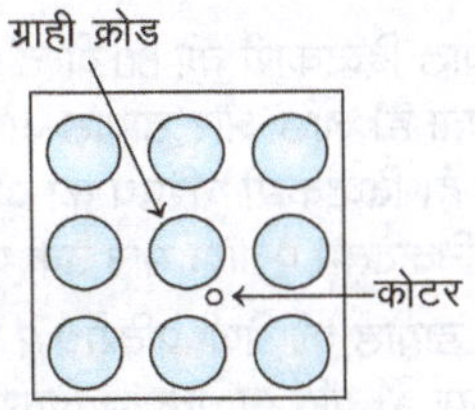

कथन I मादक को एक धनात्मक आवेश के कोर के रूप में माना जा सकता है।

कथन II बहुत कम ऊर्जा आपूर्ति के साथ एक इलेक्ट्रॉन संयोजी बैण्ड से ग्राही ऊर्जा स्तर तक जा सकता है।

4 **कथन I** p-प्रकार का अर्द्धचालक एक धनात्मक प्रकार का क्रिस्टल है।

कथन II p-प्रकार का अर्द्धचालक एक अनावेशित क्रिस्टल है।

NCERT पृष्ठ 331

5 **कथन I** अर्द्धचालक उपकरण बनाने के लिए जर्मेनियम की तुलना में सिलिकॉन को प्राथमिकता दी जाती है।

कथन II जर्मेनियम में ऊर्जा अन्तराल सिलिकॉन में ऊर्जा अन्तराल से अधिक होता है।

NCERT पृष्ठ 332

6 n से p-भाग तक इलेक्ट्रॉन के विसरण के कारण।

कथन I n-भाग पर ऋणात्मक आवेश की एक परत निर्मित होती है।

कथन II एक आयनित दाता को n-क्षेत्र में छोड़ दिया जाता है।

NCERT पृष्ठ 333

7 **कथन I** जब जेनर डायोड का उपयोग DC वोल्टेज रेगुलेटर के रूप में किया जाता है, तो इनपुट वोल्टेज V_i में वृद्धि के साथ जेनर वोल्टेज V_Z अपरिवर्तित रहता है। लेकिन जब V_i घटता है, तो V_Z भी घटता है।

कथन II LED को तापदीप्त लैम्प की तुलना में कम परिचालन वोल्टेज और कम बिजली की आवश्यकता होती है।

Old NCERT पृष्ठ 485

8 **कथन I** पश्च अभिनति वाले p-n सन्धि का उपयोग प्रकाश की तीव्रता को मापने के लिए फोटोडायोड के रूप में किया जा सकता है।

कथन II पश्च अभिनति की स्थिति में धारा कम होती है लेकिन यह आपतित प्रकाश की तीव्रता में परिवर्तन के प्रति अधिक संवेदनशील होती है।

Old NCERT पृष्ठ 487

सुमेलन प्रकार प्रश्न

1 नीचे दिए गए कॉलम I (अर्द्धचालकों के प्रकार) को कॉलम II (गुण) के साथ सुमेलित करें और नीचे दिए गए कूट से सही उत्तर का चयन करें।

NCERT पृष्ठ 332

कॉलम I		कॉलम II	
A.	p-प्रकार अर्द्धचालक	1.	अशुद्धता से मादित
B.	n-प्रकार अर्द्धचालक	2.	शुद्ध अर्द्धचालक
C.	बाह्य अर्द्धचालक	3.	अधिकांश वाहक कोटर होते हैं
D.	नैज अर्द्धचालक	4.	अधिकांश वाहक इलेक्ट्रॉन होते हैं

कूट

	A	B	C	D		A	B	C	D
(a)	3	4	1	2	(b)	1	3	2	1
(c)	2	1	3	4	(d)	4	2	1	3

2 कॉलम I (भौतिक राशि के अर्द्धचालक के प्रकार) को कॉलम II (उनके गुण) से सुमेलित करें और नीचे दिए गए कूट से सही उत्तर का चयन करें।

NCERT पृष्ठ 327

कॉलम I		कॉलम II	
A.	p-प्रकार अर्द्धचालक	1.	कोई अशुद्धता नहीं
B.	n-प्रकार अर्द्धचालक	2.	गतिशीलता $\times$ विद्युत क्षेत्र
C.	नैज अर्द्धचालक	3.	तृतीय समूह की अशुद्धता
D.	अपवाह वेग	4.	पाँचवें समूह की अशुद्धता

कूट

	A	B	C	D		A	B	C	D
(a)	1	2	4	3	(b)	4	3	2	1
(c)	2	1	3	4	(d)	3	4	1	2

3 कॉलम I (प्रतीक) को कॉलम II (उनके सम्बन्धित लॉजिक गेट) से सुमेलित करें और नीचे दिए गए कूट से सही उत्तर का चयन करें।

Old NCERT पृष्ठ 501

कॉलम I		कॉलम II	
A.		1.	OR
B.		2.	AND
C.		3.	NAND
D.		4.	NOT

कूट

	A	B	C	D
(a)	1	2	3	4
(b)	3	1	2	4
(c)	3	1	4	2
(d)	4	1	2	3

आंकिक मान प्रकार के प्रश्न

1 किसी अर्द्धचालक में, यदि इलेक्ट्रॉनों की सान्द्रता का कोटरों की सान्द्रता से अनुपात $\frac{K}{4}$, धाराओं का अनुपात $\frac{9}{4}$ और उनके अपवाह वेगों का अनुपात $\frac{9}{7}$ है, तो K का मान .... है।
NCERT पृष्ठ 333

2 300 केल्विन पर शुद्ध सिलिकॉन में इलेक्ट्रॉन और कोटर सान्द्रता बराबर 1.5×10^{16}/मी^{3} है। इण्डियम द्वारा मादन से कोटरों की सान्द्रता 4.5×10^{22}/मी^{3} तक बढ़ जाती है। मादन किए गए सिलिकॉन में नई इलेक्ट्रॉन सान्द्रता ....$\times 10^9$ मी$^{-3}$ है।
NCERT पृष्ठ 333

3 परिपथ में दो विपरीत रूप से समानान्तर रूप से जुड़े आदर्श डायोड हैं। परिपथ में प्रवाहित धारा .... ऐम्पियर है।
NCERT पृष्ठ 334

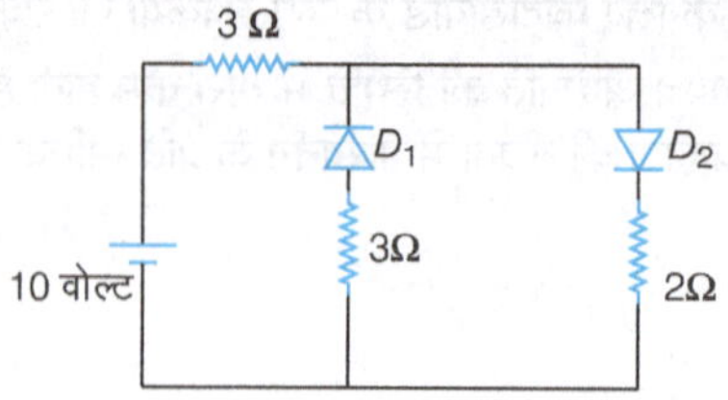

4 निम्नलिखित परिपथ में सन्धि डायोड को अपने I-V अभिलाक्षणिक वक्र के नी बिन्दु (0.5 वोल्ट) से ऊपर होने के लिए न्यूनतम धारा 1 मिलीऐम्पियर की आवश्यकता होती है। सन्धि डायोड के एक्रॉस वोल्टेज नी बिन्दु से ऊपर की धारा से स्वतन्त्र है। यदि $V_B = 4.5$ वोल्ट है तो R का अधिकतम मान जिससे वोल्टेज नी बिन्दु से ऊपर होगा, ...$\times 10^3 \Omega$
NCERT पृष्ठ 336

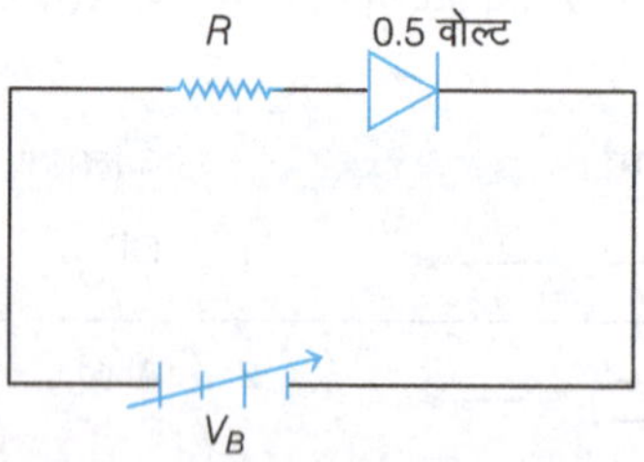

5 एक अर्द्धचालक डायोड का उपयोग अर्ध-तरंग दिष्टकारी के रूप में किया जाता है जिसका आन्तरिक प्रतिरोध 150Ω है। आरोपित वोल्टेज $V = (50\sin\omega t)$ वोल्ट और लोड प्रतिरोध 850Ω है। तब अधिकतम आउटपुट धारा ....$\times 10^{-3}$ ऐम्पियर है।
NCERT पृष्ठ 338

6 एक पूर्ण तरंग डायोड दिष्टकारी को 60 वोल्ट-0- 60 वोल्ट ट्रांसफॉर्मर के साथ लगाया जाता है। लोड और डायोड अग्र प्रतिरोध क्रमशः 100 Ω और 10 Ω हैं। दिष्टकारी परिपथ का औसत आउटपुट वोल्टेज ....वोल्ट है। (निकटतम पूर्णांक मान तक पूर्णांकित करें)

7 एक 5 वोल्ट जेनर डायोड को श्रेणी प्रतिरोध R के साथ 10 वोल्ट आपूर्ति से जोड़ा गया है। यदि अधिकतम जेनर धारा 20 मिलीऐम्पियर है, तो R का न्यूनतम मान ....Ω होगा।

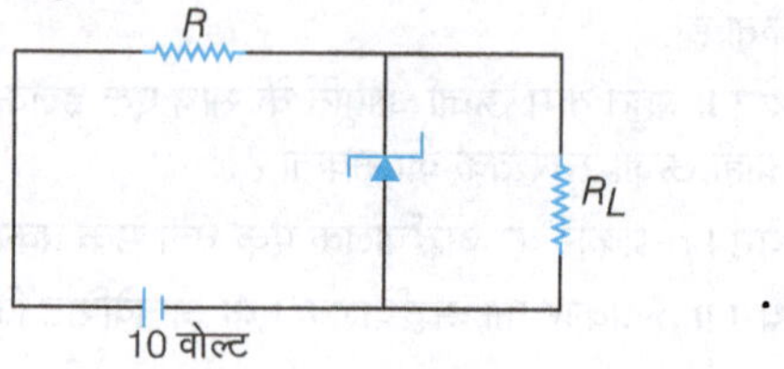

8 GaAsP का उपयोग करके p-n सन्धि डायोड से एक LED का निर्माण किया गया है। ऊर्जा अन्तराल 1.9 इलेक्ट्रॉन वोल्ट है। उत्सर्जित प्रकाश की तरंगदैर्ध्य ....$\times 10^{-9}$ मीटर के बराबर होगी। (निकटतम पूर्णांक मान तक पूर्णांकित करें)
($h = 6.626 \times 10^{-34}$ जूल-सेकण्ड और $c = 3 \times 10^8$ मी/से)
Old NCERT पृष्ठ 488

9 चित्र में दिखाए गए लॉजिक परिपथ में, यदि A और B के इनपुट 0 हैं और C का मान 1 है, तो Q पर आउटपुट x है। तब x का मान .... है।
Old NCERT पृष्ठ 502

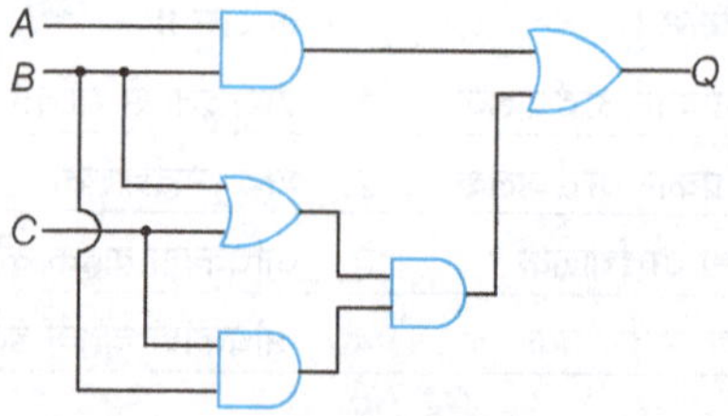

10 लॉजिक गेट्स के दिए गए संयोजन के लिए यदि A और B की लॉजिक अवस्थाएँ क्रमशः 1 और 0 हैं, तो आउटपुट R की लॉजिक अवस्था .... है।
Old NCERT पृष्ठ 502

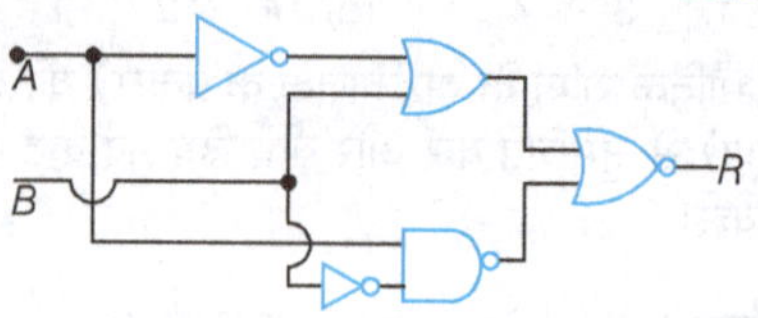

NCERT Exemplar प्रश्न

1 कोटर होता है

(a) इलेक्ट्रॉन का एक प्रतिकण
(b) सहसंयोजी आबन्ध से एक इलेक्ट्रॉन दूर जाने पर उत्पन्न रिक्ति
(c) मुक्त इलेक्ट्रॉनों की अनुपस्थिति
(d) कृत्रिम रूप से निर्मित कोई कण

2 अर्द्धचालक की चालकता तापमान में वृद्धि के साथ बढ़ जाती है, क्योंकि

(a) मुक्त आवेश वाहकों का संख्या घनत्व बढ़ता है
(b) श्रान्ति काल बढ़ जाता है
(c) मुक्त आवेश वाहकों की संख्या घनत्व और श्रान्ति काल दोनों बढ़ जाते हैं
(d) मुक्त आवेश वाहकों का संख्या घनत्व बढ़ता है तथा श्रान्ति काल घटता है, लेकिन श्रान्ति काल में कमी का प्रभाव संख्या घनत्व में वृद्धि से बहुत कम होता है

3 डायोड को आदर्श मानते हुए,

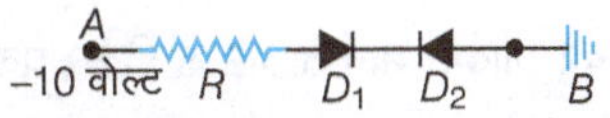

(a) D_1 अग्र अभिनति में है और D_2 पश्च अभिनति में है, इसलिए धारा A से B की ओर प्रवाहित होती है
(b) D_2 अग्र अभिनति में है और D_1 पश्च अभिनति में है और इसलिए B से A की ओर कोई धारा प्रवाहित नहीं होती है और इसके विपरीत
(c) D_1 और D_2 दोनों अग्र अभिनति में हैं, इसलिए धारा A से B की ओर प्रवाहित होती है
(d) D_1 और D_2 दोनों पश्च अभिनति में हैं, इसलिए A से B तक कोई धारा प्रवाहित नहीं होती है

4 बिन्दु A और B के बीच 220 वोल्ट AC आपूर्ति जुड़ी हुई है।

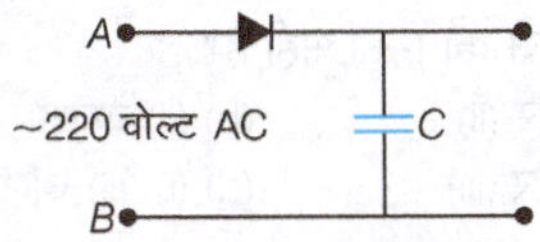

सन्धारित्र C के एक्रॉस विभवान्तर क्या होगा ?

(a) 220 वोल्ट
(b) 110 वोल्ट
(c) 0 वोल्ट
(d) $220\sqrt{2}$ वोल्ट

5 नीचे दिखाए गए परिपथ का आउटपुट होगा

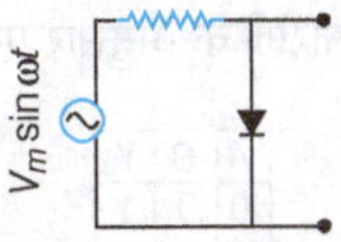

(a) प्रत्येक समय शून्य
(b) किसी अर्द्धतरंग दिष्टकारी की भाँति आउटपुट में धनात्मक अर्द्धचक्र प्राप्त होगा
(c) किसी अर्द्धतरंग दिष्टकारी की भाँति निर्गत में ऋणात्मक अर्द्धचक्र होंगे
(d) पूर्ण तरंग दिष्टकारी आउटपुट की जैसा

6 दिखाए गए परिपथ में, यदि डायोड फॉरवर्ड वोल्टेज पतन 0.3 वोल्ट है, A और B के बीच विभवान्तर,

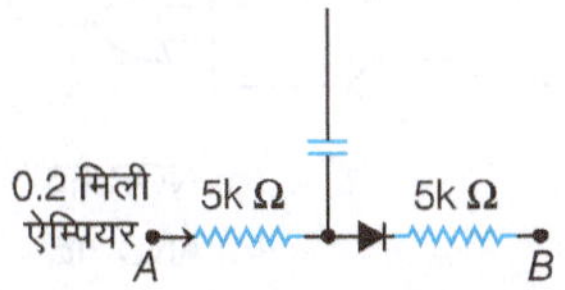

(a) 1.3 वोल्ट
(b) 2.3 वोल्ट
(c) 0 वोल्ट
(d) 0.5 वोल्ट

7 नीचे दिए गए चित्र में एक p-n सन्धि के एक्रॉस विभव अवरोधक V_0 है। जब सन्धि पर कोई बैटरी नहीं जुड़ी होती है, तो

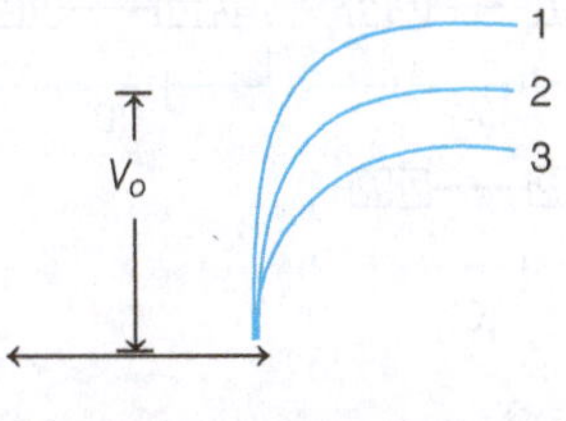

(a) 1 और 3 दोनों सन्धि के अग्र बायस के संगत हैं
(b) 3 अग्र बायसित सन्धि के संगत और 1 पश्च बायसित सन्धि के संगत है
(c) 1 अग्र बायसित सन्धि के संगत 3 पश्च बायसित सन्धि के संगत
(d) 3 और 1 दोनों पश्च बायसित सन्धि के संगत हैं।

विगत परीक्षाओं के प्रश्न

NEET

1 निम्नलिखित सत्यता सारणी के अनुसार एक लॉजिक परिपथ निर्गत Y प्रदान करता है:

A	B	Y
0	0	1
0	1	0
1	0	1
1	1	0

निर्गत Y के लिए व्यंजक है **Old NCERT पृष्ठ 502, NEET 2024**

(a) $A \cdot B + \overline{A}$ (b) $A \cdot \overline{B} + \overline{A}$

(c) $\overline{B}$ (c) B

2 दिये गये लॉजिक गेट का निर्गत (Y) किसके निर्गत के समान है? **Old NCERT पृष्ठ 502, NEET 2024**

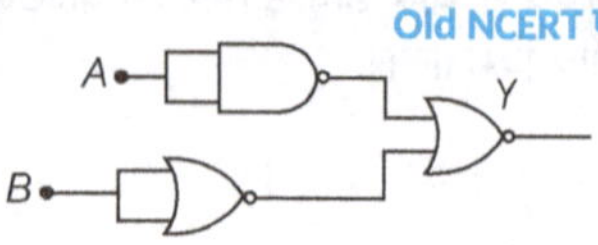

(a) NAND गेट (b) NOR गेट

(c) OR गेट (c) AND गेट

3 एक पूर्ण तरंग दिष्टकारी परिपथ में दो p-n सन्धि डायोड, एक ट्रांसफॉर्मर, सन्धारित्र और एक लोड प्रतिरोध है। इनमें से कौन-सा घटक दिष्टकृत आउटपुट से AC ऊर्मिका को हटाता है? **NCERT पृष्ठ 339, NEET 2023**

(a) p-n सन्धि डायोड (b) सन्धारित्र

(c) लोड प्रतिरोध (d) एक ट्रांसफॉर्मर

4

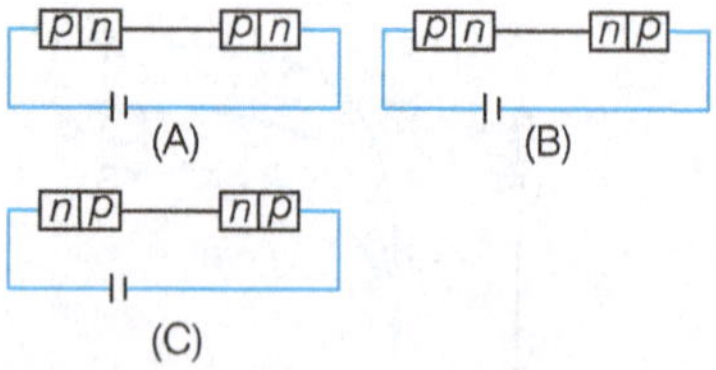

दिए गए परिपथ में (A), (B) और (C) दो p-n सन्धियों में विभव पतन तुल्य है **NCERT पृष्ठ 333, NEET 2022**

(a) केवल परिपथ (B) (b) केवल परिपथ (C)

(c) परिपथ (A) और 'C' दोनों (d) केवल (A) परिपथ

5 n-प्रकार के अर्द्धचालक में इलेक्ट्रॉन सान्द्रता, p-प्रकार के अर्द्धचालक में कोटर सान्द्रता के समान होती है। उनमें से प्रत्येक पर एक बाहरी क्षेत्र (विद्युत) लगाया जाता है। उनमें धाराओं की तुलना करें। **NCERT पृष्ठ 331, NEET 2021**

(a) n-प्रकार में धारा $=$ p-प्रकार में धारा

(b) p-प्रकार में धारा $>$ n-प्रकार में धारा

(c) n-प्रकार में धारा $>$ p-प्रकार में धारा

(d) p-प्रकार में कोई धारा प्रवाहित नहीं होगी, केवल n-प्रकार में धारा प्रवाहित होगी

6 p-n सन्धि डायोड में, ऊष्मन के कारण तापमान में परिवर्तन **NCERT पृष्ठ 333, NEET 2018**

(a) p-n सन्धि के प्रतिरोध को प्रभावित नहीं करता

(b) केवल अग्र प्रतिरोध को प्रभावित करता है

(c) केवल उत्क्रम प्रतिरोध को प्रभावित करता है

(d) p-n सन्धि की समग्र V-I अभिलक्षण को प्रभावित करता है

7 निम्नलिखित में से कौन अग्र अभिनत डायोड का प्रतिनिधित्व करता है? **NCERT पृष्ठ 335, NEET 2017**

(a) 

(b) 

(c) 

(d) 

8 सन्धि डायोड को आदर्श मानें तो AB से होकर प्रवाहित धारा का मान है **NCERT पृष्ठ 334 NEET 2016**

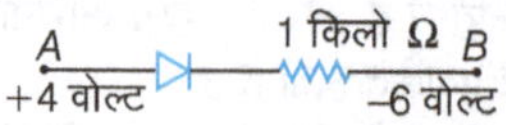

(a) 10^{-2} ऐम्पियर (b) 10^{-1} ऐम्पियर

(c) 10^{-3} ऐम्पियर (d) 0 ऐम्पियर

9 p-n सन्धि का अवरोध विभव निर्भर करता है **NCERT पृष्ठ 334, AIPMT 2014**

(i) अर्द्धचालक पदार्थ के प्रकार पर (ii) मादन की मात्रा

(iii) तापमान

निम्नलिखित में से कौन-सा सही है?

(a) केवल (i) और (ii) (b) (ii) केवल

(c) केवल (ii) और (iii) (d) (i), (ii) और (iii)

JEE Main

10 दिए गए निवेशों के लिए निम्नलिखित परिपथ का निर्गत् है **Old NCERT पृष्ठ 502, JEE Main 2024**

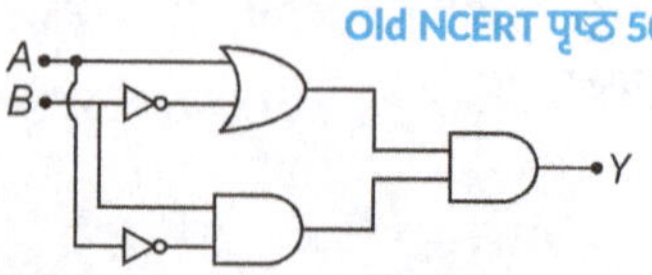

(a) 0 (b) $A \cdot B$

(c) $\overline{A} \cdot B$ (d) $A \cdot B\,(A + B)$

11 एक इलेक्ट्रॉनिक युक्ति का I-V अभिलाक्षणिक चित्र में दर्शाया गया है। युक्ति है

NCERT पृष्ठ 333, JEE Main 2024

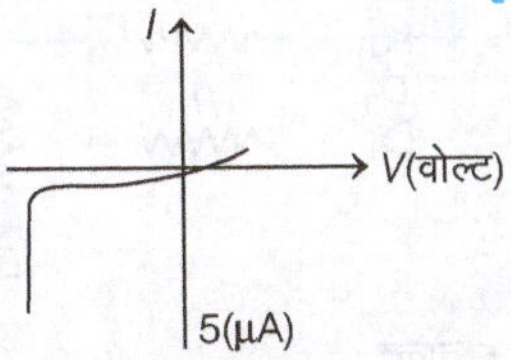

(a) दिष्टकारी के रूप में प्रयुक्त डायोड
(b) एक सोलर सेल
(c) प्रवर्धक के रूप में प्रयुक्त एक ट्रांजिस्टर
(d) वोल्टेज रेगुलेटर के रूप में प्रयुक्त एक जेनर डायोड

12 दिये गये परिपथ द्वारा प्रवृत्त लॉजिक ऑपरेशन पहचानिये

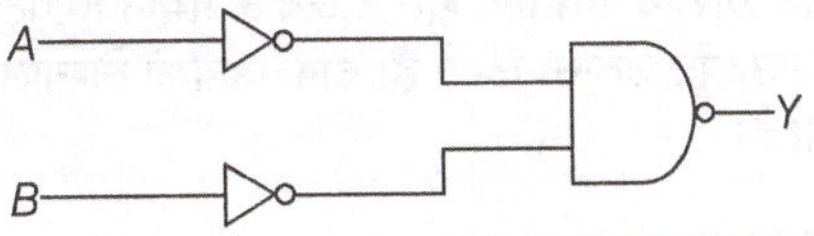

Old NCERT पृष्ठ 502, JEE Main 2024

(a) OR (b) NOR
(c) AND (d) NAND

13 चित्र में A और B के बीच विभवान्तर हैं

NCERT पृष्ठ 324, JEE Main 2020

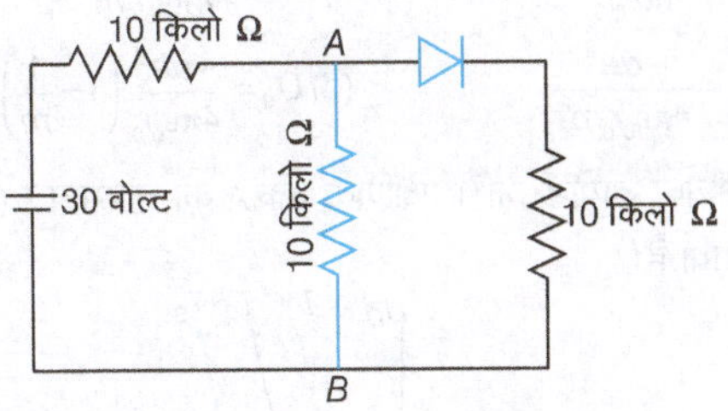

(a) शून्य (b) 10 वोल्ट
(c) 5 वोल्ट (d) 15 वोल्ट

स्किल बूस्टर्स

1 दो समय-परिवर्तनशील फलन इस प्रकार हैं

$$A=\begin{cases}0, & 0\le t<1,\\ 1, & 1\le t\le 2,\\ 0, & 2<t\le 3,\end{cases}\quad B=\begin{cases}0, & 0\le t<\frac{1}{2}\\ 1, & \frac{1}{2}\le t\le\frac{5}{2}\\ 0, & \frac{5}{2}<t\le 3\end{cases}$$

NAND गेट का आउटपुट होगा

(a)
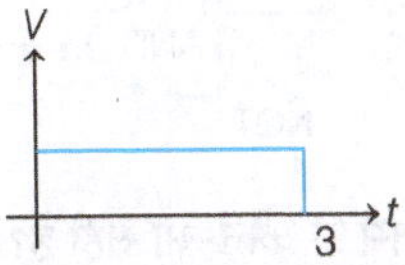

(b)
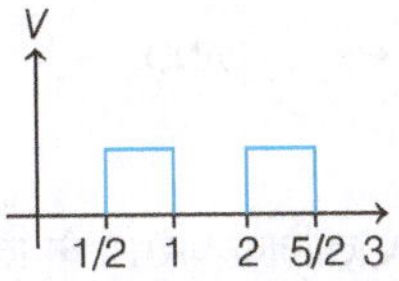

(c)
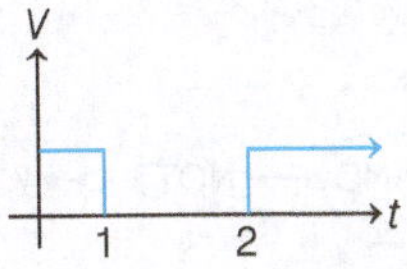

(d)
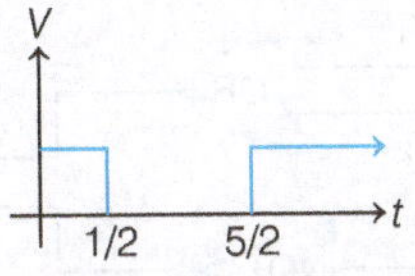

2 लॉजिक गेट्स X और Y की सत्यता तालिका नीचे दी गई है।

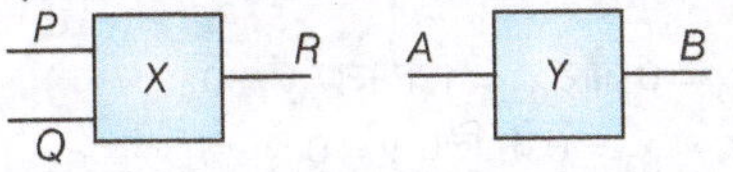

P	Q	R	A	B
0	0	0	0	1
1	0	0	1	0
0	1	0		
1	1	1		

जब X का आउटपुट Y के इनपुट से जुड़ा होता है, तो परिणामी संयोजन तुल्य होगा

(a) NOT गेट (b) OR गेट
(c) NAND गेट (d) AND गेट

3 दिए गए इनपुट तरंग रूप A और B पर विचार करें

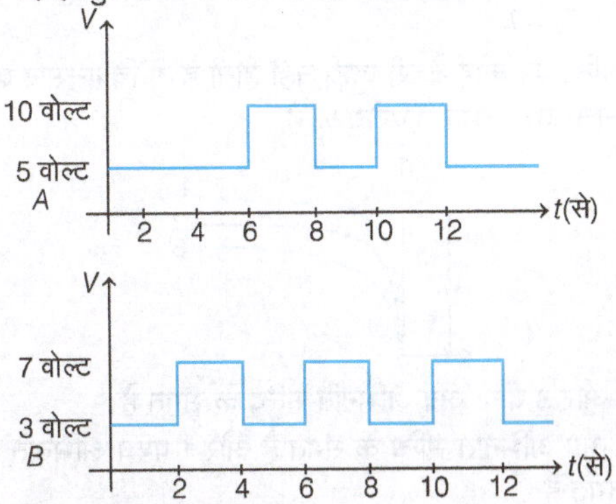

जब इनपुट को ऋणात्मक लॉजिक वाले NAND गेट में देते हैं, तो आउटपुट होता है

(a) 000101 (b) 010101 (c) 101000 (d) 100100

4 मान लीजिए कि हमारे पास एक p-n सन्धि का उपयोग करने वाला एक अर्द्ध-तरंग दिष्टकारी और दो p-n सन्धियों और एक सेन्टर टैप ट्रांसफॉर्मर का उपयोग करने वाला एक पूर्ण तरंग दिष्टकारी है। उपयोग किए गए सभी p-n सन्धि समान और आदर्श हैं। अर्द्ध-तरंग और पूर्ण तरंग दिष्टकारी में दिष्टकरण क्षमताओं का अनुपात है

(a) $1:\sqrt{2}$ (b) $\sqrt{2}:1$ (c) $1:2$ (d) $2:1$

5 क्रिस्टल में अन्य आयनों के साथ इसके आकर्षण के कारण प्रत्येक आयन की न्यूनतम स्थितिज ऊर्जा होती है, जहाँ, (r_0 = धनात्मक और ऋणात्मक आयनों का साम्य पृथक्करण)

(a) $U_0 = \frac{-\alpha e^2}{4\pi\varepsilon_0 r_0}$ (b) $U_0 = \frac{-\alpha e^2}{4\pi\varepsilon_0 r_0 m}$

(c) $U_0 = \frac{-\alpha e^2}{4\pi\varepsilon_0 r_0 m^2}$ (d) $U_0 = \frac{-\alpha e^2}{4\pi\varepsilon_0 r_0}\left(1-\frac{1}{m}\right)$

6 एक विशिष्ट डायोड अभिलाक्षणिक वक्र A को तापमान T_2(K) पर खींचा गया है।

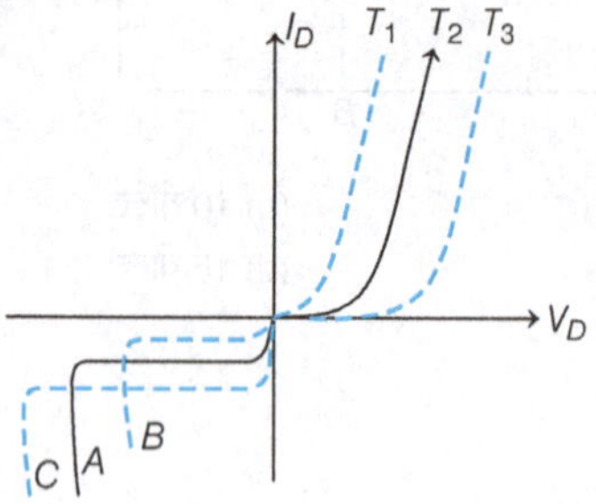

माना वक्र B तथा C को ताप T_3 तथा T_1 (समान व्यवस्था एवं समान डायोड के लिए) पर खींचा गया है तो T_1, T_2 और T_3 के बीच विभव सम्बन्ध क्या होगा ?

(a) $T_1 > T_2 > T_3$

(b) $T_1 < T_2 < T_3$

(c) $T_2 = \frac{T_1 + T_3}{2}$

(d) $T_1 = T_2 = T_3$

7 जब सन्धि पर कोई बैटरी जुड़ी नहीं होती है तो चित्रानुसार एक p-n सन्धि पर विभव अवरोध V_0 है,

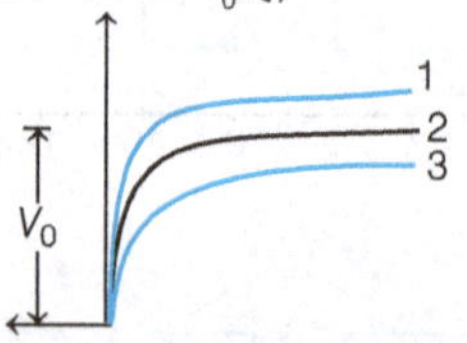

(a) 1 और 3 दोनों अग्र अभिनति सन्धि के संगत हैं

(b) 3 अग्र अभिनति सन्धि के संगत है और 1 पश्च अभिनति सन्धि के संगत है

(c) 1 अग्र अभिनत के संगत है और 3 पश्च अभिनति के संगत है

(d) 3 और 1 दोनों सन्धि के पश्च अभिनति के संगत हैं

8 निम्नलिखित परिपथों में, p-n सन्धि डायोड D_1, D_2 तथा D_3 निम्नलिखित विभव A तथा B के लिए आदर्श हैं। A तथा B के बीच प्रतिरोध का सही बढ़ता क्रम होगा

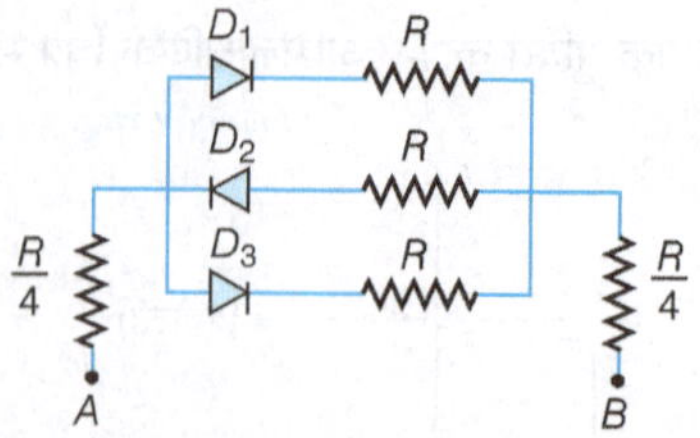

(i) – 10 वोल्ट, – 5 वोल्ट

(ii) – 5 वोल्ट, – 10 वोल्ट

(iii) – 4 वोल्ट, – 12 वोल्ट

(a) (i) < (ii) < (iii) (b) (iii) < (ii) < (i)

(c) (iii) = (ii) < (i) (d) (i) = (iii) < (ii)

9 दो लॉजिक परिपथ समतुल्य होते हैं जब वे समान इनपुट के लिए समान आउटपुट उत्पन्न करते हैं। अब, आपको निम्नलिखित परिपथ दिया गया है।

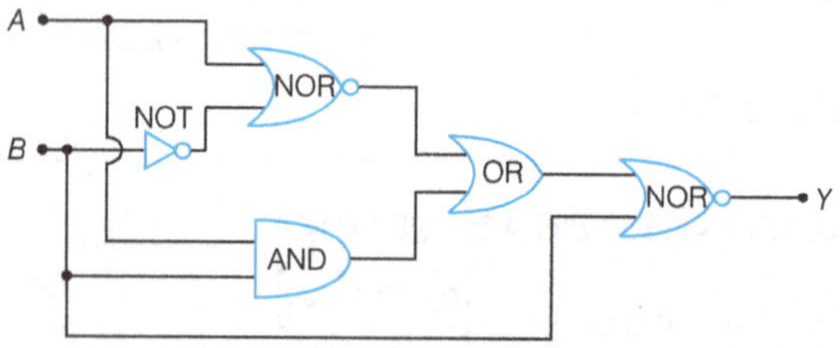

यह परिपथ निम्न में से किसके तुल्य होगा?

(a) 

(b) 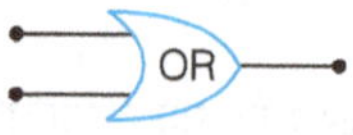

(c) 

(d) 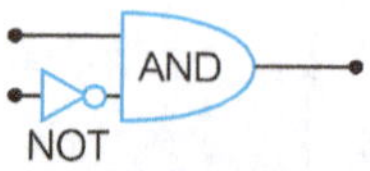

10 दिए गए लॉजिक परिपथ के लिए इनमें से कौन-सा सही है?

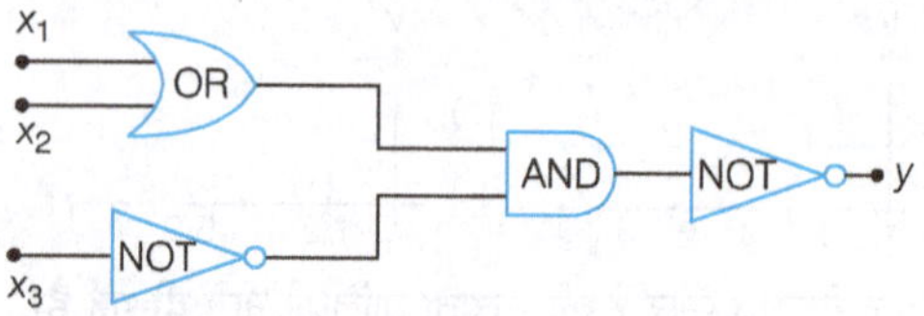

(a) $x_1 = x_3 = 0$ और $x_2 = 1$ के लिए $y = 0$

(b) $x_1 = x_2 = x_3 = 0$ के लिए $y = 0$

(c) $x_1 = x_2 = x_3 = 1$ के लिए $y = 1$

(d) $x_1 = x_2 = 1$ और $x_3 = 0$ के लिए $y = 1$

प्रश्न कुंजी

शीर्षकवार प्रश्न

1 (d)	2 (a)	3 (b)	4 (b)	5 (c)	6 (d)	7 (c)	8 (b)	9 (b)	10 (a)
11 (c)	12 (d)	13 (d)	14 (d)	15 (c)	16 (c)	17 (c)	18 (a)	19 (a)	20 (a)
21 (a)	22 (a)	23 (c)	24 (b)	25 (b)	26 (b)	27 (c)	28 (c)	29 (a)	30 (a)
31 (b)	32 (b)	33 (d)	34 (a)	35 (d)	36 (d)	37 (a)	38 (a)	39 (d)	40 (b)
41 (d)	42 (d)	43 (a)	44 (c)	45 (d)	46 (a)	47 (d)	48 (d)	49 (b)	50 (c)
51 (d)	52 (c)	53 (d)	54 (d)	55 (d)	56 (d)	57 (d)	58 (c)	59 (a)	60 (c)
61 (d)	62 (b)	63 (a)	64 (b)						

अभिकथन-कारण प्रश्न

1 (c)	2 (a)	3 (a)	4 (a)	5 (b)	6 (b)	7 (a)	8 (b)	9 (b)	10 (a)

कथन आधारित प्रश्न

1 (c)	2 (a)	3 (c)	4 (c)	5 (b)	6 (c)	7 (c)	8 (d)

सुमेलन प्रकार प्रश्न

1 (a)	2 (d)	3 (d)

आंकिक मान प्रकार के प्रश्न

1 (7)	2 (5)	3 (2)	4 (4)	5 (50)	6 (49)	7 (250)	8 (654)	9 (1)	10 (1)

NCERT Exemplar प्रश्न

1 (c)	2 (c)	3 (b)	4 (d)	5 (b)	6 (b)	7 (b)

विगत परीक्षाओं के प्रश्न

1 (c)	2 (d)	3 (b)	4 (c)	5 (c)	6 (d)	7 (a)	8 (a)	9 (d)	10 (a)
11 (d)	12 (a)	13 (b)							

स्किल बूस्टर्स

1 (c)	2 (c)	3 (a)	4 (c)	5 (d)	6 (a)	7 (b)	8 (c)	9 (a)	10 (a)

क्रमवार

प्रश्नों का विश्लेषण

कॉन्सेप्ट बिल्डर्स

1 एल्युमीनियम	2 सत्य
3 सत्य	4 विसरण
5 4	6 सत्य
7 असत्य	8 अनंत
9 सत्य	10 असत्य
11 ऊर्जा अन्तराल	12 सत्य
13 कोटर	14 निम्न
15 सत्य	16 अपवाह
17 घटता	18 कम
19 लॉजिक गेट	20 सत्य

शीर्षकवार प्रश्न

1 *(d)* निर्वात् नली जैसे वैक्यूम डायोड में इलेक्ट्रॉनों को गर्म कैथोड द्वारा आपूर्ति की जाती है और वैक्यूम में इन इलेक्ट्रॉनों का नियन्त्रित प्रवाह इसके विभिन्न इलेक्ट्रोडों के बीच वोल्टेज को बदलकर प्राप्त किया जाता है। अन्तर-इलेक्ट्रोड स्पेस में वैक्यूम की आवश्यकता होती है ; अन्यथा गतिमान इलेक्ट्रॉन अपने मार्ग में वायु के अणुओं से टकराने पर अपनी ऊर्जा खो सकते हैं।

4 *(b)* विकल्प (b) में दिया गया कथन गलत है और इसे इस प्रकार सुधारा जा सकता है, कैथोड रे ट्यूब का उपयोग टेलीविजन और कम्प्यूटर में किया जाता है।
वैक्यूम ट्यूब के सिद्धान्त पर काम करने वाले मॉनिटरों को ठोस अवस्था इलेक्ट्रॉनिक्स का समर्थन करने वाले लिक्विड क्रिस्टल डिस्प्ले (LCD) मॉनिटरों द्वारा प्रतिस्थापित किया जा रहा है। शेष अन्य कथन सत्य हैं।

5 *(c)* संयोजी बैण्ड में इलेक्ट्रॉन, चालन बैण्ड तथा संयोजी बैण्ड के बीच के अन्तर को पार करने के लिए बाह्य ऊर्जा प्राप्त कर लेते हैं। इस प्रकार, ये इलेक्ट्रॉन, चालन बैण्ड में चले जाते हैं। साथ ही, ये संयोजी बैण्ड में रिक्त ऊर्जा स्तर बनाते हैं जहाँ अन्य संयोजी इलेक्ट्रॉन गति कर सकते हैं।
इस प्रकार, यह प्रक्रिया चालन बैण्ड में इलेक्ट्रॉनों के साथ-साथ संयोजक बैण्ड में रिक्तियों के कारण चालन की सम्भावना पैदा करती है।

7 *(c)* यदि सोडियम प्रकाश के एक फोटॉन की ऊर्जा अर्द्धचालक के बैण्ड अन्तराल के बराबर है, तो $E = E_g = \frac{hc}{\lambda}$

सोडियम प्रकाश की तरंगदैर्ध्य,

$$\lambda = 580 \text{ न्यूटन-मी} = 580 \times 10^{-9} \text{ मी}$$

$$\Rightarrow E_g = \frac{6.6 \times 10^{-34} \times 3 \times 10^8}{580 \times 10^{-9}} \text{ जूल}$$

$$= \frac{6.6 \times 10^{-34} \times 3 \times 10^8}{580 \times 10^{-9} \times 1.6 \times 10^{-19}} \text{ इलेक्ट्रॉन-वोल्ट}$$

$$= 2.1 \text{ इलेक्ट्रॉन-वोल्ट}$$

13 *(d)* विकल्प (d) में दिया गया कथन (d) गलत है और इसे इस प्रकार ठीक किया जा सकता है, अर्द्धचालक को मादित करने के लिए, मादक ऐसा होना चाहिए कि यह मूल शुद्ध अर्द्धचालक जालक को विकृत न करे। यह क्रिस्टल में मूल अर्द्धचालक परमाणुओं के केवल कुछ ही भाग को अधिकृत करता है। इसे प्राप्त करने के लिए एक आवश्यक शर्त यह है कि मादक और अर्द्धचालक परमाणुओं का आकार लगभग समान होना चाहिए।
शेष अन्य सभी कथन सही हैं।

14 *(d)* बाह्य अर्द्धचालक में मादकों की सान्द्रता सामान्यतः 1 से 10 ppm (प्रति मिलियन भाग) होती है, इसलिए अशुद्ध परमाणुओं से शुद्ध अर्द्धचालक परमाणु का अनुपात निम्न प्रकार है

$$\frac{1}{10^7} \approx 10^{-7}$$

15 *(c)* एक बाह्य अर्द्धचालक में, मादन के कारण, दाता अशुद्धता E_d और ग्राही अशुद्धता E_a के कारण ऊर्जा अवस्थाएँ भी विद्यमान होती हैं जो कमरे के तापमान पर चालन को सुगम बनाती हैं। हालाँकि, चालन और संयोजी बैण्ड के बीच ऊर्जा अन्तराल समान रहता है (Ge के लिए लगभग 0.72 इलेक्ट्रॉन-वोल्ट और Si के लिए 1.1 इलेक्ट्रॉन-वोल्ट)।

17 *(c)* मादक परमाणुओं द्वारा चालन के लिए उपलब्ध कराए गए इलेक्ट्रॉनों की संख्या मादन स्तर पर प्रबल रूप निर्भर करती है और परिवेश के तापमान में किसी भी वृद्धि से स्वतन्त्र होती है। हालाँकि, अर्द्धचालक परमाणु में उत्पन्न मुक्त इलेक्ट्रॉनों की संख्या तापमान के साथ दुर्बल रूप से बढ़ती है।

20 *(a)* बाह्य अर्द्धचालक के लिए, $n_i^2 = n_e n_h$
यहाँ, नैज इलेक्ट्रॉन कोटर युग्मों की संख्या,

$$n_i = 10^{19} \text{ प्रति मी}^3$$

Al की ग्राही परमाणु की संख्या

$$\approx \text{कोटरों की संख्या},$$

$$n_h = 10^{21} \text{ प्रति मी}^3$$

$$\Rightarrow (10^{19})^2 = n_e (10)^{21}$$

$$\Rightarrow n_e = \frac{10^{38}}{10^{21}} = 10^{17} \text{ प्रति मी}^3$$

21 *(a)* ऊष्मीय रूप से उत्पन्न इलेक्ट्रॉन ($n_i \sim 10^{16}$ मी$^{-3}$) मादन द्वारा उत्पादित इलेक्ट्रॉनों की तुलना में नगण्य रूप से अत्यधिक होते हैं।
इसलिए, $n_e \approx N_D$
दिया गया है, परमाणुओं की कुल संख्या

$$= 5 \times 10^{28} \text{ प्रति मी}^3$$

$$n_i = 1.5 \times 10^{16} \text{ प्रति मी}^3$$

प्रत्येक 10^6 परमाणुओं के लिए, केवल एक परमाणु मादित किया जाता है। 1 As का योगदान केवल $1e^-$ है

$$n_e = 5 \times 10^{28} / 10^6$$

$$= 5 \times 10^{22}$$

$$n_e n_h = n_i^2$$

कोटरों की संख्या

$$n_h = \frac{n_i^2}{n_e} = \frac{(1.5 \times 10^{16})^2}{5 \times 10^{22}}$$

$$= \frac{2.25 \times 10^{32}}{5 \times 10^{22}}$$

$$= 4.5 \times 10^9 \text{ प्रति मी}^3$$

22 *(a)* दिया गया है, $N = 5 \times 10^{28}$ परमाणु/मी^{3},
इण्डियम के ग्राही परमाणु की संख्या,

$$N_A = 5 \times 10^{20} \text{ प्रति मी}^3$$

$$= 0.05 \times 10^{22} \text{ परमाणु/मी}^3$$

आर्सेनिक के दाता परमाणुओं की संख्या,

$$N_D = 5 \times 10^{22} \text{ परमाणु/मी}^3$$

$$n_i = 1.5 \times 10^{16} \text{ प्रति मी}^3$$

$$\Rightarrow N_D - N_A = n_e - n_h \text{ और } n_e n_h = n_i^2$$

$$\therefore N_D - N_A = n_e - \frac{n_i^2}{n_e}$$

$\Rightarrow \quad n_e^2-(N_D-N_A)n_e-n_i^2=0$

$\Rightarrow n_e=\dfrac{(N_D-N_A)\pm\sqrt{(N_D-N_A)^2+4n_i^2}}{2}$

उपरोक्त समीकरण में दिए गए मानों को प्रतिस्थापित करने पर,

$n_e = 4.95\times10^{22}$ प्रति मी^{3}

$\therefore n_h=\dfrac{n_i^2}{n_e}=\dfrac{(1.5\times10^{16})^2}{4.95\times10^{22}}=4.54\times10^9$ मी^{3}

∴ इलेक्ट्रॉनों (n_e) और कोटरों की संख्या (n_h) क्रमशः 4.54×10^9/मी^{3} और 4.95×10^{22}/मी^{3} हैं।

नोट ध्यान दें कि मादन स्तर $\dfrac{10^{22}}{10^{28}}=10^{-6}$ ppm *लगभग है।*

23 ***(c)*** p-n सन्धि में, n-क्षेत्र से इलेक्ट्रॉनों की हानि और p-क्षेत्र द्वारा इलेक्ट्रॉनों के लाभ के कारण दोनों क्षेत्रों की सन्धि पर विभव में अन्तर उत्पन्न होता है।

इस विभव की ध्रुवता ऐसी है कि यह वाहकों के आगे प्रवाह का विरोध करती है, ताकि सन्तुलन की स्थिति बनी रहे। चूँकि, n-भाग ने इलेक्ट्रॉन खो दिए हैं और p-भाग ने इलेक्ट्रॉन प्राप्त कर लिए हैं। इसलिए, n-भाग का विभव उस p-भाग के लिए धनात्मक है।

24 ***(b)*** एक p-n सन्धि में, जब कोई बाहरी वोल्टेज आरोपित नहीं होता है, तो सन्धि के एक्रॉस एक अन्तर्निहित विद्युत क्षेत्र बनता है। यह विद्युत क्षेत्र n-प्रकार क्षेत्र से p-प्रकार क्षेत्र की ओर इंगित करता है, जो आवेश वाहकों के प्रवाह के लिए अवरोध पैदा करता है और जिसके परिणामस्वरूप अवक्षय क्षेत्र बनता है।

27 ***(c)*** एक बायसित p-n सन्धि में, सन्धि पर आवेश वाहकों का विसरण उच्च सान्द्रता से निम्न सान्द्रता की ओर होता है।

30 ***(a)*** डायोड D_1 और D_3 अग्र अभिनत हैं और D_2 पश्च अभिनति में है, इसलिए परिपथ को निम्न प्रकार से पुनः बनाया जा सकता है।

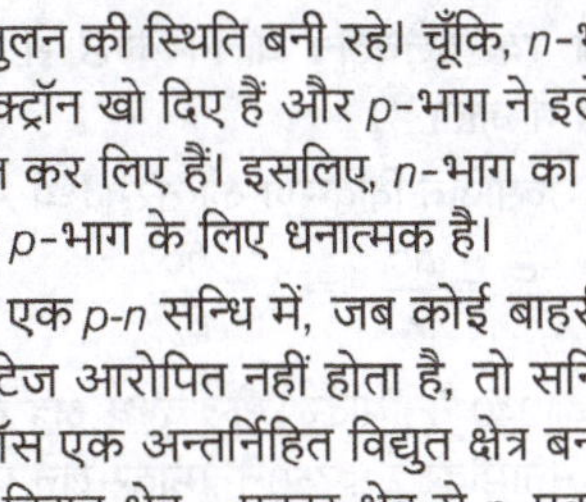

चूँकि i न्यूनतम प्रतिरोधक पथ का अनुसरण करता है

$\Rightarrow \quad i=\dfrac{E}{R}$

31 ***(b)*** D_1 और D_4 अग्र अभिनति में तथा D_2 और D_3 पश्च अभिनति में है। D_1 और D_4 के चालक पथ में

$i=\dfrac{E}{R_{D_1}+R_{50}+R_{D_4}}=\dfrac{5}{0+50+0}=0.1$ A

32 ***(b)*** जब p-n सन्धि अग्र अभिनति में होती है तो आरोपित वोल्टेज की दिशा अन्तर्निहित वोल्टेज (V_0) (विभव अवरोध) की विपरीत दिशा में होती है जिसके परिणामस्वरूप अवक्षय परत की चौड़ाई घटती है तथा अवरोध की ऊँचाई कम हो जाती है। अतः अग्र अभिनति में प्रभावी अवरोधक ऊँचाई V_0-V है।

33 ***(d)*** अल्पसंख्यक विसरण प्रक्रिया में, अग्र अभिनति की स्थिति में आरोपित वोल्टेज के कारण, n-भाग से इलेक्ट्रॉन अवक्षय क्षेत्र को पार करते हैं और p-भाग पर पहुँचते हैं (जहाँ वे अल्पसंख्यक हैं)। इसी प्रकार p-भाग से कोटर सन्धि को पार करते हैं और n-भाग पर पहुँचते हैं (जहाँ वे अल्पसंख्यक वाहक हैं)।

34 ***(a)*** पश्च अभिनत p-n सन्धि डायोड में, धारा आरोपित वोल्टेज पर बहुत अधिक निर्भर नहीं होती है, यहाँ तक कि एक छोटा वोल्टेज भी सन्धि के एक ओर से दूसरी ओर अल्पसंख्यक आवेश वाहकों की गति करने के लिए पर्याप्त होता है।

∴ आरोपित वोल्टेज द्वारा धारा सीमित नहीं होती है। बल्कि यह सन्धि के दोनों ओर अल्पसंख्यक आवेश वाहक की सान्द्रता के कारण सीमित होती है।

35 ***(d)*** पश्च अभिनति p-n सन्धि डायोड में, पश्च अभिनति के कारण अल्पसंख्यक आवेश वाहक त्वरित हो जाएँगे, जो परमाणुओं से टकराने पर आयनीकरण का कारण बनते हैं जिसके परिणामस्वरूप द्वितीयक इलेक्ट्रॉन बनते हैं। इससे आवेश वाहकों की संख्या बढ़ जाती है।

इस प्रकार, जब मादन सान्द्रता बड़ी होती है, तो अवक्षय परत में बड़ी संख्या में आयन होंगे, जो एक प्रबल विद्युत क्षेत्र का निर्माण करते हैं।

37 ***(a)*** पश्च अभिनति के अन्तर्गत धारा अनिवार्य रूप से क्रान्तिक पश्च अभिनति वोल्टेज तक वोल्टेज से स्वतन्त्र होती है, जिसे ब्रेकडाउन वोल्टेज (V_{br}) के रूप में जाना जाता है। जब $V=V_{br}$, तब डायोड पश्च धारा n से p-भाग तक तेजी से बढ़ती है।

अभिनति वोल्टेज में आंशिक वृद्धि भी धारा में बड़ा परिवर्तन लाती है। यदि पश्च धारा को बाह्य परिपथ द्वारा सीमित नहीं किया जाता है, तो p-n सन्धि ओवरहीटिंग के कारण नष्ट हो जाएगी।

40 ***(b)*** गतिशील प्रतिरोध,

$r_d=\dfrac{\Delta V}{\Delta I}$

यहाँ,

$\Delta V = 0.70$ वोल्ट $-$ 0.65 वोल्ट $= 0.05$ वोल्ट

$\Delta I = 5$ मिलीऐम्पियर $= 5\times10^{-3}$ ऐम्पियर

$\therefore \quad r_d=\dfrac{0.05}{5\times10^{-3}}=10\,\Omega$

41 ***(d)*** ग्राफ से $I=20$ मिलीऐम्पियर पर, $V=0.8$ वोल्ट तथा $I=10$ माइक्रोऐम्पियर पर, $V=0.7$ वोल्ट है

$r_{FB}=\dfrac{\Delta V}{\Delta I}=\dfrac{0.8-0.7}{20-10}$

$=\dfrac{0.1 \text{ वोल्ट}}{10 \text{ माइक्रोऐम्पियर}}=\dfrac{0.1 \text{ वोल्ट}}{10\times10^{-3} \text{ ऐम्पियर}}$

तथा $V=-10$ वोल्ट, पर $I=-1$ माइक्रोऐम्पियर

$r_{RB}=\dfrac{10 \text{ वोल्ट}}{1 \text{ माइक्रोऐम्पियर}}=\dfrac{10 \text{ वोल्ट}}{1\times10^{-6} \text{ ऐम्पियर}}$

$=1\times10^7\,\Omega$

$\therefore$ अनुपात $=\dfrac{r_{FB}}{r_{RB}}=\dfrac{10}{10^7}=10^{-6}$

42 ***(d)*** चूँकि दोनों डायोड पश्च अभिनति में हैं, इसलिए दिया गया परिपथ चित्र में दिखाए गए परिपथ के समतुल्य है।

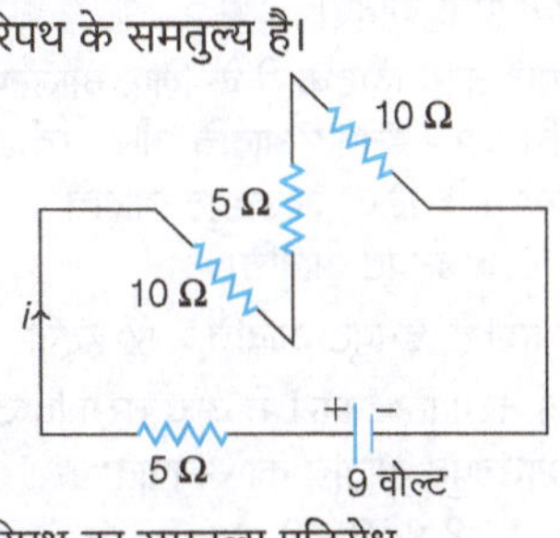

परिपथ का समतुल्य प्रतिरोध,

$R = 5+10+5+10 = 30\Omega$

$\therefore$ परिपथ धारा, $I=\dfrac{V}{R}=\dfrac{9}{30}=0.3$ ऐम्पियर

43 ***(a)*** परिपथ में धारा,

$I=\dfrac{P}{V_d}=\dfrac{100\times10^{-3}}{0.5}$

$=200\times10^{-3}$ ऐम्पियर

$=200$ मिली-ऐम्पियर

प्रतिरोध पर वोल्टेज R,

$$V_R = 1.5 - 0.5 = 1.0 \text{ वोल्ट}$$

इस प्रकार, प्रतिरोध,

$$R = \frac{V_R}{I}$$

$$= \frac{1.0}{200 \times 10^{-3}} = 5\,\Omega$$

44 *(c)* $r = \frac{\Delta V}{\Delta I}$

$$= \frac{(0.7 - 0.6) \text{वोल्ट}}{(15 - 5) \text{ मिलीवोल्ट}} = \frac{0.1}{10^{-2}} = 10\Omega$$

45 *(d)* p-n सन्धि डायोड मुख्यतः केवल एक दिशा में धारा के प्रवाह की अनुमति देता है, अर्थात् केवल अग्र अभिनति स्थिति में।

इसके अतिरिक्त, अग्र अभिनति प्रतिरोध पश्च अभिनति प्रतिरोध की तुलना में कम होता है।

इसलिए, यदि डायोड पर प्रत्यावर्ती वोल्टेज लगाया जाता है, तो धारा चक्र के केवल उस भाग में प्रवाहित होती है जिसमें डायोड अग्र बायसित होता है। इस गुण का उपयोग प्रत्यावर्ती वोल्टेज के दिष्टकरण के लिए किया जाता है।

46 *(a)* जैसा कि हम जानते हैं, डायोड की पश्च संतृप्ति धारा नगण्य होती है और व्यावहारिक उद्देश्यों के लिए इसे शून्य के बराबर माना जा सकता है।

इस प्रकार, डायोड को पश्च ब्रेकडाउन से बचाने के लिए, दिष्टकारी परिपथ में डायोड का पश्च ब्रेकडाउन वोल्टेज, ट्रान्सफॉर्मर की द्वितीय कुण्डली पर AC वोल्टेज से पर्याप्त रूप से अधिक होना चाहिए।

49 *(b)* पूर्ण तरंग दिष्टकारी के लिए, आउटपुट आवृत्ति $= 2 \times$ इनपुट आवृत्ति और अर्द्ध तरंग दिष्टकारी के लिए, आउटपुट आवृत्ति

= इनपुट आवृत्ति।

दिया गया है, इनपुट आवृत्ति = 50 हर्ट्ज

∴ पूर्ण तरंग दिष्टकारी से अर्द्ध तरंग दिष्टकारी की आउटपुट आवृत्ति का अनुपात

$$= \frac{2 \times 50}{50} = \frac{2}{1}$$

50 *(c)* यदि पूर्ण तरंग दिष्टीकरण के लिए एक सेन्टर टैप ट्रांसफॉर्मर को 2 डायोड के साथ उपयोग किया जाता है, तो प्रत्येक डायोड के सम्बन्ध में दिष्टकारी का आउटपुट वोल्टेज ट्रांसफॉर्मर के द्वितीयक वोल्टेज का $(1/2) \times$ होता है।

51 *(d)* सन्धारित्र AC उर्मिका को फिल्टर करने और शुद्ध DC वोल्टेज देने या DC प्राप्त करने के लिए AC घटक को बायपास (Bypass) करने में मदद करता है।

इसे नीचे दी गई तरंग रूप से देखा जा सकता है।

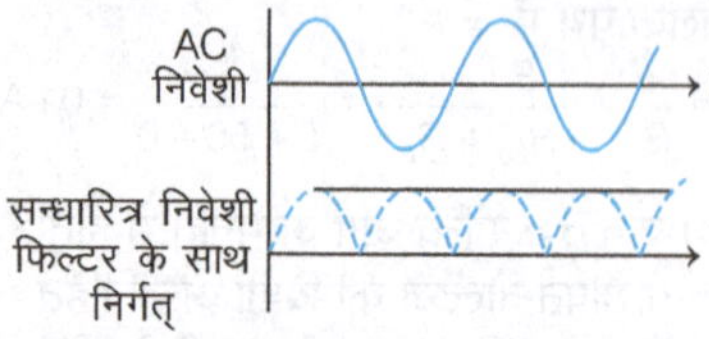

52 *(c)* सन्धारित्र C को फिल्टर के रूप में लेकर पूर्ण तरंग दिष्टकारी परिपथ के लिए, सन्धारित्र में वोल्टेज के ह्रास की दर, धारिता C तथा परिपथ में प्रयुक्त प्रभावी प्रतिरोध R_L के गुणनफल पर व्युत्क्रमानुपाती रूप से निर्भर करती है।

53 *(d)* जब पश्च अभिनति वोल्टेज $V = V_Z$ होता है, तो विद्युत क्षेत्र की सामर्थ्य होस्ट परमाणुओं से p-भाग से संयोजी इलेक्ट्रॉनों को खींचने के लिए पर्याप्त होती है जो n-भाग की ओर त्वरित होते हैं। ये इलेक्ट्रॉन ब्रेकडाउन पर देखी गई उच्च धारा के लिए उत्तरदायी होते हैं। इस प्रकार, उच्च विद्युत क्षेत्र के होस्ट परमाणुओं से इलेक्ट्रॉनों का उत्सर्जन आन्तरिक क्षेत्र उत्सर्जन या क्षेत्र आयनीकरण के रूप में जाना जाता है।

54 *(d)* वोल्टेज रेग्युलेशन प्रक्रिया में आरोपित वोल्टेज में वृद्धि/कमी से जेनर डायोड के एक्रॉस विभव पतन पर कोई प्रभाव नहीं पड़ता है। इस विशेषता को सन्तुष्ट करने के लिए, जेनर डायोड के लिए दिए गए ग्राफ से भाग de इसके संचालन के लिए सबसे उपयुक्त है।

55 *(d)* प्रकाश धारा का परिमाण आपतित प्रकाश की तीव्रता पर निर्भर करता है, क्योंकि प्रकाश धारा आपतित प्रकाश की तीव्रता के समानुपाती होती है। इसलिए, तीव्रता में वृद्धि होने पर, पश्च संतृप्ति धारा भी बढ़ जाती है।

भिन्न-भिन्न प्रकाशिक तीव्रताओं के लिए एक फोटो डायोड के दिए गए $I - V$ अभिलाक्षणिक वक्र के अनुसार तीव्रताओं का क्रम निम्नानुसार है

$$I_4 > I_3 > I_2 > I_1$$

इस प्रकार, अधिकतम प्रकाश तीव्रता I_4 है।

56 *(d)* दिया गया है, $E_g = 2$ इलेक्ट्रॉन वोल्ट

इस ऊर्जा के अनुरूप विकिरण की तरंगदैर्ध्य,

$$\lambda = \frac{hc}{E_g} = \frac{1240 \text{ नैनोमीटर}}{2 \text{ नैनोमीटर}}$$

$$= 620 \text{ नैनोमीटर}$$

$$\text{आवृत्ति, } \nu = \frac{c}{\lambda} = \frac{3 \times 10^8 \text{मी / से}}{620 \times 10^{-9} \text{ मी}}$$

$$= 5 \times 10^{14} \text{ हर्ट्ज}$$

57 *(d)* विकिरण की न्यूनतम आवृत्ति को अवशोषित करने के लिए शर्त नीचे दी गई है।

विकिरण ऊर्जा = ऊर्जा अन्तराल ऊर्जा

$$h\nu = 1.0 \text{ वोल्ट}$$

$$\nu = \frac{1.0 \times 1.6 \times 10^{-19}}{6.6 \times 10^{-34}} \approx 2.42 \times 10^{14} \text{ से}^{-1}$$

आवश्यक तरंगदैर्ध्य

$$\lambda = \frac{c}{\nu} = \frac{3.8 \times 10^8}{2.42 \times 10^{14}}$$

$$= 1.6 \times 10^{-6} \text{ मीटर}$$

58 *(c)* चूँकि, उत्सर्जित विकिरण ऊर्जा = बैण्ड अन्तराल मान

(जब एक इलेक्ट्रॉन चालन बैण्ड से संयोजी बैण्ड में जाता है)

यदि उत्सर्जित विकिरण की तरंगदैर्ध्य λ है, तो

$$E_g = \frac{hc}{\lambda} \Rightarrow \lambda = \frac{hc}{E_g} \quad \ldots\text{(i)}$$

$hc = 1240$ नैनोमीटर और दृश्य क्षेत्र के लिए 450 नैनोमीटर $\lambda \le 750$ नैनोमीटर लेने पर, हमें मिलता है

$$450 \le \lambda \le 750 \Rightarrow 450 \le \frac{hc}{E_g} \le 750$$

[समीकरण (i) का उपयोग करके]

$$\Rightarrow E_g \le \frac{hc}{450}$$

$$= \frac{1240 \text{ इलेक्ट्रॉन वोल्ट-नैनोमीटर}}{450 \text{ नैनोमीटर}}$$

$$\approx 2.8 \text{ नैनोमीटर}$$

$$\text{तथा } E_g \ge \frac{hc}{750}$$

$$= \frac{1240 \text{ इलेक्ट्रॉन वोल्ट नैनोमीटर}}{750 \text{ नैनोमीटर}}$$

$$\approx 1.7 \text{ इलेक्ट्रॉन वोल्ट}$$

अतः 1.8 इलेक्ट्रॉन वोल्ट $\le E_g \le 3$ इलेक्ट्रॉन वोल्ट

59 *(a)* प्रश्न में एक सौर सेल के *V-I* अभिलक्षण को दर्शाया गया है, जहाँ *A* खुले परिपथ वोल्टेज को दर्शाता है और *B* लघु परिपथ धारा को दर्शाता है।
∴ विकल्प (a) में दिया गया कथन सही है लेकिन शेष गलत हैं।

60 *(c)* हम परिपथ पर मध्यवर्ती आउटपुट दिखा रहे हैं जैसा कि नीचे दिया गया है।

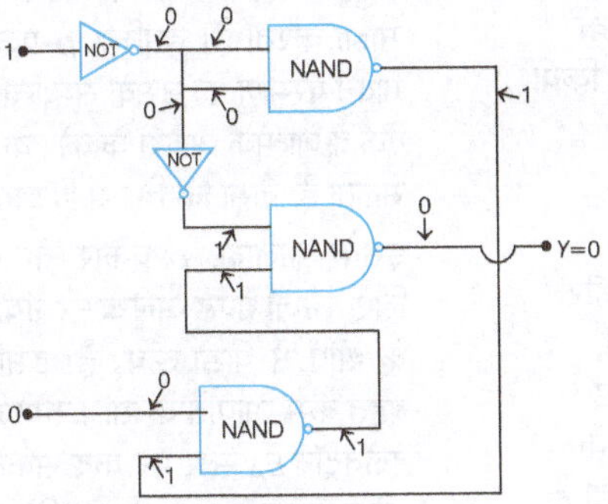

दिए गए इनपुट पर उपरोक्त परिपथ का आउटपुट शून्य है। आउटपुट की गणना करने के लिए, हम NAND और NOT गेट्स की सत्य तालिकाओं का उपयोग करते हैं।

NAND गेट

A	B	Y
0	0	1
1	0	1
0	1	1
1	1	0

NOT गेट

$Y_{इन}$	$Y_{आउट}$
0	1
1	0

61 *(d)*

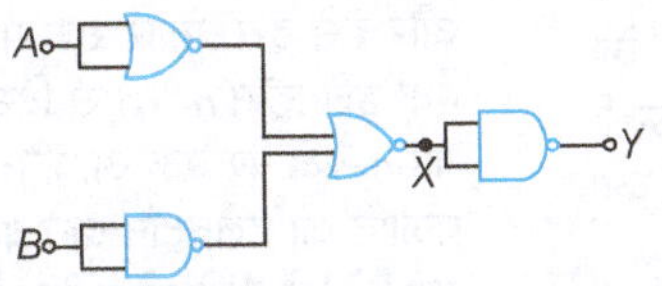

$$Y = \overline{X} = \overline{\overline{\overline{A}+\overline{B}}} = \overline{\overline{\overline{A}}\cdot\overline{\overline{B}}} = \overline{AB}$$

62 *(b)*

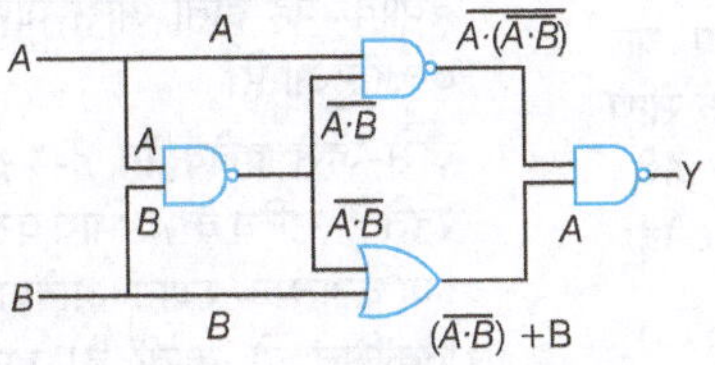

$$Y = \overline{\overline{A\cdot\overline{(A\cdot B)}}\cdot\overline{(\overline{A\cdot B}+B)}} = \overline{\overline{A\cdot\overline{AB}}} + \overline{\overline{\overline{AB}}+B}$$

$$= A\cdot\overline{AB} + \overline{\overline{AB}}\cdot\overline{B} = A(\overline{A}+\overline{B}) + AB\cdot\overline{B}$$

$$= A\overline{A} + A\overline{B} + AB\cdot\overline{B} = A\overline{B}$$

63 *(a)* दिए गए परिपथ को इस प्रकार दिखाया जा सकता है

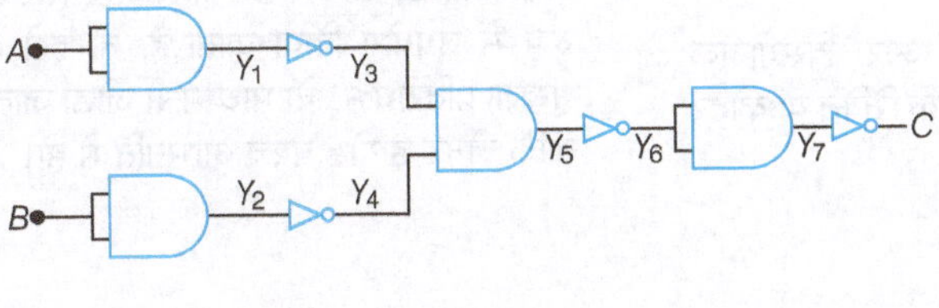

दिए गए परिपथ के लिए सत्य तालिका है

A	B	Y_1	Y_2	Y_3	Y_4	Y_5	Y_6	Y_7	C
0	0	0	0	1	1	1	0	0	1
0	1	0	1	1	0	0	1	1	0
1	0	1	0	0	1	0	1	1	0
1	1	1	1	0	0	0	1	1	0

दिए गए परिपथ का आउटपुट NOR गेट के आउटपुट के समान है। इस प्रकार, यह NOR गेट है।

64 *(b)* प्रश्न में दिए गए परिपथ में LED तब चमकेगी जब इसमें से धारा प्रवाहित होगी, अर्थात् जब इसके आर-पार वोल्टेज अधिक होगा।
∴ इस परिपथ आरेख से सत्य तालिका बनाई जा सकती है

A	B	Y
0	0	1
0	1	1
1	0	1
1	1	0

आउटपुट Y वही है जो NAND गेट के लिए आता है।
इस प्रकार, दिए गए परिपथ आरेख द्वारा दर्शाया गया सही बूलियन ऑपरेशन NAND गेट द्वारा तैयार किया गया है।

अभिकथन-कारण प्रश्न

1 *(c)* मुक्त इलेक्ट्रॉन पूरी तरह से चालन इलेक्ट्रॉन के रूप में गति करते हैं और एक आरोपित विद्युत क्षेत्र के अन्तर्गत एक इलेक्ट्रॉन धारा I_e को निर्मित करते हैं। विद्युत क्षेत्र की क्रिया के तहत कोटर ऋणात्मक विभव की ओर गति करते हैं जिससे कोटर धारा I_h प्राप्त होती है।
कुल धारा *I* इलेक्ट्रॉन धारा I_e और कोटर धारा I_h का योग होती है,

$$I = I_e + I_h$$

2 *(a)* जैसे-जैसे तापमान बढ़ता है, अधिक इलेक्ट्रॉन-कोटर युग्म बनते हैं, जिससे आवेश वाहकों की संख्या में वृद्धि होती है। इससे अर्द्धचालक की चालकता बढ़ जाती है।
नैज अर्द्धचालकों के तापमान में वृद्धि होने से चालन इलक्ट्रॉनों तथा होल्स की संख्या बढ़ जाती है।

3 *(a)* नैज अर्द्धचालकों में, संयोजी बैण्ड में इलेक्ट्रॉनों को पर्याप्त ऊर्जा की आवश्यकता होती है जिससे वह ऊर्जा अन्तराल को पार करके चालक बैण्ड में जा सके।
ऊष्मीय उत्तेजना के माध्यम से यह ऊर्जा अधिग्रहण की जाती है जो ऊर्जा अन्तराल बढ़ने के साथ तेजी से घटता है।
इस प्रकार, इलेक्ट्रॉनों के संयोजी बैण्ड से चालन बैण्ड में संक्रमण की सम्भावना कम हो जाती है।

4 *(a)* n-प्रकार के अर्द्धचालक में इलेक्ट्रॉनों की संख्या में वृद्धि होने के कारण कोटरों के पुनर्संयोजन की दर बढ़ जाती है, जिसके परिणामस्वरूप कोटरों की संख्या में कमी आती है।

5 *(b)* अपवाह के दौरान, आवेश वाहक तुरन्त गति करते हैं, यह गति सन्धि पर लगाए गए विद्युत क्षेत्र के कारण होती है। आवेश वाहकों का यह अवमन्दन सन्धि तल पर सान्द्रता प्रवणता को कम करता है।

6 *(b)* प्रारम्भ में, एक p-n सन्धि में विसरण धारा उच्च होती है और अवमन्दन धारा छोटी होती है। जैसे-जैसे विसरण प्रक्रिया जारी रहती है, सन्धि के दोनों ओर आवेश क्षेत्र फैलते जाते हैं। इस प्रकार, इससे विद्युत क्षेत्र की क्षमता बढ़ जाती है और इसलिए अपवाह धारा भी बढ़ जाती है।

यह प्रक्रिया तब तक जारी रहती है जब तक विसरण धारा अपवाह धारा के बराबर नहीं हो जाती। इस प्रकार, एक p-n सन्धि बनती है।

$\therefore$ सन्तुलन के अन्तर्गत p-n सन्धि में कोई शुद्ध धारा नहीं होती है, क्योंकि अपवाह धारा, विसरण धारा के विपरीत होती है।

7 *(a)* चूँकि अवक्षय परत का प्रतिरोध बड़ा है, इसलिए विभव पतन मुख्य रूप से अवक्षय परत में होता है।

इसलिए, आरोपित वोल्टेज का अधिकांश पतन अवक्षय क्षेत्र में होता है और सन्धि के p-भाग और n-भाग में वोल्टेज पतन नगण्य है।

8 *(b)* p-n सन्धि का p-भाग + 9 वोल्ट के उच्च विभव पर है तथा n-भाग + 3 वोल्ट के निम्न विभव पर है, इसलिए p-n सन्धि अग्र बायसित है। आदर्श p-n सन्धि डायोड के लिए अग्र अभिनति में प्रतिरोध शून्य होता है।

$$I = \frac{V}{R} = \frac{9-3}{300\Omega}$$

$$I = \frac{6}{3\times10^2} \text{ ऐम्पियर}$$

$$I = 2\times10^{-2} \text{ ऐम्पियर}$$

$$I = 20 \text{ मिलीऐम्पियर}$$

9 *(b)* वाहक के अपवाह से अपवाह धारा उत्पन्न होती है, जो कुछ माइक्रोऐम्पियर के क्रम की होती है। यह काफी कम है, क्योंकि यह सन्धि के एक्रॉस वाहकों की अल्पसंख्यक पक्ष से बहुसंख्यक पक्ष की ओर गति के कारण होता है। यह अपवाह धारा अग्र बायस के अन्तर्गत भी होती है, लेकिन इंजेक्ट किए गए वाहकों के कारण धारा की तुलना में यह नगण्य (~ माइक्रोऐम्पियर) होती है, जो आमतौर पर मिलीऐम्पियर में होती है। फोटो डायोड को अधिकांशतः पश्च अभिनति में उपयोग किया जाता है।

कथन आधारित प्रश्न

1 *(c)* कथन II सही है लेकिन I गलत है और इसे इस प्रकार ठीक किया जा सकता है, धातुओं/चालकों में, हालाँकि चालन बैण्ड आंशिक रूप से भरा होता है लेकिन चूँकि संयोजी बैण्ड आंशिक रूप से रिक्त होता है, इसलिए इसके निचले स्तर से इलेक्ट्रॉन उच्च स्तर पर जा सकते हैं जिससे चालन सम्भव हो जाता है।

2 *(a)* कथन I और II गलत हैं और इन्हें निम्न प्रकार सही किया जा सकता है : मादन परमाणुओं द्वारा चालन के लिए उपलब्ध कराए गए इलेक्ट्रॉनों की संख्या मादन स्तर पर प्रबलता से निर्भर करती है और परिवेश के तापमान में किसी भी वृद्धि से स्वतन्त्र होती है। उचित मादन स्तर के साथ, चालन इलेक्ट्रॉनों की संख्या कोटरों की संख्या से कहीं अधिक बनाई जा सकती है।

नैज अर्द्धचालकों में चालकता इलेक्ट्रॉनों के उत्तेजित होने के कारण होती है, जब वे ऊर्जा अवशोषित करते हैं और सहसंयोजक बन्धों को तोड़ते हैं।

3 *(c)* p-प्रकार अर्द्धचालक में, मादन में शुद्ध अर्द्धचालक (Si या Ge) की तुलना में एक संयोजक इलेक्ट्रॉन कम होता है। इसलिए, यह परमाणु निकटवर्ती तीन Si परमाणुओं के साथ सहसंयोजक बन्ध बना सकता है लेकिन चौथे Si परमाणु को देने के लिए उसके पास कोई इलेक्ट्रॉन नहीं होता है।

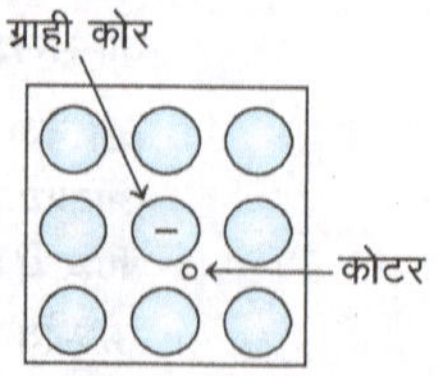

इसलिए, चौथे निकटवर्ती और त्रिसंयोजक परमाणु के बीच के बन्ध में एक रिक्ति या कोटर होता है।

इसलिए, त्रिसंयोजक परमाणु (मादन अशुद्धता) प्रभावी रूप से नकारात्मक रूप से आवेशित हो जाता है जब यह पड़ोसी Si परमाणु (शुद्ध अर्द्धचालक) के साथ चौथा इलेक्ट्रॉन साझा करता है। इसलिए, p-प्रकार की पदार्थ के मादन परमाणु को उसके सम्बन्धित कोटर के साथ एक ऋणात्मक आवेश के कोर के रूप में माना जा सकता है, जैसा कि चित्र में दिखाया गया है।

इसके अलावा, p-प्रकार के अर्द्धचालक के लिए, ऊर्जा बैण्ड आरेख E_A संयोजी बैण्ड के E_V के शीर्ष से थोड़ा ऊपर है। इसलिए, ऊर्जा की बहुत कम आपूर्ति के साथ संयोजी बैण्ड से एक इलेक्ट्रॉन E_A स्तर पर कूद सकता है और ग्राही को ऋणात्मक रूप से आयनित कर सकता है। इसलिए, कथन II सही है लेकिन I गलत है।

4 *(c)* कथन I गलत है और कथन II सही है। p-प्रकार के अर्द्धचालक पर कोई आवेश नहीं होता है, क्योंकि अर्द्धचालक का प्रत्येक परमाणु स्वयं उदासीन होता है।

5 *(b)* कथन I सही है लेकिन कथन II गलत है। सिलिकॉन जर्मेनियम से सस्ता है, इसलिए इसे जर्मेनियम से अधिक पसन्द किया जाता है। लेकिन जर्मेनियम में ऊर्जा अन्तराल सिलिकॉन से कम होता है।

6 *(c)* कथन II सही है लेकिन कथन I गलत है और इसे इस प्रकार सुधारा जा सकता है, जब एक इलेक्ट्रॉन $n \rightarrow p$ से विसरित होता है, तो यह n-पक्ष पर एक आयनित दाता (ऐसी प्रजाति जो इलेक्ट्रॉन दान करके आयन बन गई है) को पीछे छोड़ देता है।

यह आयनित दाता (धनात्मक आवेश) स्थिर है, क्योंकि यह दाता आस-पास के परमाणुओं से बन्धा हुआ है।

जैसे-जैसे इलेक्ट्रॉन $n \rightarrow p$ से विसरित होते रहते हैं, सन्धि के n-भाग पर $\rightarrow$धनात्मक आवेश (या धनात्मक स्थान-आवेश क्षेत्र) की एक परत विकसित हो जाती है। हालाँकि, जब कोटर $p \rightarrow n$ से जाता है, तो यह एक आयनित ग्राही को पीछे छोड़ देता है।

7 *(c)* कथन I गलत है और इसे इस प्रकार सुधारा जा सकता है,

जब जेनर डायोड को DC वोल्टेज रेगुलेटर के रूप में उपयोग किया जाता है, तो इसे एक शृंखला प्रतिरोध R_s के माध्यम से जोड़ा जाता है ताकि जेनर डायोड पश्च अभिनति में हो।

यदि इनपुट वोल्टेज बढ़ता है, तो R_s और जेनर डायोड के माध्यम से धारा भी बढ़ती है। इससे जेनर डायोड के वोल्टेज में कोई बदलाव किए बिना R_s में वोल्टेज पतन बढ़ जाता है। ऐसा इसलिए है, क्योंकि ब्रेकडाउन क्षेत्र में, जेनर वोल्टेज स्थिर रहता है, चाहे जेनर डायोड से होकर गुजरने वाली धारा में परिवर्तन होता है। इसी प्रकार, यदि इनपुट वोल्टेज कम हो जाता है, तो R_s और जेनर डायोड से होकर गुजरने वाली धारा भी कम हो जाती है। जेनर डायोड के एक्रॉस वोल्टेज में किसी भी बदलाव के बिना R_s में वोल्टेज पतन कम हो जाता है।

इस प्रकार, इनपुट वोल्टेज में किसी भी वृद्धि/कमी के परिणामस्वरूप, जेनर डायोड के एक्रॉस वोल्टेज में किसी भी परिवर्तन के बिना R_s में वोल्टेज पतन में वृद्धि/कमी होती है। शेष कथन सही हैं।

सुमेलन प्रकार प्रश्न

2 *(d)*

A. p-प्रकार अर्द्धचालक का निर्माण तब होता है जब त्रिसंयोजक (IIIrd -समूह) मादन का उपयोग किया जाता है।

आन्तरिक + त्रिसंयोजक $\rightarrow p$-प्रकार अर्द्धचालक – अर्द्धचालक मादन (तृतीय समूह)

B. n-प्रकार अर्द्धचालक का निर्माण तब होता है जब पंचसंयोजी (Vth समूह) मादन का उपयोग किया जाता है।

आन्तरिक अर्द्धचालक + पंचसंयोजी मादन (Vth समूह) $\rightarrow n$-प्रकार अर्द्धचालक।

C. नैज अर्द्धचालक शुद्ध अर्द्धचालक है। (कोई मादन नहीं)

D. अपवाह वेग (V_d) = गतिशीलता (μ) × विद्युत क्षेत्र (E)

आंकिक मान प्रकार के प्रश्न

1 *(7)* हम जानते हैं कि, $I = n_e A v_d$

$$\frac{I_e}{I_h} = \frac{n_e (v_d)_e}{n_n (v_d)_h}$$

दिया गया, $\frac{n_e}{n_h} = \frac{K}{4}, \frac{I_e}{I_h} = \frac{9}{4}$

और $\frac{(v_d)_e}{(v_d)_h} = \frac{9}{7}$

इसलिए, $\frac{9}{4} = \frac{K}{4} \times \frac{9}{7}$

$K = 7$

2 *(5)* कोटर या इलेक्ट्रॉन की प्रारम्भिक सान्द्रता $(n_i) = 1.5 \times 10^{16}$ मी$^{-3}$ n_h

मादन के बाद सान्द्रता $= 4.5 \times 10^{22}$ मी$^{-3}$

जैसा कि हम जानते हैं,

$$n_e n_h = (n_i)^2$$

$$n_e = \frac{(n_i)^2}{n_h} = \frac{(1.5 \times 10^{16})^2}{4.5 \times 10^{22}} \text{ मी}^{-3}$$

$$n_e = 5 \times 10^9 \text{ मी}^{-3}$$

मादित सिलिकॉन में नई इलेक्ट्रॉन सान्द्रता 5×10^9 मी$^{-3}$ है

3 *(2)* दिए गए परिपथ में, डायोड D_1 पश्च अभिनति में है जबकि D_2 अग्र अभिनति में है, इसलिए परिपथ को फिर से बनाया जा सकता है जैसा

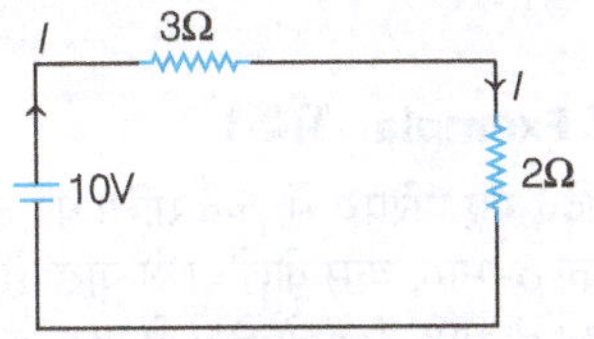

तो, कुल धारा $I = \frac{V_{\text{कुल}}}{R_{\text{कुल}}}$

$$I = \frac{10}{3+2}$$

$\Rightarrow \quad I = 2\text{A}$

4 *(4)* V_B के एक्रॉस वोल्टेज

$$V_B = V_{नी} + IR$$

दिया गया है $V_B = 4.5\text{V}, V_{नी} = 0.5$वोल्ट

और $I = 1$ मिली ऐम्पियर

इसलिए, $4.5 = 0.5 + 1 \times 10^{-3} R$

$$\frac{4.5 - 0.5}{10^{-3}} = R$$

$\Rightarrow \quad R = 4 \times 10^3 \Omega$

5 *(50)* यहाँ, $V = (50 \sin \omega t)$ वोल्ट

मानक समीकरण $(V = V_0 \sin \omega t)$ से इसकी तुलना करने पर,

हम पाते हैं, $V_0 = 50$ वोल्ट

दिया गया है, (लोड प्रतिरोध) $R_L = 850$

(रेक्टिफायर का आन्तरिक प्रतिरोध)

$$r_d = 150\Omega$$

अधिकतम आउटपुट धारा,

$$I_0 = \frac{V_0}{r_d + R_L} = \frac{50}{(150 + 850)}$$

$$I_0 = \frac{50}{1000} = 0.05 \text{ ऐम्पियर}$$

$$I_0 = 50 \times 10^{-3} \text{ ऐम्पियर}$$

6 *(49)* उपरोक्त पूर्ण तरंग दिष्टकारी परिपथ को इस प्रकार दर्शाया गया है

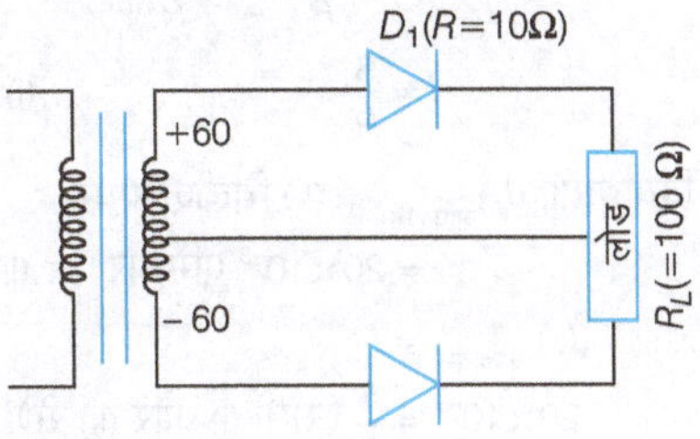

दिया गया $V_{rms} = 60$ वोल्ट

$V_0 = 60\sqrt{2}$ वोल्ट

R_L अग्र डायोड प्रतिरोध (10Ω) है

R_L लोड प्रतिरोध (100Ω) है

पहले अर्द्ध चक्र के दौरान परिपथ नीचे दिखाया गया है।

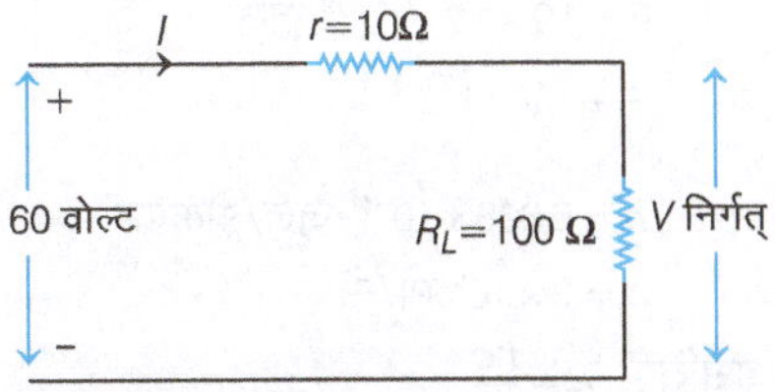

D_1 डायोड अग्र अभिनति में है और D_2 डायोड पश्च अभिनति में है।

आउटपुट वोल्टेज = लोड के एक्रॉस वोल्टेज ड्रॉप (100 Ω)

$$= IR_L = \frac{V_0}{R_L + r} \times R_L$$

$$V_{\text{निर्गत}} = \frac{60\sqrt{2}}{100 + 10} \times 100$$

$$V_{\text{निर्गत}} = 54.545\sqrt{2} \text{ वोल्ट}$$

अब, औसत आउटपुट वोल्टेज

$$V_{\text{औसत}} = \frac{2V_{\text{आउटपुट}}}{\pi}$$

$$V_{\text{औसत}} = \frac{2 \times 54.545\sqrt{2}}{\pi}$$

$$V_{\text{औसत}} = 49.1 \text{ वोल्ट}$$

$$V_{\text{औसत}} \approx 49 \text{ वोल्ट}$$

7 *(250)* दी गई स्थिति के लिए परिपथ आरेख नीचे दिखाया गया है

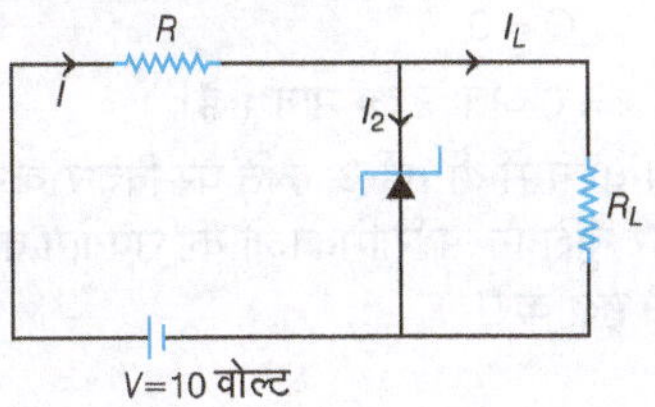

दिया गया है, $V_Z = 5$ वोल्ट

$$I = \frac{V - V_Z}{R} = \frac{10-5}{R}$$

$$I = \frac{5}{R} \quad \text{...(i)}$$

दिया गया, $(I_z)_{अधिकतम} = 20$ मिलीऐम्पियर

$= 20\times10^{-3}$ ऐम्पियर ...(ii)

∴ $(I_Z)_{अधिकतम} = I$

$20\times10^{-3} = \frac{5}{R}$ (समी (i) और (ii) से)

$$R = \frac{5}{20\times10^{-3}}\Omega$$

$$R = 0.25\times10^{3}\Omega$$

$$R = 250\Omega$$

8 ***(654)*** LED का ऊर्जा अन्तराल 1.9 इलेक्ट्रॉन वोल्ट है

$E = 1.9\times1.6\times10^{-19}$ जूल

$E = h\nu = \frac{hc}{\lambda}$

$h = 6.626\times10^{-34}$ जूल/सेकण्ड

$c = 3\times10^{8}$ मी/से

इसलिए, $\lambda = \frac{hc}{E}$

$= \frac{6.626\times10^{-34}\times3\times10^{8}}{1.9\times1.6\times10^{-19}}$ मीटर

$\lambda = 6.538\times10^{-7}$ मीटर

$\lambda = 653.8\times10^{-9}$ मीटर

$\lambda \approx 654\times10^{-9}$ मीटर

9 ***(1)*** प्रश्न में दी गई आकृति पर विचार करें और बूलियन सर्वसमिकाओं का उपयोग करके इसे हल करें।

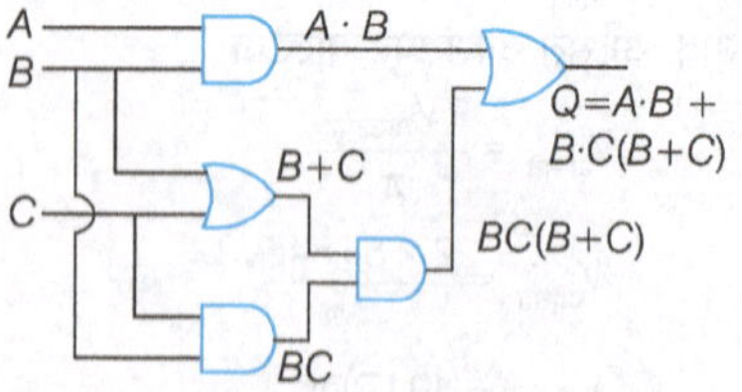

अब, $Q = AB + BC(B+C)$ A, B और C के मान रखें।

$Q = 0\times0 + 0\times1(0+1) = 0 + 0(1)$

$Q = 0$

तो, $x = 0$ अतः $\bar{x}$ का मान 1 है।

10 ***(1)*** प्रश्न में दी गई आकृति पर विचार करें और बूलियन सर्वसमिकाओं का उपयोग करके इसे हल करें।

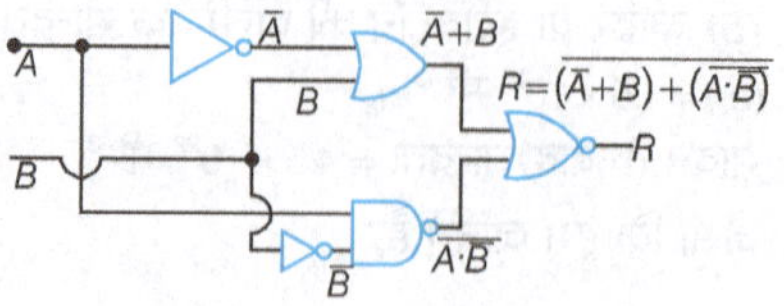

आउटपुट

$$R = \overline{(\bar{A}+B) + (A\cdot\bar{B})} = \overline{(\bar{A}+B)}\cdot\overline{(A\cdot\bar{B})}$$

$$= (A\cdot\bar{B})\cdot(A\cdot\bar{B}) = A\cdot\bar{B}$$

$$R = A\cdot\bar{B}$$

अब A और B के मान रखने पर

$A = 1, B = 0$

$R = 1\times\bar{0}$

$R = 1\times1 = 1$

$R = 1$

NCERT Exemplar प्रश्न

3 ***(b)*** दिए गए परिपथ में, p-n सन्धि पर डायोड D_1 का p-भाग, कम वोल्टेज से जुड़ा है और D_1 का n-भाग उच्च वोल्टेज से जुड़ा है। इस प्रकार, D_1 पश्च अभिनति है। इसी प्रकार, p-n सन्धि पर डायोड D_2 का p-भाग उच्च वोल्टेज पर है तथा D_2 का n-भाग निम्न विभव पर है। इस प्रकार, D_2 अग्र अभिनति है।

अतः सन्धि B से A तक कोई धारा प्रवाहित नहीं होती है।

4 ***(d)*** चूँकि p-n सन्धि केवल धनात्मक अर्द्ध चक्र के दौरान संचालित होता है, अतः यहाँ संयोजित डायोड धनात्मक अर्द्ध चक्र में कार्य करेगा।

इस प्रकार, C के एक्रॉस विभवान्तर = दिए गए AC वोल्टेज का शिखर वोल्टेज

$$V_0 = V_{rms}\sqrt{2} = 220\sqrt{2} \text{ वोल्ट}$$

5 ***(b)*** इनपुट वोल्टेज के प्रत्येक धनात्मक आधे चक्र के लिए, डायोड अग्र अभिनति में होगा लेकिन प्रत्येक ऋणात्मक आधे चक्र के लिए, यह पश्च अभिनति में होगा।

इसलिए, दिए गए परिपथ के आउटपुट में अर्द्ध-तरंग दिष्टकारी की तरह केवल धनात्मक होगा।

6 ***(b)*** चूँकि डायोड अग्र अभिनति है, इसलिए सन्धारित्र के आवेशित होने के बाद कोई धारा पार्श्व शाखा से होकर नहीं गुजरती।

∴ $V_{AB} - 0.3 = I_{AB}\times R_{AB}$

$= 0.2\times10^{-3}\times10\times10^{3}$

$V_{AB} = 2 + 0.3$ वोल्ट $= 2.3$ वोल्ट

विकल्प (b) सबसे उपयुक्त है, डायोड के वोल्टेज पतन के कारण अतिरिक्त 0.3 वोल्ट होता है।

7 ***(b)*** जब p-n सन्धि अग्र अभिनति होती है, तो यह विभव अवरोध सन्धि का विरोध करता है जिसके परिणामस्वरूप अवरोध में कमी आती है। जब p-n सन्धि पश्च अभिनति होता है, तो यह विभव अवरोध सन्धि का समर्थन करता है, जिसके परिणामस्वरूप सन्धि पर विभव अवरोध में वृद्धि होती है।

अतः दिए गए ग्राफ (प्रश्न) में वक्र 3 सन्धि की अग्र अभिनति को दर्शाता है और वक्र 1 सन्धि की पश्च अभिनति को दर्शाता है।

विगत परीक्षाओं के प्रश्न

1 ***(c)*** निर्गत सत्यता सारणी

$$Y = \bar{A}\bar{B} + A\bar{B}$$

$$= \bar{B}(A+\bar{A})$$

$$Y = \bar{B}$$

अतः विकल्प (c) सही है।

2 ***(d)*** दिए गए परिपथों के संयोजन से,

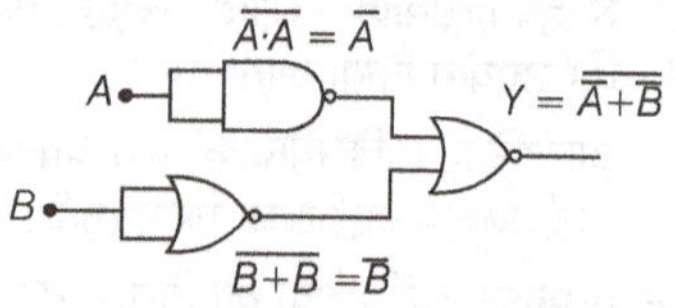

$$Y = \overline{\bar{A}+\bar{B}} = \bar{\bar{A}}\cdot\bar{\bar{B}} = A\cdot B$$

अतः लॉजिक गेट का निर्गत Y, AND परिपथ के समान है।

3 ***(b)*** जब AC को दिष्टकारी परिपथ का उपयोग करके DC में परिवर्तित किया जाता है, तो परिवर्तित DC एक अस्थिर धारा होती है जिसमें उर्मिका सम्मिलित होती हैं। इन उर्मिका को हटाने और लोड पर एक स्थिर वोल्टेज बनाए रखने के लिए सन्धारित्र का उपयोग किया जाता है।

4 ***(c)*** परिपथ आरेख (A) और (C) में, दोनों p-n सन्धि डायोड समान बायसिंग स्थितियों में हैं। इसलिए, दोनों डायोड समान प्रतिरोध प्रदान करते हैं। चूँकि, दोनों डायोड श्रृंखला में हैं, इसलिए सन्धि पर समान विभव पतन होगा।

5 ***(c)*** दिया गया है, n-प्रकार अर्द्धचालक में इलेक्ट्रॉन सान्द्रता p-प्रकार अर्द्धचालक में कोटरों की सान्द्रता के बराबर होती है।

जब अर्द्धचालक पर विद्युत क्षेत्र लगाया जाता है, तो इलेक्ट्रॉन और कोटर एक दूसरे के विपरीत

गति करेंगे। चूँकि, n-प्रकार के अर्द्धचालक में इलेक्ट्रॉनों की गतिशीलता, p-प्रकार के अर्द्धचालक में कोटरों की गतिशीलता से अधिक होती है।

$\therefore$ n-प्रकार अर्द्धचालक में धारा, p-प्रकार अर्द्धचालक में धारा से अधिक होती है।

6 ***(d)*** गर्म करने के फलस्वरूप तापमान में वृद्धि के कारण इलेक्ट्रॉन और कोटरों के बीच तापीय टक्कर बढ़ जाती है।

इस प्रकार, नेट इलेक्ट्रॉन-कोटर युग्म में वृद्धि होती है। इससे डायोड में धारा बढ़ती है और डायोड का समग्र प्रतिरोध बदल जाता है। इससे अग्र अभिनति और पश्च अभिनति दोनों बदल जाते हैं।

इस प्रकार, p-n सन्धि डायोड की समग्र I-V अभिलक्षण प्रभावित हो जाती हैं।

7 ***(a)*** p-n सन्धि की अग्र अभिनति में, सन्धि डायोड का p-पक्ष उच्च विभव से जुड़ा होता है तथा सन्धि डायोड का n-भाग निम्न विभव से जुड़ा होता है।

8 ***(a)*** मान लीजिए कि डायोड से प्रवाहित धारा I है। दी गई शर्त से,

$$\because \quad I = \frac{V_A - V_B}{R}$$

$$= \frac{4-(-6)}{1\,k\Omega}$$

$$= \frac{10}{1 \times 10^3} = 10^{-2} \text{ ऐम्पियर}$$

9 ***(d)*** अवरोध विभव दिए गए तीनों विकल्पों पर निर्भर करता है। अवरोध विभव p-n सन्धि डायोड बनाने के लिए प्रयुक्त सामग्री पर निर्भर करता है (चाहे वह Si हो या Ge)।

यह मादन की मात्रा पर भी निर्भर करता है जिसके कारण बहुसंख्यक वाहकों की संख्या में परिवर्तन होगा।

यह तापमान पर भी निर्भर करता है जिसके कारण अल्पसंख्यक वाहकों की संख्या में परिवर्तन होगा।

10 ***(a)***

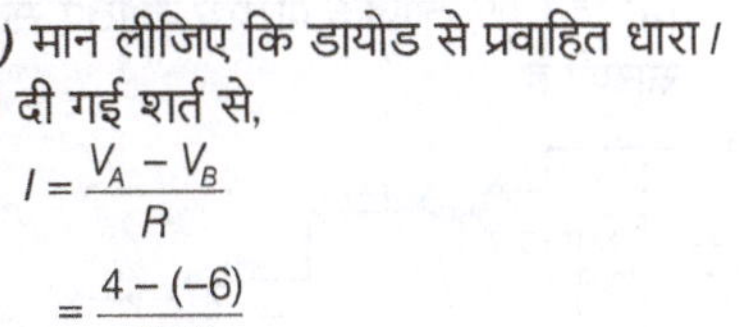

$$Y = (A+\overline{B})\cdot(B\cdot\overline{A})$$

$$= (AB + \overline{B}B)\cdot\overline{A} = (AB+0)\cdot\overline{A}$$

$$= AB\overline{A} = (A\overline{A})B = 0B = 0$$

11 ***(d)*** यह युक्ति एक निश्चित बिन्दु के पश्चात् उत्क्रम अभिनत में धारा में एकाएक वृद्धि को दर्शाती है। यह जेनर डायोड है, जो उत्क्रम अभिनत में प्रचलित होता है। इसे वोल्टेज रेगुलेटर के रूप में भी उपयोग किया जा सकता है जिसमें भंजन वोल्टता के पश्चात् निम्न वोल्टेज अन्तर, धारा में उच्च परिवर्तन निर्मित करता है।

12 ***(a)***

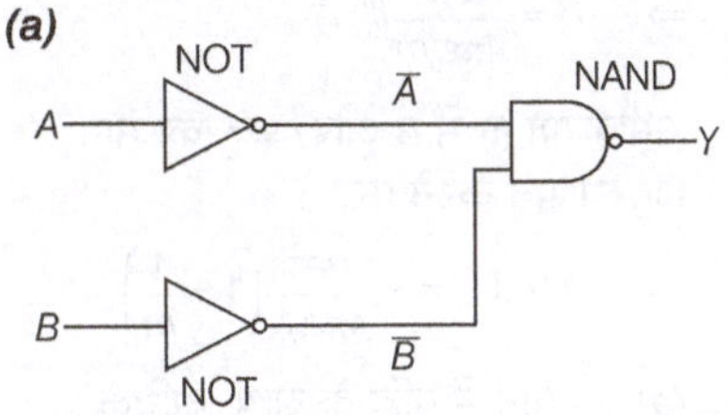

$$\therefore Y = \overline{\overline{A}\cdot\overline{B}} = \overline{\overline{A}} + \overline{\overline{B}} = A + B$$

= OR गेट का आउटपुट

वैकल्पिक हल

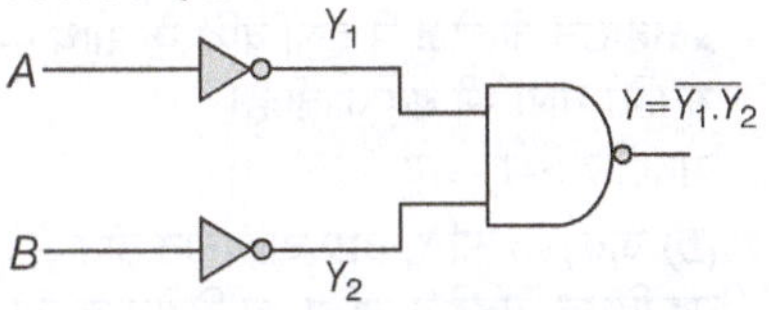

A	B	$Y_1 = \overline{A}$	$Y_2 = \overline{B}$	Y_1Y_2	$Y = \overline{Y_1Y_2}$
0	0	1	1	1	0
0	1	1	0	0	1
1	0	0	1	0	1
1	1	0	0	0	1

सत्यता सारणी OR गेट के समान है।

13 ***(b)*** आदर्श स्थिति में, अग्र अभिनत p-n सन्धि शून्य प्रतिरोध के चालक पथ की तरह कार्य करती है। अतः दिया गया परिपथ नीचे दिखाए गए परिपथ के समतुल्य है

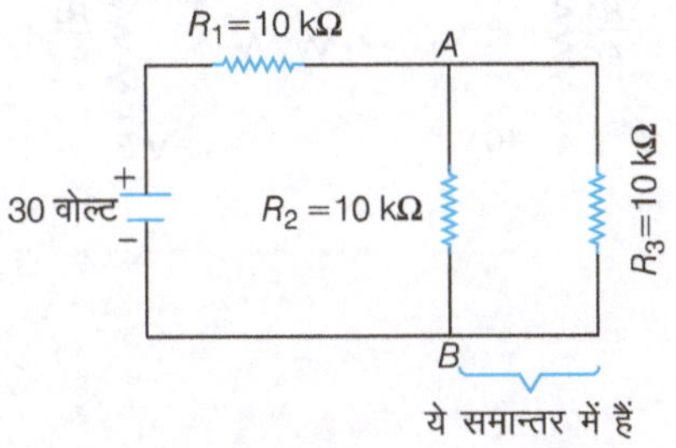

$$R_{eq} = \frac{10 \times 10}{10+10} + 10$$

$$= 15\,k\Omega$$

अतः, परिपथ में कुल धारा,

$$I = \frac{V}{R_{eq}}$$

$$= \frac{30}{15\,k\Omega}$$

$$= 2 \times 10^{-3} \text{ ऐम्पियर}$$

R_1, के एक्रॉस विभव पतन

$$V_{R_1} = IR_1$$

$$= 2 \times 10^{-3} \times 10 \times 10^3$$

$$= 20 \text{ वोल्ट}$$

$$V_{AB} = 30 - 20$$

$$= 10 \text{ वोल्ट}$$

इसे नीचे दिए गए चित्र में देखा जा सकता है।

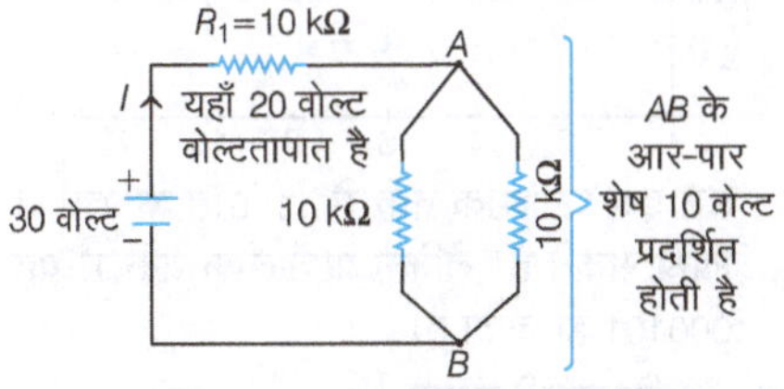

स्किल बूस्टर्स

1 ***(c)*** इनपुट का तरंगरूप निम्न हैं

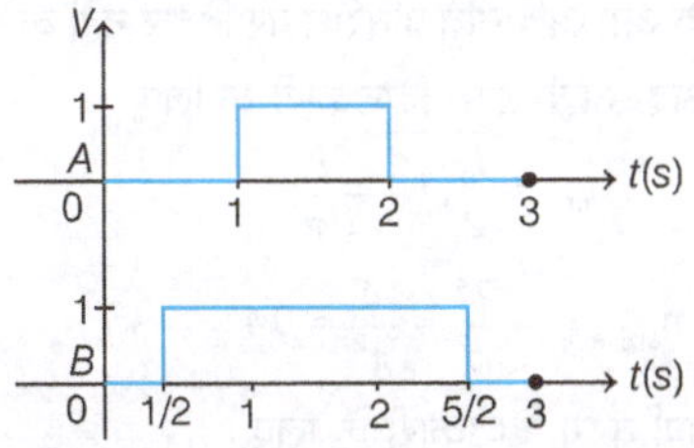

जब दोनों इनपुट उच्च वोल्टेज स्तर पर होते हैं तो AND गेट आउटपुट देता है और इसलिए, आउटपुट

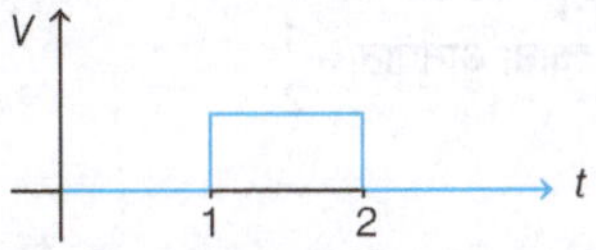

जब इसे NOT गेट पर भेजा जाएगा तो आउटपुट होगा

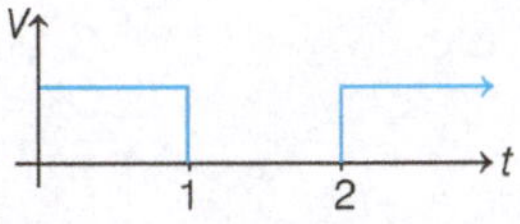

2 **(c)** *X* को *Y* से जोड़कर परिणामी लॉजिक परिपथ की सत्यता सारणी निम्नानुसार है

P	Q	R	R'
0	0	0	1
1	0	0	1
0	1	0	1
1	1	1	0

अतः सत्य तालिका से, यह संयोजन एकल NAND गेट के समतुल्य है। (*X* एक AND गेट है और *Y* एक NOT गेट है, इस प्रकार संयोजन NOT-AND गेट है, अर्थात् एक NAND गेट)

3 **(a)** NAND गेट का आउटपुट है

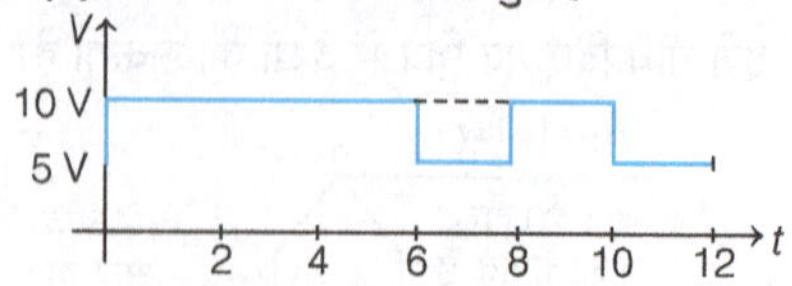

हम इसे धनात्मक तर्क में 111010 के रूप में लिख सकते हैं। लेकिन ऋणात्मक तर्क में यह 000101 हो जाता है।

4 **(c)** दिष्टकारी दक्षता

$$\eta = \frac{P(\text{आउटपुट})}{P(\text{इनपुट})} = \frac{I_{DC}^2 R_L}{I_{rms}^2 R_L}$$

चूँकि डायोड आदर्श हैं, अतः हम *p-n* सन्धियों के अग्र अभिनति प्रतिरोध पर विचार नहीं करेगें।

अब, अर्द्ध-तरंग दिष्टकारी के लिए,

$$I_{rms} = \frac{I_0}{2}, I_{DC} = \frac{I_0}{\pi}$$

$$\eta_{\text{अर्द्ध-तरंग}} = \frac{2^2}{\pi^2} = \frac{4}{\pi^2} = 0.4$$

पूर्ण तरंग दिष्टकारी के लिए,

$$I_{rms} = \frac{I_0}{\sqrt{2}}, I_{DC} = \frac{2I_0}{\pi}$$

$$\eta_{\text{अर्द्ध-तरंग}} = \frac{4}{\pi^2} \times 2 = \frac{8}{\pi^2} = 0.8$$

तो, दक्षता अनुपात $= \frac{1}{2}$

5 **(d)** चूँकि, $U = U_{\text{कूलॉम}} + U_{\text{प्रतिकर्षण}}$

$$= \frac{-\alpha e^2}{4\pi\varepsilon_0 r} + \frac{B}{r^m} \quad \ldots(i)$$

सन्तुलन पृथक्करण पर, $r = r_0$ विभव ऊर्जा न्यूनतम होनी चाहिए।

अतः $\frac{dU}{dr} = 0 \Rightarrow \frac{\alpha e^2}{4\pi\varepsilon_0 r_0^2} - \frac{mB}{r_0^{m+1}} = 0$

$$\Rightarrow \quad B = \frac{\alpha e^2}{4\pi\varepsilon_0 m} r_0^{m-1}$$

समीकरण (i) में *B* और $r = r_0$ का मान प्रतिस्थापित करने पर,

$$U = U_0 = -\frac{\alpha e^2}{4\pi\varepsilon_0 r_0}\left(1 - \frac{1}{m}\right)$$

6 **(a)** तापमान में वृद्धि के साथ, अधिक इलेक्ट्रॉन-कोटर जोड़े उत्पन्न होते हैं और इसलिए, अग्र विशेषताएँ अधिक आदर्श होती हैं लेकिन पश्च अभिनति क्षेत्र में, पश्च ब्रेकडाउन वोल्टेज में इसी वृद्धि के साथ पश्च संतृप्ति धारा भी बढ़ जाती है।

अतः, $T_1 > T_2 > T_3$

7 **(b)** जब *p-n* सन्धि अग्र अभिनति होती है, तो यह विभव अवरोध सन्धि का विरोध करता है। जब *p-n* जंक्शन सन्धि पश्च अभिनति होती है, तो यह विभव अवरोध सन्धि का समर्थन करता है, जिसके परिणामस्वरूप सन्धि के एक्रॉस विभव अवरोध में वृद्धि होती है।

8 **(c)** (i) के लिए,

$$V_A = -10\,\text{V}$$

और $\quad V_B = -5\,\text{V}$

डायोड D_1 और D_3 पश्च अभिनति हैं और D_2 अग्र अभिनति है।

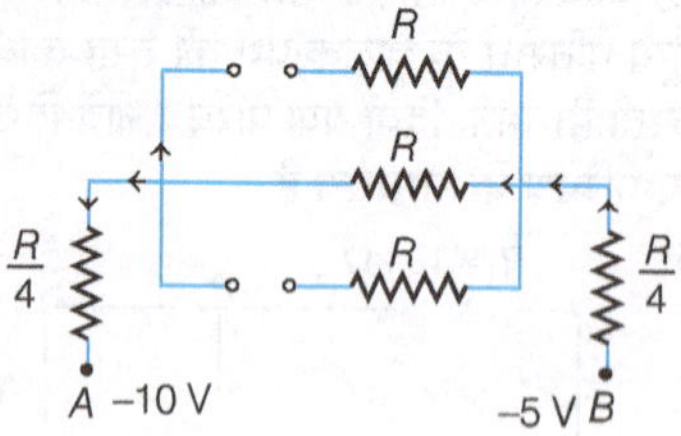

$$\Rightarrow \quad R_{AB} = R + \frac{R}{4} + \frac{R}{4}$$

$$= \frac{3}{2}R$$

(ii) के लिए जब $V_A = -5$ वोल्ट तथा $V_B = -10$ वोल्ट

डायोड D_2 पश्च अभिनति है और D_1 व D_3 अग्र अभिनति हैं।

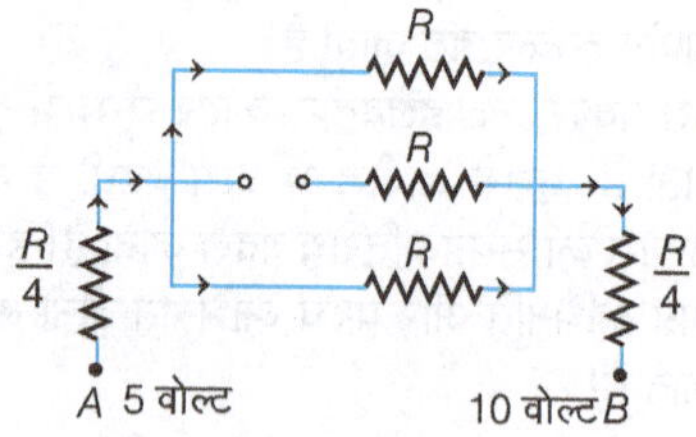

$$\Rightarrow \quad R_{AB} = \frac{R}{4} + \frac{R}{2} + \frac{R}{4} = R$$

(iii) के लिए, इस स्थिति में, *A* और *B* के बीच तुल्य प्रतिरोध *R* है।

अतः सही क्रम है (ii) = (iii) < (i)

9 **(a)** दिए गए लॉजिक परिपथ के लिए सत्यता सारणी है

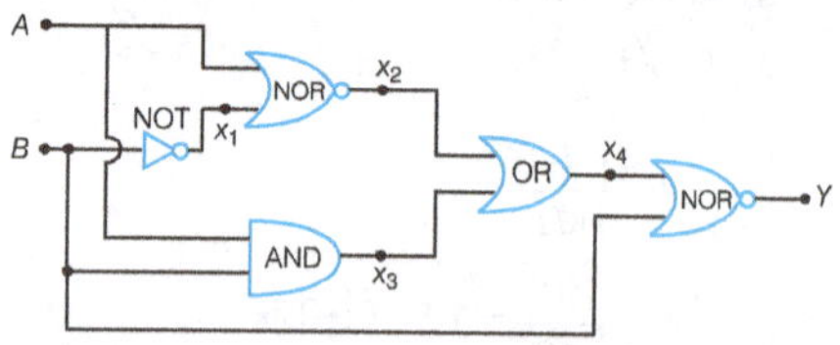

A	B	X_1	X_2	X_3	X_4	Y
0	0	1	0	0	0	0
1	0	1	1	0	1	0
0	1	0	0	0	0	0
1	1	0	0	1	1	1

स्पष्टतः उपरोक्त परिपथ AND गेट के तुल्य है।

10 **(a)** जब $X_1 = X_3 = 0$ और $X_2 = 1$, AND गेट के इनपुट 1 और 1 होते हैं, जो *Y* = 0, NOT गेट के व्युत्क्रमण के कारण होता है।

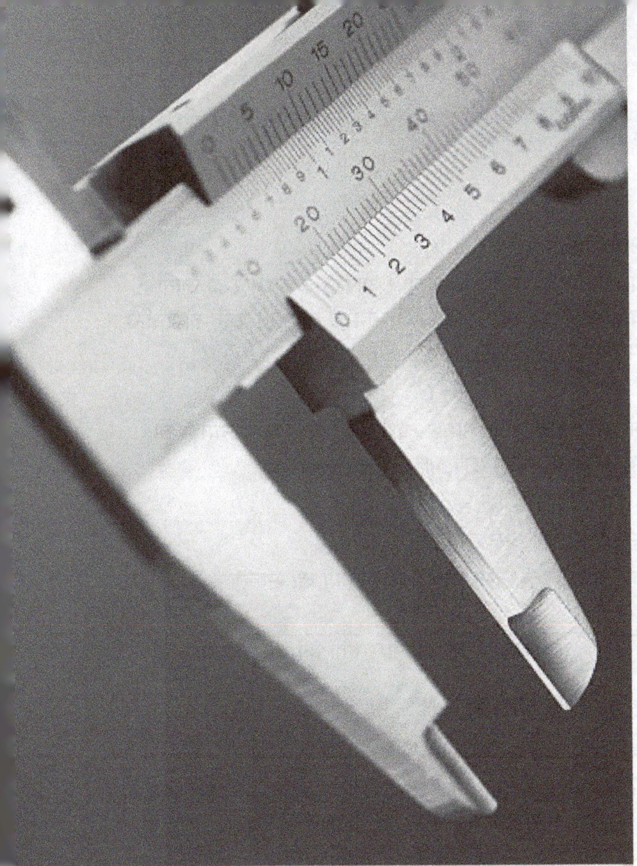

15

प्रयोगात्मक भौतिकी
Experimental Physics

5 वर्षों में NEET में पूछे गये शीर्षकवार प्रश्न

शीर्षक	वर्षवार प्रश्नों की संख्या				
	2024	2023	2022	2021	2020
प्रयोग 1	2	–	3	2	–
प्रयोग 2	–	1	1	–	2
प्रयोग 3	1	–	–	1	1
प्रयोग 4	1	–	2	–	–
प्रयोग 8	–	–	2	–	–
प्रयोग 10	1	2	1	–	–
प्रयोग 11	–	1	1	1	–
प्रयोग 13	–	1	–	–	–
प्रयोग 15	–	1	–	–	–

NEET में विगत 5 वर्षों में पूछे गये विशेष प्रकार के प्रश्न

प्रकार	वर्ष				
	2024	2023	2022	2021	2020
अभिकथन-कारण	–	–	–	–	–
कथन प्रकार	–	–	–	–	–
सुमेलन	–	–	–	–	–

NEET के विगत 5 वर्षों का भारांकन

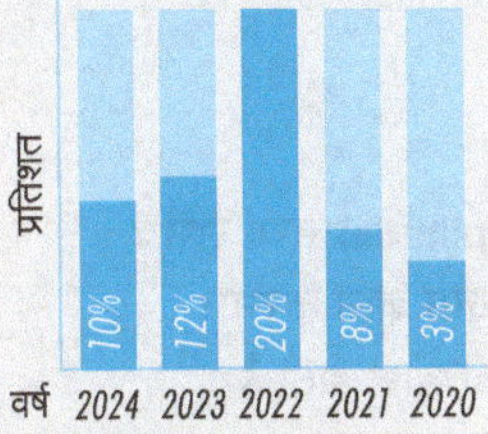

प्रयोग 1 (Experiment 1)

वर्नियर कैलिपर्स (Vernier Callipers)-**किसी पात्र** (Vessel) **के आन्तरिक तथा बाह्य व्यास और गहराई को मापना।**

- रेखीय मापन के मिलीमीटर के $\frac{1}{10}$वें भाग को सटीकता से मापने के लिए इसका अभिकल्पन (Designed) किया जाता है।
- इसमें मुख्यतः दो पैमाने (मुख्य पैमाना तथा वर्नियर पैमाना) सम्मिलित होते हैं। मुख्य पैमाना स्थिर होता है, जबकि वर्नियर पैमाना (सहायक पैमाना) चलायमान होता है। वर्नियर पैमाना, मुख्य पैमाने के अनुदिश स्लाइड करता है जैसा कि नीचे चित्र में दिखाया गया है।

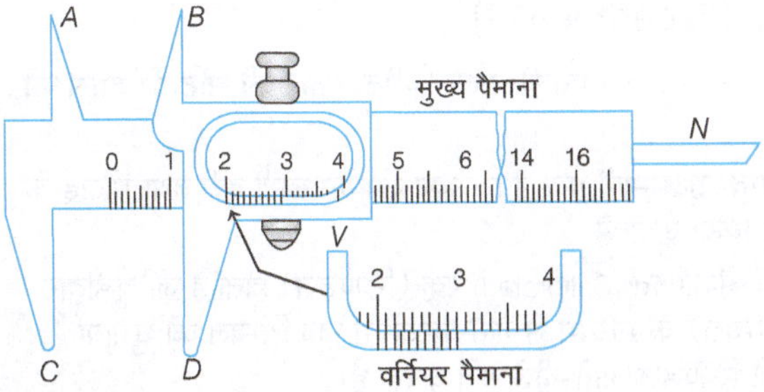

सिद्धान्त (Principle)

- जब पिण्ड को जबड़ों (Jaws) के बीच रखा जाता है तथा वर्नियर पैमाने का शून्य मुख्य पैमाने के Nवें भाग (Division) से आगे होता है, तो मुख्य पैमाने का पाठ्यांक (Main Scale Reading, MSR) N होगा।
- यदि वर्नियर पैमाने का nवाँ भाग मुख्य पैमाने के किसी भी भाग से मेल खाता है, तो वर्नियर पैमाने का पाठ्यांक (Vernier Scale Reading)

$$\text{VSR} = n \times (\text{LC})$$

जहाँ, LC = वर्नियर कैलिपर का अल्पतमांक (Least Count)

$$\text{कुल पाठ्यांक} = \text{MSR} + \text{VSR} = N + n \times (\text{LC})$$

वर्नियर कैलिपर का अल्पतमांक निम्न सूत्र द्वारा प्रदर्शित किया जाता है

$$LC = \frac{\text{मुख्य पैमाने के सुक्ष्मतम समभाग का आकार}}{\text{वर्नियर पैमाने पर स्थित समभागों की कुल संख्या}}$$

$$LC = \left(\frac{1\ \text{मिमी}}{10}\right) = 0.1\ \text{मिमी} \quad \text{अतः} \quad LC = 1\ (MSD) - 1\ (VSD)$$

शून्य त्रुटि (Zero Error)

यान्त्रिक त्रुटियाँ, निरन्तर उपयोग या जबड़ों में टूट-फूट के कारण वर्नियर पैमाने का शून्य चिन्ह (Zero mark) मुख्य पैमाने के शून्य चिन्ह से मेल नहीं खाता है। इस प्रकार उत्पन्न त्रुटि को शून्य त्रुटि कहते हैं। इस त्रुटि के कारण मापन में गलती हो सकती है।

वर्नियर कैलिपर में दो प्रकार की शून्य त्रुटि होती है

(i) **धनात्मक शून्य त्रुटि** (Positive Zero Error) जब कैलिपर्स के जबड़े बन्द होने पर वर्नियर पैमाने का शून्य चिन्ह मुख्य पैमाने के शून्य चिन्ह के दाईं ओर होता है, तो इस प्रकार की त्रुटि को धनात्मक शून्य त्रुटि कहते हैं। इसका अर्थ है कैलिपर का पाठ्यांक वास्तविक पाठ्यांक से अधिक है।

(ii) **ऋणात्मक शून्य त्रुटि** (Negative Zero Error) जब कैलिपर के जबड़े बन्द होने पर वर्नियर पैमाने का शून्य चिन्ह मुख्य पैमाने के शून्य चिन्ह के बाईं ओर होता है, तो इस प्रकार की त्रुटि को ऋणात्मक शून्य त्रुटि कहते है। इसका अर्थ है, कैलिपर का पाठ्यांक वास्तविक पाठ्यांक से कम है।सटीक मापन सुनिश्चित करने के लिए वर्नियर कैलिपर का उपयोग करते समय इन त्रुटियों को पहचानना तथा इनका निराकरण करना महत्वपूर्ण होता है। प्रेक्षण मानों (Observed values) में से शून्य त्रुटि (Zero error) को घटाकर शून्य त्रुटि को ठीक किया जा सकता है।

वास्तविक मान = प्रेक्षण मान – शून्य त्रुटि

प्रयोग 2 (Experiment 2)

स्क्रू गेज (Screw Gauge) **पतली चादर (शीट)/तार की मोटाई/व्यास को ज्ञात करना**

- स्क्रू गेज एक सूक्ष्ममापी यन्त्र है जिसका उपयोग छोटी दूरी तथा मोटाई के मापन हेतु किया जाता है।
- इसमें एक अंशाकित (Calibrated) स्क्रू (स्पिण्डल) होता है जो चूड़ीदार स्लीव (थिम्बल) के माध्यम से गति करता है। जब थिम्बल को घुमाया जाता है तो स्पिण्डल आगे-पीछे गति करता है।
- स्पिण्डल में एक समतल सिरा (निहाई) तथा एक नुकीला सिरा (स्पिण्डल टिप) होता है। मापन की जाने वाली वस्तु को इन्हीं सिरों के मध्य सम्पर्क में लाया जाता है।

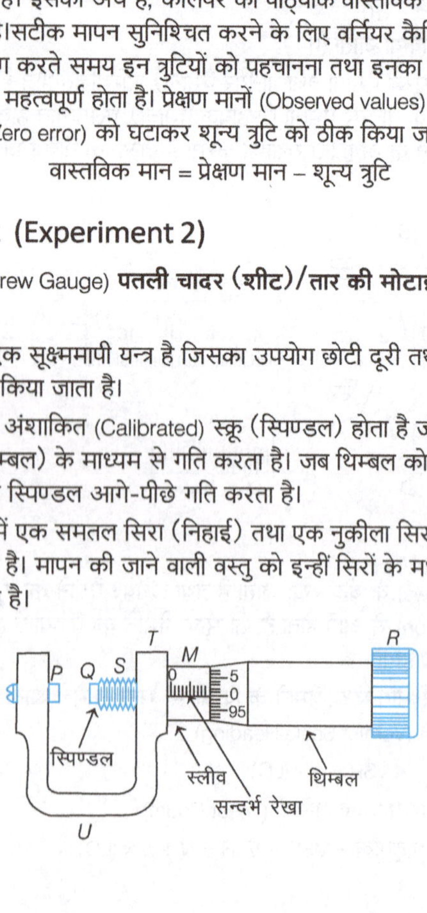

सिद्धान्त (Principle)

- जब तार या चादर को समतल फलकों P और Q के मध्य रखा जाता है और कप का सिरा रेखीय पैमाने के Nवें भाग से आगे होता है, तो रेखीय पैमाने का पाठ्यांक (Linear Scale Reading, LSR)

$$LSR = N$$

- यदि वृत्ताकार पैमाने का n वाँ भाग सन्दर्भ रेखा के ऊपर स्थित है तो वृत्ताकार पैमाने का पाठ्यांक (Circular Scale Reading)

$$CSR = n \times LC$$

जहाँ, LC = स्क्रूगेज का अल्पतमांक

स्क्रू गेज का अल्पतमांक निम्न प्रकार ज्ञात किया जा सकता है–

$$LC = \frac{\text{पिच}}{\text{वृत्ताकार पैमाने पर समभागों की कुल संख्या}}$$

स्क्रूगेज में त्रुटि के प्रकार

(Types of Errors in Screw Gauge)

- **शून्य त्रुटि** (Zero Error) इस प्रकार की त्रुटि में स्क्रूगेज के जबड़े बन्द होने पर थिम्बल पर स्थित शून्य चिन्ह मुख्य पैमाने पर स्थित शून्य चिन्ह के साथ पूर्ण रूप से संरेखित नहीं होते हैं।

  (i) **धनात्मक शून्य त्रुटि** (Positive Zero Error) स्क्रूगेज के बन्द होने पर जब थिम्बल पर उपस्थित शून्य चिन्ह मुख्य पैमाने के शून्य चिन्ह के दाईं ओर होता है तो इस प्रकार उत्पन्न त्रुटि को धनात्मक शून्य त्रुटि कहते हैं।

  इस स्थिति में स्क्रूगेज का पाठ्यांक वास्तविक पाठ्यांक से अधिक होता है।

  (ii) **ऋणात्मक शून्य चिन्ह** (Negative Zero Error) स्क्रूगेज के बन्द होने पर जब थिम्बल पर उपस्थित शून्य चिन्ह मुख्य पैमाने के शून्य चिन्ह के बाईं ओर होता है तो इस प्रकार उत्पन्न त्रुटि को ऋणात्मक शून्य त्रुटि कहते है। इस स्थिति में स्क्रूगेज का पाठ्यांक वास्तविक पाठ्यांक से कम होता है।

- **लम्बन त्रुटि** (Parallax Error) जब प्रेक्षक (Observer) की आँख ली जा रही माप से संरेखित नहीं होती है तो प्रेक्षक को मापन वस्तु का आकार, वास्तविक वस्तु से बड़ा या छोटा दिखाई पड़ता है, तो इस प्रकार की त्रुटि को लम्बन त्रुटि कहते हैं।
- **बैकलेश त्रुटि** (Backlash Error) मापन के दौरान जब स्क्रूगेज में थोड़ी मात्रा में हलचल होती है, तो परिणामस्वरूप मापन में गलती आ जाती है। इस प्रकार की त्रुटि को बैकलेश त्रुटि कहते हैं।
  स्क्रूगेज को पूर्णतः अंशाकित तथा साफ करके इस त्रुटि को कम किया जा सकता है।

प्रयोग 3 (Experiment 3)

सरल लोलक (Simple Pendulum) **आयाम (Amplitude) तथा समय (Time) के वर्ग के मध्य ग्राफ बनाकर ऊर्जा का क्षय ज्ञात करना।**

- एक सरल लोलक में एक समायोज्य पतली लम्बी डोरी होती है जिसका ऊपरी सिरा एक ठोस आधार में लगे मरोड़ स्क्रू

(Torsion Screw) से बँधा होता है तथा इसके निचले सिरे पर एक धातु का बॉब लटका होता है।

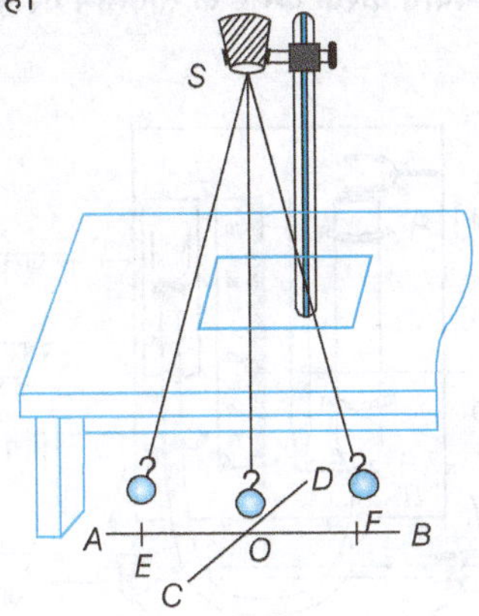

सिद्धान्त (Principle)

- एक सरल आवर्त दोलन के कारण कुल बल, प्रत्यानयन बल (Restoring force) तथा कर्षण बल (Drag force) के कारण उत्पन्न होता है तथा निम्न प्रकार दिया जाता है।

  कुल बल, $F = -kx - bv$

- अवमन्दित दोलक (Damp oscillator) के लिए यान्त्रिक ऊर्जा नियत नहीं होती है। यह समय के साथ घटती रहती है $E = E_0 e^{-\lambda t}$

  जहाँ, $\lambda = \dfrac{b}{m}$

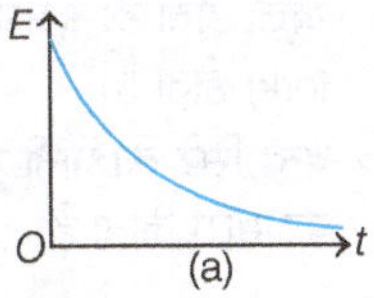

- यान्त्रिक ऊर्जा (E) तथा समय (t) के मध्य ग्राफ ऊपर चित्र (a) में दिखाया गया है

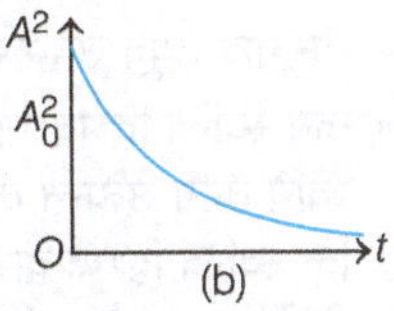

- किसी भी दिये गये समय t पर आयाम A

  $A = A_0 . e^{-bt/m}$ या $A = A_0 . e^{-\lambda t}$

- ग्राफ (b) समय के साथ ऊर्जा के क्षय को दर्शाता है

प्रयोग 4 (Experiment 4)

संवेगों के सिद्धान्त द्वारा मीटर स्केल का द्रव्यमान मापना यदि m द्रव्यमान का एक पिण्ड मीटर पैमाने के एक सिरे A पर लटकाया जाता है और अज्ञात द्रव्यमान M का एक पिण्ड सिरे B पर लटकाया जाता है तत्पश्चात् मीटर पैमाने को सन्तुलित करने के लिए बिन्दु O की स्थिति को समायोजित किया जाता है।

संवेग संरक्षण के नियम से

$$(mg) \times OA = (Mg) \times OB, \quad OA = l_1 \quad \text{तथा} \quad OB = l_2$$

$$mg \times l_1 = Mg \times l_2 \Rightarrow m = M\left(\frac{l_2}{l_1}\right)$$

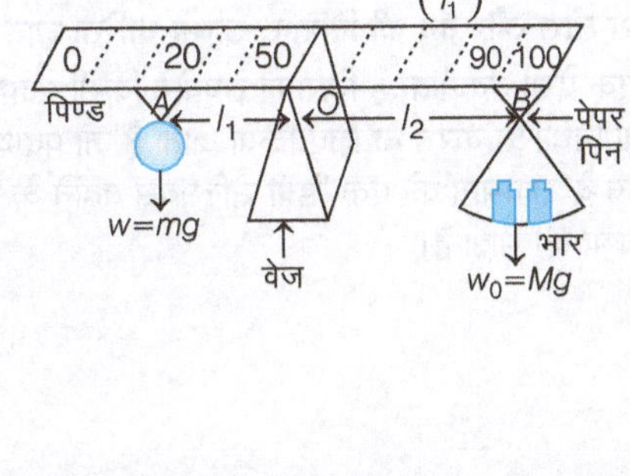

प्रयोग 5 (Experiment 5)

- **सेरेल के उपकरण** (Searle's apparatus) **का उपयोग करके यंग मापांक ज्ञात करना।**
- सेरेल के उपकरण में दो लम्बे तार, एक निश्चित भार, $\frac{1}{2}$ किग्रा के स्लॉटेड भार के साथ $\frac{1}{2}$ किग्रा का हैंगर, मीटर पैमाना, प्लम्ब लाइन तथा स्क्रू गेज सम्मिलित होते हैं।

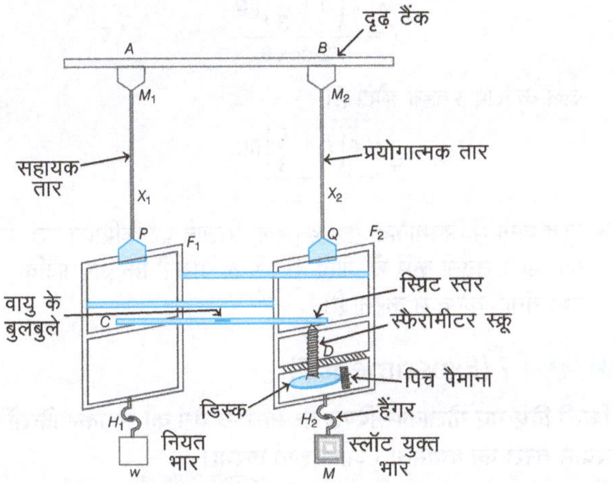

सिद्धान्त (Principle)

- हुक के नियमानुसार, "यदि किसी पिण्ड में उत्पन्न प्रतिबल एक निश्चित सीमा (प्रत्यास्थता की सीमा) के भीतर होता है, तो उत्पन्न प्रतिबल पदार्थ में उत्पन्न विकृति के समानुपाती होता है तथा समानुपाती स्थिरांक को यंग मापांक कहते हैं।"

$$Y = \frac{\text{प्रतिबल}}{\text{विकृति}} = \frac{F/A}{\frac{\Delta L}{L}} = \frac{mgL}{\pi r^2 \Delta L}$$

प्रयोग 6 (Experiment 6)

केशिका वृद्धि तथा अपमार्जक के प्रभाव से जल पृष्ठ तनाव ज्ञात करना

- केशिका वृद्धि विधि एक ऐसी तकनीक है, जिसका उपयोग कोशिका ट्यूब नामक एक संकीर्ण ट्यूब में तरल की ऊँचाई को देखकर तरल की सतह के पृष्ठ तनाव को मापने के लिए किया जाता है।

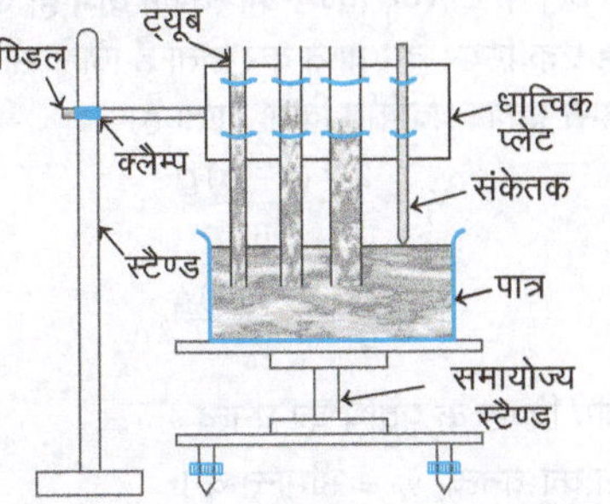

सिद्धान्त (Principle)

- जब किसी तरल को केशिका नली में रखा जाता है, तो तरल की सतह पर तरल अणु एक दूसरे के प्रति संसजक बलों द्वारा आकर्षित होते हैं, जबकि तरल और नली के बीच अन्तराफलक पर तरल अणु आसंजक बलों द्वारा नली की ओर आकर्षित होते हैं। परिणामस्वरूप, तरल नली में तब तक ऊपर उठता है जब तक कि संसजक बल आसंजक बल द्वारा सन्तुलित नहीं हो जाते।
- जब त्रिज्या r की केशिका को घनत्व ρ के तरल में डुबोया जाता है, तो तरल जिस ऊँचाई तक ऊपर उठता है, वह तरल का पृष्ठ तनाव T कहलाता है।

$$T = \frac{r\left(h + \frac{r}{3}\right)\rho g}{2\cos\theta}$$

जल के लिए θ बहुत छोटा है।

$$T = \frac{r\left(h + \frac{r}{3}\right)\rho g}{2}$$

- शुद्ध पानी में अपमार्जक (Detergent) मिलाने पर केशिका नली में पानी का ऊपर उठना कम हो जाता है। इसका अर्थ है कि अपमार्जक पानी के पृष्ठ तनाव को कम करता है।

प्रयोग 7 (Experiment 7)

किसी दिए गए गोलाकार पिण्ड के सीमान्त वेग को मापकर किसी दिए गए श्यान तरल का श्यानता गुणांक ज्ञात करना।

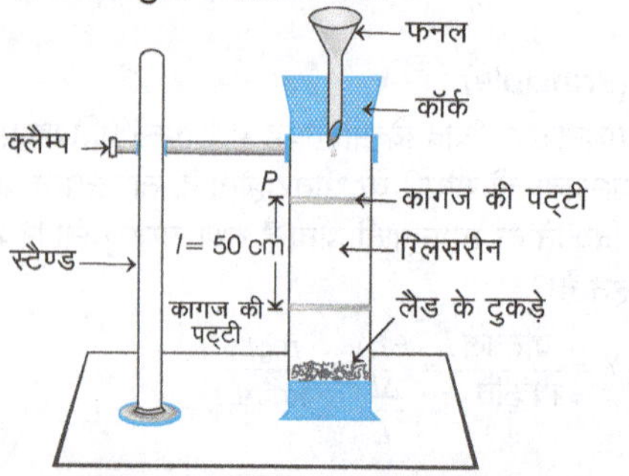

- जब कोई ठोस तरल में गिरता है, तो वह तरल की श्यानता के कारण प्रतिरोधक बल का अनुभव करता है। यह इस प्रकार दिया जाता है

$$F = 6\pi r\eta v$$

जहाँ, r = गोलीय पिण्ड की त्रिज्या, η = तरल का श्यानता गुणांक
v = वेग

- इस प्रतिरोधक बल के कारण, पिण्ड का त्वरण कम हो जाता है और कुछ समय बाद, यह एक स्थिर वेग प्राप्त कर लेता है जिसे सीमान्त वेग कहा जाता है जो निम्न प्रकार प्रदर्शित किया जाता है।

$$v_t = \frac{2r^2(\rho - \sigma)g}{9\eta}$$

अतः
$$\eta = \frac{2}{9}\frac{r^2(\rho - \sigma)g}{v_t}$$

जहाँ, ρ = गोलीय पिण्ड के पदार्थ का घनत्व
σ = तरल का घनत्व, v_t = सीमान्त वेग

प्रयोग 8 (Experiment 8)

अनुनादी नली का उपयोग करके कमरे के तापमान पर हवा में ध्वनि की चाल ज्ञात करना।

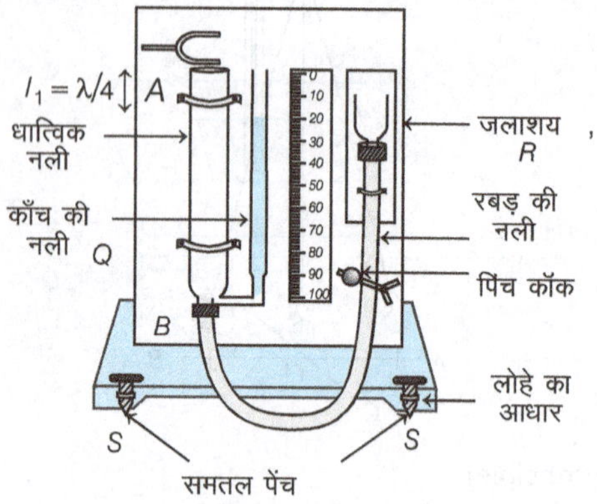

- अनुनाद ट्यूब उपकरण एक ऐसा उपकरण है जिसका उपयोग हवा में ध्वनि की गति को मापने के लिए किया जाता है।
- इसमें एक काँच की ट्यूब होती है जिसका एक सिरा बंद और दूसरा सिरा खुला होता है। इसमें एक पानी का जलाशय और एक स्वरित्र (Tuning fork) होता है।
- बन्द सिरे को पानी में डुबोया जाता है और स्वरित्र को ट्यूब के खुले सिरे पर मारा जाता है।

सिद्धान्त (Principle)

- अनुनाद ट्यूब उपकरण अनुनाद के सिद्धान्त पर आधारित है।
- जब स्वरित्र द्विभुव मारा जाता है, तो यह एक विशिष्ट आवृत्ति के साथ एक ध्वनि तरंग उत्पन्न करता है। यदि ट्यूब में वायु स्तम्भ की लम्बाई ऐसी है कि स्वरित्र द्विभुव द्वारा उत्पन्न ध्वनि तरंग वायु स्तम्भ की प्राकृतिक आवृत्ति से मेल खाती है। परिणामस्वरूप इसमें अनुनाद उत्पन्न होता है। साथ ही तरंग प्रवर्धित होती है।
- इसके परिणामस्वरूप ट्यूब के खुले सिरे पर तेज आवाज सुनाई देती है।

हवा में ध्वनि की गति

$$v = 2\nu(l_2 - l_1)$$

जहाँ, ν = गोलीय पिण्ड के पदार्थ का घनत्व
l_1 = तरल का घनत्व
l_2 = सीमान्त वेग

प्रयोग 9 (Experiment 9)

मिश्रण विधि द्वारा ठोस और द्रव की विशिष्ट ऊष्मा धारिता ज्ञात करना।

- मिश्रण विधि एक ऐसी तकनीक है जिसका उपयोग किसी पदार्थ की विशिष्ट ऊष्मा निर्धारित करने के लिए किया जाता है जो पदार्थ के एक इकाई द्रव्यमान के तापमान को एक डिग्री सेल्सियस बढ़ाने के लिए आवश्यक ऊष्मा की मात्रा है।

- इस विधि में किसी पदार्थ के ज्ञात द्रव्यमान को ज्ञात तापमान पर पानी के ज्ञात द्रव्यमान के साथ मिलाया जाता है और मिश्रण के अन्तिम तापमान को मापा जाता है।

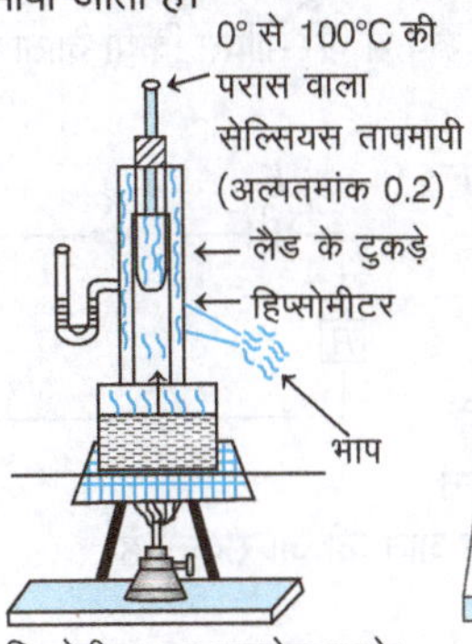

हिप्सोमीटर का उपयोग करके भाप द्वारा लैड के टुकड़ों को गर्म करना

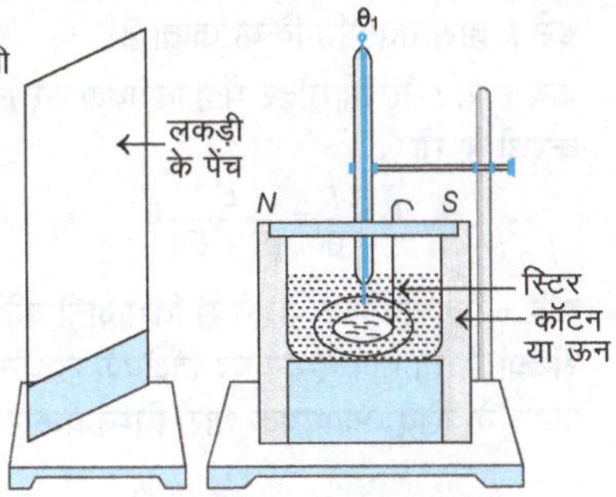

जैकेट युक्त कैलोरीमापी

सिद्धान्त (Principle)

- इस विधि का आधार कैलोरोमिति का सिद्धान्त है, जिसके अनुसार जब अलग-अलग तापमान पर दो निकायों को सम्पर्क में लाया जाता है, तो उच्च तापमान वाले पिण्ड से कम तापमान वाले पिण्ड में ऊष्मा प्रवाहित होती है जब तक कि दोनों पिण्ड समान तापमान प्राप्त नहीं कर लेते। किसी दिए गए तरल की विशिष्ट ऊष्मा को 1 किलोग्राम तरल के तापमान को 1 डिग्री सेल्सियस बढ़ाने के लिए आवश्यक ऊष्मा की मात्रा के रूप में परिभाषित किया जाता है।
- कैलोरीमिति के सिद्धान्त से,

ऊष्मा में हानि = ऊष्मा में वृद्धि

$$m_s s_s (\theta_s - \theta_e) = (m_w \cdot s_w + m_c \cdot s_c)(\theta_e - \theta_w)$$

जहाँ, s_s, s_w और s_c ठोस, पानी और कैलोरीमीटर की विशिष्ट ऊष्माएँ हैं। उपरोक्त समीकरण से, s_s निर्धारित किया जाता है।

प्रयोग 10 (Experiment 10)

मीटर ब्रिज का उपयोग करके दिये गये तार के पदार्थ का प्रतिरोध (Resistivity) ज्ञात करना।

- मीटर सेतु, व्हीट-स्टोन ब्रिज पर आधारित होता है। मीटर ब्रिज तथा व्हीटस्टोन ब्रिज का तुलनात्मक अध्ययन निम्न चित्र द्वारा प्रदर्शित किया गया है।
- प्रतिरोध R, अज्ञात प्रतिरोध X, l लम्बाई का तार तथा $(100 - l)$ लम्बाई का तार परिपथ की चार भुजाओं को निरूपित करते हैं (λ = इकाई लम्बाई का प्रतिरोध)

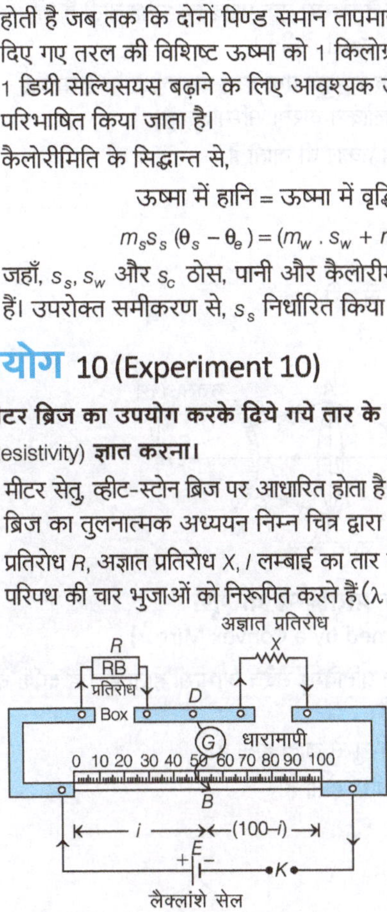

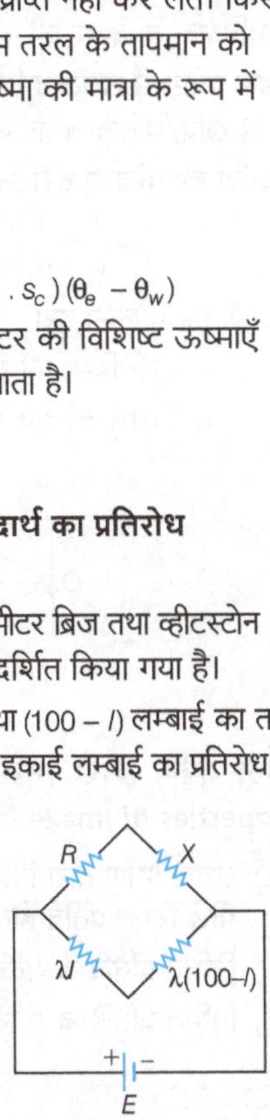

- व्हीटस्टोन ब्रिज के नियमानुसार

$$\frac{R}{X} = \frac{\lambda l}{\lambda(100 - l)}$$

$$\Rightarrow \quad X = \frac{R}{l}(100 - l)$$

प्रयोग 11 (Experiment 11)

ओम के नियम का प्रयोग करके दिये गये तार का प्रतिरोध ज्ञात करना।

- इस विधि में निम्न प्रकार की व्यवस्था प्रयोग की गई है।

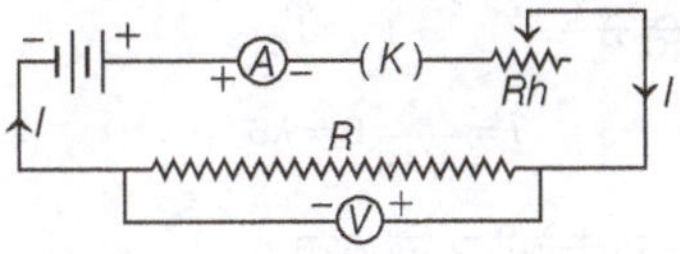

सिद्धान्त (Principle)

- यदि I चालक में प्रवाहित धारा तथा V चालक के सिरों पर विभवान्तर है, तो ओम के नियमानुसार

$$V \propto I \Rightarrow V = RI$$

जहाँ R अनुपातिक नियंताक है जिसे चालक का प्रतिरोध कहते हैं।

$$\frac{V}{I} = R$$

- नीचे चित्र में V तथा I के मध्य ग्राफ प्रदर्शित किया गया है

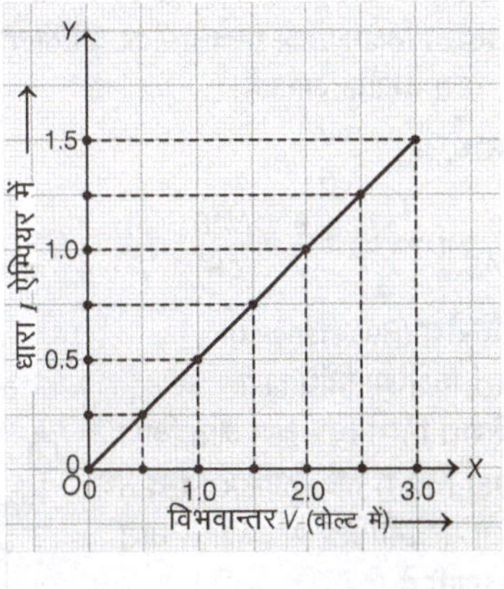

प्रयोग 12 (Experiment 12)

अर्द्ध विक्षेपण विधि द्वारा गैल्वेनोमीटर का प्रतिरोध तथा गुण ज्ञात करना।

- गैल्वेनोमीटर का उपयोग सर्किट में कम विद्युत धारा के मापन हेतु किया जाता है।
- इसमें स्थायी चुम्बकों के ध्रुवों के मध्य एक तार की कुण्डली निलम्बित होती है।
- चल कुण्डली गैल्वेनोमीटर का सिद्धान्त चुम्बकीय क्षेत्र और विद्युत क्षेत्र के मध्य परस्पर क्रिया पर आधारित है। इन्हीं के कारण कुण्डली घूर्णन करती है।

- जब कुण्डली से धारा प्रवाहित होती है, तो कुण्डली चुम्बकीय क्षेत्र के कारण बल-आघूर्ण (Torque) का अनुभव करती है।
- घूर्णन की मात्रा कुण्डली में प्रवाहित धारा के समानुपाती होती है, जिस कारण गैल्वेनोमीटर सूक्ष्म धाराओं के मापन के लिए एक संवेदनशील उपकरण बन जाता है।
- यदि A गैल्वेनोमीटर का क्षेत्रफल, N फेरों की संख्या तथा I विद्युत धारा है, तो विक्षेपित बल आघूर्ण निम्न सूत्र द्वारा प्रदर्शित किया जाता है

$$\tau_{ef} = NAIB$$

- माना τ स्प्रिंग के प्रति इकाई घुमाव पर प्रत्यानयन बल आघूर्ण है, तो सन्तुलन की स्थिति में,

$$I = \frac{c}{NAB}\theta = k\theta$$

जहाँ, $k = \frac{c}{NAB}$ = गैल्वेनोमीटर नियतांक

धारा सुग्राहिता (Current Sensitivity)

- गैल्वेनोमीटर कुण्डली में इकाई धारा के प्रवाह के कारण उत्पन्न विक्षेपण को गैल्वेनोमीटर की धारा सुग्राहिता कहते हैं। इसे S_i द्वारा प्रदर्शित करते है।

$$I = \frac{C}{NAB}\theta \Rightarrow S_I = \frac{\theta}{I} = \frac{NAB}{c}$$

वोल्टेज सुग्राहिता (Voltage Sensitivity)

- गैल्वेनोमीटर कुण्डली के सिरों के मध्य इकाई विभवान्तर द्वारा उत्पन्न धारा के कारण उत्पन्न विक्षेपण को गैल्वेनोमीटर की वोल्टेज सुग्राहिता कहते हैं। इसे S_V द्वारा दर्शाया जाता है।

कुण्डली का प्रतिरोध, R, $I = \frac{V}{R}$

अतः $\frac{V}{R} = \frac{c}{NAB}\theta \Rightarrow S_V = \frac{\theta}{V} = \frac{NAB}{cR} = \frac{S_I}{R}$

गैल्वेनोमीटर का प्रतिरोध (Resistance of Galvanometer) अर्द्ध विक्षेपण विधि द्वारा गैल्वेनोमीटर का प्रतिरोध निम्न चित्र द्वारा ज्ञात किया जा सकता है। दिए गए चित्र में जब कुंजी K_1 बन्द तथा कुंजी K_2 खुली हो, तो गैल्वेनोमीटर से प्रवाहित धारा निम्न प्रकार दर्शायी जाती है

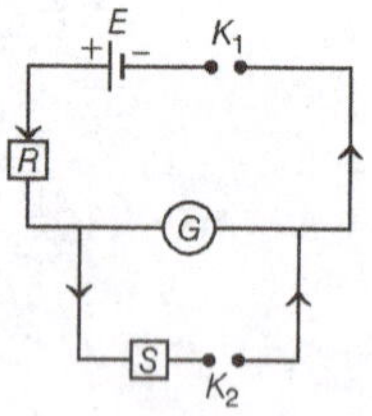

$$I = \frac{E}{R+G} = k\theta$$

जहाँ, G = गैल्वेनोमीटर का प्रतिरोध तथा θ = विक्षेपण

- गैल्वेनोमीटर का प्रतिरोध,

$$G = \frac{RS}{R-S}$$

जहाँ, S = शण्ट प्रतिरोध

गैल्वेनोमीटर के गुण (Merits of Galvanometer)

- यह सुग्राहिता की माप है और इसे गैल्वेनोमीटर के पूर्ण पैमाने पर विक्षेपण उत्पन्न करने के लिए आवश्यक धारा के रूप में परिभाषित किया जाता है। इसे k द्वारा प्रदर्शित किया जाता है।
- जब धारा I गैल्वेनोमीटर में θ विक्षेपण उत्पन्न करती है, तो

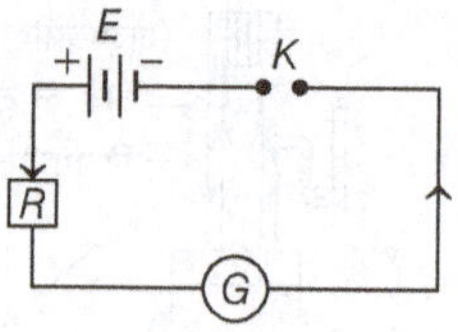

$$k = \frac{I}{\theta} = \frac{E}{(R+G)}\theta$$

- यदि n गैल्वेनोमीटर पैमाने में विभाजनों की संख्या है, तो पूर्ण पैमाने पर विक्षेपण उत्पन्न करने के लिए आवश्यक धारा निम्न प्रकार ज्ञात की जा सकती है।

$$I_g = nk$$

प्रयोग 13 (Experiment 13)

लम्बन विधि (Parallax Method) द्वारा (i) उत्तल दर्पण, (ii) अवतल दर्पण (iii) उत्तल लेन्स की फोकस लम्बाई ज्ञात करना।

(i) उत्तल दर्पण (Convex Mirror)

- उत्तल दर्पण एक वक्र दर्पण है जिसमें एक परावर्तक सतह होती है जो पर्यवेक्षक के बाहर की ओर उभरी होती है।
- इस प्रयोग में उत्तल दर्पण के सम्मुख एक वस्तु रखकर दर्पण द्वारा पाई गई छवि/प्रतिबिम्ब का अवलोकन करना सम्मिलित है।
- दर्पण की फोकस दूरी निम्न प्रकार दी जाती है

$$\frac{1}{f} = \frac{1}{v} + \frac{1}{u}$$

जहाँ, f = फोकस दूरी
v = प्रतिबिम्ब की ध्रुव से दूरी
u = वस्तु की ध्रुव से दूरी

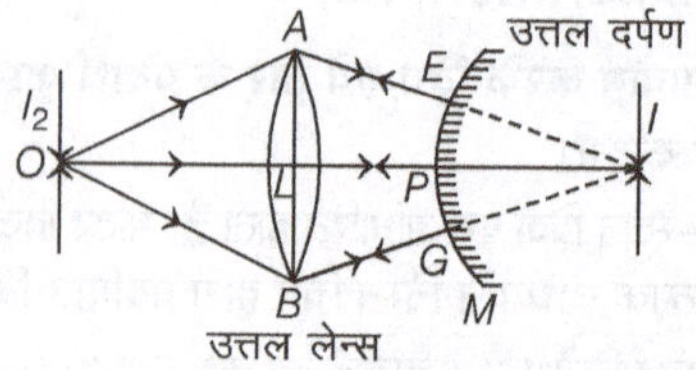

उत्तल दर्पण द्वारा निर्मित प्रतिबिम्ब के गुण (Properties of Image formed by a Convex Mirror)

(a) उत्तल दर्पण द्वारा निर्मित प्रतिबिम्ब सदैव आभासी होता है, यह दर्पण के पीछे स्थित प्रतीत होता है।

(b) निर्मित प्रतिबिम्ब सदैव वस्तु से छोटा होता है।

(c) निर्मित प्रतिबिम्ब सदैव सीधा होता है।

(ii) **अवतल दर्पण** (Concave Mirror)

- अवतल दर्पण एक वक्राकार दर्पण है जिसमें परावर्तक सतह प्रेक्षक से दूर अन्दर की ओर मुड़ी होती है।
- अवतल दर्पण की फोकस दूरी निम्न प्रकार व्यक्त की जाती है

$$\frac{1}{f}=\frac{1}{v}+\frac{1}{u}$$

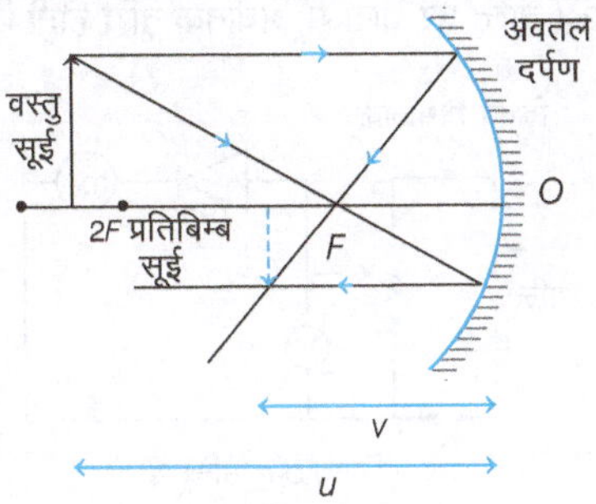

अवतल दर्पण द्वारा निर्मित प्रतिबिम्ब के गुण

(Properties of Image formed by a Concave Mirror)

(a) अवतल दर्पण द्वारा निर्मित प्रतिबिम्ब वास्तविक या आभासी हो सकता है, जो दर्पण के फोकस बिन्दु के सापेक्ष वस्तु की स्थिति पर निर्भर करता है।

(b) यदि वस्तु फोकस बिन्दु से दूर स्थित है, तो प्रतिबिम्ब वास्तविक तथा उल्टा होगा और यदि वस्तु फोकस बिन्दु और दर्पण के मध्य स्थित है, तो प्रतिबिम्ब आभासी और सीधा होगा।

(c) अवतल दर्पण द्वारा निर्मित प्रतिबिम्ब आकार में या तो बड़ा या छोटा हो सकता है। यदि वस्तु $2F$ से दूर स्थित है, तो प्रतिबिम्ब का आकार छोटा होगा और यदि वस्तु $2F$ और दर्पण के बीच स्थित है, तो प्रतिबिम्ब बड़ा होगा।

(iii) **उत्तल लेन्स** (Convex Lens)

- लम्बन विधि एक तकनीक है जिसका उपयोग उत्तल लेन्स की फोकस दूरी निर्धारित करने के लिए किया जाता है।
- इसमें विभिन्न दूरियों से लेन्स के माध्यम से देखने पर वस्तु की स्थिति में स्पष्ट परिवर्तन का अवलोकन करना सम्मिलित है।
- उत्तल लेन्स एक वक्राकार लेन्स है। इसका मध्य भाग मोटा तथा किनारे पतले होते हैं। इस लेन्स से गुजरने वाली प्रकाश की किरणें फोकस बिन्दु पर अभिसरित होती हैं।
- इस लेन्स की फोकस दूरी निम्न सूत्र द्वारा ज्ञात की जाती है।

$$\frac{1}{f}=\frac{1}{v}-\frac{1}{u}$$

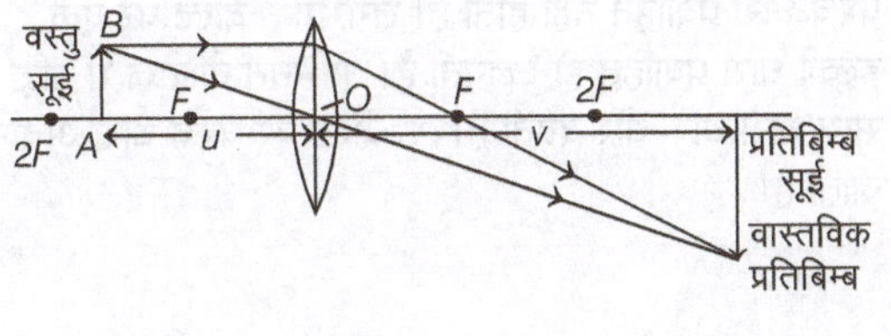

निर्मित प्रतिबिम्ब के गुण (Properties of Image Formed)

(a) बनने वाला प्रतिबिम्ब वास्तविक या आभासी हो सकता है। यह फोकस दूरी के सापेक्ष वस्तु की स्थिति पर निर्भर करता है।

(b) यदि वस्तु फोकस दूरी से दूर स्थित है, तो प्रतिबिम्ब वास्तविक और उल्टा होगा और यदि वस्तु फोकस दूरी और लेन्स के मध्य होती है, तो प्रतिबिम्ब आभासी तथा सीधा होगा।

(c) यदि वस्तु $2F$ से अधिक दूरी पर स्थित है, तो प्रतिबिम्ब छोटा होगा और यदि वस्तु $2F$ और लेन्स के बीच स्थित है, तो प्रतिबिम्ब का आकार बड़ा होगा।

प्रयोग 14 (Experiment 14)

किसी त्रिकोणीय प्रिज्म के लिए न्यूनतम विचलन कोण।

- प्रिज्म एक समरूप पारदर्शी माध्यम है जो एक कोण पर झुकी हुई दो समतल सतहों से घिरा होता है। इन सतहों को अपवर्तक सतह कहते हैं और इनके बीच के कोण को अपवर्तक कोण या प्रिज्म कोण कहते हैं। इसे A द्वारा दर्शाया जाता है।
- आपतित किरण और निर्गत किरण के बीच के कोण को विचलन कोण (Deviation Angle) कहते हैं। इसे δ द्वारा दर्शाया जाता है।
- प्रिज्म के द्वारा अपवर्तन

$$\delta_m = i + e - A$$

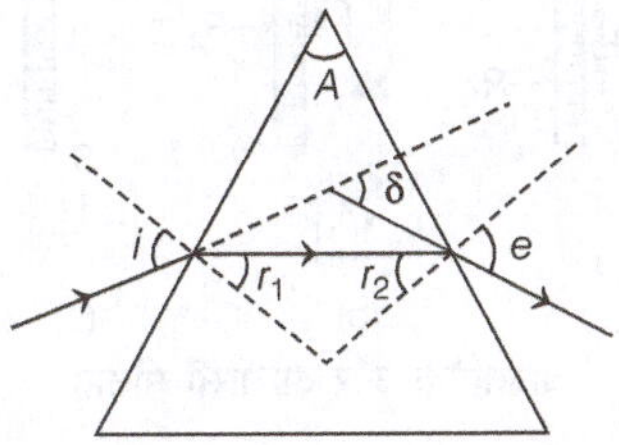

जहाँ, $A = r_1 + r_2$

- प्रिज्म के पदार्थ का अपवर्तनांक ज्ञात करने के लिए निम्न सूत्र का उपयोग किया जाता है

$$\mu = \frac{\sin\left(\frac{A+\delta_m}{2}\right)}{\sin\left(\frac{A}{2}\right)}$$

- त्रिकोणीय प्रिज्म के लिए विचलन कोण तथा आपतन कोण के मध्य आरेख को नीचे दिए गए चित्र में दर्शाया गया है।

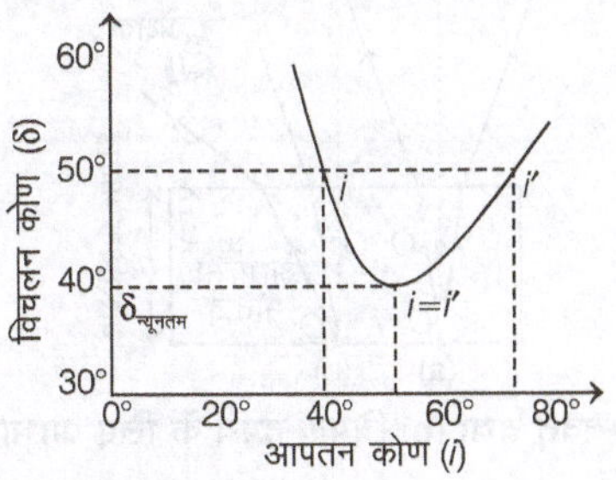

प्रयोग 15 (Experiment 15)

गतिक सूक्ष्मदर्शी (Travelling Microscope) का उपयोग करके काँच के स्लैब का अपवर्तनांक ज्ञात करना।

- प्रकाश के एक पारदर्शी माध्यम से दूसरे पारदर्शी माध्यम में प्रसार की घटना को अपवर्तन (Refraction) कहते हैं। इस घटना में प्रकाश अपने मूल मार्ग से विचलित हो जाता है।
- पहले माध्यम में प्रकाश के वेग का दूसरे माध्यम में प्रकाश के वेग के अनुपात, पहले माध्यम के सापेक्ष दूसरे माध्यम का अपवर्तनांक कहलाता है।
- अपवर्तनांक के कारण ही स्लैब की निचली सतह उभरी हुई प्रतीत होती है, जिस कारण आभासी मोटाई (Apparent thickness) वास्तविक मोटाई से कम प्रतीत होती है। स्लैब की वास्तविक मोटाई तथा आभासी मोटाई के अनुपात को स्लैब का अपवर्तनांक कहते हैं।

$$\mu = \frac{\text{वास्तविक मोटाई}}{\text{आभासी मोटाई}}$$

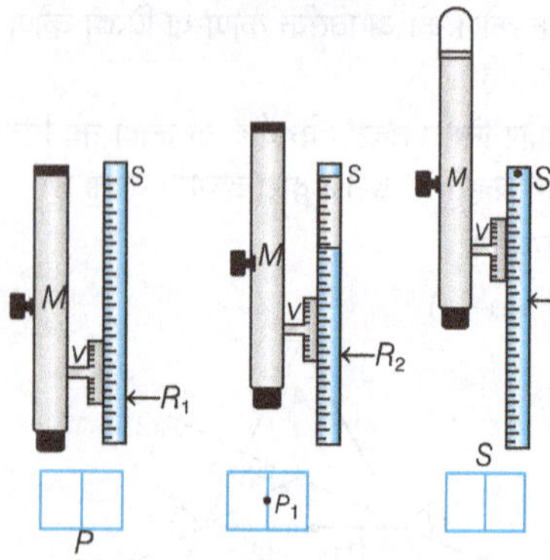

वास्तविक और आभासी मोटाई

गतिक सूक्ष्मदर्शी (Travelling Microscope)

- गतिक सूक्ष्मदर्शी एक परिशुद्ध उपकरण है जिसका उपयोग उच्च परिशुद्धता के साथ छोटी दूरी को मापने के लिए किया जाता है।
- यह एक मिश्रित माइक्रोस्कोप है जो एक कैरिज पर लगाया जाता है। आवश्यकता अनुसार इसे अंशाकित पैमाने पर खिसकाया जा सकता है।
- इसकी आवर्धन प्रणाली द्वारा मापी जा रही वस्तु को उच्च परिशुद्धता के साथ देखा जा सकता है।

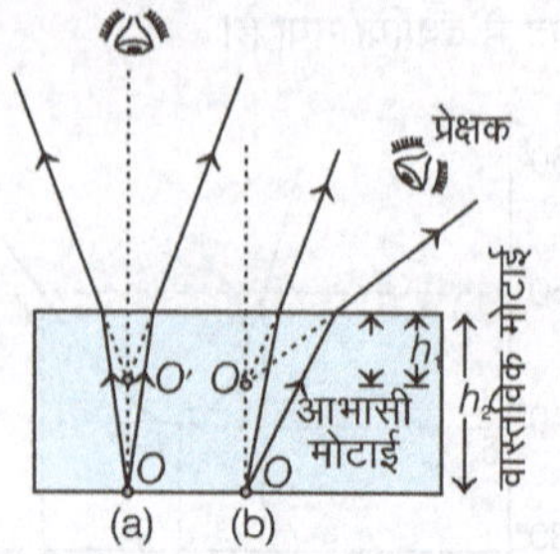

(a) **अभिलम्बवत् तथा** (b) **त्रियक दृश्य के लिए आभासी मोटाई**

प्रयोग 16 (Enperiment 16)

अग्र अभिनत (Forward Bias) तथा पश्च् अभिनत (Reverse bias) में *p-n* सन्धि डायोड का अभिलाक्षणिक वक्र खींचना।

(i) नीचे चित्र में अग्र अभिनत *p-n* सन्धि डायोड का परिपथ दर्शाया गया है

- अग्र अभिनत वाले *p-n* सन्धि डायोड में अभिनत वोल्टेज में वृद्धि के साथ, अग्र धारा प्रारम्भ में धीरे-धीरे तथा फिर तेजी से बढ़ती है। लगभग 2.4 वोल्ट पर धारा में अचानक वृद्धि होती है।

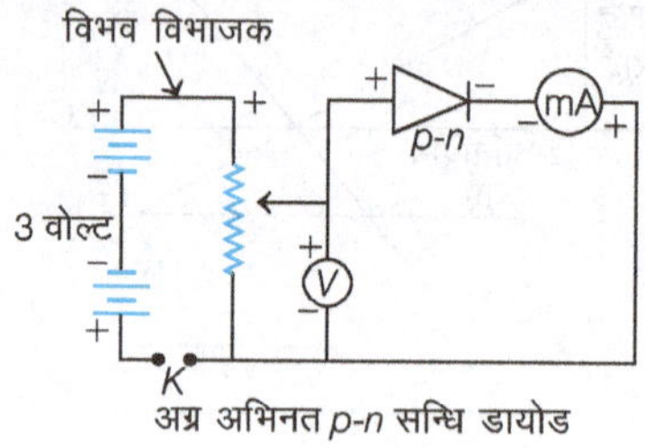

अग्र अभिनत *p-n* सन्धि डायोड

- अग्र अभिनत में सन्धि प्रतिरोध (Function resistance) निम्न प्रकार दर्शाया जाता है $R_f = \frac{\Delta V_F}{\Delta I_F}$

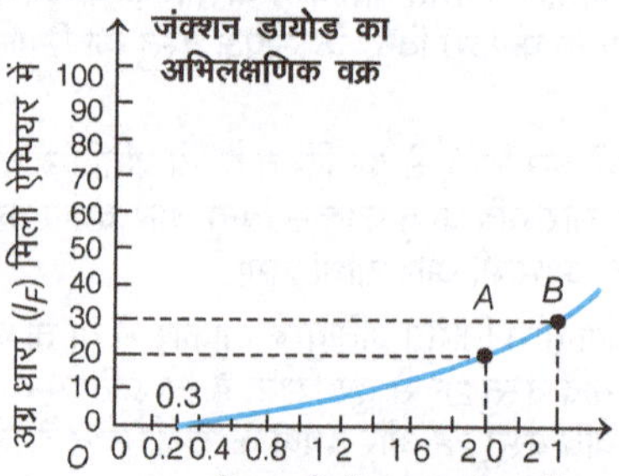

(ii) पश्च अभिनत में *p-n* सन्धि डायोड का परिपथ नीचे चित्र में दर्शाया गया है।

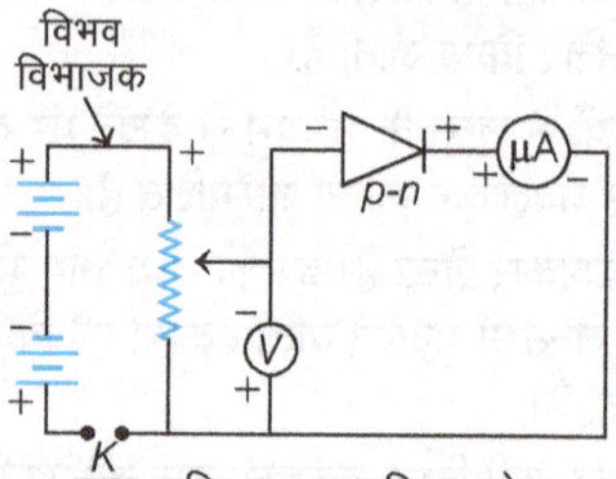

पश्च अभिनत *p-n* सन्धि डायोड

- पश्च अभिनत *p-n* सन्धि डायोड में प्रारम्भ में कोई ध्यान योग्य पश्च धारा प्रवाहित नहीं होती है। लगभग 5 वोल्ट पर एक हल्की धारा प्रवाहित होने लगती है। अभिनत वोल्टेज में वृद्धि के साथ धारा धीरे-धीरे बढ़ती है। 25 वोल्ट पर पश्च धारा अचानक बढ़ जाती है।

- पश्च अभिनत में सन्धि प्रतिरोध निम्न प्रकार दर्शाया जाता है।

$$R_R = \frac{\Delta V_R}{\Delta I_R}$$

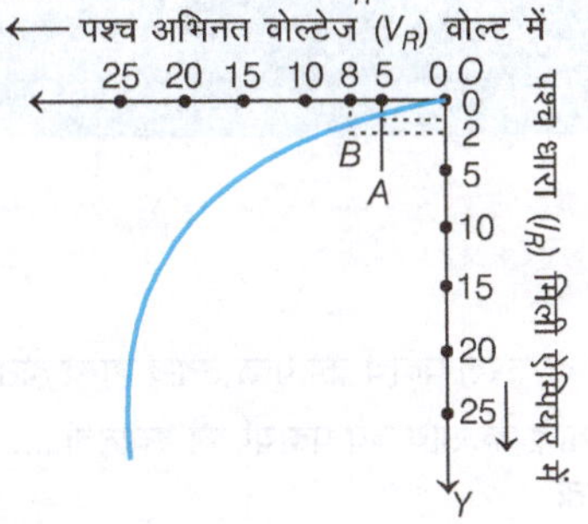

प्रयोग 17 (Experiment 17)

जेनर डायोड के अभिलाक्षणिक वक्र तथा पश्च ब्रेकडाउन विभवान्तर (Reverse Breakdown Voltage) ज्ञात करना।

- **जेनर डायोड (Zener Diode)**—जेनर डायोड एक अर्द्धचालक डायोड है, जिसमें *n*-प्रकार अर्द्धचालक पर *p*-प्रकार के भाग को भारी मात्रा में डोप (Dope) किया जाता है। इस भारी डोपिंग के परिणामस्वरूप पश्च विभवान्तर का मान कम हो जाता है।

एवलांच प्रभाव (Avalanche Effect)

- जब जेनर डायोड में पश्च अभिनत वोल्टेज एक निश्चित सीमा से अधिक हो जाता है, तो डायोड में एवलांच प्रभाव उत्पन्न होता है। यह प्रभाव आयनीकरण के माध्यम से इलेक्ट्रॉन रिक्त जोड़े के उत्पादन का कारण बनता है, जिसके परिणामस्वरूप डायोड के माध्यम से प्रवाहित होने वाली पश्च धारा में तेजी से वृद्धि होती है। इस प्रभाव का उपयोग जेनर डायोड में वोल्टेज को विनियमित करने और एक स्थिर आउटपुट वोल्टेज प्रदान करने के लिए किया जाता है।
- जेनर डायोड के पश्च ब्रेकडाउन वोल्टेज को जेनर वोल्टेज (V_Z) कहते हैं। ब्रेकडाउन के पश्चात् डायोड में उत्पन्न होने वाली पश्च धारा को जेनर धारा (I_Z) कहते हैं।

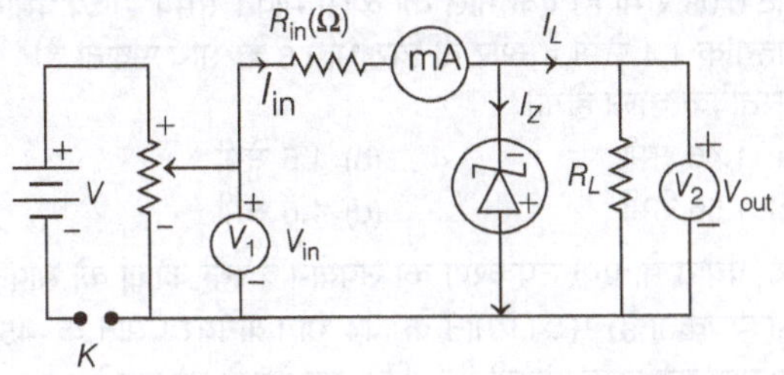

$$I_L = I_{in} - I_z \quad \dots(i)$$

$$V_{out} = V_{in} - R_{in}I_{in} \quad \dots(ii)$$

$$V_{out} = R_L I_L \quad \dots(iii)$$

प्रारम्भ में जैसे जैसे V_{in} बढ़ता है I_{in} भी थोड़ा बढ़ता है, साथ ही V_{out} भी बढ़ता है।

- ब्रेकडाउन पर V_{in} वृद्धि के कारण I_{in} में बड़ी मात्रा में वृद्धि होती है। परिणामस्वरूप $V_{out} = V_{in} - R_{in}I_{in}$ नियत रहता है। V_{out} का यह स्थिर मान जो पश्च ब्रेकडाउन वोल्टेज में जेनर वोल्टेज कहलाता है। इसे निम्न समीकरण द्वारा दर्शाया जाता है।

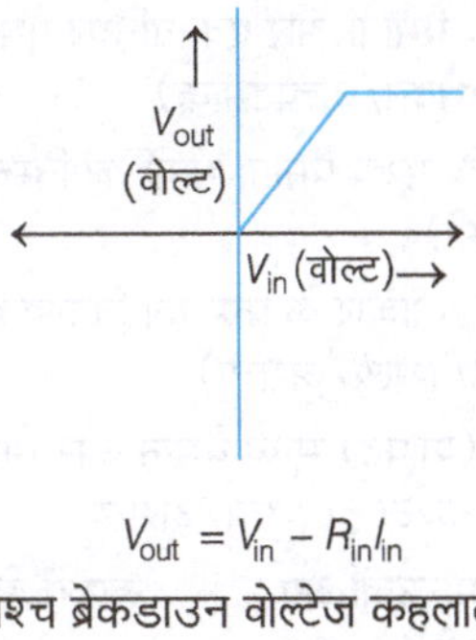

$$V_{out} = V_{in} - R_{in}I_{in}$$

V_{out} का स्थिर मान पश्च ब्रेकडाउन वोल्टेज कहलाता है।

- इनपुट वोल्टेज तथा आउटपुट वोल्टेज के बीच क्रमशः *X*-अक्ष और *Y*-अक्ष के साथ खीचा गया ग्राफ चित्र में दिखाया गया हैं।

प्रयोग 18 (Experiment 18)

एक मिश्रित संग्रह से डायोड, LED, प्रतिरोध, संधारित्र जैसे अवयवों की पहचान करना।

प्रत्येक वस्तु की पहचान हेतु इनकी संरचना तथा कार्यविधि को दृष्टिगत रखना अनिवार्य है।

(i) **डायोड (Diode)** डायोड एक टर्मिनल वाली युक्ति है। यह अग्र अभिनत में कार्य करता है किन्तु पश्च अभिनत में कार्य नहीं करता है।

(ii) **LED** LED का अर्थ है लाइट एमिटिंग डायोड। इसमें दो टर्मिनल होते हैं और यह अग्र अभिनत में कार्य करता है जबकि पश्च अभिनत में कार्य नहीं करता है। कार्य के दौरान यह प्रकाश का उत्सर्जन करता है।

(iii) **प्रतिरोध (Resistor)** प्रतिरोध भी एक, दो टर्मिनल की युक्ति है। यह अग्र अभिनति तथा पश्च अभिनति दोनों में कार्य करता है। यह AC तथा DC वोल्टेज में कार्य करता है।

(iv) **संधारित्र (Capacitor)** संधारित्र दो टर्मिनल की युक्ति है और यह अग्र अभिनति या पश्च अभिनति में कार्य नहीं करता है। जबकि यह AC वोल्टेज के साथ कार्य करता है।

Step by Step

Mastering NCERT

- कॉन्सेप्ट बिल्डर्स
- शीर्षकवार प्रश्न
- अभिकथन–कारण प्रश्न
- कथन आधारित प्रश्न
- सुमेलन प्रकार प्रश्न
- आंकिक मान प्रकार के प्रश्न
- NCERT Exemplar प्रश्न
- विगत परीक्षाओं के प्रश्न
- स्किल बूस्टर्स

कॉन्सेप्ट बिल्डर्स

1 .... एक मुख्य पैमाना और एक वर्नियर पैमाना के भागों के मध्य का अन्तर है। (विभेदन/अल्पतमांक)

2 वर्नियर कैलिपर्स के मुख्य पैमाना भागों का निम्नतम मान ... होता है। (0.1 मिमी/1 मिमी)

3 एक स्क्रू ग्रेज में C-आकार के फ्रेम का निकाय होता है जिसमें निहाई और बैरल होती है। (सत्य/असत्य)

4 स्क्रू गेज में रैचेट (शाफ्ट) मुख्य पैमाने और आधार रेखा को चिन्हित करने में सहायता करता है। (सत्य/असत्य)

5 अवमंदित दोलन में ऊर्जा क्षय .... रूप में होती है। (रैखिक/चरघातांकी)

6 पेण्डुलम के अवमंदित दोलन में कुल ऊर्जा संरक्षित नहीं होती है। (सत्य/असत्य)

7 यदि दो समान एवं विपरीत बल .... दूरी पर कार्य करते हैं तो एक युग्म बनता है। (लम्बवत्/समानान्तर)

8 यंग मापांक की विमा क्या है?

9 प्रतिबल तथा विकृति ग्राफ (प्रत्यास्थता सीमा के भीतर) में किस प्रकार की आकृति को प्रेक्षित किया जाता है?

10 पानी का पृष्ठ तनाव तेल से अधिक होता है। (सत्य/असत्य)

11 किस प्रकार के तरल पदार्थ का पृष्ठ तनाव शून्य होता है?

12 तापमान में वृद्धि के साथ द्रव पदार्थों की श्यानता .... है। (बढ़ती/घटती)

13 300 K पर वायु में ध्वनि की गति ज्ञात करने के लिए अनुनाद नली विधि का उपयोग किया जाता है। (सत्य/असत्य)

14 ध्वनि का वेग तापमान T पर .... प्रकार से निर्भर करता है ($\sqrt{T}$ / $T^{3/2}$)

15 किसी ठोस की विशिष्ट ऊष्मा ठोस के आयतन पर निर्भर करती है। (सत्य/असत्य)

16 खुली कुंजी का प्रतिरोध क्या है?

17 मीटर सेतु प्रयोग का उपयोग अज्ञात प्रतिरोध के मान की गणना करने के लिए ओम के नियम का उपयोग किया जाता है। (सत्य/असत्य).

18 जब कोई किरण 30° शीर्ष वाले ग्लास प्रिज्म के किसी एक फलक पर अभिलम्बवत् पड़ती है तो किरण का विचलन कोण क्या होगा?

19 दूर स्थित वृक्ष का वास्तविक प्रतिबिम्ब .... लेन्स द्वारा प्राप्त किया जा सकता है। (उत्तल/अवतल)

20 जेनर डायोड का उपयोग...... (वोल्टता नियतांक/प्रवर्द्धक) के रूप में .... DC/AC परिपथ में किया जाता है।

शीर्षकवार प्रश्न

प्रयोग-1 वर्नियर कैलिपर्स

1 एक असामान्य वर्नियर में वर्नियर पैमाने का भाग 9 मुख्य पैमाने के भाग 6 के साथ संपाती हो तो वर्नियर का अल्पतांक क्या होगा?

(a) $\frac{1}{2}$ मिमी (b) 0.2 मिमी
(c) 0.33 मिमी (d) 0.8 मिमी

2 वर्नियर कैलिपर्स में मुख्य पैमाने पर प्रत्येक सेमी को 15 बराबर भागों में विभाजित किया जाता हैं यदि वर्नियर पैमाने का 8वां भाग मुख्य पैमाने के 6वें भाग के साथ संपाती है, तो वर्नियर स्थिरांक का मान है?

(a) 0.10 मिमी
(b) 0.16 मिमी
(c) 0.19 मिमी
(d) 0.20 मिमी

3 वर्नियर कैलिपर्स का वर्नियर स्थिरांक 0.2 मिमी है और इसमें शून्य त्रुटि 0.08 सेमी है। एक गोले का व्यास मापते समय, मुख्य पैमाने का पाठ्यांक 1.4 सेमी है और वर्नियर भाग 6 के साथ संपाती है। वास्तविक व्यास होगा।

(a) 1.46 सेमी (b) 1.5 सेमी
(c) 1.56 सेमी (d) 1.6 सेमी

4 एक प्रयोग में, एक उपकरण का उपयोग करके कोणों को मापने की आवश्यकता है। मुख्य पैमाने के 44 भाग वर्नियर पैमाने के 45 भाग के साथ पूरी तरह संपाती हैं। यदि मुख्य पैमाने का सबसे छोटा समभाग 0.5° है, तो उपकरण का अल्पतमांक है

(a) एक मिनट (b) डेढ मिनट
(c) एक डिग्री (d) आधा डिग्री

5 वर्नियर कैलीपर्स के अल्पतमांक को निम्न प्रकार परिभाषित किया गया है

(a) मुख्य स्केल भाग और वर्नियर स्केल भाग का अनुपात
(b) मुख्य स्केल भाग और वर्नियर स्केल भाग के मध्य अन्तर
(c) मुख्य स्केल भाग और वर्नियर स्केल भाग का गुणनफल
(d) मुख्य स्केल भाग और वर्नियर स्केल भाग का योग

प्रयोग-2 स्क्रूगेज

6 एक स्क्रू गेज के मुख्य पैमाने का अल्पतमांक 2 मिमी है। एक तार का व्यास 8 μm मापने के लिए उसके वृत्ताकार पैमाने पर आवश्यक विभाजकों की न्यूनतम संख्या है

(a) 250 (b) 200
(c) 300 (d) 150

7 एल्युमीनियम की एक पतली शीट की मोटाई मापने के लिए 0.4 मिमी चुड़ी अन्तराल का एक स्क्रूगेज और 20 भागों वाला एक गोलाकार पैमाने का उपयोग किया जाता हैं। मापन शुरू करने से पहले, यह पाया गया कि जब स्क्रूगेज के दो सिरों (जबड़े) को सम्पर्क में लाया जाता है तो मुख्य पैमाना रेखा में 25वाँ भाग संपाती होता है। और मुख्य पैमाने का शून्य बहुत मुश्किल से दिखाई देता है। यदि मुख्य पैमाने का पाठयांक 0.6 मिमी है और मुख्य पैमाने रेखा में 15वाँ भाग संपाती है, तो शीट की मोटाई क्या होगी?

(a) 0.95 मिमी (b) 1.05 मिमी
(c) 1.00 मिमी (d) 0.90 मिमी

8 जब किसी तार का व्यास मापने के लिए स्क्रूगेज का उपयोग किया जाता है तो निम्नलिखित पाठ्यांक देता है।
मुख्य पैमाने का पाठ्यांक — 1 मिमी
वृत्ताकार पैमाने का पाठ्यांक — 62 वाँ भाग
दिया गया है कि मुख्य पैमाने पर 2 मिमी के सापेक्ष वृत्ताकार पैमाने के 100 भाग होते हैं।
उपरोक्त आँकड़ो से तार का व्यास है

(a) 0.002 सेमी (b) 0.422 सेमी
(c) 0.042 सेमी (d) 0.224 सेमी

9 एक स्क्रूगेज में पेंच के 5 पूर्ण घूर्णनों के कारण यह 0.20 सेमी की एक रैखिक दूरी तय करता है। यहाँ 50 वृत्ताकार पैमाने के भाग हैं। इस स्क्रूगेज द्वारा मापी गई तार की मोटाई के लिए मुख्य पैमाना का पाठ्यांक भाग 6 और वृत्ताकार पैमाना भाग 40 देती है। नगण्य शून्य त्रुटि मानते हुए, तार की मोटाई है

(a) 0.312 सेमी (b) 0.272 सेमी
(c) 0.252 सेमी (d) 0.432 सेमी

10 निम्नलिखित में से किसे स्क्रूगेज द्वारा मापा जा सकता है?

(a) किसी तार की लम्बाई को
(b) सीसे के छर्रों के व्यास को
(c) सीसे के छर्रों के वजन को
(d) काँच की प्लेट के व्यास को

प्रयोग-3 सरल लोलक की ऊर्जा का क्षय

11 b अवमंदन स्थिरांक वाले अवमंदित दोलन में दोलन के आयाम को आधा होने में कितना समय लगेगा?

(a) $\frac{b}{m}\ln 2$ (b) $\frac{b}{2m}\ln 2$
(c) $\frac{m}{b}\ln 2$ (d) $\frac{2m}{b}\ln 2$

12 तीन छात्रा S_1, S_2 एवं S_3 एक सरल लोलक या दोलक का उपयोग करके गुरुत्वीय त्वरण g का निर्धारण करने के लिए एक प्रयोग करते हैं। वे दोलन की विभिन्न लम्बाइयों का उपयोग करते हैं और अलग-अलग दोलनों की संख्या के लिए समय अंकित करते हैं, वो प्रेक्षण तालिका में प्रदर्शित हैं।

छात्र सं.	लोलक की लम्बाई (सेमी)	दोलनों की संख्या n	n दोलनों के लिए कुल समय (t)	समय अवधि (S)
1.	60	7	84	12
2.	40	8	80	10
3.	60	8	96	12

(लम्बाई का अल्पतमांक = 0.1 सेमी, समय का अल्पतमांक = 0.1 सेकण्ड)

यदि E_1, E_2 और E_3 छात्र क्रमशः 1, 2 और 3 के लिए g में प्रतिशत त्रुटियाँ हैं, तो छात्र संख्या द्वारा प्राप्त न्यूनतम प्रतिशत त्रुटि है

(a) 3 (b) 2
(c) 1 और 2 दोनों (d) 1

13 गुरुत्वीय त्वरण निर्धारित करने के लिए एक प्रयोग में, लोलक की लम्बाई 1 सेमी अल्पतमांक वाले मीटर पैमाने द्वारा 98 सेमी मापी जाती है, दोलन की समय अवधि को 1 सेकण्ड अल्पतमांक वाली विराम घड़ी की सहायता से मापा जाता है। 50 दोलनों की समय अवधि 98 सेकण्ड पायी जाती है। उचित त्रुटि सीमाओं के साथ g का व्यक्त मान है

(a) (10.1 ± 0.5) मी/से^{2}
(b) (10.1 ± 0.2) मी/से^{2}
(c) (10.1 ± 0.3) मी/से^{2}
(d) 10.7 मी/से^{2}

14 पृथ्वी की परिक्रमा कर रहे उपग्रह के अन्दर रखे सरल लोलक का आवर्तकाल है

(a) शून्य (b) अनन्त
(c) T (d) इनमें से कोई नहीं

15 एक सरल लोलक की लम्बाई और आवर्तकाल के वर्ग के मध्य ग्राफ है

(a) परवलय (b) वृत्त
(c) सीधी रेखा (d) अतिपरवलय

प्रयोग -4 मीटर पैमाना

16 मीटर पैमाने पर वेज (Wedge) को 50 सेमी निशान के नीचे रखा गया है। 2 किग्रा और 3 किग्रा के ज्ञात द्रव्यमान को क्रमशः 25 सेमी और 35 सेमी निशान पर लटकाया गया हैं। 5 किग्रा के द्रव्यमान को मीटर पैमाने पर सन्तुलन बनाने के लिए कहाँ लटकाया जाएगा? (मीटर पैमाने के द्रव्यमान को नगण्य मानने पर)

(a) 65 सेमी (b) 69 सेमी
(c) 73 सेमी (d) 71 सेमी

17 जब एक वेज (wedge) के ऊपर मीटर सकेल को संतुलित किया जाता है, तो 2 किग्रा द्रव्यमान को 20 सेमी निशान पर लटका दिया जाता है और 3 किग्रा द्रव्यमान को 100 सेमी के निशान पर लटका दिया जाता है। पैमाने को संतुलित करने के लिए मीटर स्केल के किस निशान पर, आलंब को स्थानांतरित किया जाना चाहिए (मीटर स्केल का द्रव्यमान नगण्य)?

(a) 78 सेमी (b) 48 सेमी (c) 68 सेमी (d) 58 सेमी

18 माना आघूर्णो को सन्तुलित करने के प्रयोग में, मान लीजिए 60 सेमी के निशान पर आलम्ब है और लम्बी भुजा पर ज्ञात द्रव्यमान का उपयोग किया जाता है। m का वह अधिकतम द्रव्यमान, जिसे 4 किग्रा के द्रव्यमान के विरुद्ध इस प्रकार सन्तुलित किया जा सकता है कि दोनों में से आयाम किसी भी द्रव्यमान की न्यूनतम दूरी कम से कम 15 सेमी दूरी है। (मीटर पैमाने का द्रव्यमान नगण्य)

(a) 16 किग्रा (b) 18 किग्रा (c) 20 किग्रा (d) 12 किग्रा

19 पैमाने और वेज प्रयोग में, m वेज से x दूरी है पर स्थित है और M वेज से y दूरी साम्यावस्था दूरी में स्थित है। अब, यदि $M < m$ तो x और y के मध्य क्या सम्बन्ध है?

(a) $x = y$
(b) $x < y$
(c) $x > y$
(d) x और y के विषय में कुछ नहीं कहा जा सकता

20 जब बल आघूर्ण अधिकतम होता है, तो बल और बल के स्थिति सदिश के बीच का कोण क्या होता है?

(a) 0° (b) 45° (c) 90° (d) 180°

प्रयोग-5 यंग मापांक

21 सर्ल के उपकरण प्रयोग में 1.0 मिमी त्रिज्या और 2 मी लम्बाई के स्टील के तार से M किग्रा द्रव्यमान के भार को लटकाया जाता है। तार में उत्पन्न लम्बाई में वृद्धि 6.0 मिमी है। अब, भार को आपेक्षिक घनत्व 3 के द्रव में पूरी तरह से डुबोया जाता है। भार के पदार्थ का आपेक्षिक घनत्व 9 है। स्टील के तार की लम्बाई में वृद्धि का नया मान है

(a) 4 मिमी (b) 3 मिमी (c) 5 मिमी (d) 6 मिमी

22 5 मी लम्बा और 10 सेमी व्यास के स्टील का ठोस बेलनाकार स्तम्भ का यंग मापांक $Y_{\text{स्टील}} = 1.9 \times 10^{11}$ न्यूटन/मीटर^2 है। भार 7×10^4 वहन करते समय स्तम्भ की लम्बाई में कमी होगी।

(a) 2.35 मिमी (b) 2.29 मिमी
(c) 3.45 मिमी (d) 4.35 मिमी

23 2 मी लम्बी पतली छड़ की त्रिज्या 6 मिमी है। इसके यंग मापांक को निर्धारित करने के लिए एक सिरे पर 72 π किलो न्यूटन का बल लगाया जाता है। मान लीजिए कि, बल सही रूप में ज्ञात है, यदि सभी लम्बाइयों के मापन में अल्पतमांक 0.02 मिमी है, तो निम्न में से कौन सा कथन सही है?

(a) Y का अधिकतम मान 2×10^{14} न्यूटन/मी^{2} निर्धारित किया जा सकता है
(b) $\frac{\Delta Y}{Y}$ लम्बाई में अनिश्चितता से न्यूनतम योगदान प्राप्त होता है।
(c) $\frac{\Delta Y}{Y}$ विकृति में अनिश्चितता से अधिकतम योगदान प्राप्त होता है।
(d) दक्षतांक अपनी छड़ की लम्बाई के लिए सबसे बड़ा होता है।

24 किसी तार का यंग मापांक किस गुण पर निर्भर करता है?

(a) प्रतिबल
(b) विकृति
(c) परम तनन प्रतिबल
(d) तार के पदार्थ

25 किसी तार का भंजन प्रतिबल निर्भर करता है

(a) तार के पदार्थ
(b) तार की लम्बाई
(c) तार की त्रिज्या
(d) अनुप्रस्थ-काट के आकार

प्रयोग-6 द्रव का पृष्ठ तनाव

26 यदि द्रव का सम्पर्क कोण 120° तथा पृष्ठ तनाव 0.75 न्यूटन/मीटर है तो 0.3 मिमी की एक काँच की नली में द्रव का पृष्ठ कितनी गहराई तक दब जाएगा। (द्रव का घनत्व 15.5×10^3 किग्रा/मी^{3} है)

(a) 2.5 सेमी (b) 1.6 सेमी (c) 1.2 सेमी (d) 3.2 सेमी

27 किसी बर्तन में पारा बिना किसी रिसाव के कितनी ऊँचाई तक भरा जा सकता है, यदि बर्तन के तल पर 0.4 मिमी व्यास का एक सूक्ष्म छिद्र हो (पारे का घनत्व $= 13.6 \times 10^3$ किग्रा/मी^{3} पारे का पृष्ठ तनाव $= 650 \times 10^{-3}$ न्यूटन /मीटर पारे के लिए बर्तन के साथ सम्पर्क कोण $= 60°$)

(a) 0.450 मी (b) 0.042 मी
(c) 0.024 मी (d) 0.240 मी

28 जब प्रत्येक पारे की 27 बूंदें (पृष्ठ तनाव 0.55 न्यूटन/मीटर) 0.5 मिमी त्रिज्या की एक बूंद से संयोजित होती है तो उत्सर्जित ऊर्जा की मात्रा होगी

(a) 31.1 माइक्रोजूल (b) 37.7 माइक्रोजूल
(c) 35.3 माइक्रोजूल (d) 29.9 माइक्रोजूल

29 वे तरल जो बर्तन की दीवारों को गीला नहीं करते उनमें

(a) आसंजक बल असंसजक बलों से बड़े होते हैं।
(b) संसजक बल आसंजक बलों से बड़े होते हैं।
(c) दोनों आसंजक और ससंजक बल परिमाण में बराबर होते हैं।
(d) उपरोक्त में से कोई नहीं

30 दो विभिन्न व्यासों की दो केशिका नलिकाएँ को पानी में डुबोया जाता हैं। नली में जल का उन्नयन होगा

(a) दोनों ट्यूबों में समान
(b) दीर्घतम व्यास की नली में अधिकतम
(c) सूक्ष्मतम व्यास की नली में अधिकतम
(d) ट्यूब के व्यास से स्वतन्त्र

प्रयोग-7 v_t का उपयोग करके श्यानता गुणांक

31 980 किग्रा/ मी^{3} घनत्व तथा 1.78 न्यूटन /से /मी^{2} श्यानता वाले तेल के माध्यम से गुरुत्वाकर्षण के अन्तर्गत 4 मिमी व्यास वाली एक स्टील की गेंद तेल में गिरती है। यदि स्टील का घनत्व 7980 किग्रा/मी^{3} है। तो गेंद का सीमान्त वेग होगा

(a) 4.4×10^{-2} मी/से (b) 3.4×10^{-2} मी/से
(c) 2.4×10^{-3} मी/से (d) 5.4×10^{-3} मी/से

32 5 मिमी व्यास वाली एक स्टील की बॉल बियरिंग ग्लिसरीन में गिरती है और 15 सेकण्ड में 30 सेमी की दूरी तय करती है। स्टील और ग्लिसरीन का विशिष्ट गुरुत्व क्रमशः 9.8 और 2.2 है। ग्लिसरीन की श्यानता लगभग है

(a) 62 पॉइज (b) 56 पॉइज
(c) 52 पॉइज (d) 48 पॉइज

33 समान आकार की तीन गोलाकार वर्षा की बूँदें 3 मीटर/सेकण्ड के सीमान्त वेग के साथ हवा में ऊर्ध्वाधर रूप से गिर रही हैं। यदि ये तीन बूंदें मिलकर एक बड़ी गोलाकार बूँद बना लें तो सीमान्त चाल क्या होगी

(a) 4.2 मीटर/सेकण्ड (b) 7.2 मीटर/सेकण्ड
(c) 5.2 मीटर/सेकण्ड (d) 6.2 मीटर/सेकण्ड

34 यदि तापमान बढ़ता है तो किसी द्रव के श्यानता गुणांक पर क्या प्रभाव पड़ता है?

(a) बढ़ता है (b) घटता है
(c) समान रहता है
(d) तापमान से स्वतन्त्र रहता है

35 कोई पिण्ड समुद्र के पानी में तैरता है लेकिन नदी के पानी में डूब जाता है क्योंकि

(a) समुद्र के पानी का घनत्व नदी के पानी से कम होता है।
(b) समुद्र के पानी का घनत्व नदी के पानी से अधिक होता है।
(c) समुद्र का पानी नदी के पानी की तुलना में शरीर पर कम दाब डालता है।
(d) नदी का पानी समुद्र के पानी से अधिक प्रदूषित है।

प्रयोग-8 अनुनादी नली का उपयोग करके ध्वनि की चाल

36 300 हर्ट्ज आवृत्ति वाले एक स्वरित्र को एक बेलनाकार ट्यूब के ठीक ऊपर कम्पन कराया जाता है। ट्यूब की ऊँचाई 125 सेमी है। इसमें धीरे-धीरे पानी डाला जाता है। अनुनाद के लिए पानी की आवश्यक न्यूनतम ऊँचाई है

(a) 12 सेमी (b) 8 सेमी
(c) 32 सेमी (d) 20 सेमी

37 एक पुरानी अनुनाद नली एक सिरा दाँतेदार है। इसका उपयोग अभी भी प्रयोगशाला में हवा में ध्वनि का वेग निर्धारित करने के लिए किया जाता है। 1500 हर्ट्ज आवृत्ति के स्वरित्र का प्रथम अनुनाद तब उत्पन्न होता है, जब नली को, नली के खुले सिरों के पास, सन्दर्भ चिन्ह के नीचे 15 सेमी तक भर दिया जाता है। 500 हर्ट्ज आवृत्ति के अन्य स्वरित्र के साथ प्रयोग को दोहराया जाता है जब पानी सन्दर्भ चिन्ह के नीचे 30 सेमी निशान पर पहुँच जाता है। प्रयोग में प्राप्त वायु में ध्वनि का वेग लगभग है

(a) 450 मीटर/सेकण्ड
(b) 400 मीटर/सेकण्ड
(c) 250 मीटर/सेकण्ड
(d) 500 मीटर/सेकण्ड

38 1 मीटर लम्बी अनुनाद नली की आन्तरिक त्रिज्या 33.0 सेमी मापी गई है। 2000 हर्ट्ज आवृत्ति के एक स्वरित्र का उपयोग किया गया है। पहली अनुनाद लम्बाई 4.6 सेमी मापी गई है और दूसरी अनुनाद लम्बाई 14.0 सेमी मापी गई हैं अंत्य संशोधन की गणना में प्रतिशत त्रुटि है

(a) 100% (b) 80% (c) 94% (d) 75%

39 जब आप अपने मोबाइल फोन की घण्टी की प्रबलता को बढ़ाते हैं, तो घण्टी की आवृत्ति

(a) बढ़ती है
(b) घटती है
(c) वही रहती है
(d) निर्धारित नहीं किया जा सकता

40 जब किसी बन्द वायु स्तम्भ की लम्बाई बढ़ाई जाती है, तो आवृत्ति

(a) घटेगी (b) बढ़ेगी
(c) नियत रहेगा (d) समान नहीं

प्रयोग-9 मिश्रण द्वारा द्रव/ठोस की विशिष्ट ऊष्मा

41 यदि 30°C पर 150 ग्राम की ठोस गेंद को 90°C पर बराबर मात्रा में पानी में डाला जाता है, तो परिणामी तापमान 45°C हो जाता है। इसका तात्पर्य है कि ठोस की विशिष्ट ऊष्मा

(a) पानी की विशिष्ट ऊष्मा की एक तिहाई है।
(b) पानी की विशिष्ट ऊष्मा के बराबर है
(c) पानी की विशिष्ट ऊष्मा की दोगुना है।
(d) पानी की विशिष्ट ऊष्मा की तीन गुना है

42 एक प्रयोग में 0.30 किग्रा द्रव्यमान वाले एल्युमीनियम के गोले को 160°C तक गर्म किया जाता है।तत्पश्चात् इसे 27°C 160 क्यूबिक सेमी आयतन के पानी में डाल दिया जाता है, जिसे 0.040 किग्रा के तुल्य पानी के कैलोरीमीटर में रखा जाता है। निकाय का अन्तिम ताप 60°C है। एल्युमीनियम की विशिष्ट ऊष्मा (4.2 जूल = 1 कैलोरी) है

(a) 952 जूल/किग्रा °C
(b) 924 जूल/किग्रा °C
(c) 864 जूल/किग्रा °C
(d) 964 जूल/किग्रा °C

43 तीन विभिन्न द्रव A, B और C के समान द्रव्यमानों का तापमान क्रमशः 12°C, 19°C और 28°C है। जब A और B को मिलाया जाता है तो तापमान 16°C हो जाता है और जब B और C को मिलाया जाता है तो तापमान 23°C हो जाता है। जब A और C को मिलाया जाता है तो तापमान क्या होगा?

(a) 18.2° C (b) 22° C
(c) 20.2° C (d) 25.2° C

44 ऊष्मा के सम्बन्ध में निम्नलिखित में से कौन-सा कथन गलत है?

(a) दोनों पिण्डों का तापमान समान है, भले ही उनकी निहित ऊष्मा भिन्न हो।
(b) जब दो पिण्डों को मिलाया जाता है, तो कुल ऊष्मा दोनों पिण्डों की निहित ऊष्मा के योग के बराबर होती है।
(c) इसे कैलोरीमिति के सिद्धान्त द्वारा मापा जाता है।
(d) पिण्ड में निहित ऊष्मा उसके द्रव्यमान, तापमान और प्रकृति पर निर्भर करती है।

45 पानी का छिड़काव बन्द कमरे के तापमान को थोड़ा कम कर देता है क्योंकि

(a) जल ऊष्मा का कुचालक है
(b) वाष्पीकरण की गुप्त ऊष्मा जल में अधिक होती है।
(c) पानी का तापमान कमरे के तापमान से निम्न है।
(d) जल की विशिष्ट ऊष्मा उच्च होती है।

प्रयोग-10 मीटर सेतु का उपयोग करके प्रतिरोध

46 मीटर सेतु प्रयोग में, सम्बन्धित प्रेक्षण तालिका नीचे दिखाई गई है।

क्र. सं.	$R(\Omega)$	l (सेमी)
1.	1000	55
2.	100	11
3.	10	1.2
4.	1	1

कौन-सा पाठ्यांक असंगत है?

(a) 109 (b) 70
(c) 99 (d) 98

47 एक साधारण मीटर सेतु परिपथ में, निम्नतम प्रतिरोध वाली कुण्डलियों P और Q द्वारा अन्तरालों को एकीकृत किया जाता है। जब विसर्पी कुंजी (Jockey key) P सिरे से 45 सेमी दूरा सेतु तार के एक बिन्दु पर सम्पर्क बनाती है, तो सन्तुलन प्राप्त होता है। 50 Ω के प्रतिरोध के साथ कुण्डली Q को शंट (अल्प प्रतिरोध) करने पर, सन्तुलन बिन्दु 5 सेमी आगे बढ़ जाता है। P और Q पर प्रतिरोध हैं

(a) $P=\frac{100}{11}, Q=\frac{100}{9}$ (b) $P=\frac{100}{9}, Q=\frac{100}{11}$
(c) $P=\frac{100}{7}, Q=\frac{100}{9}$ (d) $P=\frac{100}{13}, Q=\frac{100}{11}$

48 मीटर सेतु प्रयोग में, S एक मानक प्रतिरोध है और R एक प्रतिरोध तार है। यह पाया गया है कि सन्तुलन लम्बाई $l = 25$ सेमी है। यदि R को समान पदार्थ के तार की आधी लम्बाई और आधे व्यास वाले तार से प्रतिस्थापित किया जाये, तो सन्तुलित दूरी l' ज्ञात कीजिए।

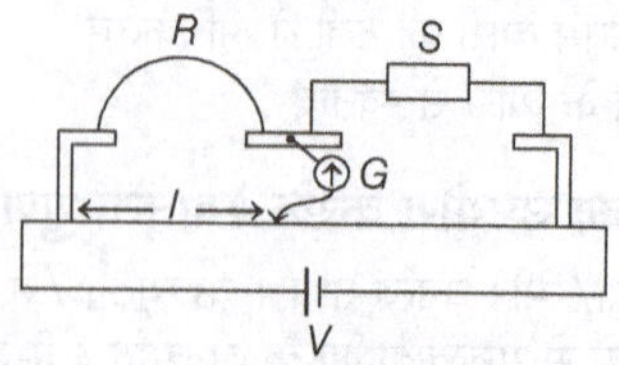

(a) 20 सेमी (b) 30 सेमी
(c) 40 सेमी (d) 50 सेमी

49 मीटर सेतु का उपयोग किया जाता है

(a) किसी परिपथ में विद्युत धारा के मापन हेतु
(b) किसी प्रतिरोध के सिरों पर विभवान्तर के मापन हेतु
(c) किसी प्रतिरोधक के प्रतिरोध के मापन हेतु
(d) परिपथ में आपूर्ति की गई शक्ति के मापन हेतु।

50. यदि मीटर सेतु के तार की त्रिज्या दोगुनी कर दी जाए, तो सन्तुलन लम्बाई पर क्या प्रभाव पड़ेगा?

(a) सन्तुलन लम्बाई शून्य हो जायेगी।
(b) सन्तुलन लम्बाई भी दोगुनी हो जायेगी।
(c) सन्तुलन लम्बाई वही रहेगी।
(d) सन्तुलन लम्बाई कम हो जायेगी।

प्रयोग-11 ओम के नियम का उपयोग करके प्रतिरोध

51 45 वोल्ट के स्रोत से ली गई धारा और 12 Ω प्रतिरोध में से प्रवाहित धारा क्रमशः है

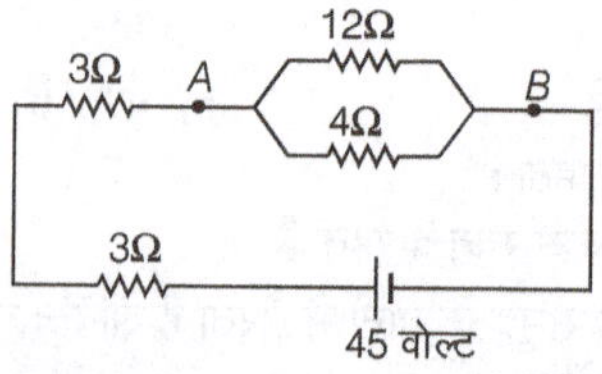

(a) 5 ऐम्पियर , 1.25 ऐम्पियर
(b) 5 ऐम्पियर, 1.5 ऐम्पियर
(c) 6 ऐम्पियर, 1.5 ऐम्पियर
(d) 6 ऐम्पियर, 1.25 ऐम्पियर

52 यदि एक ताँबे के तार को खींचकर उसे n = 02% लम्बा किया जाए, तो इसके प्रतिरोध में प्रतिशत परिवर्तन होगा

(a) 0.2% (b) 0.6% (c) 0.4% (d) 0.8%

53 एक तार के प्रतिरोध का ताप गुणांक 0.00145 प्रति डिग्री सेन्टीग्रेड है। 100°C पर इसका प्रतिरोध 2 Ω है। किस ताप पर तार का प्रतिरोध 3 Ω होगा?

(a) 767.8 केल्विन (b) 567.5 केल्विन
(c) 928.3 केल्विन (d) 727.56 केल्विन

54 किसी तार की प्रतिरोधकता निर्भर करती है
(a) तार की लम्बाई पर (b) अनुप्रस्थ-काट के क्षेत्रफल पर
(c) तार के पदार्थ पर (d) उपरोक्त सभी

55 ओम के नियम का पालन कई पदार्थ करते हैं, लेकिन यह प्रकृति का मूलभूत नियम नहीं है। यह विफल हो जाता है, यदि
(a) V, I पर अरैखिक रूप से निर्भर करता है
(b) V और I के बीच सम्बन्ध अद्वितीय नहीं है।
(c) V और I के बीच सम्बन्ध V के समान निरपेक्ष मान के लिए V के चिन्ह पर निर्भर करता है।
(d) समान I के लिए 1 वोल्ट से अधिक

प्रयोग-12 अर्द्ध-विक्षेपण विधि द्वारा प्रतिरोध

56 150 Ω प्रतिरोध वाले एक गैल्वेनोमीटर के पैमाने में 50 भाग हैं। 5×10^{-4} ऐम्पीयर की धारा प्रवाहित करने पर यह 1 भाग का विक्षेपण देता है। इसमें प्रतिरोध में कितने ओम जोड़ा जाना चाहिए, ताकि यह
5 वोल्ट परास का वोल्टमीटर बन सके?
(a) 50 Ω (b) 75 Ω
(c) 25 Ω (d) 100 Ω

57 एक चल कुण्डली धारामापी में 200 बराबर भाग हैं। इसकी धारा संवेदनशीलता 20 भाग प्रति मिली ऐम्पियर है और वोल्टता संवेदनशीलता 5 भाग प्रति मिलीवोल्ट है। प्रत्येक भाग को 1 V पढ़ने के लिए, कुण्डली के साथ श्रेणी में जोड़ने के लिए आवश्यक प्रतिरोध (ओम में) होगा
(a) $10^5 - 4$ (b) 9996
(c) $10^3 - 4$ (d) 19996

58 .... संयोजन द्वारा एक धारामापी को वोल्टमीटर में परिवर्तित किया जा सकता है।
(a) श्रेणी क्रम में कम प्रतिरोध के (b) श्रेणी क्रम में उच्च प्रतिरोध
(c) समान्तर क्रम में कम प्रतिरोध के (d) समान्तर क्रम में उच्च प्रतिरोध के

59 धारामापी की धारा संवेदनशीलता के सम्बन्ध में निम्नलिखित में से कौन सा कथन सही है?
(a) चुम्बकीय क्षेत्र में वृद्धि के साथ संवेदनशीलता बढ़ जाती है।
(b) कुण्डली का क्षेत्रफल बढ़ने पर संवेदनशीलता घटती है।
(c) फेरों की संख्या बढ़ने पर संवेदनशीलता कम हो जाती है।
(d) उपरोक्त में से एक से अधिक

प्रयोग-13 लम्बन का उपयोग करके लेन्स और दर्पण की फोकस लम्बाई

60 30 सेमी फोकस दूरी के उत्तल लेन्स से किसी वस्तु को कितनी दूरी पर रखा जाना चाहिए, ताकि प्रतिबिम्ब का आकार वस्तु का (1/4)वाँ भाग हो?
(a) 30 सेमी (b) 60 सेमी
(c) 15 सेमी (d) 150 सेमी

61 f फोकस दूरी का एक अवतल लेन्स एक प्रतिबिम्ब बनाता है जो वस्तु के आकार का n गुना है। लेन्स से वस्तु की दूरी है
(a) $(1+n)f$ (b) $(1-n)f$
(c) $\left(\frac{1+n}{n}\right)f$ (d) $\left(\frac{1-n}{n}\right)f$

62 f फोकस दूरी का एक उत्तल लेन्स किसी वस्तु और पर्दे के बीच मे कहीं रखा गया है। वस्तु और पर्दे के बीच की दूरी x है। यदि लेन्स द्वारा उत्पन्न आवर्धन का संख्यात्मक मान m है, तो लेन्स की फोकस दूरी क्या होगी?
(a) $\frac{mx}{(m+1)^2}$ (b) $\frac{(m+1)^2}{m}$
(c) $\frac{(m-1)^2}{m}x$ (d) $\frac{mx}{(m-1)^2}$

63 एक उत्तल लेन्स 20 सेमी दूरी पर रखी वस्तु का आभासी प्रतिबिम्ब 50 सेमी दूरी पर बनाता है। फोकस दूरी है
(a) $\frac{50}{3}$ सेमी (b) $\frac{100}{3}$ सेमी
(c) 100 सेमी (d) 20 सेमी

64 उत्तल लेन्स और समतल दर्पण का उपयोग करके प्रयोगात्मक रूप से किसी द्रव का μ ज्ञात करने पर, लम्बन तब हटता है, जब
(a) वस्तु की सुई $2f$ पर है।
(b) वस्तु सुई f और $2f$ के बीच स्थित है।
(c) वस्तु सुई लेन्स के रेखा छिद्र के फोकस पर है।
(d) उपरोक्त में से कोई नहीं

प्रयोग-14 प्रिज्म के लिए विचलन के बीच आपतन कोण

65 एक प्रिज्म जिसका अपवर्तनांक $\sqrt{2}$ और अपवर्तन कोण 30° है, का एक अपवर्तक पृष्ठ पॉलिश किया हुआ है। दूसरी अपवर्तन सतह पर आपतित प्रकाश की किरण अपना पथ निर्मित करेगी, यदि आपतन कोण है
(a) 20° (b) 30°
(c) 45° (d) 60°

66 एक किरण, एक प्रिज्म ABC ($AB = BC$) पर पड़ती है और चित्र में दिखाए अनुसार गमन करती है। प्रिज्म पदार्थ का न्यूनतम अपवर्तनांक होना चाहिए

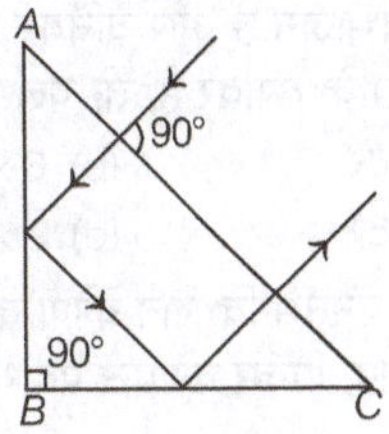

(a) $\sqrt{2}$ (b) $\sqrt{3}$
(c) 1.5 (d) $\frac{4}{3}$

67 प्रकाश की एक किरण एक समबाहु काँच के प्रिज्म से इस प्रकार गुजरती है कि आपतन कोण, निर्गत कोण के तुल्य है तथा इनमें से प्रत्येक कोण प्रिज्म कोण के 3/4 के बराबर है। विचलन कोण है–

(a) $30°$ (b) $20°$
(c) $39°$ (d) $45°$

68 $60°$ कोण वाले काँच के प्रिज्म द्वारा उत्पन्न न्यूनतम विचलन $30°$ है। यदि निर्वात में प्रकाश का वेग 3×10^8 मी/से है, तो काँच में प्रकाश का वेग (मी/से में) है

(a) 2.9×10^8 (b) 2.72×10^8
(c) 3.1×10^8 (d) 2.121×10^8

69 एक समबाहु प्रिज्म से प्रकाश की एक किरण इस प्रकार गुजरती है कि आपतन कोण, निर्गत कोण के बराबर है तथा बाद में प्रिज्म कोण के (2/3)वें भाग के बराबर है। विचलन कोण है

(a) $45°$ (b) $20°$
(c) $40°$ (d) $30°$

प्रयोग-15 सूक्ष्मदर्शी का उपयोग करके अपवर्तनांक

70 चल सूक्ष्मदर्शी का उपयोग करके काँच की पट्टी का अपवर्तनांक निर्धारित करने के लिए, आवश्यक न्यूनतम पाठ्यांकों की संख्या है

(a) एक (b) दो
(c) तीन (d) चार

71 5 मिमी फोकस लम्बाई वाले एक सूक्ष्मदर्शी की आवर्धन शक्ति 400 है। इसकी नली की लम्बाई 20 सेमी है। तो नेत्रिका की फोकस लम्बाई है

(a) 1.5 सेमी (b) 2.5 सेमी
(c) 0.1 सेमी (d) 10 सेमी

72 काँच के अपवर्तनांक को ज्ञात करने के लिए एक चल सूक्ष्मदर्शी का उपयोग करके एक प्रयोग किया जाता है। इस प्रयोग में दूरियों को किसके द्वारा मापा जाता है?

(a) सूक्ष्मदर्शी पर दिये गये वर्नियन पैमाना द्वारा
(b) एक मानक प्रयोगशाला पैमाना द्वारा
(c) सूक्ष्मदर्शी पर दिये गये स्क्रूगेज द्वारा
(d) सूक्ष्मदर्शी पर दिये गये मीटर स्केल द्वारा

73 एक काँच की पट्टिका के अपवर्तनांक को निर्धारित करने के लए एक चल सूक्ष्मदर्शी का उपयोग किया जाता है। यदि यहाँ मुख्य पैमाने पर 1 सेमी में 40 विभाजन हैं और वर्नियर पैमाने के भाग 50 मुख्य पैमाने के भाग 49 के बराबर हैं, तो चल सूक्ष्मदर्शी का अल्पतमांक है

(a) 5×10^{-6} मीटर (b) 6×10^{-6} मीटर
(c) 8×10^{-6} मीटर (d) 2×10^{-6} मीटर

74 किसी प्रिज्म के न्यूनतम विचलन कोण को उसके अपवर्तन कोण के तुल्य करने के लिए, प्रिज्म को ऐसे पदार्थ से बना होना चाहिए, जिसका अपवर्तनांक

(a) 2 और $\sqrt{2}$ क मध्य (b) $\sqrt{2}$ और 1 के मध्य
(c) 2 से बड़ा (d) 1 से छोटा

प्रयोग 16 अग्र और पश्च अभिनत में p-n सन्धि डायोड

75 चार सिलिकॉन डायोड और एक 10 Ω प्रतिरोधक नीचे चित्र में दिखाए अनुसार जुड़े हुए हैं। प्रत्येक डायोड का प्रतिरोध 3 Ω है। 10 Ω प्रतिरोध से प्रवाहित होने वाली धारा ज्ञात कीजिए?

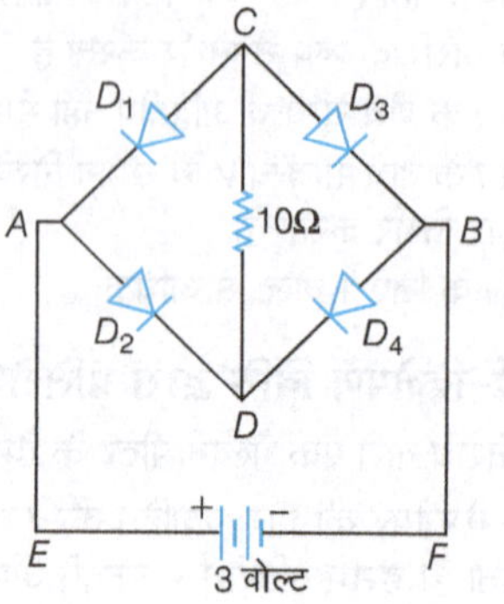

(a) 0.1 ऐम्पियर (b) 0.2 ऐम्पियर
(c) 0.3 ऐम्पियर (d) 0.4 ऐम्पियर

76 चित्र में, A और B के बीच विभवान्तर है

(a) शून्य (b) 10 वोल्ट
(c) 5 वोल्ट (d) 15 वोल्ट

77 नेटवर्क में धारा i है

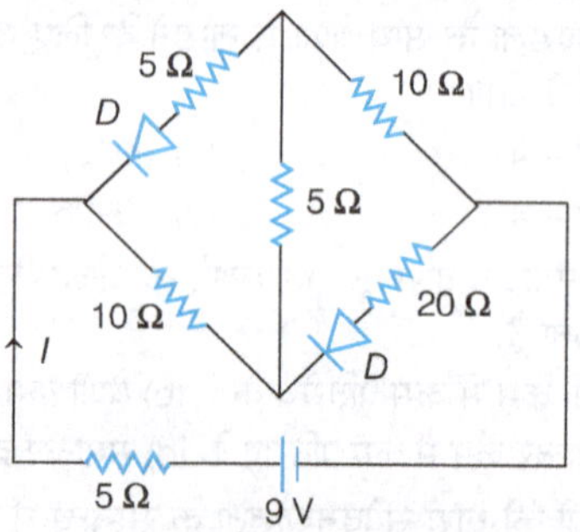

(a) 0.2 ऐम्पियर (b) 0 ऐम्पियर
(c) 0.6 ऐम्पियर (d) 0.3 ऐम्पियर

78 p-n सन्धि में अग्र बायस में धारा प्रवाह का कारण है

(a) अल्पसंख्यक आवेश वाहकों का अपवहन
(b) बहुसंख्यक आवेश वाहकों का अपवहन
(c) अल्पसंख्यक आवेश वाहकों का विसरण
(d) बहुसंख्यक आवेश वाहकों का विसरण

79 p-n सन्धि को चालक डायोड जैसा बनाने के लिए कौन सा विकल्प सही है?

(a) अवरोधी विभव पश्च अभिनत के मान से कम है
(b) अवरोधी विभव अग्र अभिनत मान से कम होना चाहिए।
(c) अवरोधी विभव पश्च अभिनत के मान से अधिक होना चाहिए।
(d) अवरोधी विभव अग्र अभिनत मान से अधिक होना चाहिए।

प्रयोग-17 जेनर डायोड

80 एक जेनर डायोड की I-V अभिलाक्षणिक को निर्धारित करने के लिए एक प्रयोग किया जाता है, जिसका सुरक्षात्मक प्रतिरोध 75 Ω है और अपव्यय रेटिंग की अधिकतम शक्ति 3 वाट है। परिपथ में DC स्रोत की न्यूनतम वोल्टता परास है

(a) 0-35 वोल्ट (b) 0-28 वोल्ट (c) 0-20 वोल्ट (d) 0-15 वोल्ट

81 जब लोड प्रतिरोध 2 Ω है, तो जेनर डायोड से प्रवाहित धारा ज्ञात करें। डायोड, सन्निकटन का उपयोग करें।

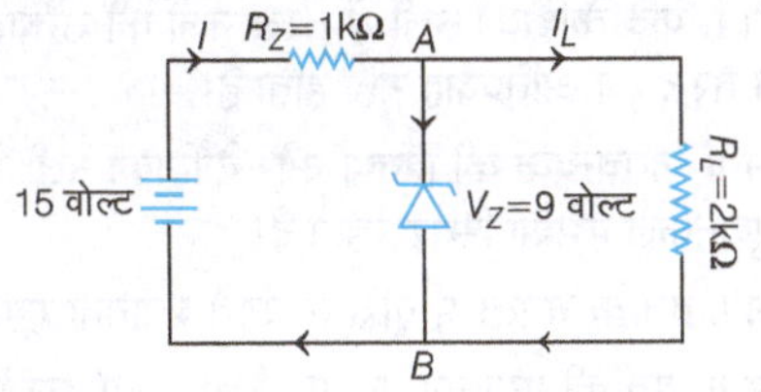

(a) 1 मिली ऐम्पियर (b) 2मिली ऐम्पियर
(c) 1.5 मिली ऐम्पियर (d) 2.5 मिली ऐम्पियर

82 चित्र में भंजन वोल्टता = 6 वोल्ट के जेनर डायोड के साथ एक DC वोल्टता नियंत्रक परिपथ दिखाया गया है। यदि अनियमित निवेशी वोल्टता 10 वोल्ट से 16 वोल्ट के बीच परिवर्तित है, तो अधिकतम जेनर धारा क्या है?

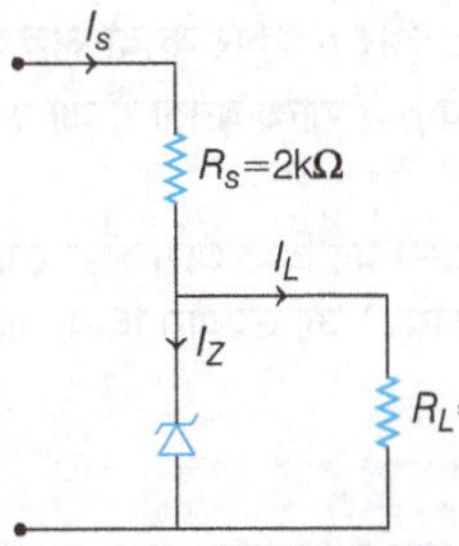

(a) 2.5 मिली ऐम्पियर (b) 1.5 मिली ऐम्पियर
(c) 7.5 मिली ऐम्पियर (d) 3.5 मिली ऐम्पियर

83 जेनर डायोड को जब वोल्टता नियमन के रूप में उपयोग किया जाता है तो उसे जोड़ा जाता है

(a) लोड के समानान्तर क्रम में अग्र अभिनत में
(b) लोड के समानान्तर में पश्च अभिनत में
(c) लोड के साथ श्रेणीक्रम में अग्र अभिनत में
(d) लोड के साथ श्रेणी क्रम में पश्च अभिनत में

84 स्थानिक आवेश क्षेत्र को संकीर्ण करके, जेनर भंजन के लिए आवश्यक पश्च वोल्टता की मात्रा

(a) शून्य हो जाती है (b) बढ़ जाती है
(c) घट जाती है (d) कोई प्रभाव नहीं पड़ता

अभिकथन-कारण प्रश्न

निर्देश *(प्रश्न क्रमांक 1-10) निम्नलिखित प्रश्नों में, अभिकथन के एक कथन बाद कारण का एक संगत कथन दिया गया है। निम्नलिखित विकल्पों में से, सही विकल्प का चयन कीजिए।*

(a) अभिकथन और कारण दोनों सही हैं और कारण, अभिकथन का सही स्पष्टीकरण है।
(b) अभिकथन और कारण दोनों सही हैं लेकिन कारण, अभिकथन का सही स्पष्टीकरण नहीं है।
(c) अभिकथन सही है परन्तु कारण गलत है।
(d) अभिकथन गलत है परन्तु कारण सही है।

1 **अभिकथन** वर्नियर कैलिपर्स का अल्पतमांक उसकी रचना पर निर्भर करता है।

कारण वर्नियर कैलिपर्स का अल्पतमांक चूड़ी अन्तराल और वर्नियर पैमाने के भागों की संख्या का अनुपात है।

2 **अभिकथन** एक मानक स्क्रूगेज की परिशुद्धता एक मानक वर्नियर कैलिपर्स की परिशुद्धता से अधिक है।

कारण मानक स्क्रूगेज का अल्पतमांक मानक वर्नियर कैलिपर्स के अल्पतमांक से अधिक होता है।

3 **अभिकथन** तापमान में वृद्धि के साथ गैसों की श्यानता बढ़ जाती है।

कारण गैसों की श्यानता ताप के वर्ग के सीधे समानुपाती होती है।

4 **अभिकथन** ठोसों की ऊष्मा धारिता द्रवों की तुलना में सबसे अधिक होती है।

कारण गैसों की विशिष्ट ऊष्मा धारिता का मान सबसे कम होता है।

5 **अभिकथन** शुद्ध जल में डिटर्जेंट मिलाने से केशिका नली में वृद्धि हो जाती है।

कारण पानी में डिटर्जेंट मिलाने से उसका पृष्ठ तनाव कम हो जाता है।

6 **अभिकथन** जब एक अवतल दर्पण को पानी में रखा जाता है, तो इसकी फोकस दूरी बढ़ जाएगी।

कारण अवतल दर्पण की फोकस दूरी उस माध्यम से स्वतन्त्र होती है जिसमें वह रखा जाता है।

7 **अभिकथन** उच्च तापमान पर, धातु के तारों में लघुपतन होने की सम्भावना अधिक होती है।

कारण प्रतिरोध और प्रतिरोधकता दोनों तापमान के साथ परिवर्तनीय हैं।

8 **अभिकथन** यदि प्रिज्म के आधार के कोण बराबर हों, तो न्यूनतम विचलन की स्थिति में अपवर्तित किरण प्रिज्म के आधार के समानान्तर गुजरेगी।

कारण न्यूनतम विचलन की स्थिति में आपतन कोण, निर्गत कोण के बराबर होता है।

9 **अभिकथन** जब p और n प्रकार के दो अर्द्धचालकों को सम्पर्क में लाया जाता है, तो वे p-n सन्धि बनता हैं जो एक दिष्टकारी की तरह कार्य करता है।

कारण प्रत्यावर्ती धारा को दिष्ट धारा में परिवर्तित करने के लिए दिष्टकारी (रेक्टिफायर) का उपयोग किया जाता है।

10 **अभिकथन** जेनर डायोड में, अवक्षय परत पतली होती है।

कारण पश्च अभिनत में, निरोधी विभव के पार प्रबल विद्युत क्षेत्र विद्यमान होता है।

कथन आधारित प्रश्न

निर्देश *(प्रश्न क्रमांक 1-8) निम्नलिखित प्रश्नों में दो कथन (I और II) दिए गए हैं। दिए गए कथनों के आधार पर, नीचे दिए गए विकल्पों में से सही उत्तर चुनें।*

(a) कथन I और कथन II दोनों गलत हैं।
(b) कथन I सही है लेकिन कथन II गलत हैं।
(c) कथन I गलत है लेकिन कथन II सही हैं।
(d) कथन I और कथन II दोनों सही हैं।

1 **कथन I** जब वर्नियर पैमाने का शून्य चिन्ह मुख्य पैमाने के शून्य के दाईं ओर स्थित होता है तो उसे धनात्मक शून्य त्रुटि कहा जाता है।

कथन II शून्य संशोधन परिमाण में बराबर है लेकिन चिन्ह में शून्य त्रुटि के विपरीत है।

2 **कथन I** अल्प चूड़ी अन्तराल मान वाले स्क्रूगेज की परिशुद्धता अधिक होती है।

कथन II स्क्रू ग्रेज का अल्पतमांक, वृत्ताकार पैमाने में भागों की संख्या के समानुपाती होता है।

3 **कथन I** यदि तार का व्यास घटता है तो यंग नियतांक (Y) का मान बढ़ता है।

कथन II यंग नियतांक (Y) का मान तापमान में वृद्धि के साथ घटता है।

4 **कथन I** यदि केशिका नली में तरल नली की ऊँचाई से अधिक चढ़ता है, तो तरल का अतिप्रवाह नहीं होता है।

कथन II नवचन्द्रक की त्रिज्या और केशिका नली में तरल की ऊँचाई का गुणनफल हमेशा स्थिर रहता है।

5 **कथन I** द्रव के घनत्व में वृद्धि के साथ श्यानता गुणांक घटता है।

कथन II द्रव की श्यानता ताप पर निर्भर नहीं करती है।

6 **कथन I** मीटर सेतु में, नाइक्रोम, कॉन्स्टेंटन के तारों का उपयोग उनकी उच्च प्रतिरोधकता के कारण किया जाता है।

कथन II कॉन्स्टेंटन तार के लिए, प्रतिरोधकता गुणांक तापमान में वृद्धि के साथ बढ़ता है।

7 **कथन I** इलेक्ट्रॉन सूक्ष्मदर्शी की विभेदन क्षमता प्रकाशिक सूक्ष्मदर्शी की तुलना में अधिक होती है।

कथन II इलेक्ट्रॉन की तरंगदैर्ध्य दृश्य प्रकाश की तरंगदैर्ध्य से अधिक होती है।

8 **कथन I** यदि किसी प्रिज्म की स्थिति में आपतन कोण धीरे-धीरे बढ़ाया जाता है, तो प्रिज्म द्वारा उत्पन्न विचलन पहले घटेगा फिर बढ़ेगा।

कथन II न्यूनतम विचलन पर, $r_1 = \frac{A}{2}$

सुमेलन प्रकार प्रश्न

1 कॉलम I को कॉलम II से समुलित कीजिए और नीचे दिए गए कूट से सही विकल्प चुनिए।

	कॉलम I		कॉलम II
A.	नीज अर्द्धचालक	1.	एन्टिमनी (Sb) मिलाकर तैयार किया गया
B.	n-प्रकार अर्द्धचालक	2.	अचल आयन
C.	p-प्रकार अर्द्धचालक	3.	सिलिकॉन
D.	अवक्षय क्षेत्र	4.	इण्डियम की परत चढ़ाकर तैयार किया गया

कूट

	A	B	C	D		A	B	C	D
(a)	1	2	3	4	(b)	3	2	4	1
(c)	2	1	3	4	(d)	3	1	4	2

2 कॉलम I को कॉलम II से सुमेलित कीजिए और नीचे दिए गए कूट के सही विकल्प का चयन कीजिए।

	कॉलम I		कॉलम II
A.	अनुनाद स्तम्भ विधि	1.	केवल बाह्य माप
B.	सर्ल का प्रयोग	2.	यंग का प्रत्यास्थता गुणांक
C.	वर्नियर कैलिपर	3.	आन्तरिक और बाह्य दोनों मापन
D.	स्क्रूगेज	4.	हवा में ध्वनि की चाल

कूट

	A	B	C	D		A	B	C	D
(a)	2	1	3	4	(b)	4	2	3	1
(c)	4	3	2	1	(d)	4	2	1	3

आंकिक मान प्रकार के प्रश्न

1 वर्नियर कैलिपर्स का उपयोग करके गोलाकार पिण्ड का व्यास मापने पर, मुख्य पैमाने का पाठ्यांक = 1.3 सेमी प्राप्त होता है वर्नियर पैमाने का 5वाँ भाग मुख्य पैमाने के किसी भी भाग के साथ संपाती है और शून्य त्रुटि – 0.03 सेमी है, सेमी में सही पाठ्यांक क्या होगा?

2 छात्र l_1, J_1, J_3 और l_2 एक सरल लोलक का उपयोग करके गुरुत्वीय त्वरण (g) को मापने के लिए प्रयोग करते हैं। वे लोलक की विभिन्न लम्बाईयों का उपयोग करते हैं और विभिन्न दोलनों की संख्या के लिए समय नोट करते हैं। तालिका में प्रेक्षण प्रदर्शित हैं। लम्बाई के लिए अल्पतमांक = 0.1 सेमी और समय के लिए अल्पतमांक 1 सेकण्ड।

छात्र	लोलक की लम्बाई (सेमी)	दोलनों की संख्या (एन)	लोलक की समयावधि
l_1	100.0	20	20
J_1	400.0	10	40
J_3	100.0	10	20
l_2	400.0	20	40

यदि g में प्रतिशत त्रुटि क्रमशः P_1, P_2, P_3 और P_4 छात्र l_1, J_1, J_3 और l_2 के लिए हैं तो अनुपात P_2/P_1 ज्ञात कीजिए।

3 आघूर्ण के सिद्धान्त द्वारा, किसी वस्तु का द्रव्यमान मापने के लिए मीटर पैमाने को उसके मध्य बिन्दु से लटकाया जाता है। 2 किग्रा द्रव्यमान का ज्ञात भार मीटर पैमाने के एक सिरे पर लटकाया जाता है तथा दूसरी ओर केन्द्र से 20 सेमी की दूरी पर m किग्रा का अज्ञात भार लटकाया जाता है। m का मान .... है।

4 तार के यंग नियतांक को निर्धारित करने के लिए सर्ल विधि में, 156 सेमी लम्बाई और 0.054 सेमी व्यास वाले स्टील के तार को प्रायोगिक तार के रूप में लिया जाता है। 1.5 किग्रा-भार के लिए लम्बाई में औसत वृद्धि 0.050 सेमी पाई जाती है, तो तार का यंग मापांक $x \times 10^{-11}$ न्यूटन/मी^{2} है, जहाँ x का मान .... है।

5 जल के पृष्ठ तनाव के मापन में, काँच की नली में केशिका उन्नयन जल के 0.2 मिमी से अधिक नहीं होनी चाहिए। दिया गया है कि, हवा के सम्पर्क में पानी के लिए पृष्ठ तनाव 0.0725 न्यूटन/मी है, न्यूनतम आकार .... सेमी है।

6 अनुनाद नली द्वारा ध्वनि की चाल मापने के प्रयोग में, यह देखा गया कि v = 480 हर्ट्ज आवृत्ति के स्वरित्र के लिए, वायु स्तम्भ की लम्बाई l_1 = 30 सेमी तथा l_2 = 70 सेमी है, तो v_1 = ... मी/से में है।

7 एक प्रयोग में 0°C ताप पर एक किलोग्राम बर्फ को 80°C ताप पर एक किलोग्राम पानी के साथ मिलाया जाता है। मिश्रण का अन्तिम ताप (°C में) क्या होगा? (जल की विशिष्ट ऊष्मा = 4200 जूल-किग्रा$^{-1}$ K^{-1} तथा बर्फ की गुप्त ऊष्मा = 336 किलोजूल/किग्रा लेने पर)

8 दर्शाए गए परिपथ में, एक मीटर सेतु अपनी सन्तुलित अवस्था में है। मीटर सेतु तार का प्रतिरोध 0.1 Ω सेमी है। अज्ञात प्रतिरोध X का मान .... है।

9 प्रकाश की किरण 45° कोण के प्रिज्म पर 60° के कोण पर आपतित होती है। जब प्रकाश की किरण 90° पर दूसरी सतह पर पड़ती है, तो प्रिज्म के पदार्थ का अपवर्तनांक μ, $\sqrt{\frac{x}{2}}$ है। x का मान क्या है?

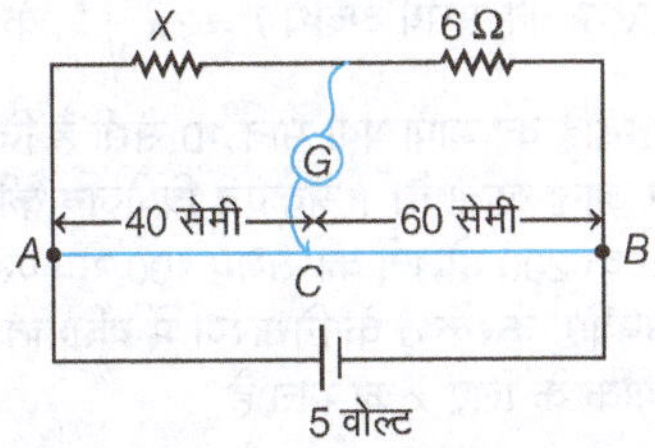

10 चित्र में दर्शाए अनुसार परिपथ में संयोजित जेनर डायोड V_Z = 15 वोल्ट में क्षयित शक्ति का मान $x \times 10^{-1}$ वाट है। निकटतम पूर्णांक तक x का मान .... है।

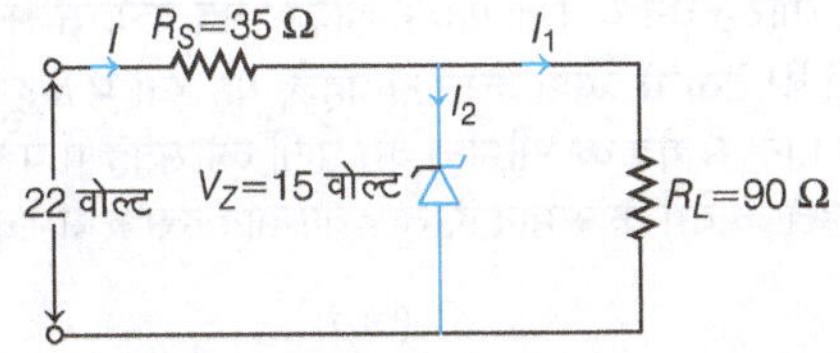

विगत परीक्षाओं के प्रश्न

1 वर्नियर कैलीपर्स के दोनों जबड़े आपस में स्पर्श करने के समय, वर्नियर पैमाने की शून्य रेखा, मुख्य पैमाने पर बायीं ओर रहती है। तब मुख्य पैमाने के किसी एक रेखा के साथ वर्नियर की चौथी रेखा स्पर्श करती है। यदि वर्नियर पैमाने के 50 भाग, मुख्य पैमाने के 49 भाग के बराबर हो तथा शून्यांक त्रुटि 0.04 मिमी हो, तब मुख्य पैमाने पर 1 सेमी में कितने भाग होंगे? **JEE Main 2024**

(a) 10 (b) 20 (c) 5 (d) 40

2 एक काँच के आयताकार गुटके का अपवर्तनांक ज्ञात करने में निम्न प्रेक्षणांक लिए गए। सूक्ष्मदर्शी के पैमाने के 50 भाग = 49 मुख्य पैमाने के भाग तथा मुख्य पैमाने के 1 सेमी में 20 भाग है।

कागज सतह पर पाठ्यांक, मुख्य पैमाना = 8.45 सेमी

वर्नियर पैमाना = 26 भाग

कागज को काँच के गुटके में से देखने पर पाठ्यांक

मुख्य पैमाने पर = 7.12 सेमी

वर्नियर पैमाना = 4 भाग

काँच के गुटके के ऊपर पाउडर डालकर देखने पर

मुख्य पैमाना पाठ्यांक = 4.05 सेमी

वर्नियर पाठ्यांक = 1 भाग

तब काँच के गुटके का अपवर्तनांक होगा JEE Main 2024

(a) 1.52 (b) 1.42

(c) 1.35 (d) 1.24

3 वर्नियर कैलिपर्स की अल्पतमांक $\frac{1}{20N}$ सेमी है। मुख्य पैमाने पर एक खाने का मान 1 मिमी है। वर्नियर पैमाने के N खानों से पूर्णतया मिलने वाले मुख्य पैमाने पर खानों की संख्या हैं JEE Main 2024

(a) $\left(\frac{2N-1}{2N}\right)$ (b) $(2N-1)$

(c) $\left(\frac{2N-1}{2}\right)$ (d) $\left(\frac{2N-1}{20N}\right)$

4 एक सरल लोलक की समय अवधि $T = 2\pi\sqrt{\frac{l}{g}}$, के रूप में दी गई हैं। लोलक की लम्बाई का मापा गया मान 10 सेमी है जिसे 1 मिमी परिशुद्धता से जाना जाता है। 1 सेकण्ड वियोजन की घड़ी का उपयोग करके लोलक के 200 दोलनों का समय 100 सेकण्ड पाया गया। इस लोलक का उपयोग करके g के निर्धारण में प्रतिशत परिशुद्धता x है। निकटतम पूर्णांक के लिए x का मान है JEE Main 2021

(a) 2% (b) 3% (c) 5% (d) 4%

5 मापन के लिए उपयोग किए जाने वाले वर्नियर पैमाने में 0.2 मिमी की धनात्मक शून्य त्रुटि होती है। यदि माप लेते समय यह पाया गया कि वर्नियर पैमाने 8.5 सेमी और 8.6 सेमी के मध्य है। यदि वर्नियर 6 के साथ संपाती होता है, तो माप का सही मान .... सेमी है। (अल्पतमांक = 0.01 सेमी) JEE Main 2021

(a) 8.36 सेमी (b) 8.54 सेमी

(c) 8.58 सेमी (d) 8.56 सेमी

6 एक वर्नियर कैलिपर्स का एक मुख्य पैमाना भाग a सेमी है और वर्नियर पैमाने का nवाँ भाग मुख्य पैमाने के $(n-1)$ वें भाग के साथ संपाती है। कैलिपर्स का अल्पतमांक (मिमी में) है JEE Main 2021

(a) $\frac{10na}{(n-1)}$ (b) $\frac{10a}{(n-1)}$ (c) $\left(\frac{n-1}{10n}\right)a$ (d) $\frac{10a}{n}$

7 यदि स्क्रू गेज पर लगे पेंच को छह बार घुमाया जाए तो यह मुख्य पैमाने पर 3 मिमी आगे बढ़ता है। यदि वृत्ताकार पैमाने पर 50 भाग हैं तो स्क्रू गेज का अल्पतमांक क्या होगा? JEE Main 2020

(a) 0.001 सेमी (b) 0.01 सेमी

(c) 0.02 सेमी (d) 0.001 सेमी

8 किसी निश्चित स्थान पर गुरुत्वीय त्वरण g का मान निर्धारित करने के लिए एक सरल लोलक का उपयोग किया जा रहा है। लोलक की लम्बाई 25.0 सेमी है और 1 सेकण्ड वियोजन विभेदन वाली विराम घड़ी 40 दोलनों में लगने वाले समय को 50 सेकण्ड में मापती है। g में परिशुद्धता है JEE Main 2020

(a) 2.40% (b) 5.40%

(c) 4.40% (d) 3.40%

स्किल बूस्टर्स

1 r त्रिज्या और ρ घनत्व वाली एक गोलाकार गेंद पानी से भरे टैंक में गिर रही है। टैंक में प्रवेश करने से पहले, यह हवा में h दूरी तय करती है। यदि पानी में गेंद का सीमान्त वेग पानी की सतह में प्रवेश करने से ठीक पहले के वेग के समान है, तो r का मान इसके समानुपाती है

(a) $h^{\frac{1}{2}}$ (b) h^4

(c) $h^{\frac{1}{4}}$ (d) h^2

2 1 मीटर लम्बी एक समान बीम का द्रव्यमान 2 किग्रा है। यदि ऊर्ध्वाधर रूप से ऊपर उठने के लिए 100 सेमी के निशान पर बल F लगाया जाता है। F का न्यूनतम मान है

(a) 20 न्यूटन (b) 10 न्यूटन

(c) 100 न्यूटन (d) 50 न्यूटन

3 एक नगण्य द्रव्यमान के तार से 0.1 किग्रा द्रव्यमान को लटकाया गया है। तार की लम्बाई 1 मीटर है और इसका अनुप्रस्थ-काट क्षेत्रफल 4.9×10^{-7} वर्गमीटर है। यदि द्रव्यमान को ऊर्ध्वाधर नीचे की दिशा में थोड़ा खींचकर छोड़ा जाए, तो यह 140 रेडियन/सेकण्ड कोणीय आवृत्ति के साथ सरल आवर्त गति करता है। तार के पदार्थ का यंग नियतांक है

(a) 3.5×10^7 (b) 62×10^7

(c) 2.0×10^8 (d) 4×10^9

4 एक साफ एक्वेरियम में पानी एक नवचंदक बनाता है, जैसा कि चित्र में दिखाया गया है। नवचंदक के केन्द्र और किनारे के बीच ऊँचाई (h) में अन्तर की गणना करें। दिया गया है, पानी का पृष्ठ तनाव, $T = 0.073$ न्यूटन/मी और पानी का घनत्व, $\rho = 1000$ किग्रा/मी³

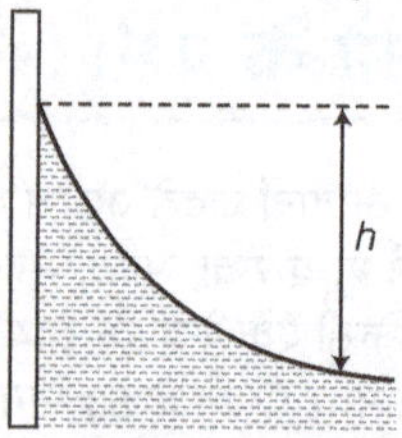

(a) $h \simeq 4$ मिमी (b) $h \simeq 2$ मिमी

(c) $h \simeq 1$ मिमी (d) $h \simeq 5$ मिमी

5 60 Ω के प्रतिरोध वाली एक धारामापी 0.04 ऐम्पियर धारा के लिए पूर्ण पैमाने पर विक्षेपण देती है। 3.50×10^{-7} सेमी^{2} अनुप्रस्थ-काट के क्षेत्र के प्रतिरोध तार की लम्बाई (मीटर में) क्या होगी, जिसका उपयोग धारामापी को एक अमीटर में बदलने के लिए किया जा सकता है जो अधिकतम धारा 4 ऐम्पियर पढ़ सकता है (तार का विशिष्ट प्रतिरोध $= 6 \times 10^{-7}$ ओम मी)

(a) 3 (b) 4.5

(c) 3.5 (d) 4

6 एक छात्र एक विशेष तरंगदैर्ध्य λ_0 का मान चयन करना चाहता है। जिसके लिए किरण दो प्रिज्मों के संयोजन के अन्तराफलक BC से बिना विचलन के गुजरती है जैसा कि चित्र में दिखाया गया है।

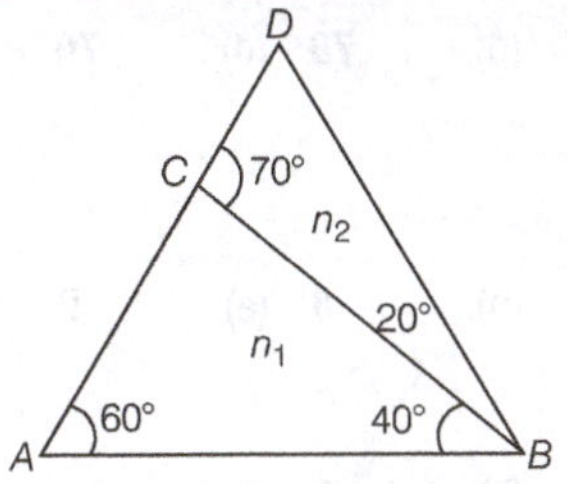

प्रिज्म का अपवर्तनांक $n_1 = 12 + \dfrac{10.8 \times 10^4}{\lambda^2}$ और

$n_2 = 1.45 + \dfrac{1.80 \times 10^4}{\lambda^2}$, जहाँ λ नैनोमीटर में है। तरंगदैर्ध्य λ_0 के प्रकाश के लिए, फलक AC पर आपतन कोण i ज्ञात कीजिए जिससे कि प्रिज्मों के संयोजन द्वारा उत्पन्न विचलन न्यूनतम हो।

(a) $\cos^{-1}\dfrac{3}{4}$ (b) $\tan^{-1}\dfrac{3}{4}$

(c) $\sin^{-1}\dfrac{3}{4}$ (d) $\sec^{-1}\dfrac{3}{4}$

7 एक डायोड की एक दी हुई अभिलाक्षणिक है।
यह डायोड परिपथ में इस प्रकार जुड़ा हुआ है। और इसके पश्चात् इस प्रकार जुड़ा है

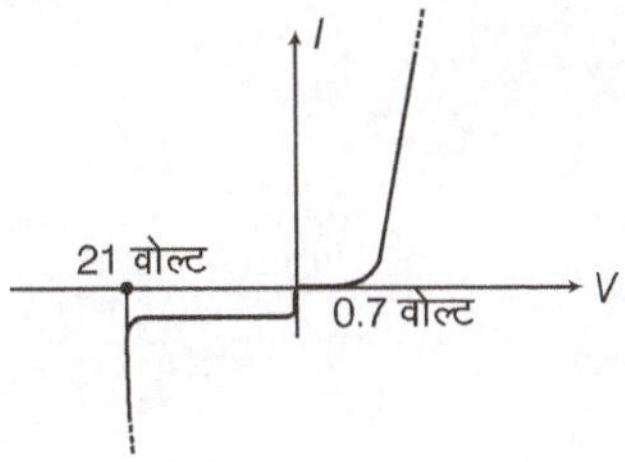

विभवपात का अनुपात $V_1 : V_2$ (दिए गए परिपथ में) होगा

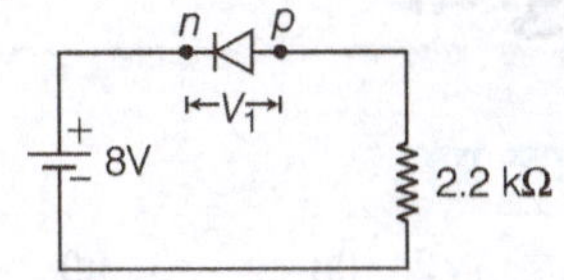

(a) 0 (b) $\dfrac{80}{70}$ (c) $\dfrac{80}{7}$ (d) $\dfrac{79}{3}$

8 0°C पर 0.1 किग्रा द्रव्यमान का एक बर्फ का टुकड़ा 227°C पर एक विलगित पात्र में रखा गया है। पात्र की विशिष्ट ऊष्मा $S = A + BT$ द्वारा दी जाती है, जहाँ $A = 100$ कैलोरी/किग्रा^{2} -केल्विन^2 और $B = 2 \times 10^{-2}$ कैलोरी/किग्रा^{2} केल्विन^2 है। यदि स्थिरीकरण के बाद अन्तिम ताप 27°C है, तो इनमें से कौन सा सही है?
(मान लीजिए, $L_{\text{जल}} = 80$ कैलोरी/ ग्राम -केल्विन और $C_{\text{जल}} = 10^{-3}$ कैलोरी/ ग्राम -केल्विन

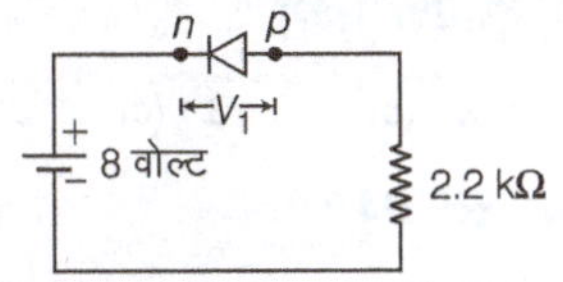

(a) बर्फ को कुल 10800 कैलोरी ऊष्मा प्राप्त होती है।
(b) पात्र से लगभग 10700 कैलोरी ऊष्मा क्षयित होती है।
(c) पात्र का द्रव्यमान लगभग 0.5 किलोग्राम है।
(d) पात्र का जल 300 ग्राम के तुल्य है।

9 फोकस दूरी का एक पतला उत्तल लेन्स प्रकाशीय अक्ष के साथ विस्थापित होने में सक्षम है। वस्तु तल और पर्दे के बीच की दूरी 180 सेमी है। लेन्स की प्रारम्भिक स्थिति द्वारा निर्मित प्रतिबिम्ब का आवर्धन 2 है।

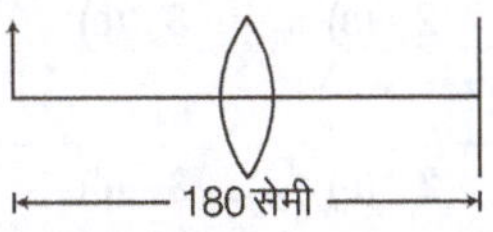

(a) लेन्स की फोकस दूरी 50 सेमी है।
(b) पर्दे पर पुनः वास्तविक प्रतिबिम्ब बनाने के लिए लेन्स को विस्थापित करने की दूरी 60 सेमी है।
(c) पर्दे पर पुनः वास्तविक प्रतिबिम्ब बनाने के लिए लेन्स को विस्थापित करने की दूरी 30 सेमी है।
(d) लेन्स की फोकस दूरी 60 सेमी है।

प्रश्न कुंजी

शीर्षकवार प्रश्न

1 (c)	2. (b)	3 (d)	4 (b)	5 (b)	6 (a)	7 (c)	8 (d)	9 (b)	10 (b)
11 (d)	12 (a)	13 (c)	14 (b)	15 (c)	16 (b)	17 (c)	18 (a)	19 (b)	20 (c)
21 (a)	22 (b)	23 (a)	24 (d)	25 (a)	26 (b)	27 (c)	28 (a)	29 (b)	30 (c)
31 (b)	32 (c)	33 (d)	34 (b)	35 (b)	36 (b)	37 (a)	38 (c)	39 (c)	40 (a)
41 (d)	42 (b)	43 (c)	44 (b)	45 (b)	46 (c)	47 (a)	48 (c)	49 (c)	50 (c)
51 (a)	52 (c)	53 (a)	54 (c)	55 (d)	56 (a)	57 (d)	58 (b)	59 (a)	60 (d)
61 (d)	62 (a)	63 (b)	64 (c)	65 (c)	66 (a)	67 (a)	68 (d)	69 (b)	70 (c)
71 (b)	72 (a)	73 (a)	74 (a)	75 (a)	76 (b)	77 (d)	78 (d)	79 (b)	80 (a)
81 (c)	82 (d)	83 (b)	84 (c)						

अभिकथन-कारण प्रश्न

1 (a)	2 (c)	3 (c)	4 (b)	5 (d)	6 (d)	7 (b)	8 (a)	9 (b)	10 (a)

कथन आधारित प्रश्न

1 (d)	2 (b)	3 (c)	4 (d)	5 (a)	6 (d)	7 (b)	8 (d)

सुमेलन प्रकार प्रश्न

1 (d)	2 (b)

आंकिक मान प्रकार के प्रश्न

1 (1.38)	2 (0.87)	3 (5)	4 (2)	5 (14.8)	6 (384)	7 (0)	8 (4)	9 (3)	10 (5)

विगत परीक्षाओं के प्रश्न

1 (b)	2 (b)	3 (c)	4 (b)	5 (b)	6 (d)	7 (d)	8 (c)

स्किल बूस्टर्स

1 (c)	2 (b)	3 (d)	4 (a)	5 (c)	6 (c)	7 (c)	8 (c)	9 (b)

क्रमवार

प्रश्नों का विश्लेषण

कॉन्सेप्ट बिल्डर्स

1 अल्पतमांक 2 1 मिमी

3 सत्य 4 असत्य

5 चरघातांकी रूप से

6 असत्य 7 लम्बवत्

8 $[ML^{-1}T^{-2}]$ 9 सीधी रेखा

10 सत्य 11 आदर्श तरल पदार्थ

12 घटता 13 सत्य

14 $\sqrt{T}$ 15 असत्य

16 अनंत 17 असत्य

18 15° 19 उत्तल

20 वोल्टेज नियतांक, DC

शीर्षकवार प्रश्न

1 *(c)* दिया है, 6 MSD = 9 VSD

इस प्रकार लिख सकते हैं,

9 MSD − 3MSD = 9 VSD

9 MSD − 9 VSD = 3 MSD

9 (MSD − VSD) = 3 MSD

$(MSD - VSD) = \frac{3}{9}$ MSD

(MSD − VSD) = 0.33 MSD

वर्नियर का अल्पतांक 0.33 मिमी है।

2 *(b)* दिया है,

1 सेमी को 15 भागों में बाँटा गया है

$1 \text{ MSD} = \frac{1}{15}$ सेमी ...(i)

6 MSD = 8 VSD

$1 \text{ VSD} = \frac{6}{8}$ MSD

अतः LC = 1 MSD − 1 VSD

$1 \text{ MSD} - \frac{6}{8} \text{ MSD} = \frac{2}{8} \text{ MSD} = \frac{1}{4} \text{ MSD}$

$= \frac{1}{4} \times \frac{1}{15}$ [समी (i) से]

$= \frac{1}{60}$ सेमी

LC = 0.16 मिमी

3 *(d)* दिया है, LC = 0.2 मिमी

शून्य त्रुटि = − 0.08 सेमी

MSR = 1.4 सेमी

इसलिए, VSR = $n \times$ LC

= 6 × 0.2

= 1.2 मिमी

= 0.12 सेमी

व्यास = MSR + VSR − शून्य त्रुटि

= 1.4 + 0.12 − (− 0.08)

= 1.4 + 0.12 + 0.08

= 1.4 + 0.20 = 1.6 सेमी

4 *(b)* अल्पतमांक, (LC)

$= \frac{\text{मुख्य पैमाने के 1 भाग का मान}}{\text{वर्नियर पैमाने पर भागों की संख्या}}$

यहाँ, n वर्नियर पैमाना भाग

= $(n - 1)$ मुख्य पैमाना भाग

$1 \text{ VSD} = \frac{n-1}{n} \text{ MSD}$

इसलिए, LC = 1 MSD − 1 VSD

$LC = 1 \text{ MSD} - \left(\frac{n-1}{n}\right) \text{MSD}$

$LC = \frac{1 \text{ MSD}}{n}$

$LC = \frac{0.5}{45}$

$LC = \frac{1}{90°}$

$LC = 1\frac{1}{2}$ मिनट

या LC = 1 मिनट 30 सेकण्ड

5 *(b)* वर्नियर की अल्पतम गणना कैलिपर्स को वर्नियर स्थिरांक के नाम से भी जाना जाता है। यह एक मुख्य पैमाने के भाग और एक वर्नियर पैमाने के भागों के बीच का अन्तर है।

6 *(a)* दिया है, अल्पतमांक = 2 मिमी

$= 2 \times 10^{-3}$ मी

तार का व्यास = 8 माइक्रोमीटर

⇒ 8×10^{-6} मी

N_d (भागों की संख्या)

$= \frac{\text{अल्पतमांक या LC}}{\text{तार का व्यास}}$

$= \frac{2 \times 10^{-3}}{8 \times 10^{-6}} = \frac{1}{4} \times 10^3 = 250$

7 *(c)* दिया गया है, चूड़ी की पिच = 0.4 मिमी

$[CSD]_a$ परिपथ पैमाने विभाजन (बाद में) = 20

$(CSD)_i$, वृत्ताकार पैमाना भाग (प्रारम्भ में) = 25

MSR मुख्य पैमाना पाठ्यांक = 0.6 मिमी

CSR वृत्ताकार पैमाना पाठ्यांक = 15

इसलिए,

$\text{अल्पतमांक} = \frac{\text{चूड़ी की पिच}}{(CSD)_a}$

$= \frac{0.4}{20} = 0.02$ मिमी

शून्य त्रुटि

$= [(CSD)_a - (CSD)_i] 1 \times LC$

= (20 − 25) × 0.02

= − 5 × 0.02

= − 0.10 मिमी

शीट की मोटाई

= MSR + (CSR × LC) − शून्य त्रुटि

= 0.6 + (15 × 0.02) − (− 0.10)

= 0.6 + .30 + 0.10

= 1 मिमी

8 *(d)* दिया है,

चूड़ी की पिच = 2 मिमी

वृत्ताकार पैमाने का भाग = 100

मुख्य पैमान पाठ्यांक = 1 मिमी

वृत्ताकार पैमाना पाठ्यांक = 62 भाग

तो LC या अल्पतमांक

$= \frac{\text{चूड़ी अन्तराल}}{\text{वृत्ताकार पैमाने पर भागों की संख्या}}$

$= \frac{2}{100} = 0.02$ मिमी

तार का व्यास = मुख्य पैमाना पाठ्यांक + वृत्ताकार पैमाना पाठयांक × अल्पतमांक – शून्य त्रुटि

$= 1 + (62 \times 0.02) - 0$

$= 1 + 1.24 = 2.24$ मिमी

$= 0.224$ सेमी

9 *(b)* दिया गया है,

घुमावों की संख्या = 5

पिच = 020 सेमी

वृत्ताकार पैमाने का विभाजन = 50

(MSR) मुख्य पैमाना पाठयांक = 6

(CSR) वृत्ताकार पैमाना पाठयांक = 40

तो, LC

$= \dfrac{\text{चूड़ी की पिच}}{\text{घूर्णनों की संख्या} \times \text{वृत्ताकार पैमाने पर भागों की संख्या}}$

$= \dfrac{0.20}{5 \times 50} = 8 \times 10$ सेमी

तार की मोटाई

= MSR + (CSR × LC) – शून्य त्रुटि

$= 6 + \dfrac{0.20}{5} + 40 \times 8 \times 10^{-4} - 0$

$= 0.240 + 0.032 = 0.272$ सेमी

11 *(d)* अवमंदित दोलन के लिए, आयाम

$$A = A_0 e^{-\left(\frac{bt}{2m}\right)}$$

मान लीजिए, प्रारम्भिक मान के आधे तक गिरने में लगने वाला समय *T* है।

तब $\dfrac{A_0}{2} = A_0 . e^{-\left(\frac{bT}{2m}\right)}$

$\therefore \qquad \left[\text{जब } A = \dfrac{A_0}{2} . t = T'\right]$

इसलिए $\dfrac{1}{2} = e^{-\left(\frac{bT'}{2m}\right)}$

दोनों पक्षों का लघुगणक लेने पर,

$$\ln\left(\frac{1}{2}\right) = \ln e^{-\left(\frac{bT'}{2m}\right)}$$

$$-\ln 2 = -\left(\frac{bT'}{2m}\right)$$

$$2m . \ln 2 = bT'$$

$$T' = \frac{2m}{b} \ln 2$$

12 *(a)* समय अवधि,

$$T = 2\pi \sqrt{\frac{l}{g}}$$

जहाँ, *L* लोलक की लम्बाई है और *g* गुरुत्वाकर्षण के कारण त्वरण है।

$$T^2 = 4\pi^2 \frac{L}{g}$$

$$g = 4\pi^2 \frac{L}{T^2}$$

g में % त्रुटि,

$$\frac{\Delta g}{g} \times 100 = \frac{\Delta L}{L} \times 100 + \frac{2\,\Delta t}{t} \times 100$$

$$E_1 = \left(\frac{0.1}{60} + \frac{2 \times 0.1}{84}\right) \times 100 = 0.404\%$$

$$E_2 = \left(\frac{0.1}{40} + \frac{2 \times 0.1}{80}\right) \times 100 = 0.50\%$$

$$E_3 = \left(\frac{0.1}{60} + \frac{2 \times 0.1}{96}\right) \times 100 = 0.375\%$$

अतः E_3 न्यूनतम है।

अतः छात्र संख्या 3 द्वारा न्यूनतम प्रतिशत प्राप्त की गयी है।

13 *(c)* चूँकि, $T = 2\pi \sqrt{\dfrac{l}{g}}$ ...(i)

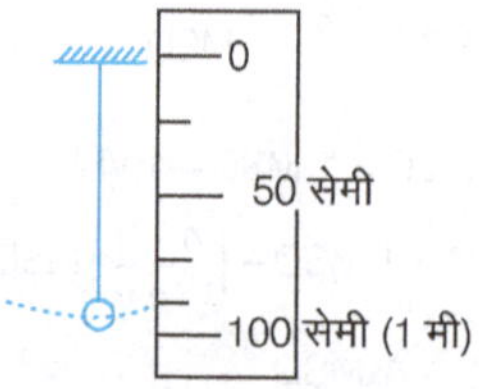

अब, 50 दोलनों की समयावधि 98 से है।

∴ एक दोलन का आवर्तकाल $= \dfrac{98}{50} = 1.96$ से.

$\Rightarrow \quad g = \dfrac{4\pi^2 l}{T^2}$ [समी (i) से]

$= 4\ (3.14)^2 \times \dfrac{0.98}{1.96 \times 1.96}$

$= 10.06$ मी/से^{2}

अब, *g* में प्रतिशत त्रुटि $= \dfrac{\Delta g}{g} \times 100$

$= \left(\dfrac{\Delta l}{l} + \dfrac{2\Delta T}{T}\right) \times 100$

$\Rightarrow \quad \Delta g = 10 \times \left(\dfrac{1}{98} + \dfrac{2 \times 1}{98}\right)$

(∵ मीटर लोलक का अल्पतमांक 1 है तथा विराम घड़ी का अल्पतमांक 1 सेकण्ड है)

$\Delta_g = 0.3$ मी/से^{2}

इसलिए, अन्तिम परिणाम (1.0± 0.3) मी/से^{2} के रूप में व्यक्त किया जा सकता है।

14 *(b)* जैसा कि हम जानते हैं कि

$$T \propto \frac{1}{g}$$

पृथ्वी की परिक्रमा कर रहे कृत्रिम उपग्रह पर कुल गुरुत्वाकर्षण शून्य होता है।

चूँकि $g = 0$, इसलिए $T = \infty$

15 *(c)* हम जानते हैं कि, $T = 2\pi \sqrt{\dfrac{l}{g}}$

दोनों पक्षों का वर्ग करने पर

$$T^2 = 4\pi . \frac{l}{g}$$

$$l = \frac{g}{4\pi^2} T^2 \quad \text{...(i)}$$

$m = \dfrac{g}{4\pi^2}$ और $T^2 = x$ लीजिए

इसलिए, समी (i) बन जाता है $l = mx$

इसकी तुलना सरल रेखा समीकरण $y = mx$ से करें।

अतः एक सरल लोलक की लम्बाई और समयावधि के वर्ग के बीच का ग्राफ एक सीधी रेखा है।

16 *(b)* 2 किग्रा और 3 किग्रा के कारण वामावर्त आघूर्ण हैं

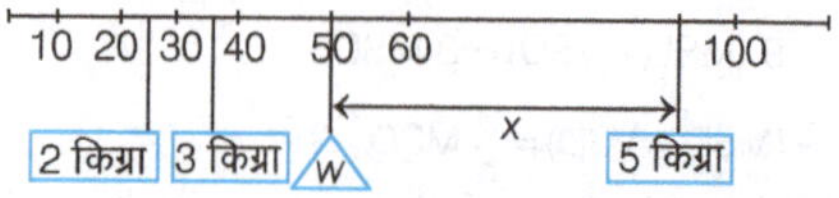

= (2 किग्रा भार) (50 – 25) सेमी + (3 किग्रा भार) (50 – 35) सेमी

$= 2 \times 25 + 3 \times 15 = 95$ किग्रा भार सेमी

5 किग्रा के कारण दक्षिणावर्त आघूर्ण

= 5 किग्रा-भार × *x* सेमी

$95 = 5 \times x$

$x = 19$ सेमी

अतः 5 किग्रा द्रव्यमान को (50 सेमी + *x* सेमी) पर लटकाया जाना चाहिए

$= 50 + 19$

= 69 सेमी का निशान बनाकर पैमाने को संतुलित करें।

17 *(c)* आघूर्णों का सन्तुलन

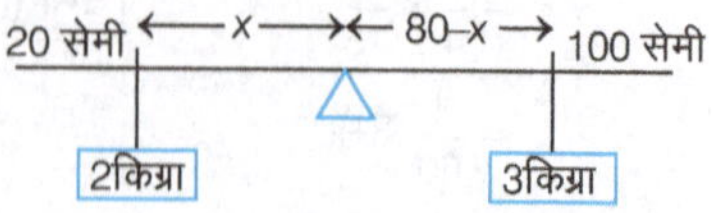

$2 \times x = 3(80 - x)$

$$2x = 240 - 3x$$
$$5x = 240$$
$x = 48$ सेमी

अतः आलम्ब $20 + 48 = 68$ सेमी के निशान पर है।

18 *(a)* दिया है, $Y_{अधिकतम} = 60$ सेमी

$x =$ न्यूनतम 15 सेमी

$m = 4$ किग्रा

फिर, $m = M\left(\frac{Y}{X}\right)$

$$m_{अधिकतम} = M\left(\frac{Y_{अधिकतम}}{X_{न्यूनतम}}\right)$$

$$m_{अधिकतम} = 4 \times \left(\frac{60}{15}\right)$$

$m_{अधिकतम} = 16$ किग्रा

19 *(b)* m, कील से x दूरी पर है और M, कील से y दूरी पर है।

सन्तुलन के लिए,

$$mg\,.\,x = Mg\,.\,y$$

अर्थात् $mx = My$

दिया गया है $m > M$, इसलिए x, y से न्यूनतम होना चाहिए

$\therefore \quad x < y$

20 *(c)* हम जानते हैं कि,

$$\tau = F.r\sin\theta$$

$\tau_{अधिकतम}$ के लिए, $\sin\theta = 1$ होगा।

$$\sin\theta = 1$$
$$\sin\theta = \sin 90°$$
$$\theta = 90°$$
$$\tau_{अधिकतम} = F.r$$

21 *(a)* मान लीजिए कि द्रव और भार के पदार्थ का घनत्व क्रमशः ρ और σ हैं।

पहली स्थिति में, तार में विस्तार है

$$x = \frac{Mg}{K} = V\rho g / K \qquad \ldots(i)$$

जब भार को तरल में डुबोया जाता है, भार का वजन = उत्प्लावन + तार के विस्तार के कारण आन्तरिक बल तार में विस्तार

$$V_{\rho g} = V_{\sigma g} + Kx$$

$$x_1 = \frac{Vg\,(\rho - 6)}{K} \qquad \ldots(ii)$$

समी (i) से K का मान रखने पर

$$X_1 = \frac{Vgx}{Vg\rho}(\rho - 6)$$

$$X_1 = x\left(1 - \frac{6}{\rho}\right)$$

$$X_1 = 6\left(1 - \frac{3}{9}\right)$$

$$X_1 = \frac{6 \times 6}{9}$$

$X_1 = 4$ मिमी

22 *(b)* दिया है,

$L = 5$ मीटर

$Y = 1.9 \times 10^{11}$ न्यूटन/मी^{2}

$d = 10$ सेमी

तो, $r = 5$ सेमी $= 5 \times 10^{-2}$ मीटर

$m = 7 \times 10^4$ किग्रा

$$F = mg$$
$$= 7 \times 10^4 \times 9.8$$

इसलिए, $\quad Y = \frac{FL}{A.l}$

$$l = \frac{F.L}{A.Y}$$

$$l = \frac{7 \times 10^4 \times 5 \times 7 \times 9.8}{22 \times 5 \times 5 \times 10^{-4} \times 1.9 \times 10^{11}}$$

$$l = \frac{49 \times 10^4 \times 10^{-} \times 9.8}{110 \times 19}$$

$l = 2.29 \times 10^{-3}$ मी

$l = 2.29$ मिमी

23 *(a)* दिया गया है,

$L = 2$ मीटर

$r = 6$ मिमी $= 6 \times 10^{-3}$ मीटर

$F = 72\,\pi$ KN $= 72\,\pi \times 10^3$ न्यूटन

LC की सभी लम्बाईयों के लिए $(l) = 0.02$ मिमी

$= 2 \times 10 - 5$ मी

$Y = ?$

हम जानते हैं, कि तार का यंग मापांक

$$= \frac{\text{प्रतिबल}}{\text{विकृति}}$$

$$y = \frac{F.L}{\pi r^2.l}$$

$$Y = \frac{72 \times \pi \times 2 \times 10^3}{\pi \times (6 \times 10^{-3})^2 \times 2 \times 10^{-5}}$$

$$Y = \frac{72 \times 2 \times 10^3}{36 \times 10^{-6} \times 2 \times 10^{-5}}$$

$Y = 2 \times 10^{14}$ न्यूटन/मी^{2}

Y का अधिकतम मान जो निर्धारित किया जा सकता है वह 2×10^{14} न्यूटन/मी है।

24 *(d)* यंग मापांक का मान पिण्ड के पदार्थ की प्रकृति के विकृत होने के पैटर्न पर निर्भर करता है।

25 *(a)* तार का भंजन प्रतिबल, तार के पदार्थ पर निर्भर करता है। इसका अर्थ है कि दो विभिन्न पदार्थों से बने तारों के भंजन प्रतिबल भिन्न-भिन्न होंगे।

26 *(b)* दिया है,

$s = 0.75$ न्यूटन/मीटर

$\theta = 120°$

$\rho = 15.5 \times 10^3$ किग्रा/मी^{3}

$g = 9.8$ मी/से^{2}

$r = 0.3 \times 10^{-3}$ मी

$h = ?$

हम जानते हैं,

$$h = \frac{2s\cos\theta}{\rho \cdot g \cdot r}$$

$$h = \frac{2 \times 0.75 \times \cos 120°}{15.5 \times 10^3 \times 9.8 \times 0.3 \times 10^{-3}}$$

$$h = \frac{-0.75}{45.57}$$

$h = -0.0164$ मी

$h = -1.6$ सेमी

27 *(c)* दिया है,

$d = 0.4$ मिमी

$\rho = 13.6 \times 10^3$ किग्रा/मी^{3}

$s = 650 \times 10^{-3}$ न्यूटन/मी

$\theta = 60°$

पारा तब लीक होना शुरू होगा जब,

$$\rho gh = \frac{2s\cos\theta}{r}$$

$$h_{न्यूनतम} = \frac{2s\cos\theta}{\rho gr}$$

$$= \frac{2s.\,2.\cos\theta}{\rho\,.\,g\,.\,d} \qquad [\because r = d/2]$$

$$h_{न्यूनतम} = \frac{4 \times 650 \times 10^{-3} \times \cos 60°}{13.6 \times 10^3 \times 9.8 \times 0.4 \times 10^{-3}}$$

$h_{न्यूनतम} = \frac{2 \times 650 \times 10^{-3}}{13.6 \times 9.8 \times 0.4}$

$h_{न्यूनतम} = 24.38 \times 10^{-3}$ मी

$h_{न्यूनतम} = 0.024$ मी

28 *(a)* दिया गया है,

$r = 0.5$ मिमी $= 5 \times 10^{-4}$ मीटर

$s = 0.55$ न्यूटन/मी

इसलिए, 27 बूंदों का क्षेत्रफल $= 27\,(4\pi r^2)$

$= 108\,\pi r^2$

जब बूँदें आपस में मिलती हैं तो आयतन स्थिर रहता है।

$$\frac{4}{3}\pi R^3 = 27 \times \frac{4}{3}\pi r^3$$

$$R = 3r$$

बड़ी बूँद का क्षेत्रफल $= 4\pi R^2$

$= 4\pi\,(3r^2) = 36\,\pi r^2$

पृष्ठीय क्षेत्रफल में हानि

$= 108\pi r - 36\pi r^2 = 72\,\pi r^2$

$\therefore$ ऊर्जा की हानि = पृष्ठीय क्षेत्रफल में हानि × पृष्ठ तनाव

$= 72 \times 3.14 \times (5 \times 10^{-4})^2 \times 0.55$

$= 3108.60 \times 10^{-8} = 31.08 \times 10^{-6}$

अतः ऊर्जा की हानि = 31.1 माइक्रो जूल

29 *(b)* जब कोई द्रव किसी बर्तन की दीवारों को आर्द्र नहीं करता है, तो द्रव और सतह के बीच आसंजक बल द्रव अणुओं के बीच ससंजक बलों की तुलना में कमजोर हैं, अर्थात् संसजक बल आसंजक बलों से बड़े हैं।

30 *(c)* जल में वृद्धि निम्न द्वारा दी गई है,

$$h = \frac{2T\cos\theta}{rdg}$$

$$h \propto \frac{1}{r}$$

इसलिए, ट्यूब की त्रिज्या का व्यास जितना सूक्ष्मतम होगा, पानी में उतना अधिकतम उन्नयन होगा।

31 *(b)* दिया है,

$d = 4$ मिमी

$r = 2$ मिमी $= 2 \times 10^{-3}$ मी

$\sigma = 980$ किग्रा/मी^{3}

$\eta = 1.78$ न्यूटन-से/मी^{2}

$\rho = 7980$ किग्रा/मी^{3}

$v_t = ?$

हम वह जानते हैं,

$$v_t = \frac{2}{9}\cdot\frac{r^2\,(\rho - \sigma)}{\eta}\cdot g$$

$$= \frac{2}{9}\cdot\frac{4 \times 10^{-6}\,(7980 - 980)\,(9.8)}{1.78}$$

$$= \frac{2}{9}\cdot\frac{4 \times 9.8 \times 10^{-6} \times 7 \times 10^3}{1.78}$$

$$= \frac{548.8 \times 10^{-3}}{16.02}$$

$$= 34.25 \times 10^{-3}$$

$v_t = 3.4 \times 10^{-4}$ मी/से

32 *(c)* दिया है,

दूरी = 30 सेमी $= 30 \times 10^{-2}$ मीटर,

समय = 15 सेकण्ड

स्टील की गेंद का वेग,

$v_t = \frac{30 \times 10^{-2}}{15} = 2 \times 10^{-2}$ मी

$\rho = 9.8 \times 10^3$ किग्रा/मी^{3}

$\sigma = 2.2 \times 10^3$ किग्रा/मी^{3}

$d = 5$ मिमी

$r = 2.5 \times 10^{-3}$ मी

ग्लिसरीन की श्यानता

$$\eta = \frac{2}{9}\frac{r^2\,(\rho - \sigma)\,g}{v_t}$$

$$\eta = \frac{2}{9} \times \frac{(2.5)^2 \times 10^{-6} \times 7.6 \times 10^3 \times 9.8}{2 \times 10^{-2}}$$

$$\Rightarrow \eta = \frac{\frac{2}{9} \times 2.5(10^{-3})^2\,(98 - 2.2) \times 10^3 \times 28}{2 \times 10^{-2}}$$

$$\eta = \frac{186.2 \times 10^{-3} \times 2.5}{9 \times 10^{-2}}$$

$$\eta = 20.6 \times 10^{-1} \times 2.5$$

$$\eta = 5.172$$

$\eta = 51.72 \approx 52$ प्वॉइज

33 *(d)* चूँकि, $v_t \propto r^2$ ...(i)

$v_t = 3$ मी/से

मान लीजिए, r छोटी वर्षा की बूँदों की त्रिज्या है और R बड़ी बूँद की त्रिज्या है। आयतन को समान करने पर,

$$\frac{4}{3}\pi R^3 = 3\left(\frac{4}{3}\pi r^2\right)$$

$$\frac{R}{r} = e^{1/3}$$

समी (i) से,

$$\therefore \quad \frac{v_t'}{v_t} = \left(\frac{R}{r}\right)^2$$

$$v_t' = \left(\frac{R}{r}\right)^2 v_t$$

$$v_t' = (3^{1/3})^2 . 3$$

$$v_t' = 3^{\frac{2}{3}} . 3 \Rightarrow v_t' = 3^{\frac{5}{3}}$$

$v_t' = 6.19$ मी/से

$v_t' = 6.2$ मी/से

34 *(b)* तापमान में वृद्धि के साथ, तरल पदार्थ का श्यानता गुणांक घटता है। ऐसा अणुओं के बीच बन्धनों के कमजोर होने के कारण होता है। इसके डैश पॉट गुणांक के कारण, प्रवाह शीर्ष विरूपण प्राप्त करता है।

35 *(b)* नमक की मात्रा के कारण समुद्र का पानी नदी के पानी से अधिक सघन होता है। किसी पदार्थ के घनत्व को द्रव्यमान प्रति इकाई आयतन के रूप में परिभाषित किया जाता है।

36 *(b)* दिया गया है, $v = 276$ मीटर/सेकण्ड

ट्यूब की ऊँचाई = 125 सेमी

आवृत्ति $\nu = 300$ हर्ट्ज

तो, अनुनाद के लिए,

$\nu = \frac{nv}{4L}$, जहाँ $n = 1, 3, 5, \ldots$

या $\quad L = \frac{nv}{4\nu} = \frac{nv}{4\nu} \times 100$ सेमी

$$L = n\,\frac{276}{4 \times 300} \times 100$$

$$L = 23\,.\,n$$

इसलिए, $L = 23, 69, 115$ सेमी, 161 सेमी [$n = 1, 3, 5, 7$ के लिए]

जल स्तम्भ की ऊँचाई $= (125 - L)$

= 102 सेमी, 56 सेमी, 10 सेमी – 36 × सेमी

अतः पानी की न्यूनतम ऊँचाई 8 सेमी है।

37 *(a)* दाँतेदार सिरे के कारण,

$$\frac{v}{4\,(15 - x) \times 10^{-2}} = 1500 \quad \ldots(i)$$

$$\frac{v}{4\,(30 - x) \times 10^{-2}} = 500 \quad \ldots(ii)$$

समी (i) और (ii) से

$$\frac{v}{4\,(15 - x) \times 10^{-2}} = \frac{3v}{4\,(30 - x) \times 10^{-2}}$$

$$3\,(15 - x) = (30 - x)$$

$45 - 3x = 30 - x$

$2x = 15$

$x = 7.5$ सेमी

समी (ii) से, $\frac{v}{4(30 - 7.5) \times 10^{-2}} = 500$

$v = 20 \times 22.5$

∴ वायु में ध्वनि का वेग,

$v = 450$ मी/से

38 *(c)* रेले के सूत्र द्वारा दी गई e के मापन में अधिकतम प्रतिशत त्रुटि है

(दिया गया है कि त्रिज्या के मापन में त्रुटि 0.1 सेमी है)

$\Delta e = 0.6 \Delta r = 0.6 \times 0.1 = 0.06$ सेमी

प्रतिशत त्रुटि,

$\frac{\Delta e}{e} \times 100 = \frac{0.06}{0.6 \times 3} \times 100 = 3.33\%$

प्रयोग में प्राप्त अन्तिम सुधार,

$e = \frac{l_2 - 3l_1}{2}$

$= \frac{14.0 - 3 \times 4.6}{2}$

$= 0.1$ सेमी

इसलिए, सैद्धान्तिक मूल्य के सम्बन्ध में e की गणना में प्रतिशत त्रुटि

$= \frac{0.6 \times 3 - 0.1}{0.6 \times 3} \times 100$

$= 94.44\% \simeq 94\%$

39 *(c)* प्रबलता ∝ (आयाम)^2

ध्वनि तरंगों की आवृत्ति पर ध्वनि तरंगों की प्रबलता निर्भर नहीं करती है।

40 *(a)* आवृत्ति $(f) = \frac{(2n - 1)v}{4L}$

जहाँ $n = 0, 1, 2, 3, \ldots$

आवृत्ति के उपरोक्त सूत्र के लिए, आवृत्ति वायु स्तम्भ की लम्बाई के व्युत्क्रमानुपाती होती है। जब किसी बन्द वायु स्तम्भ की लम्बाई बढ़ाई जाती है, तो आवृत्ति कम हो जाएगी।

41 *(d)* माना, ठोस की विशिष्ट ऊष्मा S_s है और पानी की विशिष्ट ऊष्मा S_w है।

कैलोरीमिति के सिद्धान्त द्वारा

$Q_{\text{दिया गया}} = Q_{\text{प्रयुक्त}}$

$150 \times S_s \times (45° - 30°)$

$= 150 \times S_w \times (90° - 45°)$

$S_s \times 15 = S_w \times 45$

$S_s = 3 \times S_w$

$S_s =$ पानी की विशिष्ट ऊष्मा का तीन गुना

42 *(b)* मान लीजिए S एल्युमीनियम की विशिष्ट ऊष्मा है

पानी की ऊष्मा क्षमता = 1 कैलोरी/ग्राम°C

कैलोरीमिति के सिद्धान्त से,

$Q_{\text{दिया गया}} = Q_{\text{प्रयुक्त}}$

$300 \times S \times (160° - 60°)$

$= 160 \times 1 \times (60 - 27) + 40 \times 1 \times (60 - 27)$

$S \times 300 \times 100 = 160 \times 33 + 40 \times 33$

$S = \frac{33 \times 200}{300 \times 100} = \frac{22}{100}$

$S = 220$ जूल/किग्रा-°C

$S = 220 \times 10^3 \times 4.2$ जूल/किग्रा-°C

$S = 924$ जूल/किग्रा-°C

43 *(c)* कैलोरीमिति विधि लागू करने पर, प्राप्त ऊष्मा लाभ = ऊष्मा हानि

$C_A(16 - 12) = C_B(19 - 16)$

$\Rightarrow \frac{C_A}{C_B} = \frac{3}{4}$

और $C_B(23 - 19) = C_C(28 - 23)$

$\Rightarrow \frac{C_B}{C_C} = \frac{5}{4}$

$\Rightarrow \frac{C_A}{C_C} = \frac{C_A}{C_B} \times \frac{C_B}{C_C}$

$= \frac{3}{4} \times \frac{5}{4} = \frac{15}{16}$ ...(i)

यदि θ वह तापमान है जब A और C मिश्रित होते हैं, तो

$C_A(\theta - 12) = C_C(28 - \theta)$

$\Rightarrow \frac{C_A}{C_C} = \frac{28 - \theta}{\theta - 12}$ ...(ii)

समी (i) और (ii) को हल करने पर,

$\frac{28 - \theta}{\theta - 12} = \frac{15}{16}$

$\Rightarrow 448 - 16\theta = 15\theta - 180$

$\therefore \theta \approx 20.2°C$

44 *(b)* किसी विशिष्ट पिण्ड की ऊष्मा का योग सदैव ऊष्मा की कुल मात्रा के बराबर होता है, जब तक कि ऊष्मीय ऊर्जा को ऊर्जा के किसी अन्य रूप में परिवर्तित नहीं किया जाता है।

45 *(b)* जब पानी को बड़े क्षेत्र में छिड़का जाता है, तो पानी का वाष्पीकरण होता है। जब पानी वाष्पित होता है, तो यह आसपास से ऊष्मा को अवशोषित करता है, क्योंकि पानी के लिए वाष्पीकरण की गुप्त ऊष्मा अधिक होती है।

46 *(c)* $\because \frac{R}{X} = \frac{l}{100 - l}$

$X = \frac{R(100 - l)}{l}$

$X_1 = \frac{1000(100 - 55)}{55}$

$= \frac{1000 \times 45}{55} = 818.18\ \Omega$

$X_2 = \frac{100(100 - 11)}{11}$

$= \frac{100 \times 89}{11}$

$= 809.09\ \Omega$

$X_3 = \frac{10(100 - 12)}{1.2}$

$= \frac{10 \times 98.8}{1.2}$

$= 823.33\ \Omega$

$X_4 = \frac{1(100 - 1)}{1}$

$= \frac{1 \times 99}{1} = 99\ \Omega$

तो, 99 Ω यह असंगत है।

47 *(a)* $\frac{P}{45} = \frac{Q}{55}$ ...(i)

50 Ω से Q को शण्ट करने पर प्रयुक्त भुजा का प्रतिरोध कम हो जाता है, इसलिए अनुपात समान रखने के लिए लम्बाई भी कम करनी होगी।

$\frac{P}{45 + 5} = \frac{\frac{50Q}{50 + Q}}{(55 - 5)}$

$\frac{P}{50} = \frac{50Q}{(50 + Q).50}$

$P = \frac{50Q}{(50 + Q)}$ ...(ii)

समी (i) और (ii) को हल करने पर,

$P = \frac{100}{11}\ \Omega$

$Q = \frac{100}{9}\ \Omega$

48 *(c)* दिया है, सन्तुलन की लम्बाई, $l = 25$ सेमी

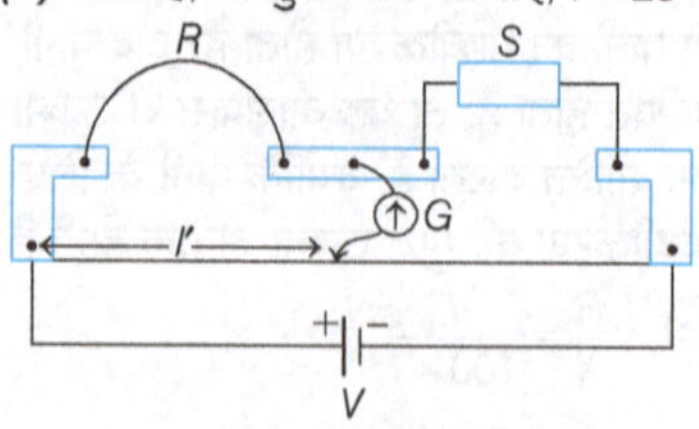

सन्तुलन बिन्दु पर, $\frac{R}{l} = \frac{S}{100-l} \Rightarrow \frac{R}{25} = \frac{S}{75}$

$\Rightarrow \quad R = \frac{S}{3}\,\Omega \quad \ldots$(i)

जब R को आधी लम्बाई और आधे व्यास के किसी अन्य प्रतिरोध द्वारा प्रतिस्थापित किया जाता है, तो बायें अन्तराल में प्रतिरोध,

$$R' = \frac{\rho\frac{l}{2}}{\frac{\pi}{4}\left(\frac{d}{2}\right)^2} = 2\left\{\frac{\rho l}{(\pi d^2)}\right\} \Rightarrow R' = 2R$$

अब, यदि लम्बाई l' पर सन्तुलन प्राप्त हो जाए, तो

$$\frac{R'}{l'} = \frac{S}{(100-l')} \Rightarrow \frac{2R}{l'} = \frac{S}{100-l'}$$

समी (i) से S का मान प्रतिस्थापित करने पर,

$$\frac{2R}{l'} = \frac{3R}{100-l'}$$

$\Rightarrow \quad 200 - 2l' = 3l'$ या $l = 40$ सेमी

49 *(c)* $\frac{Q}{P} = \frac{(100-l)}{l}$

$\frac{P}{Q} = \frac{R}{S}$

$S = \frac{(100-l)}{l}R$

यहाँ, S अज्ञात प्रतिरोध है जिसे मीटर सेतु की सहायता से मापा जा सकता है।

50 *(c)* मीटर सेतु का सन्तुलन बिन्दु तार की त्रिज्या से स्वतन्त्र होता है। इसलिए, सन्तुलन लम्बाई भी प्रभावित नहीं होगी।

51 *(a)* सर्किट का तुल्य प्रतिरोध है

$$R = 3 + 3 + \frac{4\times 12}{12+4} = 6+3$$

$R = 9\,\Omega$

दिया है, $V = 45$ वोल्ट

इसलिए $i = \frac{V}{R} = \frac{45}{9}$

$i = 5$ ऐम्पियर

$12\,\Omega$ पर वोल्टेज

$R = 3\Omega \quad$ (AB पर तुल्य प्रतिरोध)

$V_{12} = i.R = 5\times 3 = 15V$

अतः $12\,\Omega$ पर धारा

$i_{12} = \frac{V}{R} \Rightarrow i_{12} = \frac{15}{12}$

$i_{12} = 1.25$ ऐम्पियर

52 *(c)* हम जानते हैं कि

$R = \frac{\rho . l}{A}$

दोनों पक्षों का लघुगुणक लेने पर

$\ln R - \ln\rho + \ln l - \ln A$

$\frac{dR}{R} = 0 + \frac{dl}{l} - \frac{dA}{A} \quad \ldots$(i)

अब, $V = l\times A$ और आयतन स्थिर है।

दोनों पक्षों का लघुगुणक लेने पर

$\ln V = \ln A + \ln l$

$\frac{dV}{V} = \frac{dl}{l} + \frac{dA}{A}$

$0 = \frac{dl}{l} + \frac{dA}{A} \quad \ldots$(ii)

[$\therefore$ आयतन स्थिर है]

समी (i) और (ii) को जोड़ने पर है।

$\frac{dR}{R} = 2\frac{dl}{l}$ [$n = 0.2\%, dl = 0.2\%$]

$\frac{dR}{R} = 2\times 0.2\%$

$\frac{dR}{R} = 0.4\%$

53 *(a)* सम्बन्ध का उपयोग करते हुए,

$R = R_0(1+\alpha T)$

$R_t = R_0(1+\alpha T_1)$

$\therefore \quad 2 = R_0\,(1 + 0.00145\times 100) \quad \ldots$(i)

और $R_e = R_0\,(1+\alpha T_2)$

$\therefore \quad 3 = R_0\,(1+0.00145\times T_2) \quad \ldots$(ii)

समी (ii) को समी (i) से विभाजित करने पर,

$$\frac{3}{2} = \frac{1+0.00145T_2}{1+0.00145\times 100}$$

या $\quad T_2 = 494.8°C = 767.8$ केल्विन

54 *(a)* किसी तार की प्रतिरोधकता एक स्थिरांक होती है और यह प्रयुक्त सामग्री के प्रकार पर निर्भर करती है।

55 *(d)* यदि V और I अद्वितीय नहीं हैं, तो समान I के लिए V के एक से अधिक मान होंगे।

56 *(a)* पूर्ण पैमाने पर विक्षेपण के लिए,

$I_g = nk$

$\therefore \quad I_g = 50\times 5\times 10^{-4} = 25\times 10^{-3}$ A

अब, $\quad R = \frac{V}{I} - G = \frac{5}{25\times 10^{-3}} - 150$

$= \frac{1000}{5} - 150 = 200 - 150$

$R = 50\,\Omega$

57 *(d)* गैल्वेनोमीटर का प्रतिरोध

$$G = \frac{\text{धारा सुग्राहिता}}{\text{वोल्टता सुग्राहिता}} = \frac{20}{5}$$

$G = 4\,\Omega$

यहाँ, I_g = पूर्ण पैमाने पर विक्षेपण धारा

$I_g = \frac{200}{20} = 10$ मिलीऐम्पियर

यहाँ, V = मापा जाने वाला वोल्टेज = 200 वोल्ट

[प्रत्येक विभाग में लिखा है 1 वोल्ट]

इसलिए, $R = \frac{V}{I_g} - G = \frac{200}{10\times 10^{-3}} - 4$

$= 2\times 10^4 - 4 \Rightarrow R = 19996\,\Omega$

58 *(b)* वोल्टमीटर एक उपकरण है जिसका उपयोग सर्किट में दो बिन्दुओं के बीच विभवान्तर मापने के लिए किया जाता है। एक आदर्श वोल्टमीटर का प्रतिरोध अनन्त होता है।

59 *(a)* सुग्राहिता के रूप में, $S_i = \frac{NBA}{k}$

जब चुम्बकीय क्षेत्र बढ़ता है, तो सुग्राहिता भी बढ़ जाती है।

60 *(d)* प्रतिबिम्ब वास्तविक है, क्योंकि आभासी प्रतिबिम्ब बड़ा है

$\therefore \frac{1}{v} - \frac{1}{u} = \frac{1}{f} \Rightarrow \frac{1}{\frac{x}{4}} + \frac{1}{x} = \frac{1}{30} \quad (\because u = -x)$

$\Rightarrow \quad \frac{5}{x} = \frac{1}{30} \Rightarrow x = 150$ सेमी

61 *(d)* अवतल लेन्स के लिए

$\frac{1}{v} - \frac{1}{u} = \frac{1}{f}$

या $\quad \frac{u}{v} - 1 = \frac{u}{f}$ या $\left(\frac{1}{p} - 1\right) = \frac{u}{f}$

$\left[\because \frac{v}{u} = n \text{ (दिया है)}\right]$

$\therefore \quad u = \left(\frac{1-n}{n}\right)f$

62 *(a)* $x = -u + v$

$$m = \frac{f}{(f+u)} = \frac{(f-v)}{f}$$

वास्तविक प्रतिबिम्ब के लिए, m ऋणात्मक है

$$\therefore \quad -m = \frac{f}{(f+u)}$$

$$\Rightarrow \quad -mf - mu = f \Rightarrow u = \frac{-(m+1)}{m} f$$

और $-m = \frac{(f-v)}{f} \Rightarrow -mf = f - v$

$$\Rightarrow \quad v = (m+1) f$$

$$\therefore \quad x = (m+1) f + \frac{(m+1)}{m} f$$

$$\Rightarrow \quad f = \frac{mx}{(m+1)^2}$$

63 *(b)* दिया है, $v = 50$ सेमी, $u = 20$ सेमी
चूँकि, प्रतिबिम्ब आभासी है, यह वस्तु के एक ही ओर बनेगी। लेन्स सूत्र से

$$\frac{1}{f} = \frac{1}{v} - \frac{1}{u} \Rightarrow \frac{1}{f} = \frac{1}{-50} - \frac{1}{-20}$$

$$\frac{1}{f} = \frac{3}{100}$$

$$f = \frac{100}{3} \text{ सेमी}$$

64 *(c)* जब वस्तु की सुई लेन्स के फोकस पर होती है तो लम्बन हट जाता है। चूँकि वस्तु का प्रतिबिम्ब अनन्त पर बनता है अतः उत्तल लेन्स से अपवर्तन पर किरणें समान्तर हो जाती हैं। वे समतल दर्पण पर अभिलम्बवत् गिरती हैं तथा परावर्तन के बाद अपना पथ पुनः प्राप्त कर लेती हैं। इसीलिए लम्बन हटा दिया जाता है।

65 *(c)* प्रकाश को रंजतित फलक पर अभिलम्बवत् गिरना चाहिए, अर्थात्

$$r_2 = 0$$

$$\therefore \quad r_1 = A = 30^\circ$$

$$\mu = \frac{\sin i_1}{\sin r_1}$$

$$\Rightarrow \sqrt{2} = \frac{\sin i_1}{\sin 30^\circ}$$

आपतन कोण, $i_1 = 45^\circ$

66 *(a)* दोनों फलकों पर कोण $i = 45^\circ$ होगा।
TIR के घटित होने के लिए,

$i > \theta_c$ या $\sin i > \sin \theta_c$

$$\therefore \quad \frac{1}{\sqrt{2}} > \frac{1}{\mu} \Rightarrow \mu > \sqrt{2}$$

67 *(a)* दिया है,

$$i = e = \frac{3}{4} A = \frac{3}{4} \times 60^\circ = 45^\circ$$

न्यूनतम विचलन की स्थिति में,

$$2i = A + \delta_m$$

$$\delta_m = 2i - A$$

$$= 2 \times 45^\circ - 60^\circ = 30^\circ$$

68 *(d)* $$\mu = \frac{\sin \frac{(A + \delta_m)}{2}}{\sin \frac{A}{2}} = \frac{\sin \frac{(60+30)}{2}}{\sin \left(\frac{60}{2}\right)}$$

$$= \frac{\sin 45^\circ}{\sin 30^\circ} = \frac{0.7070}{0.5000} = 1.414$$

अब, काँच में प्रकाश का वेग $= \frac{c_{\text{वायु}}}{\mu}$

$$\Rightarrow v_g = \frac{3 \times 10^8 \text{ मी/से}}{1.414}$$

$$= 2.121 \times 10^8 \text{ मी/से}$$

69 *(b)* दिया है, प्रिज्म का कोण $A = 60^\circ$
आपतन कोण, $i =$ निर्गमन कोण e

$$e = \frac{2}{3} A$$

$$\delta = i + e - A$$

$$\delta = e + e - A$$

$$\delta = 2e - A$$

$$\delta = \frac{2 \times 2}{3} A - A$$

$$\delta = \left(\frac{4-3}{3}\right) A$$

$$\delta = \frac{A}{3} = \frac{60}{3} = 20^\circ$$

70 *(c)* हमें वास्तविक मोटाई के साथ-साथ आभासी मोटाई की गणना करने के लिए कम से कम तीन पाठ्यांकों की गणना करने की आवश्यकता है। इसलिए, हमें प्रयोग के लिए कम से कम तीन पाठ्यांकों की आवश्यकता है।

71 *(b)* माना अन्तिम प्रतिबिम्ब अनन्त पर बनती है और

$$M_\infty = \frac{(L_\infty - f_o - f_e) \cdot D}{f_o f_e} = \frac{LD}{f_o f_e}$$

$$400 = \frac{20 \times 25}{0.5 \times f_e}$$

$$\therefore \quad f_e = 2.5 \text{ सेमी}$$

72 *(a)* यदि चल सूक्ष्मदर्शी का उपयोग करके काँच का अपवर्तनांक ज्ञात किया जाता है, तो दूरियाँ एक वर्नियर पैमाने द्वारा मापी जाती हैं जो सूक्ष्मदर्शी पर उपलब्ध होता है।

73 *(a)* 50 VSD = 49 MSD

$$1 \text{ VSD} = \frac{49}{50} \text{ MSD}$$

$$LC = 1\, MSD - 1\, VSD$$

$$= \left(1 - \frac{49}{50}\right) \text{MSD}$$

$$= \frac{1}{50} \text{ MSD}$$

$$1 \text{ MSD} = \frac{1}{40} \text{ सेमी}$$

$$LC = \frac{1}{60} \times \frac{1}{40}$$

$$= \frac{1}{2} \times 10^{-3} \text{ सेमी}$$

$$= 0.5 \times 10^{-3} \text{ सेमी}$$

$$= 5 \times 10^{-4} \text{ सेमी}$$

$$\text{LC} = 5 \times 10^{-6} \text{ मी}$$

75 *(a)* दिए गए परिपथ में, D_2 और D_3 अग्र अभिनत में हैं, इसलिए वे धारा का संचालन करते हैं जबकि D_1 और D_4 पश्च अभिनत में हैं, इसलिए वे धारा का संचालन नहीं करते हैं।
इसलिए, समतुल्य परिपथ निम्न प्रकार होगा,

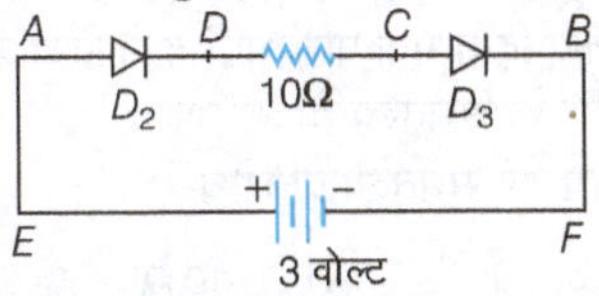

प्रभावी प्रतिरोध है

$$R_{eff} = D_2 + R + D_3$$

$$R_{eff} = 3 + 10 + 3$$

$R_{eff} = 16\,\Omega$ (D_2 और D_3 दिया गया है)

यहाँ, सिलिकॉन डायोड का उपयोग किया जाता है।

$\therefore$ Sl के लिए अवरोध विभव 0.7 V है।

तुल्य विभव $(V_{\text{तुल्य}}) = 3 - 0.7 - 0.7$

$$V_{\text{तुल्य}} = 1.6 \text{ वी}$$

$$\text{धारा } (I) = \frac{V_{\text{तुल्य}}}{R_{eff}}$$

$$I = \frac{1.6}{16}$$

$$\Rightarrow \quad I = 0.1 \text{ ऐम्पियर}$$

76 *(b)* आदर्श स्थिति में, एक *p-n* सन्धि अग्र अभिनत शून्य प्रतिरोध के चालक पथ की तरह कार्य करता है। इसलिए, दिया गया परिपथ नीचे चित्र में दिखाए गए परिपथ के समतुल्य है।

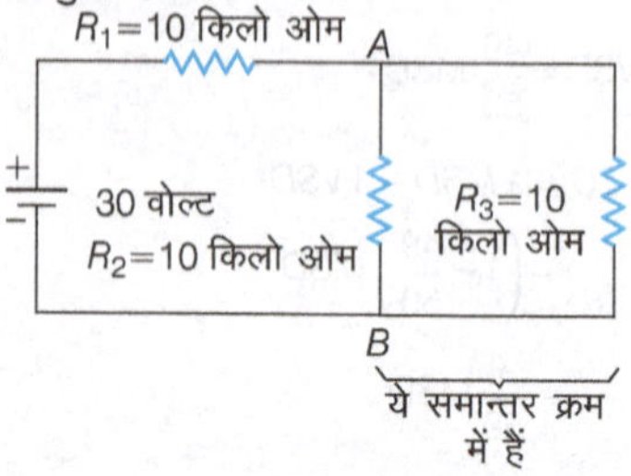

परिपथ का कुल प्रतिरोध, $R = (R_3, R_2$ के समानान्तर है) और ये R_1 के साथ श्रेणीक्रम में हैं।

$$= \frac{10 \times 10}{10 + 10} + 10 = 15\ k\Omega$$

अतः, परिपथ में कुल धारा,

$$I = \frac{V}{R} = \frac{30 \text{ वोल्ट}}{15 \text{ किलो } \Omega} = 2 \times 10^{-3} \text{ ऐम्पियर}$$

अतः AB का कुल प्रतिरोध,

$$R_{AB} = 5\ k\Omega$$
$$V_{AB} = I . R_{AB}$$
$$V_{AB} = 2 \times 10^{-3} \times 5 \times 10^{3}$$
$$V_{AB} = 10 \text{ वोल्ट}$$

77 *(d)* चूँकि दोनों डायोड पश्च अभिनत में हैं, इसलिए दिया गया परिपथ चित्र में दिखाए गए परिपथ के समतुल्य है।
परिपथ का समतुल्य प्रतिरोध,

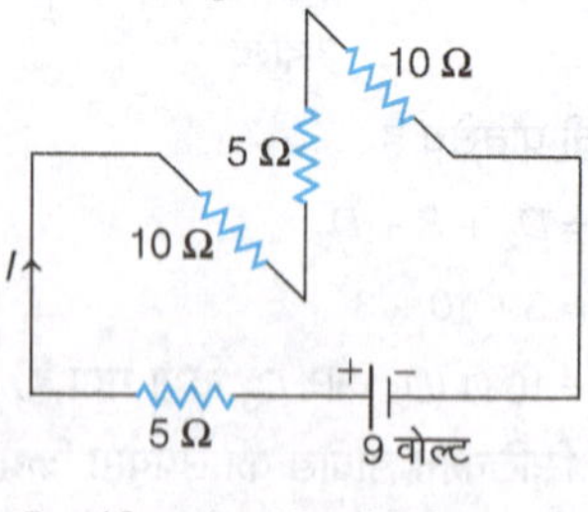

$$R = 5 + 10 + 5 + 10 = 30\ \Omega$$

$\therefore$ परिपथ में धारा $I = \frac{V}{R} = \frac{9}{30} = 0.3$ ऐम्पियर

78 *(d)* *p-n* सन्धि डायोड के अग्र अभिनत में, धारा मुख्य रूप से बहुसंख्यक आवेश वाहकों के विसरण के कारण प्रवाहित होती है।

79 *(b)* *p-n* सन्धि डायोड तब चालन करता है जब अग्र अभिनत का मान विभव प्राचीर से अधिक होता है।

80 *(a)* जेनर डायोड में विभव पतन

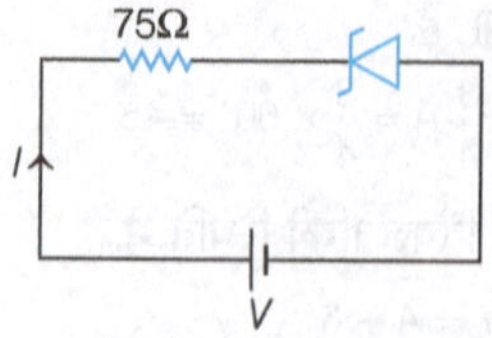

$$V_2 = V - IR$$
$$V_2 = V - 75I$$

$\therefore$ क्षमता $P = V_2 I_Z$

लेकिन $P = 3$ वाट (दिया गया है)

$\therefore$ $(V - 75I) \cdot I = 3$

$$75I^2 - VI + 3 = 0$$

I के वास्तविक होने के लिए

$$V^2 - 4 \times 75 \times 3 \geq 0$$
$$V \geq 30$$

81 *(c)* AB पर विभव है

$V_Z = 9$ वोल्ट

R के पार विभव पतन $= 15 - 9 = 6$ वोल्ट

इसलिए, प्रतिरोधक R_z से प्रवाहित धारा

$$I = \frac{V}{R_Z} = \frac{6}{1 \times 10^3}$$

$I = 6$ मिली ऐम्पियर

वोल्टेज लोड प्रतिरोध के पार विभव

$= V_{AB} = 9$ वोल्ट

लोड प्रतिरोधक के माध्यम से धारा,

$$I_L = \frac{V_{AB}}{R_L} = \frac{9}{2 \times 10^3} = 4.5 \text{ मिली ऐम्पियर}$$

जेनर डायोड के माध्यम से प्रवाहित धारा

$$I_2 = I - I_z$$

$= (6 - 4.5)$ या मिली ऐम्पियर

$I_Z = 1.5$ या मिली ऐम्पियर

82 *(d)* दिए गए विभव नियामक परिपथ में 6 वोल्ट पर भंजन होता है।
भंजन के बाद, लोड प्रतिरोध पर विभव ($R_L = 4\,k\Omega$),

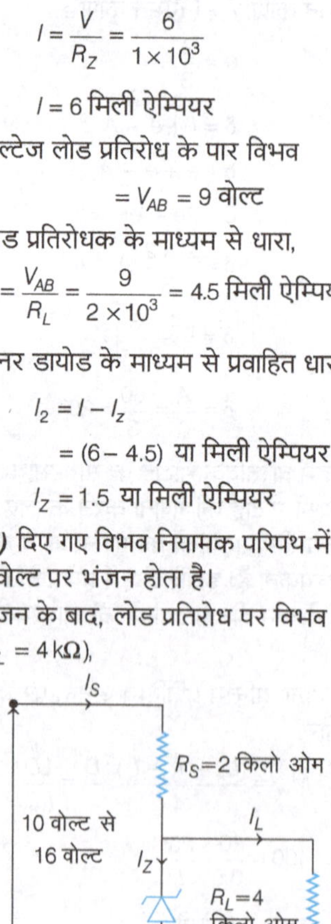

$$V = V_Z = 6 \text{ वोल्ट}$$

$\therefore$ भंजन ब्रेकडाउन के बाद लोड पर धारा

$$I_L = \frac{V_Z}{R_L} = \frac{6}{4000} = 1.5 \times 10^{-3} \text{ या ऐम्पियर}$$

जब श्रेणी प्रतिरोध ($R_S = 2\,k\Omega$) में 16 वोल्ट की अनियमित आपूर्ति के कारण विभव पतन होता है।

$V_S = V - V_Z = 16 - 6 = 10$ वोल्ट

अतः, शृंखला प्रतिरोध में धारा,

$$I_S = \frac{V_S}{R_S} = \frac{10}{2 \times 10^3} = 5 \times 10^{-3} \text{ ऐम्पियर}$$

जेनर डायोड में प्रवाहित धारा,

$$I_Z = I_S - I_L = 5 \times 10^{-3} - 1.5 \times 10^{-3}$$

$= 3.5 \times 10^{-3}$ A $= 3.5$ mA या मिली ऐम्पियर

83 *(b)* जेनर डायोड को जब विभव नियामक के रूप में उपयोग किया जाता है तो इसे पश्च अभिनत में जोड़ा जाता है और आउटपुट वोल्टेज के लिए जेनर डायोड के समानान्तर में एक लोड को जोड़ा जाता है।

84 *(c)* जेनर डायोड में, *p* और *n* के बीच अवक्षय क्षेत्र बहुत संकीर्ण हो जाता है और विद्युत क्षेत्र काफी उच्च होता है। जेनर डायोड में संकीर्ण सन्धियों के कारण पश्च अभिनत स्थितियों में भंजन आसानी से होता है।
यदि हम स्थानिक आवेश क्षेत्र को संकीर्ण कर दें तो यह स्पष्ट है कि कम पश्च विभव लागू होने पर पश्च भंजन घटित होगा।

अभिकथन-कारण प्रश्न

1 *(a)* अभिकथन और कारण दोनों सही हैं और कारण, अभिकथन का सही स्पष्टीकरण है। वर्नियर कैलिपर्स के अल्पतमांक का महत्व इसकी असाधारण रचना पर निर्भर करता है, जो इसे ऐसे छोटे और सटीक माप लेने में मदद करता है। साथ ही, चूड़ी पिच और कैलिपर में मौजूद वर्नियर पैमाने के भागों की संख्या पर भी निर्भर करता है।

$$V_C \text{ का LC या अल्पतमांक} = \frac{\text{चूड़ी पिच}}{\text{VSD की संख्या}}$$

2 *(c)* अभिकथन सही है परन्तु कारण गलत है तथा इसे निम्न प्रकार सुधारा जा सकता है, मानक स्क्रूगेज का अल्पतमांक, वर्नियर कैलिपर्स के अल्पतमांक से कम होता है।

3 *(c)* अभिकथन सही है परन्तु कारण गलत है तथा इसे निम्न प्रकार सुधारा जा सकता है,

गैसों की श्यानता तापमान के वर्गमूल के सीधे आनुपातिक होती है।

$$\eta \propto \sqrt{T}$$

4 *(b)* ठोसों और द्रवों में मौजूद अन्तर-आणविक बल गैसो की तुलना में अधिक मजबूत होते हैं। इस कारण ठोसों की विशिष्ट ऊष्मा धारिता अन्य प्रकार के पदार्थों की तुलना में अधिक होती है।

5 *(d)* अभिकथन गलत है तथा इसे निम्न प्रकार सुधारा जा सकता है। शुद्ध जल में डिटर्जेंट मिलाने पर केशिका नली में उन्नयन में कमी हो जाती है। ऐसा इसलिए होता है, क्योंकि नली की सतह की ओर पानी के अणुओं का संसजन बढ़ जाता है।

6 *(d)* दर्पण की फोकस दूरी उस गोले की वक्रता त्रिज्या की माप होती है जिससे गोलीय दर्पण प्राप्त किया गया था और यह उस माध्यम से पूर्णतः स्वतन्त्र होती है जिसमें दर्पण रखा गया है।

7 *(b)* अभिकथन और कारण दोनों सही हैं लेकिन कारण अभिकथन का सही स्पष्टीकरण नहीं है। तापमान बढ़ने से इलेक्ट्रॉनों का प्रवाह बढ़ जाता है जिससे अधिक ऊष्मा का क्षय होता है और तार का इन्सुलेशन पिघल जाता है और केबल में लघुपतन उत्पन्न हो सकता है।

8 *(a)* समान आधार कोण वाले प्रिज्म में विचलन न्यूनतम होता है, इसलिए अपवर्तित किरण प्रिज्म के आधार के समानान्तर हो जाती है। न्यूनतम विचलन की स्थिति में, आपतन कोण, निर्गमन कोण के बराबर होता है।

9 *(b)* सन्धि डायोड की विशेषताओं के अध्ययन से पता चलता है कि सन्धि डायोड अग्र अभिनत होने पर प्रतिरोध के निम्न पथ और पश्च अभिनत होने पर प्रतिरोध के उच्च पथ प्रदान करता है।
सन्धि डायोड की यह विशेषता इसे एक नियामक रेक्टिफायर के रूप में उपयेाग करने में सक्षम बनाती हैं।

10 *(a)* भारी डोपिंग के कारण, जेनर डायोड की स्थिति में विभव पतन के पार मजबूत विद्युत क्षेत्र मौजूद होता है, जिससे अवक्षय परत पतली हो जाती है।

कथन आधारित प्रश्न

1 *(d)* शून्य संशोधन = – (इसके उचित चिन्ह के साथ) शून्य त्रुटि।

2 *(b)* कथन I सही है और कथन II गलत है और इसे निम्न प्रकार सुधारा जा सकता है। स्क्रूगेज की अल्पतमांक वृत्ताकार पैमाने पर भागों की संख्या के व्युत्क्रमानुपाती होती है।

3 *(c)* कथन I गलत है और इसे निम्न प्रकार सुधारा जा सकता है, Y के मान तार की लम्बाई या व्यास पर निर्भर नहीं करता है। यह तार के पदार्थ की प्रकृति पर निर्भर करता है।

4 *(d)* $h = \dfrac{2T}{Rdg}$

$\Rightarrow \quad hR = \dfrac{2T}{dg} \quad [\because hR = \text{स्थिरांक}]$

इसलिए जब ट्यूब अपर्याप्त लम्बाई की होती है, तो द्रव मेनिस्कस की वक्रता त्रिज्या बढ़ जाती है, ताकि उत्पाद hR एक परिमित स्थिरांक बने रह सके।

5 *(a)* कथन I और कथन II दोनों गलत हैं और इन्हें सही किया जा सकता है, क्योंकि तापमान में वृद्धि के साथ तरल की श्यानता कम हो जाती है और साथ ही यह तरल के घनत्व से मुक्त होती है।

6 *(d)* नाइक्रोम या कॉन्स्टेंटन तार का कम तापमान गुणांक और अधिक प्रतिरोधकता होती है। कॉन्स्टेंटन के लिए प्रतिरोधकता $49 \times 10^{-8}\ \Omega$–मी है।

7 *(b)* कथन II गलत है और इसे निम्न प्रकार सुधारा जा सकता है, इलेक्ट्रॉनों से जुड़ी तरंग की तरंग दैर्ध्य दृश्य प्रकाश की तुलना में कम है।

8 *(d)* न्यूनतम विलचन पर, $r_1 = r_2 = \dfrac{A}{2}$

अतः $i = e$ (आपतन कोण = निर्गमन कोण)

आंकिक मान प्रकार के प्रश्न

1 *(1.38)* RR = MSR + $n \times$ ...

$1.3 + 15 \times 0.01 = 1.35$ सेमी

शून्य त्रुटि = – 0.03 सेमी

शून्य संशोधन = + 0.03 सेमी

सही पाठयांक = 1.35 + 0.03 = 1.38 सेमी

2 *(0.87)* $\therefore \; T = 2\pi\sqrt{\dfrac{l}{g}}$

$$\frac{\Delta g}{g} = \frac{\Delta l}{l} + \frac{2\Delta T}{T}$$

इसलिए, $P = \left(\dfrac{\Delta l}{l} + \dfrac{2\Delta T}{T}\right) \times 100$

$\Rightarrow \quad P_1 = \left(\dfrac{0.1}{100} + \dfrac{2\,(1)}{400}\right) \times 100 = 0.6\%$

$P_2 = \left(\dfrac{0.1}{400} + \dfrac{2\,(1)}{400}\right) \times 100 = 0.52\%$

$\therefore \quad \dfrac{P_2}{P_1} = \dfrac{0.52}{0.6} = 0.87$

3 *(5)* बिन्दु O के परितः आघूर्ण लेने पर,

$2g \times 0.5 = mg \times 0.2$

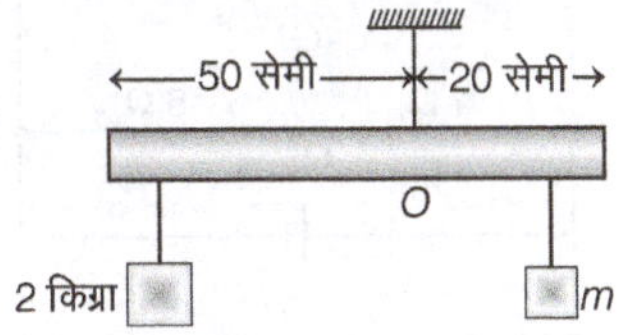

$\Rightarrow \quad m = 5$ किग्रा

4 *(2)* यंग मापांक, $Y = \dfrac{Fl}{A\,\Delta l} = \dfrac{mgl}{A\,\Delta l}$

$= \dfrac{1.5 \times 10 \times 1.56 \times 10^{-2}}{314 \times (27 \times 10^{-4})^2 \times 5 \times 10^{-4}}$

$Y = 2.002 \times 10^{-11}$ न्यूटन/मी^{2}

अतः x का मान 2 है।

5 *(14.8)* दिया गया है, $h = 0.2$ मिमी,

$\rho = 1000$ किग्रा/मी^{3}

$\sigma = 0.0725$ न्यूटन/मी, $\theta = 0°$

केशिका उन्नयन, $h = \dfrac{4\sigma\cos\theta}{\rho g d}$

$0.2 \times 10^{-3} = \dfrac{4 \times 0.0725}{10^2 \times 9.81 \times d}$

$d = \dfrac{4 \times 0.0725}{0.2 \times 10^{-3} \times 10^3 \times 9.81}$

= 14.8 सेमी

6 *(384)* $v = 2\nu\,(l_2 - l_1)$

$= 2 \times 480 \times \dfrac{(70 - 30)}{100}$

(सेमी को मीटर में बदलें)

$= 2 \times 480 \times \dfrac{40}{100}$

= 384 मी/से

7 *(0)* माना , मिश्रण का तापमान $\theta_{\text{मिश्रित}}$ है

$$\theta_{\text{मिश्रित}} = \frac{m_w\theta_w - \dfrac{m_i L_i}{C_w}}{m_i + m_w}$$

चूँकि $m_i = m_w$

$$\therefore \theta_{\text{मिश्रित}} = \frac{\theta_w - \dfrac{L_i}{C_w}}{2} = \frac{80 + \theta - \dfrac{336}{42}}{2}$$

$= 0°C$

8 *(4)* AC में, $R_{AC} = 0.1 \times 40 = 4\,\Omega$

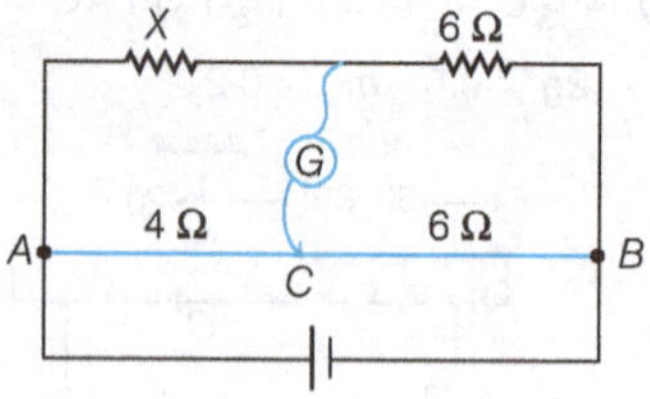

ABC में, $R_{BC} = 0.1 \times 60 = 6\,\Omega$

सन्तुलित स्थिति में,

$$\frac{X}{6} = \frac{4}{6} \Rightarrow X = 4\,\Omega$$

9 *(3)* आकृति से, $\angle e_1 = \angle r_2 = 0$

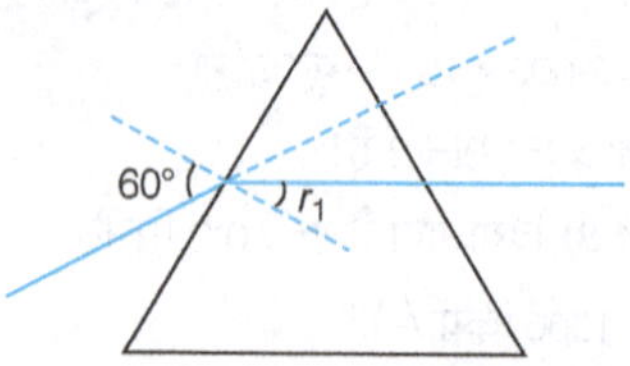

$A = r_1 + r_2$ से

$\Rightarrow r_1 = A = 45°$

$$\therefore \mu = \frac{\sin i}{\sin r_1} = \frac{\sin 60°}{\sin 45°} = \sqrt{\frac{3}{2}}$$

प्रश्नानुसार, $x = 3$

10 *(5)* दी गई आकृति से,

R_S में विभव

$R_S = 22 - 15 = 7$ वोल्ट

R_S से धारा

$R_S, I = \frac{7}{35} = \frac{7}{5}$ ऐम्पियर

90 Ω से धारा

$I_2 = \frac{15}{90} = \frac{1}{6}$ ऐम्पियर

जेनर से प्रवाहित धारा

$= \frac{1}{5} - \frac{1}{6} = \frac{1}{30}$ ऐम्पियर

जेनर डायोड के माध्यम से शक्ति,

$P = VI$

$P = 15 \times \frac{1}{30} = 0.5$ वाट

$P = 5 \times 10^{-1}$ वाट

$\because\ P = x \times 10^{-1}$ वाट

$\therefore\ x = 5$

विगत परीक्षाओं के प्रश्न

1 *(b)* माना 1 MSD = x

प्रश्नानुसार,

50 VSD, 49 MSD के साथ मिलती है = $49x$

अल्पतमांक, LC = $\frac{49}{50}x$

$LC = 1\text{ MSD} - 1\text{ VSD} = x - \frac{49}{50}x = \frac{x}{50}$

शून्य त्रुटि = MSR + VSR (LC)

0.04 मिमी $= 0 + 4\left(\frac{x}{50}\right) \Rightarrow x = 0.5$ मिमी

1 सेमी में मुख्य पैमाने के भागों की संख्या

$= \frac{1 \text{ सेमी}}{0.5 \text{ मिमी}} = 20$

2 *(b)* 1 MSD = $\frac{1 \text{ सेमी}}{20} = 0.05$ सेमी

1 VSD = $\frac{49}{50}$ MSD = $\frac{49}{50} \times 0.05$ सेमी

= 0.049 सेमी

LC = 1MSD − 1VSD = 0.001 सेमी

कागज सतह पर चिह्न

$L_1 = 8.45 + 26 \times 0.001$ सेमी

= 84.76 सेमी

कागज को काँच के गुटके में से देखने पर,

$L_2 = (7.12 + 41 \times 0.001)$ सेमी

$\Rightarrow L_2 = 71.61$ सेमी

सतह के ऊपर पाउडर के लिए

शून्य त्रुटि = 4.05 सेमी + 1 × 0.001 सेमी

= 40.51 मिमी

$\therefore$ वास्तविक, $L_1 = 84.76 - 40.51$

= 44.25 मिमी

वास्तविक, $L_2 = 71.61 - 40.51$

= 31.10 मिमी

$\therefore\ L_2 = \frac{L_1}{\mu}$

$\Rightarrow \mu = \frac{L_1}{L_2} = \frac{44.25}{31.10} = 1.42$

3 *(c)* दिया है,

अल्पतमांक = $\frac{1}{20N}$ सेमी = $\frac{10}{20N}$ मिमी

1 MSD = 1 मिमी

अब, अल्पतमांक = 1 MSD − 1 VSD

माना xMSD = N VSD तब,

$\Rightarrow \frac{10}{20N} = 1 - \frac{x}{N}$

$\Rightarrow \frac{1}{2N} = 1 - \frac{x}{N} = \frac{N - x}{N}$

$\Rightarrow N - x = \frac{1}{2}$

या $N - \frac{1}{2} = x$

या $x = \frac{2N - 1}{2}$ भाग

4 *(b)* $g = \frac{4\pi^2 l}{T^2}$

$$\frac{\Delta g}{g} = \frac{\Delta l}{l} + 2\frac{\Delta T}{T}$$

$$= \frac{0.1}{10} + \left(\frac{\frac{1}{200}}{0.5}\right)$$

$$\frac{\Delta g}{g} = \frac{1}{100} + \frac{1}{50} \Rightarrow \frac{\Delta g}{g} \times 100 = 3\%$$

5 *(b)* धनात्मक शून्य त्रुटि = 0.2 मिमी

मुख्य पैमाना पाठ्यांक = 8.5 सेमी

वर्नियर पैमाना पाठ्यांक = 6 × 0.01

= 0.06 सेमी

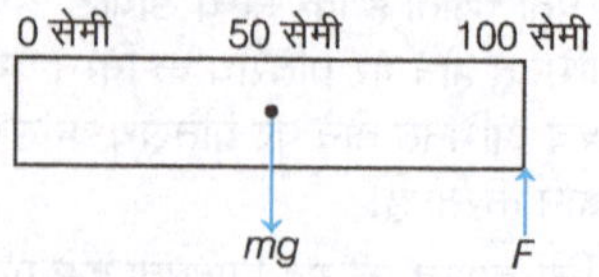

परिणामी पाठ्यांक

= 8.5 + 0.06 − 0.02

= 8.54 सेमी

6 *(d)* $(n - 1)a = n(a')$

$$a' = \frac{(n-1)a}{n}$$

$\therefore$ LC = 1 MSD − 1 VSD

$= (a - a')$ सेमी

$= a - \frac{(n-1)\,a}{n}$

$= \frac{na - na + a}{a} = \frac{a}{n}$ सेमी

$= \left(\frac{10a}{n}\right)$ मिमी

7 **(d)** स्क्रूगेंज के पेंच का चूड़ी पिच

$= \frac{\text{पेंच द्वारा तय की गई दूरी}}{\text{घूर्ण नों की संख्या}}$

$= \frac{3}{6} = 0.5$ मिमी

और स्क्रूग्रेज का अल्पतमांक

$= \frac{\text{चूड़ी अन्तराल}}{\text{वृत्ताकार पैमाने के भागों की संख्या}}$

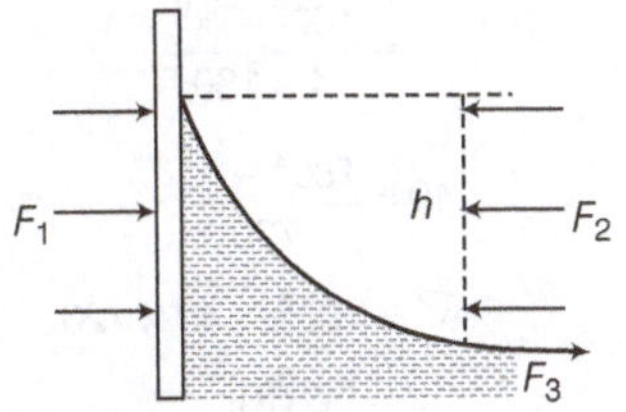

$= \frac{0.5}{50} = 0.01$ मिमी $= 0.001$ सेमी

8 **(c)** दिया है, लोलक की लम्बाई $l = 25$ सेमी अतः लम्बाई के मापन में 0.1 सेमी की अनिश्चितता है। विराम घड़ी का वियोजन 1s है, अतः समय के मापन में अनिश्चितता 1 s है। अब उपयोग करते हुए,

$$T = 2\pi\sqrt{\frac{l}{g}} \quad \text{या} \quad g = \frac{4\pi^2 l}{T^2}$$

$$\frac{\Delta g}{g} = \frac{\Delta l}{l} + \frac{2\,\Delta T}{T}$$

$$\Rightarrow \quad \frac{\Delta g}{g} \times 100\% = \left(\frac{\Delta l}{l} + \frac{2\,\Delta T}{T}\right) \times 100\%$$

g के मापन में प्रतिशत त्रुटि

$$\frac{\Delta g}{g} \times 100\% = \left(\frac{0.1}{25} + \frac{2 \times 1}{50}\right) \times 100\%$$

$$= (0.004 + 0.04) \times 100\% = 4.40\%$$

स्किल बूस्टर्स

1 **(c)** h दूरी से, गिरने के बाद गेंद का वेग

$$v = \sqrt{2gh}$$

पानी की टंकी में गेंद का सीमान्त वेग,

$$v_T = \frac{2}{9}\frac{r^2(\rho - \sigma)\,g}{\eta}$$

जहाँ, $\rho =$ गेंद का घनत्व और $\sigma =$ पानी का घनत्व

प्रश्नानुसार, $\sqrt{2gh} = \frac{2}{9}\frac{r^2(\rho - \sigma)g}{\eta}$

$$\Rightarrow h \propto r^4 \;\Rightarrow r \propto h^{\frac{1}{4}}$$

2 **(b)** निकाय को सन्तुलन में रखने के लिए,

$$\Sigma M = 0$$

0 सेमी बिन्दु पर आघूर्ण आरोपित करने पर,

$$mg \times 50 = F \times 100$$

$$F = \frac{mg}{2} (g = 10 \text{ मी/से}^2 \text{ लेने पर})$$

$$= \frac{2 \times 10}{2} = 10 \text{ न्यूटन}$$

3 **(d)** तार का बल स्थिरांक,

$$k = \frac{F}{\Delta L} = \frac{F}{FL/AY} = \frac{YA}{L}$$

$$\omega = \sqrt{\frac{k}{m}} = \sqrt{\frac{YA}{Lm}}$$

$$\therefore \quad \sqrt{\frac{YA}{Lm}} = 140$$

$$\Rightarrow \quad \frac{Y \times 4.0 \times 10^{-1}}{1 \times 0.1} = 140 \times 140$$

$$Y = \frac{140 \times 140}{49 \times 10} = 4 \times 10^9$$

4 **(a)** पानी का दाब ऊँचाई में वृद्धि के साथ रैखिक रूप से बदलता है। नवचन्द्रक के निचले भाग पर, यह बाह्य वायुमण्डलीय दाब p_0 के बराबर है और शीर्ष पर, यह $p_0 - \rho gh$ के बराबर है। दीवार पर लगाया गया औसत दाब p_{av} है। $p_{av} - p_0 - \frac{\rho gh}{2}$ है।

इन मानों के लिए लम्बाई L की दीवारों वाले एक एक्वेरियम के लिए, अनुरूप बल

$$F_1 = \angle h p_{av}$$

$$F_1 = \angle h\left(p_0 - \frac{\rho gh}{2}\right)$$

चित्र में, निर्मित खण्डित रेखाओं से घिरे पानी के आयतन पर कार्यरत क्षैतिज बलों पर विचार करें। F_1 दाईं ओर है। (F_1 दीवार के पास है)। बाहरी हवा इसे $F_2 = p_0 LH$ बल के साथ बाईं ओर धकेलती है और L लम्बाई की एक रेखा के साथ पृष्ठ तनाव के कारण, शेष पानी के कारण एक बल $F_3 = LT$ दाईं ओर कार्य करता है।

इसमें आयतन विश्राम में है।

$$\therefore \quad F_1 + F_3 - F_2 = 0$$

$$Lh\left(p_0 - \frac{\rho gh}{2}\right) + LT - p_0 Lh = 0$$

$$\frac{\rho g h^2 L}{2} = LT$$

$$\Rightarrow h = \sqrt{\frac{2T}{\rho g}} \text{ or } h = \sqrt{\frac{2 \times 0.073}{1000 \times 9.8}}$$

$$= 0.00386 \text{ मी} \simeq 4 \text{ मिमी}$$

5 **(c)** $\therefore$ हम जानते हैं, कि

$$(I - I_g)S = I_g \,.\, G$$

$$\therefore \quad I = \left(\frac{G + S}{S}\right).\, I_g$$

इसलिए,

$$4 = \left(\frac{60 + R}{R}\right) 0.04$$

$$100R = 60 + R$$

$$\Rightarrow \quad R = \frac{60}{99}\,\Omega$$

आगे, $R = \frac{\rho . l}{P}$

$$l = \frac{R.A}{\rho}$$

$$= \frac{3.5 \times 10^{-2} \times 10^{-4} \times 60}{6 \times 10^{-7} \times 99}$$

$$l = \frac{35 \times 10^{-5} \times 10^7}{99}$$

$$l = 3.5 \text{ मी}$$

6 **(c)** चूँकि किरण बिना विचलन के जाती है,

$$\therefore \quad n_1 = n_2$$

या $\quad 1.2 + \frac{10.8 \times 10^4}{\lambda^2}$

$\Rightarrow \quad \lambda = 600$ नैनोमीटर

यहाँ,

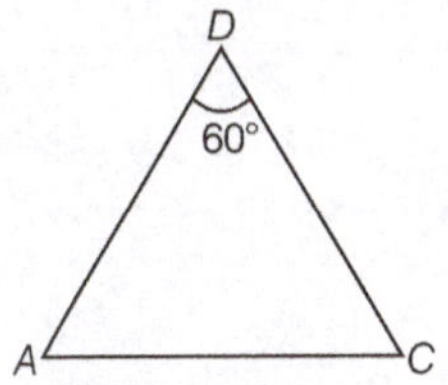

$$\mu = 1.2 + \frac{10.8 \times 10^4}{600 \times 600} = 1.2 + 0.3 = 1.5$$

न्यूनतम विचलन के लिए, $i = i, r = r$

लेकिन $r + r = A = 60°$

$\therefore \quad i = 30°$

$\therefore \quad 1 \times \sin i = \mu \sin i$

$\sin i = 1.5 \times \frac{1}{2} = \left(\frac{3}{4}\right)$

$\therefore \quad i = \sin^{-1}\left(\frac{3}{4}\right)$

7 *(c)* **स्थिति I** डायोड पश्च अभिनत में है,

$E - V_D - V_R = 0$ किरचॉफ के नियम से

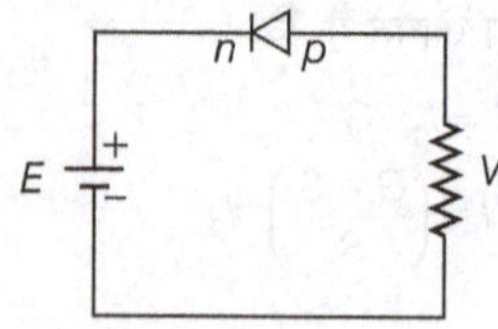

$V_D = E - V_R$

$V_R = 0$ या $I = 0$

$V_D = E = 8$ वोल्ट

स्थिति II डायोड अग्र अभिनत में है, क्योंकि डायोड निरोधी विभव = 0.7 वोल्ट के आसपास है तो, अनुपात $= \frac{8}{0.7} = \frac{80}{7}$

8 *(c)* बर्फ द्वारा प्राप्त ऊष्मा

$= mL + mC\,\Delta T$

$= 10700$ या कैलोरी

कण्टेनर द्वारा दी गई ऊष्मा,

$= -\int_{500}^{300} m_C\,(A + BT)\,dT$

$= -m_C\left[AT + \frac{BT^2}{2}\right]_{500}^{300}$

$= 21600\,m_C$

ऊष्मा हानि = प्राप्त ऊष्मा

$\therefore \quad 10700 = 21600\,m_C$

$\Rightarrow \quad m_C = \frac{10700}{21600} = 0.495 \approx 0.5$ किग्रा

इसके अतिरिक्त कंटेनर द्वारा हानि ऊष्मा

$= 0.5 \times 21600 \approx 10800$ कैलोरी

9 *(b)* यहाँ $u_0 + v_0 = 180$

और $\frac{v_0}{u_0} = 2$

$\therefore \quad v_0 = 2u_0$

$\because \quad u_0 + v_0 = 180$

या $u_0 + 2u_0 = 180$

$\therefore \quad u_0 = 60$ सेमी

और $v_0 = +120$ सेमी

$\because \quad \frac{1}{v} - \frac{1}{u} = \frac{1}{f}$

या $\frac{1}{120} + \frac{1}{60} = \frac{1}{f}$

या $\frac{1+2}{120} = \frac{1}{f}$

$\therefore \quad f = \frac{120}{3} = 40$ सेमी

$f = \frac{D^2 - x^2}{4D}$

$= \frac{180^2 - x^2}{4 \times 180}$

या $40 = \frac{180^2 - x^2}{720}$

या $x^2 = 180^2 - 40 \times 720$

$\therefore \quad x = 60$ सेमी

Chapter at a Glance

अध्याय के सभी महत्त्वपूर्ण बिन्दुओं के त्वरित रिव्यू
हेतु पूर्णत: रंगीन आकर्षक इन्फोग्राफिक्स

विद्युत आवेश एवं क्षेत्र (अध्याय एक दृष्टि में)

आवेश के मूलभूत गुण

• योज्यता

किसी निकाय का कुल आवेश, निकाय के अन्दर अलग-अलग बिन्दुओं पर स्थित सभी आवेशों का बीजगणितीय योग होता है। यदि किसी निकाय में $q_1, q_2, \ldots q_n$ आवेश हैं, तो कुल आवेश निम्न होगा।

$q = q_1 + q_2 + \ldots + q_n$

• विद्युत आवेश का क्वाण्टीकरण

किसी पिण्ड का कुल आवेश (q) सदैव आवेश के मूल क्वाण्टम (e) का एक पूर्ण गुणज होता है, अर्थात्

$q = \pm ne$ जहाँ, $n = 0, 1, 2, 3 \ldots$

• आवेश का संरक्षण

आवेश के संरक्षण का नियम कहता है कि

(i) किसी विलगित निकाय का कुल आवेश नियत रहता है।

(ii) विद्युत आवेश को न तो उत्पन्न किया जा सकता है और न ही नष्ट किया जा सकता है, इन्हें केवल एक पिण्ड से दूसरे में स्थानान्तरित किया जा सकता है।

चालक एवं अचालक

• **चालक** वे पदार्थ जिनसे होकर विद्युत आवेश सरलता से प्रवाहित हो सकते हैं, चालक कहलाते हैं।

उदाहरण धातु, मानव एवं जानवरों के शरीर, ग्रेफाइट, अम्ल आदि चालक हैं।

• वे पदार्थ जिनसे होकर विद्युत आवेश सरलता से प्रवाहित नहीं हो सकते, विद्युतरोधी कहलाते हैं।

उदाहरण अधिकांश अधातुएँ जैसे-काँच, हीरा, प्लास्टिक, लकड़ी, नायलॉन आदि अचालक हैं।

विद्युत आवेश

विद्युत आवेश पदार्थ के मूल कणों का एक अंतर्निहित गुण है जो विभिन्न वस्तुओं के बीच विद्युत बल को उत्पन्न करता है। यह एक अदिश राशि है। इसका SI मात्रक कूलॉम (C) है।

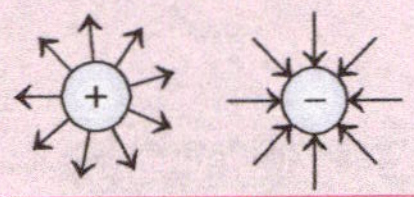

रेखीय आवेश वितरण

किसी रेखा पर किसी भी बिन्दु पर रेखीय आवेश घनत्व उस बिन्दु पर रेखा की प्रति इकाई लम्बाई के आवेश की मात्रा को रेखीय आवेश वितरण कहते है।

अर्थात् $\lambda = \frac{dq}{dL}$

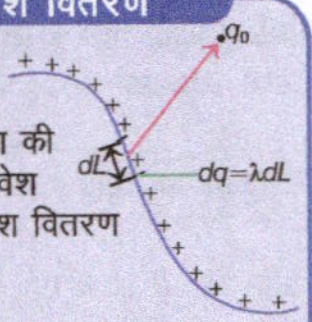

λ का SI मात्रक कूलॉम/मीटर ($C\text{-}m^{-1}$.) है।

पृष्ठीय आवेश घनत्व

यह क्षेत्र में एक द्वि-आयामी पृष्ठ S पर फैला हुआ आवेश वितरण है, जैसा कि चित्र में दर्शाया गया है। हम इस पृष्ठ पर किसी भी बिन्दु पर पृष्ठ आवेश घनत्व को उस बिन्दु पर प्रति इकाई क्षेत्रफल के आवेश के रूप में परिभाषित करते हैं, अर्थात्

$$\sigma = \frac{dq}{dS}$$

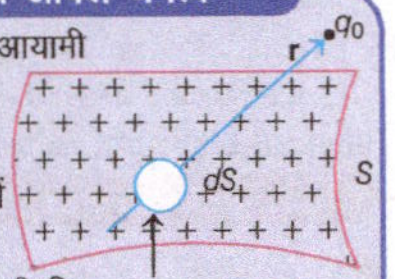

σ का SI मात्रक कूलॉम-मीटर$^{-2}$ है।

आयतन आवेश वितरण

यह एक त्रि-आयामी आयतन V के क्षेत्र में फैला हुआ आवेश वितरण है, जैसा कि चित्र में दर्शाया गया है। हम इस आयतन में किसी भी बिन्दु पर आयतन आवेश घनत्व को उस बिन्दु पर प्रति इकाई आयतन में निहित आवेश के रूप में परिभाषित करते हैं, अर्थात् $\rho = \frac{dq}{dV}$

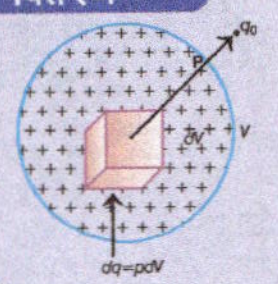

ρ का SI मात्रक कूलॉम प्रति घन मीटर ($C\text{-}m^{-3}$) है।

एक अनन्त लम्बाई के आवेशित तार के कारण क्षेत्र

एकसमान रेखीय आवेश घनत्व अर्थात् प्रति इकाई लम्बाई पर आवेश λ वाले एक पतले अनन्त लम्बाई के सीधे तार पर विचार कीजिए। यह तार रेखीय अक्ष के परितः सममित है।

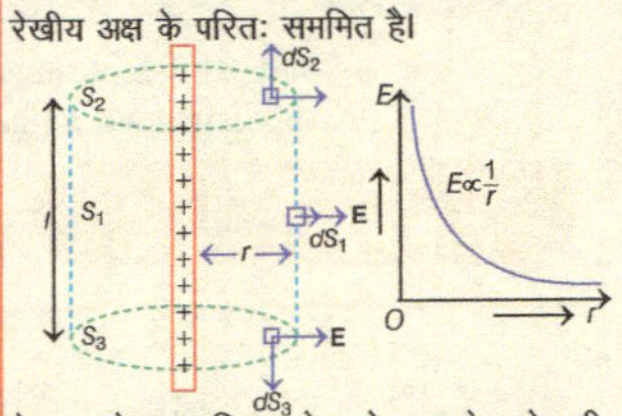

रेखा आवेश का विद्युत क्षेत्र, रेखा आवेश से दूरी के व्युत्क्रमानुपाती होता है।

सदिश रूप से, $\mathbf{E} = \frac{\lambda}{2\pi\varepsilon_0 r}\hat{\mathbf{n}}$

गॉस की प्रमेय

किसी बन्द पृष्ठ से गुजरने वाला कुल विद्युत फ्लक्स बन्द पृष्ठ के अन्दर उपस्थित कुल आवेश का $1/\varepsilon_0$ गुना होता है। गणितीय रूप से, इसे निम्न प्रकार व्यक्त किया जा सकता है

$$\phi_E = \oint_S \mathbf{E}.d\mathbf{S} = \frac{q}{\varepsilon_0}$$

विद्युत फ्लक्स

किसी क्षेत्र से सामान्य रूप से गुजरने वाली विद्युत बल रेखाओं की कुल संख्या यदि विद्युत क्षेत्र **E** से सामान्य रूप से क्षेत्रफल अवयव ΔS से होकर गुजरता है, तो इस क्षेत्र से होकर गुजरने वाला विद्युत फ्लक्स निम्न है। $\Delta\phi_E = E\Delta S$

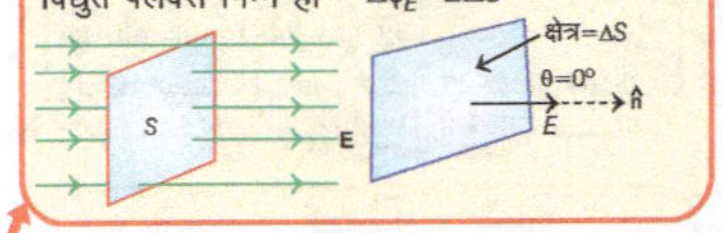

एकसमान रूप से आवेशित अनन्त समतल शीट

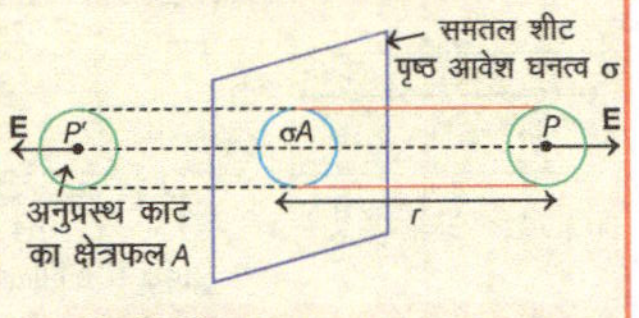

गॉस की प्रमेय के अनुसार

$2EA = \frac{\sigma A}{\varepsilon_0}$ या $E = \frac{\sigma}{2\varepsilon_0}$

$\therefore$ सदिश रूप में, $\mathbf{E} = \frac{\sigma}{2\varepsilon_0}\hat{\mathbf{n}}$

जहाँ $\hat{\mathbf{n}}$ समतल के लम्बवत् इकाई सदिश है तथा इससे दूर जा रहा है।

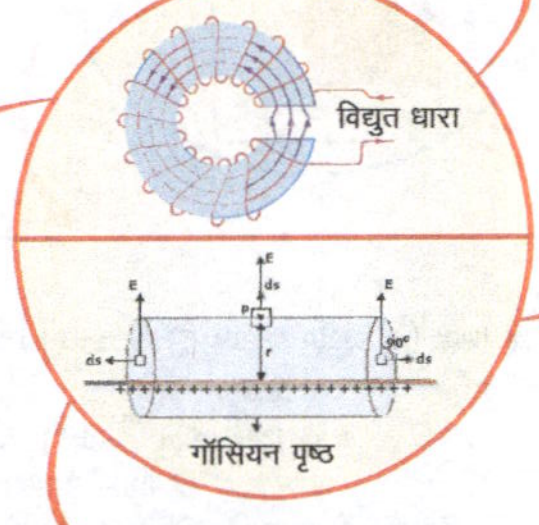

कूलॉम का नियम

यदि दो स्थिर बिन्दु आवेशों q_1 व q_2 को एक-दूसरे से r दूरी पर रखा जाए, तो उनके बीच आकर्षण या प्रतिकर्षण बल निम्न होगा।

$F \propto \frac{q_1q_2}{r^2} \Rightarrow F = \frac{1}{4\pi\varepsilon_0} \cdot \frac{q_1q_2}{r^2}$ न्यूटन

कूलॉम के नियम का सदिश रूप निम्न है।

$\mathbf{F}_{12} = \frac{1}{4\pi\varepsilon_0} \cdot \frac{q_1q_2}{r^2}\hat{\mathbf{r}}_{21}$ समान आवेश के लिए

$\mathbf{F}_{21} = \frac{q_1q_2}{4\pi\varepsilon_0 r^2}\hat{\mathbf{r}}_{12}$ असमान आवेश के लिए

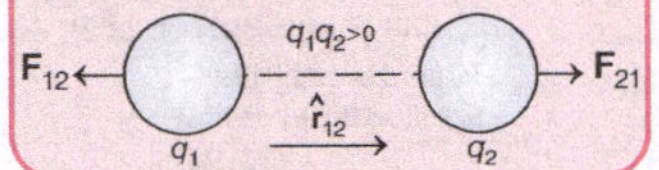

विद्युत क्षेत्र

किसी भी बिन्दु पर विद्युत क्षेत्र की तीव्रता को उस बिन्दु पर रखे गए इकाई धनावेश द्वारा अनुभव किए जाने वाले बल के रूप में परिभाषित किया जाता है।

$$E = \frac{F}{q_0} = \frac{kq}{r^2}$$

SI इकाई $= \frac{\text{न्यूटन}}{\text{कूलॉम}} = \frac{\text{वोल्ट}}{\text{मीटर}}$

विमा : $[E] = [MLT^{-3}A^{-1}]$

मूलभूत अभिलक्षण

- विद्युतीय क्षेत्र रेखाएँ धनात्मक आवेश से प्रारम्भ होती हैं तथा ऋणात्मक आवेश पर समाप्त होती हैं।
- स्थिरवैद्युतिक क्षेत्र रेखाएँ कोई बन्द लूप नहीं बनाती है।
- दो क्षेत्र रेखाएँ कभी भी एक-दूसरे को काट नहीं सकती हैं।

विद्युत द्विध्रुव

प्रत्येक द्विध्रुव एक द्विध्रुव आघूर्ण **p** से सम्बन्धित होता है, जिसका परिमाण, किसी एक आवेश (q) के परिमाण तथा आवेशों के बीच की दूरी $2a$ के गुणनफल के बराबर होता है,

अर्थात् $\mathbf{p} = q \times (2a)$

आघूर्ण

• एकसमान विद्युत क्षेत्र

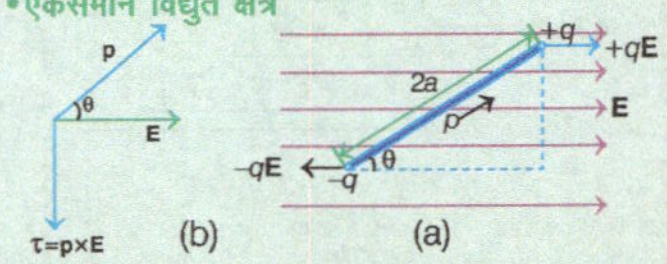

आघूर्ण की दिशा दाएँ हाथ के पेंच नियम द्वारा दी जाती है। द्विध्रुव पर आघूर्ण तब अधिकतम होगा जब द्विध्रुव को **E** के लम्बवत् रखा जाएगा।

इस प्रकार,

$$\tau_{\text{अधिकतम}} = pE \sin 90° = pE$$

• असमान विद्युत क्षेत्र

किसी असमान विद्युत क्षेत्र में एक द्विध्रुव के $+q$ तथा $-q$ आवेश क्षेत्र में कुछ भिन्न स्थानों पर अलग-अलग बलों (बराबर व विपरीत) का अनुभव करते हैं तथा इसलिए एक असमान क्षेत्र में द्विध्रुव पर कुल बल कार्य करता है। इसके अतिरिक्त द्विध्रुव पर कुल आघूर्ण द्विध्रुव के स्थान पर निर्भर करता है।

$$\tau = \mathbf{p} \times \mathbf{E}(r)$$

एकसमान रूप से आवेशित पतला गोलीय खोल

गोलीय खोल के लिए, $E = \frac{1}{4\pi\varepsilon_0} \cdot \frac{q}{r^2}$

सदिश रूप में, $\mathbf{E} = \frac{q}{4\pi\varepsilon_0 r^2}\hat{\mathbf{r}}$

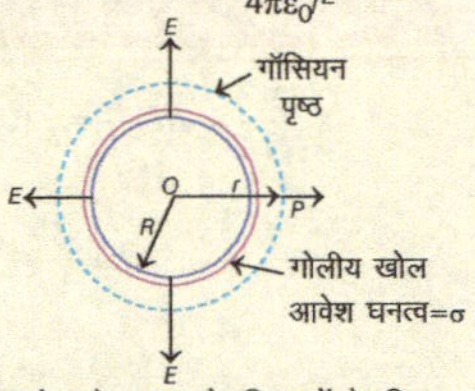

इसलिए, खोल के बाहर के बिन्दुओं के लिए एकसमान रूप से आवेशित खोल के कारण क्षेत्र ऐसा होता है जैसे कि खोल का सम्पूर्ण आवेश उसके केन्द्र पर केन्द्रित हो।

अध्यारोपण का सिद्धान्त

जब अनेक आवेश परस्पर मिलते हैं, तो किसी दिए गए आवेश पर कुल बल अन्य सभी आवेशों के कारण उस पर लगाए गए बलों का सदिश योग होता है। दो आवेशों के बीच लगने वाला बल अन्य आवेश की उपस्थिति से प्रभावित नहीं होता है

आवेश, q_1 पर लगने वाला कुल बल निम्न प्रकार है

$$\mathbf{F}_1 = \mathbf{F}_{12} + \mathbf{F}_{13} + \ldots + \mathbf{F}_{1N}$$

निरक्षीय बिन्दु

निरक्षीय रेखा के किसी भी बिन्दु पर विद्युत क्षेत्र की दिशा विद्युत आघूर्ण **p** के असमान्तर होती है।

$$\mathbf{E}_{eq} = -\frac{1}{4\pi\varepsilon_0} \cdot \frac{p}{r^3} \cdot \hat{\mathbf{p}}$$

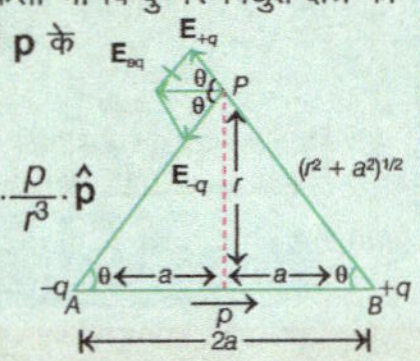

सामान्य बिन्दु पर,

$$E_{eq} = \frac{1}{4\pi\varepsilon_0} \cdot \frac{p}{r^3} \sqrt{3\cos^2\theta + 1}$$

अक्षीय बिन्दु

द्विध्रुव के किसी भी अक्षीय बिन्दु पर विद्युत क्षेत्र ऋणात्मक से धनात्मक आवेश की ओर द्विध्रुव अक्ष के अनुदिश अर्थात् द्विध्रुव आघूर्ण **p** की दिशा में कार्य करता है।

$$\mathbf{E}_{\text{अक्षीय}} = \frac{1}{4\pi\varepsilon_0} \cdot \frac{2p}{r^3}\hat{\mathbf{p}}$$

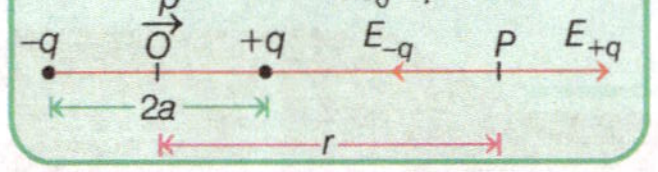

स्थिरवैद्युत विभव एवं धारिता (अध्याय एक दृष्टि में)

द्विध्रुव पर कार्य करने वाला आघूर्ण

आघूर्ण को निम्न प्रकार दिया जाता है

$\tau = qE \times 2a \sin\theta = pE \sin\theta$

जहाँ, $q \times 2a = p$, द्विध्रुव की स्थितिज ऊर्जा निम्न होगा। $q_1, q_2, \cdots q_n$

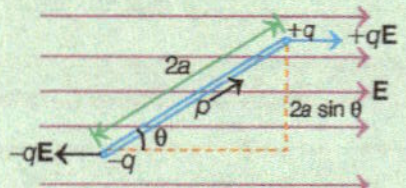

एकसमान विद्युत क्षेत्र में किसी द्विध्रुव पर आघूर्ण

∴ द्विध्रुव की स्थितिज ऊर्जा होगी

$PE = -pE\cos\theta = -\mathbf{p}\cdot\mathbf{E}$

किसी अक्षीय बिन्दु पर

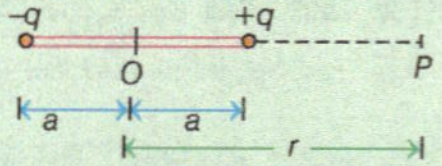

एक द्विध्रुव का किसी अक्षीय बिन्दु पर विभव

$$V = \frac{1}{4\pi\varepsilon_0}\cdot\frac{p}{r^2}$$

किसी निरक्षीय बिन्दु पर

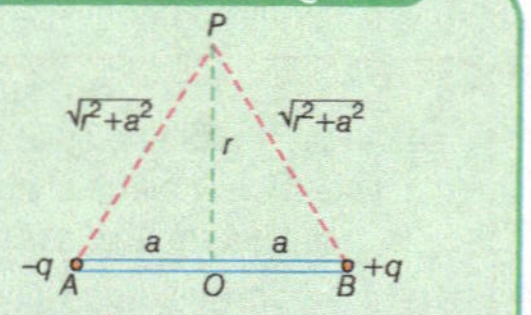

द्विध्रुव के कारण बिन्दु P पर विद्युत विभव निम्न होगा

$$V = V_1 + V_2 = \frac{1}{4\pi\varepsilon_0}\cdot\frac{-q}{AP} + \frac{1}{4\pi\varepsilon_0}\cdot\frac{q}{BP}$$

$$= -\frac{1}{4\pi\varepsilon_0}\cdot\frac{q}{\sqrt{r^2+a^2}} + \frac{1}{4\pi\varepsilon_0}\cdot\frac{q}{\sqrt{r^2+a^2}} = 0$$

किसी भी सामान्य बिन्दु पर

$$\therefore V = \frac{1}{4\pi\varepsilon_0}\cdot\frac{p\cos\theta}{r^2}$$

$$V = \frac{1}{4\pi\varepsilon_0}\cdot\frac{\mathbf{p.r}}{r^3} = \frac{1}{4\pi\varepsilon_0}\cdot\frac{\mathbf{p.\hat{r}}}{r^2}$$

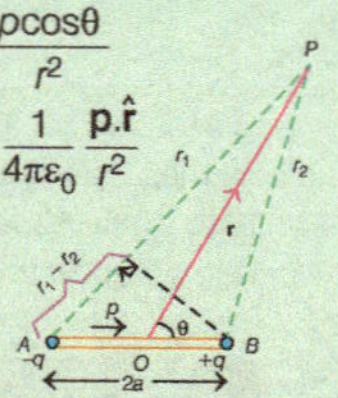

यहाँ, $p = q \times 2a$, यह द्विध्रुव आघूर्ण है तथा $\hat{\mathbf{r}} = \mathbf{r}/r$, यह धनात्मक सदिश $\mathbf{OP} = \mathbf{r}$ के अनुदिश इकाई सदिश है।

एकसमान रूप से आवेशित पतला गोलीय खोल

त्रिज्या R एवं q आवेश वहन करने वाले एकसमान रूप से आवेशित गोलीय खोल पर विचार कीजिए।

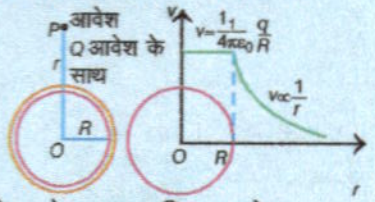

(i) जब बिन्दु P खोल के बाहर स्थित हो,

$$V = \frac{1}{4\pi\varepsilon_0}\frac{q}{r}\ [r > R]$$

(ii) जब बिन्दु P खोल की सतह पर स्थित हो,

$$V = \frac{1}{4\pi\varepsilon_0}\frac{q}{R}\ [r = R]$$

(iii) जब बिन्दु P खोल के अन्दर स्थित हो,

$$V = \frac{1}{4\pi\varepsilon_0}\frac{q}{R}\ [r < R]$$

विभवान्तर

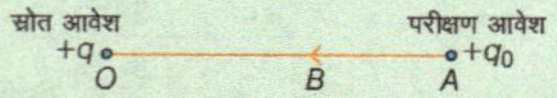

बिन्दु A तथा बिन्दु B के मध्य विभवान्तर विभवान्तर का SI मात्रक वोल्ट (V) होता है।

$$V = V_B - V_A = \frac{W_{AB}}{q_0}$$

आवेशों का एक निकाय

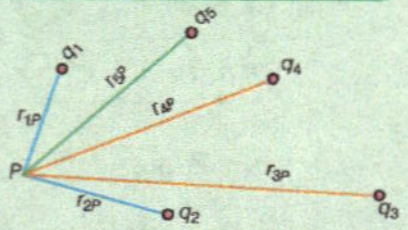

बिन्दु आवेशों के एक निकाय N के कारण किसी बिन्दु पर विभव,

$$V = \frac{1}{4\pi\varepsilon_0}\sum_{i=1}^{N}\frac{q_i}{r_i}$$

किसी बिन्दु पर विद्युतीय विभव जिसका स्थिति सदिश **r** है, निम्न होगा।

$$V = \frac{1}{4\pi\varepsilon_0}\sum_{i=1}^{N}\frac{q_i}{|\mathbf{r}-\mathbf{r}_i|}$$

आवेशों के निकाय की स्थितिज ऊर्जा

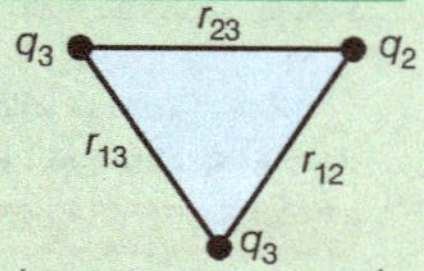

$$U = \frac{1}{4\pi\varepsilon_0}\cdot\left(\frac{q_1 q_2}{r_{12}} + \frac{q_1 q_3}{r_{13}} + \frac{q_2 q_3}{r_{23}}\right)$$

बिन्दु आवेश

बिन्दु P पर एक बिन्दु आवेश के कारण विद्युत विभव

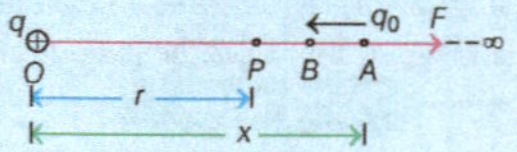

$$V = \frac{W}{q_0} \text{ या } V = \frac{1}{4\pi\varepsilon_0}\cdot\frac{q}{r}$$

विद्युत विभव

किसी आवेश से दूर स्थित बिन्दु पर विद्युत विभव शून्य माना जाता है।

विद्युत विभव $= \dfrac{\text{किया गया कार्य}}{\text{आवेश}}$

विद्युत विभव का SI मात्रक वोल्ट (V) होता है।

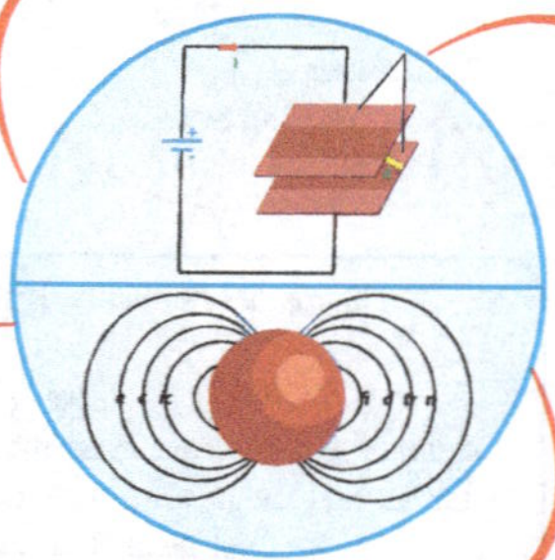

समविभव पृष्ठ एवं उनके गुण

कोई भी पृष्ठ जिस पर प्रत्येक बिन्दु पर समान विद्युत विभव हो, समविभव पृष्ठ कहलाता है।

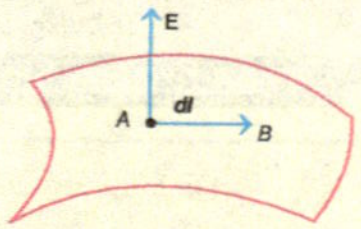

गुण

1. परीक्षण आवेश को गति करने में कोई कार्य नहीं किया जाता है।
2. विद्युत क्षेत्र सदैव प्रत्येक बिन्दु पर समविभव पृष्ठ के लम्बवत् होता है।
3. समविभव पृष्ठ प्रबल विद्युत क्षेत्र वाले स्थानों में एक-दूसरे के निकट होते हैं तथा दुर्बल विद्युत क्षेत्र वाले स्थानों में एक-दूसरे से दूर होते हैं।
4. कोई भी दो समविभव पृष्ठ एक-दूसरे को प्रतिच्छेद नहीं कर सकते हैं।

परावैद्युत पदार्थ की पट्टी

परावैद्युत पदार्थ की पट्टी के प्रवेश पर संधारित्र की धारिता निम्न हो जाती है,

$$C = \frac{Q}{V} = \frac{\varepsilon_0 A}{\left(d - t + \frac{t}{k}\right)}$$

t = मोटाई, k = परावैद्युत नियतांक

एक चालकीय पदार्थ की पट्टी

एक चालकीय पदार्थ की पट्टी की उपस्थिति में संधारित्र की धारिता निम्न हो जाती है।

$$C = \left(\frac{d}{d-t}\right)\cdot C_0$$

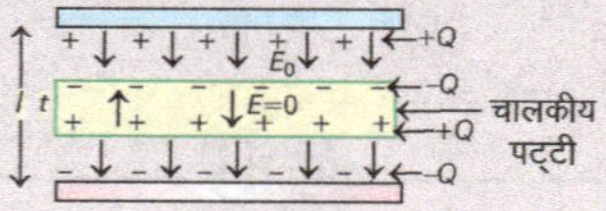

धारिता

विद्युत आवेश को धारण करने की इसकी क्षमता की माप धारिता कहलाती है।

$Q \propto V$ या $Q = CV$

यह निम्नलिखित कारकों पर निर्भर करती है

1. चालक का आकार एवं आकृति।
2. आस-पास के माध्यम की प्रकृति पारगम्यता।
3. इसके आस-पास अन्य चालकों की उपस्थिति।

विभिन्न आवेशित निकाय

(i) धनात्मक बिन्दु आवेश वाले समविभव पृष्ठ।

(ii) दो समान एवं विपरीत आवेशों वाले समविभव पृष्ठ।

(iii) दो समान धनात्मक आवेशों वाले समविभव पृष्ठ।

(iv) बल रेखाएँ समान्तर एवं सीधी रेखाएँ होती हैं तथा समविभव सतहें बल रेखाओं के लम्बवत् समान दूरी पर स्थित समान्तर पृष्ठ होते हैं।

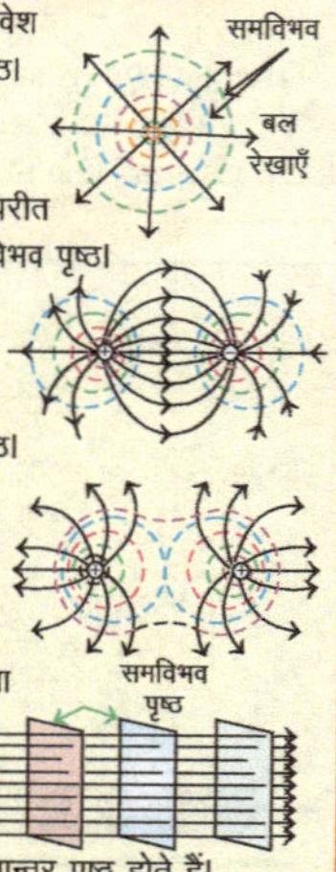

वायु भरा समान्तर प्लेट संधारित्र

$$C_0 = \frac{A\varepsilon_0}{d}$$

• संधारित्र का ऊर्जा घनत्व

$$u = \frac{U}{V} = \frac{1}{2}\varepsilon_0 E^2$$

• संधारित्र में संग्रहीत ऊर्जा

$$U = \frac{1}{2}CV^2 = \frac{1}{2}QV = \frac{1}{2}\frac{Q^2}{C}$$

समान्तर प्लेट संधारित्र

सबसे सरल एवं सबसे अधिक उपयोग किया जाने वाला संधारित्र समान्तर प्लेट संधारित्र हैं। इसमें दो बड़ी क्षेत्र समान्तर चालक प्लेटें होती हैं जो परस्पर कम दूरी से पृथक होती है।

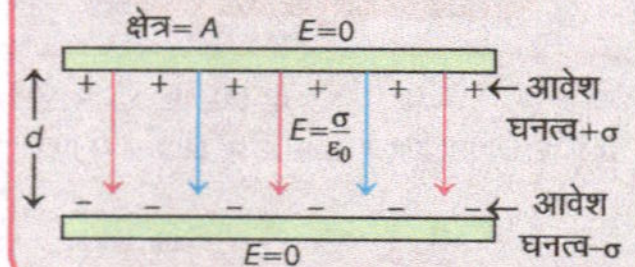

श्रेणीक्रम एवं समान्तर क्रम में संधारित्रों का संयोजन

श्रेणीक्रम में संधारित्र

$$\frac{1}{C_s} = \frac{1}{C_1} + \frac{1}{C_2} + \ldots + \frac{1}{C_n}$$

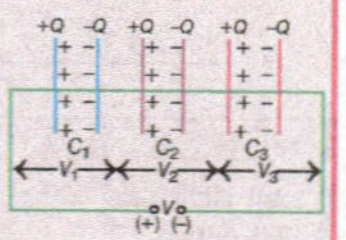

समान्तर क्रम में संधारित्र

$$C_p = C_1 + C_2 + \ldots + C_n$$

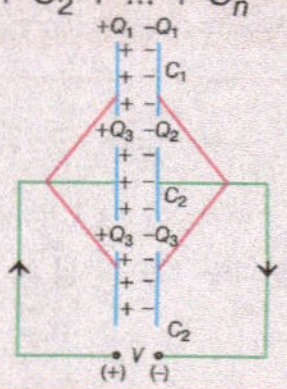

विलगित गोलीय संधारित्र की धारिता

गोलीय चालक के पृष्ठ पर किसी भी बिन्दु पर विभव

$$V = \frac{1}{4\pi\varepsilon_0}\cdot\frac{Q}{R}$$

$$C = \frac{Q}{V} = \frac{Q}{\left(\frac{1}{4\pi\varepsilon_0}\cdot\frac{Q}{R}\right)}$$

$= 4\pi\varepsilon_0 R$

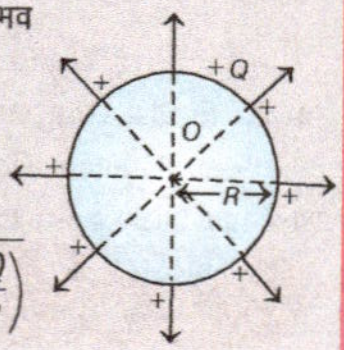

विद्युत धारा (अध्याय एक दृष्टि में)

चालकता

किसी पदार्थ की प्रतिरोधकता के व्युत्क्रम को उसकी चालकता कहते हैं तथा इसे σ (सिग्मा) द्वारा प्रदर्शित किया जाता है।

$$\text{चालकता} = \frac{1}{\text{प्रतिरोधकता}}$$

$$\sigma = \frac{1}{\rho}$$

चालकत्व

किसी चालक का चालकत्व वह सहजता है जिसके साथ विद्युत आवेश उसमें से प्रवाहित होते हैं। यह उसके प्रतिरोध के व्युत्क्रम के बराबर होता है तथा इसे G से प्रदर्शित किया जाता है।

$$\text{चालकत्व} = \frac{1}{\text{प्रतिरोध}}$$

$$G = \frac{1}{R}$$

धारा घनत्व

किसी बिन्दु पर आवेश के प्रवाह की दिशा के लम्बवत् रखे गए इकाई क्षेत्रफल में से प्रति सेकण्ड प्रवाहित होने वाले आवेश की मात्रा को धारा घनत्व कहते हैं।

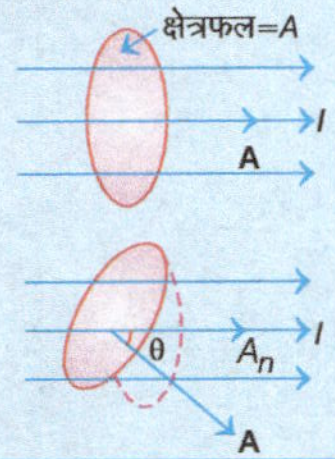

श्रेणीक्रम में सेल

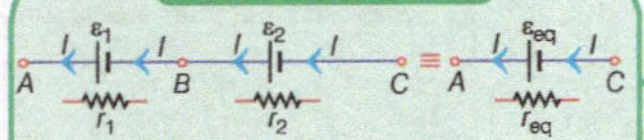

$\varepsilon_{eq} = \varepsilon_1 + \varepsilon_2$ तथा $r_{eq} = r_1 + r_2$

समान्तर क्रम में सेल

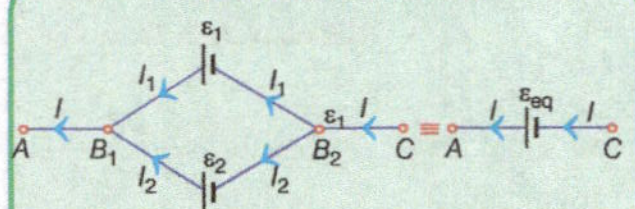

$$\varepsilon_{eq} = \frac{\varepsilon_1 r_2 + \varepsilon_2 r_1}{r_1 + r_2} \text{ तथा}$$

$$r_{eq} = \frac{r_1 r_2}{r_1 + r_2}$$

धारा के वाहक

ठोसों में विद्युत धारा निम्न विभव क्षेत्रों से उच्च विभव क्षेत्रों की ओर इलेक्ट्रॉन के प्रवाह के कारण प्रभावित होती है। *n*-प्रकार के अर्द्धचालकों में इलेक्ट्रॉन बहुसंख्यक आवेश वाहक होते हैं जबकि *p*-प्रकार के अर्द्धचालकों में कोटर (holes) बहुसंख्यक आवेश वाहक होते हैं।

द्रवों में विद्युत अपघटय द्रवों में आवेश वाहक, धनात्मक एवं ऋणात्मक रूप से आवेशित आयन होते हैं।

उदाहरण $CuSO_4$ विलयन में Cu^{+2} एवं SO_4^{-2} आयन होते हैं, जो आवेश वाहक के रूप में कार्य करते हैं।

गैसों में आयनित गैसों, धनात्मक व ऋणात्मक आयन तथ इलेक्ट्रॉन आवेश वाहक होते हैं।

विद्युत चालकत्व

प्रतिरोध के व्युत्क्रम को विद्युत चालकत्व कहते हैं। इसका SI मात्रक म्हो या प्रति ओम (Ω^{-1}) है। विद्युत चालकत्व की विमा $[M^{-1}L^{-2}T^3A^2]$ है।

विद्युत धारा

किसी चालक में से विद्युत आवेशों का प्रवाह विद्युत धारा उत्पन्न करता है।

$$\text{विद्युत धारा} = \frac{\text{विद्युत आवेश}}{\text{समय}} \text{ या } I = \frac{Q}{t}$$

विद्युत वाहक बल : EMF

इकाई धनावेश को निम्न विभव से उच्च विभव तक ले जाने में स्रोत द्वारा किया गया कार्य विद्युत वाहक बल कहलाता है। इसका SI मात्रक वोल्ट है।

$$\text{वि.वा.ब.} = \frac{\text{किया गया कार्य}}{\text{आवेश}} \text{ या } \varepsilon = \frac{W}{q}$$

सेल का विभवान्तर

जब किसी सेल से धारा ली जा रही हो, तो उसके टर्मिनलों पर विभव में कमी को उसका टर्मिनल विभवान्तर (*V*) कहते हैं।

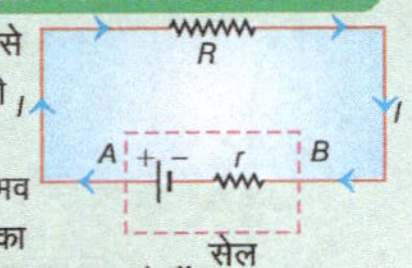

टर्मिनल PD=emf – आन्तरिक प्रतिरोध में वोल्टता

$$r = \frac{\varepsilon - V}{I} = \frac{\varepsilon - V}{V/R} = \left(\frac{\varepsilon - V}{V}\right)R$$

विशेष स्थितियाँ

(I) जब सेल खुला परिपथ होता है, अर्थात *I*=0, इस स्थिति में $V_{open} = \varepsilon$

(ii) एक वास्तविक सेल में सदैव कुछ आन्तरिक प्रतिरोध *r* होता है, इसलिए, जब सेल से धारा ली जा रही है, तो $V < \varepsilon$.

आवेश वाहकों की गतिशीलता

किसी भी पदार्थ की चालकता उसके गतिशील आवेश वाहकों के कारण होती है। ये धातुओं में इलेक्ट्रॉन, विद्युत अपघटयों में धनात्मक व ऋणात्मक आयन तथा अर्द्धचालकों में इलेक्ट्रॉन एवं कोटर हो सकते हैं। गतिशीलता की SI इकाई = $m^2 V^{-1} s^{-1}$

$$\text{गतिशीलता } \mu = \frac{v_d}{E} = \frac{e\tau}{m}$$

अपवाह वेग

बाह्य रूप से आरोपित विद्युत क्षेत्र के विपरीत दिशा में किसी चालक के मुक्त इलेक्ट्रॉनों द्वारा प्राप्त किया गया औसत वेग, अवाह वेग कहलाता है।

$$v_d = a\tau = -\frac{eE\tau}{m}$$

$\therefore v_d$ को अपवाह वेग कहते है।

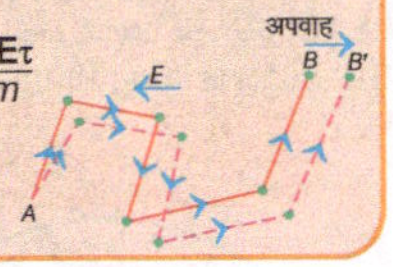

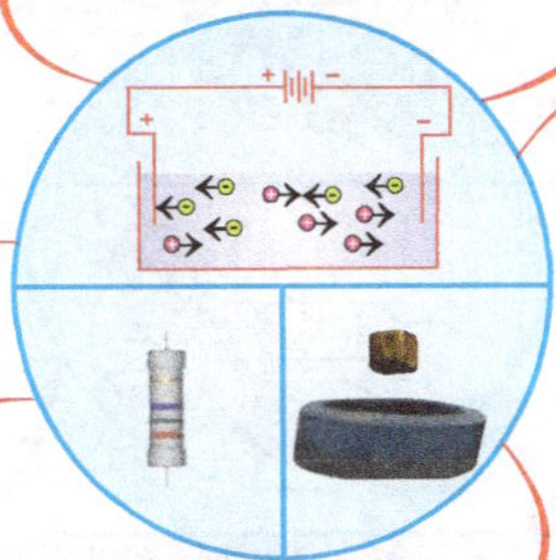

मीटर सेतु

यह व्हीटस्टोन सेतु का सबसे सरल व्यावहारिक अनुप्रयोग है जिसका उपयोग अज्ञात प्रतिरोध को मापने के लिए किया जाता है।

$$S = R\left(\frac{100 - l}{l}\right)$$

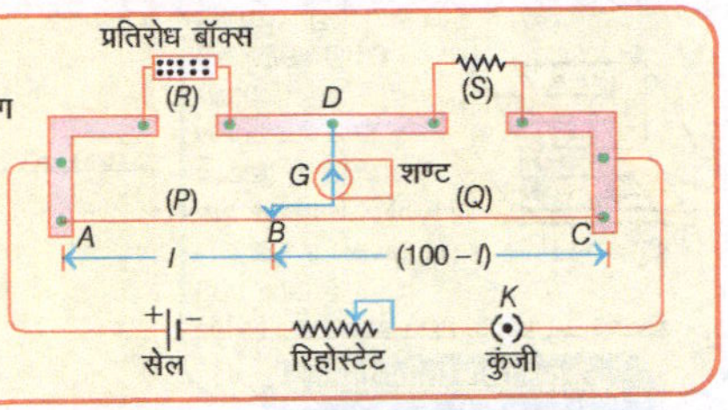

व्हीटस्टोन सेतु

यह चार प्रतिरोधों की एक व्यवस्था है जिसका उपयोग इन प्रतिरोधों में से किसी एक अज्ञात प्रतिरोध को शेष तीन प्रतिरोधों के सन्दर्भ में शीघ्रता व सटीकता से निर्धारित करने के लिए किया जाता है।

$$\frac{P}{Q} = \frac{R}{S}$$

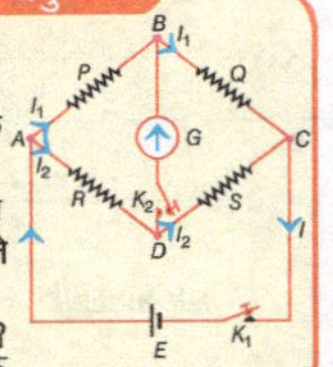

किरचॉफ का द्वितीय नियम अथवा लूप नियम

किसी परिपथ के किसी भी लूप में वि.वा.ब. का बीजगणितीय योग उसमें धाराओं व प्रतिरोधों के गुणनफल के योग के बराबर होता है।

$\Sigma\Delta V = 0$ या $\Sigma\varepsilon = \Sigma IR$

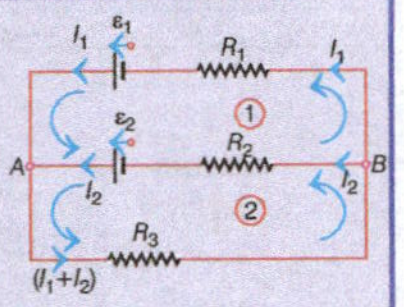

किरचॉफ का प्रथम नियम अथवा जंक्शन नियम

किसी विद्युत परिपथ में किसी भी जंक्शन पर धाराओं का बीजगणितीय योग शून्य होता है।

$\Sigma I = 0$

$I_2 = I_1 + I_3 + I_4 + I_5$

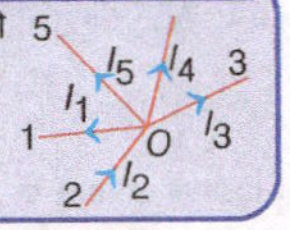

प्रतिरोधकता या विशिष्ट प्रतिरोधक

इकाई लम्बाई एवं इकाई अनुप्रस्थ-काट के क्षेत्रफल वाले चालक का प्रतिरोध अथवा, चालक के पदार्थ के इकाई घन द्वारा प्रदान किया गया प्रतिरोध विशिष्ट प्रतिरोध कहलाता है।

मीसेनर प्रभाव

जब किसी अतिचालक पदार्थ को चुम्बकीय क्षेत्रे में क्रान्तिक ताप से नीचे के ताप पर ठण्डा किया जाता है, तो उसमें से चुम्बकीय फ्लक्स का निष्कासन मीसेनर प्रभाव कहलाता है।

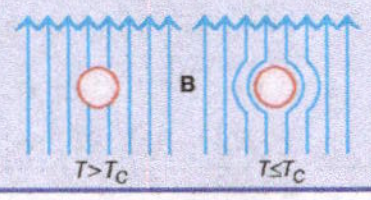

प्रतिरोधकता की तापमान निर्भरता

किसी भी पदार्थ की प्रतिरोधकता मुक्त इलेक्ट्रॉनों की संख्या घनत्व *n* तथा और संघट्ट समय τ पर निर्भर करती है।

$$\rho = \frac{m}{ne^2\tau}$$

तापमान में वृद्धि के साथ धातु की प्रतिरोधकता ($\rho \propto 1/\tau$) बढ़ जाती है तथा चालकता घट जाती है।

$$\alpha = \frac{\rho - \rho_0}{\rho_0(T - T_0)} = \frac{1}{\rho_0} \cdot \frac{d\rho}{dT}$$

ओम का नियम

किसी चालक में से प्रवाहित धारा, उसके सिरों पर लगाए गए विभवान्तर के समानुपाती होती है, जबकि तापमान व अन्य भौतिक स्थितियाँ अपरिवर्तित रहती है।

$$I \propto V \Rightarrow V = IR$$

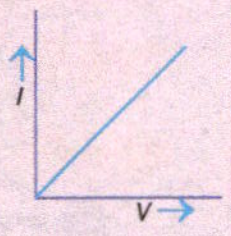

प्रतिरोध

किसी चालक का प्रतिरोध वह गुण है जिसके कारण वह अपने में से आवेशों के प्रवाह का विरोध करता है। प्रतिरोध का SI मात्रक ओम है।

$$R = \frac{V}{I}$$

प्रतिरोध को प्रभावित करने वाले कारक

- **लम्बाई** किसी चालक का प्रतिरोध *R* उसकी लम्बाई *l* के समानुपाती होता है, अर्थात् $R \propto l$
- **अनुप्रस्थ काट का क्षेत्रफल** किसी एकसमान चालक का प्रतिरोध *R* उसके अनुप्रस्थ काट के क्षेत्रफल *A* के व्युत्क्रमानुपाती होता है, अर्थात् $R \propto \frac{l}{A}$
- **पदार्थ की प्रकृति** किसी चालक का प्रतिरोध उसके पदार्थ की प्रकृति पर भी निर्भर करता है। $R = \rho\frac{l}{A}$

ओमिक चालक

वे चालक जो ओम के नियम का पालन करते हैं, उन्हें ओमिक चालक कहते हैं।

इस प्रकार, ओमिक चालक के लिए *V*-*I* ग्राफ मूल बिन्दु से होकर गुजरने वाली एक सरल रेखा है।

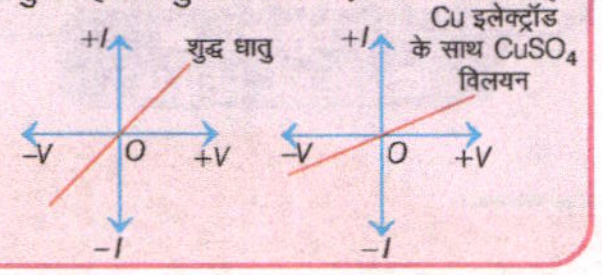

गैर-ओमिक चालक

चालक को ओम के नियम का पालन नहीं करते हैं, उन्हें गैर-ओमिक चालक कहा जाता है।

V-*I* ग्राफ मूलबिन्दु से होकर नहीं गुजरता है।

V-*I* सम्बन्ध अरेखीय है।

V-*I* सम्बन्ध अद्वितीय नहीं है।

V-*I* सम्बन्ध *V* के समान निरपेक्ष मात्रा के लिए *V* के चिह्न पर निर्भर करता है।

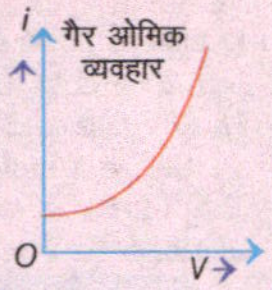

गतिमान आवेश और चुम्बकत्व (अध्याय एक दृष्टि में)

चुम्बकीय क्षेत्र

• वृत्ताकार धारावाही लूप के केंद्र पर

$$B = \frac{\mu_0 I}{2r}$$

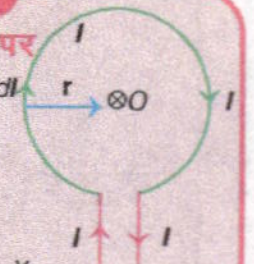

• एक लम्बा सीधा धारावाही चालक

$$B = \frac{\mu_0 I}{4\pi a}[\sin\phi_1 + \sin\phi_2]$$

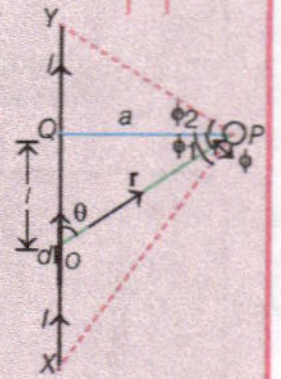

• वृत्ताकार धारा लूप का अक्ष

केन्द्र C से कुछ दूरी x पर एक अक्षीय बिन्दु P पर चुम्बकीय क्षेत्र **B**

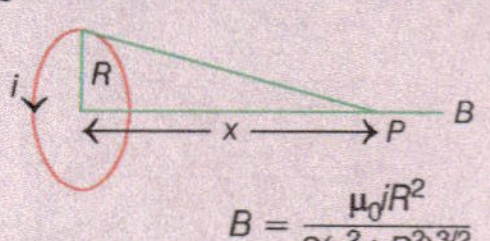

$$B = \frac{\mu_0 IR^2}{2(x^2+R^2)^{3/2}}$$

• एक लम्बा सीधा तार

$$\therefore B = \frac{\mu_0 I}{2\pi r}$$

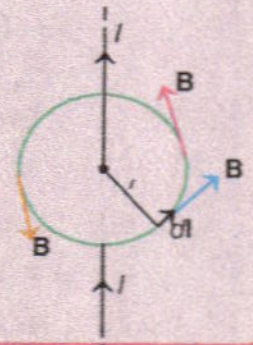

बायो-सेवर्ट का नियम

स्थिर धारा I वहन करने वाले किसी लम्बाई अवयव $d\mathbf{s}$ के कारण बिन्दु P पर चुम्बकीय क्षेत्र $d\mathbf{B}$ निम्न है।

$$d\mathbf{B} = \frac{\mu_0}{4\pi}\cdot\frac{I dl \sin\theta}{r^2}$$

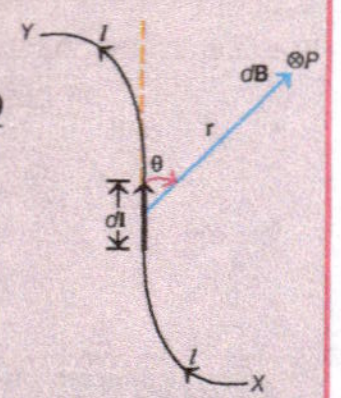

ऐम्पियर का परिपथीय नियम

किसी भी बन्द पथ के चारों ओर चुम्बकीय क्षेत्र **B** का रेखा समाकलन, इस बन्द पथ से गुजरने वाली धारा I तथा चुम्बकशीलता नियतांक μ_0 के गुणनफल के बराबर होता है।

$$\oint \mathbf{B}.d\mathbf{l} = \mu_0 I$$

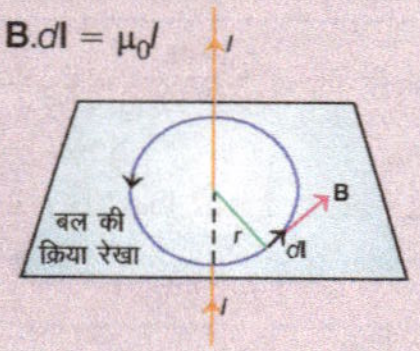

परिमित परिनालिका का चुम्बकीय क्षेत्र

परिनालिका के किसी भी सिरे की ध्रुवता को घड़ी नियम अथवा ऐम्पियर के दाएं हाथ के नियम का उपयोग करके निर्धारित किया जा सकता है।

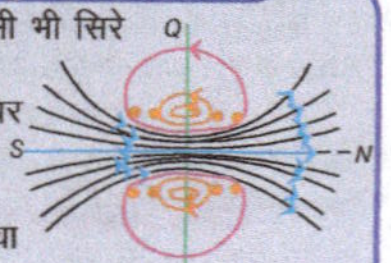

एक सीधी परिनालिका के अन्दर चुम्बकीय क्षेत्र

परिनालिका का अर्थ है एक अचालक तांबे का तार जो एक कुण्डली के रूप में समीपता से लपेटा जाता है।
एक लम्बी परिनालिका से हमारा तात्पर्य है कि परिनालिका की लम्बाई उसके व्यास की तुलना मे बहुत अधिक है।

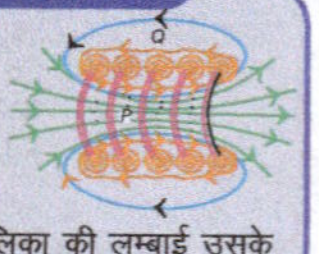

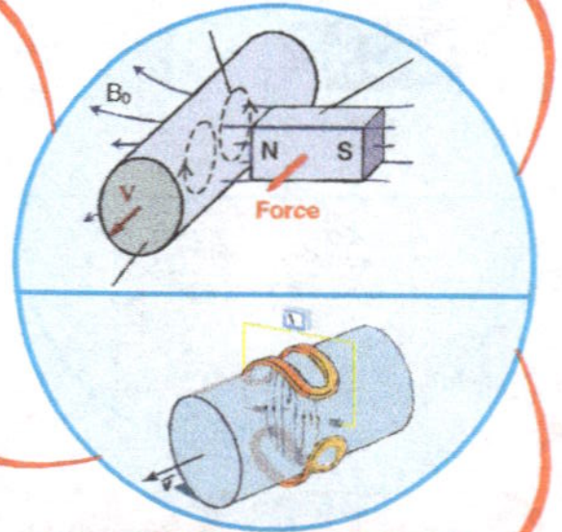

चल कुण्डली गैल्वेनोमीटर

गैल्वेनोमीटर एक ऐसा उपकरण है जो परिपथ में धारा का पता लगाता है। सामान्यतः उपयोग किए जाने वाले चल कुण्डली गैल्वेनोमीटर का नाम इसलिए रखा गया है क्योंकि इसमें धारा वहन की जाने वाली कुण्डली का उपयोग किया जाता है जो उस पर लगने वाले आघूर्ण के कारण चुम्बकीय क्षेत्र में घूमती (या चलती) है।

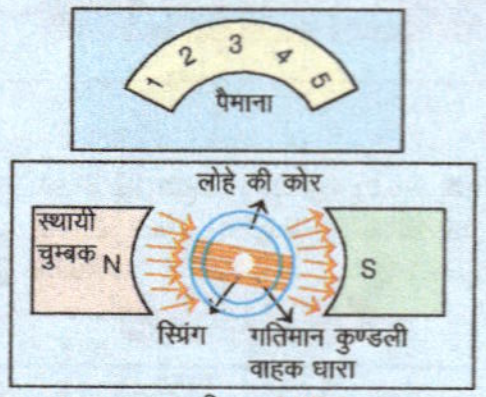

τ = बल × लम्बवत दूरी $= NIBA$

$\tau_{पुनर्स्थापित} \propto \alpha$ या $\tau_{पुनर्स्थापित} = k\alpha$

जहाँ, k स्प्रिंग का मरोड़ स्थिरांक है।

पुनर्स्थापन टॉर्क = विक्षेपण टॉर्क

$k\alpha = NIBA$

तथा $$I = \frac{k}{NBA}\cdot\alpha = G\alpha$$

दाएं हाथ के अंगूठे का नियम

यदि हम एक सीधे चालक को अपने दाएं हाथ में इस प्रकार से पकड़ते हैं कि फैला हुआ अंगूठा धारा की दिशा को इंगित करता है, तो अंगुलियों के घुमाव की दिशा चुम्बकीय क्षेत्र की दिशा को प्रदर्शित करेंगी।

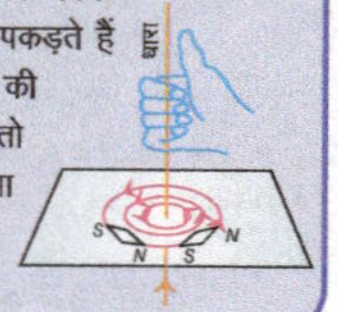

शण्ट

एक निम्न प्रतिरोध जो उच्च धाराओं से रक्षण के लिए गैल्वेनोमीटर (या अमीटर) के साथ समान्तर में जुड़ा होता है, शण्ट कहलाता है।

शण्ट के उपयोग

1. उच्च धारा के कारण गैल्वेनोमीटर को क्षतिग्रस्त होने से बचाने के लिए।
2. गैल्वेनोमीटर को अमीटर में बदलना।
3. अमीटर की परास बढ़ाना।

गैल्वेनोमीटर की सुग्राहिता

धारा सुग्राहिता

$$I_s = \frac{\alpha}{I} = \frac{NBA}{k}$$

वोल्टेज सुग्राहिता

$$V_s = \frac{\alpha}{V} = \frac{\alpha}{IR} = \frac{NBA}{kR}$$

$$\text{वोल्टेज सुग्राहिता} = \frac{\text{धारा सुग्राहिता}}{R}$$

तीन स्थितियाँ सम्भव हैं

1. जब प्रारम्भिक वेग चुम्बकीय क्षेत्र के समान्तर होता है।
यहाँ, $\theta = 0°$, इसलिए,
$F = qvB \sin 0° = 0$.
2. जब प्रारम्भिक वेग चुम्बकीय क्षेत्र के लम्बवत होता है।
यहाँ, $\theta = 90°$,
इसलिए,
$F = qvB \sin 90° = qvB$ = अधिकतम बल

वृत्तीय पथ की त्रिज्या,

$$r = \frac{mv}{qB}$$

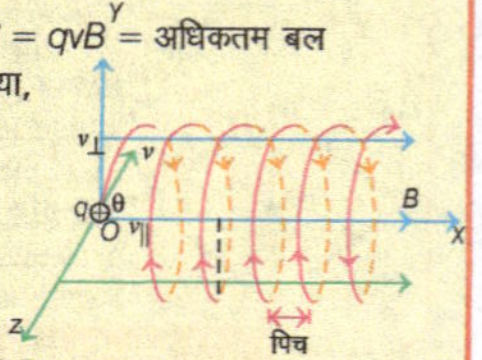

$$\text{घूर्णन काल} = \frac{\text{परिधि}}{\text{गति}}$$

या $$T = \frac{2\pi r}{v} = \frac{2\pi}{v}\cdot\frac{mv}{qB} = \frac{2\pi m}{qB}$$

परिक्रमण की आवृत्ति निम्न है,

$$f_c = \frac{1}{T} = \frac{qB}{2\pi m}$$

3. जब प्रारम्भिक वेग क्षेत्र की दिशा के साथ एक स्वच्छंद कोण बनाता है।
वृत्तीय पथ की त्रिज्या निम्न है,

$$r = \frac{mv_\perp}{qB} = \frac{mv\sin\theta}{qB}$$

परिक्रमण काल, $$T = \frac{2\pi m}{qB}$$

गैल्वेनोमीटर का रूपान्तरण

• गैल्वेनोमीटर से अमीटर

$$S = \frac{I_g}{I - I_g} \times G$$

• गैल्वेनोमीटर से वोल्टमीटर

$$R = \frac{V}{I_g} - G$$

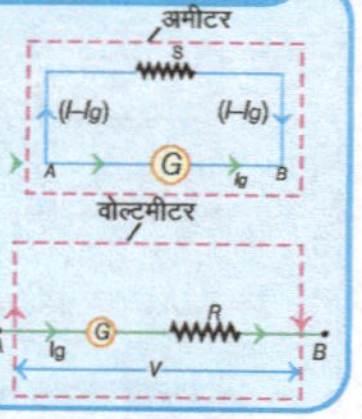

धारावाही लूप द्वारा अनुभव किया जाने वाला आघूर्ण

अनुभव किया जाने वाला आघूर्ण निम्न प्रकार दिया जाता है

τ = बल × लम्बवत दूरी

यदि आयताकार लूप में N कुण्डली हैं, तो आघूर्ण N गुना बढ़ जाता है, अर्थात

$\tau = NIBA \sin\theta$

$\tau = \mathbf{m} \times \mathbf{B}$

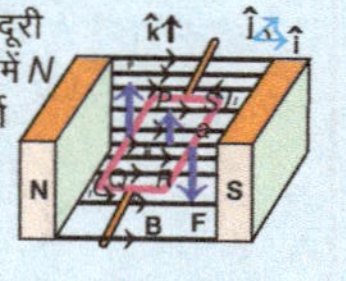

आघूर्णτ की दिशा इस प्रकार है कि यह लूप को निलंबन की अक्ष के चारों ओर वामावर्त घुमाता है।

लम्बवत चुम्बकीय एवं विद्युत क्षेत्रों में आवेश की गति

आवेशित कणों की एक किरण (इलेक्ट्रॉन), जिसमें गति का एक परास होता है, एक स्लिट S से होकर गुजरती है तथा फिर एक ऐसे क्षेत्र में प्रवेश करती है जिसमें विद्युत और चुम्बकीय क्षेत्र उपस्थित होते हैं। विद्युत क्षेत्र **E** नीचे की दिशा में कार्य करता है तथा इलेक्ट्रॉनों को ऊपर की दिशा में विक्षेपित करता है। चुम्बकीय क्षेत्र **B** कागज के तल के लम्बवत कार्य करता है तथा इलेक्ट्रॉनों को नीचे की दिशा में विक्षेपित करता है।

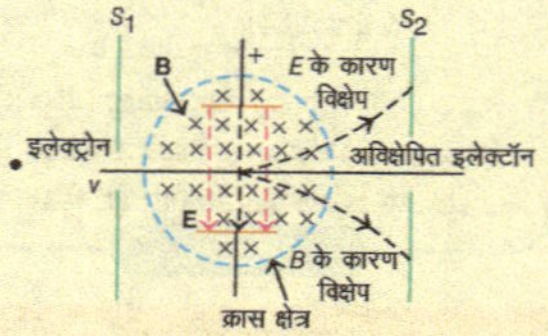

$$eE = evB \text{ या } v = \frac{E}{B}$$

लॉरेन्ज बल

किसी आवेशित कण द्वारा किसी क्षेत्र में गति करने पर अनुभव किया जाने वाला कुल बल, (जहाँ विद्युत और चुम्बकीय दोनों क्षेत्र उपस्थित हो) लॉरेन्ज बल कहलाता है।

$$\therefore \mathbf{F} = q(\mathbf{E} + \mathbf{v} \times \mathbf{B})$$

दो समान्तर धारावाही चालकों के मध्य बल

धारा I_1 तथा I_2 को वाहन करने वाले दो लम्बे समान्तर तारों पर विचार करें। माना उनके बीच की r दूरी है।

दूरी r पर धारा I_1 द्वारा उत्पन्न चुम्बकीय क्षेत्र B_1 है तथा प्रति इकाई लम्बाई पर उत्पन्न बल f है।

$$B_1 = \frac{\mu_0 I_1}{2\pi r}, f = \frac{F_2}{L} = \frac{\mu_0 I_1 I_2}{2\pi r}$$

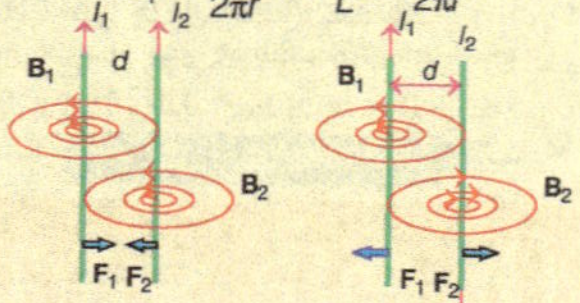

चुम्बकीय क्षेत्र में गतिशील आवेश पर बल

चुम्बकीय क्षेत्र में गतिशील विद्युत आवेशों पर बल लगता है, जबकि स्थिर आवेशों पर ऐसा कोई बल नहीं लगता। चुम्बकीय क्षेत्र **B** में गतिशील आवेश q पर बल **F** लगता है, जो निम्न प्रकार है

$\mathbf{F} \propto v \sin\theta$, $\mathbf{F} = q(\mathbf{v} \times \mathbf{B})$

$\therefore \mathbf{F} = qvB \sin\theta$

फ्लेमिंग के बाएं हाथ का नियम

बाएं हाथ के अँगूठे और पहली दो अँगुलियों को परस्पर लम्बवत् फैलाएं। यदि तर्जनी अँगुली चुम्बकीय क्षेत्र की दिशा में इंगित करती है, मध्य अँगुली धारा की दिशा में, तो अँगूठा आवेशित कण पर लगने वाले बल की दिशा को इंगित करता है।

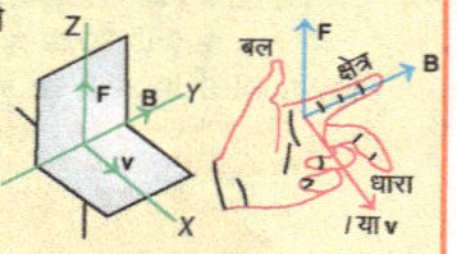

चुम्बकत्व एवं द्रव्य (अध्याय एक दृष्टि में)

तुल्य छड़ चुम्बक के रूप में परिनालिका

- परिनालिका की प्रत्येक कुण्डली को एक छोटे चुम्बकीय द्विध्रुव माना जा सकता है, तब परिनालिका एक छोटे चुम्बकीय द्विध्रुव में बदल जाती है।

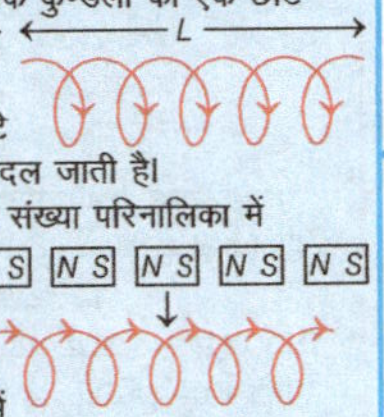

- चुम्बकीय द्विध्रुवों की संख्या परिनालिका में कुण्डलियों की संख्या के बराबर होती है।
- प्रति एकांक लम्बाई में n फेरों की कुण्डलियों की परिनालिका (जिसकी लम्बाई $2l$ तथा त्रिज्या a है) के लिए चुम्बकीय क्षेत्र को निम्न द्वारा दिया जाता है।

$B = \frac{\mu_0 2M}{4\pi r^3}$ (जहाँ, M = परिनालिका का चुम्बकीय आघूर्ण $= n\,(2l)\,(\pi a^2)$)

चुम्बकीय क्षेत्र में चुम्बकीय द्विध्रुव

चुम्बकीय द्विध्रुव छड़ चुम्बक पर आघूर्ण

τ = बल x बलयुग्म के मध्य लम्बवत् दूरी

$\tau = MB\sin\theta$

$\theta = 90° \Rightarrow \tau = MB$ (अधिकतम)

$\theta = 0° \Rightarrow \tau = 0$ (न्यूनतम)

चुम्बकीय द्विध्रुव की स्थितिज ऊर्जा

$U = -MB\cos\theta$

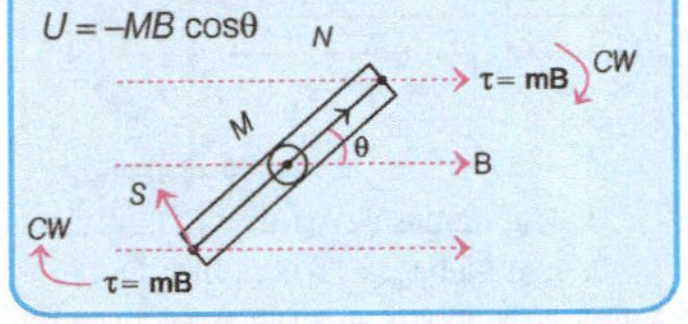

निर्देशित गुण

जब किसी चुम्बक को लटकाया जाता है, तो वह भौगोलिक उत्तर-दक्षिण दिशा में स्वयं को संरेखित करता है।

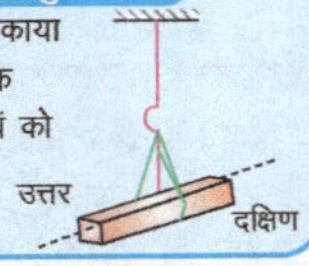

चुम्बकीय बल रेखाओं के गुण

- चुम्बकीय बल रेखाएँ बन्द वक्र होती है जो N-ध्रुव से प्रारम्भ होकर S-ध्रुव पर समाप्त होती है, फिर चुम्बक के आन्तरिक भाग से होकर N-ध्रुव पर वापस लौटती है।
- चुम्बकीय बल की क्रिया रेखाएँ कभी-भी एक-दूसरे को नहीं काटती है। यदि ये ऐसा करती है तो उस स्थान पर चुम्बकीय क्षेत्र की दो दिशाएँ होती है, जोकि असम्भव है।
- बल रेखाएँ लम्बाई में सिकुड़ने तथा साइडों में फैले की प्रवृत्ति होती है।
- बल रेखाओं की सापेक्ष निकटता चुम्बकीय क्षेत्र की प्रबलता की माप प्रदान करती है जो ध्रुवों पर अधिकतम होती है।

छड़ चुम्बक

छड़ चुम्बक एक गोलाकार या आयताकार अनुप्रस्थ काट होती है। यह लोहे, स्टील या किसी अन्य लौह चुम्बकीय पदार्थ या लौह चुम्बकीय संघट्ट से बना होता है जिसमें स्थायी चुम्बकीय गुण होते हैं।

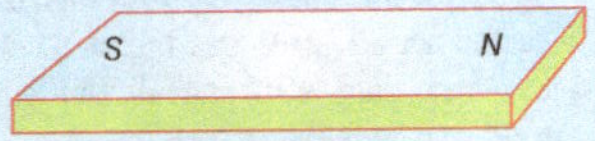

चुम्बकत्व

चुम्बक एक ऐसा पदार्थ है जिसमें आकर्षक और निर्देशक दोनों गुण होते हैं यह लोहे, निकिल, कोबाल्ट आदि के छोटे-छोटे टुकड़ों को अपनी ओर आकर्षित करता है। आकर्षण के इस गुण को चुम्बकत्व कहते हैं।

चुम्बकीय क्षेत्र रेखाएँ

वह वक्र जिसकी स्पर्श रेखा किसी भी बिन्दु की दिशा या उस पथ की दिशा प्रदान करती है जिसके अनुदिश एक इकाई उत्तरी ध्रुव गति करेगा या गति करने के लिए स्वतंत्र होगा।

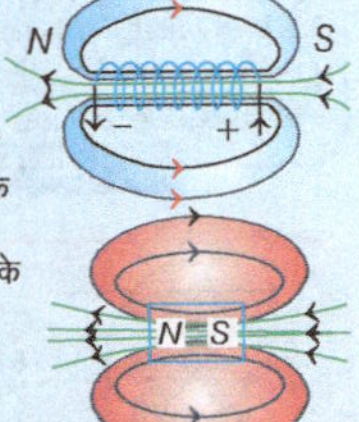

चुम्बकीय बल का कूलॉम नियम

यह नियम कहता है कि दो चुम्बकीय ध्रुवों के मध्य आकर्षण या प्रतिकर्षण बल उनकी ध्रुवों की सामर्थ्यों के गुणनफल के समानुपाती तथा उनके बीच की दूरी के वर्ग के व्युत्क्रमानुपाती होता है।

$$F = \frac{\mu_0}{4\pi} \cdot \frac{q_{m_1} q_{m_2}}{r^2}$$

चुम्बकीय द्विध्रुव एवं चुम्बकीय आघूर्ण

- **चुम्बकीय द्विध्रुव**

कम दूरी द्वारा पृथक किए गए दो समान तथा विपरीत चुम्बकीय ध्रुवों की व्यवस्था को चुम्बकीय द्विध्रुव कहते हैं।

- **चुम्बकीय द्विध्रुव आघूर्ण**

द्विध्रुव की ध्रुव सामर्थ्य तथा चुम्बकीय लम्बाई का गुणनफल चुम्बकीय आघूर्ण कहलाता है।

$$\mathbf{m} = q_m \times 2l$$

यह एक सदिश राशि है, जो S-ध्रुव से N-ध्रुव के ओर निर्देशित होती है। इसका SI मात्रक ऐम्पियर-मीटर[2] (Am^2) या जूल प्रति टेस्ला (JT^{-1}) होता है।

गॉस के नियम के महत्त्व

- चुम्बकीय ध्रुव सदैव समान सामर्थ्य के असमान युग्मों के रूप में उपलब्ध होते हैं।
- यदि किसी बन्द सतह पर अनेक चुम्बकीय बल रेखाएँ प्रवेश करती है, तो उस सतह से समान संख्या में बल रेखाएँ बाहर निकलनी चाहिए।

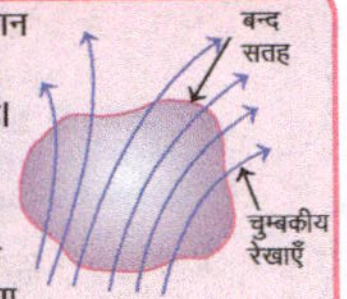

चुम्बकत्व में गॉस का नियम

किसी बन्द पृष्ठ पर चुम्बकीय क्षेत्र का पृष्ठीय समाकलन सदैव शून्य होता है

$$\oint_S \mathbf{B}.d\mathbf{S} = \oint_S \mathbf{B}.d\mathbf{S} = 0$$

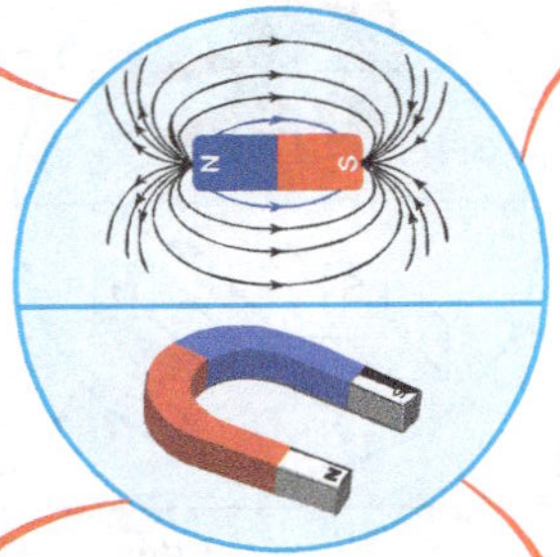

चुम्बकीय क्षेत्र

वह चुम्बकीय क्षेत्र जो निर्वात में उपस्थित होता है तथा चुमबकत्व प्रेरित करता है, चुम्बकीय क्षेत्र कहलाता है। $B_0 = \mu_0 nI$

चुम्बकीय प्रेरण

किसी पदार्थ के प्रति इकाई क्षेत्रफल से अभिलम्बवत् रूप से गुजरने वाली चुम्बकीय बल रेखाओं की कुल संख्या चुम्बकीय प्रेरण कहलाती है, इसका SI मात्रक टेस्ला (T) है।

चुम्बकीय क्षेत्र की तीव्रता

चुम्बकीय क्षेत्र की किसी पदार्थ या माध्यम को चुम्बकित कराने की क्षमता जिसे सदिश **H** द्वारा दर्शाया जाता है चुम्बकीय क्षेत्र की तीव्रता या चुम्बकीय तीव्रता कहलाती है।

$H = nI$

$\therefore B_0 = \mu_0 nI = \mu_0 H$ या $H = \frac{B_0}{\mu_0}$

प्रतिचुम्बकीय पदार्थों के गुण

- जब किसी प्रतिचुम्बकीय पदार्थ की छड़ को दो चुम्बकीय ध्रुवों के बीच स्वतन्त्र रूप से लटकाया जाता है, तो इसका अक्ष चुम्बकीय क्षेत्र के लम्बवत् हो जाता है।

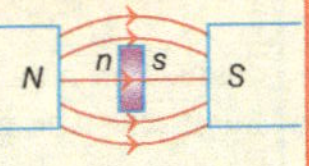

- यदि प्रतिचुम्बकीय विलयन को U-नली में डाला जाता है तथा इस U-नली की एक भुजा को किसी प्रबल चुम्बक के ध्रुवों के बीच रखा जाता है, तो उस भुजा में विलयन का स्तर कम हो जाता है।

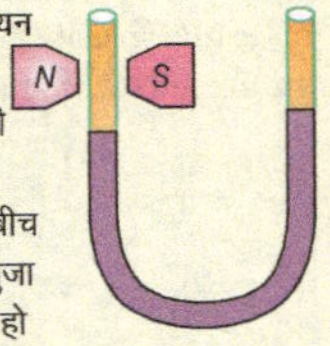

- प्रतिचुम्बकीय पदार्थ की प्रवृति (susceptibility) चुम्बकीय क्षेत्र तथा तापमान पर निर्भर नहीं करती है।

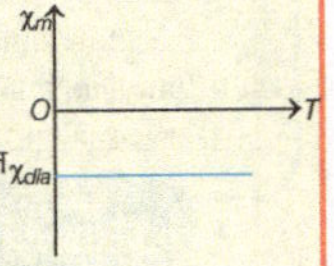

- प्रतिचुम्बकीय पदार्थ का चुम्बत्व तब तक बना रहता है। जब तक कि चुम्बकीय क्षेत्र आरोपित किया जाता है।

चुम्बकीय प्रवृत्ति

चुम्बकन की तीव्रता M तथा चुम्बकीय क्षेत्र की तीव्रता H के अनुपात को चुम्बकीय प्रवृति कहते है। इसे χ_m से दर्शाया जाता है।

अतः $\chi_m = \frac{M}{H}$

सापेक्ष पारगम्यता

माध्यम की पारगम्यता तथा मुक्त स्थान (निर्वात्) की पारगम्यता का अनुपात सापेक्ष पारगम्यता कहलाता है।

$\therefore \mu_r = \frac{\mu}{\mu_0}$

चुम्बकीय पारगम्यता

किसी पदार्थ की चुम्बकीय पारगम्यता को उसके चुम्बकीय प्रेरण B तथा चुम्बकीय क्षेत्र की तीव्रता H के अनुपात के रूप में परिभाषित किया जाता है।

$\mu = \frac{B}{H}$

चुम्बकन की तीव्रता

चुम्बकीय क्षेत्र में रखे जाने पर किसी पदार्थ के प्रति इकाई आयतन में उत्पन्न चुम्बकीय आघूर्ण को चुम्बकन की तीव्रता कहते हैं।

$$\mathbf{M} = \frac{\mathbf{m}}{V}$$

अनुचुम्बकीय पदार्थों के गुण

- जब अनुचुम्बकीय पदाथ की किसी छड़ को दो चुम्बकीय ध्रुवों के मध्य स्वतन्त्र रूप से लटकाया जाता है, तो इसका अक्ष चुम्बकीय क्षेत्र के समान्तर हो जाता है।

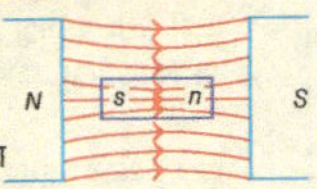

- उस भाग में द्रव का स्तर ऊपर उठ जाता है।

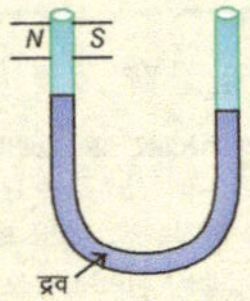

$\chi_m = \frac{C}{T}$

- अनुचुम्बकीय पदार्थ की चुम्बकीय प्रकृति निरपेक्ष ताप के व्युत्क्रम रूप से परिवर्तित होती है अर्थात
- जैसे ही चुम्बकीय क्षेत्र को हटाया जाता है, अनुचुम्बकीय पदार्थ अपना चुम्बकत्व खो देता है।

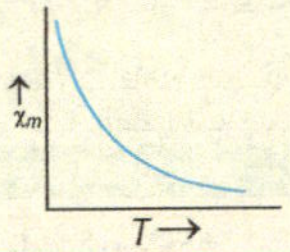

लौह चुम्बकीय पदार्थों के गुण

- ये चुम्बकीय क्षेत्र की ओर प्रबलता से आकर्षित होते हैं।
- ये आरोपित चुम्बकीय क्षेत्र की दिशा में प्रबलता से चुम्बकित हो जाते हैं।
- उस भाग में द्रव का स्तर बहुत अधिक बढ़ जाता है।

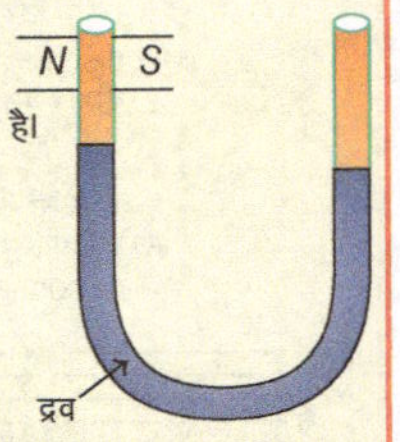

- क्युरी-वीस के नियम के अनुसार लौहे चुम्बकीय पदार्थ की प्रकृति तापमान के साथ कम हो जाती है।

$$\chi_m = \frac{C'}{T - T_C}$$

- चुम्बकीय क्षेत्र हटा देने के पश्चात् भी लौह चुम्बकीय पदार्थ में चुम्बकत्व बना रहता है।

विद्युत चुम्बकीय प्रेरण (अध्याय एक दृष्टि में)

लेन्ज का नियम

प्रेरित वि.वा.ब. की दिशा सदैव इस प्रकार होती है कि इसे उत्पन्न करने वाले परिवर्तन का विरोध होता है।

फैराडे के अनुसार,

$$\varepsilon = -N\frac{d\phi}{dt}$$

$$I = \frac{\text{प्रेरित वि.वा.ब.}}{\text{प्रतिरोध}} = -\frac{1}{R}\frac{d\phi}{dt}$$

प्रेरित आवेश के लिए व्यंजन,

$$dq = i_{in}\,dt = -\frac{1}{R}\left(\frac{d\phi}{dt}\right)dt = -\frac{d\phi}{R}$$

$$\Delta q = -\frac{\Delta\phi}{R}$$

यह ऊर्जा के संरक्षण के नियम के अनुकूल है।

गतिमान वि.वा.ब.

चुम्बकीय क्षेत्र में चालक की गति के कारण इसके सिरों पर प्रेरित वि.वा.ब. को गतिमान वि.वा.ब. कहा जाता है। प्रेरित Blv को गतिमान वि.वा.ब. कहा जाता है। $\varepsilon = Blv$

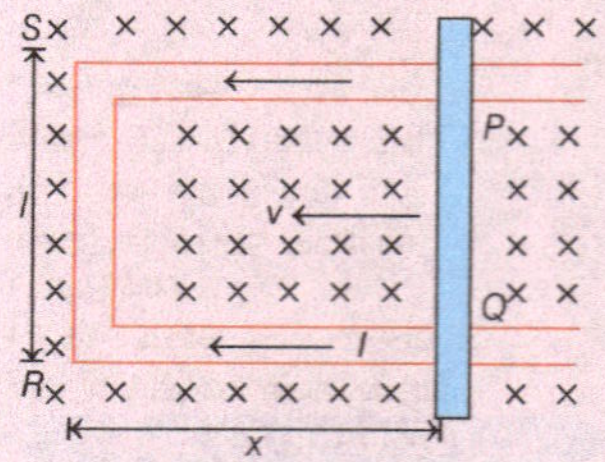

फ्लेमिंग के दाएँ हाथ का नियम

यदि हम अपने दाएँ हाथ के अँगूठे और पहली दो अँगुलियों को परस्पर लम्बवत दिशाओं में फैलाते हैं तथा यदि तर्जनी उँगुली चुम्बकीय क्षेत्र की दिशा को एवं अँगूठा चालक की गति की दिशा इंगित करता है, तो मध्य उँगुली चालक में प्रेरित धारा की दिशा को इंगित करती है।

इस नियम को डायनेमो या जेनरेटर नियम भी कहा जाता है तथा इसके व्यापक व्यावहारिक अनुप्रयोग हैं।

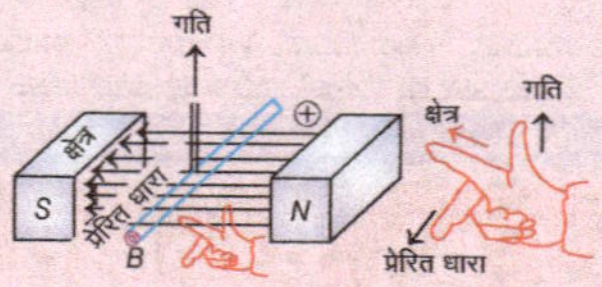

फैराडे का नियम

(i) जब भी किसी चालकीय लूप या कुण्डली से जुड़ा चुम्बकीय फ्लक्स परिवर्तित होता है, तो उसमें एक वि.वा.ब. प्रेरित होता है।

(ii) प्रेरित वि.वा.ब. कुण्डली में से चुम्बकीय फ्लक्स के परिवर्तन की दर के समानुपाती होता है।

$$\varepsilon = -N \times \frac{d\phi}{dt}$$

ऋणात्मक चिन्ह इंगित करता है कि प्रेरित वि.वा.ब. उस कारण का विरोध करता है जो इसे उत्पन्न करता है।

चुम्बकीय फ्लक्स

चुम्बकीय क्षेत्र में रखें किसी भी पृष्ठ से गुजरने वाला चुम्बकीय फ्लक्स उस पृष्ठ के अभिलम्बवत गुजरने वाली चुम्बकीय बल रेखाओं की कुल संख्या है। चुम्बकीय फ्लक्स का SI मात्रक वेबर (Wb) होता है।

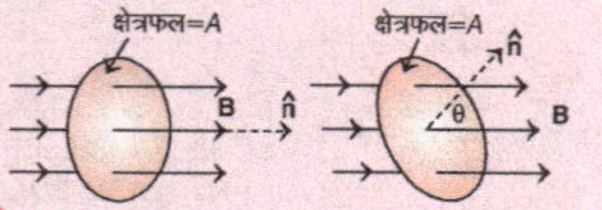

भँवर धारा

जब भी किसी धातु की चादर से जुड़ा चुम्बकीय फ्लक्स परिवर्तित होता है, तो उसमें प्रेरित धाराएँ उत्पन्न होती हैं। इन धाराओं का प्रवाह घूमता हुआ भँवर जैसा दिखता है। इसे भँवर धारा के रूप में जाना जाता है।

भँवर धारा के अनुप्रयोग

- **प्रेरण भट्टी** यदि किसी धातु के नमूने को परिवर्ती चुम्बकीय क्षेत्र में रखा जाता है, तो बहुत अधिक भँवर धाराएँ उत्पन्न होती हैं। इससे उत्पन्न होने वाली ऊष्मा धातु को पिघलाने के लिए पर्याप्त होती है।
- **विद्युत ब्रेक** पहिए से जुड़े घूमने वाले ड्रम पर एक प्रबल चुम्बकीय क्षेत्र आरोपित किया जाता है। ड्रम में स्थापित भँवर धाराएँ ड्रम पर आघूर्ण आरोपित करती हैं, जिससे ट्रेन रुक जाती है।
- **इंडक्टोथर्मी** भँवर धाराओं का उपयोग मानव शरीर के स्थानीय ऊतकों को गर्म करने के लिए किया जा सकता है। इसे इंडक्टोथर्मी कहा जाता है।
- **ऊर्जा मीटर** विद्युत ऊर्जा को मापने के लिए उपयोग किया जाने वाले ऊर्जा मीटर में, एल्यूमीनियम डिस्क में प्रेरित भँवर धाराओं का उपयोग किया जाता है।

लॉरेंज बल के कारण गतिमान विद्युत वाहक बल और ऊर्जा संरक्षण

एक चालक में अधिक संख्या में मुक्त इलेक्ट्रॉन होते हैं। जब ये किसी चुम्बकीय क्षेत्र से गुजरते हैं, तो मुक्त इलेक्ट्रॉनों पर कार्य करने वाला लॉरेंज बल एक धारा स्थापित कर सकता है।

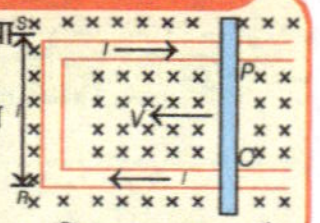

$F_m = F_e$ या, $qvB = qE$ या $vB = E$

लूप में प्रेरित धारा

$$I = \frac{\varepsilon}{R} = \frac{Blv}{R}$$

चल भुजा पर बल

$$F = \frac{B^2l^2v}{R}$$

बाह्य बल द्वारा दी गई शक्ति

$$P = Fv = \frac{B^2l^2v^2}{R}$$

जूल हानि के रूप में शक्ति क्षय

$$P_J = I^2R = \left(\frac{Blv}{R}\right)^2 R = \frac{B^2l^2v^2}{R}$$

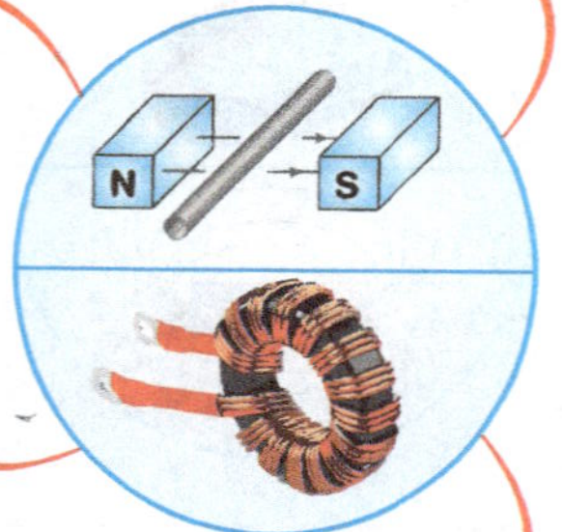

अन्योन्य प्रेरण

किसी कुण्डली में धारा के परिवर्तन के कारण समीप की कुण्डली में वि.वा.ब. के प्रेरित होने की घटना अन्योन्य प्रेरण कहलाती है।

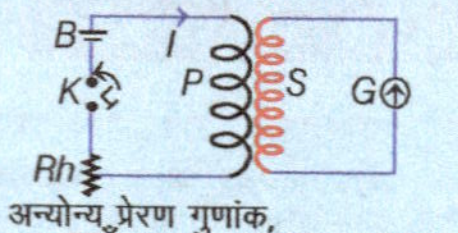

अन्योन्य प्रेरण गुणांक, यहाँ, $\varepsilon = -d\phi/dt = -M dI/dt$

दो लम्बी परिनालिकाओं का अन्योन्य प्रेरण

अन्योन्य प्रेरण निम्न होगा

$$M = \mu_0 N_1 N_2 A/l = \mu_0 n_1 n_2 Al = \mu_0 n_1 n_2 \pi r_1^2 l$$

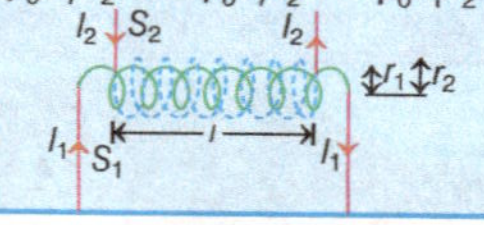

प्रेरित वि.वा.ब. उत्पन्न करने की विधियाँ

किसी परिपथ से जुड़े चुम्बकीय फ्लक्स में परिवर्तन करके प्रेरित वि.वा.ब. उत्पन्न किया जा सकता है। चुम्बकीय फ्लक्स,

$$\phi = BA\cos\theta$$

चुम्बकीय क्षेत्र में परिवर्तन द्वारा प्रेरित वि.वा.ब.

(i) एक चुम्बक को स्थिर कुण्डली की ओर ले जाकर।

(ii) एक कुण्डली को स्थिर चुम्बक की ओर ले जाकर।

(iii) समीपस्थ कुण्डली में धारा को बदलकर।

स्वप्रेरण

विद्युत चुम्बकीय प्रेरण की घटना जिसमें किसी कुण्डली में धारा परिवर्तित करने पर, उसी कुण्डली में एक विरोधी प्रेरित वि.वा.ब. स्थापित होता है, उसे स्वप्रेरण कहा जाता है।

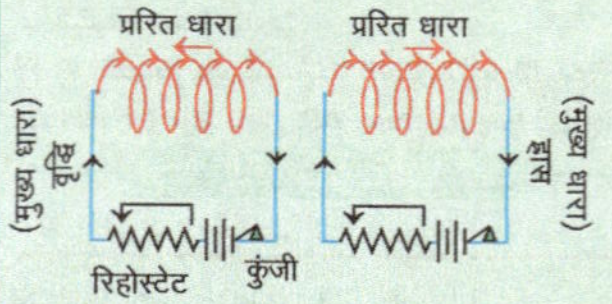

अन्योन्य प्रेरण को प्रभावित करने वाले कारक

- **कुण्डलियों की संख्या** दो परिनालिकाओं में कुण्डलियों की संख्या जितनी अधिक होगी, उनका अन्योन्य प्रेरण उतना ही अधिक होगा।

$$M \propto N_1 N_2$$

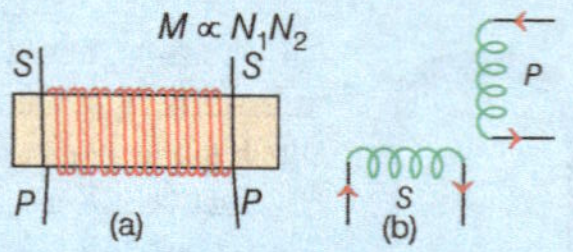

- **सापेक्ष पृथक्करण** दो परिनालिकाओं के बीच की दूरी जितनी अधिक होगी, प्राथमिक कुण्डली में धारा के कारण द्वितीयक कुण्डली से जुड़ा चुम्बकीय फ्लक्स उतना ही कम होगा।
- **सामान्य अनुप्रस्थ-काट** क्षेत्रफल दो परिनालिकाओं का सामान्य अनुप्रस्थ-काट क्षेत्रफल जितना बड़ा होगा, उनका अन्योन्य प्रेरण उतना ही अधिक होगा।
- **दो कुण्डलियों का सापेक्ष अभिविन्यास** अन्योन्य प्रेरण तब अधिकतम होगा, जब वे एक दूसरे के समान्तर रखी जाती हैं जबकि न्यूनतम तब होगा, जब वे एक दूसरे के लम्बवत होती हैं।

ए.सी. जनित्र

एक कुण्डली $PQRS$ पर विचार करें जो एक समान चुम्बकीय क्षेत्र **B** में घूमने के लिए स्वतंत्र है। कुण्डली के घूर्णन का अक्ष क्षेत्र **B** के लम्बवत है।

$\phi = BA\cos\theta$

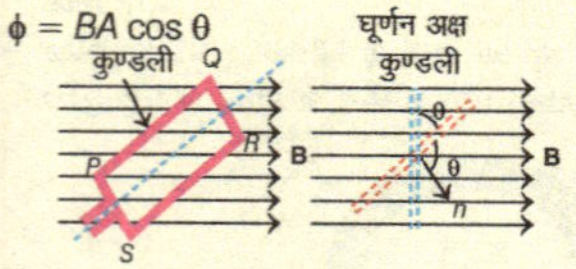

$\theta = \omega t \;\therefore\; \phi = BA\cos\omega t$

प्रेरित वि.वा.ब $\varepsilon = BA\omega\sin\omega t$

N फेरों की संख्या के लिए,

$\therefore\; \varepsilon = NBA\omega\sin\omega t$

$\varepsilon_0 = NBA\omega = 2\pi v NBA$

$\varepsilon = \varepsilon_0\sin\omega t = \varepsilon_0\sin 2\pi vt$

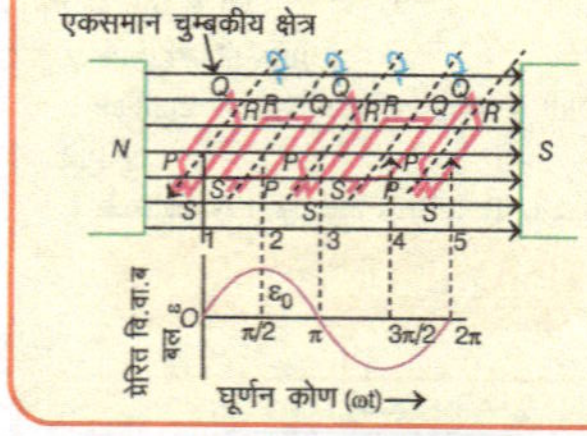

स्वप्रेरण गुणांक

एक कुण्डली से जुड़ा चुम्बकीय फ्लक्स ϕ इसमे से गुजरने वाली धारा I के समानुपाती होती है, अर्थात

या, $\phi = LI \;\therefore\; \varepsilon = -\frac{d\phi}{dt} = -L\frac{dI}{dt}$

एक लम्बी परिनालिका का स्वप्रेरण

प्रति इकाई लम्बाई में n कुण्डली वाली एक लम्बी परिनालिका जिसकी लम्बाई l और त्रिज्या r है तथा $r << l$ के साथ, पर विचार करें।

$$B = \mu_0 nI$$

$\therefore$ लम्बी परिनालिका का स्वप्रेरण निम्न है

$$L = \mu_0 n^2 lA = \frac{\mu_0 N^2 A}{l}$$

स्वप्रेरण को प्रभावित करने वाले कारक

- **कुण्डलियों की संख्या** परिनालिका में कुण्डलियों की संख्या जितनी अधिक होगी, उसका स्वप्रेरण उतना ही अधिक होगा।
- **अनुप्रस्थ-काट का क्षेत्रफल** परिनालिका के अनुप्रस्थ-काट का क्षेत्रफल जितना बड़ा होगा, उसका स्वप्रेरण उतना ही अधिक होगा।
- **क्रोड सामग्री की चुम्बकशीलता** यदि किसी परिनालिका को सापेक्ष चुम्बकशीलता μ_r वाले लौह क्रोड पर लपेटा जाता है, तो उसका स्वप्रेरण गुना बढ़ जाता है

प्रत्यावर्ती धारा (अध्याय एक दृष्टि में)

कला एवं कला आरेख

- एक घूर्णी सदिश जो ज्याक्रीय रूप से परिवर्तित राशि को प्रदर्शित करता है, कला कहलाता है।
- वह आरेख जो घूर्णी सदिशों के समान आवृत्ति की प्रत्यावर्ती धारा वोल्टेज को उनके मध्य उचित कला कोण के साथ दर्शाता है, उसे कला आरेख या आर्गंद आरेख कहते हैं।

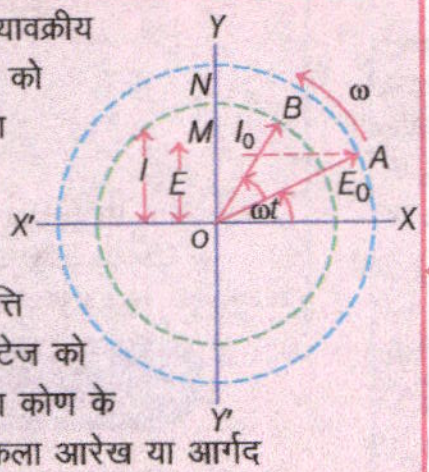

चोक कुण्डली

- यह केवल उच्च प्रतिघात वाला प्रेरक होता है जिसका उपयोग ऊर्जा के अधिक क्षय के बिना ए.सी. परिपथ में धारा को कम करने के लिए किया जाता है।

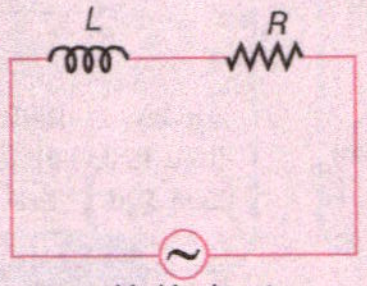

- **उपयोग**

–इसका उपयोग कार की ध्वनि संगीत प्रणाली में किया जाता है।

–कम्प्यूटर केबिल में भी इसके अनेक प्रयोग हैं।

प्रत्यावर्ती EMF का वर्ग माध्य मूल मान

- इसे स्थिर वोल्टेज के उस मान के रूप में परिभाषित किया जाता है जो किसी दिए गए प्रतिरोध में उतनी ही ऊष्मा उत्पन्न करता है जितनी कि दिए गए प्रत्यावर्ती वि.वा.ब द्वारा उसी समय के लिए उसी प्रतिरोध पर आरोपित होने पर उत्पन्न होती है।

$\varepsilon_{rms} = \frac{\varepsilon_0}{\sqrt{2}} = 0.707\varepsilon_0$

- इसे आभासी अथवा प्रभावी मान कहा जाता है।
- इस ε_{rms} या ε_{eff} या ε_V द्वारा प्रदर्शित किया जाता है।

प्रेरकीय प्रतिघात (X_L)

- प्रेरकीय प्रतिघात परिपथ में धारा के प्रवाह के लिए प्रेरक द्वारा प्रदान किया जाने वाला प्रभावी प्रतिरोध है।
- इसका SI मात्रक ओम है।
- $X_L = \omega L = 2\pi fL$

धारितीय प्रतिघात (X_C)

- धारिताय प्रतिघात प्ररिपथ में धारा के प्रवाह के लिए संधारित्र द्वारा प्रदान किया जाने वाला प्रभावी प्रतिरोध है।
- इसका SI मात्रक ओम (Ω) है।
- $X_C = \frac{1}{\omega C} = \frac{1}{2\pi fC}$

प्रत्यावर्ती धारा

- **प्रत्यावर्ती धारा एवं दिष्ट धारा**

प्रत्यावर्ती धारा वह धारा है जिसका परिमाण समय के साथ निरन्तर परिवर्तित होता रहता है तथा दिशा आवधिक रूप से विपरीत हो जाता है। दिष्ट धारा वह धारा है जो एक ही दिशा में नियत परिमाण के साथ प्रवाहित होती है, जैसा कि चित्र में दर्शाया गया है।

$\varepsilon = \varepsilon_0 \sin \omega t$

$I = \frac{\varepsilon}{R} = \frac{\varepsilon_0}{R} \sin \omega t$

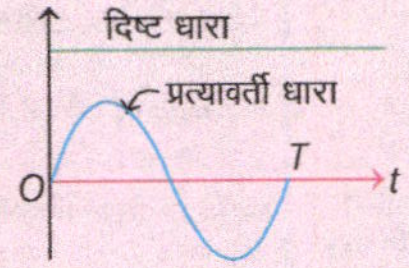

- **आयाम** प्रत्येक दिशा में प्रत्यावर्ती धारा द्वारा प्राप्त अधिकतम मान को उसका आयाम कहते हैं। इसे I_0 द्वारा प्रदर्शित किया जाता है।
- **आवर्तकाल**

$\text{आवर्तकाल} = \frac{\text{एक पूर्ण चक्र में कोणीय विस्थापन}}{\text{कोणीय वेग}}$

- **आवृति** यह सकेण्ड में पूर्ण किये गयें चक्करो की संख्या होती है।

$I = I_0 \sin \omega t = I_0 \sin 2\pi ft = I_0 \sin \frac{2\pi}{T} t$

$I_{av} = \frac{2}{\pi} I_0 = 0.637\, I_0$

$I_{rms} = \frac{I_0}{\sqrt{\pi}} = 0.707\, I_0$

ट्रांसफॉर्मर

ट्रांसफॉर्मर एक विद्युत उपकरण है जो निम्न वोल्टेज प्रत्यावर्ती धारा को उच्च वोल्टेज में अथवा उच्च वोल्टेज पर प्रत्यावर्ती धारा को निम्न वोल्टेज में परिवर्तित करता है।

- **उच्चायक ट्रांसफॉर्मर**

यदि यह निवेशी वोल्टेज को बढ़ाता है, तो इसे उच्चायक ट्रांसफॉर्मर कहा जाता है।

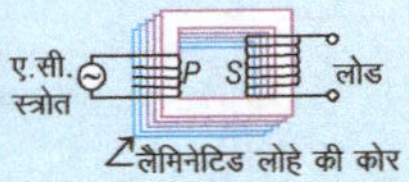

- **अपचायक ट्रांसफॉर्मर**

यदि यह निवेशी वोल्टेज को कम करता है, तो इसे अपचायक ट्रांसफॉर्मर कहा जाता है।

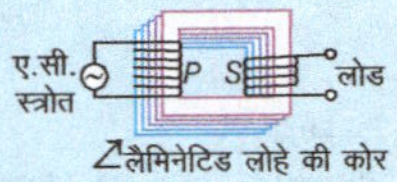

- **प्रेरित वि.वा.ब** $\frac{\varepsilon_2}{\varepsilon_1} = \frac{N_2}{N_1}$
- **धारा** $\frac{I_1}{I_2} = \frac{\varepsilon_2}{\varepsilon_1} = \frac{N_2}{N_1}$
- **दक्षता** $\eta = \frac{\text{शक्ति आउट}}{\text{शक्ति इनपुट}} \times 100\%$

वास्तविक ट्रांसफॉर्मर की दक्षता बहुत अधिक (90 से 99%) होती है, यद्यपि 100% नहीं होती है।

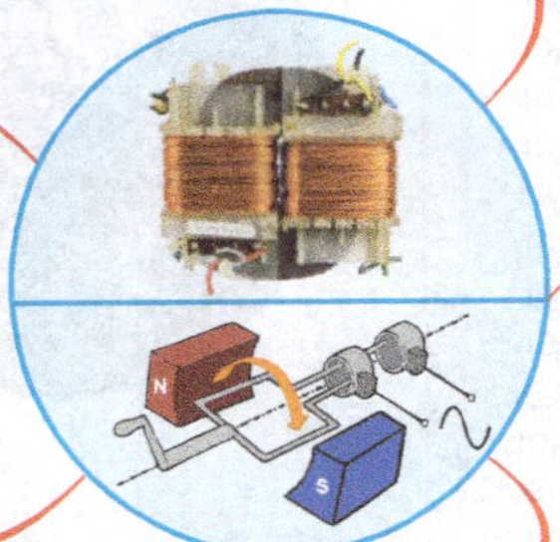

श्रेणी LCR परिपथ

प्रतिरोध R, प्रेरक L एवं संधारित्र C को नीचे दिए गए प्रत्यावर्ती वि.वा.ब के स्रोत के साथ श्रेणीक्रम में जोड़ा गया है। दिया है,

$\varepsilon = \varepsilon_0 \sin \omega t$

1. प्रतिरोध R के सिरों की वोल्टेज $V_R = RI$ धारा I के साथ समान कला में होगी। $V_0R = I_0R$
2. संधारित्र C के सिरों की वोल्टेज $V_C = X_CI$ धारा I से $\pi/2$ रेडियन कला के साथ पश्चगामी होती है। $V_{OC} = I_0X_C$
3. प्रेरक L के सिरों की वोल्टेज $V_L = X_LI$ धारा I से $\pi/2$ रेडियन कला के साथ अग्रगामी होती है। इसलिए, I के सापेक्ष कला $\pi/2$ रेडियन वामावर्त दिशा में होती है। $V_{OL} = I_0X_L$

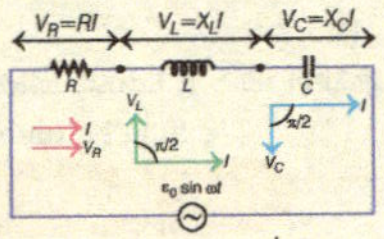

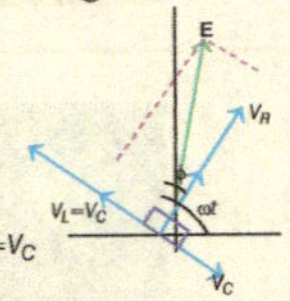

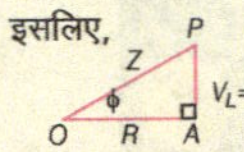

श्रेणीक्रम में प्रतिरोधक एवं संधारित्र

एक प्रतिरोध एवं संधारित्र निम्नलिखित प्रत्यावर्ती स्रोत से श्रेणीक्रम में जुड़े है।

$\varepsilon = \varepsilon_0 \sin \omega t$

1. प्रतिरोधक R के सिरों की वोल्टेज $V_R = RI$ धारा I के साथ समान कला में होती है। $V_0R = I_0R$
2. संधारित्र C के सिरों की वोल्टेज $V_C = X_C I$ से $\pi/2$ रेडियन द्वारा पश्चगामी होती है। अतः $V_{OC} = I_0X_C$

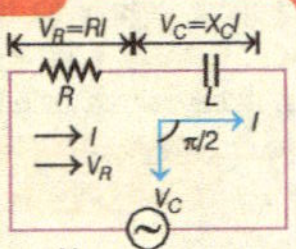

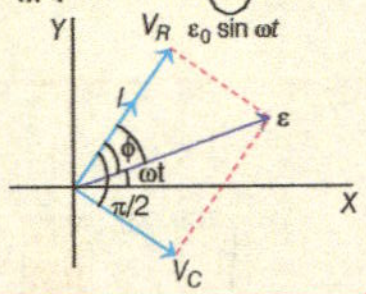

श्रेणीक्रम में प्रतिरोध तथा प्रेरक

स्रोत के प्रत्यावर्ती वि.व.ब. से श्रेणी क्रम में जुड़े प्रतिरोध तथा प्रेरकत्व को निम्न प्रकार व्यक्त किया जाता है।

$\varepsilon = \varepsilon_0 \sin \omega t$

1. प्रतिरोध R के सिरों पर वोल्टेज $V_R = RI$, धारा I के साथ समान कला में है। $V_0R = I_0R$
2. प्रेरकत्व के सिरों पर वोल्टेज $V_L = X_L I$, धारा I के साथ $\pi/2$ रेडियन अग्रगामी है। अतः $V_{OL} = I_0X_L$

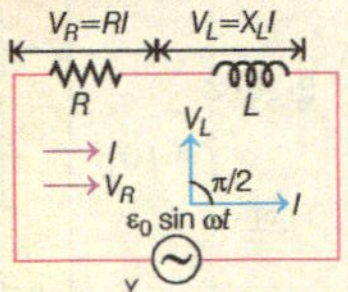

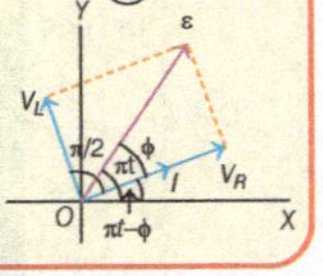

केवल एक संधारित्र युक्त ए.सी. परिपथ

- एक शुद्ध संधारित्र C प्रत्यावर्ती वि.वा.ब के स्रोत के एक्रॉस जुड़ा है जैसा कि चित्र में दिया गया है।
- आरोपित वि.वा.ब के कारण संधारित्र की प्लेटों के सिरों पर विभवान्तर,

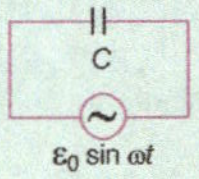

$V = \varepsilon = \varepsilon_0 \sin \omega t$

$Q = CV = C\varepsilon_0 \sin \omega t$

$\therefore$ किसी भी क्षण धारा निम्न होगी

$I = I_0 \cos \omega t = I_0 \sin(\omega t + \pi/2)$

जहाँ, $I_0 = \omega C\varepsilon_0 = \frac{\varepsilon_0}{1/\omega C} =$

- **ε तथा I के मध्य कला सम्बन्ध**

धारा वि.वा.ब से $\pi/2$ रेडियन कला में अग्रगामी होती है, इसलिए धारा कला I वामावर्त दिशा में कला ε के साथ $\pi/2$ रेडियन कोण बनाती है।

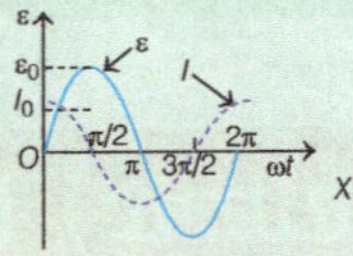

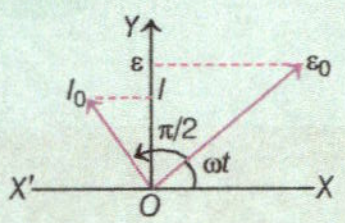

केवल एक प्रतिरोधक युक्त ए.सी. परिपथ

- प्रतिरोध R वाला एक प्रतिरोधक प्रत्यावर्ती वि.वा.ब ε के स्रोत से जुड़ा है जैसा कि चित्र में दिया गया है,

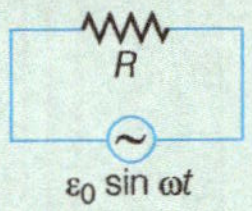

- **परिपथ मे धारा**

$I = I_0 \sin \omega t$

- **ε एवं I के मध्य कला सम्बन्ध**

शुद्ध प्रतिरोधी परिपथ में वि.वा.ब ε एवं धारा I समान कला में होते हैं। इसका अर्थ है कि दोनों एक ही समय पर अपने शून्य, न्यूनतम एवं अधिकतम मान प्राप्त करते हैं।

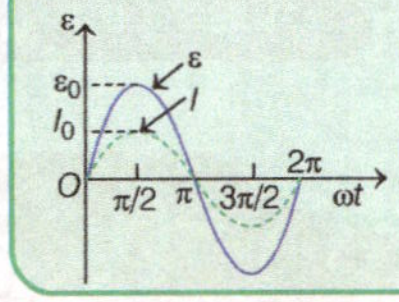

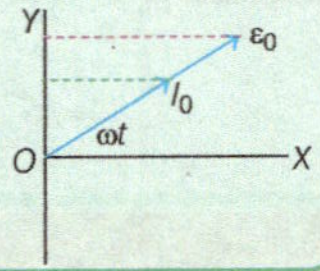

केवल एक प्रेरक युक्त ए.सी. परिपथ

- माना प्रेरकत्व L वाला एक प्रेरक दिए गए प्रत्यावर्ती वि.वा.ब के स्रोत से जुड़ा है

$\varepsilon = \varepsilon_0 \sin \omega t$

कुल तात्क्षणिक वि.वा.ब, $\varepsilon = L\frac{dI}{dt}$

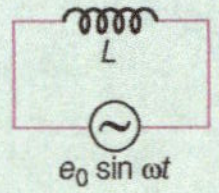

- **ε एवं I के मध्य कला सम्बन्ध**

वोल्टेज धारा से 90° कला में अग्रगामी होती है।

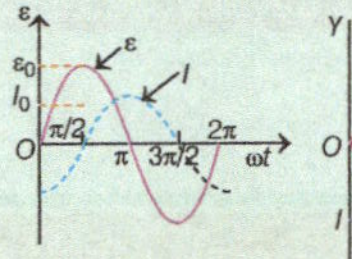

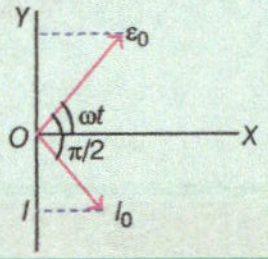

विद्युत चुम्बकीय तरंगें (अध्याय एक दृष्टि में)

विद्युत चुम्बकीय तरंगों का उत्पादन

विद्युत चुम्बकीय तरंग में दोलनशील विद्युत और चुम्बकीय क्षेत्र होते हैं। चुम्बकीय तरंगों की विभिन्न संभावित आवृत्तियाँ एक स्पेक्ट्रम बनाती हैं तथा जिसका एक छोटा भाग दृश्य प्रकाश होता है।

विद्युत चुम्बकीय तरंगें निम्न अक्षों के अनुदिश होती है।

X- अक्ष : $E_x = E_m \sin (kx - \omega t)$

Y- अक्ष : $B_y = B_m \sin (kx - \omega t)$

विद्युत चुम्बकीय तरंगों की अनुप्रस्थ प्रकृति

एक परिवर्ती विद्युत क्षेत्र से एक परिवर्ती चुम्बकीय क्षेत्र का निर्माण होता है तथा एक परिवर्ती चुम्बकीय क्षेत्र से एक परिवर्ती विद्युत क्षेत्र का निर्माण होता है जो विद्युत चुम्बकीय तरंग के रूप में जाने वाली अनुप्रस्थ तरंग को उत्पन्न करता है।

विद्युत क्षेत्र (E) तथा चुम्बकीय क्षेत्र (B) का परिवर्तन परस्पर एक दूसरे के और साथ ही तरंग संचरण की दिशा के लम्बवत् होते हैं, अर्थात् विद्युत चुम्बकीय तरंगें प्रकृति में अनुप्रस्थ होती है।

विद्युत चुम्बकीय तरंगों की तीव्रता

तरंग के संचरण की दिशा के लम्बवत् प्रति इकाई समय प्रति इकाई क्षेत्रफल से गुजरने वाली ऊर्जा को विद्युत चुम्बकीय तरंग की तीव्रता के रूप में परिभाषित किया जाता है।

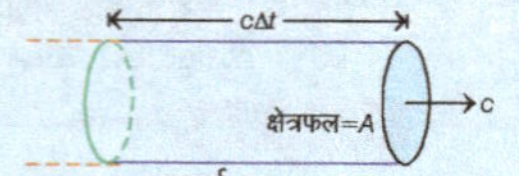

$$\text{तीव्रता} = \frac{\text{ऊर्जा}}{\text{क्षेत्रफल x समय}}$$

विद्युत चुम्बकीय तरंगों का ऊर्जा घनत्व

विद्युत चुम्बकीय तरंग का ऊर्जा घनत्व उस स्थान के प्रति इकाई आयतन की ऊर्जा के रूप में परिभाषित किया जाता है जिसमें यह गति करती है।

$$U_E = \frac{1}{2}\varepsilon_0 E^2$$

$$U_B = \frac{B^2}{2\mu_0}$$

$$U_{av} = \frac{1}{2}\varepsilon_0 E^2_{rms} + \frac{B^2_{rms}}{2\mu_0}$$

$$U_{av} = \frac{\varepsilon_0 E_0^2}{4} + \frac{\varepsilon_0 E_0^2}{4} = \frac{1}{2}\varepsilon_0 E_0^2 = \varepsilon_0 E^2_{rms}$$

$$U_E = U_B$$

संशोधित ऐम्पियर का नियम

इसका तात्पर्य यह है कि न केवल चालन धारा अपितु विद्युत क्षेत्र में परिवर्तन से सम्बन्धित विस्थापन धारा भी चुम्बकीय क्षेत्र उत्पन्न करती है।

$$\oint \mathbf{B}\cdot d\mathbf{l} = \mu_0 (I_C + I_D)$$

$$= \mu_0 I_C + \varepsilon_0 \frac{d\phi_E}{dt}$$

विस्थापन धारा

यह एक धारा है जो समय के सापेक्ष विद्युत फ्लक्स के परिवर्तन की दर के कारण उत्पन्न होती है।

$$I_D = \varepsilon_0 \frac{d\phi_E}{dt}$$

ऐम्पियर का परिपथीय नियम

निर्वात में किसी भी बन्द पथ के परितः चुम्बकीय क्षेत्र का रेखीय समाकलन उस बन्द पथ से गुजरने वाली कुल धारा के μ_0 गुना के बराबर होता है।

$$\oint \mathbf{B}\cdot d\mathbf{l} = \mu_0 I$$

विद्युत चुम्बकीय तरंगों के अभिलक्षण/गुण

1. किसी माध्यम में विद्युत चुम्बकीय तरंगो की गति निम्न सुत्र द्वारा ज्ञात की जाती है।

$$v = \frac{1}{\sqrt{\mu\varepsilon}}$$

जहाँ, μ तथा ε क्रमशः पारगम्यता तथा चुम्बकशीलता है।

2. अन्तरिक्ष या निर्वात में विद्युत चुम्बकीय तरंगों की गति निम्न प्रकार व्यक्त की

$$c = \frac{1}{\sqrt{\mu_0\varepsilon_0}} = 3 \times 10^8 \text{ मी/से}$$

3. विद्युत क्षेत्र (E_0) के आयाम और चुम्बकीय क्षेत्र (B_0) के मध्य निम्न सम्बन्ध होता है।

$$c = \frac{E_0}{B_0}$$

4. विद्युत चुम्बकीय तरंगें ऊर्जा वहन करती है क्योंकि ये किसी भी माध्यम या भौतिक माध्यम के वास्तविक स्थानान्तरण क्षेत्र में एक बिन्दु तक गति करती है। विद्युत चुम्बकीय तरंगों का औसत धनत्व निम्न प्रकार व्यक्त किया जाता है।

$$I = \frac{1}{2}\varepsilon_0 E_0^2$$

5. विद्युत चुम्बकीय तरंगों की तीव्रता, विद्युत क्षेत्र तथा चुम्बकीय क्षेत्र की तीव्रता पर निर्भर करती है।

मैक्सवेल के समीकरण

1. स्थिर वैद्युतिकी में गॉस का नियम

$$\oint \mathbf{E}\cdot d\mathbf{s} = \frac{q}{\varepsilon_0}$$

2. फैराडे चुम्बकन में गॉस का नियम

$$\oint \mathbf{B}\cdot d\mathbf{s} = 0$$

3. फैराडे का विद्युत चुम्बकीय प्रेरण का नियम

$$\oint \mathbf{E}\cdot d\mathbf{l} = -\frac{d\phi_B}{dt}$$

4. ऐम्पियर-मैक्सवेल का परिपथीय नियम

$$\oint \mathbf{B}\cdot d\mathbf{l} = \mu_0 \left(I_C + \varepsilon_0 \frac{d\phi_E}{dt}\right)$$

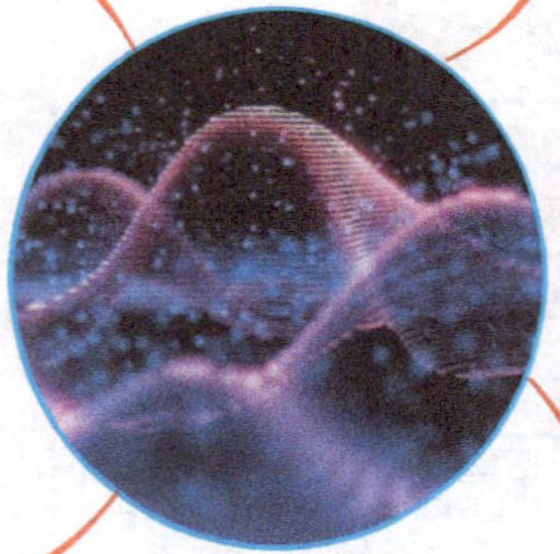

विद्युत चुम्बकीय स्पेक्ट्रम

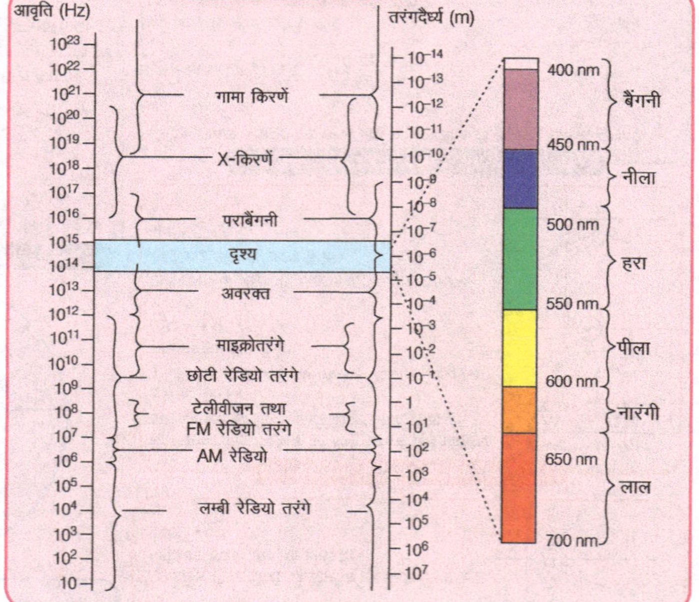

गामा किरणें

- कैंसर और ट्यूमर के उपचार में प्रयोग की जाती है।
- परमाणु अभिक्रिया उत्पन्न करने के लिए प्रयोग की जाती है।

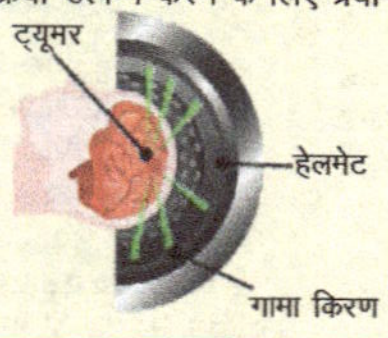

X-किरणें

- पदार्थ में प्रवेश करती हैं (जैसे, रेडियोग्राफी)।
- गैसों को आयनित करती है।
- प्रतिदीप्ति उत्पन्न करती है।

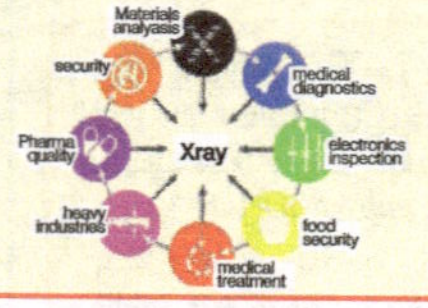

पराबैंगनी किरणें

- कई रासायनिक अभिक्रियाओं को कर सकती हैं, जैसे, मानव त्वचा की टैनिंग।
- वायुमण्डल में परमाणुओं को आयनित करती हैं, जिसके परिणामस्वरूप आयनमण्डल बनता है।

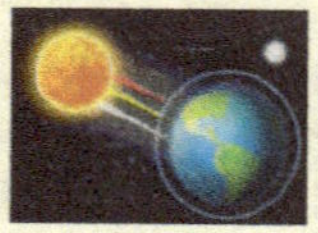

दृश्य प्रकाश

- मानव रेटिना के पीछे की तंत्रिका को उत्तेजित करके पता लगाया जाता है।
- रासायनिक अभिक्रिया कर सकता है।

रेडियो तरंगें

- रेडियो संचार में उपयोग की जाती है।

अवरक्त किरणें

- आण्विक संरचना को स्पष्ट करने के लिए उपयोगी।
- धुंध युक्त फोटोग्राफी के लिए उपयोगी।

सूक्ष्मतरंगें

- रडार संचार में प्रयोग की जाती है।
- आण्विक और परमाणु संरचना के सूक्ष्म विवरणों के विश्लेषण में प्रयोग की जाती है।

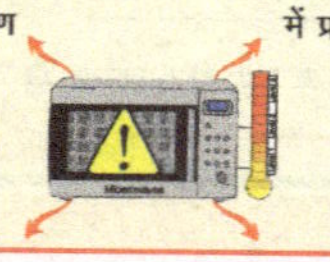

किरण प्रकाशिकी एवं प्रकाशिक यन्त्र (अध्याय एक दृष्टि में)

चिह्न परिपाटी

- सभी दूरियाँ, ध्रुव (P) से मापी जाती हैं।
- आपतित किरण की दिशा में मापी गई दूरियाँ धनात्मक अन्यथा ऋणात्मक ली जाती हैं।
- मुख्य अक्ष के ऊपर एवं लम्बवत् मापी गई ऊँचाई धनात्मक तथा इसकी अपेक्षा ऋणात्मक होती है।

गोलीय दर्पण द्वारा परावर्तन

दर्पण सूत्र, $\frac{1}{u}+\frac{1}{v}=\frac{1}{f}=\frac{2}{R}$

आवर्धन, $m=-\frac{v}{u}=\frac{h_i}{h_o}$

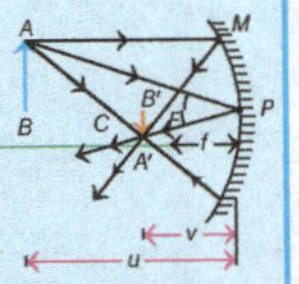

यदि प्रतिबिम्ब वस्तु के सापेक्ष सीधा या खड़ा हो, तो m धनात्मक होता है। यदि प्रतिबिम्ब वस्तु के सापेक्ष उल्टा हो, तो m ऋणात्मक होता है।

अपवर्तनांक

किसी दी गई तरंगदैर्ध्य के प्रकाश के लिए किसी माध्यम का अपवर्तनांक निर्वात में प्रकाश की चाल तथा उस माध्यम में उसकी गति के अनुपात के रूप में परिभाषित किया जा सकता है।

$$\mu=\frac{c}{v}$$

प्रकाश के अपवर्तन के नियम

- **प्रथम नियम** अन्तरापृष्ठ पर आपतित किरण, अपवर्तित किरण तथा आपतन बिन्दु पर अभिलम्ब सभी एक ही तल में होते हैं।
- **द्वितीय नियम** किसी दिए गए माध्यम के युग्म के लिए आपतन कोण की ज्या तथा अपवर्तन कोण की ज्या का अनुपात नियत होता है।

गणितीय रूप से,

$$\frac{\sin i}{\sin r}={}^1\mu_2$$

लेन्स सूत्र

यह सूत्र लेन्स की फोकस दूरी को लेन्स के पदार्थ के अपवर्तनांक तथा इसकी दो सतहों की वक्रता त्रिज्या से सम्बन्धित करता है।

$$\Rightarrow \frac{1}{f}=(\mu-1)\left[\frac{1}{R_1}-\frac{1}{R_2}\right]$$

लेन्स की क्षमता

प्रकाशीय केन्द्र से इकाई दूरी पर पड़ने वाले प्रकाश की किरण को जिस कोण से अभिसरित या अपसरित किया जाता है, उसकी स्पर्शज्या कहलाती है।

$$P=\frac{1}{f}$$

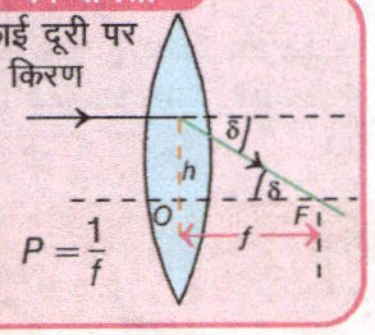

समतल पृष्ठ से परावर्तन

- समतल दर्पण द्वारा बनाया गया प्रतिबिम्ब आभासी एवं वस्तु के सापेक्ष सीधा होता है तथा वस्तु के समान आकार का होता है।
- यदि आपतित किरण को स्थिर रखते हुए समतल दर्पण को कोण θ पर घुमाया जाए, तो परावर्तित किरण उस दिशा में दोगुने कोण अर्थात् 2θ घूम जाती है।
- कोण पर आपतित प्रकाश किरण द्वारा सहन किया गया विचलन निम्न सूत्र द्वारा दिया जाता है।

$\delta=(180°-2i)$

$\angle i=\angle r$

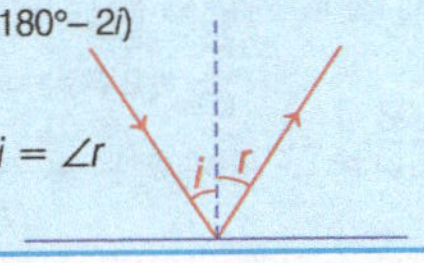

प्रकाश के परावर्तन के नियम

(i) आपतन कोण परावर्तन कोण के बराबर होता है।

अर्थात $\angle i=\angle r$.

(ii) आपतित किरण, परावर्तित किरण तथा आपतन बिन्दु पर अभिलम्ब सभी एक ही तल में होते हैं।

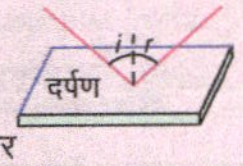

प्रकाश का अपवर्तन

प्रकाश के एक पारदर्शी माध्यम से दूसरे पारदर्शी माध्यम में तिर्यक रूप से गुजरने पर उसके पथ में परिवर्तन होने की घटना को प्रकाश का अपवर्तन कहते हैं।

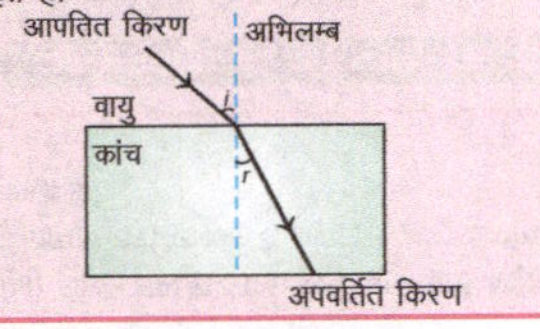

प्रकाश के उत्क्रमणीयता का सिद्धान्त

यह सिद्धान्त कहता है कि यदि प्रकाश की किरण के कई परावर्तन एवं अपवर्तन के पश्चात् उसका अन्तिम पथ विपरीत हो जाए, तो वह अपना पथ ठीक उसी प्रकार पुनः प्राप्त कर लेती है।

$${}^1\mu_2=\frac{1}{{}^2\mu_1}$$

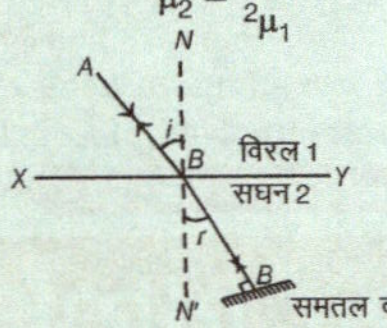

सरल सूक्ष्मदर्शी

आवर्धन क्षमता

- अन्तिम प्रतिबिम्ब न्यूनतम दूरी D पर बनने के लिए,

$$m=\frac{\text{प्रतिबिम्ब द्वारा } D \text{ पर बनाया गया कोण}}{\text{वस्तु द्वारा अनन्त पर बनाया गया कोण}}$$

$$=1+\frac{D}{f}$$

- अन्तिम प्रतिबिम्ब अनन्त पर बनने के लिए,

$$M=\frac{D}{f}$$

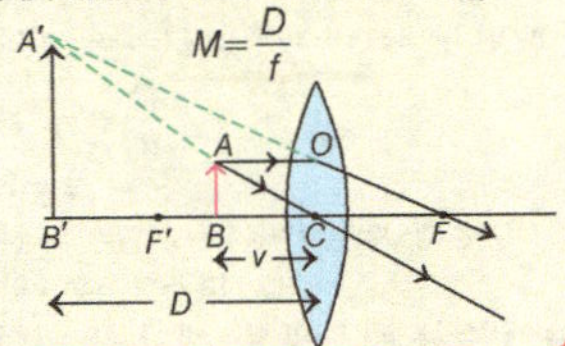

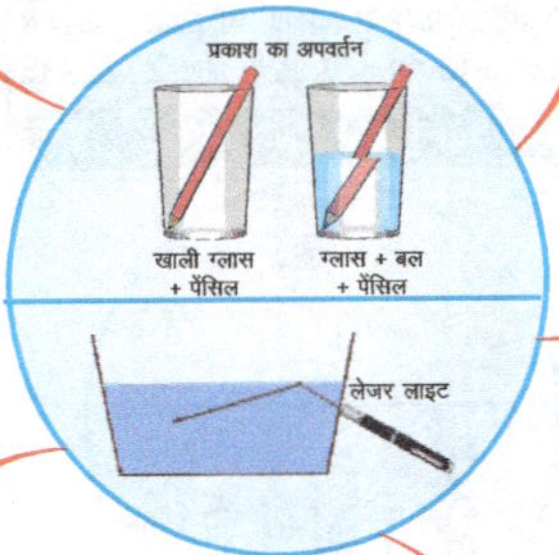

वास्तविक एवं आभासी गहराई

प्रकाश के अपवर्तन के कारण सघन माध्यम में रखी वस्तु आभासी गहराई, वास्तविक गहराई से कम होती है।

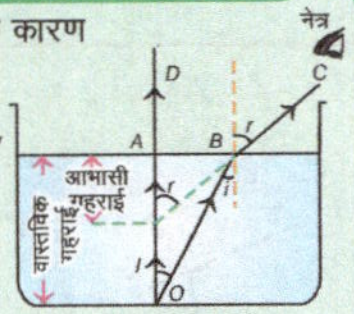

$$\text{आभासी गहराई}=\frac{\text{वास्तविक गहराई}}{\text{अपवर्तनांक}}$$

पार्श्विक विस्थापन द्वारा अपवर्तन

जब प्रकाश समान्तर सतहों के साथ अपवर्तनांक पट्टी पर तिरछा आपतित होता है, तो आपतित एवं निर्गत किरणों के बीच की लम्बवत् दूरी को पार्श्विक विस्थापन कहा जाता है।

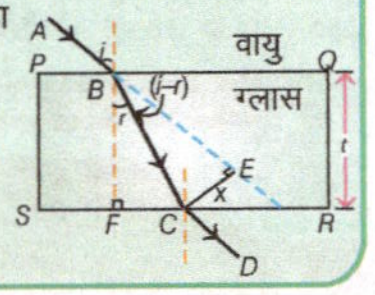

संयुक्त सूक्ष्मदर्शी

आवर्धन क्षमता, $m=m_o\times m_e$

- न्यूनतम दूरी D पर बनने वाले अन्तिम प्रतिबिम्ब के लिए

$$m=\frac{\beta}{\alpha}=\frac{v_o}{u_o}\left(1+\frac{D}{f_e}\right)$$

$$=\frac{-L}{f_o}\left(1+\frac{D}{f_e}\right)$$

- अनन्त पर बनने वाले अन्तिम प्रतिबिम्ब के लिए

$$m=\frac{-L}{f_o}\cdot\frac{D}{f_e}$$

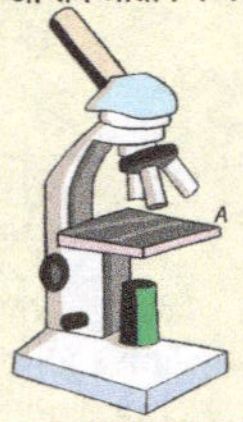

पूर्ण आन्तरिक परावर्तन

वह घटना जिसमें सघन से विरल माध्यम में क्रान्तिक कोण से अधिक आपतन कोण पर गति करने वाली प्रकाश की किरण पूर्ण रूप से सघन माध्यम में वापस परावर्तित हो जाती है, उसे पूर्ण आन्तिरिक परावर्तन कहा जाता है।

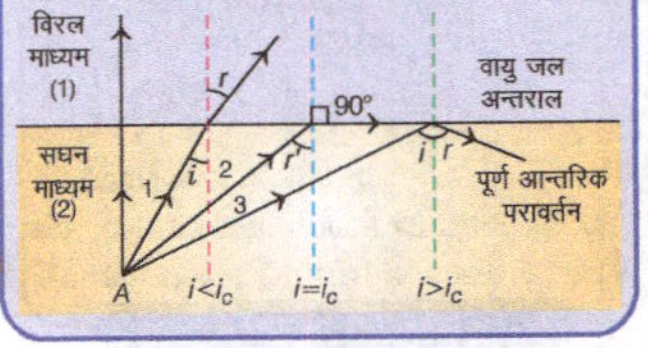

प्रिज्म में से अपवर्तन

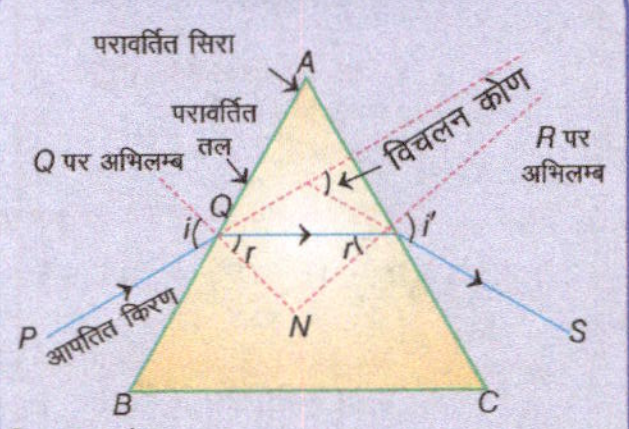

विचलन कोण

$\delta=i+i'-A$ या $i+i'=A+\delta$

प्रिज्म का अपवर्तनांक

$$\mu=\frac{\sin\left(\frac{A+\delta_m}{2}\right)}{\sin\left(\frac{A}{2}\right)}$$

प्रकाशीय तन्तु

प्रकाशीय तन्तु एक नम्य कांच अथवा प्लास्टिक तन्तु है जो एक सिरे से दूसरे सिरे तक प्रकाश को संचरित कर सकता है।

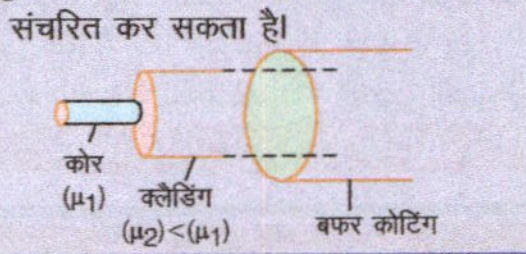

खगोलीय दूरदर्शी

आवर्धन क्षमता

- प्रतिबिम्ब न्यूनतम दूरी D पर बनने के लिए,

$$m=\frac{\text{प्रतिबिम्ब द्वारा } (D) \text{ पर बनाया गया कोण}}{\text{वस्तु द्वारा अनन्त पर बनाया गया कोण}}$$

$$m=\frac{\beta}{\alpha}=\frac{-f_o}{f_e}\left(1+\frac{f_e}{D}\right)$$

- सामान्य समायोजन में, प्रतिबिम्ब अनन्त पर बनता है,

$m=f_o/f_e$

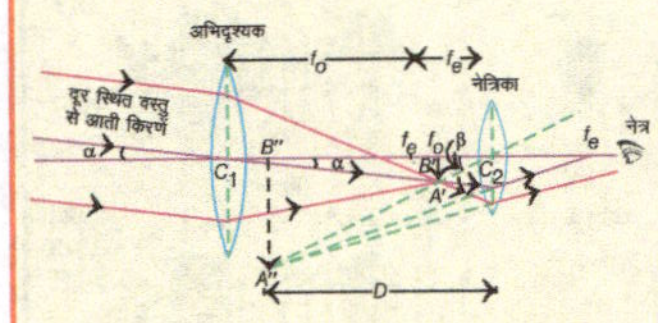

परावर्ती दूरदर्शी

आवर्धन क्षमता

जब अन्तिम प्रतिबिम्ब D पर बनता है।

$$m=\frac{f_o}{f_e}\left(1+\frac{f_e}{D}\right)$$

जब अन्तिम प्रतिबिम्ब अनन्त पर बनता है।

$$m=\frac{f_o}{f_e}=\frac{R/2}{f_e}$$

न्यूटन अपवर्ती दूरदर्शी

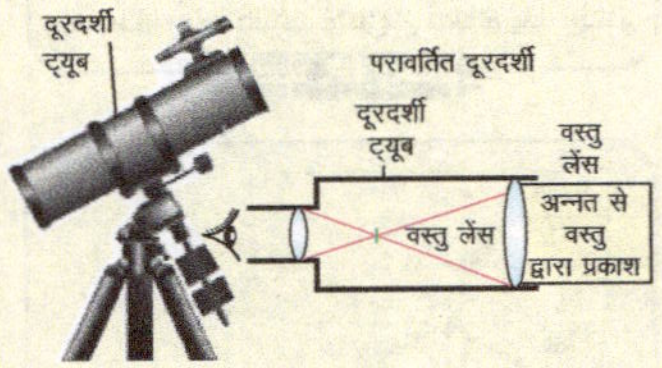

स्थलीय दूरदर्शी

अन्तिम प्रतिबिम्ब D बनने के लिए,

$$m=\frac{f_o}{f_e}\left(1+\frac{f_e}{D}\right)$$

अनन्त पर अन्तिम प्रतिबिम्ब के लिए

$$m=\frac{f_o}{f_e}$$

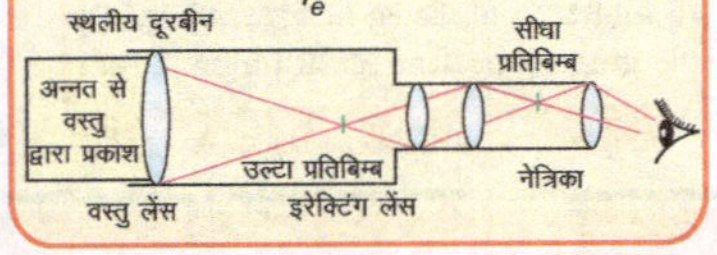

तरंग प्रकाशिकी (अध्याय एक दृष्टि में)

तरंगाग्र

माध्यम के ऐसे सभी कणों का सतत बिन्दुपथ जो किसी भी क्षण समान कला में कम्पन कर रहे हों तरंगाग्र कहलाता है।

- **गोलीय तरंगाग्र** इस स्थिति में किसी बिन्दु स्रोत से सभी दिशाओं में गमन करने वाली तरंगों की स्थिति में तरंगाग्र गोलीय आकार के होते हैं।

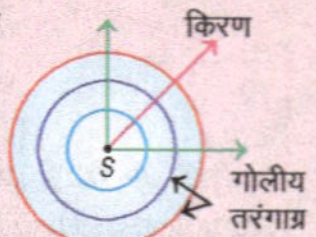

- **बेलन तरंगाग्र** किसी बिन्दु स्रोत से सभी दिशाओं में गमन करने वाली तरंगों की स्थिति में तरंगाग्र बेलन आकार के होते हैं।

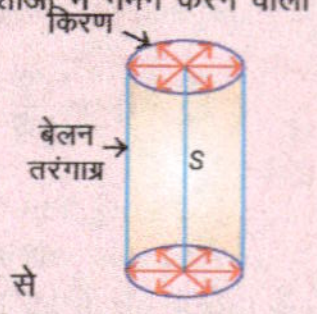

- **समतल तरंगाग्र** स्रोत से बहुत अधिक दूरी पर गोलीय या बेलनाकार तरंगाग्र का एक भाग समतल तरंगाग्र होता है।

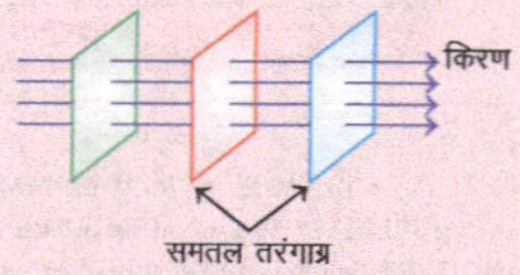

हाइगेन्स का सिद्धान्त

प्रकाश के तरंग सिद्धान्त द्वारा माध्यम में तरंगाग्र का वेग संचरण सम्बन्धी ज्ञान प्राप्त होता है।

- **मान्यताएँ**

(i) तरंगाग्र पर प्रत्येक बिन्दु नए विक्षेपण के स्रोत के रूप में कार्य करता है जिन्हें द्वितीयक तरंगें या तरंगीकाएँ कहते हैं।

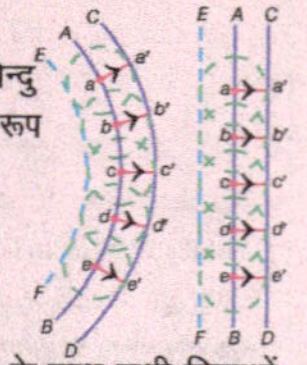

(ii) द्वितीयक तरंगिकाएँ दिए गए माध्यम में तरंग के साथ सभी दिशाओं में फैलती है।

(iii) किसी क्षण तरंगाग्र, उस क्षण आगे बढ़ती हुई द्वितीयक तरंगिकाओं के आवरण द्वारा दर्शाया जाता है।

कला-सम्बन्ध एवं कला-असम्बन्ध स्रोत

- प्रकाश के दो स्रोत जो निरन्तर समान आवृत्ति या तरंगदैर्ध्य की तथा परस्पर शून्य या नियत कलान्तर वाली प्रकाश तरंगों को उत्सर्जित करते हैं, उन्हें कला-सम्बन्ध स्रोत कहते हैं।
- प्रकाश के दो स्रोत जो नियत कलान्तर वाली प्रकाश किरणों का उत्सर्जन नहीं करते हैं, कला-असम्बन्ध स्रोत कहलाते हैं।

प्रकाश का विवर्तन

छोटे अवरोधों या छिद्रों के किनारों के चारों ओर प्रकाश के मुड़ने तथा ज्यामितीय छाया के क्षेत्रों में फैलने की घटना को प्रकाश का विवर्तन कहा जाता है।

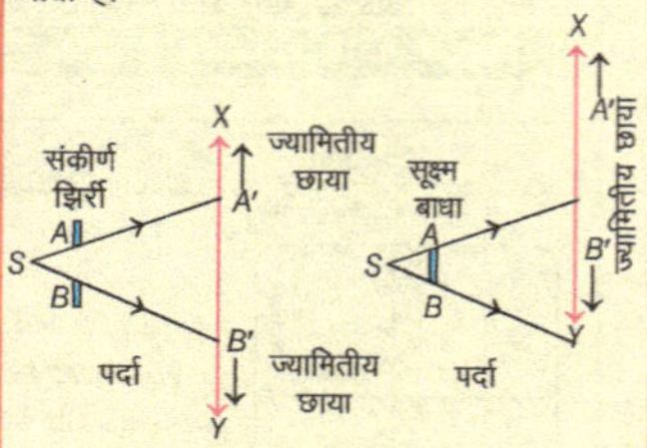

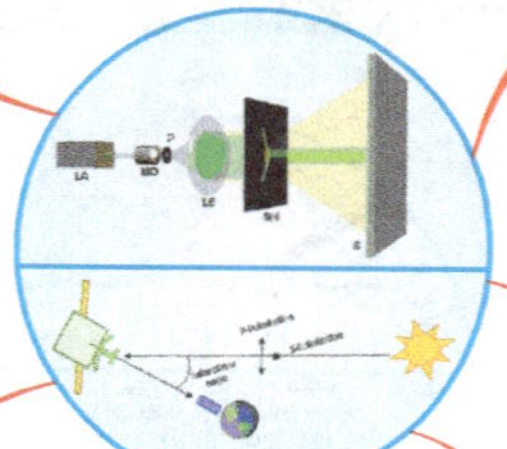

एकल स्लिट झिर्री के कारण विवर्तन

जब एक समतल तरंग एक संकीर्ण झिर्री से गुजरती है, तो यह विवर्तित होती है जिससे एक केन्द्रीय दीप्त फ्रिन्ज बनती है और उच्चिष्ठ एवं निम्निष्ठ का पैटर्न प्राप्त होता है।

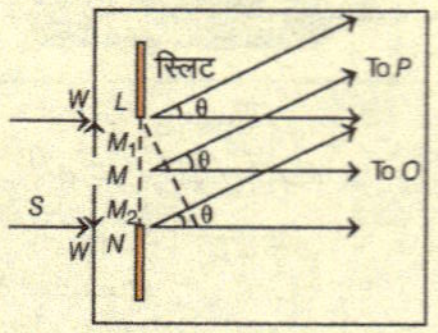

- **n वें न्यूनतम के लिए**

$a \sin \theta_n = n\lambda, n = 1, 2, 3, \ldots$

- **n वें द्वितीयक अधिकतम के लिए**

$a \sin \theta_n = (2n-1)\frac{\lambda}{2}, n = 1, 2, 3, \ldots$

- **द्वितीयक अधिकतम की चौड़ाई**

$$\beta = \frac{D\lambda}{a}$$

- **केन्द्रीय अधिकतम की चौड़ाई**

$$\beta_0 = 2\beta = \frac{2D\lambda}{a}$$

वृत्तीय छिद्र पर विवर्तन

व्यास के वृत्तीय छिद्र पर प्रकाश के विवर्तन के लिए केन्द्रीय अधिकतम का कोणीय प्रसार निम्न है

$$\theta = \frac{1.22\lambda}{a}$$

ब्रूस्टर का नियम

इस नियम के अनुसार, पारदर्शी माध्यम के ध्रुवीकरण कोण की स्पर्शी उसके अपवर्तनांक के बराबर होती है।

$\mu = \tan i_p$

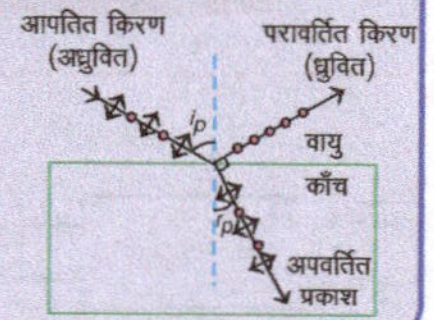

मैलस का नियम

विश्लेषक में से पारित संचरित प्रकाश की तीव्रता निम्न है

$$I = I_0 \cos^2 \theta$$

θ = ध्रुवीकरण एवं विश्लेषक के संचरण दिशाओं के बीच का कोण

तरंगों का ध्रुवीकरण

अनुप्रस्थ सतह में एक तरंग के दोलनों को केवल एक दिशा तक सीमित करने की घटना को तरंगों का ध्रुवीकरण कहा जाता है।

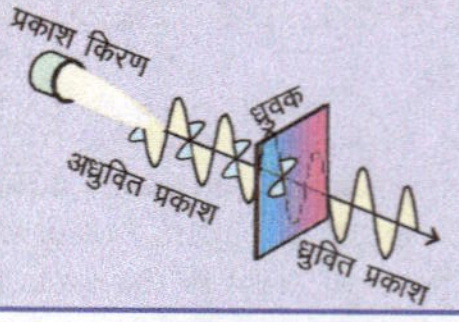

पोलेरॉइड

पोलेरॉइड पतली व्यावहारिक चादर होती हैं जो समतल ध्रुवीकृत प्रकाश की तीव्र किरण पुँज उत्पन्न करने के लिए रचनात्मक अवशोषण के गुण का उपयोग करती है।

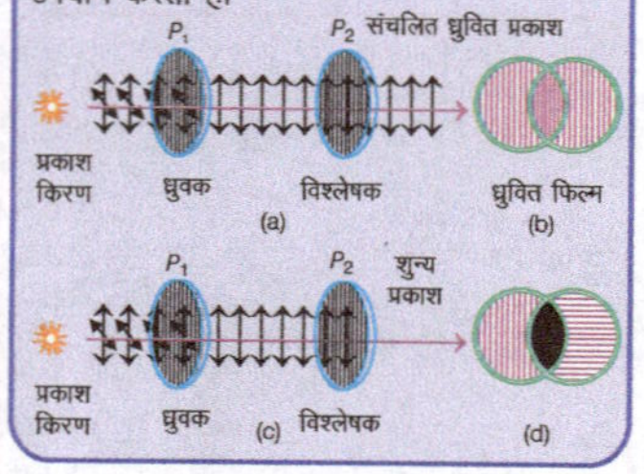

पोलेराइड के उपयोग

(i) पोलेराइड का उपयोग चश्मों एवं कैमरों में प्रकाश की चकाचौंध से बचने के लिए किया जाता है।

(ii) पोलेराइड तीन आयामी चलन-चित्रों अर्थात् होलोग्राफी में उपयोगी होते हैं।

(iii) इनका उपयोग मोटरकारों में हैड लाइट की चकाचौंध को समाप्त करने के लिए किया जाता है।

(iv) इनका उपयोग पुरानी तेल पेन्टिंग में कंट्रास्ट को बेहतर बनाने के लिए किया जाता है।

(v) इनका उपयोग आने वाले प्रकाश की तीव्रता को नियन्त्रित करने के लिए खिड़की के शीशे के रूप में किया जाता है।

तरंगों का कला-सम्बन्ध एवं कला-असम्बन्ध योग

परिणामी तीव्रता

$I_R = I_1 + I_2 + 2\sqrt{I_1 I_2}\cos\phi$

दीप्त फ्रिन्जों के लिए,

$I_{max} = (\sqrt{I_1} + \sqrt{I_2})^2 \quad \phi = 0°, 2\pi, 4\pi, \ldots$

अदीप्त फ्रिंज के लिए, $I_{min} = (\sqrt{I_1} - \sqrt{I_2})^2$ at $\phi = \pi, 3\pi, 5\pi, \ldots$

$I_1 = I_2 = I_0$ के लिए, $I_R = 4I_0 \cos^2 \frac{\phi}{2}$

अनवरत व्यतिकरण के लिए शर्त

वह व्यतिकरण पैटर्न जिसमें प्रेक्षणे पर्दे पर अधिकतम व न्यूनतम तीव्रता की स्थिति समय के साथ परिवर्तित नहीं होती है, उसे अनवरत या स्थायी व्यतिकरण कहा जाता है।

- अधिकतम व न्यूनतम के लिए तीव्रता अनुपात

$$\frac{I_{max}}{I_{min}} = \frac{(a_1 + a_2)^2}{(a_1 - a_2)^2} = \left(\frac{r+1}{r-1}\right)^2$$

जहाँ, $r = \frac{a_1}{a_2}$

प्रकाश का व्यतिकरण

दो कला-सम्बन्ध तरंगों का अध्यारोपण जिसके परिणामस्वरूप समान चौड़ाई के अदीप्त एवं दीप्त फ्रिन्जों का एक पैटर्न उत्पन्न होता है।

- दीप्त फ्रिन्जों की स्थिति, $x_n = \frac{n\lambda D}{d}$
- अदीप्त फ्रिन्जों की स्थिति $x'_n = \frac{(2n-1)\lambda D}{2d}$
- फ्रिन्ज चौड़ाई $\beta = \frac{\lambda D}{d}$
- झिर्री की चौड़ाई एवं तीव्रता का अनुपात

$$\frac{W_1}{W_2} = \frac{I_1}{I_2} = \frac{a_1^2}{a_2^2}$$

फ्रिन्ज विस्थापन

- किसी पट्टी द्वारा उत्पन्न पथान्तर

$\Delta x = (\mu - 1)$

- फ्रिन्ज विस्थापन, $\Delta x = \frac{\beta}{\lambda}(\mu-1)t = \frac{D}{d}(\mu-1)t$
- विस्थापित फ्रिन्जों की संख्या

$$= \frac{\text{शिफ्ट}}{\text{फ्रिन्ज चौड़ाई}} = \frac{(\mu-1)t\, D/d}{\lambda D/d} = \frac{(\mu-1)t}{\lambda}$$

यंग का दोहरी-झिर्री प्रयोग

दो समान संकीर्ण झिर्री S_1 व S_2 को एकवर्णीय प्रकाश से प्रकाशित संकीर्ण झिर्री S के सापेक्ष सममित रूप से रखा जाता है। S_1 व S_2 से अधिक दूरी D पर रखे प्रेक्षण पर्दे पर व्यतिकरण पैटर्न प्राप्त होता है।

पर्दे के केन्द्र से n वें दीप्त फ्रिन्ज की स्थिति निम्न है

$$x_n = n\frac{D\lambda}{d}$$

पर्दे के केन्द्र से n वें अदीप्त फ्रिन्ज की स्थिति निम्न है

$$x'_n = (2n-1)\frac{D\lambda}{2d}$$

फ्रिन्ज चौड़ाई के लिए व्यंजक

फ्रिन्ज की चौड़ाई के क्रमिक दीप्त या अदीप्त फ्रिन्जों के मध्य का पृथक्करण है तथा इसे निम्न प्रकार दिया जाता है

$$\beta = \frac{D\lambda}{d}$$

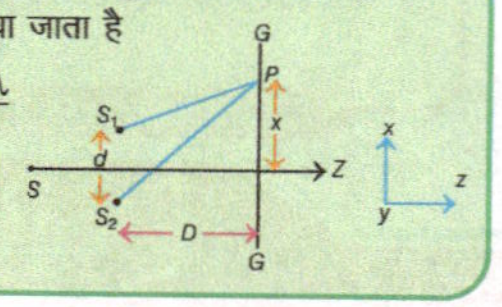

ध्रुवित प्रकाश

यदि तरंग के कम्पन्न एक दिशा में उपस्थित है, संचरण की दिशा के लम्बवत है।

रेखीय रूप से ध्रुवित तरंग में सभी बिन्दुओं पर कम्पन्न प्रत्येक समय एक ही तल में होते हैं, इसलिए इसे समतल ध्रुवीकृत तरंग भी कहा जाता है।

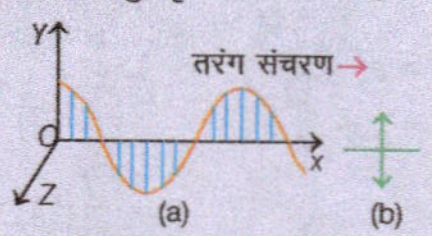

ध्रुवीकृत प्रकाश का चित्रीय प्रदर्शन

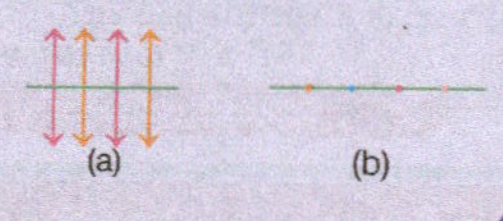